U1014916

中国大百科全书

邓小平

中国大百科全书

（第三版）

土木工程

中国大百科全书出版社

©《中国大百科全书》第一版，中国大百科全书出版社，1980~1993
©《中国大百科全书》第二版，中国大百科全书出版社，2009
©《中国大百科全书》第三版，中国大百科全书出版社，2021~

图书在版编目 (CIP) 数据

中国大百科全书：第三版．土木工程 / 中国大百科全书（第三版）总编辑委员会著．-- 北京：中国大百科全书出版社，2023.12

ISBN 978-7-5202-1476-6

Ⅰ．①中… Ⅱ．①中… Ⅲ．①百科全书—中国—现代 ②土木工程—百科全书 Ⅳ．① Z227 ② TU-61

中国国家版本馆 CIP 数据核字（2023）第 241426 号

中国大百科全书

（第三版）

土木工程

中国大百科全书出版社出版发行

（北京阜成门北大街 17 号　　邮编：100037）

http://www.ecph.com.cn

北京雅昌艺术印刷有限公司印制

2023 年 12 月第 1 版　2023 年 12 月第 1 次印刷

开本：889×1194　1/16　印张：60.5　字数：2823 千字

ISBN 978-7-5202-1476-6　　定价：880.00 元

中国大百科全书（第三版）
总编辑委员会

主　任　陈奎元

副主任（按姓氏笔画顺序）

王　元　王永志　王伟光　王志刚　王晓晖　厉以宁　白春礼　曲爱国
刘　昆　许嘉璐　孙家正　李小鹏　李学勤　杨传堂　杨牧之　杨学军
吴良镛　吴孟超　闵恩泽　陈　雷　陈宝生　胡和平　侯建国　袁行霈
聂辰席　徐匡迪　桑国卫　黄志坚　韩启德　谢伏瞻

委　员（按姓氏笔画顺序）

丁亚平　于润洋　马永生　马费成　王　巍　王一川　王天凯　王文章
王玉庆　王英杰　王绶琯　方汉奇　方精云　龙以明　叶　朗　包为民
冯长根　冯惠玲　宁津生　邢贲思　吕达仁　任继周　庄松林　刘　伟
刘丹青　刘秀梵　刘国辉　刘祚臣　汝　信　安来顺　许宁生　许智宏
孙宝国　苏纪兰　杜永臣　李　未　李　扬　李树峰　李树深　李衍达
李家春　李培林　李维安　李维森　李慎明　李静海　杨　卫　杨　桦
杨国桢　杨善林　吴文科　吴孔明　吴朝晖　汪　勇　汪懋华　宋超智
宋新潮　张　侃　张　涛　张守攻　张来斌　张伯礼　张卓元　张柏春
陈　骏　陈光中　陈传夫　陈众议　陈运泰　陈宜瑜　陈翰馥　邵大箴
武　寅　林建华　欧阳自远　欧建平　卓新平　罗锡文　周健民
郑　度　郑哲敏　孟兆祯　赵　刚　郝时远　胡正荣　南志标　钟甫宁
俞　峰　俞建勇　姚建年　袁　卫　袁亚湘　顾国彪　顾明远　柴之芳
柴晓明　钱七虎　钱永昌　徐　翔　徐建中　郭　雷　席南华　唐启升
唐绪军　黄伯云　黄宝生　黄路生　曹诗权　曹健林　龚　克　龚　莉
崔向群　娇　勇　盖钧镒　蒋长瑜　鲁晓波　管华诗　雒建斌　廖向红
谭亚东　翟明国　薛　澜　戴　逸　戴厚良　瞿林东

中国大百科全书（第三版）
土木工程编辑委员会

主　编　钱七虎

副主编　谢礼立　项海帆

顾　问（按姓氏笔画顺序）

吕志涛　陈肇元　范立础　林元培　周丰峻　郑颖人　施仲衡　梁文灏
葛修润　董石麟

分支编写组

综论

主　编　谢礼立
副主编　李　杰　翟长海

土力学与岩土工程

主　编　龚晓南
副主编　高文生　谢康和
成　员　杨仲轩　周　建　胡安峰
夏唐代　徐日庆

工程力学

主　编　李　刚
副主编　杨迪雄　崔京浩
成　员　陈建兵　吕大刚　邹　丽
赵　密

岩石力学与工程

主　编　冯夏庭
副主编　王明洋　宋胜武
成　员　李　宁　盛　谦　杨　强
王　媛　李邵军

土木工程材料

主　编　缪昌文

副主编　刘加平　徐永模

成　员　洪锦祥　佘　伟　冯　攀
　　　　汤金辉　穆　松

土木工程健康管理

主　编　杜彦良

副主编　吴智深

成　员　刘加平　何　川　李　惠
　　　　李宏男　方　秦　周建庭
　　　　伊廷华　王　浩　张宇峰

工程勘察

主　编　张　炜

副主编　王　丹　叶为民

成　员　张继文　王树东　水伟厚
　　　　刘厚健　郑建国

土木信息工程

主　编　朱合华

副主编　张其林　马智亮　李晓军

成　员　童小华　何　斌　贾金原
　　　　李永奎　刘学增　吴　杰

土木工程结构

主　编　聂建国

副主编　石永久　岳清瑞

成　员　冯　鹏　李　荣　施　刚
　　　　陶慕轩　樊健生　丁　然

工程机械

主　编　李守林

副主编　王　平　苏子孟

成　员　王　进　刘承桓

工程结构设计理论与方法

主　编　赵基达

副主编　金新阳　贡金鑫

成　员　史志华　葛耀君　张玉玲
　　　　赵君黎　胡家顺

爆破工程

主　编　谢先启

副主编　贾永胜　龙　源

成　员　孙金山　姚颖康　刘昌邦
　　　　刘　军　李兴华

土木工程管理与经济

主　编　肖绪文

副主编　乐　云　刘洪玉

成　员　关　军　吴　璟　谢坚勋

土木工程法规

主　编　徐　伟

副主编　宋二祥　高印立

成　员　李丽华　吕凤悟　席永慧
　　　　徐　蓉　胡晓依

建筑工程

主　编　李国强

副主编　童乐为　龚　剑　陆新征

成　员　应惠清　何敏娟　罗永峰

薛伟辰　肖建庄　陈晓明

王美华　纪晓东　赵作周

刘　匀

桥梁工程

主　编　项海帆

副主编　葛耀君　王景全

成　员　牛　斌　李亚东　周外男

赵君黎　龚维明　杨詠昕

铁路工程

主　编　何华武

副主编　叶阳升　罗庆中

成　员　冯仲伟　黄建冉　曾树谷

史存林　刘秀波　周全基

杜旭升　吴家豪　秦　菊

道路工程

主　编　孙立军

副主编　张肖宁　林航飞

成　员　邵敏华　陈　长　李立寒

刘黎萍　杜豫川　李　辉

机场工程

主　编　凌建明

副主编　蒋作舟　赵鸿铎

成　员　蔡良才　袁　捷　刁永海

杜　浩　朱方梅　张飞林

隧道及地下工程

主　编　李术才

副主编　李利平　仇文革　黄宏伟

成　员　周宗青　陈卫忠　李树忱

张东明　郭小红

城市轨道交通工程

主　编　仲建华

副主编　佘才高　林　莉

成　员　韩宝明　杨秀仁　郭劲松

王曰凡　徐明杰

防灾减灾与防护工程

主　编　吕西林

副主编　方　秦　蒋欢军

成　员　葛耀君　李忠献　李小军

唐益群　单伽锃　龚自明

蒋首超

城市地下空间

主　编　陈志龙

副主编　范益群　彭芳乐

成　员　石晓冬　刘　宏　张　平

祝文君　郭东军

城市水系统工程

主　编　任南琪

副主编　马　军　彭永臻

成　员　王盼盼　张　辰　田　禹

李伟光　赵　明

城市供热与供燃气工程

主　编　江　亿

副主编　田贯三　付　林

成　员　赵玺灵　李永红　夏建军
　　　　谢晓云　秦朝葵　焦文玲
　　　　张瑞娟　白丽莹

城市固体废弃物工程

主　编　陈云敏

副主编　何品晶　詹良通

成　员　刘晶昊　朱　伟　李晓东
　　　　冯世进　李育超

建筑机电系统工程

主　编　江　亿

副主编　张　旭　徐　伟

成　员　吴德绳　许钟麟　朱颖心
　　　　潘云钢　李先庭　刘晓华
　　　　高乃云　肖　辉

数字建造

主　编　丁烈云

副主编　徐卫国　吴　刚　龚　剑

成　员　方东平　朱宏平　何　政
　　　　张　建　袁　烽

学术秘书　高　阳　阮　航　解东升
　　　　　赵金龙　陈　珂　叶艳兵
　　　　　胡　正　赖　力　贺　洁
　　　　　李　倩　夏　敏

前　言

党的十八大以来，以习近平同志为核心的党中央高度重视文化建设，把坚定文化自信，推动社会主义文化繁荣兴盛，建设社会主义文化强国，提到前所未有的战略高度。《中国大百科全书》第三版作为新时代中国一项重大文化工程，编纂出版适逢其时。习近平总书记对《中国大百科全书》第三版编纂出版工作高度重视，作出重要指示，寄予殷切期望，勉励学术界、出版界将《中国大百科全书》第三版打造成一个有中国特色、有国际影响力的权威知识宝库。

国运兴则文化兴。《中国大百科全书》的编纂出版，与时代发展、科技进步、文化繁荣密不可分，体现了中华文明与时俱进的创新精神。1978年，中央决定编纂出版《中国大百科全书》，并为此项工作的开展，专门成立了中国大百科全书总编辑委员会和中国大百科全书出版社。《中国大百科全书》第一版按学科或知识门类分卷编纂，总计74卷，选收条目7.8万个，共1.3亿字，1993年出齐。《中国大百科全书》第一版是中国第一部大型现代综合性百科全书。它的出版结束了中国没有百科全书的历史，被誉为“中华文化的丰碑”。

1996年，《中国大百科全书》第二版开始编纂，总计32卷，选收条目6万个，共6000万字，2009年出版。《中国大百科全书》第二版在第一版的基础上，充分反映了中国改革开放后各方面取得的巨大变化和最新成果，在体例上按条目标题的汉语拼音字母顺序统一编排，使读者更加便于寻检查阅。

2014年，顺应互联网技术新变革、出版融合发展新趋势，《中国大百科全书》第三版正式启动编纂工作，同步编纂出版网络版、纸质版，并适时推出外文条目。《中国大百科全书》第三版，以马克思列宁主义、毛泽东思想、邓小平理论、“三个代表”重要思想、科学发展观、习近平新时代中国特色社会主义思想为指导，认真贯彻落实习近平总书记重要指示精神，以社会主义核心价值观为引领，坚持守正创新、实事求是、开放包容，汇聚科技界、社科界等各方面专家，系统总结国际国内各领域科学文化最新成果，力求构建有中国特色、有世界影响力的权威知识宝库。在《中国大百科全书》第三版总编委会主任委员陈奎元同志和总编委会的组织协调下，近3万名专家、学者和研究人员精心编制、倾力奉献，于2021年7月完成首批条目编纂出版并公开发布，实现纸网同步。网络版最终上线条目将达到50万条，纸质版、外文条目依托网络版陆续出版，并不断创新传播方式，改善读者体验，更好满足读者高品质、多方面、个性化的知识需求。

《中国大百科全书》第三版纸质版以科学知识体系分类为基础，其条目从网络版专业版块条目中精选，按学科分卷的形式编纂加工，分批出版。每卷按各学科的体系、层次设计框架，以条目的形式编写。所收条目力求详尽地叙述和介绍各学科的专业基本知识，适合于高中以上文化程度的广大读者使用。每个学科卷前设置概观性文章，介绍该学科的历史，描述现在的发展状况，展望该学科的发展前景。同时配以适当的图片和地图，以期达到图文并茂的效果。

在党中央的关怀下，《中国大百科全书》第三版的编纂工作得到国家各有关部门、科研机构、学术团体、大专院校等单位的大力支持，全国各学科、各领域、各部门专家、学者积极参与，凝聚了各方面的智慧与心血，在此谨致以诚挚的感谢，并衷心希望广大读者对书中疏漏之处给予批评指正。

《中国大百科全书》编辑部

凡 例

一、编 排

1. 全书按学科（知识门类）分类分卷出版。一个学科（知识门类）辑成一卷或数卷，或几个学科合为一卷。

2. 条目是全书的主体，一般由条目标题、释文和相应的插图、表格、扩展阅读等组成。

3. 条目按条目标题的汉语拼音字母顺序并辅以汉字笔画、起笔笔形顺序排列。第一字同音时按声调顺序排列；同音同调时按汉字笔画由少到多的顺序排列；笔画数相同时按起笔笔形横（一）、竖（丨）、撇（丿）、点（丶）、折（包括乛、𠃌、乚、く等）的顺序排列。第一字相同时，按第二字排列，余类推。条目标题中夹有外文字母或阿拉伯数字的，依次排在相应的汉字条目标题之后。以拉丁字母、希腊字母和阿拉伯数字开头的条目标题，依次排在全部汉字条目标题之后。

4. 各学科（知识门类）卷在条目分类目录之前，都有一篇介绍本学科（知识门类）内容的概观性文章。

5. 各学科（知识门类）卷均列有本学科全部条目的分类目录，以便读者了解本学科的全貌。分类目录还反映出条目的层次关系，例如：

6. 学科（知识门类）与学科（知识门类）之间相互交叉的知识主题在有关学科中均设有条目，例如“地基”在土木工程和地质学 / 地质资源与地质工程学科均设有条目，但释文内容分别按各学科的要求有所侧重。

二、条目标题

7. 条目标题一般为词或词组，例如“工程力学”“地基”“桥梁工程”。

8. 条目标题一般由汉语标题和与汉语标题相对应的外文两部分组成，例如：

钢结构 steel structure

9. 条目标题有两个以上对应外文的，中间用分号(;)隔开，动物拉丁学名用斜体表示，例如：

型钢 section steel; structural steel

10. 条目标题外文主要为英文，例如“板柱结构 flat plate structure”，少数为法文、德文、西班牙文、意大利文等，或与其相应的拉丁字母转写。

三、释　　文

11. 释文力求使用规范化的现代汉语。条目释文开始一般不重复条目标题。

12. 释文一般依次由定义和定性叙述、词源、简史、基本内容、研究状况、插图、表格和扩展阅读等构成，视条目的性质和知识内容的实际状况有所增减或调整。

13. 条目释文较长时，设置层次标题，并用不同的字体和排式表示不同的层次标题。

14. 一个条目的内容涉及其他条目并需由其他条目的释文补充的，采用“参见”的方式。所参见的条目标题在释文中用楷体字排印，例如“道路按所处位置分为公路、*城市道路*、*林区道路*、*厂矿道路*和居住区道路等”；所参见的条目标题未在释文中出现的，另用括号加“见”字标出，例如“采用格构式柱（见*钢柱*）来增大抗弯能力”或“在砌体结构房屋中，砖柱、砖墙主要用作受压构件。见*砖墙*。”

15. 释文中的外国人名，在姓的前面加上外文名字的缩写，即名字的第一个字母，例如K. 太沙基、W. J. M. 郎肯。

四、插　　图

16. 条目释文中配有必要的随文插图，包括照片、线条图等。

17. 插图附图题、图注等说明文字。

五、扩展阅读

18. 在重要条目的释文后附有扩展阅读书目，供读者选阅。

19. 附设纸网关联方式，读者使用媒体终端扫描二维码或登录网址，可以扩展查阅网络版的内容。

六、大事年表

20. 条目正文后附有学科大事年表。表中内容设为“参见”的，以楷体字表示。

七、索　　引

21. 各学科（知识门类）卷均附有条目标题汉字笔画索引、条目标题外文索引和内容索引。

八、其　　他

22. 全书所用汉字，除必须用繁体字和异体字的以外，以国务院 2013 年 6 月公布的《通用规范汉字表》为准。

23. 全书所用科学技术名词以各学科有关部门审定的为准，未经审定和尚未统一的，从习惯。

24. 全书所用数字，执行国家标准 GB/T 15835—2011《出版物上数字用法》。

25. 全书所用地名，除历史地名外，一般以中国地名委员会审定的为准（含中国地名、外国地名）。历史地名后一般括注今地名。

目　录

土木工程

李国豪　钱七虎

建造各类工程设施的科学技术的统称。既指所应用的材料、设备和所进行的勘测、设计、施工、健康管理等技术活动，也指工程建设的对象，即建造在地上或地下、陆上或水中、直接或间接为人类生活、生产、军事、科学研究服务的各种工程设施，如房屋、厂房、道路、铁路、地铁、隧道、桥梁、综合管廊、电站、机场、粮库、候机楼、地下储气库、地下污水处理厂、电视塔、海洋平台、给水和排水以及防护工程等。

任何一项工程设施总是不可避免地受到自然界或人为的作用（习惯上称为**荷载**）。首先是地球引力产生的工程自身重量和使用荷载，其次是风、水、温度、冰雪、地震以及爆炸、冲击等作用。为了确保安全，各种工程设施必须具有抵抗上述各种荷载综合作用的能力。

建造工程设施的物质基础是土地、建筑材料、建筑设备、信息设备和施工机具。借助于这些物质条件和各类软、硬技术，经济而高速、高质量地建成既能满足人们使用要求和审美要求，又能安全承受各种荷载的工程设施，是土木工程学科的出发点和归宿。

基本属性

土木工程有下述五个基本属性。

综合性　工程设施的建造与服役一般要经过勘察、设计、施工和工程健康管理四个阶段，需要综合运用工程勘察与测量、岩土力学与工程、**工程力学**、工程设计、建筑材料、建筑设备、**工程机械**、工程管理与经济、信息技术等学科和施工技术、施工组织等领域的知识，以及数值计算与模拟技术和实验与试验测试等技术。因此，土木工程是一门专业覆盖面宽、行业涉及面广的综合性学科。

随着科学技术的进步和工程实践的发展，土木工程学科已发展成内涵广泛、门类众多、结构复杂的综合体系。例如，就土木工程所建造的工程设施所具有的使用功能而言，有的供居住建筑与城市公共空间之用，有的作为工业生产活动的场所，有的作为城市与城际的交通设施，有的用作城市化进程中的基础设施，有的作为能源开发与传输手段，有的作为信息传输与接收的工具，有的用于水利工程与港口工程，等等。这就要求土木工程综合运用各种物质条件和各类软、硬技术，以满足各种各样的需求。土木工程除传统的工程力学、土力学、土木工程材料、工程勘察、土木工程结构、建筑工程、桥梁工程、铁路工程、道路工程、机场工程、隧道及地下工程、给水和排水工程、城市供热与供燃气工程等分支学科外，还发展形成了不少新的分支，如岩石力学与工程、城市地下空间、土木工程管理与经济、土木工程健康管理、土木信息工程、爆破工程、城市轨道交通工程、防灾减灾与防护工程、建筑机电系统工程、城市固体废弃物工程、数字建造等分支学科，有些传统分支，如港口工程和水利工程，由于自身工程对象的不断增多以及专业科学技术的发展，已从土木工程中分化出去成为独立的学科体系，但是它们在很大程度上仍具有土木工程的共性。

社会性 土木工程是伴随着人类社会的发展而发展起来的。它所建造的工程设施反映出各个历史时期社会经济、文化、科学、技术发展的面貌，因而土木工程也就成为社会历史发展的见证之一。远古时代，人们就开始修筑简陋的房舍、道路、桥梁和沟洫，以满足简单的生活和生产需要。后来，人们为了适应战争、生产和生活以及宗教传播的需要，兴建了城池、运河、宫殿、寺庙以及其他各种建筑物。许多重大的工程设施显示出人类在这个历史时期的创造力，成为古代文明的标志。例如，中国的长城、都江堰、大运河、赵州桥、应县木塔，埃及的金字塔，希腊的巴台农神庙，罗马的给水工程、科洛西姆圆形竞技场（罗马大斗兽场），以及许多重大的教堂、宫殿等。

工业革命以后，特别是到了20世纪，一方面是社会向土木工程提出了新的需求，另一方面是社会各个领域为土木工程的前进创造了良好的条件。例如，建筑材料（钢材、水泥）工业化生产的实现，机械和能源技术以及设计理论的进展，都为土木工程提供了材料和技术上的保证。因而，这个时期的土木工程得到迅速发展。在世界各地出现了规模宏大、现代化的工业厂房、摩天大厦、核电站、高速公路和铁路、大跨桥梁、大直径运输管道、长大隧道、大运河、大堤坝、大飞机场、大海港以及海洋工程等。现代土木工程不断地为人类社会创造新型的物质环境，成为人类社会现代文明的重要组成部分。与此同时，现代土木工程消耗了大量能源与资源，产生了重大的环境污染和生态破坏问题。因此，在满足国民经济发展和社会发展需求的同时，节约资源、与环境友好以实现社会的可持续发展的战略目标，成为现代土木工程面临的最重要课题。

实践性 土木工程是具有很强的实践性的学科。在早期，土木工程是通过工程实践，总结成功的经验，尤其是吸取失败的教训发展起来的。从17世纪开始，以伽利略和牛顿为先导的近代力学同土木工程实践结合起来，逐渐形成土木工程的基础理论学科，包括材料力学、结构力学、流体力学、岩体力学等，这样土木工程才逐渐从经验发展成为科学。在土木工程的发展过程中，工程实践经验常先行于理论，工程事故常显示出未能预见的新因素，触发新理论的研究和发展。不少工程问题的处理，在很大程度上仍然依靠实践经验。

土木工程技术的发展主要凭借工程实践而不仅是科学实验和理论研究有两个原因。一是有些客观情况过于复杂，难以如实地进行室内实验或现场测试和理论分析，如地基基础、隧道及地下工程的受力和变形的状态及其随时间的变化，还需要参考工程经验进行分析判断。二是只有进行新的工程实践，才能揭示新的问题。如建造了高层建筑、高耸塔桅和大跨桥梁等，工程的抗风和抗震问题突出了，才能发展出这方面的新理论和新技术；再如，发达国家和中国的大规模工程设施存在不同程度的劣化和病害问题，对工程设施如何维护修理，以实现工程设施在全寿命周期内的管理成本最小化和服役率最大化的实践需求，迫使发展了土木工程维护修理领域的新理论和新技术，形成了新的分支学科——土木工程健康管理。

技术上、经济上和建筑艺术上的统一性 人们力求最经济地建造一项工程设施，用以满足使用者的预定需要，其中包括审美要求。而一项工程的经济性又是和各项技术活动密切相关的。工程的经济性首先表现在工程选址、总体规划上，其次表现在设计和施工技术上。工程建设的总投资，工程建成后的经济效益和使用期间的维修费用等，都是衡量工程经济性的重要方面。这些技术问题联系密切，需要综合考虑。

符合功能要求的土木工程设施作为一种空间艺术，首先是通过总体布局、本身的体形、各部分的尺寸比例、线条、色彩、明暗阴影与周围环境，包括它同自然景物的协调和谐表现出来的；其次是通过附加于工程设施的局部装饰反映出来的。工程设施的造型和装饰还能够表现出地方风格、民族风格以及时代风格。一个成功的、优美的工程设施，能够为周围的景物、城镇的容貌增美，给人以美的享受；反之，会使环境的和谐受到破坏。

在土木工程的长期实践中，人们不仅对房屋建筑艺术给予很大注意，取得了卓越的成就，而且也通过选用不同的建筑材料和最合理的技术途径，如采用石料、钢材、钢筋混凝土和组合结构、配合自然环境，建造了许多在艺术上十分优美、功能上与环境高度和谐的工程。如古代中国的万里长城，现代世界上的许多电视塔和斜张桥，港珠澳大桥及其海底隧道和许多城市地下综合体和地下污水处理厂，都是这方面的工程实例。

可持续发展性 土木工程的可持续发展性是时代和国家发展战略的要求，是中国对人类命运共同体的责任与担当。土木工程的可持续发展性体现在工程的全寿命周期内和全方位的发展上。具体包括：①在工程规划、勘察定点和选择建设方案的立项过程中最大限度地保护生态。②实施工程的绿色建造和预防性、预知性维护以实现在工程全寿命周期内最大限度地节约资源（节能、节地、节水）、保护环境和减少污染，采用生态材料和可循环利用材料，使用节能减排的施工机械设备。

土木工程的四次飞跃发展

决定土木工程发展的条件是社会需要和技术上的可行。在社会需要不断迅速增长的情况下，现实的技术可行性便是决定的因素。对土木工程发展起关键作用的，首先是作为工程物质基础的土木工程材料，其次是随之发展起来的设计理论和施工技术。每当出现新的优良的土木工程材料和突破性的新技术时，土木工程就有飞跃式的发展。

砖瓦的出现 人们在早期只能依靠泥土、木料及其他天然材料从事营造活动（土木工程一词即渊源于此），后来出现了砖和瓦这种人工建筑材料。这是人类第一次冲破天然建筑材料的束缚。中国在公元前 11 世纪西周初期制造出瓦。最早的砖出现在公元前 5 ～ 前 3 世纪战国时的墓室中。砖和瓦具有比土优越的力学性能，可以就地取材，而且易于加工制作。砖和瓦的出现使人们开始广泛地、大量地修建房屋和城防工程等，由此土木工程技术得到了飞速的发展。直至 18 ～ 19 世纪，在长达 2000 多年时间里，砖和瓦一直是土木工程的重要建筑材料，为人类文明发展做出了重大的贡献。

钢材的大量应用 17 世纪 70 年代开始使用生铁、19 世纪初开始使用熟铁建造桥梁和房屋，这是钢结构出现的前奏。从 19 世纪中叶开始，冶金业冶炼并轧制出抗拉和抗压强度都很高、延性好、质量均匀的建筑钢材，随后又生产出高强度钢丝、钢索，又由于社会生产发展的需要，钢结构得到蓬勃发展。除应用原有的梁、拱结构外，新兴的桁架、框架、网架结构、悬索结构逐渐推广，出现了结构形式百花争艳的局面。建筑物跨径从砖结构、石结构、木结构的几米、几十米发展到钢结构的百米、几百米，直到现代的千米以上，于是在大江、海峡上架起大桥，在地面建造起摩天大楼和高耸铁塔，甚至在地下和水下建造隧道、铺设铁路，创造出前所未有的奇迹。

实践促进了理论的产生和发展。为适应钢结构工程发展的需要，在牛顿力学的基础上，材料力学、结构力学、工程结构设计理论等应运而生。施工机械、施工技术和施工组织设计的理论也随之发展，土木工程从经验上升成为科学，在工程实践和基础理论方面都取得了很大的成就，从而促进了土木工程更迅速的发展。

混凝土的兴起 19 世纪 20 年代出现波特兰水泥，于是混凝土问世了。混凝土骨料可以就地取材，混凝土构件易于成型，但混凝土的抗拉强度很小，用途受到限制。19 世纪中叶以后，钢铁产量激增，随之出现了钢筋混凝土这种新型的复合建筑材料，其中钢筋承担拉力，混凝土承担压力，发挥各自的优点。20 世纪以来，钢筋混凝土广泛用于土木工程的各个领域，30 年代开始出现了预应力混凝土。预应力混凝土结构的抗裂性能、刚度和承载能力大大高于钢筋混凝土结构，因而用途更为广阔。土木工程进入了钢筋混凝土和预应力混凝土占统治地位的历史时期。混凝土的出现给建筑物带来了新的经济、美观的工程结构形式，使土木工程产生了新的施工技术和工程结构设计理论。这是土木工程的又一次飞跃发展。

现代混凝土种类不断增加，如超高性能混凝土、聚合物混凝土、泡沫混凝土等，加之高强度钢材等的兴起，满足了社会经济发展中不同高性能工程结构的需要，也使得超高层建筑的高度、超大跨度桥梁的跨度纪录不断被刷新，并得以可能建设许多超级工程。

土木工程和数字化技术的全面交叉融合创新 21世纪以来，先进的数字化技术通过规范化建模、全要素感知、网络化分享、可视化认知和科学化决策改变了传统土木工程的规划设计、施工建造和运营维护方式，成为土木工程发展的新核心推动力，逐步实现的建设项目前瞻规划和动态推演、以人为本的绿色低碳设计、少人式和无人化自主施工和土木工程的预防性乃至预知性维护管理，正在重新定义土木工程的生产力和生产关系，全面重塑土木工程产业和土木工程学科的内容体系，逐步展现出提效能、扩功能、增动能的重要价值与产业新面貌。土木工程正转型成为一个走向科学前沿的崭新学科。

发展趋势

在世界和中国的经济建设和国防建设中，大量的投资用于土木工程，包括建筑工程、道路桥梁和交通工程、港口和海洋工程，隧道和各类地下工程、电力和水利水电工程、核能风能太阳能等能源工程、航天等高科技基础设施建设，这些重大工程设施，数量之众多、规模之宏大、环境之复杂、要求之高是人类历史上前所未有的。它们的高质量与安全建设和安全运行对土木工程科学与技术提出了严峻的挑战以及众多全新的课题，推动了土木工程学科的不断发展。土木工程的发展趋势具体表现在下述几个方面。

土木工程材料方面 土木工程材料将朝着高性能化（轻质、高强、环保、抗震、高耐久性等）、多功能化（结构功能一体化）以及智能化（自感知、自清洁、自修复等）等方向发展。特别是在深入研究材料的化学组成与多尺度结构特征、微细结构与宏观行为内在联系的基础上，随着大数据处理与人工智能的快速发展，有望大幅降低土木工程材料的研究周期和成本，有望解决材料设计和服役过程中的共性问题以及按功能需求反向设计的超材料研制，从而在土木工程的绿色智能建造和智慧健康管理中展现出良好的应用前景。

土木工程勘察与测量方面 工程地质勘察未来将呈现空－天－地－孔立体勘察和智能化勘察的新趋势：以地面、地下与孔中多种地球物理方法联合探测与卫星遥感、航空物探和遥测等为主要手段实现多维度、多方法相融合，并将人工智能算法引入数据处理中，发展数据自动采集与联合反演、智能解译等新技术，提高工程地质勘察精准性与透明性。

水文地质勘察未来将通过热红外监测等遥感手段以及激发极化、瞬变电磁、地质雷达等物探手段，有效判断地下水的位置、规模、形态等赋存情况，并结合水文情况建立地下水的定量评价模型。

利用地理和地质信息系统强大的数据采集、管理、空间查询和分析能力，提供可视化操作平台，实现大型项目建设场地工程地形地质复杂信息的数字化展示与设计分析。

土木工程测量将利用卫星遥感、三维激光扫描、机载合成孔径测量、机载激光雷达测量、倾斜摄影测量及无人机测量等技术，开展广域测量，以丰富地面测量内容，构建三维可视化测量模型，提高工程测量成果的精度及工作效率。

土木工程设计方面 理论与方法。随着电子计算机硬件与软件技术的快速进步，以及现代结构测试技术的广泛应用，工程设计理论与方法得以快速发展，体现在以下几个方面：考虑材料的非线性与几何非线性的工程动态分析，如结构的地震时程分析、风振分析；从确定性设计理念向不确定设计理念发展，具体体现在概率分析法与可靠度分析法日益深入的研究与逐步具体应用；基于性能的设计方法，针对提出或预定的设计性能目标，用有别于依赖规范的固定设计目标方法以实现预定性能要求，达到在确保安全的前提下使新材料、新结构体系、新设计理念与方法更易得到实际应用，如针对超高层建筑在风荷载作用下顶层的大位移，采用调整侧向刚度方法、调谐质量阻尼器的振动控制技术和改善高层建筑形体以减少风振效应；工程的最优化设计，如多目标优化、结构动力设计优化、基于可靠度的设计优化和遗传计算法等研究成果逐步进入应用阶段；计算机非线性数值模拟试验分析，如应用高性能有限元分析软件进行数值模拟复杂工程试验分析，归纳有关分析结论，在少量模型试验验证后提供设计应用。

设计技术。利用工程多维数字化建模与仿真技术，在虚拟现实、增强现实等技术的支持下，形成人脑与电脑相结合的创新设计模式，完成工程的概念设计、工程规划与建造方案的比较、工程结构的分析及性能的优化，以实现工程设计周期的缩短、工程设计质量的提高、工程性能的提升与造价的降低。

土木工程建造方面 数字化技术在工程建造过程中的融合创新应用全面重新塑造了土木工程建造产业。具体包括：①工程多维数字化建模与仿真。将环境勘测信息、工程信息化设计过程信息通过三维数字化模型来展现，高效率地对工程设计方案进行仿真分析和优化，消除与减少建造中的不确定性和缺陷。②基于工程场地物联网的工程技术。全面及时、准确感知工程建造动态信息，发挥数字计算的算法和算力优势，对工程的资源和建造要素（质量、效率、安全风险）进行计算和分析，实现对工程建造的高效管控与组织，如设备物资调度、施工作业管理、安全预警、质量保证、进度控制等。

③自动化、智能化工程机械技术。数字化技术赋能工程机械，提升工程机械的自主作业能力和自动化水平，使其发展为负载人员智慧的智能机械，如智能化的造楼机、造桥机、建筑 3D 打印设备、隧道无人钻爆设备。

土木工程健康管理方面 随着土木工程设施老化与劣化问题日益突出，土木工程从以建设为主的阶段逐步进入建设与工程健康管理并重的阶段。在新阶段，原有土木工程维护管理方法难以满足要求，对其提出了长寿命安全保障、抗灾韧性提升、绿色低碳化、重大灾害预测预警和快速应急保障等方面的课题。为促进土木工程健康管理工作的积极有效开展，基于数字化技术在工程健康管理过程中的融合创新，下述趋势日益明显和迫切：①在土木工程检测和监测数据进行针对性预防的基础上建立土木工程预知性维护管理策略和体系。②大力发展实时化、精准化、快速化、可视化的无损检测技术。③依托卫星遥感、无人机、地面监测站等，在形成信息共享的空间动态监测网络的基础上实现“空、天、地、体”一体化的全域感知体系。④在无人机、机器人等先进装备应用和物联网、云计算、大数据及人工智能等先进技术基础上推进实时、主动的土木工程健康管理的自动化水平。

条目分类目录

说　明

1. 本目录供分类查检条目之用。

2. 目录中凡加〔××××〕的名称，仅为分类集合的提示词，并非条目名称。例如：〔重大土木工程〕〔铁路种类〕。

〔岩石力学与工程〕

A

埃菲尔铁塔　Eiffel Tower　世界著名钢结构高塔。又称巴黎铁塔。位于巴黎市内。塔因设计工程师A.G.埃菲尔而得名。1887年2月开工，1889年3月建成。塔高300米，装电视天线后为320米。塔具有曲线形轮廓，横断面为四边形，底部边宽100米。这种A字形铁塔外形优美，有高达40多米的拱形门和4条符合力学要求的弧形支腿，显得刚劲有力，美观大方（见**高耸结构**、**塔式结构**）。

整座塔的用钢量约8500吨，建造时采用了钢桩基础；采用拱形门解决大跨度问题；采用格构式柱（见**钢柱**）来增大抗弯能力；用空气压缩机铆接以及采用可靠的钢结构防锈等当时的先进技术。全塔由18 000多个部件组成，每组部件都经过计算并在工厂制造，运至工地加工、组装，再用4台爬升吊车提升，并进行铆接。部件加工要求高，精确度达到1/10毫米，因此安装就位精确。塔上设有俯瞰全城的瞭望平台、餐厅，现在还增设了商店、酒吧、剧场，游客可乘电梯登到塔上各层。

埃菲尔铁塔原为庆祝法国大革命100周年，举办博览会而建造。在该塔上进行过无线电通信等试验，当时该塔曾是全球发播时间信号的中心，向世界各地播发气象预报，装电视天线后兼作电视塔。埃菲尔铁塔在建成后的40余年中，一直保持了世界上最高建筑的纪录。现此塔仍是举世闻名的纪念塔，巴黎的象征，是巴黎风景区的组成部分。　（王肇民）

安济桥　Anji Bridge　世界古石桥，位于中国河北省赵县。又称赵州桥。见**赵州桥**。

安澜桥　Anlan Bridge　中国古索桥。最早称绳桥或竹藤桥（见图）。位于四川成都岷江都江堰鱼嘴分水堤之上，原长约320米。其始建年代不详，但据《华阳国志·蜀志》记载李冰“能笮”、《水经注·江水》载“涪江有笮桥”（“笮”意为竹索，是川西索桥的主要建筑材料），证明安澜桥的修建年代不会晚于都江堰。

安澜桥

宋代以前，安澜桥又称珠浦桥，宋初改名评事桥，明末毁于战火。清嘉庆八年（1803），邑人何先德夫妇倡议重修竹索桥，以木排为板，石墩为柱，承托桥身，两边以竹索为栏，行人安步狂澜，故名安澜桥，成为今日安澜桥的前身。民间为感恩何先德夫妇的功德，称此桥为夫妻桥或何公何母桥。安澜桥飞架岷江南北，是沟通岷江内、外江两岸的交通要道。1962年，对索桥进行了维修，改10根竹底绳为6根钢缆绳，改扶栏竹绳为铅丝绳，铅丝绳外以竹缆包缠。1964年，因山洪暴发古桥被毁，重建后改木桥桩为混凝土桥桩，扶栏仍以竹藤包缠。1974年因兴建外江水闸，经国务院批准，将安澜桥由鱼嘴分水堤处下移了100多米，以钢索为缆索，承托缆索的木桩桥墩改为钢筋混凝土桩，改平房式桥头堡为大屋顶双层桥头堡，改单层金刚亭为可供行人休息的六角亭。现桥长261米。安澜桥是世界索桥建筑的典范，于1982年被列为全国重点文物保护单位。

（肖汝诚）

安曼，O.H.　Othmar Hermann Ammann（1879-03-26～1965-09-22）　瑞士裔美国工程师，美国纽约多座特大桥的设计师。1879年出生在瑞士苏黎世附近的一个小城镇，1898年进入苏黎世联邦理工学院，师从W.里特教授。1904年移居美国，先后在纽约和宾夕法尼亚州从事结构设计。

1905～1909年，安曼在宾夕法尼亚钢铁公司任职，1909～1923年，安曼为当时美国屈指可数的几位大跨度桥梁设计专家F.C.昆茨和G.林登塔尔工作，1912年起，安曼作为林登塔尔的首席助理，协助完成了地狱门大桥和赛欧托维尔桥的设计和建造。安曼善于利用材料本身的特质，设计优美对称、比例协调优雅的桥梁。裸露的钢结构，轻巧的桥面，美观的锚碇，成为安曼桥梁的特点，引领了美国桥梁设计的一个新时代。

1925～1939年，安曼服务于纽约港务局，担任工程处主管，组织和指导多座纽约著名大桥的建设。并在其中的乔治·华盛顿大桥、巴约纳大桥、三区大桥、布朗士大桥、小地狱门桥等项目中担任总工程师。安曼也是金门大桥建设的三人顾问委员会成员。

1939年，安曼成立自己的咨询公司。1946年，与C.S.惠灵顿联合成立安曼-惠特尼公司。之后安曼作为资深合伙人，参与了窄颈大桥、韦拉札诺海峡大桥、沃特惠特曼大桥建设项目。在他长达60年的职业生涯中，安曼获得很多荣誉。1932年纽约大学授予荣誉博士学位，1941年哥伦比亚大学授予荣誉博士学位。1964年获L.约翰逊总统颁发的“国家科学奖章”。安曼是美国历史上首位获得国家科学奖章的土木工程师。　（尹德兰）

奥雅纳，O.N.　Ove Nyquist Arup（1895-04-16～1988-02-05）　英国结构工程师。生于英国纽卡斯尔。1913年，进入哥本哈根大学学习哲学，1918年进入丹麦技术大学学习工程技术，研究钢筋混凝土结构。1922年，获得了丹麦的工程学士学位。同年，进入丹麦的克里斯蒂亚妮和尼尔森公司担任设计师，并于1923年成为该公司的首席工程师。1938年，创办了奥雅纳有限工程顾问公司，又于1946年解散了该公司。1963年，创办了奥雅纳工程顾问公司。

奥雅纳在诸多领域都有所成就，包括工程咨询、结构工程、教育理论、演讲与写作等。在他看来，工程师和建筑师之间没有天然的界限，结构工程师应当像建筑师一样富有创造力，直觉和精确的计算一样重要。因此，其团队致力于协调工程师和建筑师之间的关系。1973年，奥雅纳获得了结构工程师学会金奖。

奥雅纳主持设计的建筑包括高层混凝土剪力墙体系的早期试水之作——海波因特Ⅰ，与丹麦建筑师J.O.伍重共同完成的悉尼歌剧院、君门步行桥等。他本人非常喜欢君门步行桥，在他去世后，其家人按照他的遗愿将其骨灰散在了这座桥上。

（陆新征）

B

巴顿岩体质量分类 *Q*-rating 岩体隧道开挖质量分类法。挪威岩土工程研究所巴顿等人于1974年提出了岩体隧道开挖质量分类法，其分类指标值Q由下式确定：

$$Q=\frac{\mathrm{RQD}}{J_n}\times\frac{J_r}{J_a}\times\frac{J_w}{\mathrm{SRF}}$$

式中RQD为岩体质量指标；J_n、J_r、J_a、J_w分别为节理组数、节理面粗糙度系数、节理蚀变程度、节理水折减系数；SRF为地应力影响因素。该指标反映了岩体质量的3个方面：$\frac{\mathrm{RQD}}{J_n}$表示岩体的完整性；$\frac{J_r}{J_a}$表示结构面（节理）的形态、充填物特征及次生变化程度；$\frac{J_w}{\mathrm{SRF}}$表示水对岩体质量的影响。Q值的范围为0.001～1000，代表着围岩的质量从极差的挤出性岩石到极好的坚硬完整岩体，共分为9个质量等级。巴顿岩体质量分类法考虑的地质因素较全面，而且把定性分析和定量评价相结合，是应用较为广泛的岩体质量分类方法，在软、硬岩体中均适用，在处理极其软弱的岩层中推荐采用此分类法。 （杨 强）

板 slab 工程结构中通常水平设置，承担竖向荷载并将作用力传递给其他支撑物且其厚度远小于平面尺寸的构件。有时为满足使用要求也斜向布置，如坡道桥、楼梯板等，或垂直布置，如墙板、挡土板、仓壁等。板的支承构件有梁、墙、柱、墩、台等，有时也支承于地基上。板广泛应用于土木工程结构中，如房屋建筑中的楼板、屋面板、基础板，桥梁的桥面板和承台板、航空港停机坪和跑道、挡土墙、水利工程闸门板、海洋平台结构板等。

分类 按所用材料可分为木板、钢筋混凝土板、预应力混凝土板、钢正交异性板及组合板等。按平面形状可分为方形板、矩形板、圆形板及三角形板、多角形板、异形板等。按截面形式可分为实心板、多孔板、槽形板、T形板、双T板、蜂窝夹层板等。

受力特点 水平向板是受弯构件，主要承受竖向荷载，板内会产生弯矩和剪力。斜向板在竖向荷载下还会产生轴向力。竖向板，如挡土墙和水利工程闸门板，除了承受竖向荷载外，还在水平方向上受到土体或液体的压力作用，板内会产生弯矩、剪力和轴向压力，是双向偏心受力构件。

当矩形板两对边支承时，只在垂直于两支承边的方向承担荷载，并产生弯曲变形，故称为单向板（图a）。当矩形板四边支承时，互相垂直的两个方向都承担荷载并产生弯曲变形，故称为双向板（图b）。若双向板的长短边跨度之比大于或等于2，板面荷载主要由板的短跨度方向承担，长跨度方向承受的荷载较小，故可简化为单向板，用弹性理论计算。

板直接支承于柱上时，构成无梁的板结构，如无梁楼盖板（图c）。此时，在竖向荷载作用下板双向受弯，而在与柱连接处的周围，板还承受冲切作用。为此，当荷载较大时，常在柱的上端设置柱帽（图d），以减小冲切应力。

计算要点 板的计算要点是：①按最不利荷载效应分布组合值进行截面计算。②工程结构中的板，一般按均布荷载进行静力计算，局部荷载按等效均匀布载进行计算。板上不宜有特大的固定集中荷载，否则应在板下设梁，由梁直接承受。间接动力荷载一般可化为乘以动力系数的等效静荷载进行计算。③多跨连续单向板，通常取1米宽的板带作为计算单元按连续梁进行计算。④精确计算双向板的内力比较复杂，一般可按弹性理论或塑性理论进行计算。对承受任意荷载或具有不规则支承方式的异形板，宜按塑性绞线法、条带法或有限元法进行计算。⑤无梁楼盖板的内力一般采用经验系数法或等代框架法进行计算。⑥计算直接支承于地面的板的内力时，如基础板、地面水池底板等，一般可假定地基反力为线性分布；计算水泥混凝土路面（包括航空港停机坪和跑道）的内力时，宜按弹性地基板原理进行。⑦对于竖向承重板，除应进行轴向承载力（轴心受压、偏心受压、偏心受拉）计算外，还应进行受剪承载力计算。

（秦文铖 林宗凡 撰 李全旺 修订）

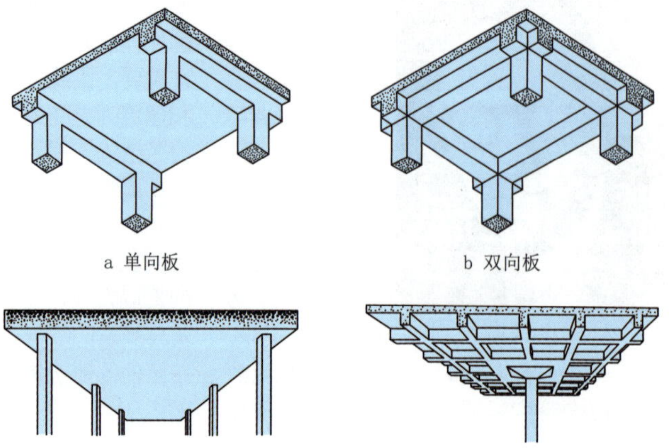

a 单向板 b 双向板 c 无梁楼盖板 d 柱帽

板的几种类型示意图

板柱结构 flat plate structure 钢筋混凝土楼板和柱直接相连组成的、抵抗所有竖向荷载与水平荷载的结构（图1、图2）。由于结构中没有框架梁，所以板柱结构的结构层高度较框架结构的小，建筑室内空间规则简单，非常节省建筑空间。板柱结构具有施工方便，能减小层高，并提供较大使用空间以及灵活布置隔断墙等特点。适用于多层厂房、仓库，公共建筑的大厅，也可用于办公楼和住宅等。

图1 无柱帽板柱结构

图2 有柱帽板柱结构

板柱结构的施工方法分为现浇法、升板法和预应力拼装法。板柱连接节点设计非常关键，应避免发生冲切破坏。板柱结构的板柱连接节点可以设置柱帽支托（图2），在柱之间设置现浇暗梁等措施提高节点的承载力。为适应柱网间距的不断增大，混凝土楼板可采用预应力技术，以减少楼盖的厚度与自重，或可采用空心楼板技术降低楼板的自重。在结构外围，可以结合建筑要求设置钢筋混凝土框架梁，形成局部钢筋混凝土框架，与中部板柱共同工作。中国禁止板柱结构的使用，必须在板柱中设置部分剪力墙，形成板柱－剪力墙结构方可使用。

（赵作周）

办公建筑暖通空调系统 HVAC system for office buildings 为办公建筑室内空气与热湿环境服务的暖通空调系统。办公建筑在使用时间上相对比较固定（上下班时间），使用人员的工作方式类似，因此人员对室内热湿环境的需求比较一致；建筑规模大小不一，其营造环境的技术措施和做法的差异性较大。办公建筑暖通空调系统以人工环境技术为基础，为人们提供舒适、健康所需的工作环境，保证人们居住和生活所必需的空气与热湿环境。

对于规模大（建筑面积较大）的建筑来说，多采用冷热源集中设置的中央空调系统。中央空调系统将冷水机组集中制备的夏季空调冷水或热源设备（锅炉、热交换器等）集中制备的冬季空调热水，通过空调冷热水管道和冷热水泵，分别送至为供冷或供暖区域服务的空调机组、风机盘管等末端热交换装置。在末端装置进行冷水（或热水）与空气的换热后，将得到的冷热空气，送至需要供冷或供暖的区域。在制备冷水过程中，同时将建筑的热量通过冷却塔等设备排至室外大气中。为了保证室内空气品质，通常采用机械送新风至各办公室的方式。大型建筑的中央空调系统可通过整合冷热源设备的能力、优化运行能效的方式得到较好的经济性，而且采用专业化的运维团队可使运行管理更方便和高效。

在一些小规模或者建筑内各办公室的使用时间相对比较灵活或分散的办公建筑中，采用分散式（或多联分体式）空调系统，其排热设备大多采用风冷式冷凝器，也有部分采用向地下水、土壤等排热方式。分散式系统对于满足个性化使用需求有较好的适应性，也可通过人的主观操作，起到行为节能的作用。在新风供应上，有机械送新风与开窗取得新风两种形式。

（潘云钢）

薄板大挠度弯曲 large deflection bending of thin plate 对于某些金属或轻型材质薄板来说，挠度并不一定远小于厚度，因此就必须考虑中面内各点挠度引起的纵向位移，同时也要考虑此中面位移引起的中面应变和中面内力。此时的弯曲问题即为薄板大挠度弯曲问题。虽然假定薄板的大挠度弯曲问题的挠度w并不远小于厚度，但是仍然远小于中面的尺寸，所以平衡微分方程：

$$\frac{\partial F_{Tx}}{\partial x}+\frac{\partial F_{Txy}}{\partial y}=0$$
$$\frac{\partial F_{Ty}}{\partial y}+\frac{\partial F_{Txy}}{\partial x}=0 \tag{1}$$

及弹性曲面微分方程：

$$D\nabla^4 w-\left(F_{Tx}\frac{\partial^2 w}{\partial x^2}+2F_{Txy}\frac{\partial^2 w}{\partial x\partial y}+F_{Ty}\frac{\partial^2 w}{\partial y^2}\right)=q \tag{2}$$

仍然适用。所不同的是：这里的中面内力F_{Tx}、F_{Txy}、F_{Ty}是由横向载荷q引起的，而不是纵向载荷引起的。由此可以推出薄板的大挠度弯曲问题微分方程组：

$$D\nabla^4 w=\delta\left(\frac{\partial^2\Phi}{\partial x^2}\frac{\partial^2 w}{\partial y^2}+\frac{\partial^2\Phi}{\partial y^2}\frac{\partial^2 w}{\partial x^2}-2\frac{\partial^2\Phi}{\partial x\partial y}\frac{\partial^2 w}{\partial x\partial y}\right)+q \tag{3}$$

$$\nabla^4\Phi=E\left[\left(\frac{\partial^2 w}{\partial x\partial y}\right)^2-\frac{\partial^2 w}{\partial x^2}\frac{\partial^2 w}{\partial y^2}\right]$$

式（3）中D为薄板的弯曲刚度；δ为薄板的厚度；E为材料的弹性模量；Φ为应力函数。

薄板的大挠度微分方程组是由美籍匈牙利的T.von卡门首先导出的。求解薄板的大挠度弯曲问题，就是在边界条件下从这个微分方程组求解应力函数Φ和挠度w，然后就可以由Φ求出中面内力，由w求出弯扭内力。

但是即使薄板的边界不受纵向约束，由于其大挠度微分方程组是联立的非线性微分方程组，要在边界条件下求得其精确解答是非常困难的。因此实际问题常常用差分法求其近似解，主要步骤为：

①先假定$\Phi=0$，得到$D\nabla^4 w=q$，与薄板的小挠度弯曲问题一样用差分法求解w；

②求出w的二阶导数值，代入$\nabla^4\Phi=E\left[\left(\frac{\partial^2 w}{\partial x\partial y}\right)^2-\frac{\partial^2 w}{\partial x^2}\frac{\partial^2 w}{\partial y^2}\right]$，用差分法解出$\Phi$；

③求出Φ的二阶导数值，代回大挠度微分方程用差分法求解w；

④重复进行第②、③步的运算，直至连续两次求的w的值足够接近为止。

当矩形板有两个对边是无限长，而且所受的横向载荷又不沿长度方向变化，不论边界条件如何，都不难求得无限长薄板大挠度弯曲问题的精确解答。

对于薄板大挠度弯曲问题，用变分法求近似解答，也是切实可行的。首先导出薄板大挠度弯曲问题应变势能的公式，再应用最小势能原理求解。

（杨春秋）

薄板稳定 stability of thin plate 薄板维持原有平衡形式的能力，常用临界荷载来判断。下图所示的矩形薄板受纵横荷载共同作用。板内将存在一定的中面内力。如果中面内力在各部位、各方向都不是压力（是拉力或等于零），则薄板的平面平衡状态是稳定的。但是，如果纵向荷载所引起的中面内力在某些部位、某些方向是压力，则当纵向荷载超过某一数值（即所谓的临界荷载）时，薄板的平面平衡状态将成为不稳定的。当纵向荷载到达临界值以后，荷载的少许增大将使得位移和内力增大许多，不但有损于薄板的使用性能，而且可能导致薄板的破坏。在薄板受到横向干扰力而弯曲以后，即使干扰力被除去，薄板也不再恢复原来的平面平衡状态，经过振动过程而进入某一个弯曲的平衡状态。薄板纵向荷载作用下处于弯曲的平衡状态，这种现象称为薄板的压曲或屈曲。

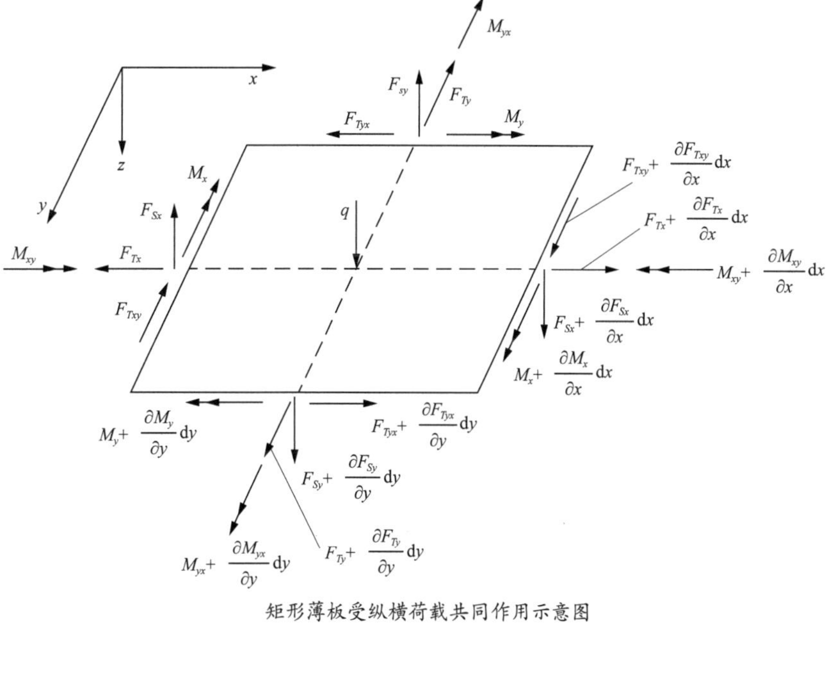

矩形薄板受纵横荷载共同作用示意图

薄板压曲微分方程为：

$$D\nabla^4 w-\left(F_{Tx}\frac{\partial^2 w}{\partial x^2}+2F_{Txy}\frac{\partial^2 w}{\partial x\partial y}+F_{Ty}\frac{\partial^2 w}{\partial y^2}\right)=0 \tag{1}$$

式（1）中w为薄板的挠度；F_{Tx}、F_{Ty}、F_{Txy}是单位长度纵向荷载F_x、F_y、F_{xy}产生的单位长度拉压力及切向剪力；D为单位面积的弯曲刚度，其计算公式为：

$$D=\frac{E\delta^3}{12(1-\mu^2)} \tag{2}$$

式（2）中E为弹性模量；δ为薄板厚度；μ为泊松系数。

薄板压曲方程由法国A.J.C.B.de圣维南建立。它是稳定问题的静力平衡方程，即单位面积的弹性抗力与纵向荷载产生内力的横向投影之平衡，是四阶变系数齐次偏微分方程。求临界荷载是求满足边界条件和满足压曲方程且挠度不等于零的一系列纵向荷载的最小值。纵向荷载引起的中面内力已知分布规律未知大小，1个方程，3个未知纵向荷载，每次求解只能得其中之一，除非给出其线性关系如：

$$F_y=\alpha F_x \tag{3}$$

$$F_{xy}=\beta F_x \tag{4}$$

求临界荷载的方法包括解析法、差分法、能量法和有限元法。①解析法。经典解法的代表为英国G.H.布莱恩把双正弦级数解推广应用于受有单向均压及双向均压四边简支板求解临界荷载；美籍乌克兰S.铁摩辛柯把单正弦级数解推广应用于受有单向均压对边简支板求解临界荷载。②差分法。受有单向均压、双向均压、非均压的板求解临界荷载，可以用差分法处理压曲微分方程，求得临界荷载的近似值，只要采用适当密的网格，可使得临界荷载的精度满足工程需要。③能量法。当薄板在纵向荷载作用下处于平面平衡状态时，为了判断这个状态是否稳定，可以辨别：当薄板从该平面状态进入弯曲状态时，势能是增加还是减少。如果势能增加，就表示该平面状态下的势能为极小，对应于稳定平衡；如果势能减少，就表示该平面状态下的势能为极大，对应于不稳定平衡；如果势能保持不变，就表示该平面状态下的平衡是稳定平衡的极限，而相应于这一极限状态的纵向荷载就是临界荷载。受有单向均压、双向均压、非均压、线压、点压的薄板求解临界荷载，可采用能量法，计算薄板应变势能和纵向荷载做功，薄板处于临界状态时，薄板应变势能和纵向荷载做功持恒，即可求得临界荷载。④有限元法。受有复杂纵向压力荷载且具有复杂边界的薄板，可采用有限元法求解临界荷载的数值解，以用于指导薄板抗失稳设计。

为提高薄板的抗失稳能力，可改善材料性质；强化约束条件；重置几何尺寸；变化荷载条件等。设置加筋肋是提高薄板的抗失稳能力的有效措施，对于受有单向纵向压力的矩形板设置纵肋；对于受有双向纵向压力的矩形板设置纵横交叉肋；对于受有径向压力的圆形板设置径向肋；对于受有径向、切向压力的圆形板设置径向和环向肋等。（杨春秋）

薄板小挠度弯曲 small deflection bending of thin plate 薄板是工程结构中的一种常用构件，它是由两个平行面和垂直于它们的柱面所围成的物体，其几何特征是板厚与板面内最小特征尺寸之比，在1/80～1/5，平分板厚度的平面称为中面。当外荷载作用方向垂直于板面时，薄板主要发生弯曲变形，如果板的挠度与板厚之比小于或等于1/5，称为薄板的小挠度弯曲问题。薄板的弯曲变形属于弹性力学空间问题，直接求解非常困难。因此，需要根据薄板的外载荷和几何特征，引入一些基本变形假设，抽象建立薄板弯曲的力学模型。

1850年，德国G.R.基尔霍夫建立了薄板的小挠度弯曲理论。薄板的小挠度弯曲理论由3个基本假设作为基础：①变形前垂直于板中面的直线变形后仍然保持为直线，而且长度不变，这相当于梁的弯曲变形平面假设。②垂直于中面方向的应力分量远小于其他应力分量，其引起的变形可以忽略不计，但是对于维持平衡是必要的。③薄板弯曲时，中面各点只有垂直中面的位移，没有平行中面的位移，根据这一假设，板的中面不发生变形，板的中面位移函数称为挠度函数。根据基尔霍夫假设，将薄板的应力、应变和内力用挠度函数表示，然后根据薄板单元体的平衡，可建立用挠度函数表达的平衡方程——四阶重调和平衡方程。由于薄板平衡方程是四阶偏微分方程，因此每个边界必须给出两个边界条件。薄板问题常见的边界条件包括固支边界、简支边界、自由边界等。

求解薄板弯曲问题主要有两种途径：①求出既满足微分方程又满足边界条件的精确解，如纳维法、莱维法等。②当得不到精确解时，采用各种近似方法求解，如有限元法和能量方法等。精确解法对于几何形状规则、边界条件简单的各向同性薄板有效，而近似解法可处理一般的复杂形状和边界条件。出于工程实际的需要，人们对矩形板和圆板的研究较多。薄板小挠度弯曲理论是弹性力学的经典理论，在工程结构分析中得到广泛应用。（高　强）

薄壁杆件的约束扭转 constrained torsion of thin-wall bar 非圆形截面杆件受扭时，横截面将发生翘曲（凹凸）。当外扭矩加于等截面直杆的两端，并且端面可自由翘曲时，由于各截面翘曲相同，截面上仅有剪应力而无正应力，称为自由扭转即纯扭转（图1）。对于非等截面杆，外扭矩不加于杆端，或端面不能自由翘曲时，由于横截面的翘曲受到约束，横截面上除剪应力外，还将产生不均匀的附加正应力，称为约束扭转（图2），此时组成杆件的每块板会在各自的纵向平面内弯曲。

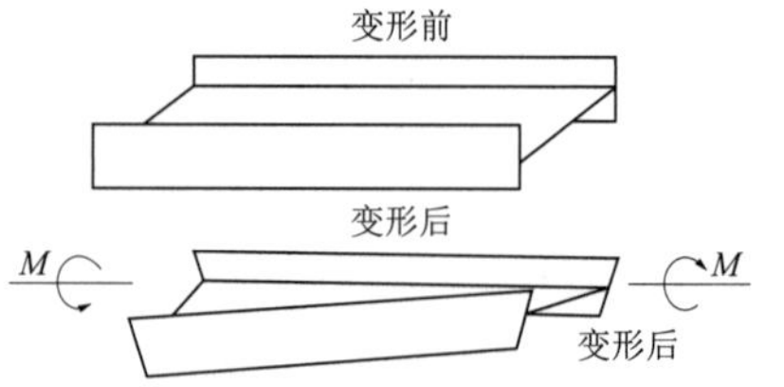

图1　自由扭转示意图

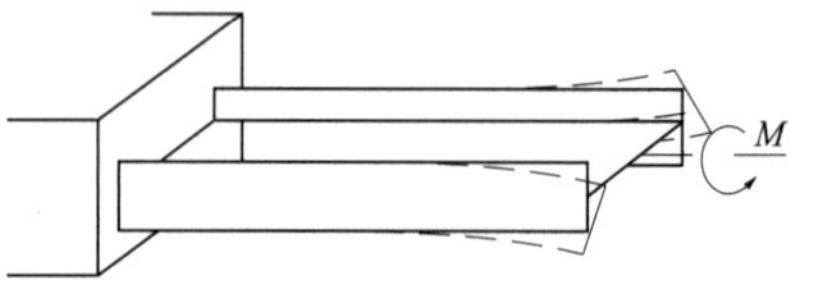

图2　约束扭转示意图

20世纪中叶，诞生了经典薄壁杆件约束扭转理论，主要有苏联V.Z.符拉索夫提出的开口薄壁杆件约束扭转理论、苏联A.A.乌曼斯基提出的闭口薄壁杆件约束扭转理论和符拉索夫提出的闭口薄壁杆件广义坐标法理论，这些理论都保留了周边不变形假设。在上述经典开口和闭口薄壁杆件约束扭转理论的基础上，90年代南斯拉夫A.普罗奇克提出了一种新的薄壁杆件理论。该理论建立了一个三维翘曲函数，是广义坐标法的一种推广应用。随着数值计算技术的发展，提出的半离散半解析数值方法，如线性插值势能法、三次样条整体插值余能法以及多项式插值混合能量法等，为薄壁杆件分析研究提供了新手段。

薄壁杆件受约束扭转时，横截面上的约束扭转正应力可能相当大。横截面呈封闭图形（如箱形）的闭口截面，当它受约束扭转时，由于外力以及相邻横截面上对应点处的剪应力不同，横截面的形状还会改变，即平分壁厚的中线（周边）在横截面平面内发生弯曲变形。通常把这种由杆件受扭而引起的周边弯曲称为扭曲变形或畸变，并把组成杆的每块板的纵截面上与此变形相应的弯曲正应力称为扭曲应力或畸变应力。

作用线不通过横截面弯曲中心（剪切中心）的横向外力以及一般情况下的纵向

外力，也会使薄壁杆件发生约束扭转。Z形截面直杆在轴力作用下也产生约束扭转（见**拉伸和压缩**），横截面上的正应力为非均匀分布，当翼缘和腹板的尺寸成某种比例时，横截面上将同时产生拉应力和压应力。

图3表示I形截面杆因端面上自相平衡的纵向力引起的约束扭转。闭口截面薄壁杆件受横向平面内的外力偶作用时，其约束扭转效应与构成该力偶之力的作用方式有关，如由一对水平力构成的外力偶和由一对竖直力构成的外力偶，在力偶矩相等的情况下，其约束扭转效应也不相同。公路和铁路桥在偏心竖直荷载、风荷载、列车摇摆力作用下，在移运及架设过程中以及当墩台有不均匀沉陷时，均会产生约束扭转。由于纵向力也会引起约束扭转，开口截面薄壁杆件受压时往往以弯扭组合变形的形式失稳，临界荷载会明显地小于只考虑弯曲变形所求得的值，如弹性失稳时的欧拉临界力（见**柱**）。

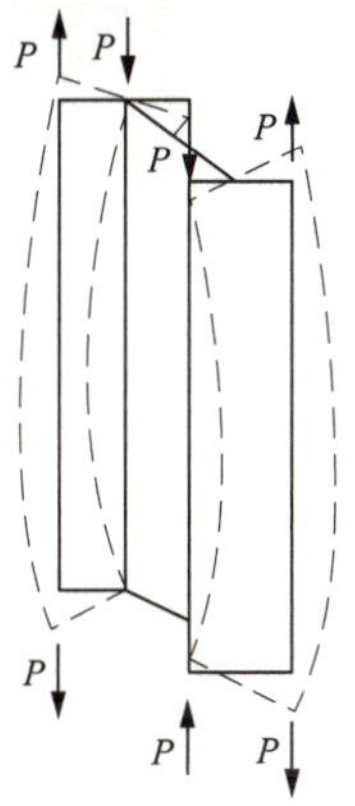

图3　端面上自相平衡的纵向力引起的约束扭转示意图

薄壁杆件结构与其他形式结构相比，在同等刚强度储备下，更能满足轻量化设计要求，因此薄壁杆件结构在工程实践中得到广泛应用。航空工业中，为减轻自重而大量使用薄壁杆件结构。例如，在初步分析时通常将整个机身和机翼简化为闭口薄壁杆件；汽车工业中，由于开口薄壁杆件质量轻、强度高、易于组装，在汽车车架上得到广泛应用，同时汽车车身结构件中也大量使用闭口薄壁杆件来提高车身弯曲刚度、扭转刚度、强度和抗撞性能等。未来研究薄壁杆件的约束扭转，需要更加深入全面地了解杆件弯曲、扭转和屈曲问题的特征，熟练地掌握并发展多种约束扭转理论，从而为工程应用提供科学基础。

（奚绍中　季顺迎）

薄壳结构　shell structure　由空间曲面形板或加边缘构件（梁、拱、桁架等）组成的空间曲面结构。壳体的厚度远小于壳体的其他尺寸，因此壳体结构具有很好的空间传力性能，能以较小的构件厚度形成承载能力高、刚度大的承重结构，能覆盖或围护大跨度的空间而不需中间支柱，能兼承重结构和围护结构的双重作用，从而节约结构材料。厚度与最小曲率半径比值小于1/20的壳体一般称为薄壳。工程中的壳体结构多由钢筋混凝土或钢建造，也可用木、石、砖或玻璃钢等材料建造。

发展简史　远在新石器时代，地中海塞浦路斯岛上的人已懂得用石块和土坯修建蛋形民居。在土耳其伊斯坦布尔尚存537年重建的圣索菲亚大教堂，系古代砖砌穹顶建筑。18世纪，在中国新疆喀什修筑的阿巴和卓麻扎，其圆形屋盖便是以石膏为胶结材料，用方砖叠砌的。自从出现了钢筋混凝土，壳体的制造有了新材料。P.L.奈尔维和A.维特罗西于1957年设计的罗马奥运会小体育馆，半圆形穹顶直径为60米，内部采用了钢筋混凝土网格的结构系统（见图）。1972年在澳大利亚悉尼建成的悉尼歌剧院，屋顶由15吨重、共2000余块的弯曲形混凝土预制件经钢缆拉紧拼成。1959年修建的中国北京火车站中央大厅，采用多个跨度为35米×35米双曲面扁壳并列布置组合而成。

意大利罗马奥运会小体育馆

分类　壳体两外表面之间平分壳体厚度的中间曲面称为壳体的中曲面，壳体的中曲面、厚度和边缘及支承状态决定着壳体的几何特性。形成壳体的方法很多，可由直线或平面曲线旋转而成，也可由直线或平面曲线平移生成，或根据需要形成一种复杂曲面或组合曲面，曲面的形状通常根据使用要求和受力性能确定。

壳体结构的种类很多，通常根据曲面形状或曲面几何特性（即两个方向主曲率K_1、K_2的乘积K，称为高斯曲率）进行分类。

按高斯曲率分：①正高斯曲率壳。又称同向曲面壳。这类壳体有球面壳、抛物面壳、双曲扁壳等。②负高斯曲率壳。又称反向曲面壳。这类壳体有双曲抛物面壳、扭壳等。③零高斯曲率壳。又称单向曲面壳。这类壳体有柱面壳、锥面壳等。此外，还有混合型曲率壳，即一个壳体内兼有正、负高斯曲率部分。

按曲面形状分为球面壳、柱面壳、锥面壳、双曲扁壳、扭面壳、双曲抛物面壳、组合曲面壳等。

按曲面可展性分为可展曲面壳和不可展曲面壳，前者的壳曲面在无拉伸或剪切的条件下可展开为平面，这类壳体有柱面壳、锥面壳，后者需经拉伸与剪切才能展开为平面，比前者具有更好的稳定性和受力特性，这类壳体有球面壳、双曲扁壳等。

受力特征　由于壳体结构自身的空间曲面形式，在外力作用下，其内力体系是一个空间或三维力系。与传统的平板结构或框架结构不同，壳体结构主要依靠其面内力（又称薄膜力）来平衡外力，而平板或框架主要依靠弯曲来平衡外力，因而壳体结构具有良好的空间传力性能，良好的空间刚度、整体性和较高的承载能力。在壳体结构中（特别是薄壳），其面内（薄膜）刚度远大于弯曲刚度，因而，在外力作用下，一个薄壳可以吸收很大的面内（薄膜）应变能，而变形却很小。但当外力达到一定水平时，壳体不能保持原有形状，其大部分薄膜应变能转变为弯曲应变能，而致使壳体产生很大的（甚至破坏性的）变形，这种能量转变或变形称为壳体的失稳或“屈曲”，这种变形特征是壳体失效的一个显著而独有的特征。

（张维嶽　罗永峰　撰　范　峰　修订）

保温隔热工程　thermal insulation engineering　按居住或公共建筑节能设计标准的规定，进行建筑热工节能设计和施工的屋面、门窗、外墙、地面等工程。主要通过设置保温层和隔热层来实现。

屋面保温隔热工程　建筑物屋面暴露在外，直接受风吹、日晒、雨淋和雪盖的考验，表面温度变化大。据统计，屋面的能耗损失达到外围结构总能耗损失的9%～10%。为保证建筑室内冬暖夏凉，在屋顶结构层上、防水层下需设置保温隔热层。

中国北方地区屋面保温隔热主要是设置保温层为主，保温层可以采用泡沫混凝土预制块、膨胀蛭石制成的预制块、岩棉板、泡沫玻璃块等无机保温材料；也可以采用聚苯乙烯泡沫塑料板、硬泡聚氨酯保温等有机保温材料。施工方法有现浇和铺砌两种。中国南方地区屋面保温隔热以设置架空隔热层为主，也有设置保温层的，其做法与北方相同。

门窗保温隔热工程　门窗的保温隔热

性能是建筑围护结构的四大部位中最差的，建筑通过门窗损失的热量最大。因此，有效增强门窗的节能效果是提高建筑节能水平的重要环节。在建筑中，门窗在具有采光、通风、装饰等功能的基础上，要具有较好的保温隔热性能。

双层玻璃窗（保温玻璃窗）具有保温隔热的效果，采用镀膜玻璃，可以进一步提高隔热性能。节能门窗有聚氯乙烯（PVC）加木芯组合门窗、断桥铝合金节能窗、PVC中空玻璃节能窗、仿铝合金小断面而高强度变性PVC节能窗等。

外墙保温隔热工程　建筑墙体节能技术应用主要有外墙外保温、外墙内保温、夹心保温和自保温4种形式。推广应用最为量大面广的是外墙外保温体系，其他3种墙体保温体系也有一定的应用和发展。

外墙外保温　指在垂直外墙的外表面上施工保温层。此种保温体系可用于新建建筑墙体，也可用于既有建筑外墙的改造。外墙外保温因具有可以避免热桥、保护墙体材料、不占用室内使用面积等特点，成为建筑墙体节能的首选方法之一。中国形成了多种采用不同材料、不同做法的外墙外保温技术体系，包括模塑板（EPS）外墙外保温系统、挤塑板（XPS）外墙外保温系统、聚氨酯硬泡外墙外保温系统、胶粉聚苯颗粒外墙外保温系统、无机纤维外墙外保温系统、无机保温颗粒外墙外保温系统、无机保温板外墙外保温系统等。其中模塑板外墙外保温系统因具有良好的保温效果、性价比，且施工方便，是市场用量较大的外墙外保温系统，但因其所用保温材料EPS或XPS板易燃，造成多起在建建筑起火，又限制了其在高层建筑中的应用。

随着建筑节能等级的提高，高效节能的外墙外保温体系在未来会得到更大发展，从模塑板外墙外保温系统、挤塑板外墙外保温系统到聚氨酯硬泡外墙外保温系统是未来发展的方向，但解决其易燃的问题是这一领域亟待攻克的技术难题。

外墙内保温　内保温技术有保温砂浆抹灰、硬质建筑保温制品内贴、保温层挂装、抹聚苯颗粒保温料浆表面现场施工玻纤网格布增强抗裂砂浆等。其中，保温砂浆抹灰工艺采用的材料有胶粉聚苯颗粒保温浆料、复合硅酸盐保温砂浆或稀土复合保温砂浆等。外墙内贴的硬质建筑保温制品有硬质矿棉板、石膏玻璃棉板、水泥聚苯板、加气块、泡沫玻璃保温板、增强石膏复合聚苯保温板、聚合物砂浆复合聚苯保温板、增强水泥复合聚苯保温板等。外墙内侧保温层挂装由龙骨、保温层和硬质面板组成。保温层可采用半硬质矿（岩）棉板、矿（岩）棉毡或其他性能良好的实用材料。

最常用的做法是内抹保温砂浆和贴预制保温板工艺，保温材料多采用聚苯板或聚苯颗粒等达到保温效果，用粉刷石膏作为黏接和抹面材料居多。墙体内保温体系施工方便、价格也便宜、技术成熟，施工技术及检验标准是比较完善的。但内保温有占据室内面积，在中国北方地区会由冷热桥而易引起结露现象等缺点。

夹心保温　夹心保温墙体是将墙体分为承重和保护部分，中间留一定的空隙，用保温材料（如聚苯、岩棉、玻璃棉、膨胀珍珠岩）填充，也可不填保温材料做成空气层放在两片墙体中间，并在内、外侧墙中间设置拉接件，形成夹心保温复合墙体。

夹心保温墙体不占用室内使用面积，但易产生冷热桥，且施工难度大，限制了这一体系的发展。

自保温　墙体自保温体系指以单一墙体材料即能满足现有节能要求的外墙保温体系。保温材料即墙体材料本身，一般多应用于非承重墙体，是一种依靠墙体材料自身较高的热阻和热惰性来满足节能指标要求，不需要在外侧或内侧复合保温层的一种节能体系。应用较多的自保温墙体材料有加气混凝土砌块、轻集料混凝土小型砌块、烧结多孔砖、混凝土多孔砖、蒸压（养）砖、复合墙板等。然而墙体自保温技术的发展受到配套材料发展不完善的限制，如抹面砂浆抗裂性能差、墙体开裂现象严重等，影响其技术的推广和应用。

地面保温隔热工程　中国传统建筑中地面保温隔热不受重视，应用较少，随着建筑节能要求的提高及人们对建筑室内环境质量要求越来越高，采暖建筑地面的保温隔热也逐渐受到重视，严寒地区及寒冷地区铺设地面保温隔热层日渐普遍。由于地面具有承重作用，一般作为地面保温层材料在具有保温隔热功能的同时，还应满足强度等要求。传统的地面保温中常用地面下铺设碎砖、灰土作为保温层。在建筑地面保温隔热工程除铺设一定厚度的保温隔热材料外，面层一般采用混凝土，也可用浮石混凝土面、珍珠岩砂浆或各种木地板具有保温隔热作用的材料作为保温隔热面层。常用的地面保温隔热材料有漂珠、陶粒、矿棉、膨胀珍珠岩、硅酸铝纤维、聚氨酯、聚乙烯、聚氯乙烯等泡沫材料、硬泡聚氨酯、挤塑型聚苯板、轻集料混凝土等。相对建筑其他部位的保温隔热技术而言，地面保温隔热较易实现。

（栗　新）

爆破安全管理　blasting safety management　依据法律法规，对爆破作业各个环节进行安全监管，杜绝火工品流失，防止爆炸事故和涉爆案件发生，保障人民生命和财产安全的管理工作。爆破安全管理贯穿整个爆破工程生命周期，包括爆破资质分级管理、爆破安全评估、爆破安全监理、民用爆炸物品安全管理和民用爆炸物品信息管理系统等。

爆破工程危险性主要有：①内在的危险性。在施工过程中一旦发生爆破事故，严重威胁施工人员的人身安全，给施工单位造成严重的经济损失，甚至导致整个工程项目停工。②外在的危险性。在运输、储存过程中发生爆炸事故，将严重威胁社会公共安全，造成严重的社会影响。③爆破物品丢失、被盗，使爆炸物品流失到社会上，给社会稳定带来隐患。

爆破施工安全管理措施有：①确定爆破安全第一责任人。②建立完善的安全生产管理组织机构。③制定安全管理制度和安全措施。④设计严密可靠的爆破安全管理措施。⑤严格爆破作业人员管理。⑥认真落实爆破作业实施的安全管理措施和安全生产责任制。⑦建立健全安全生产资金保障机制。⑧完善安全生产奖罚机制。⑨扎实开展爆破安全教育。

（黄小武）

爆破安全监测　blasting safety monitoring　采用专业仪器设备，监测隧道、矿山、桥梁及房屋等爆破作业时产生的爆破有害效应对周边建（构）筑物、设施设备等影响的技术。爆破安全监测主要包括爆破振动监测、爆破水中冲击波监测、爆破噪声监测、爆破空气冲击波监测、爆破粉尘监测和爆破有害气体监测等。

爆破振动监测　爆破振动监测系统包括传感器、中间适配放大器和记录存储分析处理设备（图1）。传感器将原始振动信息变换为所需的电压或电荷信号，放大器将传感器采集的微弱信号进行滤波阻抗变换处理并放大后输入记录设备。

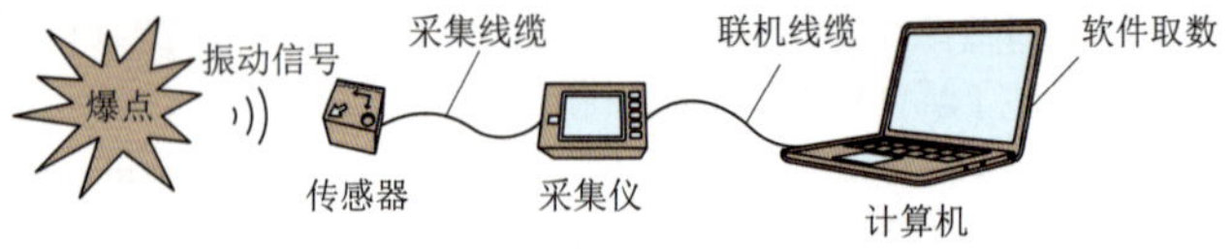

图1　爆破振动监测系统示意图

爆破水中冲击波监测　水中冲击波监测系统见图2。爆破水中冲击波监测系统应具备：①监测系统的频响范围、幅频特

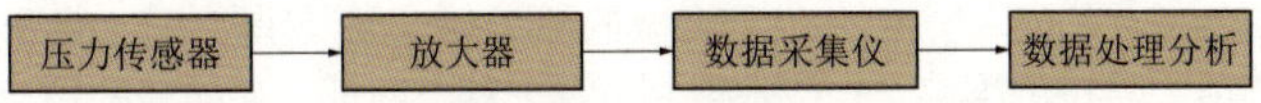

图2　爆破水中冲击波监测系统示意图

性、相频特性要适应爆破水中冲击波特征的要求。②能线性地传递冲击信号，有较宽的动态测试范围。③监测系统输出的零点漂移小，受冲击振动测试环境的影响小。

爆破噪声监测　爆破噪声常用扩音器与噪声计组合测量，测量结果用电子示波器记录；或先用磁带录音机和数据记录器录音，然后重新播放录音进行测定。爆破噪声监测系统主要有声级计、爆破噪声自动记录系统。①声级计。用一定频率和时间计权来测量噪声的仪器，是测量声压的主要仪器。声级计的工作原理是：声波被传声器转换成电压信号，该电压信号经衰减器、放大器以及相应的计权网路、滤波器，或者输入记录仪器，或者经过均方根值检波器直接推动指示表头。②爆破噪声自动记录系统。是爆破噪声监测常采用的系统。将声传感器采集的爆破噪声信号经过衰减器、放大器，然后进行数字化采样并存储。可现场读取爆破噪声的峰值，也可将采样数据传输到计算机后进行数字信号分析。

爆破空气冲击波监测　爆破空气冲击波测试系统结构及原理与爆破水下冲击波测试系统相近。应用较多的是压电式、应变式和机械式压电传感器。

爆破粉尘监测　爆破粉尘监测主要使用的仪器有：①滤膜称重法智能仪器。滤膜称重法用于连续、实时的在线监测，是颗粒物检测的基准方法。智能总悬浮颗粒（TSP）采样器就是应用滤膜称重法捕集大气中TSP和可吸入颗粒物（PM10）的仪器之一，可应用于气溶胶的常规监测。②光散射法测尘仪器。采用光散射积分的方式监测相对浓度，由计数单位时间内的脉冲可得知浮尘的相对质量密度。P-5L2C型便携式微电脑粉尘仪，以及袖珍式微电脑激光粉尘仪等在中国已得到广泛应用。③其他仪器。应用较多的有β传感器式快速烟尘测试仪，以及激光可吸入式粉尘分析仪等。

爆破有害气体监测　易燃、易爆、有毒等有害气体的快速检测技术发展较快，主要包括仪器法、气体传感器法和化学检测法等。

仪器法　利用各种气体快速测定仪器，对易燃、易爆、有毒等有害气体进行快速测定。①热学式气体测定仪。常用的有易燃、易爆气体测爆仪、一氧化碳测定仪、爆炸粉尘测定仪。②光电式气体测定仪。利用气体对某种单色光的吸收改变了入射光的强度，在光电池中产生电信号，通过测定电信号而测定气体的浓度。如对芳烃气体及对吸收紫外光和可见光的有毒、有害气体进行的测定。③电导式气体测定仪。利用易燃、易爆、有毒等有害气体溶于某种电解质中，改变了这种电解质的组成和电导，通过测定电解质的电导来测定气体的浓度。如氨气测定仪、二氧化氮测定仪。

气体传感器法　①半导体气体传感器。主要使用半导体气敏材料，具有灵敏度高、响应快的优点。按照检测气敏特征量方式分为电阻式和非电阻式两种。电阻式半导体气体传感器工作原理是检测气敏元件随气体含量的变化情况，主要使用金属氧化物陶瓷气敏材料。随着复合金属氧化物、混合金属氧化物等新型材料的研究和开发，提高了气体传感器的特性和应用范围，如氧化锌～氧化铜（ZnO～CuO）气体传感器对一氧化碳气体非常敏感。非电阻式半导体气体传感器工作原理是利用气敏元件的电流或电压随气体含量的变化，主要有MOS二极管式、结型二极管式及场效应管式气体传感器，实现氢气、硅烷等可燃气体的检测。②固体电解质气体传感器。使用固体电解质气敏材料作气敏原件。如监测硫化氢气体的YST～Au～WO_3传感器，检测氨气的NH_4^+～$CaCO_3$传感器等。③接触燃烧式气体传感器。④高分子气体传感器等。

化学检测法　利用化学试剂制成的指示剂与被检测气体发生化学反应，使指示剂的颜色发生变化，根据指示剂颜色的变化检测气体的种类和浓度。　（谢全民）

爆破材料　explosive material　实现爆破目的所消耗的工业炸药、起爆器材、堵塞材料和防护材料等不同功能材料的总称。

工业炸药　由氧化剂、可燃剂和添加剂等组分，按照氧平衡原理配制并均匀混合的爆炸物。又称民用炸药。通常其氧化剂是硝酸铵，可燃剂由木粉、石蜡、地蜡、柴油类碳氢化合物组成，添加单质炸药作敏化剂，根据特殊需要还可加入少量铝粉和镁粉等。乳化炸药现已很少用单质炸药作敏化剂，常采用微气泡敏化技术。常用工业炸药包含乳化炸药、铵油炸药、膨化硝铵炸药、水胶炸药和其他工业炸药。

起爆器材　用于起爆炸药的点火器材和起爆工具。起爆器材按作用可分为起爆材料和传爆材料，主要有雷管、导火索、导爆索、导爆管、导爆管连接元件、继爆管和起爆药柱等。其中，雷管属于起爆材料；导火索、导爆管属于传爆材料；继爆管、导爆索既属于起爆材料，又属于传爆材料。

工业雷管　通过点火元件使其爆炸后引爆炸药，是主要的起爆器材。早期采用雷汞作为主装药，制作成管状结构，故称雷管。管壳材料多为铜、纸、铝、铁等，内装正、副起爆药，正起爆药多为二硝基重氮酚、叠氮化铅等高感度炸药，副起爆药为黑索金、梯恩梯等高威力炸药。为起爆不同感度的工业炸药，工业雷管按所装填起爆药数量分为10个等级，号数越大起爆力越强。爆破工程中常用8号雷管和6号雷管。

工业雷管有两种分类方式：①按起爆方式分为电起爆雷管、非电起爆雷管。电起爆雷管包括普通电雷管、磁电雷管和数码电子雷管等；非电起爆雷管包括火雷管和导爆管雷管等。②按延期时间分为瞬发雷管、延期雷管。延期雷管又分为毫秒延期、秒延期和半秒延期雷管等。

新型起爆器材　主要包含电磁雷管、数码电子雷管、声控雷管和激光雷管。①电磁雷管。在电雷管基础上，通过电磁感应产生的电能来激发雷管起爆。②数码电子雷管。是一种延期时间根据实际需要可任意设定，并精确实现发火延时的新型电能起爆器材。③声控雷管。利用声音控制起爆的雷管。④激光雷管。利用激光装置产生的激光通过光导纤维传递并照射雷管使其发火的起爆器材。

填塞材料　在爆破工程施工过程中，用于充填药柱前段至炮孔口部之间的材料。

防护材料　用于减弱或控制爆破飞石、爆破冲击波、爆破振动和爆破粉尘等爆破有害效应所使用的材料，如沙袋、橡胶（纺织品）卷材、金属（竹木）板材和水袋等。工程爆破中依据保护目标和级别的不同，通常因地制宜地选取防护材料，其中大多是废物利用。　（陈先锋）

爆破参数　blasting parameter　爆破工程中表明炮孔规格、布孔形式、炸药数量和填装方式的参数。爆破参数的基本参数分为孔网参数和爆破参数两类。

孔网参数主要有孔深、孔装药参数、装药长度、堵塞长度、药包直径、装药密度、单孔药量、装药结构、间隔装药、装药系数、不耦合系数和炮孔密集系数等。

爆破参数主要有炸药单耗、起爆段数、段间时差及爆破范围。

除基本参数外，爆破类别不同，爆破参数包含内容也有所不同。①隧道爆破。

包含掏槽和光面爆破的参数。②地下采矿爆破。包含孔口距、孔底距和崩矿步距等。③楼房拆除爆破。包含爆破切口高度、倾倒铰支（链）部位破坏高度、布孔位置等。④烟囱（水塔）高耸建筑物爆破拆除。爆破参数还包含爆破切口形式、切口高度、切口弧长、定向窗形状尺寸等。

（马建军）

爆破工程 blasting engineering 利用炸药爆炸产生的巨大能量对岩石、混凝土、金属等介质做功，使介质发生强烈的状态变化，产生变形、破碎、移动和抛掷，从而达到预定工程目的的工程技术。地球是人类赖以生存的家园，它孕育了山川、河流、矿藏等自然资源。在人类与地球环境的协调发展过程中，开凿山川、截断河流、营建楼宇是人类生存繁衍和文明进步的必然选择。而这些改造自然环境的人类活动，都必须要进行岩石等坚硬介质的破碎和挖掘。黑火药发明以来，人类创造性地利用炸药爆炸能量采掘矿藏、修路架桥、堆石筑坝、建设城市，大大地提高了改造自然、利用自然的效率，显著加快了人类文明发展的进程。

爆破工程是利用炸药爆炸产生的巨大能量对岩石、混凝土、金属等介质做功，使介质发生强烈的状态变化，产生变形、破碎、移动和抛掷，从而达到预定工程目的的工程技术。爆破工程技术已成为国民经济建设与国防建设中不可或缺的重要支撑技术，广泛应用于矿山开采、水利水电、城市建设、交通运输、爆炸加工、地震勘探等工程领域。

爆破工程按爆破对象和目标分为岩土爆破、拆除爆破和特种爆破3类。

发展简史 爆破的能量来源于炸药爆炸，炸药又由起爆器材如雷管、导爆索等引爆，炸药和起爆器材统称为爆破器材，而爆破技术是在18世纪末随着许多新品种的工业炸药和新型起爆器材的发明才发展并广泛地推广应用的。从某种意义上讲，爆破工程的发展史就是爆破器材的发展史。

爆破器材的发展历程 据《孙真人丹经》和《道藏·诸家神品丹法·丹经内伏硫黄法》记载，早在650年左右，药王孙思邈就发现了硝石和硫黄的反应。唐宪宗元和三年（808），赵耐庵（清虚子）编纂的《铅汞甲庚至宝集成》中有“伏火矾法”，记载了用硝石与硫黄各2两与干马兜铃0.35两混合，制成品会突然着火，腾起火焰。这被认为是世界上最早记载的比较完备的黑火药配方，而“一硝二磺三木炭”的黑火药制作方法在中国民间广为流传。11～12世纪，黑火药传入阿拉伯国家，13世纪时经印度、阿拉伯国家传入欧洲。黑火药作为独一无二的炸药，延续了数百年之久。

1799年，英国福塞斯发明了雷汞。雷汞的应用标志着黑火药时代的结束。1831年，出现了以黑火药为药芯的毕氏导火索。1865年，瑞典A.B.诺贝尔发明了以硝化甘油为主要组分的达纳迈特炸药，1867年发明了以雷汞为主要原料的火雷管。同一时期，C.J.奥尔森和J.H.诺宾发明了硝酸铵和各种燃料制成的混合炸药。1878年，出现了瞬发电雷管，使得电火工品在19世纪末得到广泛应用。1919年，出现了以太安为药芯的导爆索。1927年，又在瞬发电雷管的基础上制成了秒延期电雷管。1946年，发明了毫秒延期电雷管。1950年后，成本更低的铵油炸药得到推广应用。1956年，美国库克发明了浆状炸药。1977年，美国阿特拉斯炸药公司研制出乳化炸药。

在中国，1959年开始研制浆状炸药；20世纪70年代后期，北京矿冶研究总院的汪旭光科研团队开始研制乳化炸药，并独创了粉状乳化炸药、露天型乳化炸药混装车等。

1973年，诺贝尔炸药公司发明了塑料导爆管雷管，其网络连接方便、可靠、安全性极佳，后得到发展。20世纪末期，又出现了激光电雷管、数码雷管和声控雷管等爆破器材，推动了爆破技术的快速发展。

中国是爆破器材的生产和消耗大国，产量已居世界首位。2021年工业炸药产量为441.52万吨，工业雷管产量为8.9亿发，工业导爆索产量为1.09亿米。

爆破技术的发展历程 爆破技术的发展历程可分为传统爆破阶段、控制爆破阶段和精细爆破阶段。

传统爆破阶段 黑火药传入欧洲后，1627年，匈牙利人将黑火药用于开采矿石。与原来的火烧法破裂矿石相比，黑火药爆破破岩的效果显著提高，因此黑火药在采矿业的应用被视为中世纪的结束和工业革命开始的标志。但是，在相当长的一段时间里，由于受爆破器材、施工机械、爆破理论发展局限的影响，爆破技术处于粗放阶段，作业劳动强度大、环境破坏严重、安全事故频发等。这个阶段大约持续了数百年。

控制爆破阶段 20世纪后，特别是第二次世界大战结束后，各国相继由战争状态转为和平建设模式，由于在爆破基础理论研究、新型爆破器材的研制、高效率施工机械的研发等方面取得突破，爆破技术得到发展。这一时期，最显著的特点是对爆破产生的振动、冲击波、飞石和有毒气体等有害效应采取主动控制措施，在达到工程目的同时，最大限度地减少对保留岩体的损伤和对周边环境的影响，因此“控制”是这一时期的最大特点。光面爆破、预裂爆破和轮廓爆破等技术就是控制爆破的代表性技术。此外，第二次世界大战后，欧洲国家为拆除战争遗留的废弃建（构）筑物，大量采用了控制爆破技术，因此这一时期的另一个显著标志就是城市建（构）筑物拆除爆破技术的发展和进步。

精细爆破阶段 21世纪以来，爆破工程的规模不断扩大，所处的环境也越来越复杂，对爆破工程的安全性、环保性要求越来越高。同时，爆破基础理论研究和相关学科的发展，特别是计算机技术的进步为爆破工程的设计定量化、施工管理精细化、监测反馈信息化提供了支撑，爆破工程进入了新阶段。武汉爆破有限公司谢先启提出了精细爆破，精细爆破是控制爆破的升级与发展。精细爆破是通过爆破效应的定量分析和准确预测进行量化设计，采用先进的施工与管理技术实施精细作业，依托现代信息技术实现爆破过程的监测与反馈，从而精密控制炸药爆炸能量释放、介质破碎与抛掷等过程，既达到预定的爆破效果，又有效控制爆破有害效应，最终实现安全可靠、绿色环保和经济合理的目标。精细爆破被认为是爆破工程未来的发展方向。

研究内容 爆破工程是在爆炸力学、固体力学、结构动力学和岩石动力学等学科基础上衍生出来的一门新型交叉学科，其主要任务是研究炸药爆炸机制和介质的爆破响应规律等重大科学问题，重点探索岩石、混凝土等介质的爆破破碎、建筑结构的失稳倒塌，以及爆破有害效应的产生与传播规律等，为解决铁路公路、水利水电等国家大型基础设施建设，深部资源开采，高大建（构）筑物拆除，特种材料加工合成等领域的工程技术问题提供新的思路、理论、方法和工具。

爆破器材 爆破器材是工业炸药、起爆器材和爆破工程辅助器材的总称。

工业炸药 工业炸药又称民用炸药或商业炸药，是由氧化剂、可燃剂和其他添加剂等成分按照氧平衡原理配制而成的爆炸物。在工业炸药的组分中，通常氧化剂是硝酸铵，可燃剂是木粉、石蜡、地蜡、柴油类碳氢化合物。以往的工业炸药通常添加单质炸药如TNT或者少量的铝粉、镁粉等作为敏化剂，由于安全和环保的原因，现已很少用单质炸药作敏化剂，如普通岩石炸药不再添加TNT，乳化炸药则采用微气泡敏化技术。

工业炸药按主要化学成分分为：①硝铵类炸药。以硝酸铵为主要成分，是各国工程爆破中用量最大、品种最多的混合炸药，如乳化炸药（含粉状乳化炸药）、铵油炸药、水胶炸药和膨化硝铵炸药等。②硝化甘油类炸药。以硝化甘油为主要成分，加入硝酸钾、硝酸铵作氧化剂，硝化棉为吸收剂，木粉为疏松剂的混合炸药。其爆炸威力大、感度高、防水性好，但其安全性差，爆破后生成的有毒气体量大，成本高。③芳香族硝基化合物类炸药。凡含有苯及其同系物，如甲苯、二甲苯的硝基化合物以及苯胺、苯酚和萘的硝基化合物的炸药均属此类，如TNT、RDX炸药等。④液氧炸药。由液氧和多孔可燃物混合而成的炸药。

起爆器材　炸药只有在外部能量的作用下才能发生爆炸，这种外部能量可以是热能、机械能或爆炸能，其中，爆炸能是最常见的引爆炸药的外部能量。为了使炸药按照需要的先后顺序，安全、准确、可靠地发生爆炸，就需要起爆器材。爆破工程中常用的起爆器材有雷管、导火索、导爆索、导爆管、起爆具等。

雷管。指在管壳中装有起爆药、能直接起爆炸药的起爆器材。按引爆方式和能源的不同，雷管可分为火雷管、电雷管和导爆管雷管等。①火雷管。依靠导火索燃烧的火焰引爆，其他雷管都是在火雷管的基础上增加一些装置而制成的。②电雷管。利用电点火元件点火引爆火雷管，按通电后起爆时间的差别，可分为瞬发电雷管和延期电雷管，延期电雷管又分为秒延期、半秒延期和毫秒延期电雷管。③导爆管雷管。利用导爆管传递的冲击波能直接起爆，由导爆管和火雷管组装而成。导爆管雷管与电雷管一样，分瞬发、秒延期、半秒延期和毫秒延期雷管，不同的是没有桥丝和引火头，而是利用导爆管中的爆轰波直接引爆雷管。

导火索。以一定密度的粉状或粒状黑火药为药芯（图1），以棉线、塑料、纸条和沥青等材料被覆而成的圆形索状起爆器材，功能是产生并传递火焰，起爆火雷管，其燃烧速度为100～125秒/米。

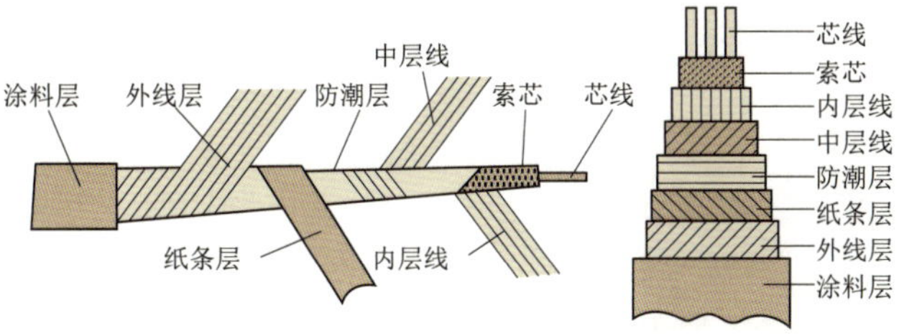

图1　工业导火索结构示意图

导爆索。与导火索结构相似，不同之处是导爆索的药芯是能够传递爆轰波的单质猛炸药，如黑索金、太安等。另外，导爆索的外皮为红色，作为与导火索区别的标志（图2）。中国普通导爆索的爆速不低于6500米/秒。

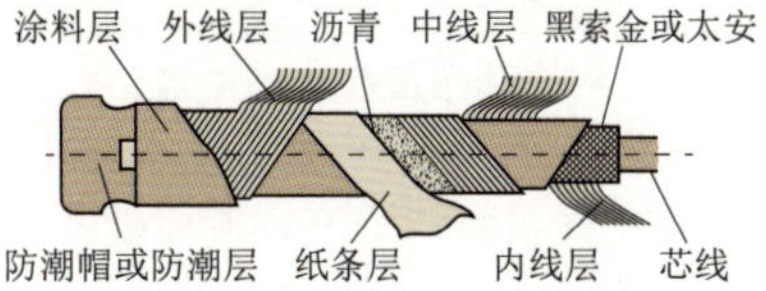

图2　导爆索结构示意图

数码电子雷管。在原有雷管装药的基础上，延期装置不采用传统的延期体，而是采用具有电子延时功能的专用集成电路芯片实现延期的雷管（图3）。由于电子延期具有精确可靠、可校准的特点，使得雷管的延期精度和可靠性极大提高，其延时精度可精确到1毫秒，且延期时间可在爆破现场按需要设定，并可在现场对整个起爆系统实施编程和检测，大大提高了爆破施工的安全性。

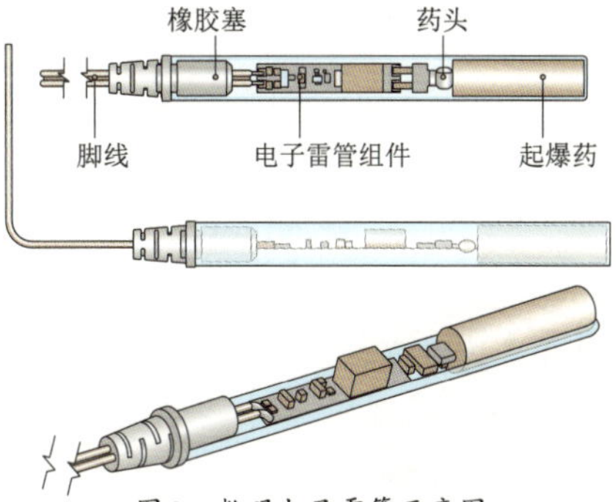

图3　数码电子雷管示意图

起爆具。又称中继起爆药柱或中继传爆药包，指设有安装雷管或导爆索的功能孔、具有较高起爆感度和高输出性能的猛炸药制品。起爆具按起爆方式分为双雷管起爆具、双导爆索起爆具、雷管和导爆索起爆具等。

起爆方法　根据采用的起爆器材的不同，起爆方法可分为电力起爆法和非电起爆法，其中，电起爆法主要包括电雷管起爆法、数码电子雷管起爆法等，非电起爆法主要包括导爆索起爆法、导爆管雷管起爆法等。

爆破工程辅助器材　包括起爆电源（起爆器）、电力导线、爆破监测仪器和设备、堵塞材料和防护材料等。

爆破工程地质　爆破的对象主要是各类岩石，只有充分了解岩石类别，熟悉岩石的主要物理力学性质及其动力学特性，才能取得良好的爆破效果。由于爆破工程是直接在岩体中进行的，而由各类岩石组成的岩体在地质历史时期的各种内外动力作用下，留下了多种构造形迹，组成了不同类别的岩体结构，而岩石的坚硬程度和岩体的完整程度决定了岩体的基本质量。爆破实践表明，这些构造形迹和岩体结构不仅对爆破工程效果有直接影响，而且会对爆破安全和爆后工程岩体（如围岩、基岩和边坡）的稳定性带来影响。因此，工程地质勘察是爆破工程设计和施工中的一项非常重要的基础工作。爆破工程地质主要涉及3个方面的问题：①工程地质对爆破的影响。与爆破关系较密切的地质条件有地形、岩性、地质构造、水文地质条件和特殊地质条件等。主要研究地形、地质对爆破效果的影响，以辨明有利或不利于某种爆破方法的地形、地质条件，从而针对爆破区域（简称爆区）的地形、地质及环境采用合理的爆破方案，指导爆破设计，选定正确的爆破方法和爆破参数。②爆破作用对工程地质和水文地质的影响。主要研究在爆破作用下有关自然地质产生的各种不安全因素及有效的安全措施，如爆破对基岩的破坏、对地下水渗透性的改变、对高边坡稳定性影响等。③爆破工程地质勘察。由于爆破后岩体（围岩）的变化可能给后续工程建设带来一系列工程地质问题，因此，爆破工程地质勘察既要为爆破工程本身提供爆区地质条件并作为爆破设计的依据，还要为爆破以后的工程设施提供工程措施意见，以便使这些工程设施能适应爆破后的工程地质环境。

爆破基本理论　研究炸药爆炸与爆破对象（目标）相互作用的基本规律，构成岩土爆破、拆除爆破和特种爆破工程技术的基础，包括岩体爆破破碎理论、**爆破漏斗理论**（图4）、**微差爆破机理**、**光面（预裂）爆破机理**、**拆除爆破理论**等。

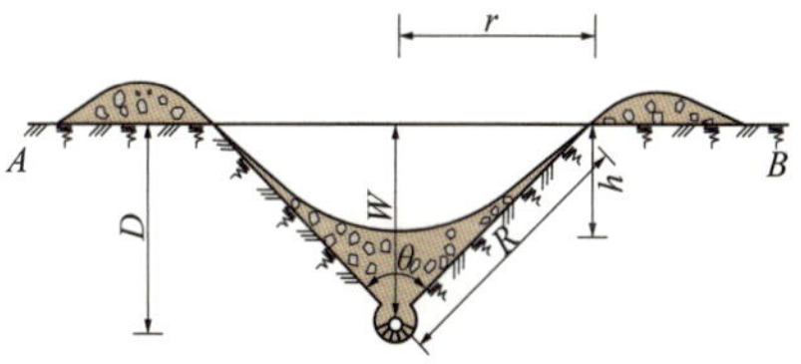

图4　利文斯顿爆破漏斗示意图

爆破工程施工机械　包括：①钻孔机械。常用的钻孔机械按照凿岩原理可分为冲击回转式、旋转碾压式、回转切削式三大类。常见的钻孔机械有凿岩机、凿岩钻车、潜孔钻机、牙轮钻机和水下爆破专用钻机等。②空气压缩机。按工作原理可分为速度式和容积式两大类；按排气压力高低可为低压（0.2兆帕＜排气压力≤1.0兆帕）、中压（1.0兆帕＜排气压力≤10兆帕）、高压（10兆帕＜排气压力≤100兆帕）和超高压（排气压力＞100兆帕）等。③现场装药机械。使用炸药原料及半成品，在爆破现场混制成炸药并装入炮孔的设备，主要用于露天和地下矿山、井巷掘进及其他各种爆破工程中的炮孔或硐室装药。

在露天作业中，机械装药使用装药车或混装车。在地下作业中，机械装药使用装药器和地下药车。由于装药车或装药器的使用，炸药充填耦合好，钻孔利用率更高。混装炸药车实现了装药机械化（图5），制作炸药的原料分装在车上各个料仓，到达爆破现场后才进行炸药的混制及装填，提高了作业安全性。还可根据岩石的不同特性选择，配置不同威力的炸药，提高爆破效率。在地下爆破工程作业，特别是地下矿山向上的中、深孔爆破中，采用装药器或装药车装药，可节省人力、提高装药效率、改善爆破质量、减轻劳动强度。爆破装药机械按用途可分为地下装药机械和露天装药机械。按装药车生产的炸药种类可分为现场混装重铵油炸药车、现场混装粒状铵油炸药车和现场混装乳化炸药车等。

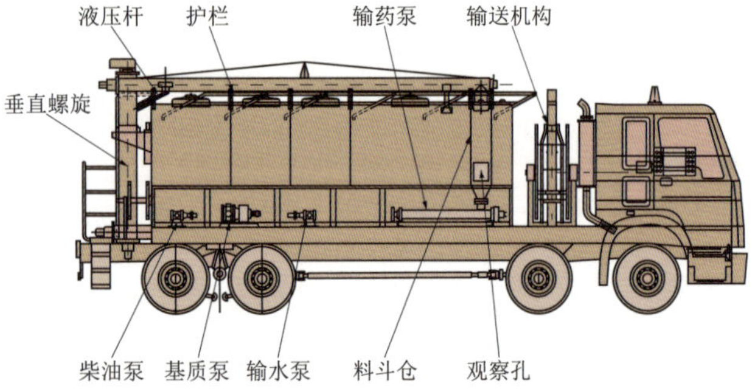

图5 混装炸药车示意图

地面站是为现场混装炸药车进行原材料储存、半成品加工等而设置的地面辅助配套设施（图6），有固定地面站和移动地面站之分。

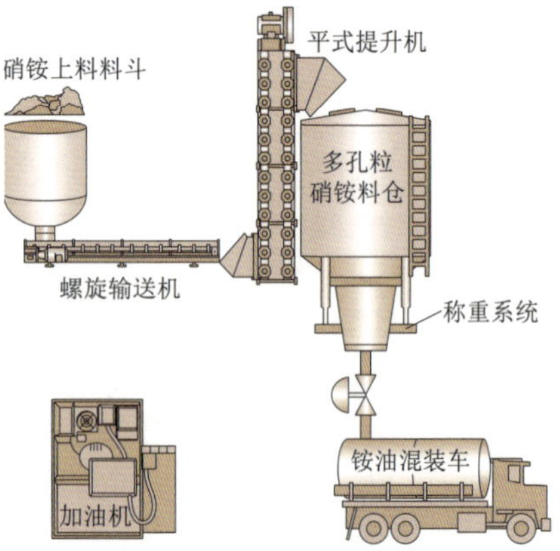

图6 铵油炸药地面站示意图

类型 爆破工程按爆破对象和目标分为岩土爆破、拆除爆破和特种爆破工程三大类。

岩土爆破工程 岩土爆破的对象是各类岩体，按爆破环境不同可分为露天爆破、地下爆破和水下爆破等。

露天爆破 在露天条件下，采用钻孔设备对被爆破体以一定方式、一定尺寸布置炮孔，将炸药布置在恰当位置，然后按照一定的起爆顺序进行爆破，实现破碎、抛掷等目标。随着爆破技术和爆破设备的提高，露天爆破在工程爆破中所占的比例越来越大，对露天爆破的技术要求也越来越高。

露天台阶爆破是在地面上以台阶形式推进的岩石爆破方法。台阶爆破按照孔径、孔深不同，分为深孔台阶爆破和浅孔台阶爆破。通常将炮孔孔径大于50毫米、孔深大于5米的台阶爆破统称为露天深孔台阶爆破。露天深孔台阶爆破广泛用于矿山、铁路、公路和水利水电等工程，据不完全统计，铁矿石开采的90%、有色金属矿石开采的52%、化工原料开采的70%、建筑材料开采近100%都是采用露天深孔台阶爆破的。

露天硐室爆破指在岩体内事先开挖一定形状和容量的硐室或巷道，然后在硐室或巷道内装药的一种爆破方法，由于其一次爆破的用药量和爆落方量较大，通常又称为“大爆破”。中国铁路科学研究院冯叔瑜开创了中国大爆破的技术体系，并著有《大量爆破设计及施工》一书。中国是进行硐室爆破最多的国家之一，万吨级炸药的爆破有3次，千吨级的有数十次，百吨级以上的达数百次。例如，1992年12月28日由原总参工程兵工程学院钱七虎、林学圣等人主持设计并实施了总装药量为1.2万吨的珠海炮台山硐室大爆破（图7）。

图7 珠海炮台山硐室大爆破

硐室爆破按爆破作用特征分为标准抛掷爆破、加强抛掷爆破、减弱抛掷爆破（加强松动爆破）和松动爆破；按装药形式又分为集中药包硐室爆破、条形药包硐室爆破、分集药包硐室爆破和混合药包硐室爆破。

除露天硐室爆破外，还有地下硐室爆破和水下硐室爆破。

由于硐室爆破能在较短时间内开采较大的石方量，且需要的机械设备较少，施工成本较低，因此，在20世纪50～60年代，硐室爆破得到较广泛的应用；但是硐室爆破也存在大块率高、一次装药量较大、对环境影响较大等缺点。因此，21世纪以来，随着中国爆破工程机械化水平的提高，岩土爆破工程主要采用深孔台阶爆破技术，对硐室爆破技术的应用采取了限制的措施。通常情况下，当装药量大于1000吨时，应由业务主管部门组织论证硐室爆破的必要性和可行性。

地下爆破 指地表面以下岩体内部的空间开挖、矿床资源开采中进行的爆破作业，广泛应用于地下矿山开采、交通隧道、水利水电洞室、各种民用硐库和军事地下工程施工。

地下爆破包括巷道掘进爆破、隧道掘进爆破（图8）、立竖井爆破、地下采矿爆破、水电地下洞室群爆破、爆矿井下爆破、放射井矿床开采爆破和高温硫化矿爆破。

图8 隧道掘进爆破施工

除布置有地下采矿（煤）工作面外，地下矿山中有立（竖）井、斜井、平硐、巷道、暗立井（盲井、天井）、斜巷（上山、下山）和各种硐室，不同的地下工程需要采用不同的爆破开挖方法和技术工艺。由于行业和习惯的原因，有些名称略有不同，如煤炭系统所称立井，冶金等系统则称竖井，在冶金矿山所称的盲井、天井，煤炭系统则称暗立井，但其爆破作业技术要求和工艺是一致的。

巷道掘进和隧道掘进虽在爆破技术和工艺上一脉相承，但随着隧道断面的不断增大，隧道施工工艺和爆破技术已经与井下巷道爆破有了很大的差别，特别是在软弱围岩隧道、小净距隧道和地铁隧道的爆破中，对于围岩的维护和爆破振动安全的控制提出了新的技术要求。

煤矿地下开采存在瓦斯和煤尘，爆破作业时应使用煤矿许用安全炸药和煤矿许用电雷管，并应遵守《煤矿安全规程》的规定，同样在放射性矿床开采爆破和高温高硫条件下的爆破亦须采取相应的安全技术措施。

水下爆破 分为水下钻孔爆破、水下裸露爆破、水下硐室爆破、水下岩塞爆破、水下挤淤筑堤、水下爆夯和水下爆破拆除等不同类型。

水下爆破的特点是：①被爆介质具有不同水深产生的垂直向或侧向水压力的作用。水介质基本不可压缩，水深、水压的增加，对被爆介质的爆破效果有明显不利影响。②爆破破碎介质在水中的抛掷运动与空气中的运动规律明显不同。③水下爆破施工难度大，且受水文、水流工况因素影响明显。④同一种爆破介质，水下爆破与陆地爆破相比，炸药单耗大。⑤爆破器材抗压、抗水性能要求高。

水下爆破广泛用于港口码头建设、船坞建设、航道疏浚、水利水电、道路桥梁、水下管道埋设、水下挤淤筑堤和水下爆夯等工程领域。

拆除爆破工程 采用爆破方法对废弃的建（构）筑物进行拆除的爆破技术。拆除爆破除了考虑混凝土或钢筋混凝土等建筑材料的安全高效爆破破碎外，还需分析建（构）筑在失去稳定后的失稳倒塌过程，因此，拆除爆破更强调爆炸力学与材料力学、结构动力学、断裂力学等工程学科的交叉融合。拆除爆破具有爆破对象和材质结构多样、环境条件和起爆网络复杂等特点。拆除爆破工程包括基础拆除爆破、房屋建筑拆除爆破（图9）、高耸构筑物拆除爆破、桥梁拆除爆破、围堰拆除爆破（图10）和水压拆除爆破等。

图9　高层建筑定向爆破拆除

拆除爆破具有爆破对象和材质结构多样、环境条件和起爆网络复杂等特点。进入21世纪，拆除爆破向着规模大型化、结构多样化和环境复杂化的方向发展。

图10　武汉梁子湖与牛山湖隔堤实施爆破作业

特种爆破工程 采用特殊爆破手段、特种爆破器材、在特定环境下对某种介质进行的非军事爆破（图11）。

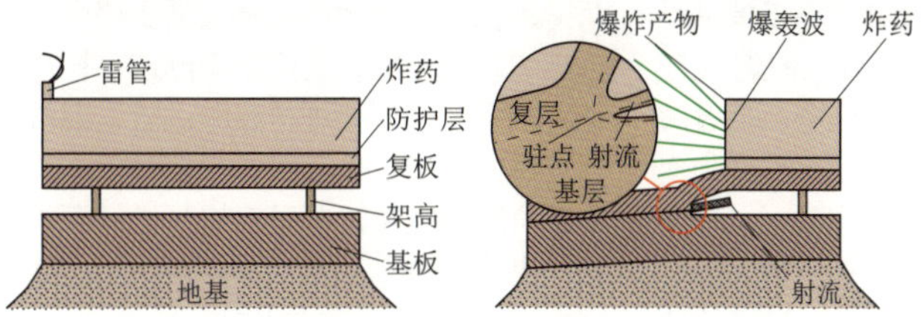

图11　爆炸复合示意图

特种爆破工程包括爆炸加工与合成、油气井燃烧爆破、地震勘探爆破、金属破碎切割爆破、高温凝结物解体爆破、冻土和冰凌介质爆破、聚能爆破和抢险救灾爆破等。特种爆破技术的发展体现了工程爆破技术应用领域的广泛性。

爆破安全控制与防护工程 炸药在介质中爆炸，在达到工程目的的同时，将产生一些有害效应。例如，炸药在固体介质中爆炸，会对保留介质造成损伤，并在爆源一定距离的固体介质中产生地震波，伴随爆生气体逸出产生空气冲击波和噪声；炸药在水中及水下固体介质中爆炸，将产生水中冲击波及动水压力，并引起振动效应；炸药在空气中爆炸将产生强烈的空气冲击波。任何爆破都可能产生有害影响，只有将这些有害影响控制在允许范围内，才能确保爆区周边建（构）筑物及各种设施、设备和人员的安全。因此，安全是爆破工程永恒的主题。

爆破安全控制与防护工程主要包括：①爆破振动强度与安全距离计算与防护。②空气冲击波安全距离的计算与防护。③爆破堆积体与个别飞散物安全距离的计算与防护。④爆破粉尘的预防与控制。⑤爆破有害气体的预防与控制。⑥爆破噪声的控制。⑦保留岩体损伤范围的预测与控制。⑧早爆、拒爆事故预防与处理。⑨爆破环境调查。⑩爆破有害效应监测。⑪爆破安全分析与总结。

展望 中华人民共和国成立以来，中国的爆破工程理论与技术取得了长足的进步，爆破工程规模已居世界前列。但是，由于炸药爆炸和破坏介质的过程是高度非线性的复杂过程，致使爆破理论研究仍落后于工程实践。爆破工程需要在已取得的科研成果的基础上，充分融合相关学科的最新研究成果，紧盯国家科技前沿和重大需求，以精细爆破为目标，向着更安全、更绿色、更环保、更智能的方向发展。爆破工程的发展趋势包括：①炸药爆炸能量输出趋于可控。②爆破工程设计趋于定量化。③爆破器材和施工机械趋于智能化。④爆破工程施工趋于信息化。⑤爆破有害效应控制趋于精细化。

需加强研究的方面：①在基础研究领域，重点研究工业炸药爆轰能量释放控制技术，提高和控制爆破能量的利用率；开发快速便捷的爆破测试新技术，实现岩石爆破特性及本构模型研究方面的突破；加强信息化爆破设计与施工的基础理论与应用关键技术研究，实现工程设计的智能化、可视化，以及爆破施工的机械化、信息化。②在露天爆破领域，针对大型露天矿山开采和覆盖层剥离爆破，应用现代信息技术的最新成果，研究并建立基于全球定位系统（GPS）、地理信息系统（GIS）和遥感技术（RS）的爆破反馈设计理论与方法，完善机械化和信息化钻爆施工技术，实现高台阶深孔台阶爆破的精细化；在铁道、交通、水利和城市建设中重点研究复杂地质、地形和施工环境条件下的岩土精细爆破技术，解决石方开挖、边坡成形、预留岩体、邻近建（构）筑物和设施设备保护等综合技术问题。③在地下爆破领域，针对位于城市建筑物下部的地铁开挖爆破，邻近既有铁道交通线路的隧道爆破，重点完善基于降低和控制爆破振动的微振动精细爆破技术；对于高地应力和复杂地质条件下的大型地下硐室群、超长隧道开挖和深部采矿，重点研究合理的爆破开挖程序、爆破参数及爆破对围岩的损伤控制措施；针对海底隧道爆破施工，重点解决覆岩保护及渗流控制相关的安全技术。④在建（构）筑物拆除爆破领域，针对高层（耸）建（构）筑物的结构特征、拆除条件和环境保护要求，开发基于结构力学和运动学仿真的建（构）筑物拆除计算机模拟软件，研究倒塌新模式，实现建筑物拆除爆破效果和有害效应的精细控制。⑤在特种爆破技术领域，开发钢结构聚能切割、油气井套管爆炸修复、油气井增油断裂控制爆破等相关的专用炸药及爆炸能量控制装置，以及特种材料爆炸加工与合成的过程精细控制技术。⑥在爆破器材领域，加强性能可调控炸药和起爆、传爆器材的研制，提高数码电子雷管起爆系统稳定性；研制基于物联网的爆破振动、冲击波和噪声测试仪器，实现爆破有害效应监测的智能化。（贾永胜）

爆破工程地质勘察　blasting engineering geological exploration　运用地质学等相关学科的理论和技术方法，在爆破场地及其附近区域进行调查研究，查明、分析和评价场地的地质条件、环境特征和岩土体的工程条件，为爆破工程设计和施工提供可靠的地质资料，以便采取合理的爆破技术，安全、高效地完成工程任务。是爆破工程设计和施工的前期工作。

作用　工程地质勘察作用是：①从地形地质条件，论证采用爆破施工的合理性和可靠性。②查明爆区及其影响范围的地质条件，论证爆破后可能因地质条件变化而引起的建筑物基础或边坡等工程的破坏，并提出相应对策。③便于选择合理的爆破参数，确定允许的爆破规模。④便于分析研究爆破前后的地质条件变化，以提供工程问题处理措施。⑤为准确预测爆破效果提供依据。

内容　对大型爆破工程、重要工程和环境复杂工程，在进行工程地质勘察时还应充分关注地形地貌、地层岩性、地质构造、自然地质现象和地下水等工程地质问题。①地形地貌。地形地貌对定向爆破的最小抵抗线方向选择十分重要。地质勘察时不仅要注意地形的测量和成因，还要重视微地形的描述与分析。②地层岩性。岩石强度是决定单位炸药消耗量的主要指标。地质分层、物理力学性质对爆破方案的确定至关重要。软弱夹层的分布、地质剖面上岩体的风化程度和厚度、岩石的密度和纵波速度直接影响爆破效果。③地质构造。对爆破影响最大的地质构造是断层破碎带，影响着爆破抛掷方向、爆破方量、爆破振动、边坡稳定、爆破岩块的级配和形状、单位炸药耗药量等，须特别注意查清断层走向、倾向、倾角、破碎带宽度、充填物质以及裂隙分布和发育状况。④自然地质现象和地下水。对爆破影响较大的自然地质现象有岩溶、滑坡和不稳定岩体等。岩溶洞穴会使爆破能量泄散，其位置、大小及分布规律均须勘察清楚。滑坡或不稳定岩体在爆破时可能会复活或塌落，分布状况和稳定性须勘察清楚。在基岩地区沿断层破碎带或裂隙带往往分布有丰富的脉状地下水，影响爆破施工和装药，且爆破作业后其流向和流量可能发生较大改变，造成环境破坏，需查清脉状地下水的埋藏条件和补给来源。

大型爆破勘察　根据爆破工程的规模和要求，爆破地质勘察工作的深度和内容不尽相同。一般钻孔爆破只需查明岩体性质、地质构造、自然地质现象和地下水分布等。大型爆破勘察通常分为初步设计阶段、技术设计阶段和爆破施工阶段。①初步设计阶段。主要任务是论证爆破工程的可行性和合理性，测绘中小比例尺（1∶10 000～1∶25 000）地形地质图，进行大比例尺（1∶5000～1∶500）地形测量。获得的初步地形地质资料应便于提出可能选择的爆破方案，进行方案比选。初步设计阶段可根据需要进行爆破试验，取得岩石可爆性及参数设计的相关资料。②技术设计阶段。主要任务是对爆区进行更为详细的勘察工作，进行大比例尺（1∶200～1∶500）地质勘察和加密测量，补充钻探工作量，详细划分岩层或岩组性质，明确分布位置和界线，正确表示各不同位置处岩层的产状变化，掌握爆区断层和节理的产状变化、发育状况及其物理力学性质。③爆破施工阶段。主要任务是从施工地质编录中取得资料，进一步论证爆破设计的合理性，并为方案优化和完善提供依据；帮助施工人员正确了解施工过程中的有利和不利地质因素，保证施工进度及施工安全；结合施工进展，开展爆破过程及爆破后的地质勘察与调查工作，作为爆破安全防护和资料存档的依据。（周传波）

爆破工程地质评价　blasting engineering geological evaluation　结合爆破工程特点和任务要求，应用岩体爆破理论和工程地质力学原理，对爆破工程地质资料进行充分分析，评价爆破工程地质条件和爆破工程地质问题，指出对爆破施工有利、不利的地质条件，可能产生的爆破工程地质问题及危害程度，并在此基础上提出爆破设计、施工安全与技术的要求和建议。爆破工程地质评价包括爆破工程地质条件评价和爆破工程地质问题评价。

爆破工程地质条件评价　包括微地形工程地质评价、岩体结构工程地质评价、水文地质条件评价和特殊地质条件评价。

微地形工程地质评价　由于不同地形边界条件下爆破的作用机制和效果不同，其药量计算公式、有效抛掷率和爆破设计方法也均不相同。分析微地形的有利条件和不利条件，可为爆破设计提供地形边界条件的依据。

岩体结构工程地质评价　根据爆破工程地质勘察获得的地层岩性、地质结构，特别是结构面的发育程度、规模、产状、岩体破碎或完整程度等资料，对爆破工程区域的岩体结构类型进行划分和评价。①若岩体中不存在控制结构面时，该岩体在岩性和结构上是完整的独立体，可按一般的爆破理论和方法进行设计与施工。②若岩体中存在控制结构面时，首先要对控制结构面及其组合特征分别进行爆破工程地质分析和评价；其次应针对控制结构面对岩体切割形成的岩块形状、大小和分布组合等特点进行爆破工程地质评价，并据此对爆破设计和施工提出相应的技术要求和建议。

水文地质条件评价　在进行爆破区域水文地质条件现场勘察和分析的基础上，结合地下水类型、含水层厚度、工程所在区域含水层结构、地下水位或承压水位、药包中心至含水层顶板的最小距离、含水层的渗透性和涌水量、水质等内容，评价水文地质条件对爆破工程的具体影响。

特殊地质条件评价　对于岩溶发育地区，岩溶的爆破工程地质勘察与评价非常重要。①查明药包至岩溶之间是否存在破裂通道。②分析药包至岩溶壁之间的最小距离与药包最小抵抗线之间的大小关系。③确定岩溶体的稳定性等。当爆破振动有可能危及爆区范围，存在崩塌、滑坡体或陡峻山坡危岩体时，必须在工程地质勘察基础上，进一步论证和评价危岩体在爆破作用下的稳定性，判断崩塌和滑坡发生的可能性，以及大规模爆破施工的可行性，并预先制定防治措施。

爆破工程地质问题评价　在炸药能量和岩体介质相互作用的过程中所产生的问题，主要有工程质量和效果问题、爆破环境安全问题，当问题显著时也称为爆破事故。①工程质量和效果问题。有超挖、欠挖、爆破块度过大、岩体稳定、坝基渗漏等问题。②爆破环境安全问题。爆破飞石造成人员、建（构）筑物伤害问题，爆破震动造成设施损坏，地下含水层涌水或疏干，边坡崩塌、滑坡复活，危岩体失稳等问题。爆破工程地质勘察人员必须懂得和掌握爆破岩体工程地质力学原理，完成爆破工程地质勘察所赋予的各项任务和要求，提出可靠的爆破工程地质勘察报告。爆破设计和施工人员必须懂得和掌握岩体爆破理论与工程地质力学原理，深刻理解和认真贯彻爆破工程地质勘察报告中对爆破设计与施工提出的技术建议和要求，有效控制炸药能量与岩体介质的相互作用，减轻和避免爆破工程地质问题，确保爆破效果、爆破工程质量、爆破环境安全等方面达到设计要求。（周传波）

爆破夯实 blasting ramming 在水下块石、砾石地基或基础表面布置裸露药包，或在表面上方布置悬浮药包，利用爆破振动和压力使地基和基础密实的爆破技术。爆破夯实主要是利用炸药爆炸后形成的水中爆破冲击波、高压气体脉动、地震波及流体运动与抛石体相互作用，使被夯实体达到密实的效果。

悬浮在基床顶面的药包在水中爆炸时释放出巨大的能量，药包周围的水直接受到高温、高压的爆炸冲击波的作用，强烈的压缩药包周围的水介质，使其压力、密度突然升高，形成强烈的冲击荷载。冲击荷载以压力的形式作用于抛石基床，并伴随爆破振动效应，两种作用均使块石产生错动，相互压缩，填充并减少空隙，达到使基床密实的目的。

爆破夯实适用范围：①地基和基础为块石或砾石。②起爆时药包中心至水面的垂直距离$h \geqslant 2.32q^{1/3}$，q为单药包药量。③分层夯实厚度不宜大于12米。当起爆时药包在水面下深度大于h计算值20%时，分层夯实厚度可适当增加，但不得超过15米；当石层过厚或小于h计算值时，应分层抛填、分层爆破。（赵　根）

爆破挤淤 squeezing silt by blasting 利用炸药的爆炸能量在软土中实现置换、固结及夯实目的的爆破技术。全称爆炸法处理水下淤泥质软基。属于软土地基处理的新技术，拓展了水下爆破应用领域。爆破挤淤技术最早由中国力学研究所和连云港建港指挥部等单位于20世纪80年代共同研发，以淤泥、混合石料为对象，以炸药爆炸为主要手段，达到改良软土地基的目的，可广泛应用于防波堤、护岸、沿海贮灰场围堤、围海选造沿海养殖场围堤，大型沉箱码头、造船厂滑道等的工程淤泥软基处理。

基本原理　利用药包爆炸将淤泥向四周挤出并向上抛掷形成爆坑，抛石体在爆炸空腔负压和重力作用下落入爆坑并形成石舌，瞬间实现泥石置换。继续填石时，抛石体将石舌上部的淤泥挤出并与下层石舌相连，形成完整的抛填体。石舌的长度和厚度决定了该方法施工中每次爆破推进的长度及能够置换的淤泥厚度。

炸药在泥下爆炸，淤泥被抛石体置换，主要利用了炸药与淤泥间的加载和响应过程。受强烈载荷扰动的淤泥会在瞬间丧失强度和承载能力，上部的抛石体在重力作用下失稳并产生滑动，控制和利用抛石体的滑动可以加速其下沉和落底。利用爆炸的能量使堤身局部失稳从而产生滑移，并通过爆破来控制滑移的方向。针对不同的地质情况和淤泥物理力学指标，首先采用圆弧滑动方法计算出堤身的最危险部位及最小安全系数，确定抛填和爆破参数。

施工特点　爆破挤淤的施工特点是：①施工速度快，通常情况下工期只取决于石方开采与抛填速度。②适用范围广，可处理不同厚度、不同性质的各类淤泥软基。③爆破处理后的堤身密实度高，后期沉降量小。④对石料块度及强度要求不高，开山石不必选料，含土砂量小于10%即可。⑤施工作业主要在陆地上进行，受风浪影响程度小。（赵　根）

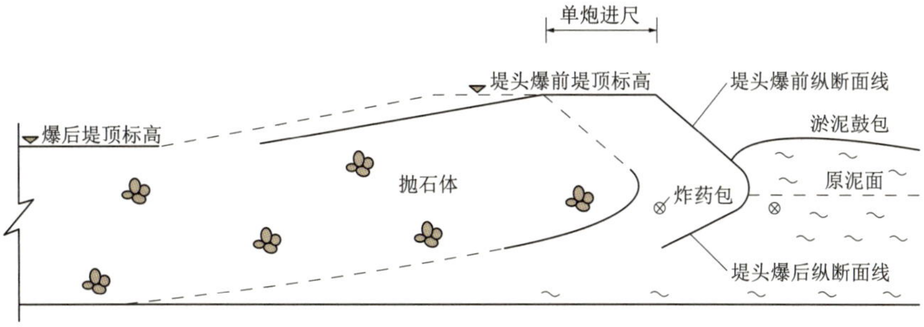

爆破挤淤示意图

爆破离心模型试验 centrifuge modeling test on blasting 利用离心模拟技术和装置开展的爆破模型试验。可为爆破工程设计、数值仿真和安全评估提供重要的数据支撑。作为一种先进试验手段，离心模拟技术主要通过离心力模拟重力，实现与原型条件相同的应力状态，使得模型与原型试验的应力－应变相等、变形相似，模拟变形及破坏过程可达到原型试验的效果，其主要研究方向是进行爆破机理研究和开展工程试验研究。

典型的离心机试验装置及原理图（见图），主要由液压传动装置、悬臂、配重、吊篮（内含模型箱）和数采系统等组成。模型箱内放置爆炸模型，液压传动系统通过悬臂使吊篮整体以角速度ω高速旋转，使模型箱产生n倍g的离心力。

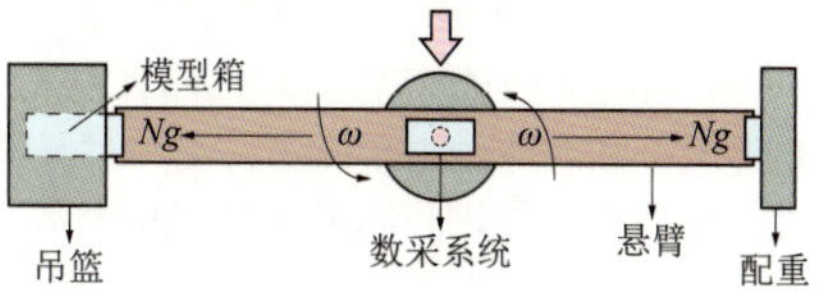

离心模型试验原理示意图

爆破离心模型试验的试验原理是：①根据近代物理相对论，牛顿重力与惯性力等效，故原型承受重力与模型在离心机上承受的离心力效应一致。②材料固有性质主要与电磁力有关，重力或离心力与电磁力相比微不足道，故离心力场中的材料性质不会发生改变。③采用极少量的炸药，可模拟原型巨量炸药的爆破效果。离心机加速度越高，可以模拟的爆炸荷载越大。

爆破离心模型试验主要用于模拟测试土体的爆炸成坑、地面爆炸条件下浅埋结构物的动力响应、大当量装药爆炸作用下的挤淤爆破，以及大坝等水工建（构）筑物在水下爆炸冲击荷载作用下的动力特性等。（钟明寿）

爆破理论 blasting theory 关于炸药爆炸后产生的爆轰波与爆轰气体传播给周围介质的过程中，造成介质破碎、移动和抛掷等各种爆破现象发生、发展规律的理论。炸药爆炸是一种在介质中产生的高温高压和高速的复杂变化过程，包括冲击波、应力波、地震波的传播和介质破坏等。爆破理论采用数学、物理、力学和实验等方法客观描述上述复杂效应的产生和变化过程。

爆破理论是随着炸药和起爆器材的发明与应用、爆破量测技术的进步以及相邻学科的发展而发展起来的，对爆破工程设计和实施起着重要的指导作用。爆破理论主要包括岩石爆破理论、水下爆破理论、地下爆破理论、拆除爆破理论等。

岩石爆破理论　由于爆破过程的瞬时性、动态性，岩体性质的模糊性、不确定性等，使得岩石爆破理论的研究工作具有很大的难度。岩石爆破理论的发展仍滞后于爆破技术的要求。

岩石爆破理论发展主要有以下几个阶段：①早期发展阶段。包括炸药量与岩石破碎体积成比例理论、C.W.利文斯顿爆破漏斗理论和不可压缩介质流体力学理论。②爆破理论的确立和发展阶段。包括爆生气体膨胀压力破坏理论、爆炸应力波反射拉伸作用理论、爆生气体和应力波共同作用理论。③现代爆破理论的最新发展阶段。包括岩体爆破的损伤力学理论、裂隙岩体的爆破理论、岩石动载特征及其对爆破效果的影响和计算机模拟岩石爆破。

岩石爆破理论内容主要有：①爆轰波理论。②岩石动载特性。包括岩体结构、构造特征和岩石动力学性质，及其对爆破效果的影响。③炸药能量向岩石的传递效率。④岩石的动态断裂与爆破过程。⑤爆破过程的计算机模拟、爆破块度和爆堆形态预测方法等。

水下爆破理论　包括水中爆炸相似律、水中冲击波参数计算、水中冲击波的边界效应、气泡脉动规律和能量输出，以及水中爆破不同能量输出结构的分析、爆炸场作用下的目标结构动态响应等内容。

地下爆破理论　钻爆法是岩石隧道和井巷工程施工的基本方法，在中坚硬岩石的应用中，是一种经济合理的技术。地下爆破技术的发展体现在掏槽爆破技术、全断面微差爆破技术和周边控制爆破技术等方面。

掘进爆破　20世纪50年代采用手持凿岩机钻眼，全断面分次装药爆破；60年代采用气腿式凿岩机湿式钻眼，斜眼浅孔爆破；70年代开始研制高效掘进设备、全断面微差爆破和中深孔光面爆破技术，使掘进爆破技术接近国际先进水平；80年代初引进了一批技术水平较高的掘进设备，采用凿岩台车钻眼实现中深孔光面爆破；90年代在光面爆破的基础上研发了中深孔周边定向断裂控制爆破技术。

地下爆破机理　主要有：①掏槽爆破机理。与一般的台阶爆破不同，掏槽爆破只有一个可供岩石移动的自由面，爆破岩石所受的夹制作用大，必须开创一个可供岩石破碎并能从岩体中抛出的移动空间。掏槽孔起爆后，能够形成一个适当的空腔作为新的临空面，使周围其余部分的岩石都顺序向这个空腔方向崩落。②光面爆破机理。沿着掘进断面轮廓线布置一排平行炮孔，孔内采用不耦合装药，使每个炮孔既是爆破孔，又是邻近孔的导向孔，不耦合装药可以减小作用在孔壁上的爆炸压力，使爆破后留下的围岩光滑表面符合设计要求，并尽量不受损伤，以提高围岩的稳定性和自身的承载能力。③微差爆破机理。利用毫秒量级的间隔，使各药包造成的能量场相互影响而产生一系列良好的爆破效果。各国许多学者对微差爆破的破岩机理进行了许多实验研究，提出了应力波干涉假说、自由面假说和残余应力假说。

拆除爆破理论　主要有：①等能原理。采用合适的装药结构、起爆方式及炸药品种，达到每个炮孔所产生的爆炸能量与破碎该孔周围介质所需的最低能量相等，无造成危害的剩余能量的爆破原理。②微分原理。将爆破破碎介质和结构所需的总能量进行分散化与微量化处理，使炸药合理地装在分散的炮孔中，通过延时多段起爆，既达到爆破质量要求，又能显著降低爆破危害的爆破原理。③失稳原理。运用控制爆破将承重构件的某些关键部件进行破坏，使之失去承载能力，同时破坏结构的刚度，建筑物或结构物在整体失去稳定性的情况下，在其自重作用下原地坍塌或定向倾倒的爆破原理。④缓冲原理。通过铺设砂带、旧橡胶轮胎等缓冲层，以达到降低和控制建筑物倒塌触地振动和飞溅物的爆破原理。⑤防护原理。研究爆破飞石、爆破及塌落振动对周围目标的影响和破坏的机理，为确定各种安全措施提供依据。

（龙　源　谢全民）

爆破漏斗理论　blasting crater theory　爆破漏斗指当药包爆炸产生外部作用时，除了将一定范围内岩石破坏以外，还将部分破碎岩石抛掷，在地表形成一个漏斗状的坑。这个漏斗状的坑称为爆破漏斗。20世纪50年代，美国科罗拉多矿业学院的C.W.利文斯顿提出了以能量平衡为准则的爆破漏斗理论。

将爆破漏斗半径r和最小抵抗线W的比值定义为爆破作用指数n，即：

$$n = \frac{r}{W} \tag{1}$$

根据爆破作用指数n值不同，爆破漏斗有4种基本形式（图1）。①标准抛掷爆破漏斗。漏斗半径r与最小抵抗线W相等，即爆破作用的指数$n=1.0$，漏斗的张开角$\theta=90°$。②加强抛掷爆破漏斗。漏斗半径r大于最小抵抗线W，即爆破作用指数$n>1.0$，漏斗张开角$\theta>90°$。③减弱抛掷漏斗。漏斗半径r小于最小抵抗线W，即爆破作用指数$1>n>0.75$，漏斗张开角$\theta<90°$。④松动爆破漏斗。药包爆破后只使岩石破裂，不形成可见的爆破漏斗，爆破作用指数$n\leqslant0.75$。

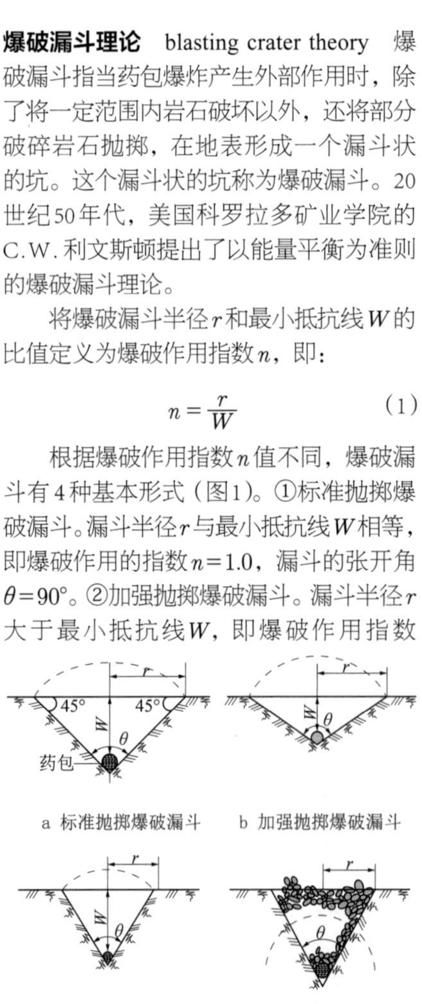

a 标准抛掷爆破漏斗　b 加强抛掷爆破漏斗

c 减弱抛掷爆破漏斗　d 松动爆破漏斗

图1　各种爆破漏斗示意图

基于能量平衡准则的爆破漏斗　假定药包质量不变而减少药包埋藏深度，或药包深度不变而增加药包质量，在此变化过程中提出岩石破坏变形状态的弹性变形区、破裂区、破碎区和空爆区。

弹性变形区　在地表下很深处爆破一个球形药包，地表岩石不引起破坏，炸药全部能量均消失在岩石中。当地表下一定炸药质量Q由深处向浅处移动到一定深度时，传给地表附近岩石的爆炸能量随之增加，至一定程度时地面将开始破坏。根据岩石性质不同，脆性岩石将产生片落，塑性岩石将产生隆起，此时药包埋藏深度称为临界深度L_e：

$$L_e = E_b Q^{\frac{1}{3}} \tag{2}$$

式（2）中L_e为药包临界深度，单位为米；Q为药包质量，单位为千克；E_b为弹性变形系数。

破裂区　当药包从临界深度继续上移时，将逐渐加大地表岩石片落现象，形成爆破漏斗。漏斗体积V逐渐加大到最大值时，药包能量得到最大限度的利用，即单位质量炸药爆落的岩石体积最大，此时药包深度称为最佳深度L_j。L_j与L_e的比值，称为最佳深度比$\varDelta_j$。

破碎区　当药包继续向浅处移动，地表附近岩石进入破裂区。爆破漏斗体积V逐渐减小，爆炸能量一部分用于岩石变形和破碎，另外相当大的一部分用于抛掷飞石和形成空气冲击波。在某一深度时，分给大气的炸药能量超过分给岩石的能量，此深度称为转折深度。

空爆区　药包质量保持不变，埋置深度从转折深度继续减小进入空爆区。岩石破碎加剧，岩块抛移更远，声响更大，爆炸能量传给大气的比率更高，而被岩石吸收的比率更低。空爆区的上限是药包深度为零，成为裸露药包，全部能量几乎都分给大气，造成强烈的空气冲击波和极大的响声。

最佳药包埋深及曲线V/Q-$\varDelta$　基于利文斯顿爆破漏斗理论，最佳药包埋深的计算公式为：

$$L_j = \varDelta_j E_b Q_j^{\frac{1}{3}} \tag{3}$$

式（3）中L_j为最佳埋深，单位为米；E_b为弹性变形系数；Q_j为最佳药量；$\varDelta_j$为最佳深度比。

为更全面地表示漏斗特性并消除由于Q变化而引起曲线的变化，将V除以Q即单位质量炸药所爆下的岩石体积作为纵坐标，各任意深度L_y与临界深度L_e之比（称为深度比Δ）作为横坐标绘制V/Q-Δ曲线（图2）。

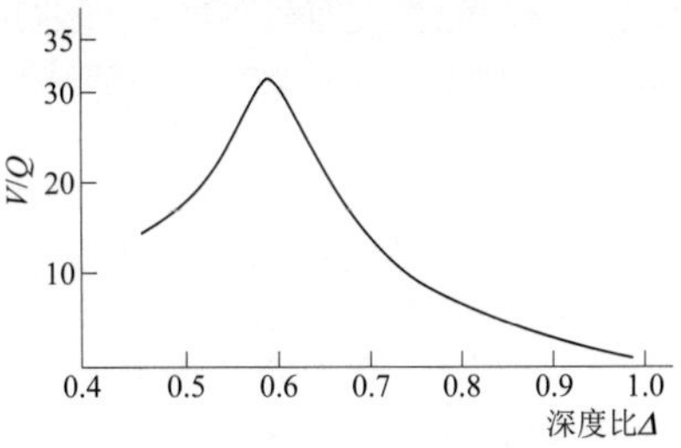

图2 V/Q-Δ曲线示意图

通过漏斗实验，可以求出E_b及Δ_j。当所用药量Q已知时，则由式（3）可求出最佳深度L_j，以此为爆破的最小抵抗线，可获得最好的爆破效果。（蒋 楠）

爆破漏斗试验 blasting crater experiment 研究炸药爆炸过程、爆炸破坏效应，以及验证爆破理论的常用试验手段。在固体介质爆破理论与技术发展过程中一直占有重要地位。通过爆破漏斗试验，研究爆破漏斗的形状、体积等构成要素，可揭示固体介质爆破的基本规律。

爆破漏斗试验的目的是：①选择与爆破介质相适应的炸药品种。②确定单位炸药消耗量。③为岩石可爆性分级提供依据。④为爆破参数选择、计算提供依据。

爆破漏斗试验方法为：一般通过单孔爆破漏斗试验，根据最小二乘法原理对实验数据进行多项式回归分析，绘出爆破漏斗的特征曲线，求得试验条件下的临界埋深、应变能系数、最佳埋深、炸药单耗等参数；在此基础上，以最佳埋深为装药深度进行变孔距多孔同段爆破漏斗试验，以验证和选择合理的孔间距。（纪 冲）

爆破模型试验 blasting model test 按爆炸相似律制作试验模型，借助科学仪器测量相关数据，通过深入分析得到爆炸现象的作用机制、爆破参数的参考值及其影响因素等，推断爆破原型中爆炸荷载与目标、介质相互作用的力学规律的试验。爆破模型试验可为预测爆破效果提供定性与定量分析的依据，是爆破科学研究中理论与实际相结合的重要研究手段之一。爆破模型试验的流程是：①分析爆破物理过程的主要影响因素，选择独立的爆炸物理量，建立无量纲相似准数和分析模型。②根据几何尺寸相似、材料相似、爆破动力相似和爆破方案进行模型设计和制作。③根据爆破模型试验的数据和效果，分析得到爆破机理及其基本规律，用于指导工程实践。

爆破模型试验能够揭示爆破物理现象的本质规律及其作用机制，具有直观性强、可信度高、成本相对低等优点。（李兴华）

爆破设计 blasting design 由爆破设计者编制的有关设计思路、技术路线、安全方案、施工组织和应急措施等的书面文件。是爆破工程施工人员必须参照执行的施工说明文件，也是管理者审核评估、检查考核、归档备案的文件。爆破工程都应编制爆破技术设计文件。

设计依据 爆破设计的依据主要有：①《爆破安全规程》及有关行业规范、地方法规。②与工程项目相关的地形图、环境图、地质勘察报告、建筑物设计图及说明书等技术资料。③现场踏勘调查后形成的报告书，试验工程总结报告，当地类似工程的总结报告，以及现场试验和检测报告等。

设计内容 爆破设计主要涉及：①工程概况（爆破对象、爆破环境概述及相关图纸，爆破工程的质量、工期、安全要求）。②爆破技术方案（方案比较、选定方案的钻爆参数及相关图纸）。③起爆网路设计及起爆网路图。④安全设计及防护、警戒图。

钻爆参数设计主要有单耗q、最小抵抗线w、炮孔间距a和排距b、炮孔深度L、炮孔布置（孔位、孔向、孔深）或药量分配（药包位置、装药结构、堵塞长短与方式）设计、单孔装药量Q'、总药量Q计算。爆破网路设计主要是确定起爆方案，进行网路连接方式、起爆段数、最大单响药量、起爆点位置的设计，并绘制起爆网路图。安全设计与校核包括：①对爆破振动、爆破飞石、空气冲击波分别进行安全校核。②设计爆破安全范围和警戒位置，绘制警戒图。

施工组织设计 爆破工程设计的施工组织设计内容包括：①施工组织机构设置、人员配备、各岗位职责、施工管理和安全督查制度。②施工准备工作与施工平面布置，施工人员、材料、设备的配置，施工安全措施、施工进度、质量保证措施。③爆破器材管理、使用安全保障、爆破安全防护措施、安全范围划设、警戒点设置、联络方式等。④文明施工、环境保护、预防事故的措施等。

应急预案设计 应急预案设计内容主要有：①应急处理的组织机构、人员配备和各岗位职责。②引起事故的潜在因素分析、制定事故预防措施、安全检查制度、新的警戒与疏散设置、事故处理办法和应急救援措施。③报警与内外联络、救援机构落实、救援设备设施的定位公告、人员救助措施和事故调查处理等。（马建军）

爆破试验 blasting experiment 运用一定的仪器、设备等技术，按照预定的爆破方案，观察、研究爆炸时产生的现象及其规律性的试验。是研究爆破机理和爆破规律不可缺少的科学手段。

主要目的 爆破试验的主要目的是：①对复杂的难以建立科学数学模型的力学行为进行研究，深刻揭示各种爆破过程的内在机理及规律，为建立新的爆破理论及计算模型或验证其正确性及适用性提供依据。②积累大量、有效的试验数据与资料，为爆破技术参数或施工方案合理设计提供参考和依据，解决爆破工程实践中的实际问题。③通过试验对爆破有害效应进行监测和对各种爆破器材爆炸性能进行测试，为揭示爆炸荷载和材料、目标相互作用的规律，以及有效利用、控制炸药爆炸能量提供依据，同时为制定爆破安全防护措施提供参考。

主要内容 爆破试验研究的主要内容有：①不同爆炸方式及条件下爆炸荷载的能量分布特点。②爆炸波在各类介质中的传播规律及影响因素。③介质在爆炸荷载作用下的变形和物理力学特性的变化规律。④结构或目标在爆炸荷载作用下的破坏规律和破坏形式。

爆破试验包括野外试验、实验室试验和数值模拟试验。

野外试验 根据目的不同，分为原型试验和模型试验。①原型试验。由于资金、场地、时间以及其他各种因素的影响，较难全面精确地掌握介质的物理力学性能和数据资料，测试精度和数据的可靠性也难以保证，不易得出明显的规律。②模型试验。根据爆破相似率对可能涉及的各种因素和影响进行简化处理以缩小爆破规模，使一个多因素的复杂过程成为一个主要因素起主导作用的过程，以利于对现象本质的认识和揭示。

实验室试验 常见的试验包括爆破应力场动光弹试验、爆破应变场动云纹试验、X光高速摄影试验、爆破离心模型试验、霍普金森杆爆破试验等，常采用电测法、声波法和光测法等手段进行实验室试验数据采集。随着计算机及软件的应用发展，可在进行一定条件下简化的基础上，建立科学的数学模型，进行数值模拟仿真以减少试验次数。通过必要的试验，给出合理边界条件及初始条件，检验、修正假设的合理性，不断完善数学模型，使研究进一步深化。

数值模拟试验　数值模拟试验可视为计算机试验，可以研究非常复杂的爆破过程，也能够为野外试验、实验室试验的解析提供理论支持。数值模拟试验主要步骤包括建立物理模型、方程和初边值条件的离散化、选择适当的代数方程组求解方法、数值求解在计算机上的实现、数值模拟结果分析。（纪　冲）

爆破数值模拟　numerical simulation on blasting　以计算机为手段，建立描述爆破过程的数学模型，开发算法、编写代码，通过数值计算和图像显示的方法进行爆破模拟的过程。将数值模拟技术应用于爆破工程，可以连续地、动态地、重复地描述爆破过程，还可以把模拟结果反馈给爆破设计，修正并完善爆破设计方案。爆破数值模拟方法大体可分为以连续介质力学为基础的数值方法和以非连续分析的数值方法两类。

以连续介质力学为基础的数值方法　主要有有限元法、边界元法、有限差分法和无网格法等。

有限元法　将连续系统分割成有限个分区或单元，对每个单元提出一个近似解，再将所有单元按标准方法加以组合，建立数值模型。有限元方法以连续介质力学为基础，决定了其在模拟裂纹产生与扩展、碎块飞离、拆除爆破中结构倒塌等大变形与大运动等方面的局限性。例如，用有限元方法研究材料或结构从连续状态转变为散体状态时（如爆破破岩与拆除爆破结构倒塌过程），可较好地描述介质是否会破坏，但容易发生网格畸变，无法得到正确模拟结果，存在明显局限性。爆破模拟常用的有限元软件包括ANASYS LS-DYNA、ABAQUS、AUTODYN等。

边界元法　在有限元法之后发展起来的一种较精确有效的方法，又称边界积分方程-边界元法。边界元法以定义在边界上的边界积分方程为控制方程，通过对边界分元插值离散，化为代数方程组求解。由于它利用微分算子的解析的基本解作为边界积分方程的核函数，而具有解析与数值相结合的特点，通常具有较高的精度。特别是对于边界变量变化梯度较大的问题，如应力集中问题，或边界变量出现奇异性的裂纹问题，边界元法被公认为比有限元法更加精确高效。由于边界元法所利用的微分算子基本解能自动满足无限远处的条件，因而边界元法特别便于处理无限域以及半无限域问题。边界元法的主要缺点是应用范围以存在相应微分算子的基本解为前提，对于非均匀介质等问题难以应用，故其适用范围远不如有限元法广泛，而且通常由它建立的求解代数方程组的系数阵是非对称满阵，对解题规模产生较大限制。对一般的非线性问题，由于在方程中会出现域内积分项，从而部分抵消了边界元法只要离散边界的优点。

有限差分法　是一种求偏微分（或常微分）方程和方程组定解问题的数值解的方法，简称差分方法。其基本思想是先把问题的定义域进行网格剖分，然后在网格点上，按适当的数值微分公式把定解问题中的微商换成差商，从而把原问题离散化为差分格式，进而求出数值解。此外，还要研究差分格式的解的存在性和唯一性、解的求法、解法的数值稳定性、差分格式的解与原定解问题的真解的误差估计、差分格式的解当网格大小趋于零时是否趋于真解（即收敛性）等。有限差分方法具有简单、灵活以及通用性强等特点，容易在计算机上实现。

无网格法　能够为具有任意分布、无网格连接的节点在各种边界条件下的积分或微分方程提供更精确的解答。最具代表性的是1977年由L.B.露西、R.A.金戈尔德和J.J.莫纳汉等人提出的光滑粒子流体动力学算法（SPH），最初用于模拟天体物理问题，将所模拟的体系状态由一组拥有独立材料性质的质点来表征，由控制方程描述其运动。随后，SPH法模拟范围逐渐扩至大变形中的材料动态响应与液体的动态流动等问题。

SPH法是一种无网格的拉格朗日法，与传统的以网格划分为基础的数值算法相比，有其独特的优点，能够有效克服有限元法在模拟大变形时的网格畸变问题。但是，该方法仍是以连续介质力学为基础，在模拟爆炸现象时仍难以突破连续介质力学理论在模拟爆炸荷载作用下脆性材料破坏过程的局限性。

以非连续分析的数值方法　主要有离散元法、非连续变形分析法和有限元与离散元耦合方法等。

离散元法　自从P.A.坎德尔提出离散元法以来，离散元法已经得到了广泛应用，成为岩石力学中针对不连续介质的主要分析方法。离散元法采用动态松弛法求解，用显式中心差分法对运动方程直接进行积分。

与有限单元法、边界单元法、有限差分法相比，离散元法能更为真实地表达求解区域中的几何状态以及大量的不连续面问题，能够较好地处理大变形、大位移和动态问题，适用于模拟结构倒塌等大运动、大变形问题。由于介质在破坏前是一个完整的、具有一定强度的整体，用单一离散元方法模拟爆破过程依然存在问题，如传统的离散元法中单元间的接触一般采用开尔文模型体现单元的抗压强度，但是单元的抗拉强度则是通过莫尔-库仑准则中的凝聚力来体现，不能体现结构的整体强度特征。

在离散元框架基础上又出现了离散模拟方法，其中最具代表性的是梁-颗粒模型，并应用于脆性材料在高加载率下二维破碎问题的模拟。刘军等人采用三维梁-颗粒模型模拟了钢筋混凝土板在爆炸载荷作用下的破坏过程。谢先启与刘军等人提出了离散元框架内的网格实体模型，通过在单元间建立“梁”网络来体现介质的整体强度特征，并成功模拟了拆除爆破结构的倒塌过程。

非连续变形分析法　块体系统非连续变形分析（DDA）是基于岩体介质非连续性发展起来的一种新的数值分析方法。此分析方法将结构视为非连续块体单元，块体与块体之间用虚拟的弹簧来传递相互间的作用力。与传统有限元方法相比，DDA能够计算块体系统不连续面的错动、滑动、开裂及旋转等非连续介质的大位移、大变形等静、动力分析问题。

有限元与离散元耦合方法　20世纪90年代，随着高性能计算机的不断发展，实现了基于有限元与离散元耦合方法开展爆破数值模拟。A.穆尼扎融合了有限元和离散元的优点，提出了有限元与离散元耦合方法，并应用于粉末、陶瓷、复合材料、岩石爆破、矿业工程、拆除爆破、爆炸与冲击等诸多领域。

对于爆破与冲击现象的数值模拟问题，核心在于模拟介质在高加载率下应变能逐步累积并突然释放的过程。在应变能累积过程中介质将发生变形，而应变能释放则意味着介质破坏。数值模拟时可采用有限元法模拟介质的变形阶段，采用离散元法模拟介质的破坏及破坏后的散体运动阶段。（刘　军）

爆破现场试验　blasting field test　为验证爆破理论研究、爆破数值模拟、爆破模型试验以及爆破工程技术方案正确性和合理性，在现场开展的*爆破试验*。爆破现场试验多结合实际爆破工程进行设计和实施，试验中主要采用动态应变、速度、加速度、压力，声波探测，高速摄影等测试技术和手段，获得爆破过程中介质应力场、速度场、加速度场和压力场分布，以及介质损

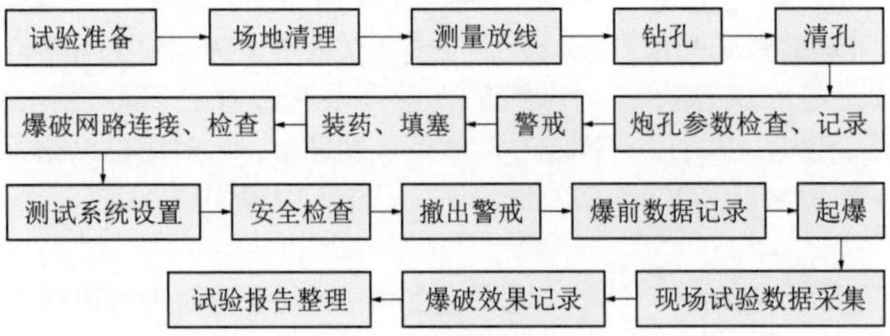

爆破现场试验工作流程示意图

伤、块度分布和毒气浓度等爆后效应测试数据。通过对数据整理和分析，得到爆破过程中各物理量的基本特性和时空变化规律，从而验证炸药、爆破器材性能的可靠性，爆破理论的正确性，爆破新技术的可行性和爆破工程技术方案的合理性。复杂环境下的大型爆破工程在施工现场进行的试爆试验也属于爆破现场试验。

（李兴华）

爆破相似律　blasting similarity　指导爆破试验研究和整理半理论公式的基本规律。在假定介质中的非定常应力场和应变场只受爆炸能量影响（不考虑重力和其他力的影响）、介质性质不随加载速度变化而变化的前提下，两个爆轰性能（装药密度、爆速等）相同且几何相似的药包，在同一种介质中爆炸时，其应力场、应变场在几何上、时间上和强度上是相似的。

两个药包装药特征尺寸之比$R_{02}:R_{01}=\alpha$时，对第二个药包取时间比$\Delta t_2=\alpha\Delta t_1$、距离比$\Delta R_2=\alpha\Delta R_1$，第二药包的应力场、应变场与第一个药包完全相同。

采用爆破相似律研究爆破工程问题的基本步骤为：①确定爆破问题中涉及的物理量，包括几何参数、介质参数、炸药爆炸参数、坐标参数，进而根据π定理（相似第三定律）得到表征该爆破问题的无量纲参数。②根据试验数据进行拟合。③得到能描述该爆破问题物理规律的半经验半理论公式，如药量计算公式、爆炸压力计算公式等。

利用爆破相似律可以研究解决水压爆破、爆破振动效应、拆除爆破中的塌落振动，以及岩石爆破抛掷、深孔爆破的飞石运动距离、水下爆破海洋生物安全防护等问题。

（李兴华）

爆破有害效应控制　adverse effects of blasting control　炸药在介质中爆炸，在达到工程目的的同时而产生一些有害效应。爆破时产生的有害效应主要有爆破振动、塌落振动、爆破个别飞散物、爆破空气冲击波、爆破噪声、爆破水中冲击波、爆破动水压力、爆破涌浪、爆破粉尘和爆破有害气体等。中国《爆破安全规程》（GB 6722）规定D级以上爆破工程，以及可能引起纠纷的爆破工程，均应进行爆破有害效应监测。监测项目由设计和安全评估单位提出，监理单位监督实施。

爆破振动　爆破引起传播介质沿其平衡位置做直线或曲线往复运动的过程。爆破振动的防治措施有：①在保证爆破效果的条件下，采用松动爆破。②选取合理的单耗。③推广多段微差起爆。④选择合理的孔网参数。⑤选择适当的装药结构，通过不耦合装药、空气间隔装药等装药结构降低爆破振动。⑥选用波阻抗与岩石的波阻抗相匹配的炸药。⑦调整爆破工程传爆方向。⑧充分利用河流、深沟、渠道、断层等地形地质条件达到隔振减振效果。

塌落振动　爆破拆除建（构）筑物时，未爆破破碎的部分在重力作用下发生加速运动，当其与地面岩土体接触时发生冲击并造成变形，该形变状态以地震波的形式向冲击点四周的半无限岩土体空间传播而引起地表质点的振动。

主要有主动控制措施和被动控制措施两种途径。①主动控制措施。主要通过爆破切口部位、起爆顺序、起爆时差等参数的控制，使建（构）筑物在触地前即发生解体破坏以减少其冲击能量或避免多个构件或建（构）筑物同时触地而引起振动叠加。②被动控制措施。主要通过在塌落场地内布置缓冲材料或结构（如沙袋墙、土堤或废旧轮胎等）吸收塌落体的部分冲击动能。

爆破个别飞散物　爆破时个别或少量脱离母体，飞得较远的石块或混凝土块、砖块等破碎体。控制爆破个别飞散物的主要措施有：①合理确定临空面，选定抵抗线方向，使被保护对象避开飞石主方向，最大限度地使被保护对象免受飞石危害。②采用合理的装药结构、爆破参数和起爆时间。③当存在与临空面贯穿的断层带或其他软弱破碎带时，应适当调整装药位置，通过间隔装药即在结构面与钻孔贯通处用炮泥填塞方式来防止爆生气体沿该弱面冲出而形成飞石。④确保填塞质量。⑤在爆源与被保护对象之间设置防护排架，挂密目安全网，爆破部位采取包裹钢丝网、帆布，以及堆沙袋等严密的覆盖防护措施。

爆破空气冲击波　炸药爆炸时，爆炸产物强烈地压缩邻近的空气，使其压力、密度、温度突然升高形成的冲击波。

防止爆破空气冲击波的有害影响可从预防产生强烈空气冲击波和削弱空气冲击波传播两个方面采取措施。

预防产生强烈空气冲击波。①尽量不采用裸露药包和裸露导爆索实施爆破作业，必须使用时应采取覆盖措施或将导爆索埋设。②严控最小抵抗线和单耗，限制单孔药量和一次起爆药量。③采用分段延期起爆技术，最大限度地减少炸药能量无效损耗。④严控装药长度与单孔药量，确保填塞长度与填塞质量。⑤采用分段延期爆破时，需对药包进行试爆，了解先起爆药包对后起爆药包最小抵抗线的影响，并据此调整药包间距、装药量以及起爆时差。

削弱空气冲击波传播。①爆破体表面覆盖草袋、沙包、竹笆等，保护对象的正面设置防护屏障。②地下巷道内建造阻波墙、阻波排柱、水袋墙等措施来阻挡和削弱空气冲击波的传播。

爆破噪声　爆破空气冲击波随着传播距离的增加，强度逐渐降低而形成的脉冲噪声。衡量爆破噪声的物理量有声压和声压级、声强和声强级、声功率和声功率级。声压级应用最多。爆破噪声的控制主要从声源、传播途径和接受者环节着手。①从声源上控制。尽量避免在地面敷设雷管和导爆索，当不可避免时，须采取覆盖措施；采用毫秒微差爆破；严格填塞；加强覆盖。②从传播途径上控制。设置遮蔽物或充分利用地形地貌；注意爆破噪声的方向效应，避免大量炮孔短延期起爆时单孔爆破噪声在特定方向上的叠加。③在噪声接受点进行防护。如佩戴预模式耳塞。

爆破水中冲击波　炸药在水中爆炸产生的冲击波。控制爆破水中冲击波的主要措施有降低每次爆破的装药量、采用毫秒微差爆破技术、采用气泡帷幕技术等。

爆破动水压力　水下爆破时，部分炸药能量以冲击波的形式作用于水中地层，导致地层振动所形成的水压力。爆破动水压力控制措施有：①采用分段爆破方法。水下钻孔爆破时，动水压力波的频谱丰富。为避免分段时相邻段在低频主峰处叠加，要求每段的间隔大于$T/2$（T为动水压主频周期），水中钻孔爆破分段时间以大于15～20毫秒为宜。②优化起爆顺序。尽可能遵循分段药量由小到大，距离由远而近的顺序，以减小动水压力等效应。③运用水中气泡帷幕技术。在爆源与保护目标之间的水底铺设1～2道发射管，生成具有一定压力的气泡形成帷幕。

爆破涌浪　爆破时在水域激起的波浪。爆破涌浪的控制措施有：①尽量减少单次爆破抛落土岩方量。②在涌浪易爬上

岸的岩滩上设置由削波块或树木组成的减波屏障，在保护对象前方设置挡墙。③对爆破涌浪影响区域内的养殖网箱在爆破前进行转移。④船只仅可以在安全允许距离范围以外水域航行。

爆破粉尘　因爆破作业而产生的悬浮于空气中的微小粉尘颗粒。主要有爆破粉尘综合防治技术、钻孔和铲装作业防尘技术。

爆破粉尘综合防治技术。①爆破工艺防尘、降低爆破粉尘。采用孔底起爆装置、控制炸药的包装材料、完善炸药配方、保证填塞长度、采用高台阶挤压爆破或松动爆破。②物理方法降尘。主要有充水药室爆破、水塞爆破、用胶糊填塞炮孔、爆破区域洒水、泡沫覆盖爆区、使用喷雾器实现人工降雨、表面活性剂溶液降尘等。③化学方法降尘。用富水胶冻炮泥填塞炮孔，在爆破瞬间有害气体和粉尘与富水胶冻炮泥微粒接触，发生复杂的物理、化学反应，减少爆破粉尘。

钻孔和铲装作业防尘技术。主要有干式捕尘、湿式除尘和干湿联合除尘。①干式捕尘。通常采用孔口捕尘装置，主要由捕尘罩、抽尘软管、除尘器、风管及风机组成。②湿式除尘。主要使用湿式除尘器，用水作为净化介质，达到除尘效果。③干湿联合除尘。即为干式捕尘和湿式除尘两种方式的组合。

爆破有害气体　炸药爆炸时产生的氮氧化物、一氧化碳等有害气体的统称。主要受炸药的氧平衡、药包加工质量、使用条件和作业环境等因素影响。

对爆破有害气体的主要控制措施有：①研究确定炸药的合理配方，使用接近零氧平衡的炸药。通常，矿用炸药的有害气体含量不宜超过80升/千克。②增大起爆能。选用感度适中、威力较大的炸药作为起爆药包。③选择合理的装药形式、装药密度以及起爆药包的位置，确保填塞质量。④加强通风与洒水。爆破后，所有人员必须待有害气体稀释至《爆破安全规程》中规定的地下爆破作业点有害气体允许浓度以下时，方可允许返回工作面。⑤地下工程爆破后，经通风除尘排烟确认井下空气合格，等待时间超过15分钟后，方准许检查人员进入爆破作业地点。

（贾永胜　姚颖康　谢全民　孙金山
王　威　黄小武）

爆破作业　blasting operation　通过一系列技术手段利用炸药的爆炸能量对介质做功，以达到预定工程目标的施工。爆破作业是19世纪60年代随着第一台风动凿岩机的出现和黄色炸药的发明而出现的。经过100多年的发展，随着爆破理论与技术、爆破器材、机械设备的飞速进步，爆破作业在公路、铁路、隧道、矿山、水利、水电、机场和拆除等领域获得广泛应用。

爆破作业是一项涉及民用爆炸物品的高风险活动，中国对爆破作业实行许可证管理制度，爆破作业单位和爆破作业人员应当依法分别申领《爆破作业单位许可证》和《爆破作业人员许可证》，按许可的从业范围、爆破作业类别、资质资格等级、作业项目等级实施爆破作业。

爆破作业的工艺流程主要包括：作业准备→测量放样→布孔→钻孔→验孔→试爆→装药→填塞→连接网路→爆破防护→爆破警戒→起爆→爆后检查→盲炮处理。岩土爆破、拆除爆破和特种爆破等不同类型爆破工程的爆破作业流程基本相同，只是在各环节所采用的技术手段、施工机具等方面稍有差异。

作业准备、测量放样、布孔、钻孔和验孔都属于爆破作业的准备阶段，是可靠装药、爆破的重要前提。在此过程中，爆破作业单位按照批准的爆破技术设计与施工组织设计文件，将爆破部位、钻孔位置、深度、倾角等参数进行标注、实施和复核。其中，测量放样、布孔和验孔阶段用到的仪器设备主要包括皮尺、钢卷尺、测距仪、水准仪、全站仪和无人机等。钻孔是爆破作业准备阶段的核心环节，也是形成炮孔的关键步骤。不同类别的爆破工程对炮孔参数有不同的要求，钻孔作业应根据布孔交底内容严格执行。钻孔工艺是伴随着钻孔设备的发展而不断进步的，中国钻孔工艺主要经历了人工钻孔和机械钻孔两个发展阶段，广泛采用的钻孔机械设备主要包括风动手持式钻机、分体式风压钻机、一体式潜孔钻机、牙轮钻机、凿岩台车等。实施水下钻孔爆破时，还会用到钻孔船（平台）。根据不同的爆破类别、爆破对象和爆破场景，需要根据作业要求对钻孔设备进行选型。发展自动化、智能化的钻孔设备，是提高钻孔作业安全性和高效性的重要保障，也是爆破工程的重大需求之一。

试爆、装药、填塞、连接网路、爆破防护和起爆是实施爆破作业的核心环节。其中，装药是爆破作业的主要工作内容，按照操作模式主要分为人工装药和机械装药。现场混装炸药车作为主要机械装药模式，在矿业、水电、交通工程等大规模土岩爆破工程中广泛推广与应用，显著提高了装药的效率。连接网路和起爆作业与起爆器材的种类密切相关，电雷管、导爆管雷管、工业电子雷管等爆破器材都有各自对应的连接、保护和起爆方法。针对深水、高温、高寒等极端环境，应对爆破网路采取特殊的保护措施，以确保网路安全、可靠准爆。

爆后检查和盲炮处理是确保爆破作业安全的重要环节，也是保障后续工序安全开展的重要前提。爆后检查和盲炮处理应由爆破工程技术人员和富有经验的爆破员进行操作，拒爆的爆破器材应回收后清退回库或在现场集中销毁。大规模处理盲炮前，还应制定专项方案并由项目技术负责人审批和组织实施。

爆破作业是落实爆破技术设计和施工组织设计的主要活动，解决了大量人工和机械难以克服的工程难题。随着凿岩设备和爆破器材的发展与进步，爆破作业必将朝着更加安全化、规范化、精细化和智能化的方向发展。（黄小武　韩传伟）

北京地铁　Beijing Subway　中国第一个地铁系统。北京地铁规划于1953年，始建于1965年，运营于1969年。一期工程（原称401线，后分别成为北京地铁1号线和北京地铁2号线的一部分）是中国完全依靠自身力量设计建造的第一条地下铁道，由铁道部地下铁道工程局勘测设计处（北京城建设计发展集团股份有限公司前身）进行的一系列专业的设计工作。线路从北京站至古城路，全长22.879千米，设车站16座，全部为地下车站，设古城车辆段1座。工程总投资为56 490.4万元，平均每千米造价2496.1万元。北京经过加强版二期，二期调整多轮规划，截至2022年底，北京地铁运营线路共有24条，运营里程856.2千米，其中地铁709.9千米，地下线54千米，车站390座，轨道交通线网总规模达1148千米，2020年客运量达到30.67亿人次。

北京地铁2号线是中国第一条环形地铁线路，全长23千米，设车站18座，于1987年开通运营。北京地铁10号线是北京第二条环线地铁，也是全世界最长的全地下地铁线路，全长57千米，设45座车站，其中换乘站32座，于2013年贯通运营。北京地铁10号线建设历时12年，耗资422亿元。

北京轨道交通采用多种制式协调发展，以地铁制式为主，还有中低速磁悬浮系统、直线电机地铁、有轨电车和市域D型车等制式。北京S1线是北京首条中低速磁悬浮线路，从石门营至苹果园站，全线途经门头沟区、石景山区，线路全长

10.2千米，设站8座，于2021年开通运营。北京地铁有两条机场专用线，一条是北京首都机场线，采用Y形回路运行，可以从北新桥、东直门到T3、T2航站楼，共设5座车站，采用直线电机车辆，2008年建成通车。另一条是北京大兴机场线，从草桥站至大兴机场航站楼，全长41千米，设3座车站，最高运行速度为160千米/时，采用市域D型车辆，于2019年开通运营。北京地铁燕房线采用了全自动无人驾驶列车。 （仲莹莹）

北京站 Beijing Passenger Railway Station 1959年建成的北京铁路枢纽的主要客运站。中国铁路客运特等站。北京站是中华人民共和国成立十周年的北京市十大建筑之一，地处崇文门以东，建国门以西，东长安街以南，原北京内城城墙以北。北京站初始建设为尽头站型式，随着北京站和北京西站地下直径线的建成，已扩展为尽头式与通过式相结合的型式。

历史沿革 北京站原址位于正阳门瓮城东侧，始建于清光绪二十七年（1901），建成于1903年，旧称“京奉铁路正阳门东车站”，曾沿用前门站、北京站、北平站、北平东站、兴城站等站名，1949年9月30日改称北京站。北京站现址于1959年1月20日开工兴建，9月10日竣工，9月15日开通运营，毛泽东为北京站题写站名北京站。

北京站站房、进出站线路、股道、站台、雨棚及客运设备经过了多次改扩建。1976年，北京站的客运服务设施开始现代化改造，相继建立微机制票、电视监控、行包自动检斤、无线通信、自动广播、引导揭示、自动查询、自动检票和计算机管理九大系统。1980年12月，北京站大修改造后，建设了多种旅客服务设施，设有车站招待所、商务中心、咖啡厅、旅游部、电影录像厅、新华书店、期刊书报门市部、二楼观光平台、百乐超市、百货柜台、商业街、电子寄存柜、小件行李寄存处、行李包裹打包处、红帽子小件搬运处、大都会、中餐厅、快餐厅等。1998年5月至1999年9月，北京站抗震加固大修改造工程，依据“风格依旧、面貌一新、功能齐全、科技领先”的构想，引进、开发和使用科技新项目10项，即中央空调系统、自动喷淋消防系统、客运引导揭示系统、客运多功能广播系统、电话电脑问询及电视监视监控系统、多媒体触摸查询系统、自动检票系统、自动售票机、开通网站服务和启用平面无线灯显调车设备等。

1996年北京西站的建成运营，分担了北京站承担的京广线、京九线等众多线路的客运压力。2008年北京南站改建完成，成为北京—上海的京沪高速铁路、北京—天津（后延伸至塘沽）的京津城际高速铁路的始发站，进一步分担了北京站的客运压力。北京站到发列车有：中国境内东北地区的全部列车，华北、华东、华南地区部分列车，以及东北方向动车组列车，并有开往朝鲜平壤、蒙古国的乌兰巴托、俄罗斯的莫斯科的国际和国际联运旅客列车。

2015年3月20日，北京站至北京西站地下直径线正式运营，京广铁路到东北方向的旅客无须下车换乘，减少了旅客市内中转换乘消耗，提高了铁路运输组织的灵活性，对改善北京地面交通也具有重大意义。

建筑结构 北京站占地面积25万米^2，总建筑面积8万米^2。车站总体布局为纵列式，分为到发场、交接场、客车整备场（客车段）。北京站站房位于车站北侧，大楼坐南朝北，东西宽218米，南北最大进深124米，建筑面积7.1万米^2（含站房及站台雨棚）。站前广场面积4万米^2。站内设有进站天桥两座、自动扶梯6部、直升电梯7部，售票厅、国际售票处、中转签字加快各1处。站内主要服务设施有贵宾室6个、软席候车室1个、普通候车室4个、高架检票厅候车室1个、重点旅客候车区4个。

北京站现有站台8座（1个主站台和7个中间站台）、列车到发线16条，交接场设有线路6条，客车整备场设有整备线14条、动车整备线3条、零散车辆存放线18条。运营初期，旅客站台长度371米，总面积34 133米^2，雨棚6座合计251万米^2。1976年以来，多次进行站台东扩西延工程，站台有效长分别增至497～603米，可接发客车18～20辆。2002年，站台总面积为46 838米^2，雨棚总面积为27 278米^2。2004年4月，北京站扩能改造主体工程交付使用，在全路首次建成站台无柱雨棚7.9万米^2，新建岛式站台两座、列车到发线3条，大型地下行包库2万米^2。车站南侧8条到发线由尽头式改为通过式，可以接发北京西站方向的通过列车。

客运设施及服务 旅客候车、检票及上车区域内配有先进的LED电子引导揭示系统，以及各种大型灯箱、标牌，软卧旅客有专人带队引导进站，母婴候车区有专人服务可优先进站。北京站配有自动广播系统，根据需要分别采用汉语、英语、俄语、朝鲜语等语种向旅客提供广播服务。北京站配有两条中继线的自动电话查询系统，可同时支持60路市话接入，负责解答有关旅客运输、列车运行及车站服务等方面的问询。北京站内设有报刊亭、新华书店、旅客生活服务设施，候车室有各类中外文杂志，供旅客阅览。候车室设有饮水处。一楼大厅设有敬老助残标准岗，备有轮椅、担架、输液架，设有专人帮助重点旅客优先进站上车。

与城市交通的衔接 北京站北广场有地铁2号线通过，车站西侧是公交车场，广场北侧设有出租车停车场。北京站周围的北京站东街、北京站西街、北京站街，与建国门大街、二环路、朝阳门南小街、崇文门大街等城市干道连通，具有完善的旅客疏散条件。 （杜旭升）

北美地下城 Underground City in Northern America 位于加拿大魁北克省蒙特利尔老城中心区的巨型地下空间系统。又称蒙特利尔地下城（正式名称：RÉSO，法语：La Ville Souterraine）。截至2019年，是世界最大的地下综合体群。北美地下城始建于20世纪60年代，将市政府办公楼地下商场和中央火车站、女王酒店通过地下通道连通起来。1967年的世界博览会推动了地下综合体的建设，逐渐形成了以中央车站和温莎地铁站为核心向周边扩展的格局。到1989年，地下城的步行系统达到22千米，21世纪后，步行系统更扩展至总长达32千米，出入口120多个，每天客流量50多万人，成为蒙特利尔市重要的旅游景点之一。

蒙特利尔地下城总面积约400万米^2，连通范围12平方千米，由一个庞大的地下步行网络连通了包括购物中心、公寓大楼、饭店、银行、公司、博物馆、大学等的地面绝大部分建筑。具体连接内容包括10个地铁站、两个公交总站、两座通勤铁路火车站、1200间办公室、约2000家专卖店（包括两个主要的百货商场）、约1600套住房、200家餐馆、40家银行、40个电影院等娱乐场所、7座大酒店、4所大学、艺术广场、大教堂、贝尔中心（蒙特利尔加拿大人队的主场）、3个公共活动中心（文德广场、蒙特利尔会议中心和奥林匹克中心）。

蒙特利尔地下城四通八达，各类地下设施都是围绕地铁站、火车站等站点发展起来，地下系统与地面城市活动高度融合，给蒙特利尔市提供了一处躲避漫长寒冬和繁忙交通的全天候休闲购物和商业商务活动空间。地下城的设计理念强调对地下商业设施的整合及集中，从而提高中心区对人们的吸引力，结合街区的综合整治，对地下设施进行规划，强化各个建筑群之间的联系。 （陈志龙）

比奥固结理论 Biot's consolidation theory 由比利时M.A.比奥建立的饱和土体固结理论。太沙基一维固结理论假定饱和土体在固结过程中各点的总应力不变，由此得到的固结方程只是一个渗流连续方程，其未知函数仅一个，即超静孔隙水压力。对于一维固结问题，太沙基固结理论是精确的，而对于实际经常遇到的二维、三维问题，便不够严格和完善。比奥分析了上述不足，于1941年建立了理论上更完善的饱和土体固结微分方程。他假定土体为均质各向同性弹性体，根据弹性力学中的静力平衡方程、几何方程和广义胡克定理，并结合太沙基有效应力原理推导出以下3个方程：

$$\left.\begin{aligned}\nabla^2 u_s-\left(\frac{\lambda'+G'}{G'}\right)\frac{\partial\varepsilon_v}{\partial x}-\frac{1}{G'}\frac{\partial u}{\partial x}=0\\ \nabla^2 v_s-\left(\frac{\lambda'+G'}{G'}\right)\frac{\partial\varepsilon_v}{\partial y}-\frac{1}{G'}\frac{\partial u}{\partial y}=0\\ \nabla^2 w_s-\left(\frac{\lambda'+G'}{G'}\right)\frac{\partial\varepsilon_v}{\partial z}-\frac{1}{G'}\frac{\partial u}{\partial z}=0\end{aligned}\right\} \quad (1)$$

式（1）中u_s、v_s、w_s为土骨架在x、y、z方向的位移；u为土体中的超静孔隙水压力；$G'=\dfrac{E'}{2(1+\mu')}$，排水条件下土体的剪切切模量；$\nabla^2=\dfrac{\partial^2}{\partial x^2}+\dfrac{\partial^2}{\partial y^2}+\dfrac{\partial^2}{\partial z^2}$，微分算子；$\lambda'=\dfrac{\mu'E'}{(1+\mu')(1-2\mu')}$，拉姆常数；$\mu'E'$为排水条件下土体的弹性模量、泊松比；$\varepsilon_v$为土体体积应变，$\varepsilon_v=\varepsilon_x+\varepsilon_y+\varepsilon_z=-\left(\dfrac{\partial u_s}{\partial x}+\dfrac{\partial v_s}{\partial y}+\dfrac{\partial w_s}{\partial z}\right)$。

此外，根据土体微元内水量的变化等于体积的变化，可得到渗流连续方程：

$$\frac{k}{\gamma_w}\nabla^2 u=-\frac{\partial\varepsilon_v}{\partial t}=\frac{\partial}{\partial t}\left(\frac{\partial u_s}{\partial x}+\frac{\partial v_s}{\partial y}+\frac{\partial w_s}{\partial z}\right) \quad (2)$$

式（2）中k为土体的渗透系数；γ_w为水的重度。方程（1）和（2）即为比奥三维固结方程，其由4个偏微分方程组成，包含了u_s、v_s w_s、u共4个未知函数，如在具体的求解条件下获得其解答，即得到地基中任一点任一时刻的位移和孔压。

利用广义胡克定律，渗流连续方程（2）还可写为：

$$C_{v3}\nabla^2 u=\frac{\partial u}{\partial t}-\frac{1}{3}\frac{\partial}{\partial t}(\sigma_x+\sigma_y+\sigma_z) \quad (3)$$

式(3)中σ_x、σ_y、σ_z为x、y、z方向的总应力；C_{v3}为三维固结系数，$C_{v3}=\dfrac{kE'}{3\gamma_w(1-2\mu')}$；方程式（3）中的$\dfrac{1}{3}\dfrac{\partial}{\partial t}(\sigma_x+\sigma_y+\sigma_z)$项表明比奥固结理论考虑了土体固结过程中总应力的变化。如令该项为零，也即假定土体在固结过程中各点的总应力不变，该方程就转化为太沙基－伦杜列克扩散三维固结方程。

比奥固结方程既满足土体平衡条件，又满足变形协调和渗流连续条件，因此是比较完善的固结理论。在数学上求解比奥固结方程很困难，只有为数很少且不便应用的解析解。计算机技术和有限元法等数值方法的发展，使比奥固结方程的数值解得以快速发展，并被广泛用于解决岩土工程实际问题。 （胡安峰）

比萨斜塔 Leaning Tower of Pisa 意大利比萨城东北的教堂广场上的钟塔（见图）。1174年始建，1271年竣工，历时近100年。塔呈圆柱形，直径为15.85米（52英尺），8层，高56.27米（184.6英尺），全部用大理石贴面，总重约1.4万吨（见**高耸结构**、**塔式结构**）。底层有石柱15根，在墙上做浮雕式连续券；中间6层围着空券廊，外形为古罗马式（券柱式），各有石柱30根；顶层收缩，有12根石柱，内挂大钟，为钟楼，1350年加建。塔中间有螺旋式登楼石梯，共296级。

比萨斜塔

由于地基土质较差，塔基础埋置较浅，仅3.05米，在建到第三层时，基础产生不均匀沉降，使塔身发生倾斜，工程被迫中止，停工94年后才继续施工。由于比萨共和国不断地与佛罗伦萨进行战争，才有了足够的时间用于等待地基土体固结。塔建成时，塔顶中心点偏离竖向中心线2.1米，终成斜塔。为了补偿塔顶倾斜的影响，工程师设计斜塔左右两侧塔顶高度不同，使得塔顶基本保持水平。现塔顶偏离已达5.2米。经比萨大学用高精度电子仪器监测，已知该塔的倾斜趋势有所减缓。1990～2001年，比萨斜塔经历了共计11年的结构加固，修复了地基土体、修补了可见的损伤与腐蚀现象。

（黄国新 撰 樊健生 修订）

变形测量 deformation survey 对监视对象或物体（简称变形体）进行测量以确定其空间位置随时间的变化特征。又称变形观测或变形监测。

对象及分类 变形测量包括全球性的变形测量、区域性的变形测量和工程变形测量。全球性的变形测量是对地球自身的动态变化如自转速率变化、极移、潮汐、全球板块运动和地壳形变的监测；区域性的变形测量是对区域性地壳形变和**地面沉降**的监测；对于工程变形测量而言，变形体可以是各种建（构）筑物，也可以是机器设备及其他与工程建设有关的自然或人工对象，最具代表性的监测对象有高层建筑、基坑、大坝、桥梁、隧道、边坡和矿区地表等。

测量内容 变形测量分为几何量测量和物理量测量。①几何量测量。主要包括水平位移、垂直位移（沉降）、倾斜、挠度、震动、收敛、裂缝、弯曲、日照和风振等测量。②物理量测量。主要包括应力、应变、温度、气压、水位、渗流、渗压和扬压力等测量。变形测量除了要获得变形体的空间位置随时间变化的特征，同时还要解释变形的原因。几何分析在于确定变形量的大小、方向及其变化，即变形体形态的动态变化，包括基准点稳定性分析和观测点变动分析。物理解释在于确定变形体的变形和变形原因之间的关系，通过建立变形量与变形因子之间关系的数学模型，对模型的有效性进行检验和分析，解释变形原因，常用方法有统计分析法、确定函数法（力学模型分析法）和混合模型法等。

测量方法 在工程变形测量中，常用的测量方法包括常规大地测量法、近景摄影测量法、物联网传感器测量法、卫星导航定位测量和地面三维激光扫描法等。①常规大地测量法。利用常规的大地测量仪器（经纬仪、水准仪、全站仪等）测量方向、角度、边长和高差等，全自动跟踪全站仪（又称测量机器人）可为工程变形的自动化监测提供支撑，可广泛用于变形监测的许多领域。②近景摄影测量法。通过在变形体周围的稳定点上安置高精度数码相机，对变形体进行摄影，然后利用数字摄影测量技术获得变形信息。其特点是外业工作量小、效率高以及劳动强度低，信息量丰富，可用于监测不同形式的变形。③物联网传感器测量法。利用光、机、电技术研制出了一些特殊和专用的仪器可用于变形的自动监测，如应变测量、准直测量和倾斜测量等。④卫星导航定位测量。由于卫星导航定位系统硬件和软件的不断发展与完善，特别是高采样率接收机的出现，在大型结构物动态特性和变形监测方面已表现出其独特的优越性。⑤地面三维激光扫描法。利用高速激光扫描技术，快速大面积高分辨率的获取被测对象表面的三维坐标数据（点云数据），通过去噪、拟合和建模，获得变形体的变形信息。其特点是可快速、大量、高精度地获取空间点位及其变化信息，对变形体非接触测量，便于对变形体进行整体变形研究等。

测量意义　变形测量的最大特点是要进行周期观测。变形测量周期根据变形体的变形特征、变形速率、观测精度及外界影响因素等综合确定，当变形发生显著变化时，应及时增加观测频率。通过变形测量，一方面可以监测各种工程建筑物，及其设备以及与工程建设有关的地质构造的变形，及时发现异常变化，对其稳定性、安全性做出判断，以便采取措施、加以处理，防止事故的发生，确保工程安全。另一方面通过积累监测分析资料，能更好地解释变形机理，验证变形假说，为研究灾害预报的理论和方法服务，还可以检验设计和施工是否合理、反馈施工的质量，为以后修改设计、制定设计规范等提供依据，减少工程灾害、提高抗灾能力。

（王　丹）

变形体虚功原理　virtual work principle of deformable body　虚功原理是力学中一个普遍性的能量原理，利用虚功原理求解力学问题，即为虚功法。虚位移原理和虚力原理是它的两种具体应用形式。由虚位移原理可以导出力的平衡条件，由虚力原理可以导出变形的协调条件。引入弹性变形体的本构关系后，由虚位移原理和虚力原理可以导出一系列能量原理，用于分析弹性结构各种力学问题。

变形体虚功原理可以表述为：设变形体在力系作用下处于平衡状态，又设变形体由于其他原因产生符合约束条件的微小连续变形，则外力在位移上所作外虚功 W_e 恒等于各个微段的应力合力在变形上所做的内虚功（或虚应变能）W_i。

变形体的虚功原理可表示为：

$$W_e = W_i \tag{1}$$

刚体体系的虚功原理可看作变形体虚功原理的一个特例。另外，对于弹性、非弹性、线性和非线性的变形体系，变形体虚功原理都适用。

由式（1）平面杆系结构的虚功方程可写为：

$$\sum F_P\Delta + \sum F_{RK}c_K = \sum\int (M\kappa + F_N\varepsilon + F_Q\gamma_0)\,ds \tag{2}$$

式（2）中 F_N、F_Q、M 和 F_{RK} 分别为结构杆件的轴力、剪力、弯矩和支座反力；ε、γ_0、κ 分别为结构杆件的轴向应变、平均剪切应变和曲率；Δ 为与荷载 F_P 相应的位移；c_K 为与支座反力 F_{RK} 相应的支座位移。等号右边的积分沿杆轴线进行，然后对所有的杆件求和。

具体应用时，变形体虚功原理有两种形式：①对于给定的平衡力系状态，另虚设任意的位移变形状态，利用虚位移方程求解力系状态中的未知力，这时的虚功原理可称为虚位移原理。机动法作影响线即应用这一方法。②对于给定的位移变形状态，另虚设任意的平衡力系状态，利用虚力方程求解变形状态中的位移，这时的虚功原理可称为虚力原理。单位荷载法即采用这种方法计算结构的位移。

（李廉锟　杨迪雄）

标准火灾升温　standard fire time-temperature curve　为检测建筑构件的耐火性能、使通过试验所测得的构件耐火性能具有可比性而规定的统一试验火灾升温曲线。建筑火灾通常分为初期增长阶段、全盛阶段和衰退阶段（见图）。火灾的发展过程及严重程度，取决于室内可燃物的燃烧性能、数量及分布情况，以及着火房间的大小、形状和通风状况等因素，因此火灾的实际升温会千差万别。

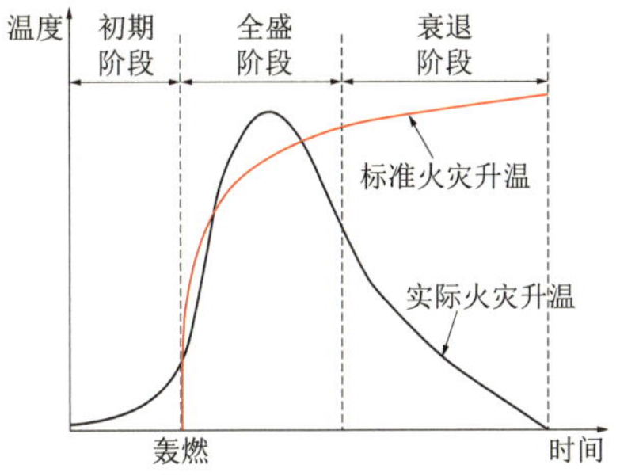

标准火灾升温与实际火灾升温示意图

为了统一和便于比较构件的耐火性能，各国的构件耐火性能试验标准均规定了火灾升温曲线。其中国际标准化组织ISO—834、英国BS476、中国GB/T 9978.1规定的标准火灾升温曲线公式为：

$$T_g(t) - T_g(0) = 345\log_{10}(8t+1)$$

式中 $T_g(t)$ 为火灾发生后 t 时刻的室内空气的温度，单位为℃；$T_g(0)$ 为火灾发生前的室内空气温度，一般取20℃；t 为火灾发生后的燃烧时间，单位为分。（李国强）

宾馆暖通空调系统　HVAC system for hotel　为宾馆建筑室内空气与热湿环境服务的暖通空调系统。宾馆一般是为了满足人员出差、旅行等短时期停留需求服务的。从使用上看，一般需要考虑全天24小时的使用需求（尤其是客房）；不同宾馆存在等级上的区别，在客房的使用要求上也存在一定的差异性，一般等级越高，在空调系统的配置上，对个性化需求的满足能力越大。宾馆建筑暖通空调系统以人工环境技术为基础，为人们提供舒适、健康所需的停留与入住环境，保证在室人员所需的空气与热湿环境需求。

对于大型高等级宾馆，通常采用冷热源集中设置的中央空调系统。宾馆中的大堂、餐厅等高大空间，以集中设置空调机组并通过风道和风口送至被空调区域的全空气空调系统为主要形式，以便于集中运行管理。客房则通常采用风机盘管等房间式供暖空调末端设备，以满足室内人员的个性化需求；同时，客房采用集中机械送新风方式来保证房间的空气品质。

对于小规模、等级较低，或者季节性运营特点突出的宾馆建筑（如一些具有明显季节运营特征的度假式酒店），有针对性地采用分散式暖通空调系统，在运行管理和经济上具有更好的合理性。在新风供应上，有机械送新风与开窗取得新风两种形式。

（潘云钢）

波浪荷载　wave load　波浪运动作用于港口工程结构或海洋工程结构上产生的荷载。又称波浪力。波浪荷载包括：①水体变速运动导致结构周围压强分布不均匀所产生的惯性荷载。②水体与物体相对运动而由水体黏性产生的拖曳荷载。③波浪破碎或水面直接打击到结构上产生的抨击荷载。波浪荷载对于港口工程结构和海洋工程结构的作用各不相同。

港口工程结构波浪荷载　波浪力对于港口工程结构的作用可分为5种情况：①波浪对直墙式构筑物的作用。在确定作用力时，首先要区分墙前的波浪形态，可分为立波、远破波和近破波3种，再根据波浪形态分析波浪力。通常，波峰作用下在墙面产生压力，墙底面产生方向向上的浮托力；波谷作用下对墙面产生吸力，对墙底面产生方向向下的波浪力。波浪力与波高、周期和水深等有关。②波浪对斜坡式建筑物的作用。包括对斜坡护面作用和斜坡堤顶上胸墙作用，波浪作用下斜坡式构筑物护面块体的稳定标准宜以容许失稳率表示；波浪对斜坡堤顶上胸墙墙面产生压力，墙底面产生方向向上的浮托力。

③波浪对桩基和墩柱的作用。对小尺度桩柱（直径/波长≤0.2）一般利用小振幅波理论计算速度分力和惯性分力；对较大水深情况下，作用于大尺度墩柱体上的波浪力通常采用绕射理论得出的公式计算。波浪力与水深、波浪波高及周期、墩柱尺度及形状有关。桩柱构筑物有附着生物时，相应区段上的波浪力应乘增大系数。④波浪和水流对桩基和墩柱的作用。⑤高桩码头面板底部浮托力。应计算最大总浮托力和对应的均布压强、最大冲击压强和对应的冲击总力。浮托力与波浪波高及周期、水位和面板底部高程有关。

海洋工程结构波浪荷载　当结构构件（部件）的直径小于波长的20%时，波浪荷载通常用半理论、半经验的莫里森方程计算；大于波长的20%时，应考虑结构对入射波场的影响而采用绕射理论计算。影响波浪荷载大小的因素很多，如波高、波浪周期、水深、结构尺寸和形状、群桩间的相互干扰和遮蔽以及海生物附着等。

海洋中波浪一般是不规则的随机运动，其对海洋工程结构产生的不规则波浪荷载常采用下列特征波法和谱分析法确定：①特征波法。选用某一特征波作为单一的规则波，并以它的参数（有效波高、波浪周期、水深）和结构的有关尺寸代入莫里森方程或绕射理论分析程序，求出作用在结构上的波浪力。②谱分析法。利用海浪谱进行波浪荷载计算、结构疲劳和动力响应分析的一种方法。把波浪作为随机性的、由许多不同波高和波周期的规则波线性叠加而成的不规则波，用概率论和数理统计的方法收集、分析处理波浪观测数据，由于它能较精确地反映波浪的能量分布规律，所以是一种比较理想的方法。海洋工程结构设计中常用的有P-M和JONSWAP谱。线性谱分析法中，波力谱（输出谱）$S_{ff}(\omega)$和海浪谱（输入谱）$S_{\eta\eta}(\omega)$呈下述关系：

$$S_{ff}(\omega)=|T_{ff}(\omega)|^2 S_{\eta\eta}(\omega)$$

式中$T_{ff}(\omega)$为频率响应函数；ω为波浪频率。波力谱确定后，可求出波浪力分布函数中的统计特征值，进而得到某一累积概率的波浪力。

对于一些形状特殊或特别重要的海洋工程结构，除了用上述方法进行计算分析外，还应采用计算流体力学方法进行时域模拟或开展物理模型试验加以研究，以确定波浪力的统计特性和大小。

（胡家顺　孙绍述　撰　滕　斌　修订）

波士顿中央大道工程　Boston's Central Artery; Tunnel Project; Big Dig　建成时为美国历史上最大、最复杂和最具有技术挑战性的公路工程。波士顿中央大道工程将波士顿的6车道高架中央干道（I-93）改建为8～10车道长达5.6千米的地下快速路，同时新建两座横跨查尔斯河的桥梁，将I-90干道延伸至波士顿洛根国际机场和通道1A。工程显著缓解了波士顿的交通拥堵，并改善了环境，创造了超过120公顷的开放绿地，重新连接波士顿的老城和滨水地区。

工程于1982年开始环境影响评估，1986年完成评估。美国国会在1987年4月批准了联邦拨款和项目的基本范围。1991年9月，特德·威廉斯隧道和南波士顿运输道路开工建设；2003年，I-90以及I-93南向和北向3个里程碑式的工程正式开放运营，2007年全部完成，总费用超过146亿美元。

工程完成后，相关道路车辆由每天平均3.82万车辆/时减少至1.48万车辆/时，2004～2005年测算，为旅客节省了1.66亿美元，旅客在高峰时段通过中央干道的时间减少了85.6%。波士顿城市的一氧化碳含量减少了12%，并为马萨诸塞州和整个新英格兰地区经济持续增长奠定了基础。

波士顿中央干道从城市可持续发展角度出发，利用地下空间解决城市中心区更新问题，“拆高架道路，建设地下快速路”，其做法和理念在世界上产生了示范效应和深远影响。

（郭东军）

波速法　wave velocity method　利用波速的大小只取决于岩土介质本身的物理力学性质，而与波源无关这一特点，通过量测弹性波在介质中传播的速度，来估计介质的物理力学性质或工程指标。波速指波动过程中某一振动状态（即振动相位）单位时间内所传播的距离。

工程实践中把量测弹性波波速的方法称为波速测试。岩土介质中压缩波波速受含水量的影响较大，不能真实反映介质的动力特性，剪切波速度主要受介质骨架特性控制，与介质的强度密切相关，剪切波速度在科研和工程中应用较多。也有压缩波和剪切波波速联合测试，既可以分析介质骨架特性又可以分析孔隙填充物特性。

按照测试地点的不同，波速测试可分室内法和室外原位法。①室内法。测试对象为取出的岩土试样，试验方法有共振法、超声脉冲法、干涉法。②室外原位法。不需将岩土体取出，不改变岩土体本身应力状态，利用物探中的地震法原理，量测弹性波波速，测试方法有跨孔法、折射波法和表面波法。

（夏唐代）

博物馆暖通空调系统　HVAC system for museum　为博物馆室内空气与热湿环境服务的暖通空调系统。博物馆建筑的主要使用功能包括馆藏品的长期安全保存和提供人员参观的良好环境。馆藏品长期保存时，除了对空气温湿度的基准参数要求外，一些对温湿度波动较为敏感的藏品，还有空气温湿度波动范围限制的要求（温度日较差控制在2～5℃，相对湿度日波动值不高于5%）。展览和人员参观区域，则以人员舒适性参数作为主要的控制目标。在人工环境技术的基础上，通过不同的技术手段来实现不同的环境参数控制。

为了确保珍稀馆藏品的环境要求，馆藏品库房的空气冷热处理措施，在全年的各时间段，及每天的24小时可能都需要不断地交替或者同时使用，因此博物馆暖通空调系统的冷热源通常会全年不间断地运行。温湿度精度要求非常高的库房，需要对空气进行降温除湿后的再热升温，以及精确的加湿控制等技术手段，将温湿度波动值控制在允许的范围之内。

对于既有展品又有人员的展室，暖通空调系统运行时间主要以参观开放时间为依据，并以人员的舒适性作为主要环境控制参数。对环境要求不高的展品，可以将其与人员设置在同一空间；如果某些精品展品对环境的温湿度参数和波动精度要求非常高，一般将其设置在有独立空调装置的密封式专用展柜之中。

（潘云钢）

不确定性优化　non-deterministic optimization　研究不确定性因素影响下，结构满足性能要求的优化方法。传统的优化设计方法通常假定所有已知参数和设计变量是确定性的。在实际工程中，不确定性因素广泛存在于结构的设计、制造、服役和维护等各阶段中。这些不确定性来源较多，如设计者对工程问题的假设和简化、材料参数的扰动、加工误差、材料老化、维护参数误差、载荷的波动、服役环境变化等。不确定性因素会引起结构性能的扰动，必须在优化设计阶段予以充分考虑。

描述不确定性因素的数学模型主要包括概率模型、凸模型（包括区间模型）和模糊模型等。概率模型用随机变量或随机场描述不确定性，采用概率理论计算结构响应的失效概率。凸模型于20世纪90年代被美国Y.本-哈伊姆和I.艾利沙克夫引入不确定性研究中，它本质上属于集合模型，利用凸域描述参数变化的范围以处理不确定性参数。其中，凸域的形状反映不确定性参数的相关性信息，而凸域的大小描述不确定性参数对于名义值的偏离程度。常用的凸模型包括区间模型和超椭球模型。模糊模型采用模糊集合描述不确定性，利用模糊统计方法研究结构的不确定响应。C.B.布朗首先将模糊性引入结构安全性分析中。

不确定性优化包括可靠度优化和鲁棒性（稳健性）优化。可靠度优化的目标是在结构性能失效概率约束下实现最佳的结构性能或最小的成本，或者在给定的设计约束下最小化结构失效的预期损失。1969年，美国C.A.康奈尔提出了利用与结构函数相关联的可靠度指标作为衡量结构安全度的量化指标，并在此基础上建立了结构可靠度分析的一次二阶矩方法，可靠度设计的概念开始被工程界接受。鲁棒性优化的目标是最小化结构性能的扰动。在工程领域最早广泛采用的鲁棒性设计方法是由日本田口玄一提出的试验设计法。21世纪以来，基于随机有限元分析和多目标数学规划列式的鲁棒性优化设计方法由于其相对较高的效率成为一个主流方法。

随着计算机技术的发展，有限元方法、半解析法、灵敏度分析、代理模型和近似模型等先进分析方法使得可靠度设计和稳健性设计得到快速发展。同时概率模型、凸模型和模糊模型相结合的混合模型方法也逐渐在学术界得到越来越多的重视。在工程界，不少计算机辅助工程（CAE）软件系统也已经集成了可靠度优化或鲁棒性优化所需的相关功能。

（亢　战）

不停航施工　airport non-stop construction　在机场不关闭或者部分时段关闭，并按照航班计划接收和放行航空器的情况下，在飞行区内实施的工程作业。

内　容　不停航施工工程主要包括：①飞行区土质地带大面积沉陷的处理工程，围界、飞行区排水设施的改造工程等。②跑道、滑行道、机坪的改扩建工程。③扩建或改造助航灯光及电缆的工程。④影响民用航空器活动的其他工程。工程的具体施工技术保障措施可分为施工前的准备工作、应急预案及特情处理、施工中的污染源控制措施、工程验收及通航等。

中国民用航空局、民航各地区管理局及民航各监督管理局负责机场不停航施工的监督检查。机场管理机构承担施工期间飞行区安全管理责任。机场公安局或特定派出机构负责飞行区及其他限制区域通行证及消防管理。

不停航施工申请经审查批准后，应按程序发布航行通告。通告发布7天后方可开始正式施工。航行通告的发布程序应当按照《民用航空航行情报工作规则》办理。因不停航施工需要调整机场运行时间的，还需按照中国民航局的有关规定办理审批手续。

基本要求　主要包括：①严禁无关人员、无证人员和车辆进入飞行区。在中国，必须严格遵守中国民航局第75号令，按规定线路、速度行驶，并开启黄色警示灯。必须报经机场管理部门同意后方可实施不停航施工。②进入仪表着陆系统保护区作业施工，需经空中交通管理部门和机场管理机构一致同意后方可进入；保护区内作业结束后，必须平整场地，恢复保护区原貌；禁止在保护区内堆放建材、建筑垃圾等一切物品。③施工期间，未经机场公安局检查批准，不得使用明火，不得使用电、气进行焊接和切割作业。④在施工区域开挖的管沟和在跑道端安全带（跑道端以外90米范围内）和道肩两侧75米范围内开挖的管沟，开挖后及时采取钢板覆盖措施。⑤对临时关闭的跑道、滑行道、机坪或其部分，应当按照《民用机场飞行区技术标准》的要求设置关闭标志，并关闭跑道、滑行道、机坪或其部分的助航灯光。⑥施工现场及相关交通运输工具应当配备必要的应急救援设施、器材，并定期检查，保证完好。⑦在滑行道、机坪道面边以外进行施工的，当有航空器通过时，滑行道中线或机位滑行道中线至物体的最小安全距离范围内，不得存在影响航空器滑行安全的设备、人员或其他堆放物，并不得存在可能吸入发动机的松散物和其他可能危及航空器安全的物体。⑧施工期间应当保护好导航设施临界区、敏感区的场地。航空器运行时，任何车辆、人员不得进入临界区和敏感区。不得使用可能对导航设施或航空器通信产生干扰的电气设备。⑨在航班间隙或航班结束后进行施工，在提供航空器使用之前必须对该施工区域进行全面清洁。施工车辆和人员的进出路线穿越航空器开放使用区域时，应当对穿越区域进行不间断检查。发现道面污染时，应当及时清洁。

（朱方海）

不锈钢钢筋　stainless steel bar　按热轧工艺生产，以不锈、耐蚀性强为主要特征的钢筋。通常用于海洋、岛礁、跨海大桥等腐蚀较严重地区的混凝土结构中，以及使用年限较长的重要公共建筑中。相对于普通的碳素钢，不锈钢的化学成分主要增加了铬（Cr，含量≥10.5%）、镍（Ni）、锰（Mn）和钼（Mo）等合金元素，同时严格控制碳含量（≤1.2%），使二者的材料特性存在很大不同。常用的不锈钢钢筋用钢，可分为奥氏体不锈钢、铁素体不锈钢、马氏体不锈钢、双相钢和沉淀硬化型钢。与普通低碳钢筋相比，不锈钢钢筋不仅具有异常卓越的耐腐蚀性，还具有高强度、高塑性、优良的高温耐火性、低温韧性，以及良好的耐疲劳性。

不锈钢钢筋的耐蚀原理在于通过大量的铬、镍耐蚀合金元素促使钢筋在氧化环境中表面形成以三氧化二铬为主要成分的钝化膜，以此在氯盐和碳化作用下的混凝土环境中获得优异的钝化性能和抗氯离子侵蚀能力。鉴于上述优点，不锈钢钢筋混凝土已经在严酷环境下的混凝土结构中取得了部分应用。最典型的工程实例是建于20世纪40年代的墨西哥普罗格雷索码头大桥，使用AISI304级不锈钢钢筋，至21世纪20年代尚未显示出锈蚀现象。中国的港珠澳大桥在部分关键结构也使用了双相不锈钢钢筋，以提升结构耐久性和服役寿命。

中国还没有制定专门针对不锈钢钢筋的标准，仅在2004年4月颁布的CCES01：2004《混凝土结构耐久性设计与施工指南》中规定：在特别严重的腐蚀环境下，要求确保百年以上年限的特殊重要工程，可选用不锈钢钢筋。

英国标准BS6744：2001+A2：2009给出了等级为200、500和650不锈钢圆钢筋，以及等级为500和600带肋不锈钢钢筋的直径，所有等级不锈钢钢筋直径在3～50毫米（表1）。相应的拉伸性能见表2。

表1　BS6744:2001+A2:2009不锈钢钢筋直径

等级	公称直径/mm
200	3，4，5，6，7，8，10，12，14，16，20，25，30，35，40，50
500	3，4，5，6，7，8，10，12，14，16，20，25，32，40，50
650	3，4，5，6，7，8，10，12，14，16，20，25，32，40，50

表2　BS6744:2001+A2:2009规定的不锈钢钢筋拉伸性能

等级	0.2%保证强度/MPa	应力比（最小）	断裂延伸率/%	最大力值的总延伸率/%
200	200	1.10	22	5
500	500	1.10	14	5
650	650	1.10	14	5

由于不锈钢钢筋中含有大量贵重的铬、镍、钼等合金元素，使其生产成本明显高于普通碳素钢筋，使用不锈钢钢筋的

工程一次性投入成本约为相同级别普通碳素钢筋的4～6倍，较大程度上限制了不锈钢钢筋在混凝土结构中的应用。除高昂的价格外，以下几方面的不利因素也在一定程度上限制了不锈钢钢筋的应用：①不锈钢钢筋在氯离子侵蚀环境下，具有较为明显的点蚀倾向。②不锈钢钢筋的连接方式不易采用焊接，一般采用套筒连接。③不锈钢钢筋与混凝土的黏结强度偏低，需更长的锚固长度。④与碳素钢筋偶接时，易产生宏电池腐蚀。（薛　锋）

布朗，E.T. Edwin Thomas Brown（1938-12-04～　）澳大利亚岩石力学与工程专家、教育家。生于澳大利亚维多利亚州卡斯尔梅恩市。1969年于昆士兰大学获哲学博士学位，1985年于伦敦大学获科学（工程）博士学位。1965～1975年，历任詹姆斯库克大学讲师、高级讲师、副教授；1975～1987年，任伦敦帝国理工学院特聘教授、教授，其间担任过帝国理工学院皇家矿业学院院长和矿产资源工程系主任；1987～2001年，历任昆士兰大学工程学院院长、副校长、常务副校长；2001年以后，担任布里斯班高达工程咨询有限公司高级咨询顾问和昆士兰铁路公司、布里斯班港口公司等企业公司董事。此外，于1982～1983年担任英国岩土工程学会主席，1983～1987年担任国际岩石力学学会主席。1989年当选英国皇家工程院院士，1990年当选澳大利亚技术科学与工程院院士，2001年被授予“澳大利亚爵士”称号。

布朗在岩石力学理论及其在采矿、土木和资源能源开发等工程领域中的应用方面具有丰富的研究、教学、咨询、著作编撰经验，主要著作有《岩石地下挖掘》（1980，合著）、《地下采矿岩石力学》（1985，合著）和《块崩地质力学》（2003）。2003年获澳大利亚政府百年纪念奖章，2004年获澳大利亚地质力学学会约翰·杰格纪念奖（John Jaeger Memorial Award），2006年获澳大利亚采矿与冶金协会主席奖，2007年获国际岩石力学学会缪勒奖（Müller Award），2010年获国际矿冶与探测学会岩石力学奖。（冯夏庭）

布鲁克林桥 Brooklyn Bridge　美国纽约东河上，连接曼哈顿和布鲁克林的第一座大桥。1870年1月3日破土动工，1883年5月通车。据纽约交通厅2014年的统计数据，这座6车道的大桥，每天过桥的车辆超过12万辆、行人4000人、自行车3100辆。

大桥总长度为1833米，其中，主桥1053米，主跨486米，纽约一端和布鲁克林一端的引桥分别为476米和304米。

大桥有4根主缆。每根主缆包含19根索股，每一根索股由278根直径3.175毫米的镀锌细钢丝空中编制而成。主缆的极限强度为1.22万吨，设计荷载为300吨。此外，还有108根斜拉索辅助每一根主缆承重。主梁采用6片桁梁。

桥塔高出水面83米，建成后很长时间一直是纽约的最高建筑。这座大桥创造了多个世界第一：第一次用钢丝作为悬索桥的主缆材料；第一次采用镀锌防腐技术；第一次成功采用空中编丝（AS）法架设主缆的技术；第一次用气压沉井技术进行桥梁深水（超过10米）基础施工。

桥宽近26米。最初的桥面布置，外侧可供两辆畜力车并行通过，内侧通行双线有轨电车，中轴线附件的4.7米范围作为人行道。1950年，大桥重新维修时，有轨电车道取消，桥面重新布置成为6车道。

大桥完成时的总造价为1540万美元。大桥的总工程师是罗布林父子两代人。父亲J.A.罗布林完成了设计，1869年，罗布林在踏勘布鲁克林大桥桥墩位置时，由于船撞事故脚部受伤，后感染不治而辞世。儿子W.A.罗布林接替父亲，担任总工程师指挥大桥施工。由于多次进入气压沉井指导施工，小罗布林患“潜水病”致瘫。此后的10年，小罗布林在轮椅上继续指挥大桥施工，他的妻子E.W.罗布林成为他的助理，往返大桥工地，代替小罗布林行使大桥施工的监督和指导。

布鲁克林桥

大桥于1883年5月24日落成通车，被誉为工业革命时代全世界七个划时代的建筑工程奇迹之一。（尹德兰）

布律内尔，M.I. Marc Isambard Brunel（1769-04-25～1849-12-12）法国工程师、隧道盾构的发明人。生于法国鲁昂市附近的哈克维尔，卒于英国伦敦。1793年流亡美国纽约，1798年侨居英国。布律内尔在美国期间，先从事土地测量工作和尚普兰运河的测量，后成为工程师和建筑师，曾修建“公园戏院”，主持海港工程。1818年获得发明盾构的专利权，这种盾构被命名为布律内尔盾构。1825年，布律内尔在修建伦敦泰晤士河第一条水底隧道时，首次使用盾构掘进，1834年底改用改良的盾构施工，于1843年建成泰昭士河水底隧道。布律内尔的盾构掘进是隧道施工中的一大技术突破，其原理为设计现代盾构奠定了基础。（潘鼎元）

C

擦窗机 building maintenance unit 携带作业人员完成建筑幕墙或其他装饰材料清洗和维护的设备。擦窗机是一种非标产品，其设计需要考虑建筑物屋面、外形及玻璃幕墙的维护等需求，选择适应性强的擦窗机结构类型。根据建筑物屋面状况的不同擦窗机常分为轨道式擦窗机、俯仰式擦窗机、立柱升降式擦窗机和悬挂式擦窗机。

擦窗机主要结构包括动力装置、行走轮组、底盘、回转机构、立柱、小吊臂、主吊臂、制动系统、吊船等。①动力装置。主要由卷扬和排缆装置组成，吊船由四根钢丝绳悬挂并经过滑轮组和排缆装置接入卷扬机，减速电机通过链传动或齿轮传动带动卷筒实现吊船升降。②行走轮组。分为外侧轮组和内侧轮组，行走电机安装在外侧轮组，提供整机行走动力，内侧行走轮安装在擦窗机摆臂上，用来实现擦窗机弯道行走。③小吊臂。安装在主吊臂前端，依靠电机带动齿轮啮合实现自身回转，调整吊船角度适应建筑物。④主吊臂。与立柱上端依靠销轴固定，立柱底端安装在回转支撑上，并由回转电机通过齿轮啮合带动回转支撑旋转，实现吊臂180°旋转。⑤制动系统。每台擦窗机至少有两套，每套制动系统可单独作用，吊船和擦窗机设置多处限位装置，避免出现擦窗机主体或吊船与建筑物碰撞，提高整机安全性和实用性。

（李守林）

材料力学 mechanics of materials 研究结构构件的强度、刚度和稳定性的力学分支学科。即研究构件在载荷作用下不破坏，不产生过度的变形以及保证构件变形的稳定性。近代科学研究的先驱者意大利伽利略1638年出版的《关于两门新科学的对话》一书中就有关于梁的弯曲强度研究的示意图（图1）。

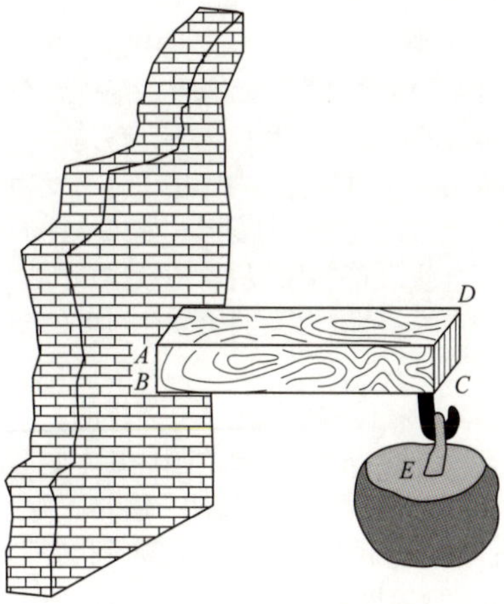

图1　梁的弯曲强度研究示意图

材料力学的主要任务是研究构件在外力作用下产生内力、应力、变形和破坏的规律，材料在复杂应力状态下的强度理论，以及动载荷和交变应力强度，压杆稳定性等，为构件的合理设计提供必要的理论基础和计算方法，以便设计出既安全又经济的结构构件和机械零件。对强度、刚度和稳定性这三方面的要求，有时统称为强度要求，而材料力学在这三方面对构件所进行的计算和试验，统称为强度计算和强度试验。

a 伽利略（1638）　b 马略特（1686）　c 白仑特（1713）　d 库仑（1773）
图2　历经135年的矩形梁截面应力分布规律研究示意图

材料力学作为机械、土木、水利、采矿、建筑、航空航天、石油工程、地质勘探、海洋工程等领域的基础学科，在设计、制造与生产、技术创新、增产措施等方面具有重要的作用。同时，材料力学是基础课和专业课之间的桥梁，起到承上启下的作用。它既具有基本概念和基础理论的特点，又有重要应用价值的一面。20世纪末，材料力学已经成为世界各国工科大学各专业共同必修的专业核心课程。

发展简史 在古代建筑中，尽管还没有严格的科学理论，但人们从长期生产实践中，对构件的承载能力情况已有一些定性或粗浅的定量认识。例如，从圆木中截取矩形截面的木梁，当高宽比为3∶2时最为经济，这大体上符合材料力学的基本原理。随着工业的发展，在车辆、船舶、机械和大型建筑工程的建造中所碰到的问题日益复杂，单凭经验已无法解决，这样，在对构件强度和刚度长期定量研究的基础上，逐渐形成了材料力学。伽利略为解决建造船舶和水闸所需梁的尺寸问题，进行了一系列实验，并于1638年首次提出梁的强度计算公式。由于当时对材料受力后会发生变形这一规律缺乏认识，他采用了刚体力学的方法进行计算，以致所得的结论不完全正确。但他对一些结构承载能力的叙述甚为精彩，他说，空心梁“能大大提高强度而无须增加重量，所以在技术上得到广泛的应用。在自然界就更为普遍了。这样的例子在鸟类的骨骼和各种芦苇中可以看到，它们既轻巧，而又对弯曲和断裂具有相当高的抵抗能力”。他认为，不可能用比例放大的方法来建造大型结构；人们不可能建造很长的桥梁和很高的房屋；动物太大，必然会被自身的质量所压垮。如今，材料力学不仅可以定性说明上述问题的原理，并且还可以进行定量分析计算。

梁的弯曲问题是材料力学的一个重要基本问题。17世纪和18世纪的很多著名科学家对这个问题相继进行过大量研究。他们中的一些研究结果虽然并不正确，但是在逐步走向正确，并且提供了有益的启示。从1686年E.马略特论文的发表，再从1713年的A.白仑特，到1773年的C.-A. de库仑得出正确的弯曲应力分布规律，历经135年（图2）。实际上是截面上的拉压内力能否自我平衡的问题，也就是中性轴（应力为零处）的位置不断向上移动的过程。

此外，英国科学家R.胡克在1678年发表了根据弹簧实验观察所得的“力与变形成正比”这一重要物理定律（即胡克定律）。从18世纪起，材料力学开始沿着科学理论的方向向前发展。

高速车辆、飞机、大型机械及铁路桥梁等的出现，使减轻构件的自重成为亟待解决的问题。随着冶金工业的发展，新的高强度金属（如钢和铝合金等）逐渐成为主要的工程材料，从而使薄型和细长型构件大量被采用。这类构件的失稳破坏屡有发生，从而引起工程界的注意。这些因素成为构件刚度和稳定性理论发展的推动力。由于超高强度材料和焊接结构的广泛应用，低应力脆断和疲劳事故又成为新的研究课题，促使这方面的研究迅速发展。

材料力学的发展与人类社会的进步密切相关，材料力学发展史是人类文明史的一部分，其内容极其丰富，包含了很多简明而实用的理论知识。

在许多工程结构中，杆件往往在复杂载荷的作用或复杂环境的影响下发生破坏。例如，杆件在交变载荷作用下发生疲劳破坏，在高温恒载条件下因蠕变而破坏，以及构件在高速动载荷的冲击而破坏等。这些破坏是使结构丧失工作能力的主要原因。材料力学也研究材料的疲劳性能、蠕变性能和冲击性能。

材料力学的很多理论公式虽然较为直

观简单，但是往往经过很多年的发展才得出正确的结果。如适合于不同材料的统一强度理论，从1901年W.佛克脱到1953年的S.P.铁木辛柯再到1985年的《中国大百科全书·力学》(第1版）都认为是不可能的难题，直到1991年才得到破解。其关键是德鲁克公设的外凸性和双剪理论的提出。D.C.德鲁克是塑性力学家。他于1951年提出德鲁克公式，由此得出强度理论的外凸性，为强度理论的研究奠定了理论框架。现在采用力学模型、数学建模以及实验确定材料参数的解析方法，从而得出一个具有统一力学模型、统一数学建模方程和统一数学表达式的统一强度理论。统一强度理论产生了一系列新的准则，形成一个有序排列的破坏准则的集合，覆盖了从内边界到外边界的全部范围，可以适用于不同的材料。现有的一些破坏准则即为统一强度理论的特例或线性逼近（图3)。

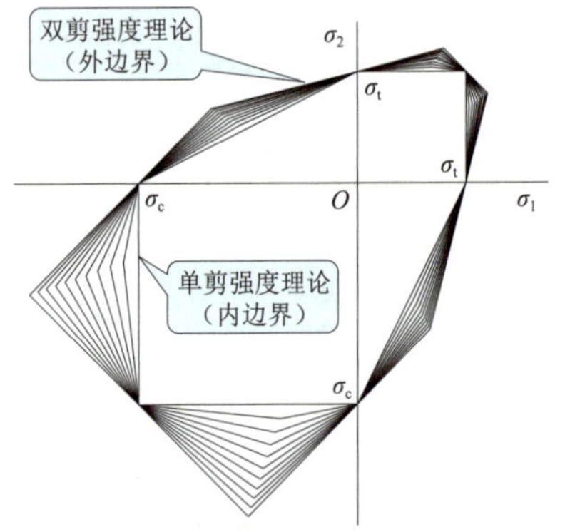

图3 统一强度理论的平面应力极限线示意图

研究内容 包括三大部分：①材料的宏观力学性能（或称机械性能）的研究。材料的力学性能参量不仅可以用于材料力学的计算，而且也是固体力学其他分支学科的计算中必不可缺少的依据。②杆件在载荷作用下产生内力、应力、变形和位移的力学分析。杆件按受力和变形可分为拉杆、压杆、受弯曲（有时还应考虑剪切）的梁和受扭转的轴等几大类。③联结材料宏观力学性能和应力-应变力学分析的本构关系研究。包括弹性应力-应变关系研究，如一维胡克定律、三向应力广义胡克定律、剪切胡克定律；材料在复杂力状态下产生屈服和破坏的规律研究，即强度理论研究，如考虑材料拉伸强度和3个主应力的单参数强度理论（适合于拉压强度相同的材料）以及考虑材料拉伸强度和压缩强度两个参数的强度理论（适合于拉压强度不同的材料)。塑性应力应变关系研究则不在材料力学研究范围。材料力学的具体内容可以分为杆件的基本变形和专题研究两大部分。

杆件的基本变形 工程中经常遇到的各种结构物和机器，如房屋、桥梁、飞机、车辆、船舶、电机和机床等，都是由若干构件组成。构件在外力作用下都将发生形状和尺寸的改变，即变形。如果构件的设计不合理，或选用的材料不恰当，则构件在一定的载荷作用下将会发生过度的变形或破坏。

实际杆件的变形是多种多样的，但通常可以归结为比较简单的四种基本变形形式，即拉伸或压缩、剪切、扭转、弯曲。杆件发生各种基本变形时的受力和变形情况见图4。复杂受力的杆件可以作为这些基本变形的组合，即组合变形。简单变形杆件的应力分析和强度条件较为简单。组合变形杆件的应力分析和强度条件较为复杂。需要进一步研究点的应力状态理论和强度理论。

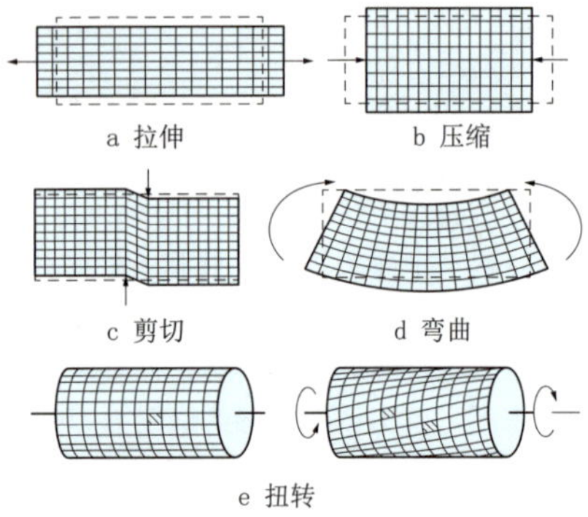

图4 杆件的基本变形示意图

拉伸（压缩)、剪切、扭转、弯曲、点的应力状态理论和强度理论构成了材料力学的基本部分。

专题研究 包括能量法、动载荷、交变应力疲劳强度、压杆稳定性、简单结构塑性分析等。在大学的材料力学教学中，材料力学专题部分内容需根据专业的不同可以有所增加，如厚壁筒等。

构件的强度、刚度和稳定性均与其所用材料的力学性质有关，而这些力学性质必须通过实验来测定。此外，理论还需要实验的验证，有的问题有时须借助于实验来解决。因此，实验研究和理论分析，同样都是材料力学解决实际问题必不可或缺的手段。

研究方法 实际工程构件一般比较复杂，研究必须分两步进行。即先做简化假设，再进行力学分析。

简化假设 一般可把材料抽象为可变形固体。对可变形固体，可引入3个基本假设。①连续性假设。认为材料是密实的，在其整个体积内毫无空隙。实际材料的内部空隙尺寸与整个构件的尺寸相比很小，因而在一般情况下，这一假设是合理的。②均匀性假设。认为从材料中取出的任何一个部分，不论体积如何，在力学性能上都是完全一样的。这里所说的材料的力学性能是指所有组成部分性能的统计平均量。大多数材料的内部组成和性能基本均匀，所以这一假设从统计意义上说也是成立的。③各向同性假设。认为材料在各个方向的力学性能都相同。根据这一假设可以简化应力-应变关系。对大多数金属来说，这一假设是成立的，但对很多复合材料则不能成立，因为它们具有明显的各向异性性质。

此外，通常还要作下列几个工作假设：①小变形假设。假定物体变形很小，从而可认为物体上各个外力和内力的相对位置在变形前后不变。对大多数金属材料来说，这一假设是合理的，但对能够产生大变形的物体（如橡胶和塑料等）以及对压杆的稳定性问题则不适用。②线弹性假设。即在小变形和材料中应力不超过比例极限两个前提下，可认为物体上的力（或应力）和位移（或应变）始终成正比。这个假设使计算大为简化，而且在这一假设的基础上，一个较复杂的问题可以分解为一些简单的问题然后将结果进行叠加。③平截面假设。认为杆件的横截面在杆件受拉伸、压缩或纯弯曲而变形的过程中，保持为平面，并与变形后的杆件轴线垂直。这一假设使杆的无限自由度问题化为有限自由度问题。

力学分析 首先应求得构件在外力作用下各截面上的内力。某截面上的内力是指分布在该截面上的力的合力。内力可通过取分离体利用平衡条件来确定。其次应求得构件中的应力和构件的变形。对此，单靠静力学的方法就不够了，还需要研究构件在变形后的几何关系以及材料在外力作用下变形和力之间的物理关系。根据几何关系、物理关系和平衡关系，可以解得物体内的应力、应变和位移。把它们和材料的允许应力、允许变形做比较，即可判断此物体的强度是否符合预定要求。若材料处于多向受力状态，则应根据强度理论来判断强度。

同弹性力学和塑性力学相比，材料力学的研究方法显得简单。用材料力学方法计算构件的强度，有时会由于构件的几何外形或作用在构件上的载荷较复杂而得不到精确的解，但由于方法比较简便，又能提供足够精确的估算值作为工程结构初步设计的参考，所以常为工程技术人员所广泛采用。

（孙训方 俞茂宏）

材料力学实验 experiments on mechanics of materials 测定和研究材料或者构件的承载能力、变形和力学性能的实验。是材料力学的重要组成部分。材料力学的理论及定律、材料的力学性质都要通过实验来验证或测定。对各种复杂构件与结构的强度、刚度和稳定性，也需通过实验得出正确结果。

发展 首先是意大利达·芬奇做了铁丝的拉伸试验。之后意大利伽利略做过悬臂梁拉伸和弯曲试验，并将这些试验和研究成果总结在1638年出版的《关于两门新科学的对话》一书中，标志着变形体力学的兴起。英国R.胡克在1678年发表关于弹簧试验研究的论文，从而产生了胡克定律，为材料力学奠定了理论基础。后来法国E.马略特、瑞士D.伯努利、瑞士L.欧拉等也为材料力学实验的发展做出了重要贡献。中国有记载的最早的材料力学实验是墨子《经下篇》中记有的“发均县轻而发绝，不均也均其绝也莫绝。”以及“衡木加重焉而不挠极胜重也。右校交绳无加焉而挠极不胜重也。”。墨子的拉伸与弯曲试验比伽利略的悬臂梁拉伸和弯曲试验要早2000年。到了现代，对于材料力学实验人们已发展了电测、光测、声学测量等试验技术。

分类 根据实验的性质，材料的力学实验可分为4类：

验证理论 材料力学中的公式，多是在物性的假设和简化的基础上导出的。因此，必须通过实验对这些公式的准确性和应用范围加以验证，有助于加深对理论的认识和理解。实验是验证、修正和发展力学理论的必要手段。

测定材料的力学性能 在力或能的作用下，材料在变形、强度等方面表现出来的一些力学特性。通过对试件拉伸、压缩、扭转、冲击、疲劳等试验，测定材料的强度极限、弹性模量、疲劳极限等力学参数，作为构件设计计算的依据。常用的试验机有：万能试验机、扭转试验机、冲击试验机及疲劳试验机等。其中万能试验机是材料力学实验中最主要的机器，根据所加荷载及工作条件分为静载、动载、常温、高温及疲劳等类型。电液伺服万能试验机具有电子计算机加载程序控制和数字处理的能力，可做多种动、静态强度试验。

实验应力分析 对于形状和受力情况复杂的构件，应力计算比较困难。可通过实验研究其中的应力场，常用的方法有电学方法、光学方法、声学方法和其他方法。①电学方法。有电阻、电容、电感等多种方法，而以电阻应变计测量技术应用较为普遍，效果较好。电阻应变计法是把产生的电阻变化按公式算出相应的应力。电容应变计法是在试件变形时，根据两电容极片间距随之变动算出试件的应力。②光学方法。发展较快，方式较多，逐渐形成光测力学。经典的光弹性实验技术已从二维、三维模型实验（如光弹性法、光弹性应力冻结法）发展成为能用于工业现场测量的光弹性贴片法，用来解决扭转和轴对称问题的光弹性散光法，研究应力波传播和热应力的动态光弹性法和热光弹性法，进行弹塑性应力分析的光塑性法，以及研究复合材料力学的正交异性光弹性法。除了上述经典方法外，还有云纹法、云纹干涉法、全息干涉法、散斑干涉法、全息光弹性法、焦散线法等。此外还有20世纪80年代发展起来的光纤传感技术和数字图像处理技术等。③声学方法。有利用超声剪切波的双折射效应测量应力的声弹性法，可对构件进行动态无损检测的声发射技术，以及原理和全息照相相同，但以超声波代替光波的声全息法。④其他方法。常见的有脆性涂层法、X射线应力测定法、比拟法等。

综合性和探索性实验 与验证性试验或基础试验不同，综合性实验着重于综合：不仅是实验技术和试验方法的综合，而且是材料力学理论在材料力学实验中的综合应用。探索性实验则更近一步：不仅要在探索中完成实验，而且要再现科学探索的一般过程，即实现“假设→理论模型→实验验证→修正假设→完善理论模型→……”的循环。 （张大伦 杨迪雄）

材料力学性能 mechanical properties of materials 各种材料在经受外力或其他作用的过程中所呈现的变形规律和破坏形态的各种物理力学性质。通常以应力、应变或两者所导出的一系列参数来表达，并需要通过各种材料的标准试验方法测定，作为设计和制作各种构件的依据。以工程结构材料为例，早期是以低碳钢为代表的。这是因其塑性好、强度低，在断裂前通常有明显变形，容易确保结构的安全，在一般机械工业中得到广泛的应用。随着工程结构设计上要求高效、紧凑，特别是像航空航天等高技术的发展，使高强度材料和高耐热材料得到迅速发展和应用。随着研究的深入，抗蚀力学性能和抗蚀材料同时得到了长足的发展。结构常用复合材料中最典型的有玻璃纤维增强材料和碳纤维增强材料两大类，这两类材料的问世使力学性能进入了一个新的领域，即由均质各向同性向各向异性过渡。

一般说来，力学性能研究主要包括两个方面：一是建立适当的模型和给出定量的处理方法；二是借助微观分析，探讨材料力学性能的实质，以便能动地改造和提高材料的力学性能。工程材料的力学性能涉及的内容有7个方面：①强度和应力。材料的强度是材料在经受外力或其他作用时抵抗破坏的能力。某种材料的强度可用这种材料制成的标准试件，在一定的受力状态或工作条件下进行试验来确定。在结构工程中，常用材料的极限强度，即在试验过程中试件截面所能承受的最大应力来表示强度。应力指由外力、温度变化或其他作用等因素引起的材料内部单位截面面积上的内力。应力沿截面法向的分量称为正应力；沿截面切向的分量称为剪应力。②变形和应变。对各种建筑材料，不仅要对其应力分布情况进行分析，还要研究其变形。材料在承受外力或其他作用过程中，一定产生变形，当变形不超过一定范围时，如撤除该外力或其他作用后，材料的几何形状能恢复原状，材料的这种性能称为弹性。外力或其他作用卸除后即可消失的变形称弹性变形。当卸除该外力或其他作用后，材料变形只能部分复原而残留一部分不能消失的变形时，该残留部分称为塑性变形。材料在外力或其他因素作用下产生的局部相对变形，称为应变。③材料的抗压（抗拉）力学性质。材料在轴向压力（拉力）作用下达到破坏前所能承受的最大压（拉）应力，称为抗压（拉）极限强度。其测定所用的试件形状尺寸应符合标准规定。④冲击韧性。在冲击、振动荷载作用下，材料在变形过程中吸收能量的性质称为韧性，它和抗冲击强度有密切关系。一般以冲击破坏时单位断裂面上吸收的能量测量值作为其度量指标。⑤疲劳强度。在规定的荷载作用重复次数和作用变化幅度下，材料所能承受的最大动态应力。其大小与材料性质、应力类型、应力集中程度等因素有关。⑥徐变。又称蠕变。材料在恒定外力作用下，其变形随时间延续而缓慢增加的过程。普通混凝土、玻璃、各种金属和沥青，在持续的外力作用下，都会产生徐变。⑦应力松弛。材料在持续外力作用下，总的变形值保持不变，而由于徐变变形渐增，弹性变形相应渐减，从而使材料内的应力随时间而逐渐降低的过程。

一般说来，力学性能是工程结构材料研究和应用中的关键性问题。原因主要有：力学性能通常是工程结构或构件设计中最重要的数据和依据；力学性能通常是新材料能否由研制状态进入工程应用的基本考核指标，尤其是综合性能（包括强度和塑性）的优劣常常是决定性因素；任何机械结构的失效（包括不能满足设计的工作能力或未达到预期的工作寿命而损坏）形式尽管多种多样，究其原因除设计不当外，一般都归因于在服役中的载荷形式和环境条件下未能达到要求的力学性能。所以，通常的失效分析在很大程度上也是围绕载荷和环境以及相关力学性能分析而展开的。 （卢 谦 季顺迎）

蔡方荫 Cai Fangyin（1901-04-27～1963-12-13） 中国结构力学专家、教育家。生于江西省南昌县，卒于北京。1925年毕业于北京清华学堂后，留学美国，1929年获麻

省理工学院土木工程硕士学位，后在纽约珀迪-亨德森事务所任顾问工程师。1930年归国，任东北大学、清华大学等土木工程系教授、主任和工学院院长，执教结构力学等课程达20年，造就了不少土木建筑专门人才。1949年后，曾任中央重工业部顾问工程师、中国人民政治协商会议第二届和第三届全国委员会委员。1956～1963年任建筑工程部建筑科学研究院副院长兼总工程师。1955年当选为中国科学院学部委员。

蔡方荫对工程结构力学，特别是“变截面刚构分析”和“桁架刚构分析”颇有造诣。他提出了简便实用的“力矩一次分配法”，对变截面刚构分析各种计算体系所需的挠曲常数加以整理，制成“变截面刚构分析挠曲常数换算表”，提出了适用于变截面梁、柱的“I0/I图矩面积法”计算各种挠曲常数，并编制成常用挠曲系数的计算图表。又将以桁架为横梁与柱相刚接的刚构采用“柱顶力矩作用”和“桁架跨变影响”两项准则，简化成按一般刚构分析的计算程序，能获得如“最小功法”或“冗力法”精确解的同样结果，可以节省设计计算的工作量。他的主要著作有：中国第一部结构力学教科书《普通结构学》；《变截面刚构分析》《变截面刚构分析续编》。还著有《钣梁之理论与分析》《装配式楔形杆铰接框架》等著作以及关于工程结构研究方面的学术论文40多篇，并担任《土木工程学报》主编。

（鲁 生 陈定外）

餐厨垃圾厌氧消化处理 anaerobic digestion of food waste 餐厨垃圾在无氧环境中被厌氧微生物降解形成甲烷和二氧化碳的过程。甲烷和二氧化碳的混合气体含甲烷50%～70%（体积比），俗称沼气，属可再生能源，平均热值约23兆焦/米^3（甲烷体积分数0.58时）。沼气可以直接作为燃料发电供热，或分离二氧化碳后作为人工天然气利用。厌氧消化后剩余的残余物，是未被降解的有机物、杂质、微生物细胞体和水的混合物，经脱水分离后成为沼液和沼渣。沼渣生物稳定性相对较低，但含氮量较高，经后续再稳定化处理（如好氧堆肥化）后可作为肥料或土壤改良剂使用；沼液可灌溉利用，不能利用的则需要净化处理后排放。

厌氧消化过程微生物在缺氧或无氧环境下分解碳水化合物、蛋白质和脂肪等各类生物有机质，形成各种代谢产物，并获得自身生长与繁殖的能量，合成生物质。此过程是一个复杂的代谢流网络，基本可概括成串联衔接的4个阶段，即水解、酸化、乙酸化和甲烷化。4个阶段的反应速率不同，当下游的反应速率低于上游的反应速率时，就很容易导致中间代谢物的累积，从而抑制厌氧微生物的生理代谢，使消化过程不稳定，严重时可完全抑制厌氧消化过程。

厌氧消化工艺按照运行温度，分为中温消化（30～43℃）和高温消化（50～60℃）；按照厌氧消化反应器中物料的含固率，分为湿式消化（含固率在12%～15%以下）和干式消化（含固率在20%～40%），介于二者之间的称为半干式工艺；按照串联的反应器数目，分为单段、两段和多段式，如水解酸化-乙酸化甲烷化两段式（也称两相式），固-液两段式，高温-中温两段式；按照进料方式，分为间歇式、连续式、半连续式。厌氧消化同时有杀灭致病菌的作用，其中，高温厌氧消化（≥50℃）可达到卫生无害化水平，中温厌氧消化的无害化效果较弱。厌氧消化能减量餐厨垃圾中的有机物，而水分减量和体积减容效果则不明显。

餐厨垃圾厌氧消化流程由预处理除杂、油水分离、厌氧消化和消化产物后处理4个基本环节组成（见图）。

中国国家层面的生活垃圾厌氧消化技术推广始于2010年，国家发展和改革委员会发布了《关于组织开展城市餐厨废弃物资源化利用和无害化处理试点工作的通知》（发改办环资〔2010〕1020号）。2011～2015年，国家发展和改革委员会分5批共批准了100个“餐厨废弃物资源化利用和无害化处理试点城市”，其中76%的处理设施采用了厌氧消化技术。中国城镇和农村正在推进生活垃圾分类收集，餐厨垃圾分流量增加有利于厌氧消化处理技术的发展和应用。 （吕 凡 何品晶）

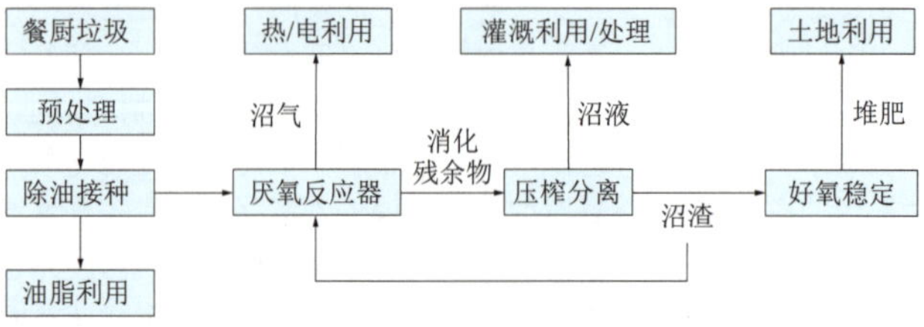

餐厨垃圾厌氧消化处理的工艺流程示意图

测量机器人 measurement robotics 根据预设的测量任务，利用各种传感器和测量设备，自主获取待测量对象的数据并进行分析处理，从而实现高精度、高效率、高自动化的测量过程的机器人。测量机器人的技术原理主要包括3个方面：机器人技术、测量技术和数据处理技术。其中，机器人技术是测量机器人最基本的技术，包括机器人的机械结构、感知系统、控制系统等方面的技术。测量技术是测量机器人实现高精度测量的关键技术，主要包括测量传感器的选择和使用、测量方法的设计和优化等方面的技术。测量机器人通常配备各种传感器和测量工具，如激光扫描仪、坐标测量机（CMM）和光学传感器。这些传感器可以让机器人捕捉有关所测量对象的详细三维数据，从而生成准确的模型和测量结果。数据处理技术是测量机器人将测量数据转化为可用信息的关键技术，主要包括数据采集、数据处理、数据分析和数据可视化等方面的技术。

测量机器人主要分为以下3类：①工业自动化测量机器人。主要应用于工业制造领域，能够执行大型零件、模具等工件的三维测量，具有高精度、高效率和高自动化的特点。这类机器人常用的测量方法包括激光测距、光学测量、机械探头等。②建筑测量机器人。主要应用于建筑工程领域，能够对建筑物进行三维测量，如建筑物的结构尺寸、平面图、立面图等。这类机器人常用的测量方法包括激光扫描、摄影测量等。③航空航天测量机器人。主要应用于航空航天领域，能够对航空器进行三维测量，如航空器表面形貌、结构尺寸、机翼弯曲度等。这类机器人常用的测量方法包括激光测距、光学测量等。

测量机器人是一种能够自主执行测量任务，广泛应用于制造业、航空航天、汽车制造、船舶制造、建筑工程等领域。

（袁 烽）

叉装机 fork mounted machine 前端装有货叉，通过机械运动，以及货叉的升降对块料进行铲运和装载的工程机械。全称轮胎式块料叉装载机。叉装机是由装载机和大吨位叉车演化而成，主要用于石材行业和物流行业。其主要由发动机、底盘、液压系统、电气系统、工作装置和辅助设备等组成。

根据工作装置不同，叉装机可分为伸缩臂式叉装机和连杆式叉装机。

伸缩臂式叉装机。工作装置直接承受货物的重量，并完成货物的叉取卸放、升降堆码等作业。由基本臂、伸缩臂、挡货架、门架、侧移器、货叉、伸缩油缸、举升油缸、平动油缸和倾翻油缸组成。货叉直接承受载荷，由一对组成，安装在挡货架上并与侧移器连接，可以滑动调整间距，并可以通过驾驶室内的操纵杆操纵侧移器上的油缸，实现货叉相对于门架整体侧移。门架安装在伸缩臂上通过倾翻油缸进行装卸货物等动作。伸缩臂安装在基本臂里面，通过伸缩油缸推动，在基本臂里面做往复直线运动。基本臂通过举升油缸带动伸缩臂、挡货架、门架、侧移器、货叉作上下运动。平动油缸与倾翻油缸进行联动，保证基本臂举升或下降时货叉处于水平位置。

连杆式叉装机。早期为六连杆叉装机，是将装载机的铲斗变为货叉改装而成。八连杆叉装机工作装置包括作业机具、悬架、翻转油缸、动臂、横拉杆、拉杆过桥连杆、摇臂、竖拉杆、举升油缸及伸展油缸，由具有1个共用销轴和1个共用连杆的两个平行四边形连杆机构组合而成，从而保证了物料举升过程任意位置水平移动。

（王 进）

拆除爆破 demolition blasting 用于拆除建（构）筑物的爆破技术。拆除爆破是一门跨学科的工程技术，涉及爆炸力学、材料力学、结构力学和断裂力学等相关学科知识。作为工程爆破的一个分支，拆除爆破随着钻孔机具、爆破器材和计算机技术的发展，在城市更新建设中的应用越来越广泛，特别是进入20世纪80年代以后，形成了内涵广泛、门类众多、结构复杂的综合体系，在国民经济的发展中发挥了不可替代的作用。拆除爆破具有高效、低耗、安全、可靠的特点，可以利用炸药能量在短时间内将建（构）筑物解体并破碎，或将高空作业变为地面作业，加快了拆除速度，降低了风险，实现了机械化作业，减轻了劳动强度。

分类 建（构）筑物的拆除爆破包括楼房、厂房拆除爆破，城市高架桥拆除爆破，钢筋混凝土支撑拆除爆破，烟囱、水塔、冷却塔、电视塔、水池的拆除爆破，水下围岩和挡水岩坎爆破等多种拆除爆破作业。

按爆破对象分类 按爆破对象不同，拆除爆破可以分为建(构)筑物拆除爆破、水下围挡和挡水岩坎拆除爆破、大型群体筒形结构拆除爆破、废旧人防工事拆除爆破、基础和地坪拆除爆破、船坞的拆除爆破。其中建（构）筑物拆除爆破又包括楼房、厂房拆除爆破，烟囱、水塔、冷却塔的拆除爆破，桥梁的拆除爆破。

按爆破方法分类 按爆破方法主要分为5种。①钻孔爆破。在待拆除建（构）筑物的某些关键部位钻凿小直径炮孔（38～40毫米），装入雷管和炸药，起爆后使这些关键部位破碎并失去其承载能力，从而将建筑物、构筑物拆除的方法。钻孔爆破是应用最为广泛的一种方法。②**水压爆破**。③静态破裂。以石灰石为破碎剂的主要成分，添加活化剂或加速剂混合物，加水装入炮孔中，经一定时间后因体积膨胀而形成膨胀压力使介质开裂而破碎的新型破岩爆破技术。④**聚能爆破**。聚能装药主要有轴对称轴向聚能装药（图a)、轴对称径向聚能装药（图b）和面对称聚能装药（图c)，主要用于切割金属钢板、管材、桥梁的钢架等。⑤预裂爆破或光面爆破。在对建（构）筑物拆除时，有时须拆除一部分而保留部分又要求不被破坏，可以采用预裂爆破或光面爆破控制拆除。

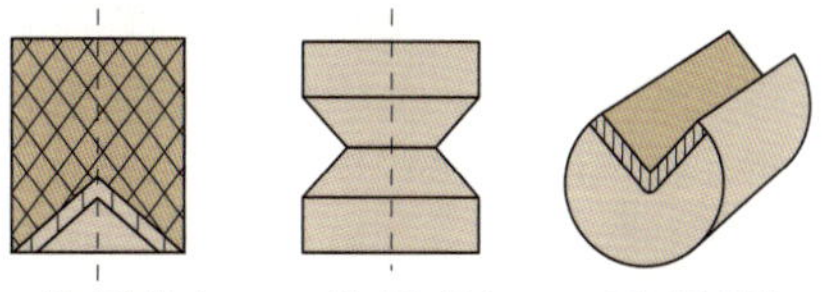

a 轴对称轴向聚能装药　b 轴对称径向聚能装药　c 面对称聚能装药

三种聚能装药示意图

特点 拆除爆破是既要通过爆破技术达到拆除的工程目的，又要保护邻近建（构）筑物和设施设备的安全，是拆除和保护的矛盾统一体。与其他爆破技术相比，拆除爆破具有以下特点：①拆除爆破属于控制爆破。在拆除爆破中要严格控制炸药爆炸能量的释放和介质的破碎过程，需要控制建（构）筑物爆破后的倒塌方向和堆积范围，同时控制爆破有害效应。②爆区周边环境复杂，需要保护目标多。城市更新建设过程中的拆除爆破工程一般位于城镇闹市区、居民区、工厂施工区等，爆破区域周围常有各种建（构）筑物，地下还常常敷设多种管道、电缆线和其他需要保护的设施。③需要拆除爆破的建（构）筑物种类繁多、结构复杂、材料类型各异。④起爆网路复杂，延时精度要求高。⑤工期紧，时间短，给爆破设计和施工带来很大困难。

发展趋势 随着中国经济社会的快速发展，在城市更新与工业升级改造过程中，大量的楼房、桥梁、烟囱和冷却塔等建（构）筑物需要拆除。中国建筑科学研究院统计数据表明，“十二五”期间，中国每年拆除的建筑面积约为4.6亿米^2，且呈逐年增长趋势。拆除工程已发展成中国的一个新兴产业。

建（构）筑物拆除趋向高层化。由于城市的扩建、改建，特别是城市的重新规划，有些建筑物未达到服务期限就予以拆除，使高层建筑拆除的数量明显加大。①随着层数的增加，高度增高，位能增大，拆除倒塌的塌落振动增大。②高层建筑群密集程度增大，允许倒塌范围明显不足。③建筑造型复杂，拆除机理日益复杂，解体难度不断增大。④建筑结构形式更趋多样化。⑤结构柔性化和钢筋混凝土强度等级增加，拆除工艺更加复杂。

拆除方法呈现多样化。高层建筑物的拆除仍以控制爆破为主，爆破拆除与机械拆除并存。在中国、美国和众多的西欧国家拆除爆破占有重要地位，而日本在机械拆除方面则相对领先。

大安全观念越来越被重视。在城市拆除爆破中，特别是高层建筑物的拆除必须遵守“安全第一”的原则，爆破振动、爆破空气冲击波、爆破噪声、爆破个别飞散物、爆破粉尘、爆破有害气体的预防和控制刻不容缓。

（贾永胜 谢全民）

拆除爆破理论 theory of demolition blasting 关于采用爆破方法拆除建（构）筑物过程中，在爆炸荷载作用下结构破坏现象发生和发展规律的理论。拆除爆破理论旨在严格控制炸药爆破能量的释放和介质破碎过程，达到预期的爆破破碎效果，控制建筑物的倒塌方向、堆积范围，把爆破地震波、爆破冲击波、爆破噪声和爆破个别飞散物等有害效应控制在《爆破安全规程》规定的安全阈值内。建（构）筑物拆除爆破包含炸药爆轰、爆炸能量控制、建（构）筑物在爆破荷载作用下动力响应等复杂过程。拆除爆破基本原理包括失稳原理、等能原理、微分原理、缓冲原理和防护原理。

失稳原理　在分析建（构）筑物的受力状态、荷载分布和实际承载能力的基础上，运用控制爆破方法将设计范围内的立柱（墙）爆松，使之失去承载能力，确保承重构件局部失稳；同时破坏结构的刚度，使建（构）筑物在整体失稳的情况下因自重作用原地坍塌或定向倾倒。建（构）筑物拆除倒塌，是以引发建筑物失稳为主的原理。

等能原理　炸药爆炸是瞬间释放大能量的物理化学反应过程，通常产生具有高温高压的高速膨胀气体作用于周围介质，使介质结构破坏。由于作用于单位质量介质的能量比破坏单位质量介质实际所需能量大，多余能量转化为空气冲击波、爆破振动等有害效应。根据介质特性，选择爆破方式、优化爆破参数、选用合理的起爆方式和炸药品种，以期使作用于单位质量介质的能量与破坏单位质量介质所需的最低能量相等，介质既能产生一定程度的破碎，又无多余能量造成爆破有害效应。

微分原理　将待爆破拆除的建（构）筑物所需的总装药量分散装入多个炮孔中，形成多点分散的布药形式，采取微差爆破使炸药能量分开释放，达到减少爆破危害、缩小破坏范围、提高爆破效果的目的。

缓冲原理　选择合理的炸药品种和装药结构，可降低爆轰波峰值压力对介质的冲击，并延长炮孔内压力的作用时间，从而使爆破能量得到合理的分配与利用。

防护原理　研究爆破飞石、爆破及塌落振动对周围目标的影响和破坏机理，通过采用行之有效的技术措施，对已受到控制的爆破危害再加以防护。（贾永胜）

柴油打桩锤　diesel hammer　以柴油燃爆驱动的利用冲击力将预制桩打入设计标高地层的桩工机械。

分类　按构造形式分为导杆式柴油打桩锤和筒式柴油打桩锤。①导杆式柴油打桩锤。以柱塞为锤座压在桩帽上，以汽缸为锤头沿导杆升降。打桩时，先将桩吊到桩架龙门中就位，再将柴油锤搁在桩顶，降下吊钩将汽缸吊起，又脱开吊钩让汽缸下落套入柱塞，将封闭在汽缸内的空气进行压缩，汽缸继续下落，直到缸体外的压销推压锤座上燃油泵的摇杆时，燃油泵就将油雾喷入缸内，油雾遇到燃点以上的高温气体，当即发生燃爆，爆发力向下冲击使桩下沉，向上顶推使汽缸回升，待汽缸重新沿导杆坠落时，又开始第二次冲击循环。②筒式柴油打桩锤。上、下汽缸为筒状，打桩时上、下汽缸固定作为锤座，活塞是锤头，活塞在汽缸内部往复运动。打桩时，将锤座下部的桩帽压在桩顶上，用吊钩提升活塞，然后活塞脱钩往下冲击，压缩封闭在汽缸中的空气，并进行喷油、爆发、冲击、换气等工作过程。

根据冷却方式又分为水冷式柴油打桩锤和风冷式柴油打桩锤。①水冷式柴油打桩锤。利用焊接于锤筒上水箱中的水，吸收爆炸产生的热量，实现冷却。②风冷式柴油打桩锤。下汽缸下部有散热片，通过散热片周围空气的流动带走爆炸产生的热量，实现冷却。

原理及特点　柴油打桩锤由汽缸和柱塞组成，其利用柴油爆燃释放的能量提升冲击锤体，利用冲击锤体自由下落时的瞬时冲击力锤击桩头，破坏桩的静力平衡状态，实现桩体下沉，通过反复锤击桩头，将桩贯入地层。压燃柴油启动时，汽缸内的封闭气体达到一定的压缩比是启动的必要条件。有时在软土地层上打桩时，往往由于反作用力过小，压缩量不够而无法引燃起爆，需要用吊钩多次吊起锤头脱钩冲击，才能启动。

主要特点是不需要外部能源，燃料消耗少，作业效率高，锤击速度快、能量大，桩架轻，一般不损坏桩头，移动灵活方便，运费较低，适合于打木桩、预制混凝土桩、钢管桩、钢板桩等类型桩基的直桩和斜桩。因存在噪声和废气污染，低温和软土启动困难，不能长时间持续工作，故适用于一般土层和含砾石的砂黏土层，在房屋、桥梁、堤堰、海上桩基等基础施工中广泛应用。（于景华）

铲土运输机械　combination excavator and hauler　利用刀型或斗型切削装置对土石方进行切削、运输、装卸和平整等作业的工程机械。包括专门用于运输的自卸运输车辆，属于工程机械的一大类别。铲土运输机械由**推土机**、装卸机、**铲运机**、**平地机**、**翻斗车**及清除机六大类组成。清除机包括除根机和除荆机。

铲土运输机械共同的特点是：①以拖拉机为基础车组装而成。②沿地面薄层铲土。③短距离内自装自运。④生产率高、成本低。

铲土运输机械主要用于民用建筑、水利建设、道路建筑、机场修建、矿山开采、码头建造、农田改良及国防建设。随着发动机废气净化技术的发展。铲土运输机械中某些机种的应用范围已由地上向地下发展，如在矿山井巷装载和运输作业中使用的内燃装载运输机。（王　进）

铲运机　carry-scraper　利用装在前后轮轴或左右履带之间的带有铲刃的铲斗，在行进中对土壤进行铲削、装载、运输和卸铺作业的铲土运输机械。

分类及构成　铲运机可按斗容量大小、卸载方式、装载方式、行走机构、动力传递及操纵方式的不同进行分类。①按斗容量大小，分为小型（斗容量小于5米^3）、中型（斗容量为5～15米^3）、大型（斗容量为15～30米^3）、特大型（斗容量大于30米^3）。②按卸载方式，分为自由式、半强制式和强制式3种。③按装载方式，分为普通式和升运式等。④按行走机构，分为轮胎式和履带式。⑤按动力传递，分为机械动力式、液力机械动力式、电力动力式和液压动力式等。⑥按操纵方式，分为机械操纵式和液压操纵式两种。

铲运机由牵引车和工作装置两大部分组成，二者通过象鼻梁连接成一个整体。其中工作装置包括斗体、斗门和卸土板，斗体是一个前上方敞开的方形斗，用来盛装铲起的土壤，其底部的前面镶嵌着刀片，用于铲土。铲斗的后斗壁是一块可移动的卸土板。铲斗的前部通过提升油缸吊挂在象鼻梁上，后部通过尾架与牵引车后轮的轴壳相连，铲斗升降的同时，可以绕后轮轴转动，铲斗斗门的启闭是通过斗门油缸来控制的。

应用　铲运机主要用于大规模土方工程，如铁路、农田水利、机场、港口等工程，可以依次连续完成铲土、装土、运土、铺卸和整平5个工序，生产效率高、经济效益好。经济作业距离一般在100～2500米，最大运距可以达到几千米，工作速度可以达到40千米/时以上。可以用来直接完成Ⅱ级以下软土体的铲挖，对Ⅲ级以上较硬的土要预先疏松后再铲挖。铲运机还可以对土进行铺卸平整作业，将土逐层填铺到填方的地点，并对土进行一定的平整与压实。

适用范围上要取决于运距、机种、道路状况和运输材料的性质等。根据运距、地形、土质来选用，其中经济适用运距和作业阻力是选择铲运机的主要依据。当运距在100～600米，用拖式铲运机最经济；当运距在600～2000米时，宜用轮胎自行式铲运机。当运距短、场地狭小时，可用履带自行式铲运机。铲运机适宜于在含水量较小的砂黏土上作业，在干燥的粉土、砂加卵石与含水量过大的湿黏土上工作时，生产率则大为下降。（王　进）

长距离输送热水管网　long distance transmission hot water network　以热水作为供热介质，输送半径超过20千米的管网。

为了减少中心城市大气污染排放，控制新增燃煤量，很多北方城市规划不再新增大型热电联产供热机组和燃煤供热锅炉房。如果不从中心城市外引进热源，只能新建燃气锅炉房，而天然气供热成本较高。在当地热源供热成本大幅提高的条件下，供热半径也越来越大。伴随着中国城市和电力行业的快速发展，热电厂的装机容量逐步趋于大型化，并逐步向城市外延迁移，另外随着供热热源的不足和供热需求的不断增大，一些距离城市较远（通常在15千米以上）的电厂陆续将单机容量300兆瓦甚至600兆瓦纯凝汽式燃煤发电机组陆续规划改造为供热机组。以热电厂为热源的供热管网随之向长距离、大管径、较高参数发展。

发展现状　1992年，北京石景山热电厂实现向城区车公庄区域供热，供热主干线全长21.5千米，管径*DN*1200和*DN*1000，此工程包括两座回水加压泵房，并与双榆树大型供热厂联合供热。

滦河电厂位于河北省承德市西南约15千米处，绝对标高为358米，热水输送管网管径*DN*1200，沿途在过“广仁岭”山上绝对标高为463米处开凿隧道（长约1000米），为供热管线经过地形的最高点，最远用户处标高为328米，构成两端低、中间高的地势，隧道前的落差为105米，隧道后的落差达135米。供热管道中间设置隔压站。2006年，实现滦河电厂向承德市区供热；2008年，承德市区供热热源全部改由滦河电厂供应。

河北三河电厂到北京通州新城输热主干线管径*DN*1400，长度22千米，为中国首个跨省市供热工程，其中通州段管线全长约10千米。2011年投入运行。

2011年，天津市第一热电厂关停替代，天津东北郊热电厂到第一热电厂供热距离长达24.5千米，主干线管径*DN*1200。

古交电厂（总装机容量3000兆瓦）距太原市城区38千米，地面标高差180米。敷设4根*DN*1400供热管道（两供两回），管道自西至东，途经古交市、西山山区至太原市区。为穿越西山山区，通过比选选择了穿山隧道敷设方案（需修建3条隧道，1号隧道长度1430米，2号隧道长度2445米，3号隧道长度11 295米，总长15.17千米）。设置3座中继泵站、1座事故补水站。进入太原市后，引至中继能源站。2016年采暖季已投入运行。

山东省济南市东区燃煤替代供热长距离输送管网工程，章丘电厂输送高温水到城区，*DN*1400的管道长度为28.2千米。2016年建成投入试运行。

山西省太原交城国锦电厂至太原供热长距离输送管线工程，包括交城国锦电厂至太一电厂（贾兆新址）2×*DN*1200管线4千米，太一电厂（贾兆新址）至太原市4×*DN*1400管线31千米，总长35千米，中继泵站3座，2016年建成投入试运行。

基本内容　超过20千米的长距离供热主干线项目以前在设计和应用中很少见，主要原因是供热经济性差。制约条件包括管网投资昂贵、输送电耗高和管道散热损失大等。为降低长距离输送管网的供热成本，可通过优化设计系统工艺流程，采用大温差供热技术和分布式燃气调峰技术，提出科学合理的综合性供热方案，使得长距离供热系统具备经济可行性。具体技术思路包括：①通过降低热网回水温度，使远郊电厂可以大幅度地利用乏汽余热，使余热占到整个电厂输出热量的一半以上，从而显著降低近一半的电厂供热成本。②通过增大热网供回水两端的温差，即热网供回水温度由传统的130℃/70℃（温差为60℃）变为130℃/20℃左右（温差为110℃以上），提高长距离供热管线的输送能力70%以上，使得长途管线能输送更多的热量，从而降低单位热量的投资折旧成本。③通过采取燃气分布式调峰措施，使长距离输送管网在整个供热期承担基本供热负荷，提高该长距离输送管网的负荷率，进一步降低长距离输送管网的供热输送成本。

以1.4米管径的供热管道为例，热源为热电厂，如果不进行大温差改造，电厂供热成本约为17.5元/吉焦，而进行大温

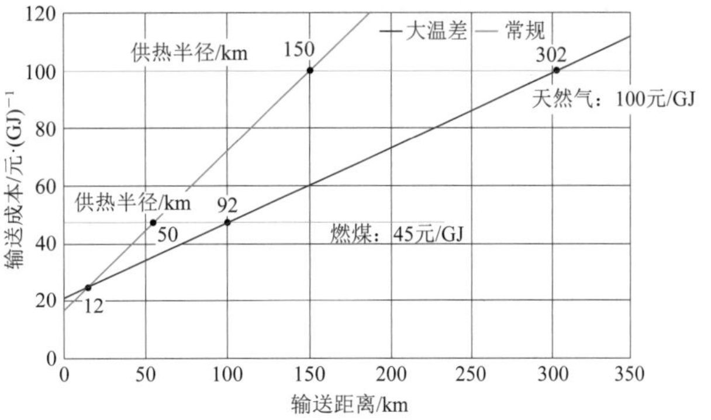

常规热电联产与大温差热电联产的输送成本比较图

差改造后，电厂供热成本为15元/吉焦，但末端热力站设备需要改造，费用约6元/吉焦，则常规热电联产与大温差热电联产的输送成本比较见图。虽然大温差技术由于末端热力站改造导致总的初投资较大，但由于输送能力的提高，随着输送距离的增加，大温差热电联产显示出明显的优势。与燃煤锅炉房供热半径50千米相比，大温差可达92千米；与燃气锅炉的150千米相比，大温差供热半径可达302千米。

长距离输送热水管网具有管径大，输水距离长、流量大、管线沿途地形复杂（如大高差）的特点，在启停过程和泵站事故中很容易出现水击现象，危害管道安全，为此各泵站需采用变频技术变频启停，缓慢过渡，减小水击；同时要对各工况进行动态水力模拟分析，确保不超压，杜绝水击事故。　（李永红）

长螺旋式钻孔机　full screw earth auger　用于建筑工程基础施工的成孔机械。主要用于民用和工业建筑、公路、铁路等工程的钻孔灌注桩、水泥粉煤灰碎石（CFG）桩复合地基等工程施工。长螺旋式钻孔机由动力头、螺旋钻杆和钻头组成。动力头由卡套、螺旋钻杆通过上下导向套支撑于桩架的立柱上。长螺旋钻孔机钻孔时，动力头带动螺旋钻杆和钻头旋转。钻杆和钻头上为连续的螺旋叶片，以螺旋钻头切削土层，被切削下来的土屑沿着钻杆上的螺旋叶片斜面向上滑动，直至孔口，实现连续排土。钻至设计孔深后，提升出钻杆和钻头形成桩孔，即可灌注混凝土，形成灌注桩。也可以一边提升一边从钻杆中部灌注混凝土，实现CFG桩复合地基。　（于景华）

常规水资源　conventional water resource　可直接利用或便于开发利用的淡水自然资源。传统意义上，在日常社会生产、生活中，达到一定的水质标准和水量需求，便于直接利用的水源主要包括**地表水**和**地下水**。①地表水。主要指江河、湖库或湿地中的淡水，通过降水自然补充，并通过排放到海洋、蒸发、蒸散和地下水补给而自然流失。②地下水。位于土壤和岩石地下孔隙空间中的淡水，来源于大气降水和地表水的入渗补给，也是在地下水位以下含水层内流动的水。　（任南琪）

常州市餐厨垃圾厌氧消化处理工程　anaerobic digestion treatment project of food waste in Changzhou　位于常州市武进区雪堰镇，采用厌氧消化工艺处理餐厨垃圾的工程。是中华人民共和国国家发展和改革委员会立项的“餐厨废弃物资源化利用和无害化处理试点城市”第二批项目。常州市餐厨废弃物综合处置一期工程设计处理规模为240吨/日，其中餐厨垃圾为200

吨/日，废弃食用油脂为40吨/日。餐厨垃圾处理工艺为厌氧消化技术，废弃食用油脂和餐厨垃圾预处理产生的毛油进一步制备为生物柴油。工程由常州市城市管理局管理，由江苏维尔利环保科技股份有限公司按建设-经营-转让（BOT）模式特许经营。工程服务范围覆盖常州市武进区、新北区、天宁区、钟楼区和经开区。

工程于2015年1月28日开始建设，2015年12月21日投入试运行，2018年1月通过最终验收正式进入商业运行；工程试运行后，连续稳定运行从未间断，日平均处理餐厨废弃物大于190吨。

常州市餐厨废弃物综合处置一期工程主要的技术单元包括餐厨预处理系统、厌氧消化及脱水系统、沼气净化及发电系统、废弃油脂及生物柴油系统、辅助工程，以及收运体系和数字化监管体系。工程技术从德国引进并通过本土中试优化定型。餐厨废弃物入厂后先进入预处理系统，通过干、湿2级除杂除渣，常温和高温2级除油和破碎匀浆工艺，产生原料料浆、毛油和残渣。预处理产生的毛油通过进一步制备生产生物柴油，残渣则做填埋处置。原料料浆进入厌氧消化系统，采用湿式消化工艺消化降解产生沼气。剩余的消化产物进入后处理系统，采用高速离心机固液分离（脱水）后，对沼渣进行填埋处置，沼液则与填埋场渗沥液联合处理。沼气经过净化与增压后进入沼气发电机做资源化利用。工程建成后运行稳定，主要资源化产品产率为：生物柴油8.8吨/天、生物柴油副产品3.1吨/天、沼气发电量1.3万千瓦·时/天、热能约1万兆焦/天。

（吕　凡　何品晶）

厂矿道路　road for factory and mine　为工厂、矿山、油田、港口、仓库等企业服务的道路。

分类　分为厂外道路、厂内道路和露天矿山道路。

厂外道路　为厂矿企业与公路、城市道路、车站、港口原料基地、其他厂矿企业等相衔接的对外道路，或本企业分散的厂（场）区、居住区等之间的联络道路，或通往本企业外部各辅助设施的道路。厂外道路属于城市道路网规划范围内的，应与城建部门协商后，按《城市道路设计规范》执行。属于公路网规划范围内的，应与交通部门协商后，按《公路工程技术标准》执行。不属于上述范围内的厂外道路，应按《厂矿道路设计规范》执行。设计时，应尽量做到沿线厂矿企业共同使用，并兼顾地方交通运输的需要。

厂内道路　为厂（场）区、库区、站区、港区等的内部道路。厂内道路一般分为。①主干道。即全厂性的主要道路，或连接厂区主要出入口道路。②次干道。即厂内车间、仓库、码头等之间交通运输较繁忙的道路。③支道。即车辆和行人通行都较少的道路及消防道路等。④车间引道。即车间、仓库等出入口与主、次干道或支道相衔接的道路。⑤人行道。厂内道路的设计，应有利生产、方便生活，注意与厂内铁路、管线及其他建筑物相协调，并符合卫生、消防、人防和防振动等有关规定的要求。

露天矿山道路　为矿区范围内采矿场与卸车点之间、厂（场）区之间的道路；或通往附属厂、辅助设施的道路。露天矿山道路一般分为：①生产干线。即采矿场各开采台阶通往卸矿点或废石场的共用道路。②生产支线。即由开采台阶或废石场与生产干线相衔接的道路，或由开采段直接卸矿点或废石场的道路。③联络线。即经常通行露天矿生产所用自卸汽车的其他道路。④辅助线。即通往附属厂、辅助设施，行驶各种汽车的道路。露天矿山道路等级依矿区性质、交通量（主要为汽车的单向小时交通量）确定。主要技术指标依道路等级、车型等确定。

等级和指标确定原则　厂矿道路的等级和主要技术指标应根据厂矿规模、企业类型、道路性质和使用要求（包括道路服务年限、交通量、车型等）、当地地形地质并考虑将来的发展综合确定。厂矿道路路面类型，根据厂矿生产特点可依如下要求选择：①防尘要求较高的生产区，宜选用各种沥青路面或水泥混凝土路面。②通过经常开挖检修的地下管线的路段，可选用水泥混凝土预制块路面或石块铺筑的块料路面。③经常通过履带车的道路，可选用块石路面、级配路面、碎石路面。④临时性供基建运输用的道路，可采用钢筋混凝土板装配式路面。路面的厚度应根据厂矿使用的重型车辆，考虑当地自然条件，结合路基状况进行计算。

（张廷楷　孙立仁）

场地平整　site grading　在工程建设初期，在拟建工程的相关区域内，对场地进行规划、清理、平整，使其达到设计要求的标高，并满足施工设备行走、操作的基本要求，为建筑工程的开工提供必要的现场条件。

规划　场地平整前应对施工现场进行详细规划，规划应结合拟建建筑物的地块边界、平面位置，充分考虑建造流程、施工工艺、施工周期、周边环境等要素，确定施工场地的平整要求及道路、生产设施、排水、办公生活等临时设施的布置方案。

施工　场地平整应遵循先地下后地上的原则，根据地质勘察报告、地下管线等资料，挖除地下障碍物、废弃管线、淤泥腐殖土、废弃建筑等，并分层回填压实。场地平整标高通常以设计要求或周边自然地面标高为依据，采用方格网法计算确定土方填挖区域及填挖工程量。设备可采用挖土机、推土机、平地机、压路机等机械。回填压实度可根据场地使用情况确定，通常不宜低于90%。

要素　场地平整应做好地面排水，排水坡度应符合设计要求或不小于0.2%。同时，施工现场应合理规划排水管沟、沉淀池，废水必须经过三级沉淀并符合相关环保要求后才能排入城市管网，经现场处理无法达标的必须外运排放。

场地平整应符合施工现场道路规划，以满足施工设备的转运、材料运输和消防车辆的通行等要求。道路铺设需考虑施工便利、承载力大、耐久性强、不易扬尘、便于清洁等原则，一般采用混凝土路面可满足要求。施工道路的基层可采用素土压实，上铺15～30厘米厚的道砟及碎石或块状建筑废料，重型压路机压实，面层为15～20厘米厚的C30混凝土，如考虑重型车辆通行可铺设Φ12～Φ16@200的单层钢筋网片。此方法浇筑的施工道路可满足大部分工程的施工要求。

场地平整应结合现场生产设施的布置，现场生产设施主要包括钢筋加工场、模板加工场、砂石料周转材料堆场、设备机械停放场地、水泥仓库、混凝土搅拌站等，生产设施的布置应充分考虑建筑布局、施工流程、使用便利、绿色环保等因素，确保施工高效、持续地实施。21世纪以来，建筑施工专业化程度和环保要求不断提高，许多生产性设施已经移至现场以外的专业制作工厂，如商品混凝土、成品模板、半成品钢筋、装配式预制构件等，进一步提高了建筑施工的科技水平和环保标准。

（顾国平）

超高性能混凝土　ultra-high performance concrete; UHPC　硬化后具有更高抗压强度与更高耐久性、性能更加优异的混凝土。与传统混凝土相比，超高性能混凝土有诸多优点：①抗压强度高于150兆帕，约是传统混凝土的3倍以上。②韧性提高约300倍，与一些金属相当，使得混凝土结构在超载环境下或地震中具有更优异的结构可靠性。③具有更优异的耐久性能，可大幅度提高混凝土结构的使用寿命，减小混凝土结构的维修费用。④不可渗透性，几乎无碳化，氯离子渗透和硫酸盐渗透也几乎为零。⑤在开裂情形下，由于超高性能混凝土存在大量未水化水泥颗粒，使得混凝土具有自修复功能。⑥自重约是传统混凝土结构的1/3～1/2，显著降低了静荷载，有利于制造更细长的建筑结构，降低了混凝土结构的厚度，节省了材料和成本，降低工程总造价。

尽管超高性能混凝土拥有很多优点，但也存在一些缺陷，如超高性能混凝土的**水泥**用量高达800～1000千克/米^3，增大了水化热，产生收缩。制备超高性能混凝土的原材料通常为水泥、硅灰、石英砂、石英粉、钢纤维和超塑化剂等，生产成本是普通混凝土的数倍至十几倍。为了提高超高性能混凝土中辅助性胶凝材料的活性，生产超高性能混凝土时往往采用蒸汽或蒸压养护，复杂的生产工艺限制了超高性能混凝土在实际工程中的应用。由于水胶比很低、超细颗粒用量高、超塑化剂掺量大，超高性能混凝土表现出黏性大和坍落度损失大的缺点，不利于超高性能混凝土的浇筑。由于超高性能混凝土中含有大量未水化的水泥颗粒，这些未水化的水泥颗粒在混凝土结构使用过程中可能会继续水化，可能会影响混凝土结构的尺寸稳定性。（田　倩）

超固结土　overconsolidated soil　先期固结压力大于现有上覆荷重的土层。地质及工程因素作用下都可使土层形成超固结状态，如上部古建筑的拆毁、地下水位长期变化、土层的自然干缩及人类工程活动如碾压打桩等。该类土层受压缩表现为应变硬化，在该土层上进行工程活动时应充分考虑土层的压缩变形量，相同条件下，当外加荷载小于其先期固结压力时，土层的压缩性比**正常固结土**小，外加荷载超过先期固结压力后，土层压缩性与正常固结土相同。（胡安峰）

超前导坑预报法　advanced heading prediction method　在对导洞出露的地质情况进行地质编录、素描、作图的基础上，综合分析其地层岩性、地质构造、水文地质条件、不良地质等，推测隧道正洞的工程和水文地质条件以及可能发生的地质灾害的方法。超前导洞预报法分为平行超前导洞法和正洞超前导洞法。在TBM隧道中，正洞超前导洞法不易施作，一般采用平行超前导洞法。超前导洞预报法可直接揭露掌子面前方的地质情况，预报结果直观准确，但成本太高，且工期过长，这也限制了该方法在工程中的应用和推广。

采用超前导洞预报法开展隧道超前地质预报工作，主要工作内容包括收集、核查和分析已有地质资料，开展导洞内地质编录工作，在导洞超前段落中采用物探法对正洞待掘进段落进行探测，推测正洞掘进过程中的地层岩性、地质构造、水文地质条件以及不良地质体位置、性质、规模和可能造成的地质灾害等，最后提出正洞超前地质预报结论与施工建议。

由于在隧道正洞中出现的涌泥、突水、瓦斯爆炸等地质灾害在导洞施工中同样会发生，因此在超前导洞开挖过程中也要进行导洞的超前地质预报工作，采用的预报方法包括地质调查、物探、钻探等方法。另外，在导洞竣工时还应编制导洞工程地质纵断面图，包括地层岩性，地质构造，各类不良地质体出露位置、性质和规模，涌突水位置、流量、压力等。

超前导洞预报法对煤层、断层、地层分界线等结构面预报比较准确。由于岩溶发育的复杂性、多变性，因此对岩溶有漏报的可能。在岩溶发育可能性较大的地段，可利用钻探、物探手段由导洞向正洞探测预报。当隧址区地层受构造变动影响较小时，以超前导洞中揭示的地质情况通过地质理论和作图法预报正洞地质条件时预报准确率较高。当隧址区地层受构造变动影响较大时，预报准确率将明显降低。

（李术才　许振浩）

超前支护　forepoling　采用敷设钢筋、钢管或注浆等方法向隧道及地下工程施工开挖面前方施作的一种稳定开挖面及周边岩体的辅助支护措施。又称预支护或超前预支护。超前支护可给初期支护施工提供相对安全的施工环境，一般为临时支护。

超前支护方法主要包括超前锚杆、超前小导管、超前长管棚、超前水平旋喷、超前帷幕注浆、超前冻结等。

超前锚杆　采用长度3～5米的钢筋沿开挖轮廓线向前以一定角度打入，用以锚固前方围岩，防止爆破后出现过多掉块，减少超挖量。一般用于具有一定自稳能力的破碎岩体。如果杆体为钢管则称之为超前小钢管，杆体为自进式锚杆则称之为超前自进式锚杆。

超前小导管　采用长直径40～60毫米的小直径带孔钢管沿开挖轮廓线向前以一定角度打入，然后以一定压力向管内压注起胶结作用的水泥浆液或化学浆液，待其硬化后围岩得到预加固，防止爆破开挖后出现坍塌掉块。一般用于掌子面具有一定自稳能力的土体或极为破碎岩体。

超前长管棚　采用直径70～180毫米的大直径带孔钢管或直径50～90毫米自进式锚杆沿开挖轮廓线顺开挖方向向前打入，然后以一定压力通过钢管向周边地层注入水泥浆液或其他化学浆液。一般用于极不稳定的软弱围岩地段，每循环长度可达20～50米，搭配钢拱架使用。

超前水平旋喷　当隧道通过不稳定软土或沙土地层时，可通过沿隧道开挖轮廓线近水平方向钻孔、在钻孔内应用高压旋喷注浆工艺的施作超前支护的方式。一般适用于土层隧道当隧道处于含水量较高的不稳定土层时。旋喷桩直径一般为60～100厘米，与地质条件及旋喷工艺密切相关。

超前帷幕注浆　当隧道通过富水断层破碎带或富水软土地层，可能会出现突水突泥时，一般采用在掌子面打设密集注浆孔，对开挖面前方不稳定土体进行全面预加固的方式通过。根据对不稳定土体的加固范围，又可划分为全断面帷幕注浆、周边帷幕注浆、半断面帷幕注浆及半断面周边帷幕注浆等。为了保证注浆效果，一般在开挖面需先行施作止浆墙。

超前冻结　在隧道开挖轮廓线外侧钻孔，在钻孔内敷设冷冻管，采用低温盐水或液氮使土体内自由水冻结，在隧道周边形成具有一定强度的稳定的冻土地层来保证隧道施工安全。超前冻结法施工安全性较高，但是造价偏高，工期偏长。因此，只有当隧道穿越突水突泥风险极大而注浆加固的可靠性达不到安全要求时，才采用超前冻结法进行地层加固。（郭小红）

超前钻探法　advanced drilling method　利用钻探设备向掌子面前方钻探，从而直接揭示和推断掌子面前方的围岩和地质特征的工程勘察方法。超前钻探法可通过岩心试样获得岩石强度、电阻率、弹性波波速等指标，能够较准确反映掌子面前方一定距离的地层岩性、岩体完整程度、裂隙度、溶洞、断层充填状态等详细信息，具有直观和客观的显著优势，是一种常用和有效的超前地质预报技术，在隧道和矿山工程中越来越得到重视。

钻探方式　超前钻探主要包括冲击钻探和取心钻探两种方式，钻孔是否取心根据不同地质情况、探测目的以及限制条件（人力、物力等）等综合因素来确定。一般地质段采用冲击钻探，复杂地质地段采用取心钻探。①冲击钻探。只钻进不取岩心，在钻进过程中，通过在钻头上施加一定的轴向压力，利用钻头的扭转力破碎前方岩体，并利用高压水或空气将岩屑、粉末冲出。通过记录和分析钻进过程中钻速、钻压、冲洗液等的变化情况，能够粗略探明地层岩性，岩体强度和完整性，地下水发育特征，断层、软弱夹层以及溶洞等不良地质体的空间赋存位置和规模，瓦斯和其他气体的赋存情况等。因此冲击钻探是一种较为简单且直观的勘探方法，但在作业时需停止掌子面开挖施工，且钻探时间较长，预报成本较高。②取心钻探。基于钻取的岩心，预报结果更加准确、可靠，但由于其工艺复杂，作业时间较冲击钻探更长，相对预报成本更高，一般在需要对某些特殊段进行精细预报时采用，比如需对溶洞、断层破碎带和软弱夹层等不良地质体的成分进行鉴定时，或者需测试岩体的强度时采用。因此，为了提高预报准确率和钻探速度，节约施工成本，一般将冲击钻探与取心钻探合理搭配使用，必要时可用孔内摄像和孔内物探了解岩体中裂隙分布、孔隙率情况以及地下水情况等信息。

适用条件 超前钻探法适用于各种地质条件下的超前地质预报，虽然对查明隧道洞身的围岩特性、塌方、涌突水以及瓦斯等地质灾害与各种不良地质体特征的探测效果较佳，但由于其作业时间较长、施工成本高且容易在破碎带或节理裂隙密集带发生卡钻，一般在需要对物探预报圈定的不良地质段做进一步验证时采用，但当物探探测效果不佳或者不适合采用物探手段进行预报时，可直接采用超前钻探法预报。另外，在富水软弱断层破碎带、富水岩溶发育区、煤层瓦斯发育区及非煤系有害气体高至极高度危险区（段落）、重大物探异常区等地质条件复杂地段必须使用，充分发挥超前钻探直观准确的优势，避免突水突泥等重大地质灾害发生。

发展方向 超前钻探为钻孔地球物理探测提供了探测条件，相关学者已开始关注钻孔电阻率CT、钻孔地质雷达、随钻地震波超前探测等钻孔精细化探测技术与超前钻探相结合，并开展了相应研究、验证和应用。超前钻探和钻孔地球物理探测技术相结合是未来超前地质预报的一个重要发展方向。 （李术才 许振浩）

车辆段 depot 轨道交通车辆停放和维修的场所和机构。1863年世界上第一条地铁——英国伦敦大都会铁路一段建成，由于采用蒸汽机车牵引车厢运行，没有建设与今天车辆段等同的车辆段。1890年，伦敦第一条以电力运行的城市级南伦敦铁路建成，才考虑实施车辆段。1969年，中国第一条地铁——北京地铁1号线一期工程完工，并于1971年正式开通，同时建设了中国第一座城市轨道交通车辆段——古城车辆段。

类型 一般每条城市轨道交通线路都需要设置一处车辆段，当技术经济合理时也可以两条或两条以上线路共设一个车辆段。同时在车辆段规划时，也将综合维修中心、物资总库和职工技术培训中心等基地一并设置。

车辆的检修等级分为列检、月检、定修、架修和大修。车辆段根据承担的功能可分为定修车辆段、架修车辆段和大、架修车辆段。定修车辆段只承担列车定修修程以下的检修任务；架修车辆段只承担架修修程以下的检修任务；大、架修车辆段承担车辆的全部检修任务。一般定修车辆段每条线路均设置，架修或大、架修车辆段可几条线路设置一处。

车辆段布局根据运用库和联合检修库的位置关系设计。列车排列可分为并列式、串联式、贯通式和倒装式。并列式和串联式是采用比较多的布局方案。

构成 车辆段主要由车辆运用、检修设施，站场线路和配套设施构成。①车辆运用、检修设施。由停车库、**列检库**、月检库、定/临修库、架修库、大修库、不落轮镟库、清洗库、调机车库及配套的生产、办公、生活设施组成。从节约用地、便于管理的角度考虑，一般将停车库、列检库和月检库组合建成一个运用库；将定/临修库、架修库、大修库组合成一个联合检修库。配套的生产设施主要有牵引变电所、降压变电所、给水泵站、污/废水处理站、空压机站、锅炉房、易燃品库和汽车库等，配套的生活设施有办公楼、司机公寓、食堂职工、浴室等。②站场线路。主要由出入段线、停车库线、检修库线、牵出线、试车线等组成。出入段线一般采用双线，最大坡度不宜大于40‰。试车线要求平、直布设，以满足列车动态试车要求。其他线路要求平坡布置，车辆段内线路的最小半径不应小于150米。③配套设施。为保证人员、设施的安全，车辆段运用库、联合检修库周边设置有环形的消防车道，运营的股道区需要设置隔离栅栏，车辆段应设置围墙并设置周界防护装置，主要设施应设置火灾报警装置。车辆段至少设置两处道路出入口与城市道路衔接。 （杨秀仁）

车辆基地施工 construction of vehicle depot 对车辆基地内的环境工程、轨道线路工程、建筑设施进行建设，以及对基地内设备、接触网等进行安装或架设的活动。

基地环境工程施工 内容包括场坪土石方、场地给排水设施、场内管网电缆沟、园林绿化及景观、道路工程、边坡挡墙和围墙等工程施工。

为了节约投资，土方量工程尽量做到挖填方平衡，填方工程应控制填料粒径、分层填筑厚度、压实度及沉降期等，回填土路基的压实度不低于90%。场区雨水排水采取暗管有组织的排放。道路工程包括人员运输、辅助材料运输和设备（含轻轨车辆）的运输、检修、消防道路工程，路基密实、均匀、稳定。

轨道线路工程施工 包括车辆段及综合基地出入段线工程，试车线、库内线路路基工程，库外线路路基工程以及各线轨道工程。

建筑设施工程施工 包括停车列检库、月检库和吹扫库、联合检修库、材料库、换轮库、工程车库、洗车库以及其余生产及办公用房。停车列检库通常采用网架屋盖钢筋混凝土排架结构、门式刚架结构或排架结构钢筋砼折线形屋架。月检库和吹扫库一般采用门式刚架结构施工。联合检修库通常采用大柱距的排架结构网架屋面。换轮库可采用排架结构，预应力混凝土屋面梁，屋面采用钢筋混凝土大型屋面板。工程车库一般采用排架结构，网架屋面。

基地设备安装 包括通用设备、专用设备和特种设备安装。安装设备前需对设备基础和相应建筑的土建工程进行质量检查和验收，土建施工质量应满足设备安装要求。安装施工按照经审查批准的施工组织设计和安装施工措施计划作业书进行，与供电、给排水、信号、通信、轨道等的施工协同进行。安装在电缆沟上的设备及基础的混凝土强度、中心线坐标、标高、尺寸和地脚螺栓孔位置应符合设计要求。设备基础表面和地脚螺栓预留孔中的油污、碎石、泥土和积水等均应清除干净；预埋地脚螺栓和螺母应保护完好；放置垫铁部位的表面应凿平。

接触网架设 车辆基地中的接触网有来自牵引变电所的主电源及来自正线的备用电源。车辆基地试车线与出入线的接触网，钢轮钢轨系统通常采用全补偿简单链型悬挂；车辆基地（停车场）内的其他线路，宜采用补偿简单悬挂。停车列检库、静调库、试车线的接触网，由牵引变电所直接馈电。每条库线的接触网应设置带接地刀闸的手动隔离开关。 （仲莹莹）

车辆型式 vehicle type 为了适应不同的环境条件和线路条件的要求，按车辆的走行部分与行驶轨道之间的匹配关系划分的车辆类型。城市轨道交通的车辆，大多数采用电力驱动并且是动力分散的动车。车辆由车体、转向架、牵引系统、制动系统、车载设备和设施等组成；通过多节车辆编组成列车，列车可由全部带动力的动车或动车和不带动力的拖车组合的车辆组成。

钢轮型式车辆　自世界上出现城市轨道交通以来，车辆主要采用钢轮钢轨导向和承载的车辆（图1），已有150年的历史。钢轮钢轨型式车辆技术成熟，应用广泛，承载能力强，运行时轮轨间摩擦阻力小，可以运行较高的速度，并且有相对高的安全性。车辆性能受轮轨间黏着条件的限制，有时会发生空转和打滑，噪声和振动较大，车辆的爬坡能力受到一定的限制。钢轮型式主要应用于地铁车辆（包括直线电机车辆）、轻轨车辆、有轨电车和部分市域快轨车辆等。

图1　钢轮型式车辆

胶轮型式车辆　车辆的走行部采用充气胶轮走行轮，另外还安装导向用的导向胶轮和稳定用胶轮（图2），其基本原理与钢轮型式车辆完全相同，除转向架走行系统外，其余车辆部件的设计与钢轮型式车辆相同。主要特点是轮轨间的黏着系数大，可发挥较大的起动牵引力和制动力，在坡道上运行能力强，运行时的噪声和振动小，乘坐的舒适性较好。橡胶轮的承载能力相对较小，轮轨间摩擦阻力较大，橡胶轮的使用寿命相对于钢轮较短，在雨雪冰冻环境中车辆容易发生打滑。主要应用于地铁车辆、单轨车辆、市域快轨，以及自动导向轨道车辆。

磁悬浮型式车辆　应用电磁学原理，利用常规磁铁或超导磁体产生的吸力或斥力使车辆浮起于轨道之上，通过直线电机产生的牵引动力驱动车辆（图3）。磁悬浮车辆彻底摆脱了轮轨之间的黏着问题，是一种完全的非轮轨黏着驱动系统，车辆不受黏着限制可以达到极限速度，加减速动力性能强，噪声小，振动小，适用曲线半径小和坡道大的线路。

图2　胶轮型式车辆

图3　磁悬浮型式车辆

磁悬浮技术主要有常导磁悬浮和超导磁悬浮技术两种，用于城市轨道交通的是中低速磁悬浮车辆，通常采用常导磁悬浮技术。　（王曰凡）

车路协同　vehicle-road cooperation　采用无线通信和互联网等技术，全方位实施车车、车路动态实时信息交互的安全、高效和环保的道路交通系统。车路协同可在全时空动态交通信息采集与融合的基础上开展车辆主动安全控制和道路协同管理，充分实现人、车、路的有效协同，保证交通安全，提高通行效率。车路协同明确了车、路的互联互通，促进了汽车、交通和信息技术产业向更加现代化、网络化和智能化的方向发展。

原理及构成　车路协同系统利用装载在车辆上的射频识别技术（RFID）等车上交通单元（OBU），获取车辆的行驶属性和系统运行状态信息，通过全球定位系统（GPS）获取车辆行驶位置等参数，通过无线传输技术实现信息传输和共享，通过RFID和传感器等路边设施获取道路、桥梁等交通基础设施的使用状况，通过专用短程通信技术（DSRC）完成车车、车路的互联，最后通过互联网信息平台，实现对车辆运行监控以及提供各种交通综合服务。车路协同系统示意见图。

从技术角度，车路协同技术主要有电子标签技术等、位置定位技术等、短程通信和无线传输技术、网络服务平台技术（如Web服务、数据融合处理技术、地图匹配技术等）。

从系统交互角度，主要有车与车通信系统、车与路通信系统、车与综合信息平台通信系统、路与综合信息平台通信系统。车与车通信系统强调物与物之间的端到端通信。这种端到端的通信使得任何一辆车既可以成为服务器，也可以作为通信终端。车与路通信系统使得车辆能够提前获取道路基础设施的运营状况，如某条道路是否在维修，某个桥洞是否积水过多等信息，以方便车辆的顺畅通行。车与综合信息平台通信系统是汇集车辆行驶状态等信息，提供路况、车辆监控等综合统计性信息以及出行提醒、安全行驶等个性化信息的综合性平台。路与综合信息平台通信系统的目的是维护道路基础设施的运营状况，以及时更换老化和运营状况不佳设备。

从应用角度，车路协同可分为监控应用系统、行车安全系统、动态路况信息系统、交通事件保障系统等。①监控应用系统。主要用于政府部门或者车辆管理部门的运营监控和决策支持，主要分为道路基础设施安全情况监控以及车辆行驶状况监控两类系统。道路基础设施安全情况的监控主要是通过定时获取道路、桥梁上安装的监控设备传回的检测信息，查看该基础设施的破坏程度、应用状况等，为交通基础设施的维护提供重要参考。车辆行驶状况监控主要是监控车辆的行驶路线、行驶参数，如油耗、车况等信息，为城市车流量分布提供可视化，为拥堵缓解提供辅助决策。②行车安全系统。主要指车辆行驶过程安全监测以及分析车辆行驶行为后的安全建议。在车辆行驶过程中，通过车路协同信息的交互，可以获取前方道路状况，规避安全交通事故等。如在雾天高速公路上前方发生事故之后的主动规避等。

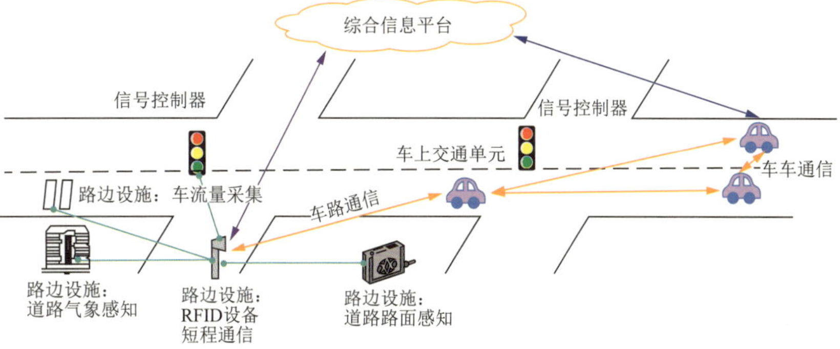

车路协同系统示意图

另外通过上传和分析车辆的油耗、行驶状态等参数，在服务器端进行车辆信息挖掘，主动提供一些车辆行驶安全建议，如是否需要去保养，是否需要更换某零部件。③动态路况信息系统。主要利用行驶车辆的运行速度和GPS定位技术，获取道路行驶状况信息，实现路况动态信息的发布。④交通事件保障系统。主要利用车辆事故检测和报告机制，为事故的检测、规避、疏导等提供辅助支持。

主要技术手段　车路协同系统的主要技术手段有短程无线通信技术、设置路边设施单元、安装车上交通单元等。

短程无线通信技术　采用小型的、短距离（一般为200米有效范围内）的无线网络来实现低价位、低功耗、可替代线缆的无线数据和语音链路。为车路协同系统的主要技术手段之一。

高可靠的短程通信技术可以实现车路、车车之间数据稳定有效的实时通信与传输。短程通信技术主要包括无线域网通信（如bluetooth、zigbee等）、基于自组织网络和双向数据通信技术、无线局域网通信（如Wi-Fi）、多信道多收发器通信技术、无线广域网通信（如WiMax）和新型的4G、IPv6等，以及专用短程无线通信。车路无线通信技术主要分为两类，一是专用短程无线通信技术，二是基于固定信标的定向无线通信技术。欧美国家的车路协同通信技术主要采用专用短程无线通信技术，因为专用短程无线通信技术具有数据传输速度快、延时小、信号覆盖范围相对集中、抗干扰能力强等特点。但专用短程无线通信技术还没有制定完整的国际标准，发达国家分别建立了自己的专用短程无线通信技术标准。

路边设施单元　由安装在道路上的地磁、超声波、红外、电子标签、信标、视频检测器和道路气象站、路面路况检测器等组成。又可分为道路交通感知模块、道路气象感知模块及路面状况感知模块3部分。道路交通感知模块主要通过各种道路交通检测器采集交通流量、速度、占有率、车头时距等交通流参数数据及车辆运行状况信息，也可以采集车辆的行程时间、行程速度等交通参数数据，利用道路上的交通流信息，实现对交通流的宏观监控。道路气象感知模块主要用于采集道路沿线的气象信息，如冰、雪、雨、雾、冻、大风等。道路路面状况感知模块则主要用于感知道路路面的结冰、湿度、凹凸、障碍物等信息。路边设施可接入多种交通和路况检测设备，支持两种以上无线数据传输模式，不仅能调用静态道路信息，及时将一定范围内的道路信息发送给驾驶人员，还能感知动态的道路交通环境、快速识别突发交通事件或可能出现的交通拥挤，它集道路环境感知、信息交互等于一体，有利于实现交通状态的识别、环境监测、数据传输等综合功能。

车上交通单元　由安装在车辆上的各种车辆运行参数传感器、车载摄像头和雷达、全球定位系统（GPS）卫星定位装置以及车载微处理单元等组成，可以进行短程通信和路边设施（RSU）通信。该单元又分为车辆感知模块、环境感知模块和GPS定位模块3部分。①车辆感知模块。主要通过各种车载传感器实现对车辆自身发动机转速、油耗、动力性能、制动性能等一系列动态运行参数的采集，感知车辆自身的运行状态。②环境感知模块。主要用于感知车辆在运行过程中的道路交通信息及路况信息，通过主动感知，实时获取道路上周边其他车辆运行信息、行人信息、路面状况信息、障碍物、交通标志以及其他路侧相关信息等，以确保行车的安全性和高效性；还可以通过车与车之间的相互感知，在较高的行驶速度下以及在一定的距离范围内，及时对前后及周边的车辆进行识别、车速与车距判定，相互接收并发送部分周边交通环境信息，并由车载微处理单元根据这些信息做出简单的处理，将"决策"后的信息提供给驾驶员，作为建议性参考。③GPS定位模块。主要用于车辆运行位置、行车时间、行驶速度等数据的采集。　（杜豫川）

沉淀　sedimentation　借助重力分离水和悬浮物的方法。沉淀过程中，密度大于水的颗粒将在水中向下沉降，从而与水分离（见图）。沉淀包括自由沉淀、絮凝沉淀、拥挤沉淀和压缩沉淀4种类型。

（刘百仓）

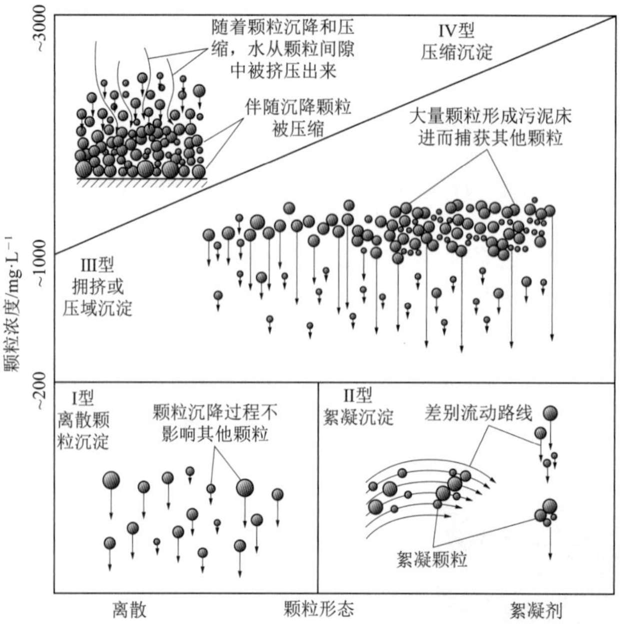

沉淀类型、颗粒浓度和絮凝本质之间关系示意图

沉淀与气浮联用池　sedimentation-flotation combined tank　适用于中国北方地区冬季低温低浊水、融冰季节和夏季暴雨季节高浊水，以及富营养化导致的高藻水处理的设备。是针对地表水体、水质受季节性气候影响较大的特点而设计的新型处理单元。沉淀与气浮联用池可分为两种。一种是将气浮和沉淀有机结合在同一构筑物内的水处理池，又称浮沉池，具有沉淀池和气浮池的双重特点和作用，可以在同一个池体中完成高浊水、低温低浊或富藻水的处理，有效地解决了沉淀池除藻效果差、气浮池应对突发高浊水的难题，保证了工艺出水的水质。另外一种是侧旋流排泥平流斜板沉淀池与气浮池串联工艺。

浮沉池　一般常见的浮沉池有平流式浮沉池、斜管浮沉池和侧向流斜板浮沉池3种类型。其型式和特点见表。浮沉池（见图）设有溶气接触区、浮沉区、出水区及刮渣设备和排泥设施。浮沉池设计以气浮运行为主，沉淀运行为辅，气浮与斜管（板）沉淀配、集水系统各自独立。配水采用在气浮池接触室挡板上设置联通装置，气浮时关闭，沉淀时打开；在浮沉池池底设置穿孔集水管作为气浮运行的集水系统，在浮沉池末端设置溢流堰作为沉淀运行的集水系统。当气浮池以气浮方式运行时，启动气浮配、集水系统；当气浮池以沉淀方式运行时，启动沉淀配、集水系统。

当夏季浊度较高时，一般原水浊度大于50度时，采用沉淀方式运行，沉降速度可取0.25～0.3毫米/秒，表面负荷为9.0～11.5米^3/（米^2·时），沉淀时间10～20分钟。当水库水冬季低温、低浊或夏季藻类生长期低浊时，如原水浊度小于50NTU时，采用气浮方式运行，表面负荷取9.0～11.5米^3/（米^2·时），气浮反应时间15～20分钟，可保证较好的出水水质。浮沉池的气浮单元流态是层流，运行的水力负荷大于10米^3/（米^2·时），在气浮池后（内）加脱气系统，可以防止气泡进入后续滤池。刮除浮渣通常采用机械刮渣机，其行走速度为2～3米/分钟。浮沉池的设计校核以沉淀运行为依据。

侧旋流排泥平流斜板沉淀池与气浮池串联工艺　传统的浮沉池一般将沉淀和气浮设置在一个池子中，可根据原水水质间歇地运行沉淀或者运行气浮，但在设计中参数选取时很难同时满足沉淀和气浮两个不同工艺的技术要求。例如，满足沉淀的设计参数很难满足气浮的设计参数要求，而若要满足气浮的设计参数则很难满足沉淀的设计参数要求。因此，哈尔滨工业大学发明了侧旋流排泥的平流斜板沉淀池与气浮池串联工艺，可同时满足沉淀和气浮两个不同工艺的设计要求。侧旋流排泥平流斜板沉淀池与气浮池串联工艺有机结合可满足不同季节的水质变化，对于低温低浊水、高色水、高藻类、高浊度水等难处理水质均具有非常好的处理效果。由于侧旋流平流斜板沉淀池水头损失很小，因此其与气浮池串联后水位降低很少，因此是一个对原水水质具有很高适应性的节能组合工艺。

（王毅力　马　军）

浮沉池的型式及特点

浮沉池类别	池型结构	工艺优点	工艺缺点	适用条件
平流式浮沉池			占地面积大	北方寒冷地区
斜管浮沉池	在气浮池的分离区加装斜管，气浮和沉淀工艺在同一池体内分别进行，互不干扰	适应原水水质变化、池体小，节省占地面积、节约管理费用	池前后设开关闸板，操作和管理困难	小型水厂
侧向流斜板浮沉池	在气浮池的分离区内加装侧向流斜板，两工艺在同一池内分别进行	池体小，水流稳定，表面负荷大，反应时间短，节约混凝剂。配水均匀，净化效率高，池体容积利用系数高	集水区易出现“跑矾花”，排泥效果差，斜板间距待改进	大、中型水厂

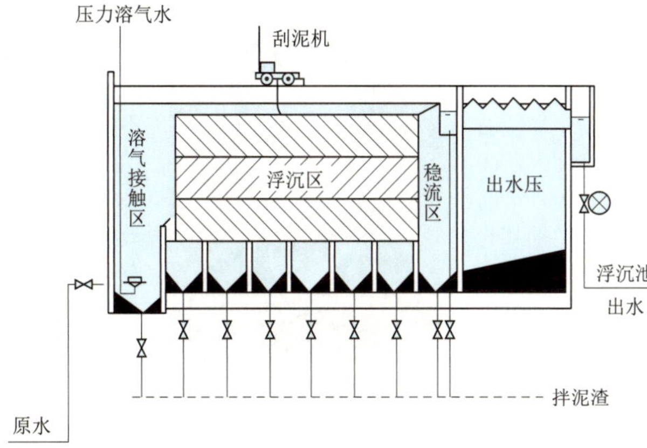

浮沉池工作原理示意图

沉管法　immersed tube method　预制管段沉放法的简称。是在水底建筑隧道的一种施工方法。见**隧道及地下工程施工方法**。

沉降观测　settlement observation　测量变形体在垂直方向上的位移变化。通过采用合理的仪器和方法重复测定埋设在变形体上的监测点（观测点）相对于基准点的高差变化量，经过数据处理和变形分析，得到沉降量及变化趋势。引起变形体沉降的原因是多种多样的，除了建筑物地基、基础和上部结构荷载的影响，施工中地下水的升降对建筑物沉降也有较大的影响，如果施工周期长，温度等外界条件的强烈变化也有可能改变地基土的力学性质，导致建筑物产生沉降。对于工业与民用建筑，主要包括场地沉降观测、基坑回弹观测、地基土分层沉降观测、建筑物基础及建筑本身的沉降观测等；对于桥梁，主要包括桥墩、桥面、索塔的沉降观测以及桥梁两岸边坡的沉降观测等；对于混凝土坝，主要包括坝体、临时围堰、船闸的沉降观测等。

沉降观测工作在基坑开挖前进行，贯穿于整个施工过程，并延续到工程建成后若干年，直至沉降现象基本停止为止。为了保证监测成果的质量，应根据建筑物特点和监测精度要求配备监测仪器，采用合理的监测方法。常用方法是几何水准测量法、三角高程测量法、液态静力水准测量及卫星导航定位测量法等。①几何水准测量精度高，方法简便，是沉降监测最常用的方法。但如果水准路线线况差，水准测量实施将很困难。②高精度全站仪的发展，使得电磁波测距三角高程测量在工程测量中的应用更加广泛，用短程电磁波测距三角高程测量代替水准测量进行沉降监测，将极大地降低劳动强度，提高工作效率。③液体静力水准测量是利用相互连通的且静力平衡时的液面进行高程传递的测量方法，也称为连通管测量。④卫星导航定位技术用于监测变形体的垂直位移可达到常规大地测量的精度，更利于直接分析变形体的位移情况，节省人力物力，提高监测效率。

（王树东）

沉井基础　open caisson foundation　上下敞口、带刃脚的空心井筒状结构，依靠自重或配以助沉措施下沉，以井筒作为结构的基础。

发展概况　较早采用沉井基础的桥梁有1689年建成的法国巴黎皇家大桥、1750年建成的英国伦敦威斯敏斯特石拱桥、1917年建成的美国泰晤士河铁路大桥等。1944～1970年，日本采用喷射高压空气辅助下沉，使沉井下沉深度超过200米。但这个方法构造复杂，下沉速度不易控制，因此未获得推广。1952年以后，欧洲开始采用触变泥浆辅助下沉，这一重大改进获得了推广。中国在沉井基础方面取得的成就有：1960年开工建设的南京长江大桥1#墩沉井，采用了高压射水辅助下沉；1965年开工建设的枝城长江大桥，采用了高低刃脚沉井；1973年建成的九江长江大桥首次应用空气幕辅助下沉；1987年建成的凤台淮河大桥主墩沉井，首次采用冻结法施工；2013年建成的马鞍山长江大桥，首次采用根式沉井基础。

类型及构造　沉井按其截面分，有圆形、矩形和圆端形等；按其材料分，有砖、石沉井，混凝土沉井，钢筋混凝土沉井和钢沉井等。常用的是钢筋混凝土沉井。钢沉井多用于大型浮运的沉井。

沉井的外壁可做成铅直形、台阶形或斜坡形。斜坡形可减少摩阻力，台阶形便于加高井壁。沉井的内部可做隔墙，划分成几个取土井，但取土井必须对称设置。

沉井一般由刃脚、井壁、隔墙等部分组成，在沉井内挖土下沉，达到设计标高后进行混凝土封底、填心、修建顶盖，构成沉井基础（见图）。

特点及适用范围　沉井基础具有较好的刚性、稳定性和抗震性；下沉深度较大，并能在深水中作业；可以将基底放置在承载力较大的土层或岩面上。沉井的用途很广，可作为桥梁墩台基础、悬索桥锚碇基础；在水中施工时，可兼作防水围堰。当沉井遇有流沙、蛮石、树干等难以清除的障碍物时，下沉非常困难，应尽量避免采

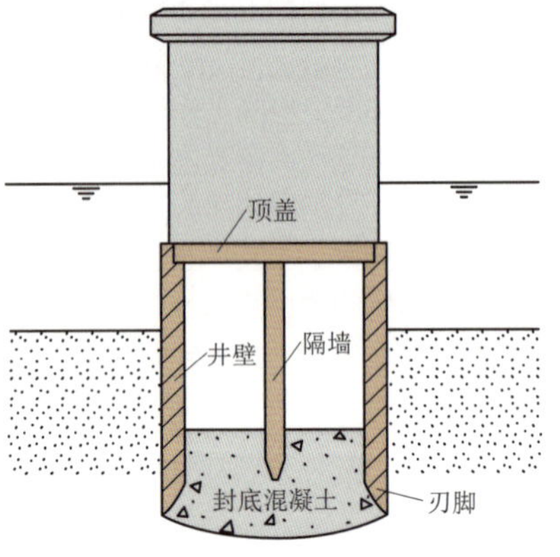

沉井基础桥墩示意图

用沉井基础。遇有倾斜度较大需要清基的岩层，也会增加沉井施工的难度。

施工工艺　陆地沉井均采用就地制造。浅水中沉井需先筑围堰，填土筑岛，再就地制造。深水处采用钢沉井，在陆地制造，浮运就位下沉。

沉井下沉是通过在沉井内均匀挖土，消除或减小刃脚下土的正面阻力，使沉井依靠自身的重量，逐渐从地面沉入地下。施工方法有：排水下沉、不排水下沉。不排水下沉适用于土层不稳定、容易出现流沙或涌土的土层地段；排水下沉适用于土质较好、地下水位较低的施工点。

井壁外土体摩擦力是沉井下沉过程中的主要阻力。为克服这种阻力，一是加大沉井壁厚或在沉井上部增加压重，二是采用射水法、泥浆套法或空气幕法减少摩擦力。

沉井到达设计标高后，用水下混凝土封底。井孔是否填充应根据受力或稳定要求决定。沉井基础的最后一道工序是灌筑顶盖。（刘成宇　龚维明）

沉箱基础　pneumatic caisson foundation　用气压沉箱修筑桥梁墩台或其他构筑物的基础。气压沉箱是将沉井底节做成有顶盖的施工工作室，输入压缩空气提供无水的工作条件，在工作室内挖土使沉箱下沉，故称为气压沉箱。

沉箱基础分为钢筋混凝土沉箱和钢沉箱。沉箱由顶盖和侧壁组成（见图）。顶盖留有孔洞，以安装向上接高的气筒（井管）和各种管路。气筒上端连接气闸。气闸由中央气闸、人用变气闸及料用变气闸（或进料筒、出土筒）组成。在沉箱顶盖上安装围堰或砌筑永久性外壁。

发展概况　1841年，法国修建卡隆桥首次采用了气压沉箱，此后在欧美广泛采用。中国在1892年始建的滦河桥、1909年始建的泺口黄河桥及1935年始建的**钱塘江大桥**，这三座桥的水中墩基础采用31

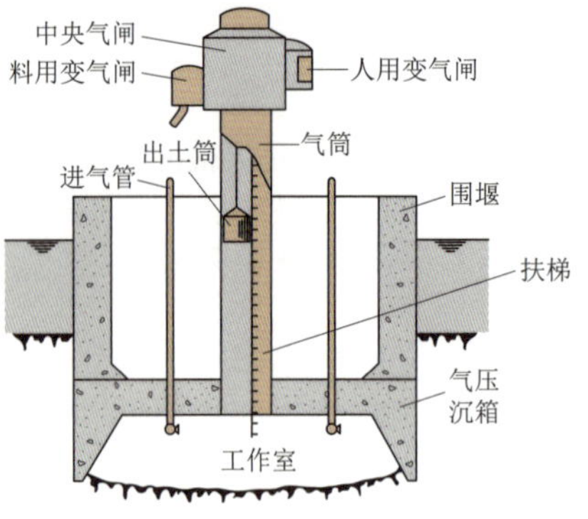

气压沉箱示意图

个气压沉箱。由于作业条件差，对人员健康有害，会形成气泡积聚、扩张、堵塞等严重的沉箱病，中国自1957年以后，气压沉箱基础就未在桥梁深水基础中采用。世界上一些国家已改用机械化施工方法。

施工方法　沉箱的施工有陆地下沉和水中下沉两种方式。陆地下沉有就地制造沉箱下沉和围堰筑岛制造沉箱下沉两种方法。水中下沉为岸边制造成可浮运的沉箱、再下水浮运就位下沉。为保证平稳下沉，在沉箱内挖土应有一定的顺序。如土体摩擦力过大而不能下沉，可暂时撤离工作人员，降低工作室内气压，以强迫下沉。

适用范围　沉箱适用于如下情况：①土层中有障碍物而用沉井无法下沉，基桩无法穿透时。②邻近有埋置较浅的建筑物基础，要求保证其地基的稳定和建筑物的安全时。③土层不稳定，无法下沉井或沉管时。④地质情况复杂，要求直接检验并对地基进行处理时。沉箱入水深度一般控制在35米以内，使基础埋深受到限制。因此，沉箱基础除遇到特殊情况外，一般较少采用。（刘成宇　龚维明）

陈云敏　Chen Yunmin（1962-02-05～　）　中国土力学和环境岩土工程专家、教育家。生于浙江温岭。1983年毕业于浙江大学土木工学学系本科，1986年获得结构工程硕士学位后师从曾国熙和吴世明，1989年获得岩土工程博士学位后留浙江大学任教。1993年前往荷兰地基验证研究所做研究工作。1995年回国后晋升为教授，历任浙江大学土木工程学系副主任、主任，建工学院常务副院长，工学部副主任、主任。2000年起担任浙江大学岩土工程研究所所长，创建中国首个环境岩土工程创新研究团队。历任国务院学位委员会第五届和第六届土木工程学科评议组成员、第八届土木工程学科评议组召集人，中国土木工程学会土力学与岩土工程分会副理事长，中国地震学会副理事长，中国土工合成材料工程协会副理事长，国际土工合成材料学会执行理事及亚洲地区共同主席，国际期刊《交通岩土工程》创刊主编等。2015年当选中国科学院院士。

长期从事软弱土静动力固结、降解固结和灾害防控理论与技术研究。建立了基于结构屈服应力的固结模型、深厚软土地基沉降控制准则及高精度控制方法；提出了砂性土初始液化强度的剪切波速表征模型（国际上称Zhou-Chen模型），以及相应的地基地震液化判别方法和处理技术；创立了城市固体废弃物降解压缩本构关系和降解固结理论，研发了液气分离立体导排、高效防污屏障等技术，解决了填埋场环境灾害防控难题，为中国城市固体废弃物大型集约化填埋处置奠定了基础。承担了上百项重大工程的设计和咨询工作。

创建了浙江大学超重力研究中心，担任国家重大科技基础设施“超重力离心模拟与实验装置”首席科学家和国家自然科学基金委基础科学中心“多相介质超重力相演变”项目负责人。提出了多相介质超重力演变科学实验方法，将大型离心机的应用从岩土工程拓展到地球科学、新材料制备等领域。

获国家科技进步二等奖3项、省部级科技进步一等奖8项、2015年美国ASCE杰出论文奖，以及第十二届茅以升科学技术奖-土力学及岩土工程大奖。获国家级教学成果二等奖1项。（柯　瀚）

陈肇元　Chen Zhaoyuan（1931-10-01～2020-06-25）　中国土木结构工程和防护工程专家。中国工程院院士。生于浙江鄞县（今宁波市鄞州区）。1952年毕业于清华大学土木系结构工程专业，并留校从事教学与科研工作。历任清华大学土木系教授、博士研究生导师，土木系系主任等职。兼任中国土木工程学会常务理事、副理事长，防护工程学会副理事长；国务院学位委员会土木类学科评议组成员、召集人；国家结构

注册工程师管理委员会副主任；国家博士后管理委员会专家组成员。曾任工程院土木水利建筑学部第三、四届学部主任。1997年当选为中国工程院院士。

20世纪60～80年代初，结合当时战备需要，陈肇元突破专业限制，研制结构在爆炸荷载下发生快速动力变形的机械设备装置，通过试验，取得了各种结构材料和结构构件在快速变形下的性能，为高抗力防护门和地下防护工程的结构动力分析和设计方法提供了重要参数。此外，还在中国最早开始研究燃气爆炸对民用房屋结构的危害及减灾对策和钢筋混凝土构件在撞击荷载下的性能与设计方法；80年代起，中国各地开始兴起大规模工程建设，陈肇元致力于改变中国民用建筑长期使用低强混凝土的落后面貌，研究高强混凝土与高强钢筋及其基本构件的性能，从事这一领域的试验，系统提出了相关的设计方法，并作为主要编写人编制了中国第一本《高强混凝土技术规程》。随着高层建筑地下施工需求的增加，陈肇元研究最经济实用的基坑土钉支护技术，并编制了《基坑土钉支护技术规程》。21世纪后，年迈的陈肇元已难以从事需要繁重体力的结构试验工作，开始研究混凝土结构的安全性、耐久性与使用寿命，曾就中国建筑结构使用寿命短促这一突出问题向国家有关部门多次提出建议，并作为主要书写人编写了中国第一部《混凝土结构耐久性设计规范》。

陈肇元密切结合国家工程建设的当前和长远需要，在爆炸荷载下的结构动力反应与设计理论、混凝土结构性能与设计、高强与高性能混凝土结构、工程结构防灾、混凝土结构的安全性与耐久性等领域做出了重要贡献。曾公开发表论文和内部报告300余篇，主持编制有关设计规范和规程10部。曾获国家人事部授予中青年有突出贡献专家，北京市授予科技先进工作者，国家人防委授予科研先进工作者，国家建设部授予先进工作者，国防科工委授予献身科技事业荣誉奖章。 （聂建国）

成本效益分析 cost-benefit analysis 通过量化比较与目标投资项目相关的全部成本和效益，评估项目价值并获得净效益最大化方案的经济决策方法。其目标是以最小的成本获得最大的收益。成本效益分析既适用于企业投资项目，也适用于政府对公共项目的评估。成本效益分析一般包含如下步骤：①明确项目相关的成本和收益项目，其中公共项目应既包括内部成本和收益，也包括外在成本和效益的内在化。②量化衡量各项成本和收益的货币价值和发生时间。③利用净现值、净现值率、内部收益率等指标对各方案的成本-效益对比关系进行定量衡量，并考察其风险性。净现值（NPV）指将项目未来收入及支出的现金流计算时间价值之后，折合到当前时点或者某个特定时点，所得到的总收入和支出的差值。净现值是项目未来收益水平的重要量化指标。在计算净现值之后，用净现值除以项目投资在相同时点的价值，得到可以衡量单位投资收益水平的净现值率（NPVR）。内部收益率（IRR）是使净现值等于0的折现率，是该投资项目能给成本金带来的随着时间的增值率。④根据衡量结果对投资项目进行评估，选择能够投入最小成本并获得最大收益的投资方案。

作为一种定量分析方法，成本效益分析方法的准确性依赖于对个体成本和效益估计的准确性，其偏差可能来自对历史数据的过度依赖、主观印象以及对难以量化的数据的经验判断等。 （吴 璟）

城际铁路 intercity railway 专门服务于相邻城市间或城市群、设计速度200千米/时及以下的客运专线。中国城际铁路建设的起始阶段与高速铁路没有明确的界定，设计速度为160～350千米/时。如2008年建成通车的京津城际铁路，设计速度为350千米/时；2009年建成通车的沈抚城际铁路，设计速度为160千米/时。随着中国高速铁路技术体系的完善和取得的建设经验，为适应中国城镇化发展战略，以及铁路投融资体制改革要求，中国《城际铁路设计规范》（TB 10623—2014）对城际铁路与高速铁路进行了明确的分工。前者专门服务于相邻城市间或城市群、设计速度200千米/时及以下；后者则为连接大城市间、设计速度250千米/时（含预留）及以上动车组列车，初期运营速度不小于200千米/时的客运专线铁路。

城际铁路具有运量大、速度快、便捷、高密度、安全、准点、相对距离短、公交化、保护环境、节约能源和用地等特点。这不但缓解了相邻城市间交通的压力，使城市之间的时空压缩，对城市产业的经济发展、城市形象的总体提升都起到了推进作用。城际铁路线路长度一般为50～300千米；城际铁路车站间距一般为20～50千米。 （黄建苒）

城市道路 urban road 通达城市的各地区，供城市内交通运输及行人使用，便于居民生活、工作及文化娱乐活动，并与市外道路连接、负担着对外交通的道路。

发展简史 中国古代营建都城，对道路布置极为重视。当时都城有纵向、横向和环形道路以及郊区道路，并各有不同的宽度。中国唐代都城长安，明、清两代都城北京的道路系统皆为棋盘式，纵横井井有条，主干道宽广，中间以支路连接，便利居民交通。

巴基斯坦信德省印度河右岸古城遗址摩亨朱-达罗城（前15世纪），有排列整齐的街道，主要道路为南北向，宽约10米，次要道路为东西向。古罗马城（前15～前6世纪）贯穿全城的南北大道宽15米左右，大部分街道为东西向，路面分成3部分，两侧行人、中间行车马，路侧有排水边沟。公元1世纪末的罗马城，城内干道宽25～30米，有些宽达35米，人行道与车行道用列柱分隔，路面用平整的大石板铺砌，城市中心设有广场。

随着历史的演进，世界各大城市的道路都有不同程度的发展。自发明汽车以后，为保证汽车快速安全行驶，城市道路建设起了新的变化。除了道路布置有了多种形式外，路面也由土路改变为石板、块石、碎石以至沥青和水泥混凝土路面，以承担繁重的车辆交通，并设置了各种控制交通的设施。

1949年以来，中国城市道路建设取得了重大成就。全国许多大城市改建、兴建了大量道路，铺筑了多种类型的沥青路面和水泥混凝土路面，新兴的中小工业城镇也新建了大批整洁的干道。中国人均城市道路面积已超过15%，并以每年3%～4%的速度增长，同时也出现了彩色沥青路面、透水路面、光伏路面等新型路面类型。

城市道路与公路的区别 城市道路一般较公路宽阔。为适应复杂的交通工具，多划分机动车道、公共汽车优先车道、非机动车道等。道路两侧有高出路面的人行道和房屋建筑，人行道下多埋设公共管线。为美化城市，道路两侧还布置绿化带、行道树、雕塑艺术品等。为保护城市环境卫生，城市道路要尽量少扬尘、少噪声。公路则在车行道外设路肩，两侧种行道树，边沟排水。

对城市道路的要求 现代的城市道路是城市总体规划的主要组成部分，它关系到整个城市的有机活动。为了让城市的人流、车流顺利运行，城市道路要具有：①适当的路幅以容纳繁重的交通。②坚固耐久、平整抗滑的路面以利车辆安全、舒适、迅捷地行驶。③少扬尘、少噪声以利于环境卫生。④便利的排水设施以便将雨雪水及时排除。⑤充分的照明设施以利居民晚间活动和车辆运行。⑥道路两侧要设置足够宽的人行道、绿化带、地上杆线、地下管线。

城市各重要活动中心之间要有便捷的道路连接，以缩短车辆的运行距离。城市的各次要部分也须有道路通达，以利居民活动。城市道路繁多又集中在城市的有限面积之内，纵横交错形成网状，出现了许多影响相交道路交通流畅的交叉路口，所以需要采取各种措施，如设置色灯信号管制、环形交叉、渠化交通、立体交叉等。城市交通工具种类繁多，速度快慢悬殊，为了避免互相阻碍干扰，要组织分道行驶，用隔离带、隔离墩、护栏或划线方法加以分隔。乘坐城市公共交通的乘客，上下车须设置停车站台，还须设置停车场以备停驻车辆。要为行人横过交通繁忙的街道设置过街天桥或地道，以保证行人安全又避免干扰车辆通行；在交通不繁忙的街道上可画过街横道线，行人伺机沿横道线通过。

此外，城市道路还为城市地震、火灾等灾害提供隔离地带、避难处所和抢救通道（地下部分还可用作人防）；为城市绿化、美化提供场地，配合城市重要公共建筑物前庭布置，为城市环境需要的光照通风提供空间；为市民散步、休息和体育锻炼提供方便。

展望 随着城市化水平不断提高，人口向城市不断聚集，城市交通量迅速增长，城市交通问题成为未来城市所需要面临的最艰巨的挑战之一。如何保证人们出行快速、便捷，同时尽量减少对环境的影响，是城市交通发展的目标。城市交通应该更加智能高效、安全环保，达到：①更合理的城市路网。城市路网的规划要从城市地理区位、用地布局等因素出发，构建城市道路网基本形式和等级结构，进而确定具体规划指标。②更智能的交通管理。合理调度出行车辆、分配道路资源可以有效治理交通拥堵，如杭州运行的城市大脑，采用阿里云ET人工智能技术，可以对整个城市全局进行实时分析，自动调配公共资源，帮助城市来做思考和决策，将杭州市打造成一座能够自我调节、与人类良性互动的城市。③更安全的驾驶方式。车辆驾驶人是造成交通事故的主要因素，为改善驾驶行为，自动巡航、泊车等辅助驾驶技术已经被研发，而完全替代驾驶人的无人驾驶车辆也是研究热点。④更环保的交通工具。车辆性能决定着交通系统运营中对环境的污染和能源的利用，随着汽车工业的发展，更加高效节能和利用清洁能源的交通工具正在被研发，如太阳能汽车。

（袁德熙 刘孝廉 撰 陈雨人 修订）

城市道路通行能力 urban road capacity 城市道路中，在一定时段，一条车道或一均匀路段或一交叉路口，期望能通过车辆或人的合理的最大小时流率。用单位小时通过的车辆数或单位小时通过的人数表示，单位为辆/时、辆小客车/时或人/时。影响城市道路通行能力的因素主要有道路条件、交通条件、控制条件和交通环境等。①道路条件。包括车道数，车道、路缘带和中央分隔带等的宽度以及侧向净宽、设计速度、平纵线形和视距等。②交通条件。包括交通流中的交通组成、交通量以及在不同车道中的交通量分布。③控制条件。交通控制设施的形式和交通通行规则。④交通环境。主要指横向干扰程度以及交通秩序等。城市道路（尤其是地面道路）交叉口间距小、路边开发强度高，机动车与非机动车间相互影响严重，道路上各路段（断面）的交通运行特征差异较大。考虑城市道路这一特点，其通行能力定义为在车辆直行方向上瓶颈断面（即通行能力最低点）的通行能力。

根据道路设施和交通实体的不同，通行能力可分为机动车道通行能力、非机动车道通行能力和人行设施通行能力。从规划设计和运营的角度，通行能力可分为基本通行能力、实际通行能力和设计通行能力3种。①基本通行能力。在理想的道路、交通、控制和环境条件下，一定的时段，一条车道或一均匀路段或一交叉路口，期望能通过人或车辆的合理的最大小时流率。②实际通行能力。根据基本通行能力，考虑具体的道路、交通、控制和环境条件下经过修正的通行能力。③设计通行能力。在实际通行能力基础上对应设计服务水平下的最大服务交通流率。服务水平是衡量交通流运行条件及驾驶员和乘客所感受的服务质量的一项指标，通常根据交通量、速度、行驶（走）自由度、交通间断、舒适和方便等指标确定。城市快速路服务水平分为四级：一级服务水平时，交通处于自由流状态；二级服务水平时，交通处于稳定流中间范围；三级服务水平时，交通处于稳定流下限；四级服务水平时，交通处于不稳定流的拥堵状态。新建的城市快速路设计通行能力，一般按照三级服务水平对应的交通量进行确定，城市快速路在确定通行能力时，还应对分合流区及交织区进行分析，避免产生“瓶颈”路段，确保整条道路的通行能力和服务水平保持一致。一般的主干路、次干路和支路的通行能力主要受到交叉口的制约，因此要在考虑交叉口的设计、控制和管理规则情况下确定通行能力。

（林航飞 邵敏华）

城市地下空间 urban underground space 城市行政区域内地表以下，自然形成或人工开发的空间，是地面空间的延伸和补充，地下空间开发利用是对地下空间的利用进行研究策划、规划设计、建造、使用、维护和管理的各类活动与过程的总称。城市地下空间涉及城市规划与设计、地下建筑设计、建筑结构设计、工程地质、水文地质和地下水力学、岩土力学、环境科学以及其他相关课程，是多个学科交叉的综合性学科，是土木工程的一个分支。地下空间作为城市重要资源，是解决土地资源紧张、交通拥堵、拓展城市空间的有效途径，也是人类社会和经济实现可持续发展、建设资源节约型和环境友好型社会的重要途径，对集约利用土地、构建城市综合防护体系具有重要作用。

地下空间开发利用是城市发展到一定阶段的产物，其目的、作用、规模、范围等都应与城市发展水平相适应，滞后或超前都对城市发展不利。开发利用地下空间已经成为城市立体化发展的一个趋势，是城市实现生态化、现代化和可持续发展的重要途径。合理开发利用城市地下空间，是缓解城市土地资源紧张的必要措施，对于推动城市由外延扩张式向内涵提升式转变，改善城市环境，建设宜居城市，提高城市韧性与综合承载能力具有重要意义。

发展历程 人类对地下空间的利用最早可追溯到史前时代原始人类对于天然洞穴或地穴的利用。公元前26世纪，在古罗马城地下建成了古代世界最为宏伟、历史最为悠久的地下市政工程——马克西姆下水道，在今天的罗马城中仍被正常使用。公元前22世纪，在古巴比伦城中的幼发拉底河下修筑了迄今可考的最早用于交通的地下砖石砌筑人行通道。中国东汉永平（公元58～75）年间在古褒斜栈道七盘山下（今陕西褒城）人工开凿了世界上最早的可通车的石门隧洞。

随着生产力的飞速发展，西方城市化水平的不断提高，迫使城市建设中加大了对供水、排水等市政设施的建设，也由此开始了近代城市的地下空间开发利用。1863年，世界上第一条地铁在伦敦开通，地下空间开发利用跨入了一个新的阶段。1930年，在日本东京上野火车站地下通道内建成世界第一条地下商业街，是地下空间发展集交通功能、商业功能等于一体的综合发展的重要体现。

第二次世界大战后，随着全球人口的膨胀和城市化水平的迅速提高，人口密集、用地紧张、交通拥挤、环境恶化等城市问题愈演愈烈，由此世界各国开始了大规模的地下空间开发与利用。

日本、美国、加拿大等国家及北欧，其地下空间形态发展经历了从大型建筑物向地下自然延伸到复杂的地下综合体，再到地下城的历程。地下市政工程从原来单纯而分散的地下设施发展到地下综合管线廊道、地下大型能源供应系统、地下大型雨水收集及污水处理系统，以及地下垃圾真空回收处理系统。在地下公共建筑方面，出现了包括了地下公共图书馆和大学图书馆、会议中心、展览中心以及体育馆、音乐厅、大型实验室等。各个国家地下空间开发利用出于不同的目的：日本以抵御地震灾害和扩展城市空间为主，北美以抗寒为主要目的，北欧则为了充分利用良好的地质条件。例如，加拿大蒙特利尔地下城，地上地下总建筑面积达400万米^2，地下步行街全长30千米，连接了10个地铁车站和地面62座大厦，容纳了整个中心地区商业的35%，每天有50万人进出地下空间，它有效地抵御了恶劣天气，方便居民使用公共交通，促进了城市商业的繁荣，是世界上开发体量最大的地下建筑群。

在中国，城市地下空间的大规模开发利用始于20世纪60年代人民防空工程的建设。1965年，中国第一条地铁在北京开始建设。20世纪90年代以来，中国大城市的地下空间迅速发展，利用功能包括地铁、地下商业街、地下综合体等。例如，北京中关村西区地下空间采用了地上地下整体开发模式，实现人车分流，各建筑物地上、地下均可贯通。地下一层有约12万米^{2}的商业、娱乐、餐饮等设施；地下二层建设了1万个机动车停车位，通过交通环廊使整个区域各地下停车场连为一体形成系统，并有11个出入口与地面相连；地下三层是市政综合管廊，建筑面积约10万米^2。又如中国上海“虹桥商务区地下城”核心区地下综合体，地下空间面积达260万米^2，形成了四大功能系统——地下步行系统、地下道路与停车系统、地下市政基础设施系统、地下防灾系统。

主要内容　城市地下空间研究主要内容包括地下空间权、地下空间资源、地下空间环境、地下空间规划、人民防空工程规划、地下空间管理、地下空间设施等。

地下空间权。对地表以下一定范围内空间所享有的排他权利。地下空间权属主要包括地下空间所有权、用益物权（地下空间建设用地使用权、地下空间建（构）筑物所有权、地役权）、担保物权（抵押权）。按照利用形式的不同，地下空间权属分为结建地下空间相关权属和单建地下空间相关权属。

地下空间资源。在地球表面以下一定深度的土层或岩层中，天然或人工开发形成的空间及空间储备。地下空间资源包括已开发形成和未开发形成的部分。可供合理开发的资源量指排除不良地质条件、建（构）筑物及历史遗迹影响、生态敏感制约范围后，剩余的地下空间资源范围。可供有效利用的资源量指扣除保持安全和生态间距与密度所需保留的岩土体积，剩余的可实际利用空间范围。

地下空间环境。包括地下空间室内热湿环境、空气质量环境、空气流动、声环境、光环境以及在地下空间内活动人员的生理和心理环境。

地下空间规划。是国土空间规划中的专项规划。是指导城市地下空间开发利用的法定依据，也是保证城市合理开发利用地下空间资源的重要前提和基础。城市地下空间规划阶段应与城市规划法定阶段相对应，分为总体规划和详细规划两个阶段，其规划期限应与对应的城市规划一致。

人民防空工程规划。依据城市人民防空需要，结合城市发展和人防工程建设现状，对城市未来一个时期内人民防空工程建设规模、功能、布局、建设时序等做出的综合部署，是城市总体规划配套的专业性规划。人民防空工程规划是实施人防工程建设和管理的依据，可分为总体规划和详细规划。

地下空间管理。通常分为地下空间规划管理、地下空间建设管理、地下空间运营管理和地下空间信息管理。地下空间的管理对象包含建于地下空间的各类设施，如地下交通设施、地下市政基础设施、地下公共服务设施、地下防灾减灾设施、地下仓储设施、地下物流设施、地下综合设施等。

地下空间设施。建设在城市地面以下、为实现某种城市功能而规划建设的系统性设施。地下空间设施分为地下交通设施、地下公共服务设施、地下综合管沟（廊）设施、地下防灾设施、地下工业仓储设施、地下居住设施等。

主要专著　城市地下空间研究方面的主要专著有：《地下空间设计》是世界上最早全面阐述地下空间开发利用规划和地下建筑设计理论的著作；《城市地下空间规划理论与实践》是中国较早的系统性阐述城市地下空间规划理论的著作之一；《中国城市地下空间开发利用研究》是对城市地下空间的规划、城市地下空间开发利用的立法、城市地下空间开发利用的设计与施工等内容进行探讨的著作；《地下空间科学开发与利用》是中国第一部全方位介绍城市地下空间知识的高级科普著作；《城市地下空间总体规划》是中国第一部全面介绍城市地下空间规划编制的著作；《城市地下空间资源评估与开发利用规划》是中国最早的阐述城市地下空间资源评价理论与方法的学术著作；《地下建筑学》是中国最早的系统阐述地下建筑与地下空间开发利用原理的建筑学著作；《城市地下空间设计》是论述城市地下空间利用方法的著作。

人才培养　中国高等院校针对城市地下空间方面研究人才的培养，主要开设了“城市地下空间工程”本科专业，是以岩土力学与工程、土木工程经济与项目管理、地下空间维修与养护等为主，涉及地下空间利用的力学、经济、建设与维护等方面的相关基础知识。硕士研究方向涵盖了地下空间规划—设计—建设—运维的全生命周期，主要围绕地下空间规划、设计、工程建造技术等展开研究。博士研究方向聚焦地下工程，以地下空间灾害与事故为突破点，主要围绕地下工程防灾技术如防灾减灾技术、支护技术，灾害防治如火灾防治、抗震等展开研究。

发展模式及意义　在长期发展过程中，城市地下空间功能不断丰富，各类功能不断整合，并形成复杂、动态的多向联系，从而构成了多种功能组合，这些功能组合就是地下空间利用模式。包括以地下步行道为主的利用模式、以市政管廊和公共服务为主的利用模式、以地下轨道交通为主的利用模式、以人防为主的综合利用模式。如上海五角场地下空间综合体是以地下步行道为主的利用模式。

城市地下各个要素的空间分布模式，是城市地下空间功能的体现，城市地下空间是一种非连续的人工空间结构，需要经过系统的规划和长期的发展才能逐步形成连续的空间形态。其平面分布形态主要包括点状、脊状、辐射状、网格状和网络状。无轨道交通车站的区域多为点状，而有轨道交通车站的区域多为脊状、辐射状、网格状和网络状。

现代城市地下空间的开发利用已渗透到许多领域，为城市创造了巨大的综合效益，对城市的生态环境、经济发展、社会的可持续发展有着非常重要的作用。①生态环境效益方面。可减少地面环境污染、调节城市微气候、美化城市生态环境、隔音降噪等。通过城市地下空间的开发利用，可将污染环境、对城市美观造成不良影响的公用设施置于地下，以创建更好的地面生态环境。②经济发展方面。地下交通系统的建设，改善了城市的交通状况，提高了城市效率，为城市经济的发展提供了保障。通过将传统在地面建设的设施转入地下，扩大了城市空间容量，提升了土地利用价值。地下空间的优点是不受气候影响、节能、安静、运营费用低，其维修费用比传统的地上建筑的维修费用少。地下空间具有良好的隔热性，有利于城市节能。实际测试表明，地面以下1米，日温几乎没有变化，地面以下5米的室内气温常年恒定，因此与地上建筑相比，许多功能的地下建筑要少消耗能量。在取暖和制冷方面，地下建筑比传统地面同类型建筑要省1/2～2/3的费用；地下建筑的物业管理费也只是地上建筑的1/3～1/2。③社会发展方面。城市地下空间的开发利用，为城市发展提供了巨大的空间资源，缓解了城市土地资源紧张问题，通过将一部分设施转入地下，增加了生活空间与生态空间，改善了城市环境和景观。大规模的人流可通过地下铁道快速地到达目的地，极大地改善了地面的交通拥堵状况。将商业活动放在地下空间中进行也是非常适宜的，尤其是对于气候严寒多雪或酷热多雨的地区，购物活动改在地下更受居民欢迎。另外结合地铁车站建设地下商场、地下街，可以吸引大量人流，为城市商业发展带来新的契机。

地下空间具有较强的抗灾特性，对地面上难以抗御的外部灾害如战争空袭、地震、风暴、地面火灾等有较强的防御能力，能提供灾害时的避难空间、储备防灾物资的防灾仓库、紧急饮用水仓库以及救灾安全通道。同时还可有效保护文物。利用地下空间抗御自然和人为灾害的优良性能，将大量珍贵的文物贮藏在地下建筑中，对于文物的长期安全保存是有利的。

（陈志龙　彭芳乐　张　平）

城市供水管网　urban water distribution network　建造在城市供水区域内，向用水区供水的管道系统。供水管网由输水管、配水管网、水压调节设施及水量调节设施、附属构筑物等组成（见图）。

输水管　将水厂处理后的水输送至配水管网，一般不直接配水且布置为双线。

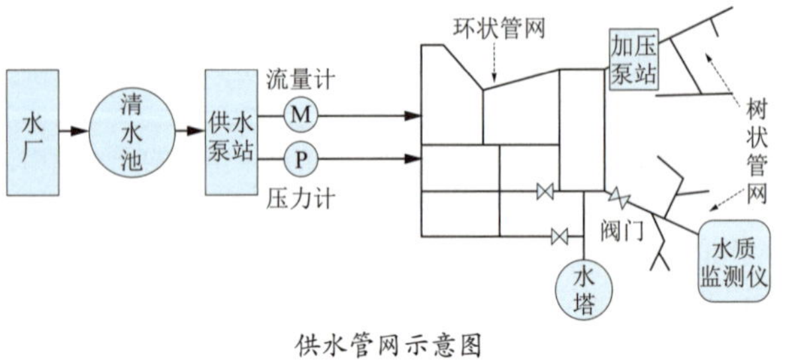

供水管网示意图

配水管网　将达到用水标准的水输送和分配到供水区域并且满足用户对水质、水压、水量的要求，由主干管、干管、支管、连接管和分配管等构成。分为环状管网和枝状管网，这两种布置方法考虑经济、安全、城市发展等因素综合决定，环状管网供水安全但造价高，一般在城市的中心区或大的工业区采用，枝状管网造价低，一般适用于小城镇或城市郊区，随着城市发展逐步成环。

水压调节设施　对供水管网中的水压进行调节的设施，主要有泵站和减压设施。水泵站是供水系统中的加压设施，供水管网系统中的泵站有供水泵站（又称二级泵站）和加压泵站两种形式。供水泵站位于水厂内部，将清水池中的水加压后送入配水管网；加压泵站对远离水厂的供水区域或地形较高区域进行二次加压，有必要时可实施多级加压。减压设施有减压阀和节流孔板等，通过降低和稳定供水系统的局部水压，避免水压过高造成管道或其他设施的漏水、爆裂、水锤破坏。

水量调节设施　对供水管网中的流量进行调节的设施，主要有水塔、清水池和蓄水池。①水塔。设置在城市供水小区管网中的储水构筑物。其主要任务是调节小区泵站供水流量和小区管网实际用水量之间的差值，并补充用户的室内消防用水。②清水池。调节水厂生产水量与供水量之间差额的水池，还兼有储存供水区域的消防用水，储存水处理系统的自用水量，以及保证清水和消毒剂有充分消毒接触时间的作用。③蓄水池。利用供水区域的地形条件，建筑在高地上的储水构筑物，与水塔具有相同的功能作用。

附属构筑物　供水管网中还需要安装的消火栓、阀门（闸阀、排气阀、泄水阀等）和监测仪表（压力、流量、水质检测）等。

（赵　明）

城市供水系统　system of urban water supply　通过水资源科学规划、水源保护、水资源可持续开发利用、水质科学净化、水质动态监测与科学管理等方式满足城市发展和人类进步所需要的城市水质要求的系统。城市水包含城市区域和城市郊区的水域及水资源。包括城市地下水、地表水（河流、水库、湖泊等）、雨水、非传统水资源（劣质水、受污染水、生活污水和工业废水等）。城市水体中除了含有天然有机物（NOM）之外，还含有人工合成有机物（SOC）、藻类、浮游生物、细菌、病毒等，含有各种无机污染物。各种污染物之间会相互作用，形成不同稳定性、不同毒性中间产物和多种代谢产物。

城市供水系统由城市自然水源水质保障、城市水生态安全保障、城市饮用水水质安全保障3方面组成。包括饮用水厂升级改造技术、供水管网系统优化调度技术和二次供水技术等。

生态文明建设是关系中华民族永续发展的根本大计，而城市供水是绿色健康生态系统的核心。城市水质安全保障与人民的健康生活息息相关，对经济社会的可持续发展将带来深远影响。

（马　军）

城市固体废弃物　municipal solid wastes　城市居民日常生活、工程建设及城市运行过程中产生的固体废弃物。主要包括**生活垃圾**、**建筑垃圾**、园林垃圾和**废弃泥**等。这些固体废弃物大都来自城镇居民家庭、商业、服务业、建筑业、市政公用业、交通运输业等方面。

城镇固体废弃物既具有污染性又具有资源性。①污染性。城镇固体废弃物污染性表现为自身的污染性和二次污染性，在其产生、排放和处理过程中很容易对视觉和生态环境造成污染，甚至对人体健康造成危害。②资源性。城镇固体废弃物是资源开发利用过程中的产物或废弃物，具有一定的资源价值，在一定条件下，有可能重新使用，成为生产的原材料、燃料或消费物品等。

随着城镇化进程的加快，城镇固体废弃物产量急剧增加，许多大城市面临垃圾围城的困境。为了缓解和消除这一城市病，应建立城镇固体废弃物分类收集、分类运输、无害化处理、回收和再生利用及末端处置体系，并实施全过程精细化管理，实现城镇固体废弃物的减量化、无害化和资源化的处置目标。

（詹良通）

城市固体废弃物工程　municipal solid waste engineering　城市固体废弃物分类收集、处理、处置及资源化利用的一类工程。对象主要包括生活垃圾、园林垃圾、建筑垃圾及废弃泥等。基于工程设计、施工、管理、运行、维护等技术手段，控制城市固体废弃物的环境污染，达到城市固体废弃物的无害化、减量化及资源化目标。该工程主要涉及岩土工程、环境工程、热能工程及生物工程等领域。由于固废的生化、产污特性及组分的多种类和非均质性，其工程技术不同于传统岩土工程。

沿革　公元前3000～前1000年古希

腊米诺斯文明时期，就有城市固体废弃物简易填埋工程出现。露天焚烧也是一种古老的固废处置方法。1874年，在英国诺丁汉建造了第一座生活垃圾焚烧炉，最早的焚烧炉是一种长方形、用泥作壳的车，由马拉着沿街收集居民的生活垃圾并在车上焚烧。20世纪初欧美一些国家建造了近代焚烧厂，如美国和丹麦分别于1885年和1903年建造了该国第一座生活垃圾焚烧厂。20世纪初开始发展堆肥处理工程，20世纪70年代开始发展生活垃圾厌氧消化工程。1930年以后开始发展卫生填埋工程，美国的费雷斯诺垃圾填埋场是世界上第一个卫生填埋场。

处理流程和方式　城市固体废弃物首先进行分类收集，然后运输至指定场所进行处理及资源化利用，对于处理后剩余的残渣尚需进行末端处置。分类收集是城市固体废弃物工程中的一个关键环节，通过分类收集，既可有效地实现废弃物的重新利用和最大限度的废品回收，又可为各种垃圾处理方式的应用奠定基础。

城市固体废弃物常采用焚烧和生物处理及填埋处置方式。①焚烧处理工程。以燃烧学为理论基础，利用高温氧化方法处理生活垃圾，生活垃圾经过燃烧，体积和质量显著降低，各种病原体在高温下被消灭，有机物主要转化为二氧化碳（CO_2）、水蒸气等气体，燃烧产生的热能可以回收利用，同时需控制烟气污染。②生物处理工程。以环境生物学为理论基础，主要通过好氧堆肥和厌氧消化技术，利用以微生物为主的自然生物的代谢，达到降解生活垃圾中的有机物、获得代谢产物的目的。③填埋处置工程。以环境土工学为理论基础，通过垃圾堆体安全稳定控制、渗沥液导排与处理、填埋气收集与利用、垃圾降解稳定化加速等相关技术，实现消纳城市固体废弃物，保护环境的目的。填埋也是城市固体废弃物的末端处置方式。

发展方向　城市固体废弃物工程在合理的分类收集、运输、资源化利用的基础上，还应充分考虑各地区固废特性的差异、经济发展状况及环保要求等因素，进一步运用运筹学的优化原理选择更合适的处理和处置措施。在分类收集和运输方面可通过建立固废物地下物流系统实现垃圾地下高效转运。在填埋处置工程方面，宜向大型集约化的可持续填埋方向发展，通过开采、筛分再利用等手段，实现填埋场库容的循环利用，大幅提高单位面积土地的填埋量。在焚烧处理工程方面，重点应进一步有效控制二噁英等污染物的产生与扩散。建立集焚烧处理、资源化利用、再生资源回收利用、填埋处置、有害垃圾处置于一体的城市固体废弃物协同处置利用基地。

（陈云敏　柯　瀚）

城市轨道交通不载客试运行　no-load test run of urban rail transit　在城市轨道交通工程冷、热滑试验成功及系统联调联试结束后，由建设单位组织，通过不载客列车运行，对运营组织管理和设施设备的可用性、安全性和可靠性进行检验。不载客试运行不仅是设备的试验和调试，也是运营人员与设备系统的磨合过程，最终完成人、机、环境的最佳配合。

试运行指标　试运行时间不得少于3个月，其中按照开通运营时列车运行图连续组织行车20日以上。运营指标应达到以下要求：①列车运行图兑现率。不应低于98.5%。②列车正点率。不应低于98%。③列车服务可靠度。即全部列车总行车里程与发生5分钟以上延误次数之比不应低于2.5万列千米/次。④列车退出正线运营故障率。不应高于0.5次/万列千米。⑤车辆系统故障率。即因车辆故障造成2分钟以上晚点事件次数不应高于5次/万列千米。⑥信号系统故障率。不应高于1次/万列千米。信号系统故障，即列车无法以自动防护模式运行、部分区段无速度码或发生道岔失去表示的情况。⑦供电系统故障率。不应高于0.2次/万列千米。供电系统故障，即造成部分区段失电或单边供电的供电故障。⑧站台门故障率。不应高于1次/万次。

试运行基本条件　试运行限界基本条件设施、设备应无侵限现象。

试运行土建工程基本条件：①当其他交通设施上跨城市轨道交通线路时，应设置安全防护设施，防止上方异物侵入；当城市轨道交通线路与其他交通设施共建于同一平面且相邻时，应在线路两侧设置安全防护和防侵入设施。②地面及高架城市轨道交通线路曲线两侧，不应有妨碍行车瞭望的建筑物、构筑物、树木和其他物体。③道岔、钢轨、钢轨接缝，与钢轨和道岔连接的焊点或拴接部位应进行探伤，并提供探伤检测合格的报告；对于无缝线路地段，还应提供锁定轨温、单元轨节长度和观测桩位置等技术资料。④车站开通的出入口道路应与市政道路网贯通。⑤车站内安全标识、引导标识、无障碍设施等应设置齐全，功能完好。⑥应建立全线结构工程的沉降监测系统，定期对结构的沉降进行监测。⑦高架区间上跨道路，净空高度不大于4.5米时，应设有限高标识和限界防护架；当墩柱有可能受外界撞击时，应设防止墩柱受撞击的保护设施。

试运行车辆和车辆基地基本条件：①试运行期间，各列车累计在线运行里程不应少于2000列千米。②列车内安全标识、引导标识、无障碍设施、广播设备和灭火器等应设置齐全。③车辆基地应具备配属列车停放、静动态调试的条件；车辆基地应根据试运营阶段的需要配备必要的设备、材料、抢修和救援器材以及存放设施。④架车机、不落轮镟和洗车机等车辆配属设备应能投入正常使用。⑤车辆基地的起重设备、电梯和压力容器等特种设备应完成安装、调试，并通过验收。

试运行设备系统基本条件：①应完成各类电气元件、开关的整定值调整。②车站及区间照明系统的照度应符合《城市轨道交通照明》(GB/T 16275）的规定，并出具照度测试报告；应急照明、应急电源和电能计量装置的配置应符合《地铁设计规范》(GB 50157）和《城市轨道交通技术规范》(GB 50490）等相关标准要求。③电缆孔洞应封堵，安装防鼠板，电缆应悬挂走向标示牌。④传输系统、广播、公务电话、调度电话、无线通信和闭路电视等应符合《地铁设计规范》(GB 50157)、《城市轨道交通通信工程质量验收规范》(GB 50382）和《城市轨道交通技术规范》(GB 50490）的规定。公务电话应实现路网内各线间互通，并与市话互联互通。⑤列车自动防护、列车自动监控等应符合《地铁设计规范》(GB 50157)、《城市轨道交通技术规范》(GB 50490）和《城市轨道交通信号工程施工质量验收标准》(GB 50578）的规定。⑥信号系统应具有完整的测试报告，并有具备资质的安全认证机构出具的安全认证证书和安全评估报告；对证书的限制项，应制定安全防护措施。⑦通风空调与采暖系统应符合《地铁设计规范》(GB 50157）和《城市轨道交通技术规范》(GB 50490）的规定。⑧消防器材、气体灭火和给排水等系统应符合《地铁设计规范》(GB 50157）和《城市轨道交通技术规范》(GB 50490）的规定。⑨火灾自动报警系统、环境与设备监控系统应符合《地铁设计规范》(GB 50157）和《城市轨道交通技术规范》(GB 50490）的规定。⑩自动售检票系统应符合《城市轨道交通自动售检票系统技术条件》(GB/T 20907）的规定。⑪电梯应符合《电梯制造与安装安全规范》(GB 7588）的规定，扶梯和自动人行道应符合《自动扶梯和自动人行道的制造与安装安全规范》(GB 16899）的规定，扶梯还应符合《城市轨道交通技术规范》(GB 50490）的规定。⑫屏蔽门（安全门）系统应符合《城市轨道交通技术规范》(GB 50490)的规定。⑬对于直线车站，站台门与车体间隙大于130毫米时，应设有防夹装置和防踏空胶条。

试运行设备人员基本条件：①运营单位应建立健全运营组织机构，合理设置岗位，人员到位、满足运营要求。②列车驾驶员、调度员、行车值班员应经过系统岗位培训，并持证上岗。③设备维修人员应经过系统岗位培训，具备设备维修技能，并持证上岗。④特种设备作业人员应取得相关部门颁发的特种设备作业人员证，并持证上岗。⑤列车驾驶员、行车调度员、行车值班员、信号工、通信工等重点岗位人员应通过安全背景审查，列车驾驶员还应通过心理测试。

试运行运营组织基本条件：①运营单位应建立安全管理类、行车管理类、服务管理类、维护维修类、操作办法类以及应急处置类等相关的规章制度。②运营单位应组织开展拟开通初期运营线路的客流预测，制定新的行车组织方案。③运营单位应根据列车运行图、车站设施设备和人员情况等编制客运组织方案。（余才高）

城市轨道交通车辆 urban rail transit vehicle 城市轨道交通的乘客运载工具。是城市轨道交通系统中的一个重要组成部分。一个城市要建设城市轨道交通，可以根据城市轨道交通系统不同的系统运能、线路敷设方式、运营范围、路权及车辆制式等方面的分类进行合理选择，其中城市轨道交通车辆是一个重要的比选条件。由于各种车型的工作原理、关键技术等条件的不同，车辆可划分成几种比较典型的制式，而一种车辆制式应用在一种城市轨道交通系统中，在一定程度上是这种城市轨道交通系统的代表。

简史 1804年，英国人特雷维西克试制了第一台行驶于轨道上的蒸汽机车。1825年，世界上第一条铁路（达灵顿—斯托克顿，21千米）在英国开通运营，其采用蒸汽机车牵引。随着伦敦的快速发展以及道路交通的混乱，伦敦市决定修建地铁。1863年，伦敦第一条地铁开通运营，由于当时电力机车尚未发明，仍使用的是蒸汽机车。在电力机车发明与应用之后，地铁在其他城市得到了推广应用。随着电力机车技术的成熟，1896年，布达佩斯修建了欧洲最早的电气化地铁，从此巴黎、柏林、纽约、东京等城市相继建设地铁。地铁建设也逐渐在世界各个城市兴起和发展。与此同时，其他形式的电气化轨道交通也逐步出现和发展起来，如**有轨电车**、单轨车辆、直线电机车辆等。

分类 中国根据建设部2007年6月颁发的《城市公共交通分类标准》(CJJ/T 114—2007)，城市轨道交通分别包含了以车辆为代表的地铁系统、轻轨系统、单轨系统、有轨电车、磁悬浮系统、自动导向轨道系统和市域快速轨道系统共7个类别。按走行系统可分为普通钢轮钢轨系统（分为地铁、轻轨、有轨电车车辆）、胶轮系统（分为跨座式单轨、悬挂式单轨和自动导向轨道车辆）和磁悬浮系统（高速磁悬浮和中低速磁悬浮车辆）等。

地铁车辆 主要指普通钢轮钢轨车辆，是城市轨道交通中最常见的一种车辆制式。其主要采用钢轮钢轨走行、旋转电机牵引、直流系统供电等，最高运行速度80～100千米/时，主要应用在城市轨道交通地铁系统。普通钢轮钢轨系统按车辆尺寸和技术特点的不同，主要以车体宽度为区分标准，有A型车、B型车、C型车、As型车（山地城市As型车）。

直线电机车辆 属于钢轮钢轨车辆，与普通钢轮钢轨车辆的区别在于车辆牵引方式，采用直线感应电机驱动，将电动机旋转运动方式改变为直线运动方式，牵引力不受物理黏着的存在限制，使直线电机车辆的加、减速性能及爬坡能力均有较大的提高。

单轨车辆 行驶轨道为一条带形梁体的车辆型式。车辆可骑行于梁上或悬挂于梁体下行驶，最高运行速度60～100千米/时。按走行模式和构造的不同，分为跨座式单轨和悬挂式单轨两种类型。车辆爬坡能力强、转弯半径小，适用于坡陡弯急地形复杂的城市，也适用于城市市区街道普遍狭窄，建筑物密度大、居民的出行量大等城市。

市域快轨车辆 行驶于城市市区与郊区或卫星城之间的车辆，最高运行速度为120～200千米/时。其基本形式可选用具有市域特征的钢轮钢轨走行系统车辆、胶轮走行系统的市域单轨车辆和磁悬浮走行系统的中低速磁悬浮车辆。

磁悬浮车辆 通过电磁力实现列车与轨道之间无接触的磁吸或磁斥悬浮和导向，利用直线电机产生的电磁力牵引列车运行。按最高运行速度可分为高速磁悬浮车辆及中低速磁悬浮车辆。高速磁悬浮要实现高速运行，需有一定长距离的站间距。中低速磁悬浮交通最高运行速度不超过160千米/时，具有曲线半径小，爬坡能力强、选线灵活、噪声小等一系列优点。

自动导向轨道车辆 应用于自动导向轨道交通系统（一般简称AGT系统或APM系统），车辆运行在具有侧向或中央导轨专用混凝土的轨道上，属于中运量系统，最高运行速度为60千米/时。车辆采用橡胶轮胎，与轨道摩擦系数高，爬坡能力可达到60‰，曲面通过能力强。

有轨电车 采用铰接车辆，弹性车轮，电力牵引，多种制动方式，具有美观、环保、适合市区小曲线半径和大坡度运行，有较强的起制动能力，属于小运量系统，主要采用地面敷设，与道路交通混行。

编组列车 将多节城市轨道交通车辆编组成一列轨道列车，使轨道车辆形成可以正常载客的若干车辆的完整组合。

车体构架 用于构成车辆上容纳空间的外壳，又是安装与连接其他设备和设施的基础。车体一般由底架、端墙、侧墙及车顶4部分焊接而成。

转向架组成 转向架是轨道车辆结构中最为重要的部件之一，车辆的走行部分，装设于车体下面或上面，用来牵引和引导车辆沿着轨道行驶，承受车体的全部重量，承受并传递车体与线路间的各种载荷，是保证车辆运行质量和安全的关键部件。转向架可分为动力转向架和非动力转向架。一般由构架、弹簧悬挂装置、轮对轴箱装置、牵引传动装置、制动装置及转向架中部的中央牵引连接装置等组成。其中装有牵引电机和传动装置的转向架即为动力转向架，它把牵引电机的转矩转化为列车前进的牵引力。

牵引部件 车辆编组成列运行必须借助于连接装置，包括车钩和缓冲连接装置（见图）。牵引部件是车辆最基本也是最重要的部件之一，用来连接列车中各车辆，使彼此保持一定的距离，并且传递和缓和列车运行中或在调车时所产生的纵向力或冲击力。车钩用来连接列车中各车辆使之彼此保持一定的距离，并且传递列车的牵引力及制动力。缓冲连接装置用于列车运行或调车时缓和车辆之间所产生的纵向力，同时减少列车的纵向动力作用。车钩按连接方法不同，可分为自动车钩和非自动车钩，按特点不同可分为非刚性车钩和刚性车钩。

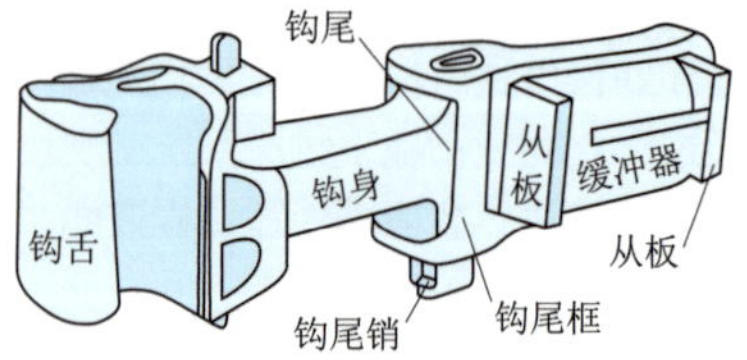

牵引缓冲连接装置示意图

制动部件 在列车的动车和拖车上装设的一套用于使列车减速或在规定的距离停车的零部件装置，是保障列车安全可靠运行所必不可少的。轨道交通车辆所采用的制动，按制动时列车动能的转换方式或制动力获得的方式可分为摩擦制动和动力制动两大类。

车辆主要设备　包括受流装置、电气系统、车辆附属设备。①受流装置。从接触导线（接触网）或导电轨（第三轨）将电流引入动车的装置称为受流装置或受流器。按其受流方式可分为杆形受流器、弓形受流器、侧面受流器、轨道式受流器和受电弓受流器。②电气系统。包括车辆上的各种电气设备及其控制电路，其按作用和功能可分为主电路系统、辅助电路系统和电子控制电路系统3个部分。主电路系统是将电网的电能转变为车辆运行所需的牵引力，当在电气制动时将车辆的动能转换为电制动力。③车辆附属设备。包括服务于乘客的车体内固定附属装置和服务于车辆运行的设备装置，前者有车灯、广播、通风、取暖、空调、座椅、拉手等。服务于车辆运行的设备装置大多悬挂于车底架上，如蓄电池箱、继电器箱、主控制箱、电动空气压缩机组、风缸、电源变压器、各种电气开关和接触器箱等。　（仲建华）

城市轨道交通车辆基地　urban rail transit vehicle base　具有列车停放、清洗和检修维护，以及机电设备专业维修、物资仓储、业务培训等功能的场所和机构。

组成　车辆基地设有：

车辆段和停车场　按照作业范围不同，车辆段分为大、架修段和定修段，大、架修段承担车辆大修和架修及其以下修程作业；定修段承担车辆的定修及其以下修程作业。停车场主要承担列检和停车作业。每条城轨线路通常设置一个车辆段，当车辆段距终点站超过30千米时，宜增设停车场。停车场通常隶属于车辆段管辖。车辆大修基地宜从网络角度统一规划。

综合维修中心　是城轨系统各种设备和设施的维修管理单位。其功能应满足全线线路、路基、轨道、桥梁、涵洞、隧道、房屋建筑和道路等设施的维修、保养，以及供电、通信、信号、机电设备和自动化设备的运行管理、维护，以及检修工作的需要。综合维修中心根据其规模和工作范围可分为维修中心、维修工区和维修组。

物资总库　主要承担城轨交通系统材料、配件、设备和机具及劳保用品等的采购、存放、发放任务和管理工作。物资总库根据需要可在定修段或停车场内分别设物资分库或材料库。物资总库、物资分库设有各种库房和必要的办公、生活房屋，以及材料堆放场地。物资总库宜设置自动化立体仓库。

培训中心　主要负责组织和管理职工的技术教育和培训工作，培训中心设于车辆基地内，对职工实操培训时可利用车辆基地的既有设施。

救援办公室　配备相应的救援设备和设施，救援人员由车辆基地人员兼职。车辆基地内设有救援队，并配备相应的救援设备和设施。救援队受地铁运营控制中心指挥。

房屋布置　应以运用库和检修库为核心，各辅助生产房屋应根据生产性质按系统布置；与运用和检修作业关系密切的辅助生产房屋宜布置在相关车库的边跨内或邻近处，性质相同或相近的房屋宜合并设置。

试车线　宜为平直线路。

设计　车辆基地的功能、布局和各项设施的配置，根据运营需要、城市轨道交通线网车辆基地的规划、既有车辆基地分布和工程具体情况综合确定，并实现资源共享。车辆基地用地面积较大，为节省投资，通常设在地面，中国也有部分线路的车辆基地设在地下，成本较高，如广州市珠江新城核心区市政交通项目旅客自动输送系统（简称广州地铁APM线路），以及成都轨道交通7号线车辆基地。车辆基地停车库、检修库可进行上盖物业开发，车辆基地的上盖物业开发可充分利用轨道交通的资源优势，但应做好车辆基地的通风、采光、消防、排烟、照明、降噪、防高空坠物及防止其他灾害和轨道减振设计。　（仲莹莹）

城市轨道交通车辆牵引系统　urban rail transit vehicle traction system　城市轨道交通车辆中以牵引电机为控制对象的硬件和软件设备。

简史　城市轨道交通车辆的牵引系统的发展可分为直流牵引系统和交流牵引系统两个阶段。①直流牵引系统阶段。直流牵引系统使用直流牵引电机及其控制设备。最早采用电气牵引系统的地下铁道车辆是1896年通车的布达佩斯地铁。从那时开始到19世纪70年代中期，国际上城市轨道交通车辆基本都采用了直流牵引系统。在中国，北京地铁从1965年7月1日开建，1969年10月1日建成通车，从那时开始到1993年，地铁车辆采用的也是直流牵引系统。②交流牵引系统阶段。交流牵引系统采用交流牵引电机及其控制设备。20世纪70年代末期，德、法等欧洲国家以及日本等国加紧研制城市轨道交通车辆的交流牵引系统。80年代初期，随着开关频率高、控制方式简单的电力电子器件门极可关断晶闸管研制成功，采用交流牵引系统的城市轨道交通车辆日渐多起来。进入90年代，开关频率更高、控制方式更简单的电力电子器件绝缘栅双极型晶体管研制成熟并开始量产，采用交流牵引系统的城市轨道交通车辆迅速增加，直流牵引系统逐步不再使用。中国于1992年在北京地铁复八线（今北京地铁一号线复兴门—四惠东段）地铁车辆招标文件中，首次明确采用交流牵引系统。紧接着广州地铁1号线地铁车辆招标，也明确采用交流牵引系统。以北京、广州地铁车辆为先导，中国城市轨道交通车辆不再采用直流牵引系统，进入了交流牵引系统阶段。21世纪初，中国的国产化交流牵引系统研制成功，投入量产，并走向世界。

控制方式及特点　直流牵引系统中的牵引电机使用最多的是串激直流电机，也有采用他激或复激直流电机的。因此，控制直流牵引电机带动车辆运行，使列车实现起动、惰行、制动的循环。由于城市轨道交通车辆的供电电源一般是电压为600伏、750伏、1500伏、3000伏等直流电，在起动和制动过程中，需串入和改变电阻来调节电流和电压，使列车能达到要求的加速度、减速度、冲击率及运行速度等。其主要控制（串入和改变电阻）的方式有凸轮变阻、斩波调阻等方式。随着电力电子器件的发展，出现了斩波调压控制方式，由于其可实现控制系统的无触点化、无电阻起动以及实现再生制动，因此它在城市轨道交通车辆上的应用曾一度达到高潮。直流牵引系统存在着无法克服的缺点，即直流牵引电机的整流子维修成本高，难于实现小型化等。

交流牵引系统中的交流牵引电机，采用最多的是三相交流异步鼠笼式感应电机，也有采用三相交流永磁同步电动机、三相交流异步直线式感应电机、三相交流同步直线式感应电动机等。为了控制三相交流牵引电机，需要把直流电变为电压可调、频率可调的三相交流电，带动列车实现起动、惰行、制动的循环，实现这一控制功能的就是变压变频装置。与直流牵引系统相比，交流牵引系统有着突出的优点，如交流牵引电机结构简单、维修工作量小、小型、轻量等，在现代电子技术配合下，能实现用户要求的不同的控制特性。

（冯伯欣）

城市轨道交通车辆停车库　urban rail transit vehicle parking garage　用于城市轨道交通运用列车的停放设施。通常停车库线不单独设置，与列检库线结合设置。停车库在车辆段、停车场均需要设置。停车库内一般不设置检查坑。库内地面高度有库内地面与轨面平齐、库内地面低于轨道面两种。停车库可根据用地条件，按一股道停放1列车、两列车和3列车方式设置，当采用一股道上设置3列车时，停车库一般采用两端均可以出入列车的贯通式车库。停车库库内前后均需要设置不小于4米的通道，当一股道停放多列车时，列车与列车之间也要设置不小于4米的通道。

中国上海龙阳路地铁基地车库

停车库每个列位两端设有司机上车平台。同时，设置移动式登车平台，方便清扫人员、保洁工作人员登车作业。停车库库边设有辅助用房，设置清扫工具间、司机待班室、更衣室和班组等用房，以及车辆段调度指挥中心调度室、设备室。

无论是采用接触轨供电还是接触网供电，供电接触轨、接触网均需要进入停车库。运营列车靠自身动力自行进入停车库内，库内要设置牵引电源开关柜，在必要时可对各停车线进行断电，确保人员安全。

（杨秀仁）

城市轨道交通车辆转向架 urban rail transit vehicle bogie 支承车体并担负车辆沿着轨道走行的支承走行装置。为了便于车辆通过曲线，在车体和转向架之间设有心盘或回转轴，转向架可以绕中心轴相对车体转动。为了改善车辆的运行品质和满足运行要求，在转向架上还设有弹簧减振装置和制动装置，在动车的转向架上装有牵引电动机和减速机构，以驱动车辆运行。装有牵引电动机和减速机构的转向架称为动力转向架。转向架是车辆重要的组成部件，其结构直接影响车辆的运行品质、动力性能和行车安全。各种型式的车辆均有转向架，并且由于用途各异，运行条件及要求不同，转向架的结构各异，类型很多，应用广泛的是钢轮钢轨型式的转向架。

用途 支承车体，承受并传递车体至轮轨之间的各种载荷及作用力，使各轴重均匀分配，保证车辆安全运行；使车辆能自由通过小半径曲线，减少运行阻力与噪声；便于安装弹簧减振装置以缓和车辆与线路之间的相互作用，减小振动和冲击，使车辆具有良好的动力性能与运行品质，提高车辆运行的平稳性和安全性；充分利用轮轨之间的黏着，传递牵引力和制动力；便于安装牵引电动机、传动装置以及制动装置，驱动轮对沿着轨道运行或使车辆减速和停止运行；转向架上安装了各种装置使许多部件集合成一个整体大部件，便于转向架制造、维修和互换。

构成 钢轮钢轨系统（如地铁）、胶轮系统（如跨座式单轨）和磁悬浮系统的车辆转向架原理并不相同，转向架的结构差别较大。

地铁转向架 其结构和种类较多，但它们的基本组成部分和主要功能是相同的，一般转向架分为以下几个部分：①轮对轴箱装置。轮对是由一根车轴和两个相同的车轮采用过盈配合使之牢固地结合在一起组成。轴箱由外箱和滚动轴承或滑动轴承组成，多采用滚动轴承。装置的作用是将轮对与构架联系在一起，使轮对沿钢轨的滚动转化为车体沿轨道的平移。同时还传递车辆的重量和轮轨之间的各种作用力。②弹性悬挂装置。包括弹簧、减振器、定位装置等。整个装置设在轮对与构架或构架与车体摇枕之间，前者称为轴箱悬挂装置，后者称为摇枕（或中央）悬挂装置，也可称为一系悬挂装置和二系悬挂装置。该装置主要是为了减少线路的不平顺和轮对运动对车体的各种动态影响，如垂向振动、横向振动和通过曲线等。③构架。是转向架的基础，把转向架的各个零部件组成一个整体，承受、传递各种载荷及作用力，其结构、形状和尺寸都应满足各零部件的安装要求。构架可由低合金钢铸成或采用压延钢材为主的钢板焊接结构，有的构架水平呈H形，所以亦称H型构架。④制动装置。为使运行中的车辆减速或在规定的距离范围内停车，必须安装制动装置，其作用是传递和放大制动缸的制动力，使闸瓦与轮对之间的转向架内摩擦力转换成轮轨之间的外摩擦力（即制动力），使车辆承受前进方向的阻力，产生制动效果。摩擦制动装置主要有闸瓦制动，又称踏面制动。另一种是盘式制动，有轴盘式和轮盘式之分，适应列车速度和制动力的需要。⑤牵引传动装置。包括牵引电动机和齿轮转动装置，是动车转向架特有的部件。它使牵引电动机的扭矩转化为轮对上的转矩，利用轮轨之间的黏着作用，驱动车辆沿着钢轨运行。⑥中央牵引连接装置。是车体与转向架连接部分的结构，应能满足安全可靠地支承车体，并传递各种载荷和作用力，同时车体与转向架之间应能绕不变的旋转中心相对转动，以使车辆顺利通过曲线。一般转向架支承车体的方式有心盘集中承载、非心盘承载（或旁承承载）和心盘部分承载3种。地铁车辆主要采用钢板焊接构架，无摇枕、二系悬挂、踏面或盘式制动方式的二轴转向架。

跨座式单轨转向架 有二轴转向架和单轴转向架、动力转向架和非动力转向架。骑跨于轨道梁上，转向架由构架、走行轮、导向轮、稳定轮、齿轮传动装置、基础制动装置、空气弹簧装置以及其他零部件组成。

磁悬浮列车转向架 主要由磁体模块和空气弹簧组成。是整个列车的底盘，起着传递悬浮力、转向力的作用，同时影响整车的静态及动态性能。

主要技术参数 不同型式车辆的转向架的基本技术参数是不一样的，涉及主要技术参数有最高运行速度、固定轴距、轮对内侧距、车轮直径、轴颈中心距、空气弹簧横向跨距、空气弹簧上平面距轨面高度、轴重、长度、宽度、重量以及构架寿命等。

（王曰凡）

城市轨道交通车站 urban rail transit station 乘客上下车、换乘的场所，也是列车到发、通过、折返、临时停车的地点。是城市轨道交通系统中一个重要的组成部分。轨道交通车站还具有连接其他交通工具站场的功能，为乘客便捷出行提供有力保障。轨道交通车站也是城市建筑景观整体体现的一个重要组成部分，轨道交通线路上各车站在结构和建筑艺术上，不仅有共性，同时根据各自所处的区域特点与周边环境进行充分的融合。在一个城市轨道交通线网构架中，车站的综合布置在对线路走向或线型的控制上还起到一定的锚固作用。另外，轨道交通车站是轨道交通机电设备、通信信号设备、控制设备等集中布置的场所，也是运营管理人员的工作场所。

车站的敷设形式分为高架站、地面站、地下站。①高架站。一般位于市政道路的路中上方或路侧绿化带中，通过桥梁墩柱将车站主体建筑架空设置，通过天桥和无障碍电梯与市政人行道连接，也有与周边建（构）筑物合建的高架车站。②地面站。一般用地条件较好，车站主体设置于市政道路一侧的建筑用地内，在站台上方或下方采用天桥或地下通道的形式与市政人行道连接。③地下站。一般是将车站主体设置于城市市政道路以下，通过地下通道和无障碍电梯与地面连接。

根据站台形式车站分为岛式车站、侧式车站和岛侧混合式车站。①岛式车站。站台位于上、下行线路之间的车站。岛式车站是较为常见的车站形式，常用于大客流量的车站。②侧式车站。站台位于上、下行线路两侧的车站。侧式车站也是常见的站台形式，在中国仅次于岛式车站。③岛侧混合式车站。结合轨道交通线网规划、周边环境，方便换乘及运营需要，将岛式站台和侧式站台同设于一个车站内的车站形式。岛侧混合式车站可同时在两侧的站台上、下车，也可满足列车中途折返的要求。岛、侧、混合式站台可布置成一岛一侧式或一岛两侧式，设有存车和折返线的车站、共线车站往往会出现此种形式。车站等级按定位可分为标准站、换乘站和枢纽站。

车站的等级定位分为标准站、换乘站和枢纽站；按运营性质又分为端点站（始发站和终点站）、中间站、换乘站、枢纽站。车站按客流规模大小分为大型车站（高峰小时客流量达3万人次以上）、中型车站（高峰小时客流量在2万～3万人次）、小型车站（高峰小时客流量在2万人次以下）。

（林　莉）

城市轨道交通道岔 urban rail transit turnout　在轨道交通线路中能使轨道分歧，供车辆从一股轨道转向或越过另一股轨道的设备。

基本形式　道岔有线路连接、线路交叉和线路连接与交叉等3种基本形式。在城市轨道交通正线、配线和车辆基地内的线路上应根据需要设置道岔。①线路连接。常用的有单开、单式对称和三开道岔。②线路交叉。有直角交叉和菱形交叉道岔。③线路连接与交叉。有交分道岔及各种交叉渡线道岔。根据轨道交通运营需要，选择适用的道岔，把不同位置和方向的轨道相互连接起来。

城市轨道交通制式多种多样，不同的轨道交通选用的道岔和道岔结构设计各不相同，通常把城市轨道交通按走行系统划分为钢轮钢轨系统（如地铁）、胶轮系统（如跨座式单轨）和磁悬浮系统3类。①地铁道岔。其基本几何特征参数包括辙叉角、导曲线半径（以轨道中心线计）、道岔全长（轨缝中心间）、道岔前端长、道岔后端长（包括道岔直股、道岔侧股）、尖轨长度（指曲线和直线的长度）、辙叉长度（辙叉趾端和跟端长度）。道岔结构包括道岔轨型，轨下基础及轨枕、间距、数量，尖轨，辙叉，护轨。零配件包括滑床台的滑床板、异径螺栓、轨撑及扣件等。②跨座式单轨交通道岔。按结构型式分为关节型道岔、关节可挠型道岔、平移型道岔、枢轴型道岔和换梁型道岔等类型。③磁悬浮道岔。按结构型式分为单开道岔、三开道岔、单渡线道岔、交叉渡线道岔4种类型。

道岔

制造与设计安装　道岔伤损以尖轨侧面磨耗和轧伤、辙叉压溃和质量低劣而引起早期破损为多见。在制造过程中，要求对尖轨、基本轨、重要钢轨部件进行全长淬火，增加韧性及硬度，并对锰钢整体铸造辙叉进行必要的机械加工。

道岔安装应达到设计要求，安装后进行整体移动式运行，避免急速滑移和冲撞。道岔运行后应进行周检和定检，维修时需涂抹润滑油脂和钢轨打磨，及调整护轨间隙、更换绝缘件等。地铁设置道岔时，道岔宜安装在坡道不大于5‰的地段，在困难地段应采用无砟道床，尖轨为固定接头的道岔，可安装在坡道不大于10‰的地段。正线道岔型号应选择不小于9号的道岔。

（仲建华）

城市轨道交通工程 urban rail transit engineering　建造以电能为动力，采取轮轨运输方式的快速大运量城市公共交通（均称城市轨道交通）工程设施的科学技术统称。既指工程建设的对象，既修建的土木建筑工程和交通设备及其控制工程，也指修建工程设施各个阶段所运用的技术活动。城市轨道交通工程的土建工程包括线路工程、轨道工程、特殊轨道梁工程、路基工程、车站工程、隧道工程、桥梁工程、房屋工程、给排水工程等；交通设备及其控制工程包括各种车辆、机械、电子和电气设备系统，主要分为供电系统、通信系统、信号系统、自动售检票系统、防灾报警系统、综合监控系统、控制中心及信息化等。修建城市轨道交通工程各个阶段所运用的技术包括工程规划、勘测设计、工程施工、工程建设管理、设备安装与联调、试运营、养护、改建等。

世界城轨发展简况　1863年，世界上第一条用蒸汽机车牵引的地下铁道线路在英国伦敦建成通车，从此，城市交通进入轨道交通时代。纵观世界城市轨道交通建设的150多年，从最初的发源、第二次世界大战期间的低谷到复兴、如今的高速发展，城市轨道交通的发展经历了一个曲折的过程，大致分为以下几个阶段。

初步发展阶段（1863～1924）　在此阶段，欧美的城市轨道交通发展较快，其间13个城市建成了地铁，还有许多城市建设了有轨电车。20世纪20年代，美国、日本、印度和中国的有轨电车有了很大发展。而在当时，旧式的有轨电车仍是主要的公共交通设施。不过，相比于地铁，其运行速度低、噪声大、正点率低等缺点已经显露出来。

1863年，世界第一条地下铁道在伦敦诞生，为人口密集的大都市如何发展公共交通取得了宝贵的经验。

1892年6月6日，芝加哥建成世界上第二条蒸汽驱动地铁，1895年5月6日建成世界第二条电气化地铁；1896年5月8日，布达佩斯建成世界第三条、欧洲大陆第一条电气化地铁，并由奥匈帝国皇帝弗朗西斯约瑟夫剪彩通车；1897年9月1日，波士顿建成世界上第四条电气化地铁；1898年5月9日维也纳也建成世界上蒸汽驱动地铁。

进入20世纪的最初24年（1900～1924），欧洲和美洲又有9座大城市相继修建了地下铁道，如德国的柏林、汉堡、美国的费城以及西班牙的马德里等。

1900年7月9日，巴黎建成世界第六、欧洲第二条电气化地铁；1901年12月10日，纽约建成第七条蒸汽驱动地铁，此条铁路直到1904年10月27日才实现电气化。1902年2月18日柏林建成世界第八、欧洲大陆第三条电气化地铁。1919年，马德里的第一条地铁线路开始运行。

停滞萎缩阶段（1925～1949）　在此阶段，第二次世界大战的爆发和汽车工业的发展，促使了城市轨道交通的停滞和萎缩。在这一时期，地铁建设处于低潮，但仍有日本的东京、大阪，苏联的莫斯科等少数城市在此期间修建了地铁。世界上只有5个城市发展了城市地铁。而有轨电车则渐渐被淘汰。

日本东京的第一条地铁线路于1927年建成通车。1932年莫斯科的第一条地铁开始动工，线路全长约11.6千米，共设置车站13座，到1935年5月建成通车运营。

再发展阶段（1950～1999） 汽车过度增加，使城市道路异常堵塞，加之空气污染，噪声很大，大量耗费石油资源，市区汽车有时甚至难以找到停车地方，于是人们又重新认识到，解决城市客运交通必须依靠电力驱动的轨道交通。第二次世界大战后经过短暂的经济恢复，轨道交通建设随着全世界经济起飞而再次启动、加快。

20世纪70年代和80年代是各国地下铁道建设的高峰。发达国家的主要大城市如纽约、华盛顿、芝加哥、伦敦、巴黎、柏林、东京、莫斯科等已基本完成了地铁网络的建设。但后起的中等发达国家和地区，特别是发展中国家也开始发展地铁。轨道交通从欧美国家扩展到亚非拉的日本、中国、韩国、巴西、伊朗、埃及等国家。比如亚洲共有26个城市相继建成了地铁。除了东京与大阪在第二次世界大战前就建有地下铁道外，其余城市均是在战后建成。

高速发展阶段（2000～ ） 进入21世纪，世界轨道交通建设迅速发展。世界上很多国家都确立了优先发展轨道交通的方针，立法解决城市轨道交通的资金来源。世界各国城市化的趋势，导致人口高度集中，要求轨道交通高速发展以适应日益增加的客流运输。各种技术的发展也为轨道交通奠定了良好的基础。

这个阶段，城市地铁不仅仅是一种交通运输手段，更是一个城市形象的体现，而且对于一个城市的可持续发展起着某种积极的作用。不同国家的地下铁道建设更具有鲜明的城市特色。如莫斯科地铁，被称为欧洲的“地下宫殿”，每个车站都由本国有名建筑师设计，各有其独特风格，建筑格局也各不相同，多用五颜六色的大理石、花岗岩、陶瓷和五彩玻璃镶嵌，除各种浮雕、雕刻和壁画装饰外，照明灯具也十分别致；纽约地铁24小时昼夜运行，整个地铁系统中有很多独特的艺术作品；巴黎地铁被称为全世界最密集、最方便的城市轨道交通系统之一，运行线路与换乘地点一目了然。每个地铁站设计独特，内部装饰各异，成为展示该国文化艺术的窗口。

中国城轨发展简况 中国城市轨道交通发展50多年来，先是缓缓起步，继而快速超越，从比世界第一条地铁晚100年到地铁运营规模世界第一，成为全球最大的城市轨道交通大国，总体保持了健康发展的势头，取得了不错的成就。从1965年起，根据中国社会经济发展形势和城市化发展阶段，分为两个大的发展时期。

起步时期（1965～2000） 20世纪50年代，北京首次进行地铁规划编制，在以“战备为主，兼顾交通”的前提下，北京开启了中国首条地铁线路——北京地铁一期工程的建设，自1965年开工建设，线路长23.6千米，标志着中国城市轨道交通发展拉开了序幕。20世纪70年代，天津市建设了7.4千米地铁线路，上海、广州等城市开展了地铁建设技术研究工作。1965～2000年，中国仅有4个城市建成7条地铁线路，共计146千米，年均仅4.2千米。

快速发展新时期 进入21世纪后，在五股力量同时发力形成的“五管齐下”综合作用下，中国城轨交通建设开始提速，并很快进入快速发展新阶段。

五股力量同时发力，形成“五管齐下”的巨大综合推动力。①亿万农民工进城，千万辆汽车上路，造成城市出行难的现实压力，出现了城轨交通市场的巨大需求。②借力经济社会高速发展和出让城市土地使用权，政府财力大幅增加，具备了快速发展城轨交通的基本条件。③2003年颁布的《关于加强城市快速轨道交通建设管理的通知》(国办发〔2003〕81号）等国家政策所带来的强大动力，2003年是城市轨道交通进入快速发展新时期的重要分水岭。④随着1999年初出台的地铁国产化政策文件持续发力，国产化装备的应用促使建设成本下降。⑤因地制宜的城轨制式多样化选择推动单位造价降低和工程周期缩短。

“十五”(2001～2005）期间，10个城市新建城轨交通运营线路399千米，年均80千米。2005年末，共有10市运营城轨线路545千米。“十一五”(2006～2010)期间，12市新建1054千米，年均211千米。2010年末，共有12市运营城轨线路1599千米，比前五年翻了一番多。“十二五”(2011～2015）期间：26市新建2019千米，年均404千米。2015年末，共有26市运营城轨线路3618千米。又比前五年翻了一番。“十三五”(2016～2020）期间，共有27个城市新一轮建设规划或规划调整获国家发展和改革委员会批复，前四年共新增运营线路长度为3118.2千米，年均新增运营线路长度779.6千米。规划、建设、运营线路规模和投资额稳步增长，城轨交通持续保持快速发展趋势。

经过多年的发展，中国城市轨道交通已经从北京地铁1号线单一三轨供电的B型车，逐渐形成根据不同城市特点和运量需求，因地制宜选择多制式、多类型、多速度的地铁A型车、As型车、B型车、C型车、直线电机、跨座式单轨、悬挂式单轨、有轨电车、市域D型车、市域A型车、市域单轨车、中低速磁悬浮、自动导向轨道、导轨式胶轮系统、电子导向胶轮系统等轨道交通协调发展形势。

21世纪以来，中国城市轨道交通发展迅速。据中国城市轨道交通协会统计，截至2022年底，中国共有55个城市开通城市轨道交通运营线路308条，运营线路总长度10 287.45千米（未包括港澳台地区）。其中，地铁运营线路8008.17千米，占比77.84%；其他制式城轨交通运营线路2279.28千米，占比22.16%。当年新增运营线路长度1080.63千米。拥有4条及以上运营线路，且换乘站3座及以上的城市26个，占已开通城轨交通运营城市总数的47.27%。2022年全年累计完成客运量193.02亿人次，总进站量为116.56亿人次，总客运周转量为1584.37亿人次千米。中国城轨交通平均客运强度为0.38万人次/千米日。36个开通地铁的城市均已实现扫码过闸业务，进一步实现移动支付在便民服务领域的广泛应用和互联互通。城市轨道交通在智慧城轨方面投入了大量研究和实践，在综合监控系统、乘客资讯系统、综合安防系统、通信系统、自动售检票系统、信号系统和智能化运维等方面依托“互联网+”取得了突破；上海、广州、深圳、合肥、呼和浩特等城市在乘客服务、列车智能化检修技术，实现检修作业标准化和自动化，提高列车检修效率等取得实质性进展。

城市轨道交通类型划分 城市轨道交通可按运量和制式两种类型进行划分。

按运量划分 城市轨道交通按运量划分为4个类别，即Ⅰ类高运量、Ⅱ类大运量、Ⅲ类中运量和Ⅳ类中小运量。Ⅰ类代表性车型为地铁A型车；Ⅱ类代表性车型为地铁B型车；Ⅲ类代表性中运量车型为轻轨、跨座式单轨车、直线电机车、中低速磁悬浮等；Ⅳ类代表性车型为有轨电车等。

按制式划分 城市轨道交通按制式分为地下铁道（简称地铁)、轻轨交通（简称轻轨)、市域快轨、单轨交通（简称单轨)、中低速磁悬浮、有轨电车、自动导向轨道系统（简称APM）7类。后出现了新型小运量轨道交通导轨式胶轮系统及电子导向胶轮系统。①地铁。以地下线路运行为主，客运能力为3.0万～7.5万人次/时，主要适用于城市轨道交通骨干线，线路采用全封闭，具有高密度、高运量、钢轮钢轨走行等特点，中国台湾地区则称为“捷运系统”。②轻轨。以高架线路运行为主，客运能力为1.0万～3.0万人次/时，

表1 城市轨道交通主要特点

指标	特性
运输能力	城市轨道交通由于高密度运转，列车行车时间间隔短，行车速度高，列车编组辆数多而具有较大的运输能力
准时性	城市轨道交通由于在专用行车道上运行，不受其他交通工具干扰，不产生线路堵塞现象并且不受气候影响，是全天候的交通工具，列车能按运行图运行，具有可信赖的准时性
速达性	与常规公共交通相比，城市轨道交通车辆有较高的运行速度，有较高的启、制动加速度，多数采用高站台，列车停站时间短，上下车迅速方便，而且换乘方便，从而可以使乘客较快地到达目的地，缩短了出行时间
舒适性	城市轨道车辆具有较好的运行特性，车辆、车站等装有空调、引导装置、自动售票等直接为乘客服务的设备，具有较好的乘车条件和舒适性
安全性	城市轨道交通由于运行在专用轨道上，没有平交道口，不受其他交通工具干扰，并且有先进的通信信号设备，极少发生交通事故
空间利用	大城市地面拥挤、土地费用昂贵。城市轨道交通由于充分利用了地下和地上空间的开发，不占用地面街道，能有效缓解由于汽车大量发展而造成道路拥挤、堵塞，有利于城市空间合理利用，特别有利于缓解大城市中心区过于拥挤的状态，提高了土地利用价值，并能改善城市景观
运营费用	城市轨道交通由于主要采用电气牵引，而且轮轨摩擦阻力较小，与公共电车、公共汽车相比节省能源，运营费用较低
环境污染	城市轨道交通由于采用电气牵引，与公共汽车相比不产生废气污染。由于城市轨道交通的发展，还能减少公共汽车的数量，进一步减少了汽车的废气污染。由于在线路和车辆上采用了各种降噪措施，一般不会对城市环境产生严重的噪声污染

表2 城轨系统组成

系统	设施、设备系统	说明
线路	车站及区间正线、配线、车场线及线路防护	包括正线、过渡线、出入段（场）线、试车线、牵出线、检修线和存车线等。车站线路正线、配线、折返线和存车线，是列车到、发及停留在站内，或进行折返作业的线路
车站	信号与通信设备室	为保证行车作业安全和提高行车作业效率，在车站设置信号、联锁、闭塞和通信设备。信号是对行车和其他有关作业人员发出的指示，联锁设备是保证车站范围内行车安全的设备，闭塞设备是保证区间内行车安全的设备
	站台	主要供列车停靠和乘客候车、上下车使用。站台按型式不同，有岛式站台、侧式站台、混合式站台和纵列式站台等
	站厅、通道和升降设备	付费和非付费公共区域、设备等管理区域
	售检票等设备	主要有售票机、检票机、安检机、屏蔽门等
	检修作业或设备用房	
轨道	钢轮钢轨轨道	包括钢轨、轨枕、连接零件、道床、防爬设备、道岔等
	胶轮、磁悬浮等制式的特殊轨道	混凝土轨道梁等
车辆	车体、转向架、牵引缓冲装置、制动装置、受流装置、内部设备、电气系统	
外环境工程	声屏障、隔声窗	
车辆基地	包括车辆段、停车场、综合维修中心、物资总库、培训中心和办公生活等设施	
机电设备、通信及信号系统	供电系统	高压供电系统、牵引供电系统、动力照明供电系统等
	通信系统	光纤数字传输、电话交换、闭路电视、无线通信、车站广播等
	信号	包括列车自动监控系统、列车自动防护系统、车辆基地信号系统和全自动运行系统
	自动售检票	
	防灾自动报警系统	
	环控系统	包括通风与空调、防排烟、环境监控等。隧道通风，包括开式通风系统、闭式通风系统及活塞通风等
	给水与排水	
	信息化	

单轨列车

一般适用于市郊，或者道路条件较好且对景观、噪声要求较低的城区，线路采用独立路权或非独立路权，具有中运量、铰接式、钢轮钢轨走行等特点。③单轨（见图）。骑跨或悬挂于单根带形梁体轨道上行驶，以高架线路为主，客运能力为1.0万～3.0万人次/时，主要适用于城市人口密集区、外围新城或旅游观光线。线路采用全封闭，具有高密度、中小运量、胶轮走行等特点。④市域快轨。以高架线路运行为主，主要适用于城市市域范围内的轨道交通线路。线路采用全封闭、站间距大，具有大中运量、高旅行速度、运营组织多模式、制式多元化等特点。可采用钢轮钢轨走行系统（如市域地铁、CRH6型）、胶轮走行系统（如市域单轨）和磁悬浮等车辆。⑤有轨电车。以地面或高架线路运行为主，客运能力为0.6万～1.0万人次/时，旅行速度低，主要适用于城市外围新城、园区骨干线或联络线、小城市骨干线、旅游观光线。线路采用开放式、全封闭或部分封闭方式，具有小运量、低地板，钢轮钢轨或胶轮、弹性车轮走行等特点。⑥自动导向轨道系统。以地面或高架线路运行为主，客运能力一般为0.5万～2.0万人次/时，主要适合于短距离的穿梭交通（如机场空侧线）。线路采用全封闭、胶轮车辆为主导的城市轨道交通系统。

城市轨道交通特点和优势　城市轨道交通具有运输能力大、准时、速度高、舒适、安全、节能、节省土地、环保等特点（表1）。

城市轨道交通系统组成　城市轨道交通系统通常由线路、车站、轨道、车辆、外环境工程、车辆基地、机电设备通信及信号系统等组成（表2）。　（仲建华）

城市轨道交通工程初期运营 trial operation of urban rail transit engineering　城市轨道交通工程在所有设施设备验收合格，整体系统的可用性、安全性和可靠性经过试运行检验合格后，在正式运营前所从事的载客运营活动。

具备的文件　主管部门批准初期运营

前应取得如下文件：①工程项目建设规划批复文件。②工程可行性研究和初步设计批复文件。③重大设计变更批复文件。④用地和建设许可文件。⑤土建工程及其装饰装修、设备系统及其安装工程等质量验收监督意见文件。⑥车站、区间、中间风井、车辆基地、控制中心、主变电所等消防验收文件。⑦起重设备、电（扶）梯、压力容器等特种设备验收文件。⑧人防验收文件。⑨卫生评价文件。⑩建设单位编制的环保验收报告。⑪档案验收文件。⑫其他批复文件。

工程基本条件　安全评估。初期运营前应通过由主管交通运输部门组织的初期运营前安全评估，主要评估依据有《城市轨道交通运营管理规定》《城市轨道交通初期运营前安全评估管理暂行办法》《城市轨道交通初期运营前安全评估技术规范　第1部分：地铁和轻轨》《城市轨道交通试运营基本条件》(GB/T 30013)、《城市轨道交通运营管理规范》(GB/T 30012)、《城市轨道交通技术规范》(GB 50490)、《地铁设计规范》(GB 50157)、《地下地铁工程施工及验收规范》(GB 50599)、《跨座式单轨交通设计规范》(GB 50458)等国家、地方的有关法律、法规、规章和技术标准。①移交内容。工程移交初期运营前，建设单位应将城市轨道交通工程作为整体向运营单位进行移交，移交内容包括工程实体、设备、随机附件和竣工档案等，并同时进行指挥权、管理权和使用权的移交。②试运行。要求初期运营前，组织时间不少于3个月的试运行，试运行的单位应提供城市轨道交通试运行的情况报告，包括试运行基本情况、设施设备可靠性和故障率情况等。③初期运营期。一般要求初期运营期不少于1年，初期运营最后3个月，设备系统指标满足规范要求。在经过1年以上的初期运营后，通过城市轨道交通主管部门组织的正式运营前安全评估，依法向城市人民政府报告评估情况，通过申请办理正式运营手续，进入正式运营。

人员基本条件　一般条件。运营单位建立健全运营组织机构，合理设置岗位，人员到位，满足运营要求。列车驾驶员、调度员、行车值班员和其他人员应具备相关知识、技能以及高度的岗位责任心，并通过身体健康检查。应按规定着装，正确佩戴服务标志。①列车驾驶员。经过系统岗位培训；在培训期间，应进行车辆故障，火灾、停电和脱轨等险情的模拟操作；在经验丰富的驾驶员的指导和监督下驾驶，驾驶里程不少于5000千米，其中在本线上的里程不少于1000千米。列车驾驶员经培训考核合格后，持证上岗。列车驾驶员应熟悉运营线路。②调度员。经过系统岗位培训，并持证上岗。由经验丰富的调度员担任值班主任。值班主任应经过系统岗位培训，具有行车调度岗位经验，熟悉电力调度、环控调度等工作内容和流程，并持证上岗。

移交正式运营条件　经过1年以上的初期运营期后，满足以下条件：①向城市轨道交通运营主管部门报送了初期运营报告。②全部甩项工程完工并验收合格或已履行设计变更手续。③初期运营前安全评估提出的需在初期运营期间完成整改的问题已全部整改完成。④初期运营期间土建工程、设施设备、系统集成的运行状况良好，发现存在问题或者安全隐患处理完成。⑤正式运营前安全评估前一年内未发生列车脱轨、列车冲突、列车撞击、桥隧结构坍塌，或造成人员死亡、连续中断行车2小时（含）以上等危险性事件，初期运营最后3个月关键指标符合规范要求，可启动正式运营前安全评估。通过正式运营前安全评估后，城市轨道交通运营主管部门依法向城市人民政府报告评估情况，通过申请办理正式运营手续，进入正式运营。（余才高）

城市轨道交通工程规划　engineering planning of urban rail transit　包括城市轨道交通线网规划、城市轨道交通控制性详细规划、城市轨道交通建设规划、城市轨道交通可行性研究等。是城市基础设施规划的一个重要组成部分。城市轨道交通规划是轨道交通建设之前的一个重要阶段，该阶段的成果是后续轨道交通线路的设计、建设、运营等阶段工作开展的依据和基础，规划成果的质量将直接影响城市轨道交通后续工作的开展效果，以及城市轨道交通建成后效益的发挥。轨道交通规划是城市综合交通规划（包含交通发展战略、综合交通体系组织、对外交通系统、城市道路系统、公共交通系统、步行与自行车系统、城市停车系统、货运系统、交通管理与交通信息化、近期规划、规划实施保障措施等）中公共交通系统的一个重要部分，其要配合城市综合交通的总体战略，服从综合交通规划的总体规划安排。

城市轨道交通线网规划　指城市远期轨道交通线网规划，即从长远角度全面系统地研究城市市区或市域的轨道交通线网发展规划，并纳入城市总体规划中统筹考虑。是城市轨道交通长远发展的总体设计，是建设规划的重要依据，具备科学性、稳定性和前瞻性。其内容主要有研究范围和年限、功能定位和发展模式、网络布局、环线与市域快线、综合衔接、深化研究重点、规划用地控制等。

城市轨道交通控制性详细规划　是在线网规划的基础上，进一步稳定线网层次和核心构架，稳定线路走向和站点分布，并完成轨道沿线用地控制及红线绘制，纳入城市规划管理体系，使轨道交通沿线的土地得到有效控制，以确保工程的可实施性。其主要内容有线路规模和运营模式研究、线路走向和车站分布、轨道沿线用地红线规划、换乘枢纽站方案和用地红线规划、车辆基地统筹布局方案和用地红线规划、变电站及控制中心统筹布局方案和用地红线规划、其他交通方式的衔接和用地规模及用地红线规划、沿线土地利用性质调整优化等。

城市轨道交通建设规划　是以线网规划为依据，提出近期建设的规划线路方案（5～6年），作为建设项目实施的依据。其主要内容有客流预测、项目选择、建设规模、工程实施规划、建设资金筹集及平衡、项目外部建设条件分析、风险控制和保障措施等。

城市轨道交通可行性研究　是在轨道线路项目建设前，对拟建项目进行全面的技术、经济的分析论证。（仲莹莹）

城市轨道交通工程建设管理　construction management of urban rail transit engineering　针对城市轨道交通工程建设的实施，以遵循客观规律为原则所采取的管理模式和管理方法。城市轨道交通工程建设管理主要包含了立项、总体筹划、工程前期管理、建设时序、设计管理、投资控制、质量控制、进度控制、安全生产和文明施工的控制、招投标管理、合同管理、计划和统计、信息管理、组织协调、竣工验收等内容，涉及对多个专业、多方参建单位的统筹管理和协调工作。由于不同的城市有不同的政府政策和发展背景等，所采用的管理模式也有所不同。随着时代发展，也陆续产生了如设计-招标-建造(DBB)模式、施工管理承包(CM)模式、设计-建造(DB)模式、工程总承包（EPC）模式、项目管理承包（PMC）模式、建造-运营-移交（BOT）模式及建设-移交（BT）模式等。

建设时序　又称线路建设顺序。其建设原则为先骨架后外围，即先期建设市中心路网骨架，满足客流需求；后期将已建成的骨干线路向近郊延伸，以及继续新建线路不断完善中心市区与郊区的连通。影响城市轨道交通建设时序的主要因素是交通需求及城市空间发展协调性。

城市轨道交通建设时序主体分为近期、中期、远期3个时期。

近期宜适应客流主流向需求，线路的选择应符合城市交通主要流向的要求。同时能引导城市发展，对于城市空间结构的完善以及城市形态的发展方向都有一定的引领作用。衔接主要客运枢纽，为稳定城市轨道交通线网的结构、便捷疏导客流和方便居民换乘，城市轨道交通线路应联系城市大型交通枢纽和客流集散点。对于重点枢纽车站、重要换乘车站和设施可同时设计、同时建设、同时验收。对可分期建设的工程和配置的设备应分期建设和配置，并预留后期建设工程的接口和足够的设备增容条件。

中期建设线路主要考虑的因素有：线网结构完备性、交通需求以及城市发展战略。对各个单向线网或者环形线网各个节点的客流量进行科学细致的统计分析，最大限度增加规划效益。尽快形成网络规模效应，引导居民分布和城市发展。

远期轨道建设主要目标是城市轨道交通线网的加密、延伸和市域线的建设，这个时期时序的影响因素主要有：交通需求和城市空间发展，线网完备程度。应充分估计城市副中心与重要节点的客流趋势，加大市域的线网密度和服务水平，保障轨道交通客流的稳定性。

建设程序 包含申请立项、规划设计和正式获批建设，需遵照规定的程序稳步推进，确保工程质量和生产安全。鉴于整个工程建设程序复杂，具有一套国家审批制度进行控制，对经济条件较好，交通拥堵问题比较严重的特大城市，其城轨交通项目予以优先支持。

城市轨道交通审批流程：①批准线网规划。②申报建设规划。③委托有城市轨道交通专业评估咨询甲级资质的第三方咨询机构开展建设规划评估。④委托有城市轨道交通专业评估咨询甲级资质的第三方咨询机构对可行性研究报告进行评估，项目批复文件抄报国家发展和改革委员会。⑤省级建设行政管理部门组织评审并批复初步设计。⑥省级建设管理部门批准施工图设计后，可开工建设。对工程复杂的项目，宜作试验段工程，试验段工程必须在总体设计指导下进行。

建设质量管理 是技术标准高、规模大、系统复杂、多专业、跨部门的庞大的系统工程，在整个工程项目中至关重要。建设质量管理是轨道交通建设的业主单位对城市轨道交通工程建设过程质量水平和建成的实体工程的质量进行管理控制，贯穿于轨道交通建设的前期研究、设计、施工和竣工验收等各阶段中。

建设安全管理 是对轨道交通建设的安全生产进行的计划、组织、指挥、协调和控制的一系列管理措施和活动，以保障建设人员在生产过程中的安全与健康，保护轨道交通建设过程的安全稳定，避免财政损失，同时促进企业改善管理质量，提高效益，保障城市建设的顺利有序发展。对城市轨道交通建设的安全管理贯穿工程建设的全过程，即包括可研阶段、设计阶段（方案设计、初步设计、施工图设计）、施工阶段（施工准备期和施工过程）、工后阶段和岩土工程勘察与工程环境调查，业主单位对建设、勘察、设计、施工和监理等单位的工作进行管理，防范安全事故的发生。

建设进度管理 在轨道交通工程建设过程中，为了确保项目能够在规定的时间内实现建设目标，对建设工程的进度、日程安排所进行的管理。城市轨道交通工程建设一般需要3～5年甚至更长的时间，历经设计、招标、施工、验收等阶段，在各阶段都需要进行有效的目标控制，为保证进度管理工作的开展，应构建进度控制体系，包含建立组织机构，健全管理制度，明确各类计划和进度工作的流程、审批制度、工期变更制度等工程策划制度和计划管理制度。

竣工验收 见城市轨道交通工程竣工验收。

（仲莹莹）

城市轨道交通工程竣工验收 final acceptance of urban rail transit construction 城市轨道交通工程验收合格后，试运营之前，结合试运行效果确认建设项目是否达到设计目标及标准要求的验收。由轨道交通建设管理方接受投资方（政府）对工程建设成果进行检验，是对轨道交通工程项目的综合评价过程，对促进项目及时投产，发挥投资效果，总结建设经验有重要作用。验收单位依据相关国家和行业标准，相关的立项审批文件，初步设计文件以及相关的建设、安全、环境等法律法规，对建设工程、设计、系统功能、建设投资等内容进行全面检验。

内容 竣工验收由相应的政府主管部门进行分专业验收，主要内容包括规划、工程质量、建设工程竣工决算审计、劳动安全、消防、环境保护、卫生防疫、人防、供电、统计和竣工档案等方面。验收应具备以下条件：①项目工程验收的遗留问题已全部整改完毕。②已有完整的技术档案和施工管理资料。③试运行过程中发现的问题已整改完毕，已有试运行总结报告。④已通过规划部门对建设工程是否符合规划条件的核实和全部专项验收，并取得相关验收或认可文件；暂时不具备验收条件的待验收项目，已取得相关部门的同意。

组织形式 竣工验收是由建设单位组织，各参建单位项目负责人以及运营单位、负责规划条件核实和专项验收的城市政府有关部门的代表参加，组成验收委员会。省、自治区住房城乡建设主管部门对本行政区域内城市轨道交通建设工程竣工验收进行监督。组织形式如下：①建设单位对验收组主要成员资格进行核查。②建设单位制定验收方案，验收方案的内容应包括验收委员会人员组成、验收内容及方法等。③验收委员会可按专业分为若干专业验收组。④建设单位在竣工验收日前7个工作日，将验收的时间、地点及验收方案书面报送工程质量监督机构。

程序 城市轨道交通的竣工验收主要有以下程序：①建设、勘察、设计、监理、施工等单位代表简要汇报工程概况、合同履约情况和在工程建设各个环节执行法律、法规和工程建设强制性标准的情况。②建设单位汇报试运行情况。③相关部门代表进行专项验收工作总结。④验收委员会审阅工程档案资料、运行总结报告及检查项目工程验收遗留问题和试运行中发现问题的整改情况。⑤验收委员会质询相关单位，讨论并形成验收意见。⑥验收委员会签署工程竣工验收报告，并对遗留问题做出处理决定。⑦工程质量监督机构出具验收监督意见。

建设单位在验收前应组织编写建设工作报告，报告要全面反映整个工程建设情况。报告主要包含基建工作报告、设计与科研工作报告、工程质量管理工作报告、消防工作报告、环境保护工作报告、建设物资工作报告、征地拆迁工作报告、竣工财务决算工作报告、试运营管理工作报告、建设档案工作报告和建设综合工作报告等。

（余才高）

城市轨道交通工程施工 urban rail transit construction 一般在城市中实施，施工方法的选择会受到地面建筑物、道路、城市交通、环境文物保护、用地、施工机具和资金条件等因素的影响。一条城市轨道交通线路的施工方法往往具有多样化的特点，通常是结合具体技术、经济和环境条件确定其施工方法。城市轨道交通施工按施工场所划分为地下工程施工，地面工程施工和高架工程施工。按功能又分有地下车站工程施工、地面车站工程施工、高架车站结构工程施工和车辆基地施工。

地下工程施工　分为车站施工和区间隧道施工两类。在各种公共交通系统或其他建筑物施工中，只有城市轨道交通会从地下贯穿城市核心功能区，对周边环境影响大，因此，城市轨道交通隧道工程施工具有典型的特征区间隧道工程施工方法可分为明（盖）挖法、暗挖法、和盾构法三大类。区间隧道工程掘进施工。

地下车站工程施工方法分为明（盖）挖法和暗挖矿山法两大类，其适用条件和施工方法各不相同。在环境和用地条件允许时，一般采用明（盖）挖法，明挖施工造价相对较低。在车站埋深较深，或用地条件不允许时，通常采用暗挖矿山法。暗挖法适应性较强，占地少，不扰民，对交通干扰小，并且通常不需要进行管线搬迁，但工程造价相对较高。

换乘车站规模、跨度较大、环境保护严，且通常位于交通繁忙的地带，一般不具备采用明挖施工的条件，通常采用暗挖法施工。相对于一般地下车站的暗挖施工，浅埋大跨换乘车站暗挖施工在开挖方法、支护措施、防排水结构等方面都有更高的要求。随着城市轨道交通施工技术的发展，已推广采用明挖装配式车站施工工法，与普通明挖车站的区别是，大部分建筑构件和部件都先进行预制，然后再基坑中进行吊装，用类似搭积木的方法完成车站的施工，具有节约材料、工期短、占地少、节能环保等特点。

地面车站工程施工　在城市轨道交通的地铁、轻轨和单轨等轨道交通工程中较为少见，常见于市域快速轨道交通和有轨电车，其施工方法与常规建筑和铁路站场的施工方法相近。对于具有独有路权的城市轨道交通系统，只有穿越郊区线路或车辆段进出线与高架线及地下线的过渡段等少部分区间，以及地面车辆段工程才采用地面结构。有轨电车大都采用地面结构。地面工程的施工方法和流程与铁路相类似，都是通过修建路基、铺轨、架设接触网等过程进行施工，只是在具体结构、设备和限界等要求上有所不同。

高架工程施工　城市轨道交通的高架工程均采用预应力混凝土结构、钢筋混凝土或钢结构，分为高架车站施工和高架区间施工。高架结构根据现场条件进行现浇或预制，预制构件在工厂制作，现场安装或拼装。区间桥梁上部结构通常采用预应力混凝土结构。一般地段区间桥梁采用等跨简支结构，采用预制架设、节段拼装等工厂化、标准化施工方法。高架结构施工应根据工程类型、施工条件、工期要求、气象水文条件等因素，按照技术先进、安全适用、节能环保的原则合理配置机械设备，积极推进机械化施工。

高架车站结构工程施工通常采用“建桥分离”或“建桥合一”的形式，前者的车站建筑和列车运行停靠的高架桥在结构上完全分离，在施工时可以分别进行；后者的车站建筑和高架桥结合在一起，施工时先修建车站结构，然后在车站内铺设轨道。

车辆基地施工　包括车辆基地建筑设施的施工、车辆基地轨道线路的施工以及基地内的接触网架设施工等。车辆基地设备可分为通用设备、专用设备和特种设备。安装设备前要对设备基础和相应建筑的土建工程进行质量检查和验收，安装施工将按照经审查批准的施工组织设计和安装施工措施计划作业书进行，与供配电、给排水、信号、通信、轨道等的施工协同进行。　（仲莹萤）

城市轨道交通工程专项设计　specialized design for urban rail transit engineering　对于城市轨道交通工程中技术难度特别大、工程实施风险特别高、工程设计接口特别复杂的关键工程专门开展的城市轨道交通工程设计。城市轨道交通工程专项设计是城市轨道交通工程设计工作的重要补充，包括大跨度桥梁设计、综合换乘枢纽设计、换乘停车场设计、穿越既有运营轨道交通线设计、市政桥梁设计、铁路设计、河湖河道设计等。　（杨秀仁）

城市轨道交通供电系统　power supply system for urban rail transit　单独建设并组成网络，然后接入城市电网获取电能供城市轨道交通使用的系统。与民用供电网络功能不同、是一种特殊用户。其不仅要为城市轨道交通车辆提供牵引用电，而且还要为城轨运营服务的其他设施提供电能，如照明、通风、空调、给排水、通信、信号、防灾报警、自动扶梯等系统，以确保城市轨道交通线路的正常运行。城市轨道交通供电系统构成通常包括外部电源、主变电所（或电源开闭所）、牵引供电系统、动力照明供电系统、电力监控系统。

外部电源　为城市轨道交通供电系统提供电力能源的城市电网。

主变电所（或电源开闭所）　城轨供电系统中一般设置3类变电所，即主变电所（分散式供电方式为电源开闭所）、降压变电所及牵引降压混合变电所。采用集中供电方式时，主变电所接受城市电网35千伏及以上电压等级的电源，经其降压后以中压供给牵引变电所和降压变电所。

牵引供电系统　采用直流供电制式为城轨车辆提供直流电源，标称电压一般为直流750/1500伏。牵引供电系统包括牵引变电所、系统电缆和牵引网。牵引变电所从主变电所（电源开闭所）获得电能，经过降压和整流变成电动列车牵引所需要的直流电；主变电所与牵引变电所和降压变电所通过系统电缆连接构成中压网络，是电力能源传输的通道。牵引网由接触网、回流网构成，是轨道交通供电系统中向电动列车供电的直接环节。接触网按其结构可分为架空接触网和接触轨，按其悬挂方式又可分为柔性接触网和刚性接触网。电能通过电力机车的受电弓（或受流器）和接触网的滑动接触实现传送，驱动牵引电动机并使机车运行。

动力照明系统　由整个轨道交通设施的照明和环控、给排水、消防、通信、信号、防灾报警、自动扶梯、自动售检票等系统构成。由城市电网来的电能经变电所转换后，形成交流380伏三相五线制、交流220伏单相三线制低压配电方式，提供给动力照明系统。

电力监控系统　由电力调度系统、变电所综合自动化系统及专用数据传输通道组成，实时监测变电所内的智能设备及供电线路的状态参数和运行情况，并对其实时遥控、遥信、遥测、遥调操作，实现测量、监视、控制、保护等功能。　（刘培栋）

城市轨道交通机电设备　urban rail transit electromechanical device　城市轨道交通工程中各种机械、电子和电气设备系统的总称。机电设备系统主要分为供电系统、通信系统、信号系统、自动售检票系统、火灾自动报警系统、综合监控系统和运营控制中心等。这些设备为城市轨道交通正常运营提供保障，在城市轨道交通工程中起到非常重要的作用。

供电系统　将城市电网的电力输送给列车、车站等需要电力的设施设备。主要由主变电所、中压供电网络、牵引（降压）变电所、牵引网、车站区间动力照明配电系统、列车再生制动能量回收系统、电力监控系统、杂散电流防护系统、防雷接地系统等部分组成。供电系统按层级工作，首先经由主变电所将城市电网的110千伏高压交流电降为城市轨道交通系统使用的中压交流电（一般为35千伏、20千伏和10千伏），再由中压供电网络把电力分配给牵引（降压）变电所，经降压整流后转化为列车运行所需的直流电，或降压为车站及区间动力照明等设备使用的380伏/220伏交流电。整个电力的调度、转换和运行都由控制中心进行监控调度，实现供电系统设备的自动化管理，保证设备的正常运行。

供电形式可分为集中式供电、分散式供电、混合式供电3种。

通信系统　是城市轨道交通运营指挥、企业管理、公共安全治理和服务乘客的网络平台。主要由传输系统、有线电话（公务电话和专用电话）系统、无线通信系统、视频监视系统、运营广播系统、时钟同步系统、民用通信引入系统和公安（消防）通信等子系统构成。

信号系统　是保证列车运行安全，实现行车指挥和列车运行现代化，提高运输效率的关键系统，见**城市轨道交通信号系统**。

列车运行具有下列驾驶模式：无人驾驶的全自动运行（UTO）模式、人工监视的列车自动运行（DTO）模式、人工监控的ATO半自动驾驶（STO）模式、人工驾驶的ATP自动防护模式、限制人工驾驶模式（限制列车低速运行，人工随时准备停车）或非限制人工驾驶模式（ATP切除，完全由人工保障安全）。

自动售检票系统　基于计算机、通信网络、自动控制、自动识别、精密机械和传动等技术，实现城市轨道交通售票、检票、计费、收费、统计、清分和管理等全过程的机电一体化、自动化和信息化的系统。简称AFC。

AFC系统一般以一条线作为控制对象进行系统设置，针对每一条线路设置一套AFC系统，称为线路AFC系统。线路AFC系统通常由中央计算机系统、车站计算机系统、车站网络、车站终端设备、车票和IC卡编码设备等构成。在城市轨道交通网络化运营的情况下，AFC系统具有多线路协调运营、多线路一票换乘等特点。因此除了上述线路AFC系统设备外，AFC系统还应包括城市轨道交通清分中心、维修中心和培训中心等系统。

火灾自动报警系统　为了尽早探测到火灾的发生并发出火灾警报而在城轨建筑物中设置的自动消防设施。简称FAS。

火灾自动报警系统一般由火灾报警控制器、火灾探测器以及火灾联动控制装置组成，这些设备主要设置在各车站、区间、控制中心大楼、车辆基地、主变电站等与城轨运营有关的建筑设施内，由相关的网络设备和通信接口连接起来。在火灾发生初期，系统通过设置在现场的感烟、感温和感光火灾探测器等火灾触发器件自动接收火灾燃烧所产生的烟雾、温度变化和热辐射等物理信号，并将其变换成电信号输入火灾报警控制器；也可以通过报警按钮手动向火灾报警控制器通报火警。火灾报警控制器对输入的报警信号进行处理、分析，经判断为火灾时，立即以声、光信号等火灾报警装置向人发出火灾警报，并记录、显示火灾发生的时间和位置，同时向防烟排烟系统、自动喷水灭火系统、室内消火栓系统、管网气体灭火系统、泡沫灭火系统、干粉灭火系统以及防火门、防火卷帘等防烟防火设施发出控制命令，启动各种消防装置，指挥人员疏散、控制火灾蔓延、发展。

综合监控系统　基于大型的监控软件平台，通过专用的接口设备与若干子系统接口，采集各子系统的数据，实现在同一监控工作站上监控多个专业，调度、协调和联动多系统的集成系统。简称ISCS。通常采用以环境调度、电力调度为核心兼顾部分与行车调度有关子系统的集成方案，集成的系统包括：火灾自动报警系统（FAS）、环境与设备监控系统（BAS）、数据采集与监控系统（SCADA）和屏蔽门/安全门系统（PSD）。同时，ISCS系统还与广播系统（PA）、闭路电视监视系统（CCTV）、自动售检票系统（AFC）、门禁系统（ACS）、信号系统（SIG）、时钟系统（CLK）、乘客信息系统（PIS）和通信集中告警系统等互联。

运营控制中心　调度人员使用通信、信号、综合监控（电力监控、环境与设备监控、火灾自动报警）、自动售检票等中央级系统操作终端设备，对城市轨道交通全线（单线、多线和线网）列车、车站、区间、车辆基地和其他设备运行的情况进行集中监视、控制、协调、指挥、调度和管理的工作场所。简称控制中心（OCC）。在早期的轨道交通系统中，通常是一条线路配备一个控制中心，随着各行业技术的发展和从业人员素质的提高，已发展成“多线一中心”和“全市一中心”的管理模式。

OCC的位置一般选择在靠近城市干线和轨道交通车站，接近监控管理对象的中心地带，方便与其他轨道交通线网连接，并考虑和其他线路的资源共享。其主要功能和任务是：由控制中心调度人员通过各类相关的集中监控系统设备，组织并指挥全线列车运行，进行日常调度，对各机电设备进行监控和维修调度，完成突发事件的指挥和恢复工作等。调度指挥是OCC最主要的功能之一，通常可分为行车调度、电力调度和环境调度。

（仲建华）

城市轨道交通可行性研究　urban rail transit feasibility study　在城市轨道交通建设规划或预可行性研究的基础上，为确定项目是否建设提供全面依据的一系列研究工作。通过与项目有关规划、数据的调查研究，对项目的客流、技术、经济、工程和环境等进行最终论证和分析预测，从而提出项目是否值得投资和如何建设的可行性意见。

发展历程　最早可以追溯到1965年以前，中国北京地铁1号线的技术准备阶段。1983年，中华人民共和国国家计划委员会（简称国家计委）正式颁发《建设项目进行可行性研究的试行管理办法》，使中国建设项目工程可行性研究成为项目审批的重要依据。

1984年，中国上海地下铁道新龙华至上海火车站工程，成为城市轨道交通项目第一部系统的可行性研究成果，并形成了可行性研究报告。随后，1987年完成了北京地下铁道复兴门—八王坟工程可行性研究。1990～2000年，先后有广州、重庆、沈阳、天津、青岛、大连等城市相继完成了城市轨道交通项目的可行性研究。2002年，国家计委印发《投资项目可行性研究指南（试用版）》（计办投资〔2002〕15号文）。2015年，国家发展和改革委员会（简称发改委）印发《国家发展改革委关于加强城市轨道交通规划建设管理的通知》（发改基础〔2015〕49号）。

内容　城市轨道交通工程可行性研究的主要内容包括以下几个方面。①客流预测。调查项目所在城市的交通供给、人口分布、机动车保有量及分布、居民出行总量、出行目的、出行方式、出行时间分布、出行距离、出行时耗以及交通系统运行等情况，依据城市规划对城市未来发展的安排，结合轨道交通线路的站位，预测项目建成开通后第3年、第10年及第25年项目可能承担的客流量。②技术方案研究。依据客流预测的结果，在满足客流需求的前提下，通过方案比选的方法对轨道交通线路的线位、站位、换乘、交通接驳、所需要的车辆、供电、信号和通信等的技术方案以及运营组织方案进行统筹和全面比较研究，最终确定轨道交通项目的技术方案。③工程方案研究。依据确定的技术方案，对线路布置、车站形式、车场及车辆段、供电系统、信号系统、通信系统、综合监控系统、轨道、自动售检票系统、车辆系统等的标准、布局、选址、规模、工法、工艺、工程筹划以及工程风险等进行研究，提出多个工程方案，经比较确定项目的工程方案。④运营组织研究。根据工程技术方案和运营组织方案，提出人员组织、人员配备、人员技能水平要求等，并确定人数。⑤经济及财务评价。依据确定的工程技术方案，提出项目投资，确定项目的资本金以及投融资方案。结合客流对项目进行财务、风险分析和国民经济评价。⑥其他支持性研究。包括环境影响、地质灾害、地震、人防、社会影响、节能、安全、征地拆迁等，通过研究对项目产生的对外影响以及外界对项目的影响进行评估。

编制报告　在充分研究的基础上编制《城市轨道交通工程可行性研究报告》。可行性研究报告的编制一般包括项目建设背景、项目技术条件、项目建设方案、项目适应性分析和项目综合分析等内容。

项目建设背景　作为项目实施的边界条件，内容包括项目概述、上位规划研究、建设必要性、工程建设条件等。①项目概述。包括项目名称、承办单位概况、研究依据、研究范围与年限和研究工作概述等。②上位规划研究。梳理城市总体规划、综合交通规划、经济社会发展规划、城市近期建设规划以及轨道交通线网规划、用地控制规划、建设规划、规划环境影响评价、规划社会稳定风险评价等与本项目相关的内容。重点明确上位规划对本项目的具体要求和约束性内容，以及上位规划变化对本项目产生的影响。③建设必要性。从城市总体发展、经济社会发展、综合交通发展、环境资源等方面论证项目建设必要性。重点研究项目建设时机和紧迫性，对支撑城市近期建设重点、解决交通问题等方面的作用。④工程建设条件。简要描述自然地理、地质水文、城市建设现状、经济实力和已实施项目总结等，为可行性研究奠定基础。重点明确不良地质、大江大河、文物古迹、环境敏感区域等影响项目实施的关键控制因素，必要时开展专题研究。

项目技术条件　项目技术条件是项目实施的总体依据，包括客流量预测、总体技术标准等。①客流量预测。在开展项目沿线现状交通和土地利用调查的基础上，进行客流预测、客流特征分析、客流敏感性分析等工作。重点强化高峰小时客流、平均运距、客流均衡性、换乘系数、跨区OD等特征指标分析和风险性分析。②总体技术标准。重点明确项目在综合交通体系、轨道交通线网中的功能定位，确定运输能力、旅行速度、发车间隔、舒适度、换乘便捷性等服务水平，提出安全、环境、自动化、投资控制等方面的系统标准。对市域快线、机场线等特殊功能线路开展针对性研究。

项目建设方案　项目建设方案是项目实施的关键环节，在总体方案基础上，详细研究土建工程方案、设备系统方案和组织实施方案。①总体方案。包括车辆、限界、线路、车站分布、运营组织、车辆基地、配线设置、控制系统构成、资源共享等。在满足总体技术标准要求的基础上，重点把握系统目标和各专业之间的协调性。②土建工程方案。包括地质条件评价、车站建筑方案、结构工程方案和轨道工程方案等。重点针对工程重难点、大型交通枢纽及重要换乘站等开展深入研究，对影响安全的因素强化工程技术措施研究。③设备系统方案。包括供电、通风空调、给排水及消防、通信、信号、站台门、电梯与自动扶梯、自动售检票、乘客信息、设备监控、运营控制中心等系统，以及设备国产化方案。提出供电系统、通风空调系统、信号系统的功能配置方案，结合项目特点研究分期实施等方案；提出其他各系统配置原则；关注各设备系统之间的效能均衡性。④组织实施方案。包括工程筹划、征地拆迁安置、组织机构与人力资源配置、劳动安全与卫生等。重点研究工期安排、建设期交通疏解、征地拆迁安置、人才培养、建设及运营安全等，提出合理可行的实施方案和保障措施。

项目适应性分析　项目适应性分析是项目实施的重要保障，包括交通衔接、社会稳定、节约能源、环境保护、文物保护、安全评估、防灾与人防等，并根据外部条件对项目建设方案进行反馈。①交通衔接。除建设方案中已涵盖的综合交通枢纽外，研究与其他交通方式的衔接换乘。重点是交通衔接设施设置原则、大型衔接设施的分布和规模、实施管理主体和保障措施等，确保同步设计、同步建设、同步投入使用。②社会稳定。按照重大项目社会稳定风险评估办法的要求，主要研究内容包括风险调查、风险因素识别、风险估计和判断，提出风险防范和化解措施，以及措施落实后的预期风险等级。③节约能源。按照固定资产投资项目节能评估和审查的要求，主要研究内容包括节约能源措施以及能耗指标分析等。④环境保护、文物保护、安全评估、防灾与人防等。按照相关法律、法规和规范性文件要求，结合项目特点开展针对性研究。

项目综合分析　项目综合分析是对项目投资、效益、风险等方面开展全面研究，明确结论与建议。①投资估算与资金筹措。与已批复建设规划进行详细对比分析，结合分年投资计划，落实资金筹措方案。重点结合建设规划实施情况，考量本项目的政府资金保障能力。②效益分析。包括财务分析和经济分析。财务分析重点研究财务费用、财务效益分析、不确定性分析等；经济分析重点研究经济费用估算、经济效益估算、国民经济评价、敏感性分析等。③社会分析。重点研究项目在城市经济社会发展、交通环境、自然环境等方面的影响，分析项目的社会效益以及可能出现的社会风险，提出对策措施。④风险分析。重点研究项目的规划风险、市场风险、工程风险、技术风险、资金风险、管理风险等，识别风险因素，确定风险等级，提出对策措施，并对项目建设方案进行反馈。⑤结论与建议。通过对项目研究的全面总结，明确项目是否可行，提出下一步工作建议。

报告评估　可行性研究报告的评估一般采用专家论证法对《可行性研究报告》的全部内容进行评估，并形成评估报告。评估内容主要包括以下方面：①必要性。通过对交通需求分析和预测、经济社会发展需求分析、建设时机分析、功能定位分析和建设规模分析等方面的评估，判断项目建设的紧迫性、建设时机的合理性、功能定位的科学性。②合规性。建设项目与建设规划、线网规划和用地控制规划的一致性，与城市总体规划、综合交通规划、相关专项规划、法律法规和规范性文件的符合性。③合理性。分析工程建设条件、交通需求特点以及服务标准等，评估总体技术标准是否适用，总体方案是否科学、协调，各专业技术方案是否完整、可行。④安全可靠性。分析总体技术标准、总体方案、土建工程方案、设备系统方案、组织实施方案等，判断项目建设及运营是否安全可靠。⑤经济性。分析项目总体技术标准、建设方案、资金筹措方案等，判断工程造价是否合理、投资是否可控、融资方案是否可行。存在多个投资主体时，评估判断投资方案的合规性、可行性，收益分配方案的合理性。⑥创新性。使用或开发新技术的项目，要评估新技术的可靠性、安全性、经济性，分析新技术研发成本、收益和风险分担等问题，判断新技术的开发和应用是否合理可行。　（许双牛）

城市轨道交通客运服务　urban rail transit passenger service　通过运营人员及相关设施设备向乘客提供安全、迅速、舒适的出行环境，满足其在出行中的愿望和旅行生活方面需要的服务。城市轨道交通运营的产品是乘客的位移。乘客从甲地到乙地的出行过程中，城市轨道交通企业及其员工提供的运营和服务与乘客对运营和服务的消费是同时进行的。城市轨道交通运营及服务正是这种能够创造特殊使用价值的劳动，在于怎样更好地满足乘客的需求。

运营服务又分为有形服务和无形服务两大类。有形服务，如售票、检票、维持秩序、扶老携幼、卫生清扫和广播宣传等。无形服务主要指通过乘务人员的思想品德、职业道德、社会公德、礼貌修养、言谈举止、服务精神和工作态度等为乘客提供舒适的出行感受。（彭其渊）

城市轨道交通联调联试 joint debugging of urban rail transit 城市轨道交通各系统在完成出厂验收测试、现场安装测试、系统验收测试的基础上，开展的系统化、跨专业、集成性的综合性测试与调试工作。是对城市轨道交通工程整体系统性能和功能进行的综合验证和确认，也是城市轨道交通工程测试与调试过程的最后环节。通过联调联试，可检验各主要系统之间的接口关系是否正确，运作是否协调，以及能力是否满足各种可能出现的设计预定情况和运营要求；并从整体上检验城市轨道交通工程系统运作的可用性、稳定性和安全性。中国各城市轨道交通项目开通运营前都必须经过这个过程。

工作任务　从系统的角度，验证机电设备之间的接口技术，整合各机电设备的技术性能和使用性能，实现各机电设备系统在同一技术水平、同一管理模式、同一安全认证平台上，机-机、人-机之间有序可控，安全可靠协调运转。

具体任务有：①确保系统功能整体目标的实现。城市轨道交通工程由多个子系统构成，各系统间有很强的关联性，通过联调联试确保大系统的有效集成，实现运营的整体目标。②调整系统接口参数。各系统间存在复杂的硬件和软件接口，通过联调联试确保硬件和软件接口正确，各项参数匹配优化，从而实现大系统整体性能的最优。③验证系统非正常情况下的运行状态。在正常模式下系统各项功能实现的基础上，测试各种后备模式、非正常工况下的设备运行，并验证各系统之间非正常模式的联动，落实故障导向安全的技术措施。④为系统验收做准备。通过联调联试验证设备是否符合设计要求的各项性能指标，及时发现、排除和论衡在系统规划、设计、制造和安装等环节存在的隐患和不足，确保系统满足运营需求。⑤提高系统整体运行的稳定性和可靠度。通过联调联试确认系统是否具有高可靠性、可维修性和安全性，验证系统的技术成熟度和技术可靠度。⑥培养设备操作、维修人员技能。运营操作、维修人员全程参与联调联试工作，确保操作技能和维修技术的提高，为试运行和运营综合演练做好各项准备工作。

工作内容　联调联试的主要工作内容包括以下几部分。

冷滑试验　主要校核车辆和轨道、限界和接触轨（网）之间的匹配，保证整个线路的轨道状态满足技术要求，各区间及站台的建筑限界和设备限界符合规范要求。为确保对可能发生的问题进行防范性调测，可采用内燃机车牵引限界平板车（与电动客车有等效检测结果）试验后，再使用内燃机车牵引电动客车进行实测运行。冷滑试验分低速（5～10千米/时）、中速（25～30千米/时）、高速（线路允许正常速度）3种速度分别进行，试验中对接触轨（网）的相关几何状态和运行参数进行记录，发现问题必须及时处理，并在下一次试验前验证完毕。

热滑试验　采用接触轨（网）送电的情况下，电动客车利用自身牵引系统按照不同运行速度进行牵引测试，主要检测受流器与接触轨（网）之间的匹配，列车牵引与供电系统之间的匹配，供电系统的参数波动对列车牵引的影响，列车加速、惰行、减速和再生制动对供电系统的影响，紧急状态下列车和供电系统的防护功能，观察是否存在打火、拉弧和击穿等情况。对热滑试验中发现的问题及时分析和处理。

列车牵引供电试验　主要验证供电系统能否安全、稳定、可靠地为电动客车提供牵引电力，包括供电系统负荷测试、故障测试、短路测试、耐压测试和电磁干扰测试等，验证整定值的准确性，试验单边供电、双边供电和越区供电等模式运行情况，为列车运行相关系统联调做好准备。

列车运行相关系统联调　主要是车辆与轨道、供电、通信、信号和屏蔽门设备系统之间的联调，在设备系统正常工作状态下进行必要的重复试验，并进行故障恢复试验。车辆主要进行牵引性能、制动性能、控制系统、诊断系统等相关试验，进一步调试和检验轮轨动力学性能，侧重车辆与轨道的整体匹配；车辆与信号系统的联调主要是用电切换系统（ATS）、自动保护系统（ATP）、自动驾驶系统（ATO）的调试，验证车载信号与地面设备的信息传输，试验信号系统对列车的行车控制；车辆与通信系统的联调主要是乘客信息系统和无线通信；车辆与屏蔽门系统联调主要是列车到站后可实现自动、手动开关屏蔽门，保证旅客乘降安全，在非正常和紧急情况下能够尽快疏散旅客。

运营服务相关系统联调　主要是自动售检票系统、环控系统、综合监控系统和其他车站机电设备系统（如车站广播、电视监控、旅客资讯、门禁等）的联调，测试控制中心、车站、就地三级自动和手动模式控制，验证系统的遥信、遥控、遥调功能，确保安全性、一致性和稳定性。

消防应急系统联调　主要测试与消防相关的火灾报警系统（FAS）及相关联设备的联动运行，包括火灾报警、气体灭火、消防切非、车站与区间风机联动、闸机运行模式变更等，验证在正常及非正常工况下消防应急设备系统的运行及模式转换。（佘才高）

城市轨道交通路基工程 urban rail transit subgrade engineering 由路基主体工程、排水系统、支挡结构、线路防护和路基防护等设施、设备组成。路基主体工程是用来铺设轨道、承受列车和上部建筑重量并将其传至地面的土工结构物，必须具有足够的强度、稳定性和耐久性，并应满足防洪、防涝、防地下水渗透要求。

路基工程的地基应满足承载力和路基工后沉降的要求，路基工程地基处理措施是根据线路设计资料、地质资料、路提高度、填料建设工期等通过检算确定。根据设计要求，路基应符合环保要求，并应重视沿线的绿化和美化设计，结构设计应与邻近建筑物相协调。路基面宽度应满足限界、线路、轨道、设备布置的宽度要求。

按路基断面形式分为路堤、路堑和半填半挖路基工程。路基工程的施工有挖装、运卸和夯填。施工方法有机械化施工、半机械化施工和人工施工。路基的排水系统需与桥涵、隧道、站场、市政等排水设施衔接。（周江天）

城市轨道交通排水系统 urban rail transit drainage system 将城轨线路、车站及其他建筑设备的废水、污水、雨水等收集并向外排放的设施系统。城市轨道交通线路修建于地上和地下，会受到雨水、地下水和其他水源的影响。同时，城市轨道交通的建设、日常运营和维护保养等活动会产生废水和污水。排水系统将这些不同的水分类集中后，通过重力自流排放或水泵抽排的方式，将水排入城市排水系统，确保城市轨道交通设施设备的安全和稳定，保证列车的正常运行。生活及粪便污（废）水单独排放；结构渗漏水、冲洗及消防废水、地下车站的敞开出入口及敞开风井口部雨水等按合流制排放。污水、废水及雨水的排放结合车站及区间的形式，采取相应的排水方式。

排水系统通常分为车站排水、区间排水、局部排水和车辆基地排水。①车站排水、区间排水。高架和地面车站、区间通常采用重力自流排放，地面和高架车站的屋面雨水单独排放，可按重力流或虹吸压力流设计；各类泵房、环控机房及设有湿式报警阀组、倒流防止器等的区域设排水设施。②局部排水。地下车站、区间在无法自流排放时，采用水泵抽排。排水泵采用液位自动控制和就地控制两种控制方式。车站和区间主排水泵、隧道洞口雨水泵在车站控制室实行远程控制，并在其水池内增设浮球液位仪作为超高水位报警备用装置。在不能自流排水但可能集水的局部低洼处，宜设置局部排水泵房。③车辆基地排水。车辆基地及停车场内排出的含油、含酸、含碱及重金属有毒的生产废水，经过处理达到排放标准后排放。运用库、检修库等大型库房的屋面雨水排水采用满管压力流排水系统，其他屋面雨水排水采用重力流排水系统。车辆基地及停车场内的生产废水、生活污水宜集中后按重力流方式接入城市排水系统。当不能按重力流方式排放时，通过排水泵提升并经消能井消能后，可排入城市污水排水系统。

（林　莉）

城市轨道交通桥梁　urban rail transit bridge　承载城市轨道交通荷载的桥梁。城市轨道交通线路通常采用高架敷设和地下敷设方式。采用高架建设方式，具有工程造价低、运营成本低，能耗小、施工难度小、建设工期短等特点。当轨道交通需要在路面高架或跨越江河、道路等障碍物时，就需要修建轨道交通桥梁。

自19世纪中叶，英国伦敦开始建立第一条地铁起，城市轨道交通一直以地下铁路、地面有轨电车或轻轨交通为主。直到20世纪60年代，随着跨座式单轨、市域快轨和中低速磁悬浮的车辆和线路日趋完善和成熟，城市轨道建设才逐渐向高架形式发展。中国第一条高架轨道交通线路是2000年运行的上海明珠轻轨线，随后在中国多个城市陆续出现了采用高架形式的单轨、轻轨、地铁等轨道交通线路。21世纪以来更是修建了一批大跨度轨道专用桥及公轨共用桥，城市轨道交通桥梁的发展研究也得到了较大的提升。

桥梁主要由上部结构、下部结构、支座及附属构造物组成，在城市轨道交通桥梁中通常还装配有轨道、通信系统、供电

城市轨道交通桥梁

系统等轨道交通附属设施。根据主梁结构是否兼具车辆运行导向作用，城市轨道交通桥梁可分为其上敷设轨道的托轨式桥或梁轨合一的单轨交通梁轨一体桥；根据是否与城市道路交通共用，可分为轨道交通专用桥和公轨共用桥。

与铁路桥梁相比，为满足景观、建筑界限等要求，城市轨道交通桥梁更显轻盈，同时由于运途短、荷载轻、运行速度低，横竖向刚度、列车运营舒适度等参数指标略低于高速铁路桥梁；相比其他桥梁，城市轨道交通桥梁对环境影响的要求更高，一般需要设置减振降噪结构或装置，降低噪声与环境振动，同时十分注意景观设计。

（蒲黔辉）

城市轨道交通隧道通风　urban rail transit tunnel ventilation　为了控制城市轨道交通内部的空气环境而设置的系统。目的是保证城市轨道交通内部环境的空气质量，调节隧道内空气的温度和湿度，使乘客有一个适宜的环境。

设置范围及类型　通风系统的设置范围包括地下车站和区间隧道。地下车站包括站厅公共区、站台公共区、通道等乘客经过和滞留的区域，以及设备用房与管理用房区域；区间隧道包括正线、各类配线等列车经过或滞留的地下区域。

隧道通风系统包括列车活塞通风、自然通风和机械通风。区间隧道正常通风首先是利用活塞通风，当活塞通风不能满足排除余热要求或布置活塞通风道有困难时，设置机械通风系统。隧道通风系统采用单或双活塞风道的配置形式，具备条件的采用双活塞系统。

隧道通风的方式按照适用条件不同，可分为开式通风系统、闭式通风系统和活塞通风。

作用　当列车因故障或其他原因而停在区间隧道内，停车时间超过4分钟时，运行相应的阻塞模式，由列车后方的隧道风机进行送风运转，列车前方的隧道风机进行排风运转，在区间隧道内形成与列车行驶方向一致的气流，使列车周围的空气温度不超过规定温度，保证阻塞列车的空调冷凝器正常工作及车内乘客的新风量要求。

隧道通风系统对隧道内火灾紧急救援也起到至关重要的作用。当列车在区间隧道发生火灾并迫停在区间隧道内时，则根据报告的列车火灾部位组织区间通风排烟与人员疏散，通风排烟方向与人员疏散方向相反。当列车车头着火时，列车前方车站或区间事故风机排烟，后方车站或区间事故风机送风；当列车车尾着火时，送排风方向则相反。如采用机械通风，要在地下线路上布置通风竖井，不仅要考虑通风量的大小，而且要使整个线路上压入和吸出的通风量保持平衡；同时，还要保证新鲜空气送至乘客聚集的区域。

方式　隧道的通风通常采用纵向式通风，空气沿隧道本身流动。浅埋隧道也可利用列车运行时的活塞作用而形成自然通风。为了安装通风设备和供送新鲜空气，需要修建地面风亭、通风竖井、通风隧道、通风机房和消声室等一系列通风构筑物。

隧道内通风量可保证隧道内换气次数每小时不应少于3次，且区间隧道内每个乘客每小时需供应的新鲜空气量不少于12.6米^3。

区间隧道通风系统的进风直接采自大气，排风直接排出地面。

（李国庆）

城市轨道交通土建工程　civil engineering of urban rail transit　城市轨道交通工程的基础设施、建（构）筑物以及其他所有工程物的建设活动。是城市轨道交通从规划设计到施工成实体建筑物的过程，主要包括线路防护、轨道、路基、车站结构、隧道、桥梁、疏散平台以及其他相关工程的建设。

轨道类型　城市轨道交通的结构形式分为钢轮钢轨走行系统、胶轮走行系统及磁悬浮走行系统。

钢轮钢轨走行系统　地铁、轻轨、市域快轨及有轨电车等制式的轨道大致相同，是由钢轨、道床、道岔以及其他部件组成，分为**有砟轨道**和**无砟轨道**。有砟轨道常见于普通铁路，在城市轨道交通中一般用于车辆段、停车场和少部分地面线路；无砟轨道用钢筋混凝土或钢结构等材料取代了传统的道砟，稳定性更好，城市轨道交通大部分线路都采用无砟轨道。

轨道部件包括钢轨、钢轨接头、扣件、轨枕、道床和其他部件（防爬器、轨撑、轨距拉杆等）。传统的铁路线路在铺轨时通常是将很多根等长的钢轨吊装拼接而成，钢轨连接处留有轨缝，为钢轨的热胀

冷缩留出空间。将较短的钢轨焊接在一起，就形成了无缝钢轨，采用无缝钢轨铺设的轨道线路称作无缝线路。在城市轨道交通中，除了道岔区、配线区和车辆段等区域外，正线通常都采用无缝线路。有砟轨道和无砟轨道分别采用不同的道床形式。有砟道床由道砟组成，道砟的材料一般有各种碎石、卵石、粗砂、中砂和矿渣等。无砟道床通常为钢筋混凝土结构或钢结构，直接通过扣件与钢轨相连，绝大部分城市轨道交通均采用无砟道床。减振道床是一种特殊的无砟道床结构，采用了橡胶支撑、减震器或浮置板结构等减振措施。有砟轨道和无砟轨道之间通常设有道床过渡段。

胶轮走行系统 有跨座式单轨、悬挂式单轨、自动导向轨道系统、胶轮地铁等制式的轨道结构。

跨座式单轨交通轨道结构 车辆骑跨在单根轨道梁上运行。轨道梁既是承载单轨列车运行的桥梁结构，也是导向的轨道，还是供电、信号及通信等系统缆线的载体。轨道梁有预应力钢筋混凝土梁（简称PC梁）、现浇混凝土轨道梁、钢轨道梁和钢混结合梁等形式。通常情况下，采用预应力钢筋混凝土制成，在一些特殊区段，也采用钢轨道梁或集中复合材料组成的结合梁体。钢轨道梁以钢为材料制成，挠度比普通混凝土梁大，通常用在需要采用大跨度梁的位置。

轨道梁支座是用于连接轨道梁与桥墩的金属部件，分为铸钢拉力支座和橡胶支座，具有承担力的传递、防止梁倾覆以及安装时调整线型和设置超高的作用。①铸钢拉力支座。具有抗拉性能好，抗疲劳强度高等特点，由固定端和活动端两个支座组成，固定端与桥墩承台连接，活动端起到调节伸缩的作用。②橡胶支座。采用橡胶制成，分为盆式、球型和板式支座，相比铸钢支座，具有重量轻、减振效果好、造价较低等特点。

轨道梁之间、轨道梁与相邻道岔梁的走行面及两侧的导向面和稳定面的端部间设有接缝板。轨道梁制造时，轨道梁端部预埋了接缝板板座，预留接缝板的固定螺栓应选择高强度螺栓。为确保列车运行的平稳性，相邻两接缝板顶面高差不能大于1.0毫米。

轨道梁在架设时，将根据工程实际需要，通过架桥机对梁的移动以及其他辅助设备和配件进行轨道梁线形调整。

悬挂式单轨交通轨道结构 车辆悬挂在单根轨道下方行驶，其轨道分为梁桥式轨道（简称梁轨）和缆索式轨道（简称索轨）。

梁轨是梁轨桥中承载列车荷重和车辆运行导向的梁式结构，同时也是供电、通信、信号等的线缆载体。梁轨桥常用跨度为20～30米，最大跨度不超过80米。索轨塔架间最大跨度不宜超过300米。梁轨一般采用钢箱型、工字钢型梁轨道结构。车辆按走行部结构型式主要分为非对称式悬挂和对称式悬挂两种类型。非对称式悬挂构件布置在梁轨一侧，通常采用工字钢型梁轨道。对称式悬挂构件通过钢箱型轨道梁底部开口将车体和转向架联接起来，胶轮的两轴转向架被包裹于钢箱型轨道梁内部，电力、通信系统等设施也安装在轨道梁内部。转向架上设有走行轮和导向轮，沿着钢箱型轨道梁内部的轨面板运行。轨道梁各部位尺寸需满足车辆走行轮、导向轮和稳定轮的走行要求，以及通信、信号、供电系统环网电缆、接触轨在梁体上的安装要求。轨道梁与相邻梁端接缝处设置伸缩装置，可自由伸缩，列车走行面、导向面连接平顺，雨水不能渗漏进入梁内。

索轨是*悬索桥*的悬索通过吊索连接轨索、轨面板布置在轨索上的索式结构。索轨被车辆转向架外罩包裹。

自动导向轨道系统轨道结构 相对于钢轮钢轨地铁等系统，自动导向轨道交通系统轨道形式较为复杂。其运行道与导向轨分开，运行道承载列车荷载并将荷载传递到下部结构的轨道结构，运行面在运行道表面上支撑列车运行轮。①运行道。通常采用混凝土结构，轨道结构高度应结合下部基础型式、一般地段轨道结构及道岔区段轨道结构综合确定。设计规范规定：地下线道床及运行道混凝土强度等级不应低于C35，高架线和地面线地段不应低于C40。隧道内及地面线运行道宜每隔12.5米设置伸缩缝，高架桥上运行道伸缩缝设置模数应与桥梁匹配。运行面宽度应满足车辆运行轮要求；应能提供不小于0.85的摩擦系数；对于严寒地区，可采取运行道加热措施，确保运行面不结冰。②导向轨。起列车导向作用，提供列车导向力的轨道结构。导向轨可分为中央导向轨和两侧导向轨。中央导向系统又分几种型式，不同的车型，对轨道结构有不同要求，自动导向轨道系统的轨道型式应配合车辆选型进行设计。庞巴迪系统的导向轨尺寸较大，早期的CX-100车型采用3块钢板焊接形成，通常采用型钢加工，并注意消除内应力。

磁悬浮轨道交通系统轨道结构 磁悬浮轨道梁通常采用预应力混凝土结构，也可采用钢结构或钢-混凝土组合结构。结构形式可采用上、下行双线轨道梁共同支撑于一个桥墩或桥梁上的形式。下部宜采用钢筋混凝土结构。

路基防护 城市轨道交通路基工程通常采用混凝土、石料、水泥砂浆及土工合成材料，在车辆段内的线路以及郊区某些区段中，有时会采用地面线路，需要进行路基工程的建设。路基工程应在安全稳定的基础上进行设计，按路基土工结构物施工，应具有足够的强度、稳定性和耐久性。路基工程的地基需满足承载力和路基工后沉降的要求。路基工程建设要尽量避免高填、深挖、长路堑，绕避不良地质条件的地段。

路基支挡、加固防护工程应在满足并兼顾美观与环境保护、水土保持、节约土地等要求条件下，路基与桥台、横向结构物、隧道及路堤与路堑、钢轮钢轨地铁的有砟轨道与无砟轨道等连接处均要设置过渡段，以保证刚度及变形在线路纵向的均匀变化。路基防排水工程能保证排水通畅，满足防排水要求，路基排水与坡面支护工程相协调，与桥涵、隧道、城轨车站等排水设施衔接，形成完善的、畅通的防排水系统。区间路基面宽度是根据设计速度、轨道类型、正线数目、线间距、曲线加宽、路肩宽度、养护形式、电缆槽布置、接触网支柱类型和基础类型等因素计算确定的，必要时还需考虑声屏障基础的设置。

路堑边坡形式及坡率是路基防护的重要因素。根据工程地质、水文地质、气象条件、岩性、施工方法、边坡高度，并结合岩体结构、结构面产状、风化程度及自然稳定边坡和人工边坡的调查等因素综合确定，必要时还利用稳定性分析方法予以检算。

在城市轨道交通沿线地面线路控制保护区内设有防护措施，保护轨道交通设施设备不受侵害，同时也防止轨道交通的运行对外部环境造成影响。对处于整体稳定但其岩土易风化、剥落或有浅层崩塌、滑落及掉块等病害的路基边坡要进行坡面防护。

车站构成 车站是列车停靠、乘客集散的重要区域。按敷设方式，可分为地下车站、高架车站、地面车站和路堑式车站。按功能，可分为中间站、折返站、换乘站、越行站、接轨站和终点站等。车站站台可采用侧式、岛式或岛侧混合式等形式。

地下车站 城市轨道交通车站的主要形式之一。地下车站的设置应满足客流和设备运行的需求，保证乘客的乘行安全、迅速集散，并要求功能分区明确、布置紧凑、便于管理，具有良好的通风、照明、卫生和防灾等设施。地下车站大多利用城市道路或建设地块岩土以下0～20米的浅层地下空间建造。地下结构一般由钢筋混凝土墙和板组成，采用明挖法、盖挖法、矿山法和掘进机法施工。

高架及地面车站 其建筑高度一般不超过24米。坡地高架车站是以平顶层作为室外设计地面计算建筑高度的起点，其层数是在车站使用功能范围内进行计算的。车站结构形式是结合城市景观确定的。设于城市道路中的车站大都考虑在运营时段兼顾过街客流的功能。位于道路中的高架车站站厅层与站台层通常采用集中布置方式，站厅层是以设置公共区售检票设施和乘客进出站流线为主，减小站厅层规模。当站厅层设备与管理用房布置困难时，可设于道路红线以外。对于跨座式单轨系统，还可考虑充分利用站台板下夹层空间。

高架及地面车站结构按采用信息化原则设计，通常采用钢筋混凝土结构或预应力混凝土结构，中国很少采用全钢结构。结构形式分为站桥合一或站桥分离结构，跨座式单轨侧式车站大都采用站桥分离结构。站桥分离结构形式是指高架区间桥在车站范围内连续，并与车站结构（站台层和站厅层的梁、板、柱）完全脱开，各自形成独立的结构受力体系。地下结构及车站内部构件按极限状态法或容许应力法设计。地下车站主体结构及内部结构设计使用年限为100年，并根据使用环境类别进行耐久性设计；地上车站设计使用年限为100年、70年或50年不等，如有轨电车为70年，胶轮导轨系统为50年等。

高架及地面车站体量及造型应与道路环境和城市景观相适应。地上车站围护结构能够满足防雨、遮阳、隔热以及日常清洁维护和节能的要求。噪声敏感区域的车设有隔音措施。高架车站站台层，除设置无障碍设施与空调候车室外，其他设备与管理用房不能设在站台层。寒冷炎热地区的高架车站站台层设有空调候车室。

高架及地面车站站台形式应结合城市景观确定，高架车站宜采用侧式站台，当高架车站采用岛式站台时，车站宜采用鱼腹式，减小站端区间喇叭口长度。高架越行站宜采用双岛四线形式。地下越行站通常采用一岛四线形式。站厅可采用贯通式、中厅式、端厅式等形式。

路堑式车站 全部由地面开挖做成的浅埋车站，是城市轨道交通的一种车站形式。路堑车站可独立设于路中或路侧，一般在路侧时可以结合其他建筑设置。标准路堑车站主要组成部分包括站厅公共区、站台公共区、轨道区、设备管理区和出入口等。路堑式车站结构包括车站的地面结构和地下结构。路堑车站站台根据线路可采用岛式、侧式、多岛和岛侧混合等多种类型，一般情况宜设置成地下一层侧式车站。站厅布置可根据周边环境情况灵活布置，出入口及楼扶梯的位置应适应付费区与非付费区的功能需求。

桥梁特征 见城市轨道交通桥梁。

隧道工程 地铁线路通过城市中心地区大都采用地下敷设方式，其他制式只因特殊情况采用地下敷设，城市轨道交通地下工程主要是沿线的地下车站和地下区间。

若条件允许，地下车站尽可能浅埋，通常是优先采用常规的明挖法施工，也可选择盖挖顺作法或盖挖逆作法施工，如果车站埋深太深，采用暗挖法施工更合理。区间隧道除埋深较浅且地面有条件的地段采用明挖法施工外，一般情况下都采用暗挖法施工，根据地质情况、施工条件或工期要求合理选用矿山法或盾构法。布置于车站端部的折返线或渡线隧道采用明挖法或矿山法。位于岩石地层中的区间隧道通常采用矿山法或掘进机法施工，地下车站一般采用矿山法施工。

疏散平台 列车在运营时突发故障停运而又未到站需要疏散乘客时，通常在区间隧道或高架桥一侧设置疏散平台。由于轨道交通区间的空间限制，车外空间狭小，疏散难度较大，疏散平台可以起到迅速集散并疏散乘客的作用。 （仲建华）

城市轨道交通外环境工程 external environmental engineering of urban rail transit 针对城市轨道交通产生的噪声所采取的一系列降噪措施，以减小振动和噪声对外部环境的影响。

类型 城市轨道交通噪声源主要来自运行列车的走行系统。走形系统包括钢轮钢轨走行系统（如地铁、直线电机车、CRH6、轻轨车）、胶轮走行系统（如跨座式单轨车、悬挂式单轨车、自动导轨系统）和磁悬浮走行系统3类。①钢轮钢轨走行系统噪声。包括高架线和地面线列车运行噪声，主要由轮与轨摩擦接触噪声、车辆动力系统和非动力系统噪声、桥梁结构振动引起的辐射噪声、列车行驶在小半径曲线段车辆轮缘与钢轨间的摩擦噪声组成。噪声对城轨线路附近区域的人员和某些高端精密仪器设备实验时的准确性，以及在车站内候车乘客等会带来一定的影响。在高架线或地面线穿越城市建筑密集区可设置声屏障来减弱运行噪声，以减少噪声污染对沿线居民带来的不良影响。②胶轮走行系统噪声。大都是胶轮与混凝土轨道摩擦接触产生的噪声，声音不大。车辆地板下面的电气设备、主电动机减速齿轮装置会产生少量往外扩散的噪声，声音传播衰减快。单轨车辆通常在下部两外侧设置了裙板进行包封，环境性好。③磁悬浮走行系统噪声。中低速磁悬浮没有轮轨摩擦接触，直线电机驱动“啸叫”噪声及电气设备噪声不大，环境性好。

轨道交通高架上的声屏障

减躁设计 声屏障的设置位置尽量接近线路，但必须符合限界要求，其长度、高度能够满足降噪目标值的要求。声屏障的形式是根据设计降噪目标值、线路结构、敏感点特征确定的，通常采用直立式、折板式、弧形、半封闭或全封闭等形式。声屏障的材料、色彩要与两侧城市景观相协调，还要注意避免光的反射、折射产生炫目影响。声屏障的各部分构件具有不吸水、不渗水、不积水的防排水性能。

声屏障各部分构件能够抗撞击、防破碎、防火阻燃。

在对轨道交通噪声进行测量时，对列车噪声规定的最大容许限值应为轨道列车运行噪声和背景噪声的总和。当列车运行位置距离噪声测点较远时，列车运行噪声的作用可忽略不计。 （仲建华）

城市轨道交通物业开发 property development of urban rail transit 在城市轨道交通规划、设计、建设中利用沿线设施及周边一定范围相关用地进行的综合性物业开发活动。通常指利用城市轨道交通车辆段、停车场、车站、主变电所、牵引变电所、出入口及区间等可利用地上及地下空间，在轨道交通沿线，以点带面，多方位发展，进行其经营性物业、服务业的开发。一般包括交通、购物、文化、游乐、办公、居住、休闲等功能。

发展历程 20世纪20年代初，在日本，轨道交通与沿线物业开发由阪急铁路公司在大阪地区首先采用。由于这种综合开发策略取得了巨大成功，铁路公司在东京及日本其他地方广泛发展。铁路公司通常与已廉价获得沿线土地的众多公司合伙，统一进行土地利用与轨道建设规划以及基础设施配套，然后出售部分土地以补偿配套费用，其余用于自行开发。通过轨道与沿线土地综合开发的方式，以轨道交通带动土地开发，以土地开发培育轨道交通客源。20世纪70年代初，香港开始着手实施建设地铁系统计划。为使地铁的规划、设计、施工和经营等一系列工作更加合理和完善，香港政府于1975年成立香港地铁公司，并通过赋予地铁公司沿线土地特许经营权用于地铁建设资金筹集。本着“及时收回投资、及早盈利、收到社会效益”的原则，地铁公司最初筛选地铁线确定了3条经过客流集中的商业中心、居住区和行政署所在地的方案。在建于1975～1986年的3条轨道线上，香港地铁公司进行了城市轨道交通物业开发。

20世纪90年代，在城市可持续发展的背景下，国际上一批新城市主义者提出公共交通导向开发（TOD）模式，希望通过公共交通来引导土地利用和城市发展。TOD模式以公共交通为依托，在车站地区形成了紧凑发展的城区，土地使用体现了高密度、多用途的特色，节约了土地资源，减少了环境污染和能源消耗。TOD模式是发达国家，特别是美国对自己城市发展模式的一种反思和对城市未来发展方向的探索，对于中国城市来说无疑有非常重要的借鉴意义。

开发类型　根据物业开发所处的位置，可分为轨道车站物业开发、轨道车辆段（停车场）物业开发和轨道其他设施物业开发。①轨道车站物业开发。通常指结合车站和周边可供开发的土地资源。高架站以上空间可开发成为商场、住宅等上盖物业，车站附近可设置停车场，车站出入口与人行过街通道、站厅层可设置商店、银行等服务性设施。②轨道车辆段（停车场）物业开发。指通过对车辆段、停车场进行加盖或者预留结构转换层，利用其上部空间建设商业、住宅、写字楼等上盖物业。轨道车辆段、停车场一般占地面积较大。轨道主变电所、牵引变电所、控制中心等作为轨道交通运营必不可少的设施，一般设置在轨道交通线路周边。③轨道其他设施物业开发。指结合这些生产设施进行的经营性物业、服务业的开发建设。

（李秀敏）

城市轨道交通限界　urban rail transit gauge　为了保证城市轨道交通安全运行、限制车辆断面尺寸、限制沿线设备安装尺寸及确定的建筑结构有效净空尺寸的图形及坐标参数。是工程建设、管线和设备安装位置等必须遵守的依据，是城市轨道交通其他相关专业设计的基础，也是构成城市轨道交通安全运输的基本保证之一。根据不同的功能要求，城市轨道交通限界主要分为车辆限界、设备限界和建筑限界。

限界设计是根据车辆的轮廓尺寸、性能技术参数、线路特性、轨道特性、设备安装以及各种误差及变形等因素，并考虑列车在运行中的状态等因素，通过科学的分析计算和技术经济比较综合分析确定。限界设计以基准坐标系为准。基准坐标系是垂直于直线轨道线路中心线的二维平面直角坐标。横坐标轴（*X*轴）与设计轨顶平面相切，纵坐标轴（*Y*轴）垂直于轨顶平面，该基准坐标系的坐标原点为轨距中心点，限界的各项限定数据均以此坐标系为基础核算。

城市轨道交通轨行区土建工程和机电设备的设置应符合相应的限界要求。列车（车辆）在各种运行状态下，不应发生列车（车辆）与列车（车辆）、列车（车辆）与轨行区内任何固定的或可移动物体之间的接触。

《地铁设计规范》《跨座式单轨设计规范》及《市域快速轨道交通技术规范》等国家标准、行业标准或团体标准制定了相应制式的车辆限界、设备限界和建筑限界的计算方法，限界检查规定和各种车型的限界标准。根据选定的车辆、运行速度和车辆载荷工况可以计算得到不同车辆限界、设备限界，并设计相应的建筑限界。

（仲建华）

城市轨道交通信号系统　urban rail transit signal system　负责列车正线行车安全及出入车辆基地行车安全，实现列车运行的监控管理、列车运行的自动驾驶、列车运行的超速防护等功能的系统。由列车自动控制系统和车辆基地信号控制系统两大部分组成，其中包括列车自动监控子系统（ATS）、列车自动防护系统（ATP）、列车自动驾驶子系统（ATO）、联锁子系统、维护监测子系统、数据通信子系统DCS等。各系统设备通过信息交换网络构成闭环系统，列车和地面间采用双向数据通信，列车动态更新位置信息和移动授权信息，计算列车运行的速度曲线并实现列车追踪运行和精确定位停车。本系统主要用于列车进路控制、列车间隔控制、调度指挥、信息管理、设备工况监测及维护管理，是一个高效的综合自动化系统。

专用技术功能　主要有：

列车自动监控子系统　一个分布式的计算机监控系统，设备分布于控制中心、正线车站、车辆基地，主要实现自动向联锁设备下达列车进路命令，并完成对全线列车运行的自动管理和监控。控制中心ATS设备主要对整条线路及基地设备进行显示，实现正线列车监视追踪（ATT）、列车自动进路排列（ARS）和列车自动调整（ATR）等控制管理功能。正线ATS设备由集中站和非集中站设备组成，在车站控制模式下，集中站ATS实现对本联锁区内行车信息显示、进路自动排列、监视等控制功能，非集中站具备监视功能。车辆基地ATS设备显示基地内线路、设备和行车等信息，负责基地内的控制和运营，并与中心ATS和车站ATS进行交互信息。

列车自动防护系统　由地面ATP设备和车载ATP设备组成，根据线路状态、道岔位置、前行列车位置等条件，自动实现列车运行间隔、超速防护、进路安全和车门监控等功能。地面ATP设备通过与计算机联锁子系统（CI）、ATS、ATP、相邻区域控制子系统（ZC）相连，根据相关行车信息生成行车许可命令，并通过传输系统传输到车载ATP系统。行车信息包括列车速度位置测定、列车安全制动曲线计算，临时限速、超速防护等。车载ATP设备通过与地面ATP设备进行双向通信，获得相关的行车信息，实现对运营列车的安全防护，其中包括退行防护、列车完整性监督、车门状态监控、站台门监控、站台紧急停车按钮防护及列车折返等功能。

列车自动驾驶系统　在ATP子系统的安全保护下，实现列车自动控制运行。其中包括列车自动驾驶、站台停车控制、车门监控、站台门监控、运行调整、故障诊断和报警等功能。

联锁子系统　按一定的程序和条件控制轨旁的道岔转辙机和信号机，为列车运行建立进路，确保列车运行进路的安全。还包括正常进路建立、引导进路的控制、保护区段的控制信号机监控、轨道监控、道岔的监控等功能。转辙机设备主要是接到联锁命令后带动道岔转换到位并锁闭，为进路的建立提供条件。轨道电路（计轴）主要是对基地内轨道区段的占用情况进行检测。信号机主要是对列车前方线路状态进行显示，列车驾驶员按信号机显示进行行车。

数据通信子系统　一个专用信号系统网络，满足各子系统数据信息传输的需要，提供有线通信网络和车地无线通信网络，具有网络管理、故障管理、网络性能监督、配置管理、安全管理、日志管理等功能。

大屏幕显示系统　实现信号ATS、通信CCTV系统的图像显示，SCADA、FAS/BAS系统在紧急情况下切换显示。

维护监测子系统　对各信号设备的系统数据、应用数据、通信接口状态和交互数据、操作日志、故障报警等信息进行采集、处理、分析、统计和集中展现，并具有自动存储、故障诊断以及历史回放等功能。

车辆基地信号系统　负责保证车辆基地内调车和试车等行车作业安全。

主要技术要求　城市轨道交通信号系统技术方面的要求有：①网络安全要求。与其他系统互联边界部署防火墙，进行访问控制，允许特定的数据传输，禁止非必要的网络通信。②可靠性、可用性及可维修性要求。所有硬件具有高稳定性、高可靠性，同时具有容错及安全措施，满足连续不间断、稳定、可靠工作。（吴　明）

城市轨道交通行车组织　organization of train operation　在运输生产过程中，完成运送乘客所进行的一系列与运输有关的管理工作。是城市轨道交通运输系统的核心。行车组织要求安全性高、通过能力大、可靠性高、自动化程度高和限界条件苛刻等。主要内容包括列车运行图、行车调度工作、列车运行组织和行车规章等。

列车运行图　是列车运行时刻表的图解，规定各次列车占用区间的顺序、列车在一个车站到达、出发或通过的时刻、列车在区间的运行时分、列车在车站的停站时分、折返站列车折返作业时间。列车运行图是一种二维图，横轴是时间，根据刻度仔细程度可分为一分格运行图、二分格运行图、十分格运行图和小时格运行图。

列车运行图是城市轨道交通系统的综合性计划，城市轨道交通运营的各业务部门都需要根据列车运行图所规定的要求来安排工作。

行车调度工作　是城市轨道交通系统的核心，由调度控制中心实施，担负着指挥列车运行、贯彻安全生产、完成运输计划的重要任务。

列车调度员是列车运行的组织者和指挥者，其基本职责有：①严格按照列车运行图组织列车运行。②监视列车到达、出发及途中运行情况，确保列车运行正常秩序。③当列车由于各种干扰因素不能按照运行图运行时，能够及时采取调整措施，尽快恢复正常运行秩序。④列车调度员及时根据有关部门提供的客流变化情况，及时调整列车运行线等。

随着科学技术的进步，城市轨道交通系统运行控制设备正逐步向自动化、远程化、计算机化的方向发展，行车调度实现了计调度集中控制（CTC），车站的行车工作组织变得十分简明，一般在车站只设置行车监控人员。

城轨行车组织　为维持城市轨道交通系统（包括行车、车辆、机电、通信、信号、工务）的正常运转而组织的一系列工作，是保证将乘客由出发站安全、准时、快捷地运送至目的站的关键。包括车站工作组织、列车运行图、调度工作等。

行车规章　包括《行车组织规则》《车站行车工作细则》《行车调度工作规则》以及其他有关行车工作的规章。其中，《行车组织规则》是根据某线信号及有关设备系统运营使用功能和行车设备的配置及实际运营要求而制定的，是该行车管理的基本法规。《车站行车工作细则》是根据《行车组织规则》制定的具体指导车站行车工作的工作细则。《行车调度工作规则》是地铁运输组织系统的中枢，担负着日常行车指挥工作，组织各部门、各单位正确执行列车运行图，并编制安排城轨各施工检修作业，保证完成城轨各项运输生产任务。（韩宝明）

城市轨道交通运营管理　operation management of urban rail transit　城市轨道交通系统的根本任务就是把旅客安全及时地运送到目的地，通过城市轨道交通系统运营的协调运作和安全管理，实现运输生产系统运营秩序正常、旅客生命财产平安无险和运输设备完好无损的综合目标。城市轨道交通运营管理主要分为行车管理、客运管理、设备管理、安全管理和运营成本管理。

行车管理　行车管理主要包括运输计划编制、列车运行图编制和行车组织方案编制。

运输计划编制　运输计划的制订需考虑乘客的需求特性及其变化规律，一般城市轨道交通系统的运输计划包括客流计划、全日行车计划、车辆配备计划和运输调整计划。

列车运行图编制　列车运行图编制时应秉承方便旅客的原则，在保证安全可靠的条件下，提高列车运行速度，依据客流量合理确定不同时间段的列车间隔时间，尽可能减少乘客的候车时间。充分利用线路能力和车辆能力，合理车底周转计划解决高峰客流组织。实际运行中也可以根据客流情况组织灵活编组运行，灵活编组技术在国外应用较为普遍，在中国城市轨道交通中尚处于探索阶段。

运行图的编制需要提供相关技术资料，包括全线各区段分时班次计划、最小行车间隔、计划运行时分、计划停站时间、折返时间、出入段车辆时间标准、可用列车数、换乘能力、运营时间、列车交路、供电系统作业标准及计划等。

行车组织方案编制　是行车组织的基础，为确保优质、高效完成运输任务，应制定行车组织规则、调度规程、应急处置程序等文件。行车组织规则需明确开通试运营和正式运营阶段的技术设备、行车组织原则、列车运行、设备检修、非正常情况下行车组织等有关规定和安全措施，以安全生产为方针。列车运行图为行车组织工作基础，确保安全、准点、舒适、快捷运营服务的同时，为运营管理、行车组织提供指导性文件；调度规程确定行车调度的具体岗位职责、调度设备操作、日常调度工作、夜间施工管理、应急联动和处置等；《应急处置程序》对恶劣天气、恐怖袭击、车站火灾、列车火灾、车站区间淹水、列车挤岔、道床伤亡、联锁故障、突发大客流、通信故障、道岔故障、正线大面积停电、列车降级故障等，按“先通后复”的原则确定应急处置程序和行车调整方案。

客运管理　客运管理主要包括客运组织、票务组织以及客运服务管理。

客运组织　以安全为前提，与行车组织、线网规划相匹配，以最大限度方便乘客为原则。车站客流组织需做到及时、有序、可控，客流顺畅，均匀分布候车、客流不交叉、不排长队和无拥挤等。当运营过程中发生故障而影响运行时，必须及时组织乘客安全疏散，并尽快排除故障，恢复运行。

票务组织　票务组织的核心工作是制定票制、票价和检票管理。城市轨道交通运营收入主要是票款收入，做好票务管理工作有利于城市轨道交通发展进入良性循环。城市轨道交通的票制有单一票价制、分段计程票价制和综合票价制。票价制定是根据城市轨道交通运营成本、其他交通方式票价水平、城市经济发展和市民生活水平等因素综合考虑。售检票方式主要有人工售检票方式和自动售检票方式。人工售检票方式设备投资小，但需要较多人员。随着经济和技术的发展，越来越多的城市轨道交通采用了自动售检票系统。自动售检票系统不仅可以方便乘客、减少运营人员和运营成本，而且对客流组织、收入审核、决策分析起着重要的作用。

客运服务管理　为地铁乘客所提供的城市轨道交通公共运输服务产品和相关服

务元素。服务管理指以实现乘客满意为目的，全员、全过程参与的一种管理行为和方式；保证高水平、高质量的地铁运营服务，是地铁运营的重要工作内容。客运服务管理包括服务指标建立，完善服务管理制度，提升员工服务意识和技能，加强软、硬件的设施建设等方面内容。

设备管理 以设备为研究对象，追求设备综合效率，应用一系列理论、方法，通过一系列技术、经济和组织措施，对设备的物质运动和价值运动进行全过程（从规划、设计、选型、购置、安装、验收、使用、保养、维修、改造、更新直至报废）的科学型管理。对设施、设备实行全寿命周期管理。

设备管理主要包括基础数据管理、日常管理、故障管理、检修业务管理、供应链管理、数据分析、文档管理、项目管理和资产管理。①基础数据管理。建立设施设备编码规则，梳理设施设备台账，进行设备分类分级，制定维修标准，识别润滑设备、状态监测设备、备品备件信息等。②日常管理。进行设备点巡检、运行、润滑、保养、操作票、状态监测的管理。③故障管理。对故障进行分级管理，建立规范化的设备故障数据库，定期开展设备故障统计分析，优化设备维修策略。④检修业务管理。对检修计划、维修工单、委外维修、抢修应急、施工的管理。⑤供应链管理。对备品备件采购、库存、供应商、质保、工器具进行管理。⑥数据分析。利用分析手段，开展技术分析、经济分析、RCM故障分析等，使设备维护管理持续改善。⑦文档管理。建立设备档案，尽可能做到一机一档，注重设备履历管理。⑧项目管理。依照招投标管理规定，从项目立项、需求编制、招投标、合同签订、项目实施、安全质量管控、竣工验收、资料归档、资产录入、质保等进行管理。⑨资产管理。进行资产与设备管理一体化，确保资产保值、增值，进行全寿命周期管理。

安全管理 中国城市轨道交通系统运营的安全管理方针是“安全第一，预防为主，综合治理”。安全系统管理的基本内容包括总体管理、应急管理和事后管理3方面。

总体管理 包括安全组织、安全法规、安全技术、安全教育、安全信息和安全资金等，形成安全管理工作的总体。安全总体管理是针对人-机-环境系统整体的安全管理。运营安全总体管理的内容非常丰富，包括安全组织管理、安全法规管理、安全技术管理、安全教育管理、安全信息管理及安全资金管理等。

应急管理 包括应急管理体系、应急预案与应急演练。目的是为及时、有序、高效、妥善地处置地铁运营突发事件，最大限度地预防和减少人员伤亡和财产损失，保障地铁运营安全，维护正常社会秩序。地铁运营应建立应急管理领导小组，下设指挥协调组、行车客运组、现场抢险组、事件调查组、后勤保障组、信息报送组和监督检查组等应急组织体系，一般由行政最高领导担任应急小组负责人。

应急预案体系由总体应急预案、专项应急预案、现场处置方案3部分组成。①总体应急预案。从总体上阐述地铁运营应急政策和原则，应急组织结构及职责，应急行动、措施、保障等基本要求和程序，是应对各类突发事件的综合性预案。②专项应急预案。针对可能发生的具体突发事件而制定的预案，是总体应急预案的组成部分，应当按照总体应急预案的程序和要求制定。③现场处置方案。针对具体的设备、设施、装置和场所等制定的应急处置措施，是现场作业人员实施应急工作的基本依据，其内容要求具体、实用、针对性强，是专项应急预案的支持性文件。

针对每种应急预案，都应实施应急演练，应急演练结束后，对各岗位人员应急处置程序、响应时间、系统设备工况、演练方案及应急预案的适用性进行评估，总结分析应急处置过程、演练过程以及应急预案存在的问题，并提出改进措施，同时通过演练检验应急机制和体系的合理性和有效性，并从中提出改进的措施和办法，进一步修订完善应急预案与应急管理。

事后管理 运营事故发生后的安全管理工作，是运营安全系统管理不可缺少的重要组成部分。运营事故发生后，主管部门和有关单位需要做大量的调查和处理工作，如减少事故损失和防止事故扩大的抢险、救援及事故定性定责，总结经验教训，采取防范措施等，以防止同类事故重复发生。但更为重要的是对于导致事故的直接和间接原因及其相互间的内在联系进行实事求是、深入细致的分析，形成有利于改善安全状况的共识和对策，并将其上升为运营安全总体管理和重点管理的新内容。

运营成本管理 主要包括运营指标体系与运营成本控制。

运营指标体系 用来评价城市轨道交通系统运营工作的数量和质量。这些指标在一定程度上反映了客运任务的完成情况、工作质量、效率和效益。城市轨道交通系统运营指标体系大体上可以分为数量指标和质量指标。①数量指标。标志着工作的数量。其中主要包括客运量、平均乘距、客运周转量、客运密度、运营里程和断面客流量等。②质量指标。标志着客运工作和车辆运用的质量，其中主要包括速度指标、客车运用指标、安全指标、列车正点指标、方便性指标、舒适性指标以及经济指标等。运营指标体系是运营成本分析的理论基础。

运营成本 运营成本是城市轨道交通企业在日常运营生产过程中实际发生的与运营生产直接有关的所有费用支出。城市轨道交通从保证运营角度，其运营支出主要分为基本运营支出、设备更新支出和车辆购置支出。运营成本可分为固定成本和变动成本两部分。固定成本指运营成本中短期内不随运量变化而相对固定的费用支出，包括固定设备的维修费用和管理费，与运输量部分有关，但不随运输量线性变化，在一定条件下可视为固定。变动成本指运营成本中直接随运量变化而变化的费用支出，包括车辆的运营和维修费用，与列车运行距离有关，几乎与运输量成比例变化。

运营成本控制，是轨道交通企业根据一定时期预先建立的成本管理目标，由成本控制主体在其职权范围内，在生产耗费发生以前和成本控制过程中，对各种影响成本的因素和条件采取的一系列预防和调节措施，以保证成本管理目标的实现。主要实现途径包括实行定额管理、预算管理、减少用工成本、国产化改造与节能管理。

（余才高）

城市轨道交通运营维护保养 urban rail transit operation and maintenance 在城市轨道交通开通运营后，为保障安全、可靠、经济运营，针对轨道交通设施设备的维护保养。维修是为恢复设备达到设计要求的功能所做的工作，包括故障诊断、故障排除、维修后功能测试，以及各类大修、中修、小修等。保养是为了保持设施设备处于良好的状态所做的工作，包括清洗擦拭、润滑涂油和检查调校等。

维保对象 城市轨道交通设施设备具有专业多、技术含量高、分布广、各专业之间接口关系复杂等特点。需要维保的设施设备系统一般包括3类专业子系统：①行车设备类。如车辆、信号、通信、供电和轨道等系统。②服务保障类。如通风空调、低压供电、给排水、电扶梯、屏蔽门、售检票（AFC）和乘客信息等系统。③安全保障类。如综合监控、环境监控（BAS）、火灾报警（FAS）和视频监控（CCTV）等系统。设施设备的维护保养工作对运营安全、服务质量和运营成本有重要影响。

维保管理体系 以管理理念为导向、组织结构为框架、管理控制为核心、流程和制度为基础的一个动态管理系统。城市轨道交通设施设备维保模式和维保体制包括全员生产维护方式（TPM）、以可靠性为中心的维修（RCM）、状态维修（CBM）、故障维修模式和失效及影响分析（FMEA）等，从维保模式的设计、维保组织的构建、维保计划、维保质量、维保安全、维保财务和维保技术等层面进行综合考虑，形成了具有各自城市特色的维保管理体系。轨道交通专业复杂和分布区域面广是轨道交通设备维保管理面临的主要问题。合理协调轨道交通多个专业的工作，处理好分散在整个路网上的设备与设备之间的管理方式，以及专业与设备分散区域之间的统一管理等，是轨道交通设施设备维保管理面临的管理难题。

城市轨道交通设施设备的维保管理模式，都是按照设备专业设置相应的管理部门或者公司，而在一些特大城市，轨道交通已形成网络，巨大的成本压力使得轨道交通企业不得不开始探索新的管理模式，开始提出网络化条件下维保资源共享的理念，探讨如何建立综合维修管理模式，降低设施设备的维修成本。通过机构重组，在线网内建立综合维修基地，区域内共享维修保障资源，将管理部门由专业部门向区域化部门集中管理的方向发展，从而实现对线网区域内设备的集中管理。

维保策略 从一定的技术经济因素考虑，对设施设备或零部件所进行的维保方式和程度的规定。维保方式可以分为定期预防性维修、故障修、状态维修和改善维修等，多采用计划修和故障修相结合的方式。一些城市开始探讨并应用状态修等其他先进的维修方式，维修的程度往往根据设备的状态进行调整。

维修作业包含设备的检查、保养、维修和故障抢修4种生产作业。按照作业性质可以分为计划性维保和非计划性维保。

计划性维保 按照作业时间不同可以分为白天运营时间的维保和夜间停运之后的维保。白天设备维保多发生在基地段场、车站设备房等不影响行车的设备检修处。计划性维保是按既定的维保计划组织实施。城市轨道交通设施设备维保工作分为定期检查、定期保养、维修作业3类，通常简称为检、养、修。

定期检查 设备的检查分为日常检查、定期检查和专项检查等。巡检是利用人体的感官（视、听、触、嗅、味）或借助辅助工具、检测设备等对设备进行检查或监测，发现设备劣化信息和故障隐患等，采取改善对策，将设备隐患消灭在萌芽状态的一种管理方法。

定期保养 保养作业分为一级保养和二级保养等。①一级保养。是工作量最少、检修周期最短的计划维修。主要对设备的外观和操作界面的检查和清洁，对设备状态和功能的确认，查看并记录设备的主要运行参数，及时报告设备的各类不良状态。②二级保养。是对设备性能检查和功能测试，零部件清洁和紧固的计划维修。主要对设备的功能进行检查测试，检查主要零部件，进行清洁、紧固、润滑，修复设备不良状态点（故障隐患点），保证设备稳定运行。

维修作业 通常为周期性维修，如日常维修、小修、中修、大修、状态修、更新改造等。周期性维修能比较可靠地保证设备运行，但投入的维修成本较大，在一定程度上存在过度维修的问题。随着设备技术升级、监测监控技术的提升，周期性维修会逐步减少而向状态维修过渡。

非计划性维保 设备故障、设备升级、设备隐患排查等一系列临时的维护行为。工作需占用轨行区资源，且不同专业之间作业交叉多，需要相互协调，合理分配时间和空间资源，大部分集中在夜间天窗期（运营结束后至第二天运营准备前的一段时间）。所有维修作业必须严格执行请销点制度，工完料清，避免作业冲突和遗留物造成安全事故。

维保模式 一般按照实施主题的不同分为自主维保、委外维保和联合维保3种模式。①自主维保。由运营单位利用自身的人力、设备和技术等资源，自行承担维保工作。②委外维保。在运营方的监督管理下，将维保的部分或全部项目外包给市场上的专业维保单位完成。委外维保是通过市场化运作模式，以社会化手段进行设施设备的维修，追求以最小的资源投入和最佳的配置模式实现综合效益的最大化。③联合维保。是运营单位和专业维保单位以联合体或专业分工形式，共同完成维保。

按照维保内容、性质、周期，分为项目型委外、劳务型委外和任务型委外3种。维保模式的确认是一个复杂的过程，既要充分了解3种维保模式的优缺点，又要详细分析相关政策法规和设施设备的专业特点，还应结合运营线网的发展阶段、企业战略、人员与技术力量现状、维保市场等情况进行综合研究，从而确定相对科学合理的维保模式。

维保驱动 建立设备维保驱动机制，从标准驱动、状态驱动、绩效驱动和任务驱动4个维度推动设备维保工作。①标准驱动。根据设备修程排定设备维修计划，按计划执行维保工作，如城轨车辆日检（每天）、全效修（每月）、架修（50万～60万千米）、大修（100万～120万千米）。②状态驱动。根据设备状态安排设备维修任务，一方面通过检测手段，提前发现设备劣化趋势，提前进行维修，以避免故障或事故发生；另一方面，可对设备运行状态进行综合评价，确定设备状态等级，安排检修任务，如隧道沉降监测、网轨车定期对轨道状态检测、轮对状态监测、高压供电预试等。③绩效驱动。通过管理对标，对设备的维修范围、维修策略、维修工艺、维修周期等不断调整优化，确保设备运行稳定、风险可控、成本最佳、资源配置最优。④任务驱动。设备故障、设备升级、设备更新改造、设备隐患排查等一系列临时的纠错、保障、突击、抢修等性质的维护行为。

维保标准 设施设备维保标准包括质量手册、管理程序、检修规程、维修工艺、作业指导书、故障处理指南、应急预案等技术文本，对人员检修作业、故障处理提供标准依据。技术标准的编制依据主要是国家法律法规、行业规定、施工图技术要求，以及厂家维修手册的要求等。

维保凭证 在设施设备的维保管理中，用于记录设备维护、设备状态、设备故障和备件更换等，并明确各方责任的书面证明，一般设置成表格形式。一张表格有固定栏目和每次要填写栏目，固定栏目包括标题、表头、各种线格和文字说明等，标题要意思明确，语言简练；填写栏目，要求数据来源可靠，易于收集，并要考虑最大的可能值，留有足够的空格余地。维保凭证一般包含维修计划、维修工单、维保记录、性能测试记录、润滑换油记录、修理质量检验单和故障记录等。利于质量追溯、维保监督、管理、检查、统计、分析和经济核算等，仍以纸质记录为主，伴随着信息化、智能化发展，设施设备全寿命周期管理系统逐步建立，维保凭证逐步实现无纸化。

（佘才高）

城市绿道 urban greenway 通常沿着河滨、溪谷、山脊、风景道路等自然走廊，或沿着诸如用作游憩活动的废弃铁路线、沟渠等人工走廊建立的线形绿色开敞空间。绿道内设可供行人和骑车者进入的景观游憩线路，连接主要的公园、自然保护区、风景名胜区、历史古迹和城乡居住区等，有利于更好地保护和利用自然、历史文化资源，并为居民提供宜人的游憩和交往空间，兼具生态、社会、经济、文化等多种功能。

城市绿道一般由绿廊、慢行道、驿站和标识系统组成。其中，绿廊由地带性植物群落、水体、土壤等具有一定宽度的绿化缓冲区构成，起到保障绿道基本生态功能、营造良好景观环境作用；慢行道按照使用方式不同分为步行道、自行车道和综合慢行道3种类型；驿站是绿道服务设施的主要载体，承担休憩、换乘、租售、露营、咨询、救护、保安等功能；标识系统一般包括信息、指示、规章、安全警示标识4种类型，具有解说、引导、禁止、警示、科普、宣传教育等多种功能。

世界上第一条真正意义上的绿道始建于1867年，是美国的F.L.奥姆斯特德设计的美国波士顿公园绿道系统。经过一个多世纪的理论探索与建设实践，绿道的规划建设逐渐成熟和完善，已成为世界各国解决生态环保问题和提高居民生活质量的重要手段。中国珠三角的一些大城市率先建设了城市绿道，后其他城市也纷纷加入绿道建设行列。（叶建红）

城市排水与内涝防治系统 sewerage and urban flooding control system 通过城市排水工程设施（包括雨水、污水和内涝防治设施）的规划、建设和运行，以及预警和应急等非工程性措施的实施，以满足保障居民生活和社会经济发展的生命线、保障公众身体健康、保障水环境质量和水生态安全的要求。

背景 排水与内涝防治设施的建设在中国历史悠久，早在战国时期就有陶土管排除污水的工程设施。中国古代一些皇城，已建有比较完整的明渠和暗渠相结合的渠道系统。中华人民共和国成立后，随着城市建设的不断推进，排水与内涝防治设施也得到了快速的发展。21世纪以来，各地区、各部门大力推进排水与内涝防治设施建设，将城市作为有机生命体，结合建设海绵城市、韧性城市要求，实现碳达峰、碳中和任务，对标国际先进技术，排水行业进入新的发展阶段。

在城市中，人类从事生活和生产活动而产生的污水，其自然归宿是排放水体。水体具有一定的稀释和净化能力，虽然使污水得到进一步净化，但同时也造成水体污染，因此污水需要及时妥善的收集和处理。雨水降落地面，一部分渗入地下形成地下径流补给地下水，一部分沿地面流动形成地表径流，冲刷下垫面后汇入河流。快速的城镇化加剧了城市扩张与自然承载能力之间的矛盾，硬化屋顶地面致使雨水排水强度加大；规划中片面追求用地指标侵占或缩窄了天然水体，致使雨水调蓄功能萎缩；高水位、大水面的建设阻碍了雨水的自然调蓄和下泄等导致内涝问题频出。因此，需要及时妥善地收集和排放雨水，以减少暴雨等对居民生活和社会经济发展的危害。

功能和基本原则 城市排水与内涝防治系统的功能是收集、输送、处理、再生、排放污水和雨水。

城市排水与内涝防治系统规划、建设和运行的原则包括：①统筹区域流域的生态环境治理与城乡建设。保护和修复生态环境自然积存、自然渗透和自然净化能力，合理控制城镇开发强度，满足蓝线和水面率的要求，实现生活污水的有效收集和污泥的安全处理处置。②统筹水资源利用与防灾减灾。提升城镇对雨水的渗、滞、蓄能力，充分利用再生水，强化雨水的积蓄利用。③统筹防洪与城镇排水防涝。提升城镇雨水系统建设水平，加强城镇排水防涝和流域防洪的体系衔接。

排水体制 根据城市内收集、输送污水和雨水的方式不同，可分为合流制和分流制两种排水体制。排水体制的选择根据城镇的总体规划，结合当地的气候特征、地形特点、水文条件、水体状况、原有排水设施、污水处理程度和处理后再生利用等因地制宜地确定。

分流制排水体制 分别用雨水管渠和污水管道收集、输送雨水和污水的排水方式。城市不同地区可选择不同的排水体制，但相邻排水系统如采用不同的排水体制，需要明确各自的边界，分流制雨水系统的排水管渠不和合流制排水系统的合流管渠连通。除降雨量少的干旱地区外，新建地区通常会采用分流制，污水由污水收集系统收集并输送到污水厂处理；雨水由雨水系统收集，就近排入水体。

合流制排水体制 是用同一管渠系统收集、输送雨水和污水的排水方式。对于现有合流制排水系统，应科学分析现状标准、存在问题、改造难度和改造的经济性，结合城市更新，采取源头减排、截流管网改造、现状管网修复、调蓄、溢流堰（门）改造等措施，提高截流标准，控制溢流污染，并应按城镇排水规划的要求，经方案比较后实施雨污分流改造。当汇水范围内不具备条件建造雨水调蓄池收集受污染径流时，可通过提高截留干管截留倍数的方法，避免溢流污染。

措施 现代城市排水工程设施包括雨水系统和污水系统。

雨水系统 为解决排水内涝防治和径流污染控制的问题，实现雨水的收集、输送、径流的下渗、滞留、调蓄、净化、利用和排放，城市应建设涵盖源头减排、雨水管网和排涝除险设施等工程性措施和应急管理等非工程性措施。传统的雨水系统以雨水管网、泵站等灰色设施为主，聚焦雨水快速排放。随着海绵城市建设理念的推进，雨水综合管理的目标除了水安全，还需兼顾水环境、水生态和水资源，为保护和修复水的自然循环，雨水系统的布局应坚持绿色设施与灰色设施相结合、蓄渗和排放相结合。其次，雨水系统应与城镇周边的河流水系、湿地系统、绿道系统等做好衔接，加强对涝水的蓄排，结合城镇竖向合理、遵循高水高排和低水低排的原则，设置行泄通道或调蓄设施等，并与城市蓝绿空间充分结合。雨水系统的建设规模应满足年径流总量控制率、雨水管渠设计重现期和内涝防治设计重现期的要求。排涝除险设施应和源头减排设施、雨水管网作为一个整体系统校核，满足内涝防治设计重现期的设计要求。在工程性措施的基础上，雨水系统还需做好预警预报和应急管理，根据城镇规模、城区类型、降雨特点、现有设施情况、保障级别和响应时间等配备足够的设备和人员，尽可能减少内涝带来的人员和财产损失。为妥善应对超出内涝防治设计重现期的极端暴雨事件，城市雨水系统还应制定科学合理的应急预案，确定组织体系、预测预警机制、各有关部门处置措施、信息发布机制和应急保障机制等，统筹协调排水、气象、水利、路政、交通等多个部门，统一指挥、分工合作，保障城市基础设施稳定运行。

污水系统 为实现污水的有效收集、输送、处理、处置和资源化利用，促进水的良性循环，城市需构建包含污水管网、污水处理、再生水处理利用和污泥处理处置的污水系统。污水系统的建设规模通常由旱季设计流量和雨季设计流量确定。其中，旱季设计流量主要包括人类生产生活产生的污水和部分入渗地下水，雨季设计流量是在旱季设计流量基础上进一步考虑了受污染雨水。污水管网依靠污水管道、附属设施、泵站将生活污水和受污染的雨水收集并输送到污水处理厂，经处理达标后排放自然水体。污水处理是指采用物理、化学、生物等方法进行净化的过程。现代污水处理技术根据水质状况和处理后水的去向分为一级处理、二级处理、深度和再生处理。一级处理主要去除污水中呈悬浮状态的固体污染物质，通过沉淀法等物理处理工艺实现。二级处理主要去除污水中呈胶体和溶解状态的有机污染物质，通过生物膜法或活性污泥法为主的生物处理工艺实现。深度和再生处理分别以排放标准和回用水质要求为目标，处理工艺包括**混凝**、**沉淀**、过滤、消毒、活性炭吸附、**膜滤**等。污水处理过程中，因污染物的迁移转化会产生二次污染物，即为“污泥”。相应地，污泥也需要妥善的处理和处置，避免污染再次进入环境。污泥需要进行减量化、稳定化和无害化处理，并要在保证安全、环保的前提下推进资源化利用，做到污泥处理和处置的可持续发展。

（张　辰）

城市桥梁　municipal bridge　城区范围内建造的跨河、跨江、跨海湾桥梁、立交桥梁及人行桥梁等。城市桥梁更加注重无障碍设计和行人、非机动车的通行，同时也更加注重桥梁与城市景观的协调。

城市桥梁根据城乡规划确定的道路等级、城市交通发展需求，遵循有利于节约资源、环境保护、防洪抢险、抗震救灾的原则进行设计。

桥梁美学成为城市桥梁建设的重要内容，城市桥梁是城市中一道亮丽的风景线，有的甚至是一座城市的标志。

昆山玉峰大桥就是一座典型的城市桥梁。设计突破传统桥梁设计理念，更加注重行人、非机动车与机动车的分离，方便市民观光游览的同时也实现了桥梁与城市景观的协调。（肖汝诚）

城市生活垃圾降解固结理论　degradation-consolidation theory of municipal solid waste　描述城市生活垃圾降解固结过程的理论。是固废土力学的核心理论。

降解固结过程　城市生活垃圾降解固结过程指填埋场中的城市生活垃圾在生化降解作用下可降解的固相产物逐渐分解，同时产生渗沥液、**填埋气**、污染物和热量，并发生生化降解、骨架变形、液气渗流、溶质迁移和热量传导的相互作用。

城市生活垃圾与传统土力学中的土体类似，由固相骨架、孔隙液和孔隙气三相组成。作为一种特殊的土，其特点在于固相骨架含有可降解固相组分，其会随着时间发生降解，并产生渗沥液、填埋气和污染物。

城市生活垃圾的降解固结过程与传统土力学相比除了受外荷载、孔隙液气压力的控制之外，还受到降解的影响。生化降解使城市生活垃圾骨架逐渐软化，压缩性改变，产生额外变形。同时，由于孔隙体积和结构的改变，城市生活垃圾的导水导气性能随填埋龄期和埋深而变化。

城市生活垃圾降解固结过程中发生着以生化降解驱动的骨架变形、水气运移、污染物迁移和热量传导的耦合过程（见图）。其中，生化降解过程的降解速率与含水量、温度、底物浓度等因素相关。生化降解产渗沥液和填埋气，使孔隙液气压力改变，形成液气渗流的同时还会使骨架变形。生化降解产热使温度升高，影响生化降解速率以及污染物溶质分子扩散速率。

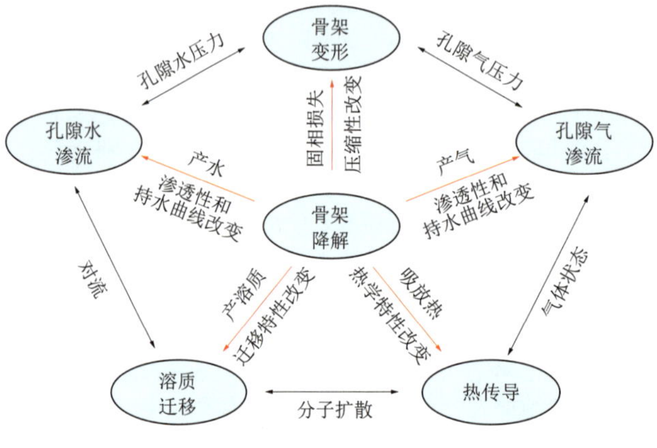

城市生活垃圾降解固结多场耦合作用示意图

分析方法　对于城市生活垃圾降解固结过程可通过建立多场耦合模型进行分析。分别对生化降解、液气渗流、溶质迁移、骨架变形和热量传导建立控制方程，然后利用有限元等数值方法求解控制方程，获得城市生活垃圾降解固结过程中各个变量的演化过程，包括生化降解中的各个组分的质量、产液气量、孔隙液气压力、位移、温度，以及污染物浓度等。

科学和工程意义　城市生活垃圾降解固结理论在饱和固结理论、非饱和固结理论的基础上，结合生化降解、溶质迁移及热量传导理论，突破了传统土力学假定“固相质量不变”和环境工程学忽略“固结影响降解”的局限性，解决了城市固废填埋场中固液气相转化、骨架变形、渗流和溶质迁移及热量传导耦合分析的科学难题。

在工程应用中，该理论可以揭示高厨余含量城市生活垃圾填埋场降解初期产液气量大、液气渗流相互阻滞等导致堆体水位壅高的根源。为高水位条件下运行的填埋场易发生失稳滑坡、填埋气难收集、污染物泄漏等难题的解决提供分析方法。利用该理论可以对渗沥液处理设施、填埋气收集系统、防污屏障及覆盖层的设计进行指导。同时，还可以对降解稳定化过程进行分析，为填埋场运行过程中的调控、封场时机及资源化利用提供理论支撑。

（陈云敏　徐文杰）

城市水生态环境　urban ecological water environment　以城市各类水体为基础，具有水源供给、水质净化、生态景观、抵御城市内涝洪灾等多种功能的水生态系统。

存在的问题　城市水生态环境与城市社会经济发展密切相关，不协调的社会经济发展会引发一系列城市水生态环境问题，主要包括以下3个方面：①未系统统筹城市水生态建设，城市治水体制机制欠缺。城市化不断发展使建设用地需求不断增加，加上对城市水生态环境的排涝、景观、生态等服务功能重要性认识不足，更为重要的是在建设过程中未系统统筹城市水生态环境各组分之间联系与整体性，导致城市硬化面积增长，水体面积急剧减少，使原有城市水生态系统（如城市湿地、湖泊与河流系统）遭到破坏。同时，由于地域、经济与文化水平差异，在对城市河道水生态治理、保护与管理过程中存在未按长远规划考虑，形式主义严重，未统一标准化实施，城市涉水管理部门交流较少及奖惩法制机制不健全等一系列治水体制机制建设、执行与管理问题。②城市水体污染严重，水生态环境受到严重威胁。随着城市化不断发展，大量工业生产及生活污水随意或未达标排放，其直接进入城市水生态系统可能会超过其环境承载能力，使水生系统中出现藻类爆发，鱼虾死亡与黑臭水体等现象，严重甚至造成系统丧失自我水质净化能力。同时，在城市中人类活动会产生大量悬浮颗粒、重金属、氮、磷及有毒有害物质，其通过地表径流、大气沉降等方式进入城市各类水体中，给水生态系统造成不同程度压力。此外，城市建筑、河道与人工湿地等建设过程中，将原有城市水生态破坏，过度采用混凝土、砖砌石块等硬质材料，会严重削弱河道水体与河岸土壤、地下水与生物群落间物质与能量交换，使城市水生态修复功能受损。③城市用水需求量剧增，水质型缺水日益突显。随着城市人口不断增长、生活水平不断提高和高耗水工业生产等，使得水资源需求量快速增长，加之城市各类水体受到不同程度污染、工业与生活供水不平衡引发水质性缺水，这些都可能加剧城市水生态环境恶化。

治理措施　改善城市水生态环境同

题，可采取以下措施。

统筹规划制度建设　主要包括：

统筹城市水生态环境规划　在规划、设计与建设过程中应全面调查和核查区域水生态环境现状，收集整理当地相关数据，根据现有数据预估城市水生态承载能力，并从经济、生态与系统综合评估分析，以确定水生态规划与设计方案。在统筹规划、设计与建设城市水生态过程中，应始终贯彻和落实人与自然和谐共生生态意识，最大限度实现和谐可持续发展。城市水生态环境建设中要遵循以下原则，①基于近、远期城市总体规划方案，动态更新城市水生态规划方案。②采用整体思想，遵循全流域研究、全过程控制、全方位治理、全社会参与的水生态治理思路。③寻根查究各类污染水体污染源头，从根本上解决水生态中水体污染问题。

健全城市治水体制机制　主要措施有：①加快落实城市水生态管理部门调整优化。实施城乡水资源一体化管理，加大涉水管理部门之间交流合作，推进城市水资源一体化管理体制改革。②全面统一落实河长制。将河长制落实到城市各个河道内，在河道中建立主要责任人、公示牌与举报电话，接受群众监督。③推行城市水质污染奖惩机制。如采用“谁污染谁付费，谁破坏谁负责”的生态补偿金制度，将相应责任进一步明确化。

深入开展污水防治　提高污水收集处理覆盖率，融入绿色生态修复方案。部分居民生活区存在未配套建设污水管网、雨污合流与管网渗漏，加上部分工业污水漏排、偷排现象，导致大量污、废水进入城市各类水体中，给水生态环境造成不同程度威胁。为了解决上述问题，可对污水管网升级，更换老化漏损管道，实施雨污分流改造，提高污水截留与处理率。具体而言，在受点源污染河道，于河边建设截污箱涵，将漏排污水或断网点污水纳入箱涵，最大限度减少外源污染物入河通量。对于工业或污水处理厂等重点点源污水排放区，可适当增加污水强化处理设施，进一步削减污染物入河负荷，削减河流外源性污染。同时，加强受污染河道生态清淤，控制内源污染物释放，保留必要底泥厚度，维持底栖生物生存生态环境。

对比不同污水处理方法，物理与化学污水处理技术具有去除效果好，可满足不同处理水量需求，但存在耗药剂量大，易引发二次污染等问题。污水生态修复技术一般具有低成本、环境友好、去除效率较高等优点，已得到了广泛研究与实际应用。例如，人工湿地净化技术由于具有建造运行费用低、处理效率高、环境友好、生态景观效应等优点，其在分散式生活污水与废水深度处理中得到了广泛应用。对于不同城市水生态环境问题，可依据气候条件、水资源分布、地形、地质条件、污水来源及雨污水管网建设情况，结合区域水环境容量，选取经济可行的生态污水修复方案。

在城市污水治理的过程中，应重点关注流域生态治理。①从源头上对河流进行减排。加大污水收集处理覆盖率，以有效控制入河污染物通量，实现水功能区达标。②对于城市污染严重的河道进行清淤除污、岸坡修补加固与城市湿地修复等工作，以改善河流沿岸水生态环境。还可通过人为引入水生植物、鱼类、微生物等措施来净化河流中污染物。③对河岸进行涵养水源、水土保持等生态化改造工作。利用植被实现坡面保护和侵蚀控制，使河道水体和河床之间的相互联系不被割断，生物护坡、植被固坡与污水修复等功能不被破坏。通过各种生态修复技术的使用，可提高城市水生态环境物种丰富与多样性，进而增强系统水体自净与自我调节能力。

控制城市总用水量　主要措施有：

加强城市用水总量控制　由于城市建设与人类活动对水体过度使用与污染，使得可利用水资源量逐渐减少。为了解决城市水资源短缺问题，需加强城市用水总量控制，可采取如下措施：①开采未利用水资源。缓解资源性缺水问题。如海水淡化、地下水与两极冰川水资源开采等。由于地域、气候与经济差异导致水资源在空间上分配不均，可采用人工跨区域调水工程，如南水北调。②修复受污染可利用水源，提高水资源重复利用率。水体污染易引发水质性缺水问题，需加大对受污染水源点污水处理与生态修复，同时对未受污染水源点水源进行保护，减少水质性缺水问题发生。在提高可利用水源水的同时，还需要重视水资源重复利用率，如在新建居民小区中配套中水处理设施进行中水回用、在城镇污水处理厂配套建立再生水回用系统等来缓解城市用水量不足问题。③倡导公民节约用水，推进节水型社会建设。通过报纸、新闻与新媒体等方式宣传节约用水，提高公民节约用水意识，同时对现有高耗水、高污染企业，调整产业结构与生产模式，加快产业升级与节水技术改造。

调节城市用水供需平衡　主要措施有：①提高供水系统稳定性。加大对供水系统更新，大力改进供水系统安全稳定性，并鼓励创新研发，解决老旧小区水压不足等实际用水难题。②升级更新水厂滞后工艺设施，强化运行管理维护。各个供水企业应在现有工艺技术与经济基础上，改进落后净水工艺。在选择净水工艺时应首先对原水水源进行深入调研，对水质现状及其变化趋势进行分析，再结合现有技术进行必要改进，全方位提升自来水处理水准与能力。

（田　禹）

城市水体　urban water　流经城市辖区内河流、小溪、人工运河以及城市区域内池塘、湖泊与水库等各类水体。城市水体作为城市水生态环境重要组成部分，具有多种生态功能。不仅是公众亲水娱乐、亲近自然的重要场所，还具有提供丰富动植物产品、交通运输、景观、旅游休闲、调节气候与维持生物多样性等多种功能。

特点　与自然水体相比，城市建设与人类活动使城市水体具有不同的特点。一般来说，城市水体大多为静止或流动性差的封闭型水体，存在内河活水循环受阻、水流外排能力有限、水系流动性较差等特点。在城市化过程中，随着对城市土地不断开发并修建混凝土建筑物，不可避免会破坏原有水生态系统，导致城市水体类型单一化、水域面积剧降与水系连通性较差。同时，城市密集的人类活动，在生产与生活中产生大量污染物会引发城市水体污染、水生态破坏与水体黑臭等问题，致使城市水体环境容量小，自净能力差，抵御洪涝灾害等生态功能受损。

衡量指标　水质是衡量城市水体健康程度重要指标，其变化规律较为复杂，受到诸多因素的影响。水质由水的物理、化学与生物特性等因素决定，主要包括气候条件（温度、光照、降雨、风力等）、水文特征（水流量、流速、水深、河流泥沙等）、地理特点（地质类型、地理位置）、水生态功能（水体自净、气候改善等）、水中各类污染物负荷和水体流量等。

城市水体水质变化是一个复杂过程，主要包括：①水体复氧与耗氧过程。城市水体溶解氧补充与消耗是衡量水体自净功能的重要参数，可直接影响水体污染物浓度和赋存形式。水体复氧可分为自然与人为两种方式。前者主要指通过大气表面直接接触复氧、自然水力跌水、藻类与绿色水生植物等光合作用使水中氧气浓度增加，其溶解氧补充量受区域气候条件、水流特征与可光合作用水生植物等相互影响。人为水体复氧是通过鼓风、机械曝气设备与人工跌水曝气构筑物加速向水中传递氧气，其主要特点是曝气量可人为控制，但存在投资运行费用限制。水体耗氧过程主要涉及水中各有机物、氨氮好氧转化分解，硫化氢、亚硝态氮等还原性物质氧化与水生生物呼吸作用耗氧等过程。②污染物迁移与转化过程。由于城市密集的人类活动与工业生产，不可避免地通过点源、面源、大气干湿沉降与底泥释放等途径向城市水体输入大量氮、磷、重金属与持久性有机物等。水体中不断输入的污染物，可通过水体稀释、水生动植物吸收、微生物氧化分解、碳氮元素生物地球化学循环等使其发生迁移与转化，进而影响水质演变规律。 （田 禹）

城市水系统工程 urban water system engineering 以水的社会和自然循环为研究对象，研究其中水量和水质的复杂变化规律以及水安全保障的工程技术问题，以实现水循环的良性健康和水资源的可持续利用为目标的技术工程。水是人类生存、生活和生产必不可少的宝贵资源。城市水系统是社会、经济和环境等因素共生发展的产物，是水自然循环与社会循环的耦合系统，包括城市地表水和地下水资源、城市供水、城市排水、城市再生水、城市内涝防治以及城市水体（河湖）等子系统。城市水系统工程的建设与发展以“保护城市水资源、提升城市水环境、重构城市水生态、保障城市水安全”为导向，遵循“因地制宜、科学规划、绿色低碳、经济高效”的原则，满足人民日益增长的安全用水需求，实现城市可持续发展、自然生态系统健康、人居环境质量改善的协调统一。

发展历史 自古以来，城市的发展离不开水，基本遵循“依水而居、因水而兴”的普遍规律。清洁的水资源满足了城市生产生活、景观娱乐、生态宜居、航行运输等多种需求。纵观历史，城市水系统随着城市的兴起而出现，也伴随城市化进程而变革，是人类文明发展的重要组成部分之一。5000多年来，城市发展的历史可分为古代、近代和现代等阶段；相应地，城市水系统的发展史也可根据其建设模式和技术特征划分为古代、近代和现代3个阶段。

古代的城市水系统 据考古发现，3000年前中国商朝都城殷墟已拥有具备供排水功能的城市水系统雏形，这表明中国古代城市水系统的出现至少早于古罗马文明近千年。随着生产力的发展，特别是畜牧业、手工业以及商业社会分工的出现，人类开始聚居并形成了城市。此时，城市水系统的主要功能是满足居民的饮水需求，其特征是以井水、泉水以及河渠湖池为主要水源，通过建造基于重力作用的管渠系统以及一些简单的配套设施，实现城市居民用水供应。在排水方面，居民产生的尿液和粪便，起初是由周边的庭院或农田消纳；伴随人口增长和城区民宅日益密集，人们开始通过修建简易排水沟渠以及陶制管道而将污水、雨水就近排入自然水体，城市合流制排水系统的雏形就此形成。

近代城市水系统 自18世纪中叶第一次工业革命爆发后，全球城市人口激增，社会经济得到快速发展，但也造成了人类史上第一次大规模的环境污染。城市居民日益增加，日常产生的粪便、垃圾得不到及时处理，直接排入自然水体，造成城市水源污染，继而引发了霍乱、伤寒等介水传播疾病。针对水源污染及环境卫生问题，城市供水系统日臻完善。初期，主要通过工程规模扩张来应对问题，如将取水口向河流上游移动，或者修建远距离排水管道。但是，这些措施并无法长效地解决问题。此时，水质净化（如过滤和消毒）和污水处理工艺（如早期沉淀分离，以及1912年英国人发明的活性污泥法处理工艺）的出现，成为近代城市水系统完善的象征。

现代城市水系统 自20世纪中叶起，得益于民众环保意识的觉醒和科学技术的发展，给水和污水处理工艺技术也在不断地优化升级，新型处理技术层出不穷。然而，伴随现代城市人口和经济的进一步高速发展，城市的可持续发展又面临水资源短缺、排水溢流污染、河湖富营养化等新挑战。这些问题既破坏了水生态环境的健康，又极大限制了社会经济的高质量发展。另一方面，人们也开始意识到开源节流的重要性。推广使用节水器具，开发再生水、雨水和海水等非常规水资源、规划设计分流制排水系统，采取合流制溢流控制策略等措施成为现代城市水系统创新发展的方向。其中最为重要的变革，是人们开始基于系统思维重新思考传统城市水系统的规划设计和运行管理模式。其中，海绵城市与智慧水务的提出和实践，则是当代城市水系统创新发展的重要代表。

海绵城市的起源与发展 “海绵城市”是2013年由中国国家主席习近平提出，特别强调了“自然积存、自然渗透、自然净化”，是新时代城市雨洪管理和水生态环境改善的新理念。海绵城市指在适应环境变化和应对自然灾害等方面具有良好的弹性和韧性，重点解决城市涝灾与城市水环境污染等问题，充分考虑水资源、水环境、水生态、水安全、水文化，满足城市水系统的统筹管理、保护与利用，实现蓝绿融合、灰绿结合，缓解热岛效应，确保生态优先、绿色低碳发展。海绵城市建设是具有中国特色的城市水系统治理理念，基于海绵城市理念提出的城市水循环系统4.0，针对“源—网—厂—河湖”关键单元统筹考虑，是对当代城市水系统的完善和提升。2014年和2015年，中华人民共和国住房与城乡建设部和国务院办公厅相继发布《海绵城市建设技术指南》《海绵城市建设绩效评价与考核办法（试行）》和《关于推进海绵城市建设的指导意见》，部署推进海绵城市建设工作。自2015年在中国开展了试点和示范，在解决城市内涝、水资源短缺以及水环境质量恶化等方面取得显著成效，也得到了国际社会高度认可和重视。

智慧水务的提出与发展 水务领域创新发展主要分为智能化、信息化和智慧化3个阶段。①智能化。此阶段的实现以机械设备的自动化为核心，重点在于提升供水厂和污水厂的生产效率、优化工艺技术，从而减少资源、能源浪费。②信息化。此阶段是运用无线传感、3G等技术构建各涉水部门的业务信息系统，实现水务企业信息资源的集成管理。随着2018年智慧地球、智慧城市等概念的提出，水务领域进入了智慧化发展阶段。智慧水务是充分利用物联网、大数据、云计算及移动互联网等新一代信息技术，对供水、排水、节水、水处理、防涝等水务关键环节进行智慧化管理，深入挖掘和广泛运用水务信息资源，全面提升水务管理的效率和效能，实现状态感知、主动服务、整合资源、科学决策以及自动控制和应对未知风险等多目标，从而保障供水系统从“源头”到“龙头”的水质安全，以及“源—网—厂—河湖”一体化管控，实现城市宜居和水体生态环境安全。自2019年，随着一系列中央政策文件的颁布，智慧水务行业蓬勃发展，大部分省份地区均发布相关实施方案和行动计划，充分结合各地特色推动智慧水务建设。其中有代表性的举措，如大力发展智慧管网，推动数字化升级改造，构建监控调度平台，强化河湖一体化智慧管理，基于城市水系统打造空天地一体化数据采集、感知和智慧管控。

主要内容和任务 城市水系统工程的主要内容包括涉水各要素的顶层规划、工程设计、工程施工和运维管控等方面。①顶层规划。将水系统中的所有子系统作为整体，应用学科交叉渗透的理论方法和数值模拟手段，协调城市运转过程中与水相关的各个方面及水的多种功能，对城市水系统进行整体规划，主要包括城市水环境调查与分析、水资源优化配置、水系布局与空间优化、水生态环境保护、水环境系统安全、规划协调及实施保障等部分，实现系统优化和综合治理。②工程设计。根据规划目标和设计任务书编制工程实施方案，并进行技术、经济、环境、生态效益评估，经多方研讨论证后确定最优的工程设计方案。③工程施工。按现场和施工单位的具体条件选择施工方法，形成施工技术方案，进行施工组织设计和施工监管，按设计要求建造水系统工程设施。④运维管控。基于城市特征，结合社会、经济和生态环境要素大数据，实现水务科学决策和智慧管控。运用生命周期的理念，对城市水系统全要素全流程进行水环境、水生态、水资源、水安全、水经济等多个方面开展综合评估，并结合多目标优化等决策技术手段对城市水系统进行优化管控。

城市水系统建设的主要任务是：①保护城市水资源。提高传统水资源利用效率，增强非常规水资源开发利用意识，形成水量充沛、水质优良、安全高效的水资源保障体系，实现水资源的可持续利用，并履行以水定城、以水定地、以水定人、以水定产，助力社会经济持续发展。②提升城市水环境。加强城市污水系统综合整治，推进雨污分流制排水系统完善和污水处理绿色低碳提质增效，有效控制水体污染和消除黑臭，以进一步完善城市功能、提升城市品位、改善人居环境。③重构城市水生态。建设功能复合、绿色生态的城市水基础设施，实现蓝绿融合连片、灰绿结合低碳，将水系统各类设施因地制宜、统筹考虑，保护和修复山水林田湖草沙等生态空间，树立以生态功能发挥、生态安全保障和生物多样性构建为指导的水体保护理念。④保障城市水安全。充分挖掘城市蓝绿资源构建雨水大排水系统，改善城市下垫面硬化状况，实现小区、道路、广场等暴雨径流控制和初雨污染减排，消减城市内涝和面源污染。构建涉水安全事件的预警机制和应急能力，以确保城市供水安全、保障人民生命财产安全。

成就和不足 城市水系统工程发展产生一定成就的同时，也存在一定不足。

成就 古代城市水系统具备基本的城市供水、排水功能。主要由沟渠、壕池和天然河湖组成，其中输水管道系统以陶质、铅质为主。随着城市规模的扩大，城市居民日常用水排水的需求不断增加，使得城市供排水系统的工程规模不断突破。中国3000年前殷商时期都城殷墟，人口达10万人，城池内排水系统发达，每家每户排出的污水通过陶管排出，并经三通连接进入干管，再经干管排水流入沿道建设的大型边沟，最后汇入河道、池苑水体等得以自然净化。公元前约200年，西汉长安城修建了周长约20千米的昆明湖用于调蓄排水。在西方，公元前约300年的古罗马建成了可满足50万人口需求的供排水系统，以河道、管道或地下隧道组成了长达400千米的引水渠，中途设有倒虹吸管、沉砂水槽、人工水塘等设施。在满足城市居民日常供排水需求下，古代城市水系统形成了基本的供排水能力，有效保障了城市聚集群落的扩建与长期稳定的发展。

近代城市水系统功能主要发展水质净化基础理论和工艺技术。第一次工业革命爆发后，人口经济迅速增长对城市水系统的完善提出要求。由于环境质量的急剧恶化推动了城市水系统的功能进一步升级，即在基本的供排水管道网络上增设饮用水净化和污水处理单元，以应对新发的水源污染和卫生问题，减少介水传播的疾病患病率，进一步提高了饮水的卫生安全，并形成了过滤和消毒相结合的典型给水工艺，以及初级沉淀加活性污泥法的经典二级污水处理工艺，为日后诸多城市水处理系统的设计开发奠定了基础的工艺形式。

现代城市水系统工程强化水污染控制和水质安全保障体系。20世纪中叶，随着工业发展和环境质量问题日益突出，一系列新型的水处理技术、工艺形式和理论得以开发应用，饮用水厂采用臭氧–活性炭技术或超滤工艺有效去除了水中低浓度的有毒合成有机物和重金属，污水厂增设过滤、活性炭、离子交换和消毒单元，进一步提升出水水质。由此，城市水系统在实现水污染控制和饮用水安全保障方面取得了巨大的成就。20世纪60年代，美国提出了“21世纪水厂”概念并进行了实践，通过对传统污水处理工艺的出水进行微滤、超滤、紫外消毒的再处理，将污水处理标准提升至饮用水标准，而后注入地下含水层，实现间接饮用的目的，这一创新实践对污水再生利用产生了深远的影响。此外，新加坡研发推广的“新生水”工艺、欧洲国家提出的可持续污水处理理念、中国提出的海绵城市以及智慧水务管理策略等一系列创新工艺理论，都为城市水系统面向未来的发展指明了方向。

不足 尽管城市水系统在过去的千年间得到了长足的发展，但仍然存在一些不足。

缺乏前瞻性。城市水系统是具有复杂的时空动态特征的，其动态性根据发生的时间尺度可以划分为小、中、大3个层次。①小时间尺度的动态性。主要包括城市用户需水和排水的时间变化、水系统管网输送的延迟以及自然降雨引起的动态性。②中时间尺度的动态性。主要包括城市水系统服务区发展而导致的动态性。③大时间尺度的动态性。主要包括由于自然气候、技术进步和社会行为变化给系统带来的广义的动态性。这些动态特征为城市水系统的规划设计带来了不确定性。然而，在规划体系中，城市水系统通常被认为是一稳态的确定性系统，对系统描述的失真使规划后的系统在运行过程中存在可靠性下降、脆弱性突出、系统间的协调性较差等一系列问题。尤其在人口经济快速发展、全球气候变化的背景下，未来水量和水质的变化将存在巨大的不确定性，如若缺乏对城市水系统前瞻性的规划设计，将可能进一步加剧水资源短缺、洪涝、干旱、水污染等限制人类发展、危害人类健康的水问题。

缺乏生态性。城市是一个自然–人工复合的复杂生态系统，水系统作为其重要的组成部分，同样具有不可忽视的生态性。城市水生态系统是在城市圈内水与各环境要素和社会经济之间相互作用而形成的以水为中心的复杂系统，具有景观娱乐、污染自净、环境调节、水文调节和补充水源的重要功能。然而在既有的治水实践过程中，城市水资源供给、水环境治理及水安全保障过度依赖灰色基础设施，强调借助人工工程技术解决水问题，通过投入大量的能源和药剂实现水安全的保障，并没有充分发挥生态基础设施的生态服务功能，灰绿基础设施融合发展不够、系统性不强，造成城市水系统运行的能耗物耗偏高，碳排放量加大，城市水系统乃至城市距绿色发展要求尚有一定差距。

缺乏系统性。城市水系统包括水源系统、给水系统、用水系统、排水系统、回用系统、雨水系统以及城市水体等各子系统，它们之间具有自然的关联性，存在互馈的机制。但是，对城市水系统的规划管理却缺乏对其系统性的考虑。在设计规划阶段，给水、排水、再生水以及雨水各子系统完全独立，不考虑与其他子系统的关系和协调，也不考虑其他子系统对自身的影响；在日常管理运行阶段，各个子系统通常分属不同管理部门，无法实现综合管理。由此导致了各个子系统在规划设计时只考虑自身的要求和可靠性，但当各个子系统放入社会中集成时，彼此缺乏连接控制，使得整个系统难以充分发挥功能。例如，在城市发展过程中，城市及周边的河流、坑塘、湿地、绿地、林草等蓝绿空间被大量侵占，削弱了水生态系统在景观娱乐、污染自净、环境调节、水文调节和补充水源等多个方面的重要功能，阻断了水的自然循环，降低了城市应对水问题的韧性，增加了区域水资源供应、水安全保障的压力。

缺乏整体性。城市水系统涉及城市水资源开发、利用、保护和管理的全过程。在城市水系统规模较小时，各子系统的功能相对单一，互动过程也较为简单，虽然彼此之间存在联系，但并不紧密。然而，随着水源污染的加剧和用水需求的增加，各子系统之间的关系逐渐发生变化。例如，一些城市因水源污染而需要在净水厂前端设置"处理污水的设施"对原水进行预处理，而一些城市因缺水需要对污水厂的出水进行深度处理后作再生水利用。此时，供水和排水两个子系统便相互交织成一体。城市水源、供水、用水、排水等子系统之间的关系变得越来越密切，相互间的制约或支撑作用也越来越明显。然而，既有的城市水系统规划管理往往是借助现代工程措施快速解决局部的水问题，城市水务管理只负责供水、排水与污水处理中的一部分环节，没有实现全方位、全地域、全过程治理，如此割裂地去对各子系统、各涉水过程进行规划管理显然难以适应城市水系统的整体性要求。

发展趋势 探索非常规水的生态融合与资源高效利用。中国淡水资源严重匮乏，人均淡水资源拥有量仅为世界平均值的1/4，雨水和污水等非常规水已成为重要的水资源。非常规水资源的生态处理、生态储存和生态利用已经成为国家重大需求和科技前沿。未来，如何针对不同用水目标和多尺度循环过程，针对非常规水源中不断检出的优控污染物和新污染物，发展以健康为终点效应的水安全评价方法，研发水中风险物质高效控制原理与技术体系，对实现城市非常规水资源的高效开发、绿色储存与安全利用具有重要意义。

建设蓝绿融合与灰绿结合的水基础设施。涉水基础设施作为城市建设的重要组成部分，是民生保障的基石。未来，涉水基础设施的建设应统筹发挥自然生态功能和人工干预功能，即充分利用城市河湖水系和自然土壤、人工湿地等"蓝色"和"绿色"自然生态系统，科学强化管渠系统、物化净水单元等城市的"灰色"基础设施建设。在城市水系统基础设施规划管理中，充分协调统筹蓝、绿、灰3类基础设施，并与城市土地利用规划、水系统优化布局等城市综合规划和涉水专项规划相协调、相适应。

实现水生态完整性重构与水体功能恢复。维持水生态的健康完整是发挥水生态功能的关键。水生态完整性包括水文情势时空变异性、河湖地貌形态空间异质性、河湖水系三维连通性、适宜生物生存的水体物化特性、食物网结构和生物多样性；各生态要素相互作用，形成完整的结构并具备一定的生态功能。未来，应将生态学理念与环境工程方法充分融合，以"生态优先、绿色低碳"为目标，重构城市的水生态完整性，维系水生物多样性，恢复水生态功能，构建可持续的城市水系统，支撑城市的高质量发展。

发展城市水系统智慧感知与风险防控体系。城市水系统具有系统性、整体性、复杂性和面向未来的不确定性，对其进行全过程、全要素的智慧管控具有重要意义。未来城市水系统需结合社会、经济、环境和生态全要素大数据信息，开展数字规划和前瞻设计，以应对人口发展、气候变化和突发疫情等不定因素对城市水系统安全的影响。进一步地，应构建空天地一体化环境大数据与人工智能平台，实时感知城市水系统的状态变化与面临的潜在风险，构建智慧化的风险防控体系，实现城市水系统的优化管理。（任南琪）

城市水资源 urban water resource 城市工业、城市居民生活用水的来源。

类型 城市水资源包括*常规水资源*和*非常规水资源*。常规水资源指地表水体和地下水体中每年可得到补给恢复的淡水量。非常规水资源包括再生水、雨水、海水和苦咸水。

常规水资源 地表水是河流、冰川、湖泊和沼泽4种水体的总称，是人类生活用水的主要来源，主要通过大气降水补给。①河流。具有分布广、水量更新快、便于取用的特点，是人类开发利用的主要水源。中国大小河流的总长度约42万千米，径流总量达27 115亿米^3，占全世界径流量的5.8%。中国的河流数量虽多，但地区分布却很不均匀，全国径流总量的96%都集中在外流流域，面积占全国河流总面积的64%，内陆流域仅占4%，面积占全国河流总面积的36%。冬季是中国河川径流枯水季节，夏季是丰水季节。这部分水量是比较容易开发利用的地表水资源。汛期洪水难以直接利用，需要修建水库调节。②冰川。极地冰川和冰盖难以大量开采利用，但中低纬度的高山冰川则是比较重要的水资源。高山冰川是固体水库，储存固态降水，泄放冰雪融水，对河流有补给调节作用，使河流的年径流变化比较稳定。中国的冰川都是山岳冰川，可分为大陆性冰川和海洋性冰川，其中大陆性冰川约占全国冰川面积的80%以上。中国冰川分布于西北、西南地区河流的源头，总面积约56 500平方千米，总储量约5万亿米^3，多年平均冰川融水量550亿米^3。冰川融水是中国西北内陆河的水源之一，具有干旱年多水、湿润年少水的特点，对农业生产十分有利。③湖泊。是蓄存、调节径流的水体，更新缓慢。中国湖泊分布很不均匀，总面积约74 280平方千米（1平方千米以上的湖泊有2800余个），主要分布在青藏高原、长江中下游和淮河下游，其中淡水湖泊的面积为3.6万平方千米，占总面积的45%左右。此外，中国还先后兴建了人工湖泊和各种类型水库共计8.6万余座。中国湖泊总储水量约7330亿米^3，其中淡水储量占30%。④沼泽。一种独特的水体，是一些喜湿植物生长的过湿地区。中国沼泽的分布很广，仅泥炭沼泽和潜育沼泽两类面积即达11.3万余平方千米，主要分布在东北三江平原、嫩江平原的低洼处以及黄河上游和沿海的一些地带。井水和泉水是日常使用最多的地下水，供水量稳定、污染少，主要通过入渗补给。

*地下水*是赋存于地面以下岩石空隙中的水，是城市水资源的重要组成部分，由于水量稳定，水质好，是农业灌溉、工矿和城市的重要水源之一。但在一定条件下，地下水的变化也会引起沼泽化、盐渍化、滑坡、*地面沉降*等不利自然现象。依据中国地下水的赋存、分布特点，将地下水类型分为平原－盆地地下水、黄土地区地下水、岩溶地区地下水和基岩山区地下水，其地下水可开采资源量分别为1686.09亿米^3/年、97.44亿米^3/年、870.02亿米^3/年、971.67亿米^3/年，其中超过94%的地下水为淡水。井水和泉水是日常使用最多的地下水。地下水具有给水量稳定、污染少的优点，可开发利用作为居民生活用水、工业用水和农田灌溉用水。含有特殊化学成分或水温较高的地下水，还可用作医疗、热源、饮料和提取有用元素的原料。在矿坑和隧道掘进中，可能发生大量涌水，给工程造成危害。在地下水位较浅的平原、盆地中，潜水蒸发可能引起土壤盐渍化；在地下水位高、土壤长期过湿、地表滞水地段，可能产生沼泽化，给农作物造成危害。地下水也会造成另一些危害，如地下水过多引起铁路、公路塌陷，淹没矿区坑道，形成沼泽地等。地下水有一个总体平衡问题，不能盲目和过度开发，过量的开采和不合理的利用地下水，常常造成地下水位严重下降，形成大面积的地下水下降漏斗，在地下水用量集中的城市地区，还

会引起地面发生沉降。

非常规水资源　可以在一定程度上替代常规水资源，加速和改善天然水资源的循环过程。非常规水资源的充分利用既是解决城市缺水的重要手段，也是改善城市水生态环境的有效方法。城市水资源系统既是城市经济系统发展所需的重要资源，又是城市生态系统的重要组成部分，同时也是社会系统不可缺少的重要因子。

开发要求　城市水资源一般要求水质良好、水量充沛且能满足城市当前和进一步发展的需要。除满足当前生产和生活的需要量外，还应考虑发展的需要。采用地表水时，取水量一般不超过枯水期流量的1/4～1/3；当水量不能满足要求时，可筑坝蓄水，调节径流，增加取水量。采用地下水时，取水量应小于可开采储量。水质应符合规定的水源水质标准，水源水质差必然增加处理费用。优质水源水量不足时，可以分质取水。城市水资源除考虑给水的要求外，还要兼顾农业、水力发电、航运、防洪、排水等方面对水体的要求。

（任南琪）

城市污水处理厂　municipal wastewater treatment plant　采用物理、生物及化学等技术方法，对城市污水进行处理以分离水中的固体污染物并降低水中的有机物和营养物（主要为氮、磷化合物）浓度，从而减轻污水对环境污染，并对处理过程产生的剩余污泥进行处理与处置的场所。是城市污水处理系统最重要的组成部分。城市污水中含有大量的有机、无机化合物、细菌和病原菌等微生物。未经处理的城市污水排放到水环境中，会造成有机物污染而使得水体水质变差、发黑发臭，严重影响水环境质量。此外，氮和磷等营养物过度排入缓流受纳水体，使受纳水体发生富营养化，藻类异常繁殖，降低水的透明度，溶解氧浓度降低及水质恶化，导致水体中其他生物因缺氧而窒息死亡等危害。

城市污水处理厂通常通过一级处理去除无机固体污染物和一部分固形有机物，通过二级处理（大都采用生物处理）去除氮和磷，如有必要，再通过三级处理去除剩余的污染物和微生物等，使污水得到净化，达到排放标准后排放至受纳水体。对城市污水处理厂的剩余污泥进行处理与处置的系统，包括对剩余污泥进行浓缩、稳定化处理、脱水干化等处理的单元。

（杜　睿　彭永臻）

城市污水处理工艺技术　municipal wastewater treatment process and technology　利用各种技术与设施装备，将城市污水所含的污染物从水中分离去除，或者使有害的物质转化为无害的物质，使水质得到净化，满足达标排放或再利用的目的。城市污水处理技术通常以生物处理为主，包括物理、化学和物理化学处理技术等。城市污水处理工艺是多种污水处理技术的组合与应用。城市污水处理工艺技术是根据城市污水处理的排放标准、城市水环境质量要求、来水水质情况、可供利用的技术成熟度、城市经济状况和城市管理运行要求等诸方面因素综合确定的。

城市污水处理工艺按流程和处理顺序划分，可包括预处理、一级处理、二级处理、深度处理（又称三级处理）及污泥处理与处置。①一级处理。一般采用物理法，主要是沉沙池与初级沉淀池，目的是将污水中无机物与颗粒较大的悬浮物通过沉降去除。②二级处理。以去除有机物、氮和磷等营养物为目的，基本都采用生物法处理。生物处理技术主要分为好氧法和厌氧法两大类。根据微生物在反应器中存在的形式，好氧生物处理工艺又可以分为悬浮生长型的活性污泥法和附着生长型的生物膜法；而厌氧法多用于剩余污泥处理。③深度处理。为了满足高标准的受纳水体要求或回用于工业等特殊用途而做的进一步处理，常用工艺有混凝、沉淀和过滤等。④污泥处理与处置。活性污泥法是生活污水、城市污水以及有机工业废水处理中最常用的工艺。按照其反应器类型和活性污泥混合液流态，主要分为完全混合式活性污泥法、间歇式活性污泥法和推流式活性污泥法等。

（杜　睿　彭永臻）

城市污水处理系统　municipal wastewater treatment system　由污水和（或）雨水收集的管道系统、达标排入市政污水管网的工业废水管道系统、污水提升设施、污水处理厂（也包括污水三级深度处理）、污水处理后排出的管渠系统等组成的系统。城市污水处理系统的作用是收集和处理污水及污水处理过程中产生的剩余污泥，使污水经过多重净化后达标排放或者再利用。

城市污水处理系统的接纳对象一般包括城市生活污水和达到排入市政污水管网标准的工业废水。处理的主要污染物包括有机物、氮和磷等营养物以及悬浮固体。

（杜　睿　彭永臻）

城市污水管网　urban sewer　由收集、输送污水/合流污水的管道，以及附属构筑物和污水/合流污水泵站组成的管路系统。

组成　城市污水管网是污水系统的重要组成之一，与污水和再生水处理、污泥处理处置设施共同组成污水系统。城市所有用水过程产生的污水和受污染的雨水径流均应由污水管网收集输送至污水处理厂处理，经处理达标后排放。

城市污水管网包括以下3部分：①污水管道。根据排水体制不同分为分流制污水管道和合流污水管道。合流污水管道旱天输送污水，雨天输送雨污混合水。污水收集和输送应采用管道形式，严禁使用明渠，主要原因在于污水成分复杂，有恶臭气味，含有大量病原微生物，如果采用明渠收集输送会对周围环境产生影响。污水管道在旱天以非满流设计和运行。当污水管道内出现淤积，会影响管道输送能力，合流污水管道中的淤积还会直接导致溢流污染，故污水管道设计应考虑近远期流量选择合适的坡度和设计充满度对应最小坡度，通过保证最小流速避免淤积。②附属构筑物。包括检查井、跌水井、水封井和截流设施等。检查井的位置一般设在管道交汇处、转弯处、管径或坡度改变处、跌水处及直线管段上每隔一定距离处。为防止渗漏、提高工程质量、加快建设进度，检查井宜采用钢筋混凝土等材质的成品井。其次，当管道跌水水头为1.0～2.0米时多设跌水井，当跌水水头大于2.0米时需设跌水井。合理污染截流采用重力截流或水泵截流，中国采用的截流方式大多为重力截流，有条件的地区会采用水泵截流的方式，以提高对截流设施的控制能力。③污水泵站。作为污水系统的重要组成部分，泵站的布置一般以城市总体规划和排水专业规划为依据。因污水泵站抽送污水时会产生臭气和噪音，对周围环境造成影响，多设计为单独的建筑物。

设计　城市污水管网、污水处理厂和污泥处理处置设施应同步规划、同步建设和同步运行管理。城镇污水系统输送、处理等设施的规模应相互匹配，确保污染治理达到预期的目标。随着对城镇排水与污水处理设施维护运营单位的管理要求提高，上下游设施的关系更加紧密，由于管网的问题，如雨污混接、破损等，不仅会影响到上游排水户的排水安全，还会影响到污水处理厂的进水水质和水量，降低污水处理厂运行效率，甚至对再生水厂和污泥处理处置工艺的平稳运行也会造成影响，即使厂和网的权属不在同一管理单位，也应该建立起厂网一体化的管理模式。

污水管网的设计流量应按远期规划的旱季设计流量确定，并合理选择综合生活污水量变化系数，保证最高日最高时的污水输送能力。同时，应复核雨季设计流量下管道

的输送能力。污水泵站的设计流量按泵站进水总管的旱季设计流量确定，总装机流量按雨季设计流量确定。（张 辰）

城市雨水排水系统 urban stormwater system 下渗、蓄滞、收集、输送、处理、利用和排放雨水的设施以一定方式组合成的总体。涵盖从雨水径流的产生到末端排放的全过程管理，起到产流、汇流、调蓄、利用、排放、预警和应急等作用，实现内涝防治和径流污染控制的目标，并保证系统的稳定运行。

影响因素 流经城市的过境河流是城镇区域内雨水径流的重要出路之一，上游来水的过境流量和沿海地区的潮水都会抬高河流的水位，影响城市雨水排水系统排除雨水的能力。因此，城市雨水排水系统需和防洪系统衔接，充分考虑暴雨期间和暴雨之后上游的过境流量和沿海地区的高潮位，确定城市雨水排水系统的设计边界条件，以确保城市雨水排水系统在设计最不利条件时仍能满足内涝防治要求。

组成 城市雨水排水系统由源头减排、雨水管网、排涝除险等工程性措施和应急管理的非工程性措施组成。

源头减排设施 主要通过绿色屋顶、生物滞留设施、植草沟、调蓄设施和透水路面等措施，控制降雨期间的水量和水质，既可减轻雨水管渠设施的压力，又可使雨水资源从源头得到利用。源头减排设施规模需根据年径流总量控制率、径流污染控制目标、建设前径流量和雨水利用量合理确定，并明确相应的设计降雨量，通常采用容积法计算项目调蓄容积。

雨水管网 主要由雨水管道、沟渠、调蓄设施和雨水泵站等组成，应对短历时强降雨的大概率事件，其设计应考虑公众日常生活的便利，并满足短历时强降雨状况下的排水安全要求。雨水管网的规模根据雨水管渠设计重现期确定，并采用年最大值法确定的暴雨强度公式，确定对应雨水管渠设计重现期的设计降雨强度，以便公众理解。

排涝除险设施 主要应对长历时降雨的小概率事件，承担超过源头减排和雨水管网承载能力的雨水径流量的调蓄和排放，确保发生内涝防治设计重现期内降雨时城镇正常运行。这一系统包括：①城镇水体。天然或者人工构筑的水体，包括河流、湖泊和池塘等。②调蓄设施。特别是在一些浅层排水管渠设施不能完全排除雨水的地区所设的地下调蓄设施。③行泄通道。包括开敞的洪水通道、规划预留的雨水行泄通道，道路两侧区域和其他排水通道。排涝除险设施的规模根据内涝防治设计重现期、地面最大允许积水深度和对应的最大允许退水时间确定。

设计原则 源头减排、雨水管网和排涝除险的设施在竖向、平面和蓄排能力上要相互衔接，保证各类设施充分发挥效能。源头减排设施的溢流口设计标高既要确保设施的规模得到充分利用，也要确保超过设施能力的雨水径流顺利排入下游雨水管渠。排涝除险设施的进水口标高要与道路或服务范围内的最低点标高做好衔接，保障内涝防治设计重现期下道路积水不超过最大积水深度，同时还应避免雨水管渠能力尚未发挥的情况下，排涝除险设施就进水的情况。（张 辰）

城镇供燃气 urban gas supply 将固体或液体燃料加工取得的燃料气体，或直接从地下开采的天然气，经净化后作为生活和生产用的燃料输送给各类用户。是城镇建设的一项基础设施。

概况 城镇燃气是城镇能源结构和城镇基础设施的重要组成部分，它为城镇工业、商业和居民生活提供优质气体燃料，其发展在城镇现代化中起着极其重要的作用。提高城镇燃气化水平，对于提高城镇居民的生活质量、改善城镇环境、提高能源利用率，具有十分重要的意义。

燃气的早期应用主要供照明。1882年电灯的发明取代了燃气，于是燃气的主要用途从光源过渡到热源，灶具、热水器、采暖炉以及工业燃气设备和燃气炉窑等也都随之发展。燃烧方法从扩散式燃烧发展为预混式燃烧，燃烧器不断革新。民用燃具不仅追求效率的提高，而且向恒温、定时、自动化、安全使用和舒适化发展。工业应用也能满足各种要求，根据不同用途发展出平焰烧嘴、高速烧嘴、辐射管和预热空气的燃烧器等后，效果显著提高。催化燃烧、浸没燃烧和脉冲燃烧方式的研究也有所发展。

基本内容 城镇供燃气通常由气源、输配系统和燃烧应用装置组成。①气源。城市供应的燃气有取自地层蕴藏的天然气；以煤和石油为原料经热加工生成的煤制气和油制气；从油田采集或在石油炼制过程中产生的*液化石油气*；有机质厌氧发酵制取的生物气；自煤矿抽提的矿井气及工厂余气等。②输配系统。来自长距离输气管线的天然气，结合城市建设规划，敷设地下输气管线和配气管网，设置储气、压送和调压设备，输送和分配到用户。液化石油气则由各种运输工具和设备由产地运送到城市储配站，再以瓶装、管道和分配槽车供应用户。③燃烧应用装置。分民用燃气用具和燃气工业炉。前者由供气管、阀门、燃气燃烧器、支架或炉膛和换热器等部分组成。后者由燃气燃烧器、炉膛、余热利用装置、排烟装置、炉门及提升装置、金属框架、机械传力装置等组成，并附有各种检测仪表和控制系统等。

经济效益与社会效益 城市使用燃气的效益在于：①有利于资源的综合利用，提高热能的利用率。城市燃料传统上主要用煤，但直接烧煤，热效率低。民用煤炉的热效率一般只有15%～18%。使用燃气则热效率可达到55%～60%，即使考虑了人工制气过程的能量损失，总热效率仍可达到30%以上。②有利于提高人民生活水平，促进工业生产。居民使用气体燃料，洁净方便，大大减少了家务劳累，节约了时间。在工业应用上，燃气易于调节，燃烧较稳定，可以满足各种工艺要求，保证产品质量，生产线也易于实现自动化，从而改善劳动条件，提高劳动生产率。③有利于减轻大气污染，保护环境。燃煤后遗留大量灰渣、飞灰、二氧硫及其他有害物质，严重危害居民健康和生物成长，侵蚀各种设备和结构物。城市燃气已经过净化，有害杂质很少，燃烧也较完全，对环境影响小。此外，使用燃气还能大幅度地节省城市运输量。（王振华 许乃茂）

城镇燃气储气方式 urban gas storage mode 城镇燃气储气方式包括地下储气、液态储存、管道储气、储气罐储气和吸附储气。①地下储气。利用地下气密的多孔岩层或洞穴储存燃气。地下储气是储存大量燃气的最经济和比较安全的方法。其储气量大、造价和运行费用低，可平衡季节不均匀供气。但不应该用来平衡日不均匀用气和小时不均匀用气。②液态储存。可用液态储存的燃气有液化石油气和液化天然气。液态石油气的体积约为气态时的1/250，液态天然气的体积约为气态时的1/600，所以液态储存省钢材、占地少，尤其适应大量海上运输和陆地储存的需要。液态储存负荷调节范围广，可调节各种不均匀用气。③管道储气。利用高压输气管道储存燃气。这是高压输气管道的一项重要功能。当管道始端的输入量不变，而终端的输出量随负荷而变化时，管道内燃气的压力也相应发生变化，容纳在管道内的燃气量亦随之增减，从而可用以平衡昼夜用气的不均匀性。为了增加管道的储气能力，设计时可视需要提高始端压力或适当放大管道的直径，甚至敷设双线。这种储气方式充分利用了高压管道的输气、储气兼备功能，其单位储气量的投资低于地上储气罐。④储气罐。在城市供燃气工程中用于储存燃气的容器，也用于石油、化工和冶金等工业中。又称储气柜，是城市燃气输配系统中的主要设备之一，以解决燃气生产、供应与应用之间的不平衡。当用气量小于产气量时，将多余的燃气在储气罐中储存起来，用以补充高峰用气负荷时供气量的不足。储气罐一般只用来平衡城市用气的日不均匀性和小时不均匀性，也可作为混合器以稳定燃气成分。储气罐按储气压力不同分为低压和高压两类。低压储气罐储气压力为1～5千帕。高压储气罐储气压力通常为400～800千帕。
（田贯三）

城镇燃气气源 urban gas source 符合城镇燃气质量要求，供给居民生活、商业、建筑采暖制冷、工业企业生产以及燃气汽车的气体燃料。城市燃气气源包括**天然气**、**液化石油气**、有机质厌氧发酵制取的生物气、自煤矿抽提的矿井气以及工厂余气等。
（田贯三）

城镇燃气设施运行维护 maintenance of urban gas facilities in operation 为了保障城镇燃气安全可靠的生产、输配和应用，针对相关燃气设施所进行的技术和管理行为。城镇燃气设施包括用于城镇燃气储存、输配和应用的场站、管网、用户设施（用户燃气管道、阀门、计量器具、调压设备、气瓶等）、监控及数据采集系统等。运行行为包括从事燃气供应的专业人员，按照工艺要求和操作规程对燃气设施进行巡视、操作和记录等常规工作。维护行为是指为保障燃气设施的正常运行，预防事故发生所进行的检查、维修、保养等工作。具体要求可参见2016年12月1日起实施的《城镇燃气设施运行、维护和抢修安全技术规程》(CJJ 51—2016)。
（周伟国）

城镇燃气输配系统 urban gas transmission and distribution system 按照需用量和所需压力将燃气输送和分配到城市各类用户的过程。城镇燃气输配系统常由城市燃气门站、燃气储配站、输配管网、燃气调压站及调度管理机构组成。

城市燃气输配系统的各种设施应能满足各类用户的小时最大用气量，并能适应其波动情况。城市燃气输配管网由输送和分配燃气到各类用户的不同压力级制的管道及其附属构筑物组成。在城镇燃气输配系统中，根据燃气性质、供气压力、系统要求等因素，门站和储配站一般具有接收气源来气，控制供气压力、气量分配、计量等功能。当接收长输管线来气并控制供气压力、计量时，称为门站。当具有储存燃气功能并控制燃气压力时，称为储配站。两者在设计上有很多相似之处。
（田贯三）

城镇燃气应用 urban gas application 燃气在城镇地区各个领域的使用。城镇燃气最早应用于照明，初期发展为城市居民和商业炊事、燃气采暖与空调、卫生热水供应，扩展到工业燃料、燃气发电、汽车燃料及化工原料等领域。城市居民和商业用户主要使用燃气进行炊事和生活热水的加热，民用燃气设施是燃气灶和燃气热水器，商业燃气应用设施主要有中餐灶、大锅灶、蒸箱和燃气锅炉等。

随着人民生活水平的提高，采暖与空调需求不断增加。以燃气为热源的供暖方式主要是燃气锅炉、内燃机和小型燃气轮机的热电联供，空调方式主要是直燃型溴化锂吸收制冷、内燃机和小型燃气轮机的冷热电三联供，是一种具有高效、低污染排放的用气技术，冷热电三联供如图所示。

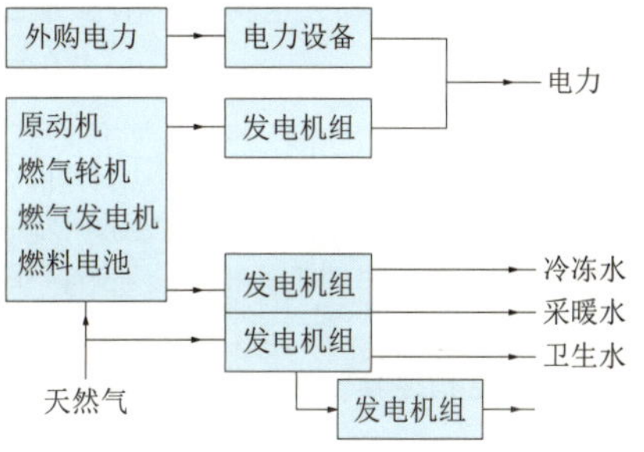

冷热电三联供示意图

燃气用于工业加热，具有易于自动控制、燃烧器负荷调节比大、易于实现特种加热工艺等优势，根据生产用途主要包含熔炼炉、锻轧加热炉、热处理炉、焙烧炉和干燥炉等，按照炉型结构主要有室式炉、台车式炉、井式炉、步进式炉、振底式炉等。

燃气汽车的燃料主要有液化石油气、**压缩天然气**和液化天然气。与柴油车相比其优势是尾气碳氢化合物（HC）下降90%，一氧化碳（CO）下降80%，氮氧化物（NO_X）下降约为40%，且无铅排放。其中液化石油气（LPG）和压缩天然气（CNG）适合于城市公交车和出租车，液化天然气（LNG）适合于长途客车和载重汽车。

天然气是世界公认的电力工业最佳燃料，世界天然气的近1/3用于发电，发电有多种形式：①常规蒸汽发电。即燃烧产生蒸汽驱动蒸汽轮机发电。②燃气轮机和蒸汽轮机联合循环发电。③内燃机发电。④燃料电池发电。燃料电池被公认为继水电、火电、核电后第四代发电装置和替代内燃机的动力装置，具有能源转换效率较高、污染物排放低、噪音低、负荷调节灵活等优点。
（崔永章）

澄清池 clarifier 完成水中脱稳杂质形成大的絮凝体并在沉淀单元下沉过程的构筑物。主要依靠活性污泥渣层达到澄清目的。

原理 在池内形成一个絮体体积浓度足够高的区域，使投药后的原水进入该区域与具有很高体积浓度的粗粒絮体接触，提高原水中细粒悬浮物的絮凝速率。

类型 澄清池分为机械搅拌澄清池和脉冲澄清池。

机械搅拌澄清池 其构造见图，池体为圆形，池中主要有第一絮凝区、第二絮凝区、泥水分离区和泥渣浓缩室。在第一絮凝区中心上部，有转动的叶轮和桨板，可对水进行搅拌。原水加药后，由进水管送入池中三角形的环形配水槽，水由配水槽周边孔眼流入第一絮凝区内，在桨板的搅拌下与絮凝区内的泥渣（具有很高体积浓度的絮体）混合接触进行高速率的絮凝。桨板的转速为5～15转/分，其搅拌强度足以使絮凝区内的泥渣产生悬浮回流，而不致沉淀。叶轮的出口位于第二絮凝区内，叶轮转动时可把第一絮凝区内的泥水提升送入第二絮凝区。泥水由下向上流经第二絮凝区，再向下流入泥水分离区。在泥水分离区上部，沉淀分离出的清

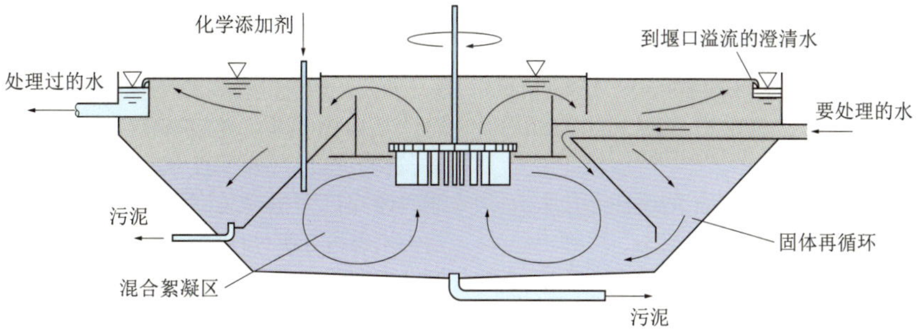

机械搅拌澄清池示意图

水经集水槽收集，流出池外。剩余的泥水经泥水分离区下部的缝隙，再回流入第一絮凝区。回流泥水流量为进水流量的3～5倍。原水中悬浮物不断被沉淀截留于池内。为了使池内泥渣数量保持平衡，泥渣体积浓度维持在一个相对稳定的数值，在泥水分离区内设有一个或数个泥渣浓缩室，使多余的泥渣溢入其中浓缩脱水，再排出池外。

脉冲澄清池　主要由竖井、进水区、泥渣悬浮区、清水区、泥渣浓缩层等组成。竖井上部与一真空泵相连，下部与池内进水穿孔配水管相连，上部还有进气管，管上安设空气阀。原水投药后首先连续流入竖井，这时竖井上部空气阀关闭，真空泵工作，在真空泵抽吸下，竖井水位上升，从而使原水进入竖井而不流入配水管。当竖井水位达到最高位置时，真空泵停止工作，并突然打开空气阀，空气进入竖井，使竖井水面以上真空消失。竖井内的原水在水头作用下经进水配水管流入澄清池底部的进水区。进池原水经穿孔配水管分配后，由下向上流经悬浮泥渣层，水中的细小悬浮物与泥渣层中的粗粒絮体充分接触，迅速进行絮凝。絮凝后的水再向上流向清水区进行泥水分离，沉淀后的清水经池上部设置的集水槽收集后，引出池外。这时由于由竖井流入池下部的水流量较大，当上升流速超过泥渣层的拥挤沉降速度时，泥渣层在上升水流顶托下会向上膨胀，即泥渣层上界面会升高。在悬浮泥渣层中设有泥渣浓缩室，被截留于泥渣层中的多余泥渣溢入泥渣浓缩室浓缩脱水，然后排出池外。为了使从进水孔眼中高速流出的原水不要对悬浮泥渣层产生冲击，在进水配水管上部还设有人字形稳流板。当竖井水位降至一定位置时，关闭空气阀，重新启动真空泵，使原水重新全部进入竖井，而停止向池底进水，池内悬浮泥渣层中的上升水流消失，这时泥渣层便开始沉降，即其上界面开始回落。当竖井水位升至最高位置时，真空泵又停止工作，并突然打开空气阀，使竖井内的水再次大量流进池下部，使泥渣层再次膨胀。这样循环往复，泥渣层也周期性地膨胀和沉降，泥渣层上界面不断上、下波动。脉冲澄清池充水和放水构成一个周期，一个周期的时间约为60秒，其中充水时间约为50秒，放水时间约为10秒。

脉冲澄清池中的泥渣层在上升水流顶托作用下始终处于悬浮状态，可称为悬浮泥渣型澄清池。悬浮泥渣型澄清池也有多种型式，但大多是连续流型式的，即原水连续均匀地进入池底部的配水区，然后向上穿过悬浮泥渣层，进入上部清水层，最后由上部集水装置收集后流出池外。在这种连续流型澄清池中，由于流入池下部的原水中悬浮物浓度较低，故密度较小，而悬浮泥渣层中悬浮物浓度很高，故密度较大，在一个水流缓慢的池体中，下部水的密度小而上部水的密度大，将构成一个不稳定体系。由于底部配水不可能绝对均匀，所以必然在局部出现上升流速较大的区域，上升流速较大，便使该区域的悬浮泥渣层浓度减小，会导致水流阻力减小，从而使更多水流向该区域集中，使该区域的上升流速进一步加大，如此进行恶性循环，最终导致在该区域产生比较强烈的上升股流，携带部分泥渣层流出池外，使出水水质恶化。这种现象在进水水温升高导致进水密度进一步减小时更易发生。相反地，当脉冲澄清池进水时，会导致某些局部区域上升流速较大，悬浮泥渣层浓度减小，但进水延续时间较短，不会发展成上升股流，当随后停止进水时，悬浮泥渣层在沉降过程中浓度（即密度）不均匀的泥渣层会在重力作用下按密度大小重新调整位置，从而使泥渣层中的浓度趋于均匀，所以脉动澄清池的悬浮泥渣层要比一般连续流悬浮澄清池稳定得多，出水水质也较好。

（刘百仓）

齿连接　step joint　木桁架中木压杆抵承在弦杆齿槽上传递压力的节点连接形式。即将下部构件端部刻制齿槽、上部构件直接抵承于齿槽中，通过木材承压和抗剪传力。见木结构连接。

冲击夯　tamping rammer　利用夯板（夯头）提升到一定高度后落下产生的冲击力使材料密实的压实机械。

类型　按工作原理和结构可分为自由落锤式打夯机、内燃式打夯机和多头式打夯机。①自由落锤式打夯机。利用夯板的自由落体运动，在夯板与材料接触的瞬间产生的冲击力，使材料密实，可分为固定式和自行式。固定式用普通自行式起重机或挖掘机将夯板提升到一定高度后夯板自由落下冲击夯实，工作过程中的动负荷大。自行式在履带拖拉机的后部安装4～5只夯板，通过凸轮机构将各夯板提升然后让其自由落下。主要参数有夯板的质量、冲击速度、下落高度和夯板底面尺寸。②内燃式打夯机。又称爆炸夯或火力夯，是利用燃料在缸体内燃烧产生的燃气压力推动缸内活塞运动而使夯足产生冲击能量进行夯实作业。主要由燃料供给系统、点火系统、配气机构、夯身、夯头和操纵机构等组成。工作原理与二冲程内燃机原理相同，在可燃混合气的燃爆力作用下，夯头朝前上方跃离地面，并在自重作用下，坠落地面夯击材料，夯头一跃一坠，机身就步步前移。主要参数有冲击频率、起跳高度、行走速度、夯足底面尺寸。③多头式打夯机。一种可以快速冲击材料的夯实机械，又称快速冲击夯或振动冲击夯。因其夯板（或夯足）可更换不同的形式和规格，以适应不同的施工要求，故称为多头式。按动力类型可分为内燃机式打夯机和电动机式打夯机。内燃机式打夯机以小功率汽油机驱动，电动机式打夯机以普通三相异步电动机驱动。两者的内部结构相同，都是曲柄连杆机构传动滑套活塞作往复运动来冲击材料。主要由动力装置、激振装置、缸筒和夯板（或夯足）等组成。主要参数有冲击频率、起跳高度、行走速度、夯足底面尺寸。

土壤压实机

主要用途　适用于各种砂、砾石、三合土、沥青砾石、混凝土和黏土的夯实，主要用于建筑、地面、庭院、路基、桥桩、沟槽、野外和狭窄场地等环境的施工。

（马军星）

冲填土固结变形沉降　consolidation deformation and settlement of hydraulic fill　采用人工方法将江河和湖海底部疏浚出来的淤泥或泥沙通过水力吹填或泥浆自流式冲填等方式而形成的特殊土类，在自重压力及外荷载作用下土体发生排水与固结变形，进而导致地面沉降。冲填土固结变形沉降形成的土类属于欠固结土，具有颗粒沉积分选性明显、含水量高、孔隙比大、压缩性高的特点。其工程性质与冲填土料、冲填方法、冲填过程及冲填完成后的排水固结条件、冲填区的原始地貌和冲填龄期等因素影响有关。

冲填土固结变形　冲填土从水力吹填

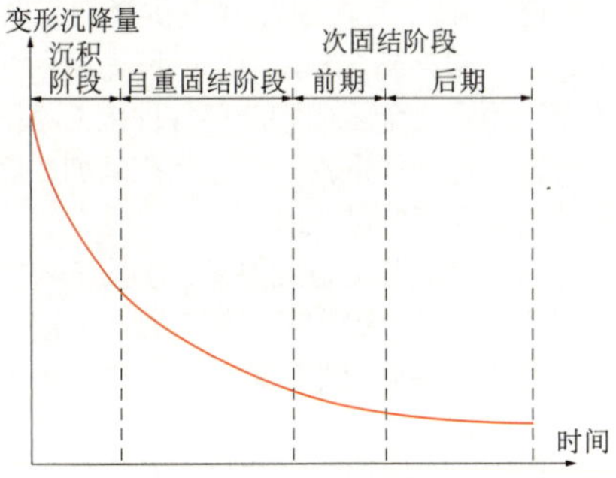

冲填土沉降与固结阶段示意图

开始到固结完成，一般要经历3个阶段，即沉积阶段、土体颗粒接触阶段（自重固结变形阶段）与土体固结阶段（次固结变形阶段）。第一阶段为土体的沉积阶段，土颗粒悬浮在水溶液中，絮凝成团而匀速下降，土体沉降量大小主要与土体的颗粒成分、颗粒直径及含水量有关。第二阶段为土体颗粒接触阶段，这一阶段土体颗粒开始接触，并在自重作用下，土体开始压密，孔隙比减少，本阶段土体沉降速度依然很快。第三阶段为固结阶段。冲填土固结理论主要在大变形固结理论基础上发展而来。固结时有效应力的增长分为快速增长和缓慢增长两个时期，土体固结变形主要发生在固结前期，变形沉降量与有效应力呈正比关系；土体排水及荷载条件对冲填土的固结变形与强度特性有较大影响，最终导致地面沉降灾害的发生。

防治措施　冲填土属于欠固结土，因厚度较大，变形沉降持续时间长，对工程建设具有不利影响，需要采取一系列工程措施加以解决。其主要防治措施有：真空预压、排水疏干、高压旋喷桩加固、微型桩与注浆组合加固、振冲碎石桩加固、换土法加固等。（唐益群）

重庆朝天门大桥　Chongqing Chaotianmen Yangtze River Bridge　截至2017年世界上跨度最大的拱桥。2009年建成，位于重庆长江与嘉陵江交汇处、距离朝天门码头1.7千米的溉澜溪青草坪，连接解放碑、江北城、弹子石三大中央商务区。大桥全长1741米，主桥为190米+552米+190米三跨连续中承式钢桁系杆拱桥，全宽36.5米，桁宽29米。上层桥面为双向6车道，

重庆朝天门大桥

两侧各2.75米隔离带和2.5米人行道，下层为双线城市轨道和双向两车道，采用上层“汽车道+人行道”、下层“汽车道+轨道线”的“双层通行”模式。

主桁构造除个别为整体节点外，其余均为拼装式节点，采用钢结构系杆和预应力系杆相结合的构造方式，钢结构系杆构造同时作为钢桁梁的一部分，其平面与主桁拱平面重合。主桁施工采用架梁吊机和斜拉扣挂拼装技术，先拱后梁。主桥永久用钢量4.6万吨，辅助用钢近4万吨，支座最大承载力达1.45万吨。（周水兴）

重庆跨座式单轨交通　Chongqing straddle monorail transit　中国城市轨道交通领域首次建成跨座式单轨交通系统的重要尝试和示范性工程。重庆是中国首个拥有跨座式单轨系统的城市，已经建成运营单轨2号线和3号线。重庆跨座式单轨采用胶轮走行系统，列车最高运行速度为80千米/时，采用8辆编组。

重庆单轨2号线是中国首条跨座式单轨线路，西部大开发首批十大重点工程，因其列车在李子坝站穿楼而过闻名全国。重庆2号线单轨线路全长31.36千米，其中较新线东起重庆市区商业中心较场口，西至大渡口区钢铁基地新山村，全长19.15千米，设18座车站，全线工程总投资43亿元，于2000年12月开工分两期建设。于2005年6月18日开通运营一期工程较场口至动物园段。2006年7月10日，二期工程动物园至新山村开通运营。2014年12月30日，重庆2号线南延段新山村至鱼洞开通运营。

重庆单轨3号线是世界单轨运输效率最高、客流量最大、地形条件最复杂、重庆轨道交通线网中最繁忙的线路，超越日本大阪高速铁道，成为世界上最长的跨座式单轨交通线路。线路呈南北走向，南起重庆市巴南区鱼洞，北至重庆市渝北区江北国际机场及空港区，是西部第一条开通到机场的轨道交通线路，2007年4月6日动工，2011年12月30日，重庆单轨3号线一、二期工程二塘至江北机场全线开通运营，2012年12月28日，南延伸段二塘至鱼洞开通运营，2016年12月28日，北延段碧津站至举人坝站开通运营，至此，轨道3号线全长达到67千米，高峰最小发车间隔为2分40秒。（仲建华）

出行诱导　travel guidance　基于电子、计算机、网络和通信等现代技术，根据出行者的起讫点向道路使用者提供最优路径引导指令或通过获得实时交通信息帮助道路使用者找到一条从出发点到目的地的最优路径。出行诱导的特点是把人、车、路综合起来考虑，通过诱导道路使用者的出行行为来改善交通，防止交通阻塞的发生，减少车辆在道路上的逗留时间，并且最终实现交通流在路网中各个路段上的合理分配。

分类　出行诱导主要包括静态诱导和动态诱导两种类型。静态诱导系统研究始于20世纪70年代，使用记录交通状况的历史数据库或者地理信息系统（数字地图）进行路线引导。为了能够将实时的交通状况反映到诱导系统中，在最优路径计算时使用随时间变化的动态出行费用而非静态出行费用，增加了时间变量，于是基于现代通信技术的动态交通诱导系统应运而生。动态出行诱导需要建立出行者与交通管理部门之间的通信联系，并由出行者提供实时的交通信息。

系统组成　出行诱导系统主要由3部分组成：①交通信息感知。交通信息是出行诱导的基础，只有在完善的交通信息感知基础上，才能进行精确的交通数据采集和融合。②交通信息中心。是出行诱导的中枢。③交通信息发布。是出行诱导的方法。交通信息发布的主要手段有可变信息板、车载信息系统、交通广播。

工作原理　出行诱导主要通过交通数据采集系统广泛采集路网交通状态和路况信息，将信息发送到交通信息中心，在信息中心针对不同种类的数据进行算法处理和模型计算，最终将获得的交通状态（流量、速度、拥堵状况等）通过广播、可变信息板以及车载信息系统等发布。交通信息采集根据其数据来源不同可以分为以下3种：①基础交通信息。是出行诱导系统正常运行、信息交换和处理的基础。基础信息的变化周期长，一旦变换需要更新原有的记录。②实时交通信息。随着信息表达的对象实时变化，信息内容随之变化，具有非常明显的时效性，这类信息采集必须保证信息的时效性和一致性。③历史交通信息。反映交通信息表达对象的历史变化过程，交通的各种发展规律必须通过对历史数据进行分析处理才能精确掌握。

交通数据采集　交通数据采集的完善决定了出行诱导系统可否有效运行、发挥其应有的作用。有效的出行诱导系统必须以准确和全面地掌握道路交通运行状态信息为基础。因此，需要拓展交通信息采集手段、采集内容和采集范围，构建高效一体化的交通信息感知网络。交通信息感知网络由固定检测、视频监控、浮动车、WIFI设备等自动感知技术构成，车联网

应用服务平台推广的车联网智能终端也将成为此平台数据的有益补充。

通过交通信息感知网络全方位采集的信息包括交通流量、行驶速度、排队长度在内的交通运行参数；实时获取各类浮动车（包括校车、工程车、大客车、公交车、出租车、交通信息车载终端等）运行状态信息；全面掌握各类大型停车场的位置信息和实时停车泊位信息；动态监控交通感知网络各个节点（包括智能设备、通信设备、供电设备）的运行状态；实时获取各类交通突发事件信息、环境（气象）预警信息；准确采集勤务排班、岗点设置、警务线路、警员警力等交通管理信息。采集的数据通过有线或无线技术汇聚于管控平台。

交通信息处理与分析　交通信息处理与分析系统包括交通数据存储管理，交通数据预处理和交通数据融合。交通信息处理与分析系统将综合利用既有交通感知设备的信息，充分发挥各种设备的长处，对多源信息进行存储转换、过滤、标准化，结合多种感知设备所采集信息的数据融合方法，形成准确、多样的交通数据，为出行诱导提供数据支撑。交通信息处理过程可分为以下3个部分：①数据的存储。交通控制中心对海量异构的交通信息进行存储，将对数据进行非结构化分布式存储，采用云存储实现。②数据的管理。各种交通感知设备所采集的数据组织形式差异很大，交通数据的管理将对从原始数据中提取交通领域感兴趣的物理量进行标准化、规范化，提高实时的数据处理能力。③数据的融合。数据融合计算方法较多，主要有数据相关技术、估计理论和识别技术等。

出行诱导信息服务　面向不同部门的需求和社会公众的需求，提供多渠道出行诱导信息服务，如可变信息板（VMS）、手机、移动电视、广播、互联网、呼叫中心、智能交通终端平台等，便于出行者在不同场合、使用不同工具实时获取交通信息，提高出行的可靠度和舒适度。①交通广播。以交通控制中心的数据为基础，利用微信、互联网、手机APP、导航终端等信息服务渠道，整合路况信息、停车泊位信息、视频信息、管制信息、天气信息、交通出行兴趣点（POI）信息，实现路况信息的实时推送，交通违法信息的实时提醒，停车泊位信息的智能提示，最佳路径的智能导航，出行方式的合理建议，周边出行兴趣点的实时告知。②可变信息板。为出行诱导信息发布的重要设备。可变信息板主要实时显示道路交通状况及相关信息：如某交叉口或路段的交通拥挤、某地点发生交通事故、某路段的大约行驶时间、某停车场是否有空余泊位、环境噪声、污染和天气情况等，向驾驶员提示最近的行驶速度，提醒交通参与者选择合适的交通路线等。可变信息板可以及时向出行者发布有关交通信息，使出行者可以及早采取应对措施。可变信息板由显示屏、控制器及内置控制软件、机箱、框架、电器保护和防雷装置、基础、安装连接件、成对调制解调器、安装所需的电力电缆及信号光缆工程等组成，具有图形及文字显示功能。根据交通、天气及指挥调度部门的指令信息，可向可变情报板发布各种通告和信息，从而有效地对交通流量进行诱导，提高路网的交通运输能力，为驾驶人员安全快速行车提供优质服务。③车载信息系统。车载诱导设备主要由计算机、通信设备和车辆定位设备组成。定位设备为GPS接收机或信标信号接收机及速度、方向传感器等其他定位设备。该模块的功能是接收、储存和处理交通信息，为驾驶人员提供良好的人机界面，方便驾驶人员输入信息和获得诱导指令。　（杜豫川）

除冰雪机械　snow and ice removing machine　用于清除覆盖在干道上的积冰、积雪的机械。按结构特点分为铲刮式、刷扫式、螺旋集雪式、旋切及冲击旋切式和铲剁冲击式等。①铲刮式除冰雪机械。以大功率机动车辆为驱动底盘，推雪铲安装在车体前部，可铲刮较厚的路面积雪或压实积雪，能将一定厚度压实冰雪破碎和清除一次完成。除雪能力较强，除净率较高。②刷扫式除冰雪机械。类似路面清扫车，刚性很大的清扫刷旋转并随牵引车行走，破碎后的路面冰雪可通过排雪装置清除到路边或运输车上。可清除路面一定厚度的自然积雪、较薄压实积雪或融冻的路面薄冰层。由于清扫刷是柔性的，所以清除积雪厚度受到限制。③滚轮旋切式除冰雪机械。由机动车辆牵引行走，并由驱动装置驱动滚轮旋转，滚轮上的斜齿或直齿对压实积雪或融冻冰雪进行碾压铣刨，使路面硬质冰雪破碎。也可将滚轮上的铲齿改为与滚轮铰接的摆锤，以增加对路面冰雪的冲击动能，提高破碎能力。④铲剁式除冰雪机械。是人工冰雪清除的机械模仿，其原理是在机体前进的同时，驱动装置驱动偏心轴或轮转动，铰接在偏心轴或轮上的铲杆带动铲头做上下往复运动，铲剁冰雪，完成硬质冰雪的破碎。　（马军星）

储气罐结构　gasholder structure　专门用来储存气体的容器结构。

储气罐广泛应用在城市供燃气工程中，用于储存燃气和调节燃气压力。另外还广泛用于冶金工业和储存各种化工原料气体，如在现代钢铁厂中，储存高炉、焦炉及转炉煤气的储气罐。

储气罐的分类方式很多：①按密封方式分为湿式储气罐和干式储气罐。②按压力等级分为高压储气罐（大于8500帕）、低压储气罐（1500～4000帕）和常压储气罐（5000～8500帕）。③按罐体使用的金属材料分为碳钢储气罐、不锈钢储气罐和其他材料储气罐。

各类储气罐的密封形式、结构特性及用途如下：①湿式储气罐。密封时用水作为密封介质。20世纪50年代以来，中国建造了大量的湿式储气罐，主要用于工业生产。这种储气罐是靠水密封的一种螺旋式塔节结构，具有结构简单、造价低、省钢材的特点；不足之处是：储气罐靠塔节经常升降，处于干湿交替状态，容易腐蚀，尤其在夏季要防止水封的水蒸发，冬季要防止水封的水冻结。根据储气罐的连接特点，湿式储气罐高径比h/D（h为储气罐高，D为储气罐直径）一般为0.7～0.8，占地面积大、使用寿命短，通常在使用20～25年需进行大修或者报废。②干式储气罐。密封时用稀油、油脂或者柔膜作为密封介质。干式储气罐起步较晚，20世纪80年代初中国自行设计、建造了第一台2万米^{3}干式储气罐，随后又相继设计建造了3万米^3、5万米^3、10万米^3、15万米^3、20万米^3、30万米^{3}的干式储气罐。干式储气罐广泛应用于城市居民用气和钢铁厂生产中。

储气罐的附属设备包括直接连接在储气罐上的安全阀、爆破片装置、紧急切断装置、安全连锁装置、压力表及完成不同工艺作用的内件等。

储气罐在使用前或者经检修重新投入使用前，应进行压力试验、检查各种验收报告，符合要求后方能交付使用。在使用过程中应进行定期检查，对发现的安全隐患要及时消除。

（翁开庆　刘壁澄　林松涛）

储液罐结构　liquid storage tank structure　储存原油或其他石油产品的容器结构。广泛应用在炼油厂、油田、油库以及其他工业中。油罐区由多个油罐组成，每个油罐区一般储存一种油品。

储液罐分类　储液罐按材料分为钢油罐、钢筋混凝土油罐和砖石油罐，按储存油品性质分为重油罐和轻油罐，按埋设深度分为地上式、半地下式和地下式。

钢油罐 钢油罐结构分为立式、球壳式（球形）、卧式（圆筒形）。立式油罐包括立式拱顶式油罐和立式浮顶式油罐。立式拱顶式油罐由球冠形罐顶及立式圆柱形罐壁构成，主要用于储存不易挥发油品，如柴油及相似类油品，最常用的容积为1000～1万米^3。立式浮顶油罐是由漂浮在介质表面上的浮顶和立式圆柱形罐壁构成，浮顶随罐内介质储量的增加或减少而升降，浮顶外缘与罐壁之间有环形密封装置，罐内介质始终被内浮顶直接覆盖，减少介质挥发。立式浮顶式油罐主要用于储存介质为易挥发油品，如汽油及相似类油品。浮顶油罐的容积一般都比较大，又分为单盘式浮顶、双盘式浮顶和浮子式浮顶等形式。球壳式（球形）钢油罐可承受0.45～3兆帕的工作压力，容量一般为50～2000米^3，常用于储存液化石油气。卧式（圆筒形）油罐容量一般在50米^{3}以下，可以储存汽油和易挥发的石油产品。

钢筋混凝土油罐 一般为圆筒形结构。罐体由顶盖、壁板和底板3部分组成。用于储存重质油品。这类油罐具有省钢材、耐久性好，维修费用低和油品损耗小等优点，但施工工序较多、周期较长。半地下式或地下式钢筋混凝土油罐还具有防火性能好、罐间距小、壁板温差小等优点。当油罐容量较大时，多采用预应力混凝土油罐，施加环向预应力，其方法有：①电热张拉法。②千斤顶张拉法。③用绕丝机沿壁高连续缠绕并张拉钢丝（简称绕丝预应力）。用绕丝预应力方法建造的圆筒式油罐，其特点为张拉应力均匀、预应力损失小、操作方便。罐体底板在现场浇筑；顶盖和壁板可以现场浇筑，也可以工厂预制，现场装配。罐壁施加环向预应力后，在外荷载作用下，环向仍要保持0.3兆帕左右的剩余压应力。在顶盖荷载中要考虑500帕的操作负压力，壁板荷载要考虑2000帕的操作压力。为了减少壁高和增大容量，钢筋混凝土油罐底板可做成倒截锥体。由于油品的渗透性较强，一般采用最佳混凝土级配以提高罐壁的防渗能力。非金属油罐也可以做成矩形，常称为油池，多为半地下式或地下式。钢筋混凝土油池只有当容量大于5000米^{3}时，才有一定的经济效果。

砖石油罐 一般容量为2000米^{3}以下。当壁高增大时，渗透压力也增大而易渗漏，因此壁高多控制在6米以下。砖石砌体的抗渗性能差，施工时，要求砌体砌筑密实，砂浆饱满，并在罐内侧采取有效的抗渗措施，如采用钢丝网水泥砂浆抹面层或防渗涂料等。中国已采用绕丝预应力方法来增大容量和提高抗裂性能。

附属设备 根据生产、检修和安全的要求，油罐附属设备有：①量油孔（兼做取样孔）。②储存汽油、煤油、轻柴油、原油和芳烃等的油罐，需设置呼吸阀。③储存燃料油、原料油、重柴油以及蜡油等重质油品的油罐，需设通风孔。④人孔、透光孔和清扫孔（后者仅在重油罐中设置）。

验收和定期检查 油罐在使用前或者经检修重新投入使用前，应进行压力试验，并检查各种验收报告，符合要求后，方可使用。一般油罐的设计寿命为20年。在使用过程中，应按检修规程进行定期检查。如罐体钢板的腐蚀麻点深度、剩余钢板厚度、圈板凹凸、折皱、罐体倾斜、浮盘升降状况、油罐附件检查等。

（胡鸣岐）

川藏公路 Sichuan-Xizang Highway 从四川成都经雅安、甘孜、昌都、邦达、林芝到西藏拉萨的公路。全长2410千米，又称川藏北线。1950年4月动工，1954年11月27日全线通车。川藏公路工程空前艰巨。北线开挖土石方3000万米^3，架设各式桥涵3000多座，还有大量护墙等。公路沿线地形复杂、地势艰险、高山深谷、峭壁悬崖，翻过海拔3000～5000米的二郎山、折多山、雀儿山等14座高山，跨越大渡河、雅砻江、金沙江、澜沧江、怒江等几十条大小急流。全线大部分通过地震区，克服了由于震害遗留的岩堆、流沙、冰川、泥石流，以及罕见的像拉月大塌方等地质不良地带；穿越遮天蔽日的原始森林和草原沼泽地带。1955年以后，对川藏公路加强养护并改善路况，将原来所建临时性的木桥涵和半永久性的钢索吊桥以及渡口，改建为钢筋混凝土桥涵或石砌永久性的桥涵，在怒江西岸还修建了长45米的隧道。四川省境内铺有高级路面269千米，除个别路段外全线已达到4级路线标准。为了发展经济、缩短里程，逐步打通了从东俄洛经雅江、理塘、巴塘、芒康、左贡，与北线之邦达相接的南线，使路程缩短了273千米。川藏公路开辟了内地通往西藏的现代交通，为西藏的建设创造了有利条件。由于严酷的自然条件，沿线仍容易出现冰川泥石流和不稳定的山体滑塌、坍方等灾害，影响公路的畅通。

川藏公路业拉山路段上的回头弯

（李鲁卿）

磁悬浮交通 maglev transportation 采用直线电机牵引方式，利用电磁力抵消地球引力，通过自动控制使车体与轨道之间保持一定间隙，从而实现车辆悬浮在轨道上运行的轨道交通系统。

简史 1842年，英国物理学家S.厄恩肖提出了磁悬浮的概念，利用磁力使物体处于接触悬浮状态。但单靠永久磁铁是不能将一个铁磁物体在所有6个自由度上都保持在自由稳定的悬浮状态，而应当采用可控电磁铁，这一思想成为之后磁悬浮交通和磁悬浮轴承研究的主导思想。1922年，德国工程师H.坎佩尔提出常导磁悬浮（EMS）技术概念，并于1935年研制成功悬浮试验装置，该试验装置最早验证了磁悬浮交通的悬浮原理。

中低速磁悬浮交通 2005年，日本开通了由名古屋市地铁藤丘车站到爱知环状铁道八草车站的世界首条中低速磁浮运营线路。线路全长约9千米，最高时速为100千米。韩国磁悬浮的发展过程经历了独立研发（1985～1993）、对外合作（1994～1998）和商业化尝试（1999～2017）3个阶段。2014年7月，韩国仁川国际机场至龙游车站磁悬浮线路开始建设，线路全长6.1千米，2016年开始试运营。中国从1980年开始，国防科学技术大学、西南交通大学和铁道部科学研究院等高校和科研机构开展了中低速磁悬浮交通原理样机研究。1999年，北京控股磁悬浮技术有限公司和国防科学技术大学，联合中国交通领域一些优势企业，在中国率先开展中低速磁悬浮列车的工程产品应用研究，先后研制了四代工程化样车，实现了中低速磁悬浮列车的产业化定型，并先后编制了相关国家和企业标准，磁悬浮交通应用开始热化。2004年之后，中国其他科研院所和企业也陆续加入磁悬浮交通阵营。2008年5月，北京控股磁悬浮技术有限公司在唐山率先建成了中国第一条1.547千米的中低速磁悬浮列车工程化试验线。接着，上海临港、中车株洲电力机车有限公司也相继建设了类似工程试验线。以上述工程试验线为基础，2013年10月，北京石门营至苹果园中低速磁悬浮交通运营示范线（S1线）得到批准，2015年4月S1线正式开工建设，于2021年开通运营。2014年5月，长沙高铁站至黄花国际机场磁悬浮工程开工建设，2015年底建成。

高速磁悬浮交通 其研究主要集中在德国和日本。1977年，德国开始磁悬浮交通系统的研究，主要集中在EMS型常导磁悬浮列车技术上，其EMS型磁悬浮列车发展计划称为TRANSRAPID，相应的车型均用TR加编号命名。建造了专门对磁悬浮列车进行实验的拉腾镇爱姆斯朗试验场，其EMS型磁悬浮列车TR系列的技术已经成熟。从1970年起，日本开始超导磁悬浮交通研究，1972年10月在九州半岛宫崎长480米试验线上展示了ML100原理车。1977年宫崎7千米长的试验线投入使用，1979年不载人的试验车ML500在该试验线上达到了517千米/时的最高速度。1989年着手在山梨兴建新试验线，1997年3月投入使用的试验线长18.4千米。1999年4月14日，MLX01试验车创造了载人运行铁路车辆552千米/时的高速纪录。故此，日本的MLU超导系列和德国的TR系列是成熟的两大高速磁悬浮交通产品。2002年底，上海引进德国高速磁悬浮列车技术，建成上海龙阳路站至浦东机场的世界首条高速磁悬浮列车运营线。

除了日本、德国和中国以外，尚有英国、美国和法国等许多国家进行磁悬浮交通的研究。

分类 传统上，按速度划分，磁悬浮交通分为高速和中低速磁悬浮。高速磁悬浮可实现500千米/时以上的运行速度。中低速磁悬浮列车最高运行速度为150千米/时。

根据磁悬浮列车所采用的电磁铁种类可分为常导吸引型和超导排斥型两大类。①常导吸引型磁悬浮交通。以常导电磁铁和导轨作为导磁体，用气隙传感器来调节列车与轨道之间的悬浮间隙大小，在一般情况下，其悬浮间隙在10毫米左右。这种磁悬浮列车的最高运行速度通常在100～500千米/时，适合于市内、市郊及城际间的中、小运量的交通运输。②超导排斥型磁悬浮列车。利用超导磁铁和低温技术来实现列车与轨道之间悬浮运行，其悬浮间隙在100毫米左右。这种磁悬浮列车低速时并不悬浮，当速度达到100千米/时时才悬浮起来。现有最高试验速度接近600千米/时。

按悬浮方式，磁悬浮交通主要分为电磁吸引式悬浮（EMS）和感应斥力式悬浮（EDS）两种。EMS利用导磁的铁磁材料与通电的电磁铁之间产生吸引力，已有商业应用的磁悬浮交通采用此种悬浮方式。EDS依靠通电的励磁线圈和短路线圈的相对运动得到斥力，所以列车要有足够的速度才能悬浮起来，大约为100千米/时，故不适用于低速。

除了上面所述主要悬浮方式，一些学者也提出了利用永久磁铁同性相斥原理的永磁力悬浮（PRS）方式。这是一种最简单的悬浮方案，但由于永磁体之间斥力存在横向位移的不稳定，故需要采用复杂的车体和轨道结构。

悬浮结构 磁悬浮交通车的悬浮结构主要由悬浮系统、推进系统和导向系统组成。

悬浮系统 其设计主要存在常导EMS吸力型和超导EDS排斥型两种类型。

EMS由于悬浮间隙越小，同样磁场大小下，产生的吸引力越大，故此必须时刻检测车辆悬浮间隙，以进行悬浮力的调节。从结构外形来看，车体把整个轨道包覆起来，列车不存在倾覆的风险。

EDS系统的排斥力随悬浮间隙增大而减小，车辆在悬浮方向是自稳定的；但是这种悬浮方式，排斥力会使车辆左右摆动，需要侧面控制。另外，利用涡流产生排斥力时，排斥力随列车速度增加而增大，此时必须安装类似车轮一样的装置对列车在“起飞”和“着陆”时进行有效支撑。

推进系统 其原理是采用直线电机，常导EMS中低速磁悬浮交通采用短定子异步直线电机，在车上安装三相电枢绕组，轨道上安装感应板。常导EMS高速磁悬浮交通采用长定子同步直线电机，其励磁磁极放置在车上，长定子三相绕组沿轨道铺设。EDS高速超导磁悬浮交通同样采用长定子同步直线电机，其超导电磁体安装在车辆上，在轨道沿线设置无源闭合线圈或非磁性金属板。短定子的异步直线电机牵引方式相对简单，高速长定子同步直线电机牵引系统的构成相对复杂，其地面长定子供电要分成很多个供电区间，每个区间只有列车通过时供电，各区间切换由触点真空开关完成。

导向系统 导向系统提供侧向力，以保证悬浮的列车能够沿着轨道的方向运动。其推力与悬浮力相似，也可以分为引力和斥力两种导向力类型。现有运营的中低速磁悬浮列车通过悬浮电磁铁与U型导磁轨道同时实现车辆悬浮和导向；而运营的高速磁悬浮列车通过采用独立的导向电磁铁控制系统产生列车需要的导向力。

特点 磁悬浮交通在噪声、舒适度、安全度以及环保等方面与轮轨列车相比更具优势，被称为绿色交通工具。磁悬浮交通运行噪声低、爬坡能力强，拐弯半径小、选线灵活，相比较轮轨列车损耗大、不易维护具有明显优势，为城市交通运输系统提供了一种新的选择。

（王 平）

D

达朗贝尔原理 d'Alembert's principle 求解有约束质点系动力问题的一个原理，是法国数学家J.le R.达朗贝尔于1743年最先提出的，因而得名。对一个质点，该原理的数学表达式为：

$$\boldsymbol{F}_i+\boldsymbol{N}_i-m_i\boldsymbol{a}_i=0 \qquad (1)$$

式(1)中$\boldsymbol{F}_i$为加于质量m_i的质点的主动力；$\boldsymbol{N}_i$为限制这一质点的约束力；$\boldsymbol{a}_i$为这一质点的加速度。

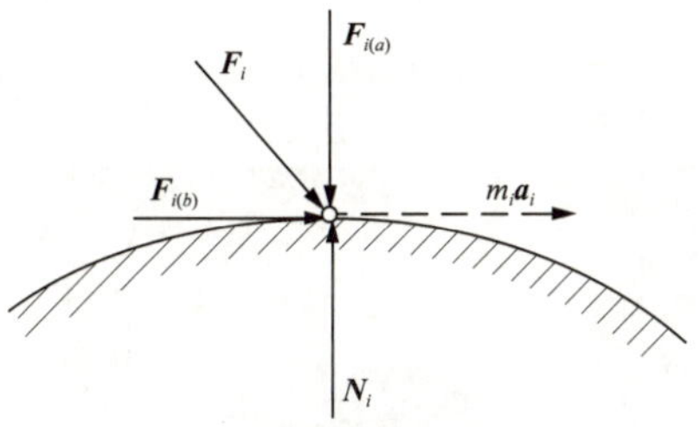

运动质点受力图

达朗贝尔把主动力拆成两个分力$\boldsymbol{F}_i=\boldsymbol{F}_{i(a)}+\boldsymbol{F}_{i(b)}$。其中一个力$\boldsymbol{F}_{i(a)}$与约束力$\boldsymbol{N}_i$平衡，另一个力$\boldsymbol{F}_{i(b)}$用来产生$m_i\boldsymbol{a}_i$（见图），即：

$$\boldsymbol{F}_{i(a)}+\boldsymbol{N}_i=0 \qquad (2)$$

和$\boldsymbol{F}_{i(b)}=m_i\boldsymbol{a}_i$。故有：

$$\boldsymbol{F}_{i(a)}=\boldsymbol{F}_i-\boldsymbol{F}_{i(b)}=\boldsymbol{F}_i-m_i\boldsymbol{a}_i \qquad (3)$$

将式（3）代入式（2），即得式（1）。后来的力学家把$-m_i\boldsymbol{a}_i$称为惯性力，附加在质点上。这样，式（1）在形式上与静力学的平衡方程一致，可以叙述为："质点系的每一个质点所受的主动力$\boldsymbol{F}_i$、约束力$\boldsymbol{N}_i$和惯性力$-m_i\boldsymbol{a}_i$成为一平衡力系。"但是，静力学中构成平衡力系的都是外界物体对质点的作用力，而惯性力并不是外加的。所以，惯性力是一种为了便于解决问题而假设的"虚拟力"。

不论达朗贝尔本人对式（1）做何种解释，等式两边只是一种数值关系，其结果与从牛顿运动方程$\boldsymbol{F}_i+\boldsymbol{N}_i=m_i\boldsymbol{a}_i$中把$m_i\boldsymbol{a}_i$移项完全相同。但是，把$-m_i\boldsymbol{a}_i$看成惯性力并把式(1)看成平衡(实际不平衡)的观点所引入的动静法和机械学中的动平衡，对力学的发展则发生积极的影响。

事实上，在跟着质点运动的非惯性坐标系的观察者认为，惯性力是存在的，而且可以测量。例如，在垂直方向加速上升的火箭中的宇航员，他对座位压力大于重力。

美籍犹太裔物理学家A.爱因斯坦创立的广义相对论认为惯性力完全与万有引力等价；爱因斯坦用升降机说明两者是不能区分的。因此，从广义相对论的角度看，惯性力是真实的力。 （汪家訸 费学博）

达西定律 Darcy's law 法国学者H.达西于1852～1855年通过对饱和砂土的渗透性进行大量实验研究，总结得到在层流状态时，水在砂土中的渗流水量Q与渗流的水头差h_1-h_2成正比，与渗流的路径L成反比。又称线性渗流定律。达西定律计算公式：

$$Q=k\frac{h_1-h_2}{L}\text{或}Q=kiA \qquad (1)$$

式（1）中Q为渗流水量，单位为厘米/秒^3；k为土的渗透系数，单位为厘米/秒；i为水力梯度；A为垂直于渗流方向试样的截面积，单位为平方厘米。若以单位面积渗过试样的水量表示流速，则上式变成：

$$v=\frac{Q}{A}=ki \qquad (2)$$

式（2）中v为平均流速，单位为厘米/秒。

由于水在土中的渗流不是通过土的整个截面，而仅仅是通过该截面内土粒间的空隙。因此，水在空隙中的实际速度要比按式（2）计算的平均流速大。但是为了简便，在工程设计中一般均用此式计算v。式（2）被称为渗透定律，表明在层流情况下水在土中的渗流速度与水力梯度成正比，这一定律由达西首先提出，故又称达西定律。

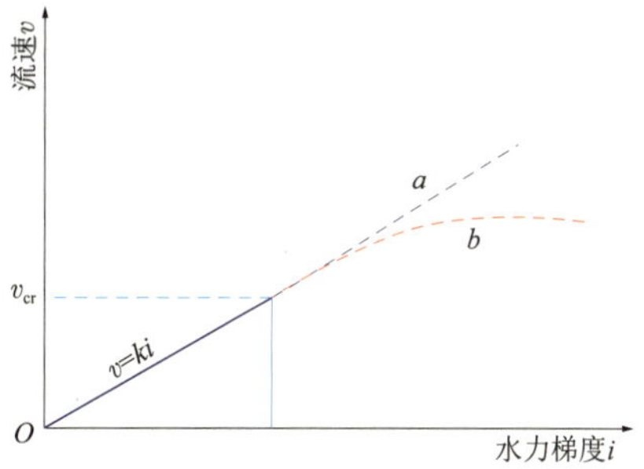

图1 v-i关系示意图

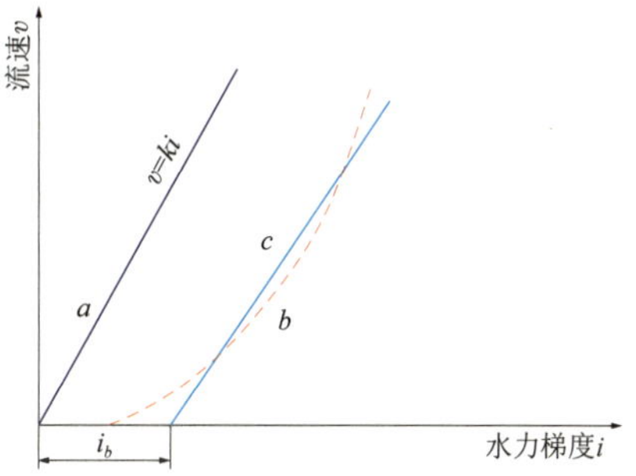

图2 黏性土的渗透规律示意图

对于砂土，水的渗流速度与水力梯度之间的关系线，是通过坐标原点的直线，如图1和图2中的a线所示。

对密实黏土，研究人员得到图2中b曲线的实验结果，表明当水力梯度较小时偏离达西定律（颗粒表面结合水黏滞阻力作用所致），若将曲线近似用直线代替（图2中的c线），则表达式为：

$$v=k(i-i_b) \qquad (3)$$

式（3）中i_b为初始水力梯度。黏土中当梯度小于初始水力梯度时不会发生渗流，只有当梯度$i>i_b$时，才有渗流发生。研究结果倾向于一般黏土中不存在初始水力梯度，因而，在有关黏土的各种渗流理论中仍多采用式（2）。

对于粗粒土（如砾石、卵石等），只有在水力梯度较小、流速不大时，才属于层流，遵从达西定律，否则就为紊流，如图1中的b线所示。由层流变为紊流的渗流速度，称为临界流速，用v_{cr}表示，其值为0.3～0.5厘米/秒，工程上多用于判断是否发生渗透破坏。 （杨仲轩）

大渡河铁索桥 Daduhe Cable Bridge 中国古代跨度最长的悬索桥。又称泸定桥，是中国古代桥梁建筑的杰作。见**泸定桥**。

大跨度建筑结构 long span roof structure 结构跨度$L\geqslant60$米的各类建筑结构。大跨度建筑结构常用于民用建筑中的影剧院、体育场馆、会展馆、大礼堂、机场航站楼、车站候车大厅、站台雨棚，工业建筑中的大跨度厂房、飞机库、干煤棚、大型仓库等的结构以及其他大型公共建筑的结构。

大跨度建筑结构可分为大跨度刚性结构、大跨度柔性结构、大跨度杂交结构（也可称为混合结构）3类。①大跨度刚性结构。由刚性构件（包括梁、杆、板、壳等）组成的结构。刚性构件的特征是构件在内力作用下的变形属于小变形，该变形和构件截面尺寸相比可以忽略。这类结构的主要形式包括**薄壳结构**、**网架结构**、**网壳结构**、桁架结构。②大跨度柔性结构。由柔性构件（索、膜等）或包含有互不相连的刚性构件组成的结构。柔性构件的特征是构件在内力作用下的变形不属于小变形，该变形和构件截面尺寸相比不能忽略。这类结构的主要形式包括**悬索结构**、索网结构、索桁架、**索穹顶结构**、**膜结构**，如美国亚特兰大奥运会主体育馆。③大跨度杂交结构。由刚性构件与柔性构件共同组合形成的结构。与柔性结构不同，结构中的刚性构件可以相互连接。这类结构的主要形式包括张弦梁结构、弦支穹顶结构、斜拉网架结构、斜拉网壳结构、悬挂桁架（梁或拱）结构，如中国上海浦东国际机场航站楼。

已建成的大跨度建筑如中国国家大剧院（见图）、上海南站、成都中国西部国

中国国家大剧院

际展览展示中心，美国亚特兰大奥运会主体育馆等。（罗永峰）

大体积混凝土 mass concrete 中国混凝土结构物实体最小几何尺寸不小于1米的大体量混凝土，或预计因混凝土中胶凝材料水化引起的温度变化和收缩可能导致有害裂缝产生的混凝土。

温度裂缝 大体积混凝土（如高层楼房基础、大型设备基础、水利大坝等）的水泥水化热释放比较集中，内部升温比较快，混凝土内外温差较大时，会使混凝土产生温度裂缝，影响结构安全和正常使用。美国混凝土学会（ACI）规定，任何就地浇筑的大体积混凝土，因其体积过大，必须要求解决水化热及随之引起的体积变形问题，以最大限度减少开裂。

另外，大体积混凝土受到外部约束和混凝土各质点间的约束，阻止混凝土收缩变形，产生拉应力，一旦超过混凝土的抗拉强度时就会出现裂缝。

施工及养护 大体积混凝土施工时，一是要尽量减少水泥水化热，推迟放热高峰出现的时间，如采用60天龄期的混凝土强度作为设计强度以降低水泥用量；掺加粉煤灰替代部分水泥，可以降低水泥用量，同时由于粉煤灰的水化反应较慢，可推迟放热高峰的出现时间；夏季施工时采用冰水拌和、砂石料场遮阳、混凝土输送管道全程覆盖洒冷水等措施，可降低混凝土的出机和入模温度。

大体积混凝土养护需要保持适宜的温度和湿度条件。为了掌握大体积混凝土的升温和降温的变化规律，以及各种材料在各种条件下的温度影响，需要对混凝土进行温度监测控制。在测温过程中，当发现里表温度差超过25℃时，应及时加强保温或延缓拆除保温材料，以防止混凝土产生温度裂缝。（田　倩）

大型养路机械 heavy-duty maintenance machinery 在封闭线路条件下，用于铁路线路路基、道床、轨枕及道岔、钢轨等工务基础设施的大修、综合维修及专项修理的机械设备。大型养路机械既能在轨道上自运行（100千米/时），又具有专项作业功能，是集机械、电气、液压、气动、制动、激光、自动控制、计算机等先进技术于一体的高新技术产品。主要包括**线路捣固机械**、**道砟清筛机械**、道床配砟整形机械、**轨道动力稳定车**、**钢轨打磨及铣削机械**、**铺换钢轨及轨枕机械**、**移动式焊轨机械**等。

发展情况 铁路线路机械化养护维修起始于20世纪50年代初。60年代中期，为适应铁路高速、重载及轨道结构重型化的发展，各国铁路竞相采用大型养路机械。至80年代，工业发达国家的铁路已形成以大型养路机械为主要作业手段的格局。中国铁路发展大型养路机械起步较晚，80年代初引进少量机械试用，90年代形成规模。通过引进技术、自主创新，中国大型养路机械已形成了八大系列80余种产品，满足了不同等级线路修程修制的使用需求。

构成 大型养路机械主要由车体、转向架、司机室、车钩缓冲装置、动力传动系统、作业装置、液压系统、电气系统、测量系统、气动系统、制动系统等组成。动力主要采用内燃机，传动分为液力传动和液压传动。作业装置依功能不同而各异。电气控制系统主要有模拟控制、数字网络控制、轨道几何参数计算机等。制动系统主要采用YZ-1型及JZ-7型系统。

分类 按线路修理作业功能不同，大型养路机械可归纳为线路大修设备、线路维修设备和工务专用设备。①线路大修设备。主要包括线路清筛机组、道岔清筛机组、边坡清筛机组、路基整治机组、大修列车机组等。主要用于线路大修道床清筛作业、路基病害整治作业及换轨换枕作业。②线路维修设备。主要包括线路捣固机组、道岔捣固机组、高速铁路保养机组以及钢轨打磨列车、钢轨铣磨车、道岔打磨车等。主要用于线路综合维修及钢轨断面轮廓修复作业。③工务专用设备。主要包括移动式焊轨车、道岔铺换设备、轨道吸污车、除雪车、附属设备等及检测设备等。（宋慧京）

大瑶山隧道 Dayaoshan Tunnel 中国第一条超长双线电气化铁路隧道。建成时是中国最长的铁路隧道。位于广东省北部韶关市西北，京广铁路衡广（衡阳—广州）复线上。大瑶山隧道于1981年11月开工，1987年5月6日贯通，1988年11月6日建成，有4000多名工人参与施工建设。隧道全长14 295米，埋深70～910米。

隧道设计采用截弯取直的长隧道设计方案，双线铁路电力牵引断面；将纵断面设计成人字形（即隧道中间高，两头低），便于向两头排水和出碴；利用3个斜井和1个竖井通向正洞，以利施工和通风。开挖大瑶山隧道，使用了当时最先进的设计和施工方法——**新奥法**。同时采用配套的大型现代化机械，实施深孔爆破和全断面、半断面开挖，实现了隧道施工的开挖、运输、衬砌和注浆4条机械化流水作业，从而结束了旧式手工操作、分部开挖的施工方式。

大瑶山隧道的开通，比既有铁路坪石—乐昌线里程缩短约15千米。火车速度从50千米/时提升至100千米/时及以上，加强了中国岭南地区与北方地区的交通联系。大瑶山隧道勘测设计和施工是中国隧道建设技术的一次飞跃，获得国家科

列车通过大瑶山隧道

学技术进步奖特等奖，是铁路隧道技术进步的里程碑。（牛亚彬）

代理模型 surrogate model 基于参数空间中的样本点分析所构造的原始问题的近似模型。在有限的计算机资源条件下，为建立输出响应与参数间的映射关系，以便高效率解决复杂的分析和设计问题，可采取的一个可行策略是，基于参数空间中的样本点分析来构造原始问题的近似模型。这种模型可称为代理模型（或响应面模型）。

代理模型可由一系列从输入到输出的数据进行构造，而这些数据通常是在对参数空间中按一定准则选取的样本点进行物理试验或数值模拟后得到的。建立代理模型的过程通常包括如下需反复迭代的步骤：①选取参数空间中的样本点。②构造近似模型并采用优化等方法确定模型的参数。③对模型的精度进行评估。构造代理模型面临的主要挑战是，如何利用尽量少的样本点分析来保障模型达到要求的计

算精度。代理模型的精度取决于样本点的数量和布局。多种试验设计技术可用于选择合适的样本点。然而，在不同领域的应用中，并无统一的方法来评价代理模型的精度。

常用的代理模型包括多项式响应面模型、克里金模型、支持向量机模型、人工神经网络等。这些代理模型已被应用于求解考虑不确定性的可靠度分析、多学科优化设计等问题。（亢 战）

单轨交通 monorail transit 车辆骑跨或悬挂于单根带形梁体轨道上行驶的城市轨道交通系统。简称单轨。按照走行模式和结构分为跨座式和悬挂式两种形式。①跨座式单轨交通。车辆骑跨于梁轨合一的混凝土轨道梁或钢轨道梁上行驶。②悬挂式单轨交通。车辆悬挂于钢轨道梁上行驶。单轨交通通常采用空气弹簧和胶轮走行系统，具有爬坡能力强、振动噪声小、转弯半径小、乘坐舒适等特点。跨座式单轨交通属中运量系统，悬挂式单轨交通属小运量系统。单轨交通大都以高架线运行为主，观景效果好，可作为城市或景区的移动观光平台。通常作为中等城市的轨道交通骨干线、大城市的加密线、地形复杂或道路资源紧张的城轨线、城市旅游观光线、对噪音振动等环境指标要求高的大型社区或组团的内部交通线。

简史 1821年，英国工程师H.帕默尔提出木制单轨交通的构思。1888年，法国C.拉里格为爱尔兰利斯特维尔设计并建造了一条长15千米的客货两用的单轨线路，连续运营长达36年。1898年，法国E.兰根为德国鲁尔地区的伍伯塔尔市设计了一条长13.3千米的悬挂式单轨系统，1903年建成通车。随后单轨交通在世界各地开始普及，日本的东京、大阪、冲绳、神户、北九州，澳大利亚的悉尼市，美国的西雅图、拉斯维加斯、查克逊威尔市，德国的多特蒙德、杜塞尔多夫，马来西亚的吉隆坡，俄罗斯的莫斯科，沙特阿拉伯的迪拜，韩国的大邱等地也相继建设了多条单轨系统。2004年，中国第一条跨座式单轨交通线路——重庆轨道交通2号线建成通车，重庆彼时已拥有世界上最长的单轨线路。

单轨线路 单轨交通线路分为正线、配线和车场线。配线包括折返线、渡线、联络线、停车线及出入线。线路一般采用高架敷设方式。单轨交通与其他轨道交通线路之间，以及单轨交通独立运营线路之间应采用立体交叉；跨座式单轨交通跨线运营线路之间应采用过轨连接。

根据行车安全、环保、消防、景观等相关要求，单轨交通高架线路和地面线路距周边建筑物应留有足够的安全距离。线路最小平面曲线半径正线为100米，仅地铁的1/3。线路的圆曲线设有不大于12%的超高率。单轨交通能够爬坡60‰，比钢轮钢轨制式（如地铁）大1倍。中国重庆单轨穿梭李子坝高层建筑大楼对住户正常生活不产生影响，单轨交通具有选线的灵活性。

车辆特征 车辆型式。根据车辆客室的载客量，跨座式单轨车辆分为大型车和中型车，列车编组可实现2～8辆编组，一列8辆编组列车定员可达1300人，悬挂式单轨车辆的载客人数仅为跨座式单轨车辆的1/2。车辆通过线路的最小曲线半径应为50米，单轨车辆最高运行速度为80～100千米/时，悬挂式单轨最高运行速度为60千米/时。

运行模式 根据实际情况可以选择人工驾驶、有人值守的自动驾驶或全自动无人驾驶的运行模式，司机室设在列车两端。人工驾驶情况下，设置司机室侧开门，并与乘客车厢隔开。固定编组的车厢间设置全贯通通道，列车头部设有紧急出口门。

受电方式 采用牵引接触网受电方式，由安装于轨道梁侧面的正极接触轨授电，负极接触轨回流。供电的额定电压通常采用直流1500伏或750伏。电气设备设在地板下面的车底部分，列车进站时车体接地，不产生杂散电流。

车辆转向架 每辆车转向架通常有两台，采用中心牵引装置，构架由侧梁、横梁、端梁及导向、稳定车轮的支承架构成。转向架与车体之间悬挂有无摇枕空气弹簧或沙漏弹簧，并装有横向减震器。走行轮胎总成由空心车轴、轮芯、滚动轴承和橡胶轮胎组成。每个走行橡胶轮和水平橡胶轮应有独立的胎压监测及失气报警装置，并设有辅助走行装置。

驱动和制动装置 两者合为一体，结构紧凑，通常采用鼠笼异步电机和永磁同步电机，基础制动采用盘形制动。悬挂式单轨车辆悬挂于轨道梁上，悬挂装置由连接杆、安全钢索、油压减震器和制动器构成，连接杆为钢板焊接结构，一旦损坏，安全钢索起到安全保障作用。

车辆材料 由于橡胶轮胎载重限制，单轨车体主体结构材料一般采用铝合金、不锈钢或其他轻质高强材料焊接结构实现车体轻量化。车辆主体结构和转向架构架设计寿命不少于30年。车辆结构材料应采用不燃性材料，内部设施应采用不燃材料或无卤、低烟的阻燃材料。车辆内应设有符合车辆部件燃烧特质的灭火器具及必要的防护设施。

应急救援方式 单轨列车可根据不同车型，采取纵向疏散、横向疏散、垂向疏散的应急救援方式。当列车端部设有端门时，可采取纵向疏散，列车间纵向救援渡板可结合端门门体设置；横向救援使用的两列车间门对渡板可常备于车站；每个客室门上方配备有垂向疏散的缓降装置。当跨座式单轨列车端部不设置端门或在正线区间不具有横向救援条件的区段，在客室门外侧设有应急疏散通道。

车辆报警系统 客室内设有乘客紧急报警装置，乘客紧急报警装置具有乘务员或控制中心与乘客间双向通话功能。

轨道梁桥 单轨交通以高架线路为主，轨道梁既是导向轨道又是承重梁。跨座式单轨交通线路结构包括轨道梁、轨道梁桥、组合桥，及道岔平台的桥梁结构，轨道梁一般采用预应力混凝土轨道梁，特殊情况下也采用钢轨道梁，并采用预制架设的设计、施工方法。悬挂式单轨轨道梁一般采用钢箱型、工字钢型或索缆式轨道梁结构。

轨道梁各部位尺寸能够满足车辆走行轮、导向轮和稳定轮的走行要求，以及通信、信号、供电系统环网电缆、接触轨在梁体上的安装要求。轨道梁结构具有足够的竖向、横向和抗扭刚度，并能够保证结构的整体性和稳定性。

跨座式单轨交通高架区间的纵向应急疏散平台可兼作检修通道。检修通道结构应简洁轻便，便于维护。

道岔特征 在单轨线路中能使轨道分歧，供列车从一股轨道转向或越过另一股轨道的设备，称为单轨道岔。为实现车辆行驶中的转线、折返运行、救援避让及在车辆基地内调车作业，单轨交通正线、配线和车辆基地内的线路上应根据需要设置道岔。单轨由一组互相连接、关节间可转动的钢箱道岔梁组成，道岔梁之间用可互相转动的指形板和可上下及横向转动的T形轴连接。

单轨交通道岔按其结构组成、转辙后的线形，分为关节型道岔、关节可挠型道岔、平移型道岔、枢轴型道岔等类型。跨座式单轨道岔采用了与轨道梁相似的梁式结构，由一组互相连接、关节间可转动的钢箱梁组成，主要分为道岔结构、转辙驱动系统及信号控制系统。单轨道岔转辙驱动系统通过减速器带动摆臂绕减速器中心轴回转实现道岔梁的横移，信号控制系统保证道岔按信号要求在规定时间内完成解锁、转辙和锁闭工作。

高架线路段的道岔设备安装在桥式平台上，在地面线或地下线路段通常安装在专用平台上。（仲建华）

挡土结构 retaining structure 为了阻挡土体失稳的结构。

按变形特征分类 根据其变形特性，可分为不考虑结构变形的刚性挡土结构和允许有一定变形的柔性支护结构。①刚性挡土结构。由混凝土、浆砌块石等材料构筑而成，多用于边坡和路基等工程。②柔性支护结构。由钢筋混凝土、钢板等材料等构成，常用于深基坑等工程。

按断面的几何形状及受力特点分类 按断面的几何形状及受力特点，常见的挡土结构形式有重力式挡土墙、半重力式挡土墙、衡重式挡土墙、悬臂式挡土墙、扶壁式挡土墙、锚杆式挡土墙、锚定板式挡土墙、加筋土挡土墙、板桩式及地下连续墙等。

重力式挡土结构 依靠墙身自重抵抗土体侧压力的挡土墙。一般可分为直立式、倾斜式、台阶式（见图）。重力式挡土墙

重力式挡土结构示意图

可用块石、片石、混凝土预制块作为砌体，或采用片石混凝土、混凝土进行整体浇筑。半重力式挡土墙可采用混凝土或少筋混凝土浇筑。重力式挡土墙可用石砌或混凝土建成，一般都做成简单的梯形。它的优点是就地取材，施工方便，经济效果好。所以，重力式挡土墙在中国铁路、公路、水利、港湾、矿山等工程中得到广泛的应用。

由于重力式挡土墙靠自重维持平衡稳定，因此体积、重量都大，在软弱地基上修建往往受到承载力的限制。如果墙太高，耗费材料多，也不经济。当地基较好，挡土墙高度不大，本地又有可用石料时，应当首先选用重力式挡土墙。

重力式挡土墙一般不配钢筋或只在局部范围内配以少量的钢筋，墙高在6米以下，在地层稳定、开挖土石方时不会危及相邻建筑物安全的地段，其经济效益明显。

柔性挡土结构 当挡土结构物自身在土压力作用下发生挠曲变形时，变形将影响土压力的大小和分布的挡土结构。如板桩墙、开挖支撑。

柔性挡土墙是中国新开发应用的一种土工构筑物，其结构类似于一般的加筋挡土墙，和刚性挡土墙相比，柔式挡土结构的特点是：①用于承受侧压力的材料不再是各种刚性的构造物，而是直接利用土工布在外侧部位一定宽度内反卷形成结构物侧面，土体侧压力则通过挡土墙自身土体锚固，使其不致产生边坡滑移变形。②其整体结构力学性质的改变，由于采用了土工布作挡墙的受力主体，决定了该结构较之刚性结构能更好地适应地基变形。

锚定板挡土墙 中国铁路部门首创的支挡结构形式。发展于20世纪70年代初期，在铁路部门已广泛应用。公路、水利、煤矿等部门也在立交桥台、边坡支挡、坡脚防护等多种工程中应用。

锚定板挡土墙是由墙面、拉杆、锚定板以及充填墙面与锚定板之间的填土所共同组成的一个整体。在这个整体结构的内部，存在着作用于墙面上的土压力、拉杆的拉力和锚定板的抗拔力等相互作用的内力，这些内力必须互相平衡，才能保证结构内部的稳定。同时，在锚定板挡土墙的周围边界上，还存在着从边界外部传来的土压力、活载以及结构自重所产生的作用力和摩擦力，这些外力也必须互相平衡，以保证锚定板挡土墙的整体稳定性，防止发生滑动或蠕动。

锚定板挡土墙和锚杆挡土墙一样，也是依靠拉杆的抗拔力来保持挡土墙的稳定。但是，这种挡土墙与锚杆挡土墙又有着明显的区别，锚杆挡土墙的锚杆必须锚固在稳定的地层中，其抗拔力来源于锚杆与砂浆、孔壁地层之间的摩阻力；而锚定板挡土墙的拉杆及其端部的锚定板均埋设在回填土中，其抗拔力来源于锚定板前填土的被动抗力。因此，墙后侧向土压力通过墙面传给拉杆，后者则依靠锚定板在填土中的抗拔力抵抗侧向土压力，以维持挡土墙的平衡与稳定。在锚定板挡土墙中，一方面填土对墙面产生主动土压力，填土愈高，主动土压力愈大；另一方面填土又对锚定板的移动产生被动的土抗力，填土愈高，锚定板的抗拔力也愈大。

锚定板挡土墙按墙面结构形式可分为柱板式和壁板式两种。①柱板式挡土墙。墙面由肋柱与挡土板拼装而成，根据运输和吊装能力，可采用单根肋柱，也可以分段拼接，上下肋柱之间用榫连接。按肋柱上的拉杆层数，还可分为单层拉杆、双层拉杆和多层拉杆锚定板挡土墙。②壁板式挡土墙。墙面板（壁面板）可采用矩形或十字形板拼装而成，墙面板直接用拉杆与锚定板连接。

加筋土挡土结构 由镶面砌块、拉筋和填土共同组成的挡土结构。加筋土挡土结构是在土中加入拉筋，利用拉筋与土之间的摩擦作用，改善土体的变形条件和提高土体的工程特性，从而达到稳定土体的目的。加筋土挡土结构由填料、在填料中布置的拉筋以及结构面板3部分组成。一般应用于地形较为平坦且宽敞的填方路段上，在挖方路段或地形陡峭的山坡，由于不利于布置拉筋，一般不宜使用。

加筋土挡土结构是柔性结构物，能够适应地基轻微的变形，填土引起的地基变形对加筋土挡土结构的稳定性影响比对其他结构物小，地基的处理也较简便；是一种很好的抗震结构物；节约占地，造型美观；造价比较低，具有良好的经济效益。

加筋土挡土墙施工简便、快速，并且节省劳力和缩短工期。一般包括下列工序：基槽（坑）开挖、地基处理、排水设施、基础浇（砌）筑、构件预制与安装、筋带铺设、填料填筑与压实、墙顶封闭等，其中现场墙面板拼装、筋带铺设、填料填筑与压实等工序是交叉进行的。（徐日庆）

道岔 turnout 使机车车辆从一股轨道转向或越过另一股轨道的线路连接专用设备。道岔按其使用条件可分为单式道岔和复式道岔。单式道岔又分为单开普通道岔、异侧道岔和同向道岔，其中异侧道岔包括对称（双开）道岔和不对称道岔。复式道岔又分为异侧道岔、同向道岔、交织道岔和套线道岔，其中异侧道岔包括对称（三开）道岔和不对称道岔；交织道岔包括异侧道岔和同向道岔。各种道岔中，单开普通道岔使用最多，占各国铁路连接设备的90%～95%。

单开道岔 单开道岔主线为直线，侧线由主线向左（左开岔道）或向右（右开岔道）侧分支，主要由转辙器、辙叉和连接轨道组成（图1）。

转辙器为引导车轮沿不同轨道（主线

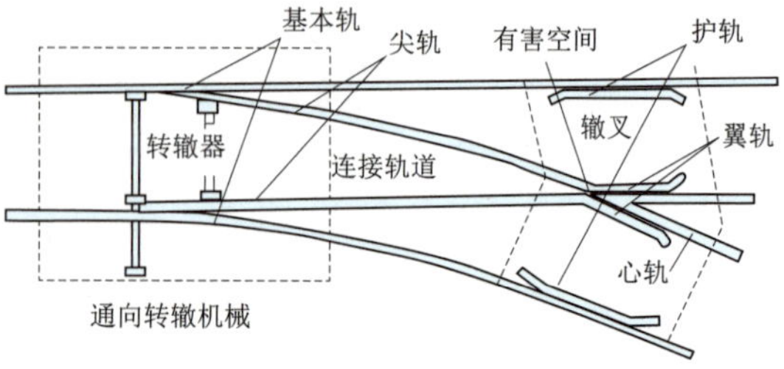

图1 单开道岔的组成示意图

或侧线）行使的转向设备，由基本轨、尖轨、转辙机械及连接零部件组成。辙叉是两股钢轨平面交叉时使车轮沿一股钢轨越过另一股钢轨的设备。一般分为普速铁路多用的固定式辙叉和高速铁路多用的可动心轨辙叉。

连接轨道指连接转辙器跟端和辙叉趾端之间的轨道。其中连接侧向尖轨跟端与辙叉趾端之间的轨线称为导曲线，导曲线的平面形状可为圆曲线或由圆曲线和曲率渐变的曲线组合成的曲线。导曲线的平面形状和半径的大小，对侧向行车通过速度影响很大。普速道岔常用半径较小的圆曲线导曲线，高速道岔常用圆曲线和缓和曲线的组合型导曲线。

实际应用中，常用钢轨型号和道岔号数来表述道岔型号，如60千克/米钢轨、12号单开道岔等。中国既有客货共线铁路的正线道岔号数系列为12号、18号和30号；中国高速铁路正线道岔号数系列为18号、42号和62号。

高速道岔　铺设在高速铁路正线能以区间最高时速通过的道岔。中国高速铁路道岔均为可动心轨单开道岔，直向容许通过速度规定为350千米/时和250千米/时。高速道岔根据其铺设位置和使用要求，对侧向通过速度有不同的规定。

道岔在满足直向通过功能的基础上，满足侧向通过功能的关键技术还包括道岔的平面设计参数的选取及结构设计。

可动心轨单开道岔的组成见图2。其和普速铁路单开道岔的区别主要在于辙叉部分，普速铁路的单开道岔为固定式辙叉单开道岔，高速铁路的单开道岔为可动心轨辙叉单开道岔。当心轨转动到正线位置时，心轨和翼轨紧密相贴，消除了固定式辙叉正线位置时心轨和翼轨之间的有害空间，保持了轨线的连续性，从而消除了高速列车通过时轮轨冲击。这是普速道岔和高速道岔的根本区别。

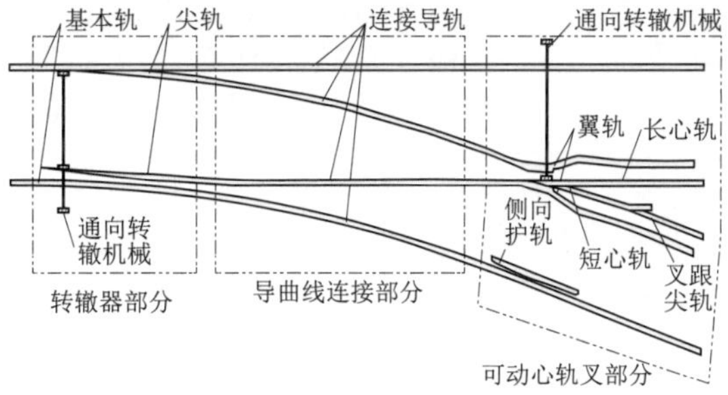

图2　可动心轨单开道岔的组成示意图

（童大埙　顾培雄　曾树谷）

道床配砟整形车　ballast distributing and profiling machinery　将堆积在线路两侧或轨道上的道砟收拢或分配到道床所需要的部位上，使道床成形的轨道作业机械。是铁路线路大修、维修作业的主要配套设备之一。

分类　中国铁路使用的配砟整形车有3种分类：①按作业方向分为双向作业配砟整形车和单向作业配砟整形车。②按结构性能分为带储砟斗配砟整形车和无储砟斗配砟整形车。③按运用地域分为平原型配砟整形车（海拔2000米）和高海拔型配砟整形车（海拔5100米）。

工作原理　配砟整形车在作业走行中，通过中犁装置和侧犁装置使道砟产生流动，根据道砟的分布情况，使多余道砟搬移至道砟亏欠处；通过枕面清扫装置将残留在轨枕上的道砟清扫干净，经横向输送装置抛向边坡；对带有储砟斗的车型，收集后的道砟通过输送带输送至储砟斗，以在需要补砟处向轨枕盒补砟；通过垂直和轨侧清扫器将轨侧和扣件处的道砟扫入轨枕盒，从而完成道床的配砟及边坡整形作业，使作业后的道床布砟均匀及断面成形，枕面、钢轨及扣件清洁。

构成　以SPZ-350双向道床配砟整形车为例。

整个机械由柴油机提供动力，自运行及作业运行采用液压传动，作业动作采用液压驱动，辅助作业动作采用液压驱动或气动驱动。中犁装置、侧犁装置、清扫装置、端犁装置、储砟斗是SPZ-350双向道床配砟整形车的主要工作装置。①中犁装置。由主架、升降油缸、中犁油缸、中犁板、导流板、护轨罩、翼犁板、翼犁板油缸、连杆及机械锁等组成。中犁板是道床配砟作业的主要执行元件之一。4块中犁板与线路中心线呈45°角“X”形对称布置，通过4块板不同的开闭组合可以完成8种工况的配砟作业。②侧犁装置。两个侧犁装置左、右对称布置在车体两侧。每个侧犁装置由主侧犁板、前后翼犁板、伸缩臂及油缸等组成。通过改变翼犁板与主侧犁板的夹角，实现道砟在道床边坡上的不同流向，可以完成4种工况的运砟及道床整形作业。③清扫装置。主要由枕面清扫装置、垂直清扫器、轨侧清扫器和精细清扫装置组成，用于清扫轨枕表面、扣件和轨腰处的道砟。

SPZ-350双向配砟整形车还装备有激光雷达测量系统，包括避障系统和道床扫描系统。避障系统采用激光雷达对配砟整形车行进方向前端进行连续扫描，采集前方道床轮廓数据，通过计算机系统计算、比对和判断，区分出行进方向作业范围内的障碍物，以使工作装置避让，保证作业安全。道床扫描系统通过激光雷达对道床进行实时扫描，采集道床轮廓实测数据，并与理论轮廓断面进行比对，对道床道砟的盈亏进行处理，从而实现对道砟分布的精细化管理。

SPZ-350双向配砟整形车主要技术参数：①最高自运行速度为100千米/时，最高附挂运行速度为120千米/时。②运行通过最小曲线半径为180米，作业通过最小曲线半径为250米。③最大配砟宽度为3620毫米，最大整形宽度为7200毫米，最大清扫宽度为2600毫米。④最高作业速度为19千米/时。⑤储砟斗容量为5米^3。

（宋慧京）

道基　subgrade　在地表按照飞行区道面位置和几何尺寸要求，开挖或填筑而成的岩（土）结构物。道基作为道面的支撑结构物，承受飞机荷载和环境因素的共同作用。

性能指标与设计参数　道基与道面相互作用、相辅相成。因此，道基应具有足够的强度和整体稳定性、足够的抗变形能力和耐久性。表征道基结构性能的指标主要是回弹模量、道基反应模量和道基顶面竖向压应变。回弹模量、道基反应模量主要用于控制道基的弹性变形，而道基顶面竖向压应变主要用于控制道基的永久变形。水泥混凝土道面结构设计大多采用道基反应模量，也可采用道基回弹模量；沥青道面结构设计则采用回弹模量和道基顶面竖向压应变。

施工控制　道基施工主要是道面区域范围的岩土体开挖或填筑，因此需要与机场的土石方工程相结合，做好填挖平衡。

道基填筑应当选择水稳性好、压缩性小、易压实且料源充足、运距较短的土石材料。表征道基填料性能的主要指标是加州承载比（CBR）。当CBR值不满足相关规范要求时，可掺加石灰、水泥等无机结合料或者粒料等进行处置，或者进行换填。

道基应当均匀、密实。表征道基密实程度的指标主要是压实度。由于道基在不同层位承受飞机荷载作用和环境因素影响的程度不同，对压实度的要求也有所差异。

特殊道基　高液限土、膨胀土、黄土、盐渍土、风积沙和冻土等特殊岩土由于不良的工程特性，不能直接用作道基填料，需要进行换填，或者进行处置后论证使用。

软弱地基上的道基、陡斜坡上的道基、深挖高填道基和填挖交界处的道基往往涉及稳定、沉降或不均匀沉降等问题，需要进行专门的稳定性验算和沉降分析，并根据验算和分析的结果，采取相应的处理或加固技术。

湿度对道基性能具有显著影响。当地下水位高、道基处于过湿或潮湿状态时，需要抬高道基标高或采取盲沟系统等措施，以改善道基湿度状况。季节性冻土地区的机场容易产生道基冻胀、融沉等病害。因此，应当针对填料的类别和特性，并根据季冻区道基临界高度，选择合适的道基防冻措施。（凌建明）

道肩 runway shoulder 与跑道、滑行道、机坪道面相接，经过整备作为道面与邻近土面之间过渡用的铺面区域（见图）。道

机场跑道及道肩

肩的主要作用包括抵御喷气气流的吹蚀，防止松散材料吸入喷气发动机内，降低飞机偶然驶离跑道时受损的危险性，以及为承载维护设备和应急设备提供场地和通道。有些机场为防止发动机的喷气流冲击土壤，还在道肩外设置水泥防灼块。道肩的铺面需要有足够的强度，可在飞机偶然驶离跑道时提供支撑，并能支承可能在道肩上运行的地面车辆。此外，道肩作为道面的侧向支承还具有保持跑道结构稳定的功能。

跑道两侧道肩的最小宽度应为1.5米。当飞行区指标Ⅱ为D、E的跑道宽度小于60米时，跑道加道肩的总宽度应达到60米；飞行区指标Ⅱ为F的跑道及其道肩的总宽度应不小于75米。邻接跑道的道肩表面同跑道表面接平，道肩的横坡应比跑道横坡大0.5%～1%，以保证进入道面结构中的水能及时排出，但横坡最大值不宜超过2.5%。道肩的结构和道面类似，也是由面层、基层、垫层、土基组成，道肩混凝土面层厚度不应小于120毫米。现浇水泥混凝土道肩的混凝土设计弯拉强度应大于4.5兆帕。年最低月平均气温为−10～0℃的地区，道肩混凝土抗冻标号应高于F200；年最低月平均气温小于−10℃的地区，道肩混凝土抗冻标号应高于F300。（凌建明）

道路安全 road safety 在交通活动过程中，能将人身伤亡或财产损失控制在可接受水平的状态。道路交通作为动态的开放系统，其安全既受系统内部因素的制约，又受系统外部环境的干扰，并与人、车辆及道路环境等因素密切相关。

运行车速 中等技术水平的驾驶人在良好的气候条件、实际道路状况和交通条件下所能保持的安全车速。通常采用85%位行驶速度作为运行速度。所谓85%位车速指在某条道路行驶的所有车辆中，有85%的车辆行驶速度在此速度之下，只有15%的车辆行驶速度高于此值。道路上汽车行驶过程中受自然条件限制，实际行驶车速变化较大，运行速度主要是针对设计速度存在的不足，为保证汽车行驶的连续性而设置。

运行车速是道路几何线形、道路环境、汽车性能以及驾驶人心理行为等多方面综合作用于汽车的最终结果。车辆的运行速度与线形设计要素密切相关，线形要素的任何突变都将出现不连续的运行速度，造成驾驶人的不适应和操作匆忙，并使该位置发生的交通事故具有聚集性。

速度限 为保证道路交通的安全、高效运行所确定的限制车速。确定车速限制值时通常考虑交通量和车辆组成、设计速度、路面特性等因素。

道路最高车速限制应实现安全、效率、经济、舒适的目标，多以85%位车速作为依据。道路最低车速限制应遵循尽量提高运行效率的原则，同时兼顾经济性与安全性，多以15%位车速作为依据。15%位车速是指在某条道路行驶的所有车辆中，有85%的车辆行驶速度在此速度之上，只有15%的车辆行驶速度低于此值。

驾驶行为 驾驶员在行车过程中的各种操作行为。包括感知外界交通信息并形成决策的思维过程，通过运动器官操纵车辆运行的肢体行为，以及自身车辆与周围车辆等交通环境要素之间的相对运动关系的控制行为。驾驶意图是驾驶员接收到外界信息并决策执行何种驾驶行为的思维活动，是驾驶行为的内在状态。驾驶行为的执行过程是驾驶员的感觉、知觉等器官按照一定的时间序列分层次完成的。

道路交通安全与机动车驾驶员的驾驶行为非常密切，驾驶员从道路交通环境中获取信息，这种信息综合到驾驶员的大脑中，经判断形成动作指令，指令通过驾驶操作行为，使汽车在道路上产生相应的运动，运动后汽车的运行状态和道路环境的变化又作为新的信息反馈给驾驶员，如此循环往复，完成整个行驶过程。（陈　红）

道路材料 road material 道路工程结构使用的材料。道路工程结构通常指修筑于路基之上的路面结构。路面结构需要承受行车荷载和自然环境的影响，这些因素的影响随着路面深度的增加逐渐减弱，故对于路面材料的强度、承载能力和环境稳定性的要求随着结构深度不同而有所差别。路面结构自上而下区分为面层、基层和垫层，分别采用不同品种、不同规格的材料铺筑。

面层结构所用材料需要具有足够的强度和变形抵抗能力以承受行车荷载作用，也需要具有足够的稳定性以抵抗温度和降水对于材料性能的影响。由于直接接触行车荷载，面层材料的表面功能如抗滑、平整、降低噪声等性能也十分重要。面层材料主要使用沥青混合料或水泥混凝土，一些低等级道路也可使用稳定土或砌块路面。随着保护生态环境日益重要，由此产生许多新型面层材料，并且向生态化和景观化发展。

路面基层位于面层之下，承受面层传递下来的荷载应力并进一步将其扩散传递给下面的垫层与路基。基层材料需要具有足够的刚度、强度和荷载扩散能力，也需要具有足够的耐水浸、耐冰冻等稳定性。中国常用的路面基层材料是水泥稳定碎石材料。此类材料采用低剂量水泥（重量比约为5%）或水泥粉煤灰稳定具有良好级配的碎（砾）石，因此有较好的承载能力。由于其刚度高于沥青混合料而低于水泥混凝土，俗称为半刚性基层材料。此类基层材料常见病害为收缩开裂。此外，中国相应规范也规定可以使用沥青稳定碎石、级配碎石或贫混凝土作为基层材料，但工程中使用较少。顺应路面结构层由上至下刚度逐渐降低的设计原则，基层可以进一步划分为基层和底基层。常用的底基层材料为水泥或水泥粉煤灰稳定碎石，其水泥或水泥粉煤灰用量及材料的刚度与强度均低于其上的基层材料。常用的底基层材料还有级配碎石等。

垫层主要用来改善路基的湿度，调整冰冻对于路基的影响，兼具扩散荷载作用以保护路基不产生过大变形。垫层不是路面结构必须设置的结构层，通常设置于季节冰冻区或土基水温状况不良的局部路段。常用的垫层材料主要有级配碎（砾）石、结合料稳定土等。垫层材料必须具备良好的水稳定性，在季节冰冻区，垫层材料要具有足够的抗冰冻能力和温度

调节能力。（张肖宁）

道路定价 road pricing 采用经济手段对交通需求和交通拥挤进行调节的管理措施。又称拥挤收费。道路定价的思想由英国经济学家A.C.皮古和F.H.奈特提出，经由20世纪60年代沃尔斯特、斯米德和夏普的研究发展而走向成熟。

道路定价的基本原理是基于经济学中的边际成本定价理论，图中给出了面向一条路段的道路边际定价原理。

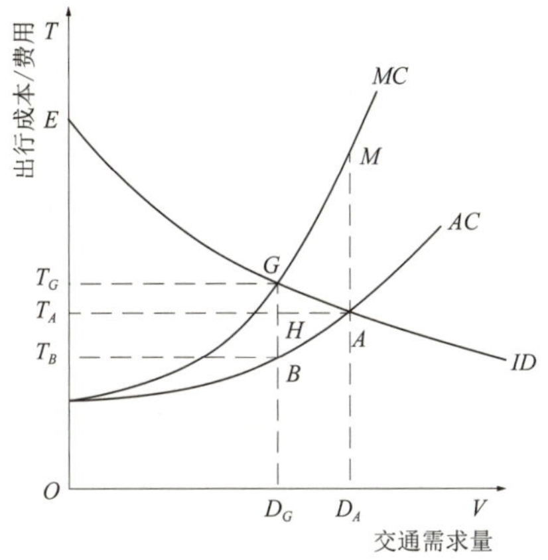

道路定价的经济学原理示意图

图中曲线AC表示在一定交通需求下道路上每个出行者的平均出行成本；曲线MC表示单个出行者带给道路上全体出行者的个人平均边际成本，即边际社会成本。由于拥挤效应，曲线AC是一个相对于交通量的单调递增函数，而曲线AC和MC之间的差值反映了该交通水平下的拥挤费用。另一方面，交通需求函数相对出行费用而言是一个严格递减的函数。图中，曲线ID代表需求函数的反函数，它也是一个严格递减的函数。在没有收费的情况下，当供应和需求达到均衡时交通量趋向于D_A。然而从整个路网和社会角度来看，最优的交通量应该是D_G，因为这时候边际社会成本等于需求函数的反函数值。在这种情况下，从经济上来说社会效益得到了最大化，它由图中面积$BGET_B$给出。相反，在前面的情况下，有一个相当于面积AMG的效益损失。所以，在经典的边际成本方案中，拥挤收费费率应等于边际私人成本和边际社会成本之间的差值，也就是图中的线段$BG=GD_G-BD_G$。因此，在确定性均衡分配原则下，如果在每个路段上收取一个边际费用，便可以采用用户均衡配流获取系统最优解。在边际收费模式里，每个人所缴纳的费用等于他的出行所产生的对整个路网的附加拥挤量。

对路网中所有路段都收取边际费用的最优方法在实际中操作烦琐、难以实现。因此，在实际应用中，多采用对路网中部分道路、区域，在部分时段收取一定费用的次优方法，实现交通出行在空间与时间上的优化。

基于这一原理，道路定价对于路网交通拥挤的缓解作用，可总结为5个方面：①总量调节。道路定价导致出行费用增加，当费用高于效益，出行者将放弃出行，从而带来出行总量的降低。②时间调节。城市交通拥挤一般存在明显的高峰、平峰时段。通过高峰时段收费，将部分出行调节到平峰时段，改善出行时间分布均衡性。③空间调节。城市交通拥挤在空间分布上亦不均衡。通过对拥挤区域或道路实施收费，促使部分车辆选择新的行驶路线，改善出行的空间分布均衡性。④方式调节。拥挤收费所带来的小汽车使用成本的增加，会促使部分私家车主放弃小汽车出行而选择公共交通方式，推动公交优先政策的实现。⑤资金调节。道路定价所收益的资金，可用于投资交通基础设施建设和改善公交，促进城市交通系统的良性、可持续发展。

较早实施道路定价的国家和城市主要有新加坡、英国的伦敦、瑞典的斯德哥尔摩等。（邵敏华）

道路改扩建 road reconstruction and expansion 当原有道路设施的服务能力或水平无法满足使用需求时，利用原有道路资源，通过拓宽、改造等方式，实现道路等级或规模的提升，以提高道路服务水平、通行能力及安全性的工程建设行为。①道路升级。根据使用任务、功能和适应交通量的不同，道路被划分为若干技术等级，每个等级采用不同的技术设计标准，对道路设计车速、几何条件、材料和结构特性一般都提出了明确的要求。道路等级越高则技术标准越高。道路升级指原有道路的技术条件已不能满足当前或未来使用需求，需按照更高标准进行改扩建，建成道路的等级高于原有道路。②路面加宽。当道路交通量增大、原有路面宽度无法满足行车需要时，应对路面进行加宽。根据路基情况，可采用双侧或单侧加宽。当路基过窄时，需加宽路基后再加宽路面。路面加宽一般可采用原路面的材料和结构组合。③路面大修重建。当路面剩余寿命低于预定标准或路面服务能力无法满足使用需求时，可对路面进行大修重建。大修重建一般指以不低于原路面的技术标准，用新的路面结构完全取代原路面结构。多为原地重建，需对原路面结构进行清除或一定程度的再利用。（李 莉）

道路工程 road engineering 从事道路的规划、勘测、设计、施工、养护的一门应用科学和技术。是土木工程的一个分支。道路是一种用于通行各种车辆、行人及驮骑牲畜的陆路交通基础设施。道路按所处位置分为公路（图1）、**城市道路**、**林区道路**、**厂矿道路**和居住区道路等。

图1 海拔3100米的新疆天山公路

简史 道路工程历史源远流长。历史上最早的原始社会人群因生活和生产的需要，形成天然原始的人行小径。为了便于通行，人们取土填坑，架木过溪，从而开创了更好的道路。当人类由原始农业阶段发展到驯养牲畜的阶段后，逐渐利用牛、马、骆驼等乘骑或驮运，这种生产力的飞跃进一步要求更适用的道路，因而出现驮运道。

车轮是古代的伟大发明之一。它的发明使陆地运输从此进入马车交通时代。巴比伦、埃及、中国、印度、希腊、罗马、印加等文明古国为了军事和商旅需要，道路工程方面都有辉煌成就。古波斯大道、欧洲琥珀大道、罗马阿庇乌大道（一译亚平大道）、中国秦代栈道和驰道等，已有数千年历史，享誉至今。特别是横贯亚洲的丝绸之路（见**道路工程发展史**）延续2000余年，对东西文化交流起到巨大作用，中国三大发明也从此传播世界。

中国古代道路工程有卓越创造。据《周礼》所记，京都王城面积九里见方，城内有经纬干道，外有环涂（环行路）和野涂（郊外道路）。野涂又分为宽度递减的道、路、涂、畛、径5级。“季春之月，令司空官，周视原野，开辟道路，毋有障塞”“列树以表道，立鄙食以守路”。可见，中国自古以来就重视道路的规划、修建和养护。公元前316年，“秦伐蜀，修金牛道，于绝险之处、傍凿山岩而施板梁为阁”（《战国策·秦策》），即在陡壁处凿岩架设木结构的悬出路台，称栈道。秦筑驰道，汉唐通西域，各国商旅兴盛。

罗马帝国衰亡后，直到18世纪中叶，现代道路工程开始在欧洲兴起。1747年，第一所桥路学校在巴黎建立。法国

P.-M.-J. 特雷萨盖、英国T. 特尔福德和J.L. 马克当等工程师提出新的理论和实践，认为良好路基也可承受荷载并减薄路面，将罗马式厚路面减到25厘米以下，并采用块石作基层和碎石作面层，取得成功，从而奠定了现代道路工程的开端。1883～1885年，德国G.W. 戴姆勒、C.F. 本茨发明了汽车，开创了以汽车交通为主的现代道路工程的新时代。

学科内容 道路工程研究的主要内容包括道路网规划、路线勘测设计、路基工程、路面工程、桥涵工程、隧道工程、道路排水工程、附属设施工程和养护工程等。

道路网规划和路线勘测设计 道路网规划指根据未来经济发展和交通需求，对道路网络进行长期性基本布局方案的整体性考虑和设计，需考虑各种交通运输综合功能的协调发展，进行完善布局。路线勘测设计则指在整个规划的基础上，根据国家制定的分级管理要求和技术指标，通过勘察选定技术经济最优化的路线，从平、纵、横三方面进行综合设计，力争平面短捷舒顺、纵坡平缓均匀、横断面稳定经济，以求保证设计车速、缩短行车时间、提高汽车通行率。对路基、路面、桥梁、隧道、排水等结构物进行精心设计，在保证质量的前提下降低施工、养护、运营和交通管理等费用。

路基工程 对路基的勘测、设计、施工和养护。路基既是路线的主体，又是路面的基础，与路面共同承受车辆荷载。在道路建设中，路基的工程量大、占地广，是控制施工进度的关键。路基工程的目标是保证路面和其他构筑物的稳固及安全，所以路基设计除应保证路基主体结构的强度和变形的稳定性外，还包括坡面防护、冲刷防护和支挡构筑物等内容（见*路基*、*路基支挡结构*）。

路基按其断面的填挖情况分为路堤式、路堑式、半填半挖式3类。路基土石方工程按开挖的难易分为土方工程（松土、普通土、硬土3级）与石方工程（软石、次坚石、坚石3级）。

路面工程 为适应行车作用和自然因素的影响，在路基表面宽度范围内，用各种筑路材料修筑多层次的坚固、稳定、平整和具有一定粗糙度的铺面结构，形成能够承受荷载、抵御环境作用的具有一定厚度的结构物。在道路建设中，路面工程的投资大，对材料要求高。路面直接承受荷载和环境的作用，直接决定了道路的行驶质量、安全和寿命。路面设计除应满足荷载和环境的交变、重复作用下的耐久性能外，还包括安全、环保、低碳等功能设计内容（见*路面*）。

路面结构一般由面层、基层和垫层组成，表面应做成路拱以利排水。路面按结构的整体刚度分为柔性路面（见*沥青路面*、*碎石路面*）和刚性路面（见*水泥混凝土路面*）两类；按照面层材料的类型，分为沥青（材料类）路面、水泥（混凝土）路面、复合式路面、块料路面和无铺面路面；按其材料品质又分为高级路面、次高级路面、中级路面和低级路面。

桥涵工程 桥梁是用以跨越河流、沟谷的结构物。当铁路与其他道路交叉时，或道路与道路交叉时，也常建桥跨越（见*桥梁工程*）。

隧道工程 隧道是修建在地下、水下或者在山体之中，供车辆、行人通行的结构物。根据其所在位置可分为*山岭隧道*、*水下隧道*和城市隧道三大类。

隧道壁一般均需修筑衬砌加以支撑，在坚石又不易风化的整体岩层中也可不做衬砌。为防止表面岩石风化，可喷水泥砂浆。21世纪以来采用的*喷锚支护*，施工简便。隧道内部一般设置排气、通风和照明设备。

道路排水工程 水是造成路基、路面和沿线构筑物的病害和损毁的主因之一。根据来源不同分为地表水和地下水。地表水若沿道路表面流向或渗入路基土内时，可能将损毁路基、路面、路肩和边坡；地下水能使路基湿软，降低土基强度和路面承载力，严重时可引起翻浆或边坡滑坍，导致交通中断（见*道路排水*）。

附属设施工程 为保证道路功能、保障交通安全的非主体设施。包括：①安全防护设施。如保证夜间车辆和行人交通安全的照明设施，指导行车的交通标志、号志、路面标线，防护用的护栏、护墙、护柱，沙漠地区的防沙栅栏，多雪地区的防雪走廊等。②改善环境的设施。如绿化，可稳定路基、防治污染、美化路容；还有为减小噪声干扰的隔音墙等。③养护管理设施。如道路养护道班房、巡逻管理站等。④运行、服务设施。如收费站、休息区、服务区、停车场、电话亭及旅游服务设施等。

养护工程 旨在维护道路状况完好，预防和及时修复各种缺陷损坏，提供并保证安全、快速、经济、舒适的行车条件，有计划地改善道路技术状况。根据养护的性质分为日常养护、预防性养护和维修性养护等类型（见*道路养护*）。

展望 未来的道路工程是一个具备多种功能的基础设施空间结构物，将吸纳力学、材料和智能技术等多领域的研究成果，向着更耐久、更安全、更绿色、更智能的方向发展。主要趋势包括：①提高道路的耐久性和使用寿命，降低道路的成本，提高道路的运行效率，保障道路的安全，并将道路工程自动化和绿色化。②增强和拓展道路的功能，设计和建设绿色、低碳的多功能道路。③采用信息、通信和自动控制技术，改进道路的运行效率，提高道路运行的安全性，进而设计、建设自动道路系统。

提高道路耐久性，降低全寿命成本 耐久性是道路工程的传统目标。随着交通荷载越发繁重，道路耐久性的保持和提高也越来越成为一种科技挑战。创新结构和材料技术是研究攻关的重点方向。

道路工程中有多种不同的结构物，不同结构物的设计通常是独立进行的，提高耐久性是其共同的目标。出于成本考虑，路面结构所采用的材料比较差，结构设计着眼于标准荷载作用下的力学响应和重复荷载作用下的疲劳损坏，这导致路面使用寿命在道路工程的不同结构物中是最短的。提高路面的耐久性是提高道路工程的整体耐久性最关键的一环。为此，需将着眼于力学分析和疲劳考虑的常规理念转变为着眼于路面结构全寿命性能演变和费用分析的先进理念。基于这个目标，英国学者纳恩于20世纪90年代末提出了长寿命路面的经验结构，美国给出了长寿命路面的明确定义和标准。但这些结果并不完全适用于中国极其繁重的交通荷载和普遍采用的半刚性基层路面结构，同时还需要考虑路面材料的各向异性、黏弹性、黏塑性等固有性质，采用路面在移动荷载和环境作用下的真实响应参数，准确模拟路面结构在荷载、温度、水和湿度等多物理因素作用下的行为特点及其演化规律，建立新的路面分析和设计理论。以此为借鉴，中国进一步发展了国外长寿命路面设计的思路，引入了剪切指标，提出了耐久性路面的新结构和新标准，并综合考虑道路工程中路基、路面、桥涵和隧道等不同结构的损伤特点，提出了道路工程的协同设计新理念，使道路结构的整体寿命趋于一致成为可能。

材料技术的进步是推动道路工程结构整体进步的重要基础。高性能材料已经得到了比较广泛的应用，多功能材料也已经开始了尝试性的使用，这对减轻桥隧结构的自身重量、延长道路工程的寿命起到了显著作用。在路面材料中，正在研究采用微胶囊技术，研发具有自愈合、自修复功能的材料，并已经取得了较大的进展。该微胶囊是一种内含再生剂、粒径50～100

微米的新型材料，当路面老化或疲劳而产生微裂缝时，会引发微胶囊囊壁破裂、释放再生剂。再生剂在毛细作用下流动、扩散，实现裂缝的愈合以及老化沥青性能的恢复。这种技术可以改变路面损坏后再维修的作业方式，从“亡羊补牢”式的维修转变为“未雨绸缪”的前瞻式预防，能显著提高路面的寿命。必要时也可采用特殊的高黏沥青，或添加特殊的添加剂，此时可以通过改变外部温度等环境条件，激发材料的活性，以提高材料的抗力或自愈合能力。

施工是实现道路工程各项功能、保障耐久性的关键技术环节，工厂化、智能化施工技术已经得到了初步的应用，并将持续地改善道路工程的施工效率和施工质量。在路面领域，智能摊铺和智能压实是研发的重点领域。智能摊铺可看作一种流动的3D打印技术，通过对摊铺材料和摊铺过程物理参数的实时感知，确保大面积摊铺材料的均匀性和平整性。未来的压实设备是一种具备高度智能的压实机器人，采用高精度定位技术，实时监测和控制压实设备的姿态、方向及压实的路线，并根据实时感知的基础密实度、材料参数和环境条件，实时调整振幅、频率等压实参数。该设备能适应各种形状、大小的作业面的压实，保证压实的效果和压实的均匀性。

在道路运行服役期间，及时采用先进的无损评价手段对道路工程各类结构进行健康检查，并据以实施预防性养护技术，将显著延长结构的使用寿命。各类高精度视频、雷达、地震波以及加速度计、陀螺仪、全球定位系统（GPS）等检测传感技术，搭载车辆、无人机以及各种飞行器设备，形成了陆基、车基和空基的立体探测技术，可以对道路设施的健康状况进行全方位的检测。根据检测结果的分析，可以对道路工程的技术状况，如表面和内部微裂纹、路面与桥面的结合状况、钢筋的保护层厚度、钢筋锈蚀状况、道路内部的管线损坏状况、道路内部管线渗漏状况、路面内部积水状况等，进行诊断和评价，对服役潜力、剩余寿命进行预测，据以制定预防性养护方案，降低养护成本。

创新设计，实现道路的多功能和绿色化　在完成交通功能的同时，未来道路还将被赋予多种功能，成为承载多种功能的交通设施空间。这些新功能道路包括：

降噪道路　大交通量的道路上会产生很大的噪声。减少噪声的方法除了设置绿化带、隔音屏外，还可以采用降噪路面技术，从源头上减少噪声的产生。采用大孔隙（≥15%）的路面表面层材料，可以把噪声降低3～5分贝（A）；在沥青结合料中添加一定量的废旧轮胎橡胶粉，既能显著降低路面噪声，又起到废料利用、环保绿色之效。

海绵路面　按照特定方式在路面不同结构层中设置空隙，可以建成排水、保水和透水路面。排水路面可以快速排除路表水，避免形成径流，增加雨天行车的安全性。保水路面则可防止水分的快速流失，起到调节空气湿度和空气温度的作用，减小城市热岛效应。透水路面则有助于城市排涝、补充地下水。

清凉路面　在夏天高温时为降低路面温度，可以选用浅色或比热容大的集料；还可以在路面上涂覆遮热涂层，此时路面温度可降低10℃以上。清凉路面在降低热岛效应的同时，还可以显著减小路面的车辙。

除冰雪路面　北方地区冬季雪冰将严重影响道路的通行。采用创新技术，增大路面材料在低温下的柔性，使得路表冰在车辆碾压作用下自行断裂，便于清除；或在路面材料中添加低冰点添加剂，降低路面结冰的临界温度；或者在路面中添加相变材料，在发生相变时释放热量，将冰雪融化。这些新技术的使用将增强道路的全天候通行能力。

发电路面　利用道路空间进行发电是一种新技术。在路面结构中设置压电器件，将车辆碾压产生的能量转变为电能，可用于信号、通信、照明，甚至存储或并入电网；或在路面以及道路范围内铺设太阳能板，形成光伏路面或光伏道路，产生绿色能源，供道路系统使用，或为其他系统供电。

建设智能道路，提高道路运行效率和运行安全性　智能道路就是采用物联网技术，通过对设置性能、交通状况和环境状况的实时感知，采用控制技术提高道路的运行效率和安全性，逐步形成自动或智能道路系统（图2）。

智能道路是传统道路功能的升级和扩展，广义地说包含两个方面：①智能设施。包括结构和材料、评价和决策、施工和工程管理全过程的多功能化和智能化，使道路更加耐久，并成为多功能的空间结构物。②智能化的运行管理和服务。通过对交通运行状况、环境状况的感知，通过诱导、控制以及与车辆的交互协同等技术手段，实现道路运行的高效率、高安全乃至辅助驾驶和自动驾驶。狭义的智能道路主要是指后一种。（彭树德　孙立军）

道路工程发展史　history of road engineering　道路伴同人类活动而产生，又促进社会的进步和发展，是历史文明的象征、科学进步的标志。

中国古代道路　原始的道路是由人踩踏而形成的小径。距今4000年前的新石器时代晚期，中国有记载役使牛马为人类运输而形成驮运道。相传中华民族的始祖黄帝，因看见蓬草随风吹转而发明了车轮，于是以“横木为轩，直木为辕”制造出车辆，故称“轩辕氏”。随着车辆的出现产生了车行道，人类道路交通出现了新局面。

商代（前16～前11世纪）已经懂得夯土筑路，并利用石灰稳定土壤。从商代殷墟中发现有碎陶片和砾石铺筑的路面。

西周至春秋时期（前11～前5世纪）道路规模和水平有了很大发展。“周道如砥，其直如矢”。道路分为市区和郊区，前者称为“国中”，后者称为“鄙野”，分别由名为“匠人”和“遂人”的官吏管理，可以说是现代城市道路和公路划分的先河。城市道路分为“经、纬、环、野”4种，南北之道为经，东西之道为纬，围城

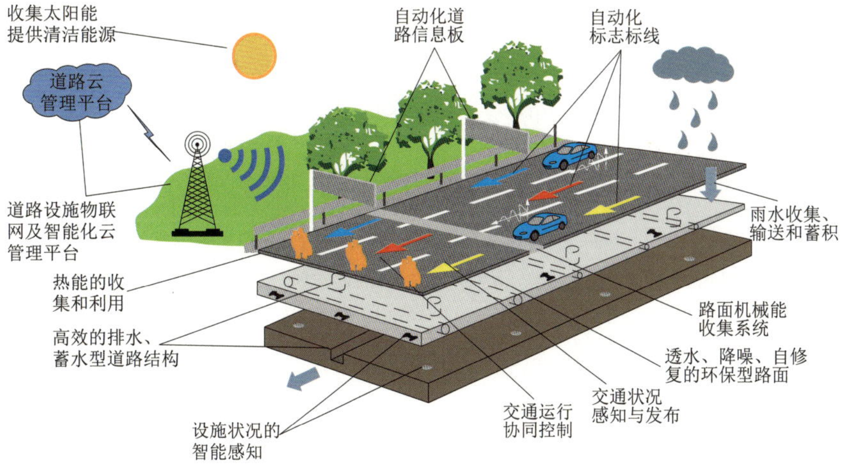

图2　智能道路系统概念图

为环，出城为野。郊外道路分为路、道、涂、畛、径5个等级。在路政管理上，朝廷设有“司空”掌管土木建筑及道路，“列树以表道，立鄙食以守路”。“凡国野之道，十里有庐，庐有饮食；三十里有宿，宿有路室，路室有委；五十里有市，市名侯馆，侯馆有积”。道路服务性设施的齐备程度，可想而知。

战国时期（前475～前221） 车战频仍，交往繁忙，道路的作用显得日益重要，甚至一国道路的好坏，为其兴亡的征兆。在山势险峻之处凿石成孔，插木为梁，上铺木板，旁置栏杆，称为栈道，是中国古代道路建设的一大特色。

秦代（前221～前206） 秦始皇统一六国后即开始修建以首都咸阳为中心、通向全国的驰道网（图1）。据《汉书·贾山传》：

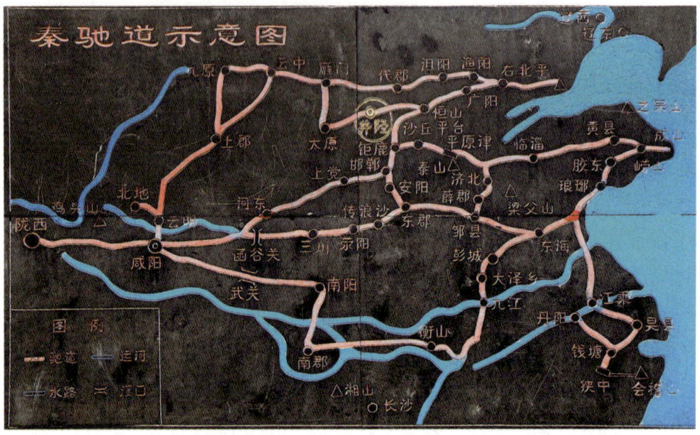

图1 秦驰道示意图

“为驰道于天下，东穷齐、燕，南极吴、楚，江湖之上，濒海之观毕至。道广五十步，三丈而树，厚筑其外，隐以金椎，树以青松。”道路路基采用金属椎夯实，路旁种以四季常绿的青松。公元前212年，秦始皇使蒙恬由咸阳修向北延伸的直道，全长约700千米，今陕西省富县境内尚依稀可见其路形；还在西南山区修筑了“五尺道”以及在今湖南、江西等地区修筑了所谓“新道”。秦始皇还统一了车轨距的宽度，使车辆制造和道路建设有了法度。城市道路的建设也有突出之处，如在阿房宫采用高架道的形式筑成“阁道”，自殿下直抵终南山，形成“复道行空，不霁何虹”的壮观。

汉代（前206～公元220） 汉代继承了秦代道路制度，在邮驿与管理上更加完善。驿站按大小分为邮、亭、驿、传4类，大致五里设邮，十里设亭，三十里设驿或传，约一天的路程。据《汉书·百官公卿表》载，西汉时全国共有亭29 635个。沟通欧亚大陆的丝绸之路，起自长安，沿河西走廊到敦煌，经塔里木河南北两通道西行至木鹿城（原苏联境内），再横越安息（今伊朗）到安都城（今土耳其安塔基亚）。又分两路，一路经地中海东岸至罗马，另一路经西顿（今黎巴嫩）出地中海。3世纪时，又有取道天山北面的较短路线，沿伊犁河西行到达黑海附近。后汉时期，曾用火煅石法开通了长14米，宽3.95～4.25米、高4～4.75米的隧洞，就是著名的石门。火煅石法先用柴烧炙岩石，然后泼以浓醋，使之粉碎，再用工具铲除，逐渐挖成山洞。

隋代（581～618）、唐代（618～907） 隋代主要修建了国防道路、沿大运河道路和通往西域的道路，作为长安、洛阳的防御道路，并加强南北各地及与西域的联系。发展的驿的功能，驿、传、邮合一。

唐代重视道路的建设和驿站管理。“凡三十里一驿，天下驿凡一千六百三十九”，其中道路驿站1400处；传递信息迅速，紧急时驿马每昼夜可行500里以上。唐代已出现用沿路设置的土堆（名为堠）记里程，即里程碑的滥觞。城市道路方面，长安城道路网是棋盘式，南北向14条街，东西向11条街，位于中轴线的朱雀大街宽达150米，街中80米宽，路面用砖铺成，道路两侧有排水沟和行道树，气度宏伟，影响远及日本。

宋、元、明三代（960～1644） 宋、元、明三代均在过去的道路建设基础上有所提高，尤其是元代地域辽阔，自大都（今北京）通往全国有7条主干道，明朝时有8条以南京为中心的主干道，形成一个宏大的道路网，覆盖了1138个县。

清代（1644～1911） 清代利用原有驿道修建了长达约15万千米的“邮差路线”。在筑路及养路方面也有新的提高，在低洼地段出现了高路基的“叠道”，在软土地区用秫秸铺底筑路法。清代的茶叶之路，以山西、河北为枢纽，北越长城，贯穿蒙古，经西伯利亚通往欧洲腹地，是丝绸之路衰落之后的又一条陆上国际商路。至清朝，驿道时代已至尾声，将道路分为三级，即官马大道——北京通往省城、大路——省城通往重要城市，以及小路——通往市镇。之后，汽车公路逐渐兴起。

西方古代道路 公元前1900年前，亚述帝国修筑了起于巴比伦的射线道路。罗马帝国用322条联络干道、总长达7.8万千米的道路把首都罗马与意大利、英国、法国、西班牙、德国、小亚细亚部分地区、阿拉伯以及非洲北部联成整体，以维持其统治地位。罗马大道网以29条干道为主，全长约660千米。其特征是：主干道平均高出地面2米左右，以利瞭望并保障行车安全，成为“highway”的来源；两点以直线相连，工程浩大；路面式样不尽相同，如阿庇乌大道采用边长1～1.5米的不整齐石板镶砌于灰浆之中。罗马帝国重视道路建设，道路的主持者是高级官吏，道路最高监督有至高的权威和荣誉，恺撒（前102或前100～前44年）是第一个任斯职者。

西方近代道路 首先用科学方法筑路的是法国拿破仑时代的工程师P.-M.-J.特雷萨盖。由于他的努力，筑路技术向科学化和近代化迈出了第一步，在拿破仑当政期间（1804～1814）建成了著名的法国道路网。

英国苏格兰工程师T.特尔福德于1815年采用一层式大石块基础的路面结构，其要求较特雷萨盖更为严格。1816年，另一英国工程师J.L.马克当以两层小碎石作为基础，上铺一层2.5厘米的碎石作面层。这种路面仍称为马克当路面。马克当阐述了路面结构的两个基本原则：一是道路承受交通荷载的能力主要依靠天然土基；二是用有棱角的碎石互相嵌锁成为整体。马克当还提出道路建设应适应交通的发展，为汽车时代交通与道路的关系提出了正确的见解。1859年，美国E.W.布莱克试制了碎石机，1860～1867年，法国和英国先后研制成功蒸汽压路机，提高了**碎石路面**的施工技术和质量。

1883年和1885年，德国G.W.戴姆勒、C.F.本茨分别发明了汽车，1888年J.B.邓洛普发明了充气轮胎，加上马克当的碎石路面，成为近代道路交通的三大支柱。碎石路面被认为是最优良的路面，推广于全球。

道路工程的改革自路面开始，首先是碎石路面，而后外加石灰、沥青和水泥等结合料，近代又有了半刚性路面。1854年，法国在巴黎首次采用瑞士产的天然岩沥青修筑沥青路面。此后，炼制沥青作为天然沥青的替代物开始在北美使用，同时欧洲开始使用煤沥青铺筑路面。中国于20世纪20年代首先在上海开始铺筑沥青路面。1865年，英国首次修筑水泥混凝土路面；20世纪的前十年，混凝土已在美国路面建设中得到广泛使用。

汽车发明后，原来的道路条件已不能

适应，因而出现了高速公路，这已成为公路现代化的标志。

中国近代道路 1902年，中国有了两辆汽车。北洋政府时期（1912～1927）公路建设处于萌芽状态，城市道路受到外来影响，有了现代化设施的雏形。公路一词由外文“public road”意译而来，而“公路”一词的出现，有据可考者，是1920年广东省成立“公路处”开始。较早的公路如长沙至湘潭的公路长50千米，1912年通车；邕武路（今南宁—武鸣）长42千米，1919年通车；惠山—平山路长36千米，1921年通车；在北方张库公路全长965千米，是沿原有的“茶叶之路”修整而成，自1918年试车成功后至1922年，有90余辆长途汽车行驶，在当时是交通最繁重的公路。到北洋政府末年（1926），全国公路里程为26 110千米。1920年代，上海、天津等城市开始出现了沥青和水泥混凝土路面。

南京国民政府时期（1927～1937、1946～1949），修建了各省联络公路，初步形成公路网。1934年公布《公路工程准则》24条，统一了技术标准。1937年全面抗战开始后，乃集中力量打通西北的羊毛车路线和西南通往缅甸的滇缅公路。截至1945年抗日战争胜利，全国公路总里程为123 720千米。科研方面，1933～1941年曾在南京修建两条试验路，一条主要试验国产材料的筑路技术；另一条主要用进口的沥青材料试验表面处理。1937年又在西兰公路咸阳附近试验水泥稳定土路面，1940年在乐西公路乐山附近修建了级配路面试验路。1932年，在上海曾试用冷拌沥青碎石路，获得成功。抗日战争时期修建了滇缅公路，其中建设了沥青表面处置路面155千米，采用筑路机械200余部，是中国公路机械化施工的开端。

中华人民共和国成立后的道路建设 中华人民共和国成立后，首先医治了道路创伤，修复了被破坏的桥梁。在20世纪50年代，修筑了康藏及青藏公路。康藏公路自雅安—拉萨，全长2271千米，翻越海拔3000米以上的大雪山、宁静、他念他翁等山脉，跨越大渡河、金沙江、澜沧江、怒江等急流，于1954年通车；青藏公路自西宁—拉萨，全长2100千米，横越海拔4500米号称世界屋脊的昆仑、霍霍西里、唐古拉等山脉，也于1954年通车。中华人民共和国成立后的前30多年，建成了从首都北京通往各省、市、自治区重要城市的国道网。1981年，由原交通部颁布了《公路工程技术标准》。中国台湾地区于1971年开始修建自基隆至高雄的中山高速公路，全长373千米，1978年全线通车。

城市道路建设方面，据180多个城市1977年不完全的统计，城市道路长度比1949年增长了3倍多。重要工程如首都北京著名的长安街，宽阔雄伟；距北京市中心3～5.5千米的二环路，20世纪70年代完成了10座立体交叉桥，1985年建成三环路立体交叉桥4座。上海市于1970年修成了黄浦江第一条越江隧道，全长2730米。

自1979年以来中国公路建设加快了步伐。1984年开始筹划、修建京津塘、广州—深圳—珠海以及上海市区—嘉定的高速公路。1988年10月31日，***沪嘉高速公路***通车，这是中国大陆通车的第一条高速公路（图2）。2012年1月1日起，沪嘉高速公路被调整为城市快速路，并结束其收费的历史。

图2 沪嘉高速公路

之后，中国道路建设进入了高速发展时期，“要想富，先修路”成为一个时代的口号，道路建设有力地支撑了经济的发展。截至2021年底，中国公路总里程已达528.07万千米，其中等级公路里程506.19万千米。等级公路中，高速公路里程16.91万千米（2012年达9.6万千米，跃居国际首位），二级及以上等级的公路里程72.36万千米。从行政等级看，国道37.54万千米，省道38.75万千米。 （张佐周）

道路管理 road management 道路建成投入使用以后，为保持道路设施良好的路用性能、保证道路设施在使用期内能够正常高效运行、保证道路设施庞大资产的保值和增值，需要对道路进行的养护管理、运营管理和资产管理。

道路养护管理 其任务是运用先进的技术和科学的管理方法，合理地分配和使用养护资金，通过养护维修使道路在设计使用年限内经常保持完好状态，并有计划地改善道路的技术指标，以提高道路的服务质量，最大限度地发挥道路的运输经济效益。道路养护管理中最常用的技术手段是道路管理系统。

道路管理系统是以有效的实测数据、成熟的理论模型和可靠的经验判断为基础，针对特定的目标，协助管理人员对所管辖路面的技术状况和管理需求进行技术经济分析的快速互动过程。从技术功能的角度，道路管理系统可以分为两个等级，即网级管理系统和项目级管理系统。网级管理是根据既定的管理策略、管理要求、约束条件以及可用的技术手段，对系统中的多个项目进行综合技术经济分析和决策的管理活动。网级管理是对多个项目的管理。这多个项目既可以是一个区域（省、市、地区、县等）内的一大批同类型或不同类型的工程项目，也可以是一个大项目中所包含的同类型或不同类型的小项目；主要目标是进行资源分配，平衡预算，实现技术经济目标。网级管理活动通常分为3个阶段，即制定原则阶段、综合分析阶段和最终决策阶段。项目级管理是对一个具体的项目进行详细的深度评价、分析和设计，并最终提供实践中可以采用的、费用-效果最佳的措施。实际上，项目级管理系统可以看作一个针对既有项目的、基于技术经济的分析设计系统。

一个完整的路面管理系统具有积累数据、论证投资、技术评价、技术预测、提出对策和技术政策分析等作用。数据和信息的积累在管理工作中十分重要，数据和信息所体现出来的变化规律，实际上就反映了设施状态的变化规律，这对于人们掌握和判断未来设施状况的变化、建立预测模型是非常有益的。一个功能完整的道路设施管理系统，能够最大限度地帮助管理者进行投资需求分析、优化投资方案，能够告诉管理者在不同的投资水平下道路设施的技术状况将如何变化，也能够给出将道路设施技术状况维持在特定水平上的资金需求。这些分析既可以是短期的，也可以是中期、长期的。进行客观地技术状况评价是掌握现状、进行决策的基础，可以说是决策分析的第一步。不同道路设施的结构特性、技术要求不同，评价参数和评价标准也不相同。评价中根据不同道路设施的技术特点，采用合适的指标和恰当的标准是确保评价结果可用性的关键。决策时只考虑现状还是不够的，还应该考虑设施未来的变化。一般而言，预测过程是一个纯粹的技术过程，技术要求也比较高。预测结果的准确与否将直接影响到决策的结果，不准确的预测可能对决策者产生误导。根据设施现状和未来状况的分析结果，系统能够给出设施的养护对策，供决策者参考。对策既可以是基于经验的，也可以是基于分析的；既可以是基于技术的，也可以是基于经济的。通常，系统能够提供多个对策选择，而不是唯一的选择。这些选择可能是基于相同的标准或策略，也可能是基于不同的标准或策略。决策者可以根据具体情况从中选择合适的对策作为决策结果，也可以在这些建议对策的基础上加以改进，形成最终决策。随着系统中数据的不断积累和模型的不断改进，人们可以采用道路管理系统开展比较深入的分析，对一些深层次的问题，如道路设施养护维修的技术政策等进行深入系统的分析。常规使用的养护维修技术对策原则一般是经验性的，可能没有明确的、显化的政策指导，但实际上依然反映了特定的技术-经济原则。

道路资产管理　运用工程学和经济学原理，有效地对道路设施进行维护、改善、运营的一种系统化的战略过程。其覆盖时间长、管理对象宽泛，可为道路设施物理资产及其衍生资产的系统化维护、改善和有效运营提供一种组织化的决策方法，可对各类资产在短期或长期规划下的投资策略进行平衡比较分析。

道路资产管理超越了传统设施管理的范畴，把道路看成一项具有价值的资产，是从资产的角度对其进行全面综合的管理。其主要过程是以提升资产的整体性能、实现最大的经济及社会效益为目标，资产管理系统将实时监控目标实现过程中的进展情况，评估与目标相关的工作过程，进而确定管理方案与投资决策在目标实现过程中的作用。

道路资产管理对象包括各种主体设施，如路基、路面等，以及各种附属设施，如护栏、标志、标线、照明、监控设备等。描述道路资产状态的数据可分为静态数据（如地理位置、外观尺寸、线形、材料等）和动态数据（如损坏、交通、环境等）。

道路资产管理主要包括数据采集、技术状况评价、使用性能预测、资产价值评估和综合优化决策等。其中，资产价值评估是采用可行的方法估算道路设施的价值，是道路资产管理的关键。

道路运营管理　道路设施建成投入使用以后，由专门的管理机构按照国家有关法律法规、行业相应的管理工作规范和程序，对收费、交通管理、监控和服务等系统的运作进行组织管理、协调，使其能为使用者提供快速、高效和安全的服务，再实现其应有的社会效益的同时，也保证经营管理方或投资者获得预期的经济效益。按业务性质和范围，运营管理一般可分为路政管理、交通安全管理和收费管理等。①路政管理。县级以上人民政府交通主管部门或者其设置的道路管理机构，为维护道路管理者、经营者、使用者的合法权益，根据相关法律、法规和规章的规定，实施保护道路、道路用地及道路附属设施（统称“路产”）的行政管理。管理内容主要包括：宣传、贯彻执行道路管理的法律、法规和规章；保护路产；实施路政巡查；管理道路两侧建筑控制区；维持道路养护作业现场秩序；参与道路工程交工、竣工验收；依法查处各种违反路政管理法律、法规、规章的案件等。②交通安全管理。主要任务是维护道路交通正常秩序，保障交通安全和行车畅通。包括及时、有效地处理交通事故；正确、合理地引导组织交通流；依法执行公务，纠正交通违章现象；对违章驾驶员进行培训、处罚及行车安全宣传教育等。③收费管理。一般针对通过银行贷款或其他渠道从资本市场筹集资金建设的道路。收费工作是一项经常性而且十分重要的基础性管理工作，投入的人力、物力较大。主要任务是在收费站口按照物价部门批准的收费标准，采用一定的技术和管理手段向过往车辆收取足额的通行费，用以道路建设资金的偿还及管理运营费用的支出。

（陈　长）

道路荷载　road loading　施加在道路上使道路结构产生内力或变形效应的各种直接作用力，一般指车辆荷载。作用在公路、城市道路铺面上的荷载主要是汽车，作用在林区和厂矿道路、工业区和码头堆场铺面上的荷载有各种装卸载运车辆和堆货荷载（集装箱等），作用在机场跑道、滑行道和停机坪上的荷载主要是飞机。这些载运工具都是通过不同数量和构型的轴与轮将荷载传给铺面的。铺面在荷载的长期反复作用下性能不断衰减，直至不能满足车辆通行要求时对其进行维修或改建。

作用在道路铺面上的车辆荷载种类繁多，不同的车辆具有不同荷载大小和不同轮轴构型，在路面中造成不同的应力、应变分布，从而造成不同的损伤。路面分析时一般将设计期内不同荷载的作用次数等效为一标准轴载（中国路面设计标准荷载为100千牛）的作用次数，这样便于比较和分析。换算时要考虑的车辆荷载因素有车型、轴轮构型、轴载、轮载及轮胎接地压强分布等。荷载的等效换算是路面设计和分析中很重要的一项内容，路面结构不同、分析指标不同，换算公式也就不同。

（刘黎萍）

道路环境　road environment　主要包括路域环境、道路噪声、道路污染。

路域环境　沿道路中心线两侧几百米到几千米甚至几十千米范围内的自然环境。由于道路建设和交通运营的影响，在原本连续的自然环境中形成了一定宽度的环境特征变化地带，一般认为包括道路两侧生态环境、大气环境、声音环境和自然景观等。这种环境特征带的存在改变了自然环境的连续性和整体性，道路建设可以破坏亦可以改进自然环境的动态平衡。道路一般会延绵几百到上千千米，对环境的影响巨大，如不予重视，必然会破坏自然环境，阻碍经济建设的可持续发展。

道路环境保护应贯彻“以防为主、以治为辅、综合治理”宗旨，并结合工程设计开发利用环境，尽可能改善和提高道路环境质量。应注意合理利用土地资源，保护农田水利设施，保护野生动植物及栖息地，做好水土保持工作等。

道路噪声　主要来自施工期间各种施工机械产生的噪声和运营期车辆在道路上运行所产生的噪声。道路噪声除发动机和车体所产生的噪声外，特别严重的是高速行车时车轮与地面强烈摩擦时产生的声音。

噪声对附近人群会产生心理和生理（血管收缩、听力受损等）上的影响，使人感到不舒服和烦躁，降低工作效率，尤其对道路两侧人口密度大的敏感区域（学校、住宅区、商业区、医院等）干扰较大。

道路污染　主要有道路交通噪声、施工作业噪声对声环境的污染；道路运营车辆的尾气、搅拌站（场）的烟尘和施工扬尘对空气环境的污染；道路服务区等的生活污水、路面径流、施工废水和工业废渣等对水环境的污染；施工中的废弃物对景观环境的污染等。

随着人口急剧增加和城市化、工业化的飞速发展，城市道路污染防治已成为现代城市环境保护的重要部分。现阶段主要

道路中央隔离带的绿化

采取使用无铅汽油、安装净化装置，在道路中央分隔带两侧建立生态墙形成绿色屏障，利用植物吸尘、杀菌、吸收有毒气体，减少噪声，提高空气湿度和降低气温等措施来综合防治道路污染（见图）。

（陈雨人）

道路几何设计 geometric design of road 根据道路行车特性对道路中线（或路面边缘线）的平面、纵断面和横断面及平面交叉、立体交叉的几何形状和尺寸的确定。确定道路平、纵、横各投影面的诸要素主要有：①平面线形上的平曲线半径、超高率、缓和曲线、曲线加宽、视距保证等。②纵断面上的纵坡、坡长、竖曲线等。③横断面上的车道布置、车道宽度、路拱和路面横坡、分隔带、路肩、边坡等。④道路交叉的布设。

设计控制 道路设计控制的目的是保证设计的道路符合道路的功能和在道路网的作用，需对设计的整个技术运作过程进行分析、处理、判断、决策和修正。设计运作过程中主要对控制道路几何设计的因素进行不同阶段的审查和评审。主要包括以下几个方面：①道路几何设计必须符合相关技术标准的规定。②必须与地形、气候、水文、地质等自然条件相适应。③必须满足汽车行驶特性要求。不同的设计车辆、设计速度和运行速度、交通量、通行能力和服务水平都会对道路设计有不同的要求。④必须符合道路网规划。

平、纵、横设计 道路几何设计主要包括平、纵、横3个方面，为了保证汽车行驶的安全与舒适，设计时应把道路平、纵、横三者结合研究。

道路平面线形设计，主要是确定道路平面线形三要素的几何参数：①直线。在道路设计中使用较多。能以最短的距离连接两控制点且线形易于选定，汽车在直线上行驶受力简单，方向明确，驾驶操作简易。但直线难与起伏较大的地形相适应，若长度运用不当，会影响线形的连续性和行车安全。②圆曲线。在公路转弯处设置圆曲线来连接两条相交的直线段，连接方式采用圆曲线与两直线相切。③缓和曲线。设置在直线与圆曲线间或半径相差较大、转向相同的两圆曲线间的一种曲率连续变化的曲线。

道路的纵断面设计，主要指纵坡设计和竖曲线设计。①纵坡设计（又称拉坡）。纵坡是路线纵断面上同一坡段两点间的高差与其水平距离之比，以百分率表示。纵坡的大小直接影响行车速度和性能、道路建设投资和运输成本等一系列的问题。最大纵坡是根据道路等级、自然条件、行车要求等因素所限定的路线纵坡最大值。在确定最大纵坡时，不仅要考虑汽车的动力特性、道路等级、自然条件，还要考虑工程和运营的经济等。最小纵坡是为纵向排水的需要，对横向排水不畅的路段所规定的纵坡最小值。②竖曲线设计。道路纵断面上的设计纵坡线系由许多直线和转折点组成。由于纵坡的凸形限制了驾驶员的视野，而凹形转折因车速加快和行车方向的突然改变，不仅使乘客感受不舒适，载货受到震动，也限制了夜间行车头灯照射的距离。因此，为了使路线顺适，行车安全平稳和路容美观等，需要在路线纵坡转折处设置曲线使之缓和，这种曲线称为竖曲线。按纵断面上转坡是凸形或凹形的不同，分为凸形竖曲线（根据设计车速，保证行车视距的要求而设置）和凹形竖曲线（根据设计车速，保证汽车行驶时冲击的缓和，以及乘客的舒适要求而确定）。竖曲线有抛物线形和圆弧形等，中国道路上多采用圆弧形竖曲线，简称圆形竖曲线。

道路的横断面设计，除包括与行车有关的路幅设计，还包括对与路基工程、排水工程、环保工程有关的各种设施的位置和尺寸的设计。设计要结合地形、地质、水文等条件，本着节约用地的原则，选用合理的断面形式，以满足行车顺适、工程经济、路基稳定且便于施工和养护的要求。

理论依据 道路几何设计的主要理论依据是汽车在道路上行驶的特有性能。着重研究汽车行驶与道路的关系，以及对道路路线设计的要求。主要包括以下内容：①汽车类型和性能。不同类型的汽车有不同的性能，道路设计标准必须满足不同车辆的行驶要求。②汽车行驶时力的平衡。汽车在直线上行驶时前进的动力称为牵引力，它全部消耗于克服汽车运动时的各项阻力，即滚动阻力、空气阻力、升坡阻力及加速阻力。在道路几何设计中，为保证汽车的正常行驶以及乘客在车内的舒适程度，要合理布设纵坡和坡段长度，必须对汽车行驶时力的平衡进行分析研究。③汽车的动力特性。指汽车所具有的加速、上坡、最大速度等的性能。汽车的动力性能越好，速度就越高，所能克服的行驶阻力也越大。④汽车的经济特征。汽车行驶时的燃料消耗是运输成本中的最重要项目，每百千米汽车行程的燃料消耗可作为汽车经济特征的指标。汽车燃料消耗除与发动机特性和汽车构造有关外，直接与道路的技术状况有关。因此，在道路设计时，应把汽车燃料消耗作为评定道路使用品质的一项重要指标。⑤汽车的制动和安全性。制动性能是保证汽车行驶安全的一项重要因素，同时它也影响汽车行驶的平均速度。⑥汽车的夜间行驶特性。为保证行车安全，须根据汽车头灯照明距离和角度以及对向行车的眩光范围，在路线设计中采取必要措施，如增大凹形竖曲线半径，设置中间防眩栅等。

行车视距 为保证行车安全，驾驶员应能随时看到汽车前方相当远的一段路程，一旦发现前方路面上有障碍物或迎面来车，能及时采取措施，避免相撞，这一必需的最短距离称行车视距。行车最短安全视距的长度主要取决于车速和汽车在路面上的制动性能。

行车视距可分为停车视距、会车视距、错车视距和超车视距。停车视距指汽车行驶时，驾驶员自看到前方有障碍物时起，至到达障碍物前安全停止所需的最短距离；会车视距指两辆车相向行驶，驾驶员自看到前方车辆时起，至安全会车时止，两辆汽车行驶所需的最短距离；错车视距指在没有明确划分车道线的双车道道路上，两对向行驶汽车相遇，自发现后采取避让措施至安全错车所需的最短距离；超车视距指在双车道道路上，后车超越前车时，自开始驶离原车道处起，至可见对向来车并能超车后安全驶回原车道所需的最短距离。前三种视距中，以会车视距最长，只要道路能保证会车视距，停车视距和错车视距就能得到保证。根据计算分析，会车视距约等于停车视距的2倍。

道路计算行车速度 又称道路设计速度。指在天气良好、交通量小、汽车运行只受道路自身条件（几何要素、路面、附属设施等）的影响时，中等驾驶水平的驾驶人能够保持安全顺适行驶的最大行驶速度。设计速度是决定道路技术标准中各项指标的主要依据，也是道路服务水平的尺度之一。选定计算行车速度应与道路的类型、等级、交通量及所在地区的地形特征相适应，并考虑经济（基建投资和运输费用）、安全等因素。

例如，高速公路的计算行车速度一般选用120千米/时，当受条件限制时，可选用100千米/时或80千米/时的计算行车速度。高速公路特殊的局部段落，或因新建工程可能诱发工程地质病害时，经论证，该局部路段的设计速度可采用60千米/时，但长度不宜大于15千米，或仅限于相邻两互通式立体交叉之间，与其相邻路段的设计速度不应大于80千米/时。对于城市道路，当条件许可时，计算行车速度宜采用区间的大值。

一条道路的设计速度是一个固定值，设计速度对极限指标的选用具有控制作用，但对非极限指标无控制作用。计算行车速度与道路线形设计具有密切联系，前者是后者的重要依据，而路线上最终的实际行驶速度，则依路线选定和线形设计的质量而定。 （陈 红）

道路交叉 road intersection 两条或多条道路相交的部位。

平面交叉 道路与道路（或其他线形工程）在同一平面上相互交叉，又称交叉口。平面交叉一般分为三路交叉口、四路交叉口和多路交叉口（图1）。

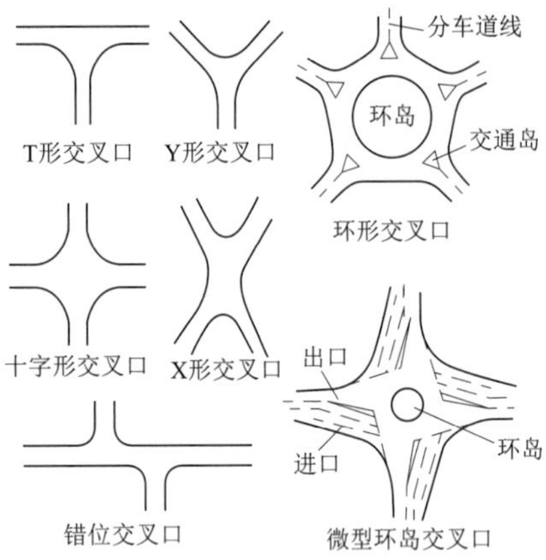

图1 平面交叉口类型示意图

三路交叉口 包括T形和Y形交叉口。其中T形是最常见的交叉口形式，相交夹角70°～110°。一般多用于主要道路和次要道路相交，尤其是在主要道路设置了中央分隔带时常使用T形交叉口。Y形交叉口的相交夹角小于70°。

四路交叉口 指包含4个进出口的交叉口，包括十字形和X形交叉口。十字形交叉口的两条相交道路夹角大于70°，X形交叉口的相交夹角小于70°。十字形交叉口是平面交叉最常见的形式，适用于相同等级或不同等级的道路相交。某些错位交叉口也属于四路交叉，一般用于主要道路和次要道路相交，且主要道路应设置在交叉口顺直方向。

多路交叉口 指包含5个及以上进出口的平面交叉口。由于多路交叉的交通组织复杂，采用信号灯管制困难，一般情况下应避免使用。如果必须设置多路交叉，设立环岛可以有效地减少多路交叉的冲突点。

环形交叉口是多路交叉的一种形式。在交叉口中间设置一个面积较大的中心岛。车辆进入交叉口后沿中心岛周围逆时针方向交织运行，两个方向的车辆先以锐角合流并入，然后交换车道分流驶出，以交织来消除冲突点。环行交叉的适用条件为：地势开阔平坦，相交道路交通量均匀，左转弯交通量较大。五路及五路以上的交叉口采用信号灯管制较困难，可采用环行交叉口。微型环岛交叉口是从环行交叉口演变而来。这种交叉口在相同道口面积中可取得较大的通行能力，主要特点是：①增加待机通过的进口车道数，将一个单进口道增加为三个车道，且让车线向前推进，以减少车辆通过交叉口时间。②中心岛较小，直径一般为外环车行道边界内切圆直径的1/3，但不小于8米。③采用导向设施，使车辆进入交叉口时向右偏移，以保证车辆沿中心岛绕行，避免直穿。④从让车线到右边驶来车辆的交叉点的距离能满足一个停车距离，约25米。⑤导向岛与中心岛之间的宽度不小于前一进口道总宽。

立体交叉 两条或两条以上的交通运输线路的交汇点建立的上下分层、多方向行驶、互不相扰的现代化道路。又称立体交叉口，简称立交。

立交占地面积大、施工复杂、造价高，不易改建，因此应根据规划，经过技术、经济和环境效益的比较分析来设定。常用的立交行驶简单，以两层为主，设计速度高。公路立交通常设收费站，相邻立交间距较大，占地面积大，多采用地上明沟排水系统。城市道路立交一般不收费，相邻立交间距小，用地紧张，需考虑机动车和行人交通，多采用地下排水系统，常作为城市景观，形式复杂，以多层为主。

由桥跨构筑物和匝道组成。道路从桥上通过并跨越相交道路（或铁路）称为跨线桥或高架桥；从相交道路下面开挖或穿越时，称为下穿式地道。按照交通功能和匝道的布置方式，分为分离式和互通式立交两大类。

分离式立交 一条道路跨越另一条道路，两条道路之间不设置匝道，互不连接，完全消除了平面交叉，可保障直行交通畅通无阻，但不能转弯。

互通式立交 相交道路用匝道连接，可以互相转换交通。按照车辆互通程度，又分为完全互通式立交和不完全互通式立交。完全互通式立交保证相交道路上的所有车辆能驶往任何方向而没有冲突。这种立交通行能力大，各方向均能通行，使用较普遍，但占地大、投资多，交通组织复杂，左转车辆绕行距离长，一般适用于高速公路或城市外围郊区道路上。定向式立交是一种更为完备的完全互通式立交，各转弯方向或主要转弯方向有直接专用匝道，转弯行驶直接方便，但立交桥多，结构复杂，投资较大，在城市中修建与环境不易协调，主要用于高速公路上。不完全互通式立交指在立体交叉中取消一个或几个匝道，使某些转弯方向不能通行，或转弯方向虽能通行但出现一处或几处平交。

按照外形不同，互通式立交叉可分为苜蓿叶形、喇叭形、环形、涡轮形。

苜蓿叶形立交 用4个对称的环形左转匝道实现4个方向左转车辆运行的全互通式立体交叉。图2a为标准型苜蓿叶立交，图2b为带集散车道型苜蓿叶立交。这种立交匝道互相独立，无冲突点，交通运行连续而自然，仅需一座跨线构造物，可以分期修建。但其占地面积大，左转车辆绕行距离长，环形匝道适应车速较低，且跨线桥上、下存在交织，限制了立体交叉的通行能力。适用于高速道路之间或城市外围环路上的不收费立交。

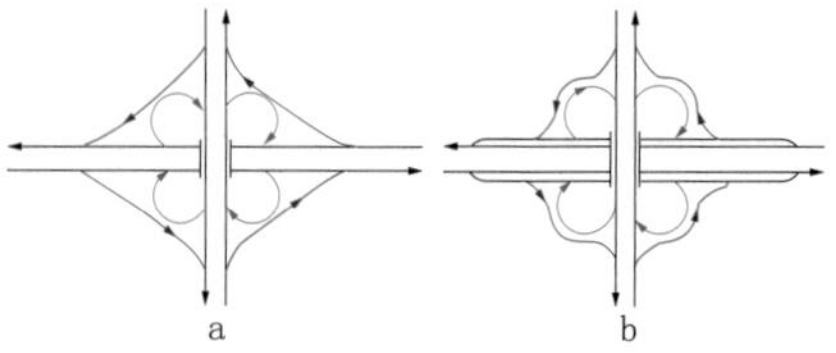

图2 苜蓿叶形立交示意图

喇叭形立交 用一个环形（转角约为270°）左转匝道和一个半定向式左转匝道组成的完全互通式立体交叉，是三路立体交叉的代表形式（图3）。喇叭形立交可分为A型（图3a）、B型（图3b），经环形左转匝道驶入主线为A型，驶出为B型。这种立体交叉除环形匝道适应车速较低外，其他匝道都能为转弯车辆提供较高速度。喇叭形立交只需要一座跨线构造物，投资较少，行车安全，通行能力大，造型美观，行车方向容易辨别。一般适用于高速道路与一般道路相交的T形交叉。

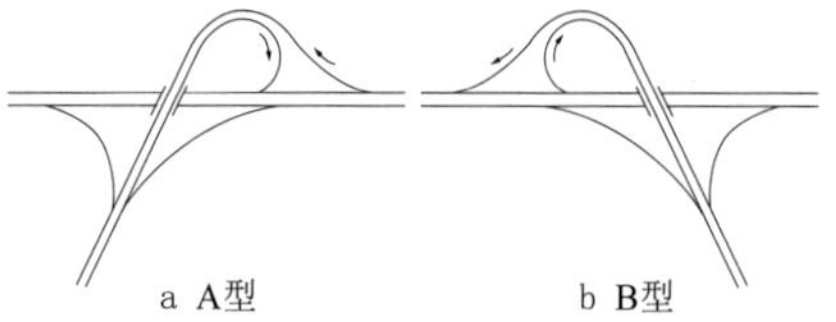

图3 喇叭形立交示意图

环形立交 主线直通、次线及主线转弯车辆环绕中心岛交织运行的互通式立体交叉（图4），是由平面环形交叉发展而来。为保证主线直行车流快速、通畅，将主线下穿或上跨中心岛；次要道路的直行车流和交叉口的左转车流绕中心岛作单向逆时针行驶，车流在环道内相互交织，直至所去的路口离去。环形立交能保证主线直通，无冲突点，交通组织方便；结构紧凑，占地较少。但是次要道路的通行能力受环道交织能力的限制，车速受到中心岛半径的影响，构造物较多，左转车辆绕行距离较

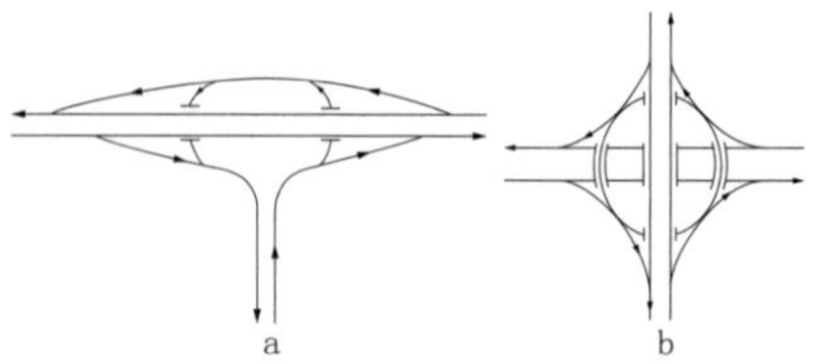

图4 环形立交示意图

长。适用于主要道路与次要道路交叉，以用于5条以上道路相交为宜。通常两层环形立交适用于主要道路与次要道路相交。当两条主要道路相交时，可修建三层环形立交，一条道路上跨，一条道路下穿，中间的环道供所有转弯车辆使用。根据交通发展，可先做成双层环形立交，再改建为三层。

涡轮形立交　由4条半定向式左转匝道组成的一种高级完全互通式立交（图5）。这种立交匝道坡度和缓，适应车速较

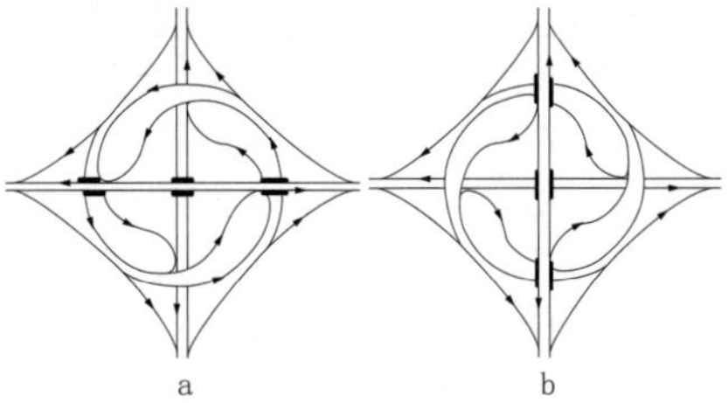

图5　涡轮形立交示意图

高，车辆进出主线安全通畅，无冲突，无交织，通行能力较大。但左转弯车辆绕行距离较长，运营费用较大；需建多层跨线构造物，造价较高；占地面积大。适用于高速道路之间转弯速度要求较低的枢纽互通式立交。

匝道　为沟通不同高程相交道路使其成为互通式立体交叉，或沟通不同高度道路以及两平行道路而设置的连接道路。

根据连接的形式可分为右转匝道、左转匝道和环形匝道；按行车方向又可分为单向匝道与双向匝道（图6）。采用的匝道类型取决于转接的类型，苜蓿叶式、部分苜蓿叶式、喇叭式和环形立交采用环形匝道；定向式、半定向式立体交叉采用直接式或半直接式左转匝道。通常，匝道是一

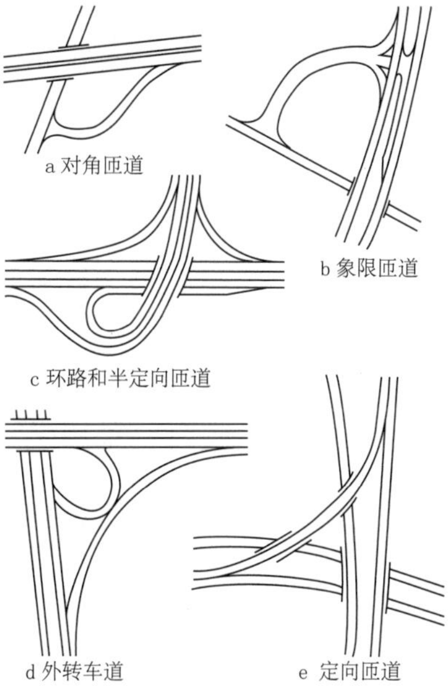

图6　匝道类型示意图

个单行道道路，但有些匝道，例如对角匝道，进入端是单行道，在次要的相交叉的道路上的终端既允许左转又允许右转。

匝道的设计速度通常与交通流量较低的相交叉的道路相同。当匝道连接一个高速公路和一个次要道路或者城市街道时，应当对离开高速公路上的交通的速度作相当大的折减。必要时可以在次要道路上的匝道末端提供某种形式的信号或者标志用来停止或者减慢车辆。为了安全，要求沿着匝道以及在匝道末端提供足够的视距。在匝道末端应提供关于整个出口端的一个清晰的视界，出口前端和三角地带之外的一段匝道路面，自路肩交叉点的下游区域，都应当是清晰可见的。

（陈雨人　林治远）

道路交通需求预测　road traffic demand forecast　综合运用交通调查数据、各类统计数据、相关规划定量指标，建立交通需求预测模型，并以此对道路交通客、货运情况所进行的定量分析和预测。它是交通系统规划、道路建设设计、运行管理的最重要基础工作之一。道路交通需求预测的主要预测对象是道路网或某条道路各个预测年限的在一个特定时间段的客货运交通运输量、运输周转量，机动车、非机动车和行人的流量。不同等级道路的预测年限是不同的，城市快速路、主干路预测年限一般为20年，次干路为15年，支路宜为10～15年，预测高峰小时的交通量，用辆小客车/时和人/时表示。高速公路和一级公路设计交通量预测年限一般为20年，二、三级公路设计交通量预测年限一般为15年，四级公路可根据实际情况确定，预测年平均高峰小时和全天的交通量，用辆小客车/时和辆小客车/天表示。

道路交通需求预测首先要明确预测目的，如针对规划、设计、运行管理等的各个阶段，确定预测的范围和年限，调查收集相关的资料，选择可行的预测方法，筛选确定各个变量，建立预测模型，并对预测结果进行分析。预测方法要抓住矛盾的主要方面，深刻理解不同社会经济发展阶段与交通需求发展的关系，通常采用定性与定量相结合的方法。

道路交通需求预测常用的方法包括年平均增长率法、弹性系数法、时间序列法和回归分析法等。①年平均增长率法。通过分析历史年度预测对象的增长率变化规律，根据相关因素的发展变化，确定预测期的增长率，对预测年限的交通需求进行预测。②弹性系数法。借用了经济学弹性的概念，根据变量之间年增长率比率变化关系来预测未来的交通需求。③时间序列法。根据交通需求的历史统计资料，以时间t作为自变量建立模型，对未来交通需求进行预测。④回归分析法。通过分析研究交通需求与相关因素，如人口、经济发展水平等指标之间的因果关系，建立回归分析模型预测交通需求。这些方法在预测一条道路或区域的交通需求时得到广泛的应用，而在规划层面或重要道路的预测中，往往采用4阶段交通预测方法。

4阶段交通预测方法将交通需求预测分为出行生成、出行分布、出行方式、出行分配4个阶段，预测交通需求的各种特征。①出行生成阶段。预测每个交通小区产生和吸引出行量的过程，包括各交通小区的人员、车辆出行生成，一般可采用回归分析模型、生成率模型、聚类分析模型等进行测算。②出行分布阶段。预测各个交通小区交通需求交换量的过程，一般可采用增长率模型、重力模型、介入机会模型等进行测算。③出行方式阶段。预测包括步行在内的各种出行方式所占的出行总量比例和分布，一般可采用转移曲线模型、Logit模型等进行测算。④出行分配阶段。将各种交通出行方式的交通分布量分配到路网的各个路段上，预测得到道路交通量，按照预测分析目的不同，一般可采用最短路分配模型、多路径概率模型、均衡分配模型、容量限制模型等进行测算。4阶段交通预测方法的提出已有50多年，已在城市交通规划、公路网规划和重大道路设施规划建设的交通需求预测中得到广泛应用，理论和技术上已趋于成熟。随着道路交通设施建设的日趋完善和4阶段交通预测模型将出行行为割裂分析的主要缺陷的存在，基于活动的预测模型得到了重视和发展，其主要原理是考虑出行者活动在时空和出行方式上的约束和一致性，对出行者的活动和出行模式进行建模预测，可以更有效地反映交通政策和管理措施等变化对交通出行的影响。

（林航飞）

道路结构健康监测系统　structural health monitoring system for road and railway　采用先进的传感元件和数据采集设备，对道路与铁路所处环境、受到的荷载作用和结构响应等进行实时、在线监测，对道路与铁路的功能技术状态进行长期实时监测的系统。用以评估道路与铁路的结构健康状况，为结构科学管养提供基础数据支撑。道路与铁路结构的监测对象主要包括道路路面、路基、挡土墙、边坡和轨道等，

监测内容主要包括：①位移监测。包括道路路基沉降，挡土墙和边坡的水平、竖向位移和轨道结构位移变形等。②应力监测。包括边坡支护结构的内力及锚杆应力变化、孔隙水压力的变化，挡土墙背侧土压力及墙体内力等。③环境及荷载监测。包括环境温度、湿度和气象条件，地下水位的变化等。

道路与铁路结构监测依据以下几个原则：①多层次监测原则。在被监测对象的选择上以位移为主并辅以其他项目；在测点布置上可考虑地表和地下测点形成三维空间监测网，以保证一定覆盖面。②分期监测原则。根据道路与铁路结构不同的设计阶段，将其分为前期监测、施工期监测和竣工后的长期监测等阶段。③高效原则。要求测读及时和信息反馈及时，尽量做到实时监测，以便对各种情况及时做出反应。

道路与铁路结构健康监测系统依据监测对象的不同，划分为道路路面结构健康监测系统、路基工程健康监测系统、土工结构健康监测系统和轨道结构健康监测系统等。道路与铁路结构健康监测系统由传感器子系统、数据采集与传输子系统、数据管理子系统、数据分析与安全预警及评估子系统等几部分组成，采用现代物联网技术实现结构状态的实时在线监测。

（伊延华　杨东辉　李宏男）

道路勘测　road survey　对规划道路沿线周边的地形、气候、水文、地质、土壤及植被进行勘察、调查和测量的总称。是具体完成道路选线所进行的外业勘测和内业数据处理的过程，也是道路工程基本建设的必要步骤。

实地踏勘　在方案初步调查的基础上，对初步方案提出的可能路线方案进行野外查勘和技术经济调查。其踏勘内容是对项目方案沿线涉及的经济、地理、地质、气候等客观条件和环境进行现场调查和确认，并根据实地踏勘结果调整优化路线方案。

纸上选线　在已测得的大比例尺地形图上（可人工测量和航测），根据路线基本走向和技术标准，结合地形、地质条件，考虑线形安全、环境影响、土地利用、施工条件和经济等因素，进行路线方案的拟定和比选，并逐段安排路线，选定路线中线并将此线路再放到实地的全过程。其特点是野外工作量较小、测设速度快，测设和定线不受自然因素干扰，能结合地形、地物、地质条件，综合平、纵、横三方面因素。纸上选线必须要有大比例尺的地形图，随着航测技术的发展，纸上选线方法已被广泛应用。

道路选线　整个道路勘测的关键环节，其路线选择的优劣直接关系到工程的质量、造价及其道路的适用性、安全性、可靠性和寿命。面对十分复杂的自然环境，道路选线是一项涉及面广、影响因素多、技术性很强的工作。选线的任务就是在一条道路的起、终点确定后，在许多可能的方案中选出一条符合设计要求、经济合理的最优方案。最优方案是通过分阶段、分步骤，由粗到细、反复比选来确定的，一般按照路线方案选择、路线待选择、具体定线进行。由于一条路线的起、终点及中间控制点所经过的区域地形条件会有较大差异，所以常划分为平原区、微丘区和重丘区的类型。

平原区地形平坦，坡度平缓，一般人口密度较大，农业发达，存在村镇、农田、河流、湖泊、水塘、沼泽、盐渍土等自然障碍。所以，平原区选线的主要特征是克服平面障碍。平原地区地形对路线的限制不大，线路的基本线形应是短捷顺直，两控制点之间直接连线是最理想的。平原区选线的方法是将路线经过的城市、工厂、农场和乡镇以及文物景点作为大控制点，对大控制点之间进行实地踏勘，确定可穿越、需避让、可趋就的点作为中间控制点，最后将各控制点连接成线路。平原区线路应处理好道路与农业、桥位、新旧路的关系，合理考虑线路与城镇的联系，注意土壤水文条件，尽量靠近建筑材料产地。

微丘区的特点是宽脊低岭、山丘连绵、丘谷相对高差不大。微丘区选线应充分利用地形，处理好平纵线形组合。线路宜圆滑起伏，不应迁就微小地形导致线形迂回曲折，也不宜采用长直线导致纵面线形起伏。路线应与周围地形配合、景观协调。

重丘区特点是山丘连绵、岗坳交错、地面起伏较大，具有低山区的基本特征。线路平、纵面大部分受地形限制，平面多曲折，纵面多起伏，采用技术指标的活动余地较大，布线方法应随路线行经地带的具体地形采用不同的布线方式。平坦地带布直线，较陡横坡地带沿匀坡线布线，起伏地带走直连线和匀坡线之间。

（陈　红）

道路沥青　road bitumen　公路、城市道路、机场道面工程中广泛使用的路面胶结材料。

性能　道路沥青是一种常温下呈固体、半固体或黏稠状态黑色或者暗黑色材料，由天然或人工制造而得。道路沥青主要由高分子碳氢化合物及其非金属衍生物混合物组成，可溶于苯或二硫化碳等溶剂。使用道路沥青铺筑的路面品质优良，全世界的公路、城市道路和机场道面90%以上使用沥青路面。

沥青是一种感温性很强的材料，夏季易变软产生流动变形，冬季变脆容易发生收缩开裂，通常需要选择感温性适宜的道路沥青铺筑沥青路面。沥青混合料的成型工艺主要利用高温条件下沥青易于流动的特性，其承载能力和强度则源自沥青在自然温度下黏度剧增不再流动的固体特性。

道路沥青品种较多，其中应用最为广泛的是由石油炼制生产的道路石油沥青。也曾较多地使用由煤焦油炼制的煤沥青，由于煤沥青中通常存在一定数量的有害物质，现已较少使用。天然沥青几近固体，与道路石油沥青混合后具有较好的路用性能，在钢箱梁桥面铺装工程中较多使用。随着公路沥青路面建设水平的提高，采用SBS等聚合物改善道路石油沥青的改性沥青应用极为普遍，也有考虑环保与资源循环利用而将废旧橡胶轮胎磨细后与道路石油沥青混合得到的橡胶粉改性沥青。

类型　道路沥青包括道路石油沥青、天然沥青、改性沥青、乳化沥青和温拌沥青等类型。

道路石油沥青　原油经特定生产工艺炼制而成的工程材料。

用于路面工程的石油沥青称为道路石油沥青，占世界石油沥青产量的85%以上。道路石油沥青的技术性能主要由其化学组分和相应的胶体结构决定，与炼制沥青的原油性能密切相关。根据关键组分组成，原油大致分为石蜡基、中间基、环烷基等大类。炼制道路石油沥青主要采用环烷基或中间基原油。全世界1500多种不同产地的原油中，适宜炼制道路石油沥青的品种仅占1/3。

炼制道路石油沥青的工艺主要有蒸馏法、氧化法、溶剂脱沥青法和调和法等。蒸馏法指将原油分馏成汽油、煤油、柴油、蜡油等馏分析出后的残留部分，符合道路石油沥青技术标准的可直接作为道路石油沥青使用；氧化法指在一定温度条件下通入空气使减压渣油充分氧化而改变其组成而制备的石油沥青；溶剂脱沥青法利用轻烃对渣油中各组分的不同溶解能力将渣油进行分离所得到的符合道路石油沥青技术要求的脱油沥青；调和法将同一来源的沥青组分或不同组分的沥青重新调配，使其满足道路石油沥青的技术要求。

道路石油沥青的分级方法有针入度分级、黏度分级和性能分级等，相应的技术指标体系则主要有经验性的针入度分级技术指标体系、黏度分级技术指标体系和性能分级（PG级）指标体系。

天然沥青　特殊地质结构中的石油，在自然条件下经历千百万年时间，在温度、压力等外环境综合作用下氧化聚合而成的沥青类物质。通常为固体或者黏稠状。天然沥青常年与自然环境共存，其性质特别稳定，具有优良的耐候性。天然沥青中矿物质（灰分）含量较高，热熔后极为黏稠，通常与道路石油沥青按照一定比例混合使用。

路面工程中应用较多的天然沥青主要有湖沥青和岩沥青两种。湖沥青是石油从地壳中渗出聚集于天然湖泊，经常年沉降、硬化而成的天然沥青，主要产于南美洲的特立尼达。岩沥青产生于岩石裂隙中，承受的压力与温度条件更加严酷，主要产于印尼布敦岛、美国犹他州等地，中国新疆、青海、四川也有出产。湖沥青、岩沥青与道路石油沥青混合后具有优良的路用性能，主要用于钢结构桥梁的桥面等特殊铺装结构。

改性沥青　采用聚合物或其他改性剂使沥青性能获得改善的沥青。

路面工程中应用的改性沥青主要指聚合物改性沥青。用于改性的聚合物种类可分为热塑橡胶类改性剂如苯乙烯－丁二烯－苯乙烯嵌段共聚物（SBS）等，橡胶类如丁苯橡胶（SBR）等，热塑性树脂如聚乙烯（PE）等。其中应用最多的是SBS改性沥青。

SBS改性沥青的制取过程是将适量的SBS改性剂溶胀，然后采用机械装置将其磨细并分散于沥青中，使两者形成物理共混物，此时与沥青具有良好相容性的大分子聚合物通过溶胀与吸附使得沥青组分构成发生一定变化，可明显改善高温性能和疲劳性能，并可保持或改善抵抗低温缩裂的能力。

采用SBR溶液与沥青共混制作的改性沥青具有良好的低温延展性，也可在一定程度上提高沥青的高温性能。PE具有分子质量大、线性长链分子结构柔顺、伸长率较大很耐冲击等特点，PE改性沥青具有较好的高温抗变形能力。类似的还有使用乙烯－醋酸乙烯酯共聚物（EVA）热塑性树脂的EVA改性沥青。

为实现资源再生利用，减少环境污染，将废旧橡胶轮胎破碎并去除有害物质后，再将其磨细成粉掺入热沥青中混合，可制造废旧橡胶粉改性沥青，具有良好的高温抗变形能力和橡胶弹性。

广义的改性沥青还包括抗剥落剂、抗老化剂等改性沥青，以及直接添加炭黑、硅藻土、硫黄等矿物填料和纤维类材料的混合沥青，有时也把掺配天然沥青的混合沥青视为改性沥青。

乳化沥青　将黏稠道路石油沥青加热至流动态，通过胶体磨等专用剪切分散机械，将其以细小微滴状态分散于含有乳化剂及其他助剂的水溶液中形成的乳液态沥青产品。

乳化沥青在常温下具有良好的流动性，无须加热即可直接与集料混合使用，具有节省能源、减少环境污染、改善施工环境等优点。

乳化沥青是通过机械作用将沥青微滴分散于水中形成的以沥青作为分散相、水作为分散介质的分散体系。需要采用乳化剂来保证乳化沥青中沥青微滴的高度分散性和稳定性，乳化剂的化学结构同时存在亲油端和亲水端，从而降低沥青与水的界面张力。乳化剂可分为离子型和非离子型两大类，离子型又可进一步区分为阳离子型、阴离子型和两性离子型，相应的乳化沥青产品可称为阳离子乳化沥青、阴离子乳化沥青等。

沥青从乳液中分离出来的过程称为乳化沥青的分裂，俗称“破乳”。根据乳化沥青分裂的速度，通常将其区分为快裂型乳化沥青、中裂型乳化沥青和慢裂型乳化沥青。

温拌沥青　施工温度介于热拌沥青混合料和冷拌（常温）沥青混合料之间，但性能可达到或接近热拌沥青混合料技术要求的新型沥青混合料的统称。

温拌沥青工作温度范围为110～145℃（相比热拌可降低30℃及以上），具有节能、环保、减轻沥青老化、延长施工季节、改善工人工作环境等优点。根据其降温机理的不同，可分为三大技术体系。①表面活性温拌技术。通过水膜润滑作用增加沥青的拌和工作性。②有机降黏温拌技术。通过添加降黏剂降低沥青的高温黏度，改善施工和易性。③沥青发泡温拌技术。将一定量的水注入热沥青中，因水遇热突然蒸发使沥青形成泡沫、体积膨胀，从而形成泡沫沥青。泡沫沥青可与冷、湿集料在环境温度下直接拌和成泡沫沥青混合料。泡沫沥青在制备过程中只是物理状态发生了变化，基本无化学变化。其发泡特性主要由膨胀率和半衰期两个指标决定，膨胀率越大、半衰期越长的泡沫沥青更宜分散，混合料的整体性能更优。

（张肖宁　刘黎萍）

道路排水　road drainage　结合道路工程排除路面与地面雨雪水、城市废水、地下水和降低地下水位的设施。是道路工程的一个重要组成部分。在涉及排水系统或防洪时，也是排水或防洪工程的一个组成部分。

方法与原则　道路有公路与城市道路之分，两者对排水的做法有所不同。公路一般较附近地面为高，两侧无成片街坊或建筑，如不涉及复杂地形，主要考虑排除路面雨雪水和必要时排除或降低地下水。公路排水通常用明沟，尤其在山区和丘陵地带，地面坡度大，水流快，明沟能充分发挥排水作用。城市道路基本上处在市、县、城镇之中，是沟通居住区、商业区、工厂、企业、机关、学校之间的交通，路面高度一般接近附近地面，大部分需按系统排除路面与街坊径流。因此城市道路排水应与城市排水规划统一考虑。

道路排水还要与水利灌溉相配合，地面排水和地下排水兼顾，路基路面排水与桥涵工程相结合。总的要求是：查明情况，全面考虑，因地制宜，防重于治。经济适用，综合治理。

地面排水设施　一般有边沟、截水沟、盲沟、锯齿形边沟、拦水带等。

边沟　设在路基边缘的排水沟。土质边沟多用梯形断面，石质边沟可用矩形断面，某些矮路堤或采用机械化施工时，可用三角形断面。边沟纵坡一般与道路纵坡一致，不得小于0.5%。边沟纵坡大于3%时，需对边沟进行加固。

截水沟　又称天沟。用于路基挖方边坡上方的山坡汇水面积较大时，在挖方坡口至少5米以外设置，以拦截山坡向下流的地表水，保证挖方边坡不受水流冲刷。截水沟可根据需要设置一道或几道，分段拦截山坡地表径流。截水沟的关键在于迅速排水，避免沟内积水，更应防止沿沟内向土层渗水，造成边坡坍塌。截水沟应有可靠的出水口，必要时可设排水沟、跌水或急流槽，将水引向山沟或桥涵宣泄。

盲沟　又称填石排水沟。为无自由水面且不与大气直接接触的人工地下排水沟。沟内填以块石、砾石或粗粒料，在其上再铺倒滤层，以形成间隙渗水及排水，它既能排水又能承重。盲沟修筑在地下水位较高的坡面上边缘或施工现场受限制的地段，在路基及桥头路堤中用以排除或拦截地下水。在路基中大都是横向或斜向的，有时也用纵向的。盲沟可以降低土体内含水量和地下水位，增加土体的稳定性。

锯齿形边沟　在保持侧石顶面边线与道路中心线平行的条件下，通过交替地改变平石（与路面等高的路缘石）与侧石顶面之间的高差，即交替地改变侧石（高出路面的路缘石）外露高度，形成高低起伏变化的边沟。在每段最低处即落水点设置雨水口收集雨水。道路纵断面设计时，道路最小纵坡应大于等于0.3%，当特殊困难纵坡小于0.3%时，一般采用设置锯齿形边沟的方法解决道路排水问题。边沟设计的主要内容包括确定分水点位置、确定分水点与落水点的上挑及下落高度等，可以根据道路实际情况设计更为节约、有效的锯齿形边沟。锯齿形边沟纵向示意见图。

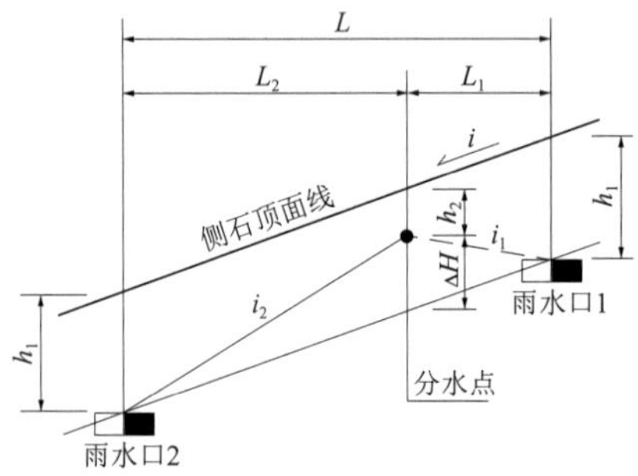

锯齿形边沟纵向示意图

图中L为雨水口布置间距；L_1、L_2为分水点到雨水口距离；i为道路纵坡；i_1、i_2为L_1、L_2段边沟沟底纵坡坡度；h_1为雨水口处侧石外露高度；h_2为分水点处侧石外露高度；ΔH为分水点与落水点调整高差。

拦水带　沿硬路肩外侧或路面外侧边缘设置的，用来拦截路面和路肩表面水的堤埂。当路堤边坡较高，采用横向分散排水不经济时，应采用集中排水方式，在硬路肩边缘设置拦水带，通过间隔一定距离设置的泄水口和急流槽将水集中排放到路堤坡脚外。拦水带可用水泥混凝土预制块或沥青混凝土筑成，高出路肩12厘米，顶宽8～10厘米。

（龚钧陶　田　霈　陈雨人）

道路评价　road evaluation　对道路的损坏状况、行驶质量、结构承载能力和抗滑安全性等的评价。道路评价主要包括检测和评价分析两个方面。检测主要包括检测手段、量测方法和检测标准等，评价分析主要包括评价指标、评价模型和评价标准等。

损坏状况评价　路面损坏是荷载、环境、材料、施工、养护等多种因素作用于路面结构的结果。为了保证损坏描述的一致性，在进行损坏状况评价时，首先应根据损坏的形态、特征和肇因，对损坏进行分类和命名，并为每一类损坏规定明确的定义和量测标准。这是损坏状况检测与评价的基础。

对路面损坏进行检测需要专业理论和实践经验的结合。传统上采用人工目测加经验判断的方法来完成，即路面损坏状况检测多采用目测判别损坏类型和严重程度，用手工丈量损坏数量。检测效率低和海量数据是人工检测方法面临的最大挑战，高效、非人工的机械化、智能化自动检测方法是业界一直以来追求的目标。视频技术和现代信息技术的发展，为这一问题的解决提供了较好的条件，可以较大幅度地减小人工强度。在传统的方法中，人是识别损坏的主角。但随着科技的进步，以“机器”代“人”成为发展方向。

路面损坏状况评价较常用的是综合评分法，建立客观的量测指标与主观综合评分之间的关系。选择一个损坏状况的度量指标（如路面状况指数PCI），以百分制或十分制计量。对不同的损坏类型、严重程度和范围规定不同的扣分值，按路段的损坏状况加权累计其扣分值后，以剩余的数值表征路面的完好程度、评价路面的好坏。

行驶质量评价　路面平整度是评价路面行驶质量的一个重要指标，它不仅影响驾驶员及乘客行驶舒适性，而且还与车辆振动、运行速度、轮胎摩擦与磨损及车辆运营费用等有关，是一个涉及人、车、路3个方面的指标。美国材料试验学会对其定义为：路面平整度是路表面相对于理想平面的竖向偏差，而这种偏差会影响到车辆动力特性、行驶质量、路面所受动荷载及排水。世界各国路面平整度的测定方法与指标各异，仍没有一个统一的指标与测定方法。

在半个多世纪的发展过程中，人们研制过多种路面平整度测定方法和仪器，这些仪器大体可以分成3类，即反应类平整度仪、断面类平整度仪和主观评估法。①反应类平整度仪。路面的不平整引起车辆的振动，通过测量车辆的振动来衡量路面的平整性。反应类平整度仪的设计思想一般有两种，一种是测量车身和车轴之间的位移量，一种是用加速度计测量车辆对车轴或车身的反应。早期的反应类平整度仪是美国联邦公路局平整度仪。英国道路交通研究所（TRRL）对其进行改进，研制了颠簸累计仪。常用的反应类平整度仪还有美国PCA平整度仪、Mays平整度仪和澳大利亚的NAASRA平整度仪等。②断面类平整度仪。测量车辆行驶轨迹下路表面的高程或高程变化量，通过对高程变化的数学分析，得出路面的平整度值。常用的断面类平整度仪包括水准仪、3米直尺或梁式断面仪、惯性断面仪、纵断面分析仪和激光断面仪等。③主观评估法。根据评估指南和自身经验进行评估。

世界上常用的平整度指标主要有国际平整度指数IRI、直尺测定最大间隙与标准差σ、功率谱密度PSD、行驶质量数RN、纵断面指数PI、平均评分等级MPR和竖向加速度均方根RMSVA等。其中IRI是国际上应用最广泛的平整度指标。由于路面行驶质量涉及路面－汽车－人系统，通常采用评分试验的方法建立相应的评价模型，利用该模型对路面行驶质量进行评价。

结构承载能力评价　结构承载能力的检测有破损和非破损两类方法。对各类道路结构而言，破损性的检测、评价方法是指在结构上钻取芯样，或从结构中挖取较大尺寸的部分原状构件，制成试件，在试验室测定试件的物理－力学性能，并据以分析评价该结构的结构性能和潜力；非破损性的检测、评价方法指在不损坏结构的前提下测定结构的全部或部分性能参数，并据以推算该结构的结构性能和潜力。由于后者具有不破坏原有结构、测试过程快等优点，已经得到了越来越广泛的应用。

路面结构承载能力评价的主要手段是各类弯沉仪。根据早期的技术水准，可将路面弯沉仪技术分为3类，即慢速（静态）弯沉仪、稳态弯沉仪和脉冲式弯沉仪（落锤式弯沉仪）。随着技术的进步，又出现了真正意义上的动态弯沉仪和基于波分析的方法。静态弯沉仪是中国使用比较广泛的弯沉仪，包括承载板法、杠杆式弯沉仪（贝克曼梁）、路面表面曲率仪和自动弯沉仪等多种类型。落锤式弯沉仪，由于其检测效率高，能够测得路面弯沉盆数据，可为路面结构的评价提供更多的信息，21世纪以来，在中国得到越来越广泛的使用。

沥青路面结构承载能力的评价有多种方法，包括弯沉比法、结构指数法、简单分等法、剩余寿命指数法、TRRL剩余寿命法、结构行为分析法和反演分析法等，其中弯沉比法和简单分等法在中国使用比较广泛。①弯沉比法。以路面设计时对路面弯沉的要求为基础，以判断现有路面结构抗力的大小。这种方法考虑了两个因素，一是路面的弯沉，一是累计轴载作用次数，方法比较简单，被相关规范广泛采用。②简单分等法。根据路面结构承载能力的变化过程将路面结构强度划分为3个等级，即足够、临界（中等）和不足；综合考虑影响路面结构强度的诸多因素，一般考虑交通量和路面结构两个因素，其中交通量可分为很轻、轻、中、重、特重5个等级，路面结构可根据基层材料的不同分为碎砾石和半刚性两种类型；然后通过调查研究专家经验整理得到不同交通量等级、不同路面结构类型情况下的路面结构强度等级分界弯沉值；最终通过验证和调整得到路面结构承载能力的评价标准。

抗滑安全性评价　路面的抗滑性能影响着车辆行驶的安全性。路面抗滑安全性评价的目的是监测路面抗滑性能的衰减，保证行车安全。

路面抗滑性能检测方法包括锁轮拖车法、偏转轮拖车法、制动距离法和摆式仪等。①锁轮拖车法。将装有标准试验轮胎的单轮或双轮拖车，由牵引车以要求的测定速度在洒水湿润的路面上拖行。抱锁测试轮，通过测定牵引力，量测在载重和速度不变的状态下作用在轮胎和路面间的摩阻力。将该摩阻力除以作用在轮胎上的垂直力，可以得到以滑移指数SN表征的路面稳态抗滑能力。②偏转轮拖车法。在拖车上安装两只可自由转动的标准试验轮胎，并相对车辆行驶方向偏转一定的角度（如7.5°～20°）。当拖车在汽车牵引下以一定速度在潮湿路面上行驶时，试验轮胎和路面间受到侧向摩阻力的作用。用记录下的侧向摩阻力除以作用在试验轮上的载重，可得到以侧向力系数SFC表征的路面抗滑能力。③制动距离法。以一定速度在潮湿路面上行驶的4轮小客车或轻货车，当4个车轮被制动时，从车辆减速滑行到停止时的距离，可用来表征非稳态的抗滑能力，以制动距离数SDN表示。④摆式仪。一种可在室内或野外量测材料或路面表面摩阻特性的方法。摆式仪的摆锤底面装一橡胶滑块，当摆锤从一定高度自由下摆时，滑块面与试验表面接触，由于两者之间的摩擦而消耗部分能量，使摆锤只能回摆到一定高度。表面摩阻力越大，回摆的高度越小。通过量测回摆的高度，可以评定表面的摩阻力。回摆高度直接从仪器上读得，以摆值BPN表示。

为了保证行车安全，路面应具有最低的抗滑能力，视道路状况、测定方法和行车速度等条件而定。各国根据对事故率的调查和分析，以及同路面实测抗滑能力间建立的对应关系，制定了不同的标准。有的国家除了规定抗滑能力最低标准外，还对石料磨光值和构造（纹理）深度的最低标准做了规定。　（陈　长）

道路施工机械　road construction equipment　用于道路工程施工的机械设备。施工是道路工程中最终的工序。道路工程中，按照道路施工作业程序，合理选择并组织配套专用筑路机械设备进行施工，可以增强施工能力，提高路面质量，加快工程进度，节约人力和成本。道路施工机械主要包括土方机械、压实机械和摊铺机械。

土方机械　包括推土机、铲运机、挖掘机、装载机和平地机等。

推土机　自行式的挖土、运土机械。常用于运距在100米以内的土方平整或移挖作业，60米以内的作业距离最为方便。推土机操作灵活，需要的工作面小，移动速度快；可以单独使用，也可卸下铲刀作为其他无动力机械的牵引机械使用。

铲运机　能独立完成铲土、运土、卸土、填筑和压实等工作的机械。常用于坡度20度以内的大面积场地平整、大型基坑沟槽开挖以及路基土石方填筑等作业，可在Ⅰ～Ⅲ类土中直接挖运，适宜运距为600～1500米，当运距为200～350米时效率最高。铲运机包括拖式铲运机和自行式铲运机两种。

挖掘机　用于土方挖掘的机械。当场地起伏高差较大、运距超过1000米且工程量集中时，可采用挖掘机、自卸汽车配合使用，并在卸土区配备平地机平整场地。

装载机　兼具推土机和挖掘机的功能，适应性强，作业效率高，操作简便。

平地机　用安装在机械中央的铲土刮刀进行土壤的铲削、刮送和整平连续作业，并配有多种辅助作业装置的轮式土方作业机械。当再配置一些其他辅助装置时，可进一步扩大使用范围，完成某些特殊要求的作业。

压实机械　使用机械力促使道路材料更加密实的机械设备。按照工作原理分为静力压实、冲击压实和振动压实方式。许多压路机兼具有静力压实和振动压实的作用。

静力压路机　利用自身的重力压密道路结构层的机械，包括钢轮压路机和轮胎压路机。钢轮压路机又包括光面压路机、槽式压路机和羊足式压路机。光面压路机压实的表面平整，适用于各种路面、机场道面和广场等工程的压实。槽式和羊足式压路机单位压强较大，压实层厚，适用于路基的压实。轮胎式压路机轮胎气压可调节，可增减压重，单位压力可变，压实过程有揉搓作用，使压实层均匀密实。

冲击式压路机　依靠机械的快速冲击夯等进行压实，常见的有三角形、五边形等异形压路机。其特点是夯击压实的深度范围大。

振动压实机　以机械激振力使材料颗粒重新排列密实的机械，其特点是振动频率高，对黏结性低的松散土石，如砂土、碎石等压实效果较好。

摊铺机械　将路面材料均匀、快速地铺筑在相应层位的施工机械，包括沥青混合料摊铺机、稳定类材料摊铺机、粒料摊铺机和（水泥混凝土）滑模摊铺机。

沥青混合料摊铺机　将拌和好的沥青混合料均匀地摊铺，并进行初步振实和整平的机械。分履带式和轮胎式两种，由牵引、摊铺和振实、熨平两部分组成。履带式摊铺机包括机架、动力装置、行走装置、料斗、料门、刮板输送器、螺旋摊铺器和驾驶室等。轮胎式摊铺机包括牵引臂、振实机构和熨平装置（由熨平板、厚度调节器、拱度调节器和加热装置等组成）。

稳定类材料摊铺机　在主要结构上与沥青摊铺机并没有本质区别，但需要有更大的输分料能力的发动机功率、料斗容量，同时与混合料接触的输分料系统（如料斗、刮板和螺旋分料器总成等）的耐磨程度更高。

粒料摊铺机　均匀地摊铺粒料的机械。主要由滑橇、刮板、料斗、支承滚轮、运行轮和加宽侧板等组成。

滑模摊铺机　用于水泥混凝土路面摊铺的机械。主要采用能随机活动的模板代替人工支固定模板的施工方式，大大节省了人力、物力，同时提高了摊铺速度。采用滑模摊铺机施工的速度，最快可达4米/分，一般以2～3米/分为宜。

（孙立军）

道路枢纽　road junction　多条公路或城市道路交汇衔接地区的统称。包括公路枢纽和城市道路枢纽。公路枢纽指多条公路运输线交汇中转基地和客货集散、转运及过境的场所，是具有运输组织、中转换乘与换装、装卸存储、多式联运、信息流通和辅助服务等功能的综合性设施。城市道路枢纽是进行社会活动或交通活动的空间，通常是大量人流、车流集散的场所，常以广场的形式出现。广场按功能分类如下：①公共活动广场。一般是政治性广场，场地大，可供群众集会、游行、节日庆祝联欢等，常设置在有干道联通，便于交通集散的市中心区。如中国北京的天安门广场等。②集散广场。大量车流、人流集散的建筑物前广场。常见形式包括站前集散广场、大型公共建筑物前集散广场。③交通广场。多为几条主要道路汇合的大型交叉路口。常见形式为环形交叉路口、桥头广场等。④纪念性广场。建有纪念意义重大的建筑物，在其前庭或四周布置园林绿化，供群众瞻仰、纪念或进行传统教育的广场，如南京中山陵广场。⑤商业广场。为商业活动之用，一般位于商业繁华地

区。⑥综合性广场。兼具以上多种功能的广场。（林治远　邵敏华）

道路网规划 road network planning 根据当地的政治、经济目标和产业布局及人口分布，以交通量（客运与货运）需求、运输联系为依据，结合地形地物确定的道路系统的布局。道路网分城市道路网和公路网。

城市道路网规划　城市道路网由城镇建成区范围内的各种不同功能、技术等级的道路所组成。它是城市总体布局的骨架，是城市综合交通体系，包括对外交通、道路交通、公共交通、步行与自行车等交通的主要载体，为满足交通运输需求服务，为各种交通方式提供安全、迅捷、经济、舒适的通行条件。

城市道路网规划的主要任务是根据城市社会经济发展、土地利用、地形条件和未来交通运输的需求，合理安排道路网布局及各条道路的功能及技术等级，规划组成道路系统，保障交通运输和满足各类市政管线敷设、通风日照绿化、防灾避难等要求。

城市道路网规划是综合交通体系规划的重要组成部分，应根据城市总体规划和城市综合交通体系规划等上位规划确定的城市交通发展方向和目标，按照与道路交通需求基本适应、与城市空间形态和土地使用布局相互协调、有利公共交通和慢行交通发展、内外交通系统有机衔接的要求，与各交通子系统协调发展，结合主要交通问题和发展需求，处理好长远发展与近期建设的关系，合理规划道路的功能、等级与布局。

城市道路网规划的主要内容包括：①通过社会经济和交通调查，明确道路交通的流量流向等时空特征及设施、运行管理状况，并剖析存在的主要问题。②根据城市发展前景及交通发展战略，预测道路交通的客货运发展需求（见道路交通需求预测）。③分析不同路网布局类型的特点及适应性（见道路网结构），优化配置城市干路网结构，规划城市干路网布局方案，提出快速路、主干路、次干路和支路的道路规划控制密度、红线宽度和建设标准。④提出典型道路断面形式和主要交叉口、广场的用地控制要求。⑤确定主要道路的控制点坐标和高程及重要交叉路口的选型。⑥确定城市防灾减灾、应急救援、大型装备运输的道路网络方案。⑦综合考虑城市发展的要求和缓解交通主要矛盾等，根据资金情况和建设条件，制定近期建设规划。⑧并从路网密度、面积率、交通运行状况和社会经济及环境方面对规划进行评价。

公路网规划　不同于城镇市区内的道路网，公路网是连接城镇及运输集散点（包括工矿企业、农牧业基地、车站和港口等）相互之间的公路连线组成的网络。公路网规划是公路建设前期工作的重要环节，是公路合理布局、协调发展的重要手段，是确定公路建设项目的基础。公路网规划必须贯彻国家的方针和政策，严格执行有关法规、制度和相关技术规范、标准；满足社会经济发展要求，与生产力布局、国土规划和城镇体系规划相适应，与其他运输方式相衔接；注重社会效益和经济效益，集约利用土地，保护环境，实现可持续发展。

公路网规划的主要内容包括：①通过调查和资料收集，对规划研究范围内的社会经济、交通运输和公路发展现状情况进行评价，分析公路交通与社会经济发展的适应程度和公路网规模、布局、建设标准、运行状况和管理等方面的主要问题。②研究未来社会经济发展、生产力和城镇体系布局，预测主要社会经济指标和综合交通运输的发展需求，把握公路交通的发展趋势，预测公路客货运总量和时空分布特征（见道路交通需求预测）。③根据社会经济和交通发展的总体要求，提出规划的指导思想、原则、公路网规划目标。④综合考虑区位条件、经济发展水平、综合运输条件、人口和主要节点分布等因素，采用定量与定性相结合方法，确定公路网规模和布局方案，并对重要路线的功能、技术标准、主要控制点和里程等进行规划。⑤说明实施公路网规划的匡算用地规模和资金需求，提出分阶段实施规划和近期重点建设计划。⑥从技术、经济、社会和环境等方面对公路网规划进行评价。技术评价包括公路网规模、密度、技术等级、节点连通情况和节点间通达时间、运行速度、交通拥挤等方面；经济评价从旅行时间节省、运输成本下降、降低交通事故等方面进行；社会和环境评价包括公路网对地区社会经济发展、国防安全的促进作用和对环境、用地的影响分析等。（林航飞）

道路网结构 road network structure 道路系统为满足运输等需求在空间上形成的分布形态。道路网是城市网络物化的重要形态之一，一个城市的道路网结构是根据当地自然和历史条件、运输需求及城市总体发展布局的要求，历经多年建设、改建而形成。一般可将城市道路网结构分为方格路网（棋盘式）、环射形路网、自由式路网和混合式路网等。①方格路网。在纵横两个方向上均有多条平行道路，街坊整齐，便于建筑物和其他设施布置，不会形成复杂交叉口，易于识别方向和交通组织，大多数交通出行可选择多条路径，有助于分散交通，分流各种交通方式和流向，提高路网可靠性。缺点是对角线方向缺乏便利的联系，也容易形成不必要的穿越中心区交通。北京和纽约市中心区均为方格路网结构。②环射形路网。由环线和射线组成。射线道路往往连接了城市的发展轴和对外交通干线，是一种由中心区向外围放射的道路布局形态，环线道路大多以中心区为中心，围绕城市呈环状布局的道路。随着城市规模的扩展和交通日益拥挤，很多大城市往往采用了放射道路加环形道路的干路网结构。射线道路有利于市中心与边缘区域的便捷联系，而环形道路起到了集散射线道路的交通和保护市中心区不被过境交通穿越的作用。环射形路网与其他道路交通多成锐角，形成不规则街坊，影响建筑布置，并且环、射道路及与其他道路交叉处交通量集中，处理不当往往形成交通阻塞点。北京、成都等城市的骨架路网就是环射形路网的例子。③自由式路网。通常结合城市的地形等条件布置，道路的走向没有一定的格式，变化较多，会形成较多的不规则街坊，如青岛老城区的路网就是自由式路网结构。如果充分利用地形进行规划，自由式路网结构同样可以建成高效的道路系统，而且可以丰富城市景观。④混合式路网。由多种路网形式组合而成，即在同一城市同时存在几种形式的路网结构。规模较大的城市普遍采用这种路网结构，其特点是扬长避短，充分发挥各种形式路网的优点。北京、上海等城市的路网即为这种结构。（林航飞）

道路网评价 evaluation of road network 从道路网的技术性能方面，分析道路网的内部结构和功能的合理性，从而为道路网络的规划、既有路网的优化等工作提供技术依据并给出结论。道路网络是客货物运输的主要载体，为人类社会经济活动提供重要支撑。道路网络的布局是否合理，功能是否能够适应道路交通需求的特点，在很大程度上决定着交通运输的效率，并影响着社会经济的发展。

评价原则　道路网络评价涉及诸多因素，十分复杂。以城市道路网络为例，不同城市规模、性质及用地状况和面积决定了不同的城市道路网络规模和分布形态。即使是规模相近、性质相似的城市，因自然环境条件和用地状况的不同，其道路网也各具特色。城市道路网的结构布局既要考虑城市道路网络内部的结构和布局要求，又要与城市空间结构、城市所处的自然地理条件、其他运输网络相协调。在多种因素作用下，道路网评价指标是多目标、多因素、多层次的，在进行评价指标选择时，应遵循以下原则：①科学性。评价指标的选取应有理论依据，并能在交通运输质量方面以及空间和时间上充分反映路网的技术特征和使用品质。②可测性。选取的评价指标应可根据已定的方法和手段获取，且所需的基础资料比较可靠并较易获得。③可比性。相同指标可用于不同路网间的比较，力求评价指标的定量化。对于非定量化的指标，也应有相对优劣程度的标准。

评价指标 用于道路网评价的指标众多，总体上可分为路网结构性能评价指标和路网交通服务水平评价指标。

路网结构性能评价指标 常用的包括路网密度、路网连通度、路网可达性等。另外，道路面积率（道路用地面积占城市建设用地面积的百分率）、干道间距等也是城市道路网结构性能评价的常用指标，而公路网铺面率（高级、次高级路面里程占全路网里程的比例）等也是公路网结构性能评价的常用指标。

道路网的密度反映了各类道路的间距，在一定程度上体现了路网结构规模的合理性。按分担的对象不同，路网密度的表达方式主要有面积密度（单位面积拥有的道路里程长度）、人口密度（单位人口拥有的道路里程长度）、车辆密度（单位车辆占有的道路里程长度）、运输密度（单位运输周转量占有的道路里程长度）、经济密度（单位经济产值占有的道路里程长度）等。如《城市道路交通规划设计规范》（GB 50220—95）采用面积密度指标，针对不同规模城市给出了各类城市道路的路网密度规划指标（表1、表2）。

路网连通度是区域内各节点依靠道路交通相互连通的强度。通过考察网络节点的连通状况，从路网布局方面反映路网的结构特点。常用于公路交叉口和城镇交通枢纽连通状况的评价。

路网可达性指区域内两个节点间道路网络的交通联结程度。英、美等国家在20世纪60～70年代，将可达性定义为城市中两点间道路连接的距离；苏联的交通研究人员则将连通性定义为两点间平均行程时间的倒数。这两种定义方法均被广泛使用。

路网交通服务水平评价指标 常用的包括路网平均车速、平均延误、里程拥挤率、平均事故率等评价指标。 （邵敏华）

表1 大中城市道路网密度规划指标

指标	城市规模与人口/万人		快速路	主干路	次干路	支路
道路网密度/km·(km)$^{-2}$	大城市	>200	0.4～0.5	0.8～1.2	1.2～1.4	3～4
		≤200	0.3～0.4	0.8～1.2	1.2～1.4	3～4
	中等城市		—	1.0～1.2	1.2～1.4	3～4

表2 小城市道路网密度规划指标

项目	城市人口/万人	干路	支路
道路网密度/km·(km)$^{-2}$	>5	3～4	3～5
	1～5	4～5	4～6
	<1	5～6	6～8

道路养护 road maintenance 对道路的保养、维护和维修。目的是恢复道路完整性，保持使用性能，达到延长道路寿命，保证行车安全、舒适并节约运输成本，减少对环境不利影响的目的。包括对既有道路进行罩面或翻修，或对原有技术标准过低的路线和构筑物及沿线设施进行分期改善和添建。

养护类型 根据养护强度和养护内容的不同，道路养护一般可分为日常养护、预防性养护和维修性养护（矫正性养护）。

日常养护 对道路各组成部分按需进行较为频繁的常规作业，以保障道路的日常通行服务能力和安全性，并通过小范围的维修工作预防道路损坏的进一步发展。日常养护的范围包括路面及其附属设施、标志标线的清扫保洁、轻微损坏的修补和设施的零星更换、沿线绿化的保养修剪，以及冬季冰雪清除等。

预防性养护 道路尚未发生结构性损坏前进行的养护。主要针对路面，其目的是防止路面损坏出现或轻微损坏的进一步扩展，延缓路面性能衰变的速率和降低路面全寿命周期的费用。预防性养护一般不扰动道路结构，只对路面进行功能恢复或增强性的养护。预防性养护实施的对象是结构承载力足够、仅存在轻微损坏或未发生损坏的路面。

维修性养护 又称矫正性养护。对已经发生结构性损坏的道路或服务水平降低到预期目标以下的道路，进行以结构强度恢复和病害处治为目的的维修，以恢复道路原有设计标准、保持其整体服务能力。维修性养护包括即坏即修（发现病害后立即采取维修措施）和按一定计划进行的定期维修。

路面大中修 在道路服役期限内进行有计划的、较大规模的养护维修作业，通常以路段为单位进行维修，用于处理日常养护和小修保养无法彻底解决的路面及其附属设施损坏问题。其主要目的包括改善路面平整、延长路面寿命、改善路面抗滑、基层不良路段的翻修加固、改善排水等。

路面小修保养 相对于路面大中修而言，指为维持路面正常使用性能而安排的经常性保养和小规模的路面病害修复工作。其工作强度和针对性一般高于日常养护，并有计划地以路段为单位实施。路面小修保养的工作内容一般包括路面及其附属设施的病害针对性处置或集中处置，以及桥头或涵顶跳车的处理。

养护技术 用于道路养护的各类技术手段、方法、工作流程等的统称。包括材料、设备、工艺标准在内的成套养护方案。

根据技术特点的不同，道路养护技术可分为封层类和罩面类。

封层类 主要包括雾封层（沥青还原处置）、稀浆封层、微表处、宏表处、石屑（碎石）封层、（纤维）同步碎石封层、复合封层。

雾封层（沥青还原处置） 将乳化沥青、改性乳化沥青或还原剂、再生剂，以雾状形式喷洒在已经老化的沥青路面上，形成保护层，以封闭路面空隙、翻新路面状态、改善路面外观的沥青路面预防性养护技术。

稀浆封层 将乳化沥青、粗细集料、填料（水泥、石灰、粉煤灰、石粉等）、水、添加剂等按设计配比充分搅拌混合，形成稀浆，然后在很短时间内摊铺至路面，以形成密实坚固耐磨的表面处置薄层，以修复原路面的轻度裂缝、防止剥落和改善抗滑的沥青路面预防性养护技术。

微表处 在稀浆封层技术的基础上改良发展而来。利用专用机械设备，将聚合物改性乳化沥青、粗细集料、填料、水和添加剂等按照设计配比，拌和成稀浆混合料摊铺到沥青路面上，形成具备高抗滑性和耐久性的防水磨耗层，并可在短时内开放交通（最短可在1小时内）。相比于稀浆封层，微表处对材料的要求和对技术设计指标的要求都更高，厚度更大，因此具备更好的路用性能和更长的使用寿命，不仅可用于交通量较大的路面，还可进行稳定车辙的修复。但由于微表处具有较大的构造深度，通车后短期内常出现较大交通噪声。

宏表处　主要材料为聚合物改性乳化沥青、单一级配碎石、填料和添加剂等，能够在路表形成坚固耐磨的磨耗层。其相对“微表处”的主要区别在于混合料形成了一定程度的开级配骨架结构，有利于降噪和排水，并可用于重载路面的预防性养护。

石屑（碎石）封层　在路面喷洒沥青类结合料后，立即撒布一定粒径的集料，经碾压形成薄层封层的沥青路面表面处置技术。按照施工层次的数量，又可分为单层封层、双层封层和多层封层。

（纤维）同步碎石封层　采用纤维同步封层设备同时撒布两层沥青黏结材料和一层纤维，然后在其上撒布碎石，再经胶轮碾压得到的一种结构层。其封层结构自下而上依次为纤维、沥青、纤维、碎石，最终形成物料相互作用的致密网格缠绕结构。

复合封层　将多种表面封层技术联合使用、形成复合路面结构层的综合性封层技术。能够结合多种技术的优点，适用性更强。

罩面类　主要包括：

薄层罩面　相对于传统罩面而言，一般指厚度为2～3厘米的热拌沥青混凝土罩面，是路面预防性养护和轻微病害修复的常用手段，主要用作路表磨耗层。

超薄罩面　主要技术特点和功能与薄层罩面类似，但厚度一般在2厘米以内，因此技术要求更高。

罩面　为修复路表病害，改善路面使用性能，提高路面的防水、抗滑能力和行驶舒适性，在原有路面上加铺路面面层，一般指加铺沥青混凝土面层。

“白＋黑”罩面　在旧水泥混凝土路面上加铺沥青混凝土面层，以改善路面使用性能。适用于旧水泥混凝土路面结构承载状况较好且路面平整的情况，要求原水泥混凝土路面通过检测、评价、处置，并保持路面清洁。

（张佐周　李　莉　李立寒）

道面　airport pavement　在道基顶面用多种混合料铺筑而成的层状结构物。以满足飞机的起飞、着陆、滑行和停放使用。

发展历程　在飞机出现的初期，没有专门修筑的机场道面，飞机多利用平坦的地面、广场或练兵场进行起飞和着陆。20世纪30年代，出现了用石料铺筑或结合料处置的机场道面。40年代，随着喷气式飞机的投入使用，水泥混凝土道面和沥青道面迅速得到应用和发展。同期，国际上开始研究和建设复合道面，其在中国始于90年代，主要用于旧道面的加铺改造。装配式道面起于80年代，主要面向水泥混凝土道面的快速修复，在中国处于起步阶段。

使用要求　道面应具有足够的承载能力、耐久性、抗滑能力和平整度，并且具有良好的排水性能和洁净度，以保证飞机起降的安全。①承载能力。道面直接承受飞机荷载，应在预定的使用年限内能承受飞机荷载的重复作用而不出现威胁安全或影响使用的结构损坏。道面的承载能力一般包括强度性能和刚度性能。当道面结构的强度或刚度低于抗力要求时，道面就会出现开裂或断裂、轮辙等病害。机场道面承载能力的要求与飞机荷载特性有关。②耐久性。道面将自身性能保持在一定水平上的时间或能力，包括结构和材料的耐久性。结构上指耐疲劳；材料上指耐老化和水损坏等特性。影响道面耐久性的因素包括荷载、材料特性、发动机高温气流、油污染、温度、水分和太阳辐射等。科学合理的结构和材料设计是保证道面耐久性的关键。③抗滑能力。用以保证飞机起飞或着陆滑行制动时的安全。粗糙度影响机轮与道面的摩擦阻力和附着阻力。道面表面足够的粗糙度是保证飞机着陆后能在跑道范围内停止的前提条件之一。④平整度。道面凹凸不平会引起机翼和机身结构的疲劳损伤；起落架受振会导致动载系数增大，影响驾驶员的正常操作，引发乘客的不舒适感。⑤排水性能。道面排水不畅，致使积水水膜厚度达到5毫米左右时，水膜对飞机产生的阻力的垂直分力可能使飞机与道面脱离并造成飘滑，严重影响飞机安全。一般要求道面设置1%～2%的横坡，以保证排水通畅。⑥洁净度。道面表面应无碎屑、砂石等松散物，以防松散物被吸入发动机而造成事故。跑道上的橡胶轮迹会严重影响道面的摩阻力，应及时清除。

结构组成　道面结构层组合应能充分发挥道面各结构层及其整体的作用，使其在各种自然因素及飞机荷载作用下具有良好的稳定性及耐久性。道面结构可分为面层、基层和垫层。①面层。直接承受飞机荷载和环境作用，应具有较高的结构强度、荷载扩散能力、良好的耐久性、抗磨、平整和抗滑等，可由一层或数层组成。面层常用的材料有水泥混凝土、沥青混合料等。②基层。主要起扩散荷载的作用，应具有足够的强度和稳定性。基层常用的材料有水泥、石灰等结合料稳定的混合料，碾压混凝土、沥青碎石和级配碎石等。③垫层。设在基层以下，起排水、隔水和防冻等作用，根据需要可设置数层。垫层材料应具有一定的强度、稳定性和抗冻性。垫层材料可采用中粗砂、砂砾、碎石等。

分类　道面按面层材料和施工工艺的不同，分为水泥混凝土道面、沥青道面、复合道面和装配式道面。①水泥混凝土道面。指面层采用水泥混凝土铺筑的道面。又称刚性道面，是中国机场道面的主要结构形式，如上海浦东国际机场的停机坪道面。②沥青道面。指面层采用沥青混合料铺筑的道面。欧美机场中全柔性的沥青道面比例超过60%，在中国机场道面中沥青道面占比不超过10%，如昆明长水国际机场的停机坪道面为沥青道面。③复合道面。指面层由两层或多层材料类型和力学性质不同的结构层复合而成的道面，常用于旧道面的加铺改造工程，如厦门高崎国际机场的停机坪道面。④装配式道面。指在工厂内预制生产道面板块或卷材，运输到现场通过装配化施工铺设的机场道面，主要用于道面的快速修补。

（杨尚志　汪兆麟　朱梯珍　凌建明）

道面性状感知监测　pavement condition and performance monitoring　通过各类传感器感知和监测机场道面的性能状态。道面性状主要包括道面内部的温度、湿度等状态，道面在飞机荷载作用下的应变、位移等结构响应，以及道面的结构承载能力、平整度、抗滑能力等性能。

感知监测系统的组成　道面性状感知监测系统由传感器、数据传输通道、数据采集系统和数据库4部分组成。其中传感器、传输通道和数据采集系统均位于机场飞行区内，构成系统前台，而数据库则作为系统后台或云端安置于飞行区外，便于数据的采集。①传感器。包含传感器本身以及相应的安装、固定装置。按传感器类型分，包括温度计、湿度计、应变计、位移计、土压力计、水位计和测距仪等。道面性状感知所使用的大部分传感器为埋入式传感器，是一类专为道面结构内部状态检测而设计的器件。②数据传输通道。涵盖整个系统中的信息流动路径，包括两部分内容：传感器至采集设备的数据传输以及采集设备与后台数据库间的信息交换。其中前者主要由硬件设备组成，包含光缆、电缆、管道、信号转换和中继设备以及一些保护措施等。③数据采集系统。是信号分类、解调和中转的平台，主体为数据采集设备以及功能各异的数据采集软件。④数据库。是感知系统的核心，承担着系统全部数据的存储和管理功能，并且能够通过数据进行相关事件的判断。

感知监测系统的作用 道面性状感知监测系统拥有在线监测技术的优势，同时又以实际道面为基础，能够完整地反映真实状态下的道面使用环境和荷载特征，适合以之为基础开展即时风险预警和长期的道面评价工作。感知监测系统可作为数据平台，与传统道面检测方法相结合，共同实现对道面状态与性能的准确、即时掌握。道面感知监测可用于道面结构诊断与评价、道面使用性能评价、道面的抗滑风险预警、道面剩余寿命预估、道面结构安全评价、道面安全保障技术、道面维护措施以及道面设计等。（赵鸿铎）

道砟清筛机械 ballast cleaning machinery 对不洁程度按重量比超过25%时的碎石道床进行清筛作业，以恢复线路的弹性及良好的排水性能的机械。道床质量对铁路线路状态有很大的影响，脏污的道床将降低线路弹性及排水性能，造成线路翻浆冒泥、道床板结等病害。

工作原理 道砟清筛机械采用连续起道作业的方式，通过挖掘装置，将道床内脏污道砟挖起并经导槽输送到筛分装置上，脏污道砟通过筛分装置筛分后，将符合标准粒径的清洁道砟（16～70毫米），经道砟分配装置及回填输送带回填到线路上；不符合粒径要求的道砟及污土等经主污土带、回转污土输送带抛送到线路两侧或前方物料运输车上。

构成 道砟清筛机械主要由车架、转向架、司机室、工作装置、动力传动系统、电气控制系统、液压系统、气动系统、制动系统、柴油发电机组等组成。

整个机械由柴油机提供动力，自运行及作业运行采用液压传动，作业动作采用液压驱动，辅助作业动作采用液压驱动或气动驱动。①工作装置。主要由挖掘装置、筛分装置、输送装置、起拨道装置等组成。②挖掘装置。是清筛机的主要工作装置。线路清筛机和道岔清筛机采用链式挖掘装置，用于全断面挖掘线路及道岔道砟；边坡清筛机主要采用斗轮式挖掘装置，用于挖掘线路道床砟肩及边坡道砟。链式挖掘装置呈五边形封闭式结构，主要由动力驱动装置、挖掘链、水平导槽、提升导槽、护罩、下降导槽、调整油缸、拢砟板、防护板及道砟导流总成等组成。斗轮式挖掘装置与工程机械同类装置相类似。③筛分装置。是清筛机的主要工作装置。筛分装置按激振器的功能分为直线振动筛和圆振动筛。振动筛主要由调平架、筛箱、筛网、激振器、减震弹簧、驱动液压马达等组成。④起拨道装置。包括前起拨道装置和后起拨道装置两部分。起拨道装置由提升架、起道油缸、前（后）夹轨钳、拨道油缸、拨道轮、机械标尺及锁定机构等组成。⑤测量系统。主要包括提轨水平检测装置、起道高度检测装置、挖掘深度检测装置、作业速度检测装置、筛箱水平检测装置、摆动回填角度检测装置、作业后线路水平检测装置，以及计算机控制系统等。

分类 清筛机有3种分类：①按作业实施的对象。分为线路清筛机、道岔清筛机及边坡清筛机。②按挖掘机构形式。分为链式清筛机和斗轮式清筛机。③按运用地域。分为平原型清筛机（海拔2000米以下）和高海拔型清筛机（海拔2000米及以上），中国铁路使用的清筛机最高可达5100米。

清筛机主型机械为全断面道砟清筛机和边坡清筛机。

全断面道砟清筛机 对线路及道岔区道床全断面道砟进行清筛，具有挖掘、筛分、回填布砟和抛出污土等作业功能的轨道作业机械。分为线路清筛机和道岔清筛机。道岔清筛机与线路清筛机结构上的主要差别在于，道岔清筛机挖掘装置的挖掘底梁可以伸缩，以适应道岔区作业宽度的变化。

边坡清筛机 对道床两侧轨枕端头外侧道砟（或包括轨枕端头以下道砟）进行清筛作业的轨道作业机械。分斗轮式清筛机和水车式清筛机。（宋慧京）

等材建造机器人 iso-material construction robot 对建筑材料进行热处理、焊接等改变材料大小、位置，但不改变材料属性的建造机器人。等材建造机器人包括砖构机器人、金属弯折机器人、焊接机器人和纤维编织机器人等。

金属弯折机器人 利用金属材料的塑性变形，使用机械臂、数字折弯机等设备对金属板材进行弯折。金属弯折机器人由机器人、滑块、工作台、定位挡料机构和控制装置等组成，将待加工的工件放置在工作台上，工件滑动到适当的位置，然后将制动构件降低到要成型的工件上，通过程序控制机械臂对弯曲杠杆施力而实现金属的弯曲成型。

金属弯折机器人使用机器人金属弯折工艺，满足了21世纪以来建筑设计中复杂曲面的建造需求。对于需要进行弯折的曲面，建筑师一般要根据模拟的折叠形式和机器人仿真结果的反馈调整深化设计，并最终生成机器人可执行的程序文件进行建造。例如，RoboFold开发了基于Rhino+Grasshopper的数字设计平台上运行的3个插件：King Kong用于折叠模拟，Godzilla用于机器人编程，Unicorn用于三轴和六轴机器人加工。

金属弯折机器人同时使用机器人金属渐进成形工艺。金属板材渐进成型的数控技术是20世纪90年代由日本学者松原茂夫提出的新型薄板加工工艺，通过对制件模型进行分层离散，利用数控系统控制成形工具头按照预定的等高线轨迹运动，将制件逐层成形，最终得到常规手段无法加工的复杂曲面造型。传统金属板材的渐进成型一般采用三轴数控铣床和渐进成型机完成，通过简单的滚珠形工具头，渐进成型的方法可以以较高精度直接加工薄板类工件。其缺点是成型时间长，零件形状精度难以保证等。21世纪以来，工业机器人越来越多地被应用于数控渐进成型技术中，实现了渐进成型的柔性化与自动化。

焊接机器人 利用机器人焊接工艺实现对钢结构等的自动化、智能化焊接。建筑钢结构焊接机器人适用于预制及现场全位置焊接，可沿着固定轨道往复运行，辅以跟踪和控制系统，实现稳定高效的建筑钢结构焊接。焊接机器人系统包括机器人本体、机器人控制柜、焊机系统及送丝单元、变位机、工装夹具等基本组成部件，建筑钢结构现场施工作业主要采用移动式轨道焊接机器人。

纤维编织机器人 利用特定的机器人技术，以碳纤维为复合材料主体并以各种树脂等有机聚合物作为黏结固化材料，用编织的手法特征进行构件的建造。

纤维编织机器人以碳纤维编织工艺对碳纤维材料进行定制化缠绕，异于需要全尺寸模具且以序列重复化方式生产构件的传统制造方法，既节省了模板材料和成本，同时又有助于开发以碳纤维作为主体结构进行空间建造的潜力。碳纤维编织工艺已较多应用于创建高度差异化的空间结构、功能集成的建筑系统和大型元素构件，在建筑行业中具有广阔的发展前景。

碳纤维编织工艺的核心是设计适于机器人编织的模具，将纤维材料按照预设路径缠绕在模具上并在成型固化后进行脱模后处理。通常，碳纤维编织工艺可分为模具设计、纤维编织和脱模3个步骤。①模具设计。随具体项目可能不同，但总体需简单适用、高效使用。②纤维编织工艺。具体的工作和脱模方式根据材料成分可大致分为湿法编织和干法编织。湿法编织指在建造现场将碳纤维浸合树脂材料，使其具有黏结和固化性能后缠绕在固定结构上；干法编织指使用碳纤维预浸料作为建造材料，从而省去了现场浸料这一步，在将其缠绕在模具上后通常经过高温等方法固化处理。湿法编织相较于干法编织具有工作环境清洁、预浸料树脂固化剂调配精准、工作连续性好、固化速度好、后处理简单等多方面优势。

碳纤维编织工艺根据编织结构的不同可分为单元组装式和整体建造式。①单元组装式。采用模块化生产的方式，通过设计重复使用的模具，在工厂预制模块单元，然后采用特定的节点构造拼装成一个整体。②整体建造式。利用碳纤维的轻质性，通过设计合理的大尺度建造机器人设备将碳纤维结构整体编织成型。早期的碳纤维编织结构多采用固定的工业机器人进行建造，受机器人加工范围的限制常采用单元组装式的方式进行建造。随着数字加工工艺的发展，更多灵活的机器人系统被引入建造工艺中，将碳纤维编织技术推广到了更大尺度和更整体的应用场景里。（袁　烽）

等电位联结 equipotential bonding　多个可导电部分间为达到等电位进行的联结。

分类　等电位联结可分为保护等电位联结和功能等电位联结。保护等电位联结是为了保障人身及设备安全设置的，如防雷击应做防雷等电位联结，防电击应做防电击等电位联结，防静电应做防静电等电位联结。功能等电位联结是为了维护系统正常运行设置的，如电子信息系统防电磁干扰和防连接导体阻抗无穷大所做的等电位联结。

保护等电位联结　就其等电位联结范围可分为总等电位联结（图1）和辅助等电位联结。建筑物内的接地导体、总接地端子和下列可导电部分需实施保护等电位联结：①进出建筑物的供应设施的金属管道。②在正常使用时可触及的电气装置的外可导电部分。③便于利用的钢结构中的钢构件及钢筋混凝土结构中的钢筋。④与建筑物组合在一起的大尺寸金属件，如金属门窗、金属幕墙、擦窗机金属轨道等。⑤建筑物内电梯轨道、金属底板、设施管道、电缆桥架等大尺寸导电物。室外用电设备易出现绝缘老化、可能有非专职人员接触，或者当引入故障电压时有电击风险，如室外设备周边地面下无钢筋时，室外用电设备周围局部范围内做等电位联结，采取地面电位均衡措施。在室外设备周边地面下敷设电位均衡线或网格，电位均衡线或网格宜接近地表面并有足够的防护层。

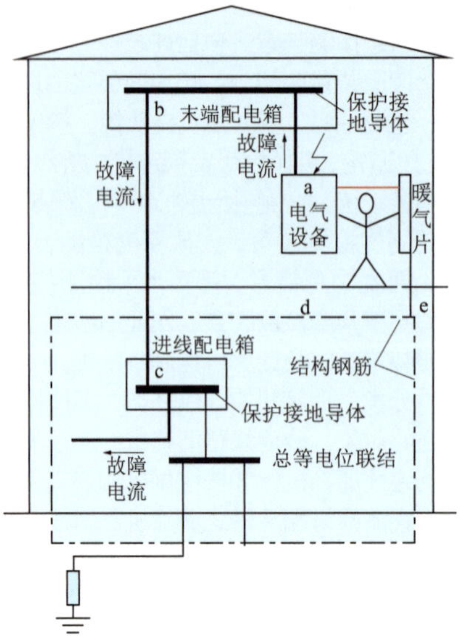

图2　辅助等电位联结示意图

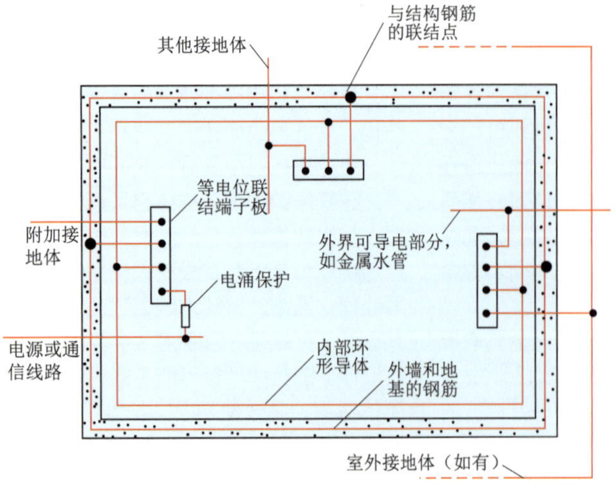

图1　总等电位联结示意图

在下列情况需实施辅助等电位联结：①在局部区域，当自动切断供电的时间不能满足防电击要求。②在特定场所，需要更低接触电压要求的防电击措施。③具有防雷和电子信息系统抗干扰要求。

如果做辅助等电位联结，即将电气设备与暖气片直接连接，如图2红线所示，这时人体承受的接触电压接近0。

功能等电位联结　电子信息设备的功能等电位联结基本类型可分为4类，分别为采用保护联结导体连接到联结环形导体（BRC）、采用保护接地导体联结的星形网络、多个网格等电位联结的星形网络、共用网状联结星形网络（见表）。

等电位联结网络应利用建筑物内部或其上的金属部件多重互连，组成网格状低阻抗等电位联结网络，并与接地装置构成一个接地系统，电子信息设备机房的等电位联结网络可直接利用机房内墙结构柱主钢筋引出的预留接地端子接地。

材料及安装　等电位联结用的端子箱和金具在实际应用中宜选用专用产品。等电位联结端子板应采用铜质材料，截面应满足机械强度要求，并不小于所接联结线截面。等电位联结线一般采用铜导体、铝导体或钢导体。等电位联结内各联结导体间的连接可采用焊接或熔接，在腐蚀性场所应采用防腐措施，如热浸镀锌或加大导线截面等。等电位联结端子板与等电位联结线采用螺栓连接，以便拆卸进行定期检测。（夏　林　甘招辉）

功能等电位联结类型及特点

类型	特点
采用保护联结导体连接到联结环形导体（BRC）	联结环形导体优先选用裸或绝缘的铜材，所有的保护和功能联结导体就近连接到联结环形导体，可多点连接且不少于一个连接点
采用保护接地导体联结的星形网络	适用于有限量电子设备的住宅和小型商业建筑，相互之间没有信号电缆连接
多个网格等电位联结的星形网络	有不同的小型组合采用通信设备相连的小型装置，可就地泄放由于电磁干扰产生的电流
共用网状联结星形网络	适用于含有高密度通信设备的装置，例如，中央数据处理系统的网络。网格的大小由被保护装置的尺寸而定，但不应大于2m×2m

邓文中 Tang, Man-Chung（1938-02-22～　）美籍华人桥梁工程专家。生于广东肇庆。1959年毕业于香港珠海学院土木工程系，1963年在德国达姆施塔特工业大学获特许工程师学位，1965年获工学博士学位。1997年获颁香港珠海学院名誉文学博士学位，2001年获

颁德国卡索大学名誉工学博士学位，2010年获颁意大利威尼斯大学名誉建筑师学位。

1965年加入德国古特霍芬冶金钢结构联合公司，1968年移居美国纽约，加入塞夫隆联合公司，1970年转入达克霍夫·威特曼公司。1978年创建了达士顾问工程公司，并于1983年成立康塔顾问公司。1995年两公司并入圣弗朗西斯科（旧金山）的林同炎国际顾问工程公司，任该公司董事长。1989～2015年任美国哥伦比亚大学兼职教授，并受聘中国同济大学、清华大学、东南大学、重庆大学、浙江大学等大学名誉教授。

邓文中从事桥梁的设计和施工40多年，在世界各地设计和建造了包括德国莱恩河纽恩坎大桥，美国旧金山新奥克兰海湾大桥、中国重庆石板坡复线桥在内的各种桥梁100余座，遍布世界各地，其中6座大桥创造了当时桥梁建造的世界纪录。他在设计和施工两方面所具有的知识和经验，使其作品的优越结构性能和施工方面达到统一，创造出适用、经济、美观并能反映当地环境、文化和历史的优秀桥梁，为世界桥梁工程特别是在大跨度桥梁创新技术方面做出了贡献。

邓文中曾任美国土木工程师协会（ASCE）的斜拉桥委员会主席，美国节段桥梁学会主席，主编《斜拉桥设计指南》，参与《斜拉索设计和试验建议书》。著述有《造桥36年》《造桥构思》《科罗尔大桥的故事》和《桥梁话语》，发表过100多篇论文。

1995年当选为美国工程院院士，1996年被选为美国土木工程师学会荣誉会员，2000年当选为中国工程院外籍院士。他获得的奖励包括1998年美国“罗柏林终身成就奖”，2010年国际桥梁与结构工程协会“功绩奖（Merit）”、ASCE的“终身成就奖”，2012年国际桥梁安全和管理协会“终身成就奖”，2013年英国结构工程师学会“金奖（Golden Medal）”，2015年国际正交异性板钢桥面会议“终身成就奖”。

自2002年开始在中国设计桥梁，已完工的有重庆菜园坝大桥、石板坡复线桥、嘉悦大桥、东水门大桥、千厮门大桥、乌江二桥、天津大沽桥、沈阳三好桥、三明台江大桥等。

2007年荣获重庆市人民政府授予的“重庆市荣誉市民”称号，2008年荣获中国政府授予的国家“友谊奖”。

（唐寰澄　尹德兰　项海帆）

低流量路面　low volume road pavement　小交通量道路路面。主要包括次高级沥青路面，水泥混凝土路面和其他简易路面。根据美国学者的相关定义，低流量道路指交通量平均在110辆/日或者20辆/时、在高峰时段车辆每3分钟通过约1.6千米的公路。一般农村公路多为低流量道路。

常见的无铺面路面基层形式及其施工工艺

路面形式	施工工艺（路基、基层必须和路面形式匹配）
路面整平	采用压实或刮平松散材料的方法整平土路或砂石路表面的缺陷
小设备表面重整	用人力或小型设备重整土路或砂石路的路拱
天然砂砾路面	修筑一层15～20厘米厚的天然砂砾磨耗层
石屑封层	一层单一粒径（20毫米）的碎石层
砌石路面	加工的石块（10厘米×10厘米×10厘米）用砂浆勾缝

低流量道路经常采用无铺面结构形式，尤其是农村公路。无铺面路面的主要形式见表。

（刘黎萍）

低压电器　low voltage apparatus　工业与民用建筑电气领域内的低压电器，指用于额定电压1千伏以下回路中，起保护、控制、调节、转换和通断作用的电器。常用低压电器选型主要考虑正常工作条件、保护选择性、短路条件、使用环境条件等；其中，按照正常工作条件考虑时，主要选择电压、频率、电流、额定工作制等参数。

按正常工作条件选择　通常有以下几种。

电压　低压电器的额定电压应与所在回路的标称电压相适应。额定冲击耐受电压与安装场所要求过电压类别相适应。

频率　低压电器的额定频率应符合所在回路的标称频率。

电流　低压电器的额定电流不应小于所在回路的负荷计算电流。切断负荷电流的电器（如开关、负荷开关等）应校验其断开电流。接通和断开启动尖峰电流的电器（如接触器）应校验其接通、分断能力和每小时操作的循环次数（操作频率）。

额定工作制　正常条件下额定工作制有几种。

8小时工作制　电器的主触头保持闭合且承载稳定电流足够长时间使电器达到热平衡，但达到8小时必须分断的工作制。该工作制是确定电器的约定发热电流I_{th}和I_{the}的基本工作制。约定自由空气发热电流I_{th}是不封闭电器在自由空气中进行温升试验时的最大试验电流值。I_{th}值应至少等于不封闭电器在8小时工作制下的最大额定工作电流值。约定封闭发热电流I_{the}由制造厂规定，用此电流对安装在规定外壳中的电器进行温升试验。I_{the}值应至少等于封闭电器在8小时工作制下的最大额定工作电流值。分断指由电器操作分断电流。

不间断工作制　指没有空载期的工作制，电器的主触头保持闭合且承载稳定电流超过8小时（数周、数月甚至数年）而不分断。该工作制区别于8小时工作制，因为氧化物和灰尘堆积在触头上可导致触头过热，因此电器用于不间断工作制时应考虑采用降容系数或特殊设计（如用银或银基触头）。

断续周期工作制或断续工作制　此工作制指电器的主触头保持闭合的有载时间与无载时间有一确定的比例值，这两个时间都很短，不足以使电器达到热平衡。断续工作制用电流值、通电时间和负载因数来表征其特性，负载因数是通电时间与整个通断操作周期的比值，通常用百分数表示。负载因数的标准值为15%、25%、40%、60%。

对于每小时操作循环次数较高的断续工作制，制造厂应根据实际每小时操作循环次数（如已知）或其约定的每小时操作循环次数来给出额定工作电流值，并应满足：

$$\int_0^T i^2\mathrm{d}t \geqslant I_{th}^2 T \text{ 或 } \int_0^T i^2\mathrm{d}t \geqslant I_{the}^2 T$$

式中T为整个操作循环时间，单位为秒；I_{th}为约定自由空气发热电流，单位为安；I_{the}为约定封闭发热电流，单位为安。

短时工作制。电器的主触头保持闭合的时间不足以使其达到热平衡，有载时间间隔被无载时间隔开，而无载时间足以使电器的温度恢复到与冷却介质相同温度的工作制。短时工作制通电时间的标准值为3分钟、10分钟、30分钟、60分钟、90分钟。

周期工作制。指稳定负荷或可变负荷总是有规律地反复运行的一种工作制。

按保护选择性选择　通常有全选择性和局部选择性两种。①全选择性。指在两台串联的过电流保护装置的情况下，负荷侧的保护装置实行保护时而不导致另一台保护装置动作的过电流选择性保护。②局部选择性。指在两台串联的过电流保护装置的情况下，负荷侧的保护装置在一个给定的过电流值及以下实行保护时而不导致另一台保护装置动作的过电流选择性保护。

选择性极限电流I_S指负荷端的保护电器的总的时间－电流特性与另一个保护电器的弧前（指熔断器）或脱扣（指断路器）时间－电流特性交点的电流坐标。选择性极限电流是一个电流极限值：①在此值以下，如有两个串联的过电流保护电器，负荷端的保护电器及时完成它的分断动作，防止上一级保护电器开始动作（即保证选择性）。②在此值以上，如有两个串联的过电流保护电器，负荷端的保护电器可以不及时完成分断动作来防止上一级保护装置开始动作（即不保证选择性）。

交接电流I_B是两个串联的过电流保护电器的最大分断时间—电流特性交点的电流值。

按短路条件选择 可能通过短路电流的低压电器（如开关、隔离器、隔离开关、熔断器组合电器及接触器、启动器），应满足在短路条件下短时耐受电流的要求。

断开短路电流的低压电器（如低压熔断器、低压断路器），应满足在短路条件下分断能力的要求。

按使用环境条件选择 低压电器选型原则按使用环境条件考虑，指正常环境条件、多尘环境、化工腐蚀环境、高原地区、热带地区环境等不同使用环境条件，低压电器选择的型号不同。

湿热带地区宜选用湿热带型产品，在型号后加TH。干热带地区宜选用干热型产品，在型号后加TA。（夏林 窦晓斌）

堤坝应急抢修 emergency repair of dams and dikes 自然形成的堰塞坝或人工修筑的堤坝在自然或人为因素作用下产生溃坝风险或发生溃坝后，为了减轻溃坝洪水灾害、保障人民生命财产安全、恢复河道泄流、堤坝挡水等功能而采取的应急处置措施。

风险及灾害类型 堤坝的溃坝风险通常包括：①滑坡堵江等形成的堰塞坝不断壅水而产生溃坝风险。②人工修筑的堤坝在强降雨、洪水、地震等自然灾害作用下发生局部破坏或土石坝即将漫顶而产生溃坝风险。③战时，堤坝受到敌对势力武器打击的威胁，存在溃坝风险。

堤坝溃坝灾害通常包括以下形式：①堰塞坝、土石坝、尾矿坝等在强降雨、洪水等因素作用下产生漫顶破坏。②土石坝、尾矿坝等在强降雨、地震等因素作用下滑坡、垮塌破坏。③土石坝坝基、防渗体、坝体产生管涌破坏。④面板堆石坝面板破坏引起的坝体溃决。⑤岸坡、坝基失稳引起的拱坝溃坝。⑥坝体在武器打击下出现局部溃口或整体破坏而产生溃决。

除特大暴雨、超标准洪水、超高烈度地震等极端自然灾害作用下坝体发生瞬时全部溃决外，绝大部分的堤坝灾害均表现为瞬时局部溃决或坝体逐渐溃决，从溃坝风险的出现至坝体溃决具有一定的发展过程，可以在溃坝风险出现后，采取应急抢修以降低灾害程度。

对于坝体瞬时全部溃决，由于洪水的突发性，现场通常不具备各种机械的施工条件，堤坝灾害应急抢修应以人员应急疏散、救援为主，对洪水进行疏导，使洪水快速退去，进行灾后重建。

应急抢修阶段 针对溃坝风险，应在第一时间进行应急抢修，防止灾害规模的扩大，堤坝灾害应急抢修可分为3个阶段：①应急响应阶段。组织专家开展溃坝洪水分析，确定洪水对库区及下游的危害，确定应急疏散人员的范围。针对梯级水库群，制定水库应急调度方案：下游水库提前泄洪，快速降低水库运行水位；上游水库停止泄洪，减小库区来流，延迟溃坝时间并控制洪水灾害规模。②应急抢修阶段。在探明现场溃坝风险的基础上，根据灾害类型，采用疏堵结合的方式，防止二次溃坝造成的灾害。③应急抢修后针对堤坝开展应急安全检查和安全鉴定。对堰塞坝进行挖除或改建为永久性水电站，对人工修筑的堤坝进行维修和加固，恢复河道泄流以及堤坝原设计功能。

应急抢修技术方法 对于不同类型堤坝灾害，应当采用针对性的应急抢修技术措施。以下是常见的堤坝灾害应急抢修方法。

堰塞坝溃坝风险应急抢修技术措施。①爆破除险技术。对于体积较小的堰塞体可以直接采用爆破拆除；当堰塞体体积较大、不易拆除，若其构成物质以大块石为主，不具备快速水力冲刷的条件时，可采取爆破辅助开挖泄流渠。②引流除险技术。如堰塞湖库容较小、水头较低，可在堰塞坝开挖泄流渠引流，使堰塞坝自然溃决，排除险情。③抽水除险技术。在条件允许的前提下，可以通过水泵强排辅助降低堰塞湖的库水位，减小灾害风险。④开挖泄水洞除险技术。开挖泄水洞除险可将堰塞坝变废为宝，形成水电站，可以实现永久除险。

河堤、土石坝、尾矿坝局部溃决或即将漫顶产生的溃坝风险应急抢修。①封堵缺口。采用石块、沙袋、充水式橡胶子堤封堵缺口，加固、加高堤防，增大堤坝蓄水能力。②疏通洪水。爆破副坝或蓄洪区堤坝，利用副溢洪道、蓄洪区加大泄洪，力保大坝安全。

面板、混凝土坝地震震损溃坝风险应急抢修。①放空干地处理。对震损灾害较轻的坝体可先放空水库，再对裂缝、损伤部位进行加固和防渗处理。②水下修补。对于需要立即处理的震损灾害，要由潜水员用高压水对破损部分进行清理，采用水下摄像机对破损情况及裂缝情况仔细检查，在震损处灌注淤堵料至不能继续吸入为止，完成淤堵料灌注后，沿缝长方向埋设灌浆花管，对裂缝进行嵌缝、找平，进行水下灌浆施工，最后在表面粘贴防渗盖片。

战时武器打击下的溃坝风险应急抢修。由于高坝库坝系统的复杂性，现有的堤坝灾害应急抢修措施尚未经受战火以及洪水灾害的双重考验，武器打击下的坝体溃决灾害应以预防为主。现代战争有征兆可察，在战时，保障基本的发电及下游用水条件下，提前降低坝前水位不仅可以有效提高大坝的抗爆安全性能，同时能够减少大坝失事的风险损失，是公认的最有效的坝体防护手段。（胡 晶）

迪拜哈利法塔 Burj Khalifa Tower 截至2022年底世界上已建成的最高的高层建筑物。位于阿拉伯联合酋长国迪拜境内。总高度为828米，楼层总数169层，总建筑面积52.7万米^2。2004年9月21日开始动工，2010年1月4日正式完工启用。

哈利法塔由美国SOM建筑设计事务所设计，其建筑理念是“沙漠之花”，平面是三瓣对称盛开的花朵；立面通过21个逐渐升高的退台形成螺旋线，整个建筑物像含苞待放的鲜花。

哈利法塔混凝土结构高度为610米，基础地面埋深30米，桩底部深度为70米，其顶部采用钢结构，为保持世界最高建筑的地位，钢结构顶部设置了直径1200毫米的活动桅杆，可从底部接长至最高200米。直到2009年底，确认世界各国在5年内不会建成更高的建筑后，才宣布建筑高度为828米。（陆新征）

哈利法塔

地表水 surface water 江河、湖库或湿地中的淡水，主要通过大气降水补给。地表水源于经年累月自然降水（雪），是人类生产、生活用水的主要来源。全球地表水资源仅占淡水资源量的1.2%，资源量很少，并且水质易受环境污染，特别是城市污水、工业废水、农田尾水（灌溉余水、降水径流）以及面源径流的污染（见**城市水资源**）。（任南琪）

地层 stratum 具有某种共同特征或属性的岩石体。地层能以明显的界面或经研究后推论的某种解释性界面与相邻的岩层和岩石体相区分。具有一定的结构、厚度和体态，与岩层的区别在于岩层泛指各种特征的一般层状岩石，无时代概念，一般不形成单位。地层反映了岩石的客观性质，如岩性、生物、矿物、磁的极性、电性、地震感应等方面的物理、生物性质和变化。

地层的结构由有限的岩层类型构成，这些岩层通常以规律的组合方式组构在一起。根据岩层的组构方式所划分地层的结构类型可作为地层划分的依据。可以分为简单型和复合型，前者包括均一式、互层式、夹层式、有序多层式和无序多层式，后者由前者各式之复合而成。

地层的厚度和体态包括岩层的厚度与体态，也包括地层单位的厚度与体态，一般来说，地层单位应有一定厚度，厚度过小不足以建立一个地层单位。地层单位的厚度要求在地质图上以最小尺度（1毫米）来表达。地层的体态是指岩层或地层体空间形态和分布状态。形态分为层状或楔状、透镜状、丘状等，分布状态分为水平、近于水平或斜列。

地层的接触关系是地层的重要属性之一。它在识别地层结构、划分地层单位中具有重要作用。主要有整合接触、角度不整合接触、平行不整合接触、沉积接触，沉积接触是指沉积盖层和下伏岩浆岩或深变质岩之间的分隔界面。（林启祥）

地层结构法 ground-structure method 通过位移协调与最小势能原理计算使地层应力与地下结构内力保持平衡，然后通过结构内力进行断面设计与验算的方法。结构周围地层不仅能对地下建筑结构施加荷载，同时地层自身亦能承受荷载，地层参与结构一起组成共同受力整体，形成隧道及地下工程稳定状态。该方法不仅可计算地下结构的内力变形，同时可计算周围地层的应力与变形，因此，应用地层结构法可考虑隧道及地下工程围岩地层的稳定性影响。计算过程主要包括地层模拟、结构模拟、地层结构相互作用模拟、地下工程施工过程模拟等几个部分，计算以数值分析方法中的有限单元法、有限差分方法为主。

地层模拟 采用数值分析方法，地层模拟的关键问题是模拟地层应力应变发展的本构关系选择。主要有弹性本构关系与弹塑性本构关系两大类别。按应力应变关系曲线斜率变化与否，弹性本构可分为线弹性模型（如胡克模型）与非线性弹性模型（如邓肯张模型）。弹塑性本构关系主要由屈服准则与硬化准则决定，其中屈服准则较常见的有德鲁克布拉格准则与莫尔－库仑准则，硬化准则较常见的有椭圆形硬化准则（即剑桥模型准则）与双曲线型硬化准则（即硬化土体模型）。将时间引入弹性、弹塑性本构模型中形成黏弹性或黏弹塑性本构模型，用于计算地层与结构相互作用的长期力学效应。地层通常采用连续体有限单元进行离散化模拟，单元通常可分为三角形单元与四边形单元。根据位移型函数阶数确定单元节点数量进行模拟。

结构及其与地层相互作用模拟 采用数值分析方法，相比较于地层模拟，地下结构的模拟通常采用弹性本构关系。针对混凝土衬砌结构，通过杆单元、梁单元、壳单元等离散化模拟。针对隧道衬砌结构间接头，通常采用自由铰单元、弹性铰单元、三向弹簧不连续变形单元进行模拟。

结构与地层相互作用通常采用接触面单元模拟，接触面采用无厚度节理单元（古德曼单元），不考虑法向和切向的耦合作用，接触面应力应变关系通常采用弹塑性非线性关系进行模拟，主要采用莫尔－库仑屈服准则。

施工过程模拟 地下工程开挖施工的模拟可通过在开挖边界施加释放荷载并通过等效节点力反向施加的方式进行模拟。施工过程根据工程实际情况分为若干施工步，每一施工步根据计算迭代收敛情况可分为若干增量步。增量步施加释放荷载过程中，部分地层进入塑性状态后将过量塑性应变以初应变形式转化为节点附加荷载，进行全场迭代运算，直至每一增量步前后迭代差异满足计算精度要求后进入下一步计算。（张东明）

地基 foundation 支承基础的土体或岩体。

类型 地基分为天然地基和人工地基。①天然地基。由自然成因形成的地层、未经人工处理的地基。如自然成因形成的良好地层（土层或岩层），其各项物理力学指标能满足承受由基础传递来的各种作用的强度、变形和稳定性要求，可将基础直接建造在未经人工处理的天然地层（土层或岩层）时，即成为天然地基。由于天然地基施工方便，造价较低，设计时应优先考虑采用天然地基。②人工地基。对自然形成的地层进行人工处理后形成的地基。对地基进行人工处理的方法有很多种。地基处理方法大的分类有排水固结法、振密及挤密法、置换及拌入法、灌浆法、加筋法、冷热处理法，以及托换技术等。

计算方法 地基的计算方法主要有：①分层总和法。计算地基变形时，将地基变形计算深度范围内的土层按土质、应力变化和基础平面几何尺寸的大小划分为若干分层，分别计算各分层的压缩量，求和得出地基总变形量的计算方法。②应力路径法。为了考虑地基土体的实际应力状态，对分层总和法进行改进而提出的沉降计算方法。由朗普于1964年提出。分层总和法广泛应用于生产实际，但其假设土体不产生侧向变形，而荷载作用下的地基土体变形实际处于三维压缩状态，应力路径法能更好地模拟地基土体的实际变形性状。在应力路径法中，首先应用弹性理论计算现场地基在建筑物荷载作用下某些代表性的土体单元的实际有效应力路径，然后在实验室根据计算得到的应力路径进行试验，并量取试样各阶段的垂直应变，然后乘以土层厚度测定土体压缩量，求得地基沉降。

构成 地基主要构成包括：①持力层。直接承受建筑物荷载的地基土层（见图）。

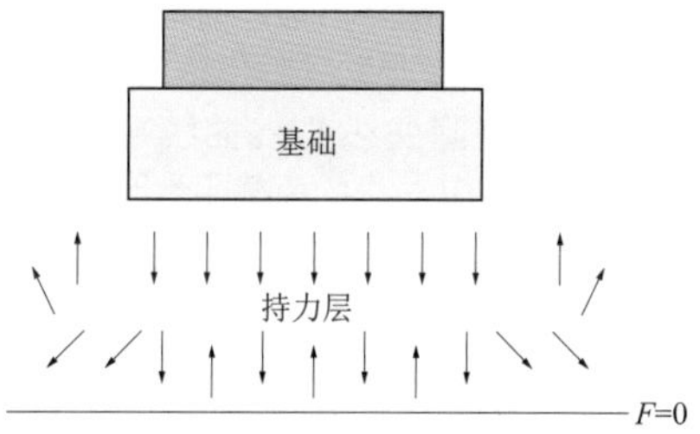

持力层示意图

也即直接支承基础的土层。基础持力层的选择是基础设计的重要内容之一，原则上应选择强度高、压缩性小的土层作为基础持力层。根据持力层的承载力特征值确定浅基础的底面积是浅基础设计的主要内容之一。当持力层下卧有软弱土层时，应对软弱下卧层进行强度验算。②下卧层。地基中基础持力层以下的土层。对受力层范围内软弱下卧层的强度验算是浅基础设计的一个重要内容。

扩展阅读

龚晓南.地基处理手册.3版.北京：中国建筑工业出版社，2008.

（高文生）

地基承载力 bearing capacity of foundation 地基单位面积上承受荷载的能力。

随着荷载的增大，地基可能出现两种极限状态的破坏：①地基产生了过大的变形，影响了建筑物的正常使用，称为正常使用极限状态。②地基中的土体出现剪切破坏从而失去稳定性，称为承载力极限状态。因此，在进行地基基础设计时，要满足承载力和变形两个方面的要求。

地基极限承载力 与地基破坏模式密切相关。地基破坏的模式可分为三种，即整体剪切破坏、局部剪切破坏和冲切破坏（见图）。

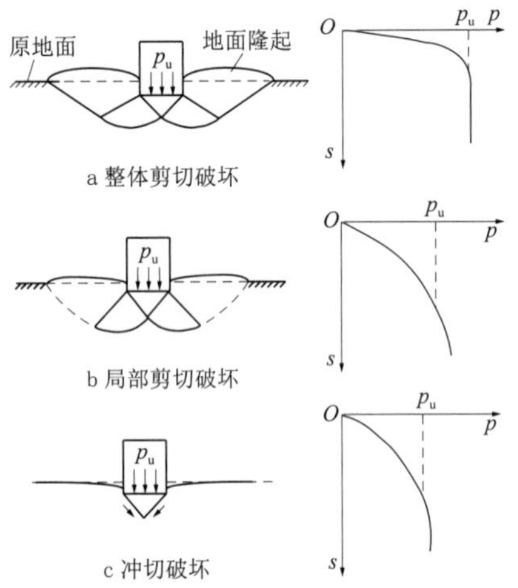

地基的破坏模式示意图

主要特征为：在土中形成连续的滑动面，土从基础两侧挤出隆起，基础发生急剧下沉或侧倾而破坏。破坏前建筑物一般不会发生过大的沉降，破坏有一定的突然性。荷载－沉降曲线（p-s曲线）具有明显的转折点，其对应的荷载即为地基极限承载力。

局部剪切破坏 介于整体剪切破坏和冲剪破坏两者之间的一种破坏形式。其主要特征为：土中剪切破坏区域始终只发生在基础下的局部范围内，并不形成向外挤出的连续滑动面，基础两侧地面有部分隆起。p-s曲线一般没有明显的转折点，其直线段范围较小。

冲切破坏 在荷载作用下地基土发生垂直剪切破坏，使基础产生较大沉降的一种地基破坏形式。有时也称为冲剪破坏、刺入剪切破坏。冲切破坏的主要特征为：基础周围的土体产生剪切破坏，基础向下刺入土中，基础两侧地面无明显隆起现象，p-s曲线没有转折点。

地基的破坏形式与地基土的性质、基础宽度、基础埋置深度和加载速率等多种因素有关。

确定地基极限承载力的方法有：①现场的原位实验方法。如静载荷试验、静力触探试验、标准贯入试验、旁压试验等。②理论计算方法。主要是以极限平衡理论为基础的各种极限承载力理论和公式。

地基容许承载力 在进行基础设计时，应以一定的安全度将极限承载力进行折减，从而保证建筑物的安全并确保地基的变形不会影响建筑物的正常使用。满足这两项要求，地基单位面积上所能承受的荷载称为地基容许承载力。

确定地基容许承载力的方法有：①现场实验法。如静载荷试验、静力触探试验、标准贯入试验、旁压试验等。②理论计算法。地基容许承载力等于地基极限承载力除以安全系数。一般取安全系数2～3。③规范查表法。④经验方法。按具体工程性质选择以上一种或几种方法确定。

（杨仲轩）

地基处理 ground improvement 为提高地基强度，改善其变形性质或渗透性质而采取的人工处理方法。地基上修建建（构）筑物时，一般要求地基的承载力或稳定性、沉降或不均匀沉降，以及渗流等方面满足设计要求。当天然地基不能满足建（构）筑物对地基的要求时，采用物理、化学、生物等单个或多个方法对天然地基进行处理，以形成满足建（构）筑物对地基要求的人工地基。地基处理的对象可以是天然或既有地基。不同的特殊土地基有不同的地基处理方法。

地基处理应根据上部建（构）筑物的特点及荷载要求，结合天然地基的地质和水文情况，考虑周边环境和工期要求，选用经济、环保材料对天然地基进行处理。常用的天然地基处理方法有置换法、排水固结法、堆载预压法、真空预压法、振密挤密法、强夯及强夯置换法、挤密砂桩法、振冲法、EPS法、树根桩法、灌浆法、深层搅拌法、高压喷射注浆法、电渗法、托换技术、锚杆静压桩托换、纠偏法等。实际工程中可同时采用多种方法进行处理，如真空－堆载联合预压，真空－强夯联合、水泥搅拌桩－堆载联合等；也涌现出很多新的组合桩加固地基技术，如水泥土复合管桩、劲芯搅拌桩、高喷插芯组合桩等。

排水固结法 对天然地基，或先在地基中设置砂井等竖向排水体，利用建筑物本身重量逐渐加载；或在建筑物建造前在场地上先行加载，使土中孔隙水排出，逐渐固结，孔隙体积减小，地基发生沉降。排水固结法适用于各类淤泥、淤泥质土及冲填土等饱和黏性土地基。

堆载预压法 在建筑场地临时堆填土石等，对地基进行加载预压，使地基沉降能够提前完成的地基处理方法。通过地基土固结提高地基承载力，然后卸去预压荷载建造建筑物，以消除建筑荷载下部分沉降。一般情况是预压荷载与建筑物荷载相等，有时为了缩短工期或处理次固结显著的软土，预压荷载也可大于建筑荷载，此时称为超载预压。

真空预压法 在软黏土地基中设置竖向排水体，再在表面覆膜使其与大气隔绝，膜内用真空装置抽真空，在土体内部与排水通道之间产生压力差，使土体中的孔隙水不断由排水通道排出，从而土体发生排水固结的地基处理方法。真空预压也可与堆载预压联合使用，称为真空－堆载联合预压。

振密挤密法 用沉管、振冲、锤击、夯扩等方法在地基中成孔，成孔过程中对周围土体进行侧向挤密，然后在孔内分层填入填料，并振捣密实的地基处理方法。该方法通过振密、挤压使地基土体孔隙比减小，强度提高，达到地基处理的目的，适用于松散的砂土地基、粉土地基、可液化地基，非饱和的素填土地基、黄土地基、填土地基等加固处理。

强夯法 将夯锤反复提到高处，使其自由下落，利用夯锤下落产生的巨大冲击力和冲击能，对地基一定深度内土体进行密实、加固，从而提高地基承载力，降低其压缩性的地基处理方法。强夯法的动力密实作用使土体中的孔隙体积减小，土体变得密实，强度大大提高；另外，巨大夯击能产生的应力波会破坏土体原有结构，使土体局部发生液化并产生很多裂隙，增加了排水通道，孔隙水排出后土体固结，这是动力固结作用。强夯法常用来加固碎石土、砂土、粉土、非饱和黏性土、杂填土、湿陷性黄土等地基。

强夯置换法 用强夯处理（高）饱和细粒土，特别是淤泥、淤泥质土和泥炭土等渗透性差的软黏土地基时，常利用夯锤下落的巨大冲击力挤开土体，将透水性好的块石、碎石、石渣等坚硬材料挤入土体形成置换墩，通过挤密、置换及置换墩的排水作用对地基进行加固的地基处理方法。又称动力固结。

挤密砂桩法 利用振动、沉管或水冲等方式在软弱地基中成孔，分段向桩管加砂石料，反复挤压而形成砂石桩的地基处理方法。挤密砂桩法主要用于防止砂土液化及松散土加固。

振冲法 用起重机吊起振冲器，利用振冲器的高频振动和高压喷射水流，在边振边冲共同作用下，将振动器沉到土中的预定深度，从地面向孔内逐段填入砂或碎石，再利用振冲器水平和竖直方向的高频振动，使振冲范围内的饱和砂土发生液化，颗粒重新排列、密实。又称振动水冲法。

EPS法　将EPS材料用于填筑或回填的方法。EPS即发泡聚苯乙烯，是在聚苯乙烯树脂中加入发泡剂，同时加热进行软化形成的一种硬质闭孔结构的泡沫塑料。EPS法充分利用EPS材料轻、自立性好、侧向变形小的特点，可显著减少地基上部荷载，降低土体中附加应力，减小地基沉降量。

树根桩法　用小直径钢筋混凝土钻孔灌注桩加固地基的方法。由于桩径较小，一般为150～300毫米，既可竖直方向打桩，也可按不同角度、打设形如树根的多排斜桩，故称为树根桩法。树根桩法适用于淤泥、淤泥质土、黏性土、粉土、砂土、碎石土、黄土和人工填土等地基土。

灌浆法　利用液压、气压或电化学原理，通过注浆管将浆液（固化剂）注入地层中，浆液以填充、渗透、挤密等方式，赶走颗粒或岩石裂缝中的水分和空气后占据其位置，将原松散的土或裂隙胶结成一个整体，形成一个结构新、强度大、防水性能高和化学稳定性良好的灌浆体。灌浆法主要用于防渗、堵漏、加固和纠倾。

深层搅拌法　利用水泥、石灰或其他材料作为固化剂，通过特别的深层搅拌机械，一边钻进、一边喷射固化剂浆液或固化剂粉体，与地基土体拌和，通过水泥的水解和水化反应，黏土颗粒与水泥水化物的离子交换、团粒化作用，硬凝反应，碳酸化作用，将地基土体固化为一定强度的水泥土，减小地基沉降，提高地基稳定性的地基处理方法。

高压喷射注浆法　在化学注浆法的基础上采用高压水射流切割技术发展而来的地基处理方法。其原理是利用钻机把带有喷嘴的注浆管钻进至土层的预定深度后，以高压设备使浆液或水加压到20～40兆帕的高压流，然后从喷嘴喷射出来，冲击破坏土体，同时钻杆以一定的速度向上提升，将浆液与土体强制搅拌混合，浆液凝固后，在土中形成一个固结体。

电渗法　在土中插入金属电极，并通以直流电，在电场作用下，土中水从阳极流向阴极，将水在阴极排出而在阳极不补给的情况下，实现土固结的地基处理方法。电渗法特别适用于处理高含水量、低渗透性的饱和细粒土。

托换技术　为提高既有建筑物地基的承载力或纠正基础严重不均匀沉降所导致的建筑物倾斜、开裂而采取的地基、基础补强措施的总称。托换技术可根据托换的原理、方法、性质和时间进行分类。

锚杆静压桩托换　通过在基础上埋设锚杆固定压桩反力架，以建筑物所能发挥的自重荷载及桩架上配重作为压桩反力，用千斤顶将桩分节从基础中预留或开凿的压桩孔内逐段压入土体中的地基处理方法。当桩压入设计深度后，将桩与基础连接在一起，即达到提高地基承载力和控制沉降的目的。锚杆静压桩托换法适用于淤泥、淤泥质土、黏性土、粉土和人工填土等地基。

纠偏法　用促沉迫降思路处理地基不均匀沉降的方法。通过在地基沉降小的一侧取土，释放地基应力，加速地基沉降，从而达到纠偏的目的。（周　建）

地基固有周期　natural period of fundation　按照某一振型完成一次自由振动时所需的时间。即地基的自振周期。是地基本身的动力特性，仅与地基的固有特性有关（如密度、刚度等）。地基是基础下面承受建筑物全部荷载的土体或岩体，地基不属于建筑的组成部分，是地球的一部分。凡建筑物的自振周期与地基固有周期相等或接近时，会产生共振作用，建筑物的震害出现加重的趋势。为避免这种震害的发生，在建筑抗震设计中，应使建筑物的自振周期避开地基固有周期。

求解地基固有周期的方法主要有直接测定法（如地脉动法）和理论计算法（如剪切层法、集中质量法、有限单元法）。①剪切层法。把实际土层（从基岩到地表）视为由一系列无限薄层所组成，其间由剪切弹簧和阻尼器连接，承受地震引起的水平剪切振动的一维体系。将该体系的固有周期定义为地基固有周期。②集中质量法。把受剪切振动的土层质量集中在若干个点上，然后按照多质点体系进行动力分析。③有限单元法。将地基看成有限多个单元组成的体系，采用结构动力学的方法求解。

地基土层越厚，地基的自振周期越大。①软弱地基。固有周期长，振幅大，持续时间长，柔性结构（长周期结构）震害严重，刚性结构（短周期结构）震害较弱。②坚硬地基。固有周期短，振幅小，持续时间短，其上建造的刚性结构（短周期结构）震害严重，柔性结构（长周期结构）震害较弱。（夏唐代）

地基基础抗震　earthquake resistance of foundation　地震资料表明，地震作用会使地基基础出现沉降（包括均匀沉降和不均匀沉降）、基础下陷、地裂缝、地基滑动等震害，甚至会引起和加大上部结构的震害。因此在进行地基基础设计时需要通过验算和采取各种措施保证地基和基础抗御地震作用的能力。任何建筑物都要有上部结构、基础和地基三部分，其中地基、基础是建筑物的地下部分，保证了上部结构的安全性和适用性，是建筑物的重要组成部分。一般地基、基础抗震设计包括以下方面：①选择对抗震有利的场地和地基。②对地基土发生液化和震陷等震动失效现象的可能性及危害性进行预估，必要时采用桩基础和进行地基处理。③场地地震反应分析和结构物-地基整体地震反应分析。④合理选择基础类型和埋置深度，加强基础和上部结构的整体性。⑤天然地基或桩基础竖向和水平承载力验算，基础结构抗震验算和采取必要的构造措施。（夏唐代）

地裂缝　earth fissures　地表岩土体在内、外地质作用下裂开，在地面可见一定长度和宽度裂缝的现象。

分类　地裂缝形成原因较多，其中地壳运动、水的作用和人类工程活动是产生地裂缝的主要因素。根据地裂缝形成的动力条件不同，常分为内动力作用形成的构造地裂缝和外动力作用形成的非构造地裂缝（见表）。①构造地裂缝。由于地壳构造运动引起，直接或间接在基岩或土层中产生开裂变形。如断层的缓慢滑动或快速滑动可形成地裂缝，地震的破裂效应也可形成地裂缝，褶皱构造作用和火山活动也可产生地裂缝。②非构造地裂缝。崩塌、滑坡及地面沉降等灾害等发生时，可引起地裂缝；此外，矿区塌陷、岩溶塌陷或组成地层特殊土的物理、化学性质改变也会引发地裂缝。

分布　地裂缝在世界范围内广泛分布，如美国、中国、加拿大、墨西哥、意大利、新西兰、俄罗斯等国家均出现过不同规模地裂缝活动。中国地裂缝主要集中分布于汾渭盆地、华北平原和大苏锡常地区。

特征　地裂缝的发育具有一定方向性与延展性。在同一地区发育的地裂缝常沿一定方向延伸，且多条地裂缝延伸方向也大致相同，在平面上一般表现为直线状、雁行状、锯齿状或条带状分布，在剖面上多表现弧形、V形或放射状。

地裂缝具有非对称性和不均一性：①地裂缝的表现形式有主次之分。裂缝两侧相对差异沉降为地裂缝的主要表现形式，而裂缝两侧水平拉张和错动是地裂缝的次要表现形式。②地裂缝的灾害效应呈非对称和不均一性。具体表现为地裂缝引起的灾害强度在横向上由主裂缝向两侧逐渐减弱，地裂缝两侧的致害的影响范围以及对建筑物的破坏程度往往也具有明显的非对称性。同一条地裂缝的不同部位其活动强度及破坏程度也显示出不均一性。平面上，在地裂缝转折和错列地方相对较重。剖面上，自下而上，其危害程度逐渐加强，在地表浅部十几米深的范围内，其累计破坏效应最为突出。

地裂缝成因分类

类别	主导因素	动力类型	种别
非构造地裂缝	人类工程活动	次级重力、动荷载	采空区塌陷引发的地裂缝
			油、水开采引发的地面不均匀沉降导致的地裂缝
			人为滑坡、崩塌引发的地裂缝
			地面负重下沉引发的地裂缝
			强烈爆炸或振动引发的地裂缝
	自然外营力作用	特殊自然力	膨胀土变形引发的地裂缝
			黄土湿陷引发的地裂缝
			冻土和盐丘变形引发的地裂缝
			干旱引发的地裂缝
		自然重力作用	陷落引发的地裂缝
			自然滑坡、崩塌引发的地裂缝
			地震次生灾害引发的地裂缝
构造地裂缝	自然内营力作用	断层活动	地震构造引发的地裂缝
			断层缓慢滑移引发的地裂缝
		基底构造作用	基底伸展构造引发的地裂缝
		区域微破裂开启	土层构造节理引发的地裂缝
			喀斯特陷落引发的地裂缝

地裂缝灾害的发展具有渐进性。随着引发地裂缝因素的进一步发展，裂缝灾害效应逐渐增加。

地裂缝活动具有周期性。因大多数地裂缝是由区域构造运动或人类工程活动引起，因此，往往在时间序列上表现出与构造运动或人类工程活动一致的周期性。

危害与防治　地裂缝常常造成地表建筑（构）筑物开裂、破坏地面及地下设施、引起农田漏水。

对于崩塌、滑坡产生的地裂缝，可采用工程措施对崩塌或滑坡进行防治。对于地下水开采引发的地裂缝，可优化或控制地下水开采。对于黄土湿陷引起的地裂缝，需防止雨水、工业和生活用水的直接下渗和冲刷。对于矿井开采引发的地裂缝，一方面需要控制开采范围，另一方面，需要增多或增大预留保护柱，防止矿井坍塌。自然成因形成的地裂缝，要加强区域调查和研究，开展地裂缝易发区的区域评价，根据评价结果开展防治。（杨　坪）

地貌　geomorphology　由于内、外力地质作用的长期进行，在地壳表面形成的各种不同成因、不同类型、不同规模的起伏形态。地貌是内、外营力对地壳综合作用的结果。内营力造成了地表的起伏，控制了海陆分布的轮廓及山地、高原、盆地和平原的地域配置，决定了地貌的构造格架。外营力（流水、风力、太阳辐射能、大气和生物的生长和活动）通过多种方式，对地壳表层物质不断进行风化、剥蚀、搬运和堆积，从而形成了现在地面的各种形态。地貌对人类的经济建设有重要影响，其中对农业生产、工程建设、城市发展、旅游的影响尤为显著。

关于地貌学的发展，在中国西周的《诗经·大雅·笃公刘》中，就有“岗”(丘陵)、“塬”(平原)和“隰”(低湿地)的描述。在成书于11世纪末(北宋时期)的《梦溪笔谈》中，沈括对流水的侵蚀、搬运与堆积作用三者的关系有清晰的概念，并提出华北平原是河流堆积作用的结果。清初孙兰的《柳庭舆地偶说》中提出，地貌作用“因时而变，因变而变，因人而变”，已涉及地貌的演变，并注意到人的活动对地貌的影响。1788年，英国J.赫顿在《地球的学说》中已将地形的变化看作地球地质发展的组成部分。19世纪末至20世纪中叶，地貌学开始成为一门独立学科。

关于地貌的分类，一般认为，普通地貌类型应按形态与成因相结合的原则划分，但由于地貌形态、地貌营力及其发育过程的复杂性，尚没有一个完全统一的分类方案，一般采用形态分类和成因分类相结合的分类方法。地貌形态类型指根据地表形态划分的地貌类型。世界各地的形态分类并不统一。中国的陆地地貌习惯上划分为平原、丘陵、山地、高原和盆地五大形态类型。1989年由中国1∶1 000 000地貌图编辑委员会审定的《中国1∶1 000 000地貌图制图规范》确定了平原、台地、丘陵和山地4个基本形态类型。地貌成因类型指根据地貌成因划分的地貌类型。由于地貌形成因素的复杂性，也没有统一的成因分类方案。根据外营力，通常划分为流水地貌、湖成地貌、干燥地貌、风成地貌、黄土地貌、喀斯特（岩溶）地貌、冰川地貌、冰缘地貌、海岸地貌、风化与坡地重力地貌等。根据内营力，通常划分为大地构造地貌、褶曲构造地貌、断层构造地貌、火山与熔岩流地貌等。（张　炜）

地面沉降　land subsidence　大面积的地面下沉现象。造成地面沉降的自然因素是地壳的构造运动和地表土壤的自然压实；人为的地面沉降广泛见于一些大量开采地下水的大城市、石油或天然气开采区、固体矿产采空区；高大建筑物的重荷载以及地面下施工，如地铁施工，也可引起的地面沉降。

20世纪最强烈的地面沉降发生于美国长滩市威尔明顿油田，其最大累积沉降量达9米。中国上海市从1921年发现地面下沉开始，到1965年止，最大累计沉降量达2.63米，影响范围达400平方千米。中国有50余座城市出现地面沉降，其中长三角地区、华北平原和汾渭盆地是重灾区。

地面沉降会对地表或地下构筑物造成危害；在沿海地区还会引起海水入侵、港湾设施失效等不良后果。人为的地面沉降主要是过量开采地下液体或气体，致使贮存这些液、气体的沉积层的孔隙压力发生趋势性的降低，有效应力相应增大，从而导致地层的压密。基于上述机制，上海于1965年后采用人工回灌方法，使地下水位回升、地面部分回弹，比较成功地控制了地面沉降。1966～1987年，上海市累计沉降量仅36.7毫米，年平均沉降量为1.7毫米。（王士天　撰　许　强　修订）

地面塌陷　land collapse　地表岩、土体在自然或人为因素作用下，向下陷落，并在地面形成塌陷坑（洞）的地质现象。地面塌陷是一种地质灾害，主要危害表现在突然毁坏城镇设施、工程建筑、农田，干扰破坏交通线路等。根据塌陷区是否有岩溶发育，分为岩溶地面塌陷和非岩溶地面塌陷。①岩溶地面塌陷。主要发育在隐伏岩溶地区，是由于隐伏岩溶洞隙上方岩、土体在自然或人为因素作用下产生陷落而形成的地面塌陷。②非岩溶地面塌陷。根据塌陷区岩、土体的性质分为黄土塌陷、采空塌陷和冻土塌陷等许多类型。中国国土范围内的地面塌陷的分布有一定的时空规律性。岩溶地面塌陷主要分布于岩溶强烈及中等发育的覆盖型碳酸盐岩地区；黄土塌陷则主要分布于湿陷性黄土发育地区；采空塌陷广泛分布于各地的矿山及其周围地区，以煤矿塌陷最为突出。

地面塌陷的形成条件：①具备一定规模的地下无岩土的空间（地下空洞），这是形成地面塌陷的先决条件。地下空洞的形成可以是自然力，也可以是人工挖掘、管道漏水湿陷或冲蚀的结果。②岩土体外部条件的影响，包括自然因素和人为因素。自然因素包括大气降水、河湖近岸地带的侧向倒灌作用、地震等。人为因素包括地面荷载、爆破振动、水库蓄放水的人工调节、管道渗漏和冲蚀、地下水抽排和回灌等。在这些条件中，自然因素在短期内不会发生根本变化，地面塌陷的发展趋势主要取决于人为因素的变化。只有制定有针对性的法律法规，并加以督导实施，先将人为诱发灾害的因素控制到最小限度，才能减小地面塌陷带来的危害。

（张继文）

地上车站施工 construction of ground station 地上车站是轨道交通车站的一种型式，凡是站台及轨道兴建于地面上的，均可称为地上车站，也称地面车站。地上车站的施工根据站台、站房、设备空间的地上、地下位置不同而有所不同。最简单的地上车站仅有站台、雨棚等构筑物，没有站房等建筑物，其施工较简单，轨道、站台和雨棚可分别施工。

站台和站房在轨道一侧或两侧的地上车站施工也是分别施工轨道部分和站房部分，站房部分的施工按照建筑结构施工的方法进行。站房在轨道下面的地上车站施工，应先施工地下站房结构。地下站房结构部分采用明挖法施工，从地面向下分层、分段依次开挖，直至达到结构要求的尺寸和高程，然后在基坑中进行主体结构施工和防水作业，最后再在其结构上面施工轨道和站台部分。站房在轨道上方的地上车站施工，一般先按照建筑结构施工方法施工站房部分，其后在轨道预留部位施工轨道和站台部分。

站房一部分在轨道下方、另一部分在轨道上方的地上车站施工，应先采用明挖法施工地下部分，再施工地上建筑结构部分，最后施工轨道部分。包含在写字楼、商场、体育场馆、博物馆等大型建筑结构中的地上车站施工，一般按照建筑结构的施工方法先施工建筑结构，再施工轨道站台部分，或在其地下结构部分施工完成后穿插进行轨道和站台的施工。（武福美）

地铁 underground railway 在城市地下的轨道交通设施。通常设在城市地面下的隧道中，也有从地下延伸至地面，有时升高到高架桥上。地铁是解决大城市交通拥堵和大运量、快速、安全地运送乘客的一种现代化交通工具。在战时可起到防护的作用。地铁主要采用钢轮钢轨走行、电动机牵引、直流系统供电等，最高运行速度80～100千米/时。地铁按车辆尺寸和技术特点的不同，以车体宽度及长度为区分标准，主要车型有A型车、B型车、C型车、As型车（山地城市As型车）。

简史 1843年，英国人C.皮尔逊提出了在伦敦修建地铁的建议。1860年开始修建，采用明挖法施工，隧道横断面高5.18米（17英尺），宽8.38米（27.5英尺），为单拱形砖砌结构。1863年，该线交付运营，当时用蒸汽机车牵引，是世界上第一条客运地下铁道。1874年，在伦敦采用气压盾构修建地铁。1890年，在地铁中开始采用电力机车牵引。到20世纪初，美国的纽约、芝加哥、波士顿，英国格拉斯哥，法国巴黎和德国柏林等城市的地铁相继投入运营。地铁线路长度超过100千米的城市有美国的纽约、芝加哥、圣弗朗西斯科（旧金山），英国的伦敦，法国的巴黎，日本的东京，俄罗斯的莫斯科，瑞典的斯德哥尔摩和德国的柏林，以及中国的38个城市。中国北京地下铁道于1965年动工修建，截至2020年底，里程运营达653.3千米。

地铁线网 由若干条地铁线路所组成。其规划是从城市的发展远景和城市交通运营整体部署出发，拟定多种制式城市轨道交通工具的综合分工方案，从而预测确定地铁近期和远期的客运量、车站位置和规模等主要指标，以供制定新线和已有线路的扩建规划。在确定一条新线的走向时，要考虑城市各区的经济发展、居民中心区的分布、现有线路和未来各线的走向以及客流量的大小等。地铁线路的形式一般和城市街道的形式相适应。车站设在人流集散量较多的地点，如主要街道的交叉口、广场、火车站、体育场、公园附近及地铁线路交叉处。

线路类型 根据地铁线路所处的位置，可分为地下、地面及高架线路。地下线路是地铁线路的基本型式，按隧道距地面的位置，可分为浅埋及深埋两种。①浅埋地铁。一般将线路埋设在街道之下。车站隧道的净空高度要比区间隧道大，为保证车站隧道顶部有最小厚度的回填层，通常情况下，浅埋地铁车站要较区间隧道埋得深些，使得车站位置决定了区间隧道的埋深。②深埋地铁。可不受城市地面建筑物的影响。多数线路在平面上都为直线，转弯处可采用大半径曲线，使列车运行平稳。车站设置在线路纵剖面人字坡的顶点，既方便乘客，又能在列车出站时产生加速度，节省电力；而当列车进站时，能造成有利的制动条件。地面线路一般不设在城市密集区范围内，而修建在市郊。地面线路有的地铁车站与郊区其他交通的车站相邻或结为一体，以方便旅客。高架线路则是设置在用钢或钢筋混凝土建造的高架线路桥上。

地铁建筑物 主要由地铁车站、连接各站的区间隧道和出入口建筑物等组成。

地铁车站 地下铁道中复杂的建筑物，是大量乘客的集散地，应能保证乘客迅速而方便地上下或换乘，并要求有良好的通风、照明和清洁的环境，还要有艺术性。深埋地铁车站可按横断面形式分为单拱式、双拱式、三拱式及多拱式。浅埋地铁车站通常为矩形断面，分为单跨框架结构、双跨框架结构、三跨框架结构及多跨框架结构。地铁车站站台形式分为岛式车站、侧式车站和混合式车站3类。①岛式车站。站台位于两条线路之间，供两条线路同时使用。站台设有阶梯或自动扶梯通至地面。浅埋地铁线路由区间连接车站时，由于需要从正常的线间距逐渐扩大到车站的线间距，而要在车站两端设置喇叭口。②侧式车站。站台位于两条线路的外侧，分设两个站台，线路按最小线间距设在两站台之间。③混合式车站。在一个车站内既有岛式站台，又有侧式站台，它们之间用天桥或地道相连，此种车站适用于三线以上的地铁。

连接各站的区间隧道 其横断面形式的选择，取决于埋深、地质条件和施工方法等因素；其内部尺寸根据建筑限界来拟定。浅埋隧道一般为混凝土、钢筋混凝土整体式衬砌、预制装配式或预制整体式衬砌；断面结构形式可为单跨、双跨或单拱、双拱等。深埋隧道的横断面一般为圆形，多为现场灌筑的整体式钢筋混凝土衬砌或钢筋混凝土管片。

出入口建筑物 解决车站和地面之间的联系，一般设有地面站厅、地面出入口或地面牵出线。①地面站厅。是乘客进入地铁车站的咽喉，其位置的选择和规模均满足城市轨道交通规划的要求，可单独修建，亦可与待建或已建的建筑物结合修建。②地面出入口。不设地面站厅的车站可设地面出入口，包括阶梯（或自动扶梯）、地面或地下自动售检票和地下人行通道。一个车站设置多处地面出入口，地面出入口可与人行横道连接。③地面牵出线。是每条线路上设置车库及地面段相联系的线路。

工程施工 浅埋地铁隧道矩形断面的施工可采用明挖法、地下连续墙法和沉管法等。深埋地铁通常采用盾构法施工，也可采用矿山法。在困难的地质条件下，可采用注浆、冻结等特殊方法辅助施工。

通风、照明和排水 地铁隧道通风的目的是冲淡隧道空气中的有害气体，并调节空气的温度和湿度，使乘客有一个舒适的环境。如采用机械通风，要在地铁线路上布置通风竖井，不仅要考虑通风量的大小，而且要使整个线路上压入和吸出的通风量保持平衡；同时，还要保证新鲜空气送至乘客聚集的车站。地铁隧道的通风通常采用纵向式通风，空气沿隧道本身流动。浅埋地铁也可利用列车运行时的活塞作用而形成自然通风。为了安装通风设备和供送新鲜空气，需要修建地面风亭、通风竖井、通风隧道、通风机房和消声室等一系列通风建筑物。地铁车站和隧道都有良好的照明，可保证行车和乘客的安全。对进入隧道内的水可通过设置在线路上的排水沟使水沿纵坡流入泵室的集水坑中，再抽至地面的下水道，以保持隧道内的干燥，使地铁能正常运营。 （仲建华）

地铁疏散平台 evacuation platform for subway 通过支撑架固定在隧道壁，高度与地铁列车车厢的地板持平，设置于隧道和高架区间轨道线路一侧或两轨道线路中间，用于疏散乘客的专用通道。1972年，美国洛杉矶市建成设置有疏散平台的湾区快线。1979年，在该线路发生的一次高峰时段火灾事故中，该系统对避免造成大面积伤亡起到了有效作用。2005年，中国广州地铁3号线试验安装中国第一条地铁疏散平台，之后北京、上海、重庆、广州、杭州、南京、成都、昆明、合肥等城市的多条地铁相继建设安装了疏散平台。

当地铁列车遇到恐怖袭击、输电系统故障、输电电缆故障、列车故障以及发生火灾等紧急情况时，可通过平台通道迅速、有序地从隧道和高架区间组织乘客尽快疏散到安全地带。疏散方式主要两种：①通过疏散平台直接疏散到最近车站安全地带。②通过疏散平台疏散道至车辆两端最近步梯下到轨道道床，然后步行到最近车站安全地带。

材料 分水泥材质地铁疏散平台和复合材料地铁疏散平台。①水泥材质疏散平台。分为混凝土疏散平台和水泥基复合材料疏散平台。混凝土疏散平台由混凝土支墩上铺混凝土支板组成，支墩和支板为钢筋混凝土结构，支墩根部与道床混凝土浇筑成整体。水泥基复合材料疏散平台，由水泥基复合材料支墩上铺水泥基复合材料支板组成。水泥基复合材料为加入钢纤维的混凝土，也叫纤维混凝土。②复合材料疏散平台。由钢支架和复合材料平台板组成。复合材料以两种或多种不同类型、不同形态、不同成分的组分材料，通过适当的复合方法制作出具有高强度、高刚度、高阻燃、抗紫外线、绝缘、耐热、耐腐蚀、耐老化等诸多优点。

施工 疏散平台支墩、支板、钢支架和平台板尺寸需要根据现场测量确定，除个别特殊位置外，支墩、支板、钢支架和平台板尺寸按区段划分基本具有相同规格，适合工厂加工生产或预制。

现场安装时，应根据现场测量的尺寸对应安装疏散平台支墩、支板、钢支架和平台板，并及时检查限界是否满足设计限界要求。 （刘培栋）

地铁通风空调系统 ventilation and air-conditioning system for subway 用于控制地铁车站与隧道空气环境的通风空调系统。地铁车站和隧道具有与常规公共建筑和地面交通建筑不同的特征：①地下车站由于列车牵引用电导致热量大发，以及大量客流产热产湿，又因为有土壤的巨大热惯性，围护结构产生的负荷很小，类似建筑的内区，使得热量容易在地下车站积聚。所以地铁站基本上是全年只有冷负荷，没有热负荷。即便是在严寒地区的地铁站也需要夏季通风，而不需要冬季供热。②地下车站如果没有安装站台门，列车运动形成的活塞风会大量进出站台，并诱导大量空气通过连接室外的出入口通道进出车站。这些活塞风的作用在过渡季和冬季可以有效地排除站内的列车、人员、灯光和设备产热，但在炎热的夏季会加大空调冷负荷。因此，在湿热气候区安装全封闭型站台门有利于降低空调供冷能耗，而在其他气候区为了充分地利用活塞风进行通风排热，往往不设置全封闭型站台门，而代之以可调通风式站台门、半高安全门，或者不设置站台门。③当发生事故导致列车被阻塞在隧道区间时，由于缺乏活塞风的作用，导致隧道通风量不足，从而影响列车内乘客健康与列车空调设备排热，必须有机械通风系统在发生事故时辅助隧道纵向通风。此外，由于地下车站和隧道深埋地下，一旦发生火灾，人员逃生要比地面建筑困难，因此必备机械通风排烟系统，以保证火灾时所有出入口通道都不被烟气覆盖，为乘客安全逃生提供保障。④地铁站除了站厅和站台这样的大面积公共区以外，还有很多较小面积的地下设备用房需要排热。

鉴于上述原因，地铁通风空调系统具有如下特征：①地铁站空调系统只需要冷源，不需要热源。普遍采用的空调系统是风机可变频的全空气系统，而且单台组合式空调机组的设备容量要远大于其他公共建筑的空调机组容量，单台送风量达到5万米^3/时以上，甚至高达十几万米^3/时。②即便是安装了站台门的车站，在停车开门的时候车站依然会受到活塞风的影响。大量现场实测证明，在非高峰时段，即便空调系统不送新风，车站内空气的二氧化碳（CO_2）浓度也不会超过0.1%。③隧道通风系统是非常重要的设施，而且风量远大于普通公共建筑的风量，一般每站需要配置兼顾排烟的事故通风机4台，每台的风量达20万米^3/时以上。设置了全封闭型站台门的车站，还需要设置轨道排热风机，每站风量20万米^3/时以上。④由于大面积的公共区和小面积设备用房的负荷特征差别很大，因此必须采用不同的通风空调系统来为这两类空间提供服务。

从空调系统的形式看，传统的全空气系统并非唯一适用于地铁站公共区的空调系统形式。已经有一些地铁站根据其站台的特点采用了风机盘管加新风的形式，大量节省了空调机房占用的面积，降低了土建初投资，同时也因为降低了空调风机的用电量而有效降低了空调系统的运行能耗。

传统地铁站的冷源普遍采用的是水冷式冷水机组，新的形式是制冷机与空气处理设备一体化的水冷直接制冷式地铁车站空调机组。其特点是蒸发器直接与空气换热，取消了冷水输配系统和制冷机房，以达到节省土建初投资和空调运行费用的目的。 （朱颖心）

地铁线路 subway route engineering 由隧道、桥梁、路基、车站、车辆基地等土建工程结构组成的城市轨道交通列车运行的路线。是城市轨道交通系统工程的最基础组成部分。

分类及原则 城市轨道交通线路按其在运营中的作用，可分为正线、辅助线和车场线。线路设计一般分为平面设计、纵断面设计、横断面设计。线路设计必须满足行车安全、平顺与养护维修工作方便等要求，并保证乘客一定的舒适度，符合有关设计规范的要求。

技术工作内容 城市轨道交通线路工程技术工作内容包括勘察、设计、施工、养护维修。

线路勘察 依据工程建设不同阶段，对岩土工程勘察的要求不同，城市轨道交通工程勘察分为可行性研究勘察、初步勘察、详细勘察和施工勘察4个阶段。当线路工程沿线存在对工程设计方案和施工有重大影响的岩土工程问题时还应进行专项勘察。可行性勘察重点研究影响线路方案的不良地质作用、特殊性岩土及关键工程地段的工程地质条件。初步勘察对控制线路平面、埋深及施工方法的关键工程或区段进行重点勘察，并结合工程周边环境提出岩土工程防治和风险控制的初步建议。初步勘察是在可行性研究勘察的基础上，针对城市轨道交通工程线路敷设、各类工程的结构形式、施工方法等展开工作，为初步设计提供地质数据；详细勘察是在初步勘察的基础上，针对城市轨道交通各类工程的建筑类型、结构形式、埋置深度和施工方法等展开工作，以满足施工图设计要求。施工勘察针对施工方法、施工工艺的特殊要求和施工中出现的工程地质问题等展开工作，提供地质资料，以满足施工方案调整和风险控制的要求。

线路设计　一般分为4个阶段：可行性研究阶段、总体设计阶段、初步设计阶段、施工图设计阶段。可行性研究阶段是在线路规划方案的基础上进行的详细研究，通过主要建设方案和建设条件的分析比选和论证，得到建设方案是否合理、可行的研究结论，完成可行性研究报告。总体设计阶段是针对城市轨道交通工程的复杂性和系统性而专门设置的，其介于可行性研究和初步设计之间，主要目的是在征求政府各主管部门意见的基础上，确定最终线路走向及站位方案，完成总体设计报告。初步设计是根据可行性研究报告及总体设计报告，明确工程建设原则和标准、工程规模、投资效益，深化设计方案，确定拆迁、征地范围和数量，进行工程安全风险，其深度达到控制工程投资、满足施工图设计以及招标、施工准备等的要求。施工图设计根据批准的初步设计进行，其设计文件达到满足施工、安装、加工及编制施工图预算的要求。

线路工程施工　一般按照区间和车站划分标段，按照施工图设计的专业工程施工方法进行。

线路工程养护维修　线路工程在运营过程中，还需要按照城市轨道交通工程养护维修规范，定期或者按照其状态进行养护维修，以保证城市轨道交通系统的正常安全运营。（梁青槐）

地铁行车振动荷载下土体变形沉降　long-term soil deformation induced by metro train load　城市地铁在长期运营时产生的各类振动荷载通过隧道结构传播至隧道周围地质环境后，诱发强度较低的周边土层（如中国东部沿海地区的软土层）产生塑性累积变形，并改变土体的动力特性的现象。这种长期变形的危害已经在中国地铁发展较早的城市中显现。例如，上海地铁线路的设计深度大多位于或者穿越软黏土层，该土层具有高含水量、高孔隙比、高压缩性和低强度等特点，在长期地铁行车振动荷载作用下，软黏土层中地铁隧道轴线产生变形，反映在地表为沿着隧道轴线的地面沉降，地面局部差异沉降甚至引起地基开裂、房屋倾斜和倒塌等灾害。上海地铁一号线运营后在某区段轴线沉降量比较大，进而引起较大的地面沉降就是一例（图1）。

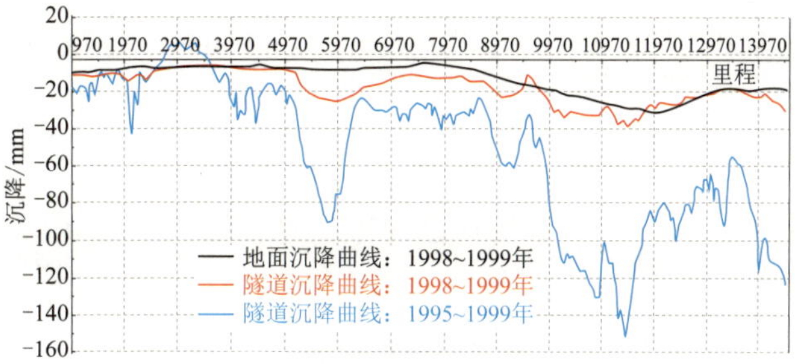

图1　地铁行车振动荷载作用下隧道沉降实测曲线与地面沉降关系示意图

灾害机理　除了工程性土体变形的基本机理外，地铁行车振动荷载引发土体固结变形也具有一些特殊性。在地铁行车振动荷载作用下，不同的动荷载频率对土体变形影响的差别明显。除了作为附加荷载使土体直接产生固结变形之外，由于地铁行车振动荷载对于隧道周围土体是一种超长期的振动荷载，它对于土体的变形性质也会产生影响，如改变土体的动弹性模量等，这种长期影响会间接导致地铁行车振动荷载作用下土体的进一步变形。

诱发因素　诱发变形沉降的主要因素有易受影响的地质环境、动力荷载等。

易受影响的地质环境　如果地铁隧道穿越的地下环境为敏感的结构性软土层，那么由于长期地铁行车振动荷载引起的累积变形不容忽视。土是由微观颗粒组成的材料，土颗粒的形状、排列形式，以及颗粒间的连接方式和类型，使土具有特定的微观结构。这种结构能够维持在较小的外界影响下不产生破坏，一旦外力超过一定程度，这种结构就会垮塌，在宏观上就出现了土体的变形。中国沿海经济发达地区，如长江、珠江三角洲及渤海湾等地广泛分布着深厚的软黏土层，这些区域易受此类灾害影响。

动力荷载　地铁行车振动荷载是作用于钢轨结构上的轮轨作用力，即列车运行过程中，列车的重量通过车轮和轨道间的接触向钢轨施压（图2）。同时，由于轨道和列车车轮不可能完全平整光滑，它们形状上的缺陷会在列车行驶时产生附加的动力荷载。这种现象可以简单地类比汽车在没有铺设路面的野外行驶时产生的颠簸。导致轮轨间不平顺的因素主要包括车辆和

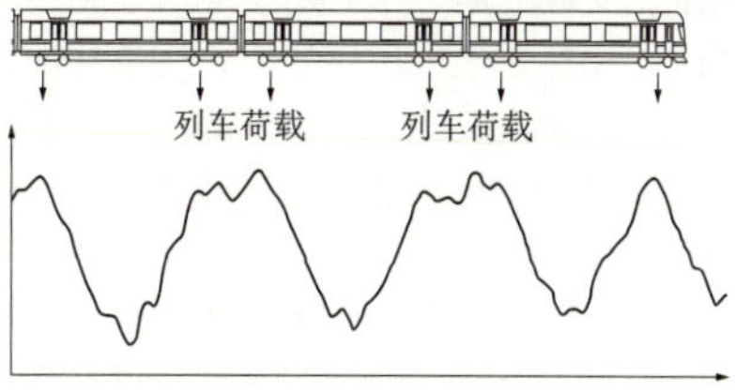

图2　地铁行车振动荷载形成示意图

轨道两个方面。车辆方面的因素较为单一，主要是车轮擦伤、车轮踏面几何不平顺及车轮偏心等。而轨道方面的因素较为复杂，大体包括行车轨道不平顺，钢轨接头状态不良，钢轨下结构缺陷3个方面。

防治措施　主要有两个方面。

减小地铁行车振动荷载影响　由于地铁行车振动荷载中列车自重的部分难以减少，防治措施主要着力于减小车轮轨道间的相互作用力。在地铁系统的长期运营中，轨道及轨道依附的隧道管片不可避免地产生变形，这些变形导致轨道不平顺从而在地铁运营时会放大动力荷载效应，对周边土体变形产生极为不利的影响。因此，对于地铁轨道平顺度的日常检查和调整是灾害防治的基础。另外，在新线隧道建设时，可以视地层环境设置减震层进行灾害防治。

改善隧道周边土体性质　由于地铁行车振动荷载引起的动应力随深度的增大会逐渐减小，而土体的固结压力随着深度会不断增加。所以，从隧道-土体界面起，土体在长期地铁行车振动荷载下产生的累积塑性变形会越来越小。隧道周围的地质体中存在一个临界边界，在这个边界之外，振动荷载不再产生任何影响。在实际工程中，为了避免过大的长期附加沉降，需要对临界边界范围内的土体进行处理。采取劈裂注浆加固是较为成熟方便的方法，一是可以改变地铁隧道正下方土体的性质，另外就是改变了地基中的动应力分布，将临界极限最小循环强度内土体的范围减小。同时劈裂注浆还可以起到补偿

已有沉降的作用。 （唐益群）

地下爆破 underground blasting 在地下空间进行的爆破施工。区别于**露天爆破**，地下爆破是人类为采掘地下矿体、开挖隧道、地铁、构筑地下洞库厂房等进行的爆破作业活动。地下爆破广泛用于地下矿山采掘、交通隧道、水利水电洞室、各种民用硐库和军事地下工程施工，是工程爆破的一个重要组成部分。不同的地下工程需要采用不同的爆破开挖方法和技术工艺。地下矿山中有竖井、斜井、平硐、巷道、暗立井、斜巷和各种硐室，其爆破作业技术要求和工艺是一致的。巷道掘进和隧道掘进在爆破技术和工艺上一脉相承，但随着隧道断面的不断增大，隧道施工工艺和爆破技术已经与井下巷道爆破有了很大的差别，特别是在软岩隧道、小净距隧道和地铁隧道爆破中，对于围岩稳定和爆破振动安全的控制提出了新的技术要求。水电大型硐室的爆破技术同样适用于矿山地下大型硐室、民用和军事洞库工程。煤矿地下开采存在瓦斯和煤尘，爆破作业时应使用煤矿许用安全炸药和煤矿许用雷管，并应遵守《煤矿安全规程》的规定。

地下爆破作业环境比地面复杂，爆破作业空间受限，存在地压、涌水和冒顶等风险，爆破全过程必须配备通风降尘等安全措施。由于爆破区域紧邻需要保护的井巷通道和人员设备等，对炸药有毒有害气体生成量、爆破振动、爆破空气冲击波等要严格控制。 （王玉杰）

地下变（配）电站 underground substation 主建筑为独立或与其他建（构）筑物结合建设于地下的变电站。它从输电网接受电能，变换电压、交换功率，并汇集、分配电能，是城市供配电网络中的重要组成部分。地下变电站分为全地下变电站和半地下变电站。①全地下变电站。变电站主建筑物整体建设在地面以下，主变压器与其他主要电气设备均装设于地下建筑内，地上仅设变电站通风口、设备和人员出入口，以及可能布置在地面上的大型主变压器的冷却设备和主控制室等辅助建筑。②半地下变电站。变电站主要建筑建于地下，主变压器或部分其他主要电气设备装设于地面建筑内。

地下变电站选址应与城市总体规划用地布局相协调、靠近负荷中心、便于进出线、交通运输方便，减少对周围重要设施的影响，并应避开有易燃、易爆、水灾、地震等危险因素的环境区域。

大型电业地下变电站主要由进线高压配电装置间、主变压器器室、出线高压配电装置室、电缆夹层、主控制室、备件库等构成。用户变电站则主要由高压配电室、变压器室、低压配电室等构成（但对无油的电气设备可同室布置）。

地下变电站选型要求选用安全可靠、经济实用、技术成熟、通用小型、节能环保、抗震性能优良的供配电设备。由于地下变电站建于地面之下，减少了占用地面上宝贵的土地资源，可有效地解决变电站运行时的电磁波辐射、变压器运行噪声等问题，并能消除对周围人群和环境所造成的不利影响，同时也解决了变电站的建筑物与周围环境不相协调的美观问题。地下变电站空出的地面土地资源可进行商业或公益等有价值的业态建筑或绿地的开发，所以现在大多数地下变电站已经深入城市繁华区域的商业开发地块的中心，并设置到各类公共建筑中，如商业、办公、金融、交通、旅馆、医疗、教育、文化及体育场馆等的地下建（构）筑物内。 （陆 敏 范益群）

地下步行系统 underground pedestrian system 地铁站点、下沉广场、地下商业建筑等城市公共地下空间由地下步行通道有序连接形成的连续步行网络体系。地下步行系统的主要组成包括地下步行通道、地下开敞空间。其中地下步行通道指修建于各个设施之间，供行人使用的步行通道，是连接地下商业设施、服务和公共空间的纽带，在地下步行系统中起着重要作用。

地下步行系统按所属建筑主体的类型分为4种：交通型、商业型、复合型和特殊型。也可以按照连通类型分为连通型和非连通型，其中连通型分为地上与地下连通和地下与地下连通两种。

地下步行系统通常还设置敞开空间与地面（地上）环境系统直接相连，这对提升地下空间环境品质，以及人员消防疏散等都具有非常重要意义。敞开的开放公共空间与地下步行系统结合，提供更多用于公共活动的场所，能够塑造丰富多样、更具吸引力的步行空间，使得人们乐于在其中行走，促进步行活动、商业活动和休闲娱乐活动的一体化。

地下步行系统将人流和车流彻底分开，不仅能够提高道路的通行效率，有助于解决交通拥堵，同时能够为步行者提供相对安全、便捷的步行环境。另外，地下步行系统能够有效连接城市公园、商场、地铁站点等要素，是城市公共空间和城市景观的重要组成部分，有利于增加城市公共空间的吸引力，增强城市经济活力，提升城市居民生活品质。

在现代地下步行系统中，加拿大蒙特利尔地下城是地下步行系统的典范，总长33千米左右，覆盖了12平方千米的区域，连接全市60座大厦，是全球规模最大的地下步行系统之一。 （游克思 范益群）

地下采空区 underground mined-out areas 地下矿层被开采后形成的空间。地下采空区分为老采空区、现采空区和未来采空区。矿层被采出后，根据采矿对覆岩的破坏程度不同，大致分为3个不同的开采影响带，即冒落带、裂缝带（或称断裂带）、弯曲带。地下采空区会引起地面凹陷变形，由此带来一系列环境岩土工程问题，如平地积水、道路裂缝、房屋倒塌、耕地减少、农田减产等，给矿区工程建设留下很大隐患。

当地下矿层被开采后，其上部岩层失去支撑，平衡条件被破坏，随之产生弯曲、塌落，以致发展到地表下沉变形，造成地表塌陷，形成凹地。随着采空区的不断扩大，凹地不断发展而成的凹陷盆地，即地表移动盆地。地表移动盆地的面积一般比采空区面积大，其位置和形状与岩层的倾角大小有关。当矿层倾角平缓时，盆地位于采空区的正上方，形状对称于采空区；当矿层倾角较大时，盆地在沿矿层走向方向仍对称于采空区，而沿倾斜方向随着倾角的增大，盆地中心愈向倾斜的方向偏移。根据地表变形特征和变形值大小，自移动盆地中心向盆地边缘可分为中间区、内边缘区和外边缘区。地下采空后引起的地表变形分为两种移动和3种变形，两种移动是垂直移动和水平移动；3种变形是倾斜、曲率和水平变形。

影响地表变形的因素主要有5种。①矿层因素。矿层埋深越大地表变形越小；矿层厚度大，开采空间大，引起地表变形值大。②岩性因素。上覆岩层强度越高、分层厚度越大，则破坏时间长不易产生地表变形；上覆岩层强度越低、分层越薄，则地表变形较大较快；脆性岩层地表易产生裂缝。③构造因素。岩层节理裂隙发育，会促进地表变形加快加大；地下断层会破坏地表变形的正常规律，导致更强烈的地表变形。④地下水因素。地下水活动会加快变形速度，扩大变形范围。⑤开采条件因素。矿层开采和顶板处置的方法以及采空区的大小、形状、工作面推进速度等，均影响着地表变形值、变形速度和形式。 （陈冉升）

地下仓储设施　underground storage and facilities　利用地下空间对各类物资存放、保管、维护、调运等活动的总称。采用地下建（构）筑物、废弃矿坑以及地质构造法均可存储物资。通常地下仓储设施主要指地下仓库建筑，主要设施包括粮库、石油和天然气库、成品油库、冷库、金库、战略物资库、武器和弹药库、核废料储库等。

欧洲、北美和日本等发达国家的一些大城市，在城市的发展过程中都建设了不同规模的地下仓储设施。尤其是北欧国家，开发了多种类型的地下仓储设施，如芬兰赫尔辛基的红十字会地下仓库基地，容量为2.15万米^3，有冷冻室，部分用于战时人防。该仓库利用岩石的密封性和油不溶于水且比水轻的特点，利用大型盐矿储油和建造岩洞水封油库，维护成本仅为地面同规模油库的1/10，并且安全性更好。俄罗斯利用防护型地下空间储备基本的食品、药品、重要生产原料等战略物资。欧洲各国规定战略物资储备应能满足民众90天使用。

利用地下空间冬暖夏凉特点建造粮库、食品库、冷藏库等，不仅能节约建造成本，而且储存的物品不易变质，节约运行能耗，同时抵御鼠害虫害、战乱、地震等灾害以及适应剧烈变化气候的能力更强。压缩空气库、储热库、超导磁悬储电库等剩余能源的地下存储设施正处在研究和试验建造阶段。

地下仓储具有容量大、隐蔽性和封闭性好、温湿度稳定、防护能力强的特点，适合存储规模量大、环境稳定性及防护要求高的物资。与地面仓储相比，具有节约建设用地、管理和运行成本少、库存物资损耗小、安全性高等明显优势。主要缺点是直接建造成本较高、防潮除湿难度较大。但通过扬长避短和因地制宜的选址和设计，能产生很高的综合效益。

（祝文君）

地下车行系统　underground driving system　供机动车在地表以下通行或停驻的网络体系。又称地下机动车交通系统。主要由地下道路和地下停车设施组成。1910年，法国E.艾纳尔提出多层叠加道路系统，设想将交通系统转入地下，置换出大面积城市土地用于绿化，改善城市环境。1922年，法国勒·柯布西耶提出多层交通体系设想。

从早期英国伦敦建设的穿越泰晤士运河的隧道，到体现城市地下交通最新技术发展水平的波士顿中央大道、东京中央环线以及澳大利亚地下快速路等，地下车行道路建设已有百余年建设发展历程。同时随着地下停车设施的不断发展，地下停车设施逐渐与地下道路连为一体，不再孤立，地下车行系统的概念由此形成。

地下车行系统位于地下，需要配置通风、照明、监控、防灾等系统性的安全保障设施，建设技术相对复杂。在设计、建设时，涉及道路交通、结构、建筑、排水、暖通、电器、防灾等多学科领域，综合性、交叉性强。

地下车行系统将相应地面的大部分机动车交通引入地下，其优点是：①能够缓解土地资源紧缺、征地拆迁困难与道路建设需求间的矛盾。②释放更多的地面道路资源，用于非机动车与行人，使地面交通更加便捷、安全，有利于解决交通拥堵问题。③释放出的地面道路资源还可以用于布置绿化景观，有利于改善生活环境。④将机动车引入地下，对地面基本没有震动、噪声等影响，车辆排放的尾气也更易处理，利于环保。其缺点是：①地下交通系统建设成本高。②由于位于地下，空间相对封闭，内部环境相对地上较差，且一旦发生突发事件，处置难度大。

扩展阅读

陈志龙，刘宏.城市地下空间总体规划.南京：东南大学出版社，2011.

（游克思　范益群）

地下车站施工　underground station construction　根据站址环境和地质条件，地下车站可采用**明挖法**、盖挖法、矿山法、盾构法和不同施工方法组合施工。明挖法的施工流程：围护结构施工，基坑开挖，主体结构分层浇筑或预制拼装直至完成，土方回填。

盖挖逆筑法的施工流程是：围护结构和中柱施工，浅基坑开挖，顶板浇筑，在顶板保护下自上而下分层开挖、分层浇筑结构，直至完成全部结构工程。

在土质地层中的矿山法，又称为**浅埋暗挖法**，主要采用必要的辅助性技术措施加固地层、改善地下水影响，然后分步开挖支护；在岩质地层中的矿山法，破碎或软岩地层可采用浅埋暗挖法，硬岩或完整性较好的软岩地层可采用钻爆法，对环境敏感性高的岩质地层可采用机械开挖法；盾构法施工地下车站，可采用双圆或三圆等异形盾构掘进，也可采用普通盾构先行施工，而后洞内扩挖的方式修建。　（周江天）

地下储能系统　underground energy storage system　以地层、岩层的地质特性储存热（冷）能、机械能、电能、化学能等能量的地下空间利用系统。人类对地下储能认识源于对温泉等地热能的利用，瑞典、挪威、芬兰等北欧国家是近现代最先利用地质条件发展地下储能的地区。随着生态环境保护意识的增强和可持续发展理论的发展，地下储能在20世纪60～70年代逐步在世界各国得到广泛利用。

现代地下储能利用一般分为含水层储能、地坑式储能、插管式储能。地下储能技术在建设低碳社会中发挥着重要作用，有助于解决可再生能源间歇性问题。储存电能或热能延长了可再生能源可以提供能量的时间，并且在需求时提供能量。在北美、欧洲以及中国北方等气候变化较大的地区，地下储能系统有着较为广阔的发展前景。根据构造不同，可分为：①含水层热能储存系统。是最常用的地下储能系统（图1）。它是利用自然地下层（如沙子，砂岩或白垩层）作为临时存储热或冷的存储介质。在含水层储能系统中，地下水从含水层泵送出以添加或提取热能。然后将改变温度后的地下水注入相同或另一含水层，储存在含水层构造介质（土壤或岩石）中。在相反的季节，通过泵出存储层的地下水，使用其存储的能量并且以改变的温度将地下水重新注入含水层中，回收来自含水层的存储的热能。②钻孔地下热能储存系统。使用钻孔将垂直的热交换器插入地下进行能量存储（图2）。这种能量储存技术确保了热能朝向地面（黏土，沙子，岩石等）的传递。一般将夏季太阳能热储存用于冬季房屋或办公室的室内取暖。地

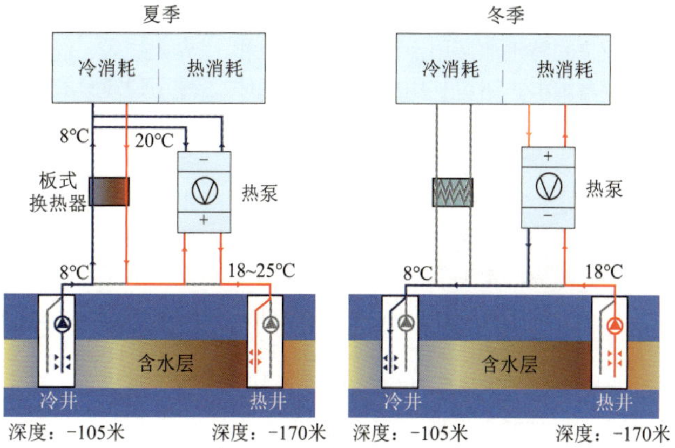

图1　含水层储能系统应用技术示意图

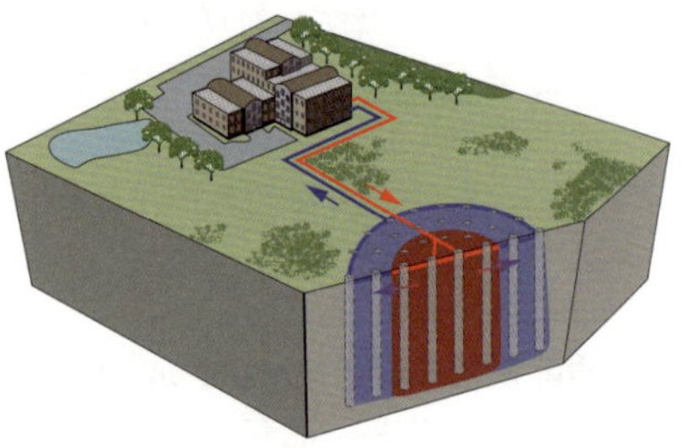

a 夏季制冷降温

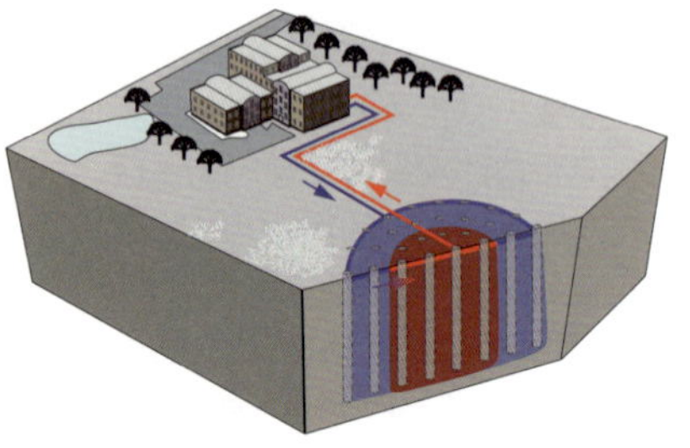

b 冬季制热加温

图2 钻孔地下热能储存系统应用技术示意图

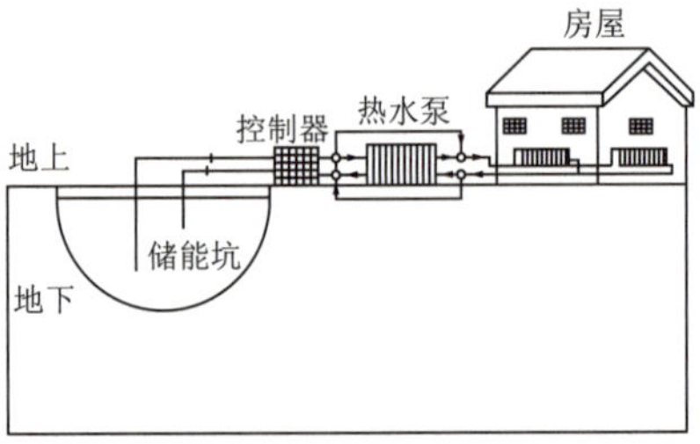

图3 地下岩洞储能系统示意图

热交换器也经常与热泵结合使用，其中地热交换器从土壤中提取低温热量。③地下岩洞储能系统。利用地下岩洞，包括废弃的矿山和石油储备在地下储存能量（图3）。由于这种储能方式建设成本较高，与其他两种储能系统相比不常见。

（刘 宏）

地下储水库 underground reservoir 利用地下松散岩层的裂隙、空洞以及枯干的含水层，或人工开挖形成的大型岩洞、蓄水池等引入和存蓄地表水的天然地质构造和人工设施的总称。地下储水库可代替地面供水系统的蓄水池，用于调节城市供水和缓解调蓄雨洪，还可利用海拔较高的山体加大水库调蓄水头。建设地表渗入和井灌补给工程，在丰水期渗入或灌注雨水、河湖库水、污水净化水，在枯水期抽出使用，相比在地面修建水库，可少占用土地和居民迁移，减少蒸发损失。

日本、瑞士、牙买加等国利用屋顶收集雨水并通过管道送到地下储水库。日本名古屋中央体育馆每年利用雨水3.6万米^3；中国西沙群岛修建了库容14万米^{3}的地下储水工程。日本东京首都圈外围排水系统全长6.5千米，包括5个高70米、宽30米的巨型竖井，竖井之间由内径约10米的管道连接起来，在暴雨期收纳地面雨水和溢出河水，起到蓄洪作用；缺水期用于灌溉、为地面河流补充水源。瑞典、美国、法国都已建成含水层贮水试验库，最大库容量为5.5万米^3。瑞典在20世纪60年代提出了在地下建造大容量水库以实现高水头抽水蓄能的设想。进入21世纪，美国、荷兰、加拿大等国也都在进行研究和试验。

（祝文君）

地下洞室开挖爆破 excavation blasting of underground cavern 将炸药集中装填于爆破区内预先挖掘的洞室中进行地下洞室爆破开挖的技术。地下洞室开挖爆破工程一般都采用掘进爆破方法先开挖个小断面导洞，之后再分多步、多层爆破施工扩展成设计的大断面。中国最大的地下洞室为溪洛渡水电站的两个大小相同的地下厂房，洞室长333米、宽30米、高75米。

地下洞室爆破技术的优点有：①一次爆破方量大，劳动生产率高。②钻孔工作量少，设备、材料、动力消耗相对较省。③可缩短工期。④不受气候、地形和交通条件限制。⑤易于集中管理和安全监督检查。

地下洞室爆破技术的缺点是：①导洞药室开挖、通风排烟比较困难。②炸药装填和导洞堵塞工作集中，劳动强度大，工作条件差。③爆落岩块不够均匀，大块率高。④爆破对环境影响问题较突出，爆破振动影响范围较大。⑤设计施工较复杂，精度要求较高。

（王玉杰）

地下发电厂 underground power plant 设施或厂房主体位于地表以下的自然或人工洞穴的发电厂。又称地下发电站。是基于特定资源条件和战备防护，利用地下空间特性而建设的工业建筑。早期地下发电厂是依据水资源和地形条件，将发电设备和厂房建于山体之中，利用高差实现发电，多分布在纬度较高的北欧国家。第二次世界大战后，经过战争和大量核试验，证明地下建筑具有良好的防护能力且能提供特殊的生产环境。许多国家把军事工业和具备战争潜力的工业设施转入地下，地下发电厂逐步在世界各国兴建起来，能量源由单一的水力发展到火力、地热、核能等发电。中国自20世纪60年代开始的三线建设中，曾先后在四川攀枝花、江西宜春等建成503地下发电厂、罗湾地下发电厂、古田溪水地下发电厂等基于战备需要的地下发电厂。503地下发电厂是中国第一座地下战备火力发电厂，又名503地下战备电厂、503战备电站、新庄发电厂。罗湾地下发电厂是建于20世纪60年代的地下引水式战备发电站。古田溪水力发电厂是中国第一座引水式地下发电站，是由中国自行设计、施工、安装的水电工程，第一个五年计划重点工程。

（刘 宏）

地下工程结构健康监测系统 structural health monitoring system for underground structure 运用各种技术和方法，监测地下工程结构健康状态以及各种相关参数变化的系统。

地下结构在运营过程中受荷载变化、混凝土收缩与徐变、地基沉降等因素影响，面临不均匀沉降、伸缩缝变形、结构漏水等问题。为了保证地下结构在运营过程中的稳定性和耐久性，地下工程结构健康监测的内容主要分为3类：①结构荷载监测。包括结构的温度、外侧土压力、外侧水压力、动荷载、地震动等。②结构内力监测。包括混凝土的径向和环向应力、钢筋的应力、螺栓内力、接缝接触应力等。③结构变形监测。包括纵向沉降、横向和纵向接缝张开量、断面的收敛等。地下结构复杂且存在孤立性，不同的地下结构设计由于其他地层条件、埋深、结构形式和施工方法不同，设计方法也不一致。因此，该类结构健康监测系统的实施应结合结构本身的结构形式和监测需求定制监测方案，并建立评估方法与理论。

地下结构的监测系统一般由感知层、传输层、数据存储层、数据处理层、应用层、统一数据标准及统一安全标准7个层次组成。

（伊廷华 曲春绪 李宏男）

地下管道 underground pipeline 敷设在天然或人工回填地面以下或周围覆盖有一定厚度土体的管道。中国古代早已采用陶土烧制地下排水管道。明朝建都北京，大量采用砖和条石砌筑地下排水管道，宽达一米左右，高达两米左右。

分类 地下管道形式多样、种类繁多。有圆形、椭圆形、半椭圆形、多圆心形、卵形、矩形（单孔、双孔和多孔）、马蹄形等各种断面形式，采用钢、铸铁、混凝土、钢筋混凝土、预应力混凝土、砖、石、石棉水泥、陶土、塑料、玻璃纤维、树脂等各种材料建造。地下管道分为直接传输介质的地下管线和安装管线的地下结构。地下管线从用途来说分为给水、排水、燃气、热力、电力、电信电缆、工业管道、油气管道等。

城市综合管廊是一种典型的地下管道结构，建于城市地下用于敷设市政公用管线的市政公用设施。包括现浇混凝土综合管廊和预制拼装综合管廊。现浇混凝土综合管廊在施工现场支模，浇筑混凝土；预制综合管廊分节段在工厂内浇筑成形，经出厂检验合格后运输到现场采用拼装工艺施工成为整体。预制综合管廊包括仅带纵向拼接接头预制拼装综合管廊和带纵、横向拼接接头的预制拼装综合管廊。

管道检测　地下管道由于深埋于地下，破坏和损伤不易被觉察，经常导致突发事故的发生。地下管道的检测主要包括管道的探测、管道的防腐层检测、管道泄漏点检测和电力电信电缆故障检测。①管道的探测。不论金属管道或者非金属管道，一般采用电磁法、地质雷达法、高密度电阻法等探测方法。从原理上金属管道和非金属管道的探测方法都大同小异，只是针对不同的材质，各种方法所采用的参数有所不同。②管道的防腐层检测。主要技术包括破损点检测、绝缘电阻检测技术、内腐蚀检测、高压电火花检测、阴极保护参数测试等。金属管道腐蚀量的检测和无示踪线的塑料管道的检测是业内公认的难题，还无法做到定量或者精确的检测。③管道泄漏点检测。主要是泄漏点的精确定位。④电力电信电缆故障检测。分为导体故障和绝缘故障两大类。对故障检测定位方法包括粗定位和精确定位两类。粗定位有测量电桥电阻法、行波法；精确定位有声测法、声磁同步法、音频法、跨步法。测量电桥电阻法中直流电阻电桥法用于绝缘故障检测，电容电桥法用于导体故障检测；行波法可同时检测导体故障和绝缘故障。声测法、声磁同步法用于绝缘故障检测；音频法和跨步法用于导体故障检测。

管道修复　地下管道投入使用后，采用全面开挖更换的方式进行维修，成本高、时间长。对于部分城市市政管道，通常不具备开挖更换条件。地下管道的修复以非开挖方式为主。作为非开挖施工技术的组成部分，非开挖修复指采用少开挖或不开挖地表的修复技术对损坏的管道进行局部或整体修复，使其恢复原有功能。管道修复技术在20世纪70年代末期首先在英国、美国及日本得到开发。常用的非开挖修复方法有：原位更换法、传统内衬法（插管法）、改进内衬法、软衬法（原位固化法）、缠绕法、喷涂法、浇注法、管片法、不间断修复法、化学稳定法等。

（潘家多　李晓东）

地下交通设施　underground transportation facilities　利用城市地下空间资源解决城市人和货流动的交通基础设施。从古巴比伦时期和罗马时期的人造地下通道，到18世纪早期出现的运河隧道、铁路隧道，再到1863年伦敦地铁隧道，直至地下轨道交通网络、城市地下快速路等，地下交通运输设施经历了漫长的发展历程，且其内涵也越来越丰富。

总体上，城市地下交通运输设施可分为客运和货运两大类型。对于客运系统，根据出行方式不同，可分为地下公共交通系统、地下步行系统和地下机动车系统，其中地下公共交通系统主要指为公共交通提供的专用地下系统。地下货运交通主要指地下物流系统。

地下交通已成为城市地下空间开发利用的重要组成部分，是推动城市地下空间发展的重要动因，在提升城市的服务功能和水平及缓解城市交通拥堵、空气污染等城市病问题方面发挥着越来越重要的作用。

城市地下交通运输设施功能效益主要体现在交通、环境、经济、社会4个方面：①交通。轨道交通承担着大城市公共交通的骨干作用，有利于缓解交通拥堵。另外，通过建设地下交通，实施人车分流，保证较高的运行速度，提高出行效率。②环境。将城市交通设施转入地下，可释放出更多的地面资源布置公共绿地，为居民提供更多休憩空间。另外，可利用城市交通设施封闭的空间特点，收集尾气，集中处理，减少有害气体排放。③经济。有利于改善交通的可达性，增强区域的联动，节省交通的时间成本，诱发沿线土地的开发和地价的变化，带动主要产业发展。④社会。有利于提升城市品质，改善人们生活环境，促进城市可持续发展同时具有重要的国防军事意义。

（范益群）

地下结构设计计算理论　theory and design of underground structure　关于支护和地层（围岩）结合体的计算理论。通常将地下结构理解为支护和地层（围岩）的结合体。支护是临时和永久支护的通称，而永久支护又通常理解为衬砌。地下结构的设计计算理论在许多情况下可以称为衬砌设计计算理论。

简史　地下结构的设计计算理论经历了几个主要的发展阶段。最初阶段以砖石为材料的隧道衬砌，模仿石拱桥进行设计，要求拱轴线尽量与推力曲线相重合。这种方法始于19世纪末期，其特点是只考虑衬砌承受其周围岩土所施加的主动荷载，而不计围岩对衬砌变形的约束和由此产生的围岩被动抗力。在一般情况下，设计的衬砌厚度偏大。

发展到第二阶段，是考虑地层对衬砌变形的约束，但仍按各种围岩压力理论确定作用在衬砌上的主动荷载。例如，德国O.科默雷尔分析整体式隧道衬砌时，考虑刚性边墙上呈直线分布的地层被动抗力。其后，很多学者相继提出了假定抗力图形的计算方法，并采用了局部变形的温克勒假定。苏联地下铁道设计局与有些学者，均曾提出过局部变形弹性地基圆环理论，以计算圆形隧道衬砌。苏联C.C.达维多夫等曾企图用弹性介质共同变形理论来分析地下结构。该理论以共同变形的弹性地基梁为基础，认为一点的作用力，不仅引起该点地基沉陷，而且引起邻近范围内其他点地基沉陷。此外，苏联地下铁道设计局还曾研究过按极限状态计算衬砌的方法。

第三阶段将衬砌和地层结合体按连续介质模型进行分析。不少研究者从弹性力学理论出发曾得出圆形衬砌的弹性解。其后有人提出和发展了圆形衬砌的简化弹性解，假定衬砌变形后的形状和与之相适应的径向应力分布规律。法国J.塔洛布于1957年，德国H.卡斯特纳于1960年曾得到圆形洞室的弹塑性解。国际上有些研究者还采用岩土的各种流变模型进行了圆形隧道衬砌与围岩的黏弹性分析。20世纪50年代以来，喷射混凝土和锚杆被用作隧道支护。人们逐渐认识到，喷锚支护能够在保证围岩稳定的前提下，允许其变形得到一定程度的发展，使围岩内部应力得以调整，充分发挥围岩自稳作用，因而有可能将二次衬砌的厚度减至最小。60年代，随着计算机的推广和岩土本构关系（应力-应变关系）研究的进展，以**有限元法**为主的地下结构计算数值方法，使设计理论进入了一个新的时期。早在1966年便有人应用德鲁克-普拉格屈服准则进行了圆形洞室的弹塑性有限元分析。英国O.C.辛克维奇按无拉力分析研究过隧道的应力和变形，提出了模拟开挖效应的初应力释放法，还曾利用弹粘塑性模型计算隧道衬砌。美国E.L.威尔逊等进行过地下结构的有限元抗震和抗爆分析，还曾采用有限元分析探讨了各种因素对地下洞室和围岩受力的影响，节理围岩洞室的稳定问题，施工顺序对洞室稳定的影响，以及开挖面附近三维应力状态等问题。国际上许多学者都在隧道和地下结构的有限元静、动力分析方面做过不少工作。随着计算理论的发展，微观模型和宏观模型相结合的多尺度分析模型也在地下结构分析中逐渐得到应用。

上述的几个发展阶段时间上并不是截

然分开的。有些较早时期采用的设计方法，如工程类比法，仍然被广泛采用。由于地下结构的力学性态受到多种复杂因素的影响，例如，岩土性态及其非均匀性和各向异性、结构面、地下水、围岩初应力、结构形状和尺寸、材料性态、施工工艺和步骤以及运营环境等，已有的计算理论还难以全面地考虑上述所有因素。地下结构全寿命周期设计理论逐渐得到重视，并展开相关研究。可以认为，地下结构设计计算理论尚在日益完善。

结构设计方法 国际隧道协会于1978年成立了结构设计模型研究组，其任务在于收集各会员国所采用的结构设计模型资料，此研究组根据收集资料将衬砌结构设计方法统计、归纳为以下4种。

经验法 以工程类比法为主，根据以往类似工程的实际经验，确定隧道与地下结构的形状、主体尺寸和衬砌厚度。

由于地下结构的设计受到多种复杂因素的影响，即使采用了比较严密的理论，分析得到的计算结果的合理性也常需借助工程类比予以判断和完善。对于地质条件较清楚、幅员和跨度又都不大的常用形式的隧道及地下结构，例如，矿山巷道和不受动荷载作用的小跨度支护结构等，可根据工程类比法直接选定结构的型式以及断面的尺寸，并据以绘制结构施工图。

收敛-约束法 又称特性曲线法。通常以施工中隧道断面的变形量测值为依据，是一种采用测试数据反馈于设计的实用方法。其要点为测绘洞室壁面径向压应力与径向位移的关系曲线与洞壁位移-时间曲线，它反映4个阶段：①围岩无约束自由变形。②从初期支护开始，变形由于受支护约束抗力的反作用而减缓。③从仰拱完成开始，由于形成了封闭结构使变形速度大为降低。④最后变形稳定。若所采用的支护刚度较大，则围岩压力急剧增长，若支护时间过晚，则出现围岩压力松动。由此可见，支护时间和支护自身刚度及其与围岩接触好坏均影响到围岩的稳定和支护所受围岩压力的大小。收敛变形曲线可供判断支护是否适当和变形是否趋于稳定。此外，尚可配合现场和实验室的岩土力学试验和应力与应变测试以及实验室模型试验等，作为设计计算的依据（见**新奥法**）。

作用-反作用模型 可归之为隧道计算的一种结构力学法。其特点是考虑地下结构朝向围岩变形的区段上将受到围岩的被动压力（弹性抗力）的作用。其中局部变形理论（温克勒假定）认为地基的变形仅与该点的应力成正比。属于这类模型的计算方法有：①圆形隧道衬砌按弹性地基圆环的计算方法。②按假定抗力图形计算圆形衬砌和马蹄形衬砌的方法。③伴随电子计算机的发展而出现的矩阵力法。

连续介质模型 可归之为连续介质力学法，将隧道结构视作梁单元或连续实体单元，隧道围岩视作均质或非均质、各向同性或各向异性连续介质而进行的数值分析或解析分析方法。

包括解析法和数值法。隧道结构与围岩材料主要基于塑形理论或黏弹性理论等非线性本构关系进行模拟。解析法中有封闭解，也有近似解，如圆形洞室的弹性力学解——基尔施解和圆形洞室的弹塑性解——芬纳-塔洛布公式。数值法主要需要借助有限单元法与边界单元方法求解。有限元法将结构离散化为有限个单元，各相邻单元在共同的节点上为铰接，建立结构体系的总体刚度矩阵和平衡方程，按各节点位移推求各单元的应力。连续介质力学模型通常适用于围岩非线性应力应变关系有一定认识或隧道及地下工程结构几何尺寸较为复杂（如异形隧道断面）等条件下的隧道结构设计计算分析。

（张冬梅　张东明）

地下居住 underground residence 建造在地下空间内部且功能为居住性质的设施。主要包括窑洞、覆土住宅、附建地下室住宅等。地下居住的历史要追溯到4000多年前的窑洞。窑洞是中国北方黄土高原上特有的民居形式，沉积了古老的黄土地深层文化。中华民族的祖先就是在窑洞中生存、繁衍和壮大起来的。在中国陕、甘、宁地区，黄土层非常厚，有的厚达几十千米，中国人民创造性地利用高原有利的地形，凿洞而居，形成了具有鲜明局域特色的绿色窑洞建筑。从建筑的布局结构形式上，窑洞一般有靠崖式、下沉式、独立式等形式，其中靠崖式窑洞应用较多。

窑洞具有防火、防噪声、冬暖夏凉、既节省土地又经济省工等特点，是因地制宜的完美建筑形式。利用黄土的特性，挖洞造室修成的窑洞叫土窑洞，一般深7～8米，高3米多，宽3米左右，最深的可达20米。窗户有两种，一种是1米^{2}左右的小方窗；另一种是3～4米^{2}的圆窗。用石头作建筑材料，修造成的石拱洞，叫石窑洞，一般深7～9米，宽、高皆为3米左右。砖窑的式样、建筑方法和石窑洞一样，外表美观。一院窑洞一般修3孔或5孔，中窑为正窑，有的分前后窑，有的一进三开。窑洞一般修在山腰或山脚下的向阳之处，窑洞上面多栽有树木和花草。

现代的覆土住宅也是地下居住的主要形式。覆土住宅一般指外围护结构覆土率大于50%的住宅。20世纪60～70年代，由于核战争危险的加剧以及能源危机，美国人为了解决战时防护和能源问题，同时建筑师在建筑设计中逐步考虑到环境保护、节约自然资源的需求，覆土住宅应运而生。覆土住宅根据覆土程度可分为地下住宅、半地下住宅以及全掩蔽的住宅。其特点是防护能力强、节约能耗，因为整个建筑被保温层、土壤和中空玻璃包围，防护能力和保温隔热性能比一般住宅强很多。覆土住宅中能引入风能、太阳能以及水处理系统。如美国明尼阿波利斯市有很多引入太阳能集热器的覆土住宅。

附建地下室住宅指利用一般建筑的地下室作为居住功能的住宅。中华人民共和国成立以前就建有此类住宅，地面1～3层，地下室多为贮藏室、佣人的卧室。中华人民共和国成立以后因人防建设等原因修建了一批附建式地下室，修建时未考虑住人。但当大城市人口密度过大，人均居住面积越来越小，便造成这样不符合居住标准的地下室用于居住。这些地下室住宅往往生活配套差、室内环境条件差、居民的家庭环境差等。

不同类型地下建筑的开发条件不同。对于窑洞，主要是历史遗留和文化保护；对于覆土建筑，主要是结合地形依山或依土而建，降低工程造价且可以创建建筑景观；附建式地下室住宅随着经济的发展将逐渐被淘汰。（彭芳乐）

地下科研设施 underground research facilities 地表下用于科学研究活动的建（构）筑物及其附属设施的总称。地下科研设施通常包括以下类型：①将普通实验室建在地下，节约地面用地和减少对地面景观影响。例如，美国明尼苏达大学土木和矿产系馆，在地面空间紧张的条件下，建造了深度7层的大型结构实验室和地下空间心理学实验室。②因一些科学实验会产生较大的噪声、振动、污染物外泄等危害环境的状况，建在地下能够封闭、降低和减轻对地面和周边环境的负面影响和干扰。例如，地下防爆实验室、地下核试验场、核废料处置实验室。③利用地下空间隔离和封闭性强的优势，协助实现和保障有特殊环境要求的科学实验的效果。例如，超净实验室、超静防振动实验室、防宇宙射线干扰的大深度暗物质探测实验室等。

世界上多数极深地下实验位于非矿井中。加拿大斯诺地下实验室是2010年前世界上正在运行的岩石覆盖最深的地下实验室，其垂直岩石覆盖厚度约2000米，实验室容积3万米^3。日本神岗地下实验室的垂直岩石覆盖厚度达到1000米。英国的伯毕地下实验室垂直岩石覆盖厚度达1100米，实验空间约为5000米^3。美国苏丹地下实验室深度约600米，规划扩建的位于南达科塔州候姆斯特克矿井中的杜赛尔地下实验室，深度为2300米。中国锦屏地下实验室于2010年12月在四川雅砻江锦屏水电站建成并使用，其利用水电站修建的施工隧道侧面开挖长40米，宽、高各为6米的空间建成，垂直岩石覆盖达2400米，截至2022年，是世界上岩石覆盖最深的地下实验室。（祝文君）

世界上主要地下实验室岩石覆盖厚度和环境条件比较

实验室名称	国家	岩石覆盖厚度/km	环境条件
苏丹	美国	0.6	矿井
襄阳	韩国	0.7	隧道
神岗	日本	1.0	矿井
伯毕	英国	1.1	矿井
格兰萨索	意大利	1.4	隧道
杜塞尔一期 杜塞尔二期	美国	1.5 2.3	矿井
摩丹	法国	1.7	隧道
斯诺	加拿大	2.0	矿井
中国锦屏地下实验室	中国	2.4	隧道

地下空间标识系统　underground space sign system　采用图形、符号、文字、数字、色彩、明暗、声音等多种元素，通过视觉、听觉、触觉或其他感知方式向地下空间使用者提供识别和导向功能的信息载体。又称地下空间标志。

类型　按地下空间设施类别分为人防工程标志、轨道交通（地铁）标志、地下综合体标志、地下综合管廊标志、地下停车场标志、地下道路标志等。

人防工程标志　传达人防工程的概况、维护管理、平战转换等特定信息的管理标志；引导人员行进路线，指示通往特定场所及设施等的导引标志；传达人防工程设施的名称、用途、位置等特定信息的设施标志；传达人防工程设备的名称、用途、编号、开关方向等特定信息的设备标志；传达人防工程管线的类别、名称、流向等特定信息的管线标志。

轨道交通（地铁）标志　传达禁止城市轨道交通乘客或从业人员不安全行为等信息的禁止标志；提醒城市轨道交通乘客或从业人员对周围环境引起注意，以避免可能发生危险的警告标志；强制城市轨道交通乘客或从业人员必须做出某种动作或采用防范措施的指令标志；向乘客或从业人员提供某种信息（如标明安全设施或场所等）的提示标志；由安全符号和安全色、安全形状等组合形成，传递安全信息的主标志；用文字和方向补充解释标志所传递信息的辅助标志；由主标志和辅助标志组成的共同表达某一信息的组合标志；只由一个图形或一段文字组成表达某一信息的独体标志；在同一标志载体上设置两个或多个安全标志，表达多种信息多重标志；在同一标志载体上设置一个安全标志，表达一种信息的单一标志；所提供的信息涉及较大区域的环境信息标志；所提供的信息只涉及某一点，甚至某一设备或部件的局部信息标志。

地下综合体标志　传达方向、位置、距离等信息，帮助人们认知起止点，且具有公共属性的导向标志系统；传达非导向信息的非导向标志系统；为残疾人、老年人、儿童以及行动不便者传递各种信息的无障碍标志系统；以视觉为信息传递媒介的视觉标志；以可被识别到的特定声音传达信息的听觉标志；以触摸识别方式传达信息的触觉标志；以射频、磁性、红外线等感应方式传达信息的感应标志；通过固定或可移动、可携带设备等，与使用者在特定场景下进行人机信息交互的交互式标志等。

地下综合管廊标志　表达禁止、警告、指令、提示等安全信息的安全标志；表达禁止、警告、指令、提示职业健康信息的职业健康标志；标明设备设施名称、编号及功能等信息的设备设施标志；表达环境保护信息的环境保护标志；表达通用公共信息的公共信息标志；禁止人们不安全行为的禁止标志；提醒人们对周围环境引起注意，以避免可能发生危险的警告标志；强制人们必须做某种动作或采取防范措施的指令标志；向人们提供安全设施或场所等信息的提示标志。

地下停车场标志　传导车库出入口、车位区位划分、地面末端、行人通道及车行导向等信息标志。

地下道路标志　传导入口预告、入口指路、入口警告及禁令、指示等入口前区域交通标志；出口预告、出口、下一出口等指路信息，交通管理需求设置的警告、禁令、指示及应急停车港湾等设施指引信息，以及与地下车库联络道连接的地块车库空车位预告和总体引导信息等内部交通标志。

基于地下空间环境特点，须重点设置以下3类标志系统：①通行导向标志系统（含人行导向+车行导向）。即由引导、识别、定位、说明、限制等标志构成系统，引导使用者进入、离开或转换活动空间及行为动线，一般设置在临近空间过度、场所转换、动线改变等空间及地上地下出入口等处。②服务导向标志系统。即由标明服务设施、设备、场所及行动路线等信息标志组成，引导使用者安全便捷快速有效地到达及利用，设置在地下所有使用空间。③应急导向标识系统。即由标明安全设施、设备或场所及行动线路等信息标志组成，突发事件下有效引导使用者应急疏散，设置在地下所有使用空间。

设置原则　地下空间标志设置原则有以下几点：①确切性原则。即标志信息内容采用专门用语和正确内容，具有唯一的理解性，以免引起人们的误会。②统一性原则。即标志材质、形式、规格、色彩、内容、字体、语种都应一致，其设计风格、色彩用料、细部处理等须与地下空间环境处理、吊顶、墙面以至地面的分割模数及相关设备机电设施彼此融合，和谐统一。③系统性原则。尤以导向服务系统为主的资讯、导向、确认、安全警告等标志须相互配合，有机衔接，形成统一整体。④规范性与国际化原则。即标志信息内容采用的文字、语言、符号等须符合中国标准规范及国际惯例。⑤优先性原则。即以通行、服务、应急导向的标志须优先于商业广告及商铺招牌的设置。⑥艺术性原则。即在标志构图、色彩、线条、比例、重心、焦点等需进行艺术化设计，增添标志的表现力、感染力和艺术性。⑦安全性原则。即标志系统设置安装后，不应有造成人体任何伤害的潜在危险。⑧人性化原则。即需考虑不同使用者在语言、文字、行动、视觉、环境程度、受众距离等诸方面的差异，注意与环境的和谐、互补等关系。

地下空间标志正向标准化、模块化、全息化、高亮化、节能化、轻型化、智能化发展，新材料、新结构、省能源的新型标志如激光标志、全息标志、智能标志的研究正受到关注。（束　昱）

地下空间防灾　disaster prevention of underground space　为抵御或减轻地下空间内部和外部各种自然与人为灾害及由各种灾害引发的次生灾害而采取的各种预防措施。地下空间具有恒温、恒湿、密闭、绝热和节能等自然属性，对风灾、地震、战争和气体泄漏等外部灾害具备天然的抵抗作用。利用地下空间的防灾特性，对地下空间进行合理的规划布局，可达到降低城市灾损、提高城市防灾能力的目的。但由于地下空间的环境封闭、方向识别性差、逃生救援困难，以及易于涌入洪水等特性，内部一旦发生火灾、水灾、恐怖袭击等灾害事件，往往会造成严重的人员伤亡和经济损失以及带来巨大的社会影响。由于地下空间内部的灾害具有较强的突发性及复合性，地下空间设计时应当从地下环境的特点出发，按照不同的使用性质和开发规模，采取严格的综合防灾措施，才能保障平时使用中的安全。

灾害及特征　对地下空间影响较大的灾害有火灾、空气污染、施工事故、爆炸事故、交通事故、水灾、犯罪行为、恐怖袭击、地表沉陷、结构损坏、水暖电供应事故、地震、雪和冰雹事故、雷击事故等。地下空间的以上灾害都可能诱发次生灾害。根据地下空间发生灾害的比例，其主要灾害为火灾、空气污染、施工事故、爆炸事故、水灾、恐怖袭击、地震等。

地下空间灾害特征主要体现为以下几个方面：①由于地下空间的封闭性，相对于地面建筑发生的灾害更难防御。②地下脱离地面，使人感到有隔离感、易迷失方向，灾害发生时给人群疏散造成困难。③地下与地上建筑相连、相通，灾害发生对上部建筑构成很大威胁。

作用　地下空间具有抗爆特性、抗震特性、防毒性能，对地面火灾具有防护能力，对风灾、洪灾具有减灾作用。地下空间在城市防灾中的作用：①平战、平灾结合的人民防空工程建设。人民防空工程战时保障人员、物资及设施的安全；灾时可作为避难与疏散场所，救灾物资储备场所。②防城市内涝的地下道路、地下深层调蓄隧道和地下雨水调蓄池。地下道路平时作为公路隧道，洪水时期作为防洪隧道，利用地下道路排洪，从而疏导洪水。利用地下深层调蓄隧道和地下雨水调蓄池对雨水进行收集、调蓄、输送和处理，不但可防止城市内涝问题，而且可缓解城市水资源匮乏问题。③利用地下空间保障城市基础设施安全。地下综合管廊不仅可以减少城市道路的挖掘，保证道路交通功能的充分发挥，而且能够确保城市生命线的稳定安全，增强城市的防灾抗灾能力。

（张　平）

地下空间管理　underground space management　采用法律法规、行政体制、技术标准和经济政策等方式，对地下空间的规划、建设、运营、信息等环节进行决策、协调、控制、组织与实施、信息收集与处理等过程的总称。

概况　中国地下空间管理总体上呈现分散化的管理模式，虽然各管理部门都有相对完整的管理制度，但相互之间缺少统筹，不利于地下空间管理高效、有序地开展；部分地区开始尝试指定或建立地下空间综合管理部门，但由于管理职责不明确且缺少法规保障，实施效果不佳。

各国大致经历了由部门分散、各司其职的管理模式发展到“综合管理+专业管理”相结合的管理模式。在各国地下空间发展的早期，地下空间的管理主要分散于人防部门、综合管廊部门、地铁部门等。随着地下空间开发利用的规模不断增大，各地下空间功能系统的规划和建设需要在空间和时间上相互协调，各地纷纷指定或成立了地下空间综合管理部门，统一、协调各专业管理部门。

中国对地下空间的管理进行着不断探索，在国家层面初步形成了自然资源部负责地下空间规划管理，住房与城乡建设部负责地下空间建设和运营管理的管理体制，各地也在不断探索地下空间管理，初步形成了联席会议（领导小组）、牵头协调、多部门多头三种管理模式。联席会议（领导小组）管理机制原则是共管共治、衔接有序，处于探索阶段。牵头协调管理机制由牵头协调机构和分工管理部门构成，牵头协调机构结合各管理部门职能落实分工，统一管理工作。多部门多头管理机制是城市的多个部门根据各自的职能分工进行地下空间开发利用管理的相应工作，管理主体多而散，统筹工作难度大，多数城市均为此种管理机制。

中国最早于1997年10月27日由中华人民共和国建设部颁布《城市地下空间开发利用管理规定》，是城市地下空间管理行为的行政性法律规范文件。《天津市地下空间规划管理条例》是中国第一部规范城市地下空间开发行为的地方法规。《上海市地下空间规划建设条例》根据地下空间开发的特殊性以及存在的问题，针对性地进行制度构建与细化完善。《深圳市地下空间开发利用管理办法》从规划管理、用地管理、建设管理、使用管理等方面予以明确规定，以促进地下空间综合、系统开发，集约节约利用城市空间资源。

发达国家在地下空间管理部门、管理职能以及管理法规等方面已经形成了相对系统的管理制度。例如，日本依据《大深度地下公共使用特别措施法》建立了国会、中央政府和地方政府三方共同参与的地下空间管理制度。

特征　地下空间管理的特征主要是系统性，具体体现在两方面。①城市地下空间管理涉及土地、规划、建设等多个管理部门，以及决策、执行、监督等各个管理阶段。规划、建设、运营、信息等全部管理措施，构成了多主体、多层次、多结构的复杂系统，所以地下空间管理必须从系统的角度出发，协调各专业管理部门，统筹城市地下空间的开发利用，通过各子系统的有机结合，保证各系统高效、有序地运行。②地下空间作为城市空间的子系统，在管理方面应与地面空间相协调、相适应，实现地上、地下一体化开发，从而提高地下空间开发利用的整体效益。

部门　地下空间管理部门包括综合管理部门和专业管理部门。①综合管理部门。主要负责从宏观上统筹考虑城市地下空间的各个管理环节，牵头组织各项管理工作，协调各专业管理部门的相互关系。②专业管理部门。在综合管理部门的统一协调下，根据专业特点，各司其职，分工协作。

职能　地下空间管理职能包括：①研究制定地下空间开发利用的法律法规、行政规章、技术标准和有关政策。②监督协调地下空间有关行政管理部门的职能履行和相互关系。③组织编制地下空间开发利用的各项规划。④批准地下空间开发利用的土地划拨、出让、租赁等。⑤地下空间开发利用工程项目的立项审批、设计审查、施工监管、竣工验收和建档备案。⑥地下空间用地使用权的登记和地下建（构）筑物的产权管理登记。⑦监督检查城市地下空间的安全使用管理。⑧建设、管理和维护城市地下空间的综合信息。⑨开展城市地下空间开发利用的科学技术研究、学术交流和宣传教育等。地下空间管理模式见图。

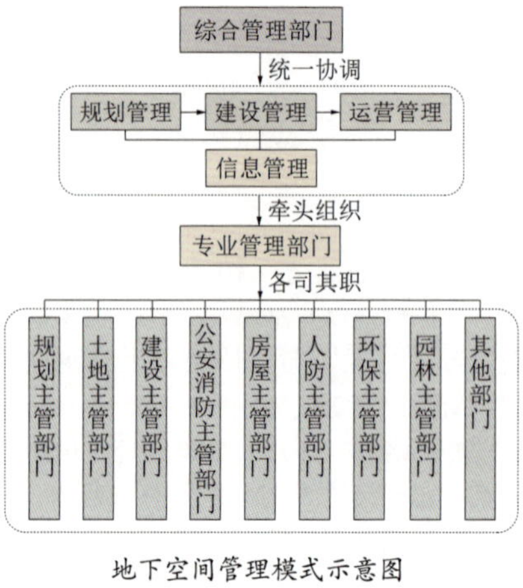

地下空间管理模式示意图

内容　在中国，地下空间管理通常分为地下空间规划管理、地下空间建设管理、地下空间运营管理和地下空间信息管理。地下空间的管理对象包含建于地下空间的各类设施，如地下交通设施、地下市政基础设施、地下公共服务设施、地下防灾减灾设施、地下仓储设施、地下物流设施、地下综合设施等。

地下空间规划管理　包括地下空间规划编制管理、地下空间规划审批管理和地下空间规划实施管理。①地下空间规划编制管理。主要任务是组织地下空间规划的编制，征求并综合协调各方面的意见，规划成果的质量把关、申报和管理。在管理过程中，主管部门应该确定地下空间规划在城市规划体系中的定位，进而确定地下空间规划编制的体系。②地下空间规划审批管理。主要任务是对地下空间规划文件进行分级审批。地下空间规划应由城市人民政府城乡规划行政主管部门审查后，报城市人民政府批准。在对地下空间开发项目进行规划审批时，应严格按照规划条件进行审查和批准。不符合规划条件要求的，不应批准；对于确需变更的，应严格按相关规定履行相关程序。③地下空间规划实施管理。主要包括地下空间建设用地规划管理、地下空间建设工程规划管理和地下空间规划实施的监督检查管理等。建设项目应符合地下空间规划的要求。

地下空间建设管理　地下空间项目建设过程中所涉及的地下空间权属、设计、安全及质量等内容的管理工作的总称。地下空间综合管理部门负责地下空间建设项目的立项审批、初步设计审查、施工监管、竣工验收和建档备案，并监督检查城市地下空间的安全使用管理；地下空间专业管理部门按照各自职责，负责地下空间建设施工设计审查和监督管理。

地下空间权属的管理。主要包括地下空间建设用地使用权的归属及取得方式，如划拨方式或出让、租赁等有偿方式。每种方式需要明确各自的适用范围和使用年限，有偿方式需要明确出让金或租赁金的收取办法。同时还应包括地下空间建设用地使用权的登记和地下建筑物、构筑物的房地产登记办法。

地下空间建设项目的设计。主要包括建筑设计、结构设计、人防和防灾设计、平战结合设计等。应当按照规划许可进行，不得擅自变更规划许可内容；同时还应当符合土地划拨决定书或者出让合同中所述的建设单位建设地下通道的义务、地下通道建成后的使用方式和维修养护义务。设计方案中应当着重考虑所建项目与周边建筑物的连通方案。

地下空间工程建设安全及质量。应当符合工程建设安全和质量标准，满足防汛、排涝、消防、抗震、防止地质灾害、控制震动影响和噪声污染等方面的需要，以及设施运行、维护等方面的使用要求，使用功能与出入口设计应当与地上建设相协调。地下建设工程之间的距离，应当符合相邻地下设施安全保护的要求。

地下空间运营管理　经竣工验收合格的城市地下空间，在运营阶段为保障其既定正常使用功能的实现，确保地下空间中人员的健康、设备财产的安全，由地下空间运营管理相关部门利用环境质量控制技术，消防技术、健康监测技术、智能管理和应急管理技术所开展的各项管理工作。

城市地下空间工程竣工验收或项目移交手续办结后，应建立地下空间运营管理组织机构，负责地下空间的运营管理。

城市地下空间运营管理包括日常管理和应急管理。日常管理应针对地下空间的特点，开展城市地下空间环境质量控制、地下建筑消防、地下结构健康监测和智能管理。城市地下空间运营环境质量、建筑消防或结构健康状态指标超过国家现行有关标准限值时，地下空间运营管理组织机构应立即启动应急管理。

地下空间信息管理　对地下空间规划、建设、运营活动中的有关信息进行收集、加工、存贮、浏览和查询等过程的总称。目的是整合城市地下空间开发利用数据资源，掌握地质条件和地下空间资源利用现状，为城市地下空间规划、建设和运营提供依据。①信息收集。是地下空间信息管理的基础工作。地下空间的数据内容广泛，涉及规划、建设、国土、勘察、测绘、地震、民防、水利、水务、矿产等许多部门，可分为基础地理数据、基础地质数据、地下管线数据和地下建（构）筑物数据四大类。信息收集方法包括对相关部门所掌握数据的整合以及对缺失或不能满足要求的数据的补充登记、勘察或测绘。为了便于对地下空间进行信息管理，主管部门应规范建设单位的数据资料的提交和建设项目的档案管理工作。②信息加工。主要内容包括采用统一的数据标准对数据进行录入、对现有电子数据进行转换以及对纸质图形数据的矢量化处理。由于地下空间信息来源于不同部门，数据格式与数据类型差别巨大，因此信息加工的重点是对基础数据标准化处理。③信息存贮。将地下空间信息录入到数据库中，以便对信息进行再处理、浏览、查询等应用。④信息浏览和查询。对地下空间信息进行二维或三维显示，并对地下空间项目的地理位置或项目间的相互关系进行查询。

（彭芳乐　陈志龙　张　平）

地下空间规划　underground space planning
城市规划的专项规划。是指导城市地下空间开发利用的法定依据，也是保证城市合理开发利用地下空间资源的重要前提和基础。根据《城市地下空间开发利用管理规定》，城市地下空间规划是对一定时期内城市地下空间开发利用的综合部署、技术要求、具体安排和实施管理，是城市规划的重要组成部分。各级人民政府在组织编制城市总体规划时，应根据城市发展的需要，编制城市地下空间规划。21世纪以来，中国城市地下空间的建设总量快速增长，体系不断完整，特大城市和大城市地下空间专项规划正在普遍开展，很多城市中心区结合更新改造和新区建设已经编制和正在编制地下空间详细规划。与此同时，随着地下空间建设的不断多元化，地下轨道、地下道路、市政管线、综合管廊、地下综合体等的各类功能设施布局成为了地下空间规划的重要组成内容。

特点　城市地下空间规划作为地下空间资源的统筹部署和安排，具有较强的综合性和复杂性。①城市地下空间与地面空间是一个整体，城市地下空间规划应充分融合地上、地下空间要素，形成符合城市立体化建设要求的空间资源统筹部署。②城市地下空间作为一个复杂的巨系统，需要统筹考虑城市交通、市政、能源、环保、防灾、防空、文化等众多专业诉求，与相关专项规划紧密衔接与协调，并应着重落实涉及公共安全、公共利益等地下公共空间及公共设施的规划布局。③城市地下空间作为城市生态系统的重要组成部分，应充分协调地下空间建设与地下生态环境的关系，综合考虑地下水质保护、水位变化、地面沉降、活动断裂、地下有害气体等多方面的影响因素，分区域、分步骤地合理引导地下空间开发利用。

目标与原则　城市地下空间规划编制应注意保护城市地下空间资源，协调地下空间开发利用与资源保护之间的关系，集约、节约利用土地资源，改善城市空间品质，提升城市运行效率，增强城市综合防灾能力，发挥地下空间在历史文化保护中的作用，构建一个功能合理、安全方便、环境优美的地下空间系统。

城市地下空间开发的原则是：①开发与保护相结合。城市地下空间资源是城市重要的空间资源。地下空间规划应以城市生态资源和地质条件评价为基础，统筹协调城市生态环境与地下空间开发利用关系，分区域、分步骤地合理引导地下空间开发利用。②地上与地下相结合。城市地下空间是城市空间的一部分，城市地下空间规划应与地面规划相衔接，统筹安排各项地下功能和设施，做到城市地上和地下空间资源的统筹规划、综合开发、合理利用。③远期与近期相结合。地下空间规划设计应将远景目标与近期建设相结合，合理安排建设时序，处理好公共用地与开发地块地下空间的衔接，以及分期建设之间的衔接。④平时与战时相结合。地下空间规划应坚持“平战结合”，处理好地下人民防空工程的平战转换，并处理好地下交通干线、综合管廊等的兼顾设防。⑤公共利益优先。地下空间规划应兼顾环境效益和社会综合效益，统筹考虑地下设施的公共安全、公共利益、公共环境影响度，优先建设地下交通设施、地下市政公用设施、地下防灾设施等功能，力求实现公共效益最大化。⑥分层开发利用。地下空间规划应注重以浅层、次浅层地下空间的利用为主，对次深层和深层地下空间资源以资源保护为主。地下空间竖向规划应遵循由浅及深，人的长时间活动在上、短时间活动在下。

内容 城市地下空间规划阶段应与城市规划法定阶段相对应，分为总体规划和详细规划两个阶段，其规划期限应与对应的城市规划一致。①*地下空间总体规划*。应根据城市总体规划等上层次规划要求，在充分研究城市的自然、经济、社会和技术发展条件的基础上，对地下空间建设现状和资源条件进行综合评估，提出地下空间发展目标、总规模、空间布局、重点分区、竖向分层、各类功能设施的优先与避让原则，以及各类专项设施系统布局、近期建设计划和保障措施等。②*地下空间详细规划*。应落实总体规划的各项要求，以城市地下空间资源的开发利用控制为规划编制重点，确定地下空间各功能设施，特别是公共管理与公共服务设施、交通市政设施和防灾减灾设施的功能、规模和布局，以及各功能设施系统的空间关系。

此外，可根据各地区实际需求编制重点地区的地下空间城市设计、概念设计等非法定规划体系范围内的相关规划，如中国的《深圳华强北地下街城市设计》《天津塘沽区响螺湾商务区城市地下空间概念规划》等，作为地下空间法定规划的补充和细化。概念规划可涉及城市总体层面，如中国的《上海市地下空间概念规划》。

管理 根据城市发展需要，编制城市总体规划时，应当同步编制城市地下空间开发利用规划，并作为专项规划纳入城市总体规划。

地下空间详细规划可以单独编制，也可以作为所在地区控制性详细规划的组成部分进行同步编制。市人民政府确定的重点地区应编制地下空间控制性详细规划，对地下空间开发范围、开发深度、建筑量控制要求、使用性质、出入口位置和连通方式等做出具体规定。其他地区在编制控制性详细规划时，应当明确地下交通设施之间、地下交通设施与相邻地下公共活动场所之间的互连互通要求，并可以参照重点地区编制的地下空间控制性详细规划。

地下空间相关专项规划主要涉及人民防空工程规划、地下管线规划、综合管廊规划、地下交通规划，各专项规划应由相关主管部门会同市规划主管部门组织编制。

城市地下空间作为城市规划的组成部分，依据《中华人民共和国城乡规划法》的规定进行审批和调整。城市地下空间规划由城市人民政府城乡规划行政主管部门负责审查后，报城市人民政府批准。城市地下空间规划需要变更的，须经原批准机关审批。

（石晓冬）

地下空间环境 underground space indoor environment 各类地下建筑物的内部环境。地下空间主体由岩土四面围合，封闭性强，自然通风条件差，自然光线缺乏，人们在其中会产生压抑、沉闷，以及方向感、时间感缺失等不良感受。因此，地下空间环境需要更多地依靠人工手段来改善空间环境品质和人体主观感受。地下空间环境主要包括热湿、空气质量、光和声4类环境。对于不同类型的地下建筑，中国和某些国家都在有关规范中规定了室内环境的容许参数值。

地下空间自身具有隔热性，恒温性，蓄热性，同时湿负荷较大，使得热湿比相对较小，对除湿和湿度调节功能要求更高。为此，地下空间通常采用冷冻除湿机、调温除湿机及除湿空调机等专用空气处理设备。

地下空间中放射性氡及其子体、微生物污染是影响空气质量的重要因素。氡主要来自围岩与土壤的析出以及地下水的渗透带入。氡污染的控制方法有控制污染源、通风稀释和净化除氡。地下空间温度较稳定、相对湿度大，利于微生物繁殖。微生物的控制措施包括降低空气的相对湿度、加强通风、除菌净化等。

地下空间的封闭性使得声能难以外散，狭长的空间特征使得声音以沿轴向传播为主，同一级别的噪声源往往在地下空间内会增强3～8分贝。为降低噪声干扰，应合理安排地下空间的布局，将噪声源远离敏感区域，并采取必要的吸声、隔声、消声、减振等处理措施。

地下空间的天然光线不足，必须根据人的需求和空间特征，集成应用天然采光和人工照明，合理处理采光照明、空间与人的三者关系，营造健康、节能的光环境。

（韩 旭）

地下空间权 underground space property right 对地表以下一定范围内空间所享有的排他权利。

沿革 在世界发达国家和地区，一些大城市早在19世纪中叶起就开始对城市的地下空间进行开发利用，也相应制定了有关的法规、规范。无论是大陆法系的法国、德国、日本，还是英美法系的英国、美国，都对包括地下空间在内的空间权属进行了界定和规范，其中针对空间使用权的界定居多。如德国1919年颁布《关于地上权之命令》，提出“所谓地上权，系以在他人土地表面、上空及下空拥有工作物为目的而使用他人土地及空间的权利”；美国1827年制定的《关于铁道上空空间让与与租赁的法律》是美国关于空间权问题的第一部文法，使得地表上、下一定范围空间的让与租赁成为可能。

在中国大陆地区，开发利用城市地下空间的历程相对较短，大体始于20世纪60年代。进入21世纪后，城市地下空间的开发数量有了快速增长，也带动了相关法规、规范的制定和执行。

范围 在中国，随着《中华人民共和国物权法》（2021年1月1日废止）的正式颁布施行，国土资源部和建设部相继颁布了《土地登记办法》（2007）和《房屋登记办法》（2008），明确土地权属范围为“土地权属界线封闭的地块或者空间”，但并未对地下空间建设用地使用权的权属范围进行明确规定。

中国的上海、广州、浙江等省市相继出台地方性法规和部门规章，明确地下空间使用权范围。其中，《上海市地下空间规划建设条例》（2014）规定：“地下建设用地使用权的权属范围，按照土地审批文件中载明的地下空间建设用地使用权范围确定。按照规划许可建成的地下建筑物、构筑物，通过竣工规划验收后，其权属范围应当以地下建筑物、构筑物外围所及的范围确定”。《广州市地下空间开发利用管理办法》（2015）规定：“地下建设用地使用权登记以宗地为单位，并通过水平投影坐标、竖向高程和水平投影最大面积确定其权属范围。”

获得 根据《中华人民共和国宪法》

第十条第一款，“城市的土地属于国家所有”，城市地下空间作为城市土地的一部分，其所有权归国家所有。地下空间的使用权沿用现有土地管理相关规定，以出让等有偿方式取得，但符合法律法规关于划拨供地条件的可以采用划拨方式取得地下建设用地使用权。建设项目的结建地下空间应当随其地上部分一并取得建设用地使用权。

登记　建设项目的结建地下空间应当与其地上部分一并办理建设用地使用权和房屋所有权初始登记。单建地下空间单独办理地下空间建设用地使用权和房屋所有权初始登记。地下建（构）筑物所有权，应与相应地下空间建设用地使用权一并进行登记，其权利主体应当与其占有范围内的建设用地使用权权利主体一致。

（石晓冬）

地下空间设施　underground facilities　建设在城市地面以下、为实现某种城市功能而规划建设的系统性设施。城市地下空间设施包括但不限于**人防工程**、**地下停车场**、地下轨道交通、地下道路、地下人行通道、城市隧道、地下商业街、地下综合体、地下市政场站、综合管廊、地下仓储等城市功能设施。

由于涉及行业较多，地下空间设施分类长期处于比较混乱的状态，2009年，中国上海市标准化研究院、上海城市发展信息研究中心等单位起草编写的《城市地下空间设施分类与代码》(GB/T 28590—2012)，对城市地下空间设施的分类进行了原则性的规定，明确了地下空间设施分类原则和方法。并且以设施功能作为分类依据，将地下空间设施分为地下交通设施、地下公共服务设施、地下综合管沟（廊）设施、地下防灾设施、地下工业仓储设施、地下居住设施等16类。

城市地下管线设施是广义的地下空间设施。此类设施建设历史悠久，分布广泛，数量庞大，管理复杂，承担着城市信息传递、能源输送、排水排涝、废弃物排置等功能，是城市赖以生存和发展的基础设施，常被称为城市生命线工程。

（刘　宏）

地下空间详细规划　detailed planning of underground space　针对城市重要片区或节点所编制的指导地下空间资源利用和开发建设活动、作为行政许可依据的法定规划。鉴于地下空间相对复杂的特性，地下空间详细规划应比地上控制性详细规划更为深入，有必要吸纳修建性详细规划和城市设计的部分工作，详细规定地下公共空间的各项规划控制指标。地下空间详细规划以规划范围内地下空间资源条件评估和地下空间开发功能与规模需求预测为基础，以促进土地的集约化、立体利用和各项功能相互协调为目标，与地下空间总体规划和同一规划范围地面控制性详细规划以及其他如交通、市政等专项规划相协调。地下空间详细规划方案应符合科学合理、人物分离、分层利用、立体高效、开发活动远近兼顾、人行空间互联互通等原则。

内容　地下空间详细规划（控制性详细规划深度）内容包括：①规划区内地下空间平面布局和竖向布局、功能组成、建设规模、连通要求等。②地下公共活动系统的功能组成、设施规模、空间位置和连通要求。③地下交通设施的规模、空间位置和连通要求。④开发地块中地下公共开放的地下空间设施位置、功能和连通要求。

地下空间详细规划（修建性详细规划深度）内容包括：①地下各类功能系统设施的空间布局和建设规模。②地下公共空间各层的功能、平面布局、竖向标高；地下公共空间之间，以及与地面公共空间、开发地块地下空间的连通位置和标高控制；地下交通设施的设置位置与出入交通组织。③地下空间景观环境的设计准则。④规划区内的开发地块具体的控制指标和规划管理要求。明确开发地块内必须公共开放或鼓励开放的地下空间范围、功能和连通方式等。

与规划管理的关系　地下空间详细规划可作为地面控制性详细规划的一部分，也可视需求单独编制。地下空间开发利用重点地区新编、修编地下空间控制性详细规划时，其核心内容应纳入该地区控制性详细规划核心内容，包括规划区内地下空间总规模、经营性地下空间规模、平面布局和竖向布局、功能组成、建设规模、连通要求等。

由于地下空间开发建设的不可逆性，一般情况下，指导开发建设的地下空间规划宜比同阶段的地面规划更有深度。当规划方案为弹性指引内容时，可结合地块开发进行调整，地下空间开发利用具体方案及建设要求以批准的地下空间修建性详细规划作为规划许可依据为宜。

（顾　新）

地下空间资源　underground space resources　在地球表面以下一定深度的土层或岩层中，天然或人工开发形成的空间及空间储备。地下空间资源包括已开发形成和未开发形成的部分。不占用地面空间、温湿度稳定、封闭性好、抵御外部灾害及侵入、防护能力强，能够为人类活动提供特殊的空间形式和多种用途，并且容量潜力巨大，是尚未被充分开发利用的自然资源之一。在城市区域通常按竖向深度分为浅层（0～−10米）、次浅层（−10～−30米）、次深层（−30～−50米）、深层（−50～−100米）等地下空间资源。

人类从远古就开始利用天然岩洞或在岩土层中挖掘洞穴作为居住、陵寝、宗教、仓库、采掘、水利、军事防护用途。随着工业革命和现代科技发展，城市人口剧增、交通拥堵和环境恶化的“大城市病”治理，城市的市政、交通、建筑设施现代化和城市新建及旧城更新等的活跃和发展，从19世纪末到20世纪，城市空间和功能设施布局出现了高密度和立体化的特征与趋势。地下空间作为城市立体化的重要形式和途径，出现了数量多、规模大、深层化和网络化趋势，作为节省土地资源、提高土地利用效率、缓解交通拥挤、扩大空间和基础设施容量、增加绿地面积、保护历史文化景观和地面环境为目标的重要资源和可选途径，受到人们主动和系统的认识及重视。1981年5月，联合国自然资源委员会将地下空间列入可供人类使用的自然资源目录。1991年，国际地下空间学术组织发表的“东京宣言”指出：地下空间是城市建设的新型国土资源。

物理特性　主要有以下几个方面。

隐蔽性　处在岩石土壤和地下水等地质实体内部或低于自然地面。外部不可视，对地表原貌景观无遮挡和突入性的影响。适合有遮蔽要求的防护场所和建设不影响地面原貌景观的功能设施。例如，城市的市政设施及地铁敷设；法国巴黎卢浮宫扩建工程，采用地下整体开发和连通方式，未改变地面原历史建筑景观和环境原貌；美国波士顿大开挖地下高速公路项目，维护了城市地面空间与景观连续性；韩国首尔的梨花女子大学在保持原地形和景观条件下建设了梨花谷地下综合体；中国北京焦庄户地道系统是军事防御和隐蔽场所典范。

封闭性　受岩石或土层密实包围，自然空气流通受阻，阳光难以进入，与自然景观隔绝。适合作为高放污染物理存场所和控制交通及市政设施污染排放，并且能够封闭有毒有害气体和洪水等的侵入。例如用于核废料埋存、交通隧道尾气收集处理、地下污水处理厂、民防工程的核生化防护等。二氧化碳浓度和放射性物质如氡的浓度偏高，异味难以排除，对内部人员的生理和心理健康有很大影响。为保持内部环境标准，地下通风能耗通常比地面要多出3倍。

热稳定性　厚实的岩土介质有较强的温湿度恒定性，地下环境对地表季节变化不敏感，内部封闭环境与外界空气交换难度大，因此地下空间内部和周围介质的温度和湿度环境比较稳定。例如，中国北方地区地表10～15米以下的岩土温度场常年稳定在10℃左右。地下建筑往往具有冬暖夏凉的环境效应，可利用一定深度岩土体常年温度稳定性安装地源热系统为建筑物供暖制冷换热。将需要恒定温度或湿度条件保存的物品储存在地下空间中，可以节省能源消耗。

抗灾性　岩石和土层增加了防护层厚度，对外部灾害的抵抗能力要高于地上建筑。根据联合国有关规定一切核防空洞必须建设在地下。日本研究表明，地下30米处地震加速度约为地表处的40%，地下空间可作为地震时的避难场所。其主要缺点是与地面直接连接受限，内部方向感差，不利于人员疏散和地面救援人员掌握地下情况，救援工作受一定限制，内部灾害危害程度往往大于地面建筑。但是，由于岩石圈的保护，内部灾害对外部环境的影响很小，所以一些危险品可以考虑放置在有一定深度的地下空间中。

高成本　开挖过程需要克服岩土体和地下水的作用并考虑周边临近设施的稳定性，施工难度和直接成本往往高于地上空间设施。地上建筑高度已经超过500米，如**上海中心大厦**，高度为632米，台北101大厦的高度达到508米，迪拜塔哈利法塔最高点达到828米；而城市地下空间常见利用为地下20～50米，截至2022年，还限制在地下100米之内（采矿空间不计）。以日本对1976～1980年建成的地下街为例，其单方工程造价是同类地面建筑造价的3～4倍。

不可逆性　开发地下空间改变了地层原位岩土物质，形成新的受力平衡体。一旦拆除地下建筑，可能造成局部地层较大位移和应力变化，导致局部地层失稳，无法恢复原始地质状态，也难以再次开发。因此深层地下空间一旦建成，只能循环利用或填埋，而浅埋建筑改动和拆除的代价一般也高于地面建筑。地下空间开发对生态环境影响也更持久。因此，应当编制规划控制方案，尤其是大型地下空间项目的规划和论证，应有严格的评价标准和要求。

空间多重性　在岩土体包围和支撑作用下，地层竖向能够实现一定深度范围的多层和分层的空间重叠和穿插的开发利用，从而增加原土地的竖向利用层数和提高利用效率，并且可以赋予多层的立体空间用地使用权。

滞后性　当地面空间发展到一定程度时，才会出现大规模开发利用地下空间的需求。因此，新城建设，应当规划预留远期地下空间开发建设和用地条件；旧城要结合基础设施升级和空间更新改造、历史风貌保护需要，评价地下空间潜力和不同时期潜在需求，制定资源有序开发利用和保护的空间管控规划。

资源潜力　主要从适建性、资源量、资源质量3方面评价。

适建性　受地质构造、工程地质条件、水文地质条件、地质灾害、地形地貌、相邻建（构）筑物安全和历史遗存保护、生态系统及环境敏感性的制约，可划分为禁建区、限建区、适宜区等不同程度的地下空间资源管制分区并施划空间分布范围，作为城乡建设和规划控制的基本用地依据。例如，北京市西城区研究将地下空间资源划分为禁建区、严格限建区、一般限建区、适宜开发区4类地区，根据地面空间组合，可给出不同的适宜开发强度系数。

资源量　根据适建性和开发强度指标，估算一定水平范围和竖向深度范围内的地下空间资源容量。天然蕴藏量指该空间范围涵盖的地下空间总体积。可供合理开发的资源量指排除不良地质条件、建（构）筑物及历史遗迹影响、生态敏感制约范围后，剩余的地下空间资源范围。可供有效利用的资源量指扣除保持安全和生态间距与密度所需保留的岩土体积，剩余的可实际利用空间范围。例如，2005年测算北京市旧城区地块潜在地下空间资源当量建筑面积0.31亿米^2，道路为0.19亿米^2，合计接近旧城区地面用地面积。

资源质量　地下空间资源开发难度和潜在开发价值的综合结果。评价地下空间资源开发难度等级主要是综合考虑地质构造、地质灾害、工程地质和水文地质条件、地形地貌、生态保护及周边已有相邻设施安全性影响的建造运营条件和成本。评价地下空间资源的潜在开发价值或需求强度等级主要是综合考虑地区的区位等级、交通可达性、地区吸引力、商业地价、建设强度、客流和人口密度、用地性质等需求因素及其分布。常采用多因子综合权重评价方法；若采用实物量化或货币化评价方法，可获得更直观和可比性强的评价结果。

社会属性　价值合理开发利用在多个方面可获得直接商业溢价以及增加间接社会效益和环境效益。通常采用货币法来量化评价开发的综合效益，包括建设和运营的直接成本－效益分析法、假设房地产开发法、环境支付意愿调查法、环境修复成本法、特征价格分析等方法。主要价值领域包括：①单位土地的建设供给量增加产生的土地和商品房溢价。②分层的立体交通组织提高交通安全和运行效率带来的生产效率与相关环境品质提高。③保护改善地区景观，提升自然和人文环境品质。④改善地区安全储备和韧性能力提高。⑤市政和交通基础设施质量和效率提高。⑥封闭污染和排放带来的环境效果和土地增值。

权属建设用地使用权可以在地上、地表、地下分层设立；新设立的用地使用权不得损害已有的建设用地使用权利益。日本规定，不影响地面正常利用的下层地下空间为大深度地下空间，产权归国家所有，国家根据公共事业需要可以无偿使用大深度地下空间资源，而不必为原地面土地的产权人支付土地使用费。新加坡规定，低于标定海平面标高的地下空间为国有空间资源。

研究现状和趋势　从资源多样化、深层化利用两个方面研究。

资源多样化　人类对可再生能源和矿产资源需求持续扩大，浅层地温能和深层地热能利用、地下水和地质材料开发等，被列为广义的地下空间资源范畴。在城乡建设领域，地下的空间拓展、浅层地温能利用、地下水和生态系统平衡是城乡空间管控、能源管理、生态文明建设协同发展需要考虑和统筹的综合交叉科学问题。

深层化利用　城乡建设研究已深入地下100～200米，考虑建设雨水收集和洪水调蓄隧道、地铁及交通通道、大深度地下物流系统等。土壤源热泵系统埋管达到地下100～200米。利用地质构造渗入和储存雨水、洪水、净化水，是一种技术可行、费用低廉、环保生态的做法，可取得一举多得效果。例如，蓄水供水、控制地表沉降和海水入侵、维持河流基流、废水循环利用等。高精度探测、智能可视化表达与服务、资源多元协同与安全利用、地上下空间整体评价，是深层地下空间资源开发利用需要解决的关键科学技术问题。

（祝文君）

地下空间资源评估　evaluation of underground space resources　运用自然资源学的原理，对地下空间开发的规模、价值以及对地质、生态环境等方面影响的分析方法。阐明地下空间开发对地质环境和生态环境的潜在影响，以及可供合理开发和有效利用的空间范围与数量规模、潜在的社会经济价值等，提出资源分类和管控策略，建立资源储备库，为地下空间开发利用规划和管理提供科学依据。是城市地下空间规划编制和实施地下空间资源开发与保护管控的前提和基础性内容；涉及工程地质学、地理学、城市规划学、建筑学、土木工程学、经济学和信息技术等多门学科的专业知识和分析方法。

发展情况　地下空间资源评估最早来源于城市地下空间开发规划选址所依赖的地质条件适宜性分析。特别是在以岩石为基础地质条件的城市地区，基岩的类型和完整性对地下空间开发所适宜采用的洞室形式和尺寸、洞室布局和密度等指标都有极大的决定性。美国明尼阿波利斯市针对砂岩地质的局部地区开展了坑道式地下空间开发适宜性分类和评估，加拿大魁北克省魁北克市对地下空间规划区的基岩厚度和倾向进行了可视化分类和区划，芬兰赫尔辛基、新加坡、中国香港都对本地基岩的洞室开发适宜性完成了综合评价以确定岩洞开发区、制定岩洞开发计划并制定地下空间功能和布局的规划控制要求和工程技术导则。以中国北京、青岛、厦门等为典型代表，建立了整合平原、丘陵、土层和基岩混合地质条件的城市地下空间资源分类管控模式。瑞士学者和中国学者进一步联合提出包含空间、地下水、地质材料和地温能的多元地下空间整体资源概念和评估建议。

评估内容　一般包括：①地下空间开发的地质、生态和工程的适宜性与空间分布是核心内容，需涵盖适宜空间形式和建造方法。要考虑岩石、土层、地下水及其流动性对地下空间开发和生态环境的综合影响，地面沉降、砂土液化、断裂等对地下空间开发稳定性的影响，地下水质对地下围护结构和耐久性的影响；考虑平原、山地、滨水等不同地形地貌对开挖方式、空间形式、自然灾害防护的影响；考虑水源地和地表水体及绿地等生态系统保护、历史遗迹等地下埋藏物和已有地上地下建（构）筑物对相邻新建地下空间的敏感性和限制要求。综合上述内容评估结果，确定地下空间资源开发与保护的区划和分类管控。②地下空间潜在开发价值或需求强烈程度。要考虑城市人口、经济总量、交通条件、区位特征、土地利用性质与价值、文化与景观环境、强吸引源等因素对城市的空间与设施地下化需求的影响程度和情景趋势。③可供有效利用的地下空间容量和适宜开发强度。根据开发适宜性与管控分区、潜在开发价值与需求强度分布特征，确定适宜并允许开发地下空间资源的水平和竖向分布范围，估算能够被人们实际开发利用的地下空间资源的潜在容量，确定各管控区地下空间可合理开发强度。除此以外，还可针对浅层地温能利用的地下埋管适宜空间范围及地温能开发潜力进行评估，从而为地下空间资源综合开发的功能空间与地温换热空间的总体协调整合，提供更完善的规划控制和灵活调节的科学依据。

评估方法　对于地下空间资源开发适宜性，通常采用影响要素排除法，首先排除不宜开发和禁止开发地下空间的平面和竖向范围；然后采用多因子综合评价方法，对适宜和非禁止开发的地下空间资源分布范围，进行开发适宜性的综合指标量化评价。通常采用层次分析法、主成分法、模糊综合评价等方法。针对多因子指标权重分析，一般采用专家问卷法、线性规划法、客观性能划分来确定。针对可采用性能结果进行量化的因素，也可采用实际物理量、货币化等性能指标进行量化评估和分级。由于地下空间资源评估的空间范围通常较大，数据多源、复杂、量大，通常采用地理信息系统软件作为数字化评估的技术操作平台，也可进行软件二次开发来建设二维或三维的地下空间资源评估系统。针对评估要素的空间单元划分，可采用2D、3D的栅格单元法，或经过多元实体空间要素的边界叠加切割形成2D、3D的自然单元。对于评估结果计算，通常是在评估要素的单项指标性能分级和标准化的基础上，采用多元线性函数进行数值计算。在地理信息系统平台的空间单元中，具体表现为多因子指标参数的信息和数据经过加权叠加和后期数据处理，形成2D或3D的成果图件和成果数据库。

（祝文君）

地下空间总体规划　underground space master planning　对一定时期内城市地下空间资源利用及各类地下设施建设的综合部署和实施安排。是城市总体规划中的专项规划。除芬兰赫尔辛基市编制了《赫尔辛基地下空间总体规划》外，国外城市较少单独编制城市总体层面的地下空间规划。较为常见的地下空间规划主要针对某一个特定区域或特定功能设施类型，如中央商务区地下空间规划、地下商业街规划以及地下步行通道系统规划等。伴随轨道交通的快速发展和城市土地资源的日益紧张，中国城市的地下空间开发利用需求不断增长，结合城市总体规划的编制，地下空间总体规划的编制工作也逐步开展。

原则　地下空间总体规划应坚持生态优先、竖向分层、地上地下相协调、功能设施统筹布局的原则，以城市生态资源和地质条件评价为前提，协调城市生态环境与地下空间开发利用的关系，统筹地上地下空间布局，通过重点分区、竖向分层、功能设施系统布局，实现对城市空间资源的综合部署，指导各片区地下空间规划的编制。

编制　地下空间总体规划是城市总体规划的重要组成部分，各级人民政府在组织编制城市总体规划时，应根据城市发展的需要编制地下空间总体规划。地下空间总体规划编制应采用准确、可靠的城市勘察、测量、水文、地质等资料，具体编制工作由相应资质的规划设计单位承担。进行地下空间总体规划编制时，要在对地下空间可发展条件进行综合评估的基础上，提出地下空间开发利用的基本原则和建设方针；确定地下空间的功能、布局和规模；明确地下空间开发利用时序和重点建设区域；提出保障实施的对策和建议。

内容　地下空间总体规划的主要内容为：①通过收集和调查基础资料，了解规划范围内地下空间的地质、水文等自然条件，掌握规划范围内地下空间资源利用的现状情况。②从生态安全、技术可行及经济、社会效益等角度对规划范围内的地形、水文、地质、地下空间开发利用现状及城市发展因素等进行综合评估，总体判断城市地下空间资源的开发潜力及其分布情况。③明确地下空间开发利用的基本原则与建设方针。④根据城市总体规划制定的社会经济发展目标，研究地下空间开发利用发展趋势；结合市政、交通、防灾等专项规划，进行地下空间开发利用需求预测，并据此测算地下空间的开发层数、开发深度、总建筑面积和人均建筑面积等技术指标。⑤根据城市总体规划确定的地上空间功能布局，规划与之相适应的地下空间功能设施。⑥根据城市发展的总体目标以及地下空间可利用资源分析，明确地下空间总体布局与基本空间结构。⑦根据城市总体规划确定的城市重要公共活动中心和主要城市节点，划定城市地下空间开发利用的重点地区，明确各重点地区城市地下空间开发利用的策略和要求。⑧根据地下空间的功能设置，结合城市空间开发利用需求，确定城市地下空间开发利用的竖向分层原则和使用方针。⑨明确城市综合交通系统（轨道交通系统、地下道路与停车系统）、地下市政公用设施系统、地下公共服务设施系统、地下防灾系统等专项系统的总体规模和布局，建设方针与目标，以及与城市地面专项设施系统的协调关系。⑩提出地质环境保护、地下水环境保护、大气环境保护、植被保护及其他生态保护的相应要求，并就地下空间的防火、防震、防水（洪）及应急管理制定相应措施。⑪结合城市总体规划及城市发展建设情况，明确地下空间重点建设地区和重点建设项目，确定地下空间近期建设计划与远期安排。⑫从规划管理角度提出地下空间总体规划的实施保障措施。

审批　中国的城市地下空间总体规划的审批，需依据《中华人民共和国城乡规划法》关于城市总体规划审批的规定，由城市人民政府城乡规划行政主管部门负责审查后，报城市人民政府批准。城市地下空间总体规划需要变更的，须经原批准机关审批。（石晓冬）

地下快速路　underground expressway　地表以下供机动车通行的城市快速路。即交通的通行限界全部位于地表以下。地下快速路是城市中快速、大运量的交通干道，以服务过境及中长距离的机动车交通出行为主，在交通网络中承担较强的系统性交通功能，通常是城市骨干网络重要组成部分。同时沿线设有多个出入口，服务重点区域，联系城市骨干路网。

在建设形式上，地下快速路采用全部控制出入、控制出入口间距及形式、配套交通安全与管理设施，实现连续交通流，单向设置不少于两条车道，运行设计速度一般都大于等于60千米/时。

地下快速路通常距离较长，规模大，建设复杂，投资大。超过3千米的地下快速路已相当普遍。

地下快速路在为使用者提供高质量的交通运输服务、缓解城市交通压力、改善城市生态环境、提高区域品质等方面具有重要意义。尤其是环境效益方面，地下快速路由于位于地下，将大部分交通通行转移至地下，可以释放城市大量的地面资源，用于修建绿化公园，改善环境生态品质。如美国波士顿中央大道工程拆除了穿过市中心的6车道高架路，建设8～10车道的地下道路。如露丝·肯尼迪绿道、奇景岛、西罗科斯伯里千禧年公园、滨水复兴区等，利用从地下挖出的沉积物新建公园和绿地，增加了城市绿化空间。

同时，相对于地面或高架道路系统，地下快速路利用封闭的空间特点改变了车辆尾气的污染形式，由线源排放变为点源排放，可最大限度地收集尾气，利用空气净化系统集中处理，直接减少了汽车尾气的排放。

地下快速路是当前发达大城市的建设热点之一，世界上大多数发达城市基本都开展了地下道路的规划建设。例如，东京中央环状线新宿线、品川线；横滨市环状线；新加坡加冷—巴耶利巴（KPE）地下高速公路、马来西亚泄洪暨公路隧道（SMART隧道）等。中国在上海、北京、广州、深圳及南京等许多大城市开展了地下道路的规划建设。（范益群）

地下连续墙基础　underground diaphragm wall foundation　在地面以下为截水防渗、挡土、承受作用而建造的连续墙基础。

发展概况　1951年意大利在那不勒斯水库及米兰地下汽车道初次采用地下连续墙基础取得成功，1954年起在欧洲广泛采用，1956年墨西哥、巴西、加拿大开始采用，1963年美国开始应用，50年代末传入中国。该技术首先应用在水利水电工程中，之后逐渐推广到建筑、市政、交通、矿山等行业。

地下连续墙初期仅作为施工时承受水平荷载的挡土墙或防渗墙来使用，随后作为高层建筑的地下室、地下停车场以及地铁等外墙结构，承担部分或全部的建筑物竖向荷载。地下连续墙在桥梁工程中主要用作锚碇基础基坑施工的支护结构，同时兼作基础的一部分参与使用阶段的受力，如广东虎门大桥西锚碇、武汉阳逻长江大桥南锚碇及南京长江第四大桥南锚碇均采用圆形地下连续墙，江苏润扬长江大桥北锚碇采用矩形地下连续墙。地下连续墙完全用作桥梁基础在日本应用广泛，在中国处于初步应用阶段，发展潜力很大。

分类及构造　作为基础的地下连续墙根据墙段单元之间的连接组合、平面布置和使用功能，可分为条壁式、井筒式地下连续墙基础，以及部分地下连续墙基础。①条壁式地下连续墙基础。由一个或多个墙段单元组成，其墙段之间分离或连接组合但不封闭。②井筒式地下连续墙基础。多个墙段单元之间相互刚性连接，或外周墙刚性连接而内隔墙铰接，其断面封闭且墙段之间通过顶板相连。③部分地下连续墙基础。作为基坑开挖支护结构，基坑内部构筑钢筋混凝土形成基础，地下连续墙作为基础结构的一部分参与承担上部结构作用。

特点及适用范围　桥梁地下连续墙基础墙壁厚、深度深、墙体垂直度要求高，槽段划分较多。

地下连续墙基础具有挡土、防渗的作用，且施工震动小、噪声低，可以代替**桩基础**、**沉井基础**或**沉箱基础**。对土壤的适应范围很广，在软弱冲积层、中硬地层、密实砂砾层以及岩石的地基中都可施工。

施工工艺　在挖基槽前先做保护基槽上口的导墙，用泥浆护壁，按设计的墙宽与深度分段挖槽，放置钢筋骨架，用导管灌注混凝土置换出护壁泥浆，形成一段钢筋混凝土墙。逐段连续施工成为连续墙。（龚维明）

地下深层调蓄隧道　underground deep stormwater storage tunnel　建在地下为应对超异常暴雨和暴雨、避免城市内涝灾害而建设的深层雨洪调蓄通道。由于城市浅层地下空间开发强度较大，地下深层调蓄隧道一般建于相对标高负20米以下的空间。根据城市选用排水体制的不同，可分为雨洪调蓄隧道和雨污合流调蓄隧道。①雨洪调蓄隧道。只收集暴雨时的雨水，一般隧道末端设有大型排洪泵站，最终排向大江大河，如日本东京外围排水系统和中国香港荔枝角雨水排放隧道。②雨污合流调蓄隧道。目标是控制合流制溢流污染，改善水环境。对合流污水、初期雨水进行收集、调蓄和输送，最终送到污水处理厂处理。例如，美国芝加哥深隧、伦敦泰晤士深隧和巴黎地下排水道。

中国广州、上海、武汉等城市针对老城区人口密集、传统浅层排水设施扩容困难、内涝频发、雨水径流污染严重等问题，已开始着手深隧排水工程的研究和建设。作为中国第一个深层调蓄隧道工程——广州市深隧工程东濠涌试验段于2014年8月开工，投资5亿元。东濠涌深隧位于地下40米，内径5.3米，长1.77千米，包括4个入流井及相应的预处理设施和1座泵站。当传统浅层排水管道无法满足雨水排放要求时，可将溢流通过入流井全部纳入东濠涌深隧，进行调蓄，再泵送到污水处理厂处理后排入珠江，既满足分洪需求，又能缓解溢流污染给珠江带来的影响。

地下深层调蓄隧道应与传统浅层排水设施有效衔接。传统浅层排水设施主要解决小重现期的降雨，当降雨超过传统浅层排水设施的排水能力时，雨水通过综合设施进入地下深层调蓄隧道。综合设施应包括截流设施、进水管道和竖向跌落井等。与一般的地下雨水调蓄池相比，地下深层调蓄隧道的优点主要有：①因埋深较深，节约浅层地下空间。②在调蓄功能之外，还具有雨水转输的能力。③能更有效应对服务范围内不同区域降雨强度不均的情况。但同时也具有建设投资大，施工周期长、难度大，运行维护要求高等缺点。因此，一般仅适用于地上建筑密集、地下浅层空间需求大的经济发达地区。

（陈　嫣　范益群）

地下生命线设施 underground facilities for urban lifeline system 城市范围内，位于地下的用于保障城市生活正常运转的给排水、能源、热力、电力、通信、工业等管线及其一切附属设施。是各类地下市政管线系统的概念集成，强调现代城市中各类地下市政管网系统对维系城市正常运行的重要保障地位。早在公元前6世纪左右，古罗马拥有岩石砌成的给水与排水的渠道系统。5000年前，中国河南登封拥有陶制的地下排水管道。1600年前后，中国四川自流井气田用地下铺设的木竹管输送天然气。19世纪末开始，西方各国陆续在城市建设城市电力系统及通信系统，并逐渐将部分网络转移至地下敷设。1833年，巴黎开始兴建地下综合管廊。20世纪初，日本进行地下综合管廊建设。21世纪以来，随着世界城市化的进一步发展，地下物流系统也纳入了广义的城市地下生命线系统概念之中，为城市地下生命线系统的功能增进和完善提供了新的动力。

城市地下生命线系统设施包括一切位于地下的管道设施，如地下给排水管道、地下燃气管道、地下热力管道等，同时也包括城市范围内一切位于地下的系统附属设施，如地下变电站、地下发电站、地下污水处理和地下泵站等。

城市地下生命线系统的浅层管线设施一般沿着河流、道路敷设，沿途分支服务于各城市地块；深层线路一般根据重要节点进行直线连接建设。其建设模式可采用单独敷设（如浅层直埋管线），也可以进行综合建设（如建设地下综合管廊，或者同地下交通设施结合建设）。

城市地下生命线系统设施维系着城市功能的正常运转。需要做到：①应稳步推进城市地下综合管廊建设，提高市政公用管线抵御各种灾害的能力，延长管线和道路的使用寿命，保障生命线的安全运行。②加大管线设施普查力度，建立完善的信息管理系统，减少因信息不足导致的生命线破坏事故。③完善应急预案、机制与法制，在生命线系统发生事故并造成破坏后，得以快速反应、有效控制、清晰责任，将损失降到最小。

（范益群　杨　可）

地下市政设施 underground municipal facilities 建设在地表以下，满足城市运行基本需求的设施。包括城市给排水、燃气、供热、电力、通信、环卫、防灾等工程性设施。有时，泛指的地下市政基础设施还包括建设在地表以下的道路交通设施，以及为满足公众需要而建设的行政管理、福利、殡葬等社会服务性公共设施。在工业革命后，日本以及欧美一些国家的大城市，地下市政基础设施发展较快，特别是经过第二次世界大战后，各项市政基础设施的普及率和现代化程度都有很大的提高。中国近代城市大多形成于半封建、半殖民地时期，城市市政基础设施相对落后。在中华人民共和国成立后的几十年间，城市地下市政基础设施得到了大力的发展，与发达国家的差距不断缩小。

随着城市发展，地下市政基础设施从原来的分散布局逐渐向综合化、系统化、集约化、深层化发展。地下综合管线廊道、地下大型能源供应系统、地下大型雨水收集及污水处理系统、地下垃圾真空回收处理系统等，逐渐成为地下市政基础设施建设的重要方面。

地下市政基础设施一般包括以下内容：①供水系统（又称给水系统、上水系统）。城市供水的管线和设施。包括水源开采，自来水生产，水的输送与分配的沟渠和管道、加压泵站等。②供电系统。城市电力供应的设施和管线。包括电能的生产、输送与分配的线路、变配电站等。③燃气系统。城市燃气的供给、输送的管线和设施。包括天然气、人工煤气、液化石油气的生产、储存、输送与分配管道、调压设施与装瓶设施等。④供热系统。城市热力供应、输送的管线和设施。包括蒸汽和热水的生产、输送与配送管道、热交换站等。⑤通信系统。城市通信设施的管线。包括市内有线电话、长途电话、移动电话的交换台和线路，有线广播、有线电视、互联网的传达系统。⑥排水系统。城市排水的设施和管道。包括雨水和生产、生活污水的排放和处理系统，又称下水系统；污水处理后再利用系统，又称中水系统。⑦固体废弃物排除与处理系统。包括生产和生活垃圾、粪便、废渣、废灰等的排除与处理系统。

市政基础设施是城市安全运行的基本保障，也是城市公共服务水平的重要表现。市政基础设施地下化一方面腾出了地面空间，节约了土地资源；另一方面减少了安全隐患，并避免对地上空间环境、景观的负面影响。

（范益群）

地下水 groundwater 赋存于地面以下岩土介质空隙中的水。狭义上指地下水面以下饱和含水层中的水。地下水是地球水资源极为重要的构成部分。地下水具有水质好及水量稳定等优点，是农业灌溉、工矿和城市供水的一种重要水源。然而，特定条件下，地下水及其变化会引发沼泽化、盐渍化、滑坡、地面沉降等不利的自然现象。

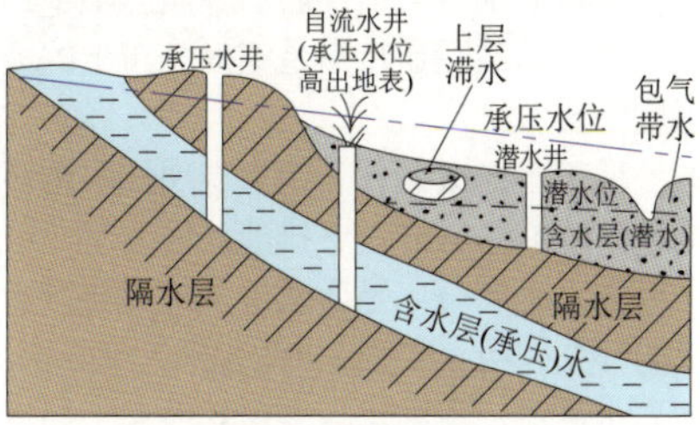

地下水埋藏示意图

地下水埋藏条件 岩土体中空隙既是地下水的储存场所，又是其运移的通道。空隙的多少、大小、连通性、充填程度与分布情况等决定着地下水埋藏条件与迁移特征。根据成因，空隙可分为孔隙、裂隙与溶隙，对应的岩土层为孔隙岩层（松散沉积物、砂岩等）、裂隙岩层（非可溶性的坚硬岩层）与可溶岩层（可溶性的坚硬岩层）。孔隙岩层中的空隙分布往往比裂隙和溶隙均匀，溶隙一般比孔隙、裂隙尺寸大。空隙的多少分别以孔隙度、裂隙率与溶隙率表示，即岩土体中孔隙、裂隙和溶隙体积与包括空隙在内的岩石总体积之比，以百分数表示。

岩土层空隙中地下水的存在形式是多种多样的，根据物理性质差异可分为气态水、吸着水、薄膜水、毛细水、重力水和固态水等。除此之外，还有存在于矿物晶体内部及其间的结晶水、结构水与沸石水。水文地质学主要研究对象是饱和带的重力水，即可在重力作用支配下运动的地下水。

根据含水层埋藏条件的不同，地下水可分为上层滞水、潜水和承压水。①上层滞水。包气带中存在的局部弱透水层透镜体，截流并积聚下渗的地下水所形成的水体。上层滞水可以通过大气降水、地表水、凝结水、人类活动等途径获得补给，并通过包气带向地表（或向其下覆含水层），或人类活动途径发生排泄。②潜水。是埋藏于地表以下、第一个稳定隔水层之上的含水层中的地下水。与包气带直接连通，和大气圈、地表水圈联系密切，积极参与水循环。③承压水。又称自流水。是埋藏较深的、充满于两个稳定的隔水层之间的含水层中的地下水。承压水往往承受静水压力。当承压含水层的承压水位高出地表时，揭穿承压含水层顶板的井或钻孔中会形成自流水。

根据含水层介质性质的差异，地下水可划分为孔隙水、裂隙水和岩溶水。①孔隙水。赋存在松散孔隙介质中的地下水。常常是工农业和生活用水的重要供水水源。②裂隙水。存在于坚硬岩石裂隙中的地下水。往往是丘陵、山区重要的供水水源。③岩溶水。可溶性岩石介质溶隙中的地下水，其最明显特点是空间分布上的极不均匀。

地下水形成条件 指参与现代水循环的地下水补给、径流、排泄条件。

地下水补给 是含水层从外界获得水量的补充作用。其主要来源包括大气降水、地表水径流、凝结水、来自其他含水层以及人工补给的水等。其中，大气降水是最为常见以及最为重要的补给方式。降水量的大小对一个地区的地下水补给量起着控制性作用，且补给强度还受到降水性质、包气带岩石的透水性与厚度、地形、植被等众多因素的影响。若含水层之上未存在隔水层，则大气降水的降水量常常具有十分重要的意义。对于如湖泊、河流、海洋等地表水体的补给而言，若地表水体的底部或者边岸为透水层、且当地表水位高于地下水水位时，地表水将会补给地下水。在农田灌溉地区，常由于渠道渗漏及田间地面灌溉回归水下渗，也会使得浅层地下水获得大量补给。另外，相邻含水层之间存在水位差时，可产生层间补给；特殊情况下，地下水人工补给（回灌）可作为增加地下水资源补给量的一种重要手段。

地下水径流 地下水由补给区流向排泄区的过程称为径流，是连接补给与排泄两个作用的中间环节。径流作用的强弱直接影响着含水层中水量与水质。径流强度可用地下水的平均渗透速度来表征。地下径流强度受含水层的透水性好坏、地形高差、大气降水补给量丰沛程度及切割强烈程度等影响。同一含水层的不同部位径流强度也有差异。

地下水排泄 地下水从含水层中排出的过程称为排泄。地下水排泄主要包括泉水排泄、向地表水体排泄、蒸发排泄、人工排泄及向另一含水层排泄等：①泉水排泄。泉是地下水的天然露头，是地下水循环过程中的一种重要排泄方式。②向地表水体排泄。地下水水位高于地表水水位时，地下水可排泄到河流等地表水体中去。地下水位与河水水位相差越大，含水层透水性越好，河床切割的含水层面积越大，则排泄量也越大。③蒸发排泄。包括土壤表面蒸发和植物叶面蒸腾两种方式。这种排泄引起含水层水量流失，并伴随地下水化学成分的浓缩，矿化度增高，甚至可能造成土壤盐碱化等危害。④人工排泄。指采用集水构筑物（井、钻孔、渠道等）人工开采或排泄含水层中的地下水。

地下水动态与均衡 由于受到天然和人为因素等影响，地下水水位、水量、流速、水温和水质等要素发生随时间变化而变化的现象，称为地下水动态。开展地下水动态研究是为了查明含水层之间及其与地表水体的水力联系，含水层之间的补给和排泄关系，预测地下水的变化规律，了解地下水资源状况，以便采取相应的水文地质措施。地下水量均衡指地下水的收入（补给）量与支出（排泄）量之间的相互关系，主要研究地下水的水量均衡；地下水化学成分的增加量与减少量之间的相互关系，则称为地下水的盐均衡。

地下水化学性质 地下水含有不同的离子、分子、化合物以及气体，是一种成分复杂的水溶液。氯化物和碱金属、碱土金属的硫酸盐和碳酸盐属于最易溶解的化合物，钠离子（Na^+）、钾离子（K^+）、钙离子（Ca^{2+}）、镁离子（Mg^{2+}）、氯离子（Cl^-）、硫酸根离子（SO_4^{2-}）和碳酸氢根离子（HCO_3^-）等常构成地下水的主要组分。其不同组合决定了地下水的化学类型。同时，地下水含有某些数量较少、在地壳中分布不广或者分布量广但溶解性能低的次要组分，它们在地壳中分布不广，或者分布量广但其溶解性能很低。如硝酸根离子（NO_3^-）、铵根离子（NH_4^+）、溴离子（Br^-）、碘离子（I^-）、氟离子（F^-）、锂离子（Li^+）、锶离子（Sr^{2+}）等。此外，地下水还含有以胶体状态存在的部分物质，如铁（Fe）、铝（Al）、氧化锶（SrO_2）和有机化合物等。地下水中存在的气体主要是氮气（N_2）、氧气（O_2）、二氧化碳（CO_2）、甲烷（CH_4）、硫化氢（H_2S）等，有时还含有放射性气体，如氡气（Rn）及惰性气体氦气（He）、氩气（Ar）等。开展地下水气体成分分析，有助于判明地下水赋存的水文地球化学环境。同时，地下水中还含有一些含量甚微的稀有组分，包括各种金属元素，如铂（Pt）、钴（Co）、镍（Ni）、铜（Cu）、铟（In）、锡（Sn）、钼（Mo），以及分散在地壳中的其他元素。研究这些元素的含量变化，对于给排水等地下水资源的开发利用具有实际意义，如水中某些微量元素的存在会影响人体健康。

地下水中的有机物质种类很多，包括生物排泄和生物残骸分解产生的有机质，以及构成水生生物机体的有机质。地下水中的有机质可能是各种废弃物分解的产物，是各种细菌繁殖的良好媒介。

地下水中的同位素成分包括水的同位素和水中元素的同位素。研究地下水的氢、氧同位素，对于判明地下水的形成、分布与迁移等问题具有重要意义。

（王启力 叶为民）

地下水监测系统 groundwater monitoring system 搜集地下水系统信息的组织系统。地下水监测系统从地下水系统输出的信息中获取相关信息，并通过滤波、整合等过程将相关信息传输至用户手中。

地下水监测系统常包括4个子系统（见图）：①监测网子系统。主要由井、泉等观测点组成。是从地下水系统获取信息的途径和工具，所获取的信息具体包括监测点的位置、密度、结构、监测项目、监测目标层和监测频率等。②滤波器子系统。指数据的采集和初级处理子系统，包括数据采集设备和采集方式，滤波数据模板（如数据记录表格）和监测人员等。③数据库子系统。根据交换机子系统收集到的用户需求信息构建数据库模型，然后借助数据库软件和应用程序编制数据库子系统，主要实现对地下水监测信息的保存、整理、检索和发布等功能。还可以挂接一些基本的分析模型进行简单分析和高级滤波。④交换机子系统。制定一个地下水系统长期管理计划所需的水文信息在信息范围、详细程度和表现形式上随着各用户在决策过程中的具体要求而变化。

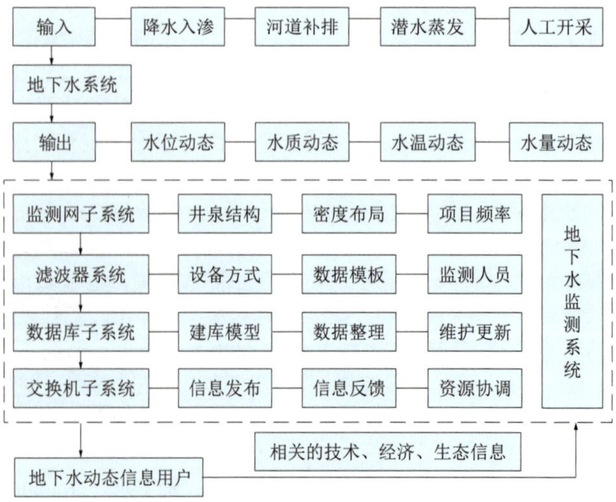

地下水监测系统示意图

交换机子系统主要是为用户提供所需信息，并接受用户的反馈，据之进行系统规划和资源协调。

地下水动态监测的目的是进一步查明和研究水文地质条件，特别是地下水的补给、径流、排泄条件，掌握地下水动态规律，为地下水资源评价、科学管理及环境地质问题的研究和防治提供科学依据。地下水动态监测的内容主要包括地下水水位、水量、水质和水温等，以及动态监测井（点）基本信息、动态监测数据。

（朱远鸿　叶为民）

地下水控制　groundwater control　为保证支护结构、基坑开挖、地下结构的正常施工，防止地下水变化对基坑周边环境产生影响而采取的控制措施。基坑中如有地下水和地表水大量渗入，会造成基坑浸水、地基承载力下降、破坏边坡稳定等不良后果；且当基坑下有承压水含水层时，如不降水减压，则基底可能被冲溃破坏。

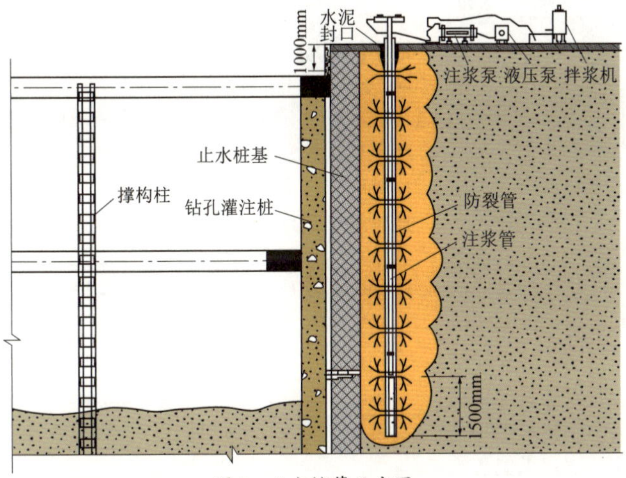

图1　止水帷幕示意图

常采用截水、排水、降水、回灌等控制措施。①截水和排水。一般在基坑周围设置截水沟或排水沟，用来拦截地表水流入基坑或排出降水抽上来的水。基坑工程中截水还有通过设置地下止水帷幕来实现的（图1）。②降水。在地下水位较高的地区开挖深基坑，由于含水层被切断，在压差作用下，地下水必然会不断地渗流入基坑，造成基坑浸水，使现场施工条件变差，地基承载力下降，在动水压力作用下还可能引起流沙、管涌和边坡失稳等现象，为基坑施工安全，需要采取降水和排水措施，亦称降水工程。③回灌。采用人工措施将地表水或其他水源的水注入地下以补充地下水，控制和提高地下水水位，防止由地下水水位大幅度下降导致基坑周围地面下沉等不良后果（图2）。

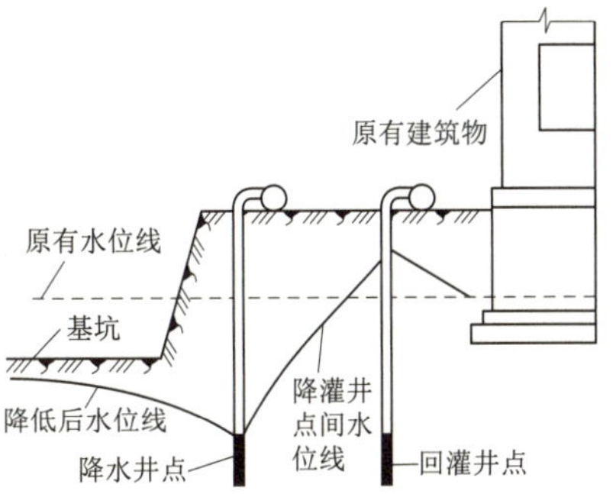

图2　降水、回灌井点示意图

（徐日庆）

地下水资源保护　groundwater resources protection　包括水量保护和水质保护。水量保护是保护地下水量不致很快被消耗以致枯竭，保持地下水量长期均衡变化；水质保护是保护地下水质不受污染，防止水质恶化，防止开采地下水后产生不良的环境地质问题。地下水资源保护的目的是保证长期、安全与可持续开发利用。一些地区在开发利用地下水的过程中，常常由于开采不合理，导致水位大幅度下降和水质恶化，以及其他地质环境问题，其危害性很大。因此，必须加强地下水资源保护和有关问题的防治。

水资源的保护工作涉及主要内容包括水质调查与监测、水质评价、水质预测预报、水质规划与管理、污水处理、污染源管理、水量开采的监测与管理、水资源保护政策和法规制定等。监测是提供水体的物理化学与卫生学水质指标、污染物的组成与含量，并明确开采量与补给量的关系，是水资源保护工作的耳目与基础。规划与管理是水资源保护的核心。制定水质规划要按水体功能要求确定水质目标，根据相应水质标准及水体环境容量（水体纳污负荷能力），确定允许排污量。污染物排放量早期采用浓度控制，后多采用总量控制。20世纪80年代以来，又趋向于以区域或流域为生态系统单元，应用系统工程原理制定水污染防治规划。水质管理是采用行政、法律、经济及技术的措施，通过节约用水，改革原材料及工艺设备、降低单位产值用水量，提高污水处理率及处理程度，实行污水的再生与回收利用，加强对污染源的管理，减少排污量等手段，达到水源保护的目的。

（叶为民）

地下水资源评价　groundwater resources evaluation　基于对各种地下水量时空分布规律的研究，计算地下水允许开采量（可采量），预报地下水动态，分析地下水开采潜力和开发利用前景及对环境产生的影响，提出合理的开采方案、工程措施及建议等。其中，最主要的工作是计算地下水允许开采量。即在经济合理、技术可能的条件下，不引起水质恶化和水位持续下

表1　区域地下水资源计算与评价方法

方法	说明	适用条件	限制因素
水量均衡法	评价各种条件下地下水补给资源量，可计算不同水文年条件和多年平均条件的补给资源量	任何地下水系统的水资源评价	集中参数方法难以精确给出地下水各要素随空间的变化；不能准确确定地下水的可开采资源量，很难给出具体地下水开发利用方案
水文分析法	运用陆地水文学的方法评价地下水补给资源量和可开采量	全排型流域，均衡区内其他排泄量占比例较小；水文地质条件复杂、研究程度相对较低的地下水系统。如基岩山区，岩溶水系统、裂隙水系统	集中参数方法不能详细描述系统状态随空间变化情况；无法准确评价地下水可开采量；评价精度取决于测流和基流分割的精度
数值法	建立在渗流理论基础上的一种求解微分方程定解问题的近似方法	复杂水文地质条件和地下水开发利用条件下的地下水资源评价，地下水补给资源量和可开采资源量的评价和预测	不连续的地下水系统、管道流，不适宜用当前的数值模型进行模拟
水文地质比拟法	以相似理论为基础的方法，可用水文地质比拟法近似解决地下水资源的区域评价问题	水文地质工作程度较低的地区	

表2 水源地地下水资源计算与评价方法

方法	说明	适用条件	限制因素
开采试验法	在未来水源地地段，进行较长时间的抽水试验，根据开采量-降深关系对地下水可开采资源量进行评价	适用于中小型水源地的地下水资源评价。水文地质条件复杂，一时难以查清而又急需做出水资源评价的地区。水文地质详勘阶段，进行了抽水试验	
解析法	运用地下水解析解对含水层进行地下水可开采量评价的方法	含水层均质程度较高，边界条件简单，可概化利用已有计算公式要求的条件模式	水文地质条件复杂地区不适用，包括边界、空间结构、含水介质非均质性、各向异性
数值法	建立渗流理论基础上的一种求解微分方程定解问题的近似方法	评价水源地地下水开采量构成及保证程度，预测各开采方案下地下水流场变化趋势，确定可开采量以及开采后对环境的影响评价	为了减少人为边界对地下水资源评价的影响，进行必要的边界灵敏度分析
相关分析法	基于数理统计方法，通过寻找地下水开采量与地下水位或其他变量之间的相关关系，建立相关方程或回归方程，来推测可开采量	适用于稳定型或调节型地下水开采动态，或补给有余的已建成水源地扩大开采时的地下水资源评价	当利用回归方程外推开采量Q时，已知相关系列越长，精度越高
水文地质比拟法	以相似理论为基础的方法，估算水文地质条件与其相似的新水源地的可开采量	评价区与已知区水文地质条件要尽量相似	根据此法评价的可开采量只能给出相当粗略的数值

降等不良后果时开采的地下水量。针对资源开发而言，地下水资源划分为天然补给资源、可开采资源和深层承压水可开采储存量。①天然补给资源。指地下水系统中参与现代水循环和水交替、可以恢复和更新的重力地下水。均衡条件下，一般采用地下水天然补给总量表示。②可开采资源。指在一定技术、经济条件下，开采过程中不会诱发严重的环境问题，可以持续开采利用的地下水量。

地下水资源评价通常可分为区域地下水资源评价和水源地地下水资源评价。具体评价内容应包含不同开采方案条件下，水源地开采后的补排量与渗流场变化评价与预测；水源地开采可能引起的水质变化，以及地下水开采对周围环境影响（基础设施与地质环境、生态环境及可能引发的地质灾害等）的预测评价等。①区域地下水资源评价。为了给区域长远发展和扩大再生产制定规划而进行的地下水资源评价工作。其主要任务是对地下水可开采资源量进行定量评价，评价过程中应包括开采层位、开采状况、开采时面临的主要环境地质问题，约束条件（最大允许降深、防控环境地质问题所需保持的最低水位等），以及能够动用的储存资源等。②水源地地下水资源评价。针对地下水拟开采供水区域开展的评价工作。具体主要包括：为确定（设计）拟开采地段内、借助既有取水构筑物可长期开采利用的地下水开采量（可开采资源量），而预测开采地段未来水位、水质变化，并提出相应的防护措施。

在水源地勘察的普查、勘探及开采利用阶段，地下水可开采资源储量级别常常存在差异，其评价方法和精度要求也各不相同。总的来说，地下水资源量评价方法众多，且均主要基于渗流理论及水均衡理论等，但都有一定的适用条件和应用范围（表1、表2）。 （朱远鸿 叶为民）

地下铁路车站 underground railway station 设置在地表下，供铁路乘客上、下车和换乘的公共空间及铁路作业与运营管理的专用空间。实施统一规划、设计、施工和维护管理。旧称地下火车站。世界上第一个真正的地下铁路车站为1913年开通的美国纽约中央火车站。随着城市的发展，世界各大城市铁路的中央车站都做了地下化的改造，成为地下铁路车站。

地下铁路车站在中国的发展起步较晚，已建设的地下铁路车站有长吉城际龙嘉站，津滨城际于家堡站，广深港高铁福田站、西九龙站，成灌铁路的迎宾路站、李冰广场站和离堆公园站等。截至2019年，已建设运营的广深港高铁福田站是亚洲最大、全世界列车通过速度最快的地下铁路车站。

地下铁路车站由站台层、站厅层、设备层以及出入口组成。火车站台按照线路分布情况，又可分为岛式站台、侧式站台以及混合式站台。它是旅客乘降、换乘和候车的场所，应保证旅客使用方便、安全，迅速地进出车站，并有良好的通风、照明、卫生和防火设备等。

与传统的地面火车站相比，地下火车站具有良好的社会、经济、环境综合效益。其优点是：①集约利用城市地上、地下空间，节约城市建设用地。②缓解地面火车站周边车流、人流混乱的状况。③增加城市开放空间、减少噪声污染、美化环境。④增加城市防空和防灾空间，增强城市防灾减灾能力。地下火车站具有不便于分期修建、一次性投资较大、统一协调管理难度较大、预留空间不易确定等缺点。

（范益群）

地下停车场 underground parking 室内地坪低于室外地坪高度超过该层净高1/2的车库。地下停车场按建筑形式分为单建式和附建式两种类型。①单建式地下停车场。指地面上没有建筑物的地下停车场，一般建于城市广场、公园、道路、绿地或空地之下（图1）。②附建式地下停车场。指利用地面上多层或高层建筑及其裙房的地下室布置地下专用停车场（图2）。

地下停车场按使用性质分为地下公共

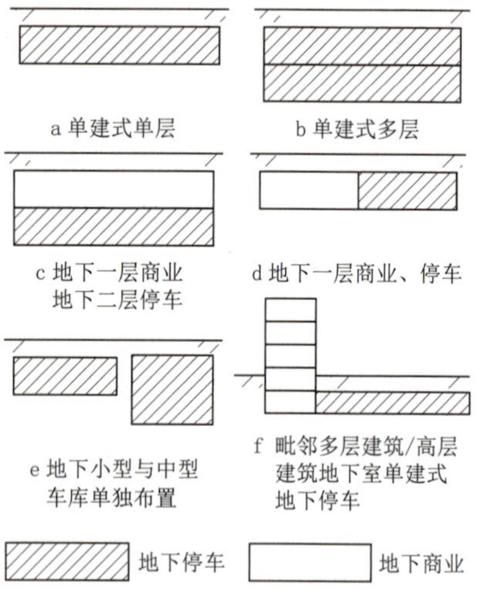

图1 单建式地下停车场布置示意图

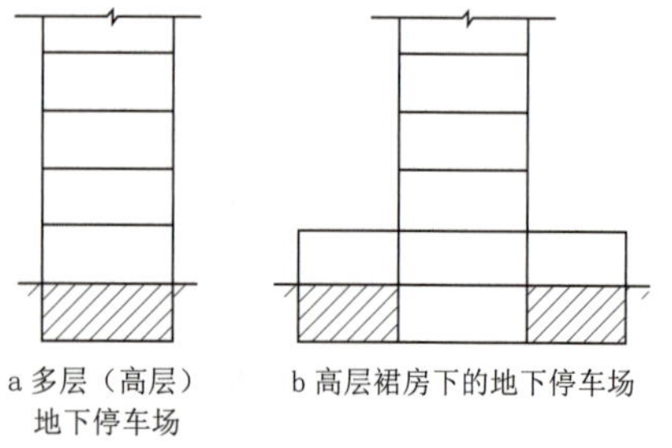

图2 附建式地下停车场布置示意图

停车场和地下专用停车场。①地下公共停车场。指供车辆暂时停放的场所，具有公共使用性质。②地下专用停车场。指车库所有者自己使用的停车场，直接为本单位的旅客、顾客和职工服务。此外，有些地下停车场，例如，大型综合体的地下停车场，并不一定完全为本单位自用，一部分停车位还可供公用停车。

地下停车场按使用方式分为坡道式和机械式。①坡道式地下停车场。指利用坡道出入车辆，分为直线和曲线两种形式（图3）。主要特点是造价低，进出车方便、

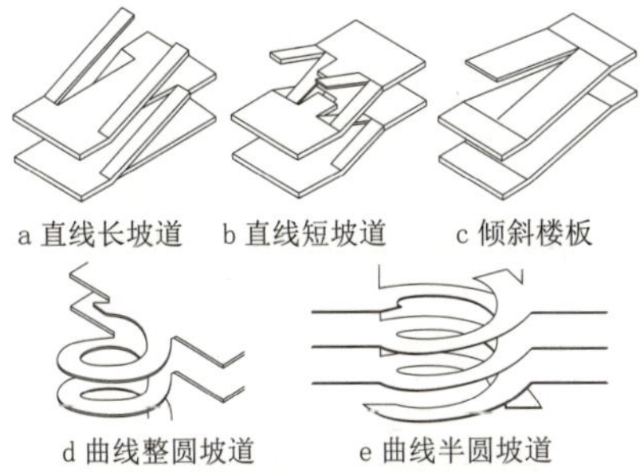

图3　坡道式地下停车场示意图

快速，运行成本低。主要缺点是占地面积大，使用面积的有效利用率低于机械式地下停车场，并增大了通风量，增加了管理人员。②机械式地下停车场。指依赖机械设备将车辆送入停车位。主要特点是使用面积的有效利用率高，管理人员少。主要缺点是一次性投资大，造价高，运营费用高，进出车速度较慢。

地下停车场按所处地质条件分为土层地下停车场和岩层地下停车场。①土层地下停车场。指软土层中建造的地下停车场。主要特点是可集中布局，开挖较容易。②岩层地下停车场。指周围以岩石为介质建造的地下停车场。主要特点为条状通道式布局，洞室开挖走向灵活。

地下停车场是城市地下空间利用的重要组成部分。通过地下连接通道将若干个地下停车场及其配套设施组合成地下停车系统。地下停车系统具有停车、管理、服务、辅助等综合功能。组成地下停车系统的各个地下停车单元既可以是单建式地下停车场，也可以是附建式地下停车场。地下停车系统统一调度管理内部的各个地下停车单元，实现地下停车位的共享，同时减少单个地下停车场规模和出入口数量。

地下停车系统结合城市中心区地下轨道交通、地下快速路和地下步行系统，形成完整的地下交通网络，将大部分城市交通引入地下，实现了人车分离，缓解了地面交通压力，增强了城市中心区的可达性，改善了城市中心区内部景观和生态环境。（张　平）

地下文教设施　underground cultural and educational facilities　建造在地下，用于文化和教育的设施。欧洲、北美和日本等发达国家的一些大城市，都建设了不同规模的地下文教设施。根据使用功能主要分为4类：①地下大剧院、地下音乐厅、地下教堂。如芬兰赫尔辛基岩石教堂，是世界上唯一一座建立在岩石中的教堂，利用位于住宅街的岩石高地建造而成，整体为半地下结构。由于很好地利用了岩壁的回音，音效奇佳，因此很多音乐会也选择在这里举行（见图）。②地下博物馆。利用

芬兰赫尔辛基岩石教堂

广场绿地的地下空间，增加展览面积和配套设施。如法国巴黎的卢浮宫，利用拿破仑广场下的地下空间，把参观线路在地下中心大厅分成东、西、北3个方向进入原展厅，中心大厅则成为博物馆的总出入口，既成功地对古典建筑进行了现代化改造，又保护了历史文化。③地下美术馆。施工时充分结合山体地形，局部开挖后再回填填土并种植植物，以减少对自然环境的影响。如日本热海伊豆MOA地下美术馆，建成于1982年1月，广场入口与山顶部的美术馆主体的联络通道是隧道。隧道水平总长为204米，高差为50米，竣工后再通过植树以恢复山的原貌。隧道内部通过融合光、色彩、声音、水等要素，创造奇幻的世界。④地下图书馆。结合中学、高等教育园区的建设，充分利用操场等开阔用地，建设地下教育科研空间，同时达到节约地面建筑空间的目的。如美国伊利诺伊州立大学为本科生建设的极富东方色彩的地下图书馆。

根据建造方式可分为两类：①独立建造式地下文教设施。通常是利用地下空间的稳定性和隔音性等优点，把设施单独引入地下，如挪威奥斯陆北部的乔维克山中大厅等。②附建式地下文教设施。即结合地下街、地铁车站等主体空间一体化建设而成，如中国上海徐家汇地铁车站文化长廊等。（彭芳乐）

地下污水处理设施　underground sewage treatment facilities　主体构筑物建于地表以下的污水处理设施。

自1932年芬兰首次建造地下污水处理厂以来，世界上10多个国家稳定运行的地下式污水处理厂有200余座，其中以芬兰、瑞典、韩国、日本等国家应用最多。中国于2008年4月开始建设第一座全地下式污水处理厂——深圳布吉地下污水处理厂。2010年9月建成的广州京溪地下污水处理厂是中国首座投入运行的地下污水处理厂。2017年8月，中国四川天府新区第一污水处理厂建成运行。至2015年已有30多座地下式污水处理厂建成运行或在建，取得了显著的社会、经济和环境效益。

地下污水处理设施有着传统地上式污水处理设施无法比拟的独特优势：①全封闭式地下布局，有效防止视觉和噪声污染，消除臭气对环境的影响。②布局紧凑，占地面积小，仅为同等规模地上污水处理设施用地面积1/3～1/2，甚至更低。③地下污水处理设施温差小、保温效果好，避免活性污泥受低温的影响，有利于保证污水处理效果的稳定。④地下污水处理设施的上部空间可用于建设市政花园、休闲娱乐设施等公共设施，提高了周边土地资源的价值。但建设成本较高、运行维护困难、安全风险大等问题也是影响其广泛应用的关键因素。（范益群　朱良成）

地下物流系统　underground freight transportation system　采用自动导向车为承载工具，通过大直径地下管道、隧道等运输通路，对固体货物实行自动运输及分拣配送的全新概念物流系统。

概况　地下物流系统通过隧道或大直径的管道联结各主要地下货物转运站，并连接到货物终端处置场所；采用自动化控制方式，实现全天候、大运量、稳定、高效、节能、环保的货物运输。可作为工业区、物流中心、交通枢纽、飞机场、港口等内部或相互之间联系通道，也作为港口陆侧的集装箱运输专用系统，最大可能的减少公路运输对中心城的交通、环境的影响。

德国柏林在1865年建立了一个大直径气力管道运输系统，全长近300千米，用于运送邮件，是现代地下物流系统的雏形，于1981年停运。仍在使用的地下物流系统中，历史最悠久的是英国伦敦在1927年建设的名为Mail Rail的全自动地下邮件运输系统。中国代表性的项目为广州的地下垃圾转运系统。

分类　地下物流系统根据所运输的货物不同，可分为地下大宗货物物流系统、

地下小宗货物物流系统、地下专用物流系统。地下大宗货物物流系统主要用于运输集装箱等，利用地下专用运输设备，将集装箱点对点运输。地下小宗货物物流系统主要通过货盘用于运输城市内散装货件，其自动运行的智能运输装备按照自动规划的路线运输货物，如德国计划建设的Cargo Cap系统。地下专用物流系统仅用于运输指定物品，如展品、垃圾、邮件等。

中国地下物流系统发展方向　针对中国城市当前存在的交通拥堵和环境污染等问题，结合地下物流的应用领域，建议城市发展港城地下物流系统和地下智慧物流系统。

港城地下物流系统　传统的港口集疏运模式以公路集卡运输为主，需要穿越城市，客货交通相互影响，港口陆路集疏运交通需要大量穿越城市或占用城市道路资源（图1），原本就不堪重负的城市道路还要额外承担港口产生的大量集装箱

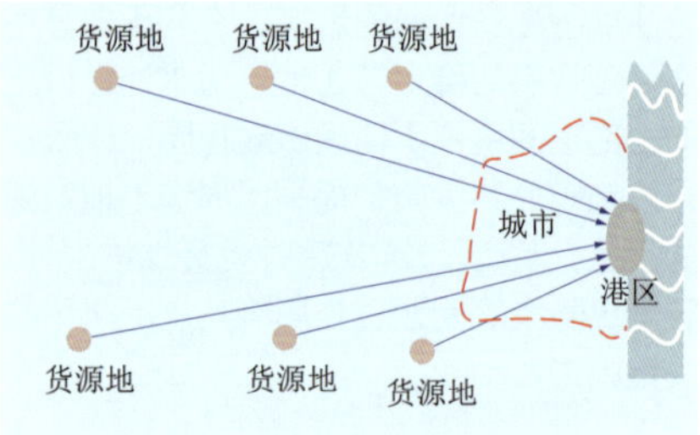

图1　港口集疏运传统模式示意图

集散交通，带来了交通拥堵、环境污染等问题。

如何既能支撑港区发展，又能融合城市发展，解决港城矛盾，需要更集约化、可持续发展的集疏运新模式——地下集装箱物流系统。

新型疏解模式是集装箱港口集疏运，其支撑设施由枢纽点（物流综合枢纽）、地下物流专用通道及港区组成，枢纽点与港区之间通过大容量、高效率的专用地下集装箱货运通道连接（图2）。

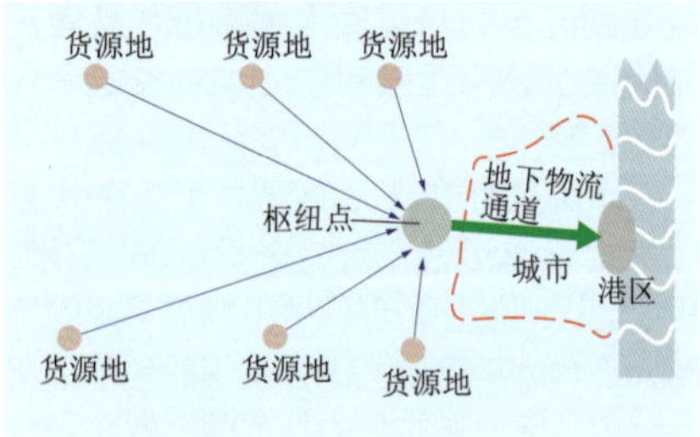

图2　新型港口集疏运疏解模式示意图

将原先分散进入港口的货物，首先集中在外围物流综合枢纽，再通过专用货运通道集约化转运到港口，实现高效率、规模化运输。可以有效避免集装箱卡车穿越城市，采用地下穿越形式，尽可能释放地面资源，不影响中心城交通、环境。

地下智慧物流系统　在城市范围内建设城市地下智慧物流系统（UILS）是解决交通问题的有效途径。

物流配送中心与地下智慧物流系统枢纽相结合，或者地下智慧物流系统的物流配送中心和大型零售企业结合在一起，实现网络相互衔接，客户在网上下订单以后，物流中心接到订单后，在地下进行客户货物的专业仓储、分拣、加工、包装、分割、组配、配送、交接、信息协同等基础作业或增值作业，通过地下管道物流智能运输系统和分拣配送系统进行运输或配送。也可以与城市商超结合，建立商超地下物流配送，在物流规模爆发式增长情况下，有利于城市“减肥”、节能、货物保存。地下智慧物流系统末端配送可以与居民小区建筑运输管道物相连，最终发展成一个连接城市各居民楼或生活小区的地下管道物流运输网络，并达到高度智能化。当这一地下智慧物流系统建成后，人们购买任何商品都只需点一下鼠标。所购商品就像自来水一样通过地下管道很快地“流入”家中（小区的自动提货柜）。

（范益群　黄瑞达）

地下医疗卫生设施　underground health facilities　建于地下的各种医疗、保健、卫生、防疫、康复和急救的设施。包括地下的各种医院、卫生防疫站、专科防治所、检验中心、急救中心等。地下医疗卫生设施的设置规模应根据城市所处的战略地位、人口密度、交通运输条件、医疗设备、技术力量以及地面医疗设施的情况综合确定。规模一般不宜过大，应适当分散并尽量与地面医疗设施相结合，便于平时和战时群众就近就医。地下空间恒温恒湿、防护能力强等特点是地下医疗卫生设施的天然优势，但地下空间在通风、采光等方面的劣势也成为其建造时需充分考虑的因素。

最早的地下医院是到建于1277年的意大利切波地下医院，位于意大利中部的托斯卡纳区，是全世界最古老的持续运营的医院之一。以色列海法的瑞本医疗中心，拥有2000个病床，能防地面导弹、火箭袭击以及生物、化学武器打击。由于地下空间特殊的环境条件，地下医疗设施有时也被改造作为疗养设施，如乌克兰索罗特维诺盐矿地下医疗卫生设施，每年接待患者人数超过5000人，每天都有大约200人在盐洞内接受康复治疗。

在中国，为满足城市发展需要，许多城市利用各级医疗空间改建和新建了一定规模、数量的地下医疗卫生设施，作为医疗、停车之用，缓解市区医院普遍存在的空间不足、停车难的问题。这些地下医疗卫生设施中的一部分为城市防空所用，称为人防医疗救护工程，战时可对伤员独立进行早期救治工作并具有一定的防护能力。人防医疗救护工程按照医疗分级和任务的不同，可分为中心医院、急救医院和救护站等。第二次世界大战时期，中国在重庆建有的少量卫生坑道便是人防医疗救护工程的早期形式。1949年以后，结合城市人防工程体系的发展，北京、上海、南京、广州等各大城市相继配套建设一定比例和数量的人防医疗救护工程。

按战时任务，人防医疗救护工程的主体一般可分为两个大区，即第一密闭区和第二密闭区。第一密闭区为口部抢救区，主要担负战时伤员在来不及完全消除身上沾染物质时的抢救和手术任务，人防医疗救护工程与普通地下医疗卫生设施的区别便在于此。根据业务功能，第二密闭区可设置各种治疗病区、手术区、药物器械区、后勤供应区、内部设备区等，这些功能与地面医院相近。第一密闭区和第二密闭区通过防毒通道与洗消间相衔接。人防医疗救护工程各功能区组成与相互关系见图。

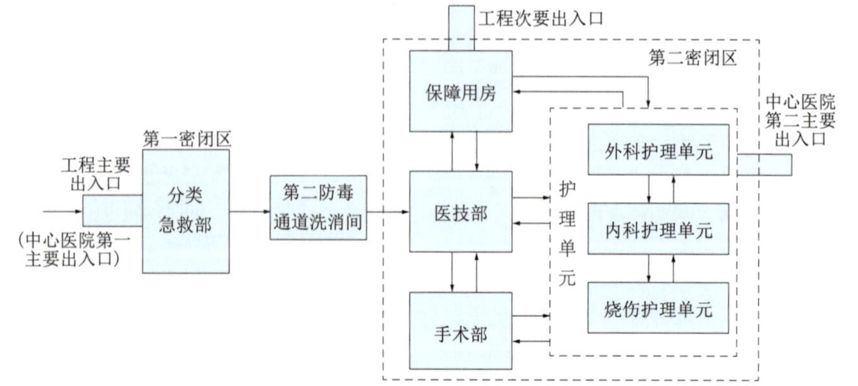

人防医疗救护工程的组成和相互关系示意图

（吴　涛）

地震次生灾害 secondary earthquake disaster 强烈地震发生后，自然及社会原有的状态被破坏而引发的灾害。地震次生灾害主要有：地震中管道破坏引起的火灾、毒气泄漏扩散与爆炸等；地震诱发的海啸、泥石流灾害；因地震造成的水坝河堤决口导致的洪水泛滥；地震中核设施破坏而引发的放射性污染；地震后的瘟疫、流行疾病、饥荒、社会动乱等灾害。随着城市生产力的发展，一些新的次生灾害可能出现，如高层建筑的"玻璃雨"灾害，信息储存系统的"记忆毁灭"灾害等。

地震次生灾害一旦发生，所造成的破坏和影响是极为严重的，有时甚至超过地震直接灾害造成的损失和人员伤亡，同时给地震救援带来很大困难。

在世界地震史上，有关地震次生灾害破坏可以追溯到远古，而产生深远影响的当以近百年来城市地震次生灾害最为突出。如1923年9月1日，日本关东地区发生的8.3级地震，震后东京和横滨市区400多处起火，引发大面积火灾，横滨市几乎全部被烧光，东京的2/3城区化为灰烬，在因地震死亡的10万人中90%死于火灾，在毁坏的70万栋房屋中，有近50万栋是被大火烧毁的。2008年，中国汶川地震中发生了严重的岩石崩塌、滚石、滑坡等山地灾害，形成了巨大的堰塞湖，所幸指挥得当，处置及时，没有造成重大次生水灾。2011年3月11日，日本宫城以东海域发生9级地震。相比地震本身造成的直接灾害，海啸、核泄漏等次生灾害，更加触目惊心。根据2011年6月14日日本内阁审定的2011年《防灾白皮书》中的数据，日本"3·11"地震的死亡人员中，建筑物倒塌致死的仅占4.4%，海啸溺死占92.4%，震后火灾烧死占1.1%。地震后福岛核电站发生了严重的核泄漏事故。核泄漏在日本国内、周边国家及全球都引发了一场严重的核恐慌。

随着社会经济的高速发展，生产、生活中的重大地震次生灾害危险源日益增多，在这些灾害源中，往往有易燃、易爆、有毒有害物质、放射性污染等重大危险源。现有的危险源中有些还面临设备老化、超期服役、管理不善等问题，危险化学品事故频繁发生，如再考虑地震作用、经济快速发展和人口密集等多方面因素，则潜在的地震次生灾害的危险性更为严重，给社会公共安全带来极大的威胁。 （翟永梅）

地震动 ground motion 地震时由震源释放出来的地震波引起的地表附近土层或岩层的振动。又称地面运动。地震动是一种复杂的自然现象，涉及震源与传播介质中千差万别的动力过程与裂隙物理构造，是一种激烈变化的振动。震级大小、震中距、地面表层土物理特性都严重影响其振动特性。地震动引起的惯性作用是造成工程结构破坏的主要原因。地震动的发生、传播和运动学特性是工程地震研究的主要内容。地震动大小的宏观定量标度是烈度，地表的裂缝、震陷、滑坡等地面残余变形和建筑物倒塌、损伤，都是其影响的结果。近代人们主要通过在地面、地下、建筑物中设置强震仪获得其加速度时程，对其进行数值化分析，研究其特性。物理数值描述地震动特性是通过强震记录的振幅、频谱、持续时间，即所谓地震动的"三要素"来表达。

扩展阅读

胡聿贤.地震工程学.北京：地震出版社，2006.

（翁大根）

地震动参数区划图 seismic ground motion parameter zonation map 地震动峰值加速度或峰值速度区划图与调整系数（中国实行的是峰值加速度区划图）、地震动反应谱特征周期区划图与调整系数的总称。是工程结构抗震设计的依据。地震动参数区划图根据规划目的不同，有大区划和小区划之分。大区划有全国范围的地震动参数区划图，如《中国地震动参数区划图》（GB 18306—2015），小区划可以有某城市、某厂区的地震动参数区划图。

地震动峰值加速度区划图与地震动峰值加速度调整系数表 地震动峰值加速度或峰值速度区划图通常分为两类，一类是利用烈度与地震动参数的关系，先按烈度区划，然后将烈度换算为地震动加速度或速度。另一类则是直接进行地震动峰值加速度区划，不涉及烈度。

利用烈度与地震动峰值加速度关系的区划 设烈度I与地震动峰值加速度A的关系为：

$$I=y_1(A) \qquad (1)$$

烈度衰减关系式为：

$$I=y_2(M,R) \qquad (2)$$

式（2）中R为震中距、震源距或其他距离。

将式（1）代入式（2）得到：

$$y_1(A)=y_2(M,R) \qquad (3)$$

由此求得经过烈度换算的地震动峰值加速度衰减关系：

$$A=y(M,R) \qquad (4)$$

然后用此式代入强震观测资料得到地震动衰减关系，从而进行地震动危险性分析，最后按选定的超过概率求得给出地区内的地震动峰值加速度A的等值线，即为地震动区划图。A的等值线可以取任何增量值，不受地震烈度整度数的限制。在中国A通常为峰值加速度。

直接地震动参数区划 该项工作的地震动衰减关系是从本地强震观测数据得到的，或认为本地地震、地质情况与有强震记录的外地相近而借用外地的，或者是参考本地情况而将外地地震动衰减关系加以修正的。

《中国地震动参数区划图》（GB 18306—2015）中，设防加速度峰值取50年超越概率10%的地震动峰值加速度与50年超越概率2%的地震动峰值加速度与1.9的比值的较大值。地震动峰值加速度区划是基于Ⅱ类场地条件下的一般情况给出，其到Ⅰ、Ⅲ、Ⅳ类场地的延伸，则采用修正系数办法，其中Ⅰ类场地调整系数在0.72～1.0变化，Ⅲ、Ⅳ类场地的调整系数在0.9～1.3变化，其值随Ⅱ类场地峰值加速度大小和场地类别而变化。

反应谱特征周期区划图与特征周期调整系数表 反应谱区划是以地震动反应谱形状作为主要指标进行的区划，描述反应谱短周期段平台长度的所谓特征周期，作为区划的主要参数。此法的一般原则是综合考虑各种因素的影响，如震源、距离和场地条件，但认为在一小区内，地震动的峰值加速度、速度两者之一的变化可能不大，而反应谱形状的变化更为主要，因而认为应该以反应谱特征周期作为小区划的指标。场地土壤条件对反应谱的影响通常是通过一维非线性地基反应时间过程计算出来的。当遇到特别厚的覆盖层或是特别软弱的土层，也可根据土层地震反应分析结果，适当调整国家标准给定的反应谱特征周期值、反应谱值平台段值及反应谱下降段谱形状等。

《中国地震动参数区划图》（GB 18306—2015）中，反应谱特征周期是对应50年超越概率10%的地运动和基于Ⅱ类场地条件，对应近场、中场和远场地震情况，分别给出3个周期值0.35秒、0.40秒、0.45秒。对于Ⅰ类场地该值则做相应缩小，为0.2～0.35秒，以考虑硬土场地地震效应减小情况；到Ⅲ、Ⅳ类场地的延伸，采用放大的办法，放大特征周期至0.45～0.9秒以考虑软弱场地的地震效应放大情况。对于50年超越概率2%的地运动情况，在以上对应的特征周期基础上再增加0.05秒，以考虑罕遇地震情况下场地效应和大震的长周期成分比重大等因素。 （翁大根）

地震法 seismic method 利用地下介质弹性和密度的差异，通过观测和分析大地对人工激发地震波的响应，推断地下岩层的性质和形态的地球物理勘探方法。又称地震波勘探方法。地震法是最为常用的一类物探方法，在油气勘探、矿产资源勘探、工程地质勘查等领域发挥了重要作用。鉴于其突出优势和主导地位，地震法最早被引入隧道超前地质预报领域，已经成为应用最为广泛的一类超前预报技术。

隧道地震法与地表探测有很大区别，隧道内的观测空间很有限。常用的隧道地震法观测方式有直线类观测方式的地震法、基于三维空间观测方式的地震法、基于极小偏移距观测方式的地震法和掘进机施工隧道专用地震法。

直线类观测方式的地震法　主要有负视速度法、隧道地震超前预报系统（TSP）两种。①负视速度法。又称隧道垂直地震剖面法（VSP），该方法检波器和炮点在一条平行隧道轴的直线上。资料处理时利用直达波估计岩体波速，利用反射波与直达波走时曲线的交点推测前方反射界面的位置。②隧道地震超前预报系统。由瑞士安伯格（Amberg）公司开发，仪器有TSP202、TSP203等型号。TSP对掌子面前方的地层界面、断层、大规模溶洞等不良地质体的位置和规模进行探测；同时可给出前方的纵横波速、泊松比、杨氏模量等参数，据此判断岩性变化。

基于三维空间观测方式的地震法　主要有真反射层析成像技术（TRT）地震超前预报方法、水平声波剖面法（HSP）、隧道地震层析成像法（TST）。①TRT地震超前预报方法。有效探测距离为120～150米。TRT采用空间多点激发和接收，充分获得空间波场信息，提高了波速分析和不良地质体定位的精度。②水平剖面方法。由西南铁道科学研究院研发，其震源点和接收点在隧道两侧。水平剖面法观测系统的横向展布较大，对提高速度分析和定位的精度有利，可进行速度分析。③TST法。在反射地震CT成像技术的基础上研发的，采用二维阵列式观测系统，检波器和炮点在一个平面内。TST法采用散射理论，运用地震波运动学和动力学双重信息，采用叠加能量最大化原理确定扫描速度，并进行偏移成像。

基于极小偏移距观测方式的地震法　陆地声呐法是中国钟世航提出的一种极小偏移距地震法，采用接近于零震-检距的观测方式。该方法使用宽频带，地震波传播能量较集中，转换波少，分辨率和定位精度较高。

掘进机施工隧道专用地震法　主要有综合地震成像系统（ISIS）、软土声波探测系统（SSP）、隧道随钻地震超前探测技术（TSWD）等超前探测方法。①ISIS超前探测方法。ISIS是由德国GFZ公司研发的，其两个震源距刀头约30米，4个三分量接收器在刀头与震源之间的边墙上，在刀盘停止工作后探测。ISIS采用走时层析成像方法得到开挖面前方及周围一定区域内反射强度的空间分布情况。②SSP超前探测方法。SSP是由德国GFZ公司研发的，适用于盾构开挖的软土隧道，可实时探测40米范围内的孤石。其震源和检波器在刀盘上，工作时磁致伸缩震源锤击前方钢板产生地震波，反射信号被刀盘处检波器接收。数据采用叠前深度偏移与自动剩余时差分析方法处理。③TSWD超前探测方法。利用刀盘破岩的震动作为震源，在刀盘上安装先导传感器记录刀盘震动，刀盘后方传感器采集反射信号。处理后获得隧道前方及周围区域的纵横波速度模型和相应地震剖面。

（刘　斌）

地震工程　earthquake engineering　防御地震引发的各种灾害而采取各种措施的一门工程科学。主要研究地震动、工程结构地震反应和抗震减灾理论。是地震学、工程学和社会学的交叉学科，涉及土木工程、力学、材料科学、城市规划、工程风险学、社会学、经济学、计算机、电子、振动控制和机械工程等领域。

发展历史　自20世纪20年代地震工程研究纳入现代技术科学范畴之后，其发展大体经历了3个阶段。

第一阶段（20世纪20～30年代）的地震工程研究称为抗震分析的静力阶段。以日本为代表，在由地震记录推测地震动加速度和将土木结构视为刚体的假定基础上，认识到由加速度引起的惯性作用是造成结构物地震破坏的原因，建立了借助“震度”进行抗震设计验算的方法，这是地震工程研究中最早的重要科学认识。

第二阶段（20世纪40～60年代）的地震工程研究称为反应谱阶段。美国于20世纪30年代获得了最早的强震加速度时间过程，人们开始对地震动有了更直观和更深刻的认识。地震现场的科学考察活动大大丰富了研究者对结构破坏特征及其原因机理的了解。准静力抗震实验提供了结构构件的本构关系，计算机技术的迅速发展使弹性体振动分析的成熟理论得以在结构地震反应分析中获得应用，各种结构模态实测技术与数值计算相结合，使基于振型分解的抗震设计反应谱方法被工程界所接受和掌握。作为地震工程研究成果的总结，至20世纪70年代，各国均编制和修订了抗震设计技术法规，认同了“小震不坏、大震不倒”的设防标准和基于反应谱的设计方法。工程结构的抗震设计一直遵循这些最基本的原则。

第三阶段（20世纪70年代～　）的地震工程研究称为动力阶段。进入20世纪70年代以来，地震反应的动力时程分析、结构非线性性态的考虑、地震反应数值模拟的频域方法、土与结构的相互作用、多点多维地震动输入、结构抗震可靠度分析等引起了研究者的广泛兴趣。地震工程的研究对象也从建（构）筑物扩展到生命线工程、基础设施和设备。振动台地震模拟实验和拟动力实验提供了人工模拟结构地震破坏的新的技术手段。除应用于结构抗震分析与设计之外，地震工程的研究成果又为抗震鉴定与加固、地震灾害损失预测、震后灾害损失评估等提供了技术基础，成为编制大震应急预案和防震减灾规划的依据。从分析方法着眼，动力时程分析已属主流；结构和构件的非线性性态的模拟成为最主要的关键科学问题之一。

研究内容　地震工程的研究内容主要包括*地震动*、工程结构地震反应和抗震减灾理论。

地震动　在地震中由震源释放出的地震波引起的地表附近土层或岩层的振动。地震动可引起工程结构的破坏。地震动的研究是工程结构地震反应和抗震减灾理论研究的基础。包括强震观测、地震动特性、地震动参数区划和地震危险性分析等。

强震观测是地震工程研究中直接研究地震破坏作用和结构抗震性能的一种基本手段，是地震工程的基础性工作。用仪器观测强震地面运动和工程结构的反应，主要任务有：①取得强地震时不同地质、地形条件下地面运动的记录，为研究强震地面运动特征、影响场、烈度工程定量标准，局部场地条件的影响，以及震源机制等提供基础资料。②取得工程结构在强地震作用下振动过程的记录。为抗震结构设计和确定有效的抗震措施提供工程数据。强震观测数据是在实际地震中用仪器记录到的自由场地震动或结构反应记录，一般为加速度记录，经数值积分后可得到速度和位移记录。一套完整的强震观测数据应包括地震目录、仪器常数、记录台站地质条件及场地土类别。

工程结构地震反应　包括震害现象分析、试验观测和理论分析。①震害现象分析。基于地震后的震害调查，分析震害的特点及产生震害的主要原因，总结震害经验，是完善结构抗震设计理论的重要依据。②试验观测。通过进行各种类型的结构试验观测结构的地震反应，获得对结构基本动力性能的某种程度的了解。③理论分析。随着人们对地震动特性和结构特性认识的深入，工程结构地震反应的理论分析也随之不断发展。其发展可以分为静力、反应谱和动力3个阶段。在动力阶段中又可分为弹性与非弹性（非线性）两个阶段。随机振动和确定性振动是动力阶段中并列出现的两种分析方法。

抗震减灾理论 包括震害预测理论、抗震防灾规划理论、结构抗震设计理论、结构抗震鉴定与加固理论、结构振动控制理论等。从根本意义上说，研究工程结构地震反应的目的是发展抗震减灾理论，有效预防、减轻和控制地震灾害。

震害预测理论 震害预测指在地震危险性分析基础上对未来某一时段因地震可能造成的人员伤亡、建（构）筑物及设施破坏、经济损失及其分布等的估计。

抗震防灾规划理论 抗震防灾规划指为抵御和减轻地震灾害及由此而引起的次生灾害，而采取各种预防措施的规划。主要包括避震通道、避震疏散场地和避难中心的设置与人员疏散的措施；生命线系统及重要设施的规划布局要求；对地震可能引起水灾、火灾、爆炸、放射性辐射、有毒物质扩散或者蔓延等次生灾害的防灾对策。

结构抗震设计理论 主要用于设计新建结构，各类工程结构的抗震设计标准是进行结构抗震设计的主要技术依据。结构抗震设计指按照一定的安全准则和设防标准，对工程结构预先采取的设防措施，以减轻震害、避免伤亡的技术工作。

结构抗震鉴定与加固理论 主要针对既有结构，世界各国已制定了各类工程结构的抗震鉴定与加固标准作为开展此项工作的技术依据。首先对结构的抗震能力进行鉴定，对抗震能力不满足要求的结构采取抗震加固措施。

结构振动控制理论 结构振动控制技术可以有效地降低结构的地震反应，其控制作用是可以调节的，这就增强了结构抵御预期以外更大地震作用的能力。控制装置的使用可以减小结构的非线性变形、甚至将主体结构的变形限制在弹性范围内。结构振动控制分为主动控制和被动控制。主动控制依靠外界的能量干扰结构的动态反应，使之利于安全；被动控制不依靠外界的能量输入，而是通过隔振（震）、吸振或阻尼耗能使结构动态反应减小。实际应用可以单独利用主动或被动控制，也可以是二者的组合。主动控制需要外加能源，其控制力是控制装置按最优控制规律由外加能源主动施加。主动控制装置主要有主动质量消能阻尼器（AMD）、主动调谐质量消能阻尼器（ATMD）、主动拉索（AT）等。半主动控制需要的外加能源小，其控制力也是控制装置随结构一起振动变形时产生的，但在控制过程中能通过外加能源主动调整本身的参数从而调节控制力。被动控制包括用于增大阻尼、刚度和强度的材料与器件，既可用于新建结构，又可用于既有结构的加固。被动消能阻尼器主要有金属屈服阻尼器、摩擦阻尼器、黏弹性阻尼器、黏滞液体阻尼器、调谐质量（液体）阻尼器。

学术组织 1949年，美国土木工程学会成立了地震工程研究学会。1952年，地震工程研究学会在美国加利福尼亚大学召开了地震和结构爆破效应研讨会，并首次出版了地震工程的研究进展。1956年，在美国加州大学伯克利分校召开了第一届世界地震工程大会（1WCEE），此后每四年举行一次会议，已成为世界地震工程领域最有影响力的学术会议。

1960年，地震工程国际联合会（IAEE）成立，并成为世界地震工程大会的主办组织。许多国家成立了自己的地震工程学会，并且是IAEE的成员。1972年，《地震工程与结构动力学》（*Earthquake Engineering & Structural Dynamics*）创建，并成为IAEE的官方期刊。该期刊以促进快速发展的地震工程领域研究成果的国际交流为目标，为研究人员与工程实践者提供了交流的平台。

1974年，美国土木工程学会设立了生命线地震工程技术委员会，这是世界上第一个有关生命线地震工程的学术性组织。

发展趋势 无论震前预防工作或震后救灾工作，除采用行之有效的传统方法外，应主要依靠高科技提供的方法和手段，发展新的防震减灾策略及创新的方法和手段，才能更有效地减轻震害和损失。

现阶段的强震观测工作与强地震动特性研究密切结合 但由于在强震观测记录的数据处理和分析中，沿用传统的数据处理方法，所提供的信息资源难以满足日益扩大的应用要求，应当发展新的数据处理方法，以完善强震记录的信息资源。

基于性能的抗震设防标准具有细化、优化和个性化的特点 基于性能的抗震设计代表了未来结构抗震设计的方向，采用“投资–效益”准则下的抗震性能水准的划分、抗震性能目标的确定，以及抗震性态化设计方法，将克服基于承载力的抗震设计不能预估结构屈服后的工作性能的缺陷。为在不远的将来把现行的抗震设计规范全面过渡到基于性能的设计规范，还必须进行许多研究工作，如地震反应位移谱的确定、各性能目标限值的确定，以及常用的弹塑性分析方法的改进等。

随着理论分析、实验研究的发展和试点工程的建设并经受实际地震的考验，结构振动控制技术必将获得更大的发展 以下方向需要加强研究：①用于非线性系统的被动、主动、半主动和混合控制的元件与控制算法。②非线性土木基础设施系统的模拟与识别。③创新的高性能和智能材料系统。④土木基础设施系统的健康监测、状态评价和破坏检测。⑤用于分布测量和弥散系统控制的智能传感器研究。⑥近场强地震动研究。

基于多学科交叉的结构健康监测技术将在地震工程领域发挥更大的作用 只有结构振动理论与信号处理、模式识别、人工智能、控制理论和材料科学等相结合，才有可能提高结构损伤检测的准确性。亟待解决的课题还有很多：①结构损伤机制和损伤结构的动力模型研究。②从结构振动响应数据中构造、提取和优化高灵敏度的结构损伤特性参数研究。③发展基于多学科交叉的结构损伤检测技术。④结构损伤检测的环境影响因素研究。⑤损伤预测研究。

实验室研究与现场试验研究是地震工程研究的重要手段 实验研究在地震工程中起着举足轻重的作用。地震工程界已对实验研究的重要性和关键作用取得了共识。大力加强试验设备建设和试验研究工作是地震工程研究的发展要求。

随着高新技术和现代经济管理手段在抗震减灾工作中的应用，生命线地震工程抗震防灾对策的研究出现了新的发展趋势：①建立震害信息系统。②地震动监控系统。③基于地震风险管理的抗震防灾对策。

（吕西林）

地震烈度 seismic intensity 表示地震发生时在地震波及范围内一定地点地面震动及其影响的激烈程度。是在没有仪器记录的情况下，通过地震影响程度表征地面震动程度的一种宏观尺度。通常把在地面上感受到的地震强烈程度，从无感到毁灭划分为若干“度”，以宏观的地震影响，如人的感觉、物体的反应、建筑物的破坏、地面景观的变化等现象，作为划分地震烈度的标志。地震烈度也可被看作地震破坏性的尺度，或地震造成的影响的尺度。

地震烈度应与*地震震级*严格区分。对于某次地震，震级是一个定值，代表着这次地震的大小。地震烈度则是在同一次地震中因地而异的，一般震中所在地区地震烈度最高，称为极震区。随着震中距的增大，地震烈度总的趋势是逐渐降低，但由于种种其他因素的影响，难免有起伏不定的变化，甚至异常区出现。

许多国家制定了具有本国特色的烈度表。中国将地震烈度划分为12个等级，分别用罗马数字Ⅰ、Ⅱ、Ⅲ、Ⅳ、Ⅴ、Ⅵ、Ⅶ、Ⅷ、Ⅸ、Ⅹ、Ⅺ和Ⅻ表示。日本沿用日本气象厅烈度表，以无感为零度，将有感范围分为7度。苏联自20世纪50年代初以来采用苏联科学院地球物理研究所编定的烈度表，分为12个等级。

一次地震发生后，根据建筑物破坏的程度和地表面变化的状况，评定距震中不同地区的地震烈度，绘出等烈度线，作为对该次地震破坏程度的描述。因此，地震烈度主要是说明已经发生的地震影响的程度。一个地区的烈度，不仅与这次地震的释放能量（即震级）、震源深度、距离震中的远近有关，还与地震波传播途径中的地壳、工程地质条件和工程建筑物的特性有关。地震烈度在不同位置和方向有所不同，如在覆盖土层浅的山区衰减快，而覆盖土层厚的平原地区衰减慢。

地震烈度有很多方面的应用。在地震发生之后评定绘制的地震烈度分布图能反映地震影响的全貌及其衰减规律，可以从等震线图的形态推论震源机制的特征，从烈度的分布异常研究场地条件对地面震动的影响，还可以以地震烈度为背景来总结建筑物的抗震经验。古代的历史地震资料，一般只有地震现象的描述，没有仪器记录，也只有通过宏观烈度的概念来加以整理和利用。在防御地震方面，全世界各国通常把国土划分为地震危险程度不同的地区，建立不同的设防标准，称为烈度区划（多以地震动参数区划取代）。地震烈度在建筑物的抗震设计中被使用，一般基于设防地震动参数进行建筑结构抗震设计，而按照设防地震烈度要求采取抗震构造措施。（李小军）

地震危险性分析 seismic hazard analysis 对特定区域确定其在未来一定设计基准期内地震动参数（烈度、加速度、速度、反应谱等）超过某一给定值的概率方法。

主要内容 地震危险性分析主要包含地震发生概率（地震活动性）、震源特性影响（点源、线源或面源判定，确定不同影响）、地震波传播路径影响（地震动衰减规律）和场地条件影响等内容。地震危险性分析已广泛应用于地震动区划和具体场地地震动的估计，前者服务于一般结构的抗震设计或土地利用，后者服务于特殊或重大工程建设项目，如核电站、大型水利设施等。过高估计地震危险性，会增加巨额投资；过低估计地震危险性，可能带来生命财产的严重损失。因此，地震危险性分析是极为重要的实际地震工程问题。

计算方法 地震危险性分析要求给出某一场地将来遭遇到超过地震动给定值的概率，或超越概率$P[A\geqslant a]$，常用地震动超越概率曲线表示。常用的地震动参数有地震烈度、地震动加速度和速度，也有用反应谱的。超过概率可以用年超越概率$P_{1年}$表示，也可以用T年内超越概率P_T表示，或用重复期T_r表示，$T_r=1/P_{1年}$。

地震动超越概率可采用下式表述：

$$P[A\geqslant a]=\sum_j P[A\geqslant a\,|\,E_j]\cdot P[E_j] \qquad (1)$$

$$\begin{aligned}P[A\geqslant a\,|\,E_j] &= \int\int\cdots\int P_j[A\geqslant a\,|\,x_1,\\ &\quad x_2,\ x_3\cdots]\cdot f_j(x_1)\cdot f_j(x_2|x_1)\\ &\quad \cdot f_j(x_3|x_1,x_2)\cdots \mathrm{d}x_3\cdot \mathrm{d}x_2\cdot \mathrm{d}x_1\end{aligned} \qquad (2)$$

式（1）（2）中，A为所要求的地震动参数，a为其给定值；$P[A\geqslant a]$为A超过a的概率，它代表给定地点的地震危险性；j为第j个潜在震源区；E_j表示第j个震源区发生的地震；$P[A\geqslant a|E_j]$为第j个震源区发生地震时场地地震动参数超过a的概率；$x_i(i=1,2,\cdots)$为所考虑的因素，如震级、距离和断层破裂长度，或震源区划分的变量；$f()$ 为概率或条件概率密度函数。

模型 地震危险性分析模型大致分为两类，一类是点源地震模型，另一类是断层破裂模型。前者最早由科内尔提出。他假设一次地震的震源是点源，但是一个地震区或带的形状可以是点、线或面。他研究了这3种潜在震源区形状下地震烈度I和地震动A的危险性和结构危害性。

洪华生等修改了以上关于点源的假定，提出了断层破裂模式的地震动危险性分析。该模型考虑了有限长度的断层从震源初始破坏点开始破裂，逐步向两端发展的有限面积面源。模型中接受震级M与断层水平断裂长度L具有如下关系：

$$L=e^{a+bM} \qquad (3)$$

式（3）中a、b为常数。

假定一次地震时初始断裂发生在断裂长度的中点，设R为震中距，根据震级–频度关系统计为指数分布的特点，可把以上点源模型的超越概率公式变成：

$$P[A\geqslant a|E_j]=\iiint\limits_{RML}\int P_j\,[A\geqslant a|M,L,R]\cdot f_j(M)\cdot f_j(L|M)\cdot f_j(R|M,L)\mathrm{d}M\mathrm{d}L\mathrm{d}R \qquad (4)$$

采用断层破裂模型涉及的震源有Ⅰ类线源、Ⅱ类面源、Ⅲ类面源。

地震危险性分析中所用到的潜在震源区的划分、地震动衰减关系和断层长度与震级的关系，其实质是一种统计平均关系，都包含有很大的不确定性，故估计这种离散性对分析结果的影响也是地震危险性分析中很重要的工作。由此引申出不确定性估计工作以及地震动衰减关系和震级–断层破裂长度关系的不确定校正、潜在震源区划分不确定性校正等工作。（翁大根）

地震效应 earthquake effect 在地震作用影响所及的范围内地面出现的各种震害或破坏的现象。地震效应与场地工程地质条件、震级大小及震中距等因素有关，也与土木工程结构的类型和结构有关。地震效应大致可分为振动破坏效应、地面破坏效应和斜坡破坏效应3个方面。①振动破坏效应。当地震发生时，地震波在岩土体中传播而引起强烈的地面运动会使土木工程结构的地基基础以及上部结构都发生振动，从而给土木工程结构施加了一个地震（附加荷载）。当地震力超过某一限度时，土木工程结构即发生振动破坏，使建筑物发生结构错位、倾斜、坍塌等震害。②地面破坏效应。分为破裂效应和地基效应。前者是强震导致地面岩土体直接出现破裂和位移，引起附近或跨越破裂带土木工程结构变形或破坏的效应。后者是地震使松软土体压密下沉、砂土液化、淤泥塑流变形等导致地基失效而使土木工程结构破坏的效应。③斜坡破坏效应。主要包括地震导致的滑坡、崩塌、泥石流等，多发生在山区和丘陵地带。地震时巨大的滑坡和崩塌会摧毁斜坡上、下的土木工程结构而酿成严重灾害。如果地震前长期降雨，则地震发生时不但滑坡、崩塌灾害会加剧，而且还易发生泥石流。（于永堂）

地震液化 earthquake liquefaction 饱和的松散粉、细砂土或者粉土在地震应力作用下土体突然破坏而呈现液态的现象。地震应力作用时，地震产生的应力由土体颗粒骨架转向土体中的孔隙水，致使土体中的孔隙水压力急剧上升，当土体中的孔隙水压力增加到土体总应力值时，土体中的有效应力就降到零，此时土体的抗剪强度完全丧失，土颗粒悬浮在水中，土体即发生地震液化。

液化危害　当土体发生地震液化时，地基承载力明显降低甚至完全丧失。同时，地下土层中的孔隙水携带土体颗粒向上移动到地表，可形成喷水冒砂现象，地下土层中固态与液态物质缺失，导致不同程度的沉陷。土体液化可以造成地面建筑物倾斜、开裂、倾倒、下沉和道路路基滑移及路面纵裂。对于临河的区域，可能引发岸边滑移，桥梁落架等。此外，强烈的承压水流失携带土层中的大量土颗粒一并冒出，堆积在农田中毁坏大面积的农作物。

抗液化措施　工程上对易液化地层处理的方法主要分为两类：①从预防液化的发生入手，以土质改良为手段，通过提高密实度、降低含水率、挖除换填来加强土体前期抵抗液化的能力。包括合理选择场地；采取振冲、夯实、爆炸、挤密桩等措施，提高砂土密度；排水降低砂土孔隙水压力；换土，板桩围封，以及采用整体性较好的筏基、深桩基等方法。②以改变土体应力条件为手段，以提高有效应力、消散孔隙水压力、阻止孔隙水压力的发展、抑制剪切变形来控制液化后土体过大的变形破坏。（杨　坪）

地震震级　earthquake magnitude　表征地震强弱的指标。是地震释放多少能量的尺度，用来衡量地震的大小或规模。常用的地震震级标度有4种：近震震级M_L、面波震级M_S、体波震级m_b和矩震级M_W。

近震震级　又称里氏震级、地方震震级，最早由美国C.F.里克特和B.古登堡于1935年提出。计算近震震级M_L的公式为：

$$M_L=\log A-\log A_0 \qquad (1)$$

式（1）中A为标准地震仪上的地震波位移记录的最大振幅；A_0为标准地震在同一震中距上的最大振幅。

这里的标准地震是作为比较标准用的地震，假定其在震中距为100千米处的地震波位移记录最大振幅为10^{-3}毫米。如果$A=A_0$，则$M_L=0$。里克特规定：用标准地震仪（伍德-安德森扭摆式地震仪），在震中距100千米处记录到的地震波位移的最大振幅为10^{-3}毫米，相应的震级为零级。$\log A_0$是震中距的函数，是零级地震在不同震中距的振幅对数值，称作起算函数或标定函数。

中国李善邦将近震震级的定义发展为采用一般的近震记录，建议按下式确定震级：

$$M_L=\log A_\mu+R(\Delta) \qquad (2)$$

式（2）中A_μ为近震记录的最大地震波位移（微米），取两水平向分量的算术平均值，两水平向分量不必追踪同一时间的振幅。

$$R(\Delta)=\log V_0(T)-\log A_0-3 \qquad (3)$$

式（3）中$V_0(T)$为标准地震仪在最大振相周期T时的放大倍数；A_0与式（1）中的定义相同。

面波震级　根据面波计算出来的震级，由古登堡于1945年提出。面波震级标度比较适用于从远处（震中距大于1000千米）测定浅源大地震的震级，而且各国地震机构的面波震级测定结果也比较一致。古登堡的面波震级计算规定使用周期为20秒左右的面波记录，而中国的面波震级计算不以20秒周期为限。面波震级M_S按下式确定：

$$M_S=\log(A/T)+\sigma(\Delta)+C \qquad (4)$$

式（4）中A为面波最大地动位移（微米），取两水平向分量的矢量和；T为相应于A的周期；$\sigma(\Delta)$为起算函数；C为台站校正值。

体波震级　用远震体波的振幅和相应的周期计算出来的震级。由于随着震源深度的加大，面波迅速减弱，对于深源地震难以用面波测定震级，古登堡和里克特于1956年提出了体波震级。对于体波震级，中国仍采用古登堡和里克特的方法，按下式计算：

$$m_b=\log(A/T)+Q+S \qquad (5)$$

式（5）中A为地震体波波组的最大振幅（微米），对水平向分量则采用两水平向分量的向量和；T为相应于A的周期；Q为体波起算函数；S为台站校正值。

矩震级　由地震的基本物理参数计算出来的震级，地震的基本物理参数可以由地震波记录反演计算获得，反映了地震破裂面上滑动量的大小。1977年美国的金森博雄提出了这一矩震级，并给出了矩震级的计算公式：

$$M_W=\frac{2}{3}\log M_0-6.06 \qquad (6)$$

式（6）中M_0为地震矩。

震级转换关系　理论上讲，同一地震中得到的4种震级标度M_L、M_S、m_b和M_W应该相同，但实际上观测结果表明各种震级间有系统偏差，但他们之间可采用经验公式进行转换：

$$M_S=1.13M_L-1.08 \qquad (7)$$

$$m_b=0.63M_S+2.5 \qquad (8)$$

$$M_S=1.13M_W-1.0461 \qquad (9)$$

由于地震震级本身只反映地震某些方面的参数，再加上震源与观测台站之间地震波经过的介质有差异，以及近震震级、面波震级、体波震级和矩震级之间的转换关系也有差异，因此对于同一地震，确定的震级有一定的差异属正常。震级的大小直接与震源释放的能量有关，震级每差一级，地震释放的能量相差32倍之多。

一般来说，小于3级的地震人们感觉不到，只有仪器才能记录下来，叫作微震；3～4.7级地震叫有感地震；4.7级以上的地震就可能引起不同程度的破坏，统称为破坏性地震。（李小军）

地震直接灾害　direct earthquake disaster　由地震的原生现象，如地震断层错动，大范围地面倾斜、升降和变形，以及地震波引起的地面震动等所造成的直接后果。

类型　地震直接灾害包括地震对自然环境（如农田、河流、湖泊、地下水等）和人工设施［如房屋建（构）筑物、桥梁隧道、道路、水利工程和城市生命线系统等］的直接破坏，以及因此造成的人员伤亡。①地震对自然环境的直接破坏。表现为山体崩塌或滑坡，堵塞河道，形成泥石流、堰塞湖；地表开裂、断层错位、塌陷或隆起，砂土液化、喷砂冒水；水体的振荡，如海啸、湖震等。②地震对人工设施的破坏。主要表现为建筑物和基础设施的破坏，一般大致分为两种类型：一是结构物在地震地面运动作用下发生强烈的振动，即由惯性力导致结构构件开裂、破损，进而发生局部或整体倒塌；二是地基发生不均匀沉降或地基重力承载能力严重丧失，导致人工设施下沉、倾斜，甚至倒塌。建筑物受损或坍塌不仅造成巨大的财产损失，还会因砸压造成严重的人员伤亡。

地震还可能导致交通、供水、供电、供气和通信系统等生命线工程和大坝、灌渠等水利工程的破坏。这类基础设施破坏的后果，既包括本身的经济损失，也包括功能丧失带来的损失。例如，地震会阻碍震后的抢险救灾，影响灾区社会功能的恢复和公众的正常生活；同时还可恶化工农业生产条件，如中断水源和能源供应、破坏农田和水利设施等。

地震直接灾害是地震灾害的主要组成部分，是造成震后人员伤亡、生命线工程毁坏、社会经济受损等后果最直接、最重要的原因。大震，特别是发生在城市和其他人口、工程设施高度密集地区的地震，可造成数以万计的人员伤亡，大量建筑工程设施受损，产生巨大经济损失，有时甚至毁灭城镇。

防范措施　地震直接灾害的主要防范措施是：对于建筑物和基础设施，按照设防标准，做好城市抗震防灾规划，严格执行相关抗震设计规范，尽量采用可靠的减、隔震新技术，同时保证施工质量。此

外，还需要加强地震监测预警，定期举行抗震防灾演习，普及民众的防震救灾知识。（翟永梅）

地质成因 geologic origin 从地质作用的角度表征地貌或岩层形成的原因。地质作用通常指形成和改变地球的物质组成、外部形态特征与内部构造的各种自然作用。地球在漫长的地质历史演变过程中，由于内力和外力的地质作用，形成了千姿百态的地貌景观、地层剖面、地质构造、古生物化石、古人类遗址、矿物、岩石、水体和地质灾害遗迹等。

地质作用分为内力地质作用和外力地质作用两类。内力主要以地球内热为能源并主要发生在固体地球内部，包括岩浆作用、构造作用、地震作用、变质作用、地球各层圈相互作用；外力主要以太阳能及日月引力能为能源并通过大气、水、生物因素引起，包括地质体的风化作用、重力滑动作用以及各种地壳表层载体（河流、冰川、地下水、海水、湖泊、风沙）的剥蚀作用、搬运作用、沉积作用、固结成岩作用。内力地质作用与外力地质作用都同时受到重力和地球自转力的影响。

地质作用往往具有地域性、复杂性和漫长性的特点。在地球的不同地区往往出现不同的地质成因作用下的地貌特征，且同一类地质作用在不同地区与其气候特征等结合，表现出不同的特殊性。地质作用复杂，从性质上看，包括物理的、化学的、生物的；从规模上看，大到全球的宏观现象，小到原子和离子的微观过程。除了自然因素外，人工干预如工程建设、矿产开采等也会导致地球表面产生影响。

与人类工程建设关系比较密切的是地球表面相对松散的第四纪地层，根据地质成因一般可划分为人工填土、冲积、洪积、坡积、残积、风积、湖积、沼泽沉积、海相沉积、冰积、崩积等，不同地质成因的地层其工程性质各有特点。

（张继文 陈冉升）

地质调查法 geological survey method 通过地表和隧道内的工程地质条件调查与分析，了解隧道所处地段的地质结构特征，推断掌子面前方的地质情况的勘察方法。

特征 地质调查的内容包括地层的产状特征、断裂构造与节理的发育规律、岩溶带发育的位置、走向、形态等，预测隧道掌子面前方的不良地质可能的类型、位置、规模，以便在隧道施工中采取合理的应对措施，避免施工中事故和灾害的发生。在隧道埋深较浅、构造不太复杂的情况下，这种方法有较高的准确性。该方法与其他物探方法相结合，可取得更好的效果。但是在构造比较复杂的地区和深埋隧道的情况下，此方法工作难度较大，准确性难以保证。

类型 在隧道及地下工程地质预报领域，地质调查法是隧道超前地质预报中使用最早的方法。地质调查法可以直观迅速且较准确反映掌子面前方近距离地质情况，其中隧道内地质素描由专业地质人员对已开挖掌子面和隧道洞身的工程地质、水文地质特征进行真实详细地质编录，为近距离超前地质预报最直观的地质依据之一。地质调查法主要包括掌子面地质素描、洞身地质素描、地表补充地质调查等内容。常用的隧道工程地质调查和分析方法主要包括地表地质体投影法和掌子面编录预测法。

地表地质体投影法 在地表鉴别不良地质体的位置、规模、性质和岩体质量，以及精确测量不良地质体产状的基础上，应用地面地质界面和地质体投影公式进行超前地质预报。

地表地质体参数主要通过地表补充调查获取，地表补充地质调查工作内容主要包括：①对已有地质勘查成果的熟悉、核查和确认。②查明地层、岩性在隧址区地表的出露及接触关系，岩层产状及其变化。③查明断层、褶皱、节理密集带等地质构造在隧道地表的出露位置、规模、性质及其产状变化情况。④查明地表岩溶发育位置、规模及分布规律。⑤查明地表水系、地下水分布规律及其赋存状态。⑥查明人为坑洞位置、走向、高程等，分析其与隧道的空间关系。⑦复核超前预报重点段落，并提出超前地质预报建议。

掌子面编录预测法 又称地质素描法，属于短距离地质预报方法，隧道掌子面是其前方地质信息的直接揭露，掌子面编录是基于工程地质理论和作图法，将掌子面揭露的岩层岩性、结构面产状、地下水出露点及出水状态等信息详细记录下来并绘制成图，通过产状延伸和追踪，预测掌子面前方的地质情况，主要依靠岩层岩性和层位、不良地质体延伸和不良地质前兆信息。洞内地质素描工作内容主要包括：①根据隧道施工所揭露地质情况，填写隧道内地质描述记录表；当采用钻爆法施工时，还应包括掌子面地质素描记录表。②根据隧道内地质情况绘制隧道地质纵断面图和隧道洞身地质展示图。③在地质条件复杂和重点预报段落，应开展采样工作，并进行室内判别或实验室测试，判别隧道洞身围岩的岩性组合特征、风化程度，以及不良地质的性质、结构特征等。④对隧道内的不良地质进行摄影或录像，并记录镜头方向及俯仰角、位置、地质体特征等。（许振浩）

地质工程应急抢修 emergency repair for geological engineering 在地质灾害发生后，为了抢救民众、恢复交通、保障生产和保护生态而采取的快速反应和机动抢修。在处置突发性地质灾害时，应该坚持以人为本的原则，最大限度地减少地质灾害和重大险情对人民生命财产带来的损失和威胁。

应急抢修阶段 地质灾害发生后的应急抢修通常分为3个阶段：①应急抢修前，先评估抢修环境，如果风险过大，应采取必要的安全防护措施，保证抢险人员和装备的安全。②应急抢修时，应充分利用履带式挖掘机、推土机等专用机械设备适应各种复杂地形的优势，多点平行作业，加快抢修速度。③应急抢修后，应加强监测和防控，建立科学有效的灾害预警系统，避免灾害和险情的再次发生。对于不同类型地质灾害应当采用针对性的应急抢修技术措施。

应急抢修方法 以下是常见的地质灾害应急抢修方法。

滑坡应急抢修 主要步骤是：①土方清理。根据现场情况，确定具体清理方案。②排水。常用的措施是在滑坡体外部斜坡上修筑截流排水沟，尽量利用滑坡体地表自然沟谷修筑树枝状排水明沟，或与截水沟相连形成地表排水系统。对于滑坡体内浅层地下水，常用兼有排水和支撑双重作用的支撑盲沟截排地下水。③力学平衡。在滑坡体下部修筑滑石垛、抗滑挡土墙、锚索抗滑桩和抗滑桩板墙等支撑建筑物，以增加滑坡下部的抗滑力。④改善滑动面或滑动带的岩土性质，主要采取的方法有注浆法、电渗法和焙烧法。注浆法把水泥砂浆或化学浆液注入滑动带附近的岩土体中，通过凝固、胶结作用使岩土体抗剪强度提高；电渗法在饱和土层中通入直流电，利用电渗透原理，疏干土体，提高土体强度；焙浇法用导洞在坡脚焙烧滑带土，使土变得坚硬。

崩塌应急抢修 主要步骤是：①清除坡面危岩。清除坡面上有可能崩落的危岩和孤石，防止再次发生崩塌。②加固坡面。在易风化剥落的边坡地段，修建护墙、挡墙、预应力锚索抗滑桩等（见图），对坡体中的裂缝采取水泥填缝。③拦截、遮挡。对中小型崩塌可采取设置落石平台、拦石网、拦石墙、落石槽等方法，必要时可采

施筑锚索抗滑桩

取明洞和棚洞进行遮挡。④修筑排水构筑物。为防止水流大量渗入岩体而恶化斜坡的稳定性，可修筑截水沟、排水沟等。

泥石流应急抢修　主要步骤是：①土方清理。根据现场情况，确定具体清理方案。②跨越。在泥石流地段的铁路、公路线路，可采用桥梁、涵洞、过水路面、护路明洞、隧道、渡槽等方式跨越泥石流。③排导。修筑排导沟、急流槽、导流堤等工程，使泥石流顺利排走。④拦挡。在泥石流的沟中修筑谷坊坝，拦截部分泥沙石块，减弱泥石流的规模，固定泥石流沟床，减弱下切作用和谷坡坍塌，减缓流速。⑤拦截。修筑拦淤库和储淤场，将泥石流固体物质在指定地段停淤，减弱下泄物质总量和洪峰流量。⑥水土保护。包括生物措施和工程措施，生物措施通过恢复、培育草被和森林，抑制山坡的侵蚀，减缓岩石的风化速度，避免坡面冲刷；工程措施通过修筑拦土墙、护坡坝等使山体免于被冲刷和崩塌。

突水突泥应急抢修　主要步骤是：①排水清淤。一般采取两侧开挖排水沟方式直接将水顺坡外排至自然水系，如隧道基底石质坚硬无法挖沟排水时，采取洞内拦坝导水的方式将水外排，或设拦坝后利用抽排水设备将水直接外排。利用开沟方式排水较为困难时，可加设泵站接力排水吸泥。当隧道涌水出现渗漏点及泉眼时，可根据出水量大小，采用钢管对接、混凝土封堵接口的方式将水集中后排出。②注浆堵水。主要采取预注浆和后注浆两种方法。预注浆指的是在开挖面采取超前钻孔，通过钻孔来进行注浆施工，预注浆包括全断面帷幕超前注浆、全断面周边超前预注浆以及局部断面超前预注浆等。后注浆指的是在开挖完成后，隧道涌水不能满足工程质量、运营安全和环境保护的要求时而采取的一种处置方式，包括全断面径向注浆、局部断面注浆和补充注浆等方式。

（李术才）

地质构造　geological structure　地壳或岩石圈各个组成部分的形态及其相互结合方式和面貌特征的总称。地质构造是构造运动在岩层和岩体中遗留下来的各种构造形态和运动的踪迹，如岩层褶曲、断层、劈理、线理等。依其生成时间，地质构造可分为原生构造和次生构造。次生构造是构造地质学的主要研究对象，但为了查明岩体的变形特征，首先需要了解其原生构造特点。

（刘正宏）

地质力学分类　rock mass rating　评定岩体质量等级的分类系统。又称岩体分类。南非科学和工业研究委员会（CSIR）的Z.T.宾尼亚夫斯基于1972～1973年提出了CSIR岩体地质力学分类指标系统（RMR），由岩石强度、岩体质量指标（RQD）、结构面间距、结构面性质、地下水5个指标组成。将上述5个指标的岩体评分值相加就可得到岩体总的RMR值。RMR值由低到高在0～100变化，据此可将岩体分为5级，并获得无支护条件下工程的自稳时间和岩体强度（黏聚力、内摩擦角）。地质力学分类系统已经应用到隧道、洞室、矿井、边坡及基础工程等工程实践中。从现场应用看，地质力学分类法使用较简便，大多数场合岩体评分值都较为准确合理，但对于发生挤压、膨胀和涌水的软弱岩体时，此分类方法难于使用。

（杨　强）

地质灾害链　geological hazard chain　某一地质灾害发生后，继发另一地质灾害，呈现出链式有序结构的灾害传承效应。从而诱发区域性的地质灾害，并对整个区域的工程结构造成破坏，导致受灾区域内发生严重的经济损失和重大人员伤亡（图1）。地质灾害链有自然因素诱发的灾害链和人为因素诱发的灾害链。城市地质灾害主要是以地震、暴雨、人类活动为诱发因素，并以灾害链的形式演变发展成灾（图2）。

地质灾害链一旦形成，即使原发灾害已被控制，但衍生灾害也会造成严重危害。随着国家城市化进程的加快，城市地质灾害链的发生和演化过程受到高度重视，密集的建筑、众多的人口是灾害容易衍生的场所。地质灾害链可导致城市在短时间内遭受连续不断的破坏。

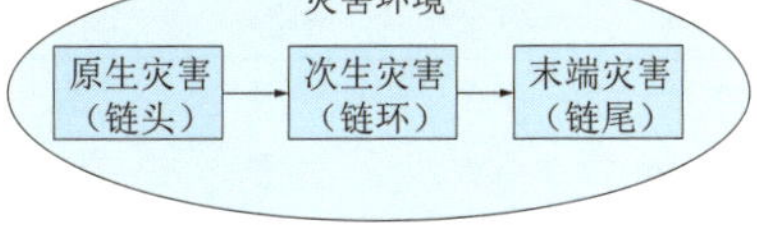

图1　灾害链示意图

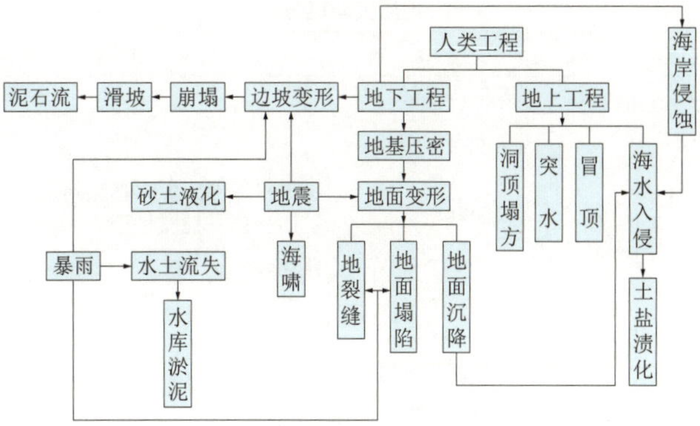

图2　城市地质灾害链示意图

分类　地质灾害链分类方式见表。

中国主要地质灾害链及基本特征　中国位于环太平洋地震带和阿尔卑斯—喜马拉雅地震带，西部有青藏高原周缘地形梯度带，东部有大兴安岭—太行山—武陵山地形梯度带，经常受到来自西太平洋热带风暴和台风的袭击，东部南北向地形梯度带和基岩山区的迎风坡经常形成暴雨，西部山区也经常有类似的灾害性天气出现，内、外动力作用频繁引发地质灾害链活动，且地质灾害链活动范围广、规模大、灾害严重。由此引发的内、外动力地质灾害链活动频繁，且具有范围广、规模大和灾害严重的特点。

地震灾害链　地震发生时会形成以地震为起点的多种不同灾害构成的链条。如1923年9月1日，日本东京发生8.2级地震，继而引发了山崩、泥石流、地裂缝、海啸、火灾、饥荒、疫病等重大灾害，使居民的生命财产受到严重损失。1960年5月21日，智利康塞普西翁发生9.5级地震，继而引发了滑坡、湖啸、海啸、火山等衍生地质灾害。1964年3月28日，美国安克雷奇发生8.5级地震，继而引发了冰崩、山崩、地裂缝、海啸、泥喷、火山等地质灾害。1995年1月17日，日本阪神发生7.2级地震，震区神户市建造在松软沉积层和人工回填土上，地震强烈振动使地基砂土严重液化、土壤沉陷，造成建筑物倒塌。2008年5月12日，中国汶川发生8.2级地震，诱发了大量崩塌、滑坡、泥石流等次生山地灾害。

台风灾害链　西太平洋地区热带风暴活动频繁，对中国东部沿海地区乃至一部分内陆地区影响较大，特别是近几年台风每年造成的灾害都相当严重。除强风对城市基础设施的破坏外，台风带来的强降雨

地质灾害链分类

划分标准	类型	典型案例
灾害间相互关系	同源型灾害链	
	因果型灾害链	
时空	空间链	环太平洋地质灾害链和阿尔卑斯—喜马拉雅地质灾害链
	时空链	风－风暴潮－暴雨－崩塌－滑坡－泥石流地质灾害链
诱发因素	内动力地质灾害链	地震及其诱发的断层、地裂缝、崩塌和滑坡形成的灾害链
	外动力地质灾害链	崩塌－滑坡－碎屑流－堰塞湖－泥石流地质灾害链
	人类工程活动地质灾害链	沿交通线、引水渠道等形成许多人工高陡边坡，在雨季经常导致崩塌、滑坡的发生
	内外地质作用耦合地质灾害链、复合型地质灾害链	降雨、地震－滑坡－泥石流地质灾害链
规模	一级地质灾害链	全球级别的地质灾害链：环太平洋地质灾害链
	二级地质灾害链	区域地质灾害链：四川盆地崩滑流区域性地质灾害链
	三级地质灾害链	流域地质灾害链：长江流域地质灾害链
	四级地质灾害链	单条冲沟地质灾害链

经常导致平原洪水、城市内涝等灾害。受台风影响较大的地区包括台湾岛、台湾海峡以及福建省东部沿海、浙江省南部、长三角地区。

暴雨灾害链　暴雨是许多地质灾害的触发因素，其引发的洪涝灾害也会伴随或诱发地质灾害。大量的降水不但加剧物理、化学风化作用，而且改变了岩体或土体内部的裂隙度、地下潜流的水力坡度，特别是对地质构造的薄弱面施加附加应力，由此产生地质环境或地质体的变化，引发暴雨灾害链，如暴雨－崩塌－滑坡－泥石流等。如2006年2月17日，菲律宾首都马尼拉东南约670千米的圣贝尔纳镇，因暴雨发生暴雨－滑坡－泥石流灾害链，造成200人丧生，1500人失踪。另外，由于暴雨的冲刷作用，也会产生暴雨－水土流失－水库淤积灾害链。

人类工程灾害链　人类在改造地质环境向良性方向发展的同时，其负面影响也越来越严重，在大规模的地面和地下工程建设、资源开发利用过程中产生一系列的人类工程活动灾害链。这一类灾害链受工程及人类活动的影响，链式反应较为缓慢且不易察觉，但是已经成为最主要的城市工程性地质灾害链，许多地质灾害都与该灾害链相关。如天津市因地下水过量开采，导致沉降范围超过8000平方千米，由此产生地面标高降低，导致海水入侵严重，盐化土壤占全市总土地面积的38.9%，形成人类工程—地面沉降—海水入侵—土盐渍化灾害链。

防治对策　主要防治对策有：①抑制链式反应，切断灾害链。首先，削弱或者消除人类可以控制的“链头”；其次，切断某个或者多个“链环”，中断链式反应，减少损失。②避开链式反应的路径，加强抗灾性。首先，在灾害链经常活动的区域，尽量减少受灾体的数量，或者设置综合价值较低的受灾体；其次，提高可能受灾体的抗灾能力。③提高预警，及早防范。利用灾害链运动的某些规律性（如因果性与某种准周期性等），预报地质灾害链可能发生的时间、地点、成灾范围、影响程度等，为减轻地质灾害提供依据，以便及时发布预警信息和制定防治对策。④链式反应过程的综合防治，全方位考虑受灾体、致灾体和孕灾环境，从而控制链式反应过程。

（唐益群）

地质灾害危险性评估　risk assessment of geological hazards　在查明各种致灾地质作用的性质、规模和承灾对象社会经济属性基础上，从分析致灾体稳定性和致灾体与承灾对象遭遇的概率入手，对其潜在的危险性进行客观评价，开展包括现状评估、预测评估、综合评估、建设用地适宜性评价及地质灾害防治措施建设等为主要内容的技术工作。

分级　根据地质环境条件复杂程度与建设项目重要性划分为三级（见表）。

工作程序　地质灾害危险性评估程序见图。

地质灾害危险性评估分级

建设项目重要性	地质环境条件复杂程度		
	复杂	中等	简单
重要	一级	一级	二级
较重要	一级	二级	三级
一般	二级	三级	三级

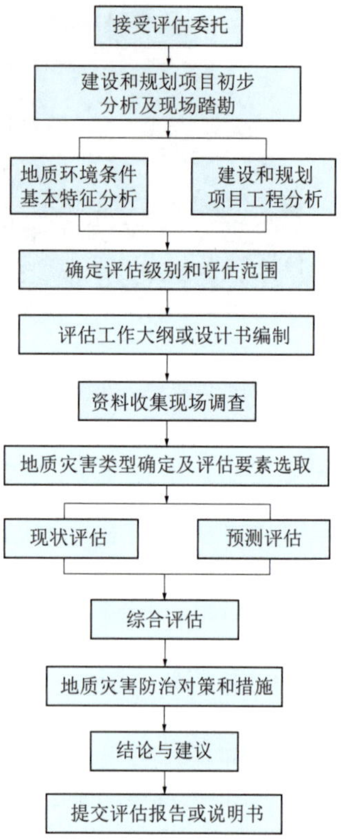

地质灾害危险性评估程序示意图

评估类别　①现状评估。基本查明评估区及周边已发生（或潜在）各种地质灾害的形成条件、分布类型、活动规模、变形特征、诱发因素与形成机制等，对其稳定性（发育程度）进行初步评价；查明评估区地质灾害对生命财产和工程设施造成的危害程度。应根据地质灾害发育程度（稳定性）、危害程度，按灾种进行地质灾害危险性现状评估。可采用工程地质类比法、成因历史分析法、赤平投影法等定性、半定量的评估方法。②预测评估。在现状评估的基础上，根据评估区地质环境条件、建设工程的类型和工程特点对危险性进行评价。包括对工程建设中和建成后可能引发或加剧的各种地质灾害的可能性、发育程度、危害程度和危险性进行预测评估；对建设工程自身可能遭受已存在的地质灾害的可能性、发育程度和危险性进行预测评估。常用的评估方法有工程地质类比法、成因历史分析法、层次分析法、数学统计法等定性、半定量的评估方法。③综合评估。根据地质灾害危险性现状评估和预测评估结果，充分考虑评估区地质环境条件的差异和潜在地质灾害隐患点的分布、危害程度，确定判别区段危险性的量化指标，将危险性划分为大、中、小三级。

建设用地适宜性评价　建设用地的适宜性可分为适宜、基本适宜、适宜性差3

个等级。①适宜。地质环境复杂程度简单，工程建设遭受地质灾害的可能性小，引发、加剧地质灾害的可能性小，危险性小，易于处理。②基本适宜。不良地质现象中等发育，地质构造、地层岩性变化较大，工程建设遭受地质灾害的可能性中等，引发、加剧地质灾害的可能性中等，危险性中等，但可采取措施予以处理。③适宜性差。地质灾害发育强烈，地质构造复杂，结构发育区软弱，工程建设遭受地质灾害的可能性大，引发、加剧地质灾害的可能性大，危险性大，防治难度大。（杨　坪）

地质作用　geological process　形成和改变地球物质组成、内部结构和外部形态的各种自然过程。地质作用可以是物理过程、化学过程或与生物活动相关的过程，它们既发生于地球内部也发生在地表环境。地球现在的内部结构和表面地貌是地质作用长期改造的结果。地质作用与地球内、外部能量相关，由地球内部能量引发的地质作用称为内地质作用，由地球外部能量产生的地质作用称为外地质作用。地球内部能量主要包括热能、放射能、化学能、重力能以及地球转动能等，这些能量所产生的地球动力导致了许多重要地质过程的发生，如地壳或板块运动、岩浆活动、变质作用以及地震等。地球外部能量主要来自太阳辐射热能、潮汐能、生物能以及重力能，这些能量导致风、流水、冰川、波浪、潮汐、重力滑坡的发生和促进生物的活动，从而引发地球表面各种地质作用，如风化、剥蚀、搬运、沉积以及岩层的滑移崩塌等。不同地质作用的规模和持续时间不同。内地质作用一般规模巨大或强烈突发，如板块运动、火山喷发、地震等，而外地质作用通常规模较小或微弱缓慢，如重力滑坡、化学风化、成岩过程等。

构造作用　主要有板块运动、构造变形和地震3个方面。

板块运动　地球内部热能引起的地幔对流使上覆岩石圈板块发生运移，毗邻板块的相对运动在其结合部位可产生不同构造环境和引发不同类型的地质作用。板块间的相对运动可分为汇聚、离散和走滑3种类型。汇聚板块边界是大洋板块向相邻大陆板块之下俯冲的边界。俯冲大洋板块最终消亡导致相邻大陆将发生碰撞，产生挤压构造环境。大洋板块的俯冲角度和速度可发生变化，造成上覆大陆出现伸展或挤压应力场和引发伸展或挤压变形。相邻板块朝反方向运动形成离散型板块边界。离散边界多由大陆裂谷演化而成，裂谷发育使岩石圈不断减薄，最终产生大洋地壳。洋壳两侧大陆遂发展为被动大陆边缘，并以伸展变形和岩浆活动为特征。相邻板块发生侧向运动则产生走滑板块边界。相邻板块之间的走滑运动虽对板块内部变形影响较小，但导致走滑断裂的两端区域发生强烈变形。在运动过程中，板块运动方向会发生不断变化，板块边界的构造应力场也会随之改变，因此导致复杂构造变形的发生。

构造变形　指原始岩石的结构、构造和位置在构造应力作用下发生了改变。岩石中的线理、面理、断裂以及褶皱几何学特征记录了变形过程。脆性变形使岩石结构发生整体性破坏，形成节理或断层等。塑性变形使岩石内部结构重新调整，岩石体积发生变化。构造变形可导致地壳缩短增厚、地壳伸展减薄以及地块旋转等。地壳缩短变形方式主要为褶皱和逆冲推覆，它们导致地壳岩石发生不断叠置而增厚。地壳缩短增厚往往与陆块碰撞有关，陆块碰撞形成的造山带往往具有厚的地壳。逆冲推覆构造变形也可导致相邻陆块发生挠曲或褶皱，形成前陆盆地或褶皱盆地。地壳伸展减薄构造变形表现为地壳上部发生正断层以及深部发生韧性拉伸，并促使裂谷盆地的形成。强烈地壳伸张可造成下地壳物质的剥露，形成变质核杂岩。地块旋转以及地块之间相对平移在地块边缘产生走滑断裂。走滑断裂走向在空间上的变化导致某些部位发生伸展或挤压，产生拉分盆地或褶皱冲断带。

地震　岩石中蓄积的应变能以弹性波的形式突然释放和引起地球的颤动。断裂带的应变是逐步积累的，当应变到一定程度时会克服断裂带的摩擦阻力，使断裂带发生快速位移和释放积累的能量。地震可产生两种地震波，即体波和面波。体波包括初至波（P波）和次波（S波），它们在地球内部快速传播，但对地表影响较小。面波包括瑞利波（地滚波）和勒夫波（L波），它们沿地表传播，是造成地震灾害的主要原因。地震活动可使地壳结构、构造和地表形态发生明显改变，并可引发重大地质灾害。

岩浆作用　主要有岩浆侵入和火山活动两方面。

岩浆侵入　岩浆是岩石圈内部的高温熔融体，它从形成到冷凝经历了不同的物理化学条件变化。岩浆侵入指深部岩浆向上运移和入侵到周围岩石之中。岩浆在侵入过程中不断发生分异和同化混染。岩浆分异作用指由于温度、压力、氧逸度等物理化学条件的变化，初始母岩浆不断派生出不同成分岩浆的过程。岩浆分异作用包括结晶分异、熔离作用、扩散作用、气运作用等主要形式。同化混染指上升岩浆与围岩之间发生的相互作用。部分围岩组分被熔解进入岩浆，逐渐成为岩浆的一部分，从而不断改变原始岩浆的成分。

不同岩浆形成于不同深度。铁镁质岩浆一般形成于地幔，如玄武质岩浆；长英质岩浆则形成于地壳，如花岗岩浆。来自地幔的铁镁质岩浆由于黏度小、温度高，所以可快速入侵到地壳内部，形成铁镁质岩体。长英质岩浆由于黏度大和温度较低，侵入过程相对较慢，但可形成体积庞大的岩基。花岗岩是地质记录中最常见的岩浆侵入体。花岗岩浆的形成是一个渐进过程，首先是源区发生部分熔融，形成原地花岗岩或混合岩。当熔融达到一定程度，花岗岩浆开始向上运移，逐渐侵入上覆围岩之中。

火山活动　指地下岩浆涌到地表的现象。强烈的火山活动主要发生在活动大陆边缘，这一现象反映火山活动与大洋板块俯冲直接相关。上地幔和地壳内岩浆的形成是部分熔融的结果，但水的加入对活动大陆边缘部分熔融有重要的影响。俯冲板块上覆沉积物中含有大量水，当沉积物被俯冲到深部时其所含的水被挤出，从而大大降低了上覆岩石的熔融温度，促使其在相对较低的温度下发生部分熔融或称为水化熔融。太平洋板块向周缘大陆之下的俯冲产生了一个巨大的火山喷发环带。火山活动也发生在板块内部或远离板块边缘的区域，但它们通常与大陆伸展和裂谷过程相伴生。板块内部火山活动被认为与深部软流圈上涌或地幔柱活动相关。大面积分布的玄武岩在大陆内部构成大火山岩省，如二叠纪西伯利亚大火山岩省和古新世得干大火山岩省等。

火山喷发有多种形式，但大致可分为裂隙溢流和中心爆发两种形式。裂隙溢流指熔岩流沿裂隙相对平静地涌出地表。溢流熔岩多为基性岩浆，温度可达1100℃。由于溢流熔岩黏度小，它们可流动很远距离，从而形成大面积分布的溢流玄武岩。中心式爆发火山多为中酸性岩浆喷发，它们可形成巨大的火山蘑菇云和形成大规模火山碎屑流与火山灰沉积。中酸性岩不仅浆黏度大，而且含有大量气体。当岩浆上升到具地表数百米时，内部气体压力迫使上覆地壳发生破裂。当岩浆冲出地表，大量气体的突然析出导致强烈的火山爆发。火山爆发使岩浆和围岩强烈碎裂，从而产生大量的火山碎屑。因此爆发式火山以形成大量的熔结凝灰岩、火山角砾岩为特征。

沉积作用 主要有风化作用、剥蚀作用、搬运作用、沉积作用和成岩作用5个方面。

风化作用 指由于大气温度的变化以及水、氧、二氧化碳和生物的参与，地表岩石内的矿物发生分解和碎裂的作用。风化作用分为物理风化、化学风化和生物风化3种形式。物理风化指地表岩石发生机械破碎的过程。岩石裂隙中的水由于温度变化发生结冰和消融，这种过程的反复进行导致裂隙不断扩展和岩石最终破碎。化学风化指地表岩石内的矿物由于化学反应而被分解的过程。火成岩和变质岩的化学风化最为明显，因为组成这些岩石的矿物都是在较高温度和压力下形成的，当它们处在地表环境下时将变得十分不稳定。水在化学风化过程中起重要作用，许多矿物与水发生化学反应形成黏土矿物，而矿物中的其他元素则被水流带走。花岗岩中的长石矿物很容易与水反应形成高岭石，而长石中的钾元素则被水流带走。另外，植物根系在岩石裂隙中的生长也是导致地表岩石发生破裂的另一重要原因。长期风化作用可在岩石表面形成风化壳和土壤。

剥蚀作用 指河流、地下水、风、冰川等对地表岩石的破坏和改造。河流不仅向下切割，而且可侧向剥蚀，从而导致河道不断扩展和侧向变迁。地下水的剥蚀是一种潜蚀过程，它在地表下形成溶洞，甚至产生地下河。风蚀是通过风对地表岩石的长期磨蚀而不断改造地表的地貌形态的作用。在沙漠或干旱地区，强烈的风沙可形成各种风蚀地貌，如丹霞地貌。冰蚀是通过冰川的刨蚀、拔蚀、锉蚀等过程改造地貌形态的作用，如山岳冰川可形成U形谷。剥蚀作用属于物理风化。

搬运作用 指自然媒介将风化和剥蚀所产生的物质从原地搬运到他处的过程。流水、风和冰川是沉积物搬运的主要媒介。沉积物搬运可通过推移、跃移和悬移3种形式。沉积物本身在搬运过程中也会被不断磨蚀和细粒化，因此可依据沉积物颗粒的磨圆度、球度、大小和分选程度来判别沉积物搬运的距离。

沉积作用 指沉积物被搬运到一个地方而发生沉积的过程，并可分为物理沉积、化学沉积和生物沉积。沉积作用与沉积物搬运的方式和沉积速率密切相关。河流沉积主要与牵引流相关，沉积颗粒在河床表面呈推移或跃移方式向前迁移并最终沉积。牵引流可形成各种交错层和平行层状砂岩以及砾石呈叠瓦状排列的砾岩。悬浮搬运的细粒沉积物最终形成具有水平层理的泥岩和粉砂岩。当沉积速率非常快时，悬浮沉积作用则产生厚层或块状泥岩和粉砂质泥岩。沉积物重力流与牵引流以及它们分别所形成的沉积岩完全不同。沉积物重力流中的碎屑颗粒不是通过水流牵引被搬运的，而是整体呈块状运移的。沉积物重力流依据内部碎屑颗粒的支撑机制分为碎屑流、浊流、颗粒流和液化流4种类型。碎屑流一般形成无分选的块状砾岩和砂砾岩；浊流可形成具鲍玛序列的砂岩或浊积岩；颗粒流可在块状砂岩底部产生逆粒序。不同沉积作用可在同一个沉积体系中的不同部位发生。如在三角洲沉积体系中，三角洲平原以河流或牵引流沉积为主；三角洲前缘由于普遍发生沉积物重力流，因此常见碎屑流沉积和浊积岩；前三角洲区域以悬浮沉积为主，因此以发育水平层理泥岩和粉砂岩为特征。化学沉积主要形成碳酸盐岩和蒸发岩，其沉积过程主要受海水或湖水深度、温度等因素控制。碳酸盐岩形成于温暖清洁、陆源碎屑较少的浅海和滨岸环境，而蒸发岩则主要发育在干旱气候条件下的湖泊和潟湖环境。生物沉积与生物活动相关。浅海生物沉积经常与碳酸盐岩共生，或作为碳酸盐岩沉积体系的重要组成部分，形成生物碎屑灰岩、生物礁灰岩、叠层石白云岩等。

成岩作用 指松散沉积物转变为坚硬岩石的过程。松散沉积物转变为坚硬的岩石主要通过两种过程，负载压实和化学胶结。负载压实指早期沉积物由于上覆沉积的负载而导致其孔隙和体积变小，孔隙水不断排出，碎屑颗粒将直接接触和黏结，最终形成固结的沉积岩。泥岩初始沉积时的孔隙度可达80%，压实作用使固结泥岩仅是初始沉积体积的20%。砂质沉积物早期的孔隙度约为40%，成岩后砂岩的孔隙度则仅有10%。化学胶结是指通过孔隙水中的化学组分将沉积物颗粒胶结在一起。随着碎屑岩压实过程的不断进行，碎屑颗粒之间相互挤压可产生压溶作用。压溶产生的硅元素将进入孔隙流体，并最终沉淀将碎屑颗粒胶结在一起，形成硅质胶结的碎屑岩。碳酸盐岩中普遍存在的压溶缝合线指示压溶作用在碳酸盐岩成岩过程中也起着关键作用。在许多情况下，沉积岩不仅受上覆沉积体的压实，而且也受周缘构造应力的作用。如果沉积岩内部的水被不断挤出，并且形成无水新矿物，这种情况指示沉积岩已开始向变质岩转化。

变质作用 指原有的岩石由于温度和压力的变化，在基本保持固态或未发生熔融的情况下，其结构构造、矿物组成以及化学成分发生了明显变化。每一种岩石都是由某些特定矿物组合而成，每种矿物都是在一定温度和压力范围内保持稳定。如果岩石所处环境的温度和压力条件发生了变化，原有的矿物将转变为其他矿物，导致原有岩石性质发生了根本改变。由变质作用而产生的岩石被称为变质岩，如泥岩和砂岩可转变为板岩、片岩、片麻岩和角闪岩等；花岗岩和玄武岩可分别转变为片麻岩和角闪岩。变质作用可分为低级变质作用、中级变质作用和高级变质作用，用于表示岩石所经历变质程度的差异。为了准确描述变质过程与温度-压力之间的内在关系，变质相的概念被广泛使用。一个变质相反映一个特定的温度-压力范围，原岩的化学成分决定不同变质相将出现哪些特征矿物组合。依据变质作用发生的空间规模，变质作用也被划分为局部变质作用和区域变质作用。局部变质作用可根据变质成因来描述，如接触热变质作用、动力变质作用、气-液变质作用以及冲击变质作用。区域变质作用则可按照变质环境来描述，如造山变质作用、洋底变质作用、埋藏变质作用等。

地质作用的相互关系 内、外地质作用共同控制着地球的演化。内地质作用通过地幔对流、板块运动以及热量传导和辐射，以岩浆活动等形式将地球内部能量释放到地球外层。结合重力势能，内地质作用不仅导致地球内部出现稳定的圈层结构，而且在地球表层塑造出大陆、大洋、山脉、湖泊等地貌景观。外地质作用通过水圈、生物圈、大气圈中各种自然力的相互作用对地球表层进行改造。内地质作用控制地球演化的整体过程，而外地质作用起改造作用。然而，外地质作用对盆地构造、山脉隆升等地质过程也有着重要的影响。巨厚的沉积物会增强盆地基底的沉降幅度；持续的风化作用、河流剥蚀以及大规模滑塌会促使山脉隆升。内地质作用和外地质作用在地球发展过程中构成了一个相辅相成的完整系统。 （孟庆任）

滇缅公路 Yunnan-Burma Highway 自中国昆明—缅甸腊戌的国际通道。又称昆瑞公路（昆明—瑞丽）、昆畹公路（昆明—畹町）、中美合作公路、抗日公路。抗日战争时期中国工业基础薄弱，军事物资对外援依赖程度高，因此“七七”事变后，日军对除辽宁、青岛以外的所有中国海岸进行封锁，致使只有滇越铁路一条途径运输援助中国抗战的物资。为确保外援物资的运输，另辟对外通道势在必行。1937年8月，国民党政府在南京召开了高级军政人员紧急会议，决定修建滇缅公路。

滇缅公路东起昆明，经安宁、陆丰、

一平浪、楚雄、凤仪、漾濞、保山、龙陵、芒市、畹町，西至缅甸腊戍，穿越蝗螂川、绿汁江、龙川江、漾濞江、澜沧江、怒江等河流，跨越点苍山、怒山、高黎贡山等山脉，全长1153千米。其中云南段全长959.4千米，路面宽7米，路基深2～3米，泥结碎石路面，分东西两段，由中方修筑。东段从昆明经楚雄到下关，长411.6千米，已于1935年建起，但路面、弯道、桥梁需要改善扩建；西段从下关向西经保山到畹町，长547.8千米，全部需要新建。为确保公路修筑任务能顺利完成，云南省政府决定将全路施工任务由省公路总局负责，20万劳工参加修建（有3000多人丧生），工程共挖土方2754万米^3。

由于地形复杂，滇缅公路线形较差，“二十四道拐”（连续24个回头弯）位于晴隆县城南郊1千米处。“二十四道拐”从山脚至山顶直线距离约350米，垂直高度约260米；在斜坡上以S形顺山盘旋至关口，全程约4千米（见图）。

滇缅公路24道拐

滇缅公路于1938年8月全线通车，比预定1年限期提前3个月。从1938年8月至1942年5月，国际社会通过滇缅公路向中国运送物资49万多吨，运进汽车1万余辆，运送部队9万余人。在1939年的11个月中，通过滇缅公路运入的武器和其他物资共218万吨，平均每月2000多吨。1940年9月，日军占领印支北部，致滇越铁路中断，滇缅公路成为中国联系盟国的唯一陆上通道，运输十分繁忙。据统计，1939年至1940年6月，通过滇缅公路月运入的军用物资已达1万吨。1941年全年，通过滇缅公路运入的军用物资及其他各类物资的数量达1312万多吨。1941年11月的运输量最高，达到1175万吨，成为滇缅公路开通以来的最高运输纪录。（孙立军）

电磁法 electromagnetic method 以地壳中岩、矿石的导电性、导磁性和介电性为主要物性基础，根据电磁感应原理，通过观测和研究电磁场的空间与时间分布规律，来寻找地下有用矿产资源和解决地质、环境工程等问题的一组勘探方法。电磁法可以分为几类：①地质雷达法。是一种高效的浅层地球物理探测技术。它通过发射高频电磁脉冲波，利用地下介质电性参数的差异，根据回波的振幅、波形和频率等运动学和动力学特征来分析和推断介质结构和物性特征。②瞬变电磁法。是一种利用低频电磁场进行地质勘查的地球物理方法。在隧道及地下工程的超前预报中，利用不接大地回线向掌子面前方发送一次脉冲磁场，在一次脉冲磁场间歇期间，利用线圈或接地电极观测二次涡流场，通过接收线圈测量二次场空间分布形态，可实现异常地质体的探测，确定异常体的电性结构和空间分布形态。③高密度电法。是一种以地下介质的电阻率差异为勘探基础的测量方法。在分类上属于直流电阵列勘探方法，通过电阻率剖面中的低阻或高阻异常、电阻率之间的分界面等特征来研究地下介质异常体的时空分布规律，进而推断地质体的构造特征和分布状态。④激发极化法。是利用探测对象与周围介质之间的激电效应差异，通过观测和研究人工建立的激电场分布规律，进行含水构造超前探测的方法。由于不良地质与围岩激电效应差别越大，激电场改变越明显、越容易探测到，因此通过分析测量电极所探测到的电势变化，就可以了解到隧道掌子面前方不良地质的位置和规模等情况。⑤核磁共振法。是利用水中氢质子弛豫特性差异所产生的核磁共振现象来实现水体定位与水量识别的一种地球物理勘探方法。（刘 斌）

定向抛掷爆破 directional pinpoint blasting 通过一定技术措施使爆破岩块按设计方向抛掷到要求位置，并堆积在设定范围内的爆破技术。定向抛掷爆破可将大量石方抛掷到确定位置，有利于加快工程进度。定向抛掷爆破在中国主要应用于定向筑坝工程、路堑（铁路、公路）开挖工程，以及矿山开采剥离工程等。

根据抛掷作用的方向不同，抛掷爆破可分为单侧抛掷爆破、双侧抛掷爆破、多向抛掷爆破和上向抛掷爆破等。

定向抛掷爆破的基本原理包括最小抵抗线原理、多向爆破作用原理、群药包作用原理、重力作用原理等。根据工程的不同要求，抛掷爆破在控制抛掷方向的同时还要控制抛掷块度组成、爆堆形状、大小及密集程度等，应充分考虑炸药性能、药室位置、地形地质条件、地貌及地质构造情况、起爆顺序及爆破参数等因素。除了通常采用的集中硐室药包实现抛掷爆破外，分集药包、条形药包和深孔平面药包为抛掷爆破提供了新的技术途径。

规模和影响较大的定向抛掷爆破工程有1985年福建顺昌石灰石矿的1700吨剥离大爆破、1991年广东惠州芝麻洲3100吨填海大爆破和1992年底广东珠海炮台山1.2万吨大爆破等。（纪 冲）

冬期施工 building construction in winter 建筑工程在冬季等低温环境下进行施工，此时土壤、混凝土、砂浆等建筑材料会受到冻害影响，通常的常温措施难以达到预期目的，为满足质量要求，需要采取特殊措施进行施工。因为施工条件恶劣，施工环境不利，在冬期施工中工程质量事故比较容易发生，尤以地基基础工程和混凝土工程居多。冬期施工质量事故具有隐蔽性和滞后性的特点，施工时间是冬季，质量问题常常等到春天气温回暖才暴露出来，给事故处理带来难度，冬期施工出现的质量问题常常会影响工程使用寿命。根据当地多年气象统计，当室外日均气温连续5天稳定低于5℃，即进入冬期施工，当室外日均气温连续5天高于5℃，即解除冬期施工。中国“三北”（东北、西北、华北）地区冬期施工阶段一般为3～6个月，时间跨度较长。冬期施工需解决低温环境对施工造成的负面影响，要采取一系列措施提高施工环境温度，需要消耗较多的热能，造成工程造价提高。对于不得不在冬期施工的项目，须编制因地制宜的冬期施工方案；方案须兼顾技术可靠，施工方法简单，施工速度快，达到施工周期短、降低成本的目的；所需的热源和材料要充足可靠，经济合理，减少能源消耗和材料消耗；方案中须制定冬期施工管理措施和质量保障措施。

地基基础工程冬期施工 应根据地基土的主要冻土指标，如冻土层厚度、分布、含水量、冻胀性、融沉系数等，制定专项冬期施工措施。

土方工程 一般安排在入冬之前施工较为合理。含水的松散岩石和土体，当其温度处于0℃及以下时，其中的水分会转化为结晶状态且胶结了松散的固体颗粒，形成冻土。在冬期，可利用自然条件就地取材进行土体保温防冻，其防冻方法一般有地面耕松耙平防冻、覆雪防冻、隔热保温材料防冻等。针对冻土施工，常采用的方法是先破碎冻土，再挖掘施工。破碎冻土可采用爆破、机械和人工等方法。人工破碎法常用镐、铁楔子等工具，耗费劳动力较大，是一种较落后的方式；机械法需根据不同厚度的冻土，选择不同的机械，通用机械有松土机、挖掘机和打桩机；对于冻土层较厚，破碎开挖面积较大时，可采用爆破法，将炸药放入爆破孔中进行爆破，冻土破碎后用挖掘机挖出。冻土的融化是依靠外加热来完成的，需耗费大量的能源和资源，通常有循环针法、电热法和烘烤法等。在冬期土方回填施工中，冻结土块，尤其是温度越低的冻土，坚硬不易压实，可夯实性很差，且冻土融化后，会造成不均匀融沉变形，影响地基质量，因此强夯施工中，夹杂的冰块、冻土必须清除。

桩基础　冬期施工中，**桩基础**湿作业法施工，泥浆易受冻，工艺环节复杂，因而宜采用干作业法进行桩基成孔。

基坑支护　中国冬期基坑支护工程采用的主要方法有排桩和土钉墙，考虑排桩为临时性支护结构，桩身混凝土施工可选加防冻剂。

砌体工程冬期施工　在冬期施工中，砌体砂浆受温度影响大，砂浆稠度宜较常温条件下适当增大，可通过增加石灰膏和黏土膏的办法解决。在气温高于0℃时，砌体材料仍应进行浇水湿润，当气温等于或低于0℃时，不得浇水湿润，否则水在材料表面有可能结成冰薄膜，反而会降低砂浆的黏结力。

砌体工程冬期施工主要方法有外加剂法、暖棚法、蓄热法、电加热法等。外加剂法施工是在拌和水中加入外加剂，如氯化钠、氯化钙或亚硝酸钠，砂浆砌筑在负温条件下硬化，强度可以持续增大，砌体也不会发生冻胀沉降变形。当气温在−15℃以上，砂浆可单掺氯化钠；当气温低于−15℃时，可与氯化钙复合使用，同时，砌体砂浆强度等级应较常温施工提高一级。采用氯盐外加剂砂浆后，氯离子对钢筋表面有腐蚀作用，应对钢筋采取防腐措施，可涂刷樟丹、沥青漆、防锈涂料等。外加剂施工工艺简单，砖石结构工程的冬期施工，应以外加剂法为主。对于地下工程和急需使用的工程，可采用暖棚法。暖棚法利用简易结构和廉价的保温材料，将需要砌筑的砌体和工作面进行临时封闭，在棚内加热，营造正温环境，使其在常温下砌筑和养护。暖棚法成本较高，以及受其搭设条件的限制，适用于地下工程、基础工程以及工期紧体积小的砌体结构。采用暖棚法施工时，砌体和砂浆在砌筑时，温度均要大于或等于5℃。

混凝土工程冬期施工　新浇筑的混凝土在凝结过程中，如遭遇低温，水泥的水化作用会停止进行，同时拌和水开始冻结成冰、体积增大，会使混凝土冻裂而严重影响其质量。即使在恢复常温养护以后，浆体中的孔隙率也显著增加，使混凝土的各项物理力学性能全面下降，而且遭遇冻害的混凝土耐久性会严重退化。混凝土遭冻越早，后期强度的恢复越困难，在冬期施工中，必须防止混凝土在硬化初期遭遇冻害侵袭，尽早提高其强度，在混凝土温度降至0℃前，其抗压强度不得低于抗冻临界强度，在达到此强度前均需采取冬期施工措施。抗冻临界强度是混凝土设计强度的30%（普通硅酸盐水泥）或40%（矿渣硅酸盐水泥），且不低于5.0兆帕。

混凝土工程在冬期施工中，要确保选用合适的养护方法。当室外温度不低于−15℃，结构表面系数（表面积和体积之比）不大于5的地面或地面以下的工程，宜采用蓄热法养护。蓄热法养护是将混凝土材料加热后搅拌，浇筑后的混凝土用保温材料严密覆盖，利用预加的热量和水泥水化热，使混凝土在正温下逐渐硬化。对边、棱角部位的易受冻混凝土，应加强保温措施，注意防风、防失水。针对地下结构工程和混凝土量比较集中的结构工程，在日平均气温不低于−10℃时，可采用暖棚法养护施工。暖棚常以脚手架材料为骨架，以塑料薄膜或帆布覆盖。采用薄膜搭设暖棚，费用较低，有利于场所日采光和吸收太阳能提高棚内温度。暖棚法养护时应采取防止混凝土表面碳化的措施。结构表面系数大的混凝土，可采用电加热法养护，根据其所用发热元件不同，主要有电极法、电加热法（一般用电热毯）、工频涡流法、线圈感应法、红外线加热法等。有些结构表面系数较大的梁、板、墙等也可利用蒸汽法养护。蒸汽养护包含升温—恒温—降温3个阶段，各阶段加热延续时间应根据养护结束时要求达到的强度确定。

混凝土工程冬期施工，应进行热工计算，起始养护温度须满足热工计算的要求，且不低于5℃，及时了解混凝土强度的发展情况，明确混凝土停止加热养护前是否达到预定强度。为缩短养护时间，应优先选用硅酸盐水泥和普通硅酸盐水泥，水泥强度等级不宜低于42.5级，每立方米混凝土中的最小水泥用量不宜低于280千克，水胶比不宜大于0.55，并优先考虑加入减水剂、引气剂、早强剂等外加剂，提高其抗冻能力，同时要求振捣密实。

装饰工程冬期施工　可采用热作法或冷作法，并保证墙体基层表面的冰、雪、霜等清理干净。热作法是利用热源，提高和保持操作环境的温度，使装饰施工在不低于5℃的温度下进行，饰面、油漆、裱糊、玻璃工程等应采用热作法施工。当需室外施工时，要求环境温度不低于5℃。抹灰工程的环境温度不低于5℃，室外大面积抹灰应采取热作法，零星室外抹灰工程可采用冷作法施工，在施工砂浆中掺入防冻剂，使砂浆在负温下逐渐硬化。如有饰面涂刷施工，应注意抹灰所使用的防冻剂材质与涂料材质相匹配，避免发生反碱、起皮、变色等问题。

钢结构工程冬期施工　应根据负温施工要求和施工具体情况编制钢结构制作和安装施工组织设计。在冬期低温下钢结构工程施工时，尤其注意因温度变化引起的尺寸偏差，且所用钢材应考虑负温冲击韧性保证值。负温下焊接，比常温焊接更容易产生缺陷，尤其是厚板焊接，要有冬期施工焊接工艺技术措施和相应检测标准。焊条、焊丝在满足设计强度要求下，宜采用低氢性焊条。高强度螺栓在负温环境下使用时，其扭矩系数会产生变化，使用前要进行负温性能试验，构件的摩擦面必须干净，不得有积雪、结冰等。负温下捆绑起吊钢构件时，应采用防滑隔垫，防止吊索打滑。

（李增辉）

董石麟　Dong Shilin（1932-12-10～　）中国空间结构工程学家。浙江杭州人。1951年考入上海交通大学土木系，1955年毕业于同济大学结构工程系。1960年毕业于莫斯科建工学院研究生部，获苏联技术科学副博士学位。1960～1962年在江苏省建筑设计院任助理工程师。1962～1985年在北京中国建筑科学研究院从事空间结构研究工作，任室主任、高级工程师，其中1979年在巴基斯坦中国援外专家组工作近半年。自1985年起在浙江大学先后任室主任、所长、浙江大学建筑工程学院院长、教授、博士研究生导师等。全国政协第九届委员。兼任中国土木工程学会常务理事、《空间结构》杂志主编等职。1997年当选为中国工程院院士。

长期从事薄壳结构、网架结构、网壳结构、张拉结构、塔桅结构、升板结构等空间结构的科研和教学工作。在大跨度空间结构工程科技领域建立了网架结构拟夹层板法的计算理论、方法和图表，创建了蜂窝形三角锥网架结构分析的新计算方法——下弦内力法，提出了网壳结构的拟三层壳计算理论和方法，在世界上首次建立了组合网架结构的工程应用理论、计算方法，提出了轴力和弯矩共同作用下焊接空心球节点承载力的计算方法和公式，给出了新颖肋环、葵花与蜂窝序列多撑杆型索穹顶结构的形体及预应力分布快捷计算法。在空间结构工程领域进行结构设计、分析计算、咨询审查、方案更新、试验实例的重大工程项目有：巴基斯坦伊斯兰堡体育馆、马里国家议会大厦，中国的首都体育馆、国家大剧院、深圳机场航站楼等。

他的18项科技成果分别获得1978年全国科学大会奖，国家科技进步一、二、三等奖及省、部、委科技进步一、二等奖。2009年获浙江大学竺可桢奖。2013年获浙江省科学技术重大贡献奖。共同主持中国《网架结构设计与施工规程》《钢筋混凝土升板结构技术规范》的编制和修订工作。创办和主编《空间结构》杂志。发表论文200余篇。著有《空间网格结构分析理论与计算方法》《组合网架结构与空腹网架结构》《新型空间结构的分析、设计与施工》等。（李元齐）

动臂式塔式起重机 luffing jib tower crane 通过起重臂的俯仰运动实现幅度变化的塔式起重机。又称动臂式塔机。动臂式塔式起重机结构主要分为4部分。①金属结构。由起重臂架、回转支承、底架、拉杆、平衡臂、水平臂架、俯仰臂架、塔身和支座等组成。②工作机构。包括起升、变幅、回转和顶升部分。③驱动控制系统。控制工作机构的起动、制动、调速与换向。④安全装置。包括高度限位器、力限器、行程开关、幅度指示器和起重量限制器等安全装置。

动臂式塔式起重机主要参数有吊臂、臂头、滑轮、塔身、起升速度、变幅速度、回转速度、回转起制动时间、大起重量、大起升高度、大起升速度等。

与平臂塔机及平头塔机相比，当塔身的高度相同时，动臂式塔机的大仰角相当于增加了塔机的高度。当建筑工地周围的障碍物较多时，动臂式塔机的使用比较方便，有效扩展的工作范围几乎是以吊臂长度为半径的半球体空间，在密集的城市建筑群中是比较好的选择。由于结构上的特点，动臂式塔机往往具有较大的起吊重量及比较大的起升速度，有效地解决了超高钢结构工程对起重机大起重能力的要求。动臂式塔式起重机作业灵活，适用于在城市建设中施工条件特殊、空间场地狭小的大型物件吊装作业，在越来越高、越来越密集的建筑群中，其使用越来越多。（刘承桓）

动光弹爆破试验 dynamic photo elastic blasting model test 采用动光弹实验系统开展爆破现象和爆破理论研究的光学测量方法。传统动光弹试验系统采用光学灵敏性材料制成与爆破介质物理力学性能相近的模型，利用激光摄影技术实现圆偏振光照射，在光学负片上直接记录爆炸动载荷作用下模型介质中的应力纹图及等差线，可以直接获得炸药在固体介质中爆炸产生的应力波传播、叠加、衰减规律，以及介质裂纹与应力波相互作用的动态过程，得到爆炸应力波的瞬间分布图。

新型数字激光动光弹试验系统由激光器、扩束镜、场镜、1/4波片、起偏镜、

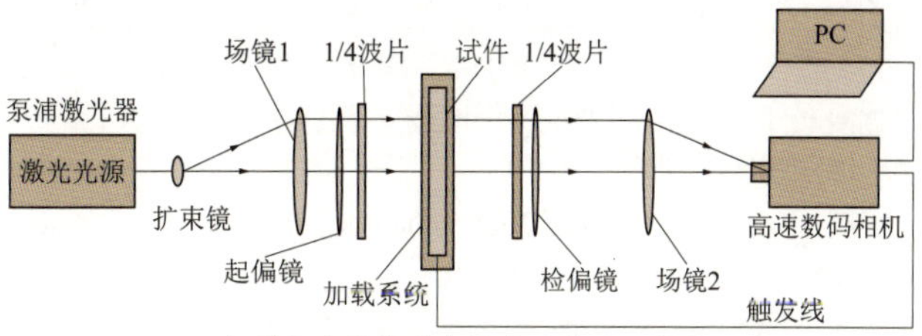

新型数字激光动光弹试验系统示意图

检偏镜、加载装置、触发线、高速数码相机和个人计算机（PC）组成（见图）。利用激光器和高速数码相机取代传统动光弹试验系统的电火花式点光源和多幅式胶片相机，实现对高速冲击（爆炸）载荷下应力波在固体中的传播、迭加等现象的采集和记录，并利用计算机对整个试验系统进行控制，实现图像的高速数字化采集。

动光弹爆破试验主要研究内容有：①爆破裂纹扩展、爆破应力波传播规律及超动态岩石爆破机理。②基于计算机数值模拟与动光弹试验融合研究的岩体破坏应力分布规律。③云纹图分析方法、计算机图像分析和动光弹试验相结合的数据处理技术。（钟明寿）

动剪切模量 dynamic shear modulus 动剪切应力作用下，在弹性变形比例极限范围内，动剪应力与剪应变的比值。是土的动力学性能指标之一。动剪切模量是建筑物地基、机器基础或土坝坝体动力分析及地震反应分析的动力参数，也是场地地震安全性评价中不可缺少的内容。

动荷载作用下土的剪切模量，其影响因素主要有剪应变幅、有效围压、孔隙比、饱和度、土的结构与颗粒特征、应力历史和时间等。根据剪应变幅值的不同，动剪切模量分为最大剪切模量（初始剪切模量）和等效剪切模量（大应变割线模量）。①最大剪切模量。指小应变条件下的剪切模量，其大小与围压及孔隙比有关，可由经验公式确定，或由波速法或共振法测定。②等效剪切模量。实际上是土的应力-应变关系曲线上的割线模量，一般可用共振柱、动三轴试验、动单剪试验测定。（夏唐代）

动强度 dynamic strength 产生某一破坏应变幅时所需的冲击应力或周期应力幅。对于周期荷载，可由动三轴试验、动单剪试验等测定。在冲击荷载作用下，其值大于静强度，与土含水量的大小有关。在周期荷载作用下，饱和土的动强度可能小于或大于其静强度，视土类和荷载特性而定。一般来说，振次越多则动强度越小。另外，周期荷载可使饱和松散的无黏性土和少黏性土发生液化破坏现象。可用动黏聚力和动摩擦角来描述土的动强度，但测定方法及其应用尚有待完善。（胡安峰）

冻土爆破 frozen-soil blasting 采用爆破方法对冻土进行松动或开挖的技术。

分类　冻土爆破主要有人工冻土爆破、季节性冻土爆破和多年（永久性）冻土爆破3类。①人工冻土爆破。采用人工制冷技术冻结土层后实施爆破作业。人工冻结法凿井是采用人工制冷技术暂时加固不稳定地层和隔绝地下水的特殊施工方法，是先在将要开凿的井筒周围形成不透水的且抵抗一定压力的冻结壁，并在冻结壁的保护下安全地进行井筒掘进工作。冻结壁的形成是在钻孔过程中安放冻结管，制冷剂在冻结管中循环流动将低温传给土体，使周围土壤冻结。低温传入土体后，在冻结孔周围形成冻结区，其直径逐步扩大直至相邻各冻结区交圈，在拟开凿的井筒周围构成完整的冻结筒-冻结壁。②季节性冻土爆破。在季节性冻土期实施的爆破作业。地表至一定深度的范围内，在一年中仅有部分时间冻结的土（岩）称季节性冻土。季节性冻土冻结温度较高时，应做好药包的防水措施。③多年（永久性）冻土爆破。多年冻土层上实施的爆破作业。温度≤0℃、含有固态水且这种状态在自然界连续保持3年或3年以上的土（岩）为多年冻土。多年冻土的冻结温度较低时，宜选择防水抗冻性能良好的炸药。

施工工艺　根据冻土深度的不同，采用冻土层下装药和冻土层中装药两种。

特点　冻土爆破的主要特点：①与普通土相比冻土表现出较明显的脆性，与岩石相比有较显著的塑变特性。②冻结温度

越低，爆破难度越大。③冻土爆破的单位炸药消耗量大于普通土，接近岩石。④冻土层厚度不足1米时，在冻土层以下放置药包进行爆破；冻土层厚度超过1米时，在冻土层下装药爆破不易破碎冻土层，宜在冻土层中进行钻孔爆破。⑤冻土爆破的起爆器材与常规爆破相同，主要采用电雷管和非电导爆管雷管系列，炸药和雷管应选择防水耐冻的。⑥冻土爆破施工前，应进行冻土温度测定，通过试爆确定爆破参数；当冻土温度发生变化时，应依据冻土物理力学性质的变化及时调整爆破参数。

（贾永胜）

冻胀 frost heaving 在土体冻结过程中，土中水分冻结成冰并形成冰层、冰透镜体或多晶体冰晶等形式的冰侵入体，引起土颗粒间的相对位移，使土体积膨胀的现象。冻胀的外观表现是土表层不均匀的升高，冻胀变形常常可以形成冻胀丘及隆岗等一些地形外貌。冻胀分为原位冻胀和分凝冻胀，前者由原位水分冻结引起，冻胀量较小，对工程的破坏力较小；后者由于外界水分迁移补给，冻胀量大，对工程的破坏力大。影响冻胀强弱的主要因素是温度、土的颗粒大小、含水量及盐分、冻结边界条件等。世界上对土的冻胀性分类标准主要有3类：①以土颗粒成分为主划分冻胀性级别。②以土质、粒径、水分条件等多因素作为判定指标。③根据土质、水分、温度、外荷载等系统环境因素综合作用的表现，即冻胀量的大小划分冻胀性级别。一般土颗粒愈粗，含水量愈小，土的冻胀性愈小，反之愈大。

早在17世纪晚期，人们就已经注意到冻胀现象，但是直到20世纪，人们才逐渐认识到水分迁移作用是导致土体冻胀的主要根源。1961年，美国D.H.埃弗雷特首先提出了第一冻胀理论即毛细理论，但毛细理论却不能解释不连续冰透镜体是如何形成的，且低估了细颗粒土中的冻胀压力。1972年，美国R.米勒提出了第二冻胀理论即冻结缘理论，认为在冻结锋面和最暖冰透镜体底面存在一个低含水量、低导湿率和无冻胀的带，冻结缘理论克服了毛细理论的不足，获得了较多学者的认可。土体冻胀研究从宏观观察向微观探索水分迁移机理和成冰机制方向发展，并且引入了能量、质量和动量平衡观点。

冻胀对工程产生的不利影响主要表现为：①使基础抬高，产生位移，引起房屋裂缝，基础的不均匀变形会导致建筑物倾斜、变形等。②造成路基隆起，路面破裂。③使现浇混凝土脱水膨胀，造成混凝土强度减小或粉碎。④破坏房屋的防水层，使层面变形渗水。

针对冻胀的防治措施主要有：①换填法。用粗砂、砾石等非冻胀材料置换天然地基的冻胀土，以削弱或消除地基土的冻胀。②人工盐渍法。向土体中加入一定量的可溶性无机盐类，如氯化钠（NaCl）、氯化钙（CaCl）和氯化钾（KCl）等，以抑制土体产生冻胀。③保温法。在建筑基础底部或四周设置隔热层，增大热阻，以推迟地基土的冻结，提高土的温度，减少冻结深度，进而起到防止冻胀的作用。④排水隔水法。通过控制土体的水分条件，来达到削减或消除地基土冻胀的目的，具体措施为降低地下水位及季节冻层范围内土体含水量，隔断外水补给来源和排除地表水防止地基土增湿等。

（张 炜）

硐室爆破 chamber blasting 将大量炸药装入硐室或导硐（巷道）中，按照设计完成开挖或者抛掷要求的爆破技术。又称大爆破。是集中土石方快速开挖的爆破方法。

发展 20世纪50年代，中国铁路系统从苏联引进硐室爆破技术，大量用于铁路路基、路堑的开挖，随后水利、公路、冶金等部门也推广使用，使硐室爆破技术得到了迅速发展。20世纪60年代初，中国以冯叔瑜为首的爆破工作者在工程实践中，发展了硐室爆破设计理论，完善了硐室爆破参数设计方法，提出了一套完整的爆破设计计算公式，推动中国硐室爆破技术发展进入了第二阶段。条形药包的广泛使用标志着硐室爆破技术发展进入第三阶段。1992年12月28日，在中国珠海进行的1.2万吨硐室大爆破，一次爆破岩石1085万米^3，堪称“天下第一爆”，标志着中国硐室爆破达到国际领先水平。

与其他方法相比，硐室爆破具有爆破方量大、施工速度快、适应性强等优势，不需要大型设备和宽阔的施工场地，可在短期内完成巨大的石方工程。硐室爆破因爆破药量大，存在大块率高、施工组织复杂、产生的冲击波和地震波对周围环境影响大等问题。

分类及类型选择 硐室爆破的分类方式有：①按爆破目的可分为松动爆破、崩塌爆破、抛掷爆破、扬弃爆破和定向爆破。②按药室的形状可分为集中药包爆破、条形药包爆破、分集药包爆破和混合药包爆破。③按爆破总装药量可分为A（大于1000吨）、B（500～1000吨）、C（50～500吨）、D（小于50吨）4个级别。

通常根据对爆破块度、抛掷堆积形态、飞石控制等的要求，结合爆区地形地质条件，合理选择爆破类型。①地形陡峭、山体较高并能满足爆破要求时，应优先考虑采用崩塌硐室爆破。②环境和地形条件允许、适宜将部分岩石抛掷形成堆体时，应考虑抛掷硐室爆破。③节理裂隙发育的岩体或需要严格控制爆破飞石时，宜采用松动硐室爆破。④节理裂隙中等发育的岩体，为了降低大块率可采用加强松动硐室爆破。

根据爆破要求和地形条件，可选择采用单个集中药室、多个集中药室、分集药室、条形药室和平面作用药室等。

适用范围 硐室爆破适用于：①大型场地平整工程。在工程建设初期，如果地形有利而又有足够的土石方量时适宜采用硐室爆破平整场地，以缩短建设工期。②铁路、公路路基修筑工程。在山区修筑铁路、公路时，因山势较陡、土石方工程量较大，机械设备上山困难时，可采用硐室爆破。③水电筑拦坝工程。在峡谷、河床两侧有较陡山地、可取得大量土石方时，可采用硐室爆破修筑堤坝。④矿山剥离工程。露天矿建设初期，采用硐室爆破方法削平顶部山峰，为下一步采矿创造出作业平台。

设计 硐室爆破的设计文件包括爆破设计说明书和附图。

说明书主要内容有：①工程概况及技术要求。②地形、地质及环境状况。③设计方案选择与论证。④药室及硐室布设、爆破参数选择与计算。⑤药室、导硐开挖设计。⑥爆破工程量与爆破器材需求量计算。⑦装药、堵塞、起爆网路设计。⑧安全技术与措施。⑨爆破施工组织。⑩主要技术经济指标等。

设计图纸主要有爆区平面和剖面图、药室布置平面图和剖面图、药室和导硐开挖图、装药结构图、起爆网路敷设图、爆破危险范围图等。

（龙 源）

斗拱 bracket system “斗”与“拱”的统称，多用于梁、柱、檩等构件汇集处，以及檩枋之间，是中国古代建筑特有的木构件。其功能主要为：①通过斗拱扩大节点处构件的接触面，改善节点受力情况，缩短所承托构件的净跨（见图）。②通过斗拱的层层出挑，以支承建筑物的深远出檐。斗拱创始的确切年代虽不可考证，但在距今3000多年前的西周时期铸造的“令”上已有斗的形象，东汉至三国时期斗拱已发展得相当成熟，被广泛使用，并成为古代建筑向“模数制”“标准化”发展的雏形。唐宋以来斗拱已成为建筑物的基本度量单位。斗拱

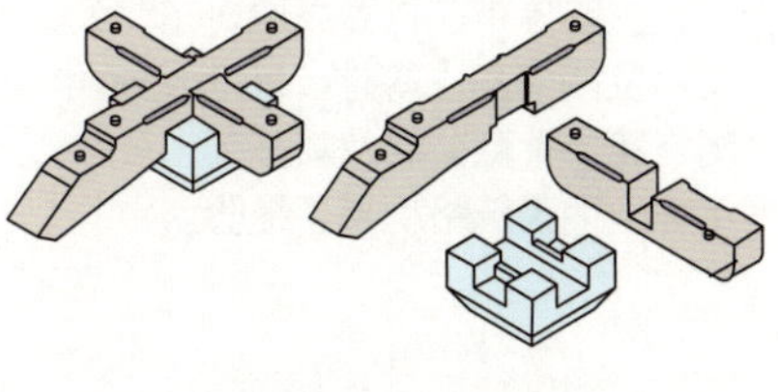
斗拱构件拆分示意图

在初期主要是为了满足功能的需要，后来又把功能与艺术巧妙地融为一体，成为中国古代木结构的特点之一。明代以后斗拱逐渐向纤巧发展，功能上有一定的减弱，而突出了装饰方面的效果。

（陶逸钟　傅连兴　何敏娟）

短路电流计算　short circuit current calculation　短路是两个或多个导电部分之间意外或有意的导电通路，使得这些导电部分间的电位差等于或接近于零。造成短路的基本原因有绝缘损坏、违反安全操作、小动物跨越裸导线、机械外力破坏等。在三相交流系统中可发生的短路故障主要有三相短路、两相间短路、两相接地短路和单相接地短路。通常，三相短路电流最大，当短路点发生在发电机附近时，两相短路电流可能大于三相短路电流；当短路点靠近中性点接地的变压器时，单相短路电流也有可能大于三相短路电流。

短路过程中短路电流变化的情况决定于系统电源容量的大小或短路点离电源的远近，其电流波形见图。在工程计算中如果以供电电源容量为基准的短路电路计算电抗大于或等于3，短路时即认为远端短路，此时可认为预期短路电流对称交流分量的值在短路过程中基本保持不变，预期短路电流由不衰减的交流分量和以初始值为A衰减到零的直流分量组成。通常认为远端短路对称短路电流初始值和稳态短路电流有效值是相等的。

I''_k为对称短路电流初始值；i_p为短路电流峰值；I_k为短路电流稳态值；i_{dc}为短路电流的非周期（直流）分量；A为非周期分量初始值。

在工程计算中，至少有一台同步电机供给短路点的短路电流初始值超过这台发电机额定电流的两倍；或同步和异步电动机反馈到短路点电流超过不接电动机时该点的短路电流初始值的5%时，则认为近端短路。预期短路电流由幅值衰减的交流分量和以初始值A衰减到零的直流分量组成。通常认为近端短路的稳态短路电流有效值I_k小于对称短路电流初始值I''_k。

从实际应用角度出发，短路电流对称交流分量与短路后瞬间出现的短路电流峰值i_p。i_p在电压过零点短路的情况下出现，其值与频率f和X/R有关，还与交流分量的衰减有关。

（钱梓楠）

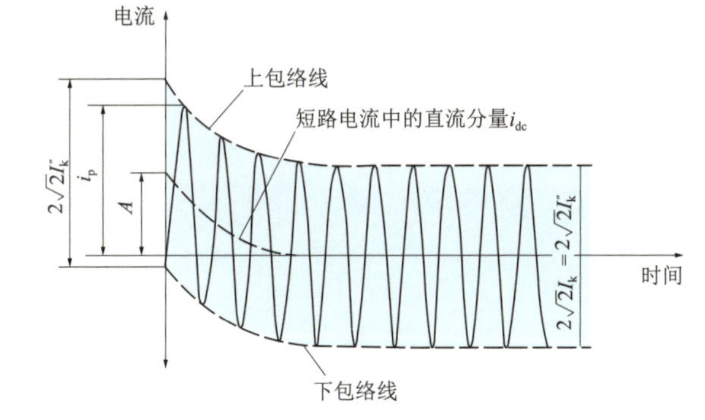

a 远端短路时的短路电流波形图

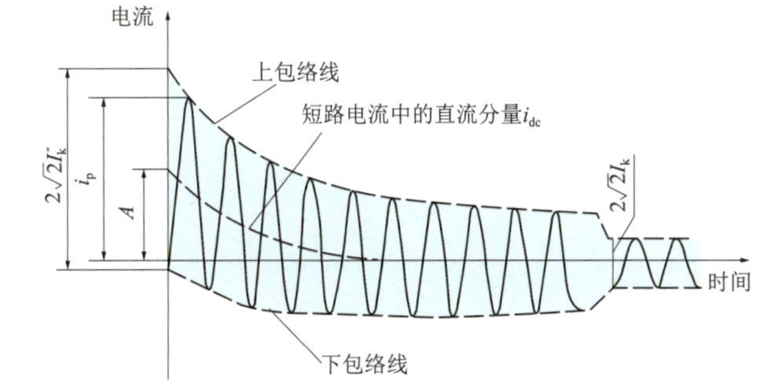

b 近端短路时的短路电流波形图

短路电流波形示意图

多多罗大桥　Tatara Bridge　1995～2008年世界上主跨最长的斜拉桥。位于日本濑户内海，本州岛和四国岛之间的联络线上，连接广岛县的生口岛及爱媛县的大三岛，并将本州的广岛市和四国的松山市的公路交通连接起来。大桥全长1480米，主跨890米，主梁为钢箱梁。

多多罗大桥跨径布置270米+890米+320米，是一座三跨连续钢箱梁与混凝土梁混合斜拉桥。设计车速80千米/时，双向四车道，桥宽24米；设计汽车活载为B活荷载；桥下通航净空26米；拉索设计风速53.7米/秒，主梁设计风速46.1米/秒，桥塔设计风速54.4米/秒。主墩采用**沉箱基础**；桥塔为倒Y形钢质单箱塔，塔高224米；拉索为双索面扇形布置，全桥168根，由直径7毫米的镀锌平行钢丝束组成；主梁为单箱三室扁平宽箱梁，梁高2.7米。

多多罗大桥

大桥于1999年5月1日竣工通车。

（赵君黎）

多年冻土地区道路　road in permafrost region　在多年冻土地区修建的道路。在土温低于摄氏零度和具有地下冰的条件下，地下形成一层能持续多年保持冻结状态的土称多年冻土。按冻土的总含水量和融沉系数，多年冻土分为少冰冻土、多冰冻土、富冰冻土、饱冰冻土、含土冰层5类。含有一定数量的水或夹有冰层的多年冻土，由于筑路改变了它的水热条件，常出现一些不良的物理地质现象，如热融滑坍、融冻泥流和热融沉陷。热融滑坍可使路基边坡失稳，融冻泥流可掩埋路基，热融沉陷容易导致路基发生不均匀沉陷或水分向路基上部集聚而引起冻胀、翻浆。

多年冻土的层上水（多年冻土上部界限以上的地下水）由于季节融冻层上层冻结时，其下未冻结的水具有承压性质，往往将其上的冻层顶起形成隆丘，并在其内部不断聚积冻结形成冻胀丘（季节冻胀丘也可由分凝作用形成，多年生冻胀丘则由冻结层下水补给而形成）。当承压水突破地表，冻结堆积即成冰锥（冰锥的水源也可来源于河水、泉水）。路基底的冻胀丘和冰锥往往使路基鼓胀，引起路基路面的开裂与隆起；还可掩盖道路，堵塞桥涵，使构筑物发生严重变形。当冻胀丘、冰锥融解后路基又发生不均匀沉陷。路基附近的冻胀丘、冰锥掩埋路基会造成阻车。

中国有高纬度冻土，也有高原冻土和高山冻土，不仅类型多，而且变化大。在冻土地区的筑路实践证明，根据冻土温度、冻土类型、道路等级、路面要求以及施工期限等情况，必须采用不同的设计原则。多年冻土地区道路设计原则有：①保护多年冻土的原则。适用于饱冰冻土和含土冰层地段和富冰冻土地段且公路等级较高时。②破坏多年冻土的原则。适用于少冰冻土和多冰冻土地段并按一般路基设计，而当富冰冻土地段融化后不致发生过量沉陷时也可按此原则。冻土地区的路基应有足够的填土高度，并仔细做好取土、排水的设计与施工，以避免冻胀、翻浆、热融滑坍、热融沉陷和冻胀丘、冰锥等病害。在有厚地下冰的地段，应尽量避免挖方、低填和不填不挖断面，无法避免时应采取专门的隔热防融、基地换填等措施；在铺筑沥青路面时，应注意采取措施以防黑色面层吸热而产生新的热融沉陷。

中国有多年冻土区面积约215万平方千米，主要分布在青藏高原，东北大、小兴安岭及西部高山等地。20世纪50年代，中国修建了青藏公路及新疆天山公路，为多年冻土地区筑路积累了经验。

（程国栋　田　霈）

F

法国巴黎戴高乐国际机场 Paris Charles de Gaulle International Airport 欧洲第二大航空中转枢纽。又称鲁瓦西机场，世界大型机场之一。位于法国巴黎市区东北约25千米处的鲁瓦西。于1967年始建，一期工程1974年投入使用。机场占地面积约32平方千米，拥有4条平行跑道，1号航站楼北侧与2号航站楼南侧各设长短两条跑道，长跑道长为4200米，短跑道长为2700米，均为沥青跑道。飞行区等级为4F级，能够起降A380等宽体客机。

戴高乐国际机场1号航站楼为11层圆形建筑物，直径192米，高52.7米。周围设7个4层的卫星厅，各自以170米长的地下通道同主楼相连。主楼的地下一层为商业区，包括商店、餐厅、酒吧、邮局、药房，并设有行李检查与值机柜台，同时与戴高乐国际机场内线相连，旅客可由此快速前往其他航站楼。地下二层为行李分检、处理区。地上一层为出发层，中间环型值机柜台供旅客办理登机手续；第二层为运转层，与卫星厅和一层、三层相连，是出发和到达必须经过的过渡层；第三层为到达层，内部圆环设有行李提取处，中部是海关入境检查，外环是停车场；第5～8层是能容纳4000辆汽车的停车场；第九层是停车场和瞭望平台。1号航站楼总的设计思想跳出了一般航站楼的设计格局，突出了旅客流程这一功能要求。

戴高乐国际机场2号航站楼由7个可独立运作的子航站楼组成，分别为2A、2B、2C、2D、2E、2F与2G航站楼。其布局是以3个连续的橄榄状环型中央车道为轴，2A与2B（见图）、2C与2D、2E与2F航站楼分别以对称的形式分布在3个环型车道的两侧。2A～2D航站楼设计相同，俯视呈月牙形，每个航站楼长约220米，宽60米，地上两层，地下两层。地下两层为技术层和储藏室等，布置着机械设备间和维修管理部门。地上一层为行李分检区；地上二层是旅客出发和到达层。每个航站楼屋顶采用大跨拱壳桁架，由9个独立的箱型结构组成。箱型结构在地面预制，然后吊装就位，两个箱型结构之间的三角形接缝上嵌以混凝土镶板。同时，拱架之间的空间作为设备管线层。2E、2F航站楼在设计上比之前4个航站楼更长，地面上也是两层，但是出发和到达层分离，一层为到达层，二层为出发层。其中，2E航站楼下设K、L、M共3个大型“一”字形候机厅，K候机厅与2E航站楼直接相连，L、M候机厅垂直于2号航站楼中轴平行分布。2F航站楼则带有两个凸出式的泊机码头，这一设计使得2F航站楼相比之前的老航站楼吞吐量提高了一倍。2G航站楼是位于戴高乐国际机场最东边的小型航站楼，一层供旅客值机和提取行李，二层为候机大厅。

戴高乐国际机场2A与2B航站楼

2C、2D航站楼与2E、2F航站楼之间建有一个造型独特的火车站。火车站整体呈矩形，铁路从车站中穿过，与作为轴线的汽车道呈90°交叉。车站内含8条铁路和3个岛状站台，其中两条铁路供瑞士运输协会的直通列车使用，该线北至里尔、伦敦和布鲁塞尔。这些线路又与地区高速铁路相连，通向巴黎市区。（凌建明）

翻斗车 tipper 料斗可倾翻卸货的短途输送物料的车辆。翻斗车由料斗和行走底架组成。料斗装在轮胎行走底架前部，借助斗内物料的重力或液压缸推力倾翻卸料。卸料按方位不同，分前翻卸料、回转卸料、侧翻卸料、高支点卸料（卸料高度一定）和举升倾翻卸料（卸料高度可任意改变）等方式。适用于建筑、水利、筑路、矿山等进行混凝土、砂石、土方、煤炭、矿石等散装物料的短途运输。（王　进）

反应堆安全壳结构 reactor containment structure 为防止核反应堆在发生失水事故（LOCA）时，产生的高温、高压放射性物质外逸的密闭容器，又称反应堆包容外壳。核电站反应堆发生失水事故时会释放出大量的放射性物质，安全壳作为最后一道核安全屏障，能够防止放射性物质扩散污染周围环境。安全壳结构可能的其他功能是，在运行工况和事故工况期间提供屏蔽，将运行工况下放射性物质的释放降至最低限度，也是反应堆厂房的围护结构，保护反应堆及设备运行系统免受外界的冲击、碰撞等不利影响。安全壳结构是体态庞大的特种容器结构，是核电厂的标志性构筑物。

分类　反应堆安全壳按结构分为单层壳和双层壳。双层壳的内壳称为主安全壳，主要承受失水事故产生的内部压力，外壳称为次级安全壳，起预防外部冲击和生物屏蔽作用；两层之间留有环形空间，并保持一定的负压，即使主安全壳出现局部泄漏，也可确保放射性物质不易向外界扩散。

安全壳按材料可分成钢安全壳、钢筋混凝土安全壳及预应力混凝土安全壳。①钢安全壳。结构整体均由钢板焊接而成，钢板的厚度通常控制在40毫米以内。一般用作主安全壳，建造在与其相脱离的混凝土次级安全壳内部。②钢筋混凝土安全壳。结构整体均由普通钢筋混凝土现场浇筑而成，安全壳内侧附着6毫米左右的薄钢板起到密封的作用。③预应力混凝土安全壳。在普通钢筋混凝土安全壳结构的基础上，施加了预应力，大大提高了安全壳结构的抗拉性能。中国已经运行和在建的绝大多数核电站采用预应力混凝土安全壳。

设计要求　安全壳的设计首先应考虑反应堆发生失水事故时，冷却剂外逸所造成的内压和温度变化。此外，还应计及恒荷载、活荷载、雪荷载、风荷载、施工荷载以及各种外界的不利因素如地震、龙卷风、海啸及其他飞射物的冲击、飞机撞击、化工厂爆炸等灾害的影响。由于反应堆冷却剂带有极强的放射性，故对安全壳的泄漏率也须严格限制。

为了满足放射性屏蔽的要求，安全壳的筒壁较厚，自重较大，整个反应堆厂房作用在地基上的压力可达0.5兆帕以上，因此必须选择具有良好承载力的地基基础。

施工　钢安全壳因带有大型闸门和其他数以百计的贯穿件，故施工比一般容器复杂。补强区钢板比较厚，因此焊接和焊后热处理较困难。安全壳总体的密封要求高，探伤和检验的工作量很大。典型的中等功率核电站的圆筒形钢安全壳的用钢量可达3000吨，现场施工期约1年。

预应力混凝土安全壳与钢筋混凝土安全壳的施工有相似之处，前者只增加后张法预应力的工序。80万千瓦核电站的预应力安全壳约需混凝土1.4万米^3，预应力钢束近1000吨，施工期需2～3年。

（夏祖讽　林松涛）

范立础 Fan Lichu（1933-06-08～2016-05-03） 中国桥梁与结构工程专家。中国工程院院士。祖籍浙江镇海。生于上海，卒于上海。1955年7月毕业于同济大学路桥系并留校工作。曾任同济大学结构工程学院院长、曾兼任中国土木工程学会桥梁及结构工程分会理事长，中国土木工程学会副理事长，国际桥协常委会交替委员及中国国家团组主席，《土木工程学报》编委会副主任委员等职。

唐山大地震后，在李国豪指导下，范立础开始攻关桥梁抗震理论，在中国首次编写了桥梁非线性地震反应分析程序。1990年以后，随着中国交通事业的发展，迫切需要建立大跨度桥梁的抗震设计方法，范立础又首次提出了二水准设防、二阶段设计的桥梁抗震准则，率先建立了大跨度桥梁空间非线性地震反应分析理论和计算方法。进入21世纪后，主编了中国首部《城市桥梁抗震设计规范》，提出基于寿命期性能的桥梁抗震设计方法，成果已应用于中国50余座重大桥梁工程，解决了中国大跨、高墩桥梁抗震和减震关键技术。

主编的《桥梁工程》《预应力混凝土连续桥梁》《桥梁抗震》《公路桥梁抗震设计》(*Seismic Design for Highway Bridge*)，《桥梁抗震设计理论及应用丛书》等著作在桥梁工程领域产生了深远影响，主讲的《桥梁工程》获国家级精品课程。曾以第一完成人获国家科技进步一等奖，获上海市教育功臣、“全国优秀教师”等荣誉称号，获得茅以升桥梁大奖（个人成就奖）和何梁何利基金科学与技术进步奖。

（李建中）

方木原木结构 sawn and log timber structures 受力构件主要采用方木或原木制作的结构。抬梁式木结构、穿斗式木结构、井干式木结构均以方木或原木为主要受力构件，因此都可认为是方木原木结构。以方木原木为屋面大梁加椽条的民居、以木桁架为屋面结构的工业厂房，均属方木原木结构；方木原木制作成梁和柱形成的梁柱式木结构、梁柱木框架加木剪力墙形成的木框架剪力墙结构，也属于方木原木结构。

方木原木结构的历史很悠久，抬梁式、穿斗式、井干式木结构已有几千年历史，在森林资源丰富的中国东北地区、体现传统木结构建筑形式的民俗村镇和街区仍在不断建设。20世纪50年代起，中国建造较多的屋面大梁加椽条的民居建筑，在广大农村使用了三四十年，到21世纪初还有不少这样的建筑仍在使用中。木桁架通常作为屋面受力体系，除主要采用方木或原木制作成承重构件以及以齿连接、榫卯连接等木-木连接为主外，还辅以钢连接件、受拉钢构件。受拉构件采用圆钢，利用了钢材受拉强度远高于木构件的特点，提高了结构效率。这类结构在20世纪50～60年代也大量用于工业厂房与仓库的建造。在现代木结构中，方木原木结构用得较多的形式是梁柱式木结构、木框架剪力墙结构。

方木原木结构取材容易、建造方便，是建造最早、20世纪末及之前应用最多的一种木结构形式。方木原木结构的构件截面较大、木材不易干燥，在建筑物中使用时容易开裂，故在建造方木原木结构时，应采取可靠措施，尽量减少裂缝对结构的不利影响。由于方木原木桁架的下弦受拉，备料时较难选到符合受拉构件材质要求的木材，因此，为保证方木原木结构的安全可靠，下弦采用钢材形成钢木桁架更科学，同时在一定程度上提高了结构的刚度、减小了变形。

（何敏娟）

防护工程 protective engineering 能防御核武器、常规武器和生化武器杀伤破坏作用的军事建筑物和人防工程（国外称民防工程），以及抵抗恐怖爆炸袭击或偶然性冲击爆炸事故的民用建筑物。防护工程是运用基础科学和工程技术知识来研究、设计和建造各类防护工程设施的学科，也是土木工程的分支学科。其内涵既包括防护工程建设的对象，也包括防护工程建设所涉及的专业技术。

发展情况 防护工程最早来源于古代的筑城，随着武器、战争形态和战术的发展以及建筑技术的进步而不断演变，始终与打击武器处于“矛”与“盾”的攻防对抗，竞相发展。

在冷兵器时代，防护工程的表现形式是城墙城塔筑城体系，主要通过坚固的城墙、城塔（敌台、城楼）、壕沟相结合组成防御工程体系，对抗攻城兵器的打击。随着攻城兵器和攻城战法的演进，城池的形制得到发展，城墙的高度、厚度、坚固程度明显增加，城池的规模也逐渐扩大。典型的城墙城塔筑城有中国长城、罗马帝国的哈德良长城、中国明代南京城的通济门瓮城等。

在热兵器时代，随着火炮的出现，原有的城墙城塔筑城体系难以抵挡火炮的打击，城池形制和城墙高度发生了变化，出现了炮台要塞筑城体系，如14世纪欧洲出现的棱堡式炮台要塞、18世纪末到19世纪出现的堡垒式要塞等，有效增强了抵御火炮攻击的能力。19世纪中叶，后装线膛炮和爆破弹的使用，火炮的射程、精度和威力得到显著增强，促使炮台要塞进一步演变，形成了以堑壕和障碍物为主体，沿正面连绵延伸、纵深梯次配置的阵地工程，在第一次世界大战期间得到了广泛应用。第二次世界大战前后，为了应对大规模机械化作战，适应大范围防御的要求，一些国家在国境线上修建了以各种永备筑城工事组成的防御枢纽部为基础，在防御枢纽部之间的间隙地筑有野战工事和障碍物，形成了阵地筑城体系，抵抗武器打击的能力进一步得到提高。法国修建的马奇诺防线、德国修建的齐格菲防线、芬兰修建的曼纳海姆防线等都是阵地筑城体系的代表。

20世纪50年代后，随着核武器的出现，传统的阵地筑城体系难以有效防御核武器毁伤作用，开始在地下修建抗核打击的建筑物。随着美国、苏联进入冷战时期，核大国以及瑞士、北欧等国家都构筑了大量地下甚至深地下的军事建筑物，在城市中也修建了大量人防（民防）掩蔽工程，防护工程建设达到了高潮，传统筑城的名称也逐渐被防护工程所代替。美国修建的北美航空航天防御司令部（NORAD）的地下设施，其主体部位岩石覆盖层约500米，该工程可以抵抗100万吨当量核武器的一次直接命中打击。20世纪80年代开始，尤其是1991年海湾战争后，随着高技术侦察监视和精确制导常规弹药的大规模使用，防护工程面临深侵彻、大威力爆炸的钻地弹精确打击的严峻威胁，进入了防御精确制导钻地弹新阶段。超高性能混凝土等高抗力防护材料和结构得到了广泛应用。进入21世纪后，随着恐怖爆炸袭击的大量出现，尤其是“9·11”恐怖袭击后，国际上掀起了民用建（构）筑物防恐怖爆炸袭击的研究热潮，美国、欧盟和加拿大等多个国家颁发了抗爆设计指南或手册，中国也颁布了《民用结构抗爆设计标准》。有些国家对机场候机楼、政府办公楼、使领馆等重要建筑物提出了防恐怖爆炸袭击的要求。

此外，随着社会经济的发展，燃油气和危化品等偶然性爆炸事故和船或车辆撞击桥墩等偶然性冲击事故时常发生，核电站安全壳、重要桥梁（墩）等建（构）筑物也提出了偶然性冲击爆炸事故灾害的防护要求。

实际上，人类最早修建的工程都是用于打仗的设施。英文中engineering一词出现时就指军事建筑物，后来人们为了满足住和行以及生产活动的需要，修建了建筑物、桥梁、隧道等民用设施，于是在engineering前加上civil（即民用），称之为civil engineering，即土木工程。

地位与作用　防护工程可分为**国防工程、人防工程和民用防护工程**。国防工程按用途可分为指挥通信工程、设防阵地工程、飞机洞库、潜（舰）艇洞库、导弹发射井、人员掩蔽工程以及武器装备和军用物资掩蔽库等。人防工程按用途可分为指挥工程、医疗救护工程、专业队工程、人员掩蔽工程和配套工程等。国防和人防工程是国防建设的重要组成部分，是巩固国防、增强军事实力、提高国家战略地位的重要物质基础，也是一种遏制战争的威慑力量，能起到“不战而屈人之兵”的作用。防护工程能够提高军队的机动能力、有效发挥武器装备的战斗效能，为军队创造良好的战场环境和作战条件，保障指挥体系的稳定和广大人民生命财产和关键基础设施的安全，对夺取战争中的主动权并最终赢得战争胜利具有重要作用。随着信息化条件下武器装备和作战样式的发展、战略思想的演变和科学技术的进步，防护工程在国防和军队建设中不可替代的地位和作用越来越显著。

基本内容　防护工程是一门运用数学、物理、化学、计算机信息科学等基础科学知识，力学、材料等技术科学知识以及相应的工程技术知识来研究、设计和建造各类工程设施的学科，随着科学技术的进步和工程实践的发展，已发展成为内涵广、门类多、结构复杂的综合交叉的学科体系。

防护工程多利用天然的岩（土）体构筑在地下。按照埋设深度分为覆土工程、浅埋工程和深埋工程。根据构筑方式分为掘开式工程和暗挖式工程。暗挖式工程主要指坑（地）道工程。坑道工程是防护工程最主要的建造形式，其组成包括工程头部、工程颈部、工程主体，以及通风、给排水、发供电等内部设备。

防护工程理论与技术是随着打击兵器的发展以及冲击、爆炸灾害的防灾减灾需求逐步建立起来的，主要涉及武器侵彻爆炸防护理论及技术（包括抗侵彻技术、抗爆炸技术、孔口防护技术、数值模拟技术、试验技术、隔震技术等）和伪装技术、主动防护技术、电磁脉冲防护技术、生化防护技术、核辐射防护技术等工程防护技术。

与民用土木工程所要防御的地震、风灾、火灾等自然灾害不同，防护工程所要防御的是武器打击以及恐怖爆炸袭击和偶然性冲击爆炸事故灾害。常规武器打击防护工程产生的灾害主要是弹药侵彻以及爆炸产生的冲击波和破片。核武器打击防护工程产生的灾害主要是光辐射（热辐射）、空气冲击波、早期核辐射、剩余核辐射、地冲击、电磁脉冲等，对防护工程结构的毁伤效应主要是由空气冲击波和地冲击作用引发的。恐怖爆炸袭击和偶然性冲击爆炸事故对防护工程产生的灾害主要是冲击（或撞击）、空气冲击波以及冲击爆炸作用引发的建筑物碎片等。这些冲击爆炸灾害都可能对防护工程结构产生局部性破坏作用和整体性破坏作用，甚至导致建筑物的局部和全部坍塌。

核武器出现之前，防护工程主要依靠天然岩土层或构筑人工的防护层，依靠岩土介质、工程材料与结构抵抗武器弹药的侵彻和爆炸破坏作用。进入核生化时代之后，要求防护工程具备抵抗核武器冲击波、地冲击、光辐射、早期核辐射、核电磁脉冲、剩余核辐射以及生化武器等综合毁伤效应的能力，在工程建设中除了选择自然防护层足够厚的山体外，还要求安装防护门、防护密闭门、密闭门和防爆波活门等工程口部消波设备和消波系统，设置缓冲通道、防毒通道和密闭通道以及活门室、扩散室、除尘室、滤毒室和洗消间等专用房间。重要的军事建筑物的关键部位还需要设计建造电磁屏蔽和防震隔振设施。

防护工程结构和防护设备所抵抗的冲击爆炸荷载具有强度高、作用时间短（或加载速度快）等特点，与一般民用建（构）筑物所要抵抗的地震或风荷载等差别较大。在加载速率上，地震或风荷载一般仅使工程结构材料产生较低应变速率效应，而冲击爆炸荷载往往使工程结构材料产生高应变速率效应；在工程结构破坏形式上，地震或风荷载作用下一般呈现为整体破坏形式（如结构构件的弯曲、剪切破坏，甚至结构连续性倒塌等），而弹体侵彻、船（车）撞桥梁（墩）、飞机撞击核电站安全壳等主要呈现为侵彻（冲击）、震塌、贯穿等局部破坏形式，某些情况下可能呈现为局部与整体的耦合破坏形式；在研究方法上，地震或风荷载作用下工程结构响应多采用结构动力学分析方法，而冲击爆炸荷载作用下工程结构响应除了采用结构动力学分析方法之外，有时还要采用波动理论分析方法；在工程结构的破坏标准上，承受地震和风荷载的民用结构一般都有较严格的变形限制要求，以保证正常的使用状态，而承受冲击爆炸作用的防护结构往往允许有较大的变形，以吸收冲击爆炸荷载产生的能量。此外，在防护工程结构设计计算时，要考虑冲击爆炸荷载的不确定性和偶然性因素，注重整体防护，采用合理的结构型式以及延性较好的工程材料和结构。

重要学术机构和刊物　20世纪90年代以来，各国十分重视防护工程领域的学术研究和学科建设。中国于1988年创建了中国土木工程学会防护工程分会，每两年召开一次学术年会，并于1979年创办了《防护工程》杂志。2010年成立了国际防护结构学会（IAPS），每两年召开一次学术年会，2011年创办《国际防护结构杂志》（*International Journal of Protective Structures*）。在学科建设和人才培养方面，中国在“土木工程”一级学科下设立了“防灾减灾工程及防护工程”分支学科，并于1984年和1988年分别开始招生培养防护工程学科硕士和博士研究生。中国培养防护工程本科专业主要集中在陆军工程大学等军队院校，培养研究生等高层次人才主要有陆军工程大学、陆军勤务学院、军事科学院国防工程研究院以及同济大学、清华大学、天津大学、哈尔滨工业大学、东南大学等高校。

展望　随着高技术侦察监视技术和信息化精确制导武器的快速发展，防护工程将面临前所未有的挑战，防护工程建设与发展趋势是：①重点研发新型伪装材料与技术，以对抗先进的侦察监视。②重点研究超高抗力防护材料与结构技术，以对抗高超音速弹药打击。③防护工程建设朝深地下化、网络化和中心化方向发展。④防护手段朝土木工程防护与信息化防护相结合的综合防护方向发展。⑤工程内部保障朝信息化、智能化方向发展。（方　秦）

防护工程电磁脉冲防护技术　protective technology of electromagnetic pulse　将电磁脉冲能量限制在允许值以下，从而保障防护工程内电子、电气设备及系统免受电磁干扰与毁伤的技术统称。电磁脉冲主要包括核电磁脉冲和非核电磁脉冲，防护工程电磁脉冲防护技术主要有屏蔽、滤波、限幅和接地技术等。①屏蔽技术。利用导电或导磁材料形成闭合空间、隔离或衰减电磁脉冲在空间内外传输的技术，是对电磁脉冲空间辐射实施控制和隔离的最有效、最基本的方法，属于空域防护技术。电磁屏蔽室、屏蔽柜、屏蔽桥架、屏蔽套管以及建筑结构中构成六面体结构的钢筋网都是工程中常用的屏蔽措施。②滤波技术。根据电磁脉冲与有用信号的频谱分布不同，将电磁脉冲所占频率成分削弱或剔除，从而抑制电磁脉冲在线路中传输、保护后端设备的技术，属于频域防护技术。滤波装置一般采用无源电路构成，包括信号滤波器、电源滤波器等。③限幅技术。利用电涌保护器件的限幅钳位或旁路分流特性，将金属线路上的瞬时脉冲高压限制在设备或系统所能承受的范围内，或将瞬时强电流导入大地，从而保护后端设备的技术。这类防护措施是将过高的电磁脉冲能量泄放或削减，属于能域防护技术。常用的限幅装置有各类响应速度较快的电涌保护器。④接地技术。将金属导体埋入地下形成接地体，将屏蔽体外壳、电子电气设备外壳、金属线缆外导体等需要接地的点连接至该导体，从而将设备上感应的脉冲电流快速泄放到大地的技术，在屏蔽、滤波和限幅中均需同时采用。

电磁脉冲防护技术与工程结构、内部设备、发供电、给排水等专业密切相关，工程设计与施工时需要与相关专业密切配合。

采用光纤传输信号、减少工程设施中金属线缆的使用，从而减少电磁脉冲传导耦合，也是电磁脉冲防护的重要技术手段。（石立华）

防护工程发供电设计 power generation and supply system design of protective engineering 防护工程设计中发电、供配电专业设计的统称。防护工程发供电设计主要内容有电源、供配电、照明、节能和接地等设计。设计工作主要依据防护工程战术技术要求、国家标准和设计任务书等，结合工程所在地的地质、气象和区域内电力资源等情况，确定工程的总用电负荷、电力电源引入方式、战时电源供应方案、电力系统的分配、动力设备的配电、工程照明、工程的联合接地等。

防护工程的电源一般包括城市电力系统电网（简称外部电源）和工程内部的自备电站（简称内部电源）。①外部电源。引入工程后，经工程内部设置的高压配电柜、降压变压器、低压配电柜为工程内用电负荷提供380/220伏交流电源。工程平时使用及维护用电以外部电源为主，战时使用则以内部电源为主。内部电源和外部电源分列运行，并采取防止误并列运行的措施。②内部电源。一般采用自动化柴油发电站，柴油电站设计主要包括机组规格、容量及台数、电站位置、电站形式（口部电站、支坑道电站和独立电站）、电站布置形式和要求、电站基础隔震及消烟降温、电站机组冷却系统和进风排风系统、电站储供油系统、电站联络信号系统和机组运行方式等。采用电池储能作为防护工程内部电源具有无高温排烟、工艺简单、使用维护方便，以及可在工程内部分布式配置、可靠性高等诸多优点，逐步得到广泛应用。（徐其威）

防护工程给排水设计 water supply and drainage system design of protective engineering 防护工程设计中给排水专业设计的统称。

设计任务 防护工程给排水设计任务是根据工程战术技术和设计任务书的要求对防护工程的给排水系统及设备选型做出设计，为工程内人员工作、生活和设备运转提供符合相应水质、水量、水压、水温要求的给水，并顺畅排出各类污废水。防护工程给排水系统一般由水源、人员生活给水、洗消给水、消防给水、设备冷却给水、生活排水、设备排水、建筑排水、柴油电站供油等系统组成。

设计原则 防护工程给排水系统设计除了遵循民用工程给排水系统设计的一般规范和原则外，还需考虑以下几点特殊要求：①在防护工程没有市政水源可利用时，要建设自备内水源或外水源，水源的勘察工作应与工程地质勘察工作同步进行。②在市政供水水源受破坏时，要能保障工程内部人员生活和设备冷却在一定时间内的供水。③在工程外部环境受核生化污染的条件下，人员进入工程时的洗消以及工程战时主要出入口、进风口的墙和地面洗消等用水。④在工程进入隔绝通风模式时，工程清洁区内产生的污废水不得向工程外部排放，要预留隔绝通风时段污废水的贮存容积。⑤对各类进出工程围护结构的给排水及供油管道进行冲击波的防护。⑥对各类管道穿越工程有密闭要求的墙体进行密闭处理。⑦当平时使用功能和战时使用功能不一致时，要分别根据平时、战时使用功能设计两套给排水系统，并做好平战转换设计，使临战转换工作量满足工程临战转换时限的要求。

设计阶段 防护工程给排水设计一般分为方案设计、初步设计、施工图设计3个阶段。方案设计应完成方案设计说明；初步设计应完成设计说明书、设计图纸、主要设备表和计算书；施工图设计应完成图纸目录、施工图设计说明、设计图纸、主要设备材料表、计算书等。（丁志斌）

防护工程建筑设计 architectural design of protective engineering 防护工程设计中建筑专业设计的统称。

任务 防护工程建筑设计的任务是在建造之前根据该工程的战术技术要求、设计任务书、勘察报告和其他基础资料，按照相关设计规范和标准的要求，对工程的建筑总体布局做出设计，即对该工程所属的地下工程、地面建筑、配套设施、道路、桥涵、工程伪装，以及工程防洪、消防、警卫和绿化等做出全面的建筑总体设计。在此基础上对每个单项工程和单个工程，按照建设任务，把施工过程和使用过程中所存在的或可能发生的问题，事先做好通盘的设想，拟定好解决这些问题的办法、方案，用图纸和文件表达出来。

设计阶段 防护工程建筑设计分为方案设计、初步设计和施工图设计3个阶段。①方案设计。其内容主要有建筑设计说明、建筑方案图、投资估算。②初步设计。其内容主要有建筑初步设计说明、建筑初步设计图纸和工程概算书。③施工图设计。其内容主要有建筑施工图设计总说明、建筑施工图设计图纸、节能计算书、工程预算书。其中建筑施工图设计图纸是工程施工的依据。

设计内容 防护工程建筑设计应符合工程使用功能要素流程及其相互联系的要求，满足工程对建筑平面、建筑空间、建筑构造、建筑装修的要求。根据工程使用功能和地质地形条件综合考虑防火、消音、管道配置等技术因素，选择合理的布置形式，做到功能分区明确、布置合理、联系方便、互不干扰。轴线走向宜与地形等高线垂直，坑道轴线应沿山体肥厚、石质坚硬且完整处通过，避开断层和地质破碎地带；轴线设计时对转角和弧形的转弯半径要满足车辆及装备等使用功能的要求。

坑道的平面设计要根据工程规模、使用功能及地质条件选择总平面布置形式。轴线坡度不大的坑道一般选用平行通道式；工程规模较大、管线较多或防护要求较高的坑道，宜采用双通道式或棋盘式。房间的布置根据工程性质设置相应的使用房间，对通信、技侦等技术坑道则布置相应的设备机房和工作房间。

坑道工程要根据排水条件设置坡度，通道地面的坡度随轴线变化，房间地面坡度根据使用要求进行调平，设备房间地面一般不调平。断面设计形式应简单、幅员类型要少，满足使用要求，有利自然通风，断面形式要便于施工、安装和维护管理。

防护工程中各类防护设备作为通用设备大多已按其抗力要求、尺寸规格和功能实现了标准化、系列化。在工程设计时，可根据战术技术要求按标准图选用定型产品，但对有特殊规格和要求的非标准设备需专门做非标准设计。在预定抗力的武器冲击爆炸效应作用下，保证设备主体（门扇、门框）及其零部件（闭锁、铰页）具有规定的承载力和稳定性，满足规定的使用性要求以及刚度、密闭性等防护要求。防护设备的设计还要求满足设备部件轻、启闭运转灵活、安装维修方便等要求。对自动控制防护设备的设计还要达到控制可靠、动作适时准确等要求。

防护工程建筑设计需要较好地体现防护、结构、通风、给排水、供配电、通信、防化、自动化、监控、伪装等专业的要求，并作为上述各专业展开设计工作的基础。建筑专业作为主导专业，其设计质量对整个工程设计质量起着重要的作用。

（颜海春）

防护工程结构设计　structural design of protective engineering　在工程结构的防护可靠性与经济性之间选择一种合理的平衡，力求以合理的造价，在规定的条件下和规定的结构设计使用年限内，保证可靠度要求，总体上能承受预定武器打击或所设防的恐怖爆炸袭击或偶然性冲击爆炸事故的破坏作用，防止人员或设备受到直接或间接损伤破坏。

主要任务　防护工程结构设计以工程设计要求规定的各类武器的打击强度、恐怖爆炸袭击或偶然性冲击爆炸事故的毁伤效应、设计任务书、地质勘查报告等为依据，按照相关结构设计规范要求进行，同时考虑施工部门的技术水平、技术条件等因素。在建筑总体设计的基础上，确定结构布置方案，选择合理的结构形式，确定合理的防护系统和防护措施，确定工程各组成部分抗震要求和隔振方案。对于有平战结合要求的工程，还需要制定平战功能转换的结构改造措施。防护工程结构设计的特点是，结构体系除了要满足静荷载和正常使用活荷载的工况外，还需要考虑承受预定武器的力学破坏效应或所设防的恐怖爆炸袭击或偶然性冲击爆炸事故的破坏效应。

设计阶段　防护工程结构设计也分为方案设计、初步设计和施工图设计3个阶段。①方案设计，内容包括结构设计说明、结构方案图、结构投资估算。②初步设计，内容包括结构初步设计说明、结构初步设计计算书、结构初步设计图纸和结构概算书。③结构施工图设计，内容包括结构施工图设计总说明、结构施工图设计图纸、结构计算书、结构预算书。其中结构施工图设计图纸有结构图纸目录、结构施工图说明、基础平面图及详图、结构平面图、结构构件详图、节点构造详图等。

设计方法　国防工程和人防工程结构设计一般可分为抗常规武器结构设计和抗核武器结构设计。抗常规武器结构设计又分为抗局部作用效应设计和抗整体作用效应设计两个方面，抗核武器的结构设计则主要是抗核武器整体作用效应设计。

常规武器打击作用下局部作用效应主要有冲击和爆炸局部破坏作用两个方面。对无装药的穿甲弹，防护结构仅受到冲击局部破坏作用；而对弹壳厚度较薄的爆破弹，其侵彻混凝土结构等硬目标能力较弱，则主要考虑其爆炸局部破坏作用；对于大部分钻地弹，则应同时考虑冲击和爆炸局部破坏作用。针对弹体的局部破坏作用效应，结构设计主要是侵彻深度和爆炸破坏效应的设计计算。

常规武器及核武器的冲击或爆炸对防护结构产生的整体作用，通常表现为结构整体变形，破坏形式主要有弯曲和弯剪破坏，直剪破坏则十分鲜见。冲击爆炸作用下防护结构的整体响应一般采用结构动力学方法进行分析，通常将结构构件简化为等效单自由度体系，并按等效静载法进行计算，有时也采用P-I曲线法。

等效单自由度体系　防护结构构件或结构都拥有无限多个自由度，每一个自由度对应一个振型，每个振型都对结构响应有不同程度的贡献。冲击爆炸作用下防护结构的动力响应可采用结构动力学中的振型叠加法、多自由度法和有限元等数值计算方法，但是这些方法不便在量大面广的一般性防护工程结构设计计算中使用，仅适用于复杂的防护结构设计计算。研究表明，在爆炸荷载作用下防护结构构件的变形形状与爆炸荷载分布形式一致的静载作用下相似，因此，可根据静载作用下的变形形状（称为形函数），按变形能量等效的原则，将结构构件的无限多自由度体系用一个等效单自由度体系来表征。由此可见，等效单自由度体系方法是对实际防护结构或构件的一种近似分析方法。等效单自由度体系见图1，由等效质量、等效刚度、等效荷载构成。按照防护结构变形进入塑性的程度，可分为等效单自由度弹性体系、等效单自由度弹塑性体系和等效单自由度塑性体系。采用等效单自由度体系

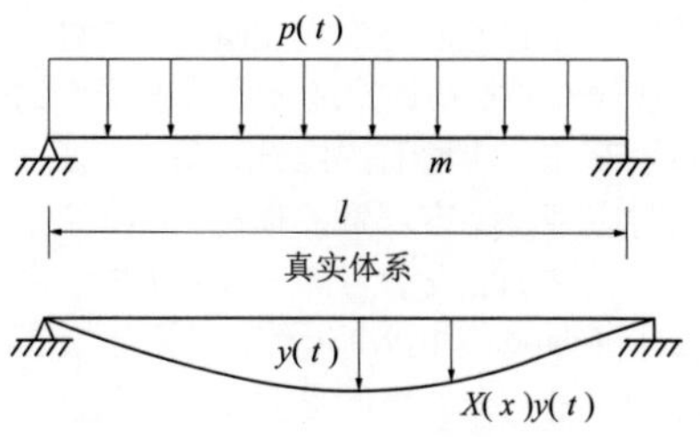

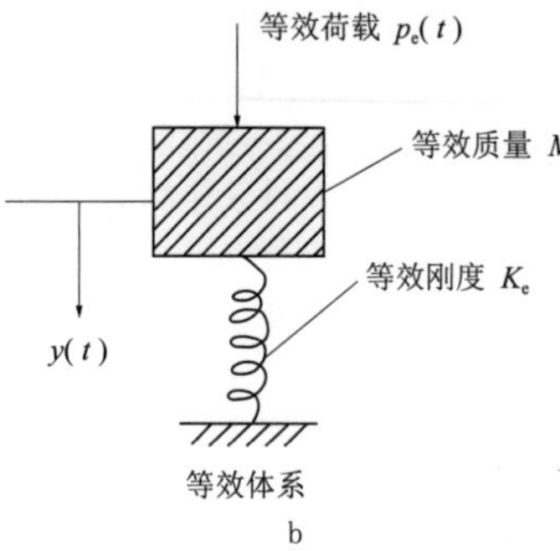

图1　梁的等效单自由度体系示意图

方法，计算冲击爆炸荷载作用下防护结构的弯曲变形响应计算精度较高，但剪切变形响应计算精度较差。

等效静载法　为了便于将冲击爆炸的动荷载作用下防护结构响应计算分析转化为静载作用下的计算分析，人们提出了等效静载法，其基本思想是将动载对结构动力效应的计算简化为静力计算，即将动载峰值乘上动力放大系数作为等效静载，然后按等效静载计算结构内力和位移。动力放大系数的确定要保证结构在该等效静载作用下的变形和内力（主要指弯曲位移和弯矩）与动载作用下相应的最大变形和内力相等。

对于一般防护结构，在动力分析中采用等效静载法可满足结构构件抗弯设计计算的精度要求，但剪力和支座反力的设计计算应采用更加精确的方法。等效静载法一般适用于单个构件。实际结构是多构件体系，如有顶板、底板、墙、梁、柱等构件，其中顶板、底板与外墙直接受到不同峰值的外加动荷载，内墙、柱、梁等承受上部构件传来的动荷载。由于动荷载作用的时间有先后顺序，动荷载的变化规律也不一致，因此对结构体系进行精确分析较为复杂，故一般采用近似方法，将它拆成单个构件，每一个构件都按单独的等效单自由度体系进行动力分析。各构件的支座条件应按实际支承情况合理确定。

P-I曲线法　又称P-I图法，其中P为爆炸荷载峰值，I为荷载冲量。P-I曲线法是基于作用于结构构件上的荷载峰值和冲量，对其进行结构响应、破坏模式和损伤评估的一种十分简便的方法。

P-I曲线是爆炸荷载作用下某一特定

结构构件的等损伤线，在超压-冲量空间中代表对防护结构产生相同程度损伤的一系列超压-冲量值的组合，每一条P-I曲线对应某一特定程度的损伤。图2给出了典型的P-I曲线示意图。在P-I曲线中有超压渐近线和冲量渐近线，分别定义了超压和冲量两个参数的临界值，将超压-冲量空间分为两个部分，当作用荷载位于曲线的右上方时，表示结构构件发生的损伤程度要大于该P-I曲线对应的损伤程度；当作用在结构构件上的荷载落在曲线的左下方时，表示结构构件发生的损伤程度要低于P-I曲线对应的损伤。

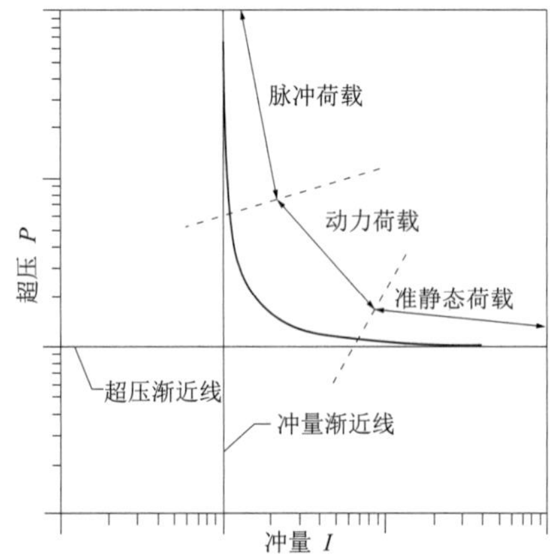

图2　结构构件P-I曲线示意图

根据爆炸荷载的作用时间与结构自振周期的比值，可以将超压-冲量空间中的爆炸荷载分为冲量荷载、准静态荷载和动力荷载。在冲量荷载作用下，结构响应仅与爆炸荷载的冲量值有关，与爆炸荷载的超压峰值无关，这在超压-冲量空间中形成一条竖线，界定出使结构构件发生某一特定程度损伤所需的最小冲量，即冲量渐近线。在准静态荷载作用下，结构响应与爆炸荷载的冲量无关，仅取决于爆炸荷载的超压峰值，因此，在超压-冲量空间中形成一条横向渐近线，用来界定使结构构件发生某一特定程度损伤所需的最小超压峰值，即超压渐近线。在动力荷载作用下，结构构件响应不仅与爆炸荷载的冲量有关，而且与爆炸荷载的超压峰值也有关。

一般的，可以在超压-冲量空间中绘制若干条P-I曲线，每条P-I曲线代表不同的损伤程度，从而对爆炸荷载下结构构件的损伤程度进行更为精确的评估。P-I曲线虽然可以快速、方便评估结构构件的损伤程度，但其应用于防护结构设计计算时受到了限制，世界各国防护结构设计规范、手册和指南中仍推荐采用等效静载法。

各类结构设计特点　主要包括整体式结构、成层式结构、地下浅埋结构和地下深埋结构。

整体式结构　支承结构需直接承受常规武器冲击和爆炸局部破坏效应，采用掘开式施工且一次整体成型的结构形式。常用钢筋混凝土材料进行现地连续作业，将支承结构的顶盖、侧墙、底板浇筑成一个坚固的整体。整体式结构设计主要有两类：①由常规武器侵彻爆炸引发的局部破坏效应控制设计。整体式小跨度结构的设计属于局部破坏效应控制设计，结构厚度根据常规武器的作用特点进行设计计算。按局部破坏效应设计的整体式小跨度结构，一般抗常规武器或核爆炸冲击波的整体破坏效应均能满足强度要求，可不必进行抗整体破坏效应的验算。②由常规武器侵彻爆炸或者核武器爆炸引发的整体破坏效应控制设计。由整体破坏效应控制设计的结构多为整体式大跨结构，这类结构既要抗核爆炸冲击波，又要求抗常规武器直接打击，设计时可先按局部破坏效应设计计算构件厚度和构造配筋，再按整体破坏效应进行强度校核。

成层式结构　为了有效抵抗常规武器侵彻爆炸作用，对覆土和浅埋工程常采用的结构形式的设计。成层式结构主要由伪装层、遮弹层、分配层和结构层等组成。遮弹层用于抵抗武器的侵彻爆炸作用，不允许常规武器战斗部（或称弹丸）穿过这一层，因此要按抗常规武器侵彻爆炸条件下的局部破坏效应进行设计。分配层是将遮弹层中爆炸荷载分散到较大范围并削弱爆炸荷载，因此要有足够厚度，使作用在结构层上爆炸荷载降低到可接受的范围。支撑结构（又称主体结构）主要承受弹丸在遮弹层中爆炸产生的动荷载作用，因此通常按抗常规武器侵彻爆炸作用下的整体破坏效应进行设计。常用的遮弹层材料有混凝土、钢筋混凝土、块石混凝土、钢纤维混凝土等。分配层材料常用粗砂，研究表明低密度、多孔隙的泡沫混凝土作为分配层材料具有优异的爆炸能量调控和吸能性能。

地下浅埋结构　地下浅埋结构通常采用掘开式施工，将工事顶盖置于与地表平齐或埋入地表下几十厘米或几米。抵抗常规武器直接命中打击的地下浅埋结构常采用成层式结构形式。在核武器爆炸冲击波作用下，地下浅埋结构可以消除空气冲击波的反射效应和动压作用，只承受空气冲击波沿地面传播时传入的岩土压缩波，岩土压缩波向下传播时将与地下结构发生复杂的动力相互作用，包括岩土压缩波的传播衰减、压缩波遇到结构时的反射增强以及结构变形和地表卸载等。各国多基于一维波与地下结构相互作用理论和大量试验数据，确定土中浅埋结构上动荷载，如中国广泛使用的“三系数法”。

地下深埋结构　对覆盖岩土层较厚，且其上方的覆盖层能形成压力拱（又称卸载拱）的地下结构的设计。由于地下结构埋深较大，对核武器和常规武器冲击爆炸荷载有很强的衰减作用，因此抗力很高，广泛应用于指挥通信以及飞机、舰艇洞库等重要武器装备的掩蔽防护。常规钻地弹和核武器地面空气冲击波对这类地下深埋结构基本上没有威胁，但是核武器触地爆炸尤其是钻地爆炸产生的强地冲击对其有较大的威胁。此外，当结构埋深很大（如上千米）时，工程开挖过程中，岩体中高地应力、高地温、高渗透压等对工程的开挖支护和强地冲击传播及其与深埋结构相互作用均产生较大的影响，如强地冲击传播可能诱发岩体中高地应力的进一步释放，对地下结构产生不利的影响。21世纪初以来，俄罗斯和中国学者在这方面取得了许多卓有成效的研究成果。地下深埋结构的设计既要考虑开挖过程中的高地应力、高地温、高渗透压的作用，又要考虑强地冲击的作用。为此，地下深埋结构常采用喷锚网支护+软回填层+二次支护的复合结构型式。喷锚网支护设计主要要考虑洞室开挖后高地应力释放的荷载作用，软回填层宜采用低密度、多孔隙材料（如泡沫混凝土），通过软回填层与外层的喷锚网支护和岩体以及内层的二次支护（如钢筋混凝土结构）之间的波阻抗失配，可将强地冲击荷载的作用集中于外层的喷锚网支护和岩体，从而有效降低作用在二次支护结构上的荷载和加速度，既提高了二次支护结构的抗冲击性能，又提高了隔震性能。

结构隔震设计　防护工程设计中隔震措施专项设计的统称，主要任务是在遭受武器打击条件下保障工程结构内部人员、仪器设备免受震动毁伤，主要包括结构外隔震设计、结构内隔震设计、非承重结构抗震设计和设备防震设计等。①结构外隔震设计。是在岩体和被覆结构之间充填一定厚度的软回填材料，削减由岩体传递到结构上的应力波，减少结构振动效应。②结构内隔震设计。是在结构内采用隔震器、阻尼器或耗能材料支承隔震系统，以消耗爆炸震动能量，降低爆炸振动效应，使隔震系统内的振动值在人员及仪器设备的容许振动值以内。③非承重结构抗震设计。是按震动惯性力确定非承重结构的强度以及非承重结构与承重结构间的连接和安装详图。④设备防震设计。宜采取减轻震害的相应构造措施，如设备基础的牢靠固定、管线的软接头和为某些震动敏感的设备设计防震架等。隔震设计的一般要求是隔震效率高、余振时间短、使用年限长、施工维护方便以及平时使用荷载作用下不产生晃动等不适感觉。

地面建筑物抗连续倒塌结构设计 针对建筑结构局部某个关键构件（如底层柱子）的破坏导致相邻构件失效继而引发更多结构构件的破坏，并最终导致结构整体或局部倒塌连锁反应的设计。引起结构连续倒塌的原因可能为恐怖爆炸或意外爆炸、撞击、火灾或地震等。

建筑结构连续倒塌与整体坍塌不同。前者主要表现为局部破坏在结构系统内的传播使得小范围的初始破坏造成大范围的结构倒塌；后者指建筑结构整体从其原有位置向下塌落或倾倒的破坏。建筑结构连续倒塌的典型案例是美国俄克拉荷马市艾尔弗雷德·P.默拉联邦政府办公大楼遭汽车爆炸袭击后，4根底层柱首先失效，最终导致建筑迎爆面10跨中的8跨连续倒塌。

结构连续倒塌分析是抗连续倒塌设计的基础，主要有两类分析方法。一是不考虑引起结构连续倒塌的原因，最具代表性的有拆除构件法，也叫替代传力路径法，是建筑结构连续倒塌分析中最常用的方法。二是考虑引起结构连续倒塌的原因，典型的方法为直接动力法。以爆炸荷载作用下建筑结构的连续倒塌分析为例，直接动力法直接对炸药的爆轰，爆炸波的传播，爆炸冲击波与结构的相互作用以及在爆炸荷载作用下建筑结构的动态响应、损伤破坏及连续倒塌的全过程进行模拟。通常，直接动力法能够对建筑结构在爆炸作用下导致的连续倒塌进行准确可靠的模拟。然而该方法过于繁杂，并不适合在工程设计计算中推广应用。为此，世界各国学者提出了许多简化分析方法，包括子结构法、多尺度法和高效分析模型等。

结构抗连续倒塌设计应保证结构在爆炸荷载作用下不因结构关键构件失效而发生连续倒塌。首先，应进行概念设计并采取合理的构造措施，保证结构的整体性、延性和冗余度。其次，要根据建筑的重要性等级和抗爆设防类别，选择合理的分析方法，对建筑结构进行抗连续倒塌分析与设计。

结构抗连续倒塌概念设计方法包括：①提高建筑的安全防护距离或设置防爆墙等，降低结构关键构件承受的爆炸荷载或避免结构关键构件直接承受爆炸荷载。②增加结构替代传力路径，提高结构冗余度。③优化结构布置或增强连接性能等，提高结构整体性。④合理划分结构区域，控制结构可能的破坏范围等。

结构抗连续倒塌设计常采取下列构造措施：①混凝土结构梁柱刚性连接，梁柱节点域梁下部配置连续贯通的抗拉钢筋，在梁内有可靠连接或锚固。②钢结构梁柱节点采用刚性连接，且梁端具有转动变形能力。 （颜海春　相恒波　师燕超）

防护工程孔口防护设计 orifice protection design of protective engineering 为防止武器杀伤破坏效应从孔口进入工程内部或为了将其破坏效应减小到允许值进行的工程设计。工程孔口通常指人员（装备、设备）的通道出入口、管线通道出入口、进（排）风口、排烟口、给（排）水管道口、进油管道口、电缆馈线进出口，以及射击孔、观察孔等特定孔口。孔口防护指上述孔口部位对爆炸冲击波、弹体破片、放射性沾染、毒剂、生物战剂、电磁脉冲等杀伤破坏因素所采取的防护措施。

防护工程孔口防护设计与建筑、结构、通风、给排水、电气、自动控制等专业设计关联性强，需要相互配合协调，其主要设计内容有以下几方面。

人员通道出入口的防护设计。对爆炸冲击波采用堵的措施，即在入口通道内适当位置设置防护门或防护密闭门，将冲击波堵在防护门之外。对毒剂、生物战剂、放射性尘埃，在入口通道内适当位置设置密闭门、防毒密闭通道，形成密闭段，并在密闭段设置超压来进行防护。当工程外受染期间仍需要有人员进出时，还需要设置洗消间，将人员、武器、装备所携带的有害物质清除并排至工程外；对于核电磁脉冲的防护则是采用各种屏蔽措施。

管线通道出入口防护设计。在管线通道内适当位置设置防护墙，将爆炸冲击波、炮航弹破片、毒剂、生物战剂、放射性尘埃堵截在防护墙以外。所有管线在通过防护墙时转入地沟中，防护墙体以外的地沟用低强度混凝土填充。所有管线在防护墙处设置防爆波活门或阀门、密闭活门和防爆波窨井等。此处的防护墙体通常较厚，有时也称为防护墙塞。

工程进风口、排风口和排烟口的防护设计。通常在工程适当位置设置消波系统用来防爆炸冲击波；进风系统对毒剂、生物战剂和放射性尘埃的防护，一般采用过滤式通风或隔绝式通风；排风、排烟系统对毒剂、生物战剂和放射性尘埃的防护，主要是在排风和排烟管处设置防爆波阀门；对电磁脉冲的防护是在口部设置屏蔽设施、波导管，将入口段金属管切断，并用非金属管连接，将口外段接地。

工程进水管的防护设计。一般在管道适当位置设置防爆波阀门，阻止爆炸冲击波、毒剂、生物战剂和放射性尘埃沿给水管道侵入工程内部；在防爆波阀门处设置防爆波阀门室或防爆波窨井。在排水管适当位置设置排水消波井或消波槽；在排水管口设置砾石消波窨井，对生活污水排水管口，在排入砾石消波窨井前设置防爆波化粪池；排水管口对毒剂、生物战剂和放射性尘埃的防护常采用水封密闭井。进（排）水管对电磁脉冲的防护方法与进（排）风管的防护方法类同。

工程的射击孔、观察孔、竖井口、天线升降井通常采用防护盾板或防护盖板防爆炸冲击波和炮航弹破片。对毒剂、生物战剂和放射性尘埃的防护则采用防护密闭盾板或防护密闭盖板，或在防护盾板和盖板后增加密闭盾板或盖板。若有防电磁脉冲要求，则需要在适当位置采取屏蔽措施。 （颜海春）

防护工程设计 design of protective engineering 防护工程建设过程中编制设计文件的工作，是必不可少的建设程序和关键性环节之一。设计工作应遵循国家和军队有关工程的建设方针、政策法令，以建设项目的可行性论证报告、设计任务书、工程地质和水文地质勘察报告及其他基础性资料为依据，按照国家和军队有关设计规范、规程和标准进行。

主要内容 防护工程设计文件由设计图纸、设计计算书、设计说明书和工程概预算书等组成。防护工程设计主要有建筑设计、结构设计（包括孔口防护设计）、伪装设计、发供电设计、给排水设计、通风空调设计和智能化系统设计等，不同类型防护工程设计所包含的设计内容有所不同。建筑与结构设计中的防护要求设计是防护工程设计的重要内容，可分为力学效应防护设计和非力学效应防护设计两类。力学效应主要指武器或爆炸物所产生的冲击波、岩土中压缩波、地震动和冲击效应等；非力学效应主要指生物武器、化学武器、放射性沾染、早期核辐射、光辐射、电磁脉冲、火灾和缺氧窒息效应等。在力学效应防护设计时，要考虑冲击爆炸荷载的不确定性和偶然性因素，注重整体防护，采用合理的结构型式以及延性较好的工程材料和结构，以吸收冲击爆炸荷载产生的能量。对每种破坏效应的防护，需要在各专业设计中分别体现，通过工程建筑设计、结构设计、孔口防护设计、隔震设计、防电磁脉冲设计、防生化密闭设计、防早期核辐射设计、防放射性尘埃设计等使工程具备综合防护能力。

防护工程设计强调遵照工程各个部位“等强”和各专业功能“互补”的原则，搞好各专业设计的协调。

设计阶段　防护工程设计通常按照设计深度不同分阶段进行。一般分为初步设计和施工图设计两个阶段。技术复杂、缺乏设计经验的大型工程可按初步设计、技术设计（或称扩大初步设计）和施工图设计3个阶段进行。技术简单的小型防护工程或已建工程的技术改造项目，在方案设计审定后，可以直接进行施工图设计。设计工作分阶段进行可以使各阶段设计目标明确，分步控制各阶段设计目标，最终达到总体设计目标。

经送审批准的初步设计文件是进行技术设计和控制工程建设投资的基本依据。当进行两阶段设计时，初步设计文件又是编制施工图文件及组织主要材料设备订货的依据。经送审批准的技术设计文件是编制施工图设计文件的依据。施工图设计文件是设计工作和施工工作衔接的桥梁，是施工单位进行施工、安装和组织材料设备加工订货的依据，也是工程主管部门对工程进行质量监督、建设拨款和对款项使用进行监督的基本依据。（颜海春）

防护工程生化防护技术　protective technology of biological and chemical weapons in protective engineering　避免或减轻生物武器、化学武器杀伤破坏效应的工程防护技术。化学毒剂和生物战剂通过工程的口部进入工程内部时，将对工程内部人员造成杀伤破坏作用，工程上采用堵、滤、消等技术措施使进入防护工程内部空气受生物战剂和化学毒剂的受染度不超过允许标准。

“堵”是在防护工程的孔口（包括出入口、观察设计孔、管线进出孔、通风口等）处，将有害物质挡在工程之外。主要采取设置防护密闭门、密闭门、密闭观察窗、密闭盾板、密闭挡板等技术措施。当发现工程外部受染时迅速将其关闭，阻挡受染空气侵入。对于重要工程的出入口，一般设置几道密闭门，组成防毒通道。对于由非密闭区进入密闭区的各种管线，在管壁外焊接法兰盘并将其浇入密闭隔墙中。对于坑道工程，为防止受染空气由被覆结构与毛洞之间的间隙渗入工事，通常采用压浆的办法设置密闭段。

“滤”是在进风管道上设置除尘器、粗滤器、滤毒罐等滤除进入工程的空气中的有害物质。当工程外部有害物质的品种或浓度超过滤毒设备的能力时，则把通风管道上的密闭阀门关闭，使工程与外界隔绝。为防止受染空气通过工程中细微缝隙侵入，通常在工程内（特别是口部地段）形成超压状态，以防止受染空气的渗透。

“消”是在防毒通道的一侧设置洗消间，对受染期间仍需进入工程的人员，装备洗消后方可进入工程内部。对于带入工程内的有害物质，可采取洗消法，也可采取剥离型膜体压制法去除。

为使上述防护措施适时进行运行方式的转换，在防护工程外通常设置侦察报知系统。该系统由生物战剂报警器、毒剂报警器、控制台及与其连通的设备网络组成。当传感器探知工程所在地区受染时，能快速、准确地发出报警信号，并将信号传输给控制装置，通过控制装置发出指令，调整工程的运行状态。（龚自明）

防护工程试验技术　experimental technology for protective engineering　检验防护结构与设备防护性能以及研究与发展防护工程新材料、新结构、新工艺的各种检验和测试技术的总称。防护工程常用的试验装置有分离式霍普金森杆、冲击试验机、弹体侵彻试验、空气炮、激波管、核爆炸压力模拟器、结构抗爆试验和燃气爆炸试验等。

分离式霍普金森杆　包含分离式霍普金森压杆、拉杆和扭杆，又称考尔斯基杆。主要由发射器，发射管，内装待发射撞击杆（又称子弹）、入射杆（输入杆）、透射杆（输出杆），吸收杆和缓冲器等组成。试件置于入射杆与透射杆之间。该装置可以测量材料在高应变率条件下的应力－应变关系。

冲击试验机　主要对材料和构件施加可控和可复现的冲击试验，通常具备锤体提升、释放和抓取等功能。冲击试验机分为摆锤式冲击试验机、电液伺服式冲击试验机以及落锤冲击试验机。

空气炮　以压缩空气膨胀做功发射弹丸的试验装置。主要由高压气室、高压释放装置、试验弹体、发射管、支撑装置、安装平台、靶室、控制系统、测试系统和辅助系统组成。空气炮工作时，控制系统打开高压释放装置，高压气体涌入发射管推动弹体加速运动，直至弹体飞离发射管在靶室内与靶体发生碰撞，由测试系统记录实验现象、弹体速度和弹靶响应等参数。空气炮的发射速度可达700～900米/秒，为了进一步提高发射性能，可采用更小分子量的气体（如氢气或氦气）作为工作气体，对应的装置称为轻气炮。一级轻气炮的发射速度可达1200～1500米/秒，二级和三级轻气炮的发射速度可达6000～9000米/秒。

激波管　通过压差产生激波并利用激波压缩获得的温度、压力特性来满足特定要求的试验装置。通常由一根两端封闭圆管或方管组成，管内有一膜片将装置分隔为高压区和低压区，两区内根据试验参数要求分别充填高压驱动气体和低压工作气体。激波管广泛应用于爆炸冲击、空气动力学、化学动力学、气体物理、航空航天和武器装备等研究领域，在防护工程领域，激波管可用于标定传感器和模拟冲击载荷等，大型激波管可进行防护结构抗爆试验。

核爆炸压力模拟器　利用化学爆炸手段来模拟核爆炸压力的加载试验设备。简称模爆器。主要用于进行结构或构件、防护门和其他防护设备的抗爆性能试验及岩土介质中压缩波传播试验等。

弹体侵彻试验　通常利用空气炮、平衡炮、火箭撬等动力装置发射弹体，使弹体以一定初速度和入射角度侵彻靶体的试验技术。弹体侵彻过程中主要关注弹体着靶速度、着靶姿态、残余速度、弹道轨迹、变形与磨蚀、侵彻深度以及靶体的开坑尺寸和震塌范围等破坏效应。弹体侵彻试验主要有缩尺模型试验和原型试验。由于缩尺模型与原型之间的应变率和损伤断裂破坏效应不满足相似率关系，缩尺模型试验结果往往不能直接推广到原型。对于有粗骨料的混凝土靶体，粗骨料的粒径与弹体直径比值对侵彻试验结果影响较大。试验靶体一般为圆形和矩形，对于混凝土类靶体，靶体尺寸通常应大于弹径的25倍，并在横向边界用钢板包裹，以减小边界效应。

结构抗爆试验　研究爆炸荷载作用下防护结构或防护设备抗爆性能的试验。结构抗爆试验多采用缩尺模型在野外条件下展开，即用较小尺寸防护结构的抗爆试验来检验计算理论和方法的正确性，或通过缩尺模型试验得到原型结构的抗爆性能并用于结构抗爆计算，或通过缩尺模型试验建立防护结构的经验或半经验设计计算方法。

燃气爆炸试验　用于研究可燃气体爆炸机理、破坏效应和建筑（构）物抗爆性能等的试验技术。按照爆炸所处的环境，分为开敞空间燃气爆炸试验、部分受限空间燃气爆炸试验和受限空间燃气爆炸试验。燃气爆炸试验系统常用塑料薄膜集聚燃气，以控制一定体积和燃气含量，主要由试验模型、气体供应装置、浓度控制装置、点火装置和数据采集装置等组成。防护工程试验中所使用的测试技术主要有光测技术和电测技术两类。

光测技术　主要用于测量射弹和破片着靶速度、攻角、弹着角等。常用仪器有高速摄像机、闪光X射线系统、高速摄影机、激光干涉仪和激光多普勒测振仪等。

电测技术　电测系统由信息采集设备、传输电缆、信息记录设备和数据处理设备组成，电测技术主要用于以下方面：①时间和运动速度测量。常用测量方法有断通靶法（金属丝网靶、铝箔靶等）、光电转换法（光幕靶、光电管等）、电探针法和电磁法。②压力和应力测量。如应变式、压电式、压阻式传感器等，以及近年来研制出耐高温、耐电磁干扰的光纤传感器和碳阻传感器。③变形和应变测量。多数采用电阻应变片与超动态电阻应变仪系统。④侵彻过程测量。通常采用带采集与存储单元的弹载传感器，测量弹体过载特性与减速历程。⑤防护结构和介质的变形加速度和相对位移测量等。

（相恒波　姜锡权　师燕超　李　干　孔祥振　杨石刚）

防护工程数值模拟技术　numerical simulation technology in protective engineering　用计算机程序来求解武器冲击爆炸毁伤效应及其对防护工程作用的数学模型的计算技术。

发展情况　防护工程数值模拟技术是对理论分析和科学试验研究手段的重要补充，是防护工程学科发展的重要方向。通过数值模拟，结合相应的试验，可掌握武器打击条件下防护工程结构损伤破坏及动态响应的基本规律，服务于防护工程设计。数值模拟可在一定程度上复现真实过程，可代替或部分代替防护工程领域中的一些昂贵和危险的试验，且可观测事物的连续动态发展变化，如钻地弹在防护结构内运动过程以及材料或介质的损伤破坏情况，弥补试验中难以观察或测试的不足。防护工程数值模拟技术已发展到相当高的水平，有时也称为“数值试验”或“虚拟试验”。LS-DYNA、AUTODYN和ABAQUS等软件得到了广泛应用。

主要内容　防护工程数值模拟技术主要包括物理建模、数值离散、软件编制、计算机计算、计算结果后处理及分析等过程。①物理建模。通过对武器产生的冲击爆炸荷载及其对防护工程作用的全过程的物理特性分析，确定系统的质量守恒方程、动量守恒方程、能量守恒方程等控制方程组描述。此外，还需通过理论与试验相结合的方法给出描述防护工程材料和介质的本构方程及其参数。②数值离散。为求得上述控制方程组在特定的几何条件、边界条件和初始条件下数值解，对其进行的数值离散。数值离散方法主要有有限差分法、有限单元法和无网格法等。有限差分法是将先连续的求解域进行网格剖分，然后在网格点上，按适当的数值微分公式把定解问题中的微商换成差商，从而把原问题离散化为差分格式，进而进行数值求解。有限元单元法是先将连续的求解域离散成有限个单元，组成离散化模型，通过体积积分求其近似的数值解。无网格方法是将物质通过粒子离散，不存在计算网格，因此不存在有限差分法和有限单元法的网格畸变问题，可较好处理大变形问题，一般采用直接点积分方式求得数值解，但点积分精度较体积积分差且效率低，因此粒子方法在处理小变形问题时计算精度和计算效率均比有限元方法低。数值离散方法按照坐标系选取不同，可进一步分为欧拉法、拉格朗日法和任意拉格朗日欧拉法。拉格朗日法网格固定在物质上，便于追踪界面，但物质大变形时时间步长会急剧减小，导致计算时间增加甚至计算终止；欧拉方法则将网格固定在空间，可较好描述大变形，但物质界面难以追踪；任意拉格朗日欧拉法结合了拉格朗日法和欧拉法的优势，在每个或每几个时步进行网格重剖分，但过多的重新剖分使得任意拉格朗日欧拉法接近于欧拉法，同样存在界面难以追踪问题。无网格方法通常为拉格朗日法。③软件编制。利用计算机知识和适合于科学计算的计算机语言，将上述离散化控制方程的求解编制成计算程序并形成软件包，软件包是实现数值模拟技术的载体。④计算结果后处理。对数值计算结果进行数据可视化处理。由于数值计算结果数据量庞大且离散，所需要的物理图像和规律一般不能直观显现出来，为便于对数据进行高效分析，后处理技术必须具有很强的数据处理、可视化和人机交互等功能。

应用　防护工程数值模拟涉及冲击爆炸等强动载作用下工程材料（介质）和工程结构的大应变、高应变率和高压力、强瞬时性、强非线性和强耦合的动态响应和损伤破坏的复杂问题。如在冲击爆炸作用的近区，防护工程材料内部压力可达数十吉帕量级，材料产生严重的损伤破坏，包括压碎（体积压实）及剪切破碎等。由于冲击爆炸近区材料受高静水压力作用，呈现近似流体特性，但又具备一定的剪切强度，在数值模拟中常常基于流体弹塑性理论，采用球量和偏量分开描述材料或介质的状态方程和强度面的本构模型。但是，随着冲击爆炸效应逐渐减弱，当压力降低至中等压力时，此时材料剪切行为和体积压缩行为同等重要，可采用弹塑性损伤本构模型。高应变效率应是防护工程数值模拟的重要特点之一，在材料的本构模型中要考虑这一因素。　（孔祥振）

防护工程通风空调设计　ventilation and air-conditioning design of protective engineering　防护工程设计中通风空调专业设计的统称。

设计任务　防护工程通风空调设计任务是根据工程战术技术和设计任务书的要求对防护工程的空气环境保障系统及设备选型做出设计，为工程内人员工作、生活和设备运转提供必要的条件。影响防护工程内空气环境质量的主要评价参数有空气的温度、相对湿度、气流流速、洁净度等物理参数，二氧化碳、甲醛、苯、氨气、挥发性有机化合物（VOCs）等化学污染物参数，菌落总数，放射线氡及其子体浓度等。

设计内容　防护工程通风系统一般由进风系统、排风系统组成。通过合理的进排风设计，为工程提供健康的空气品质并实现战时集体防护，保障工程内部人员的生存与健康。防护工程进风系统将工程外部的空气输送到工程内，通常由防冲击波设备、粗滤器、预滤器、过滤吸收器、密闭阀门、进风机以及连接它们的管道组成。排风系统由设在排风房间的排风口、排风机、密闭阀门、洗消间的通风设施、排风消波设备以及连接这些设备的管道所组成。排风系统设计的重点是战时超压排风系统设计。防护工程的通风方式根据使用时机，分为平时通风和战时通风；根据战时工程外空气的沾染情况，分为清洁式通风、滤毒式通风、隔绝式内循环通风3种通风方式。

防护工程空调系统通常由空气处理设备、送风系统和回风系统组成，为工程提供适宜的热湿环境，保证人员的舒适性和设备的正常运行。空调设计的主要内容包括：工程内外空气设计计算参数确定、热湿负荷计算、空调处理系统与设备设计计算、空气净化系统设计、气流组织设计等。

设计原则及阶段　防护工程通风空调设计遵循“安全可靠、经济合理、技术先进”的原则，首先要保证战时需要，同时便于平时使用和维护管理。防护工程通风

空调设计一般分为方案设计、初步设计、施工图设计3个阶段。 （耿世斌）

防护工程伪装技术 camouflage technology of protection engineering 为隐蔽目标位置、性质、规模及状态等，欺骗、迷惑敌方，在施工期间和工程建成后对防护工程实施隐真、示假和干扰的技术。

实施原则 防护工程占地面积大、施工周期长且目标固定、对空暴露特征显著，易被敌方高技术侦察监视平台探测发现。对其开展伪装防护的主要任务是通过隐蔽目标、降低目标显著性、改变目标外形、示假及实施干扰等方法，达到对抗敌方的多波段侦察监视和精确制导武器打击的目的。

伪装技术已经成为工程防护技术的重要组成部分，针对敌方侦察监视的不间断性，应从工程选址、勘察设计到施工、维护、使用等实施全过程伪装。在工程施工期间，尽量减少对工程场地的破坏。在实施工程伪装中，尽量利用现地的地物（土壤、植物等）。工程技术措施不仅要强化伪装设施与现地背景的协调性、融合性，还须提升伪装设施的耐久性。在工程维护使用阶段，需制定并严格执行伪装保密纪律，防止工程的暴露。

类型 伪装技术按工作波段不同，分为防光学探测伪装技术、防中远红外探测伪装技术、防雷达探测伪装技术等；按工程地位作用不同，分为战略工程伪装、战役工程伪装、战术工程伪装等；按伪装方法不同，分为利用自然条件的伪装和植物伪装、迷彩伪装、遮障伪装、示假伪装及干扰伪装等。

遮障 用于妨碍敌方探测和干扰敌武器攻击的遮蔽物，分为天然遮障和人工遮障。①天然遮障。指能遮蔽目标，防止敌方从空中或地面进行探测的天然遮蔽物，如致密的植被、居民地、较深的地沟及起伏地形的反斜面等。②人工遮障。指用伪装装备或就便材料制作和设置的伪装遮障，主要由遮障面（又称伪装面）和骨架（又称支撑系统）构成。

伪装网指表面伪装装饰材料与背景的波谱反射、辐射特性相似的网状柔性的伪装装备，包括光学伪装网、雷达伪装网等。伪装网是伪装遮障的重要组成，主要由网面、网纲、连接绳套等组成。单元网大多呈矩形或长方形，有的还配有装饰片等。为便于架设，通常还配有支撑杆、固定桩及铁锤等。

光学伪装 采取消除、降低、歪曲、模拟目标与背景之间光学波段（波长300～2500纳米）的反射特性差别，以对付敌光学侦察和制导武器捕获所实施的伪装。又称防光学侦察伪装、防光学探测伪装。光学伪装通常包括防紫外（波长300～380纳米）、防可见光（波长380～780纳米）、防近红外（波长780～2500纳米）探测伪装。光学探测主要包括光学成像探测，如电视成像侦察、照相侦察等，其中卫星光学成像侦察的地面分辨率已达到0.1米。光学伪装主要技术措施有隐蔽目标、降低目标显著性、改变目标外形、设置假目标和实施干扰等。

红外伪装 采取消除、降低、歪曲、模拟目标与背景之间中远红外两个大气窗口（波长3～5微米、8～14微米）辐射特性的差别，以对付敌热红外侦察和热红外制导武器捕获所实施的伪装。又称防中远红外探测伪装、防热红外伪装、热红外伪装。热红外探测主要包括热红外照相（红外行扫）、热红外成像（红外前视）探测及辐射测温等。其中热红外成像装置的温度分辨率已达到0.1℃，空间分辨率已达到0.2毫弧度（mrad）。红外伪装主要措施有遮蔽、融合、显示假目标和实施干扰等。

雷达伪装 采取消除、降低、歪曲、模拟目标与背景之间微波散射特性的差别，以对付敌雷达侦察和雷达制导武器捕获所实施的伪装。又称反雷达伪装、防雷达探测伪装、防雷达侦察伪装等。雷达探测主要包括雷达信号探测和合成孔径雷达成像等。雷达探测具有作用距离远、探测波段宽、灵敏度高、速度快、穿透力强等特点，是远距离探测的重要手段。合成孔径雷达成像的地面分辨率可达到0.3米。雷达伪装的主要技术措施有遮蔽、融合、显示假目标和实施干扰等。

假目标 模拟真目标暴露征候的模型或装置。如假防护工程、假工事及红外辐射、雷达散射甚至闪光、音响模拟装置等。假目标能吸引敌方注意力和火力、消耗敌方作战资源，为真目标的战场生存创造有利条件。按照假目标的波谱特性，可分为光学假目标、红外假目标和雷达假目标等。 （许卫东）

防水材料 waterproof material 在一定的压力、时间等条件下，能够防止水渗透的材料。防水指防止水的渗漏和损失（害）。

发展历程 防水始于建筑，而建筑防水始于屋面，因而防水也始于屋面防水。

防水材料的发展可以分为4个阶段：

草和树皮的应用 第一阶段的防水材料的发展始于新石器时期的晚期，大约在公元前8000～前5000年，例如，浙江余姚的河姆渡遗址以及甘肃秦安的大地湾遗址，建筑屋面采用草作为屋面的防水。不同的建筑形式、结构、材料和技术的发展，尽管屋面功能不断变化，但首要功能还是防水。草不是防水材料，但是可做防水工程，这就是防水材料与防水工程对应的差异。材料是一次产品，工程是二次产品（最终产品）。

瓦、石材及火山灰的应用 第二阶段防水材料的发展主要是采用了瓦、石材及火山灰（古罗马水泥）。第二阶段与第一阶段的根本区别是：材料是经过手工制作的，而不是采用天然（自然）的材料。经历的时间大约为公元前2000多年开始。例如，埃及的金字塔的石材使用已经有4600年；瓦在中国已经使用3000多年，石板瓦在2500多年前的古希腊帕特农神庙已经使用；火山灰使用的代表性工程是古罗马的万神庙，已经将近2000年。

瓦的应用 古代的建筑主要是屋面防水，基本上没有外墙防水、地下防水、室内防水，墙面防水基本上采用屋顶遮蔽的方式。砖塔的墙面提高了防水性能，出檐就小，而木塔出檐大，是为了防水，护壁墙体。现代瓦的材料类型主要有黏土瓦、水泥纤维瓦、混凝土瓦、金属瓦、塑料瓦、改性沥青瓦等。采用机械化、自动化的生产线生产。

石材的应用 建于公元前460年的帕埃斯图姆的波赛冬神庙、公元前447～前432年的帕特农神庙均为石质建筑。帕特农神庙全用大理石建造，屋顶采用了8480块石板瓦，每块重20～50千克。由于支撑屋顶的梁檩采用木材（石材太重），木材防水性能差，受潮湿影响，使用600～700年即损坏，因此现在看到的多是断壁残垣。

火山灰的应用 建于120～124年的罗马万神庙，为起拱圆顶的庙宇，高43.43米，圆形正殿屋顶直径43.43米，墙最厚部位6米，顶部最薄处1米，采用火山灰（古罗马水泥），现建筑状况良好。

混凝土、卷材及涂料的应用 现代建筑（19世纪中叶以后建造的建筑）是以材料发展为特征的，最主要的代表材料为混凝土的应用，包括水泥砂浆的使用，也是防水工程主要的应用材料，现代水泥产生于1824年。沥青的使用据说可追溯于古巴比伦的空中花园，但沥青卷材的使用发源于20世纪初期，后由于化工材料的发展，20世纪60年代发展为改性沥青卷材。由于20世纪50年代化学工业的发展，合成高分子卷材也得到了快速发展；同期橡胶沥青改性涂料，合成高分子涂料也得到了相应的发展；还有相关的无机防水涂料、有机防水涂料以及无机有机结合的涂料也得到了发展，新型的涂料将会形成主流性的防水材料。防水卷材、防水涂料、防水密封材料以及灌浆材料主要是依附混凝土的（或者说是配套性的），还有一定数量的金属板材，其他类型的材料属于少数。水利工程的大坝混凝土工程充分体现了混凝土的防水作用，由其派生的灌浆（注浆）材料技术也得到了发展。

复合防水材料的发展 现代无机化学起源于17世纪，现代有机化学起源于20世纪30年代。有机与无机材料的发展产生融合，有机可以转化为无机，已经成为事实，于是复合防水也应运而生。复合防水材料一般是由有机液料和无机粉料复合而成的双组分防水涂料，多选用两种不同性能且能够互补和相容的材料，从而达到1+1＞2的效果。因此其优点非常明显，一是具备有机材料的弹性，二是具备无机材料的耐久性。涂膜一般具备较高的抗拉强度，较好的耐水性能和较好的抗裂性能。且复合防水涂料属于水性涂料，无毒无害无污染，是比较提倡使用的新型绿色环保产品。此外，随着工程建设复合材料应用的快速发展，防水材料从单一的防水，逐渐发展为防水防护，主体构成的材料复合，到涂料材料的复合将会形成发展的主要方式，这是工程建设防水发展的依附条件所决定的。

类型 防水材料主要包括防水混凝土、防水涂料、防水砂浆、防水卷材、瓦类防水材料、板类防水材料、防水密封材料、灌浆（注浆）材料和其他类防水材料。

其他防水材料是相对于主要的防水材料（混凝土、防水砂浆、卷材、涂料等）而言的，通常不单独作为防水材料使用。主要有发泡聚氨酯、膨润土（防水毯、毡）、膜结构、防水透气膜、止水带等。

发泡聚氨酯 通常是作为保温材料使用，也可用作密封防水使用，还可作为防水保温屋面使用。20世纪70年代末至80年代初，烟台合成革总厂引进了日本的聚氨酯生产线，是中国最大的聚氨酯生产基地，1985年采用发泡聚氨酯单独作为防水材料在屋面工程首先得到了应用。

膨润土 可以用于精密铸件的铸模、化妆品以及工程防水抗渗等方面的应用。中国于20世纪90年代开始在防水工程中使用，如地下室、隧道、河渠、垃圾填埋场工程等，但工程使用量相对较少。2010年在韩国大邱市建设的韩国最大的垃圾填埋场，大量地采用了膨润土；垃圾场的建筑面积24万米^2，容积量190多万米^3，可以进行沼气发电及园林绿化；预计使用43年。

防水透气膜 由美国杜邦公司开发，用途广泛。可用于手术服装，起到排汗、防止血水浸透的作用；也可以用来制作雨伞、防水地图等；在工程中使用可以透气防水、提高保温层的作用；中国在工程上使用始于21世纪初期，代表性工程为2008年北京奥运会场馆国家会议中心的屋面工程。

膜结构 由多种高强度薄膜材料与加强构件（钢架、钢柱及钢索）组合而成。代表性工程为英国为迎接21世纪在伦敦泰晤士河畔的格林威治半岛上建造的——千年穹顶膜结构工程，采用涂聚四氟乙烯的玻纤织物。中国于20世纪70年代末期开始采用膜结构工程，代表性工程有1997年建成的上海8万人体育场的屋顶、2004年建成的广州白云国际机场屋顶、2008年北京奥运会的国家体育场（又称鸟巢）的屋顶以及国家游泳中心（又称水立方）工程。北京的鸟巢和水立方工程采用的是聚四氟乙烯膜材，虽然只有0.1～0.2毫米厚，由于膜材具有良好耐老化、自洁性，预期使用寿命可达30年。对于水立方游泳馆工程来讲，膜结构既是防水，也是建筑，还是结构。由于采用充气气囊，气囊中充有空气（为净化的普通空气），空气成为保温隔热材料，也即成为了建筑材料。

止水带 主要用于混凝土工程预制构件及现浇混凝土结合部位的伸缩缝、变形缝、施工缝等部位，起到阻隔水的作用；也有少部分用于玻璃钢、塑料及金属部件的工程。止水带可用于建筑工程的地下防水工程、地铁隧道、涵洞管廊、水工坝体、渡槽沟渠等工程。按材质类型，止水带分为钢板止水带、塑料止水带、橡胶止水带、钢带橡胶止水带。止水带又分为定型和非定型，非定型的主要是橡胶类材料；橡塑类止水带均有遇水膨胀的作用。按使用方法，止水带分为预埋式和后埋式两种。止水带虽然作为防水工程的配套材料，但又是必不可少的。止水带的材质及功能水平也在不断地提高。（高延继　李承刚）

防灾减灾与防护工程 disaster protection and reduction and protective engineering 研究对土木工程有较大影响的自然灾害与人为灾害的灾前防御、灾发时抗灾和灾后救灾的工程学科。是土木工程领域综合性很强的新兴和交叉学科，其他学科领域的高新技术在该学科中得到了广泛应用。该学科的主要任务是建立和发展用以提高工程结构和工程系统抵御自然灾害和人为灾害的科学理论、设计方法和工程技术，最大限度地减轻灾害造成的破坏，保证人民生命和财产的安全，保障灾后经济恢复和发展的能力。对土木工程影响较大的灾害主要有地震、强风、火灾、地质灾害等自然灾害以及偶然性爆炸与冲击事故、恐怖爆炸袭击和战争中核武器和常规武器毁伤等人为灾害。

发展历史 人类与自然灾害的斗争从远古时代就开始了。自然灾害是人类进步和社会发展中所遇到的一种自然现象，其后果是引起人员伤亡和财产损失，使社会功能遭受严重破坏，并影响社会发展的进程。从全球来看，人类每时每刻都受到各种各样的自然灾害的威胁，减轻自然灾害已成为全人类面临的共同任务。人类文明发展史可以说是人类不断应对各种灾害的历史。人类在与各种灾害斗争的过程中不断吸取了宝贵的经验与教训，发展了各种防灾减灾的理论与技术，提高了防灾减灾的能力。特别是20世纪以来，人类在防灾减灾方面取得了巨大的成绩。世界各国团结一致，携手并肩，共抗灾害。

1987年12月11日，第42届联合国大会通过了169号决议，把1990～2000年定为"国际减轻自然灾害十年"，倡议各国采取一致行动，力争把当今世界上，特别是把发展中国家自然灾害造成的生命财产损失和经济发展的停滞减轻到最低程度。中国政府于1989年成立了"中国国际减灾十年委员会"，开展了一系列防灾减灾活动。1992年世界环境与发展大会通过了《里约宣言》和《全球21世纪议程》，1994年中国政府通过了《中国21世纪议程——中国21世纪人口、环境与发展白皮书》，将防灾减灾的内容列入其中。中国的防灾减灾战略是"经济建设与防灾减灾一起抓"。2005年1月，由联合国主持的"世界减灾会议"在日本兵库县神户市召开，会议为未来十年的防灾减灾描绘出了行动蓝图。

土木工程的防灾减灾是随着土木工程的发展而被逐渐认识的。早期的土木工程主要是解决人类"住与行"的基本问题，还没有意识到防灾问题。然而，历史上几次重大的灾害及其对土木工程设施的破坏，引起了人们对土木工程防灾减灾的逐渐关注与重视。1906年美国圣弗朗西斯科（旧金山）地震及大火，使人们认识到了地震及其引发的火灾对人类生存的影响，地震工程初具萌芽，建筑防火引起了高度重视。1923年日本关东大地震后，地震工程应运而生，如何在工程设计中考虑地震影响有了初步的想法。1940年美国华盛顿州塔科马悬索桥建成后仅4个月就发生风毁，震惊了全世界，由此揭开了桥梁风致振动的研究。1976年中国唐山地震，造成了人员的重大伤亡和大量房屋的倒塌，使中国人民认识到了提高建筑物和工程设施抗震能力的重要性。1995年日本阪神地震，对现代化的城市造成了严重破坏和重大的经济损失，使人类进一步认识到了提高城市综合防灾能力的极端重要性，由此萌发了基于性能的抗震设计理念。1999年中国台湾集集地震，使人类再一次认识到了地震发生的不确定性及工程质量（设计和施工）对于抗震防灾的重要性。2001年美国的“9·11”恐怖袭击，使人类又一次看到了现代城市的脆弱和重大灾害的危害性。2004年印尼太平洋地震及海啸，对发展中国家的防灾减灾以及结合地域特点的防灾减灾提出了新的课题。2005年美国卡特里娜飓风及水灾，造成近2000人死亡、2000亿美元的经济损失，对发达国家的防灾减灾提出了新的挑战。2008年中国汶川大地震及其巨大灾害，对中小城市和村镇的抗震防灾提出了新的要求。2011年东日本大地震灾害及引发的海啸灾害，对人类现代文明和发达社会造成了巨大的损失和打击，更是对发达国家综合防灾能力的一次检验，再一次向人类敲响了防灾减灾的警钟。

防护工程最早来源于古代的筑城。在冷兵器时代，防护工程的表现形式是城池筑城体系，如中国的城池与长城、欧洲的城堡、罗马帝国的哈德良长城等。热兵器时代，随着火炮的出现，原有的城池筑城体系难以抵挡火炮的打击，开始出现了炮台要塞体系，如14世纪欧洲开始出现的棱堡形炮台要塞、18世纪末19世纪初出现的堡垒式要塞等。第一次世界大战之后，为了应对大规模机械化作战，适应大范围防御的要求，开始出现筑垒地域设防体系，如法国的马奇诺防线、德国的齐格菲防线、芬兰的曼纳海姆防线、苏联的斯大林防线等构筑的军事建筑物。20世纪50年代后，随着核武器以及高技术常规武器的发展，许多国家，尤其是几个核大国都构筑了大量的地下甚至是深地下的军事防护工程，以及在城市中大量修建人防（民防）工程。进入21世纪后，随着恐怖爆炸袭击的大量出现，对一些重要的民用建（构）筑物也提出了防恐怖爆炸袭击的要求。此外，随着社会经济的发展，核电站安全壳、重要桥梁（墩）等基础设施也提出了防偶然性冲击爆炸事故灾害的要求。

国际上，防灾减灾与防护工程并未形成一门独立的学科。20世纪90年代，中国学位委员会在整理、调整博士点学科时，将“地震工程及防护工程学科”更名为“防灾减灾工程及防护工程学科”，并将其列为“土木工程”一级学科下的一个二级学科。此后，中国的许多科研院所设立了这个学科的硕士点和博士点，培养这方面的高级专业人才。在中国国家自然科学基金委员会的专业目录中“建筑环境与土木工程”领域内，设有“防灾工程”学科。

土木工程灾害　全世界每年都会发生很多对土木工程有影响的灾害，严重的灾害会造成建筑物、构筑物的倒塌和破坏，交通、通信、供水、供电等生命线工程中断，并引发次生灾害，造成大量人员伤亡、财产损失、城市瘫痪、社会动荡，导致严重的经济损失，甚至使一个村庄、一个城市在顷刻之间消失。灾害之所以造成重大人员伤亡和财产损失，主要是土木工程设施的倒塌破坏，及其次生灾害所致。因此，土木工程在防灾减灾中起着非常重要的作用。土木工程的防灾减灾是一个国家防灾减灾战略的重要组成部分。

根据造成土木工程失效、失稳的外部原因不同，可将土木工程灾害划分为与自然环境相关的和与人为因素相关的两大类。在与自然环境相关的土木工程灾害中，土木工程的失效、失稳是由自然现象（如地震、飓风、冰雪等）或环境作用（如腐蚀、风化、冻融循环作用等）引起的；在与人为因素相关的土木工程灾害中，土木工程的失效、失稳是由技术事故（如设计失误、施工失误）、行为过失（如车辆超载、燃气爆炸）或恶意行径（如恐怖袭击、武器打击）等人类行为引起的。

在土木工程灾害中，土木工程设施首先是外部原因作用的承灾体，如果土木工程设施缺乏必要的抗灾能力，就会发生失效、失稳，从而演变为致灾体，进一步酿成人员伤亡和财产损失。造成土木工程自身抗灾能力不足的原因可归结为不当的选址、不当的设防、不当的设计、不当的施工和不当的使用与维护管理等。

由于土木工程灾害的成因归根结底是土木工程自身抗灾能力的不足，是人类知识欠缺或行为疏忽的直接后果，因此采用土木工程方法是防御和减轻土木工程灾害的主要手段。能否通过土木工程方法减轻灾害，防止土木工程演变为致灾体，可以作为判断是否是土木工程灾害的依据。

研究土木工程灾害及其防御的目标，一是搞清土木工程灾害形成的机理；二是有效减轻土木工程灾害。为了搞清灾害机理，一方面必须搞清灾害性荷载（致灾体）对土木工程的破坏作用；另一方面必须搞清土木工程在灾害性荷载作用下的破坏机理。实现这一目标的标志是人类能够准确重演或模拟土木工程的破坏现象。从服务社会的角度来讲，减轻灾害，保障人类生命和财产安全是研究土木工程灾害的终极目标。实现这一目标的标志是城乡土木工程抗灾能力的全面提高。

基本内容　该学科分为防灾减灾工程和防护工程两个分支。防灾减灾工程主要包括**地震工程**、**结构风工程**、**结构抗火**、地质灾害防治，防护工程主要包括**国防工程**、**人防工程**和**民用防护工程**。地震工程是防灾减灾工程学科中的主干学科和引领学科。防灾减灾工程是一个具有显著综合交叉特点的新型学科，涵盖了各种自然灾害和人为灾害的发生条件和发展规律、监测和预报、工程防治和灾时应急措施等科学技术难题，涉及地质、气象、建筑学、土木工程、水利工程、工程力学、材料科学、信息和管理等学科的相关专业领域。防护工程主要研究建设能防御核武器、常规武器和生化武器杀伤破坏作用的军事建筑物，以及抵抗恐怖爆炸袭击或偶然性冲击爆炸事故的重要民用建筑物，是一个运用数学、物理、化学、计算机信息科学等基础科学知识，力学、材料等技术科学知识以及相应的工程技术知识来研究、设计和建造各类工程设施的学科。

发展趋势和展望　经济和社会的发展对防灾减灾工程提出了更高和更深层次的需求。各国学者对单一灾害作用，如地震、风、火灾、爆炸、冲击等单独作用下工程结构的性能进行了大量研究，取得许多研究成果，但这些研究主要是从单一灾害来考虑。未来需加快土木工程的多重灾害防御、综合防灾技术研究，研究多重灾害共同作用和耦合作用，从多灾害角度，基于概率危险性分析，采用统一可靠度指标和失效标准建立多重灾害极端事件极限状态，研究和提高工程结构抵御不同灾害极端事件的能力，探索多灾害共同作用或相互作用下工程结构的反应和破坏特点，寻求工程结构多灾害设计方法和工程措施，形成规划—设计—施工—运维—拆除全周期综合防灾技术体系，建立工程防灾预警体系、灾变安全动态实时评估系统、灾后快速恢复技术体系，为全面提高土木工程的防灾能力、建设防灾韧性社会和城市提供技术支撑和保障。

在地震工程领域，反应谱理论仍然是工程结构抗震设计的基础，抗震结构延性设计和基于性能的抗震设计仍然是工程实践的主流，在反应谱、延性设计、基于性能设计的基础上形成的世界各国的抗震设计标准将不断地得到发展和完善。结构、社区、城市不同层级的抗震韧性评估理论和方法，工程结构抗震与隔震减震方面的新材料、新技术、新理论和新方法是今后研究的主要方向。结构隔震减震技术将以工程应用为出发点，开发实用、高效的新型智能隔震减震装置，完善实用设计理论和分析方法。可恢复功能抗震结构的研究将成为新的热点，从而促进一系列的理论创新和新技术的出现。

随着新材料和新技术的发展，出现了大量更复杂的超高层建筑群、更大跨度的桥梁和空间结构，以及新型大型工程结构（如大型风电塔以及太阳能集热塔等设施）等。这对风工程研究提出了很多新问题，也提出了更精细化的结构抗风的要求。发展新的设施对近地风进行长期实测，可使人们更为准确地掌握各类强风的特性，是进行精细化结构抗风研究和应用的基础；考虑流动的非定常性、风荷载的非高斯性、荷载和结构的非线性以及结构风致振动的气动弹性也是结构精细化抗风研究和应用的关注重点；计算流体动力学（CFD）是风工程领域中长期的极具前景的研究方向；结构抗风可靠度理论的发展和应用仍是今后风工程的发展重点。

结构抗火研究从侧重研究钢筋混凝土结构、钢结构、钢－混凝土组合结构和木结构等传统材料的结构抗火性能，发展到研究铝合金结构、不锈钢结构、高强钢索、碳纤维等新型材料的结构抗火性能；从侧重研究结构构件的抗火性能，发展到研究整体结构火灾下抗连续倒塌性能；从侧重研究升温过程的结构性能，发展到研究包括降温过程的火灾下全过程结构反应和火灾后的结构性能；从侧重研究新建结构的抗火性能，发展到研究包括改造加固结构的抗火性能；从侧重研究建筑结构的抗火性能，发展到研究包括建筑结构、桥梁结构和地下与隧道结构等各种类型工程结构的抗火性能。未来在以下领域还需加强研究：建筑结构抗火性能化设计理论与方法、大跨度桥梁结构抗火设计理论与方法、隧道与地下建筑结构抗火设计理论与方法、新型材料结构抗火理论与设计方法、喷射火作用下结构抗火设计理论与方法、火灾下结构倒塌实时预测预警理论与技术、钢结构防火防腐装饰一体化产品与技术、防火保护隔热性能现场快速检测方法与技术、结构抗火试验新技术。

随着人工智能技术、遥感技术和GIS技术的快速发展，地质灾害防治方法也将不断发展完善。地质灾害防治的核心内容将聚焦于灾害点的识别、评估、治理与长期监测等方面。由于地质构造复杂、外部动态扰动、地形起伏不平、地质体存在多场多相耦合作用，地质信息的获取与地质灾害隐患的识别极其困难，亟须研发新一代智能化的探测设备和识别技术。同时，基于地质灾害物理力学分析原理和多源数据融合的评估方法将发挥越来越重要的作用，多因素信息模型化评估与空间化管理有助于进行高效的地质灾害效应评估。工程治理方面，将在以往安全系数、可靠度、风险设计的基础上，进一步考虑鲁棒性和可恢复性，地质灾害韧性防控将是重要的研究方向。在灾害长期监测方面，未来将朝多物理量、分布式、高精度的方向发展，以实现远程、实时、高速获取地质体多维时空监测信息，满足长期、稳定、动态的地质灾害演化观测需求。

在防护工程领域，随着以新型钻地弹为代表的常规武器打击精度越来越高、毁伤威力越来越大，防护工程面临前所未有的挑战，在工程防护技术方面，将朝防钻地弹深侵彻、大当量爆炸、精确重复和高超音速打击的方向发展，高超音速弹药毁伤机理和防护机制以及新型高抗力防护材料与结构的研发是研究重点；在防护工程建设方面，将朝深地下化、网络化和中心化方向发展，工程抗毁能力更强、生存力更高；在防护手段方面，将朝融合工程防护与伪装、隐蔽、欺骗、干扰及超近程拦截、抢修抢建等其他多种防护手段于一体的综合集成防护方向发展，工程对抗信息化侦查监视和打击武器系统的能力更强，防护工程在未来战争中的地位与作用将更加显著。

重要学术机构和刊物 在地震工程领域代表性的国际学术组织有国际地震工程协会（IAEE）、国际结构控制协会（IASC），有影响力的国际学术会议有每四年召开一次的世界地震工程大会（WCEE）和世界结构控制学术会议（WCSC）。中国的全国地震工程大会每四年召开一次。

在结构风工程领域代表性的国际学术组织有国际风工程协会（IAWE），有影响力的国际学术会议有每四年召开一次的国际风工程会议（ICWE）、国际计算风工程会议（ISCWE）、钝体空气动力学和应用国际会议（BBAA）。中国的全国结构风工程学术会议每两年召开一次。

还未成立结构抗火领域的国际专门学术组织，相关的国际学术组织有国际火灾安全科学学会（IAFSS），有影响力的国际学术会议有每两年召开一次的结构抗火国际会议（SiF）、每三年召开一次的国际火灾安全科学国际会议（IAFSS）。中国的全国结构抗火技术研讨会每两年召开一次。

在地质灾害防治领域代表性的国际学术组织有联合国国际减灾战略（UNISDR）、国际工程地质与环境协会（IAEG）、国际地质灾害减灾联合会（ICGdR）、国际滑坡协会（ICL）等，有影响力的国际学术会议有每四年召开一次的国际工程地质大会（IGC）、每三年召开一次的国际滑坡论坛（WLF）、每年召开的地质灾害与减灾国际学术会议（ISGdR）。中国的全国工程地质大会每四年召开一次。

在防护工程领域代表性的国际学术组织有国际防护结构学会（IAPS），中国在中国土木工程学会下设立了防护工程分会。有影响力的国际学术会议有每两年召开一次的防护结构国际会议（ICPS）和常规武器与结构相互作用国际学术研讨会（ISIEMS），以及爆炸与冲击在军事领域应用的国际学术研讨会（MABS）等。中国土木工程学会防护工程分会每两年召开一次学术年会。

在防灾减灾工程与防护工程领域，知名的国际学术刊物有《自然灾害》(*Natural Hazards*)、《灾害预防与管理》(*Disaster Prevention and Management*)、《地震工程与结构动力学》(*Earthquake Engineering & Structural Dynamics*)、《地震工程杂志》(*Journal of Earthquake Engineering*)、《土动力学与地震工程》(*Soil Dynamics and Earthquake Engineering*)、《风工程与工业空气动力学杂志》(*Journal of Wind Engineering & Industrial Aerodynamics*)、《风与结构》(*Wind and Structures*)、《消防安全杂志》(*Fire Safety Journal*)、《消防技术》(*Fire Technology*)、《结构防火工程杂志》(*Journal of Structural Fire Engineering*)、《消防工程杂志》(*Journal of Fire Protection Engineering*)、《滑坡》(*Landslides*)、《工程地质》(*Engineering Geology*)、《地球科学学刊》(*Journal of Earth Science*)、《环境地球科学》(*Environmental Earth Sciences*)、《地学前缘》(*Geoscience Frontiers*)、《国际冲击工程杂志》(*International Journal of Impact Engineering*)、《国际防护结构杂志》(*International Journal of Protective Structures*)。

中国在该领域的知名学术刊物有《灾害学》《自然灾害学报》《地震工程与工程振动》《地震工程学报》《世界地震工程》《空气动力学学报》《实验流体力学》《火灾科学》《地质学报》《工程地质学报》《中国地质灾害与防治学报》《地质灾害与环

境保护》《爆炸与冲击》《防护工程》等。

（吕西林　方　秦　谢礼立　蒋欢军）

飞机机舱环境保障系统　aircraft cabin environmental control system　维持飞机在地面及飞行过程中舱内环境参数并保障乘客与机组人员安全、健康、舒适的系统。飞机机舱环境保障系统为飞机座舱和驾驶舱提供适合的通风量，维持适宜的舱内压力、氧气含量、温湿度、气流组织，并保证舱内一氧化碳、二氧化碳、臭氧、挥发性有机化合物、可吸入颗粒物、微生物等浓度不超过相关标准限值。

发展　自1903年莱特兄弟试飞世界上第一架飞机始，至1936年苏联设计师赛尔巴科夫设计出飞机试验气密座舱，其间飞机都是采用开敞式座舱，无法进行环境控制。1938年，波音307和DC4E上第一次使用增压座舱并实现了客运飞行。1948年，B-377飞机上首次使用了氟利昂制冷系统。从20世纪60年代开始，民用飞机上完善了气动控制引气压力调节系统和启动座舱压力调节系统。20世纪70年代，发展了高压除水空气循环制冷系统。20世纪80年代，民用飞机上开始应用数字控制引气系统和数字控制座舱压力调节系统。现代客机的通风一般是从发动机压气机引气，2009年波音公司在787中首次将发动机引气系统改用由两台大功率压气机向环控管道内压气，以此来满足环控系统引气的需求。随着座舱舒适度要求的不断提升，飞机环境控制系统也逐渐增加了各类污染物去除装置，保证舱内空气质量。

构成　飞机机舱环境保障系统主要由引气系统、制冷系统、座舱压力调节系统和空气净化系统组成。①引气系统。将室外低压低温空气，经过发动机或电动压气机并经过飞机制冷系统引入座舱，保证舱内通风量和氧气需求。该系统既要满足舱内人员的安全与舒适性，又要增加电子设备的工作可靠性。②飞机制冷系统。为冷却飞机座舱和设备舱提供低温空气的环境控制系统。现代大型客机上主要采用的是以逆布雷顿循环为基础的空气制冷循环，系统以空气为制冷工质，通过压缩空气在膨胀机中绝热膨胀获得低温气流实现制冷，其工作过程包括等熵压缩、等压冷却、等熵膨胀及等压吸热4个过程。③座舱压力控制系统。保证在预定的飞行高度范围内，座舱的压力及其压力变化速率满足人体生理要求，并保证飞机结构的安全。舱压控制系统一般由座舱压力控制组件、数字式座舱压力控制器、溢流活门和机外排气活门等组成。④空气净化系统。主要包括引气臭氧转换器、回风高效颗粒物过滤器、挥发性有机化合物及气味吸附去除装置等，保证舱内空气质量满足适航及健康舒适标准要求。

（杨旭东）

飞行区　airfield area　供飞机起飞、着陆、滑行和停放使用的场地。包括**跑道**、升降带、跑道端安全区、**滑行道**、**机坪**、目视助航设施、排水系统以及飞行区围界等。

技术要求　飞行区应满足飞机的地面活动及停放要求，并保证其运行安全。跑道、升降带、跑道端安全区的长度和宽度以及三者的组合，应保证使用该跑道的飞机安全起飞和着陆。跑道、滑行道、机坪道面的强度应能承受飞机的荷载，并具有良好的抗滑特性。目视助航设施应能清晰、准确、有效地引导飞机。其他附属基础设施应为飞机的安全高效运行提供重要保障。

中国《民用机场飞行区技术标准》中对民用机场飞行区的特性及设施要求进行了规定，其各项构筑物、设施及标志的技术标准与使用该机场飞机的起降要求和外部尺寸有关，并通过机场飞行区等级指标（见**飞行区等级**）进行关联。

组成　飞行区主要由跑道、升降带、跑道端安全区、滑行道、机坪、目视助航设施、排水系统、飞行区围界组成。

跑道　机场中供飞机起飞和着陆的带状地域，是机场的基本构筑物（见**跑道**）。

升降带　为保证飞机起飞、降落及偶尔滑出跑道或迫降时的安全而设置的、地面障碍物高度受到一定限制的长方形地带。由跑道及跑道四周经平整压实的土质场地组成。在升降带靠近跑道的地方，除航行所必不可少的轻型、易折的助航标志外，不应有任何危及飞行安全的物体。升降带的纵横坡除了满足排水要求外，还需适应飞机运行特性和符合无线电导航设施的技术要求。

跑道端安全区　对称于跑道中线延长线、与升降带端相接的特定地区，以使冲出跑道的飞机能够减速，以及过早接地的飞机能够继续进近或着陆。因此，跑道端安全区内可能对飞机构成危险的物体应被视为障碍物，并尽可能移除。安全区应进行平整，其强度应确保飞机过早接地或冲出跑道时对飞机的危害最小，并能承受救援和消防车辆在其上通行。

滑行道　陆地机场内飞机从一处安全便捷地滑行至另一处的通道，以连接飞行区的各个部分（见**滑行道**）。

机坪　机场飞行区内供飞机进行上下客、装卸货邮、加油、停放、维修、除冰等各种业务活动的场所（见**机坪**）。

目视助航设施　在机场飞行区内及其附近，为满足飞机驾驶员昼夜起飞、进近、着陆和滑行所需的目视引导信号而设置的工程设施，一般由道面标志、助航灯光（见图）、标记牌、标志物等组成（见**机场目视助航设施**）。

助航灯光

排水系统　使飞行区各类水体通过汇集、拦截、疏导等方式尽可能不存留在飞行区内的各类土工结构物及其布设（见**飞行区排水系统**）。

飞行区围界　在需要将飞行区与公共区进行隔离的机场，为防止任何人员从围界进入飞行区对空防造成影响而采取的一种物理防范设施。围界具备防钻和防攀爬功能，可有效防止动物和人员进入飞行区。在民用机场围界外5米内禁止搭建任何建筑和种植树木，场务人员每天对围界进行巡视检查，及时修复破损部位。在一些小型机场存在不设置飞行区围界的情况。

（冯克鑫　杨尚志　李福庆　凌建明）

飞行区等级　airfield reference code　为满足在机场飞行区运行的飞机所需的相应设施要求所设置的、将有关飞行区机场特性的许多规定联系起来的等级代码。飞行区等级也常用来指称机场等级。国际民用航空组织和中国民用航空局均采用指标Ⅰ和指标Ⅱ进行飞行区的分级。飞行区指标Ⅰ和指标Ⅱ按照拟使用该飞行区的飞机特性确定。指标Ⅰ以数字表示，共分4个等级（表1），由拟使用该飞行区跑道的各类飞机中最长的基准飞行场地长度（飞机在最大允许起飞重量、海平面高度、标准大气

表1　飞行区指标Ⅰ

等级	飞机基准飞行场地长度/m
1	$L<800$
2	$800\leqslant L<1200$
3	$1200\leqslant L<1800$
4	$L\geqslant1800$

压、无风和跑道水平时起飞需要的最小场地长度）决定。指标Ⅱ以英文字母表示，共分6个等级（表2），根据拟使用飞行区跑道的各类飞机中最大翼展或最大主起落

架外轮间距，以其中较高要求者确定。

使用指标Ⅰ和指标Ⅱ的目的是为了选定飞行区等级代码，进而通过相关规定确定飞行区相关设施的技术要求，因此飞行区等级不仅同机场跑道长度和飞机尺寸特性关联，还与跑道表面特性、净空道设施、滑行道宽度、助航设施指标等飞行区技术指标相关。飞行区等级可以向下兼容，例如，中国机场最常见的4E级飞行区常常用来起降4C级飞机（如空客A320、波音737等）。

表2 飞行区指标Ⅱ

等级	翼展/m	主起落架外轮缘之间的距离/m
A	$WS<15$	$T<4.5$
B	$15\leqslant WS<24$	$4.5\leqslant T<6$
C	$24\leqslant WS<36$	$6\leqslant T<9$
D	$36\leqslant WS<52$	$9\leqslant T<14$
E	$52\leqslant WS<65$	$9\leqslant T<14$
F	$65\leqslant WS<80$	$14\leqslant T<16$

21世纪以来，空客A380等宽体超大运输机的出现及广泛使用对机场飞行区提出了更高的标准，4F级飞行区的配套设施必须保障空客A380飞机全重（560吨）起降要求。中国大部分直辖市、省级行政中心城市机场以及厦门高崎、大连周水子、宁波栎社、青岛流亭、珠海金湾、三亚凤凰、桂林两江等机场均为4E级以上飞行区。 （凌建明）

飞行区服务车道 airfield service driveway 飞行区内通过在航空器运行的道面上划设标志线或专门铺筑而形成的车道。是保证飞行区内各类机动车辆有序运行的通道。飞行区服务车道的功能：连接航站楼、机坪、道口等飞行区内各类单体建筑之间的交通，为航空器提供各种保障服务，同时减少车辆与地面航空器的运行冲突。飞行区服务车道包括：非限制工作道路（公用服务道路）和受限制工作道路（非公用服务道路）。非限制工作道路用于旅客和货物运输、飞机保障、飞机维修、巡视监察及其他工作车辆通行；受限制工作道路是飞机维修、应急救援、巡视监察等车辆的专用通道，仅允许少数特准车辆通行。

飞行区服务车道通常布置于航站楼空侧周边、机坪及飞行区围界周边，穿越交通繁忙的滑行道时服务车道通常设为下穿隧道，机场设有滑行道桥时同时平行设置服务车道桥，飞行区围界周边设置围场路。主干服务车道通常为10米宽的双车道，其他服务车道通常为8米宽双车道。围场路通常为3.5米宽单车道，间隔400米左右设置会车道。

飞行区服务车道设置一些标志，在控制区内通行的车辆按照服务车道标志标线行驶。标志标线主要包括道路等待位置标志、穿越滑行道的服务车道边线标志、限速标志、灯光信号，以及“小心，穿越航空器”标志和飞机喷气尾流吹袭标志等飞行区内特有的其他标志。在进入跑道处、与滑行道交叉处设置道路等待位置标志。飞行区服务车道的道面结构形式通常为水泥混凝土道面和沥青道面，根据需通行的车辆类型设置不同的结构强度。专门铺筑的服务车道道面结构为一层或两层200毫米厚的水泥碎石基层及180～220毫米厚的水泥混凝土面层，道面两侧设置水泥碎石路肩。沥青道面参照《公路沥青路面施工技术规范》（JTG F40—2004）中一级公路的有关规定进行设置。 （朱方海）

飞行区排水系统 airfield drainage system 通过汇集、拦截、疏导等方式使飞行区各类水体尽可能不存留在飞行区内的各类土工结构物及其布设。设置飞行区排水系统是因为大气降水（降雨或降雪）、地表水（山坡或河道洪水、海水）和地下水对飞行区内的基础设施危害都很大。机场排水系统应具备以下功能：①消除或减少飞行区外地表径流的侵入威胁。②防止或减少飞行区场内的地表面积水，并能迅速将场内径流排出。③避免地表径流对土质地带的冲刷。④保持道基干燥。

飞行区排水系统组成包括：①调节部分构筑物。用以直接吸收地表径流或直接拦截地表水的排水，如道面边缘的盖板沟、土质区的三角沟、明沟等。②导水部分的各类管渠。将各调节部分所汇集的地表径流引导至容泄区。③容泄区。用于容纳或排除地表径流的区域，如飞行区内的调节水池、机场附近的河流、湖泊、池塘等。④其他附属构筑物。用于保证排水系统能够有效发挥其功能的设施，如检查井、雨水井、集水井、出水口、闸门、泵站等。

飞行区主要排水方式有：①当机场地面高程低于设计洪水位或者在暴雨条件下容易发生洪水倒灌情况时，应设置防洪堤或者截/排洪沟等设施拦截和疏导飞行区外的地表径流。②飞行区内铺筑面径流主要采用横坡排水的方式，必要时在铺筑面边缘设置盖板明沟等设施，一方面可减少土质地带径流的侵入，另一方面可尽快收集道面表面排出的径流。③土质地带地表径流主要采用横坡排水。④道基排水措施应使道面地表水避免下渗并尽可能快速排除，如果道基主要水源是地下水，则采用抬高道面高程或者设置盲沟等措施。

飞行区排水系统设计主要包括飞行区地势设计、排水系统平面布置及纵断面设计、排水设施的水力计算、排水设施自身的结构设计等内容。 （袁 捷）

飞行区维护 maintenance & rehabilitation on airfield area 为了确保飞行区满足适航要求而进行的各项维护管理工作。主要包括基础设施和目视助航设施的维护与管理、机场净空和电磁环境的保护、鸟害及动物侵入防范、清除冰雪管理以及不停航施工管理。

飞行区基础设施维护与管理 为了确保跑道、滑行道和机坪的道面、升降带及跑道端安全区、围界、巡场路和排水设施等处于适用状态所进行的各类管理与维护工作。内容主要包括几个方面。

道面及周边区域的巡视检查工作 每日跑道开放使用前，应对跑道进行一次全面检查，繁忙机场的跑道应进行航前、航中和航后检查。每日应至少对滑行道、机坪、升降带、跑道端安全区、飞行区围界、巡场路各巡视检查一次。每季度应对跑道、滑行道和机坪的道面进行一次全面的步行检查。雨季来临前，应对排水系统进行全面检查。暴雨期间，应随时巡查排水系统。应至少每五年对跑道、滑行道和机坪道面状况进行一次综合评价，当发现道面破损加剧时，应及时对道面进行综合评价，并根据技术评价结果采取维修养护措施。

道面检查工作包括道面清洁情况、道面损坏情况、雨后道面与相邻土面区的高差、道面标志的清晰程度、水泥道面接缝材料失效情况、跑道接地带橡胶沉积情况。土面区的检查包括草高情况，标记牌和标志物的完好情况，是否有危及飞行安全的物体、杂物、障碍物等，土面区内各种灯、井基座与土面区的高差，土面区沉陷、冲沟、积水等情况，航空器气流侵蚀情况。

道面及相关设施的维护工作 应根据道面的破损类型和位置等情况制定有效的道面紧急抢修预案。道面出现破损时应及时按照抢修预案进行修补，尽量减少道面破损和修补对机场运行的影响；土面区应定期进行碾压和除草工作；排水系统发生堵塞或者损坏时应及时进行疏浚和维修。

跑道摩擦系数测试及维护工作 应定期测试跑道摩擦系数，摩擦系数低于0.30时应关闭跑道，摩擦系数低于民航规定的维护规划值时应采取有效措施提高跑道抗滑性能。摩擦系数测试频率根据跑道日航空器着陆架次确定，其中跑道日航空器着陆大于210架次时，应不少于每周测试一次。当遇大雨或者跑道结冰、积雪时，应在跑道上施洒除冰液或颗粒；出现航空器偏出、冲出跑道等情况时，应立即测试跑道摩擦系数。

目视助航设施的维护与管理　目视助航设施包括风向标、各类道面（含机坪）标志、引导标记牌、助航灯光系统、机坪照明设施。各类标志物、标志线应当清晰有效，颜色正确。助航灯光系统和可供夜间使用的引导标记牌的光强、颜色、有效完好率、允许的失效时间等应符合有关技术要求，以避免因滑行引导灯光、标志物、标志线、标记牌等指示不清或设置位置不当，造成航空器误滑或者人员、车辆误入跑道和滑行道的事件。一般情况下每三年应对机场目视助航设施进行评估。

机场助航灯光系统的维护管理包括助航灯光系统供电保障工作和助航灯光系统的日常维护检查工作。助航灯光系统的日常维护检查工作根据不同的灯具类型，可分为：①立式进近、跑道、滑行道灯光系统和顺序闪光灯的维护工作。②目视精密进近坡度指示器的维护工作。③嵌入式灯具的维护工作。④目视泊位引导系统的维护工作。

机场净空和电磁环境保护　定期进行机场净空保护区范围内的巡视检查工作。巡视检查的主要内容包括：①有无新增的、超高的建筑物、构筑物和自然生长的植物，并对可能超高的物体进行测量。②有无影响净空环境的情况，如树木、烟尘、灯光、风筝和气球等。③检查障碍物标志、标志物和障碍灯的有效性。

巡视检查中发现异常情况，机场管理机构应采取有针对性的措施，消除飞行安全隐患。主要异常情况包括：①修建可能在空中排放大量烟雾、粉尘而影响飞行安全的建（构）筑物或者设施。②修建靶场、爆炸物仓库等影响飞行安全的建筑物或者设施。③设置影响民用机场目视助航设施使用的或者影响机组成员视线的灯光、标志或物体。④种植影响飞行安全或者影响民用机场助航设施使用的植物。⑤放飞影响飞行安全的鸟类动物、无人驾驶自由气球、系留气球和其他升空物体。⑥焚烧产生大量烟雾的农作物秸秆、垃圾等物质，或者燃放烟花、焰火。⑦设置易吸引鸟类及其他动物的露天垃圾场、屠宰场、养殖场等场所。

机场飞行区电磁环境保护区域指影响民用航空器运行安全的机场电磁环境区域，即民用机场管制地带内的从地表面向上的空间范围。机场管理机构应对机场电磁环境保护区进行巡视检查，发现异常情况应当立即报告民航地区管理局。主要异常情况包括：①修建可能影响航空电磁环境的高压输电线、架空金属线、铁路（电气化铁路）、公路、无线电发射设备试验发射场。②存放金属堆积物。③种植高大植物。④掘土、采砂、采石等改变地形地貌的活动。⑤修建其他可能影响民用机场电磁环境的建筑物或者设施，以及进行可能影响航空电磁环境的活动。⑥机场电磁环境保护区域内民用航空无线电台（站）频率受到干扰。

鸟害及动物侵入防范　为了最大限度地避免鸟类和其他动物撞击航空器而影响航空器运行安全所进行的各类工作，主要包括几个方面。

机场生态环境调查和治理　应持续开展鸟害防范基础性调研，全面掌握机场内及其附近地区的生态环境和鸟类种群、数量、位置分布及其活动规律，掌握机场内及其附近地区与鸟情密切相关的生物类群及其影响因素的时间、空间分布，分析其中关系，根据实际情况及时调整和更新机场鸟类活动平面图。

根据机场鸟类活动平面图，及时在机场围界内对飞行安全危害较大的鸟类巢穴、食物源、水源、栖息地、觅食地进行有效整治；定期对机场范围内的草坪、树木进行灭虫处理，定期采取设置鼠夹和洒布药物等措施灭杀老鼠、兔子等啮齿类动物；定期巡视检查并清除机场建筑物角落和周边树上的鸟巢，尽可能减少机场范围内的表面水，及时排除水坑、洼地上的积水，定期清理排水沟，避免昆虫和水生物的滋生。飞行区内禁止种植吸引鸟类的植物、进行各类养殖活动、设置露天垃圾场和垃圾分拣场。

机场主要的驱鸟措施　应在环境整治的基础上，根据鸟情特点，采取惊吓、设置障碍物、诱杀或捕捉等手段或其组合实施鸟害防范工作。在机场有飞行活动期间应不间断地进行巡视和驱鸟。

机场鸟情信息分析　巡视人员应收集整理观察到的鸟种和数量，鸟的飞行路线、飞行高度、活动目的，鸟活动的原因分析，采取驱鸟措施的效果，以及机场虫情、草情、鼠类等动物情况，并据此编制鸟情信息分析报告。

机场鸟情和鸟击报告制度　发现鸟情可能危及飞行安全或者发现有规律的鸟群迁徙时，应立即向空管部门通报。在机场及附近发生航空器遭鸟撞击的事件时，民航行业管理部门、机场管理机构、航空器维修部门、空中交通管理部门、航空运输企业之间应通报有关情况。

清除冰雪管理　机场在有降雪或者道面结冰的情况下，通过组织实施清除冰雪预案，最大限度地消除冰雪天气对机场正常运行的影响。机场清除冰雪预案主要包括：①专门的组织协调机构和人员。②清除冰雪过程中的信息传递程序和通信方式。③因清除冰雪而关闭跑道及其他设施的决定程序。④针对干雪、湿雪、雪浆等以及不同气温的除冰雪作业程序、车辆设备和人员的作业组合方式。⑤跑道摩擦系数的测试方法和公布程序。⑥除冰雪车辆、设备及物资储备清单。

在入冬前应做好机场清除冰雪的准备工作，主要包括：①对除冰雪人员进行培训。②对除冰雪车辆及设备进行全面维护保养。③按照机场清除冰雪预案，对车辆设备、编队作业、协调指挥、通信程序进行模拟演练。④对除冰液等物资的有效性和储备情况进行全面检查。⑤确定堆雪场地。

机场清除冰雪时应当遵循跑道、滑行道、机坪、车辆服务通道能够同步开放使用的原则，目视助航设施上的积雪以及所有影响导航设备电磁信号的冰雪应予以清除。一般采用除冰雪机械设备组成编队进行除雪，清除冰雪的方式包括机械清扫除雪、热吹除雪和除冰液洒布车除雪，航空器周边多采用小型除雪设备或者人工清扫的方式。

不停航施工管理　不停航施工工程是在机场不关闭或者部分时段关闭，并按照航班计划接收和放行航空器的情况下，飞行区内所有可能影响民用航空器活动的基础设施/设备的改造、更新或者扩建工程，不包括在飞行区内进行的日常维护工作。为最大限度地减少不停航施工对机场正常运行的影响，避免危及机场运行安全，需要进行不停航施工管理。

机场管理机构应同建设单位、施工单位、空中交通管理部门及其他相关单位和部门共同编制不停航施工组织管理方案，经过民航局或者民航地区管理局批准后进行不停航施工。不停航施工组织管理方案应当包括：①施工平面图和分区详图。②针对影响机场正常运行情况所采取的措施。③针对施工人员和机械设备进入飞行区作业的安全管理措施。④施工中环境保护的控制措施。⑤施工中的管线保护措施。⑥各相关部门的职责和检查要求。因机场不停航施工需要调整航空器起降架次、航班运行时刻、机场飞行程序、起飞着陆最低标准的，应向民航局或者民航地区管理局申请批准，批准后由空中交通管理部门

发布航行通告。 （袁 捷）

非常规水资源 unconventional water resources 因水质等原因不能直接利用但经处理后可开发利用，或不易开发利用但通过一定的技术手段可开发利用的水。区别于传统意义上的**地表水**、**地下水**的（常规）水资源，主要有雨水、再生水（经过再生处理的污水和废水）、海水、空气中水、矿井水、苦咸水等，这些水源的特点是经过处理后可以再生利用。各种非常规水源的开发利用具有各自的特点和优势，可以在一定程度上替代常规水资源，加速和改善天然水资源的循环过程，使有限的水资源发挥出更大的效用。非常规水源的开发利用方式主要有雨水利用、再生水利用、海水淡化和海水直接利用、人工增雨、矿井水利用、苦咸水利用等。

海水约占地球表面积的71%，具有十分巨大的开发潜力，海水水资源的利用和海水化学资源的利用具有非常广阔的前景。海水中主要成分（大量、常量元素，浓度大于1×10^{-6}毫克/千克）：阳离子有钠离子（Na^+）、钾离子（K^+）、钙离子（Ca^{2+}）、镁离子（Mg^{2+}）和锶离子（Sr^{2+}）5种，阴离子有氯离子（Cl^-）、硫酸根离子（SO_4^{2-}）、溴离子（Br^-）、碳酸氢根离子（HCO^{3-}）、碳酸根离子（CO_3^{2-}）、氟离子（F^-）6种，其总和占海水盐分的99.9%。海水直接利用主要包括：①利用海水代替淡水做工业用水。②滨海城市的生活用水，如冲厕、冲道路、消防用水等。根据统计，城市用水中约70%是工业用水，主要作为冷却用水。海水即使通过淡化技术获得淡水，原则上也不能直接作为饮用水资源长期饮用，但进入自然水体中作为淡水补充后可用作饮用水资源，如新加坡。

海水淡化方法主要包括蒸馏法、反渗透法、电渗析法和冰冻法等。①蒸馏法。是海水淡化的主要方法，其优点是不受原水浓度的限制，淡化水纯度高、含盐量通常小于10，适用于大规模建厂；存在的主要问题是结垢严重，对设备腐蚀较重，排放的浓盐水影响近岸生态。②反渗透法。是在压力推动下利用反渗透膜脱盐，除用于海水脱盐外还广泛用于苦咸水的淡化。反渗透淡化发展迅速，其装机容量仅次于海水蒸馏。③电渗析法。含盐水在直流电场作用下发生离子迁移，阴阳离子分别通过阴阳离子交换膜，达到脱去溶液盐分的目的。电渗析法的优点是工艺简单，易于普及和实现自动化；缺点是耗能较高。④冰冻法。利用降温的原理，从海水中析出冰晶，之后融化获得淡水。此方法不需要高温，也不会产生高温带来的腐蚀，运行安全可靠、无污染、水质好，具有良好的应用前景。 （任南琪）

非极限状态下的土压力 earth pressure under non-limit state 土压力在初始状态和极限状态之间状态下的挡土结构土压力。经典土压力计算理论，如库伦土压力理论、**朗肯土压力理论**，均建立在墙后填土达到极限平衡状态的基础上，墙后土体需达到极限位移，不适用于基坑等严格控制位移的工程。作用在挡土结构上的土压力和墙体位移呈非线性关系，且土压力的分布与墙体位移模式密切相关。

位移效应 挡墙远离土体发生位移时，墙后填土由静止状态变为非极限状态，当土体达到极限平衡状态时，土压力趋于最小值，此时挡墙上的土压力为主动土压力E_a。挡墙靠近土体发生位移时，墙后土体静止状态变为非极限状态，当土体位移达到极限平衡状态时，土压力趋于最大值，此时挡墙土压力为被动土压力E_p。相同条件下，静止土压力E_0大于主动土压力且小于被动土压力，即有$E_a<E_0<E_p$，产生被动土压力时所需的位移量远远大于产生主动土压力所需的位移量（图1）。

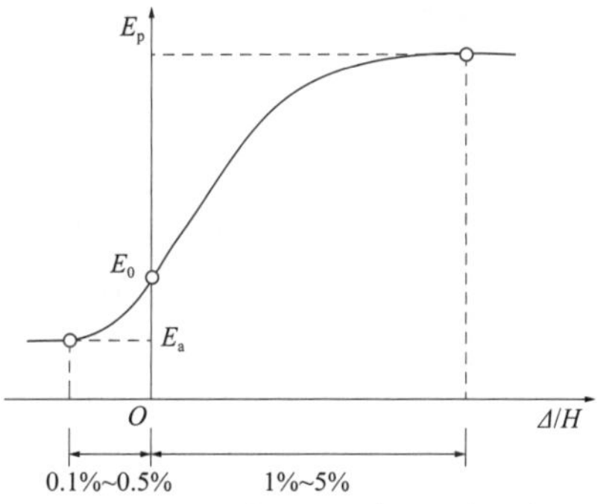

图1 土压力－墙体位移关系曲线示意图

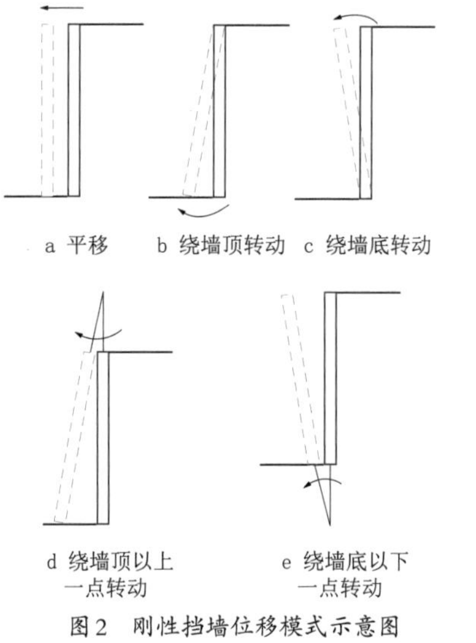

图2 刚性挡墙位移模式示意图

位移模式 挡墙位移有基本位移模式和两种组合位移模式两类。基本位移模式包括平移、绕墙顶转动、绕墙底转动3种。两种组合位移模式包括绕墙顶以上一点转动、绕墙底以下一点转动两种。不同位移模式下（图2），随着墙体位移增大，墙后土体塑性区发展不同，使得土体抗剪强度发挥及墙土摩擦的发挥各不相同，最终影响挡墙土压力的大小及分布情况。 （杨仲轩）

非结构构件抗震设计 seismic design of nonstructural components 明确非结构构件地震作用下受力变形、性能下降及其破坏机理，合理把握力学模型和分析方法，采取有效措施提升其抗震性能的设计。非结构构件造价较高，一般占建筑总造价的70%～90%。震害调查分析表明，非结构构件震害往往很难快速有效修复。合理的非结构抗震设计将有效提升其抗震性能，降低震害损失，提升建筑结构的功能性和经济性。

非结构构件概念与分类 非结构构件包括建筑非结构构件和固定于建筑结构的建筑附属机电设备及其支架等。①建筑非结构构件。建筑中除承重骨架体系以外的固定构件和部件，主要包括非承重墙体如填充墙，附着于楼面和屋面结构的构件、装饰构件和部件如幕墙，以及固定于楼面的大型储物架等。②建筑附属机电设备。为现代建筑使用功能服务的附属机械和电气构件、部件和系统，主要包括电梯、照明和应急电源、通信设备、管道系统、采暖和空气调节系统、烟火检测和消防系统，以及公用天线等。

非结构构件的分类方式有：①按构件受力及固定方式，分为嵌入式、悬臂式和悬挂式等。②按连接的力学特性，分为刚性非结构构件和柔性非结构构件。③按非结构构件动力效应，分为加速度敏感型和位移敏感型。④按使用功能及其修复费用和产生的后果，分为带来二次灾害的构件、能维持建筑主要功能和能为逃生提供紧急通道的构件和其他非结构构件。

抗震设防目标 非结构构件的抗震设防目标与主体结构抗震性能设防目标相协调，允许非结构构件的损坏程度略大于主体结构，但不得危及生命。①附着于楼、屋面结构上的非结构构件，以及楼梯间的非承重墙体，应与主体结构有可靠的连接或锚固，避免地震时倒塌伤人或砸坏重要设备。②框架结构的围护墙和隔墙，应估计其设置对结构抗震的不利影响，避免不合理设置而导致主体结构的破坏。③幕墙、装饰贴面与主体结构应有可靠连接，避免地震时脱落伤人。④安装在建筑上的附属机械、电气设备系统的支座和连接，应符合地震时使用功能的要求，且不应导致相关部件的损坏。

抗震设计　非结构构件的抗震设计对象包括构件本身和安装节点等。一般采用静力分析法，主要包括：①等效侧力法。通过设计加速度、功能（或重要）系数、构件类别系数、动力放大系数和构件重力等多因素计算等效地震作用。设计加速度一般取相当于设防烈度的安装位置的楼面加速度。该方法适用于体量较小、动力效应较小的非结构构件抗震分析。②楼面反应谱法。通过对安装位置所在主体结构楼层的地震反应进行分析，得出相应的楼面反应谱，对非结构构件进行地震反应计算分析。该方法适用于体量较大、动力效应较大的非结构构件抗震分析，如重要电气设备、巨大的高位水箱、出屋面的大型塔架等。

当非结构构件的动力特性复杂，或者与主体结构有相互作用动力效应时，还可采用动力法进行设计计算分析。非结构构件的地震作用，除了加速度激励产生的惯性力外，还应考虑安装节点间相对位移产生的附加作用，必要时二者需组合计算。

（卢文胜）

非线性波动　nonlinear wave motion　波是以一定的速度在介质中传播的任何可以识别的信号，是自然界中普遍存在的一种物理现象，如声波、电磁波、水波、地震波等。波的传播过程称为波动，研究波动问题具有重要的理论和实际意义。通常采用数学微分方程表达波动的物理定律。以非线性微分方程描述的波动，称为非线性波动。对于小幅波动，方程可以近似为线性方程，形成线性波动，线性波动理论发展较早且较为成熟。非线性波动的研究始于1848年英国G.G.斯托克斯和1858年德国B.黎曼的开创性工作。随着电子计算机的出现和发展，数值分析方法应运而生，其可以求解许多解析理论无法求解的非线性波动问题，促使非线性波动理论获得了发展。非线性波动理论主要研究各类非线性波动方程的建立及其求解方法，以及各类非线性波动的传播规律和特性。

非线性波动中的应力波指以应力形式进行传播的波动。非线性波大致分为耗散性的和色散性的。超声速飞机产生的冲击波是耗散性波的典型例子，扫过冲击波阵面的气体由于黏滞性而被加热，这一耗散性与由飞行器引起的突陡相平衡而形成冲击波。冲击波不仅在气体中传播，也在液体和固体中传播，也可以是电磁流体冲击波。孤立波是在相速度不同的色散性介质中传播的非线性波，它是由于非线性引起的突陡和色散效应平衡而形成的脉冲状的波。

（王远功　赵　密）

非线性力学　nonlinear mechanics　研究各类非线性问题的控制方程及其求解方法，以及非线性现象和规律的学科。自然界和工程界的大部分问题都是非线性的，而线性问题是非线性问题在平衡状态附近的一个近似。线性问题满足叠加原理，可以通过简单情况的组合处理复杂问题。非线性问题的主要特点是：①叠加原理不再成立。②解的唯一性被破坏，对参数具有临界依赖性。③对称的原因可引起非对称的结果，如屈曲、卡门涡街。④不可预测性。

工程中的非线性问题有材料非线性、几何非线性和接触非线性。①材料非线性。指材料的应力－应变关系是非线性的，可分为橡皮和塑料等非线性弹性材料和低碳钢等弹塑性材料。②几何非线性。指大位移或大应变问题，当物体变形过大时，变形量对平衡方程的影响不可忽略，由此而导致了平衡方程的非线性。③接触非线性。由接触面积变化而产生的非线性以及由接触压力分布变化而产生的非线性，也可以是由摩擦作用产生的非线性。

非线性动力学的主要任务是探索非线性力学现象的复杂性。非线性动力学主要研究非线性系统各种运动状态的定性和定量变化规律，尤其是系统的长周期行为。经典非线性动力学是采用摄动、渐近分析的方法研究弱非线性弱耦合的系统。而现代非线性动力学旨在研究系统的定性和定量变化规律，使用的方法更加精确，所研究的系统具有强非线性，研究对象主要包括分岔、混沌、分形、孤立子等新现象。①分岔。研究带有参数的动力系统随着参数的改变，系统的定性行为和定量行为的改变。这里的定性行为主要指奇点和闭轨的稳定性及同宿轨与异宿轨的破裂。而定量行为主要指系统的奇点与闭轨个数的变化。②混沌。指确定性的非线性系统产生对初值具有敏感依赖性的貌似随机的不规则有界运动。混沌系统是高度敏感地依赖于初始状态的非线性动力系统。在混沌运动中，初始值非常靠近的两条轨道，随着时间的推移会指数分离。也就是说，对轨道的长时期行为不可能做出准确的预测。对于保守系统，满足不同初始条件的解不会同时趋于同一点集；而对于耗散系统，满足不同初始条件的解可能趋于同一点集，这种点集被称为吸引子。混沌运动的吸引子通常具有非整数维，因而也称为奇怪吸引子。③分形。由无限多个点集组成的复杂自相似几何形体。它的豪斯道夫维数一般大于其拓扑维数，通常具有非整数的分维数。19世纪中叶非欧几何的出现曾引起了一场革命。20世纪后半叶分形几何的出现同样引起一场科学的变革，它改变了人们对自然界的传统认识观。分形动力学的研究包括数学中的分数微积分、物理学中的分形生长、自组织临界性和重整化群等。④孤立子。是动力系统的一种特殊解，这种解在运动过程中保持能量守恒和稳定的波形。描述浅水波运动的KdV方程是一种非线性偏微分方程，要求出它的一般解是十分困难的，然而其孤立子解能很好地描述浅水波的运动。

（赵　密）

非线性随机振动　nonlinear random vibration　采用实验、理论或数值方法，研究非线性系统在随机作用下的响应与可靠性问题的分支学科。是随机动力学的核心组成部分。非线性随机振动研究范围包括土木工程、机械工程、航空航天工程、海洋工程、电子信息和生命科学等领域中具有共性的非线性系统随机振动问题。在土木工程中，主要研究工程结构与系统在地震、强风和巨浪等灾害性随机动力作用下的非线性随机响应分析和可靠度评定与设计问题。

非线性随机振动问题起源于20世纪50年代末60年代初。在此前后，人们相继发现喷气噪声、地震地面运动、海洋波浪和风荷载等工程动力作用都具有显著的随机性，并逐步提出和发展了各类不同动力作用的随机过程模型，主要是功率谱密度函数模型。几乎与此同时，在强烈地震动等灾害性激励作用下工程结构表现出的非线性力学行为，也开始得到认识和深入研究。由此，催生了非线性随机振动理论，并在此后30余年中得到了高度重视，取得了重要进展。最早研究非线性随机振动的学者包括R.C.波顿、I.E.卡扎科夫，美国T.K.考伊、S.H.克兰德尔、Y.K.林幼堃等。在非线性随机振动中做出重要贡献的学者还包括苏联V.V.博洛京、英国J.B.罗伯茨、美国P.D.斯帕诺斯和L.D.卢茨、挪威A.内斯、法国C.索伊萨、意大利M.di保拉以及中国朱位秋、方同、李杰、孙建桥、黄志龙、徐伟等。

从随机激励性质的角度来看，包括白噪声、平稳非白噪声（有色噪声）和非平稳、非高斯随机激励等不同激励作用下的非线性振动问题。与前两类问题相比，由于问题的复杂性，对工程实际更为重要的第三类问题还研究甚少。从是否考虑系统参数随机性的角度看，可分为经典非线性随机振动与非线性复合随机振动。经典非线性随机振动主要考察确定性非线性系统的随机振动问题，非线性复合随机振动则同时考虑非线性系统力学参数的随机性。尽管对工程实践而言后者更为合理，但当前的研究依然主要限于前者。

从研究方法上看，除少量实验研究外，主要包括解析方法与数值方法。解析方法通过对描述问题物理关系的随机常微分方程，或者概率密度或可靠性函数满足的偏微分方程进行直接解析求解，包括一些特殊单自由度体系解析解、平稳势与广义平稳势方法、基于哈密顿理论体系的多自由度体系平稳解、随机摄动法、矩截断方法、等效线性化方法、等效非线性系统法、随机平均法等。数值方法主要利用现代化计算装备和现代数值分析与计算力学的新成果、数值求解随机常微分方程并进行统计，或数值求解偏微分方程或某些半解析表达，可以认为是已经成型的计算随机力学的重要组成部分，主要包括路径积分方法、本征函数展开法、随机模拟方法、有限差分方法、有限单元方法、胞映射方法等。

从获取系统随机响应概率信息层次上看，主要有二阶矩层次方法与概率密度层次方法，前述大部分方法属于前者，后者主要以马尔科夫过程理论（如FPK方程方法）和概率密度演化理论为代表。

至20世纪末，在非线性随机振动中发展的主要方法是基于对随机激励和随机响应的现象学考察的。在工程实际中应用的主要障碍是：过于理想化的现象学随机激励模型、过于简化的结构非线性模型（例如，主要考虑非耗能的多项式形式的非线性恢复力或弱耗散系统，难以考虑土木工程中的强滞回耗能、随机损伤等需要采用多尺度随机力学建模的复杂非线性情况）。更为严峻的是，对工程实际中自由度数很大的非线性结构系统非平稳随机振动问题几乎无能为力。21世纪以来，工程结构非线性力学研究的深入、在多个学科中不确定性量化的兴起等带来了新的推动与契机，基于物理的随机系统研究思想开始在非线性随机振动研究中萌生、发展并有望成为突破上述主要障碍的新途径。

（陈建兵）

非线性有限元 nonlinear finite element 基于有限元离散原理、利用计算机进行结构力学和多学科领域非线性分析的数值方法。线性有限元模型为很多工程问题的求解提供了令人满意的近似，但非线性问题与线性问题存在本质的差别，使得线性有限元方法难以有效应对某些非线性工程分析问题。以工程结构的力学性能分析为例，为了数值求解广泛存在的材料非线性（如弹塑性）、几何非线性（如大位移、大应变）、接触非线性等问题，需要将线性有限元分析的基本理论和数值方法拓展至非线性分析，因此非线性有限元成为有限元方法的一个重要分支，也是计算机辅助工程的重要组成部分之一。

非线性有限元方法的理论基础包括连续体的大变形描述、大变形下的应力与应变度量、非线性本构关系的表述、计算结果的精度和稳定性分析等。非线性有限元的研究始于20世纪60～70年代初德国J.H.阿吉里斯，美国P.马卡尔、J.T.欧登等的工作。此后的30余年中，英国M.A.克里斯菲尔德、M.克莱伯，西班牙J.C.西莫，美国T.J.R.休斯等学者发表的论著对非线性有限元方法的发展也做出了重要贡献。美国T.彼莱奇科、英国O.C.辛克维奇等有限元法经典著作中也都对非线性有限元方法进行了介绍。

非线性有限元模型可采用拉格朗日描述、欧拉描述或任意拉格朗日-欧拉描述。非线性有限元离散方程的求解通常采用的方法有牛顿-拉普森迭代、改进的牛顿-拉普森迭代等。

早期的非线性有限元商业程序主要有高级非线性有限元分析软件（MARC）等。非线性有限元已被众多计算机辅助工程软件系统（如ANSYS、ABAQUS等）所采纳，并被广泛应用于土木工程、汽车、航空航天、机械工程等各领域的结构分析中。

（亢　战）

非炸药爆破 non-explosive blasting 为克服传统炸药爆破的局限性，研制专用破岩机械、电器设备，或利用能够产生气液相态或物理参数突变的膨胀剂、致裂器材等手段，达到安全、环保、高效破碎岩石的破岩技术。随着国民经济的发展，越来越多的工程要求使用无污染、无公害、高环保、高安全系数的工程施工技术。传统的炸药爆破施工作业危险性较大，有潜在的不安全因素。物理科学和材料科学的发展，为非炸药破岩技术的研究和应用提供了理论基础，如等离子体物理理论、激光物理理论以及功能材料、环保材料等方面的研究成果，促进了新型破岩技术的发展。从20世纪60年代末开始，美国国家科学基金会发起了探寻高效破岩新方法研究计划。20世纪80年代起，中国也开始了非炸药爆破技术研究，已形成了机械能破岩、热能破岩两大类非炸药爆破技术。

Airdox破岩技术　是一种无炸药爆破，是20世纪60年代初在美国等逐渐兴起的一种物理破岩技术。利用机械设备或通过物理变化而产生高压气体，在煤岩体中安装Airdox爆破筒，通过手动或电动操作机构使爆破筒内的高压气体瞬间释放，对周围介质形成冲击并通过膨胀做功使之破碎。

二氧化碳（CO_2）破岩技术　利用加热的液态CO_2使之瞬间相变产生大量气体，通过爆破片破裂而释放高压气体，在瞬态的物理膨胀过程中实现破岩。在CO_2爆破技术中，通过调整CO_2释放出的压力大小和作用体积来控制破岩范围。

等离子炬破岩技术　利用等离子炬产生的高温等离子流作用于岩石时，对岩石形成热冲击，表层岩石立即被融化，岩石内部产生很大的温度梯度，导致岩石内出现热应力，进而在热膨胀作用下形成片层状剥落。

高能燃烧剂破岩技术　高能燃烧剂可作为爆破剂用于对空气冲击波、噪声、振动和飞石等爆破公害有严格限制的场合，如人口稠密区、重要管线附近的岩石和混凝土爆破，也可用于对爆破损伤要求较高的石材开采。高能燃烧剂在密闭的介质中点燃时，迅速发生化学反应，释放出大量热量和一定量的气体，使周围介质急剧加热，燃烧温度可达2500～3000℃。介质在热应力和气体膨胀应力作用下会产生膨胀和裂缝。裂缝形成后，气体膨胀使裂缝进一步扩大和发展，当裂缝扩展到自由面或炮孔之间的裂缝相互贯通时岩石破裂。

控制泡沫注射破岩技术　利用高压泵将一定黏度的泡沫注入岩体使其致裂，已被用于油气井增注、煤层气开发等工程领域。此技术始于20世纪60年代末期，首次泡沫压裂施工是在美国的弗吉尼亚州进行的。1973年，泡沫压裂技术在美国和加拿大得到广泛应用。1988年，中国辽河油田成功地进行了氮气泡沫压裂的施工。1997年，吉林油田引进美国SS公司的CO_2泡沫压裂设备，进行了油层吞吐和CO_2助排增能压裂的应用试验。21世纪以来，加拿大等国家开始研究将泡沫压裂技术应用于岩石破碎，称为控制泡沫注射。已经开发了专门的破岩装置，并通过初步实验证实了这一技术的可行性和高效性。

激光破岩技术　激光破岩是利用聚能激光束直接辐射岩石表面，使其局部骤然升温至高热熔化和汽化状态，形成气液两相混合物，然后由高速辅助气流将混合物携带排除掉。当激光束的功率密度大于岩石的临界能量密度后，高能激光束穿透岩石试样的速度远高于传统配牙轮钻头或转盘金刚石钻头在相应地层中的机械钻速。高能激光束在穿透表层和深层岩芯时，岩石表面存在不同程度的高热灼伤的斑痕、焦迹和微裂纹。

空气能（液氧）膨胀破岩技术　利用炮孔中充填的液态氧相变为气态时，体积瞬间膨胀产生高压对岩石做功使岩石破裂。

经过多年的发展，非炸药破岩正在呈现多元化的发展。在破岩原理的研究及产品的开发上呈现出跨学科的形式。非炸药爆破的发展方向是，破岩方式从机械化走向信息化、智能化。（谢全民）

菲律宾帕亚塔斯填埋场滑坡　landslide of Payatas landfill in Philippines　2000年7月10日上午，帕亚塔斯垃圾山产生的滑坡事故。

菲律宾帕亚塔斯填埋场位于马尼拉奎松市郊区东北，总占地面积18公顷，由占地面积为5.3公顷的左侧小垃圾堆体和占地面积为12.7公顷的右侧较大垃圾堆体组成。

菲律宾帕亚塔斯填埋场于1973年开始启用，最初仅为一个贫民区垃圾堆放点，后来十多年时间内被用于堆放建筑垃圾。1988年，由于位于马尼拉西北的斯莫基山填埋场封场，该填埋场的填埋量显著增长。自1996年以来，马尼拉地区每天产生垃圾6000余吨，该填埋场收纳1500～1800吨垃圾。

该填埋场地基为深度大于50米的含粗粒土的黏性土层，底部未设衬垫系统，堆体的坡度较陡，为1.5∶1。两座垃圾山不时有局部燃烧并产生烟雾的现象。帕亚塔斯填埋场与附近棚户区之间没有屏障隔离，大量拾荒者依靠捡垃圾为生。

当地时间7月10日早上4点30分时，填埋场北部区域传来巨大开裂声响，接着裂缝处往外渗水。早上7点30分到7点45分，总量为1.3万～1.6万米^{3}的垃圾堆体松动，并以类似泥石流的形式向北部倾泻下来，导致近100座棚屋被掩埋，500座棚屋塌陷，278人死亡，80～350人失踪，仅58人获救。

帕亚塔斯滑坡事故是由多种原因造成的，最主要诱因是事故发生前10天，该地区持续暴雨，总降雨量高达750毫米，大量雨水进入垃圾堆体，导致孔隙水压力

帕亚塔斯垃圾填埋场

增大垃圾有效应力减小。其次，堆填的垃圾未经有效压实，堆体坡度又过陡，最终导致了滑坡。

此外，垃圾堆体顶部曾开挖一沟槽进行排水，该沟槽的存在导致堆体产生了最初的裂缝。由于该填埋场垃圾处于接近饱和状态，填埋气无法畅通运移到场外，造成堆体产生较大的孔隙气压力，也被认为是导致滑坡的内因之一。此外，深部垃圾体静态液化（不排水条件下加载造成抗剪强度突然降低而导致的液化现象）或水力劈裂可能导致滑体快速运动，这与目击的滑动过程相符。

滑坡事故发生后，为安抚灾民，菲律宾政府在附近的村庄建造了安置点，但安置点经常断水断电，传染病横行。几个月后，灾民又回到了垃圾山继续原来的生活。事故之后，菲律宾政府制定了新规定，规定垃圾堆积的坡度不能超过40度，14岁以下的孩子必须远离这座垃圾填埋场等。（李育超）

废弃混凝土循环利用　recycling for concrete waste　通过破碎和筛分等处理工艺将废弃混凝土加工成再生粗细骨料和再生粉料后，作为混凝土、砂浆和路面砖等建材产品的原材料循环利用的过程。中国废弃混凝土循环利用率还不高，主要原因在于废弃混凝土再生骨料性能不佳，使其在工程中的应用受到限制。为提高废弃混凝土循环利用水平，可一方面采用颗粒整形、微波加热、化学强化等方法对废弃混凝土再生骨料进行处理，提高其技术性能和质量等级，部分替代天然骨料用于拌和较高强度等级的混凝土；另一方面，也可直接将大尺寸废弃混凝土（400毫米以下）拌和再生为混合混凝土及其构件，降低水泥用量和废弃混凝土循环利用的成本。

主要环节　废弃混凝土循环利用的主要环节包括预处理、破碎、筛分以及除铁、除杂和除尘处理等。①废弃混凝土预处理。将大块废弃混凝土分解为适宜于破碎的块体，并尽可能去除其中的钢筋、布匹、塑料等杂质，便于破碎和筛分等后续环节处置。②破碎和筛分。是废弃混凝土循环利用的最主要环节，破碎方式有颚式、锤式、反击式等多种形式，筛分方式主要为振动筛分，为提高废弃混凝土的破碎效率和破碎后再生骨料的质量，往往采用多级破碎和筛分的方法。③除铁、除杂和除尘处理。目的是去除废弃混凝土中含有的钢材以及布匹、木材、塑料等轻物质，并降低处置过程中产生的粉尘。除杂可采用风选或水选方式进行，除尘可通过袋式或静电装置进行，以实现收集再生粉料并提高再生粗细骨料质量的技术效果。

应用　与天然骨料相比，采用废弃混凝土制成的再生骨料棱角多、表面粗糙，还含有较多的硬化水泥砂浆，破碎过程中也会因损伤累积造成内部大量微裂纹，导致再生骨料孔隙率大、吸水率高、堆积密度小和压碎指标值大等特点。因此，现阶段中国废弃混凝土循环利用，主要用来配置中低强度等级的再生骨料混凝土或砂浆，应用于地基加固、道路工程垫层、室内地坪及地坪垫层、非承重混凝土空心砌块、混凝土空心隔墙板等。（孟　涛）

废弃泥　waste mud　生活、生产活动中产生的各种泥状废弃物的统称。废弃泥根据来源，可分为城市污水处理厂产生的污泥、河湖疏浚清淤产生的废弃泥、土木工程施工所产生的工程泥浆、采矿冶矿产生的尾矿泥和其他废弃泥。废弃泥的性质和特点与其来源密切相关。废弃泥的主要特点是涉及面广、性状复杂和含有有用物质。

废弃泥的产生涉及面广。水利工程、航运工程和水环境治理工程中均会产生大量的疏浚清淤淤泥；城市污水处理厂产生的湿污泥年产量也很大；矿业工程在选矿和洗矿作业中产生大量尾矿泥，其产量也达每年数亿吨；城市地铁盾构隧道施工及穿越江河的地下工程产生大量泥浆和渣泥；土木工程在桩基施工中产生大量的作业泥浆；石油开采以及炼油过程中会产生较多的油泥。

废弃泥性状复杂，主要体现在高含水率、多样的物理性状和化学污染性。废弃泥固体颗粒中小于5微米的颗粒一般占比20%以上，这些细颗粒表面与水结合形成凝胶态的结合水，使得废弃泥均具有较高的含水率。如河湖清淤淤泥含水率约为50%～60%，污水厂污泥含水率约为80%，打捞蓝藻藻泥的含水率约为95%，尾矿泥含水率约70%～95%；有机细颗粒本身由各种细胞、糖、脂肪、蛋白类物质构成，其内部存在生物质水分（细胞水），而无

机细颗粒表面结合水在重力条件下难以脱离颗粒束缚而排出。水分的变化可使废弃泥从液体状态变为半固体状态，出现多样的物理性状。废弃泥因来源广泛而极可能含有各种污染物，主要包括无机重金属和有机污染物。城市污水厂污泥和工业污泥一般含有重金属污染物及持久性有机污染物，有机质及氮、磷的含量也普遍偏高。遭受过工业污染排放的河道，其清淤淤泥会含有重金属污染物，尾矿泥也含有较多的重金属及选矿添加的化学药剂，河湖打捞的藻泥一般也含有较高浓度的有机质以及氮和磷，同时含有藻毒素。因此，废弃泥在处理、处置以及利用时必须采取一定的污染防控措施。

废弃泥中普遍含有一些有用的元素或物质，具有一定的资源性。污水厂污泥中的有机质具有热利用的潜力，其中富含的氮、磷元素具有作为肥料使用的价值；油泥中富含烃类物质，可以作为再生油和再生燃料进行提取；而尾矿泥中各种金属也是回收利用的对象；藻泥中的蛋白质、藻蓝素都有相当高的利用价值。将这些有用物质提取并进行资源化利用是废弃泥处理的重要发展方向，但含水率高、难以提取也成了其资源化利用的主要制约因素，技术发展上有待于探索更高效的脱水方法以及在高含水率条件下萃取利用的方法。

（朱　伟　詹良通）

废弃泥处理工程 treatment engineering for waste mud　采用脱水、固化、填埋和资源化等手段处理废弃泥的工程。

废弃泥类别　废弃泥包含的范围较广，按照有机质含量的不同一般可分为高有机质含量废弃泥和低有机质含量废弃泥。前者包括污水处理厂的污泥、水华爆发打捞的藻泥；后者包括河湖清淤产生的淤泥、工业污水厂的污泥、矿业工程中的尾矿泥、隧道及基础工程等建设过程中的工程泥浆。

废弃泥脱水　脱水是废弃泥处理的前置条件和关键环节，经过脱水的废弃泥，其质量和体积可减少50%～98%。预处理技术可有效提高废弃泥脱水效率。常用的预处理方法有化学预处理、惰性助滤剂预处理、物理预处理、生物预处理、厌氧消化预处理、组合预处理等。常见的脱水方式包括机械脱水和干化。①机械脱水。指通过机械装置脱除废弃泥中的部分水分。常见的脱水设备有真空过滤脱水机、离心脱水机和板框压滤脱水机等。②干化。采用热干化技术降低废弃泥含水率。此外，生物干化和太阳能干化等新型干化技术逐渐兴起，更加经济、节能和环保。

废弃泥固化　通过向废弃泥中添加水泥基固化剂使其与废弃泥中的水分发生反应，形成水化产物，在形成的碱性环境中将废弃泥转化成结构完整的固化体，同时通过包裹、沉淀和吸附等作用将有毒有害污染物封闭在固化体中，从而改善废弃泥的物理力学性质，并降低污染物的释放。此项技术可广泛用于清淤淤泥、污水厂污泥和尾矿泥等大部分废弃泥的处理。

资源化利用　可使废弃泥减量，并在价值开发方面取得显著效果，其主要方式有土地利用、堆肥、能源利用、建筑材料制作等。中国早期废弃泥行业重水轻泥导致的大量废弃泥处置不规范的局面，在资源化利用水平提高的情况下得到改善。例如，含水率低且有机物含量高的废弃泥可焚烧，回收所产生的热能。

卫生填埋　填埋是最为传统的处置技术，其处理量大，费用较低，运行简单。填埋可分为单独填埋和混合填埋，其中单独填埋可用填沟法、平面填埋法或者筑堤法处置污泥。混合填埋是将废弃泥与城市固体废弃物混合后进行填埋。

（詹良通　朱　伟）

废弃泥再利用 utilization of waste mud　通过脱水、分离或萃取，实现废弃泥中的无机矿物、有机物或营养物质全量利用或部分物质的资源化。常见的全量利用包括疏浚淤泥固化后作为土方材料、土壤材料利用；疏浚淤泥堆场的土地利用；市政污泥堆肥后作为肥料利用等。市政污泥消化后生产沼气；废弃泥烧制砖、陶粒；从市政污泥中提取磷等方法都属于部分物质的资源化，必须考虑剩余物质的后续处理和处置。

土方材料利用　利用废弃泥中含有的大量固体颗粒物的特点，通过去除泥中水分或改变水分形态，实现从“泥”到“土”的转变，主要利用方式有3种。①可直接脱水处理再利用。例如，河湖清淤淤泥可通过工程脱水或机械脱水法，将淤泥含水率从50%降低至20%以下，脱水后的淤泥可直接用于堤坝和路基的填筑。②可通过添加固化剂改变废弃泥中水分形态，将自由水转化为结合水，从而形成固化土材料。市政污泥通过固化/稳定化处理后形成的土材料可以作为垃圾填埋场中间覆土使用；流态固化土可以作为污水、雨水管网建设的回填土。③通过添加一些废弃生物质材料，如秸秆粉、稻壳等进行pH调节后作为园林土壤使用。

建材利用　将废弃泥如污泥、淤泥、尾矿泥等采用脱水或热处理后制备陶粒、烧结砖和水泥熟料等。淤泥中含有较高的黏土颗粒，通过添加不同掺和料调整含水率，在高温下烧结，可制成烧结陶粒、烧结砖等，它们一般可满足建材质量的要求。污水厂污泥经过深度脱水及干化作为烧制水泥的添加料的做法，已经有较多的应用实例，这些都是附加价值较大的利用方法。

能源利用　针对富含有机质的污水厂污泥、藻泥等，通过热化学转化技术，在一定温度与压力条件下实现废弃泥中有机物的能源化利用，同时实现无害化处理。主要的热化学转化技术有生物消化技术产生沼气、水热碳化技术制备生物碳、水热液化技术制备生物柴油、水热气化技术制备富氢合成气。但这些技术对物料有相应的要求，一般来说废弃泥中有机质含量、水分含量以及污染物的成分含量会制约这些技术的利用。

（朱　伟　詹良通）

焚烧飞灰处理处置 treatment and disposal of fly ash　将从烟气净化系统收集而得的固相颗粒飞灰经无害化处理后填埋或协同处置的过程。焚烧飞灰是由焚烧烟气中的颗粒物、冷凝产物、注入的烟气处理反应剂和吸附剂及其反应后产物等混合而成。飞灰中含有较高浓度的溶解盐、挥发性和半挥发性重金属，以及二噁英类污染物，一般将其归类为危险废物。

飞灰固化/稳定化处理是在飞灰中添加固化剂或稳定化药剂，使飞灰中的污染组分（如重金属）呈现化学惰性（低溶解性、低迁移性或低毒性）或被包裹在渗透率低的固体中，以降低飞灰的毒性和污染物的迁移率。常用的固化/稳定化处理技术主要有水泥固化法和化学药剂稳定法。①水泥固化法。是在飞灰中加入硅酸盐水泥和水，使其发生水合反应和凝硬性反应，形成高强度低渗透性的块状物，通过物理包裹和化学沉淀等作用固定飞灰中的重金属。水泥固化法的药剂成本较低，技术和设备成熟，操作简单，但是需添加大量的水泥（30%左右），产物增容、增重比大，使后续的运输和填埋处置费用升高。另外，由于飞灰中的氯盐、硫酸盐等含量较高，在水泥固化时，氧化钙（CaO）会与氯盐反应生成氯化钙（$CaCl_2$），吸湿而导致固化产物膨胀崩裂，影响固化产物中重金属的稳定性；水泥中的铝酸三钙（$3CaO \cdot Al_2O_3$）成分也易与硫酸盐发生反应而被侵蚀，增大固化产物重金属的浸出风险。水泥固化对飞灰中的二噁英类物质没有处理效果。②化学药剂稳定法。利用药剂与飞灰中的重金属等物质发生化学反应（溶解、沉淀、氧化、还原、螯合等），将重金属污染物转变成溶解度小和化学性质稳定的物质。化学药剂稳定法添加的药剂量比水泥固化法少，故具有产物增容比小、运行费用较低、处理后飞灰物理性质变化不大等优点，但是对二噁英类物质同样没有作用。用于稳定飞灰的化学药剂主要有高分子螯合剂（多为含硫碱性药剂）和磷酸盐类、硫化物等无机类重金属稳定药剂。pH通常对化学药剂稳定化产物的重金属浸出有重要影响，需关注在环境pH条件变化下产物中重金属的长期稳定性。

未经处理的飞灰如果满足安全填埋场的入场要求，飞灰浸出液中的有害成分浓度低于《危险废物填埋污染控制标准》(GB 18598）限值，可直接进入安全填埋场填埋处置。否则需经固化/稳定化处理，达到GB 18598入场要求后安全填埋，或达到《生活垃圾填埋场污染控制标准》(GB 16889）的入场要求后，在卫生填埋场单独填埋。飞灰填埋操作时，采用分区、分单元填埋的方式，每天压实并覆盖，减少雨水入侵，并特别要注意封场后的维护管理。飞灰经水洗或酸洗降低重金属、氯、硫等有害元素含量后，在满足《水泥窑协同处置固体废物污染控制标准》(GB 30485）和《水泥窑协同处置固体废物环境保护技术规范》(HJ 662）要求下，可进入水泥窑中协同处置。（章　骅　何品晶）

焚烧炉渣资源化利用　resource utilization of bottom ash　焚烧炉渣经分选、筛分等处理后，回收金属和建筑集料的过程。炉渣的物理化学性质和工程性质与轻质的天然集料相似，符合集料的很多技术要求，并且容易进行粒径分配，易制成商业化应用的产品。因此，很多国家（尤其是在欧洲，如荷兰、丹麦、德国等）在几十年前就开展了炉渣的资源化利用，寻求既能减少处理处置费用，又不至于对环境造成不利影响，且又技术可行的管理策略。炉渣的资源化利用途径主要有：①沥青路面的替代集料。②水泥/混凝土的替代集料。③填埋场覆盖材料。④路堤、路基、停车场等的填充材料等。就其利用场合而言，主要是被用作陆地水泥基及沥青基工程（如道路、停车场等）和海洋建筑工程（如人工暗礁、护岸等）。中国《生活垃圾焚烧炉渣集料》(GB/T 25032）规范中，对生活垃圾焚烧炉渣经处理加工制成的用于道路路基、垫层、底基层、基层及无筋混凝土制品的集料要求做了详细的规定。

炉渣的资源化利用已被证实是可行的，但由于炉渣中也含有一些微量的有害污染物，如重金属（主要来自生活垃圾）、溶解盐等，直接利用可能会对人类健康和环境造成不利影响，并且未经处理的炉渣不一定能满足建筑材料所规定的技术要求。因此，炉渣在利用前须进行预处理，以满足产品利用所需的技术和环境要求。具体处理环节有破碎和筛分（调整粒径范围，为金属分选和集料利用提供合适的粒径）、风选（去除未燃尽有机物）、磁选（回收黑色金属，主要为铁）、涡电流分选（回收铝、铜等有色金属，同时避免炉渣材料利用过程中因金属铝反应产氢而使利用产物性能变差）、老化/风化1～3个月（降低溶解盐浸出浓度，改善其物理化学性质）等；如果炉渣的重金属浸出毒性较高，还需加入稳定化药剂固定重金属。除对炉渣进行预处理以改善其利用性能外，有些国家对炉渣利用的环境条件也进行了规定。如丹麦要求当炉渣用于铺装路面或广场时，利用地点距离饮用水源应大于20米以上，并高于最高地下水位，炉渣层的平均厚度不超过1米，最大厚度不得超过两米。

此外，通过改进焚烧设施，优化焚烧控制条件，提高完全燃烧条件，也可降低炉渣中的有机污染物的含量，并提高有害元素在焚烧炉不同物流中的分离程度。通过分别收集炉排渣与炉排间掉落灰等方式进行回收，也将有利于炉排渣的资源化利用。

中国炉渣利用的主要工艺是通过磁选、涡电流和湿法分选（如跳汰分选）回收铁、铝、铜金属，通过破碎、筛分等粒径调整制得的炉渣集料用于制砖、无筋混凝土或作道路集料等利用。但是，仍有一定比例的炉渣无法利用，如湿法分选产生的泥浆脱水后，泥饼需要填埋处置。因此，提高炉渣利用产品价值和炉渣总体利用率，是未来发展趋势。

（章　骅　何品晶）

风电塔架　wind turbine tower　将机舱和风轮在各类工况下的荷载传递至基础，并通过足够的刚度保证风力发电机组正常发电运行的高耸结构。

组成及分类　风电塔架是风力发电机组的重要组成部分之一。塔架顶部支撑机舱和风轮，底部与基础相连，塔架在底部设置舱门，供检修人员进出塔架。塔架内部设置有工作台、爬梯、电缆架、电控柜及照明系统等。

按使用材料，风电塔架可分为钢结构塔架和混凝土结构塔架两大类。其中钢结构塔架又分为桁架式塔架和圆筒式塔架两类。早期的塔架较多采用桁架式，其优点是制造简单、成本低、运输方便，但缺点是检修人员上下不便，且由于其非封闭的特性，安全不易保证。圆筒式塔架是业内应用最广泛的塔架形式，检修人员通行可靠，且工艺成熟，产能充足。根据风电塔架的动态特性，可分为刚性塔、半刚性塔和柔性塔。刚性塔成本最高，大型风电机组多采用半刚性塔或柔性塔。

荷载与动态特性　塔架承担的荷载包括机舱、风轮自重，迎风面的空气动力荷载，塔架自身的重力荷载，偏航系统传递的荷载。此外，在地震区，还要考虑地震作用；在近海区，还要考虑波浪荷载、海流荷载等。

风电机组利用风力发电，塔架承受随机动荷载，其动态特性对风机运行有非常显著的影响。

设计与防腐　塔架设计一般按高耸建（构）筑物设计规范进行，主要步骤包括：①初步确定塔架的外形和尺寸。②按强度、刚度确定构件的截面参数。③进行塔架稳定性和动力特性分析。

风电机组一般都安装在荒野、高山、沿海、近海，承受日晒、雨淋、沙尘、盐雾的影响。风电机组的设计寿命一般为20年，由于塔架防腐现场作业环境恶劣，且塔架高度较高，现场防腐作业难度和成本都比较大，所以其防腐设计寿命一般应不低于风电机组设计寿命。常用的塔架防腐方式包括热镀锌、喷锌或喷漆处理等。

（李晓东）

风洞试验　wind tunnel testing　风洞是以人工的方式产生并且控制气流，用来模拟飞行器或实体周围气体的流动情况、量度气流对实体的作用效果，以及观察物理现象的管道状实验设备。是进行空气动力实验最常用、最有效的工具之一。风洞试验就是在风洞中，将模型或实物固定在风洞中进行反复吹风，通过测控仪器和设备取得实验数据。风洞试验是飞行器研制工作中的一个不可缺少的组成部分，随着工业空气动力学的发展，在交通运输、房屋建筑和风能利用等领域更是不可或缺。

实验分类　按照风洞试验段气流速度大小，可以分为低速风洞试验、高速风洞试验和高超声速风洞试验等。其中，低速风洞有直流式和回流式两种，主要应用对象是风工程和工业空气动力学研究；高速风洞按声速可分为亚声速风洞、跨声速风洞和超声速风洞，主要用于航空飞行器模型或实物实验；高超声速风洞又可分为常规高超声速风洞、低密度风洞、激波风洞和热冲风洞，主要用于马赫数大于5的导弹、人造卫星、航天飞机的模型实验。

按照流体力学参数识别，可以分为测力实验、测压实验、传热实验、动态模型实验和流态观测实验等。其中，测力和测压实验是测定作用于模型或模型部件的气动力及表面压强分布；传热实验主要用于研究超声速或高超声速飞行器上的气动加热现象；动态模型实验包括颤振、抖振和动稳定性实验等；流态观测实验广泛用于研究流动的基本现象和机理。

实验原理　风洞试验的理论依据是流动相似原理。由于风洞尺寸、结构、材料、模型、实验气体等方面的限制，风洞试验要做到与真实条件完全相似是不可能的。通常的风洞试验，只是一种部分相似的模拟实验。因此，在实验前应根据实际内容确定模拟参数和实验方案，并选用合适的风洞和模型，其中模型材料、设计和制造是风洞试验的关键。

风洞试验的结果通常须进行处理和分析，主要包括：①将测量值换算成所需的空气动力学特性数据。②分析综合各个实验环节可能引入的误差。③对实验结果做出物理解释和数学说明。④根据模型流动和实物流动的差别，修正实验结果。

特点　风洞试验主要优点有：①能比较准确地控制实验条件，如气流的速度、压力和温度等。②实验在室内进行，受气候条件和时间的影响小，模型和测试仪器的安装、操作、使用比较方便。③实验项目和内容多种多样，实验结果的精确度较高、重复性较好。④实验比较安全，而且效率高、成本低。

风洞试验主要缺点有：①边界效应或边界干扰。②支架干扰。③相似准则无法满足。（葛耀君）

风荷载　wind load　风对工程结构所产生的荷载。是大风地区高耸结构、高层建筑、大跨屋盖结构和桥梁结构设计的主要控制荷载之一。风荷载与基本风压、地面粗糙度、风向、结构外形以及结构动力特性等诸多因素有关。垂直作用于建筑结构和构筑物表面上的风荷载标准值，通常可在基本风压、风压高度变化系数、风荷载体形系数、地形系数以及风向影响系数的乘积基础上，再考虑结构风振和风荷载脉动的增大效应加以确定。

基本风压　依据统计所得的基本风速v_0按$w_0=\frac{1}{2}\rho v_0^2$确定，式中$\rho$为空气密度。基本风压因地而异，在中国的分布情况是：台湾岛、海南岛等沿海岛屿以及东南沿海地区是由台风造成的最大风压区；新疆、东北和华北北部的风压也较大，主要由伴随强冷空气活动而来的寒潮风引起；其他内陆地区风压都较小。

基本风速　在规定的地面粗糙度、观测高度和平均时距下经统计得到的最大风速。中国规定：以一般空旷平坦地面、离地面10米高、10分钟平均的年最大风速为样本，经极值统计并取某一重现期的最大风速为基本风速。统计分布一般可按极值I型考虑，各个国家根据结构重要性和可靠性水准设定基本风速的重现期。中国现行规范取普通结构的重现期为50年，高层建筑、高耸结构以及其他风荷载敏感的结构的重现期为100年。

风速平均时距　为确定平均风速而规定的时间间隔。风速随时间不断变化（图1），在一定的时距Δt内可将风速分解为

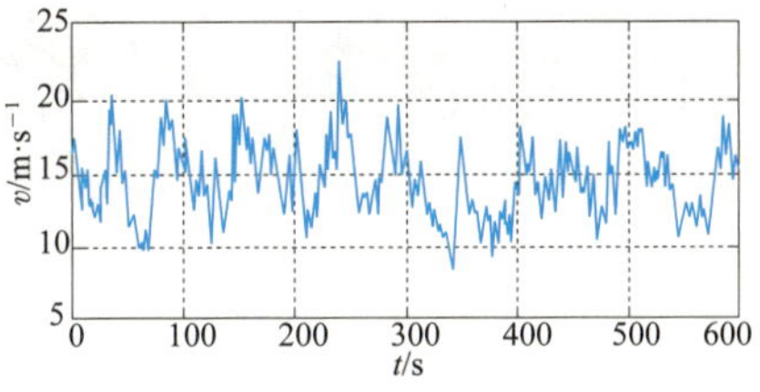

图1　风速记录示意图

两部分：一部分是稳定的平均风速，另一部分是变化的脉动风速。工程上一般用规定时距内的平均风速作为设计用的风速。规定的时距愈短，所得的平均最大风速愈大，也即基本风速愈大。世界各国所采用的风速平均时距并不一致。例如，中国、日本等取10分钟，美国、澳大利亚等取3秒，加拿大等少数国家则取1小时。根据实测资料，不同平均时距的风速之间可以进行近似换算。

风压高度变化系数　从10米高度的基本风压推算到任意高度风压的系数。风压高度变化系数随离地面高度增加而增大，其变化规律与地面粗糙度及不同风气候的风速廓线直接有关，设计工程结构时应在不同高度处取用对应高度的风压值。

地面粗糙度　衡量地面上树木、房屋等阻碍风速的障碍物分布密度和高度的指标。地面粗糙度愈大，同一高度处的风速减弱愈显著。各国规范一般根据地面障碍物的高矮和密集程度将地面粗糙度分为若干类。中国规范分为4类：A类为海面和海岛、海岸、湖岸及沙漠地区；B类为田野、乡村、丘陵、丛林及房屋比较稀疏的乡镇；C类为有密集建筑群的城市市区；D类为有密集高层建筑群的大城市中心。

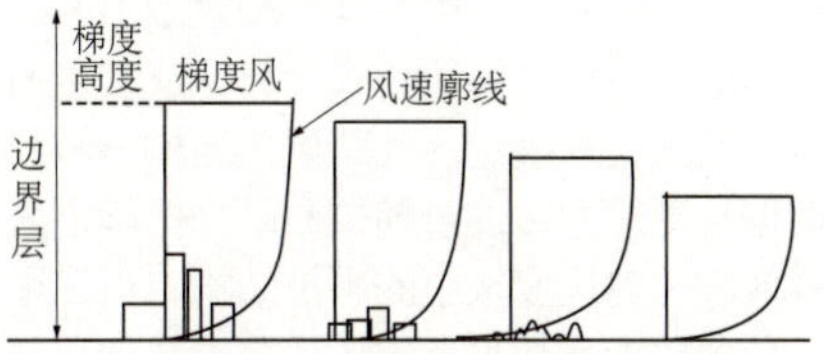

图2　风速廓线示意图

风速廓线　风速随高度变化的曲线（图2）。在大气边界层内，风速通常随离地面高度增大而增加，增加程度主要与地面粗糙度有关。达到一定高度后，地面的摩擦影响可忽略不计，风速随高度的变化很小，该高度称为梯度风高度。梯度风高度随地面粗糙度和风的气候（如台风、寒潮风、雷暴风）的特征而异，一般为300～550米。梯度风高度以内的风速廓线一般可用指数曲线$v_z=v_{10}(\frac{z}{10})^{\alpha}$表示，式中$v_z$为$z$高度处的风速；$v_{10}$为10米高度处的风速；$\alpha$为指数，其值为0.12～0.30。空旷平坦的B类地面，粗糙度α值约为0.15。

体型系数　又称空气动力系数，是风在工程结构表面形成的压力（或吸力）与按来流风速算出的理论风压的比值。它反映出风压在工程结构及建筑物表面上的分布，并随建筑物形状、尺度、围护和屏蔽状况以及气流方向等而异，通常由缩尺风洞试验、计算机模拟计算或足尺工程实测等途径得到。在确定受风面尺度较大的主要受力结构的风荷载时，一般采用按面积加权平均后的风荷载体型系数或反映整体风力的风力系数；在确定受风面尺度较小的围护结构的风荷载时，一般采用更能反映最大压力（或吸力）的风荷载局部体形系数。对一个普通建筑物而言，风载体型系数的一般分布是迎风面为压力，背风面及顺风向的侧面为吸力，屋面则随坡度角和尺度的大小可能为吸力或压力。

风振　风与工程结构振动所产生的动态效应。引起结构风振的主要因素包括：①风本身的脉动和阵风特性。②钝体建筑物或结构本身引起的气流分离、再附着和漩涡脱落等。③结构自身运动引起的脉动力（如气动阻尼）。刚度较大的建筑和结构对风的动态作用并不敏感，可不考虑风振效应。但高耸结构（如塔架、烟囱、水塔）、高层建筑、轻柔的大跨屋盖结构以及桥梁结构需考虑风振引起的动态作用效应。风振效应与结构动力特性、结构阻尼比、结构体型和地面粗糙度等因素有关，可通过随机振动理论分析或风洞试验的方法确定。对高耸结构和高层建筑等悬臂型结构，为方便起见通常采用风振系数确定

顺风向风振效应，横风向风振效应可通过风洞试验得到的经验公式计算，或直接通过风洞试验来确定。大跨屋盖结构一般要根据脉动压力，通过随机振动分析确定风振效应。对尺度较小的围护结构，可采用风荷载放大系数来考虑风荷载的脉动和阵风效应。（朱振德　顾子聪）

风特性　wind characteristics　风速和风向（指空气的流动速度和方向）随时间和空间的随机变化和分布的统计特征。风是大气层内运动着的空气，即气流。造成空气运动的主要原因是大气层内的热力、动力和压力的时空不均性，而热力、动力和压力的时空不均匀性，又是由太阳、地表和不同空气层之间热辐射等对地球大气加热的时间和空间不均匀性，以及地球自转的共同作用所引起的。

由于粗糙地表引起的摩擦效应使得大气边界层中的自然风具有紊流（又称湍流）特性。自然风的紊流特性早在几个世纪之前已被人们认识到。大量实测资料显示，在瞬时风速的时程中主要包含了长周期和短周期两种成分，其中长周期在10分钟以上，而短周期只有几秒至几分钟，甚至更短。由于长周期成分的周期远远大于工程结构的固有周期，因此其对结构的作用基本是不随时间变化的，或变化十分缓慢，可认为其作用性质是静力的。而短周期成分是由风的不规则脉动引起，其强度是随时间呈随机变化的，因此其对结构既有静力作用也有动力作用，需要按随机问题来分析。在工程实践中，紊流的瞬时风速常看成是平均风速和脉动风速的叠加，对结构的作用也常按平均风的静力作用和脉动风的动力作用分开来处理，而风特性也常被分为平均风特性和脉动风特性。（朱乐东）

风系统和水系统　air system and water system　集中式空气调节系统的两种型式。

风系统　一般为集中式空气调节系统。包括：①空气处理装置。对空气实施冷却/加热、过滤、除湿/加湿等工艺的装置。②空气输送系统及配件。空气输送系统通常由风机和空气输送管道组成。风机为空气驱动设备，常见的风机有轴流式风机、离心式风机和贯流式风机。空气输送管道简称风管，其形状一般为圆形或矩形，风管材料一般采用镀锌薄钢板、不锈钢、铝钢板和橡塑复合材料等。③末端设备。根据气流组织的要求，其末端设备可以采用百页风口、散流器、条缝风口、旋流风口、格栅和孔板等形式。一般大空间宜采用全空气系统，小空间宜采用风机盘管加新风。

集中式风系统是最典型、出现最早、使用最广泛的空调系统。按照处理的空气来源，集中式风系统可分为封闭式系统、直流式系统和混合式系统。空调风系统可以合理地组织室内空气的流动，从而使室内工作区空气的温度、湿度、速度和洁净度更好地满足工艺要求及人体的舒适性要求。

封闭式系统　所处理的空气全部来自空调房间，没有补充室外空气，即全部为循环空气（在空调房间经过热交换后的室内空气，称为回风），因此房间和空气处理装置之间形成了一个封闭环路（图1a）。

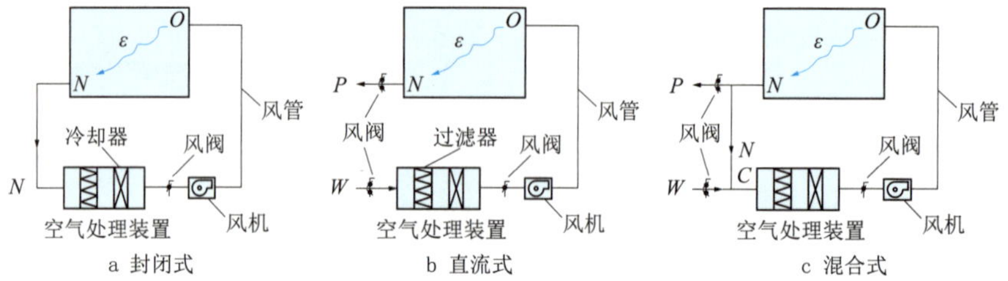

N表示在房间经过热交换后的室内空气（回风）　W表示室外空气（新风）　C表示新风和回风混合后的空气
O表示经空气处理装置处理后的空气（送风）　P表示排出至室外的空气（排风）

图1　常见集中式风系统原理示意图

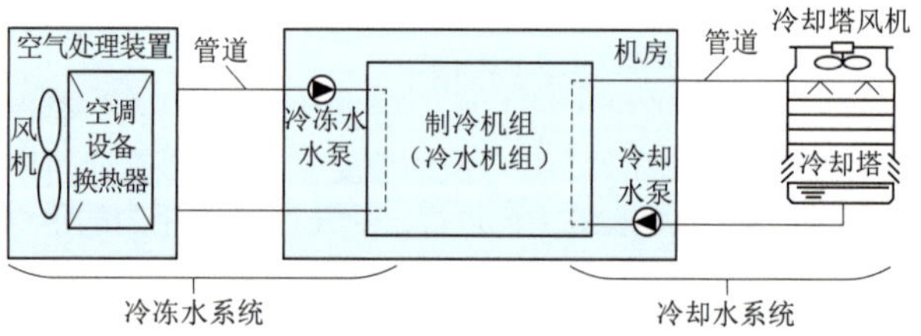

图2　典型空调水系统原理示意图

封闭式系统用于密闭空间且无法（或不需）采用室外空气的场合。这种系统冷、热消耗量少，但难以满足人体需要的卫生要求。这种系统主要应用于战时的地下庇护所等特殊工程以及很少有人进出的仓库等。

直流式系统　所处理的空气全部来自室外（称为新风），新风经处理后送入室内，然后在房间进行热交换后全部排出至室外（称为排风，直流式系统又称全新风系统）（图1b）。这种系统适用于不允许采用室内循环空气（回风）的场合，如放射性实验室以及散发大量有害物的车间等。当室外空气需要通过空气处理装置调节温度后再送入室内时，直流式系统会消耗大量能源。通过设置热回收设备，可以让室外空气（新风）与排出的室内空气（排风）进行热交换，提高直流式系统的能源效率。

混合式系统　对于绝大多数场合，采用新风和回风混合后形成送风的混合式系统（图1c）。这种系统既能满足卫生要求，又经济合理，故应用最广。根据新风、回风混合过程的不同，工程上常见的有两种形式：一种是回风与室外新风在喷水室（或冷却器）前混合，称为一次回风系统；另一种是回风与新风在喷水室前混合并经喷雾处理后，再次与回风混合，称为二次回风系统。

水系统　以水为介质将制冷机组（冷水机组）制取的冷量输送至空气处理末端设备，以及将制冷机组产生的冷凝热排放至环境中去的水路系统，主要包括冷冻水和冷却水系统。这两个系统和相关设备联合运行，实现空调系统的热平衡，达到持续冷却室内空气的目的。典型空调水系统原理见图2。

冷冻水系统　将制冷机组制取的冷量输送至空气处理设备（末端）中，并从建筑室内空气中提取热量的系统。空调冷冻水系统主要由冷冻泵、室内换热器及冷冻水管道等组成，从制冷机组的蒸发器流出的低温冷冻水由冷冻泵加压送入冷冻水管道（出水），进入室内换热器中与空气进行热交换，带走房间内的热量，然后返回到制冷机组的蒸发器（回水）。常见的冷冻水系统根据不同的分类方法，有以下几种类型：①根据工作原理不同，可分为开式循环系统和闭式循环系统。②根据用户水系统与制冷机组的连接方式不同，可分为直连系统和间连系统。③根据每个空调末端水的流程是否相同，可分为同程式系统和异程式系统。④根据供回水主干管数目不同，可分为两管制、三管制和四管制系统。⑤根据水泵克服系统阻力的要求不同，可分为一次泵系统和二次泵系统。⑥根据流量调节方式不同，可分为定水量系统和变水量系统。

冷却水系统　将从建筑中提取的热量

排放到建筑之外的系统。冷却水系统主要由冷却泵、冷却水管道、冷却水塔等组成。具体可分为：①直流式。采用自然水源，经过制冷机组的冷凝器后直接排走。②混合式。采用较低水温的水源，经过制冷机组冷凝器后的冷却水一部分与新补充的低温冷却水混合后再送往制冷机组使用。③循环式。经过制冷机组冷凝器后的冷却水在蒸发冷却装置中冷却后再送入制冷机组使用，只需补充少量损失的水即可。直流式和混合式冷却水系统由于受水源条件的限制，并且水的消耗量非常大，影响其广泛使用。循环式冷却水系统是空调系统中最为普遍的系统形式。

在典型的集中空调系统中，制冷机组制取的冷冻水通过水泵和管道输送到空气处理装置，在其中与回风或新风进行热交换，将后者冷却后形成较低温度的空气送入室内，从而实现从室内空气中提取热量、冷却室内空气的目的。（张国强）

风效应 wind effects 风对结构的作用所产生的效果，主要表现为结构因风而产生的各种响应。风效应可分为静力风效应和动力风效应——风致振动。

当结构刚度较大时，风对结构的作用主要为静力作用，结构会在静气动力作用下产生不随时间变化的内力和变形。结构验算时除应检验风致静力变形外，还需要将风致静内力与其他作用进行组合，以检验结构是否满足强度和稳定性要求。此外，在结构自重作用基础上，即使不与其他作用组合，风的静力作用也会引起稳定性问题，如大跨度桥梁可能发生静力风荷载作用下的扭转失稳。这种风引起的静力失稳现象源于静力风荷载的非线性特性，当随着结构扭转角度的增大、静力风荷载的增长速度超过结构抗力的增长速度，桥梁即会发生静力扭转失稳。因此，结构静力验算时还须保证风致静力失稳的临界风速高于设计风速要求。

当刚度较小时，结构会在风的作用下发生振动，通常称为风致振动或风振。引起风致振动的一个最常见的原因是近地自然风受到地球表面地形和结构物的干扰而产生的风速变化，这种由风速脉动引起的结构风振现象称为抖振。当结构外形明显钝化时，空气流动可能会脱离结构、在横风向的上下表面或结构背风区域出现周期性交替生成的旋涡，并在结构上施加周期性变化的涡激力荷载，这种由涡激力荷载引起的结构风振现象称为涡激振动。

当风振幅值相对较小时，结构振动对空气绕流流态的干扰近似可以忽略。但当结构振幅值增大到足以显著改变空气的绕流流态时，就会产生由结构振动引起的自激力荷载，同时结构发生自激振动。例如，涡激力荷载的卓越周期接近结构固有振动周期时，结构可能会在自激力的主导作用下发生振幅较大的涡激共振。抖振和涡激振动（包括涡激共振）的最大振幅都是有限的，均为限幅风振，结构验算时需要预测其引起的动内力和变形，以检验结构的强度和刚度要求。

自激力是由结构振动产生的，同时又反馈作用在结构上影响结构的自激振动，二者相互耦合。当二者的耦合关系满足特定条件时，会导致结构从周围气流的流动中不断吸收能量，进而超过自身阻尼的耗能能力而最终导致结构发生发散性的风致振动。这类风致动力失稳现象对以大跨度桥梁为代表的工程结构的安全性带来了实质性的威胁，1940年美国华盛顿州原塔科马大桥在平均风速不到20米/秒时因发生发散性风振（颤振）而毁坏。在结构风工程中，通常将以扭转形态为主的发散性风振现象称为颤振，而将以弯曲形态为主的发散性风振现象称为驰振。对于这些发散性的风振现象，必须确保结构发生失稳的临界风速高于相应的设计风速要求。

风还可能与其他自然现象共同作用在结构上，引起结构发生振动。例如，风和雨的共同作用可能会引起斜拉桥的拉索发生振幅较大的风雨激振，风和雪的共同作用可能会导致结冰电缆线发生驰振。

（杨詠昕）

风致灾害 wind disaster 风能转化为作用在物体上的外力功引起地球表面物体破坏而形成的灾害。简称风灾。风是空气相对于地球表面的流动，主要是太阳对地球大气加热的时空不均匀性引起的。自古以来，风对人类活动造成了很大的影响，既有有利的一面，也有不利的一面。炎炎夏日中，树荫下的微风令人神往，而在寒冷的冬天，同样的微风有时会威胁到人的生命；如果没有自然风，人类的祖先不可能发明帆船进行海外贸易，但海上的风暴不知吞噬过多少船舶和生命。空气流动所形成的动能称为风能，古代利用风能行船，现代则大量用于发电，成为一种绿色能源。风灾取决于风和物体两者。

致灾风力　当风受到地球表面物体阻碍时，它的部分动能将转化为作用在物体上的外力功，这种外力就是所谓的风力。当风绕过表面为非流线型的物体时，会产生涡旋和流动的分离，形成复杂的空气作用力，当这个力达到一定程度时就会对物体造成影响和破坏，这就是风灾。对地球表面物体致灾的风主要有台风、飓风、龙卷风和良态风。①台风。指夏秋两季发生在西太平洋上的热带气旋，是一种极猛烈的风暴，风力常达十级以上。②飓风。指发生在西大西洋的热带气旋，也是一种极强烈的风暴，相当于西太平洋上的台风。③龙卷风。指风力极强而范围不大的旋风，它的中心气压很低，造成很大的水平气压梯度，从而导致强烈的风速，破坏力非常大。④良态风。指良态气候情况下风力比较大的风，一般指大于6～8级的风。

受灾物体　风对地球表面物体的灾害作用主要指对人工构筑物的破坏，主要包括房屋建筑结构（结构和幕墙等）的破坏、高耸结构（桅杆和天线等）的破坏、大跨结构（屋盖和覆面等）的破坏、桥梁结构（风振和失稳）的破坏、输电系统（电塔和线缆）的破坏、冷却塔的破坏、港口设施的破坏、海洋结构的破坏、广告牌和标语牌的破坏等。

风灾影响　风灾是全球最常见和最严重的自然灾害之一，年复一年地给人类社会带来巨大的生命和财产损失，造成大量工程结构的损伤和破坏，严重影响经济的发展和社会活动。风灾具有发生频率高、次生灾害大（如暴雨、巨浪、风暴潮、洪水、泥石流等）、持续时间长等特点。20世纪后50年，国际十大自然灾害统计结果表明，风灾发生的次数最多，约占总灾害次数的51%；风灾导致的死亡人数最多，约占41%；风灾造成的经济损失最大，约占40%。2005年，世界十大自然灾害中有两次是风灾，其中美国卡特里娜飓风造成房屋损坏、桥梁倒塌、城市淹没、交通中断，导致约2000人死亡、直接经济损失高达2000亿美元。

中国是世界上少数几个受风灾影响最严重的国家之一。中国地处西北太平洋西岸，全世界最严重的热带气旋——台风大多数是在西北太平洋上生成的，并沿着西北或偏西路径移动，曾经正面袭击过中国的海南、广西、广东、台湾、福建、浙江、上海、江苏、山东、天津、辽宁等10多个沿海省、自治区、直辖市，而且风灾发生频度很高，平均每年在中国沿海地区登陆的台风有7场、引起严重风暴潮灾害6次。2005年中国十大自然灾害中有4次是风灾，造成直接经济损失551亿元，约占十大自然灾害全部损失的2/3。根据世界气象组织台风委员会1970～2020年年度报告，中国由台风造成的平均经济损失是日本的1.7倍、菲律宾的4.7倍、韩国的2.2倍、越南的9.6倍；因台风造成伤亡和

失踪平均总人数是菲律宾的1/3、越南的2倍。 （葛耀君）

封场覆盖系统 final cover system 填埋场达到填埋设计高度后在表面覆盖的防护屏障。其主要作用是减少雨水进入垃圾堆体、防止堆体滑坡、防止填埋气无序释放、除臭防臭和绿化美化等。封场覆盖系统先后需经历简易覆土→压实黏土覆盖层→复合覆盖层（由土工膜和压实黏土组成）→在防渗层上设置砂砾排水层→钠基膨润土防水毯（GCL，替代压实黏土）→土工排水网（替代砂砾排水层）→基于水分储存-释放原理的土质覆盖层以及具有更强甲烷氧化功能的生物覆盖层等多个发展阶段。

中国规范建议采用的封场覆盖系统的结构由多层材料组成，从垃圾堆体表面至顶表面依次为排气层、防渗层、排水层和植被层。①排气层。设置在防渗层下，用来汇集垃圾堆体表面散发的填埋气，有效地将填埋气体通过收集系统导出。排气层可采用碎石等颗粒材料或导气性较好的土工网材料。②防渗层。其功能是减少大气降水和其他外来水渗入垃圾堆体内，并防止填埋气体无序释放。防渗层可选用人工防渗材料，如土工膜和钠基膨润土防水毯GCL等，也可采用天然黏土。③排水层。位于防渗层上面，其功能是减少作用在防渗层的静水压力，保护防渗层不受植物根系、紫外线和鼠害等其他因素的破坏。排水层应采用导水性能好的材料，垃圾堆体顶部宜选用碎石作为排水层，堆体边坡宜选用复合土工排水网。④植被层。有助于天然植物的生长和生态恢复，以保护填埋场覆盖系统免受风霜雨雪或动物的侵害。

除了上述提到的复合终场覆盖系统，各国学者提出了基于水分储存-释放型的毛细阻滞型土质覆盖系统。毛细阻滞型覆盖层在干旱和半干旱气候区可有效替代欧美国家推荐的标准的传统复合覆盖层，并且还具有降低造价，有效克服压实黏土覆盖层在干湿循环作用下易发生干缩开裂失效的问题等显著优势，并具有保水固土和生态修复的优点。 （谢海建 詹良通）

冯叔瑜 Feng Shuyu（1924-06-20～ ） 中国爆破工程专家。四川省邻水县人。1948年毕业于上海交通大学，1955年毕业于苏联列宁格勒铁道运输工程学院，获科学技术副博士学位。铁道科学研究院研究员，1995年当选为中国工程院院士。

在工程科技方面的主要成就和贡献如下：①提出了大爆破药包布置理论和计算参数。20世纪50年代，最早将苏联大爆破技术引入中国鹰厦、川黔、成昆、湘黔等铁路新线建设中，取得了良好的工程效果。通过对大量工程实例的总结提炼，提出了大爆破药包布置理论和计算参数。②组织开展了定向爆破筑坝技术的研究。参与国家科委三峡工程水利大组爆破小组的组织领导工作，提出的定向爆破筑坝的设计理论和坝体堆积计算方法等已被国内工程普遍采用。③通过对鹰厦、宝成、兰新、川黔等10条新建铁路线上路堑大爆破工点的大量调查，总结了正反两方面的经验教训，提出地质条件对爆破效果的影响和爆破作用所引起的工程地质问题是互为因果的两个方面，引入爆炸力学、地质力学、岩石力学和岩体动力学最新成果，为建立爆破工程地质学奠定了基础。④参与和指导国家科研项目“七七工程安全防护技术”的试验研究和中国爆破安全、大爆破、城市拆除爆破三部法规的编写和制订工作。⑤参与交通部广州黄埔港航道炸礁工程，解决了万吨轮通航问题；推动和组织铁道部石方深孔爆破机械化施工，取得了良好效果，大力推动光面预裂爆破技术在路堑边坡和隧道开挖中应用；提出建筑物拆除爆破理论，并在工程实践中得到广泛应用。 （赵 根）

弗雷西奈，E. Eugene Freyssinet（1879-07-13～1962-06-08） 法国早期的预应力混凝土专家。生于奥布雅，卒于圣马丹韦叙比耶。1905年毕业于国立桥路学校后，任

穆兰的桥梁道路工程师，从事钢筋混凝土桥的设计和施工。他的开创性贡献是：对混凝土收缩徐变进行定量分析并由此提出预应力混凝土；采用振捣技术提高混凝土强度和蒸汽养护加快混凝土硬化。1912年，在建设勒福尔德尔钢筋混凝土桁架拱桥中，他发现了混凝土结构徐变现象并引入千斤顶调整技术。1928年，他申请了通过张拉钢丝给混凝土施加压力的专利。1930年，他参与修建了当时世界上跨度最大的钢筋混凝土拱桥（普卢加斯泰桥，也称阿尔伯特路佩桥，跨度186米）。1933年，他在勒阿弗尔港口火车站的加固工程中，成功地应用预应力技术解决了结构沉降问题。1939年，他发明了用于锚固钢丝的锚具，开创了后张预应力体系。1941～1946年，在吕藏西桥的设计和施工中，他采用预应力钢筋将预制的混凝土梁段串联成整体，只用临时塔索，在马恩河上建成跨度55米的双铰刚架桥。1946～1950年，采用同一做法，在马恩河上建成了跨度74米的双铰刚架桥5座。1958年，他设计的奥利机场10号跨线桥，以其细致和优美的曲线给世人留下了强烈的审美感受。除此之外，弗雷西奈还设计了一些杰出的房屋结构，如1923年在奥利修建的跨度75米的飞艇库等。

弗雷西奈的主要著作有《混凝土应用技术的革命》《预应力混凝土的原理和应用》等。 （劳远昌 李亚东）

浮桥 floating bridge 用舟船、浮箱及其他各种浮体代替中间桥脚架设的浮在水面的桥梁。军队为保障坦克、火炮、作战人员快速通过江河而采用制式装备架设的军用浮桥称舟桥。浮桥的历史记载以中国为早。《诗经·大雅·大明》记载：“亲迎于渭，造舟为梁”，记载周文王姬昌于公元前1184年在渭河架浮桥。秦昭襄王（前287年）在山西蒲坂（今永济县）的黄河上架设蒲津浮桥。东汉光武帝建武十一年（公元35），公孙述在今湖北宜都、宜昌间架设长江浮桥。西晋武帝泰始十年（274），杜预在今河南孟津附近的黄河架设河阳浮桥，曾持续使用达800多年。北宋开宝（968～976）年间，赵匡胤在安徽采石矶架设浮桥一举灭亡了南唐，其两岸石柱系缆、缆绳上绑千艘舰船、船上铺设木板、连船成桥。波斯帝国居鲁士大帝于公元前537年在美索不达米亚修建过浮桥。泽尔士一世于公元前481年为进军欧洲曾在赫勒斯滂（今达达尼尔海峡）建浮桥，以连接欧、亚大陆。2016年4月，美国西雅图的SR520浮桥长达2350米，为世界最长。

组成 浮桥通常由河中部分、过渡部分、岸边部分和锚碇部分组成（图1）。桥

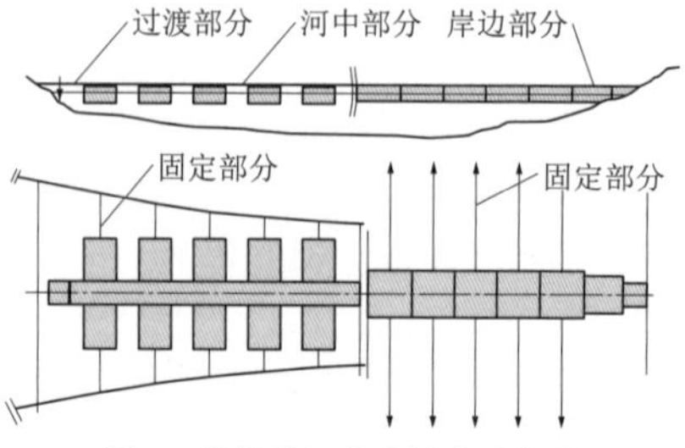

图1 浮桥的组成及锚碇示意图

脚分置式的浮桥河中部分由浮游桥脚舟和桥跨部分组成。浮游桥脚舟作为浮桥的桥脚，需要有足够的浮力，并承受由桥跨传递的载重及水中的压力，还需要有坚固的结构保证其强度。桥脚舟一般采用箱型结

构，为减少水阻力首尾采用一定的流线型；为抵抗荷载作用下变形过大影响使用，桥脚舟的壳板上设置有纵向或横向骨架。桥跨部分包括受力的桥桁、连接接头、桥面板、缘材（固定桥板、标志桥面）、栏杆等。带式浮桥的河中部分，通常就是拼组而成的桥脚舟，其将桥脚舟、桥桁、桥板等合为一体，桥脚舟上须设置沿浮桥长度方向的连接接头。过渡部分一般采用浮游栈桥、固定栈桥等形式，一端与河中部分相连，另一端与陆上的桥础相连，在带式浮桥中多采用岸边舟的形式，其可以坐滩承压；岸边部分包括桥础、进出口、跳板等。

分类　浮桥按桥脚舟配置形式分为：①桥脚分置式浮桥（图2）。浮游桥脚舟按

图2　桥脚分置式浮桥

一定距离配置，舟上架梁、再铺桥面，其载重吨位变化多，水流的阻力较小，但构件多、架设作业费时费力。②带式浮桥（图3）。舟梁板合一，每个浮游桥脚舟就是浮

图3　带式浮桥

桥的一段，其架设作业省时省力、速度快、通行能力大，但水阻力较大、变化形式少。

浮桥按受力特点可分为：①简支体系浮桥。桥跨直接支撑在两侧的桥脚舟上，相邻两跨的桥跨并不连接。其结构简单、受力明确、桥跨受力较小、桥脚舟受力较大。由于桥面起伏通行性能较差、浮桥抗损性不好，一般在有较大吨位桥脚舟、浮桥通载吨位较小、浮桥较短时架设使用。②连续梁体系浮桥。全桥的桥跨皆为刚性连接，其连接较复杂、桥跨受力大而桥脚舟受力较小。通行车辆稳定、抗损性较好，常在宽大江河上采用该种结构形式。③铰接悬臂梁浮桥。先由2～5舟结合成一个长10～30米桥跨刚性连接的门桥，再将门桥逐个用铰连接成浮桥。其性能介于上述两种浮桥之间，但具有架设分解速度快、容易转换成门桥等特点，用装配式预制钢桁架构件常架设该类浮桥。

用途　浮桥可用于人行、公路、铁路等交通。平时可用于不通航江河或者季节性不通航江河的交通或作为临时性交通设施，各种救灾时可作为应急交通设施，战时可用以保障军队迅速通过江河。跨越江河的浮桥，其结构受力、工程架设和使用维护均较为简单，但跨越近海河口、较窄的海峡以及连接海上岛屿、海上大型浮体的浮桥就比较复杂，除应考虑风浪流潮汐等动力综合作用、船舶靠泊作用外，还应考虑浮体与流体的耦合影响，在不可抗拒的风暴潮、巨浪到来之前，应重视气象保障和水上交通管制，必要时提前分解转移浮桥。

锚定　保障浮桥在水流、风力、车辆行驶等作用下桥轴线不致偏移，有5种锚定方法。①投锚法锚定（图1右侧）。在浮桥上下游进行投锚固定。②锚定门桥法锚定。在上游用大抓力锚固定若干门桥，再从门桥上释放若干锚纲固定浮桥段。③横张纲锚定（图1左侧）。在两岸架设塔架，固定横张纲，再将系留钢索固定浮桥，适用一般不超过300米的江河。④斜张纲锚定。将上下游的锚斜向固定在岸上。⑤动力锚定。用水上推进动力抵消浮桥阻力，是未来浮桥锚定的发展趋势。

（王建平）

浮式结构　floating structure　利用结构本身设置的下浮体（沉垫、浮箱等）的浮力以及约束系统的约束而漂浮于水面上的结构物。

浮式结构具有综合性、可移动、多用途等特点，相比于传统的水下建造而言：①对水域生态系统破坏较小。②不易造成深港的泥沙沉积。③不会扰乱海洋洋流。④能够较大程度地避免地震引起的破坏。

浮式结构的设计要满足安全性、适用性和耐久性的要求，同时应该采取合理有效的措施以减少由于风和浪等原因导致的结构运动，保证人员和财产的安全以及必要的舒适度。在材料的选取上，可采用钢材、混凝土（纤维增强混凝土或预应力混凝土等）、钢-混凝土组合材料等。在施工方面，结构单元之间常采用模块化设计和拼接，易于建造，安装速度快。

常见的设施包括海上中转基地、海上机场、海上军事基地、海上登陆平台、悬浮式液化天然气生产装置等。世界各国对浮式结构的研究不断拓展和深入，其应用领域更加广泛，形式更加丰富，各部分功能更加明确，连接方式逐渐多样化，对海洋等水域资源的应用有重要意义。

（施　刚）

辅助胶凝材料　supplementary cementitious material　以硅、铝、钙等一种或多种氧化物为主要成分，具有规定细度，掺入混凝土中能改善混凝土性能的矿物质材料。在中国，辅助性胶凝材料又分为混凝土掺合料和水泥混合材两种，水泥混合材用于制备水泥，混凝土掺合料通常是生产混凝土时加入的矿物质材料。多数辅助性胶凝材料在混凝土中能够反应生成水化产物，少数辅助性胶凝材料基本不参与化学反应，主要起物理填充作用。辅助性胶凝材料可以是工业副产物，也可以是天然矿物，主要有粉煤灰、粒化高炉矿渣粉（简称矿粉）、硅灰、偏高岭土、钢渣粉、钢铁渣粉、粒化电炉磷渣粉、沸石粉、锂渣粉和石灰石粉等。

粉煤灰　由燃煤火力发电厂的煤燃烧烟气中分离收集到的粉体颗粒，主要化学组成为二氧化硅（SiO_2）和三氧化二铝（Al_2O_3），含有一定量的氧化钙（CaO）、氧化镁（MgO）、三氧化二铁（Fe_2O_3）、氧化钠（Na_2O）和氧化钾（K_2O）等，主要矿物组成为玻璃体，含有少量莫来石、石英和磁铁矿等。粉煤灰分为F类和C类两种，其中由无烟煤或烟煤煅烧收集的粉煤灰称为F类粉煤灰，由褐煤或次烟煤煅烧收集的粉煤灰为C类粉煤灰，其CaO含量一般大于10%。依据粉煤灰细度、需水比和烧失量不同，分为Ⅰ级、Ⅱ级和Ⅲ级粉煤灰，其中Ⅰ级粉煤灰的火山灰反应活性最高。

粒化高炉矿渣粉　由粒化高炉矿渣和少量石膏磨细制备的粉体材料。其主要化学成分为CaO、SiO_2、Al_2O_3和MgO，含有少量氧化铁（FeO）、氧化锰（MnO）和硫（S）等，矿物组成以玻璃体为主。按照28天的活性指数，矿渣粉分为S105、S95和S75共3级，表示28天时掺50%矿粉胶砂的抗压强度占不掺矿粉胶砂抗压强度的百分比分别不小于105%、95%和75%。

硅灰　在冶炼硅铁合金和工业硅（金属硅）时产生的挥发性很强的SiO_2和Si气体，在排放后与空气中的氧气迅速氧化并冷凝沉淀而形成的一种超细硅质粉体材料。硅灰是一种非晶相无定形圆球颗粒，其中细度小于1微米的细小颗粒占80%以上，平均粒径在0.1～0.3微米，比表面积为20～28米^2/克。硅灰（掺量为10%）28天活性指数要求不小于85%。

偏高岭土　一种人工火山灰材料，是超细高岭土经过低温煅烧而形成的无定型硅酸铝，具有很高的火山灰活性。

钢渣粉　炼钢过程中产生的钢渣经磨细得到的粉体材料。主要化学组成为CaO、SiO_2、Al_2O_3和MgO，含有少量MnO、Fe_2O_3、FeO和五氧化二磷（P_2O_5）等，转炉钢渣的主要矿物组成有硅酸二钙、硅酸三钙、镁铁固溶体和铁酸二钙，含有少量游离CaO或MgO等。用作掺合料时，钢渣中游离CaO含量应不大于3.0%，当钢渣中MgO含量大于13%时，需采用压蒸法检验安定性。一级和二级钢渣粉（掺量为30%）28天活性指数分别不小于80%和65%。

钢铁渣粉　由粒化高炉矿渣、钢渣和少量石膏磨细制备的粉体材料。粒化高炉矿渣掺量为50%～80%，钢渣掺量为20%～50%。钢铁渣粉分为G95、G85和G75共3级，其（掺量为50%）28天的活性指数分别不小于95%、85%和75%。

粒化电炉磷渣粉　以粒化电炉磷渣为主要原料，加入少量石膏共同粉磨制备的粉体材料。用作掺合料的粒化电炉磷渣粉，其五氧化磷的含量应不超过3.5%。粒化电炉磷渣粉分为L95、L85和L70共3级，其（掺量为30%）28天的活性指数分别不小于95%、85%和70%。

锂渣粉　由硫酸法生产碳酸锂过程中产生的残渣副产品经干燥、粉磨后达到一定细度的粉体材料。锂渣的主要化学成分为SiO_2、Al_2O_3和CaO，含有少量SO_3等。锂渣具有很高的火山灰反应活性，其（掺量为30%）28天的活性指数不小于95%。

石灰石粉　经石灰石粉磨制成的微细粉体。石灰石粉中的方解石能参与反应形成少量水化碳铝酸钙，多数石灰石粉在水泥混凝土中仅起填充作用。石灰石粉能够改善混凝土的和易性，其（掺量为30%）28天的活性指数不小于60%。

沸石粉　由天然斜发沸石岩或丝光沸石岩磨细制成的粉体材料。Ⅰ级和Ⅱ级沸石粉（掺量为10%）28天的活性指数分别不小于75%和70%。

复合矿物掺合料　由两种或两种以上的矿物原料，按照一定比例混合后，必要时掺加适量石膏和助磨剂，再粉磨至规定细度的粉体材料。其中，每种矿物原料质量分数不小于10%。复合矿物掺合料28天的活性指数不小于75%。

掺合料的作用　在混凝土中掺入适量掺合料有如下作用：①改善混凝土的工作性能。②通过火山灰反应细化混凝土内部孔隙，降低氯离子和硫酸根离子等的扩散系数，提高混凝土耐腐蚀性能。③足量的粉煤灰、矿粉、硅灰和偏高岭土等掺合料能有效抑制混凝土碱骨料反应。④添加掺合料可降低混凝土绝热温升，减少混凝土温降收缩引起的开裂。⑤部分取代水泥能够降低水泥用量，减少水泥工业二氧化碳（CO_2）排放，同时也处置了工业废渣，降低了环境负荷。（邓　敏）

负摩阻力　negative skin friction of piles　桩周土由于自重固结、湿陷、地面荷载作用等原因，产生大于桩的沉降所引起的对桩表面的向下摩擦阻力。桩周土沉降可能引起桩侧负摩阻力时，应根据工程具体情况考虑极限负摩阻力对桩基承载力和沉降的影响。以下3种情况下可能产生负摩阻力：①桩穿越较厚松散填土、自重湿陷性黄土、欠固结土、液化土层进入相对较硬土层时。②桩周存在软弱土层，邻近桩侧地面承受局部较大的长期荷载，或地面大面积堆载（包括填土）时。③由于降低地下水位，使桩周土有效应力增大，并产生显著压缩沉降时。桩周负摩阻力对基桩承载力和沉降的影响，取决于桩周负摩阻力强度、桩的竖向承载类型。分3种情况验算。①对于摩擦型桩，由于受负摩阻力沉降增大，中性点随之上移，即负摩阻力、中性点与桩顶荷载处于动态平衡，中性点是桩周土层沉降与桩身沉降相等的深度位置，是正、负摩阻力的分界点。②对于端承型桩，由于桩受负摩阻力后桩不发生沉降或沉降量很小，桩土无相对位移或相对位移很小，中性点可认为无变化，故负摩阻力构成的下拉荷载应作为附加荷载考虑。③当土层分布不均匀或建筑物对不均匀沉降较敏感时，由于下拉荷载是附加荷载的一部分，故应将其计入附加荷载进行沉降验算。（高文生）

附加应力　superimposed stress　由建筑物的荷载或其他外荷载（如车辆、堆放在地面的材料重量、地震而引起的惯性力等）在地基内所产生的应力。除了新填土外，土的自重应力一般不会引起地基土的变形。而附加应力则不同，因为它是地基中新增加的应力，将引起地基土的变形。地基土的变形导致基础沉降、倾斜和相邻基础出现沉降差。所以，附加应力是引起地基土变形的主要原因。

计算附加应力时一般不考虑基础刚度，并假定地基土是均匀、连续、各向同性的半无限空间线弹性体，然后用弹性半空间的理论解答。当竖向集中力荷载作用在地基表面时可采用布西涅斯克解；当竖向集中力荷载作用在地基内时可采用明德林解；当在地基表面作用水平向集中力荷载时可采用西罗提解；当在地基表面作用有线性均布荷载时，可采用弗拉曼解。对于有限面积上作用均布荷载的情况，地基中的附加应力可利用纽马克感应图计算；而对于矩形面积上作用均布或三角荷载的情况，地基中的附加应力一般利用应力系数计算；对于较复杂的荷载形式，附加应力则可以采用数值法求解。（胡安峰）

复材结构　fiber reinforced polymer　以纤维增强复合材料（FRP）作为主要或独立的受力材料的结构。简称复材。按照复材在结构中配置形式和受力形式的不同，复材结构可分为复材筋混凝土结构、复材组合结构、全复材结构等。

简史　自20世纪80年代开始，国际上已开展了以碳纤维复材为代表的复合材料在土木工程中的应用研究在，并取得了大量的成果。美国、加拿大等国家成立了有关复材应用研究的组织，定期召开相关国际会议，进行多国合作项目研究，还出版有影响的专门学术期刊如美国土木工程师协会（ASCE）的《建筑复合材料杂志》（*Journal of Composite for Construction*），编制了大量的设计规范和设计手册。

中国在20世纪90年代开始进行复材在土木工程中的研究与应用，成立了中国土木工程学会混凝土与预应力混凝土分会纤维增强复合材料（FRP）及工程应用专业委员会。通过复合材料产业链上下游众多科研院所和企业的共同研究，已形成较为成熟的纤维布、复材板、筋、型材等产品，并且建立了涵盖结构工程用复材及产品标准、设计标准、施工质检标准等方面内容的技术标准体系。

材料种类　土木工程用复合材料指采用连续纤维或纤维织物为增强相，聚合物树脂为基体相，两相材料通过复合工艺组合而成的一种聚合物基复合材料（见图）。

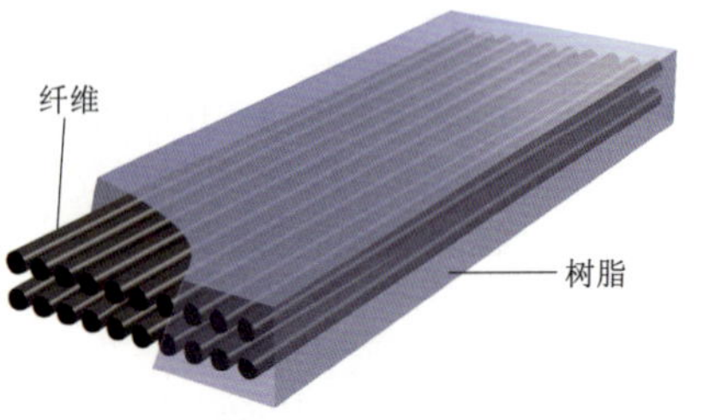

复合材料的组成示意图

按增强相纤维种类分为碳纤维增强复合材料（CFRP），简称“碳纤维复材”；玻璃纤维增强复合材料（GFRP），简称“玻纤复材”；芳纶增强复合材料（AFRP），简称“芳纶复材”；玄武岩纤维增强复合材料（BFRP），简称“玄武岩纤维复材”。

技术特征　土木工程用复材主要有片材、筋、管以及其他的预制型材。和其他结构相比，复材结构的主要特点是：①轻质高强。复材的比强度（强度与比重之比）是钢材的20～50倍，以碳纤维复材筋为例，它的抗拉强度标准大于1800兆帕，弹性模量标准值大于140兆帕，采用复材可大大减轻结构自重，并可使大跨桥梁和建筑物的极限跨度大为增加。②良好的耐腐蚀性，可用于特殊环境下对耐久性有严苛要求的建（构）筑物。③复材还具有透电磁波、绝缘（碳纤维复材除外）、隔热、热膨胀系数小等其他优势，在一些特殊建筑中能够发挥其他建材难以取代的作用。

应用领域　复材在既有结构的加固补强领域得到了最为广泛的使用，其应用形式多为粘贴复材片材加固混凝土结构。这种应用技术具有高强高效、不增加结构自重和截面尺寸、施工便捷、适用面广等技术优势，在工业及民用建（构）筑物加固改造、市政设施建设项目中得到了广泛的应用。随着材料技术和应用技术的发展，复材筋、索、绞线、型材等开始被用于桥梁、隧道、高速公路等基础设施建设工程中。也可用于海洋工程、工业平台等有特殊要求的结构，还可以制作屋面板、楼板等小型构件。

在桥梁工程中，复材结构既可通过悬索、组合梁板、桥面板等形式成为桥梁结构的一部分，也可独自形成全复材结构的斜拉桥、桁架桥。

在海洋工程，尤其是在远海岛礁建设工程中，复材可以充分发挥其技术特征，与海水海砂混凝土组合使用可形成新型的复材结构，实现就地取材、节约成本的目的。

在隧道工程、地下管廊工程中，复材结构既可用于既有结构的加固，也可在有耐腐等要求的环境中用于新建结构。充分发挥复材的材料特性和技术优势，复材结构在土木工程中还将有更多的应用领域可以拓展。

（岳清瑞）

复材筋混凝土结构　FRP bar-reinforced concrete structure　以水泥、砂、石等建筑材料与水拌和，配置纤维增强复合材料筋浇筑而成的承担各种荷载的构件组合体。

发展情况　20世纪60年代初，美国已尝试将玻璃纤维复材筋用于解决近海地区和寒冷地区的钢筋混凝土结构遭受盐蚀危害的问题。复材筋自20世纪80年代开始陆续被用于欧洲国家和日本的桥梁工程中，使用形式多为复材筋混凝土结构，包含非预应力筋、预应力筋、预应力绞线等。德国于1986年在杜塞尔多夫建成了世界上第一座采用玻璃纤维筋的预应力混凝土公路桥——伦贝格-施特拉斯桥，该桥在上部结构板中使用了59根复合材料预应力筋，每根筋由19根直径7.5毫米的E玻璃纤维筋组成。日本于1988年在石川县的先张预应力混凝土板式公路桥新宫桥上率先使用了碳纤维复材预应力筋，到1998年就已完成数百个工程项目，是将复材筋应用于土木工程最多的国家。

加拿大在1996年制定的《加拿大公路桥梁设计规范》（CAN/CSA—S6—96）中加入了复材筋的相关设计条款，2002年又发布了《复材筋混凝土结构设计和施工规程》（CAN/CSA—S806—02）。美国混凝土协会ACI440委员会于2001年出版了《复材筋增强混凝土结构的设计和施工指南》（ACI440.1R—01）；2003年又出版了《复材筋增强预应力混凝土结构指南》（ACI440I—03）。中国于2010年发布的《纤维增强复合材料建设工程应用技术规范》（GB 50608—2010）中包含了复材筋及预应力复材筋混凝土结构构件的章节。

材料特征　复材筋是由若干股连续纤维束按特定的工艺经聚合物树脂浸渍固化而成，主要生产工艺包括编织型、绞线型、拉挤型等，其中拉挤型是较为普遍使用的工艺方法。通过拉挤成型的条棒状直线型复材筋一般称为筋材或棒材，包括表面光圆筋和表面变形筋，此类筋刚度较大，不易弯曲；将纤维束扭成绞状呈复合绳形式的复材筋称为索或绞线，为单股或多股，刚度较小，可以弯曲绕成卷。

复材筋截面可以是圆形、椭圆形、矩形、异形，其抗拉强度通常按筋材的截面面积（含树脂）计算。碳纤维复材筋的抗拉强度可达到1800兆帕以上，玄武岩纤维复材筋的抗拉强度可达到800兆帕以上。

技术特征　传统钢筋混凝土结构中配置非预应力和预应力钢筋，在处于恶劣环境条件时极易引起钢筋的腐蚀，导致结构承载能力的降低，严重影响结构的耐久性和适用性。而复材筋最大的优点是具有很好的耐腐蚀性能，可以替代钢筋用于一些处于特殊环境中的建（构）筑物，形成复材筋混凝土结构。

复材筋混凝土结构的主要应用形式有复材筋混凝土受弯构件、预应力复材筋混凝土受弯构件、复材筋混凝土受压柱等。

除了在新建结构中代替钢筋，复材筋也可用于结构加固。其主要应用技术称为嵌入式加固，即在被加固的混凝土表面剔槽，通过黏结材料将复材筋嵌入槽中，以起到补强加固的效果。

复材筋混凝土结构的主要受力原理与钢筋混凝土相同，主要是通过复材筋与混凝土的协同工作来共同承担外部荷载，而复材筋与混凝土的黏结性能是其中的重要影响因素。为了提高复材筋与混凝土的黏结性能，通常采用以下方法对拉挤筋材进行表面加工：①固化前在筋上螺旋形缠绕纤维条带。②表面喷砂或覆以短纤维。③让筋材通过具有凹凸内表面的模具，形成凹凸表面。④用机械法直接对筋材外表面进行加工。

（丁　一）

复材组合结构　FRP hybrid structure　将纤维增强复合材料与传统材料，主要是混凝土和钢材，通过受力形式上的组合来承受荷载的一定形式的组合体。

材料　复材组合结构用型材主要有拉挤型材、缠绕型材、模压型材等。①拉挤型材。采用拉挤成型工艺制得。拉挤成型是将纤维束或纤维织物通过纱架连续喂入，经过树脂胶槽将纤维浸渍，再穿过热成型模具后进入拉引机构，可生产出截面形状复杂的连续型材。拉挤成型纤维主要沿轴向，有很好的受力性能。②缠绕型材。采用缠绕成型工艺制得。缠绕成型是将连续纤维束或纤维织物浸渍树脂后，按照一定的规律缠绕到芯模表面，再经过固化形成以环向纤维为主的型材，如复材管等。复材缠绕型材可以承受很大的内压。③模压型材。采用模压成型工艺制得。模压成型是将预浸树脂的纤维或织物，干燥后放入金属模具中进行加温加压固化而成型。可以采用长纤维，也可以是短纤维或纤维织物。这种工艺生产出的型材尺寸准确、表面光洁、质量稳定，通常在平面内呈现为各向同性。

技术特征　复材与混凝土通过合理的方式组合，发挥各自的优势，达到提高受力性能、降低造价、增强耐久性、便于施工的目的。复材与钢材组合，可发挥出钢材的高弹性模量和复材耐腐蚀、耐疲劳性能好的优势，达到互补的效果。

复材具有很好的可设计性，可以通过使用不同纤维种类、控制纤维含量和采用不同形式的成型工艺设计出各种强度和弹性模量的复材型材产品，而且复材产品成型方便，形状可灵活设计。

复材型材产品非常适合在工厂生产，

运送至工地后现场迅速安装，有利于保证工程质量，提高劳动效率，非常符合建筑工业化的发展理念。

与传统结构材料不同，复材通常表现为各向异性，纤维方向的强度和弹性模量较高，而垂直纤维方向的强度和弹性模量较低，因此在设计复材组合结构时需要对两个方向分别进行设计。与钢材相比，复材型材产品的弹性模量普遍较低，在组合结构设计时要充分考虑这个特点，应尽量使用几何刚度来弥补材料刚度的不足。

应用形式　按照复材在组合结构中配置形式和受力形式的不同，常见的复材组合结构主要有复材管－混凝土组合结构、复材型材－混凝土组合结构、复材型材－钢组合结构等。

复材管中填充混凝土，形成的复材管混凝土组合构件是一种受力合理的复材－混凝土组合结构构件，由于它的技术优势明显，在结构工程中得到了广泛的应用，常被用于柱、桩等结构构件。

复材型材－混凝土组合梁板是另一种合理的复材与混凝土组合的结构形式，其设计概念与钢－混凝土组合梁板相同：上部为混凝土主要受压，下部为复材构件主要受拉，它们之间通过剪力连接件使两者协同工作，使复材得到充分利用，并获得较大的刚度。同时，复材构件可兼为模板，便于施工。　（丁　一）

复合地基　composite foundation　天然地基在地基处理过程中部分土体得到增强，或被置换，或在天然地基中设置加筋材料，加固区由基体（天然地基土体或被改良的天然地基土体）和增强体两部分组成的人工地基。

发展情况　复合地基理论及其技术应用体系是中国工程技术人员创建的。随着复合地基在工程建设中的推广应用，其含义有一个发展演变过程。20世纪60年代，将采用碎石桩加固的地基称为复合地基，随着地基处理技术的不断发展，多种型式的复合地基在中国工程建设中得到应用。随着深层搅拌法和高压喷射注浆法在工程中的推广应用，发展了水泥土桩复合地基，其后又发展了混凝土桩复合地基、各种组合桩复合地基等。复合地基概念不断得到拓宽。随着加筋土地基在工程建设中的广泛应用，又出现了水平向增强体复合地基和桩网复合地基。

中国学者龚晓南在1992年出版了第一部复合地基专著《地基处理》，构建了复合地基理论框架，给出了复合地基定义，并指出在荷载作用下，基体和增强体共同承担荷载的作用是复合地基的本质和必要条件。2003年出版的《复合地基设计和施工指南》有力促进了复合地基理论的工程应用。2008年，浙江省工程建设标准《复合地基技术规程》（DB 33/1051—2008）发布实施。2012年，中华人民共和国国家标准《复合地基技术规范》（GB/T 50803—2012）发布实施。

类型　复合地基中增强体方向不同，复合地基性状不同。根据复合地基中增强体的方向和设置情况，复合地基可分为竖向增强体复合地基、水平向增强体复合地基和组合型复合地基三大类。桩体复合地基中，桩体是由散体材料组成，还是由黏结材料组成，以及黏结材料桩的刚度大小，都将影响复合地基荷载传递性状。因此，将桩体复合地基先分为散体材料桩复合地基和黏结材料桩复合地基两类，然后根据桩体刚度又将黏结材料桩复合地基分为柔性桩复合地基与刚性桩复合地基两类。常用的组合型复合地基有各类长短桩复合地基和各类桩网复合地基（图1）。

竖向增强体复合地基　增强体竖向设置的复合地基（图2）。又称桩体复合地基。

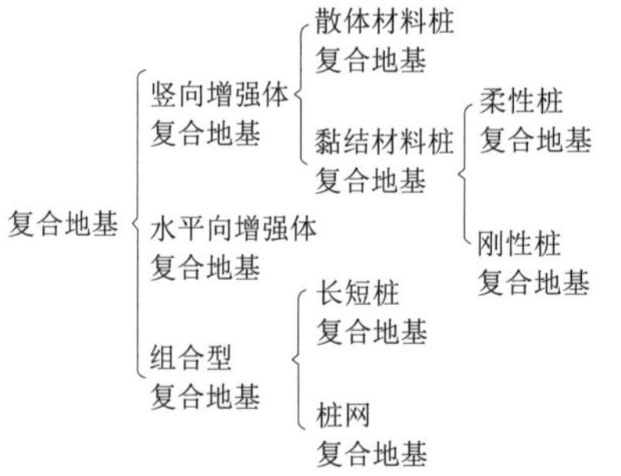

图1　复合地基分类示意图

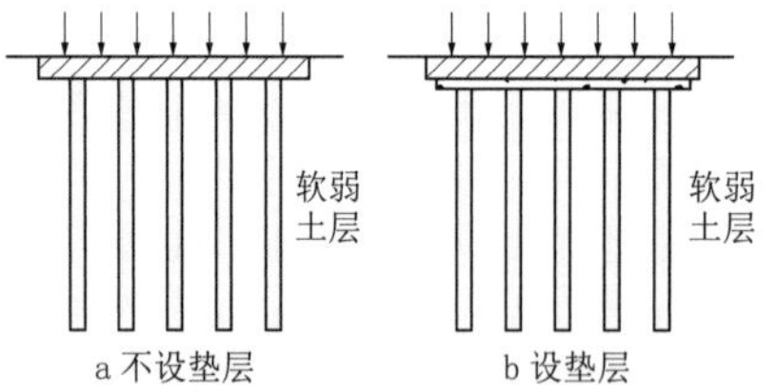

图2　桩体复合地基示意图

竖向增强体复合地基是最常用的复合地基型式。竖向增强体习惯上常称为桩，有时也称为柱。

在工程中应用的竖向增强体有碎石桩、砂桩、水泥土桩、石灰桩、灰土桩、钢筋混凝土桩，以及各类组合桩等。碎石桩、砂桩等桩体材料属于散体材料，故称为散体材料桩。竖向增强体是由散体材料桩构成的复合地基称为散体材料桩复合地基。

水泥土桩、石灰桩、钢筋混凝土桩等桩体材料属于黏结材料，故称为黏结材料桩。竖向增强体是由黏结体构成的复合地基称为黏结材料桩复合地基。黏结体可独自成形，如水泥土、混凝土等。在荷载作用下，黏结材料桩依靠桩侧地基土体提供的摩阻力和桩端地基土层提供的端承力承受上部荷载的作用。研究表明桩土的相对刚度与桩在荷载作用下的性状有很大关系。可根据桩土相对刚度将黏结材料桩分为柔性桩和刚性桩两类。

水平向增强体复合地基　水平向设置增强体的复合地基（图3）。工程中应用的

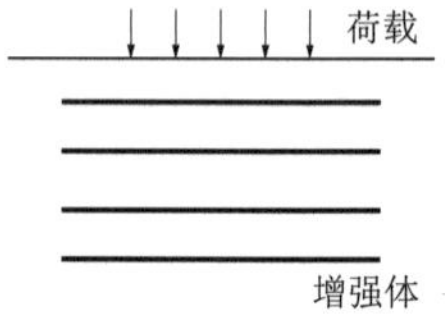

图3　水平向增强体复合地基示意图

水平向增强体复合地基主要指加筋土地基。加筋材料主要是土工织物和土工格栅等。水平向增强体复合地基主要用于堆场和道路工程的地基加固。随着土工合成材料的发展，加筋土地基应用越来越多。

组合型复合地基　主要包括长短桩复合地基和桩网复合地基。①长短桩复合地基。由长桩和短桩形成的组合型复合地基（图4）。长短桩复合地基中的长桩常采用

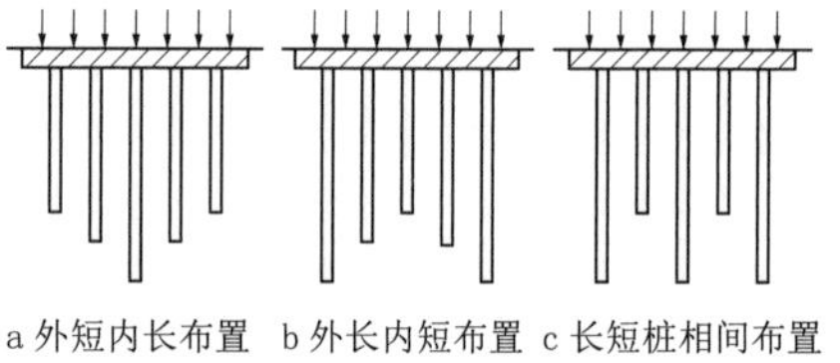

图4　长短桩复合地基布桩形式示意图

刚性桩，如各类混凝土桩、钢管桩等，短桩常根据被加固的地基土体性质采用柔性桩或散体材料桩，如水泥搅拌桩、石灰桩，以及砂石桩等。长桩采用刚性桩，短桩采用柔性桩的长短桩复合地基也称为刚柔性桩复合地基。长短桩复合地基加固区中上部置换率高、下部置换率低，与在荷载作用下地基中附加应力上部大、下部小的分布相适应。因此，长短桩复合地基具有良好的承载性能。长短桩复合地基具有承载力高、沉降量小的优点，具有较好的经济效益。②桩网复合地基。由桩体复合地基和水平向增强体复合地基加筋土垫层组合形成的组合型复合地基。桩网复合地基中的桩体多采用刚性桩，并附有桩帽；桩网复合地基中的加筋土垫层多采用土工格栅垫层。桩网复合地基中的刚性桩应采用摩擦型桩。当桩网复合地基中的刚性桩采用端承桩时，桩间土地基难以直接参加工作，桩网复合地基蜕变为桩承式加筋路堤（简称桩承堤）。桩网复合地基和桩承堤两

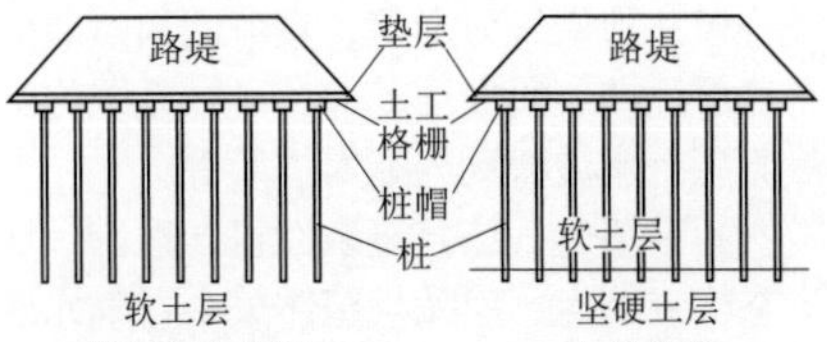

图5 桩网复合地基与桩承式路堤示意图

种形式在工程中都有应用（图5）。桩网复合地基能较好调动桩、网、土三者的承载潜力，具有承载力高、沉降变形小、工后沉降容易控制、稳定性高、工期短、施工方便等优点。

应用 在中国应用的复合地基类型主要有由多种施工方法形成的各类砂石桩复合地基、水泥土桩复合地基、刚性桩复合地基、长短桩复合地基、桩网复合地基、组合桩复合地基、加筋土地基等。复合地基技术在房屋建筑（包括高层建筑）、高等级公路、铁路、堆场、机场、堤坝等土木工程建设中得到广泛应用。 （龚晓南）

复合基础 composite foundation 在深水、厚覆盖层或地质条件很复杂的情况下，因施工能力限制，无法将单一形式基础下沉到预期的深度时，采用两种不同形式的基础，以接力方法修筑的桥梁基础。典型的复合基础有沉井加管柱、沉井加桩。沉井与管柱或桩的组合可以充分发挥各自的特点。沉井的作用在于稳定覆盖层，抵抗水平力，有时还能兼作防水围堰。而管柱或桩嵌入稳定的土层或岩层，减少沉井下沉深度。

南京长江大桥主桥2、3号墩采用了钢沉井加管柱的复合基础形式，该基础由钢沉井、管柱、承台组成（见图）。管柱

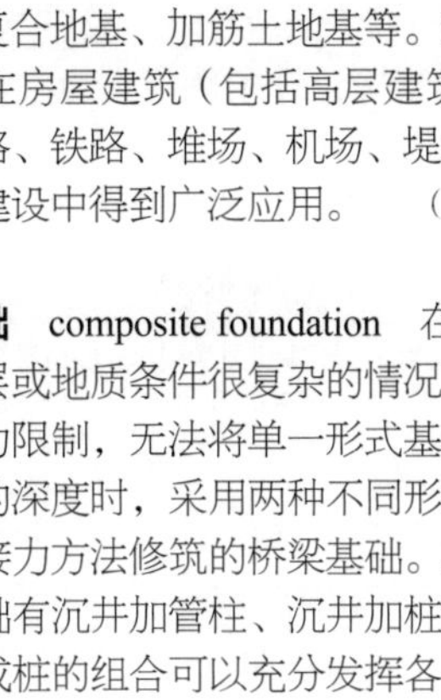

南京长江大桥正桥2、3号墩沉井加管柱复合基础结构示意图

直径较大，最下端一节制成开口状，一般情况下靠专门设备强迫振动或扭动，并辅以管内排土而下沉，如落于基岩，可以通过凿岩使其锚固于岩盘。管柱下沉到岩面后钻孔，钻孔内放置钢筋骨架，然后在钻孔内灌注水下混凝土，一直填充至管柱顶面。沉井（见**沉井基础**）的封底、封顶混凝土将管柱群连结成整体。钢沉井减少管柱所要穿过的覆盖层深度，并兼作下沉管柱时的导向架，灌注上下封底、封顶混凝土及承台混凝土时的防水围堰。它不但代替钢板桩围堰的作用，还是永久结构的组成部分，增强了桥墩基础的刚度。

复合基础在施工中要做两种型式基础，设备繁多、工艺复杂，因此要严格防止两种不同基础体系之间的沉降差。南京长江大桥的应用表明，采用复合基础是可行的，而且沉井和管柱的配合解决了单一基础会碰到的难题，使得整个工程非常成功。 （龚维明）

复合土工材料 composite geotechnical materials 以人工合成的聚合物（塑料、化纤、合成橡胶）为原料，制成各种类型的产品，置于土体内部、表面和各种土体之间，发挥加强或者保护土体的作用。

分类 土工合成材料包括土工织物、土工膜、土工特种材料和土工复合材料等类型。土工特种材料包括土工膜袋、土工网、土工网垫、土工格室、土工织物膨润土垫、聚苯乙烯泡沫塑料（EPS）等。复合土工材料是由上述各种材料复合而成，如复合土工膜、复合土工织物、复合土工布、复合防排水材料（排水带、排水管）等。

复合土工布的制造过程是首先把聚合物原料加工成丝、短纤维、纱或条带，然后再制成平面结构的土工织物。土工织物按制造方法可分为有纺（织造）复合土工布和无纺（非织造）复合土工布。有纺复合土工布由两组平行的呈正交或斜交的经线和纬线交织而成。无纺复合土工布是把纤维作定向的或随意的排列，再经过加工而成。按照联结纤维的方法不同，可分为化学（黏结剂）联结、热力联结和机械联结3种联结方式。

复合防渗土工膜一般可分为沥青和聚合物（合成高聚物）两大类。含沥青的土工膜主要为复合型的（含编织型或无纺型的土工织物），沥青作为浸润黏结剂。聚合物土工膜又根据不同的主材料分为塑性土工膜、弹性土工膜和组合型复合防渗土工膜。

性能 复合土工布突出的优点是重量轻，整体连续性好（可做成较大面积的整体），施工方便，抗拉强度较高，耐腐蚀和抗微生物侵蚀性好。缺点是未经特殊处理，抗紫外线能力低，如暴露在外，受紫外线直接照射容易老化，但如不直接暴露，则抗老化及耐久性能仍较高。

复合防渗土工膜的不透水性很好，弹性和适应变形的能力很强，能适用于不同的施工条件和工作应力，具有良好的耐老化能力，处于水下和土中的土工膜的耐久性尤为突出。土工膜具有突出的防渗和防水性能。 （余 伟）

复合桩基 composite pile foundation 在天然地基中设置的桩和桩间土形成的可以共同直接承担荷载的人工地基。复合桩基是在中国基础工程技术发展中形成的。在传统的桩基理论中，一般不考虑桩间土直接参与承担荷载。为了减少用桩量，降低基础工程投资，管自立于1990年提出了“疏桩基础”的概念。在摩擦桩基设计中，让桩间土也直接参与承担荷载。同一时期，黄绍铭等于1990年提出了“减小沉降量桩基”的概念。在“减小沉降量桩基”设计中，桩基础不仅以减小沉降为目的，而且在计算中考虑了桩和土直接承担荷载。刘金砺等通过大量的现场试验，探讨研究了桩和土共同承担荷载的机理。桩土共同作用的实质也是桩和桩间土共同直接承担荷载。“疏桩基础”的概念、“减小沉降量桩基”的概念和桩土共同作用的概念不断地碰撞、融合，在中国发展形成了复合桩基概念。在复合桩基中，桩和桩间土直接承担荷载。复合桩基理论发展了传统的桩基理论，有广阔的应用前景。

（龚晓南）

复杂建筑形态 complex architectural form 由系列算法生成的、具有复杂性的建筑形态。人类社会分工趋向精细化、复杂化，建筑形态和功能也趋于复杂。形态上，除了分隔、围护和结构等必需部分，细节装饰和家具构件也趋于多样化；功能上，细分更明确，类型更多样、复杂，智能建筑、绿色建筑等还有互动和生态属性，也影响着建筑形态。

主要内容 复杂建筑形态具有三层含义。一是强调生成“过程”（系列算法构成的生形流程）而非“方程”（欧氏几何中用于描述和建立对象形状）。二是以“形”为核心。形是“建筑的形状感和形象感”，直接影响人的感受，也是复杂建筑形态的核心要素。三是复杂性，指形态构成单元的复杂组合关系，表现在3个方面。①视觉形式上直观表现为空间或形式的更高复杂度，复杂的形式逻辑或法则，出乎意料的形态变化趋势，构成单元数量庞大、规则玄妙等。②设计过程涉及复杂的几何学函数公式、繁复的逻辑计算，综合自上而下与自下而上的方法，需借助计算机程序算法。多维空间模型等高等几何方法，以

及算法中的不确定性、随机性和循环迭代等因素，使形态结果具有复杂几何关系和较高复杂度。设计者通过控制过程、调整规则来干预结果，各单元不断自主改变自身特征以适应规则、生成结果（图1）。③加工建造难度更大、精度更高、更具挑战性、更需创新性。单元形态不一，需数控或非标准加工；单元组合关系复杂，需智能建造以快速、精确定位，并以特定方式组合连接。

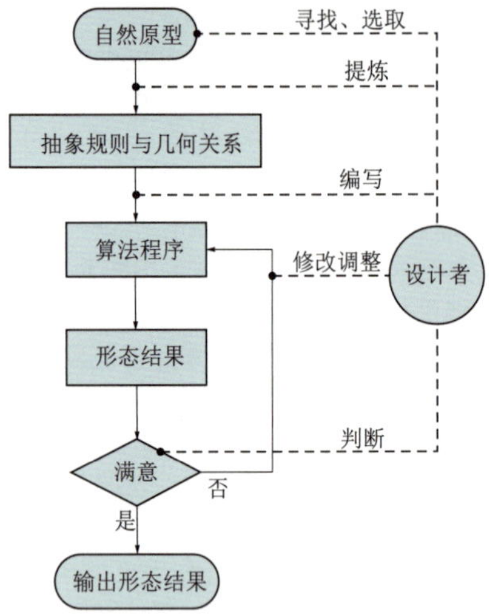

图1　复杂建筑形态的设计过程示意图

特征　复杂建筑形态的特征主要表现在内部单元上：①单元构成一个“系统”，具有整体性、关联性、动态性、层次性和涌现的特征，形态整体复杂度远大于单元复杂度之和，参数微调可导致形态剧变且不可预测。②单元遵循共同简单规则，随时间演进，单元本身及相互关系不断重构，相应设计结果逐步调整优化；规则本身也可能改变，进而影响单元关系。③单元具有主动性，能发出、接收信号，邻近单元相互作用，任一单元没有全局观念。④单元本身不能被分类，单元之间既存在差异又彼此相似。差异则源于“位置关系”（包含在程序运算中的位置关系、计算过程中的先后顺序等）不同以及处于不同“位置”下对同一规则的不同反馈。传统建筑构件有墙、柱子、窗户、门等若干不同类别；复杂建筑形态单元可能没有“节点”与“构件”之分，单元无法分类、可直接相连，如K.奥特修斯设想的“大规模定制化时代”，“建筑中的构件没有分类，而是直接由材料生产、加工为具有特定功能的组件”。

生成方法　复杂建筑形态生成方法用于建筑方案设计阶段以生成复杂建筑形态，作为建筑雏形、辅助建筑方案设计，是参数化设计阶段的理论方法和智能化设计的基础。以矩阵、映射、迭代、集群、动力系统、马尔可夫链等为基础，有六大类（图2）。具体方法有自然原型、抽象阐述、几何描述、生形算法、形态生成等5个主要部分。

自然原型　以相应自然原型作为灵感来源。如迭代的自然原型是运动轨迹、树枝分杈和海岸线分形等，集群的自然原型有鸟群迁徙、蚂蚁活动等，动力系统的自然原型有水波流动与烟雾扩散等。

抽象阐述　结合复杂性科学理论，从形态构成特点、单元与整体关系、单元遵循的规则、单元形态特征、整体形态特征、蕴含的复杂性特征等角度进行阐述。

几何描述　利用几何学知识，从几何单元形态、单元间几何关系、对应函数方程以及相应形象化图解等角度对生成形态的几何关系进行描述。

生形算法　依据抽象规则和几何关系，建立逻辑规则，利用Mathematica、Rhino、Grasshopper、Processing、Python、3ds Max、Realflow等程序编写计算机程序语言，构建运算逻辑、设置参数和参数关系、优化算法结构，进而生成形态。环境因素等设计条件可作为参数，影响最终结果。

形态生成　以生形算法为工具，通过调整参数、改变影响因子，快速大量生成一系列各具特色、受程序或参数控制的形态结果，并分析参数对形态的影响等。

（张鹏宇）

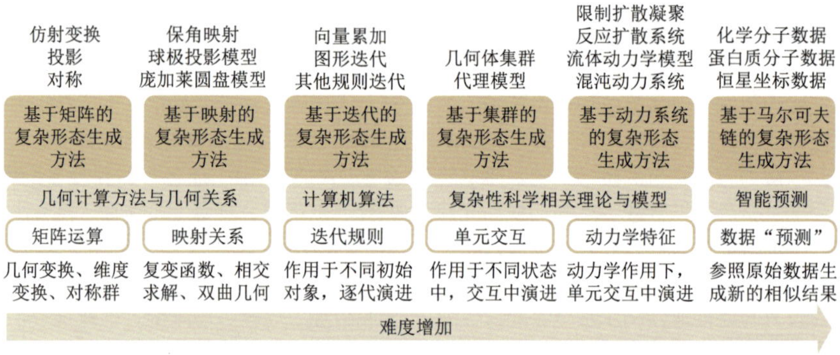

图2　六大类复杂形态生成方法的内容与算法说明示意图

G

改建铁路勘测 reconstructed railway survey 为满足铁路的土建改造、扩能改造、增建二线、电气化改造以及既有线复测等工程的需要而进行的既有铁路测量工作。一般分为初测和定测，主要有控制测量、里程测量、中线测量、中平测量、地形测量、横断面测量、既有构筑物或设备测量等。其中控制测量、地形测量、横断面测量方法与新建铁路勘测相同。习惯将初测的里程测量、中线测量、中平测量称为“三贯通”。定测工作是在初测的基础上进行核实和补充测量。

里程测量　对既有线中心线长度进行测量的工作。从既有车站、桥梁、隧道或其他永久性建筑物等能确定里程的点位引出，按原有里程递增方向连续测量推算里程，定出公里标、百米标及加标，作为勘测设计、施工及运营维护的里程依据。可采用钢卷尺、电磁波测距仪或全站仪、卫星定位仪进行测量。

里程测量时，面向里程增加方向分铁路左轨和右轨，直线路段沿左轨轨面测量，曲线路段（包括曲线起、终点外40～80米）沿线路中心测量，车站内沿正线测量。当车站布设为鸳鸯股道时，需从车站中心转于另一线连续测量，并推算里程，如车站中心在曲线路段上时，可改在直线路段上换股道测量。当既有线纵坡大于12‰时，用极坐标法测量推算的平距，须根据坡度改正后的斜距推算连续里程。直线路段里程位置可用白油漆标注在左轨外侧腹部，曲线路段左、右轨外侧腹部均应标注。

既有线中线测量　测绘既有线中心线平面位置的工作，也叫平面测绘。在线路平面控制网的基础上，采用全站仪坐标法、偏角法或卫星定位实时动态测量坐标法进行测量。可利用方尺辅助直接测量线路中心线，也可在直线路段测量左轨轨面中心、曲线路段测量外轨面中心，然后在数据处理时推算出线路中心线的平面位置。利用中线测量资料对既有曲线进行整正拨距计算，作为改建既有线或增建第二线的设计依据。曲线拨距计算是利用渐伸线的原理，使整正后的曲线最大限度地反映既有线的平面现状，以标准铁路曲线的模式——直线、缓和曲线、圆曲线和复曲线的线形来描述既有线的平面，整正后的曲线线形与既有线的现状仍会有一定的偏差。

既有线中平测量　沿线路以水准点为起闭，测定既有线中桩轨顶高程的工作。采用水准测量、三角高程或卫星定位实时动态测量的方法进行，直线地段测量左轨轨面高程，曲线地段测量内轨轨面高程。

既有构筑物或设备测量　主要对站场、轨道、桥梁、隧道等既有线构筑物或设备进行调查、测量。站场测量包括站场基线测量、道岔测量、站场内中线测量、站场内线间距测量、站内主要建筑物及各类设备的测量等。桥涵测量中水文勘测的方法、内容基本与新建铁路勘测相同。除水文勘测外，还有对既有桥涵里程、尺寸的测量核对工作。隧道测量主要测量隧道内既有线中线、洞内净空断面。轨道测量主要是对道床厚度的调查测量。其他交叉测量方法与新建铁路勘测方法相同。

（周全基　张冠军）

改扩建技术 alteration and extension technology 在原有的土木工程结构基础上通过改造建设或扩充性建设，使原有结构能够满足新的功能需求的技术。

发展情况　很多发达国家并没有进行较大范围的高速公路改扩建项目，所以改扩建工程的实际经验较少。欧洲和美国、日本等发达国家高速公路发展历程较长，其建设规划、发展理念、经济发展及城市布局等与中国均有较大差别，同时交通组成、建设模式、投资方式也与中国有很大的不同。随着经济和交通的高速发展，发达国家不可避免也会相继出现高速公路扩建工程。但由于这些国家大多土地资源丰富，绝大多数高速公路均采用宽中央分隔带设计，交通量大的高速公路两侧大多设置了集散车道（用于收集和疏散高速公路交通），因此其扩建形式多采用了原位加宽的方式。在中央分隔带不能满足要求时，优先采用两侧拼接扩宽，如美国的15号高速公路。在多车道（大于8车道）高速公路交通组织上，大量采用了分离断面或集散加快速的处理方式，如美国的59号高速公路、加拿大多伦多401高速公路等。

20世纪80～90年代，改扩建技术处于探索时期，各规范和技术标准对加固改造的认识还不完善，技术理论和实践方案还不成熟。20世纪90年代，中国城市的数量、规模和城市人口数量都有了快速的增长。同时，公路、铁路运输事业发展较快，高等级公路里程快速增长，桥梁工程也取得了较大的进展。此阶段，中国的改扩建技术逐渐成熟起来，其理论研究也越来越深入，改扩建工程的实践经验和理论研究相辅相成相互促进。虽然这一阶段的技术规范或标准已初具一定的规模，但仍不能满足中国经济日益发展的需要。进入21世纪，随着中国经济的发展，中国基建事业已具有相当大的体量，高速公路里程、铁路运营里程、桥梁跨度不断刷新世界纪录。中国的技术规范和标准不断发展，理论研究和创新发展比肩国际水平，相关的改扩建技术和理论发展较为成熟，为科学研究和工程的实际应用提供了技术和理论支撑。这一阶段的改扩建技术和规范标准呈现多样化、高标准和精细化等特点，已为众多施工设计和工程实践提供了技术性支撑。

工程程序　改扩建设计工程程序：①调查、收集、整理原有设计、施工、养护维修等技术资料。②现场勘查待改扩建结构。③对改扩建结构进行检测、鉴定。检测项目主要包括结构表观质量、构件缺损状况、混凝土强度、保护层厚度、结构空间线形、结构服役条件等。鉴定时参考现场质量检测的结果，对改扩建工程结构进行承载能力分析、安全性评估。需要特别强调的是，检测和鉴定工作均应由具有相关资质的专门机构完成。④确定改扩建设计方案。⑤结构复核计算和分析。结构

表1　按既有土木工程结构需求分类

改扩建类型	改扩建方案
保护为主、修旧如故	对于有历史文化价值的部分，通过修复、清洗、除去污垢，保留历史痕迹等手段，还其历史本色，即“修旧如故”，而不搞“焕然一新”；在修缮过程中，特别注重保持既有主要构件和空间特征，尽量采用原有技术手段及建筑材料修复加固
合理利用、有机更新	采取保护、更新并重的改扩建方式。可纳入现代生活内容，可根据新的功能对空间进行更新或扩充，强调安全、适用性上的全面提升
新材新用、补新显新	针对大量的一般性、有安全隐患或性能缺陷的既有构筑物，在改造过程中，完全采用新材料、新技术和新的构筑物构成手段，使新与旧结构之间拉开时间层次

表2 新旧桥梁拼宽方案

方案	方案一	方案二	方案三	方案四
构造方式	上下部结构均独立	上部结构连接、下部结构分离	上部结构连接、下部结构铰接	上下部结构均连接
优点	结构受力明确；施工对旧桥交通影响小；工程造价低	上部结构整体受力，下部结构无附加内力	上部结构能整体受力，下部可以适应一定变形	新老桥整体性好，行车舒适性好
缺点	桥梁整体性差，后期养护维修工作量较大	下部结构整体性差，拼宽桥的稳定性差	工程费用较高	附加内力大，上下部构造连接处易产生裂纹
适用范围	早期拓宽工程中常采用	适用于软土地基路段，下部结构非单桩独柱形式	适用于软土地基路段，下部结构为单桩独柱形式	适用于地质条件较好的路段

工程师应根据检测鉴定报告和改扩建工程设计方案进行结构计算和分析，并据此结果进一步开展优化设计。

类型　改扩建技术按工程结构分为桥梁改扩建技术、公路改扩建技术、隧道改扩建技术和古建筑改扩建技术。按照既有土木工程结构需求又可分为3类（表1）。

桥梁改扩建技术　桥梁改扩建中拼宽为常见方式，桥梁上下部结构形式应尽量与原桥相同或相似，新旧桥梁间主要连接方式见表2。

公路改扩建技术　中国公路改扩建的成熟经验主要集中在公路加宽这一方式上。公路加宽主要分为两侧加宽和单侧加宽两种形式。两种形式中对基本路面和局部路面可以采用不同的加宽方法（表3）。中国主要采用两侧拼接改扩建的方式对不满足交通需求的道路进行改扩建。

隧道改扩建技术　既有隧道由于初期施工过程中已经对围岩进行过扰动，加之隧道经过长期运营后稳定性和承载力也会有所下降，故在扩建改造过程中存在既有隧道衬砌拆除施工时围岩掉块、坍塌等风险，因此如何使得扰动过后的围岩具有足够的稳定性保证施工安全，是隧道拓宽施工共性难题。除了上述共性难题外，隧道扩建施工还存在交通组织复杂、开挖受限、接线困难、既有衬砌病害、地质条件复杂等个性难题。

对隧道进行改扩建前，应对隧道长期服役中暴露出来的渗漏水、裂缝、衬砌结构劣化等病害采取相应的措施。针对不同的渗漏水情况可采取改性环氧树脂背水面注浆、引水面壁后水性聚氨酯注浆、油性聚氨酯＋改性环氧树脂注浆等措施；针对不同的裂缝情况，可采取聚合物水泥膏及渗透性防水剂涂抹、环氧胶泥灌浆、骑缝钻孔灌浆、水泥浆灌浆等措施；针对不同的衬砌结构劣化，可采取结构补强（断面补强、锚杆补强、预应力法）、高强混凝土补强、混凝土除氯、钢筋除锈等措施。

隧道改扩建方案主要包括改扩建形式、改扩建方法和改扩建工序。其中改扩建形式分为单侧改扩建、双侧改扩建和

表3 公路改扩建路段加宽形式

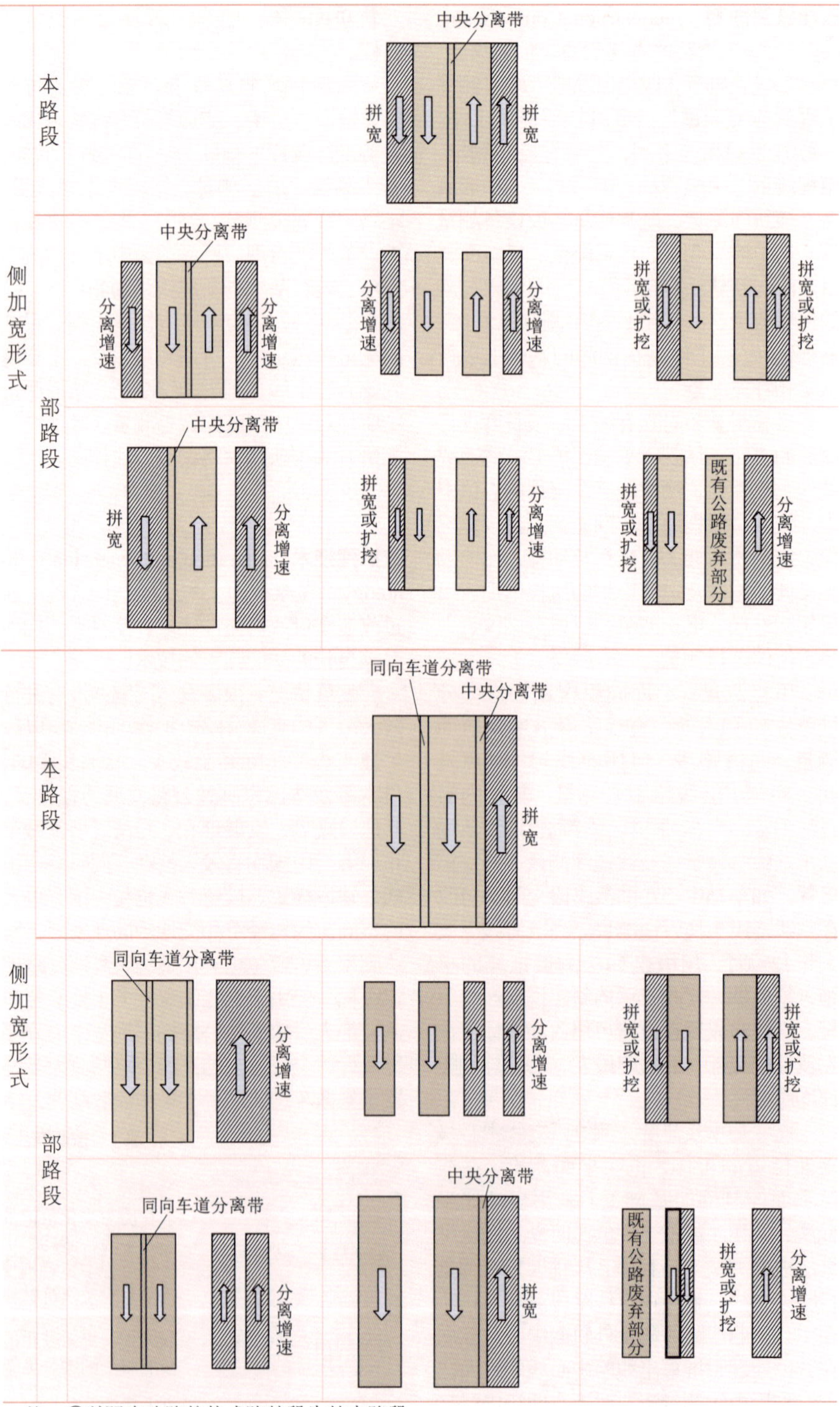

注：①以既有公路整体式路基段为基本路段。
②特殊情况如上下分离时未示。
③图中箭头表示行车方向。

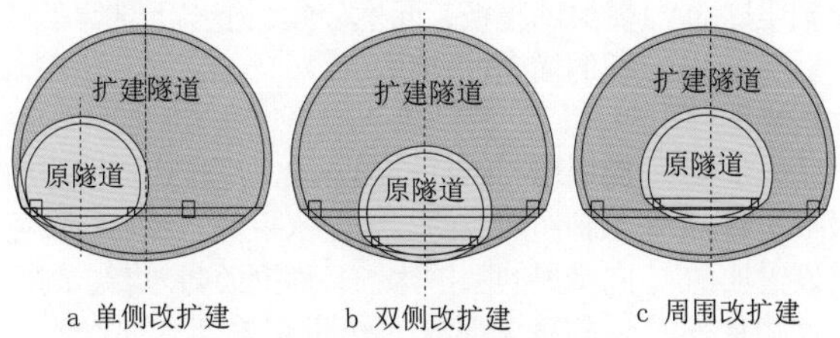

a 单侧改扩建　b 双侧改扩建　c 周围改扩建

隧道改扩建形式示意图

周围改扩建形式（见图）；改扩建方法主要分为全断面法、台阶法、CD法、CRD法、中侧壁导坑法等；改扩建工序指扩建区域之间的先后施工顺序，改扩建断面通常划分多个区域分部施工。①全断面法。以隧洞的整个断面为一开挖单元，在一次作业循环内完成开挖的施工方法。每完成一次开挖循环后，隧洞的整个断面推进一段距离。适用于地质条件较好、隧洞断面不大或机械化程度较高的隧洞施工。②台阶法。指先开挖隧道上部断面（上台阶），上台阶超前一定距离后开始开挖下部断面（下台阶），上下台阶同时并进的施工方法。适用于Ⅲ、Ⅳ级围岩的开挖，Ⅴ级围岩应在必要的超前支护措施稳定开挖面后采用台阶法开挖。③CD法。又称中隔墙法。以台阶法为基础，将隧道断面从中间分成左右部分，使上、下台阶左右各分成两个或多部分，每一部分开挖并支护后形成独立的闭合单元。适用于比较软弱而且是大断面隧道的场合。④CRD法。又称交叉中隔墙法。当CD工法仍不能保证围岩稳定和隧道施工安全要求时，可在CD工法的基础上对各分部加设临时仰拱，将原CD工法先开挖中壁一侧改为两侧交叉开挖、步步封闭成环而改进发展的一种工法。⑤中侧壁导坑法。先沿着隧道的两侧周边由下而上地以小断面分块进行开挖，边挖边砌筑两侧边墙。随后开挖上导坑，并经由上导坑进行拱部扩大和衬砌拱圈，然后在拱圈保护下挖除核心部分，最后挖底并灌注仰拱。此方法适用于围岩压力很大、地层不稳定的大跨度隧道。

古建筑改扩建技术　由于道路规划、旧城改造等原因需要进行大量的拆除工作时，为了更灵活地进行城市规划、更加有效地保护历史文物建筑，古建筑的加固维修方法无法解决城市规划与文物保护之间的矛盾，而古建筑整体位移技术能够有效地解决这一问题。

古建筑整体位移技术指为了满足城镇建设、历史文物建筑保护或道路的规划等需求，在不妨碍古建筑使用功能的前提下，通过一系列的技术措施，整体将古建筑从原来位置移动到新位置的一种特种技术。常见的整体平移形式按平移的方向不同分为纵向平移、横向平移、转向移位等。施工时，在平移新址和旧址之间布置轨道，在建筑物下方建造一个托换结构对上部结构进行托换，进而形成一个托换整体。此托架用以承受竖向的重力荷载、平移顶推力以及平移过程中产生的动力荷载。托换过程完成后，将滚轴布置在托架下部的轨道上，在建筑物与地基切断后，托换结构整体就会落在行走轨道上，建筑物与托换结构就共同形成了一个可移动整体。在动力设备的推拉作用下，建筑物就可以被整体移动到预定的位置上。

安全评估　既有构筑物改扩建后的安全评估基于可靠度理论：①分析改扩建前结构的可靠性，计算结构目标可靠度。②确定改扩建后结构目标可靠度。③比较改扩建前后可靠度指标的变化，对改扩建后整体结构安全性和经济学等进行综合评估。　（周建庭　杨　俊　姚国文　刘思孟）

概率密度演化方法　probability density evolution method　广义上，刘维尔方程、多斯图泊夫－普加乔夫（Dostupov-Pugachev）方程、福克－普朗克－柯尔莫哥洛夫方程和广义概率密度演化方程等均以获取工程系统响应的概率密度为目标，因而可以统称为概率密度演化方法。狭义上，主要指以广义概率密度演化方程为核心的理论体系。这里按狭义理解。基于概率守恒原理的随机事件描述，可建立状态变量解耦的广义概率密度演化方程。概率密度演化方法揭示了随机系统与确定性系统的内在联系，建立了概率密度的演化与系统物理状态的变化之间的关系。与经典方程不同，该方程不需要马尔科夫假定，而且其维数不依赖于本原物理系统的维数。对某些特殊系统（如亥姆霍兹振子等），该方程可以得到解析解。一般情况则可采用数值方法，由于其非嵌入式特征，可以结合弹塑性随机损伤力学、大型非线性有限元等现代固体和计算力学方法，而不限于简化的结构模型。

1957年，多斯图泊夫和普加乔夫针对参数刘维尔方程论述了概率守恒的基本观念。此后，人们进一步意识到福克－普朗克－柯尔莫哥洛夫方程也可认为是一个概率守恒方程。2002年，中国李杰和陈建兵首次导出了广义概率密度演化方程。进而，提出了概率守恒原理的状态空间描述与随机事件描述，建立了上述方程的逻辑基础。逐步形成了以物理随机系统研究为核心思想、包括动力作用的物理建模、高维非线性系统分析、结构整体可靠度与随机最优控制的一整套理论与方法。概率密度演化方法在土木工程、机械工程、航空航天工程、海洋与船舶工程、信息工程等领域得到重视与应用。　（李　杰）

干热岩供热　hot dry rock heating　利用地下一定深度的高温干热岩层内的热能向地面建筑物供热的方式。见*深层地热供热*。

杆　rod　结构中连接两个节点的构件。通常为细长型，其轴向长度远大于截面尺寸。按照连接和荷载情况的不同，杆的截面形式有圆形、槽形、矩形和L形等。杆的受力特点与其在结构中所处位置及所受荷载的情况有关。主要在所连接的两个节点间传递轴力作用的，称为“二力杆”，如拉杆拱中的拉杆、悬索桥中的吊杆、桁架结构中的上下弦杆和斜腹杆等均属于二力杆。如果所传递的轴力为压力，则需控制杆的长细比，防止发生屈曲（失稳）破坏。当杆上有横向荷载作用时，杆内会产生弯矩和剪力；当横向荷载方向与杆轴线不共面时，杆内还会产生扭矩。二力杆的截面应力为均匀分布，大小为轴力除以截面面积；当杆内同时有弯矩、剪力或者扭矩作用时，需要考虑应力的组合效果。

推荐阅读

龙驭球，包世华，匡文起，等.结构力学：Ⅰ基本教程.2版.北京：高等教育出版社，2006.

（李全旺）

钢板　steel plate　用轧制方法生产的具有矩形截面而宽度较大的钢材。以平板状态供货的称钢板；以卷状供货的薄钢板称钢带或带钢。钢板按材质分为普通钢板和优质钢板。普通钢板的材质为碳素结构钢和低合金结构钢，主要品种有结构用钢板、锅炉及压力容器用钢板、花纹钢板、镀锌钢板和镀锡薄板等。优质钢板的材质为优质结构钢、合金工具钢、弹簧钢和不锈钢等。

按照轧制温度不同，分为热轧和冷轧两类。①热轧钢板及钢带。是钢锭或板坯在热状态下轧制的。按厚度分为厚板（厚度大于4毫米）和薄板（厚度小于4毫米）两种，习惯上又把热轧厚板按厚度不同再分为中板（厚度4～25毫米）、厚板（厚度25～60毫米）和特厚板（厚度大于60毫米）3种。②冷轧钢板及钢带。以热轧钢和钢带作坯料，在常温下再行轧制而成的，只有薄板（厚度小于4毫米）一种。钢板的屈服强度也按厚度分组，随着厚度的增大，屈服强度逐渐降低。

钢板和钢带是通用钢材，应用极为广泛。中、厚板是各类焊接结构的主要材料，多用于房屋建筑、桥梁、造船、压力容器、管道、采油平台等。薄板大多数用作建筑围护结构，或作为涂层钢板的原材料，如用于制作压型钢板、瓦垄铁皮等。钢带在建筑中主要用作弯曲型钢、电焊钢管和建筑五金等的材料。低合金钢钢板有强度高、减轻结构重量和节约钢材等优点。一些重型建筑结构、大跨度桥梁、高压容器所用的钢板，普遍采用各种低合金钢钢板，其中常用的有16锰、15锰钒等（包括相应的桥梁钢、容器钢和锅炉钢）钢板。在高层建筑和海洋采油平台结构中采用超厚钢板；为保证焊接质量和使用时不发生钢板层间撕裂，使用了新的品种Z向钢。此外，各种形状的花纹钢板已在建筑工程的井架、平台、栈桥、安全梯、地沟盖板等防滑部位广泛使用。（丁斌彦　薛　锋）

钢板剪力墙钢框架结构 steel plate shear wall framed structure　在钢框架结构基础上为提高结构刚度及抗震性能而在部分框架梁柱间内嵌钢板剪力墙的结构（见图）。

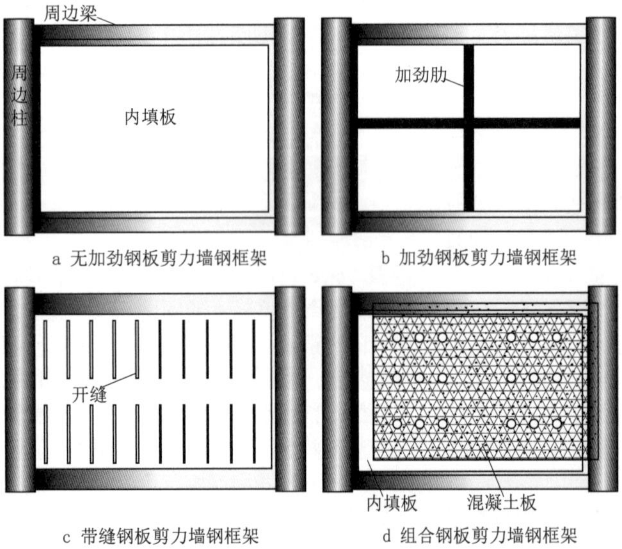

a 无加劲钢板剪力墙钢框架　b 加劲钢板剪力墙钢框架

c 带缝钢板剪力墙钢框架　d 组合钢板剪力墙钢框架

钢板剪力墙钢框架结构的类型示意图

分类　常见的钢板剪力墙有6种形式。

薄钢板墙和厚钢板墙　厚板剪力墙（高厚比小于250）具有较大的弹性初始面内刚度，通过面内抗剪承担整体倾覆力矩，在大震作用下具有良好的延性及稳定的滞回性能。一般不会发生局部屈曲，对周边框架梁柱的依赖程度较小。薄板剪力墙高厚比较大（高厚比大于250），在侧向力较小时就发生局部屈曲，并随着侧向力的逐渐增大在钢板墙对角线方向形成拉力带；拉力带锚固在边框上，对柱形成附加弯矩，因此薄板钢板墙对周边框架梁柱的依赖性较大。

加劲和非加劲钢板墙　加劲钢板墙的设计原理是利用不同形式的加劲肋来延缓钢板的屈曲，从而提高钢板的极限承载力及延性。对薄钢板墙，可以通过设置加劲肋以改善其受力性能及延性。加劲肋有多种形式，如十字或井字形布置的加劲肋、对角交叉加劲肋和门、窗洞边加劲肋等。

组合钢板墙　在普通钢板墙的一侧或者两侧覆盖钢筋混凝土板，一方面可以给内部的钢板提供侧向约束，改善钢板的性能，提高钢板墙的抗侧刚度和承载力，另一方面可以起到防火、保温和隔声等作用，减少后续维护成本。

低屈服点钢板墙　为了提高钢板墙的屈服耗能能力及延性，在钢板墙屈服前不屈曲，可以采用低屈服点钢材。此时，可以设置适当的加劲肋或者改变钢板墙的厚度来满足结构设计承载力及初始刚度的要求。低屈服点钢板墙上还可以根据需要开设一些圆形孔洞，这样不但可以调整钢板墙的刚度，也可以方便设备管线的通过。

防屈曲耗能钢板墙　由内嵌钢板和前后两侧混凝土盖板所组成。防屈曲耗能钢板墙的最大优点在于，钢板墙的防屈曲功能使得钢板在面内具有较大的刚度，同时在大震作用下钢板具有非常饱满的滞回性能，能够很好地发挥耗能能力。

带缝钢板墙　利用激光或者其他设备在原本完整的钢板上，间隔一定距离开设一定长度的竖缝，缝与缝之间形成具有一定高厚比和高宽比的小柱。带缝钢板墙只在上下两端通过螺栓或者焊接方式与梁连接，因而不会对柱产生附加弯矩，符合强柱弱梁的抗震理念。通过调整开缝的参数可以灵活独立地调节带缝钢板墙的初始刚度和强度。

受力特点　内嵌钢板只承担沿框架梁、柱传递的水平剪力，而不承担结构的竖向荷载。如果钢板墙沿着建筑物的高度方向连续布置，在水平荷载作用下，它的受力情况与垂直固接在地面的悬臂梁的腹板相似。在框架-钢板剪力墙结构中，框架相当于悬臂梁的翼缘，剪力墙相当于悬臂梁的腹板，而框架梁则相当于悬臂梁腹板的横向加劲肋。（王　伟）

钢板墙 steel plate wall　用板式钢材等加工制作而成的、承受水平剪力为主的、竖向设置的围护体。又称钢板剪力墙。钢板墙的概念形成于20世纪70年代，作为一种新型抗侧力体系，较早用于日本和北美等地区。

钢板墙的主要类型包括非加筋劲钢板墙、加筋劲钢板墙、防屈曲钢板墙、组合钢板墙和开缝钢板墙等。实际应用中，根据使用条件、建筑功能及技术经济性等要求确定类型。钢板墙的基本结构单元常由边缘梁、边缘柱、内嵌钢板和鱼尾板构成，连接方式可采用焊接或螺栓连接。在平面布置上，宜规则、对称；竖向宜连续布置，自下而上承载力与刚度宜逐渐减小；同楼层同方向上宜采取相同类型钢板墙。在施工过程中，宜不考虑竖向荷载，并通过构造及施工措施加以保证。在设计过程中，宜按不承受竖向荷载设计计算，并通过构造及施工措施实现计算假定。若需承受竖向荷载，应考虑其对受剪承载力的影响。同时，钢板墙的材料选取、构件尺寸、变形限值等应符合相关规定，并应结合实际情况采取合理的防腐与防火措施。

钢板墙具有以下优点：①自重轻。能够在一定程度上降低承重构件截面尺寸与减少地震作用。②耗能能力强，滞回性能稳定。③刚度较大。能够有效降低由于风荷载等引起的层间位移，且刚度易于调整。④有利于实现建筑功能的多样性以及节约建筑空间。⑤建造速度快。有效缩短建筑周期，节约工程成本，且质量易于保证。

随着结构工程的发展，钢板墙的种类不断丰富，出现了如开洞钢板墙、低屈服点钢板墙等新形式。钢板墙凭借其良好的力学性能、施工优越性及经济性等优势成为一种具有良好发展前景的结构抗侧力构件，逐渐广泛用于抗震设防区（尤其是高烈度区）。（施　刚）

钢管 steel tube　具有中空截面的长条钢材。

分类　按截面形状分为圆形钢管和异形钢管，以圆形钢管应用最多，通常所说的钢管即指圆形钢管。异形钢管种类繁多，截面形状各不相同（甚至还有变截面的钢管），较常用的为方形钢管和矩形钢管。按材质分为碳素结构钢钢管、低合金结构钢钢管、合金钢钢管和复合钢管。按钢管定尺长度分为不定尺钢管、定尺钢管及倍尺钢管。

钢管按生产工艺分为无缝钢管和焊接钢管。无缝钢管又分为热轧无缝钢管和冷轧（冷拔、挤压）无缝钢管；焊接钢管根据焊接方法又分为电焊钢管（以高频电阻焊为主）、气焊钢管和炉焊钢管等。按其用途分类，有管道用、热工设备用、机械工业用、高压容器用、地质钻探用、石油工业用、化学工业用和工程结构用钢管等。

性能　用于输送水、煤气的管道用钢管，其规格小于或等于12英寸（304.8毫米）的，以公称口径（不一定等于钢管外径减两倍壁厚之差，只是钢管规格的名称）表示，表示方法同时用英寸数和毫米数两种；其他圆形钢管均以外径和壁厚的毫米数表示；选用异形钢管时，需标明其外形。

端部加厚的钢管，其端部承载力增大，用以制作钻杆、套管和油管，多用于地质勘探和石油、天然气的开采。内层用铜或其他金属、外层用钢的双层金属管，以及内衬塑料的钢管，其防腐性能较强，多用于输送有腐蚀性的流体。

钢管的承载力，一方面与钢号及其力学性能，即屈服点、抗拉强度、伸长率和冲击韧性等有关；另一方面与截面的几何特性有关。圆形钢管抵抗局部弯曲的能力最强，因而它是承受径向内压和径向外压的最好构件。在钢号相同、面积相等和同样支撑条件下，矩形钢管的偏心受压承载力较强，圆形和方形钢管的轴心受压承载力最强。但方形和矩形钢管在受压区抵抗局部屈曲的能力不如圆形钢管。为提高承载能力和稳定性，还采用钢管内浇灌混凝土的钢-混凝土组合结构，用于承载力较大的受压构件时使用效果更佳。无缝钢管与焊接钢管相比，无缝钢管生产工艺复杂，质优价高，在土木工程中应用较少，焊接钢管应用较多。　（李继读）

钢管混凝土柱　concrete-filled steel tubular column　在钢管中填充混凝土而形成的组合构件。主要以轴心受压或小偏心受压为主。按截面可分为圆钢管混凝土柱、方形钢管混凝土柱、矩形钢管混凝土柱和多边形钢管混凝土柱等。钢管混凝土柱的工作特点是：①钢管套箍混凝土，使核心混凝土处于三向受压状态，从而大大提高其抗压强度和变形能力。②核心混凝土约束钢管的内向鼓曲，有效地提高了钢管的刚度和局部稳定性。

钢管混凝土柱的承载力高于相应的钢管柱承载力和混凝土柱承载力之和。钢管和混凝土之间的相互作用使钢管内部混凝土的破坏由脆性破坏转变为塑性破坏，构件的延性性能明显改善，耗能能力大大提高，具有优越的抗震性能。同时，钢管混凝土柱具有施工方便、抗火性能好、耐腐蚀性能好等优点，在高层、大跨、重载和抗震的建筑中，能较好地满足设计和施工的一系列要求。早在20世纪初，美国就在一些单层和多层房屋建筑中采用钢管混凝土柱。30年代末，苏联曾应用于跨度愈100米的桥梁。中国自1959年开始研究钢管混凝土柱的性能和应用，60年代首先用于北京地下铁道车站，以后又相继在厂房框架、高炉和锅炉构架及其他工程结构中应用。

21世纪以来，在钢管混凝土柱的基础上，又发展了一种在两层钢管的夹层中填充混凝土而成的中空夹层钢管混凝土组合构件（见图）。在保留了传统的实心钢管混凝土的力学优点外，它还具有截面开展、结构自重轻和构件抗弯刚度大的特点。　（周　锋）

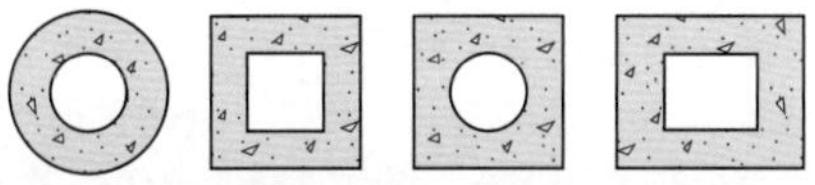

中空夹层钢管混凝土截面示意图

钢轨　rail　为列车车轮提供走行和导向的轨道，是轨道结构最重要的部件。

技术要求　主要有6个方面：①为了形成轮对的自导向功能，前提条件是轮轨踏面上应为点接触，并在同轮对的两轮上出现不同半径的滚动圆。为此钢轨顶面需要制成凸形弧面。中国75千克/米、60千克/米、50千克/米钢轨的轨顶凸型踏面为$R15$、$R80$、$R500$、$R80$、$R15$的5段弧线。②将车轮的垂向荷载分配到与荷载作用点相邻的若干根轨枕上，并使钢轨自身的弯曲应力有足够储备。钢轨需要有足够的垂向抗弯刚度，断面需要做成工字形，具有合适的高度。③有足够的抗倾覆、保持轨距的能力。为此钢轨的轨底需要有足够的宽度。中国75千克/米、60千克/米钢轨的轨底宽度都达到了150毫米。④提供连续平顺的钢轨走行踏面以降低轮轨间的动力附加作用。大力推行无缝线路的情况下，通过焊接和胶接消除轨缝，保持轨面的连续性。通过钢轨全长淬火，提高轨面硬度，减少踏面伤损、波磨等病害，提高轨面的平顺性。⑤保持钢轨踏面合适的黏着性能，以形成足够的列车牵引力。为此，需要避免钢轨踏面的污染、涂油，防止车轮打滑。⑥作为信号闭塞分区的轨道电路，需要配备合适的绝缘接头。

类型　根据线路的运输条件，钢轨的配备重量、承载能力，将钢轨分成不同的类型。中国按钢轨的名义重量分成：43千克/米（实际重量44.653千克/米）、50千克/米（实际重量51.514千克/米）、60千克/米（实际重量60.643千克/米）、75千克/米（实际重量74.414千克/米）等，每个类型都有相应的断面形式、尺寸、长度及允许偏差。

钢号　钢轨的钢号是不同钢种材料的代号，每个钢号都有对应的化学成分、残留元素上限、机械性能（抗拉强度σ_b，屈服强度σ_s、延伸率δ_s、轨头踏面中心线硬度HB）及可焊接性能等规定。

中国重型钢轨的钢号主要有：U71Mn、U71SiMnV，PD2、PD3，U74、U75V。

高速铁路中型钢轨的钢号主要有：U71MnG、U76NbRE。

钢轨出厂时应在钢轨的轨腰打出以下标志：①生产厂标志。②钢轨类型。③钢轨钢号。④制造年月。　（曾树谷）

钢轨打磨及铣削机械　rail grinding and milling machinery　通过磨削或铣削的方式修复钢轨轨头轮廓形状的轨道作业机械。是铁路线路维修，尤其是高速铁路维修的主型机械。轨道平顺性是列车平稳、安全运行的基础。轨道不平顺分为长波不平顺和短波不平顺，通过钢轨打磨及铣削的作业方式，能够消除钢轨波浪磨耗及钢轨擦伤、表面龟裂、剥离掉块、压溃、焊缝等轨道短波不平顺缺陷。

分类　钢轨打磨及铣削机械有3种分类：①按配置的打磨头数量，分为20头、48头、96头钢轨打磨车。②按作业实施的对象，分为线路钢轨打磨列车和道岔打磨车。③按运用地域，分为平原型钢轨打磨车（海拔2000米）和高海拔型钢轨打磨车（海拔5100米）。

工作原理　钢轨轨头断面是由3个半径的圆弧组成的复曲线，钢轨打磨是由若干个打磨砂轮的磨削平面，按照钢轨轨头断面形状所形成的包络线，通过磨削作业完成的。打磨砂轮按不同角度分布和选定的打磨功率形成固定组合方式，称为打磨模式；中国铁路运用的钢轨打磨机械共预存有99个打磨模式，供打磨作业选取。铣削则采用按钢轨轨头断面形状所设计的成型圆盘铣刀完成钢轨轨头断面修复作业。中国铁路大量使用的是钢轨打磨机械（又称钢轨打磨车）。

构成　钢轨打磨车主要由车架、转向架、司机室、打磨小车、集尘装置、动力传动系统、液压系统、电气系统、气动系统、制动系统、水系统、柴油发电机组等组成。

整车由柴油机提供动力，自运行采用液力传动，作业恒低速走行采用液压驱动，作业动作采用电驱动或液压驱动，辅助作业动作多采用气动驱动。

钢轨打磨车的工作装置主要由打磨小车、集尘装置及水系统组成。①打磨小车。是钢轨打磨车的核心工作装置。②集尘装置。采用负压吸尘的方式，用于收集打磨作业过程中产生的打磨粉尘。③水系统。主要用于打磨作业降温及消防。

钢轨打磨车还设有作业测量系统，包括轨廓检测装置和波磨检测装置。分别用于在打磨作业过程中检测钢轨轨头断面轮廓形状及对钢轨顶面沿纵向波浪磨耗进行测量。

钢轨打磨列车　由若干个钢轨打磨车组成的用于打磨铁路区间线路钢轨的作业列车。

GMC-96钢轨打磨列车由控制车、作业车和动力车组成，安装有96个打磨头，在每股钢轨上布置48个打磨头。作业时，按照编定的打磨模式，打磨头以不同的偏转角度对钢轨轨头进行全覆盖，打磨砂轮倾角覆盖范围为−70°～+20°。打磨砂轮采用电机驱动，通过液压缸对钢轨施加打磨压力。在恒低速作业中，利用磨头砂轮的高速旋转对钢轨表面进行多遍磨削，从而消除钢轨表面的缺陷，获得需要的轨头廓形。

GMC-96钢轨打磨列车主要技术参数：①最高自运行速度为100千米/时，最高附挂运行速度为120千米/时。②运行通过最小曲线半径为180米，作业通过最小曲线半径为180米。③作业恒低速走行速度为3～24千米/时。④打磨能力，打磨速度为7千米/时，轨顶面轮廓金属磨削量不少于0.2毫米/遍。⑤打磨后钢轨顶面不平顺度，波长为0.03～0.3米时，波深不大于0.4毫米，波长为0.3～1米时，波深不大于0.2毫米。⑥打磨后钢轨表面粗糙度，MRRRamax10（轨顶$R300$处）。

道岔打磨车　用于打磨铁路站线及道岔钢轨的轨道作业车。

CMC-20道岔打磨车有两节作业车，共配置20个打磨头。其工作原理与钢轨打磨列车基本相同，不同的是采用了两种特殊规格的砂轮，分别用于打磨进入道岔护轨区域钢轨及道岔护轨以外区域钢轨。但道岔的尖轨、岔尖及辙叉心轨有害空间禁止打磨。

CMC-20道岔打磨车主要技术参数与GMC-96钢轨打磨列车基本相同，打磨12号整组道岔不大于40分钟。

钢轨铣磨车　采用成型铣刀盘和打磨装置对铁路钢轨进行铣磨，以修整轨头轮廓形状的轨道作业车。

钢轨铣磨车的铣削装置采用圆周铣盘、成形铣刀，在铣刀盘径向面沿圆周安装有60组刀架，每组刀架上根据定制轮廓的需求安装有1～2个圆弧刀粒和6～8个平面刀粒，所有刀粒构成了一个钢轨目标设计廓形。作业时，在车辆作业走行的同时铣刀盘高速旋转铣削钢轨工作面，对钢轨轮廓进行定制整形。磨削装置采用砂轮径向面对铣削后的钢轨顶面进行打磨，以消除铣削的刀痕，从而完成对钢轨轮廓工作断面的全部整形作业。

XM-1800钢轨铣磨车由A车和B车两节车组成，铣削装置安装在A车上，磨削装置安装在B车上。其主要技术参数：①最高自运行速度为100千米/时，最高附挂运行速度为120千米/时。②运行通过最小曲线半径为180米，作业通过最小曲线半径为250米。③作业速度为0.5～1.8千米/时。④钢轨一次铣削深度，轨面为0.3～1.5毫米，轨顶角最大为5毫米。⑤铣磨精度，横向轮廓精度为±0.3毫米。

（宋慧京）

钢轨伸缩调节器　rail expansion joint　由基本轨、尖轨、扣件系统（垫板、轨撑、扣件）、轨枕等部件组成的轨道设备。通过基本轨与尖轨之间的纵向相对位移，大幅度减小桥梁与无缝线路纵向相互作用力（见图）。

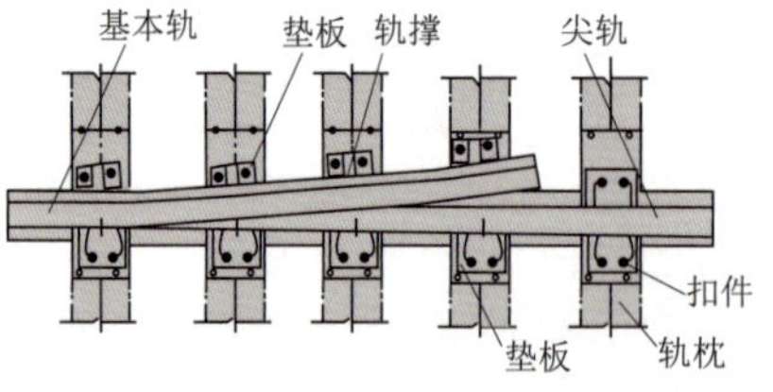

单向钢轨伸缩调节器的结构组成示意图

由于温度变化，桥梁将产生量值很大的纵向位移，例如，在年温度变化幅度$\Delta t=70$℃的地区，温度跨度$L=100$米的钢梁，温度变化引起的梁端伸缩位移就达80毫米。铺设在桥上处于无缝线路固定区的钢轨，由于扣件和轨下基础的阻力，将阻碍梁的纵向位移，从而在轨道和桥梁之间产生很大的梁轨纵向水平力。这个纵向力不仅会影响无缝线路的稳定性，而且会加大桥梁支座、墩台的纵向荷载。

安装钢轨伸缩调节器时，在桥头一端将无缝线路的钢轨断开，将桥梁一侧的钢轨与伸缩调节器的基本轨焊联。将区间一侧的钢轨与伸缩调节器的尖轨焊联。当钢桥纵向伸缩时，就会带动桥上无缝线路的钢轨及与之焊联的伸缩调节器基本轨相对于与区间钢轨焊联的调节器尖轨纵向相对移动，从而减轻桥上无缝线路钢轨对钢桥梁纵向伸缩位移的约束，并降低梁轨之间的纵向水平力。

（曾树谷）

钢轨探伤车　rail flaw detection vehicle　安装有钢轨探伤装置，能在运行中检测和记录钢轨缺陷的大型养路机械。简称探伤车。主要采用钢轨超声检测系统可以检测钢轨内部伤损，部分探伤车安装了铁路工务巡检系统可以同步检测钢轨廓形及钢轨顶面擦伤。

主要型号　中国在用的探伤车主要型号有GTC-40、GTC-60和GTC-80型（GTC为钢探车拼音的首字母，40、60、80表示速度为40千米/时、60千米/时、80千米/时）。其中GTC-80型又可以细分为GTC-80J型、GTC-80X型、GTC-80ⅡJ型、GTC-80ⅡX型，尾部字母“J”表示产地宝鸡，“X”表示产地襄阳。

工作原理　钢轨探伤车主要采用超声技术检测在役钢轨内部伤损（如钢轨轨头横向裂纹、螺栓孔裂纹等），能够自动检测并识别出钢轨伤损。探伤车超声检测系统配备A型探轮和B型探轮，对称安装在探轮支持机构上（图1），能够检测钢轨中不同位置和不同取向的伤损。

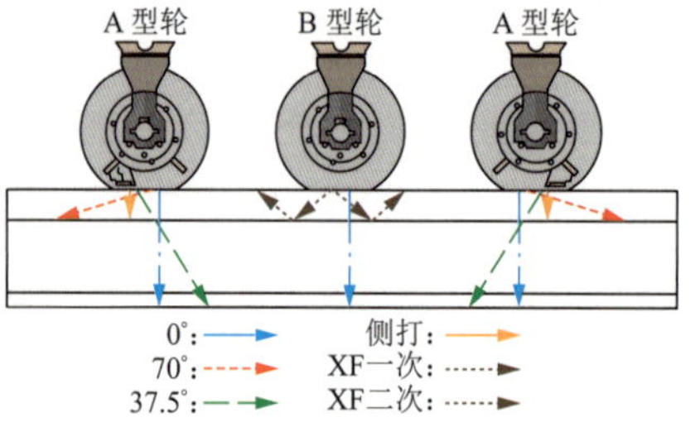

图1　探轮及声束示意图

A型探轮内配有6个超声换能器（简称探头），即0°探头（1个）、37.5°探头（1个）、70°探头（3个）及侧打探头（1个）；B型探轮内配有偏斜角探头（简称XF，2个）和0°探头（1个）。

当探轮中的探头受到高电压脉冲激励会产生超声波，超声波按照设定的角度进入钢轨，检测到钢轨伤损后形成超声回波。各种不同的超声探头将超声回波转化成电信号，再经过模拟处理、数字处理、空间转换、伤损识别，最终在计算机上以B型图显示出来，完成钢轨不同部位、不同形态伤损的检测过程（图2）。

探伤车以固定的距离间隔发射超声波脉冲，在探测同一伤损时，接收到的反射

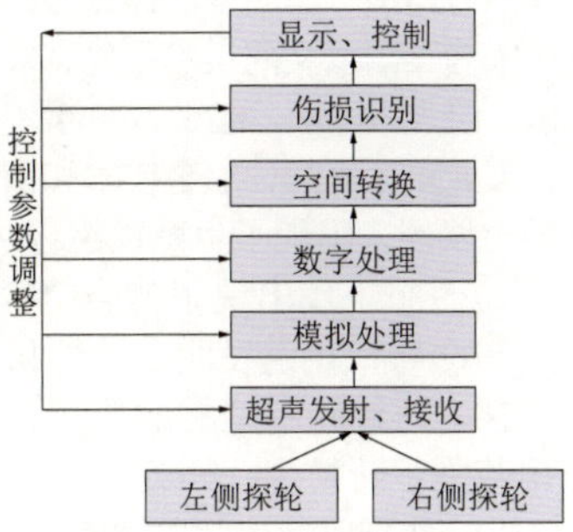

图2 伤损数据处理及参数调整控制示意图

波次数越多，则表明伤损越大。所以，探伤车检测钢轨伤损的大小，主要由检测到的回波数目或探头的移动长度确定。

由于超声波是以脉冲方式发射，为了不漏伤，要求超声波发射的脉冲间隔不能太大，且系统检测灵敏度要足够高。在探伤车检测速度相同的情况下，发射超声波脉冲距离间隔越小检测精度越高，能检测到的伤损越小说明检测灵敏度越高。探伤车检测到的钢轨伤损需要探伤仪现场复核，以进一步对钢轨伤损进行定位、定量、定性。（石永生）

钢轨探伤仪 rail flaw detector 用于铁路线路上在役钢轨野外探伤作业，具有A型和B型探伤图形显示的多通道钢轨超声波探伤设备。简称探伤仪。主要包括仪器（含电源）、探头和带耦合液水箱，具有较完善的报警功能，可在轨道上推行检测速度2～3千米/时。

探伤仪配备9个超声通道，有0°通道1个，37°通道2个（前37°、37°），70°通道6个（前70°、后70°、前内70°、前外70°、后内70°、后外70°）（见图）。

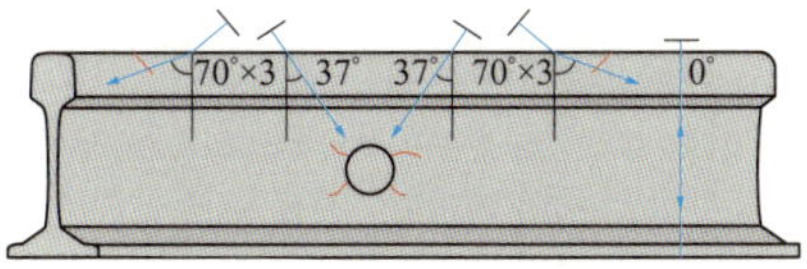

探伤仪探头配置示意图

数字钢轨探伤仪工作原理是同步与处理模块的同步电路（用于同步超声发射和示波器0点显示）产生的触发脉冲同时加至扫描和发射电路，扫描电路受触发产生锯齿波电压，在荧光屏上产生一条水平扫描线。同时，发射电路受触发产生高频窄脉冲加至探头，激励压电晶片振动，在工件中产生超声波。超声波在钢轨中传播，遇伤损或底面发生反射时，被探头中的压电晶片接收，转变为电脉冲，经接收电路放大和检波，加至水平扫描线的相应位置上产生伤损波和底波，根据伤损波的幅度可以估算伤损的当量大小。如果将显示器扫描线的扫描速率同步于超声波在被测工件中的传播速度，则根据回波的水平显示位置可以确定伤损的位置。

较小伤损可以根据回波幅度与钢轨伤损试块对应的人工伤损回波幅度对比，判断钢轨伤损的当量大小；较大伤损可以根据回波幅度与探头位移量来判断钢轨伤损的当量大小。（石永生）

钢桁架 steel truss 用各种钢制杆件组合而成的、承担竖向压力和一定侧向作用力，主要用作工业与民用建筑的屋盖、桥梁、塔架的结构（件）。工业与民用建筑的屋盖结构、吊车梁、桥梁和水工闸门等，常用钢桁架作为主要承重构件。各式塔架，如桅杆塔、电视塔和输电线路塔等，常用三面、四面或多面平面桁架组成的空间钢桁架（图1）。

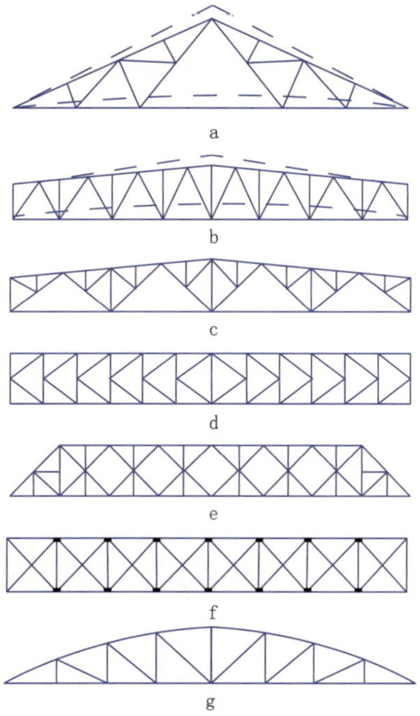

图1 钢桁架形式示意图

分类 钢桁架常按力学简图、外形和构造特点进行分类。①按力学简图分为简支和连续钢桁架、静定和超静定钢桁架、平面和空间桁架。简支钢桁架应用最广。②按外形可分为三角形、梯形、平行弦和多边形钢桁架。③按杆件内力、杆件截面和节点构造特点分为普通、重型和轻型钢桁架。

连接方法 钢桁架可用焊接、普通螺栓连接、高强度螺栓连接或铆接。焊接应用最广；普通螺栓连接常用于可拆卸的结构、输电塔和支撑系统；高强度螺栓连接常用于重型钢桁架的工地连接；铆接用于受较大动力荷载的重型钢桁架，已逐渐被高强度螺栓连接所代替。

高跨比 钢桁架的高度由经济性、刚度、使用和运输要求确定。增加高度可减小弦杆截面和挠度，但增加腹杆用量和建筑高度。钢桁架的高跨比通常采用1/5～1/12，钢材强度高、刚度要求严的钢桁架应采用相对偏高值。三角形钢屋架的高度通常由屋面坡度确定，一般屋面坡度为1/2～1/3时，高跨比相应为1/4～1/6。

腹杆体系 钢桁架的腹杆体系通常采用人字式或单斜式等形式。人字式腹杆的腹杆数和节点数较少，应用较广。为减少受有荷载的弦杆或受压弦杆的节间尺寸，通常增加部分竖杆。单斜式腹杆通常布置使较长的斜杆受拉，较短的竖杆受压，有时用于跨度较大的钢桁架。

支撑系统 为了保证平面钢桁架在桁架平面外的刚度和稳定，减小弦杆在桁架平面外的计算长度并承受可能有的侧向荷载，应在钢桁架侧向布置支撑（图2）。支撑通常可分为水平支撑（上弦和下弦平面、横向和纵向）、垂直支撑（桁架两端和中间）和系杆等类型。

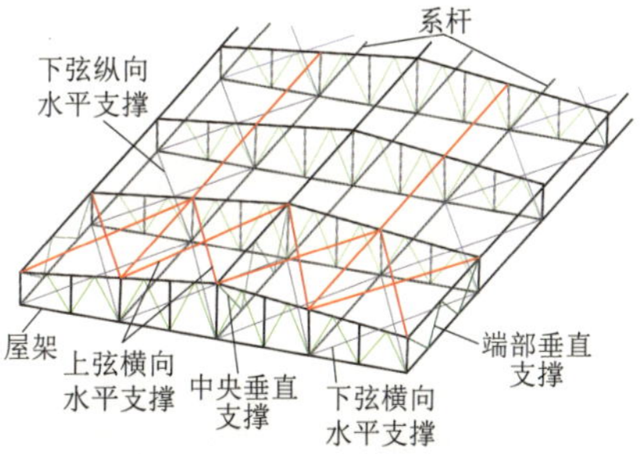

图2 钢桁架屋盖支撑系统示意图

起拱 跨度稍大的钢桁架，为抵消自重及荷载作用下的全部或部分挠度，通常规定在制造时预先起拱。屋架的起拱度f一般为跨度的1/500。（瞿履谦 陶金心）

钢-混凝土组合梁 steel-concrete composite beam 钢梁和所支承的钢筋混凝土板通过抗剪连接件组合成一个整体而共同工作的梁。常用截面形式见图。组合梁的上翼缘由截面面积较大的钢筋混凝土板承受压力，下翼缘则由钢梁承受拉力，可以充分发挥两种材料的特性。当钢-混凝土组合梁受荷载作用时，钢筋混凝土板与钢梁的上翼缘接触面之间会产生水平剪力，由设置在钢梁上翼缘的抗剪连接件承受，如图所示。

组合梁的钢梁，可用热轧成型的工字钢（图a）；或在工字形的下翼缘焊一块钢板，不设上翼缘板而将连接件焊在钢梁腹板两侧（图b）；荷载较大时，则采用焊接上下不对称工字形截面（图c）或箱

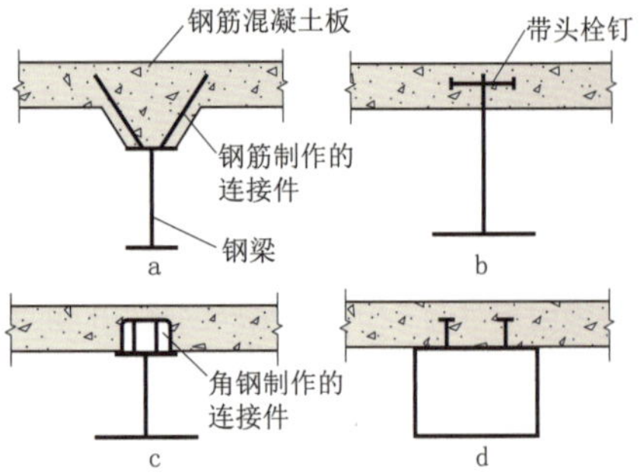

组合梁截面示意图

形截面（图d）；为了节约钢材，便于穿越管道，有时也采用蜂窝梁。

连接件也称剪力键，是保证钢梁与钢筋混凝土板成为整体而共同工作的重要部件。连接件的形式较多，基本上分成用钢筋制作的柔性连接件（图a）和用带加劲肋的角钢制作的刚性连接件（图c）。带头栓钉作连接件（图d），施工速度快、质量好，使用较为普遍。

钢–混凝土组合梁大多采用弹性设计，其工作方式随施工方法的不同而不同。最简单的情况是钢梁先安放在支座上，作为以后灌筑钢筋混凝土板的承重结构。当混凝土未达到设计强度之前，钢梁承受它本身自重、施工活荷载、模板重量以及在其上灌筑钢筋混凝土板的自重。当混凝土达到设计强度后，新增的恒荷载（如找平层）以及作用于楼面的活荷载，全部由组合梁承受。

钢–混凝土组合梁具有承载能力高、刚度大、延性好、节约钢材、降低造价、施工方便等优点，其应用开始于20世纪20年代，中国自20世纪50年代开始研究和应用，最初主要用在铁路桥梁上，此后在房屋建筑上也逐渐采用。（周 锋）

钢混组合构件 steel-concrete composite structural member 钢材和混凝土或钢筋混凝土组合，并通过可靠措施使之形成整体而共同工作的一种组合构件。钢和混凝土在截面上通过合理布置，以充分发挥钢材受拉和混凝土受压两种材料的优势。钢混组合构件兼具钢构件和钢筋混凝土构件的一些特性，承载能力高、刚度大、延性好，同时节约钢材、降低造价、施工方便，具有良好的经济效益。

钢混组合构件的应用始于19世纪末，发展至21世纪，凭借其优良的受力性能和经济效益，广泛用于建筑工程、桥梁工程、公路及城市道路工程、地下工程、海洋工程及特殊容器等结构中。

钢混组合构件有组合梁、组合板、组合桁架和组合柱四大类。应用较多的主要有钢–混凝土组合梁、钢管混凝土柱、型钢混凝土梁和型钢混凝土柱。（周 锋）

钢结构 steel structure 钢结构与混凝土结构、组合结构、砌体结构、木结构等都是土木工程结构学科的重要分支。钢结构通常由钢板、型钢、铸件、钢绞索制成的梁、板、柱、支撑、吊杆、节点、桁、拱、壳体、悬索体系等组成，其构件之间常用焊缝、螺栓、铆钉、销轴等连接。钢结构因其材料性质、截面形状、连接方式的不同，在结构受力、分析方法、构造措施等方面有所不同。其特点是材质均匀、安全可靠、强度大、重量轻、塑性和韧性好、密封性好、耐热性好，便于机械化制造，安装方便、施工周期短。其缺点是耐火性和耐锈蚀性差。

发展简史 钢结构是由铁制结构逐渐发展来的。中国是最早用铁建造结构的国家，长沙曾出土春秋晚期钢剑，历代有很多开矿炼铁的记录，到王莽地皇二年（公元21），官家用铁链达10万余米。最早的铁链桥为西汉元年（前206）汉中樊河桥，之后又有东汉永平十二年（公元69）云南景东兰津铁链桥的记载。现存较早的铁链桥为明弘治十四年（1501）的云南永昌霁虹铁链桥及清康熙四十五年（1706）的四川泸定桥。在建筑方面，现存的有：建于南汉大宝六年（963）的广州光孝寺西铁塔（现存3层，见图），大宝十年（967）的东铁塔（共7层，高6.35米）；建于北宋嘉祐六年（1061）湖北当阳玉泉寺铁塔，塔共13层，高17.9米。这些建筑表现了中国古代冶金和营造技术的领先水平。

中国广州光孝寺西铁塔

在西方，第一座完全用铸铁为材料建造的桥梁为英国塞文河科尔布鲁克代尔空腹拱桥，跨长30.5米，建于1779年。18世纪末，工业革命兴起，冶金技术和钢结构建筑随之发展，出现了生熟铁组合结构。19世纪20～30年代出现了铆合结构。19世纪50～60年代相继发明了转炉和平炉冶炼工艺。随着轧制型材的使用，钢结构应用范围不断扩大，如英国伦敦水晶宫（1851）、法国巴黎埃菲尔铁塔（1889）、美国纽约的自由女神像（1886）等。20世纪，高层钢结构建筑广泛应用获得快速发展，如美国纽约的帝国大厦（1931）、世贸中心大厦（1973），芝加哥的西尔斯大厦（1974）等。

1949年中华人民共和国成立以后，中国钢结构已应用于各类工程结构中，如大跨度桥梁、高层建筑骨架、高塔、大覆盖面积的体育馆、机场建筑等。桥梁设施，如1957年建成的武汉长江大桥和1968年建成的南京长江大桥，主跨888米的广州虎门大桥（1997），主跨1385米的江阴长江大桥（1999），主跨1490米的润扬长江大桥（2005），主跨1088米苏通长江大桥（2008），以及至2017年世界最长跨海大桥**港珠澳大桥**（2016年9月主体桥梁正式贯通）等。大跨建筑，如108米直径圆形顶盖的天津体育馆（1994）、张弦梁钢结构屋盖的上海浦东机场航站楼（1999）、北京**国家体育场**（鸟巢）（2008）。高层建筑，如88层420.5米高的金茂大厦（1997）、101层492米高的上海环球金融中心（2008）、127层632米高的**上海中心大厦**（2016）等。壳体钢结构如箱梁、容器等。海洋石油化工设备中采油平台、管道等也适用钢结构。

钢结构研究与设计 钢结构所用的材料钢材，组织结构均匀，接近于各向同性的匀质体，强度和弹性模量较高，塑性和韧性好，适宜承受振动和冲击荷载。钢材容重和强度比值一般小于混凝土和木材，因而同样承载力的钢结构重量轻。

钢结构的研究与设计的基本内容主要涉及钢材选用、强度、刚度、稳定性、疲劳强度、防蚀性和防火性能等。

钢材选用 钢结构应根据结构重要性、荷载特征、连接方法、温度环境等不同情况，选择适当钢材。所用钢材须有足够的抗拉强度、延伸率、屈服点和硫、磷、碳的极限含量，以保证冷弯、常温或低温冲击韧性以及焊接结构的可焊性和冷脆特性。通常采用的钢材为普通低碳钢和低合金钢，含碳量宜在0.22%以下，否则将降低塑性和可焊性。热轧成型的钢材有钢板、角钢、槽钢、工字钢（标准和宽翼缘）、钢管（无缝）、方钢、圆钢（光、竹节、螺纹）等。冷弯薄壁型钢是用厚度较薄的带钢或钢板经冷弯、冷轧或冲压成型，可制成包括锁口钢板桩在内的异形钢材。现更大量应用热轧钢板焊接制成各类截面构件。

强度　钢结构构件及其连接的净截面上各项应力均应不超过钢材的相应设计强度。承受静力荷载的受弯或受拉弯、压弯构件，如满足一定的构造要求，计算强度时可以考虑截面塑性变形的要求。

刚度　钢结构的整体和各组成构件都有一定的刚度要求，设计时应使其满足规范中的各项规定，如变形和长细比等不超过最大允许值。

稳定性　轴心受压构件、偏心受压构件和受弯构件，有可能丧失整体稳定，其组成部件（如腹板及翼缘等）也可能丧失局部稳定，都需予以验算。必要时还需验算整个结构的整体稳定。

疲劳强度　对于承受同号，特别是反复作用的动力荷载（见荷载）的钢结构构件及其连接，当应力变化的循环次数频繁时，应进行疲劳计算。

防蚀性　钢结构表面如不加保护时，会在周围介质的作用下产生锈蚀。其锈蚀速率与周围介质的温度、湿度和有害物质的含量有关。常用的防蚀方法是油漆、镀锌等金属保护层、化学氧化处理（如磷处理）或阴极保护等。采用含适量铜、铬、镍、锰等金属元素的合金钢材，不但能提高强度，且可成为带防蚀性的耐候钢。

防火　钢材是不可燃的，但导热性强，升温快。当温度超过300℃以后，屈服点、抗拉和抗压强度、弹性模量均开始显著下降，到600℃时则几乎降到常温的1/3以下。常用的防火办法是在钢结构外包混凝土或其他耐火砌体，或可在构件表面喷涂含蛭石、石棉或其他防火涂料。英吉利海峡隧道火灾及纽约世贸中心大厦的坍塌，表明钢结构防火仍需要进一步探讨。

除上述所涉及的内容外，地震作用下还应对其延性、耗能能力、变形等进行研究或设计验算；在特殊荷载或特殊环境条件下的抗断裂性能研究也逐渐成为钢结构设计研究的基本内容之一；性能化设计也成为重要复杂工程的设计内容之一。

（王国周　方惠坚　沈祖炎　石永久）

钢结构防护　protection of steel structure　对钢结构进行防腐与防火的作业过程和技术（见图）。

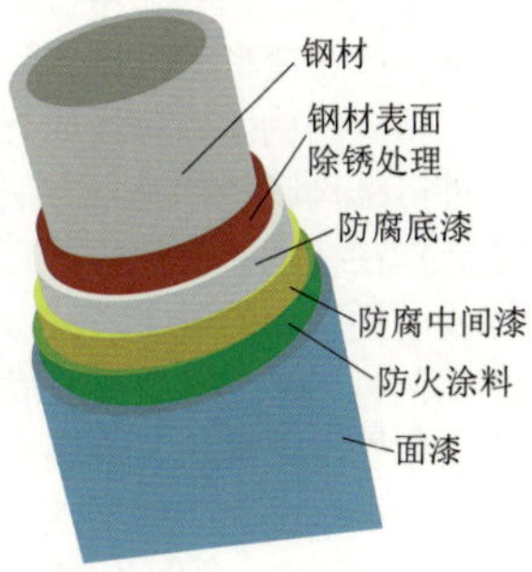

钢结构的典型防护构造示意图

防腐保护　当钢结构的构件表面裸露时，受大气环境中水分、氧和其他污染物的作用，钢结构材料中的铁元素会发生氧化或者电化学反应，即钢材发生了腐蚀。腐蚀不仅会影响钢结构的外观，还会减小钢构件受力截面的尺寸从而削弱钢构件的承载力。大气中的水分吸附在钢材表面上形成的水膜，是造成钢材腐蚀的决定因素；而大气的相对湿度和污染物的成分与含量是影响大气腐蚀程度的重要因素。

钢结构防腐保护措施主要包括：对钢结构构件表面施涂防腐涂料，对构件进行热镀锌或镀铝，或采用耐候钢制作钢构件，以防止或者延缓钢构件中的铁元素与外界环境中的成分发生氧化或者电化学反应，减小腐蚀的速度。钢结构的防腐也可以采用牺牲阴极保护措施，即采用电势比铁更低的元素代替铁元素与外界环境中的有害介质发生氧化或者电化学反应，从而使钢构件免受腐蚀。

防火保护　见**钢结构防火保护**。

（蒋首超）

钢结构防火保护　fire protection of steel structure　为了延缓钢结构在火灾下的升温不超过临界温度、提高钢结构的耐火时间所采取的保护措施。钢结构的材料强度和弹性模量随着温度的升高而下降，当温度为600℃时，钢材的强度将下降到常温时的30%左右。火灾下，没有防火保护的钢构件温度将快速升高，一般情况受火20分钟后，钢构件的温度就将超过600℃。因此，没有进行防火保护的钢结构在火灾中很容易破坏或倒塌。火灾下钢结构发生破坏的温度称为临界温度，一般不超过600℃。

目的和原理　钢结构防火保护的目的是：在建筑发生火灾时，钢结构构件在设计要求的时间内，能够持续承担结构承载功能而不发生破坏，保证建筑内人员安全疏散，保障消防救援人员的安全，减少火灾造成的间接经济损失。

钢结构防火保护的基本原理是：通过隔热或者屏蔽方法，减缓火灾下从热烟气和火焰向钢构件传递热量的速度，或者将传入钢构件的热量疏导出去，以控制和减小钢构件的升温速度。

措施　钢结构的防火保护措施主要包括：①对钢构件进行防火包覆，如采用防火涂料保护、防火板保护、混凝土包裹、防火纤维毡包裹和复合保护等。②在钢构件的迎火面设置防火屏障，阻止钢构件与火焰或者热烟气接触及热辐射。③对于空心截面的管状钢构件，也有在构件空腔内充水进行防火保护的案例。在钢构件内充水提高防火性能的方法比较复杂，实际工程应用很少。

应用较广泛的钢结构防火保护措施是防火涂料保护。钢结构防火涂料主要有非膨胀型（厚型）防火涂料和膨胀型（薄型）防火涂料两大类。①非膨胀型防火涂料。又称厚型防火涂料。主要成分为热传导系数较小的无机绝热材料，如珍珠岩、蛭石等，遇火不膨胀，具有良好的隔热性。其涂层厚度较厚，从7.0毫米左右到50毫米，对应耐火极限可达到0.5～3.0小时以上。②膨胀型防火涂料。又称薄型防火涂料。厚度小于7.0毫米。其基料为有机树脂，配方中还含有发泡剂、碳化剂等成分，遇火升温后自身会发泡膨胀，形成比原涂层厚度大十几倍到数十倍的多孔碳质层，并牢固地附着在钢构件表面。多孔碳质层可阻挡外部热源对钢构件表面的传热，达到防火保护的目的。市场上的膨胀型防火涂料用于钢结构防火保护，耐火极限可达0.5～1.5小时，现已研发出满足2.0小时及以上耐火极限要求的膨胀型防火涂料。膨胀型防火涂料的厚度薄，外观饰面性好。

（蒋首超）

钢结构构件　steel structural member　由钢材制成的结构构件。是钢结构的基本受力元件。按照在建筑结构中的功能、受力形式分类，钢结构构件主要分为钢拉杆、钢压杆、钢梁和钢柱等。

钢结构构件可直接采用热轧型钢或冷弯型钢，也可采用由钢板或型钢组成的组合构件。常见的热轧型钢和冷弯型钢有工字钢、槽钢、角钢、Z形钢等。这类构件一般截面较小，自重轻，但承载力有限。在对承载力要求较高的钢结构中，常采用组合构件，如由三块板组成的工字形（或H形）截面构件、由四块板组成的箱形截面构件以及由工字钢或角钢组成的格构式构件等（见图）。此外，钢管也是钢结构中的一种重要构件形式。相对于一般形式的开口截面，闭口的钢管截面具有更好的

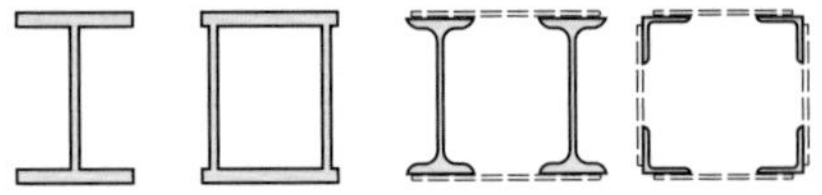

组合构件示意图

抗弯、抗扭性能，受风和波浪作用小，外形美观，因此在土木工程领域得到了广泛应用。常用的钢管构件有方形、矩形、圆形、椭圆形以及平椭圆形等截面形式。钢管构件可以是由管坯热轧或冷轧（拔）而成的无缝钢管，也可以是由钢带或钢板弯曲变形后焊接而成的焊接钢管。

（童乐为）

钢结构连接 connection in steel structure 以钢构件为基本单元件，通过连接形成不同的整体结构。有时，构件本身也需要通过连接形成构件。例如，钢板通过连接可形成工形、箱形、T形等不同截面形状的构件。在钢结构中，连接具有很重要的地位，只有保证连接的可靠性才能确保结构的整体性和共同工作。

钢结构连接设计时，应遵循安全可靠、传力明确、构造简单、制造方便和节约钢材的原则。根据不同情况的需要，钢结构可采用不同的连接方法，如螺栓连接、铆钉连接、焊接、紧固件连接（如自攻螺钉连接）等。普通螺栓连接使用最早，约从18世纪中叶开始使用；19世纪20年代开始采用铆钉连接；19世纪下半叶又出现了焊接；自20世纪中叶高强度螺栓连接又得到了发展。在现代钢结构工程中，焊接和螺栓连接的应用最为广泛，尤其是焊接。（李　云　撰　童乐为　修订）

钢结构施工 steel structure construction 钢结构建造过程中，涉及的钢结构深化设计、钢结构构件加工制作、钢结构现场安装等所有工序的总称。

钢结构吊装　采用合理的起重设备将钢结构构件吊运至指定区域或设计图纸理论位置的施工工艺。钢结构吊装随着建筑钢结构的飞速发展而不断发展。20世纪50～70年代的钢结构吊装，主要采用传统滑轮、自制桅杆、捯链、卷扬机等。20世纪90年代至21世纪，利用汽车式起重机、塔式起重机、履带式起重机、门式起重机等大型起重设备进行钢结构吊装。

常用的钢结构吊装方法有整体吊装法、分段分块吊装法、高空散装法、采用特殊装备吊装法等。①整体吊装法。指结构在地面拼装完成后，采用单机或多机抬吊安装至设计标高的方法（见图）。②分段分块吊装法。指受起重机械性能的影响以及吊装单元变形的控制，利用临时支撑体系，将钢结构体系分段或分片安装到位，再进行结构卸载的施工方法。③高空散装法。指在结构原设计位置直接安装结构构件或结构单元的施工方法。根据不同的施工工艺，又分为全支架（满堂脚手架）安装法和悬拼安装法。采用全支架安装法施工时，结构由支架体系支承，支架既有支承的作用，又有作为安装胎架的作用。悬拼安装法是一种利用结构自身刚度、无支撑分段悬拼的施工方法。④采用特殊装备吊装。指根据实际的施工环境、施工工艺需求，利用特殊装备，如船吊、悬索吊、液压千斤顶系统或自制改造的新型装备来实现钢结构的吊装。

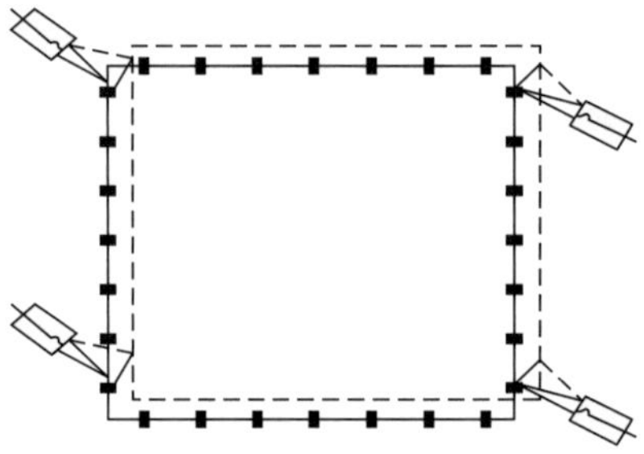
多机抬吊示意图

钢结构拼装　钢结构加工制作单位将构件的各个组件通过定位胎架进行精确定位，并最终焊接成型的一种制作工艺。

根据拼装的场地不同，钢结构拼装分为加工厂拼装和现场拼装。①加工厂拼装。指在加工厂内部，通过流水施工，将钢结构构件的各个部件在流水线上加工制作完成后，在指定的拼装胎架上进行精确定位，焊接成型。这种拼装方法由于受工厂场地的限制、运输的限制，限于拼装较小的构件单元，但工厂胎架精度高，定位准确，组装质量可靠，因此工厂拼装质量可靠。②现场拼装。指由于受运输条件的限制，加工厂无法实现大型构件的工厂拼装。因此将构件的各个部件在流水线上加工制作完成后，运输至施工现场，在施工现场就近设置拼装场地，设置临时胎架，通过现场拼装定位，焊接成型。这种拼装方法解决了大型构件无法运输的难题，但需严格控制现场的拼装环境、组装质量，避免现场拼装场地沉降、作业环境差等不利因素导致的构件拼装质量问题。

钢结构安装　主要有：①超高层、高耸钢结构安装。常规超高层钢结构主要为节约用地、打造高层次商业、办公、居住需求功能为主，如中国**上海中心大厦**、上海环球金融中心、上海国金中心等。高耸钢结构一般以景观、城市地标和广播发射功能为主，如中国的上海东方明珠电视塔、广州新电视塔和法国巴黎埃菲尔铁塔等。超高层、高耸钢结构安装一般在底部较低结构或者地下室结构施工时较多采用履带式起重机、汽车吊作为施工机械，而上部结构施工一般采用自爬式塔式起重机作为施工机械。顶部塔冠或桅杆施工，通常采用在结构顶部设置自立式塔吊进行安装。桅杆施工也采用起扳安装、提升安装的方法。②大跨度钢结构安装。大跨度钢结构被广泛用作体育馆、展览馆、俱乐部、影剧院、会议室、候车厅、候机厅等公共建筑。大跨度钢结构安装一般选用履带式起重机、行走式塔吊、汽车吊进行施工。施工方法可采用跨内或跨外节间综合法安装。对于跨度较大的梁、桁架、网架、网壳，通常采用设置临时支撑分段或分片安装的方法。也可采用构件在地面扩大组拼后，单机或多机抬吊安装。利用计算机控制，液压千斤顶同步作业，实现结构的整体提升、滑移的施工方法，在大跨度钢结构安装中，也得到了广泛的应用。③其他钢结构安装。异形钢结构被应用于特殊的结构造型，如主题乐园艺术造型类钢结构等。此类结构往往结构杆件众多、节点复杂，一般选用塔吊、履带吊或汽车吊进行施工，施工方法多采用满堂脚手架支撑高空散装。

钢结构提升安装　在早期的钢结构提升施工中，限于当时的工业水平，整体提升安装的动力主要采用卷扬机来提供，利用巴杆的组合作为提升的支承，通过钢丝绳配合滑轮组实现，整体提升的能力（提升重量）以及同步性控制都相对较弱。现卷扬机整体提升多用于较轻的结构或者设备的安装。

随着技术的进步，广泛应用的整体提升安装多采用液压同步提升技术。此技术使钢结构施工的控制精度大大提高，施工中的荷载分布、结构变形和结构稳定性均得到有效的动态控制，而且借助机电一体化和模块化技术，使起重能力可按实际需要进行任意组合配置。因此，钢结构安装的施工能力和工程规模得以数十倍的扩展，一次安装的高度可达数百米，一次安装的重量可达数千上万吨，安装的控制精度可达毫米级。液压同步整体提升系统主要由液压提升系统、支承系统和控制系统三大部分组成。

液压提升系统主要由液压提升器（穿心式液压千斤顶）、液压泵站、承重钢绞线及锚具等组成。支承系统是支托液压提升系统的支架，用以固定液压千斤顶装置。提升支架可独立设置，也可利用永久结构设置支承架。控制系统是液压整体提升系统的大脑，分为电气控制系统和计算机控制系统。

钢结构滑移安装　整体牵引滑移是利用液压设备或卷扬机等牵引设备，将钢结构整体牵引到指定位置的施工方法。牵引时需要一定数量的带有减摩材料的滑移脚，在轨道中滑移行走，确保牵引过程中钢结构的轴线偏差在可控范围之内。数字化整体牵引滑移施工技术，利用千斤顶集群作用，对牵引过程中的牵引力大小、牵引行程进行控制，保证在过程中实时控制千斤顶伸缩缸速度及钢结构牵引过程中的线性偏差。在千斤顶缸体上安装有拉线传感器，采集千斤顶伸缩速度及长度数据；在液压泵站上安装压力传感器实时采集压力数据。利用计算机程序的解算方法分析判断反馈回来的数据是否超差，若有超差将会自动报警提示，并进行自动纠偏。

整体顶推滑移根据滑移是否借助轨道，可以分为有轨式整体顶推滑移和无轨式整体顶推滑移。数字化整体顶推滑移施工技术可以同步控制多点的软、硬件设备同时作业，快速、精准地控制钢结构的整体顶推滑移。有轨式整体顶推滑移是利用平推液压千斤顶，顶推钢结构的后方，钢结构上安装滑移脚，使其借助轨道的轨迹平移至待安装位置。无轨式整体顶推滑移是利用顶升及平推液压千斤顶的组合，连续顶推钢结构向前或向后移动。钢结构无须设置滑移脚等结构，也无须铺设平移轨道。

索膜结构施工　索膜结构是20世纪中叶发展起来的一种新型建筑结构形式，是一种建筑与结构完美结合的结构体系。其曲面可以随着建筑师的设计需要任意变化，结合整体环境，建造出标志性的形象工程。索膜结构具有自洁性、透光性、大跨度、轻量结构、防火性和耐久性好、安装复杂等特点。索膜结构可分为充气膜结构和张拉膜结构两大类。膜结构的拉索可采用热挤聚乙烯高强钢丝拉索、钢绞线或钢丝绳，也可根据具体情况采用钢棒等。拉索的锚接可采用浇铸式（冷铸锚、热铸锚）、压接式或机械式锚具。

索膜结构安装工序有：安装前的复测、施加预张力、膜面的保管、搁置平台搭设、膜面的检查、绳网拉设、膜面安装、周边固定、提升膜面、调整及张拉膜面等步骤。其中，施加预张力、膜面安装、周边固定、调整及张拉膜面是关键。

（陈晓明　郁政华　罗魏凌）

钢筋　reinforcing steel bar　由碳素钢或普通低合金钢经热轧或加工而成的横向直径尺寸不大于40毫米的线型钢材。将钢筋按一定的方式配置于混凝土中，可制成钢筋混凝土构件。在钢筋混凝土中，钢筋是用于支撑结构的骨架。钢筋抗拉不抗压，混凝土抗压不抗拉，两者结合后有很好的机械强度，而且钢筋与混凝土有着近似的热膨胀系数，因此成为现代建筑的理想材料。多数钢筋表面有凸起的纹路，以增强和混凝土的结合力。

按外形分类，有光面钢筋和变形钢筋（竹节形、螺纹形、人字形、月牙形）。按化学成分分类，有碳素钢筋（低碳，含碳量小于0.25%；中碳，含碳量0.25%～0.6%；高碳，含碳量大于0.6%）、低合金钢筋（在低碳或中碳钢筋中加入少量的硅、锰、钛或稀土族元素）、不锈钢钢筋和耐蚀钢筋。按生产方式分类，有热轧钢筋、热处理钢筋、水淬钢筋和环氧树脂涂层钢筋。按机械强度（屈服点/抗拉强度）分类，可分为Ⅰ级、Ⅱ级、Ⅲ级、Ⅳ级钢筋。按供货方式分类，又可分为盘条钢筋和直条钢筋。

各种钢筋都应具有一定的强度、塑性、韧性、良好的工艺性能、黏结锚固、抗疲劳，以及抗腐蚀等性能。对热轧钢筋还要有较好的可焊性。对带肋钢筋，要求其表面光洁，无氧化铁皮、结疤、裂纹等缺陷，尺寸公差符合标准要求，有良好的强度、一定的塑性及良好的可焊性与冷弯性能。对要求抗震性能好的钢筋，σ_b/σ_s值要大于1.25。

（薛　锋）

钢筋工程　rebar engineering　包括钢筋成型和钢筋连接。

钢筋成型　指采用钢筋加工设备，经过合理的工艺流程，在固定的加工场所集中将钢筋加工成为工程所需成型钢筋制品的工艺过程（见图）。钢筋成型一般分为剪切、弯曲和套丝。

钢筋专业化加工主要分为线材钢筋加工、棒材钢筋加工和组合成型钢筋制品加工。线材钢筋加工是指钢筋强化加工、钢筋矫直切断、箍筋加工成型等；棒材钢筋加工是指直条钢筋定尺切断、钢筋弯曲成型、钢筋直螺纹加工成型等；组合成型钢筋制品加工是指钢筋焊接网、钢筋笼、钢筋桁架、梁柱钢筋成型加工等。

钢筋连接　在钢筋与钢筋接头处使用的用以延长钢筋的一个部件。钢筋连接有3种常用的连接方法：绑扎连接、焊接连接和机械连接（挤压连接和螺纹套管连接）。

绑扎连接　仍为钢筋连接的主要手段之一。钢筋绑扎时，钢筋交叉点用铁丝扎牢，按照规范的要求保证钢筋位置不产生偏移。

焊接连接　钢筋焊接的主要形式包括闪光对焊、电阻点焊、气压焊、电渣压力焊和电弧焊等。此外，钢筋与预埋件T形接头的焊接应采用埋弧压力焊，也可用电弧焊或穿孔塞焊，但焊接电流不宜大，以防烧伤钢筋。

闪光对焊广泛用于钢筋连接及预应力钢筋与螺丝端杆的焊接。热轧钢筋的焊接宜优先用闪光对焊。钢筋闪光对焊是利用对焊机使两段钢筋接触，通过低电压的强电流，待钢筋被加热到一定温度变软后，进行轴向加压顶锻，形成对焊接头。钢筋闪光对焊工艺常用的有连续闪光焊、预热闪光焊和闪光－预热－闪光焊。对Ⅳ级钢筋有时在焊接后还进行通电热处理。

电渣压力焊在施工中多用于现浇混凝土结构构件内竖向或斜向（倾斜度在4∶1

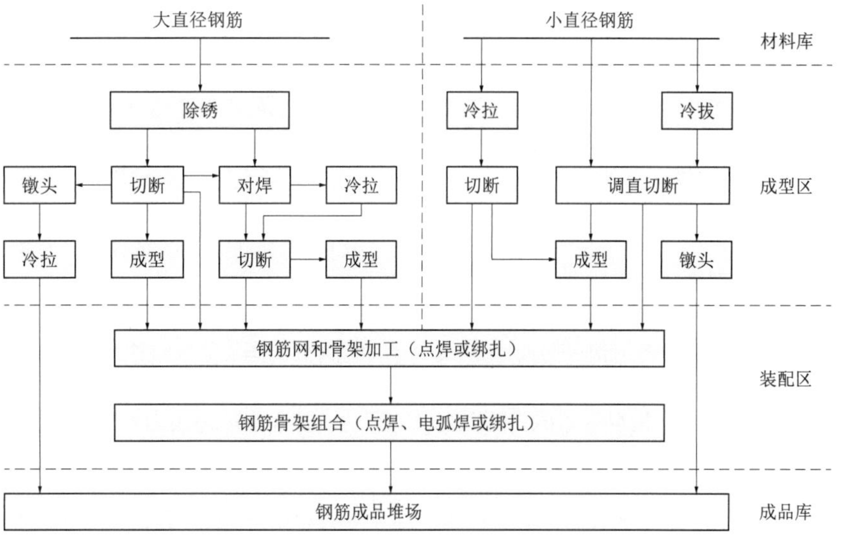

钢筋加工工艺流程示意图

的范围内）钢筋的焊接接长。电渣压力焊有自动和手工电渣压力焊两类。与电弧焊比较，它工效高、成本低，可进行竖向连接，故在工程中应用较普遍。

电弧焊广泛用于钢筋接头、钢筋骨架焊接、装配式结构接头的焊接、钢筋与钢板的焊接及各种钢结构焊接。钢筋电弧焊的接头形式有搭接焊接头（单面焊缝或双面焊缝）、帮条焊接头（单面焊缝或双面焊缝）、剖口焊接头（平焊或立焊）和熔槽帮条焊接头。

机械连接 钢筋机械连接包括螺纹套管连接和挤压连接，是大直径钢筋现场连接的主要方法。

螺纹套管连接分锥螺纹连接与直螺纹连接两种。用于这种连接的钢套管内壁，用专用机床加工有锥螺纹或直螺纹，钢筋的对接端头亦在套丝机上加工有与套管匹配的螺纹。连接时，经过螺纹检查无油污和损伤后，先用手旋入钢筋，然后用扭矩扳手紧固至规定的扭矩即完成连接。它施工速度快，不受气候影响，质量稳定，易对中，已在中国广泛应用。由于钢筋的端头在套丝机上加工有螺纹，截面有新削弱，为达到连接接头与钢筋等强，有两种方法，一种是将钢筋端头先镦粗后再套丝，使连接接头处截面不削弱；另一种采用冷轧的方法轧制螺纹，接头处经冷轧后强度有所提高，亦可达到等强的目的。

钢筋挤压连接又称钢筋套筒冷压连接。连接时需将带肋钢筋插入特制钢套筒内，利用液压驱动的挤压机进行径向或轴向挤压，使钢套筒产生塑性变形，紧紧咬住带肋钢筋实现连接。钢筋挤压连接的工艺参数主要是压接顺序、压接力和压接道数。压接顺序应从中间逐道向两端压接。压接力要能保证套筒与钢筋紧密咬合，压接力和压接道数取决于钢筋直径、套筒型号和挤压机型号。它适用于竖向、横向及其他方向的较大直径变形钢筋的连接。与焊接相比，具有节省电能、不受钢筋可焊性好坏影响、不受气候影响、无明火、施工简便和接头可靠度高等特点。

（韩兵康 刘 匀）

钢筋桁架成型机 steel bar truss molding machine 制作钢筋桁架的机械设备。由放线部分、矫直部分、储料部分、侧筋成型部分、焊接部分、地脚折弯部分、步进部分、剪切部分和集料等组成。其矫直送丝部分的后矫直筒采用了滚轮的轴线与进料孔轴线呈30°～60°夹角的矫直方式；焊接部分采用焊接电极块从上向下焊接；集料部分的结构为，与水平面呈30°～60°的成品滑料架的一端固定在成品接料架上，另一端固定呈水平状的成品集料架，集料架支座固定连接在成品滑料架和成品集料架的下部，集料架支座的下部安装有集料架固定调整座。钢筋桁架成型机的特点是机器矫直送丝部分噪声小，钢筋矫直出来的直线度好，集料部分节约了电力能源，同时调整焊枪的角度与高低以及检修十分方便。

（侯爱山）

钢筋混凝土 reinforced concrete 配有钢筋增强的混凝土。

沿革 钢筋混凝土结构在19世纪中叶才应用在建筑工程中。1849年，法国J.L.朗姆波和1867年法国J.莫尼埃先后在铁丝网两面涂抹水泥砂浆制作小船和花盆。1884年德国建筑公司购买了莫尼埃的专利，进行了第一批钢筋混凝土的科学实验，研究了钢筋混凝土的强度、耐火性能、钢筋与混凝土的黏结力。1886年德国工程师M.科恩提出钢筋混凝土板的计算方法。与此同时，英国W.D.威尔金森提出了钢筋混凝土楼板专利；美国T.海厄特对混凝土梁进行试验；法国F.克瓦涅出版了一本应用钢筋混凝土的专著。

各国钢筋混凝土结构设计规范采用的设计方法有容许应力设计法、破坏强度设计法和极限状态设计法。在钢筋混凝土出现的早期，大多采用以弹性理论为基础的容许应力设计法。20世纪30年代后期，苏联开始采用考虑钢筋混凝土破坏阶段塑性的破坏强度设计法；50年代，更进一步完善为极限状态设计法。它综合了前面两种设计方法的优点，既验算使用阶段的容许应力、容许裂缝宽度和挠度，也验算破坏阶段的承载能力，概念比较明确，考虑比较全面，已为许多国家和国际组织的设计规范所采用。

基本原理 由于混凝土的抗拉强度远低于抗压强度，因而素混凝土结构不能用于受有拉应力的梁和板。如果在混凝土梁、板的受拉区内配置钢筋，则混凝土开裂后的拉力即可由钢筋承担，这样就可充分发挥混凝土抗压强度较高和钢筋抗拉强度较高的优势，共同抵抗外力的作用，提高混凝土梁、板的承载能力。

钢筋与混凝土两种不同性质的材料能有效地共同工作，是由于混凝土硬化后混凝土与钢筋之间产生了黏结力。黏结力由分子力（胶合力）、摩阻力和机械咬合力3部分组成。其中起决定性作用的是机械咬合力，约占总黏结力的一半以上。将光面钢筋的端部做成弯钩，将钢筋焊接成钢筋骨架和网片，均可增强钢筋与混凝土之间的黏结力。为保证钢筋与混凝土之间的可靠黏结和防止钢筋被锈蚀，钢筋周围须具有15～30毫米厚的混凝土保护层。若结构处于有侵蚀性介质的环境，保护层厚度还要加大。

梁和板等受弯构件中的钢筋，根据弯矩图的变化沿纵向配置在结构件受拉的一侧（见**钢筋混凝土梁**）。在柱和拱等结构中，钢筋也被用来增强结构的抗压能力。它有两种配置方式：一是顺压力方向配置纵向钢筋，与混凝土共同承受压力；另一是垂直于压力方向配置横向的钢筋网和螺旋箍筋，以阻止混凝土在压力作用下的侧向膨胀，使混凝土处于三向受压的应力状态，从而增强混凝土的抗压强度和变形能力（见**钢筋混凝土柱**）。由于按这种方式配置的钢筋并不直接承受压力，所以也称间接配筋。在受弯构件中与纵向受力钢筋垂直的方向，还须配置分布筋和箍筋，以便更好地保持结构的整体性，承担因混凝土收缩和温度变化而引起的应力及承受横向剪力。

应用范围 钢筋混凝土结构在土木工程中的应用范围极广，各种工程结构都可采用钢筋混凝土建造。后来，钢筋混凝土结构在原子能工程、海洋工程和机械制造业的一些特殊场合，如反应堆压力容器、海洋平台、巨型运油船、大吨位水压机机架等，均得到十分有效的应用，解决了钢结构所难于解决的技术问题。

基本特性 混凝土的收缩和徐变（蠕变）对钢筋混凝土结构具有重要意义。由于钢筋会阻碍混凝土硬化时的自由收缩，在混凝土中会引起拉应力，在钢筋中会产生压应力。混凝土的徐变会在受压构件中引起钢筋与混凝土之间的应力重分配，在受弯构件中引起挠度增大，在超静定结构中引起内力重分布等。混凝土的这些特性在设计钢筋混凝土结构时须加以考虑。

由于混凝土的极限拉应变值较低（约为0.15毫米/米）和混凝土的收缩，导致在使用荷载条件下构件的受拉区容易出现裂缝。为避免混凝土开裂和减小裂缝宽度，可采用预加应力的方法，对混凝土预先施加压力（见**预应力混凝土结构**）。实践证明，在正常条件下，宽度在0.3毫米以内的裂缝不会降低钢筋混凝土的承载能力和耐久性。

在−40～60℃的温度范围内，混凝土和钢筋的物理力学性能都不会有明显的改变。因此，钢筋混凝土结构可以在各种气候条件下应用。当温度高于60℃时，混凝土材料的内部结构会遭到损坏，其强度会有明显降低。当温度达到200℃时，混凝土强度降低30%～40%。因此，钢筋混凝土结构不宜在温度高于200℃的条件下应用，当温度超过200℃时，必须采用耐热混凝土。（田　倩）

钢筋混凝土板 reinforced concrete slab 水泥、砂、石等建筑材料和水拌和，配以线形钢材浇筑而成的主要承担活荷载的构造体。是房屋建筑和各种工程结构中的基本结构或构件，主要用作屋盖、楼盖，还有平台、墙、挡土墙、基础、地坪、路面、水池等。钢筋混凝土板按平面形状分为方板、圆板和异形板。按结构的受力作用方式分为单向板和双向板。常见的有单向板、四边支承双向板和由柱支承的无梁平板。板的厚度应满足强度和刚度的要求。

单向板　有现浇和预制两种。现浇板通常与钢筋混凝土梁连成整体并形成多跨连续的结构形式。预制板在工业和民用建筑中被广泛用作屋盖和楼盖，常用的预制板有实体板、空心板和槽形板，板的宽度视制造、吊装和运输设备的具体条件而定。为了保持预制板结构的整体性，要注意处理好板与板、板与墙和梁的连接构造（见**钢筋混凝土结构连接**）。单向板的计算和梁的计算相同，按板厚相当于梁高，板宽相当于一个单位长度的梁宽进行计算（见**钢筋混凝土梁**）。

单向板的钢筋由受力钢筋和分布钢筋组成。受力钢筋由计算决定，根据弯矩图的变化沿跨度方向配置在板的下面或上面的受拉区。分布钢筋与受力钢筋垂直，均匀地配置于受力钢筋的内侧，以便在灌筑混凝土时固定受力钢筋的位置，抵抗混凝土收缩和温度变化所产生的应力，承担并分布板上局部荷载产生的应力。当跨度和荷载较大时，板中的受力筋可采用预应力钢筋或钢丝。

四边支承双向板　沿四边支承的板，当其长边与短边之比不大于2时，板上的荷载将同时沿长跨和短跨两个方向传至支承结构（梁或墙）。

四边支承板的配筋，按两个方向分别平行于支承梁呈十字交叉布置。当荷载和跨度较大时，可采用预应力钢筋。在现浇板中，常采用分散布置的无黏结后张预应力钢丝束。在预制板中，则采用先张法预应力钢丝（见**预应力混凝土结构**），有时为了减轻板的自重，还在其中一个方向做成多孔空心板。

无梁平板　与前述两种板不同之处在于板面不用梁支承而直接由柱支承，常用作荷载较重的楼盖和基础底板，故也称无梁楼盖。无梁平板由于没有凸出的梁肋，

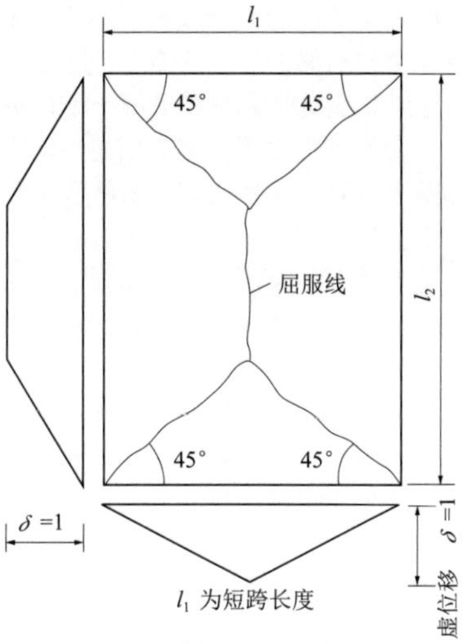

双向板破坏示意图

因而改善了采光和通风条件，便于保持清洁和敷设各种管线，扩大了楼层净空，降低多层房屋的总高度，从而带来较为明显的经济效益（见**板柱结构**）。

无梁平板按结构形式分为无柱帽平板和有柱帽平板。柱帽的设置是为了增大传递支座压力所需的接触面积，增加抗冲切和抵抗支座负弯矩的能力。为减轻板的自重，可做成井式密肋板，肋间空隙也可填以轻质块材。

无梁平板的配筋，由平行于柱网轴线的双向钢筋网组成，沿纵横方向的柱上板带和跨中板带的正负钢筋如同单向多跨连续板一样布置。当跨度较大时，可配置无黏结后张预应力钢丝束。无梁平板的施工方法有逐层现浇法和在现场地面就地叠层预制，然后提升至预定层高的升板施工法。（蔡绍怀）

钢筋混凝土桁架 reinforced concrete truss 用钢筋混凝土或预应力混凝土材料制成的桁架。钢筋混凝土桁架多用于屋架、塔架，有时也用于栈桥和吊车梁，在基坑支护中也有应用。由于钢筋混凝土桁架的拉杆在使用荷载下常出现裂缝，因而仅用于荷载较轻和跨度不大的建筑。20世纪50年代以后，随着预应力混凝土技术的发展，对跨度较大和荷载较重的桁架，中国已普遍采用了预应力混凝土进行加工制作，常用的跨度为18米、24米、30米，个别的为60米。常用的钢筋混凝土桁架形式有三角形、梯形、多边形或折线形和平行弦等。此外，也常采用无斜腹杆的空腹桁架。

桁架的形式取决于桁架的用途、荷载的性质，分布、制造、运输和吊装条件及技术经济指标要求等，经过对比选择出最优的方案。桁架内力分析应根据最不利的荷载组合，并考虑屋面结构在安装阶段和半跨活载等不对称荷载的作用。

钢筋混凝土桁架的内力应按节点为刚性连接的超静定平面桁架计算。由于刚性节点的桁架轴力和铰接桁架的相差不大，故可简化为按铰接桁架计算轴力，上弦按支承于节点的连续梁计算；当桁架的跨度或荷载较大时，应同时考虑杆件相对线变位和角变位造成的杆件轴向变形引起的次应力。如采用提高上弦安全储备、控制受拉杆件的裂缝宽度等措施，也可不进行次应力计算。钢筋混凝土空腹桁架的内力应按节点为刚接的平面刚架计算各杆件的轴力、弯矩和剪力。

钢筋混凝土桁架应验算使用阶段，以及扶直、运输和起吊阶段或预加应力各个阶段中构件的强度、稳定性和抗裂性。

桁架杆件的截面一般用矩形，上弦和受压腹杆按偏心或轴心受压构件配筋；受拉的下弦和腹杆按受拉构件配筋并应妥善处理端部钢筋的锚固。桁架中间各节点要适当加强以承担节点的复合应力，防止杆件交会处混凝土开裂，加强腹杆钢筋的锚固。

桁架端节点是关键部位，该处承受桁架支座的垂直和水平压力、上下弦杆之间的水平剪力和预加应力时的水平预压力，因而端节点区域应力比较复杂，混凝土较易出现裂缝。预应力下弦端部锚固区要增加钢筋网片或螺旋钢筋以承受预压应力或环向张力。

桁架的支撑系统，对于保证桁架的横向整体稳定、上下弦杆的横向稳定和建筑物屋盖刚度有十分重要的作用，是保证桁架正常工作的重要构件。如屋盖结构的支撑系统，一般用角钢或圆钢组成十字交叉斜腹杆，利用相邻的两榀桁架的杆件构成平面桁架，布置在屋架的上弦或下弦平面，及垂直于桁架平面的两端或中部。

根据制造、运输、场地等条件，钢筋混凝土桁架可采用整体现浇的整榀桁架；也可分成块体预制、运至现场拼装成整榀桁架；或将腹杆预制成杆件，然后与上下弦杆整体灌注，待混凝土达到设计强度后，提升或吊装就位。

（张守志　撰　冯　鹏　修订）

钢筋混凝土结构 reinforced concrete structure 水泥、砂、石等建筑材料和水拌和配以线型钢材现场浇筑或工厂预制的构件而形成的、能承担重力和外力、满足使用功能和安全要求的构造体或组合体。

沿革与发展　钢筋混凝土结构在19世纪中叶首先被应用在建筑工程中。1853

年，法国F.凯哥涅在巴黎建造了一栋4层的建筑，首次将铁作为增强混凝土的材料以防止墙体的倾覆；1854年，英国W.D.威尔金森在一栋2层建筑的楼板里采用了铁棒增强的混凝土结构。1867年开始，法国J.莫尼埃陆续提出了一系列钢筋混凝土构件的专利，包括花盆、管道、楼板、拱桥、楼梯、轨枕等。1877年，美国T.海厄特出版了一本专著专门介绍铁增强混凝土楼板的设计经验；1879年，德国G.韦斯的建筑公司购买了莫尼埃的专利，进行了一批钢筋混凝土的科学实验，研究了钢筋混凝土的强度、耐火性能，钢筋与混凝土的黏结力，并从1884年开始了商业应用。

19世纪末，混凝土结构传入中国。在上海，1896年建成的工部局市政厅采用钢筋混凝土楼板（现已不存在），1901年建造的华俄道胜银行（现为中国外汇交易中心）采用了钢柱、钢梁外包混凝土的钢骨混凝土结构，1908年建成的德律风公司大楼（现为上海市内电话局）是中国第一座采用钢筋混凝土梁和钢筋混凝土柱组成框架结构的房屋。

力学的发展为混凝土结构理论的建立奠定了基础。钢筋混凝土结构基本理论主要有两方面的工程应用，一是已知荷载设计结构构件，二是已知结构构件确定其能承受的外部荷载。1886年，德国工程师M.科恩提出受弯构件的中性轴位于截面中心的假说，为钢筋混凝土受弯构件正截面的应力分析建立了最原始的力学模型。1894年，法国F.克瓦涅等拓展了科恩的理论，提出了钢筋混凝土构件的容许应力设计法。由于该方法以弹性力学为基础，在数学处理上比较简单，一经提出便很快为工程界所接受。尽管混凝土的弹塑性性能以及钢筋混凝土结构的极限强度理论早已被人们所认识，却很难动摇容许应力设计法在工程设计中的应用。直到1976年，美国和英国的房屋结构设计规范仍以容许应力法为主。21世纪初，将荷载和材料的强度看成是随机变量，采用基于近似概率的极限状态设计法已被许多国家和国际组织的设计规范所采用。

结构试验在钢筋混凝土结构理论的诞生和发展过程中起着不可估量的作用。世界各国的混凝土结构设计规范都是以大量的试验数据为基础而建立起来的。体型特殊、结构复杂的混凝土结构物往往还要通过整体结构的模型试验来验证设计理论，改进设计方法。

钢筋混凝土结构诞生以来在材料方面的发展主要表现在混凝土强度的不断提高、混凝土性能的不断改善、轻质混凝土以及复合材料筋的应用等方面。随着钢筋混凝土结构耐久性和再生混凝土结构引起各国学者的高度重视，与之相关的课题在世界范围内被广泛地研究，有些成果已在工程中应用。

基本原理 混凝土的抗压强度高，但抗拉强度低，约为抗压强度的1/8～1/16；钢筋的抗拉和抗压强度都很高，但钢筋受压时易发生失稳而不能充分发挥其抗压强度。将钢筋配置在混凝土内部，利用混凝土的抗压和对钢筋失稳的限制，利用钢筋的抗拉和抗压性，则能使两种材料各尽其能、相得益彰。混凝土内部的碱性环境可防止钢筋过快锈蚀，一定厚度的混凝土保护层还能提高钢筋的抗火能力。因而，钢筋和混凝土组成了性能良好、经济性优越的结构构件。以梁为例，若用素混凝土制成梁，在图1所示的荷载作用下，梁跨中截面的下部受拉，上部受压（图1a）。当外荷载增加使得梁底的应力达到混凝土抗拉强度时，混凝土开裂，开裂后梁立即断开；若在梁的受拉区布置适量的钢筋，由于钢筋具有很好的抗拉性能，当混凝土开裂后钢筋还可以承受拉力（图1b），梁不破坏还可以承载，承载能力远大于前者。钢筋不仅提高了梁的承载能力，而且还提高了梁的变形能力，使得梁在破坏前能给人以明显的警示。

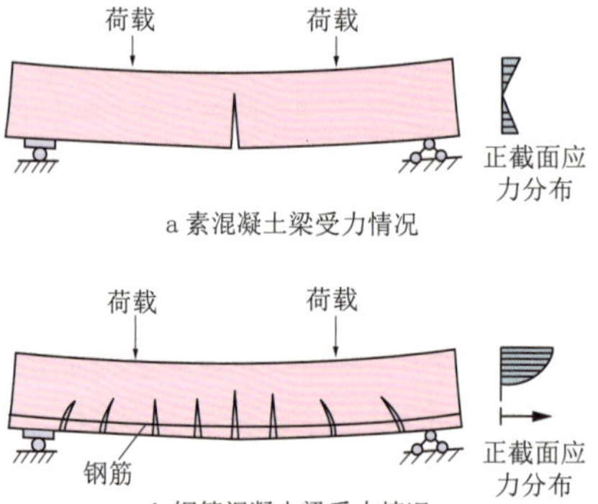

a 素混凝土梁受力情况

b 钢筋混凝土梁受力情况

图1 素混凝土梁和钢筋混凝土梁的受力情况对比示意图

钢筋与混凝土两种不同性质的材料能有效地共同工作，是由于混凝土硬化后混凝土与钢筋之间的黏结力。这种黏结力由界面上的胶结力、摩擦力和机械咬合力三部分组成。其中起决定性作用的是钢筋表面螺纹形成的机械咬合力和光面钢筋端部弯钩形成的胶结力。为保证钢筋与混凝土之间的可靠黏结和防止钢筋被锈蚀，钢筋周围须具有15～50毫米厚的混凝土保护层。若结构处于有侵蚀性介质的环境或设计使用年限延长，保护层厚度还要加大。此外，钢筋和混凝土两种材料的线膨胀系数很接近（混凝土为1.0×10^{-5}/℃～1.5×10^{-5}/℃，钢筋为1.2×10^{-5}/℃），避免了温度变化时产生较大的温度应力破坏两者之间的黏结力。

混凝土构件中的钢筋主要根据受力状况配置：根据受力沿纵向配置在构件中受拉的部分，也可以顺压力方向纵向配置钢筋来与混凝土共同承受压力；在受剪构件中配置可穿过剪切裂缝的箍筋、弯起筋或钢筋网来承担剪力；在垂直于压力方向上配置螺旋箍筋或横向钢筋网片，可以阻止混凝土在压力作用下的侧向膨胀，使混凝土处于受约束的应力状态，从而增强混凝土的抗压强度和抗变形能力。构件还须额外配置与受力钢筋垂直的分布筋或箍筋，以便更好地保持结构的整体性，并承担因混凝土收缩和温度变化而引起的应力。

施工制作方法 钢筋混凝土结构施工时，一般先根据结构构件的形状和尺寸制作模板和钢筋，再将钢筋绑扎固定在模板中适当的位置，之后浇筑流动状态的混凝土，经过养护，在混凝土结硬成形并达到一定强度时拆除模板。现浇混凝土结构是在工程现场完成这一过程；预制装配式混凝土结构是在工厂用可重复使用的模板以此过程制作构件，再将构件运送到工程现场，进行拼装和连接，形成整体结构。

应用范围 钢筋混凝土结构在土木工程中的应用范围极广，各种工程结构都可采用钢筋混凝土建造，包括房屋建筑、道路桥梁、地下工程、工业设施、海洋工程等领域。在房屋建筑中，钢筋混凝土结构占有相当大的比例，超过100米高的高层建筑中绝大多数是钢筋混凝土结构或为钢-混凝土组合结构。例如，中国1997年建成的广州中信广场（图2），为世界上最高的钢筋混凝土建筑，混凝土结构（框架-筒体结构）高度为322米，总高度391米。隧道、桥梁、高速公路、地铁建

图2 中国广州中信广场

筑工程等大多数也都采用钢筋混凝土结构。例如，中国1997年建成的万州长江大桥，为世界上跨度最大的钢筋混凝土结构拱桥，主拱采用钢管混凝土劲性骨架外包钢筋混凝土结构，净跨420米。钢筋混凝土结构还用于建造渡槽、码头、海洋平台、烟囱、冷却塔等基础设施。例如，哈萨克斯坦1987年建成的埃基巴斯图兹GRES-2发电站的混凝土结构烟囱，为世界上最高的烟囱，高度达419.7米。

（蔡绍怀　顾祥林　冯　鹏）

钢筋混凝土结构防火保护　fire protection of reinforced concrete structure　为了使柱、墙、梁、楼板等混凝土构件达到规定的耐火极限所采取的防火保护措施。钢筋混凝土结构防护火保护包括钢筋保护层、砂浆装饰层、混凝土中添加聚丙烯纤维、构件外部采用防火涂料、防火板保护等。钢筋混凝土结构防火保护应根据构件耐火极限要求、火灾时构件的受力以及构件截面尺寸、配筋等基于试验或通过计算确定。

按照材料、受力特点的不同，钢筋混凝土构件可以分为普通混凝土构件、高强度混凝土构件、预应力混凝土构件、加固混凝土构件等，各类构件的耐火性能有较大的差异，应有针对性地采取防火保护措施。

通常，混凝土的强度等级越高，火灾高温下强度退化越大，并且更容易发生混凝土爆裂。因此，高强度混凝土构件的耐火性能比普通混凝土构件差，防火保护对于高强度混凝土构件更为重要和必要。对于普通混凝土构件，提高耐火性能和耐火极限的关键是控制构件内的钢筋升温，常用的防火保护方法是增大钢筋的保护层厚度，包括增大混凝土保护层和砂浆面层。该方法不需要额外的施工工序，且耐久性良好，不影响构件外观，不影响后续装饰施工。对于高强度混凝土构件，除了控制钢筋升温外，还可在混凝土中添加聚丙烯纤维等材料，以减少混凝土爆裂。

由于预应力钢筋升温会导致预应力松弛，且预应力钢筋强度高，高温下强度损失程度更大，因此火灾对预应力混凝土构件影响更大。对于预应力混凝土构件，宜将预应力钢筋控制在较低的温度部位，除了增大钢筋与混凝土构件表面的距离外，必要时应对预应力混凝土构件采用防火涂料或防火板进行包覆。外贴钢板或外贴碳纤维布是常用的混凝土构件加固方法。外贴胶黏剂中含有大量的高分子材料，其熔点很低，因此对于这类加固混凝土构件应采取防火保护。其中涂抹非膨胀型防火涂料、包覆防火板、金属网抹砂浆是工程中常用的方法。

（楼国彪）

钢筋混凝土结构连接　connection in reinforced concrete structure　水泥、砂、石等建筑材料和水拌和，配以线形钢材浇筑而成的梁、板、柱、墙、桁架、基础等构件相互结合，形成一定形式组合体的过程。按所连接的构件类别（板、梁、桁架、柱、墙、基础等），或按连接受力的性质（拉、压、剪、弯、扭等），或按连接变形的能力（刚性、柔性等），或按结构的施工方法（现浇、预制、装配整体等）而具有不同的连接方式。

连接要求　钢筋混凝土结构的连接应满足下列要求：①具有足够的强度，能可靠地承担从一个构件传到另一个构件的内力。②在结构的使用期间，连接处的变形较小，不妨碍其传力特性。对某些柔性连接则应具有足够的柔度和延性。③构造简单，制作、灌筑、安装方便。④建筑外形简洁。⑤防水、抗渗、隔音、耐热。⑥节省材料。⑦造价低。

连接方式　现浇钢筋混凝土结构的连接主要通过钢筋与混凝土之间的黏结作用提供，应考虑钢筋的锚固、搭接和弯曲等构造细节。现浇梁的钢筋在连接处应保证所连接的构件有足够的锚固长度，使钢筋受力后不致因锚固不足而被拔出，导致结构的破坏。

预制钢筋混凝土结构的连接方式较多，包括预埋件（钢板或角钢等）之间的焊接、预设套筒或孔道灌浆和后穿预应力筋。预埋件则通过锚筋锚固在混凝土构件中。焊缝的尺寸和锚筋的长度等应按所传递的轴力或剪力确定，有时也可用螺栓进行连接。预制柱常插入基础的杯口，再现浇高于构件本身强度等级的混凝土。套筒灌浆连接是将受力钢筋预先留出一定长度插入连接构件预埋的套筒中，再向套筒中压注高强度的砂浆，通过黏结锚固进行连接。在桥梁结构中还经常采用后穿预应力筋张拉的方式进行连接。部分预制的混凝土结构是通过伸出的钢筋将预制构件与后浇的混凝土连成一体，再通过节点处的现浇混凝土以及其中的配筋，使构件之间连成整体。

受力分析　各种连接处的受力一般比较复杂，其结构性能（包括强度、抗裂度、刚度、延性、抗震性能及抗疲劳性能等）及计算方法有的比较清楚，有的还需要深入研究。受力特点（拉、压、剪等）的不同，将涉及不同的结构受力问题，其中有：①混凝土的局部承压。当采用预制构件时，连接处常需通过一较小的面积传递一较大的压力，称为局部承压。混凝土局部受压时单位面积上的抗压强度比全截面受压时的强度还大，但有一个限度，通常限定不超过全截面受压时的抗压强度的1.5～3倍。②摩擦剪。当连接处的混凝土因抗拉强度不足而开裂，如有钢筋垂直于裂缝布置，则该裂缝仍能负担平行于它的剪力。由于裂缝面起伏不平，当裂缝两侧发生剪切位移时，将同时产生垂直于裂缝的相对位移，裂缝将增宽，使钢筋受拉。这种钢筋能阻止变形的发展。这种构造称为摩擦剪。③混凝土的复合受力。连接处的混凝土常受到不同方向传来的正应力和剪应力，处于复合受力状态。在地震等往复荷载的作用下连接的受力状态会发生变化，因此受力复杂的连接设计，需通过专门的试验校核。

（蒋大骅　撰　冯　鹏　修订）

钢筋混凝土梁　reinforced concrete beam　水泥、砂、石等建筑材料和水拌和配以线型钢材浇筑而成的承重结构件。可为独立梁，也可与钢筋混凝土板组成整体的梁-板式楼盖，或与钢筋混凝土柱组成框架。钢筋混凝土梁形式多样，是各类工程结构中最基本的承重构件。钢筋混凝土梁按截面形状，可分为矩形梁、T形梁、工字梁、槽形梁和箱形梁。按施工方法，可分为现浇梁、预制梁和预制现浇叠合梁。按配筋类型，可分为钢筋混凝土梁和预应力混凝土梁。按受力状态，可分为简支梁、连续梁、悬臂梁、主梁和次梁等。

钢筋混凝土简支梁的典型配筋构造如图。在主要承受弯矩的区段内，沿梁的下部配置纵向受力钢筋，以承担弯矩所引起的拉力。在弯矩和剪力共同作用的区段内，配置横向箍筋和弯起钢筋，以承担剪力并和纵向钢筋共同承担弯矩。为了固定箍筋位置并使其与纵向受力筋共同构成刚劲的骨架，在梁内须设置架立钢筋。当梁较高

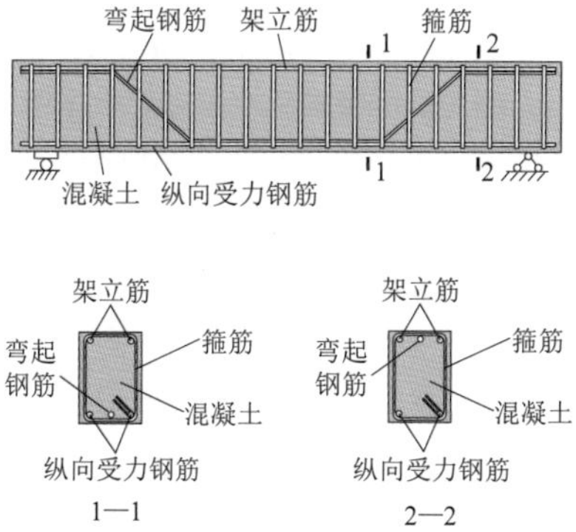

钢筋混凝土简支梁的配筋构造示意图

时，为保证钢筋骨架的稳定及承受由于混凝土干缩和温度变化所引起的应力，在梁的侧面沿梁高每隔约300毫米需设置纵向构造钢筋，并用拉筋连接。为了保证钢筋不被锈蚀，同时保证钢筋与混凝土紧密黏结，应有一定厚度的混凝土保护层。

钢筋混凝土梁的典型破坏包括正截面破坏和斜截面破坏。正截面破坏是由于弯矩作用产生与梁轴线垂直的裂缝，进而开裂部分的钢筋受拉，未开裂部分的混凝土和钢筋受压。配筋合适的钢筋混凝土梁达到正截面破坏的极限承载力时，受拉钢筋最终屈服，受压混凝土被压坏，破坏具有延性；而配筋太少会出现类似素混凝土梁的脆性破坏，为少筋破坏；配筋过多则会在钢筋没有屈服时混凝土就被压坏，也是脆性破坏且钢筋没有得到充分利用，为超筋破坏。斜截面破坏主要是由于剪力作用，产生与梁轴线斜交的裂缝，进而穿过斜裂缝的箍筋或弯起钢筋受拉。钢筋混凝土梁达到斜截面极限承载力时，穿过裂缝的箍筋达到屈服，斜裂缝端部未开裂的混凝土被压坏或斜裂缝两侧的混凝土被压坏，破坏也具有一定的脆性。在钢筋混凝土梁的设计中，须设计为具有延性的正截面适筋破坏，避免少筋、超筋和斜截面的破坏。

（蔡绍怀 冯 鹏）

钢筋混凝土墙 reinforced concrete wall 水泥、砂、石等建筑材料和水拌和，配以线形钢材浇筑而成的房屋、桥梁、水工等各种工程结构中竖向设置、主要承担竖向荷载和侧向力作用的构件。钢筋混凝土墙是既能承担竖向力又能抵抗侧向力的构件，并具有分隔、围护和承重等作用，还有隔热、保温、隔声等功能。按墙在建筑物中的位置可分为外墙和内墙，分隔房间的内墙又称隔墙。位于房屋两侧的外墙称端墙或山墙；高出屋面的外墙称女儿墙。按墙在建筑物中的受力情况分为承重墙和非承重墙，非承重墙包括填充在框架内的填充墙、支承在本身的基础或基础梁上的自承重墙、悬挂在排架或框架上的悬挂墙等。大多数钢筋混凝土墙都是承重墙，其中剪力墙是抵抗墙面内水平力的承重墙，挡土墙是基础工程或岩土工程中抵抗面外水平力的承重墙。按墙体的施工方式分，有现场浇注的混凝土或钢筋混凝土板式墙，在工厂预制、现场装配的板材墙、组合墙等。

钢筋混凝土剪力墙主要用在多层和高层建筑中，通常承受水平荷载和竖向荷载，主要作用是抵抗墙内水平荷载，并提供比较大的刚度，减小结构的变形。通常在墙体中配置双向布置的钢筋网，在端部和洞口旁配置较多的钢筋。钢筋混凝土挡土墙和地下连续墙是支承墙一侧的填土或山坡土体、防止填土或土体变形失稳的结构物，承受垂直于墙面的水平荷载，通常在墙体中配置双向布置的钢筋网，配合锚杆和支撑使用。非承重墙一般不受力或受力较小，设计中只需考虑其自重和功能要求。

（冯 鹏）

钢筋混凝土桥 reinforced concrete bridge 桥跨结构采用钢筋混凝土材料建造的桥梁。又称普通钢筋混凝土桥。1875年，法国园艺师J.莫尼埃建成了世界第一座钢筋混凝土桥。

钢筋混凝土桥主要特点：砂石骨料可以就地取材，维修简便，行车噪音小，使用寿命长，并可采用工业化和机械化施工。与钢桥相比，钢材用量与养护费用均较少，但自重大。对于特大跨度桥梁，在跨越能力、施工难度和建造速度方面不如预应力混凝土桥和钢桥优越。

钢筋混凝土梁桥因混凝土抗拉能力低，在正常使用状态常带裂缝工作，既影响到跨越能力，也影响到耐久性。因此，普通钢筋混凝土梁桥跨度通常在20米以内，常用截面形式有实心和空心的矩形板、肋梁式（T梁）、箱形，用于拱桥桥面系的行车道板和中、小跨径梁桥中。

钢筋混凝土刚架桥由上部的梁（或板）结构与下部的柱（或墩）整体结合在一起，整个体系是一个有推力的压弯结构。刚架桥的桥下净空比拱桥大，在同样净空要求下可修建较小的跨径。钢筋混凝土刚架桥施工较为复杂，一般用于跨度不大的城市或公路的跨线桥和立交桥，常见的有直腿刚架（门式）桥（图1a）和斜腿刚架桥（图1b）。

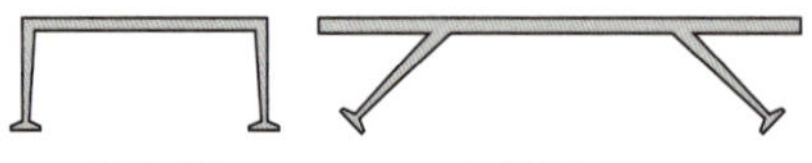

图1 刚架桥示意图

大跨度的钢筋混凝土桥多见于拱桥。拱桥是一种以承受轴向压力为主的压弯构件，可以充分发挥混凝土抗压强度高的特点，如重庆万州长江大桥，主跨420米（图2）。

建造钢筋混凝土拱桥的施工方法众多，有支架现浇法、预制拼装法、悬臂浇筑法、劲性骨架法和转体施工法。中国自20世纪60年代起，因地制宜地设计和建造了钢筋混凝土双曲拱桥、桁架拱桥、刚架拱桥等轻型拱桥。双曲拱桥和桁架拱桥因整体性差、节点构造复杂等问题已不再建造，而钢筋混凝土刚架拱桥在跨线桥梁中仍有应用。

图2 重庆万州长江大桥

（周水兴）

钢筋混凝土柱 reinforced concrete column 水泥、砂、石等建筑材料和水拌和，配以线形钢材浇筑而成的房屋、桥梁、水工等各种工程结构中竖向设置，通常承担竖向荷载作用的构件。常用作楼盖的支承体、桥墩、基础、塔架和桁架的压杆。

种类 按配筋方式分为普通钢箍柱和螺旋钢箍柱。普通钢箍柱适用于各种截面形状的柱，是基本的、主要的类型。普通钢箍用以约束纵向钢筋的横向变位并提供抗剪能力。螺旋钢箍柱通常为圆形或多边形截面，通过螺旋钢箍的约束作用提高构件的承载能力和变形能力。此外，还有在柱的内部或外部配置型钢的钢骨混凝土柱和钢管为外壳内浇混凝土的钢管混凝土柱（见组合结构）。

柱截面形式主要根据工程性质和使用要求确定，也要便于施工和制造、节约模板和保证结构的刚度。方形柱和矩形柱的截面模板最省，便于连接，制作简便，使用广泛。混凝土抗压强度有高有低，当柱承重较大时，通常采用强度等级较高的混凝土。

钢筋配置 钢筋混凝土柱纵向受力钢筋的数量，根据承载力计算决定。为了保证施工时钢筋骨架的刚度及使用时柱的刚度，纵向受力筋应采用较大直径。箍筋与纵向钢筋连接牢固，有助于增加钢筋骨架的牢固性。焊接骨架更能提高骨架刚性和便于整个骨架吊装。在柱中箍筋具有多种作用：连接纵向钢筋形成钢筋骨架，为受压纵向钢筋提供侧向支点，减少侧向弯曲变形；承受柱的剪力；使柱截面核心内的混凝土受到横向约束而提高承载能力。因此，箍筋的间距不宜过大。在应力复杂和应力集中的部位（如柱和其他构件连接处）及配筋构造上的薄弱处（如纵向钢筋接头处），箍筋还需要加密。在抗震结构中，柱节点附近箍筋加密是提高结构极限变形能力的一种有效办法。对于抗震柱还需特别注意保证纵向钢筋和箍筋的锚固构造要求。对于截面较大、纵向钢筋根数较多的柱，还应采用不同形式的多环式复合箍筋，以保证钢筋骨架的刚性和纵向钢筋作用的有效性。螺旋形钢箍能起到有效地围箍核心混凝土的作用，因此，螺旋形钢箍的面积和间距需根据计算确定，并沿柱高连续配设或采用密排的单独闭合环。

特性 设计中，静力荷载作用下柱可分为轴心受压柱和偏心受压柱，后者是在受压同时受弯的构件，工程中的柱绝大多数都是偏心受压柱。轴心受压柱只承受中心线上的荷载，在受压时考虑钢筋和混凝土共同受力，当柱的长度较长时需要考虑稳定性，设计时还需要考虑实际工程中各种原因造成的偶然偏心的作用。偏心受压柱同时受弯和受压，当偏心距较大时受弯作用较为明显，会出现受拉一侧钢筋先受拉屈服，受压侧混凝土被压坏的大偏心破坏，这时压力对承载能力提高有利；当偏心距较小时受压作用较为明显，会出现受拉一侧钢筋没有受拉屈服，受压侧混凝土就被压坏的小偏心破坏，这时压力对承载能力提高不利。在地震、风等水平往复动力荷载的作用下，钢筋混凝土柱通常会出现端部的压弯复合作用导致的破坏或剪切破坏。这时柱在设计中还须保证具有一定的变形能力和滞回耗能能力。

（籍孝广 冯 鹏）

钢筋及预应力机械 steel bar processing machine and prestressed machine 预应力混凝土结构和索模结构中预应力筋、预应力钢绞线、悬拉索和缆索的施工设备。主要包括钢筋加工机械和钢筋预应力机械两种。

钢筋加工机械 将盘条钢筋和直条钢筋加工成为钢筋工程安装施工所需要的长度尺寸、弯曲形状或者安装组件的机械，主要包括强化、调直、弯箍、切断、弯曲、组件成型和钢筋续接等设备，安装组件有钢筋笼、钢筋杇架（如三角梁、墙板、柱体、大梁等）和钢筋网等。

钢筋加工机械包括钢筋强化机械、钢筋成型机械和钢筋焊接机械等。①钢筋强化机械。主要包括钢筋冷拉机、钢筋冷拔机、钢筋冷轧扭机和冷轧带肋钢筋成型机等。其加工原理是通过对钢筋施以超过其屈服点的力，使钢筋产生不同形式的变形，从而提高钢筋的强度和硬度，减少塑性变形。②钢筋成型机械。包括钢筋调直切断机、钢筋切断机、钢筋弯曲机和钢筋网成型机等。其作用是把原料钢筋按照各种混凝土结构所需钢筋骨架的要求进行加工成型。③钢筋焊接机械。主要有钢筋焊接机、钢筋点焊机、钢筋网片成型机和钢筋电渣压力焊机等，用于钢筋成型中的焊接。

钢筋预应力机械 对预应力混凝土构件中的预应力筋、预应力钢结构中的预应力杆件、各种锚锁、缆索等施加张拉力，以及超大超重构件提升、顶推、转体的机械。预应力机械工作时需要配套使用预应力锚固体系。预应力机械广泛用于预应力高层建筑工程、预应力钢结构工程、预应力桥梁工程，水电站大坝加固、边坡治理、岩土锚固、深基坑支护、超大超重构件提升、顶推、转体等诸多领域。

（侯爱山 刘承桓）

钢筋冷拔机 steel bar cold-extruding machine 使直径6～10毫米的一级钢筋强制通过直径小于0.5～1毫米的硬质合金或碳化钨拔丝模进行冷拔的加工机械。按照卷筒布置方式分为立式和卧式两种，每种又分为单卷筒和双卷筒。冷拔后的钢筋仍要盘圈。①立式冷拔机。其卷筒固套在齿轮箱立轴上，电动机通过变速箱和对锥齿轮带动卷筒旋转。当盘圈钢筋的端头经扎细后穿过润滑剂盒及拔丝模而被固结在卷筒侧面，开动电动机即可进行拔丝。卷筒转速约为30转/分，拔丝速度可达75米/分。可将多台立式冷拔机连续排列组成冷拔作业生产线，生产效率大大提高。②卧式冷拔机。相当于卷筒处于悬臂状态的卷扬机，结构简单，操作方便。由电动机驱动，通过变速箱减速，使卷筒以20转/分的转速旋转，强力使钢筋通过拔丝模盒而完成拔丝工序。

冷拔工作所需的能量相当大。例如，1/750型拔丝机的功率达40千瓦，因此对于拔丝模及卷筒都要进行冷却（卷筒内部水冷）。冷拔时，钢筋同时经受张拉和挤压而发生塑性变形，拔出的钢筋截面积减小，产生冷作强化，抗拉强度可提高40%～90%。钢筋冷拔的工艺是除锈、扎头、润滑和多次拔丝。（侯爱山）

钢筋冷拉机 steel bar cold-drawing machine 使钢筋调直、延伸的专用设备。钢筋冷拉工艺有两种：①采用卷扬机带动滑轮组作为冷拉动力的机械式冷拉工艺。②采用长行程（1500毫米以上）的专用液压千斤顶（如YPD-60S型液压千斤顶）和高压油泵的液压冷拉工艺。两种工艺常用的设备有卷扬机式钢筋冷拉机、阻力轮式钢筋冷拉机和液压式钢筋冷拉机等。

卷扬机式钢筋冷拉机 主要由地锚、卷扬机、定滑轮组、导向滑轮、测力器和动滑轮组等组成。其工作原理为：卷扬机卷筒上的钢丝绳正、反向绕在两副动滑轮组上，当卷扬机旋转时，夹持钢筋的一副动滑轮被拉向卷扬机，钢筋被拉长。另一副动滑轮组被拉向导向滑轮，为下一次冷拉时交替使用。钢筋所受的拉力，经传力杆和活动横梁传给测力器，测出拉力的大小，钢筋拉伸长度通过机身上的标尺直接测量或用行程开关控制。其特点是结构简单、适应性强、冷拉行程不受设备控制、可冷拉不同长度的钢筋、便于实现单控和双控，应用较多。

阻力轮式钢筋冷拉机 丝杠式粗钢筋冷拉工艺的主要设备是丝杠冷拉机。其工作原理为：电动机通过皮带轮和变速箱使齿轮旋转，然后通过丝杠端头的两个齿轮而使两根丝杠旋转，丝杠通过螺纹而带动活动横梁向前或向后移动。在活动横梁上安装有钢筋夹具，活动横梁移动时便对钢筋进行冷拉。其测力装置可采用千斤顶测力器。与卷扬机冷拉工艺相比，附属设备少，冷拉线比较紧凑，动作均匀稳定，安全可靠，但冷拉行程较小。

液压式钢筋冷拉机 是液压钢筋冷拉工艺的冷拉动力设备。液压式冷拉机主要由张拉油缸、泵阀控制器、装料小车、翻料架、前端夹具和尾端挂钩夹具等组成。液压式冷拉机的特点是设备紧凑、能正确测定冷拉率和冷拉控制应力、附属设备少、操作平稳、噪声小、易于实现自动控制。但液压式冷拉机的行程短，使用范围受到限制。液压式冷拉机的构造与预应力张拉用的液压拉伸机相同，只是其活塞行程比拉伸机大，一般大于600毫米。

（侯爱山）

钢筋笼成型机 steel cage forming machine 用于制作钢筋笼的机械设备。作业时，首先将钢筋笼的主筋通过人工穿过固定旋转盘相应模板圆孔至移动旋转盘的相应孔中进行固定，然后把盘筋（绕筋）端头先焊接在一根主筋上，再通过固定旋转盘及移动旋转盘转动把绕筋缠绕在主筋上（移动盘一边旋转一边后移），同时进行焊接，从而形成钢筋笼。直径为290～4100毫米的钢筋笼，纵筋及环筋直径为5～12毫米，采用电阻点焊，实现自动连续焊接。不但可制作成圆形、椭圆形钢筋笼，还可以制作方形、三角形、六边形钢筋笼，广泛应用于砼灌注桩、预制桩、砼管和电杆的生产。

使用前根据设计及规范要求对钢筋笼成型机进行参数设置，施工过程中定时复测实物参数控制情况，通过参数校正设置减少误差。钢筋笼成型机解决了人工制作钢筋笼时存在的钢筋间距不均匀、尺寸偏差大、钢筋缠绕不紧易松垮等问题，提高了生产效率，节约了施工工期。

（侯爱山）

钢筋切断机 steel bar cutting machine 剪切钢筋的机械设备。一般分为全自动钢筋切断机和半自动钢筋切断机。①全自动钢筋切断机。又称电动切断机。电能通过马达转化为动能控制切刀切口，达到剪切钢筋的效果。②半自动钢筋切断机。是人工控制切口进行剪切钢筋操作。半自动切断机使用比较多的是液压钢筋切断机，又分为充电式和便携式两类。

钢筋切断机主要由机体、切断机构、定尺部分和承料机构等组成。①机体。主要有箱式球铸和钢板焊接两种机构，分为开式、半封闭式和封闭式机体。②切断机构。采用动刀片和定刀片组合，通过控制动刀片往复冲击运动实现剪切动作。根据切断机构的不同可分为旋转剪切式、上下移动式和下移式剪切机构。③定尺部分。在钢筋到达一定长度后，触动定尺机构，定尺机构发出信号，则剪切机构动作完成刀具对钢筋的定尺剪切。④承料机构。除了负责剪切机构完成对钢筋的剪切动作后保证产品及时落料，还要避免调直后的钢筋在前进过程中划伤、变弯。

钢筋切断机广泛用于建筑工程上各种普通碳素钢、热轧圆钢、螺丝钢、扁钢、方钢和角钢的切断加工，主要是房屋建筑、桥梁、隧道、电站和大型水利等工程中对钢筋的定长切断，是钢筋加工必不可少的设备之一。钢筋切断机具有重量轻、耗能少、工作可靠、效率高等特点。

（侯爱山）

钢筋调直切断机 rebar straightening and cutting machine 把金属线材通过力学调直后再定长切断的机械设备。钢筋调直切断机主要由机体、调直机构、剪切机构、定尺部分和承料机构等组成。①机体。主要有箱式球铸和钢板焊接两种机构。②调直机构。多采用旋转调直的方式进行工作，使弯曲的线材通过调直辊消除内部弯曲应力，达到相应的直线度及圆柱度要求。③剪切机构。一般采用动刀和定刀进行组合切断，由相应的机构对动刀进行往复冲击运动的控制，可将其分为旋转式剪切机构、上下移动式剪切机构和下移式剪切机构。④定尺部分。是在钢筋到达一定长度后，触动定尺机构，定尺机构发出信号使剪切机构动作，从而完成刀具对钢筋的定尺剪切。分为机械信号、行程开关发出的电信号、光电码盘发出的电信号3种。⑤承料机构。除了负责剪切机构完成对钢筋的剪切动作后保证产品及时落料，还要避免调直后的钢筋在前进过程中划伤、变弯。

钢筋调直切断机主要用于金属制品行业、各类预制构件行业、建筑行业等。

（侯爱山）

钢筋弯曲机 steel bar bender 对钢筋进行弯曲加工的机械设备。钢筋弯曲机通常与切断机配套使用。整体结构由框架、台面系统、传动系统和电气系统等组成。①框架。为角钢组焊结构。在机架的中央设置中心输入轴及齿差减速器，机架的一个侧面装有双速电动机，另一侧面装有配电箱（控制启动和停止、工作盘转数、行程开关闭合）、工作机构。②台面系统。装有完成钢筋弯曲的工作机构。工作机构是一个在垂直轴上旋转的水平工作圆盘，把钢筋置于支承销轴和压弯销轴的下方，支承销轴固定在机床上，中心销轴和压弯销轴装在工作圆盘上，圆盘回转时便将钢筋弯曲。为了弯曲各种直径的钢筋，在工作盘上有几个孔，用以插压弯销轴，也可相应地更换不同直径的中心销轴。各类型钢筋弯曲机的台面系统构造基本相同。③传动系统。钢筋弯曲机的传动方案有“带-两级齿轮-蜗轮蜗杆传动”和“带-三级齿轮传动”两种。采用蜗轮蜗杆传动的钢筋弯曲机，其传动效率不如齿轮传动的弯曲机。④电气系统。在同样的驱动电机功率条件下，齿轮传动的弯曲机弯曲同直径的钢筋显得更轻松。但蜗轮蜗杆传动的自锁特性，使工作中弯曲的定位精度会更高些。以“带-两级齿轮-蜗轮蜗杆传动”方案的弯曲机的应用较为普遍。

（侯爱山）

钢筋网焊接成型机 steel mesh welding machine 用于制造钢筋焊接网的机械设备。钢筋网焊接成型机（见图）主要由钢筋放置机构、纵筋加工机构、横筋加工机构、步进机构、横筋自动落料机构、电极防磨损机构、焊接机构、钢筋焊接网输送机构、控制系统、操作系统、冷却系统和气动系统等部分构成。工作时，纵线由步进机构根据微机控制指令将钢筋水平送入两焊极之间，横线由自动排料及自动落料机构主动送入两焊极之间的纵筋上，然后由气动加压机构及焊接机构在横线和纵线的接触处产生巨大热量，使接触处的材料融化，在外加压力下材料结晶形成牢固的焊接点。各步动作与微机连锁，一旦出现故障，焊机会自动停机，并显示故障原因，以便及时排除，确保可靠性及检测准确性。网片宽度可任意无级调节，网格变化和步进变化不受级数影响，为无级调整，可通过显示器任意设定。冷却系统、气动系统与微机控制连锁。焊接电极为双层可拆卸，其下层电极为耐用材料，寿命长、更换方便，焊接电极冷却为强制水冷却。主要工艺为纵向钢筋—调直—送进—焊接—牵引—定尺—切断—输送—叠网。

钢筋网焊接成型机

（侯爱山）

钢连接件 steel fastener 用于钢构件、木构件，以及钢、木两种构件之间连接的金属件。钢连接件主要有铆钉、螺栓、高强度螺栓、焊条、枢（销）及各种钉。

铆钉 一端有半圆形钉头的圆柱形短杆，将它穿入需要连接的各钢板或型钢钉孔中，并把伸出的一端压成或锤成第二个钉头。常用的有R形铆钉、风扇铆钉、抽芯铆钉（击芯铆钉）、树形铆钉、半圆头铆钉、平头铆钉、半空心铆钉、实心铆钉、沉头铆钉、抽芯铆钉、空心铆钉，这些通常是利用自身形变连接被铆接件。桥梁和建筑结构中常用半圆头铆钉。制作铆钉的材料采用塑性较好的铆螺2号钢（ML2）和铆螺3号钢（ML3）。铆钉连接由于费工、费料、铆合工艺复杂，而且在动荷载作用下容易松动，已逐渐被焊接和高强度螺栓所代替。

螺栓 通常为圆柱形金属杆，一端有方头或六角头，杆上有螺纹，配有螺母和垫圈，可把钢构件或钢木构件紧固在一起。其材料为3号钢或铆螺3号钢，分粗制和精制螺栓两种。精制螺栓的制造、安装要求较高，较少采用。粗制螺栓表面不需特殊加工，主要用于受拉连接和安装连接。

高强度螺栓 采用优质碳素结构钢或合金结构钢，经过热处理获得较高强度并具有一定塑性和韧性的一种特殊螺栓，使用中要施加强大的预拉力。中国有大六角头和扭剪型两种形式。土木工程中常用的型号有M16、M20、M22、M24，最大规格可达M30，性能等级分10.9S和8.8S两级。材质主要采用20MnTiB钢、40B钢、35VB钢、45号钢、35号钢、35CrMoA钢等。高强度螺栓用于工业和民用建筑、公路和铁路桥梁、塔桅结构、管道支架、起重机械等的钢结构连接。

电焊条 电焊时熔化并填充在焊接件接合处的棒状金属条。其外面包着防氧化（合金化等）的焊剂。根据被焊金属材料的机械性能和化学成分，以及对焊缝要求和设备工艺条件等因素，选择不同类别和型号的焊条。常用结构钢焊条按熔敷金属机械性能、焊接电源、用途及施焊条件分为4类：T42-0～T42-7；T50-0～T50-7；T55-X；T60-X。焊条药皮分为氧化钛型、氧化钛钙型、钛铁矿型、氧化铁型、纤维素型、低氢型等。焊接已广泛用于工业和民用建筑、桥梁、塔桅结构、容器设备等钢结构的制作和安装中。

枢 又称销，是一种金属圆柱形连接件，用来连接在接头处能自由转动的两个构件，不能施加预拉力。一个接头只需一个枢，故直径较大。一般用于吊车的吊杆、拱铰、拆装式桥梁等钢结构上。

钉 连接木构件的金属件。种类有圆钉、麻花钉、拼钉、水泥钢钉、木螺钉、自攻螺钉、射钉，建筑物的木屋面、木屋架、门窗及地板常用圆钢钉、瓦楞钉等连接。（陈禄如）

钢梁 steel beam 一般工程结构中横向设置、通常承受竖向荷载作用、荷载作用下的内力以弯矩和剪力为主的构件。是钢结构的基本单元。厂房中的吊车梁和工作平台梁、多层建筑中的楼面梁、屋顶结构中的檩条等，都可以采用钢梁。

分类 按照制作方法不同可将钢梁分为型钢梁和组合梁。①型钢梁。包括热轧型钢梁和冷弯薄壁型钢梁两种。热轧型钢梁常选用的型钢有工字钢、槽钢、H型钢等。冷弯薄壁型钢梁截面种类较多，常用的有C型钢和Z型钢，多用于屋面檩条和墙梁等梁跨度和荷载较小的情况。型钢梁加工简单、造价低廉，但截面尺寸受到型钢规格的限制。当荷载和跨度较大，采用型钢截面不能满足强度、刚度或稳定要求时，应采用组合梁。②组合梁。由钢板或型钢通过焊接或铆接而成。由于铆接费工费料，常以焊接为主。常用的焊接组合梁为由上、下翼缘板和腹板组成的工形截面和箱形截面，后者较费料，且制作工序烦琐，但具有较大的抗弯刚度和抗扭刚度，适用于有侧向荷载或对抗扭要求较高以及梁高受到限制等情况。

设计 钢梁的设计主要从强度、刚度、整体稳定三方面考虑。对于组合梁，除上述三条外还需验算局部稳定。型钢梁局部稳定一般得到满足，可不必验算，但是当采用高强度钢材时，有时需要验算局部稳定。

强度 钢梁的强度验算主要包括正应力、剪应力、局部压应力。对于组合梁，应同时验算局部复杂受力情况下的折算应力。

刚度 梁的挠度过大会让人感到不适与不安全，影响正常的生产和生活。梁在正常使用条件下的最大竖向挠度，不应超过设计规范中对各种不同用途的梁所规定的最大容许变形值。

整体稳定 在竖向荷载作用下，钢梁一般只产生竖向位移（即挠度），但对侧向刚度较差的工字形截面或槽形截面钢梁，当梁的自由长度（侧向无支承长度）较大时，荷载加大到一定程度，常会迅速产生较大的侧向位移和扭转变形，并使梁随即丧失承载能力，这种现象被称为梁丧失整体稳定或侧扭屈曲。当梁的自由长度较大和受压翼缘宽度较小时，使梁丧失整体稳定的临界荷载常小于其达到强度破坏时所对应的荷载。因此，对梁的截面除应计算抗弯强度外，还必须验算整体稳定性。

局部稳定 当梁的腹板和翼缘厚度不足时，可能在梁因强度破坏或丧失整体稳定之前，受压翼缘或腹板就已形成波状凹凸而失去其原来的平面形态，该现象称为梁的局部屈曲或丧失局部稳定（见图）。

钢梁翼缘板局部屈曲示意图

局部屈曲因将改变截面形状而恶化梁的工作状态，有可能促使梁提前丧失承载能力。为此，对受压翼缘板的宽厚比应有限制。对于腹板，当高厚比较大时，则须用横向加劲肋或纵、横向加劲肋予以加强，把整块腹板分成若干小区格。

加劲肋 焊在腹板两侧用以防止腹板丧失局部稳定的条形钢板。①中间加劲肋。有横向和纵向两种。②支承加劲肋。设置于梁的支座处和固定集中荷载作用处，除有中间横向加劲肋的作用外，主要用以传递梁所受的集中力，改善腹板在竖向压力下的工作性能。

腹板屈曲后强度 腹板区格局部屈曲后将会产生平面外位移，但与此同时，由于该区格四周与翼缘板和加劲肋分别牢固相连，腹板内随即产生薄膜张力来阻止平面外位移的增大，使腹板屈曲后还可继续承受荷载，考虑以上影响所获得的强度称为腹板屈曲后强度。研究与利用梁腹板屈曲后强度，可节省钢材，具有一定经济意义；但一般只适用于受静力荷载的钢梁。

拼接 限于运输条件，在工厂将梁分段制成，运至工地再拼接成整体，称工地拼接。因钢材尺寸不足，在制造厂中把梁的各个组成部分接长或加宽而完成的拼接，称工厂拼接。在拼接处，应保证梁的强度不被削弱和变形的连续性。

（夏志斌 施 刚）

钢桥 steel bridge 各杆件或部件之间通过铆接、栓接或焊接等方式进行连接和组合形成的整体钢结构桥梁。钢桥重量相对较轻，跨越能力强。钢桥的构件适合于工厂化制造、便于运输，且工地安装速度快，因此施工工期较短，部件也易于修复和更换。废旧钢材还可重新回炉、反复利用。但是钢桥易于腐蚀，检查和涂装维护频次较高，铁路钢桥行车时噪声较大。

1874～1883年，美国首先用结构钢建成了伊兹桥、布鲁克林桥和格拉斯哥桥3座大桥。20世纪30年代，美国相继建成华盛顿桥和圣弗朗西斯科（旧金山）金门大桥，标志着钢悬索桥的跨度超过了1000米。20世纪末，日本建成了钢悬索桥**明石海峡大桥**，跨度达到1991米。1975年法国建成了钢斜拉桥圣·纳泽尔桥，跨度突破400米。1999年日本建成了钢斜拉桥多多罗大桥，跨度达到890米。

中国自行设计、施工的钢桥始于詹天佑主持修建的京张铁路，其中钢桥有121座，共计1591米，最大跨度为33.5米桁梁，大部分为跨度6.1米的工字形钢板梁。1937年建成的浙赣线钱塘江公铁两用大桥正桥钢梁总长1072米，由16孔跨度为65.8米的简支钢桁梁组成。**苏通长江大桥**、江阴长江大桥、香港青马公铁两用大桥、京沪高速铁路南京大胜关长江大桥等钢桥，在现代桥梁中均处于世界领先地位。

钢桥按桥面系所处位置划分，有上承式桥、中承式（或半穿式）桥和下承式桥

3种型式。按结构型式划分，有简支梁、连续梁、悬臂梁、钢拱、斜腿刚架桥等。常见钢梁结构型式见图1，截面形式见图2。

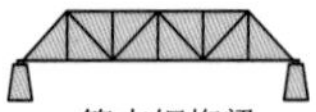

a 简支钢桁梁

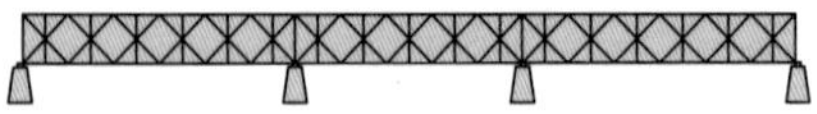

b 连续钢桁梁

图1 钢梁结构型式示意图

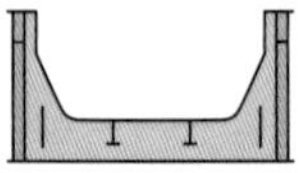

a 钢板梁

b 钢箱梁

图2 钢梁截面形式示意图

简支钢梁和连续钢梁均分为钢板梁和钢桁梁，钢板梁跨度较小，钢桁梁应用较多。钢拱桥或斜腿刚架桥多用于山谷地带。钢箱梁可在简支梁或连续梁中单独使用，也可和斜拉桥、悬索桥等其他结构联合使用，其适应性较广、跨越能力较大，公路桥中应用较多。（牛 斌）

钢桥架设 steel bridge erection 继钢桥制造之后，将钢桥杆件或梁段架设就位并拼装成桥的施工过程。按桥梁在施工阶段的受力状态，钢桥的架设方法可分为支架施工、悬臂施工和整体架设三类。

支架施工 包括膺架法、缆索悬吊法等。

膺架法 在桥位设置木制或钢制的落地式膺架（也称脚手架）。顶面铺脚手板，在上面拼装钢桥。膺架须有落梁装置，便于桥梁拼成后与之分离，拆除膺架。此法作业简便，并能在膺架上用千斤顶调整桥梁的位置，保证拼装的精度。但膺架的用料较多，成本昂贵，阻水面积大，仅适用于桥位不高、水浅流缓、不通航运的情况，大跨度桥梁很少采用。膺架法可利用钢桥杆件或梁段本身的跨越能力，仅在主要节点（如实腹梁梁段的接点或桁架梁斜腹杆和下弦杆的交点）上设置分立式膺架。

缆索悬吊法 悬索桥的施工通常是先架设缆索，用缆索上临时加设的走行吊架，将加劲梁的梁段逐渐提升，悬挂在缆索垂下的吊杆上，调整位置后拼装成整跨的加劲梁。施工时加劲梁梁段的自重由缆索承受。美国的金门、韦拉扎诺海峡桥及英国的亨伯等悬索桥，均用这种方法施工。

悬臂施工 包括悬臂拼装法、拖拉法等。由一个墩台悬臂施工到另一个墩台，悬臂长度等于整个桥跨者，称为全悬臂施工；在跨间设置临时墩，桥梁在墩台和临时墩间悬臂施工，悬臂长度小于桥跨长度者，称为半悬臂施工。由墩台向单一方向悬臂，称为单悬臂施工；在一座桥墩上同时向相反方向对称地悬臂，称为平衡悬臂施工。多跨连续桥的主跨可以从两端悬臂施工跨中合龙，使悬臂长度减为主跨之半。

悬臂拼装法 简称悬拼法，包括以下两种方法。

梁式桥悬拼法 就桥式而言，悬臂桁架梁桥在悬拼时的内力常小于设计荷载的内力，故最适宜于悬臂拼装施工。如1890年建成的跨度521.2米的英国福斯湾铁路桥。1918年建成的跨度548.6米的加拿大魁北克铁路桥及1974年建成的跨度为510米的日本港大桥均用此法施工。连续梁桥（桁架梁及实腹梁）在悬臂施工过程中常采取下列措施以减少体系转换前的结构内力：在前方桥墩旁设置托架，使悬臂端较早地得到支承；或设置塔索将悬臂端吊住，减少悬臂根部的弯矩；或在跨间设临时墩，改为半悬臂拼装。中国武汉长江大桥及南京长江大桥的连续桁架梁为全悬臂拼装（第一孔为半悬臂拼装），桥墩旁设有托架，使悬臂长度比跨度缩短16米。1971年建成的枝城长江大桥桥悬拼跨度160米连续桁架梁时，在墩顶的梁上设置临时钢塔，伸出拉索吊住悬臂端。

拱桥悬拼法 钢拱桥适用于宽深河流或峡谷。它的跨度较大，跨间难以设置临时墩，一般从两端悬拼至跨中合龙。为减少悬臂弯矩，可在拱端设置塔索，斜吊住悬伸的钢拱。早在1874年，主跨为158米的美国圣路易斯铁路钢拱桥就采用悬臂拼装法施工。在墩顶设木塔架，用拉索吊住钢拱，由桥墩平衡悬臂拼装至跨中合龙。大跨度钢拱桥如澳大利亚悉尼港拱桥、美国新河峡谷桥等也是采用悬拼法。跨度为503.6米的美国贝永钢拱桥（1931），因河床基岩较浅，在跨间设置了临时墩悬臂拼装。2006年开工建设的中国南京大胜关长江大桥主桥采用双拱联、三主桁结构的六跨连续钢桁拱桥，桥跨布置为108米+192米+2×336米+192米+108米，采用从两侧向192米跨架设及336米双悬臂架设、跨中合龙的总体施工方案，中跨两个边墩的钢梁上各设吊索塔架一座，中跨中墩的钢梁在双悬臂架设过程中逐次安设3层平索辅助架梁。在次边跨和中跨共设4个合龙口，合龙顺序为先边跨、后中跨。

拖拉法 钢梁桥在路堤或引桥上拼装后，用卷扬机和滑轮组顺线路方向拖拉，使其在滑道上纵移悬伸架设就位。此法使用的机具设备简单，施工进展较快，适用于中等跨度的钢梁桥。拖拉滑道一般由上、下滑轨及滚轴组成。上滑轨连在纵梁或主桁主要节点下面，下滑轨铺设在路堤、引桥及桥墩顶。上下滑轨之间放进若干直径8～14厘米的滚轴。拖拉时，用卷扬机及滑轮组的钢索牵引，通过滚轴在滑轨间的滚动，使桥梁向前纵移。连续梁桥采用拖拉架设较为方便。几跨简支梁可临时连成一体，按连续梁拖拉架设，但需考虑到拖拉过程中受力体系的改变，加强某些截面或杆件。为减少悬臂时的杆件内力和支点反力，可在桥梁前端加设轻型导梁，或在跨间设置临时墩，使之较早地到达前方桥墩。1954年建成的中国京广（北京—广州）铁路汉水桥三跨55米及1955年建成的黎湛（黎塘—湛江）铁路郁江桥三跨66米的简支桁架梁，都是临时组成连续梁拖拉架设的。单跨简支梁桥也可采用拖拉法架设，但需在前端加设导梁，后端压重，以保持悬臂时倾覆稳定。如用浮箱灌水压重，还能调整压重的位置，起到平衡滑道前后支点反力的作用。1973年建成的中国禹门口黄河铁路桥用64米长的导梁及压重方法，将跨度144米的单孔简支桁架梁拖拉就位。

整体架设 包括整体吊装法、浮运法、转体法、横移法、架桥机架设法等。

整体吊装法 整孔钢桥或大型梁段浮运到桥下，用起重设备整体吊装、提升或预升就位。此法多用于大跨度桥梁，需要大型吊机或利用一般起重机具（如卷扬机、滑轮组、千斤顶等）来完成。1850年建成的英国不列颠箱管桥的主跨长140米，重约1300吨，制成后船运至桥下，用千斤顶提升就位。1973年建成的美国跨度为382米的弗里蒙特公路桥用千斤顶顶升钢吊杆，将275米长、5800吨重的中间拱段提升就位。日本港大桥用卷扬机滑轮组提升186米长、4515吨重的挂孔。1974年建成的巴西跨度为300米的瓜纳巴拉湾悬臂梁公路桥，用千斤顶将292米长的锚跨（包括两端悬臂），连同起重平台共重5275吨，提升52米到墩顶横移就位。中国安康汉江176米的斜腿刚架桥的中孔梁长56米，重180吨，也是用卷扬机及滑轮组整体提升架设的。

20世纪70年代以来，日本的大型浮吊设备发展较快，起重量最大达3000吨，起吊高度106米。1975年建成的荒川湾悬臂桁架梁桥的桥长840米，分为6个大型梁段，用一台3000吨及两台1500吨的浮吊整体吊装架设，其中最大的吊重是195米长的锚跨（包括两端悬臂），重4250吨。

1976年建成的泉北川联络桥的172.6米拱、梁组合结构总重3182吨，用两台3000吨浮吊一次吊装就位。

浮运法 桥梁在驳船上或在河岸上拼装后，用船浮运至桥下，利用落潮或充水压舱落梁就位。此法适用于宽阔平稳的水域，桥位和水面的高差不宜过大。驳船的设计吨位最好大于浮运重量2～3倍，以保证浮运体系的稳定。中国杭州钱塘江桥有15孔65.8米钢桁架梁是利用潮汐浮运架设的。1973年建成的日本生浦桥的195米拱、梁组合结构，整孔浮运400千米到达桥位，再利用落潮架设。

转体法 整孔桥梁或大型梁体，在竖直面或水平面上旋转就位。如1972年建成的意大利斯法拉沙376米斜腿刚架桥，其斜腿竖直拼装后，绕腿底的铰轴向下倾转至设计位置。

横移法 常用于通车线路更换旧桥，能缩短中断交通的时间。在桥位两侧设置支架及垂直于线路的横移滑道。新桥在一侧支架上拼装（平行于线路）就绪后，先从桥孔移出旧桥，再将新桥横移就位。例如，1976年建成的联邦德国杜塞尔多夫上卡瑟尔桥，为更换旧桥采用横移法新建主跨258米的独塔斜拉桥，桥长590米，重1.27万吨，设有4条横移滑道，绝大部分的桥重（约1.03万吨）支承在独塔下的一条滑道上，用安装在新建塔墩上的千斤顶通过钢拉杆拉曳梁体，使整座斜拉桥横移47.5米到达桥位。横移的速度平均为3.6米/时。

架桥机架设法 跨度不大于40米的铁路上承钢板梁可在工厂内整孔制造，运往工地后用铁路架桥机整体架设。

（唐嘉衣　葛耀君）

钢桥制造 steel bridge fabrication 以钢板和型钢为主要材料，按照设计和相关工艺要求，利用工艺装备制造钢桥构件（包括梁段、杆件及节点板、连接板等）的生产过程。小跨度上承式钢桥，在运输和架设条件许可的情况下，可在工厂内完成整孔的制造。对钢桥制造的质量要求是：制成品的几何尺寸和工地孔眼位置须有较高的精度，以利工地拼装架设；钢材经冷加工或焊接后的物理性能和铆、焊的质量须符合规范规定和验收标准。

制造工艺 用辊压机及型钢矫直机先将钢板或型钢整平、调直，再按用施工图（按照设计图分解而成）放样制作的样板、样杆在钢料上划出切割线，用剪切机、电锯或切割机切割钢料。构件在工厂组装，以往常用铆接，现以焊接为主。工地连接过去也用铆接，现多用高强度螺栓连接或焊接。除了用精密焰割机使切割边缘达到光洁度者外，一般需用刨边机或铣边机进行边缘加工。铆钉或螺栓的孔眼，可用轨行钻床或手持电钻、风钻制孔。铆接杆件可用风动铆钉枪或铆钉机铆合。焊接杆件应按焊缝类型与设计要求，分别使用埋弧自动焊、半自动焊或手工焊。为保证焊接质量，对高强钢或厚钢板可采用预热工艺。高强度螺栓连接的摩擦面，用喷丸（砂）除锈和表面粗糙处理后，喷铝或涂无机富锌漆以保证摩擦系数。构件制成后，经过整修、试装、除锈、油漆（底漆两度、连接面除外）工序，然后发往工地拼装架设。在钢桥的制造过程中，要有严格的质量检查制度。对于焊缝，除进行外观检查外，应按规程或设计要求用超声波或X光（或γ射线）探伤检验。

工艺装备 主要有胎型、卡具和钻孔套样板。胎型的功能是用其挡具来控制构件的几何形状及尺寸，一般由底盘、定位挡具及托架组成，分固定和转动两种形式。桁架梁的铆接纵梁和横梁可在专用的固定胎型组装，用冲钉及组装螺栓固定各料件的相对位置后扳开挡具将构件吊出胎型，再行铆合。主桁杆件则可用卡具控制其截面宽度。焊接桁梁构件或箱形梁段可用卡具或胎型控制其各部尺寸，并用定位焊固定其料件的相对位置后再移到转胎内施焊（为避免仰焊以保质量）。钻孔套样板习称机器样板，它是在厚度最小为12毫米的钢板上按照孔眼位置镶嵌渗碳钢钻孔套而成。钻孔套硬度高于钻头，其位置及内径尺寸精度高，用它控制钻孔，可保证孔眼精度。数控技术逐步应用到钢桥制造的放样、焰割、制孔等工序，使钢桥生产自动化程度和产品质量得到显著提高。

（唐嘉衣）

钢丝 steel wire 以热轧线材（盘条）为原料，通过拉拔（冷拔、温拔）或冷轧生产而得到的一般成盘交货的钢材。通常以冷拔为主，温拔主要用来拉拔难变形的钢丝，而冷轧是正在开发中的新的钢丝加工方法。钢丝的冷拔在室温下进行，属于在再结晶温度下变形的冷加工。钢丝可按横截面形状、尺寸、化学成分、最终热处理方法、表面加工状态、抗拉强度和用途进行分类。因其材质、冷加工工艺和热处理制度不同，性能与使用范围有很大差异，需根据产品标准规定合理选用，有特细的（直径小于0.1毫米）、较细的、细的（直径在0.5～1.5毫米）、中等的、粗的（直径在3～6毫米）、较粗的和特粗的（大于8毫米）钢丝。

土木工程中，中国常用的钢丝有冷拔低碳钢丝、冷拔低合金钢丝、预应力钢丝及钢绞线。①冷拔低碳钢丝。内部结构发生变化，晶格错位，位错密度增大，塑性减少，脆性增加，强度提高，且没有明显的屈服现象。常用的低碳钢有Q235-A、Q235-B，主要用作配筋钢丝网，同时也广泛用于中、小型预应力混凝土构件的生产。使用低碳钢丝能达到节约钢材的目的。②冷拔低合金钢丝。又称中强钢丝。属新研制成功的钢丝品种。常用的低合金钢有B20MnSi、24MnTi、21MnSi等。其钢丝比冷拔低碳钢丝强度高、塑性好，能明显改善构件抗脆性破坏的性能，用于中、小型预应力混凝土构件，可节省钢材15%左右。③预应力钢丝。由优质高碳钢热轧盘条拉拔而成。此类钢丝的含碳量为0.65%～0.85%，硫磷含量均小于0.035%，钢丝的抗拉强度较高，以1670～1860兆帕为主，一般用于预应力混凝土轨枕、电杆、压力水管，以及预应力混凝土桥梁结构等大型构件的生产。④钢绞线。由多根预应力钢丝经绞合、加工形成的一种钢材。

（薛　锋）

钢支撑 steel support 基坑“桩墙-内支撑”支护结构体系中一种重要的内支撑体系。是钢结构支撑的简称。作为基坑开挖阶段维护基坑内外两侧压力差的平衡体系。根据支撑的截面形式分为钢管支撑和型钢支撑（包括H型钢、工字钢、槽钢以及组合）；按布置形式分为平面布置和竖向布置两种，其中平面布置形式又分为对撑、角撑以及井字撑，竖向布置形式又分为水平撑和斜撑。钢支撑具有装拆方便、效率高、基坑无支撑暴露时间短、可重复使用等诸多优点。但同时也存在支撑的刚度较小、稳定性差、安全性及变形控制效果较低等缺点。鉴于钢支撑的上述特点，钢支撑方式能满足一般工程需要，但存在一定局限性。随着基坑工程技术的发展，几种先进的基坑钢支撑支护技术逐渐进入了工程界，得到了认可。

钢管拼接大跨度钢支撑技术 在传统的钢管支撑基础上，针对特大型基坑发展演化而来的一种新型内支撑支护技术。其支撑跨度最大可达40米以上，具有钢构件截面灵活、刚度大、空间性能好、适用性广等优点，特别适用于地质状况复杂、周边环境要求高和深度较大的基坑。

轴力自动补偿自适应钢支撑技术 在传统钢管支撑的基础上发展起来的一种新型基坑内支撑技术，由传统的钢管支撑、液压伺服泵站系统、千斤顶轴力补偿装置、电气控制和监控系统等部件组成。自适应钢支撑系统是在传统钢支撑的一端增加千斤顶轴力补偿及高精度位移控制装置，对基坑钢支撑轴力及位移进行实时监控，向千斤顶轴力补偿和高精度位移变形控制装置发出指令，使得轴力补偿与位移控制装置对轴力和位移变形进行实时补偿与控制。

装配式预应力钢支撑技术　主要有装配式预应力鱼腹梁钢结构支撑技术以及预应力型钢装配式组合钢支撑技术等。

装配式预应力鱼腹梁钢结构支撑技术，是基于预应力原理开发的一种用于深基坑支护的新型内支撑结构体系。它由鱼腹梁（高强度低松弛的钢绞线、H型钢受力梁以及长短不一的H型钢支撑梁等组成）、型钢对撑、角撑、钢立柱、钢横梁、拉杆、专用三角形节点、特制的预压顶紧装置等标准部件组合形成平面预应力支撑系统与立体结构体系。在基坑外侧水、土压力共同作用下，鱼腹梁钢结构将有向基坑内侧的变形，使得预先张紧的钢绞线施加给鱼腹梁的支撑杆件一个较大的反作用力，大大减小鱼腹梁结构上的弯矩，降低了鱼腹梁弯曲变形。同时利用专用节点将预应力鱼腹梁与对撑或角撑构件组合在一起，组成了预应力支撑系统，极大地提高了内支撑体系的稳定性和整体刚度，大幅降低基坑的变形。此外，该系统钢支撑可提供开阔的施工空间，显著改善地下的施工作业条件，且减少施工工期和造价。

预应力型钢装配式组合内支撑系统采用一种高强度的型钢，每道支撑由多根型钢组合而成，通过型钢翼缘留设螺栓孔，安装顶面槽钢盖板增强其整体性。该系统实现了围护支护体系结构技术的跨越式发展，不仅显著改善施工场地条件，而且大大减少围护结构的安装拆卸、土方开挖及主体结构施工的造价和工期。该种支撑形式应用于建筑基坑工程中，如住宅小区等大面积基坑中，以及市政工程中最具代表性的地铁工程、地下车道、上下水道、综合管沟及桥墩工程的围护结构中。

（顾国明）

钢柱　steel column　一般在工程结构中竖向设置、通常承受竖向荷载作用、竖向荷载作用下的内力以轴力和弯矩为主的构件。是钢结构的基本单元。大中型工业厂房、大跨度公共建筑、高层房屋、轻型活动房屋、工作平台、栈桥和支架等的柱，大多采用钢柱。

分类　柱按截面形式可分为实腹柱和格构柱（图1）。实腹柱具有整体的截面（图2a），常用的是工形截面；格构柱的截面分为两肢或多肢，各肢间用缀条或缀板联系（图1b、图2b），当荷载较大、柱身较宽时钢材用量较省。

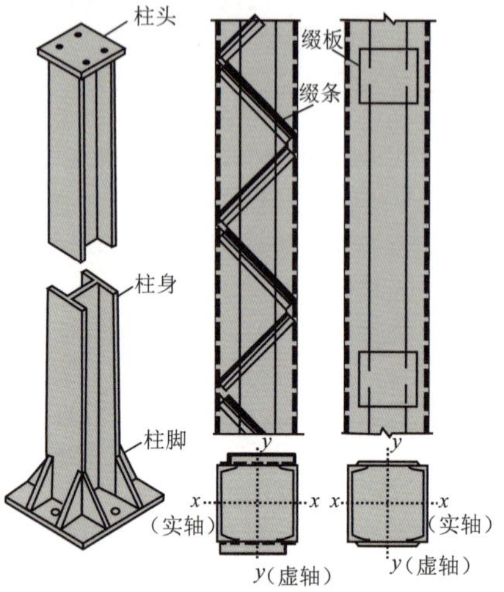

a 实腹柱　b 格构柱

图1　钢柱示意图

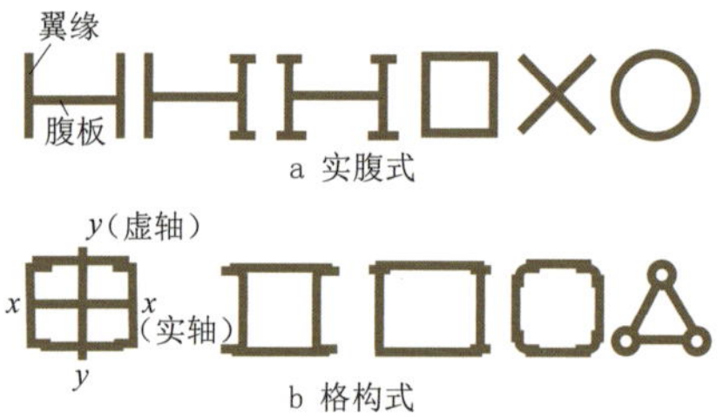

a 实腹式

b 格构式

图2　钢柱的截面形式示意图

钢柱按受力情况通常分为轴心受压柱和偏心受压柱。轴心受压柱所受的纵向压力与柱的截面形心轴重合。偏心受压柱同时承受轴心压力和弯矩，也称压弯构件。

设计计算　钢柱截面应满足强度、稳定和长细比限制等要求，截面的各组成部件还应满足局部稳定的要求。

强度　柱的最大受压或受拉正应力应不超过钢材的设计强度。

实腹轴心受压柱的稳定　实腹柱轴心受压时，当压力增加到一定大小，柱会由直线平衡状态突然向刚度较小的一侧发生侧向弯曲，有时也可能发生突然扭转或同时发生弯曲和扭转。如压力再稍增加，则弯曲、扭转或弯扭变形随即迅速加大，从而使柱失去承载能力，这种现象称为柱整体丧失稳定，并按其失稳变形的情况分为弯曲失稳、扭转失稳或弯扭失稳（图3）。使柱丧失稳定的最小轴心压力称为临界力。临界力除以毛截面面积所得的应力称为临界应力。临界应力常常低于钢材的屈服点，即柱在强度到达极限状态前就会丧失稳定。临界应力与屈服点的比值称为轴心受压柱的稳定系数。

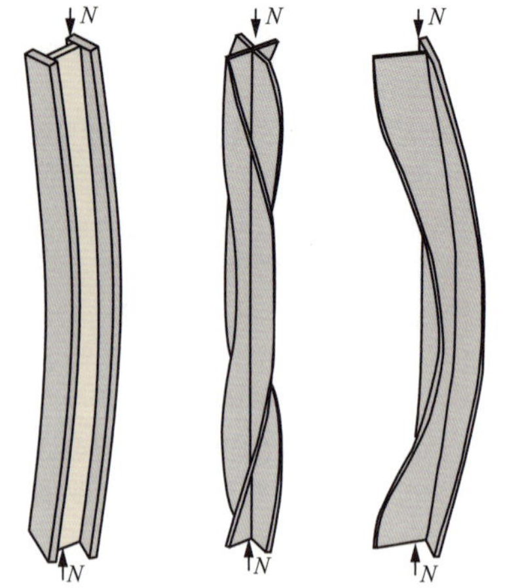

a 轴心受压弯曲失稳　b 轴心受压扭转失稳　c 轴心受压弯扭失稳

图3　实腹轴心受压柱失稳示意图

实腹偏心受压柱的稳定　偏心受压柱同时承受轴心压力和弯矩。由于弯矩的作用，柱在弯矩作用平面内一开始就有弯曲变形。如轴心压力和弯矩同时逐渐增大，弯曲变形也相应逐渐增大。但当荷载增加到一定大小时，即使保持荷载不变甚至逐渐减小，而变形却会继续迅速增大，这时柱已失去承载能力，这种现象称为偏心受压柱在弯矩作用平面内丧失稳定（图4a），属弯曲失稳。如果柱的侧向刚度较小且侧向支承较差，当荷载增加到一定程度时，柱除在弯矩作用平面内弯曲外，在侧向也可能从其原有平面突然向外弯曲，同时发生扭转，随即弯扭变形迅速加大使柱失去承载能力，该现象称为偏心受压柱在弯矩作用平面外丧失稳定（图4b），属弯扭失稳。

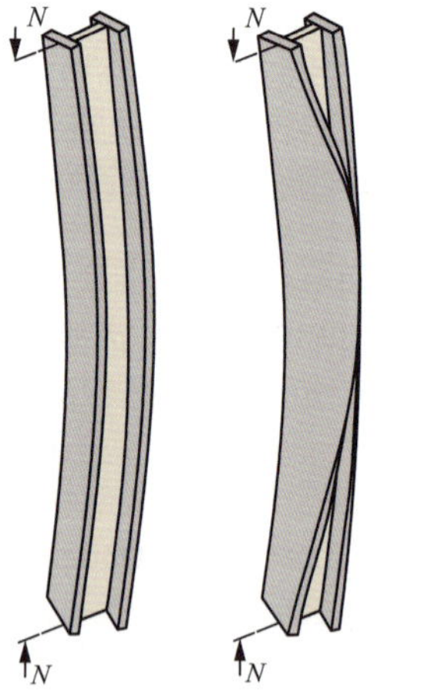

a 偏心受压弯矩作用平面内失稳　b 偏心受压弯矩作用平面外失稳

图4　实腹偏心受压柱失稳示意图

容许长细比　柱的长细比是衡量柱的刚度的一个标志。长细比太大不仅对柱的稳定不利，而且使柱在运输和安装过程中容易产生弯曲，使用期中在动力荷载作用下容易产生振动。所以，设计时要规定柱的容许长细比，通常采用150。

实腹柱的局部稳定　当实腹柱的腹板、翼缘板或其他组成部件的厚度相对较小时，可能在柱丧失整体稳定前的较小荷载下产生局部屈曲，即受压的腹板或翼缘板偏离其原来的平面位置而发生波状凹凸，该现象称为柱丧失局部稳定。柱丧失局部稳定后，柱的受力状况恶化，有可能导致柱较早地丧失整体稳定。为使钢柱各组成部件有足够的局部稳定性，通常按板件的应力和支承等情况限制其宽厚比不超过一定数值。

格构柱的计算　对格构柱也应计算强度、稳定、长细比及各个单肢和组成部件的稳定，计算方法与实腹柱相仿。但是，格构柱中缀条或缀板体系的抗剪刚度比实腹柱的腹板差得多，当柱绕虚轴（截面中与缀条或缀板平面相交的轴，图2）弯曲失稳时，柱除发生弯曲变形外，还将发生相当程度的剪切变形。

横隔　为了满足受力要求，保证柱身截面几何形状不变和增加柱的抗扭刚度，应在钢柱受较大水平力处及每个运输单元的端部及中部设置横隔。横隔可采用钢板或角钢做成。

柱脚和锚栓　柱脚是将柱身所受荷载传到基础的柱部件。柱脚除把柱固定于基础外，还起传递和分布荷载的作用。

锚栓是将柱固定于基础的连接件。对轴心受压柱和弯矩很小的偏心受压柱，锚栓起安装固定位置的作用，一般按构造配置，通常用两个，直径20～30毫米。对弯矩较大的偏心受压柱，锚栓还要抵抗柱身传来的弯矩，这时锚栓受拉力，其直径和个数应按柱底的最大弯矩和最小轴心压力经计算确定。（赵文蔚　瞿履谦）

港口工程结构荷载　load on port engineering structure　港口工程结构设计所应考虑的各种可能出现的荷载的统称。包括永久荷载和可变荷载。

永久荷载　包括自重力、预加应力、由土自重和永久荷载引起的土压力、固定水位的静水压力和浮托力等。

可变荷载　包括堆货荷载、起重运输机械荷载、铁路列车荷载、汽车荷载、载货缆车荷载、人群荷载、可变荷载引起的土压力、船舶荷载、风荷载、冰荷载、水流力、波浪力和施工荷载等。

堆货荷载　根据堆存货种和装卸工艺确定的堆存情况，结合码头结构型式、地基条件、结构计算项目等对堆货荷载进行综合分析确定。海港和河港各类码头在一般装卸工艺条件下，码头上的堆货荷载按码头前沿、前方堆场和后方堆场3个区域分别确定。

起重运输机械荷载　由起重、运输机械的自重及其工作和行驶的作用，施加于码头结构上的荷载。荷载标准值应根据装卸工艺选定的机型和实际使用的起重量、幅度和设计风速等确定。

载货缆车荷载　河港中作用于轨道上的载货缆车荷载应根据缆车自重、载重量、轮数、载货类别及影响轮压的各种因素确定。

船舶荷载　船舶直接或间接施加于港口工程结构上的各种作用，包括系缆力、挤靠力、船舶撞击力。对于风、浪和水流比较复杂的开敞式码头，船舶荷载应通过数学模型计算或物理模型试验确定。一般包括下列内容：①船舶系缆力。指船舶停泊或靠离码头时，通过系缆缆绳对码头结构所产生的拉力、系缆力与系泊船舶的船型、实际吃水、风速与风向、水流流速与流向、波浪（波高、波向、周期）、缆绳材质与数量及系缆方式、码头水深等有关。②船舶挤靠力。指船舶在码头停泊时，风、水流和波浪共同作用下船舶对码头结构所产生的挤压力。③船舶撞击力。指船舶靠岸时或系泊船舶在波浪作用下的动能对港口工程结构所产生的撞击力。船舶靠岸时的撞击力根据船舶有效撞击能量、护舷性能和靠船结构的刚度确定，船舶靠岸时有效撞击能量与船舶质量和船舶靠岸法向速度有关。

冰荷载　冰对水工构筑物的作用。一般包括：①冰排运动中被结构物连续挤碎或滞留在结构前时产生的挤压力。②孤立流冰块产生的撞击力。③并排在斜坡结构物和锥体上因弯曲破坏和碎冰堆积所产生的冰力。④与结构冻结在一起的冰因水位升降产生的竖向力。⑤冻结在结构内、外的冰因温度变化而产生的膨胀力。冰荷载与冰的温度、冰层厚度、构筑物形状等有关。

水流力　水流动能对水工构筑物产生的作用力，其大小与水流流速、流向和水工构筑物形状等有关。水流力按下式计算：

$$F_w = C_w \frac{\rho}{2} V^2 A$$

式中 C_w 为水流阻力系数；ρ 为水密度（吨/米^3），淡水取1.0，海水取1.025；V 为水流设计流速（米/秒）；A 为计算构件在与流向垂直平面上的投影面积（米^2）。

波浪力　波浪对水工构筑物产生的作用，包括5种情况：①波浪对直墙式构筑物的作用。在确定作用力时，首先要区分墙前的波浪形态，可分为立波、远破波和近破波3种，再根据波浪形态分析波浪力，如波峰作用下在墙面产生的压力，墙底面产生方向向上的浮托力；波谷作用下对墙面产生的吸力，对墙底面产生方向向下的波浪力。波浪力与波高、周期和水深等有关。②波浪对斜坡式建筑物的作用。包括对斜坡护面的作用和斜坡堤顶上胸墙的作用。波浪作用下斜坡式构筑物护面块体的稳定标准宜以容许失稳率表示；波浪对斜坡堤顶上胸墙墙面产生压力，墙底面产生方向向上的浮托力。③波浪对桩基和墩柱的作用。对小尺度桩柱（直径/波长 ≤0.2）一般利用小振幅波理论计算速度分力和惯性分力。对较大水深情况下，作用于大尺度墩柱体上的波浪力通常采用绕射理论得出的公式计算。波浪力与水深、波浪波高和周期、墩柱尺度及形状有关。桩柱构筑物有附着生物时，相应区段上的波浪力应乘增大系数。④波浪和水流对桩基和墩柱的作用。⑤高桩码头面板底部浮托力。应计算最大总浮托力和对应的均布压强、最大冲击压强和对应的冲击总力。浮托力与波浪波高及周期、水位和面板底部高程有关。（胡家顺）

港珠澳大桥　Hong Kong-Zhuhai-Macao Bridge　中国“一国两制”下，粤港澳三地首次合作建设的大型跨海交通工程。港珠澳大桥跨越伶仃洋，东接香港特别行政区，西接广东省珠海市和澳门特别行政区。工程线路起自香港国际机场附近的香港口岸人工岛，向珠海/澳门口岸人工岛、珠海连接线，止于珠海洪湾，路线总长为55千米。其中，从珠澳口岸到香港口岸全长约41.6千米（包括香港接线约12千米）、珠海连接线约13.4千米。工程全部

港珠澳大桥

投资约1050亿元。其中，主体工程由粤港澳三方共建，采用政府“全额出资本金方式”，项目资本金以外部分，由项目法人通过贷款解决。三方口岸连接线工程由三方各自负责建设。

2009年12月15日，港珠澳大桥正式开工建设；2012年7月，桥梁工程队伍进场；2016年6月29日，主体桥梁成功合龙；港珠澳大桥主体工程预计2017年11月，主体工程荷载试验完成；2018年1月1日，大桥主体全线亮灯，标志着大桥已经具备了通车条件。

主体工程采用桥、隧、岛组合方案，以约6.7千米隧道方案穿越伶仃西航道和铜鼓航道段，其余路段约22.9千米采用桥梁方案。主体工程隧道东、西两端各设置一个海中人工岛。主体工程采用双向6车道高速公路标准建设，设计速度为100千米/时。桥梁总宽33.1米，隧道宽度为2×14.25米、净高5.1米。全线桥隧设计汽车荷载等级采用公路-I级，同时满足香港《道路及铁路结构设计手册》中规定的活载要求，大桥的设计使用寿命为120年。

设计团队由中交公路规划设计院有限公司、丹麦科威国际咨询公司、上海市隧道工程轨道交通设计研究院及中交第四航务工程勘察设计院有限公司组成，施工团队由中国交通建设股份有限公司、艾奕康有限公司和上海城建（集团）公司组成。

（葛耀君）

港珠澳大桥海底隧道 Hong Kong-Zhuhai-Macao Bridge Submarine Tunnel 中国首条外海沉管隧道，建成时是世界最长的公路沉管隧道和唯一的深埋沉管隧道，也是世界上埋深最大、综合技术难度最高的沉管隧道。是港珠澳大桥主体工程。位于香港大屿山岛与青州航道桥之间，由东、西两个面积各为10万米^{2}的人工岛连接，承担着桥隧转换的功能，可为珠江口这条世界上最繁忙的航道让出通道。港珠澳大桥海底隧道全长6.7千米，海底沉管隧道长度5664米、宽度28.5米、净高5.1米，由33节巨型沉管和1个合龙段接头共同组成，每节沉管长180米、宽37.95米、高11.4米、重约7.4万吨，最大沉放水深44米。2017年7月7日，港珠澳大桥海底隧道顺利贯通，港珠澳大桥主体工程迎来了全线贯通的历史时刻。香港到珠海与澳门的陆路车程由3.5小时缩短为半小时。

为避免海水长年累月的腐蚀诱发渗漏水灾害，港珠澳大桥海底隧道利用沉管技术，将砂桩打入海底40米之下的淤泥硬土中，然后进行碎石填充，避免管道与海水直接接触。为了防止因海底水压过大而导致管道出现渗透现象，采用了钢筋砼的材料来制作隧道管道。为了防止隧道里面出现类似于火灾的其他意外，隧道的主体结构外还特意铺设了一层防火板。防火板有两厘米厚，即使隧道内出现火灾，这些防火板也能经受住1200℃的高温，保证隧道的主体结构不会遭到损坏，进一步保证了隧道不会出现漏水的情况。

隧道在海下建造的最大技术难题是海底环境问题。隧道底埋深最大为海平面以下约45米，隧道顶面不同位置会面临不同的回淤荷载；隧道基底土层（包括淤泥、淤泥质土、粉质黏土、砂层，砂层以下则是岩层）软硬不同、厚度不均，沉降控制难。港珠澳大桥海底隧道地基经过多方论证，最终处理方案采用了预应力管桩复合地基、旋喷桩复合地基、挤密砂桩复合地基及天然地基等多种地基方案进行过渡，对各种地基处理的效果均采用原位荷载试验进行检测验证，以确保工程的可靠性。在隧道铺设前先对软土进行加固，使重量达到67 000吨的沉管可以固定在这些软土上，避免日后发生沉降和不均匀沉降。海底表面淤泥含水量达50%～60%，隧道无法成功安置，通过在淤泥层中每隔一定间距打一根深入海底40米以下硬土层的挤密砂桩解决了这个问题。

（李利平）

高层建筑结构 tall building structures 层数较多、高度较高的建筑结构。不同国家和组织对高层建筑具体的高度和层数规定各不相同，中国国家标准《民用建筑设计统一标准》（GB 50352—2019）规定：建筑高度大于27米的住宅建筑和建筑高度大于24米的非单层公共建筑，且高度小于100米的，为高层建筑；建筑高度大于100米的为超高层建筑。

建设情况 现代高层建筑的建造始于19世纪末期的美国。1883年，在芝加哥建成第一幢高10层的保险公司大楼。此后在美国的芝加哥和纽约，又陆续建成了很多高层建筑，其中位于美国纽约的帝国大厦（1931年，102层，高381米）保持世界最高建筑达41年（1931～1972）之久。早期的高层建筑大多为钢结构，采用钢框架或框架支撑结构体系。

第二次世界大战后，高层建筑迎来了第二个建设高潮。在美国，相继建成了世界贸易中心（1971～1973年，高417米）和西尔斯大厦（Sears Tower，后改名Willis Tower，1974年，高443米）。20世纪80年代后，高层建筑的建设转向东亚及中东地区，代表性的高层建筑有阿联酋迪拜哈利法塔（2010年，高828米）、中国上海中心（2015年，高632米）等。

中国近代的高层建筑始建于20世纪20～30年代。1929年，上海建成局部高13层的沙逊大厦（今和平饭店）；1934年，上海建成地上22层的国际饭店。1976年建成的广州白云宾馆（高114.5米），是中国大陆地区首栋超过百米的高层建筑（见图）。20世纪80年代后，中国的高层建筑发展非常迅速，到2016年底，中国300米以上高层建筑数量已经名列世界第一。

中国广州白云宾馆

技术发展 高层建筑是现代科学技术的产物。与高度相对较低的多层建筑结构相比，高层建筑高度较高、层数多、自重大，且高宽比（高度和建筑平面宽度的比例）较大。同时，除了承受竖向荷载外，风荷载、地震荷载等侧向荷载在高层建筑结构设计中也往往起着控制性的作用。因此，如何有效抵抗风荷载、地震作用等侧向作用力成为保障高层建筑结构安全性的关键。

高层建筑结构的设计需要经过科学细致的力学分析和工程设计，以确保其安全性和经济性。高层建筑结构体系，经历了从早期以平面受力为主，抵抗侧向力效率相对较低的框架结构体系、框架支撑结构体系、剪力墙结构体系，到以空间受力为主，抵抗侧向力效率相对较高的筒体结构体系、巨型结构体系、斜交网格结构体系的发展过程。高层建筑所采用的材料和构件，也从早期的单纯钢结构或混凝土结构向钢-混凝土混合结构或组合结构方向发展。高层建筑的设计计算分析，也从早期的以静力计算为主，发展到基于各种先进计算技术的静动力分析、建造过程模拟分析等，考虑了竖向荷载、风荷载、地震荷载、施工荷载、偶然作用等多种设计工况及其组合，保障高层建筑具有良好的安全性和适用性。

高层建筑的施工建造技术也在持续发展。①在地基基础方面。深层桩基础、厚大筏板、超长与大直径工程桩、大体积混凝土浇筑等技术得到持续发展。②在地上施工方面。预应力技术、后浇带施工技术、高层混凝土泵送技术、大型组合式机械设备平台（“造楼机”）等也愈发成熟。上述技术的发展，使建设高层建筑的经济性和效率得到持续提升。

未来，更加安全且高效地设计和建造高层建筑是土木工程领域的重要研究方向。此外，协调高层（特别是超高层建筑）与城市风貌、市政基础设施等系统之间的关系也是有待深入研究的内容。

（陆新征）

高层建筑结构单元　tall building structural unit　由两种或以上不同类型高层建筑构件组成、共同承担特定结构功能的系统。高层建筑结构单元主要有联肢墙、核心筒、加强层、转换层等。由剪力墙和连梁共同组成联肢墙和核心筒，抵抗水平和竖向荷载；由伸臂构件、环带构件、框架柱、剪力墙等共同组成加强层，提高结构的抗侧刚度等；由梁、桁架、空腹桁架、箱形结构、斜撑等共同组成转换层，传递不连续竖向构件的荷载。

联肢墙　在高层建筑中，当剪力墙沿竖向开有一列或多列较大的洞口，可以简化为若干个单肢剪力墙或墙肢与一系列连梁联结起来组成的结构单元（图1）。墙肢是剪力墙中位于两个水平相邻的洞口之间或洞口与边缘之间的垂直墙段。联肢墙的受力特点为：剪力墙仍呈现整体变形模式，但是连梁对墙肢有一定的约束作用，墙肢局部弯矩较大，整个截面正应力已不再呈直线分布。

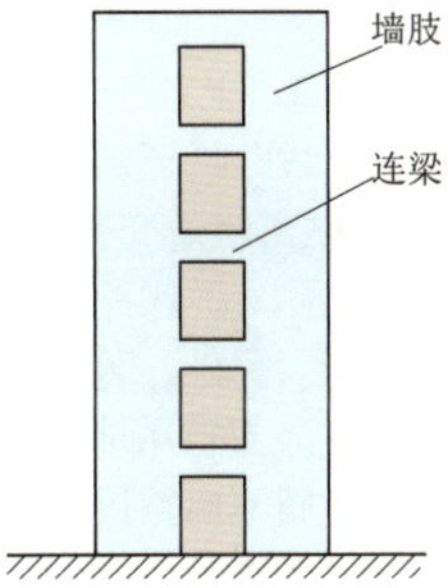

图1　典型联肢墙示意图

联肢墙是高层建筑中非常常见的结构单元。通过合理设置洞口的位置、大小和高宽比，可以灵活控制剪力墙和连梁的刚度，以及在结构进入非线性阶段后的屈服和耗能顺序，从而可以获得更好的抗震性能。

核心筒　设置在建筑的中央部分，由剪力墙围合形成的筒体。核心筒可集中设置电梯间、楼梯间、通风井、设备竖井等服务设施。核心筒与周边的稀柱框架组成框架－核心筒结构，或与周边的密柱深梁框架组成筒中筒结构。

核心筒平面一般为正方形或矩形，能够抵抗各个方向的弯矩和剪力。核心筒沿竖向宜贯通建筑物全高。核心筒的抗侧刚度和承载力很大，是框架－核心筒结构的主要抗侧力单元，承担绝大部分的地震剪力和大部分倾覆弯矩。

核心筒除了四周的剪力墙外，还有内部剪力墙。组成核心筒的剪力墙一般为钢筋混凝土墙，当建筑高度较大时，可采用钢骨混凝土墙、钢管混凝土墙、钢暗撑混凝土墙、钢板混凝土墙等钢－混凝土组合剪力墙，提高核心筒的承载力和变形能力。

加强层　为增大框架－核心筒或框架－核心支撑结构的抗侧刚度，可以在建筑设备层和避难层的核心筒或核心支撑系统与周边框架柱之间设置刚度较大的水平伸臂构件或沿周边框架设置刚度较大的环带构件成为结构加强层（图2）。水平力作用下，与伸臂构件相连的一侧框架柱受压、另一侧框架柱受拉，对核心筒或核心支撑系统形成反弯，减小结构的侧移和减小伸臂构件所在楼层以下核心筒或核心支撑系统的弯矩。周边环带构件可使周边的框架柱都参与抗倾覆力矩，进一步增大结构的抗侧刚度。

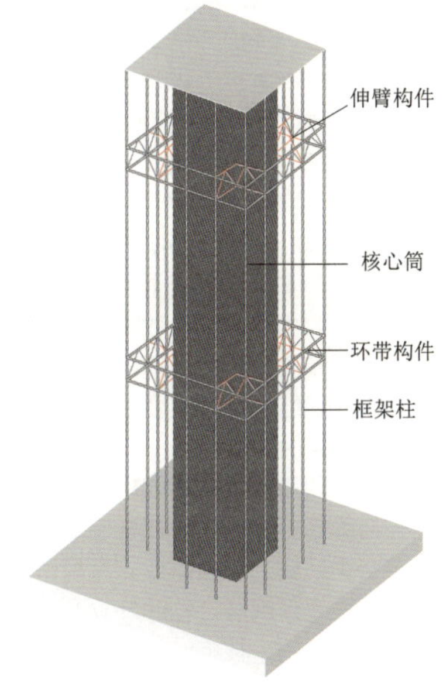

图2　加强层示意图

水平伸臂构件可采用斜腹杆桁架、空腹桁架、实体梁或箱形梁；周边环带构件可采用斜腹杆桁架、空腹桁架、开孔梁等。

转换层　高层建筑的底部楼层与上部楼层因使用功能不同、结构形式不同、柱网改变等原因，部分竖向构件（墙，柱）不能直接落地，需要设置转换构件将其内力转移至相邻的落地构件。设置转换构件的楼层，称为转换层；设置转换层的建筑结构，称为带转换层的结构。

高层建筑中竖向构件转换主要有两种形式（图3）：一种是上部剪力墙转换为底部框架，其转换层称为托墙转换层；另一种是上部密柱框架转换为底部稀柱框架，其转换层称为托柱转换层。转换构件可采用梁、桁架、空腹桁架、箱形结构、斜撑等，称为转换梁、转换桁架等。转换层可以兼作设备层，采用转换桁架时，各种设备管道可以在桁架腹杆间穿行。

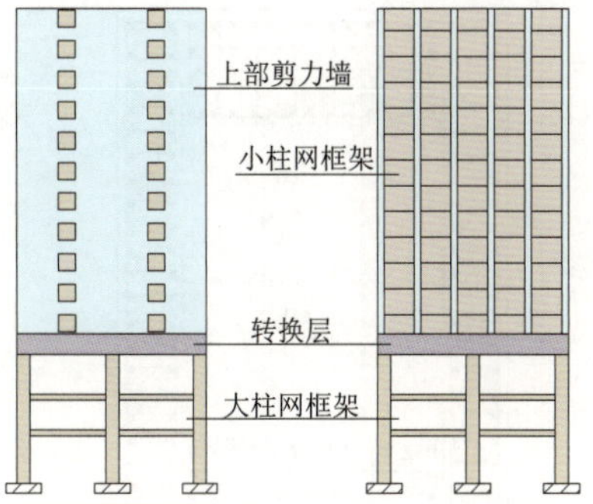

a　托墙转换层　　b　托柱转换层
图3　竖向构件转换形式示意图

（纪晓东　陆新征）

高层建筑结构构件　tall building structural component　高层建筑的结构构件除了常见的梁、柱、墙、板、支撑等构件外，为满足高层建筑承担竖向荷载和水平荷载的要求，还包括伸臂桁架、巨型柱、转换桁架等特色构件。

伸臂桁架　设置在高层建筑核心筒支撑系统与外围竖向构件之间用来提高建筑抗侧能力的刚性水平结构。当高层建筑承受水平荷载时，核心筒或支撑系统通过伸臂桁架将弯矩转化为轴力传递到外围竖向构件（如框架柱）中，使其在结构体系中起着类似拉压杆的作用，从而使得外围竖向构件与核心筒支撑系统共同受力达到提高抗侧力能力的目的（图1）。

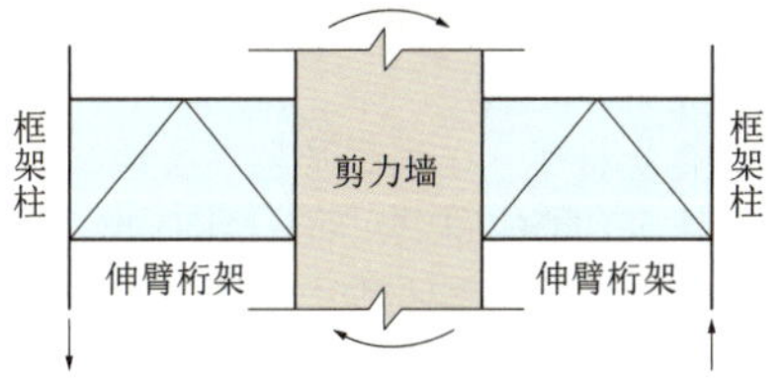

图1　典型人字形伸臂桁架示意图

常见伸臂桁架形式有5种，即V形桁架、人字形桁架、单斜撑桁架、X斜撑桁架及K形桁架。根据结构设计的需要可以沿结构高度方向设置单道或多道伸臂桁架。很多超高层建筑安装了伸臂桁架，如上海中心和台北101大厦。

巨型柱　巨型柱的尺寸远大于框架柱，其形式上可以是实腹钢筋混凝土柱、钢骨混凝土柱（图2a）、钢管混凝土组合柱、空间格构式桁架或筒体。截面形状除

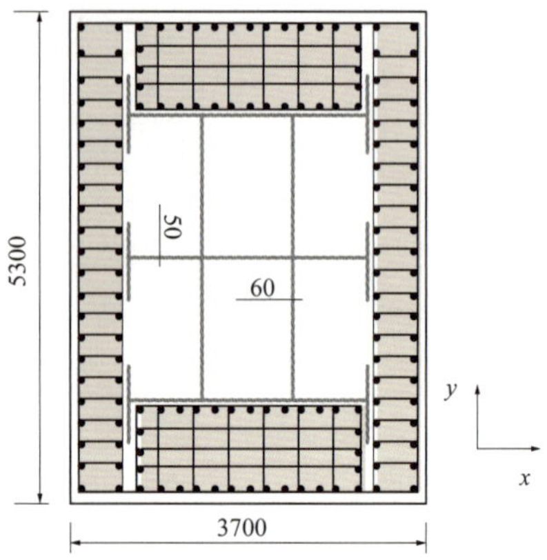

a 上海中心典型巨型柱截面

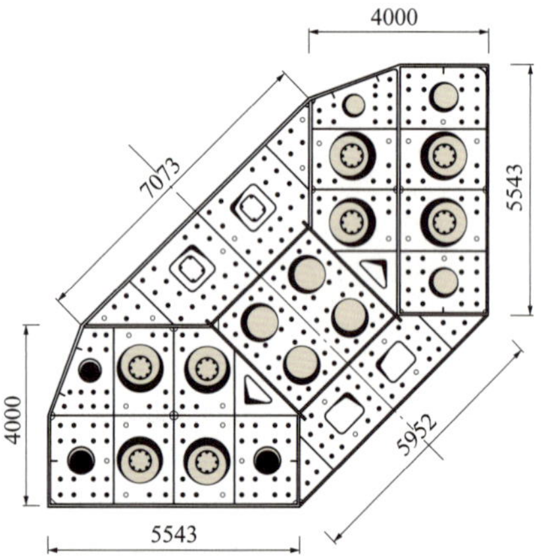

b 北京中信大厦（又称中国尊）底部巨型柱截面

图2 典型巨型柱截面示意图（单位：毫米）

了常规的矩形或圆形，一些建筑也会根据结构的需要设计成异形截面，如北京中信大厦（又称中国尊）底部巨型柱采用梭形截面（图2b）。

巨型柱往往布置在结构的四角和周边，以便提供更高的抗侧刚度和抗扭刚度。巨型柱可以与其他巨型构件（如巨型梁、巨型支撑等）共同组成巨型框架结构。巨型柱具有抗压承载力高、抗震性能优越、能充分发挥高强混凝土承载力、耐火性能优良等优点。

转换桁架　在高层及超高层建筑中，由于建筑功能的要求，部分竖向构件不能直接贯通落地，需要刚度较大的转换构件来传递不能贯通的竖向构件的荷载，即为转换结构。转换桁架是由转换梁结构变化而来的转换结构，具有传力明确、传力途径清楚的特点。根据建筑用途和结构受力的需要可以沿结构高度方向设置一处或多处转换桁架。

转换桁架主要包括空腹桁架、斜杆桁架、混合空腹桁架，以及因建筑的转换层上部楼层较多而需要设置双层或多层桁架形成的叠层空腹桁架等结构形式。可采用钢构件、混凝土构件或组合构件。对于带转换桁架的高层建筑，通常是利用桁架上、下弦杆之间的腹间楼层作为设备层，各种设备管道可以在桁架腹杆间穿行，不影响其他楼层的正常使用，对需要设置加强层的高层建筑可将转换层、加强层和设备层一起设计。（陆新征）

高处作业吊篮　suspended access platform　通过专用钢丝绳悬挂于建筑物或构造物立面、提升机驱动悬吊平台、沿着钢丝绳上下运动，为立面作业提供人员和物料运输的非常设悬挂式设备。

类型　各部分组成根据工程的特点有多种不同的形式，如悬吊平台有圆弧形作业平台、L形结构作业平台，以及常用的一字形作业平台等结构形式；悬挂机构有配重式、骑墙式等结构形式，根据作业载重量的需求常见的提升机有300千克、500千克、800千克、1500千克和2000千克等额定载重提升力。

构成　由上部的悬挂结构、钢丝绳、提升机、安全锁、组装的悬吊平台等组成。①悬挂结构。由金属构件拼接形成，为钢丝绳提供可靠的固定点。②钢丝绳。为用于摩擦传动的专用钢丝绳，分为工作钢丝绳和安全钢丝绳。③提升机。为高处作业吊篮提供动力，由电机、蜗轮与蜗杆减速器、钢丝绳摩擦盘组成，工作钢丝绳与钢丝绳摩擦盘直接接触产生摩擦作用力。④安全锁。有角度触发的摆臂式安全锁和由速度触发的离心式安全锁两种形式，能够起相互作用的安全锁与安全钢丝绳相互作用是高处作业吊篮出现失效时的安全保护装置。⑤组装的悬吊平台。由多扇结构框架拼接构成，结构框架主要由钢制、铝制两种材料焊接而成。

应用　主要用于建筑物或构造物外立面的维护与维修施工作业，如幕墙的安装与更换，塔类结构的防腐作业，大型桥梁水坝的全面检查与维修，轮船外立面施工与维护以及火电站、核电站机组建设与检修，大型风力发电机叶片与塔筒维护等。

由于属于悬吊式作业方式，导致坠落伤亡事故多发，作业人员在工作过程中需要全程配备安全带，安全带与独立设置的安全绳可靠连接，同时在工作过程中确保安全锁有效，作业环境符合安全要求，悬吊平台中的施工荷载分布均匀等。（李守林）

高分辨率卫星数字化勘察　high-resolution satellite digital surveying　通过高分辨率卫星接收地面信息获取海量数据的大比例尺数字测图的勘察技术。高分辨率卫星包括高空间分辨率、高时间分辨率和高光谱分辨率等卫星。高分辨率遥感卫星获取的遥感影像具有分辨率高、定位精度准等特点，可通过海量数据实现无地面控制的大比例尺数字测图。高分辨率卫星的最短重访周期为2天，具有精度最高0.1米空间分辨率、5米无地面控制点高定位精度、高质量图像数据的获取能力，其中数据连续性和数据稳定性是影响高分辨率卫星应用的重要因素。

通过数据处理系统对地面接收系统收到的高分辨率卫星原始数据进行的快速、精确和自动化处理，生成标准化产品，并对数据产品进行质量检测。高分辨率遥感影像产品为遥感影像的实用化、定量化、动态化、数字化和利用该技术对地物信息获取提供了高质量的、丰富的数据源。高分辨率遥感数据产品以其突出的高分辨率、高周期性能力，可以实现精细的对地观测，获取地物目标的几何结构、纹理大小、空间布局等特征信息，分析丰富的数字化数据提取地形、地质、水文等要素，为工程勘测的调查、测绘、勘探、测试及综合评定提供数据资料，从而对设计和施工提供依据和指导，保证工程建设安全、高效进行，最终形成以高分辨率卫星技术为核心的数字化勘察设计技术模式。（王　庆）

高架桥　viaduct　在城区道路上方建造的、用以提高交通能力和保持线路畅通的城市桥梁。用于公路、铁路和城市轨道交通（地铁、轻轨、磁悬浮等）。因以桥代路，故也称高架路，或简称高架。另外，为避免频繁与其他线路平交，或为节省用地，或为保护环境，或为通过地质不良路段而在地面上修建的高速公路桥或铁路桥，也称为高架桥。

城市高架桥的主要组成部分是中小跨度的多跨梁式桥，其设计应特别注意与桥位沿线环境相适应。需控制桥梁的建筑高度，以缩短桥长和引道（或匝道）长度；选择外形轻巧的结构（尤其是桥墩）造型，扩大桥下可利用空间；配合城市地下空间和管线的布置，确定合理的墩台位置和基础形式。另外，车行道外侧要设置可靠的防撞设施，严格控制交通噪声污染和光污染等。

高架桥提供了方便快捷的空中通道，可能带来的不利影响是：扩散噪声，遮蔽阳光，有碍市容，影响商业。最早的城市铁路高架桥建于19世纪末期。世界上第一条城市道路高架桥建于20世纪30年代的纽约（20世纪70年代被拆除）。1987年广州修建的长5.3千米的人民路桥，是中国城市高架桥的首例。典型的高架桥有：中国上海内环高架路（2009年全线通车，长47.7千米）、武汉二环高架路（2015年全线通车，长48千米）、京沪高速铁路丹阳至昆山段特大铁路桥（2011年通车，长164.8千米），泰国曼纳高速公路（2000年建成，长55千米）等。（李亚东）

高精度超声波钻孔成像技术 high-precision ultrasonic drilling imaging technology 以孔内探头发出的超声波为信号源，向下发射脉冲超声波信号，信号经倾斜45°放置的凹面镜聚焦反射、改变方向，并垂直入射孔壁，信号经孔壁反射，被探头接收形成一个像点，如此经360°扫描后形成在某一个深度孔壁一周的图像成像技术。高精度钻孔超声波成像的基础保障是设置孔口滑轮记录探头深度的精度、设置细密的横向扫描间隔、保证方位测量的精度，然后利用超声波成像处理，解释技术得到相应的高精度超声波成像成果。

高精度钻孔超声波成像具有高分辨率（井轴方向3毫米，横向扫描间隔1°）、方位确定准确（±2.5）、穿透力强、孔壁原位成像、在浑浊井液中也能得到清晰图像的特点，加之较完备的统计分析技术，能够提供大量的工程基础分析所需的有用信息（钻孔井斜图、井径柱状图与立体图、构造柱状图、构造立体图、构造玫瑰图等）。此技术适用于确定岩层（或岩石节理）的走向、倾向、倾角、裂隙和破碎发育情况，用于分析地下地质结构，为大型工程的地基基础评价提供可靠的依据。（李小州）

高空作业车 vehicle-mounted mobile elevating work platform 以定型道路车辆为转场支撑底盘、由车辆驾驶员操纵其移动的高空作业机械。

类型 作业车按伸展结构的形式可分为垂直升降式、折叠臂式、伸缩臂式和混合臂式4种。①伸缩臂式高空作业车。各工作臂之间的相对运动只能进行伸缩。②折叠臂式高空作业车。工作臂之间的连接全部采用铰接形式。又称铰接式高空作业车。③垂直升降式高空作业车。升降机构只能在垂直方向上进行运动。④混合臂式高空作业车。工作臂之间既有铰接，也有伸缩。有上下工作臂可伸缩、上工作臂与下工作臂铰接等形式。其结构复杂多变，相对紧凑，操作较简单直观，跨越障碍能力很强，可以实现特定功能。

按绝缘性能，可分为绝缘型和非绝缘型。绝缘型是工作平台，部分工作臂采用绝缘材料（一般为玻璃钢）制作。工作平台和大地之间阻抗很大，作业车可以在高压线路上带电作业。绝缘型高空作业车一般用于电力设施的带电抢修和维护。非绝缘型作业车不具备绝缘功能，不能进行带电工作，高空作业时需要远离高压带电体。非绝缘高空作业车广泛用于市政、电力、交通、园林、电信、港口、油田、风电、变电站、广告安装等。

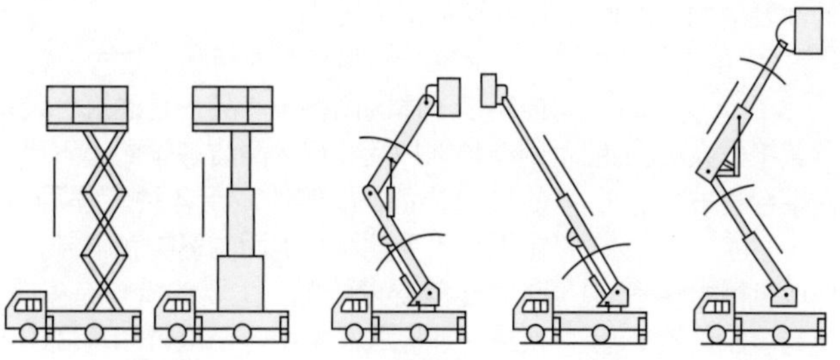

高空作业车示意图

组成 主要由定型道路车辆底盘、动力系统总成、工作机构、机械结构、液压和电气控制系统等组成。①定型道路车辆底盘。采用定型生产的汽车底盘作为行走机构，实现行走（转场）和运载功能。②动力系统总成。主要包括动力源及附件等部件。动力源可以为汽车底盘的发动机或独立的动力源如发动机、蓄电池等，附件包括联轴器、皮带等传动装置和取力装置，以及控制取力装置。③工作机构。有变幅机构、伸缩机构、回转机构和调平机构，能实现高空作业所需的不同运动。④机械结构。主要包括工作平台、臂架、回转转台、副车架（车架大梁，门架、支腿等）等，承受高空作业车的自重以及作业时的各种外载荷。⑤液压和电气控制系统。包括动力元件、控制元件、检测元件、执行元件及其附属件，用于实现工作机构运动的驱动、控制和检测，如动力传递的方向、机构运动速度快慢，以及机构起停等。通过液压驱动和电气系统的控制，实现高空作业车各机构的起动、调速、换向和停止，从而达到高空作业要求的各种动作。（蔡　雷）

高空作业机械 aerial working machinery 用来运送工作人员和相关器材到指定高度进行作业的特种工程车辆与设备。又称高空作业平台或升降工作平台。

基本情况 20世纪80年代以前，中国的高空作业通常采用传统脚手架技术，机械化作业模式和高空作业机械研究与产业化基本空白。1988年中国发布了第一本高空作业领域行业标准《高空作业平台》（JG/T 5100～5104—1988），指导该行业对高空作业装置进行系统研究和产业化。2000年后，中国出台高空作业机械产业规划，将高空作业机械设备纳入国家科技创新驱动战略，高空作业机械技术得到快速发展。

分类 可以整体移动工作位置的称为移动式高空作业平台或移动式升降工作平台。采用固定底座，不能整体移动工作位置的称为固定式高空作业平台或固定式升降工作平台。按照底盘运动的方式，移动式高空作业平台分为人力移动式、拖式、自行式和车载式。人力移动式的高空作业平台依靠人力推动移动位置；拖式的高空作业平台移动依靠其他车辆或可移动机械拖动；自行式的高空作业平台底盘具有动力行走装置，行走控制在工作平台上进行；车载式的高空作业平台底盘也具有动力行走装置，其行走控制位于底盘驾驶室内，又称高空作业车。

按照工作平台和底盘（固定底座）之间是否绝缘，分为绝缘型和普通型。绝缘型高空作业机械的工作平台使用玻璃钢或塑料等绝缘材料制成，工作平台和底盘之间完全绝缘，满足工作人员在平台上进行限定电压下的带电作业。

组成 高空作业机械通常由底盘（或固定底座）、稳定器、伸展结构、工作平台、动力系统、升降机构、回转机构、调平机构、液压和电气控制系统以及安全装置等组成。

底盘。移动式高空作业机械最下部分与地面或停放面相接触，并与伸展结构相连的可移动的基座。

固定底座。固定式高空作业机械最下部分与基础或停放面相接触，并与伸展结构相连的固定基座。

稳定器。可以是支腿、千斤顶、悬挂锁紧装置或伸展车轴。用于支撑、稳固或调平整个高空作业机械或伸展结构，以防止作业过程中高空作业机械发生倾翻危险。

伸展结构。与底盘相连、支撑工作平台并可让工作平台移动至所需位置的结构。伸展结构可以是单个的臂架或梯子、伸缩式或铰接式臂架或梯子、剪式机构或它们的任何组合，并且在底盘上是可回转或不可回转的。垂直升降式的伸展结构只能在竖直方向上下运动；折叠臂式的伸展结构各构件之间采用铰接，只能相对转动；伸缩臂式的伸展结构各构件相互套叠，只能相对伸缩；混合臂式的伸展结构是由垂直升降、折叠臂、伸缩臂之中的2种或3种相互组合构成。

工作平台。在空中承载工作人员和使用器材的装置。通常工作平台也被称为工作斗或吊篮。

动力系统。为高空作业机械提供驱动力的系统，包括动力源及其控制装置。动力源一般为内燃机或蓄电池及其驱动的电机。

升降机构。在动力系统或人工力作用下，驱动伸展结构，改变伸展结构的角度和高低位置的机构。升降机构一般由液压油缸、连杆、钢丝绳、链条和滑轮组（链轮组）单独或组合构成。

回转机构。在动力系统或人工力作用下，驱动伸展结构相对于垂直轴进行圆周运动的机构。

调平机构。在伸展结构运动过程中，当伸展结构在竖直平面内有转动运动时，实现工作平台始终与地面保持相对水平的机构。常用调平机构有平行四边形原理的全机械调平、封闭回路液压调平和反馈式电子调平3种。复杂伸展结构的调平机构可以是3种调平方式的组合。

液压和电气控制系统。用于实现各工作机构的运动，并对工作机构的运动进行控制，通过液压驱动和电气系统的控制，实现高空作业机械各机构的起动、调速、换向和停止，从而达到高空作业要求的各种动作。

安全装置。为保证高空作业机械在限定的条件下安全作业而设置的一些保护措施。如应急动力装置、工作平台载荷限制装置、力矩限制装置等。

性能与特点　主要性能指标有最大工作平台高度、最大作业高度、最大平台幅度、最大作业幅度、额定载荷和额定电压等。垂直升降式主要性能指标没有最大平台幅度、最大作业幅度，用工作平台尺寸替代。①最大工作平台高度。指工作平台承载面与作业车支承面之间的最大垂直距离。②最大作业高度。指最大工作平台高度与工作平台上作业人员可以进行安全作业所能达到的高度之和，中国规定安全作业高度为1.7米。③最大平台幅度。指回转中心轴线与工作平台外边缘的最大水平距离。④最大作业幅度。指最大平台幅度与作业人员可以进行安全作业所能达到的最大水平距离之和，中国规定工作人员伸出工作平台的安全水平距离为0.6米。⑤额定载荷。指工作平台所标称的最大装载质量。⑥额定电压。绝缘型高空作业机械专有性能指标，指工作平台标称的可用于高压线路的最大电压。

高空作业机械是集机械、电气、液压、控制于一体的高科技产品，是建筑、设备制造和维护及建筑物清洁等领域必不可少的技术装备，能够适应于各种工程项目，施工中不受地域和地面的影响和限制，同时对环境要求较低。主要的特点是安全、快捷，能完成高空中各个位置和角度的各种作业。车载式高空作业机械能够快速、长距离移动，主要用于市政路灯、园林、电力、高速公路等行业；其他移动式高空作业机械不需要辅助支撑，可边工作边移动，移动灵活，承载能力强，所需要的作业人员少，适用于作业面积大、需要连续作业、地面平整度好的施工环境，在船厂、大型广场、机场、电厂、水厂、商场、体育场馆、大型会场等场所，得到广泛使用。

（蔡　雷　刘承桓）

高耸结构　high-rise structure　高度较大、横断面相对较小的结构。其结构设计主要承受水平荷载，特别是风荷载。又称塔桅结构。

沿革　古塔是早期的高耸结构，这种纪念性的塔遍布世界各地。中国历代曾建有砖、石、木材、生铁等材料的各种形式的塔，现在尚存的具有代表性的古塔有：523年（北魏）建造的河南登封嵩岳寺砖塔，1056年（辽）建造的山西应县佛宫寺释迦木塔，1061年（北宋）建造的湖北当阳玉泉寺铁塔。

随着工业技术的发展，出现了各种类型的高耸结构。1889年为巴黎博览会建造了举世闻名的埃菲尔铁塔，塔高300米，当时只供游览和美化城市用；1921年后在塔顶装设了无线电天线和电视天线，总高度为321米。

20世纪随着无线电广播和电视事业的发展，世界各地建造了大量较高的无线电塔和电视塔。电力、冶金、石油、化工等企业也建造了很多高耸结构，如输电线路塔、石油钻井塔、炼油化工塔、风动机塔、排气塔、水塔、烟囱等。在邮电、交通、运输等部门也兴建了电信塔、导航塔、航空指挥塔、雷达塔、灯塔等。此外，还有卫星发射塔、跳伞塔和环境气象塔等。

材料　古代塔多用砖、石、木材、生铁建造，现代塔则多用钢结构、钢筋混凝土结构及预应力混凝土结构，高度较小的可用砌体结构。钢结构塔轻巧美观，其构件可工业化生产，但防锈要求较高、维护费用较大。钢筋混凝土塔抗大气腐蚀性能较好。筒形钢筋混凝土塔可保护内部管线、设备免受大气影响和风雪侵袭，但由于自重大，需设较强的基础。现场浇筑钢筋混凝土塔的质量和造价取决于施工技术水平。

结构形式　可分为自立式塔式结构和拉线式桅式结构。自立式塔式结构和拉线式桅式结构也可混合使用。如荷兰洛皮克电视电信塔，总高370米，下部为100米的圆筒形钢筋混凝土塔，上部为270米的用四层纤绳拉到地面的钢管桅杆。也有在塔顶上布置几座小型桅杆的结构，如美国旧金山电视塔，是总高298米、下部为234米高、截面为三角形的塔；塔顶处装有大平台，上面设三座对称布置64米高、三层纤绳的小桅杆、纤绳均锚固在大平台上，形成独特的烛台式结构。

设计原则　高耸结构承受的荷载包括自重、设备重、风荷载、地震作用等，计算时必须考虑在各种最不利的荷载组合下结构的强度和刚度，验算结构的稳定，以确保结构安全。高耸结构的主要荷载是风荷载。设计时需要有当地风力的可靠数据，确定基本风压值、沿高度变化风压、风荷载体型系数和风振系数等重要参数。同时，设计时要注意降低结构的风阻力，例如采用圆形构件，以减小体型系数；简化构造，以减小迎风面积；进行方案比较，选取最优尺寸。

风荷载导致的持续剧烈振动不仅无法维持高耸结构的正常使用，而且容易形成疲劳损伤，最终在强风作用下导致结构破坏，造成巨大的经济损失。因此，采取措施减轻风振响应成为这类结构设计的关键之一。在各类高耸结构的风振控制中广泛使用的装置是调频减振装置，主要利用减振装置的自振频率与结构的受控频率相调频时，将结构本身的振动能量转换到调频减振装置上，从而达到耗散能量、控制结构动力反应的目的。

高耸结构高度大，必须设置航标和避雷系统。高耸结构的平面狭小，一旦发生火灾，将更容易蔓延到整个结构，应进行防火设计。如严格的功能分区和防火、防烟分区设计；重视人员安全疏散，其基本疏散设施是消防电梯和疏散楼梯；在塔楼适当位置设置避难层等。

设计高耸结构和选择结构方案时，应同时考虑施工方法（包括运输、安装）以及建成后的环境影响、维护保养等问题。

（王肇民　李　荣）

高速公路　freeway　将各种汽车折合成小客车的年平均日交通量为2.5万辆以上，专供汽车分向、分道高速行驶，并全部控制出入的多车道公路。设计速度80～120

千米/时。按管理和战略意义，中国高速公路主要分为国家高速公路和省级高速公路两大类。其中国家高速公路具有国家的战略意义，联通全国范围内的城市；而省级高速公路则具有省内的战略意义，主要联通本省和邻省的城市。

发展概况 世界上最先建高速公路的国家是德国。德国于1931～1942年首先修筑了长达3860千米的高速公路网。美国于1937年开始修筑宾夕法尼亚州收税高速公路，长257千米。20世纪50年代中期以后，一些工业发达国家由于汽车的生产量和保有量猛增，也竞相大规模修筑高速公路。

中国台湾地区于1978年底建成基隆—高雄纵贯南北的中山高速公路，长373千米。自1988年沪嘉高速公路通车实现中国大陆高速公路零的突破之后，中国高速公路建设从1988年100千米至2022年达到17.73万千米。在高速公路发展的最初15年，也就是1990～2005年，全国高速公路里程均在以每年20%～80%的同比增速增长，特别是1998～2005年每年平均新通车高速里程在4500千米以上。“十一五”期间，全国高速公路建设依然以更快的步伐加紧建设，5年内通车里程新增3.3万千米，平均每年建成6600千米，建设步伐相较前15年更快。截至2022年底，中国高速公路里程已经超过17万千米，居世界第一位。

特征及作用 高速公路专供汽车高速行车，其设计行车速度，在中国野外大多按地形的不同，分为80千米/时、100千米/时、120千米/时3个等级。高速公路平面线形大多以圆曲线加缓和曲线为主，并重视平、纵、横三维空间立体线形设计。

高速公路设有双向多车道，将往返车辆完全隔开。在郊外大多为4或8个车道，在城市和市郊大多为8或12个车道。路面多采用磨光值高的坚质材料（如改良沥青），以减少路表液面飘滑和射水现象。路缘带有时用与路面不同颜色的材料铺成。硬路肩为临时停车用，也需用较高级材料铺成。在陡而长的上坡路段，当重型汽车较多时，还要在车行道外侧另设爬坡车道。必要时，每隔2～5千米在车行道外侧加设宽3米、长10～20米的专用临时停车带。

高速公路与铁路或其他次要公路相交，可修筑分离式立体交叉；当与其他重要公路相交而转弯车流较多时，应修筑互通式立体交叉。在高速公路两旁适当地点，应修筑集散道路以及加速和减速车道，以控制汽车进出高速公路。

高速公路通过城市时，大多沿城市周围的环道绕过，如有必要穿过城市交通繁忙地区，为减少车辆拥挤、废气和噪声污染，多修成高架式、路堑式或隧道式，有时还要修筑多层式立体交叉或天桥，形成立体交通网。

高速公路都建有中央分隔带。如果中央分隔带较窄，则须于其上设置防眩板或防护栅。高速公路上应设置夜间能发光或反光的交通标志牌。中央分隔带和渠化岛的边缘以及路面标线上均需镶设反光器，桥梁、隧道、立体交叉以及城市地区设置大型照明设备。

高速公路沿线每隔一定距离要设置休息站，有的还设置收费站。休息站内设有加油站、公用电话、停车场、饭店、超市和旅馆等服务设施。在高速公路交通繁忙地区，可设置交通监视中心。整个地区车辆运行情况，由电视摄像机传到荧光屏，据以指挥交通，还可利用无线电将信息传送给汽车驾驶员。当路上发生交通事故，监视中心可派巡视车或直升机到现场进行处理。

高速公路全线禁止行人、非机动车、拖拉机、电瓶车、农用运输车、轮式专用机械、全挂牵引车及设计最大时速低于70千米的机动车进入，只有汽车专用。对非机动车及人、畜采取禁入栅、高路堤、护栏等隔离措施将高速公路“封闭”；对于不准车辆进出的路口，均设置分离式立交加以隔离；允许车辆进出的路口，则采用指定的互通式立交匝道连接。

高速公路对于分散过分集中的城市人口、解决劳动就业、发展工农业生产和旅游事业以及开拓边疆地区都起到很大作用。例如，日本名古屋至神户高速公路建成后，沿线14个互通式立体交叉周围建立了900多个工厂，促进了集装箱运输。意大利“太阳道”高速公路建成后，沿线布置了许多工厂企业，居民收入平均增加3%。高速公路对国防战备也有很大作用。例如，美国州际与国防高速公路网连接各州首府、工业中心以及5万以上人口的城镇，路旁设有安全区，有专用公路连接，一旦发生战争，半小时内即可将城市居民疏散到安全区。这些高速公路还能通过重载的军事装备，某些路段还可作为临时军用飞机跑道。

各国高速公路里程一般只占公路总里程1%～2%，但其所担负的运输量占公路总运输量的20%～25%。高速公路造价高，用地多，但行车速度快，通行能力大，交通事故率小，故其投资费用一般只要7～10年即可由于其所节约的行车费用（包括燃料消耗、轮胎磨耗、汽车修理和养路费支出等）和运行时间以及所减少的行车事故而得到回偿。

中国《国家高速公路网规划》《国家高速公路网规划》于2004年经中华人民共和国国务院审议通过，这是中国历史上第一个高速公路骨架布局，同时也是中国公路网中最高层次的公路通道。中国国家高速公路网采用放射线与纵横网格相结合的布局方案，由7条首都放射线、9条南北纵向线和18条东西横向线组成，简称“7918网”，总规模约8.5万千米，其中主线6.8万千米，地区环线、联络线等其他路线约1.7万千米。形成了由中心城市向外放射以及横贯东西、纵贯南北的大通道已在“十二五”末基本完成。

（方福森　撰　陈雨人　修订）

高速铁路 high-speed railway 新建设计开行250千米/时（含预留）及以上动车组列车、初期运营速度不小于200千米/时的客运专线铁路。

起源与发展 1964年，日本建成世界上第一条客运高速铁路—东海道新干线（东京—大阪），全长515千米，最高运营速度210千米/时；1981年，欧洲第一条高速铁路法国巴黎东南线（巴黎—里昂）南段（圣弗洛朗坦—萨托内营）投入运用，全长275千米，最高运营速度270千米/时；1991年，德国建成第一条高速铁路—汉诺威—维尔茨堡，全长327千米，最高运营速度280千米/时。意大利、西班牙、比利时、韩国等国家也相继建成各具特色的高速铁路。至20世纪末，世界上形成了“日本新干线”“法国TGV”“德国ICE”“欧洲可倾式车体”四大高速铁路模式。在试验技术上，2007年4月，法国创造了高速列车最高试验速度574.8千米/时的世界纪录。

据国际铁路联盟统计，截至2022年9月，世界高速铁路总营业里程为58 839千米，在建高速铁路19 710千米，规划建设高速铁路19 643千米。

2002年12月，中国建成秦皇岛—沈阳客运专线，是中国自行研究、设计、建造的第一条高速客运专线，设计速度为200千米/时，基础设施预留250千米/时提速条件，其中还建设了数十千米为进行300千米/时列车运行试验的试验段。中国自主研制的“中华之星”电动车组，在该线上创造了当时“中国铁路第一速度”—— 321.5千米/时。2008年8月1日，中国第一条设计速度350千米/时的京津城际铁路开通运营，随后京沪、京广等数十条高速铁路陆续建成通车，形成了中国高速铁路运输网。2010年12月3日，中国在京沪高速铁路枣庄—蚌埠的试验段，创造了486.1千米/时的运营列车试验速度世界新纪录。2016年7月15日，中国标准动车组在郑徐高速铁路创造了最高交会速度420/420千米/时的世界纪录（见图）。

郑徐高速铁路列车运行交会试验

截至2022年底，中国已投入运营的高速铁路总里程约4.2万千米。

经过建设和运营实践，中国已掌握了复杂路基处理、长大桥梁工程、大断面隧道工程、轨道工程、牵引供电、通信信号、客运枢纽等高速铁路建设技术和运营管理技术，形成了完善的中国高速铁路技术体系。

技术优势与特点　高速铁路具有安全、快捷、舒适、运输能力大、能耗低、占地少、环保好、与既有线兼容、社会经济效益好等特点。高速铁路线路具有高平顺性、高稳定性、高精度、小残变、少维修以及良好的环境保护等特点。高平顺性是设计、建设高速铁路的控制性条件，也是高速铁路有别于中低速铁路的最主要特点。

扩展阅读

铁道科学研究院高速铁路技术研究总体组.高速铁路技术.北京：中国铁道出版社，2005.

（黄建莴）

高速综合检测列车　high-speed comprehensive inspection train　可在高速条件下对轨道几何、弓网、轮轨力、车辆动态响应、通信、信号等进行综合检测的动车组。

发展概况　日本在1994年研制出适用于新干线高速铁路的电气式轨道综合检测列车，称为“黄色医生”，实现高速铁路轨道几何状态、钢轨断面、轮轨作用力、接触网、信号、无线通信、环境监视等综合检测功能。意大利铁路基础设施检测中心于2001年研制了“阿基米德号”综合检测列车，该车能够检测轨道几何参数、钢轨断面、钢轨波浪磨耗、接触网及受流状态、通信和信号、车体和轴箱加速度、轮轨作用力等。法国国营铁路公司于2002年开发研制了具有轨道几何状态、接触网、通信信号、车辆加速度、钢轨表面状态和线路环境记录等综合功能的高速综合检测列车，最高检测速度达到320千米/时。

2007年，中国铁道科学研究院通过在运营动车组上加装检测系统，形成了中国第一列过渡综合检测列车CRH2A-2010，最高检测速度250千米/时（见图）。2008年6月，中国铁道科学研究院和中车长春轨道客车股份有限公司研制了0号高速综合检测列车（CRH5J-0501），检测系统包括轨道几何、弓网、轮轨力、车辆动态响应、通信、信号和综合等系统。2010年4月，CRH2C-2150综合检测列车下线，是中国首列具有完全自主知识产权、检测项目齐全的高速综合检测列车，持续运营速度350千米/时，最高运行速度380千米/时。2011年，CRH380AJ-0201、CRH380BJ-0301高速综合检测列车研制成功，检测速度350千米/时以上，最高试验速度400千米/时，具备对高速铁路轨道、轮轨动力学和车辆动态响应、接触网、通信、信号等数百个参数进行实时同步检测的能力。

CRH2A-2010综合检测列车

2016年，中国铁道科学研究院研制了两列复兴号高速综合检测列车，分别为CR400BF-J-0001和CR400AF-J-0002高速综合检测列车。这两列车不仅承担了复兴号动车组的新技术科学试验，还承担高速铁路联调联试及日常运营检测任务。

检测系统　高速综合检测列车检测系统一般包括轨道几何检测系统、弓网检测系统、轮轨力检测系统、车辆加速度检测系统、通信检测系统、信号检测系统和综合系统等。①轨道几何检测系统。采用惯性基准、激光摄像测量等技术，将检测的位移、速度、加速度等物理量经转换、存储、滤波、修正以及补偿处理，合成得到所需轨道几何参数，并按照一定的检测标准，摘取超限数据，输出统计报表，实时显示及存储轨道几何波形图。②弓网检测系统。采用接触式、非接触式测量技术，实现接触网几何参数、弓网动态作用参数、供电参数的动态实时检测。③轮轨力检测系统。通过检测轮轨垂向力、横向力，计算脱轨系数、轮轴横向力，实现对高速综合检测列车运行安全性的在线检测和评估。④车辆加速度检测系统。检测车辆轴箱、构架、车体加速度，采用分布式采集技术和动态响应评价、分析模型，辅助评价轨道状态。⑤通信检测系统。由数据采集系统和数据处理子系统组成，可对线路轨道的通信信号进行实时的数据采集控制、存储、处理和分析。⑥信号检测系统。由应答器检测设备、轨道电路检测设备、补偿电容检测设备、列车自动防护系统（ATP）信息记录设备、数据处理系统和自诊断系统等组成，具有检测和记录轨道电路信息、补偿电容、电流不平衡率及谐波、应答器信息、中国列车运行控制系统2级ATP工作状态等功能。⑦综合系统。采用全球卫星导航系统、射频标签、高精度编码器等多种方式为全车各检测系统发布统一的速度、时钟、里程和视频等信息，实现各检测系统的所有参数同步检测、精确定位。

（杨　超）

高温爆破　blasting in high temperature material　在炮孔温度高于60℃时实施的特殊爆破技术。普遍指冶金、建材等工业部门中，对高炉、平炉及回转窑生产过程中所形成的炉瘤、沉渣、残铁等高温凝结物进行爆破清除，或硫化矿、煤矿等生产的爆破。

测温　高温孔测温仪器。需采用至少两种型号的测温仪同时进行测温。高温爆破采用的测温仪主要有接触式和非接触式两大类。接触式测温设备主要有热电偶全孔测温仪；非接触式测温设备主要有便携式测温仪、红外全孔测温仪。

高温孔测温步骤：①高温爆破前一天必须测量孔深、孔温，并做好爆破设计，高温爆破装药前应提前将孔温在现场标注清楚。②高温爆破装药前要对炮孔的温度进行严格检查，经检测孔内各部分温度不超过60℃为合格孔，否则为不合格孔。不合格炮孔要做好标记，并采取降温措施。③测温需要两个人同时进行，测温后要做好记录。④孔温检测的三段平行验收制度必须坚持。第一阶段测温在钻孔工序结束后进行，确定中、高温孔，以便下步降温；第二阶段测温在降温6小时后，测定孔温，做好记录，确定孔温是否合格，孔温低于60℃的视为合格，给予验收；第三阶段测温在爆破前8～10分钟，复测温度，以两组同类测温仪同步检测温度。

降温方法　主要有深孔钻探灭火法、直接注水降温施工法、套筒注水爆破法、高强度隔温防水袋注水爆破法和隔温被筒药包爆破法等。

套筒注水爆破法　将套筒（例如PVC管）插入炮孔内，然后在套筒内外注水，由原来直接炮孔装药时“孔壁→炸药”的热传导路线，改变为“孔壁→水或空气（孔壁与套筒间）→套筒→水（套筒与炸药间）→炸药”，增加了热传导次数，降低了热传导效率，延缓了炸药的升温速度，提高了施工作业的安全性。

高强度隔温防水袋注水爆破法　利用锡箔纸反热辐射、耐高温、耐火等特性，采用防水袋进行护孔注水装药，利用水的比热控制装药炮孔升温速度。通常将高强度隔温防水袋注部分水后插入炮孔内，然后在高强度隔温防水袋内注满水，再将预先用防水袋装好的乳化药柱装入防水袋内，3分钟内快速完成装药、堵塞、起爆。

隔温被筒药包爆破法　在炸药厂预先将隔温被筒加工成标准的隔温被筒药包，然后在现场直接装填，并快速完成堵塞、起爆（图1、图2）。隔温被筒从里到外依次由牛皮纸筒、陶瓷纤维、纳米压缩粉末材料、锡箔纸组成，并使用锡箔纸包裹隔温效果良好的纳米压缩粉末材料制作封盖进行封口。牛皮纸筒防水，在200℃环境下不发生形变；绝热毯及纳米压缩粉末材料具有良好的耐隔温功效，锡箔纸能耐500～600℃高温，并具有粘贴功能，确保整个被筒结构完整。导爆索使用绝热毯及锡箔纸进行包裹，通过筒盖插入被筒药包。

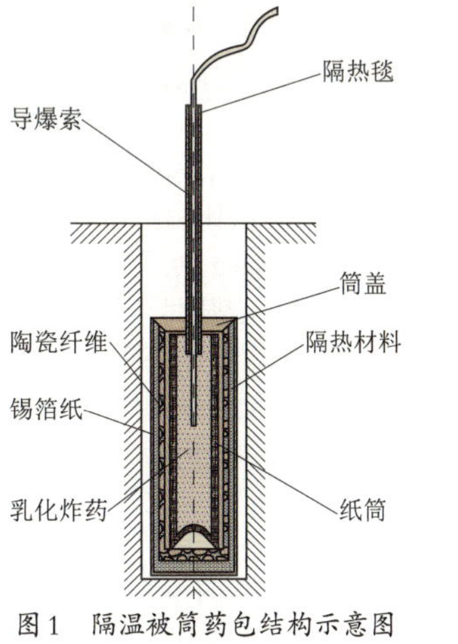

图1　隔温被筒药包结构示意图

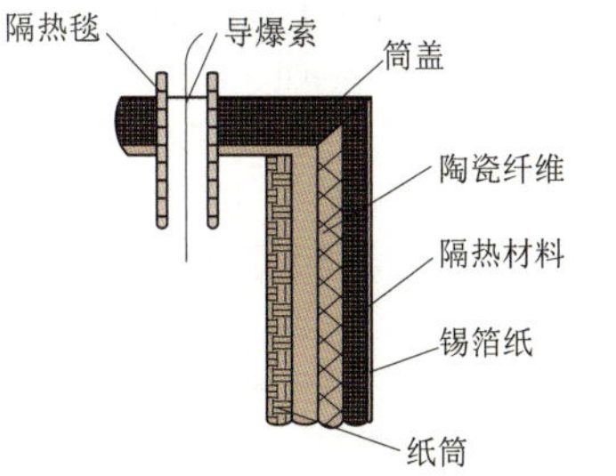

图2　隔温被筒药包局部结构示意图

特点　高温爆破的主要特点：①火区温度高，个别火区的岩石温度超过500℃。②高温会导致金属性能改变。在高温岩石中钻孔容易损坏钻具，存在塌孔、打孔难、成孔难等问题。③火区中的岩体受高温煅烧，有的岩石结构受到破坏。④高温会改变爆破器材的使用性能，导致意外事故发生。⑤高温作业容易发生烫伤等其他安全事故。（贾永胜）

高性能混凝土　high-performance concrete　具有体积稳定性好、高耐久性、高强度与高工作性能的混凝土。简称HPC。高性能混凝土一般具有以下特点：①在新拌阶段具有高工作性。即高流动度、可泵性或自密实、免振捣的性能。②在水化、硬化早期和服役过程中具有高体积稳定性。即具有高弹模、低收缩、低徐变和低温度应变的特性。③在硬化后具有足够的强度和低渗透性、良好的力学性能和耐久性。

高性能混凝土概念最先由美国国家标准与技术研究院（NIST）和美国认证协会（ACI）在1990年5月提出，当时被定义为具有要求的性能和均质性的混凝土。1992年，中国学者吴中伟提出发展绿色高性能混凝土的概念，冯乃谦则强调混凝土高性能的相对性，指出优良的工作性、力学性能、高的耐久性、体积稳定性等性能才是高性能混凝土的核心。

高性能混凝土适用于高层、大体积混凝土工程，适用于大跨度桥梁、海底隧道、高速铁路、高速公路及严酷环境中使用的结构物，如核反应堆、海上结构和处于有腐蚀性介质环境的结构等的建筑与维修。按照结构物全寿命成本分析，用高性能混凝土修建的结构物的造价和维护成本总和远低于普通混凝土修建的建筑物。（田　倩）

高性能混凝土结构　high-performance concrete structure　以高性能混凝土为主要材料建造的土木工程结构。高性能混凝土是一种新型高技术混凝土，采用常规材料和工艺生产，具有高工作性（泵送高性能混凝土坍落度大于220毫米、自密实高性能混凝土扩展度大于600毫米）、适宜的强度（高强高性能混凝土立方体抗压强度要求大于60兆帕）、高耐久性（可以达到100年甚至150年的使用寿命）和高体积稳定性（高弹性模量、较低温度变形、较低的收缩和徐变）。

高性能混凝土结构一般适用于高层建筑、严酷环境下的工业和海洋（如氯盐、硫酸盐侵蚀环境等）结构、大跨度混凝土结构以及地下混凝土结构。与普通混凝土结构相比，由于内部结构致密，在火灾等高温作用下，高性能混凝土结构容易发生爆裂。

高性能混凝土结构的应用使混凝土结构向高层、大跨、超深、特种结构等方向发展，中国多个城市的标志性建筑物，如中国的广州国际金融中心、上海金茂大厦、上海环球金融中心、上海中心等均采用了高性能混凝土。高性能混凝土结构也广泛应用于道路桥梁等公共设施，如中国的港珠澳大桥、京沪高铁、青藏铁路、南水北调工程等。市政基础设施工程使用高性能混凝土结构，可抵御严寒、炎热、雨雪等较严酷的使用环境。（肖建庄）

高压电器　high-voltage apparatus　工业与民用建筑电气领域内的高压电器，指3～110千伏电压等级的供配电系统中，用于接通和断开电路、限制电路中的电压或电流以及进行电压或电流变换的电器。

分类　包括高压交流断路器、高压交流负荷开关、高压交流隔离开关、高压交流熔断器、高压交流真空接触器、限流电抗器、电流互感器、电压互感器、消弧线圈、接地变压器、接地电阻器、支柱绝缘子、穿墙套管等。

按技术条件选择　选择的高压电器应能在长期工作条件下确保正常运行，在发生过电压、过电流的情况下确保所规定的功能。各种高压电器的一般技术条件见表1。

长期工作条件　高压电器的额定电压应符合所在回路的系统标称电压，最高电压不应小于所在回路的系统最高电压。3～110千伏电压等级的交流三相系统的标称电压值及高压电器的最高电压见表2。开关类电器的额定电压应为电器的最高工作电压。

高压交流断路器、高压交流负荷开关、高压交流隔离开关、高压交流接触器等长期工作制高压电器的额定电流不应小于该回路的最大持续工作电流。不同回路的持续工作电流见表3。

在正常运行和短路时，高压电器引线的最大作用力不应大于电器端子允许的荷载。电器机械荷载的安全系数，由制造厂在产品制造中统一考虑。电气设备端子、套管、支柱绝缘子及其金具应根据当地气象条件及不同受力组合进行力学计算，其安全系数不应小于表4所列数值。

短路稳定条件　短路的热稳定条件为：

$$I_t^2 t \geqslant Q_{dt} \quad (1)$$

式（1）中I_t为时间内设备允许通过的热稳

表1 各种高压电器的一般技术条件

名称	额定电压	额定电流	额定容量	额定开断电流	短路稳定性		绝缘水平	机械荷载
					热稳定	动稳定		
高压交流断路器	√	√	—	√	√	√	√	√
高压交流负荷开关	√	√	—	√	√	√	√	√
高压交流隔离开关	√	√	—	—	√	√	√	√
高压交流熔断器	√	√	—	√	—	—	√	√
高压交流真空接触器	√	√	—	√	√	√	√	√
限流电抗器	√	√	√	—	√	√	√	√
电流互感器	√	√	√	—	√	√	√	√
电压互感器	√	—	—	—	—	—	√	√
消弧线圈	√	√	√	—	—	—	√	√
接地变压器	√	√	√	—	—	—	√	√
接地电阻器	√	√	—	—	—	√	√	√
支柱绝缘子	√	—	—	—	—	√	√	√
穿墙套管	√	√	—	—	√	√	√	√

注：①表中"√"为选择高压电器时应进行校验的项目。
②表中皆为高压电器用于频率为50赫兹的情况，用于其他频率时对频率也要校验。

表2 3～110千伏电压等级的交流三相系统的标称电压值及高压电器的最高电压

系统标称电压/kV	3（3.3）	6	10	20	35	66	110
设备最高电压/kV	3.6	7.2	12	24	40.5	72.5	126

注：表中系统标称电压括号内的电压数值为用户要求时使用。

定电流有效值，单位为千安；t为设备允许通过的热稳定电流时间，单位为秒；Q_{dt}为在计算时间内短路电流的热效应，单位为千安^2·秒。

短路的动稳定条件为：

$$i_{ch} \leqslant i_{df} \quad (2)$$

$$I_{ch} \leqslant I_{df} \quad (3)$$

式（2）（3）中i_{ch}为短路冲击电流峰值，单位为千安；i_{df}为电器允许的极限通过电流峰值，单位为千安；I_{ch}为短路全电流有效值，单位为千安；I_{df}为电器允许的极限通过电流有效值，单位为千安。

表3 不同回路的持续工作电流

回路名称		计算工作电流	说明
出线	带电抗器出线	电抗器的额定电流	
	单回路	线路最大负荷电流	包括线路损耗与事故时转移过来的负荷
	双回路	1.2～2倍一回线的正常最大负荷电流	包括线路损耗与事故时转移过来的负荷
	环形与一台半断路器接线回路	两个相邻回路的正常负荷电流	考虑断路器事故或检修时，一个回路加另一最大回路负荷电流的可能性
	桥形接线	最大元件负荷电流	桥回路还应考虑系统穿越功率
变压器回路		1.05倍变压器额定电流	根据变压器回路在0.95额定电压以上时其容量不变，带负荷调压变压器应按变压器的最大工作电流计算
		1.3～2.0倍变压器额定电流	若要求承担另一台变压器事故或检修时转移的负荷，应考虑变压器允许的过负荷时间
母线联络回路		一个最大电流元件的计算电流	
母线分段回路		分段电抗器额定电流	考虑电源元件事故跳闸后仍能保证该段母线负荷工作分段电抗器的额定电流一般发电厂为最大一台发电机额定电流的60%～80%，变电站应满足用户的一级负荷和大部分二级负荷工作
旁路回路		需旁路的回路最大额定电流	
发电机回路		1.05倍发电机额定电流	当发电机冷却气体温度低于额定值时，允许提高电流为每低1℃增加0.5%，必要时可按此计算
电动机回路		电动机的额定电流	

表4 电气设备端子、套管、支柱绝缘子及其金具等安全系数

类别	荷载长期作用时	荷载短期作用时
电气设备端子、套管、支柱绝缘子及其金具	2.5	1.67

校验高压电器的开断电流及动稳定、热稳定所用的短路电流，应按系统最大运行方式下可能流经断路器的最大短路电流，短路型式应按最严重短路型式。确定短路电流时，应按可能发生最大短路电流的正常运行方式，不应按仅在切换过程中可能并列运行的接线方式。

用最大单路电流校验电器的动稳定和热稳定时，应选取被校验电器通过最大短路电流的短路点。其中，对不带电抗器的回路，短路点应选在正常接线方式时短路电流为最大的地点。对带电抗器的3～10千伏出线回路，校验母线与母线隔离开关之间隔板前的引线和套管时，短路点应选在电抗器前；校验其他电器时，短路点宜选在电抗器之后。

校验高压交流断路器和熔断器开断能力的短路点应选取使被校验电器流过最大短路电流的短路点，短路点应选在被校验电器的出线端子上。

校验高压交流断路器开断能力的短路电流计算时间，宜采用断路器的实际开断时间，即主保护动作时间加断路器分闸时间。

校验高压交流断路器热稳定的短路电流计算时间，宜采用后备保护动作时间加断路器开断时间（开断时间＝全分闸时间≈分闸时间＋燃弧时间）。

仅用熔断器保护的高压电器可不校验热稳定。除用有限流作用的熔断器保护者外，高压电器的动稳定仍应校验。

用熔断器保护的电压互感器回路可不校验动、热稳定。

绝缘水平 在工作电压和过电压的作用下，电器的内、外绝缘应保证必要的可靠性。电器的绝缘水平，应按系统中出现的各种过电压和保护设备相应的保护水平来确定。在进行绝缘配合时，考虑所采用的过电压保护措施后，决定设备上可能的作用电压，并根据设备的绝缘特性及可能影响绝缘的因素，从安全运行和技术经济合理性两方面确定设备的绝缘水平。

按环境条件选择 屋内使用的高压电器，应按当地环境温度、相对湿度、海拔高度、地震烈度等环境条件进行选择（注：屋内使用的高压电器不计日照、风速、冰雪、污秽等环境条件影响）。当环境条件超出一般电器的基本使用条件时，应通过技术经济比较，向制造部门提出补充要求，制定符合当地环境条件的产品。

户内正常使用条件 户内正常使用条件是：①周围空气温度不超过40℃，且在24小时内测得的平均值不超过35℃。最低周围空气温度对“−5户内”级为−5℃；对“−15户内”级为−15℃；对“−25户内”级为−25℃。②海拔不超过1000米。③周围空气没有明显地受到尘埃、烟、腐蚀性和/或可燃性气体、蒸汽或盐雾的污染。④月相对湿度平均值不超过90%，在这样的条件下偶尔会出现凝露。⑤在二次系统中感应的电磁干扰的幅值不超过1.6千伏。

特殊使用条件 主要影响因素有环境温度、湿度、海拔、地震等。

环境温度的影响 选择屋内使用的高压交流断路器的环境最高温度应取安装处通风设计温度，当无资料时，可取最热月平均最高温度加5℃。

当使用在周围空气温度高于40℃（但不高于60℃）时，允许降低负荷长期工作。周围空气温度每增高1K，减少额定电流负荷的1.8%；当使用在周围空气温度低于+40℃时，推荐周围空气温度每降低1K，增加额定电流负荷的0.5%，但其最大过负荷不得超过额定电流负荷的20%。

环境湿度的影响 选择屋内使用的高压电器的相对湿度，应采用当地湿度最高月份的平均相对湿度（相对湿度：在一定温度下，空气中实际水汽压强值与饱和水汽压强值之比。最高月份的平均相对湿度：该月中最大相对湿度值的月平均值）。对湿度较高的场所，应采用该处实际相对湿度。当无资料时，相对湿度可比当地湿度最高月份的平均相对湿度高5%。相对湿度超过一般产品标准时，应采取改善环境的措施，如进行适当通风或增设适当的除湿设备。

高海拔的影响 高压电器正常使用环境的海拔不应超过1000米，当海拔超过1000米时应选用相应海拔适应能力级别的产品。

海拔适应能力级别：G2适应1000～2000米；G3适应2000～3000米；G4适应3000～4000米；G5适应4000～5000米。

海拔对电器允许温升也存在影响。当电器使用在海拔超过1000米（但不超过4000米）且最高周围空气温度为40℃时，其规定的允许温升按每超过10米（以海拔1000米为起点）降低0.3%考虑。

地震的影响 地震对电器的影响主要是地震波的频率和地震振动的加速度。一般电器的固有振动频率与地震振动频率很接近，应设法防止共振的发生，并加大电器的阻尼比。地震振动的加速度与地震烈度和地基有关，通常用重力加速度g的倍数表示。①选择电器时，应根据当地的地震烈度选用能够满足地震要求的产品。②在安装时，应考虑支架对地震力的放大作用。电器的辅助设备应具有与主设备相同的抗震能力。③抗震设防烈度为7度以下地区的电器可不另采取防震措施。重要电力设施中的电气设施，当抗震设防烈度为7度及以上时，应进行抗震设计。一般电力设施中的电气设施，当抗震设防烈度为8度及以上时，应进行抗震设计。

环境保护 选用高压电器时尚应注意电器噪声对周围环境的影响。根据周围环境的控制标准，对制造厂提出有关技术要求。为了减少噪声对工作场所和附近居民区的影响，电器噪声应满足环保标准要求。电器的连续噪声水平不应大于85分贝，屋内使用的断路器非连续噪声水平不宜大于90分贝。 （窦晓斌）

格沃兹杰夫，A.A. Alexey Alekseevich Gvozdev; Алексей Алексеевич Гвоздев （1897-05-09～1986-08-22） 苏联钢筋混凝土结构理论家和结构力学家。生于图拉省博古恰罗沃。1922年毕业于莫斯科交通工程学院（今莫斯科铁路运输工程学院），1933年晋升为教授，1937年获技术科学博士学位。1922年在交通人民委员部任职，1923年起在莫斯科铁路运输工程学院任教。自1927年起在中央工业建筑科学研究院，即后来的混凝土及钢筋混凝土科学研究院长期任钢筋混凝土结构研究室主任，同时先后在莫斯科高等技术学校、军事工程学院和莫斯科建筑工程学院兼职，任结构力学和钢筋混凝土结构学教授，后任混凝土及钢筋混凝土科学研究院顾问。

格沃兹杰夫在塑性力学、徐变理论、杆件体系结构力学、板壳理论、钢筋混凝土结构计算理论以及预制混凝土结构等方面都有重要贡献。著有《超静定结构塑性阶段破坏荷载的计算》《用极限平衡法计算结构的承载能力》等100多篇科学论文和专著。自20世纪30年代起，长期主持苏联钢筋混凝土技术规范的编制和修订工作。深入浅出地把理论研究成果运用于实际，是格沃兹杰夫科研活动的一大特点。

曾荣获苏联社会主义劳动英雄等荣誉称号和列宁勋章等多枚勋章。在国际上，由于他在极限平衡理论和钢筋混凝土极限设计理论方面的杰出贡献，曾荣获匈牙利布达佩斯建筑及交通技术大学的荣誉博士学位（1965）、比利时列日大学的“古斯塔夫·特拉森斯特”奖章、国际预应力协会弗雷西奈奖章，以及欧洲国际混凝土委员会荣誉会员称号。 （蔡绍怀）

隔压换热站 interval pressure heat exchange station 为实现传热不传压的目的设置的大型换热站。在大型热水集中供热系统中，如果供热区域内的地形落差很大，使得管网系统在循环水泵未运行时的静态压力或循环水泵运行时的动态压力超过管网设备的承压能力限制，就需要在供热管网系统上采用物理隔绝介质和压力的方法，将一个管网分成多级管网（多个管网），使每级管网的地形落差有所减少，管网压力满足管网设备的承压能力的要求。同时，为了将上一级管网介质（水）的热量传输给下一级管网介质，需要通过设置水水换热设备来实现。介质隔绝后，下级管网的介质（水）的循环还需要另外设置循环泵来驱动水力循环。

隔压换热站主要由换热器、水泵和电机、连接管道和阀门、自控仪表和变配电设施等构成。隔压换热站的场址需要通过管网水压图的绘制分析，并结合管网沿线的地形高程和土地使用情况选定。

（贾 震）

隔振减振 isolation 为减少振动源振动对基础、结构及周边环境等不利影响而采取的措施。包括隔振和减振。

隔振 阻断振动源基础振动引起的对基础本身性能、周围环境、相邻建筑物、机器和人等不利影响的传播。其手段有机械隔振和基础隔振两个方面。

机械隔振 用隔振器将振动的机器与基础隔离开来。隔振器和基础组成一个低频振动系统，将振动的机器（振源）与地基隔离，以便减少振源通过地基影响周围的设备，此为主动隔振或积极隔振；或将需要保护的精密设备与振动的地基隔离，使不受周围振源的影响，此为被动隔振。

基础隔振 通过在动力基础和需要保护对象之间设置波障（如隔振沟），设法阻断振动能量在地基土中的传播，减小屏障之外的地面振动。利用屏障隔振的基本原理是波能的反射、折射和衍射。理论上将在具有不同波阻抗的介质的界面上，弹性波的能量将出现不同分配比例的透射和反射。影响建（构）筑物的振动能量大多数由瑞利波传递。瑞利波在深度方向主要在约一个波长范围内传播，利用沟、板

桩墙和桩等屏障将瑞利波拦截、发散和绕射，使其屏蔽在一定范围内。振源周围地基上设置屏障，将振动能量屏蔽在振源附近，减少往外传播，此为主动隔振（积极隔振）；或在欲保护的结构物附近设置屏障，减少振源产生的振动能量传入，此为消极隔振（被动隔振）。

减振　主要包括积极减振和消极减振两个方面。

积极减振　在设计动力机器时就考虑消除振源或减小振源的能量或频率，减少动力设备所产生的振动对支承结构、精密设备、精密仪器、仪器仪表及生产操作人员的有害影响。又称主动减振或动力减振。对动力设备所采取必要的减振措施在精密仪器、航空航天设备、大型汽轮发电机组及高速旋转机械中应用较多，普通工程机械中应用较少。

常见的积极减振措施有：①消除振源。对动力机器实施振动分析，找出振动的原因，通过改变设备的结构形式或工作状态而消除振源。如采用动平衡方法消除旋转机械的不平衡力，从改变边界条件入手消除流体激发振动。②降低振动响应。改变动力机器设备的结构动态特性，使其固有频率远离激振频率，以避免引起剧烈的耦合共振。激振频率在一定范围内变化时，还可以应用智能型结合设计以实现随激励频率变化而自动调节结构动态特性的目的。降低振动响应的另一措施就是增加动力机器的阻尼。方法包括在设备制作中选用镁硅合金等内摩擦大的金属材料，用铆接或螺接代替焊接以增加摩擦阻尼。为使结构在很宽的频率范围内保持稳定，还可在设计中采用由金属和黏弹性材料构成的大阻尼复合结构，以同时抑制宽带随机力激发出来的多阶共振峰。

消极减振　减少经支承结构传递来的外界干扰振动对精密设备、精密仪器和仪表的影响而对精密设备、精密仪器和仪表所采取的必要减振措施。又称被动减振。一般当动力设备较多，而精密设备较少时，采取消极减振比较经济合理。

常见的消极减振措施有：①动力吸振。对于激振频率范围改变很小，而动力机器设备之机械参量又不易改变的情况，可以采用动力吸振的方法，借助振动能量的转移而达到减小设备振动的目的。②外加阻尼。在动力机器上安装各种形式的阻尼器而实现减振。有橡胶阻尼、电磁阻尼、摩擦减振器。③隔振。在动力机器基础外围一定距离的地基中设置隔振设施（如隔振沟），以减小环境振动的传入。

（夏唐代）

工程安全保证体系　safety assurance system of construction project　为落实"安全第一、预防为主"的安全管理方针，规范工程建设过程中企业及相关人员的安全生产和管理行为，提高安全生产和应急处理水平而建立的系统性技术和管理措施体系。主要包括安全生产组织保证、安全生产制度保证和安全生产措施保证。

安全生产组织保证　构建包括建设单位、施工单位、监理单位及其他参建单位在内的安全生产组织网络是安全生产保证体系的基础。应根据项目的特点，建立安全管理领导小组、专职小组等多层次管理组织，明确各自的管理职责、权限和工作方式，制定相应规章制度、程序和流程，以构建良好的工程安全文化。参建单位应根据项目总体要求，建立自身的安全组织保证措施。以施工单位为例，应明确安全管理组织机构以及安全生产管理人员。其中，工程安全管理机构主要负责落实国家有关安全生产的法律法规、工程建设强制性标准以及各种安全生产措施等，组织进行内部安全生产检查活动，及时督促各种安全事故隐患的整改等。相关安全生产管理人员主要负责安全生产和现场检查，及时向项目负责人和工程安全管理组织机构汇报安全事故隐患，并制止相关违章违规作业等。

安全生产制度保证　制度是安全保证体系得以实施的重要保障。除了应制定整个项目层面的安全管理制度体系外，各参建单位应结合企业特点和项目要求，建立自身的工程安全制度体系。可能涉及的制度包括：技术安全管理制度、设备安全管理制度、专项安全管理制度、特种作业人员持证上岗制度、现场文明施工制度、安全技术交底制度、安全检查与整改处理制度、安全管理教育与培训制度、安全考核与奖惩制度、安全事故应急响应制度、安全预评价制度、意外伤害保险制度等。

安全生产措施保证　措施保证是落实组织及各项制度的技术和管理基础。这些措施应包括管理、经济和技术措施等。在管理上，应采用先进的管理理念、管理方法和管理手段来保证安全生产的实施。例如安全设计、安全先行指标的开发、主动安全系统的采用以及各种指南和操作手册的编制等。在经济上，应编制合理的安全管理成本计划，应提供各类安全措施的充分资金保障。在技术上，应加强设计技术和施工技术的安全措施保障。例如，在设计方面，采用先进的设计理念、设计工具和设计技术路线；在施工方面，应确保各类施工机具、设备和设施的投入安全有效，以及安全物资的充分保障等。

（李永奎）

工程安全管理　safety management of construction project　为保证生产顺利进行，防止伤亡事故发生，确保建设工程安全生产而采取的各种对策、方针和行动的总称。根据中华人民共和国国务院颁布的《建设工程安全生产管理条例》，建设单位、勘察单位、设计单位、施工单位、工程监理单位及其他与建设工程安全生产有关的单位，必须遵守安全生产法律、法规的规定，保证建设工程安全生产，依法承担建设工程安全生产责任。建设工程安全生产管理，坚持安全第一、预防为主的方针。

安全生产责任制　1993年国务院在《关于加强安全生产工作的通知》中，将原来的"国家监察、行政监察、群众监督"的安全生产管理体制，发展为"行业负责、行业管理、国家监察、群众监督"。1996年1月，全国安全生产工作电视电话会议上增加了"劳动者遵章守纪"这一条规定。2002年6月，《中华人民共和国安全生产法》颁布，把建立和健全安全生产责任制作为生产经营单位和企业安全管理必须实行的一项基本制度，要求生产经营单位的主要负责人要建立、健全本单位安全生产责任制，并对其负责。2004年1月9日国务院在《关于进一步加强安全生产工作的决定》中将其调整概括为"政府统一领导、部门依法监管、企业全面负责、群众参与监督、全社会广泛支持"，提出了构建全社会齐抓共管的安全生产工作格局的要求。依据《建设工程安全生产管理条例》，建设单位、勘察设计单位、施工单位和监理单位均应依法承担安全管理责任，履行安全管理义务。

建设单位的主要安全生产责任包括：①应当向施工单位提供施工现场及毗邻区域内供水、排水、供电、供气、供热、通信、广播电视等地下管线资料，气象和水文观测资料，相邻建筑物和构筑物、地下工程的有关资料，并保证资料的真实、准确、完整。②不得对勘察、设计、施工、工程监理等单位提出不符合建设工程安全生产法律、法规和强制性标准规定的要求，不得压缩合同约定的工期。③应当确定建设工程安全作业环境及安全施工措施所需费用。④不得明示或者暗示施工单位购买、租赁、使用不符合安全施工要求的安全防护用具、机械设备、施工机具及配件、消防设施和器材。⑤负责申请领取施工许可证并提供建设工程有关安全施工措施的资料。⑥应当将拆除工程发包给具有相应资质等级的施工单位。

勘察单位的主要安全生产责任包括：①应当按照法律、法规和工程建设强制性标准进行勘察，提供的勘察文件应当真实、准确，满足建设工程安全生产的需要。②在勘察作业时，应当严格执行操作规程，采取措施保证各类管线、设施和周边建筑物、构筑物的安全。

设计单位的主要安全生产责任包括：①应当按照法律、法规和工程建设强制性标准进行设计，防止因设计不合理导致生产安全事故的发生。②应当考虑施工安全操作和防护的需要，对涉及施工安全的重点部位和环节在设计文件中注明，并对防范生产安全事故提出指导意见。③采用新结构、新材料、新工艺的建设工程和特殊结构的建设工程，设计单位应当在设计中提出保障施工作业人员安全和预防生产安全事故的措施建议。

施工单位的主要安全生产责任包括：①应当具备国家规定的注册资本、专业技术人员、技术装备和安全生产等条件，依法取得相应等级的资质证书，并在其资质等级许可的范围内承揽工程。②应当建立健全安全生产责任制度和安全生产教育培训制度，制定安全生产规章制度和操作规程，保证本单位安全生产条件所需资金的投入，对所承担的建设工程进行定期和专项安全检查，并做好安全检查记录。③对列入建设工程概算的安全作业环境及安全施工措施所需费用，应当用于施工安全防护用具及设施的采购和更新、安全施工措施的落实、安全生产条件的改善，不得挪作他用。④应当设立安全生产管理机构，配备专职安全生产管理人员。⑤建设工程实行施工总承包的，由总承包单位对施工现场的安全生产负总责。分包单位应当服从总承包单位的安全生产管理。分包单位不服从管理导致生产安全事故的，由分包单位承担主要责任。⑥特种作业人员必须按照国家有关规定经过专门的安全作业培训，并取得特种作业操作资格证书后，方可上岗作业。⑦应当在施工组织设计中编制安全技术措施和施工现场临时用电方案，对达到一定规模的危险性较大的分部分项工程编制专项施工方案，并附具安全验算结果，经施工单位技术负责人、总监理工程师签字后实施；涉及深基坑、地下暗挖工程、高大模板工程的专项施工方案，还应当组织专家进行论证、审查。⑧建设工程施工前，施工单位负责项目管理的技术人员应当对有关安全施工的技术要求向施工作业班组、作业人员做出详细说明，并由双方签字确认。⑨施工单位应当在施工现场入口处、施工起重机械、临时用电设施、脚手架、出入通道口、楼梯口、电梯井口、孔洞口、桥梁口、隧道口、基坑边沿、爆破物及有害危险气体和液体存放处等危险部位，设置明显的安全警示标志。安全警示标志必须符合国家标准。⑩应当将施工现场的办公、生活区与作业区分开设置，并保持安全距离；办公、生活区的选址应当符合安全性要求。职工的膳食、饮水、休息场所等应当符合卫生标准。不得在尚未竣工的建筑物内设置员工集体宿舍。⑪对因建设工程施工可能造成损害的毗邻建筑物、构筑物和地下管线等，应当采取专项防护措施。⑫应当在施工现场建立消防安全责任制度，确定消防安全责任人，制定用火、用电、使用易燃易爆材料等各项消防安全管理制度和操作规程，设置消防通道、消防水源，配备消防设施和灭火器材，并在施工现场入口处设置明显标志。⑬应当向作业人员提供安全防护用具和安全防护服装，并书面告知危险岗位的操作规程和违章操作的危害。⑭采购、租赁的安全防护用具、机械设备、施工机具及配件，应当具有生产（制造）许可证、产品合格证，并在进入施工现场前进行查验。⑮在使用施工起重机械和整体提升脚手架、模板等自升式架设设施前，应当组织有关单位进行验收，也可以委托具有相应资质的检验检测机构进行验收；使用承租的机械设备和施工机具及配件的，由施工总承包单位、分包单位、出租单位和安装单位共同进行验收。验收合格的方可使用。⑯施工单位的主要负责人、项目负责人、专职安全生产管理人员应当经建设行政主管部门或者其他有关部门考核合格后方可任职。⑰作业人员进入新的岗位或者新的施工现场前，应当接受安全生产教育培训。未经教育培训或者教育培训考核不合格的人员不得上岗作业。⑱应当为施工现场从事危险作业的人员办理意外伤害保险。

监理单位的主要安全生产责任包括：①应当审查施工组织设计中的安全技术措施或者专项施工方案是否符合工程建设强制性标准。②在实施监理过程中，发现存在安全事故隐患的，应当要求施工单位整改；情况严重的，应当要求施工单位暂时停止施工，并及时报告建设单位。施工单位拒不整改或者不停止施工的，应当及时向有关主管部门报告。③应当按照法律、法规和工程建设强制性标准实施监理，并对建设工程安全生产承担监理责任。

安全教育与培训 《建设工程安全生产管理条例》明确规定，施工单位应当对管理人员和作业人员每年至少进行1次安全生产教育培训，其教育培训情况记入个人工作档案。安全生产教育培训考核不合格的人员，不得上岗。作业人员进入新的岗位或者新的施工现场前，应当接受安全生产教育培训。未经教育培训或者教育培训考核不合格的人员，不得上岗作业。施工单位在采用新技术、新工艺、新设备、新材料时，应当对作业人员进行相应的安全生产教育培训。

安全教育包括：①安全生产教育。通常从加强思想路线和方针政策教育、劳动纪律教育两个方面进行。②安全知识教育。主要内容是企业的基本生产概况、施工（生产）流程、方法，企业施工（生产）危险区域及其安全防护的基本知识和注意事项，机械设备、场内动力的有关安全知识，有关电气设备（动力照明）的基本安全知识，高处作业安全知识，施工（生产）中使用的有毒有害原材料或可能散发的有毒有害物质的安全防护基本知识，消防制度及灭火器材应用的基本知识，个人防护用品的正确使用知识。③安全技能教育。每个职工都要熟悉本工种、本岗位专业安全技术知识。安全技能知识是比较专业、细致和深入的知识，它包括安全技术、劳动卫生和安全操作规程。

安全技术措施计划 1963年，国务院在《关于加强企业生产中安全工作的几项规定》中特别提出“企业单位在编制生产、技术、财务计划的同时，必须编制安全技术措施计划”“企业领导人应该对安全技术措施计划的编制和贯彻执行负责”。1993年，国务院在《关于加强安全生产工作的通知》中指出：“要增加安全生产的资金投入，用好措施经费，通过技术改造消除事故隐患，改善劳动条件。”

施工技术措施计划 在工程施工中，针对工程特点、现场环境、施工方法、劳动组织、作业方法、使用的机械、动力设备、变配电设备、架设工具及各项安全防护设施等制定的确保安全施工的措施。所有建筑工程的施工组织设计（施工方案）都必须有施工安全技术措施。

安全检查 安全检查内容主要应根据施工（生产）特点，制定具体检查项目、标准。但概括起来，主要是查思想、查制度、查机械设备、查安全措施、查安全教育培训、查操作行为、查劳保用品使用、查伤亡事故的处理等。

《建设工程安全生产管理条例》中指出施工单位对所承担的建设工程进行定期和专项安全检查，并做好安全检查记录。施工单位应当设立安全生产管理机构，配备专职安全生产管理人员。专职安全生产管理人员负责对安全生产进行现场监督检查。发现安全事故隐患，应当及时向项目负责人和安全生产管理机构报告；对违章指挥、违章操作的，应当立即制止。施工现场的安全防护用具、机械设备、施工机具及配件必须由专人管理，定期进行检查、维修和保养，建立相应的资料档案，并按照国家有关规定及时报废。（李永奎）

工程保险 engineering insurance 以各种工程项目为主要承保对象的财产保险。是建设工程领域风险转移的最重要方式之一。工程保险有利于保护业主或其他投保人的利益，也是完善工程承包责任制并有效协调各方利益关系的必要手段。从1979年中国人民保险公司开办工程保险至今，中国的工程保险已经发展成为财产保险领域中的一个主要的险种，为中国工程建设领域发挥着巨大的风险保障作用。

工程保险的责任范围一般由两部分组成，第一部分主要是针对工程的物质损失部分，包括工程标的有形财产的损失和相关费用的损失；第二部分主要是针对被保险人在施工过程中因可能产生的第三者责任而承担经济赔偿责任导致的损失。与传统的财产保险相比较，工程保险具有如下特征：①承保风险责任宽泛而且集中。②所涉及的利益关系人众多。③不同工程保险险种的内容往往相互交叉。④工程保险承担的主要是技术风险，涉及的技术门类较多。

中国工程保险的种类主要包括建筑工程一切险和安装工程一切险。①建筑工程一切险。对工程项目提供全面保险，既对施工期间的工程本身、施工机械、建筑设备所遭受的损失予以保险，也对因施工给第三者造成的人身、财产伤害承担赔偿责任。②安装工程一切险。以各种大型机器、设备的安装工程项目为保险标的，保险人承保安装期间因自然灾害或意外事故造成的物质损失及有关法律赔偿责任。工程建设领域的其他保险险种还有雇主责任险、人身意外伤害险和工程师职业责任险等险种。（罗　晟）

工程变更 engineering change 发包人与承包人签订的工程承包合同实施过程中，由发包人提出或由承包人提出经发包人批准的合同内容的更改。主要内容包括工程任何一项工作的增、减、取消或施工工艺、顺序、时间的改变；设计图纸的修改；施工条件的改变；招标工程量清单的错、漏从而引起合同条件的改变或工程量的增减变化。多数情况下，工程变更将导致工程承包合同价款的调整，因此工程变更的管理是工程管理的重要工作内容，严格、高效率的工程变更管理有助于提高项目管理绩效。

工程变更的一般流程主要有4步：①提出工程变更。根据工程实施的实际情况，业主方、监理方、设计方或承包商等单位都可以根据需要提出工程变更。②工程变更的批准。承包商提出的工程变更，应该交与业主或业主委托的监理工程师审查并批准。③工程变更指令的发出及执行。④工程变更结算。工程变更执行后，应按照承包合同约定或工程量清单计价规范的相关规定进行结算。

依据国家标准《建设工程工程量清单计价规范》(GB 50500—2013)，因工程变更引起已标价工程量清单项目或其工程数量发生变化时，应按照下列规定调整：①已标价工程量清单中有适用于变更工程项目的，应采用该项目的单价；但当工程变更导致该清单项目的工程数量发生变化，且工程量偏差超过15%时，该项目单价可进行调整。②已标价工程量清单中没有适用但有类似于变更工程项目的，可在合理范围内参照类似项目的单价。③已标价工程量清单中没有适用也没有类似于变更工程项目的，应由承包人根据变更工程资料、计量规则和计价办法、工程造价管理机构发布的信息价格和承包人报价浮动率提出变更工程项目的单价，并应报发包人确认后调整。④已标价工程量清单中没有适用也没有类似于变更工程项目，且工程造价管理机构发布的信息价格缺价的，应由承包人根据变更工程资料、计量规则、计价办法和通过市场调查等取得有合法依据的市场价格提出变更工程项目的单价，并应报发包人确认后调整。

工程变更引起施工方案改变并使措施项目发生变化时，承包人提出调整措施项目费的，应事先将拟实施的方案提交发包人确认，并应详细说明与原方案措施项目相比的变化情况。拟实施的方案经发承包双方确认后执行。如果承包人未事先将拟实施的方案提交给发包人确认，则应视为工程变更不引起措施项目费的调整或承包人放弃调整措施项目费的权利。当发包人提出的工程变更因非承包人原因删减了合同中的某项原定工，致使承包人发生的费用或（和）得到的收益不能被包括在其他已支付或应支付的项目中，也未被包含在任何替代的工作或工程中时，承包人有权提出并应得到合理的费用及利润补偿。（杨德蕾）

工程表面镶嵌成形 surface inlay shaping in engineering 遵循某种规律对二维面空间进行有效划分，使复杂曲面（平面）具有美感的形式，同时能够利于工程建造、降低造价并符合功能要求的建构曲面造型的技术。可以用于生成建筑表皮或复杂建构物的曲面造型。表面镶嵌成形涉及几何学、参数化设计、数字建造、土木工程、材料和装饰艺术等领域。

传统镶嵌装饰艺术　镶嵌装饰艺术是一门非常古老的艺术，以某种对称的方式重复使用一种或几种“单元形”设计构成一种图案，在早期人类文明中都可以发现其应用。当人类面临修建一栋建筑的任务时，往往会选择“砖块”作为最小单位，覆盖在墙面或地面上，形成令人愉悦的设计图案。古今中外的建筑艺匠与建筑师都善于运用“镶嵌”的形式，尤其在对建筑空间进行装饰美化方面，表现得更为突出。例如，在伊斯兰文明中最典型的镶嵌图案样式“多角星形”，中国传统窗户的“格回”装饰纹样。

对称性原理　规则的空间分割称为镶嵌，规则的实际就是具有某种“对称性”。表面镶嵌的形式（二维空间镶嵌），指依据具有某种对称性秩序的空间规律，重复排列某一“单元形”，使其能够不留任何缝隙且完全无重叠地填满整个平面空间。依据其对称性的不同，平面镶嵌可分为非周期性镶嵌、周期性镶嵌和准周期性镶嵌3种类型。

完全没有对称性的镶嵌图形或没有重复单元形的镶嵌图形，不属于本领域讨论范畴（需要大量人力处理，更趋向于纯艺术创作和手工艺技术）。“非周期性镶嵌”的形式中没有平移对称。众所周知的“非周期性镶嵌”当属沃洛诺依图（图1）。沃

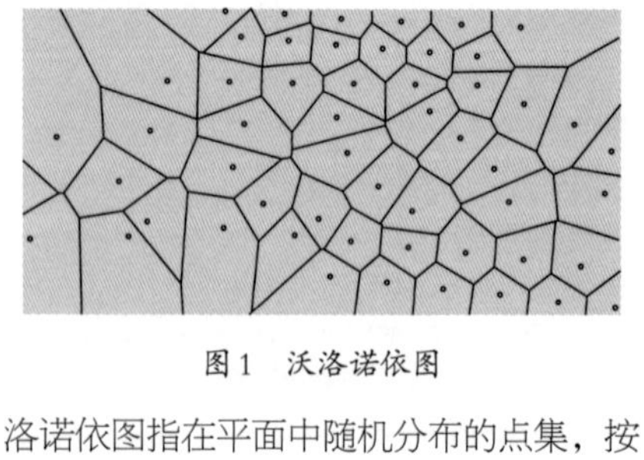

图1　沃洛诺依图

洛诺依图指在平面中随机分布的点集，按照“对偶原则”，将平面划分成的多边形图案。沃洛诺依图中的每一条线，都是“两个相邻点”之间的线段的“垂直平分线”。这样，在平面上分布的所有的“点”都与其相邻的“点”两两关联，最终决定了其邻近区域的分割形状。

周期性镶嵌的形式中一定存在对单元形的平移，由平移对称主导镶嵌（平移即

可覆盖整个平面）。平移对称与其他对称操作（旋转对称、镜像对称）相结合可得总共17种平面周期性镶嵌的样式。

由平移和旋转二者共同主导的镶嵌为准周期性镶嵌（只有平移无法覆盖整个平面，还必须有旋转）。众所周知的准周期性镶嵌为1973年英国数学物理学家R.彭罗斯提出的一种具有五次旋转对称的彭罗斯镶嵌（P1型，有4种单元形，图2）。准周期性镶嵌还有阿曼镶嵌、风车镶嵌。

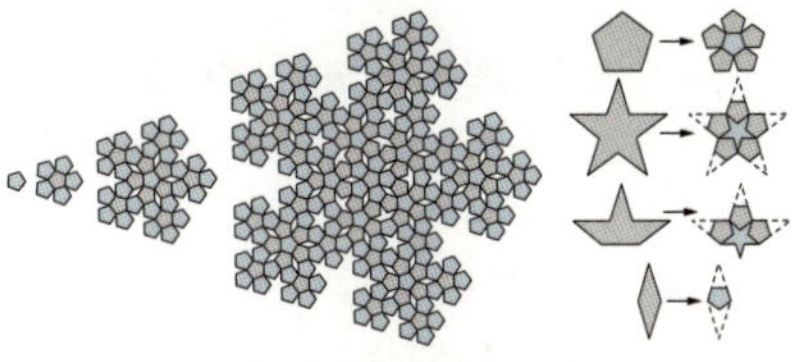

图2　彭罗斯镶嵌P1型示意图

应用优势　表面镶嵌成形不但具有极强的视觉表现力，可以作为曲面空间的装饰手段；同时，也兼备适应性强、高效率的特质，极适宜作为建筑表皮的承重结构，并且符合当代建筑构件标准化的要求，便于快速施工。

表面镶嵌成形实际上也构成一个无限关联的结构，单元形可以大批量复制生产，能轻松地填满各种不同形状的平面，不必逐一量身定做。无限关联结构具有明显的高效率。例如，由完全相同的“六边形单元”所构成的“无限关联结构”（图3），设f为平面个数，v为顶点个数，e为边的条数，p表示欧拉示性数。图3可见，随着单元数的增加，其整体效率不断提高，关联结构“顶点”的效率为3倍，关联结构“边”的效率为2倍，且无限关联结构的欧拉示性数p突变为0。

表面镶嵌成形适应性强且富于变化。

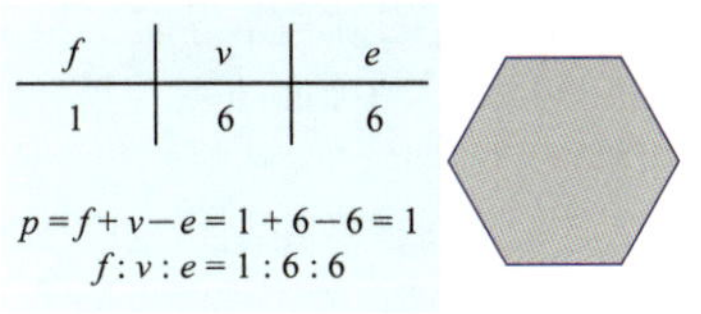

a　一单元分析

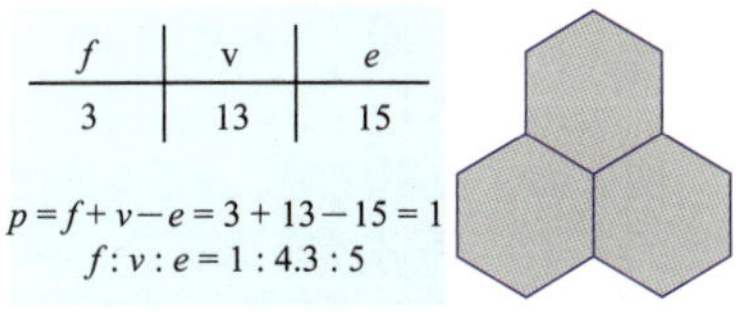

b　三单元分析

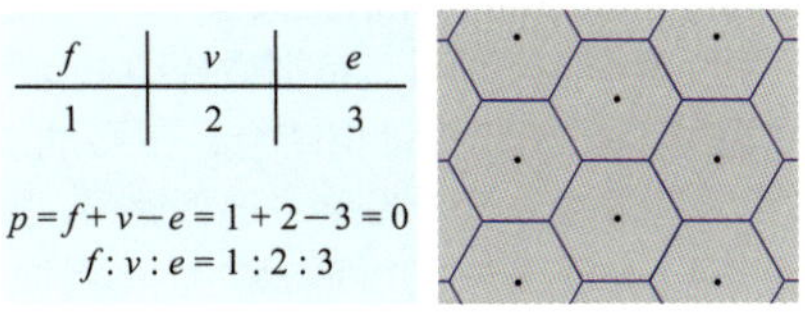

c　六边形无限关联结构分析

图3　六边形无限关联结构的效率分析示意图

与参数化设计技术相结合，通过几何拓扑变换，可以生成更符合功能需要的建筑表皮，达到真与美的统一。

表面镶嵌成形具有较强的数学规律，更易于与参数化设计、数字建造、工业化生产相结合，兼具艺术性与技术性，具有良好的应用前景。　（徐卫国）

工程测量　engineering surveying　在建设工程的规划设计、施工建造和运营管理各阶段，运用测量理论、技术和方法开展的测量活动。主要包括控制测量、地形测量、施工测量、变形测量以及相应的信息管理等工作。

任务及分类　工程测量是测绘科学技术与工程建设相结合的产物，其任务是为各种建设工程的规划设计、施工建造、运营管理全过程提供控制测量、地形测量、施工测量和变形测量等技术服务，并根据需要构建相应的数据库和信息系统，为提高工程建设及管理的质量、安全、效率和效益提供支撑与保障。工程测量是一门学科，也是一项服务，涉及理论、技术、方法、标准和质量等方方面面。现代工程测量涵盖内容广泛，技术方法多样，服务领域众多。

工程测量按任务类型可分为控制测量、地形测量、施工测量、变形测量和信息管理等；按测量精度，可分为普通工程测量和精密工程测量；按服务对象，可分为建筑工程测量、市政工程测量、公路工程测量、铁路工程测量、水利工程测量、机场工程测量、海洋工程测量、矿山工程测量、军事工程测量、地下空间测量和工业测量等。

随着信息技术、地球观测与导航技术的发展，工程测量正向数字化、网络化和智能化方向迈进，卫星导航定位、摄影测量与遥感、地理信息系统以及移动通信、物联网、大数据、人工智能等技术在工程测量中得到了广泛应用，提升了工程测量的技术能力。同时，许多大型、特殊、复杂工程的规划建设管理也对测量成果及服务提出了新的需求，拓展了工程测量的服务领域。

各阶段测量工作　工程建设各阶段测量工作的重点和要求各不相同。

规划设计阶段的测量　工程的规划设计离不开测量的支持。在规划设计阶段，工程测量主要为工程选址、可行性研究、工程地质与水文地质勘察、工程设计等提供所需规格的数字线划图、数字正射影像图、数字高程模型及数字表面模型等成果资料，并根据需要开展有关专项测量及调查工作。

施工建造阶段的测量　工程施工建造阶段的测量工作主要包括3个方面：①测设放样。把工程规划设计图纸资料进行实地测设标定，为施工作业提供指引。②检测监测。对施工过程中的结构状态（如柱、墩及建筑主体的垂直度等）进行检测，对基坑、结构及周边环境等进行变形监测，为工程质量安全管理提供支持。③竣工测量。对竣工时的工程及周边环境（包括地下空间及管线等设施）状况进行测绘，为工程验收及后续运营管理提供资料。为开展这3方面工作，通常应进行施工控制测量。当涉及地下空间时，需要通过联系测量建立地面与地下平面位置、高程之间的联系。

运营管理阶段的测量　工程运营管理阶段的测量工作主要是进行变形测量。即对工程受荷载作用和温度等变化而产生的形状或位置变化进行监测，对监测数据进行处理、表达和分析，并进行变形预警预测。变形测量主要包括沉降、水平位移、倾斜、挠度变形、日照变形、风振变形等测量。根据工程运营管理的需要，可开展有关专项测量，建立相应的工程数据库和信息系统。　（李青岳　王　丹）

工程测量基准　datum and reference system in engineering survey　建设工程测绘工作的基础和起算依据。为开展工程测量而建立的统一和精确的测量控制基准，对建设工程空间位置的确定和空间关系一致性发挥着控制作用。工程测量基准由基准点（参考点）和测量坐标系组成。

测量基准　按功能可分为大地基准、高程基准、深度基准和重力基准。

大地基准　用于大地坐标计算的起算数据，包括参考椭球的大小、形状及其定位、定向参数。是建立大地坐标系统和测量空间点点位的大地坐标的基本依据。随着空间大地测量技术的发展，大地基准也由传统的平面二维坐标系统发展为以地心为原点的三维坐标系统，为地球及其外层空间几何位置提供参考。一般由国家平面控制网实现。大地基准理论建立在坐标参考系统和坐标参考框架的基础上。①坐标参考系统。定义坐标起算基准和尺度，规定了坐标基准的实现方式，包括确定点位坐标的理论、模型和方法等。②坐标参考框架。是坐标参考系统的实现，由一组参考点在任意参考历元的坐标等构成。

高程基准　由特定验潮站平均海面确定的测量高程的起算面以及依据该面所决定的水准原点高程。是推算国家统一高程控制网中所有水准高程的起算依据。布测国家统一的高程控制网，首先须规定和建立一个统一的高程基准面，所有水准测量测定的高程都以这个面为零起算。它包括一个水准基面和一个永久性水准原点。水准基面通常理论上采用大地水准面，它是一个延伸到全球的静止海水面，也是一个地球重力等位面。中国以青岛港验潮站的长期观测资料推算出的黄海平均海面作为中国的水准基面，即零高程面。中国水准原点建立在青岛验潮站附近，用精密水准测量测定水准原点相对于黄海平均海面的高差，即水准原点的高程，定为全国高程控制网的起算高程。传统高程基准的起算点为水准原点；现代高程基准也能由重力（似）大地水准面数字模型来体现，也称为数字高程基准。

深度基准　海图及各种水深资料的深度起算面。海洋水深测量获得的深度是从测量时瞬时海面起算，不同时刻测量同一点的水深是不相同的，这个差数随各地的潮差大小而不同。为修正测得水深中的潮高，须确定一个起算面，把不同时刻瞬时测得的某点水深归算到该基准面，这个起算面就是深度基准面。深度基准面是海面在低潮位状态下的一种（理想的）潮汐特征面，以地球重力场长期作业下的平均海面为基准，由当地海洋潮汐特征参数来定义。深度基准基于海洋潮汐理论，用深度基准面数字模型体现，用当地长期平均海面相对于深度基准面的高度表示。常见的深度基准面有平均大潮低潮面、最低低潮面、平均低潮面、平均低低潮面、略最低低潮面、平均海面、理论最低潮面和最低天文潮面等。中国在1956年以后采用理论深度基准面，即理论最低潮面。理论最低潮面采用《海道测量规范》规定的算法，不分步骤加长周期分潮与潜水分潮的影响，直接由13个主分潮叠加计算可能出现的最低水位。

重力基准　在地球及其外部空间开展重力测量的起算基准，是为进行地球及外部空间重力测量而建立的一种全球或区域统一的起算与控制基准。将绝对重力值已知的重力点，作为相对重力测量（两点间重力差的重力测量）的起始点，各国进行重力测量时都尽量与国际重力基准相联系，以检验其重力测量的精度并保证测量成果的统一。重力基准通常由全球或区域高精度重力控制网实现。中国于1956～1957年建立了全国范围的第一个国家重力基准，称为1957国家重力基准网。1985年，中国重新建立了国家重力基准。它由6个基准重力点、46个基本重力点和5个引点组成，称为1985国家重力基准网。

工程坐标系　一般为独立坐标系，优点是便于长度测量、工程设计和施工放样。采用平面直角坐标系和笛卡儿坐标系时，坐标轴与工程的轴线平行，如X轴与大坝轴线、大桥轴线、隧道轴线或主要厂房轴线平行。平面直角坐标系与空间直角坐标系不一样，服从左手定则，同时需定义在一个高程面上，常选取测区的平均高程面或便于重要工程放样的高程面，如过隧道地面的高程面、过桥梁墩台顶面的高程面；而空间直角坐标系的Z轴向上，服从右手定则。

工程测量中，常涉及基准的设计、建立和维护。一些大型工程需与国家大地坐标系（或城市坐标系）相联系，利用一点的国家坐标系（或城市坐标系）的坐标及该点至另一点的国家坐标系（或城市坐标系）方位角，选择测区或建筑物的平均高程面（或指定高程面）作为边长投影面建立工程坐标系统；也可采用与多个在国家大地坐标系（或城市坐标系）里的点进行联测的方法建立联系。例如，大型水利水电工程、线路工程、工业企业和矿山工程都需要与国家大地坐标系或城市坐标系相联系。

（王　丹　王树东）

工程测量技术方法　technical methods of engineering survey　在建设工程的规划设计、施工建造和运营管理各阶段进行测量工作所采用的技术手段和测量方法。规划设计阶段的测量主要是提供地形资料，在所建立的控制测量的基础上进行地面测图或航空摄影测量。施工建造阶段测量的主要任务是按照设计要求在实地准确地标定建筑物各部分的平面位置和高程，作为施工与安装的依据。竣工后的运营管理阶段的测量包括竣工测量以及为监视工程安全状况的变形观测与维修养护等测量工作。

发展概况　公元前27世纪建设的埃及金字塔，其形状与方向都很准确，这说明当时就已有了测量的工具与方法。中国早在2000多年前的夏商时代，为了治水就开始了水利工程测量工作。公元前14世纪，在幼发拉底河与尼罗河流域曾进行过土地边界测量。中国在宋朝按乡登记和清丈土地，出现地块图。到了明洪武四年，全国进行土地大清查和勘丈，编制的鱼鳞图册是世界最早的地籍图册。在夏代已经有了原始的地图。现代工程测量已经远远突破了为工程建设服务的狭窄概念。

20世纪80年代以后，随着测绘科技的发展，工程测量技术取得了很大的成就。主要有两个方面的原因：①科学技术的新成就。电子计算机技术、微电子技术、激光技术和空间技术等新技术的发展与应用，以及测绘科技本身的进步，为工程测量技术进步提供了新的方法和手段。②工程的发展。随着社会的发展，城市建设不断扩大，各种大型建筑物和构筑物的建设工程、特种精密建设工程等不断增多，对工程测量不断提出新任务、新课题和新要求，使工程测量的服务领域不断拓宽，有力地推动和促进了工程测量的进步与发展。

随着传统测绘技术向数字化测绘技术转化，未来工程测量技术的发展趋势和方向：①测量数据采集和处理的自动化、实时化。②测量数据管理的科学化、标准化。③测量数据传播与应用的网络化、多样化。④全球导航卫星系统（GNSS）技术、遥感（RS）技术、地理信息系统（GIS）技术、数字化测绘技术、先进地面测量仪器、激光技术、遥感雷达干涉测量技术、物联网传感器技术、测量数据的精密处理等将广泛应用于工程测量中，并发挥其主导作用。

主要测量技术　工程测量技术主要有全球导航卫星系统测量技术、数字化绘图技术、精密工程测量技术、摄影测量与遥感技术、激光技术、雷达干涉测量技术、数据库技术与GIS技术和测量数据的精密处理技术等。

全球导航卫星系统测量技术　是最重要的对地观测技术。利用覆盖全球的卫星导航系统不间断地发送自身的星历参数和时间信息，用户接收到这些信息后，经过计算求出接收机的三维坐标以及运动速度和时间信息。包括美国的全球定位系统（GPS）、俄罗斯格洛纳斯导航卫星系统（GLONASS）、欧盟的伽利略导航卫星系统（GALLIEO）以及中国的北斗卫星导航系统（BDS）。

GNSS定位测量技术使测绘定位技术发生了革命性的变革，为工程测量提供了崭新的技术手段和方法。GNSS控制网可以代替绝大部分地面三角形边角网；实时动态差分技术（RTK）和单点定位技术可以实现无加密控制测量，用于地面和水下数字测图，也可用于施工放样；车载GNSS多传感器混合测量系统可用于既有道路的带状图测量和信息采集。GNSS还可用于变形监测项目，特别适合动态变形测量与地面水准测量相结合，在石油勘探、高速公路、通信线路、地下铁路、隧道贯通、建筑变形、大坝监测、山体滑坡、地震的形变监测、海岛或海域测量等也已广泛使用。

数字化绘图技术　主要包括大比例尺地形图测绘和工程图测绘技术，是工程测量领域一项核心应用技术。随着电子经纬仪、全站仪技术的发展和完善，逐渐形成了把野外数据采集的先进设备与微机及数控绘图仪三者结合起来，形成一个从野外或室内数据采集、数据处理、图形编辑和绘图的自动测图系统，实现工程地形图、带状地形图、纵横断面图等各类图件的自动绘制。

精密工程测量技术　以经典的测绘学理论与方法为基础，运用现代大地测量学和计量学等科技新理论、新方法与新技术，使用专门的仪器设备，绝对测量精度优于毫米级或相对测量精度达到1×10^{-5}以上的测量技术，包括精密的直线定线、测量角度（或方向）、测量距离、测量高差以及设置稳定的精密测量标志。具有高精度、高可靠性、自动化程度高等特点，为各项大型和精密工程建设提供的可靠测绘技术保障。

摄影测量与遥感技术　对非接触传感器系统获得的影像及其数字表达进行记录、量测和解译，从而获得自然物体和环境的可靠信息的科学技术。主要特点是在像相片上进行量测和解译，无须接触被测物体本身，因而很少受自然和地理条件的限制（如人们不能到达、不能触及等条件），而且可获得摄影瞬间的动态物体影像。像相片及其他各种类型影像均是客观物体或目标的真实反映，信息丰富、逼真，人们可以从中获得所研究物体的大量几何信息和物理信息。摄影测量与遥感的主要任务是用于测制各种比例尺地形图，建立地形数据库。在工程测量中主要用于测定地物。近景摄影测量主要适用于建筑物形状控制，数字测量则主要用于工程规划。

激光技术　具有单色性好、相干性高、方向性强和亮度极高等特点。随着激光技术的发展，出现了许多激光类测量仪器，如激光经纬仪、激光水准仪、激光陀螺仪、激光扫平仪、激光铅直仪、激光导向仪、激光准直系统、激光干涉仪、激光跟踪仪以及各种机载、车载和地面激光扫描仪等，可进行定向、准直、测角、测距、测高以及快速扫描等测量。在工程测量的各个领域如测量、测设、控制、变形监测和工业测量等都有广泛应用。

雷达干涉测量技术　是合成孔径雷达（SAR）的遥感成像技术和干涉测量技术的融合，是20世纪90年代末发展起来的一种新型空间对地观测技术。具有全天候、全天时、大范围、多角度的观测能力，能够获得高精度、高分辨率的形变信息。在工程测量中主要用于地形测量（获取地表数字高程）和地面形变监测（地面沉降监测、山体滑坡监测）等方面。

数据库技术与GIS技术　利用数据库技术或GIS技术建立数据库或信息系统。由于中国经济建设取得显著成果，带动了工程建筑需求量的激增，从而间接地推动了GIS技术的开发，成为应用领域最有前景的技术之一。20个世纪90年代初，中国一些城市测绘单位或城建规划部门开始引进GIS软件，进行二次开发，建立有关的数据库或信息系统。随着测量数据采集和数据处理的逐步自动化、数字化，数据库技术与GIS技术可更好地为经济建设和国防建设服务。

测量数据的精密处理技术　通过对测量的偶然误差、系统误差和粗差进行精细处理，进而削弱了偶然误差、消除系统误差，进一步发现和剔除了粗差。提出了偶然误差的系统性影响和系统误差的偶然化问题，在精度、可靠性和灵敏度基础上，扩展了广义可靠性，以及粗差、系统误差和变形的可区分性。发展了工程控制网的优化设计理论，扩展了工程控制网的通用平差模型，将时序分析、频谱分析、小波理论、系统理论、人工神经网络以及有限元法等引入变形分析和预报，丰富了变形的几何分析和物理解释。

其他技术的发展和应用　随着科技的飞速发展，包括物联网传感技术、视觉测量技术、微电子技术等新技术的发展与应用，将有力地推动和促进工程测量技术的进步与发展。

主要测量方法　工程测量的主要方法有角度测量法、距离测量法、高程测量法、准直测量法、坐标测量法。

角度测量法　角度是几何测量的基本元素，包括水平角、垂直角和方位角。①水平角。一点到两目标点的方向线垂直投影在水平面上所构成的角度。②垂直角。一点到目标点的视线与水平面的夹角。③方位角。一点到目标点的视线与正北方向的夹角，是一种特殊的角度。

角度测量常用的方法有经纬仪测角、陀螺经纬仪定向、全站仪测量。①经纬仪。分为光学经纬仪和电子经纬仪，是一种常用的测角仪器，在控制测量中用于各种等级的测角网、边角网和导线网等。②陀螺经纬仪。带有陀螺仪装置、用于测定直线真方位角的经纬仪。③全站仪。利用机械、光学和电子的高科技元件组合而成，可以同时进行角度测量和距离测量。

距离测量法　确定任意两点间距离的测量。距离测量的方法有直接丈量法、间接视距测量法和物理测距法。①直接丈量。用尺子（测绳、皮尺、钢尺）直接在地面上测定两点间的距离。②间接测距方法。视距法是其中一种。利用装有视距丝装置的测量仪器，如光学经纬仪、水准仪或平板仪配合标尺按三角原理测出距离。视距法测量距离的精度低，主要用于水准测量中测量前后视距。③物理测距法。包括电磁波测距和双频激光干涉测量。利用电磁波来测定两点间距离的物理法测距是现代化的方法。电磁波测距的仪器主要是电磁波测距仪（也称光电测距仪），电子全站仪和全球导航卫星系统中的测距原理都是电磁波测距。双频激光干涉仪可实现测距仪锢瓦水准尺、米纹尺和其他线尺等的自动化检测。

高程测量法　确定地面或物体上任一点的海拔高程或相对高度的测量。高程测量主要方法有几何水准测量、三角高程测量、液体静力水准测量和GNSS高程测量等。①几何水准测量。经典高差测量方法，使用的仪器是水准仪，其原理是借助于水平视线获取竖立在两点上的标尺读数。从而测定两立尺点间的高差。②三角高程测量。根据两点间的水平距离和经纬仪观测的垂直角，应用三角公式计算出两点间的高差，现在多采用全站仪进行测量。③液体静力水准测量。依据静止的液体表面（水平面）来测定两点之间的高差。④GNSS高程测量。直接利用GNSS定位测量技术直接测定地面点的大地高。

准直测量法　用于测定某一方向上点位的相对变化，可以是水平方向，也可以是垂直方向。准直测量方法很多，光学测量方法有测小角法、活动标牌法；光电测量方法有激光垂直法；机械方法有引张线法等。①测小角法和活动标牌法。主要用于变形监测。②激光垂直法。根据原理分为两类，一类利用激光方向性强的特点直接测量；另一类利用激光单色性好的优点进行衍射法垂直。广泛用于大坝等现状工程建筑物的变形观测。③机械垂直法。在没有气流影响的地方可采用，由于不受折光影响，精度也很高。

在铅垂线方向，垂直激光准直可用于测定高层建筑物的摆动，机械法垂直准直有正锤和倒锤两种。

坐标测量法　确定目标点或离散点在某一坐标系下三维坐标的测量。坐标测量主要方法有全站仪测量、GNSS测量、激光跟踪测量、地面三维激光扫描测量等。①全站仪测量。全站仪是一种兼有电子测距、电子测角、计算和数据自动记录及传输功能的自动化、数字化的三维坐标测量系统。又称全站型电子速测仪。②GNSS测量。作为空间三维坐标测量技术的代表，使测绘定位技术发生了革命性的变革，为工程测量提供了崭新的技术手段和方法。③激光跟踪测量。一种精密三维坐标测量仪器，具有测量精度高、实时快速、动态测量、便于移动等优点。④地面三维激光扫描仪测量。地面三维激光扫描仪可以快速、大量地采集空间点位信息，为快速建立物体的三维影像模型提供了一种全新的技术手段，具有精度高、速度快、不接触、实时、主动、数字化和自动化等优点。

（王　丹　万　军）

工程测量精度　accuracy of engineering survey　测量精密度和准确度的总称。在工程测量中，工程测量精度主要包括仪器的精度和测量数值的精度。

仪器的精度　由标称精度描述，如全站仪的测角与测边精度、全球导航卫星系统（GNSS）接收机精度、激光扫描仪精度和陀螺仪精度等。常与仪器的分辨率、制造技术和工艺等有关。

测量数值的精度　分为相对精度和绝对精度。相对精度有两种：一种指观测量的精度与该观测量的比值。比值越小，相对精度越高。另一种指一点相对于另一点特别是邻近点的精度。绝对精度则指一个观测量相对于其真值或基准点的精度，与基准有关，只能在相同基准下进行比较。

测量精度与测量误差密不可分，误差小则精度高，误差大则精度低。精密度与偶然误差有关，而准确度不仅与偶然误差有关，与系统误差也有关，表现为与真值的接近程度。在测量学科中，工程测量精度标准主要有中误差、相对误差、极限误差以及限差。①中误差。衡量观测精度的一种数字标准，是在相同观测条件下的一组真误差平方中数的平方根，亦称标准差或均方根。其对一组测量中的特大或特小误差反应非常敏感，能够很好地反映出测量结果波动大小。②相对误差。测量所造成的绝对误差与被测量真值之比，以百分数表示。该误差相当于测量的绝对误差占真值（或给出值）的百分比或用数量级表示。它是一个无量纲的值，相对误差更能反映测量的可信程度。③极限误差。国家有关技术标准检定过程中对计量器具所规定的最大允许误差值，常取均方误差的两倍值作为极限误差，亦称最大误差。④限差。在一定测量条件下规定的测量误差绝对值的限值。在大量同精度观测的一组误差中，由于正态分布的随机变量，大于两倍中误差的误差很少出现。因此，以两倍或三倍中误差作为允许的误差极限，称为允许误差，简称限差，以此判定有无粗差存在和检核测量成果的质量并决定取舍。现行大多数测量规范中取两倍中误差作为允许误差。

（万　军）

工程测量数据库　database of engineering survey　面向工程测量应用，包含几何的、物理的、技术的以及其他技术实体的特性和它们之间关系的数据库，是为提高管理效率和实现数据共享而建立的结构化的工程测量数据集合。工程测量数据库建设是信息化测绘技术体系形成过程中不可或缺的一步，可更好地使用和管理大量的工程测量信息，提高数据共享程度以及生产管理水平，为管理部门信息、数据检索与使用管理的科学化、实时化和现代化提供技术支撑。

工程测量数据包括电子归档资料数据或整合后的专题成果数据。①电子归档资料数据。分为图像数据、测量数据、图形数据和元数据。图像数据的记录格式为栅格格式；图形数据的记录格式为矢量格式；测量数据和元数据的记录格式为文本格式。②整合后的专题成果数据。工程测量成果归档后，可按类别进行数据整合，形成专题成果数据。整合后的专题成果数据包括点、线、面等几何数据及其相关属性数据。

工程测量数据库对工程测量的数据源、数据类型、数据特性、数据更新与维护方式以及用户需求进行分析，从而进行数据组织和数据库设计。①数据组织。要求工程测量数据库数据与工程归档资料内容一致，可按照工程类型或工程测量项目为基本组织单元，对同一项目工程测量数据进行数据整合，建立元数据。②数据库设计。遵循先进性与实用性、规范性与兼容性、安全性与可维护性以及集中管理与分散管理相结合的原则，采用通用关系型数据库管理系统，包括数据入库子系统、元数据管理子系统和工程数据管理与应用子系统等。数据入库子系统完成数据入库和检查等功能；元数据管理子系统完成元数据编辑、检查、查询、导入和导出等功能；工程数据管理与应用子系统完成管理、查询和分析等功能，提供数据检索、查询、浏览、下载等成果服务功能。

（王　丹）

工程测量信息系统　information system of engineering survey　为工程服务的专题地理信息系统。又称工程信息系统。不仅管理与工程有关的测量信息，还管理与测量有关的工程信息。

工程建设的各个阶段都存在着测量信息管理问题。工程测量信息管理的目的在于实现各种测量信息从采集、处理、更新到管理的一体化、自动化、智能化、网络化和数字化。工程测量信息系统可为工程的建设和管理提供信息化服务，通过应用地理信息系统的原理、方法和技术，利用可视化手段，结合数据库信息管理能力，将与工程有关的地理信息和工程的其他大量实时数据和信息一起进行处理、分析和应用，实现工程建设和管理过程中的许多生产实时动态的控制和信息共享，为管理者提供快速的工程进展数据的统计、汇总、更新、查询、图形表现手段和其他管理信息。

工程测量信息系统的数据库包括基础地理信息数据库、元数据库、工程业务管理数据库以及工程管理办公文档数据库等。①基础地理信息数据库。即工程建设区域多尺度、多维、多源的空间基础数据集成的数据库。②元数据。描述基础数据集的数据内容、产品标识信息、质量信息、参考信息、信息源及获取方法等的数据，用于数据的管理、检索、挖掘和发布，帮助数据的使用者查询和了解所需的空间数据，提供空间数据的转换信息。③工程业务管理数据库。根据工程建设需要管理的业务内容，工程业务管理数据库按照工程项目建设阶段，实现对工程建设项目的管理和监督。④工程管理办公文档数据库。为工程日常管理与业务办公而设计的数据库。

工程测量信息系统将数据管理、办公自动化、动态更新等系统功能融合在一起，除具有数据库管理、专业计算分析和图形功能外，还具有空间分析、可视化功以及图形与属性互操作等功能。

工程测量信息系统由数据服务层、应用逻辑层、表现层共3层模型构成。①数据服务层。由数据库和空间数据引擎组成，存储和提供系统所需要处理的各类数据。②应用逻辑层。包括应用服务层、各种应用开发组件和网络服务器，其功能是提供网络和数据处理的应用工具。③表现层。利用应用逻辑层提供的工具开发出的针对用户的各种具体应用信息。

（王　丹）

工程承发包模式　construction procurement model　发包方通过签订合同的方式委托承包方为其完成某一工程的全部或其中一部分工作内容的商业行为。可以反映项目建设业主方和实施方之间、实施方与实施方等相互之间的合同关系。工程承发包模式经历了一段时间的演变，从“第一个五年计划”时期到1983年，中国主要依靠行政手段分配建设任务。1984年起中国政府开始推行招标承包制，引进市场竞争机制，通过招标发包与投标承包方式完成任务分配。随着建筑市场的发展，承发包模式趋于多元化，项目业主可以根据自己的管理经验与能力、工程项目的实际情况以及业主自身意愿选择不同的承发包模式。

中国现行法律中明确规定的建设工程承发包模式包括工程总承包模式和施工总承包模式两种。①工程总承包模式。指从事工程总承包的企业受业主委托，按照合同约定对工程项目的勘察、设计、采购、施工、试运行（竣工验收）等实行全过程或若干阶段的承包。在实践当中可以细分为多种模式，如设计－采购－施工总承包模式、交钥匙总承包模式、设计－建造总承包模式、设计－采购总承包模式、采购－施工总承包模式等。②施工总承包模式。指发包人将全部施工任务发包给具有相应施工总承包资质的承包单位，业主仅保留工程的委托权的承发包模式。大型建筑工程或者结构复杂的建筑工程，可以由两个以上的承包单位联合共同承包。在该模式下，设计与施工分离，一般要等施工图设计全部结束后才进行施工总承包的招标。建设单位发包工程时应当以单位工程为最小单位，将其发包给一个施工总承包单位，将单位工程发包给多个施工单位的，视为肢解发包。施工总承包单位承担整个项目的施工任务，经发包人同意，视具体情况可以将部分工程进行发包，但建筑工程主体结构必须由总承包单位自行完成。

除以上两种模式，国际上主流的建设工程承发包模式还有施工总承包管理（MC）模式、施工管理承包（CM）模式等。这些模式在中国也都进行了有益的探索和尝试。（乐　云）

工程担保　engineering guarantee　用以规范建筑市场秩序、防范和化解工程风险的一项制度安排。是指担保人（银行、担保公司、保险公司或其他金融机构等）应工程合同一方（即被担保人）的要求向另一方（即权利人）做出书面承诺，保证如果被担保人无法完成与权利人签订的合同中规定应由被担保人履行的义务，则由担保人代为履约或做出其他形式的补偿的经济活动。推行工程担保制度对规范工程承发包交易行为、遏制拖欠工程款和农民工工资、保证工程质量和安全等都具有重要作用。建设工程领域常用的工程担保种类有：投标担保、履约担保、支付担保和预付款担保等。

投标担保　投标人向招标人提供的担保，保证投标人一旦中标即按中标通知书、投标文件和招标文件等有关规定与业主签订承包合同。投标担保可以采用银行保函、担保公司担保书、同业担保书和投标保证金担保方式，多数采用银行投标保函和投标保证金担保方式，具体方式由招标人在招标文件中规定。未能按照招标文件要求提供投标担保的投标，可被视为不响应招标而被拒绝。投标担保的主要目的是保护招标人不因中标人不签约而蒙受经济损失。投标担保要确保投标人在投标有效期内不要撤回投标书，以及投标人在中标后保证与业主签订合同。

履约担保　招标人在招标文件中规定的要求中标的投标人提交的保证履行合同义务和责任的担保，是最重要也是担保金额最大的工程担保。履约担保可以采用银行保函、履约担保书和履约保证金的形式，也可以采用同业担保的方式。在保修期内，工程保修担保可以采用预留保证金的方式。担保期内，一旦承包人违约，担保人要代为履约或者赔偿经济损失。因此履约担保可以促使承包商履行合同约定，完成工程建设任务，从而有利于保护业主的合法权益。履约担保金额的大小取决于招标项目的类型与规模，但必须保证承包人违约时发包人不受损失，履约担保金额一般不得超过中标合同金额的10%。在施工招标文件的投标须知中，发包人要规定接受使用哪一种（或几种）形式的履约担保。

支付担保　中标人要求招标人提供的保证履行合同中约定的工程款支付义务的担保，或招标人要求中标人提供的保证旅行合同约定向分包人支付工程款义务的担保。支付担保通常采用的主要形式包括：银行保函、履约保证金或担保公司担保。发包人的支付担保实行分段滚动担保，支付担保的额度一般为工程合同总额的20%～25%。已完成的担保额度，发包人未能按时支付，承包人可依据担保合同暂停施工，并要求担保人承担支付责任和相应的经济损失。支付担保的作用在于，通过对业主资信状况进行严格审查并落实各项担保措施，确保工程费用及时支付到位；一旦发生业主违约，支付担保人将代为履约。发包人要求承包人提供保证向分包人付款的付款担保，可以保证工程款真正支付给实施工程的单位或个人。如果承包人不能及时、足额地将分包工程款支付给分包人，业主可以向担保人索赔，并可以直接向分包人付款。

预付款担保　承包人为保证正确、合理使用发包人支付的预付款而向发包人提供的担保。建设工程合同签订后，发包人往往会支付给承包人一定比例（一般为合同金额的10%）的预付款，如果发包人有要求，承包人应该向发包人提供预付款担保。预付款担保主要有银行保函、由担保公司提供的保证担保、抵押等形式。预付款担保的主要作用在于保证承包人能够按照合同规定进行施工，一旦违约，则由担保人偿还发包人已支付的全部预付金额。如果承包人中途毁约，中止工程，使发包人不能在规定期限内从应付工程款中扣除全部预付款，则发包人作为担保的受益人，有权凭预付款担保文件向担保人索赔担保金额作为补偿。（马　亮）

工程地球物理勘探　engineering geophysical exploration　利用物理学的原理、方法和专门仪器，观测并综合分析天然或人工地球物理场的分布特征，推断地质体或地质构造形态的勘探技术。简称工程物探。工程地球物理勘探以地下物理场（如重力场、电场、磁场等）为基础，根据不同的地质体在物理性质上的差异影响地下物理场的分布规律，通过观测、分析和研究这些物理场，并结合有关地质资料，判断与工程勘察有关的地质构造问题。工程物探具有“透视性”、效率高、成本低以及可以在现场进行原位岩土物理力学性质测试等优点，在工程勘察中日益得到重视和发展。但是各种工程物探方法都具有条件性和局限性，多数方法还存在多解性。因此正确选择和运用各种工程物探方法，进行综合物探，并与现有的地质、钻探资料作对比，才能获得好的应用效果。

早在17世纪人们便尝试用罗盘寻找磁铁矿。20世纪初，各种物探方法才广泛地用于找矿勘探与工程勘察。20世纪60年代以来，由于物理学、数学，特别是电子技术、计算机技术的发展，大大促进了各种物探方法以及仪器设备的发展与改革。随着工程物探的方法和理论不断发展，声－超声类技术设备集成、电法和电磁类技术设备一体化以及信息综合解释是工程勘探技术发展的新趋势。

常用的工程物探方法主要有：①地震波法勘探。通过研究人工激发的弹性波在地壳内的传播规律来勘探地质构造的方法。可分为折射波法、反射波法和瑞利波法。常用于探测覆盖层或风化壳的厚度、确定断层破碎带、在现场研究岩土的动力学特性等。②声波法勘探。利用声波（或超声波）对岩体进行探测的方法。可分为主动和被动两种方式。主要用于测定岩体的物理力学参数、确定洞室岩石应力松弛范围、探测溶穴及检查水泥灌浆效果等。由于频率高、波长短，因此分辨率高。但是，由于岩石对高频波的吸收、衰减和散射比较严重，因而探测的距离不大。③电法勘探。通过对人工或天然电场（或电磁场）的研究，获得岩土不同电学特性的资料，以判断有关水文地质及工程地质问题。常用的是直流电法勘探，主要研究岩土的电阻率和电化学活动性，可分为电阻率法、自然电场法和激发极化法等。④电磁法勘探。根据岩石的磁性差异所形成的局部磁性异常来判断地质构造的方法。在工程勘察中，主要用于圈定岩浆岩体（特别是磁性较强的基性岩浆岩体）、寻找有岩浆岩活动的断裂接触带、追索第四纪沉积物覆盖下的岩性界线等。大面积航空磁测资料可提供有关区域性的断裂构造、结晶基底的起伏等，为评价区域稳定性及寻找有利的储水构造提供依据。⑤重力勘探。根据岩体密度差异所形成的局部重力异常来判断地质构造的方法。常用以探测盆地基底的起伏和断层构造等。采用高精度重力探测仪有可能探测一些埋深不大并且有一定体积的地下空洞。⑥放射性勘探。利用岩石中天然放射性元素的含量及种类的差别，以及在人工放射源激发下岩石核辐射特征的不同，寻找矿产资源及解决水文、工程、环境地质在内的某些地质问题的方法。例如，通过测量氡及其子体的α和γ放射性活度来确定滑坡体的地质形态（边界及滑体厚度）。利用放射性勘探方法探测基岩裂隙地下水（如用测量γ强度、能谱、α径迹法等找水）获得成功。此外，放射性同位素常用作研究地下水及其溶质运动的示踪剂。⑦地球物理测井。通过研究钻孔中岩石的物理性质，诸如电性、电化学活动性、放射性、磁性、密度、弹性、孔隙度、渗透性等来解决钻孔中有关地质问题的物探方法，简称测井。包括电测井、磁测井及电磁测井、声波测井、地震测井、放射性测井、钻孔全孔壁数字成像、钻孔电视，以及井径测量、井斜测量、井温测量和井中流体测量等。（张　炜）

工程地下水问题 hazards of groundwater in engineering 在土建工程中由于地下水的渗流作用引起地下水压力水头与周围岩土体介质关系发生变化，导致出现地下潜蚀、管涌、流沙、突涌等问题，给工程设计、施工以及后期运营带来不利影响，甚至成为威胁工程安全的潜在灾害。

潜蚀　地下水对天然地质体或人工构筑的岩土体所进行的各种形式的侵蚀现象。狭义的潜蚀指渗透潜蚀，是渗透水流在一定水力梯度作用下产生较大的动水压力冲刷，带走细小颗粒或溶蚀岩土体，使岩土体中孔隙逐渐增大形成洞穴，导致地下岩土体结构破坏，从而产生地表裂缝、塌陷，影响建（构）筑物地基稳定的地质现象。

当有地表或地下工程穿越此类区域时，工程扰动可能诱发地下空间塌陷，从而导致构筑物及施工器械失稳陷落，并对现场施工人员安全造成威胁。与工程活动相关的潜蚀还有管涌、流沙和突涌等。工程中的潜蚀与自然界中潜蚀类似，主要造成工程范围内土层的地下空间异常发育，导致土层稳定性变差，容易引发工程结构失稳。

潜蚀作用主要包括物理潜蚀和化学潜蚀两大类。物理潜蚀和化学潜蚀常常同时进行，且二者相互影响，相互促进。其防治措施可以采用堵截地表水流渗入土层、阻止地下水在土层中流动、设置反滤层、改良土的性质以减小地下水渗流速度及水力坡度等。这些措施应根据当地具体地质条件分别或综合采用。

管涌　在任意方向水头梯度的渗透水流作用下，在土体内部空腔或外部的渗流出口处，首先细颗粒在粗颗粒形成的孔隙通道中移动流失，继而发展到粗颗粒流失而形成管状侵蚀通道的现象（图1）。

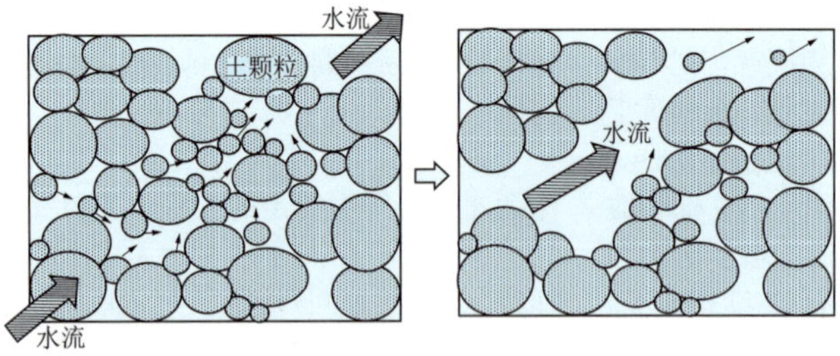

图1　管涌形成过程示意图

管涌一旦与土体内部的既有孔洞连通，就会迅速发展为管道内集中涌水淅土的现象，严重的管涌可掏空地基或坝体，使其产生过度变形，甚至引起整体失稳和破坏。管涌最初主要与土石坝渗流控制紧密联系。管涌引发的大型事故常发生在洪灾中的堤基破坏，其险情数量多，分布范围广，且易诱发大堤决口的重大险情。管涌除了对土石堤坝造成极大威胁之外，对于地下水位较高的区域进行深基坑施工时，地下水渗流对基坑工程稳定和变形具有显著影响，因管涌破坏造成整体失稳是很多基坑工程失事的主要原因。

在基坑工程防治管涌设计中，可以采用的具体措施有：①降水减压。在基坑外侧设置井点降水，经抽排使该地段地下水位降低，切断潜在或已经发生的管涌水力供应。②增加基坑围护结构的入土深度。使地下水流线路径长度增加，从而达到降低水力坡度的目的（图2）。重大困难的工

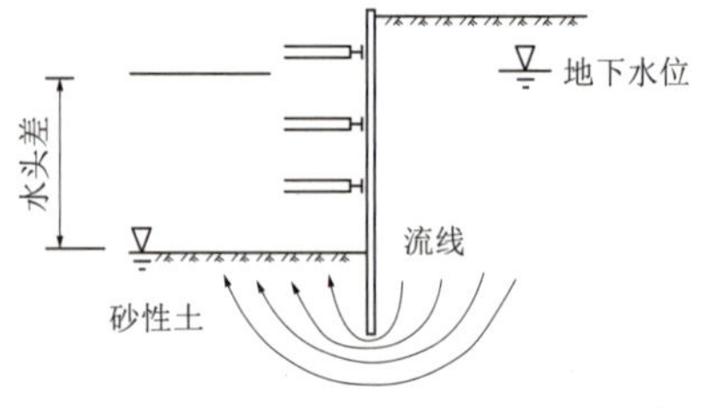

图2　增加基坑围护结构的入土深度防治管涌示意图

程也可以设置防渗帷幕阻水。③注浆改良土体。对围护结构薄弱点或地质薄弱段有针对性地采取化学浆液注浆。④滤水围井和滤水压重。管涌一旦发生，在管涌口处用编织袋或麻袋装土抢筑围井，井内同步铺填反滤料。抢护管涌险情的原则应是制止涌水带砂，而留有渗水出路。当管涌严重，涌水涌砂量大，来不及采取其他措施时，可采用滤水性材料直接分层压在管涌范围。⑤旋喷桩、搅拌桩止水。发生管涌常是由于围护结构不闭合而引起，可以在管涌对应围护结构范围内使用旋喷桩或搅拌桩止水。

堤坝管涌防治措施的基本原理和基坑类似，具体措施如下：①前堵。当仅坝基下有透水层时，可在堤坝前坡脚处采取垂直防渗工程措施堵断渗流通道，以此延长坝前渗流渗径，减少渗水压力。当坝基下有不透水层，同时坝体质量差时，为防治管涌隐患，可在坝体轴线上，设置灌浆帷幕堵断坝基与坝体渗流通道。此办法在水库除险加固中常用。②后疏。当渗流层在堤坝基下时，据其在堤坝后渗出部位处，采用铺设反滤层压护即可。反滤层可布置在渗流土中逸出的地方，特别是直接布置在排水的出口处。当堤坝质量不好且在高水位运行时，堤坝本身可能渗水，此时应在堤坝脚填筑高度要高于浸润线逸出点的反滤堆体。③围堰。在堤坝外发现管涌面积不大时，先在管涌口处填筑砂砾石暂缓携带泥砂险情扩大，再将可能发生管涌部位周围用编织袋或麻袋装土抢筑围堰，围堰内同时填筑反滤

料，达到防止管涌携砂的目的。

流沙　含水饱和的松散细、粉砂（也包括一些砂质粉土、黏质粉土）在动水压力作用下产生悬浮流动的现象。流沙多发生在颗粒级配均匀的粉细砂等砂性土中，有时在粉土中也会发生。其发展的结果是使基础发生滑移和不均匀下沉、基坑坍塌和基础悬浮等。流沙的发生一般是突然性的，对工程危害极大。

根据工程勘察对场地流沙的评判，结合现场施工遇到的具体情况，流沙现象防治措施主要有：①采用轻型井点、喷射井点、管井井点和深井泵点等进行人工降低地下水水位的方法进行土方施工，使动水压力方向向下，增大土粒间的动力，从而有效地制止流沙现象发生。②采用不排水的水下挖土，保持坑内外水压相平衡，使其无发生流沙的条件。③用钢板桩打入坑底一定深度，增加地下水从坑外流入坑内的流动路径，从而减少水力坡度，以至减小动水压力，防止流沙发生。④建造地下连续墙以供承重、护壁，从而达到截水防止流沙发生的目的。

如果在施工过程中已经出现了局部的或轻微的流沙，可组织人力分段抢挖，挖至标高后，立即铺设垫层，并在垫层上迅速增加压重，以平衡动水压力。

基坑突涌　基坑工程中，承压含水层上覆不透水层厚度在基坑不断开挖下减小到一定程度时，承压水的水头压力顶裂或冲毁基坑底板的现象。基坑突涌将会破坏地基强度、造成基坑围护结构失稳等，并给施工带来很大困难。防治基坑突涌是基坑安全设计施工的重点和难点。

突涌的基本表现形式为：①基坑顶裂。出现网状或树状裂隙，地下水从裂隙中涌出，并带出下部的土颗粒。②基坑发生流沙现象。从而造成边坡失稳和整个悬浮流动。③基坑发生类似于“沸腾”的喷水现象。使基坑积水，地基土扰动，造成坑底被动区土体抗力下降。④地下墙急剧变形。并且使基坑的“踢脚”明显加剧，同时坑底的隆起和地下墙向坑内移动使地下墙附近的房屋突然加速下沉。

基坑抗突涌的具体措施应根据工程情况制定。对于承压含水层水位埋藏深度较浅的工程，设置较深的地下连续墙等隔水帷幕，穿越承压含水层，进入不透水层一定深度，隔断基坑内外承压水的水力联系。对于基坑底部承压含水层以上覆土不足以抵抗承压水头压力，而又不适合隔断承压水的工程，可采用降压降水的方法。对于开挖至基底标高时，上覆土重略小于承压水的浮托力，不能满足抗承压水稳定性的工程，可采用土体加固措施来达到抵抗承压水头的目的。

抗承压水突涌常用的处理方法包括：①明排水法。在基坑开挖过程中，沿坑底周围或者中央挖一定坡度的排水沟，并隔一定距离设置一个集水坑，地下水通过排水沟流入坑中，然后用水泵抽出。这种方法适用于面积较小、降水深度不大的基坑开挖工程，对软土或者土中有细砂、粉砂或淤泥层时，不宜采用这种方法。②注浆法。在探明突涌水渗流优势通道的基础上，采用封堵法，将胶结材料配制成浆液并注入松散含砂或含水地层、含裂隙的岩层、溶洞、破碎带并使其固化。浆液凝结硬化后，起到胶结、堵塞作用，使地层稳固并隔断水源，增加工程的强度及稳定性。③井点降水法。在大型基坑开挖之前，在基坑周围埋设一定数量的滤水井，利用抽水设备抽水，使地下水降落至基坑以下，降低承压水的顶托压力。④冻结法。在基坑接近临界深度时，用人工制冷的方法将开挖工程周围的岩土层冻结成封闭的冻结圈（壁），以临时加固地层，抵抗地压，隔绝地下水与地下工程的联系。冻结法能够有效阻隔地下水向开挖土体中迁移，保证了施工的安全。⑤止水帷幕法。采用连续墙、高压旋喷桩等构成的止水帷幕，竖向隔断承压含水层，将承压水对基坑底部不透水层的垂直顶托力转为对止水帷幕的水平压力。

地下水对混凝土腐蚀性评价与防治　当地下水中含有 Ca^{2+}、Mg^{2+}、NH_4^+、Cl^-、SO_4^{2-}、HCO_3^-、CO_3^{2-}、OH^- 等成分时，对建筑材料中的混凝土、金属等有腐蚀性。当建筑物长期处于地下水作用时，需要评价地下水对混凝土的腐蚀性。

钢筋混凝土作为一种结构材料，广泛应用于桥梁、堤坝、隧道等结构中，是一种耐久性很好的材料，但混凝土结构遭受地下水腐蚀的情形屡见不鲜。许多隧洞、桥梁等使用时间不满十年就普遍出现混凝土开裂、剥落等腐蚀现象。中国煤炭系统曾对部分矿区生产系统的钢筋混凝土结构调查显示，因混凝土碳化造成混凝土钢筋锈蚀，锈蚀深度达20%以上，结构可靠性大大降低。

地下水对混凝土腐蚀主要分为分解类腐蚀、结晶类腐蚀和分解结晶复合性腐蚀。①分解类腐蚀。指酸性水溶解混凝土中的氢氧化钙以及腐蚀性碳酸溶解碳酸钙而使水泥发生分解的破坏作用。②结晶类腐蚀。主要是硫酸腐蚀，是含硫酸盐的水与水泥发生反应，在混凝土的孔洞中形成石膏和硫酸铝盐晶体。③分解结晶复合性腐蚀。主要指水中弱盐基硫酸盐离子的腐蚀。

地下水对混凝土腐蚀程度取决于混凝土所处的地下水环境和地下水中腐蚀性化学成分的含量。评价地下水对混凝土的腐蚀性时，首先要采集符合要求的水样进行水质分析，其次要查明地下水所赋存环境。水质分析包括pH、侵蚀性 CO_2、HCO_3^-、Cl^-、NO_3^-、SO_4^{-2}、Mg^{2+}、NH_4^+、Na^+ 等，侵蚀性 CO_2 为不稳定成分。混凝土所处的地下水环境可以分为3类。Ⅰ类为混凝土处于强透水层中。强透水层指细砂、中砂、粗砂、砾砂等透水环境极强的含水层。Ⅱ类为混凝土处于弱透水层中。且具有干湿交替作用，弱透水层指粉砂及颗粒小于粉砂的含水层。Ⅲ类为混凝土处于弱透水层，且不具有干湿交替作用。具体评价标准分别见表1、表2和表3。

从地下水对混凝土的腐蚀机理出发，防治措施主要包括提高混凝土的密实性、混凝土结构物表面防护处理与改善混凝土自身的抗腐蚀性能等方法。分解类腐蚀主要以提高混凝土的密实性和混凝土结构物表面防护处理进行防治；结晶类腐蚀主要以改善混凝土自身的抗腐蚀性能和混凝土结构物表面防护处理进行防治；分解结晶复合性腐蚀主要以提高混凝土的密实性、改善混凝土自身的抗腐蚀性能和混凝土结构物表面防护处理进行防治。

地下水对铁质材料腐蚀性　当地下

表1　分解性腐蚀评价标准

腐蚀等级	酸型腐蚀pH		碳酸型腐蚀 CO_2/mg・L^{-1}		微矿化水型腐蚀 HCO_3^-/mg・L^{-1}
	强透水层	弱透水层	强透水层	弱透水层	
无腐蚀	>6.5	>6.0	<15	<30	>61
弱腐蚀	6.5～6.0	6.0～5.0	15～30	30～60	61～30.5
中等腐蚀	6.0～5.0	5.0～4.0	30～60	60～100	<30.5
强腐蚀	<5.0	<4.0	>60	>100	

表2　结晶类腐蚀评价标准

腐蚀等级	SO_4^{2-} 在地下水中的含量/mg・L^{-1}		
	Ⅰ类地下水	Ⅱ类地下水	Ⅲ类地下水
无腐蚀	<250	<500	<1500
弱腐蚀	250～500	500～1500	1500～3000
中等腐蚀	500～1500	1500～3000	3000～5000
强腐蚀	1500～3000	3000～5000	5000～10 000

表3　结晶分解性腐蚀评价标准

腐蚀等级	Ⅰ类地下水		Ⅱ类地下水		Ⅲ类地下水	
	$Mg^{2+}+NH_4^+$	$Cl^-+SO_4^{2-}+NO_3^-$	$Mg^{2+}+NH_4^+$	$Cl^-+SO_4^{2-}+NO_3^-$	$Mg^{2+}+NH_4^+$	$Cl^-+SO_4^{2-}+NO_3^-$
无腐蚀	<1000	<3000	<2000	<5000	<3000	<10 000
弱腐蚀	1000～1500	3000～5000	2000～3000	5000～8000	3000～4000	10 000～20 000
中等腐蚀	1500～2000	5000～8000	3000～4000	8000～10 000	4000～5000	20 000～30 000
强腐蚀	2000～3000	8000～10 000	4000～5000	10 000～20 000	5000～6000	30 000～50 000

水的pH较低，或水中含有溶解氧、游离硫酸、H_2S、CO_2及其他重金属硫酸盐时，对钢筋、铁管或其他铁质材料产生强烈的腐蚀破坏作用。因此，在设计长期浸没于地下水中的钢筋铁质管道或其他构件时，应当考虑地下水的腐蚀破坏性。

根据氯离子的浓度，考虑干湿交替特征与土的含水量，规定评价地下水、场地土对混凝土结构中钢筋的腐蚀性，其评价标准见表4。

表4　对混凝土中钢筋的腐蚀性评价标准

腐蚀等级	水中氯离子的含量/mg·L^{-1}		土中氯离子的含量/mg·kg^{-1}	
	长期浸水	干湿交替	含水量ω<20%的土层	含水量ω≥20%的土层
无	—	<100	<400	<250
弱	>5000	100～500	400～750	250～500
中	—	500～5000	750～7500	500～5000
强	—	>5000	>7500	>5000

依据水的pH及Cl^-与SO_4^{2-}的浓度之和评价地下水对钢结构基础腐蚀性的评价标准见表5。

表5　地下水对钢结构基础腐蚀性评价标准

腐蚀等级	pH、(Cl^- + SO_4^{2-})的含量/mg·L^{-1}
弱	pH3～pH11、(Cl^-+SO_4^{2-})<500
中	pH3～pH11、(Cl^-+SO_4^{2-})≥500
强	pH<3、(Cl^-+SO_4^{2-})任何浓度

混凝土是保护钢筋免遭腐蚀的第一道防线，因此，工程界普遍认同的观点是，想方设法防止混凝土腐蚀是保护钢筋的基本前提，其次才是考虑对钢筋本身采取防腐措施。钢筋防腐的原理分为隔离、牺牲、碱性、表面极化、阴极保护等方面。

水土介质对混凝土中钢筋腐蚀的防治措施有：①选用抗腐蚀钢筋或采用高强度非金属材料代替钢筋。如用玻璃纤维、碳素纤维强化后的塑料来替代钢筋。②在钢筋表面设置防腐保护层。包括金属与非金属表面防护。镀锌是常用的金属表面防护措施，表面非金属防护主要有环氧树脂和聚合体树脂等。③在混凝土中外掺阻锈剂和缓蚀剂。阻锈剂可分为掺入型与迁移型。迁移型阻锈剂是21世纪以来提出的全新概念，它被涂抹于混凝土表面，逐渐迁移到钢筋表面。迁移型阻锈剂不降低混凝土的物理、力学性能，相反可提高混凝的高温（可达60℃）拉伸强度、弯曲强度，并可显著降低腐蚀速度。亚硝酸钙就是一种高效的缓蚀剂，具有长期使用、性能可靠、对某些特殊腐蚀具有良好的抑制作用。④阴极保护技术。向被保护金属表面通入足够的阴极电流，使其阴极极化以减小或防止金属腐蚀的一种电化学防腐蚀保护技术。实施阴极保护可以通过外加电流和牺牲阳极两种方式。两种阴极保护系统都已经成功地应用于腐蚀环境较为恶劣的钢筋混凝土工程中。

地下钢结构除了没有混凝土保护层外，其腐蚀机理与防腐原理基本上与混凝土中的钢筋相同。采用水泥、石灰、粉煤灰、磷石膏和土按一定比例混合制成人工土包裹在金属周围，可以改善管道所处的土壤环境，降低土壤对管道的腐蚀作用。

（周念清　杨　坪）

工程地质　engineering geology　研究工程活动与地质环境之间的相互作用，涉及地质灾害、岩石与第四纪沉积物、岩体稳定性、地震等应用地质学的原理为工程应用服务的学科。属于地质学的分支。工程地质学广泛应用于工程规划、勘察、设计、施工与维护等各个阶段。其工作目的是为查明各类工程场区的地质条件，对场区及其有关的各种地质问题进行综合评价，分析、预测在工程建筑作用下，地质条件可能出现的变化和作用，选择最优场地，并提出解决不良地质问题的工程措施，为保证工程的合理设计、顺利施工及正常使用提供可靠的科学依据。

工程地质的主要研究内容有：①确定岩土组分、组织结构、微观结构、物理、化学及力学性质，特别是强度、应变及其对建筑工程稳定性的影响，进行岩土工程地质分类，提出改良岩土的建筑性能的方法。②研究由于人类工程活动的影响而破坏的自然环境的平衡，以及自然发生的崩塌、滑坡、泥石流及地震等物理地质作用对工程建筑的危害及其预测、评价，并提出防治措施。③研究解决各类工程建筑中的地基稳定性，如边坡、路基、坝基、桥墩、硐室等，制定一套科学的勘察程序、方法和手段，直接为各类工程的设计、施工提供地质依据。④研究建筑场区地下水运动规律及其对工程建筑的影响，制定必要的利用和防护方案。⑤研究区域工程地质条件的特征，预报人类工程活动对其影响而产生的变化，做出区域稳定性评价，进行工程地质分区和编图。

随着工程建设的大规模发展，其研究领域日益扩大。除了岩土学和工程动力地质学、专门工程地质学和区域工程地质学外，逐渐形成一些新的分支学科，如矿山工程地质学、海洋工程地质学、城市工程地质及环境工程地质学、工程地震学。

（张继文　张　龙）

工程地质测绘　engineering geological mapping　运用地质、工程地质学理论对测区工程地质条件各要素进行观察和描述，分析其成因、性质和规律，并按一定比例尺要求绘制成工程地质图的工作。工程地质测绘是工程地质勘察的一项基础性工作，在此基础上对可能产生的工程地质问题及影响程度进行分析，可为后续进行的勘探、试验、观测等工作的布置提供依据。工程地质测绘通常是以一定比例尺的地形图为底图，以罗盘结合地形地物、GPS仪或经纬仪等方法来测制，同时可采用卫星图片、航空图片和陆地摄影图片，通过室内判读绘制成工程地质草图，然后到现场有目的地复查，与照片判读成果反复验证，测制出更精确的工程地质图，以提高测绘的精度和效率。当露头不好或工程地质条件较复杂时，需有适当的勘探工作进行配合。工程地质测绘可分为综合性测绘和专门性测绘两种。工程地质测绘是为建筑物的规划、设计和施工服务的调查工作，有其特定的研究目的，因此在测绘中主要应针对与建筑物有关的岩土物理性质、地质特征、地质构造情况进行详细观察描述，而对与建筑物无关的地质因素则可以忽略。工程地质测绘使用的比例尺较大，通常为1∶10 000～1∶500。

（林学钰）

工程地质单元　engineering geological unit　对建筑场地按岩土的类型和工程特性划分的地段和地层。又称岩土单元。在工程地质单元体中，同一单元中各部位工程地质条件相近，物理力学性质指标或其他地质数据大体上也是相同的，但不完全一致。按工程地质单元布置勘探试验工作及统计整理试验成果能较好地反映客观情况。

岩土工程地质单元划分是否适当，直接关系到岩土工程评价的准确性和正确性。该项工作必须按照地质年代、成因类型、岩性状况、风化水平、物理力学特点等来综合斟酌，准确划分每一个单元的岩土层。工程地质单元的划分不是越详细越好，也不是越粗放越好。除了遵循一般的划分原则外，还应结合工程对象进行划分。在正确划分出工程地质分层后，编制分层统计表。最后进行分层试验资料的数据统计，查算分层承载力。一般情况下，同一工程地质单元具有如下特征：①具有同一地质年代、成因类型，并处于具有同一构造部位和同一地貌单元的岩土。②具有基本相同的岩土性质特征，包括矿物成分、结构构造、风化程度、物理力学性能和工程性能。③影响岩土体工程地质性质的因素是基本相似的。④对不均匀变形敏感的某些建（构）筑物的关键部位，视需要可划分更小的单元。

工程地质单元的划分与工程地质图的编绘也有很大关系。工程地质图中的地质单元划分应与勘察阶段一致。工程地质单元的各项参数最终会反映在工程地质图中，对工程地质单元进行合理划分也会在保证安全的前提下减轻制图的工作量。由于岩土体的非均匀性和各向异性以及参数的测定方法、条件和工程类别的不同等多种原因，造成岩土参数分散性、变异性较大。为保证岩土参数的可靠性和实用性，必须进行岩土参数的统计和分析。通常情况下，从勘察中获取的大量数据指标可按工程地质单元及层次分别进行统计整理，以求得具有代表性的指标。（张　龙）

工程地质调查　engineering geological survey　运用地质、工程地质理论对与工程建设有关的各种地质现象进行详细地观察和描述的勘察过程。查明拟建场地内工程地质条件的空间分布和各要素之间的内在联系，并按照精度要求将它们如实地反映在一定比例尺的地形底图上，作为岩土工程勘察的重要成果提供给建筑物规划、设计和施工部门使用。工程地质调查是岩土工程勘察中一项重要的和基本的勘察内容，一般在岩土工程勘察的早期阶段（可行性研究或初步勘察阶段）进行。对岩石出露或地貌、地质条件较复杂的场地应进行工程地质测绘；对地质条件简单的场地，可采用调查代替工程地质测绘。在可行性研究勘察阶段可搜集资料，包括航空相片、卫星相片的解译结果，在详细勘察阶段可对某些专门地质问题做补充调查。

工程地质调查的一项主要任务，是在地形地质图上填绘出测区的工程地质条件。其主要内容包括测区的所有工程地质要素，即查明拟建场地的地层岩性、地质构造、地形地貌、水文地质条件、工程动力地质现象、已有建筑物的变形和破坏情况及以往建筑经验、可利用的天然建筑材料的质量及其分布等多方面，因此它是包含多项内容的地表地质测绘和调查工作。

工程地质调查主要包括以下内容：①查明地形、地貌特征和地貌单元形成过程及其与地层、构造、不良地质现象的关系，划分地貌单元。②查明岩土的性质、成因、年代、厚度和分布。对岩层应查明风化程度，对土层应区分新近沉积土、特殊岩土的分布及其工程地质条件。③查明岩层产状及构造类型、软弱结构面的产状及性质。包括断层的位置、类型、产状、断距、破碎带的宽度及充填胶结情况；岩土层的接触面及软弱夹层的特性等；第四纪构造活动的行迹、特点及与地震活动的关系。④查明地下水的类型、补给来源、排泄条件及井、泉的位置、含水层的岩性特征、埋藏深度、水位变化、污染情况及其与地表水的关系等。⑤收集气象、水文、植被、土的最大冻结深度等资料，调查最高洪水位及其发生时间、淹没范围。⑥查明岩溶、土洞、滑坡、泥石流、崩塌、冲沟、断裂、地震震害和岸边冲蚀等不良地质现象的形成、分布、形态、规模、发育程度及其对工程建设的影响。⑦调查人类活动对场地稳定性的影响，包括人工洞穴、地下采空、大挖大填、抽水排水及水库诱发地震等。⑧收集建筑物的变形沉降资料及其他建筑经验。（张继文）

工程地质勘探　engineering geological exploration　采用工程技术手段进一步探明地下隐伏的地质结构与地质现象，了解其空间变化规律的勘察工作。工程地质勘探是在工程地质测绘成果的基础上进行的。勘探的主要任务是：①探明地下有关的地质情况，如地层岩性、断裂构造、地下水位、滑动面位置等。②为深部取样及现场实验提供条件。③利用勘探井、孔可以进行某些项目的长期观测以及不良地质现象处理等。常用的工程地质勘探手段主要有地球物理勘探、钻探和坑探3类。

地球物理勘探　简称物探。是利用专门仪器测定各类地质体物理场的分布情况、通过测得的物理场特性和差异、判明地下各种地质现象、获得某些物理性质参数的勘探方法。按被测物理场可分为电法、地震、声波、重力、磁法等。工程地质勘察中常用的物探为电法中的视电阻率法、地震勘探中的浅层折射法、声波地震勘探及测井中的综合测井法等。物探的优点包括设备轻便、效率高；在地面、空中、水上或钻孔中均能探测；易于加大勘探密度、深度和从不同方向铺设勘探线网，构成多方位数据阵，具有立体透视性的特点。但是，这类勘探方法容易受到非探测对象的影响和干扰，且仪器测量精度有限，其分析解释的结果较为粗略，且具多解性。

钻探　采用钻探机械直接揭露建筑物布置范围和影响深度内的工程地质条件，为工程设计提供准确的工程地质剖面的勘察方法。钻探的优点包括不受地形、地质条件的限制，能直接观察岩心和取样，勘探精度较高；勘探深度大，能为原位测试和监测工作提供条件；效率较高。

坑探　是通过矿山掘进法由地表向深部挖掘的坑槽或坑洞进行勘察的方法。坑探能直接观察到地质结构，可以进行素描、取原状岩土样和大型原位测试等工作，但使用时常受到自然地质条件的限制，耗费资金大且勘探周期长。常用的坑探方法有探槽、试坑、浅井、竖井（斜井）、平硐和石门（平巷）等。

由于钻探和坑探的工作成本较高，应在工程地质测绘和物探的基础上，根据不同工程地质勘探阶段需要查明的问题，进行合理布置与设计，以做到用尽可能少的工作量取得尽可能多的地质资料。

（林学钰）

工程地质图　engineering geological map　按比例尺表示工程地质条件在一定区域或建筑区内的空间分布及其相互关系，并结合工程建设需要测制或编绘的图件。通常包括工程地质平面图、剖面图、地层柱状图及某些专门性图件，有时还有立体投影图。工程地质图是以工程地质测绘所得图件为基础，并充实以必要的勘探、试验和长期观测所获得的资料编绘而成，同工程地质报告书一起作为工程地质勘察的综合性文件，是建筑规划、设计和施工的重要基础资料之一。编制工程地质图的目的，是通过将各种对工程规划、设计与施工合理性及经济效益有直接影响的工程地质条件和因素，编制成不同比例尺与不同内容类型的专题图件，为城市规划、工业与民用建筑工程、铁路工程、道路工程、港口工程、输电及管线工程、水利工程、采矿与地下工程等提供基础资料与评价。

分类　工程地质图按内容可分为工程地质条件图、工程地质分区图和综合工程地质图等。①工程地质条件图。只反映制图区内主要工程地质条件的分布与相互关系。②工程地质分区图。在分析工程地质条件的基础上，结合建筑物特点划分出适宜与不适宜建筑的区段。③综合工程地质图。既反映工程地质条件，又对它们做出综合评价，划分出适宜与不适宜建筑的区段，兼有工程地质条件图和工程地质分区图的双重功能。所以，一般多编制综合工程地质图。

工程地质图按用途又可分为专用图和通用图两类。①专用图。只适用于某一建设部门，所反映的工程地质条件和做出的评价均与某种工程的要求紧密结合。中国以往的工程地质图，大多是各建设部门为各类工程建筑物的设计和施工的需要，经大比例尺工程地质测绘而编制的专用图。②通用图。适用于各建设部门，系规划用的小比例尺图，主要反映工程地质条件的区域性变化规律。它是以区域地质测量完成的1∶200 000地质图为基础，参阅区内已有的各种专用图件编制而成。通用图可以避免规划各类建筑物场地的盲目性和减少不必要的损失，对地质环境的合理开发利用和保护也是极其有益的。

根据图的自身功能和目的的不同，为专门目的服务而编制的工程地质图，通常由3种类型的图组成：①背景图。又称底图。反映制图区域各种地理要素及其基本特征，以及各种工程地质现象的分布与地理环境的关系，如地形图和普通地理图等。是编制各种专题图的地理基础，通常不以单独图幅而以素图形式出现。②专题图。又称专用图。反映制图区域工程地质要素的质量、数量特征与地理特征的相互关系。例如，展示各种不良动力地质现象、地基岩土性质以及数据的平面图与空间图等。③综合图。又称复合图。反映制图区域各重要工程地质要素之间的相互联系及总貌，通常由专题图的有关内容经抽取组合而成。综合图是专题图的深化，它要求有尽可能多的信息反映和尽可能简明的图形表达方式，以便于图的利用，多数的评价图和分区图属于此类。

编制原则　工程地质图的编制原则：①统一的技术标准。包括技术性标准（指图的基本功能与精度要求）和形式性标准（指图的标准化与形式化要求，由于制图时通常要使用大量不同来源的信息数据，须经过严格的选择和重新评价，并采用统一的和标准化的记载格式）。许多国家都制定有本国的编图技术标准。中国在研究世界各国工程地质图件等相关资料的基础上，充分吸收相关的新理论、新方法，制定了工程地质图编制的相关规范，进一步规范和指导中国工程地质调查编图工作。②针对性和适用性。指图的内容不仅应充分表达对工程建设有直接或间接制约性影响的工程地质要素，以保持其针对性；而且须充分反映和提供评价工程地质要素所必需的客观信息，以保持其适用性。为了使图达到必要的精度，需要根据不同的目的及勘察设计阶段，规定不同的制图比例尺，并据此布置合理的勘察测试工作，借以提高图的定量性和预测性。③图的合理负载量。指组成图系的各类图件须有相应的分工和清晰的层次，以避免造成图中各种资料和要素的简单堆砌，以及过大的负载内容。图应以使用者容易理解的方式提供信息，各图应附有简明的文字或图例，说明图件中所包含信息的空间位置，规模及数量与质量的关系。

基本要素　工程地质图的基本要素主要有数学要素、工程地质要素和整饰要素。①数学要素。工程地质图的基本数据，如图的比例尺、图的平面和空间精度、信息数据的归纳与解析等。②工程地质要素。指各种对工程建设有制约性影响的工程地质问题，如岩土滑移、活动断裂、地震液化、地面侵蚀及岩溶等动力地质现象；风化岩、软土、膨胀土、湿陷性土、碎石土、杂填土、冻土、盐渍土及红黏土等不同工程性质的地基土和地下水；以及由于人类活动造成工程地质条件的变化（如地面沉降、地下采空塌陷等）所带来的各种环境工程地质问题。③整饰要素。为了提高图的实用性与科学性对图进行的整饰，如图名、图例、线划和彩色整饰等。

表达形式　有平面的（二维）和立体的（三维）形式。此外，还有解析性的或对比性的综合图，如基岩埋深、地下水位、岩土参数、等值线等大比例尺图和小比例尺图，三维信息有时仅用点符号表示。

编制步骤　工程地质图的编制步骤：①数据的获取。利用国际或本国通用的准则，对各种不同来源的地质形式与勘探测试资料进行综合与筛选，从中取得各种有用的基本数据。②数据的定量和分类。对所有与工程建设场地有关的工程地质环境或工程地质条件（如地质、地貌、岩土物理力学性质、自然地质现象等）的基本数据进行定量和分类，阐明其产生的力学机制与影响，为工程设计与防护措施提供定量评价依据。③成图和制图综合。将分类的数据进行简化，绘制出工程地质基本图，然后转换为各种多功能综合图及评价、预测图。

基本内容　取决于场地工程地质条件的复杂程度，以及工程建设的性质、规模和工程设计的实际需要。①为单项工程建筑设计和场地评价服务的工程地质图。比较简单，只涉及工程设计所需的反映场地岩土和不良工程地质问题分布和性质的简单模型，如钻孔柱状图、剖面图及有关不良工程地质现象与岩土分布及等级的平面图、立体图、等值线图等。②为城市或区域场地评价服务的工程地质图。内容一般较广泛，所反映的岩土工程信息量也较多，主要包括对岩土特性、水文地质特征、地貌特征和动力地质现象等的分析与评价。（张　炜　陈冉升）

工程地质钻机　engineering geological drilling rig　具有回转、冲击、振动、静压等单钻进功能和回转减压联动钻进、冲击振动跟管钻进、回转振动跟管钻进、反循环等钻进功能的工程地质勘察用机械。工程地质钻机以机械动力头传动方式和机械传动、液压辅助为基本结构形式，根据使用环境条件和要求，可采用拖挂式、滑橇式、拖车装载式、履带式、船载式等装载方式，驱动方式可采用内燃机或电动机进行驱动。

工程地质钻机的主要技术参数包括钻孔深度、开孔直径、钻杆直径、套管直径、钻塔高度、回转器转速范围、动力头给进行程、振动器振动频率等，可根据地层情况及工程要求选择合适的钻机型号。根据取样需求，钻机通常配备有各种形式的取样器，如半合管取样器、勺形取样器、单动双管取样器、岩心管等。除取样之外，工程地质钻机还可进行多种原位测试，如常用的标准贯入试验、动力触探试验、静力触探试验等，有些甚至可辅助进行旁压试验、波速测试等。

20世纪70年代前，中国岩心钻机的设计制造部门主要从事地质岩心钻机的研制和生产。后来，随着改革形势的发展及工程建设的需要，工程地质钻机在数量及品种上有了较快发展。中国在生产的有SH-30-2型、G-1型、G-1A型、G-2型、G-2A型、G-3型、K-1型等多种工程地质钻机，可满足不同钻进方式、不同钻进深度、不同地层条件的需求。其中，全液压工程地质钻机（如K-1型）具有无极变速、传动平顺、结构简单、布局灵活等优点而发展较快。随着中国液压工业的迅速发展，全液压工程地质钻机将逐步取代机械动力头式的工程地质钻机。

21世纪以来，随着人类社会发展需要，工程建设逐渐向无人区、海洋甚至太空拓展，干旱缺水、深海高压、无氧高温等复杂极端环境也为工程地质钻机的研发带来新的挑战。（张继文　张　龙）

工程防护技术　protective technology of protective engineering　研究避免或降低武器打击和偶然性事故对防护工程产生的冲击、爆炸和其他次生破坏作用而形成的工程技术的总称。是涉及武器效应学、工程地质学、岩土力学、工程力学、结构工程学、伪装学、军事运筹学等多学科交叉的综合性军事工程技术。

工程防护技术主要包括抗侵彻技术、抗爆炸技术、孔口防护技术、防护工程试验技术、防护工程数值模拟技术、隔震技术、防护工程电磁脉冲防护技术、防护工程伪装技术、主动防护技术、防护工程生化防护技术、核辐射防护技术等。

工程防护技术是随着武器装备、战争形态和作战样式的发展、变化及科学技术的进步而发展的，与打击武器始终处于“矛”与“盾”的攻防对抗，竞相发展。工程防护技术的发展经历了冷兵器时代、热兵器时代、核武器时代和高技术武器时代。在冷兵器时代，采用筑城技术修建的城池城塔可有效对抗冷兵器的攻城，在战争中占据着明显的优势。随着科学技术的进步，火器的出现，特别是火炮的发展，进入了热兵器时代；城池城塔筑城体系的防护功能开始削弱，逐步过渡到抗打击能力更强的炮台、要塞筑城体系，起到了与火炮等热兵器攻城相抗衡的作用。但是，随着火炮、航空炸弹等热兵器的毁伤能力进一步提高，开始研究弹药对筑城工事的侵彻爆炸的毁伤效应，筑城技术也开始采用混凝土等新材料，出现了地上与地下相结合的阵地工程体系。第二次世界大战以后，随着核武器的出现和发展，美国和苏联等国结合核武器试验，系统开展了核武器对工程结构毁伤破坏以及工程防护技术的研究，取得了丰硕的研究成果，基本上解决了核武器爆炸产生的空气冲击波和地冲击效应以及浅埋防护工程等防护设计计算、孔口防护、隔震、电磁脉冲防护等关键技术难题，满足了从地面到浅埋再到深埋防护工程建设的工程防护技术的需求，标志着现代工程防护技术的诞生。如美国的S.格拉斯顿等1954年出版的《核武器效应》、N.M.纽马克等1962年出版的《防护结构设计原理与应用》、R.E.克劳福德等1974年出版的《防护结构设计与分析手册》等；苏联也出版了大量研究成果，如1978年巴丹斯基等著的《掩蔽所结构计算》、1980年H.H.波波夫等著的《特种建筑物的设计与计算》。20世纪80年代后，尤其是1991年海湾战争以来，随着信息技术的飞快发展，以高技术侦察监视、精确制导武器、深钻地武器等为代表的高技术常规武器装备陆续出现，武器的命中精度越来越高，破坏威力越来越大。为了有效对抗高技术武器的精确打击，美国、德国等西方国家以及中国系统开展了以钻地弹为代表的新型常规武器毁伤效应及工程防护技术研究，摸清了现役钻地弹毁伤效应，研发了高性能混凝土等新型高抗力防护材料与防护结构，发展了适用于钻地弹打击防护工程毁伤效应的数值模拟技术，基本上解决了防护工程抗现役钻地弹精确打击的防护技术难题，标志着工程防护技术进入抗新型钻地弹为代表的现阶段。这方面代表性成果有美国陆军1986年出版的规范性技术手册TM5-855-1《常规武器防护设计原理》。除了采用先进的土木工程材料和结构防护手段外，还发展了先进的伪装、干扰、欺骗、主动防护等防护技术手段。

随着精确打击的高超音速武器和低当量核武器技术的发展，防护工程与打击武器的“矛”与“盾”的对抗将更加激烈，未来工程防护技术将朝着高抗力防护、深地下防护、系统防护、综合防护、智能防护方向发展。（方　秦）

工程分形结构　fractal structure of architecture　建筑学领域在建筑形态、空间、结构等多方面具有分形属性的规则系统。具有多维度、自相似、自适应的普遍特征，涵盖了从建筑构件、单体建筑空间、群体建筑空间、城市空间等跨尺度层级的建筑与城市现象。

发展历程　随着计算机软硬件能力和参数化设计研究的发展，计算机已经可以处理越来越复杂的三维形态以及多层次反馈的代理算法。集群算法、涌现算法、多代理系统等需要依赖计算机高速迭代运算能力的计算工具正逐步成熟，分形几何与建筑设计过程的结合日趋紧密。分形与迭代算法在建筑学和城市设计中的运用得到广泛关注，建筑师与规划设计师开始重视分形几何学在建筑空间与城市空间中的运用潜力，并出现大量具有分形属性的建筑与空间。

由于参数化设计思潮与计算机工具的兴起，与生成式设计相关的设计研究和设计实践快速发展，为分形算法研究提供了基础理论和实践。前计算机时代J.O.伍重对“加成建筑学”的研究，虽然并不是有意识地基于分形几何的，但已经可见分形几何的基础思想的影响。系统性研究分形几何在建筑学中运用的专著有美国C.博维尔所著《建筑与设计中的分形几何》(*Fractal Geometry in Architecture and Design*)，主要以计盒维数法等传统分形几何分析方法，对现有的建筑实例进行图解分析，提出了建筑现象具有分维以及建筑学符合分形几何规律的例证。意大利N.萨拉的论文《建筑中的分形模型：一个研究案例》(*Fractal Models in Architecture: A Case of Study*)采用了和博维尔类似的计盒维数法进行具体分析，明确了建筑的分形维度计算方法。

在建筑理论方面，美国C.詹克斯《跳跃宇宙的结构》(*The Architecture of the Jumping Universe*)对复杂建筑现象进行了理论阐述和建筑评论，其中涉及部分与分形相关的建筑论点，提出复杂性科学对未来建筑学发展的意义。

斯里兰卡C.巴尔姆德的《非正式》(*Informal*)从算法建筑学的角度，对分形几何的运用提出了看法，其设计实例和研究虽然不是针对分形几何的，但是其结构图解具有重要的启发意义。美国P.皮尔斯的《自然结构是一种设计策略》(*Structure in Nature is A Strategy for Design*)从仿生学和晶体学的角度提出了晶体三维图解建筑设计方法，虽然没有具体涉及分形原理的阐述，但许多案例已经包含了对分形的定义特征，利用大量的实例列举了晶体学的分形结构在建筑学中的应用潜力。

对分形规则在设计运用中的研究多见于网络。耶鲁大学对非洲、欧洲、印度的传统建筑中的分形结构进行了归纳。非洲分形研究网站提供了互动式的软件界面，直接运用分形中的迭代生成法则构建出与传统非洲建筑形象趋近的计算机分形图形，有力地证明了传统建筑具有分形属性以及用分形迭代重构传统的可能性。

尺度范畴　人类建造各种建（构）筑物以形成赖以生存和活动的空间，这些空间具有不同的尺度，如近人尺度的家具、雕塑，更大尺度的房间、楼层、摩天大楼、街区，乃至整个城市。人类生存和活动的环境就是由无数尺度不断嵌套的人工构筑物组成的，不同尺度层面上的空间组织形式呈现一种自我相似的复杂分形现象。

日本黑川纪章在《城市设计的思想与手法》中将凯斯特勒的子整体哲学概念引

入城市设计概念中，认为子整体结构是部分和整体的共生，任何城市都是由多个城市组成的集合体，如东京是300个城市的集合体。城市、建筑和景观都是一个子整体系统。无论是城市网格还是生成性的肌理，都可以归结为以单元体为基本元素的自我相似分形叠加。

长方体是现有建筑技术条件下最经济并且空间利用率最大的形态。如果将一个建筑单体抽象为一个没有尺度的“分形容器”，并且运用拓扑学“同胎”的概念，将任何长宽比例、任何大小的类似长方体都认为是同胎的单元，就可以将城市理解为以长方体作为基本要素的单元体（子整体）运用一定“自我相似规则”叠加以后的建筑分形结构。长方体作为抽象的“子整体”，可以是一个建筑构件、一个房间、一个单体建筑、一栋摩天大楼，甚至是一个超级街区。长方体遵循着人为或者非人为的控制，以自我相似的原则自我迭代，最终呈现了建筑分形结构的总体特征。

分形与结构受力　自然界中的结构形式，如树木的分形分支、珊瑚礁的分形集聚结构、动物骨骼的微观细分结构等，利用最小化的材料承受最大限度的受力，体现了分形逐级细化的方式所具有的结构受力优势。

利用分形和自我相似的原则，可以对常规的结构体系进行合理优化。例如，在数字系统中利用三维泰森多边形与空间点阵的不同密度分布，可以形成类似于微观骨骼的分形受力结构。埃菲尔铁塔是分形原则在结构优化过程中的经典范例。铁塔中每级钢结构桁架都由下一层次尺度更小的细化桁架构成，有效地分散了结构荷载，节省了钢结构用量，同时强化了从总体到局部逐级细化的视觉形象，令埃菲尔铁塔从整体形象到局部细节都具有尺度递进的连续性和统一性。利用分支结构同样可以体现分形的结构优化。如同自然界中树形自我相似分支，多次迭代后的分支构件成为优化的结构荷载传递路径，类似原则控制下的分支分形既可以支撑水平平面，也可以成为斜向受力构件。中国传统建筑的斗拱体现了类似的结构优化方式。斗拱的水平和垂直结构之间互相支撑，上一层结构的重力荷载由下一层结构来支撑，形成竖直方向的荷载传递系统，使得更大的悬挑成为可能。

生成算法　具有分形结构特征的建筑可以由多种算法原则通过有限次迭代计算后生成。根据算法特点和生成的结构特征，分为迭代函数系统（IFS）、分形镶嵌结构、分形分支结构、分形粒子系统和分形集聚结构5种分形规则系统。

迭代函数系统（IFS）　是由自身的原始图形（生成元）经过特定函数的变换映射后形成的复制图形的集合。IFS算法的关键步骤是仿射变换，或称为关联式变形。IFS迭代方法的核心在于利用初始单元体基于一定原则的移动、旋转、缩放以及空间拓扑变形等基本变形法则的集合，再通过迭代操作得到最终的复杂形态。IFS基本的设计思路是将任意复杂分形形态的生成过程简化为仅包含移动、旋转、缩放以及空间拓扑变形的图形化操作。IFS方法不仅能够生成建筑单体的分形结构，而且利用自我相似原则多次迭代后可以轻易地创造出整个分形城市。

IFS分形规则的设计要点涉及单元体、吸引子、仿射变换等重要概念，提供了一种与传统二维计盒维数法（即用不断缩小尺寸的二维网格覆盖需要研究的分形形体，通过计算被建筑形体占据的网格数量，得到研究对象的分形维度）不同的设计和分析方法，其更直观并且易于操作。

分形镶嵌结构　镶嵌是用一种或者多种单元形状无缝且无重叠地铺满平面和三维空间区域的算法。分形镶嵌结构重要的运用就是利用镶嵌图案的可重复性，实现批量定制可用于空间填充的单元构件。

分形分支结构　分支是典型的分形现象之一。分叉树形结构无处不在，在自然界大到河流峡谷、小到人的肺部结构，都不可思议地具有类似的树形结构。分支系统根据自身的生长规律形成等级鲜明的整体系统，无论在外在视觉效果还是隐藏的生成规律上都具有显著的自我相似特征。L-system作为计算机图形学中较早提出的分形算法，具有直观而明显的自我迭代和自我相似的生长现象，在植物学等领域具有广泛的应用。

分支分形特征的形成依赖于相同生成原则的分支在不同分支层次上的反复迭代运用。在分支系统中，迭代“层次”的增加最直观的结果是枝干的不断分叉，在形态上与IFS系统和镶嵌系统中的层次具有明显的差异性。

分支系统既可以作为建筑的内部结构（结构框架、空间框架、交通系统等），也可以作为建筑的表皮和围护系统。利用分支系统形成的构架作为建筑的主要空间结构体，支撑其外部与分支系统构架相关联的包容物。分支系统所起的作用主要是空间分隔和结构支撑体系。同时建筑的外围护结构（屋顶，墙体等）也可以运用类似的分形分支原则，建筑、空间与结构体系高度统一。分支主要是由线性的枝干构成的，当分支密度达到一定程度，分支之间相互重叠，就形成了“编织”蔓藤，因此可以利用密布的分支形成建筑表皮和围护结构。相互编织的分支，可以形成表皮系统的主要龙骨框架。

分形粒子集群系统　粒子系统是由一群受同一规则控制的粒子运动形成的智能集群。粒子系统由空间中数量众多的点构成，粒子与粒子之间具有统一的不可见联系，这种不可见联系就是控制粒子系统的生成规则。

粒子可以视为一种抽象的单体。单个粒子可以是数学上抽象的不占用任何体积的点，也可以是一个具象的物体，如一个建筑构件，一个房间、一个建筑单元等。一个粒子甚至可以是另一个单独运动的粒子系统，实现粒子系统中嵌套多层粒子系统。力和力场作为物体运动和动态的驱动，是运动复杂性形成的主要成因。力场的自我相似性是最终形态具有自我相似性的成因。在各种抽象力场作用下，具有建筑功能属性的建筑单元体（粒子）以一定的规则运动，形成具有分形特征的建筑粒子集群。分形粒子与智能集群算法的运用见于KOKKUGIA建筑事务所等前沿建筑师的设计实践。

分形集聚结构　集聚是一定数量的单元体以某种规则聚集在一起的分形系统。和粒子系统受明确的外部力场控制不同，控制集聚的规则是空间填充法则。分形粒子集群系统和集聚系统的最终形态都由数量众多的单元体构成，但粒子集群系统强调的是单体的运动，而集聚系统强调的是空间聚合。

典型的集聚算法有元胞自动机、扩散限制凝聚等。①元胞自动机（CA）。一种离散的单元体根据统一的规则相互作用形成的动态系统。元胞自动机的生成规则和构成方式具有很大的灵活性和复杂性，具有典型的分形自我相似属性和分形结构的维度。②扩散限制凝聚（DLA）。一种用简单规则模拟自然界分形成长规律的算法。DLA算法也可以生成典型的分形分支状结构，并具有典型的分数维空间占用属性。

分形集聚结构的单元统一性和结构构造逻辑为建筑的分形结构建造提供了有利条件。有限数量的单元体类型却能够形成无限数量的最终组合可能性。通过控制单元件的数量进行造价控制，能够解决大量定制和工业化生产之间的矛盾。

（林秋达）

工程风险 engineering risk 工程项目决策和实施过程中，会对项目目标造成影响的不确定性事件，以及其所发生的概率及所产生的后果。产生工程风险的原因是多方面的，包括工程环境总是动态演变的，而人们认识事物的能力是有限的，从事工程建设所获得的信息通常具有滞后性等。

工程风险可以从多种角度进行分类。按照风险因素来源分，可以划分为自然风险、社会风险、经济风险、法律风险和政治风险等；按照风险所涉及的项目参建方划分，可以分为业主方风险、设计方风险和承包商风险等；按照风险影响的工程目标划分，可以分为工期风险、质量风险、费用风险和安全风险等；按照风险影响范围划分，可以分为局部风险和总体风险；按照风险可否管理划分，可以分为可管理风险和不可管理风险。

工程风险具有以下特征：①多样性。一般一项建设工程都面临多种类型的风险并存，各种风险之间还可能存在复杂的内在联系。②相对性。风险对于建设工程不同的参建单位可产生不同的影响，各单位对于风险的承受能力也有一定的差异。③动态性。工程建设过程中所面临的风险种类、各种风险发生的概率和产生的后果都是动态变化的。④全周期性。风险在建设工程整个生命周期中长期存在。⑤整体性。很多工程风险的影响经常不是局部的或某一段时间、某一个方面的，而是全局性的。⑥规律性。大部分工程风险的发生和影响有一定的规律性，是可以进行预测和管理的。 （罗 晟）

工程风险管理 risk management of construction project 在对项目风险进行识别、分析和评价框架的支持下，为项目风险应对策略做出科学决策，并在实施过程中进行有效监督和控制的系统过程。项目风险管理的目标是增加项目积极事件的发生概率和影响程度，降低项目消极事件的发生概率和影响程度，在风险成本低的条件下，使项目风险产生的总体影响达到使项目利益相关者满意的水平。

由于建设工程项目具有一次性的特点并受到外界环境多方面因素的影响，项目中必然会存在各种各样的风险，项目规模的代数级增长常常会带来风险几何级数的膨胀。正确预知和控制风险，不仅可以将负面因素带给项目的损失降到最低，有时还可能利用机会给项目带来额外的收益。

风险识别 项目管理者识别风险来源、确定风险发生条件、描述风险特征并评价风险影响的过程。风险识别的主要方法包括以下几种：①检查表法。将项目可能发生的许多潜在风险列于一个表上，供识别人员进行检查核对，用来判别某项目是否存在表中所列或类似的风险。②系统分解法。将一个复杂的项目分解成一系列简单和容易认识的子系统或系统元素，从而分析和识别项目各子系统、系统要素和整个项目中的各种风险。③流程图法。给出了一个项目的工程流程，给出了项目各工作流程之间的相互关系，包括项目系统流程图、项目实施流程图和项目作业流程图等各种不同详细程度的流程图。④头脑风暴法。允许与会的专家和分析人员畅所欲言，共同分析和发现项目存在的各种风险。⑤情景分析法。对项目未来的某个状态或某种情况（情景）的详细描绘与分析，识别项目风险与项目风险因素的方法。⑥德尔斐法。在对所要预测的问题征得专家意见之后，进行整理、归纳、统计，再匿名反馈给各专家，再次征求意见，再集中，再反馈……直至得到稳定的意见为止。⑦SWOT分析法。包括分析优势、劣势、机遇和挑战。对企业内部环境之优劣势的分析，判明企业外部的机会和威胁，然后对环境做出准确的判断。

风险分析 工程风险分析包含工程风险的定性分析和定量分析。

定性分析方法 通过分析项目风险发生的概率，风险发生后对项目目标的影响程度，对已经识别风险的优先级进行评估的分析过程。定性分析涉及风险概率、风险影响的项目风险分级评估。其中风险概率指风险的不确定程度；风险影响可以用影响程度和影响范围描述；项目风险分级评估则是确定需要优先管理的风险。在定性分析过程中常采用以下6种方法：①会议方法。可通过挑选对风险类别熟悉的人员，采用召开会议或进行访谈等方式对风险进行评估。②概率影响风险矩阵法。可以将概率与影响的标度以矩阵的形式结合起来，以此为依据对风险或风险情况评定等级。③项目假设测试法。对已经取得的有关项目风险信息的数据及项目假设进行的分析。已识别的风险必须按照两项标准进行测试，一项是假设的稳定性，另一项是假设不成立时对项目造成的后果。④风险紧迫性评估法。实施风险应对措施所需要的时间、风险征兆、警告和风险等级等都可作为确定风险优先级或紧迫性的指标。⑤风险分类法。可按照风险来源、受影响的项目区域或其他分类标准，以确定不确定性影响最大的项目方面。⑥风险定性综合估计法。依靠专家打分的方法或经验对项目风险给出综合的评估。

定量分析方法 在风险定性分析之后，对排序在前的、具有潜在重大影响的项目风险进行量化分析，定量评价风险概率和影响大小，以综合评价项目风险的整体水平。包括确定风险评价基准、确定项目整体风险水平以及评估项目风险是否在可接受的范围内。

在定量分析过程中常采用以下5种方法：①敏感性分析法。单个因素的敏感性分析是在所有其他不确定因素保持基准值的条件下，逐个考察项目每项要素的不确定性对目标产生多大程度的影响的过程。②决策树分析法。对所考虑的决策以及采用这种或者那种其他现有方案可能产生的后果进行描述的一种图解方法。它综合了风险概率、事件逻辑路径的成本或者收益，以及未来应采取的决策。③项目模拟法。用一个模型将详细规定的各项不确定性换算为它们对整个项目层次上的目标所产生的潜在影响。④项目评审技术法。利用网络分析制订计划以及对计划予以评价的技术，对每个活动时间不确定性在最乐观、最可能和最悲观等三种状态下进行估计。⑤层次分析法。是一种多准则决策分析方法。其基本思路是多个单准则分层结果的综合估计。

风险应对 对工程风险提出处置意见和方法。通过项目风险识别和分析，把项目风险发生的概率、损失严重程度以及其他因素综合起来考虑，就可得出项目发生各种风险的可能性及其危害程度，再与公认的安全指标相比较，就可确定项目的危险等级，从而决定应采取什么样的应对措施。拟定的风险应对措施必须与风险的重要性相匹配，能经济有效地应对挑战，在当前项目背景下现实可行，能获得全体相关方的同意并付诸负责。通常需要从几个备选方案中选择一项最佳的风险应对措施。

风险应对的方法主要包括风险回避、风险转嫁、风险减轻和风险接受等。①风险回避。改变项目计划，以排除风险或条件，或者保护项目目标，使其不受影响，或对受到威胁的一些目标放松要求，例如，延长进度或缩小范围等。出现于项目早期的某些风险事件可以通过澄清要求、取得信息、改善沟通或获取技术专长而获得解决。②风险转嫁。设法将风险的后果连同应对的责任转移到第三方身上，转嫁也称转移。转嫁风险实际只是把风险管理责任推给另一方，而并非将其排除。风险转嫁工具丰富多样，包括工程保险、工程保证、工程担保等。③风险减轻。减轻指设法把不利的风险事件的概率或后果降低到一个可以接受的临界值。如果不可能降低风险的概率，则应设法减轻风险的影响。④风险接受。采取该方法的原因在于不可能消除项目的所有风险。当采取该方法时，项目管理者已经决定不打算为处置某项风险而改变项目计划，或者无法找到任何其他对应良策。该方法可分为主动和被动两种方式。被动地接受风险，即不要求采取任何行动，将其留给项目团队，待风险发生时相机处理。主动接受方式，可以预留应急储备金，包括一定的时间、资金或资源，来处理已知或潜在的威胁或机会。

风险监控　通过对风险识别、分析、应对全过程的监视和控制，从而保证风险管理能达到预期的目标，是项目实施过程中的一项重要工作。监测风险实际上是监视项目的进展和项目环境，即项目情况的变化。其目的是：核对风险管理策略和措施的实际效果是否与预见的相同；改善和细化风险规避计划，获取反馈信息，以便将来的决策更符合实际。

在风险识别和风险分析后，根据其结果建立项目风险控制体制，确定要控制的具体项目风险，确定和分配项目各具体项目风险的控制责任，并确定具体项目风险控制行动时间安排。基于这些信息，制定并实施各具体项目风险的控制行动方案，在实施过程中跟踪具体项目风险的控制结果，如果风险尚未解除，重新进行风险识别过程，如果风险解除则得到项目风险控制结果。

常用的风险监测方法有审核检查法、监视单法、项目风险报告法以及费用偏差分析法。①审核检查法。项目建议书、项目产品或服务的技术规格要求、项目的招标文件、设计文件、实施计划、必要的试验等都需要审核。②监视单法。监视单是项目实施过程中需要管理工作者给予特别关注的关键区域的清单。内容可浅可深，浅则可只列出已辨识出的风险；深则可列出诸如下述内容：风险顺序、风险在监视单中已停留的时间、风险处理活动、各项风险处理活动的计划完成日期和实际完成日期、对任何差别的解释等。③项目风险报告法。项目风险报告是用来向决策者和项目组织成员传达风险信息，通报风险状况和风险处理活动的效果的。时间仓促可作非正式口头报告，里程碑审查则需提出正式摘要报告。④费用偏差分析法。又称挣得值法。将实际上已完成的项目工作同计划的项目进行比较，确定项目在费用支出和时间进度方面是否符合原定计划的要求。（谢坚勋　罗　晟）

工程概算　project estimate　设计单位根据初步设计文件的具体内容、概算定额（概算指标）、各类费用标准等资料，或参照类似工程预（决）算文件，编制和确定拟建工程从筹建至竣工交付使用所需全部费用的技术经济文件。

主要作用　工程概算的主要作用有：①工程概算是编制投资计划、确定和控制工程总投资额的重要依据。②工程概算是进行资金筹措的依据。③工程概算是考核设计方案技术经济合理性和选择设计方案的依据。④工程概算是签订总承包合同的依据。⑤工程概算是考核工程投资效果的依据。

编制依据　工程概算的编制依据有：①国家发布的有关法律、法规、规章、章程等。②批准的可行性研究报告及投资估算、设计文件及有关资料。③工程地质勘测资料。④水、电和原材料供应情况。⑤交通运输情况及运输价格。⑥地区人料机标准。⑦机电设备价目表。⑧国家或省市颁发的概算定额或概算指标及各项取费标准。⑨类似工程概算及技术经济指标。

主要方法　工程概算的编制方法主要包括概算定额法、概算指标法和类似工程预算法等。①概算定额法。又称扩大单价法或扩大结构定额法。当初步设计或扩大初步设计达到一定的深度，建筑结构比较明确时，可采用这种方法编制工程概算。采用概算定额法编制概算，首先根据概算定额编制成扩大单位估价表（概算定额单价）。概算定额是按一定计量单位规定的、扩大分部分项工程或扩大结构构件的劳动、材料和机械台班的消耗量标准。②概算指标法。当初步设计深度不够，不能准确地计算工程量，但工程采用的技术比较成熟而又有类似概算指标可以利用时，可采用概算指标来编制概算。概算指标是按一定计量单位规定的，比概算定额更综合扩大的分部工程或单位工程等人工、材料和机械台班的消耗量标准和造价指标。当设计对象在结构特征、地质及自然条件上与概算指标完全相同时，如基础埋深及形式、层高、墙体、楼板等主要承重构件相同，就可直接套用概算指标编制概算。③类似工程预算法。当工程设计对象与已建或在建工程相类似，结构特征基本相同，或者概算定额和概算指标不全时，就可以采用这种方法编制工程概算。类似工程预算法就是以原有的相似工程的预算为基础，按编制概算指标方法求出单位工程的概算指标，再按概算指标法编制工程概算。（何清华　覃柳淼）

工程构件数字化生产　digital production of engineering component　通过建立数字化模型和自动化加工驱动程序，采用数控技术、数控装置、数控设备或数控生产线，完成钢网片、钢筋、混凝土构件、钢构件、木构件、管线设备、装饰部件等工程部件生产加工的系列作业和技术。工程构件数字化生产主要包括混凝土构件数字化制作、钢构件数字化制作、木构件数字化制作、数控钢筋加工生产线、数控混凝土构件生产线、数控钢构件生产线、数控木构件生产线、数控管道加工生产线、数控风管加工生产线、数控幕墙部件生产线、数控钢筋网片加工、数控工程部件雕塑、数控工程部件雕刻等内容。工程构件数字化生产通常分为基于数字化设备的工程构件加工制作和基于数控生产线的工程构件加工制作两种类型。基于数字化设备的工程构件加工制作主要是指将构件制作技术与数控定位、数控下料、激光切割、数控焊接、数字化雕塑、数字化雕刻、数字化检测等数字化技术相结合，把构件的三维模型信息导入自动化生产设备，依靠计算机技术、网络技术，自动化生产设备识别构件模型的设计信息，进行数字化构件制作。基于数控生产线的工程构件加工制作主要指基于数字化设备，按照设计技术文件要求，在工厂或现场采用固定模台式构件数控生产线、流水线式构件数控生产线、平面矩阵扩展式构件数控生产线等预先制成的钢、木或混凝土构件的生产系统，进行工程构件的数字化加工制作。

工程构件数字化生产的关键是将数字化技术应用到构件生产加工的各个环节，形成连续的数据流，以连续的数据流驱动工程构件的数控加工生产。其生产工艺流程一般分为加工设计阶段、加工制作阶段、质量检测复核阶段和物流运输阶段。①加工设计阶段。一般是先绘制详细的工程构件的设计加工图纸，再根据工程构件加工设计图纸和制作要求在计算机上建立详细的工程部件三维实体信息模型，并将模型信息与工程材料进行关联匹配，之后从三维信息模型中导出包含材料属性、类型、截面尺寸等的信息预制加工图，制定材料采购计划、加工工序，开发形成数控加工程序，为工程构件加工做好准备。②加工制作阶段。一般是先将模型语言转换成自动化生产设备所能识别的机器语言，并将工程构件的三维模型信息导入自动化生产设备或生产线，根据加工设计图纸和制作要求完成物料提取和工序准备，之后通过数控加工程序驱动加工装置、设备或生产线完成建筑部件的生产加工。

③质量检测复核阶段。一般是根据加工设计图纸要求，对工程构件的生产加工质量采用图像识别、激光雷达、超声波、红外探测等数字化技术进行检测复核，重点关注构件的表观裂缝、尺寸精度、预留件及保护层厚度、连接紧密型等，确保加工的成品满足验收标准。④物流运输阶段。一般是在计算机上完成部件的仓储与物流管控预演，通过采用二维码或RFID芯片植入技术给加工后的工程构件进行编码，通过物联网技术进行现场工程的分类管理和构件编码识别，之后编制最优的工程构件供应计划并根据供应计划运至施工现场。

工程构件数字化生产技术的应用，不仅可以有利于降低工程部件的制作误差、提高生产品质，也有利于降低生产加工成本、提供施工工效，实现工程部件从预制工厂加工到现场施工运输各个环节的精准管控。随着物联网技术、精密加工设备、预制生产线、数控程序的不断发展与进步，工程部件的数字化加工制作水平也将不断得到提升，其应用也将越来越广，从源头上促进工程建设领域的数字化转型发展。（陈晓明）

工程管理组织 organization of project management　有两层含义，第一层含义是静态的组织视角，指为工程项目的参建各方为完成工程管理任务、实现组织目标而建立的工程管理组织系统。是人的集合体。第二层含义是动态的组织视角，指工程项目管理的组织职能。为实现工程目标，构成静态组织系统的各要素（子系统或部门）之间存在人流、物流、资金流、信息流，将工程管理组织系统需要完成的工作与组织系统所拥有的资源相结合的过程，就是工程项目管理的组织职能。

工程项目管理的组织职能十分重要，是目标实现的重要保障。工程管理组织与工程管理目标之间的关系可以概括为：目标决定组织，组织是目标能否实现的决定性因素。合理的组织结构、高效的人力资源设置、明确的指令关系、完善而到位的职责与任务分工、清晰的工作流程组织是项目目标达成的基础。

工程管理组织理论大致可以分为工程管理组织模式研究和工程管理组织行为研究两大方向。

工程管理组织模式　组织模式指在工程环境中组织内主体关联结构、事权配置及各类管理资源整合转换方式等的规律和规则，包含了静态的组织构成、组织形态和组织要素，以及动态的项目交付和资源整合方式、治理机制和运作机制等方面。

组织设计　建设工程项目组织设计，包括项目总体组织结构设计和各参建方自身组织结构设计，后者又包括业主方、项目管理服务方、设计方、施工方等的组织设计。组织设计的主要内容包含一个系统的组织结构与一个系统内部的工作流程组织。系统的组织结构设计是相对静态的组织设计，内容包括组织结构模式、任务分工、管理职能分工等；系统内部的工作流程设计是相对动态的组织设计，内容包括物质流程组织（包括人流、物流、资金流等）、信息流程组织等。①组织结构设计。第一是部门设置，第二是明确指令关系；反映的是一个组织系统中各子系统之间或各元素（各工作部门或各管理人员）之间的指令关系。②组织分工。反映一个组织系统中各子系统或各元素的工作任务分工和管理职责分工，通过组织分工实际上可以建立组织结构和WBS（work breakdown structure）之间的联系。③工作流程组织。是在工作任务分解、管理任务分工和管理职责分工的基础上，将各项工作按照在时间上先后开展顺序联系起来的过程，将各项工作联系起来、流动起来。

基本组织结构模式　按照指令关系类别不同以及指令源是否唯一，基本的组织结构模式可以归为线性组织结构、职能组织结构和矩阵组织结构3种类型。

线性组织结构模式　来自军事组织系统，在该系统中每一个工作部门只能对其直接的下属部门下达工作指令，不能越级指挥，每一个工作部门也只能有一个直接的上级部门。因此线性组织结构（图1）的特点是每一个工作部门只能有一个指令源，避免了由于矛盾的指令而影响组织系统的运行。

线性组织结构模式是建设工程项目管理组织系统的一种常用模式。因为一个建设工程项目的参与单位很多，在项目实施过程中矛盾的指令会给工程项目目标的实现造成很大的影响，而线性组织结构可以确保工作指令的唯一性。但在较大的组织系统中，由于线性组织结构模式的指令路径较长，有可能会造成组织结构在一定程度上运行困难。

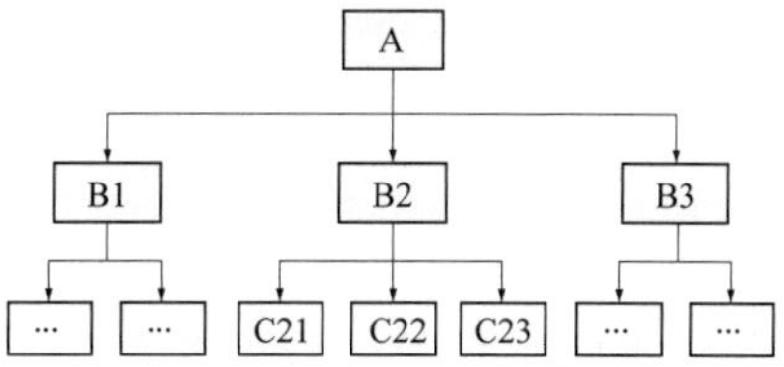

图1　线性组织结构示意图

职能组织结构模式　一种传统的组织结构模式，在该模式中，每一个职能部门可根据它的管理职能对其下属工作部门下达工作指令。每一个工作部门可能得到不同上级工作部门下达的多个工作指令，它可能会有多个矛盾的指令源。因此，职能组织结构（图2）的特点是每一个工作部门有多个指令源，指令源可能彼此矛盾。一个工作部门的多个矛盾的指令源可能会影响企业管理机制的运行。

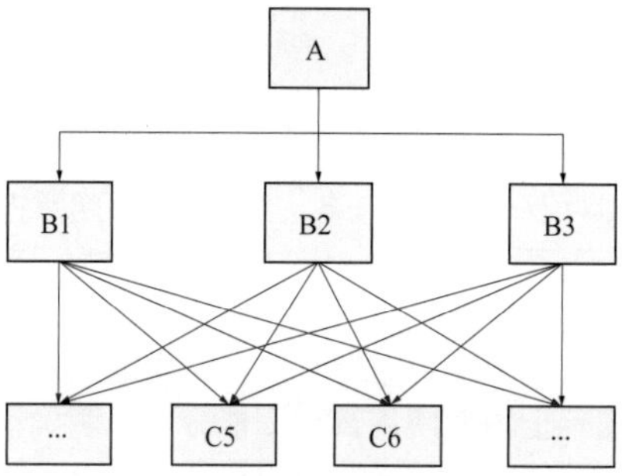

图2　职能组织结构示意图

矩阵组织结构模式　一种现代企业较为常用的组织结构模式。在该种模式中，最高指挥者（部门）下设纵向和横向两种不同类型的工作部门。在矩阵组织结构中，每一项纵向和横向交汇的工作，指令来自纵向和横向两个工作部门，因此矩阵组织结构的特点是每一个工作部门有两个指令源。当纵向和横向工作部门的指令发生矛盾时，由该组织系统的最高指挥者（部门）来进行协调或决策。

在矩阵组织结构中为避免纵向和横向工作部门指令矛盾对工作的影响，可以采用以纵向工作部门指令为主或以横向工作部门指令为主的矩阵组织结构模式，前者可以称为弱矩阵组织结构，后者可以称为强矩阵组织结构（图3），这样可以减轻该组织系统的最高指挥者（部门）。矩阵的强弱取决于横向部门和纵向部门谁对工作人员的日常任务的影响更大。

组织分工　业主方和项目各参与方都

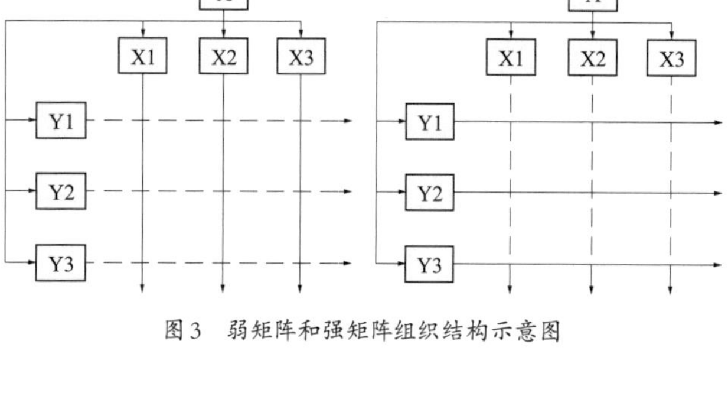

图3　弱矩阵和强矩阵组织结构示意图

应视需要编制各自的项目工作任务分工表和管理职能分工表。

工作任务分工 在组织结构确定后，应对各部门或个体的主要工作任务进行分工。项目工作任务分工是对项目组织结构进行补充和说明，将组织结构中各部门或个体的职责进行细化扩展。在编制项目工作任务分工表前，应结合项目的特点，对项目实施的各阶段的费用（投资或成本）控制、进度控制、质量控制、合同管理、信息管理和组织与协调等管理任务进行详细分解。在此基础上，定义项目经理和各主管工作部门或主管人员的工作任务，编制管理任务分工表。

管理职能分工 管理的职能包括提出问题、筹划、决策、执行和检查。管理职能分工也是对组织结构的补充和说明，体现对于一项工作任务，组织中各任务承担者管理职能上的分工。中国建设项目习惯使用岗位责任描述书来描述各工作部门的工作任务（包括责任、权利和任务等）。国际上习惯使用管理职能分工表明确管理职能，同时辅助使用管理职能分工描述书。

工程流程组织 其目标是定义各个工作的流程。可以用工作流程图的形式反映组织系统中各项工作之间的逻辑关系。按照工作类型可分为：①管理工作流程组织。如投资控制、进度控制、合同管理、付款和设计变更等工作流程。②信息处理工作流程组织。如生成月度进度报告、季度进度报告有关的数据处理工作流程。③物质流程组织。如外立面施工流程组织等。

工程管理组织行为 组织行为指组织的个体、群体或组织本身从组织的角度出发，对内源性或外源性的刺激所做出的反应，包括个体行为和群体行为。

从一般意义上讲，个体行为指在一定的思想认识、情感、意志、信念支配下，个体所采取的符合或不符合一定规范的行动。个体行为具有自发性、因果性、主动性、持久性、可变性特征。组织公民行为是指一种自愿的个体行为。它不能被传统的奖励系统所直接地或精确地识别，却能有效地提升组织效能。1938年，巴纳德提出了判断组织能否正常存续和发展的三大条件，其中“想要合作的意愿”这一表述被公认为组织公民行为相关概念的起源。1983年，奥根正式将组织公民行为定义为“有益于组织，但在组织正式的薪酬体系中尚未得到明确或直接确认的行为”。

群体行为是以群体形式出现的各种组织行为。主要表现为合作、冲突、竞争、团结、互助、友好、谅解、分歧、对抗、破坏等。群体行为呈现出以下5个特征：①群体成员具有共同的需要和目标。②群体成员具有共同的规范和行为模式。③群体成员具有共同的归属感。④群体成员要相互作用。⑤群体成员具有组织性。

（何清华 王 婷）

工程合同管理 project contract management 在工程建设活动中，项目各利益相关方特别是建设单位，依据法律和行政法规、规章制度，对建设工程合同关系、合同内容与合同签订和履行过程进行策划、组织、协调及控制，保护工程合同当事人的合法权益，处理工程合同纠纷，防止和制裁违法行为，保证工程合同的贯彻实施进而通过合同管理的手段保障工程目标实现的一系列活动。中国法律规定建设工程合同，包括建设工程勘察合同、建设工程设计合同和建设工程施工承包合同，它们是建设工程项目合同管理的核心对象。在建设工程的决策与实施过程中，除了上述三类合同以外，尚存在由建设单位与各参与单位或各参与单位之间签订的以完成特定建设工程任务的其他各种合同，它们也是建设工程项目合同管理的对象。

建设工程合同管理从工作开展的时间上主要包括4个阶段：①合同策划阶段。在合同形成前对整个项目合同管理进行预先设计与安排，以保证项目所有合同顺利履行、项目建设目标顺利实现的过程。该阶段合同管理的主要内容包括：合同管理组织及人员落实、项目合同结构与承发包模式设计、合同文本选择与主要内容确定。②合同形成阶段。在招标采购过程中，应保证合同的完整性、准确性、严格性、合理性和可行性。该阶段合同管理的主要内容包括：编制招标文件、组织招标过程、合同谈判和签订、合同交底。③合同履行阶段。合同管理的重点。该阶段合同管理的主要内容包括：合同履行跟踪与履行过程绩效评价、合同支付管理、合同变更与索赔管理、合同争议管理等。④合同收尾阶段。项目实施的后期，在合同基本履行完成以后，对合同的双方权利义务关系进行总结和清算的阶段。该阶段合同管理的主要内容包括：物业移交、合同结算、缺陷责任的处理、合同履约评价及合格供应商清单维护等。

（何清华）

工程滑坡灾害 landslide hazards induced by engineering construction 人类工程活动诱发建筑场地及其周边自然斜坡或工程开挖或填筑施工所致的人工斜坡失稳。

形成机理 由于人类工程活动扰动破坏原生地质环境平衡或填筑不当，引起斜坡应力重分布，并集中于坡脚部位，致使斜坡失稳。

影响因素 工程形成滑坡灾害的主要影响因素：①自然环境。地质构造、地层岩性、斜坡形态、地形地貌等。特别是地形起伏较大、工程地质及水文地质环境条件恶劣、地表自然斜坡的稳定性差的斜坡，人类工程活动容易导致斜坡失稳形成工程滑坡。②人为活动。施工扰动破坏、坡顶周边堆载、工程措施不合理、施工方法不当、支挡不及时、地表排水不畅或工程质量问题等，均可导致工程滑坡。③降雨。在不良地质环境条件下，雨季施工过程中，受降雨及地表水入渗影响，致使斜坡岩土体中动水压力增大，抗剪强度降低，导致斜坡失稳形成工程滑坡。

防控措施 结合工程和斜坡情况，评价工程诱发工程滑坡的可能性。对于在易滑地层和易滑顺层结构斜坡地段及老滑坡地段，要进行滑坡危险性评估和关键岩体稳定性分析评估，预判工程滑坡破坏模式和成灾方式与规模，确定工程滑坡可能的危害范围和风险大小。对于工程扰动滑坡高风险地段，在施工前采取主动避让和主动防范措施。应尽量选择旱季施工。因建设工期所限，必须进行雨季施工时，应做好施工组织设计，加强施工技术监督管理。加强施工排水，禁止人为在斜坡体上堆载。

根据工程滑坡规模及滑坡推力大小，采取抗滑支挡（如挡土墙、抗滑桩、锚索桩、锚索、锚柱）、地表（地下）排水、清方减载等综合措施治理。（杨 坪）

工程环境影响评价 environmental impact assessment of construction project 对工程建设项目实施后可能造成的环境影响进行预测、分析和评估，提出预防或者减轻不良环境影响的对策和措施，进行跟踪监测的方法与制度。其目的是预防因工程项目实施而对环境造成不良影响，促进经济、社会和环境的协调发展，实现可持续发展。工程环境影响评价起源于20世纪60年代，1969年，美国首先在《国家环境政策法》中列入环境影响评价制度，规定对拟建中的有环境影响的工程项目必须做出环境影响的预测、评价和选择。由此开始，至2017年国际范围内已经有百余个国家和地区确立了法定的工程环境影响评价制度。中国工程项目环境影响评价的概念最早出现于1978年中共中央批转国务院关于《环境保护工作汇报要点》的报告、

1979年颁布的《中华人民共和国环境保护法（试行）》（经修订后于1989年正式颁布实施）中，首次以法律形式确立了工程项目环境影响评价制度。1998年，国务院颁布实施《建设项目环境保护管理条例》。2003年，《中华人民共和国环境影响评价法》颁布实施，对工程环境影响评价的范围、程序、内容等做出全面规定。按照《中华人民共和国环境保护法》和《中华人民共和国环境影响评价法》，在中华人民共和国领域和中华人民共和国管辖的其他海域内建设对环境有影响的项目，均应当根据对环境的影响程度，以编制环境影响报告书、环境影响报告表或者填报环境影响登记表的方式开展工程环境影响评价工作。评价内容一般包括项目对生态环境、声环境、环境空气、地表水环境和社会环境的影响程度，以及预防或减轻不良影响的措施、环境影响评价的结论。

评价一般要求可能对环境有影响的建设开发者，事先通过调查、预测和评价，对项目的选址、对周围环境产生的影响以及应采取的防范措施等提出建设项目环境影响报告书，经过审查批准后才能进行开发和建设。

工程环境影响评价的常用方法包括类比法、物料衡算法以及实验法等。类比法是与类似项目进行对比来评估环境影响。物料衡算法是通过化学计算等方法，估计项目可能产生的有害物质数量，从而判断可能对环境造成的影响。实验法是进行小规模的实地验证或利用计算机进行模拟验证的方法。（吴　璟）

工程机械　construction machinery　利用力学原理组成的、专门用于土木工程阶段性施工作业的各种器械。是装备工业的重要组成部分。

简史　工程机械的发展史是人类文明发展的一个缩影。最初人类使用原始的工具，如石斧、石刀和木棍等，进行凿洞、分割物品，劳动强度大，效率低。进入铜器、铁器时代，随着刀、钎、镐、斧、犁的出现，人类可以进行更多的土石方和土木建筑施工。马拉石磙、石夯、起重滑轮是工程机械最早的雏形，减轻了人类的劳动强度。18世纪蒸汽机、内燃机相继发明，工程机械开始进入动力机械的时代，如蒸汽压路机、内燃机式履带推土机等。人类只需操纵机器即可从事繁重的工作。进入20世纪，随着机械技术的发展、液压和电控技术的应用，工程机械进入全面发展时期，不断有新的机种出现，机器性能不断提高，驾驶员操作强度不断减轻。20世纪80年代以后，微电子技术、信息技术为智能化工程机械构建了新的技术平台，使驾驶员紧张的脑力劳动得到减轻。

构成　工程机械主要由动力系统、传动及行走系统、作业装置、操纵与控制系统等构成。①动力系统。有内燃机、电动机之分。②传动及行走系统。由离合器、耦合器、变矩器、分动箱、变速箱、驱动桥、轮边减速器、轮胎和履带等组成。③作业装置。依功能不同而异，如斗、抓斗、吊钩、搅拌缸、压实磙，钻削、冲击和振动装置等。④操纵与控制系统。操纵系统有机械式、液压式、电液式和气液式之分。控制系统有可编程逻辑控制器（PLC）式、微机式、遥控式、单机智能和群机智能之分。不同专业产品不同作业功能，结构亦有较大差异。

分类　中国工程机械工业协会将工程机械划分为：①挖掘机械。主要有履带式挖掘机、轮胎式挖掘机、水陆两用式挖掘机、步履式挖掘机、挖掘装载机、斗轮挖掘机和链斗挖掘机等。②铲土运输机械。主要有装载机、铲运机、推土机、叉装机、平地机、非公路自卸车、作业准备机械如除荆机和除根机等。③起重机械。主要有轮胎式起重机、履带式起重机、专用流动式起重机和清障车、塔式起重机、施工升降机、建筑卷扬机等。④工业车辆。主要包括平台搬运车、牵引车、推顶车、叉车、堆垛车和拣选车等。⑤压实机械。主要有压路机、手扶式压路机、平板夯、冲击夯、蛙式夯实机和振动式压实机等。⑥路面施工与养护机械。主要有各类搅拌设备、摊铺机、转运机、撒布机、切缝机以及标线标志施工机械、路面铣刨机、稀浆封层机、扩缝机、路面切割机及多功能养护车等。⑦混凝土机械。常用设备有混凝土搅拌机、混凝土搅拌运输车、混凝土泵、混凝土喷射机、混凝土浇筑机和混凝土振动器等。⑧掘进机械。主要有盾构机、水平定向钻、顶管机和巷道掘进机等。⑨桩工机械。主要有钻孔机、柴油打桩机、振动打桩机、破碎锤、地下连续墙成槽机等。⑩市政与环卫机械。主要有管道疏通机械、电杆埋架机械、管道铺设机械、园林机械、清扫机械和垃圾处理机械等。⑪混凝土制品机械。主要有自行式搅拌运输车、混凝土泵、混凝土布料杆、混凝土泵车、混凝土喷射机、混凝土振动器、散装水泥运输车、混凝土清洗回收站和混凝土配料站等。⑫高空作业机械。主要有高空作业车和高空作业平台等。⑬装修机械。主要有擦窗机、砂浆制备设备、吊运机、喷刷机械、抹灰机和地面修整机等。⑭钢筋及预应力机械。主要有钢筋切断机、钢筋调直切断机、钢筋弯曲机、钢筋弯箍机、钢筋桁架成型机、钢筋对焊机、预应力钢筋镦头器和预应力钢筋张拉机等。⑮凿岩机械。主要有凿岩机和凿岩台车等。⑯气动工具。主要有风炮、气动螺丝刀、气动打磨机、气动喷枪、气动拉钉枪、气动拉帽枪、气铲、气锤、减震气动锯和减震气动锉刀等。⑰轨道交通施工与养护工程机械。主要有龙门式起重机、缆索起重机、架桥机、运梁车、提梁机、道砟设备养护用设备、道砟清筛机、接触网架线车、接触网立柱挖坑机、接触网立柱竖立设备、电气化线路施工与养护设备等。

发展趋势　人类科技进入了新的快速发展时期，5G等高速无线网络、北斗定位系统和人工智能得到广泛运用，以及节能环保新技术的发展，使工程机械也进入了新的发展时期。发展方向主要有：人性化与美学设计，节能环保和可再生循环利用，单机智能化和群机智能化，进一步完善安全保护装置，产品向大型化和微型化发展，深水研制、高寒、高温、高原、风沙和湿热等特种作业条件下的机械。（王　进）

工程技术管理　engineering technical management　在工程项目实施过程中，贯彻国家的技术政策、法规和上级相关指示，发挥计划、组织、指挥、协调、控制和创新等管理职能，组织开展各项技术工作，优化技术方案，推动技术进步，使施工活动始终在技术标准的控制下按设计文件的技术要求开展，保证安全、优质、低耗、高效地按期完成工程施工任务的一系列工作。一般工程项目技术管理的组织架构包括项目总工程师（技术负责人）、技术部和设计部的技术工程师（各专业）、分包单位技术人员等构成。工程技术管理工作的主要内容包括：图纸会审、施工组织设计和重大施工方案管理、技术交底、试验管理、技术核定和技术复核、设计变更洽商管理、安全技术措施管理、工程资料管理、测量管理、监测管理、施工技术类标准规范管理、分包技术管理、隐检/预检等施工检查、施工质量验收、技术总结管理、科技推广工作等。与此相对应，工程技术管理需要建立以下制度：施工图纸会审制度、施工组织设计管理制度、技术交底制度、技术核定和技术复核制度、材料和构件检验制度、工程质量检查和验收制度、工程技术档案制度、单位工程施工记录制度等。（关　军）

工程建设 construction project phases 为发展国民经济和提高人民物质文化生活水平而进行的有组织、有目的的投资兴建固定资产的经济活动。包括从策划、评估、决策、设计、施工到竣工验收、投入生产或交付使用的整个造物过程。工程建设为经济发展和人民生活提供了大量的物质基础，有效推动了国民经济增长和社会进步。各阶段工作存在逻辑上与工艺上的内在联系，必须按照一定的顺序紧密衔接开展。以工程立项为分界，一般国有投资项目的工程建设过程可以分为工程决策和工程实施两大阶段。

工程决策阶段 其任务是对工程方案是否可行进行技术与经济方面的评价论证，以确定工程是否上马实施。工程决策阶段的主要工作是在环境调查的基础上，开展项目定义、编制项目建议书和可行性研究报告。在项目建议书阶段，从宏观上论述拟建工程设立的必要性和可能性，兴建的目的、要求、计划等是投资决策前对拟建工程的轮廓设想和初步可行性论证。在可行性研究阶段，综合应用多种学科方法，论证工程建设的必要性、经济的合理性、技术的可行性为投资决策提供重要依据。可行性研究报告的批准与否标志着建设工程决策阶段的完成，是工程最终能否实施的决策依据。

工程实施阶段 其任务是通过设计、采购和施工等手段完成工程实体的建设，并尽可能使工程决策阶段确定的目标得以实现。工程实施阶段的主要工作有七项。①**工程勘察**。对工程建设的场地地质情况进行调查，进而提出工程设计、施工所需的地质技术参数并对有关技术经济指标做出评价与建议。②工程设计。以建设意图为指导，结合建设项目环境因素，依据国家有关标准规范，为建设工程提供设计文件和施工图纸。工程设计一般分为方案设计、初步设计和施工图设计3个阶段。③招标采购。委托工程设计单位、施工承包单位、工程监理单位等工程建设主体单位承担相应的建设及监管任务。④施工准备。包括征地、拆迁、现场“三通一平”，办理工程规划许可、施工许可和质量监督等行政审批手续。⑤工程施工。由施工承包单位按照设计图纸和施工承包合同组织人力、物力和财力完成施工生产任务，将设计蓝图转化为工程实体。⑥竣工验收。建设工程施工单位在完成设计文件所规定的全部施工内容以后，由监理单位组织进行预验收，预验收合格以后，由建设单位组织参建各方进行竣工验收。竣工验收合格后应将工程建设档案移交城市建设档案馆进行备案，备案完成后的工程实体可交付使用。竣工验收是建设工程固定资产正式形成、由建设阶段转为运营维护阶段的正式标志。⑦工程后评价。工程项目竣工投产、生产运营一段时间后，对项目的立项决策、设计施工、竣工投产、生产运营等全过程进行系统的评价，总结经验教训，并通过及时有效的信息反馈，为未来项目的决策和实施提出建议。工程后评价基本内容包括工程目标评价、工程实施过程评价、工程效益评价、工程影响评价和工程持续性评价等。 （乐 云）

工程建设主体 legal person units of construction project 组织或参与**工程建设**并对该工程项目承担特定法律责任的主要法人单位。一般包含建设单位、设计单位、勘察单位、施工单位以及监理单位等，各单位在工程建设中担任不同角色，并承担相应义务及责任。工程建设主体是工程建设的主要组织力量，是工程造物活动的主体组织。工程建设主体的项目管理绩效以及各主体之间的合作成效是建设工程活动成败决定性因素。

1840年鸦片战争后，通商口岸出现了外商经营的营造公司，带来了资本主义建筑业的组织形式和经营方式，一些与外商接触较早的包工头逐步变成建筑业的厂商。上海出现最早的建筑承包商是1880年前后创办的杨瑞泰营造厂，其1891年承包了上海的江海关大楼工程。中华民国时期直到中华人民共和国成立前，工程建设主要由营造厂承担。1956年5月国务院通过《关于加强和发展建筑工业的决定》和《关于加强设计工作的决定》后，建立了各类专业设计与施工机构。1988年，建设部发布了《关于开展建设监理工作的通知》，明确提出要建立建设监理制度。1996年国家计委制定颁布了《关于实行建设项目法人责任制的暂行规定》，要求工程项目的建设单位须设立项目法人，实行项目法人责任制。2014年8月25日住房和城乡建设部印发《建筑工程五方责任主体项目负责人质量终身责任追究暂行办法》，明确建筑工程五方责任主体为建设单位、勘察单位、设计单位、施工单位和监理单位。

建设单位 土木工程建设项目的投资者或者受投资者委托行使其权力进行工程项目建设组织和管理的单位。建设单位也称为“业主”或“项目法人”，俗称“甲方”。建设单位对建设工程拥有产权，对建设工程的开发建设全过程负责，是建设工程项目管理工作的策划者、组织者和监督者。建设单位的决策水平、管理水平对土木工程建设项目的成功起着关键作用。

从建设项目投资主体角度看，建设单位主要包括私人项目建设单位和公共项目建设单位两大类。私人项目投资主体一般是集体单位、非国有经济成分的企业、外商和私人投资等。这类项目的建设单位主要是拟建项目的使用者和房地产开发企业。其中房地产开发企业按照其拥有的注册资本、专业技术人员和已完成的建筑工程业绩等资质条件，划分为一、二、三、四级。除房地产开发企业外，中国未对其他建设单位设置资质管理制度。公共项目投资主体主要是中央或地方政府，一般由政府机构或政府授权的国有企业作为项目的建设单位。采用公私合营模式的项目一般由政府与私营投资方共同组建项目公司作为建设项目的建设单位。

建设单位的主要职责是为工程项目实施提供必要的条件，组织各种资源投入，协调并监督检查各参建单位，确保工程按照投资者的意图得到实施。建设单位有责任向有关的勘察、设计、施工、工程监理等单位提供与建设工程有关的原始资料，并且保证资料的真实完整。《中华人民共和国建筑法》《建设工程质量管理条例》《建设工程安全生产管理条例》等法律法规对建设单位的工程前期管理、工程质量管理、工程安全管理和工程招投标管理等工程建设行为提供了法律规定，对违反法律规定从事建设管理工作的行为规定了罚则。

设计单位 根据工程项目建设单位的要求，对工程所需的技术、经济、资源、环境等条件进行综合分析、论证，编制工程设计文件的企业。

按照国家有关法律规定，承担建设工程设计的单位应具备相应的工程设计资质。工程设计资质分为：①工程设计综合资质。可以承接各行业、各等级的建设工程设计业务。②工程设计行业资质。可以承接相应行业相应等级的工程设计业务及本行业范围内同级别的相应专业、专项（设计施工一体化资质除外）工程设计业务，工程设计行业划分为包括建筑、市政、铁道、公路在内的21项。③工程设计专业资质。工程设计专业资质是指某个行业资质标准中的某一个专业的设计资质，可以承接本专业相应等级的专业工程设计业务及同级别的相应专项工程设计业务（设计施工一体化资质除外）。如煤炭行业资质里面，又分矿井、露天矿、选煤厂三个专业。④工程设计专项资质。可以承接本专项相应等级的专项工程设计业务，工程设计专项包括建筑装饰工程、建筑智能化系统、建筑幕墙工程、轻型钢结构工程、风景园林工程、消防设施工程、环境工程、照明工程。综合资质仅设甲级，行业、专业、专项资质一般设甲、乙级，根据工程性质和技术特点，个别可以设丙级，建筑工程专业资质可以设丁级。

设计单位应当根据勘察成果文件，按照法律、法规和工程建设标准规范特别是强制性规范与强制性条文进行设计。选用的建筑材料、建筑构配件和设备，应当注明其规格、型号、性能等技术指标，其质量要求必须符合国家规定的标准，但不得指定生产厂、供应商。设计单位应当就审查合格的施工图设计文件向施工单位做出详细说明。建设项目发生质量事故的，设计单位应参与建设工程质量事故分析。如发生设计工作造成的质量事故，设计单位应提出相应的技术处理方案并承担设计责任。设计单位应参与工程竣工验收。

施工单位　获得相应施工资质、具有独立组织机构并实行独立经济核算，在工程项目中承担施工任务的企事业单位。又称“承包单位”，俗称“乙方”。施工单位的主要任务是依据工程设计图纸和相关施工规范提供合格的工程产品，是工程产品生产过程的主要责任单位。施工单位在施工全过程开展独立的施工方项目管理工作。

中国现代施工企业起源于中华民国时期的营造厂，中华人民共和国成立后中央统一投资建设，施工单位公私合营，同时组建基建工程兵部队承担基本建设的重点工程和国防工程施工。改革开放后施工单位大都进行了企业化改制，先后经过了放权让利、利改税、市场化、承包制、转换企业经营机制等一系列改革，中国的施工企业规模不断壮大，能力不断提升。

施工单位按承包能力分为施工总承包、专业承包及劳务分包3个序列。总承包企业的资质按专业类别共分为12个资质类别，每一个资质类别又分为特级、一级、二级、三级。专业承包企业按专业类别共分为60个资质类别，每一个资质类别资质分为一级、二级、三级。施工单位应在其资质等级许可的范围内承揽工程，不得越级承揽工程。

施工单位通过签订工程施工合同与建设单位建立经济关系，设立施工项目经理部，确定项目经理、技术负责人、生产管理负责人、安全管理负责人等主要施工管理岗位，编制施工组织设计，建立健全质量保证体系、安全生产保证体系，按照工程设计图纸和施工技术标准组织施工生产，产出工程项目产品，通过竣工验收交付给建设单位。建设工程实行施工总承包的，由总承包单位对施工的质量、安全生产负总责；实施分包的，分包单位在其分包范围内就工程质量、安全生产对总承包单位负责，服从总承包单位的监督和管理。总承包单位和分包单位对分包工程的质量、安全生产承担连带责任。

监理单位　受项目法人的委托，依据国家批准的工程项目建设文件、有关工程建设的法律、法规和工程建设监理合同及其他工程建设合同，对工程建设实施监督管理的单位。1998年中华人民共和国城乡建设环境保护部提出推行建设工程监理制，于当年开始试点，5年后逐步推开，1997年《中华人民共和国建筑法》第四章专门规定在中国工程建设领域中全面推行工程建设监理制度。

工程监理单位资质分为综合资质、专业资质和事务所资质。其中，专业资质按照工程性质和技术特点划分为若干工程类别。综合资质、事务所资质不分级别。专业资质分为甲级、乙级。其中，房屋建筑、水利水电、公路和市政公用专业资质可设立丙级。

监理单位应当依照法律、行政法规及有关的技术标准、设计文件和建筑工程承包合同，对承包单位在施工质量、建设工期和建设资金使用等方面，代表建设单位实施监督。工程监理人员认为工程施工不符合工程设计要求、施工技术标准和合同约定的，有权要求建筑施工企业改正。工程监理人员发现工程设计不符合建筑工程质量标准或者合同约定的质量要求的，应当报告建设单位要求设计单位改正。

监理单位不按照委托监理合同的约定履行监理义务，对应当监督检查的项目不检查或者不按照规定检查，给建设单位造成损失的，应当承担相应的赔偿责任。监理单位与承包单位串通，为承包单位谋取非法利益，给建设单位造成损失的，应当与承包单位承担连带赔偿责任。

（乐　云　刘嘉怡）

工程建养一体化分析　integration analysis of project construction and maintenance　实现土木工程建设、维护与养护一体化数字分析的技术。又称建维一体化、建管养一体化、建管养运一体化。是全寿命期的最核心部分。2015年，中国同济大学的朱合华等提出了基础设施建养一体化的理念，具体阐述了建养一体化分析方法，并进一步发展了建养一体的数字化技术。

工程建养一体化分析的内容包括建设期分析、养护期分析及其一体化分析：①建设期分析。以工程建设安全经济为目标，开展二维和三维空间分析（二维空间分析有查询、测量、空间变换和网络优化分析等，三维空间分析有地质切片与分析、空间碰撞分析和空间属性分析等），及数字与数值一体化分析（在建养一体数字化平台上有机融入数值分析系统，实现结构设计计算、施工状态分析、反馈预测分析等）。②养护期分析。针对运营阶段的结构服役状态，开展病害成因分析与诊断、健康状态评估、最佳养护方法和监测措施分析等。养护期的数字与数值一体化分析包括周边环境变化对基础设施受力状态的影响分析、反演分析等。③建养一体化分析。在建设中融入养护需求、在养护中延续建设的历史。如在建设期分析中，应从养护的便捷性考虑结构最优的设计方案；在养护期分析中，要将建设竣工状态作为养护的初始状态，起到“病历单”的作用。

建养一体数字化技术，即实现建养一体化管理与分析的信息技术，包括数据采集、传输、处理、表达（标准、建模与可视化）、空间分析与应用等，最终为改善工程服役性能、提高工程使用寿命服务。建养一体化分析为基础设施建设期和养护期提供了决策支撑，可改善基础设施的服役性能，延长基础设施的使用寿命。

（朱合华　陈雪琴）

工程结构参数化设计　parametric structural design　狭义的指将结构的全部要素转换成拥有多个参数的函数，通过修改参数或调整预先设置的函数来获得预设逻辑下不同结构布置方案的设计方法。广义的是以拓扑参数、形状参数、结构构件参数等结构方案参数为设计对象参数，以结构性能要求、建筑设计要求等作为设计意图参数，借助基于几何学、结构设计理论和优化算法等多领域混合的算法规则，实现全自动或半自动化动态智能结构的设计方法（图1）。参数化结构设计过程是通过参数与规则来制定、编码和阐明设计意图和设计结果之间关系的基于算法思维的设计

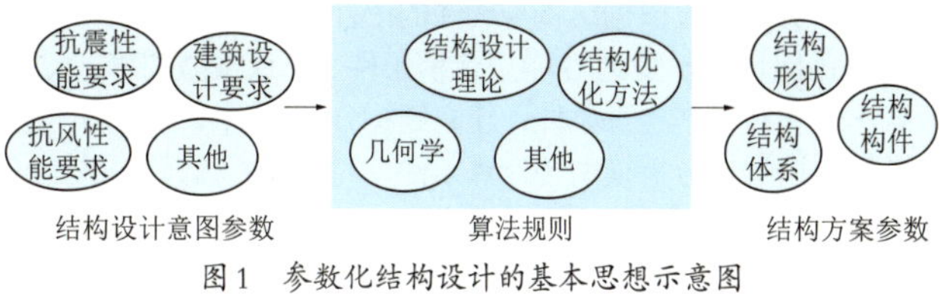

图1　参数化结构设计的基本思想示意图

过程。

设计特点　参数化结构设计具有模型调控参数化、算法存储模块化、结构设计智能化和方案形式多样化4个特点。①相比于传统的结构设计，参数化建模技术将本身静态的数字动态地串联起来，联动调控结构参数，加快了模型调整或重建的时间，提高了设计效率，从而将设计人员从重复性劳动模式中解放出来。②在参数化结构设计中，算法规则能够以代码的方式存储在计算机中，从而在未来的项目中使用。③参数化结构模型就如同一个抽象的造型机器，可以不断产生新的结构方案以供机器学习，人工智能算法的参与更是可以在一定程度上提高结构设计的自动化程度。如图2所示，以应变能最小化为目标，通过遗传算法得到网壳结构，最后充分发挥建模算法和它们之间衔接逻辑的多样性，即可产生五花八门的设计方案。

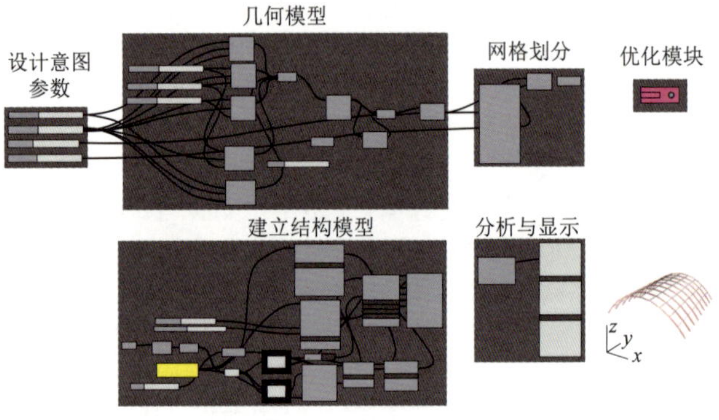

图2　基于最小应变能优化的网壳结构形状示意图

相关软件　常用的参数化结构设计软件有Rhinoceros 3D、Digital Project、Generative Components和Dynamo。其中，Dynamo与Rhinoceros 3D内置的Grasshopper都属于可视化的编程工具。前者由于多专业研究人员对附属插件的开发，在建筑设计中得到了广泛应用；后者由于是Autodesk公司开发的产品，可以更为方便地通过Revit API从Revit数据库读写数据，与BIM的结合更为紧密。（徐卫国）

工程结构分析　engineering structural analysis　土木工程设计（包括施工过程验算）中对于结构在荷载作用（恒荷载、活荷载、地震作用、基础不均匀沉降与温度作用等）下的结构内力、位移与稳定性进行的分析。包括静力分析与动力分析。在工程结构分析中，应根据结构与构件的拓扑关系、几何尺寸、受力性能、支承条件、荷载作用和材料本构等条件，建立结构分析模型。按结构分析模型与计算条件，对杆系结构可以采用结构力学方法求解；对板壳结构等连续体可以采用经典连续方法、变分与能量法、半连续方法和数值离散方法求解；对杆系结构或板壳结构等连续体，可采用以结构离散的有限单元法求解。按结构、构件的受力特性与材料本构关系，结构分析时可采用线性分析与非线性分析（考虑材料的非线性或几何非线性）。对复杂结构也可采用结构模型试验测试分析方法。（赵基达）

工程结构试验　engineering structure test　对工程结构或构件及结构模型采用加载或其他方式进行的试验。目的是测试结构或构件的内力、应变与变形、裂缝、结构动力特性等，用以核对其设计要求或检验其是否安全可靠，并为探索结构新领域和发展工程结构理论与技术提供手段和基础。

沿革　18世纪，法国科学家用简支木梁沿中性轴上横断面开槽，塞入硬木块，作受弯承载能力试验，证明了跨中截面上翼缘受压、下翼缘受拉、中间有一中性层，从而结束了由伽利略提出并持续了100多年的关于材料截面应力分布状态的争论，使材料力学中受弯构件截面应力分布计算式在19世纪40年代得以确立。19世纪初，工程结构得以用试加荷载的方法探求其工作状态和可靠性。之后，由于生产和运输业的发展、仪器设备的研究和改进、大跨结构的出现，促使工程结构试验开始建立定量试验方法，并推动工程结构计算理论的发展，使工程结构试验成为一门独立学科。

中国十分重视工程结构试验学科的建设及其发展。1956年起，在高等院校中设置“建筑结构试验”课程。在直接为生产服务方面，对长江大桥、压力容器、输电铁塔和各类建筑物的新结构、新材料、新工艺等进行了试验研究，对各种结构的动态反应，包括地震模拟、工业厂房微振、高层房屋结构和高耸结构的风振等均取得了大量的实测成果。在工程结构系统科学研究方面，对钢、钢筋混凝土、砖、石、木、冷弯型钢等结构的材料性质、基本构件和结构整体工作性能等，进行了大量的实物或模型的静、动力试验，获得了许多试验成果，提出了符合中国实际情况的设计理论、计算公式、设计参数、工艺标准与施工工艺，为制定各种规范、规程提供了基本依据。

试验方法分类　根据试验研究目的，主要分为安全性能与使用性能鉴定性试验和科学研究性试验。按结构的受载性质分为静力试验、动力试验和疲劳试验。按时间长短分为长期观测试验和短期观测试验。按试验结构尺寸分为实物试验和模型试验。按结构允许破损程度分为破损试验和非破损试验等。其中最基本的是短期观测的静力试验。

试验工作程序　工程结构试验工作程序为：①编制试验方案、做出试验设计。按照结构（或构件）试验研究目的，选择或设计试验对象。如属模型试验，应根据相似理论和模拟的边界约束条件，进行模型设计（包括几何尺寸、材料选用和制作工艺）、制作与安装。②进行荷载与加载装置或模拟作用的设计、选用与安装。③测试仪器、仪表与数据处理设备的选用、安装与调试。④加载试验，进行测试和记录。⑤提出试验研究报告。

加载设备　一般供试验用的加载装置除铁块、沙袋、水等重物加载外，可用千斤顶、液压试验装置、离心机等设备加载。以模拟对结构或构件的实际荷载作用。在试验装置中有结构试验台座、反力墙、自平衡加载设备及各种承力装置。对地震作用试验可采用拟动力试验与模拟地震振动台。特殊情况下加载可采用人工爆炸等。

测量方法　工程结构试验测量方法有：①机测法。利用机械仪表测量所需的数据或参数。机测适应性强、简便、可靠、经济，是结构试验中最常用的测量手段，但要耗用大量人工且读测速度慢。②电测法。通过传感元件把试验需要测量的数据以电量参数形式用电阻应变仪和X-Y函数记录仪等记录下来。电测法具有快速测量、连续记录和远距离测控等优点。同时对电测的模拟信号通过设备进行A/D转换，将电测模拟量转换为数字量，将数字信号接入计算机进行处理，更具有测试数据高速存储、自动分析与判断及图形实时显示的突出优点。③光测法。利用光的准直性对测量参数放大、转换、实现连续记录，阻尼小、响应快。也可利用光敏材料的物理化学原理和力学特性在偏振光作用下产生的光学效应，测定应力场（如光弹仪），简便、可靠、直观性好；也可采用光纤光栅传感技术、激光测量位移和激光全息技术。④其他方法。利用光、电、磁、声等间接物理量与材料或结构构件某一性能间的关系为基础进行测量。如超声波探测仪利用超声波在混凝土中传播速度测定混凝土强度。

数据处理与结果分析 见结构试验分析。

展望 由于工程结构试验学科的发展，对测试仪器的精度、功能与数据采集设备测点数、扫描频率和自动化程度要求愈来愈高，有关试验测试数据已从20世纪60年代所风行的示波器显示，到20世纪80年代的磁带记录设备存储，发展为现在与计算机连接的高速存储与自动处理与实时显示；也由于测试技术的发展，为深入了解结构和构件的实际工作性能，有效利用材料潜力与结构优化等提供了条件。进入21世纪，中国在大型工程结构的试验设备的装备与建设方面已取得了很大进展，如6米×6米的大型模拟地震振动台从2000年投入使用以来，已完成了中国多项超高层建筑的模型振动台试验，相关高校已建成大型多功能多台阵振动台实验室；高达25.5米的大型双向反力墙系统已建成，可进行8层房屋足尺抗震的拟动力试验；最大承载能力达8000吨的大型多功能试验机已完成制造与安装，大型超重力离心模拟与实验装置正在建设中。这些大型试验设备的建设与应用必将对中国的土木工程技术的进步起到很好的促进作用。 （王济川 撰 赵基达 修订）

工程结构稳定性设计 stability design of engineering structure 在结构设计阶段，按结构的整体稳定性与杆件的局部稳定性要求所进行的结构分析、计算与设计。以确保结构在使用过程中不发生结构失稳现象。主要涉及结构整体失稳与杆件或构件的局部失稳问题。结构的失稳是结构与杆件在尚未达到材料强度设计承载力时发生结构失稳而丧失结构承载能力，从构件层面主要有压杆屈曲（轴压构件、压弯构件）与梁的整体扭转失稳；从结构层面主要有拱的整体稳定（平面内或平面外稳定）、薄壳的整体稳定、网壳结构的整体稳定、桁架结构上弦构件的出平面外稳定等。

结构的整体失稳（屈曲）主要有极值点失稳与分支失稳两类。①极值点失稳。屈曲位移随荷载的增加而增大，当荷载达最大值时，对应屈曲模态的结构刚度为零，并随后荷载位移曲线马上下降的现象。对应的荷载最大值为结构的屈曲荷载。②分枝失稳。屈曲位移随荷载的增加而增大，在该平衡路径上荷载第一次达最大值时又出现第二条平衡路径，两条平衡路径的相交点即为分枝点，随后荷载又随着第二条平衡路径继续上升直至达到最大屈曲荷载。

对于弹性压杆的稳定分析可用欧拉公式计算，对于拱与球壳的整体稳定分析也有经典公式可以求解。但工程中发生稳定破坏的荷载值比这些理论公式计算值要低得多，其主要原因为：①存在结构或杆件的几何缺陷。如网壳结构由于制作安装原因，产生实际节点坐标与理论值有偏差的结构整体几何缺陷；对于杆件则有初始弯曲的几何缺陷。②存在材料缺陷。主要包括材料强度的离散，还有钢结构构件在加工中残余应力与焊接过程中的焊接应力等。③存在与理想计算模型的偏差。如实际节点即非理想的铰接或刚接。上述这些因素都将大幅度降低结构或杆件的稳定性。在工程结构稳定性设计中，通常将结构的理想弹性稳定分析得到的荷载值除一个综合安全系数后，再作为结构的稳定荷载标准值来采用。

对于如网壳的复杂结构，可以采用有限元进行结构稳定分析，包括线性稳定分析与非线性稳定分析。非线性稳定分析时，可以考虑几何非线性与材料非线性。有限元分析时还可以考虑结构与构件的初始几何缺陷。当在有限元分析中考虑非线性与初始几何缺陷时，稳定验算的综合安全系数取值可适当减小。 （赵基达）

工程结构性能 engineering structural performance 工程结构满足对其功能要求的能力。对结构的功能要求一般包括安全性、适用性和耐久性等方面。①安全性功能要求。即结构能承受在施工和使用期间可能出现在结构上的各种作用（包括直接作用和间接作用）及环境影响，即使在发生罕遇地震、飓风、爆炸、撞击、火灾等偶然作用时，结构也能保持其整体稳固性，不出现与起因不相称的整体倒塌性破坏，以确保人民生命和财产安全。②适用性功能要求。即结构应满足结构正常使用与人的生理和心理需求。例如，人们不希望结构产生较大的变形、位移或裂缝等，这些变形、位移或裂缝等或许不会对人的生命和财产安全构成威胁，但会影响使用功能或使人产生不良的心理感受，而过大的结构振动（加速度）会影响使用功能或人的生理感受。③耐久性功能要求。即在正常维护条件下，结构应满足设计工作年限的要求，即保证在该年限内不因结构材料的劣化而影响结构的安全性和适用性等功能要求。 （史志华）

工程结构优化设计 optimum structural design 在满足相关设计规范或某些特定要求的约束条件下，使结构设计的某项指标（如结构重量、工程造价、结构刚度或频率等）为最佳的设计方法。即在所有可用方案中，按预定目标与规则选出最优设计方案。传统沿用的工程结构设计方法，是先根据概念设计与工程经验通过判断给出或假定一个结构设计方案，然后进行结构分析，再按设计规范要求进行截面强度设计、结构变形与稳定验算等工作，如符合要求的即为可用方案，或者经过对少数几个方案进行比较而得出可用方案。而结构优化是在多个可用方案中找出最优的方案，亦即材料用量最省、工程造价最低，或某些指标最佳的方案。这对提高工程结构的使用功能、经济效益等方面具有较大的实际意义。

沿革 在设计结构时自然地会产生优化的愿望，所以从20世纪初就有人对结构优化设计做过一些努力，但由于受到数学和力学发展水平的限制而收效不大。主要的原因是没有快速的计算工具来满足庞大计算工作量的需要。直到20世纪60年代，在电子计算机得到较广泛应用以后，结构优化设计才迅速发展起来，并在结构设计实践中得到应用。

中国从20世纪70年代开始研究结构优化设计。在结构优化的力学准则法、数学规划法和拓扑优化等方面取得了一定成果。在工程应用方面，对屋架、排架、网架、桥梁和高压输电塔等结构进行了优化设计。

分类 按设计变量的空间性质分为集中参数结构优化设计和分布参数结构优化设计。前者的设计变量是有限维的向量，后者的设计变量是一个描述空间分布的函数，二者都归结为求函数的极小值问题。

按设计变量的层次分为截面尺寸优化设计、结构几何形状优化设计、结构的拓扑优化设计（如给定一个杆系结构的节点布置，要求确定哪些节点之间应有杆件连接）、结构类型优化设计（如屋盖结构可以由梁、桁架和拱等不同类型结构进行优选）。随着设计变量层次的升高，所得的优化结构的效果也随之提高，但优化设计的难度增大、工作量增多。

原则和方法 任何一个结构的设计方案，都可以用若干给定参数和一些设计变量（结构几何参数与构件截面参数）x_i（$i=1$，2，$\cdots n$）来表示，而设计变量随方案的改变而变。这些设计变量所组成的n维向量x可用n维空间的一个点表示，称为设计点。设计规范规定必须满足的条件或其他特定条件为优化设计的约束条件。满足所有约束条件的设计点称为可用方案。代表所有可用方案的那些设计点形成n维空间的一个子域，称为可用域（又称可行域）。评比可用方案优劣的标准（如结构重量、工程造价等）是设计变量的函数，称为目标函数。结构优化设计就是用一些力学和数学的方法，在可用域搜索目标函数最小（或最大）的最优点x^*，也就是最优设计方案。

常用的结构优化设计方法有数学规划法和力学准则法。将二者结合起来，可以发展更为有效的优化设计方法。在理论研究中也有采用遗传算法（GA）与神经网络算法。

数学规划法　分为直接搜索法、解析规划法、序列逼近法和特种规划法等。①直接搜索法。直接比较按一定规则选择的若干设计点的目标和数值、约束函数值，以搜索最优点的方法，特别适用于目标函数取导有困难的那些问题。如解非线性规划的网格法、随机试验法、复形法，都是直接搜索法。常用的齿行法实际是利用力学准则法和优化理论确定搜索方向和步长的一种直接搜索法。②解析规划法。利用目标函数和约束函数的导数来指导搜索方向和决定步长的数学规划法，如各种可行方向法、梯度投影法等。其优点是减少迭代次数，但增加了计算函数梯度的工作。③序列逼近法。在每次迭代中把复杂的非线性约束规划问题用较简单的规划来趋近的一类方法。如用线性规划逐次逼近非线性规划法，用无约束规划逼近约束规划的序列无约束规划法（SUMT）和序列二次规划法（SQP）等。④特种规划法。指利用某些特殊规划的方法。如几何规划法可用于目标函数和约束函数都是正定多项式（指数为任意实数、系数全为正数的由变量幂的乘积函数组成的多项式）的优化问题。动态规划适用于某些弱连接的可分段处理的问题。

力学准则法　基本原则是充分发挥材料的强度潜力和贮能（应变能）能力，实现等应力或应变能密度状态，以达到材料用料最省和结构最轻的目标。这符合传统的设计思路，满应力迭代程序比较简单，收敛较快，是一种比较方便的方法，在网架、输电塔架等结构设计中应用较广泛。

遗传算法　是人工智能领域中用于解决最优化的一种搜索启发式算法，借鉴了生物进化学中包括遗传、突变、自然选择以及杂交等手段，依据遗传特征生成与优化候选解，采用概率化的寻优方法，以平行方法自动获取和指导优化的搜索空间，自适应地调整搜索方向，最终逐步逼近最优解。

展望　在桁架结构、网架结构、框架结构、高耸结构、桥梁、水坝工程设计中，已开始采用优化设计的方法，收到较好的效果，但总体应用还不够广泛。对结构优化设计的应用研究将逐步深入，有关设计思想及优化技术将得到普及，符合设计实际需要的优化设计软件将进入市场。另一方面，结构优化设计的理论研究工作将继续深入开展，如对多目标优化、结构动力设计优化、离散值设计变量优化、基于结构可靠度的设计优化、遗传算法等研究成果将逐步进入实用阶段。

（王光远　撰　赵基达　修订）

工程结构振动控制　vibration control of engineering structure　在工程结构中，为减小结构在各种外荷载（地震作用、风荷载、机械激振等）作用下的振动反应，满足工程结构在正常使用条件下的功能要求和承载能力极限状态时的安全要求、结构抗震验算时抗震性能要求而采取的结构控制技术。采用结构振动控制技术最多的工程结构有超高层建筑、高耸塔架和大跨度桥梁。对于一些重要的城市生命线工程结构，有时也采用结构振动控制技术。

类型　工程结构振动控制可分为被动控制、主动控制和半主动控制3种。此外，混合控制也成为工程结构振动控制领域新的发展趋势。

被动控制　即无外加能源的控制。其控制力是控制装置随结构一起振动变形，因装置自身的位移与运动而被动产生的。主要分为耗能阻尼器，包括摩擦阻尼器、金属阻尼器、黏滞阻尼器、黏弹性阻尼器；耗能构件，包括耗能支撑、防屈曲支撑；调谐质量阻尼器（TMD）和调谐液体阻尼器（TLD）。这些被动控制装置诸如调谐质量阻尼器、耗能阻尼器等形式多样，已用于多项实际工程，如上海东方明珠电视塔、上海中心大厦等就采用了被动控制技术。

主动控制　即有外加能源的控制。其控制力是控制装置按某种控制规律，利用外加能源主动施加的。有主动调谐质量阻尼器（ATMD或AMD）、主动拉索、主动挡风板等。主动控制效果较好，但需要从外部输入能量，像高层建筑和大跨度桥梁这样的庞然大物，用能量控制是十分不易的，加上主动控制装置十分复杂，需要经常维护。美国、日本等国在个别工程中已应用了主动控制技术。

半主动控制　一般为有少量外加能源的控制。其控制力虽也由控制装置自身的运动而被动地产生，但在控制过程中控制装置可以利用外加能源主动调整自身的参数，从而起到调节控制力的作用。

混合控制　在结构上同时应用被动控制和主动控制，或者同时应用不止一种的被动控制装置，以充分发挥每一种控制形式和控制装置的长处，获得更好的控制效果。根据不同建筑物、结构的不同抗震与抗风要求、技术可靠性和造价经济性，选取耗能、质量调谐、主动控制中的两种（或两种以上）控制技术相结合，使其达到减振效果好、安全可靠、造价适宜的目的，如南京电视塔、广州新电视塔等采用了混合控制技术。

特点　采用工程结构振动控制技术，对比传统抗震（风）技术具有很多优越性：①安全可靠。可有效实现结构的抗震与抗风性能要求。②节省工程造价。③使建筑结构设计不受太多限制，可按照建筑结构的功能要求，实现其性能要求。④适应范围广。既适用于新设计的工程结构，也适用于既有工程结构的抗震、抗风性能的提高与改善；既适用于高层建筑、高耸结构和大跨度桥梁，也适用于地震时要求保证绝对安全的重要工程结构。如核电站工程结构、超高层建筑、大跨度桥梁、城市生命线工程、卫星地面站和海洋平台等。⑤检测修复方便，确保灾后的快速修复。由于结构振动控制是通过外设装置而不是通过结构本身达到减震（抗风）要求，故对其减震（抗风）性能的检测修复也只限于外设装置。

（唐寰澄　撰　赵基达　修订）

工程结算　engineering project settlement　对建设工程的发承包合同价款进行约定和依据合同约定进行工程进度款和工程竣工价款结算的活动。又称建设工程结算，是工程造价管理中的一个重要环节。工程结算主要是对完成的工程项目进行详细的成本核算，以便准确、公正地确定工程的最终造价。涉及的内容包括材料消耗、人工费用、机械使用费用和其他间接费用等。

作用　工程结算的主要作用：①对建设单位而言，工程结算可以加强控制资金的使用程度，落实建设投资资金的使用，旨在控制建设工程的成本。②对施工单位而言，工程结算能够帮助施工单位尽快地分阶段收回工程款，有利于偿还债务，也有利于资金的回笼，避免了经营风险，并降低内部运营成本。通过加速资金周转，提高资金的使用有效性。③对建设工程而言，工程结算是调整工程计划、确定和统计工程进度、考核基本建设投资的效果，进行工程成本分析的依据。

主要内容　工程结算主要包括按月结算、分阶段结算和竣工结算。①按月结算。实行按月进行进度款结算，竣工后清算的办法。合同工期在两个年度以上的工程，在年终进行工程盘点，办理年度结算。②分段结算。对于当年开工、当年不能竣工的工程，按照合同约定或工程形象进度，划分不同阶段进行工程进度款结算。具体划分应在施工合同中明确。③竣工结算。工程竣工结算是指施工承包单位按施工合同完成所有所承包的工程，经验收质量合格，并符合合同要求之后，与建设单位进行的最终工程价款结算。工程竣工结算分为单位工程竣工结算、单项工程竣工结算和工程项目竣工总结算。其中，单位工程竣工结算和单项工程竣工结算可看作是分阶段结算。

工程竣工结算的审查　单位工程竣工结算由施工单位编制，建设单位审查；实行总承包的工程，由具体总承包单位编制单位工程竣工结算，在总承包单位审查的基础上，由建设单位审查。单项工程竣工结算、工程项目竣工总结算由总承包单位编制，建设单位可直接进行审查，也可委托具有相应资质的工程造价咨询机构进行审查。政府投资项目，由同级财政部门进行审查。

工程竣工结算的审查应依据施工合同约定的结算方法进行，根据不同的施工合同类型，应采用不同的审查方法。对于采用工程量清单计价方式签订的单价合同，应审查施工图以内的各个分部分项工程量，依据合同约定的方式审查分部分项工程价格，并对设计变更、工程洽商、工程索赔等调整内容进行审查。

（何清华　王子伦）

工程进度控制　project schedule control　在规定的建设工期或合同工期内，以事先拟定的合理且经济的工程进度计划为依据，对工程建设的实际进度进行检查、分析，发现偏差，及时分析原因，调整进度计划和采取纠偏措施的过程。工程进度控制是一个动态的管理过程，包括进度目标的分析和论证，在收集资料和调查研究的基础上编制进度计划和进度计划的跟踪检查与调整。当发现实施的实际情况与进度计划有偏差或进度目标有所调整时，应组织重新论证进度计划，或采取赶工措施纠偏。进度控制是一项综合性的管理工作，设计图纸供应、施工技术、施工资源、资金保障、建设单位决策水平和决策速度以及外围环境变化都可能对工程进度产生影响，进度控制工作应充分重视相关影响因素，并采取针对性的控制措施。

环节　遵循动态控制原理，进度控制主要包括三个环节，并形成动态循环。①进度目标的分析和论证，以论证进度目标是否合理，目标有否可能实现。如果经过科学的论证，目标不可能实现，则必须调整目标。②在收集资料和调查研究的基础上编制进度计划。③定期跟踪检查所编制的进度计划执行情况。若其执行有偏差，则采取纠偏措施，并视必要调整进度计划。

方法　主要包括横道图比较法、S形曲线比较法、香蕉形曲线比较法、前锋线比较法、列表比较法等。①横道图比较法。将项目实施过程中检查实际进度收集到的信息，经整理后直接用横道线并列于原计划的横道线处，以供进行直观比较的方法。②S形曲线比较法。将进度计划确定的计划累计完成工作任务量和实际累计完成工作任务量分别绘制成S形曲线，并通过两者的比较借以判断实际进度与计划进度相比是超前还是滞后，以及得出其他各种有关进度信息的进度计划执行情况。③香蕉形曲线比较法。按工作的最早可以开始时间安排计划进度而绘制的S形曲线称ES曲线，按工作的最迟必须开始时间安排计划进度而绘制的S形曲线称LS曲线。两条曲线围合成一个形如香蕉的闭合曲线圈，即为香蕉形曲线。通常项目实施的过程中进度管理的理想状况是在任意时刻按实际进度描出的点均落在香蕉形曲线区域内。④前锋线比较法。适用于时标网络计划的实际与计划进度的比较。前锋线，又称实际进度前锋线，是指从计划执行情况检查时刻的时标位置出发，依次连接时标网络图上每一工作箭线的实际进度点，最终结束于检查时刻的时标位置而形成的对应于检查时刻各项工作实际进度前锋点位置的折线（一般用点划线标出）。⑤列表比较法。通过将截至某一检查日期工作的剩余总时差（指一项工作在不影响总工期的前提下所具有的机动时间）与其原有总时差的计算结果列于表格之中进行比较，以判断工程实际进度与计划进度相比超前或滞后情况。

措施　所采取的措施主要有组织措施、技术措施、合同措施、经济措施和管理措施等。①组织措施。建立健全进度控制的组织体系，落实各工作部门的进度控制人员及其职责分工，必要时可加强进度控制部门力量，建立各种有关进度控制的会议制度、激励制度、工作流程等。②技术措施。在选择设计方案和施工方案时，充分考虑其对进度的影响。必要时，加大技术投入对进度进行纠偏或加快进度。③经济措施。编制与进度计划相适应的资源需求计划（资源进度计划），在项目预算中考虑加快项目进度所需要的资金，保证进度计划实现所需资金。必要时，加大经济投入对进度进行纠偏或加快进度。④管理措施。采用网络计划方法进行进度计划的编制和实施控制，并分析影响项目进度的风险，并在分析的基础上采取风险管理措施，通过管理消除或减轻各种风险因素对进度的影响。

（谢坚勋）

工程经济学　engineering economics　应用定性与定量分析与评价技术，在工程技术（项目）的各种可行方案中选择经济最优方案（成本最低或利润最高）的科学。其核心任务是辅助工程技术方案（项目）的经济决策。工程经济学也是关于工程问题可能方案的成本评价与可行性分析的学问。当备选方案的效益超过成本时，该方案就是可接受方案，运用工程经济学的各种评价方法，就可以在可接受方案中选出成本最低的方案。工程实践中有大量现实问题需要借助工程经济学方法来解决。比如一个施工企业成功获取地铁施工建设任务后，马上就遇到施工方案选择问题，是大开挖还是盾构？如果选择盾构的话，应选择何种盾构设备方能满足施工场地、进度等要求；选定盾构设备选型后，如何获得盾构设备，是购买还是租赁。工程实践中类似的技术经济分析问题还有许多。比如重建还是改建扩建、设计方案比选、设计方案改进、工程技术方案评价、成本效益分析、私人投资项目财务评价、公共投资项目经济评价等。

1877年，美国土木工程师A.M.惠灵顿出版的著作《铁路选线经济理论》，首次将成本分析方法应用于铁路的最佳长度和路线的曲率选择问题，被认为是工程经济学诞生的里程碑。美国工程教育学会（ASEE）工程经济委员会和美国工程教育促进学会（SPEE）1936年成立的工程经济委员会（主席是美国斯坦福大学的E.L.格兰特），在工程经济学的发展过程中起到了重要的推动作用。E.L.格兰特1930年出版的《工程经济学原理》，是工程经济学走向成熟的标志。此后工程经济学的学科水平随着经济社会发展不断拓展。中国对工程经济学的研究和应用起始于20世纪70年代。

工程经济学早期的主要内容是成本效益识别、分析与评价。现内容已经拓展到现金流量与资金时间价值理论、工程技术方案经济效果评价方法、市场分析与预测、风险与不确定性分析、工程项目财务评价、工程项目国民经济评价、工程项目可行性研究、设备更新分析、价值工程与价值分析、项目后评价等。

随着经济社会发展，工程本身以及影响工程决策的因素越来越复杂，逐渐从单纯的经济维度，拓展到政治、社会、生态环境等多个方面。经济全球化的发展，进一步增加了工程及工程决策的复杂性，不同国家经济制度、税收制度、金融制度、法律制度、就业政策、能源环境政策、汇率政策等差异，都在不同程度上影响着工程项目甚至工程技术方案的选择与决策。因此，工程经济学的研究内容以及理论方法体系，也在不断地拓展过程中。

（刘洪玉）

工程勘测成果数据库　engineering surveying results database　存储在计算机内的工程勘测活动中所产生或设计的地质图件、文字报告、三维模型等成果以一定的关系形成的有组织、可共享、统一管理的数据集合。随着信息化工作的不断深入，勘测行业内各领域都涉及了数据库的建设。2015年，由中国地质调查局发展研究中心主持编制的《地质数据库建设规范的结构与编写》（DZ/T 0274—2015）标准正式发布，规范了数据库的基本术语，规定了地质数据库建设规范的结构，提出了规范编写的要求；提出了数据库命名与编码、要素（实体）类以及数据项的编码规则，规定了数据库结构与数据字典的表达方式；提出了数据库建设的实施要求等。2020年由中华人民共和国自然资源部发布实施的《国土调查数据库标准》（TD/T 1057—2020），代替《土地利用数据库标准》（TD/T 1016—2007）。

工程勘测成果数据库按照不同工程类型（水利、水电和工民建等）勘察数据分类开展数据库表结构及标识符设计，数据库设计中应确保一数一源、一源多用，以保证数据的唯一性。数据库宜采用关系型数据库进行设计，且应保证其环境和系统的安全及数据的安全与保密。工程勘测成果数据库包含地理信息数据、测量数据、地质数据、基础数据、图元数据、成果数据、工程数据和项目数据，数据类型可分为结构化数据和非结构化数据（文字、影像等）。

（李小州）

工程勘察　geotechnical investigation and surveying　根据建设工程的要求，查明、分析、评价建设场地的地质地理环境特征和岩土工程条件，编制建设工程有关基础性文件的活动。通过对地形、地质及水文等要素的调查、测绘、勘探、测试及综合评定，为工程建设提供可行性评价与建设所需的基础资料，是工程建设的首要环节。

勘察体质的演变历程　中国的勘察体制历经了工程地质勘察体制和岩土工程勘察体制两个阶段。

20世纪80年代前，中国一直采用苏联的勘察体制，即工程地质勘察体制。包括地形测量、工程地质和水文地质3门独立的专业。工程地质勘察体制提出的勘察任务，是查明场地或地区的工程地质条件和存在的地质问题，为规划、设计和施工提供地质资料，而不涉及解决问题的具体办法。勘察单位只提供地质资料，不过问设计、施工单位如何应用，这就使得勘察工作与设计、施工脱节，对工程建设产生了不利影响，逐渐不能适应社会主义市场经济的需要。

20世纪80年代以来，随着中国经济发展和工程建设的需要，中国的勘察体制由工程地质勘察体制逐步向岩土工程勘察体制转变。与工程地质勘察体制相比，岩土工程勘察体制的勘察任务不仅要正确反映场地和地基的工程地质条件，还应结合工程设计、施工条件进行技术论证和分析评价，提出解决岩土工程问题的建议。要求勘察与设计、施工、检测和监测密切结合，在获取系统和准确的资料基础之上，对岩土工程利用、整治方案深入论证，提出技术可行、经济合理的具体建议，并服务于工程建设的全过程。现中国的岩土工程勘察体制已较为完善，最近三次修订的中华人民共和国国家标准《岩土工程勘察规范》（分别为1994年、2001年和2009年修订）都严格遵循了上述重要指导思想。

在工程建设过程中，工程勘察工作非常重要。工程勘察是工程设计和施工的基础，若工程勘察工作不到位，不良工程地质问题将暴露出来，即使上部构造的设计和施工达到了优质也会因工程地质问题遭受破坏。不同类型、不同规模的工程活动都会给地质环境带来不同程度的影响；反之不同的地质条件又会给工程建设带来不同的效应。中国是一个地质灾害多发的国家，特殊性岩土种类众多，存在的岩土工程问题复杂多样。工程建设前，进行岩土工程勘察，查明建设场地的地质条件，对存在或可能存在的岩土工程问题提出解决方案，对存在的不良地质作用提前采取防治措施，可以有效防止地质灾害的发生。工程勘察的投资占工程投资比例较低，但却可以为工程的设计和施工提供依据和指导，从而正确处理工程与自然条件之间的关系。

工程勘察的任务是按照不同勘察阶段的要求，正确反映场地的工程地质条件及岩土体性态的影响，并结合工程设计、施工条件以及地基处理等工程的具体要求，对建设场地做出详细的技术论证和评价，为工程的设计和施工提供依据和指导，保证工程建设安全、高效进行。

内容　根据工程勘察的工作内容，可分为**岩土工程勘察**、工程地质勘察、**工程测量**、**水文地质勘察**和**工程地球物理勘探**。

岩土工程勘察　岩土工程是欧美国家于20世纪60年代在土木工程实践中建立起来的一种新的技术体制。80年代以来，中国不断吸收欧美国家的勘察技术和手段，中国的工程地质勘察逐步向岩土工程勘察过渡。与工程地质勘察体制相比，岩土工程勘察任务不仅要正确反映场地和地基的工程地质条件，还应结合工程设计、施工条件进行技术论证和分析评价，提出解决岩土工程问题的具体建议。岩土工程勘察要求勘察与设计、施工和监测紧密结合，要求在获取系统和准确的资料基础之上，对岩土工程整治方案深入论证，提出合理、可行技术的具体建议，并服务于工程建设的全过程。岩土工程专业人员也能在岩土工程设计、施工、监测和监理岗位上工作。

通常所说的岩土工程勘察主要指工业、民用建筑工程的勘察，主要勘察对象是房屋楼宇、工业厂房、学校楼舍、医院建筑、市政工程、管线及架空线路、岸边工程、边坡工程、基坑工程和地基处理等建设场地。主要勘察任务包括：①查明工程场地的地质条件，指出工程场地内不良地质现象的发育情况及其对工程建设的影响，对场地稳定性做出评价。②查明工程范围内岩土体的分布、性状和地下水活动条件，提供设计、施工和整治所需的地质资料和岩土技术参数。③分析、研究有关的岩土工程问题，并做出评价结论。④对场地内建筑总平面布置、各类岩土工程设计、岩土体加固处理、不良地质现象的整治等具体方案做出论证和建议。⑤预测工程施工和运行过程中对地质环境和周围建筑物的影响，并提出保护措施的建议。通过对工程地质调查和测绘、勘探及采取岩土试样、原位测试、室内试验、现场检验和检测等手段，定性或定量分析评价场地岩土工程条件，编制满足不同阶段所需的成果报告文件。岩土工程勘察应分阶段进行，一般可分为可行性研究勘察（选址勘察）、初步勘察和详细勘察3个阶段，其中可行性研究勘察应符合场地方案确定的要求；初步勘察应符合初步设计或扩大初步设计的要求；详细勘察应符合施工图设计的要求。此外，对条件复杂或有特殊施工要求的重大工程，根据需要还可进行施工勘察。

工程地质勘察 主要针对水利水电工程、铁路工程、公路工程和大型桥梁等规模较大、投资造价高及重要性强的工程进行的勘察，是研究、评价建设场地的地质条件所进行的地质测绘、勘探、室内试验、原位测试等工作的统称，是查明影响工程建（构）筑物的地质因素而进行的地质调查研究工作。研究各种对工程建设有直接影响的工程地质问题，如岩土滑移、活动断裂、地震液化、地面侵蚀、岩溶塌陷及各种复杂地基土等，以及由于人类活动所造成的环境地质问题，提出工程建设的方案和设计、施工所需的地质技术参数，并对有关技术经济指标做出评价。根据设计建（构）筑物的结构和运行特点，预测工程建（构）筑物与地质环境相互作用的方式、特点和规模，并做出正确的评价，为保证建（构）筑物稳定与正常使用的防护措施提供依据。

主要勘察内容包括：①地形地貌。②地层特性。包括区域地层概况及工程场地地层。第四系地层的土层厚度、物理力学性质，基岩深度、风化程度，各岩层的物理力学性质等。③地质构造。包括区域地质概况及场地地质构造，断裂构造数量、断裂宽度，断裂性质，断裂带破碎程度及其物质组成，断裂走向、产状等，以及各层岩体节理发育程度等。④区域与场区的地震构造、环境地震活动性分析、地震地质灾害分析、设计地震动参数等。⑤场地工程地质评价。包括影响工程建设的不良地质现象的分析和断裂构造活动性评价等。

工程测量 为工程建设提供地形图件或数据资料所进行的测绘工作。工程测量为设计部门进行工矿企业、水利、道路、城市等工程项目的规划和设计提供地形资料；为工程地质勘察、供水水文地质勘察等工作提供一定比例尺的地形图，测定勘探点的平面位置和高程等。工程测量是工程建设的先期工作，是测量与工程密切结合的一门学科，以控制测量学、地形测量学和摄影测量学的理论为基础，结合工程对测量的要求和设计程序，解决建设中的测量问题。20世纪80年代以来，出现很多工程测量仪器，为工程测量提供了先进的技术工具和手段。90年代以来，随着测绘科技的飞速发展，各国工程控制测量已向优化设计、光机电相结合和数据处理方向发展；摄影测量向着数字化、自动化方向发展；非地形摄影技术用于古建筑文物测绘、模型试验、变形观测及微观测量等方面。

水文地质勘察 研究一个地区的地下水类型、埋藏、分布、形成条件和运动规律以及地下水资源开发利用和保护、环境水文地质问题所进行的综合性水文地质工作，为工程项目设计或规划设计提供所需的水文地质资料。水文地质勘察一般可分为综合性的水文地质普查和专门性的水文地质勘探两类。水文地质普查的目的是查明区域水文地质条件，了解该调查地区地下水的埋藏、分布状况及补给、径流、排泄条件，概略估算地下水资源的数量和质量，为国民经济规划提供基础资料。水文地质勘探一般指为各种专门目的而进行的比较详细的水文地质勘察工作，如供水水文地质勘探、矿床水文地质勘探、地热水文地质勘探等，一般在水文地质普查的基础上进行，采用较大的比例尺。水文地质勘察一般采用地下水动态观测、地球物理勘探、水文地质测绘、水文地质试验及钻探的方法进行，主要目的在于查明地下水的动态类型，采用抽水试验的方法查明地下水补给、排泄条件和径流条件，使用观测孔或抽水孔观测地下水静止水位及其变化幅度，预测地下水引起的不良地质作用，防止岩土受水作用崩解、湿陷、膨胀等而引发地面塌陷、基础变形和岸坡失稳等。水文地质勘察在建筑物持力层选择、基础设计、工程地质灾害防治方面起着重要作用，为工程设计和施工提供科学依据。

工程地球物理勘探 在岩土工程勘察领域，利用专门的仪器来探测工程建设场地岩土体物理场的分布情况，对获取的数据及绘制的曲线进行分析解释，从而划分地层和判定地质构造、水文地质条件及各种不良地质现象的勘探方法。利用地球物理勘探的手段可探查隐蔽的地质构造和地层、含水层的空间分布，从而获取岩土物理力学及动力学参数的原位测试数据，可用于岩性分层、基岩风化层、软弱夹层、构造断裂带及破碎带勘探、斜坡勘探、岩溶勘探及地形地质复杂的桥梁和隧道勘察。

根据探测方法不同，可分为电阻率法勘探、磁法勘探、地震折射波法勘探、重力勘探和放射性勘探等。岩土工程勘察中运用较为普遍的是电阻率法和地震折射波法。地质雷达、多道瞬态面波和高密度地震映象技术也越来越多地运用于岩土工程勘察工作中。①地质雷达勘探。沿用对空雷达的原理发射脉冲电磁波，根据直达波和回波的传播时间来判断介质体的大小及埋藏深度，对于探查浅部介质体位置和形态效果尤佳，在文物保护和市政工程勘察中逐渐推广应用。②多道瞬态面波勘探。利用频散特性和传播速度与岩土物理力学性质的相关性探测分析岩土体特性。③地震映象法。基于反射波法中的最佳偏移距离技术发展起来的，可利用多种地震波作为有效波来探测岩土体特性。

由于各种物探方法都有一定的局限性，而大多数勘察场地又都存在着相同物理场的多种地质体并存的条件，可采用两种以上的物探方法共同工作的综合物探方法。在同一剖面或测网中运用两种以上的物探方法，将获取的数据资料相互印证、综合分析、排除干扰因素，可提高分析结果的置信度。 （张 炜 张继文）

工程力学 engineering mechanics 力学与工程结合的一门学科。针对工程科学技术中的力学问题，研究其理论、方法和应用，在土木工程、水利工程、海洋工程、交通工程、机械工程、航空航天工程、材料工程等工程科学中都起着支撑的作用；是一门理论性较强、与工程实际联系极为紧密的技术学科，是解决工程实际问题的重要基础。工程给力学提出问题，力学的研究成果改进工程设计思想。

发展简史 人类对力学的一些基本原理的认识，一直可以追溯到史前时代。在中国古代及古希腊的著作中，已有关于力学的叙述，但在中世纪以前的建筑物是靠经验建造的。1638年3月出版的意大利伽利略的著作《关于两门新科学的对话》被认为是世界上第一本材料力学著作，但他对于梁内应力分布的研究还是很不成熟的。法国C.-L.-M.-H.纳维于1819年提出了关于梁的强度及挠度的完整解法。1821年5月，纳维在巴黎科学院宣读的论文《在一物体的表面及其内部各点均应成立的平衡及运动的一般方程式》被认为是弹性理论的创始。1870年，法国A.J.C.B.de圣维南又发表了关于塑性理论的论文。

水力学也是一门古老的学科。早在中国春秋战国时期（公元前5～前4世纪），墨翟就在《墨经》中叙述过物体所受浮力与其排开的液体体积之间的关系。瑞士L.欧拉提出了理想流体的运动方程式。物体流变学是研究较广义的力学运动的一个新学科。1929年，美国E.C.宾厄姆倡议设立流变学学会，这门学科才受到普遍的重视。岩土力学包括**土力学**和**岩石力学**。土力学在20世纪初期即逐渐形成，并在

40年代后获得了迅速发展。在其形成以及发展的初期，奥地利K.太沙基起了重要作用。岩石力学是一门年轻的学科，20世纪50年代开始组织专题学术讨论，其后并已由对具有不连续面的硬岩性质的研究扩展到对软岩性质的研究。岩石力学是以工程力学与工程地质学两门学科的融合而发展的。

从17世纪到20世纪前半期，连续介质力学的特点是研究各个物体的性质，如梁的刚度与强度、柱的稳定性、变形与力的关系、弹性模量、黏性模量等。这一时期的连续介质力学是从宏观的角度，通过实验分析与理论分析，研究物体的各种性质。它是由质点力学的定律推广到连续介质力学的定律，因而自然也出现一些矛盾。于是，基于20世纪前半期物理学的进展并以现代数学（如张量分析、群论、泛函分析、变分法、微分几何等）为基础，出现了一门新的学科——理性力学。1945年，以色列M.赖纳利用各向同性张量函数给出了非线性弹性的本构关系，1948年，美国R.S.里夫林用半逆解法获得了有限变形弹性理论的几个精确解，逐步奠定了理性连续介质力学的新体系。

随着结构工程技术的进步，工程学家也同力学家和数学家一样对工程力学的进步做出了贡献。如在桁架发展的初期并没有分析方法，到1847年，美国的桥梁工程师S.惠普尔才发表了正确的桁架内力分析法；1956年美国M.J.特纳、R.W.克拉夫等提出了平面弹性问题分析的有限元方法。电子计算机的应用。现代化实验设备的使用。新型材料的研究。新的施工技术和现代数学的应用等，促使工程力学日新月异地发展。

学科内容 从在工程上的应用来说，工程力学包括**理论力学**、固体力学、流体力学、**计算力学**、岩土力学和流变学等。

理论力学 研究对象是质点、质点系及刚体力学。所谓刚体是指一种理想化的固体，其大小及形状是固定的，不因外来作用而改变，即质点系各点之间的距离是绝对不变的。理论力学的基础是牛顿定律，它是研究工程技术科学的力学基础。在理论物理学里，常把理论力学的重要分支如振动理论、运动稳定性理论、陀螺仪理论等统称为一般力学，而把固体及流体力学统称为变形体力学，假定物体是连续的，这样来综合研究变形体的一般运动规律，小变形理论，大变形理论等。范围较变形体力学更大的一个学科是连续介质力学，其研究对象包括所有基本上连续分布的物质。

固体力学 包括材料力学、结构力学、弹性力学、塑性力学、复合材料力学以及断裂力学等。尤其是前三门力学在土木建筑工程上的应用广泛，习惯上把这三门学科统称为建筑力学，以表示这是一门利用力学的一般原理，研究各种荷载或非荷载作用对土木建（构）筑物的影响的学科。岩土力学虽然也利用到弹性力学、塑性力学、流变学等，但土的本构关系。岩石的力学介质模型都很复杂。因此，该学科的基本体系与固体力学不同。

流体力学 水力学及气体动力学都是流体力学的应用。气体动力学研究空气和其他气体的动力特性。气体与在气流中物体的力学相互作用。为研究在流体中结构的行为，需要将结构力学与流体力学相结合，这就是流体弹性力学。它又分为水动力弹性力学和气动弹性力学（如桥梁受风振动时的自激振动和强迫振动问题）。

计算力学 在20世纪50年代后期，随着电子计算机和有限元法的出现，逐渐形成了一门交叉学科即计算力学。计算力学将力学的基本理论和计算机强大的数值计算功能相结合，极大地提升了力学定量化解决工程问题的能力，并带动了整个技术科学和工程技术的定量化过程。计算力学应用于土木工程时，它的四大支柱是建筑力学、离散化技术、数值分析和计算机软件；其任务是利用离散化技术和数值分析方法，研究结构分析的计算机程序化方法、结构优化方法、可视化技术等。

岩土力学 包括土力学和岩石力学。土力学是应用理论力学、材料力学、流体力学等基础理论研究土的工程性质、与土有关的工程问题的工程技术学科。岩石力学是将工程力学与工程地质学相互渗透以认识和控制岩体系统的力学行为和工程功能的边缘学科。又称岩体力学。

流变学 研究在应力、应变、温度、湿度、辐射等条件下材料与时间因素有关的变形和流动规律的学科。流变体与简单的黏性流体不同，除黏滞性以外，还要从微观的角度来研究问题。对岩土、可塑性材料、生物细胞等物质的黏性、弹性、塑性、摇溶性等性质，要用超出物理学、高分子化学等的边缘学科加以综合研究。在研究蠕变、应力松弛、阻尼等现象时，应考虑材料的黏性性质，即在应力－应变关系中引入时间的因素，需用到流变学理论。

如按作用使结构产生反应的性质分类，工程力学的许多分支都可以分为静力学与动力学。例如，结构静力学与结构动力学，后者主要包括结构振动理论、波动力学、结构动力稳定性理论。由于施加在结构上的外力几乎都是随机的，而材料强度在本质上也具有不确定性。20世纪50年代以来，概率统计理论在工程力学上的应用愈益广泛和深入，并且逐渐形成了新的分支和方法，如随机振动、随机有限元法、结构可靠度理论等。

任务 工程力学研究两大类问题：一是研究物体的运动，即研究作用在物体上的力与运动之间的关系；二是研究物体的变形，研究作用在物体上的力与变形之间的关系。这两类问题相互交叉、渗透和融合。研究运动物体变形时，必须首先分析运动；而研究某些运动（如振动）问题时，也需要考虑变形。

工程力学的主要任务有以下3个方面。①研究结构受力状态与力系简化和计算模型。结构中各构件在工作状态下的受力情况对结构的安全与否有着直接关系，而通过合理的简化建立结构计算简图是结构设计的基础。②研究构件的失效或破坏。工程构件的失效形式有很多，工程力学主要研究3种失效：强度失效，构件在外力作用下发生脆性断裂或塑性屈服；刚度失效，构件在外力作用下产生过量的弹性变形；稳定失效，构件在外力作用下，其平衡方式突然转变。③研究运动与力的关系。力是物体运动的驱动者，研究力与物体运动关系的学科叫动力学。其基本方程是牛顿第二定律，但也可以从能量原理的角度研究动力学。

研究方法 工程力学的研究方法大致可分为理论分析法、模型实验法和数值模拟法三大类。但三者往往是综合运用，全面分析，互相促进。

理论分析法 在工程力学的发展过程中，人们致力于采用数学公式或方程表示一个力学问题，然后得到问题的解。工程力学研究的物体大多是工程结构及其构件，这些结构及其构件的形状、大小、组合各异，在研究它们时，要根据问题的性质，抓住主要矛盾，略去次要因素，合理简化，抽象为力学模型。

结构理论分析的步骤是首先确定力学计算模型，然后选择计算方法（见图）。

固体力学分析的普遍理论基础是变分原理，在学科上可分为以杆系为主的结构力学，以及以连续体为主的弹塑性力学、

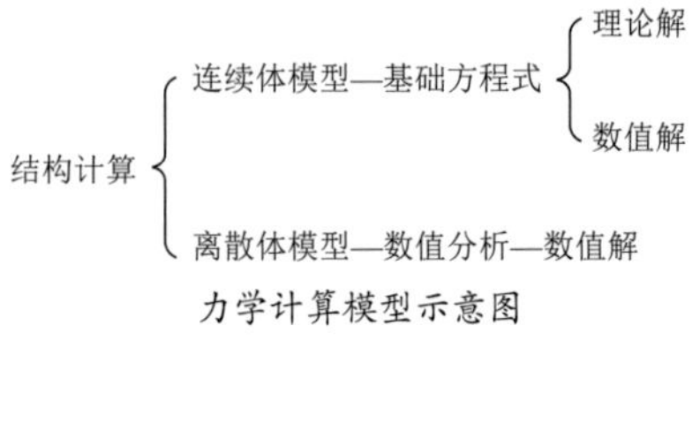

力学计算模型示意图

连接介质力学等。在计算方法上则可分为解析法和直接解法。常用的变分原理包括最小势能原理、最小余能原理、赖斯纳变分原理、胡-鹫津广义变分原理等。

模型实验法　包括实验力学、结构检验、结构试验分析。模型实验分部分模型和整体模型实验。结构的现场测试包括结构构件的试验及整体结构的试验。实验研究是验证和发展理论分析和数值模拟方法的主要手段。结构的现场测试还有其他的目的：①非破坏性地验证结构的功能与安全性是否符合结构的规划、设计与施工的要求。②对结构在服役过程中健康状态的鉴定，并得到维修及加固的资料。

数值模拟法　随着计算技术的迅速发展，计算机方法在工程力学领域已得到日益广泛的应用，为工程力学的研究提供了强有力的工具。数值模拟法的实现是采用数值分析技术求解工程力学的基本方程，从而得到力学问题的数值解答。由于数值模拟法的快速发展和成功应用，使得经典力学的研究状况发生了很大的变化，不仅极大地扩大了力学的研究范围，而且更加逼近实际工程细节。现在已经产生了以有限元技术为核心的计算力学方法，并发展了一批功能强大的工程设计和计算机辅助工程（CAE）软件，已能解决各种复杂的工程力学问题。数值模拟已成为工程力学问题解决方案的首选方法。但需指出的是，计算力学方法必须与理论分析法及模型实验法结合起来才能更好地应用与发展，因为它们是计算力学方法的理论基础与实验基础。

发展趋势　结合大规模土木、水利、交通直至航天发射塔架等工程基础设施建设的重大需求，综合分析当前形势和未来发展，工程力学学科的研究前沿和发展趋势表现在以下几方面。①从单一学科领域研究到多学科综合研究的发展。工程结构安全研究已从传统的以力学为核心的研究发展到以力学为基础，融合材料学、数学、物理学、信息技术乃至生物学多方位综合的研究格局。非线性、多尺度、多场耦合、纳米科学、生物技术等日益成为工程力学学科关注的焦点。②从确定性力学向考虑不确定性的工程力学发展。工程中存在的各种不确定性及其所引发的风险，日益得到国际学术界、技术界与公共社会的关心，深入研究各类不确定性的表征、量化和传播规律，基于可靠性分析和风险评估进行重大工程设计与决策正在世界范围内形成共识。不确定性结构力学成为工程力学学科的重要研究方向。③信息与智能技术在土木工程与工程力学领域引发一系列新研究方向。如预埋测量元件便于定期测定基于图像的实验测量技术、健康监测、智能建筑、智慧城市、智能工程、工程数字化设计与运行、建筑信息建模技术应用等，不断形成全新的研究方向。

（陈英俊　撰　李　刚　修订）

工程全生命周期管理　project life-cycle management　以建设工程项目所形成的固定资产（工程或物业）的生命周期作为工程管理的研究和实践对象，将工程的使用阶段纳入考虑的范畴，提出的“运营导向建设”的管理理念的工程管理思维。工程的全生命周期包括整个建设工程项目的决策、建设、使用以及最终拆除清理的全过程。通常而言，工程全生命周期管理将工程的生命周期划分为3个阶段，即项目的决策阶段、实施阶段和使用阶段（也称运营维护阶段）。相对应地，工程管理工作也贯穿于上述全生命周期的3个阶段，在项目决策阶段的管理称为开发管理；项目实施阶段的管理称为项目管理；项目使用阶段的管理称为设施管理。工程全生命周期管理是一种管理技术，也是一种管理理念，它特别重视和强调以工程在决策阶段和建设阶段即充分站在使用阶段工程实体运营维护的角度，综合考虑工程的质量、进度和成本目标。

各阶段主要工作内容　决策阶段的工作包括编制项目建议书和项目可行性研究报告，其主要任务是确定项目定义，针对项目的决策和实施或决策和实施的某个问题，进行组织、管理、经济和技术等方面的科学分析和论证，使工程项目建设有明确的方向和明确的目的。项目实施阶段可细分为设计准备阶段、设计阶段、施工阶段、动用前准备阶段和保修阶段，主要工作包括编制设计要求文件、方案设计、施工图设计、招投标工作、施工、竣工验收和动用前准备等。项目使用阶段的工作包括设施的运营维护管理、设备更新和设施报废、拆除等。项目决策阶段和项目实施阶段的边界是项目立项，项目实施阶段和项目使用阶段的边界是项目竣工交付。

运营导向建设　其理念指在项目的建设过程中，建设单位与项目运营单位和最终用户尽可能进行有效的沟通，并以运营单位和最终用户的需求为导向不断优化设计成果；通过让运营单位和最终用户参与设计与建设过程，从而使其对工程产品的需求得到充分体现，并使运营单位和最终用户对工程实体和建设过程有全面深入的了解，以使工程的功能、质量高度满足最终用户需要，保证建设过程向运营过程平稳无缝转移。

全生命周期成本　又称寿命周期费用，指在一定时期内拥有、运行、维护、修理和处置建筑物或建设项目系统所发生的全部成本的贴现值的总和，包括成本、时间和折现率3个变量。传统的全生命周期成本管理通常将控制重点放在工程施工和竣工结算阶段，而较少考虑决策设计阶段和项目运营与维护阶段对整体成本的影响。从长远的角度来看，项目运营与维护阶段的成本远大于其建设成本对整体造成的影响。

（何清华）

工程数字化交付　digital engineering delivery　通过数字化的交付平台，将建筑在设计、采购、施工等阶段产生的各种数据、资料、模型以标准数据格式提交给业主的交付方式。工程数字化交付是对以纸质文件主导的传统交付模式的革新，在交付内容上表现为传统交付物的数字化、数字化载体和工具的交付。数字化交付物从内容类型上可以分为数字化工程文件交付、建筑信息模型（BIM）交付和BIM应用成果交付。现阶段数字交付形式多是基于BIM信息模型的一体化交付平台，在交付平台中包含建筑信息模型和各类数据，并通过关联实现查询。

与BIM的区别　BIM是在建筑工程及设施全寿命期内，对其物理和功能特性进行数字化表达，并依此设计、施工、运营的过程和结果的总称，简称模型或BIM。广义上的BIM是建筑全生命周期的数字化理念及方式，狭义上的BIM多指建筑三维信息模型。

数字交付最终交付的产品为数字化集成平台。平台是在BIM上，绑定所有数据，业主能够通过BIM，以三维可视化的界面查看各类数据。因此，数字交付平台包含BIM和设计建造数据两部分（见图）。

应用　辅助维修人员在设备维修中制定方案。企业不定期设备检维修中，在更换设备吊车进入装置区时，通过三维可视化平台模拟可以确定吊车的型号、进场路线、限高限宽等，而且非常精准；地下管网动土作业时，通过三维可视化平台，管道埋深、附近管线等都能一目了然，保证施工安全、提高施工效率，减少事故发生。

协助工厂技术人员快速排查问题进行维修。通过和生产控制系统的无缝集成，任何一台设备的运维数据都能够被及时查找，并根据设备运维管理要求触发维修工单的生成，从而大幅提升运维效率，保障安全生产。操作员访问平台中有关故障信号的所有信息，通过信号跟踪更快地排除

数字交付平台示意图

故障。

三维沉浸式安全和运行培训。利用平台虚拟现实软件，可以对企业员工进行三维沉浸式安全和运行培训。培训中，即使厂房还没有建造，技术人员使用虚拟现实（VR）眼镜可以在整个虚拟工厂中随意移动、彼此交流，在各种场景下工作。沉浸式培训课程对操作人员在个人电脑上操作加深记忆、主动应对危险情况非常有效，这也是职业安全措施中的重要环节。

快速、稳妥模拟试车。利用平台虚拟现实软件，还可以随时查看施工数据的状态，快速、稳妥地模拟试车，有效降低实际试车时错误率。

工厂协同设计。在流程企业工厂规划设计阶段，在基于统一的数据库的软件平台上，无论是工艺、电气还是自动化相关设计，各个专业设计人员都可以统一在平台上协同设计完成，大大缩短开发时间，降低成本并提升设计效率，提高规划水平。

结构化项目和工厂文档管理。在企业生产研发中，通过大数据中心平台建立结构化项目和工厂文档，实现无缝的数据修订、版本控制和归档。使工厂运营中牵扯的各方能够融洽协作，无论是文档规划和开发、文档自动分发、导入外部文档，还是用于修订、版本控制和归档，平台都能对结构化项目和工程文档进行管理，保护安全的文档工作流程和校对机制。

基于数字化交付的移动办公。企业决策者可以在世界的各个角落移动办公。无论在会议中、旅途上还是在工厂检查期间，平台移动解决方案都可以让企业管理者随时随地的工作，所有工厂信息尽在手中。在全球合作的时代，移动办公的优势非常明显。可以使用最常见的移动设备访问大数据中心的工程数据和文档，检查、修改和审批工厂文件。在现场对工厂组件的更改可以立即反应在数字化工厂数据和文档中，有助于始终使工厂信息保持更新。

智能施工管理。在数据集成的基础上，平台根据设计数据可以自动形成施工不同阶段各专业的工作内容，能根据预设的标准工序和定额形成计划工时，能自动形成材料需求，能基于与采办仓储系统的集成进行材料预测预留。满足企业对施工可视化管理的需求，包括设计数据可视化、施工组织可视化、施工进度可视化、施工逻辑的可视化、管理数据可视化，充分利用了数据集成的优势为智能施工管理服务。

优势　在传统工程建设交付中，主要以档案图纸、单系统为核心交付主体，交付时提供的是设计图纸、计算书，采购阶段的装箱清单、使用说明书、质量证明文件，以及施工阶段的各种施工记录、试验报告、验收报告等海量资料。或者是暖通系统、照明系统、电梯系统等各个独立的系统进行交付。对于建造中的这些数据，往往零散繁杂、互不关联，企业很难进行查询，这对后期建筑的运维工作造成了极大困难。

通过数字化交付平台，企业获得的是一个能够真实反映物理情况的多维数字建筑，在此平台上，可以从源头掌握建筑的各种数据，实现对建筑的数字化运营。企业可以实时查看机电、暖通、智能化等相关设备的位置、参数等静态信息，同时还可以查看每个设备的运行状态等动态信息。而通过不同系统间数据的综合利用分析，实现智慧化运维与管控，对践行绿色建筑理念、实现双碳目标具有重要意义。

扩展阅读

SACKS R, EASTMAN C, LEE G, et al. BIM handbook: A guide to building information modeling for owners, designers, engineers, contractors, and facility managers. Hoboken, New Jersey.John Wiley & Sons, 2018.

（叶艳兵）

工程数字化勘测　digital engineering surveying　利用现代信息技术，对地形、地质及水文等要素进行勘探、测绘、测试及综合评定，并提供工程可行性评价和建设所需的勘测成果资料。

发展概况　工程勘测是为工程建设提供可行性评价和建设所需的基础资料的活动。工程勘测经历了传统手工作业与纸质记录资料到数字化采集与信息化交付的发展历程。20世纪50年代中期，中国工程勘测开始应用航空勘测和物理勘探新技术。60年代开始应用计算机技术，从此工程勘测进入数字化的发展时代。70～80年代，光电测距仪、数字地震仪、静力触探等仪器和技术开始应用于工程勘测实践。90年代以后，中国应用了GPS技术和航测数字化测图技术，进一步加深了勘测数据采集和处理的数字化程度，操作程序更为简化，工程勘测工作范围更广。21世纪以来，现代工程数字化勘测综合利用数字采集技术、计算机与数据库技术、网络通信技术等，将工程探测数据进行有机的集成，提高测量精度和数据安全可靠性，为工程设计、施工和运维提供全面支撑，服务工程建设的全过程。

勘测任务　在工程勘测活动中实现数字化数据采集，同步进行勘测数据库建设，将表述工程勘察信息的数据孤岛转变为能够有序流动和处理的信息，实现工程勘测内外业工作一体化以及全过程信息化，提升勘测工作效率和勘测成果质量，为工程设计和施工提供依据和指导，保证工程建设安全、高效进行。

勘测技术　以传统工程勘测为基础，以数字技术与新一代信息化技术为手段，以高效解决工程勘测为目标，发展形成的地形、地质及水位信息数字化外业采集和内业处理技术。数字化外业采集技术主要包括空天高精度遥感地质信息识别与获取技术、地面便携式移动勘察信息采集技术、地下岩体综合信息集成采集技术3部分。基于空天手段获取的勘测信息可作为地面采集的基础，用于外业复核验证。地面采集的探测信息能够与地下岩体信息采集进行关联，便于数据集成与协同应用。借助于计算机勘测专用软件，将工程勘测过程中产生的大量数据，点、线、面的空间信息及其之间的拓扑关系录入工程勘测数据库，即内业处理技术。

数字化勘测实质上是一种全解析计算机辅助勘测的内外业一体化测绘方法。这种勘测技术使工程勘测成果不再仅仅是绘制在纸上的勘测图，而是以计算机存储介质为载体、可供计算机传输、处理、多用户共享的数字勘测信息。这些数字化的勘测信息以其存储与传输方便、精度与比例尺无关，不存在变形及损耗，能方便、及时地进行局部修测和更新，便于保持勘测图的现势性，极大地拓展了勘测资料的应用范围，使其能在经济建设各部门发挥出更大的作用。

基本原理　通过各种手段采集地面上的地貌、地形及地物要素的三维坐标、地质条件以及描述其性质与相互关系的信息，然后录入计算机，借助于计算机勘测专用软件进行内业处理，最终显示、输出与传统方式表现形式相同的勘测图。其中，将地貌、地形、地物要素转换为数字信息这一过程称为数据采集。计算机勘测是用专业的数字化勘测图编辑成图软件，通过人机交互的方式将采集的数据编辑成勘测图，或录入计算机能识别的信息，绘图系统自动将野外采集的数据绘制成勘测图。由于计算机软件通过计算、展点、识别、连接、加注记符号等步骤处理采集的数据，绘出所测勘测图的过程通常是在数据采集完成后进行。要使计算机软件能识别所采集的数据，并据此绘出传统意义上的勘测图，野外测绘时除点位的三维坐标外，还必须采集点位的连接信息和描述其性质的属性信息。点位的三维坐标是定位信息亦称点位信息，使用数字化勘测设备采集并自动计算和存储在设备内存中，各个点之间以点号区别；连接信息指测点的关联关系，包括相邻连接点号和连接线型等，勘测系统据此才能将相关的点连接成一个地貌、地物符号。

勘测成果　工程勘测数字化成果数据包含地理信息数据、工程钻探数据、工程物探数据、原位测试数据、水文地质数据、室内试验数据及其他与工程勘察相关的数据。勘测数字化成果交付应以提高工程项目信息化管理与共享为目的，提供的数字化成果必须真实、准确，交付成果宜采用与业务系统相衔接的交付平台，实现数字化文件从形成到归档、保管、利用的全过程管理。

工程勘测数字化成果内容包含按照相关标准编制的平面图、剖面图、柱状图、统计报表和文字报告等，与上述成果严格一致并满足数字化交付要求的勘察数据库。勘察数据库包括但不限于以下内容：①工程属性数据。包括与工程相关的地理信息属性，采用的坐标系统、高程系统、抗震指标等数据。②地层数据。包括勘探孔洞数据、剖面成果数据和地下水数据等。③试验数据。主要指原位测试和室内试验成果数据及根据地层数据进行统计计算分析的结果数据。④工程评价数据。包括与岩土工程评价结论相关的水土腐蚀性评价、地基基础方案和工程建议等。⑤质量评价数据。与工程阶段相适应的评审或审查意见。⑥勘测三维模型及其他数据。勘测三维模型包含按照相关地质三维建模技术标准和规程所建立的三维地形表面、地层界面、地下水位面、风化面、卸荷面、勘探孔洞模型、地质体模型、边坡块体模型及其他相关专题模型。

相比于传统交付手段，工程数字化勘测成果交付具有以下优势：①数据传递的关联性。工程勘测数据与三维地质信息模型相互关联，任何数据调整可以使模型发生同步变化，实现在三维环境下解读勘测数据。②数据信息的集成性。数字模型融合勘测阶段采集得到的多源异构数据，便于勘测数据在工程建设各阶段的流动和使用。③数据表达的形象化。三维地质信息模型可以将抽象的勘测信息以形象化的方式展现给用户，提高成果交付的工作效率。　（张　建　吴　刚　李　丹）

工程数字化勘测管理系统　digital engineering surveying management system　对工程勘测外业数据采集、勘测数据内业管理与分析、建模分析与出图、项目生成整理等功能和资料信息进行一体化管理的系统。随着勘测仪器、计算机硬件及数字化勘测软件的普遍应用和快速发展，勘测数字化系统被广泛应用于勘测项目生产中，逐步替代传统勘测数据采集及生产应用方法。测绘技术和测量仪器向着自动化、信息化、精密化和智能化的方向发展，建立信息化、规范化、涵盖数据全面、二维三维成果精度高的勘测数字化管理系统成为行业趋势。

以统一的勘测数据库为基础，工程数字化勘测主要包括勘测外业数据采集和勘测数据内业整理与分析两个方面。①勘测外业数据采集。包含钻孔、平洞、地质测绘点等现场数据的快速采集，岩样、土样、水样等样品的取样和送样信息管理，勘测任务分配、质量交底及控制、机组人员信息管理、安全交底等模块。②勘测数据内业整理与分析。基于勘测数据库进行数据分类统计，用于勘测报告中的各类统计分析表。建模分析与出图则是主要完成生产过程中所需要的二维、三维图纸（钻孔柱状图、勘探剖面图、高程平切图、地质平面图、等值线分析图等）、勘测三维模型，作为全专业开展三维设计的基础。勘测项目生产管理包含各类资料（前期搜集资料、勘测过程及成果资料等）的协同共享及项目周报、月报、日报实时统计，工作进度查询，勘察结算及劳务结算等。

勘探数据、试验数据、物探数据、倾斜摄影、激光点云等多源数据采集及处理应用的一体化管理系统已在不同领域的勘测项目中广泛应用。　（李小州）

工程数字化施工　digital engineering construction　施工中通过人与信息终端交互，完成数字化的表达、分析、计算、模拟、监测、控制及其有序信息流的构建，驱动工程作业的过程。

数字化工程施工主要包括数字工地、数字化虚拟仿真施工、数字化现场施工、数字化施工控制、数字化协同管理等内容。①在工程施工之前，通过采用数字化技术完成施工场地测量与布置，做好施工现场人员、机械、物料、设备、环境、方案等的施工组织管理方案的策划与实施；通过在计算机上采用信息软件对工程施工实施过程进行数字化虚拟仿真分析、预演和评估，提前预判和解决施工过程可能出现的问题。②在工程施工实施过程中，通过采用物联网、互联网、工控系统等数字化技术对工程实体以及施工现场人员、机械设备、周边环境等施工状态进行监测、评估和控制，对工程管理所涉及的施工方案、施工进度、工程成本、质量安全、机械设备、档案资料等实施数字化协同管理，实现精益建造。③在工程竣工验收时，通过对工程施工过程中产生的大量数据信息进行有序归纳、系统整理完成数字化竣工交付。数字化施工技术的应用为工程施工和管理提供新技术、新方法，可以从根本上改变传统工程施工模式，大幅提升工程施工水平。

数字化工程施工虽然是一种新的施工模式，但是发展迅速，各类重大工程建设过程中都已经不同程度地应用了数字化施工技术，代表性工程也很多。例如，中国的上海中心大厦是中国率先在工程建设全过程应用数字化施工技术的工程，建立了数字模型分析计算、专项技术平台、协同管控平台、运维管理平台等组成的超高层数字化建造技术体系，实现对工程建造、空间环境、质量与安全等控制对象的数字化管控。上海迪士尼度假区工程在项目管理、深化设计、构配件加工、现场施工、施工控制、竣工交付等方面全面深入应用了数字化施工技术，探索了数字化工程施工与管理新模式。

随着信息技术、工业制造技术的进步，数字化施工技术在工程建设领域的应用将会越来越广泛和深入，并将产生大量的数据信息。通过对大数据信息的整理和挖掘可以大量智能化算力算法，赋予工程施工智能化属性，这也是实现智能化施工的关键。数字化施工是智能化施工的基础，智能化施工是数字化施工的高级阶段和发展的必然。　（龚　剑）

工程索赔 engineering claim 在合同履行过程中，对于并非出于自己的过失，而是应由对方承担责任的情况造成的实际损失向对方提出费用索赔和（或）工期索赔的要求。费用索赔一般指由于施工的客观条件改变从而导致承包商开支增加，承包商要求对超出计划成本的附加开支给予补偿，以挽回不应由他承担的经济损失的索赔。费用索赔的目的是要求经济补偿。承包商的投标报价中不含有业主应承担的风险对报价的影响，因此，一旦这类风险发生并影响承包商的工程成本时，承包商将提出费用索赔，它是一种正常合理的行为。

工期索赔一般指由于非承包商责任的原因而导致施工进程延误，承包商向业主提出批准顺延合同工期的索赔。工期索赔形式上是对权利的要求，可以避免在原合同竣工日期不能完工时，被业主追究延误违约的法律责任。一旦获得批准，合同工期顺延后，承包商不但可以免除了承担延误违约经济赔偿的风险，而且如果在顺延日期之前完工，可能获得奖励。如果承包商遵守了相关法律及合同条款的规定，因业主自身原因扰乱承包商的工作，造成承包商经济损失的，承包商有权提出延长工期的索赔。承包商可以按照索赔的程序，首先向监理提出意向，发出通知，监理根据施工合同约定的条款，按照实际工程施工情况延长工期。

在工程合同履行过程中，索赔是双向的，由于承包商的过失导致业主方产生费用损失的，业主方亦可以向承包商提出费用索赔。

依据工程量清单规范，当合同一方向另一方提出索赔时，应有正当的索赔理由和有效证据，并应符合合同的相关约定。承包人索赔处理程序主要有3个方面。①发包人收到承包人的索赔通知书后，应及时查验承包人的记录和证明材料。②发包人应在收到索赔通知书或有关索赔的进一步证明材料后的28天内，将索赔处理结果答复。③承包人接受索赔处理结果的，索赔款项应作为增加合同价款，在当期进度款中进行支付；承包人不接受索赔处理结果的，应按合同约定的争议解决方式办理。承包人要求赔偿时，可以选择下列一项或几项方式获得赔偿：①延长工期。②要求发包人支付实际发生的额外费用。③要求发包人支付合理的预期利润。④要求发包人按合同的约定支付违约金。当承包人的费用索赔与工期索赔要求相关联时，发包人在做出费用索赔的批准决定时，应结合工程延期，综合做出费用赔偿和工程延期的决定。

合同任何一方也都可以对对方提出的索赔要求进行反驳和反击，这种反驳和反击称为“反索赔”。反索赔有工期延误反索赔、施工缺陷反索赔类型，针对一方的索赔要求，反索赔的一方应以事实为依据，以合同为准绳，反驳和拒绝对方的不合理要求或索赔要求中的不合理部分。

（罗　岚）

工程项目环境管理 environmental management of construction project 自项目开始至项目结束，发挥计划、组织、控制等职能，使项目环境目标得以实现的活动。工程项目实施过程消耗大量资源，产生扬尘、噪声、固体废弃物等多种环境污染物，对环境有很大影响。伴随着环境问题日益受到社会关注，工程项目环境管理开始受到更多重视。

工程项目环境管理要求工程项目的各个阶段，将环境目标作为项目目标的重要组成，在环境因素识别与评价的基础上，分析出主要环境因素，制定有效的应对措施，建立相应的管理制度和组织机构，明确实施与监管责任，建立项目环境管理体系，以确保管理环境目标实现。项目环境管理体系的建立，应以国际标准化组织制定的ISO14001：2015《环境管理体系要求及使用指南》和中国国家标准《环境管理体系要求及使用指南》(GB/T 24001—2015）等为指导，将环境管理体系融入项目实施与管理过程，基于生命周期观点和计划、实施、检查和处理管理理念，强化环境管理责任的履行，提升环境管理绩效。工程项目环境管理以改善社会的环境问题为本质目标，强调最高领导层的重视和有力领导，鼓励项目全员参与环境管理，加强项目实施过程的控制，重视环境管理的持续改进。

（储成龙）

工程项目前期策划 project preliminary planning 在项目前期，通过收集资料和调查研究，在充分占有信息的基础上，针对项目的决策和实施，进行组织、管理、经济和技术等方面的科学分析和论证的过程。这能保障项目建设有正确的方向和明确的目的，也能促使项目设计工作明确体现业主建设目的。从策划的目的、内容和作用来分，可以分为工程项目决策的策划和工程项目实施的策划。

工程项目前期策划的主要目的是为项目决策和实施增值。增值可以反映在项目使用功能和质量的提高、实施成本和经营成本的降低、社会效益和经济效益的增长、实施周期缩短、实施过程的组织和协调强化以及人们生活和工作的环境保护、环境美化等诸多方面。

决策策划　项目意图产生之后，在项目建设立项之前，通过对项目前期的环境调查与分析，进行项目建设基本目标的论证和分析，进行项目定义、功能分析和面积分配，并在此基础上对于项目决策有关的组织管理、经济和技术方面进行论证与策划。基本内容包括以下几个方面：①环境调查与分析。项目策划工作的第一步，也是最基础的一环。环境调查的工作范围为项目本身所涉及的各个方面的环境因素和环境条件，以及项目实施过程中所可能涉及各种环境因素和环境条件。②项目定义与项目目标论证。将建设意图和初步构思，转换成定义明确、系统清晰、目标具体、具有明确可操作性的方案。包括对项目功能进行策划，主要包括项目功能分析和面积分配。③项目经济策划。在项目定义和功能策划的基础上，进行整个项目投资估算，并进行融资方案的设计和项目总体评价。主要包括项目总投资估算、项目融资方案策划和项目的经济评价系统3个方面的内容。④项目产业策划。立足项目所在地以及项目自身的特点，根据城市经济和产业发展趋势，以及项目所在地周边市场需求，从资源、能力分析方面入手，通过分析各种资源和能力对备选产业发展的重要性以及本地区的拥有程度，选择确定项目发展主导产业。⑤项目组织和管理总体方案。通常情况下，项目组织与管理总体方案包括项目分解结构、项目管理组织方案、项目合同结构方案以及项目总进度纲要等几个方面内容。⑥项目设计要求文件。项目决策策划的最终成果，项目设计的重要依据之一，是对项目的具体要求，便于设计者了解业主对功能的要求、对建筑风格的喜好等。

实施策划　在项目立项之后，为了把项目决策付诸实施而形成的具有可行性、可操作性和指导性的实施方案。其基本内容包括以下几个方面：①项目实施目标分析再论证。根本目的是明确实施目标、为项目实施指明方向。其任务主要包括三大目标规划和编制：项目质量目标规划，在项目决策策划中的项目定义、功能分析与面积分配等基础上编制；项目投资目标规划，在项目决策策划中的总投资估算基础上编制；项目进度目标规划，在项目决策策划中的总进度纲要基础上编制。②项目实施的组织策划。为确保项目目标的实现，在项目开始之前以及项目实施前期，针对项目实施阶段，对项目参与各方、业主方和项目管理方在整个建设项目实施过程中的组织结构、任务分工和管理职能分工、工作流程等进行严格定义。③项目实施目标控制策划。依据项目目标规划，制定项目实施中的质量、投资、进度目标控制的方案与实施细则。④项目实施信息管理策划。主要包括以下几个方面的内容：项目信息分类与编码体系策划、项目信息组织策划、项目信息流程策划、项目信息管理制度策划、项目管理信息系统策划等。

（何清华）

工程项目设计管理 project design management 工程项目参建各方特别是业主方为保证设计工作质量、进度和投资控制目标而采取的对工程设计过程进行的策划、组织、协调和控制工作。设计管理是业主方的项目管理工作重要内容，对工程品质、效益、建设周期以及最终工程实体的可持续发展性能均有重大影响。业主方应通过高效的设计管理工作，尽量在设计阶段及时发现问题、解决问题，避免在施工阶段出现更多设计变更，防止在施工阶段因为设计质量存在偏差影响建筑工程的质量、进度和工程造价。

设计任务委托 设计任务的委托主要有直接委托、设计招标以及设计竞赛3种途径。依据中国《工程建设项目招标范围和规模标准规定》，设计单项合同额度超过50万元，或项目总投资额在3000万以上的各类房屋建筑工程，其设计单位采购必须进行招标。设计招标工作必须遵守中国建设部2000年10月18日颁发的《建筑工程设计招标投标管理办法》相关规定。

国际上，房屋建筑工程设计单位的选择主要通过方案竞赛的形式开展。中国许多重大工程、标志性工程在概念设计阶段也参照国际惯例通过方案竞赛评选优胜方案和设计实施单位。在大型标志性房屋建筑工程领域，中外合作设计成为设计委托的一种主要趋势，根据建设部2004年颁布的《关于外国企业在中华人民共和国境内从事建设工程设计活动的管理暂行规定》，外国企业承担中华人民共和国境内建设工程设计，必须选择至少一家持有建设行政主管部门颁发的建设工程设计资质的中方设计企业进行中外合作设计，且在所选择的中方设计企业资质许可的范围内承接设计业务。

对于大型房屋建筑工程，参与项目设计的单位往往不止一家，除承担方案设计、总体设计和施工图设计的主设计单位外，通常还会有概念设计单位、专项设计单位以及设计顾问单位的参与。设计任务的委托方式也由过去直接委托一家设计单位转变为多种委托方式，主要有平行委托、设计总承包、设计合作体、设计联合体等。

设计单位选定后，应及时签订设计委托合同。2015年，住房和城乡建设部、工商总局两部门分别针对房屋建筑工程以及专业建设工程，联合发布了《建设工程设计合同示范文本》。此外，中国各省市自治区也有自行制定和颁布实施的地方性设计合同文本。涉及外方设计单位的，也可根据工程实际情况采用国际通行的设计合同标准条件文本。在起草设计合同时，标准条款参考选定的标准文本即可，但对特殊应用条款的起草应特别谨慎，根据项目实际情况反复推敲，协商制定。

工作内容 根据设计工作开展的时间顺序和设计内容，设计管理工作一般包括方案设计管理、总体设计管理、施工图设计管理、专项设计管理、深化设计管理及设计变更管理等内容。从设计质量管理角度，可以将设计管理工作分为设计输入控制、设计过程控制和设计成果控制3个阶段。

业主方应对提供给设计单位的设计输入资料进行核实，保证作为设计依据的基础资料（规划条件、公共事业配套条件、需求分析、可行性研究报告、设计任务书、勘察/勘测报告、专题及科研资料等）具有全面性、准确性、可靠性和时效性。必要时组织调研与实地考察，对设计输入资料进行收集、整理与核实，也可以组织技术征询，对于设计及专项设计的输入资料进行详细调研与整理。

业主方提供给设计单位的设计任务书是确定工程项目和建设方案的基本文件，是设计工作的指令性文件，也是编制设计文件的主要依据。应充分重视设计任务书编制工作，其深度应能满足开展设计的要求。建设工程项目设计任务书的编制过程实质是一个项目前期策划的过程，是一个对建筑产品的目标、内容、功能、规模和标准进行研究、分析和确定的过程。

设计过程中，业主方应组织设计单位开展多方案比选及价值工程研究，指导设计单位设置科学的技术经济评价指标体系，采用定性和定量结合的方法深入展开同等深度方案研究、比选，从建筑形象、技术、经济、施工、安全等方面综合权衡设计方案。对设计过程中不能形成定论或研究深度不够的关键技术问题，应及时组织进一步研究。对于需要业主方确定的功能、档次、技术路线、技术参数，应及时决策确定。

设计成果审查控制。业主方应组织自身力量或顾问单位采取前期介入、过程参与、分期分批的方式跟踪监督设计全过程，审查设计大纲、设计输入和中间成果、最终成果；对于设计单位、顾问单位和评审单位未达成一致意见的技术问题或重大关键技术问题，可邀请专家进行咨询、评审，形成全方位、多层次的监控管理。对于重大问题及设计过程中存在的重点、难点，业主方应要求设计单位列明本项目的特点、难点，以及提出针对性的工作目标、工作思路、技术路线、责任人、实施计划、保障措施，必要时可组织专家评审或内部评审，评审通过后督促设计单位实施。

（范道安）

工程项目信息管理 information management of construction project 通过对工程各个系统、各项工作和各种数据的组织和协调，使工程的信息方便和有效地完成创建、获取、传递、使用、存储和存档的过程。有效的信息传输的组织和控制有助于通过信息流指导工程建造过程的物质流，从而为工程增值服务。工程信息管理的对象包括决策、实施和运行过程中产生的各种组织、管理、经济、技术和法规类信息。组织类信息包括单位组织信息、项目组织信息和管理组织信息等。管理类信息包括进度控制信息、合同管理信息、风险管理信息和安全管理信息等。经济类信息包括投资控制信息、工程量信息、结算信息等。技术类信息包括设计技术信息、施工技术信息、材料设备技术信息等。法规类信息包括法律法规、工程规范、技术规程等。信息的分类也可以按照项目分解结构、工程实施过程以及工作内容的性质等进行分类。

业主方和项目参与各方都有各自的信息管理任务，包括信息管理的组织分工、信息分类和编码、工作流程、各种报告和报表设计、工程档案管理、信息保密制度、信息平台建设和使用等。对于大型或者复杂的工程，往往需要设置单独的信息管理部门或者工作岗位，并编制必要的信息管理手册和制定相应制度，来加强工程信息管理工作。

随着工程信息管理越来越复杂，利用基于互联网的信息处理平台和建筑信息模型已经成为信息管理的核心手段，例如项目专用网站、项目信息门户、集成项目管理平台、远程办公系统、基于移动终端的协同平台、基于建筑信息模型的在线协同平台等。其中，工程项目管理信息系统常常被应用于项目的目标控制，其功能包括业主方的投资控制或者施工方的成本控制、进度控制、合同管理、文档管理、质量管理等。应用此类系统有助于实现项目信息的集中存储、提高数据处理的效率、确保项目数据处理的准确性、形成各种项目报表以及各种项目信息的检索和查询等。（董　杰）

工程项目职业健康管理　occupational health management in construction project　为降低或消除建设工程项目从业人员受到职业健康风险的影响而采取的一系列措施。工程项目职业健康风险包括生产排放、恶劣的作业环境、缺乏劳动保护、流动而分散的作业方式、目标和资源管理压力等。工程项目职业健康管理的目的是促进并维持工程项目职工的生理、心理及社交处在最好状态，防止职工的健康受工作环境影响，保护职工不受职业健康风险因素伤害。

中国的工程项目职业健康管理处于起步阶段，管理重点在职业生理健康。2008年底，中国卫生部发布的《建筑行业职业病危害预防控制规范》(GBZ/T 211—2008）是中国第一部针对建筑业职业健康管理的标准，对建筑行业职业病危害预防控制的基本要求、危害因素识别、防护措施及应急救援等做出了规定。

工程项目职业健康管理的内容主要包括：①健全制度。项目相关单位建立职业健康管理机构、责任制及相关制度，配备专职健康管理人员、医师和护士。②健康风险因素识别。施工前，施工企业和项目经理部应分别对施工现场卫生状况及不同施工阶段存在的风险因素进行调查和识别；施工过程中，项目经理部应委托有资质的职业健康服务机构对职业健康风险因素进行识别、检测和评价，确定重点职业病危害因素和关键控制点。③防护措施。项目经理部根据施工现场职业病危害的特点，采取对应的职业病危害防护措施，具体包括选择不产生或少产生职业病危害的建筑材料、施工设备和施工工艺；配备有效的职业病危害防护设施和个人防护用品；制定合理的劳动制度，加强施工过程职业健康管理和教育培训；在可能产生急性健康损害的施工现场设置检测报警装置、警示标识、紧急撤离通道和泄险区域等。④应急救援。项目经理部应建立应急救援机构或组织，制定应急救援预案，并按预案要求合理配备应急救援装备、急救员、急救室等，对从业人员进行应急救援培训。（李小冬）

工程协调　project coordination　围绕项目建设目标，通过协商、谈判、约定、沟通、交互等方式，对项目内外各有关部门和活动进行调节和协商，促使项目顺利进行的过程。工程建设项目具有建设周期长、受外部环境变动影响大和涉及利益相关方众多等特点，加之项目利益相关方之间既有共同的整体目标和整体利益，但也有工程建设项目组织自身的利益诉求，有时这些参建单位的利益诉求经常是相互冲突的。工程协调就是要广泛采用各种协调工具和协调手段，调动一切相关组织的力量，使之目标协同、紧密配合、步调一致，形成最大的合力，以提高项目建设的效率，降低项目利益相关者之间的交易成本、减小机会主义行为、避免或减缓不确定性及冲突矛盾，最终实现项目的质量、投资、进度和可持续发展目标。工程协调工作贯穿项目建设的始终。

工程协调要处理好参建人员人与人之间的关系，也要处理好人与组织以及组织与组织之间的关系，使得项目组织内外的人际关系处于一种平衡状态。工程协调的作用主要表现在：①促使参建人员个人目标与组织目标保持一致，从而促进组织目标的实现。②有利于处理好项目各利益相关方的目标协同，保证项目的顺利实施。③有利于降低内耗，提升项目组织效能。通过工程协调，可以使得项目参建单位、参建个人明确自身的角色、职责和使命，团结集中各方力量到实现项目目标上来，形成强大的凝聚力。

内容　工程协调包含的内容非常丰富。从协调的对象看，有组织协调、工作协调和人际关系协调，从协调的范围角度，可以分为工程项目内部关系的协调和工程项目外部关系的协调。

站在建设单位的视角，内部协调主要指建设单位内部人际关系协调、部门间工作协调以及和组织内纵向关系（上下级）的协调等。内部协调主要通过行政指令、人事管理、规章制度和组织文化建设等方式开展。外部协调可以分为与近外层关系的协调和与远外层关系的协调等两个方面。①与近外层关系的协调主要指建设单位与项目的直接参与方或主要利益相关方的协调。包括建设单位与设计单位、施工单位、监理单位、供应商、金融机构、咨询单位等之间的协调。这些组织间关系一般都是合同关系，应在平等互利的基础上进行协调。②与远外层关系的协调主要指与项目间接参与单位以及周边社区的沟通协调。包括与政府规划、建设、环保、交通、消防等有关部门，大众媒体以及周边居民的协调。这些组织、部门或个人与建设单位之间有的存在合同关系，有的并不存在刚性的合同约束关系，因此往往关系更松散，协调的难度更大。与远外层关系协调应依据有关政策、法规和公共关系准则、社会公德，必要时可充分发挥中介组织和社会管理机构作用，处理好相关矛盾纠纷。

方法　工程建设过程中进行协调的方法有很多，主要包括会议协调法、谈话协调法、调整协调法和心理协调法。此外项目团队文化的建设与项目协调制度的构建也对项目协调的保障有着至关重要的作用。

会议协调法是一种最常见也是最常用的协调方法。一般有例会、合署办公会和现场会三种类型。其中例会是在固定的时间内召开的会议。合署办公会则是将与问题有关的几个职能部门联合在一起办公，集中研讨解决问题的办法,在统一各部门认识后做出具体的协调规定。现场会针对性协调某一问题,把有关人员带到问题的现场,当场定出解决问题的措施。

谈话协调法指在实际工作中为保证信息畅通，面对面交谈沟通协调问题。①个别谈心协调法。参与项目的每个人文化背景、人生经历以及想问题的方法、角度等等都是不同的，如能及时沟通,就能取得一致,保证项目顺利建设。②协商对话协调法。这种方法适用于领导者与被领导者之间和管理者与被管理者之间的协调活动。

调整协调法包括调整组织机构与调整人员。当组织机构设置不合理而导致矛盾时，就需要通过调整组织机构来达到协调的目的。调整组织机构的主要方法是按照职能分工和便捷、高效的原则进行精简。而在项目实施过程中,由于某些工作人员不称职、不适应可能导致组织协调失灵。此时,为保证项目顺利进行,只有适当调整人员,但调整人员的办法只能适当运用。

心理协调法是将管理心理学和协调管理结合起来,从心理的角度进行调适。可采用的方法有改变情景法、精神发泄法、需要满足法、目标激励法、认知行为疗法、模仿治疗法和反应行为疗法等。（谢坚勋）

工程性土体变形灾害　hazards of soil deformation induced by engineering activities　在工程施工及竣工后运营的扰动和长期作用下，土体产生了以固结沉降为主的大范围不可恢复的变形而导致的灾害。这些变形可能直接破坏地质环境和工程设施，并诱发一系列的次生灾害。工程性土体变形灾害对工程建设密集的城市区域的威胁尤其显著。受工程扰动或附加荷载作用的土体发生变形或破坏，尤其粉性土和黏性土。土体在自重或外荷载作用下发生沉降通常包括3个部分，即瞬时沉降、固结沉降与次固结沉降。其中固结沉降与次固结沉降是软土沉降的主要组成部分。固结沉降部分可以用太沙基有效应力原理进行解释。

太沙基有效应力原理：土是由松散颗粒组成的凝聚体，土中的空隙被均质的液体填充。与固体颗粒相比，液体的可压缩性较小，通常忽略不计，而固体颗粒本身几乎不可压缩，因此土的变形主要是颗粒

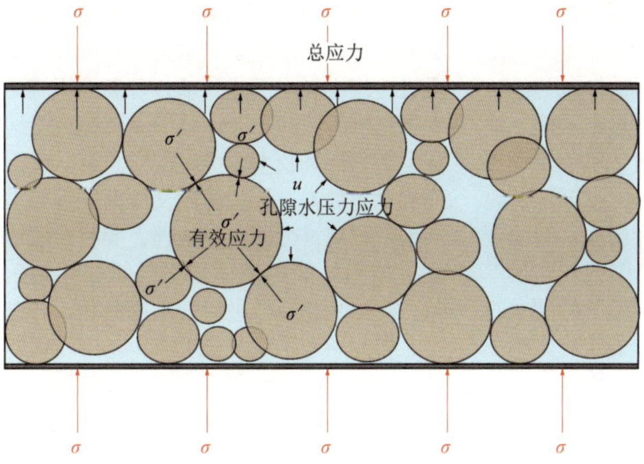

太沙基有效应力原理示意图

间的相对滑移和颗粒排列组合的变化，由此导致孔隙率的变化。在饱和土中，外界荷载由固体颗粒与液体共同传递。设总应力张量（被认为是作用在充分多的颗粒上的平均值）为σ_{ij}，而孔隙水压力为u，则总应力可以分为两部分，一部分是作用在土颗粒上的应力，称为有效应力σ'_{ij}；另一部分则是作用在孔隙水上的应力，称为孔隙水压力$u\delta_{ij}$，因此：

$$\sigma_{ij}=\sigma'_{ij}+u\delta_{ij}$$

太沙基有效应力原理表明，作用于土体上的外荷载转化为土层中的有效应力，从而引起土层的变形。饱和软黏土渗透性弱，完成固结所需时间较长。黏土的固结过程可以用弹簧-活塞-水的一维模型进行描述，弹簧用来描述土体骨架。荷载开始全部由土中的水承担，随着孔隙水排出使孔隙体积减小，土粒间相互错动和滑移使土颗粒重新排列，外力逐渐转为土骨架承担，直到全部由骨架承担为止，从而形成土的固结变形。

在广大的沿海地区和平原地区，软土层广泛分布，浅层软土颗粒接触不紧密，孔隙度大但孔隙小，其连通性差，孔隙水不易排出，因此固结速率慢。孔隙水的排出量很有限，在恒定荷载作用下，土体变形在固结完成后仍不断增加。这种变形称为次固结沉降。次固结变形既包括剪应变，又包括体积变化，且与孔隙水排出无关，而是取决于土骨架本身的蠕变性质。在软土地区，次固结的长期变形量甚至可以达到主固结量的1～2倍。由此会产生长期的工程性土体变形，出现大面积的地面沉降，导致地表高程损失，建筑物下沉、下水道排水不畅、海水入侵、溯源侵蚀加剧等灾害的发生。（唐益群）

工程岩体分级标准 standard for engineering classification of rock mass 利用多种测试方法和手段去获取岩体的多项定量指标，并对各参数给予不同的评分，划分和确定岩体工程质量优劣的标准。中国国标《工程岩体分级标准》(GB 50218—2014）是在原标准（GB 50218—94）的基础上修订而成。国标分级采用两步走的方法进行工程岩体分级，即先对岩体的基本质量划分级别；再针对岩体的具体条件做出修正，确定工程岩体级别。国标分级采用定性与定量相结合、经验判断与测试计算相结合的方法进行。

基本质量分级主要考虑岩石的坚硬程度和岩体的完整程度两个分级因素。岩石的坚硬程度的定量指标用岩块的饱和单轴抗压强度表征；定性指标是在现场通过锤击岩石声音的清脆程度、击碎难易程度、锤击回弹情况以及吸水反映情况来确定。岩体的完整程度的定量指标用岩体完整性系数即岩体与岩块弹性波波速之比的平方来表征；定性指标是在现场通过调查结构面的级数、平均间距、张开度、充填情况来确定。

岩体基本质量分级

岩体基本质量级别	岩体基本质量的定性特征	岩体基本质量指标
Ⅰ	坚硬岩，岩体完整	＞550
Ⅱ	坚硬岩，岩体较完整； 较坚硬岩，岩体完整	451～550
Ⅲ	坚硬岩，岩体较破碎； 较坚硬岩，岩体较完整； 较软岩，岩体完整	351～450
Ⅳ	坚硬岩，岩体破碎； 较坚硬岩，岩体较破碎～破碎； 较软岩，岩体较完整～较破碎； 软岩，岩体完整～较完整	251～350
Ⅴ	较软岩，岩体破碎； 软岩，岩体较破碎～破碎； 全部极软岩及全部极破碎岩	≤250

确定了岩体的基本质量级别后，再结合具体工程的特点，考虑其他影响因素如初始地应力状态、地下水状态、工程轴线或工程走向线的方位与主要结构面产状的组合关系等对岩体基本质量指标进行修正，再按修正后的岩体基本质量指标进行详细分级。（杨 强）

工程验收 project acceptance 在施工单位自行检查合格的基础上，由工程质量验收责任方组织，工程建设相关单位参加，对检验批、分项、分部、单位工程及其隐蔽工程的质量进行抽样检验，对技术文件进行审核，并根据设计文件和相关标准以书面形式对工程质量是否达到合格做出确认的活动。施工质量验收一般应划分为单位工程、分部工程、分项工程和检验批等四个层次的验收开展。1990年9月11日，中国国家计划委员会（今国家发展和改革委员会）颁布的《建设项目（工程）竣工验收办法》规定了建设工程竣工验收的范围、依据、条件、程序。中华人民共和国建设部（今住房和城乡建设部）2000年6月30日发布《房屋建筑工程和市政基础设施工程竣工验收暂行规定》、2001年7月20日《建筑工程施工质量验收统一标准》明确了中华人民共和国境内新建、扩建、改建的各类房屋和市政基础设施工程的竣工验收的条件、程序及工程竣工验收报告的内容。2001年12月27日，中国国家环境保护总局发布《建设项目竣工环境保护验收管理办法》对建设项目竣工环境保护验收范围、条件、程序进行了规定。2009年4月30日，中国公安部发布修订后的《建设工程消防监督管理规定》，明确了建设单位申请消防验收应当提供的材料，2012年11月1日起实施《公安部关于修改〈建设工程消防监督管理规定〉的决定》，对部分消防验收相关环节和名词做了修改。建筑工程领域工程验收范围、依据和程序执行的最新标准为《建筑工程施工质量验收统一标准》(GB 50300—2013）。

要求 施工质量验收合格应符合工程勘察、设计文件载明的要求并符合《建筑工程施工质量验收统一标准》(GB 50300—2013）和相关专业验收规范的规定。开展建筑

工程验收工作的主要要求包括七个。①工程质量验收均应在施工单位自检合格的基础上进行。②参加工程施工质量验收的各方人员应具备相应的资格。③检验批的质量应按主控项目和一般项目验收。④对涉及结构安全、节能、环境保护和主要使用功能的试块、试件及材料，应在进场时或施工中按规定进行见证检验。⑤隐蔽工程在隐蔽前应由施工单位通知监理单位进行验收，并应形成验收文件，验收合格后方可继续施工。⑥对涉及结构安全、节能、环境保护和使用功能的重要分部工程应在验收前按规定进行抽样检验。⑦工程的观感质量应由验收人员现场检查，并应共同确认。

程序和组织　为了有计划有步骤地做好各项验收工作，保证工程施工和验收的顺利进行，建设单位、施工单位和监理单位均应制订详细的验收工作计划，按照建设项目的特点和工程验收工作的规律，执行工程质量验收的正常工作程序。

依据《建筑工程施工质量验收统一标准》(GB 50300—2013)规定，各级工程质量验收的程序和组织包括：①检验批应由专业监理工程师组织施工单位项目专业质量检查员、专业工长等进行验收。②分项工程应由专业监理工程师组织施工单位项目专业技术负责人等进行验收。③分部工程应由总监理工程师组织施工单位项目负责人和项目技术、质量负责人等进行验收。勘察、设计单位项目负责人和施工单位技术、质量部门负责人应参加地基与基础分部工程的验收。设计单位项目负责人和施工单位技术、质量部门负责人应参加主体结构、节能分部工程的验收。④单位工程中的分包工程完工后，分包单位应对所承包的工程项目进行自检，并应按验收标准规定的程序进行验收。验收时，总包单位应派人参加。分包单位应将所分包工程的质量控制资料整理完整后，移交给总包单位。⑤单位工程完工后，施工单位应组织有关人员进行自检。总监理工程师应组织各专业监理工程师对工程质量进行竣工预验收。存在施工质量问题时，应由施工单位及时整改。整改完毕后，由施工单位向建设单位提交工程竣工报告，申请工程竣工验收。⑥建设单位收到工程竣工报告后，应由建设单位项目负责人组织监理、施工、设计、勘察等单位项目负责人进行单位工程竣工验收。

工程竣工验收　施工承包单位依照国家有关法律、法规及工程建设规范、标准的规定完成工程设计文件要求和合同约定的各项内容，建设单位已取得政府有关主管部门（或其委托机构）出具的工程施工质量、消防、规划、环保、城建等验收文件或准许使用文件后，应组织工程竣工验收并编制完成《建设工程竣工验收报告》。

根据国家有关规定，建设项目达到竣工验收条件，进行竣工验收，交付生产使用，必须满足以下条件：①设计文件和合同约定的各项施工内容已施工完毕。②有完整并经核定的工程竣工资料，且符合验收规定。③有勘察、设计、施工、监理等单位签署确认的工程质量合格文件。④有工程使用的主要建筑材料、构配件和设备进场的证明及实验报告。⑤建设单位已按合同规定支付工程款。⑥有施工单位签署的工程质量保修书。⑦有规划主管部门出具的认可文件。⑧有交通、环保等部门出具的认可文件或者准许使用文件。

依据《建筑工程施工质量验收统一标准》(GB 50300—2013)规定，单位工程完成后，施工单位应首先依据验收规范、设计图纸等组织有关人员进行自检，对检查结果进行评定并进行必要的整改。监理单位应根据《建设工程监理规范》的要求对工程进行竣工预验收。符合规定后由施工单位向建设单位提交工程竣工报告和完整的质量控制资料，申请建设单位组织竣工验收。建设单位收到工程竣工报告后，应由建设单位项目负责人组织监理、施工、设计、勘察等单位项目负责人进行单位工程验收。

工程项目的竣工验收是施工全过程的最后一道程序，是建设投资成果转入生产或使用的标志，也是全面考核投资效益、检验设计和施工质量的重要环节。工程项目通过验收之后，标志着施工单位已全面履行了合同约定的建设义务并转入保修服务。

（乐　云）

工程渣土末端处置　terminal disposal of construction waste residue　对无法进行再利用的工程渣土，将其送到城市周边受纳场进行堆填的处置方式。是工程渣土的主要处置方式。例如，中国深圳已建和规划建设的渣土受纳场数量已达47个，其中九窝渣土受纳场的填埋容量达3000万米^{3}以上。

渣土受纳场　其组成包括填料检测设施、预处理系统、场区道路、地基基础、渣土堆填体、地表水截排系统、地下水导排系统和封场覆盖系统等，其建设和运营需满足稳定安全和环保两方面的要求。在稳定安全方面，由于受纳物料成分复杂且场址条件多变，现存多数未经设计规划的填埋场存在一定的稳定安全隐患。深圳光明新区渣土受纳场“12·20”特别重大滑坡事故，即是由于含水率高、密实度低及凝胶态分散凝胶（CDG）填料快速堆填导致深层滑动进而引发滑坡破坏造成的。在环保方面，当存在潜在污染的工程渣土不经处理直接填埋，便有可能危害城市与生态安全。北京地铁5号线宋家庄工地掘出的土方酚类污染物超标，导致3名工人中毒，一旦这些含有污染物的工程渣土被运输至回填或堆填处置场地，极有可能对场地及周边的土壤和地下水造成二次污染。

渣土填埋场稳定安全要求　渣土填埋场的稳定安全要求主要体现在选址、设计、施工和稳定安全监测等方面。①选址时，场址地基稳定和承载力应通过地基稳定性验算，工程地质与水文地质条件应满足设施建设和运行的要求，且场内不应受水患灾害的威胁。②堆填场设计应进行地基承载力计算及堆体稳定安全验算。对不能满足承载力、沉降限制及稳定性等要求的地基，应进行相应的处理，同时对填埋高程超出地面的堆体设置挡坝。③施工时，应对入场填料进行含水率检测，并进行必要的场地平整及分层压实。同时根据地下水水量、水位及其他水文地质情况，在场地内设置地下水收集与导排系统，避免堆填体阻塞地下径流通道而导致堆填体水位壅高诱发滑坡。④填埋作业运行期间宜设置堆体水位、孔隙水压以及沉降监测设施，对填埋堆体典型断面的沉降、边坡侧向变形及渗沥液导流层水头进行监测，根据监测结果对滑移等危险征兆采取应急控制措施。

渣土填埋场环保要求　渣土填埋场的环保要求主要应在预处理系统、防渗系统、导排系统和污水收集与处理系统中实现。对于具有潜在污染风险的工程渣土应该进行预处理以达到进场填埋要求，对于污染性强的渣土应进行分区填埋。当渣土中杂质（生活垃圾、塑料、金属材料、木质材料、腐殖质、泡沫轻物质等）含量超过5%时，填埋库区应设防渗系统，防渗系统结构应根据《生活垃圾卫生填埋处理技术规范》的要求并结合当地实际情况确

中国济南最大垃圾处理填埋场

定。场地内应设置雨水导排系统，及时导排地下水，防止地下水对地基和防渗系统产生不良影响。场地内应设置清浑分流系统和浑水沉砂池，做到雨污分流。场外汇水和场内未作业区域的汇水可直接排放，填埋库区汇水经沉砂池后再行排放。此外，堆填场应实施封场覆盖，及时采用植被进行生态恢复，确保与周边环境相协调，并在填埋场运行全过程中设置环境监测设施，及时获取环境监测数据。

（詹良通）

工程渣土再利用 recycle use of construction waste residue 将工程渣土直接利用或经分类收集、运输、处置后，再加以利用的过程。工程渣土再利用既可以解决城市土地资源紧张问题，又可以有效缓解土石料紧缺，有助于城市建设可持续发展的良性循环。工程渣土现有的再利用方式主要包括：

就地回填。工程渣土可优先就地利用，以实现施工场地内的土方平衡，对建设场地进行平整、洼地压实填充等。中国深圳光明新区中山大学建设项目采用土方平衡的优化方法，通过场地内消纳回填最终减少净方量10.67万米^3，实现了源头减量目标。

就近回填与堆坡造景。利用工程渣土在周边建设场地实施就近回填或结合绿地、公园建设进行堆坡造景是实现渣土减量化的另一重要途径。考虑渣土工程性质的差异，坡脚可采用杂填土填筑，坡体可采用黏土或固化处理后的淤泥填筑，最终辅以景观设计，形成生态绿地。中国山东青岛碧桂园十里金滩住宅区，利用堆坡造景消纳5万米^{3}工程渣土，在渣土无害化减量的同时，为广大市民创造了休闲娱乐场所。

废弃矿山消纳及复垦土地。废弃矿山消纳以堆填、回填方式为主，将工程渣土堆体依山体填筑，在堆体下游建设高挡土墙，并通过底部设置导排设施加速固结排水进度，最终在堆体上覆盖植被层，起到绿化及生态恢复功能。复垦后的土地可作为建设用地或农业用地。中国浙江德清县废弃矿山综合治理项目通过回填消纳工程渣土3000余万米^3，复垦耕地，取得了良好的经济、生态和社会效益。

填海造地。利用工程渣土对城市周边海域进行回填，抬高地平形成人造陆地即填海造陆，是缓解城市建设矛盾的一项重要举措。中国上海浦东机场采用填海造地方法，吹填面积达85.7万米^2，消纳渣土方量389万米^3，工程质量达到优良标准。

再生路基填料及待建道路消纳。杂填土、硬壳层黏土由于含水量较低、粗颗粒含量高，工程性较好，可作为填料直接利用。淤泥质黏土等则由于含水量高，细粒、黏粒含量较多，工程性差，经过脱水固化处理后再联合使用土工格栅才能作为底基层使用。中国广西柳南高速公路改扩建工程项目将渣土用作路基填料，工程质量达标且节约了建造成本。

再生建筑材料。对工程渣土进行筛分，将卵砾石、砂土、粉砂等分类收集，经除泥、破碎、筛分、分离等处置后将其用作再生骨料；淤泥、淤泥质土、黏土页岩以及浓缩、压滤后的泥饼等可用于生产陶粒、烧结再生砖和砌块。中国深圳海上田园站采用洗砂工艺进行泥砂分离，实现了砂土粗颗粒的回收利用。中国浙江温州利用工程渣土制备非黏土烧结多孔砖，实现了120万吨渣土的消纳处置。

（詹良通）

工程招投标 project tendering and bidding 运用技术、经济的方法和市场经济的竞争机制，有组织开展的择优成交的交易方式。中国乃至国际工程建设领域普遍采用的商品和服务交易方式，是商品经济高度发展的产物。工程招投标是在货物、工程和服务的采购行为中，招标人通过事先公布的采购要求，吸引众多的投标人按照同等条件进行平等竞争，按照规定程序并组织技术、经济和法律等方面专家对众多的投标人进行综合评审，从中择优选定采购项目的中标人的行为过程。工程招投标的实质是以合理的价格获得优质的货物、工程和服务。工程通过招投标方式进行采购，通过市场竞争择优选择中标人，对保护社会公共利益、提升工程经济效益和促进社会公平等方面均有很大的价值。

招标代理 招标人可以自行办理招标事宜，也可以委托招标代理机构办理招标事宜。中国对招标代理机构实施资质管理制度。招标代理机构资格由国务院或者省、自治区、直辖市人民政府的建设行政主管部门认定。工程招标代理机构资格分为甲级、乙级和暂定级，甲级工程招标代理机构可以承担各类工程的招标代理业务；乙级工程招标代理机构只能承担工程总投资1亿元以下的工程招标代理业务；暂定级工程招标代理机构只能承担工程总投资6000万元以下的工程招标代理业务。招标代理机构与行政机关和其他国家机关不得存在隶属关系或者其他利益关系。

施工招投标 是工程建设过程中最重要的招投标活动。施工招标涉及的金额巨大，所选择的施工承包中标单位是工程实体的最重要生产单位之一，因此施工招标工作的成败很大程度上决定了建设工程项目管理的绩效。依法必须招标的工程建设项目，应当具备下列条件才能进行施工招标：①招标人已经依法成立。②初步设计及概算应当履行审批手续的已经批准。③招标范围、招标方式和招标组织形式等应当履行核准的手续已经核准。④有相应资金或资金来源已经落实。⑤有招标所需的设计图纸及技术资料。

招标人根据施工招标项目的特点需要编制施工招标文件。施工招标文件一般包括下列内容：①投标邀请书。②投标人须知。③合同主要条款。④投标文件格式。⑤采用工程量清单招标的，应当提供工程量清单。⑥技术条款。⑦设计图纸。⑧评标标准和方法。招标人应当在招标文件中规定实质性要求和条件，招标文件规定的各项技术标准应符合国家强制性标准的要求。招标文件中规定的各项技术标准均不得要求或标明某一特定的专利、商标、名称、设计、原产地或生产供应者，不得含有倾向或者排斥潜在投标人的其他内容。招标文件应当明确规定评标时除价格以外的所有评标因素，以及如何将这些因素量化或者据以进行评估。

施工招标的评标重点包括商务标评标重点和技术标评标重点两部分。对于一般的建设工程项目，施工承包招标的评标重点主要是商务标评标重点，采用经技术评审的最低价中标法。对于建设规模大、具有较高施工技术难度的建设项目，应重视技术标的评审。商务标评标重点包括：①投标报价。②不平衡报价偏离程度。③资金流量表的合理性。④财务或付款方面的优惠条件等。技术标评标重点包括：①投标单位的施工能力。②项目经理的能力、素质与经验。③派驻现场项目经理部设置合理性及其团队成员的能力、素质与经验。④施工组织设计、施工总体部署、施工技术方案的合理性、可行性。⑤材料、设备和劳动力资源配置合理性。

（胡　毅）

工程质量控制 project quality control 为保证工程质量满足国家各类有关规范、标准、法律法规、设计文件以及工程合同的要求，而采取一系列有效的措施、方法和手段的系统管理过程。工程质量控制贯穿于项目建设过程，通过制订质量计划，从人员、机械、材料、施工方法、环境等方面对工程质量进行控制，发现偏差及时分析产生问题的原因，采取纠正措施，杜绝不符要求的情况发生。中国自1978年开展QC小组活动，这是实现质量控制与改进的一种有效途径。根据工程项目的建造过程，工程项目质量控制分为5个阶段：可行性研究阶段的质量控制、决策阶段的质量控制、工程勘察设计阶段的质量控制、工程施工阶段的质量控制、竣工验收及使用阶段的质量控制。

工程质量控制需遵循以下原则：①坚持质量第一原则。②坚持预防为主原则。③坚持以人为核心的原则。④坚持质量标准、严格检查，一切用数据说话的原则。

措施　针对工程质量形成的5个阶段，提出有效的质量控制措施，实现工程质量控制目标。①可行性研究阶段质量控制。可行性研究应能够从科学的、独立的视角，准确地判断项目与环境的发展趋势，提高可行性研究的深度和广度，对项目的规模、建设标准、新技术的应用、经济发展的影响进行准确预判，为项目决策提供可靠保障。②决策阶段质量控制。采用科学决策方法，采纳多方观点、意见，民主决策，选择最优建设方案。③勘察设计阶段质量控制。勘察资料要可靠、准确、齐全，采用的设计方案要进行翔实论证，有充分的技术经济依据，各阶段的设计文件要认真校对、复核，做好功能、结构、工艺、经济和标准化审查，并组织有关方面对施工图纸进行会审，做到计算正确、数据统一、资料完整、图面清晰。已交付施工的图纸必须修改时，执行技术核定和设计变更签证制度。④工程施工阶段质量控制。加强施工工艺管理，认真执行工艺标准和操作规程，提高质量稳定性。加强工序控制，保证每道工序质量，进行中间检查和技术复核。及时做好隐蔽工程和分部分项工程的质量检查和验收。做好交工前的质量检查，发现问题及时返修。⑤竣工验收及使用阶段质量控制。施工单位应做好工程质量自检、自评工作，发现问题及时整改，完善竣工资料。验收人员严格遵守规范、标准、相关法律法规，采用先进的技术手段进行相关检查，发现工程质量问题及时整改。在工程交付使用后，施工单位应做好质量回访和保修，建立保修单和技术服务档案。

分析统计方法　施工过程中质量控制的基本方法是设立质量管理点，运用数理统计方法开展质量统计分析，通过对质量数据的收集、整理和统计分析，找出质量的变化规律和存在的质量问题，掌握工程质量动态，并提出进一步的改进措施，开展质量控制。主要的质量控制方法包括：①直方图法。直方图又称频率分布直方图。它们将产品质量频率的分布状态用直方图形来表示，根据直方图形的分布形状和与公差界限的距离来观察、探索质量分布规律，分析和判断整个生产过程是否正常。②排列图法。排列图法又称帕累托法、主次排列图法。是分析影响质量主要问题的有效方法。排列图法将众多的影响因素、影响质量的频率通过图形的形式进行排列，使得影响质量的主要因素一目了然地表现出来。③因果分析图法。因果分析图也叫鱼刺图、树枝图，是一种逐步深入研究和讨论质量问题的图示方法。因果分析图方法把影响质量的因素按其影响作用大小，用主干、大枝、中枝和小枝来表示，以清晰地观察出导致质量问题的原因，并以此为据制定相应对策。④控制图法。控制图旨在确定一个过程是否稳定，是否具有可预测的绩效结果。质量控制图也可作为质量数据收集工具，可以反映施工过程随着时间推移而体现的施工质量变化规律，检查质量波动是否在可接受范围之内。（蒋凤昌）

工程质量验收　quality acceptance　建设项目按批准的设计文件建成后，由建设单位及有关部门对完工工程进行质量检验和签收的工作。验收应依照国家或有关部、委颁发的施工验收规范进行，以有关工程质量检验评定标准或有关部门颁发的标准为依据评定质量等级。工程质量验收可分为过程验收和竣工验收。过程验收按项目构成划分，可分为单位工程验收、分部工程验收、分项工程验收和检验批验收四种层次的验收工作。检验批指施工过程中条件相同并含有一定数量材料、构配件或安装项目的施工内容，由于其质量基本均匀一致，所以可作为检验的基础单位，并按批验收。

质量验收条件　工程质量的验收应满足下列条件：①施工质量应符合建筑工程施工质量验收统一标准和相关专业验收规范的规定，应符合工程勘察、设计文件的要求。②参加工程施工质量验收的各方人员应具备规定的资格。③工程质量的验收均应在施工单位自行检查评定的基础上进行。④隐蔽工程在隐蔽前由施工单位通知有关单位进行验收，并形成验收文件。⑤涉及结构安全的试块、试件以及有关材料，应按规定进行见证取样检验，承担见证取样检测及有关结构安全检测的单位应具有相应资质。⑥检验批的质量应按主控项目和一般项目验收。⑦对涉及结构安全和使用功能的重要分部工程应进行抽样检测。⑧工程观感质量应由验收人员通过现场检查，并应共同确认。

程序和组织　工程质量验收程序和组织如下：①检验批及分项工程应由专业监理工程师组织施工单位项目专业质量（技术）负责人等进行验收。②分部工程应由总监理工程师（建设单位项目负责人）组织施工单位项目负责人和技术、质量负责人等进行验收；地基与基础、主体结构分部工程的勘察、设计单位工程项目负责人和施工单位技术、质量部门负责人也应参加相关分部工程验收。③单位工程完工后，施工单位应自行组织有关人员进行检验评定，并向建设单位提交工程验收报告。④建设单位收到工程验收报告后，应由建设单位（项目）负责人组织施工（含分包单位）、设计、监理等单位（项目）负责人进行单位（子单位）工程验收。⑤单位工程有分包单位施工时，分包单位对所承包的工程项目应按本标准规定的程序检查评定，总包单位应派人参加。分包工程完成后，应将工程有关资料交总包单位。⑥当参加验收各方对工程质量验收意见不一致时，可请当地建设行政主管部门或工程质量监督机构协调处理。⑦单位工程质量验收合格后，建设单位应在规定时间内将工程竣工验收报告和有关文件，报建设行政主管部门备案。

竣工验收报告　建设单位在取得工程质量、消防、规划、环保、档案等有关专业管理部门或其委托机构出具认可文件或者准许使用文件后，应当及时组织有关各方办理工程竣工验收手续，组织编制建设工程竣工验收报告。建设工程竣工验收报告一式五份，建设单位、施工单位、质量监督机构、备案机关及城建档案部门各持一份。（蒋凤昌）

工业用水处理　industrial water treatment　为了达到不同的工业生产过程对水质和水温的要求而对原料水进行的加工过程。不同的工业生产过程有不同的水质要求，如大规模集成电路的生产需要使用超纯水，高压锅炉的用水则需要去除硬度和溶解氧。工业用水处理方法包括：①通过去除水中部分杂质或全部杂质来满足相应的水质要求。包括以去除钙、镁离子为净化目的而进行的水的软化；以去除水中所有离子、制备纯水为目的而进行的水的脱盐；以去除水中溶解的氧气、二氧化碳为目的而进行的脱气处理。②通过向原料水中添加新的成分，以满足工业生产过程水质要求而进行的水质调整。③为了满足生产过程的需要而进行的水温的调整。主要是以成品水温度降低为目的，以满足工业生产过程系统降温需要的水的冷却。

（时文歆）

工业余热供热 utilization of industrial waste heat in district heating 利用工业生产流程中产生的余热作为热源的集中供热方式。工业余热资源一般蕴含于气态、液态、固态物质中，种类繁多，如工业生产过程中的冷却水余热、凝结水余热，钢铁、有色金属、建材和电力等行业中的烟气余热，钢铁、有色金属等行业的排渣余热，以及高温设备（铸件）表面辐射余热等。

在工业余热回收领域，基本已经在生产工艺建设过程中配套300℃以上烟气回收装置，工业厂区可将达到标准的烟气全部回收利用；300℃以下烟气回收技术成熟，有一定市场。100℃以下低温水的能源品位较低，大部分为工艺冷却水，量大且温度稳定，有一定回收供暖应用前景。2015年，中国国家发展和改革委员会发布的《余热暖民工程实施方案》对工业余热供暖提出了指导意见。

工业余热供暖系统的形式主要可分为两类：①利用特殊换热设备回收工业余热中较高温度热源（如钢铁行业的高炉冲渣水）的热量，用于厂区或周边小区的供暖；②利用电热泵、吸收式热泵等热功转换设备回收工业余热中较低温度热源（如冷却循环水）的热量，提升温度后进行供暖。

典型的工业余热供热案例有：河北迁西工业余热供暖工程，其利用周边钢铁厂生产过程中产生的大量工艺冷却循环水向周边1200万米^{2}的建筑供暖；河北石家庄工业余热热泵供暖工程，热源为石家庄循环化工基地，设计供热能力为2115万米^2。

（夏建军）

公路 highway 连接城市、乡村和工矿基地等，主要供汽车行驶、具备一定技术条件和设施的道路。公路作为现代语词有两个基本因素：可以行驶汽车和公用之路。由此，古代的车路、丝绸之路、古罗马帝国的车路等类似的道路就不属于公路。

发展简史 早期的公路没有限制，大多是简易公路，后来不同公路有了不同限制。由于交通日益发达，限制性使用的公路越来越多，特别是一些公路专供汽车使用（有的城市公路从禁止单车到禁止摩托车），而且发展出高速公路这种类型，专供汽车全程封闭式使用。

1885年汽车发明后，人们开始按照汽车行驶的要求，逐步把一些旧的畜力车道路改建成为能行驶汽车的公路，一些旧的碎石和块石路面也改造成沥青或水泥混凝土路面。20世纪20年代，由于汽车的普及，不少工业发达国家公路建设迅速发展，被称为汽车时代。到30年代，各工业发达国家公路网已逐渐形成。随着汽车工业的发展，汽车生产量和保有量逐步增长，很多工业发达国家开始对已有公路进行技术改造，以适应交通量和汽车载重、速度日益增长的要求，沥青路面和水泥混凝土路面的比重越来越大。德国和美国还分别于1931年和1937年开始修建高速公路。50年代以来，一些工业发达国家的汽车生产量和保有量迅猛增多，世界各国为了实现公路建设现代化，开始大规模改造旧有公路，并修筑高速公路。截至2015年底，全世界通行的高速公路约34.6万千米，前十名分别是：中国12.35万千米，美国10万千米，加拿大1.86万千米，德国1.28万千米，法国1.11万千米，西班牙0.98万千米，意大利0.70万千米，日本0.65万千米，墨西哥0.63万千米和沙特阿拉伯0.39万千米。

中国于1906年首次修筑广西壮族自治区镇南关（今友谊关）——龙州公路。至1949年，全国共有公路约计13万千米（未包括台湾地区），其中能常年通车的约8万千米。从20世纪50年代开始，中国大力发展公路建设，公路里程稳步增长。很多土路都改建成能常年通车的碎石和砾石路面。60年代以来，随着石油工业的发展，还修筑了不少沥青路面。70年代，有些省开始修筑水泥混凝土路面。70年代以后，公路建设快速发展，2011～2015年全国公路总长度（万千米）/高速公路总长度（万千米）分别为410.6/8.49、423.8/9.62、435.6/10.44、446.4/11.19和457.7/12.35。

在经济建设中的作用 公路运输具有机动灵活、直达门户的特点，是整个交通运输的重要组成部分。公路在短途运输中能作为集散路线以弥补铁路、水运和空运的不足；在长途运输中又起着干线的作用，例如，长达2000多千米的青藏公路和川藏公路。公路是经济建设的先行官，对缩小城乡差别、促进边远地区文教卫生事业发展、解决居民就业、发展工农业生产和旅游事业以及加强国防军事战备等都起着重要的作用。一些工业发达国家公路客、货运量和客、货周转量，在整个交通运输中都占有很大的比重。

规划 中国遵循“全面规划、合理布局、确保质量、保障畅通、保护环境、建设改造与养护并重”的原则。国道规划由国务院交通主管部门会同国务院有关部门并商，国道沿线规划由省、自治区、直辖市人民政府编制，报国务院批准。省道规划由省、自治区、直辖市人民政府交通主管部门会同同级有关部门编制，省道沿线下一级人民政府编制，报省、自治区、直辖市人民政府批准，并报国务院交通主管部门备案。县道规划由县级人民政府交通主管部门会同同级有关部门编制，经本级人民政府审定后，报上一级人民政府批准。乡道规划由县级人民政府交通主管部门协助乡、镇人民政府编制，报县级人民政府批准。县道、乡道规划，需报批准机关的上一级人民政府交通主管部门备案。

等级 中国公路等级分为行政等级和技术等级两类。公路行政等级强调的是公路在国家政治、经济方面的重要程度，不同行政等级公路的重要性也不同，由不同等级的政府部门负责修建、养护和管理。公路技术等级强调的是公路的功能性和技术等级，不同技术等级公路的使用对象、交通流量、设计标准等均有区别，是公路修建的重要基础。

建设 中国公路建设按照国家规定的基本建设程序和有关规定进行。建设项目实行法人负责制度、招投标制度和工程监理制度。设计和施工应符合依法保护环境、保护文物古迹和防止水土流失的要求。国家鼓励、引导世界经济组织依法投资建设、经营公路，国家帮助和扶持少数民族地区、边远地区和贫困地区发展公路建设。

养护 中国公路管理机构在政府的监督管理下，为保证公路经常处于良好的技术状态，按照国务院交通主管部门规定的技术规范和操作规程，进行经常性保养、维修、预防和修复灾害性损坏，以及为提高使用质量和服务水平而进行公路加固和改建工作。

路政管理 中国县级以上地方人民政府交通主管部门或其设置的公路管理机构，根据国家有关法律、法规和规章的规定，实施保护公路、公路用地及公路附属设施的行政管理。公路受国家保护，任何单位和个人不得破坏、损坏或者非法占用公路、公路用地及公路附属设施。

（方福森 撰 陈雨人 修订）

公路飞机跑道 highway runway 在高等级公路上专门设置可供飞机起飞、着陆、滑跑的路段。简称公路跑道。主要供航空兵部队战时机动作战、疏散隐蔽、紧急备降及平时抢险救灾等应急时使用。

发展简史 第二次世界大战期间，德国在柏林至汉堡的公路上建造公路跑道，用于新型飞机的试飞，开创了公路跑道建设的历史先河。而后，各国对公路跑道建设进行了广泛研究与实践。日本、韩国、新加坡等国家，由于机场的建设规模与数量受国土面积的制约，因而非常重视公路跑道建设。

20世纪50年代后期，中国提出公路跑道建设需求；1989年沈大高速公路建成中国首条高速公路飞机跑道，并进行首次实装试飞；1994年中国颁布《公路飞机跑道工程建设标准》；2014年中国郑民高速公路飞机跑道建成并进行了多机种试飞（见图）。

中国郑民高速公路飞机跑道试飞

组成及要求　公路跑道主要由跑道和保险道等组成。当作为机场使用时，临时铺设滑行道、联络道、停机坪、拖机道、飞机疏散区、综合保障区等设施，这些设施可根据需要提前规划。

公路跑道道面应采用沥青混凝土或水泥混凝土等高级路面，与相连公路的路面类型一致。公路跑道上，中央分隔带设施应采用活动式，其结构应易于撤除；两边的护栏等设施也应易于拆除。

公路跑道段两端适当位置应预留绕行公路出入口，绕行公路（又称辅道）可利用原有附近道路，或做好规划预留，待需要时抢建而成。

特点　公路跑道结合高等级公路修建而成，日常作为公路使用，能充分发挥其公路交通效益，节省机场修建费用，少占用耕地，经济性好；在战时和应急情况下，只需对跑道段进行清理与维护，增设移动式配套保障设施、设备后便可快速扩建为机场，时效性强且便于伪装，具有更好的隐蔽性和更高的生存概率。

发展趋势　世界各国在高等级公路建设的同时规划建设公路跑道，或者在战时利用现有高等级公路快速改建成公路跑道，使其作为机场网的重要补充已经成为一个发展方向，公路跑道将在未来战争和非军事行动中发挥重要的作用。

（蔡良才）

公路工程技术经济　techno-economic of highway engineering　对公路工程技术方案经济效果的计算、分析、评价和选优的管理活动。公路工程技术经济评价工作的主要内容是：收集有关基础资料；进行交通量预测；估算工程造价、维修费、机构管理费用、用户费用、环境影响和运输成本；进行财务分析和国民经济分析，做出方案比较、评价和选优。具体涉及：

机构费用　道路管理机构为管理和组织道路工程建设和养护运营而发生的各项费用，一般包括人员薪酬和福利费用、资产折旧费用、修理费、技术转让费、无形资产和递延资产摊销费和其他管理费用（办公、差旅、劳保、各种税费）。

用户费用　在道路运营期内，道路使用者支付的费用，包括车辆运行费用、时间费用和事故费用等，是道路寿命周期费用中的重要组成部分。车辆运行费用指车辆在道路上行驶时同行驶路程有关的费用。其中与路况关系密切的是其可变部分，主要包括燃料消耗、轮胎磨耗以及保修材料等资源消耗的费用。影响车辆运行费用的因素主要有道路特性、车辆特性、交通特性和地区因素等。时间费用，指驾驶员、乘客或货物花费在行程上的时间价值，是车辆的行程时间与单位时间的平均价值的乘积。行程时间和费用的节省，是道路使用者获得效益的重要组成部分，反映出道路服务水平的改善程度或各比较方案的经济效率。事故费用，指用户因发生交通事故支付的费用，包括直接财产损失、误工损失、医疗费用、人员伤亡赔偿、精神损害赔偿等。

公路工程效益　在道路寿命期内，通过公路工程的运营使用所带来的经济效益和社会效益。一般包括运输费用节约效益、运输时间节约效益、土地（或房地产）增值效益。

全寿命费用分析　以经济分析原理为基础，评价可选道路投资方案的长期经济效益的一种分析技术，考虑了比选方案的初始修建费以及未来的管理费用、用户费用和分析期内的其他相关费用，其目的是为投资效益确定最佳值，即获得满足所求性能目标下的长期费用最低的方案。道路全寿命费用分析被认为是一种选择最经济合理的路面结构厚度组合和罩面改建方案的有效工具。

全寿命费用评价　运用全寿命费用分析方法，对具体道路工程项目进行比选分析的过程。进行全寿命费用评价时，应根据项目实际需求选择分析期，明确费用、效益的组成方式和计算方法，并建立优化分析模型。

（殷作超　王剑琴　李金铸　李　莉）

公路工程结构荷载　load for highway engineering structure　公路工程中不同结构设施承受的各种荷载。从结构角度来看，公路工程结构可划分为路面（含路基、挡墙）、桥梁、隧道和安保设施四大类，这四大类结构的服役环境和服务对象各不相同，其承受的结构荷载也不尽相同。①路面及路基结构。主要承受汽车、人群等重力荷载及温度效应和地震荷载。②桥梁。除承受自重、汽车和人群等重力荷载外，还要承受地震荷载、温度效应、风力、水流压力、冰压力、撞击力、浮力、预加力、收缩徐变、冲击力和环境作用等。③隧道。主要承受松散土压力、围岩变形压力、水压力、温度效应、地震荷载、岩爆冲击和落石冲击等荷载。④安保设施。主要承受汽车或船舶的撞击荷载。

虽然公路工程结构荷载按荷载随时间变化可分为永久作用、可变作用和偶然作用。①永久作用。包括结构重力（包括结构附加重力）、预加力、土的重力、土侧压力、松散土压力、围岩变形压力、混凝土收缩与徐变作用、水浮力、水压力、基础变位作用。②可变作用。包括汽车荷载、路面轴载、汽车冲击力、汽车离心力、汽车引起的土侧压力、汽车制动力、人群荷载、疲劳荷载、风荷载、流水压力、冰压力、波浪力、变化频繁的水压力、温度（均匀温度和梯度温度）作用和支座摩阻力。③偶然作用。包括船舶的撞击作用、漂流物的撞击作用、汽车撞击作用、岩爆冲击和落石冲击。

属于公路工程特有的结构荷载包括路面轴载、汽车荷载（包括重力、冲击力、离心力、制动力）和人群荷载3类。

路面轴载　是路面结构最重要的荷载。其标准取值关系到公路建设投资、路网运营养护和路面使用寿命等重大问题，同时也关系到汽车工业发展方面的问题。因此，路面轴载的任何调整和变化都十分敏感，在历次标准制修订过程中，都需要进行全面系统的论证。中国《公路工程技术标准》（JTG B01—2014）在综合考虑原有标准的延续性、中国现行汽车轴荷标准、公路网运营养护及公路工程建设实际情况的基础上，明确路面结构设计标准轴载为双轮组单轴100千牛，轮胎压力0.7兆帕。

汽车荷载　是公路桥梁的主导可变荷载之一，也是各类土木工程结构可变荷载中最具有公路行业特色的。从荷载性质上讲，汽车荷载是可变荷载；从作用位置看，汽车荷载有属于自由作用。从荷载复杂性看，汽车荷载是所有可变荷载中受人为因素影响最大的。由于汽车荷载标准是公路桥梁建设的一个重要基础性技术规定，其制定不仅仅是个技术问题，还涉及政策、经济和法律法规等因素。图1为汽车荷载与经济、政策、汽车工业之间的关系，可见在公路桥梁的运营期内，实际运营汽车荷载受多种因素的影响，会呈现出高度的不确定性。

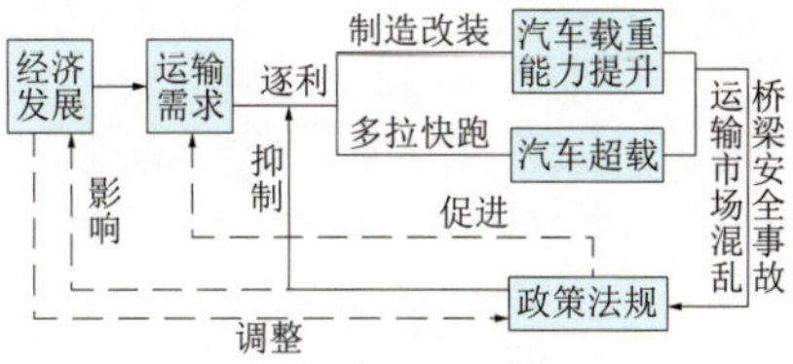

图1　汽车荷载的影响因素示意图

根据汽车荷载的特殊性质，汽车荷载标准需要在概率统计分析的基础上，结合以往经验及相关标准，并充分考虑政策法规的基础上确定，即汽车荷载标准的指导需要综合考虑规范环比法、历史经验法和概率统计法的分析结论。

中国《公路桥涵设计通用规范》(JTG D60—2015)根据上述方法综合确定了公路桥梁汽车荷载标准。汽车荷载分为公路-Ⅰ级和公路-Ⅱ级两个等级。汽车荷载由车道荷载和车辆荷载组成。

车道荷载的计算图示(图2)。公路-Ⅰ级车道荷载均布荷载标准值为q_k=10.5千牛/米；集中荷载标准值p_k取值见表1。计算剪力效应时，上述集中荷载标准值应乘以1.2的系数。公路-Ⅱ级车道荷载的均布荷载标准值q_k和集中荷载标准值p_k按公路-Ⅰ级车道荷载的0.75倍采用。

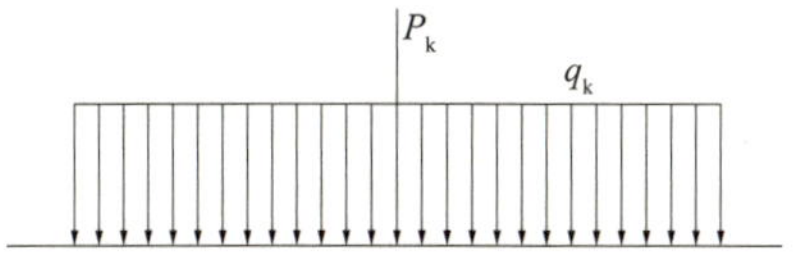

图2　车道荷载示意图

表1　集中荷载P_k取值

计算跨径L_0/m	L_0≤5	5<L_0<50	L_0≥50
p_k/kN	270	2(L_0+130)	360

注：计算跨径L_0时，设支座的为相邻两支座中心间的水平距离；不设支座的为上、下部结构相交面中心间的水平距离。

车辆荷载的立面、平面尺寸(图3，单位为米)，主要技术指标规定(表2)。

表2　车辆荷载的主要技术指标

项目	技术指标	项目	技术指标
车辆重力标准值/kN	550	轮距/m	1.8
前轴重力标准值/kN	30	前轮着地宽度及长度/m	0.3×0.2
中轴重力标准值/kN	2×120	中、后轮着地宽度及长度/m	0.6×0.2
后轴重力标准值/kN	2×140	车辆外形尺寸(长×宽)/m	15×2.5
轴距/m	3+1.4+7+1.4		

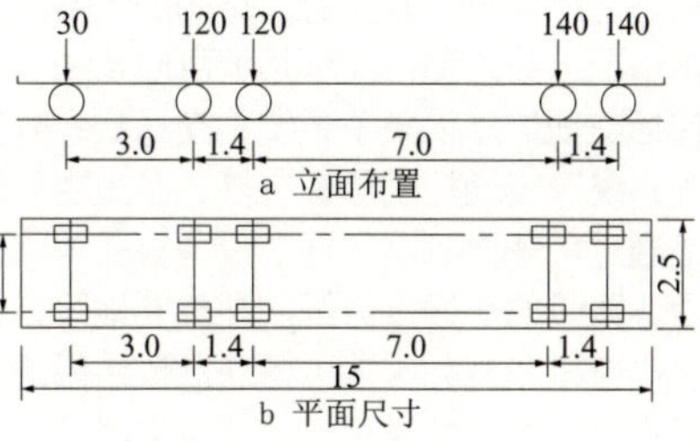

图3　车辆荷载示意图

公路-Ⅰ级和公路-Ⅱ级汽车荷载采用相同的车辆荷载标准值。

冲击力、离心力、制动力均与汽车的重力荷载有关，将汽车荷载标准乘以冲击系数、离心力系数和制动系数即可确定相应的荷载数值。

人群荷载　公路桥涵设置人行道时需考虑人群荷载，其设计标准通常通过概率统计分析确定。《公路桥涵设计通用规范》(JTG D60—2015)规定了人群荷载的取值。①人群荷载标准值(表3)采用，对跨径不等的连续结构，以最大计算跨径为准。②人群荷载在横向应布置在人行道的净宽度内，在纵向施加于使结构产生最不利荷载效应的区段内。③人行道板(局部构件)可以一块板为单元，按标准值4.0千牛/米²的均布荷载计算。④计算人行道栏杆时，作用在栏杆立柱顶上的水平推力标准值取0.75千牛/米；作用在栏杆扶手上的竖向力标准值取1.0千牛/米。　（赵君黎）

表3　人群荷载标准值取值

计算跨径L_0/m	L_0≤50	50<L_0<150	L_0≥150
人群荷载/kN·m^{-2}	3	3.25～0.005L_0	2.5

注：①非机动车、行人密集的公路桥梁，人群荷载标准值取上述标准值的1.15倍。

②专用人行桥梁，人群荷载标准值为3.5千牛/米²。

公路工程应急抢修　emergency repair of highway engineering　在洪水、地震、泥石流和山体滑坡等各类自然灾害下公路工程遭受破坏和通行受阻时，为达到尽早恢复通车的目的而实施快速修复的措施。公路工程从组成上可划分为路基、路面和道路设施，对公路工程的抢修也可分解为对各组成部分的抢修。此外，还有一类情况属于障碍性毁损，即道路路面被巨石、碎石堆、松散土体、水体等障碍掩埋、阻塞，导致道路通行功能丧失。

路基抢修　根据路基破坏形式而采取相应的抢修。填筑密实度差异、外部作用等因素会导致路基不均匀沉降，破坏形式表现为路基塌陷，同时出现巨大裂缝。针对路基塌陷，可采用机械回填、注浆加固方法，对塌陷路段进行土石回填、整平、压实，在路基严重开裂范围内进行注浆加固处理。外部作用和土压力作用会导致路基边坡失稳，破坏形式表现为路基边坡滑塌，当路基边坡滑塌土方工程量较小时可按路基原状抢修，填土分层摊铺、整平压实；当土方工程量较大时可使用板桩、土石袋等就便材料拦边构筑路基边坡，同时在内填土；滑塌路段较长时，可采用推土机将完好路基段土石方推至滑塌部分并进行整平压实，形成凹型通过段。紧急情况下可缩小路基宽度、加陡边坡。当路基大面积破坏难以在短时间内抢修时，可架设临时桥梁跨越障碍或改线绕行。

路面抢修　在各类自然灾害下路面会发生开裂、破碎、沉陷、坑槽等破坏，影响通行时可采用碎石、快硬高强混凝土等材料填充修补。当路面变得松软泥泞时，需采取措施扩大车辙部分的受压面积和增大车轮与路面的附着力。当泥泞较浅时，铲除淤泥后在路面基底上铺设3厘米左右的碎石；当泥泞深度超过20厘米时，根据现场情况可采用束材、木材、竹片、土工织物等就便材料做成临时简易路面。还可利用制式路面器材铺设临时路面保障通行，主要有路基箱、军用机械化路面等。

挡土墙抢修　挡土墙是道路重要防护设施，抢修主要包括对墙体破坏缺口处的修补和基础严重脱空路段的应急加固，可采用石笼、袋装砂石、钢木骨架、钢管桩、桩锚、锚杆等方式进行抢修加固。不易修复时，可利用钢材、木材新建简易桩板墙，利用快速拼装模板和速凝混凝土新建重力式挡土墙。

障碍性路段抢修　对于阻断道路的巨石可采用爆破、机械破碎等方法进行碎片化处理，对于碎石堆、松散土体障碍物，土方工程量较少时可采用工程机械全部清除，土方工程量较多且难以清除时可构筑临时通道，如从阻塞物上方或旁侧通过。道路路基或路面被雨水、河水淹没时，涉水路段的抢通可与道路排水设施抢修同时实施，根据水流速度、深度、区域面积的具体情况，采取水流疏导、透水路堤、架设临时桥梁等方法。　（李　峰）

公路交通监测 traffic surveillance 通过视频、传感器、基础设施等，面向交通状态监测、公路路况监测、设施环境监测等主体，实现公路交通信息采集、储存、分析、发布的技术手段。公路监测是保障公路系统实现安全、高效、节能及环保运行的重要技术手段。公路监测的作用是对公路网实现实时监控和交通控制。在现有的道路和环境条件下，通过对采集的信息进行实时分析、处理和预测，采取有效的交通控制手段，预防可能发生的交通事件、事故和阻塞。当出现突发性交通事故或道路环境变化而导致交通阻塞时，通过系统及时发现并采取有效措施进行缓解和排除，以防止对路网交通产生更大的影响，进而提高路网运行的利用效率和安全性。

监测类型 公路交通监测按照功能一般划分为车辆收费监测、车辆违章监测、公路路况监测和设施环境监测等。①车辆收费监测。主要是对收费站的车道、收费广场、收费亭的收费情况，收费车道通过的车辆类型、收费员的操作过程以及收费过程中的突发事件和特殊事件进行观察和记录，实施有效的监督。②车辆违章监测。主要是通过公路视频采集系统，对公路中行驶车辆的行为进行采集分析，利用智能算法，判定其是否违反交通规则等行为，并进行采集与记录。③公路路况监测。主要是对高速公路干线、互通立交、隧道等高速公路重点路段进行监视，掌握高速公路交通状况，发现交通阻塞路段、违章车辆，及时给予引导，保证高速公路的安全通畅。④设施环境监测。主要是通过各种智能传感器对交通环境信息进行采集，判断车辆所处交通环境是否安全，实现对不同天气（雾、雨、雪等）及各类公路危害（路面结冰、路面损坏严重）等的检测和发布，有效提高车辆行驶安全性。

监测系统 公路车辆（收费\违章）监测系统一般由数据监控子系统、图像监控子系统和声音监控子系统3部分组成，其主要功能是以核心管理区域为基础，通过对数据、视频、音频等信息的采集，传送到监控室或监控分中心进行处理和分析，完成收费过程或违章行为记录。①数据监控子系统。利用车辆检测器、车型自动分类器、键盘、读卡机等外部设备采集到的数据信息，对车辆状态进行分析控制，进行判断、记录和统计工作。②图像监控子系统。在公路关键节点处设置摄像头，采集视频信息，对车辆状态、收费状况等进行有效的监督。③声音监控子系统。采用有线（或无线）对讲系统，采集音频信息以及发送音频信息，对收费服务状态进行监督，并监听公路内的突发和异常情况。公路路况（环境）监控系统一般包括交通信息采集子系统、交通状态分析子系统、交通控制子系统等，其主要功能是通过车辆检测器、通信设备等获得路网中各路段的交通量数据。在重要地段，通过摄像机和视频传输设备获取该路段的视频实时数据，并通过气象信息采集系统采集各个路段的能见度、温度、湿度、风向、风速、雨雪等气象条件数据（见图）。利用交通流理论和其他交通工程技术综合分析该路段的交通运行状况，预测路网未来时刻的交通演变情况，进而按照一系列智能控制规则和策略产生控制方案，通过交通诱导设施控制车流，合理调控车流分布，从而实现控制交通流量、改善交通环境、减少事故，使高速公路达到较高的服务水平。 （杜豫川）

自动气象监测器

公路桥 highway bridge 专用于在不同等级公路上通行汽车的桥梁。公路桥对当地政治、经济、国防等都具有重要意义，应根据桥梁使用任务、性质和所在线路的远景发展需要，按照安全、耐久、适用、环保、经济和美观的原则进行总体规划和设计。公路桥的设计基准期为100年。

中国公路桥梁将汽车荷载等级分为公路-Ⅰ级和公路-Ⅱ级。位于高速公路、一级公路和二级公路上的公路桥应采用公路-Ⅰ级，位于三级和四级公路上的公路桥采用公路-Ⅱ级。

公路桥设计一般需要经历初步设计和施工图设计两个阶段。对于复杂桥梁，需增加技术设计阶段；对技术要求简单的中小桥，可采用一阶段设计，即以扩大的初步设计来包含两阶段设计的主要内容。

公路桥主要有以下分类方式：①按照使用年限，公路桥分为永久性桥和临时性桥。永久性桥用强度高的石料、钢筋混凝土、预应力混凝土、钢和钢-混组合建造而成；临时性桥多用贝雷梁、万能杆件等钢构件建造，便于拆卸和重复使用。②按桥梁结构体系划分，有拱桥、梁桥、斜拉桥、悬索桥和组合体系桥。中国《公路工程技术标准》（JTG B01—2014）根据桥梁全长或单孔跨度，分为特大桥、大桥、中桥、小桥和涵洞。③按桥面与桥跨结构的相对位置，分为上承式桥、中承式桥和下承式桥。④按跨越方式，有固定式桥、开启桥（又称活动桥）、浮桥、漫水桥等。漫水桥是建造在次要公路上的一种简易普通桥，跨越正常水位与洪水位高差较大且不通航的河流，桥梁标高按通常水位设计。洪水期间，允许水位上涨时能从桥面上漫过，交通短暂中断。世界各国建造的桥梁绝大多数是固定式桥，一旦建成后各部分构件不再拆装或移动。

公路桥的施工方法众多，总体上可分为支架施工法、预制架设法、悬臂施工法、转体施工法、劲性骨架法等。 （周水兴）

公路通行能力 highway capacity 在给定的时间段内，在一定的道路几何线形、交通、环境和管制条件下，通过车道或道路断面或均匀路段的最大可持续的合理期望交通流率。用单位小时通过的车辆数或单位小时通过的人数表示，单位为辆/时、辆小客车/时或人/时。通行能力是描述公路服务能力的最重要指标之一，也是公路规划、设计和运行管理的最重要的参数。确定公路通行能力需要考虑两个方面：一是公路设施、环境和管制条件等；二是与交通运行的质量相关。据此，通行能力一般分为3种：①基本通行能力。公路设施符合标准，天气、路面状况良好，使用者熟悉道路交通设施的“理想条件”下，通过车道或道路断面或均匀路段的最大可持续的合理期望交通流率，用辆小客车/时表示。②实际通行能力。在基本通行能力的基础上，根据实际的情况对“理想条件”进行修正得到的通行能力。③设计通行能力。在满足一定交通运行质量（服务水平）的车道或道路断面或均匀路段的通行能力，用辆小客车/时表示。服务水平是道路使用者感受公路交通流运行状况的质量指标，通常用平均行驶速度、行驶时间、驾驶自由度和交通延误等指标表征。中国根据自由流、稳定流和拥堵流的交通运行情况，以饱和度（在给定的时间段内，通过道路断面的流量与该断面的实际通行能力比值）为主要指标，将公路服务水平划分为一、二、三、四、五、六级共6个等级。高速公路和一级公路的设计通行能力不应低于三级服务水平，二级公路、三级公路设计通行能力不应低于四级服务水平。

除了公路的路段通行能力外，按交通设施情况，还分为交叉口、匝道（分流、

合流）通行能力、交织路段通行能力和收费站通行能力等。（林航飞）

公铁两用桥 combined highway and railway bridge 公路、铁路同时共用的桥梁。对于基础工程复杂、墩台造价较高的大桥或特大桥，以及靠近城市、铁路公路均较稠密而需建造铁路桥和公路桥以连接线路时，为了降低造价和缩短工期，可考虑建造公铁两用桥。钢桁梁公铁两用桥按公路路面所在的平面可分为公路与铁路分别在上、下层的双层式公铁两用桥和公路铁路在同一平面的平列式公铁两用桥。①双层式公铁两用桥。布置的公路桥面视野开阔，主桁架的中距可由铁路净空的需要以及横向刚度的条件来确定，但为使桥头公路能够和公路桥面接通，又必须为桥头公路修建匝道。②平列式公铁两用桥。铁路布置在两片格架之间，公路分别置于两桁架之外，左右对称。此种布置具有公路路面标高较低的优点，但桥头公路的接线不可避免地与铁路相互交叉。铁路与公路的交叉布置以立交为最好。

公铁两用桥规划时，公路桥面设计宽度与公路运输量有关。在一般情况下，若铁路为单线，则公路为双车道（有时也可设三车道）。对于双层式桥，若铁路为双线则公路设计应以不少于四车道为宜。中国的钱塘江大桥和武汉长江大桥为公铁两

武汉天兴洲长江大桥

用钢桁梁桥，芜湖长江大桥和武汉天兴洲长江大桥（见图）为公铁两用斜拉桥。（牛 斌）

功能改造技术 functional transformation technology 在原有的土木工程结构基础上进行功能提升或加固改造的方法。使原有结构能满足新的使用功能或承载需求。

发展情况 20世纪60年代，既有建筑的改造和再利用在欧洲兴起。1978年以来，中国各地兴起建设基础设施、大兴土木，一大批各种类型的建筑破土而出，使城市景观得到极大丰富的同时，也面临着高楼大厦出人意料“短命”的问题。建筑短寿命与资源高消耗并存，已成为中国建筑产业的一大通病。由此，也催生了建筑结构改造加固行业的兴起。21世纪以前，中国重点关注的是安全性加固与改造，即由结构构件安全性不足导致的结构构件的加固。21世纪后，既有建筑改造的内涵已经逐渐转变为功能和性能的提升。

从西方发达国家建筑工程的发展历史进程来看，建筑业的发展大致经历3个阶段（图1）：①第一阶段。是大规模进行新建建设项目的时期。②第二阶段。是新建项目和维修改造项目并存的时期。③第三阶段。是提升既有建筑改造加固水平、重点发展现代化加固改造维修技术的时期。欧美国家从20世纪60年代就开始进行大规模加固改造，已处于第三阶段，而中国处于新建与维修改造并重阶段。

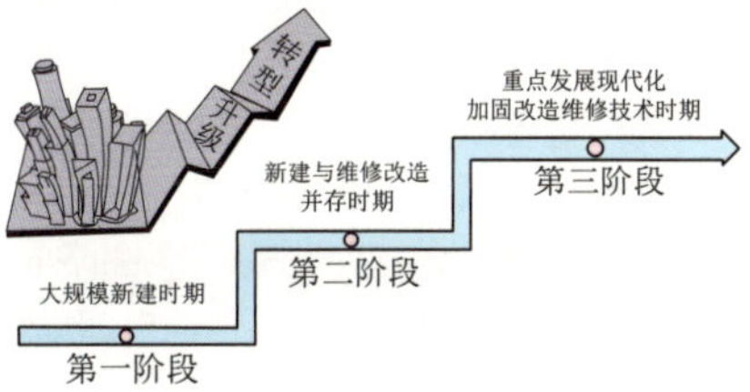

图1 建筑业发展阶段示意图

据中国国家统计网站的数据显示，截至2020年底，中国既有建筑总量约800亿米²，每年新建建筑约20亿米²，因原设计标准偏低、施工缺陷、维修管理不善、接近设计使用年限等，有30%～50%的既有建筑进入安全性降低或功能衰退期，亟须进行性能评估与加固改造，以延长使用寿命和提升使用功能与服役能力。同时，中国是属于多自然灾害国家，火灾、水灾、地震等可导致建筑结构严重破坏和倒塌，并造成大量人员伤亡。此外，随着时间的推移，大量基础设施逐步老化、机动车负载增加、道路桥梁损耗加速，急需维修加固处理。如果拆除重建则花费高昂，造成不必要的浪费，而功能改造可以较低成本，使其恢复甚至超过原有设计指标，大大延续建筑的使用寿命，为国家节约巨额资金成本。

面临问题 中国既有建筑加固改造与性能提升任重道远，在结构加固改造研究领域，仍有很多科学问题和关键技术亟待解决和完善。包括：①既有结构的改造应由传统的单一形体规划走向内涵更为丰富、目标更为广泛、执行更为灵活的综合系统规划。对于结构的综合改造技术要进一步创新推进。②既有建筑的可靠性鉴定方法总体还属于实用鉴定法。以现场检测数据为主对其现状进行评估，一些指标并未由可靠度计算得出，基于可靠度的既有建筑的性能评估方法较为缺乏。③既有结构由于设计标准变更以及设防烈度或设防类别的提高，使得结构抗震性能无法满足现行规范的要求，基于结构抗震性能提升的抗震加固新方法需要进一步深入研究。④随着既有建筑加固改造向复杂化、多功能化发展，应以绿色改造和可持续发展理念为目标，从既有建筑的材料、结构、功能以及生态角度着手，对既有建筑现有条件进行充分利用，减少拆除浪费，降低能源消耗，提升改造后建筑的使用价值。

分类及指标 按照既有土木工程加固改造需求可将功能改造技术分为结构改造和地基岩土改造两大类（见表）。静力加固改造主要是提高结构构件的承载能力，需要重点考虑二次受力的影响；抗震加固改造主要是提高结构体系的延性和整体性，加固重点在于体系加固，一般可不考虑二次受力。

既有土木工程功能改造分类

功能改造类型	功能改造方案
结构改造	增加支撑、托换技术、裂缝修补、预应力撑杆、连接部位或连接件增强、增设抗震结构等改变结构受力体系技术改造
地基岩土改造	地表注浆预加固、喷锚加固、人工冻结法、地表锚网喷预加固等

根据中国既有建筑结构功能改造的需求分析，构建功能改造技术体系框架（图2）。主要包括性能提升、功能提升和环境改善3方面内容，3个一级指标和8个二级指标。

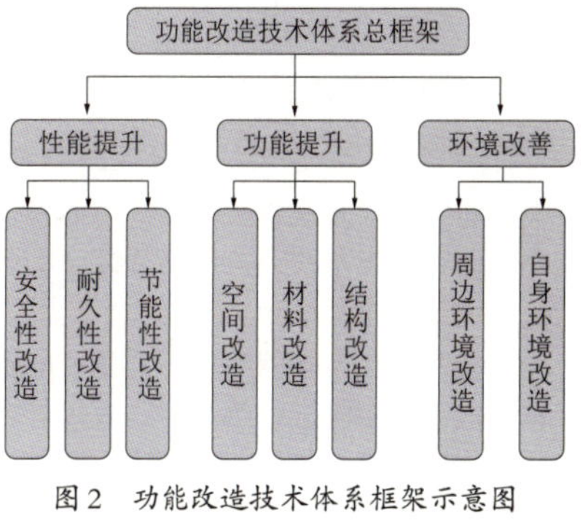

图2 功能改造技术体系框架示意图

功能改造原则 主要有：①经济环保。尽量基于现有土建结构与现有资源，进行充分的技术经济比选，充分考虑造价、技术可实施性充分考虑，减少现有施工对周边环境、交通等影响。②满足功能需求。必须对原有土建结构进行翔实的现状调查、具体的状态评定，功能改造后的使用荷载等级，应根据使用要求及实际情况而定；功能改造方案应与施工方案紧密结合，保障新增结构与原结构连接可靠，协

同工作；原有结构与新增结构的强度、刚度及裂缝宽度限值等均符合规范要求。③美观。在满足力学性能维护，使用整体功能提升的前提下，尽量满足结构美观，契合城市发展整体理念，达到绿色低碳的同时也完成旧结构的审美改造。

中国在功能改造上注意“三个坚持”：①坚持以安全为底线。②坚持以标准为引领。③坚持以创新为驱动。

工程程序　功能改造设计工程程序：①调查并确定功能改造的目的、要求及技术标准。②检查既有结构现状或损坏情况。③调查既有结构的历史技术资料及现有交通状况，对现有使用功能做出综合评定。需要特别强调的是，检测和鉴定工作均应由具有相关资质的专门机构完成。④基于经济性、施工性、美观等原则拟定改造方案，并进行分析比较。⑤结构复核计算和分析，确定实施方案并付诸实施。⑥功能改造完成后竣工验收，全面检查改造后新旧结构协同工作情况。科学合理的流程无疑对提升整个改造设计的可靠性有着重要意义（图3）。

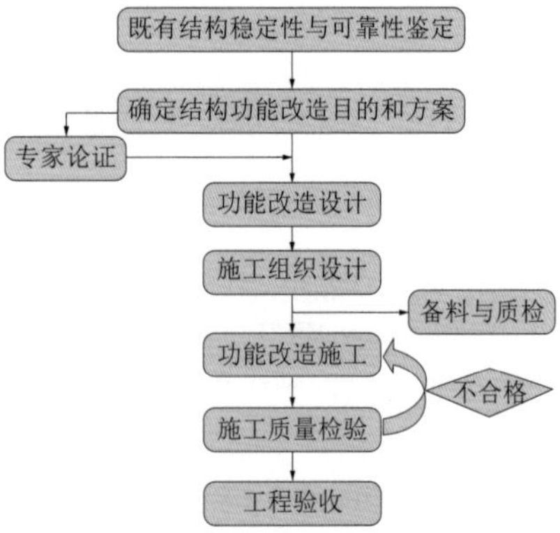

图3　既有结构功能改造基本流程示意图

技术要点　主要包括力学性能维护、使用功能提升、外观外貌修复，总体要求契合城市发展审美改造。①必须综合实际状况、建筑物的环境状况以及地理状况，合理地进行改造方案的设计。②在对旧建筑的一些设备系统进行改造时，必须综合实际状况进行空间框架以及管线安排设计，要系统设计避免减低建筑美观性。③合理地应用各种全新的技术手段。在保障建筑物整体结构完善、稳定的基础之上，对其进行系统设置，保障施工质量，避免改造过程中出现各种质量问题。④必须构建完善的监督管理机制与模式。强化监督管理，避免各种安全隐患问题的出现。（周建庭　杨　俊）

功能路面　functional pavement　不仅提供通行功能，还能满足更高的环境、安全等多种功能需求的路面。常见的功能路面有排水路面、透水路面、保水路面、降噪路面、凉爽路面、尾气降解路面和反光路面等。

排水路面　面层为大空隙混凝土，具有一定排水能力的功能性路面。降雨渗入路面结构经不透水层横向排出，雨量较小时能避免路面水膜、水漂等产生，提高路面抗滑性和行车安全。

透水路面　面层为大空隙透水混凝土，可实现雨水渗入、排出或储存的功能性路面，分为半透水式和全透水式两种。半透水式仅面层和基层透水，雨水下渗至不透水路基后横向排出；全透水式路面面层、基层均透水，雨水通过面层、基层后渗透消散到路基。透水路面除排水功能外兼具补给地下水、缓解热岛效应、吸声降噪和吸附污染物等优点。

保水路面　以开级配沥青磨耗层、大空隙混凝土为面层，面层空隙注有保水材料，具有吸水、保水作用的功能性路面。保水路面吸水、保水能力较强，可通过蒸发降低路面温度，减少道路高温病害。

降噪路面　具有减低轮胎和路面摩擦产生的噪声的功能性路面。通过多孔吸声、共振吸声以及阻尼减振等方式降低噪声。降噪路面类型包括多孔沥青路面、橡胶沥青路面、超薄磨耗层、多孔弹性路面、新型降噪路面（亥姆霍兹型多孔沥青路面、可卷曲式预制降噪路面）等。

凉爽路面　利用热传递原理，通过改变路面与空气的热传递途径降低路面温度的功能性路面。凉爽路面通过降低路面吸收的热量或提高路面的比热容来降低路面温度。常用的凉爽路面有低导热系数的热阻式降温路面，高反射率的热反射式降温路面，以及采用蒸发降温的保水式路面等。

尾气降解路面　通过在路面中掺加光催化材料或光催化材料涂层来净化尾气的功能性路面。光催化材料在紫外线照射下具有极强的光催化氧化还原能力，可将汽车尾气中的一氧化碳、氮氧化合物、碳化合物等有害气体氧化分解为水、二氧化碳和盐等。

反光路面　利用反光材料以提高路面视觉光线效果、降低照明能耗的功能性路面，分为荧光、蓄光、电光和光反射4种。在不良视觉条件下可减少交通事故，提高道路安全。

多孔路面　多孔路面包括但不限于多孔沥青/水泥混凝土路面、多孔砖铺路面以及卵石和草皮路面等，具有透水、净水、降温、降噪、除尘等生态功能。

多孔路面可使雨水渗入地下，防止城市内涝的同时补充地下水，雨水下渗时还可吸附水中重金属等污染物。多孔结构储存的雨水起到蒸发降温作用；多孔路面也可吸收车辆行驶产生的噪声，并吸附空气中的悬浮物，降低扬尘。

多孔路面环境效益巨大，但其广泛应用依然存在瓶颈。路面结构强度不足、生态功能养护成本高制约了其大规模应用。但随着研究不断深入，多孔路面的缺陷将得到弥补，具有广阔的应用前景。

融冰雪路面　具有内部融雪能力、可减少或消除表面积雪积冰现象的特殊功能性路面。①热力融冰雪路面。利用热水、地热、燃气、电或太阳能等产生的热量使冰雪融化的路面。常用方法有发热电缆与电热丝法、地热管法和能量转化法。②抑制冻结铺装路面。在路面铺装材料里加入特殊材料，以抑制或消除路面积雪结冰的路面，分为物理类与化学类。物理类抑制冻结路面主要有：橡胶颗粒填充路面，混合料拌制中利用橡胶颗粒代替部分集料；镶嵌类铺装路面，利用镶嵌材料的弹性变形降低冰雪对路面的黏结程度；空隙填充路面，采用聚氨酯填充排水性铺装的表面空隙；粗糙沥青路面，采用大粒径，开级配的沥青混合料铺筑路面面层使其粗糙。化学类抑制冻结路面主要有抗凝冰涂料路面、添加化学类抑制冻结材料路面。③微波融冰除雪路面。利用微波加热技术加热路面，以快速融冰除雪。

彩色路面　色彩鲜艳，具有一定特殊用途的功能型路面。彩色路面的作用：①美化环境。②组织导向交通。③警示作用。④改善热环境。彩色路面的种类：①普通沥青着色。用颜料代替矿粉加入沥青混合料中，进行着色。②彩色集料压入。在混合料中掺入较大粒径的彩色集料，经过行车的磨耗，彩色粗集料的颜色得以显示。③彩色水泥灌浆沥青路面。使用颜料对渗透性较强的水泥浆进行着色，灌入开级配沥青路面的空隙中。④彩色胶结料。该技术主要经历两个阶段，一是沥青脱色再彩色化；二是利用现代石油化工原料人工合成与沥青性能相当（或优于）的浅色胶结料。⑤彩色抗滑磨耗层。采用特殊配方的树脂与各种规格的彩色集料，以确定的配比混合后涂覆于已有路表。

（李　辉）

供暖　heating　向建筑物供给热量，保持一定的室内温度的技术。以创造适宜的生活条件或工作条件。又称采暖。供暖是人类最早发展起来的建筑环境控制技术。供暖系统由热媒制备（热源）、热媒输送（供热管网）和热媒利用（热用户）3个主要部分组成。①热媒制备（热源）。将天然或人造的能源转化为符合供热要求的热能形态的设施。②热媒输送（供热管网）。输送和分配供热介质的管道系统。③热媒利用（热用户）。获得热能的用热系统。根据3个主要组成部分的相互位置关系来分，供暖系统可分为局部供暖系统和集中供暖系统。①局部供暖系统。热媒制备、热媒输送和热媒利用3个组成部分在构造上都在一起的供暖系统。如烟气供暖（火炉、火墙、火炕等），电热供暖和燃气供暖等。②集中供热系统。向应用热能的场所和热用户供应热能的设施组成的系统。

集中供暖系统形式　供暖系统中的热媒从热源得到热量、沿管道输送到各散热设备，在散热设备内向供暖房间供热后再回到热源被重新加热。通过不断重复上述过程，使供暖房间的室温保持在一定水平达到供暖目的。常见供暖系统按热媒不同，分为热水供暖系统和蒸汽供暖系统。

热水供暖系统　以热水为热媒，由管道系统和散热设备组成的闭合循环供暖系统。根据末端散热设备不同，可分为散热器热水供暖系统、暖风机热水供暖系统和辐射板热水供暖系统等几种。

以散热器作为末端设备的热水供暖系统是各国应用最广泛、最主要的热水供暖系统形式。散热器热水供暖系统按照不同的分类，有多种系统形式。其中按照循环动力可分为重力循环系统和机械循环系统；按照连接散热器的管道数量，分为双管系统与单管系统；按照各楼层散热器的连接方式，分为垂直式系统与水平式系统；按照干管位置不同可分为上供下回式系统、上供上回式系统、下供下回式系统、下供上回式系统等几种；按照各并联环路热水流程长度的异同，可分为同程式系统与异程式系统。

蒸汽供暖系统　热源生产的蒸汽，通过管道由热源送到用汽设备，在供暖用户的散热设备凝结放热形成凝结水，再经管道送到热源。这种以蒸汽作为热媒的供暖系统，称为蒸汽供暖系统。

蒸汽供暖系统主要有以下几种分类方法：

按供气压力可分为高压蒸汽供暖系统（表压$P>0.07$兆帕）；低压蒸汽供暖系统（表压$P\leqslant0.07$兆帕）；真空供暖系统（绝对压力$P<0.1$兆帕）。一般可根据供气气源的压力、对散热器表面温度的限制和用热设备的承压能力来选择高压或低压蒸汽供暖系统。真空供暖系统的特点是热媒密度小，可随室外气温调节供气压力，但由于其需要抽真空，对管道气密性要求较高，现使用较少。

按凝结水回收动力可分为重力回水系统和机械回水系统。根据凝结水是否通大气可分为：开式系统（通大气）和闭式系统（不通大气）。

按凝结水充满管道断面程度可分为干式回水系统和湿式回水系统。干式回水系统的特征为：凝结水干管内不被凝结水充满，系统工作时该管道断面上部充满空气，下部流动凝结水，系统停止工作时，该管内全部充满空气。湿式回水系统的特征为：凝结水干管的整个断面始终充满凝结水。

按立管数量分为单管蒸汽供暖系统和双管蒸汽供暖系统。

按蒸汽干管的位置可分为上供式、中供式和下供式。

按室内蒸汽供暖系统可分为低压蒸汽供暖系统和高压蒸汽供暖系统。其中高压蒸汽供暖系统多用于对于供暖卫生条件和室内温度均匀性要求不高、不要求调节每一组散热器散热量的生产厂房。低压蒸汽供暖系统用于有蒸汽汽源的厂房、工业辅助建筑和厂区办公楼等场合，应用最为广泛。

按低压蒸汽供暖系统主要分为重力回水和机械回水两种系统形式。

分户式热水供暖系统形式　进入建筑物内部之后按住户形成环路的集中热水供暖系统。分户式热水供暖系统，便于实施分户计量和分摊热损失量、有利于节能和管理。该系统应具有以下特点：①各住户管路与集中供暖系统之间独立成环，单个住户与集中供暖系统的连通或断开，不会影响其他住户供暖的通断。②可实现科学合理计量用户用热量，为收缴热费提供数据。③用户可自主调节用热量。

分户热水供暖系统的布置（图1）。供、回水干管可设在室内或室外管沟中。单元供、回水立管设在楼梯间或走廊的竖井内。竖井在各层设检查门，便于供热管理部门控制和管理。通常建筑物的一个单元设一组单元供、回水立管，各住户的供回水支干管与单元供、回水立管通过入户装置相连。入户装置内装有关断阀、热量调节、计量和分摊用装置。户内管道采用水平式系统。户内管道系统常用形式：

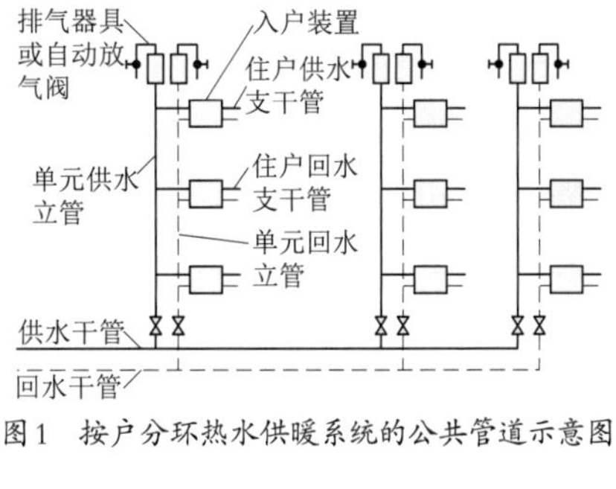

图1　按户分环热水供暖系统的公共管道示意图

跨越式单管系统　在散热器供水支管上安装温控阀（图2）。该系统布置管道方便，节省管材，水力稳定性好。但系统调节流量措施不完善时，容易产生竖向失调。

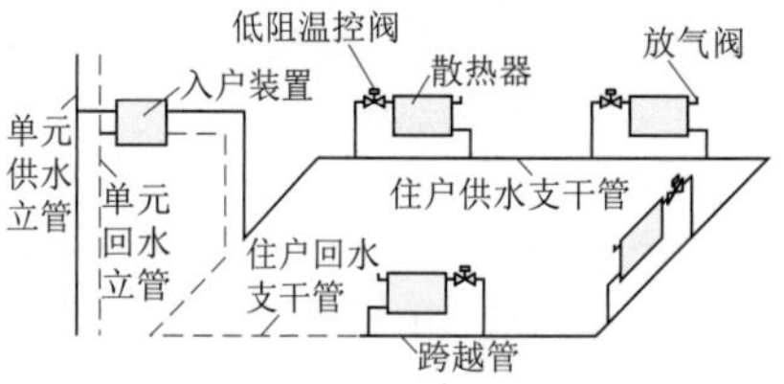

图2　按户分环跨越式单管热水供暖系统示意图

双管系统　在散热器供水支管上采用高阻温控阀（图3），调节方便。该系统一个住户内的各散热器并联，便于分室控制室温。

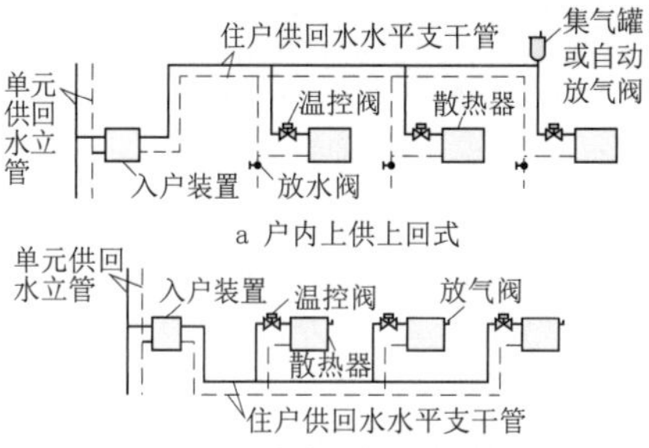

a 户内上供上回式

b 户内下供下回式

图3　按户分环双管热水供暖系统示意图

放射式系统　在每一住户的供、回水管道入口设户用分水器和集水器，各房间散热器并联（图4）。从分水器引出的支管呈辐射状埋地敷设至各个散热器。为了调节各室用热量，通往各散热器的支管上应有调节阀，可单独调节各散热器的散热量。

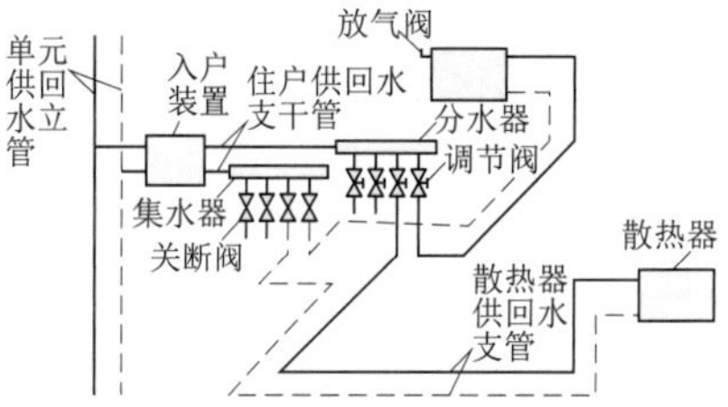

图4　按户分环放射式热水供暖系统示意图

（周志刚）

供热系统　heating system　供热热源、供热管网等设施和热能用户使用设施的总称。供热系统向不同的热用户供给热能，供应范围广，热用户所需的热介质种类和参数不一。热源包括锅炉房、热电厂及新能源站，各个热源供给的热媒及其参数不同，需要选择与用户用热需求相适应的供热系统及供热管网与热用户的连接方式。

供热系统的热源、热力管网和热用户设置需要统一规划、统筹安排、同步建设，发挥良好的经济效益和社会效益。供热系统可按以下方式分类：①根据连接形式不同分为集中供热系统和分散供热系统。②根据供热介质不同分为热水供热系统、蒸汽供热系统及热风供热系统。③根据热源不同分为热电联产供热系统和锅炉房供热系统，此外还有核能供热站、地热、热泵、工业余热作为热源的供热系统。④根据热源数量不同分为单热源供热系统和多热源供热系统。⑤根据系统加压泵设置不同分为主循环管道循环泵系统和分布式加压泵供热系统。⑥根据是否进行换热，分为直接供热系统和间接供热系统。

（孙　蕾）

供水管网区块化　distribution blocking system; DBS　将现有的管网系统改造为或将新建管网规划为若干个区域，实现分区供水，实施区域块状化管理的供水方式。综合考虑水源的性质、数量和位置，城市地形与行政区域，现有管网的规模等，不同于一般概念上的供水管网并联、串联分区及计量小区（DMA）分区。

原理及特点　供水管网区块化的各区块由专用的供水主干管或干管供水，然后通过各区块内的支管向用户配水，实现供水干管与支管的功能分离；另外，通过在各区块内设置管网监测设备，可以对各区块的水量、水压、水质进行监测，从而实现供水系统的水量、水压和水质的有效管理；为保证供水安全性，在各区块间设置应急联络管（图1）。

应用阶层化理论将供水主干管或干管与配水支管相互分离，并根据地形，行政区域等特性将复杂的管网系统分成若干个相对独立的区域（子系统），实现阶层化区块化供水（图2）。

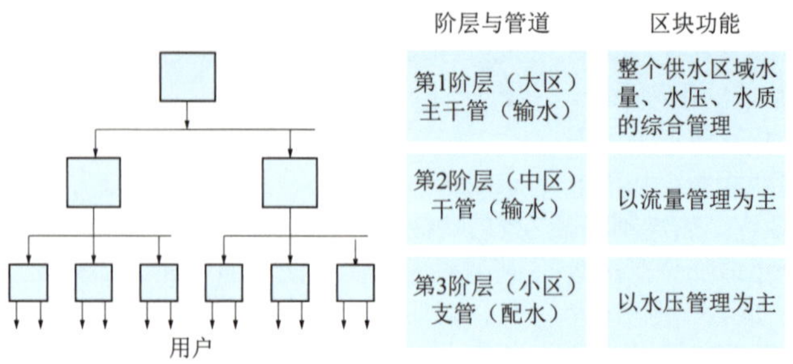

图2　供水区块的阶层化构造（3层）与各阶层的功能示意图

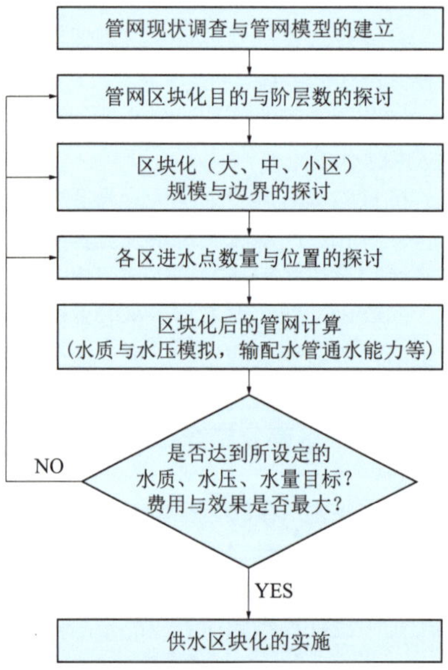

图3　供水管网区块化流程示意图

区块化阶层化供水具有以下优点：①由于供水主干管或干管仅肩负向其他区域输水的功能，水头损失减小，节省能量；供水路径缩短，水龄降低，保障供水水质。②某一子系统出现事故时，对整个系统的影响较小，从而提高了整个系统的安全可靠性。③城市规模的不断扩大要求管网扩建时，仅靠增建小区或中区即可对应，从而使管网具有较强的适应性。④由于系统被简化，便于水量、水压、水质的管理，同时系统的模拟计算更加容易。

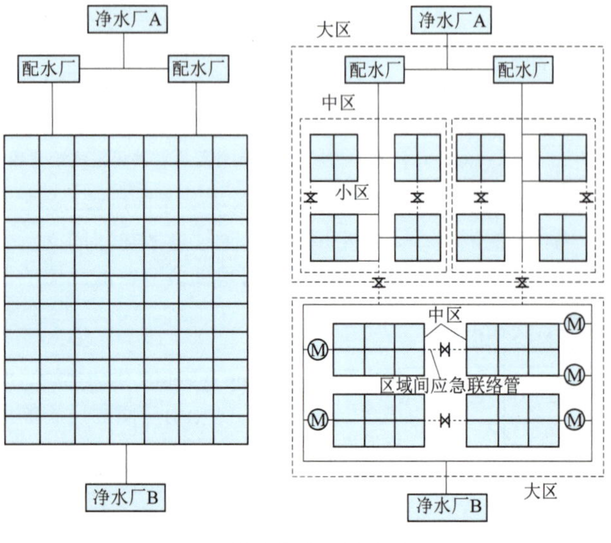

图1　供水管网区块化概念图

应用　大型供水管网存在环过多、结构过于复杂、管网压力分布不均匀、管网能耗增加、管网水质恶化、管网漏损率居高不下的情况，实现管网区块化是解决这些问题行之有效的途径。在供水管网区块化实施过程中，首先需要考虑管网阶层的目的、管网区块化计算、管网微观模型、实施管网改造计划和管网基础数据库等；再利用优化计算及管网微观模型分析计算区块化后管网的流量、压力、水质，达到区块化的要求后，确定区域边界，指导供水系统区块化。实际中根据具体情况也可以灵活地将供水系统仅划分为1层（大区）或2层（大区，中区或小区）。城市分区供水研究起步于20世纪80年代，美国的纽约，意大利的那不勒斯，日本的东京，中国的上海、天津等城市已经实现区块化供水。此外，巴拉圭、越南、泰国、柬埔寨、尼泊尔等国也已开始着手实施区块化供水。

实施方法　供水系统区块化实施的具体步骤如下：首先对现有管网或规划管网进行调研和模拟，然后确定区块的大小、边界、进水点的位置，最后进行模拟计算，是否达到流量满足要求、水压均衡、水质改善，费用最低、效益最大，达到实用优化目标后进行区块化，否则，重新确定参数，再模拟，直到达到目标（图3）。

（赵　明）

龚晓南　Gong Xiaonan（1944-10-12～　）中国岩土工程专家。浙江金华人。1967年从清华大学毕业，获学士学位。1978年考上浙江大学研究生，先后获得硕士、博士学位。1984年获博士学位后留校任教，是浙江省培养的第一位博士，也是中国培养的第一位岩土工程博士。

1986年获德国洪堡奖学金，到卡尔斯鲁诺（Karlsruhe）大学做研究工作，1988年回国，同年聘为教授。现为浙江大学教授、博士研究生导师、浙江大学滨海和城市岩土工程研究中心主任。担任中国土木工程学会土力学及岩土工程分会理事、副理事长、顾问、地基处理学术委员会主任，中国建筑学会基坑工程专业委员会主任。2011年当选为中国工程院院士。

长期从事岩土工程教学和理论研究，已培养硕士88名、博士82名。发表刊物论文400多篇，被工程索引（EI）、科学引文索引（SCI）检索134篇。1992年出版世界上第一部**复合地基**专著《复合地基》，创建了复合地基理论，促进形成复合地基工程应用体系。多年来主持建筑工程、交通工程、机场和填海工程等领域多项重大地基处理和基坑工程，解决了许多技术难题。出版《高等土力学》《土塑性力学》《地基处理手册》《深基坑工程设计施工手册》《桩基工程手册》等20多部在工程建设和岩土工程教育领域很有影响的著作和工程手册。获国家科技进步奖一等奖1项。

（杨仲轩）

拱 arch 在竖向荷载作用下主要产生轴向压力的曲线形结构。拱结构有数千年的发展历史，是土木工程中重要的结构形式。古罗马人最先将拱结构广泛应用于高架输水渠、桥梁和大型建筑上。拱结构（图1）由拱圈及支座组成。支座可做成支墩，以承受竖向力、水平推力和弯矩；也可用拉杆承受水平推力，而用墙、柱或基础承受竖向力。拱圈根据位置不同，可分为拱顶、拱腋、拱脚、拱背和拱腹几部分。拱圈主要承受轴向压力，与同跨度梁相比，弯矩和剪力较小，从而节省材料、提高刚度、跨越较大空间，可作为礼堂、展览馆、体育馆、火车站等的大跨屋盖承重结构；同时有利于使用砖、石、混凝土等抗压强度高而抗拉强度低的廉价建筑材料。一般的屋盖、吊车梁、过梁、挡土墙等承重结构以及地下建筑、桥梁、水坝、码头等的承重结构，均可采用拱结构。

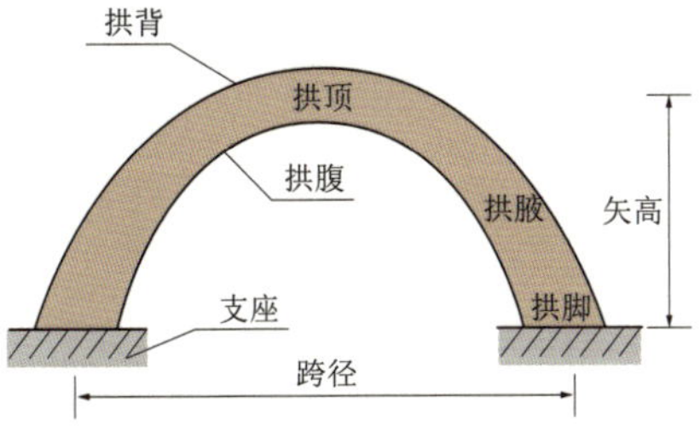

图1 典型拱结构示意图

分类 按所用材料可分为土拱、木拱、砖石拱、混凝土拱、钢筋混凝土拱、钢拱等；按拱轴采用的线型可分为圆弧拱、抛物线拱、悬链线拱等；按所含铰的数量可分为无铰拱、双铰拱、三铰拱等；按拱圈截面形式可分为实体拱、箱型拱、桁架拱等。

受力特点 拱的矢高与跨径（图1）的比值称为矢跨比，为拱的基本几何特征，直接影响支座水平推力的大小。工程实际中，矢跨比约在1/2～1/10，甚至可更小一些。一般的矢跨比小于1/5的拱称为坦拱，大于或等于1/5的拱称为陡拱。三铰拱（图2a）属静定结构，在温度变化、材料收缩、弹性压缩、支座沉降等因素的影响下不产生附加内力，但铰的构造较复杂，整体刚度和抗震性能较差。无铰拱（图2b）为三次超静定结构，整体性好，拱圈构造简单，沿拱轴内力分布较均匀，但对支座要求较高，如有沉降则引起的附加内力较大。双铰拱（图2c）为一次超静定结构，性能介于三铰拱和无铰拱之间。

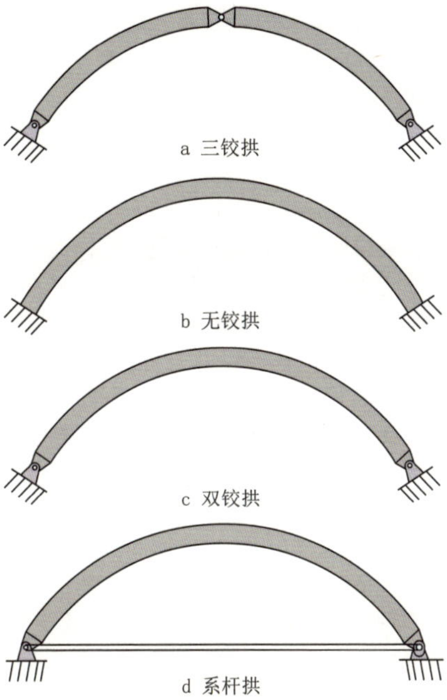

图2 不同种类的拱示意图

拱可以是整体拱、拱肋拱、网状拱、单孔拱、连续拱等，组合非常灵活，不论单孔拱或多孔拱的水平推力都可用系杆承受，成为系杆拱（图2d），使地基不受水平推力。

（刘南科 李全旺）

拱式桥 arch bridge 在竖直平面内以承受轴向压力的拱圈或拱肋作为结构主要承重构件的桥梁。简称拱桥。拱桥的建筑历史悠久，是最古老的桥型之一（图1、图2），在桥梁建筑中占有重要地位，被广泛应用于大、中、小跨径的公路桥和铁路桥，更因其造型优美，常用于城市及风景区。

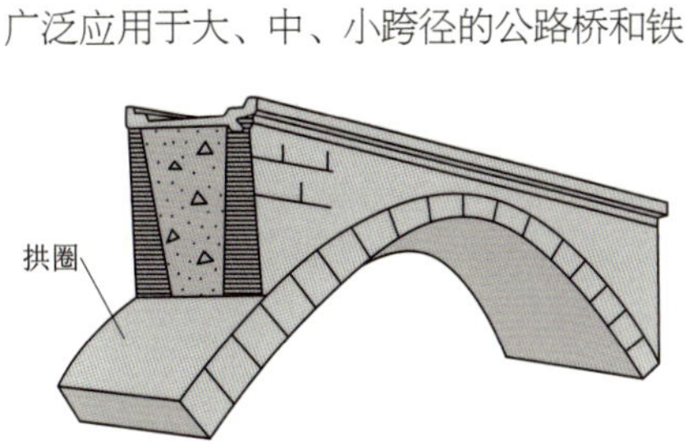

图1 石拱桥示意图

图2 钢筋混凝土拱桥示意图

发展概况 拱桥建筑历史悠久。古代拱桥主要是石拱桥，中国现存最早，保存良好的是隋代赵州安济桥，又称**赵州桥**。该桥为敞间圆弧石拱，拱圈并列28道，净跨37.02米，矢高7.23米。世界上最大跨度的石拱桥是1946年瑞典建成的绥依纳松特桥，主跨155米。

早在1874年，美国建成了第一座钢拱桥，即跨越密西西比河的圣路易斯桥。1931年美国建成跨度503.6米的贝永桥，1932年澳大利亚建成跨度503米的悉尼港桥，均为双铰桁架拱；2003年在中国上海建成的跨越黄浦江的卢浦大桥，是一座城市道路钢箱拱桥，跨度达550米。2009年在中国重庆建成的跨越长江的朝天门大桥，则是一座同时连接城市道路与轨道交通的钢桁系杆拱桥，主跨552米。

20世纪50～70年代出现的悬臂拼装和悬臂灌筑的施工方法，使大跨度钢筋混凝土拱桥得到进一步发展。如1966年南斯拉夫社会主义联邦共和国用悬臂浇筑法建成跨度246.3米的希贝尼克桥。1997年建成的主跨420米的重庆万县长江大桥，拱圈采用钢管混凝土劲性骨架外包C60高强混凝土，是当时世界上跨径和规模最大的劲性骨架钢筋混凝土拱桥。2016年建成的沪昆高铁北盘江大桥，主跨445米，截至2017年，为世界上最大跨度的钢筋混凝土拱桥。

20世纪30年代，苏联建成了跨度110米的公路钢管混凝土拱桥和跨度140米的铁路钢管混凝土拱桥，但钢管混凝土拱桥真正的发展是在20世纪90年代的中国。中国第一座钢管混凝土拱桥是1990年建成的四川旺苍东河大桥，跨径110米。据不完全统计，中国已建和在建的钢管混凝土拱桥约有400多座，其中跨径超过200米的已有50多座。2000年建成跨径组合76米+360米+76米的丫髻沙大桥，更是把这一桥型推上了一个新的台阶。2013年建成的合江长江一桥，主跨530米，截至2017年，是世界上最大跨度的钢管混凝土拱桥。

分类 按照桥面与拱肋的关系，拱桥

可分为上承式拱桥（桥面在拱肋的上方）、中承式拱桥（桥面一部分在拱肋的上方，一部分在拱肋的下方）与下承式拱桥（桥面在拱肋的下方）。

按照拱轴线型式可分为圆弧拱桥、抛物线拱桥和悬链线拱桥。圆弧拱桥是拱圈轴线按部分圆弧线设置的拱桥，其优点是构造简单。缺点是受荷时拱内压力线偏离拱轴线较大，受力不均匀，一般适用于跨度小于20米的圬工拱桥。抛物线拱桥和悬链线拱桥是拱圈轴线按抛物线或悬链线设置的拱桥，优点是弯矩小、材料省，跨越能力较大。

按照结构体系可分为简单体系拱桥和组合体系拱桥。简单体系拱桥的主拱圈为主要受力结构，在竖向荷载作用下拱脚不但有竖向反力，还有水平推力作用，适用于地基良好的场地。组合体系拱桥是将主拱圈和梁按不同方式构造成一整体，主拱圈和梁共同承受外荷载。组合体系拱桥分为拱脚有推力和无推力两种形式，拱脚无推力的组合体系拱桥，其水平推力由梁承受，适用于地质不良的场合。

按照建筑材料的不同可分为圬工拱桥、钢筋混凝土拱桥、钢拱桥和钢管混凝土拱桥。圬工拱桥是用石料或素混凝土材料建造的拱桥，可以就地取材，以降低造价，缺点是自重大，跨越能力有限，一般用于小跨径桥梁。钢筋混凝土拱桥是主拱采用钢筋混凝土建造的拱桥，其优点是加工和制造较石拱桥方便，工期短，跨越能力大。钢拱桥是上部结构用钢材建造的拱桥类型，其优点是跨越能力大，自重轻，适用于大跨度桥梁。钢管混凝土拱桥是拱肋采用钢管混凝土建造，将钢管内填充混凝土，利用钢管约束混凝土，改善混凝土性能，钢管兼有纵向主筋和横向套箍的作用，同时可作为施工模板，方便混凝土浇筑。

按照拱圈截面可分为板拱桥、肋拱桥、箱形拱桥及双曲拱桥等。板拱桥的拱圈整体矩形实体截面，横向整体性较好，截面高度小，构造简单，施工方便，但截面抗弯惯性矩较小，一般用于地基条件较好的中小跨度拱桥。肋拱桥的拱圈由两条或两条以上分离的拱肋组成，拱肋之间用横系梁（或横隔板）联结成整体，使拱肋共同受力并增强拱肋的横向稳定性。因其抗弯惯性矩较大，用料较省，故广泛应用于大中跨径拱桥。箱形拱桥的拱圈横截面为整体多室箱（箱形板拱）或分离式单(多)室箱肋(箱形肋拱)，可用钢筋混凝土、钢材建造，截面挖空率高，自重轻，抗弯、抗扭性能及整体性、横向稳定性好，可承受正负弯矩，且应力分布较均匀，因此尤适用于无支架施工的大、中跨度拱桥。双曲拱桥的拱圈由纵向拱肋和横向拱波组成，主拱圈的形式有单波、多波、多波高低肋等，拱肋截面有矩形、倒T形、I形、L形、薄壁箱形等。　（范立础　李建中）

沟槽爆破　groove blasting　从地平面往下开挖，形成具有一定深度的长条状凹槽的爆破技术。又称掘沟爆破。是台阶爆破的一种形式。沟槽断面形状多为矩形、倒梯形，宽度较窄，如油气管沟槽一般底宽2米左右，深度2.5～4米。沟槽爆破一般断面较小，工作面狭窄，自由面少，爆破夹制作用大，故炸药单耗较高，爆破参数往往根据沟槽断面大小、形状和周围环境来确定。

沟槽爆破要求：①按照沟槽规格设计炮孔，孔位误差要小。为保证沟槽爆破后能满足安装要求，在钻孔时一定要保证尺寸满足设计要求，不能出现欠挖；边孔只能沿沟槽的纵向移动调整，不得移出设计的沟槽边界；钻孔超深应严格按照设计要求实施，不许增减炮孔的深度。②钻孔时宜从沟槽开口（或已开挖）处开始，以保证钻孔的孔距、排距和倾角等参数满足爆破要求。③中间孔（单孔或双孔）布置在边孔前面，沟槽中部宜钻垂直孔，侧壁要求光面爆破，边缘炮孔应向中线倾斜（见图）。④炮孔装药主要集中于底部，上部装药线密度较低。⑤沟槽爆破多采用不耦合装药松动爆破和毫秒延期爆破技术相结合的爆破方案，沟槽中部的炮孔先起爆，为后续爆破创造自由面，然后依次起爆后续炮孔。

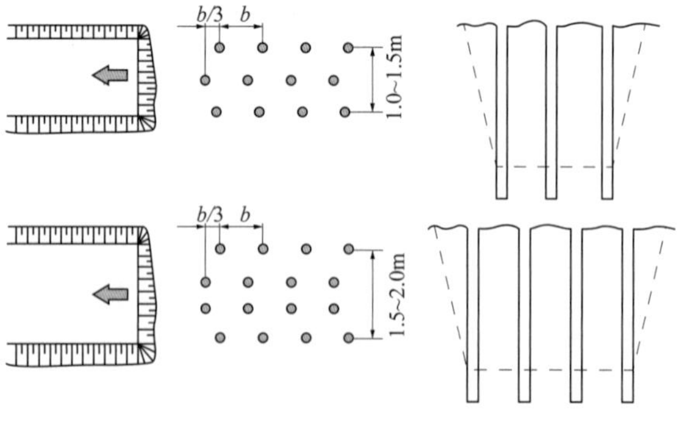

沟槽爆破炮孔布置示意图

沟槽爆破广泛应用于城市建设中的油气管道、供水、排水管道和电缆管沟的开挖，以及公路、铁路和矿山的路堑开挖等。　（蔡路军）

构件临界温度　critical temperature of structural member　承受外荷载作用的构件在火灾下达到抗火承载力极限状态时的温度。构件在火灾下的破坏，本质上是由于随着火灾下构件温度的升高，材料强度下降，构件承载力下降，当构件承载力不能承受外部荷载作用时，即达到耐火承载力极限状态，构件破坏。此时构件的温度即为临界温度。显然，构件的临界温度与其所受的外部荷载有关，荷载越大，临界温度越低；荷载越小，临界温度越高。

对于四面均匀受火且截面钢板厚度较小的钢构件，截面温度基本均匀，其临界温度可取构件达到耐火极限承载力状态时最不利截面的温度。对于有些构件，如组合钢梁，截面上各部分尺寸及受火条件可能不相同，截面上的温度是不均匀的，这时临界温度应取截面上关键部件（组件）的温度。对于混凝土构件，由于混凝导热系数小，传热慢，截面上温度很不均匀，临界温度的概念并不适用。　（楼国彪）

构造柱　structural concrete column　在砌体房屋墙体的规定部位，按构造配筋，并按先砌墙后浇灌混凝土柱的施工顺序制成的混凝土柱。通常称为钢筋混凝土构造柱，简称构造柱。

作用　在无筋砌体结构房屋中设置构造柱，其墙体抗剪承载力提高不明显，但墙体的延性显著提高，且设置构造柱能有效耗散地震能量，提高房屋的抗震能力。此外，构造柱和圈梁形成的空间结构对砌体竖向、横向约束，可有效阻止墙体裂缝的进一步开展和延伸，使墙体竖向承载力不至于大幅下降，从而有效提高房屋的整体性和延性，增强房屋地震时抗倒塌的能力。

在墙体中设置构造柱，能提高墙体的稳定性。在墙体高厚比验算时，设置构造柱墙体的允许高厚比比不设置构造柱的无筋砌体墙有所提高。

设计计算时，一般不考虑构造柱的竖向荷载承载力，但当构造柱间距加密到一定程度时，构造柱和砌体具有组合作用，形成了组合墙（见*砖墙*）。

设置部位　在地震作用下，砌体房屋受力最大、最容易产生破坏的地方需设置构造柱，设置构造柱的部位包括：①墙长超过5米或层高2倍的砌体墙。②楼梯间、电梯间四角，楼梯斜梯段上下端对应的墙体处。③外墙四角和对应转角。④错层部位横墙与外纵墙交接处。⑤大房间内外墙交接处。⑥较大洞口两侧。⑦纵横墙交接处，构造柱的间距根据抗震设防烈度和房屋层数确定。

构造要求　构造柱最小截面可采用180毫米×240毫米（墙厚190毫米时为180毫米×190毫米），纵向钢筋宜采用4ϕ12，箍筋间距不宜大于250毫米，且在柱上下端宜适当加密；抗震设防烈度为7度时超过6层，抗震设防烈度为8度时超过5层，抗震设防烈度为9度时构造柱纵向钢筋宜采用4ϕ14，箍筋间距不应大于200毫米；房屋四角的构造柱可适当加大截面及配筋。

构造柱的施工应采用先砌筑砌体墙后浇注混凝土的施工顺序，砌体墙与构造柱连接处应砌成马牙槎，沿墙高每隔500毫米设2ϕ6水平拉结筋和ϕ4分布短筋平面内点焊组成的拉结网片或ϕ4点焊钢筋网片，每边伸入墙内不宜小于1米（见图）。

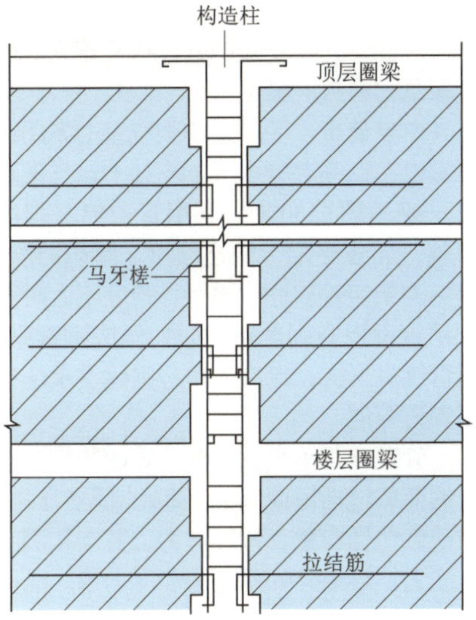

构造柱与墙体连接示意图

发展　根据1976年唐山大地震的震害总结分析和大量试验研究结果，中国于1978年颁布的《工业与民用建筑抗震设计规范》（TJ 11—78）首先提出了设置构造柱和圈梁的砌体结构抗震设计方法，经过2001年和2011年两次修订，得到了进一步完善。汶川地震、玉树地震等震害表明，只要严格按照设计规范设计的无筋砌体房屋，破坏轻微。这种结构体系的设计方法已被欧盟规范、南美各国规范所采纳。

在混凝土空心砌块房屋的墙体上下贯通的孔洞中，插入钢筋并浇灌灌孔混凝土形成钢筋混凝土芯柱，其作用与构造柱相同，简称芯柱。　（徐　建　梁建国）

古代桥梁　ancient bridge　1779年以前建造的桥梁。1779年建成了第一座铸铁拱桥，被认为是人类结束用天然材料建桥的里程碑，即古代桥梁的结束和近代桥梁的开始。

木、石梁桥　古代桥梁大都是简支梁桥，用树干或石梁横跨小溪而成。在亚洲和南美的河谷中，用植物纤维编成绳索跨越形成索桥。遇到较宽的河，就用大的石桩做成桥墩，上铺石板为梁，做成多孔梁桥。这些桥梁大都是兵士押着奴隶们建成的，供民众日常生活之用（图1、图2）。

图1　瑞士卢塞恩的教堂桥（木梁桥）

图2　中国福建泉州洛阳桥（石梁桥）

古罗马拱桥　罗马帝国时期为军事需要修建了通往各地的大道以通行马车，那时已发明了最初的水泥用于建造河中的石墩。罗马时期著名的是半圆石拱桥，它比石梁桥具有更大跨度，寿命也比木梁桥更耐久。对于很宽的河流还建造了多孔拱桥。为了解决深水基础的难题，罗马人发明了木桩制造的沉箱，用黏土密封后再灌入混凝土。1800多年前建成的罗马圣天使桥的沉箱基础仍在。留存下来的罗马石拱桥有很多，有西班牙阿尔坎塔拉跨越塔古斯河的多孔石拱桥，每孔跨长13.6～28.8米；法国南部尼姆附近的加尔桥，是高架渡槽桥（图3），桥的长度第一层142米、第二层242米、第三层275米，采用三层半圆拱结构。

图3　法国尼姆城的加尔桥

罗马帝国覆灭后，欧洲进入中世纪，桥梁建筑技术进步缓慢。众所周知的桥梁是建成于1209年的老伦敦桥，该桥为19孔，跨度7.2米，桥上有房子和店铺，使用了600多年后才被拆除。还有1177年所建的法国阿维尼翁的圣贝内泽桥，部分残迹尚在。

文艺复兴时期的木桁架桥和坦拱桥　文艺复兴以后，意大利建筑师A.帕拉第奥把房屋中的屋架移植至桥梁，设计了若干木桁架桥，跨度增加至30米。木桁架桥在欧洲各国得到了发展。1755年瑞士H.格鲁本曼建成了跨度分别为52米和59米的两座跨越莱茵河的木桁架桥。

意大利人B.阿玛纳提创造了矢跨比1/7的椭圆形拱，于1569年在佛罗伦萨建成了天主圣三桥。该桥先通过行人，后通行汽车，直至二次大战中被毁。意大利建筑师A.da.庞特在1591年设计了威尼斯的里亚尔托桥。该石拱桥跨度为27米，矢高6米，用6000根木桩作桥台基础以抵抗拱的推力，这一技术一直被应用。18世纪中叶，法国工程师J.-R.帕若纳特设计了许多坦拱桥，其中众所周知的是1791年建成的巴黎跨越塞纳河的协和桥。

中国古代桥梁　中国古代桥梁主要是以木梁、木桩、石梁、石墩为主的梁式桥，但浮桥和索桥均首创于中国。公元前1184年周文王所建的渭河浮桥比世界公认的波斯王大流士所建的博斯普鲁斯海峡浮桥要早600多年。

中国的石拱桥比罗马拱桥晚了约500年，但西方也承认中国隋代李春所建的河北赵州桥是拱桥的杰作。赵州桥主跨37米，矢高仅7米，矢跨比1/5，且采用减轻重量的空腹拱。欧洲直到18世纪中叶才出现空腹坦拱桥。

中国的木伸臂梁桥也是独创的桥型。北宋汴梁（今开封）清明上河图中的虹桥（图4），中国称为“贯木拱桥”（或扁梁木拱桥），桥跨约20米，为世界桥梁史上独有。宋代以后全国建造这类桥梁甚多，遍布福建、浙江两省。

图4《清明上河图》所绘虹桥

中国的索桥，最早称“笮桥”，由竹或藤编成。两汉时期在云南、贵州、四川、青海、甘肃、新疆等地均普遍采用。四川大渡河铁索桥建于1706年。据英国J.尼德姆姆考证：人们觉得有这样的理论，就是在整个事情的发展过程中，一定有一系列的影响是从中国的铁索桥流传到文艺复兴时期和近代欧洲工程师们那里，虽然我们还不可能阐明发展的全部过程。《徐霞客游记》和法国传教士的《中国奇迹览胜》两本书中记载了大量中国索桥，而西方则是在18世纪末才开始建造最初的悬索桥（见近代桥梁）。（项海帆）

古塔 pagoda 中国古代高层建筑。见中国古代木结构、中国古代石结构、中国古代砖结构。

骨料 aggregate 在建筑砂浆和混凝土中起骨架或填充作用的颗粒状松散堆积材料。可以抑制砂浆或混凝土收缩，防止开裂。作为骨料的岩石种类很多，可以是石灰岩，也可以是石英岩、玄武岩、花岗岩和片麻岩等。

按骨料粒径分为细骨料和粗骨料。①细骨料。公称粒径小于5毫米（用边长4.75毫米的方孔筛检测）的骨料，包括天然砂和人工砂。天然砂有河砂、山砂、经脱盐处理的海砂、沙漠砂等；人工砂或由天然砂、机制砂、工业废渣等细颗粒混合制成的砂或人工烧制的轻砂。细骨料是砂浆和混凝土的重要原材料，其质量对于砂浆或混凝土的和易性、抗裂性具有显著影响。②粗骨料。公称粒径大于5毫米（用边长4.75毫米的方孔筛检测）的骨料，包括卵石和人工粗骨料等。卵石是由自然风化、水流搬运和分选、堆积形成的岩石颗粒。人工粗骨料是由天然岩石、卵石或矿山废石经机械破碎、筛分制成的颗粒或烧制的陶粒等轻质骨料。粗骨料是混凝土中的重要原材料，其质量影响着混凝土的和易性、力学性能和耐久性。

按照表观密度划分，骨料可以分为重骨料、普通骨料和轻骨料。重骨料主要用于防辐射混凝土结构或配重用；轻骨料主要用于轻骨料混凝土或保温材料。

（龚洛书　吴兴祖　宋少民）

固结 consolidation 在荷载或其他因素作用下，土体孔隙中水分逐渐排出、体积压缩、密度增大、变形随时间发展的过程。与金属等其他连续介质材料不同，土体受荷后的变形并非瞬间就能完成，而是随时间逐步发展并趋稳定的。按固结过程中产生变形机理的不同，土体的固结一般分为主固结和次固结两个阶段，其间发生的相应变形分别称为主固结变形和次固结变形。①主固结。土体固结过程中渗流和变形同时发生的行为。饱和黏性土的主固结过程就是土体中孔隙水逐渐排出、超孔隙水压力逐渐消散直至为零、有效应力不断增加至最大、抗剪强度逐渐增长、变形逐步发展的过程。这一过程是以土中发生渗流为其主要特征的，故也称为渗流固结。主固结历时长短主要取决于土的压缩性、渗透性和土层排水距离的大小。②次固结。主固结过程（超静孔隙水压力消散过程）结束后，在不发生渗流和有效应力不变的情况下，土的骨架仍随时间继续发生变形的过程。这种变形的速率已与孔隙水排出的速率无关，而是取决于土骨架本身的蠕变性质。次固结变形包括剪应变、体积变化。次固结的机理已不能用（主）固结理论和有效应力原理来解释。有机质含量高的土，次固结变形量所占总沉降量的比例会很大。

实际土体固结过程中，主次固结也可能同时发生，将土体的固结人为地分为主次固结两个阶段并不完全合理，主要是为了方便工程计算。（胡安峰）

管道结构 pipeline structure 用于输送液体、气（汽）体、颗粒类固体等介质，或用于安装输液、输气（汽）等管道，以及安装电缆等各种设施的封闭通道及其附属设施（管道附件及附属构筑物）构成的空心体结构。简称管道。管道必须能耐受所输送物质的温度、压力（内压）、腐蚀和磨损作用，并具有足够的耐久性。不同类型管道耐受温度差别较大：输送原油和重油管道要求能耐受约100℃的温度；动力管道根据介质不同，耐受温度可能大于400℃。低压管道耐受压力P为：$0<P\leqslant1.6$兆帕；中压管道耐受压力P为：$1.6<P\leqslant10$兆帕；高压管道耐受压力P为：$10<P\leqslant100$兆帕；超高压管道耐受压力P大于100兆帕。

分类　管道按材质不同可分为钢管、不锈钢管、铸铁管、灰口铸铁管、稀土铸铁管、球墨铸铁管、混凝土管、钢筋混凝土管、预应力混凝土管、硬聚氯乙烯塑料管、聚乙烯塑料管、聚丙烯塑料管、聚丁烯塑料管、ABS工程塑料管、玻璃纤维管、增强热固性树脂管、增强塑料砂浆管、复合管等。按断面类型可分为圆形管道、矩形管道、马蹄形管道、半椭圆形管道、椭圆形管道、卵形管道、波纹管异型（肋型）塑料管道。按敷设方式又分为地下管道、水下管道和架空管道3种。通常敷设方式是其主要的分类形式。

地下管道　按埋设方法分开槽与不开槽两类。①开槽埋设。将管子敷设或砌筑在明挖的土槽内，然后将土回填夯实。②不开槽埋设。指在地层内开挖成形的洞内敷设或浇注管道，施工方法有顶管法、盾构法、新奥法、管棚法等。

水下管道　一般埋入水下土层内，用混凝土包封或用钢筋等材料锚固，以防止管道上浮。在通航河道上应在管道上部灌筑不小于500毫米厚的混凝土保护层或采取其他防护措施，防止轮船下锚时破坏管道。当跨越的河道或海峡不能断流时，除了采用上述的顶管法和盾构法外，还可采用沉管法，即先在河底或海底用拉铲拉出沟槽，将管道分段浮运到位后沉入槽内，管道大多用钢管或预制钢筋混凝土矩形管。

水下管道有保温、防腐要求时，可先敷设外套管，再安装内管，在两管之间填入保温材料或混凝土。

架空管道　工矿区的架空管道多用钢管安设在钢筋混凝土或钢支架上，支架距离一般不超过30米，利用管道自身强度跨越，形成支架上的连续梁。跨越河流、峡谷的架空管道称管道桥，跨度不大时可利用管道自身强度跨越，如做成钢管梁、钢管拱等形式；跨度大时应另建支承结构来安置管道。

管道结构承受的荷载　管道结构要承受的荷载包括恒荷载、活荷载、偶然作用。恒荷载包括自重、预加应力、竖向和侧向土压力、管道外部水压力和浮力等。活荷载包括地面车辆、施工机械及其引起的冲击力、地面堆积荷载、人群荷载以及管内静水压力及其引起的波动压力、动水作用力、真空压力、温度作用。偶然作用，如地震作用等。

接头　管道接头包括刚性接头和柔性接头。刚性接头指在工作状态下，相邻管端不具备角变位和轴向线位移功能而不出现渗漏的接头，如采用石棉水泥、膨胀水泥砂浆等填料的插入式接头；水泥砂浆抹带、现浇混凝土套环接头等。柔性接头指在工作状态下，相邻管端允许有一定量的相对角变位和轴向线位移的接头，如采用弹性密封圈和弹性填料的插入式接头。

附件及附属构筑物　管道附件包括管件和补偿器、吊杆。管件主要有用以连接不同管径管道的异径管，用以连接两管成交角的弯管、弯头、三通、四通、乙字管、法兰、盖堵等。附属构筑物包括检查井和

雨水口。（潘家多　李晓东）

管道桥　pipeline bridge　架设并跨越河流、湖泊、峡谷、深沟等自然障碍物，用于输送石油、天然气、水等液体或气体的管道式桥梁。又称管道跨越。管道运输是能源等长距离运输的重要手段。由于地形地貌的限制，管道经常需要通过河流、湖泊、峡谷、深沟等自然障碍物，当从地下或水下穿越受到限制时，则宜采用架空的管道跨越。

管道桥的设计，除常规的恒载、风载、地震力和温度作用等以外，还需要考虑清管荷载、充水试压荷载、介质脉动作用等。

管道桥的结构形式，主要有大跨度的悬索、斜拉结构和中小跨度的拱式、梁式结构。对于长距离跨越工程而言，悬索结构的优势明显，在油气长输管道中较多采用。

管道悬索桥起源于20世纪20年代。早期管道悬索桥将管道直接吊挂在主缆上，随着管径的增加及荷载的增大，并考虑管道受力和检修需要，引入钢制梁格体系或桁架作为加劲梁，管道本身不再直接承受吊索拉力。因管道悬索桥的柔度大，风荷载产生的动力响应明显，需要设置抗风缆以提高结构的刚度与稳定性。

世界上跨度最大的管道桥是1979年建成的乌克兰普里第聂伯罗夫斯克悬索桥，跨度720米。美国1955年建成的大塔悬索桥，跨度为659米。从20世纪末期起，中国开始大力发展管道运输，管道桥也随之得到发展。在西气东输管道工程中，2004年建成的中卫黄河管道跨越采用钢桁梁结构，跨度85米；2009年建成的野三河桥采用悬索跨越，跨度240米。在中缅油气管道和中贵天然气管道上，典型的大跨度管道悬索桥有：澜沧江管道悬索桥，跨度280米；怒江管道悬索桥，跨度320米；红水河管道悬索桥，跨度300米；乌江管道悬索桥，跨度310米等。（李亚东）

管桁架结构　pipe truss structure　采用钢管构件通过相贯焊接形成的桁架结构。由上弦杆、腹杆和下弦杆组成（图1）。钢管桁架结构按构件组成方式分为平面桁架结构和立体桁架结构。平面桁架由位于同一平面内的上弦杆、下弦杆和腹杆构成（图1）；立体桁架由位于不同平面的弦杆、腹杆构成（图2），立体桁架横截面可为三角形、四边形或梯形。管桁架结构属于桁架结构的一种，在结构上的节点荷载作用下，桁架杆件仅承受轴向力。已建成的管桁架结构工程如中国武汉奥林匹克中心体

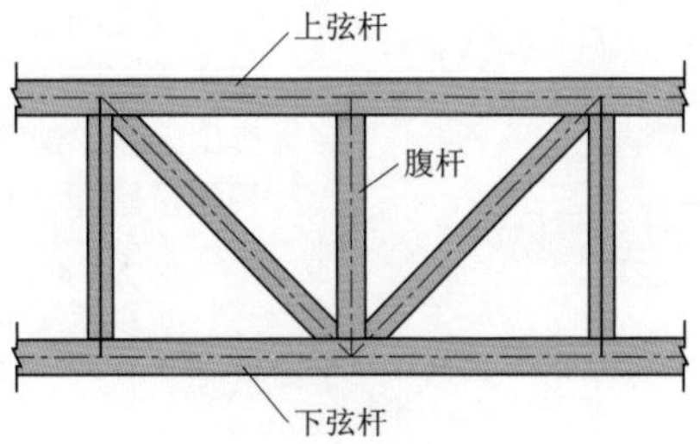

图1　平面管桁架示意图

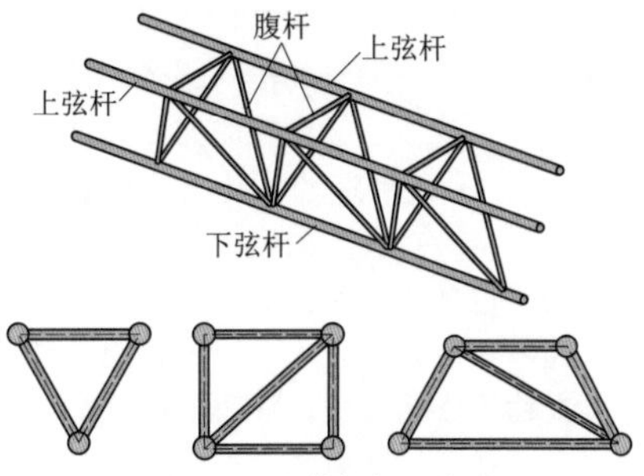

图2　立体管桁架示意图

育馆。（罗永峰）

管网热损失　heat loss of pipe network　供热管网在介质输送过程中损失的热量。管网热损失大小通常与输送介质的流速、管道长度、管径、管道与附件保温的效果以及管道是否存在跑冒滴漏有很大关系。管网热损失过大直接影响用户的供热质量和管网的安全经济运行，同时造成供热系统的能效降低，增加供热热源污染物排放的总量和比重。为了将管网热损失控制在合理的范围，要重视做好管网设计、施工、质量验收以及后期的运行维护工作。

在设计阶段要做好管道直径和流速的选择计算、保温材料的选择、保温层厚度的计算。保温材料的选择应符合环保要求以及国家或地方设计规范的规定；管道外保温厚度的计算，应在输送介质的温度参数下，控制管道散热损失在不大于国家或地方设计规范规定的最大允许散热损失的前提下，进行技术经济比较后确定，通常选择一个经济厚度。

根据中国《工业设备及管道绝热工程设计规范》（GB 50264—2013）的要求，管道外表面温度50～300℃最大允许热损失量见表。

在进行工程设计时，管道允许热损失量应小于上表数值，热损失越小，需要的保温层厚度越大。为降低管道热损失，除了要做好节能环保设计外，施工时还要严把质量关。所使用的保温材料性能、厚度要符合设计要求，并严格进行进场检验甚至复检。施工过程中要严格按要求施工，避免保温接口处较大的热损失，施工过程中引起的保温破损要及时更换。需要操作

管道最大允许热损失量

设备管道外表面温度/℃	绝热层外表面最大允许热损失量/W·m^{-2}	
	常年运行	季节运行
50	52	104
100	84	147
150	104	183
200	126	220
250	147	251
300	167	272

的管道阀门、附件也要采取保温措施。最后要按照中国《城镇供热管网工程施工及验收规范》（CJJ 28—2014）的要求做好验收工作，确保工程质量。

在管道运行时，要经常进行观察维护，对保温破损现象及时进行修补，避免管道跑冒滴漏现象，一旦发现保温失效，要立即采取措施。通常无机保温材料正常使用的失效年限在10年左右；有机保温材料正常使用的失效年限在20～25年。

对于常年运行的供热管网，其热损失应控制在5%以内。（牛小化）

灌注桩后注浆工艺　post grouting for cast-in-situ pile　灌注桩在成桩后一定时间，通过预设于桩身内的注浆导管及与之相连的桩端和桩侧的注浆阀注入水泥浆，使桩端沉渣和桩身泥皮得到加固，从而提高单桩承载力，减小沉降的技术措施。灌注桩后注浆主要用于泥浆护壁钻孔灌注桩，是提高泥浆护壁钻孔灌注桩承载力的辅助工法。该技术旨在通过桩底、桩侧后注浆，固化桩底沉渣（虚土）和桩侧泥皮，并加固桩底和桩周一定范围的土体，进而提高桩的承载力，增强桩的质量稳定性，减小桩基沉降。注浆效果与桩底、桩侧土层性质及注浆参数有关。后注浆施工工艺参数主要包括水泥注入量、水灰比、注浆起始时间、注浆速度、注浆压力、注浆顺序等。（高文生）

光储直柔　photovoltaics; energy storage; direct current and flexibility　配置建筑光伏和建筑储能，采用直流配电系统，且用电设备具备功率主动响应功能的新型建筑能源系统（见图）。

组成及原理　光储直柔集光伏发电、储能、直流配电、柔性用电于一体，既是建筑实现建筑自身减排、减少间接碳排放的重要技术，更是与电网互动、解决电力平衡的关键技术。光储直柔作为建筑节能的新方向，能够携手新型电力系统从需求侧低成本地解决电力系统调节能力不足、

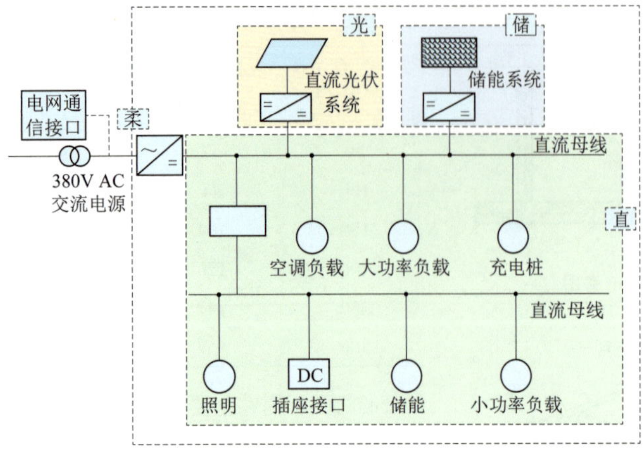

光储直柔原理示意图

夏季尖峰负荷问题以及高比例可再生电力波动性等问题。①“光”。包括太阳能光伏等在内的可再生电力。以光伏为例，利用建筑屋面、立面，附属设施等，规模化建设建筑场地内太阳能光伏发电设施。由于组件价格下降和效率提升，分布式光伏的经济性逐渐凸显，充分利用建筑表面空间安装光伏，或者将光伏组件与建筑遮阳等结构件结合，可以为建筑提供更多的可再生电力。②“储”。利用电池、蓄冷蓄热装置、空调设备等方式，实现光伏就地消纳和建筑电力交互等目的。随着风电和光电占比不断扩大，中国电力供给端和需求侧负荷双向波动性和随机性逐步加大，电力不平衡的问题日益突出。建筑节能的主要方向将逐步从“降低能耗”转为“负荷调节”，依靠可中断、可迁移、可比例调节等柔性负荷和储能措施，显著提高电力供应的安全性和稳定性。③“直”。指直流配电系统，连接光伏、储能和建筑终端的直流设备。在建筑中应用直流电器设备，可以直接使用太阳能光伏发电，不仅减少了逆变器、变压器等设备初投资，同时可以提高用电效率，降低电力系统运行成本，并提高了用电安全性。直流配电系统可通过直流母线实现建筑光伏、建筑储能和不同类型负荷的接入，并根据城市电网功率变化要求，以直流母线线电压调节为手段，在满足用户需求的前提下通过调节储能和负荷，实现供需匹配。④“柔”。指建筑柔性负荷管理系统，通过有效管理智能空调、智能照明、智能充电桩等具有可调节能力设备，通过智能化、信息化等能源互联网技术，打通“源、网、荷、储、用”链条，将建筑电力的供需关系由“源随荷变”转为“荷随源变”，实现建筑电力供应与需求、建筑与电网的灵活互动。

应用　光储直柔并非简单应用上述某项单一技术，也不是简单将“光”“储”“直”“柔”4项技术排列组合，而是要重点关注四者之间的协同。自中国“双碳”目标提出以来，建筑光伏与建筑储能已成建筑用电零碳化的必然选择，而直流配电是连接建筑光伏、建筑储能、用电负荷和城市电网之间的桥梁，是实现柔性用电的技术路径，是光储直柔的必要条件。柔性用电是光储直柔的目标，是建筑节能的新方向，也是全社会层面更显著的能源节约。随着城市建设进入新阶段，建筑规模的增长趋势逐渐放缓，建筑节能技术的需求市场也逐渐从增量转为存量，绿色、健康、低碳成为新的热点话题。尤其原来的建筑低碳只能通过效率提高和节约用能来实现，未来建筑低碳还可以通过与电力协同的方式实现，让建筑红线以外的减碳效果落到实处，带动技术创新、产业升级和经济增长。

从建筑视角来看，光储直柔使得建筑融合了光伏、储能、电动车等，逐步由“用能者”转为“产消者”；从电力视角来看，光储直柔使得建筑具备了柔性调节功能，潜在的建筑负荷调节能力足以解决高比例可再生能源接入所带来的波动性难题，逐步从“产消者”转向“产消+调蓄者”，成为减少建筑间接碳排放的重要技术路径；从全社会实现碳中和视角来看，通过光储直柔技术、建筑电动车交互技术、建筑电力交互技术和基于建筑负荷的虚拟电厂技术等新技术和新模式，建筑负荷灵活性调节能够解决高比例可再生能源日平衡难题，实现建筑用电柔性将成为新型电力系统的重要组成部分。

自光储直柔理念提出以来，“集光伏发电、储能、直流配电、柔性用电于一体的‘光储直柔’建筑”已在中国获得了高度重视，从相关设计方法到关键设备、从技术标准到示范工程等多方面均取得了初步成效，是建筑领域碳达峰行动方案的重要技术路径之一，为推动产业发展和行业进步提供了重要保障。　（郝　斌　刘晓华）

光面（预裂）爆破机理　mechanism of smooth blasting (pre-split blasting)　控制岩体开挖轮廓的爆破理论。

特征　光面爆破指沿开挖边界布置密集炮孔，采取不耦合装药，在主爆区爆破之后起爆，以减少超欠挖、形成平整的轮廓面的爆破作业。预裂爆破指沿开挖边界布置密集炮孔，采取不耦合装药，在主爆区爆破之前起爆，在爆区与保留区之间形成预裂缝，以减弱主炮孔爆破对保留岩体的破坏并形成平整轮廓面的爆破作业（图1）。

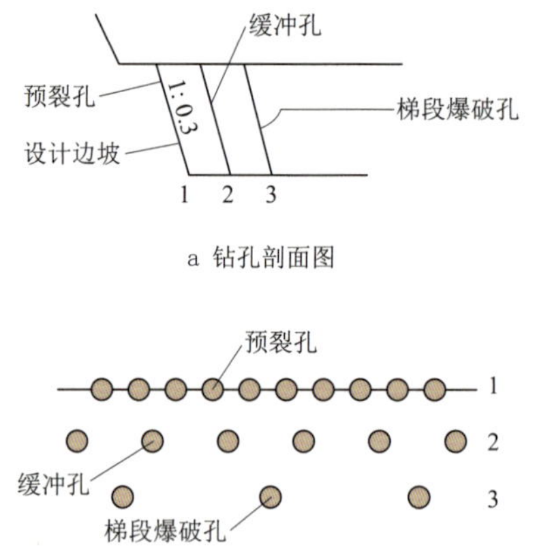

a 钻孔剖面图

b 钻孔平面图

图1　边坡预裂爆破布孔形式示意图

1950年，瑞典人首次提出了光面爆破技术，并在此基础上逐渐发展了预裂爆破技术。光面爆破和预裂爆破都能够控制轮廓成型、减少超欠挖。主要差别：①预裂爆破技术中的预裂炮孔在主爆区爆破之前起爆，而光面爆破技术中的光面炮孔在主爆区爆破后起爆。②预裂爆破的预裂孔起爆时仅有一个自由面，所受夹制作用大；光面爆破炮孔起爆时有两个自由面，受夹制作用小。③预裂爆破的线装药密度比光面爆破大，炮孔间距小。

成缝机理　主要有应力波干涉成缝理论、高压气体成缝理论、爆炸应力波与高压气体联合成缝理论。

应力波干涉成缝理论　炮孔间贯穿裂缝主要由应力波作用形成。相邻炮孔同时爆破时，爆炸应力波以炮孔为中心呈放射状向外传播，在岩体中产生径向压应力和环向拉应力。由于两个炮孔形成的应力波相互干涉，使两炮孔轴线连接面上的压应力部分抵消，环向拉应力增强。当拉应力强度超过岩石的抗拉强度时炮孔轴线连接面处岩石断裂，形成裂缝（图2）。

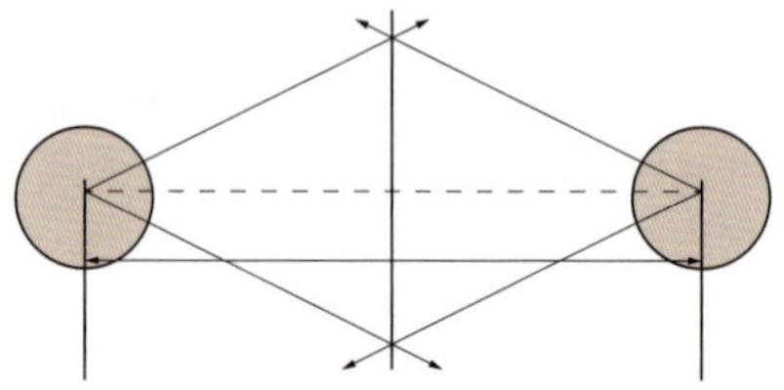

图2　应力波干涉破坏成缝作用机理示意图

高压气体成缝理论　炮孔间贯穿裂缝主要由爆生气体作用形成。相邻炮孔起爆后，爆生高压气体作用在孔壁上，在炮孔周围形成准静态应力场，使垂直于炮孔连线方向上产生很高的拉应力。若炮孔间距足够小时，该拉伸应力可以超过岩石动态抗拉强度使岩石断裂。其次，应力波作用下炮孔壁上会产生初始径向裂纹，高压气体将渗入裂纹产生“气刃效应”。由于气体作用时间长、总能量高，可使初始裂纹扩展贯通，并达到一定的宽度。

爆炸应力波与高压气体联合成缝理论　炮孔间贯穿裂缝是爆炸应力波和爆生气体共同作用形成。岩体成缝过程包括应力波作用过程、高压爆生气体作用过程两个阶段。首先，炸药起爆后爆炸冲击波立即作用在炮孔壁上，当产生的环向拉应力大于岩体的动态抗拉强度后岩体被拉裂，初始裂纹由炮孔壁开始向外扩展，相邻孔应力波的干涉也会促使初始裂纹进一步扩展。应力波形成的初始裂隙为炮孔间贯穿裂缝的形成提供了初始有利的条件。随后，产生的爆生高压气体在炮孔壁上施加法向压应力。若炮孔间距够小，爆生高压气体可在炮孔连线方向上的岩体中产生很大的拉伸应力，当超过岩石动态抗拉强度时进一步产生裂隙。与此同时，高压气体将渗入新生成的裂隙，最终初始裂隙在高压气体的张拉和劈裂作用下扩展、贯通，在炮孔间形成较为规则的裂隙面。（孙金山）

广东珠海炮台山硐室大爆破工程　chamber blasting engineering of PAOTAI Mount in Zhuhai Guangdong　1992年，由原总参工程兵工程学院在广东省珠海市炮台山成功实施的炸药量达1.2万吨级的硐室爆破作业。其爆破规模为世界爆破史上之最，被称为亚洲第一爆。1992年3月，中国珠海机场经国务院批准扩建，其南端炮台山硐室爆破工程成为机场扩建的关键性控制工程。爆破工程由原总参工程兵工程学院林学圣设计，多个爆破科研单位、企业的数十名爆破专家和近千名施工人员参与了该项工程。

该工程具有以下几个特点：①采用一次性爆破方法。以实现该山体黄海高程4米以上的石方（约1085万米³）爆破松动，山体与15米高程平面的交线以上石方抛掷率达到50%，工程量大。②炮台山周边环境复杂。北侧距离海澄乡英表村仅560米，且民房多为浆砌块石房屋，以及少量砖混结构楼房，其中部分房屋为危房，东侧2.8千米处为一度假村。③工程涉及道路开设、导硐药室开挖、炸药加工、起爆体制作、装药填塞、起爆网路敷设等多个工序，施工组织协调极其复杂。

爆破总体方案采用以条形平面药包为主、集中药包为辅的综合装药形式，利用微差起爆技术一次起爆、抛掷与加强松动爆破相结合的爆破方式。通过多次爆破参数选择和方案优化比较，最终形成如下具体设计方案：在4～45米的高程范围内，爆破装药室分为3层，共122个条形药包，21个集团药包；形成药室143个、导硐40条，导硐药室总延米为1.1万米；装药的最小抵抗线为7.5～47.5米；总药量为1200吨，其中最大段药量380吨；装药分成33段起爆，段间延时50～100毫秒，总延时3.8秒；主起爆体个数143个。

起爆后，共33段143个药包（含21个集中药包）全部起爆，山体表面破碎均匀，南侧向海域方向抛掷距离近200米，抛掷率达51.2%。其余方向的爆破松动效果均达到预期目标。爆破在北侧村庄方向抛掷距离小于100米，个别飞石不超过400米。距山体边缘560米处的地表振动速度为6厘米/秒，爆破振动持续约5秒。观测得到，距山体边缘705米的英表村中多数浆砌房屋均出现大小不等的裂缝、抹灰大片脱落和局部变形现象。距爆破800米以外民房的屋内局部出现墙壁抹灰脱落及小裂缝，房屋结构无损坏，未发生房屋倒塌现象。

炮台山硐室大爆破工程规模之大、装药量之多、技术要求之高、风险性之大、工期之紧张，在中国尚属首次，在世界其他国家也极罕见。它的爆破成功是中国爆破史上的一个里程碑，标志着中国爆破技术达到了一个新的高度，处于国际领先地位。（徐全军）

轨道不平顺谱　PSD of track irregularities　利用轨道不平顺单边功率谱密度函数描述轨道不平顺状态的指标。一般由高低、轨向、轨距、水平4个单项轨道不平顺谱和空间频率的单边谱描述，宜采用双对数坐标表示轨道不平顺谱图。轨道不平顺谱常采用轨道不平顺谱拟合公式表示，各国拟合公式不尽相同。

中国轨道不平顺谱拟合公式采用幂函数分段拟合，公式为：

$$S(f)=\frac{A}{f^{n}} \qquad (1)$$

式（1）中f为空间频率，单位为1/米；A和n为拟合公式系数。

英国轨道不平顺谱公式为：

高低不平顺

$$S_{v}(f)=\frac{1}{22.94f^{4}+7.81f^{3}+1.33f^{2}} \qquad (2)$$

水平不平顺

$$S_{c}(f)=\frac{1}{15.69f^{4}-6.30f^{3}+7.72f^{2}} \qquad (3)$$

轨向不平顺

$$S_{a}(f)=\frac{1}{100.8f^{3}} \qquad (4)$$

式（2）（3）（4）中f为空间频率，$f=\frac{1}{\lambda}$，单位为1/米，λ为波长（米）。

法国轨道不平顺谱公式为：

$$S(f)=\frac{a}{(b+f)^{3}} \qquad (5)$$

式（5）中$S(f)$为轨道不平顺谱函数，单位为毫米²·米/周；f为空间频率，单位为1/米；a、b为轨道不平顺谱系数。

日本轨道不平顺谱公式为：

$$S(f)=\frac{A}{f^{n}}$$

式中$S(f)$为轨道不平顺谱函数，单位为毫米²·米/周；f为空间频率，单位为1/米；A和n为轨道不平顺谱系数。日本分中长波（25～100米）和中短波（3～25米）两段分别拟合。

美国轨道不平顺谱公式为：

高低不平顺

$$S_{v}(\Omega)=\frac{kA_{v}\Omega_{c}^{2}}{\Omega^{2}(\Omega^{2}+\Omega_{c}^{2})} \qquad (6)$$

轨向不平顺

$$S_{a}(\Omega)=\frac{kA_{a}\Omega_{c}^{2}}{\Omega^{2}(\Omega^{2}+\Omega_{c}^{2})} \qquad (7)$$

轨距和水平不平顺

$$S_{c}(\Omega)=S_{g}(\Omega)=\frac{4kA_{v}\Omega_{c}^{2}}{(\Omega^{2}+\Omega_{c}^{2})(\Omega^{2}+\Omega_{s}^{2})} \qquad (8)$$

式（6）（7）（8）中k为安全系数，$k=0.25$时计算结果与实测值接近，$k=1$偏向安全；Ω为空间角频率，单位为转/米；Ω_{c}、Ω_{s}为截断频率，单位为转/米；A_{v}、A_{a}为轨道不平顺谱粗糙度常数。

德国轨道不平顺谱公式为：

高低不平顺

$$S_{v}(\Omega)=\frac{A_{v}\Omega_{c}^{2}}{(\Omega^{2}+\Omega_{r}^{2})(\Omega^{2}+\Omega_{c}^{2})} \qquad (9)$$

轨向不平顺

$$S_{a}(\Omega)=\frac{A_{a}\Omega_{c}^{2}}{(\Omega^{2}+\Omega_{r}^{2})(\Omega^{2}+\Omega_{c}^{2})} \qquad (10)$$

水平不平顺

$$S_{c}(\Omega)=\frac{A_{v}b^{-2}\Omega_{c}^{2}\Omega^{2}}{(\Omega^{2}+\Omega_{r}^{2})(\Omega^{2}+\Omega_{c}^{2})(\Omega^{2}+\Omega_{s}^{2})} \qquad (11)$$

式（9）（10）（11）中b为车轮名义滚动圆距离之半，取0.75米；Ω为空间角频率，单位为转/米；Ω_{c}、Ω_{s}和Ω_{r}为截断频率，单位为转/米；A_{v}、A_{a}为轨道不平顺谱粗糙度系数。

世界各国轨道不平顺谱分段依据为：1.5～7.5米轨道不平顺是轨道恶化引起的，服从f^{-4}；7.5～40米轨道不平顺主要与新建线路质量有关，服从f^{-2}；而40米以上轨道不平顺反映了地形情况，服从f^{-4}。由于不同国家铁路施工、运营维护的标准、列车及运营速度不同，轨道不平顺谱的分段截止频率和幂函数的幂次也会有差异。美国和德国轨道不平顺谱公式实际也是由分段偶次幂函数公式的综合公式而来。中国和日本轨道不平顺谱拟合公式幂指数并不服从整数幂，但在双对数坐标系里，轨道不平顺谱线一般呈分段线性形式。

（刘秀波）

轨道承载能力 track bearing capacity 轨道在气温变化、冻融及风雨等条件下，承受列车最大可能荷载一次作用（强度）和列车荷载重复作用的能力。衡量轨道承载能力的主要指标：①由轨道部件强度所决定的轨道运营安全性。②由轨道部件寿命所决定的换件大修周期。③由轨道变形所决定的轨道日常维修工作量。

轨道部件强度　对轨道部件的强度要求是在自然环境（主要是气温）和列车荷载作用下，轨道部件可能出现的最大工作应力或最大工作弯矩小于等于部件的容许应力或设计弯矩。轮轨动荷载的大小是一个随机变量，可用一个横坐标表示荷载大小，纵坐标表示荷载出现概率的荷载谱来表述。强度计算中采用的最大荷载是荷载谱中累计分布概率为99.4%的最大可能荷载，其值为平均值（$\overline{P}$）加2.5倍均方差，即：

$$\overline{P}+2.5S$$

采用最大可能荷载经结构静力计算，即可得出轨道部件的最大可能工作应力或工作弯矩。

由于轨道部件材质的离散性及制造工艺的差异，经试验所得出的屈服应力通常也有一定的离散性。对于试验结果的取值通常也是经统计分析，按规定的统计概率取其最小可能值，对最小可能值再考虑一定的安全系数得出容许应力。

最后建立的强度条件是：最大可能工作应力小于等于容许应力。

换件大修周期　在实际工程中，轨道部件包括钢轨、轨枕、扣件的破坏都有一个从发生、发展到最终破坏的过程。这种破坏不是由于列车荷载中的最大可能荷载的一次作用所引起，而是由于列车荷载谱中的中、小荷载的多次重复循环作用所造成的累计损伤所致，这种损伤累积称为“疲劳”。

最先出现疲劳、破坏而需要单个修理或单个更换，随着使用期限的延长，这种单个修理或单个抽换的频率会增加。这不仅增加了进行修理和抽换的轨道维修工作量，而且因为对破坏和失效的误判和失修的可能性增加而危及行车安全。因此，当部件的折损、修理、抽换的频率（以每年每千米线路单个修理或单个抽换的个数计）达到某一数量之后，轨道部件就必须成批更换下道。部件重新铺上道到成批更换下道所经历的时间或线路的累计通过总重，称为部件的换件大修周期或使用寿命。

满足预期的使用寿命和更换下道周期，是衡量轨道承载能力的重要指标。

轨道日常维修工作量　铁路轨道和一般工程结构的最大不同，就是轨道结构是一个边使用、边变形、边修理的结构。一般工程结构在使用过程中，不会出现太大的变形，更不会由于结构的变形而影响结构的正常使用。而轨道结构则不同，随着结构的使用和列车荷载的重复作用，轨道的几何形位会发生变化，轨道水平、轨道方向、轨道三角坑及轨距都可能逐渐发生变化而超出其正常使用维修标准，影响行车安全，因此为保障轨道结构正常使用，需要配备一支日常检测及日常维修队伍和相应的设备。

轨道几何状态的恶化是和轨道设备的类型（轨道类型）及其所承受的运营条件（轴重、年运量、列车重量、行车速度）密切相关的。如果轨道设备与其承受的运营条件不匹配，轨道的变形速度就会加快，以至于在按规定的行车计划所能给予工务部门进行轨道检查和轨道维修的时间内，不能完成轨道几何形位整修的任务，不能保证行车安全所需要达到的标准，这时需要提高轨道承载能力的等级。

（曾树谷）

轨道动力稳定车 dynamic track stabilizing machinery 对轨道施加水平振动和垂直压力，使道砟重新排列、密实，实现线路稳定的轨道作业机械。是铁路线路大修、维修作业的主要配套设备之一。

分类　轨道动力稳定车有两种分类：①按作业性能，分为线路轨道动力稳定车和道岔轨道动力稳定车。②按运用地域，分为平原型轨道动力稳定车（海拔2000米以下）和高海拔型轨道动力稳定车（海拔2000米及以上）。中国铁路使用的稳定车最高可达5100米。

工作原理　轨道动力稳定车是模拟列车运行时对轨道产生的压力和振动等综合作用而工作的。作业时，由1台液压马达同时驱动2套稳定装置的2个激振器，使轨道产生同步水平振动，轨道在水平振动力的作用下，使道砟重新排列和密实。与此同时，稳定装置的垂直油缸分别给予两侧钢轨向下的压力，使轨道均匀下沉并密实道砟。在不改变原有的轨道几何状态和精度的前提下，轨道动力稳定车可对大修、维修后的线路实现快速稳定，提高了作业后线路的纵向、横向阻力和道床的整体稳定性。

构成　以WD-320轨道动力稳定车主要构成为例。

整车由柴油机提供动力，自运行采用液力机械传动，作业运行采用液压传动，作业动作采用液压驱动，辅助作业动作采用气动驱动。稳定装置是轨道动力稳定车的核心工作装置，分为线路型与道岔型。线路稳定装置仅能满足正线轨道动力稳定作业，道岔稳定装置可实现正线兼顾道岔的轨道动力稳定作业。稳定装置位于车架中部的下方，包括动力稳定装置及附属部件。稳定装置由箱体、激振器、夹钳轮、夹钳油缸、水平油缸和走行轮等部件组成。道岔稳定装置与线路稳定装置的结构类似，只是在水平油缸的结构、控制上不同。

轨道动力稳定车的作业测量系统与双枕捣固车基本相同，包括单弦、双弦、电子摆3套相互独立的测量系统。其功能与捣固车测量系统相同。在作业前、后测量及记录轨道方向、纵向水平及横向水平值。

WD-320轨道动力稳定车主要技术参数：①最高自运行速度为100千米/时，最高附挂运行速度为120千米/时。②运行通过最小曲线半径为180米，作业通过最小曲线半径为250米。③作业效率为0.2～2.5千米/时。④测量精度为±1毫米。

（宋慧京）

轨道工程 track engineering 支撑并引导机车车辆运行建筑物的建设活动。是轨道交通工程的重要组成部分。

沿革　16世纪，英国工业革命开始，大量的矿石需要从矿区运到码头，长年累月、不断增重的矿车反复碾压道路，路面车辙沟槽越来越深，道路不堪重负最终破损。为了延长道路的使用寿命，人们想办法降低车轮对路面的压力，于是在1605年有了第一条用木条铺成的木轨道，让车轮在木轨道上行驶。木轨道扩大了轮载的分布面积，减少了对路面的压力，同时也减小了车辆运行阻力，运输重量和效率大为提高。

随着冶炼技术的进步，铁的产量不断提高，价格越来越便宜。另外，木轨道的寿命和强度均不能满足矿山运输的要求，特别是耐久性很差，于是人们尝试用铁条来加强曲线和容易破坏地段的木轨道。大约在18世纪，随着铁制品的逐步扩大使用，逐步用铸铁轨道替代木轨道。19世纪40年代，又在铁轨下铺设了与之垂直的木轨枕，用来连接两根铁轨。木轨枕的应用较好地保持了铁轨之间的相对位置，并且减小了对地面的压力。为了确保地面的稳定，后来又在轨枕下铺设一定厚度碎石垫层，碎石垫层的铺设，还提高了轨道的弹性和排水性能。随着钢铁冶炼技术的不断提高，加之铁路运输的效率和速度对轨道结构发展和完善的巨大推动作用，1865年后逐步采用钢轨代替铁轨，此时的轨道具有了现代轨道结构的基本形式，统称传统轨道。

采用钢轨作为列车走行轨的城市轨道交通的轨道形式与传统轨道相同或相似，但是在地下隧道内或长大桥梁上，为了减小维护工作量或者减少桥梁上部荷载，一般采用现浇钢筋混凝土道床轨道结构或者预制混凝土道床板轨道结构。

随着技术的发展，现代交通逐步出现了磁悬浮交通、单轨交通及自动导向轨道系统交通等新方式。在这些新的交通方式中，没有传统的钢轨，列车前进不再靠车轮与钢轨间的黏着力驱动。

轨道的作用及特点 轨道是行车的基础，它的作用是引导机车车辆平稳安全运行，直接承受由车轮传来的荷载，并将其分散传递给路基或桥隧等建筑物。

轨道的结构特点 采用铺设钢轨的轨道交通通常包括铁路地铁、轻轨交通、有轨电车及市域快轨系统等交通方式，其轨道自上而下由钢轨、轨枕、道床等力学性能不同的材料组成，钢轨和轨枕通常采用扣件联结成轨排后，铺于碎石道床或者现浇于钢筋混凝土道床中。城市轨道交通工程中，正线轨道通常将钢厂供货的短钢轨焊接成长钢轨，消除钢轨接缝，这样可以提高机车车辆运行的平顺性。在车辆停放维修基地，钢轨与钢轨通常采用接头联结零件联结起来，一般不焊接。

轨道结构的最上部部件是钢轨，它直接承受车轮传来的荷载，钢轨再把荷载传递到轨枕、道床及其下路基、桥隧基础。

轨道结构上面的钢轨铺设好后必须具有一定精度的几何形位，如轨距、轨道水平和轨向等，提供连续平顺的滚动表面，确保机车车辆安全平稳地运行。

实际运营中的轨道结构均是长大的工程结构物，为了满足列车避让、折返和调车作业的要求，还要设置必要的分叉设备，一般称为道岔。另外在一些特殊部位，为确保行车安全，还要设置必需的安全防护设备，如护轮轨、挡车器等。

轨道荷载的特点 城市轨道交通车辆在轨道上往返运行，因此轨道荷载具有重复性和随机性的特点。①重复性。主要表现在不同列车荷载及同一列车的不同车轮荷载对轨道某一断面的反复作用，钢轨及轨下基础反复承受不均匀荷载作用，并激起线路各部分振动。②随机性。主要表现在由于客观存在轨道不平顺、车轮不圆顺、车辆的蛇形运动等原因，使轮轨系统产生冲击和振动，因此振动和振动产生的附加荷载是随机的。

由于轨道荷载的重复性和随机性，使轨道及各部件长期处于交变应力状态。

轨道的工作特点 轨道结构因长期处于机车车辆的反复荷载作用下，轨道的几何形位会逐渐改变，形成轨道各种不平顺。这些不平顺会进一步引发列车的振动，又进一步加快轨道的结构变形。为了确保轨道变形不超过轨道几何尺寸容许限度值，需要经常对轨道结构加以维修保养。当轨道结构已经不能满足应有的承载能力时，还需要对其进行大规模维修，以恢复其功能。城市轨道结构始终处于边工作、边维护的状态。

轨道的施工 采用铺设钢轨的城市轨道交通的轨道工程施工一般分为有砟轨道施工和无砟轨道施工。

有砟轨道通常铺设于地面路基之上，特点是钢轨及轨枕与路基面之间铺设有一定厚度的碎石道砟。其施工方法是在路基面上先摊铺规定宽度和厚度的底碴，振动碾压密实后再摊铺规定厚度的面砟，然后将由钢轨、轨枕组成的轨排铺设在面砟之上，调整好轨距和方向，随后进行振动捣固作业，并不断补充面砟，直到轨顶标高符合要求，并且道砟密实度达到标准。

无砟轨道通常铺设于隧道内或长大桥梁之上，特点是由钢轨、轨枕组成的轨排在调整好轨距、标高、水平和方向后，将轨枕直接浇筑在钢筋混凝土道床内。随着对施工效率和精度要求的提高，还有某些轨道工程采用预制板道床，将固定钢轨的联结件预埋在预制板内，施工时将钢轨固定在预制板上，现场调整好板的标高、水平并固定好，然后在板的预留混凝土浇筑孔中注入调整层（如砂浆、自密实混凝土等），将预制板与下部基础黏结牢固。

（吴建忠）

轨道几何形位 track geometry 由轨道部件形状、尺寸及铺设和使用状态所决定的两股钢轨的空间位置。

常用参数 钢轨的空间位置决定了列车运行轨道的连续性和平顺性，且直接影响行车的安全性和乘车的舒适性。静态条件和列车作用动态条件下的轨道几何形位略有区别，对行车质量真正有影响的是轨道的动态几何形位。常用的轨道几何形位参数有轨底坡、轨距、轨道高低（高低）、轨道水平（水平）、轨道方向（方向）和轨道扭曲（三角坑）。

定义轨道几何形位参数的坐标系统（图1）。

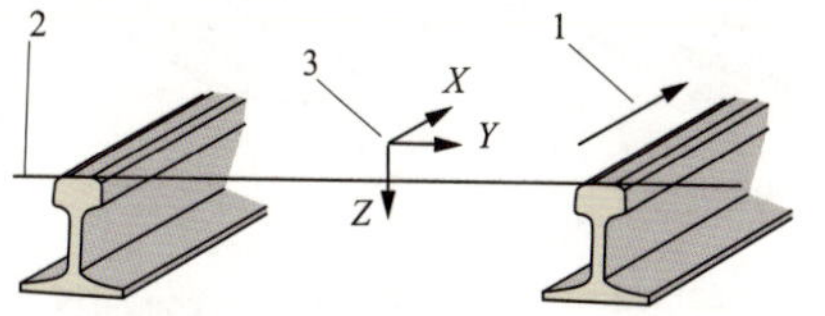

1. 行车方向：X轴向
2. 走行表面：由一条垂直于轨道中心线并分别与两股钢轨的走行台面（轨头的顶部表面）相切的直线沿线路纵向移动所得出的曲面
3. 轨道坐标系统：X轴，轨道纵向，行车方向；Y轴，轨道横向，垂直于轨道中心线；Z轴，轨道垂向，垂直于走行表面

图1 轨道几何形位参数的坐标系统示意图

轨底坡 钢轨底面相对于轨枕顶面（混凝土枕为轨枕中部的上表面）向轨道内侧的倾斜度。中国《铁路轨道设计规范》（TB 10082—2005）规定，钢轨轨底坡采用1/40。

轨距 钢轨头部顶面（走行台面）以下16毫米范围内两股钢轨工作边之间的最小距离G（图2、图3）。

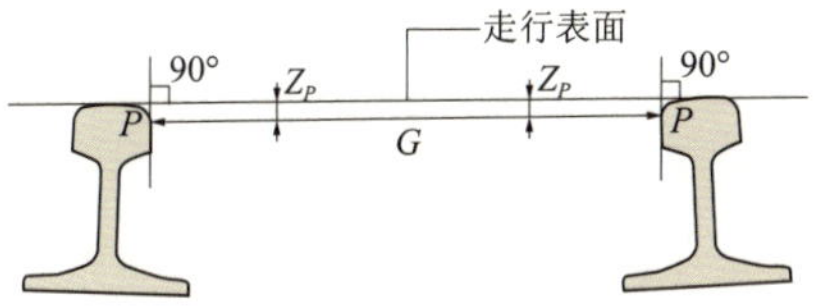

图2 新钢轨的轨距示意图

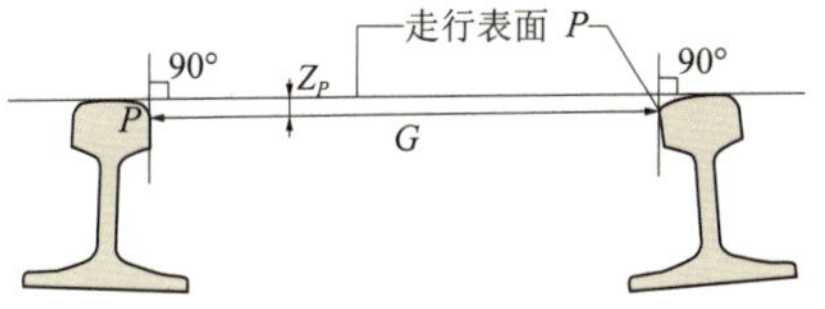

图3 磨耗钢轨的轨距示意图

图2、图3中，为轨距G在轨道走行表面以下16毫米范围内，在两轨头内侧工作面上相距最短的两个P点，作与内侧工作面相切且垂直于走行表面的两直线，两直线之间的距离即为轨距。

标准轨距铁路在直线区段的轨距设计值为1435毫米。曲线轨距按规定加宽（见表）。

曲线轨距加宽值

曲线半径/m	加宽值/mm	轨距/mm
$R \geqslant 295$	0	1435
$295 > R \geqslant 245$	5	1440
$R < 245$	15	1450

曲线轨距加宽值应在整个缓和曲线内递减。如无缓和曲线，则应在直线上递减，递减率不得大于1‰。

轨道方向　轮缘与轨头内侧工作面的接触点P沿轨道延长方向（X轴，纵向）的横向（Y轴）位置（图4）。

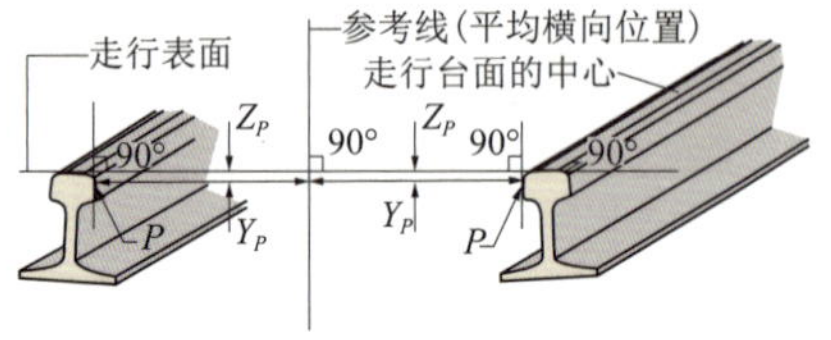

图4　轨道方向示意图

在图4中，轮对两车轮轮缘分别与左右两股钢轨轨头内侧工作面的接触P点沿轨道延长方向（X轴方向）在轴方向（Y横向）的横向位置的变化，用相对于平均横向位置（参考线）的偏差Y_P表示，是一个由连续测定，并经计算分析得出的样本函数，其中包含了给定波长范围内的成分。

曲线地段的轨向是按不同半径曲线的正矢值进行铺设和验收的。

轨道水平　同一横截面上左右两股钢轨顶面所在水平面的高度差（图5）。

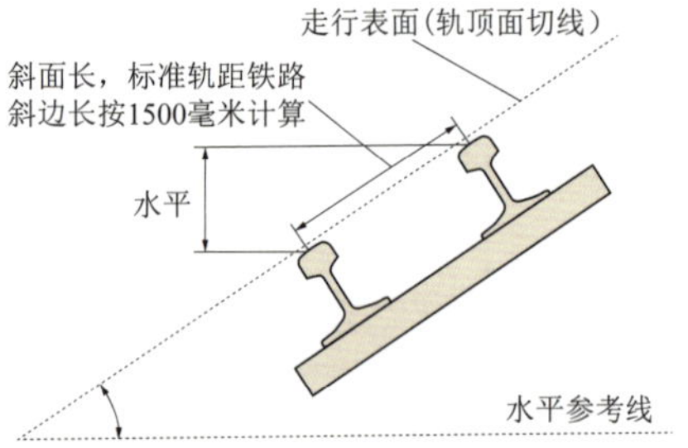

图5　轨道水平示意图

直线上两股钢轨水平设计值为零，曲线上应根据曲线半径和实测行车速度，在外轨合理设置超高。超高设计值按下列公式计算：

$$H=11.8\frac{V_j^2}{R}$$

$$V_j=\sqrt{\frac{\sum N_iQ_iV_i}{\sum N_iQ_i}}$$

式中H为超高设计值（毫米）；V_j为加权平均速度（千米/时）；R为曲线半径（米）；N_i为一昼夜各类列车次数（列）；Q_i为各类列车重量；V_i为实测各类列车速度（千米/时）。

曲线超高应在整个缓和曲线内顺坡完成。在允许速度大于120千米/时的线路上，顺坡率不应大于$1/10V_{max}$，其他线路不应该大于$1/9V_{max}$，V_{max}为线路允许最高速度（千米/时）。

轨道高低　钢轨走行台面（轨头顶部表面）沿轨道延长方向上的垂向位置（图6）。

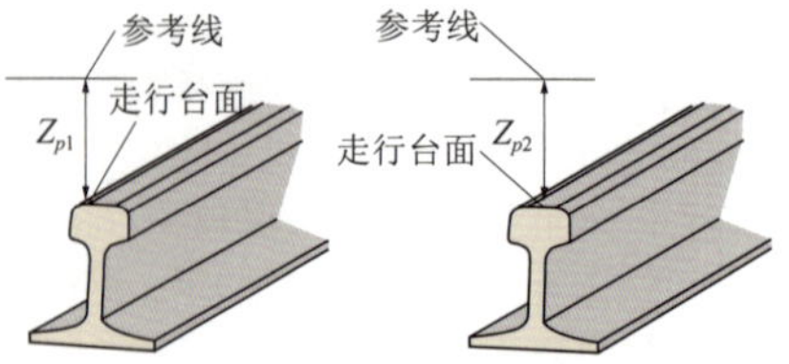

图6　轨道高低示意图

每股钢轨走行台面沿线路纵向（X轴方向）在Z轴方向（垂向）的高低变化，用相对于平均垂向位置（参考线）的偏差Z_p表示，它包含了在规定波长范围内的成分，由一个连续测定的样本函数经分析计算得出。Z_p的理论设计值为零。

轨道扭曲　左右两轨顶面相对于轨道走行表面的扭曲，用相距一定基长的水平代数差表示。又称三角坑。三角坑包含缓和曲线上超高顺坡所造成的扭曲量。轨道扭曲可按一个固定的距离，如固定轴距进行测量，也可按水平连续测量的资料经计算得出。

轨道几何尺寸允许偏差　描述轨道几何形位的参数包括轨距、轨道水平、轨道方向、轨道高低和轨道扭曲，都有理论的设计尺寸和位置。但在实际工程中，都不可能达到规定的理论设计标准。为了确保行车安全和乘车舒适，必须对工程质量进行控制，故在新线施工和既有线轨道维修中，制定了一系列轨道几何尺寸允许偏差标准。

轨道在无列车作用下的静态几何形位和有列车作用下的动态几何形位是略有不同的。通常，轨道动态几何尺寸偏差值要大于轨道静态几何尺寸偏差，由于轨道支承状态的不均匀性，原本无静态几何偏差的轨道，在列车压上去后就会出现轨道动态几何偏差，原本静态几何偏差小的轨道，就会出现大的动态几何偏差。但静态轨道几何尺寸偏差是决定轨道动态几何尺寸偏差的基础，又是施工和维修中直接测量的手段和评估轨道几何质量的参数，故在轨道几何质量的评定标准中，有静态和动态两套标准。静态标准主要用于施工和维修中轨道几何质量的检查和评定，可用直尺、水准仪、经纬仪、轨道检查仪等手持工具和仪器进行检测。动态标准主要用于对行车安全和乘车舒适质量的评估，可用轨道检查车或综合检测列车进行动态检测和评定。

（曾树谷）

轨道加强设备　track strengthen equipment　轨距杆、轨撑、防爬器等轨道设备的统称。在小半径曲线路段，连接左右两股钢轨的轨底，防止轨底相对横移而导致轨距变化的设备称为轨距杆。防止钢轨外倾、扭转而导致轨距变化的设备称为轨撑。长大坡道路段，防止钢轨相对于轨枕产生爬行的设备称为防爬器，包括穿销式防爬器和弹簧防爬器。

中国广泛使用的穿销式防爬器（见图），由带挡板的轨卡及穿销组成。轨卡的一边紧密地卡住轨底，另一边与轨底之间的间隙用楔形穿销楔紧，使之牢固地卡在轨底上。由挡板挡住轨枕侧面，以阻止轨枕和钢轨之间的爬行。

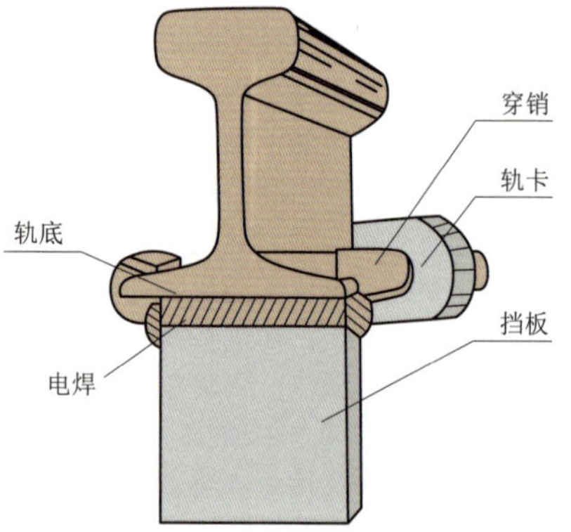

穿销式防爬器示意图

在曲线路段由于列车通过，作用到钢轨上的水平横向力较大，可能出现轨底横向外移和钢轨外倾，从而导致轨距扩大，这就需要安装轨距杆或轨撑解决轨底横向外移和钢轨外倾问题。中国铁运〔2006〕146号铁道部令发布的《铁路线路修理规则》中规定（见表）：①铺设木枕时，正线半径为800米及以下和站线半径为450米及以下的曲线，需要安装轨距杆或轨撑；半径为350米及以下的曲线和道岔导曲线，可根据需要同时安装轨距杆和轨撑。②铺设混凝土枕时，在行驶电力机车区段半径为600米及以下的曲线，其他区段半径为350米及以下的曲线，可根据需要安装，或采用保持轨距能力较强的弹性扣件。

轨距杆或轨撑安装数量

曲线半径/m	轨距杆/根		轨撑/对	
	25m钢轨	12.5m钢轨	25m钢轨	12.5m钢轨
$R\leqslant350$	10	5	14	7
$350<R\leqslant450$	10	5	10	5
$450<R\leqslant600$	6～10	3～5	6～10	3～5
$600<R\leqslant800$	根据需要安装			

在轨下基础阻力不足以抵抗钢轨上的纵向力（车轮在钢轨上的摩擦和冲击、制

动时的制动力、在坡道和曲线上的附加力）时，就会引起钢轨的纵向窜动（爬行）。防爬器可防止钢轨的纵向窜动（爬行），包括钢轨相对于轨枕的窜动和钢轨、轨枕一起在道床中的窜动。铺设混凝土轨枕线路，使用弹条扣件时，可不安装防爬器；使用其他扣件时，对线路坡度大于6%的路段、制动路段，可按具体情况适当安装防爬器。（曾树谷）

轨道检测　track inspection　采用器具或设备方式获取轨道几何、轨道表面和轨道部件等状态数据的技术。为科学评估轨道状态、分析轨道状态演变规律、制订维护计划、指导线路养护维修、保持轨道质量提供依据。按检测方式分为静态检测和动态检测。

轨道静态检测主要在无载条件下检测轨道状态，及时发现轨道病害、消灭安全隐患，为轨道病害整治和质量评价提供技术依据。轨道静态检测内容一般包括轨道几何尺寸、钢轨平直度、钢轨廓形、无缝线路位移、无缝线路轨温及钢轨应力、钢轨伤损等。轨道几何尺寸检测设备包括轨距尺、弦线、钢板尺、轨道检查仪等；钢轨平直度检测设备包括直尺、塞尺、钢轨平直度检测仪等；钢轨廓形检测设备主要是钢轨廓形检查仪；钢轨伤损检测设备主要是钢轨探伤仪。

轨道动态检测是利用安装在特定检测车上的车载式检测设备，在检测车运行情况下对轨道状态进行动态检测，其目的是及时发现轨道病害，指导线路维修，保障线路运行安全。轨道动态检测包括轨道几何、轨道表面和轨道部件等检测，通常采用的检测设备包括高速综合检测列车、高速综合巡检车、轨道检查车、钢轨探伤车和线路检查仪等。

随着惯性测量、光电检测、信息处理和人工智能等现代化技术的发展，轨道检测从检测内容到检测方法都发生了质的飞跃，轨道检测向科学化、智能化转变。主要表现在4个方面：①从定性检测到定量检测转变。②从静态检测到动态检测转变。③从专项检测向综合检测转变。④从分散的独立系统检测向覆盖路网的网络化、综合化、智能化系统检测转变。

（刘秀波）

轨道检查车　track inspection car　在铁路线路上使用的，安装轨道几何、线路线型和车辆动态响应等检测设备的特种车辆。可以对轨道状态进行动态检测，能及时发现轨道病害，指导线路维修，保障线路运行安全，是最普遍、最重要的轨道几何动态检测设备之一。检测设备按原理分，主要包括惯性基准和弦基准测量两种。

发展概况　1877年第一辆简易轨道检查车诞生以来，轨道检查车发展已有100多年的历史，20世纪40年代，瑞士、联邦德国、美国、法国、日本等国相继研发了采用弦测法检测技术，利用接触式机械测量方式的轨道检查车。20世纪90年代后，激光、摄像、数字滤波、图像处理、非接触测量、无线通信等技术广泛应用到轨道检查车的检测中，基于惯性基准原理并采用激光摄像、高速图像处理等技术的轨道检查车开始使用。

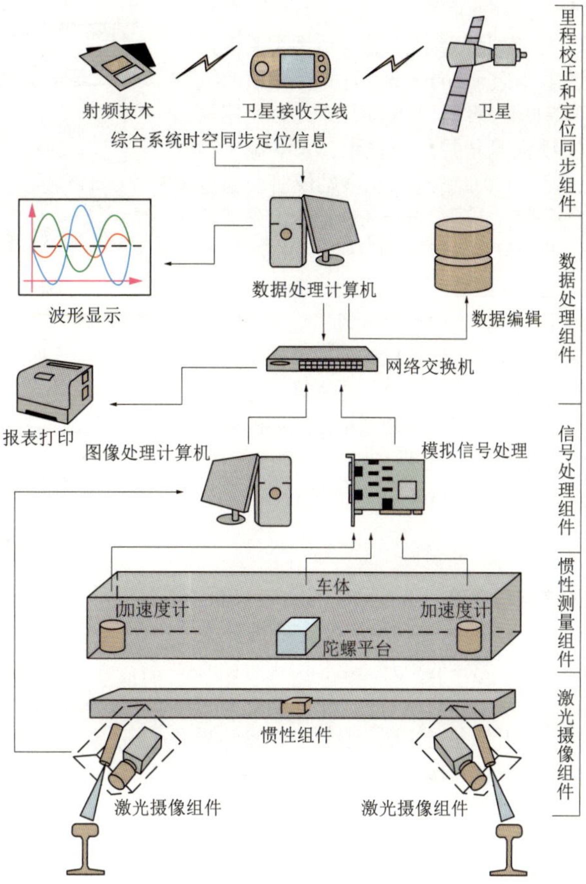

GJ-6型轨道检查车检测系统构架示意图

从20世纪50年代起，中国铁路轨道检查车的发展共经历了EX-1型、EX-2型、GJ-3型、GJ-4型、GJ-5型和GJ-6型。EX-1型和EX-2型轨道检查车采用弦测法检测原理，其中EX-2型轨道检查车采用了电磁传导和计算机技术，检测速度和精度较EX-1型有明显提高。GJ-3型至GJ-6型轨道检查车均采用惯性基准法的检测原理，GJ-3型轨道检查车采用平台式惯性基准，而GJ-4、GJ-5和GJ-6型轨道检查车采用捷联式惯性基准。GJ-5和GJ-6型轨道检查车成为主型轨道检查车，最高运行速度可达200千米/时。

工作原理　以GJ-6型轨道检查车为例，其轨道几何检测系统的基本工作原理为：使用激光摄像系统测量钢轨相对于检测梁的横向和垂向位移；采用惯性基准原理，通过惯性传感器如加速度计、陀螺等测量车体和检测梁的姿态和位置变化。传感器将需要检测的位移、速度、加速度等物理量转换为相应的模拟电信号，经过放大和模拟滤波处理后输入数据采集和处理计算机。该计算机对输入的模拟信号进行数字转换、存储、滤波、修正以及补偿处理，经过综合运算，合成得到所需轨道几何参数，并按照检测标准，评判和统计超限数据，输出统计报表，实时显示及存储轨道几何波形图。GJ-6型轨道检查车检测系统构架见图。

（刘秀波）

轨道检查仪　inspecting instruments for railway track　利用电子、激光、传感等技术测量并自动记录铁路轨道静态几何参数的仪器。按测量方式分为客运专线轨道几何状态测量仪（简称轨测仪）和铁路轨道检查仪（简称轨检仪）。

轨测仪　具备线路中线坐标测量功能的轨道检查仪，能够测量高速铁路轨道的轨距、水平、平面坐标及高程等轨道内、外部几何参数。其测量原理为：利用轨道两旁的全站仪和轨道控制网（CP Ⅲ）精测网，对轨测仪上的棱镜进行观测，结合轨道设计参数以及轨距、倾角等传感器测量数据，计算轨测仪所处位置的实测三维坐标，推算线路中线横垂向偏差及各项轨道几何平顺性参数。

轨测仪的结构形式主要为T型。中国在用的轨测仪主要有GRP1000S、SGJ-T-EBJ-1等型号。

轨检仪　具备相对测量功能、选配线路中线坐标或位置测量功能的轨道检查仪，能够测量轨道轨距、水平、轨向、高低等内部，以及线路中线坐标和横垂向偏差等外部几何参数，分为0级（适用于测量允许速度不大于350千米/时的有砟、无砟轨道线路)、1级(适用于测量允许速度不大于200千米/时的有砟轨道线路)等两个等级,其测量原理为:利用陀螺仪精密测角并配合轨距、水平等传感器,以及CPⅢ精测网和全站仪等,通过信息融合,实现综合测量轨道内、外部几何参数的目的,用于测量评定和控制轨道长、短波平顺性等内部几何状态,以及线路线形、线位、中线坐标或横垂偏等轨道外部几何状态。轨检仪的结构形式主要有H型、T型、S型、L型、Q型等。适用于普速铁路、高速铁路轨道精调前后的静态几何状态测量,主要有GJY-TW-EBJ-3、GJY-T-EBJ-3、GJY-T-4等型号。

(黎国清)

轨道连接与交叉 connecting and crossing of track 铁路轨道利用道岔实现彼此之间的连接。常用的单开道岔和单式对称道岔,可实现一股轨道与另一股轨道之间的连接;三开道岔可实现一股轨道和另外两股轨道之间的连接。轨道跨越与之相交的另一轨道的专用设备,称为交叉。两股轨道在平面上的交叉可以是直角交叉或菱形交叉。交分道岔和各种交叉渡线,是实现两股轨道既连接又交叉的设备。

最常用的轨道连接设备是单开道岔,它占轨道连接与交叉设备总数的90%以上,故在铁路工程中,把单开道岔简称为道岔。除单开道岔外,还有单式对称道岔、单式不对称道岔、单式同侧道岔、三开道岔、不对称三开道岔等。

单式对称道岔是把直线轨道分成左右对称的两条轨道的道岔,又称双开道岔(图1)。

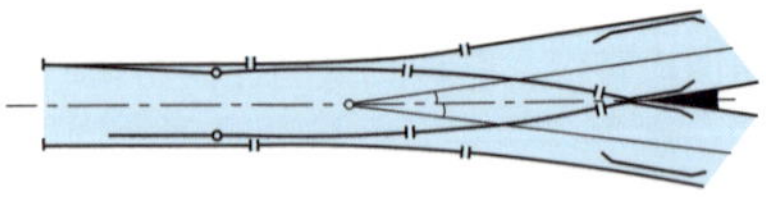

图1 单式对称道岔示意图

把直线轨道分成左右不对称的两条轨道的道岔称为单式不对称道岔(图2)。

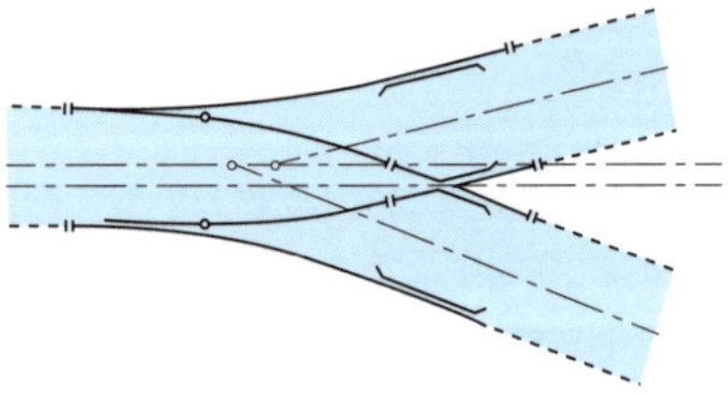

图2 单式不对称道岔示意图

把直线轨道在同一侧分成两条轨道的道岔称为单式同侧道岔(图3)。

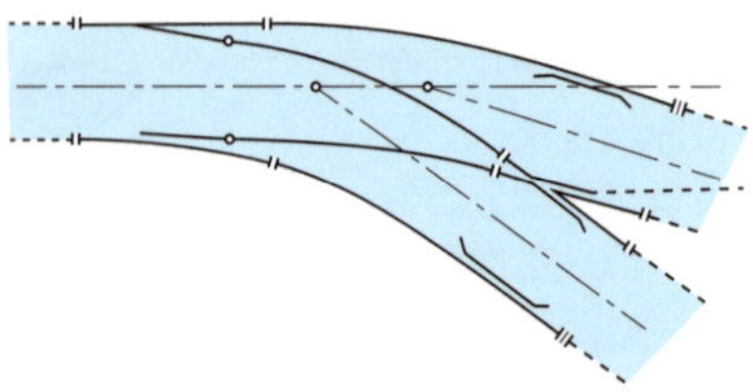

图3 单式同侧道岔示意图

主线为直线,用同一部位的两组转辙器,将一条轨道分成三条两侧对称分支的道岔称为三开道岔(图4)。

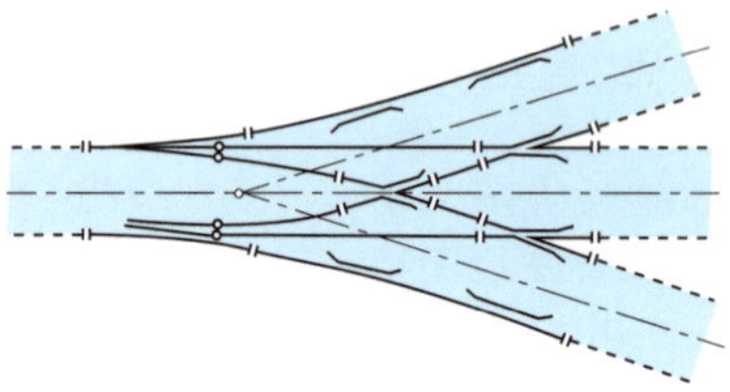

图4 三开道岔示意图

主线为直线,在不同部位用两组转辙器,将一条轨道分成三条两侧不对称分支的道岔称为不对称三开道岔(图5)。

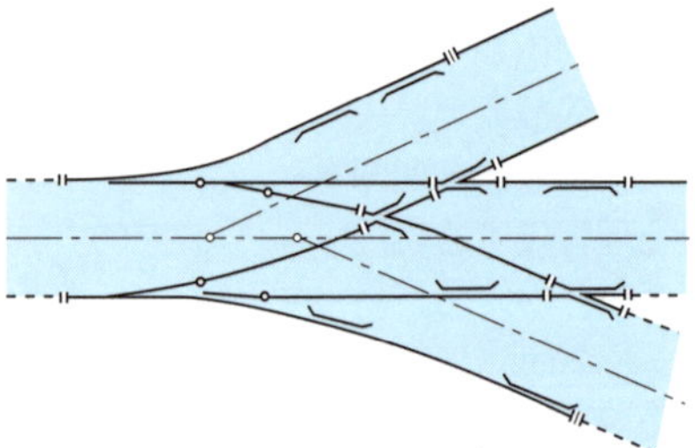

图5 不对称三开道岔示意图

交叉形轨道主要有两条直线轨道相交成菱形的菱形交叉和两条直线轨道以直角相交成的直角交叉两种(图6、图7)。

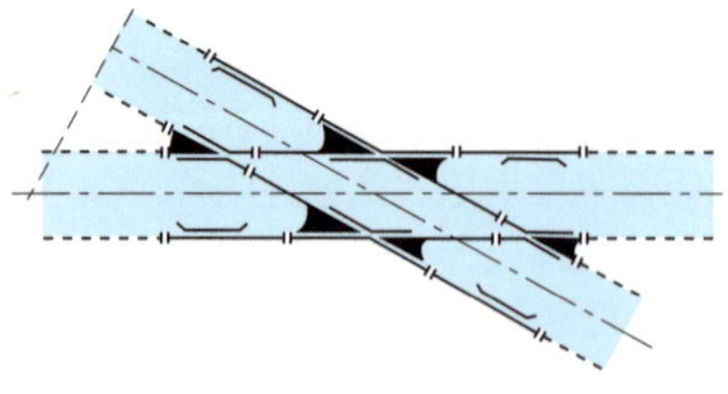

图6 菱形交叉示意图

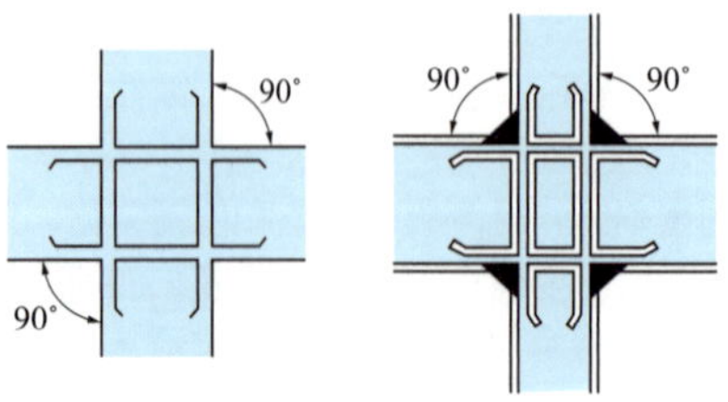

图7 直角交叉示意图

既连接又交叉的轨道设施分为单式交分道岔和复式交分道岔。在两条直线轨道交叉点,列车只能一侧转线的交分道岔为单式交分道岔(图8);在两条直线轨道交叉点,列车能两侧转线的交分道岔为复式交分道岔(图9)。

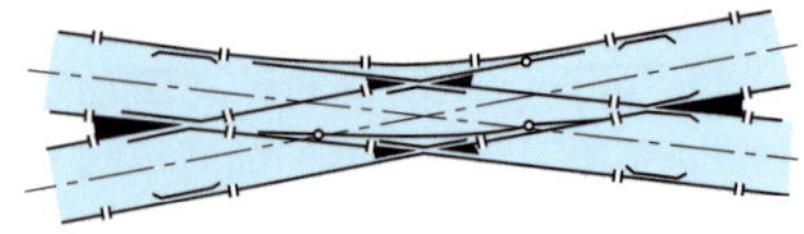

图8 单式交分道岔示意图

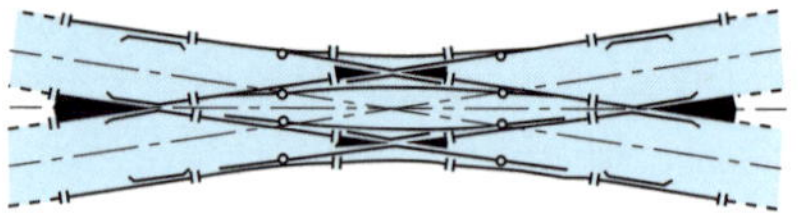

图9 复式交分道岔示意图

渡线是使列车由一线转入它线的设备,由两组单开道岔及一条连接轨道组成(图10)。

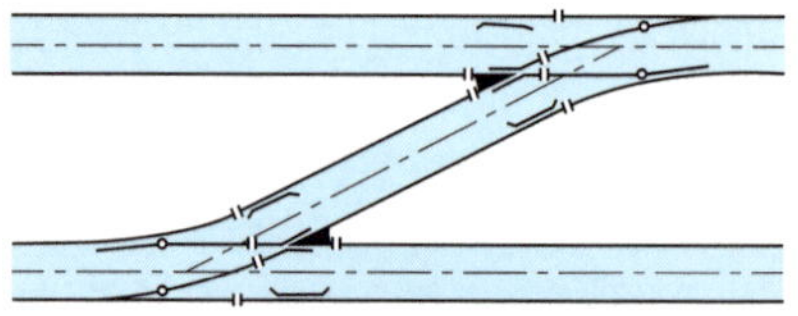

图10 渡线示意图

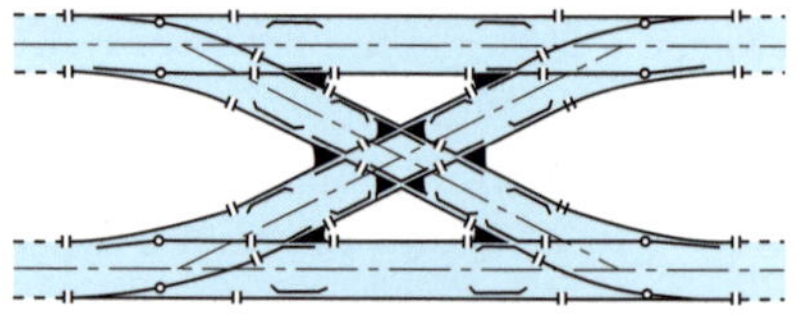

图11 交叉渡线示意图

交叉渡线是相邻两线路间由两条相交的渡线和一组菱形交叉组成的设备(图11)。

(曾树谷)

轨道质量指数 track quality index 采用数理统计方法描述铁路线路上区段轨道整体质量状态的指标。一般采用区段内左右高低、左右轨向、轨距、水平和三角坑等轨道不平顺的单项统计量或几项统计量的加权组合表示。轨道质量指数与轨道平顺性密切相关。运用轨道质量指数评价和管理轨道状态,是对局部幅值评价轨道质量方法的补充,为科学制订线路维修计划,保证轨道状态的均衡发展提供科学依据。

世界各国轨道质量指数的内涵不尽相同。中国轨道质量指数(TQI)单元长度为200米,采用计算左右高低、左右轨向、水平、轨距和三角坑七项单项标准差及其代数和表示。英国轨道质量指数单元长度为200米,采用计算35米和70米以下波段的高低和轨向单项标准差表示。荷兰轨道质量指数单元长度为200米,利用0.5~25米波段的高低、水平、轨向和25~70米波段的轨向标准差分别计算归一化N表示,N取值范围为0~10,N值越大轨道状态越好。美国轨道质量指数单元长度为320米,采用高低、轨向和水平三项标准差和表示。加拿大轨道质量指数单元长度一般为400米左右，最长的单元长度达800米，利用计算单元的高低、轨向、水平、轨距等单项轨道不平顺的指数TQI_i及其平均TQI表示。$TQI_i=1000-C\sigma_i^2$，式中C为常数，一般取700；σ为单项轨道不平顺的标准差；$i=1, 2, 3, 4$（代表高低、轨向、水平、轨距）。澳大利亚轨道质量指数单元长度为100米，利用高低、轨向、轨距、三角坑四个单项指数（PCI）和综合指数（TCI）评价区段轨道质量状态，PCI为单元长度内单项轨道不平顺幅值的三倍标准差，TCI为四项PCI之和。日本采用P值评价轨道质量状态，利用500米区段幅值超过−3～3毫米外的采样点数占总采样点数的百分率表示，即P值。（刘秀波）

轨距尺 track gage 用于测量铁路线路的轨距和水平（超高）等参数的专用计量器具。简称道尺。轨距尺按计量准确性划分为0级、1级和2级。0级轨距尺用于测量允许速度不大于350千米/时的线路，1级轨距尺用于测量允许速度不大于250千米/时的线路，2级轨距尺用于测量允许速度不大于160千米/时的线路。

早期使用的轨距尺为木质，本身变形较大，测量精度低，使用寿命短，现已淘汰。现在使用的轨距尺主要采用铝镁合金制作，测量精度高，使用寿命长；分为标尺类轨距尺和数显类轨距尺。

数显类轨距尺配有清晰的显示屏幕，带电状态下，测量时有温度和时间等信息显示。所有测量的轨距、水平（超高）等数据可自动进行存储，也可将其他视觉检查的项目输入存储，如钢轨、轨枕或扣件破损的位置及所处的站台、隧道、桥梁或涵洞等位置信息，便于日后线路养护维护时使用。（尹　峰）

轨枕 sleeper 承受并传递列车荷载，保持线路稳定性及轨道几何形位，减缓列车冲击荷载向道床传递的铁路轨道重要部件。

功能要求 轨枕作为轨道的重要部件，应满足如下功能要求：①需要有足够的承载能力。包括轨下截面和枕中截面的静载抗裂强度及疲劳强度，承轨台及混凝土挡肩抗压强度。②需要有足够的长度和底宽，以保证足够的底面积分摊轨枕承受的压力，降低道床承压面上的道床应力。③轨枕上的扣件预埋件要牢固可靠，以保证足够的扣压力使轨枕和钢轨形成牢固的轨排，提高无缝线路的横向稳定性，也可防止钢轨外倾，提高轨距和轨向的保持能力。④需要有足够的高度和宽度，以保证在道床中的埋置深度，提高轨枕的纵、横向阻力，确保轨道的纵、横向稳定性。⑤需要有足够的重量，保证在列车冲击、振动荷载作用下的缓冲能力，减小道床的振动，保持道床的稳定和延缓道砟的破碎、粉化。⑥一般在承轨面上设置向道心一侧倾斜1/40的轨底坡。

类型 轨枕主要有木枕、混凝土轨枕和钢枕。

木枕 轨枕最初用质地良好的木材制成，俗称枕木。中国用于干线上的Ⅰ类木枕的尺寸宽为22厘米，高为16厘米，长为2.50米。

混凝土轨枕 有钢筋混凝土轨枕和预应力钢筋混凝土轨枕。中国铁路自1957年起也大量采用预应力混凝土轨枕。根据铁路线路的年通过总质量、列车重量、列车轴重、行车速度等运营条件的不同，轨道上应采用与之相匹配的混凝土轨枕，以期取得最佳的技术经济效益。中国按混凝土的承载能力将轨枕类型划分为Ⅰ型、Ⅱ型、Ⅲ型、Ⅳ型，每个型号对应不同的技术参数（见表）。

轨枕类型及技术参数

轨枕类型	长度/m	重量/kg	轨下断面尺寸/mm		枕中断面尺寸/mm		轨枕静弯抗裂强度/kN		轨枕疲劳强度最大荷载 荷载循环特征=0.2荷载循环次数2×10^6次卸载后，残余裂纹宽度不大于0.05mm/kN	
			高度	底宽	高度	底宽	轨下断面	轨中断面	轨下断面	枕中断面
Ⅰ型	2.5	250	201	280	165	250	/	/	/	/
Ⅱ型	2.5	280	205	280	175	250	170	125	180	135
Ⅲ型	2.6	370	230	300	185	280	210	170	230	180
Ⅳ型	2.6	410	235	312	195	280	235	200	255	215

Ⅰ型轨枕是中国铁路在20世纪60～70年代混凝土轨枕研制、开发所采用的轨枕类型。

Ⅱ型轨枕是20世纪80年代在Ⅰ型轨枕研究的基础上，结合当时的铁路运输需要研发出来的新型轨枕，如81型轨枕等。

Ⅲ型轨枕是在20世纪90年代，随着中国路网主要干线客、货车速度的提高及运量的增加，特别是随着高速铁路的发展而研制、开发的新型轨枕。

Ⅳ型轨枕专为货车轴重达27吨及以上，列车重量达1万吨及以上，年通过总重达2亿吨及以上的重载铁路研制、开发的重型轨枕，在大秦铁路、朔黄铁路、瓦日铁路等重载铁路上铺设使用。

钢枕 曾在德国和瑞士铁路上被广泛使用。由于钢枕易锈蚀，用钢量大，维修费用高，使用量逐渐减少。（曾树谷）

国防工程 national defence engineering 保障执行军事任务的建筑物。又称军事工程、军事设施。是国防力量的重要组成部分，国家生存与发展的安全保障，战时抵御外敌侵略和各种空袭、保障军队指挥机构、作战人员和武器装备及重要物资安全的主要防御手段。国防工程在中国古代被称为筑城（见防护工程）。

国防工程按军种可以分为陆军设防工程、海防工程、空防工程、火箭军阵地工程等，每种国防工程根据性质、用途又分为若干类别，每种类别根据重要性程度和用途划分为若干等级。国防工程按照用途可以分为指挥工程、设防阵地工程、舰艇洞库工程、飞机掩蔽库工程、导弹发射井工程和物资洞库工程等。

指挥工程 保证指挥机构和指挥人员安全，保障指挥机关战时不间断实施稳定指挥的国防工程。按照指挥权限分为战略指挥工程、战役指挥工程和战术指挥工程，分别供国家最高统帅部、战区联合作战指挥机构和兵种战术兵团各级指挥机构使用。指挥工程常采用坑道式构筑，由主体工程和附属工程等组成。主体工程是指为各种指挥要素提供防护并保障其正常工作的工程，包括指挥中心、通信中心、信息中心、情报中心、火力控制中心、电子对抗中心等。附属工程包括发供电站、供水设施、储油设施等保障工程。

设防阵地工程 在预定设防地域构筑的工事、障碍物等军事设施的统称，是为兵力兵器和物资器材提供防护，保障己方机动，阻滞或破坏敌方行动，更好地发挥作战效能。设防阵地工程通常在和平时期构筑，在战役、战斗准备和实施过程中通过构筑野战工事、设置障碍物或加固改造等途径完善设防阵地工程体系。重大的设防阵地工程有法国的马奇诺防线、德国的齐格菲防线和大西洋壁垒、芬兰的曼纳海姆防线、苏联的斯大林防线、以色列的巴列夫防线等。设防阵地工程主要在边境地区构筑，既具有防御敌人袭击的预警功能，又兼顾边境管控功能。

舰艇洞库工程　供舰艇停泊维修和补给的坑道工事，通常构筑在港湾岸侧、岛屿，用于保障舰艇隐蔽、停泊、维修、补给等。舰艇洞库工程按保障对象的不同，分为水面舰艇洞库和潜艇洞库；按功能的不同，分为综合用途舰艇洞库和单一用途舰艇洞库；按进出方式不同，分为航道式洞库和滑道式洞库。综合用途舰艇洞库是设有舰艇停泊、指挥通信、物资储存、武器维修等设施的舰艇洞库，单一用途舰艇洞库则是只供舰艇掩蔽和修理的舰艇洞库。航道式洞库可保障舰艇直接驶入和驶出，滑道式洞库是依靠滑道或升船机保障舰艇进出。

飞机掩蔽库工程　在机场地面上构筑的单机或多机防护工程。飞机掩蔽库通常采用钢筋混凝土落地拱结构，有的也采用折线形钢筋混凝土结构或装配式钢结构。飞机掩蔽库通常建在前沿机场跑道两端警戒停机坪或滑行道外侧，便于飞机迅速隐蔽或滑出并进入跑道起飞，出入口朝向利于飞机进入跑道的方向，通常设有防护门，有的还安装有飞机牵引导轨和绞车，以利于飞机出入。排气口设在后端。飞机掩蔽库的内部尺寸根据机种、机型和使用要求确定。在平原地区一般采用堆积式建造飞机掩蔽库，机场附近有山体的情况下也常用坑道式建造飞机洞库。

导弹发射井工程　供陆基战略弹道导弹垂直贮存、准备和实施发射的防护工程。按发射方式分不同为井口发射井和井内发射井，井内发射井可分为热发射井和冷发射井，热发射井按燃气排出的方法分为有排焰道的发射井和无排焰道的发射井。有排焰道的发射井可分为单排焰道、双排焰道、偏心排焰道、同心排焰道发射井；无排焰道热发射井有的利用导弹与井筒之间的环形空隙排焰，有的利用抑焰池或蓄焰池吸收燃气。导弹发射井通常由井筒、设备室、井盖3部分组成。井筒是导弹发射井工程的主体，通常用钢筋混凝土现场浇灌而成，也可用分段预制的钢筋混凝土管或金属管装配而成，或在多层同心钢圈之间浇灌混凝土制成。设备室通常为钢筋混凝土结构，与井筒可建成一个整体，也可分开建筑，用管廊与井筒相连，用于安装专用技术设备和工程设备。其中，专用技术设备包括导弹的装配、贮存、维护、测试、瞄准、发射控制、减震等设备，工程设备是保证导弹长期处于戒备状态、保持发射井内必要温度和湿度所需的设备，包括恒温、降湿、通风、给排水、电源设备等。井盖主要由防护盖和开启机构组成，用以保护井内导弹和设备，常用碳钢或合金钢骨架、钢筋混凝土等材料制成；井盖有单扇和双扇两种，单扇井盖向井口一边滑动，双扇井盖向井口两边滑动或翻转；井盖的开启机构主要有机械式、液压式、气动式等。

物资洞库工程　用于储存平时和战时部队需要的武器装备器材及各类物资的防护工程。根据存储物资的不同，分为油库、军械库、综合库、专用物资库等。物资洞库工程一般采用坑道式修建，建在利于防护、隐蔽、便于运输的山体内。洞库工程具有储存容量大、隐蔽效果好、防护能力强、受外界环境影响小等特点，是储备战略物资的主要场所。

（王德荣　卢　浩　邬建华）

国际标准施工合同文本　international construction contract conditions　为了维护合同当事人双方的利益，确保合同订立的严密、完整和合理，在签订建设工程合同时，一般都趋向于采用具有标准、统一格式和内容的合同条件范本。国际标准施工合同文本作为一定范围内（行业或地区）的工程管理规范性文件，能够使工程合同管理、施工管理，乃至整个工程项目管理在很大程度上做到规范化、标准化。

国际上应用最为广泛、具有较大声誉的建设工程标准合同文本主要包括：①国际咨询工程师联合会制定的FIDIC标准合同文本。②英国“联合合同法庭”颁布的JCT标准合同文本。③英国土木工程师学会制定的NEC标准合同文本。④美国建筑师学会制定的AIA标准合同文本。⑤德国总承包商会制定的VOB标准合同文本等。

FIDIC标准合同文本　FIDIC出版的各类合同条件主要包括：①《土木工程施工合同条件》(红皮书)。②《电气与机械工程合同条件》(黄皮书)。③《土木工程施工分包合同条件》(与红皮书配套使用)。④《设计—建造与交钥匙工程合同条件》(橙皮书)。⑤《设计采购施工（EPC）/交钥匙工程合同条件》(银皮书)。⑥《简明合同格式》(绿皮书)。⑦多边开发银行统一版《施工合同条件》等。

JCT标准合同文本　JCT合同条件由英国联合合同法庭（JCT）颁布，主要用于道路、桥梁、水利等大型土木工程及构筑物的建设。JCT系列的标准合同门类齐全，具体分成以下9个类别：①标准建筑合同。②承包商承担全部设计的合同。③承包商承担部分设计的合同。④施工管理承包模式(CM)合同。⑤小型工程合同。⑥中间形式合同（IFC98)。⑦家庭或个体业主房屋合同。⑧管理承包合同。⑨分包合同标准文本。

NEC标准合同文本　NEC合同条件是英国土木工程师学会新工程合同条件的简称。NEC系列合同包括以下4个类别：①工程施工合同。用于发包人和总承包商之间的主合同，也被用于总包管理的一揽子合同。②工程施工分包合同。用于总承包商与分包商之间的合同。③专业服务合同。用于发包人与项目管理人、监理人、设计人、测量师、律师、社区关系咨询师等之间的合同。④裁判者合同。用于指定裁判者解决任何NEC合同项下的争议的合同。与其他标准合同文本相比，NEC合同条件有独特性。它是一组可相互交替灵活使用的多功能合同文本。该文本尽管是为英国的工程与施工而设计制作的，但内容非常容易适应其他国家的不同情况，包括总包、分包、设计与建造合同的各类情况。NEC包含了土木、机械、电气、化学工程的建造和流水线工厂的建造的所有要求。

AIA标准合同文本　AIA标准合同文本由美国建筑师学会（AIA）制定颁布。AIA出版的系列合同文件在美洲地区具有较高的权威性，应用广泛。AIA系列合同文件分为A、B、C、D、F、G、INT等系列：①A系列是用于发包人与承包商的标准合同文件，不仅包括合同条件，还包括承包商资格申报表，保证标准格式。②B系列主要用于发包人与建筑师之间的标准合同文件，其中包括专门用于建筑设计、室内装修工程等特定情况的标准合同文件。③C系列主要用于建筑师与专业咨询机构之间的标准合同文件。④D系列是供建筑师行业使用的文件。⑤F系列是财务管理表格。⑥G系列是建筑师企业及项目管理中使用的文件。⑦INT系列是用于国际工程项目的合同文件。（谢坚勋）

国际材料与结构研究实验联合会　International Union of Laboratories and Experts in Construction Materials,Systems and Structures; RILEM　专业性很强的非营利、非政府、国际性的材料与结构技术协会。目标是研究和发展有关材料性质和结构性能，验证实验室和现场评价性质和性能的手段，统一测量和试验方法，下设35个技术委员会。1947年6月，由R.L'埃尔米特成立于法国。主要目标在于提升建筑材料与结构的科学合作。其新的理念更注重人的参与，其活动范围覆盖全球70多个国家和地区，通过促进本领域的杰出专家（包括学者、研究员、实验室及相关政府机构人员）共同合作，推动建筑材料及结构领域相关科学的发展，鼓励这些知识在全球范围内传递与应用。国际材料与结构研究实验联合会主要运营目的是，提高技术和经济效应，促进建筑业的安全和可持续发展；激励新的研究方向及其应用，提高建筑业的整体水平；通过先进知识的普及促进国际间的合作。国际材料与结构研究实验联合会的功能由总理事会负责。执行委员会由以下几个部门协助：名誉会员和工业会员董事会、管理顾问委员会（MAC）、技术活动委员会（TAC）、秘书处、国际材料与结构研究实验联合会期刊、材料与结构（M&S）。主办建筑材料与结构领域杂志《材料与结构》。（刘加平）

国际建筑业劳务用工制度 international construction employment system 国际上建筑企业常用的建设劳动力招收、雇佣方面的政策和规定。包括招工制度、用工形式、工作期限、工作分配、劳动组织等。各国关于企业使用劳动力的各项政策规定存在明显差异。

特点 国际建筑业劳务用工模式比较多样化，总体而言建筑业发达国家和地区的劳务用工体现出产业化管理的特点，对建筑产业工人进行职业化的注册、考试、培训管理，并提供较高的薪酬和福利待遇。美国将建筑业分为房屋建造总承包企业、土木工程企业和专业承包企业，房屋建造总承包企业、土木工程企业为总承包兼建设性质，专业承包企业为专业分包及劳务施工性质。由于美国大型建筑企业很少附属专业分公司或施工队伍，大多将施工作业分包给专业分包公司，为其保留了充足的生存空间，承担着全美国80%以上的工程施工作业。美国建筑业生产工人具有较高的平均工资水平，其工资水平几乎高于除信息业外的所有大类行业的生产工人平均工资水平。美国建筑业还拥有完善的、高于所有行业平均水平的福利待遇。美国建筑业培训体系比较完善。美国建筑业培训体系主要由工会组织、技术学校、成人教育机构组成。各种培训体系为工人提供了门类齐全的从业培训或专业技能培训，联邦以及当地工会或行业联合会在其中扮演着重要角色，他们为会员提供免费培训或服务。德国是近代世界上第一个建立社会保障制度的国家，而其全国性社会保障制度正是在解决农村劳动力进入城市这一问题的背景下逐步完善的。在德国，只要农民工一个人参保，配偶和子女可不付保险费而同样享受医疗保险待遇。德国建筑职业的技能培训体系完善，通过德国建筑协会进行统一规划，下达培训计划，委托具备培训资质的培训中心负责具体实施，企业按照计划派送学员到培训中心接受培训，培训经费由协会提供给培训中心。建筑职业技能培训中心是非赢利的机构，它的教学目标非常的明确，就是培养一名能造出合格房子的技术工人。

国际建筑业劳务用工制度对中国的启示 国际建筑业劳务用工制度对中国的启示主要包括：①建立和完善建筑工人注册制度。国外很多国家都有专门的建造工人注册机构，负责管理工人注册，政府颁布了专门的建造工人注册条例。而中国政策法规的制定更多地关心整个国家或一个行业如何管理和规范企业行为，很少关注个人的职业资格。②建立和完善建筑工人培训考试制度。让建筑工人接受专门的培训并考试合格后，再参与到实际的建筑生产过程中，真正提高中国建筑工人的职业素质，从根本上实现由农民工转变成职业工人。③加强对劳务公司的管理。包括劳务公司与总包企业和分包企业签订劳务承包合同的管理、劳务公司与注册工人签订雇佣合同的管理，加强劳保、税收、社保、工伤补偿、保险等问题的研究和相关制度措施的制定与实施。（马 亮）

国际民用航空组织 International Civil Aviation Organization 协调各国政府有关民航经济和法律事务并制定各种民航技术标准和航行规则的国际组织。简称国际民航组织。其前身为根据1919年《巴黎公约》成立的空中航行国际委员会。1944年在美国政府的邀请下，52个国家在芝加哥签订了《国际民用航空公约》，按照公约规定成立了临时国际民航组织。1947年公约正式生效，国际民航组织也因之正式成立，总部设在加拿大蒙特拉。国际民航组织的宗旨和目的是发展国际航行的原则和技术，促进国际航空运输的规划和发展。

国际民航组织的最高权力机构为成员国大会，大会每3年召开1次。常设机构为理事会，由33个成员国组成。理事会下设航行、航空运输、法律、共同经营导航设施、财务5个委员会。

国际民用航空组织的主要活动有：①统一国际民航技术标准和国际航行规则。②协调世界各国国际航空运输的方针政策，推动多边航空协定的制定，简化联运手续，汇编各种民航业务统计，制定航路导航设施和机场设施服务收费的原则。③研究与国际航空运输有关的国际航空公法和影响国际民航的司法问题。④利用联合国开发计划署的技术援助资金，向发展中国家提供民航技术援助。⑤组织联营公海上或主权未定地区的导航设施与服务。⑥出版月刊《国际民航组织公报》。

中国是《国际民用航空公约》的签约国，中华民国政府于1946年2月20日提交了批准书，成为国际民航组织成员国。1971年11月19日，国际民航组织第74届理事会通过决议，承认中华人民共和国为中国的唯一合法代表。1974年2月15日，中华人民共和国政府决定承认《国际民用航空公约》，并自同日起参加国际民用航空组织的活动。1977年第22届大会决定汉语作为这个组织的工作语言之一。

（凌建明）

国际桥梁及结构工程协会 International Association for Bridge and Structural Engineering 桥梁和结构工程领域的国际学术性组织。简称国际桥协（IABSE）。创建于1929年10月29日，其总部设在瑞士苏黎世，现有3000多名会员，来自100多个国家和地区。协会的宗旨是，在国际结构工程行业和学会范围内促进技术交流和推动行业进步。为了实现这个目标，协会组织春季和秋季学术会议、出版杂志和报告、颁发结构工程研究和实践杰出成就奖。协会主要决策机构有执行委员会、管理委员会和理事大会。其中，执行委员会由协会主席、11名副主席和技术委员会主席组成。技术委员会下设8个工作委员会和若干个工作小组，开展技术交流和行业进步活动。协会设立有授予个人的“终身成就奖”和“青年工程师奖”以及授予项目单位或论文作者的“杰出结构奖”和“杰出论文奖”。

中国于1957年正式成立国际桥协中国团组，是最早的7个国家团组之一。中国的项海帆（2001～2009）、葛耀君（2009～2017）和孙利民（2017年起）曾经担任协会副主席。中国的李国豪和项海帆分别获得了1986年和2012年的“终身成就奖”；秦宝华和杨詠昕分别获得了2005年和2011年的“青年工程师奖”。上海卢浦大桥（2008）、苏通长江公路大桥（2010）、香港昂船洲大桥（2011）、西堠门大桥（2012）、泰州长江大桥（2014）、南京大胜关长江大桥（2015）等桥梁和国家游泳馆水立方（2010）、上海中心（2016）等结构先后曾获得“杰出结构奖”（包括提名奖）。

（葛耀君）

国际隧道与地下空间协会 International Tunnelling and Underground Space Association; ITA 隧道与地下工程专业的国际性学术组织。也是世界上具有影响力的学术组织之一。简称国际隧协。原称国际隧道协会。成立于1974年，总部设在瑞士日内瓦。其宗旨是通过知识共享和技术交流，鼓励地下空间的利用和开发，促进隧道工程设计、施工、管理和维修技术的发展。ITA拥有78个成员国，会员大会每年召开一次，解决有关协会组织和事务处理的所有问题。协会除支持各会员国的学术活动、组织国际培训和研讨会外，每年组织的重大活动还包括世界隧道大会、会员国大会和ITA隧道工程奖大会等。国际隧协下设标准、合同与惯例、地下空间规划、地下工作安全、地下结构的维修及养护、机械化掘进、隧道信息化建模、竖井设计与施工等23个工作组。

中国于1979年加入国际隧协，由中国土木工程学会代表国家参与各项活动。一般情况下，中国土木工程学会委托中国土木工程学会隧道及地下工程分会负责具体工作。（高渠清）

国际岩石力学与岩石工程学会 International Society for Rock Mechanics and Rock Engineering 国际岩石力学与工程科技工作者组成的学术性社会团体。原名国际岩石力学学会。学会成立于1962年，是在奥地利地质力学学会（L.缪勒于1951年发起组织的国际上第一个岩石力学学术团体）的基础上建立起来的，由缪勒担任第一届学会主席。

学会已加入国际地质工程联合会。中国冯夏庭（曾任国际岩石力学与岩石工程学会第十三届学会主席）先后担任国际地质工程联合会主席团成员、主席。

国际岩石力学学会是非营利性学术团体，采取会员制，学会的领导机构由理事会、主席团及秘书处组成，以英语为官方语言。学会下设有岩石工程地球物理学应用专业委员会、地壳应力与地震专业委员会、设计方法专业委员会、非连续变形分析（DDA）委员会、教育工作专业委员会、欧标发展专业委员会、注浆专业委员会、硬岩开挖专业委员会、石油地质力学专业委员会、古遗址保护专业委员会、放射性废物处置专业委员会、岩石动力学专业委员会、软岩专业委员会、海底隧道专业委员会、测试方法专业委员会、地下核电站专业委员会和地下研究实验室（URL）交流专业委员会。

学会旨在促进岩石力学和岩石工程的研究和发展，促进和协调岩石力学领域的国际合作研究，鼓励岩石力学教育、研究和高水平的岩石工程专业实践。同时，学会还主办每四年一次的国际岩石力学大会，支持各国家小组举办国际或区域性学术研讨会；出版岩石力学动态，发布岩石力学领域的最新研究成果和活动信息；成立岩石力学领域专业委员会，引领学科发展；促进国际组织间合作。学会设置有岩石力学与工程领域最高成绩奖——缪勒奖、年度优秀博士论文奖——罗哈奖、富兰克林报告和学会会士以及最佳国家小组奖、最佳技术委员会奖，中国的钱七虎、孙钧和冯夏庭相继被授予国际岩石力学学会“会士”称号。（冯夏庭）

国际专业人士职业资格认证 international professional qualifications of construction industry 在国际上，项目管理专业人士资格认证一般由项目管理行业协会组织开展，通过考试的形式认证专业人士所必备的学识、技术和能力的基本要求。获得相应的专业资格认证是担任专业岗位的准入许可。国际上，项目管理专业人士的资格认证往往依托一定的知识体系或知识范围，通过考试的形式进行认证。项目管理专业人士资格认证的知识范围，在国际上一般是行业协会组织制定的知识体系或业务标准。

国际项目管理协会开展的国际项目管理专业资质认证 国际项目管理专业资质认证是国际项目管理协会在全球推行的四级项目管理专业资质认证体系的总称。国际项目管理专业资质认证是对项目管理人员知识、经验和能力水平的综合评估证明，其最大特点是能力证明。根据国际项目管理专业资质认证等级获得各级国际项目管理专业资质认证的人员，将被认可分别具有负责大型国际项目、大型复杂项目、一般复杂项目或具有从事项目管理专业工作的能力。认证基准是国际项目管理专业能力标准，由于各国项目管理发展情况不同，国际项目管理协会允许加入国际项目管理协会的各国项目管理专业组织结合本国特点，参照国际项目管理专业能力标准制定在本国认证国际项目管理专业能力的国家标准。

美国项目管理学会开展的项目管理资格认证考试 项目管理资格认证考试是美国项目管理学会在全球推行的项目管理专业资质认证。获取项目管理资格认证考试证书，不仅提升项目经理的项目管理水平，也直接体现项目经理的个人竞争力，是项目管理专业人士身份的象征。其官方教材为《项目管理知识体系指南》，报名者必须具备35小时以上《项目管理知识体系指南》学习或培训经历；具有学士学位或同等的大学学历或以上者，在五大项目管理过程中至少具有4500小时的项目管理经验，并在申请之日前6年内，累计项目管理月数至少达36个月；不具有学士学位或同等的大学学历或以上者，在五大项目管理过程中至少具有7500小时的项目管理经验，并在申请之日前8年内，累计项目管理月数至少达60个月。

英国皇家特许测量师学会会员认证 英国皇家特许测量师学会（RICS）是世界最大的房地产、建筑、测量和环境领域的综合性、非营利性质的专业团体之一。英国皇家特许测量师学会已经有142年的历史，有14万多会员分布在全球144个国家；拥有400多个RICS认可的相关大学学位专业课程，每年发表超过500多篇研究及公共政策评论报告，向会员提供覆盖17个专业领域和相关行业的最新发展趋势；英国皇家特许测量师学会得到了全球50多个地方性协会及联合团体的大力支持。

RICS有数种入会途径，其中专家途径向资深人士开放。拥有RICS认可的相关大学学位或专业资格后，并有不少于10年的相关工作经验，可加盟成为英国皇家特许测量师学会的会员。候选人需学习RICS专业操守和专业胜任能力课程，提交相关的履历，其中包括候选人过去10年内，在专业领域中的个人发展、案例研究及参加持续专业发展项目的记录等，并最终通过专家小组的面试。RICS还非常重视会员的继续教育，成为英国皇家特许测量师学会的会员后，每年至少要有20小时的持续专业发展项目参与记录。

英国皇家特许建造师学会会员认证 英国皇家特许建造学会（CIOB）是一个主要由从事建筑管理的专业人员组织起来的社会团体，是一个涉及建设全过程管理的专业学会。该学会成立于1834年，1980年获得皇家的认可，至2022年已有180多年的历史。CIOB会员具有不同的层次，其中层次最高的两类会员，即资深会员和正式会员，被称为皇家特许建造师。CIOB以会员为主，但也开始授予特许建造公司。无论是对个人还是团体来说，CIOB都制定有详细的资格标准、申请程序以及监督程序。CIOB在国际上具有较高声望，其会员资格在国际建筑行业中得到广泛的认可。“英国皇家特许建造师”已成为欧盟各国、美国、澳大利亚、非洲、东南亚、中东等国家和地区最为权威的执业资格之一，并成为建设管理专业人士的标志。

国际设施管理协会注册设施管理师职业资格认证 国际设施管理协会成立于1980年，是一家致力于设施管理业发展的非营利性协会。国际设施管理协会进行设施管理师职业资格证书培训和资格认证，该证书是专门为从事设施管理工作的高级管理人员设计的证书，也是在设施行业内唯一的全球通认的证书。2007年，设施管理职业资格证书被批准由中华人民共和国劳动和社会保障部注册登记。（谢坚勋）

国家体育场 National Stadium; Bird's Nest 2008年中国北京奥运会主体育场。位于北京奥林匹克公园中心区南部，占地面积20.4公顷。国家体育场主体建筑为南北长333米、东西宽296米的椭圆形，最高点高度68.5米，总建筑面积约为25.8万米²，观众席9.1万个，其中固定座席8万个，活动座席1.1万个。国家体育场于2003年12月24日开工建设，2008年6月28日落成。

国家体育场

国家体育场由赫尔佐格和德梅隆建筑师事务所、中国建筑设计研究院和奥雅纳工程顾问公司组成的设计联合体共同设计，屋顶与立面由一系列钢桁架与次结构围绕混凝土碗状座席区编织而成，整个建筑自然呈现出“鸟巢”的形状，设计理念新颖，建筑与结构浑然一体，具有很强的空间震撼力和视觉冲击力。

国家体育场在建设中进行了大量科技创新，采用了先进的设计方法、建造技术与节能环保措施，获得全国优秀工程设计金奖、国家科技进步二等奖等重要奖项。（沈　重）

过渡段 transition section 铁路路基与桥台、横向结构物、隧道的衔接处和路堤与路堑的衔接处，需作特殊处理的地段。铁路线路是由不同特点、性质迥异的构筑物（桥、隧、路基等）和轨道构成的，组成线路的结构物强度、刚度、变形、材料等方面的差异很大，引起轨道的不平顺。为了能满足列车安全、舒适、平稳地运行，需要将不平顺控制在一定范围之内。

路堤与桥台的过渡段，可采用沿线路纵向倒梯形过渡段（图1）。具体计算公式

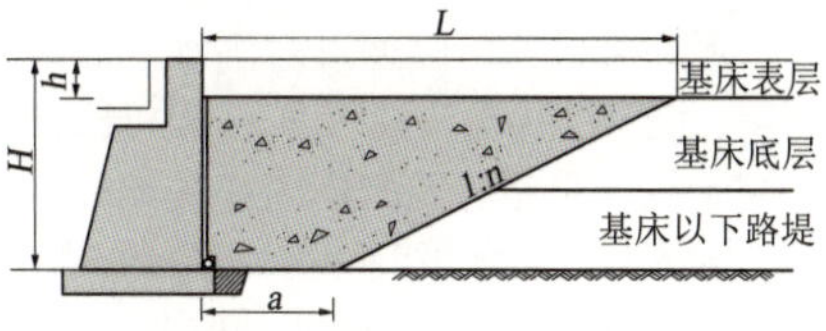

图1　路堤与桥台倒梯形过渡段示意图

如下：

$$L = a + (H-h) \times n$$

式中L为过渡段长度，单位为米；H为台后路堤高度，单位为米；h为基床表层厚度，单位为米；a为倒梯形底部沿线路方向长度，取3～5米；n为常数，取2～5。

过渡段路基基床表层掺入3%～5%水泥，基床表层以下倒梯形部分分层填筑掺入3%水泥的级配碎石。

路堤与横向结构物（立交框构、箱涵等）连接处设置过渡段，可采用沿线路纵向倒梯形过渡形式（图2）。

路堤与路堑连接处设置过渡段，可采用两种设置方式：①当路堤与路堑连接处为硬质岩石路堑时，在路堑一侧顺原地面纵向开挖台阶，台阶高度0.6米左右，并应在路堤一侧设置过渡段（图3）。

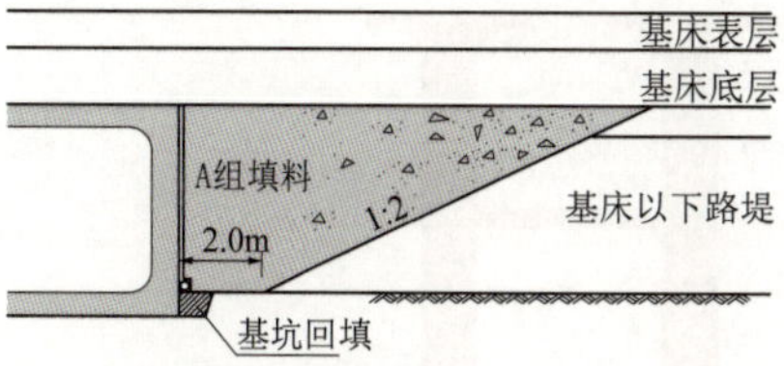

图2　路堤与横向结构物倒梯形过渡段示意图

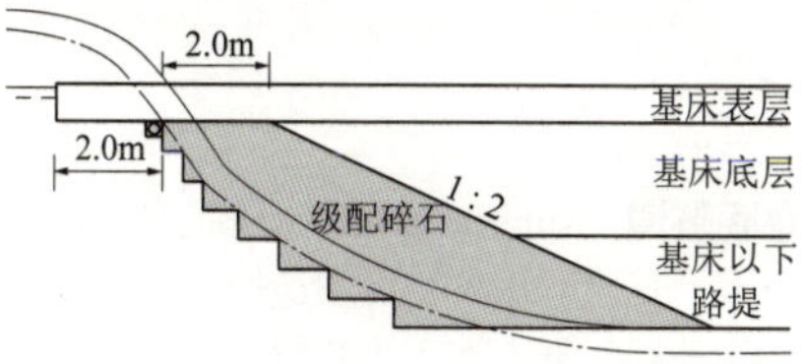

图3　硬质岩石堤堑过渡段示意图

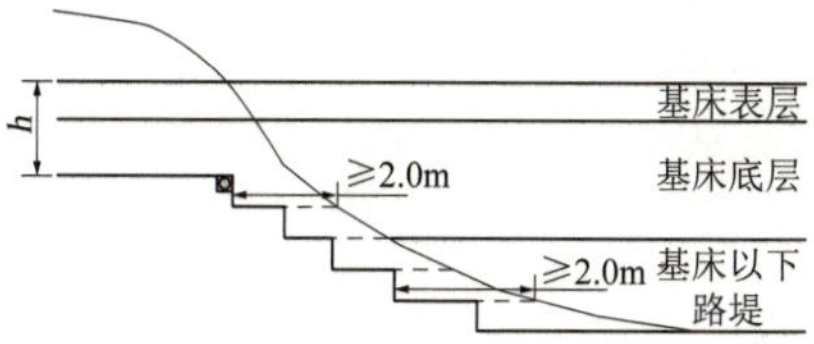

图4　软质岩石或土质堤堑过渡段示意图

②当路堤与路堑连接处为软质岩石或土质路堑时，应顺原地面纵向挖成1∶2的坡面，在坡面上开挖台阶，台阶高度0.6米左右（图4），开挖部分填筑要求应与路堤相同。

土质、软质岩及强风化硬质岩路堑与隧道连接地段，应设置过渡段，并采用沿线路纵向倒梯形渐变厚度的混凝土或掺入3%～5%水泥的级配碎石填筑（图5）。

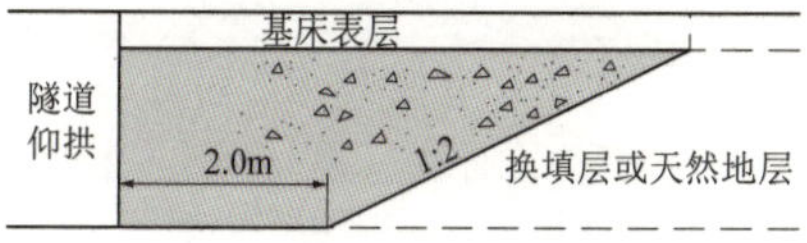

图5　路堑与隧道过渡段示意图

无砟轨道与有砟轨道连接处应设置过渡段，满足刚度过渡和纵向稳定的要求。（王仲锦）

H

海底隧道 subsea tunnel 在海底下建造的用于交通运输的交通管道技术工程。海底隧道具有不占地，不妨碍航行，不影响海洋生态环境，不受风雪雨雾等气象条件的影响的特点，是一种非常安全的全天候海峡通道。20世纪40年代修建的日本关门海峡隧道是世界上最早的海底隧道。全世界已建成和计划建设的大型海底隧道主要分布在日本、美国、西欧、中国等国家和地区，人们较为熟悉的有1994年通车的英吉利海峡隧道、1988年通车的日本青函海底隧道、2010年通车的中国厦门翔安海底隧道等。

海底隧道的建造方法主要有**钻爆法**、**沉管法**、**掘进机法**和盾构法等。采用何种挖掘方法取决于地质条件、隧道结构特征、造价等多方面的综合考虑，但无论采用哪种开挖方法，地质情况将直接影响到方案能否完成，因此要尽可能地保证地质勘探的准确性。

大型海底隧道所需投资巨大、技术复杂、研究工作的周期漫长，对社会、政治、经济等方面往往有重大影响。由于每年自然灾害给人类生命财产带来了巨大损失，世界各国在重大工程建设上非常注意挑选具有抗御自然灾害能力的工程结构，采用海底隧道作为跨越海湾、海峡的通道已经逐渐成为优先考虑的方式。海底隧道一般分为在海底表面和海底地层之下两种类型，建筑方法也不相同。在海底表面是用沉埋管道法，即将预制好的钢筋水泥管道敷设于海底的地面上，用特殊的钢架固定在海床上；在海底地层中则是在海底的地下用钻机打洞，然后用钢筋水泥加固。现在也有人提出利用阿基米德原理，把管道设在海上的设想（即悬浮式）。

（丁 一）

海绵设施源头减排系统 source control system by sponge city facilities 利用现有自然条件或模拟原有的自然水文特征，通过渗透、调蓄和净化等措施，在排入排水管渠之前，控制径流产生量、减少径流污染、削减峰值流量和收集利用雨水的系统。是海绵城市建设的重要举措之一，是一种利用现有自然条件或模拟自然水文条件，实现雨水径流控制和利用的一种方法。海绵城市是通过城市规划、建设的管控，从“源头减排、过程控制、系统治理”着手，综合采用“渗、滞、蓄、净、用、排”等技术措施，有效控制城市雨水径流，最大限度地减少城市开发建设对原有自然水文特征和水生态环境造成的影响，使城市在适应环境变化、抵御自然灾害等方面具有良好的“弹性”，实现自然积存、自然渗透、自然净化的理念和方式。海绵设施指综合采用“渗、滞、蓄、净、用、排”等技术措施以实现对城市雨水径流控制的设施统称。

源头减排，可以通过对雨水的渗透、储存、调节、转输与截污净化等功能，有效控制径流总量、径流峰值和径流污染，减少城镇开发对环境的冲击。其技术类型包括渗透、滞留、调蓄、净化、回用和排放。这些技术之间并没有明显的界限，一种源头减排设施一般具有2～3个功能，主要措施包括绿色屋顶、透水路面、生物滞留设施、植草沟等合理利用空间并采取相应措施对雨水径流进行控制的技术手段。

源头减排系统设计需遵循生态优先原则，充分保留场地内的现有河湖、湿地、洼地、坑塘和沟渠，提出源头减排设施空间布局，划分汇水区，优化竖向设计，使雨水径流汇入设施，经调蓄或净化后，再通过溢流等方式与市政排水设施相衔接。各项目应对雨水排水分区控制指标进行计算校核，当单个雨水排水分区面积大于2公顷时，需采用模型法校核指标可达性。

（任南琪）

海洋工程结构 offshore engineering structure 在海洋岸壁或近海区域设置或建造的建（构）筑物。

分类 海洋工程结构在海洋工程学科技术的划分上属于海洋工程装备设施技术中的海洋建设技术，主要包括港口建（构）筑物、海岸防护建（构）筑物、海洋平台、海底建（构）筑物、功能性建（构）筑物等。

港口建（构）筑物主要包括码头、突堤、挡土墙、岸壁、干船坞和助航设施（如浮标、航标、导航灯塔）和船闸等。码头和突堤有透空式结构和实体式结构。

海岸防护建（构）筑物主要包括防波堤、突堤、海塘、护岸等。从结构受力特征可分为刚性结构、半刚性结构和柔性结构，从使用的材料可分为混凝土结构、钢结构、木结构、石结构等。

海洋平台主要包括移动式平台、固定式平台和半固定式平台三大类（见**海洋平台**）。

海底建（构）筑物和功能性建（构）筑物主要包括海底输油管线、海洋潮汐和温差电站、海底隧道、海洋观察站、海洋观光站及海上飞机场等。

设计特点 海洋工程结构与陆上结构最大的区别在于其所处的环境相当恶劣，必须充分考虑海洋环境条件对结构的综合影响。①环境条件的随机性大。海洋环境条件指海洋气象和水文条件以及地貌和地质条件。气象和水文条件一般包括风、波浪、海流、温度、海水盐分、冰冻以及地震等。由风、波浪、海流以及冰冻和地震所引起的力是海洋工程结构设计的主要荷载，它们都具有强度大、方向多变的随机动力性质。海水温度和盐分以及海生物的附着，不仅影响海洋工程的使用期限，而且也影响结构的力学性能。海底地貌和地质、地基条件与结构的稳定性有密切关系，是确定海洋工程结构基础尺寸的主要依据。②结构设计安全度要求高。海洋工程结构通常都是供某一专门目的而设置的，因此结构首先必须满足工艺使用的要求。其次，为了减少结构的材料用量和造价，应最大限度利用空间、紧凑布置。此外，海洋工程结构在建造过程中和使用阶段应具有足够的强度、刚度和稳定性。由于海洋情况复杂以及极端环境变化的偶然性，不易获得可靠的设计计算参数，海洋工程结构在传统上设计要比陆上结构更保守些，结构会有更多的冗余构件，以防止一套受力构件失效时不至于引起结构突然倒塌。

施工特点 海洋环境远比陆上恶劣，施工条件非常受限，现场施工的时间越短则节省的投资越多，环境条件引起的施工困难往往会导致建设方和设计方被迫放弃理想设计而采取折中方案。

为了尽量缩短海上作业时间，大部分海洋工程结构都是在坞内（或港湾内）预制成形，然后拖运和下沉就位。为了满足结构的预制、拖运、安装等工作的要求，应选择具备一定施工条件的避风海湾为海洋工程结构制造基地，并靠近有足够水深和一定宽度的工作水域和航道。

海洋工程结构的施工，需要依靠各种工程船舶，并且经常需要潜水人员进行水下作业和检查观测。另外，一般要求在环境条件相当平稳时进行，同时必须采取抵抗风暴突然袭击的安全措施，以确保与陆上基地的通信联络。

（张荷芬 撰 丁 一 修订）

海洋工程结构荷载 load on offshore structure 海洋工程结构上荷载可归纳为永久荷载、活载和特殊荷载。

永久荷载 包括结构自重及结构使用期间固定不变的生产和生活所用设备重量。

活载 包括环境荷载和诸如钻井或采油作业中临时使用的设备装置与材料等产生的荷载。环境荷载是由风、波浪、内波、海流、冰等气象和水文条件所引起的荷载，分别称为风荷载、波浪荷载和冰荷载等。环境荷载具有随机和动力性质。海洋环境条件及其与结构的作用机理错综复杂，要准确地确定这些荷载是比较困难的，而它们往往又是导致海洋工程结构破坏的主要因素。一般采用直接数值模拟或物理模型试验方法确定，工程上常采用半经验、半理论的方法计算。

波浪荷载 由于波浪运动作用于水中结构上产生的荷载。波浪荷载包括：①水体变速运动导致结构周围压强分布不均匀所产生的惯性荷载。②水体与物体相对运动而由水体黏性产生的拖曳荷载。③波浪破碎或水面直接打击到结构上产生的砰击荷载。一般情况下波浪荷载指前两种。

当结构构件（部件）的直径小于波长的20%时，波浪荷载通常用半理论、半经验的莫里森方程计算；大于波长的20%时，应考虑结构对入射波场的影响而采用绕射理论计算。影响波浪荷载大小的因素很多，如波高、波浪周期、水深、结构尺寸和形状、群桩间的相互干扰和遮蔽以及海生物附着等。

海洋中波浪一般是不规则的随机运动，不规则波浪荷载常采用特征波法和谱分析法确定：①特征波法。选用某一特征波作为单一的规则波，并以它的参数（有效波高、波浪周期、水深）和结构的有关尺寸代入莫里森方程或绕射理论分析程序，求出作用在结构上的波浪力。此法简便易行，在海岸和近岸工程设计中广泛应用，当结构自振周期与波浪周期相差较大时有较高的精度。②谱分析法。利用海浪谱进行波浪荷载计算、结构疲劳和动力响应分析。把波浪作为随机性的、由许多不同波高和波周期的规则波线性迭加而成的不规则波，用概率论和数理统计的方法收集、分析处理波浪观测数据，由于它能较精确地反映波浪的能量分布规律，所以是一种比较理想的方法。海洋工程结构设计中常用的有P-M和JONSWAP谱。线性谱分析法中，波力谱（输出谱）$S_{ff}(\omega)$和海浪谱$S_{\eta\eta}(\omega)$（输入谱）的关系：

$$S_{ff}(\omega)=|T_{f\!f}(\omega)|^2S_{\eta\eta}(\omega)$$

式中$T_{ff}(\omega)$为频率响应函数；ω为波浪频率。波力谱确定后，可求出波浪力分布函数中的统计特征值，进而得到某一累积概率的波浪力。

对于一些形状特殊或特别重要的海洋工程结构，除了用上述方法进行计算分析外，还应采用计算流体力学方法进行时域模拟或开展物理模型试验加以研究，以确定波浪力的统计特性和大小。

冰荷载 在结冰海域建造海洋工程结构时，应考虑冰对结构的作用。冰荷载的主要作用形式有：①在潮流和风作用下，大面积冰原呈整体移动挤压结构。若结构强度足够大，则冰原将被切入或破断而移动，结构上产生的冰荷载呈周期性变化，导致结构发生振动。②自由漂流的冰对结构的冲击力。③由于气温骤变引起整体冰盖层对结构的挤压力。④冻结的冰盖层因水位变化而产生对结构的上拔力或下曳力以及冰块对结构的摩擦力等。上述第一种作用对结构具有更大的危害性。例如，1969年春，中国渤海出现的特大冰封即以这种形式将一座固定海洋平台推倒。

影响冰荷载大小的因素很多，如水文气象、地理位置、冰和结构的特性等。可采用理论分析、室内模型试验、现场测量和数值分析等途径，确定固定式海洋平台、船舶结构的冰荷载。静冰力和动冰力计算方法均写入相关的海洋工程规范，但不同规范的冰荷载计算结果相差很大。对于极区浮式海洋平台等新型抗冰结构的冰荷载计算仍处于探索阶段。

特殊荷载 包括地震作用、施工荷载及事故荷载。施工荷载是在建造、装船、运输、下水及设备安装各施工阶段受到的暂时性荷载：①吊装力。在建造和安装的各阶段中，其大小可根据实际情况按静力和动力确定。②装船力。用滑道或带轮的轨道台车将结构组件移到驳船上时所产生的力，根据结构组件的支承条件计算。③运输力。结构组件用驳船装运、吊运和浮筒浮运时的支承力、吊装力和拖航力，根据运输作业情况计算。④下水力和扶直力。整个结构下水过程中的结构重力、惯性力、浮力、水阻力、摇臂支持力以及起吊结构时的吊装力。施工荷载都具有动力特性，计算时应予考虑。

设计时，根据永久荷载及活载确定海洋工程结构各构件的截面，再用特殊荷载进行校核。

（孙绍述 撰 滕 斌 修订）

海洋平台 offshore platform 为在海上进行钻井、采油、集运、观测、导航、施工等活动提供生产和生活设施的构筑物。海洋平台按其结构特性和工作状态可分为固定式平台、活动式平台和半固定式平台等。

固定式平台 其下部由桩、扩大基脚或其他构造直接支承并固着于海底，按支承情况分为桩基式和重力式两种。

桩基式平台主要有导管架型平台和塔架型平台。两种平台均较多应用在软土地基上。①导管架型平台。由上部结构和基础结构组成。上部结构一般由上下层平台甲板和层间桁架或立柱构成；基础结构包括导管架和桩。②塔架型平台。由腿柱、水平杆和斜杆及大梁（圆形或箱形）组成。在自然条件恶劣的深水区，多采用导管架和塔架的组合方式。

重力式平台适用于较深海域，主要有钢筋混凝土重力式平台、钢重力式平台和钢-钢筋混凝土重力式平台等。①钢筋混凝土重力式平台。是依靠自身重量维持稳定的固定式海洋平台。主要由上部结构、腿柱和基础3部分组成。基础分整体式和分离式。整体式基础一般是由若干圆筒形的舱室组成的大沉垫。分离式基础用若干个分离的舱室做基础，对地基适应性强，受力明确，抗动力性能好，腿柱间距大，在拖航及下沉作业时较安全。②钢重力式平台。属于分离式基础型，由钢塔和钢浮筒组成，浮筒也兼作储油罐。③钢-钢筋混凝土重力式平台。上部结构和腿柱用钢材建造，沉箱底座用钢筋混凝土建造，可充分发挥两种材料的特性。

活动式平台 浮于水中或支承于海底，能从一井位移至另一井位，按支承情况可分为着底式和浮动式。

着底式平台主要有坐底式平台和自升式平台。①坐底式平台。由沉垫、立柱和平台甲板3部分组成，适用于水深为5～30米而且海底比较平坦的场合。沉垫可以是整体式，也可以是分离式。向沉垫内灌水，平台即下沉坐落在海底；把水排出，平台就能浮起，故这种平台又有沉浮式之称。②自升式平台。由一个驳船式船体和若干能升降并能起支撑作用的桩腿组成，船体有足够的浮力以运载钻井设备和给养到达工作地点。作业时平台被桩腿支撑并抬升到海面以上。转移时，把桩腿拔起，驳船式船体下降浮于水面，即可拖运到另一地点。自升式平台的特点是浮运方便，作业时稳定性好，适用水深为5～90米。

浮动式平台主要有钻井船和半潜式平台。①钻井船。把钻井设备安装在船体上，靠锚系或动力定位，在漂浮的状态下钻井。一般都有自航能力，可在几百米或上千米水深的海域工作。②半潜式平台。主要由上部结构、下潜体、立柱及斜撑组成，其外形与坐底式平台相似。既可在10～600米深的海域工作，又能较好地适应恶劣的海况，但其经济水深一般为100～300米。半潜式平台是深海钻井的主要装置。

半固定式平台　既能固定在深水中，又具有可移动性，主要有张力腿式平台和拉索塔式平台。①张力腿式平台。上部结构是浮体，通过收紧锚固在海底的缆索，使浮体的吃水深度比静平衡状态大一些，浮力大于浮体重力，剩余浮力由缆索的张力来平衡。张力腿式平台在工作完成后可浮运到其他地点。施工时整座平台在工厂建造，工作地点定位，适用于开采周期较短的深水井小型油田。②拉索塔式平台。其支承塔架下端着地，上端一般用4～8根钢索张紧固定。这种平台用料少，工作水深大，适用于大深度水域。

（王柳君　张荷芬　撰　丁　一　修订）

海洋平台结构健康监测系统　health monitoring system for offshore platform structure　利用传感元件和数据采集设备，全天候、不间断地监测海洋平台结构服役环境、整体工作性态、关键部位应力、应变和裂纹起始与扩展过程，评定和预测海洋平台安全状态的自动化系统。

对海洋平台结构服役环境与损伤累积过程进行有效监测和预测，评定和预测结构的安全性和可靠性，是保障海洋平台结构安全运营、最大限度地避免事故发生的有效措施。针对海洋平台结构的固有特点，监测项目可分为：①荷载与环境监测。主要对反映海洋环境特征的物理量的监测，如风环境（风速和风向）、波浪环境（波高、周期和方向）以及冰环境（冰厚、冰速和方向等）。②结构整体响应监测。主要对海洋平台结构在外力作用下（风、波浪和海冰等）导致的结构振动和变形进行监测。③结构局部响应监测。主要监测海洋平台结构关键部位的应变、应力以及疲劳裂纹的产生与扩展等指标。

监测系统包括传感器系统、数据采集与处理系统、数据传输系统、数据存储与管理系统和状态评估系统。监测的根本目的是通过监测数据分析了解海洋平台的工作状况、评定安全状态以及预测使用寿命。海洋平台监测数据分析方法包括基于统计分析、时间序列分析、主成分分析和贝叶斯分析等。随着大数据时代的到来，基于深度学习的智能算法，挖掘隐藏在数据中荷载与环境的模式及其变化规律、结构整体响应和局部响应的时空规律及结构行为、结构荷载和环境与结构整体响应及局部响应之间的相关性，也已取得一定成果。

（伊廷华　张松涵　李宏男）

涵洞　culvert　横贯并埋设在路堤中的供排泄洪水、灌溉或交通使用的渠道或管道。但多跨桥梁的跨总长小于8米，或单孔跨度小于5米者，也称涵洞。在半填半挖的路基上，为排泄侧沟积水，常在铁道相邻轨枕之间（净距约0.3米）修筑一孔或多孔的钢筋混凝土过水明渠，也属于涵洞范围，有时和涵洞一并称为涵渠。

涵洞按其截面形式，分为圆形、箱形和拱形，分别简称为圆涵（或管涵）、箱涵和拱涵。涵洞过水截面上的最大水平尺寸为涵洞的孔径，圆涵是以其内径为孔径，箱涵、拱涵的孔径为其两侧边墙间的净距。过水涵洞进出口两端设圬工端墙、翼墙和用片石铺砌的锥体，借以将涵洞两端和路堤边坡衔接起来，防止路堤边坡、坡脚受水流侵蚀而坍塌；沟床和附近路堤坡面也要铺砌以防冲刷。锥体还有引导水流顺利流经涵洞向下宣泄的作用。非岩石地基的涵洞，每隔2～5米，还应设沉降缝。

圆涵可用不同材料的管节铺设在基础上。预制钢筋混凝土管、铸铁管、波纹铁管、复合材料管等，均可做圆涵管节。铸铁管和波纹管价格较高，只宜用于小孔径圆涵，且使用寿命不如预制钢筋混凝土管长，中国很少采用。预制钢筋混凝土管节经久耐用，应用最为广泛，但随着管径增大，钢筋用量剧增，自重随之增大，使管节运输安装增添不便，因此孔径常在2米以内。圆涵施工简便迅速，穿过铁路、公路而流量不大的沟渠一般均适宜采用圆涵。箱涵孔径较小时也可用预制钢筋混凝土箱形节段建成。孔径较大的箱涵和各种孔径的拱涵，通常都先用砌石或灌筑混凝土修筑基础和边墙，而后在边墙上铺设预制钢筋混凝土盖板形成箱涵（称盖板箱涵），或砌筑拱圈形成拱涵。箱涵和拱涵孔径可达3～5米。也可以两孔并列，以获得更大的排洪能力。交通用涵洞的孔径大小和最小净高应根据交通要求确定，一般采用箱涵或拱涵。过水涵洞的孔径应根据最大流量来确定。

（王承礼）

焊接　welding　通过加热（或辅以锤击、加压或加熔化的填充材料等方式）将金属材料连接起来的不可拆卸连接方法。

工艺　根据焊接工艺的不同，焊接方法可分为压焊法、熔焊法和钎焊法三大类。

压焊法　将焊件连接部分加热到接近熔点呈塑性状态后加压力或锤击，使之结合成一体的焊接方法，属固相焊接。压焊按加热方法可分为3种：①锻焊。焊件先在炉内烧至白热，然后在铁砧上锤合。②电阻焊。又称接触焊。利用大电流通过焊件接口处产生的电阻热，当焊件达到塑性状态或熔化状态时，施加一定压力，使焊件连接在一起。常用的有对焊、点焊和缝焊。对焊和点焊大量用于钢筋焊接，缝焊用于钢板卷制焊接管或钢板箱。③热剂焊。利用铝粉或镁粉与氧化合时放出大量热量，熔化铁粉和加热焊件，并使焊件连接在一起，铁路的长钢轨焊接沿用此法。

熔焊法　将焊件加热到熔点以上，同时熔化焊条，使焊件融为一体的焊接方法。属液相焊接，为建筑工程中主要采用的焊接方法。熔焊法分为气焊和电弧焊两种。①气焊。利用可燃气体（乙炔、氢、水煤气等）与助燃的氧气混合燃烧所释出的热量，熔化填充焊丝和焊件，使金属连接。②电弧焊。焊件和焊条都是电路的一部分。用大电流低电压，一个电极接连焊件、另一极接通焊条形成焊接电路，当焊条和焊件两者相碰时产生电弧，熔化焊条和焊件使焊件连接在一起。电弧焊可分为手工电弧焊、埋弧焊和气体保护焊。手工电弧焊，电弧热熔化焊条和焊件形成熔池，焊条药皮熔化分解生成的气体和熔渣，保护熔池不被空气侵入，焊工沿焊件运动焊条，使熔化金属形成焊缝，冷却后将凝固在接缝表面的熔渣清除。手工焊接设备简单，可作平、立、横、仰焊，但效率低、劳动强度大。埋弧焊的电弧和熔池都在粒状焊剂埋没下，用自动或半自动机铺焊剂，沿焊接缝连续给送焊丝和移动电弧，只能平卧操作。其优点为效率高、质量好、节省焊接材料、省电、劳动强度小。气体保护焊是通过保护气体（氩、氦、二氧化碳等）将空气和熔化金属隔离，使熔化金属不被空气侵入而获得优良的焊缝。

钎焊法　在被焊材料的连接界面既不熔化又不直接接触的情况下，借助中间液相进行连接的焊接方法，属固－液相焊接。钎焊时熔点低于母材的钎料熔化成液相，并充满接缝间隙，凝固后与固态母材形成原子间结合。

焊缝　钢结构的焊接，主要采用电弧焊。焊缝的基本构造形式分为对接焊缝

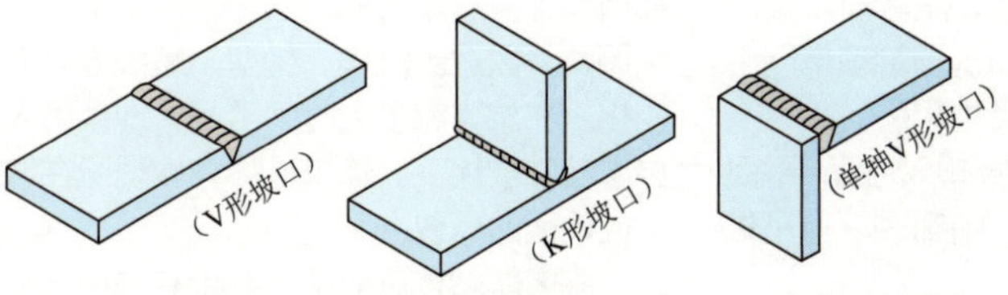

a 对接　b T形连接　c 角形连接

图1　对接焊缝示意图

（图1）和角焊缝（图2）。①对接焊缝。又称坡口焊缝。构造简单、传力直接，但在施焊之前，焊件边缘需根据不同厚度进行加工，做成各种坡口形式，以保证焊透。②角焊缝。用于不在同一平面内两个焊件的相连，如两块钢板搭接。焊缝堆成接近三角形截面，贴附于被连接焊件的交搭边缘处或端头。搭接的贴角焊缝平行于作用

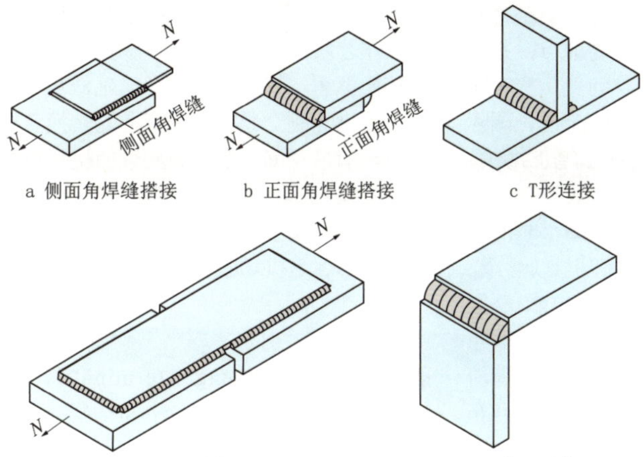

a 侧面角焊缝搭接　b 正面角焊缝搭接　c T形连接

d 对接　e 角形连接

图2　角焊缝示意图

力方向的称为侧面角焊缝，垂直于作用力方向的称为正面角焊缝。此外，焊缝连接的形式包括对接、T形连接、角形连接和搭接4种。为确保焊缝连接传力可靠，应根据设计要求决定具体的连接形式。

焊接残余应力和焊接变形　钢结构在焊接过程中，局部区域受到高温作用，引起不均匀的加热和冷却，使构件产生焊接变形。在冷却时，焊缝和焊缝附近的钢材受到其他区域钢材的约束不能自由收缩，从而产生焊接残余应力。焊接残余应力包括纵向应力（沿焊缝长度方向的应力）、横向应力（垂直于焊缝长度方向且平行于构件表面的应力）和厚度方向应力（垂直于焊缝长度方向且垂直于构件表面的应力）。焊接残余应力和残余变形都属于结构的初始缺陷，对结构的稳定性能和疲劳强度产生显著的不利影响。因此，在钢结构设计和施工过程中应采取合理措施，以减少焊接残余应力和残余变形。

减少焊接残余应力和残余变形的方法有：①设计上尽可能选择减少焊缝密集交汇，选择合理的焊缝尺寸和形状，合理安排焊缝位置并采取适当的焊接次序。②尽可能采用对称焊缝，使其形成相反的焊接变形而相互抵消，并在保证结构安全的前提下，避免焊缝厚度过大。③施焊前使构件有一个与焊接残余变形相反的预变形。④在焊缝附近敲击振动，可减小焊接残余应力。

（李忠　王守明　撰　童乐为　修订）

杭州天子岭填埋场　Hangzhou Tianziling Landfill　中国首座符合国家建设部卫生填埋技术标准的山谷型城市生活垃圾填埋场。位于杭州市北郊青龙坞山谷。一期工程（即杭州市天子岭第一垃圾填埋场）是杭州市政府“七五”重点工程项目，于1991年6月建成并投入运行，采用竖向防污屏障防控渗沥液污染扩散。设计使用年限13年，设计库容600万米^3。2007年，一期工程达到设计容量，共计处理垃圾900多万吨，实施封场和生态修复工程。2010年3月，在封场和生态修复工程中建成的天子岭生态公园对外开放。

为解决2007年后生活垃圾的末端处置问题，杭州市在世界银行的支持下从2003年开始对天子岭填埋场进行扩建，扩建工程（即杭州市天子岭第二垃圾填埋场）分区分期建设（见图），设置了底部水平防渗系统，于2006年12月投入运行，占地面积96公顷，设计最大标高为165米，为中国最高的填埋场之一，总库容为2202万米^3，可消纳城市垃圾2405万吨，服务年限为24.5年。

杭州天子岭填埋场

天子岭填埋场在运行过程中遇到了渗沥液水位高、稳定性不足、臭气扰民等问题，采取了真空和水平井降水、雨污分流、堆体反压、坝体加固、控制作业面积、填埋气高效收集发电等措施和技术手段，整体运营达到国际先进水平。作业方法作为中国填埋作业样板被写入《生活垃圾卫生填埋场运行维护技术规程》（CJJ 93—2011）。

杭州天子岭填埋场先后荣获联合国人居署2014“迪拜国际改善居住环境最佳范例奖”，国际固废协会（ISWA）公众沟通奖，国家住房和城乡建设部“2012中国人居环境范例奖”，国家发展和改革委员会、教育部、财政部、国家旅游局“全国循环经济教育示范基地”，国家环境污染第三方治理示范试点单位，2016年杭州市劳动模范集体和示范试点等荣誉称号。还是“城市垃圾清洁直运‘杭州模式’”“杭州市垃圾处置信息化管理项目”“垃圾渗滤液处理新技术工程化应用研究”3项国家住建部科技示范项目。

（陈云敏　李育超）

杭州湾跨海大桥　Hangzhou Bay Sea-crossing Bridge　横跨中国杭州湾海域的跨海大桥。起自嘉兴市郑家埭，止于慈溪市水路湾，全长36千米，其中大桥长35.673千米。大桥工程包括北引线、北引桥、北航道桥、中引桥、南航道桥、海中平台、南引桥和南引线及交通工程等沿线设施（见图）。

杭州湾跨海大桥

杭州湾跨海大桥北航道桥采用主跨448米的钻石型双塔双索面钢箱梁斜拉桥方案；南航道桥采用主跨318米的A型独塔双索面钢箱梁斜拉桥方案；水中区引桥采用50米和70米跨径整孔预制等截面预应力混凝土连续箱梁；下部结构采用钢管打入桩或钻孔灌注桩的“群桩+承台”的基础形式。

杭州湾跨海大桥于2003年11月开工，2008年5月竣工通车。

大桥设计单位为中国交通建设集团公路规划设计院有限公司，大桥由中国铁

路工程集团大桥局集团有限公司等承建。大桥建成后由杭州湾跨海大桥管理局负责管理、养护工作，日通行车辆超过10万辆。

（赵君黎）

航空港 airport 位于陆地或水上，全部或部分供飞机起飞、降落、地面活动以及实施飞机维修和飞行保障的场所。见**机场**。

航空加油站 into-plane fuelling service 在飞行区内部或靠近飞行区建设的具备加油车停放、维修、油品装载等功能的场所。航空加油站根据其功能不同，可分为：①加油车停放点，仅有加油车停放功能。②装油点，仅有装油、加油车停放功能。③综合航空加油站，简称航空加油站。除具备①②所述功能外，还具备飞机加油调度、加油车维修等功能。

航空加油站一般由综合作业区、辅助作业区和行政管理区组成。①综合作业区。主要由车库（棚）、装油设施、隔油池、含油污水处理设施、场坪等组成。车库（棚）为工业厂房或棚，通常是钢结构或钢筋混凝土结构；装油设施由工艺管道和装油棚组成，装油棚为钢结构或钢混结构的工业厂房或棚；场坪为混凝土场坪。②辅助作业区。主要有变配电系统、器材、维修设施等。③行政管理区。主要为办公、值班用房。

（梁 斌）

航站楼 passenger terminal 航空旅客的集散地。又称候机楼。旅客航站楼内设有办理各种手续的设施，具体包括值机（办票、安排座位、托运行李）、安全检查、行李提取等服务设施，对于国际旅客，还包括海关、出入境检验检疫、边防检查等系统和设施；联结飞行的设施、联结地面交通的设施；各类服务性、商业性设施和营运机构。可供旅客完成从地面到空中或从空中到地面的交通转换程序，是功能性极强的交通建筑物。此外，旅客航站楼内还要设置航空公司营运和机场管理部门必要的办公室以及设备、设施用房。

旅客航站楼分为主楼和候机区，平面布局方式可选用前列式、指廊式、卫星式等构型（图1）。

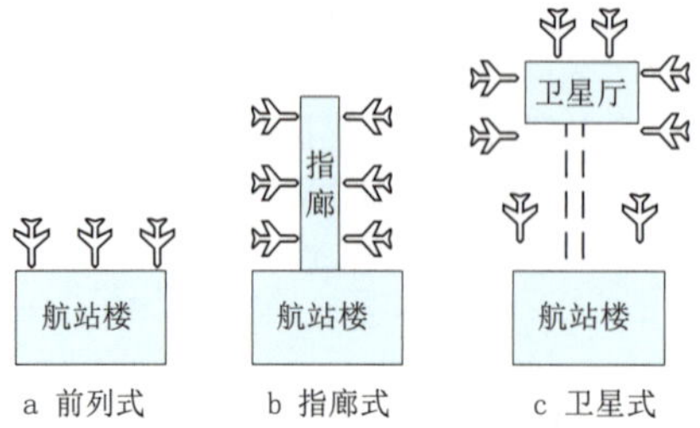

图1 航站楼构型示意图

旅客航站楼应具有鲜明的地方性，在功能上应具有流程自明的特点，使旅客到达能直观地立即辨别出到达的地点，并有新鲜明朗的感觉和清楚的导向性。旅客航站楼流程分为离港流程和进港流程，国际航站楼较国内航站楼在流程上增加海关、边检和检验检疫等环节（图2）。

旅客航站楼建筑面积由高峰小时的旅客人数确定，中国的国际航站楼（含港、澳、台）旅客人均面积为30～40米^2、国内航站楼为20～30米^2。航站楼内设计布局应充分考虑旅客及行李的进、出港流程，一般为单层、一层半或两层的竖向布局（图3）。在布局上应预留扩展空间，以适应旅客流量、流程等方面的变化；在工程结构上应有较大的灵活性，内部格局可以调整，以适应流程、机型、航线等方面变化。在旅客流量大时，常需将地铁引入旅客航站楼地下。建筑风格宜体现所在城市或地区的风貌。

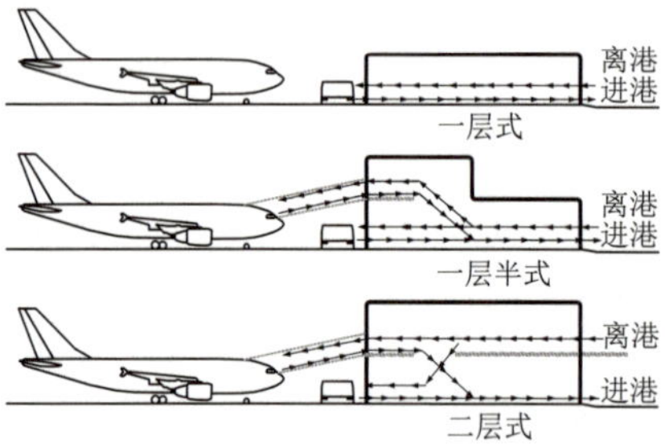

图3 航站楼竖向布局示意图

旅客航站楼应配备民航特有的信息和旅客服务设施。其中，信息设施包括航班信息显示系统、离港系统、广播系统、视频监控系统、时钟、信息集成系统、楼宇自控系统、综合布线系统，以及机位引导系统、电子客票系统、自动检票系统等。旅客服务设施包括人工/自动（或半自动）行李处理系统、安检设备、自动扶梯及自动步道、登机桥等。

为方便航空旅客，也可在航空服务能辐射到的城市建立异地航站楼或在机场所在城市的重要交通换乘枢纽建立城市航站楼，作为城市交通运输与机场集疏运系统的转换枢纽。其功能与机场航站楼基本相同，提供陆侧交通与空侧交通的转换、机场航班信息查询、票务、旅客值机、行李托运、安检、海关与候机等服务，将机场等候的时间和空间置换到城市中，让机场回归城市，是机场服务在城市的延伸。

（张飞林）

航站楼布局 passenger terminal layout 机场航站楼位置、范围、平面构型、流程安排及设施设备布置。

基本参数 航站楼布局的基本参数包括：①年及高峰小时国际、国内旅客量。②机位数及机型组合。③交通方式及各类车流量。④中转旅客比例。⑤车道边长度，值机柜台、安检通道数量。⑥海关、边检、检验检疫柜台数。⑦航站楼面积。⑧停车位数量及停车场面积。

设计目标 主要包括：①流程简洁。②旅客步行距离短，换乘少。③布局合理，使用方便。④各类设施设备容量均衡。⑤安全可靠。⑥低碳减排、节能降耗、环境舒

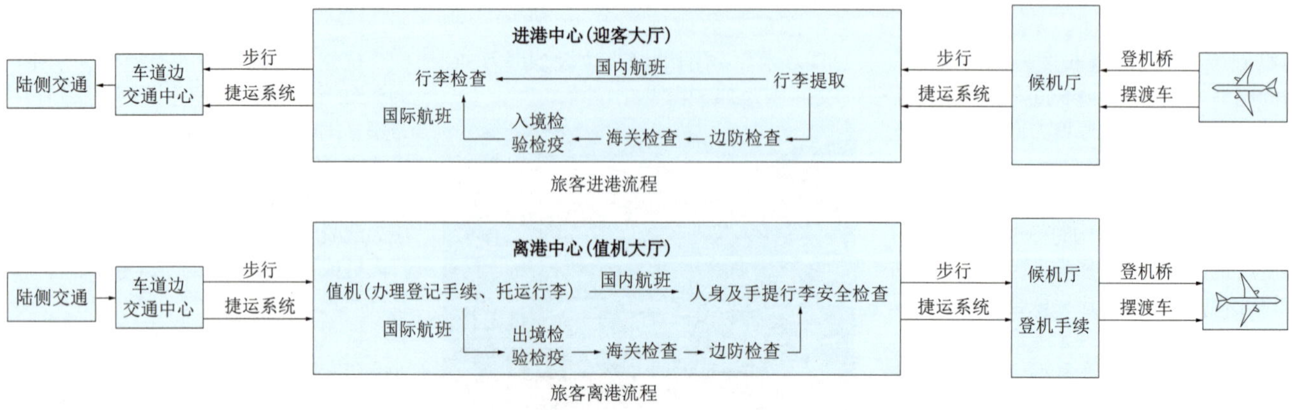

图2 旅客进港和离港流程示意图

适。⑦标志清晰，引导性好。⑧应用现代技术，智能高效。⑨建筑具有地域人文特色。

功能需求　主要包括：①各类流程齐全。分为国际和国内旅客的出发和到达流程、中转旅客流程、高舱位旅客流程、残障旅客流程、无人陪伴儿童旅客流程、机组流程、工作人员流程、行李流程、货物流程、垃圾流程。②服务标准适当。经济舱旅客达到国际航空运输协会明确的C级标准，高舱位旅客达到A级标准。③近机位比例较高。一般不低于70%。④卫生间数量及布局合理。⑤能源、机电、弱电系统等设施设备完备。⑥商业餐饮设施充裕，休闲娱乐设施适当。

基本形式　旅客航站楼布局的基本形式分为集中式和分散式两种。集中式布局的特点是旅客值机及行李处理等主要功能集中布置；分散式布局是将办理旅客手续的主要功能和行李处理分散布置在各航站单元内，即单元式布局。中国的机场航站楼主要采用集中式布局。

基本构型　旅客航站的布置根据业务性质、旅客流程、机位数、登机方式及建筑面积、形式和风格等，结合客机坪类型而定。

平面布局有5种基本构型：①简单构型。采用前列式机坪。②线形构型。有直线型、折线型、弧线型等，采用前列式机坪和旅客登机桥登机。③指廊构型。由主楼+指廊组成，采用指廊式机坪。④卫星构型。由主楼+卫星厅组成，采用卫星式机坪。⑤活动休息室构型、单元航站构型。前者适用于旅客航站与停机坪距离较远时；后者适用于多家航空公司同时在机场营业时，每个航空公司沿着连接道路建造自己的单元旅客航站；也适于建设大型机场时，根据旅客量增长情况逐步增建旅客航站单元。

垂直布局有5种基本构型：①一层式布局。到达及出发旅客流程均布置在同一层面，旅客步行登机，适用于规模小的航站楼。②一层半式布局。将值机、安检等功能和行李处理及领取设置于一层，候机及登机设置于二层，旅客可通过登机桥登机，适用于规模不大的航站楼。③二层式布局。值机、安检、国际旅客联检等功能布置在二层，旅客到达、行李处理及提取等设置于一层，适用于规模中等的航站楼。④三层及多层式布局。值机、安检、国际旅客联检、到达、行李处理及提取等功能分别布置在不同的层次，适用于大型或特大型航站楼。

（蒋作舟）

航站楼前车道边　terminal curbside　由航站楼前边一条或多条车道组成的供旅客上下车的区域。航站楼前车道边一般分为出发车道边和到达车道边，由紧靠航站楼的步行道、停靠车道、通过车道和人行横道构成。绝大多数旅客在车道边上下车，实现步行与地面交通工具（小汽车、出租车、大巴车等）的转换。车道边允许车辆临时停靠，让车辆上下旅客或短时间等候。旅客可从车道边的人行横道穿过车道边，直接离开机场或前往停车场等。小部分机场的车道边是城市道路组成部分，为某些需要在航站楼前绕行的车辆提供通过道路。

形式　从竖向布局看，车道边形式主要分为一层式和二层式。①一层式车道边。指出发车道边和到达车道边位于同一层，客流量较小的支线机场及较早修建的老式机场一般采用这种形式的车道边。但是也有例外，如美国的堪萨斯机场，虽然客流量很大但仍采用一层式车道边。②二层式车道边。指出发车道边和到达车道边分别位于上下两层，一般上层为出发车道边，下层为到达车道边。由于出发车辆和到达车辆分流，二层式车道边可以显著缓解机场陆侧交通拥挤。所以，中国新建的大部分大中型机场采用二层式车道边。此外，一些大型枢纽机场为缓解高峰时刻到达车道边的拥挤状况，会在二层车道边的基础上增加一层车道边，形成三层式布局。一般上层为出发层，中间层和下层为到达层，如中国北京首都国际机场T3航站楼。

从平面布局看，车道边形式又分为平行式停靠、斜向式停靠和港湾式停靠布局。①平行式停靠车道边。与普通城市道路基本相同，可根据满足的客流量不同将其分为一幅式、二幅式和三幅式道路。②斜向式停靠车道边。指车道边固定停车位与车道边形成夹角，以增加停靠车辆数量的车道边形式（图1）。③港湾式停靠车道边。指为不影响车道边的通行能力，设置港湾式停靠站供车辆停靠的车道边形式，中国上海虹桥国际机场T2到达层的巴士停靠点就采用的这种布局（图2）。

图1　斜向式停靠车道边示意图

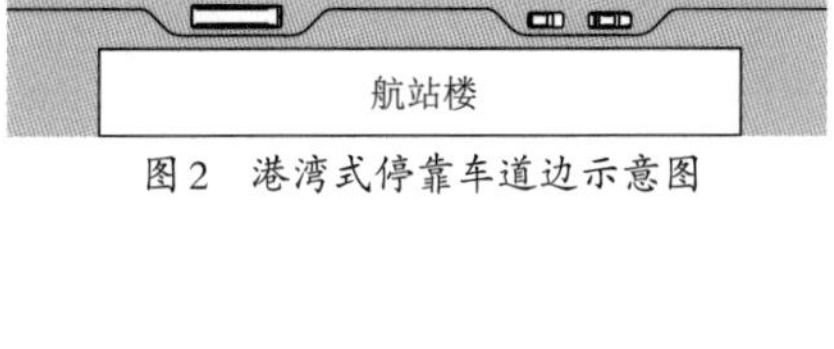

图2　港湾式停靠车道边示意图

需求与容量分析　航站楼前车道边需求指单位时间内车道边到达和出发的车辆数。高峰时段航站楼前车道边到达和出发车辆数可以根据旅客量、旅客乘坐某种车辆的比例、某种车辆的乘坐旅客数来计算。车道边需求是设计车道边的重要指标。

航站楼前车道边的容量主要指单位时间所能停靠的最大车辆数。通过容量分析可以评价它对交通需求的满足程度，从而可以作为改善车道边的依据。影响车道边交通容量的因素有：可利用车道边长度、车道数和人行横道数、管理政策和停留规则、旅客特征和机动车辆组合比例、车道边空间布置等。

（凌建明）

航站区　terminal area　航空旅客运输业务的陆、空交换区域。由机坪（空侧）、旅客航站楼及车道边、停车场（楼）和陆侧地面交通设施等组成。

规划布局　旅客航站区应布局合理、流程顺畅、环境舒适、理念先进。航站楼应坚持功能为主、经济适用的原则，反映地方风貌，做到美观大方。空侧机坪应确保飞机和服务车辆的运行安全、顺畅、高效；陆侧地面交通设施应确保地面车辆交通方便、快捷、有序。现代化的机场应建立统一的信息化生产、运行、管理和服务平台。

设施组成　航站区由旅客航站楼、客机坪、停车场（楼）、陆侧地面交通设施、机场旅客捷运系统、机场综合交通枢纽和信息服务系统等组成。

旅客航站楼　内设有办理各种手续的设施、联结飞行的设施、联结地面交通的设施，及各类服务性、商业性设施和营运机构，是供旅客完成从地面到空中或从空中到地面的交通转换程序，也是功能性极强的交通建筑物。旅客航站楼的规模与旅客流量、旅客和行李处理方式有关，通常为一层、一层半及两层流程的建筑物。旅客航站楼应具有鲜明的地方性，使旅客到达时能直观地立即辨别出到达的地点，并有新鲜明朗的感觉和清楚的导向性。旅客航站楼在功能上应具有流程自明的特点，使旅客能够很自然地、顺畅而无遗漏地通过必须的程序。同时，要求平面布局灵活、工程结构可改扩，以适应流程、机型、航线等方面变化。

旅客航站楼前车道边一般分为出发车道边和到达车道边，它们都由紧靠航站楼的步行道、停靠车道、通过车道、人行横道构成。绝大多数旅客都是在车道边上下车，实现步行与乘坐地面交通工具（小汽车、出租车、大巴车等）的转换过程。

客机坪　供客机及为客机服务的车辆停放或活动，以及完成客机起飞前的准备和到达后作业的场所。

停车场（楼）　小型机场由于停驻车辆不多，可采用停车场模式。大中型机场由于车辆众多，宜采用多层车库的模式。有些车库贴近航站，备有旅客进出航站的特殊步道，减少了航站每一出入口前的车道边；有的还与商店、旅馆连通，更为方便。

陆侧地面交通设施　机场与外部联系通过陆侧地面交通设施实现，其服务对象是进出机场的航空客、货流，包括迎送人员、工作人员、机场周边通过机场内地面交通进入城市的乘客和货物，对一些大型机场，还包括机场的长途客运与轨道交通换乘的乘客等。大型的机场陆侧客运交通设施除了服务机场母体城市外，周边其他城市也利用地面交通网络与机场相连接，以期充分发挥机场的辐射效应。

机场旅客捷运系统　为解决大型机场不同航站楼之间、单个航站楼内部或机场内部与城市公共交通之间的旅客运输，需建立机场旅客捷运系统。通常采用先进成熟的自动驾驶技术和立体交叉的铁路运输等轨道交通自动控制技术，常见的有单轨铁路、轻轨运输或磁悬浮列车等多种铁路运输技术。

机场综合交通枢纽　以机场为中心，多种交通方式（小汽车、公交车、轨道交通、水运等）有效衔接与集成的综合交通枢纽。可开展空铁联运、海空联运、城市交通票务一体化等业务，有助于发展临空经济，构建航空港及航空大都市。

航站区信息系统　对机场范围内有关生产、运行、管理、服务的相关信息进行集中采集、处理、存储和发布的系统。系统将航班信息管理系统、机场运营资源管理（分配）系统、外场保障系统、应急处理系统融合航班信息显示系统、离港前端系统、行李分拣系统、飞机泊位系统等进行集成，统一管理和协调机场运营过程中与生产、服务和经营相关的各计算机系统的运行，并共享所形成的数据信息，从而高效有序地组织管理机场的生产与服务，有效提高机场的运营效率及服务质量，提高机场的赢利与竞争水平，保证为旅客、航空公司以及机场自身的业务管理提供一致、及时、准确、系统、完整的信息服务。

（夏伯渊　张飞林）

豪斯纳，G.W.　George W. Housner（1910-12-09～2008-11-10）　美国土木工程和地震工程学家。生于密歇根州萨琴那，卒于加利福尼亚州帕萨迪纳。1933年获得密歇根大学学士学位，1934年、1941年分别获得加州理工学院硕士、博士学位。1934～1939年在洛杉矶市任工程师。第二次世界大战期间参加军队，先后在工程兵部队、空军部队任职，1945年获得美国作战部的杰出公民服务奖。1945年起在加州理工学院任助理教授、副教授、教授，任布朗大学讲座教授，1981年后任布朗大学荣誉教授。1965年起任美国国家工程科学院院士，1974年起任美国国家科学院院士。

豪斯纳是地震工程的先驱者。他最早对强震地运动记录进行谱分析，并在1947年建议用有阻尼的速度反应谱作为设计依据，为地震工程从静力法进步为动力分析振型分解法做出了贡献。豪斯纳在工程界也有不少贡献，对解决羽河工程（萨克拉门托引水至洛杉矶地区，包括高坝、水渠及泵站等工程）中的抗震问题起了重要作用。还任跨阿拉伯输油管、长跨度悬索桥、坝等多项工程的顾问。豪斯纳曾获得多项奖励：1974年美国土木工程学会的冯·卡门奖、1981年美国地震学会奖、1981年美国土木工程师学会的纽马克奖、1988年日本地震灾害防御协会地震工程奖、1988年美国自然科学奖。1989年美国地震工程研究会创建豪斯纳奖，以奖励在地震工程方面做出贡献的学者，豪斯纳为获奖第一人。

（徐植信）

好氧颗粒污泥法　aerobic granular sludge　不需要填料，活性污泥自我絮凝为颗粒状，同时具有活性污泥法和生物膜优点的自絮凝活性污泥法污水处理技术。普通活性污泥法负荷低、污泥沉淀性能差、占地面积大、易于发生污泥膨胀；生物膜法可以控制污泥膨胀，但是填料填充比高、额外增加填料投资、负荷仍比较低。因此，为了克服普通活性污泥法和生物膜法的缺点，研发了好氧颗粒污泥法。自1997年经过近20年的研发，科学工作者已经在间歇式活性污泥反应器中成功实现了好氧颗粒污泥的工程化。

好氧颗粒污泥的特点是沉速大（SVI一般在30毫升/克左右）、反应器占地面积大大缩小、污泥浓度高、可以在单级反应器中实现同时去除有机物和脱氮除磷。在间歇式活性污泥反应器中，利用沉速、溶解氧、容积交换率等选择压可以实现活性污泥的好氧颗粒化。此外，间歇反应器本身的运行方式所导致的底物梯度以及饥饿/盛宴的状态也有利于好氧颗粒污泥的形成。好氧颗粒污泥形成后，粒径在0.30～8毫米不等，沉速可达30～70米/时，具有一定的弹性和强度。其颜色多样，取决于所处理的废水。好氧颗粒污泥法所处理的废水类型非常广泛，不受限制。排放的剩余好氧颗粒污泥可以用于启动其他好氧颗粒污泥反应器，并且可以用于制备藻酸盐等材料，实现污水处理资源化。

（彭永臻）

何华武　He Huawu（1955-08-23～　）　中国铁路工程专家。四川资阳市人。本科就读于西南交通大学，1982年于铁道科学研究院研究生毕业，获工学硕士学位。教授级高级工程师，注册咨询工程师，博士研究生导师，享受国务院政府特殊津贴，铁道部专业技术学科带头人。2009年当选中国工程院院士（土木、水利与建筑工程学部）。

长期从事铁路工程技术工作，主持了几十项铁路枢纽、铁路干线的勘察设计、咨询评估、技术决策；作为技术总负责人，主持了铁路第六次大提速工程；组织了高速铁路重大关键技术攻关及系统集成总体优化，为高速铁路建设提供了强有力的技术支撑。先后任中国科协第九届全委会副主席、中国铁路总公司总工程师，中国工程院党组成员、副院长。

获国家科技进步奖一等、特等奖各一次。

（冯仲伟）

核辐射防护技术　protective technology of nuclear radiation in protective engineering　为使进入防护工程内部的核辐射剂量不超过剂量限值的防护技术。核辐射的放射性蜕变是一个长期的过程，依据其作用特点又分为早期核辐射和剩余核辐射。核辐射可以穿过工程的防护层（墙体）进入工程内部，也可穿过工程的孔口进入，进而对工程内部人员造成伤害。早期核辐射的穿透剂量高于剩余核辐射，因此在核爆炸近区，常常将早期辐射强度作为设计标准，而在远区，将剩余核辐射强度作为设计标准。

尽管核辐射对人员的伤害机理与生物战剂和化学毒剂不同，但在防护工程中也采取堵、滤、消3种技术措施进行有效防护。为使口部核辐射防护措施适时进行运行方式的转换，也同样需要设置侦察报知系统，与生化防护不同的是，系统中的报警器为射线报警器。核辐射的工程防护主要靠工程介质材料对核辐射的屏蔽作用。早期核辐射主要是γ射线和中子流，各种介质材料对于早期核辐射均有一定削弱能力，但由于材料削弱γ射线和中子的作用机理不同，削弱效果也不相同。γ射线通过高密度建筑材料时能量减弱，达到一定密度和厚度时，可完全被吸收。对于中子流的防护，由于不同能量中子的防护机理不同，宜采用轻、重质材料相结合的办法进行防护。在防护工程中通常采用在混凝土中掺加磁铁矿石、褐铁矿石或重晶石作粗细集料，同时引入一定数量的结晶水和含硼、锂等轻元素的化合物和掺合料制成的防辐射混凝土，阻止早期核辐射进入工程内部。剩余核辐射主要是放射性物质放射出的γ射线和β射线，材料密度越大、厚度越厚，对其削弱效果越好。

（龚自明）

荷载 load 施加在工程结构上使工程结构或构件产生效应的各种直接作用。常见的有结构自重、楼面活荷载、屋面活荷载、屋面积灰荷载、车辆荷载、吊车荷载、设备动力荷载，以及风、雪、裹冰、波浪等自然荷载。

荷载标准值 指结构设计时采用的荷载基本代表值。也就是在荷载规范中所列的各项荷载的标准值。荷载标准值在概念上一般指结构或构件在正常使用条件下可能出现的较大荷载值，因此它应高于经常出现的荷载值。用统计的观点，荷载的标准值是在所规定的设计基准期内，其超越概率小于某一规定值的荷载值，也称特征值，是工程设计可以接受的最大值。对于各种活荷载，当有足够的观测资料时，应按上述标准值的定义统计确定；当无足够的观测资料时，荷载的标准值可结合设计经验，根据上述的概念协议确定。在某些情况下，一个荷载可以有上限和下限两个标准值。当荷载减小对结构产生更危险的效应时，应取用较不利的下限值作为标准值；反之，当荷载增加使结构产生更危险的效应时，则取上限值作为标准值。

永久荷载 又称恒载。是施加在工程结构上不变的（或其变化与平均值相比可以忽略不计的）荷载。如结构自重、外加永久性的承重、非承重结构构件和建筑装饰构件的重量、土压力等。因为恒载在整个使用期内总是持续地施加在结构上，所以结构设计时，必须考虑它的长期效应。结构自重，一般根据结构构件的截面几何尺寸和材料容重的标准值（也称名义值）确定。

可变荷载 又称活荷载。是施加在结构上的由人群、物料和交通工具引起的使用荷载和自然产生的自然荷载。如工业建筑楼面活荷载、民用建筑楼面活荷载、屋面活荷载、屋面积灰荷载、车辆荷载、吊车荷载、*风荷载*、*雪荷载*、裹冰荷载和波浪荷载等。

工业建筑楼面活荷载 工业建筑楼面在生产使用和维修安装期间，由设备、运输工具、原材料和成品等物重以及操作人员的重量所产生的荷载。工业设备等重物通常为局部荷载或集中荷载，应按实际资料确定。但为了便于设计，一般可采用对结构构件引起相同效应的等效均布活荷载来代替。

民用建筑楼面活荷载 民用建筑在使用期间，由人群、物件、家具和设备等产生的荷载。对于常见的住宅、办公室、旅馆、医院、学校、礼堂、影剧院、体育馆、健身房、展览馆、商店、车站大厅、候车室、书库、停车楼、浴室和阳台等民用建筑的楼面均布活荷载，其荷载最小值，由国家强制规范规定。

屋面活荷载 屋面在施工、使用和维修过程中，由人群、工具和适当的堆料所产生的荷载。对于多雨地区，屋面活荷载也包括可能的屋面积水所引起的积水荷载。

屋面积灰荷载 对于在生产中有大量排灰的厂房，为考虑屋盖结构的安全而规定的屋面荷载。如铸造车间、炼钢车间、烧结车间、高炉和水泥厂等以及其邻近的建筑，均应考虑屋面积灰荷载。该荷载的标准值可按灰源性质、建筑物与灰源的距离、屋面形状和清灰制度等条件来规定。

车辆荷载 运载人群和货物的车辆施加在房屋楼面、车道、码头和桥梁上的活荷载。在多层工业厂房、仓库和汽车库的楼面上有时要求承受汽车、铲车等荷载。公路桥梁要求承受汽车、平板挂车、履带车和压路机等荷载。铁路桥梁要求承受列车的荷载。由于车辆的型号和等级不同，施加在结构上的荷载也不相同，设计时要考虑最有代表性和控制性的车辆荷载。公路桥梁采用车道荷载和车辆荷载作为计算荷载。车道荷载为均布荷载加一个集中荷载，用于桥梁整体计算；车辆荷载用于桥梁局部计算。铁路桥梁采用普通荷载和特种荷载作为计算荷载。普通荷载为均布荷载加4个集中荷载，用于桥梁整体计算；特种荷载用于桥梁局部计算。汽车和列车行驶在桥面上，使桥梁受到冲击力，设计时车辆荷载应乘以动力系数。此外，还要考虑车辆制动时的制动力、车辆在曲线上行驶的离心力、列车行驶时的横向摇摆力以及由车辆荷载引起的土的附加侧压力。

吊车（起重机）荷载 吊车作业时对结构产生的竖向力和水平力。工业厂房为了在生产中吊运材料和成品，在安装检修时吊运设备，常设置各种吊车，如桥式吊车、悬挂吊车和悬臂吊车等。吊车竖向力为吊车的最大或最小竖向轮压，对桥式吊车而言，可由大车桥架重、小车自重、司机操作室重量和额定最大吊重确定。一般可按吊车产品目录的规定取用。吊车水平力为吊车车轮制动时通过轨道传递的刹车力，对桥式吊车而言，大车制动时产生纵向水平力，小车制动时产生横向水平力。吊车由于轨道不直、不平行、吊车桥架刚度不够以及吊车轮安装位置不正、不平行等原因，使吊车沿纵向行驶时呈蛇形运动，造成大车车轮对轨道的挤压力，称为卡轨力。吊车由于轨道接头高差、工件翻身等所产生的竖向冲击作用，一般可按吊车类别、结构构件类型和部位，以及吊车重量等因素采用不同的动力系数考虑。

裹冰荷载 包围在塔架杆件、缆索、电线表面上结冰体的重量。在冬季或早春季节，处于特定气候条件下，在一些地区由冻雨、冻毛雨、气温低于冰点时的雾、云或融雪冻结形成，其值可根据裹冰厚度和裹冰容重确定。裹冰荷载对于如输电塔架、线路等结构往往是一种重要荷载。由于裹冰增大了杆件、缆索的截面，或封闭了某些格构的空隙，不但使结构或构件的重量增大，而且由于结构挡风面积增大，显著地加大了风荷载，使结构受力更为不利。

波浪荷载 主要见于港口工程和海洋工程中（见*波浪荷载*、*港口工程结构荷载*）。

（朱振德 顾子聪 撰 金新阳 修订）

荷载工况 load case 结构设计中所要考虑的荷载的各种不利布置或作用状况。对活荷载而言，荷载工况就是活荷载的最不利布置，如根据结构效应的最不利条件，考虑某个区域或某跨梁上的活荷载出现或者不出现。不同的结构设计控制目标所对应的活荷载工况是不同的。如在框架结构中，梁的部位不同其最不利活荷载布置不同；同一根梁中截面位置不同其最不利活荷载布置也不同；即使是同一根梁中的同一截面，其弯矩和剪力对应的最不利活荷载布置也不同。

对于吊车荷载，荷载工况要考虑各种不利的吊车桥架在厂房结构中的位置、小车和吊重在桥架中的位置、吊车与小车的刹车方向等，对有多跨和多台吊车的情况，还要考虑各台吊车的相对位置，荷载工况更加复杂。

对于风荷载，荷载工况要考虑风的最不利作用方向。如对整体屋盖结构，就是要确定产生最大吸力和最大压力的风向；对横风向风振效应明显的悬臂型细长结构和超高层建筑主体结构，要分别考虑顺风向风荷载控制或横风向风振等效风荷载控制所对应的最不利风向；对大部分围护结构来说，一般要采用所有风向的最不利包络值。

由于荷载工况十分复杂，结构分析软件针对活荷载和吊车荷载经常采用预组合工况等简化处理方法。对风荷载的最不利作用方向，则要根据经验判断或进行必要的多种风作用工况的试算。 （金新阳）

荷载结构法 load-structure method 首先计算在荷载作用下地下结构内力与变形，然后根据内力与变形的组合进行地下结构的断面设计与验算的方法。周围地层对结构的作用只是产生作用在地下建筑结构上的荷载。所谓荷载作用主要包括开挖隧道后由松动岩土的自重所产生的主动地层压力以及由约束结构变形所产生的被动地层抗力。

荷载类型 隧道及地下工程结构所承受荷载主要有三种类型：①长期经常作用的主要荷载。包括地层压力、弹性抗力、结构自重、地下水静水压力、使用过程中产生的车辆或设备荷载、上部建筑结构传递荷载。②非经常作用的附加荷载。包括施工荷载、结构受温度变化产生的温度应力与收缩应力荷载。③偶然发生的特殊荷载。包括地震荷载、爆炸荷载以及邻近工程活动附加荷载。

地层压力包括围岩压力与土体压力荷载。地层弹性抗力是荷载结构法区别于地上建筑结构计算方法的主要特点。弹性抗力的确定依据结构变形特征假定分为两类：①局部变形理论。认为弹性地基上某点处施加外力仅引起该点变形。②共同变形理论。认为该点施加外力不仅引起该点变形，同时由于剪切传递作用也会引起附近地基产生变形。相比较而言，局部变形理论计算方法简单，基本满足一般工程设计精度，较为广泛应用于计算地层弹性抗力，其中常用的经典模型是温克勒地基模型。

计算原理 按地下结构计算假设未知量的不同，分为力法与位移法两种计算理论，其中力法以超静定结构内力作为未知量，求解位移平衡方程，而位移法以节点位移作为未知量，求解能量平衡方程。按结构计算结果的近似程度，分为精确的理论解析方法与近似的数值分析方法。通常力法与理论解析方法结合应用于较为简单经典的计算问题，而位移法与数值分析结合应用于较为复杂实际的计算问题。随着计算机分析能力的大幅增长，后者应用越来越广泛。

力法是荷载结构法计算地下结构内力方法中发展最早的计算方法。20世纪60年代以前，已有假定抗力法、局部变形地基梁法以及共同变形地基梁法等经典计算方法，20世纪60年代后随着计算分析能力提高，提出了矩阵力法。但由于共同变形理论推导的内力较为复杂与烦琐，实际应用中较多采用假定抗力与局部变形地基梁方法。

位移法是20世纪50年代以后发展起来的荷载结构计算方法，建立有角变位移法、不均衡力矩法等经典计算方法，以及随着计算机技术发展起来的矩阵位移法、有限差分方法、有限单元方法。采用数值分析技术将地下结构划分成多个微小单元可适应不同结构几何形式、不同的荷载作用条件，有限单元方法是荷载结构法中普遍采用的计算方法。 （张东明）

黑臭水体 malodorous black river 呈现令人不悦的颜色（黑色或泛黑色），或散发出令人不适气味（臭或恶臭）的水体。

污染成因 根据水体黑臭程度的不同，可将黑臭水体分为轻度黑臭和重度黑臭，其分级评价指标包括透明度、溶解氧、氧化还原电位和氨氮浓度。城市水体黑臭成因较为复杂，本质是外源污染物输入超过水体自净能力。按污染物来源其成因可分为：①点源污染。包括生活与工业污水直排、渗漏与偷排等。②面源污染。包括道路径流、大气干湿沉降、畜禽/鱼类养殖与农药化肥使用等。③内源污染。包括底泥释放、水面漂浮物、岸边垃圾与落叶等。当城市水体输入大量有机污染物时，伴随着大量溶解氧消耗，使水体转化成缺氧或厌氧状态。水中铁、锰离子易与硫离子形成硫化亚铁、硫化锰等黑色化合物，致使水体颜色变黑；同时，水中有机物厌氧发酵可能会产生氨、硫化氢、硫醇、硫醚与有机胺等恶臭物质，使水体散发出臭味。

技术措施 面对城市水体黑臭问题，在分析水体产生黑臭原因基础上，可采用如下技术措施：①控源截污，内源治理。控源截污包括截污纳管与面源污染控制，其中截污纳管是城市黑臭水体整治最直接有效的工程措施，也是其他措施实施的前提。面源污染控制主要用于城市初期雨水、畜禽养殖污水、地表固体废弃物等面源污染。内源治理可采用减少河道垃圾排放，生物残体及漂浮物清理与河流底泥清淤疏浚3种措施。底泥清理是内源治理的关键工程，可避免底泥污染物向水体释放。②活水循环，清水补给。为了进一步缓解城市黑臭水体，还可采取河道、池塘等蓄水水体补给更新、引水补水配套工程与水坝调蓄设施，使城市河道内水体流动起来，变“死水”为活水，增强水体自净能力。③水质净化，生态修复。通过一系列物理（曝气充氧、引水稀释）、化学（氧化还原、沉淀、强化絮凝等）与生物（生物膜法、植物等）净化过程将水体净化。为增强水生态系统稳定调节能力，可对原有硬化河岸（湖岸）进行改造，采取透水铺装、生物滞留、植草沟、植被缓冲带等生态设施，协同构建人工湿地与生态浮岛等水生态系统，实现生态修复。过去对于黑臭水体治理更多关注的是水质净化与生态修复，而对臭气控制与治理措施研究较少。 （田 禹）

亨伯大桥 Humber Bridge 横跨英国亨伯河，建成时为世界最大跨度的悬索桥。位于河北岸的赫斯尔和南岸的巴顿之间，北岸边跨长280米，南岸边跨长530米，大桥全长2220米，桥塔采用由横梁联系的钢筋混凝土空心双塔柱，高155.5米，塔柱呈锥坡，其截面尺寸从塔底6米×6

亨伯大桥

米渐变到塔上4.75米×3.90米，采用滑升模板施工，在当时是世界上首次将混凝土结构的桥塔用在千米以上跨度的桥梁中。主缆由平行的14 948根直径为5毫米的镀锌高强钢丝组成，每404根钢丝编成一根股绳，用钢1.1万吨，采用空中编缆法架设。吊索是由直径约为62毫米的冷拉钢丝组成的股绳，在桥的纵向倾斜布置，以有利于阻尼，并且抗风稳定性也较好。由于纵桥向倾斜的吊索的应力幅远高于竖直的吊索，从该桥以后，在大跨度悬索桥中，没有再采用纵桥向设置斜吊索的桥例。

主缆的锚固体为两室的混凝土结构，在室内，主索先由钢鞍支承，然后分散成数股锚于室后的锚体内。北岸锚固体位于地面下21米处的白垩土中，南岸锚固体筑于地面下35米处的网格结构上。

全桥桥面宽28米，包括行车道宽22米；两边悬臂板人行道和自行车道各宽3米。加劲梁为宽22米、高4.5米、横截面呈梯形的钢箱梁。每个箱梁预制节段长18.1米，平均重约135吨，由加劲的钢板组成。钢箱梁的吊装自主跨跨中和主缆锚固处同时开始，向着塔柱方向进行。预制节段从河北浮运至安装地点，用设于主缆上的吊车，或设置在塔顶、塔底和锚固处的绞车进行吊装。节段拼装时先临时连接，再行焊接。钢箱梁采用正交异性钢桥面板，上铺38毫米厚的沥青砂桥面铺装层。

北墩基础为筑在白垩土上的重力式钢筋混凝土板，尺寸为44米×16米×11.5米。位于河湾的南墩基础为筑在河床下33米深处黏土中的两孔直径24米的沉井。沉井施工采用围堰内筑岛下沉的方法。

工程于1973年3月开工，1980年底建成，1981年7月通车。（俞同华）

恒温恒湿空调系统 constant temperature and humidity air-conditioning system 可同时满足对温度、湿度等室内环境参数波动范围严格控制要求的专用空调系统。空调的发明与温度、湿度控制紧密相连。1902年，美国W.开利为解决印刷出版公司湿热空气引起的纸张伸缩不定、油墨不干、印出品模糊的问题，设计了世界上第一台空调机组。随着社会的快速发展，一些特殊环境，如电子厂房、科学实验室、葡萄酒储藏室、特藏书库等对温湿度精度控制的需求逐渐增强，促进了恒温恒湿空调技术的发展。恒温恒湿空调系统是与舒适性空调相对应的一种工艺性空调，对室内温度、湿度的变化及区域偏差等有严格的控制需求。

恒温恒湿空调系统可以根据实际需要采用不同的形式。在精度和控制要求不高的场所，常采用水冷直接蒸发式和风冷直接蒸发式柜式机组，在同一设备内实现冷热源与空气处理功能。由于风系统热惯性小，导致机组启停时系统温湿度变化剧烈，对控制精度要求较高时，宜采用水冷冷水机组或风冷冷水机组制备冷水为冷源，以电加热或锅炉作为热源，并单独设置空气处理机组。

应用于不同环境的恒温恒湿空调有其各自的特点，但目标均为保证室内环境的温度、湿度的相对恒定。恒温恒湿空调的空气处理过程不同于舒适性空调，舒适性空调多处理到机器露点后直接送风，而恒温恒湿系统一般采用冷却、除湿、再加湿的空气处理过程，用控制加热量和加湿量的方法控制室内温湿度的精度。

以图书馆特藏书库为例，温度对纸质书籍的老化有较大影响，湿度过高或过低也会导致纸张纤维强度降低。此外，温湿度大范围的波动变化会加速书籍的破坏，不利于保存。《图书馆建筑设计规范》(JGJ 38—2015）要求，特藏书库储存环境的温度、湿度应相对稳定，24小时内温度变化不应大于±2℃，相对湿度变化不应大于±5%，因此应采用恒温恒湿空调机组。

机械制造厂的精密加工车间，如精密丝杠和冷轧丝杠生产车间，使用恒温恒湿机组使精密量具检测室温度常年保持在20±0.5℃，湿度保持在50%±5%。

（张　旭）

桁架 truss 由多个直杆，通常以三角形格式组成的平面或空间受力构件。根据所处的位置不同，桁架中的杆件可分为上弦杆、下弦杆和腹杆，腹杆又可分为竖腹杆和斜腹杆（图a)。杆件之间的连接称为节点。桁架杆件在荷载作用下主要承受轴向的压力或拉力，可以充分利用材料的强度。相比于实腹式梁，桁架具有自重较轻、材料较省的优点。但它的缺点也很明显，桁架一般高度较大，导致构件本身占据较多建筑空间，且制造、安装耗费的成本更高。桁架广泛运用于较大跨度的承重结构，如屋架、吊车梁架、支撑桁架、楼盖桁架梁、抗风支承和桥梁等；高耸结构，如输电线路塔、无线电塔、卫星发射塔等；其他领域的应用，如飞机机翼的骨架和起重机的臂架等。

分类　按所用材料可分为钢桁架、钢筋混凝土桁架、预应力混凝土桁架、木桁架；当同一桁架中不同杆件所用材料不同时，又分为钢木组合和钢混凝土组合桁架。按力学特征可分为静定桁架和超静定桁架。按受力特性可分为平面桁架和空间桁架。所有杆的轴线和荷载作用线处于同一个平面内的叫作平面桁架，否则称为空间桁架。空间桁架可以构成平面、球面，或其他复杂曲面。按几何外形可分为三角形桁架、梯形桁架、平行弦桁架和多边形桁架（又称折线形桁架，见图）。

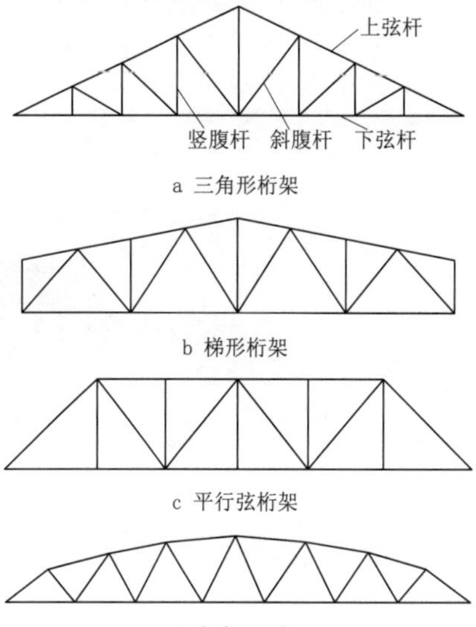

a 三角形桁架
b 梯形桁架
c 平行弦桁架
d 多边形桁架

桁架几何外形分类示意图

受力特点　理想的桁架构件中，节点铰接，节点处只能传递轴力，不能传递弯矩。假设荷载施加在桁架的节点上，则杆件为二力杆，只承受压力或拉力。实际工程中的桁架节点一般具有一定的刚度，在节点间有时也有外荷载作用，另外考虑到桁架自重，实际桁架的杆件中存在弯矩和剪力，但仍以轴力为主。受拉杆的破坏特征体现为材料的强度破坏，破坏时材料应力达到屈服强度或极限强度；受压杆的破坏特征与柱类似，可能是材料的强度破坏，也可能是屈曲（失稳）破坏。因此在实际工程中，需要控制桁架杆的长细比，且平面桁架可依靠侧向辅助支撑来保持桁架的稳定性。

计算要点　在综合考虑桁架的用途、材料、施工条件等因素后，最先选出桁架的几何外形，然后根据荷载计算得到内力，再选择合适的截面。通常桁架的设计相比梁、柱构件更为复杂，这是因为桁架是由许多不同受力特点的杆件组成，要同时考虑整体和局部的强度、刚度和稳定性要求。

（刘百铨　张守志　陈以一　李全旺）

虎门大桥 Humen Bridge 跨越珠江出海航道，连接广深和广珠高速公路的公路桥。位于中国广东省东莞市虎门镇与广州市番禺区南沙镇之间。全桥长4606米，由主航道桥、辅助航道桥和东、中、西引桥组成。主航道桥为跨径888米的单跨双铰简支悬索桥，矢跨比1/10.5，桥宽35.6米，桥面设双向6车道，桥下通航净空60米。大桥设有两根主缆，其中心间距为33米，主缆直径68.7厘米，每缆110束索股，每根索股由127根直径5.2毫米镀锌高强钢丝制作而成。桥址为强台风区，为增加抗风稳定性，加劲梁采用扁平流线型钢箱梁，自跨中对称向主塔依次吊装。

虎门大桥

虎门大桥首次在中国桥梁基础上采用地下连续墙防水技术；首次在钢箱梁和锚室内采用了自动抽湿系统；在中国率先采用扁平钢箱梁节段间全焊接的结构形式，解决了在箱梁吊装情况下的焊缝间隙调整工艺和焊接技术。辅航道桥为预应力混凝土连续刚构桥，跨径270米，为建成时世界同类桥梁中的最大跨径，桥面总宽30米，采用上下行两座桥。

虎门大桥于1992年5月27日奠基，同年10月28日开工，1997年6月9日正式建成通车，1999年4月20日通过竣工验收。设计单位是中交公路规划设计院有限公司，施工单位是广东长大公路工程有限公司。

2002年虎门大桥获中国土木工程界工程项目的最高荣誉奖——詹天佑土木工程大奖。　　（吴培峰　撰　沈锐利　修订）

沪嘉高速公路　Shanghai-Jiading Freeway　上海交通路杨家桥至嘉定南门的高速公路。是中国大陆的第一条高速公路。沪嘉高速公路南起上海市区交通路杨家桥，北达嘉定南门接嘉罗公路，穿过桃浦、南翔、马陆、戬浜4个乡镇，全长20.5千米，其中主体线长15.9千米，两端联络线长4.6千米。1984年12月21日开始建设，1988年10月31日通车。沪嘉高速公路主线路基宽度26.5米，机动车道15米（上下行车道各7.5米），车道中央分隔带3米，两侧路缘带、硬路肩、土路肩8.5米。两端联络线总宽30～36米，其中机动车道16米，非机动车道8～9米，分隔带1米，人行道和绿带6～9米。沪嘉高速公路路堤平均高度为2.8米。机动车道路面结构为"砾砂垫层＋三渣基层＋沥青混凝土面层（其中有1.2千米为水泥混凝土路面，作对比试验用）"。全线共设桥梁24座，总长2702.05米。其中立交桥3座，全长279.48米；大桥3座，全长1608.23米；中小型桥梁18座，全长814.34米。

沪嘉高速公路共设3个出入口，即马陆、南翔、真北路，在南翔设立收费站，按吨位大小，每辆（单程）收取通行费。

从2009年3月15日开始，沪嘉高速公路实行弹性收费。19座以上客车双向免收高速公路车辆通行费；小于等于19座客车在中环路—南翔镇双向免收高速公路车辆通行费，南翔镇—嘉定南门双向收取高速公路车辆通行费5元。2011年12月，上海市建设和交通委员会出台收费公路清理整改方案，提出自2012年1月1日起，沪嘉高速公路停止收费。随着中国多条高速公路将到收费的最后期限，作为中国大陆建成的首条高速公路，沪嘉高速公路在通车23年后停止收费。

沪嘉高速公路已被改造为双向6车道道路，新增了路灯713杆、高清监控摄像头22个、电子情报板3块，更换了防撞等级更高的防冲护栏，成为城市快速路，但仍然保留高速公路编号"S5"。

（孙立军）

滑行道　taxiway　机场内飞机从一处安全便捷地滑行至另一处的通道。用以连接飞行区的各个部分。滑行道表面铺筑有道面且经过人工压实处理。根据滑行道的作用和位置，滑行道分为入口滑行道、出口滑行道、平行滑行道、快速出口滑行道、联络滑行道、机坪滑行通道等（图1）。

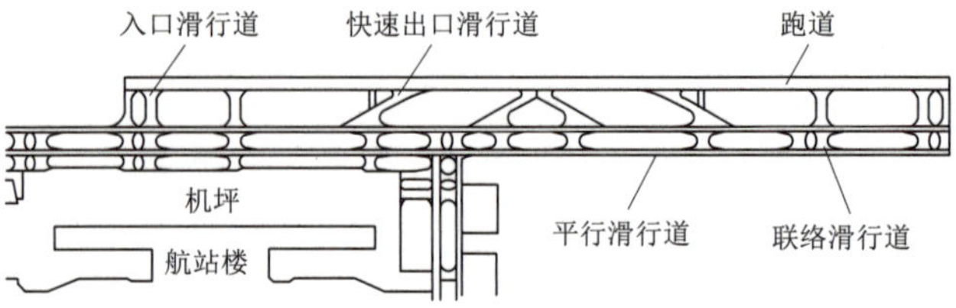

图1　滑行道示意图

为防止松散材料（石子或其他东西）被吸入喷气发动机内和防止滑行道两侧地面被吹蚀，飞行区指标Ⅱ为C、D、E和F的滑行道两侧应设对称的道肩。为降低飞机偶尔滑出滑行道时受到损坏的危险性，在滑行道外设置称作滑行带的安全区。滑行带内除了必要的助航设备之外，不得有危害飞机滑行的障碍物。

滑行道几何设计的主要内容为：①确定滑行道、道肩和滑行带的宽度，设计其纵、横断面。②确定出口滑行道的位置，选定平曲线半径。③确定曲线增补面，保障滑行道同跑道、其他滑行道或物体的最小间隔距离（具体要求见表）。

滑行道设计标准

飞行区等级指标Ⅱ	A	B	C	D	E	F
最小宽度/m：滑行道道面	7.5	10.5	18（15）①	23（18）②	23	25
道面＋道肩	/	/	25	38	44	60
滑行带（单侧）	16.25	21.5	26	40.5	47.5	57.5
滑行带平整区（单侧）	11	12.5	12.5	19	22	30
外轮缘至道面边缘的最小净距/m	1.5	2.25	4.5（3）[a]	4.5	4.5	4.5

注：①括号内数值适用于纵向轮距小于18米的飞机。
②括号内数值适用于主起落架轮外缘距小于9米的飞机。

滑行道直线段道面的宽度、道面与两侧道肩的总宽度、滑行带以及滑行带整平区的宽度应不小于表中的规定值。滑行道的弯道转弯半径应满足飞机转弯性能的要求。飞机转弯时鼻轮与主起落架轮系遵循不同转弯半径，因此弯道处滑行道道面需要加宽，称之为增补面（图2）。

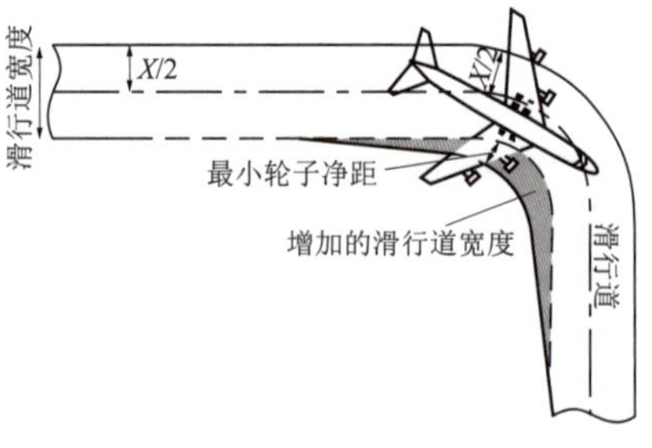

图2　滑行道弯道增补面示意图

滑行道中心线同平行跑道或滑行道中心线之间，或者同物体之间要保持一定距离。这一距离取决于飞机翼展、飞机对滑行道中心线的最大允许偏差以及安全间距。

在交通量较小的机场，跑道的入口滑行道设置在跑道的端部或中部，跑道的出口滑行道连接在跑道两端。随着飞机起降架次的增加，在跑道中段设有一个或几个跑道出口和滑行道相连，以便降落的飞机迅速离开跑道，提高跑道容量并减少延误。出口滑行道与跑道的交角可以是直角，也可以是锐角。直角出口时，由于转角大，飞机进入出口滑行道的速度小，因而占用跑道时间较长；锐角出口有利于飞机高速滑出，故又称快速出口滑行道，其与跑道的交角一般在25°～45°。

（赵鸿铎　谈至明）

化学预氧化　chemical preoxidation　利用氧化还原电位较高的氧化剂来氧化、分解或者转化水体中的污染物，同时削弱水体中污染物对混凝、沉淀、过滤及膜分离等工艺的不利影响，以强化相应工艺的除污染效能，从而保障饮用水安全性的水处理工艺。1970年由F.W.迪亚珀等人最先提出。多年的研究及工程运行数据表明，化学预氧化在去除水中有机污染物、助凝、控制氯化消毒副产物、控制膜污染、除藻、除臭味、除铁锰等方面均有显著的效果。

氧化剂　在化学预氧化工艺中使用的氧化剂主要包括氯气、次氯酸钠、二氧化氯、臭氧、高锰酸钾、高铁酸钾、过硫酸盐等。其中氯气、次氯酸钠、二氧化氯、臭氧、高锰酸钾均已在实际工程中得到了大规模应用，高铁酸盐氧化能力强、除污染范围广、对水质净化功能多，副作用小，属于绿色氧化剂，在水处理中具有重要发展潜力，是国际研究的热点。在上述各种氧化剂中，臭氧预氧化方法在欧洲等一些发达国家应用最为普遍，而氯气、臭氧和高锰酸钾预氧化法在中国均有广泛应用。

在预氧化过程中，虽然各氧化剂均是通过氧化、分解或者转化来去除水体中的污染物，但是不同氧化剂的作用机理仍有较大差异。如臭氧预氧化既有臭氧的直接氧化过程，又有利用生成的羟基自由基的间接氧化过程。高锰酸钾和高铁酸钾均属于过渡金属化合物，在水中与污染物反应可生成一系列中间价态的铁锰和新生态铁、锰氧化物，这些氧化物均有一定的自由焓，且氧化活性高，可进一步分解水体中的污染物；此外，高锰酸钾预氧化过程中产生的新生态二氧化锰具有非常强的吸附活性，亦可以通过吸附作用去除水体中的部分污染物。

预氧化副产物　虽然化学预氧化法已经在水处理工程中得到了广泛应用，能提高污染物的去除效率，但在一定条件下也会产生某些副产物，进而影响饮用水水质。如氯（氯气或次氯酸钠）在预氧化过程中，除了氧化作用外，还可与水中的有机物发生亲电取代和加成反应，进而生成氯代甲烷、氯乙酸、氯代醛、氯乙腈等一系列具有“致癌、致畸、致突变”的卤代副产物；臭氧预氧化除了可能生成醛、溴酸盐等对人体有害的污染物外，还可能破坏藻细胞的细胞壁和细胞膜，进而释放臭味物质、藻毒素以及消毒副产物的前体物质。高锰酸钾和高铁酸钾预氧化副作用相对较小，能够强化藻类、微生物和天然有机物的去除，但尚没有文献报道该过程中产生有害副产物，属于绿色预氧化药剂。

（马　军）

环境气象塔　environmental meteorologic tower　用来测定低层大气中各种气象要素和污染物质竖向分布及其随时间变化规律的高耸结构。主要观测不同高度的风速、温度、湿度、湍流和大气各种成分及其变化规律，为气象预报、治理污染和土木建筑结构设计提供可靠的数据。环境气象塔始建于20世纪40年代初，高度一般在100米以下。从60年代起，环境气象塔有较大的发展，高度逐渐增加，一般在200～300米，最高475米，建在美国白沙导弹发射场。

环境气象塔一般采用格构式钢结构，沿塔身不同高度设置若干平台和伸臂，用以安装仪器。各类信息由电缆传递到塔下机房，通过电子计算机自动记录和处理各项数据，供分析研究。环境气象塔的静力和动力计算与一般塔式结构和桅式结构的计算方法相同。

北京环境气象塔是用钢管组成的三边形格构式桅杆，高325米，于1977年建成。在不同高度处设有15层工作平台，杆身边宽2.7米，中间设有电梯，沿杆身高度装有5层纤绳。杆身先在工厂焊接成若干节段，再运到工地用螺栓拼装。杆底为球铰支座，设计时采用基本风压420帕，并考虑地震烈度8度的作用，桅杆自振周期2.7～3.1秒，结构总重220吨，其中纤绳重30吨。由于纤绳上不设置绝缘子，容易出现涡流共振现象，因此，在纤绳端部设减振器，以保证仪器读数的精确度。

（李瑞骅）

环境土工学　environmental geotechnics　主要研究工程中常见的含有活性成分在工程环境下会发生生化反应和物理相变的特殊土和固相材料（如固体废弃物）的工程特性及其与环境关系的学科。是土力学与岩土工程学科的一个分支，是固体废弃物处置工程的理论基础和技术支撑。其相关学科包括土力学、基础工程学、工程地质和水文地质学、环境生物学、环境化学、材料学与工程以及核物理学等。

发展概况　1987年，国际土力学及岩土工程学会（ISSMGE）成立环境土工专业委员会（TC5，于2010年改为TC215），并确定了环境土工学的主要目标，即采用岩土工程和环境工程的联合技术解决废弃物处置和污染场地治理问题。1994年起，国际环境土工专业委员会每4年组织召开一次国际环境土工大会（international congress on environmental geotechnics），其中第8届会议于2018年在中国杭州举行。1997年，美国土木工程师协会（ASCE）会刊《岩土工程学报》（*Journal of Geotechnical Engineering*）改名为《岩土与环境工程学报》（*Journal of Geotechnical and Geoenvironmental Engineering*）；2013年，英国土木工程师学会（ICE）创立环境土工专业期刊《环境岩土工程》（*Environmental Geotechnics*），以适应环境土工学发展研究的需要。中国环境土工研究始于20世纪末，之后取得了快速发展。中国土力学及岩土工程学术会议自1999年开始设置环境土工方面的主题报告。2002年，首届中国环境岩土工程及土工合成材料研讨会在浙江大学召开。2003年，中国岩石力学与工程学会成立了环境岩土工程分会。2012年，中国土木工程学会土力学及岩土工程分会成立了环境土工专业委员会。

研究内容　研究内容涉及特殊土的生化反应、溶质迁移、水气渗流、变形与强度、堆体稳定，以及对地下水土和大气的污染危害及防治措施，同时，还涉及在工程中的再利用问题。

生化反应特性。研究可反应物质组分、渗沥液成分、温度、含水量、酸碱度、微生物群落等因素对生化反应及其速率的影响；研究生化反应作用下固液气三相物质相互转化的规律，包括可降解固相转化为孔隙水和溶质、溶质转化为气体或固相沉淀等。通常采用生化反应推演和室内试验来分析反应过程，确定各种反应规律，建立相应的模型。

液、气、热和溶质迁移特性。通过固结、水气渗透、热传导、Batch和土柱等试验，研究液、气、热、重金属离子、有机污染物等在固废、屏障材料与岩土体中的运移特性和相态转化，主要包含对流、分子扩散、热传导、机械弥散、吸附、电磁作用等行为。研究物质组分、饱和度、孔隙率和孔隙尺寸分布等对迁移特性的影响，以及水、气、溶质和介质材料的相互作用规律。

物理性质和强度变形特性。通过物理

和力学试验，了解材料的基本物理性质和强度变形特性，包括组分和龄期、应力历史、各向异性、加筋相、固废降解、土体污染等。在自重、外力或其他荷载（如孔隙水、气压力）及生化反应的作用下的变化，并建立相应的本构模型。

应力、温度、变形、饱和度、化学浓度场的分布及共同作用。利用降解固结理论对生化反应、溶质运移、渗流、热传导和变形过程进行分析，通过数值计算、超重力离心模拟、模型试验及现场验证等手段，研究固废堆体本身、覆盖和阻隔屏障、水土污染区域的水气压力、有效应力、温度、饱和度、化学浓度场的时空分布及其相互作用。根据分析结果，可以提出诸如填埋固废降解稳定化程度、堆体失稳滑坡警戒水位、屏障阻隔服役寿命、覆盖层排放控制警戒气压等灾害防控评价指标。

工程技术。在前述研究的基础上，解决对象体的稳定、沉降、污染扩散和资源化利用等环境岩土工程技术问题，如液气联合作用下的失稳、污染物击穿屏障、生化降解作用下的沉降变形、污染土的现场修复治理、废弃物再利用等。

（陈云敏　柯　瀚）

环境影响 environmental influence　使结构材料发生劣化的物理、化学或生物作用，这种作用会对结构耐久性和使用寿命带来不利影响，同时也会影响结构的适用性和安全性。结构在使用过程中，会受到所处环境各种因素的影响。这种影响直接或间接地导致结构耐久性退化与结构性能劣化，缩短了结构的使用寿命。

环境影响的有关因素有：①力学因素。如长期荷载作用引起结构构件裂缝加大与挠度增加，地基不均匀沉降引起结构变形与开裂，反复作用引起疲劳损伤。②物理因素。冬季气温变化引起混凝土冻融损伤，季节性温度变化引起结构裂缝。③化学因素。混凝土结构中如混凝土碳化和氯离子侵蚀，硅酸盐对混凝土的侵蚀，钢筋锈蚀；钢结构中的水汽与腐蚀介质引起的钢材锈蚀。④生物因素。如木材遭受生物或微生物侵入引起的蛀蚀与腐朽。

环境影响主要是描述对材料、结构耐久性及结构性能的不利影响，从而在进行结构设计时考虑这些影响，使结构具有达到规定的设计使用年限的能力，减小结构服役期间的维护、维修费用。有些环境影响因素是可以定量描述的，如混凝土冻融影响、混凝土碳化深度和氯离子在混凝土中的扩散深度等，但大多数环境影响因素是难以定量描述的。（贡金鑫）

环氧树脂涂层钢筋 epoxy resin coated steel reinforcing bar　表面结合环氧树脂涂层的钢筋和成品钢筋。环氧涂层是钢筋腐蚀防护的有效措施之一。

镀锌环氧涂层钢筋和环氧涂层钢筋的对比见表。

涂层性能　环氧树脂作为一种涂层材料，具有极高的化学稳定性，在普通环境下不与酸、碱发生反应，与金属表面具有极佳的附着性，并且膜层抗渗透性好，在阻止水分、氧气、氯化物等腐蚀介质接触钢筋表面的同时，还阻止钢筋与外界电流接触的可能，被认为是化学电离子防腐屏障。

镀锌环氧涂层钢筋和环氧涂层钢筋对比

	镀锌环氧涂层钢筋	环氧涂层钢筋
涂层种类	面层：熔融结合环氧涂层 底层：镀锌合金涂层	熔融结合环氧涂层
保护原理	具有阴极保护与屏障双功能： ①阴极保护。锌层作为牺牲阳极，对阴极（钢筋）起到保护作用 ②屏障。涂层中有致密的锌盐，同时环氧涂层对钢筋形成物理屏障以隔绝空气、水分等腐蚀介质	仅有物理屏障这一功能： 环氧涂层对钢筋形成物理屏障以隔绝空气、水分等腐蚀介质，防止钢筋锈蚀
防护保护年限	延长钢筋混凝土结构使用寿命30～50年	延长钢筋混凝土结构使用寿命10～30年
涂装生产工艺	钢筋摆放→表面处理→助溶剂处理→镀锌→冷却→静电喷涂→养护固化→加热处理（约230℃）→冷却→整理包装	钢筋表面处理（除锈、打毛）→加热处理（约230℃）→静电喷涂→养护固化（固化后形成一层完整连续的环氧树脂薄膜保护层）→纯水冷却
与混凝土黏结强度降低率	降低4%～10%	降低10%～25%
涂层机械性能	柔韧性（1毫米）、抗弯曲性、抗冲击性、抗磨损性、抗振动性、抗热冲击性优异；热胀冷缩系数高，涂层不易剥落	柔韧性（2毫米）、抗弯曲性、抗冲击性、抗磨损性、抗振动性、抗热冲击性较低；热胀冷缩系数低，涂层易剥落
涂层下腐蚀蔓延可能	涂层下腐蚀不会继续蔓延	涂层下腐蚀存在继续蔓延的可能
成本（元/吨）	1000～2000	1800～2000

类型　环氧树脂涂层钢筋包括环氧涂层钢筋和镀锌环氧涂层钢筋。①环氧涂层钢筋。是熔融结合环氧涂层的钢筋和成品钢筋。按加工工艺分类，环氧涂层钢筋可分为涂装后可加工的钢筋及不可加工的钢筋。②镀锌环氧涂层钢筋。是底层为热镀方式涂覆的锌合金涂层、面层为熔融结合环氧涂层的钢筋和成品钢筋。

镀锌环氧涂层钢筋与环氧涂层钢筋相比，多了一层锌合金层。在洁净的金属表面上先进行连续热浸镀锌铝合金，再涂覆环氧树脂所得的涂层。暴露在大气环境中的锌会在其表面生成保护性腐蚀产物，能够将钢筋从腐蚀环境中隔开。另外，锌是一种负电势很高的金属，镀锌层对钢铁基体具有隔离防护和电化学保护（阴极保护）双重作用。在酸、盐腐蚀的环境下，镀锌层通过牺牲锌金属生成保护性产物，将外围的腐蚀环境与钢筋本体进行隔绝，从而对钢筋起到了电化学保护作用。镀锌钢筋制作流程：钢筋摆放→表面处理→助溶剂处理→镀锌→冷却→静电喷涂→养护固化→加热处理（约230℃）→冷却→整理包装。

环氧树脂涂层钢筋的涂层主要是复合涂层。镀合金层钢筋可实现钢筋全寿命周期内的连续耐蚀，具有优异的耐蚀性和良好的工艺性能，可将其与环氧涂层钢筋结合，兼具两者的优点：最外层环氧涂层可完全隔离腐蚀介质的侵入；当环氧涂层遭到损伤或破坏时，内层的镀锌层可以继续作为阻挡层，保护钢筋基体不与侵蚀性介质直接接触；而当环氧涂层和镀锌层都遭到破坏钢筋基体裸露在腐蚀介质环境时，周围的锌层则可以作为牺牲阳极，对钢筋提供阴极保护作用。高性能涂层钢筋在中国的港珠澳大桥的建设中起到了重要的作用，通过涂层防腐与引进保护双重作用，挑战120年耐久性设计。未来，需继续优化合金组分，并考虑合金层与环氧树脂层之间的结合力问题。

（薛　锋）

黄岛大型地下水封石洞油库 Huangdao large underground water-sealed oil storage caverns in rock　中国首座大型地下水封石洞储油库。位于山东省青岛市经济开发区（黄岛区）胶州湾西侧新安镇冷家沟村。2010年开工建设，2015年建成投用，属于原油储存库，占地面积57.11公顷，主要由储油洞罐和水幕系统组成。3组洞罐9个洞室可储原油300万米^3，硐室总长度为5683米，由5条水幕巷道和529个孔径120毫米水幕孔构成水幕系统，承担洞库水封要求的水量补充、水压平衡和地下水位稳定。水幕巷道（底板高程5米）与主洞室（拱顶高程−20米）垂直布置，水幕孔（空口高程6米）与主洞室平行，覆盖整个洞库（图1、图2）。

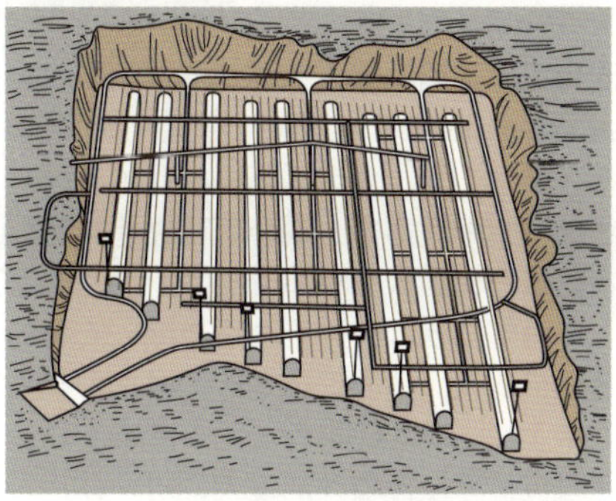

图1　黄岛油库工程平面布置示意图

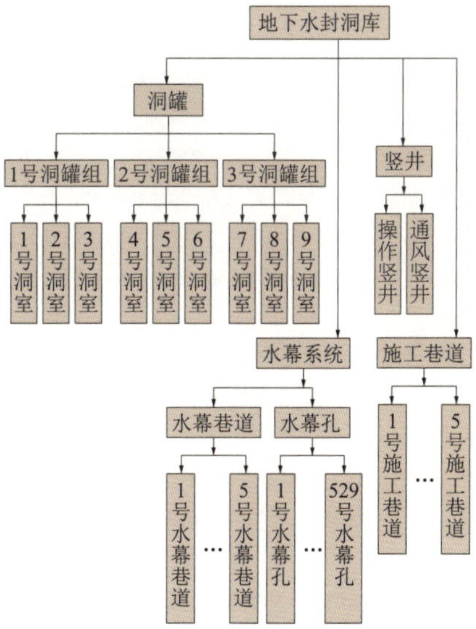

图2　黄岛油库工程组成示意图

黄岛洞库库址区位于扬子板块和华北板块交接部位的威海——胶南造山带，整体属于低山丘陵地貌。该区域上覆岩性为花岗岩和花岗片麻岩等脆硬岩，褶皱构造不发育，主要发育有深部的韧性剪切带和浅部的脆性区域断裂，由于受到东部扬子板块的挤压运动，区域主要标志型断裂均呈现NEE（西北偏西）和NWW（东北偏东）走向。库址区所在区域正好位于牟平——即墨断裂带、老君塔山断裂和前马连沟断裂3个区域性断裂之间的区域。

此工程的人工水幕施工技术、钻爆法精细施工开挖与支护集成技术、施工通风技术及安全风险评估与应急预案、抢险救援等五大创新技术的研发，为中国战略石油储库大型地下工程建设开辟了先河。

（冯夏庭）

黄浦江打浦路隧道 Dapulu Tunnel under Huangpu River　位于上海市区西南部黄浦江上游的江底隧道。是中国第一条水底隧道。1965年5月动工，1970年9月建成通车。包括引道在内，全长2761米。最大纵坡为3.84%，水底段设有0.6%的缓坡段。

隧道埋设于由第四纪冲积层形成的淤泥质软土和粉沙土地层中，底部最大埋深在地面以下34米，水底段最小覆土深度为7米。两端洞口外均设有长约100米的棚式光过渡段。沿线设有竖井6座，施工时用于拼装、拆卸盾构，运营时为风井或安装设备之用。

隧道为双车道，车道宽7.0米，车道一侧设有宽0.25米的侧石，另一侧为宽0.65米的检修巡逻道。水底及河岸段圆形断面采用网格式挤压盾构及全闭胸挤压盾构施工。隧道外径10米，内径8.8米，衬砌由8块钢筋混凝土管片组合而成（见图）。部分河岸段为钢筋混凝土矩形断面，

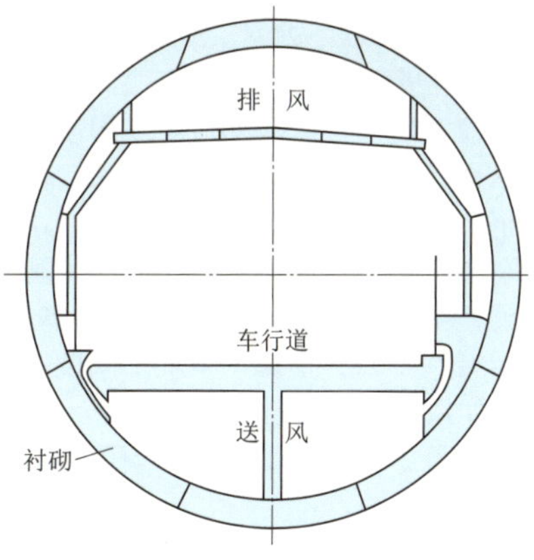

打浦路隧道主体剖面图

采用喷射井点降低地下水位后，用钢板桩支撑明挖施工，其余均用连续沉井法施工，即将沉井逐个下沉后，再将各井接通而构成隧道。引道段为敞开式的U形断面，采用轻型井点及喷射井点降低地下水位后明挖施工。

隧道内车行道为现浇钢筋混凝土路面。上部吊平顶由钢丝网水泥、预制薄板构成。采用横向机械式通风，沿隧道纵向布设送排风口。沿纵向设有7座排水泵房，可将隧道内污水及冲洗水定时排出，以保持清洁和干燥。

（金志靖）

黄土地区道路 road in loess zone　在黄土地区修建的道路。中国有世界闻名的黄土高原，黄土分布面积广、厚度大。中国黄土区域主要分布于乌鞘岭以东，太行山以西，长城以南，秦岭以北的黄河中游地区，包括甘肃、陕西、山西、河南、宁夏等省（区）的一部分或大部分（见图）。根据黄土沉积时代的不同，黄土被分为新黄土、老黄土和红色黄土3类，其黄土性质有显著差别。老黄土、红色黄土组织结构紧密，虽成因不同但性质差别不大。新黄土组织结构松散，成因不同，性质差别显著。从北到南，从西到东，不同地区的黄土，由于形成环境不同，性质也有明显差异。

中国陕西沿黄观光路

黄土地区处于半干旱和干旱区，植被稀少，暴雨集中，土质冲刷严重，千沟万壑，塬（面积较大的高地）、墚（两条平行的沟谷分割地面而成）、峁（凸出的小山包）起伏频繁，形成特殊的地貌景观。黄土以粗粉粒为主体骨架结构，富含碳酸盐等形成胶结性的联结。黄土具有多孔隙性，以垂直节理为主，干燥时能保持陡峻的坡面。黄土的水理特性：①透水性。②遇水膨胀，干燥后又收缩，多次反复容易形成裂缝及剥落，剥落与边坡所处的位置、土质、易溶盐含量有关。③崩解性，新黄土浸入水后很快就全部崩解，老黄土要经过一段时间才全部崩解，红色黄土浸水后基本不崩解。

黄土地区的道路常出现许多病害：①路堑边坡坡面呈片状、层状或鱼鳞状剥落。②边坡坡面或坡脚受地表径流冲刷或淘刷而形成细沟和洞穴。③土体沿节理裂隙崩塌。④斜坡上的黄土层因不正确开

挖，地下水活动或坡脚受淘刷而产生顺层滑塌。⑤因湿陷和地下水潜蚀作用而产生暗沟、暗洞、暗穴，统称陷穴。

在黄土地区筑路的中心问题是防止冲刷和减少湿陷。为此，常采取排水、水土保持和坡面防护相结合的综合治理措施，一般路段上设置的各种排水沟渠（如边沟、截水沟和排水沟等）应特别注意防渗和防冲。沟渠的长度和纵坡不宜过大，当长度超过200米或坡度为3%～4%时，须采用浆砌片石或石灰三合土加固。腰岘（塬面因相向侵蚀缩小到两侧成为陡峭的马鞍状地形）、深路堑、高路堤、滑坡或陷穴等路段的坡面，可采用开挖鱼鳞坑、水平沟，设置护坡埂（小土堤）、挡水堤，种草植树等水土保持措施对径流进行调治。对路旁冲沟可在沟头植树，沟中筑坝淤地等，防止冲沟继续侵蚀。黄土路堑应根据土层、坡高、降水等情况采用不同的断面形式和边坡坡度。危及路基、路堑和路堤边坡的坡面，应视当地降雨量及边坡的具体情况（类型、形状、土质、陡度等），分别采取种草、草泥抹面、石灰三合土抹面或浆砌片石护坡等坡面防护措施。

黄土地区在6度烈度区内即可出现地震激发滑坡和崩塌。在中国黄土地区，修筑有不少公路，当公路通过腰岘、跨越冲沟时，常采用类似于民间打土墙的工艺，建造一种特殊的高填土路堤（可达数十米），其边坡较陡（1∶0.2～1∶0.1），填土夯实程度较高，路堤底部可视需要设置泄水结构物，这种路堤在当地俗称为土桥。早在没有现代公路之前，民间已修建了不少土桥，有的土桥已经历了几百年，现仍完好。　　（姚祖康　李　斌）

黄卫　Huang Wei（1961-04～　）中国土木工程专家。江苏南通人，工学博士。2007年当选为中国工程院院士，2008年被授予英国皇家结构工程师学会荣誉会士。

黄卫通过系统性的理论研究和工程实践，建立了大跨度桥梁钢桥面铺装材料、结构、设计、施工的成套关键技术。在铺装材料方面，研究证明了环氧沥青是中国最适合钢箱梁桥面铺装的材料，制定了材料标准，优化了环氧沥青混合料配比，实现了钢板与铺装层的协调变形。在铺装结构方面，发明了“浇注式沥青＋环氧沥青”薄型铺装结构，兼有浇注式沥青和环氧沥青的优点，能更好地适应大跨径悬索桥主梁变形，在中国南京第三长江大桥成功采用。在铺装设计方面，系统研究了桥面铺装与公路路面受力机理的差异，纠正了之前用路面法设计桥面铺装的错误。建立了桥面铺装疲劳方程和轴重换算公式。以钢箱梁和路面结构为对象，首次建立了钢箱梁和铺装的优化设计方法。在施工方面，发明了施工设备专利，实现了桥梁现场大规模连续作业。解决了环氧沥青桥面铺装的施工工艺，制定了质量控制规程。

黄卫在道路路面设计理论和应用方面取得了重大创新。对南京机场高速公路、宁连和宁通一级公路等关键技术进行了全面研究，成果在中国高速公路上得到广泛应用。在路面方面的创新包括沥青路面设计指标及参数研究、提出在路面设计中应采用“初始设计弯沉”代替路面末期的“允许弯沉”，以及提出了土基顶面压应变设计指标；首次提出了基于能量消耗原理的沥青混合料疲劳特性分析方法，以反应沥青混合料的疲劳规律；应用数学规划法优化路面设计；提出路面力学指标的显式计算公式，具有最佳精度和参数范围；提出了沥青路面可靠性分析法，以及弹性地基上自由厚板、空心厚板的三维有限棱柱分析方法。

黄卫是中国最早发起和开展智能交通系统研究的开拓者之一，并取得了重要的创新成果。1998年，成立了中国第一个跨学科智能交通系统研究中心。20世纪90年代，提出了中国智能交通系统（ITS）的用户和服务定义，以及物理和逻辑框架。

大跨径钢箱梁斜拉桥关键技术研究、润扬长江公路大桥建设关键技术研究、大跨径桥梁钢桥面铺装成套关键技术及工程应用分别获2005、2008、2011年度国家科学技术进步二等奖；三索面三主桁公铁两用斜拉桥建造技术获2013年度国家科学技术进步一等奖。出版专著14部，包括《高等水泥混凝土路面设计理论与方法》《高等沥青路面设计理论与方法》《智能交通系统概论》等，发表论文400多篇，拥有专利29项，主编了多项国家技术标准，如预应力混凝土路面技术规范、城市轨道交通工程基本术语、机场环氧沥青路面规范等。　　（孙立军）

惠灵顿，A.M.　Arthur Mellen Wellington（1847-12-20～1895-05-16）美国土木工程师、铁路选线经济理论的奠基人。生于马萨诸塞州沃尔瑟姆。1867～1887年，历任布鲁克林园林局测量员，布法罗—纽约—费城铁路首席副工程师，密歇根中央铁路定线工程师，多伦多—南加拿大—底特律铁路主任工程师，纽约—费城—俄亥俄铁路首席副工程师，墨西哥国家铁路主任选线勘测工程师、副总经理，韦拉克鲁斯—墨西哥城铁路总工程师。1887年以后，他又任《工程新闻记录》杂志编辑、尼加拉瓜运河工程师和波士顿城市铁路顾问。

惠灵顿的《铁路选线经济理论》是19世纪20年代蒸汽机车牵引铁路诞生以来最早提出的系统的铁路选线技术经济理论著作，当时正处于美国以及许多其他国家的铁路建设高潮时期，此书在以后的几十年中，对于美国以及许多国家的铁路建设曾有重大影响。　　（王　柢）

混合工艺建造机器人　mixing-crafted construction robotics　在建筑建造中使用增材、减材、等材建造工艺中的两种及以上建造工艺的机器人。混合工艺建造机器人包括幕墙机器人和喷涂机器人。

幕墙机器人　用于建筑幕墙板安装的建造机器人。幕墙安装是劳动密集型和高危型工作，高层建筑外墙的安装难度随着建筑设计复杂性提升而增大，研发替代人力的建筑幕墙安装机器人有重要意义。

幕墙机器人主要面临两个关键问题：①安装施工作业面受限。一般玻璃幕墙板自重较大，而高负载、多自由度的建筑机器人体积和自重也较大，常规施工现场很难有充足的工作空间。②安装工艺欠缺。现有安装工艺面向人工安装而设计，包括连接节点、构造和施工工序等。而机器人安装有其特征与需求，需要针对性的开发。

针对以上问题有两种解决方案：①从幕墙定制、运输、装配全流程重新设计安装设备、开发安装工艺，实现高度自动化。②使用半自动化设备进行幕墙现场粗定位，再由施工人员完成幕墙安装，实现人机协作。

自动化机器人幕墙安装工艺　自动化机器人幕墙安装工艺从幕墙生产、运输、安装、维护的全流程对幕墙安装过程进行重新设计。①将安装流程拆解成多个安装动作，针对特定的动作定制小型特种机器人，从而减小自重和体积。②优化幕墙板的节点固定方式，方便其使用自动化设备进行安装。全自动化幕墙安装系统有较大的自动化率和安装效率，但其前期设计研发投入较大、周期较长、灵活性较差，不宜在中小型项目中使用。瑞典科技公司研发的Brunkeberg幕墙安装系统遵循精益建造和过程自动化原则，针对全流程制定了自动化解决方案。其核心是建立一套定制轨道系统和与轨道系统配套的安装构造和工法，因此很好地实现了重型幕墙墙板的自动化安装。经工程验证该方案可减少一半的安装时间、减少2/3的人工用量和运输时间。

人机协作幕墙安装工艺　人机协作幕墙安装工艺的主要技术路线为：使用半自动化设备进行大重量幕墙板的运输和安装粗定位，再由人工辅助精确定位和安装固定。半自动化设备体积较小，灵活性较高，适合于复杂环境下作业。由于安装流程基本和传统幕墙一致，其安装设备可与传统工艺对接，研发和改造成本小，是切实可行的。人机协作幕墙安装设备多为小型抬升和位置调整机器人，以液压吊机为基础。丹麦大湖吊装公司开发的Smartlift系列机器人是幕墙安装机器人的典型代表。该机器人底部有移动平台，手臂为5自由度，最大安装高度4米，最大起重825千克，而自重不到1300千克，能重比63%，远超一般工业机器人10%左右的能重比。安装时，人工操作机器人将幕墙板抓起并移动到安装位置调整姿态，由人工安装连接件，完成安装。

喷涂机器人　代替人工进行墙体喷涂的建筑机器人。建筑墙体喷涂量大、面广，长久以来以人工为主，作业平台主要是施工吊篮和爬架，其危险性高、质量不稳定、有毒有害，尤其是高层建筑外墙喷涂。而自动化机器人喷涂质量和效率具有明显优势，在汽车、电子产品、家装等领域应用广泛。建筑墙体喷涂自动化升级改造对降低工人劳动强度、提高喷涂质量和效率有重要意义。

喷涂机器人根据不同作业环境分为建筑外墙喷涂机器人和建筑室内喷涂机器人。

建筑外墙喷涂机器人　建筑外墙喷涂机器人主要有两个技术问题：①在室外设置沿墙面的机器人工作平台，确保机器人沿外墙安全稳定喷涂。②建筑外墙喷涂面大、转角多，智能识别喷涂面、基于喷涂面的喷涂路径规划至关重要。较成熟的方案为悬挂式吊篮系统，以及通过机器视觉扫描喷涂面、通过算法进行路径规划与优化。

由新加坡南洋理工大学（NTU）和中国亿立科技共同研发完成的机器人OutoBot是建筑外墙喷涂机器人的典型代表之一。其主体包括一个可数控升降的吊篮系统、一个可真空吸附外墙的吊篮稳定系统、一个轻型六轴机器臂，以及位于机械臂前端的工业视觉相机和喷涂设备。作业时，先将工作区域划分为若干个工位，由数控吊篮系统将设备整体送至工位处，并由4个真空吸盘将设备吸附固定于工位上。接着机器臂携带工业相机对工作面进行扫描，识别喷涂面和回避面后进行路径规划。此后通过喷水和风干系统进行外墙清洁，最后开始喷涂作业。此系统比传统人工效率高30%，能大幅提升喷涂质量，显著减少涂料用量。

建筑室内喷涂机器人　室内喷涂机器人通常采用以自动导引运输车（AGV）为基础的机器人工作平台，可在较大室内环境中移动和定位。臂展适中的轻型机器人配合外部垂直升降系统可覆盖室内高度，满足需求。由于AGV移动定位精度有限，机器人工作平台到达工作位置后还需视觉等辅助系统精准调节位置。

建筑室内喷涂机器人系统的代表之一是由NTU、裕健集团（JTC）和美国艾特克公司共同研发的PictoBot。其主体包括一个舵轮式AGV移动底盘、一个轻型六轴机器臂、一套垂直升降系统，以及位于机械臂前端的工业视觉相机和喷涂设备。作业时，激光扫描系统首先进行工作环境三维建图，得到作业空间的三维数据，数据传输到计算机后进行喷涂面的定义和喷涂路径计算，指导机器人现场喷涂作业。机器人配备的垂直外部轴系统可使喷涂作业高度达10米。（袁　烽）

混合与混合设备　mixture　将药剂充分、均匀地扩散于水体的工艺过程及相应的设备。其对取得良好混凝效果具有重要作用。

影响因素　影响混合效果的因素很多，如混合设备的形式，水力条件，采用药剂的品种、浓度、水温以及颗粒性质等。而混合设备的形式是最主要因素之一，直接对混合效果构成决定性影响。混合设备使药剂投加后水流产生剧烈紊动，在很短时间内使药剂均匀地扩散到整个水体，也即采用快速混合方式，混合时间一般为10～60秒。

类型　混合设备基本分为水力混合和机械混合两大类。

水力混合设备　有多种形式，常用的有水泵混合、管式静态混合器混合、扩散混合器混合、跌水混合等。水力混合维护简单，但不能适应流量的变化。①水泵混合。将药剂投加在泵前吸水管或吸水喇叭处，利用水泵叶轮高速旋转以达到快速（1秒即可）混合的目的。水泵混合对水泵的腐蚀比较严重，因此出现了把混凝剂投加在管道中，利用一定长度的管道完成混合，称为管道混合。②管式静态混合器混合。在管道内设置多节固定叶片，使水流成对分流，同时产生涡旋反向旋转及交叉流动，从而获得药剂与水的快速高效混合（图1），其混合效果与分节数有关，一般取2～3段。③扩散混合器混合。在管式孔板混合器前加装一个锥形帽，水流和药剂对冲锥形帽而后扩散形成剧烈紊流，使药剂和水达到快速混合，混合时间约2～3秒（图2）。④跌水混合。在混合池输水管上加装活动套管，利用水流在跌落过程中产生的巨大冲击力达到混合的效果，混合最佳效果可由调节活动套管高低达到，套管内外水位差至少应保持0.3～0.4米，最大不超过1米（图3）。

图1　管式静态混合器示意图

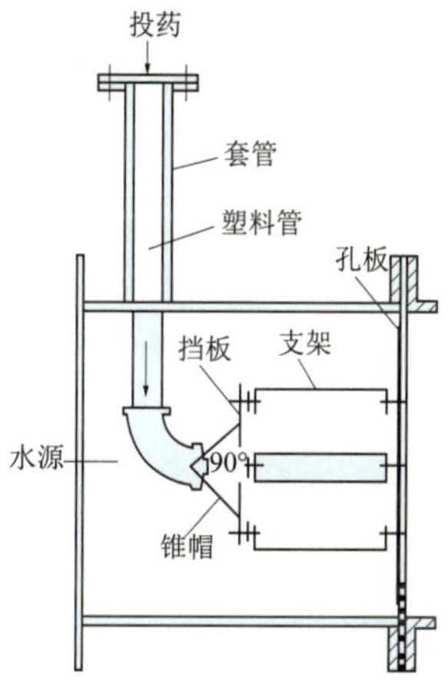

图2　扩散混合器示意图

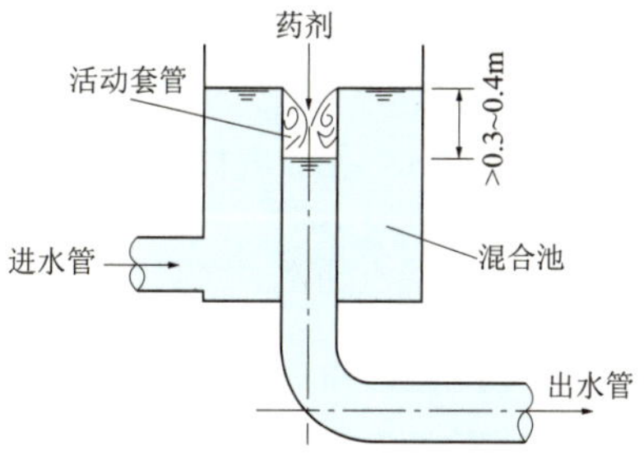

图3　跌水混合器示意图

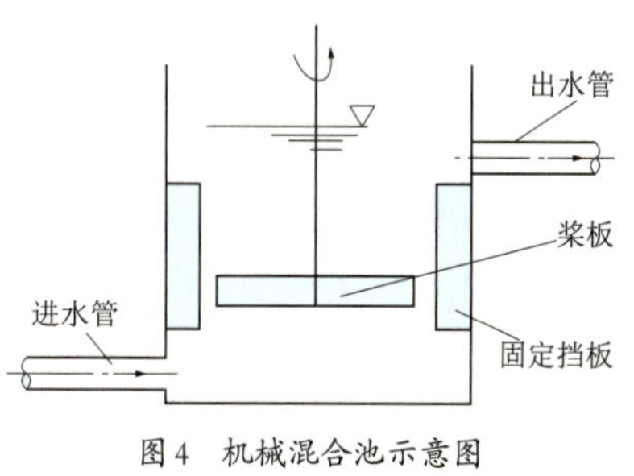

图4　机械混合池示意图

机械混合设备 其桨板有多种形式（图4），如折桨式（简称桨式）、推进式、涡流式等。推进式搅拌器效能较高，但制造较复杂；桨式结构简单，加工制造容易，但所能提供的混合功率较小。采用较多的为桨式搅拌器混合，其可进行调节，能适应各种流量的变化，但需有一定的机械维护量。 （南 军）

混凝 coagulation 向水中投加一定量的混凝剂，改变水中胶体粒子和微小悬浮物的存在性质和状态，使之从稳定的胶体转化成不稳定的微小絮体颗粒，并通过脱稳微小絮体颗粒间的碰撞结合，聚集形成较大的絮凝体颗粒，从而有利于后续的沉淀工艺迅速沉降分离，达到加速原水澄清净化目的的预处理过程。混凝是一个非常复杂的物理化学过程，涉及水中胶体粒子性质、所投加的化学药剂的特性和水中胶体粒子与化学药剂之间的相互作用。混凝效果不仅取决于所使用絮凝剂的物理化学特性，而且与所处理的水质特性，如浊度、碱度、pH以及水中各种无机或有机杂质等有关。

混凝过程一般分为凝聚和絮凝两个阶段。①凝聚。指向水中投加混凝剂，混凝剂水解产生复杂的水解产物。水解产物在水流的作用下与水中胶体粒子作用，使胶体粒子失去聚集稳定性（简称脱稳），并通过相互之间不断碰撞而形成尺寸较小的“微絮凝体”的过程。②絮凝。指“微絮凝体”在水力或者机械搅拌条件下相互碰撞逐渐形成尺寸较大的“絮凝体”的过程。

凝聚和絮凝这两个阶段在概念上可以划分得很清楚，但在实际的水处理运行中，这两个阶段的间隔是瞬时的，几乎是同步发生的。 （南 军）

混凝土 concrete 由胶凝材料与骨料等组成的复合材料。

沿革 混凝土通常由水泥作胶凝材料，砂、石作骨料，与水（加或不加外加剂和细骨料）按一定比例配制而成。是土木工程中用途最广、用量最大的一种建筑材料。在古代，人们用黏土、石灰、火山灰等作胶凝材料配制成混凝土，用于砌筑房屋、庙宇与城墙等。1824年波特兰水泥问世后，使混凝土的性能得以改善，并在世界范围内广泛使用。

混凝土技术在发展过程中经历了几个重要的阶段。19世纪中叶，钢筋混凝土的发明克服了混凝土抗拉强度低的缺点，扩大了混凝土应用领域。20世纪初，水灰比等学说的提出，奠定了混凝土强度的理论。20世纪20年代，预应力钢筋混凝土的发明，使钢筋混凝土用于长跨、高耸、重载等结构，是混凝土技术的一次飞跃。20世纪60年代以来，在混凝土中愈来愈多地使用外加剂，尤其是减水剂与高效减水剂，不仅改善了混凝土的各项性能，而且促进了混凝土新技术与新品种的发展。国际上现正在大力发展高性能混凝土，以耐久性作为设计的主要指标，还要求新拌混凝土具有高流动性和低坍落度损失，硬化混凝土兼具高强度、高体积稳定性与高抗渗性，以及经济和实用性。超高强、高延性的混凝土也正在研究与开发之中。

品种 水泥混凝土的分类方法很多。

按胶凝材料的种类划分有：①无机胶凝材料混凝土，如水泥混凝土、石膏混凝土、硅酸盐混凝土和水玻璃混凝土等。②有机胶凝材料混凝土，如沥青混凝土、聚合物混凝土等。

按容重划分有：①重混凝土，容重为2600～5500千克/米^3。②普通混凝土，容重为2200～2500千克/米^3。③轻混凝土，容重为500～1900千克/米^3。

按28天抗压强度分有：①普通混凝土，强度为50兆帕以下。②高强混凝土，强度为50～80兆帕。③超高强混凝土，强度为80兆帕以上。

按用途分有结构混凝土、水工混凝土、海工混凝土、防水混凝土、道路混凝土、耐热混凝土、耐酸混凝土、装饰混凝土和防辐射混凝土等。

按施工工艺分有现浇混凝土、喷射混凝土、碾压混凝土、挤压混凝土和泵送混凝土等。

按配筋方式分有素混凝土、钢筋混凝土、钢丝网混凝土、纤维混凝土、预应力混凝土等。

按拌和物工作性分有干硬性混凝土、半干硬性混凝土、泵送混凝土和自密实混凝土等。

主要组成材料 混凝土的主要组成材料是水泥、水、骨料、外加剂和细掺料等。骨料又称集料，是混凝土的骨干材料，占其体积的3/4以上。粒径在4.75毫米以上的称粗骨料（石子），4.75毫米以下的称细骨料（砂子）。骨料不仅有填充作用，而且对混凝土的容重、强度和变形等性能有重要影响。骨料按来源分为天然骨料（如碎石、卵石、浮石与天然砂等）、人造骨料（如陶粒、膨胀珍珠岩与黏土质多孔熟料等）和工业废渣骨料（如矿渣、煤渣、煤矸石与再生骨料等）。骨料中各种粒径的颗粒所占的比例称为级配，它影响混凝土拌和料工作性能以及硬化混凝土的多项物理和力学性能，故设计混凝土配合比时，确定合宜的骨料级配很重要。外加剂是为改善和调节混凝土的某些性能而在混凝土拌制过程中掺加的少量（占水泥重量的5%以下）化学物质，绝大多数混凝土均有外加剂。外加剂的品种达数百种，但广泛使用的主要有减水剂、高效减水剂（又称超塑化剂）、引气剂、早强剂、缓凝剂、速凝剂、防水剂、泵送剂、阻锈剂和防冻剂等。为改善混凝土拌和料的工作性，调整硬化混凝土的内部结构和提高其性能，并节约水泥，可在混凝土拌制过程中加入掺量占水泥重量5%～20%的矿物细掺料。细掺料分为高活性和低活性两种。前者具有火山灰活性，能与水泥水化生成的氢氧化钙发生化学反应生成具有胶凝性的组分，主要有磨细矿渣、粉煤灰、硅灰、沸石粉和煅烧的偏高岭土等。后者如磨细石灰石粉和石英粉等。膨胀剂是一种人工配制的、用以防止混凝土在限制条件下发生收缩开裂的细掺料，其掺量一般为水泥重量的百分之十几。制备混凝土时，应根据工程对其工作性、强度与耐久性等的要求，合理地选择原材料并确定配合比，以达到经济适用的目的。

混凝土的制备 包括配合比设计、搅拌、浇筑和养护等。配合比设计是依据混凝土的强度、工作性和耐久性等指标，合理地选择原材料并确定其配合的比例，是制备混凝土的基础。搅拌可以按照施工要求和条件在现场或搅拌站进行集中搅拌，搅拌过程中应注意控制投料顺序和搅拌时间，使不同组分充分搅拌均匀。混凝土的浇筑可以采用机械或人工振捣的方式进行，对于流动性较高的自密实混凝土，可以不振捣。无论采用何种浇筑方式，都必须保证混凝土浇筑后的密实性。混凝土的标准养护条件为温度20±2℃，湿度不小于95%。

性能 混凝土的主要性能：①拌和物的工作性。又称和易性。指其拌和物易于施工操作（搅拌、运输、浇筑与捣实），并能获得密实性与均质性均好的混凝土。这是一项综合的技术性能，包含稠度、流动性、可塑性、抗泌水离析及易抹面等。②强度。是硬化混凝土最重要的力学性能，表征其抵抗压、拉、弯、剪等应力的能力。按混凝土标准养护28天的抗压强度划分强度等级，其计量单位为兆帕，并在强度值之前冠以符号C。按中国现行标准分为C15、C20、C25、C30、C35、C40、C45、C50、C55、C60、C65、C70、C75、C80共14个级别。混凝土的抗拉强度仅为其抗压强度1/13～1/8。提高其抗拉与抗压强度的比值是混凝土改性的重要方面。③耐久性。是混凝土在实际使用条件下抵抗各种破坏因素作用，长期保持其强度和外观完整性的能力。主要包括抗冻融、抗碳化、抗环境水和海水腐蚀、抗风化作用，以及抗碱-骨料反应等性能。碱-骨料反应可导致混凝土膨胀、开裂，缩短工程寿命，且修补耗资巨大，必须采取有效措施加以防治。④变形性能。包括弹性变形、收缩、徐变和温度变形等。收缩对混凝土结构的性能影响很大，收缩过大会使结构产生变形与裂缝，引起预应力混凝土结构的应力损失，故采取必要的技术措施以尽可能减少混凝土的收缩。

（陈长熊　林　振　刘建忠）

混凝土泵 concrete pump　利用压力将水泥混凝土沿管道连续输送到施工作业面的设备。由泵体和输送管组成，是混凝土大型输送装备。混凝土泵按结构形式分为活塞式混凝土泵、挤压式混凝土泵、水压隔膜式混凝土泵；按结构和用途分为拖式混凝土泵、车载混凝土泵和泵车；按动力类型分为电动混凝土输送泵和柴油动力混凝土输送泵。

混凝土泵可将泵体装在汽车底盘上，再装备可伸缩或屈折的布料杆等，组成泵车。主要用于高楼、公路、飞机跑道、立交桥等较高、距离较长、体型较大的混凝土工程的混凝土输送工作。（刘承桓）

混凝土泵车 concrete pump truck　由泵体、输送管、布料杆和汽车底盘等组成，利用压力将混凝土沿管道连续输送到作业面的车辆。按结构形式分为活塞式混凝土泵车、挤压式混凝土泵车和水压隔膜式混凝土泵车。主要构成是装在汽车底盘上的泵体，可伸缩或屈折的布料杆。在底盘上安装有运动和动力传动装置、泵送和搅拌装置、布料装置以及其他一些辅助装置。混凝土泵车通过动力分动箱将发动机的动力传输给液压泵组或者后桥，液压泵推动活塞带动混凝土泵工作。然后，利用泵车上的布料杆和输送管，将混凝土输送到一定的距离和高度。电气控制系统的控制方式主要有机械式、液压式、机电式、电器控制式、可编程控制器式和逻辑电路控制式6种。此外，还安装有手动控制操纵系统。（刘承桓）

混凝土布料杆 concrete fabric rod　配置在混凝土泵车上用于将混凝土分送到施工作业面上的设备。可与混凝土泵车连接在一起使用。独立的混凝土布料杆，性能主要以布料半径或以高度/半径为主参数，最小的10米，最大的可达50～60米。由于臂的结构和安装基座形式不同，产品有数十种之多。作为一种机械手和高空作业机械，管中流动着的是物理性能很不稳定的流变体，所以它的工作可靠性要比一般机械高。为了防止惯性力造成臂架损坏，一般采用电液比例控制技术，限制臂架运动时的加减速度，同时还并联了一套手动控制阀，确保控制出现故障时能够连续工作。（刘承桓）

混凝土工程施工 concrete engineering construction　将砂石、水泥、水以及其他原料按一定比例配合，然后进行搅拌、成型、养护的操作过程及其技术。近现代意义的混凝土工程起源于19世纪中叶，经历了无筋混凝土到配筋混凝土的逐步发展历程。

在混凝土工程施工中根据混凝土搅拌地点的不同，可分为现场搅拌混凝土和工厂预拌混凝土；根据混凝土成型地点和成型方式的不同，可分为现浇混凝土和预制混凝土；根据是否施加预应力可分为预应力混凝土和普通混凝土；根据混凝土是否采用涂饰等装饰施工又可分为清水混凝土和普通混凝土。

随着国民经济的发展和工业化、智能化、绿色化的发展要求，高性能混凝土、特殊混凝土将逐步取代普通混凝土，而其施工过程中的机械化、智能化装备应用水平将会得到极大提高。（朱毅敏）

混凝土机械 concrete machinery　用于将水泥、砂、碎石、水按照一定的比例拌和成混合物并运送、分布到施工作业面的机械。

简史　早期的混凝土搅拌设备是单机搅拌形式，真正进入集中搅拌是从商品混凝土应用开始。最早使用商品混凝土（预拌）的是德国。1903年在德国施塔贝尔建立起世界上第一个商品混凝土搅拌站。1913年，美国于阿梅利兰特州的巴鲁奇毛亚市建成美国第一个商品混凝土搅拌站，建站初期是用机动翻斗车或自卸卡车运送混凝土，发展较为缓慢。第二次世界大战后，特别是20世纪60～70年代，由于液压技术的应用，商品混凝土广泛应用，从而使混凝土搅拌设备得到快速发展。此后，各种新型混凝土配套施工作业机械应运而生。

1983年以前，中国商品混凝土机械有两个突出特点，一是单机品为30～40年代的老产品；二是混凝土泵、车、站100%是进口产品，主要是德国、日本产品。1984年，中国在长沙集中了70～80人的联合攻关队伍，对反转式150型、200型、350型、500型和卧轴式200型、250型、350型、500型等两个系列8个混凝土搅拌机产品进行联合设计，并制定了混凝土搅拌机械新标准。至1987年，中国混凝土搅拌设备已基本完成单机产品的更新换代，推动了全行业的技术进步。在随后的几年里，老产品全部淘汰退出市场，节能型新产品成为市场主流产品。至20世纪末，中国产混凝土设备已占中国市场份额的90%左右，并先后出口到亚洲、美洲和非洲等许多国家。进入21世纪后，中国的混凝土机械的生产和应用快速发展，自动化、智能化水平不断提高。混凝土机械设备的自检测、自保护、自调整以及多种传感技术、恒功率控制技术、地理信息系统定位技术得到广泛应用，产品的可靠性和适应性都有了极大的提高。

分类　混凝土机械分为混凝土生产机械、混凝土运输机械和混凝土施工机械。

混凝土生产机械　生产满足施工要求的混凝土，主要由混凝土配料设备、称量设备、搅拌设备等组成，其中混凝土搅拌设备即各种类型的混凝土搅拌机也可作为独立的混凝土生产机械。

混凝土运输机械　混凝土的运输分为水平运输和垂直运输。水平运输为各种容量的混凝土搅拌运输车，混凝土装入搅拌车的搅拌桶中，搅拌车一边行驶，一边对搅拌桶内的混凝土进行搅拌，以防止混凝土发生分层离析，或在较长的运输途中凝结硬化。垂直运输为各种形式的混凝土泵，用混凝土泵配上适当的输送管道和布料装置，完成施工现场混凝土的水平及垂直输送，可以连续不断地向施工地点输送混凝土，采用泵送混凝土可以节省劳动力，加快施工速度和保证施工质量。

混凝土施工机械（见图）　种类很多，根据对混凝土施工的要求，可分为混凝土振动机械、混凝土砌块成型机械、混凝土喷射机械、混凝土路面摊铺机械和混凝土滑模机等。为了适应经济建设的需要，可把混凝土的生产集中到工厂进行，工厂把混凝土作为一种商品提供给各个施工单

施工现场浇筑混凝土

位。通常商品混凝土工厂的成套设备指的是“一站三车”，这是商品混凝土生产成套设备的主要设备。一站即混凝土搅拌站，配有大型机械化骨料堆场、水泥筒仓、原材料的预处理、供给、计量及对混凝土搅拌等，整个生产过程由计算机控制。三车：①混凝土搅拌车。完成混凝土从搅拌站至施工现场的水平运输。②混凝土泵车。完成混凝土到浇筑的水平和垂直输送。③散装水泥车。将散装水泥自水泥厂送至搅拌站的水泥筒仓。

构成及工作原理 混凝土搅拌机械。将水泥、骨料、水、外加剂、掺合料等物料按照混凝土配比要求进行计量，然后经搅拌机搅拌成合格混凝土的成套设备。主要由物料运送设备、物料贮存设备、计量设备、搅拌设备及控制系统组成。搅拌主机型式分自落式和强制式。自落式的搅拌容量可以做得很大，适应大骨料搅拌。强制式又有立轴和卧轴之分，搅拌的混凝土质量好，适合搅拌低坍落度和干硬性混凝土。砂、骨料装在置于地面上的大型贮筒内，经皮带输送机运送到搅拌楼最高点的回转漏斗中，由回转漏斗分配到预定的骨料贮存斗内。水泥由水泥筒仓经过提升机构进入水泥贮存斗。添加剂和水由泵送进入水箱和添加剂箱。经称量后，按比例将砂石骨料、水泥、水、添加剂等放入搅拌设备进行搅拌，搅拌完成后卸入混凝土运输机械。

混凝土运输机械。①水平运输。虽然不同机种的搅拌运输机械在结构上有许多差异，但基本结构都是由相对独立的混凝土装置和运载底盘两大部分组成。运输机械上的搅拌设备一般由进料机构、搅拌筒、传动系统、供水系统、电气控制系统和底盘等机构组成。由与搅拌筒成一定夹角的高低叶片拌和混凝土料做提升、下落的运动，还能强迫物料轴向窜动，故能强化搅拌作用。当搅拌反转时，叶片将拌和料卸出搅拌机构。②垂直运输。主要由分配阀及料斗、推送机构、液压系统、电气系统、机架及行走装置、润滑系统、罩壳和输送管8个总成组成。垂直运输装置通过液压缸推动活塞杆作往复运动，来实现泵送装置对混凝土的连续泵送及混凝土的吸入与排出。 （李守林）

混凝土搅拌运输车 concrete mixer truck 卡车上装有圆筒形搅拌筒用以运载混合后的混凝土，在运输过程中始终保持搅拌筒转动，以保证所运载的混凝土在送达施工现场前不会凝固的车辆。又称自行式搅拌运输车或搅拌车。是运送建筑用预拌水泥混凝土的专用车辆。混凝土搅拌运输车的动力由全功率取力器输出，通过传动轴传递给液压泵，再由高压油来推动液压马达驱动搅拌筒旋转，筒内壁安装特殊的螺旋叶片。搅拌筒转动时，混凝土沿着叶片的螺旋线方向转动，叶片不断将物料提升到一定高度，然后自由落下，互相掺和，在转动中完成搅拌和泡合。运送完混凝土后，通常都会用水冲洗搅拌筒内部，防止硬化的混凝土占用空间。搅拌筒是混凝土装载容器，材质一般采用优质的耐磨薄钢板。 （刘承桓）

混凝土结构 concrete structure 以普通混凝土为主制作的土木工程结构。

沿革 混凝土结构是1824年英国J.阿斯普丁发明波特兰水泥后逐步发展起来的。由于混凝土抗拉强度低，制作的构件在受弯、受拉时很容易断裂，使素混凝土结构应用范围受到限制。为了扩大应用，在19世纪中叶开始利用钢筋加强混凝土抗拉能力的研究，曾进行了钢筋混凝土梁的试验。直到19世纪80年代，才初步奠定了钢筋混凝土材料在建筑上应用的科学基础。

钢筋混凝土虽然克服了混凝土抗拉强度过低的弱点，但仍存在混凝土受拉区难以避免产生裂缝的问题。明显的裂缝会降低结构的抗渗性能、会引起钢筋锈蚀和给人以不安全的感觉。因此，钢筋混凝土一经推广，就有人试图用预加应力的方法来消除裂缝。这一工作直到1928年才取得成功。随着预应力混凝土的推广，人们又发现这种不容许开裂的所谓“全”预应力混凝土，在理论和实践上都存在一些问题，从1970年起又开始发展一种预应力程度较低的、采用预应力与非预应力混合配筋的“部分”预应力混凝土结构。“部分”预应力混凝土具有预应力混凝土和普通钢筋混凝土两者的优点。

大部分的混凝土结构都采用现场支设模板并浇筑的方法建造，但由于现场施工受气候条件制约大，混凝土养护周期长，使其应用受到一些限制。19世纪末开始在建筑中部分采用预制混凝土构件；20世纪初，开始建造由预制混凝土构件装配成的结构；20世纪中叶起，预制装配式混凝土结构以其施工速度快、建设工期短、产品质量高，并能节约劳动力等优点得到快速发展，在批量大、构件重复性强的结构中具有显著优势。但与现浇混凝土结构相比，预制装配式混凝土结构整体性较差，连接构造较复杂，在应用中需要解决好这些问题。

水泥是混凝土结构的主要基础材料。19世纪末20世纪初，在上海等沿海城市的个别建筑物中，部分采用了钢筋混凝土楼板。1908年建造的中国上海电话公司是中国最早采用钢筋混凝土框架结构的建筑。1949年后，混凝土结构在各种工程结构中得到了广泛的应用。

种类和应用 混凝土结构包括素混凝土结构、钢筋混凝土结构、预应力混凝土结构，根据施工制作的方式还可分为现浇混凝土结构和预制装配式混凝土结构。混凝土结构的应用范围极广，是土木建筑工程中使用最多的一种结构。素混凝土结构主要用于承受压力而不承受拉力的结构，如基础、支墩、挡土墙、堤坝、地坪、水泥混凝土路面、飞机场跑道等。钢筋混凝土结构适用于做各种受压、受拉和受弯的结构，如各种桁架、梁、板、柱、墙、地面、拱、壳、堤坝等。预应力混凝土结构的应用范围和钢筋混凝土相似，但由于其具有抗裂性好和刚度大的特点，特别适宜制作一些跨度大、荷载重以及有抗裂、抗渗要求的结构。现浇混凝土结构是在工程现场支设模板并浇筑而成的结构；预制装配式混凝土结构通常是在车间中制作构件再运输到现场进行拼装和连接而成的结构，采用预制装配式混凝土结构，有利于提高劳动效率、保证施工质量，并能降低施工对环境的不利影响。

优缺点 和其他材料的结构相比，混凝土结构的主要优点是：现浇整体性能好，可灌筑成为一个整体；可模性好，可灌筑成为各种形状和尺寸的结构；耐久性和耐火性好；原材料来源广泛，工程造价和维修费用低。主要缺点是：混凝土抗拉强度低，容易出现裂缝；结构自重比钢、木结构大；室外施工受气候季节的限制；新旧混凝土不易连接，增加了补强修复的困难；对自然资源的消耗较大，废弃混凝土的回收利用难度大。

展望 混凝土结构除继续发展和完善钢筋混凝土和预应力混凝土结构外，在原材料方面，要发展和推广高强、早强、快硬水泥和各种混凝土外加剂，以节约水泥、加快施工速度、增加混凝土的密实度；发展各种轻集料混凝土和轻混凝土，以减轻结构自重；研究和推广采用纤维混凝土，以提高结构的抗拉、抗折强度和抗冲击能力。在结构方面，推广以复合材料作为配筋的复材混凝土结构和复材预应力混凝土结构，发展以型钢作为增强的钢骨混凝土结构、混凝土填充的钢管混凝土结构等钢-混凝土组合结构，以满足各种工程结构的不同要求。还需要进一步发展预制装配式混凝土结构，研究和推动混凝土的再生利用，以满足可持续发展的需求。

（杜拱辰　蔡绍怀　顾祥林　冯　鹏）

混凝土结构构件 concrete structural component　采用配置钢筋、复材筋等增强筋的混凝土制作的受力构件。混凝土结构构件主要包括混凝土板、混凝土梁、混凝土柱和混凝土剪力墙等。①混凝土板。房屋建筑、桥梁、水利工程等工程结构中的基本结构构件，常用作房屋建筑中的屋面板、楼面板、平台板、基础底板等，桥梁结构中的桥梁面板、路面面层等，板梁式码头的面板等。②混凝土梁。房屋建筑、桥梁、水利工程等工程结构中最基本的水平承重构件，包括房屋建筑中的框架梁、框支梁、转换梁、托梁基础梁、暗梁等，桥梁结构中的箱梁、π 形梁等，工业厂房中的吊车梁等，板梁式码头的横梁和纵梁等。③混凝土柱。房屋建筑、桥梁、水利工程等工程结构中最基本的竖向承重构件，常用作房屋建筑中的框架柱、框支柱，桥梁结构中的桥墩，工业厂房中的排架柱等，板梁式码头的结构柱等。④混凝土剪力墙。房屋建筑或构筑物中主要抗侧力构件，主要承受地震作用、风荷载等引起的水平荷载，防止结构侧移过大和剪切破坏；剪力墙又称抗震墙或结构墙。

（肖建庄）

混凝土结构耐久性设计 durability design of concrete structures　按设计确定的环境作用进行设计和在正常施工、正常使用与正常维护条件下，对混凝土结构与构件在规定的设计工作年限内抵抗环境作用并保持其结构安全性、良好的使用性能和外观完整性，从而达到安全性和适用性的能力。混凝土结构的耐久性包括抗渗性、抗冻性、抗侵蚀性、混凝土碳化与钢筋锈蚀、碱骨料反应等性能。

混凝土结构的耐久性设计首先考虑工程结构的设计工作年限、结构所处的环境类别与作用等级。环境类别分为一般环境、冻融环境、受除冰盐作用环境、海洋环境、化学腐蚀环境。应按工程结构所处的环境类别与作用等级确定环境作用等级，再按环境作用等级进行耐久性设计。

耐久性设计还应考虑有利于减轻环境作用等级的结构形式与构造要求、混凝土材料的耐久性要求、钢筋的混凝土保护层要求、提高与控制混凝土裂缝的技术措施、构件表面的防水与排水措施、混凝土施工的质量控制与养护技术、使用阶段维护要求等。

对量大面广处于一般环境的混凝土耐久性设计，应控制混凝土碳化引起的内部钢筋锈蚀，特别对处于潮湿环境或干湿交替环境下的混凝土构件，应有减轻环境作用的措施或适当增加混凝土保护层厚度。

对处于冻融环境的混凝土耐久性设计，应主要控制混凝土在长期冻融作用下的损伤。特别对处于严寒和寒冷地区有侵蚀性水的混凝土构件，应采用加引气剂等措施以提高混凝土的抗冻性能，并增加混凝土保护层厚度。

对处于氯化物作用的环境（受除冰盐作用环境与海洋环境），应控制氯离子引起的混凝土构件中的钢筋锈蚀，提高混凝土的强度等级，严格控制最大水胶比，并注意增加混凝土保护层厚度。

对处于化学腐蚀环境下的混凝土结构耐久性设计，应按化学介质性质的不同进行，主要控制混凝土在遭受化学介质长期侵蚀时引起的损伤。

对设计工作年限为100年的工程结构，其耐久性要求要严于设计工作年限为50年的，主要技术措施是控制混凝土的最大氯离子含量、提高混凝土强度等级与增加混凝土保护层厚度。

（赵基达）

混凝土耐久性 durability of concrete　混凝土在实际使用条件下抵抗各种破坏因素的作用，长期保持强度和外观完整性的能力。

影响因素　影响混凝土耐久性的因素很多，可分为内在因素和外在因素两大类。①内在因素。指混凝土抵御环境作用的能力，由选用的水泥和骨料的种类、外加剂的品种、钢筋保护层的厚度和直径的大小、混凝土的水灰比、浇注和养护的施工工艺等多种因素所决定。②外在因素。是环境对混凝土的物理和化学作用，包括干湿和冻融循环、碳化、化学介质侵蚀、磨损破坏等诸多方面。不同环境对混凝土耐久性的影响程度不尽相同，外在因素是通过内在因素而起作用的。混凝土耐久性具体包括抗渗、抗冻、耐腐蚀、碳化、碱-骨料反应及混凝土中的钢筋锈蚀等性能。虽然混凝土在遭受压力水、冰冻或侵蚀作用时的破坏过程各不相同，但影响因素却有许多相同之处。混凝土的密实度是最为关键的因素，其次是材料的性质、施工质量等。

主要内容　进行混凝土耐久性设计时，一般包括抗渗性、抗冻性、抗侵蚀性、混凝土的碳化（中性化）、碱-骨料反应。

渗透性　气体、液体或者离子受压力、化学势或者电场作用，在混凝土中渗透、扩散或迁移的能力。混凝土的渗透性是由其微观结构决定的，如混凝土的孔隙率、孔径分布，以及骨料-基体界面区的矿物组成等。一般认为，混凝土的毛细孔越大，其强度越低，渗透性也越大。普通混凝土的界面区疏松多孔，界面区氢氧化钙［$Ca(OH)_2$］富集并取向生长，往往成为各种有害介质侵入其内部的通道，因此对渗透性的影响较大。通常采用的降低渗透性的措施如降低水胶比、使用矿物掺合料、延长养护时间等。特别是矿物掺合料（如硅粉、粉煤灰和矿渣等）作为胶凝材料加入混凝土中，能起到增大混凝土的密实度、改善混凝土的孔结构、细化孔隙的作用，能明显降低混凝土的渗透性。

抗冻性　混凝土抵抗多次冻融循环而不疲劳、破坏的性质。混凝土的抗冻性与其内部孔结构、冻融次数、水饱和程度、混凝土的强度等许多因素有关，其中最主要的因素是它的孔结构。混凝土的孔结构取决于混凝土的水灰比、含气量、水泥品种和用量、有无矿物掺合料、有无外加剂等因素。一般地，混凝土的抗冻性随水灰比降低而提高，但水灰比较大时，抗冻性变化不明显；含气量是影响混凝土抗冻性的主要因素，特别是引气后形成的微细气孔对提高混凝土抗冻性尤为重要，在混凝土受冻结冰过程中这些孔隙可阻止或抑制水泥浆中微小冰体的生成，掺入引气剂可以在混凝土中引入均匀分布的气泡，从而有效地提高混凝土的抗冻性。掺入适量的矿物掺合料，如粉煤灰、硅灰等，可以改善孔结构，使孔细化，导致冰点降低，可冻孔数量减少。此外，掺入适量的矿物掺合料，有利于气泡分散，使其更加均匀地分布在混凝土中，因而有利于提高混凝土的抗冻性。但矿物掺合料用量过大，混凝土抗冻性会降低。常用的混凝土抗冻性测试方法分为慢冻法（气冻水融）和快冻法（水冻水融）两种。通常认为快冻法试验周期短，采用相对动弹性模量评价混凝土抗冻性准确且无破损性，试验效率更高。

抗侵蚀性　混凝土阻止环境中侵蚀介质如水分、硫酸盐、氯盐、酸碱物质的侵入，或减缓混凝土与其发生化学腐蚀，进而可提升混凝土服役寿命的性能。提高混凝土耐化学侵蚀性的共同措施有：①设法提高混凝土的密实度、改善混凝土的孔隙结构，以使环境侵蚀介质不易渗入混凝土内部并降低其传输过程。②采用外部防护或表层强化措施以隔离侵蚀介质，使其更加难以进入混凝土内部。③添加传输抑制材料或盐结晶抑制材料，可有效减缓侵蚀介质在混凝土内部的传输速率。④优化混凝土自身配合比以提升基体对侵蚀介质的物理化学吸附性能，进而使其难以破坏更深层的混凝土或延缓内部钢筋的锈蚀，确保混凝土的整体性能。

混凝土碳化（中性化） 空气中的二氧化碳或水溶液中的碳酸根、碳酸氢根离子与混凝土中的氢氧化钙或水化铝酸钙等碱性物质，在水分的作用下发生的一种中性化反应。混凝土碳化的影响因素有很多，可分为材料因素、环境因素、施工因素三大类。材料因素包括水灰比、水泥品种和用量、骨料品种和级配、外掺剂等，主要通过影响混凝土的碱度来影响碳化；环境因素包括相对湿度、温度、压力，以及二氧化碳等酸性气体的浓度，主要通过影响混凝土碳化反应的发生条件来影响混凝土的碳化速度；施工因素指混凝土的振捣、搅拌与养护等，主要通过影响混凝土的密实性来影响混凝土的碳化。土木工程中，混凝土碳化深度的测定通常采用酚酞溶液测试法，其主要步骤为：①在混凝土表面凿个小洞，深1厘米左右。②用洗耳球或小皮老虎吹掉灰尘碎屑。③在凿开的混凝土表面滴或者喷1%的酚酞酒精溶液。④用游标卡尺或碳化深度测定仪测定没有变色的混凝土的深度。

碱－骨料反应 混凝土孔溶液中的碱与集料（又称骨料）中的某些活性组分发生化学反应，并导致混凝土异常膨胀的现象。简称AAR。AAR已在世界范围内造成了许多桥梁、大坝、道面、码头、隧道、工业和民用建筑等开裂破坏。影响AAR膨胀的因素主要有：混凝土碱含量、集料碱活性等级、环境湿度、环境温度、掺合料、锂盐和集料尺寸等。其中混凝土碱含量、集料碱活性等级、环境湿度和环境温度越高，碱-硅酸反应（ASR）膨胀趋于增大；掺合料和锂盐掺量越大，ASR膨胀趋于减小。AAR主要检测方法有：岩相法、砂浆棒快速法、压蒸快速法、混凝土棱柱体法、岩石柱法、混凝土微柱法。

通过综合评定集料的碱活性，选用非活性集料。不建议使用具有白体细胞再生（ACR）活性的集料。当选用具有ASR活性的集料时，需根据集料碱活性等级和环境条件确定ASR发生的风险等级，再结合工程重要性确定预防ASR的技术参数，包括限制混凝土中水泥提供的碱含量，规定粉煤灰、矿渣或硅灰的最小掺量，或者同时限制混凝土中水泥提供的碱含量和规定最小粉煤灰、矿渣或硅灰掺量。也可以依据美国ASTM C1567标准评定含活性集料砂浆试件的膨胀率，或者依据美国ASTM C1293标准评定含活性集料混凝土试件的膨胀率，当砂浆试件14天膨胀率小于等于0.1%时或混凝土试件2年膨胀率小于等于0.04%时，认为掺有粉煤灰、矿粉等的胶凝材料可以有效抑制活性集料的膨胀，避免发生AAR破坏。

耐久性评价 在进行耐久性检测时，通常考虑：①电通量。用通过混凝土的电通量来反映混凝土抗氯离子渗透性能。②混凝土抗冻标号。用慢冻法测得的最大冻融循环次数来划分的混凝土抗冻性能等级。③混凝土抗冻等级。用快冻法测得的最大冻融循环次数来划分的混凝土抗冻性能等级。④抗硫酸盐等级。用抗硫酸盐侵蚀试验方法测得的最大干湿循环次数来划分的混凝土抗硫酸盐侵蚀性能等级。⑤快速氯离子迁移系数法。通过测定混凝土中氯离子渗透深度，计算得到氯离子迁移系数来反映混凝土抗氯离子渗透性。⑥早期抗裂试验。用于测试混凝土试件在约束条件下的早期抗裂性能。⑦抗水渗透试验。用于以测定混凝土在恒定水压力下的平均渗水高度来表示的混凝土抗水渗透性能等。

（吴中伟　洪灿然　熊耀祥　刘建忠　邓　敏）

混凝土喷射机 concrete jet 利用压缩空气将混凝土沿管道连续输送，并喷射到施工面上的设备。混凝土喷射机分干式喷射机和湿式喷射机两类。干式喷射机按形式又分为双罐式、螺旋式、转子式和鼓轮式4种形式，由气力输送干拌和料，在喷嘴处与压力水混合后喷出；湿式喷射机由气力或混凝土泵输送混凝土混合物，经喷嘴喷出。广泛用于地下工程、井巷、隧道、涵洞等的衬砌施工。（刘承桓）

混凝土桥架设 concrete bridge erection 将混凝土桥（包括素混凝土桥、钢筋混凝土桥及预应力混凝土桥）的节段或构件浇筑或拼装成桥，或者整体架设就位的施工过程。混凝土桥架设施工方法，按桥梁主要承重结构在施工阶段的受力状态，可分为支架施工、悬臂施工和整体架设。

支架施工 包括膺架法、拱架法、移动式支架法等。

膺架法 混凝土桥可在落地式膺架（又称脚手架）上现浇或拼装预制节段。由于混凝土桥的自重较大，膺架需按沉降量和变形量设置预拱度，并安装落梁装置。如需跨越深沟或通航河流，可用整孔脚手钢梁代替落地式膺架。也可在岸上浇制或拼装后，沿膺架或脚手钢梁顶面拖拉就位，如1959年建成的中国兰州新城黄河桥，其跨度62.4米的拱、梁组合结构即采用此方法施工。

拱架法 拱桥可在拱架上现浇或拼装预制节段。法国普卢加斯泰勒3孔净跨171.7米公铁两用拱桥，在1930年用一套带系杆的木拱架，两端托在驳船上浮运到位，逐孔灌筑拱肋。1939年建成的西班牙埃斯拉拱桥，净跨192.4米，用悬吊在临时缆索上的轻型钢拱架，分8次灌筑拱圈的截面，并将拱架筑在混凝土内。1952年建成的跨度228米的苏联第聂伯河公铁两用上承式拱桥，在常备式钢拱架上分层灌筑拱肋。1966年建成的跨度150米的中国丰沙（丰台—沙城）铁路永定河七号中承式拱桥，在常备式钢拱架上拼装预制构件拱肋。

移动式支架法 又称逐孔施工法。中等跨度的混凝土梁桥可用移动模架逐孔现浇，或用移动支架逐孔拼装。

移动模架法 模架由可移动的钢支架（桁架或箱梁）和制梁机组（包括模板、灌筑棚、张锚设备及有关机具）组成，分上承式和下承式两种。长度约为桥跨的1.5～2.5倍。此法浇制一孔30～60米的预应力混凝土梁只要10～20天，适用于桥位较高、桥梁外形大致相同的连续多跨长桥或高架桥。1955年建成的联邦德国凯蒂格尔坡桥，最早使用移动模架逐孔现浇施工。以后，此法建成的桥梁有1975年日本建成的北上川铁路桥为45孔30米、48孔32米及7孔47.71米的双线简支梁；1980年瑞士建成的贝肯里德高架桥为“40米＋55×55米＋50米＋35米”的连续梁；1983年中国公路桥梁公司在伊拉克承建的摩苏尔4号桥为“44米＋10×56米＋44米”的连续梁等；2004年开工建设的中国武汉天兴洲公铁两用长江大桥，其铁路引桥采用跨度40米的预应力混凝土简支箱梁，采用移动模架施工（图1），单孔梁重约1200吨。

图1　武汉天兴洲公铁两用长江大桥引桥移动模架施工

移动支架法 支架用钢桁架制成，分上承式和下承式两种。上承式支架支承在桥墩上，长度大致等于桥梁的跨度。在支架上拼完一孔混凝土梁后，用起重机将支架吊出，架设到下一孔继续拼装。下承式支架较长，支承在前方桥墩及已完成的梁上，移动时可向前推进。美国的长礁桥全长3.7千米，用上承式支架逐孔拼装跨度36米（两端孔为34.4米）的连续梁（八孔一联），平均每周拼装2.25孔。

悬臂施工 包括悬臂灌筑法、悬臂拼装法、顶推法等。悬臂的方式有全悬臂、半悬臂、单悬臂、平衡悬臂等。

悬臂灌筑法 简称悬浇法，可分为梁式桥悬浇法和拱桥悬浇法。

梁式桥悬浇法 在混凝土梁桥悬臂端设置吊篮，在吊篮内灌筑混凝土节段，并张锚预应力筋，然后将吊篮前移，逐段悬臂灌筑。悬浇节段的长度一般为3～5米，施工周期7天左右。早在20世纪30年代初，钢筋混凝土梁桥就用过悬浇法施工。1953年，联邦德国用平衡悬臂法灌筑主跨114.2米的沃尔姆斯T形刚构桥；1964年，建成本多夫T形刚构桥，主跨达208米。此后，日本在1972～1976年接连建成浦户（主跨230米）、彦岛（236米）、滨名（240米）3座T形刚构桥；1977年，在太平洋加罗林群岛建成主跨240.8米的科罗尔-巴伯尔图阿普有铰连续梁桥；澳大利亚建成主跨260米的布里斯班的加特韦连续刚架桥等。中国1967年建成的柳州柳江公路桥主跨124米的T形刚构，1970年建成的成昆（成都—昆明）铁路孙水河5号桥“32.3米+64.6米+32.3米”铰式连续梁，1980年建成的重庆长江公路桥主跨174米的T形刚构及1985年建成的主跨111米的沙洋汉江公路桥（图2），均采用悬浇法施工。中国铁路预应力混凝土连续梁桥普遍采用悬臂浇筑法施工，常用桥跨“32米+48米+32米”“60米+100米+60米”等。

图2 沙洋汉江公路桥悬浇法施工

拱桥悬浇法 采用无支架的方法，从两端悬臂浇筑，在跨中合龙。可在拱端设置塔索，吊住悬伸的拱肋；或设置拉杆与拱肋及拱上立柱构成悬臂的桁拱。1966年，南斯拉夫用斜拉扣挂法悬臂灌筑跨度246.4米的希贝尼克公路拱桥。一年以后建成跨度193.2米的帕格岛公路拱桥。1977年建成的跨度154.4米的联邦德国内卡河公路拱桥，及1983年建成的跨度272米的南非布劳克朗斯公路拱桥等，均采用塔索法悬臂灌筑。1979年建成的日本赤谷川双线铁路桥为跨度126米的拱、梁组合结构，是用斜拉杆组成悬臂桁拱的方法悬浇施工。

悬臂拼装法 简称悬拼法。主要有梁式桥悬拼法和拱桥悬拼法。

梁式桥悬拼法 将预应力混凝土梁桥预制成节段再悬臂拼装架设。节段间的接缝一般分为宽接缝和密接灌注接缝。宽接缝填充混凝土或干硬性水泥砂浆，故也称湿接缝。密接灌注接缝为用环氧树脂，并可设剪力键传递剪力的接缝。节段的吊装可用常备的吊机或推进式支架。1965年建成的荷兰泽兰桥的55孔91.4米及1966年建成的法国奥莱龙桥的26孔79米的T形刚构，均采用平衡悬臂拼装架设。荷兰东斯海尔德桥的节段重190～275吨，用长支架吊装悬拼，平均进度每孔1.5周。1966年建成的中国成昆（成都—昆明）铁路旧庄河桥“24米+48米+24米”有铰连续梁及1979年建成的兰州城关黄河公路桥“47米+3×70米+47米”连续梁等，均为悬拼法施工。2001年建成的中国嘉浏高速公路新浏河大桥，采用专用移动支架预制节段、逐跨拼装法施工。2010年开始建设的中国黄韩侯铁路芝水沟特大桥为首座采用节段胶接拼装法施工的铁路桥梁，桥跨为“19×64米+2×48米”。铁路节段拼装简支箱梁（图3）。

拱桥悬拼法 用塔索或用拉杆和拱肋及立柱临时构成悬臂桁拱进行悬臂拼装。1979年，中国建成跨度150米的宜宾金沙江马鸣溪大桥就是用塔索协助悬臂拼成的。1980年，南斯拉夫建成跨度390米的克尔克桥，其拱肋为预制构件拼装的单箱三室截面，先悬拼中间一室再拼装拱肋的两侧室完成全拱截面，悬臂长度达195米（图4）。

顶推法 中等跨度的预应力混凝土连续梁，在桥头路堤上分节段现浇或拼装，用千斤顶顶推使其在滑道上纵移，悬臂架设就位。此法是在拖拉法（见**钢桥架设**）的基础上发展起来的，占用场地少，施工不受季节影响，但仅能用于等高度的梁桥，桥上线路应为直线或等半径的曲线。顶推的滑道用聚四氟乙烯板和镍铬钢板组成，滑移面的摩擦系数为0.02～0.04。顶

图3 铁路节段拼装简支箱梁

图4 克尔克桥悬拼法施工

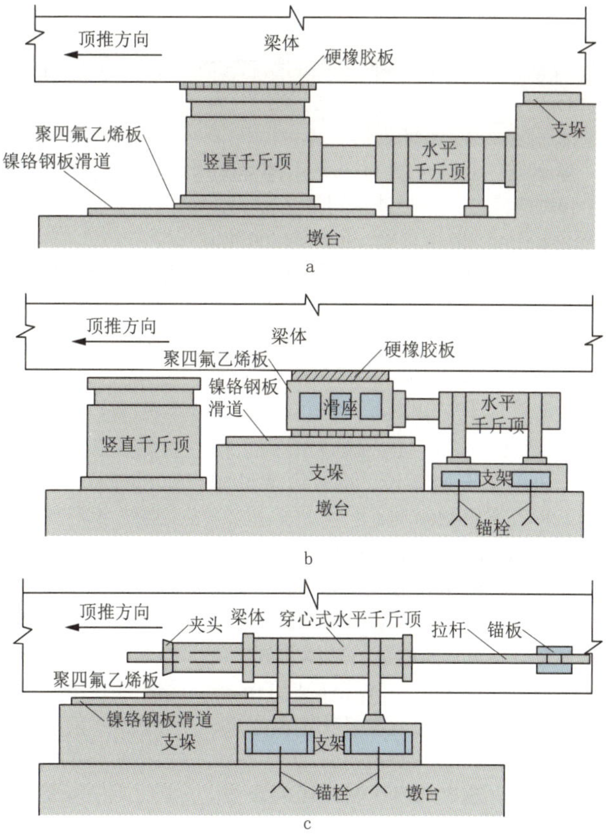

图5 顶推法架设示意图

推的方法有：①用竖直千斤顶将梁顶高5～10毫米，使之脱离支垫，启动水平千斤顶推动竖直顶连同梁体在滑道上纵移（图5a）。也可简化为竖直千斤顶位置固定，用水平千斤顶推动（也可用穿心式水平顶拉曳）滑座连同梁体在滑道上纵移（图5b）。②用位置固定的穿心式水平千斤顶，通过拉杆及锚板直接拉曳梁体在滑道上纵移（图5c）。为减小顶推的悬臂弯矩，可在梁端加设导梁，或设置塔索吊住悬臂端，或设置临时墩。顶推的悬臂长度（包括导梁）以40～50米为宜。

1964年委内瑞拉建成的卡罗尼河桥，为“48米+4×96米+48米”的连续梁，采用集中顶推施工，顶推速度平均每天19.2米。1976年建成的南非象河铁路桥，为“11×45米+45米+11×45米”的连续梁，施工时将全桥23孔临时连成一整联连续梁。1983年建成的中国包头黄河公路桥，为3联4×65米的连续梁，采用分联多点顶推（每联重4600吨），顶推速度每小时2.7～4米。

整体架设 包括整体吊装法、浮运法、转体法、横移法、架桥机架设法等。

整体吊装法 整孔小跨径混凝土桥或混凝土桥的大型梁段可用起重设备整体吊装架设。美国两座庞恰特雷恩湖堤桥（1956，1969）由跨度为17.1米和25.6米的预应力混凝土简支梁组成，采用浮吊整体吊装架设，每天完成8～10孔。1984年建成的中国广东容奇公路桥为“73.5米+3×90米+73.5米”连续梁，使用浮吊整体吊装500吨大型梁段。

浮运法 混凝土桥也可采用浮运架设。1957年建成的科特迪瓦阿比让公铁两用桥为8孔46.5米简支梁，每片重800吨，采用浮运法架设。1959年建成的苏联卢日尼克公路和地铁两用桥为“45米+108米+45米”三跨连续系杆拱，全重约5500吨置于浮驳上浮运架设就位。中国杭州湾跨海大桥在海上深水区的引桥均采用跨度70米先简支、后连续的预应力混凝土箱梁，于2005年开始架设，每月可架设30余孔，单孔梁重2160吨。

转体法 混凝土斜拉桥或拱桥可分作两个半跨，在两岸利用地形及简单支架灌筑或拼装后，以索塔或墩台为中心，在水平面内整体旋转就位合龙。转体的滑移装置可用聚四氟乙烯板和镍铬钢板的环行滑道。1974年建成的奥地利多瑙运河“56米+119米+56米”的斜拉桥，分为两半（各长111米，重3000吨）在岸边浇筑后，以索塔为中心各转体45°就位合龙。1977年建成的中国四川遂宁琼江公路拱桥跨度70米，分为两个半拱（各重1200吨）在岸上浇筑，用卷扬机牵引各转体140°左右就位合龙。北京市五环路石景山南站高架桥主桥，为四跨连续独塔单索面预应力混凝土部分斜拉桥，桥跨布置为45米+65米+95米+40米，采用平转法施工以减少对铁路正常运输的干扰。

横移法 混凝土桥亦可采用横移法架设。联邦德国科隆-多伊茨桥，全长437米，分跨为132.1米+184.5米+120.7米。1979年要在1948年所建的钢梁一侧预留的位置处增设一桥，采用和钢梁同等跨度及高度的预应力混凝土连续梁整体横移5.3米就位。

架桥机架设法 铁路常用跨度预应力混凝土简支梁普遍采用架桥机架设（图6），可架设跨度16～40米混凝土预制梁，

图6 铁路架桥机架梁

单孔梁重600～1000吨。架桥机架梁时前、中支腿和后支腿首先在桥墩上支撑到位，两个起重小车走行到架桥机后部取梁位置，运梁车运梁到位。起重小车取梁、托梁到位，运梁车开回梁场。梁体纵移到位，前后起重小车同步落梁到位完成架设。也可采用运架一体机架梁，每日可架设1～3孔梁。

（唐嘉衣 牛 斌）

混凝土桥制造 concrete bridge fabrication 按照设计要求，在预制工厂或临时预制梁场制造钢筋混凝土桥及预应力混凝土桥的构件、梁段或梁片的生产过程。生产设备主要有：①混凝土加工设备。包括水泥、集料及外加剂的储运、计量、搅拌等设备。②钢筋及预应力筋加工设备。包括整直、切断、钢筋焊接和弯钩、钢丝编束、锚具制作、孔道成形、预应力筋张锚、孔道压浆等机具设备。③混凝土灌筑设备。包括模板及混凝土输送、灌筑、振捣、养护等机具。④搬运梁设备。包括龙门吊机、存梁台座、运梁台车等。

生产前，先对预制厂（场）进行规划，根据桥梁的规格、制造数量、运梁距离、施工工期等要求选择预制厂（场）的位置和大小，并对梁场施工设施（包括混凝土搅拌站、料仓、制梁台座、存梁台座、钢筋加工车间、钢筋制作胎架、料库等）进行设计与建造。

钢筋混凝土桥的制造工序为：立模、安装钢筋、灌筑混凝土、养护、拆模等。预应力混凝土桥的工艺分先张法和后张法两类。先张法先张拉预应力筋再灌筑混凝土，待混凝土达到一定程度后放松预应力筋，利用预应力筋和混凝土的黏结力将预应力传递到混凝土上。先张法的制造工序为：张拉预应力筋、立模、安装钢筋、灌筑混凝土、养护、拆模、放松预应力筋等。后张法先灌筑混凝土后张拉预应力筋。其制造工序为：立模、安装钢筋、孔道成形、灌筑混凝土、养护、拆模、张拉预应力筋、孔道压浆等。

（唐嘉衣 撰 周外男 修订）

混凝土外加剂 concrete admixture 在混凝土拌制之前或拌制过程中加入的、用以改善新拌混凝土和（或）硬化混凝土性能且不能对人、生物、环境安全及混凝土耐久性造成有害影响的材料。掺量一般不大于水泥重量的5%。

分类 按主要组分分为两类：①化学外加剂。以无机盐或有机聚合物为主要组分，用以改善新拌和（或）硬化混凝土性能的产品。②矿物外加剂。具有适宜组成和特定细度的矿物类物质，用以改善新拌和（或）硬化混凝土性能的产品，有时亦称矿物掺合料。按功能分主要分为4类：①改善混凝土拌和物流变性能的外加剂，包括各种减水剂、引气剂、消泡剂、增稠剂和泵送剂等。②调节混凝土凝结时间、硬化性能的外加剂，包括缓凝剂、早强剂和速凝剂等。③改善混凝土耐久性的外加剂，包括引气剂、减缩剂、防水剂和阻锈剂等。④改善混凝土其他性能的外加剂，包括加气剂、膨胀剂、着色剂、防冻剂、防水剂和泵送剂等。

使用目的 混凝土外加剂使用的主要目的是：①改善新拌混凝土、砂浆和水泥浆的性能。不增加用水量而提高和易性，或和易性相同减少用水量；调整混凝土的凝结时间；减少泌水和离析，改善和易性；可以减少坍落度损失，增加泵送混凝土的可泵性；降低混凝土黏度，提高工作性。②改善硬化混凝土、砂浆、水泥浆的性能。可以减少收缩，加入膨胀剂还可以补偿收缩；延缓混凝土初期水化热，降低大体积混凝土的温升速度，减少裂缝发生；加速早前水化，提高混凝土早期强度；提高强度，增加抗冻性、抗渗性、抗磨性和耐腐蚀性；控制碱-骨料反应，阻止钢筋锈蚀，减少氯离子扩散；制成其他特殊性能（如

彩色、透水等）的混凝土。

（陈嫣兮　陈建奎　冉千平）

混凝土振动器 concrete vibrator 通过振动使浇注混凝土密实的工具。用于混凝土基础楼地面垫层和各种混凝土构件的振实。混凝土振动器通常有棒式和面板式。棒式振动器多用于各种结构件和厚度较大的混凝土，面板式振动器多用于基础垫层和面积较大、厚度较小的混凝土。

混凝土振动器也可装于各种振动台和其他振动装置，用作振动源。

（刘承桓）

混凝土制品 concrete product 以水泥混凝土为基材，按照不同应用领域需求，依照相关产品标准，在工厂生产加工制成的工业产品。又称预制混凝土。20世纪30年代，世界各国开始发展混凝土制品技术。第二次世界大战后，混凝土制品在城市恢复性建设中发挥了巨大的作用。1956年，在苏联专家的参与下，中国北京建立了全国第一座生产设备完善的混凝土制品厂，即北京市第一构件厂。20世纪80年代以来，对水泥混凝土制品的需求日益扩大，应用领域不断拓展。随着建筑节能、建筑构件异型化及建筑美学等的要求，具有保温、隔声、抗渗、装饰功能的多功能混凝土制品已成为开发热点。

混凝土制品有混凝土板材、混凝土砌块、混凝土管、混凝土电杆、混凝土桩、混凝土轨枕、混凝土管片等。采用混凝土制品能明显加快施工进度，质量控制水平高，模板周转率高，广泛应用于建筑、交通、水利、农业、电力和采矿等行业。

（沙建芳）

活动桥 movable bridge 桥跨结构的一部分或整体可以移动或转动的跨河桥。又称开启桥、开合桥。适于陆地交通不甚繁忙、修建固定式桥梁难以满足桥下通航净空要求或建设费用过高的情况。修建活动桥，可节省建造费用，但会增加管养费用，且在一定程度上会影响陆地交通。活动桥常建在江河下游城市地区和入海口港湾地区。为减轻重量便于移动或转动，活动桥大多采用钢结构。常用的开合方式有立转、升降、平转。对设有活动通航孔的永久性浮桥，可视为特殊的活动桥，其多采用伸缩或平转的开合方式。无论采用哪种方式开合，活动桥均需设置一套适宜的开启系统。开启系统通常包括：铰和平衡重机构、机械转动系统、动力系统、控制系统等。

立转桥　跨越主航道的桥跨结构可以在立面上转动开合的活动桥（图1）。从一端开合活动桥跨结构的称为单叶式，从两端开合者称为双叶式。截至2017年，单叶式跨度最大的是乌克兰因古尔河活动桥，跨度76.25米；双叶式跨度最大的是2000年建成的西班牙巴塞罗那港活动桥，跨度达109米。中国天津市的解放桥（原万国桥）建成于1927年，为双叶式，跨度46.94米，1973年停用，后经改造于2008年恢复开启功能。2012年建成的天津响螺湾海河开启桥，主跨76米，为亚洲跨度最大的双叶式立转桥。

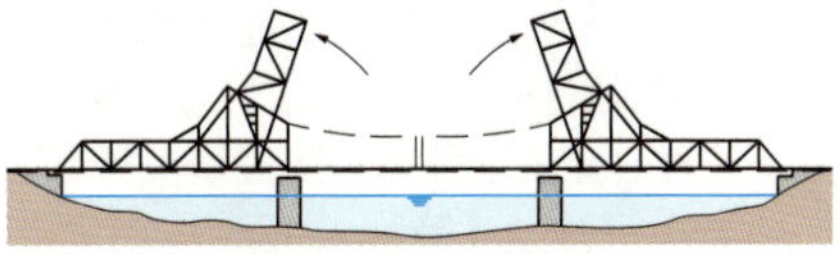

图1　立转桥示意图

升降桥　跨越主航道的桥跨结构可以升降开合的活动桥（图2）。这类桥需在活动桥跨结构的两端设置塔架和提升设备。跨度最大的升降桥是美国纽约州斯塔滕岛和新泽西州伊丽莎白之间的奥瑟基尔单线铁路桥，跨度170米，建于1959年。1985年建成的天津塘沽海门大桥是中国跨度最大的升降桥，其正桥为5孔简支下承式栓焊桁架梁，桥总长550米，其中64米桥跨为升降孔，开启时桥下净高31米，可通过5000吨级海轮。

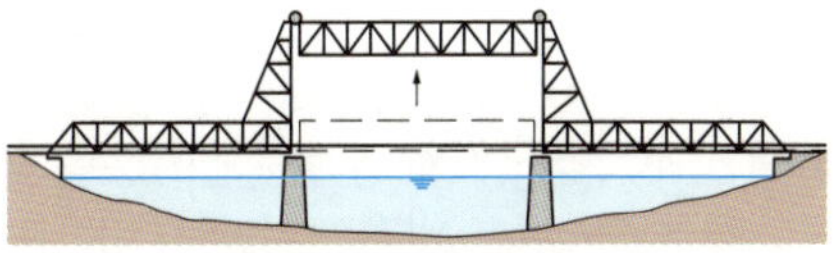

图2　升降桥示意图

平转桥　跨越主航道的桥跨结构可以绕一根或两根竖轴水平旋转开合的活动桥（图3）。1906年建成的中国天津市金汤桥，全长76.4米，为三跨钢桁梁结构，一大跨为固定式，两小跨为可绕桥墩平转的活动跨（长40米），1970年拆除开启设备，2005年改建后重新恢复。世界上跨度最大的平转桥是埃及2001年建成的跨越苏伊士

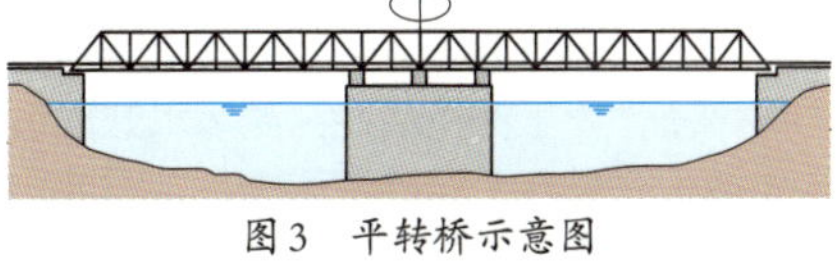

图3　平转桥示意图

运河的艾尔法丹桥，为一座三跨悬臂钢桁梁铁路桥，分跨150米+340米+150米，全桥沿主跨跨中分为两个活动部分，各自绕一个主桥墩转动。日本梦舞大桥是一座永久性浮桥，主桥为拱结构，主跨长280米，置于两个大型浮筒上，需要时用拖船将浮桥绕一端的竖轴整体平转，可提供超过200米宽的航道。

（李亚东　胡春农）

活性炭吸附 activated carbon 利用活性炭的物理吸附、化学吸附、氧化、催化氧化和还原等性能去除水中溶解性污染物的水处理方法。

活性炭性能　活性碳是用木材、果壳及煤等含碳物质经过炭化和活化处理制得的碳吸附剂。通常可分为粉末炭（粒径10～50微米）和粒状炭（粒径0.4～2.4毫米）。

活性炭具有发达的孔隙结构和巨大的比表面积（500～2000米^2/克）。根据活性炭孔径D的不同，活性炭的孔隙分为3类，即微孔（$D<2$纳米）、中孔（2纳米$<D<50$纳米）和大孔（$D>50$纳米）。微孔表面积占总表面积的95%以上，是活性炭的主要吸附区域；中孔表面积占总表面积的5%以下；大孔表面积占总表面积的1%以下。中、大孔主要为吸附质提供扩散通道。

分类　活性炭吸附主要有物理吸附、化学吸附和离子交换吸附。①物理吸附。吸附剂和吸附质之间通过分子间力产生的吸附。物理吸附可形成单分子或多分子吸附层。②化学吸附。吸附质与吸附剂之间通过化学键力产生的吸附。化学吸附可形成单分子吸附。③离子交换吸附。吸附质的离子由于静电引力聚集到吸附剂表面的带电点上，同时吸附剂也放出一个等当量离子的吸附，这种吸附是不可逆的，仍属于化学吸附。

吸附原理　在活性炭生产过程中，由于氧化及活化作用，在活性炭中形成了复杂的多孔结构，多孔结构产生了大量的表面积，使活性炭具有很强的吸附能力；同时在活性炭表面还形成了复杂的含氧官能团以及碳氢化合物，有的活性炭表面还具有两性性质。活性炭具有的多孔结构及表面存在的官能团，决定了活性炭的极性强弱以及吸附性能。根据相似相溶原理，具有弱极性、中性及非极性表面的活性炭对非极性的分子吸附能力比较强，而对极性分子以及离子的吸附能力比较弱。

应用　活性炭吸附法广泛应用于给水和污水处理，能够有效去除水的臭味、水中天然或合成的溶解性有机物及其他微污染物等。活性炭最早用于去除生活用水的臭味。沼泽水常带土味，湖泊和水库水常带藻类形成的臭味，用活性炭处理最为有效，并且只需在出现臭味时使用。使用粉状活性炭，大多直接投入混凝沉淀池，随污泥排除，不再回收利用。

活性炭吸附能去除水中产生臭味的物质和有机物，如酚、苯、氯、农药、洗涤剂、三卤甲烷等。此外，对银、镉、铬酸根、氰、锑、砷、铋、锡、汞、铅、镍等

离子也有吸附能力。

吸附操作 活性炭吸附操作分静态吸附的间歇操作和动态吸附的连续操作两种。

静态吸附 在一定的温度下，一定量的活性炭吸附剂在水不流动的条件下进行的吸附操作，经过长时间充分接触后达到吸附平衡。

静态吸附操作的工艺过程是，把一定数量的活性炭吸附剂投加到水中，不断地进行搅拌，达到吸附平衡后，再用沉淀或过滤的方法使水和活性炭吸附剂分离。如经一次吸附后，出水的水质达不到要求时，往往采取多次静态吸附操作。多次吸附由于操作麻烦，所以在水处理中采用较少。

动态吸附 在一定温度下，一定量的活性炭吸附剂在水流动条件下进行的吸附操作。常用的动态吸附装置有固定床、移动床和流化床。①固定床。是水处理工艺中最常用的方式，当水流连续通过填充活性炭吸附剂的吸附塔或吸附池时，活性炭吸附剂对水中的吸附质进行吸附。②移动床。水从吸附塔底部流入和活性炭吸附剂进行逆流接触，经吸附处理后的水从塔顶流出，接近吸附饱和的活性炭吸附剂从塔底间歇地排出，再生后的活性炭吸附剂从塔顶加入。③流化床。水由塔底部呈升流式通过活性炭炭床，活性炭由上部向下移动，活性炭吸附剂在塔内处于膨胀状态或流化状态，水中的吸附质与流化状态的活性炭吸附剂在逆流接触时进行吸附。

（李伟光）

活性污泥法 activated sludge process 以活性污泥为主体作用物质的污水生物处理技术。按照其反应器类型和活性污泥混合液流态，活性污泥法主要分为完全混合式活性污泥法、间歇式活性污泥法、推流式活性污泥法等。

活性污泥组成及特性 活性污泥外观呈絮状，具有良好的絮凝沉降性。活性污泥粒径一般在200～1000微米，比表面积较大，一般介于20～100厘米^2/毫升。活性污泥含水率较高，一般都高于99%，即固体含量一般低于1%。活性污泥中的固体物质由有机质和无机质组成。其中有机成分主要包括3部分：①栖息在活性污泥中的微生物群体，这是活性污泥主要起作用的部分。②微生物自身氧化产生的残留物，如细胞壁、细胞膜等。③吸附在污泥上的原污水带入的微生物不能利用降解的有机物。活性污泥中无机成分主要是污水带入的。

活性污泥中的微生物主要为细菌，其含量占微生物总量的90%～95%，其他微生物有真菌、原生动物及后生动物等微型动物。活性污泥中细菌主要以异养型细菌为主，正常成熟的活性污泥中细菌的数量在100个/毫升左右。活性污泥中的动胶杆菌属、假单胞菌属、黄杆菌属等微生物可分泌具有黏性的胞外聚合物，使细菌相互黏接在一起，形成生物絮凝体，这些絮凝体被称为菌胶团。菌胶团的形成对于活性污泥的形成及其功能的发挥具有重要作用，只有菌胶团正常发育形成，活性污泥去除有机物和脱氮除磷的功能及其沉降性能才能得以发挥。

流程 传统活性污泥法流程包括曝气池、二次沉淀池（简称二沉池）、污泥回流系统、剩余污泥排放系统等（见图）。

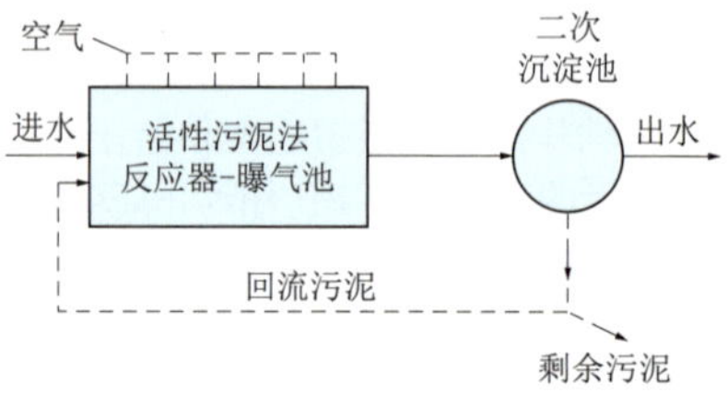

活性污泥法基本流程示意图

活性污泥法污水处理系统的进水为经过初次沉淀池或其他预处理后的污水。进水和回流污泥进入曝气池，活性污泥中的异养菌氧化污水中的有机物和硝化菌氧化污水中的氨氮均需要消耗氧，因此通过向曝气池通入空气以维持曝气池的好氧条件，曝气同时可起到搅拌混匀的作用，使活性污泥和污水完全混合，保证泥水充分接触。污水中的有机物首先被活性污泥吸附，再被其中的微生物氧化降解，从而使污水得到净化。而后泥水混合液流入二沉池，进行泥水分离。混合液中的活性污泥具有良好的沉降性，在二沉池中沉淀至池底，净化后的水则上升至二沉池表面，再经过二沉池溢流堰溢流排出。为了使曝气池中活性污泥浓度维持在一定范围内，二沉池池底的沉淀污泥被部分回流至曝气池前端。同时曝气池中生化反应使得微生物得到增殖，为了保持活性污泥污水处理系统中微生物量在一定的范围内，则需要将增殖的微生物以剩余污泥的方式从系统排出。

影响因素 活性污泥中的微生物是活性污泥法的作用主体，适宜的环境条件是微生物生长的必要条件，因此环境条件会对活性污泥法产生影响。常见的影响因素有：①营养物质。微生物生长过程中需要一定比例的营养物质，比如碳、氮、磷和无机盐等。对于活性污泥中的微生物来说，污水中营养物质的平衡一般以BOD5：N：P来表示。对于城市污水生物处理系统，BOD5：N：P=100：5：1可满足微生物对有机物、氮和磷的需求，但工业废水处理系统可能会缺少可生物降解有机物碳源、氮或磷，需要外加有机碳源或氮、磷等元素。②溶解氧。微生物氧化有机物的过程是耗氧过程，因此混合液中溶解氧浓度会影响活性污泥法污水处理系统性能。根据试验研究和实际城市污水处理工程经验，一般认为曝气池混合液中溶解氧浓度不宜低于2毫克/升（以曝气池出水口处为准）；同时还应注意曝气池中的溶解氧浓度并非越高越好，溶解氧浓度过高不仅对提高处理效果的作用十分有限，还会导致能量浪费。③pH。会影响微生物对营养物质的吸收、酶活性及有害物质的毒性等均与pH有关，因此pH会影响活性污泥微生物的生命活动和处理性能。活性污泥微生物适宜pH一般为6.5～8.5。当污水pH过高或过低时，可通过设置调节池将污水pH调整至合适范围后再进入活性污泥法污水处理系统。④温度。会对细胞内蛋白质和细胞膜脂肪酸成分产生影响，进而影响微生物活性。活性污泥中微生物多为嗜温菌，其适宜温度为15～30℃。冬季低温时，活性污泥法污水处理系统性能会下降，可通过采取适当的保温措施、提高曝气池中活性污泥浓度、延长曝气时间等措施来保障系统性能。⑤有毒物质。污水中的氰化物、重金属、硫化氢（H_2S）等无机物质和醇、酚、醛、染料等有机化合物，都会对微生物产生毒害作用。上述有毒物质一般通过与细胞蛋白作用，使其活性降低。有毒物质的毒害作用还与污水pH、溶解氧、水温、微生物的数量以及是否经过驯化等因素有关。

性能指标 活性污泥法污水处理系统的工程设计与运行过程中常用到的活性污泥评价指标包括活性污泥微生物量指标、沉降性指标及活性指标。

活性污泥微生物量指标 活性污泥微生物高度集中在活性污泥上，因此，一般用活性污泥浓度来表征活性污泥微生物量。混合液悬浮固体浓度（MLSS）和混合液挥发性悬浮固体浓度（MLVSS）是常用的两个表征活性污泥浓度的指标。MLSS指在曝气池中单位容积混合液内所含有的活性污泥固体物的质量，即：

$$\mathrm{MLSS}=M\mathrm{a}+M\mathrm{e}+M\mathrm{i}+M\mathrm{ii} \qquad (1)$$

式（1）中MLSS浓度单位为毫克/升。

MLVSS则指曝气池单位容积混合液内含有的挥发性悬浮固体的质量，即：

$$\mathrm{MLVSS}=M\mathrm{a}+M\mathrm{e}+M\mathrm{i} \qquad (2)$$

MLSS和MLVSS两项指标虽然在表示活性污泥微生物量方面不够精确，但由于检测方法简单易行，且能够在一定程度上表示相对的生物量，因此被广泛地用于活性污泥法污水处理系统的设计与运行中。

活性污泥沉降性指标　包括污泥沉降比（SV）和污泥容积指数（SVI）。SV指混合液在量筒内静置30分钟后所形成沉淀污泥的容积占原混合液容积的百分比，以%表示。SV除了能反映活性污泥的沉降性，还能反映曝气池中的活性污泥量，可用于调控剩余污泥的排放量。SVI指曝气池出口处的混合液经过30分钟静止沉淀后，每克干污泥形成的沉淀污泥的体积，以毫升计。其计算式为：

$$\mathrm{SVI}=\mathrm{SV}/\mathrm{MLSS} \qquad (3)$$

式（3）中SVI为污泥指数，单位为毫升/克，习惯上只称数字，而把单位略去。城市污水厂中活性污泥的SVI一般为70～100。SVI值过高说明活性污泥沉降性不好，可能发生了污泥膨胀；SVI值过低说明活性污泥中无机组分含量过高，污泥活性较低。

活性污泥活性指标　一般用活性污泥的比耗氧速率（SOUR，一般称OUR）来表征活性污泥活性。OUR指在单位时间内单位质量的活性污泥所能消耗的溶解氧量，单位为毫克O_2/克MLVSS/时或毫克O_2/克MLSS/时。活性污泥的OUR一般为8～20毫克O_2/克MLVSS/时。温度对OUR的影响很大，不同温度下测得的OUR是没有可比性的。一般应在20℃时测OUR值。（马　斌　彭永臻）

活性污泥膨胀　sludge bulking　活性污泥沉降性能大幅下降的情况。是活性污泥法经常发生的现象。污泥膨胀有两种情况：①黏性膨胀。发生概率低，一般在处理高负荷、含糖有机废水时，如果有机负荷提高过快或有机负荷过高，会发生黏性膨胀。黏性膨胀发生的原因多由于活性污泥微生物增长过快，胞外聚合物分泌过多所致。②丝状菌污泥膨胀。又称活性污泥法的癌症。发生概率很高，全世界的（市政）污水处理厂每年都会发生。丝状菌广泛存在于活性污泥中，是活性污泥絮体的组成成分，在沉淀性能正常的情况下，丝状菌有利于菌胶团的形成。然而，在溶解氧较低、有机负荷较低、pH过低、pH过高、温度过低等情况下，丝状菌由于比表面积较大，可以优于其他微生物获得底物，因此会快速大量繁殖，成为活性污泥微生物的主体，从而引起污泥沉降性能大幅下降，容易造成污泥流失，污泥浓度下降，导致污水处理厂处理效果下降，出水无法达标排放。

评价污泥膨胀程度的指标是SVI，即单位质量的干污泥所占的30分钟污泥沉降体积，单位毫升/克。一般认为SVI达到150毫升/克即发生了污泥膨胀。为了防止丝状菌污泥膨胀的发生，要及时监控曝气池的溶解氧、pH、水温、污泥负荷等运行参数。可在曝气池前端设置停留时间很短的选择器（厌氧选择器、缺氧选择器、好氧选择器），提升非丝状菌的生长，抑制丝状菌的生长，从而达到防控丝状菌膨胀发生的概率和程度。丝状菌污泥膨胀发生时，由于丝状菌的网捕和卷扫作用，上清液清澈，悬浮物浓度很低。因此，如果将丝状菌污泥膨胀控制在刚刚发生污泥膨胀的阶段（SVI在150毫升/克左右），延长二次沉淀池的沉淀时间，出水可以达标排放，这种情况，称之为活性污泥的微膨胀。（高景峰　彭永臻）

火灾荷载　fire load　建筑物及其内部所有可燃物的燃烧总热值。

分类　按照建筑内可燃物的可见性，火灾荷载可分为：①可见火灾荷载，即建筑内可以观察到、暴露在空气中的可燃物，如门、窗、家具、商品和书籍等。②隐蔽火灾荷载，包括建筑构件内隐蔽的可燃物，如管道、保温材料和电线等。

按照可燃物的可移动性，火灾荷载可分为下列两类：①固定火灾荷载，如门、窗户、建筑内部可燃构件、电气线路、保温材料和内置电器等。②活动火灾荷载，即建筑内放置的可移动物品，如家具和书籍等。

按照可燃物的材质，建筑内的可燃物可分为纤维织物、木质材料、高分子材料和纸制品等。

确定方法　火灾荷载反映了建筑物潜在火灾的风险及火灾严重性，在很大程度上决定了火灾持续时间的长短和室内温度的变化情况，对于建筑火灾发展、特性具有重要影响。因而，在进行建筑防火设计、火灾风险评估时，应合理确定火灾荷载数值。建筑火灾荷载的确定可采用标准数据法、实地调查法、设计分析法、数据查询法、类比分析法。火灾荷载确定，可根据实际情况，采用一种或多种方法的结合。

火灾荷载与建筑面积或容积大小有关。通常大空间比小空间有更多的可燃物。为此引入了火灾荷载密度的概念。火灾荷载密度定义为建筑空间内单位地板面积上可燃物的燃烧总热值。

$$q=\frac{1}{A_{\mathrm{fl}}}\sum M_{\mathrm{v}}H_{\mathrm{v}} \qquad (1)$$

式（1）中q为火灾荷载密度（兆焦/米^2）；M_{v}为室内可燃材料V的总质量（千克）；H_{v}为室内可燃材料V的热值（兆焦/千克）。在着火房间里一般不会把所有可燃物全部烧光，因而实际上火灾荷载密度应乘以一个系数μ，以考虑可燃物的实际燃烧程度，即：

$$q=\frac{1}{A_{\mathrm{fl}}}\mu\sum M_{\mathrm{v}}H_{\mathrm{v}} \qquad (2)$$

式（2）中μ为非完全燃烧系数，与燃料类型有关，在0～1。当实际值不能确定时，可偏于安全取1.0。在工程上，有时将火灾荷载密度换算为单位面积上的当量标准木材质量，换算时标准木材的热值取为18.4兆焦/千克。（楼国彪）

火灾轰燃　flashover of fire　火在封闭空间内（如建筑室内）突发性地引起全面燃烧的现象。封闭空间并不是完全密封，可以有门窗洞口等开口与外界连通。

发生过程　材料被引燃着火后，燃烧产生的热量通过辐射、对流、传导等方式向四周扩散，室内温度逐渐上升，加速可燃物分解，助长燃烧。材料因热分解产生的可燃气体在室内高处蓄积，一旦该气体与空气的混合气体浓度达到燃烧界限、且温度达到多数材料的着火点或以上时，则会产生瞬间爆发，使整个室内由局部燃烧扩大至全部燃烧，室内可燃物几乎同时开始燃烧，发生轰燃（见图）。

轰燃是火灾中的一个重要现象，标志着室内火灾由局部火向大火的转变，使得火灾由发展期进入最盛期。研究轰燃产生的条件对防火和灭火具有重要的意义。

发生条件及因素　发生轰燃的条件包括：①通风条件差，燃烧形成的可燃气体在房间大量聚集。②可燃气体弥漫到其他可燃物周围或表面。③可燃气体达到一定浓度并发生爆燃。

影响轰燃发生最重要的两个因素是辐射和对流情况，其他影响因素有通风条件、房间尺寸、可燃物的燃烧性能及含水率、烟气层的化学性质、火灾位置，以及房间衬里的材料等。

对于纤维类可燃物来说，轰燃通常发生在温度达到500～590℃或地板入射热通量达到20千焦/米^{2}时。1981年，T.C.托马斯提出的轰燃判别公式为：

$$Q=387A_{\mathrm{v}}\sqrt{H_{\mathrm{v}}}+7.8A_{\mathrm{t}}$$

$$A_{\mathrm{v}}=H_{\mathrm{v}}B_{\mathrm{v}}$$

式中Q为产生轰燃所需的火焰释热速率（千瓦）；A_{v}为通风口面积（米^2）；H_{v}为通

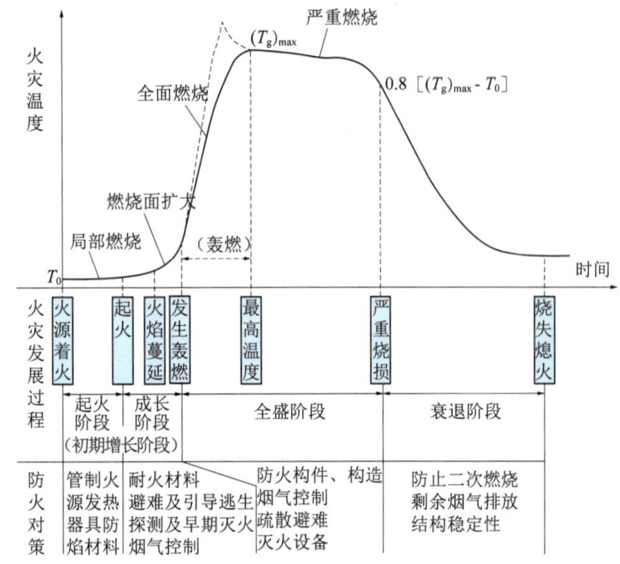

一般建筑室内火灾的发展过程及防火对策示意图

风口高度；B_v为通风口宽度；A_t为房间的内表面积（米²），包括四周墙壁、天花板、地板的面积，但扣除通风口面积。

防治措施　根据发生轰燃的条件及轰燃判别公式，常采用以下措施来遏制轰燃的发生。①对材料进行阻燃处理，有效地降低材料的热释放速率、温度和火焰表面蔓延速度，从源头上遏制轰燃发生。②合理设计通风和排烟，使烟气和热量及时排除，降低着火区温度，抑制轰燃的发生。③设置自动喷水灭火系统，扑救室内初期火灾，降低着火区和热烟气的温度，抑制轰燃的发生（见图）。（楼国彪）

火灾下材料力学性能　mechanical properties of materials at elevated temperatures　材料在火灾下受热升温后的强度、弹性、塑性、脆性、延性、韧性、疲劳、松弛与蠕变等性能。其中对于结构抗火来说，最重要的是强度、弹性、塑性和延性。火灾下材料力学性能，有时也称为高温下材料力学性能，但从严格意义上来说，二者不完全相同。高温可以是短期高温作用，也可以是长期高温作用，而火灾一般为短期高温作用。

试验方法　火灾下材料力学性能，是影响结构抗火性能的最关键因素，是进行火灾下结构受力分析、承载力验算、防火保护设计的依据。火灾下材料力学性能通过试验获得，主要有稳态试验（又称恒温加载试验）和瞬态试验（又称恒载升温试验）两种试验方法。①稳态试验。先将试件加热到指定的温度并保持一段时间不变，再以一定的应变速率加载进行强度试验，由于加载过程中试件温度恒定，无附加热膨胀变形，可直接得到指定温度下的应力-应变关系曲线。②瞬态试验。先在常温下对试件加载至指定的应力，然后按一定的升温速率给试件升温，直至试件破坏。瞬态试验时试件将产生附加热膨胀变形，故需补充一个升温过程完全相同的不加载试验以测量试件的热膨胀应变，并将膨胀应变从总应变中分离出来得到试件的应力-应变曲线。通常稳态试验测得的强度略大于瞬态试验。

表现形式　火灾下材料力学性能通常随着温度升高而显著下降，导致火灾下结构的变形增大、承载力下降，造成结构破坏甚至倒塌。

对于金属材料，温度升高往往使其强度下降，弹性模量减小，塑性和延性提高，蠕变和松弛现象更加明显。例如，多数铝合金在200℃以上强度会明显下降，550℃基本失去全部强度。各种钢材由于化学组分及其所经受的一系列加工过程的不同，温度升高对力学性能的影响有较大的差别。热轧碳钢、热轧钢筋的强度在温度超过300℃后开始减小，并以较稳定的速率下降，800℃时强度仅为常温强度的10%左右。温度升高对冷加工钢、高强钢的力学性能影响更大，随温度升高，强度下降更快（图1、图2）。

对于非金属结构材料，火灾高温可能造成材料发生化学变化和成分的改变，从而影响力学性能。例如，温度低于300℃时，混凝土失去自由水和部分凝胶水而收缩，骨料随着温度的升高而膨胀，组织结构变得更加密实；温度达到400℃时，凝胶体有些松散，氢氧化钙少量分解；500℃时，混凝土完全脱水，混凝土中的浆体急剧收缩，而骨料继续膨胀，导致较大的内应力，

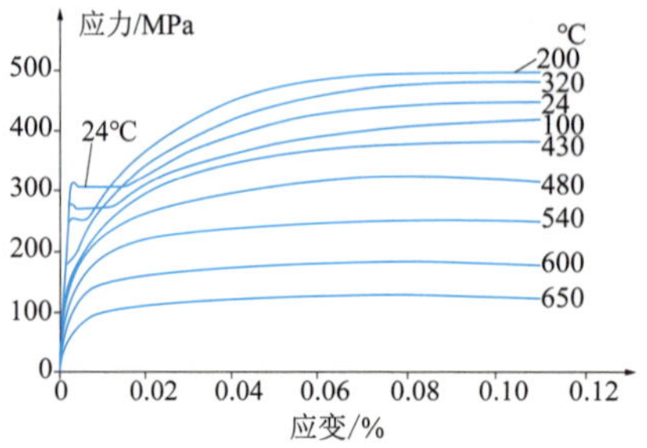

图1　ASTM A36热轧钢火灾下应力-应变关系曲线示意图

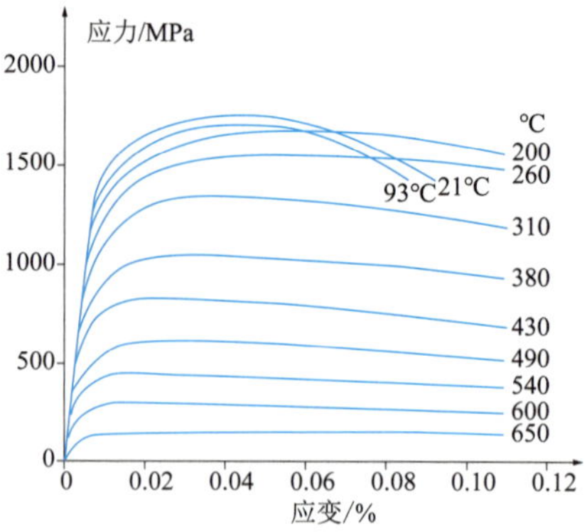

图2　预应力混凝土用钢丝在火灾作用下应力-应变关系曲线示意图

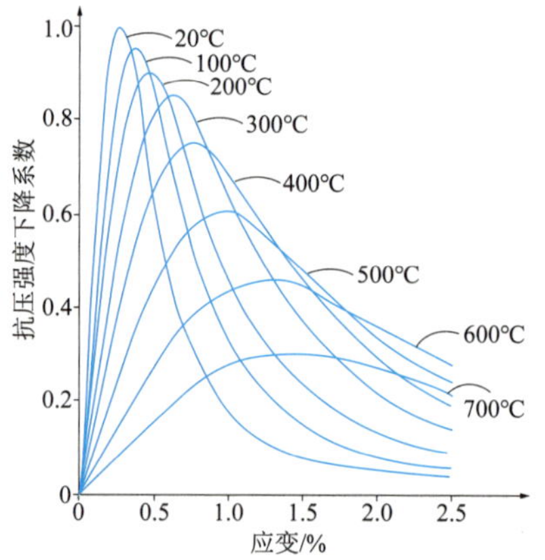

图3　混凝土强度-应变关系曲线示意图

引起内部黏结面的开裂，同时氢氧化钙开始大量分解，导致水泥石结构的破坏；700℃时，氢氧化钙因大量分解，成为结构松散的残余物，骨料与浆体间裂缝迅速发展；温度达900℃时，石灰石开始分解，骨料与浆体完全脱节（图3）。

（楼国彪）

霍克-布朗强度理论　Hoek-Brown strength theory　以岩石力学试验为基础的经验强度理论。由E.霍克和E.T.布朗于1980年首次提出，并在后续发展中多次改进和完善，可反映岩石（体）破坏时极限主应力间的非线性经验关系。

霍克-布朗岩石强度准则的表达式为：

$$\sigma_1 = \sigma_3 + \sigma_c \left(m_i \frac{\sigma_3}{\sigma_c} + 1 \right)^{0.5} \quad (1)$$

式（1）中σ_1、σ_3分别为最大、最小主应力；σ_c为岩石的单轴抗压强度；m_i为完整岩石的霍克-布朗常数，反应岩石的软硬程度，取值范围为0.001～25，可根据工程经验确定。

1992年，霍克等对霍克-布朗岩石强度准则进行了改进，使其可同时应用于岩石和岩体，称之为广义霍克-布朗岩体强度准则，其表达式为：

$$\sigma_1=\sigma_3+\sigma_c\left(m_b\frac{\sigma_3}{\sigma_c}+s\right)^a \tag{2}$$

式（2）中s为反映岩体破碎程度的参数，取值范围为0～1.0；m_b、a为针对不同岩体的无量纲经验参数。基于地质强度指标GSI，霍克等提出了岩体参数的取值方法：

当GSI＞25（如质量较好的岩体）时，有：

$$\begin{cases} m_b=m_i e^{\left(\frac{GSI-100}{28}\right)} \\ s=e^{\left(\frac{GSI-100}{9}\right)} \\ a=0.5 \end{cases} \tag{3}$$

当GSI＜25（如非常破碎的岩体）时，有：

$$\begin{cases} m_b=m_i e^{\left(\frac{GSI-100}{28}\right)} \\ s=0 \\ a=0.65-\frac{GSI}{200} \end{cases} \tag{4}$$

广义霍克－布朗岩体强度准则在原准则的基础上引入参数s和a，以适用于质量较差的岩体，特别是在低应力条件下的岩体。

霍克－布朗强度理论是霍克－布朗岩石强度准则和广义霍克－布朗岩体强度准则的总称。

霍克－布朗（H-B）强度准则可以反映岩石和岩体固有的非线性破坏特点，以及结构面、应力状态对强度的影响，能够解释低应力区、拉应力区和最小主应力对强度的影响，并可适用于各向异性岩体的描述等。由于霍克－布朗强度理论可以应用于岩石和岩体，参数可通过常规室内试验、矿物组成和不连续面描述获取，很好地反映了岩体的强度特性并且实用性强，因此被工程界广泛采用，是影响较大的岩石强度理论之一，已成为*国际岩石力学与岩石工程学会*建议方法之一。（王明洋）

霍普金森杆爆破试验 split Hopkinson Pressure Bar blasting test 在爆破工程领域，霍普金森杆广泛用于测量介质在单轴或三轴应力状态下的高应变率动态应力－应变曲线、拉伸强度、层裂强度、能量吸收率、断裂韧性等力学性能参数，可用于模拟爆炸和强冲击载荷作用下固体介质的动态力学响应，建立材料的动态本构模型和破坏准则，为爆破工程设计、数值仿真和安全评估提供重要支撑。霍普金森杆是B.霍普金森于1914年发明的，用于研究固体材料在一维应力高应变率（10～10^4秒$^{-1}$）状态下动态力学性能的实验设备，利用压力波在杆自由端的反射，测量炸药爆炸或子弹撞击的压力时程曲线。1949年，H.科尔斯基对其进行了改进，发明了分离式霍普金森杆压杆，并推广应用到材料高应变率动态力学行为和动态本构关系研究中。中国第一套霍普金森杆实验装置于1980年由中国科学院力学所研制成功，太原理工大学则建起中国第一套分离式霍普金森扭杆，兵器科学研究院52研究所建起中国第一套分离式霍普金森拉杆。

典型的分离式霍普金森压杆（SHPB）装置主要由子弹、输入杆、输出杆和吸收杆等部分组成。试验时，试样夹固在输入杆和输出杆之间，当长度为L_0的子弹以速度v^*撞击输入杆时，将产生幅值为$\rho Cv^*/2$、脉宽为$2L_0/C$的入射脉冲$\sigma_i(t)$；试样在$\sigma_i(t)$作用下高速变形，并向输入杆和输出杆传播反射脉冲$\varepsilon_r(t)$和透射脉冲$\varepsilon_t(t)$；利用粘贴在杆上的应变计测量杆中的入射波、反射波和透射波，即可获得试件应力－应变－应变率关系。

霍普金森杆试验技术建立在两个基本假定上：一维应力波假定和试件应力均匀分布假定。一维应力波假定意味着应力波在压杆和试件中传播时的二维弥散效应可以忽略不计；均匀假定则可将试件在高应变率下按准静态过程处理，忽略试件本身的惯性效应（应力波传播效应）。

霍普金森杆试验技术除可用于测试固体材料动态压缩应力－应变曲线外，还可开展以下研究：①测试固体材料动态拉伸应力－应变曲线。可通过直接撞击进行拉伸加载，也可利用反射的拉伸波进行加载，通过试件的层裂破坏测量其动态拉伸强度。②研究应力状态对材料动态力学性能的影响。可在霍普金森杆实验装置中引入围压装置，把一维应力下材料动态力学行为的研究推广到三维应力状态下。霍普金森杆主动围压装置已经能同步实施轴向压力的围压装置以实现静水压加载，且能克服冲击加载过程中试件围压的波动。③标定高G值加速度传感器、评估对火工品的安全性和可靠性、材料动态断裂韧性研究、复合压剪实验研究等。

研制真三轴霍普金森杆设备以对试件3个方向同步施加冲击载荷已成为亟待解决的难题。（张 磊）

J

机场 airport 位于陆地或水上，全部或部分供飞机起飞、降落、地面活动以及实施飞机维修和飞行保障的场所。又称飞机场或**航空港**，包括附属建筑物和设施。世界上最早的机场是美国于1908年建造的比斯比－道格拉斯国际机场。最初的机场仅包括跑道以及简陋的航站设施，现代各国的大型运输机场已是能为飞机、旅客、货物提供各种服务的庞大实体。机场从无到有、从小型到大型、从简单到复杂，已经历了一个多世纪的发展历程（见**机场工程发展史**）。

建设要求 一般民用机场在建设前需要综合考虑城市总体规划、周边环境、交通状况等条件，选择合适的场址。飞行区道面结构应满足强度、平整度、粗糙度等各方面的要求，既可承担飞机荷载，同时又能避免飞机滑跑过程中产生颠簸以及道面湿滑条件下的飘滑，确保滑跑过程的安全、舒适。导航和助航等设施应保证飞机在各种气象条件下的安全起飞和降落。供油和维修设施应保障飞机的正常需求。航站区的各种工程设施应满足大量旅客和货物高效进出港的功能要求，并体现艺术美感和地方特色。

军用机场的场址需符合国家战略布局和战术技术要求，并综合考虑净空的规定。跑道强度、平整度以及各种助航、通信设施应保证军用飞机的安全起飞和降落。

分类 机场按功能和用途分为**民用机场**和**军用机场**两大类。民用机场可分为民用运输机场和通用航空机场。民用运输机场是承担旅客运输和货物运输并进行经营性航空活动的民用机场，民用运输机场以外的民用机场称为通用航空机场。军用机场分为永备机场、野战机场和公路飞机跑道。

民用运输机场根据其所在城市的性质、地位以及在航空运输网络中的作用，可分为大型枢纽机场、干线机场和支线机场3类。①大型枢纽机场。指在国家航空运输中占据核心地位的机场，旅客量以及货物吞吐量在国家航空运输中都占有举足轻重的地位，其所在城市多为国家的政治经济中心或特大省会城市，在国家经济社会发展中居于特别重要地位，如中国北京首都国际机场、深圳宝安国际机场（见图）。②干线机场。所在城市一般为省会城市、重要开放城市、旅游城市或其他经济较为发达、人口密集的城市，旅客量和货物吞吐量相对较大。如中国南昌昌北国际机场、厦门高崎国际机场。③支线机场。指运输量不大，但作为沟通航路或对某个城市地区的经济发展起着重要作用的机场，如上饶三清山机场。

深圳宝安国际机场

组成 不同类型的机场组成不完全相同，一般民用运输机场由基础设施、各种组织机构及其所提供的各种服务所组成。

根据基础设施所处的位置及功能，可分为空侧设施和陆侧设施。空侧设施包括机场空域、**跑道**、**滑行道**、**机坪**、升降带、地面标志标线、灯光助航设施、塔台、排水系统，以及气象监测、消防、动力辅助、机务维修、机场维护等相关辅助设施。陆侧设施指旅客和货物航站楼以及地面交通系统，包括道路、停车场、公共交通设施及货物装卸区域等。为减少旅客步行时间，一些大型机场内还设置摆渡车或在航站楼之间设置旅客捷运系统（APM）。

机场中各种组织和机构保证了机场的安全和高效运转。这些组织和机构主要有航空公司、空中交通管制机构、地面控制机构、基地航空公司、安保组织、负责海关和移民以及健康的政府机构等。

机场对飞机的服务主要集中于机坪区域，包括机坪飞机的牵引、旅客上下飞机、行李和货物处理、加油、餐饮供应、清洁、动力辅助以及维修。其他的服务包括跑道和助航灯光检查、消防以及航空管制。陆侧的服务对象主要为旅客，服务内容包括值机、安检、海关和移民、行李托运、信息服务、餐饮、清洁、商业购物、地面交通、停车、公共交通等。

扩展阅读

项海帆，沈祖炎，范立础.土木工程概论.北京：人民交通出版社，2007.

（凌建明）

机场布局规划 airport layout planning 通过对国家机场系统总量规划、空间布局构想和功能结构的研究，提出规划目标的国家机场布局。

规划依据 机场布局规划的主要依据包括国家重大发展战略、国民经济发展规划、城镇化发展规划、综合交通体系发展规划及相关法规。机场布局规划应面向国家重大战略目标，适应国民经济发展整体要求，满足航空业务量总需求，与综合交通体系发展趋势相协调，有利于国家城镇化发展，以实现民航可持续发展要求。

规划目标 到规划目标年，扩大航空运输的服务范围，逐步建设成为布局合理、覆盖广泛、安全高效的现代化民用航空运输机场布局体系，使民用航空运输成为绝大多数人口便捷出行的交通方式。规划的范围包括国家民用运输机场、开展民用航空运输的军民合用机场和开展民用航空运输的通用机场。

规划思路 机场布局规划思路主要包括：①分析国家民用机场现状及存在问题。②确定发展目标及需求分析。③明确规划范围及规划期限。④提出机场功能区分及分类指标体系。⑤确定机场布局原则。⑥提出机场布局初步方案。⑦优化完善机场布局规划方案，以满足民航与其他交通运输方式协同发展的要求。⑧规划实施效果评价。⑨测算规划实施对资金、土地等要素的需求。⑩环境影响分析。⑪提出实施规划的政策措施。 （蒋作舟）

机场测量 airport survey 通过土木工程测量手段，为机场建设工程的勘测、设计、施工及营运管理等提供技术数据的测量工作。机场测量主要包括勘察规划阶段测量、净空去障碍物和导航台站测量、施工阶段测量。具体又分为平面控制测量、高程控制测量、地形测量、线路测量、导航台站测量、净空障碍物测量等。

勘察规划阶段测量 包括选址勘测（选勘）、定点勘测（定勘）和详细勘测（详勘）3个阶段。选勘主要是对机场拟建区域进行1∶10 000或者1∶5000的地形图测量，并且对可能的净空区域范围进行主要障碍物的平面位置和高程测量。定勘是在初步勘测的基础上，对飞行区、航站区、油库等主要基础设施的拟定位置进行地形图测量。详勘是在选址确定后，对机场范围内的地形地物进行规定比例尺的地形图测量，其中飞行区的比例为1∶2000，航站楼、塔台等主要建筑物的比例为1∶1000，导航台、油库以及主要地下构筑物的比例为1∶500。勘察规划阶段的测量工作是机场选址、总平面规划设计等工作的重要技术依据之一。

净空区障碍物和导航台站测量　净空区障碍物测量主要是测绘净空带状图，首先按机场等级对净空的要求，确定净空区的范围。机场净空区范围从跑道两端起按规定的宽度和斜率向两侧散开，并以各段（包括端净空和内水平面、过渡面、锥形面等净空障碍物限制面）所规定的坡度和长度向上向外延伸，直到端净空的终端。净空带状图要求实地测量所有超过净空限制面障碍物的平面位置和高程，净空带状图比例尺要求不大于1∶5000。

导航台站测量要求精确测量导航台站平面位置，其中方位误差不得大于±60″，纵向误差（即导航台站到跑道端点距离的相对误差）不得大于千分之一。

施工阶段测量　主要包括土方工程、道面工程、排水系统、综合管线、服务车道、桥梁工程和各类建筑物等的施工放样及其竣工测量。飞行区内的各类构筑物宜以跑道为主要平面参照进行放样。跑道放样测量是将选定的主跑道在实地定线，并在飞行区建立与跑道轴线平行、长为400米的主方格网和纵、横断面。

测量方法　针对机场测量中的高程测量、角度测量、距离测量、直线定向、测量误差控制、地形图绘制等，除采用传统的光学仪器外，电子仪器（全站仪、电子水准仪、电子经纬仪等）已经成为主要的工具，而数字地图、全球定位系统（GPS）、遥感（RS）、地理信息系统（GIS）等新一代数字化测量技术已成为机场测量的发展方向。　（陆学智　袁　捷）

机场道面管理系统　airport pavement management system　以道面管理理论、分析模型和计算机技术为基础的信息管理与辅助决策系统。通过机场道面管理系统可以辅助机场工程技术人员和管理人员适时、准确地掌握道面性能状况，择优制订维护计划，提高道面服务水平，延长道面使用寿命，降低道面全寿命周期内的综合维护成本。

发展过程　机场道面管理系统最早出现于20世纪70年代初期的美国，第一个道面管理系统实际上是一个数据库系统，其功能是对道面结构、气候环境等基础数据进行存储管理，因缺乏道面性能分析模型而未得到认可。为此，工程技术人员开始致力于道面性能评价与维护决策模型的研究。1979年，系统增加了道面表观状况评价、养护需求分析、全寿命费用分析以及病害统计预测等功能，并开始在美国军用机场应用。80～90年代中期，民用机场道面管理、技术咨询与服务机构相继开始开发道面管理系统，许多先进的道面分析模型、测试技术和设计思想都产生于这个时期，系统应用实践也得到前所未有的发展，逐渐形成了比较完善的道面管理系统架构和道面性能评价、预估及维护决策理论体系。1995年以后，道面管理系统侧重于数据采集和信息技术的发展，道面破损图像采集仪、自动弯沉仪、激光平整度仪等高效、自动化的设备开始取代人工作业，使得系统数据更加丰富、可靠。传统的桌面系统逐渐向网络化发展，克服离散化管理，实现分布式集中管理和多源数据共享，在成果表达和展示方面普遍采用了地理信息系统技术，结合视频、图片等多媒体，大大增加了系统的可视化程度。

基本原理及组成　通过动态、客观的采集道面性状数据，采用量化评分或评级的方法对道面所处的性能状态进行科学评价，并预估道面性能未来可能出现的变化情况，明确道面养护或维修工程需求，分析何时对道面采取养护或维修措施，以及采用某项措施后的效果。利用评价和预估结果，确定需要养护或维修的道面和所采用的方案，结合资金预算情况，采用工程经济和系统工程方法对道面养护维修项目进行经济分析和比选，合理选择措施类型、实施时间和优先次序等维护策略，从而使各项资源得到充分有效利用。

机场道面管理系统从功能上一般由四部分组成：①数据采集与评价，通常需要采集的数据包括道面表观损坏、结构承载力、平整度状况和抗滑能力。②道面性能预估，包括道面功能性能或结构性能指标预估模型。③道面维护辅助决策，包括对策选择、经济分析和优化分析模型。④系统数据，包括道面属性数据、地理空间数据、技术数据、航空交通量数据、气候环境数据、维护历史数据、措施及费用数据等。　（杜　浩）

机场道面加铺工程　airport pavement overlay engineering　为提高机场旧道面性能并延长其使用寿命进行的道面加铺层结构设计以及建设施工等的统称。随着航空交通量和大型宽体飞机比例的快速增长，早期修建的机场道面会出现不同程度的结构性和功能性损伤，通过在旧道面上加铺沥青混合料或水泥混凝土层，可使机场道面性能提高，进而继续满足通航要求。

发展概况　早在20世纪50年代初，日本就进行了机场道面的加铺工程。80年代，美国开始对机场旧道面进行加铺，并颁布了相应的操作规范。上海虹桥国际机场是中国第一个进行道面加铺工程的机场。1991年，上海虹桥机场使用普通沥青第一次进行了旧水泥混凝土道面上的沥青层加铺工程，并于1998年使用改性沥青进行了第二次加铺，工程效果良好。2000年，为了提高道面抗车辙能力，上海虹桥机场使用天然湖沥青和SBS改性沥青进行道面加铺，之后在2005年和2011年又分别进行了功能性加铺。由于中国机场工程发展迅速，道面加铺工程在各地机场大面积展开，如北京、广州、兰州、山东等多个机场已成功实现了旧水泥混凝土道面的沥青层加铺。为适应飞机的高胎压作用，现在大型机场加铺工程中使用的沥青材料常添加抗车辙剂和高模量剂，以提高沥青加铺层的动稳定度和抗变形能力。

方法及类型　在进行加铺层设计之前，应首先通过收集现有道面有关资料，对道面状况进行调查和评定，从而确定合理的加铺方案。当旧道面结构未损坏且能够满足承载力要求，而道面的表面状况需要改善时，只需要进行功能性加铺；若旧道面结构已损坏，或者道面结构不能满足承载力要求，则需要进行结构性补强。

根据旧道面和加铺层类型，机场道面加铺工程可分为旧沥青道面上加铺沥青层、旧沥青道面上加铺水泥混凝土层、旧水泥混凝土道面上加铺水泥混凝土层、旧水泥混凝土道面上加铺沥青层四种类型。对于旧水泥道面上的加铺结构，根据新旧面层的层间结合条件，可分为结合式、部分结合式和隔离式3种类型。当旧道面状况良好且加铺层接缝与旧道面一致时，可采用部分结合式结构；旧道面状况较差时，采用隔离式结构；结合式结构由于施工工艺难以达到标准要求，故较少使用。

沥青材料与水泥混凝土相比，具有开放交通快、可不停航施工的优点，因此沥青层加铺是道面加铺工程中的主流。在中国，超过90%的机场原道面结构为水泥混凝土道面，机场道面加铺主要为“白+黑”工程。反射裂缝是道面沥青层加铺工程中遇到的主要病害之一，世界各国学者和工程人员就此开展了大量的病害机理和防治研究工作。早期的防止反射裂缝方法包括使用油毡、切缝、加铺层格栅加筋等方式，之后又出现了设置应力吸收层、提高加铺层厚度的防治措施，有效延缓甚至避免了反射裂缝的出现。（凌建明）

机场电磁环境 airport electromagnetic environment 机场一定区域内不得存在可能干扰通信导航功能的各类电磁信号的环境。

机场电磁环境保护的必要性 民用航空无线电台（站）的无线电导航设备向飞机提供准确可靠的方位、距离和位置信息，是飞机起降过程中重要的技术保障，其性能及信号质量的好坏不仅取决于设备本身的状况，还依赖于导航台站周围的电磁环境。

机场电磁环境保护的方法 民用机场电磁环境保护的主要方式是设置机场电磁环境保护区域。保护区域包括民用机场总体规划区域内的民用航空无线电台（站）电磁环境保护区域和民用机场飞行区电磁环境保护区域。

机场总体规划区域电磁环境保护区域的范围确定方法如下：①民用机场跑道所占用的矩形范围。长度从跑道中线的中点分别到跑道两端延长线的近距导航台或中指点标台（以大者为准）的距离再各增加500米，宽度1000米。当民用机场不设置近距导航台或中指点标台，该矩形的长度从跑道中线的中点分别到跑道两端的距离再各增加500米，宽度1000米。②民用机场规划用地范围，即民用机场已经征用的土地范围。③若设置在民用机场规划用地范围内的无线电台（站），其电磁环境保护区域超出了①和②中规定的范围，应当根据该无线电台（站）电磁环境保护区域规定和标准加以补充。

飞行区电磁环境保护区域范围的确定方法如下：①对于可供D类及以上航空器使用的机场，若是单跑道机场，则为以跑道两端入口为圆心、13千米为半径的弧和与两条弧线相切的跑道的平行线围成的区域；若是多跑道机场，则为以所有跑道的两端入口为圆心、13千米为半径的弧及相邻弧线之间的切线围成的区域。该区域应当包含以机场管制地带基准点为圆心，半径为13千米的圆。如果因此使得以跑道入口为圆心的弧半径大于13千米，则应当向上取值为0.5千米的最小整数倍。②对于仅供C类和C类以下航空器使用的机场，确定办法与①相同，但该项中以跑道两端入口为圆心的弧的半径，以及应当包含的以机场管制地带基准点为圆心的圆的半径为10千米。③对于仅供B类和B类以下航空器使用的机场，区域范围为以机场管制地带基准点为圆心、以10千米为半径的圆。④对于需要建立特殊进近运行程序的机场，根据需要范围可适当放宽。（袁 捷）

机场工程 airport engineering 机场的规划、设计、建造、维护、运营和管理机场各项设施的统称。既包含机场建造过程中应用的材料、设备、资源以及所需的工程和科学技术，也包含机场的各类土木工程设施。

发展简史 机场和机场工程都是随着航空器的产生而产生，随着航空器的发展而不断发展和进步的（见**机场工程发展史**）。

学科/工程内容 机场工程内容主要有以下几方面：

机场系统规划。机场系统由若干个机场构成，各机场则是一个或多个相关机场网络系统的组成部分。机场系统规划是对国家或者特定区域内机场网络系统的战略规划和总体布局，包括机场战略规划和机场布局规划。过去的机场系统规划一般为国家性的规划，进入21世纪，机场系统规划更多的是根据机场所在地区的发展要求对机场设施进行布局规划。

机场总体规划。针对某一机场及其邻近地区内各种设施所使用的土地进行总体布置。是对机场不同阶段和最终发展的设想，包括机场选址、机场测量、空侧设计和陆侧设计等（见图）。机场选址要综合考虑区域经济发展、机场功能定位、环境保护等内容。机场测量是对选定位置的工程测量，进而为机场设计、工程量计算等提供依据。空侧设计涉及航空交通量预测、飞行区容量预估、跑道构型、空中交通管理等内容。陆侧设计涉及航站楼选型、航站楼总体设计和地面交通设计等内容。

飞行区工程。针对飞行区内各种设施所进行的设计、施工、维护和管理工作，包括土石方工程、道基道面工程、助航灯光工程、排水工程和围界工程等内容。土石方工程是其他飞行区工程展开的基础，包括土石方调配设计、场地平整与压实、基坑或管沟开挖等。道基工程是控制飞行区道面沉降，保证结构承载力的重要基础，道基必须具有足够的强度、抗变形能力和耐久性。道面需要在飞机荷载和环境因素共同作用下达到预期的结构服役寿命，提供良好的平整度、排水性和抗滑性。目视助航设施涵盖了道面标志标线、助航灯光、标记牌、标志物及信号设施等。飞行区排水工程包括飞行区排水系统的布设，以及各种排水构筑物的设计、施工与维护。围界工程则通过构筑物理隔离带保证飞行区的独立和安全。

航站区工程。针对航站楼、航站楼信息系统、航站楼陆侧交通系统等开展的有关工作。航站楼的设计、建造和维护是航站区工程的核心。航站楼必须满足世界各国旅客和货物运输的容量需求，并通过良好的信息系统实现旅客引导、疏散和换乘。航站楼陆侧交通系统包括机场内道路客运交通系统、客运停车设施、航站楼前车道边及地面交通中心4个部分，其设计和施工应满足进出机场的航空客、货流的服务要求。

机场工作区工程。指与机场地面服务区建设和管理相关的工作。工作区的设计以功能需求为基础，根据各类设施的功能合理地进行用地分区和建筑单元组合，避

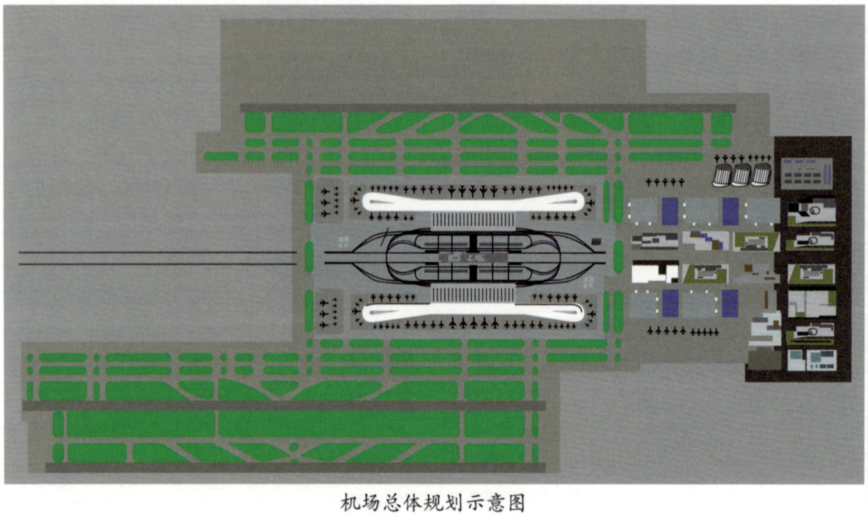
机场总体规划示意图

免影响或干扰旅客及各种车辆的通行。工作区工程应该满足机场管理机构、航空公司、安检及应急救援等单位的办公和业务设施需求，同时需要配套建造相应的住宿餐饮设施、道路交通设施及能源供应设施等。

航管工程。指与空中交通管制工程、机场通信工程、机场导航工程和机场航空气象工程等有关的工作，它们之间相辅相成，以防止航空器与航空器相撞、航空器与飞行区内障碍物和车辆相撞，保证空中交通和空侧地面交通有序、高效，确保航空器的运行安全。

机场供油工程。为保证机场的正常运行而配套建设的航空油料设施及车辆加油设施，具备油料收发、输转、储存和加注等功能，包括机场油库工程、航空加油站工程、机坪输油管道工程等。

机场设施维护与改扩建工程。包括机场设施的日常管理与养护维修，以及机场设施的改扩建，涉及机场设施的性状感知、检测与评价、日常维护、应急抢修、改建和扩建及不停航施工等。机场设施性状的自动检测与智能感知可为机场设施的维护提供更为全面、准确的信息。设施性能修复的新材料、新技术和新工艺可减少对机场运营的干扰，提高机场设施的服务水平。机场设施日常管理已由原来的纸质、人工管理逐步向信息化、自动化发展，机场道面管理系统逐步成为机场管理部门日常工作的有力工具。辅助决策技术在维修养护方案决策中发挥着越来越重要的作用。为适应新一代航空器的投入运营，满足航空交通量日益增长的需要，机场改建、扩建工程成为早期修建的机场的必然选择，主要涉及跑道新建、原跑道延长和加铺、航站楼和机坪扩建等。

展望　随着科学技术的进步和环保理念的深入，机场工程向着更加安全、高效、绿色和智能的方向发展。新型建筑材料、智能感知技术、数字化施工管理技术、建筑信息模型和全寿命信息管理系统等将为机场工程的发展提供助力。

随着航空交通量的不断增长以及互联网、信息技术和人工智能技术的不断发展，旅客办理值机、安检、登机等程序的自助化程度将不断提高，现代化机场航站楼也将由旅客服务逐渐向顾客服务的性质转变。越来越多的机场把旅客服务移出机场，航站楼向着大型商业性、综合性的服务场所转变。

随着信息化、全寿命管理要求的提高，机场粗放型的施工建设和管理方式将被摒弃，取而代之的是高效的、集成传感监测技术的装配式施工以及数字化施工管理技术，标准化、机械化的装配式道面将促使机场道面的修复与维护更加高效、快捷。搭载和集成各类传感器的智能跑道、施工质量实时监测系统、物联网技术和人工智能将共同为智慧机场提供技术支撑。

为保证可持续发展，绿色机场将成为机场工程发展的重要方向，与之相关的新型环保建筑材料、节能减排技术和更高效的机场运营管理技术将得到应用和发展。如何在保障服务水平的条件下最大限度地减少机场对周围环境的影响，将受到政府和机场规划建设者越来越多的重视。在城市建设用地日益减少的背景下，如何解决运输机场规模化发展与土地资源之间的矛盾，将会成为机场工程的重要议题。

同时，下一代大型运输飞机运行速度更快、载重更大，必然对航管能力、道面的结构强度和功能、性能等提出新的要求，也将对机场工程的从业者提出新的挑战。

扩展阅读

纽弗威尔，欧都尼.机场系统：规划、设计和管理.高金华，等，译.北京：中国民航出版社，2006.

（凌建明）

机场工程发展史　evolution of airport engineering　机场工程伴随航空器的产生而产生，随着航空器的发展而发展，已有100多年的历史。根据不同时期机场设计建造的特点，机场工程的发展可分为3个阶段。

早期发展　从1903年莱特兄弟发明第一架飞机一直到第二次世界大战结束，是机场工程的早期发展阶段。

1920年之前，飞机体型小、重量轻、速度慢、载重小，对地面设施要求不高，因而当时的机场飞行区比较简陋，跑道多为压实、整平后的土质道面，也有为了减少扬尘而采用的草皮道面。机场占地面积小，总面积很少超过200万平方米，主要通过信号旗、信号灯以及无线电通信技术进行飞行管制，也没有真正意义上的航站楼。当时的飞机在侧风条件下的起降能力低，为保证飞机在任何风向下都能起降，机场跑道呈圆形、方形或接近方形的矩形，直径或长度600～1200米。对于盲降或者天气条件较差时飞机的起降，机场会设置专门的区域。

20世纪30年代，重型单翼机的出现使得飞机的重量、速度和载重均有增加。为保证飞机安全起降，出现了由塔台、程序管制和简单的导航设施组成的早期空中交通管理技术。随着进出机场旅客和货物的不断增加，出现了旅客航站楼及用石料铺筑或经结合料处置的道面。航站楼多为预应力混凝土框架结构，规模和跨度较小。同时，进场下滑照明设备开始使用，跑道的方位和飞机起降方向有了明确的规定。

在第二次世界大战的刺激下，装配式钢板道面得到快速发展和应用。这种新型道面形式施工快，竣工后可立刻使用，一般应用于野战机场和跑道的抢修工程，美军在北非战役和诺曼底登陆战役中曾大量使用。

早期的机场，由于飞机对净空要求不高，且对周围的噪声影响不大，通常建在紧挨城市中心的地区，如当时的美国纽约拉瓜迪亚机场和德国柏林滕珀尔霍夫机场。当时，机场更多地被视作城市居民活动的重要场所，而机场设施建设往往更注重餐饮、观光台、停车场等服务设施的规划与设计。

规模化、现代化发展　从第二次世界大战结束一直到20世纪末，是机场工程的规模化、现代化发展阶段。

1947年，国际民航组织（ICAO）成立，50年代，ICAO为全世界的机场制定了统一标准和推荐要求，使世界各国的机场设计、建设、运行和管理大体上有了统一标准。

第二次世界大战后，机场的设计越趋复杂，航站楼规模越来越大，跑道间隔也越来越远。50年代末，大型喷气式运输飞机正式投入使用。由于飞机起降速度的增加，雷达技术、气象监测和仪表着陆系统开始出现在机场工程中，机场跑道、滑行道和停机坪也得到了加固和延长。同时，在施工中开始利用滑模机铺筑连续的强化混凝土跑道。客、货运量的不断增加要求对原有的航站楼和进出机场的道路进行改建和扩建，消防、救援和餐饮等附属设施的建设规模也越来越大。例如，为了开辟国际航线并适应喷气式大型飞机的起降技术要求，中国于60年代快速扩建了上海虹桥机场和广州白云机场，将其建设成为国际机场。

70年代初，宽体喷气式运输机的问世促进了机场工程的迅速发展。80年代，钢网架结构在航站楼工程中得到应用，航站楼的跨度和空间规模较之前的混凝土结构有了大幅度提高。1983年，二次雷达（SSR）首次应用于空管系统，使得基于雷达管制的空中交通管理系统更加高效。跑道道面的强度、平整度、抗滑和排水等性能也得到了很大的提高。同时，机场现代化程度不断增加，跑道及其两端设置了完善的助航灯光及无线电导航设施，保证飞机在夜间及各种气象、气候条件下的安全起飞和着陆。此外，飞行区由圆形或长方形改成长条形，跑道长度进一步增加，机场占地面积也越来越大。早期建设的水泥混凝土道面开始出现损坏现象，利用沥青层进行加铺成为增强和改造水泥混凝土道面的重要手段，由此出现了越来越多的机场复合道面结构。

90年代起，机场航站楼工程中先后出现了钢桁架结构、钢桁架拱结构、悬索结构、斜拉结构、网壳结构以及膜结构，航站楼的规模进一步增大（见图）。在对航站楼使用空间和建筑美观的更高追求下，轻型高强度材料被大量使用，大跨度成为航站楼的发展趋势。机场逐步向大型化、综合化和现代化的方向发展。

中国上海浦东国际机场

大型飞机的出现和航空交通量的增长带来了更多的噪声问题。为降低飞机噪声对居民生活的影响，机场选址也由城市中心逐渐转为市郊。为了便于旅客进出机场，城市和机场之间通常设置高速公路、铁路或地铁等便捷的交通设施。同时，为了机场的可持续发展，机场的规划建设也开始与城市规划发展协调统一考虑。

绿色、智能化发展　21世纪以来，随着航空客、货流量的日益增长，大型繁忙机场数量不断增加，对机场安全、机场容量、设施品质和信息服务的要求也越来越高，机场建设与运营对环境的影响也越来越大。因此，建设可持续、智能化的绿色机场已逐渐成为全球机场发展的共识。

2003年，美国芝加哥市针对奥黑尔机场现代化扩建项目提出了《机场可持续设计手册》。2008年，美国洛杉矶机场推出了《可持续发展的机场规划、设计和施工导则》。新加坡樟宜国际机场致力于绿色机场的建设，其绿色发展的理念主要体现在废气管理、能源管理、垃圾管理、噪声管理和水管理5个方面。2010年，德国慕尼黑国际机场发布了第一个机场可持续发展报告。2011年，美国亚特兰大国际机场的可持续发展报告中，提出了高效利用能源和水资源、降低废气和垃圾排放、减少噪声、构建绿色建筑和有效利用土地资源等发展策略。

中国北京首都国际机场以绿色环保为核心，在建筑设计、能源消耗、水资源利用和噪声污染等方面使用了诸多新技术。例如，在航站楼、停车场和飞行区等区域采用屋顶采光、空气源热泵和中水系统等节能环保设计。在建的中国北京新机场，也提出了绿色建设的目标，预期实现绿色建筑、污水处理、雨水分流以及太阳能、地热能等可再生能源的高效利用。

传统的粗犷式的机场建设已出现瓶颈，智能化作为土木工程学科的新动力，已逐渐渗透到机场工程的各个方面。智能化机场通过实时感知和分析决策，提供实时可靠的信息化服务，实现资源和设施的优化利用，保证机场高效运转。2014年，基于智能感知的飞行区设施安全保障系统在中国上海浦东国际机场成功应用，是中国机场智能化发展的示范性工程。此外，北京新机场在飞行区的施工过程中，全面启用数字化施工管理技术，为实现建设运营的信息化、智能化和一体化管理创造了条件。（凌建明）

机场工作区　airport working area　为机场飞行区、航站区和货运区等的核心设施正常运行提供地面服务的区域。是机场及驻场单位工作人员办公和车辆活动的主要场所。机场工作区设有：机场管理机构、航空公司、民航行业管理部门、各联检单位，以及公安、武警、安检等单位的办公及业务设施；地面专用设备及特种车辆保障设施，机上供应及配餐设施；消防及安全保卫设施；应急救援及医疗中心，旅客住宿、餐饮和休闲娱乐商业服务设施；道路交通设施及能源供应设施等。

机场工作区通常以不影响和干扰旅客及各种车辆的通行为原则，设置在与航站区相隔一定距离的地方。在平面布局方面遵循“功能分区为主、行政分区为辅”的原则，根据各类设施的功能进行用地分区和建筑单元合理组合，并注重土地利用率，结合地形对建筑物进行科学布置，尽量保证建筑设施紧凑、良好朝向和使用方便。在建筑形态方面注重塑造机场景观形象，在建筑造型和空间环境上强调工作区整体形象以及区内建筑与现代化航站楼等主体建筑相协调，功能上以简洁明快、经济实用和技术先进的现代建筑为主调，形成主次分明、和谐统一的建筑空间序列。在交通组织方面内外统一、交通分流、便捷安全，路网密度和道路等级服从区域功能需求，既满足内部各功能区域使用要求，又要与外部路网合理衔接，同时在道路断面布置上考虑不同性质交通流的适度分离，减少相互干扰，从而形成高效、便利的交通环境。（杜　浩）

机场供油工程　airport fuelling engineering　为保证机场的正常运行而配套建设的具有收发、输转、储存、加注等功能的航空油料设施及汽车加油工程。其保障服务对象一般分为航空器和地面设备，航空器是主要保障服务对象，地面设备主要包括特种车辆和社会车辆。机场供油工程一般由铁路/码头卸油站、输油管线、储油库、中转油库、机场油库、机坪输油管道、航空加油站、汽车加油站等项目组成。根据机场需求和运输、资源等条件的不同，单个机场可选其中一个、几个或者全部项目建设。

机场供油工程的主体部分是油罐、管道。①油罐。一般为薄壳钢结构，分为立式油罐、卧式油罐。立式油罐外部设有抗风圈，卧式罐内部设有加强圈。油罐外部设有进出油短管，内部有扩散管、浮动出油装置（仅限航煤罐）。油罐内外均涂刷防腐材料。立式油罐因罐底的坡度形式不同分为锥底、斜底两种形式。锥底油罐的罐底中心处最低并设有沉淀收集槽，斜底油罐的罐底按一定坡度向罐壁同方向倾斜，位置最低处设有沉淀收集槽。根据油罐的安装方式，可分为地下埋地油罐、半地下埋地油罐和地上油罐。安装油罐的基础可选择的结构形式有护坡式、环墙式和外环墙式。②管道。采用流体管、管件焊接而成，与工艺设备相连接。机坪管道和库内工艺管道内部需涂刷防腐涂料，库外输油管道内部一般不刷防腐涂料，管道外部涂刷防腐材料。管道分为地下管道和地上管道。地下管道一般采用直埋的形式安装，地上管道采用架空的形式安装。

与油罐、管道配套的有民用房屋、工业厂房或棚、道路场坪等建（构）筑物，工业厂房或棚一般为钢筋混凝土或钢结构。（梁　斌）

机场航空气象设施　airport aviation meteorological facilities　提供机场航空气象服务所使用的设施总称。包括气象楼、气象观测站等场所，以及天气实况观测与探测设施、气象资料收集和分析设施、天气预报制作和发布设施等。

气象楼　气象预报人员工作场所和提供气象服务的场所。

气象观测站　气象观测员对本机场区域的云、天气现象、能见度等进行目测，以及对风、温度、湿度、气压、雨量等进

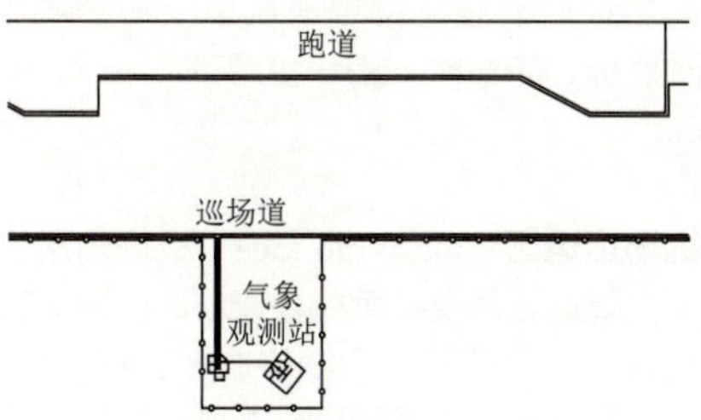

图1 观测站选址示意图

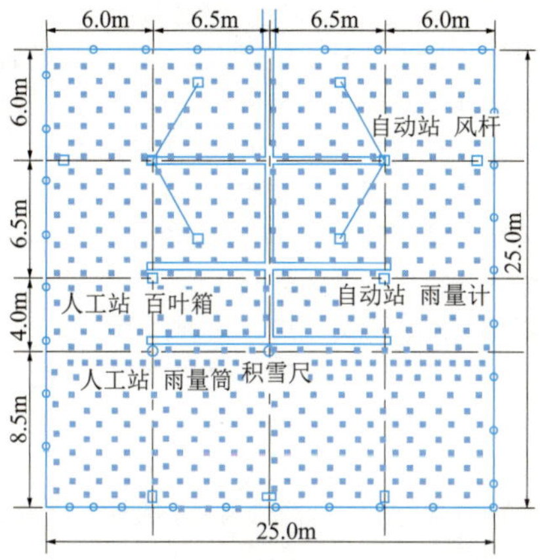

图2 观测场典型布置示意图

行记录的固定场所（图1、图2）。由观测楼和观测场两部分组成。①观测楼。内设观测值班室和观测平台。观测楼的选址应确保观测员目视至少一条跑道及其航空器最后进近区域，对于多跑道机场，可在其他跑道附近安装视频摄像设备。②观测场。为25米×25米或16米×16米的场地。场地内按北高南低的要求，布置风向风速仪、百叶箱（内置干、湿球温度表，最高、最低气温表）、雨量器、固定量雪尺等。

气象观测站周边应选定能见度目标物、安装目标灯。

天气实况观测与探测设施　主要包括：①机场天气观测系统。通过在跑道周边布置各种传感器，探测温度、湿度、气压、云高、风向、风速、能见度等数据，并经数据处理器处理后，通过塔台管制员

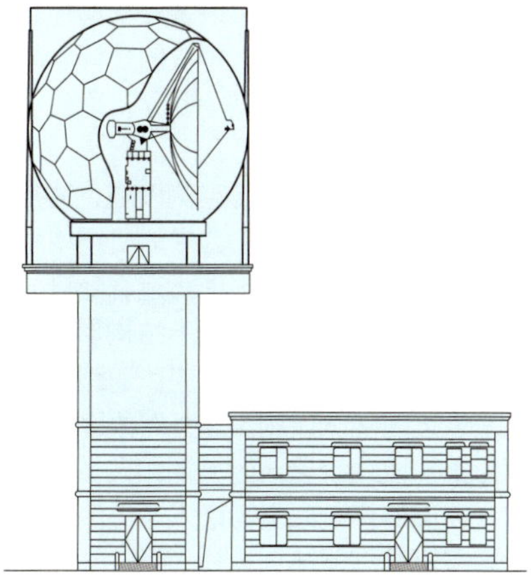

图3 天气雷达站示意图

或机场通播系统告知飞行员，使其随时掌握本场气象资料，以保证飞行安全。②天气雷达站（图3）。通常采用多普勒天气雷达，可测定散射体相对于雷达的速度，在一定条件下反演出大气风场、气流垂直速度的分布以及湍流情况等，进而气象预报人员可预测危险天气的整体位置、结构和趋势。机场天气雷达选址应避免对服务重点区域、天气系统主要来向的遮蔽。雷达站内主要布置雷达塔、雷达楼等建筑物。③风廓线雷达站。利用多普勒效应探测其上空风向、风速等气象要素随高度的变化情况，即风廓线。增加声发射装置可遥感探测大气中温度的垂直廓线。风廓线雷达机房宜采用方舱。

气象资料接收与处理系统　主要包括：①气象观测资料处理系统。用于存储、统计、查询、检索、输出各种机场气象观测资料和制作观测月、年总簿等。②气象资料接收处理系统。用于获取国家及地方气象局等部门的自动气象站资料、气象雷达观测资料、卫星观测资料、雷电观测资料以及气象要素观测资料、物理量场资料、飞机观测资料、天气预报产品、气候预测资料、重要天气预警信息等。③静止卫星云图接收处理系统。用于自行接收、处理、显示、存储静止气象卫星云图。

天气预报制作和发布设施　主要包括：①气象产品制作与发布系统。用于编制和发布机场天气报告、机场预报、着陆预报、起飞预报、机场警报、风切变警报、自动填绘和分析天气图等。②民用航空气象信息系统。提供飞行气象情报的收集、处理、交换、存储等功能的计算机网络系统。（杨银凤）

机场环境　airport environment　机场及其周围与机场运行、飞机飞行相互关联的环境要素的总称。包括自然环境、社会环境、生态环境及飞行环境等。机场环境主要研究机场建设对原有生态环境的破坏、机场建成后对周围生态及社会环境的影响以及周围环境对飞机飞行的影响等。其中，飞机噪声、电磁环境和机场净空限制要求是关键影响因素。

自然环境　机场及其周围所在区域的自然条件和自然资源的总称，主要包括机场所处地理位置的地形地貌、气候条件、工程地质条件和水文地质条件等，如机场的经纬度、海拔高度，场址的风向、风速、气温、气压、湿度、降雨（雪）量等，以及机场区域的空气、水系、动植物、土壤、岩石、矿物、太阳辐射等。

社会环境　与机场直接相关联的环境区域内，人类在自然环境的基础上经过长期有意识的社会劳动所形成的人工环境。机场社会环境问题主要是指机场建设、运行对附近生产生活环境的区域性影响，如机场工程建设的移民拆迁、飞机噪声对噪声敏感点（区）的影响等。噪声敏感点（区）是指需要安静、对噪声有较高限制要求的场所或区域，包括学校、医院、教堂、疗养院、居民点及自然保护区等。

生态环境　在未受人类干扰或人工改造的自然生态环境和在自然生态系统基础上发展起来的农（林）业生态环境，包括机场附近的森林、湿地、自然保护区、鸟类保护区、迁徙路线、野生动物栖息地以及机场内的绿化、景观、水系等。

飞行环境　为保证飞机飞行安全，机场应该具备良好的电磁环境、机场净空条件、鸟情环境和地面安全环境。

电磁环境　飞机活动区域内航空无线电导航信号和地空通信的被干扰情况，包括有源干扰和无源干扰。有源干扰是指能够产生电磁信号的干扰源，包括电台、通信基站、电话线、广播线、电气化铁路、架空输电线等产生的干扰。无源干扰是指影响无线电波正常发射和传播的一些设施、地形、地物等，如金属堆积物、树木、灌木丛、建筑物、金属栅栏、山体、江河、湖泊堤岸和海岸等产生的干扰。

机场净空条件　机场净空是飞机沿着起落航线飞行过程中，飞机距离其他物体净的空间的统称。机场净空条件是指机场净空区内的山体、村庄、高大建筑物等障碍物的分布情况，净空条件好坏与否直接影响着飞机的飞行安全（见**机场净空区**）。

鸟情环境　飞机活动区域内鸟的种类、数量、栖息地分布、活动规律及鸟类迁徙路线等基本情况，即鸟类影响飞机运行安全的情况。鸟类撞击飞机是影响飞机飞行安全的重大隐患，也可发生鸟类被吸入发动机打坏叶片而使发动机完全失效的事故。大多数鸟击事故发生在500米以下的低空空域中。

地面安全环境　为保障飞机在飞行区地面安全运行而设置的安全防护设施，包括围界、场界沟、巡场路、消防救援和其他必要的安全警戒设施等。

城市规划与机场环境　从方便旅客及空运货物的角度，机场与城市之间的距离越近越好，但机场本身存在着对周围环境的污染和限制，机场距城市太近，不但飞机产生的强烈噪声会严重影响周围居民的工作与生活，而且机场净空要求也限制了城市建设以及机场本身的发展。这是机场选址和城市规划要充分研究和妥善处理的

矛盾。同时，由于机场规模随着航空业务量的发展而不断扩大，它对机场周围环境的影响也随之增大。因此，机场的总体规划应是城市总体规划的组成部分，机场的土地使用、净空区、电磁环境保护区等的规划也应该与城市建设总体规划协调一致，在保证飞行安全的基础上减少机场对周围环境的影响。（杨尚志　邵　斌）

机场环境保护　environmental protection of airport　为防止机场施工期和运营期对周围环境产生污染，减少或消除有害物质进入周围环境，保护机场及其附近地区公众的身心健康，减少周围环境对飞行安全的影响，保持机场与周围环境长期协调发展所采取的措施。包括社会环境、生态环境和飞行环境保护，以及对飞机噪声和大气、水、固体废弃物等环境污染的防治措施。20世纪50年代，喷气式客机投入使用以来，飞机噪声引起公众的密切关注和强烈不满。1969年，国际民航组织（ICAO）召开了关于机场附近航空噪声问题的特别会议。1972年，联合国召开人类环境保护会议，明确责成ICAO应密切关注机场对周围环境的影响。1981年，ICAO通过了国际民用航空组织公约附件十六——《机场环境保护》。2008年，中国颁布了《民用机场环境保护管理规定》，对保护机场环境、规范机场环境保护行为、保障机场安全和正常运行具有重要意义。

社会环境保护　调查、搜集机场周围的土地资源、农田水利设施、重要建筑物、行政区划、自然景观、人文景观等社会环境现状及其发展规划，综合分析机场工程对周围社会环境的影响，提出相应的保护措施。例如，机场选址应结合当地农田保护及国土规划，遵照节约用地原则，进行充分比选，推荐对社会环境影响最小的场址方案。

生态环境保护　调查、收集机场周围的自然生态环境、农业生态环境现状及其发展规划，针对保护对象的特性提出保护方案，将机场与保护对象的相互影响减少到最低限度。①机场建设时应避开森林、湿地和自然保护区，避开鸟类保护区和迁徙路线及野生动物栖息地。②应结合飞机噪声防治和生态环境保护进行绿化设计，因地制宜，植树造林，保护植被，改善场区环境，达到降噪、防尘、净化空气、保持水土和稳定边坡等功效。③飞行区内土质地带应种植便于维护的草皮，其他土质地带可栽植不招引鸟类的花草、灌木和乔木，树木的高度应符合机场净空要求。

飞行环境保护　飞行环境保护主要分为电磁环境保护、机场净空保护、鸟情环境保护和地面安全警卫4个方面。机场周围电磁环境应保证机场无线电导航设施的正常运行；在机场净空保护区域内进行各类活动，应不影响飞行安全和助航导航设施的使用效能；机场当局应开展鸟情调查，建立鸟情通报制度，并采取音响恐吓、高频振荡驱逐、隼或鹰镇压鸟群等有效的防治鸟害措施，确保良好鸟情环境；飞机飞行时应加强飞行区的地面安全巡查和警戒，防止无关人员、车辆和动物误闯入飞行区，影响飞行安全。

环境污染防治　机场环境污染防治主要针对噪声污染防治、大气污染防治、水污染防治和固体废弃物防治4个方面。

噪声污染防治　机场噪声分为机场施工期的施工作业噪声和机场运营期的飞机噪声，后者更为突出。飞机噪声是飞机运行时的各种噪声源总和，主要是推进器系统噪声和空气动力噪声，具有峰值高、频谱宽、影响范围广等特点。飞机噪声可以引起飞机结构的疲劳破坏，影响飞机上仪表设备的正常工作和乘客的舒适，并对机场附近的公众生活、工作造成干扰，甚至影响人们的身心健康。飞机噪声污染是世界性难题，各国政府及相关专业组织对此开展了很多研究。除在飞机设计制造过程中充分考虑飞机噪声问题外，飞机噪声污染的防治措施主要有：①完善法律法规，加强政府监管。②合理安排机场周围的土地利用开发，避免飞机噪声干扰。③采用有效的隔声降噪措施，减少飞机噪声对机场周围居民的影响。④调整飞行程序，减少夜间起降。

大气污染防治　机场施工期应防止施工扬尘和沥青搅拌站的烟尘对环境空气的污染。

机场运营期应减少飞机尾气和生产、生活废气对大气环境的污染。飞机尾气含有未燃烧的碳氢化合物、一氧化碳和氧化氮等有害成分。主要防治措施有：①对于污染严重超标的飞机，应拒绝发给运行合格证。②合理布局机场设施，经常监测机场周边大气状况，加强监管。③绿化造林。

水污染防治　机场施工期和运营期应采取有效措施防止水源污染。生活污水应达标排放；有毒、有害的生产废水宜单独设置污水处理系统，污水经处理达标后方可排入当地污水受纳系统。

固体废弃物防治　机场施工废弃土石方和废料应按指定地点集中堆放，回收利用；运营期间的废弃航材应统一回收利用，其他生产废物宜设置相应的堆放场所并定期处置；航空垃圾、生活垃圾、锅炉炉渣等应在指定地点集中堆放并及时处理，减少对周围环境污染。

（邵　斌）

机场货运区　air cargo area　机场内用于航空货运处理及运营办公业务的区域。由货运站、货机坪、货物停放坪、停车场、道路交通系统等基础设施组成。机场货运区主要功能是与货主进行收发货交接，整装货或散装货的拆箱、分拣或组装处理，存放、配货与分货处理，货物地面装卸载及运输等。货运站是货运区的中心，是办理货物托、收手续，进行货物的收发、分解、组合、保管、储存等地面处理作业的场所。要求收货、分拣、编码、就位入库、输送到机位、装运起飞，或卸货、输出到货位入库、提货出库、交货、消号等一切程序快速准确。早期货运站的功能主要侧重于货物存储、保管或存运一体化，其典型特点是单体建筑面积小、进深大，货物搬运距离远，内部流程复杂，流通效率低。随着航空货运量不断增大，传统货运站逐渐满负荷运作，货物存储和处理作业区域严重不足，操作压力日益增大。为促进航空货物的流通、发挥航空运输快速通达的优势，货运站开始配备先进的自动化操作设备，应用信息化管理手段提高货物处理效率，同时逐渐弱化存储功能，将散货收运、集散、报关、存储等功能向外围转移，加快货物周转率，并通过优化货运处理设备的分区布置方案，简化和缩短内部工艺流程。货运站不再以单一形式存在，既有多层结构和不同构型的货运站，也有与周边物流设施联动的一体化通关货运站。建筑物采用大开面、小进深布局。主要功能作业区包括：①进出港货物收发货交接作业区。②进港货物的拆箱、分拣以及出港货物组合作业区。③集装箱／板货物存放区和散货高架存放区。④货物临时堆放区和散货配货、理货作业区。此外，货运站还配备货运特种车辆、设备停车场地、供装卸机作业时货物暂时停放的货坪、起吊装置、装卸平台、分解/组合装置及传送设备等配套设施。

货运机坪是货运区空侧设施，通常在货运量大、以货机运输为主的机场单独设置。机坪位置和规模根据货运吞吐量分析确定，道面采用水泥混凝土结构形式，厚度与货机交通量发展相适应。道路交通系统是货运区陆侧设施，服务对象以货运车辆为主，兼顾少量通勤车辆和人员步行需求，在道路横断面上考虑人车分流，保证货运车辆进出便捷、运输通畅。

（杜　浩）

机场净空区　airport clearance zone　为保证飞机起飞、着陆和复飞的安全，在机场周围划定的限制障碍物高度的空间区域。

组成　机场净空区由升降带、端净空区和侧净空区组成，民用机场和军用永备机场净空区组成见图1、图2。①升降带。为保证飞机起飞、着陆和滑跑的安全，在跑道周边设置的、包含跑道的安全地带。该区域内不应有对飞机活动安全构成危险

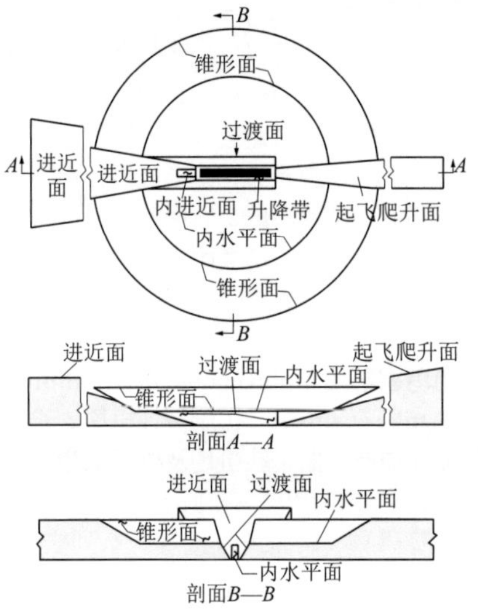

图1　民用机场净空区组成示意图

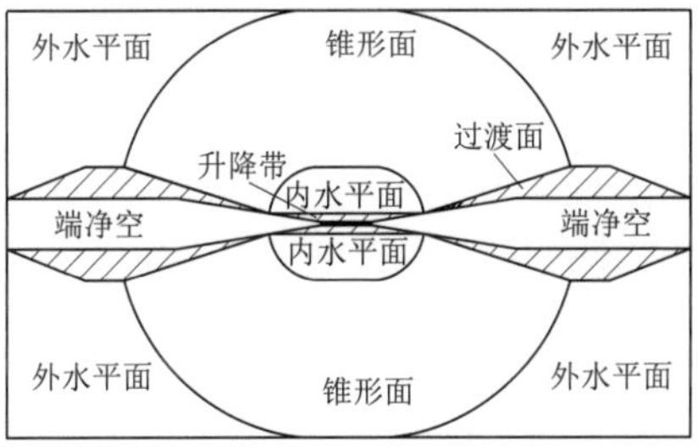

图2　军用永备机场净空区组成示意图（二级机场）

的物体存在。②端净空区。为保证飞机起飞爬升和进近下滑安全，在跑道两端以外限制障碍物高度的区域。其平面尺寸和障碍物限制要求根据机场等级的不同而有所差别。民用机场端净空区障碍物限制面分为起飞爬升面、进近面、内进近面和复飞面等；军用永备机场端净空区分为端近净空区和端远净空区两部分。③侧净空区。从升降带和端净空区限制面边线开始，向外扩展至机场净空区边线所构成的限制物体高度的空间区域，其障碍物限制面由过渡面、内水平面、锥形面组成（军用机场侧净空区还包括外水平面）。

要求　民用机场与军用机场分别制定了相应的机场净空要求。

《中华人民共和国民用航空法》规定：禁止在民用机场范围内和国家规定的机场净空保护区域内修建影响飞行安全的建筑物或者设施，禁止从事其他影响飞行安全的活动。

《中华人民共和国军事设施保护法》规定：在军用机场净空保护区域内，禁止修建超出机场净空标准的建（构）筑物或者其他设施。在军用机场净空保护区域内种植植物，设置灯光或者物体，排放烟尘、粉尘、火焰、废气或者从事其他类似活动，不得影响飞行安全和机场助航设施的使用效能。　（杨尚志　邵　斌）

机场旅客捷运系统　airport automatic people mover　一种无人自动驾驶、立体交叉的大众运输系统。主要用于机场不同航站楼之间、单个航站楼内部或机场内部与城市公共交通之间的旅客运输任务，是大型国际机场中十分重要的安全快捷、绿色环保的运输工具。

发展概况　全球首个旅客捷运系统是永不停止铁路，1924年建造于英国的伦敦温布利。美国坦帕国际机场是第一个拥有旅客捷运系统的机场。中国大陆首条旅客捷运系统是北京首都国际机场旅客捷运系统，主要服务于北京首都国际机场T3航站楼国际及港澳台进出港旅客。

系统技术　通常采用自动驾驶、立体交叉的铁路运输等轨道交通自动控制技术，并常采用单轨铁路、轻轨运输或磁悬浮列车等多种铁路运输技术。常见的旅客捷运系统有个人运输系统（PRT）、独轨系统、缆索驱动系统、自驱动系统等。①个人运输系统。通常采用载客量为2～4人的车辆，能够实现自动控制运行，为单个人或小规模旅客提供不停站式点到点的服务。②独轨系统。车辆运行速度一般在30～50千米/时，多用于在客流密集区运送中等容量乘客。③缆索驱动系统。采用中到大容量编组列车和不同类型的悬挂系统（胶轮、空气浮力或钢轮轨）的技术，较适合于线路长度超过1800米且线路较直的车站之间运行。④自驱动系统。为大容量列车、自驱动的胶轮或钢轨组成的捷运系统，有穿梭式、环形和压缩式环形等运行方式，车辆容量在70～100个乘客。

系统组成　主要包含车辆系统、轨道系统、供电系统、列车自动控制系统和信息反馈系统、站台系统等。①车辆系统。构成部分包括电气、气动、牵引和制动、推进及动态制动、驱动、摩擦制动、悬挂及导向、加热、通风及空调等。②轨道系统。与城市轨道系统近似，道岔主要分为枢轴道岔和回转道岔两种类型。③供电系统。由车辆集电器从3个导轨动力轨获得电力以供车辆使用，当车辆通过道岔时，车辆前后的集电器能够完成持续集电运行。④列车自动控制系统。通过中央控制计算机、车站列车自动驾驶系统、轨旁列车自动防护系统、车辆自动控制系统的自动运行及相互作用，协调控制旅客捷运系统车辆的所有运行。⑤信息反馈系统。分为监测系统和站台系统。站台系统设有自动屏蔽门阻挡旅客进入轨道区域，只有在列车到站后，车门和站台门同时打开时，旅客方可进入车厢。　（涂辉招）

机场目视助航设施　airport visual aids　在机场飞行区及其附近，为飞机驾驶员提供昼夜起飞、进近、着陆和滑行所需的目视引导信号而设置的工程设施。一般由道面标志、助航灯光、标记牌、标志物和信号设施等组成。其繁简程度和布置形式受飞行区等级、机场接收飞机的气象标准和配合使用的无线电导航设施的内容和精密程度等因素影响。各国因使用习惯的不同稍有差异。国际民用航空组织为了促进各成员国对所开放的国际机场的目视助航设施趋于标准化，颁布了一系列国际通用标准。

道面标志　为传递航空信息，展示在跑道、滑行道和停机坪等飞机活动区表面上标示鲜明的线条或符号。跑道上用白色标志，滑行道和停机坪上用黄色标志，需要增强对比度时宜增加黑边。

跑道标志　包括跑道号码标志、中线

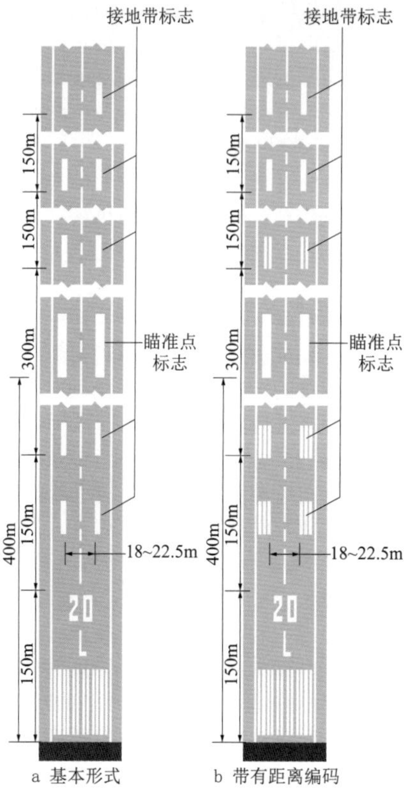

a 基本形式　　b 带有距离编码

图1　跑道标志示意图

标志、入口标志、瞄准点标志、接地带标志、边线标志（图1）。①号码标志。由跑道中心线从进近方向看去最接近于跑道磁方位角度数的1/10的两位整数组成，如跑道号码18，即表示磁方位为180°±5°。当同时有两条或三条平行跑道时，还需加标L、R、C，以区分左跑道、右跑道或中跑道。②中线标志。设置在跑道两端的跑道号码标志之间的跑道中线上，由均匀隔开的线段和间隙组成。③入口标志。设在跑道两端，若入口移位时需设移位入口标志。④瞄准点标志。为飞机进近着陆时接地位置点，由两条明显的条块组成，对称地设在跑道中线的两侧。⑤接地带标志。由若干对对称设置在跑道中线两侧的长方形标志块组成，其对数与可用的着陆距离有关，当一条跑道两端的进近方向均需设置该标志时，则与跑道两端入口之间的距离有关。⑥边线标志。表示跑道的边界，由一对设置于跑道两侧边缘的线条组成。

滑行道标志　包括滑行道中线标志、跑道等待位置和中间等待位置标志、边线标志、道肩标志等。滑行道中线用于识别滑行路线，边线表示滑行道边界，跑道等待位置标志设置在跑道入口处，提示飞机必须在此等待，等候塔台指令。中间等待位置标志设置在滑行道交叉口，用于提供中间等待位置信息，满足塔台对飞机的指挥需求。

停机坪标志　用于引导飞机准确停放在固定停机位上，以保证与供应设施、登机桥有效衔接。包括机位识别标志、引入线、转弯开始线、转弯线、对准线、停止线和引出线等停机位标志，以及机位安全线和机坪设备区停放标志。

其他标志　如用于校准飞机仪表的甚高频全向信标台机（VOR）机场校准点标志、强制性指令标志、道路标志、关闭标志等。

助航灯光　在飞机夜航和跑道能见度低时为给驾驶员提供目视引导信号而在规定位置设置的灯光标志总称。由进近灯光系统、目视进近坡度指示系统、跑道灯光系统、滑行道灯光系统和其他灯光系统组成。一般机场都安装固定式灯光，小型机场也可采用移动式、半固定式灯光，没有备用电源的机场应备有应急灯光。

进近灯光系统　设置在跑道进近端，为引导进近中的飞机对准跑道中线、机翼保持水平并提示接近跑道入口距离信息的灯组，是从跑道向外延伸的一系列进近中线灯、横排灯、短排灯、闪光灯或它们的组合。进近灯光系统分为简易进近灯光系统和Ⅰ、Ⅱ/Ⅲ类精密进近灯光系统（图2）。因跑道运行等级不同，进近灯光系统设施配置和布局有所差异。

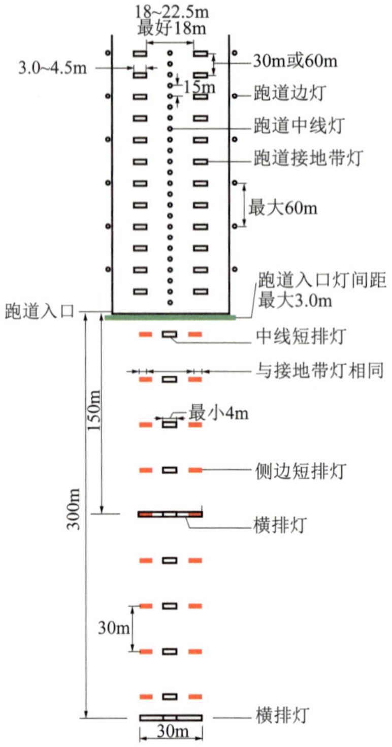

图2　Ⅱ/Ⅲ类精密进近灯光系统和跑道灯光系统示意图

目视进近坡度指示系统　为引导进近中的飞机按规定的下滑坡度下滑直至接地点而设置于跑道旁侧规定地段的灯组。标准的目视进近坡度指示系统可分为T式目视进近坡度指示系统（T-VASIS）、简化T式目视进近坡度指示系统（AT-VASIS）、精密进近坡度指示器（PAPI）和简化精密进近坡度指示器（APAPI）。随着PAPI系统技术的成熟和广泛应用，T式系统使用越来越少。一组PAPI灯由4个单元组成，飞机正确角度下滑时，飞行员空中可见PAPI灯组显示为两红两白，其他颜色组合均表示下滑角度有偏差。

跑道灯光系统　包括跑道入口识别灯、跑道入口灯、入口翼排灯、末端灯、边灯、中线灯和接地带灯。跑道中线灯和接地带灯配合精密进近灯光系统类别而增设。图2为Ⅱ/Ⅲ类精密进近灯光系统和跑道灯光系统示意图。

滑行道灯光系统　一般由滑行道边灯、和中线灯组成，有时还设停止排灯、滑行位置等待灯和跑道警戒灯等。

其他灯光设施　机场一般应设置机场灯标，陆地机场灯标为绿、白交替闪光；机场识别灯标的识别信号字母按国际莫尔斯电码断续闪光。在障碍物上应安装红色障碍灯，对于高大的烟囱或塔架，必要时分层设置白色高光和强闪光灯。

标记牌　包括滑行引导标记牌、VOR机场校准点标记牌、机场识别标记牌、航空器机位识别标记牌及道路等待位置标记牌。按功能可分为强制性指示标记牌和信息标记牌，按内容分为不变内容标记牌和可变内容标记牌。标记牌通常安装在滑行道旁，以帮助驾驶员操纵飞机滑行，当供夜间使用时，应设照明设施或涂反光材料。

标志物　根据机场的使用条件和要求，机场还可设置其他标志物，如风向标、信号板、跑道中线延长线标志物、高压架空线标志球、跑道入口有坡度的标志物等。标志物应易折，跑道或滑行道附近的标志物必须足够低，以保证其与飞机螺旋桨或发动机吊舱的净距。

（毛明初　杜　浩）

机场鸟害防治　prevention and control of bird strike at airport　机场管理机构为避免鸟类撞击航空器，在机场及机场周边生态环境调查和整治的基础上所采取的惊吓、设置障碍物、诱杀或捕捉等一系列措施，以及相应的信息分析、传递等工作。鸟害指航空器在起飞、爬升、下降和着陆过程中由于被鸟类撞击而发生飞行安全事故或事故症候。由于涡轮发动机和宽体客机的出现，飞行速度越来越快、航空器体积越来越大，加之空中交通日趋繁忙，机场鸟击事件也越来越多，国际民航组织已将鸟击灾害列为“A类航空灾难”。

机场鸟害防治需在对机场及机场周边生态环境调查和整治的基础上进行，防治方法可分为被动控制法和主动控制法两种。①被动控制法。通过改变机场或机场周围的环境，达到减少飞鸟的目的，属于预防性措施。②主动控制法。利用各种手段试图将鸟类驱散，以减少鸟害。驱鸟措施包括使用各种驱鸟设备（煤气炮、语音驱鸟器、移动式电脑声学驱鸟系统、激光驱鸟器等）、在飞行区设置假人、架设拦鸟网、在早上和晚上鸟类活动频繁期进行集中驱鸟、用猎枪进行猎杀等。

对于新建机场，鸟害的预防措施主要为在选址、规划阶段对鸟类活动进行评估，避让候鸟栖息地、迁徙路线以及吸引鸟类的场所。对于已建机场，鸟害预防措施主要包括清除鸟类栖息地、断绝鸟类的食物来源和水源、定期修剪草坪、撒布农药、喷洒鸟类驱避剂等。机场鸟害防治应秉持“预防为主，驱鸟为辅”的原则，尽量减少对鸟类的伤害和捕杀。此外，还需根据机场及周边的定期生态环境调研和鸟情、鸟击报告及时调整和制定鸟害防范策

略，采用多种措施和方法进行长期综合整治，将鸟害降到最低限度。（朱方海）

机场跑道工程应急抢修 emergency repair of airport runway 在遭受地震、台风、暴雨等自然灾害或武器打击情况下，为了尽早恢复飞机起飞和降落，采取快凝/早强混凝土等抢修材料和器材对机场跑道进行的快速修复。在自然灾害破坏下，机场跑道的地基、基础和道面板在拉、压和剪等复杂应力状态下产生破坏，轻者道面起拱、错台或开裂；重者地基和基础松动、道面板大范围破碎。当地基或基础产生破坏时，需要对翘曲、变形的道面板实施破碎，采用推土机将碎屑移除，而后对松散的地基进行夯实。为了节省抢修时间，可就地取材，如采用大量碎石、黄砂和灰土铺设基础。而后采用添加早强剂和减水剂的高标号水泥铺设道面板、拉毛、抹面。如地基或基础没有破坏，只是道面起拱、错台或开裂或道面板掉块、局部断裂、成坑等情况，应急修复时先将道面清理干净，凿毛，采用高标号混凝土添加亚硝酸钠和氯化铁等早强剂进行填补，对混凝土进行振捣密实，养护数小时后进行拉毛，抹面，再养护至达到使用强度。如果温度较低，可采用高温养护。若成坑较小，可采用聚氨酯胶泥来填坑。

战时，机场跑道将遭到武器打击破坏，应急抢修主要针对反跑道炸弹等弹药侵彻爆炸造成的局部破坏，采用快速、方便、够用的修复技术。其基本步骤是：①确定跑道作战需求的“最小使用区域”，也就是最小修复区域。②快速清理未爆炸弹药和爆炸飞散物。③快速填平，夯实弹坑。④通过各种预制结构或新型快凝/早强材料快速恢复跑道的平整度和硬度，满足军机的基本起落标准。

从20世纪60年代以来，各国都十分重视机场跑道工程灾害应急抢修技术及材料与装备的研发，发展了10余项快速抢修技术。如AM-2铝合金面板、预制混凝土板、FRP面板、砂网与FRP板组合、磷酸镁水泥、聚氨酯帽、压碎岩石、预应力沥青混凝土块、钢纤维喷射混凝土、快硬混凝土等。未来将更加重视无人机、探地雷达、无人化排爆机器人等信息化装备以及新型复合材料与结构的研发。

（李　峰）

机场设施维护管理 maintenance and management of airport infrastructure 通过技术手段对机场中各类设施所进行的养护、维修和管理工作。目的是保障机场的正常运行。

机场设施维护 分为飞行区场地设施维护和航站楼设施维护。

飞行区场地设施维护 主要包括以下内容：①道面清扫保洁及污染物清除。为了防止道面上的石子和其他杂物被发动机吸入，需要定期对跑道、滑行道及机坪进行清扫。道面表面还可能受到燃油、润滑油、橡胶或其他化工物品的污染，需要通过真空吸取、刮取、冲洗等方法去除。②清除冰雪。除雪作业采用机械清扫为主，并辅以人工清扫，具体视机场地理位置、降雪频率、航班次数而定。除雪作业要求尽快清除跑道、滑行道、机坪、道肩上的积雪，防止冻融破坏。除冰方法主要包括加热除冰和化学除冰两种。③土质地带维护。主要包括场地平整、碾压，植草、割草等。④排水系统的维护。为了及时排走飞行区的雨雪水，防止积水影响飞机运行和安全，必须加强对排水系统的维护，包括排水管线的疏通和排水构筑物的病害分析与修补。⑤目视助航设施的维护。包括地面标志系统的维护与助航灯光系统的维护。地面标志系统的维护是对着陆方向标、滑行引导标志牌、障碍物标志等道面油漆标志进行维护，标志脱落与污染要及时补涂刷，保证标志清晰完整。助航灯光系统需要定期检查维护，检查灯具发光情况、固定装置是否牢固、反光装置和滤色镜是否正常等，失效部件需及时维修更换。⑥飞行区围界的维护。对于金属类围界，由于易生锈的缘故，围界上涂料或塑胶局部脱落后应及时补刷油漆，局部破坏处应及时抢修或更换。对于砖、石、水泥块围界，若遭受人为或自然破坏应及时按原样补砌、恢复。⑦机具配备与维护。飞行区场地维护应按要求标准配备场道机具设备，并配备专业人员，加强机具保养和维修。⑧道面状况调查和评定。机场道面需要根据使用要求进行道面状况调查，并进行评定。水泥混凝土道面状况调查的内容包括道面破损状况、道面竖向移位、结构承载能力、抗滑能力水平和接缝材料破损状况。沥青混凝土道面状况调查的内容包括道面破损状况、变形状况、结构承载能力和抗滑能力水平。

航站楼设施维护 主要包括屋面维护、室外装饰维护、室内装饰维护、顶棚工程维护、墙面工程维护等。①屋面维护。包括阳光板屋面的维修更换、屋面地砖及防水工程、屋面排水系统的维修更换。②室外装饰维护。包括幕墙板及其配件的维修、维护及更换，外墙涂料墙面破损处维护修补、污浊处洗刷等内容。③室内装饰维护。包括公共区域石材地面损坏处维修更换，抗静电地面塌陷、起皮、开裂维修及更换，办公区域、卫生间破损地砖地面维护及更换，机房、配电间等工作区水泥地面病害处置等。④顶棚工程维护。包括格栅吊顶、金属桁架的调整维护，各类天花板、矿棉吸音板等的维修维护与更换，涂料顶棚的开裂、起皮、脱落处的维护和修补等。⑤墙面工程维护。包括各类墙板、柱板及配件的维修与更换，破损、脱落的石材墙面和瓷砖墙面的维修与更换，涂料墙面开裂、掉皮处的修补与刷新等。航站楼由于设计的多元化，其设施的维护应当根据航站楼的自身状况，制定不同的方案与策略。

机场设施管理 其发展经历了人工管理、半自动管理、信息化和智能化管理3个阶段。早期机场的规模较小，并且受当时条件限制，人工管理方式与之相适应。随着机场规模的增大和计算机技术的兴起，由计算机辅助的半自动化管理系统开始出现。大型国际机场的出现促使管理系统不断向着信息化和智能化发展。以机场道面管理为例，最早是由人工检测道面状况并做出相应决策，之后开始使用基于数据库的初期道面管理系统，随后又出现基于地理信息系统（GIS）的道面管理系统，现在发展到将道面管理系统作为一个子部分的机场资产管理系统。同时，设施的管理理念也在变化，最初的管理只包涵设施的使用期，现在管理时间维度是涵盖了需求、设计、施工、使用、维护直到回收再处置的全寿命周期。（凌建明）

机场停车设施 airport parking facility 为旅客、迎送者及机场访客等社会人员提供停车服务的设施。是旅客重要的交通转换地，是保证机场正常运行所必需的、最低限度的服务设施。

功能和定位 良好的停车设施规划将有效降低陆侧区域的拥挤和延误，有利于机场以最短的时间和最大便利为客、货在地面和航空运输之间提供衔接，大大提高机场的进场交通服务水平和容量，为旅客和航空公司提供优良服务。

机场停车设施是机场航站楼建设时必须配建的重要基础设施。航站楼是为社会服务的公共建筑，其停车设施将为广大旅客和迎送者及机场访客等社会人员提供服务，因此可视为社会停车场。机场停车设施泊位容量不仅要满足机场规划中航站楼建筑的配建指标，更要满足机场实际服务旅客及其他人员的需求。

分类 机场停车场通常分3种：短期

停车场、长期停车场和远端停车场。①短期停车场。通常位于距机场航站楼较近的地方，以方便旅客能以约300米的最大步行距离直接进入航站楼。在短期停车场中多为临时性停车及候客停车，具有周转率高、停车延时短、消散快等特征。②长期停车场。主要是为到达机场将车寄存，然后再出行的旅客服务的。③远端停车场。远离机场航站楼以外的长期停车场，通常会有往返巴士或者其他接驳车辆把旅客送到航站楼。机场停车设施也可按社会车辆、出租车、公共汽车、机场大巴、租赁车辆、残疾人专用车辆、机场工作人员车辆等分区设置。

设施标准　机场停车设施是机场公用基础设施的一部分，一方面要为广大旅客（包括迎送者）提供服务，另一方面需要与机场陆侧进场交通体系的其他组成部分共同存在、协调发展。国际航空运输协会（IATA）提出“世界级”机场必须要提供足够的私家车停车场，且停车费用合理。机场停车设施建设要遵循机场的“统一设计、统一预算、统一投资”原则，具体表现为：①停车设施应与航站楼同步建设（新建、改扩建）。②停车楼逐渐趋于与航站楼、地面交通中心（GTC）融合。③满足航站楼流程设计要求。（涂辉招）

机场系统　airport system　由若干个机场有目的地组合而成的网络系统。一般每个机场都是一个或多个相关机场网络系统的组成部分。机场系统需进行合理的规划，以达到联通区域重要城市节点、建设区域航空客货运系统等目的。

分类　从地域的角度出发，机场系统可分为以下几类：①区域网络。将众多小型机场与区域或国家的中心机场连接起来的机场网络系统。如美国众多的民用飞机将其西南地区的客、货流量汇集到亚特兰大，从而形成美国西南地区机场系统，阿根廷的布宜诺斯艾利斯机场将国内的若干机场连接起来形成机场系统。②大都市多机场系统。用于满足单个大都市及其周边地区需要的机场网络系统。如中国上海的浦东国际机场、虹桥国际机场、龙华机场等形成的上海机场系统，以及由奥利机场和戴高乐机场组成的巴黎机场系统。③国家网络。将某个国家的重要城市连接起来的机场网络系统。如中国的北京、上海、广州、昆明等城市可以通过城市的机场连接在一起。④国际或洲际网络。将不同国家连接起来的机场网络系统。绝大多数的国际航线、跨洋航线都属于某个或多个国际或洲际机场网络系统。

此外，还可根据运营特征对机场系统进行分类，如根据运输对象分为客运网络和货运网络，根据运营成本分为正常成本网络和低成本网络。

规划　机场系统规划是指满足一个城市、省、区域、国家未来发展所需的机场设施的描述。它提出新机场的大致位置及特性，或对现有机场提出扩充性质的建议，包括建设的时间安排及费用估计，并将机场系统规划同有关政府机关的政策和目标连接起来，其目标是为详尽的机场布局规划（见**机场布局规划**）提供依据。机场系统规划的主要内容包括：现有机场系统的评价，航空需求量的预测，机场的数量、规模、位置的比选方案，社会经济效益评价，环境影响评估，系统规划编制等。机场系统规划的层次可分为国家级、大地区级、经济区或省市级、地方级。中国的机场系统规划更多的是根据地方民航管理局或公司的发展要求制定。（凌建明）

机场选址　site selection of airport　选择满足机场建设和最终发展需要的场地。

基本要求　机场选址应当符合下列要求：①全国民用运输机场布局规划。②机场净空、空域及气象条件能够满足机场安全运行要求，所用空域与邻近机场使用无矛盾或能够协调解决，空域规划与机场容量相协调。③与城市距离适中，机场运行和发展与城市中长期规划相协调，飞机起落航线尽量避免穿越城市上空。④场区场地能够满足机场近期建设和远期发展需要，工程地质、水文地质和电磁、地磁环境相对良好，地形、地貌相对简单，土石方工程量相对较少，满足机场工程的建设和安全运行要求。⑤具备建设机场导航、通信、气象、航管和监视设施的条件。⑥具备建设供电、供油、供水、供气、通信、道路、排水、防洪等公用设施和系统的条件，能满足机场运营的要求。⑦不占或少占良田、耕地、林地、湿地或草地，拆迁量较少。⑧满足生态、环境保护及文物保护的要求，场区地下无重要矿藏。⑨工程投资经济合理。

工作内容　机场选址的主要内容包括：①分析机场的性质和作用。②研究使用机型及航线航程，确定跑道运行类别及飞行区。③航空业务量预测，确定机场近、远期规划建设规模及远景发展设想。④图上作业和实地勘察，初选场址，从地面条件和初步的航行服务分析，提出3个预选场址。⑤按选址的基本要求，分别对预选场址进行实地调查分析，从各个方面进行技术经济比较。⑥开展航行服务研究和飞机性能分析，通过飞行程序、运行标准、飞机性能及起飞一发失效应急程序，初步确定每个预选场址是否需要净空处理以及处理的初步方案，比较各预选场址的飞行程序和一发失效应急程序方案的可行性。⑦对各预选场址进行工程投资分析，提出近期机场工程及场外配套工程初步匡算。⑧综合地面条件、航行服务研究及工程投资分析推荐首选场址。⑨采用城市名+场址所在地乡镇行政区划名，提出首选场址名称。（蒋作舟）

机场油库　airport depot　建设在机场区域内，为民用机场储存和提供航空油料的场所。在小型机场，机场油库一般与航空加油站合并建设，具有航空油料接收、储存、发放等功能。在大、中型机场，机场油库一般与航空加油站分开建设，除具有航空油料接收、储存、发放等功能外，还有直接为航空加油站、机坪加油管道、周边小型机场等输送航空油料，以及航空油料质量检验、计量设备检定等功能。

为保障航油的各项指标，确保航空器运行的安全，与非民航油库相比，机场油库具有下列特点：①过滤与分离。航空油料对水分、杂质的含量有比较严格的要求，因此，在出入库工艺中均有过滤与分离的要求。②上部发油。在储罐内设有浮动出油装置，可保证每次发出的均是液面上部航空油料。③专管专罐专用。为保证油品的特性，避免混油，不同的油料采用专用的油罐和工艺管道。机场油库规模的指标用库容来表征，库容也是机场油库生产能力、保障能力的指标。对于新建或扩建机场油库的库容，按满足建设目标年不少于15天的航油供油量需求进行确定。对于运行中的机场油库，其最低库容能满足前半年平均日加油量不少于7天的航油供油量需求即可，这是机场油库最低保障能力的标准。

机场油库包括油罐区、装卸油区、辅助作业区和行政管理区。①油罐区，主要包括油罐和管道，配套有消防管道、防火堤、消防道路、罐区地坪等。防火堤采用不燃烧材料建造，且密实、闭合。②装卸油区，主要由工艺管道、装卸油棚、油泵棚、地坪、道路等组成，装卸油棚、油泵棚一般为钢结构或钢筋混凝土结构，地坪为混凝土地坪。③辅助作业区，主要有消防、变配电、维修等设施，均为工业厂房或棚。④行政管理区，主要为办公和值班用房。（梁　斌）

机场障碍物限制 restriction of obstacle around airport 为了保证飞机的起降安全，对机场附近区域人工和自然物体的高度实行的规定。为了便于衡量机场的净空情况，保证飞行安全，国际民航组织和世界各国都相应制定了机场净空规定。中国《民用机场飞行区技术标准》(MH 5001—2013)中明确规定：为保障航空器起降安全和机场安全运行，防止由于机场周围障碍物增多而使机场无法使用，规定了几种障碍物限制面，用以限制机场及其周围地区障碍物的高度。

中国空军于1961年首次颁布了《机场基本规格（草案）》，草案中列出了《机场净空规定》。1977年，国务院、中央军委从保护已投入使用的机场的净空条件角度出发，颁布了《关于保护机场净空的规定》，1982年进行修改后又重新颁布；2001年，颁布了《军用机场净空规定》。

限制面确定依据　限制面的范围也称机场净空区，其范围和规格主要与飞机起落性能、导航设备、气象条件、起落（进近）航线等相关，不同飞行区（机场）等级有不同的障碍物限制面要求（见**机场净空区**）。

超高限制物的处理　由于机场净空区限制要求严格，因此即便是新选的机场场址，有时也难以全面满足标准。对于选址中存在的原有人工及自然物体，如果超过净空障碍物限制允许值，可根据机场的重要性采取以下处理办法，处理后若能保证飞行安全，则可以考虑修建机场：①经过认真研究包括模拟飞行，确定必须拆除或清除的自然或人工物体的高度或范围。②根据障碍物的性质（如风景名胜古迹、重要建筑物）及超高量，制定专门的航行规则和障碍物标志（包括夜间灯光标志等）。③增加导航设备和限制机场的使用，采用最低决断高度、使用跑道视程、提高飞行员技术水平等。

机场净空保护　现有机场或新机场选址一经确定，相应于该机场等级的净空区必须得到严格的保护，才能保证飞行安全。中国的现行法令、政策对保护机场净空做了以下规定：①在机场净空区内，禁止修建超出净空障碍物限制的高大建筑物。②凡在机场净空区内规划或建设各项工程时，都应事先与机场主管当局联系并取得同意，未经批准的，政府有关部门不得予以办理建设许可手续。③没有经过机场主管当局同意修建的超高建筑物，其超高部分应拆除。④机场净空区内经允许存在的超过规定高度及其他影响飞行安全的物体，均应当设置障碍物标志。

障碍物标志用于标示障碍物的存在，以减少对飞行器的危害。障碍物标志由色彩标志和灯光标志组成。永久性建（构）筑物应采用红白相间色带标志，临时设施可采用方形红色旗帜标志。

障碍物遮蔽原则　机场净空区内有经准许存在的超过规定高度的不可搬迁的障碍物时，自该障碍物顶点向跑道相反方向作一水平面，向跑道方向作另一个向下1∶10的平面，任何在这两个平面以下的物体，即为被该不可搬迁的障碍物所遮蔽。遮蔽原则的应用应经航行部门研究认可。升降带及其两侧过渡面内不适用遮蔽原则。被遮蔽超过规定高度的物体不视为独立障碍物，不遮蔽其他物体。

（杨尚志　邵　斌）

机场助航灯光管理系统 airport navigation lighting management system 以机场助航灯光设施维护管理技术为基础，对助航灯光设施日常维护工作进行信息化、精细化管理的计算机系统。机场助航灯光管理系统的管理对象一般包括外场灯光回路、灯具、标记牌以及内场调光设备、供电设备等。其基本组成和功能包括：①助航灯光设施基础信息管理。实现助航灯光设施地理信息、属性信息与技术参数的组织与管理等功能。②助航灯光设施运行维护管理。基于灯光设施维护技术要求和工作流程，实现灯光设施日常巡检工作管理、预防性维护工作管理、故障维修工作管理、改造工程管理等功能。③评估分析管理。以日常维护业务数据和工作记录为基础，实现助航灯光设施运行状况评价、故障趋势分析、提示预警以及统计报表制作等功能。④备品备件管理。按照仓储管理要求，实现灯光设施备品备件的出库入库管理、库存查询、采购清单制作等功能。

通过机场助航灯光管理系统的应用，可改变传统的低效、落后、经验型管理方式，实现各类数据的信息化存储与管理、业务工作的规范化组织与协同、运行状况的可视化评价与分析，提高机场助航灯光设施的管理效率和管理水平。（杜　浩）

机场综合交通枢纽 airport integrated transport hub 以机场为中心，衔接多种运输方式，辐射一定区域的客、货转运的大型交通基础设施。其整合集成了铁路、公路、航空、内河航运、海港和运输管道等交通资源。

功　能　枢纽功能主要体现在3个方面：①为区域内部和区域对外的人员及物资交流提供集散和中转服务，带动和支撑区域经济的发展。②实现不同方向和不同运输方式间客、货运输的连续性，完成运输服务的全过程。③为运输网络吸引和疏散客、货流，促进交通运输产业的发展。现代化机场综合交通枢纽已由单一的陆空交通转换设施转变为具有多种社会功能的综合交通枢纽，涵盖了门户枢纽、经济中心、地面综合交通枢纽、综合服务中心和物流中心等功能。机场综合交通枢纽可开展空铁联运、海空联运、城市交通票务一体化等业务，发展临空经济，构建航空港及航空大都市。

特　征　机场综合交通枢纽的特征：①空间构成复杂化。机场综合交通枢纽由于汇集了多种交通方式（小汽车、公交车、轨道交通、水运等）以及多种功能（商务、娱乐等），导致空间膨胀及空间结构复杂化。机场综合交通枢纽采用统筹式立体化多层构造，充分开发地上、地面及地下空间。②功能构成多样化。机场综合交通枢纽除了完成内外交通的转换、不同交通方式的换乘等交通服务功能，还将商业、服务、娱乐等城市化的功能引入枢纽空间内部，对枢纽功能进行延续开发，使得枢纽所处区域成为一个次级商业中心。③功能及空间构成的整体性。机场综合交通枢纽是一个有机整体，各种空间形式和功能形态均服务于同一个目的，即为旅客提供服务，因此空间和功能上是一个极具系统性的一体化微型城市。④具有一定自适应性和组织性。机场综合交通枢纽由线系统（网络）和点系统（枢纽）组成，综合枢纽属于点系统，以交通网络体系作为其外部环境。当综合枢纽的外部环境发生变化，它的自身结构及特征可进行相应的调整。

设施构成　机场综合交通枢纽的主要设施分为建筑本体和周边交通设施两大块。建筑本体指枢纽内部各功能组团，主要有主体设施、换乘设施、停蓄车设施、商业开发设施等；周边交通设施指连接枢纽与周边区域的交通设施，有城市道路或专用道路、轨道线路、外围场站等。

（涂辉招）

机场总体规划 airport master planning 为满足航空业务量的发展需求，制定的机场分期和最终发展的设想。

规划依据　规划依据包括：①《全国民用运输机场布局规划》。②机场所在地的经济社会发展规划、城市总体规划及综合交通规划。③机场工程的项目建议书及可行性研究报告的批复。④场地的工程地质、水文地质、气象（风、气温、湿度、雾、能见度、降雨量、雷暴、冰雹、雪、风沙、气压和天气变化统计）、地理地形、地震烈度等自然条件。⑤机场与城市的距离、相对位置、交通条件、城市发展规划、土地利用规划、邻近区域的居民点的分布情况。⑥邻近的军、民用机场分布。⑦空域环境。⑧机场净空及障碍物情况。⑨无线电收发讯区分布及电磁环境。⑩供电、供水、雨污水排放、通信、燃气、供油等公用设施条件。⑪场地附近地面交通、轨道交通分布情况。⑫植被、水面和鸟类栖身地等生态情况。

机场性质 根据所在城市的功能定位、在全国机场布局中的地位、使用的飞机机型、开辟的航线等确定机场的性质。

规划原则和内容 规划原则主要包括：①统一规划、分期建设，在满足最终发展设想的前提下，合理布置近期建设项目。②功能分区为主，行政区划为辅。③分区布局既要满足各自的功能需求，又要协调功能区域间的相互联系。④各设施的容量相互平衡，保障机场正常运行。⑤总体布局紧凑，使用灵活，留有发展余地。⑥集约节约用地，少占或不占耕地及居民点。⑦减少或避免环境污染，维持生态平衡，使机场建设及运行同所服务的城市及周围地区协调发展。

随着民航运输的发展、机型的更新、空管设施的改进、IT及互联网技术的进步以及环境标准日益受到重视等，机场总体规划必须是综合分析技术、经济、社会、财政、环境等诸因素后得出的技术可行、经济合理、环境协调的最佳方案。

规划内容因机场性质、规模和地理位置的不同而异，主要包括：①机场功能定位。②航空业务量预测。③确定机场近、远期及最终发展规模和标准。④制定机场各功能区的平面布局。⑤空域环境及飞行程序设计方案。⑥近期建设计划。⑦土地利用规划。⑧环境保护、净空环境、电磁环境保护、鸟类防治等规划。⑨节能措施。

航空业务量预测 航空业务量预测是制定规划的基础。预测期限分为近期、中期和远期，近期为10年，中期为20年，远期为30年。预测的方法包括趋势外推法、经济模型法、市场调查法、专家评估法等。趋势外推法是根据对历年业务量统计数据的分析，采用数学模型预测未来的交通量，适用于近期预测。经济模型法是通过分析城市或地区的人口、国民生产总值、国民收入水平及旅游业等社会和经济因素，经统计分析，建立以若干经济指标为自变量的数学模型进行业务量预测，适用于中、长期预测。市场调查法和专家评估法分别采用调查不同部门的航空运输市场潜力，由民航业内外的专家对某些机场的航空业务量做出评估和预测。预测的内容包括：①年旅客吞吐量、货邮吞吐量及飞机起降量。②高峰小时旅客吞吐量和飞机起降量。③地面交通量。

规模及标准 根据航空业务量预测确定机场近期、中期及远期乃至最终的主要设施规模。根据使用的飞机机型及航线航程确定飞行区主要设施（即跑道系统及滑行道系统）的几何尺寸及数量，根据高峰小时飞机起降量确定站坪机位数，根据高峰小时旅客数确定航站区设施规模，根据货邮吞吐量确定货运站规模，根据地面交通量确定进场道路等地面交通设施规模，根据飞行程序方案及机场运行要求确定航空管制设施规模，相应确定供电、供水、供油等公用设施规模及标准。

主要功能区的平面布局 机场主要设施的平面布局如下：

飞行区的布置 主要指跑道、平行滑行道、快速出口滑行道、联络滑行道、升降带、停机坪及飞行区排水系统的布置。其中跑道是最主要的部分，它的布置决定于跑道的数量和方位（见*跑道*）。

平行滑行道的位置及尺寸取决于跑道的类别及使用的机型，通常只布置一条平行滑行道，在飞机起降量足够大的机场则要求规划布置第二条平行滑行道，以保证飞机在地面上运行的安全与畅通。在业务量繁忙的情况下，需要设置快速出口滑行道，它与跑道的夹角在30°左右，其位置取决于使用的机型、接地速度、减速率和出口数目。跑道、平行滑行道、停机坪之间设联络滑行道。

根据停放飞机的机型、数量及场地条件布置停机坪。在一些机场，还应根据需要设置等待机坪、隔离机坪及旁通滑行道等。

航站区的布置 航站区处在飞行区和地面工作区的分界上，是机场规划布局的重点。航站区的设施主要包括旅客航站、货物航站、客机坪、站前区道路及停车场。航站区的布置主要是确定航站区的位置并选择合适的客机坪和旅客航站构型。航站区和跑道相对位置的确定原则（见*跑道构型*）。

客机坪的布置形式有4种：①前列式机坪。飞机沿旅客航站前停放，当机位数小于或等于4个时，前列式较为合理；当需要4个以上机位时，前列式难于安排旅客流程，建设费用也明显增加。②指廊式机坪。飞机沿旅客航站指廊停放，一条指廊适用于6～12个机位。当机位数超过30个时，采用多条指廊或Y型、T型指廊。③卫星式机坪。飞机围绕卫星厅停放，旅客航站与卫星厅用隧道或过廊连接。④开阔式机坪。飞机靠近或远离旅客航站停放，往往多于一排。在飞机靠近旅客航站停放时，旅客步行登机，否则，用汽车或称“活动休息室”的运输车运送旅客登机。

货物航站的布置，主要包括货物航站、货机坪、道路及停车场等的布置，其位置取决于年货运量及货运方式。在货运量小、客货混装运输的机场可不设货机坪，但必须布置货运区。在货运量大、以货机运输为主的机场，应考虑单独布置包括货机坪在内的货运区。其位置与旅客航站保持一定距离，在客、货运站间布置连接道路。

工作区的布置 工作区包括航空公司、机场管理当局和武装警察、海关、检验检疫、边防检查等部门在机场工作的人员办公和生活的地区。工作区应相对集中地布置在与航站区相隔一定距离的地方，以不影响和干扰旅客及各种车辆的通行为原则。生活用房除必不可少者外，其他均应在机场外建造。

空管设施布置 包括塔台和无线电通信导航台、站、点的布置。塔台的布置应不妨碍航站区的扩建。无线电通信导航各系统的台、站位置，须结合机场规模、地形、场地条件和设备技术要求进行选择。

气象设施的布置 包括气象观测站和气象雷达站的布置。观测站应尽可能靠近飞行区，能观测跑道两端飞机进近区的天气变化，其仪表应避免受到来自飞机喷气流的吹袭。气象雷达站的位置应避免周围高耸建（构）筑物对雷达波的遮挡。

供油设施的布置 包括卸油站、储油库、使用油库及机坪加油系统的布置。卸油站的位置一般选在能接通铁路或靠近卸油码头的地方。根据飞行量的大小决定储油库的规模，库址应远离站坪或机场。场内使用油库须与其他功能区段分隔开，并保持足够的安全距离。采用加油车给飞机加油的机场，使用油库与站坪间应有便捷的道路相通，通行运油车的道路应与通行旅客车辆的道路分开，并避免交叉。

机务维修区的布置 包括飞机库、维修车间、修机坪、三站（制氧站、制氢站、压缩空气站）和机务外场工作间的布置。机务维修区的规模和构成取决于机场机务维修的规模及任务。飞机库及修机坪应布置在与旅客航站、货物航站相隔一定距离处。承担航线飞机检修的机场只设机务外场工作间及少量维修车间，其位置宜靠近停机坪。

消防急救中心的布置　消防、急救站的位置须尽可能靠近飞行区，和飞行区之间设有直接、方便的道路，在最佳能见度和地面条件下，从消防站开出的消防车到达机场上的任何出事地点的时间不超过3分钟，在有道面的地段争取不超过2分钟。为此，在有两条或多条跑道的大型机场须布置两个或多个消防站，从消防站的观察控制室应能瞭望到机场飞行区里飞机的活动情况。救援中心通常和机场消防站布置在一起。

公用设施的布置　供电、供水、排水、污水处理及排放、通信、供暖、制冷和供气等公用设施应结合功能区的分布以及各自的特点和要求，进行相应的规划。

道路的布置　应结合城市规划的道路网布置进场道路，尽量把通往旅客航站的车辆和其他服务车辆分开；通往各功能区的道路和各区段间的连接道路应综合布置；结合机场围界布置巡逻道路。

专项规划　主要包括：①综合交通规划。②场外配套设施规划。③净空限制及电磁环境控制。④邻近机场周边的土地使用规划。⑤环境影响评价及保护规划。⑥生态环境保护及鸟害的防治措施。

机场邻近土地使用规划　机场邻近的土地宜分区控制使用，尽量将噪声污染的影响限制在容许范围之内，形成合理利用的环境。根据对机场运行飞机的机型、航线、运行次数及时间的预测或实测资料，通过计算或实测，求出机场周围的感觉噪声级，并计算出有效感觉噪声级，做出机场噪声暴露预测。利用计算结果，绘出机场噪声暴露等强线图。将等强线图覆盖在土地利用地图上，根据机场附近噪声环境标准，对照等强线图即可对现在的土地使用合理性做出评价。如果机场外的土地尚待开发，等强线图就是建立综合的土地使用分区要求的基础。对于超出环境噪声标准的建筑区，应提出妥善解决措施和建议。（蒋作舟）

机库　hangar　用于飞机维修的大跨度单层建筑物。由飞机维修大厅及其附属用房组成，是机务维修区的主要建筑。机库是随着飞机尺寸而发展的特殊建筑形式，因使用功能要求，在结构上具有以下特点：①横向跨度大、室内净空高。大型单机位机库，其跨度一般为60～90米，大型双机位机库一般要求跨度大于150米，机库进深一般为70～90米，室内净高一般为17～26米。②由于飞机出入需要，大门一侧必须可开敞，屋盖主要由三边柱列支承，结构布置不对称。③屋盖安装多种悬挂移动维修设备，抗变形要求高，同时屋盖结构还须为可移动的机库大门提供上部支点。④机库大门尺寸大、重量重，又要求开启方便，结构比较特殊。⑤建筑的总高度受机场净空要求严格限制，通常要求建筑物最高点不超过45米。

由于飞机维修量及维修项目不同，机库的结构形式也有差异。现代大跨度机库屋盖系统常用结构形式主要有：平面桁架结构、大型空间网架、大门拱架结构、斜拉结构、长悬臂结构等，承重体系普遍采用钢结构。下部支撑形式以“柱＋柱间支撑”的支撑体系或屈曲约束耗能支撑体系为主。机库门通常按机库全高设计，全长分为若干扇，每扇宽10～20米，在每一门扇顶部设有专用导向结构，门扇底部支承于轨道轮上，门扇可由外包薄钢板的钢构架制成，厚度0.5～0.7米。有的机库门也按飞机的形状进行设计，中央部位大门高度按所进飞机的尾部高度控制，两侧部位大门高度按飞机机身高度控制。现代大型机库建设技术的发展将为航空公司提供更好的机务保障。例如，中国北京首都国际机场A380机库，跨度为176.3米＋176.3米，进深110米，屋盖下弦标高30米，屋面建筑最大设计标高39.80米，屋盖系统采用“大门处桁架＋空间网架”结构形式，支承柱采用四肢格构式钢管混凝土柱，与大门中间矩形钢筋混凝土空心柱、柱间支撑共同构成抗侧力结构体系，维修对象涵盖波音系列和空客系列所有飞机，可同时维修世界最大客机A380，以及大型客机B747、B777各两架和B737客机4架，是世界上规模最大的维修机库之一。（杜　浩）

机坪　apron　机场飞行区内供飞机进行上下客、装卸货邮、加油、停放、维修、除冰等各种业务活动的场所。在机坪中设有照明、供电、供油、飞机静电接地、助航灯光等设施以及地面标志标线、必要的飞机系留装置和导流屏等。机坪的大小与机场所需服务的飞机数量和大小密切相关，应满足飞机停放、滑行或拖行的安全运转要求和各种机动车辆或设备进入机坪为飞机服务的需要。机坪包括了客机坪、货机坪、等待机坪、停（维修）机坪和除冰坪等。

客机坪　指停放民用客机，供旅客上下飞机用的停机位置。客机坪的大小取决于4个因素：机位的数目、飞机的停放方式、机位的尺寸和航站楼平面布局。客机坪上可以设置不同类型的机位，按照与航站楼的位置和连接方式，可以分为远机位和近机位；按照飞机的大小可以分为C、D、E、F等类型的机位。

货机坪　在货运量大和专门设有货运飞机航班的机场，需要有专门处理空运货物陆空转换的货物航站及相应的货机坪。货机坪的布置要充分适应货物吞吐量的发展。

等待机坪　为预备起飞的飞机等待放行或让另一架飞机绕越提供条件，多在跑道的端部设置。跑道端部选用等待机坪还是绕越滑行道，主要根据飞机场高峰飞行架次、场址条件和可能性确定。

停（维修）机坪　为飞机逗留停放及进行各种维修活动提供的场所。停（维修）机坪的布置，除应考虑维修设备的不同要求外，还要考虑飞机试车时气流的吹袭影响，如可能对停放和滑行的飞机、地面设备和人员造成威胁。

除冰坪　专门用于飞机除冰时停放的机坪。在冬季易结冰的机场，为满足大量飞机除冰的需要，同时便于除冰后废水的回收和处理，宜设置专门用于飞机除冰的机坪区域。

（冯克鑫　杨尚志　李福庆　赵鸿铎）

机坪加油管道　apron hydrant pipeline　由机场油库引出，直接为管线加油车输送或为罐式加油车灌装航空燃料的管道。机坪加油管道一般由以下几部分组成：①供油主管。是机场油库加油泵组至机坪的供油主管道。②加油次环管。管道的两端与供油主管相接的加油管道。③加油支管。仅管道一端从供油主管或加油次环管接出，给局部区域机坪加油栓供油的非环形管道。④加油短管。管道从供油主管、加油次环管或加油支管等接出，与加油栓、高点放气装置或低点排水装置连接的管道。⑤装油支管。管道从供油主管、加油次环管或加油支管接出，或直接从机场油库接出，满足罐式加油车装油、给综合检测装置供油的管道。

机坪加油管道的附属设备主要有：①加油栓。安装在加油短管末端，与管线加油车配套使用，具有自封、关断等保护功能。②隔断阀。具有隔断机坪加油管道内油品流动功能，一般分机坪加油管道隔断阀和加油栓隔断阀两类。③高点放气装置。用于排放机坪管道中集聚的气体，一般可由附近的加油栓替代高点放气装置的排气功能，用于排放机坪管道中集聚的水分和杂质。④阴极保护系统。机坪管线采用强制电流保护、牺牲阳极保护或强制电流与牺牲阳极两种组合的方式进行保护。⑤紧急关闭系统。在危及安全的紧急情况下，具备立即关闭危及安全的油泵等动力设备并隔断危险源的功能。

与其他管道相比，机坪加油管道具有下列特点：①稳压性。为减小水击、保护航空器及加油车，机坪加油管道运行压力要求相对稳定。②流速瞬时性。根据同时加油的航空器架次、需求流量，能迅速供给所需的加油流量。③多口进出性。通过多个进口向机坪加油管道输入航油，又通过多个出口向航空器加油。④洁净性。机坪加油管道敷设时有坡度要求，以便于水分、杂质的聚集，并通过低点排水装置排出。（梁 斌）

机务维修区 aircraft maintenance area 机场内对飞机进行维护修理的特定区域。机务维修区按机务维修性质和维修深度分为3个等级：航线维护级、定检维修级和基地维修级。①航线维护级。只在机坪上进行飞机维护，完成飞机航前、航后检查，每日或过夜过境检查，以及加油、排除故障等工作内容。大多数机场只对飞机进行航线维修工作，在航站楼桥位下设有机务工作间和车辆、设备停放场，在远机位设置机务工作点和车辆、设备停放场。②定检维修级。是在承担航线维护基础上，可按不同机型的维修方案规定，承担一般维修机库内的定期维修，机务设施在机务维修区内集中布置，包括维修机库、维修机坪、定检与结构修理车间、工具间、航材库房、耗材库、管理用房等设施，以及定检维修工具装备。③基地维修级。是机务维修中的最高等级，在承担航线维护级和定检维修级的基础上，可按不同机型的维修方案规定，承担维修机库内飞机结构检修、附件翻修等定期维修内容。因其维修深度不同所以内容复杂，机务设施内容和布置有所差异，一般包括维修机库、车间、动力厂房和配套的维修机坪、发动机试车坪、罗盘校正坪等建筑物和场地。

机务维修区布局规划主要根据机场类型、飞机架次、维修机型、维修等级、维修工作量以及停场周期等因素确定。平面位置通常布置在距停机坪一定距离的地段内，维修机库规模与维修能力相适应，大门朝向宜避开机场全年最大频率的风向，同时为使用方便，各维修车间、工作房均应围绕飞机库进行设计。在机库门前修建能停放一定数量飞机的维修坪，并与停机坪、跑道之间设联络道连接，机务维修区联络道应尽量避开主滑行通道，以利于维修飞机的进出。（杜 浩）

基础 foundation 与地基直接接触，将建（构）筑物或设备承受的各种作用传递到地基上的工程结构构件。

分类 基础通常分为建筑基础和设备基础两大类（图1）。建（构）筑物的结构一般由上部结构和基础两部分组成。

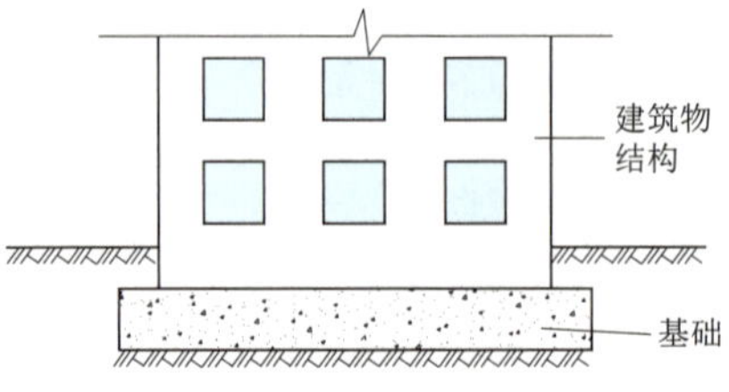

图1 建筑基础示意图

基础按埋置深度和施工方法可分为浅基础、深基础和明置基础；按基础材料可分为砖基础、毛石基础、灰土基础（石灰：黏性土的体积比为3∶7或2∶8）、三合土基础（石灰∶砂∶骨料的体积比为1∶2∶4或1∶3∶6）、混凝土和毛石混凝土基础、钢筋混凝土基础和木基础等；按基础构造和形式可分为条形基础、独立（单独）基础、筏板基础、箱形基础、壳体基础等；按基础的特殊作用和特殊施工方法可分为补偿性基础和锚杆基础；按基础受力性能可分为无筋扩展基础（刚性基础）和扩展基础（柔性基础）。

条形基础 长度远大于宽度（一般在10倍以上）的基础。条形基础包括墙下条形基础、柱下条形基础和柱下交叉条形基础。①墙下条形基础，一般采用无肋式（或称板式）墙基础。当基础延伸方向的墙上荷载及地基土的压缩性不均匀时，为了增强基础的整体性和纵向抗弯能力，减小不均匀沉降，多采用带肋的墙基础，即在肋部配置足够的纵向钢筋和箍筋，以承受由不均匀沉降引起的弯曲应力。②柱下条形基础（图2），单柱荷载较大，地基承载力

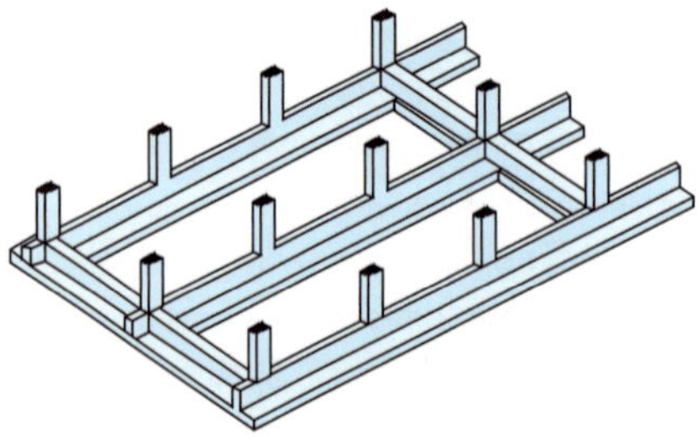

图2 柱下条形基础示意图

较小，按常规设计的柱下独立基础所需要的底面积大，基础之间净距很小，或者对于不均匀沉降或振动敏感的地基，为加强结构整体性或施工方便，将柱下独立基础连成一体形成柱下条形基础。③柱下交叉条形基础（图3），当单柱的上部荷载大，地基土较软弱，按条形基础设计无法满足

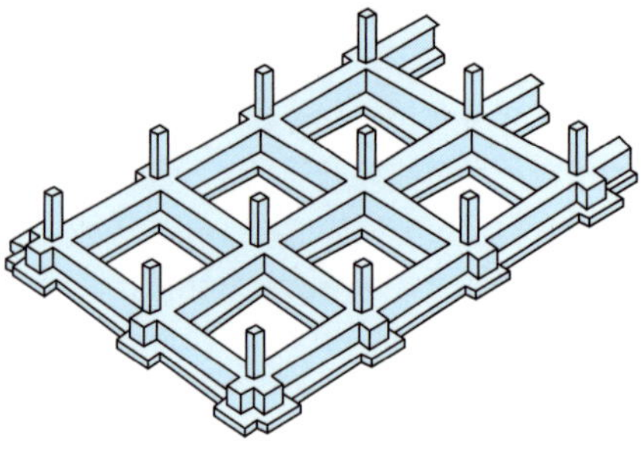

图3 柱下交叉条形基础示意图

地基承载力要求时，则可在柱下沿纵横两方向分别设置钢筋混凝土条形基础，形成柱下交叉条形基础，使基础底面面积和基础整体刚度相应增大，同时可以减小地基的附加应力和不均匀沉降。

独立基础 支承柱荷载的扩展式基础。又称单独基础。是柱基础中最常用和最经济的基础型式。独立基础可分为柱下无筋扩展基础（图4）和柱下钢筋混凝土扩展基础（图5）。①无筋扩展基础，所用

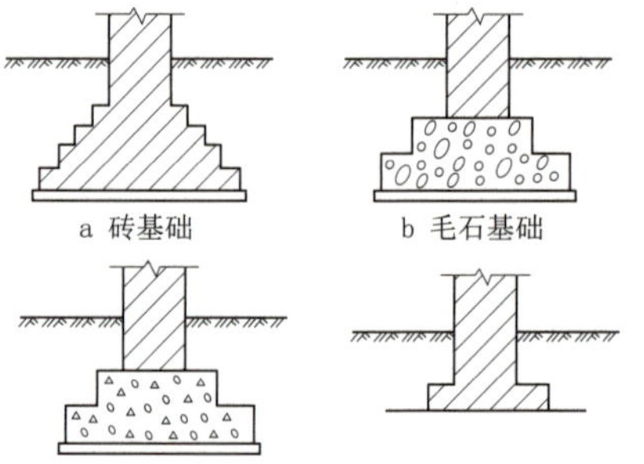

a 砖基础　b 毛石基础

c 混凝土基础或毛石混凝土基础　d 灰土基础或三合土基础

图4 无筋扩展基础示意图

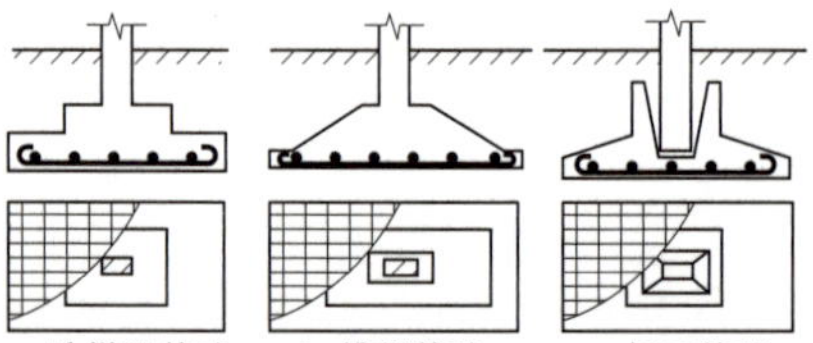

a 阶梯形基础　b 锥形基础　c 杯口基础

图5 柱下钢筋混凝土扩展基础示意图

的材料和构造方法与墙下无筋扩展基础相同。②钢筋混凝土扩展基础，可分为现浇柱基础和杯口基础。现浇阶梯形基础的每阶高度宜为300～500毫米，现浇锥形基础的边缘高度不宜小于200毫米，基础设计除应满足地基强度和变形要求外，基础高度应按钢筋混凝土的抗剪和抗冲切要求验算，基础受力筋按计算确定。

补偿性基础 利用基础基底的实际压力等于该处原来的土自重压力而设计的基础。又称浮基础。即基坑开挖移去的土重补偿了建筑物（包括基础及覆土）的重量。这样，理论上就不会在地基中产生附加应力，亦不会引起基础沉降和地基剪切破坏。按上述概念进行的地基基础设计又称为补偿性设计。在施工过程中，由于基

坑开挖解除了土自重，使坑底发生回弹，当修建上部结构和基础时，土体会因再度受荷载而发生沉降，在这一过程中，地基中的应力将发生一系列变化。因此，实际上不存在那种完全不引起沉降和强度问题的理想情况。通常只是当需要在软土地基上建造较重的建筑物时，经过仔细的方案比较之后，才会考虑用补偿性基础，其设计与施工应考虑深基坑开挖，降低地下水位，坑底回弹等问题。

扩展基础　通过扩大基础底面面积、减小基底压力的浅基础。又称扩大基础。扩展基础原理是将上部结构传来的荷载，通过向侧边扩展成一定底面积，使作用在基底的压应力等于或小于地基土的允许承载力，且使基础内部的应力不超过材料本身的强度。

扩展基础包括无筋扩展基础和钢筋混凝土扩展基础。①无筋扩展基础（图6）。由砖、毛石、素混凝土、毛石混凝土，以及灰土等材料建造的墙下条形基础或柱下独立基础。也称为刚性基础。无筋扩展基础的材料抗压强度较大，但抗拉和抗剪强度较小。②钢筋混凝土扩展基础（图7）。由钢筋混凝土材料建造的扩展基础，又称柔性基础，又可分为钢筋混凝土条形基础和柱下钢筋混凝土独立基础。有筋扩展基础适用于上部结构荷载较大，有时为偏心荷载或承受弯矩、水平荷载的建筑基础。

箱形基础　由钢筋混凝土底板、顶板和纵横墙体组成的具有很大刚性和整体性的基础。箱形基础结构型式见图8，它的地下空间可作为地下室，如人防、设备间和库房等，由于具有很大的刚度，即使在上部结构刚度较差，荷载不均匀的情况下也能满足地基变形的要求。其埋置深度比一般基础要大得多，是一种理想的补偿性基础。此外，它还具有较好的抗震性能，能减少上部结构在地震中的损坏。因此，箱形基础是多层和高层建筑常用的一种基础型式。但由于这种基础造价高，施工期长，故应与其他可能的地基基础方案做技术经济比较后再确定。箱形基础的高度应满足结构强度、结构刚度和使用要求，一般取建筑物高度的1/12～1/8，且不宜小于箱基长度的1/8，顶、底板及墙身厚度应根据受力情况、整体刚度及防水要求确定，底板不宜小于300毫米，顶板不宜小于200毫米，内墙不宜小于200毫米，外墙不宜小于250毫米。箱基设计包括地基强度的验算、基础沉降和横向整体倾斜计算、基础内力计算以及顶底板，内外墙的强度与配筋计算等。

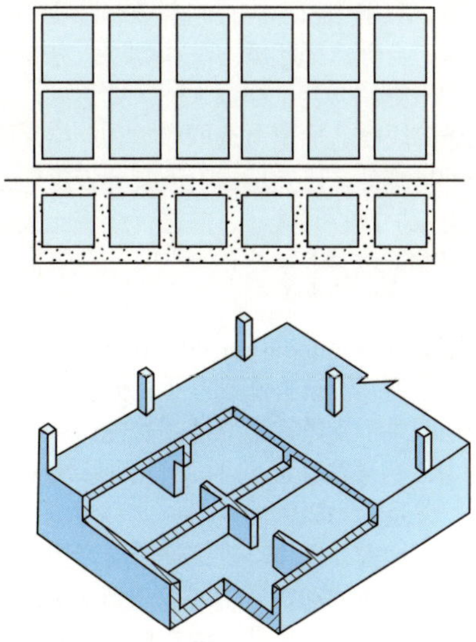

图8　箱形基础示意图

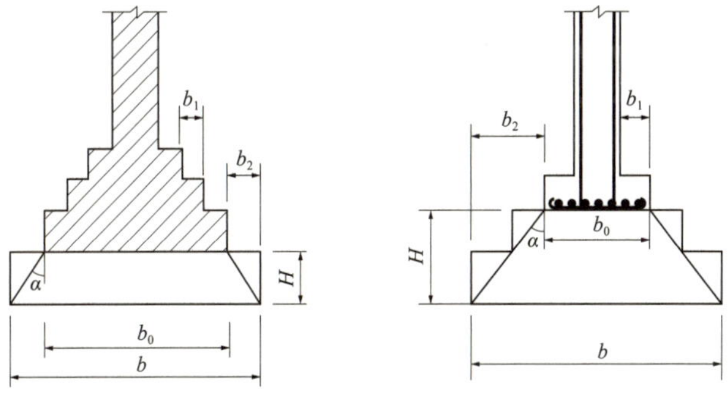

a 墙下无筋扩展基础　　b 柱下无筋扩展基础

图6　无筋扩展基础示意图

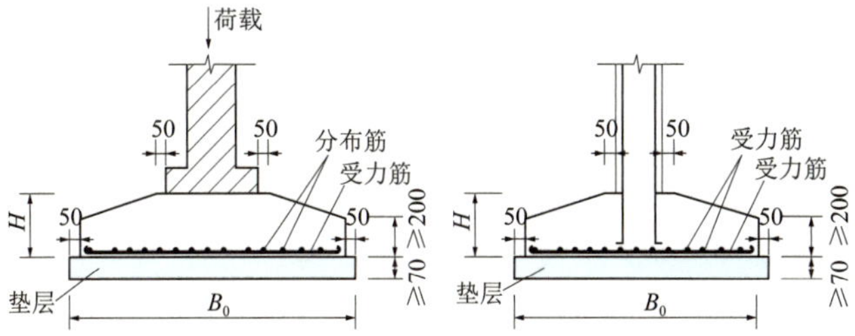

a 钢筋混凝土条形基础　　b 柱下钢筋混凝土独立基础

图7　钢筋混凝土扩展基础示意图

壳体基础　以钢筋混凝土壳体结构形成的空间薄壁基础。基础的形式做成壳体，可以发挥混凝土抗压性能好的特性，壳体基础具有良好的抗倾性能。常见的壳体基础形式有3种，即正圆锥壳、M形组合壳和内球外锥组合壳（图9）。其中，M形组合壳基础由外圈的正圆锥壳、内圈的倒圆锥壳及底面环梁等几部分组成。内圈与外圈联结处设置环梁，与上部结构相联结。壳体基础可用作柱基础和筒形构筑物（如烟囱、水塔、料仓、中小型高炉等）的基础。在上部荷载作用下，倒锥壳承受压力，正锥壳和底面环梁承受拉应力。

壳体基础的优点是材料省、造价低。根据统计，中小型筒形构筑物的壳体基础，可比一般梁、板式的钢筋混凝土基础少用混凝土30%～50%，节约钢筋30%以上。施工时，需按设计要求精心制作土胎，用水泥砂浆抹面，然后进行钢筋混凝土作业，一般情况下施工时不必支模板，土方挖运量也较少。由于较难实行机械化施工，因此施工工期长，同时作业工人劳动强度大，对施工技术要求较高。

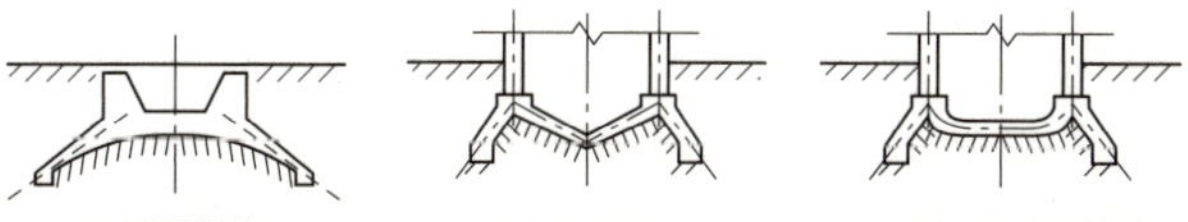

a 正圆锥壳　　b M形组合壳　　c 内球外锥组合壳

图9　壳体基础的结构型式示意图

筏板基础　当上部结构荷载较大，地基土较软，采用十字交叉基础不能满足地基承载力要求或采用人工地基不经济时，在建筑物的柱、墙下方做成的一块满堂基础。又称片筏基础，简称筏基。

由于筏板基础底面积大，埋置深度较大，故可减小基底压力，比较容易满足地基承载力的要求。筏板把上部结构连成整体，可以充分利用结构物的刚度，调整基底压力分布，减小不均匀沉降。筏板基础按结构特点可分为平板式和梁板式两种类型。①平板式筏板基础（图10）。是一大片钢筋混凝土平板，柱直接连于平板上，其基础的厚度不应小于0.4米，一般为0.5～2.5米。其特点是施工方便、建造快，但混凝土用量大。当柱荷载较大时，可将柱位下板厚局部加大或设柱墩，以防止基

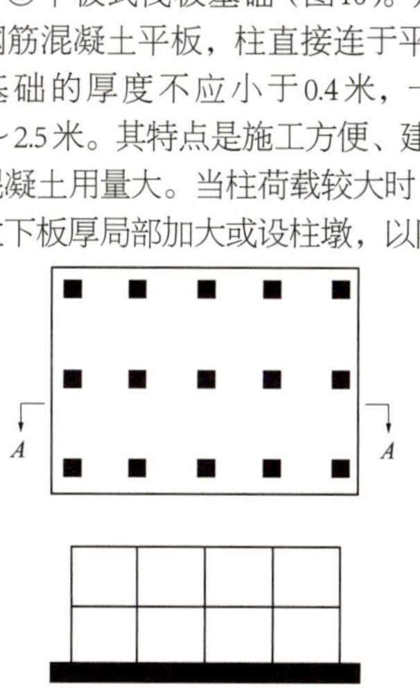

图10　平板式筏板基础示意图

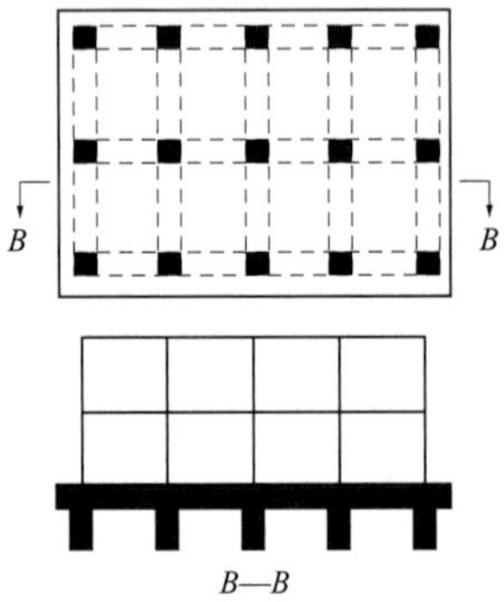

图11 梁板式筏板基础示意图

础发生冲切破坏。②梁板式筏板基础（图11），若平板式筏板基础的柱距较大，为了减小板厚，可在柱轴两个方向设置肋梁，形成梁板式筏板基础。

功能 基础的主要功能有：①通过扩大的基础底板或桩基础等形式将上部结构承受的各种作用传递到良好的持力层上去，以满足承载力要求。②根据地基可能出现的变形及上部结构特点，利用基础所具有的刚度，与上部结构共同调整地基的不均匀变形，使上部结构不致产生过大的次应力。③当上部结构受到较大的水平力如风压、水压、土压以及地震力作用时，基础可起到一定的抗滑或抗倾覆的作用。④作为设备的基础还具有减振的功能。

（高文生）

基础爆破 building foundation blasting 以炸药爆炸形成的动力拆除建（构）筑物基础的系列作业和技术。由于基础结构坚固，人工、机械拆除速度慢、效率低，爆破拆除方法具有明显优势。

基础特点 基础形状各异，如方体状、柱体状、锥体状、环体状、沟槽状、壁状和围墙台阶状、拱形或马蹄形状、斜状体及其他不规则形状，材质为素混凝土、钢筋混凝土、浆砌片石、砖砌体、天然岩石、冻土和三合土等。

爆破对象 包括清除各种设备和机具的基础，拆除各种厂房和构筑物的基础，围堰基础以及碉堡、城墙，公路和铁路桥梁的墩台，码头船坞的改建，河岸堤坝、护坡、水电站防渗基础以及各种坚固岩石中开挖沟槽等，对象广泛。

设计原则 基础爆破的设计原则：①将块体解体或破碎，以便清除。②必须采用控制爆破方法。③50米以内无建筑物、无车辆和行人，可加大孔距，缩小排间距和抵抗线，还可采用梅花形布孔，微差爆破。④在20～30米甚至数米范围内有重要建筑物和设施，或在厂房、室内、爆破体附近有不能移动的器械、仪表、设备等，应采用较小的孔网参数和微量装药结构，合理选择起爆方法和顺序，并采取防护措施。⑤若工程量大，又要达到一定的破碎块度，除慎重选取参数和严格采取防护措施外，还要考虑附近重要设备能否覆盖保护或临时搬迁，并进行经济比较后做出决策。

（贾永胜）

基础振动 foundation vibration 在动荷载作用下，建筑物基础产生的振动。基础振动取决于支撑基础的地基的性质和变形能力，基础和上部结构的几何形状及惯性，以及动力激振的性质。这种激励可能是由于地震、爆炸、列车通行等产生的振动以弹性波的形式通过地基传到基础，再传给上部结构；或者是由在机器，海浪和在基础顶部移动的车辆直接作用在基础上，通过基础传给地基。这样传递变化的动荷载还可以再次往返传递，对建筑物结构的安全性和适用性造成不利的影响。

由于动力机器基础在土动力学早期研究中处于核心地位，基础振动很多时候专指动力机器基础的振动。一般的动力机器如各类电机、涡轮机、锻锤等在运行时会产生较大的振动，而振动引起的动荷载又将对支撑机器的基础带来动力效应，使基础发生振动。研究基础振动的原理，预估基础在动荷载作用下的反应，估算各种振型的固有频率和振动幅值，是动力机器基础设计的重要内容。在机器扰力作用下基础发生的各种振动有6个自由度。沿着和绕着通过基础重心的竖轴的振动分别称为竖向振动和摇摆振动（有两个方向）。当基底形心和基础重心在同一垂线上时，竖向振动和扭转振动各自独立，不与其他自由度上的运动相耦合。滑移振动和摇摆振动两者发生耦合，通常称为滑移和摇摆耦合振动。

（夏唐代）

基坑工程 foundation pit engineering 为保证基坑施工、主体地下结构的安全和周围环境不受损害而采取的支护结构、降水和土方开挖与回填等多种措施的工程技术。是岩土、结构及施工相互交叉的技术，且受到多种复杂因素的影响。基坑工程理论尚不完善，其在土压力理论、基坑设计计算理论等方面正在不断发展。基坑工程的工程特点是具有较大的风险性，明显的区域特征和明显的环境保护特征。

基坑工程是集地质工程、岩土工程、结构工程和岩土测试技术于一身的系统工程，内容包括勘察、设计、施工、监测和检测等。基坑工程的施工方案分为顺作法和逆作法，基坑施工最简单、最经济的办法是放坡开挖。受场地条件、周边环境的限制，有时需要设计支护系统以保证施工的顺利进行，并能较好地保护周边环境。

根据基坑深度和重要性特征等将基坑分为浅基坑和深基坑。一般规定5米以上深度的基坑为深基坑，5米以下的为浅基坑。对特殊的地质条件和工程用途的基坑，有些地方有专门规定，设计和施工都应参照当地规定。

（徐日庆）

基坑工程监测 monitoring of excavation engineering 在基坑工程施工期间，对基坑支护结构、四周土环境和地下水位、相邻的建筑物、构筑物和市政管线设施的变形和结构应力状态所做的监测工作。是信息化施工控制措施的重要组成部分。基坑工程监测的内容包括：①通过测斜管测定基坑围护壁的变形，通过水准点测定支护结构围护壁、支撑系统、基坑四周地表、建筑物、构筑物和市政管线等的沉降和回弹，测定基坑底的土体回弹值和工程在沉桩中的标高变化。②通过观察水位，测定基坑内外的地下水位变化。③通过布置在基坑支护结构内的应变片和应力计以及结构表面的土压力盒，测定支护结构的应力变化情况和压力变化情况，进而测定结构所处的内力状态。④通过相邻建筑物检测的专项方案获得建筑物的沉降、倾斜和整体结构安全度的具体信息，从而形成用于施工信息化控制体系的基础数据资料，保障整个施工过程的安全。

中国对基坑工程监测工作编制了专项的技术标准，制定了变形监测、水位监测、结构应力监测的具体技术要求，提出了基坑工程监测和信息化施工管理的明确目标，为土木工程基础施工的安全和质量管理提供了基础保证。

（徐 伟 刘 匀）

基坑工程降水诱发地面沉降 ground subsidence induced by dewatering of foundation pit engineering 为确保基坑工程施工安全，减小基坑开挖对于周边环境影响，采取工程降水的措施有效降低施工区域内地下水位或水头压力。在基坑工程的开挖过程中，特别是地下水位较高区域内的深基坑工程，地层中含水层常常会被揭露甚至被切穿，在压力差作用下，地下水不断渗入基坑。如不进行基坑降水，将造成基坑浸水，使现场施工条件恶化，地基承载力下降。此外，在动水压力作用下还可能引发流沙、管涌和坑底突涌等不良水文地质问题。

降水工程中常用的降水方法与适用条件

降水方法	适用地层	渗透系数/ m·d^{-1}	降水深度/m
集水明排	粉砂、砂质粉土、黏质粉土、含薄层粉砂的粉质黏土和淤泥质粉质黏土	0.10～80.00	<5
单级轻型井点或多级轻型井点	粉砂、砂质粉土、黏质粉土、含薄层粉砂的粉质黏土和淤泥质粉质黏土	0.10～80.00	<6 6～10
喷射井点	粉砂、砂质粉土、黏质粉土、粉质黏土、含薄层粉砂夹层的黏土和淤泥质黏土	0.10～50.00	8～20
电渗井点	黏土、淤泥质黏土、粉质黏土	<0.10	根据选定的井点确定
管井（深井）	含薄层粉砂的粉质黏土、砂质粉土，各类砂土、砾石、卵石	20.00～200.00	>10
砂（砾）渗井	含薄层粉砂的粉质黏土、黏质粉土、砂质粉土、粉土、粉细砂	>0.50	根据下卧导水层性质确定

产生机理　基坑降水会引起土层压密而产生**地面沉降**，产生机理包括两个方面：①当疏干降水时，降低了土层内地下水水位，土层内孔隙水压力降低，土颗粒间有效应力增加，由于水位下降使得浮托力减小，原来由水的浮托力承担的荷载转嫁到土体上，从而使土层发生压密。②当减压降水时，降低了含水层水头压力，从而引起含水层压密。如果含水层上部存在弱透水的饱和黏性土层，减压降水引起的承压水头压力改变致使土层中产生水力坡度，由此引起的渗透压力也会引起饱和黏性土层压密。基坑降水工程设计不当就会诱发基坑及周边环境发生变形和地面沉降，危害建筑物、交通设施等安全。

基坑工程降水设计　需要充分了解场地工程地质及水文地质条件、工程降水要求、基坑工程资料及周边环境等。其中，基坑工程资料包含基坑深度、施工方法和工况、基坑的大小和形状、支挡结构型式等。在降水设计前，需按要求进行基坑工程水文地质勘查，通过现场水文地质抽水试验，获取降水影响范围内的含水层或含水层组的水文地质参数。在降水设计中应确定降水目的、含水层性质、降水方法、降水工程的平面布置、井点管及过滤器埋设深度等。设计完成后应进行设计验算。在地下水渗流理论及井点降水系统的设计理论的基础上，通过计算确定基坑总排水量、单井最大允许出水量、井点数量和井点间距等，最终计算基坑的水位降深。验算主要关注基坑内抽水影响最小处的水位降深值，若不满足设计水位降深，则需要调整方案重复计算，直至整个工程降水效果满足设计需求。

预防措施　为减少基坑工程降水对周围环境的影响，沉降变形控制预防措施如下：①降水前充分进行调研和试验工作。完整掌握工程场地岩土工程勘察资料；查清邻近地下管线和建筑物类型、基础形式、结构质量及对差异沉降的承受能力等；通过现场抽水试验确定降水设计降深、影响半径、涌水量等技术参数。②准确制定降水方案。需要考虑围护结构的形式和土体加固的影响；布置降水系统应尽量远离保护对象，避免采用可能危害保护对象的施工方法；有效控制降水深度和抽水量。③合理设计降水方式。尽量避免基坑外降水，设置有效的隔水帷幕；基坑内降水设置的降水井，应按规定对孔井进行封堵。④设置回灌水系统以保护基坑周围地下水位产生过大的水位下降。⑤采用井点降水期间和降水结束后一段时间内，应加强对地面变形、沉降及邻近建筑物等的监测。如果沉降变形超过设计允许范围，应立即采取应急管理措施进行防控。（唐益群）

基坑监测　foundation pit monitoring　在基坑开挖和地下结构施工过程中对基坑支护体系及周边环境实施的监测、分析和结果反馈的工作。以便优化设计调整施工参数，掌握施工质量，及时采取措施确保施工安全。基坑监测的对象包括基坑支护体系和周围环境。其中，基坑支护体系包括围护桩墙、边坡、水平支撑、围攘和圈梁、立柱、坑底土层和坑内地下水等；周围环境包括周围土层、周边管线和其他市政设施、周围建筑和坑外地下水等。

基坑工程变形监测应综合考虑基坑类别、设计要求、场地条件和环境条件等因素，选择科学、易行、满足精度要求的监测方法。通常采用仪器监测法和现场巡视检查法相结合的方法进行。①仪器监测法。在利用仪器进行监测时，水平位移监测常采用基准线法、交会法、极坐标法、全球导航卫星系统（GNSS）动态监测法、传感器监测法等方法。沉降监测常采用水准监测、静力水准、三角高程测量和传感器测量等方法。基坑围护墙或土体深层水平位移监测常采用测斜仪、微机械加速度传感器等方法。建筑倾斜监测常采用投点法、交会法、差异沉降法、正倒垂线法、激光铅直仪法和倾斜传感器法等方法。裂缝监测常采用千分尺（游标卡尺）、裂缝计、裂缝监测仪、激光扫描仪和超声波测深仪等方法。基坑支护结构内力、锚杆（土钉）内力、土压力和孔隙水压力监测常采用应力应变传感器法。地下水位监测常采用水位尺和水位计等方法。②现场巡视检查法。主要以目测为主，辅以锤、钎、量尺、放大镜等器具以及摄像、摄影等设备进行。其中，支护架构的巡视重点包括：支护结构成型质量；冠梁、围檩、支撑有无裂缝出现；支撑、立柱有无较大变形；止水帷幕有无开裂、渗漏；墙后土体有无裂缝、沉陷及滑移；基坑有无涌土、流沙、管涌。周边环境的巡查重点则包括周边管道有无破损、泄漏情况；周边建筑有无新增裂缝；周边道路及路面有无裂缝、沉陷。（王树东）

基坑支撑梁爆破　demolition blasting of supporting beam in foundation ditch　拆除基坑支撑梁的系列作业和技术。基坑钢筋混凝土支撑体系主要由围护桩（钻孔灌注桩、地下连续墙、SMW工法桩等）、围檩、支撑梁、栈桥板等组成。爆破拆除的对象主要包括钢筋混凝土支撑梁、围檩和栈桥梁板等，有时也包括灌注桩和地下连续墙。

基坑支撑梁爆破的特点是：①钢筋混凝土支撑梁完整性好、强度高、配筋率大。②深基坑大部分位于闹市区，周边环境对爆破技术及有害效应控制要求高。③支撑拆除工期紧张，与主体结构同时施工、交叉作业。

基坑支撑梁爆破的炮孔布置：①支撑梁。多为矩形混凝土梁，四面临空。炮孔垂直向下，孔深取2/3梁高。②围檩。为矩形混凝土梁，三面临空，一面与灌注桩（混凝土地下连续墙）相连。靠围护结构一侧，孔距为15～20厘米，其余布孔方式与支撑梁相同。③冠梁。亦称圈梁、压顶梁，两面临空，其底面与灌注桩、地下连续墙等围护结构相连，一侧位基坑土体。孔深应加深至距梁体底面10～15厘米处，临土体一侧边孔距15～25厘米，其余布孔同支撑梁。④梁结点。各梁相交节点处，布孔加密，炸药单耗增加。⑤灌注桩和地下连续墙。为竖向构件，炮孔多为水平布置，由坑内到坑外。

（姚颖康）

基于性能的设计方法 performance-based design method 使被设计的结构与构筑物在设计使用年限内满足各种预定的结构性能目标和正常使用功能的设计方法。中国已将基于性能的设计方法用于建筑结构抗震设计中，其设计要求为：①根据建筑抗震设防类别、设防烈度与场地条件，考虑结构类型和不规则性，按建筑使用功能、投资和震后损失等，按确定的抗震性能目标进行技术和经济可行性分析。②按抗震性能化设计要求，选用合理结构体系，有针对性地对整个结构、结构的关键部位与重要构件等给出抗震性能目标。对整体结构按多遇地震、设防地震及罕遇地震作用进行结构弹性或弹塑性的地震效应分析。③对整体结构、关键部位与重要构件，在多遇地震、设防地震及罕遇地震作用下的抗震承载力和变形能力按抗震性能目标进行分析与评估，以满足抗震性能目标要求。中国在建筑抗震中采用“小震不坏、中震可修、大震不倒”的3个标准设防目标，这也是实现基于性能的建筑抗震设计的一个重要方面。

基于性能的设计方法客观上也多方面应用于建筑结构设计中。如针对超高层建筑在风荷载作用下顶层部位将产生长周期的大位移与加速度问题，采用调整结构侧向刚度与顶层加速度验算等方法；也可采用振动控制技术，如采用调谐质量阻尼器（TMD）；也可根据空气动力学原理通过气动性能优化的方法，改善高层建筑的形体，以减小风振效应。如对大跨度结构的挠度问题，采用预起拱或预应力技术，以使其满足使用过程中的变形性能要求。如对大跨度楼盖结构在人行激励荷载下的振动问题，采用控制结构振动频率或采用控制人群行走激励下的加速度验算，以达到大跨度楼盖结构在人行激励荷载作用下的舒适度要求。

基于性能的设计方法，就是针对提出与预定的设计性能目标，用不同的方法和手段去实现这些性能要求，体现一种有别于固定设计目标且依赖于规范条文的设计方法，这样可以在确保结构安全的前提下，使新材料、新结构体系、新的设计方法、新的设计理念等更容易得到正确应用。（赵基达）

极端强风 extremely strong wind 由各种极端天气事件导致的风速非常高的强风。极端天气事件指一定地区在一定时间内出现的历史上罕见的气象事件，其天气的状态严重偏离了平均态，在统计意义上属于不易发生的小概率事件。随着全球气候变暖，极端天气事件呈现出发生频率越来越高、强度和破坏力越来越大、造成的灾难越来越严重的趋势。强热带气旋、强雷暴和龙卷风等是典型能导致极端强风的极端天气现象，它们产生的强风不仅风力强劲，而且具有很强的时空切变特性和非平稳性，致灾力非常强，常导致大量结构物损毁和重大人员损失灾难。

（朱乐东）

极限状态设计法 limit state design method 按极限状态对工程结构进行设计的方法。当以整个结构或结构的一部分超过某一特定状态就不能满足设计规定的某一功能要求，则此特定状态称为该功能的极限状态。

20世纪70年代，随着结构可靠度理论的发展和应用研究的深入，形成了以可靠度理论为基础、以分项系数表达的概率极限状态设计法。概率极限状态设计法用结构的失效概率或可靠指标度量**结构可靠度**，在结构极限状态方程和结构可靠度之间以概率理论建立关系。设计表达式采用作用或作用效应、材料性能和几何参数的标准值并附以各种分项系数，用结构重要性系数表达不同的安全等级，表达式中的各分项系数与可靠指标具有明确的对应关系。对承载能力极限状态采用荷载效应的基本组合、偶然组合和地震组合进行设计，对正常使用极限状态按标准组合、频遇组合和准永久组合进行设计。

极限状态设计法表达式为：

$$KS \leqslant R \text{或} \sum K_i S_i \leqslant R \tag{1}$$

$$f \leqslant f_{\lim} \tag{2}$$

式（1）（2）中R、S和K分别为结构或构件的承载力和作用效应及相应的安全系数；S_i和K_i分别为结构或构件的作用效应及相应的分项安全系数；$f_{\lim}$和f为结构构件正常使用极限状态的某一指标和限值。

极限状态设计法是在破坏强度设计法基础上发展起来的，采用单一安全系数或多安全系数。与破坏强度设计法相比，极限状态设计法采用两个极限状态，即承载能力极限状态和正常使用极限状态，除保证了结构的安全性外，还保证了正常荷载下结构不会因变形过大、裂缝过宽或振动明显而影响使用。另外，多安全系数极限状态设计法按不同荷载的随机特性采用不同的安全系数是一个重要进步。虽然极限状态设计法对荷载或荷载效应和材料强度的标准值分别以概率方法取值，但不能考虑荷载效应和材料抗力的联合概率分布和结构的失效概率，单一安全系数或多安全系数仍然是凭经验确定的。

（贡金鑫）

集中供热热负荷 central heating heat load 集中供热系统的用户在单位时间内所需的热量。集中供热系统的热用户有供暖、通风、热水供应、空气调节、生产工艺等用热系统。这些用热系统的热负荷的大小及其性质是供热规划和设计的重要依据。上述用热系统的热负荷，按其性质可分为两大类：①季节性热负荷。供热、通风、空气调节系统的热负荷是季节性热负荷。季节性热负荷的特点是，与室外温度、湿度、风速和太阳辐射等气候条件密切相关，其中对它的大小起决定性作用的是室外温度，因而在全年中有很大的变化。②常年性热负荷。生活用热（主要指热水供应）和生产工艺系统用热属于常年性热负荷。常年性热负荷的特点是，与气候条件关系不大，而且，它的用热状况在全日中变化较大。生产工艺系统的用热量直接取决于生产状况，热水供热系统的用热量与生活水平、生活习惯以及居民成分等有关。

供暖设计热负荷 指当室外温度为采暖室外计算温度时，为了达到上述所要求的室内温度，供热系统在单位时间内向建筑物供给的热量。供暖热负荷是城市集中供热系统中最主要的热负荷。它的设计热负荷占全部设计热负荷的80%～90%（不包括生产工艺用热）。供暖设计热负荷的概算，可采用体积热指标法或面积热指标法等进行计算。

体积热指标法 建筑物的供暖设计热负荷，可按下式进行概算：

$$Q_n' = q_v V_w (t_n - t_w') \times 10^{-3} \tag{1}$$

式（1）中Q_n'为建筑物的供暖设计热负荷；V_w为建筑物的外围体积；t_n为供暖室内计算温度；t_w'为供暖室外计算温度；q_v为建筑物的供暖体积热指标，它表示各类建筑物在室内外温差1℃，每1立方米建筑物外围体积的供暖热负荷。

供暖体积热指标q_v的大小，主要与建筑的围护结构及外形有关。各类建筑的供暖体积热指标q_v，可通过对许多建筑物进行理论计算或对许多实测数据进行统计归纳整理得出，可见有关设计手册或当地设计单位历年累积的资料数据。

面积指标法 建筑物的供暖设计热负荷，可按下式进行概算：

$$Q_n' = q_f \cdot F \times 10^{-3} \tag{2}$$

式（2）中Q_n'为建筑物的供暖设计热负荷；F为建筑物的建筑面积；q_f为建筑物的供暖面积热指标，它表示每1平方米建筑面积的供暖负荷。

城市规划指标法　对一个城市新区供热规划设计，各类型的建筑面积尚未具体落实时，可用城市规划指标来估算整个新区的供暖设计负荷。

通风设计热负荷　为了保证室内空气具有一定的温湿度及清洁度的要求，就要求对生产厂房、公共建筑及居住建筑进行通风或空气调节。在供暖季节中，加热从室外进入的新鲜空气所消耗的热量，称为通风热负荷。通风热负荷也是季节性热负荷，但由于通风系统的使用和各班次工作情况不同，一般公共建筑和工业厂房的通风热负荷，在一昼夜波动也较大。建筑物的通风设计热负荷，可采用通风体积热指标或百分数法进行概算。

通风体积热指标法　可按下式计算通风设计热负荷：

$$Q'_t=q_tV_w(t_n-t'_{w\cdot t})\times10^{-3} \quad (3)$$

式（3）中 Q'_t 为建筑物的通风设计热负荷；V_w 为建筑物的外围体积；t_n 为供暖室内计算温度；$t'_{w\cdot t}$ 为通风室外计算温度；q_t 为通风的体积热指标，它表示建筑物在室内外温差1℃时，每1立方米建筑物外围体积的通风热负荷。

百分数法　对有通风空调的民用建筑（如旅馆、体育馆等），通风设计热负荷可按该建筑物的供暖设计热负荷的百分数进行概算，即：

$$Q'_t=K_t\cdot Q'_n \quad (4)$$

式（4）中 K_t 为计算建筑物通风、空调新风加热热负荷的系数，一般取0.3～0.5。

生活用热的设计热负荷　指热水供应用热和其他生活用热。①热水供应用热。热水供应热负荷为日常生活中用于洗脸、洗澡、洗衣服以及洗刷器皿等所消耗的热量。热水供应的热负荷取决于热水用量。住宅建筑的热水用量，取决于住宅内卫生设备的完善程度和人们的生活习惯。公共建筑（如浴池、食堂、医院等）和工厂的热水用量，还与其生产性质和工作制度有关。热水供应系统的工作特点是热水用量具有昼夜的周期性。每天的热水用量变化不大，但小时热水用量变化较大。因此，通常首先根据热水的单位数（如人数、每日人次数、床位数等）和相应的热水用水量标准，先确定全天的热水用量和耗热量，然后再进一步计算热水供应系统的设计小时热负荷。②其他生活用热。在工厂、医院、学校等中，除热水供应以外，还可能有开水供应、蒸饭等项目用热。这些用热负荷的概算，可根据一些指标进行计算。

生产工艺热负荷　为了满足生产过程中用于加热、烘干、蒸煮、清洗、熔化等过程的用热，或作为动力用于驱动机械设备（汽锤、汽泵等）。

生产工艺热负荷属于全年性热负荷。生产工艺设计热负荷的大小以及需要的热媒种类和参数，主要取决于生产工艺过程的性质、用热设备的形式以及工厂的工作制度等因素。

由于生产工艺的用热设备繁多、工艺过程对热媒要求参数不一、工作制度各有不同，生产工艺热负荷一般按实测数据，或用单位产量的耗热概算指标估算。如无实测资料，可参考工厂以往的燃料、锅炉效率等因素估算热负荷。在确定供热系统的热负荷时，除综合上述各种用户的热负荷外，还应加上热网的热损失。由于用户一般并非同时满负荷、连续用热，因此，还需确定系统的平均热负荷值、最大热负荷值、设备的同时使用系数等，以便选择热源和设计供热系统。

（王丹丹）

集中热水供水系统　central hot water supply system　在锅炉房、热交换站或加热间将水集中加热后通过热水管网供给除单幢别墅以外的单独建筑物或数幢建筑物的热水系统。集中热水供水系统适用于热水用量较大、用水要求高、耗热量大、热源条件充分、用水点比较集中的建筑，如较高级居住建筑、旅馆、公共浴室、医院、疗养院、体育馆、游泳池、大型饭店等公共建筑；布置较集中的工业企业建筑等对舒适、安全使用热水要求较高的建筑。

全日集中热水供应系统中的公共浴室、洗衣房、厨房等用热量较大且用水时段固定的用水部位宜设与系统循环管道分开的单独热水管网，定时循环供热水。普通住宅、宿舍、普通旅馆、招待所等组成的小区或单栋建筑，如设集中热水供应时宜采用定时集中热水供应系统。条件许可时集中热水供应系统的热源宜首先利用工业余热、废热、地热和太阳能。

集中热水供应系统的加热和其他设备集中设置，优点是：①便于集中维护管理。②加热设备热效率较高，热水成本较低。③卫生器具同时使用率较低，设备总容量较小，因此各热水使用场所不必设置加热装置，可节约建筑面积。④使用较为方便舒适。缺点是：①设备、系统较复杂，建筑投资较大，需要有专门维护管理人员。②管网较长、热损失较大。③建成后的改建、扩建较困难。

（张永吉）

挤土效应　extrusion effect　挤土桩（打入、振入、压入式预制桩、沉管灌注桩）成桩过程中产生的挤土作用。挤土作用使桩周土扰动重塑、侧向压力增加。砂土和饱和黏性土中的挤土效应有不同的机理。对非饱和土，由于土受挤而增密。非密实砂土中的挤土桩，沉桩过程使桩周土因侧向挤压而趋于密实，导致桩侧阻力提高。土愈松散，黏性愈低，其增密效应愈明显。对于饱和黏性土，由于瞬时排水固结效应不显著，体积压缩变形小，引起超孔隙水压力，土体产生横向位移和竖向隆起。对于群桩，桩周土的挤密效应更为显著。饱和黏性土中的挤土桩，成桩过程使桩侧土受到挤压、扰动、重塑，产生超孔隙水压力，随后出现孔压消散、再固结和触变恢复，导致侧阻力产生显著的时间效应。

在黏性土地基中沉桩时，由于桩贯入过程中所产生的挤土效应，使地基土体发生隆起和位移，已打入的桩由于邻桩的打入而在土体挤压作用下随着上浮和位移。当持力层为砂性土时，桩的上浮量较大，原则上应进行复打施工作业，将桩重新打入设计标高处。当持力层为黏性土时，桩是与桩周及桩尖处的土体伴随一起上浮的，随着土体内的超静孔隙水压力的消散，土体重新固结下沉时，上浮的桩会相应地下沉，一般不必复打。

（高文生）

济南黄河斜拉桥　Jinan Yellow River Cable-stayed Bridge　位于山东省济南市北郊的中国大跨度（220米）预应力混凝土公路斜拉桥。设计者为李守善和万珊珊。1978年12月开工，1981年7月通车。正桥为5孔预应力混凝土连续梁斜拉桥，跨径为488米。南引桥24孔，北引桥27孔，由跨度30米的预应力组合箱梁组成。全桥长2022.8米，桥面车行道宽为15米，两侧人行道各2米。主桥主梁用带风嘴的半封闭双室箱型断面，纵向及竖向均设有预应力钢筋。索塔在正立面上呈倒Y字形，全高68米。采用塔墩固结，塔梁分离的悬浮体系。缆索采用扇形密索双平行索面，在每塔一侧各设置11对斜缆索，梁上索距8米，每对用2～4索，每索以79或121根直径5毫米高强度镀锌钢丝平行编成，冷铸锚头，有减风振措施，能换索。主梁采用挂篮悬臂浇筑法施工，每浇筑4米移动一次挂篮，索塔用万能杆件拼装成脚手架施工。

（张继衡）

给水泵站　water pumping station　给水工程系统中的扬水设施。主要有以下4种泵站：①一级泵站。将原水从水源输送（一般为低扬程）到处理厂，当原水无须处理时直接送入给水管网、蓄水池或水塔。

一级泵站可和取水构筑物合建或分建。泵站的输水能力等于处理厂供水能力加水厂用水量，一般全日均匀供水。②二级泵站。将处理厂清水池中的水输送（一般为高扬程）到给水管网，以供应用户需要。二级泵站的供水能力必须满足最高时的用水要求，同时也要适应用水量降低时的情况。为使水泵在高效条件下运行，一般设多台水泵，由泵间的不同组合，以及设置水塔或水池，来适应供水量的变化。有的采用调速水泵机组，以适应供水量和水压的变化。③增压泵站。提高给水管网中水压不足地带水压的泵站。在扩建或新建管网时都可采用。特别是在地形狭长或高差较大的城市或个别水压不足的建筑物，设置增压泵站一般较为经济合理。④循环泵站。将生产过程排出的废水经处理后，再送回生产中使用的泵站，如冷却水的循环泵站。

给水泵站由泵房、动力及配电设备和辅助间3部分组成，其附属构筑物有进水池和阀门井等。泵房是安装水泵机组、管道、阀门、起动设备和吊车等的场所。水泵一般采用离心泵，有卧式及立式两种，按叶轮数目分为单级及多级离心泵，多级泵用于高压供水系统。动力设备通常采用电动机，有时用内燃机。配电设备包括高、低压配电和控制机组运行的电气设备及各种监测仪表等。给水泵站视当地条件和需要可建成地面式、半地下式或地下式，有的还可建露天泵站。给水泵站的运行有人工操纵、半自动及全自动控制等方式，以半自动泵站较多。（宋仁元 王继明）

给水处理厂 water treatment plant 将原水进行处理以达到国家生活饮用水水质标准的场所。又称自来水厂。

常规处理工艺 给水处理厂一般采用的混凝、沉淀、过滤和消毒的处理工艺。给水处理厂的选址尽量靠近主要用水区域，具有良好的工程地质条件和卫生环境，便于规划远期发展用地和设立防护地带。给水处理厂的布置要工艺流程合理，主要由生产构筑物、辅助及附属建筑物、各类管道及绿化布置等组成。生产构筑物是给水厂的核心，包括混凝池、沉淀池、过滤池、清水池、投药间及污泥处置设施等。

工艺原理 原水进入水厂后，向水中投加混凝剂，混凝剂迅速与水混合，水中胶体浊质成分与混凝剂充分接触反应，使水中胶体的稳定性降低，转化成微小絮体。接着创造条件使水缓慢扰动，促使脱稳胶体颗粒之间充分接触碰撞，相互聚结

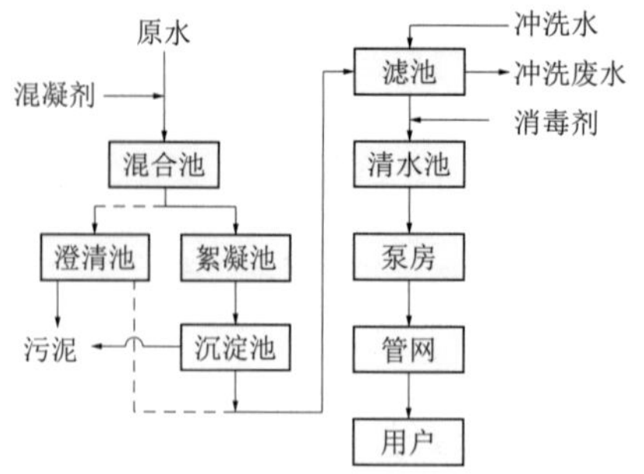

城市水厂典型处理流程示意图

成容易沉降的絮状颗粒，随后絮体在沉淀池中沉淀并与水分离。水流再经后续的过滤单元，进一步去除细小颗粒，水即可清澈。混凝、沉淀和过滤虽能消除大部分微生物，但细菌指标还远不能达到生活饮用水的达到标准。在城市水厂和供生活用水的给水站，水流进入清水池时，还须投加消毒剂，进行消毒。沉淀和过滤中分离出来的污泥要妥善处理和处置，以免污染环境。当原水浊度较低的时候，向原水中投加混凝剂后可直接过滤，省去絮凝和沉淀过程。当原水的浊度较高或含泥沙较多，需在混凝前增加预处理以去除大颗粒和悬浮性颗粒。对于特殊的原水水质，常规给水处理流程不能达到国家生活饮用水卫生标准时，还需要针对水体的特点采用其他处理工艺，如曝气、除铁锰、预氧化等。城市水厂的典型处理流程如图。水中若含有人工合成污染物、重金属等，需要在常规给水处理工艺基础上增设深度处理工艺。（马 军）

给水处理工艺 drinking water treatment process 按照水源水质和供水水质的要求所设计的水处理工艺方法。给水处理工艺流程应该在技术上可行，经济上合理，运行安全可靠和便于操作。给水处理工艺流程应通过试验来确定。由于原水水质和水量常常是不断变化的，原则上不存在完全相同的水处理工艺系统，通过试验可得到优化工艺组合和优化工艺参数，能节省大量资金。

常规给水处理工艺 为第一代城市饮用水处理工艺，主要由混凝、沉淀和过滤3个单元处理方法组成，适用于浊度几十至几百NTU的地面水。

给水深度处理工艺 为第二代城市饮用水处理工艺。由于现代化工业的不断发展，水体污染物的种类和浓度也愈加复杂。已发现水中多种有机化合物，并且在饮水中发现有致癌物和可疑致癌物、促癌物和致突变物等。仅用常规给水处理工艺，已无法将受污染的水源水处理到符合新的生活饮用水卫生标准的程度。因此在现代化水厂中，越来越多的新型水处理工艺已经开始使用。①活性炭吸附。提高常规给水处理工艺去除水中有机污染物能力的比较有效的方法，当采用粉末活性炭时，在常规给水处理工艺之前投加混凝剂，并同时向水中投加粉末活性炭，可吸附去除水中有机污染物。采用颗粒活性炭去除污染时，一般在常规给水处理工艺的过滤池之后设置颗粒活性炭滤池去除有机污染物。②化学氧化。提高常规给水处理工艺去除水中有机污染物的另一个比较有效的方法。主要的氧化剂有臭氧、高锰酸钾、高铁酸钾、过硫酸盐、二氧化氯等。

膜工艺 为第三代城市饮用水处理工艺。第二代城市饮用水处理工艺中的颗粒活性炭滤池，因滤层中滋生大量微生物，使出水中微生物显著增多，即水质的化学安全性提高了，但生物安全性降低。现代水厂中已逐渐采用以微滤和超滤膜为核心的给水处理工艺，将超滤设于深度处理工艺之后，能够有效地降低给水的生物风险。以膜为核心的水处理工艺，根据水源的水质特征和用水需要可以与常规处理工艺和深度处理工艺有机结合，满足不同的供水需求，是重要的水质净化技术发展方向。

特殊水源水的处理 含藻水的处理。藻类的密度小，不易通过沉淀分离，进入滤池后会堵塞滤池，使运行周期缩短，反冲洗水量增加，严重时甚至会堵塞滤池。水厂中比较常用的是采用预氧化杀藻的方法，主要预氧化剂有臭氧、高锰酸钾、高铁酸钾、过硫酸盐、二氧化氯等。除此之外，混凝、气浮及微滤等手段均对藻类有良好的去除效果。

水的除臭除味。水源中的异臭和异味，常是植物和有机物分解所致。当水体受到工业废水和城市污水污染时，也常会产生异臭异味。给水处理工艺中，常用粉末活性炭和颗粒活性炭对水体中的异臭异味进行处理。当水质相对较差并持续的时间较长时，宜采用臭氧氧化与活性炭联用以达到稳定除臭的目的，对于稳定性嗅味物质如二甲基异莰醇和土臭素等成分，宜采用臭氧催化氧化与活性炭联用等工艺，可深度去除嗅味物质。（马 军）

给水和排水工程经济 water supply and drainage engineering economy 对城镇给水和排水工程的建设和使用费用进行概算和评价。

原因 给排水工程包括给水工程与排水工程两部分。给水工程由取水、净水和

输配水组成，技术上应满足用户对水质、水量和水压的要求；排水工程由排水管网、废水处理厂和最终处置设施组成，技术上应满足国家规定的水体或固体废物排放标准的要求。给水和排水工程是城市控制水媒污染病流行、提供基本生活需求、保障城市水环境质量的基础设施，其建设成本高，服务时间长，因此要综合评价其经济效益、社会效益和环境效益，从总体利益出发，通过核算其工程建设和运维总费用，进行全面的技术经济分析，选择最优方案。

评价指标　工程经济又称费用－效益分析，通常以工程项目为研究对象，研究如何使工程技术方案取得最佳经济效果的一种科学的评价体系。给排水工程技术方案经济效益的评价指标有：①费用和收益指标，包括一次性投资、年运行费、单位处理成本和年收益等。②消耗指标，包括劳动、能源及主要材料消耗量等。③工期指标。④面积与体积指标，包括占地面积、建筑面积、构筑物体积、道路面积等。给排水工程受地区条件影响大，要根据当地的气候、水文地质状况，以及城市发展规划和工业布局，采用适当的水源类型、埋设深度、管道材料、结构形式及工艺流程，以利节约投资与经常运行费用，发挥工程的综合经济效益。

主要内容　内容涵盖工程规划、项目设计、建设和运行维护阶段。在规划设计阶段主要服务于技术方案的经济成本比较，建设阶段选择先进的施工技术和优化过程管理，运行维护期间保障成本回收等。给水和排水工程是城市的基础设施，要保障在有限的资金条件，选用合理的技术，最大限度做好民生服务。①在规划设计阶段。主要服务于技术方案的经济成本比较。根据国民经济发展计划、结合近远期要求确定给排水工程的规模，基于城市的上位规划确定系统结构和布局。通过对建设方案的投资进行估算和建设阶段分期，避免造成资金浪费和积压。②项目设计阶段。选择给排水工程建设形式及其工艺组成。要根据工程所在地区实际情况，通过技术方案的建设与运维全生命周期的经济费用比较后确定，以综合经济效益的大小寻求最优方案，由于给排水工程寿命较长，运行费用的高低通常是决定方案取舍的重要因素。③建设阶段。选择先进的施工技术和优化过程管理，以节省原材料和劳动消耗，缩短工期，早日竣工投产，及时发挥投资效益。④运行维护阶段。根据投资和运营主体的不同，进行成本核算，或者微利运营。　（任南琪）

计算风工程　computational wind engineering　计算流体动力学方法在风工程的应用。计算风工程的计算对象在结构风工程领域主要是自然风和结构的相互作用以及风荷载和风响应；在环境风工程领域主要是针对城市或街区气候分析、行人高度风环境、室内通风以及风致物质输送等问题。计算流体动力学在风工程领域求解的控制方程为描述黏性不可压缩流体动量守恒的纳维－斯托克斯方程和质量守恒方程。近似求解时常用的方法是将偏微分方程转换成由一系列时间和空间离散点上的物理量组成的代数方程，通过求解代数方程组获得流场物理量的近似解。计算流体动力学方法是一种近似计算，其误差来源可能来自建立控制方程时采用的一些模型，如湍流模型，也有可能来自数值解法。计算流体动力学方法应用于实际风工程问题时需要计算人员对数值计算的精度和稳定性以及所求解的流体现象的本质有较好的掌握。计算风工程在风环境领域的应用较为成熟，而结构抗风领域对计算流体动力学方法的接受程度仍不一致。

计算风工程有时被扩展到更大的范围，包括利用随机理论和经验模型等模拟计算结构风荷载和风响应的方法。

（曹曙阳）

计算结构力学　computational structural mechanics　根据力学理论、利用计算机与数值方法，研究结构的力学行为并解决与工程结构设计和安全评定相关的分析和优化问题的一门学科。属于计算力学的一个分支，也是固体力学的分支。工程结构是指能够承受和传递外载荷的系统，通常包括杆、梁、板、壳，以及它们的组合体（如飞机机身和机翼、桥梁、屋架等）。传统的结构力学在分析计算中通常将实际结构简化成理想的典型结构或提取其中的关键构件，如杆、梁、桁架结构、刚架结构，以及薄板结构、薄壳结构等，建立较小规模的计算模型，用位移法或力法进行计算；构件的材料主要考虑线弹性材料，在弹性分析中也很少采用精确的弹性力学模型，而往往采用更为简化的结构力学模型。对于实际工程中大量涌现的复杂结构力学问题，更不得不引入大量（有时甚至是过分的）简化进行近似求解，所得结果往往并不能令人满意。随着计算机软硬件和计算力学的发展，人们已能针对复杂工程问题建立越来越合理的力学模型，并通过数值方法得到与结构实际力学行为吻合的分析结果。当前，数值分析已成为结构设计和安全评定中不可或缺的重要手段，计算结构力学也已发展成为一个具有一定独立性的分支学科。

发展简史　R.柯朗等人于20世纪40年代首次将分片插值函数与弹性力学最小势能原理相结合，基于变分法思想近似求解了柱体扭转问题。但由于受当时计算工具发展水平的限制，该方法所能求解的问题规模及得到的结果精度都不尽如人意，因此这一工作并未受到特别重视。1965年，中国冯康也在研究坝体结构的力学分析问题时，独立发展了基于变分原理的有限差分法。这些早期工作在变分计算中通过区域分片、选取局部试探函数将复杂区域上偏微分方程边值问题转化为线性代数方程组近似求解的做法，已经孕育了后来取得巨大成功的有限元方法的基本思想。

20世纪50～60年代，M.J.特纳、R.W.克拉夫以及J.H.阿吉里斯等人从结构矩阵分析的概念出发，几乎同时从不同角度提出了结构力学分析的有限元法。在克拉夫等人的工作中，通过将机翼蒙皮等连续体结构划分为三角形或四边形单元并假定每个单元内部的应变分布，利用能量原理建立了以单元节点位移为未知量的、以线性代数方程组形式表示的近似节点力平衡方程。他们通过编写计算机程序将单元刚度矩阵建立、总体刚度矩阵组装、线性代数方程组求解等过程程式化并在当时最新的IBM-701计算机上求解，获得了满足工程精度要求的应力计算结果。结构力学理论与计算机的结合，使得结构力学进入了计算机时代，开辟了结构力学研究的新局面。计算结构力学作为结构力学的一个全新分支由此发轫。之后，计算结构力学发展迅速，其理论与方法不断深化，大型计算结构力学分析与优化软件也纷纷涌现，其所涉及的研究内容也从简单的杆/板/壳结构拓展到复杂的空间组合结构；从线弹性、小变形问题拓展至非线性、有限变形问题；从静力学问题拓展至动力学问题；从单一机械力场问题拓展至多物理场耦合问题；从有限元法一枝独秀到边界元法、无网格法及粒子法、等几何分析等数值离散方法百花齐放。利用商业软件已可求解具有上亿自由度的结构力学问题，计算结构力学已在航空航天、交通运输、土木工程等领域重大结构与装备的设计、研发中发挥了巨大作用。

基本内容　计算结构力学的基本方法是：首先根据所研究问题的数学力学模型选择合适的数值离散方法（根据问题特点可以选择单一离散方法，也可以多种方法联合使用）；然后在所选择的数值离散框架下通过对未知场变量进行插值将原问题的近似求解转化为对无穷维空间的有限维插值逼近问题；进而再利用变分法、加权残值法等导出确定待定插值系数的线性/非线性方程组或特征值问题并利用计算机对其求解（有时需要反复迭代）；最后对所得到的解答进行评估和验证。对于某些问题还需要对近似解进行误差分析以及通过自适应后处理提高近似精度。

总体来看，计算结构力学主要研究内容包括：①计算结构力学基本理论体系。研究面向计算、适合计算的结构力学分析新体系，其中包括结构力学与控制理论的模拟关系、结构力学与现代微分几何、计算几何学、辛数学的交叉等。②*有限元法*/扩展有限元法、边界元法、无网格法及粒子法、数值流形元、等几何分析等面向结构的数值离散方法。包括作为数值分析基础的各种变分原理的建立，基于不同变分原理发展的协调元/非协调元/拟协调元、混合元/杂交元、升阶谱单元、小波基有限元、等几何元等；各种厚薄通用、无剪切/无薄膜自锁、形状不敏感的梁/板/壳单元以及复合材料叠层/夹层板壳单元的构造技术；快速多极边界元法等。③计算结构力学基础算法。包括大规模线性代数方程组、代数特征值问题的高效求解方法；结构后屈曲平衡路径追踪算法等；有限元/无网格及粒子法等几何分析中的高效、稳定的数值积分方法；高效动力学时程积分算法；数值刚性问题的有效求解算法；大型结构子结构分析方法、模态综合法、结构优化的基础算法等。④结构优化设计。即在给定的约束条件下（如强度、刚度、稳定性等要求），依据某种目标准则（如重量最轻、成本最低、刚度最大等）寻找最优的结构设计方案。包括结构尺寸优化、形状优化、拓扑优化、布局优化的理论方法；结构响应的灵敏度分析方法等。⑤高精度数值计算的理论与方法。包括前/后验误差估计、h/p-自适应方法、有限元外推法以及应力/应变磨光算法等。⑥基于先进软硬件环境的高性能算法。包括并行计算方法、区域分解算法、多重网格方法、可扩展的多尺度计算方法等。⑦大型计算结构力学软件技术。包括工程数据库技术、前后处理技术、跨平台编程技术、自动编程技术等。

研究现状和发展趋势　当前计算结构力学已经与结构力学的各分支充分融合，相关研究十分活跃并呈现出如下特点：①与几何学/计算几何学、计算数学、最优控制、信息技术等学科深度交叉。如21世纪以来受到广泛重视的直接利用计算机辅助几何设计中表示几何模型的非均匀有理B样条等作为插值基函数、基于结构精确几何的等几何分析；基于辛数学思想，利用计算力学与现代控制论之间的对应模拟关系建立的计算结构力学求解新体系；依据微分几何中有限覆盖上单位分解思想发展起来的数值流形方法等。②各类非线性问题是研究的热点也是难点。为了模拟结构断裂失效过程，发展了包含增强位移场的扩展有限元法及光滑粒子流体动力学方法、离散元、近场动力学及物质点等粒子法；为了解决结构损伤破坏模拟中的网格依赖性问题，引入了包含场变量高阶梯度信息的正则化技术；发展了基于数学规划列式的接触非线性问题高效算法；针对相当广泛一类材料非线性问题，基于建立了与热力学理论自洽的本构框架以及相应的本构积分算法，发展了能够保证算法二阶收敛率的一致性切线刚度阵技术。③结构优化设计研究越来越受到关注。其中尺寸优化和形状优化已相对成熟，作为结构创新设计重要辅助工具的拓扑优化近年来得到了很大发展。先后提出了变密度法、进化法、水平集方法以及基于移动可变形组件/孔洞的显式拓扑优化方法等。材料-结构并发多尺度优化设计的研究也方兴未艾。④如何考虑不确定性成为关注的焦点之一。为了定量评估和有效规避各种不确定性给结构安全以及服役性能带来的潜在风险，考虑不确定性的结构分析与优化受到了广泛关注。计算力学方法是对不确定性进行量化、表征以及传播分析的重要手段之一。目前在结构随机有限元、结构随机动力响应分析的高效算法、结构可靠度的高效分析与优化、结构鲁棒性分析与优化等方面均已取得了重要进展。⑤更加注重模型的确认和计算结果的验证。早期计算结构力学研究偏重于关注给定数学模型下数值计算的精度和效率，对模型本身的适用性研究不多。随着计算结构力学研究对象日趋复杂，人们开始关心数学模型是否真正反映了力学问题的物理本质，并尝试总结行之有效的模型选择规则和结果验证手段以提升数值仿真对力学行为的预测能力。⑥高性能计算日益受到重视。一方面大型电子计算机的出现为高性能结构力学计算模拟提供了坚实的硬件基础；另一方面超高、超大复杂工程结构以及服役于超常（甚至极端）环境下重大装备的设计研发对高性能计算的需求也日趋迫切。目前已在高性能计算环境下发展出一批计算结构力学并行算法、可扩展算法、智能优化算法；通过整合分布式计算资源，面向超大型结构与区域结构的复杂力学行为（如强风、强地震作用下的结构弹塑性时程分析、失效破坏等）仿真的网格计算、云计算研究也在不断深化。⑦多尺度、刚柔混合结构、多物理场耦合问题研究是前沿方向。实际工程中层级结构、高度非匀质结构的大量涌现，带动了多尺度计算结构力学的发展以及多尺度有限元、渐进均匀化等方法的研究。随着大型空间展开结构、智能机器人、智能软结构等研究的深入，还需要发展针对刚柔体耦合结构的高效数值计算方法，由此可能催生出全新的计算结构力学理论体系。大规模集成电路、复杂超导装备、大型核工业结构等研制的重大需求，使得机械力场与电场、辐射场、磁场等多物理场之间耦合问题数值分析的理论与算法研究越来越受到重视。此外，声场与结构耦合作用、流体与结构耦合作用数值分析也逐渐成为重要研究方向。

未来的主要研究方向包括：极端环境下强非线性、含有多种物质形态、复杂动力学问题的高效数值算法；考虑不确定性的计算结构力学；与物理实验相结合的数值模拟；刚柔耦合系统计算结构力学；结构优化设计；基于高性能计算环境的大规模多场、多尺度耦合结构力学问题的数值模拟；大型结构与复杂装备设计的数字孪生技术；计算结构力学与数据挖掘、机器学习、人工智能等的交叉融合；大型计算结构力学软件研制等。　（郭　旭）

计算力学　computation mechanics　对科学现象、工程或产品的力学性能和行为实施计算机仿真的理论和方法体系，其研究是利用计算机技术求解力学及其相关学科交叉问题的理论、方法、软件实现及应用，是力学学科的重要分支，也是力学与计算机科学和计算数学等的交叉学科。计算力学的特点是以工程和科学问题为背景建立力学模型并进行计算仿真分析。计算力学的基本思想和方法，如有限元法、有限差分法、有限体积法、边界元法、无网格法和扩展有限元法等，被推广至材料、物理、化学等科学领域，推动了计算材料、计算物理、计算化学、多场耦合等问题数值模拟的发展。计算力学在其发展过程中，形成的以有限元法为代表的强大的数值方法及计算机辅助设计等大规模仿真物理问题的软件，提高了人们解决复杂力学问题的能力，在航空、航天、水电、土建、机械、化工、船舶、车辆、核能、材料、环境和海洋等工程领域得到广泛的应用。

在工程技术领域中，对于许多力学问题和场问题，已经得到了它们应遵循的基本方程和定解条件，但是能用解析方法求解的只是它们当中的极少数问题，即方程比较简单、几何形状比较规则、边界约束理想化的问题。而绝大多数工程技术问题往往由于某些特征是非线性的，或由于求解区域的几何形状复杂，因而不可能得到解析解。这类问题的解决通常采用两种途径：一种途径是引入简化假设，将方程、结构几何形状和边界条件简化，使其达到能够采用解析方法求解的地步；另一种途径是采用计算力学方法求得复杂工程实际问题的近似解。特别是自20世纪50年代，随着计算机硬件的飞速发展和广泛应用，计算力学方法已经成为求解科学技术和工程问题的主要工具。

计算力学方法发展基本上可以分为两类。一类是以有限差分法为代表，其特点是直接求解基本方程和相应定解条件的近似解，即首先将求解区域划分为网格，然后在网格的节点上用差分方程近似替代微分方程，进而求得网格节点上的近似解。有限差分法能够求解某些相当复杂的问题，特别是欧拉场的流体力学问题，在流体力学领域，它仍占据支配地位。另一类是首先建立与原问题基本方程及相应定解条件相等效的积分方法，然后据此建立近似解法，如加权残值法、最小二乘法、伽辽金法、里兹法、力矩法等都属于这一类近似方法。如果原问题的方程具有某些特定的性质，则它的等效积分可以归结为某个泛函的变分，相应的近似解法实际上是求解泛函的极值或驻值问题。上述方法在不同的领域中都有得到成功应用的实例，特别是拉格朗日场的固体力学问题。然而，它是在整个求解域上假设近似函数，因此对几何形状复杂的问题仍然不可能给出具有相当精度要求的近似解。直到有限元法的出现，才使这类计算力学方法获得重大突破，逐步发展成为一种独立的、且十分有效的计算力学方法。有限元法与上述计算力学方法的区别在于它将求解区域划分成由有限个单元互相连接而成的集合体，并对单元给出假设的近似函数，这样表征单元力学特性的刚度矩阵可以比作建筑物中的砖瓦，装配在一起就能提供整个求解区域的力学特征。有限差分法与有限元法的区别在于：有限差分法从微分方程出发，是精确问题的近似解；有限元法从微分方程的弱形式出发进行数值离散，是近似问题的精确解。

发展历史 电子计算机的发明极大地推动了相关学科科学研究和产业工程技术的发展。而力学家在20世纪50年代对科学的最伟大贡献之一是发明了有限元。自1955年第一篇有限元文章问世以来，学者发表了大量的有限元文章和出版了许多专著，其中一些成功的实验报道和专题文章，对有限元的发展做出了重要贡献。直到60年代，通过有限元软件的开发和迅速应用，对工程分析带来了巨大冲击，顺应了蓬勃兴起的有限元数值计算环境和满足了基于仿真的工程与科学的大量需求。如果把有限元比作一棵大树，正是它的几个重要分支的兴起与发展，如杂交元、边界元、无网格、扩展有限元、等几何元等，才使得有限元这棵参天大树枝繁叶茂。有限元的诞生和发展，推动了计算力学的繁荣，随着计算力学的有限元、有限体积和有限差分等方法的相继出现，使传统的冗赘的力学问题得以进行数值模拟计算和分析，解决了大量的工程和科学仿真问题。在现代信息技术和各种计算科学高度发展的今天，基于仿真的工程与科学已经成为科学家探索科学奥秘的得力助手，成为工程师们实施工程创新或产品开发，并确保其可靠性的有效工具，而计算力学程序的作用正是实现工程与科学仿真的工具之一。

研究内容 计算力学的主要研究内容为两个方面：①发展计算力学理论和计算方法形成计算机软件程序，发展计算力学技术和应用计算力学程序完成相应的研究，如以有限元法为代表的计算固体力学和有限差分法为代表的计算流体力学等。②解决工程与科学中的计算仿真问题。工程问题和科学创新驱动了计算力学算法和程序的发展，同时，将计算力学技术和程序软件应用于科学和工程问题的仿真分析。于是形成了3条主要途径：科学和工程问题导向，建立力学计算的理论模型；研究兴趣驱动，发展计算力学的算法；发展自主知识产权的计算力学应用软件。在固体、流体、动力学与控制、生物和工程力学等各个力学学科都需要应用力学计算，这样，计算力学的学者和工程师遍布在各个科学研究和工程领域。

研究方法 主要有空间和时间的离散化。连续介质是力学理论的基本假定，也是力学的主要研究对象。计算力学研究连续介质力学问题时，首先要把连续介质在空间离散化，对于动力学问题，还需要将连续的时间离散化为一系列的时间步，用力学量的单元值或节点值描述离散后物体的力学特征，建立这些离散量满足的力学基本规律。对于固体连续介质的控制方程，包括质量守恒、动量（或平衡）守恒和能量（或平衡）守恒、变形协调条件和本构关系；对于流体连续介质，包括质量守恒、动量守恒和能量守恒。自然界存在由宏观颗粒构成的介质，计算力学也发展了离散介质求解的理论和方法。例如在有限元法中，离散是将空间域划分为有限元网格，网格质量对计算结果有影响，这一方面推动了网格划分研究工作的持续发展，也催生了无网格法等几何有限元法。

力学公式的模型化。采用计算力学求解时，需要采用力学和工程的概念和理论，建立物理问题的数学模型。数学模型往往表示为微分方程或偏微分方程及其边界条件和初始条件的形式，再选择适当的计算力学方法，将数学模型转化为计算机上可以求解的代数方程。模型化还包括用工程和力学的概念判断和解释所得结果，做出科学结论。

力学计算的程序化。采用计算力学提出的方法形成的程序和软件，用以解决特定领域的力学及多场耦合问题。基于有限元法和有限差分法在实际应用中的重要性，已经发展了许多商用计算机辅助工程软件，这些软件的前后处理为用户提供了方便的输入原始数据、输出并解释计算结果，以及可视化功能。

验证与确认的数值化。针对力学模型和计算方法的各种不确定性，采用计算力学软件得到物理问题的数值解后，需要验证所建立的数学模型是否正确地（在允许的误差范围内）描述了物理问题；需要验算计算机求解得到的数值结果是否正确地（在允许的误差范围内）求解了数学问题。于是，产生了验证与确认的可靠性数值分析方法。

随着计算机向更高速和更小型化发展，以及互联网的不断普及，将为工程和科学的计算仿真分析带来更大的进步。以计算力学的重要分支有限元分析软件为例，它的非线性力学（几何、材料、接触）分析功能，在各个工业领域中得到了广泛的应用。以计算固体力学为例，从20世纪30～40年代S.P.铁木辛柯等只能求解少数简单的实际问题，发展到今天可以解决工程实际中大量的复杂的非线性问题，以及进行宏观、细观和微观跨尺度的科学研究，除了计算机技术的迅猛发展以外，更要靠功能强大的计算力学软件。计算力学也应用在最活跃的研究领域，例如增材制造。计算力学的发展，推动了结构优化设计，即按某种或多个目标寻找最优的设计，如寻求重量最轻、成本最低的技术方案等。优化设计与增材制造的结合，使得计算力学有了新的用武之地。历史表明，不仅力学学科的工程应用需要计算，而且力学本身的发展也需要有效的计算技术和功能强大的计算软件。许多对力学学科做出的重要贡献充分说明了这一点，许多大型工程项目就是依赖软件模拟分析确定实施方案，许多高水平的学术论文也采用了计算软件完成。以这些计算力学软件为平台，发展用户单元、材料本构和场变量模型，已经成为工程研制和科学研究的通用手段。这些软件解决非线性问题（几何、材料和接触）的能力和效率，在国际学术界中已达成了共识。

1997年9月，钱学森已经预见到了计算力学在21世纪的重要性，他在清华大学工程力学系建系40周年的贺信中写道："随着力学计算能力的提高，用力学理论解决设计问题成为主要途径，而试验手段成为次要的了。由此展望21世纪，力学加电子计算机将成为工程设计的主要手段，就连工程型号研制也只用电子计算机加形象显示。因为都是虚的，不是实的，所以称为'虚拟型号研制'。最后就是实物生产了。"大量的工程实践和科学研究行为表明理论、实验和计算为三大支柱，支撑着工程与科学的大厦。因此，计算力学扮演了重要的角色。

随着大数据、云计算、海量存储技术的发展，迎来了以人工智能为标志的新工业革命时代。人工智能研究离不开理论创新和方法创新，其代表性的核心技术是机器学习与神经网络，应用条件是数据量大、逻辑清楚、规则明确，取得的成效体现在避免出错，预测结果。计算力学是在人工智能分析中创造数据的重要手段，是在强化学习中大量生成数据的主要工具，将这些模拟数据与真实场景的实验测量数据相结合，才能为神经网络计算提供所需要的大数据。人工智能为计算力学创造了巨大的发展空间。（庄　茁）

计算随机力学　computational stochastic mechanics　在传统的计算力学研究基础上发展起来，结合随机分析理论与计算力学理论方法的一门学科。计算力学是基于力学理论，利用现代电子计算机和各种数值方法，解决工程力学问题的一门学科。计算随机力学考虑到工程中的随机因素，基于概率和数理统计的方法，结合现代电子计算机和各种数值方法，以解决力学中的实际问题。

计算随机力学不断发展其理论和方法，以扩大各个领域中力学问题的研究和应用范围。在20世纪40年代，美国A.M.弗罗伊登塔尔将统计数学概念引入可靠度理论的研究，实际工程中的随机因素越来越被重视，大量学者将概率设计的思想引入具体的力学问题中，应用随机力学解决工程中的随机性问题。1997年底，国际结构安全性与可靠性领域学者联合撰写了题为《计算随机力学的研究动态》的长篇报告，从各个方面阐述了计算随机力学的发展与重要意义。此后，G.I.许勒尔、P.D.斯帕诺斯等致力于计算随机力学理论方法的研究，为计算随机力学更广泛地应用于实际工程做出贡献。

计算随机力学主要关注随机理论与分析方法的研究和发展。与确定性的计算方法相比，计算随机力学主要涉及随机结构分析的算法和数值实现，因此对随机分析算法精度和效率等数值计算性能的研究一直是学界研究的重点。这些研究工作包括，对蒙特卡洛模拟方法、摄动随机有限元方法、谱随机有限元方法、随机动力学分析、卡胡南-洛夫展开、多项式混沌展开方法、可靠度分析方法等的深入研究，对不确定性度量、不确定性传播等一些新的方法及基础理论问题进行探索等。计算随机力学能解决的问题的复杂度和规模得到很大改善，但是与确定性计算方法处理的问题规模相比仍有很大差距。

工程结构中通常存在着各种不确定性因素，其对结构力学性能可能具有比较显著的影响。例如，结构的材料性能、结构承受的主要载荷以及结构的几何制造误差等，都包含很大程度的随机性。因此，考虑工程结构中存在的随机因素，基于概率和数理统计的方法并结合计算力学的理论方法而发展起来的计算随机力学，具有重要的工程实际意义和广阔的应用前景。（亢　战）

技术交底　technical clarification　在某单项工程开工或分项工程施工前，由技术主管人员向施工人员进行的技术性交代。技术交底的目的是使施工人员对工程特点、技术质量要求、施工方法与措施、施工安全和绿色施工等有一个较为详细的认识，以便科学组织施工生产，避免安全质量事故的发生。技术交底分为施工组织设计交底、施工方案交底、专项施工技术交底、"四新"技术交底、设计变更交底等。施工组织设计交底和"四新"技术交底由项目总工程师负责，交底对象包括项目主要管理人员、分包商和材料供应商等，项目经理负责审核。专项施工方案交底或设计变更交底由技术工程师负责，交底对象包括项目责任工程师、分包商和材料供应商等，项目总工程师负责审核。分部分项工程交底由项目责任工程师负责，交底对象是施工班组长，项目总工程师负责审核。各项技术交底都要形成技术交底记录。技术交底记录是工程技术档案中必不可少的部分。（张　洋）

既有线加强与改建　betterment and reconstruction of existing railway　对运营铁路进行的技术改造。通过提高既有铁路的输送能力、列车运行速度，降低运输成本，以适应经济社会发展所带来的铁路运量的快速增长以及旅客对运输质量的更高要求。既有线加强与改建的目的主要包括加大列车牵引质量，增加行车密度和提高行车速度。①加大列车牵引质量。主要指加大货物列车的牵引质量。具体措施是使用大功率机车，采用多机牵引、换用大轴重车辆等。当区段内只有少量的陡坡坡段限制列车的牵引质量，且削坡的工程量不大时，可考虑削坡。在中国和苏联等铁路客运量很大的国家或地区，有增加旅客列车的编挂辆数提高客运输送能力的。②增加行车密度。缩短运行图周期，可提高铁路的输送能力。主要措施：更换先进完善的信号联锁闭塞装置，缩短列车进行交会和越行的车站作业时间，从而提高通过能力。增设车站或线路所以缩短运行图周期或组织同向连发列车，提高通过能力。在车站两端延长站线，或铺设双线插入段及至全线铺设第二线，逐步过渡到双线铁路。双线铁路的通过能力一般为单线铁路的3～4倍。③提高行车速度。主要措施：换用高速度的机车车辆或动车组；改善既有车辆结构及制动装置；采用先进的行车指挥系统。同时相应地改造线路平、纵断面，以保证提速后列车运行安全、平稳。

在采取以上各项加强措施的同时，还应考虑轨道结构的加强，如换用重型钢轨、铺设跨区间无缝线路、采用大号码道岔等；既有路基的加固、排水与病害整治；既有桥梁的加固，提高结构的整体性；增加车站设施，改善货物装卸的技术装备；电气化铁路上要加大牵引供电能力；加强与完善全线安全防护设施，如线路全封闭、全立体交叉、设置防自然灾害监测装置等。

既有线的加强与改建，应根据该线客、货运量的增长情况，线路的既有工程和设备状况以及沿线地形条件，做好总体规划。尽量利用原有设备与工程。加强设备或进行改建工程时，尽可能采用分期投资。所加强的各种设备和各期工程的能力需协调配套。（郝　瀛　吴树和　魏庆怀）

贾丁，R.J.　Richard James Jardine（1953-05-15～　）英籍岩土工程专家。英国帝

国理工学院教授，英国皇家工程院院士（2001年入选），2016年世界朗肯讲座人，英国土木工程师学会和英国城市公会会士。国际土力学与基础工程学会下三个技术委员会委员。曾担任TC101主席9年，是国际海洋岩土专业委员会（API、ISO和SUT）委员。担任英国帝国理工学院土木与环境系常务副系主任。兼任浙江大学海洋土木工程国际研究中心共同主席。

曾获得17个国际和中国重要奖励，发表200余篇学术论文。其主要研究方向为：土的基本特性、室内和现场试验、近海工程、桩基础工程、软土工程、防灾减灾工程以及岩土工程测试系统研究开发等。是ICP海洋桩基设计理论和方法的创始人，多个国际专业学会会员和国际期刊编委，也是一位国际学术界的知名活动家，担任多个学校的访问客座教授。除了兰金讲座外，他还是2013年的毕晓普和2014年索尔斯讲座人。与中国土力学与岩土工程学术界联系密切，2008年入选曾国熙讲座人。2012～2017年，入选中国教育部海外名师计划，作为会议联合主席，在中国杭州组织召开了第一届国际近海与海洋岩土工程学术讨论会（2012），2016年作为浙江大学教授代表，陪同习近平总书记访问英国帝国理工学院。

（杨仲轩）

架空管道 elevated pipeline 架设在地面以上用于输送液体、气（汽）体、细颗粒固体等介质的管道。

构成 架空管道由跨越结构、支承结构两部分组成。

跨越结构是位于支架或支墩上的架空管道纵向支承结构系统的总称。按结构体系分为管道跨越、结构跨越和组合跨越。①管道跨越。利用管材自身纵向强度跨越，管道既是输送介质的设施，又是支架间跨空部分的承载构件，有平管、拱管、折管等结构形式，也称自承式管道跨越。②结构跨越。指支架间跨空部分由设置的支承结构来跨越，架设的管道只用来输送介质。纵向支承结构有梁式、桁架式、悬索或吊索等形式。③组合跨越。指支架间跨空部分由管道与其他构件组合成纵向支承结构的跨越，管道既是输送介质的设施，又是纵向支承结构的构件。有桁架式、悬索和吊索等形式。桁架式适用于温度变化不大的管道，悬索和吊索适用于温度变化较大的管道。

支承结构有刚性支架、柔性支架、半刚性支架、导向支架等类型。刚性支架固定在基础上，为上部管道的滑动或滚动管托的支承，排架具有足够的刚度，在上部管道系统水平力作用下其顶端的位移很小。柔性支架固定在基础上，为上部管道的滑动或滚动管托的支承，排架刚度较小，其顶部位移能适应上部管道系统纵向变形要求。半刚性支架为在基础上可顺管道纵向在一定范围内转动的支承排架，管架顶部纵向位移与上部管道系统变形相符合，排架构件与基础采用不完全铰接构造。导向支架在基础上只允许在规定方向转动，是引导上部管道体系移动方向的支承。

管道与支承构件之间通过管座连接，管座有固定式和活动式两类。根据管道工艺要求在管道与其他构件不产生相对位移之处设置固定管座，其余支点设置活动管座。对于输送常温物料的小管可不设管座。固定管座有固接和铰接两种。当多根管道平行敷设时，若各管的固定管座设在同一横梁上，称为集中固定；若分设在不同横梁上，称为分散固定。活动管座有滑动、滚动和摆动3种。在滑动和滚动管座中，当传递的力超过摩擦力时，管道与横梁间就产生相对位移。在摆动管座中，传递的力随摆动的角度而定。

管道振动 架空管道的振动来自管道自身和风荷载。管道引起的振动主要是由于机械送料、骤然升温、升压或开关阀，以及管道直角拐弯等造成，一般采用增加附加支座或消能减振措施解决。对于风荷载引起的共振效应，多见于刚度较差的拉弯结构（悬垂管或悬吊式）以及支承结构刚度较差的拱管。对前者采取消振索、消振锤或管道表面加螺纹条措施；对后者采用加大支承结构刚度（如钢结构改为钢筋混凝土）等措施以改变整个结构系统的振动频率。对于复杂问题，需要进行整个支承结构耦合物料影响的结构动力学分析，并配合现场实测，确定合适的消能减振方法。

（高清华 李晓东）

减材建造机器人 reductive construction robot 在建筑数字建造中用于切割，铣削、打孔等减材建造工艺的机器人。减材建造机器人包括木构机器人和石材机器人。

木构机器人 用于完成建筑木构加工、生产与安装等工艺的建造机器人。其不但面向标准化木构及钢木结构建筑的高效建造，还可以在非标准化构件、复杂结构节点的成形加工，以及木结构辅助搭建等领域广泛应用。木构机器人的特点是：①通过木材切割、铣削、打孔等工艺，能够有效拓展传统手工、机械加工工艺。②具有精确感知、反馈、定位和安装能力，也为木构建造拓展了新的智能辅助及增强建造工艺。③通过木缝纫工艺也展现了定制化工具在满足多样化的设计和建造需求方面的潜力。

机器人木构工艺有多种，通用的建筑机器人木构工艺有切割工艺、铣削工艺及辅助建造工艺等。

切割工艺 将传统锯切工艺与机器人的运动能力相结合，用来完成更加复杂、精确的锯切任务，由此将传统锯切工艺提升到新的维度。一般以两种方式进行协同工作：①改装传统锯切工具后作为机器人工具端执行器，通过机器人带动工具端执行器的运动完成工件的锯切加工。②由机器人加持材料进行锯切，一般电动和机械锯切工具都可以采用这种方式。这种方式的优势在于适宜流程化加工。机器人通过一次夹持可以先后完成锯切、铣削、辅助搭建等系列流程。此外，机器人热线切割工艺也被大量应用于泡沫材料的复杂成形，是被大量用于模具加工的工艺之一。拉花锯也被应用于机器人工艺，使用特殊的截面是圆形的细长锯条，相当于锯缝和锯条宽度相等，行进路径可以不受曲率的限制，是最接近线切割技术的锯切工具。

铣削工艺 是一种典型的减材建造工艺方法。以高速旋转的铣刀为加工刀具对材料进行打孔和逐层切削加工。在铣削加工中，多条材料被切掉变成切屑，最后被加工木材为工件，铣削就是从工件上去除切屑，获得所需要的形状、尺寸和光洁度的产品。木材铣削工艺主要包括主运动和进给运动两个基本运动。①主运动。通过铣刀旋转从工件上切除切屑的基本运动。②进给运动。通过机器人或加工台面的运动使切屑连续被切除的运动。进给运动主要通过机器人移动路径的编程来完成。在铣削复杂形式或大尺度构件时，一般需要附加外部轴的辅助，如加工台面的辅助运动等。受刀具强度和加工质量等因素的限制，铣削过程需要分数层完成。刀具切去一层切屑后，退回原处，让工件或刀具在加工深度方向做垂直直线运动，然后再切下一层木材，如此循环往复，直至加工完成。刀具的运动轨迹设计时需要首先考虑毛坯与所需表面之间的材料差，即需要去除的体量大小，将其均匀划分为等厚度的多层切削面。通常铣削厚度需要根据材料硬度、刀具质量等因素综合确定。

辅助建造工艺 机器人具有精确定位和无限执行非重复任务的能力，辅助构件建造工艺主要面向安装与搭建的技术流程。传统的施工流程中，必要的构件定位信息需要通过二维图纸来传达，而机器人辅助搭建只需要通过编程将几何信息转化为时间进度、建造顺序等参数，并植入机器人的加工路径中，直接指导材料的空间拼接。建筑的几何信息从材料中转移到机器人的建造路径中，从而能够利用基本材料（甚至标准材料）实现极其复杂的建筑形式。

针对特异构件的精确定位，用于取代二维图纸的几何描述。这种方式中，构件的几何信息主要位于自身的特异形式中，机器人用于传递另一部分定位信息。通常特异构件的定位采用人工搭建方式也能够完成，机器人主要是用于提高生产自动化程度，解放劳动力。因此辅助搭建模式对于木构建造的自动化、产业化流水线的组建至关重要。

利用机器人的精确定位技术，采用简单甚至标准化的单元构件实现复杂非标准形式的建造。复杂形式的建造问题从特异构件的生产转化为标准构件的精确定位问题，设计的几何信息完全从构件转移到机器人的控制程序中，从而超越了简单的辅助定位，开启了一种全新的建造工艺。

随着机器人技术愈来愈成熟，可移动机器人、工具头更换系统及基于机器人工具头的定位系统已从研发阶段到实际操作，建筑机器人工艺也从实验建筑阶段到实际建造，对比6轴数字控制机器加工有更大的可操作空间，更便宜的价格，更高的生产效率，将木构的生产工艺提升到一个新的层次。

石材机器人　通过机器人石材工艺对石材进行精细化铣削、切割加工，也用于搬运和堆叠等数字化建造流程。石材从开采、锯切加工、研磨抛光，凿切加工到辅助加工需要多道工艺，机器人石材工艺主要是运用锯切加工去解决普通3轴CNC数控加工难以面对的复杂曲面加工问题。如在西班牙巴塞罗那圣家族大教堂的立面雕塑柱建造，2016年威尼斯双年展的P.布洛克设计建造的石材壳体结构，以及麻省理工学院（MIT）的肖恩·科利尔纪念碑，其共同点是需要实现双曲面的复杂几何切割及铣削。机器人表现出相比传统石匠手工更加精准、高效的方式，满足了特殊的需要。

在建筑工程领域，建筑机器人石材建造工艺有铣削工艺、切割工艺、台面水磨工艺、车削工艺及水刀切割5种。机器人臂铣削工艺是利用机械臂的6向自由度操纵铣刀加工石材，显著提高了复杂石材构件加工精度与效率。同时，运用7轴导轨机器人开展大尺度石材加工的方式应运而生。7轴机器人铣削及切割大幅提升了加工精度与加工效率，由机械臂与铣削工具端共同进行空间加工，作为一种减材加工法，理论上无限逼近最终形态的拟合，达到不造成时间与材料的浪费，可以说是未来石材加工手段中最合乎经济效益的方式之一。

（袁　烽）

剪力墙　shear wall　房屋或构筑物中，承担竖向荷载的同时沿其平面方向承受水平荷载作用（风荷载或地震荷载）的墙体。剪力墙结构具有刚度大、空间整体性好，结构变形易于满足抗震要求等优点。在历次地震中，剪力墙结构往往表现出良好的抗震性能，震害较轻。

分类及受力特点　按照材料构成可分为钢筋混凝土剪力墙、型钢混凝土剪力墙、钢板剪力墙、钢板-混凝土组合剪力墙和砌体剪力墙等。

按照受力特点可分为：①整截面剪力墙。门窗洞口很小或没有（开孔面积不超过墙面面积15%），且洞口间的净距及孔洞至墙边的净距大于孔洞长边尺寸。其受力性能与整体悬臂墙相同，墙肢法向应力呈线性变化，截面变形符合平面假定（图a）。②小开口整体剪力墙。门窗洞口沿竖向成列布置，洞口总面积不超过墙体总面积的15%。墙肢法向应力分布偏离直线规律，相当于在整体弯曲的直线分布应力上叠加了局部弯曲应力，当局部弯矩不超过整体倾覆弯矩的15%时，可认为截面变形基本符合平截面假定（图b）。③联肢剪力墙。洞口开得较大，各墙肢单独工作现象显著。仅开有一排较大洞口的剪力墙称为双肢剪力墙（图c）；开有多排较大洞口的剪力墙称为多肢剪力墙（图d）。④壁式框架。剪力墙的洞口尺寸较大，墙肢宽度较小，连梁的线刚度接近于墙肢的线刚度。其受力性能接近框架。⑤框支剪力墙。底层为框架的剪力墙，是剪力墙的一种特殊形式。

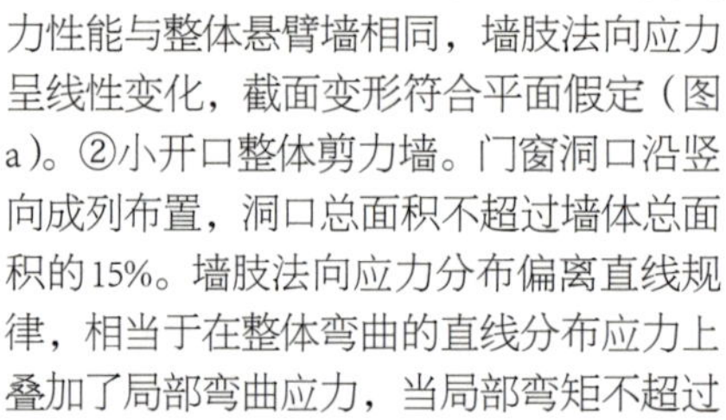

剪力墙受力模型示意图

设计要求　在正常使用荷载及风载或小震作用下，结构应处于弹性工作阶段；在中震作用下（设防烈度），允许进入弹塑性状态，但必须保证在非弹性变形的反复作用下，有足够的承载力、延性及良好吸收地震能量的能力；在强震作用（罕遇地震）下，为保证结构不倒塌，剪力墙结构应有足够的稳定性。

计算要点　剪力墙既承受剪力和弯矩，也承受轴向力。

无孔洞或开洞很小的平面剪力墙可按一般竖向悬臂构件进行内力、位移计算。开洞较大并且比较规则的平面剪力墙可简化为带刚域的宽杆件框架（或称壁式框架）进行内力、位移计算；亦可简化为由均匀连续分布的弹性薄片联系的竖向悬臂梁，通过建立微分方程求解位移和内力。不规则开洞的平面剪力墙可用有限元法计算。

（张维嶽　李全旺）

剪力墙结构　shear wall structure　由剪力墙与楼板一起搭建，并由剪力墙承受结构所有竖向荷载和抵抗所有侧向力的结构。钢筋混凝土剪力墙（简称剪力墙，用于抗震结构时也称为抗震墙）指构件横截面的高厚比大于4的杆件（一般将横截面高厚比不超过4的杆件称为柱）。剪力墙结构中，剪力墙的开间一般为3～8米，适用于住宅、旅馆等建筑。

剪力墙结构中，利用墙体在建筑物中的合适布置，使之既能形成一种有效抵抗水平作用的结构体系，同时又能起到对建筑空间的分割作用。剪力墙的高度一般与整个房屋的高度相等，并沿竖向贯通建筑物全高，墙厚在高度方向可以逐步减少。合理设计的延性剪力墙具有较好的抗震性能，可以建造高层与超高层建筑。

剪力墙为平面构件，在其自身平面内有较大的承载力和刚度，平面外承载力和刚度较小。因此，剪力墙结构中要求剪力墙沿双向布置并力求两个方向的刚度接近。为提高剪力墙的刚度和稳定性，防止一字形截面墙体的面外失稳与端部混凝土可能过早局部压碎，剪力墙端部尽可能与另一方向的剪力墙相连，形成工字形（或H形）、T形或L形等有翼缘的剪力墙，也可以端部与框架柱相连，形成带端柱的剪力墙。结合建筑中电梯间、楼梯间等建筑使用功能要求，将两个方向的剪力墙相互连接成钢筋混凝土井筒（又称筒体），利用筒体的空间作用可以增大结构的整体抗侧刚度与抗扭能力，提高结构的效率，从而建造更高的建筑结构。

剪力墙结构的抗侧刚度大。从抗震设计的角度，结构的抗侧刚度越大，结构的自振周期越小，导致结构承受的水平地震作用越大，对结构的抗震设计越不利。可以结合建筑使用功能，通过开设门窗洞口的方法来控制结构的抗侧刚度。也可以人为设置沿高度规则排列的构造性洞口（结构建成后用填充材料将构造性洞口封堵），将一个整体的墙体转化为多列洞口分割形成的多肢剪力墙（洞口上下的杆件称为连梁，洞口两侧的杆件称为墙肢），将一个剪力墙从悬臂的静定结构改变为超静定结构，并通过调整洞口两侧墙肢与上下洞口间连梁间的刚度比与承载力比，不仅达到调节剪力墙结构的抗侧刚度，而且改变了墙体的受力机制与破坏模式，抗震性能得到改善，同时方便主体结构的现场施工，使得同一楼层的不同区域实现平面互通。等主体结构完成后，用轻质材料围堵构造性洞口，满足建筑分割与封闭的使用要求。（赵作周）

剪胀性　dilatancy　土在剪切时会产生体积收缩或膨胀的现象。剪胀D的大小可以表示为塑性体应变增量和塑性剪应变增量大小之比，即：

$$D=\frac{\delta\varepsilon_v^p}{\delta\varepsilon_q^p}$$

式中$\delta\varepsilon_v^p$和$\delta\varepsilon_q^p$分别为塑性体应变增量和塑性剪应变增量。通常认为，松砂、正常固结土、弱超固结土会发生体积收缩，即剪缩；密砂或强超固结土会发生剪胀，但是无论是松砂还是密砂，正常固结土或超固结土，达到临界状态时，剪缩和剪胀都会消失。

英国P.W.罗于1962年通过分析颗粒在规则排列下做功最小假设，得到了罗应力剪胀公式，揭示了D与应力比存在唯一对应关系。无论是原始剑桥模型还是修正剑桥模型都采用了该应力剪胀公式。需要指出的是，罗剪胀理论，将颗粒系统看作连续体，没有考虑颗粒集合系统排列的静态与运动约束条件。而大量的实验表明，岩土材料的剪胀性与内部状态关系非常密切，而表征土体的状态除了与密度有关，还取决于围压。在英国K.贝恩和M.G.杰弗里斯于1985年提出的状态参数ψ基础上，中国李相崧和美国Y.F.达法利亚（2000）提出了状态相关的剪胀公式，能够较好地反映土体在不同密度和围压条件下剪胀特性。（杨仲轩）

简易填埋场　dumping landfill　环保措施不够齐全、不满足相关建设和环保标准的填埋场。简易填埋场的污染和危害包括渗滤液污染、填埋气污染和火灾、边坡失稳及景观等问题。简易填埋场的衬垫或渗沥液导排系统不满足规范要求时，会造成周边土体的污染。简易填埋场缺少填埋气体收集或排放系统，填埋气容易在场内大量淤积，或在周围垃圾及地层中迁移，可能造成爆炸、污染等后果；填埋气中的硫化氢、胺等物质使场地充满臭气，影响周边居民生活。此外，由于简易填埋场缺少导排措施，渗沥液和填埋气不能及时导排，容易引发边坡失稳。简易垃圾场如果未按相关标准封场，会造成外观差、蚊蝇等害虫滋生等状况，且雨季时场地内污水横流，气味难闻。

世界各国简易垃圾填埋场的综合治理普遍采用异地卫生填埋、筛分后异地处理及就地封场等技术路线。当填埋场存在安全隐患或未达到规范规定的污染控制要求时，应进行治理。治理的对象包括：垃圾堆体、渗沥液收集系统、防渗系统、填埋气收集系统、封场覆盖系统和地表水导排系统等。（柯　瀚）

建设工程安全生产管理法律关系　legal relation on production safety management in construction project　受有关工程建设安全生产管理法律规范调整的、因国家对安全生产的监督管理而产生的各主体之间的权利义务关系。主体一方是国家有关行政机关，另一方是作为工程建设活动主要参与者和被管理者的建设单位、勘察设计单位、施工单位、监理单位及有关从业人员等行政相对人。客体为建设工程安全生产管理行为。调整该法律关系的法律规范主要有《中华人民共和国建筑法》《中华人民共和国安全生产法》《建设工程安全生产管理条例》等。

在安全生产管理法律关系中，建设单位不得对勘察、设计、施工、工程监理等单位提出不符合建设工程安全生产法律、法规和强制性标准规定的要求，不得压缩合同约定的工期；在编制工程概算时，应当确定建设工程安全作业环境及安全施工措施所需费用；不得明示或者暗示施工单位购买、租赁、使用不符合安全施工要求的安全防护用具、机械设备、施工机具及配件、消防设施和器材；在申请领取施工许可证时，应当提供建设工程有关安全施工措施的资料。

勘察单位应当按照法律、法规和工程建设强制性标准进行勘察，提供的勘察文件应当真实、准确，满足建设工程安全生产的需要。勘察单位在勘察作业时，应当严格执行操作规程，采取措施保证各类管线、设施和周边建筑物、构筑物的安全。

设计单位应当按照法律、法规和工程建设强制性标准进行设计，防止因设计不合理导致生产安全事故的发生；应当考虑施工安全操作和防护的需要，对涉及施工安全的重点部位和环节在设计文件中注明，并对防范生产安全事故提出指导意见；采用新结构、新材料、新工艺的建设工程和特殊结构的建设工程，设计单位应当在设计中提出保障施工作业人员安全和预防生产安全事故的措施建议。设计单位和注册建筑师等注册执业人员应当对其设计负责。

施工单位应当建立健全安全生产责任制度和安全生产教育培训制度，制定安全生产规章制度和操作规程，保证本单位安全生产条件所需资金的投入，对所承担的建设工程进行定期和专项安全检查，并做好安全检查记录；施工单位主要负责人依法对本单位的安全生产工作全面负责，施工单位的项目负责人应当由取得相应执业资格的人员担任，对建设工程项目的安全施工负责；施工单位对列入建设工程概算的安全作业环境及安全施工措施所需费用，应当用于施工安全防护用具及设施的采购和更新、安全施工措施的落实、安全生产条件的改善，不得挪作他用；应当设立安全生产管理机构，配备专职安全生产管理人员。

工程监理单位应当审查施工组织设计中的安全技术措施或者专项施工方案是否符合工程建设强制性标准，实施监理过程中，发现存在安全事故隐患的，应当要求施工单位整改；情况严重的，应当要求施工单位暂时停止施工，并及时报告建设单位。施工单位拒不整改或者不停止施工的，工程监理单位应当及时向有关主管部门报告。工程监理单位和监理工程师应当按照法律、法规和工程建设强制性标准实施监理，并对建设工程安全生产承担监理责任。

上述单位和有关人员违反安全生产管理义务的，将受到行政主管部门的责令改正、罚款、降低资质、吊销资质证书等行政处罚，构成犯罪的，依法追究刑事责任。国家行政机关对工程建设安全生产进行管理过程中，应当遵循合法、合理原则，依法行政，有关主体对行政机关做出的行政处罚等具体行政行为不服的，可以依法通过行政复议、行政诉讼等维护自身合法权益。（高印立）

建设工程承包法律关系　legal relation of construction contract　受民事及有关建设行政法律规范调整的、因建设工程承发包活动而产生的各主体之间的权利义务关系。其主体是发包人和承包人。在建设工程领域，发包人既可能是业主，也可能是工程的总承包人。承包人一般是勘察、设计、施工单位。根据中国法律规定，建设工程的承包人应当持有依法取得的资质证书，并在其资质等级许可的业务范围内承揽工程，否则签订的建设工程承发包合同会被认定为无效，承包人还将受到建设行政主管部门的行政处罚。该法律关系的客体是以完成特定成果为目的的承发包行为。

对依法应当采取招标投标方式确定承包人的建设工程项目，发包人应当实行招标发包，对于非必须招标发包的可以直接发包。发包人和承包人之间依法订立承发包书面合同，明确双方的权利和义务。调整该法律关系的法律规范主要有《中华人民共和国民法典合同编》《中华人民共和国建筑法》《中华人民共和国招标投标法》《中华人民共和国招标投标法实施条例》《建设工程质量管理条例》等。

在建设工程承发包法律关系中，当事人首先应遵守双方的合同约定，同时其权利义务还受《中华人民共和国民法典合同编》调整。建设工程承发包合同类型属于中国《中华人民共和国民法典合同编》规定的“建设工程合同”，性质上是承揽合同的一种。发包人有检查承包人工作质量、进度的权利，需承担提供工作条件、支付工程价款等义务，而承包人有按期交付合格工作成果的义务。在建设工程施工合同中，发包人未按约定支付工程价款的，承包人有权根据《中华人民共和国民法典八百零七条》的规定，对建设工程行使优先受偿权。

同时，由于该法律关系客体具有标的涉及不动产、事关公共利益等特殊性，《中华人民共和国民法典合同编》《中华人民共和国建筑法》《建设工程质量管理条例》等法律法规对工程的承发包还做了特殊规定。根据上述法律规定，发包人可以与总承包人订立建设工程合同，也可以分别与勘察人、设计人、施工人订立勘察、设计、施工承包合同，但发包人不得将应当由一个承包人完成的建设工程肢解成若干部分发包给几个承包人。总承包人或者勘察、设计、施工承包人经发包人同意，可以将自己承包的部分工作交由第三人完成。第三人就其完成的工作成果与总承包人或者勘察、设计、施工承包人向发包人承担连带责任。承包人不得将其承包的全部建设工程转包给第三人或者将其承包的全部建设工程肢解以后以分包的名义分别转包给第三人，分包单位不得将其承包的工程再分包。建设工程主体结构的施工必须由承包人自行完成。（高印立）

建设工程发包法律关系 legal relation of contract letting for construction project 特殊的承发包法律关系。见*建设工程承包法律关系*。

建设工程环境保护法律关系 legal relation of environmental protection in construction project 在人类面临的环境问题中，建设工程所带来的环境问题是重要且严峻的一部分。由于自身体量巨大、过程复杂，建设工程在其整个生命周期内的各个阶段都对环境产生巨大的破坏和污染，如对自然资源能源的过度消耗和浪费、对地域生态环境的影响、施工噪声和废物污染等。土木工程建设活动中环境保护工作的展开、遵循的法律法规可以体现在3个阶段。

规划设计阶段。《中华人民共和国环境影响评价法》在立法上对环境影响评价进行界定，要求建设单位对规划和建设项目实施后可能造成的环境影响进行分析、预测和评估，提出预防或者减轻不良环境影响的对策和措施，进行跟踪监测。按照此法的相应规定，建设单位须在规划设计阶段组织编制环境影响报告书、环境影响报告表或者填报环境影响登记表。

施工阶段。建筑工程项目施工阶段相关法律主要用于规范施工过程中可能对环境造成影响的建设行为。各级相关的法律法规包括:《中华人民共和国固体废物污染环境防治法》(2020年4月29日修正)；《中华人民共和国水污染防治法》(2017年6月27日起施行)；2018年12月29日第十三届全国人民代表大会常务委员会第七次会议通过对《中华人民共和国环境噪声污染防治法》做出修订，现为《中华人民共和国噪声污染防治法》等，分别从固体废物、水和环境噪声污染三个维度约束了建筑工程施工阶段造成的环境污染，规范了施工过程中保护环境的相关行为，保证施工阶段对周围环境造成的影响在可控制范围内。

使用养护至拆除阶段。建筑在使用养护和拆除阶段的环境保护相关法律除了《中华人民共和国固体废物污染环境防治法》外，还有2018年10月26日修正的《中华人民共和国节约能源法》和2010年4月1日起施行的《中华人民共和国可再生能源法》，这两部法律都给建筑在使用养护过程中的节能环保做出了总体的规定，并对建筑节能环保的总体方向和细节把握做出了一定要求。中国住房和城乡建设部出台了2000年8月25日起施行的《实施工程建设强制性标准监督规定》和2006年1月1日起施行的《民用建筑节能管理规定》等一系列针对建筑环境保护的规章，体现了中国对于建设工程环境保护方面的重视。（徐蓉 徐伟）

建设工程价格管理法律关系 legal relation of construction project price management 建设工程价格管理的主体、建设工程价格管理的客体和建设工程价格管理的内容构成建设工程价格管理法律关系。这3个要素缺少其中任何一个要素都不能构成价格管理法律关系，改变其中的任何一个要素就改变了原来设定的法律关系。建设工程价格管理的主体可分为政府部门、建设单位和工程建设的参与方3类；客体指建设工程实施过程中产生费用对象的价格；内容是法律关系参与者涉及与价格管理相关的权利与义务。建设工程价格是建设工程价值的货币表现。一般可以从两种角度来定义建设工程价格：①从建设工程投资者的角度。建设工程价格是实现某一具体工程项目所需的全部投资额，它包括一项工程通过建设形成相应的固定资产及无形资产所需的一次性费用的总和。②从建设工程建造者的角度。建设工程价格是建设工程的各类承包者具体实施某项工程时，作为建设工程的供给主体，向项目的投资者出售建设工程和劳务的价格总和。

中国建设工程价格管理是按照经济规律的客观要求，采用科学的管理手段及先进的管理方法，合理地确定并有效地控制建设工程价格，全面提高固定资产投资效益和建筑安装企业经济效益的工作。价格管理方面的法律法规门类很多，与建设工程相关的主要有以下几部：

1987年，国务院颁布了《中华人民共和国价格管理条例》，该条例的制定旨在加强价格管理，保证市场物价的基本稳定，安定人民生活，保障经济体制改革的顺利进行，促进经济的发展。

1992年，国家物价局根据《中华人民共和国价格管理条例》的有关规定，制定《建筑材料工业价格管理办法(试行)》，进一步改进建筑材料工业价格管理，推动建材价格改革，促进建材工业的发展。

1999年，为了加强建设工程施工发包与承包价格的管理，保障工程发包单位与承包单位的合法权益，促进建筑市场的健康发展，建设部（已撤销）发布了《建设工程施工发包承包价格管理暂行规定》。

2013年，中华人民共和国住房和城乡建设部发布了《建筑工程施工发包与承包计价管理办法（2013)》，规范建筑工程施工发包与承包计价行为，维护建筑工程发包与承包双方的合法权益，促进建筑市场的健康发展。该《办法》共27条，自2014年2月1日起施行。原建设部2001年11月5日发布的《建筑工程施工发包与承包计价管理办法》(建设部令第107号)予以废止。

上述法律的实施和完善对于保障建设工程市场经济健康发展、规范市场价格行为、合理配置市场资源、保持价格水平稳定、维护市场主体合法权益方面都起着重要作用。（徐蓉 徐伟）

建设工程监理法律关系 legal relation of construction supervision 受民法及国家建设行政法律规范调整的、因建设工程监理活动而产生的各主体之间的权利义务关系。主体为建设单位和工程监理单位。工程监理单位应当在其资质等级许可的监理范围内，承担工程监理业务，根据委托客观、公正地执行监理任务，并不得与被监理工程的承包单位以及建筑材料、建筑构配件和设备供应单位有隶属关系或其他利害关系。客体为委托和被委托监理的行为。

建设工程监理法律关系下双方的权利义务关系主要通过委托监理合同确定。监理合同属委托合同，因此，建设工程监理法律关系受《中华人民共和国民法典合同编》的调整。同时，其还受《中华人民共和国建筑法》《建设工程质量管理条例》《建设工程安全生产管理条例》等有关行政法的调整。根据有关规定，监理单位应当依照法律、行政法规律法规以及有关的技术标准、设计文件和工程承包合同，对承包单位在施工质量、建设工期和建设资金使用等方面，代表建设单位实施监督。工程监理人员认为工程施工不符合工程设计要求、施工技术标准和合同约定的，有权要求施工企业改正，发现工程设计不符合工程质量标准或者合同约定的质量要求的，应当报告建设单位要求设计单位改正。工程监理单位不按照委托监理合同的约定履行监理义务，对应当监督检查的项目不检查或者不按照规定检查，给建设单位造成损失的，应当承担相应的赔偿责任。工程监理单位与承包单位串通，为承包单位谋取非法利益，给建设单位造成损失的，应当与承包单位承担连带赔偿责任。工程监理单位和监理工程师还应当按照法律、法规和工程建设强制性标准实施监理，并对建设工程安全生产承担监理责任。（高印立）

建设工程建设主体许可法律关系 legal relation on the permit of the main body of construction project 受有关建设行政法律规范调整的、因工程建设主体许可而产生的各主体之间的权利义务关系。该法律关系的主体是政府建设行政主管部门和工程建设主体。工程建设主体包括从事建筑活动的建筑施工企业、勘察单位、设计单位和工程监理单位。客体为建设主体的许可行为。该法律关系主要受《中华人民共和国建筑法》《建设工程勘察设计管理条例》《建筑业企业资质管理规定》《建设工程勘察设计资质管理规定》等法律规范的调整。

建设工程建设主体是建设工程项目的具体实施者，其行为能力直接关系到工程项目的质量与安全，事关社会公共利益和公共安全。因此，法律对其主体资格提出了严格要求，并按注册资本、专业技术人员、技术装备和已完成的工程业绩划分为不同的资质等级。建设主体在取得相应资质后，方可在资质等级许可的范围内从事相关活动。根据《最高人民法院关于审理建设工程施工合同纠纷案件适用法律问题的解释》(法释〔2004〕14号)第一条规定，承包人未取得建筑施工企业资质或者超越本单位资质等级的，建设工程施工合同无效。此外，基于鼓励交易的考虑，该解释第五条规定："承包人超越资质等级许可的业务范围签订建设工程施工合同，在建设工程竣工前取得相应资质等级，当事人请求按照无效合同处理的，不予支持。"这表明，尽管资质超越等级但仍可在竣工前补正。

工程建设主体超越本单位资质等级承揽工程的，将会受到罚款、降低资质等级、吊销资质证书、没收违法所得等处罚。构成犯罪的，依法追究刑事责任。政府建设主管部门在工程建设主体许可活动中，应当遵循合法、合理原则，依法行政，有关主体对行政机关做出的行政处罚等具体行政行为不服的，可以依法通过行政复议、行政诉讼等途径维护自身合法权益。（高印立）

建设工程勘察法律关系 legal relation of construction engineering investigation 受民事及有关建设行政法律规范调整的、因建设工程勘察活动而产生的各主体之间的权利义务关系。建设工程承发包法律关系中的一类。主体是作为建设单位的发包人和作为勘察单位的勘察人，客体是为完成特定勘察成果的承发包行为。勘察单位必须取得相应建设工程勘察资质，在资质等级许可范围内从事勘察活动。建设工程勘察法律关系一般在承发包双方签订书面勘察合同时成立。因此，建设工程勘察法律关系受合同法的调整，适用合同法中"建设工程合同"的有关规定，"建设工程合同"部分没有规定的，适用"承揽合同"的规定。调整该法律关系的法律规范主要有《中华人民共和国民法典合同编》《中华人民共和国建筑法》《建设工程质量管理条例》《建设工程勘察设计管理条例》《建设工程勘察质量管理办法》等法律、行政法规及部门规章等。

建设工程勘察法律关系中的发包人和承包人，依约依法享有权利并承担义务。发包人应当提供有关基础资料和文件，并按时支付勘察费用。如果因发包人变更计划、提供的资料不准确，或者未按照期限提供必需的勘察工作条件而造成勘察的返工、停工或者修改设计，发包人应当按照勘察人实际消耗的工作量增付费用。勘察人应当按期提交符合质量要求的勘察成果，因质量不符合要求造成发包人损失的，还应当继续完善，减收或者免收勘察费并赔偿损失。（高印立）

建设工程人防管理法律关系 construction project civil defense management legal relation 为规范人民防空工程建设活动，受《中华人民共和国人民防空法》《中华人民共和国城市规划法》《中华人民共和国建筑法》《中华人民共和国招标投标法》等法律调整后所形成的政府、建设单位、施工单位等主体之间的权利义务关系。建设工程中的人民防空工程（在中国简称人防工程，在中国以外简称民防工程）是为保障人民防空指挥、通信、掩蔽等需要而建造的防护建筑，包括为保障战时人员与物资掩蔽、人民防空指挥、医疗救护等而单独修建的地下防护建筑，结合地面建筑修建的战时可用于防空的地下室以及兼顾人民防空要求的地下工程（中国国内的地铁大多兼顾人防工程）。建设工程人防管理行政操作依据和行为规范包括《中华人民共和国人民防空法》《中华人民共和国民法典物权编》以及各地方《人防工程建设条例》等法律法规。建设工程人防管理法律关系将涉及从建设施工、使用与维护以及人防管理制度建设等不同类型各个阶段。

建设施工 人防主管部门将负责市场监管，建立人防建设完善协调调动机制，从设计、审图、生产、监理、质检到检测等各个环节闭合式监管，严格落实人防工程建设管理主体各方责任，形成行政执法、行业自律、舆论监督、群众参与相结合的市场监管体系。人防主管部门通过建立统一规范的市场，提高市场监督能力，维护市场秩序，为市场主体创造良好的外部环境。人防工程质量关系国家安全，关系到人民群众生命安全，关系到党和政府的形象。人防工程质量既是经济问题和建设问题，又是民生问题和政治问题。建设工程人防管理在建设施工阶段，应建立“主管部门把关、生产施工单位保证、监理单位控制、质检部门监督”的人防工程质量监管体系。

使用与维护　人防工程的使用与管理涉及开发商、业主及物业服务企业、社会公众安全等各方利益。为切实保证人防工程经济、社会和战备效益的充分发挥，《人防法》第五条第二款规定：“国家鼓励、支持企业事业组织、社会团体和个人，通过多种途径，投资进行人民防空工程建设。人民防空工程平时由投资者使用管理，收益归投资者所有。”为实行平战结合方针，国家鼓励平时利用人防工程为经济建设和人民生产生活服务。根据《人防法》和《物权法》，对人防工程使用与管理有如下规定：一是投资者平时对工程依法享有占有、使用和收益的权利；二是人防工程具有保护人民群众的生命和财产安全的特殊功能，法律不赋予投资者对工程不享有所有权；三是投资者有依法对工程履行维护管理的义务，包括对专用设备设施的日常维护保养及维修、改造和更新资金的落实等；四是人防工程是国防的组成部分，非经国家授权或法律规定，任何组织和个人都不得行使该所有权能或充当其权利主体。

人防管理制度建设　完善人防管理制度建设，建设法治型人防是建设工程人防管理持续健康发展的重要保障。具体包括加强人防法治建设，提高行政执法的可操作性；健全人防综合执法机制，提高依法行政能力；加强人防行政执法监督，提高行政执法效率。

（徐　伟　徐　蓉　胡晓依）

建设工程税收管理法律关系　legal relation of tax administration of construction project　建设工程税收管理的主体、客体和内容形成的权利义务关系。税收管理指主管税收工作的职能部门，代表国家对税收分配的全过程所进行的计划、组织、协调和监督工作，旨在保证财政收入及时足额入库，充分发挥税收对经济的调节作用。

主体和客体及内容　政府机关是建设工程税收管理的主体，国务院税务主管部门主管全国税收征收管理工作，各地国家税务局和地方税务局应当按照国务院规定的税收征收管理范围分别进行征收管理。税收管理的客体指税收分配的全过程。从宏观角度分析，税收分配涉及国家与企业、中央与地方等的分配关系；从微观角度分析，税收分配指各级税务机关与纳税人之间的征纳关系。前者构成税收管理体制问题，后者形成税收征收管理的重要内容。从狭义的角度讲，税收管理的客体主要指税收的征收管理过程。建设工程税收管理的具体内容包括与建设工程相关的税收法制管理、税收征收管理、税收计划管理和税务行政管理。

相关法律　建设工程领域内相关税收管理方面的法律主要有：

1977年，财政部根据“统一领导，分级管理”的原则，发布了《关于税收管理体制的规定》。

1992年，全国人民代表大会常务委员会为了加强税收征收管理，保障国家税收收入，保护纳税人的合法权益，发布《中华人民共和国税收征收管理法》。此后经历多次变迁：全国人民代表大会常务委员会关于修改《中华人民共和国税收征收管理法》的决定（1995）；《中华人民共和国税收征收管理法》1995年修正，《中华人民共和国税收征收管理法》2001年修订，全国人民代表大会常务委员会关于修改《中华人民共和国文物保护法》等十二部法律的决定（含草原法、海关法、进出口商品检验法、税收征收管理法、固体废物污染环境防治法、煤炭法、动物防疫法、证券法、种子法、民办教育促进法、传染病防治法）；《中华人民共和国税收征收管理法》2013年修正，全国人民代表大会常务委员会关于修改《中华人民共和国港口法》等七部法律的决定（含税收征收管理法、固体废物污染环境防治法、枪支管理法、防洪法、证券投资基金法、城乡规划法）；《中华人民共和国税收征收管理法》2015年修正。

2005年，国家税务总局发布《国家税务总局关于进一步加强房地产税收管理的通知》；国家税务总局，财政部和建设部（已撤销）发布《关于加强房地产税收管理的通知》；国家税务总局，财政部和国土资源部发布《关于加强土地税收管理的通知》。

2006年，国家税务总局发布《关于加强房地产交易个人无偿赠与不动产税收管理有关问题通知》；2008年，国家税务总局、财政部、国土资源部发布《关于进一步加强土地税收管理工作的通知》。

2009年，国家税务总局根据《中华人民共和国税收征收管理法》（以下简称税收征管法）及其实施细则、《中华人民共和国企业所得税法》（以下简称企业所得税法）及其实施条例、《中华人民共和国营业税暂行条例》及其实施细则、《中华人民共和国增值税暂行条例》及其实施细则，发布《非居民承包工程作业和提供劳务税收管理暂行办法》，规范对非居民在中国境内承包工程作业和提供劳务的税收征收管理。

建设工程税收管理法律不断完善，但是征收管理体制不健全、税收管理体系不规范等问题依然存在。随着市场经济和社会的发展，中国应采取适当的模式建立适合中国建设工程税收管理司法状况的税务保障机制，健全中国建设工程税收管理司法体系，维护税收的良好秩序，以强化建设工程领域内税收管理执法权威。

（徐　蓉　徐　伟）

建设工程项目投资决策法律关系　legal relation of investment decision in construction project　在建设工程项目投资决策过程中，为规范投资决策关系，受相关法律调整后所形成的政府、投资者和金融机构等主体之间的权利义务关系。土木工程是一个资金密集型产业，社会影响大、牵涉资金多，涉及人员复杂，因此依法规范建设工程投资活动显得尤为重要。项目建设各个环节中，最为重要的就是项目的投资决策阶段，项目投资决策决定了今后工作方向和工程项目的经济效益，对于项目的成败有着决定性的意义。在项目投资决策阶段，必须编报项目建议书和项目立项报告，对不同的建设方案进行技术经济对比选择，并对拟建项目可行性进行经济技术的论证，以保证项目决策的科学性、合理性。

编报项目建议书和可行性研究报告　项目建议书是拟建项目单位向国家提出的要求建设某一项目的建议文件，是对工程项目建设的轮廓设想，它要从宏观上论述项目设立的必要性和可能性，把项目投资的设想变为概略的投资建议。可行性研究是在调查的基础上，通过市场分析、技术分析、财务分析和国民经济分析，对工程项目在技术上是否可行和经济上是否合理进行的科学分析和论证。编制项目建议书和可行性研究报告，必须遵循的法律法规依据包括《中华人民共和国节约能源法》（2016年7月修订）；《中华人民共和国环境保护法》（2015年1月1日起施行）；《建设项目用地预审管理办法》（2009年1月1日起施行）。

项目投资决策审批制度　根据《国务院

关于投资体制改革的决定》，政府投资项目和非政府投资项目分别实行审批制、核准制或备案制：政府投资项目实行审批制；非政府投资项目实行核准制或登记备案制。

对于政府投资项目，若采用直接投资和资本金注入方式，政府需要从投资决策的角度审批项目建议书和可行性研究报告，除特殊情况外不再审批开工报告，同时还要严格审批其初步设计和概算；对于采用投资补助、转贷和贷款贴息方式的政府投资项目，则只审批资金申请报告。

对于非政府投资项目，若企业不使用政府资金投资建设，政府不再进行投资决策性质的审批，区别不同情况实行核准制或登记备案制。①核准制。企业投资建设《政府核准的投资项目目录》中的项目时，仅需向政府提交项目申请报告，不再经过批准项目建议书、可行性研究报告和开工报告的程序。②备案制。对于《政府核准的投资项目目录》以外的企业投资项目，实行备案制。除国家另有规定外，由企业按照属地原则向地方政府投资主管部门备案。（徐蓉 徐伟）

建设工程消防管理法律关系 construction project fire management legal relation 公安机关消防监督机构对新建、扩建、改建（含室内装修、用途变更）等建设工程的消防设计审核、消防验收、备案抽查、施工现场监督检查以及对已建工程消防设施系统和通道的检查等而产生的各主体之间的权利义务关系。其中，建设工程指土木工程、建筑工程、线路管道和设备安装工程及装修工程。建筑工程消防管理法律关系需明确两部分内容，一是建设工程消防管理相关法律法规；二是建设工程消防管理消防安全责任主体。

中国已经颁布施行消防法律、规章20余部，国家消防规范、国家和行业技术标准200余部，地方性消防法规60余部，初步形成了以《中华人民共和国消防法》为基本法律，以消防法规和技术规范、标准以及地方性消防法规相配套的消防法规体系。①消防法律，1998年4月29日，第九届全国人民代表大会常务委员会第二次会议审议通过了《中华人民共和国消防法》，同年9月1日起施行。②部门规章，公安部先后颁布了与《中华人民共和国消防法》相配套的《建筑工程消防监督审核管理规定》《火灾事故调查规定》《消防监督检查规定》《机关、团体、企业、事业单位消防安全管理规定》等部门规章。③消防技术标准，工程建设类消防技术标准主要由公安部消防局组织制定，经建设部批准后，作为国家标准（GB），由国家质量监督检验检疫总局和建设部联合发布施行。其中重要的有《建筑设计防火规范》《高层民用建筑设计防火规范》（GB 50045—95）、《建筑内部装修设计防火规范》等。④地方性消防法规，各省、自治区、直辖市的人民代表大会，根据《中华人民共和国消防法》的原则规定，结合当地实际情况，多数颁布了地方性消防法规。

建设工程消防管理消防安全责任主体根据参与者大致可分为业主（建设方、产权方、经营方）、物业管理公司（管理方）、消防部门（监管方）。根据《中华人民共和国消防法》及相关法规、规章，归纳各方主要有以下法律关系：①消防部门与业主之间的消防执法监督与被监督关系。消防部门是国家消防法律执法监督部门，依法对公民、法人、其他组织履行消防义务情况进行监督检查。后者行政法律上是监督被监督法律关系。②业主之间的平等的民事法律关系。多产权建筑内的业主对建筑公共的消防设施系统和通道，依法享有消防安全权利义务，保障消防设施系统、通道正常使用，不得放弃权利不履行义务，因不履行消防义务，造成其他业主损失的，除承担消防行政制裁外，还应对其他业主承担民事责任。③业主与物业管理公司的委托管理关系。按照相关法律，建筑物业主可以自行管理建筑物及其附属设施，也可以委托物业服务企业或者其他管理人管理。后者是民事委托合同关系，物业公司有偿提供劳务，受业主委托指示，完成各项工作。业主仍然是消防安全责任主体，对建筑公共的消防设施系统和通道负责。（徐蓉 徐伟）

建设工程招标投标法律关系 legal relation of bidding for construction project 建设工程招标投标法律规范调整的、因招标投标活动而产生的各主体之间的权利义务关系。从广义上讲，在该法律关系中包括招标人、投标人、招标代理机构、评标委员会等多方主体。而狭义的招标投标法律关系中的主体是指招标人和投标人。客体为建设工程的招标投标活动。调整该法律关系的法律规范主要有《中华人民共和国招标投标法》《中华人民共和国招标投标法实施条例》及有关部门规章和规范性文件。

招标人和投标人在此法律关系中，依法享有权利并承担义务。招标人是依法提出建设工程招标项目、进行招标的法人或其他组织。在招标过程中，可发布招标公告、审查潜在投标人的资格、编制招标文件、对招标文件进行澄清或修改，主持开标、组建评标委员会进行评标，同时也需要履行对投标人的保密义务、不得以不合理条件限制或者排斥潜在投标人、不得对潜在投标人实行歧视待遇、在确定中标人前不得与投标人就实质性内容进行谈判、在规定时间内与中标人签订合同等义务。投标人是响应招标、参加投标竞争的法人或其他组织，享有依法进行投标、在中标后要求与招标人订立合同等权利，但同时需履行不得串通投标、不得以不正当手段谋取中标、不得弄虚作假骗取中标等义务。

招标代理机构有权在其资格许可和招标人委托的范围内开展招标代理业务，不受任何单位和个人的非法干涉。同时，其应当遵守《招标投标法》《招标投标法实施条例》中关于招标人的规定，不得在所代理的招标项目中投标或者代理投标，也不得为所代理的招标项目的投标人提供咨询。

评标委员会完成评标后，应当向招标人提出书面评标报告，并推荐合格的中标候选人。经招标人授权的，可直接确定中标人。对于出现《招标投标法实施条例》第五十一条规定情形的，评标委员会应当否决其投标。评标委员会成员对所提出的评审意见承担个人责任，同时，不得私下接触投标人，不得收受投标人给予的财物或者其他好处，不得向招标人征询确定中标人的意向，不得接受任何单位或者个人明示或者暗示提出的倾向或者排斥特定投标人的要求，不得有其他不客观、不公正履行职务的行为。（高印立）

建设工程质量管理法律关系 construction project quality management legal relation 受有关工程建设安全生产管理法律规范调整的、因国家对安全生产的监督管理而产生的各主体之间的权利义务关系。因涉及的主要是行政法律关系，因此，主体一方是国家有关行政机关，另一方是作为工程建设活动主要参与者和被管理者的建设单位、勘察设计单位、施工单位、监理单位及有关从业人员等行政相对人。国务院建设行政主管部门对全国的建设工程质量实行统一监督管理，交通、水利等有关部门按照国务院规定的职能分工，负责全国有关专业建设工程质量的监督管理；县级以上地方人民政府建设行政主管部门、交通、水利等有关部门在各自的职责范围内，对本行政区域内的建设工程质量实施监督管理。建设行政主管部门或者其他有关部门也可委托建设工程质量监督管理机构具体实施对建设工程质量监督的管理。客体为建设工程质量管理行为。调整该法律关系的法律规范主要有《中华人民共和国建筑法》《建设工程质量管理条例》《建设工程勘察设计质量管理条例》等。

根据国家质量管理要求，建设单位应当履行依法对工程建设项目的勘察、设计、施工、监理以及与工程建设有关的重要设备、材料等的采购进行招标，应当将工程发包给具有相应资质等级的单位；不得将建设工程肢解发包，不得迫使承包方以低于成本的价格竞标，不得任意压缩工期，不得明示或暗示设计单位或者施工单位违反工程建设强制性标准，降低建设工程质量等义务。

勘察、设计单位提供的勘察、设计文件应符合有关法律、行政法规的规定，建设工程质量、安全标准，建设工程勘察、设计技术规范，设计文件选用的建筑材料、建筑构配件和设备，应当注明其规格、型号、性能等技术指标，其质量要求必须符合国家的质量标准等义务。

施工单位必须按照施工图纸和施工标准施工，不得偷工减料，不得擅自修改工程设计，必须建立健全施工质量的监测制度，严格工序管理。

监理单位应当依照法律、法规以及有关技术标准等，代表建设单位对施工质量实施监理，并对施工质量承担监理责任，应当选派具有相应资格的总监理工程师和监理工程师进驻施工现场。

建设单位、勘察设计单位、施工单位、监理单位等主体违反国家工程质量管理要求，降低工程质量的，将受到行政主管部门的责令改正、罚款、降低资质、吊销资质证书等行政处罚，构成犯罪的，依法追究刑事责任。有关行政机关代表国家对工程质量进行管理过程中，应当遵循合法、合理原则，依法行政，有关主体对行政机关做出的行政处罚等具体行政行为不服的，可以依法通过行政复议、行政诉讼等途径维护自身合法权益。（高印立）

建设工程转包法律关系 legal relation of construction project subcontracting 特殊的承发包法律关系。所谓转包，是指承包人承包建设工程，不履行合同约定的责任和义务，将其承包的全部建设工程转给他人或者将其承包的全部建设工程肢解以后以分包的名义分别转给其他单位承包的行为。通常情况下，承包人仅收取转承包人的管理费或者仅负责支付合同约定的工程款，由转承包人负责进行工程项目的具体实施和管理。建设工程转包行为被中国法律所禁止，对应《民法典》七百九十一、《建筑法》第二十八条、《建设工程勘察设计管理条例》第二十条均做了相应的禁止性规定。根据《最高人民法院关于审理建设工程施工合同纠纷案件适用法律问题的解释》(法释〔2004〕14号）第四条的规定，承包人非法转包建设工程，与他人签订建设工程施工合同的行为无效。参照该司法解释的规定，建设工程勘察、设计承包人的转包行为亦无效。建设工程转包法律关系的客体是转包和转承包行为。

关于建设工程转包法律关系的主体，从合同相对性来看，应为承包人和转承包人。同时，根据《最高人民法院关于审理建设工程施工合同纠纷案件适用法律问题的解释》(法释〔2004〕14号）第二十六条的规定，作为转承包人的实际施工人可以以发包人为被告主张权利，发包人只在欠付工程价款范围内对实际施工人承担责任。可见，按照现有法律及司法解释的规定，建设工程转包法律关系中还涉及发包人。建设工程转包法律关系的客体是转包和转承包行为。

在建设工程转包法律关系中，尽管转包行为无效，但工程质量合格的，转包人也应当参照转包合同的约定向转承包人支付工程款。转包的工程不符合规定的质量标准的，承包人与转承包人承担连带赔偿责任。（高印立）

建设项目财务评价 financial analysis of construction project 在现行税务制度和价格体系下，从建设项目的角度出发，计算项目范围内的财务效益和费用，分析项目的盈利能力、清偿能力和风险水平，评价项目在财务上的可行性的活动。建设项目财务评价是建设项目经济评价的重要组成部分，也是项目前期工作的重要内容，其目的是引导和促进资源的合理配置，提高建设项目投资决策的科学化水平，优化投资结构，减少和规避投资风险，充分发挥投资效益。

中国建设项目财务评价的规范化起源于国家计划委员会和建设部于1993年联合发布的《关于印发建设项目经济评价方法和参数的通知》(计投资〔1993〕530号)。此后国家发展和改革委员会、住房和城乡建设部又于2006年发布《关于建设项目经济评价工作的若干规定》(发改投资〔2006〕1325号)，并附《建设项目经济评价方法》与《建设项目经济评价参数》，成为建设项目财务评价的主要参考标准。

根据《关于建设项目经济评价工作的若干规定》的要求，建设项目财务评价的基本原则包括：①保证客观性、科学性、公正性。②坚持以定量分析为主，定性分析与定量分析相结合。③坚持以动态分析为主，动态分析与静态分析相结合。建设项目财务评价的基本流程一般包括财务数据预测、财务报表编制、财务指标分析三个步骤。①分析人员应在充分调查和了解市场、环境、技术方案、项目条件等的基础上，预测财务评价的基础数据。②依据基础数据编制损益表、资金来源与运用表、资产负债表、现金流量表等基本财务报表；其使用的方法应与现行会计准则吻合，可进行适当调整与简化。③计算财务评价指标评估财务可行性，其中项目盈利能力的常用指标有资本金利润率、投资回收期、内部收益率等，偿债能力的常用指标有偿债备付率、资产负债率等，项目风险的常用方法有盈亏平衡分析、敏感性分析等。（吴璟）

建设项目后评价 post project evaluation 对已经完成的项目的设定目标、执行过程、效益、作用和影响所进行的系统客观分析。评价项目的成功度，并找出成功的经验及失败的原因，通过及时有效的信息反馈，为未来项目的决策和提高投资决策管理水平提供借鉴。同时也对受评项目实施运营中出现的问题提出改进建议。建设项目后评价是项目周期的重要环节，是项目决策管理不可缺少的重要手段。一般由项目投资决策者、主要投资者提出并组织，项目法人根据需要也可组织进行项目后评价。建设项目后评价应由独立的咨询机构或专家来完成，也可由投资项目决策者组织独立专家共同完成。其具体任务包括：①全过程的回顾和总结。②实施效果和效益的分析评价。③目标和持续性的评价。④总结经验教训，提出对策建议。

建设项目后评价的主要特点是评价的独立性和反馈功能。独立性是指评价不受项目决策者、管理者、执行者和前评估人员的干扰，这是保持评价公正性和客观性的前提；与建设项目前评估相比，后评价的最大特点是信息的反馈，其最终目标是将评价结果反馈到决策部门，作为新项目立项和评估的基础，以及调整投资规划和投资政策的依据。（龙奋杰）

建设项目评价 evaluation of construction project 广义上建设项目评价包含针对建设项目的事前评价、事中评价和事后评价。狭义上通常特指其中的事前评价环节，即运用科学方法和手段，在对特定建设项目的工程、技术、经济、环境、社会等要素进行深入调查研究、分析判断和优化方案的基础上，对项目建设的必要性和可行性进行全面、系统的论证和评价的过程。全面、深入、科学的建设项目评价，是实现投资目标以及经济、社会、环境资源实现协调发展的关键环节。建设项目评价一般需要涵盖技术评价、经济评价、环境评价、社会评价等方面。从国际范围内的发展历程看，经济评价是早期建设项目评价的主要内容，其核心内容财务分析评价在古典经济学微观理论基础上发展而来，关注于分析私有企业追求利润最大化的行为。此后经过大萧条洗礼及凯恩斯主义的兴起，关注国民经济整体效益的社会评价理论受到重视，在宏观经济学、福利经济学及发展经济学的指导下逐渐成为建设项目评价的重要内容之一。20世纪80年代中后期，可持续发展思想以及以人为本理念的树立促成在建设项目评价中引入环境评价和社会评价体系。

建设项目评价方法总体上可分为定量分析法和定性分析法等。但由于评价对象特征的不同，针对特定建设项目进行评价时实际采用的方法和评价指标体系可能存在显著差异。一般而言，技术评价侧重于从先进性、适用性、可行性等方面对项目技术方案进行评判；经济评价侧重于从企业或国家宏观经济角度分析项目的投资效益，尤其是通过计算净现值、收益率、利润率、资产负债率等盈利和偿债能力指标，从多方面客观判断项目的经济效果；环境评价通过项目的地理位置、自然环境影响评价、自然环境影响的经济评价、环境影响的全面评价等广泛的综合性方法评判项目对环境的影响；社会评价方法通过建设项目对资源利用的影响、对文化教育的影响、对社会经济的贡献等方面评判项目对社会的影响。各国政府主管部门或行业组织通常以规范或导则形式，对评价内容、指标和程序等提出指导性意见，典型的如中国的《建设项目经济评价方法与参数》（第三版）、《建设项目环境影响技术评估导则》（HJ 616—2011）等。 （吴　璟）

建造机器人 construction robotics　广义的建造机器人囊括了建筑物全生命周期（包括勘测、建造、运营、维护、清拆、保护等）相关的所有机器人设备，涉及面极为广泛。常见的管道勘察、清洗、消防等特种机器人均可纳入其中。狭义的建造机器人特指与建筑施工作业密切相关的机器人设备，通常是一个在建筑预制或施工工艺中执行某个具体的建造任务（如砌筑、切割、焊接等）的装备系统。其涵盖面相对较窄，但具有显著的工程实施能力与工法特征。

类型　关于建造机器人的分类，国际上没有制定统一的标准，可按负载重量、控制方式、自由度、结构、应用领域等进行划分。典型的建造机器人有墙体砌筑机器人、3D打印机器人、钢结构焊接机器人等。根据作业需求的不同，机器人的机械部分具有不同类型的几何结构，几何结构的不同决定了其工作空间与自由度的区别。根据负载重量和机器人的运动范围，可将建筑机器人分为超大型机器人、大型机器人、中型机器人、小型机器人和超小型机器人。根据机器人在建筑全生命周期内的使用环节和用途，可将建造机器人分为前期调研、建设、运营维护和破拆等4个阶段机器人。

建造机器人还包括极限环境下的建造机器人。如美国宇航局（NASA）正在研究的外太空建造机器人，以及能够在地球极地、高原、沙漠等不同极限环境下工作的机器人。

通过执行不同的建造任务，建造机器人不但能够辅助传统人工建造过程，甚至可以完全替代人类劳动，并且大幅度超越传统人工的建造能力。早期建造机器人执行的任务和建造内容大多数情况下是相对专业化和具体的，但是随着机器人信息化水平的提升以及不同工种机器人之间的集成与协作，建造机器人的作业能力和工作范围正在迅速扩展，在建筑工程中承担愈发复杂与精准的建造任务。

技术特征　建筑工程尤其是施工现场的复杂程度远远高于制造业结构化的工厂环境，因而建造机器人所要面临的问题也比工业机器人要复杂得多。与工业机器人相比，建造机器人具有自身独特的技术特点。

建造机器人需要具备较大的承载能力和作业空间。在建筑施工过程中，建造机器人需要操作幕墙玻璃、混凝土砌块等建筑构件，因此对机器人承载能力提出了更高的要求。这种承载能力可以依靠机器人自身的机构设计，也可以通过与起重、吊装设备协同工作来实现。现场作业的建造机器人需具有移动能力或较大的工作空间，以满足大范围建造作业的需求。在建筑施工现场可以采用轮式移动机器人、履带机器人及无人机实现机器人移动作业功能。

建造机器人需具有较高的智能性以及广泛的适应性。在非结构化环境的工作中，如在建筑施工现场，建造机器人不仅需要具备复杂的导航能力，还需要具备在脚手架上或深沟中移动作业、避障等能力。基于传感器的智能感知技术是提高建造机器人智能性和适应性的关键环节。传感器系统要适应非结构化环境，也需要考虑高温等恶劣天气条件，充满灰尘的空气、极度的振动等环境条件对传感器响应度的影响，保证建造机器人的建造精度。

建造机器人面临更加严峻的安全性挑战。在大型建造项目尤其是高层建筑建造中，建造机器人任何可能的碰撞、磨损、偏移都可能造成灾难性的后果，因此需要更加完备的实时监测与预警系统。事实上，建筑工程建造所涉及的方方面面都具有极高的复杂性和关联性，往往不是实验室研究所能够充分考虑的。因此，在总体机构系统设计方面，现阶段建筑建造机器人往往需要采用人机协作的模式来完成复杂的建造任务。

建造机器人与制造业机器人的不同还在于二者在机器人编程方面有较大的差异。工业机器人流水线通常采用现场编程的方式，一次编程完成后机器人便可进行重复作业。这种模式显然不适用于复杂多变的建筑建造过程。建造机器人编程以离线编程为基础，需要与高度智能化的现场建立实时连接以及实时反馈，以适应复杂的现场施工环境。

优势与潜力　相较于传统建造工艺与工法而言，建造机器人的优势可以归纳为以下几个方面：①建造机器人通过替代人类的体力劳动，能够将人从危险、沉重、单调重复的建筑作业中解脱出来，有效改善建筑行业工作条件。②在多数情况下，机器人建造只需要一个操作员来监督机器人系统，随着劳动力短缺的问题逐渐凸显，在传统领域使用机器人代替建筑工人，同时开发机器人工艺完成新兴建造任务，能够有效应对劳动力短缺问题。③通过开发专门化的机器人建造工具与工艺，建造机器人能够显著提高建筑生产效率，并创新性实现人工无法实现的工艺目标。④建造机器人有助于实现建筑的性能化目标，减少资源浪费，走向高效、节能与环保。通过传感器引导、自动化编程、远程控制等操作，建造机器人可以实现精确控制、实时记录与监控，对质量产生积极影响，也从而减少了资源消耗。⑤机器人具备将建筑活动拓展到人类所无法适应的空间与环境领域工作的潜力，通过在极限环境、水下、沙漠、高温高压区域进行建造，带来巨大的经济效益。⑥机器人工作平台执行无限、非重复任务的能力突破了传统手工和机器生产的局限，使实现复杂建筑系统以及小批量定制化建造成为可能，对建筑本身的发展具有重要价值。

从技术发展上，建造机器人发展呈现四大趋势：①人机协作。随着对人类建造意图的理解，人机交互技术的进步，机器人从与人保持距离作业向与人自然交互并协同作业方面发展。②自主化。随着执行与控制、自主学习和智能发育等技术的进步，建造机器人从预编程、示教再现控制、直接控制、遥控等被操纵作业模式向自主学习、自主作业方向发展。③信息化。随着传感与识别系统、人工智能等技术的进步，机器人从被单向控制向自己存储、自己应用数据方向发展，正逐步发展为像计算机、手机一样的信息终端。④网络化。随着多机器人协同、控制、通信等技术的进步，机器人从独立个体向互联网、协同合作的方向发展。

机器人技术的发展为其在建筑领域的广泛应用奠定了基础。与传统建筑批量预制化生产相比，当前的机器人建造技术不仅具备高效的批量生产能力，也能够满足个性化、定制化的建造需求。通过在机器人设备与建造材料、施工环境之间建立信息互联，机器人能够实时调整工作状态、更换建造工具、切换工作任务、响应环境变化，从而实现高度智能化的建筑柔性建造机制。

（袁　烽）

建筑玻璃　architectural glass　建筑工程用玻璃的统称。建筑玻璃的主要品种是平板玻璃，是以石英砂、砂岩或石英岩、石灰石、长石、白云石及纯碱等为主要原料，经粉碎、筛分、配料、高温熔融、成型、退火、冷却、加工等工序制成。一般属于钠钙硅酸盐系统的玻璃，具有表面晶莹光洁、透光、隔声、保温、耐磨、耐气候变化、材质稳定等优点。

玻璃是一种古老的材料和制品。在古埃及和罗马就已有钠钙硅酸盐系统的玻璃。12～16世纪，形成了以威尼斯为中心的玻璃制造业，各种颜色的玻璃开始大量应用于教堂、宫殿及其他高级建筑上。

工业革命后期，玻璃逐步发展成为一种重要的建筑材料。20世纪初叶，实现了平板玻璃机械化工业生产，1959年试验成功浮法工艺，使平板玻璃生产进入了新的发展时期。同时玻璃加工技术发展很快，性能不断改善，建筑玻璃的品种日益增多，应用范围不断扩大，从而成为不可缺少的建筑材料。

随着人民生活水平的提高，建筑物不仅要求美观大方、装饰新颖、居住舒适，还要求节约能源。这就促使建筑玻璃由单一采光的平板玻璃，向多品种、多功能化的方向发展，相继出现了能调节光线的吸热、热反射、选择吸收及保温、隔声的中空玻璃等玻璃制品，还出现了钢化玻璃门、大型玻璃幕墙、大型玻璃复合墙体及槽形玻璃、波形玻璃等，用作围护结构或屋顶材料。作为饰面材料，如玻璃锦砖等也有了很大的发展。

建筑玻璃按生产工艺和在建筑中的应用分类，主要有普通平板玻璃、压花玻璃、夹丝（网）玻璃、浮法玻璃、磨光玻璃、吸热玻璃、热反射玻璃、选择吸收玻璃、颜色玻璃、毛玻璃、双层中空或多层中空玻璃、大型钢化玻璃、矿渣微晶玻璃、波形玻璃、槽形玻璃、玻璃空心砖、釉面玻璃、玻璃锦砖（马赛克），以及绝热吸声用泡沫玻璃、玻璃纤维、玻璃棉及其制品等。如有特殊需要，还可以用一般平板玻璃或特殊成分的玻璃，制成夹层安全玻璃、防弹玻璃、防爆玻璃、防盗玻璃、防火玻璃、防护玻璃、电力加温防雾除霜玻璃及光致变色玻璃等。

（何欧里　钱　钧）

建筑参数化设计　parametric architectural design　对建筑单体进行已有形体的参数化控制、构造节点的参数化设计、建筑表皮的参数化分形划分、单体建筑方案的生成设计等的统称。其最重要的应用是单体建筑方案的生成设计。

单体建筑方案设计过程　在参数化数字建筑方案设计中，把影响设计的主要因素看成参变量，也就是把设计要求看成参数，并首先找到某些重要的设计要求作为参数，然后通过某种或几种规则系统（即算法）作为指令，来构筑参数关系，并用计算机语言描述参数关系形成软件参数模型，当在计算机语言环境中输入参变量数据信息，同时执行算法指令时，就可实现生形目标，得到建筑方案雏形。

软件参数模型给建筑设计带来了灵活性，可以满足设计过程生命有机特性及动态连续复杂性的要求，当参变量的大小值改变的时候，可以在已有参数模型上，改变输入信息得到新的结果。这样，设计结果变得可控。另一方面，影响建筑设计的因素除了主要因素外还有其他因素，当通过软件参数模型得到设计的雏形后，可以根据其他因素的影响，进一步调整雏形，得到更高程度上满足设计要求的设计结果。

与人工操作的设计过程相比，计算机参数化设计实际上提供了一个抽象的造型机器，它可以让设计过程不断反馈，可以输入不同条件得到多个结果，可以对设计结果进行多次修正，这是人工操作做不到的。参数化设计过程中的规则系统及描述规则的语言、软件参数模型、参变量以及生成的形体都是显形可见的，与建筑师传统的设计过程相比，再也不是人脑黑箱生形的不可见过程，相反是逻辑化可控的科学设计过程。

单体建筑方案设计关键环节　关键环节包括以下6个方面。

设计要求信息的数据化　设计要求是设计的起点，包含了人的活动行为对建筑的要求，以及周边环境对设计的要求。对场地进行直观调查可有助于准确了解周边环境特征，而对未来建筑使用者进行访谈、观察相似功能建筑中使用者的活动行为等，可获得更可靠的设计信息。对于参数化设计来说，对周边环境特征及人的活动行为的数字化描述是最为关键的工作，因为这些数字化的信息是建筑形态生成的基础。

设计参数关系的建立　建筑设计是复杂系统，影响设计的因素众多，在参数化数字设计时，往往首先找到影响设计的某些主要因素表现出来的行为或现象，并用某种关系或规则来模拟这些行为或现象的特征。例如，中国城市规划展览馆建筑中，往往以城市总体模型为中心，参观者通常首先环绕总体模型参观，之后再参观周边的其他展厅。这一像面包圈一样的人流参观动线可以被看成影响设计的主要因素。这里，面包圈可以作为设计的基本关系，而中心模型的尺寸、建筑空间的高低、人流量的大小、周边展厅的数量及大小等，可被看成决定面包圈这一关系的参数。

软件参数模型的建立　当有了基本的设计参数关系，还要找到某种规则系统（即算法）来构筑参数关系以便生成形体，并用计算机语言描述规则系统，形成软件参数模型。软件参数模型的建立可通过不同的途径，通常使用已有软件菜单，如Rhino软件里的放样操作；也可使用已有的参数化设计软件，如DP、GC、Grasshopper等，建立形态参数模型；或利用已有软件的脚本语言的描述，如MAYA里的MEL语言或Rhino里的Rhinoscripting等；也可在操作系统平台上编写程序描述规则系统，形成软件参数模型。当给软件参数模型各变量输入一定值的时候，就得到设计雏形，当改变输入值时，可得到新的设计雏形。

设计雏形的进化　从设计要求的某些主要因素得到的设计雏形一般只解决了建

筑设计这一复杂系统的主要矛盾，许多其他因素也应该对设计结果产生作用，以便最终设计成果能最大程度地满足使用者活动行为的要求，并与环境相适应。因此，设计雏形还需在其他因素的作用下进化。正因为设计雏形是在参数化软件条件下的图形，所以它可以接受其他的指令操作，从而发生形态优化变形并发展到令人满意的设计结果。

最终设计形体的参数化结构系统及构造逻辑　建筑设计这一复杂系统的各种因素的综合作用，通常导致最终设计形体是一不规则的非线性体，仅仅满足于此是不够的，因为这一非线性形体如果没有结构系统及构造逻辑的支持是没有说服力的，也就是说设计还没完成。进一步考虑设计的基本结构系统及构造逻辑，可以打开通向该建筑的构件加工及实际建造的通道。参数化的设计对确立建筑形体的结构系统及构造逻辑十分有利，研究计算机软件生成非线性形体时的内在逻辑，显示这一建构逻辑并可把它用来作为实际建造的基本结构系统。也可以在软件内根据形体的应力分布进行分块，并研究单元体之间的连接构造，以这种方法作为基本结构系统。构造逻辑指在大的结构系统下，有限尺寸的材料块如何被连接到一起，联系的关系应该与结构逻辑具有连续性。

设计成果的测试与反馈　参数化设计过程的终极目标是要获得最高程度满足使用要求的设计结果，尽管设计过程的逻辑性在很大程度上保证了这一点，但是设计结果究竟是否满足要求仍需进行测试，这是必要的环节，而且只能依靠有限的手段对结果检测，如借用ECOTEC、DUST等软件或自编程序测试设计结果，并把测试的结果借助参数化平台反馈到设计的各个环节，同时调整各个环节使设计结果更趋完善。

特点　参数化设计过程的特点：①参数化设计过程的起点在于对人及环境的尊重。②设计策略是通过判断和取舍对过程的控制决定设计结果。③设计过程遵循前后连续的因果逻辑关系，以获得与设计起点相对应的设计结果。④结构系统及构造逻辑的研究保证了设计结果的可实施性。

（徐卫国）

建筑产业互联网　construction industry internet　工业互联网在建筑行业的应用。通过新一代信息通信技术对建筑产业链上全要素信息进行采集汇聚和分析，可推动建筑产业内各个参与者的互联互通，并运用区块链等技术，优化建筑行业全要素配置，保障产业内数据交易的可信性，进而改变产业价值链，提高全行业整体效益水平，推动行业实现高质量发展。建筑产业互联网充分体现了数据要素在建筑产业内的价值创造能力，通过挖掘数据要素的价值提升建筑产业总体价值。建筑产业互联网的实现路径将经过3个阶段：①建立数字化节点服务，建设数字基础设施。②打造建筑行业数据标准，实现产业互联互通。③实现数字化协同，产业价值链重塑。

架构　建筑产业互联网平台的架构包含专业应用、大数据、征信和互联网金融4方面的内容。

专业应用　以PM为核心、以BIM为关键支撑形成了大量服务于建筑全生命周期（可行性研究、设计、采购、施工、运维）的专业应用软件。专业应用软件可服务于建筑全生命周期，为各参与方提供正常运营所需要的各种数据，提高各方协同能力，保证施工质量、安全、进度，提高了生产效率，减少了过程浪费，确保项目建设目标的顺利实现，同时积累了海量的行业数据。

大数据　随着专业应用的不断深入，会产生各种各样的结构化和非结构化数据，将项目生命周期中产生的交易数据、进度数据、质量数据、成本数据以及在运维阶段的能耗数据和设施运维数据进行收集、处理和加工，形成行业大数据。通过大数据的分析与挖掘，为各方提供非常有价值的数据服务。建筑行业分散性的特点，企业在工作和生产过程中更需要数据的支持和服务，通过对数据进行科学分析，以辅助工作和决策支持。例如，需要查询和获取市场材料价格，需要获取工程造价指标支持造价估算，通过数据分析找出管理和生产的问题。通过精准的大数据服务，提升行业、企业和项目的整体管理水平。

征信　建筑产业的大数据在提供业务发展所需要的专业数据价值的同时，也会提供以工程项目为核心的信用数据，并形成基于大数据的建筑行业的征信体系。通过征信服务平台为项目参与各方、金融机构及从业人员，提供工程项目评估、企业征信和个人征信。例如，在招投标、监管、合作等业务中，可准确地获得和判断客户的资质、履约能力、诚信等情况，为项目投融资、采购交易、雇主用工等商业活动提供决策依据。在个人征信方面，可以更加全面、客观地了解行业从业人员的从业经历、工作能力、专业水平、执业资格、教育培训、职业诚信、客户评价等情况，从而为建筑业的管理人员、专业人员和劳务人员提供诚信数据。征信服务平台的建立对建筑业市场的有序、健康发展和行业诚信体系建设起到至关重要的作用。

互联网金融　传统的金融机构对建筑企业尤其是中小型企业的需求反应相对滞后，贷款条件严苛、审批效率低。互联网金融是在征信的基础上，通过互联网金融平台为项目参建及投融资各方提供订单融资、购货贷款、保理、票据融资、小额贷款、融资租赁等供应链金融服务，以及履约保函、投标保函等业务。能有效连接资本需方和供方，降低各方的融资成本，提高融资的便利性，更好地为建筑企业尤其是中小企业提供灵活、便捷、高效的金融服务，有效解决项目各方的资金来源难、融资难、融资成本高、融资效率低等问题，促进行业的健康发展。

落地　实现建筑产业互联网的落地需要三方面转变、信息化支撑及构建多方共享共赢的产业生态圈。

三方面转变　从拥有资源向利用资源转变。以前传统产业的核心思维是要拥有资源，成为资源的拥有者。在产业互联网时代，开放、协作、连接、共享是新思维，商业模式的创新不再是追求资源的拥有，而是在于追求利用全社会范围的资源，通过提高资源协调、配置和使用能力，提高资源的使用效率。简单地说就是不求资源所有，但求资源所用的伙伴经济和分享经济。

从价值链向价值环转变。以前传统产业的价值链是面向客户的单向和线性的价值链，所有企业围绕着单一的价值链在运作和产生价值。在产业互联网时代，是以用户为中心，以服务为导向，多层次的价值环。在每个环内部以及环之间，都产生不同的价值，实现多方的共赢。

从企业科层式组织向扁平化组织转变。在组织机构层级上，要改变原有的金字塔式的复杂层级的组织体系，要以客户价值为导向，从中心化向扁平化，从组织驱动向自我驱动转化，提高企业的运行效率和创新能力，以应对复杂多变的各种环境。

信息化支撑　通过虚拟化、互联化、数据化、集成化的应用，使信息化成为企业互联网化的关键支撑。①虚拟化。通过应用BIM技术，可以建立数字化的建筑，可以进行虚拟化设计、虚拟建造，指导加工生产和建造过程，最大地降低浪费，提高交互和协同工作效率。在运维阶段，可以进行可视化的虚拟运维，提高运维效率与管理水平，发挥建筑的最优性能和功能。②互联化。通过物联网、大数据等新一代信息技术来改变建设参与各方相互交互的方式，实现企业内部组织、企业内部岗位、企业与项目以及上下游产业链的互联互通，实现建造全过程以及建成后使用运维的协同工作的目标。③数据化。通过大数据、云计算等新一代信息技术，可以对建筑过程的业务数据、建设参与各方的用户行为数据进行采集、存储、分析和利用，实现数据化的全过程业务管理，并基于数据分析提高协同能力、管理水平和效率。④集成化。基于云和大数据，结合各种灵活的端应用，可以为管理提供统一的协同平台。通过对各种岗位专业应用信息、管理信息基于云平台集中管理，实现突破地域、时间等的集成化管理。

产业互联网时代的信息化将推动管理理念的变革，其特点是聚焦在为生产者/作业层服务，通过整体规划，碎片式应用，实现自下而上的信息化。并将原有的管控模式变革为服务模式，以服务的心态和态度去调动各级组织及人员的工作积极性和主动性，以适应互联网+下瞬息万变的环境，保持企业的组织活力和创新能力。

构建多方共享共赢的产业生态圈 “互联网+”不仅代表技术的创新，更是一种商业与运营模式的革新。互联网的特点是开放、协作、连接和共享。相比传统建筑产业链，“互联网+”构建了更完整和高效的生态圈。在一个“互联网+”开放平台上，不仅有传统的设计、施工、运维、材设厂商，还有征信服务机构、金融机构、软硬件厂商等单位，各方通过平台可实现信息共享，充分协作和资源整合，打破了企业边界和区域边界的限制，形成伙伴经济，实现合作共赢。（袁 烽）

建筑地面 building ground 建筑物内底层地面和楼层地面的总称。建筑地面在建筑物中起到承载动、静荷载，承受摩擦损耗、冲击破坏，经受各种环境中液体和气体的侵蚀，以及美化整体建筑、保证建筑风格一致的重要作用。底层地面自上而下通常由面层、垫层和地基3部分组成；楼层地面自上而下通常由面层和楼板两个部分组成。当对建筑地面有特殊功能要求时，可在面层下增设构造层。面层可分为整体面层和块材面层两类。

适用范围 在公共建筑中，经常有大量人员走动，其地面面层应采用防滑、耐磨、不易起尘的防滑地砖、大理石、花岗石、水泥花砖等块材面层和水泥类整体面层。室内环境具有较高安静要求的地段，其面层宜采用地毯、塑料或橡胶等柔性材料。供儿童及老年人公共活动的主要地段，面层宜采用实木地板、强化复合木地板、塑料板等暖性材料。舞厅、娱乐场所地面宜采用表面光滑、耐磨的面层材料，或表面光滑、耐磨和略有弹性的木地板。有不起尘、易清洗和抗油腻玷污要求的餐厅、酒吧、咖啡厅等地面，宜采用水磨石、防滑地砖、陶瓷锦砖、木地板或耐玷污地毯等。室内体育运动场地、排练厅和表演厅等应采用木地板、聚氨酯橡胶复合面层、运动橡胶面层等弹性地面。室内旱冰场地面，应采用具有坚硬耐磨和平整的现浇水磨石、耐磨水泥砂浆等面层材料。存放书刊、文件或档案等纸质库房地面，珍藏各种文物、艺术品或装有贵重物品的库房地面，宜采用木地板、塑料、水磨石防滑地砖等不起尘、易清洗的面层。底层地面应采取防潮和防结露措施。有采暖要求的地面，可选用地面辐射供暖（热源为低温热水），面层为地砖、水泥砂浆、木板等材料。有特殊要求的部位可采用特殊性能面层，如不发火花面层、防静电面层、防腐蚀面层、耐磨面层等。

建筑地面的设计与施工 建筑物的底层地面标高一般需要高出室外地面150毫米，木板、竹板地面安装前应采取防火、防腐、防潮、防蛀等相应措施。有水或非腐蚀性液体经常浸湿的区域采用现浇水泥类面层。底层地面和现浇钢筋混凝土楼板，宜设置隔离层；装配式钢筋混凝土楼板必须用整体类面层并应设置隔离层。经常有水流淌的地段，应采用不吸水、易冲洗、防滑的面层材料，并应设置隔离层。隔离层可采用防水卷材类、防水涂料类、防水砂浆等材料。

底层地面的地基和垫层 底层地面的地基通常是对原状土进行压实或者经分层回填土压实，达到94%～98%压实度后的基层。对于经人工特殊处理的各类复合或者加固类地基，处理后的地基强度或承载力必须达到设计要求的标准，并按有关工程施工及验收标准检验合格后，才允许作为地面的地基。

底层地面垫层材料一般采用混凝土垫层、碎（卵）石垫层、灰土垫层、炉（矿）渣垫层、三合土垫层等。有防油渗要求及有汞滴漏的地面，应采用密实性好的配筋混凝土垫层。当垫层处于防冻胀层区域内应选用中粗砂、砂卵石、炉渣、炉渣石灰土以及其他非冻胀材料。垫层厚度根据不同材质一般为60～120毫米。

构造层 分为：①结合层。面层与下面构造层之间的连接层，大多采用水泥浆或者各类专用胶。②找平层。在垫层、楼板或填充层上起整平、找坡或加强作用的构造层，一般采用混凝土或者水泥砂浆。③隔离层。防止建筑地面上各种液体或水、潮气透过地面的构造层，当仅防止地下潮气透过地面时，可称防潮层。隔离层需采用不透气、无毛细渗透现象的材料如防水砂浆、沥青砂浆、聚氨酯涂层等，其位置设置于垫层或找平层之上。④填充层。建筑地面中起隔声、保温、找坡或暗敷管线等作用的构造层，常采用表观密度较小的轻质材料铺设而成，如加气混凝土、膨胀珍珠岩块等。

类型 建筑地面的类型有多种。

常用的有混凝土或细石混凝土地面、水泥砂浆地面、水磨石地面、块材地面、木板地面。在特殊场合，还使用一些特殊地面，如防静电地面、耐磨地面、防腐蚀地面、不发火花防（防爆）地面等。

混凝土或细石混凝土地面 采用现场浇筑表面抹光的方式，厚度分别不小于80毫米和40毫米。当地面边长大于6米时要求分仓浇筑或留伸缩缝；当地面上静荷载或活荷载较大时，宜在混凝土垫层中按荷载计算配置钢筋或垫层中加入钢纤维；面层若在生产和使用时要求不允许开裂，应在混凝土面层顶面下20毫米处配置小直径的钢筋网。

水泥砂浆地面 通常是现浇或者用预制混凝土楼板上的面层做法施工，水泥砂浆中的水泥与砂的体积比应为1∶2，厚度不应小于20毫米，现场随抹随压光。采用硅酸盐水泥、普通硅酸盐水泥和中粗砂。

水磨石地面 用白水泥或普通水泥作胶结材料，大理石或者白云石等中等硬度、粒径为6～15毫米石粒作骨料而形成的水泥与石粒的拌和料，经现场铺设凝固后磨光打蜡而成。面层的厚度通常为12～18毫米，面层分格尺寸不大于1米×1米，分格条根据设计要求采用铜条或铝条等平直、坚挺材料。水磨石地面具有坚硬、耐磨、光洁、不透水、不起灰等优点，还可以按照设计要求制作成各种花饰图案，装饰效果较好。缺点是施工工艺复杂，无弹性，吸热强。

块材地面 将各种不同形状的人造或天然块材用水泥砂浆、水泥浆、胶黏剂铺设于基层上做成的地面。主要包括陶瓷锦砖、陶瓷板块、大理石、花岗岩、碎拼大理石以及预制混凝土、预制水磨石地面等。陶瓷锦砖又称为马赛克，色彩丰富、鲜艳，尺寸小，面层薄，自重轻，不易踩碎。陶瓷板块地面的陶瓷板可烧制成各种色彩、质感和花纹，还可根据需要设计成正方、长方、六角等形状，组合拼花，厚度3～10毫米。这种地面通常用水

泥浆粘贴在找平层上，具有耐磨、防滑、耐水、耐酸碱，自重比石料板地面小的特点。天然石材有花岗石、大理石等。花岗石地面有灰白、红、青、黑等颜色，切割成20～30毫米厚的板材或50毫米以上的块材，经表面打磨光滑如镜，也可以凿毛防滑，具有很强的耐磨性能。天然石材地面通常采用水泥浆粘贴在找平层上，较厚的，也可直接铺放在砂垫层上。水泥板块地面有水磨石板地面、水泥板地面和混凝土板块地面等，一般在工厂预制，比现场浇筑缩短工期，能提高施工质量，减少工地劳动量，铺贴方法与天然石地面相同。

木板地面　有普通木地板、硬木条形地板、硬木拼花地板等。木板地面具有良好的弹性和蓄热性能，木板厚15～25毫米。普通木地板是把条板或预先拼装成200毫米或300毫米见方的木板用粘贴剂粘贴在找平层上。如在找平层上加一层用40毫米×40毫米、间距400毫米的木搁栅，再将木条板钉固在木搁栅上，可取得更好的弹性。搁栅间的空档可用来安设各种管线。如要求更好的弹性，可在搁栅下加橡胶垫块，或改用钢或硬木托弓支承搁栅，这样做成的地板称为弹性地板。在湿度较大地区，为防止木板受潮、变形或腐烂，房屋底层宜采用架空式木地板。可在地垄墙身上架木搁栅，再铺地板，并应组织好架空层的通风。

防静电地面　主要应用于计算机机房、数据处理中心、实验室、微波通信站机房、程控电话交换机房、移动通信机房、卫星地面站机房、电台控制机房、电视发射台控制室、播控室、监控机房、中央控制室以及对静电敏感的军火、易燃易爆的场所和石油化工车间，以及医院手术室、麻醉室、氧吧间和其他有防静电要求的场所。防静电地面分为：①直铺地板，包括防静电瓷砖、PVC防静电地板和防静电地坪。②活动地板，由骨架和面板组成，骨架一般采用钢结构，面板由基层和贴面组成，其中基层有钢、铝、刨花板、硫酸钙等材质，贴面材料有防静电瓷砖、三聚氰胺（HPL）、PVC等。另外还有陶瓷防静电地板、防静电塑料地板、OA网络地板等。

耐磨地面　有着防腐蚀、耐磨损、防滑、污染小及装饰性强等特点，广泛用于各大厂房、超市等。一般分为钢纤维混凝土面层或非金属骨料耐磨面层、混凝土密封固化剂面层、聚氨酯耐磨地面涂料等。另外还有金刚砂耐磨地坪和复合型矽钛合金耐磨地坪。

防腐蚀地面　实验室、生产车间等地面经常受腐蚀性介质作用时，须设置防腐蚀地面。面层材料应根据腐蚀性介质的类别和作用情况、防护层使用年限、使用过程中对面层材料耐腐蚀性能和物理力学性能的要求，并结合施工、维修条件合理地进行选择。有大型设备且检修频繁和有撞击磨损作用的地面，应采用厚度不小于60毫米的块材面层或水玻璃混凝土、树脂细石混凝土、密实混凝土等整体面层。设备较小和使用小型运输工具的地面，可采用厚度不小于20毫米的块材面层或树脂砂浆、聚合物水泥砂浆、沥青砂浆等整体面层。无运输工具的地面可采用树脂自流平涂料或防腐蚀耐磨涂料等整体面层。地面宜采用整体基层，并应少设地面接缝。应设置坡向地漏或排水沟的坡度。

不发火花（防爆）地面　金属或者坚硬物体和地面发生摩擦或者撞击等物理作用时易产生火花，在有些化工及危险品储存场所极易引起爆炸或者火灾，需要设置不发火花地面。常用的面层材料有不发火花细石混凝土、不发火花水泥砂浆、不发火花沥青砂浆、木材、橡胶和塑料等。不发火花面层采用的碎石应选用大理石、白云石或其他石灰石加工而成，并以金属或石料撞击时不发生火花为合格；面层分格的嵌条应采用不发生火花的材料配制。不发火花地面须经不发火花试验合格后方可使用。

发展趋势　功能性建筑地面将得到更多的应用。例如，水泥基耐磨地面，有着耐磨性好、硬度高、承载能力强、成本低的优势；环氧彩砂地面，具有耐磨损、抗划伤、耐抗压、耐化学腐蚀、防滑、使用寿命长、绿色环保等特点；水性环氧、水性聚氨酯、聚氨酯砂浆等材料，有着自身无毒无害，在施工过程和后期使用中都不会释放有毒有害物质，不会污染食品等特点；聚氨酯砂浆地面，是公认的最具防腐蚀性能的地面材料，并且还能制造光滑表面和粗糙表面效果，在干、湿环境中都能有优异的防滑功能。绿色环保地面是另一个发展趋势，绿色环保、水性化、无溶剂化的地面涂料将顺应国家政策和市场需要得到广泛应用。

（沈才兴）

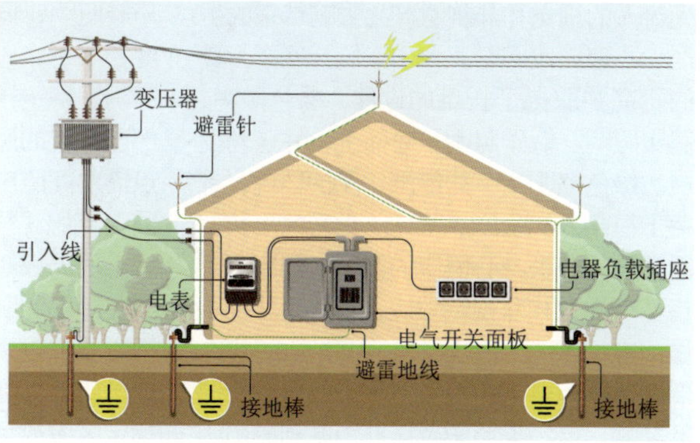

家庭工厂塔式维修安全电缆站示意图

建筑电气工程　building electricity engineering　由电气装置、布线系统和用电设备电气部分构成的组合，以满足对建筑预期的使用功能和安全需求的工程。

发展情况　20世纪70年代以前，中国建筑电气工程缺少相关标准。改革开放后，建筑电气工程快速发展，真空断路器和SF_6断路器逐渐取代了油断路器，干式变压器广泛使用，阻燃、耐火、低烟无卤、矿物质电缆和预分支电缆等不同种类线缆的应用，各种类型的节能灯相继出现。随着信息技术的发展，建筑电气逐步实现智能化。

施工工艺流程　变配电工程。包括变压器、配电柜（箱）、柴油发电机组、梯架、托盘和槽盒、导管、不间断电源装置、母线槽、电缆、导线等。施工流程：①开箱检查变压器、配电箱（柜）、母线槽等。②按照变压器、配电柜等尺寸制作、安装基础。③将变压器、配电柜、柴油发电机组固定，完成附属设备安装。④母线槽安装、梯架、托盘和槽盒安装、导管敷设、电缆敷设、电缆头制作、导线连接等。

电气照明工程。由照明配电箱（柜）、普通灯具、专业灯具、开关、插座、导管、导线等组成，其施工流程：灯具组装→灯具定位→灯具固定和接线→送电前检查→通电试运行测试。照明配电箱施工流程：配电箱固定→配管→管内穿线→导线连接→送电前检查→通电试运行等。

防雷及接地工程（见图）。包括接地装置、引下线、接闪器和等电势连接等。建筑物防雷包括外部防雷、内部防雷，以保障设备正常运行和建筑、人员安全。接地分为保护接地和工作接地，是设备正常运行和安全用电重要保障。施工流程：①接地电阻测试。②确定引下线位置，安装支持件，敷设引下线。③确定好接闪器的位置，埋设支持件，将接闪器与支持件固定。④确定需进行等电势连接的金属物体，用导体连接到等电势端子形成等电势连接，进行连通测试。

建筑电气调试。施工中需要进行单机调试、系统联动调试等，以确保电气系统的安全、稳定运行。①变配电调试包括低压电缆、母线槽、线路的绝缘电阻测试，配电箱（柜）调试，低压断路器测试，接触器测试，二次接线绝缘电阻测试并进行配电箱（柜）保护装置动作试验、控制回路模拟动作试验，电动机和电动机控制箱测试（包括相位测试、负载测试等）。②防雷接地系统调试包括接地电阻测试、等电势测试等。③电气试运行包括照明系统通电试运行、低压设备通电试运行等。

新材料、新工艺和信息技术的发展，非金合金变压器、节能环保电缆、新型LED光源、装配式支吊架、智能照明、智能防雷系统等，推动着建筑电气工程向绿色、模块化和智能化方向发展。

（倪志海）

建筑电气照明 electric lighting 利用电能转变为光能进行人工照明的技术。

发展情况 电气照明技术是一门综合性技术，以光学、电学、建筑学、生理学等多方面的知识作为基础。人类从最早利用太阳光、月光等自然光到利用木材、煤气等各种燃烧物质发光，直到19世纪后半叶。1879年，爱迪生发明碳丝灯并成功商用，进入电气照明时代。至此，随着人类技术的进步，电气照明从热辐射发光的汽灯、白炽灯发展到气体放电的HTD灯、荧光灯等，再到21世纪主流的固态照明LED灯。

随着全球科技水平的不断提升，围绕光对人的视觉和非视觉产生影响带来的生理、心理健康问题，科学家们开展了大量的研究并取得了长足的进展，绿色照明、健康照明、低碳照明孕育而生，并蓬勃发展。绿色照明指节约能源、保护环境，有益于提高人们生产、工作、学习效率和生活质量，保护身心健康的照明；健康照明指基于视觉和非视觉效应，改善光环境质量，有助于人们生理和心理健康的照明；低碳照明指以减少温室气体排放为目标的低能耗、低污染照明及以此为基础的照明发展体系。

类型 通常按照照明的使用功能，可分为正常照明、应急照明、值班照明、警卫照明和障碍照明等。①正常照明。在正常情况下使用的室内、外照明。工作场所应设置为正常照明。②应急照明。因正常照明的电源失效而启用的照明。在由于工作中断或误操作容易引起爆炸、火灾和人身事故或将造成严重政治后果和经济损失的场所，应设置应急照明。③值班照明。在非工作时间内供值班人员用的照明。在非三班制生产的重要车间、仓库，或非营业时间的大型商店、银行等处，通常宜设置值班照明。④警卫照明。在夜间为改善对人员、财务、建筑物、材料和设备的保卫，用于警戒而安装的照明。可根据警戒范围的需要，在厂区或仓库区等警卫范围内装设。⑤障碍照明。为保障航空飞机安全，在可能危及航行安全的高大建筑物和构筑物上安装的标志灯。应按民航和交通部门的有关规定装设。

照明种类的确定应符合下列规定：①室内工作及相关辅助场所，均应设置正常照明。②当如下场所正常照明电源失效时，应设置应急照明：需确保正常工作或活动继续进行的场所，应设置备用照明；需确保处于潜在危险之中的人员安全的场所，应设置安全照明；需确保人员安全疏散的出口和通道，应设置疏散照明。③需在夜间非工作时间值守或巡视的场所应设置值班照明。④需警戒的场所，应根据警戒范围的要求设置警卫照明。⑤在危及航行安全的建筑物、构筑物上，应根据相关部门的规定设置障碍照明。

照明方式 照明设备按其安装部位或使用功能而构成的基本制式，分为一般照明、分区一般照明、局部照明和混合照明4种。①一般照明。为照亮整个场地而设置的均匀照明。工作场所通常应设置一般照明。②分区一般照明。为照亮工作场所中某一特定区域而设置的均匀照明。对某一特定区域，如进行工作的地点，设计成不同的照度来照亮该区域的一般照明称为一般照明；同一场所的不同区域有不同照度要求时，应采用分区一般照明。③局部照明。特定视觉工作用的、为照亮某个局部而设置的照明称为局部照明。对于局部点需要高照度以及因一般照明受到遮挡或需要克服工作区以及附近的光幕反射时，宜采用局部照明。④混合照明。由一般照明与局部照明组成的照明。对于工作位置视觉要求较高，且对照射方向有特殊要求的场所，往往采用混合照明方式。为提高指定区域或目标的照度，使其比周围区域突出，则利用重点照明。

照明方式的确定应符合下列规定：①工作场所应设置一般照明。②当同一场所内的不同区域有不同照度要求时，应采用分区一般照明。③对于作业面照度要求较高，只采用一般照明不合理的场所，宜采用混合照明。④在一个工作场所内不应只采用局部照明。⑤当需要提高特定区域或目标的照度时，宜采用重点照明。

（肖 辉 麻伟男）

建筑电梯安装工程 elevator engineering 电梯生产单位出厂后的产品，在施工现场装配成整机至交付使用的过程。电梯指动力驱动，利用沿刚性导轨运行的箱体或者沿固定线路运行的梯级（踏步），进行升降或者平行运送人、货物的机电设备。电梯按照结构类型可分为垂直电梯、自动扶梯和自动人行道。

沿革 电梯的起源可以追溯到公元前1000多年，古代中国人发明了辘轳，它采用卷筒的回转运动完成升降动作。公元前236年，古希腊数学家阿基米德设计制作了由绞车和滑轮组构成的起重装置。19世纪初，在欧美开始用蒸汽机作为升降工具的动力。1852年，美国机械工程师E.G.奥的斯发明了世界上第一台安全升降机，它是以蒸汽机为动力、配有安全装置的升降机。直到1889年，美国奥的斯公司制造的由直流电动机驱动的电动升降机，是世界上第一台真正意义上的电梯。1900年，第一台自动扶梯试制成功。1953年，第一台自动人行道试制成功。电梯控制系统的发展经历了继电器控制、可编程逻辑控制器（PLC）、单片微机控制、多微机控制多种形式。

安装工艺 垂直电梯一般都是散装到货，各零部件在电梯井道内直接进行安装就位。主要安装工艺包括以下内容：样板制作和井道放线；导轨安装及调整；地坎、门框及门套安装；厅门安装及调整；机房设备安装；井道线槽安装及布线；轿架、对重架及地坑设备安装；曳引钢丝绳和限速器绳安装；轿厢拼装和轿顶设备安装及布线；随行电缆和保护装置安装；慢车调试及感应板、补偿链等安装；快车调试。

自动扶梯和自动人行道本体由桁架结构和外部护板组成。各有关零部件安装在桁架结构的内部和它的上面。桁架结构一般分段运往施工现场，在工地进行现场拼接。现场主要安装工艺包括以下内容：扶梯开度测量；制作放线样板并确定安装基准线；桁架组装及吊装就位；安全保护装置安装；梯级与梳齿板安装；围板安装；扶手带安装及调整；电气设备安装及调整；运行试验。

展望 伴随着绿色、节能、智能化建筑的高速发展，未来电梯的主要发展方向是：①绿色节能电梯将普及。②电梯群控系统将更加智能化。③数码技术、声控技术、载波技术的实用化。④IC卡的智能管理系统。⑤超高速电梯速度越来越快。⑥自动扶梯的多驱动系统。 （陈晓文）

建筑顶升 jacking-up of building 在既有建筑结构或在地面拼装完成的建筑构架等下方设置顶升装置，将建筑或构架逐步顶升至设计标高的工程施工。

历史沿革　20世纪30年代，不少发达国家对具有保护价值的古建筑、重要性建筑实施保护性的迁移或顶升，中国从80年代开始才比较系统地开展这方面的研究与实践。建筑顶升以不改变建筑原有外形、不影响周边环境、施工周期短、污染低等诸多特点，成为解决建筑纠偏加固、文物建筑保护、建筑抬升、桥梁加高等问题的优选方案，在上海音乐厅、天津海河狮子林桥、上海中环线云岭立交、浙江湖州岂风大桥等施工中有着诸多成功案例。随着社会需求的增加刺激了该行业的迅速发展，顶升手段不断推陈出新、配套工艺日趋成熟，同时与建筑平移搭配使用，其发展前景更为广阔。

顶升分类　根据使用功能，建筑顶升一般分为纠倾（仅对建筑实施纠正，建筑的整体标高不变）、整体顶升（仅对建筑实施整体顶升，目的在于提高整体标高，标高不变）、顶升纠倾（既实施纠正又整体顶升，同时满足纠正及提高整体标高的目的）。

根据顶升装置的设置部位，顶升一般有上顶升和下顶升两种。将千斤顶等顶升装置倒支于结构支点下的为上顶升，将千斤顶始终置于基础之上的为下顶升。两种方式均随千斤顶的进油和回油，交替填塞临时垫块，实现结构的逐步升高。顶升过程中须采取稳定结构的措施和防偏移措施，注意顶升的同步。

施工工序　建筑顶升常见的工序包括顶升准备、顶升施工及就位。

顶升准备。主要包括：①既有建筑物、构筑物等的状况调查，必要时的检测鉴定与加固。②清除结构冗余荷载，拆除填充墙及周边相连物体等。③完成托换体系施工。托换体系是通过原结构竖向受力构件与托换结构连接，将建筑物托起。托换结构一般采用钢筋混凝土结构、钢结构或钢骨混凝土结构。④完成相关监测系统的设置及相应的测试、调试工作等。

顶升施工。主要包括：①支撑顶升体系、顶升限位装置安装。支撑顶升体系常采用多点同步液压控制系统，由计算机控制，可全自动完成同步顶升，实现力和位移控制、操作闭锁、过程显示、故障报警等多种功能。系统下的所有油缸组既可同步操作，也可单组操作，同步控制点数量可根据需要设置。②顶升设备安装。根据设计计算选定液压千斤顶型号、数量并按设计位置就位，完成相关的油路、回路连接。③顶升系统可靠性检验。包括元件可靠性、系统可靠性、液压油的清洁度、力闭环的稳定性、位置闭环的稳定性等。④顶升系统调试。包括液压系统检查、控制系统检查、监测系统检查、初值设定与读取等。⑤称重。包括保压试验、各顶升装置称重等。⑥试顶升。提供整体姿态、结构位移等情况。⑦正式顶升。根据顶升操作规程将目标对象顶升至设计标高。

顶升就位。建筑或构架顶升至设计标高后搁置于新基础或临时基础之上，就位时，顶升高度通常稍超出设计标高，待精确测量出设计标高并完成支座设置后缓慢回落完成就位。建筑或构架就位后拆除托换体系、顶升装置等。

控制要点　建筑顶升应考虑建筑沉降变形所产生的应力在顶升过程中的释放以及对托换体系、支撑体系及原结构的影响，要求能平缓地释放应力。顶升过程中需尽量消除顶升力不平衡或基础沉降对结构和顶升的不利影响。顶升施工中还需考虑房屋重心与所有顶升力合力的作用点的重合，防止在顶升中出现平移、扭转、倾斜等现象。在顶升运动中，建筑物重心升高，支撑体系的稳定是风险控制的核心。

顶升过程中，通过诸如液压伺服比例控制顶升系统等对顶升力和顶升高度进行双控，每次顶升高度以能满足临时垫块安装要求即可，不宜超出太多。顶升量和顶升力的控制通常采用平衡阀，由进油流量控制油缸运动速度，平衡油缸的负荷压力，保护油缸不发生过载，最大限度地减少外接管道带来的意外。以理论起顶力作为顶升初步依据，采取微量、逐级顶升方式缓慢顶升，回落时分级回落。结构顶升空间内不得有障碍物。

未来通过合理的数值计算方法、施工BIM技术、建筑结构监测技术等有效辅助手段，对建筑顶升的前期模拟、过程控制、后期评价的全过程精细化管控。

（周红兵）

建筑防水工程　building waterproofing works　保证建（构）筑物的结构不受水的侵袭、内部空间不受水危害的施工工程。涉及建（构）筑物的地下室、墙地面、墙身、屋顶等诸多部位，其功能就是要使建（构）筑物在设计耐久年限内，防止地下水的侵蚀、生产生活用水和雨水的渗漏，为人们提供一个舒适和安全的生产和生活空间环境。在整个建筑工程中占有重要的地位。

分类　建筑防水工程按照建（构）筑物部位可分为地下防水、屋面防水、外墙防水、室内防水和特殊结构部位防水。按照建（构）筑物构造可分为结构自防水和防水层防水。其中防水层防水又划分为刚性材料防水和柔性材料防水。结构自防水也属于刚性材料防水类型。按照防水材料品种又可分为混凝土防水、卷材防水、涂膜防水、密封材料防水、砂浆防水和构造防水。

防水用原材料　沥青类防水材料主要是以天然沥青、石油沥青和煤沥青为主要原材料制成的卷材、涂料和油膏，具备良好的黏结性、塑性、抗水性、防腐性和耐久性。

高聚物改性沥青防水材料以合成高分子聚合物改性沥青为涂盖层、纤维织物或纤维毡为胎体制成的复合型防水卷材，具备抗拉强度高、低温柔性好、线胀系数小、稳定性好、适应温度范围宽、使用寿命长等综合性能。

橡胶塑料类防水材料是以氯丁橡胶、丁基橡胶、三元乙丙橡胶、聚氯乙烯、聚异丁烯和聚氨酯等为原材料，制成的弹性防水卷材、防水薄膜、防水涂料、涂膜材料及油膏、胶泥、止水带等密封材料，具备抗拉强度高，弹性和延伸率大，黏结性、抗水性和耐气候性好等特点，可以冷用，使用年限较长。

水泥类防水材料含有对水泥有促凝密实作用的外加剂，可增强水泥砂浆和混凝土的憎水性和抗渗性。以水泥和硅酸钠为基料配置的促凝灰浆，可用于地下工程的堵漏防水。

金属类防水材料多用薄钢板作为地下室或地下构筑物的金属防水层，还可制成建筑物变形缝的止水带。金属防水层的连接处要焊接，并涂刷防锈保护漆。

施工　建筑防水工程施工具有质量要求高、施工条件差、材料品种多、成品保护难、薄弱部位多等特点，必须认真组织，精心施工。施工单位和人员应取得相关的资质和证书；施工前需了解防水工程细部构造及技术要求，编制专项施工方案；使用的防水材料品种、规格、性能必须符合标准并检验合格；施工过程中建立各道工序的自检、互检、专职检查，并有完整的检查记录；施工完成后做好成品保护。

建筑防水工程施工必须按照相关的技术规范和规程执行。（周　玮）

建筑工程　building engineering　各类房屋及其附属设施的勘察、规划、设计、施工和设备调试，以及既有房屋及其附属设施的检测、鉴定、维修、加固和改造等的总称。最终目的是为人们的生产与生活提供适宜的场所。

沿革　中国在新石器时代，黄河中游

出现架木巢屋。商代起建宫室于夯实的台基上。西周（前1046～前771）创造了夹板填土夯实的版筑技术。汉代（前206～220）木结构、成组斗拱和砖石拱券已趋完善。南北朝（420～589）佛教昌盛，寺塔风行。北宋熙宁（1068～1077）年间开始编纂、元祐六年（1091）成书的《营造法式》，是中国古代完整的建筑专著之一，也是官式建筑的规范。北京现存的古建筑群体现了中国古代建筑技术的传统风格。20世纪初，经济的发展促使了工厂、商店等各类房屋的兴建。随着材料的更新和技术的进步，大跨度建筑和高层建筑不断出现。由于人类对环境的控制取得进展，建筑的给水、排水、采暖、通风、空气调节、照明、消防、隔声、防尘、保安、计算机网络等设备得以不断改进，使人类的生产和生活环境日趋舒适。

分类和组成　建筑按使用性质分为居住建筑；公共建筑，如会堂、展览厅、影剧院、体育馆、车站、候机楼等；办公建筑；商业建筑，如商场、宾馆等；教育卫生建筑，如学校、医院等；各类工业建筑；各类农牧业建筑。

建筑及其附属设施组成包括：①埋在地面以下的基础和地下室。②承受外力并传力到基础的梁柱、楼板、墙、屋架及支撑等构件构成的结构体系。③房屋四周的外墙、屋面等围护系统和房屋内部的间隔墙。④房屋内外的建筑装修。⑤控制房屋环境的供暖、通风、空气调节、照明、防火消防、隔声和保安系统。⑥楼梯间、电梯和自动扶梯等垂直交通运输系统。⑦有线广播电视、电话、计算机网络、智能控制等设备。⑧电力系统如大型建筑物的备用发电设备。⑨卫生设备和给水排水系统。⑩垃圾处理系统。

勘察　建筑场地的水文、地质等工程勘察非常重要。土壤的天然特性和地下水流量、水位深度对拟建房屋选择基础类型、埋深和尺寸起决定性的作用。低层、中等面积的建筑，一般用天然地基，造价低廉。高层建筑荷载大，多选用人工基础，如木桩、钢桩、混凝土桩等。在软弱地基上可用底面积大、整体性好的基础如浮筏基础、沉井或沉箱基础等。

规划和设计　各类建筑首先要满足人们生活和生产使用功能的要求，具有足够的使用性、安全性和耐久性，符合建筑法规的要求并与环境协调一致。在地震区，须符合抗震要求。建筑是物质产品，又是艺术创作。住宅建筑要求平面合理、使用方便；公共建筑具有广泛的社会性，要在体形、立面、色调、内部空间、庭院绿化等方面给予人们以美的感受，建筑风格要体现时代的特点；规模较大的工业建筑要考虑专业工艺的特点。

施工　以规划设计的图纸和技术标准为依据，结合当地水文、地质、气象、资源、环境等自然和社会条件，采取最有效的组织措施、合理的施工方法建造建筑物的过程。建筑施工不仅要取得较好的技术经济效果，同时要使建成的建筑物符合设计要求。施工是综合性技术，包括施工技术和科学的组织管理两项主要内容。施工技术是各项科学技术的综合应用。选择合理的、切合实际的施工方案，先进的机具，保证质量与安全的操作方法，加上科学的组织管理，能使工程获得质量好、速度快、劳动力省、材料消耗少、施工安全的经济效益。

检测和鉴定　检测是根据现有的规范和标准对房屋的建筑情况、结构情况、材料性能、沉降倾斜、损伤状况、腐蚀程度、使用荷载、现有环境等进行检测，为既有房屋的性能评估提供基本数据。鉴定是根据房屋的原始技术资料、现场检测结果和房屋的使用情况对房屋的正常使用性、安全性和耐久性进行分析评估，为房屋的维修、加固或改造提供依据。

维修、加固和改造　根据房屋的使用要求和现场检测结果，对不满足正常使用要求的部位进行维修，对不满足安全性和耐久性要求的部位进行加固。维修和加固工作亦包含设计和施工两个内容。当房屋的使用要求发生变化时，一般需要进行改造。改造工作的主要内容包括检测和鉴定、改造方案设计及改造施工3个部分。

展望　建筑工程量大面广，其面临的课题是：①技术与经济相结合，提高房屋设计的质量。②推进建筑节能和绿色建筑。③发展预制装配式建筑和现场浇筑混凝土作业的机械化，减轻劳动强度，减少手工操作。④发展钢结构建筑、竹木结构建筑和再生混凝土结构建筑，使建筑材料循环利用，建筑可持续发展。⑤推行标准模数制，方便部件拼装、组合、代换，统一材料制品规格，减少切割损失。⑥发展新型建筑材料、建筑制品和建筑设备，重视工业废料的利用，以及建筑材料和制品的高强、轻型、绿色和智能化。⑦加强项目工程的科学管理。⑧加强对既有房屋的维护和保养，以及相关的技术开发和理论研究。

（李国强）

建筑工程勘察　building engineering investigation and surveying　根据建设项目的要求，测绘、勘探、试验、分析和评估建设场地的地质、地理和环境特征，编制勘察成果的活动。是了解、掌握和阐明工程建设场地的重要方法和手段，是一门实用性学科。中国建筑工程项目多、规模大、地质地形条件复杂，建筑工程勘察得以快速发展。尽管传统的建筑勘察主要为建筑地基基础、地下结构、沉降控制等领域服务，但随着社会对资源、环境和生态问题的重视，建筑工程勘察在环境岩土工程、地下空间开发和地质灾害评价等领域正面临着诸多新困难、新挑战。

建筑工程勘察作为地质学在土木工程中的具体应用，这一定义最早由英国的W.H.彭宁于19世纪提出，1937年，苏联F.P.萨瓦连斯基编著出版了《工程地质学》一书。中华人民共和国成立后，在学习苏联经验的基础上，中国建立了自己的工程地质学，在实践中发展和推进了建筑工程勘察专业，工程地质领域的很多理论和工程项目实践都离不开建筑工程勘察专业的支撑。

在设计和施工之前，工程建设单位必须先完成建筑工程勘察，包括对建筑场地的工程地质勘察、工程测量、工程水文、水文地质勘察、工程地球物理勘探等部分，以满足城镇规划、工程建设的规划选址、可行性研究、设计、施工、为运营监测提供技术成果和服务等方面的需要。

建筑工程勘察按照与设计相适应的原则可分为初步设计阶段勘察、施工图设计阶段勘察和施工配合阶段勘察3个阶段。按照工作内容可分为测绘、勘探、试验和成果编制4部分。

21世纪以来，建筑工程勘察在以测量、钻探、取样和试验为主要手段的基础上，与原位触探技术、物探技术、三维激光扫描、倾斜摄影和计算机技术等相结合，资料的准确性和可靠性方面得到了大幅提升。

（何　祥　方鸿琪　林宗元　杨玉泉　徐　伟）

建筑工程设计　building engineering design　对建筑工程项目建设提供有技术依据的设计文件和图纸的完整工作过程。是建设项目进行整体策划、体现具体建设意图，处理创意、技术与经济关系的关键性环节，也是确定与控制工程造价的重点阶段。

程序　建筑工程设计具有系统化与流程化的特点，是反复迭代的过程。通常建筑工程设计可分为5个阶段：可行性研究阶段、方案设计阶段、初步设计阶段、施工图设计阶段和现场施工配合阶段。

可行性研究阶段　项目建议书被批准

后，对项目在技术上和经济上是否可行所进行的科学分析和论证。设计咨询方可提供的技术服务内容包括：①了解和定义项目需求，明确项目的特征及要求。②搜集场地和环境等项目信息，包括对项目的场地条件、周边环境及其他社会经济等条件进行调研并评估其对项目的影响。③根据所收集的信息对项目进行投资和技术可行性研究，进行项目前期策划工作。

方案设计阶段　设计中的重要阶段，富有创造性。大型复杂项目的方案设计阶段常常包括概念方案阶段和方案深化阶段。其中概念方案通常采用方案竞赛的方式进行规划设计及概念方案设计，方案深化阶段则是对选定的概念方案进行深化设计，形成正式的方案设计文件。方案设计文件应满足编制初步设计文件的需要以及方案报政府审批的需要。方案设计文件通常包括设计说明书、总平面图以及相关建筑设计图纸、方案报批规定的透视图、鸟瞰图和模型等。

初步设计阶段　介于方案设计和施工图设计之间的阶段，包括设计深化、各专业之间的协同配合，是从建筑专业为主扩展到各专业协作、从体量空间造型的概念性提案发展到综合性技术解决方案的过程。初步设计文件应满足编制施工图设计文件的需要以及初步设计阶段各项政府审批的需要。初步设计文件包括设计说明、各专业的设计图纸、主要设备或材料表、工程概算书、各专业设计报告及计算书。初步设计文件可以作为施工总包及分包的招标文件。

施工图设计阶段　设计人员把所有设计意图和全部设计结果用图纸和文件进行表达的阶段。施工图是施工建造的依据，是设计和施工的桥梁。施工图设计文件应满足设备材料采购、非标准设备制作和施工建造的需要。施工图设计文件包括施工建造所涉及的所有专业的设计图纸、工程预算书、各专业设计报告及计算书。施工图设计文件作为施工总包及分包的招标文件有利于减少设计变更，可以更好地控制工程造价。

现场施工配合阶段　是设计作品是否合理、稳定并且便于施工的集中检验阶段，需要设计师作为专业人士和业主代理全程、全面地对施工质量进行监督和控制，保证具有巨大规模和复杂功能的现代建设工程能够在投资、质量和进度的限定条件下得以实现。设计师在现场施工配合阶段的主要职责为：施工答疑、设计变更沟通与审核、协助总包进行分包商工厂深化图纸审核、施工技术配合及指导，以及施工质量控制及验收。

分工　主要从专业和组织两方面进行分工。

专业分工　建筑工程设计通常设置建筑专业、结构专业、机电专业和专项设计与顾问。

建筑专业的功能是：①根据设计要求完成建筑风格、外形和建筑功能等总体设计。②提供各种建筑空间设计、立面设计和平面设计等。③按照建设单位和设计标准的深度要求制作各阶段建筑设计文件。④施工现场技术配合以及参加相关验收等。

结构专业的功能是：①配合建筑师设计结构方案。②进行结构体系选型并深化结构方案。③确定设计准则及荷载作用。④进行结构布置设计，选择构件截面、材料，进行结构分析，按规范标准规定进行构件和节点设计。⑤按照建设单位和设计标准的深度要求制作各阶段设计文件。⑥施工现场技术配合以及参加相关验收等。

机电专业的功能是：①按照相关设计要求进行机电专业设计，包括暖通、给水、排水、强电和弱电设计。②根据建筑物需要的各项机电专业设备进行参数计算和选型。③按照建设单位和设计标准的深度要求制作各阶段设计文件。④提供综合解决方案、保证设备的运行和使用。⑤施工现场技术配合以及参加相关验收等。⑥进行技术回访，协助解决运营阶段的设备问题。

专项设计与顾问的功能包括室内设计、幕墙设计、景观设计、基坑设计、造价顾问、消防顾问、交通顾问、声学顾问和风工程顾问等。①室内设计。主要内容包括主体建筑装饰设计；家具与室内陈设设计；装饰照明设计；绿化与小品设计。②幕墙设计。主要内容包括幕墙系统方案设计；幕墙工程图纸设计；幕墙施工配合及现场管理；参加幕墙现场验收、评定、竣工验收备案和物业移交工作。③景观设计。主要内容包括景观规划设计；自然景观设计；人工设施设计。④基坑设计。主要内容包括基坑支护体系的稳定性验算；支护结构的强度、稳定和变形计算；地下水控制设计和对周边环境影响的控制设计；土方开挖方案。⑤造价顾问。主要内容包括编制建设项目投资估算、工程概算、预算、竣工结（决）算、工程量清单等；计算工程变更和索赔费用；建设项目各阶段的工程造价控制。⑥消防顾问。主要内容包括建筑防火规范合规性咨询，如防火分区设置等；消防器材咨询；消防防范措施咨询；消防安全咨询；特殊空间火灾模拟分析。⑦交通顾问。主要内容包括交通规划方案设计；交通流线分析与优化；机动车停车站点设计；停车库车位分析优化及智能车库选型；交通标识设计。⑧声学顾问。主要内容包括环境噪声及振动的估计与防控；建筑噪声与振动的控制设计；室内布局声学设计；设备噪声及振动的控制措施。⑨风工程顾问。主要内容包括确定建筑风荷载；确定建筑风响应；建筑风环境研究；风振舒适度分析评估；台风影响研究。

组织分工　建筑工程设计是建筑工程项目建设的一个组成部分。建筑工程项目建设工作涉及多个方面，包括投资开发、规划设计、工程建造、成本合约和销售运营等。建筑工程设计主要是规划设计的内容。建设单位聘请多个设计及顾问团队承担规划设计工作。设计及顾问团队类型有设计院（多个专业综合性设计机构）、建筑事务所（方案及初步设计）、工程顾问（结构、机电等）和专项顾问（造价、声学、消防和风工程等）。设计及顾问团队通常包括设计及顾问负责人、项目经理、审核专家以及设计和顾问人员。　（赵　昕）

建筑供电要求　power supply requirements
各级负荷供电要求。特级用电负荷须由3个电源供电，满足以下要求：①3个电源由满足一级负荷要求的两个电源和一个应急电源组成。②应急电源的容量满足同时工作最大特级用电负荷的供电要求。③应急电源的切换时间，满足特级用电负荷允许最短中断供电时间的要求。④应急电源的供电时间，满足特级用电负荷最长持续运行时间的要求。

一级负荷须由两个电源供电，并应符合下列规定：①当一个电源发生故障时，另一个电源不应同时受到损坏。②每个电源的容量应满足全部一级、特级用电负荷的供电要求。

二级负荷的供电须符合下列规定：①二级负荷的外部电源进线宜由35千伏、20千伏或10千伏双回线路供电；当负荷较小或地区供电条件困难时，二级负荷可由一回35千伏、20千伏或10千伏专用的架空线路供电。②当建筑物由一路35千伏、20千伏或10千伏电源供电时，二级负荷可由两台变压器各引一路低压回路在负荷端配电箱处切换供电，另有特殊规定者除外。③当建筑物由双重电源供电，且两台变压器低压侧设有母联开关时，二级负荷可由任一段低压母线单回路供电。④对于冷水机组（包括其附属设备）等季节性负荷为二级负荷时，可由一台专用变压器供电。⑤由双重电源的两个低压回路交叉供电的照明系统，其负荷等级可定为二级负荷。 （夏 林 钱梓楠）

建筑供配电系统 power supply and distribution system 110千伏及以下电压等级的电力系统。供配电是电力系统中重要的组成部分，在电力企业的发展中发挥着重要的作用。供配电系统涉及电能发送、传输、分配和使用4个方面。随着电能的广泛使用，人们对供电的需求量不断增加，给配电系统带来了压力，也造成了不小的碳排放量。

供配电系统一般由高低压配电线路，变电站、配电站和用电设备等组成。大型工业园，化工、冶金生产厂，大型办公园区或大规模的民用建筑组团，可能采用110～35千伏的一级配电系统；6～10千伏的电压等级普遍适用于高压用电设备；380/220伏主要用于供配电系统的末端，包括低压交流用电设备，住宅、商业办公等建筑。

供配电系统可分为供电系统和配电系统两部分，前者一般指系统的供给侧，主要强调供电电源的稳定可靠，合理有效分配电力资源；后者主要指系统的分配侧，主要是配电、布线及用电设备的合理设置。

供配电系统需满足供电负荷分级的要求，按照负荷性质、用电容量、工程特点和地区供电条件，统筹兼顾，做到保障人身安全、供电可靠、技术先进和经济合理。供电系统应简单可靠，便于操作管理。通常情况下，同一电压等级的配电技术高压不宜多于两级，低压不宜多于三级。根据负荷的容量和分布，变配电所应靠近负荷中心，减少配电线路输送距离，确保满足电能质量并节约有色金属，一般低压配电的供电距离不宜大于250米。采用35千伏、20千伏或10千伏供配电系统，同一电压等级的配电级数一般不多于两级，低压配电系统一般不多于三级。公共建筑内的35千伏、20千伏或10千伏供电系统一般采用放射式。 （钱梓楠 肖 辉）

建筑供热通风与空调工程 heating, ventilation and air-conditioning of buildings 创造和维持建筑内温度、湿度、空气品质和气流环境的技术。即建筑环境控制技术。

沿革 建筑是人类生活与工作的场所，建筑室内环境对人类的寿命、工作效率、产品质量等起着极为重要的作用。人们对现代建筑的要求，不仅只有挡风遮雨的功能，而且还应是一个温度适宜、空气清新、宁静和舒适的环境。生产与科学实验对环境提出了更为苛刻的要求，如标准量具生产、计量室要求空气温度恒定（称恒温），纺织车间要求空气湿度恒定（称恒湿），半导体、磁头等生产要求对空气中的灰尘量有严格要求，抗生素生产和分装、大输液生产、无菌实验室动物饲养等要求无菌环境等。正是人类自身对环境的要求和生产、科学实验对环境的要求导致了供暖、通风与空气调节（简称空调）技术的产生与发展。供暖、通风与空调这三个分支是在长期的发展过程中自然形成的。虽同为环境控制技术，但它们主要控制的对象与功能有所不同，也有一定交叉，详见相应词条。供暖、通风与空调简称为暖通空调，英文缩写为HVAC已为世界上业内人士所熟知。

暖通空调有着悠久的历史。从考古或古籍记载中发现，中国在新石器时代的仰韶时期就有了火坑供暖；夏、商、周时有了火炉供暖；汉代有了用烟气作介质的火地供暖（地面辐射供暖的雏形）；在秦、汉年间，以天然冰作冷源对宫殿进行冷却的“空调房间”；自然通风也已在古老的建筑中被利用，如在建筑布局上利用穿堂风，在屋顶上设置气楼进行通风等。

现代意义上的供暖、通风与空调技术起源于西方。1673年，英国工程师发明了热水在管内流动以加热房间的方法，是热水供暖系统的雏形。1777年，法国人把热水供暖应用于建筑中。1784年，英国的工厂和公共建筑中应用了蒸汽供暖。1904年，美国纽约的斯托克斯交易所建筑内建成了空气调节系统，同一时期在德国一剧院建成了类似的空调系统。1911年，美国W.H.开利博士发表了湿空气的热力参数计算公式，而后根据公式制成了现在广为应用的湿空气焓湿图，使得空调的计算更为方便。在1949年以前，中国只有大城市的高级建筑中才有现代的暖通空调系统，所用的设备都是舶来品。供暖、通风与空气调节设备的制造基本上是空白，只有一些修配厂。1949年中华人民共和国成立后，现代的暖通空调技术得到长足的进步；尤其在20世纪80～90年代，发展更快，设有供暖、通风或空调系统的建筑到处可见，而且已是暖通空调设备的制造大国，有的产品的产量占世界首位，还涌现出不少品牌。

内容 作为建筑环境控制技术的供暖、通风与空调3个分支，既有不同点，又有共同点，他们经常被联系在一起。

供暖 向建筑供给热量，保持室内一定温度。这是人类最早发展起来的建筑环境控制技术。人类自从懂得利用火以来，为抵御寒冷对生存的威胁，发明了火炕、火炉、火墙、火地等供暖方式，是最早的供暖设备与系统，有的一直被应用。随着科学技术的发展，供暖设备与系统在对人的舒适感和卫生、设备的美观和灵巧、系统和设备的自动控制、系统形式的多样化、能量的有效利用等方面都有长足的进步。

按供暖所采用的热媒，将常见供暖系统分为热水供暖系统和蒸汽供暖系统。按系统中水的循环动力将热水供暖系统分为重力（自然）循环供暖系统和机械循环供暖系统（见图）。按建筑物室内的供暖设备终端分为散热器供暖、暖风机供暖、风机盘管供暖、地板供暖等。

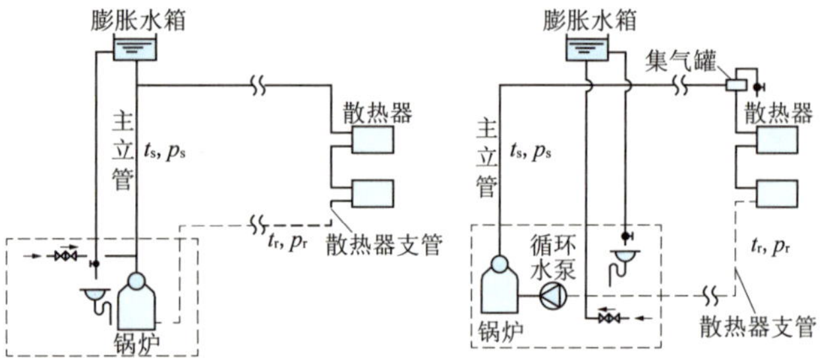

a 重力循环热水供暖系统　　b 机械循环热水供暖系统

按系统中水的循环动力分类的热水供暖系统示意图

通风 利用自然或机械的动力，向某一房间或空间送入室外空气，和由某一房间或空间排出空气，以满足室内人员对空气品质的要求的技术。送入室内的室外空气称为新鲜空气或新风，可以是经过处理的，也可以是不经处理的。换言之，通风是利用新风来置换建筑室内空气。通风的主要功能有：①稀释室内污染物或气味。②提供人生命过程需要的氧气。③控制工业生产过程中污染物的传播。④提供室内燃烧设备所需的空气。⑤消除室内多余的热量（余热）或湿量（余湿），但此功能是有限的，它受室外空气状态所制约。

根据空气流动的动力，通风分为机械通风和自然通风。机械通风是依靠风机的动力来控制空气的流动；自然通风是依靠室内外空气温度差形成的热压或室外风形成的风压使空气通过门、窗洞或缝的流动。根据控制污染物的机理，通风又可分为全面通风和局部通风。全面通风又称稀释通风，是利用清洁的新风稀释室内污染物；局部通风是直接从污染源处排除污染物，或在局部区域保持良好的空气环境。

民用建筑污染物主要来源是人、宠物（狗、猫、鸟等）、建筑所用的材料、家具、设备、日用品等。这些污染物发生强度低，有害性较小。有空调的建筑，通常由空调系统来实现通风，以保证室内空气品质。不设空调的建筑，通常利用自然通风来保证室内空气品质。

工业建筑污染物主要是伴随生产工艺过程产生的，污染物发生强度一般较大，危害性也较大。当污染物集中于某处发生时，首先应采用局部通风来治理，并辅以全面通风。

通风还用于突发事故（如设备因故障产生大量有毒有燃烧爆炸危害的气体、粉尘等物质）时防止对人员的伤害和事故进一步扩大，或建筑物火灾时防止大量烟气产生的危害。前者设置事故通风系统，把突发事故产生的有害物质迅速排出；后者在建筑设置防烟、排烟系统，在火灾建筑中创造无烟或含烟量很低的通道，以保证室内人员安全疏散和消防人员顺利到达火灾区进行扑救。

空调　实现对某一房间或空间内的温度、湿度、洁净度和空气流动速度等进行调节与控制，并提供足够量的新鲜空气，称为空气调节，简称空调。空调按其用途或服务对象不同可分舒适性空调和工艺性空调。前者为室内人员创造舒适健康环境的空调，可令人精神愉快，精力充沛，工作学习效率提高，有益于身心健康。由于人的舒适感在一定的空气参数范围内，所以这类空调对温度和湿度波动的控制，要求并不严格。后者为生产工艺过程或设备运行创造必要环境条件的空调，工作人员的舒适要求有条件时可兼顾。由于工业生产类型不同、各种高精度设备的运行条件也不同，因此，工艺性空调的功能、系统形式等差别很大。

空调按空气处理设备的集中程度分为集中式空调、半集中式空调和分散式空调。①集中式空调。空气集中于机房进行处理（冷却、去湿、加热、加湿等），而房间内只有空气分配装置。常用的全空气空调系统中大部分是属于集中式空调，集中式空调机房需要在建筑物内占用一定面积，控制、管理比较方便。②半集中式空调。在被调节和控制的房间内，对室内空气处理（加热或冷却、去湿）的设备分设在各个房间内，而又集中部分处理设备，如冷冻水或热水集中制备或新风进行集中处理等。半集中式系统在建筑中机房占用面积少，易满足各个房间各自的温湿度控制要求，但房间内设置空气处理设备后，管理维修不方便，如设备中有风机，还会给室内带来噪声。③分散式空调。对室内进行热湿处理的设备全部分散于各房间内，如家庭中常用的房间空调器。这种系统在建筑内不需要机房，不需要进行空气分配的风道，但维修管理不便，分散的小机组能量效率一般比较低，其中制冷压缩机、风机会给室内带来噪声。

空调可以实现对建筑热湿环境、空气品质全面进行控制，或是说它包含了供暖功能和通风的部分功能，然而空调并不能完全取代供暖与通风，其原因是：①实际应用中并不是任何场合都需要对所有的环境参数进行调节与控制，例如，寒冷地区，有些建筑只需供暖，并不需要空调降噪；又如有些生产场所，只需用通风对污染物进行控制，而对温湿度并无严格要求。②利用通风，尤其是利用自然通风来消除室内余热余湿，可以大大减少能量消耗和设备费用，应尽量优先采用，而不必一定采用空调。③通风中排除工艺生产中污染物（如灰尘、有害气体）功能，空调并不具备。空调也被称为冷气，这是因为空调必须有对空气冷却去湿的功能，因此，有无冷却功能被认为是区分空调系统和通风系统的标志之一。如果一个系统只有对空气进行加热、过滤、分配的功能，那它不是一个空调系统，而仅是一个通风系统或是一个热风供暖系统。（陆亚俊）

建筑构件耐火极限　fire endurance of building member　在标准耐火试验条件下，建筑构件从受到火的作用时起，至失去承载能力、完整性或隔热性时止的时间段。以小时表示。承载能力指建筑构件在一定时间的火灾作用下，承受荷载作用、保持稳定不垮塌的能力。完整性指建筑分隔构件单面承受火灾作用时，火焰或者热烟气在一定时间内不会从构件的受火面穿透构件出现在构件的背火面。隔热性指建筑分隔构件在单面承受火灾作用时，背火面的温度在一定时间内不会超过规定的温度值。对于同时承担防火分隔功能的结构构件，在耐火时间内，承载能力、完整性、隔热性必须同时满足要求。对于不承担防火分隔功能的结构构件，在耐火时间内，满足承载能力即可。

影响构件耐火极限的主要因素包括构件的材料特性、构件承受荷载的大小、构件的截面特性、构件的防火保护措施等。不同建筑耐火等级的建筑对其建筑构件的耐火极限要求不同，耐火等级越高的建筑，对其建筑构件的耐火极限要求也越高。根据中国标准《建筑设计防火规范》（GB 50016—2014），一级耐火等级的建筑对结构柱和梁的耐火极限要求分别为3.0小时和2.0小时，而二级耐火等级的建筑对结构柱和梁的耐火极限要求分别为2.5小时和1.5小时。（蒋首超）

建筑环境影响评价　building environmental impact assessment　对建筑全部或部分生命周期阶段所产生的环境影响进行的预测或评估。建筑环境影响评价与建设项目环境评价的主要区别在于运行阶段的评价范围不同。建设项目环境影响评价范围涵盖了项目建成后的生产、经营活动等造成的环境影响；而建筑环境影响评价是针对建筑产品运行的环境影响，并不包括在建筑空间内的生产与经营活动造成的环境影响。

20世纪90年代以来，建筑生命周期环境影响评价的主流分析方法是生命周期评价（LCA）。LCA作为一种较客观评价建筑生命周期环境影响的方法，伴随着可持续建筑受到高度重视而快速发展。LCA既能用于建筑生命周期环境影响评价，也可拓展应用于生命周期成本与社会影响评估领域。LCA的应用包括4个步骤：确定目的与范围、清单分析、影响评价和结果解释，其中清单分析和影响评价是核心环节。

LCA清单分析方法主要包括过程分析法、投入产出生命周期评价法和混合生命周期评价法（前两种方法的结合）3类方法，已广泛应用于建筑材料、施工过程、建筑物和建筑业等的环境影响分析。21世纪以来，许多国家建立环境影响清单数据库，如德国的GaBi、瑞典的SPINE@CPM、美国的NREL、瑞士的Ecoinvent、日本的CFP和芬兰的SYNERGIA等；中国也建立了一些建筑环境影响评价数据库和评价系统，如清华大学工程管理研究所开发的建筑环境绩效评价体系等。

影响评价是对清单分析的消耗与排放进行表征评价。影响评价方法的分类可根据因果链或环境问题发生机理的分类方式，将影响评价方法分为中点方法和终点方法，环境影响因果链的开端是污染物排放或者其他导致所谓初始变化的活动，这些初始变化将导致次级变化，进而是第三级变化，依此类推。因果链的早期变化通常是物理或化学变化，后期通常是生物多样性变化或对人类健康的影响等。基于早期变化的影响评价方法叫作中点方法；基于后期变化的方法叫作终点方法或破坏方

法。此外，也可根据是否用货币表达影响权重，将环境影响评价方法分为货币化方法与非货币化方法。（张智慧）

建筑机电安装工程 construction of mechanical and electrical engineering 按照一定的施工工艺和方法，将不同规格、型号、性能、材质的设备、管路、线路等在建筑中有机组合起来，满足建筑使用功能要求的建筑安装工程施工。设备指各类机械设备、静置设备、电气设备、自动化控制仪表和智能化设备等。管路指按等级使用要求，将各类不同压力、温度、材质、介质、型号、规格的管道与管件、附件组合形成的系统。线路指按等级使用要求，将各类不同型号、规格、材质的电线电缆与组件、附件组合形成的系统。

建筑机电安装工程包括建筑通风与空调工程、建筑电气工程、建筑给水排水及采暖工程、建筑智能化工程、建筑燃油燃气工程、建筑电梯工程、建筑防腐绝热工程。建筑通风与空调工程施工主要由风系统施工和水系统施工组成。建筑电气工程施工包括供配电系统施工、照明系统施工、防雷接地系统施工。建筑给水排水及采暖工程按专业分为建筑给水工程、排水工程、中水工程、采暖工程等。建筑智能化工程包括建筑设备监控系统、火灾自动报警及消防联动系统、安全技术防范系统、通信系统、智能化集成系统。建筑燃油燃气工程包括建筑燃油系统、建筑燃气系统，建筑燃气一般包括天然气、液化石油气和人工煤气等。建筑电梯工程包括垂直电梯、自动扶梯、自动人行道。建筑防腐绝热工程包括除锈施工、涂装施工、绝热施工。（张　勤）

建筑机电系统工程 building service 为民用建筑物的使用者提供正常生活或高效工作服务的各种设施和设备的总称。主要包括供暖通风空调系统、供电系统（强电）、供排水系统、消防系统、智能系统5个方面。是建筑行业产业链的重要组成部分，主要通过建筑机电设施和设备对民用建筑物内的安全、卫生、健康、舒适等提供技术保障。

发展历程 第一次工业革命引发的欧洲早期城镇化和第二次工业革命后在高等工科教育中分别诞生了卫生工学（含给排水与供暖通风）和电气工程。中华人民共和国成立前，中国只在少数几个高校土木工程专业中设置了“建筑设备”课程，内容仅覆盖供暖、室内给排水和建筑电气的工程基本认知。中华人民共和国成立后的第一个五年计划期间，由苏联专家援建，在高校增设了单独的供热通风（暖通空调）专业和给排水专业。1978年以后，根据建筑业发展的需要，中国部分高等院校先后开设了电气自动化专业和与建筑电气有关的基础课程，逐渐形成“建筑电气与智能化”专业。通过几十年行业的努力，现已形成建筑机电系统工程的知识体系和规范标准体系。欧美有些国家的高等工科教育把建筑机电系统工程涉及的专业称为建筑设施工程，基本涵盖了建筑机电系统工程涉及的专业范围。日本高等教育在建筑学科下设置建筑环境工学的方向，不仅包括建筑物理，而且包括给水排水、通风、保温防寒、卫生环境、照明、色彩等诸多内容，建筑物的物理环境和人们感受到的心理环境都包括在内。这种教育体系依据欧美国家高等工科教育的模式，虽然专业知识的涉及面宽，但毕业生掌握专业知识的深度很难直接满足实际工程应用的要求。

21世纪以来，中国建筑机电系统工程得到快速发展，形成了以建筑室内环境营造为主的学科内容，也就是室内的温度、湿度、空气品质、照度等物理和化学环境的营造以及电力供给和给排水。建筑机电系统工程的子系统都与能源转换与利用、建筑室内的物理与化学环境营造、建筑安全与建筑节能等有关，人类文明新进程的可持续发展与绿色低碳的社会经济发展的要求，使建筑节能和低碳运行已成为这一领域重要的发展方向。特别是中国提出“30-60双碳目标”以来，以光伏为代表的可再生能源在建筑中推广应用，对建筑机电系统工程又提出了新的技术内涵和能源应用的新要求，促进行业从传统建筑机电系统工程向以互联网+新能源应用为代表的高新技术行业的转型。

建筑运行阶段能耗约占全社会总能耗的1/4，是国家节能减排的重点领域，也是实现双碳战略的重要战场。在建筑机电系统工程中，电力、暖通、给排水等不同工程行业与不同专业领域相互融合，同时更加关注室内空气品质、能源和碳排放等问题，是新时代赋予建筑行业新的发展趋势。

主要内容 建筑机电系统工程的性能直接影响着建筑工程的整体质量和使用功能，主要工程对象包括建筑物室内上下水卫生及消防，包括照度、温度、湿度、洁净度等室内物理环境参数调控、改善室内空气品质等室内化学环境参数，以及相关系统的能源转换与利用、电力系统及其智能控制系统的设计、施工、运维等，同时建筑机电系统也必须兼顾节能和环保的要求。建筑机电系统工程也可以承担不同工业体系中生产过程或某些特殊生产工艺要求的温度、湿度、洁净度等的特殊环境营造，特殊要求的供水、消防及机电系统智能调控等技术措施实施。

按中国建筑工程行业分类，建筑机电系统工程领域的从业人员主要来自暖通空调、建筑电气工程和给排水等不同工程行业或专业。暖通空调行业主要解决建筑供暖、通风与空气调节及相关能源转换与利用（冷热源）等系统的设计施工、安装调试和运行维护等问题，为建筑物室内提供舒适的温湿度、洁净度及适当的空气品质，是建筑用能的大户。建筑室内给排水主要解决建筑室内生活供水、生活热水供应，消防给水、建筑排水等。建筑电气行业主要解决建筑供配电系统、建筑设备电气控制、电气照明系统的设计施工、调试安装和运行管理。建筑机电系统工程要解决的实际工程问题需要多个行业工程技术人员共同参与，参与构建建筑机电系统工程的不同专业之间既有各自独立的技术基础和专业知识，在解决实际工程问题的过程中也有交叉合作与相互融合。例如，给排水中生活热水供应的热源一般由暖通空调专业承担，消防工程的灭火水喷淋系统一般由给排水专业承担，但防排烟系统由暖通空调专业承担。建筑电气专业必须了解给排水或暖通空调系统各主要设备或部品、部件的用电安全及节能运行的优化调节目标与参数。建筑机电系统工程中需要有关不同工程行业或专业分工与合作的原因是，建筑机电系统工程涉及的供暖通风空调系统、供电系统、供排水系统、消防系统、智能系统等方面的技术基础理论和专业知识，分属中国高等教育分类中土木工程大类所属的3个不同的本科专业。

根据中华人民共和国教育部高等院校专业目录的分类，中国建筑机电系统工程领域的从业人员主要来自“建筑环境与能源应用工程”“建筑电气与智能化”和“给排水科学与工程”，来自土木工程类的3个不同的本科专业的技术人员根据自己专业的基本原理和专业知识，分别解决建筑机电系统工程中涉及的能源转换利用系统、室内热湿环境营造、照明及供电和上下水卫生系统等不同技术问题。从建筑机电系统工程涉及3个不同的本科专业的部分内容可以看出，现代建筑机电系统面对的工程问题涉及不同专业技术基础科学问题与专业技术，也说明了建筑机电系统工程的复合性与复杂性。

与邻近学科关系 建筑机电系统工程与邻近学科的关系见图。①给排水科学与

工程。其解决城市用水供给系统、排水系统，包括市政给排水和建筑给排水，建筑机电系统工程仅涉及建筑室内给排水的内容。②建筑环境与能源应用工程（暖通空调工程）。其解决建筑供热、通风与空气调节等问题，以提供室内舒适的温度、湿度及适当的空气品质，建筑机电系统工程仅涉及建筑室内物理与化学环境营造及参数调控。③建筑电气与智能化。其解决建筑配电系统的设计和安全运行，建筑机电系统工程不涉及该专业弱电及通信工程。④流体力学。研究流体的力学规律及其工程应用，是给排水、暖通空调等工程设计、计算分析的理论基础。⑤工程热物理。解决建筑热环境和能源有效利用问题。⑥建筑学。根据建筑功能，解决建筑空间合理布局和构造，从而获得较好的室内环境。

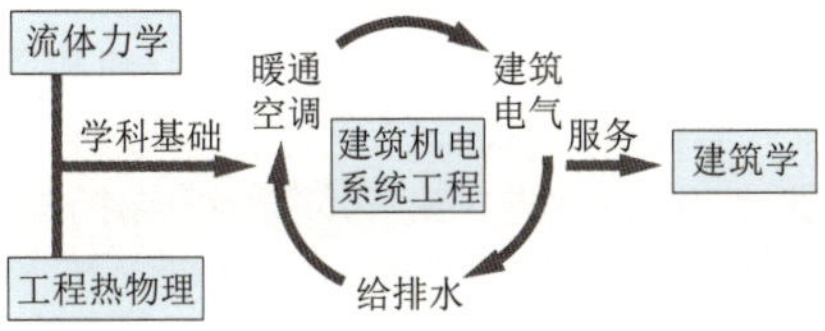

建筑机电系统工程与邻近学科的关系示意图

重要学术机构　有中国建筑学会及下属分委员会（包括建筑给水排水、暖通空调、建筑电气等专业委员会等），中国制冷学会，中国城镇供热协会。中国电工技术学会下设工业与建筑电气应用专业委员会。

主要学术刊物包括：①建筑给排水专业，有《给水排水》《中国给水排水》《全环境科学》(*Science of The Total Environment*)、《水文学期刊》(*Journal of Hydrology*)。②暖通空调专业，有《暖通空调》《建筑科学》《建筑模拟》(*Building Simulation*)、《能源与建筑、建筑环境》(*Energy & Building, Building Environment*)、《室内空气》(*Indoor Air*)。③建筑电气专业，有《建筑电气》《现代建筑电气》《建筑工程期刊》(*Journal of Building Engineering*)、《电气工程应用》。

（江　亿）

建筑给水排水工程　water supply and drainage for buildings　以建筑内的建筑给水系统、建筑排水系统、建筑消防给水系统等为组成部分的日常使用水系统。建筑给水系统按用途分为生活给水系统、生产给水系统、消防给水系统和混合供水系统。①生活给水系统。主要供给人们饮用、盥洗、洗涤及烹饪等的生活用水，其水质必须符合国家规定的饮用水质标准和卫生标准。②生产给水系统。主要供给生产设备冷却、原料和产品的洗涤，以及各类产品制造过程中所需的生产用水，根据工艺要求提供所需的水质、水量和水压。③消防给水系统。主要供给各类消防设备灭火用水，对水质要求不高，但必须按照建筑防火规范要求保证供给足够的水量和水压。④混合供水系统。根据建筑物的用水性质，将上述几种供水系统两两结合在一起，如生活、消防给水系统，生产、消防给水系统等。

建筑排水系统根据排放污水的性质分为生活污水排水系统、工业废水排水系统和雨水排水系统。①生活污水排水系统。用于排除居住建筑、公共建筑及工厂生活间人们日常生活产生的盥洗、洗浴和冲洗便器等污废水。生活废水污染程度较轻，经过适当处理后可回用于建筑物或居住小区，用来冲洗便器、浇洒道路、绿化草坪植被等。②工业废水排水系统。用于排除生产过程中产生的污废水，根据其污染程度又可分为生产污水排水系统和生产废水排水系统。生产污水污染较重，需要经过工厂自身处理达到排放标准后再排至室外排水系统。生产废水污染较轻，可经简单处理后回收利用或排入河流。③雨水排水系统。用于收集排除建筑屋面上的雨水和融化的雪水，根据建筑性质和要求不同分为内排水系统和外排水系统。

（张永吉）

建筑结构加固　strengthening of structure　对可靠性不足或业主要求提高可靠度的承重结构、构件及其相关部分采取增强、局部更换或调整其内力等措施，使具有现行设计规范及业主所要求的安全性、耐久性和适用性的工程施工。

沿革　第二次世界大战后土木工程发展经历了战后大规模重建阶段、新建与改造并重阶段以及维修与现代化改造阶段。因此，加固改造相当受到重视，而且成为建筑业的重要组成部分。在中国既有建筑物中，有相当一部分是中华人民共和国成立初期或者更早的时候建造的，它们不仅反映了当时的可靠度标准，也受到了不同程度的老化或者损伤，不能满足当前的使用要求；建筑物由于使用功能的拓展需要进行改建或扩建，原结构构件的承载能力不能满足需要或结构受力体系受到影响；由于受风、火灾和地震等灾害的影响，结构构件承载力降低，甚至危及使用；由于设计或施工的原因导致建筑物出现质量问题；重要的历史性建筑或有纪念意义的建筑需要保护等。这些都使建筑物的加固改造意义重大，不仅可以最大限度地延长建筑物的有效使用寿命，保护人民生命财产安全，具有社会经济意义，而且可以完善和提高建筑物的使用功能。

分类　结构加固分为直接加固与间接加固两类，设计时可根据实际条件和使用要求选择适宜的加固方法及配合使用的技术。直接加固宜根据工程的实际情况选用增大截面加固法（图1）、置换混凝土加固法、绕丝加固法或复合截面加固法（黏碳纤维加固法、外包钢加固法、黏钢加固法、预张紧钢丝绳网片－聚合物砂浆面层加固法，图2）。间接加固宜根据工程的实际情况选用体外预应力加固法、增设支点加固法、消能减震加固法（增设耗能支撑法或增设抗震墙法）、基础隔震加固法等（图3）。与结构加固方法配合使用的技术有裂维修补技术、锚固技术和阻锈技术。

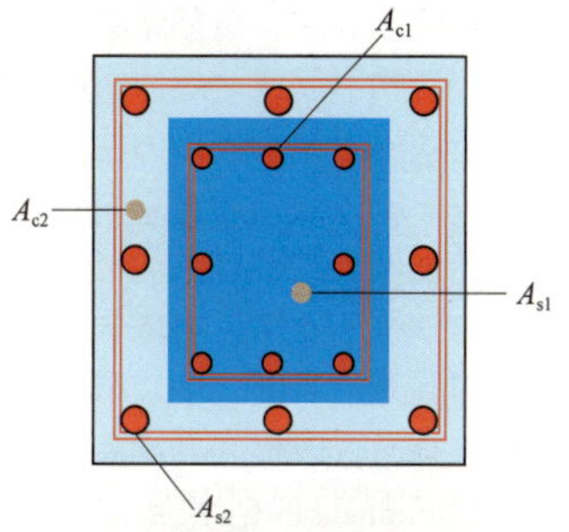

图1　增大截面加固法示意图

建筑结构加固前，应根据建筑物的种类，分别按现行国家标准《工业建筑可靠性鉴定标准》(GB 50144)或《民用建筑可靠性鉴定标准》(GB 50292)进行结构检

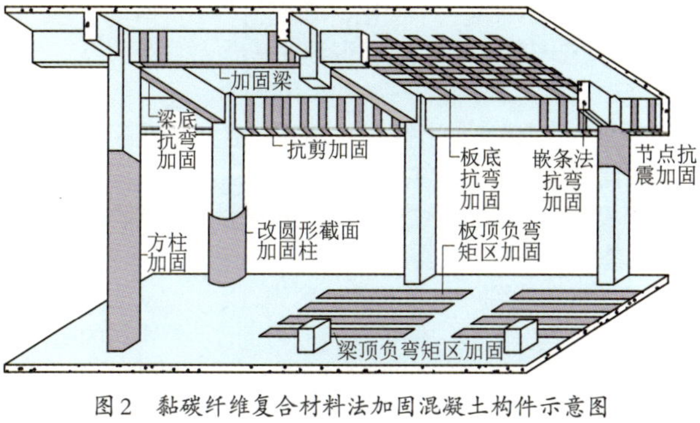

图2　黏碳纤维复合材料法加固混凝土构件示意图

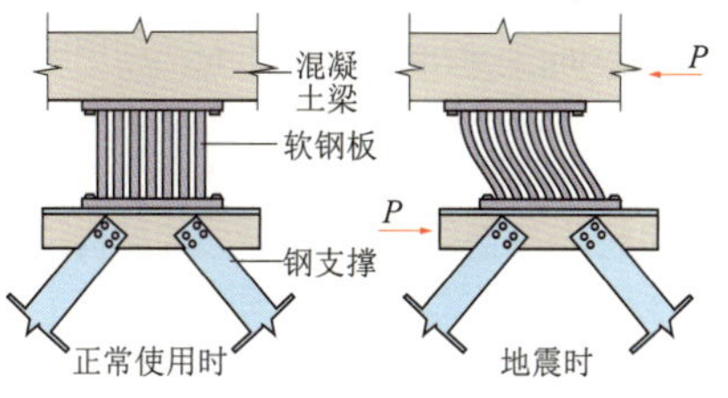

图3　摩擦阻尼器示意图

测或鉴定。当与抗震加固结合进行时，尚应按现行国家标准《建筑抗震鉴定标准》（GB 50023）或《构筑物抗震鉴定标准》（GB 50117）进行抗震能力鉴定。

增大截面加固法是增大原构件截面面积并增配钢筋，以提高其承载力和刚度，或改变其自振频率的一种直接加固法。外包型钢加固法是对钢筋混凝土梁、柱外包型钢及钢缀板焊成的构架，以达到共同受力并使原构件受到约束作用的加固方法。体外预应力加固法是通过施加体外预应力，使原结构、构件的受力得到改善或调整的一种间接加固法。植筋是以专用的结构胶黏剂将带肋钢筋或全螺纹螺杆种植于基材混凝土中的后锚固连接方法之一。

复合截面加固法是通过采用结构胶黏剂黏结或高强聚合物改性水泥砂浆（以下简称聚合物砂浆）喷抹，将增强材料黏合于原构件的混凝土表面，使之形成具有整体性的复合截面，以提高其承载力和延性的一种直接加固法。根据增强材料的不同，可分为外粘型钢、外粘钢板、外粘纤维增强复合材料和外加钢丝绳网聚合物砂浆面层等多种加固法。

展望　结构加固技术的应用除了重视切实可靠的承载能力提升外，也越来越关注综合防灾效益，顺应绿色环保的理念。加固方法应与结构和构件性能要求相结合，不同结构、构件应采用不同性能水平的加固方法，加固深度应在充分进行经济性、技术性和可靠性等多方面分析比较后，选择出满足多目标（不同性能目标）、多水准（不同性能水平）要求的合理加固方法和加固深度。随着计算机技术、大型分析软件的进步，以及结构理论的发展，基于大数据、多尺度、个性化、精细化计算的加固设计理论和方法将会得到进一步的发展和运用，基于虚拟现实的采用物联网实时监测技术和动态控制技术的建筑结构加固信息化施工将会普遍采用，基于云计算和灰色理论的加固过程建筑物安全性实时动态评估技术也会得到运用，通过技术手段，真正达到安全适用、技术先进、经济合理、确保安全、保护环境的目的。

（韩兵康）

建筑结构健康监测系统　structural health monitoring system for building　利用无损的、自动的、实时的方式采集建筑结构环境、荷载作用和结构响应等信息，分析结构性能劣化趋势与损伤特征，为结构预防性保护和日常管理提供决策支持的技术。

建筑结构受到风荷载、地震荷载、雪荷载、温度效应以及基础不均匀沉降等荷载效应的综合影响，容易出现振动疲劳损伤、整体倾斜、构件失效甚至结构倒塌。因此，监测内容主要分为两类：①结构或构件的响应，包括位移、变形、振动、应变、内部残损。②环境与作用，指环境温湿度、结构温度场、降雨量、生物环境、风荷载、人群荷载、地下水、工业与交通振动等。

建筑结构健康监测系统的实施应满足以下原则：①监测系统的建立应结合结构本身的结构形式和监测需求定制监测方案，并建立评估方法与理论。②对整体结构工作状态进行监测的同时，需要对关键节点和构件进行重点监测。③监测系统硬件在安装过程中不得损伤建筑结构，且应具备防雷、防火等功能。④监测系统应优先采用无线传感与智能组网技术，以避免布线带来的成本较高与维护不便的问题。

典型建筑结构健康监测系统主要由传感器、数据采集与传输、数据处理与控制、结构状态评估与安全预警、用户交互界面等子系统构成。

（伊廷华　曲春绪　李宏男）

建筑经济学　construction economics　运用经济学基本理论和方法，研究建筑业经济活动行为、特点和规律的科学。从微观层面看，涉及工程建设不同阶段单一经济主体的行为，包括业主、承包商、建筑师、工程师、测量师等。从中观层面看，涉及建筑业、建筑市场及其与国民经济其他部门之间的相互作用，如建筑市场机制与建筑业市场结构、建筑市场需求与供给、建设施工企业的成本、建造成本指数、材料价格变动等。从宏观层面看，则涉及非常广泛的经济社会环境因素，比如建筑业产出、就业和劳动生产率、经济周期和建筑业周期、可持续建设、绿色建筑和基础设施市场，以及建筑业活动在经济社会发展不同阶段的作用等。

中国的建筑经济学学科起步较晚，主要从部门经济学的角度，研究建筑业和建筑市场的运行规律，主要研究内容包括建筑经济学研究的对象和任务，建筑业在国民经济中的地位和作用，建筑产品的计划管理和市场调节，建筑产品的生产、分配、交换、消费活动的特点，建筑业组织结构和产业布局，建筑设计经济，建筑施工经济，建筑业劳动结构，建筑业分配体制，建筑业物资技术供应，建筑业资金运动，建筑产品价格，建筑企业经济核算和经济效益，建筑工业化、现代化的理论，国际建筑市场等。

（刘洪玉）

建筑卷扬机　construction winch　由电动机通过传动装置驱动带有钢丝绳的卷筒来实现载荷移动的机械设备。建筑卷扬机作业时，电动机动力由转子输出，经三角带、轴、齿轮减速后带动卷筒旋转。卷筒卷绕钢丝绳并通过滑轮组，使起重机吊钩提升或落下载荷，完成载荷的垂直运输装卸工作。具有通用性高、结构紧凑、体积小、重量轻、起重大、使用转移方便等特点，广泛应用于建筑、水利工程、林业、矿山、码头等的物料升降或平拖，还可作现代化电控自动作业线的配套设备。

可按照不同方式对建筑卷扬机进行分类：①按速度可分为高速、快速、快速溜放、慢速、慢速溜放和调速6类。②按卷筒数量可分为单卷筒式、双卷筒式和三卷筒式。单卷筒式包括单筒快速卷扬机、单筒快速溜放卷扬机、单筒慢速卷扬机、单筒慢速溜放卷扬机、单筒调速卷扬机和手摇式卷扬机。双卷筒式包括双筒快速卷扬机、双筒慢速卷扬机和双筒调速卷扬机。三卷筒式包括三筒快速卷扬机。

建筑卷扬机主要由卷筒、底架底座、排绳器、停止器、制动器和离合器等零部件组成。其基本参数有基准层、额定载荷、额定速度、平均速度、容绳量、钢丝绳出绳偏角、卷筒节径和节距等。

（田国承）

建筑垃圾　construction and demolition wastes　建设和施工单位在新建、改建、扩建和拆除各类建筑物、构筑物、管网等过程中以及居民装饰装修房屋过程中所产生的弃土、弃料及其他废弃物。又称建筑废弃物。主要包括工程渣土、工程泥浆、工程垃圾、拆除垃圾和装修垃圾五大类。

来源和组成　建筑垃圾主要来自建筑工程、交通工程、拆除工程、装修工程、挖掘工程以及建筑材料的生产过程。其中，建筑工程垃圾主要是建筑施工过程中废弃的砂石、砂浆、废钢筋、破碎砌块和包装箱袋等材料；交通和拆除工程垃圾主要是道路和建筑拆除后废弃的沥青混凝土、混凝土、砖瓦、砂浆、钢筋、木条等材料；装修工程垃圾主要是房屋装修工程中产生的废弃砂石、线管、钢丝、五金配件、木材废包装箱袋等材料；挖掘工程垃圾主要是表层和深层的工程渣土；建材生产垃圾指建材生产和配送过程中产生的不合格品、废弃或破碎的物料等。

建筑垃圾的组成主要有：①混凝土、砂石和墙材制品。②渣土（包括淤泥、泥浆）。③焦油、沥青和沥青混合料。④金属材料。⑤木材、玻璃和塑料制品。⑥绝缘材料和含石棉的材料。⑦石膏基材料。

⑧其他建筑、拆卸和装修废弃物。由于产源不同，建筑垃圾的组成会有很大差别，但根据资料统计，以前3种废弃物为主。

产量和特性　2018年，中国建筑垃圾产生量已达35亿吨，其中年工程渣土超过20亿吨，以砖混类废弃物为主的拆除垃圾超过4亿吨，且每年均以10%左右的速度增长。在发达国家，建筑垃圾产量虽有一定的波动，但总体保持稳定。例如，欧盟2002年建筑垃圾产生量为5.1亿吨，2006年增长到9.7亿吨，2013年又回落到7.2亿吨。

建筑垃圾具有环境和资源两大属性。①环境属性，指建筑垃圾大量侵占土地，污染水体、土壤和大气，增加城市管理和建设成本，影响城市形象，形成安全隐患，甚至造成重大事故。②资源属性，指建筑垃圾是一种城市资源，对建筑垃圾进行循环利用不仅可以防止建筑垃圾乱堆乱放的环境危害，而且建筑垃圾循环利用后可以减少砂石等天然原材料的开采和使用量。玻璃、金属、塑料制品等建筑垃圾可以分拣后直接利用。混凝土、砂浆、墙体材料等建筑垃圾可以经分级处理后作为砂石等原材料进行资源化利用，残留的有害垃圾和暂时不能利用的建筑垃圾可以通过填埋进行末端安全处置。图中显示了建筑垃圾的来源、种类和处理处置方式。

分类处理与处置　建筑垃圾分类包括分类投放和收集，分类运输，分类处理和资源化利用、分类末端处置等主要环节。建筑垃圾应当从产生的源头开始，按种类和特性的不同进行分类投放和收集；再采用卡车、槽罐车、船舶和管道等适宜的形式分类运输到预处理中心或者直接运输到加工处理和利用的场地；最后，选择适宜的方式进行各类加工处理和再利用，制备成再生材料或者再生产品，对于处理利用后的尾料或有毒害的建筑垃圾需再分类进行末端处置。　（孟　涛　詹良通）

建筑垃圾处理工程　treatment engineering for construction and demolition waste　研究建筑垃圾分类、收集、加工处理、资源化利用及末端处置的一门工程应用科学和技术。以材料、机械、土木、交通等相关学科为理论和应用基础，促进天然砂石资源的保护，控制建筑垃圾的土地占用和环境污染，实现建筑垃圾的合理处置和资源化利用。其研究对象包括工程垃圾、拆除垃圾、装修垃圾、工程渣土和工程泥浆。

发展情况　早期建筑垃圾主要采取清运到城市周边堆放处理。第二次世界大战后在西欧、日本和美国的城市大规模重建过程中，开始对建筑垃圾进行破碎筛分等简单处理后循环利用。20世纪末，部分发达国家逐步形成较为完整的建筑垃圾处理工程体系，从土地规划、项目建设、再生材料和再生产品的制备和应用、政策和技术标准等各个环节进行保障，处理对象从废弃混凝土和砖为主的石质建筑垃圾覆盖到所有上部结构废弃物和地下工程废弃物。21世纪以来，建筑垃圾处理工程的理论基础不断夯实，新型破碎、筛分、组分鉴别和分选、材料强化等技术和工艺也不断出现，正在逐步发展成为一门独立的技术。

主要环节　建筑垃圾处理工程的主要环节有分类收集、预处理、加工处理、资源化利用和填埋处置等。

建筑垃圾产生后首先进行分类收集，然后运输至指定场所进行预处理、加工处理和资源化利用，难以处理利用的建筑垃圾以及处理利用后残余物一般进行填埋处置，有毒害有污染的建筑垃圾需采用特殊工艺流程进行处理。建筑垃圾处理工程应根据上部结构废弃物和地下工程废弃物的不同采取相应具体的工艺流程，并充分考虑品种和性质的差异性及产品和环境的具体要求。根据垃圾种类的不同，建筑垃圾处理工程可采用图中所示的工艺流程。

分类收集应从建筑垃圾产生的源头开始，将建筑垃圾按不同处理要求分成若干种类进行收集，并分别进行回收和处理。预处理可通过机械和人工的方法，把大块物料挑出并破碎成粒径适合加工处理的物料，或者把能直接回收利用的组分或有毒害有污染的组分挑选出来单独处置。建筑垃圾的分类收集和预处理能减小建筑垃圾的处理难度、提高建筑垃圾的处理和资源化利用水平。加工处理可通过筛分、破碎或者脱水固化等方式将建筑垃圾加工成再生材料，处理过程中需考虑粉尘、污水、噪声等环境污染的防治。资源化利用可通过特定的工程技术手段，将回收后可直接利用物料或加工处理后的再生材料制备成各类再生产品。上部结构废弃物可破碎筛分为砂、石等再生材料，进而制备再生混凝土、再生砂浆和再生墙体材料、再生路用材料等再生产品；地下工程废弃物可堆坡造景、矿山回填再利用，也可脱水固化处理成泥饼等再生材料后，再制备烧结砖、砌块和黏土陶粒等再生产品。填埋处置指对暂时难以利用的建筑垃圾和有毒害有污染的建筑垃圾，采取摊铺、压实等机械方法进行回填或堆高，并对回填或堆高过程可能产生的地质灾害和环境污染问题进行防治的方法。含水率高的工程渣土可采取排水固结等措施进行填埋处置；油漆、涂料、石膏等有毒害垃圾，混杂的生活垃圾以及加工处理过程中产生的剩余混杂垃圾在填埋处置过程中应采取防渗、渗沥液收集与导排等技术措施防止对周边环境产生污染。

展望　随着技术水平的不断提高，建筑垃圾的处理工程逐渐趋向全过程精细化处理和高值化利用方向发展。例如，待拆建筑物应在拆除前进行选择性拆解，提

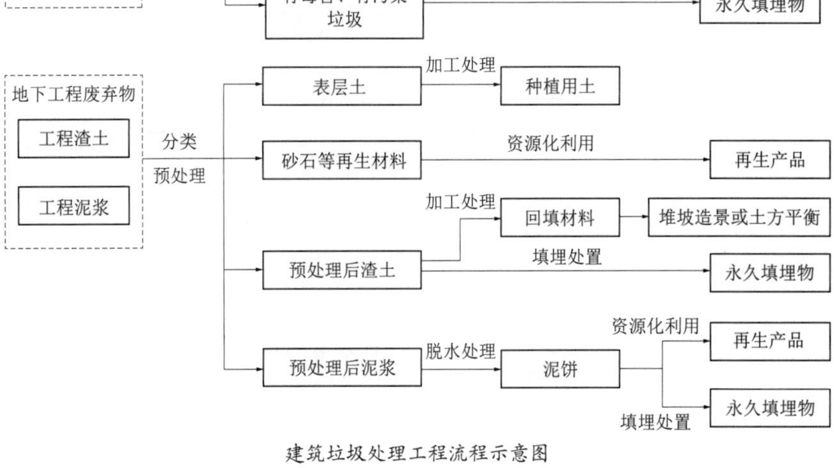

建筑垃圾处理工程流程示意图

取可直接使用的门窗、板材、家具、线管、灯具和砖等物件，拆除后可先通过磁选、轻物质、光电和机器人等方式分选出金属、木材、砖、砂浆和混凝土等各种有用材料进行再利用，难以利用的布匹、塑料、涂料和夹杂的生活垃圾等则进行填埋处置，从而提高利用率和利用价值。日本、韩国、中国还有通过颗粒整形以及化学、纳米和碳化强化等方法改善再生粗细骨料和混凝土、砖、砌块等再生产品的技术性能，实现建筑垃圾的高值化利用。

（詹良通　孟　涛）

建筑垃圾循环利用　recycling of construction and demolition waste　基于建筑垃圾的种类和特性，经过分选、预处理和加工处理等工艺将建筑垃圾直接回收利用或者加工成再生材料和再生产品的过程。建筑垃圾是一种城市资源，对建筑垃圾进行循环利用不仅可以防止建筑垃圾产生的环境危害，而且可以降低砂、石、黏土等天然材料的开采和使用量，有着显著的环境效益和资源效益。

一些国家的建筑垃圾循环利用率极高，欧美等国均在90%以上，并且在建筑垃圾的减量化、无害化、资源化、产业化方面有着一整套完整的政策、技术和标准体系。2019年，中国35个建筑垃圾治理试点城市的建筑垃圾循环利用率达到22%，全国建筑垃圾循环利用率仍低于15%，急需推进废弃混凝土、砖混废弃物、废弃沥青等建筑垃圾的循环利用。

建筑垃圾循环利用应遵循优先就地利用的原则，做好源头分类，且根据其种类和性质的不同进行相应的循环利用。对于可以再次使用的建筑垃圾可以分拣后直接利用，对于加工处理后可以再次使用的建筑垃圾可再加工处理后进行资源化利用。不同种类的建筑垃圾循环利用途径见表。

（孟　涛）

建筑垃圾循环利用途径

建筑垃圾	循环利用途径
废弃混凝土	加工成再生骨料，配制再生混凝土或再生砂浆
废砂浆和废砖石	加工成砖混再生骨料，制备再生砖等建材产品或配制路面水稳层
工程渣土	工程回填，场地覆盖，园林绿化，制备再生渣土砖等建材产品
废弃泥浆	脱水和固化处理后，制成的泥饼用作回填、场地覆盖或制备再生砖
废木材	直接再用于重建建筑或作为木质再生板材的原材料或造纸等
废弃沥青	按适当比例直接用于再生沥青混凝土
废金属	直接再利用或回炉加工
废玻璃、废陶瓷	回炉加工或者作为再生骨料制备再生砖等建材产品
废纸	再处理和回收纤维后重新造纸

建筑铝型材　aluminium profile for building　由铝合金为原料经挤压工艺制得的、具有一定几何形状截面的铝材。建筑铝型材的优点为强度高、重量轻、装饰性好、色彩丰富，可广泛用于各类建筑及装修业，如门窗、幕墙、采光顶、雨篷、隔断、装饰及结构部件等。

生产技术　建筑铝型材的生产涉及高质量铸锭的生产、轧制或挤压，以及型材表面处理。铸锭的生产主要涉及铝合金的熔铸，首先是对铝锭加热熔化，同时加入一定比例的其他合金元素，如镁、铁、铜、稀土元素等，充分搅拌、精炼，并除去熔体内杂质及气体，铸造成型。铸造技术有水平连铸、电磁铸造、半固态铸造和低液位铸造等。挤压是采用挤压杆将装在挤压筒内的铝锭坯压出模孔或流入特定的孔隙而成型的塑性加工方法。挤压工艺和模具结构参数是制备铝型材的重要内容。铝型材的表面处理方式有阳极氧化着色、电泳涂漆、粉末喷涂、氟碳漆喷涂等。

特点　建筑铝型材绝大多数采用6063-T5/T6铝合金。6063铝合金质量轻，有良好的塑性，工艺成型性能好，表面处理性能优良；型材壁薄，绝大多数型材的壁厚为0.6～2毫米，形状十分复杂，且断面变化剧烈，相关尺寸精度要求高，技术难度大，大多数为超高精度薄壁型材。建筑铝型材中的空心制品比例很大，空心型材与实心型材的比例大约为1∶1，而且多为异形孔，有的常常为多孔异型薄壁空心制品。型材要具有通用性、互换性及装饰性，故对型材的精度和表面品质要求较高。

（薛　锋）

建筑幕墙　curtain wall engineering　相对主体结构有一定位移能力、不承担建筑主体结构所受作用的建筑物外围护墙体或装饰性结构工程。幕墙是建筑的外表皮，由支承结构体系和面板组合而成，具有通透、宜居、美观、节能和安全的功能，主要应用于高层建筑、大跨度建筑、异形建筑和建筑综合体等。

沿革　1851年，英国伦敦工业博览会水晶宫大厅的成功建造宣告了幕墙时代的诞生。该建筑的玻璃板块面积达到了8.5万平方米。1931年，美国纽约帝国大厦建成，其外墙采用了骨架和面材的组合结构，其中骨架采用不锈钢和铝型材，面材采用花岗石和不锈钢板，是现代幕墙发展的雏形。1982年，广州出口商品交易会正面上半幅墙面采用了大面积玻璃墙面作为会标的底衬，为中国幕墙发展的开端。此后，受益于中国经济的快速发展，各地建成了一大批建筑幕墙标志性工程：北京长城饭店、上海联谊大厦、深圳国贸大厦、上海新锦江大酒店等。进入21世纪，中国超高层建筑的迅速兴起，幕墙迎来了一轮高科技引领的技术发展，诞生了众多知名的幕墙建筑：上海环球国际金融中心（492米高）、深圳平安金融大厦（597米高）、**上海中心大厦**（632米高）等。40余年的发展，中国建筑幕墙行业实现了从无到有、从外资企业垄断到国内企业主导、从模仿引进到自主创新的跨越式发展。到21世纪初，中国已经发展成为幕墙行业世界第一生产大国和应用大国，其中玻璃幕墙占到全部幕墙的60%以上。

分类　按面板的材料，建筑幕墙可分为玻璃幕墙、石材幕墙、金属幕墙及其他新材料幕墙。其中，玻璃幕墙按照结构支承形式可分为框支承玻璃幕墙（图1）、点支承玻璃幕墙、全玻璃幕墙和双层幕墙。

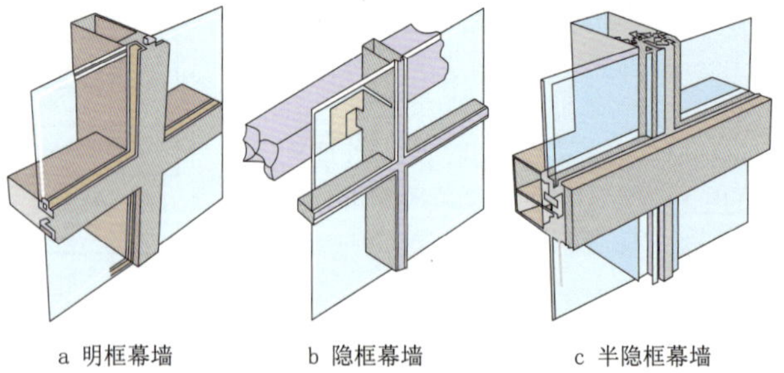

a 明框幕墙　　b 隐框幕墙　　c 半隐框幕墙

图1　框支承玻璃幕墙示意图

框支承玻璃幕墙　玻璃面板周边由金属框架支承的建筑幕墙。按照幕墙形式可分为：①明框玻璃幕墙。即金属框架的构件显露于面板外表面的框支承玻璃幕墙。②隐框玻璃幕墙。即金属框架的构件完全不显露于面板外表面的框支承玻璃幕墙。③半隐框玻璃幕墙。即金属框架的竖向或横向构件显露于面板外表面的框支承玻璃幕墙。

点支承玻璃幕墙　由金属连接件将玻

璃面板与支承骨架连接成一个整体的组合式建筑幕墙。按支承骨架形式可分为：钢结构支承点式幕墙、玻璃肋支承点式幕墙、不锈钢拉索支承点式幕墙、不锈钢拉杆支承点式幕墙。点支承玻璃幕墙是建筑设计、结构设计和机械设计的完美统一，它将结构美和机械美深入每一个细部，加以艺术的塑造，从而形成建筑的整体美。主要应用于大型公共建筑及商业综合体的首层、入口、采光顶等区域。

全玻璃幕墙　由玻璃面板和玻璃肋组合而成的建筑幕墙。按玻璃高度的不同，分为座地式幕墙、吊挂式幕墙（图2）。全玻璃幕墙是随着玻璃生产技术的提高而诞生的新型建筑幕墙，具有整体外观效果平整、通透的特点，主要应用于各类公共建筑的首层采光区域。

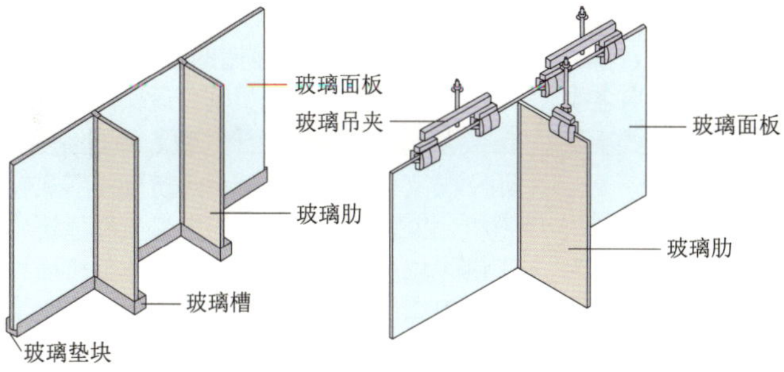

a 座地式幕墙　　b 吊挂式幕墙

图2　全玻璃幕墙示意图

双层幕墙　由内外两层建筑幕墙组成，中间能够形成一个有组织的流动空气层的建筑幕墙，又称呼吸式幕墙（图3）。按进风口位置可分为：①外循环双层幕墙。进风口设置在外层幕墙的双层幕墙。②内循环双层幕墙。进风口设置在内层幕墙的双层幕墙。③双循环双层幕墙。在内外两层幕墙同时设有进风口，可根据需要启闭进风口和排风机械，实现内循环和外循环相互转化的双层幕墙。双层幕墙能够通过通风换气层中空气的流通或循环，使内层幕墙的温度接近室内温度，与传统幕墙相比，能够大幅度节约能源。

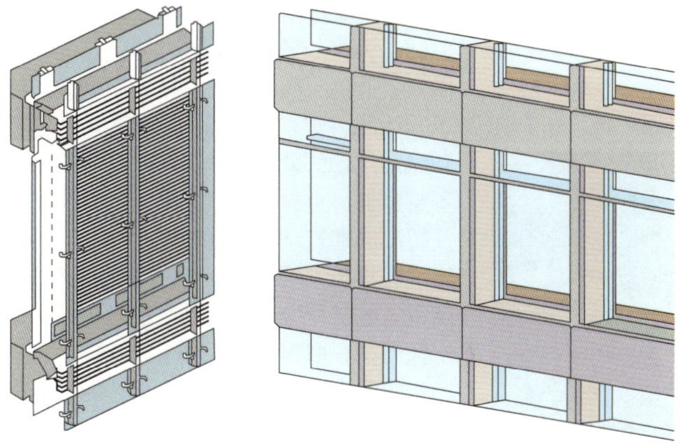

图3　双层幕墙示意图

安装　按照不同的安装方法，幕墙大致可分为构件式和单元式两类。安装前应先测量放线，并在主体结构施工时同步进行预埋件的定位和安装。构件式幕墙采用现场组装的安装方法，先安装纵横金属型材支承骨架，然后逐块安装面板，具有适应性广的优点。单元式幕墙采用工厂预制现场整体安装的方法，面板与支承骨架在工厂内组装成完整的幕墙结构基本单元，运至现场后直接吊装就位，具有质量控制好和现场安装便捷的优点。　（贾宝荣）

建筑平移　building translation　采用特殊的工艺或装备，将建筑物从原位置整体迁移到新的位置。

沿革　建筑平移技术起源于19世纪末的欧美等国家和地区。世界上第一座整体平移工程是使用蒸汽机车将一座单层住宅牵引35米移动到新位置。紧接着在美国依阿华大学科学馆平移工程中，首次利用千斤顶及原木滚轴装置将6000多吨的建筑物进行了顶升托换并进行了转向移动，这一工程被公认为现代建筑物移位技术的起始。

20世纪80年代中后期，建筑平移技术真正进入中国，最早应用于煤矿矿井的平移，随后在重庆某四层建筑平移工程中，采用千斤顶将建筑物牵拉了8米，并转动了10°。经过数十年来的发展，中国的建筑平移技术已经跃居世界领先地位。中国建筑平移工程中建筑物体量最大的是山东莱芜高新区管委会综合楼，高67.6米，总荷载约3.5万吨，平移了约72.7米。平移距离最远的建筑是山东济南市经八纬一路的一幢老别墅，采用平板拖车代替移动滑道对老别墅移位了28千米。整体旋转移位最大的建筑是重达2.8万吨的福建泉州濠景大厦，分两阶段以不同旋转中心旋转平移后再纵向直线平移，完成了整体旋转迁移，并研发了新型旋转轴工法，填补了中国旋转平移工程的技术空白。江苏南京江南大酒店大楼平移工程中，采用滑移消振技术，在结构基础上设置隔震装置提升建筑物移位后的抗震性能。上海音乐厅平移工程中，使用可编程逻辑控制器（PLC）控制的液压同步平移顶升系统代替原有的滚动平移，主动调节滑脚的高度，来适应轨道梁的不平整度，减小平移中摩擦力，使平移更稳定、更便利。

建筑平移工艺　建筑平移主要包括建筑物的纵向、横向及转向平移。根据建筑物移动的方式主要有滚动式、滑动式和轮动式平移3种。

滚动式平移　需要在建筑物新基础和原有基础间修建一滑移轨道，将建筑物通过托换分离的方式置于轨道上，轨道与建筑物间放置滚轴滑移装置，借助牵引装置（千斤顶等）施加水平动力牵拉或顶推来促使建筑物沿滑道相对移动（图1）。滚动式平移其摩擦力小，施工比较简单方便，但平移过程中滚轴容易变形并引起建筑物偏位，在平移技术发展的初期使用较为普遍。

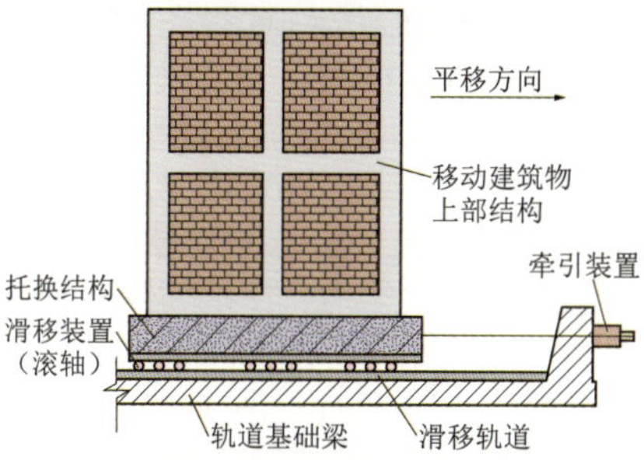

图1　滚动式平移（以牵拉为例）示意图

滑动式平移　以滚动式平移为基础，将原先放置在建筑物与轨道间的滚轴滑移装置改为滑块或千斤顶，使建筑物发生滑动平移（图2）。滑动式平移应用广泛，有

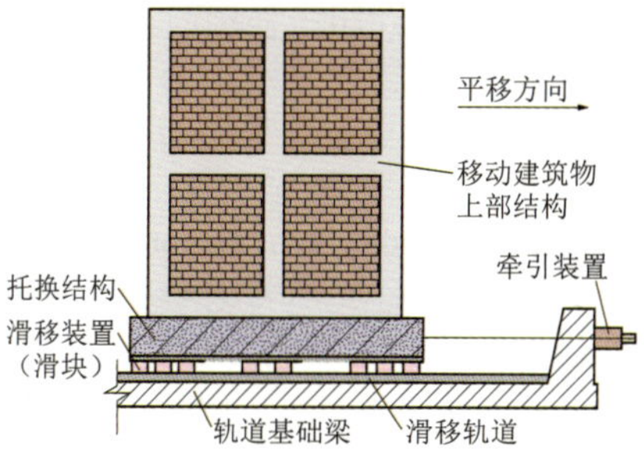

图2　滑动式平移（以牵拉为例）示意图

代表性的滑移装置有支座式滑动平移、液压悬浮千斤顶平移、滑靴式平移，后两种装置能够主动调节滑脚的高度，以适应滑道的不平整性，降低滑动摩擦力。

轮动式平移　在中国21世纪20年代刚刚兴起，主要是将建筑物托换顶升后放置在大型平板车上进行平移，此种方法不需要再建滑道，直接拖运即可，但平移过程中对建筑位的监测要求较高，适用于平

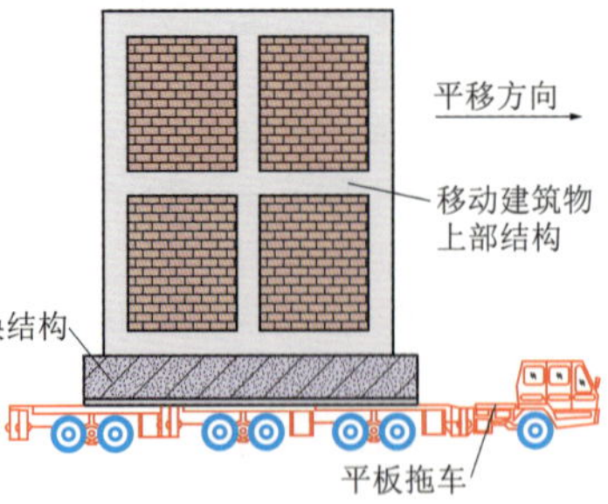

图3 轮动式平移示意图

移距离比较长、建筑荷载小的工程（图3）。

建筑物平移过程中需解决建筑物上部结构的加固托换与分离、新基础的建造、建筑物移动过程中的稳定性及同步协调控制，以及移动就位后上部结构与新基础间的连接等一系列关键技术难题。其中，最为核心的是建筑物移动过程中的稳定性及同步控制。

建筑物移动中的稳定性及同步控制涉及移动平台的设置、平移方式的选取等。当采用滚动式平移和滑动式平移时，其移动平台由滑移轨道和轨道基础组成，轨道基础型式需综合考虑上部托换结构的型式、被托换结构荷载、平移段地质以及新址处的地下空间利用情况，主要有单梁或者双梁型式的条形基础、筏形基础、静压桩基础等，移动轨道一般采用钢板、槽钢或者型钢制作而成。对于轮动式平移而言，移动平台一般为普通道路，因此在平移前需要根据平移建筑的荷载对道路承载能力进行复核，必要时对道路的地基进行加固处理。

建筑平移技术的应用有利于城市规划布局的灵活调整，能够有效地避免建筑物的拆除重建，有助于保存有价值的现存建筑，继而加快城市化改造的进程，为城市建设提供了一条新的技术方法。

（谷志旺）

建筑施工 building construction　利用各种建筑材料、机械设备将建筑设计蓝图在特定的地点和时间转化为建筑实体的过程。包括建筑及其附属设施和设备实体进行新建、改建或扩建的全部生产活动。建筑施工是一个复杂的系统工程，涵盖从建筑施工准备、破土动工到工程竣工验收的全部生产过程。具体包括：建筑施工测量、场地平整、地基处理、基坑支护、地下水控制、土方开挖、基础工程、**钢筋工程**、模板工程、混凝土工程、脚手架工程、钢结构工程、屋面工程、防水工程、地面工程、防腐蚀工程、保温隔热工程、机电工程、装饰装修工程等。

发展历程　建筑施工的发展伴随着人类文明的进步，从史前人类居住的简陋洞穴到如今城市中林立的功能多样、形式复杂的各类建筑，建筑施工的发展历史就是人类不断改造自然环境形成适宜人居环境的历史。

建筑施工的发展可分为3个阶段：第一阶段为古代阶段，从新石器时代开始，至16世纪文艺复兴时期；第二阶段为近代阶段，从17世纪中叶开始到第二次世界大战爆发；第三阶段为现代阶段，从第二次世界大战结束后开始。

第一阶段——古代建筑施工　大约在新石器时代，人类便开始模仿天然掩蔽物，使用简单的骨、木、石制工具建造简易的居住场所。进入青铜器与铁器时代后，随着生产力的发展，人类广泛使用青铜、铁制工具，制造出了简陋机械用于建筑施工，而烧制技术的进步促进了砖瓦等建筑材料的出现。在古代美索不达米亚、古希腊、古罗马、古埃及、古代中国，有各类施工技术精美、结构设计合理、样式手法丰富的建筑。

公元前2世纪，古罗马开始采用石灰和火山灰的混合物制作混凝土，从而以石拱结构修建了大量的公共建筑。进入5世纪后，欧洲继承了古罗马拱券结构为主的形式，建筑施工技术有了新的进步，修建了大量的城堡和教堂。拜占廷采用在方形柱网上设置穹顶的方式修建教堂，在内部形成开敞空间。12世纪开始，西欧开始发展并修建了大量哥特式教堂建筑，尖拱、飞扶壁、尖拱门等展现出独特高超的施工技艺。16世纪文艺复兴之后，建筑施工技术的进步则主要体现在教堂穹顶建造方面，能够实现在无模板支撑条件下完成大型穹顶结构的建造。

古代中国的建筑施工呈现出与欧洲不同的发展轨迹，主要围绕木结构体系不断取得建造技术的突破（见图）。早在汉代，中国木结构方式就派生出抬梁式、穿斗式、井干式3种，平面布局多呈柱网，柱网之间砌填充墙或安设门窗。在宫殿、庙宇等重要建筑施工中，在柱上和檐枋间采用安装**斗拱**的形式，斗拱逐次悬挑，层次分明。自两晋、南北朝时期开始，随着佛

复原古建施工场景

塔的修建，木塔等高层木结构也得到了持续的发展。15世纪开始，以故宫为代表的明、清两代木结构宫殿建筑群的修建，集中体现了中国古代木结构建筑精美绝伦的营造技艺。

第二阶段——近代建筑施工　进入17世纪以后，材料的发展促使建筑施工技术有了飞跃式发展，特别是两次工业革命极大提高了生产力，实现了建筑材料的批量化制造，并为建筑施工提供了能源动力。17世纪，玻璃制造技术有了较大突破。18世纪，铸铁和锻铁开始在建筑施工中得到应用。19世纪，钢和混凝土两种现代建筑材料出现，直至21世纪仍为主要的建筑材料。1824年，英国发明了波特兰水泥，19世纪中叶以工字钢为代表的型钢开始大规模生产，之后钢筋混凝土也得以问世并在建筑中推广应用，于是城市中开始出现大量采用现代材料建造的建筑。1853年，电梯的发明解决了人员垂直运输问题，城市高层建筑开始不断出现。20世纪初，西欧国家开始开发并使用建筑施工塔式起重机，1930年德国已能够批量生产建筑施工塔式起重机，同时出现各类重型机械并不断得到广泛应用，建筑现场机械化施工能力大幅提升。

近代中国的建筑施工水平相比国外有较大程度的落后。鸦片战争后，中国沿海大城市开始出现以钢铁和混凝土为主的现代化建筑，但多数为外国公司承建。中国私人创办的营造厂有了一定的发展，一些营造厂成功建造了具有影响力的标志性工程。但总体而言，中国本土营造厂的整体规模小、机械装备技术条件较差，建筑施工和管理处于较低的水平。

第三阶段——现代建筑施工　第二次世界大战后，随着世界经济的复苏，建筑施工进入爆发式发展阶段。大量满足人类生活需求的公共建筑、住宅建筑以及满足人类生产需要的工业建筑在世界各地得到建造。在第三次科技革命背景下，现代建筑不仅仅是提供庇护的房屋，而且变成集采暖、通风、给水、排水、供电、供暖、供气、通信、网络、智能技术等现代科技于一体的适宜人居空间。随着人口的增长和城市用地的紧张，建筑朝着高空与地下不断延伸，世界各地开始兴建大量的高层及超高层建筑。作为现代城市文明的象征，超高层建筑不断突破高度极限。在追逐高度记录的过程中，建筑施工技术不断融入现代科技，取得了一系列重要突破。

中华人民共和国成立以来，随着中国社会主义建设事业的发展，中国建筑施工发生了根本改变，为中国崛起发挥了巨大

作用。特别是改革开放后，城市化的发展推动了各类建筑的快速发展。各类高层及超高层建筑、大跨空间建筑不断建成，工程数量之多、施工技术难题之大都是空前的。从早期引进国际先进施工技术进行再创新，到围绕建筑施工材料、技术、工艺、装备、管理等的关键领域开展自主创新并实现关键突破，随着大量具有世界影响力和顶尖水准的建筑项目相继建成，中国的建筑施工水平在很多方面已经赶上或超过了发达国家。

施工技术 建筑施工技术与材料技术、电子技术、计算机科学、机械工程、自动化控制等现代科技紧密相连、相互支持。

现代材料技术的进步催生出轻质化、高强化、多样化的新型建筑材料，包括高强度与高性能混凝土、高强度钢材、铝合金、不锈钢、玻璃幕墙、建筑塑料、玻璃钢等。这些新型建筑材料在建筑施工中广泛采用，形成了很多新的施工工艺，为建筑多元化发展与功能拓展创造了无限可能。20世纪80年代开始，材料技术融合电子技术产生一系列智能建筑材料，包括具有自诊断和自适应功能的机敏混凝土、具有自修复和再生功能的自修复混凝土等，并逐渐得到推广应用。

计算科学与电子技术的发展与普及，使建筑施工开始融入计算机数字化技术。结构分析技术与仿真技术的应用使得建筑施工全过程能够在计算机上实现可视化模拟，施工过程状态可进行预知，并能实现提前干预。监测与控制技术的应用使得建筑施工过程真实状态能够进行实时获取和及时判断，并对危险状态进行有效控制，从而保证施工安全，提高施工质量。

大规模现代化建设推动建筑标准化与施工过程工业化的发展，建筑构配件、部品、设备在工厂批量生产再运到现场装配施工，这种预制装配式施工的风潮逐渐盛行。在结构工程方面，钢结构、木结构天然具有预制装配施工属性，而混凝土结构通过合理设计与构配件分割也已实现了预制装配化建造。在安装工程方面，设备模块化与管线集束化安装方法正在得到推广应用。在装饰工程方面，以一体化集成方式进行模数化、装配化装饰施工的理念也正在得到认同。

随着施工机械装备技术的发展，越来越多的施工机械在建筑施工中得到应用，其性能不断升级，从而促进机械化施工水平不断提升。在建筑地基处理和基础工程中，普遍采用旋挖机、搅拌机、成槽机、铣槽机等机械设备；在现浇混凝土施工中，广泛应用滑升模板、爬升模板、大模板等工业化模板及脚手架体系；在混凝土制备输送方面，商品混凝土及搅拌运输车、混凝土泵及布料机得到大规模应用；在垂直运输方面，大型塔式起重机不断突破起重吨位限制，得到了普遍采用，提高了现场建筑材料的吊装能力。各类机械装备的广泛应用，减少了施工现场的劳动力投入，提高了生产效率。

标志性建筑 在建筑施工发展的漫漫历史进程中，产生过很多恢宏而具有标志性的建筑。古代的建筑大多早已湮灭在历史长河中，现存的建筑以近现代建筑为主。从这些标志性建筑中，可窥探到人类在各个时期建筑施工的顶尖水平和辉煌成就。

古代标志性建筑 公元前27～前26世纪，古埃及建造了吉萨金字塔群，其中胡夫金字塔保持世界最高人造物的历史长达近4000年。公元前5世纪，古希腊建成雅典卫城。120～124年，古罗马修建了万神庙，其圆形正殿屋顶的直径达43.43米，是古代最大的圆顶庙。537年，拜占廷建成圣索菲亚教堂。11～13世纪，意大利修建比萨大教堂建筑群，为哥特式建筑教堂的代表。1470年，意大利建成佛罗伦萨教堂，其穹顶堪称世界之最。

公元前5世纪，中国出现了以记录木工、金工等工艺为主且兼论城市、宫殿、房屋建筑规范的土木专著——《考工记》。11世纪，中国建成应县木塔，高67.31米，呈八角形，每层用梁、柱、斗拱组合成完整而稳定的构架，是世界现存最高的木结构之一。1100年，中国第一本详细论述建筑工程做法的官方著作——《营造法式》修订完成。15世纪开始，中国开始修建故宫，历经明、清两代，是世界上现存最大、最完整的古代木结构宫殿建筑群，体现了中国古代木结构建筑施工的最高水平。

近代标志性建筑 1885年，美国芝加哥建成第一座高10层的家庭保险大厦，高42米，是世界公认的第一栋具有现代意义的高层建筑，也是世界第一栋钢结构高层建筑。1889年，法国巴黎建成埃菲尔铁塔，高300米，超过胡夫大金字塔成为人类建设的最高人造物。1903年，美国辛辛那提建造16层的英格尔斯大厦，是世界上第一栋钢筋混凝土结构高层建筑。1931年，美国纽约建成102层的帝国大厦，高381米，是世界首栋高度大于300米的超高层建筑，保持世界最高建筑达40余年。1933年，法国、苏联和美国分别建成跨度超过60米的圆壳、扁壳和圆形悬索屋盖。

1923年，中国上海建成字林西报大楼（桂林大楼），高10层，是中国首栋具有现代意义的高层建筑。1934年，中国的国际饭店在上海建成，地上22层，地下2层，高83.8米，为当时亚洲第一高楼，保持全国最高建筑达34年。国际饭店由中国本土的馥记营造厂承建，代表着中国当时本土营造厂的建筑施工水平。

现代标志性建筑 1967年，苏联建造了莫斯科电视塔，高540米，是当时世界第一高塔。1974年，美国芝加哥建成西尔斯大厦，高443米，110层。1976年，加拿大国家电视塔在多伦多建成，高554米，成为当时新的世界第一高塔。1998年，马来西亚国家石油双塔大厦建成，高452米，共88层，成为当时新的世界第一高楼。2010年，阿联酋建成哈利法塔，高828米，共160层，是当今世界第一高楼。2012年，日本建成东京晴空塔，高634米，成为世界第一高塔。

1959年，中国北京的人民大会堂建成，施工仅用了10个多月的时间，是中国建筑施工史上的一大创举。1959年，北京民族文化宫建成，高67米，共13层。1968年，广州宾馆建成，主楼高86.5米，共27层，这是中华人民共和国成立后中国大陆地区第一栋高度超过上海国际饭店的高层建筑物。1976年，广州白云宾馆建成，主楼高114.5米，共33层，表明中国自行设计建造的建筑开始突破100米高度。1981年，上海宾馆建成，高91.5米，共30层，超过上海国际饭店成为上海新的最高楼。1989年，上海商城建成，高168米，共48层，成为20世纪80年代中国大陆地区规模最大、高度最高的超高层建筑。1994年，上海东方明珠电视塔建成，高468米，成为当时中国第一、世界第三高塔。1998年，上海金茂大厦建成，高420.5米，共88层，成为当时中国第一、世界第三高楼，也是20世纪90年代中国大陆地区最高的建筑物。2004年，中国台北国际金融中心（俗称“101大厦”）建成，高508米，共101层，成为当时世界第一高楼。2007年，国家大剧院建成。2008年，上海环球金融中心建成，高492米，共101层，成为当时中国大陆地区新的第一高楼、世界第三高楼。2008年，国家游泳中心（俗称“水立方”）建成。2009年，广州塔建成，高610米，后降低至600米，成为当时世界第一高塔，也是中国高度率先突破600米的超高构筑物。2014年，上海中心大厦土建工程竣工，高632米，地上127层，成为中国第一、世界第二高楼，也是中国高度率先突破600米的超高层建筑，展现了中国超高层建造技术达到世界领先水平。

展望 建筑施工在为人类创造生活、生产所需的各类建筑实物的同时，也带来很多负面效应。建筑施工不断吞噬着有限的自然资源，造成大量的碳和有害气体排放，产生大量的固体废弃物，严重破坏了生态环境；建筑施工仍多依靠人工投入，劳动力密集，现场操作工作量大，生产方式较为落后，数字化技术的应用非常滞后；建筑施工也是安全事故频发的行业，每年都会造成从业人员生命和财产的巨大损失。为解决这些问题，建筑施工必须向绿色化、工业化、信息化的方向发展，寻找能够实现可持续发展的现代化施工生产方式。

在绿色化发展方面，建筑施工将围绕建筑材料绿色化与高性能化、施工过程资源消耗减量化等方向持续发展。在建筑材料生产过程中，将进一步增加本地材料的使用，同时尽量减少天然材料，更多利用其他工业生产的废渣等废弃物；将通过低能耗的材料生产工艺的改进，不断减少二氧化碳和有害气体排放。另外，将进一步提高建筑材料的强度等级以及耐久性能，并开发高性能复合材料，从而减少材料用量，提高使用年限。在建筑施工过程中，将通过施工工艺升级减少废弃物产生，并合理利用施工过程产生的各类资源；将通过合理施工组织，提高施工机械的有效工作时间，从而减少能源消耗。

在工业化发展方面，建筑施工将重点解决构件部品化与施工机械化的关键问题。首先，将通过建筑形式的进一步创新，提高建筑标准化水平，推动建筑构配件、制品、设备实现规模化生产，形成系列化通用化的建筑构配件、制品、设备，以满足各类建筑的多元化需求。其次，将通过开发更多类型先进适用的施工机械装备及施工技术，提高现场机械化施工水平；通过科学合理组织施工，大幅减少繁重复杂的手工劳动和湿作业，从而减少劳动力，提高施工现场安全性，提升建筑施工质量。另外，3D打印技术在建筑施工中也将有探索性的应用，其主要用于生产定制化部件，增加设计的灵活性，但其广泛应用的可能性还有待进一步评估。

在信息化发展方面，计算机信息技术将渗透到建筑施工全过程所涉及的各阶段和各部分。首先，利用信息技术将对建筑施工过程的材料、机械、劳动力、工期、资金、进度、质量、安全等信息进行全面收集、处理、存储、交换，并加以综合利用，及时准确地为施工管理提供决策依据，实现建筑施工管理科学的现代化。另外，将对建筑施工专家个体的知识和经验加以集中和信息化，形成建筑施工专家系统，用以科学指导施工。此外，智能化技术、人工智能技术也将全面应用于建筑材料、施工监测、施工防护等各方面，从而减少施工事故，提高施工效率，保证工程质量，降低施工成本。

建筑施工的绿色化、工业化与信息化发展相互促进，将彻底改变建筑施工现有生产模式，推动建筑施工生产效率、建筑品质性能的大幅提升，并促进资源节约、节能减排和可持续发展，通过规模化生产和资源高效利用，实现建筑施工生产方式的重大变革，从而为建筑业发展带来巨大的经济效益和社会效益。 （龚　剑）

建筑施工测量 building engineering survey 在建筑工程施工阶段，用仪器或量具对工程项目中所涉及的长度、高程、转角及坐标等数据进行的测量工作。是为建筑工程施工提供全过程、全方位的测绘保障和服务的一项重要技术工作。建筑工程测量是伴随人类社会建造史发展的具有近5000年历史的工程技术，古代工程测量是以铅垂线、木尺和规矩等仪器为工具，经长期实践形成并一直使用的经验技术。17～18世纪，随着水准仪、经纬仪的出现，推动了近现代工程测量技术的发展。进入20世纪，新的科学技术带动了测绘仪器的革新，使得工程测绘技术发生重大变革，为高大工程结构的建造创造了条件。20世纪80年代以来，随着超高结构、越江桥梁、跨海大桥和隧道工程的实施，建筑工程测量技术体系得到进一步完善，推动了中国土木工程技术的进步。

建筑施工测量方法 建筑施工测量的目的是按照设计和施工的要求将设计的建（构）筑物的平面位置、形状和高程在施工现场的地面或建筑物上标定出来，作为施工的依据，以衔接和指导各工序之间的施工，从而保证施工质量。建筑施工测量的内容主要包括距离、角度、高程、坐标等。建筑施工测量的方法包括建筑施工控制网的建立、建筑物的施工放样和施工期间的建筑物变形观测等。

建筑施工控制网的建立 作用是通过控制点和控制线形成的三维网络，控制该区域施工对象的三维位置（平面位置和高程）与设计图纸要求相符。根据控制范围可分为场区控制网、建筑物施工控制网、建筑物轴线控制网。

建筑物的施工放样 在建筑物施工前和施工过程中，将设计图纸上的建筑物平面位置和高程，用一定的测量仪器和方法标定在施工现场的地面或建筑物上。主要工作是根据建筑物的设计位置和尺寸，确定建筑物各部分特征点与控制点之间位置的几何关系，计算其之间的距离、角度、高程、坐标等放样数据，从而利用控制点，在实地上定出建筑物的特征点以指导施工。

施工期间的建筑物变形观测 在建筑施工期间，利用测量仪器对建筑物及其基础因自重和地质条件变化等内外部因素引起的各种变形进行测定。其目的在于了解建筑物的稳定性，监视其结构安全情况，以便控制相应的施工进度或采取相应的技术措施，使工程严格按设计要求施工，并为工程的运维阶段提供基础数据。常规建筑物的变形观测内容主要包括沉降观测、位移观测。对于施工控制要求高的超高层建筑和高耸结构，还应包括挠度观测、转动角观测和振动观测等。

建筑施工测量仪器 建筑工程施工阶段进行测量工作所需用的各种定位、测距、测角、测高等方面的仪器。常用的建筑施工测量仪器包括GPS接收机、全站仪、经纬仪、水准仪、激光垂准仪和激光扫平仪等。

随着科学技术的发展，自动化、智能化将成为建筑施工测量的主要发展方向。利用测量机器人以及与建筑信息模型（BIM）技术的结合，能够自动实现工程测量，并通过计算机对测量结果进行快速计算与分析，使测量工作的效率大大提高，同时也改善了测量人员的工作环境。

扩展阅读

《建筑施工手册》（第五版）编委会.建筑施工手册.5版.北京：中国建筑工业出版社，2013.

（周　涛）

建筑塑料 building plastics 用于建筑工程的塑料制品的统称。主要成分为合成树脂、填料和增塑剂等。可分为热固性建筑塑料和热塑性建筑塑料。建筑塑料在建筑中大部分用于非结构材料，仅有一小部分用于制造承受轻荷载的结构构件，如塑料波形瓦、候车棚、商亭、储水塔罐、充气结构等。建筑塑料更多的是与其他材料复合使用，可以充分发挥塑料的特性，如用作电线的被覆绝缘材料、人造板的贴面材料、有泡沫塑料夹心层的各种复合外墙板、屋面板等。 （王　毅　冉千平）

建筑陶瓷 ceramic building material 主要用于建筑装饰、建筑构件和卫生设施的陶瓷制品。

发展情况　中国生产和使用陶瓷历史悠久。据记载，在建筑陶瓷方面，中国从3000多年前的商代就开始使用陶管作为建筑物地下排水管，战国时期的建筑用到了各种墙地贴面陶砖，从汉代低温铅釉陶质卫生器到三国时期的青瓷质卫生器，从东晋到南朝时期的印花壁画砖，再到始于北魏、流行于隋唐、明清达到高峰的建筑琉璃制品，都彰显了中国对人类文明进步的伟大贡献。现代建筑陶瓷砖于1926年由上海开始生产，现代卫生陶瓷于1916年在河北唐山开始生产。从1993年起，中国的建筑陶瓷砖和卫生陶瓷年产量已位居世界第一。

中国现代建筑卫生陶瓷的生产技术是20世纪初由欧美传入的，其生产技术装备已全部国产化，全自动液压压砖机、辊道窑、隧道窑、梭式窑等设备技术指标已达到国际先进水平，且装备的机械化、自动化、大型化、高效化等方面已走在世界的前列。

中国建筑陶瓷产品不仅产量高，而且造型、尺寸、花色和品种齐全，如薄型墙砖最大尺寸可达1200毫米×2400毫米。

类型　按用途可分为陶瓷墙地砖、卫生陶瓷、装饰陶瓷、饰面瓦、建筑琉璃制品及陶瓷管；按材质可分为陶质、炻质及瓷质；按外观可分为施釉与不施釉制品。①陶瓷墙地砖。包括内墙砖、外墙砖及地砖。内墙砖一般为精陶质，外墙砖一般为炻质或瓷质，地砖为瓷质或炻质。品种有彩釉内墙砖、花砖、腰线砖、彩釉地砖、瓷质砖、玻化砖、仿古砖、各类仿天然石材的瓷质砖、劈离砖、锦砖、广场砖、耐磨地砖、自洁砖、负离子砖、自动灭火砖、调湿调温砖、抗静电砖、光致变色瓷砖、储电砖、发光瓷砖等。②卫生陶瓷。也称卫生洁具，主要有洗面器（立柱式、托架式、台式）、大便器（坐便器、蹲便器）、小便器（斗式、壁挂式、落地式）、洗涤器（斜喷式、直喷式）、水槽（洗涤槽、化验槽）、水箱（低水箱、高水箱）、存水弯（S型、P型）及其他（肥皂盒、手纸盒、化妆盒、衣帽钩、毛巾架托）。③装饰陶瓷。包括瓷粒、陶瓷浮雕、陶瓷壁画等。④饰面瓦。有中式、日式、西式及各种陶质饰面瓦。⑤建筑琉璃制品。品种有琉璃瓦、琉璃砖和琉璃建筑装饰制件等。⑥陶瓷管。包括输水管、落水管、烟囱等。

成分　建筑陶瓷的组成一般用化学成分来表征，如二氧化硅（SiO_2）、三氧化二铝（Al_2O_3）、三氧化二铁（Fe_2O_3）、氧化钛（TiO_2）、氧化镁（MgO）、氧化钙（CaO）、氧化钾（K_2O）、氧化钠（Na_2O）及烧失量；一般的建筑陶瓷中SiO_2占40%～70%（质量百分比），Al_2O_3占15%～30%（质量百分比），$MgO+CaO+K_2O+Na_2O$占20%～30%（质量百分比），并含有少量的杂质Fe_2O_3及TiO_2。建筑陶瓷生产制造的方法是先按制品性能要求设计制品配方组成、选择原料（如黏土、长石、石英等天然原料），将各种原料按配方称料，采用机械破碎、球磨混料后获得坯料，根据制品的形状及技术经济水平选择成型方法（注浆成型、可塑成型、压制成型），干燥后根据需要施釉或不施釉，最后采用宽断面隧道窑、辊道窑等高性能的窑炉烧成。建筑陶瓷的总体性能要求包括强度高、美观、防潮、防火、耐腐蚀、抗冻、不变质、不褪色、易清洁等，每一种建筑陶瓷的性能都有相应的国家标准要求。

将建筑陶瓷的使用功能与艺术紧密结合，减薄、减重、节水、低温快烧、缩短生产工艺流程，开发新原料和利用废弃陶瓷，节能减排以及开发太阳能蓄热（集热）型建筑陶瓷板及其配套技术与装备，制备建筑屋面和外墙装饰材料及部件，满足节能型建筑屋面和外墙装饰的要求，是建筑陶瓷的发展方向。　（陈　伟）

建筑污废水处理　construction sewage and wastewater treatment　将人们在日常生活和工业生产过程中使用过的、受到污染的水以及降落到屋面的雨水和雪水收集起来，通过某些工艺和设备进行的初步处理。建筑污废水经过排水系统管道收集后进入局部处理环节，具体的处理方式根据建筑物的用途不同也有所不同。①建筑物或小区的生活污水处理常采用化粪池。化粪池是一种利用沉淀和厌氧发酵原理，去除生活污水中悬浮性有机物的处理设施，属于初级的过渡性生活污水处理构筑物。②对于医院污水，污水排入终端已建有正常运行的二级污水处理厂的城市下水道时，宜采用一级处理。医院处理后污水直接或间接排入地表水体或海域时，应采用二级处理。可通过生物处理法去除医院污水中的有机污染物，并可提高消毒效果。放射性废水、重金属废水及其他特殊废水应分别采取相应的处理工艺。③对于小区的雨水，由于原水较为洁净，处理流程较为简单。处理系统不设雨水清水池、箱，雨水随取随用随时净化处理，对硬化面雨水进行收集后输入至分流井，部分通向雨水管网。④部分餐饮废水可设置隔油池、隔油器，防止污水中可浮油凝固黏附在管壁上，堵塞管道。⑤小型沉淀池主要应用于车库冲洗废水等含有大量泥沙堵塞管道的地方。降温池用于处理高于40℃的污、废水，保护维修人员身体健康以及管材使用寿命。　（张永吉）

建筑屋面工程　roofing engineering　完成屋面功能的所有工程活动。屋顶是由承重结构和屋面两部分构成。屋面是建筑物最上面的外围护构件，其主要功能是抵抗自然界的雨、雪、风、霜、太阳辐射、气温变化以及其他不利因素的影响，保证建筑内部有一个良好的使用环境。根据使用要求的不同屋面应满足坚固耐久、防水、保温、隔热、防火和抵御其他环境影响的要求。

屋面分类　屋面按形式可以分为平屋面、坡屋面和其他形式的屋面。①平屋面。指坡度在2%～10%的屋面。一般坡度为2%或3%。平屋面的坡度可以用材料找出，通常叫材料找坡；也可以用结构板材带坡形成，通常叫结构找坡。平屋面又可分为上人屋面和不上人屋面两种。平屋面通常形式有挑檐式、女儿墙和挑檐女儿墙等。②坡屋面。指坡度在10%以上的屋面。坡屋面的坡度一般由结构层或屋架找出。坡屋面是由一些相同坡度的倾斜面交接而成，通常形式有单坡式、硬山式、悬山式、四坡式和卷棚式等。③其他屋面。种类较多，如双曲拱式、砖石拱式、筒壳式、球形网壳式、V形网壳式、扁壳式、车轮形悬索式和鞍形悬索式等。这部分屋面坡度变化大、类型多，大多应用于特殊的结构中。常见的有网架、悬索、壳体、折板等类型。

屋面按防水材料可分为柔性防水屋面、刚性防水屋面和复合防水屋面。①柔性防水屋面。所用的材料为各类防水卷材、防水涂料、密封材料等。②刚性防水屋面。所用材料为结构自防水混凝土，防水砂浆等。③复合防水屋面。柔性防水与刚性防水相结合。

屋面工程构成　主要有：①平屋面构造。与是否上人、材料是否找坡、是否有隔汽层有关。构造层次有结构层、找坡层、隔汽层、保温隔热层、防水层、隔离层、保护层等。②坡屋面构造。利用各种瓦材做防水层，靠瓦与瓦之间的搭接来达到防水目的，常用的屋面瓦材有油毡瓦和金属板材。③保温屋面。要设保温层。平屋面的保温层一般设在承重结构之上和防水层之下，具体做法是在承重结构上做找平层，为防止室内蒸汽渗入保温层而降低保温效能，在找平层上做隔汽层，在隔汽层上铺设保温层。为使防水材料下面有一个平整坚实的基层，以便于铺设防水材料，在保温层上再做一层找平层，然后铺设防水层，并在防水层上做保护层。④非保温屋面。与保温屋面的不同之处是没有保温层和隔汽层，只有一层找平层。

常用屋面工程类型　主要有：①柔性防水屋面。有沥青卷材防水屋面、高聚物改性沥青卷材防水屋面、合成高分子卷材防水屋面、涂膜防水屋面。②刚性防水屋面。利用混凝土本身达到自防水目的或利用细石混凝土中掺入外加剂（减少混凝土收缩值）等材料，同时利用高分子密闭材料嵌缝，从而达到防水目的。③平瓦屋面。适用防水等级为Ⅱ、Ⅲ、Ⅳ级屋面防水及坡度不小于20%屋面。采用黏土、水泥等材料制成的平面铺设在钢筋混凝土或其他基层上。④金属板材屋面。无须维护，色彩造型多样，建筑物外观完整美观，可应用于各种复杂状态的屋面，具有整体结构防水及排水、抗渗、抗雪等特点。金属板材有锌板、镀铝锌板、铝合金板、铝镁合金板、钛合金板、不锈钢板等。保温层可以在现场制作，也可以在工厂制作，还可以和天窗结合解决大跨建筑的采光问题。施工方式灵活、方便、快捷。可用于大型公共建筑、厂房、住宅、商业以及一些临时建筑中。⑤架空隔热屋面。适用于夏热冬冷地区，当屋面坡度大于5%及采用高女儿墙时不宜采用。采用烧结黏土或混凝土制品、木质材料等制成，覆盖在屋面防水层上并架设一定高度，利用空气流动加快散热。比实体材料隔热屋面降温效果好。⑥蓄水屋面。既可隔热又可以保温，还能保护防水层，延长防水材料的寿命。对建筑节能及建筑屋顶资源及其多功能的开发与利用十分有益，比如养鱼池、游泳池、区域景观。⑦种植屋面。指在屋面防水层或保护层上覆以种植介质、种植植物的屋面。种植屋面应遵循防、排、蓄、植并重、安全、环保、节能、经济，因地制宜的原则。最上道防水层须采用耐根穿刺防水材料，当坡度大于20%时，其保温隔热层、防水层、排蓄水层、种植层等应采取防滑措施。当坡度大于50%不宜采用种植屋面。⑧广场及道路屋面。指在屋面上建立供人群休闲、集会、娱乐的广场，供人或车辆行驶等。这类屋面需要考虑人、道路的荷载，在防水层上面要满足道路及广场的基层施工，同时考虑道路及广场的排水方式。随着城市综合体的增多，这类屋面越来越多。对于和结构相连的高杆灯、旗杆应在防水层施工前完成预留预埋工作。

施工方法　不同形式的屋面工程施工方法不同，其要点有施工准备、材料和质量要点、施工工艺、质量标准、成品保护、质量控制记录、资源和设备配置、安全文明及环保措施等。屋面施工要突出工作重点，强化施工过程的质量管理。以某住宅屋面为例施工过程需要控制的要点有：找平层坡度、找平层密实度、找平层的平整度、保温材料材质、防水卷材材质、卷材铺贴及搭接符合规范要求、防水队伍符合资质要求、细部构造符合设计要求等。

（高振锋）

建筑物防雷系统　lightning protection system of building　为减少雷击（闪击）建（构）筑物上或建（构）筑物附近造成物质性损害和人身伤亡而设置的防护系统。

雷击效应及危害　雷电（闪电）是大气中带电云块之间或带电云层与地面之间所发生的一种强烈的自然放电现象。雷击于建筑物或建筑物附近时产生的闪电效应包括瞬态电涌效应，热效应，机械效应，声冲击波，闪电静电感应，闪电电磁感应。闪电效应可能导致人员伤亡及对建筑物和电气设备的损坏，建筑物防雷系统可防止或减少这些危害的发生。

组成　建筑物防雷系统由外部防雷和内部防雷综合组成。外部防雷用于防直接雷，由接闪器、引下线和接地装置组成。内部防雷用于减小或防止雷电流在需防护空间内产生的电磁效应，由防雷等电位联结、共用接地装置、屏蔽、合理布线、电涌保护器和与外部防雷装置的间隔距离等组成。

不同的防雷类别的建筑物对建筑物防雷系统的设置要求有所不同，对于建筑物电子信息系统的雷电防护，还需划分建筑物电子信息系统雷电防护等级或进行雷击风险评估，并根据雷电防护等级或雷击风险评估结果采用与之相适应的建筑物防雷装置进行综合防护。

建筑物防雷分类　建筑物根据其重要性、使用性质、发生雷电事故的可能性和后果分为第一类防雷建筑物、第二类防雷建筑物、第三类防雷建筑物。

第一类防雷建筑物：①凡制造、使用或贮存火炸药及其制品的危险建筑物，因电火花而引起爆炸、爆轰，会造成巨大破坏和人身伤亡者。②具有0区或20区爆炸危险场所的建筑物。③具有1区或21区爆炸危险场所的建筑物，因电火花而引起爆炸，会造成巨大破坏和人身伤亡者。

第二类防雷建筑物：①国家级重点文物保护的建筑物。②国家级的会堂、办公建筑物、大型展览和博览建筑物、大型火车站和飞机场（不含停放飞机的露天场所和跑道）、国宾馆，国家级档案馆、大型城市的重要给水泵房等特别重要的建筑物。③国家级计算中心、国际通信枢纽等对国民经济有重要意义的建筑物。④国家特级和甲级大型体育馆。⑤制造、使用或贮存火炸药及其制品的危险建筑物，且电火花不易引起爆炸或不致造成巨大破坏和人身伤亡者。⑥具有1区或21区爆炸危险场所的建筑物，且电火花不易引起爆炸或不致造成巨大破坏和人身伤亡者。⑦具有2区或22区爆炸危险场所的建筑物。⑧有爆炸危险的露天钢质封闭气罐。⑨预计雷击次数大于0.05次/年的部、省级办公建筑物和其他重要或人员密集的公共建筑物以及火灾危险场所。⑩预计雷击次数大于0.25次/年的建筑物。⑪高度超过100米的建筑物。

第三类防雷建筑物：①高度超过20米，且不高于100米的建筑物。②省级重点文物保护的建筑物及省级档案馆。③预计雷击次数大于或等于0.01次/年，且小于或等于0.05次/年的部、省级办公建筑物和其他重要或人员密集的公共建筑物，以及火灾危险场所。④预计雷击次数大于或等于0.05次/年，且小于或等于0.25次/年的住宅、办公楼等一般性民用建筑物或一般性工业建筑物。⑤在平均雷暴日大于15天/年的地区，高度在15米及以上的烟囱、水塔等孤立的高耸建筑物；在平均雷暴日小于或等于15天/年的地区，高度在20米及以上的烟囱、水塔等孤立的高耸建筑物。

（甘招辉）

建筑物接地系统　earthing system of building　建筑物中系统、装置或设备的接地所包含的所有电气连接和器件的统称。

分类　接地一般分为功能接地和保护接地。

功能接地　出于电气安全之外的目的，将系统、装置或设备的一点或多点接地。包括工作接地、逻辑接地、屏蔽接地和信号接地。①工作接地。为了保证电力系统的正常运行，防止系统振荡，保证继电保护的可靠性，交直流电力系统在适当的地方进行接地。低压配电系统交流一般为中性点，直流一般为中间点、中间导体或极导体。这种接地通过中性导体（N）、保护接地中性导体（PEN）、中间导体（PEM）或M导体、极导体进行接地。交流低压配电系统接地的型式如前述，可分为TN、TT和IT系统3种。②逻辑接地。电子设备的参考（基准）电位，一般采用电子设备的金属底板作为参考电位的“逻辑地”。逻辑接地是电子设备内部完成的，常将逻辑接地及信号接地统称直流地。机器逻辑地，也叫主机电源地，是计算机内部的逻辑电平负端公共地。③屏蔽接地。将电气干扰引入大地，抑制外来电磁干扰对电子设备的影响，也可减少电子设备产生的干扰影响其他电子设备。④信号接地。为保证信号具有稳定的基准电位而设置的接地。

保护接地　为了电气安全，将系统、装置或设备的一点或多点接地。包括防电击接地、防雷接地、防静电接地和防电蚀接地。①防电击接地。为了防止电气设备绝缘损坏或产生漏电流时，使平时不带电的外露可导电部分带电而导致电击，将设备的外露导电部分接地。这种接地通过保护接地导体（PE）、保护联结导体、接地导体、接地装置泄流。②防雷接地。为雷电防护装置向大地泄放雷电流而设的接地，用以消除或减轻雷电危及人身和损坏设备。③防静电接地。将静电荷导入大地，防止静电积聚对易燃易爆管道、贮罐以及电子器件造成损坏。

防电蚀接地。通过地下埋设金属体作为牺牲阳极或阴极，防止地下铠装电缆、接地极、金属管道等受到电化学腐蚀。

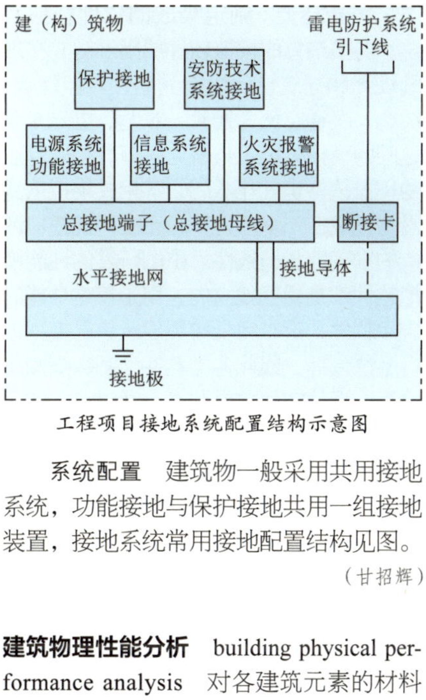

工程项目接地系统配置结构示意图

系统配置　建筑物一般采用共用接地系统，功能接地与保护接地共用一组接地装置，接地系统常用接地配置结构见图。

（甘招辉）

建筑物理性能分析　building physical performance analysis　对各建筑元素的材料物理性能进行分析的技术。构成建筑空间的建筑元素外表面和内部材料物理性能也会影响物质能量交换的过程，建筑材料物理性能在外表面表现为材料的色彩和粗糙程度等，在内部则取决于导热性能、蓄热性能等。例如，外表面的粗糙程度会影响气流的运行速度和吸收热量的效果：金属材质比混凝土材质受到辐射后会更快地升温和向内部传导热量。建筑造型、空间以及材质、色彩的搭配是建筑师对建筑设计进行构思和创新的关注对象。建筑设计工作对于建筑的物理特性（空间物理形态和材料物理性能）影响巨大，建筑的物理特性将被动式策略气候调节的客观因素和建筑师进行建筑设计的主观因素结合在一起。因此，被动式引入建筑设计的关键切入点就是各种类型建筑的空间形态和材料性能的物理特点，建筑师通过对建筑形态控制和材料的选择来实现被动式设计气候调节的效果。

建筑的物理特性这个概念不仅限于建筑单体形态的中观层面，还拓展到城市形态以及区域地理形态的宏观层面和建筑构造形态的微观层面，而不同尺度层面的城市、建筑空间形态，其构成的材料特性也有所不同。因此，被动式设计策略引入建筑设计基本原理的核心是兼顾宏观、中观和微观层面的影响气候环境的各类建筑元素所构成的城市，建筑以及细部构造的物理空间形态和材料物理性能。

（何　斌）

建筑物耐火等级　fire-resistant grade of building　衡量建筑物耐火程度的分级标准。是建筑设计防火技术措施中最基本的措施之一。对于不同类型、性质和重要性的建筑物提出不同的耐火等级要求，可做到既有利于建筑防火安全，又有利于节约建设投资。建筑物的耐火等级是由组成建筑物的墙、柱、楼板、屋顶构件和吊顶等主要构件的燃烧性能和耐火极限决定的。建筑物的耐火等级分为一、二、三、四级。一级耐火等级建筑的防火技术措施要求最高，四级耐火等级建筑的防火要求最低。

建筑的使用性质、重要程度、规模大小、层数高低和火灾危险性都存在差异，其所要求的耐火程度也有所不同，耐火等级的要求应根据以上因素综合确定。对于高层建筑的地下室和半地下室，耐火等级为一级。重要（一类）高层建筑的耐火等级为一级，其他高层建筑的耐火等级不应低于二级。

（蒋首超）

建筑物应急抢修　emergency repair for building　建筑物因遭受地震、泥石流、洪涝和台风等自然灾害或人类活动引起的火灾等人为灾害损伤破坏后，为保持结构安全和恢复正常使用功能而实施的快速修复。当建筑物遭受灾害后，应首先快速评估建筑物的损坏类型、程度以及可能进一步发生的次生灾害等因素，然后采取果断措施避免灾害后果的进一步扩大，保证建筑物的安全和正常使用功能。

建筑物的地基沉陷、基础脱空或者建筑物整体倾斜，会危及结构整体安全，应根据建筑物灾害的现场评估做出合理的应急抢修方案。例如，对于地基沉陷或脱空，可采用高压注浆、打支护桩、打锚杆静压桩延缓和阻断地基变形趋势。对于建筑物倾斜，若倾斜情况不是特别严重，可采用灌浆法；当建筑物倾斜较为严重时，可先用斜撑临时支撑建筑物，再通过顶升方法扶正建筑物，最后通过高压注浆、打支护桩、打锚杆静压桩等方法使地基变形稳定。

在自然和人为灾害作用下，可能发生次要结构构件的破坏，危及建筑物的正常使用和人民群众的生命财产安全。例如，飓风折断树木并造成断木撞坏了邻近建筑物屋顶。此时，应迅速组织施工队伍设置临时支撑，移除坠物和破坏的屋面，修建新的屋面。

在自然或人为灾害作用下，建筑物非结构构件的破坏，可能危及建筑物内密闭空间、关键设备的正常使用，或引起供水、供电、供气和通信等的中断。例如，台风可导致医院建筑物玻璃幕墙的破坏，无法满足医院房间内恒温的要求，同时破碎的玻璃可能产生高空坠物等次生灾害。此时，应及时拆除破损构件，并更换新的构件，使建筑物恢复正常使用功能。

（喻　君）

建筑小五金　architectural hardware　建筑物或构筑物中装修用的金属与非金属制品、配件的总称。建筑小五金一般具有实用和装饰的双重效果。

建筑五金起始于打铁铺、铜匠店及锡匠店等手工作坊。中国在唐代就有了制钉的作坊，由手工打制钉、门闩、锁、门环等。但因古代建筑多采用木质和石质结构，建筑五金在过去几千年中发展很慢。19世纪以后，建筑五金迅速发展，出现许多生产钢钉、合叶、插销、窗钩、水嘴阀件、金属丝编织窗纱等的小厂或作坊。后来又逐渐采用机械加工设备代替手工制作，形成许多专业化的企业。随着各种建筑设施标准的不断提高，对其美观、装饰效果的要求也越来越高。现代建筑五金产品已从单一品种发展成系列产品，生产工艺也有巨大进步，用材上也由传统的铜合金、低碳钢等扩展到锌合金、铝合金、不锈钢、塑料、玻璃钢等。20世纪以后，在建筑节能和可持续发展的背景下，逐渐出现了节能环保型建筑五金产品。

建筑五金的品种繁多。一般可按用途分为门窗五金、水暖五金、装潢五金、丝钉网类五金制品和厨房设备等。

（薛 锋）

建筑信息模型 building information model; BIM 以三维几何模型为纽带，连接建筑物的物理、功能等相关信息，支持信息跨阶段跨专业的共享，为各参与方协同工作、科学决策提供有力途径的理念和技术。又称建筑信息模型化、建筑信息管理。BIM的理念源于20世纪70年代。当时美国的C.伊士曼提出通过交互方式建立基于三维几何模型的建筑信息模型，通过该模型自动生成设计图纸和材料清单，大幅度提高设计效率和设计质量。之后，三维模型的技术得到了迅速发展，特别是诞生了参数化建模技术，支持对三维模型快速修改，为基于三维模型设计奠定了坚实基础。后来在制造业实现了基于三维模型的设计、制造和管理，导致制造业竞争力的大幅度提高。2002年，美国Autodesk公司基于BIM概念，推出了相应的应用软件产品，并应用于有影响的大型工程，直接推动了BIM的应用和发展。

BIM应用的基础是BIM。借助计算机系统，BIM具有如下特性：①直观性。BIM在计算机中可以三维模型的形式显示出来，可以从任意角度浏览，就像观看实物的建筑模型一样。②可分析性。可以计算出建筑物或其任意部分的各种物理量，如长度、面积、体积和重量等，可以得到模型的任意视图，包括平面、立面及任意剖面，还可以针对任意对象（如门窗）进行统计分析。③可共享性。可以从模型中方便地提取任意数据，在另外一个软件中导入。④可管理性。便于迅速地查找实体建筑物的任何构件或空间的相关信息。

BIM技术的本质是在建筑工程的特定环节充分利用BIM的上述特性，提高相关人员的工作效率和工作质量，降低成本。例如，在施工计划阶段，可以利用BIM的直观性，通过在BIM上附件施工计划的信息，很容易对建筑工程的建造过程进行直观展示；在施工准备阶段，可以利用BIM的可分析性，通过导入建筑设计模型进行工程量及成本计算，省去人工识读施工图纸，再利用软件建模计算工程量和成本的过程。

BIM技术应用的前提是建立BIM。BIM技术应用的关键技术要素包括应用模式、应用软件和应用标准。应用模式代表BIM技术在建筑工程中所应用的环节，例如，制订施工计划；应用软件代表实现BIM技术的特定应用模式需要使用的应用软件，如在制订施工计划时需要使用基于BIM的4D施工计划软件。

BIM技术已在建筑工程的规划、勘察、设计、施工及运维阶段得到广泛应用，并在向道路、铁路、市政、水利等土木基础设施领域扩展。

（马智亮）

建筑性能仿真 building performance simulation 采用计算机软件对建筑的物理特征、能耗等方面性能进行表达和预测的技术。涉及建筑设计、土木工程、信息技术、管理科学、产业经济、可持续发展等多个学科领域。

发展历程 20世纪80年代以来，各国学者即开始建筑热环境及控制系统模拟技术的研究，并逐步开展计算流体动力学流体力学模拟（CFD）、采光模拟、自然通风模拟等相关研究，并于2000年后开始逐渐在工程界得到了应用。主流的性能模拟软件包括能耗模拟软件，如美国的DOE-2、EnergyPlus、EQuest，日本的HASP，英国的IES、ESP-r等；CFD软件，如Fluent、Phoenics、STARCD等；遮阳与日照模拟软件，如Ecotect的日照板块等；天然采光模拟软件，如美国劳伦斯伯克利实验室开发的Radiance、Daysim等。

中国学者自20世纪80年代以来开展建筑热环境及控制系统模拟技术的研究，并逐步开展计算流体动力学CFD模拟、采光模拟、自然通风模拟等相关研究。自主知识产权的建筑模拟软件包括清华大学开发的建筑能耗模拟软件DeST、CFD软件Stach-3、遮阳与日照模拟软件Sunshine、BSAT；中国建筑科学研究院开发的基于PKPM的结构模拟、节能模拟、日照采光模拟软件等；天正软件公司、众智软件公司、清华斯韦尔软件公司等开发的节能设计、日照软件等。中国自主开发的建筑模拟软件虽然在模拟精度上已达到了国际先进水平，但大部分建筑模拟软件从商业性、可推广性、易使用性及整合能力上均相比发达国家同类软件较为落后，并且很多软件使用的核心基本是其他国家软件的核心。

步骤 随着计算机模拟软件开发技术的提高，模拟结果越来越接近真实世界。建筑性能模拟一般分为前处理、分析计算和后处理3个步骤。①前处理。利用性能模拟软件进行建模及计算网格划分，建立计算模型。②分析计算。在模拟软件中设置模拟条件、计算参数，对计算模型进行计算。③后处理。利用模拟软件将计算结果以彩色等值线显示、矢量显示等图形方式显示出来，或将计算结果以图表、曲线形式显示或输出。

分类 建筑性能模拟按照研究对象分为建筑群性能模拟和单体建筑性能模拟。①建筑群性能模拟。对一组建筑群体进行性能模拟。分析建筑与周边环境的关系，从而进行总平面设计。建筑群性能模拟包括室外风环境模拟、室外热环境模拟、建筑日照模拟、噪声模拟、可视性模拟、汇水模拟等多种类型。经国内外相关研究发现，规划尺度的绿色建筑技术往往比单体尺度技术投入小，而获得的收益更大。城区、街区尺度的绿色建筑体系带来越来越大的实际价值。建筑规划设计中主要决定的是建筑群的排布、朝向及体形，这些因素对建筑性能的影响最为显著。②单体建筑性能模拟。对单体建筑进行性能模拟，包括单体建筑的室内外风环境模拟、室内外热环境模拟、建筑日照模拟、噪声模拟、厅堂声环境模拟、结构性能模拟、消防排烟模拟等多种类型。在方案实践中通过各类模拟软件的应用，以建筑的性能化为目标，如单位面积能耗、材料消耗指标及室内声光热等物理环境指标作为控制参数，对单体建筑的布局、体型、表皮、空间进行优化设计。

发展趋势 制定集成的软件模拟系统。各类细分的模拟软件层出不穷，在规划设计和建筑设计中得到应用。但建筑、结构、暖通空调、通风、照明、电气专业之间的模拟分析工具彼此脱节，相同专业的模拟软件也五花八门，各相关模拟软件没有集成在一个环境下，无法保证模拟评价的准确性和一致性。中国研发的性能模拟软件都是相互独立的，用于特定功能的应用软件，没有完全按照建筑信息模型进行系统设计，因此各类软件之间数据描述重复，无法实现数据共享。通过统一的系统集成不同模拟软件，解决不同类型分析工具的脱节问题，实现数据传输分析共享，能够提升性能模拟分析的效率和多专业协同。

制定模拟评价的标准。在建筑设计和评价过程中，逐步暴露出标准不适应或不能完全满足评价需要的新情况，这主要表现在一些评价指标缺少统一的计算或模拟分析方法，以及相应的基础数据。特别是在绿色建筑评价中，强调建筑性能的定量化评价，现有标准中尽管部分涉及性能指标的计算，但仍无法满足要求。在专业性技术标准中包含一些计算的要求，仍未做到满足规范化和统一的要求。所以未来亟须统一建筑性能指标的计算或模拟分析方法，使建筑设计、运行与评价等工作有一个规范化和标准化的依据。

（叶艳兵）

建筑修缮　repair works construction　对历史建筑、公共建筑、居住建筑等既有建筑的建筑结构、装饰、设备，以及对环境风貌的维护修理，恢复并提升其结构安全、建筑风貌和使用功能的工程施工。按内容的不同，建筑修缮工程施工可分为结构安全、基本功能、历史风貌、居住环境四大类。①结构安全。对安全状况不确定的房屋委托具有资质的检测鉴定机构进行检测，对鉴定报告中指出房屋存在安全隐患的结构缺陷进行加固、修补等相应处理，如地基基础工程的补强，混凝土构件的裂缝修补、结构加固甚至局部的拆除重做，砌体构件的拆砌修补，木构件的修缮加固、油漆保养，钢构件的防火防腐修复，屋面、外立面的安全性修复等。②基本功能。对卫生设施不完善、水电系统老化、厨房设施共用、建筑布局不合理等基本功能缺陷，进行抽户改造、内部整体改造、局部拆除重建改造等施工作业。③历史风貌。保护建筑、风貌区内保留的里弄房屋和其他各类里弄房屋，对具有表征意义的重点保护部位、特征形制予以保护，按原式样、原材料、原工艺实施修缮和复原。④居住环境。以让居民充分享受社会进步成果、改善社会环境、完善社区功能、提高居民生活质量为目标，针对道路及场地、围护设施、无障碍设施、附属用房、绿化等部位进行更新改造。　（张　铭）

建筑业统计指标　statistical indicators of construction industry　反映建筑业进行施工生产经营现状和成果在数量方面的统计指标。准确、及时、全面、系统地搜集、整理、分析、研究建筑生产经营活动的统计资料，在此基础上得到的统计指标可以揭示建筑经济活动的状况及其发展变化规律，并对计划执行情况进行统计检查和监督，为企业管理、科学研究、编制计划和制定政策提供依据，是国家掌握建筑生产经营活动的信息来源和制定方针政策、编制建筑业计划的依据。建筑业统计指标数值由所有建筑企业相应指标汇总计算而来。中国现行的建筑业统计制度，于20世纪50年代初期建立。1952年国家统计局和建筑工程部（今中华人民共和国住房和城乡建设部）共同制定《建筑安装工程承包报表制度》，建筑工程部还制定《建筑安装专业报表制度》和相应的计算方法。1956年建筑工程部正式颁发《建筑安装企业原始记录制度》，各省、市、自治区相应建立建筑安装统计制度，成立专业统计机构，配备人员，使统计工作逐步走上健康发展的道路。从1984年开始，国家统计局将建筑安装统计制度改名为建筑业统计制度。改革开放以后，随着《中华人民共和国统计法》、国务院《关于加强统计工作的决定》和建设部颁发《建筑业统计基础规范》的出台和实施，以及国家统计部门从2003年起实行全国统一的统计分类标准和统一编码，建筑业主要指标的统计范围和计算口径不断完善化、科学化。多年来，建筑业统计工作的主管单位虽几经变更，但统计制度一直坚持下来，保持了统计资料的连续性和完整性。

统计对象　包括勘察设计工作，施工前的准备工作（如水通、电通、路通、平整场地，旧有建筑物的拆除等），建筑施工，设备和管道安装，现有房屋建筑和构筑物的维修等建筑生产经营活动的数量表现及数量关系。

统计单位　指从事房屋、构筑物建造和设备安装活动的法人企业。建筑业法人企业应具有建筑业资质并能够独立核算，同时还应具备以下条件：①依法成立，有自己的名称、组织机构和场所，能够承担民事责任。②独立拥有和使用资产，承担负债，有权与其他单位签订合同。③独立核算盈亏，能够编制资产负债表。

统计资料来源　中国建筑业统计资料的取得，主要是通过统计报表。国家统计局制定有建筑业统计报表制度、主管部门和地区统计局结合实际工作制定补充报表制度，均遵照《中华人民共和国统计法》执行。建筑业统计资料的整理包括统计分组、汇总、历史资料整理和编制统计图表等，已全面使用电子计算机，提高了统计资料整理的及时性和利用率。

内容　中国建筑业现行统计指标体系包括：①产值指标有施工产值（自行完成工作量）、竣工产值、总产值、净产值。②产量指标有房屋建筑新开工面积、施工面积、竣工面积、各类构筑物的产量（分别按不同的计量单位表示）。③工期指标有竣工的单位工程施工工期。工期定额（或合同工期）完成率。④质量指标有优良品率、合格品率、返工损失率。⑤劳动工资指标有职工人数及分类、工资总额、平均工资、百元产值工资含量。⑥劳动生产率指标有全员劳动生产率、建筑安装工人劳动生产率、全员竣工面积、各类构筑物的全员或工人劳动生产率（按价值或实物量表示）。⑦安全生产指标有工伤事故次数、死亡率、负伤率、负伤事故严重程度。⑧施工机械指标有机械数量和能力、完好率、利用率、生产效率、技术装备率、动力装备率、装备生产率、机械化程度。⑨材料及能源消耗指标有万元产值主要材料及能源消耗量、材料及能源消耗降低率。⑩成本指标有成本降低额和降低率。资金指标有流动资金周转次数、周转天数（周转期）、占用率（产值资金率）。利润指标有利润总额、上缴税利、人均利润额、资金利润率、工资利润率、成本利润率、产值利润率。合同指标有合同履约率。

建筑业总产值　以货币形式表现的建筑业企业在一定时期内生产的建筑业产品和提供服务的总和。建筑业总产值包括：①建筑工程产值，指列入建筑工程预算内的各种工程价值。②安装工程产值，指设备安装工程价值，不包括被安装设备本身的价值。③其他产值，建筑业总产值中除建筑工程、安装工程以外的产值。包括房屋构筑物修理产值、非标准设备制造产值、总包企业向分包企业收取的管理费以及不能明确划分的施工活动所完成的产值。

建筑业增加值　建筑业企业在报告期内以货币形式表现的建筑业生产经营活动的最终成果。从2004年第一次全国经济普查开始，建筑业现价增加值按生产法和分配法（收入法）两种方法计算，以收入法的计算结果为准，即从收入的角度出发，根据生产要素在生产过程中应得的收入份额计算。具体计算方法：经济普查年度建筑业增加值按照《经济普查年度GDP核算方案》计算，非经济普查年度建筑业增加值按照《非经济普查年度GDP核算方案》计算。

房屋施工面积　报告期内施工的全部房屋建筑面积，包括本期新开工的房屋建筑面积、上期跨入本期继续施工的房屋建筑面积、上期停缓建在本期恢复施工的房屋建筑面积、本期竣工的房屋建筑面积及本期施工后又停缓建的房屋建筑面积。

房屋竣工面积　报告期内房屋建筑按照设计要求已全部完工，达到住人和使用条件，经验收鉴定合格或达到竣工验收标准，可正式移交使用的各栋房屋建筑面积的总和。

房屋建筑面积　房屋全部平面面积的总和。它从房屋的外墙线算起，包括可供使用的有效面积和墙柱等结构占用面积。多层房屋按各层（包括地下室）面积总和计算。旧房加层或改造，只计算增加的建筑面积；旧房拆除重建，计算其全部面积；临时房屋不计算建筑面积。

年末自有机械设备总功率　年末本企业自有的直接用于工程施工的各种机械设备年末总功率，按设定能力或查定能力计算。包括施工机械本身的动力和为该机械服务的单独动力设备，如电动机等。计算单位用千瓦，动力换算可按1马力＝0.735千瓦折合成千瓦数。电焊机、变压器、锅炉不计算动力。

年末自有机械设备台数　年末本企业自有的直接用于工程施工的各种机械设备的台数，但不包括附属辅助生产机械设备、运输机械设备和生产试验机械设备的台数。

工程结算收入　企业（或单位）按工程的分部分项自行完成的建筑产品价值并已与甲方在报告期内办理结算手续的工程价款收入，以及向甲方收取的除工程价款以外的按规定列作营业收入的各种款项，如临时设施费、劳动保险费、施工机械调迁费等以及向甲方收取的各种索赔款。

工程结算利润　已结算工程实现的利润。如为亏损以"－"表示。其计算公式为：

工程结算利润＝工程结算收入－工程结算成本－工程结算税金及附加

企业总收入　与企业生产经营直接有关的各项收入，包括工程结算收入和业务收入，即：

企业总收入＝工程结算收入＋其他业务收入

按建筑业总产值计算的全员劳动生产率　平均每个从事建筑业生产活动的人员的建筑业总产值，计算公式为：

按建筑业总产值计算的全员劳动生产率＝建筑业总产值/计算建筑业劳动生产率的平均人数

计算建筑业劳动生产率的平均人数指建筑业企业报告期实际拥有的、与建筑施工活动有关的人员的平均人数，包括参加本企业建筑施工活动的非本企业人员，但不包括企业内部社会服务性机构的人员以及由本企业支付工资但所从事的工作与本企业生产基本无关的人员。

（谢坚勋　刘嘉怡）

建筑用电负荷分级　building electrical load classification　根据对供电可靠性的要求，以及中断供电对人身安全、经济上所造成的损失影响程度确定的用电负荷级别。一般分为特级负荷、一级负荷、二级负荷和三级负荷。

特级负荷　特级负荷需符合以下情况之一：①中断供电将危害人身安全、造成人身重大伤亡。②中断供电将造成重大设备损坏或发生中毒、爆炸和火灾等经济上特别重大损失情况的负荷。③在建筑中具有特别重要作用及重要场所中不允许中断供电的负荷。

实际工程中，以下情况都属于特级负荷。例如，在工业生产中，正常电源中断时处理安全停产所需的应急照明、通信系统、保证安全停产的自动控制装置等；在民用建筑中，大型金融中心的关键电子计算机系统和防盗报警系统；大型国际比赛场馆的计分系统以及监控系统等，用电负荷为特级负荷。

一级负荷　符合以下情况之一时，视为一级负荷：①中断供电将造成人身伤害。②中断供电将造成经济重大损失。③中断供电将影响重要用电单位的正常工作，或造成人员密集的公共场所秩序严重混乱。

实际工程中，以下情况都属于一级负荷，例如，大型银行营业厅的照明、中小型银行的防盗系统，大型博物馆、展览馆额度防盗信号电源、珍贵展品室的照明电源，一旦中断供电可能会造成珍贵文物和珍贵展品被盗；重要交通枢纽、重要通信枢纽、重要的经济信息中心、特级或甲级体育建筑、重要宾馆、国宾馆、承担重大国事活动的会堂、经常用于重要国际活动的大量人员集中的公共场所等，中断供电将影响重要用电单位的正常工作或造成正常秩序严重混乱。

二级负荷　符合以下情况之一时，视为二级负荷：①中断供电将在经济上造成较大损失。②中断供电将影响较重要用电单位的正常工作或造成公共场所秩序混乱。

实际工程中，以下情况都属于二级负荷。例如，中断供电使得主要设备损坏、大量产品报废、连续生产过程被打乱需较长时间才能恢复、重点企业大量减产等将在经济上造成较大损失；交通枢纽、通信枢纽等用电单位中的重要电力负荷，以及中断供电将造成大型影剧院、大型商场等较多人员集中的重要公共场所秩序混乱。

三级负荷　不属于特级、一级和二级的用电负荷。例如，景观照明、立面照明、非重要场合的照明插座用电，一般空调通风设备的用电等。（夏　林　钱梓楠）

建筑用电负荷计算　building electrical load calculation　为获得供配电系统设计所需的各项负荷数据，用以选择和校验导体、电器、设备、保护装置和补偿装置，计算电压降、电压偏差、电压波动等而进行的计算。包括求取各类计算负荷，包括最大计算负荷、平均负荷、尖峰电流、计算电能消耗量、电网损耗等。

计算范围　计算负荷是按配电点（配电箱、配电干线、变电站母线等）划分的，其配电范围即为负荷计算范围。供配电系统各配电点间存在母集和子集的关系；负荷计算范围也构成相应的关系。①实际负荷。接在电网上的各种电气负荷。通常每台设备的电流是随机变动的；多台设备叠加负荷的变化更加复杂。实际负荷须经适当的方法转换为计算负荷，才能用于工程设计。②计算负荷。假想的持续性负荷，它在一定的时间间隔中产生的特定效应与变动的实际负荷相等。按不同的用途，取不同的负荷效应和时间间隔，将得出各类不同的计算负荷。

配电系统设计中常用的3类计算负荷如下：①最大负荷或需要负荷（通称计算负荷）。此负荷用于按发热条件选择电器和导体，计算电压偏差、电网损耗、无功补偿容量等，有时用以计算电能消耗量。此负荷的热效应与实际变动负荷产生的最大热效应相等。对变压器、电缆之类，是绝缘热老化程度相等；对导体而言，如果实际变动负荷所产生的短时最大温升不高出持续允许温升的50%，则该导体的持续允许负荷就是与变动负荷等效的计算负荷。此负荷的持续时间应取导体发热时间常数τ的3倍。对较小截面导线（$\tau\geqslant10$分钟），通常取"半小时最大负荷"；对较大截面电缆（$\tau\geqslant20$分钟），宜取1小时计算负荷；对母线槽和变压器（$\tau\geqslant40$分钟），宜取2小时计算负荷。②平均负荷。用于计算电能年消耗量，有时用以计算无功补偿容量。最大负荷班平均负荷用于计算最大负荷。③尖峰电流。用于计算电压波动（或变动），选择和整定保护器件，校验电动机启动条件。尖峰电流取持续1秒左右的最大负荷电流，即启动电流的周期分量。在校验瞬动元件时，还应考虑其非周期分量。

计算负荷的广义是上述3类的统称，其狭义指最大负荷（或需要负荷）。计算负荷包括其有功功率、无功功率、视在功率、计算电流及功率因数。计算电压降时需区分情况，采用不同的计算负荷：校核长时间电压水平（如电压偏差）时，应采用最大负荷或需要负荷；校核短时电压水平（如电压波动）时，应采用尖峰电流。

负荷计算方法选择　常用的计算方法有单位指标法、需要系数法、利用系数法。

单位指标法　单位指标法包括负荷密度指标法（单位面积功率法）、综合单位指标法、单位产品耗电量法。其依据源于实用数据的归纳，用相应的指标直接求出结果。计算过程简便，计算精度低；指标受多种因素的影响，变化范围很大。其适用范围：适用于设备功率不明确的各类项目，如民用建筑中的分布负荷；尤其适用于设计前期的负荷估算和对计算结果的校核。单位指标受多种因素的影响，如地理位置、气候条件、地区发展水平、居民生活习惯、建筑规模大小、建筑标准高低、使用能源种类、节能措施力度等。

需要系数法　源于负荷曲线的分析。设备功率乘以需要系数得出需要功率；多组负荷相加时，再逐级乘以同时系数。其计算过程较简便。计算精度与用电设备台数有关，台数多时较准确，台数少时误差大。适用范围：适用于设备功率已知的各类项目，尤其是照明、高压系统和初步设计的负荷计算。计算范围内全部用电设备数为5台及以下时，不宜采用需要系数法。

利用系数法　需要系数法其数学模型基于概率论与数理统计。先求易于实测的平均负荷，再乘以最大系数求得最大负荷。最大系数取决于平均利用系数和用电设备有效台数，后者计及设备台数和各台间功率差异的影响。利用系数法计算精度高，计算结果比较接近实际，可用于设备台数较少的情况。但计算过程较繁，尤其是用电设备有效台数的计算应改进。利用系数的实用数据有待积累。其适用范围：适用于设备功率或平均功率已知的各类项目，尤其是工业企业电力负荷计算。通常不用于照明负荷计算。（钱梓楠）

建筑雨水排水系统　building rainwater drainage system　用来及时排除降落在建筑物屋面的雨水、雪水，避免形成屋顶积水对屋顶造成威胁或造成雨水溢流、屋顶漏水等水患事故的设施。根据排水管道的位置不同可分为外排水系统和内排水系统。①外排水系统。指屋面不设雨水斗，建筑物内部无雨水管道的雨水排放方式，按照屋面有无天沟又可分为檐沟外排水和天沟外排水。②内排水系统。指屋面设雨水斗，雨水管道设置在建筑内部的雨水排水系统。内排水系统根据立管连接雨水斗的个数分为单斗、多斗雨水排水系统。根据系统是否与大气相通分为密闭系统和敞开系统。密闭式排水系统是满流压力排水，连接埋地干管的检查井内用密闭的三通连接，室内不会发生冒水现象，但不能接纳生产废水。敞开式排水系统是非满流的重力排水，管内有自由水面，连接埋地干管的检查井是普通检查井。

根据雨水管中水流设计形态可分为重力无压流雨水排水系统、重力半压流雨水排水系统和压力流雨水排水系统（虹吸式雨水排水系统）。①重力无压流雨水排水系统。雨水通过自由堰流入管道，在重力作用下附壁流动。②重力半压流雨水排水系统。管内汽水混合，在重力和负压抽吸双重作用下流动。③压力流雨水排水系统。指管内充满雨水，并主要在负压抽吸作用下流动，又称虹吸式雨水排水系统。

按屋面的排水条件分为檐沟排水、天沟排水和无沟排水。当建筑屋面面积较小时，在屋檐下设置檐沟排水；在面积大且曲折的建筑物屋面设置汇集屋面雨水的沟槽，将雨水排至建筑物的两侧，称为天沟排水；降落到屋面的雨水沿屋面径流，直接流入雨水管道，称为无沟排水。（张永吉）

建筑智能化系统　building intelligent system　利用现代通信技术、信息技术、计算机网络技术、监控技术等，通过对建筑和建筑设备的自动检测与优化控制、信息资源的优化管理，实现对建筑物的智能控制与管理，以满足用户对建筑物的监控、管理和信息共享的需求，从而使智能建筑具有安全、舒适、高效和环保的特点，达到投资合理、适应信息社会需要的目标。建筑智能化系统主要包含信息化应用系统（IAS）、智能化集成系统（IIS）、信息设施系统、建筑设备管理系统（BMS）等系统及集成。建筑行业中，俗称5A系统，即楼宇自动化系统（BA）、消防自动化系统、办公自动化系统（OA）、通信自动化系统（CA）、安全自动化系统（SA）以及综合布线系统（GCS）。

建筑智能化系统设计要求：①建筑智能化系统工程设计应以建设绿色建筑为目标，做到功能实用、技术适时、安全高效、运营规范和经济合理。②应增强建筑物的科技功能和提升智能化系统的技术功效，具有适用性、开放性、可维护性和可扩展性。（严　勇　李雪峰）

剑桥模型　cambridge model　基于临界状态和弹塑性理论构建的、用来描述正常固结和弱超固结黏土的模型。包括原始剑桥模型和修正剑桥模型。

原始剑桥模型　由罗斯科、斯科菲尔德和图赖拉贾于1963年提出，有如下基本假定：①所有的偏应变都是不可恢复的，即$d\varepsilon_p^e=0$，$d\varepsilon_q=d\varepsilon_q^p$。②塑性功增量为$dW^p=Mp'd\varepsilon_q^p$。③模型遵循相关联流动法则，即塑性势函数与屈服函数一致。其屈服面函数在p'-q空间中的表达式为$f(p', q, H)=\dfrac{q}{p'}-M\ln\dfrac{p_0'}{p'}=0$，它在$p'$-$q$空间中的形状见图1，屈服面是子弹头形状，并以$p_0'$作为硬化参数。由于在黏土正常固结线上每一个$p_0'$都对应一个$\varepsilon_v^p$，因此剑桥模型实际是以塑性体应变$\varepsilon_v^p$作为其硬化参数。原始剑桥模型另一形式的屈服面方程为$q=\dfrac{Mp'}{\lambda-k}(N-v-\lambda\ln p')$，该屈服面在主应力空间内的形状见图2，屈服面仍为弹头形，类似于帽子的形状，故又称为帽子模型。

以上各式中，q为广义剪应力$\sigma_1-\sigma_3$；p'为平均有效应力；M为p'-q平面上临界状态线斜率，$M=\dfrac{6\sin\varphi}{3-\sin\varphi}$，$\varphi$为有效内摩擦角；$v=1+e$，$e$为孔隙比；$N$为当$P'=1.0$时的$v$值；$\lambda$为$v-\ln p'$平面上临界状态线斜率；$k$为回弹曲线斜率。

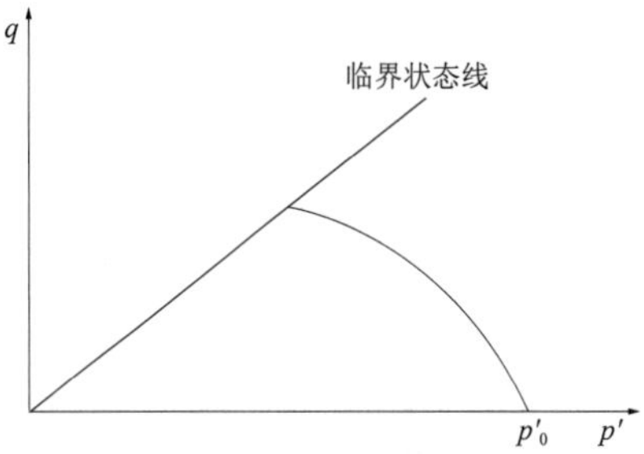

图1　原始剑桥模型在p'-q空间内的屈服面示意图

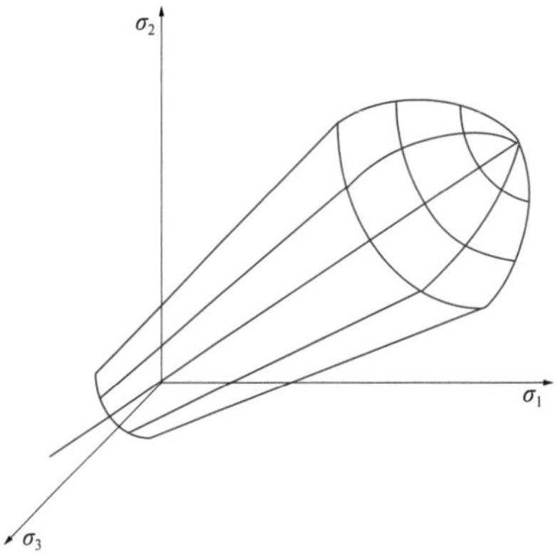

图2　原始剑桥模型在主应力空间内的屈服面示意图

修正剑桥模型　原始剑桥模型屈服面在p'-q空间中的形状是子弹头形的，不垂直于p'轴，导致在纯围压作用下进行固结时也会产生塑性偏应变，这明显不合理；另外原始剑桥模型假定弹性偏应变始终为0也与实际情况相悖。

为了解决上述问题，罗斯科和伯兰于

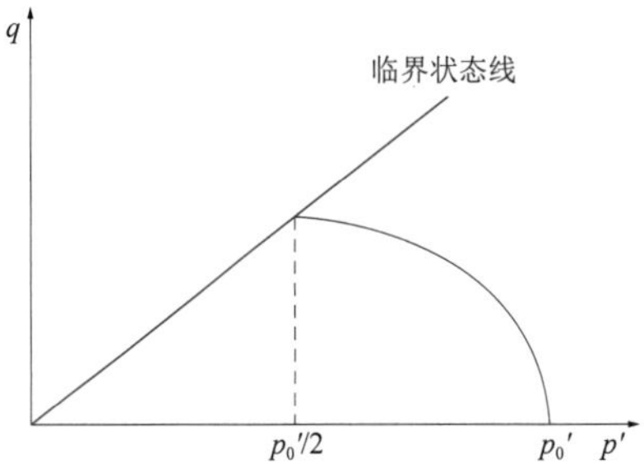

图3　修正剑桥模型在p'-q空间内的屈服面示意图

1968年提出了修正剑桥模型，放弃了弹性偏应变为0的假设，并采用与原始剑桥模型不同的能量方程得到不同的屈服方程，使屈服面与p'轴正交。新的屈服面方程为$(p'-\frac{p_0'}{2})^2+(\frac{q'}{M})^2=(\frac{p_0'}{2})^2$，这在$p'$-$q$空间中是一个椭圆，其顶点在临界状态线上，以$p_0'$（$\varepsilon_v^p$）为硬化参数（图3）。

（杨仲轩）

交通隧道 traffic tunnels 提供交通运输和人行的通道，以满足交通线路畅通。交通隧道是隧道中类型最多的一种。一般包括以下几种。

铁路隧道 专供火车运输行驶的通道。按照隧道的长度可分为短隧道、中长隧道、长隧道和特长隧道。铁路隧道施工方法应根据环境条件、地质条件，结合隧道长度、断面尺寸、工期要求、设备条件、场地条件等因素综合研究确定，可选用矿山法、掘进机法、盾构法、**明挖法**等。铁路穿越山岭山地区时，由于牵引能力有限和最大限坡要求，需要克服高程障碍。开挖隧道穿越山岭是一种合理的选择，其作用是缩短线路、减小坡度、改善运营条件、提高牵引能力。中国铁路采用隧道克服山区地形的范例很多，例如，川黔线上的凉风垭隧道，使铁路线跨越分水岭时拔起高度小、展线短、线路顺直且造价也低。越岭高度降低了96米，线路缩短了14.7千米，并避开了不良地质区域。宝成线宝鸡—秦岭一段线路上密集地设有48座隧道，总延长为17.1千米，占线路总延长的37.75%。由此可知，隧道在山区地带铁路线上具有重要作用。

公路隧道 专供汽车运输行驶的通道。按照隧道的长度可分为短隧道、中长隧道、长隧道和特长隧道。按照隧道的跨度可分为小跨度隧道、一般跨度隧道、中等跨度隧道和大跨度隧道。公路隧道开挖方法应根据地质条件、隧道开挖断面和围岩稳定情况选择开挖方法，可分为全断面法、台阶法和分部开挖法。公路的限制坡度和限制最小曲线半径都没有铁路那样严格，所以，过去在山区修建的公路为节省工程造价，常常选择盘山绕行，宁愿多延长一些距离以避开修建费用昂贵的隧道。因此，过去公路隧道为数不多。但是，随着社会经济和生产的发展，高速公路的大量修建，对道路的修建技术提出了较高的标准，要求线路顺直、坡度平缓、路面宽敞等，于是在道路穿越山区时出现了大量的隧道方案。隧道的修建在改善公路技术状态、缩短运行距离、提高运输能力以及减少事故等方面起到了重要的作用。例如，穿越秦岭终南山的隧道全长18.1千米，它将翻越秦岭的道路缩短了60千米，时间减少两个多小时。

水底隧道 修建于江、河、湖、海、洋下的供汽车和火车运输行驶的通道。修建水底隧道采用的施工方法主要有围堤明挖法、气压沉箱法、盾构法及沉管法。围堤明挖法比较经济，有条件时一般应优先考虑采用。气压沉箱法只适用于航运不多的较小河道中。由于需要修建水底隧道处的航运通常比较频繁，采用围堤明挖法及气压沉箱法对水上交通干扰较大，所以在150多年来的水底隧道建设中大多采用盾构法及沉管法。

地下铁道 在城市中修建的快速、大运量、用电力牵引的轨道交通。列车在全封闭的线路上运行，位于中心城区的线路基本设在地下隧道内，中心城区以外的线路一般设在高架桥或地面上。地铁是涵盖了城市地区各种地下与地上的路权专有、高密度、高运量的城市轨道交通系统。地下铁道与城市中其他交通工具相比，充分利用地下空间避免了城市地面拥挤，而且运量大、准时、速度快。地铁区间常用的施工方法有明挖回填法、暗挖法（矿山法、掘进机法、盾构法等）。地铁车站基坑按施工方法可分为明挖法、暗挖法和盖挖法施工；根据施工的顺序又可分为顺挖法和逆挖法。

航运隧道 用以通过船只的地下隧道，又称运河隧道。在高原或山区开凿运河时，通常开挖隧道将分水岭两侧的河道相连接，或将弯曲的河套裁弯取直；也可用建船闸的明跨越法克服位于运河两个连接点之间的高程障碍。与明跨方案相比，隧道方案的优点为：①缩短河道长度。②减少造价昂贵的水闸数目。③由于跨越的水平面较低，因而对运河供水较简便。④加速船只的通过，通航条件得到改善。当然，修筑运河隧道造价较高，横断面的净空限制了船只的尺寸，通行阻力也比明线河道要大，还要增添额外的隧道通风和照明设备。因此需要通过技术经济比较以选择合理方案。当代世界上最大的运河隧道是1920年修建于法国马赛至罗讷水路干线上的罗沃隧道，长7000多米，水深4米，可供排水量达1000吨的内河航船双向通行。其横断面尺寸沿水面线的隧道净宽为22米，隧道沿中轴的净高为15.4米。

人行地道 设置在地表以下专供行人及自行车等通行的通道，主要组成部分是主通道和出入口（出入口包括地面建筑、梯道、坡道、垂直电梯、自动扶梯等），出入口以外的结构部分均称为主通道。人行地下通道平面布置应遵循“简单、对称”的原则。十字交叉口一般采用“一”字形、“口”字形、“L”形、“×”形、“O”形、“工”字形、菱形、“花瓣”形等平面形状；三叉路口一般可采用“T”形、“Y”形、“L”形、“Π”形、“O”形、“△”形等平面形状；异形交叉口一般可采用“一”字形、“O”形、“S”形、梯形、弧线形等平面形状。路口不规则交叉时，要根据主要人流方向，可采用不规则布置。人行地道的主要作用是解决由城市交通和空间资源紧张等带来的系列矛盾。同时，人行地道也承担了城市所赋予的多种功能，如人行地下通道可结合地下商业共同开发建设、人行地下通道可考虑兼具人防工程的功能。另外，人行地道缓解地面交通互相交叉的繁忙景象，少占用地面空间，同时也减少了交通事故。

（仇文革）

交通需求管理 transportation demand management 通过一系列的公共交通政策、措施的制定和实施来影响人们出行行为的过程。实现对交通需求总量、时空分布、方式组成等的优化调整，使之与交通基础设施供给相匹配，达到提升交通系统整体运行效率的目标。欧洲称为交通机动性管理。

起源 交通需求管理的概念最早是由美国联邦公路局（FHWA）和城市公路管理局（UMTA）在20世纪70年代中晚期正式提出的。然而，在美国，交通需求管理的实践却可以追溯到更早的第二次世界大战期间。战争带来了石油与橡胶的极度短缺，这催生了一个典型的交通需求管理计划——合乘通勤出行计划，并将其视为爱国行为。战后，美国和欧洲的很多发达国家的城市都经历了交通需求快速增长与交通基础设施大规模建设的阶段，发现单纯依靠设施建设的方式是无法从根本上解决日益严重的交通拥堵问题的。为了应对交通系统日益突出的供需矛盾，美国在70年代首先提出了交通系统管理（TSM）计划，以提高既有交通系统运行效率、调节交通出行需求为目的的交通需求管理政策正是其中的一部分。在此之后，很多欧美城市都加强了对交通需求管理实施策略的研究，90年代以来，交通需求管理已经成为欧美交通规划中的主流思想之一。中国一些大城市在20世纪末也开始出现了严重的交通拥堵问题，在进行了大规模的交通基础设施建设后，交通需求管理开始受到前所未有的重视，北京、上海、广州、深圳等城市都陆续出台了诸如小客车额度管理、停车收费、弹性工作制等交通需求管理政策。

核心理论　交通需求管理的核心理论是交通系统的供需平衡，交通拥堵正是交通系统实际供给无法满足需求的产物。当交通需求快速增长导致交通拥堵问题时，最为直接的解决办法就是增加交通系统的供给能力，这也正是众多国内外城市普遍采取的方法。然而，受城市空间约束，可用于进行交通基础设施建设的空间有限，加之环境、财政等方面的制约，人们很快发现，一味扩建交通基础设施无法解决问题，甚至会诱增一部分交通需求。这就需要考虑上述约束，对交通需求进行限制与调解，使交通需求主动适应受到多方约束的设施供给，从而帮助交通系统达到供需平衡。

类型　交通需求管理的本质是通过影响人们的出行行为引导出行由个体机动化出行向慢行交通、公共交通等方式转移，并减少不必要的交通出行。实际应用中的交通需求管理政策、措施多种多样，按照管理手段与方式不同，可做如下划分：①通过城市用地合理规划减少不必要的个体机动化出行需求。如通过职住平衡的用地规划减少日常交通出行的距离，以慢行交通出行替代机动化交通出行；通过公交导向的用地规划（TOD）形成以公共交通为主体的机动化交通出行模式。②通过提升公共交通和慢行交通的服务能力与服务水平来提高公共交通出行的吸引力。如建设公交专用道、实施交叉口公交优先信号控制，为公共汽（电）车提供专用路权和优先的通行权；建设公共交通智能调度与信息服务系统、改善候车、换乘环境，提高公共交通系统效率，提升公交出行体验；建设城市自行车/步行专用道和专用路系统和发达的自行车租赁系统，采取措施改善慢性交通出行环境和安全性。③通过行政手段或市场手段限制小汽车的拥有与使用。如车辆购置税征收、小客车额度管理、车辆购买时的停车位登记等小汽车拥有管理政策；拥挤收费、停车收费、车辆限行、燃油附加税等小汽车使用管理政策。④通过对出行时间的调节均衡交通出行需求的时间分布。如弹性工作制、错时上下班、商业区营业时间的差异化管理等。⑤以信息化手段替代不必要的交通出行。例如，以电视、电话会议替代不必要的商务出行；以网购、电视购物等形式替代不必要的购物出行等。　（邵敏华）

胶合木结构　glued laminated timber structure　受力构件主要采用层板胶合木制作的结构。又称层板胶合木结构。胶合木结构大多用于多层梁柱结构、形式多样的大跨度屋面结构以及桥梁结构中。大断面的方木原木不易获得，而且很难干燥、使用时易于开裂，因此用胶合木取代方木原木，构件性能更稳定、质量更好。层板胶合木是以厚度不大于45毫米的层板沿顺纹方向叠层胶合而成的木制品，也称胶合木。层板胶合木不仅可以小材大用、短材长用，而且还可将不同等级（或树种）的木料配置在不同的受力部位，做到量材适用，提高木材的利用率。层板胶合木断面较大，可以用作木结构的梁、柱，也可用作支撑、桁架等构件，胶合木构件也可弯曲制成曲线型构件。胶合木结构的构件之间常用钢板、螺栓、钉及一些特殊的金属连接件予以连接。　（梁　坦　何敏娟）

胶合竹结构　glued bamboo structure　以胶合竹构件作为承重体或承拉体，经连接而成的、满足一定使用功能和安全要求的组合体。胶合竹是用胶合压制技术制成的一种竹材制品。一般需经过将原竹材加工成长条、去除内节、干燥、浸胶、组坯、热压、锯边等工艺过程制得。根据对竹材的处理和加工工艺的不同，工程用胶合竹有多种类型。现有能够用于建筑领域的胶合竹按组成的基本单元的厚度可分为薄竹条和厚竹条两种。

薄片胶合竹最早出现的是竹席胶合板，这种板以人工或机器削成的约2毫米厚的竹篾纵横交叉编织的竹席为结构单元，通过施加尿醛树脂或酚醛树脂后，采用热压胶合工艺成板。竹篾胶合板由于工艺较复杂、成本较高以及板材表面状况不理想等因素，现在很少使用。在竹篾胶合板的基础上，采用浸渍酚醛树脂的长、短竹帘交叉组坯热压而成的一种结构板材，称为竹帘胶合板，这种板材成本较低且力学性能较好，可用作车厢底板和混凝土模板等。采用酚醛树脂的竹胶合板与北美在建筑中广泛使用的木胶合板的工艺类似，只要生产工艺控制得当，胶体反应充分，其有害气体挥发可以控制，即可满足作为室内建筑材料的要求。

采用厚竹条为构成单元的胶合竹又称竹层积材。其基本竹片或条厚度大约为5毫米，并经过加工，截面尺寸比较规整。竹片条按一定方式组坯成对称结构的板坯，经热压而成。厚竹片胶合竹最早主要用于制作地板、车厢底板等，因其大致保留了竹材的纹路，外观比较好。且因为加工的尺寸及工艺要求较高，制作的构件质量较高。但也因为竹片及其胶合过程的精度要求较高，造价也比薄片胶合竹要高。

为了提高竹材的利用率，也出现了一种将竹材重新组织加以强化成型的胶合竹材料，即重组竹又称重竹。重组竹是将竹材加工成长条状竹篾、竹丝或碾碎成竹丝束，经干燥后浸胶，再干燥后放在模具中经高温高压固化而成。重组竹的密度较高，一般用作硬木的代替品。

由于受压机的限制，热压工艺很难适应各种结构构件的生产，所以，热压生产的胶合竹板（薄片胶合竹或层积材）还需要按照结构设计的需要进行接长和加厚加工。胶合竹板的接长可以采用指接，而通过指接接长的胶合板错位叠合通过二次施胶，再进行压制制成所需要的各种构件。二次施胶一般采用环氧树脂或其他单组分或双组分胶在常温下进行压制固化。这一工艺与胶合木（glulam）的加工有异曲同工之处，“胶合竹”（glubam）一词也由此而来。

比照钢结构，热压生产的胶合竹板类似热轧生产的钢板，而冷压加工胶合竹结构构件的过程则类似将钢板切割、弯折然后焊接成各种钢结构。　（肖　岩）

脚手架工程　scaffold engineering　在建筑施工现场为施工人员操作外围安全网围护、高空安装构件等作业及解决垂直和水平运输而搭设的支架工程。

沿革　中国在1949年前和20世纪50年代初期，施工脚手架都采用竹或木材搭设。60年代以来，中国研究和开发了各种形式的脚手架，其中扣件式钢管脚手架具有加工简便、搬运方便、通用性强等优点，成为中国使用量最多、应用最普遍的一种脚手架。70年代以来，中国从国外引进门式脚手架体系，在一些高层建筑工程施工中应用。80年代以来，一些生产厂家开始生产门式脚手架，并大量推广应用。90年代以来，中国开发了多种新型脚手架，如承插式脚手架、销栓式脚手架、轮扣式脚手架以及爬升脚手架等。随着科学技术的进步，脚手架工程总的发展趋势将向着轻质高强、标准化、装配化方向发展，材质将逐步采用轻质高强薄壁型钢、铝合金制品等，搭设工艺将逐步采用标准模块化装配形式。

分类　按用途分，有操作用、防护用、承载支撑用等脚手架；按搭设形式分，有单排、双排、满堂等脚手架；按支固方式分，有落地式、悬挑式、悬挂式、爬升式、水平移动式等脚手架。

落地式脚手架　在建筑施工现场，为解决人员水平、垂直运输操作、外围安全网围护及高空安装构件等作业而搭设在地面、楼面或其他平台结构之上的各种支架。主要由底座、钢管（竹、木材）、连接件、脚手板组成。钢管（竹、木材）在脚手架所处的部位不同可分为立杆、纵向横向水平杆、扫地杆、栏杆、剪刀撑、连墙件等形式。

落地式脚手架从搭设形式上主要分为单排、双排和满堂。单排脚手架只有一排立杆，横向水平杆的一端搁置固定在结构上。双排脚手架由内外两排立杆和水平杆构成。满堂脚手架在纵、横方向由不少于3排的立杆及水平杆、水平剪刀撑、竖向剪刀撑构成，主要用于顶棚安装和装修作业以及其他大面积的高处作业。

落地式脚手架从搭设构造上主要分为扣件式、碗扣式、盘扣式和门架式。

悬挑式脚手架　搭设在固定于建筑结构边缘的刚性悬挑构架上部的脚手架。由型钢支撑架、脚手架、连墙件、斜撑及拉杆等组合而成。脚手架的荷载通过悬挑构架传递给建筑结构物。根据悬挑构件的不同形式，大致可以将悬挑式脚手架分为悬臂式悬挑脚手架、下撑式悬挑脚手架和斜拉式悬挑脚手架3类。

可以依附于结构进行爬升或下降的工具式定型脚手架。为工程施工提供作业平台，由水平架体桁架、竖向架体构架、附着支承结构、防坠落装置、升降设备、联系框架、脚手板、围挡板等构成。

爬升式脚手架　可以依附于结构进行爬升或下降的工具式定型脚手架。为工程施工提供作业平台，由水平架体桁架、竖向架体构架、附着支承结构、防坠落装置、升降设备、联系框架、脚手板、围挡板等构成。

爬升式脚手架适用于16层以上框架结构、剪力墙结构、框架-剪力墙结构及筒式结构建筑施工。与单双排落地脚手架相比，爬升脚手架的优点是：①可大量节约钢管、型钢、扣件、脚手板及安全网的投入。②脚手架搭设好后，只需4～5人即可进行操控，避免了单双排落地脚手架结构全高程搭设需要大量人力。③利用自身升降系统可对脚手架进行升降，无须塔式起重机辅助施工，可大幅度提高塔式起重机的垂直运输效率。④可加快施工进度，缩短工期，减少成本支出。⑤只需搭设4层楼高，四周全封闭，减少四周临边安全维护费用支出。

施工工艺　脚手架工程的工艺流程一般包括脚手架搭设准备、支固结构施工、架体结构搭设、脚手架使用与维护及拆除等工序。

搭设准备　脚手架搭设前，必须对支固结构及架体结构的承载力进行设计计算，并编制脚手架专项技术方案，根据需要进行专项评审。为了确保架体结构的整体性和稳定性，需增设剪刀撑、抛撑等加强措施。

支固结构施工　支固结构是脚手架的基础，必须确保其具有足够的承载力。施工应严格按照脚手架工程专项施工方案实施，待验收合格后，方可进行架体结构的搭设。

架体结构搭设　脚手架必须配合施工进度搭设，一次搭设高度不应超过相邻连墙件两步。每搭完一步脚手架后，应按规范的规定校正步距、纵距、横距及立杆的垂直度。脚手架搭设完毕或分段搭设完毕后，应按施工方案、脚手架安全技术规范和建筑施工安全检查标准的要求对脚手架工程质量进行检查，经检查验收合格后方可交付使用。

脚手架使用与维护　脚手架及其支固结构应在下列阶段检查和验收：①支固结构完工后及脚手架搭设前。②作业层上施加荷载前。③每搭设完6～8米高度后。④达到设计高度后。⑤遇有六级大风与大雨后。⑥寒冷地区开冻后。⑦停用超过一个月。

在脚手架使用中，应定期检查下列项目：①杆件的设置和连接，连墙件、支撑、门洞桁架等的构造是否符合要求。②地基是否积水、底座是否松动、立杆是否悬空。③扣件螺栓是否松动。④高度在24米以上的脚手架，其立杆的沉降与垂直度的偏差是否符合脚手架安全技术规范许可的规定。⑤安全防护措施是否符合要求。⑥操作层上施工荷载应符合设计要求，不得超载，不得在脚手架上集中堆放模板、钢筋等物件。⑦作业需要时，临时拆除交叉支撑或连墙件应经主管部门批准，并应符合有关规定。

脚手架拆除　拆除脚手架前，先清除脚手架上的材料、工具和杂物。脚手架的拆除应从一端走向另一端、自上而下逐层地进行，同一层的构配件和加固件应按先上后下、先外后里的顺序进行，最后拆除连墙件。拆下的钢管与配件，应成捆用机械吊运或井架传送至地面。

（黄玉林　曹文根　黄　轶）

结构安定分析　shakedown analysis of structure　研究具有初始塑性变形的物体或结构在变值荷载的作用下能否不产生新塑性变形的分析方法。塑性力学中一种特定情况的分析方法。在工程实际问题中，结构所受到的荷载往往在一定范围内重复变化，将这种荷载称为变值荷载。在变值荷载作用下，即使荷载不会使物体或结构达到极限状态，结构也可能被破坏。若结构在变值荷载作用下，除初始阶段产生一定塑性变形并出现残余应力分布外，不管荷载在此范围内如何变化，结构中不再出现新的塑性变形，则称该结构处于安定状态，反之为非安定状态。

非安定状态通常有塑性应变积累破坏和塑性循环破坏两种破坏形式。①塑性应变积累破坏，指在荷载的每一次循环过程中，结构的同一局部将产生相同符号的塑性变形，随着荷载循环次数的增加，使得塑性变形不断累积，在塑性变形的累积达到一定的程度时结构失效。②塑性循环破坏，又称为低周疲劳破坏。在荷载的每一个循环过程中，结构的同一局部将产生异号的塑性变形，如在加载时出现拉伸的塑性变形，卸载时又在该处出现压缩的塑性变形等，这种反复改变符号的塑性变形可导致结构在不多的循环次数后破坏。这种破坏类似于疲劳破坏，但结构中的应力较高，并使变形处于塑性状态，导致结构破坏的荷载循环次数也少得多。

具有安定性的结构，在外载的循环过程中，只在初始阶段（开始的若干次循环）产生一些塑性变形，以后不再继续产生塑性变形，而只产生弹性变形。研究在什么情况下出现结构安定状态，有利于发挥材料的潜力。

（彭一江）

结构安全等级　safety classes of structure　在工程结构设计中，根据结构一旦发生破坏可能产生后果的严重性，对结构划分的具有不同可靠度设置水平的设计等级。一般将结构安全等级划分为三级。以房屋建筑结构为例：①对人的生命、经济、社会或环境影响很大，破坏后果很严重的结构，其安全等级为一级，如大型的公共建筑等重要的结构。②对人的生命、经济、社会或环境影响较大，破坏后果严重的结构，其安全等级为二级，如普通的住宅和办公楼等一般的结构。③对人的生命、经济、社会或环境影响较小，破坏后果不严重的结构，其安全等级为三级，如小型的或临时性仓储类建筑等次要的结构。各种结构安全等级的结构数量一般呈橄榄形分布，即结构安全等级为一级和三级的结构，数量所占比例都比较少，而量大面广的结构，其结构安全等级一般归为二级。因此，结构设计均以结构安全等级为二级作为基准。对不同结构安全等级的结构，其可靠度设置水平有所提高或降低，结构安全等级越高，可靠度设置水平也越高。但对少数特别重要的结构，如特别重要的纪念性建筑、核电站等，其结构设计的可靠度设置水平，由专门的技术标准规定。（史志华）

结构安全评估 evaluation for structural safety 基于土木工程健康监测的有效数据，在结构正常使用条件下，分析和评估各种可能出现的作用时（如各种荷载、风、地震作用以及温度效应、结构材料的收缩和徐变、外加变形、约束变形、环境侵蚀和腐蚀等）结构承载力的安全状态；同时，和评估偶然荷载作用下，或偶然事件（地震、火灾、爆炸等）发生时和发生后，结构的整体稳定状态。结构安全评估一般可采用现状调查、理论分析、模型实验、数值模拟等方式进行。

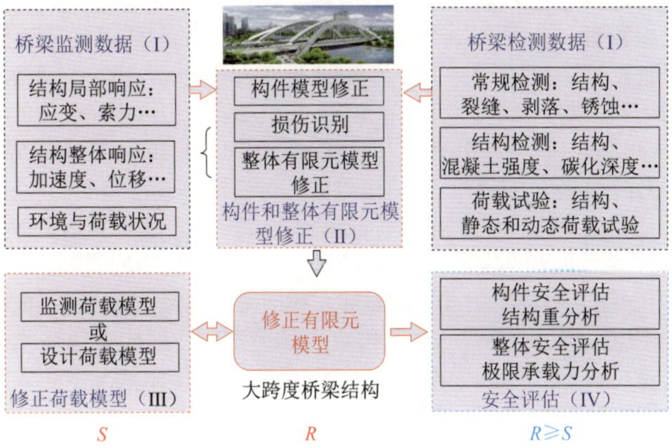

结构安全评估框架示意图

类型　结构安全评估主要有两种。一是以现场测试和计算分析手段为主，定量分析结构安全状态；二是依据相关规范划分的工程结构安全评价分级指标，查表确定工程结构的安全等级。采用数值模拟和经验法相结合的方法来评估工程结构安全，一般均未考虑已有病害对工程结构安全的影响。随着工程结构病害日益凸显，常用现场监测数据及病害检测结果，考虑结构变形、结构质量缺陷、表观病害对结构承载力影响，需要建立合理的工程结构损伤模型，来评估工程结构安全状态。

目的和必要性　结构安全评估的目的和必要性主要有：①了解结构变形、病害及缺陷的分布位置及发展程度，为结构安全分析、评价及其处置提供依据。②通过识别、分析结构中的病害及成因，为进一步评价结构的安全储备提供参考。③针对评估结果，制定相应的结构安全控制措施，为结构安全加固设计和管理决策提供指导和依据。

评估等级　结构安全评估按照评估的复杂程度，可分为安全一级评估、安全二级评估和安全三级评估。①安全一级评估，将监测数据的统计特征直接与设计值或材料强度值比较。②安全二级评估，根据修正的结构力学模型、通过将监测的荷载或设计荷载施加在修正的力学模型上、进行精细化安全评估。③安全三级评估，对结构剩余寿命进行预测。按照安全评估的层次，结构安全评估方法又可分为结构构件安全评估和结构整体（体系）安全评估。

评估方法和流程　结构安全评估方法主要包括：①经验分析法，以工程类比为主。②实用分析方法，以测试为主，包括室内物理力学试验和模型实验、现场原位测试和监测检测试验等方法。③作用与反作用分析法，即荷载－结构法。④共同作用分析法，即地层－结构法，包括解析法和数值法。

土木工程结构安全评估框架分为如下步骤：①评估资料收集，收集工程的勘察、设计以及施工等基础资料，同时收集施工及运营期间出现的病害及相应治理措施，全面把握工程结构特征及以往技术状况。②建立结构有限元模型，并利用监测/检测数据修正结构有限元模型及结构抗力模型，未监测的环境变量或结构耐久性损伤变量，则采用耐久性理论修正结构有限元模型及结构抗力模型。③建立基于设计、调查或结构健康监测数据的荷载与环境作用模型，依据修正有限元模型和荷载模型，基于结构重分析比较作用效应的组合值和构件承载力的大小进行判定，确定各构件的安全状态，同时基于结构极限承载能力分析获取工程结构实际服役状态下关于各类活荷载等的整体安全储备。④最后可综合对比室内模型实验、数值模拟、理论计算等方法，分析评估工程结构的健康度、病害成因及结构状态，提出相应的工程结构安全处置建议。

（李　惠　李顺龙　刘学增　吴　杰）

结构材料性能 properties of material 材料固有的和受外界各种作用后所呈现的物理、力学和化学性能等。在结构设计中最常用的材料的力学性能，包括材料在规定的受力状态下所产生的抗压缩、拉伸、剪切、弯曲和疲劳等性能，上述力学性能可通过其强度（包括屈服强度、极限强度、抗压强度、抗拉强度、抗剪强度和疲劳强度等）、弹性模量（包括压缩模量、变形模量和剪切模量等）、伸长率和泊松比等指标予以表征。（史志华）

结构拆解技术 civil engineering demolition technology 从构筑物主体结构出发，通过人工拆除、机械拆除或爆破拆除，使土木工程基础设施的功能得到提升的技术。

拆除施工分为人工拆除、机械拆除、爆破拆除和静力破碎拆除4类。不同拆除方法比较见表。

不同拆除方法对比

拆除方法	优点	缺点	适用条件
人工拆除	适用范围广、作业空间限制小、对周围建筑影响小	劳动强度大、拆除速度慢	作业空间小，不适用机械爆破拆除
机械拆除	拆除过程较为规范，工作效率高，劳动量少	作业空间要求高、周围环境限制多	适用于具备机械平台操作条件的拆除
爆破拆除	拆除体量大、施工效率高	爆破器材的购买、运输、存储及爆破施工都有严格的审批和规定，对安全施工提出了更高的要求	高耸建（构）筑物工程
静力破碎拆除	环保节能、对环境影响小	作业范围受限（构件不能处于承重状态），且作业工期较长	建筑基础、局部块体拆除及不宜采用爆破技术拆除的大体积混凝土

人工拆除　使用手工工具与手工操作，以及使用小型便携式工具等进行拆除，从结构的一部分上拆下单个构件，如砖块、石块、混凝土块及其他小构件。一般是从上至下、逐层拆除分段进行。

此方法主要应用于工程量较小的低矮建（构）筑物，同时也作为其他3种拆除方式的预处理和后细部清理工作。

机械拆除　依靠大型机械（如镐头机、挖掘机、回柱绞车等）对建（构）筑物实施解体和破碎。此方法正在逐步推广，最早用于市政工程对混凝土路面的破碎、桥梁拆除和地面扫障。21世纪以来，用于对框架房屋的拆除。机械拆除法可单独作为一种拆除方式，也可作为其他拆除方法的辅助方法。适用于混合结构、框架结构、排架结构、钢结构、各类基础和地下构筑物。

机械拆除方法中应用较多的有共振拆除法、气切拆除法、破碎机拆除法、破碎钳拆除法、摆锤撞击拆除法、机械锯切拆除法、高压水射流切割拆除法、液压劈裂机拆除和静态破碎拆除法等。

机械拆除时须注意，实施机械拆除手段虽然减小了人工拆除作业的隐患，但务必严格机械操作规范，加强施工安全的全面管理，这样才能提高工程施工的安全高效。拆除过程中经常发生大小事故，但是根据具体的拆除情况制定详细的拆除施工方案，以正确的拆除理论为指导，拆除事故还是可以避免的。

机械拆除施工要点：①机械性能的完好性。②构筑物解体顺序的规范性。③技术管理的科学性。④行业管理网络的覆盖性。⑤设备和技术引进的先进性。

爆破拆除　利用高能炸药爆炸时产生的超强冲击波使构筑物局部结构破坏，使其结构整体沿设计方向倒塌的方法。当采用爆破方法拆除建（构）筑物时，须严格遵循《爆破安全规程》的规定。在进行爆破作业施工前，需要对非承重部分进行预拆除施工，并在装药前全部完成。预拆除工作可采用人工或机械拆除的方式。

静力破碎拆除　既有建筑、高耸构筑物部分的拆除不同于一般破碎拆除，为避免对下部结构的破坏，需采用保护性静力拆除，同时受周边环境及空间的影响，拆除施工及废物清运过程中须用到大型且相对灵活的运输机械和车辆。

（周建庭　杨　俊　姚国文　刘思孟）

结构长寿命化维护管理　maintenance for long-life structures　利用大数据和云计算等现代信息技术，结合先进的养护维修技术体系，对土木工程结构构件进行长期高效维护更新的维护管理方式。以保证结构使用过程中的安全可靠性，并有效延长其服役寿命。长寿命化管理通过对结构进行及时高效地检测、监测、评估、修补或加固，能够实现对基础设施重大结构的可测、可控、可修、可换、可应急处置，从而实现结构在常态、自然灾害和应急条件下的长寿命化。

主要内容　根据基础设施重大结构所处服役状态的不同，结构长寿命化管理主要包括三部分内容。①针对正常工作状态下的各类基础设施重大结构，通过构建统一的服役状态信息管理平台及全寿命信息档案，有效掌控重大结构的长期服役性状和发展趋势，确保其优良性能的长效保持。②针对即将达到设计工作年限或服役期提前到限的重大工程结构，通过新材料、新结构和新工艺的使用，提升设计、制造、施工和管理水平，以强化结构承载能力和延长结构的使用年限。③针对基础设施重大结构因突发灾害事件、结构病变等所造成的局部损伤，建立大型结构应急抢修抢建、装备研发和应急救援组织管理体系，结合现代运营组织管理、全寿命预防养护维修模式、智能化养护机械设备的研发应用，提升结构养护维修水平，延长结构寿命。

特征　结构长寿命化管理具有信息化、系统化、智能化的特点。主要体现为：基于信息管理平台掌握结构性状的长期发展趋势及灾变演化规律，全面提升结构的检测、监测、评估、修补或加固水平，结合养护机械设备如智能养护机器人等的研发和应用，实现对结构的精准检测与维护。

管理技术　结构长寿命化管理仍处于初级发展阶段，如何高效协调长寿命化管理的各项技术并推广应用是亟须探索的问题。借助结构生命信息数据库，结构长寿命化维护管理技术可从3方面发展：①在设计阶段，充分考虑新结构、新材料及新工艺的应用，如将抗腐蚀混凝土用于沿海地区土木工程结构，以延长其设计使用寿命。②在结构服役状态评估方面，应用更加先进的传感技术、数据处理技术和结构评估方法，如基于机器视觉技术采用无人机对桥梁结构进行全方位的裂缝精准检测，以精准把握结构健康状态。③在结构病害养护方面，建立及时高效的养护维修组织体系，提升基于结构状态的养护维修方法，强化新材料及智能化养护设备的应用，如铁路轨道钢轨层流等离子强化技术的应用与铁路巡道机器人的发展。结构长寿命化管理技术是一项不断发展完善的系统性工程，将作为一种必不可少的结构维护管理方式长期存在。

（王　平　陈　嵘）

结构重建技术　civil engineering reconstruction technology　原土木工程结构（如房屋、铁道、道路、桥梁、隧道、城市轨道交通、机场等）无法通过改扩建等措施来满足当前或规划的功能要求，在拆除原结构的前提下，进行重新建造土木工程结构的行为。

结构重建技术通常用于改善建筑物的结构强度、性能与外观，以适应新的需求、规范或环境条件。有关结构重建技术相关的主题和方法有结构评估、结构强化、结构修复、结构升级、结构改建和可持续重建。①结构评估。在进行结构重建之前，对结构的强度、稳定性、材料的状况以及可能的损坏或缺陷进行评估，以确定现有结构的状况和问题。②结构强化。通过添加支撑、加固材料或改变结构设计来提高结构的强度和稳定性。③结构修复。当建筑物的结构部分受到损坏或腐蚀时，该技术用于修复损坏的部分。包括修复混凝土、砖石、钢结构等。④结构升级。涉及改进建筑物的性能和功能。包括更换老化的系统、提高能源效率、增加抗地震能力等。⑤结构改建。对建筑物进行全面的改建，以适应新的用途或规范。包括重新设计建筑的内部和外部，以满足新的需求。⑥可持续重建。包括使用环保材料、提高能源效率和减少环境影响，结构重建技术的选择取决于建筑物的具体情况、要求和可用资源。

（周建庭　杨　俊　姚国文　刘思孟）

结构地震反应观测　observation of seismic response of structures　对结构在地震作用下的振动反应进行观测，获得输入结构的地震动和结构振动反应的记录。是提高结构分析和抗震设计水平，进而减轻地震灾害的一种有效手段。结构地震反应观测是强震观测的一个重要分支，是伴随着强震观测而逐渐发展起来的。美国于1932年研制了世界上第一台强震加速度仪，1933年在加州长滩地震中获得了世界上第一个地震加速度记录。之后，强震观测引起了世界地震工程界的广泛重视，但是直到1971年圣费南多地震后才开始布设结构地震反应观测系统。世界上多个国家都在加大对结构地震反应观测的研究，特别是在经历了损失巨大的大地震后，研究力度进一步加大。

作用　通过结构地震反应观测获得记录，类似于对原型结构进行了一次地震模拟振动台试验，记录的数据包含了结构特性和结构抗震性能方面的大量基础信息。通过深入分析这些数据，对于正确了解结构的振动特性和抗震能力，验证和改进结构的动力计算分析模型，提高预测结构地震反应精度，揭示结构的地震反应规律、地震损伤和破坏机理具有重要的意义。它可供地震动参数速报，能够发出地震警报用于切断次生灾害源及实施其他防灾减灾的保护措施，也可为后续地震烈度速报、结构健康诊断和震害评估、震后加固提供依据。尤其对超高层建筑、大型桥梁、核电厂、水库大坝等容易造成人们的生命和财产巨大损失的重要结构进行地震反应观测，对于保障这些结构的地震安全意义更为重大。实践证明，历次大震所获得的结构地震反应观测记录对防震减灾技术的发展起到了较大的推动作用。

系统组成　通常结构地震反应观测系统由以下几部分组成：强震动数字记录器、加速度计、调制解调器、不间断电源、数据存储与处理设备、通信软件等，所需设备和测点多，资金投入较大。考虑经济因素，布置在结构上的加速度计数量有限，常常根据结构振型分析结果将加速度计布置在能够灵敏地反映结构振动特性和全面反映结构整体反应特性的位置上。此外，还需要在结构附近的自由场地上布设测点，为进行结构地震反应分析提供输入地震动。（蒋欢军）

结构地震反应控制　structural seismic response control　在结构中设置主动或被动控制装置，实现控制结构地震反应的技术。结构地震反应控制在很大程度上摒弃了传统结构设计中，依靠增加结构的刚度和强度增强结构自身抗力来抵御地震作用的基本思路，转而通过在结构系统中设置特殊耗能装置来控制结构的地震反应，确保结构满足抗震设防要求。主要应用于新建或既有的各类土木工程结构，尤其对于使用传统抗震技术难以实现结构性能目标的各种超高、超长、超柔、大跨、复杂和不规则结构，可取得显著的控制效果。

发展情况　结构地震反应控制的早期实践始于19世纪末。1885年，J.米尔恩最早设计出一种将房屋置于滚球支座上的隔震结构，1909年，J.A.卡兰塔里恩斯设计出另一种使用滑石或云母将建筑与基础隔离的隔震结构。1956年，T.古堀提出结构反应主动控制的基本概念，最早将主动控制的概念引入土木工程结构中。1972年，美籍华裔学者姚冶平结合前人研究成果和现代控制理论，提出了结构反应控制的完整概念和方法。其后，各种不同类型的控制技术被提出和应用。结构反应控制技术首先用于结构抗风领域，随着技术的发展逐渐应用于结构抗震领域，从而促成了关于结构地震反应控制方法的广泛研究和应用。1980年，中国学者王光远首先提出高耸结构风振控制方法，使得结构振动控制在中国被广泛重视，并逐步应用于结构抗震领域，从而推动了中国结构地震反应控制理论、技术和应用的发展。

类型　结构地震反应控制按照控制装置的运行方式及对外部能源的需求情况，可分为主动控制、被动控制、半主动控制和混合控制。实际应用过程中，需要根据各种控制方式的技术特点，以及结构性能需求和经济指标等进行综合考虑和选择。

主动控制　通过现代控制技术实时监测输入的外部激励和结构反应，再通过分析计算出伺服加力装置需要对结构施加的控制力，实现自动调节，使结构在地震作用下的结构反应控制在允许的范围内，从而达到保护结构和设备的目的。主动控制的主要特点是需要外加能源，控制效果理论上可根据具体需求达到最佳控制水平，但技术复杂、造价高昂、可靠性相对较低。

被动控制　一种无须外加能源的控制方法，其控制力是由耗能装置随结构一起振动而被动产生的。被动控制主要包括隔震技术和消能减震技术。隔震技术通过隔震支座的使用可显著延长结构周期，减小上部结构的地震响应；消能减震技术通过引入附加阻尼装置消耗地震能量，实现对主体结构的保护作用。被动控制相比于其他的控制方式，技术最成熟，减震效果良好，造价低廉，容易实现，应用最广。

半主动控制　半主动控制是一种需要少量外加能源的控制方法，其控制力虽然也由控制装置自身的振动而被动产生，但在控制过程中控制装置可以利用少量外加能源主动调整自身的阻尼和刚度等技术参数，从而起到调节控制力和优化控制效果的作用，主要包括主动变刚度和主动变阻尼两种控制方式。

混合控制　在结构上同时应用被动控制和主动控制，或者是同时采用不止一种的被动控制装置，从而充分发挥每一种控制形式和每一种控制装置的长处，取长补短，以获得更好的控制效果。（周　颖　赵　斌）

结构分析模型　model of structural analysis　根据土木工程结构的结构组成与体系、构件的受力与传力特点、结构的支承条件、作用于结构上的荷载、结构材料的本构关系等条件，通过适当简化而得到符合结构分析要求的力学模型。结构分析模型主要包括结构类型、拓扑关系、结构与构件的几何参数、结构的支座约束条件、结构材料的性能（包括强度、弹性模量、剪切模量、泊松比及用于非线性分析的本构关系）、荷载的布置与作用形式。结构分析模型主要用于结构分析与计算。（赵基达）

结构风工程　structural wind engineering　科学研究近地自然风与结构物之间关系的工程学科，包括风特性、风荷载、风效应和风致响应控制等研究内容，以及研究这些内容的理论分析、物理试验、数值模拟和现场实测等研究方法。

研究内容　结构风工程是涉及土木工程学、空气动力学、工程力学和防灾工程学等多门学科的交叉学科，主要对象是大气边界层内的近地自然风，以及柔度大、阻尼低的风敏感结构。历史上有多次大型工程结构风毁事故，如1879年英国原泰湾大桥、1940年美国原塔科马大桥和1965年英国渡桥火力发电厂冷却塔群等。对这些风毁事故的调查和研究均在不同时期推动了结构风工程学科的发展。

自然风特性　结构风工程主要研究离地球表面的高度小于1000米、位于大气边界层范围内的近地自然风，其具有两个显著特点：长周期的平均风随离地高度的增加而增大，并趋近于恒定值——梯度风速，用随机变量表示；短周期脉动风的脉动强度随离地高度的增加而减小，并趋近于零，用随机过程表示。

结构风荷载　空气流经结构时会对其产生力的作用，即风荷载。在预测结构风致响应前需要先确定结构风荷载。结构风荷载同自然风特性和结构的外形相关，可分为静力风荷载和动力风荷载。动力风荷载又可分为风速脉动引起的强迫力荷载、空气流经结构形成交替脱落旋涡引起的涡激力荷载和结构振动引起的自激力荷载。由于结构风荷载的复杂性，尚未有全解析的数学模型，应用最广泛的是含有待定参数的半经验理论模型，这些待定参数统称为气动参数，一般通过风洞试验识别。

结构风效应　结构在各类风荷载作用下产生的不同响应统称为结构风效应，包括静力风效应和动力风效应（风致振动）。静力风效应主要表现为结构在静力风荷载下产生的内力和变形，可能引起结构的强度、刚度问题和静力失稳现象。刚度较小的结构会发生风致振动，根据致振机理分为强迫力荷载引起的抖振、涡激力荷载引起的涡振和自激力荷载引起的自激振动。其中，抖振和涡振为限幅振动，自激振动在满足特定条件时，结构会发生动力失稳，包括以扭转为主的颤振和以弯曲为主的驰振。风效应较为显著的结构有高层建筑、高耸结构、大跨桥梁和大型空间结构等。

风致响应控制　当结构在风荷载作用下的内力和变形不能满足强度和刚度要求，或者发生失稳的临界风速低于设计风速要求时，必须进行风致响应控制，可以采用结构措施、机械措施和气动措施。结构措施用以提高结构刚度，如提高截面刚度、增加结构体系约束等；机械措施用以提高结构阻尼，如被动、主动和半主动阻尼装置；气动措施用以改变结构气动外形来改善结构风荷载，如主梁边缘风嘴、中央开槽、稳定板、导流板等。

研究方法　结构风工程的主要研究方法有理论分析、风洞试验、数值模拟和现场实测。理论分析主要基于力学原理建立理论模型，通过求解结构静力或动力平衡方程以预测结构风效应，现有的结构风荷载理论模型均是半经验模型，故理论分析本质上是一种理论和试验相结合的方法；风洞试验是在人造管道中通过缩尺模型模拟结构力学性能和近地自然风特性、测试结构承受的风荷载和产生的风效应以预测实际结构风致响应的方法，根据模型类型可分为气动弹性模型试验和刚性模型试验，从自然风特性模拟类型可分为均匀流场试验和大气边界层流场试验，从测试内容可分为测振试验、测力试验、测压试验和测速试验；数值模拟是通过计算流体动力学方法模拟结构性能、自然风特性和流固耦合特性，并计算结构风荷载或风效应的纯数值计算方法，现有的计算精度和效率还受到硬件条件的限制，但非常具有发展前景；现场实测是在工程结构现场实际测试其风荷载或风效应的方法，是人类了解结构真实风致行为的重要途径，也是重要的校验手段。（杨詠昕）

结构风工程历史　history of structural wind engineering　人类认识自然风、抵抗风荷载和研究风工程的历史。结构风工程历史与人类文明历史紧密相连。关于风的记载可以追溯到公元前古希腊文明对于自然现象的描述，其标志之一就是雅典城中的风神碑。

发展阶段　结构风工程主要经历了4个发展阶段。

风荷估算　第一阶段从人类文明起源到欧洲文艺复兴时期或准确到1760年，在这一阶段，人类开始了气象观测，风作为一种主要的观测对象，大量的服务于航海、古风车和放飞风筝等。传统的土木结构形式也是在这一阶段逐步形成的，其最重要的标志是1759年“第一位土木工程师”J.施密顿发表了关于平均风荷载计算的论文。

平均风荷载　1760～1890年的第二阶段，风速测量、风速预测水平和精度都有了很大的提高，而轻质柔性土木结构也随着大型土木结构建设高潮的到来而大量涌现，从而显现出了风效应的极端重要性，特别是对阵风作用的新认识，其最重要的标志是1879年英国泰伊大桥因为没有考虑阵风荷载而风毁，以及1889年严格按照阵风荷载设计获得巨大成功的法国埃菲尔铁塔。

脉动风荷载　1890～1960年的第三阶段，在理论方面，传统湍流理论和极值分析方法发挥了巨大的作用，而风洞试验更是作为一种主要研究手段被应用到了结构风工程研究中来，再加上两次世界大战中巨大军事需求对土木结构建设科技的推动，使得结构风工程现代方法处于萌芽状态。1940年秋美国华盛顿州建成才4个月的世界第二大跨度悬索桥——塔科马大桥在8级大风作用下发生强烈的振动而坍塌，彻底结束了单纯考虑平均风或脉动风风荷载静力作用的历史。

动力风荷载　1960年以来，结构风工程进入了不仅考虑风荷载的静力作用而且考虑动力作用的第四阶段，也是不断完善现代方法阶段，以A.G.达文波特、J.瑟马克和R.H.斯坎伦为杰出代表的现代结构风工程方法的奠基者，建立起了理论研究、风洞试验和现场实测等主要研究手段，对结构风工程领域的各个方面进行了大量的理论研究、方法实践和工程应用，基本满足了这一阶段土木结构发展的特殊需求——轻质、柔性、低阻尼。

主要进展与不足　现代结构风工程研究是从对塔科马大桥风毁事故调查和边界层风洞试验方法建立以及数理统计方法应用开始的，近80多年来，特别是最近30年，已经取得了巨大的发展。

在风气候预测方面，主要是将灾害性风气候分类成几种不同的形式，并分别采用最优方法分类进行分析，特别是在热带气旋引起的强风预测中建立了蒙特卡罗数值模拟方法。

在近地风特性方面，由国际结构风工程专家达文波特于60年代提出的方法以及以此为基础的各国规范仍然是有效的，但是基于理论分析和现场实测的风速剖面模型、湍流时频模型和空间相干模型的探索是完全必要的。

在空气动力作用方面，主要进展在于发现了来流湍流的空气动力效应并建立了线性准定常计算方法和相关气动参数的实验识别方法，但是来流湍流的非线性效应、钝体尾流中的特征湍流效应以及来流湍流和特征湍流耦合效应等还需要进行深入的探索，特别是应借助先进的可控设备进行现场实测的案例研究。

在理论研究方法方面，基于流体控制方程的纯理论研究进展非常缓慢，也找不到更好的方法来代替由达文波特和斯坎伦教授创建的基于试验实测气动参数的半经验模型和方法，计算流体动力学数值模拟方法已经在均匀流动和钝体绕流等结构风工程应用方面显示出了巨大的发展潜力。

在物理实验技术方面，边界层风洞一直是结构风工程的主要工具，在过去的30年，风洞试验的数据采集仪器和数据处理设备的速度和精度都有了很大的提高，并且开发出了许多新的实验技术和仪器。（葛耀君）

结构构件　structural member　构成土木工程结构的基本要素、基本单元或基本元件的统称。若将结构体系比作最终交付给用户的产品，结构构件就好比组成这个产品的各个零部件。结构构件的必要特征是承受荷载作用：结构体系中的不同结构构件发挥各自的受力特点和力学性能优势，协同工作，承受各类荷载作用（如恒载、活载、地震作用、风作用等）。设计中认为没有承受荷载作用的构件不能称作“结构构件”，只能称作“非结构构件”。例如，对于一个典型的房屋建筑，梁、楼板、剪力墙、柱子、基础、支撑等为结构构件（见图），玻璃幕墙、隔墙等则为非结构构件。

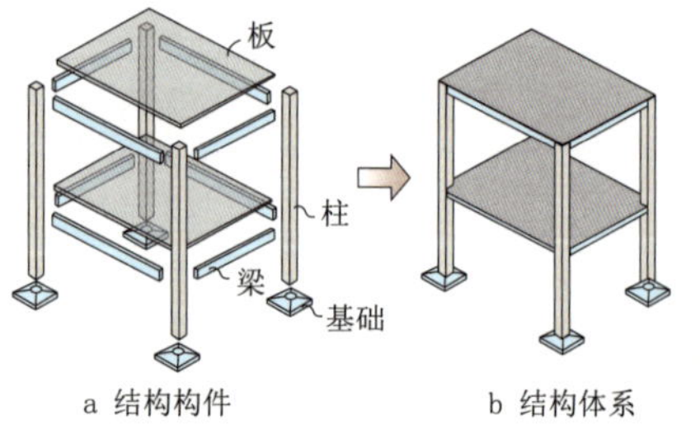

结构体系中的结构构件示意图

分类　结构构件可从多个角度进行分类。①按照组成材料的不同，结构构件可分为砌体结构构件、木结构构件、竹结构构件、钢结构构件、钢筋混凝土结构构件、型钢混凝土结构构件、钢-混凝土组合结构构件、复材结构构件等。②按照内力状态的不同，结构构件可分为受拉构件、受压构件、受弯构件、压弯构件、拉弯构件、受剪构件、受扭构件等。结构构件在结构体系中的内力状态通常是复杂的，因此按照内力状态进行分类时，无须面面俱到，应以主导内力为依据。例如，建筑结构中的柱子通常主要承受轴压力和弯矩，同时也承受剪力甚至是扭矩，但剪力和扭矩往往较小，不起控制作用，故一般将建筑结构中的柱子看作压弯构件；但是，如果柱子很短、剪跨比很小（即柱长和柱截面高度的比值很小），剪力对柱子的受力行为起到十分关键的作用，这样的柱子则应看作压剪构件或压弯剪构件。③按照构件尺度特征的不同，结构构件可分为一维构件（或线性构件）、二维构件（或面构件）、三维构件（或体构件）。一维构件以一个方向的尺度为主，二维构件中一个方向的尺度远小于另两个方向的尺度，三维构件中三个方向的尺度相当，土木工程结构中的结构构件以一维构件和二维构件为主。

典型结构构件命名　对不同结构构件的命名主要依据构件的受力特点和力学特性。一维构件中，仅能承受轴向力的构件称为“杆”，以承受轴压力为主的向上凸起的曲线构件称为“拱”，仅能承受轴拉力的构件称为“索”，以受弯为主的构件称为“梁”，以同时承受轴压力和弯矩为主的构件称为“柱”。一对斜交的“杆”组成“支撑”，而一系列“杆”作为上弦杆、腹杆和下弦杆组装在一起形成“桁架”。在二维构件中，只能承受面内受拉作用的面构件称为“膜”，“膜”可以看作“索”的二维化，而“拱”的二维化就是“穹”（可以简单定义为向上凸起的空心半球），以承受面内压力为主。既能承受面外荷载又能承受面内荷载的构件称为“板”，可看作“梁”或“柱”的二维化结果，其中竖向放置且以承受面内荷载为主的“板”亦可称作“剪力墙”，而曲面形状的板称为“壳”。

结构构件研究的意义　结构构件的研究是土木工程结构研究的起点和基础，只有将基本构件的受力机理、力学行为、计算模型、设计方法，以及构造措施研究清楚，才能进一步开展科学合理的集成和装配，从而最终形成结构体系及其优化设计方法。这一过程体现了结构工程研究的基本规律。（陶慕轩）

结构火灾后可靠度鉴定　reliability appraisal of structure after fire　结构在经历火灾作用后没有发生整体倒塌，需要继续承担结构承载功能（原有功能不变或者功能改变）时，对火灾后的结构在设计使用期内正常设计条件下和偶然事件（如地震、台风、火灾等）发生时的安全性、正常使用时的工作性能及耐久性等按照现行设计规范和相关鉴定标准进行验算和综合评估鉴定，并提出相应的处理意见和建议活动。火灾后结构可靠度鉴定的主要步骤包括：①火灾前的结构状态调研，包括调阅竣工图纸、结构加固、改造历史资料记录等。②结构受火情况勘查，包括火灾过程、消防灭火记录、现场过火情况勘查。③火灾后的结构状态检测，包括结构变形、裂缝、材料强度、过火温度等。④正常设计或偶然事件下的结构反应分析与效应组合。⑤结构承载力验算。⑥构件可靠度分项评定。⑦结构可靠度评定。⑧提出处理意见和建议。

火灾后结构可靠度鉴定应由具备相应资质的专门机构和专业人员承担。（蒋首超）

结构极限分析　limit analysis of structure　通过对结构塑性极限的分析，从而确定一般结构的真实承载能力。弹塑性结构的塑性极限载荷是表征结构承载能力的最大值。按塑性极限承载能力进行结构设计，不仅可以充分发挥材料的塑性性能，而且还可以得到反映结构真实安全裕度的参数。为确定结构的塑性极限荷载，可以采用弹塑性分析的方法，即随着载荷的不断增加，结构由弹性状态进入弹塑性状态，最后达到塑性极限状态。对结构进行塑性极限分析可以得到以下三方面的结果，即：①结构的塑性极限荷载。②达到塑性极限状态时的应力（或内力）分布。③结构达到塑性极限状态的瞬间所形成的破损机构。

经典的极限分析理论包括：①基本假设。材料是理想塑性材料，不考虑强化和软化效应；小变形，变形前后都使用同一平衡方程；在达到极限载荷前，结构不失去稳定性；所有外荷载都按同一比例增加。②极限分析的下限定理。满足平衡方程且处处不违反材料屈服条件的应力场称为静力容许应力场，与静力容许应力场对应的载荷是极限载荷的下限，极限载荷是这些下限的最大者。下限定理提出了结构不发生塑性破坏的充分条件，利用它可以计算极限载荷的下限。③极限分析的上限定理。满足几何约束条件、能构成几何可变机构，且外荷载在其上所做的功率不小于结构内部塑性耗散功率的结构位移速率场称为机动容许速率场，与机动容许速率场对应的载荷是极限载荷的上限，极限载荷是这些上限解中的最小者。上限定理提出了结构塑性破坏的充分条件，利用它可以计算极限载荷的上限。

随着有限元技术和数学规划方法的发展，极限分析方法在工程中得到广泛应用。（彭一江）

结构抗火　structural fire engineering　研究火灾下热力耦合作用对结构力学性能的影响，分析确定结构抗火能力，建立结构抗火基本理论和防火设计方法，提供结构防火保护方法和工程措施的工程科学。以结构工程学为基础，研究内容涉及火灾科学、工程热物理学等学科。

结构火灾危害　火灾是发生最频繁且极具毁灭性的灾害之一，其直接损失约为地震的5倍。中国年均发生火灾约25万起，其中建筑火灾约占全部火灾的80%。

火灾下钢材、混凝土等结构材料的力学性能随着温度的升高会有显著的下降。温度在500℃时，钢材、混凝土的强度分别下降约50%和40%，因此火灾极易造成结构损伤、破坏甚至倒塌。2005年，西班牙马德里的温莎大厦（32层，钢结构）在重装修施工过程中发生火灾而坍塌。2006年3月22日，尼日利亚拉格斯的工业发展银行办公楼（22层，混凝土结构）发生火灾，导致12层以上部分倒塌。2006年5月5日，比利时布鲁塞尔国际机场钢结构航站楼发生火灾，钢结构飞机维修库烧塌。2009年中国北京的中央电视台电视文化中心（TVCC）火灾给结构造成了严重损伤。

除了建筑结构在火灾下被破坏外，也有桥梁在火灾中遭到破坏，如2007年4月29日，美国加州奥克兰I-80/880高速公路麦克阿瑟迷宫立交桥垮塌，2017年3月30日，亚特兰大I-85州际公路的一场大火导致主线桥梁坍塌。

要求　为了减小火灾灾害，保证人员疏散、消防灭火，结构必须具备一定的抗火能力，即在规定的时间内，结构不出现破坏。

各类建筑由于使用性质、重要程度、规模大小、层数多少、火灾危险性或火灾扑救难易程度存在差异，所要求的耐火能力可有所不同。根据建筑物不同的耐火能力要求，可将建筑物分成若干耐火等级。中国标准《建筑设计防火规范》（GB 50016）规定，结构构件的燃烧性能和耐火极限不应低于表中的规定。

建筑物结构构件的燃烧性能和耐火极限 /h

构件名称	耐火等级			
	一级	二级	三级	四级
承重墙	不燃性 3.00	不燃性 2.50	不燃性 2.00	难燃性 0.50
柱	不燃性 3.00	不燃性 2.50	不燃性 2.00	难燃性 0.50
梁	不燃性 2.00	不燃性 1.50	不燃性 1.00	难燃性 0.50
楼板	不燃性 1.50	不燃性 1.00	不燃性 0.75	难燃性 0.50
屋顶承重构件	不燃性 1.50	不燃性 1.00	难燃性 0.50	可燃性

表中结构构件的耐火极限定义为：构件在标准升温火灾下失去稳定性、完整性或绝热性所用的时间，一般以小时计。失去稳定性指结构构件在火灾中丧失承载能力，或达到不适宜继续承载的变形。失去完整性指分隔构件（如楼板）一面受火时，构件出现穿透裂缝或穿火孔隙，使火焰能穿过构件，可造成背火面可燃物起火燃烧。失去绝热性指分隔构件一面受火时，背火面温升超过规定值，可造成背火面可燃物起火燃烧。

结构构件可分为两类，一类为兼作分隔构件的结构构件（如承重墙、楼板），这类构件的耐火极限应由构件失去稳定性、失去完整性、失去绝热性3个条件之一的最小时间确定；另一类为非分隔结构构件（如梁、柱、屋架等），这类构件的耐火极限由失去稳定性单一条件确定。构件的耐火极限要求与其重要性有关，柱比梁重要，梁比楼板重要，因此柱耐火极限要求最高，楼板最低。

设计承载力极限状态　结构抗火设计最主要目的是避免结构在火灾下发生破坏或倒塌，因此结构在火灾下的承载力功能远比正常使用功能重要。鉴于建筑发生火灾是一个偶然事件，若为了满足火灾下正常使用要求而极大地提高结构的抗火成本，从经济性角度而言是不值得的，故结构抗火设计通常只考虑承载力极限状态。

火灾下，随着结构内部温度的升高，结构的承载能力将下降，当结构的承载能力下降到与外荷载（包括温度内力）产生的组合效应相等时，则结构达到抗火承载力极限状态。

设计方法　结构抗火设计可归结为设计结构防火保护措施，使其在承受确定外载条件下，满足结构耐火极限。结构抗火设计的要求可统一表示为：

结构抗火能力 ≥ 结构抗火需求

按实现上述要求所采用的方法不同，结构抗火设计可分为基于试验的结构抗火设计、基于计算的结构抗火设计、性能化结构抗火设计。

基于试验的结构抗火设计　是传统的结构抗火设计方法，结构抗火能力由标准构件或实际构件的标准耐火试验确定，而结构抗火需求则根据建筑重要性、火灾危险性、构件重要性等，以构件耐火极限的形式在规范中给出。

基于构件试验的结构抗火设计，以试验结果为设计依据，简单、直观、应用方便；但不能考虑荷载分布与大小、构件的端部约束状态、温度内力等因素的影响，并且试验周期长、试验费用昂贵，试件尺寸受试验炉限制，有些试验还难以实现，已逐渐被基于计算的结构抗火设计方法所取代。

基于计算的结构抗火设计　对结构抗火需求的确定，与基于试验的结构抗火设计相同，对结构抗火能力的确定则基于结构抗火计算。结构抗火计算主要分为3个方面：①基于火灾科学，确定火灾升温曲线。②基于工程热物理学，由热传导理论计算构件在火灾下的升温。③基于结构工程基本理论，考虑火灾温度效应以及对材料力学性能的影响，进行结构内力分析与抗火承载力验算，确定防火保护措施。

性能化结构抗火设计　对结构抗火需求进行改进，根据具体结构对象，直接以人员安全和火灾经济损失最小为目标确定结构抗火需求，并考虑实际火灾升温及结构整体性能对结构抗火能力的影响。由于以结构抗火需求为目标，最大限度地模拟结构的实际抗火能力，因此是一种先进的抗火设计方法。

20世纪80年代以前，采用基于试验的结构抗火设计，80年代起开始逐渐采用基于计算的结构抗火设计。由于性能化结构抗火设计对设计人员要求较高，因此主要在重大工程中应用。

结构防火保护措施　结构防火保护可采用下列措施之一或其中几种的复合。

喷涂（抹涂、刷涂）防火涂料　在构件表面涂覆防火涂料，形成隔热防火保护层，这种方法施工简便、重量轻，且不受构件几何形状限制，具有较好的经济性和适应性。长期以来，喷涂防火涂料一直是应用最多的钢结构防火保护手段。早在20世纪50年代欧美、日本等国家就广泛采用防火涂料保护钢结构。

包覆防火板　采用防火板将构件包覆封闭起来，可起到很好的防火保护效果，且防火板外观良好、可兼做装饰，施工为干作业，综合造价有一定的优势。比较成熟的防火板主要有硅酸钙防火板、膨胀蛭石防火板两种。这两种防火板的成分基本上和非膨胀型防火涂料相近。

包覆柔性毡状隔热材料　柔性毡状隔热材料主要有硅酸铝纤维毡、岩棉毡、玻璃棉毡等各种矿物棉毡。使用时，可采用钢丝网将防火毡直接固定于钢材表面。这种方法隔热性好、施工简便、造价低，适用于室内不易受机械伤害和免受水湿的部位。

外包混凝土、砂浆或砌筑砖砌体　美国的纽约宾馆、英国的伦敦保险公司办公楼、中国上海浦东世界金融大厦的钢柱等均采用这种方法，中国石化工业钢结构厂房以前也曾采用砌砖方法加以保护。这种方法优点是强度高、耐冲击、耐久性好，缺点是要占用的空间较大。另外，施工也较麻烦，特别在钢梁、斜撑上，施工十分困难。

单面屏蔽　其作用主要是避免杆件附近火焰的直接辐射的影响。其做法是在构件的迎火面设置阻火屏障，将构件与火焰隔开。如钢梁下面吊装防火平顶，钢外柱内侧设置有一定宽度的防火板等。这种在特殊部位设置防火屏障措施有时不失为一种较经济的防火保护方法。

复合防火保护　常见的有在钢构件表面涂敷非膨胀防火涂料或采用柔性防火毡包覆，再用纤维增强无机板材、石膏板等作饰面板。这种方法具有良好的隔热性和完整性、装饰性，适用于耐火性能要求高，并有较高装饰要求的钢柱、钢梁。

（楼国彪）

结构抗火安全评估　evaluation on fire safety of structure　采用定性和定量方法对拟建结构或者既有结构在发生火灾时结构的安全性进行复核、验算，对结构在设计火灾下的局部破坏情况、整体倒塌可能性进行分析，评价结构在设计火灾下的安全性，发现火灾下结构安全性方面的薄弱环节和风险，并提出针对性的建议与措施。是防火设计中的重要环节。对结构进行抗火安全性评估的目的是：①减轻结构在火灾中的破坏，避免结构在火灾中局部倒塌造成灭火及人员疏散困难。②避免结构在火灾中整体倒塌造成人员伤亡。③减少火灾后结构的修复费用，缩短灾后结构功能恢复周期，减少间接经济损失。最终确保结构防火保护措施满足建筑的整体消防安全目标。

结构抗火安全性评估的主要内容一般包括：结构的火灾危险性分析，最不利设计火灾场景选取及分析模拟，火灾下的结构温度分析，火灾下的结构反应分析与效应组合，火灾下结构及构件承载力验算，火灾下结构的安全性评价，并对结构的防火保护措施设计提出建议。必要时，对所采用的设计火灾场景或（和）分析模拟方法，及火灾下结构的承载力验算方法或构件的实际耐火极限进行试验验证。

结构抗火安全性评估应由具备相应资质的专门机构和专业人员承担。

（蒋首超）

结构抗力　structural resistance　结构或结构构件承受作用效应和环境影响的能力。结构抗力主要由结构的拓扑关系、约束条件、几何尺寸、结构材料的性能与结构耐久性这5个方面构成。对结构构件来说，各种建筑材料的性能，如材料的强度、弹性模量、抗劣化能力等提供了结构抗力；此外，结构构件几何尺寸的大小也是决定结构抗力大小的主要因素。

作用效应包括结构或结构构件的内力、变形和裂缝等，环境影响会引起结构材料的劣化等。因此，不仅结构或结构构件的承载力是结构抗力，在对结构进行正常使用极限状态和耐久性极限状态可靠度分析时，人为对结构或结构构件的变形、裂缝等规定限值及结构材料劣化的阈值也被认为是广义的结构抗力。

结构抗力是对结构进行可靠度分析所采用的两个综合基本变量之一，它与作用效应和环境影响是一对矛盾，人们正是利用结构抗力抵抗作用效应和环境影响的特点来保障结构功能实现的。（史志华）

结构抗震加固　seismic strengthening of structure　对现有结构采取一定的设计及施工技术措施，提高结构的抗震能力，使结构达到规定的抗震设防要求。

发展情况　结构抗震加固前，应根据抗震鉴定标准对结构进行抗震鉴定，抗震鉴定结果是结构抗震加固的基本依据。历次震害经验表明，对现有结构进行抗震鉴定，并对不满足鉴定要求的结构采取抗震加固等抗震对策，是减少结构地震破坏、减轻地震灾害的重要途径。

中国于1968年编制了京津地区一般民用建筑、单层工业厂房、旧建筑、农村房屋及烟囱、水塔等构筑物的抗震鉴定标准（草案）和抗震措施要点，在京津地区开展了抗震加固的试点工作，并在1975年颁布《京津地区工业与民用建筑抗震鉴定标准（试行）》后在京津地区开展了抗震加固工作。尽管当时的抗震加固措施相对简单粗糙，但经济成本符合中国国情，其有效性得到了1976年唐山大地震的检验。1977年配合《工业与民用建筑抗震鉴定标准》(TJ 23—77）颁布了《工业建筑抗震加固参考图集》(GC—01）和《民用建筑抗震加固参考图集》(GC—02)，成为指导抗震加固工作的规范文件，抗震加固工作从局部地区推进到了整个中国。1997年颁布了《中华人民共和国防震减灾法》，明确规定未采用抗震设防措施的建筑物和构筑物需进行抗震加固，中国的抗震加固工作进入了法制化的轨道。

加固目标　使现有结构做到抗震安全、经济、合理、有效和实用。抗震安全指加固后的现有结构在预期的后续使用年限内能够达到不低于其抗震鉴定的设防目标。对于经抗震鉴定需进行加固的现有结构，在当前社会经济条件许可下，根据现有结构的实际情况和具体条件，从提高结构整体抗震能力出发，采取合理、有效、实用的加固方案，并保证施工质量，实现预期的加固目标。

加固方法　结构抗震加固不仅设计技术难度较大，而且施工条件较差。常用的结构抗震加固方法可分为三大类。①传统的采用“抗”的加固方法，加强结构自身的抗震能力，通过增加其强度、刚度或变形能力使结构构件足够结实，在地震中不发生破坏；或即使发生破坏，但由于其变形能力强，通过结构变形消耗地震能量，保证结构不发生倒塌。②隔震加固方法，在结构基础、底部或下部结构与上部结构之间设置隔震层，以延长整个结构体系的自振周期，减少输入上部结构的水平地震作用，间接达到抗震加固的目的。③消能减震加固方法，通过在现有结构中附加消能部件或增加消能子结构，地震时这些部件或子结构可有效消耗输入结构的部分地震能量，从而达到增强整体结构抗震能力的目的。后面两种方法采用了比较先进的抗震加固技术。通常根据结构的实际情况，对不同抗震加固方法进行经济、技术上综合对比分析后，确定合理的加固方法。

一些新材料、新技术在结构抗震加固中得到了应用，抗震加固技术得到了快速发展。随着社会的发展，抗震加固的目标正逐渐从保证人的生命安全向有效控制地震造成的经济损失、震后尽快恢复结构的使用功能的更高要求转变，也对抗震加固技术提出了更高的要求。（蒋欢军）

结构抗震鉴定　seismic appraisal of structure　通过检查现有结构的设计、施工质量和使用现状，按规定的抗震设防要求，对结构在未来地震作用下的安全性进行的评估。是对结构抗震能力的鉴定。中国于1966年邢台地震后在京津地区开始了结构抗震鉴定工作。1976年唐山地震后，抗震鉴定工作扩展到有中期地震预报的重要地区。1997年颁布了《中华人民共和国防震减灾法》，明确规定了既有建筑物和构筑物需进行抗震鉴定的范围，表明中国的抗震鉴定工作已进入法制化的轨道。

鉴定方法　常采用由简到繁、由粗到细的多级鉴定方法，以节省鉴定所需的人力和物力。第一级鉴定以宏观控制和构造鉴定为主进行综合评价，第二级鉴定以抗震验算为主结合构造影响进行综合评价。一般对于下列情况的结构需要进行抗震鉴定：接近或超过设计工作年限还需要继续使用的结构，原设计未考虑抗震设防要求或抗震设防要求提高的结构，需要改变用途或使用环境的结构。抗震鉴定可为结构抗震加固或采取其他抗震减灾对策提供依据。地震中，结构的破坏是造成地震灾害的主要原因。历次地震的经验教训表明，对现有结构进行抗震鉴定，并对不满足鉴定要求的结构采取适当的抗震减灾对策，是减少结构地震破坏、减轻地震灾害的重要途径。

技术依据　结构抗震鉴定的主要技术依据是抗震鉴定标准。世界上许多国家制定了各类结构的抗震鉴定标准。中国于1968年编制了京津地区一般民用建筑、单层工业厂房、旧建筑、农村房屋，及烟囱、水塔等构筑物的抗震鉴定标准（草案）和抗震措施要点。1975年颁布了中国第一本抗震鉴定标准《京津地区工业与民用建筑抗震鉴定标准(试行)》，适用于京津地区。1977年颁布了《工业与民用建筑抗震鉴定标准》(TJ 23—77)，适用范围扩大到了整个中国。随后，又颁布了桥梁、城市公用设施、城市煤气热力及工业设备等的抗震鉴定标准，抗震鉴定工作逐步进入了规范化、制度化的轨道。

随着经济和社会的发展、技术的进步，在总结震害和工程经验、吸收最新研究成果基础上，结构抗震鉴定标准将不断地得到修订和完善。结构抗震鉴定正逐渐从保证人的生命安全向有效控制地震造成的经济损失、震后尽快恢复结构的使用功能的更高目标转变。（蒋欢军）

结构抗震设计　seismic design of structure　以工程结构具备足够或预期抗震能力为目标的专项结构设计。结构抗震设计一般包括抗震概念设计和结构抗震参数设计。按照设计对象划分，包括新建工程的抗震设计和既有工程结构的抗震鉴定和加固设计。①抗震概念设计。主要从结构总体概念上考虑，根据已有地震震害、工程累积的抗震经验和理论计算分析结果，归纳总结指导抗震设计的基本概念、设计原则和思想，以明确合理的工程设计和细部构造。②结构抗震参数设计。是在遵循抗震概念设计的基础上，以地震工程学、结构动力学等理论为基础，综合应用材料力学、结构力学、随机振动理论、结构可靠度理论和能量理论等学科知识，计算结构在地震作用下的动力效应，验算结构整体动力响应、构件截面的承载力、变形和稳定性。中国采用三水准的抗震设防目标“小震不坏、中震可修、大震不倒”来指导建筑抗震设计，并进行两阶段设计验算，包括小震作用下的弹性设计与验算，以及大震作用下的弹塑性验算。

结构抗震设计始于20世纪初的日本，大致可以分为静力抗震理论（20世纪初至30年代）、反应谱理论（20世纪40～60年代）、动力理论（20世纪70年代至20世纪末）和抗震性能化设计理论（20世纪末～　）。结构抗震设计理论的发展趋势为基于可恢复性的抗震设计方法，并综合考虑结构寿命期内的"投资-效益"间的合理平衡。结构抗震设计理论的发展有效地支撑了工程结构实现期望的工程抗震设防目标。已有震害表明，经过合理抗震设计的结构能有效抵抗地震作用，降低地震破坏，减少生命与财产损失。

（吕西林　单伽锃）

结构抗震实验　structural seismic test　通过试验手段模拟地震作用，测试和评价结构抗震性能的实践活动。结构抗震性能一般包括结构的强度、刚度、延性、耗能性能和刚度退化等。结构抗震能力是结构抗震性能的表现，也就是结构能抵御多大地震烈度的能力。根据中国现行的抗震设计规范，结构应具有"小震不坏、中震可修、大震不倒"的抗震能力，或者满足更高的安全与功能等抗震性能。

任务　结构抗震实验的任务是：①确定结构的动力特性，包括结构的自振周期(频率)、阻尼和振型等动力特征参数。②确定结构构件在模拟地震荷载作用下的恢复力特性，包括结构承载力、变形性能、滞回特性、耗能能力和延性性能等。③研究结构的地震损伤过程、破坏机理与破坏特征，验证在设计地震荷载作用下的结构抗震性能和抗震能力。④研究和验证结构抗震和加固措施的有效性。⑤在给定的模拟地震作用下测定结构的动力响应，验证理论模型和设计计算方法的合理性和可靠性，评定结构的安全性。⑥为制定和修改抗震设计规范和规程提供科学依据。

类型　结构抗震实验主要有拟静力试验、拟动力试验、模拟地震振动台试验、人工地震模拟加载试验和天然地震结构试验。

拟静力试验　对结构或结构构件施加多次往复循环荷载，模拟地震对结构的作用，获得结构的恢复力特性，评价结构抗震性能和抗震能力的试验方法。又称低周反复荷载试验或伪静力试验。拟静力试验的最大特点是加载设备比较简单，试验过程中可以暂停下来观察结构的变形或破坏现象，试验结果比较明确和清晰。其不足之处是加载作用力或位移是人为设定的，与真实地震有很大的差别；加载周期较长，不能反映应变速率、阻尼比等的影响；多维加载时的控制方式也有很多的不确定性。

拟动力试验　一种计算机联机土木结构的试验方法，通过计算机控制加载模拟结构弹塑性地震响应全过程。该方法利用数值模拟进行结构非线性地震反应分析，并控制作动器对结构整体或者局部构件进行模拟地震作用的加载方式。又称混合模拟。通过该试验可获得试件在特定地震波作用下的恢复力-位移特性曲线及非线性反应全过程，可用于评价结构抗震性能和抗震能力。当试验对象为局部结构构件时，称为子结构拟动力试验；当加载速率足够快时，也称为实时拟动力试验。

拟动力试验的特点是通过数值模拟求得地震下结构的非线性反应，可进行大比例尺结构模型试验。其不足之处是通常加载周期较长，不能较好地反映实际地震作用时应变速率的影响；对边界条件通常有较多的简化模拟；测试分析迭代的精度要求较高等。

模拟地震振动台试验　利用刚性平台模拟随机地震波，对安装在台面的试件进行动力加载的试验方法。该方法通过控制算法对台面及其试件进行动力分析，在台面或者试件特定部位再现地震波形，使结构试件出现变形、开裂、破坏和倒塌等地震反应。通过该试验可获得试件在一组或者多组地震波作用下的非线性反应全过程，可用于观察和评价结构抗震性能和抗震能力。

模拟地震振动台试验最大特点是可以比较真实地再现实际地震随机性及其对结构的动力作用，能直观反映结构受地震作用的工作状态；可再现多种地震波形，为结构试验多波输入分析提供了可能性；当结构与其他介质共同工作时（地基土壤、海浪等），也可以通过该方法获得结构破坏过程的感性认识。其不足之处是受振动台规模、性能和运行费用的限制，一般只能进行缩尺比例的结构模型试验，需考虑尺寸效应、材料模拟、构造模拟等诸多问题，控制技术难度很大。

人工地震模拟加载试验　在试验现场的地面或地下引爆一定吨位的炸药，或按一定规律引爆一系列的地下爆炸线源，从而产生接近于天然地震的地面运动。利用这种人工模拟"地震"，对预先在试验场地建造的结构或缩尺模型进行抗震试验，从而获得接近于天然地震对结构破坏的试验结果。人工地震模拟加载试验与天然地震在荷载能量、频谱和作用时间等方面存在差异，必须进行专门的试验设计。

天然地震结构试验　利用天然地震对结构进行加载，观察和测试结构受力破坏情况和震害现象。该试验方法投资大、周期长，准备工作要求细微周密，通常与地震工程研究中的强震观测相结合进行。

（卢文胜）

结构抗震性态化设计　performance-based seismic design of structure　综合考虑结构的抗震设防类别、设防烈度、场地条件、建造费用、震后损失和修复难度等因素后，选择合理的抗震性态目标，以结构的抗震性能分析为基础进行的设计。又称结构基于性能的抗震设计。使设计的结构在遭受地震时具有预期的抗震性能，结构的损伤破坏和损失能为业主所承受。

发展情况　结构抗震性态化设计可满足业主和使用者对结构抗震性能的个性化特殊要求，是对结构的地震破坏进行定量控制的设计，通过对工程项目进行生命周期的费效分析后达到一种安全可靠和经济合理的优化平衡。

进入21世纪通过对建筑物的抗震设防，人们已经可以有效地控制建筑物的倒塌，减少地震所造成的人员伤亡。但是，在总结已发生的地震灾害，特别是20世纪80～90年代以来发生的震害时，人们发现按现行规范设计的各种建筑物在地震中虽然基本保证了生命安全，但在控制地震所造成的经济损失上显得力不从心，地震震害最显著的特点是地震灾害损失呈上升的趋势。如1989年美国洛马·普雷塔地震、1994年美国北岭地震、1995年日本阪神地震等，虽然人员伤亡少，但经济损失却异常大，使人们无法接受。这些震害促使了地震工程学者对现行的抗震设计体系进行重新评价和深刻反思，认为过去以确保人的生命安全为原则的抗震设计方法是基于承载力或强度的设计方法，不能对结构的地震损伤及由此导致的功能破坏和经济损失进行有效控制。抗震设计如何能既经济又可靠地保证结构的功能在地震作用下不致丧失乃至不受影响，这是社会经济发展和工程实践对地震工程科研人员提出来的新课题。20世纪90年代初，美国科学家率先提出了结构抗震性态化设计思想。

应用　可对建筑、桥梁等各类工程结构采用抗震性态化设计方法。如对建筑结构采用抗震性态化设计，应根据其抗震设防的类别、设防烈度、场地条件、结构类型和不规则性，建筑使用功能和附属设施

的要求、投资大小、震后损失和修复难易程度等，对选定的抗震性态目标提出技术和经济可行性综合分析和论证。建筑结构抗震性态化设计应具有针对性，可分别选定针对整个结构、结构的局部部位或关键部位、结构的关键部件、重要构件、次要构件以及建筑构件和机电设备的性态目标。主要通过控制结构的承载力和变形来实现预期的抗震性能。

结构抗震性态化设计是结构抗震设计理念的一次重大突破，是地震工程发展史上的一个重要的里程碑，有利于在国际间建立统一的抗震设计标准，促进能改善结构抗震性能的新材料、新技术的广泛应用，并已得到世界各国地震工程界的广泛认同。许多国家把结构抗震性态化设计理论作为改进现有抗震设计理念、制定新一代抗震设计规范的主要理论基础。中国于20世纪90年代末开始了有关该理论的研究工作，现行的相关国家设计标准已采用了该设计方法。

（谢礼立　翟长海）

结构可靠度　degree of structural reliability　在规定的时间和条件下结构完成预定功能的概率。是工程结构可靠性的概率度量。工程结构的安全性、适用性和耐久性统称为结构的可靠性，是结构设计需要解决的首要问题。

影响结构可靠性的各种因素，包括在施工和使用期间结构上可能出现的各种作用和环境影响、结构的材料性能及几何尺寸等。由于这些因素出现的实际值与结构的设计值相比会有变化，而且这种变化具有随机性的特点，因此可以用随机变量或随机过程来描述。通过调查统计，利用概率论和数理统计等数学工具获得其统计特征，结构能否完成其预定功能就可以用概率来度量。结构可靠度是从统计数学观点出发，通过概率对结构可靠性进行的定量描述，这一定义与其他各种从经验和定值观点出发的定义是有本质区别的。

实用上一般采用结构的失效概率p_f或可靠指标β作为结构的可靠度p_s的间接度量。失效概率p_f是结构不能完成预定功能的概率，它和结构的可靠度p_s在数值上互补，即：

$$p_s+p_f=1 \qquad (1)$$

由于结构构件失效概率的计算比较复杂，一般需要计算多维重积分。多年来国际上不少学者从实用出发研究近似概率计算方法，并把对失效概率p_f的计算转化为对可靠指标β的计算。如仅用随机变量的一阶原点矩(平均值)和二阶中心矩(方差)来描述其统计特征，而且当功能函数为非线性时，对其进行线性化处理，该方法被称为一次二阶矩方法。

当仅有结构抗力和作用效应两个基本变量时，结构按极限状态设计应符合下列要求：

$$Z=R-S\geqslant 0 \qquad (2)$$

式（2）中Z为结构的功能函数；R为结构抗力；S为作用效应。R、S均为随机变量。功能函数Z可用于反映结构所处的状态：当$Z>0$，即结构抗力R大于作用效应S时，结构处于可靠状态；当$Z<0$，即结构抗力R小于作用效应S时，结构处于失效状态；当$Z=0$，即结构抗力R等于作用效应S时，结构处于极限状态。

对功能函数采用式（2）形式的结构构件，当结构抗力R和作用效应S均按正态分布时，随机变量Z也服从正态分布（见图），并有：

$$\mu_Z=\mu_R-\mu_S \qquad (3)$$

$$\sigma_Z=\sqrt{\sigma_R^2+\sigma_S^2} \qquad (4)$$

可靠指标β定义为：

$$\beta=\frac{\mu_Z}{\sigma_Z}=\frac{\mu_R-\mu_S}{\sqrt{\sigma_R^2+\sigma_S^2}} \qquad (5)$$

式（5）中β为结构构件的可靠指标；μ_Z、σ_Z为结构构件功能函数Z的平均值和标准差；μ_R、σ_R为结构构件抗力R的平均值和标准差；μ_S、σ_S为结构构件作用效应S的平均值和标准差。

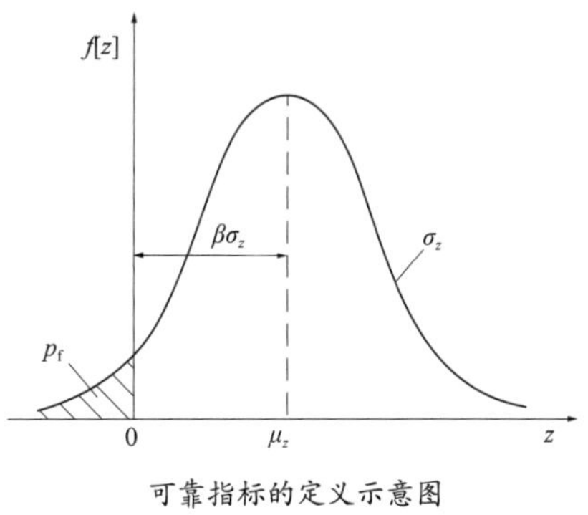

可靠指标的定义示意图

对功能函数变量Z进行标准化处理，可以得到Z服从平均值$\mu_Z=0$，标准差$\sigma_Z=1$的标准正态分布，此时，失效概率与可靠指标具有如下关系：

$$p_f=\Phi(-\beta) \qquad (6)$$

或

$$\beta=-\Phi^{-1}(p_f) \qquad (7)$$

式（6）（7）中p_f为结构构件失效概率的运算值；$\Phi(\cdot)$为标准正态分布函数。

可靠指标与失效概率具有一一对应的关系，如可靠指标$\beta=3.7$，对应的失效概率$p_f=1.1\times10^{-4}$；可靠指标$\beta=4.2$，对应的失效概率$p_f=1.3\times10^{-5}$，因此可采用可靠指标来度量结构构件的可靠度。

从概率的观点看，一个结构可靠与否是随机事件，无论其可靠度水平有多高，都不能做到100%可靠，总会有一定的失效概率存在，因此不可避免地存在着由于结构失效带来的风险（危及人的生命、造成经济损失、对社会或环境产生不利影响等），人们只能做到把风险控制在可接受的范围内。一般来说，可靠度设置水平越高风险水平就越低，但相应的一次投资也越高；相反，可靠度设置水平越低风险水平就越高，而相应的一次投资则越低。在经济发展水平较低的时候，对结构可靠度的投入受到经济水平的制约，人们不得不承受较高的风险；而在经济发展水平较高的条件下，人们更愿意选择对结构可靠度的较高投入从而降低所承担的风险。

（李继华　史志华）

结构力学　structural mechanics　研究工程结构受力、传力和变形的规律以及结构优化的学科。固体力学的重要分支学科，是土木、机械、航空航天等结构设计的理论基础之一。

发展简史　结构力学的形成是始于人们对简单受力构件的逐步认识和数学在简单构件分析过程中的逐渐应用。按着各时期的特点，可以大致分为下列4个时期。

孕育时期（1575～1825）　达·芬奇（约1500）最早注意到力的平行四边形法则并引入了力矩的概念。伽利略（1638）通过梁的断裂强度分析，得出了几何相似的悬臂梁在自重作用下尺寸越大，强度越差等结论，还给出了等强度悬臂梁截面高度变化规律。其后，R.胡克（1678）得出了弹性体的变形与所受外荷载成正比的规律，后称为胡克定律。E.马略特（1686）由实验研究得出了受弯梁的截面应力随着相对中性轴的距离线性变化的结论。J.伯努利（1691）引入了平截面假设，并首次得出了初始均匀直梁某点的变形曲率与该截面的弯矩成比例的结论。A.帕伦特（1713）推导出了梁弹性弯曲中性轴的位置，并注意到除弯矩外剪力的存在。L.欧拉（1744）完成了弹性线分析，对于小变形情形，欧拉展示了弹性线可以在欧拉屈曲荷载下屈曲失稳。D.伯努利（1751）证明了梁产生的挠度曲线使其弯曲应变能最小。

成型时期（1825～1900）　到了19世纪初，因工业的发展人们开始设计各种大规模工程结构，促使工程结构分析理论与分析方法独立出来，开始了结构力学形成和发展的黄金时期。C.-L.-M.-H.纳维（1826）系统地提出了梁的弹性弯曲理论以及求解静不定结构的一般方法。至此，围绕结构分析的3个主要准则（强度、刚度和稳定性），人们已经初步具备了对简单构件给出满足设计需求结果的能力。A.F.莫比乌斯（1837）系统地讨论了平面和空间**桁架**的几何不变性。A.J.C.B.de圣维南（1847）提出了柱体扭转理论。

铁路的发展为铁桥的建造提供了驱动力，从而促进了对桁架的力学分析。K.库尔曼（1851）运用解析法求解静定桁架结构，奠定了桁架理论的基础，并创立了图解法（1861）。库尔曼的图解法在19世纪后期受到前所未有的关注，但该方法并不太适合求解超静定结构。B.P.E.克拉珀龙（1857）在其连续梁计算的论著中首次写出了转角位移方程。J.C.麦克斯韦（1864）创立单位载荷法和位移互等定理，从此力法得以确立，并在后期被O.C.莫尔（1874）和H.缪勒-布莱斯劳（1886）进一步完善，借助虚位移原理拓展到了一般超静定桁架和超静定梁的求解。A.卡斯蒂利亚诺（1873）提出卡氏第一定理，并找到多腹杆桁架的近似方法。E.温克勒（1867）在曲梁弯曲分析和弹性地基梁方面做了开创性工作。虽然影响线的概念在温克勒和莫尔的著作中都已经应用，但影响线的名词是J.J.韦劳赫（1885）提出的。莫尔（1892）在论述桁架的次应力时应用了转角位移的概念。同年，A.弗普尔提出了**网架结构**的概念，对一些空间网架的静定性给出证明，并讨论了空间桁架在屋顶设计中的应用。弗普尔的工作对后来的空间杆系结构设计与分析产生了重要影响。

对薄板的早期认识始于欧拉（1764）对钟声的分析。S.热尔曼娜和J.-L.拉格朗日（1813）曾给出了薄板的微分方程。G.R.基尔霍夫（1850）引入直法线假设，建立了以挠度表示的各向同性均质薄板的微分方程；至此，薄板理论得以圆满建立。纳维（1826）曾分析了处于无矩状态下的旋转壳。克拉珀龙和G.拉梅（1833）计算了受内压和外压下的球壳的应力和变形。后来拉梅（1854）又给出了受任意分布荷载下球壳变形的完整解。H.阿隆（1874）最早建立了任意曲面弹性壳的弯曲理论，不过，这一理论没有被人们采用。后来A.E.H.洛夫（1888）独立建立了薄壳的弯曲理论。L.瑞利（1877～1878）给出了可用于计算弹性体振动频率的方法。

这个时期人们对结构的动力和稳定性理论也有了一些研究，结构力学系统著作陆续问世，结构力学成为一门独立的学科，并自此一直扮演着力学和结构的工程设计与研究之间的重要协调者。

巩固时期（1900～1950）　随着钢筋混凝土在建筑结构中的普遍应用，刚架分析使得转角位移法日益受到重视。A.本迪克森（1914）将莫尔用于桁架次应力分析的转角位移概念拓展到刚架，完善了转角位移法。G.A.马奈（1915）也独立提出了转角位移法。随后的十多年里，虽然**位移法**在结构分析中越来越普遍，但力法依然是占主导地位的超静定结构的分析法。结构分析中的位移法和力法都需要求解联立方程，但在20世纪初的30年里，随着摩天大楼的涌现，无论是采用位移法还是力法，人们的计算能力已经达到极限。直到H.克罗斯（1930）提出力矩分配法这一基于位移法的迭代求解方法，才使得人们对结构力学的计算能力有了显著的突破，也确立了结构计算分析为结构力学的一个独立的分支。

随着人们对材料塑性屈服认识的深入，进入20世纪后，对结构构件的塑性分析逐渐进入结构力学。匈牙利人G.v.考津齐（1914）通过两端固支均布荷载下工字截面钢梁的弯曲破坏实验，得出该梁破坏时出现三个截面塑性铰的结论。N.C.吉斯特（1920）提出了低碳钢构件的理想弹塑性设计，他提出的理想塑性材料模型一直是结构塑性极限分析的基础。对钢结构设计经济性的考虑不断推动着人们对极限承载力的认识。K.格克曼（1931）奠定了刚架极限承载力分析的基础，并提出了一种计算极限荷载的增量法（1932），这种方法至今仍被计算机辅助方法采用。J.F.贝克（1949）提出了确定钢制刚架极限弯矩图的试算法，并对极限荷载相关的基本定理进行了详细描述（1956）。这些定理较早就被A.A.格沃兹杰夫（1938）验证过。

随着金属结构以及钢筋混凝土的普及应用，结构受面外荷载的潜能得到开发，唤醒了人们对板壳理论的进一步认识。20世纪初也是结构力学逐渐渗透到其他技术领域的时期。此时，在船舶结构的研究中发展了可动载荷下梁的动力学理论，而航空工业的发展促进了薄壁结构和加筋板壳理论的发展。E.科瑟拉和F.科瑟拉（1909）提出了放弃伯努利-基尔霍夫假设的板的理论。更广为人接受的是E.瑞斯纳（1944）提出的一阶剪切变形板理论。F.狄辛格（1928）出版了第一本关于壳体的专著，其中论述了一种确定混凝土薄壳面力的一般方法。W.弗吕格（1934）的《壳体的静力与动力学》则是对壳体分析产生深远影响的一本薄壳理论专著。

集成时期（1950～　）　进入20世纪后半叶，结构力学的发展着重体现在板壳理论、结构稳定性理论、结构塑性理论的日臻成熟以及基于离散模型的结构分析的计算机辅助方法。结构力学的产生和发展得益于土木工程，但已在其他工程领域不断拓展。航空工业和航天工业对轻质梁板壳构件的应用和新型复合材料的涌现以及结构构件所承受的复杂力学环境，进一步推动了结构力学的发展。

而对复杂结构的划分和对结构力学中力法和位移法对应的矩阵分析的借鉴，催生了对力学有重大影响的**有限元法**（1956）。20世纪50年代，电子计算机问世并被最早地大规模应用于解决工程中的力学问题。1960年，R.W.克拉夫（1960）提出了**有限元法**的名称；O.C.辛克维奇（1967）出版了第一本有限元法的专著。到了60年代，随着有限元法的发展，不仅杆系结构力学问题能够用计算机求解，各种弹性力学和连续体的力学问题甚至大型和复杂结构的计算分析也能够用计算机求解。可以说，计算机的出现使得结构力学这一古老学科获得了新生。有限元法的极大丰富和成熟伴随着计算机的飞速发展，使得人们可以一次性对整架飞机、整条船，整幢楼房这样的复杂结构进行各种复杂受力状态下的分析。而20世纪后期，个人电脑的普及、计算机网络以及互联网的形成使计算机辅助的结构计算分析成为许多工程领域的日常需求。结构力学的研究和应用水平也随之提高到了一个前所未有的高度。

研究内容　结构力学研究的结构指能够承受和传递外载荷的系统，包括悬索、**杆**、**梁**、柱、板、薄膜、板壳、实体构件等结构元件，以及它们的组合体如桁架结构、刚架结构等杆系结构，薄壁梁、薄板结构、**薄壳结构**等薄壁结构，实体结构等，具体包括飞机机身和机翼、桥梁、屋架、承力墙、土坝等。

根据荷载的特点，可对结构力学中的荷载进行不同的分类。

根据引起荷载的原因，可分为重力荷载、温度荷载、**风荷载**、**雪荷载**等。根据荷载作用点不同，可分为集中荷载与分布荷载。集中荷载为作用于一点或其作用范围远小于结构尺寸从而可以简化为作用于一点的荷载；分布荷载为沿着结构连续分布的荷载。根据荷载作用位置是否变化，可分为恒荷载与活荷载。恒荷载为作用在结构上长期不变的荷载，如结构的自重等；活荷载为作用在结构上可变的荷载，如雪荷载、车辆荷载等。根据荷载随时间变化速率的不同，可分为静荷载与动荷载两大类。静荷载是大小、方向和作用点不随时间变化或缓慢变化的荷载；动荷载是随时间快速变化或在短时间内突然作用或消失的荷载。根据荷载是否已预先确定，可分为确定荷载与随机荷载两大类。确定荷载是荷载随时间的变化规律已预先确定的荷载；随机荷载是荷载随时间的变化规律无法预先确定的荷载，是一种随机过程。

结构力学的研究内容包括：①研究在外力、温度、制造误差、支座移动等各种效应作用下工程结构的应力、应变和位移等的规律。②运用力学的基本理论，分析不同形式和不同材料的工程结构的响应，为工程设计提供设计方案、分析方法和计算公式。③确定工程结构承受和传递外力的能力以及使用寿命。④结构的组成规则以及新型工程结构的开发。

在固体力学领域中，**材料力学**为结构力学的发展提供了必要的基本知识，**弹性力学**和**塑性力学**又是结构力学的理论基础。另外，结构力学还与其他学科结合形成新的学科分支，如复合材料结构力学、气动弹性力学等。

学科体系 结构力学按所研究的结构性质可划分为如下分支学科。

结构静力学 首先发展起来的分支，研究工程结构在静荷载（或变化缓慢的荷载）作用下的内力和变形，这是结构力学的基础。

结构动力学 研究工程结构在动荷载作用下的内力和变形，并通过动力分析确定结构的动力特性，为改善工程结构体系在动力环境中的安全性和可靠性提供坚实的理论基础。在动荷载作用下，结构内部的应力、应变和位移是时间的函数。由于时间因素和惯性力的参与以及需要在全时间域内进行结构分析，使得结构动力计算分析过程变得较为复杂。

结构稳定性 在结构设计中，除了对结构强度进行研究，还应研究结构的稳定性（见**结构稳定**）。

结构断裂和疲劳 在工程结构中，材料内部是存在缺陷的，因而出现裂纹是不可避免的。裂纹会在外荷载作用下扩展引起断裂破坏，也会在幅值较小的交变荷载作用下引起疲劳破坏。结构断裂和疲劳理论研究结构中裂纹形成、稳定扩展和失稳扩展的规律，研究带裂纹结构的残余强度，估计结构寿命和延长寿命的方法。

结构可靠度分析 结构工程中存在物理不确定性、统计不确定性、模型不确定性，而结构安全需要明确、科学的评价体系和保障措施（见**结构可靠度**）。

结构优化设计 在给定约束条件下，如构件应力水平和变形大小、构件尺寸、成本、施工周期等，按某种目标，如重量最轻、成本最低、刚度最大等，求出最好的设计方案（见**工程结构优化设计**）。

非线性结构力学 为了对问题进行简化，人们通常会在误差允许范围内对问题进行线性假定。当线性假定解决问题误差较大时，需要考虑非线性。非线性问题可以分为以下三类：材料非线性问题、几何非线性问题和接触非线性问题。当结构在荷载作用下产生有限变形或大变形时，几何方程不再满足线性关系，此时即产生几何非线性问题，平衡方程应建立于该结构变形后的位形之下；在结构变形时，若某一部位应力过大，超过弹性阶段进入塑性，使得本构方程不再满足线性关系，此时即产生材料非线性问题，应使用弹塑性模型描述材料行为；当两个部分接触时，会产生一系列不连续约束，如法向压力、切向摩擦等，这些约束在两部分不接触时是不存在的，是一种单边性的不等式，产生接触非线性问题。非线性结构力学虽然经过多年的发展，依然是存在许多挑战的学科分支。

研究方法 主要包括工程结构的理论分析、试验测试和数值计算。结构设计和研究中，这三个方面往往是交替进行并且是相辅相成的。

理论分析 在分析具体工程结构问题时，针对研究对象的特性，可把结构划分为杆系结构、薄壁结构、实体结构等几大类。随着新材料和新结构形式的出现，又形成了复合材料结构、**组合结构**、夹层结构等。针对各种结构形式进行简化，可将复杂结构简化为基本受力构件的组合。为了对问题进行描述和分析，发展了一系列适用于不同情况的基本结构构件的理论，如梁理论、薄壁结构理论、板壳理论以及复合材料板壳理论等。结构构件的基本理论模型的建立是结构分析的基础；从事此方面的理论研究虽然工作艰辛，但却往往是孕育新突破的开始。

试验测试 能为鉴定结构提供重要依据，也是检验结构力学理论和计算方法的主要手段。结构试验在实际结构或试验对象上，利用仪器设备为工具，以各种试验技术为手段，在施加各种荷载作用的工况下，通过量测与试验对象工作性能有关的各种参数和试验对象的实际破坏形态，来评定试验对象的刚度、应力与应变、位移、裂缝状态、承载力、稳定性、耗能能力等，确定工程结构是否符合使用要求，并用以验证结构的计算理论。

结构试验有许多种不同的分类方法。根据试验的规模，可分为模型试验、结构部件试验、真实结构试验。根据实验荷载性质的不同，可分为静力试验和动力试验。动力实验包括风洞实验、疲劳试验、振动台试验等，研究结构在动荷载作用下的动力响应。根据试验场合不同，可分为实验室试验和现场试验。实验室试验可获得良好的工作条件，应用精密的仪器设备进行试验，具有较高的测量精度；其不足之处是受到试验场地的影响，所测试的可能并非结构的实物，荷载情况也可能与实际工况有所差别。而现场试验受到客观环境条件的影响，加载与量测方法受到了一定的限制。根据荷载作用时间的长短，可分为短期荷载试验和长期荷载试验。一般情况下都会采用短期荷载试验，试验周期短；当长期荷载试验无法被短期荷载试验所近似代替时，将进行长期试验。研究结构在长期荷载作用下的性能，如混凝土结构的徐变等，试验周期长达几个月甚至数年。

理论与试验的发展一直是互相推动的，新的理论会诱导新的试验技术的产生，而当试验向人们揭示新的问题时，会产生新的理论。

数值计算 结构的力学实验通常要耗费较多的人力、物力和财力，因此只能有限度地进行。特别是在设计初期阶段，实际结构还未建成，一般多依靠理论分析和数值计算。而对复杂结构系统，无法得到解析分析结果，就只能依赖数值计算。

计算机出现后，数值计算方法的发展和计算能力的增强，特别是大型商业软件的普及和不断完善使得工程师能够求解大变形、热应力、材料非线性、屈曲、黏弹性、动力响应分析等各类结构力学问题。有限元法将求解区域分为有限个小的彼此连续的子区域，以选定的单元未知量近似表示每个单元的变化规律，从而构建整个结构的方程，得到问题的有限元解。有限元法是一种取得巨大成功的数值求解方法，是20世纪力学学科的一项突出成就。如今，以有限元为主导的数值计算（数值模拟）已经成为许多与结构力学和固体力学相关学科和工程领域日常不可或缺的工具和手段。

除有限元法之外，还有边界元法、谱方法、有限差分法、弱形式求积元法等其他数值计算方法。新型数值计算方法的提出和有限元法的不断完善使得结构计算分析的有效性与准确性不断提高。计算机技术的飞速发展使得可以进行结构计算分析问题的规模变得越来越大、复杂性越来越高。

随着计算力学的不断发展，结构数值模拟、数值仿真软件的功能也越来越强，但数值计算是对计算模型进行的，和实际结构的结果相比不可避免地存在误差，其中包括模型误差、离散误差和计算误差。以有限元法为例，在理论指导下合理地建立模型、划分足够精细的网格、选择高性能的算法，才能够避免计算出现大的偏差，并减少上述这些误差。对于重要的工程结构进行各种必要的实验验证是保证结构可靠性的重要保证。

展望 结构理论、实验和计算的进步使结构力学的成果不断进入结构设计的规范之中。然而，在结构非线性分析领域，一直存在着一些令设计人员面临挑战的问题。例如，在改变一个或几个设计变量时，如何以简便可靠的方式获得复杂结构的荷载位移全过程曲线。一方面，这需要更准确、精细和可靠的结构几何和本构模型；另一方面，也需要精细的计算技术以确保在各种荷载作用下路径追踪的成功。此外，关于结构参数的敏感性，包括不确定性分析也对构建高效的结构分析计算框架提出了要求。结构力学学科值得关注的问题还有极端条件下结构的响应分析，如结构在地震荷载作用下的连续倒塌分析；大型和复杂结构的健康监测涉及的反演问题；多场耦合下的大规模结构分析问题；复杂条件与极端环境下结构性能测量技术的开发与设备研制等。 （钟宏志）

结构面基本特性 basic characteristics of discontinuity 岩体中分割固相组分的地质界面的基本特性。

发展情况 岩石经受各种地质作用，形成具有不同特性的地质界面；结构面将岩体分割成形态不一、大小不等的岩块，称为结构体。中国工程地质学家谷德振在20世纪50年代就充分重视断裂对工程的危害，认识到岩体特性主要取决于岩体的内在结构，并于60年代初建立了岩体结构的概念，提出了结构面、结构体是岩体结构的基本单元。结构面并非几何学上的面，而是充填有一定厚度不同物质的缝、层、带，只是在作为力学对象处理时，抽象为几何上的面。

结构面分类 结构面按存在形式可分为：①分划性结构面。即岩层、岩体遭受破裂，或由于组分上不连续等所形成的不连续界面，如断裂、劈理、不整合面等。②标志性结构面。即岩层、岩体连续性变形的定位面。这种面实际上并不存在，只具有几何和定位意义，如褶皱轴面。

结构面按其成因可分为：①原生结构面。即在成岩过程中形成的结构面，如沉积岩的层理、层面、软弱夹层和不整合面等；岩浆岩的侵入体与围岩的接触面、喷出岩的流线和流面构造及原生节理等；变质岩中的片理、板理和片麻构造等。②次生结构面。指岩体受卸荷作用，风化作用和地下水活动所产生的结构面，如卸荷列席、风化裂隙以及各种泥化夹层、次生夹泥等。③构造结构面。即岩体受构造应力作用所产生的破裂面或破碎带，包括断层、构造节理、劈理和层间错动面等。

按力学性质分为下列5种：①压性结构面（图1）。简称挤压面。岩块或地块受挤压产生的结构面，其走向与主压应力作用面平行，并具有明显的挤压特征。如褶皱轴面、片理面、压性节理面等。②张性结构面（图2）。简称张裂面。岩块或地块由于拉应力作用而产生的垂直于主张应力的破裂面，或受挤压而产生的平行于主压应力的破裂面。③扭性结构面（图3）。简称扭裂面。岩块或地块遭受挤压而产生的一对与主压应力作用面斜交的破裂面。如X形断层面、X形节理面等。④压性兼扭性结构面（图4）。简称压扭面。指既具有压性又具有扭性的结构面。如扭动构造体系中挤压面兼具水平位移的破裂面，以及各种旋卷构造体系中与整个体系作相同方向扭动的压性结构面。由于区域扭动而发生的两组扭裂面，当扭动按原来方向持续进行时，其中与扭动方向夹角较大的一组，有时转变为挤压面，这种由初次扭裂面转变成的二次挤压面，可称为扭性兼压性结构面，简称为扭压面。⑤张性兼扭性结构面（图5）。简称张扭面。指既具张性又具有扭性的结构面。如扭动构造体系中，

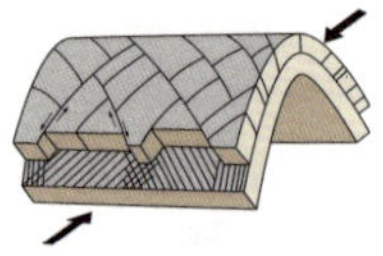

图1 压性结构面示意图

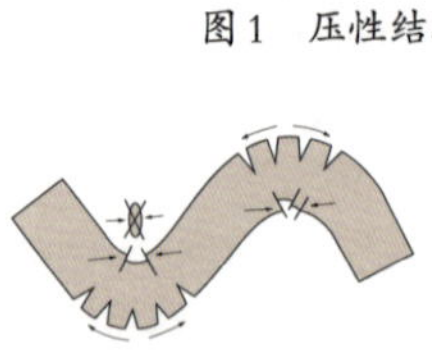

图2 张性结构面示意图

图3 纯剪作用产生扭性结构面示意图

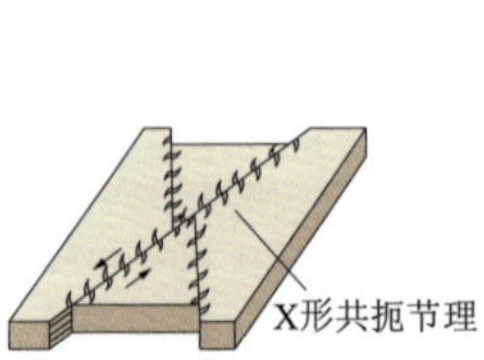

图4 压扭性结构面示意图

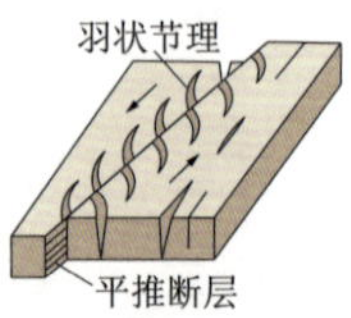

图5 张扭性结构面示意图

与压性结构面同时存在的具有水平位移的张裂面，以及各种旋卷构造体系中，与整个体系中作相同方向扭动的张裂面。由于区域扭动而发生的两组扭裂面，当扭动按原方向持续进行时，两组扭裂面中，与扭动方向夹角较小的一组，有时转变为张裂面，这种由初次扭裂面转变成的二次张裂面，可称为扭性兼张性结构面，简称扭张面。

性质 结构面的性质包括其几何性质、力学性质、水力学性质和分形特征。

几何性质 岩体中分割固相组分的地质界面的性质。岩体结构面实质为空间有厚度但很薄（相对岩体几何尺寸）的结构体，作为力学对象处理时，简化为几何面，因此采用几何面的空间特性来描述结构面几何特性。它反映了结构面外貌的几何性质。主要由产状，即结构面在空间的分布状态，由走向、倾向和倾角三要素来表示（图6）；连续性、即结构面的连续性，又称为结构面的延展性或贯通性；张开度，即结构面两壁面间的垂直距离；形态，通常用结构面侧壁的粗糙度和起伏度来描述。

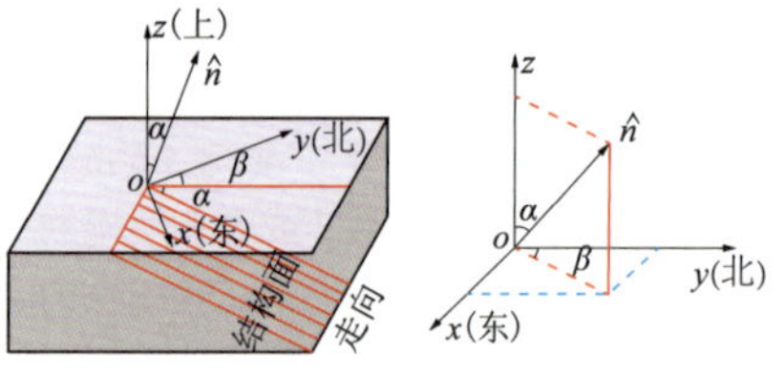

图6 结构面的产状示意图

力学性质 岩石结构面受力与变形之间关系的性质与状态。岩体结构面实质为空间的薄层几何体，其力学性质即为结构面力学性质。主要用于表征结构面的受力与变形之间关系的性质，表现在3个方面：①在法向应力作用下产生的法向变形。②在剪应力作用下产生的剪切变形。③抗剪强度。

水力学性质 结构面在渗流水的作用下所表现出的性质与状态。水在结构面中的作用主要包含3个方面：①物理性质。主要体现在润滑作用、软化和泥化作用、结合水的强化作用。②化学性质。主要指地下水与岩体之间的离子交换、溶解作用、水化作用、水解作用、溶蚀作用、氧化还原作用、沉淀作用等；地下水对结构面的化学作用大多是同时进行的，一般来说化学作用进行的速度很慢。③力学性质。水对结构面力学性质的影响主要通过孔隙静水压力和孔隙动水压力来施加的。前者减小岩土体的有效应力而降低岩土体的强度，在结构面中的孔隙静水压力可使裂隙产生扩容变形，甚至产生水力劈裂现

象；后者对结构面产生切向的推力从而降低岩土体的抗剪强度。

分形特征　定量研究和描述自然界中极不规则且看似无序的岩石结构面，揭示和了解深藏在杂乱无规现象内部的规律性及其物理本质。根据分形理论，可以从中找到自相似结构，并用分形对其形状进行描述。岩石的自然结构性状、缺陷几何形态、分布及地质结构产状、断层几何形态、分布都观察到分形特征，而且岩体强度、变形、断裂力学行为以及能量耗散也表现出分形特征。（王　媛）

结构面力学性质实验　rock structural plane mechanical properties experiment　研究岩石结构面强度和变形的实验。结构面的力学性质主要包括4个方面：法向变形、剪切变形、抗剪强度和蠕变。结构面的变形与强度性质主要通过室内外岩体力学实验进行研究，包括结构面法向变形实验、结构面剪切变形实验、结构面抗剪强度实验、结构面蠕变实验。

结构面的变形与强度性质往往对工程岩体的变形和稳定性起着控制性作用，在国内外已建和在建的岩体工程中普遍存在软弱夹层问题，如黄河小浪底水库工程左坝肩砂岩中由薄层黏土岩泥化形成的软弱夹层；葛洲坝水利工程坝基的泥化夹层，都不同程度地影响和控制着所在工程岩体的稳定性。结构面变形和强度性质的研究在工程中具有十分重要的实际意义，主要有几方面的原因：①在工程荷载范围内（一般小于10兆帕），工程岩体常常是沿软弱结构面破坏的，如法国的马尔帕塞坝溃坝、意大利瓦伊昂水库库岸滑坡等。②在工程荷载作用下，结构面及其充填物的变形是岩体变形的主要组成部分，控制着工程岩体的变形特性。③结构面是岩体中渗流水流的主要通道，在工程荷载作用下，结构面的变形又将极大地改变岩体的渗透性、应力分布及其强度。因此，预测工程荷载作用下岩体渗透性的变化，必将研究结构面的变形性质及其本构关系。④在工程荷载作用下，岩体的应力分布也受结构面及其力学性质的影响。（李邵军）

结构上的偶然作用　accidental action on structure　在结构设计使用年限内不一定出现，而一旦出现即量值很大且持续时间很短的作用。偶然作用如由炸药、燃气、粉尘和压力容器等引起的爆炸作用，由飞行器、机动车、船舶和电梯等撞击引起的冲击作用，此外还包括龙卷风、罕遇地震、火灾、滑坡、雪崩和洪水自然灾害等。偶然荷载的取值还无法通过概率统计方法来确定，主要由权威部门颁布的相应规范、规定或依靠经验确定。①爆炸荷载。由爆炸产生的空气冲击波和土压缩波引起的荷载。爆炸荷载属于动力荷载，但直接按动力方法进行结构分析和设计比较繁复，工程上常采用等效静力的方法。②撞击荷载。运动物体（飞行器、汽车、电梯）撞击产生的荷载。行驶中的汽车撞击产生的荷载包括顺行方向的撞击力和垂直行驶方向的撞击力，顺行方向的撞击力标准值可通过汽车质量（包括车自重和载重）、行驶速度以及撞击时间等参数确定。直升飞机非正常着陆的撞击荷载一般可用竖向等效静力撞击力表示，其标准值可由直升机的质量乘以一个放大系数来确定。

在结构按出现偶然状况设计时，允许出现局部破坏，但不能发生整体倒塌。①要采取适当的防护措施，使结构避免承担或减少承担偶然作用，同时加强结构关键构件，使其能够承担一定水平的偶然作用。②要通过增加结构的冗余度、设计可替代的传力路径、增加结构的整体性和延性等措施，防止偶然作用发生后结构发生连续倒塌。（金新阳）

结构上的作用　action on structure　工程结构上所受各种集中力或分布力的集合，或者引起结构外加变形或约束变形的原因的统称。前者为直接作用，后者为间接作用。结构上的作用通常都具有随机的特性，在一定条件下往往是相互随机依存的。为了简化计算，各种作用在时间上或空间上往往被假定为各自随机独立的，每种作用对结构作为一个单独的作用考虑。作用使结构产生作用效应，如压力、拉力、剪力、弯矩和扭矩等内力效应，应变、线位移、角位移和滑移等位移效应，以及速度和加速度等运动效应。

直接作用来自结构自重、建造和使用期间施加于结构上的外力，长期以来被称为*荷载*，例如，永久荷载、楼面活荷载、屋面积灰荷载、车辆荷载、吊车荷载、雪荷载、风荷载、波浪荷载、撞击荷载和爆炸荷载等。

间接作用来自引起结构间接地产生约束变形和外加变形的各种原因，如*温度作用*、混凝土收缩和徐变、钢材焊接，以及基础不均匀沉降和地震作用等。

为适应结构分析和结构设计的需要，结构上的作用可按不同要求进行分类。

随时间变异分类的作用　主要有永久作用、可变作用和偶然作用。①永久作用。在结构的使用期内，其量值不随时间变化，或其变化与平均值相比可以忽略不计的作用。这类作用统计其特征值时可按与时间无关的随机变量考虑。如结构的自重、土压力、预加应力、支座沉降、混凝土收缩以及最低水位以下的水压力等。②可变作用。在结构的使用期内，其量值随时间而变化且其变化与平均值相比是不可忽略的作用。这类作用统计其特征值时可按与时间有关的随机过程考虑。如施工荷载、楼面活荷载、风荷载、雪荷载、吊车荷载、波浪荷载、温度变化和常遇地震等。③偶然作用（见*结构上的偶然作用*）。

随空间位置变异分类的作用　主要有固定作用和可动作用。①固定作用。在结构上具有固定空间分布的作用。其量值可以是不变的，也可以是随机可变的，当固定作用在结构某一点的大小和方向确定后，该作用在整个结构上的作用即得以确定。如工业楼面上固定的设备、屋面上的水箱及其水重。②可动作用。在结构上给定的空间范围内具有任意空间分布的作用，其量值可以是不变的，也可以是随机可变的。如住宅、办公楼和商店的楼面人员荷载、工业厂房内的吊车荷载等。

按结构反应分类的作用　主要有静态作用和动态作用。①静态作用。也称静力荷载，是对结构或结构构件不引起加速度，或加速度可以忽略不计的作用。如结构自重，住宅、办公楼的楼面活荷载等。②动态作用。也称动力荷载，是对结构或结构构件产生不可忽略的加速度作用。如地震、吊车荷载、车辆荷载、设备振动、波浪荷载和柔性结构上的风荷载。

（朱振德　顾子聪　撰　金新阳　修订）

结构上的作用效应　effect of action on structure　由作用引起的在结构或结构构件中产生位移与内力的效应。如结构构件的应变与挠度、构件的内力（轴力、剪力、弯矩和扭矩），整体结构的位移、倾覆、滑移、漂浮和振动等。作用效应是结构设计的主要控制指标，如结构构件承载能力极限状态设计就是要控制其应力或内力不超过材料的设计强度或构件的承载能力；结构或结构构件的正常使用极限状态设计就是要控制其位移、挠度、振动加速度等不超过规定的限值；结构抗倾覆、抗滑移设计就是要控制整体结构的转动和滑移。

作用效应一般通过结构分析得到，对线弹性结构，作用与作用效应存在线性关系，材料弹性模量或构件刚度不随加载的进程而变化，荷载效应与加载路径无关，多个作用产生的效应可以由单个作用效应的线性叠加得到。当结构的作用与效应之间呈非线性关系（包括材料非线性和几何非线性）时，作用与效应之间产生耦合，作用效应与加载路径、加载顺序等有关，多个作用必须同时放在一个非线性结构模型中进行分析才能得到它们的效应。

（金新阳）

结构上的作用组合 combination of actions on structure 结构极限状态设计时，为保证其可靠性而采用的一组同时影响结构的作用。结构在使用期内有可能承受两种或两种以上的可变作用，如活荷载、风荷载、雪荷载、温度作用和常遇地震作用等，这些可变作用在设计基准期内同时以最大值相遇的概率很小。因此，在验证结构或结构构件的可靠度时，需要采用适当的组合规则进行作用组合。在作用的统计分析研究中，普遍引用了随机过程作为可变作用的概率模型，使作用随时间而变异的客观现实逐渐得到反映，从而有可能在基于概率理论的基础上，提出作用组合的各种理论和实用的简化方法。

能供实用的作用组合理论，主要是将各种作用简化成比较简单的随机过程概率模型，再进一步设法将作用随机过程模型简化为随机变量来考虑。如将可变作用简化为具有任意时点概率分布和时段最大值分布的随机变量，作用组合就相当于对多个作用随机变量求和。设有n个相互独立的可变作用随机变量Q_i（$i=1$，…，n），对应的概率分布密度函数为$f_i(x)$，则经组合后的可变作用Q的概率分布密度函数$f(x)$可用$f_i(x)$的卷积来表示：

$$f(x)=f_1(x)*f_2(x)*\cdots*f_n(x)$$

虽然求解作用组合的概率分布在理论上是没有问题的，但实际应用往往很困难，主要是因为各可变作用的分布很难用解析式来表达。为此，各国在制定规范以及工程应用中一般以采用简化组合方法为主。最常用的作用组合简化方法有国际结构安全度联合委员会方法（简称JCSS法）和学者C.J.特克斯特拉提出的方法（简称Turkstra法），基本思路就是在诸多可变作用中，其中一个达到设计基准期的最大值，而其他可变作用则采用对应时段内的最大值或任意时点的值。Turkstra法组合规则见图。

中国建筑结构规范采用简化组合规则给出作用与效应为线性的作用效应组合公式。

当结构的作用与效应呈现非线性关系时，作用组合就不能采用作用效应的简单迭加，而应将组合后的全部作用一起施加

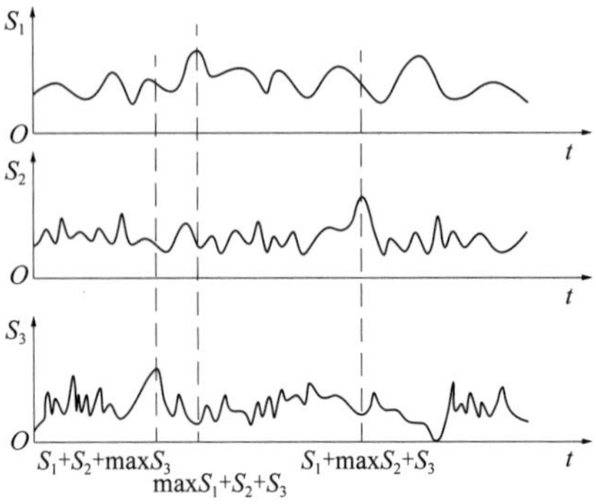

简化作用效应组合示意图

到结构体系中进行结构分析得到结构的组合作用效应。

（朱振德 顾子聪 撰 金新阳 修订）

结构设计验证 structural design verification 对结构设计阶段的荷载、结构力学模型以及荷载效应等假设，在实际土木工程结构建成后进行适用性和准确性的验证。结构健康监测系统通过在结构上安装的各种传感器，测量真实服役环境中实际结构上的荷载作用，以及荷载作用下的结构整体响应和结构局部响应，为验证结构设计时所采用的各种假设是否符合真实情况提供了有力的技术手段和基础数据。结构设计验证在结构设计荷载和结构力学模型等方面得到了广泛应用。

结构健康监测系统监测作用于结构上的荷载，并将荷载最大/最小值、平均值、均方根等统计变量等与结构设计荷载或相关规范的容许值进行对比，验证结构设计荷载与实际荷载的异同；将采用监测数据识别的结构模态参数与采用结构设计模型计算的模态参数进行对比，验证结构设计力学模型的边界条件和物理参数；将监测的某类荷载作用下结构的整体响应和局部响应，与采用结构设计力学模型计算的相同荷载下的整体响应和局部响应对比，或与相关规范规定值进行对比，或采用校验系数，验证结构设计是否安全或是否符合规范要求。典型的结构设计验证包括结构抗风设计验证和结构抗震设计验证。

结构抗风设计验证 在大跨度桥梁抗风研究领域，由于大跨度桥梁是风敏感结构，其在风荷载作用下可能发生静风失稳、涡激振动、颤抖振、颤振、风雨激振和尾流驰振等多种复杂流固耦合振动。大跨度桥梁结构风效应研究往往采用风洞试验和计算流体动力学（CFD）数值模拟两种方法。但模型相似比问题使小模型试验结果与足尺原型桥梁结构的真实风效应相差较大；同时，随着桥梁跨度的增加，风荷载与风效应的空间相关性成为影响桥梁结构风致效应的重要因素，而小模型风洞试验很难准确得到大跨度桥梁结构风荷载与风效应的空间相关性及其对结构风致效应的影响规律。结构健康监测系统相当于大跨度桥梁结构的现场足尺风洞试验系统，可以获得实际桥梁结构自由场风及其相应的风致振动，为开展大跨度桥梁结构风工程研究提供了重要的试验验证技术和试验验证系统。

结构抗震设计验证 在土木工程结构抗震领域，由于土木工程结构体积大、重量重，研究人员还不能准确把握结构在真实地震作用下的破坏机理与机制。结构地震损伤机理与破坏机制的研究手段主要是结构小模型试验和数值计算。但由于尺寸效应和非线性动力系统相似比等问题，导致无法由小模型试验结果推算真实结构的地震反应行为；同时由于结构材料行为的复杂性与随机性、非线性动力系统数值求解的低精度等问题，导致数值计算得到的结构地震反应行为与试验结果相差较大。结构健康监测技术通过在结构上布设监测系统而能够获得足尺原型结构在真实服役环境和荷载作用下的真实响应，其相当于原型结构真实作用与效应的现场试验技术和试验系统，是研究和揭示足尺原型结构真实地震作用及其地震反应、结构地震损伤机理与破坏机制的最有效手段。

（李 惠 李顺龙）

结构试验分析 experimental analysis of structure 确定结构或构件在承受一定的静力或动力荷载、温度或约束作用时的应力和变位分布规律的手段之一。根据试验要求，通过对测试数据进行整理分析而求得结论。

作用 结构试验分析与结构理论分析是对结构工作状态取得完善认识的依据。结构模型和原型试验分析在下列诸方面起着重要作用：①建立或验证结构的数学分析模型和理论。②为结构设计提供依据。③建立或修正经验公式。④确保施工安全和质量。⑤判断结构的承载能力。⑥长期监视结构的工作性能。⑦建立或修订工程结构设计及施工规范的有关条款。

内容 结构试验的涉及面很广，常按照静力、动力及长期试验分为三大类。

静力试验分析 主要有原型结构静力试验分析和模型结构静力试验分析两种。

原型结构静力试验分析 目的主要是审核结构设计、鉴定工程施工质量、确定结构的承载能力和探索结构计算理论等。主要分析内容有变位分析及内力分析，其结果应互相参照，综合考虑。①变位分析。

结构变位（包括线位移和角位移）是结构受载时的综合反应，常以某些特定位置处的变位值衡量结构的整体工作性能。通过变位分析可判断结构的刚度特性是否符合设计要求和使用规定，估计结构的承载潜力，确定结构的安全度。②内力分析。测定结构各部位应力以了解结构受力状态。在对结构理论、制造、安装、施工已有深入了解的基础上分析影响受力的各种因素，判断结构的整体或局部构件的工作状态是否良好，指出设计、施工方面可能存在的问题，估计其对结构物的影响。

模型结构静力试验分析 模型结构试验常涉及验证结构理论，建立结构的数学分析模型，以及在原型结构试验中所不易解决的诸如结构稳定、结构破坏等问题。无论是整体结构或局部结构的模型试验，除了变位及内力分析外，还要结合模型试验的特点，进行下列内容的分析：①模型制作工艺、支承状态、安装误差、连接方式等模拟关系的完善程度及对试验结果的影响。②模型制作材料性能的影响。③对于研究结构的稳定和空间作用的模型试验。应当针对外力作用体系（包括施力点、力的方向和外力等级），结构的约束条件以及结构的连接状态这些在试验中十分敏感的问题，分析其与原型结构的吻合程度，以得出正确结论。④对于结构破坏试验。应根据结构的应变、应力、变位的变化过程，考虑到材料非弹性阶段的特性，分析结构体系中导致破坏的薄弱环节，以正确估计原型结构的最大承载能力。⑤对于结构局部构件受力状态的大型局部构件模型试验。应重点分析其边界条件是否与原型结构相符。

动力试验分析 主要有原型结构动力试验分析和模拟结构动力试验分析两种。

原型结构动力试验分析 其内容是：施加于结构的动力产生的机理，结构的动态特性，动力的各种因素对结构的影响，结构变位及内力的动力系数和动态响应的规律，确定有利于结构运动状态的使用条件，拟定合宜的措施使结构不致发生较大的动力影响，积累数据以改进结构设计。

模型结构动力试验分析 其内容是通过对模型动态响应规律的分析验证理论，为拟建的结构选择合理的结构形式，为既有结构的合理使用提供必要的建议。斜拉桥1/160全模型风洞试验（见图）。

斜拉桥模型（长4.7米，1：160）
在风洞中模拟吹风试验

动力试验分析的主要项目和方法包括：①结构振动频率分析。分析结构的自然振动频率，从频率角度分析结构形式、结构刚度特性对动态响应的影响。②结构阻尼特性分析。实际上结构在运动过程中能量损耗的机理很难正确估计，常根据直接测试结果的分析。常用的分析方法有自由振动衰减法、共振放大法以及半功率（带宽）法等，可根据试验条件选择。正确的阻尼分析有助于结构振动理论的实际应用。③结构的振型分析。根据振型坐标分析结构的动态响应。④非随机荷载试验分析。用确定性分析方法分析相应于非随机荷载时程的变位－时间过程，结构的其他反应（如内力）则可通过变位反应求得。⑤随机荷载试验分析。⑥非线性结构试验分析。

长期结构试验分析 其目的在于及时掌握结构性能变化的动态，以采取有利于结构的安全措施，同时为结构的设计、施工、维护和耐久性预测提供依据。分析的项目有：①各测试数值随时间变化的过程。②各测试数值在各测试周期中同一时间的变化规律。③根据同一时间测得的数据分析各种因素影响的分量值，并与理论分析值或标准值进行比较。④分析同一因素的测量值在不同时间的变化规律。⑤分析结构动力特性的变化规律。

结果分析 结构试验的测试数据经过整理分析，应当用列表、图示或经验公式配以适当的理论推导和论证，表达分析的内容、过程和结论。完善的试验分析报告应当是数据取舍合理、分析思路明确、理论探讨周密严谨、分析结论简明正确，并对分析结果的适用范围提出恰当的建议。

（许成业）

结构体系 structural system 通过连接节点将结构构件连接在一起成为可以承受荷载作用的系统。结构体系中的不同结构构件和连接节点发挥各自的受力特点和力学性能优势，协同工作，承受各类荷载作用，如恒载、活载、地震作用、风作用等。

分类 可从多个角度对结构体系进行分类：①按照组成材料的不同，结构体系可分为钢筋混凝土结构体系、钢结构体系、砌体结构体系、组合结构体系等。②按照使用领域的不同，可分为建筑结构领域、桥梁结构领域等。③按照传递荷载方向的不同，结构体系可分为水平结构体系和竖向结构体系。水平结构体系通过弯曲承受楼盖荷载，又将水平荷载传递至竖向结构体系。竖向结构体系与水平结构体系连接，形成一个结构。在结构设计中，水平和竖向结构体系必须综合考虑，使它们有效地共同工作。

应用 土木结构工程领域经过长期的发展，已经形成了许多成熟的结构体系。

在建筑结构领域，随着适用高度的增加，常用的结构体系包括框架结构体系、框架－支撑（延性墙板）结构体系、剪力墙结构体系、框架－剪力墙结构体系、框架－核心筒结构体系、筒体结构体系、巨型结构体系等。此外，在建筑结构中，水平结构体系为楼盖或屋盖体系。常用的楼盖或屋盖体系包括平板体系、梁－板体系、主次梁体系、双向密肋体系、空间桁架体系等。

在大跨建筑结构领域，为实现更经济的设计，常用拱、索、薄壳、薄膜等形式的曲线型构件构成结构体系。常用的大跨建筑结构体系包括网架结构体系、网壳结构体系、薄壳结构体系、悬索结构体系、膜结构体系等。

在桥梁结构领域，随适用跨度的增加，常用的桥梁结构体系包括梁桥、刚构桥、拱桥、斜拉桥、悬索桥等。此外，在桥梁结构中，水平结构体系为桥面结构体系。常用的桥面结构体系包括梁－板体系、主次梁体系、正交异性桥面体系等。

结构体系是结构承受荷载作用的一个整体。一个理想的结构体系能充分发挥各构件和连接节点的力学性能优势，避开其弱点，实现优异的整体结构性能。只有将结构体系的受力机理、力学行为、计算模型、设计方法研究清楚，了解各结构体系的优缺点和适用范围，才能开展更经济合理的结构设计，并实现结构工程的创新。

扩展阅读

林同炎，斯多台斯伯利.结构概念和体系.2版.高立人，方鄂华，钱稼茹，译.北京：中国建筑工业出版社，1999.

（陶慕轩）

结构位移 structural displacement 工程结构在荷载作用下会发生变形，而这种变形会引起结构各处位置的变化，即结构的位移。结构的位移可以分为线位移和角位移。产生位移的原因主要有下列3种：荷载作用；温度变化和材料胀缩；支座沉降和制造误差。计算结构位移的目的通常有：校核结构的刚度；在结构施工过程中，也常常需要知道结构的位移；为分析超静定结构打下基础；在结构的动力计算和稳定计算中，也需要计算结构的位移。

杆系结构位移 其普遍计算公式可以从变形体虚功原理导出。虚设一个（或一对）与所要计算的位移（或相对位移）相应的单位力，将结构上施加虚拟单位力的状态作为虚拟力系状态，而将待求的结构位移状态作为实际位移状态，从而按虚力原理建立虚功方程，即可得出位移计算的普遍公式：

$$\Delta_K=\sum\int(\overline{F}_N\varepsilon+\overline{F}_Q\gamma_0+\overline{M}\kappa)\,ds-\sum\overline{F}_Rc \quad (1)$$

式（1）中ε、γ_0、κ分别为实际状态结构杆件的轴向应变、平均剪切应变和曲率；而$\overline{F}_N$、$\overline{F}_Q$、$\overline{M}$和$\overline{F}_R$分别为虚拟平衡力系状态结构的轴力、剪力、弯矩和反力。等号右边的积分沿杆轴线进行，然后对所有的杆件求和。这种通过虚设单位荷载作用下的平衡力系状态，利用虚功原理求结构位移的方法称为单位荷载法。

当仅有荷载作用时，平面杆系结构在荷载作用下的位移计算公式为：

$$\Delta_K=\sum\int\frac{\overline{M}M_P}{EI}ds+\sum\int\frac{\overline{F}_NF_{NP}}{EA}ds+\sum\int\frac{k\overline{F}_QF_{QP}}{GA}ds \quad (2)$$

式（2）中E、G为材料的弹性模量、剪切模量；k、I、A为横截面的剪力修正系数、惯性矩、面积；M_P、F_{NP}、F_{QP}为荷载作用下实际结构的弯矩、轴力和剪力。（2）式等号右边的3项分别代表了杆件的弯曲变形、轴向变形和剪切变形对结构位移的贡献。只要分别求得结构在虚拟状态单位荷载作用下的内力和在实际状态荷载作用下的内力，就可利用（2）式计算荷载作用下杆系结构任意的指定位移。

平面直杆位移 由线性变形体组成的平面直杆结构在荷载作用、温度变化和支座沉陷影响下的位移计算公式为：

$$\Delta=\sum\int\frac{\overline{M}M}{EI}ds+\sum\int\frac{\overline{F}_NF_N}{EA}ds+\sum\int\frac{k\overline{F}_QF_Q}{GA}ds+\sum\int\overline{F}_N\alpha t\,ds+\sum\int\overline{M}\frac{\alpha\Delta t}{h}ds-\sum\overline{F}_Rc \quad (3)$$

式（3）中M、F_N、F_Q为综合因素作用下实际结构的弯矩、轴力和剪力；α为材料的线膨胀系数；t为杆轴上的温度变化；h和Δt为横截面的高度和上下缘温差。

如果结构是静定的，温度变化和支座沉陷不会使结构产生内力。如果结构是超静定的，（3）式右边的前三项是由荷载引起的位移，第四、五项是由温度变化引起的位移，最后一项是由支座沉陷引起的。欲求超静定结构位移，必须先求出待求实际位移状态下的超静定结构内力；而根据虚功原理，虚拟的单位力可施加在由原来的超静定结构解除某些约束后形成的任意静定结构上，以简化计算。

图乘法 在计算直梁和刚架在荷载作用下的位移时，常需要求积分

$$\int\frac{\overline{M}M_P}{EI}ds \quad (4)$$

当杆件结构数量较多而荷载情况又较复杂时，以上的弯矩列式和积分工作将相当烦琐。此时，可以用图乘法代替积分运算，从而简化直杆结构的位移计算工作。

构件为直杆时，结构在虚拟状态中由单位荷载引起的弯矩图形是由直线构成的。不失一般性，可以从中取出一杆段AB，实际状态和虚拟状态中该杆段的弯矩见图。如果在AB范围内该杆截面抗弯刚度EI为一常数，则（4）式可按（5）式求出积分值：

$$\int\frac{\overline{M}M_P}{EI}ds=\frac{Ay_0}{EI} \quad (5)$$

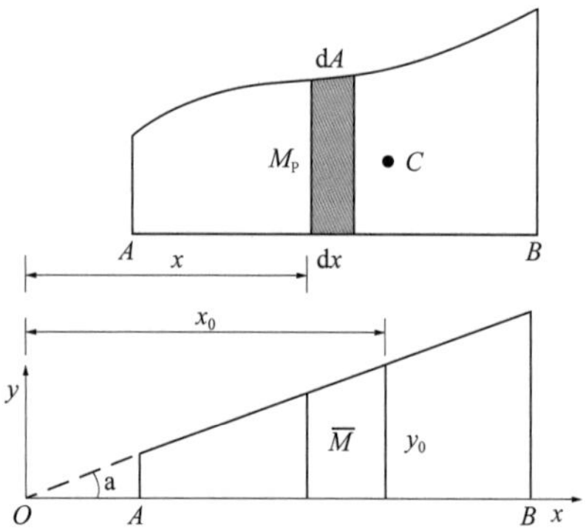

图乘法中的弯矩示意图

图中A为AB段内M_P图的面积；y_0为M_P图的形心位置C所对应的$\overline{M}$图中的竖标。图乘法只适用于等截面直杆段的情况；而且杆段的两个弯矩图中至少应有一个是直线；y_0只能取自直线图形，而A应取自另一图形。

平面曲杆位移 曲杆位移与直杆的不同之处在于：曲杆微段ds在受轴力作用时两端截面也会产生相对转角，在受力矩作用时也会产生相对轴向位移，并且中性轴不再与形心轴重合。所以，严格地说，平面曲杆的位移公式应在（3）式基础上作相应的补充和修改；但对于小曲率情况，工程上常忽略这种曲率影响，近似采用直杆位移公式。

空间杆系结构位移 空间杆系结构有6个内力分量和6个位移分量，因此在其位移公式中应由弯、扭、剪、拉、压等项来代替（1）式中等号右边的前三项。

（毕家驹 杨迪雄）

结构稳定 structural stability 工程力学的一个分支，主要研究各种结构的稳定性，是工程结构安全性的重要内容之一。

发展简史 关于结构稳定问题的最初研究可以追溯到18世纪。早在1744年，瑞士L.欧拉就在他的著作《曲线的变分法》中，用最小位能原理导出弹性直杆的临界荷载公式，但当时人们还没有认识到欧拉公式的意义。到了19世纪后期，钢结构已被广泛应用，不断出现的结构失效事故，促使人们不断地进行试验和研究并提出了一些经验公式，如兰金公式及泰特迈尔公式。1889年，德国F.恩盖塞给出了塑性稳定的理论解。1891年，英国G.H.布莱恩进行了简支矩形板单向均匀受压的稳定分析。这些成果构成了结构稳定理论的初步基础。进入20世纪后，结构稳定研究在理论和应用两方面广泛展开。例如，俄罗斯V.Z.符拉索夫对薄壁杆件空间失稳问题进行了深入研究，美籍匈牙利V.卡门研究了板壳结构非线性失稳问题等。20世纪40年代以来，北美、欧洲、日本等相继成立了结构稳定问题的国际性研究机构，对结构稳定问题进行了大量的理论与实验研究，并对结构设计方法不断加以改进。中国钱学森在薄壳稳定理论方面，李国豪在弹性稳定理论及桥梁结构稳定理论方面也都做出了贡献。60～70年代几座箱型钢梁桥的失稳坠毁事故，引起了人们对板件稳定问题的注意。在计算机被广泛应用后，以掌握结构的安全度为目的，对实际结构（包括屈曲强度的承载力问题）的理论分析方法已趋实用化，并运用可靠性分析方法研究结构的强度问题。而且，采用有限元法对板壳结构进行屈曲分析也已有了长足的进步。然而，关于结构物的屈曲及屈曲后的塑性破坏强度的理论分析包括一系列复杂的问题，如残余应力、结构物的弹塑性化及大挠度非线性问题等。同时考虑所有这些问题的直接解法将是很复杂的，所以关于实际结构的屈曲强度及承载力的系统性的分析方法还有待进一步研究。此外，60年代出现了一门称为突变理论的新学科，被用来描述渐变力产生突变效应的现象，其中也包括结构失稳现象。

结构稳定的内容 结构的失稳现象按其发生的范围可分为：整个结构或其部分

失稳，个别构件失稳和构件的局部失稳；且均可分为平面内及平面外失稳。有时在弹性范围内不发生屈曲，而在全截面达到塑性以前发生弹塑性屈曲，因此可分为弹性稳定、弹塑性稳定与塑性稳定。根据造成失稳荷载的不同，稳定问题还可分为动力稳定与静力稳定。根据失稳的形式，稳定性问题可分为分叉点失稳（第一类失稳）、极值点失稳（第二类失稳）和跳跃失稳（第三类失稳）。任何一种失稳现象都可能使结构不能有效地工作。

结构理论对稳定问题的研究是在理想化的数学模型上进行的，而实际结构却并不像数学模型那样理想，因此实用上需要考虑各种因素的影响。以受压直杆为例，荷载不可能绝对对准截面中心；杆件本身总会有某种初始弯曲，即所谓“几何缺陷”；材料本身不可避免地具有某种“组织缺陷”，如屈服应力的离散性及由杆件制造方法所造成的残余应力等。这样，除了弹性模量和杆件的几何尺寸之外，所有上述各项因素也都不同程度地影响着压杆的承载力，在结构设计时这种影响常常应予以考虑。通常将基于理想化数学模型的稳定理论称为压屈理论，基于实际杆件考虑各种因素进行与稳定性有关的极限承载力研究的理论称为压溃理论。实用杆件、部件或构架在使用中发生破坏或在加载试验时发生屈曲的荷载称为压溃荷载或极限承载力。关于几何缺陷，根据大量的实验统计研究的结果，一般认为可假定一个弯月形曲线，其矢度为杆长的1/1000。关于组织缺陷，各国规范中的公式不尽相同，所给出的容许屈曲应力曲线也很不相同，其中有些问题尚待进一步研究。

（陈英俊　王道堂　撰　吕大刚　修订）

结构性能评价　structural performance evaluation　利用检查/调查所获得的数据和技术资料，采用一定的技术手段对结构性能状况进行的评估诊断。

评估原因　大型工程结构在环境侵蚀、材料老化和荷载的长期效应、疲劳效应以及突变效应等因素共同作用下，将不可避免地出现病害和性能退化现象，因此在结构维护管理过程中，对结构的性能做出准确判断是一项非常重要的任务。结构的性能评价主要对土木工程的安全性、适用性和耐久性3个方面做出评价。

结构性能评价一般是在结构检查中发现有明显损伤、劣化或性能退化现象，或发现结构劣化程度和劣化速度明显高于预测值，再或是在一些诸如结构的使用条件、使用状况、使用目的和周围环境等发生变化，以及发生如地震、车撞事故等一些特殊事件等情况下进行，以便及时把握结构实际性能状况，做出正确、迅速的应对方案，并采取有针对性措施围护结构的正常运营。

主要内容　结构性能评价主要包括针对结构安全性、适用性和耐久性等状态进行的**结构状态评估**、结构建成后基于监测数据对设计阶段采用的荷载、模型等假设进行的**结构设计验证**、在正常使用条件和偶然事件下对结构安全性进行的**结构安全评估**、基于概率分析的结构可靠性及风险评估、在受到灾害时衡量结构抵御灾害和可恢复能力的结构抗灾韧性评估、基于健康监测数据对结构未来状态进行的结构状态预测，以及通过把握结构性能退化规律，对结构剩余寿命进行的结构寿命预测。

土木结构的性能评估层次

ISO	美国	日本	欧洲	英国
两大层次：初步评估 详细评估	两大层次：初步评估 详细评估	两大层次：初步评估 详细评估	两大层次：简要评估 详细评估	5个层次：①基于简单分析和标准/规范的评估 ②基于更高一级的评估 ③基于荷载与结构抗力值的评估 ④基于特定目标可靠度的评估 ⑤基于全概率可靠度的评估

目的　对于土木结构来说，其性能评价的主要目的有以下几个方面：①准确把握结构的当前性能水平，以便及时进行合适的结构养护和管理，对于性能水平低下的结构需及时进行维修和加固。②除了考察当前的结构性能状态之外，还需综合考察结构性能下降的程度和速率，分析其性能退化规律，对结构性能的远期状态及使用寿命做出预测。③根据结构性能状况的近期和远期评估与寿命预测，及时调整结构的维护管理计划及具体的管养、维修以及加固措施。

各国评估层次　对于结构的性能评估，通常采用划分为若干个不同层次的评估目标进行评估分析，强化评估的可操作性。各国或组织间的评估手法不尽相同，评估的层次也不尽相同，但总体来说大同小异。国际标准化组织将结构的评估按照结构评定层次分为初步评估和详细评估相对应的两个层次。初步评估是对结构进行的一种简单评估，采取一些较为简单手段的检查，如对文档的查阅、对结构的目测等，若发现问题，则需采用一些准确性较高的检查手段进行详细评估确认。日本在性能评估层次分类上与之类似，只不过将初步评估定义为了基于视觉检查结果的评估，实际评估手段相对更为单一。美国对混凝土结构的性能评估也是按照初步评估和详细评估两个层次来划分，但是其初步评估所包含的内容稍多。在初步评估中，不仅有ISO标准中涉及的一些简单检查，还包括了材料层面的评价、成本影响分析等工作。欧洲将其分为简要评估和详细评估两个层次。欧洲标准虽然也是将其分成两个层次，但含义和ISO标准及美国标准略有不同。根据欧洲的标准，简要评估指基于损伤分类方法和结构简化损伤指标的一种定性评估方法，而详细评估则指考察劣化对结构构件影响的一种定量评估方法，可见其主要以结构损伤为判定划分依据。而英国将结构性能评估层次定义得相对细致，根据分析评估的手段不同一共分为五大层次，具体见表。

评估手段　结构的性能评估要充分运用包括结构检测、书面材料和结构健康监测等多种手段，其中结构检测是对结构状况获取的一种比较传统的方式，而结构健康监测是20世纪末逐步发展起来的一种基于自动传感技术获取结构状况的手段，相对于传统的检测，健康监测减少了人工干预，节省了人力资源消耗，同时获取结构状况的频度得以大幅提升，甚至可以做到实时监测。结构健康监测依靠传感器系统，能够持续地对结构进行感知，同时具有强大的专家系统可供分析决策，便于结构性能评估的常态化和智能化。其持续地监测，可记录完整的结构性能演化过程，便于挖掘其结构性能退化的内在机理，以及对其将来性能变化乃至剩余寿命的预测，因此对基于结构健康监测的性能评估可采用3层次结构性能评估方法。具体包括：基于检测与监测数据的结构异常分析、基于结构内在参数识别的结构当前性能状况评价，以及基于历史监测数据的结构性能退化与寿命预测3个层次。

（吴智深　万春风）

结构振动　structural vibration　结构在某一位置附近来回运动的现象。实践中，结构除受静力荷载从而应进行静力分析以外，往往也会承受动力荷载，它使结构产生振动，从而需要进行动力分析。结构动力学是对动力荷载引起结构振动进行理论研究的基础，也是解决实际工程结构振动问题的工具。

在静力分析中，假定作用在结构物上的是静力荷载，这种荷载的大小、方向和作用点都不随时间而变化，加载过程非常缓慢，因而使结构的质量不产生加速度，即不产生惯性力。实际上，动力荷载是普遍存在的，静与动是相对而言的。若荷载引起的加速度很小，其产生的惯性力明显低于其本身的荷载值，则可将该荷载作为静力荷载处理。但在工程实际中，动力荷载及受动力荷载作用的结构所产生的振动现象非常普遍。例如，打桩机的锤击引起地基的振动，高层楼房、电视塔等受不规则风力的作用引起结构顶端来回运动，地震作用产生的地震力引起整个结构的振动。爆炸对建筑物施加的冲击波，工厂车间内的车床、起重机、电动机、汽轮发动机、锻锤等在工作时对厂房结构及基础产生的荷载等等也是常见的动力荷载。把这种随时间而变化的荷载，称为动力荷载，简称动载。动载作用的基本特点是使结构产生显著的加速度，进而使结构产生较大的惯性力，从而引起结构的振动。此时，表示结构振动特定的物理量（例如位移、速度、加速度等）将时而增大、时而减少地反复变化。

按照不同的标准，结构振动有不同的分类。①按振动是否具有重现性，可将结构振动分为确定性振动和随机振动。若在相同的条件下，振动过程总是完全相同的，这种振动称为确定性振动。例如，机器的偏心质量所产生的周期荷载，若偏心质量起始位置总是相同的，则该荷载是重现性荷载，也称确定性荷载，在相同的工作条件下，每次开机都将在结构上引起相同的振动过程，因而是确定性振动。但是，像地震作用、风荷载等，在不同时间，即使在同一地点完全相同的条件之下，也不会重现同一波形；如果上述机器偏心质量的起始位置是随意变化的，则每次开机也不会出现完全相同的波形。这种非重现性荷载，称为随机荷载，随机荷载作用下的振动称为随机振动。如果结构特性（例如阻尼、弹性模量等）是随机变化的，即使在确定性荷载作用下，也将产生随机振动。②按是否存在外部干扰分类，可将结构振动分为自由振动和强迫振动。例如，一根考虑质量分布的简支梁，若给质量以初始扰动（如初始位移、初始速度等），在扰动除去后，结构仍然发生振动，这种在振动过程中没有直接受到外部干扰的振动称为自由振动；若该梁受一随时间变化的力的作用而产生振动，只要在振动过程中该力产生作用，则振动称为强迫振动；但是，一旦该力在某时刻已经终结，则该时刻以后所发生的振动仍是自由振动。③按是否存在振动阻尼分类，可将结构振动分为阻尼振动和无阻尼振动。在振动过程中，总是存在各种阻尼力，例如，材料的内部阻力、支座及各种连接处的摩擦阻力等，它们促使自由振动逐渐衰减，强迫振动的幅度减弱。考虑阻尼的振动称为阻尼振动，如阻尼很小，忽略它的影响后，此时的振动称为无阻尼振动。④按阻尼力、恢复力与结构位移速度的关系是否符合线性函数分类，可将结构振动分为线性振动和非线性振动。如果阻尼力、恢复力是位移或速度的线性函数，则这种振动称为线性振动；否则，称为非线性振动。

结构振动的基本任务在于分析结构（质点系或分布质量体系）振动的固有力学特性。而且求解动力荷载作用下结构的位移和内力等反应，使工程设计满足刚度和强度的要求，或采取适当的减振或防振措施。在进一步的研究中，还要考虑动力稳定性的要求。因此，在动荷载作用下的强度、刚度和稳定性问题是结构振动研究的基本内容。

（俞载道　洪善桃　撰　吕大刚　修订）

结构状态评估　evaluation for structural state　根据所采集的土木工程结构技术状况数据，利用一系列评价指标和评价模型，对土木工程结构状况满足其使用要求和功能性要求的程度做出的判别。结构状态评估的核心是建立适宜的指标体系和评价模型，并将这些指标与结构安全性、适用性和耐久性状态进行关联。结构状态评估依据评估内容，可分为安全性评估、适用性评估和耐久性评估3个方面，三者相互关联且各有重点。

安全性评估　与结构或构件的极限强度、稳定性有关，其评估的目的是找出土木工程结构的实际安全储备，以避免土木工程结构在日常使用中发生灾难性的后果。从安全评估原始数据获取途径的技术角度，各国开展土木工程结构安全性评估方法主要有荷载试验检测、定期外观检查和结构健康监测3种。采用机器学习算法和深度机器学习算法，通过学习发现监测数据隐含的结构服役行为特征空间，以及监测数据在特征空间呈现的分布规律和模式，分析模式的物理意义及其反映的结构服役行为本质，揭示其鲁棒性（一旦模式发生变化则表示结构服役行为和状态发生变化），基于数据驱动的宏观粗尺度评估结构安全状态并预警，发展基于数据驱动的结构状态评估理论和方法，为精细化结构安全评定提供先验知识和信息，是结构健康监测研究的核心科学问题和目标之一，具有重要学术价值与工程意义。结构健康监测系统能够实时获取土木工程结构真实荷载与环境以及真实结构响应，利用结构健康监测数据进行安全评估（见**结构安全评估**）。

适用性评估　适用性评估与土木工程结构或其构件在日常荷载工作下的变形、裂缝、振动有关。结构适用性评估一般采用综合评估方法，即根据所采集的土木工程结构技术状况数据，利用一系列评价指标和评价模型，对结构状况满足其使用要求和功能性要求的程度做出判别。常见的适用性评估方法包括常规综合评估法、层次分析法、模糊综合评判法、模糊神经网络法等，此外特尔斐专家评估法、专家系统和灰色关联度评估法也得到了较好应用。土木工程结构适用性评估仍然以结构表观缺陷作为主要评定指标，确定结构整体技术状况，但结构的表观缺陷与结构安全之间并没有直接的相关性，完全以桥梁结构表观状况评定结构技术状况缺乏合理性，应当在结构构件或部件层次的评价中，综合考虑结构的“承载能力/荷载效应”比值以及结构的表观缺损。

耐久性评估　耐久性评估侧重于土木工程结构的损伤及其成因，以及对材料物理特性的影响，其结果为安全性和适用性评估提供重要信息。混凝土结构耐久性极限状态可以分为钢筋开始锈蚀、混凝土保护层锈胀开裂以及混凝土表面出现可接受的最大外观损伤3种，按其剩余使用寿命或耐久性进行状态评定，按照评定结果划分耐久性等级。对钢结构的耐久性防护，主要靠养护维修、材料防护措施等来保证；对混凝土结构或钢筋混凝土结构耐久性防护，是在设计规范中规定保护层厚度和限制裂缝宽度、材料防护措施等来保证。

（李　惠　李顺龙）

金属材料耐久性　durability of metallic materials　金属材料在使用过程中经受环境的作用，能保持其使用性能的能力。腐蚀是影响金属材料耐久性的重要因素，所以研究金属腐蚀及其防护方法是研究金属材料耐久性的重中之重。

由于工程中大量使用的金属，如钢材等都易受腐蚀，使工程构筑物的使用期限缩短，并常导致其功能失效而引起事故和造成损害。按照金属的腐蚀机理可以将金属腐蚀分为化学腐蚀与电化学腐蚀两大类。在某些条件下，化学，以及机械、微生物等因素可以加速金属材料的腐蚀。①化学腐蚀。指金属与接触到的物质直接发生氧化还原反应而被氧化损耗的过程。②电化学腐蚀。指在电化学反应中，电介质液中的阳极是处于较低电势，发生氧化反应，金属离子进入电解液中，产生腐蚀。不管是化学腐蚀还是电化学腐蚀，金属腐蚀的实质都是金属原子被转化成金属阳离子的过程。

建筑金属腐蚀的主要形态：①均匀腐蚀。是最常见的腐蚀形态。金属表面发生化学或电化学反应腐蚀使断面均匀变薄，常用年平均的厚度减损值作为金属材料耐腐蚀性能的指标（腐蚀率）。钢材在大气中一般呈均匀腐蚀。②孔蚀。集中在金属表面个别小点上深度较大的腐蚀，也叫点蚀。孔蚀的产生与金属的本性及其所处介质有关。大多数的孔蚀是由于氯化物、溴化物、次氯酸盐及含氯离子的溶液造成的。天然淡水有时也会造成孔蚀，是因为其中含有一定的氯离子。氟化物和碘化物造成孔蚀的倾向性较小。③电偶腐蚀。不同金属的接触处，因所具不同电势而产生的腐蚀。④缝隙腐蚀。浸在腐蚀介质中的金属表面，在缝隙和其他隐蔽区域常常发生强烈的局部腐蚀。这类腐蚀常与孔穴、垫片底面、搭接缝、表面沉积物，以及螺钉和铆钉帽下的缝隙内积存的少量静止溶液有关。⑤应力腐蚀。是受拉应力的材料和特定的腐蚀介质的共同作用而产生的一种脆性破坏。混凝土中的高强度钢筋（钢丝）可能发生这种破坏。

建筑用金属材料大量应用于金属结构、钢筋、管道和板桩等。由于所处环境不同而有不同的腐蚀特点。金属的腐蚀对构造造成一定程度的破坏，会降低建筑金属结构的承载力，增加建筑金属结构的使用和维护成本。建筑用金属材料的腐蚀防护措施主要有：①表面涂装防腐。通过在金属表面覆盖防护涂料起到保护作用，是建筑钢结构比较常用的防腐措施。防护涂料主要有醇酸、丙烯酸、环氧/氯化橡胶、环氧/聚氨酯、环氧富锌/聚氨酯、无机富锌/聚氨酯等。②阴极保护防腐。通过牺牲阳极或者直接施加电流的方式对金属母体进行保护的方法，能够有效防止电化学腐蚀。可以通过热镀锌或者冷喷锌工艺在建筑钢结构中金属表面获得富镀层，由于镀层中的锌比铁具有更强的活性而形成阳极首先被腐蚀，从而使阴极钢基体得到保护。③表面热喷防腐。按照热源的不同，表面热喷防腐主要有火焰热喷涂和电弧热喷涂两种。其中火焰热喷涂是利用燃烧可燃性气体作为热源融化并雾化金属丝材或粉末，然后喷涂形成防腐涂层。电弧热喷涂则是利用电弧作为热源对两根带电的金属丝进行加热熔融并雾化，然后喷涂形成涂层，最后外加一层有机封闭涂层。

（洪乃丰　施　弢　周　建）

金字塔　Pyramid　古代埃及、美洲等地的方锥形陵墓或宗教建筑物。其底部可为三角形、四边形或者任何多边形。金字塔的设计要求底部具有更多的自重，而顶部自重很小，这一自重分布形式使得最早的土木工程师得以建造稳定的不朽的建筑。现代研究表明，埃及和美洲广泛出现的金字塔是砌体结构中需要的工作量最小的一种结构形式。最早的金字塔是塞加拉的左塞（一译昭赛尔）金字塔，是古埃及第三王朝国王左塞的陵墓，建于公元前27世纪，呈六层阶台形，基底东西长125米，南北长109米，高约60米。塔型有3层的，有分两段而上下段坡度不同的等等。

公元前27～前26世纪，在今开罗近郊的吉萨造了3座大金字塔（见图），都是精确的正方锥体，其中古王国第四王朝法老胡夫的金字塔最大，高146米，底边长230米；哈夫拉金字塔高143米，底边长215米；门卡乌拉金字塔高66米，底边长108米。塔形方正平直，方位、水平以及几何形体均精确。3座金字塔都用淡黄色石灰石砌成，石块之间并未用黏结料而能达到严密合缝，外面贴一层磨光的白色石灰石。所用石块很大，有的有6米多长，建造胡夫金字塔所用的石料，若全部折合成2.5吨重的石块，约计230多万块。塔中心有墓室，以狭长、密闭的甬道联结墓门与墓室。墓室顶上和门口处的大石块重达几十吨。有的专家分析，金字塔是采用了土牛施工法，即先用土堆成粗型，再抬石砌筑成形之后，清除掉内、外填土。也有人认为石块是用类似于胶结材料的物质黏合成型的，而不是天然石。

吉萨金字塔群

美洲的金字塔呈阶梯形，是宗教建筑。现存的特奥蒂瓦坎城（墨西哥）的太阳金字塔，塔基呈方形，边长213米，高66米，建于约250年；羽蛇神庙金字塔，塔高54米，4层，塔底占地11公顷，体积为330万米^3，建于6～12世纪。

（潘洪萱　撰　聂建国　修订）

锦屏二级水电站工程深埋特长引水隧洞

deep buried diversion tunnels of Jinping II hydropower station　锦屏二级水电站坝体上游向下游引水的水工隧洞。锦屏二级水电站是位于四川省凉山彝族自治州雅砻江干流锦屏大河湾上水头最高、装机规模最大的水电站，引水系统工程主要包括7条总体平行布置的深埋隧洞，自南向北依次为辅助洞A、洞B、施工排水洞和4条引水隧洞（见图）。其中主要引水系统采用4洞8机布置，4条平行布置的引水隧洞自西向东，横穿跨越近南北展布的锦屏山，是锦屏二级水电站枢纽最重要的组成部分。

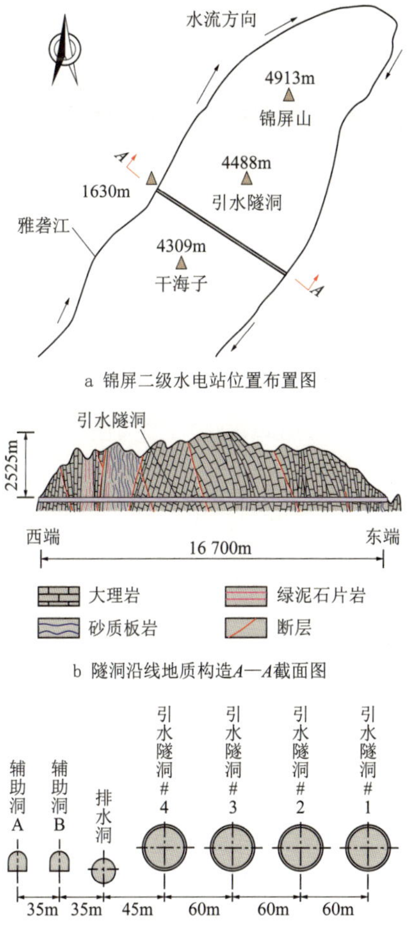

锦屏二级水电站引水隧洞示意图

锦屏二级水电站引水隧洞具有埋深大、洞线长、洞径大、地应力水平高、工程地质条件极其复杂、施工布置困难等特点，为世界上规模最大、建设难度最大的水工隧洞工程。进水口至上游调压室的平均洞线长度约16.7千米，隧洞开挖直径14.4～12.4米，隧洞中心距60米，洞主轴线方位角为北偏西58°，引水隧洞立面为缓坡布置，底坡3.65‰，隧洞沿线上覆岩体一般埋深1500～2000米，最大埋深约为2525米，全洞平均埋深约1610米，其中埋深大于1500米的洞段长度占全洞长度的75%左右，最大初始地应力超过70兆帕。隧洞沿线穿越的主要地层为三叠系统中的大理岩，碳酸盐岩占70%～80%，自西向东分别为杂谷脑组大理岩（T2z）、T1绿片岩、T3砂板岩、T2b白山组大理岩、T2y盐塘组大理岩。隧洞工程区处于近东西向（NWW～SEE）应力场控制之下，形成一系列近南北向展布的紧密复式褶皱和高倾角的压性或压扭性走向断裂，并伴有NWW向张性或张扭性结构面，地层扭曲、揉皱现象比较明显。隧洞沿线的大理岩单轴抗压强度在70～100兆帕，根据隧洞内已经获得的实测应力与埋深初步推断的地应力基本在40兆帕以上，因此，围岩强度应力比大多小于2，属于极高地应力区，实测岩体岩爆倾向性指数（*Wet*）为1.32～5.8，反映了隧洞沿线的不少岩石具有高储能性质，具备发生高地应力破坏的强度条件。

4条引水隧洞采用长洞短打的掘进开挖方式，先从东西两端向中部掘进，同时联合后期从辅助洞中部布置3条施工支洞进行开挖，其中1#、3#引水隧洞自东向西采用直径12.4米的大直径硬岩（TBM）掘进，其余均采用钻爆法分上下台阶开挖。在隧洞建设过程中面临着塌方、岩爆、高压大流量地下水防治等关键技术问题。基于原位综合观测试验，雅砻江流域水电开发有限公司联合中国科学院武汉岩土力学研究所、中国水电顾问集团华东勘测设计研究院多家单位建立了锦屏二级水电站深埋隧道动态优化设计理论和岩爆预测与动态调控方法，研究在施工过程中灾害的孕育机制，对洞室群的稳定性进行分析、预测和动态调控，为洞室群的开挖与支护优化设计提供了指导方针，保证了隧洞平均提前两个月贯通，提高了深部工程施工与运行的安全性。 （冯夏庭）

锦屏一级水电站坝基左肩高边坡 Dam Foundation Slopes of Jinping I Hydropower Station 中国四川凉山彝族自治州盐源县和木里县交界处的雅砻江大河湾干流河段锦屏一级水电站工程之一，高约530米。锦屏一级水电站是雅砻江干流水能资源最富集的下游河段的5个梯级水电开发的第1级。拦河大坝为混凝土双曲拱坝，坝高305米，为世界第一高拱坝，2005年11月正式开工，2014年全部建成，水库库容77.6×10^8米^3，电站总装机容量3600兆瓦，年发电量166.2×10^8千瓦·时。水电站的左岸坝肩边坡从2110米高程开始以1∶0.5～1∶0.3的坡度下切直至1580米高程，形成了一个高达530米的陡边坡。自然边坡在1885米高程以上为砂板岩边坡，坡度40°～50°，1885米高程以下为大理岩边坡，坡度50°～70°。边坡中高程以上分布有规模较大的软弱结构面，不同规模的断层以及煌斑岩脉，其中以F42-9等为代表的近东西向陡倾角小断层尤为发育；在中低高程分布有F2断层、层间挤压错动带。坡内主要发育3组节理裂隙，大理岩坡段的上部发育Ⅲ、Ⅳ级深部裂缝，砂板岩坡段Ⅰ、Ⅱ级深裂缝较为发育。边坡地质构造复杂、地应力量级较高、表生地质作用强烈是锦屏一级水电站坝肩边坡最突出的特点。

锦屏一级水电站边坡

结合复杂地质条件下高陡边坡的施工特点，开挖过程中遵循“开挖为主线，支护为重点，严格控制爆破，确保开挖质量”的原则，开挖过程中采用爆破振动监测以及内部变形监测两种手段同时进行，及时调整支护措施，控制边坡岩体的卸荷变形。开挖完成后，定期分析多点位移计、锚杆应力计、锚索测力计等实时数据。目前边坡的各项监测数据均已较稳定，边坡位移趋于收敛。锦屏一级水电站坝肩边坡的综合治理工程是中国极具挑战性的岩质高边坡工程之一，在岩质边坡工程中具有重要的意义。 （冯夏庭）

近代桥梁 modern bridge 1779～1945年建造的桥梁。

铸铁拱桥 1700年英国工业革命后，传统的木、石等天然材料逐渐被铸铁所替代。第一座是跨越英国塞文河的铸铁拱桥，于1779年建成，此桥由T.帕瑞查德设计，A.达迪施工，跨度30.65米。它标志着西方用木石建造桥梁时代的终结，也被称为西方近代第一桥。但此桥比中国隋朝开皇年间已出现的铁链索桥晚了1000多年。

1795年，英国塞文河流域发生洪灾，大部分石拱桥都被冲毁。由于铸铁拱桥是空心的结构，阻水面积小，柯尔布鲁克代尔桥是唯一幸存的桥梁。此后，苏格兰工程师T.泰尔福根据这一经验建造了许多更大跨度的铸铁拱桥，如1814年建成的苏格兰跨越斯配河、跨度为46米的克雷拉奇桥。

锻铁吊桥 更经济的锻铁问世后，泰尔福开始设想用锻铁眼杆建造吊桥，1826年他在威尔士的梅奈阿海峡建成了跨度达174米的梅奈阿桥，此桥成为当时最大跨度的桥梁。1893年，该桥的木桥面被更换为钢桥面，随后在1940年，又用钢缆更换了已锈蚀的锻铁眼杆，至2017年仍在使用。

铁路桥 英国工业革命造就了近代科学技术，材料和机械的不断进步，加上蒸汽机车和铁路的出现以及炼钢法的诞生，使19世纪成为铁路和钢桥的时代。

1850年，英国工程师G.**斯蒂芬森**设计了第一座跨度140米的锻铁箱梁桥——不列颠桥，火车可在锻铁制造的箱梁中通行。此桥原计划从桥塔上用悬索加强，后通过理论计算和试验证明并不需要，却留下了无用的顶部带孔的高塔。

19世纪下半叶法国工程师G.埃菲尔建造了4座铁路桁架桥和两座拱桥。其中，1877年在葡萄牙波尔图附近跨越杜罗河的玛丽亚皮娅拱桥，跨度达到157米，矢高42米；1884年在法国桑特弗卢附近建成跨越特吕耶尔河的加拉比拱桥，跨度为162米。1867年，德国工程师H.格贝尔在木桁架的启发下建造了第一座跨度为38米的悬臂桁架桥。

1841年，移居美国的德国工程师J.罗布林建立一个工厂，用锻铁丝生产缆索作为悬索桥的主缆，以代替锻铁眼杆；后来又发明了空中纺丝法以避免预制缆索吊装的困难。1855年，他在西纽约州建成了一座跨越尼亚加拉河的、跨度246米的铁路悬索桥。为了提高刚度以避免振动，还增加了辅助斜拉索。虽然由于悬索桥的刚度较小，要求列车只能以时速5千米缓慢通过，但此桥还是服务了42年。

钢桥 第一座完全采用钢材建造的桥梁始于1874年，美国工程师J.B.伊兹设计建造了三孔公铁两用钢拱桥，中跨156米，两个边跨151米，用气压沉箱建造基础，并用悬臂拼装法进行拱圈施工。

1890年由英国工程师B.贝克设计的、与J.福勒合作建成的苏格兰福思湾桥，主跨513米，为铁路悬臂钢桁架桥。

1869年，J.A.罗布林主持兴建纽约**布鲁克林桥**，不久便因病去世，由其儿子和儿媳妇继续完成这一工程。由于钢材的问世，加上气压沉箱施工的困难拖延工期，该桥采用了镀锌防腐的钢丝编成主缆，于14年后的1883年完成了主跨479米的公路悬索桥。这座桥梁和苏格兰福思湾桥一起代表了19世纪钢桥的最高成就。

进入20世纪30年代后，悬索桥在美国得到快速发展，其代表性桥梁有：由O.H.**安曼**设计的乔治·华盛顿桥，跨度1067米，1931年建成；由J.施特劳斯设计的圣弗朗西斯科金门大桥，跨度1280米，1937年建成。与此同时，钢拱桥也得到了发展，美国的G.林德霍尔设计的美国培虹桥，跨度510米，于1931建成；R.弗里曼设计的澳大利亚**悉尼港桥**，跨度503米，于1932建成。它们代表了钢拱桥的杰出成就。

1888年，奥地利学者J.梅兰发表了悬索桥的挠度理论，提出随着跨度的增加，主缆的重力刚度可降低对桥面刚度的要求。这一理论在1930年后开始影响悬索桥的设计者，使桥面高度减小以获得更美观的外形和经济的效果。

1940年秋，建成仅4个月的华盛顿州塔科马桥（主跨为853.4米，梁高仅2.4米，高跨比仅1∶355）在不足20米/秒的风速下发生弯扭耦合颤振（风致自激振动），经过40分钟不断加大的扭转振动，终于在40°扭角时吊杆被拉断，并使桥面折断坠入河谷中。

塔科马桥风毁后，工程师回到了采用刚度较大的桁架桥面。经过30年的研究，美国R.H.斯坎伦创立了桥梁抗风理论，也为此后更大跨度的悬索桥和斜拉桥的建设提供了理论依据。

钢筋混凝土桥　1824年，英国J.阿斯普丁发明了波特兰水泥，开始了混凝土结构的历史。1867年，法国花匠J.莫尼发现在水泥砂浆的花盆中放入铁丝网可以更牢固和耐久，并申请了钢筋混凝土的专利。1872年，莫尼在房屋结构中使用钢筋混凝土，1875年他又建造了世界第一座跨度13.8米的钢筋混凝土人行桥。此后，许多学者研究了钢筋混凝土的受力性质，建立了设计理论，有力地推动了钢筋混凝土结构的发展。1898年法国工程师F.埃纳比克设计建成了跨度达到50米的钢筋混凝土拱桥——夏特罗桥，成了19世纪另一重大桥梁成就。

进入20世纪后，钢筋混凝土桥已成为中小跨度桥梁的主要型式，许多研究者成了1929年成立的国际桥梁与结构工程学会的积极推动者，各国都制定了钢筋混凝土桥梁的设计规范，不同跨度的钢筋混凝土桥梁相继建成。其中有：法国E.**弗雷西奈**于1923年设计建成跨越塞纳河的、主跨为132米的钢筋混凝土箱形拱桥；1930年，弗雷西奈又建成了跨越埃洛恩河口、主跨达176米的普卢加斯泰勒桥；1943年这一纪录被瑞典跨越安路曼河的、主跨260米的桑德岛桥打破。

瑞士工程师R.马亚尔自1901年起就在瑞士建造钢筋混凝土拱桥，跨度从37.5米的楚奥茨桥增大至50米的塔瓦纳萨桥。最著名的是建成于1930年的主跨为89米的镰刀形拱桥——塞金纳特伯桥。

中国近代桥梁　1876年，英商在上海私修淞沪铁路，是中国建设铁路和铁路桥的开端。清朝末期修建的铁路钢桥，以京广（北京—广州）铁路和津浦（天津—浦口）铁路的两座黄河桥为代表。前者位于郑州以北，1905年建成，原桥长3000多米，共102孔，包括跨度31.5米的下承桁架梁50孔和跨度21.5米的上承桁架梁52孔。后者位于济南泺口，1912年建成，包括跨度91.5米简支桁架梁9孔和分跨为128.1米+164.7米+128.1米的悬臂桁架梁一组，桥宽9.4米，净空可容双线，但承载能力不足，始终只能按单线行车。公路桥以1909年由德商承建的兰州黄河桥为代表，该桥包括5孔跨度各45.9米的简支桁架梁。

中华民国时期，1933年在浦口—南京的长江上建成铁路轮渡，沟通了以长江为界的南北铁路。1932年，由浙江省建设厅动议，邀请茅以升任桥工处处长，罗英任总工程师自主建设公铁两用杭州钱塘江桥。1934年11月举行开工典礼，1937年9月下层铁路通车，10月上层公路通车。同年7月抗日战争全面爆发；8月，日本军侵犯上海；12月攻占南京、杭州等地。中国为了持久抗日的需要，经用上述轮渡及钱塘江桥将华北、华东的大量物资抢运到华中、华南等地。并于1937年12月将通车不足3个月的钱塘江大桥炸断以阻止日军南进。1941年，中国抗战处于艰难时期，湘桂（湖南—广西）铁路通车到柳州之东，黔桂（贵州—广西）铁路亟待从柳州向西修建，在水泥和钢材短缺的情况下，曾用旧钢轨修建排架和塔架，还将跨度原为10～13米的旧钢板梁制成跨度为30米的双柱式桁架梁的上弦，桁架下弦及竖杆均以旧钢轨改制，建成了一座长达582米、构造特殊的柳江铁路桥。　（项海帆）

浸润线　phreatic line　水从土坝（或土堤）迎水面，经过坝体向下游渗透所形成的自由水面和坝体横剖面的相交线。通常也被定义为无压渗流的水面曲线（图1）。浸润线上所有点的水压都与大气压相等，因此浸润线是一条等势线。浸润线以下的土体处于饱和状态，颗粒重量为有效重量，同时受渗流水的渗透力作用，故坝体内浸润线位置的高低及形状对坝体的应力、土料的抗剪强度、坝坡稳定及土料的渗透稳定性影响较大。其位置的确定是土坝渗流分析及稳定分析的重要内容，如何有效地降低浸润线的位置也是实际工程渗流控制研究的重要课题。

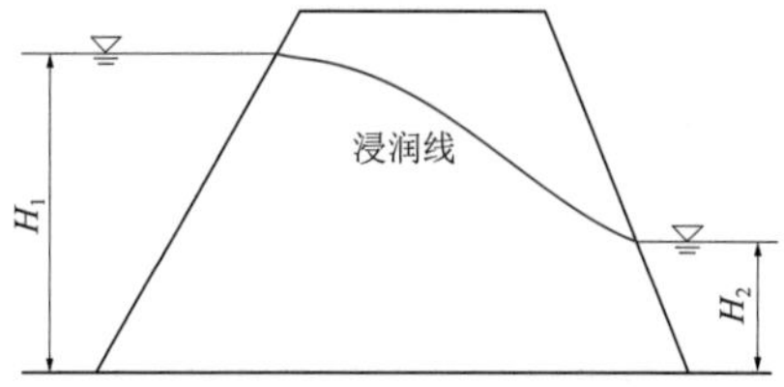

图1　坝体浸润线示意图

坝体浸润线降低的排水方法通常有棱体排水（图2a）、褥垫排水（图2b）。①棱

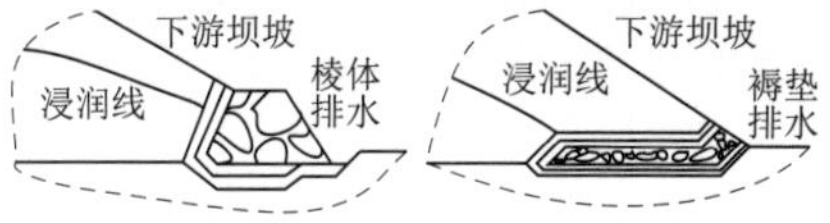

a 棱体排水　　b 褥垫排水

图2　排水方法示意图

体排水。在土石坝坝趾处用沙、碎石和块石堆砌成棱形体的排水设施，能有效地降低坝体浸润线和防止坝坡土料的渗透变形，并支撑下游坝坡增加稳定性，保护坝脚不受尾水冲刷。②褥垫排水。沿坝基面伸入坝体内部的一种平铺式排水设备，适用于下游无水或下游水位很低的情况，排水体伸入坝体内部，能有效降低浸润线，有利于坝基排水。但对地基不均匀沉陷的适应能力差，且石料用量多，造价高，检修困难，与坝体施工干扰大。所以，单独采用这种排水型式的不多，往往与其他排水结合起来使用，构成综合排水。

（杨仲轩）

精密工程测量　precision engineering survey　以毫米级或更高精度进行的工程测量。精密工程测量以经典的测绘学理论和方法为基础，运用现代大地测量学和计量学等科技新理论、新方法和新技术，针对工程和工业中的具体问题，使用专门的仪器设备，以高精度与高科技的特殊方法采集数据和处理数据。

研究内容　主要包括精密工程测量的理论、技术、方法、专用的仪器设备及测量软件研发等方面。精密工程测量技术包括精密的直线定线、测量角度（或方向）、测量距离、测量高差及设置稳定的精密测量标志。从测量方案设计、实地施测到成果处理和利用的各个阶段中都要运用误差理论进行分析。

精密工程测量包括各种大型特种工程测量、变形观测、三维工业测量、大型设备的安装、监测和质量控制测量及在军事领域的应用等，例如，高能加速器设备部件的安装、卫星和导弹发射轨道及精密机件传送带的铺设等，都要进行精密工程测量。精密工程测量按工程需要的精度可以分为普通精密工程测量和特种精密工程测量。除常规的测量仪器和方法外，常需设计和制造一些专用的仪器和工具。计量、激光、电子计算机、摄影测量、电子测量技术及自动化技术等也已应用于精密工程测量工作中。

主要特点　精密工程测量是工程测量的现代发展和延伸，相对于传统的工程测量，精密工程测量有如下的特点：①是在测量学的基本理论和方法指导下的测量技术，在信息获取的精度方面有更高的要求；②需要研制新仪器和专用设备，提高仪器的自动化程度及精度，深入分析工程测量工作中的各种误差并采取有效措施加以克服，研究新的测量技术、实施方案和数据处理方法，形成一套高精度工程测量所需的理论、方法和技术；③精密工程测量是服务于各种工程中精度要求“特高”“特难”的那部分工作，重要性十分显著，起着关键性的工作；④精密工程测量所用的仪器设备必须具有较高的性能，以保证测量成果的精度、可靠性和有效性。

测量内容　精密工程测量包括以下内容。

定线　通常用精密经纬仪或全站仪进行，以其望远镜的视准面为基础，从而测定目标点的横向偏离值。要求高精确度时可用专用的准直望远镜。张紧的弦线也可用作基准线，并用读数显微镜测量设备部件距离基准线的垂距。激光束也可作为基准线，激光束经菲涅耳波带板干涉形成光点或亮十字丝像，配合光电接收靶进行准直测量，如果激光束在真空管道中传输，则波带板准直法精度可以达准直长度的10^{-7}数量级。

测角　角度（或方向）用经纬仪或全站仪测量。观测时要用适当的方法减少或避免望远镜调焦误差及其他仪器误差的影响，要选择或创造良好的观测条件以削弱外界因素的不良影响，要尽量减少仪器和目标偏心差的影响，必要时可在观测成果上加入仪器竖轴倾斜改正数及测微器读数的行差改正数。

测距　较短距离的精密测量，主要用因瓦合金制成的线尺或带尺，配备特制的对中设备和读数显微镜进行。丈量时尺子的拉力要保持恒定，可采用空气轴承的滑轮或刀口支承，要提高读数的精度，可应用读数显微镜或专门的精密机械测微装置，使读数误差减少至微米级。用激光干涉的方法测量距离，其误差和波长为同一数量级。双频激光干涉测距仪，可以测量长至50米左右的距离，其反光镜要沿导轨移动，并可用以精确测定其他尺子的长度。较长的距离宜用精密的光电测距仪测量，测距达2.5千米，测距的相对精度可达10^{-6}数量级。

测高　测量高差通常用精密水准仪进行。当视线短至5～10米时，测量高差的精度可以达到0.05毫米左右。用带有机械测微装置的精密水准器安装设备时，测量相距不到1.5米的两点高差，精度可以达到0.01毫米左右。用精密的液体静力水准仪测量高差的误差可减少至几个微米。应用电子技术判断水准器气泡居中的精度为0.5″。

标志　精密工程测量要在相应的标志上进行。平面标志应能使测量仪器在标志上面精确就位。为此常采用某种强制对中装置。例如球与圆柱孔配合的对中装置，可使仪器在标志上的对中误差小于0.1毫米，精密研磨的轴与轴套匹配的装置，可使对中误差小于0.01毫米。在精密工程测量工作中，要求标志与设备或设备基础精确地、牢固地连接。一项工程要有若干个绝对位置非常稳定的平面和高程基准点，最好用基岩标志作为基准点，在软土地区可用深埋钢管标志作为高程基准点，用倒锤作为平面基准点。倒锤的标志锚固在地表下几十米深处，标志上系一根柔性丝，用浮力把它向上拉紧。丝上任何一点的平面坐标与地下标志的平面坐标完全一致。在较大的施工场地上，通常先设置一系列精密控制点作为放样的依据，以使繁多的部件精确安装在设计位置上。高程控制一般采用水准网。平面控制网可以是测角网、边角网、测边网等。也可以布设三维网，同时测定各点的平面坐标和高程。控制网的形状常受工程形状所制约，例如线形工地上宜布设直伸形网，环形工地上宜布设环形网。精密工程控制网常有较多的多余观测，提供可靠的校核并提高测定待定点坐标和高程的精度。

精密工程测量一直是工程测量界关注的对象，代表着工程测量学的发展方向，是促进工程测量学科发展的动力。

（邹进贵）

静力平衡原理　principle of statical equilibrium　阐明各种力系的静力平衡条件的原理。在静力荷载作用下结构相对于周围的物体处于静止状态，称为该结构处于静力平衡状态。将结构中的一个部分，从与它相联系的周围部分（可能包括地面）分离开来，则该部分称作隔离体或自由体。单独画出隔离体而将与它相联系的地面和周围部分所加给它的力，及它所承受的静力荷载都画到这个隔离体上所示的图形，称作隔离体受力图，简称隔离体图或自由体图。图上所受的若干力（包括静力荷载）构成一组力称为力系，它必须满足静力平衡条件才能维持静力平衡。静力平衡条件通常用静力平衡方程表述。

平面任意力系的静力平衡条件　当力系中各力的作用线处于同一平面内且可任意分布时，称其为平面任意力系。

平面任意力系的平衡方程为：

$$\sum F_x = 0,\quad \sum F_y = 0,\quad \sum M_o(F_i) = 0 \tag{1}$$

式（1）中F_x、F_y分别表示平面力系中各力在x和y轴上的投影，M_o为各力绕某一任意选定的力矩中心O的力矩。平面任意力系平衡方程的含义为：所有各力在两个任选的坐标轴上的投影的代数和分别等于零，以及各力对于任意一点的力矩的代数和也等于零。

此外，平面任意力系平衡方程的其他两种形式分别是：

三个平衡方程中有两个力矩方程和一个投影方程，即：

$$\sum M_A(F)=0,\sum M_B(F)=0,\sum F_x=0 \tag{2}$$

式(2)中x轴不得垂直于A、B两点的连线。

三个力矩式的平衡方程，即：

$$\sum M_A(F)=0,\sum M_B(F)=0,\sum M_c(F)=0 \tag{3}$$

式（3）中A、B、C三点不得共线。

平面汇交力系和平行力系的静力平衡条件　平面汇交力系是指各力的作用线都在同一平面内且汇交于一点的力系。当平面力系中各力的作用线互相平行时，称其为平面平行力系。

平面汇交力系平衡的必要和充分条件是：各力在两个坐标轴上投影的代数和分别等于零，即

$$\sum F_x = 0,\quad \sum F_y = 0 \tag{4}$$

平面平行力系的独立平衡方程的数目只有两个，即：

$$\sum F_y=0,\quad \sum M_o(F)=0 \tag{5}$$

平面平行力学的平衡方程，也可用两个力矩方程的形式，即：

$$\sum M_A(F)=0,\quad \sum M_B(F)=0 \tag{6}$$

式（6）中A、B两点连线不与力的作用线平行。

空间力系的静力平衡条件　力系中诸力的作用线不在同一个平面内的称为空间力系。空间一动点有3个自由度，相应地空间汇交力系应有3个平衡条件，可表达为：

$$\sum F_x=0,\quad \sum F_y=0,\quad \sum F_z=0 \tag{7}$$

空间一刚体有6个自由度，相应地空间任意力系有6个平衡条件，除以上所列3个力的平衡条件以外还应包括3个力矩平衡条件，可表达为：

$$\sum M_x=0,\quad \sum M_y=0,\quad \sum M_z=0 \tag{8}$$

（王朝伟　杨迪雄）

局部空气净化装置　local air clean equipment　能在局部形成较高洁净度区域的装备。为了适应不同工艺需要，已发展出多种形式各异、功能不同的局部净化装置，用于洁净室技术领域中。

局部空气净化装置通常由前置空气过滤器（通常为中效过滤器）、末端空气过滤器（通常为亚高效过滤器、高效过滤器或超高效过滤器）、风机、箱体和相应配电与控制部件等组成。也有不带风机的，仅接入净化空调系统直接送风。通常，局部空气净化装置有较大的送风面，送风面四周带硬质围挡（有全围挡板或部分围挡板）或软性围挡（如塑料围帘）。送风气流可以是单向流，也可以是非单向流。有垂直单向流送风气流（如洁净棚），也有水平单向流送风气流（如洁净屏），以在室内形成局部较高洁净度的区域。大型局部空气净化装置主要用于工艺区域，小型局部空气净化装置也用于元器件物品传递、存放，人员着装的净化、存储等。

局部空气净化装置早期常用于洁净室简易的改、扩建工程，以提高室内局部区域的空气洁净度，满足工艺关键部位的环境控制要求。局部空气净化装置设置方便，不必对既有净化空调系统进行改造，使用较广。局部空气净化装置后期更多地发展为专用设备。如用于药品、食品工业的在生产关键区域上方设置的围帘式净化送风装置，医院手术室和血液病房的局部净化送风天花装置。电子行业将专用局部净化装置拼装成洁净隧道，将工艺区处于其中。由局部空气净化装置演变成的大面积洁净厂房内的闭合微环境，实现了超净（0.1微米量级的1级）及极低化学污染物浓度（PPb级）的环境控制，即所谓的控制气态分子污染物（AMC）的超净环境。

局部空气净化装置设置灵活、局部控制有效。随着高科技产业的发展，局部空气净化装置会发展出适用不同工艺关键部位环境控制要求的各种形式。　（沈晋明）

矩阵位移法　matrix displacement method　按照位移法的基本原理并运用矩阵代数计算内力位移和的方法，又称刚度法。是结构矩阵分析方法中的一种。其基本未知量是结点位移。矩阵位移法较矩阵力法（柔度法）更适宜编制通用的计算程序，因而得到了广泛的应用。结构矩阵分析方法首先把结构离散成有限数目的单元，然后再组装为原结构，因而也属于有限元法。杆系结构的矩阵位移法常用的单元形式为一直杆。对于曲杆，如拱结构，虽然也可取曲杆作为单元，但单元分析较烦琐，为简化起见，可将它化成折线来处理，每一直线段作为一单元。

单元刚度矩阵　在矩阵位移法中，单元和结构的刚度都是采用矩阵的形式表达，分别称之为单元刚度矩阵和整体刚度矩阵。单元刚度矩阵是单一单元的杆端力与杆端位移之间的关系矩阵。表达这种关系的数学式称为单元刚度方程。采用矩阵形式表达单元刚度方程为：

$$\overline{F}^e=\overline{k}^e\overline{\Delta}^e \tag{1}$$

式（1）中$\overline{k}^e$为单元刚度矩阵；$\overline{\Delta}^e$为单元两端的结点位移向量；$\overline{F}^e$为单元两端的杆端力向量。上标“e”表示对单元而言；上划线表示在局部坐标系下的描述。

在一个复杂结构中，各个杆件的杆轴方向不尽相同，各局部坐标系也不尽相同，为了便于整体分析，必须选用一个统一的整体坐标系。整体坐标系下表示的单元刚度矩阵为：

$$k^e=T^{\mathrm{T}}\overline{k}^eT \tag{2}$$

式（2）中T为单元坐标转换矩阵。

整体刚度方程　整体刚度方程是按照位移法建立的，通常采用直接刚度法（或单元集成法）。直接刚度法的优点是便于计算机程序的自动化实现。直接刚度法形成整体刚度矩阵K的过程就是一次将每个单元刚度矩阵k^e的元素k_{ij}^e按相同的下标“对号入座”送入整体刚度矩阵K的相应位置并累加的过程，步骤为：①先将K置零，这时$K=0$；②将$k^{①}$的元素$k_{ij}^{①}$在K中按i行j列定位并进行累加，这时$K_{ij}=K_{ij}^{①}$；③将$k^{②}$的元素$k_{ij}^{②}$在K中按i行j列定位并进行累加，这时$K_{ij}=K_{ij}^{①}+K_{ij}^{②}$。

按以上作法将单元循环一遍，最后得到$K=\sum\limits_{e}K^e$。由此便可建立矩阵位移法的整体刚度方程：

$$F=K\Delta \tag{3}$$

式（3）中F为整体结构的结点力向量；Δ为整体结构的结点位移向量。

等效结点荷载　作用于结构的实际荷载可以是非结点荷载，结点荷载或二者的组合。在矩阵位移法中需要将非结点荷载转化为等效结点荷载。等效的原则是要求这两种荷载在基本结构中产生相同的结点约束力。也就是说，如果原荷载在基本结构中引起的结点约束力为F_P，则等效结点荷载P在基本结构中引起的结点约束力也应为F_P，由此可得$P=-F_P$。进而可采用直接刚度法来求得整体结构的等效结点荷载向量。

支承条件的引入　由（3）式建立的整体刚度方程尚未考虑支承条件，结构还可以有任意的刚体位移，因而整体刚度矩阵是奇异的，尚不能求解结点位移。

由于支座约束方向的结点位移通常为零或为已知值，因而可将全部结点位移Δ分为两部分：一部分是不受支座约束的位移Δ_r；另一部分为沿支座约束方向的结点位移Δ_R。由此，（3）式变成：

$$\begin{pmatrix}F_r\\F_R\end{pmatrix}=\begin{pmatrix}K_r & K_{rR}\\K_{Rr} & K_{RR}\end{pmatrix}\begin{pmatrix}\Delta_r\\\Delta_R\end{pmatrix} \tag{4}$$

当引入支承约束$\Delta_R=0$时，由（4）式得：

$$F_r=K_r\Delta_r \tag{5}$$

式（5）中F_r只包含已知结点荷载，Δ_r只包含未知结点位移，此时的矩阵K是从结构原整体刚度矩阵中删去与已知为零的结点位移对应的行和列得到的，称为结构刚度矩阵（K_r），或称缩减的整体刚度矩阵。通过引入支承条件消除任意刚体位移后，结构刚度矩阵成为非奇异矩阵，进而便可解出未知的结点位移Δ_r。这种处理支承位移条件的方式称为后处理法。

矩阵位移法的计算步骤　用矩阵位移法计算平面刚架的步骤：①对结点和单元进行编号，选定整体坐标系和局部坐标系。②形成局部坐标系中的单元刚度矩阵$\overline{k}^e$。③形成整体坐标系中的单元刚度矩阵k^e。④用直接刚度法形成整体刚度矩阵K。⑤用直接刚度法形成整体结构的等效结点荷载向量P。⑥引入支承条件，建立结构刚度方程。⑦解算结构刚度方程，求出未知结点位移向量。⑧求各杆的杆端力向量。

（张相庭　杨迪雄）

巨型结构　mega-structure　由若干巨型构件（巨型柱、巨型梁、巨型支撑等）构成的桁架或框架等主体结构，与由其他常规结构构件组成的次结构共同工作的一种新型结构体系。按受力体系可分为巨型桁架、巨型框架、巨型悬挂和巨型分离式结构等。巨型结构的概念在20世纪60年代末由梁式转换层结构发展形成，同时由于其构件尺寸的特殊性，也被称为超级结构体系。

其主体结构构件尺寸通常较大。巨型柱可采用实腹式钢筋混凝土或钢骨混凝土柱、格构式空间桁架以及筒体等形式；巨型梁的高度常超过一个层高，按要求间隔多层布置，形式上可采取平面或空间格构式桁架；同时可根据需要布置支撑与斜向剪力墙。

在结构受力方面，主次结构尺寸相差悬殊。主结构整体相对刚度较大，为主要的抗侧力部分；次结构主要承受竖向荷载以及少部分的侧向作用，并作为传力结构将力传递给主结构。

作为一种新型的结构体系，巨型结构具有以下优点：①实现不同结构形式和不同材料组合，充分发挥其各自优势。②整体性能好，传力路径明确，刚度大。③结构体系灵活多样，建筑适应性强，施工速度快等。作为一种复杂、立体的大型结构体系，其力学模型、结构分析方法、地震破坏机理、性能优化等与常规结构都有着较大的差异，有待进一步研究。

（施　刚）

聚氨酯固化道床　PU-ballast bed techique　利用聚氨酯发泡原理将其灌注到碎石道床中形成的弹性整体道床结构。聚氨酯固化道床结构形式有枕下全断面浇筑和轨下双梯形浇筑断面两种。枕下全断面浇筑优点是整体性好，可以全断面承受荷载和传递荷载，能够防止粉尘侵入，缺点是聚氨酯材料用量多，造价高，施工进度慢，更新时全断面切除困难，且道床中心容易积水。轨下双梯形浇筑断面能够满足轨道承受荷载和传递荷载的功能，可以减少材料用量，降低工程造价，解决道床中间排水问题。中国主要采用轨下双梯形断面聚氨酯固化道床结构型式（见图）。

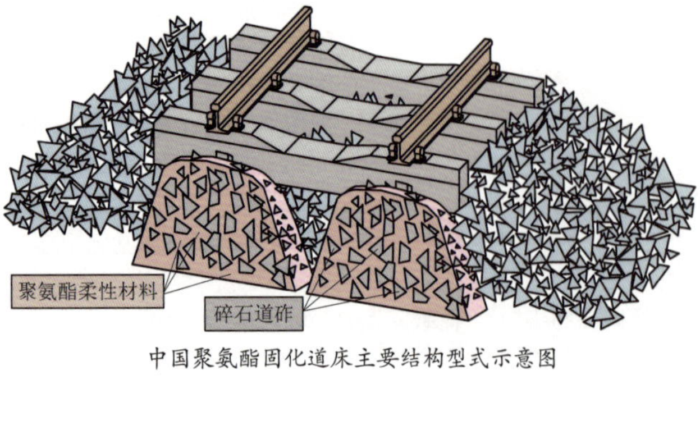

中国聚氨酯固化道床主要结构型式示意图

聚氨酯固化道床主要适用范围：①重载铁路桥梁及隧道区段，可减少维修工作量，解决维修困难等难题，从而提高运输能力，降低运输成本。②高速铁路长大钢桥等不宜铺设无砟轨道的区段，通过铺设聚氨酯固化道床可使该区段的轨道结构稳定性与无砟轨道保持一致，并确保线路经常处于良好的工作状态，提高行车安全性。③城际铁路的高架车站、城镇、郊区以及城市轨道交通，可满足减振和降噪要求，更加环保。④沙漠线路和多风沙区域线路，可防止对道床内部的污染。

（冯仲伟）

聚合物混凝土　polymer concrete　由无机胶凝材料、骨料和有机聚合物拌和，浇筑后经养护和聚合而成的新型混凝土。

特点　聚合物混凝土结合了无机胶凝材料和有机聚合物的特点，克服了普通水泥混凝土抗拉强度低、脆性大、易开裂、耐化学腐蚀性差等缺点。如在环境温度−18～40℃下能够快速固化；高抗拉、抗弯和抗压强度；对大多数表面具有良好的附着力；在冻融循环条件下具有良好的长期耐久性；对水和侵蚀性溶液的低渗透性；耐化学性良好；质量轻等。

聚合物混凝土以其良好的特性，已经逐步应用于化学工业、建筑工业、有色冶金工业，以及水利工程等领域。但由于聚合物混凝土的价格通常是普通混凝土的8～20倍，聚合物混凝土材料所做构件的蠕变性是采用水泥混凝土材料所做构件蠕变性的2～3倍，并且蠕变应变还会随着聚合物含量的增加而增加，这在一定程度上限制了它的推广和使用。

分类　聚合物混凝土按其组成和制作工艺可分为聚合物浸渍混凝土、聚合物水泥混凝土（又称聚合物改性混凝土）、聚合物胶结混凝土（又称树脂混凝土）。

聚合物浸渍混凝土　以已硬化的水泥混凝土为基材放入聚合物中浸渍，经加热或辐射的方法将聚合物填充其孔隙并发生聚合作用而成的一种混凝土−聚合物复合材料。聚合物浸渍混凝土在外观上与普通混凝土相似，但其孔隙和毛细管中，以及水泥浆和骨料颗粒内一定深度上填充着聚合物，聚合物含量为复合体重量的5%～15%。其工艺为：先将基材作不同程度的干燥处理，然后于不同压力下浸泡在以苯乙烯或甲基丙烯酸甲酯等有机单体为主的浸渍液中，使之渗入基材孔隙，通过加热、辐射或化学等方法，使浸渍液在其中聚合固化而形成一个整体。在浸渍过程中，浸渍液深入基材内部并遍及全体者，称完全浸渍工艺，一般应用于工厂预制构件，各道工序在专门设备中进行。浸渍液仅渗入基材表面层者，称表面浸渍工艺，一般应用于路面、桥面等现场施工。由于聚合物填充了水泥混凝土中的孔隙和微裂缝，并彼此形成连续空间网状结构，提高了混凝土的密实度，增强水泥与骨料间的黏结力，并缓和裂缝尖端的应力集中，使之具有高强度，抗压强度为普通混凝土的4倍，抗拉和抗弯强度均为普通混凝土的3倍，抗渗性、抗冻性、抗冲击性、抗冲刷和耐磨性、耐化学腐蚀和抗射线等性能都有显著提高。聚合物浸渍混凝土最初是用于卫生工程的器皿，现已作为高效能结构材料应用于特种工程，如腐蚀介质中的管、桩、柱、地面砖，以及水利工程中对抗冲击性、耐磨和抗冻性要求高的部位，也可应用于现场修补构筑物的表面和缺陷，以提高其使用性能。

聚合物水泥混凝土　以聚合物（或单体）和水泥相拌和共同作为胶凝材料，掺入骨料配制而成的聚合物混凝土，又称为聚合物改性混凝土。其制作工艺与普通混凝土相似，在加水搅拌时掺入一定量的有机物及辅助剂，当水泥和聚合物的乳液拌和时，水泥首先从乳液中吸收水分水化生成各种水化产物，而聚合物乳液的微小颗粒包裹于水泥水化产物的周围，经成型、养护后形成统一的整体。聚合物掺加量一般为水泥重量的5%～20%。各国用于水泥混凝土改性的聚合物主要有3种类型，即乳液（乳胶、分散体）、液体树脂和水溶性聚合物。其中，乳胶使用最广，主要分为橡胶乳液，如天然乳胶、氯丁胶乳、丁苯橡胶和丁二烯胶乳等；热塑性树脂乳液，如苯丙乳液、聚丙烯酸乳液、聚醋酸乙烯酯乳液等；热固性树脂乳液，如环氧树脂乳液及不饱和聚酯一类树脂等。聚合物水泥混凝土与普通混凝土相比，由于聚合物的加入使其抗拉强度、耐磨性、耐化学腐蚀性能、抗渗性，以及抗冲击性等均得到了提高，但相关机理尚不明确。

聚合物胶结混凝土　仅以聚合物（或单体）作为胶结材料而制成的混凝土，又称塑料混凝土。聚合物用量为混凝土总量的8%～25%，所用的骨料与普通混凝土相同，天然或人工骨料（石英粉、辉绿岩粉等）。常用的有机物多以环氧树脂和不饱和聚酯树脂为主，或用甲基丙烯酸甲酯、苯乙烯等单体。与水泥混凝土相比，聚合物胶结混凝土具有硬化时间可调，早期强度高，抗渗性、耐腐蚀性和耐磨性好等特点。随着矿物掺合料的发展，粉煤灰代替砂石骨料制成的聚合物胶结混凝土又具有自重小、隔热、吸声和防火等优点。聚合物胶结混凝土可现场应用于混凝土工程快速修补、地下管线工程快速修建、隧道衬里等，也可在工厂预制。

（黄蕴元　谈慕华　蒋金洋）

聚能爆破　shaped charge blasting　根据聚能原理及效应进行设计制作药包，在固体介质中实现穿孔、射孔、破碎和切割的特殊爆破技术。利用药包一端空穴使爆轰能量在空穴方向集中以提高爆炸局部破坏作用的效应，称为聚能效应。爆炸后释放的能量作用于内衬金属、陶瓷等材料的药形罩，使药形罩材料向轴线方向高速压合和碰撞，进而产生高速运动的射流。聚能爆破主要是利用聚能射流破碎和切割岩石、混凝土和金属等坚硬固体介质，或形成炮孔。

聚能装药结构可根据药形罩形状和聚能药包结构分为点聚能装药结构（图a）、线聚能装药结构（图b）、环形聚能装药结构（图c）和柔性聚能装药结构等（图d）。

聚能爆破在爆破工程中的应用范围越来越广阔。在石油开采中，广泛采用聚能射孔弹击穿井壁，使在井壁周围岩石中形成长短不同裂缝，以增加油流通道和流量；在高原及高寒地区建造桥涵中，常用聚能装药击穿冻土层。还有将爆破穿孔弹用于高炉、平炉出钢口凝结物中的穿孔；利用双向聚能装药进行预裂和光面爆破；进行水下炸礁与沉船打捞时的聚能切割；大型钢结构物的聚能爆破拆除等。

（纪　冲）

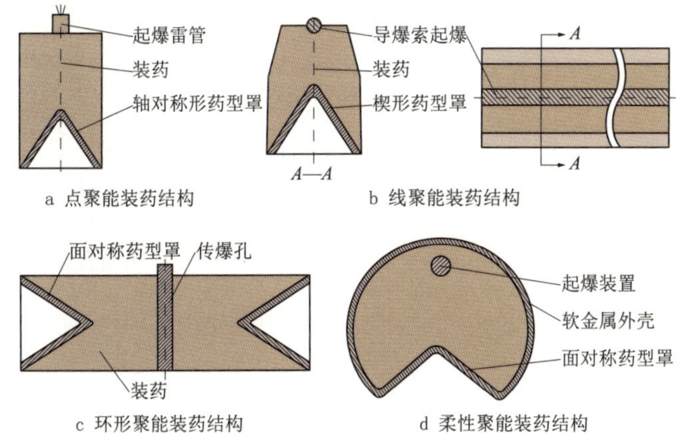

聚能装药结构示意图

绝热材料　thermal insulating material　对热流传递有较强阻滞作用的材料。又称热绝缘材料。主要用于房屋建筑的墙体、屋面或工业管道、窑炉和航空航天等工程的保温和隔热。

分类　按绝热原理，绝热材料分为多孔材料、反射材料、真空材料等。①多孔材料。靠热导率小的气体充满在孔隙中绝热。一般以空气为热阻介质，主要是纤维聚集组织和多孔结构材料。纤维直径越细，材料容重越小，则绝热性能越好。闭孔比开孔结构的导热性低；封闭小孔的数量越多，导热越低；多孔材料固相本身导热系数越低，多孔结构材料导热系数越低。气凝胶作为一种结构可控的纳米多孔材料，绝热性能优异，其次为泡沫塑料、矿物纤维、膨胀珍珠岩和多孔混凝土、泡沫玻璃等。②反射材料。如铝箔能靠热反射大大减少辐射传热，几层铝箔或与纸组成夹有薄空气层的复合结构，还可以增大热阻值。③真空材料。利用材料内部真空或者接近真空阻隔对流来隔热，如真空绝热板。

按组织结构，绝热材料分为纤维状聚集组织（无机或有机纤维及制品），松散的粒状、片状或粉末状组织（如轻骨料、浮石、硅藻土），多孔结构（气凝胶、多孔混凝土、泡沫塑料等）和致密结构（铝箔等）。

绝热材料的成分不尽相同，包括有机材料和无机材料两大类。①有机绝热材料。如低温保冷工程用的材料，具有表观密度小、导热系数低、不耐高温、吸湿时易腐烂等特点，这种材料包括软木、聚苯乙烯泡沫塑料、聚氨基甲酸酯、牛毛毡和羊毛毡等。②无机绝热材料。如热力设备及管道保温用的材料具有不燃烧、耐高温、耐腐蚀等特点，主要有石棉、硅藻土、珍珠岩、气凝胶毡、玻璃纤维、泡沫混凝土和硅酸钙等。

性能及应用　热导率是表征绝热性能的主要指标，通常把常温下小于0.233瓦/（米·开）的材料称为绝热材料。热导率主要与材料的密度、孔隙率和气孔结构等有关。密度越小，绝热性能也越好，绝热材料的密度一般小于600千克/米^3。但纤维质材料和泡沫塑料却只在某一密度下热导率值最小。材料受潮吸水或温度升高，会增大热导率。绝热性能还与材料的热扩散系数、比热、蓄热系数、蒸汽和空气渗透系数有关。此外，还应考虑材料的吸水率、燃烧性能、强度等指标。绝热材料在建筑中常见的应用类型及设计选用应符合国家标准《建筑绝热材料性能选定指南》（GB/T 17369）的规定。

绝热材料常以松散材、卷材、板材和预制块等形式用于建筑物屋面、外墙和地面等的保温及隔热。也可直接现场浇筑（如泡沫混凝土），屋面保温层现浇及围护结构填充作为芯材，也可铺垫成地面保温层。纤维或粒状材料既能填充于墙内，也能喷涂于墙面等处，兼有绝热、吸声、装饰和耐火等效果。

（屠立玫　刘加平）

掘进爆破　development blasting　采用钻爆法在地下开凿各类巷道、隧道和洞室工程的总称。广泛应用于矿体开采、交通运输、水利水电、大型油库等地下工程的开挖。掘进爆破包含巷道掘进爆破、隧道掘进爆破和竖井掘进爆破。

巷道掘进爆破　采用钻爆法，经钻孔、爆破、出碴、支护等工序多次循环完成各类巷道的掘进。巷道掘进在中国金属矿山及煤矿中的应用占很大比重。矿山平巷掘进施工主要以钻爆法为主，其成巷速度快、质量好、工效高、劳动作业条件好、生产安全、承压效果好，有利于地压控制和降低通风阻力，机械化程度高，为自动化创造了良好条件。但受平巷断面尺寸较小及岩石性质千差万别影响，采用钻爆法现场掘进施工，需通过现场试验确定最优技术参数。未来，把钻爆法的灵活性与全断面掘进机的安全性、高效率结合起来，将是矿山平巷掘进的重要发展方向。

隧道掘进爆破　由于钻爆法对地质条件适应性强，开挖成本低，特别适用于坚硬岩石隧道、破碎岩石隧道及大量短隧道的施工，因此钻爆法仍是各国常用的隧道开挖方法。

隧道掘进与矿山平巷掘进方法基本相同，但与矿山平巷掘进方法相比，其特点是：①隧道断面尺寸较大，其高度和跨度一般在8.0米左右，双线隧道跨度大于10.0

米，要求在爆破作业中尽量减少爆破对围岩的破坏。②隧道多处在地质条件复杂多变地段，尤其对于浅埋隧道（埋深小于2倍跨度的隧道），岩石风化破碎，受裂隙水和地表水影响较大。因此，应充分考虑岩层的节理、裂隙、软弱夹层、滴漏水等对钻孔和爆破效果的影响。③隧道服务年限长，造价昂贵，且维修和养护时常需中断、停止隧道的使用，这对运营很不利，因此在施工中必须确保良好的工程质量。④隧道爆破对钻孔质量要求高。既要使隧道方向正确，满足精度要求，又要使爆破后隧道断面达到设计标准，不允许欠挖和超挖过大。因此，必须保证钻孔位置、方向和深度准确，才能达到设计开挖要求。

隧道掘进爆破方法主要根据隧道地质条件、机械设备、技术水平及工期确定，主要有全断面开挖方法、台阶开挖法、分布开挖法。

竖井掘进爆破　竖井掘进凿岩爆破是竖井基岩掘进的主要工序，对井筒掘进速度和规格质量影响较大，其工时占掘进循环的20%～30%。凿岩可分为手持式凿岩机凿岩和机械凿岩两种。爆破常用的炸药有铵梯炸药、水胶炸药、乳化炸药等。硝化甘油炸药应用较少。药卷直径一般为32毫米、35毫米、45毫米，雷管多用毫秒延期电雷管或导爆管。为保证爆破效果，一般先确定炸药消耗量，再根据岩石的坚固性、凿岩机类型、井筒断面、岩层涌水量、掘进循环时间和施工的技术水平，确定炮眼深度、数目及其布置等。

（王玉杰）

掘进机　tunnel boring machine　能够同时实现切割、破碎和装载运输等功能，用于开凿平直地下巷道的特殊机械设备。

发展概况　19世纪70年代，英国为修建海底隧道，生产制造了第一台掘进机。美国在20世纪30年代开发了悬臂式掘进机，并把此项技术应用于采矿业。此后，英国、德国、日本等十几个国家相继投入了大量的人力、物力、财力用于掘进机技术的开发和研制，经过多年不懈努力，先后研制了近百种机型。

中国从20世纪50年代初使用苏联生产的ПK-2M型、ПK2-1型煤巷掘进机，之后又应用并仿制了ПK-3型掘进机。60年代中国开始自行研制巷道掘进机，相继研制出了反修Ⅰ型、反修Ⅱ型和开马型掘进机。从1972～1985年，中国煤炭科研院所与煤机厂和矿务局共同设计开发研制了EMS-30型、EM-55型机破水运掘进机，JML-1型、ELMA型、E3-30型、EMA-30型小断面掘进机和TM-1型、TM-2型、MLJ-2型、EL-90型、ELMB型、ELM-55型、EMIA-33型、EMS-55型等机型。到80年代中期，中国分别从英国、奥地利、日本、苏联、美国、德国、匈牙利等国家引进了16种、近200台掘进设备。“七五”期间，在煤矿采掘设备一条龙项目引进中，又引进了奥地利阿尔卑尼公司的AML-50型、日本三井三池公司的S100-41型掘进机制造技术和先进的加工设备，使中国形成了批量生产掘进机的能力，基本上结束了中、小型掘进机依赖进口的局面。“八五”“九五”期间，中国开始重型掘进机的研制工作，“十五”期间进入快速发展阶段。有轻型、中型、重机型EBE55、EBE75、EBE90、S100、AM-50、EBE110、EBE120、EBE132、S150J/H、S200M、EBE160等，其中EBE160型是中国研制的重型掘进机，S200M是引进日本、进而国产化的重型机。2000年以后，悬臂式掘进机发展快速。在中国，掘进机除用于煤矿巷道掘进外，还进入了铁路、城市地铁隧道的掘进，以及公路建设等行业。

分类及组成　掘进机根据所掘断面的形状可分为全断面掘进机和部分断面掘进机两种。

掘进机主要由切割机构、装运机构、液压系统、电气系统、行走机构和喷雾除尘系统等组成。①切割机构，又称工作机构，直接在工作面破碎煤岩，普遍应用的是悬臂式工作机构。②装运机构，由耙爪，刮板输送机组成。③液压系统，由油泵、油马达、油缸、控制阀组成。④电气系统，是掘进机的动力源，并驱动控制各电动机的运行，同时提供各种电气保护。⑤行走机构，多采用履带行走。⑥喷雾除尘系统，采用内外喷雾降尘和冷却。

掘进机具有转载、装载、截割煤岩的功能，自己行走，同时具有喷雾降尘的功能，有的还具有支护功能。具有高效和成巷质量好等优点，但造价大、构造复杂、损耗也较大。

（刘承桓）

掘进机法　tunnel boring machine method　采用机械挖掘隧道、巷道及其他地下空间的施工方法。掘进机法采用特制的大型切削设备，将岩石（土层）剪切挤压破碎，然后通过配套的运输设备将碎石（弃土或泥浆）运出洞外，形成隧道。特制的大型机械设备称为掘进机。常见的隧道掘进机由旋转式刀盘（盘上装有开挖刀具和渣土破碎设备）、渣土运输及装载设备、机身推进装置和支撑装置、激光准直仪、安装临时支撑的设备以及其他机械装置组成，可实现掘进、支护（喷锚支护或拼装管片结构）、出渣等施工工序并行连续作业，是机、电、液、光、气等系统集成的工厂化隧道施工装备，可实现传统钻爆法难以适应的复杂地质环境超长隧洞的施工。

特点　掘进机法的优点主要有：①开挖作业能连续进行，施工速度快，工期短，特别适用于中长距离施工。②对围岩和地层的扰动损伤小，开挖表面平滑，在圆形隧洞的情况下，受力条件好。③实现了机械化、工厂化作业，质量易于控制。④施工现场污染小，减少了长大隧道的辅助坑道数量，有利于环境保护和减少水土流失。⑤震动和噪音对周围的居民和结构物的影响小。⑥施工安全，作业人员少。⑦集成了计算机控制、传感器、激光导向、测量、超前地质探测、通信等技术，自动化程度高，可实现信息化施工。

由于上述特点，掘进机法在水利、水电、交通、矿山、市政等行业被广泛采用，特别适合于在城区、江河湖海、环境敏感区修建隧道工程，在超长隧道的施工方面具有绝对优势。掘进机法适应的地层多于钻爆法，包括硬岩、软岩、土层及各种复杂地质地层。

分类　广义的隧道掘进机法分为岩石掘进机法和盾构法。

岩石掘进机法一般适用于硬岩地层的施工，基本原理是利用旋转刀盘上的滚刀挤压剪切破岩，通过旋转刀盘上的铲斗齿拾起石渣，落入主机皮带机上向后输送，再通过牵引矿渣车或隧洞连续皮带机运渣到洞外。硬岩掘进机又可分为敞开式和护盾式，护盾式还可分为双护盾式和单护盾式。

盾构法一般适合于软岩或土质地层的施工，基本原理就是利用圆柱体的壳体组件沿隧洞轴线边向前推进边对地层进行挖掘。该壳体组件对挖掘出的还未衬砌的隧洞段起着临时支撑的作用，承受周围水土压力，其他挖掘、排土、衬砌拼装等作业在护盾的掩护下进行，施工过程中还需在壳体组件的前端开挖面制造平衡压力（土压、泥水压力、气压等），维持开挖面的稳定。盾构机的分类较多，主要有：①根据开挖面上的挖掘方式，可以分为人工挖掘（手掘）式、半机械挖掘式和机械挖掘式。②根据向开挖面施加压力的方式，可分为气压式、泥水平衡式、土压平衡式等，还有泥水-土压双模式、土压-硬岩掘进机双模式、泥水-硬岩掘进机双模式等。③根据开挖轮廓的断面形式可分为圆形及异形（矩形、双圆、椭圆、马蹄形等）。

掘进机的英文缩写为“TBM”，中国习惯上将“TBM”特指适应于硬岩的岩石掘进机，不包括盾构机。另外，随着技术的进步和建设条件对装备要求的提高，掘进机的模式与适应地层逐步走向包容，各种技术开始交叉渗透，岩石掘进机和盾构机的概念有逐步模糊的趋势，双模和多模、土岩复合式等跨界掘进机也已经出现。（肖明清　王均勇）

军用机场　military airport　专供军用飞机起飞、着陆、停放和组织、保障飞行活动的场所，也是航空兵开展各类军事行动的基地。包括机库、加油站和武器储存设施等。军用机场始建于20世纪初期，当时飞机还处于发展的初期阶段，通常是利用比较平坦空旷的场地作为飞机起降场。第一次世界大战期间，军队开始使用飞机进行侦察、瞄准和轰炸等任务。随着飞机的重要性不断增加，各国开始建设专门的军用机场以支持飞机的运作。第二次世界大战期间，军用机场的发展达到了新的高峰。各国纷纷建设大规模的军用机场，以支持日益复杂的空中作战。在此期间，军用机场的设计和建设技术也得到了重大的改进和发展。

军用机场按设施和保障条件可分为**永备机场**和野战机场；按跑道所能保障的飞机类型可分为特级、一级、二级和三级机场；按所处战略位置可分为一线、二线和纵深机场。

中国军用机场曾经按照两个指标划分等级。指标1按跑道的基本长度（海拔为零、气温15℃、无风、跑道纵坡为零）将机场分为特、Ⅰ、Ⅱ、Ⅲ四个等级。指标2按机场道面的承载力划分为A～E共5个等级（表1）。中国军用机场按使用飞机的类型进行机场分级，将机场分为一、二、三、四级（表2）。（凌建明　张家科）

表1　按照道面承载力划分军用机场等级

机场等级指标2	道面承受飞机标准胎压（10兆帕）时的当量单轮荷载	机场等级指标2	道面承受飞机标准胎压（10兆帕）时的当量单轮荷载
A	>305	D	136～95
B	305～216	E	<95
C	216～136	—	—

表2　中国军用机场分级

级别	一级	二级	三级	四级
飞行场地使用机型	初级教练机 小型运输机	歼（强）击机 轻型轰炸机 歼击轰炸机 中型运输机	中型轰炸机 大型运输机	重型轰炸机 特大型运输机

军用机场飞行场地　flight site of military airport　军用机场中供飞机起飞、着陆、滑行和停放的场地。通常包括**跑道**、**滑行道**、联络道、土跑道、端保险道、平地区、拖机道和各种用途的停机坪等（见图）。

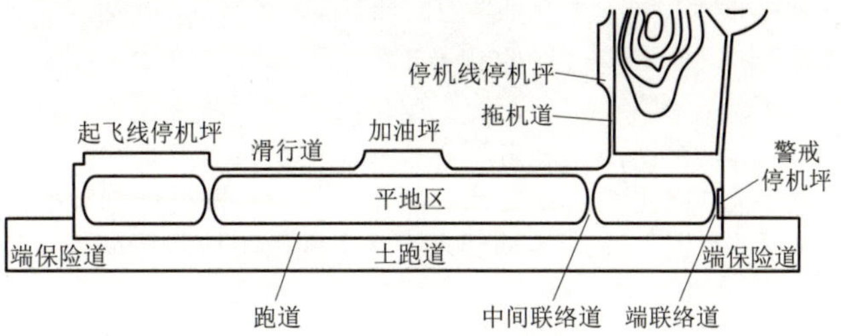

飞行场地组成示意图

跑道　供飞机起飞滑跑和着陆滑跑用。跑道道面通常用水泥混凝土或沥青混凝土浇筑而成，个别低等级机场直接用土质表面作为跑道道面。

滑行道　供飞机通往跑道两端滑行的通道，由于飞机起飞着陆都要通过其滑行进入或脱离跑道，故俗称主滑行道，通常与跑道平行设置。有的机场也将滑行道作为应急起飞跑道使用。

联络道　连接滑行道与跑道、供飞机进出跑道的滑行通道，分为端联络道与中间联络道。滑行道两端与跑道连接的通道叫作端联络道，滑行道中部与跑道连接的通道叫作中间联络道。

土跑道　设置在跑道一侧的宽阔平整而密实的土质场地，其上种有草坪。设置土跑道的主要目的是：①当跑道遭到破坏时，供飞机在土跑道上起飞或着陆滑跑，以保证飞机不间断地进行作战。②保证飞机起飞或着陆滑跑一旦偏出跑道时的安全。③供飞机迫降时使用。

端保险道　设置在跑道两端的平整而密实的土质场地。设置端保险道的主要目的是：①保证飞机起飞或着陆滑跑一旦冲出跑道时的安全（有时在其上设置拦阻设施）。②保证飞机着陆时发生提前接地时的安全。③使飞行员在驾驶飞机着陆下滑时，便于目测地面进行拉平着陆接地。

平地区　滑行道与跑道以及联络道所围成的平整密实的土质区域。设置平地区的主要目的是：①保证飞机在起飞着陆滑跑过程中一旦偏出跑道时的安全。②保证跑道上运行飞机与滑行道上滑行飞机不会相互干扰。③在战时紧急情况下供飞机起飞和着陆用。

拖机道　供飞机通往飞机洞库或飞机疏散区、飞机修理厂、停机线、停机坪等处滑行的通道。在通往这些地点时，为节省燃油、减少发动机磨损，飞机通常由车辆牵引滑行，有时也用车辆或人力推着走，故称作拖机道或推机道。

停机坪　见军用机场停机坪。

（蔡良才）

军用机场停机坪　apron of military airport　军用机场中供飞机停放、维护和为保障飞行进行地面准备所设置的场坪。在军用机场飞行场地中，停机坪与滑行道通常设置在跑道的同一侧，由滑行道、联络道或拖机道与跑道相连接。按照停机坪上停放飞机的数量可分为集体停机坪和个体停机坪两种。

集体停机坪　通常设置在滑行道或拖机道附近，供成批飞机集体停放用。优点是飞机集中停放，使用管理方便，停机利用率较高；缺点是一旦遭受敌人空袭时损失较大。

为使飞机能够迅速和安全地进行不同的运行活动，通常在机场内修筑各种不同用途的集体停机坪，主要有停机线停机坪、起飞线停机坪、警戒停机坪、加油停机坪、三线合一停机坪和过往飞机停机坪等。①停机线停机坪。供飞机日常停放，进行维护检修用，一般设置在滑行道外侧、拖机道附近等地方。②起飞线停机坪。供飞机平时飞行训练起飞前的停放、检查和维护用，为了便于飞机滑入跑道端进行起飞，通常设置在滑行道两端外侧附近。③警戒停机坪。供担任警戒值班的歼击机停放用。有战斗值班任务的机场，在滑行道两端外侧或端联络道外侧各设置一个警戒停机坪。有的机场因其跑道长度较长，警戒停机坪也可设置在滑行道中部外侧。④加油停机坪。简称加油坪，专供飞机加油时停放用。通常在供歼击机和强击机使用的机场上，于滑行道中部外侧设置加油坪。⑤三线合一停机坪。为提高飞机外场保障和维护效率，将起飞线、加油线和停机线停机坪合建一处，供昼夜停放、维护检修以及完成飞行准备的特定场坪。通常设置在滑行道外侧。⑥过往飞机停机坪。供过往飞机着陆后临时停放用，设置在滑行道外侧。有些机场为了保障民航飞机和大型军用运输机临时使用，需要设置过往飞机停机坪。由于过往飞机主起落架间距和翼展较大，通常设置专用联络道连接过往停机坪与跑道。

个体停机坪　通常设置在飞机疏散区，供飞机疏散停放用，其尺寸较小，一个停机坪只能停放1～2架飞机。个体停机坪之间要有一定的安全距离，主要是为了减少敌人袭击时的损失。在山区的机场，个体停机坪多数沿山坡分散布置，以便利用山体进行防护；在平原地区的机场，通常在个体停机坪周围构筑土掩体，起防护作用，有时把这类个体停机坪叫作机窝。有条件时，可在个体停机坪上修筑防护工事，称为单机掩蔽库，能够大大提高防护能力。（蔡良才）

竣工测量　acceptance survey　对已有工程项目或新建工程阶段竣工及全部竣工时，为获得工程建成后的各建（构）筑物和地下管网的平面位置及高程等资料而进行的测量工作。工程及其单项工程完成后，施工单位必须进行竣工测量，以检验各项工程施工的现状以及是否符合设计要求，并做出记录；根据规划审批的各项要求、施工规范等技术标准，为工程验收和评定工程质量提供依据，为工程使用中的检修和设备安装提供测量数据，为以后的扩建、改建及管理维护提供必要的资料。

竣工测量的主要内容包括测绘竣工地形图或纵横断面图、测绘外部变形监测设备的埋设、安装、竣工图以及视需要测绘施工区的竣工平面图等。对施工过程中设计更改部分、直接在现场指定施工部分以及资料不完整无法查对部分，依据施工控制网进行现场实测或补测。

竣工测量按工程对象分为建筑竣工测量、线路竣工测量、桥梁竣工测量和地下管线竣工测量等。按测量形式分为施工过程中的竣工测量和工程全部完成后的竣工测量，前者包括各工序完成后的检查验收测量和各单项工程完成后的竣工验收测量；后者则是整个工程完成后全面性的竣工验收测量。（王　丹）

K

通常情况下，抗拔桩在承受竖向拉拔荷载的同时，还承受一定比例的水平荷载，如输电线路杆塔基础等。此外，原来为承受压力的桩在环境和条件发生变化时，也可能承受原设计中未考虑的拉拔荷载，如深埋水泵房、港工中船坞等，会因地下水位的升高，建（构）筑物承受巨大的浮托力而使桩身产生拉应力。

（高文生）

勘察大纲 outline of the investigation 工程地质勘察各专业技术工作的指导性文件。是实行事先指导、中间检查、勘察过程控制、产品审查、质量评定等质量管理，保证勘察专业产品质量和满足各工程项目顺利实施的重要措施。勘察大纲的编制首先应根据工程建设所处的勘察阶段，针对勘察任务书或勘察合同的要求，在收集和分析工程地区已有的地质资料、进行野外踏勘了解场地的自然条件和地质条件、考虑工程特点和工作条件、结合设计方案的基础上进行。鉴于岩土工程的规模大小不同，目的要求和岩土条件等差别很大，因此勘察大纲应根据工程的实际情况和侧重点而有所不同。勘察工作量的布置是勘察大纲编制的核心，它取决于编制者对工程要求与规程、规范要求的理解，也取决于编制者对场地地质条件的认识程度。工作量布置要依据有关规范和规程要求，结合工程场地情况进行，要具体定出孔数、孔位、孔深、孔距，测试及取样的位置、深度，工程地质图测绘的范围、比例尺和精度要求及技术要求，并尽可能做到一孔多用，综合利用，还应注意合理安排施工顺序。

勘察大纲的内容主要取决于设计阶段、勘察阶段、工程重要性和区域岩土工程条件，一般应包括：①勘察目的、任务、工程概况和勘察阶段。②勘察地区的地形地质概况及工作条件。③勘察工作的内容、方法和计划工作量。④勘察工作量布置示意图。⑤计划进度及完成日期。⑥提交资料的种类和数量。⑦经营预算及其他。

（张继文）

抗拔桩 uplift pile 以抵抗上拔力为主的桩。当上拔力为浮力时，又称抗浮桩。抗拔桩的应用范围很广，**输电线路塔**、海上石油钻井平台、高耸构筑物（如塔式结构、桅式结构、烟囱）等的桩基础，索道桥、**悬索桥**和**斜拉桥**中的锚桩基础，或锚定块底下的桩，以及承受浮托力为主的地下结构、膨胀土地基上的建筑物等，都有可能承受上拔力。

抗爆炸技术 blast-resistant technology 采用各种工程材料、结构和工程措施来提高防护工程抗武器爆炸作用的相关技术的总称。防护工程抗爆炸技术措施可以分为抗爆、减爆和隔震3类。①抗爆措施。在条件许可的情况下，可采用防撞柱等限制装置，使防护结构离爆炸源有一定距离，以降低作用在防护结构上的爆炸荷载。但在大多数情况下，应通过工程材料和结构两方面提高防护结构的抗爆能力。在抗爆材料技术方面，可利用高强混凝土、高性能混凝土、高强复合材料、高强金属材料等的高强度和高刚度能，以及钢丝网、聚脲、高延性混凝土、超高分子量聚乙烯等高延性材料大变形的力学性能来提高防护结构的抗爆能力。在抗爆结构技术方面，可采用预应力结构、钢板-混凝土组合结构、带软垫层的复合结构以及外涂/贴聚脲和纤维增强复合材料（FRP）等加固技术。②减爆技术。通过设置防爆墙、障碍物、牺牲子结构、泄爆口等措施降低作用在防护工程结构上的爆炸荷载。③隔震技术。针对爆炸振动效应采用的防护工程隔震技术，如钢丝绳隔振器、钢弹簧隔振器、橡胶块隔振器以及泡沫混凝土、泡沫铝、粗砂等各种软垫层。

（陈　力）

抗剪强度 shear strength 土体抵抗剪切破坏的极限能力。是土的重要力学性质之一。工程中的地基承载力、挡土墙压力和土坡稳定等土力学问题都与土的抗剪强度直接相关。黏性土的抗剪强度可分为两部分，一部分与土颗粒间的有效法向应力有关，其本质是摩擦力；另一部分是当法向应力为零时抵抗土颗粒间相互滑动的力，此力由3种作用组成，即剪切时土粒间接触面上的滑动摩擦、体积膨胀所产生的阻力以及土粒排列所受的阻力。

抗剪强度参数　主要有黏聚力和摩擦角。

黏聚力　又称内聚力或凝聚力。在以土的抗剪强度为纵坐标，以剪切破坏面上的法向应力为横坐标的坐标系中，土的抗剪强度包线在纵坐标轴的截距（见图）即为黏聚力大小。可由直接剪切试验和三轴压缩试验测定。根据不同试验方法可得出总应力黏聚力c和有效应力黏聚力c'。

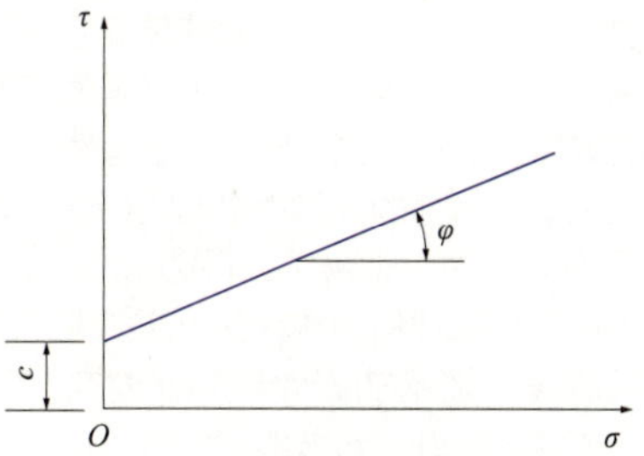

土的抗剪强度参数示意图

摩擦角　在以土的抗剪强度为纵坐标，以剪切破坏面上的法向应力为横坐标的坐标系中，土的抗剪强度包线与横坐标轴的倾角即为摩擦角。其值与土的初始孔隙比、土粒形状、土粒表面的粗糙度和颗粒级配等因素有关。可由直接剪切试验和三轴压缩试验测定。根据不同试验方法可得出总应力内摩擦角φ和有效应力内摩擦角φ'。

测定方法　测定土抗剪强度的常用方法有室内的直接剪切试验、无侧限抗压强度试验和土的三轴压缩试验，以及原位的十字板剪切试验等。剪切试验的结果，可用抗剪强度有效应力法或抗剪强度总应力法来表达，从而得出有效应力强度或总应力强度参数。

类型　土抗剪强度的主要类型有饱和土不排水抗剪强度、十字板抗剪强度、无侧限抗压强度、长期强度。

饱和土不排水抗剪强度　由三轴压缩试验在完全不排水条件下测定的土的抗剪强度。常用C_u表示。对于饱和黏性土，其值等于不固结不排水试验得出的黏聚力。其计算公式为$C_u=1/2(\sigma_1-\sigma_3)_f$，式中$\sigma_1$、$\sigma_3$分别为破坏莫尔圆的大、小主应力。当建筑物施工速度快，地基土黏性大，透水性小，排水条件差时，此时应用不排水抗剪强度计算地基极限承载力，不宜使用其他强度参数，以免造成工程事故。此外该强度指标还可用来分析天然饱和黏性土坡的稳定性。

十字板抗剪强度　由十字板剪切试验测定的原位地基土的抗剪强度。其值接近于土的不排水抗剪强度C_u，与土层深度近似成以下线性关系：

$$\tau_f=C_0+\lambda z$$

式中τ_f为土的十字板抗剪强度；C_0为直线段与表示τ_f的水平轴的截距；λ为直线段斜率；z为土层深度。室内抗剪强度测试要求取得原状土样，但由于试样采取、运送、保存和制备等过程中不可避免地受到扰动，含水量也很难保持，特别是对于高灵敏度的软黏土，室内试验结果的精度就受到影响。十字板剪切试验测抗剪强度不需要取原状土样，试验时的排水条件、受力状态与土所处的天然状态比较接近，对于很难取样的土也可以进行测试。因此，该指标常用来评估饱和软黏土的抗剪强度和灵敏度、地基加固效果和强度变化规律，或测定地基、边坡滑动位置，计算地基容许承载力和计算单桩承载力。

无侧限抗压强度　土试样在无侧向压力条件下抵抗轴向压力的极限强度。常用q_u表示，由无侧限抗压强度试验测定。由于无黏性土在无侧限条件下试样难以成型，故该指标主要用于简单测定黏性土的强度，尤其适用于饱和黏性土。对于饱和黏性土，q_u与不排水抗剪强度C_u之间的关系为：$C_u=\frac{1}{2}q_u$。在对土样进行无侧限抗压强度试验时，由于其取样过程中土受到扰动，原位应力被释放，用这种土样测得的不排水抗剪强度一般低于原位条件下测得的不排水抗剪强度。

长期强度　超出常规试验规定的试验时间所测定的土的强度。其值随时间的增长而降低。对于长期强度的研究还不成熟，一般认为长期强度降低是由于土的蠕变使黏土中的胶结物破坏和有效应力降低所致。　（胡安峰）

抗侵彻技术　passive bursting technology　在防护工程的孔口等薄弱部位设置遮弹层迫使常规武器战斗部在其表面或内部爆炸，以减轻作用在主体结构上的爆炸荷载的防护技术。又称被动遮弹技术。

钻地弹主要采用加大打击速度和提高弹体材料与结构强度提高侵彻能力，为此防护材料与结构（常称之为遮弹层）宜采用高强高硬高韧材料以及非均质的复合材料与结构使来袭弹体滞速耗能、偏航甚至弹体变形破坏等，减小弹体侵彻贯穿破坏效应。常用的遮弹层材料有混凝土、钢筋混凝土、高强混凝土、超高性能混凝土以及块石混凝土等。21世纪以来发展的超高性能混凝土及其与其他高强度高硬度金属或陶瓷材料复合的抗侵彻技术是对抗先进钻地弹打击的有效手段。　（赵跃堂）

抗弯钢框架结构　steel moment resisting frame　由钢制梁、柱和节点组成的结构体系。主要利用梁柱构件和连接节点的抗弯能力来抵抗水平荷载。是多层和高层建筑钢结构的常用结构体系之一。

分类　依据梁柱连接与梁构件的相对刚度，抗弯钢框架可以分为刚性连接框架、半刚性连接框架和柔性连接框架。刚性连接框架具有较强的抗侧刚度和强度，并且有较强的耗能能力。刚性连接框架利用构件和梁柱连接的抗弯能力抵抗风荷载和地震荷载等水平作用，在以往的地震和试验中都有出色的表现，可用于30层以下建筑。半刚性连接由于梁柱之间会产生相对变形，将降低结构的刚度和承载力，因此半刚性框架结构一般只用于15层以下的建筑。

依据刚性钢框架的结构布置，可以将其分为空间框架、周边框架和平面框架。空间框架是由梁、柱和节点构成的三维受力体系，所有的梁柱连接都按刚性连接设计。在20世纪70年代以前，所有的抗弯钢框架都是空间框架。由于刚性连接的费用较高，21世纪以来许多建筑物被设计成周边框架，只在周边的框架中设置刚性梁柱连接，而内部的框架梁柱连接都做成铰接，这样可以将刚性节点的数量减少一半左右。平面框架则仅在一个方向上采用刚性梁柱连接，作为抗侧力体系。

在水平力作用下，刚性钢框架的侧移由两部分组成。第一部分侧移由结构倾覆力矩造成柱拉压变形而导致的结构整体弯曲引起（图1）；第二部分侧移由结构剪力造成的梁柱受弯引起（图2）。一般框架整体弯曲侧移分量小于总侧移的10%～20%。

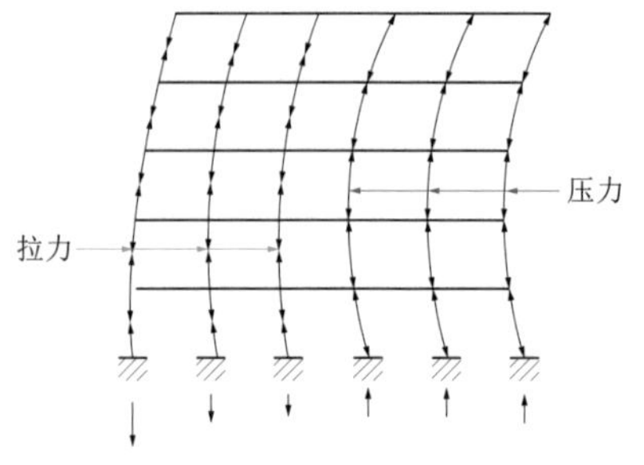

图1　由外部倾覆力矩引起的力和变形示意图

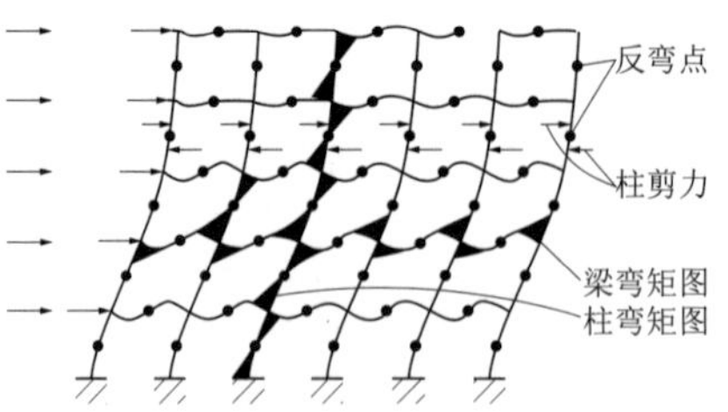

图2　刚性钢框架由外部剪力引起的力和变形示意图

构件　为方便构件加工，无论是框架梁还是框架柱，在一个构件单元内，一般都采用等截面构件。框架梁通常可分为型钢梁、组合梁等，但以H型钢、焊接工字形截面、钢与钢筋混凝土组合截面应用最为普遍；框架柱的截面形式一般有轧制工字钢、宽翼缘H型钢、焊接工字形、焊接箱形、型钢与钢板焊接成工字形组合截面、方管截面以及钢管混凝土截面和型钢混凝土截面等，以宽翼缘H型钢、焊接工字形、焊接箱形截面和型钢混凝土截面最为常用。

特点　对于钢结构建筑而言，结构抗侧力性能是结构的重要整体性能之一，决定着结构的选型和用钢量。常用的几种高层建筑钢结构的结构体系中，抗弯钢框架结构具有较大的延性、对地震作用不敏感，抗震性能较好，在强震地区被广泛采用。抗弯钢框架结构的梁、柱节点全部或局部做成刚接，结构平面布置灵活，构件易于标准化。

抗弯钢框架结构相对于其他钢结构体系而言，其抗侧刚度相对较小，材料使用较多。当结构层数较多时，在风荷载或地震作用下往往不能满足对框架结构侧移限值的要求。设计时，一般可以通过加大梁、柱截面来提高结构抗侧刚度，但这有可能使结构失去经济性。因此，此种结构体系宜用于层数较少的建筑。通过对各种结构体系的分析比较可知，在30层以下的建筑中采用抗弯钢框架作为抗侧力体系可以取得比较好的经济效益。　（王　伟）

可变荷载　live load　施加在结构上的由人群、物料和交通工具引起的使用荷载和自然产生的自然荷载。又称活荷载。见荷载。

可持续填埋　sustainable landfilling　令垃圾及其储存场所（即填埋场）在时间或者空间上延续的填埋方式。能使垃圾作为资源被有效利用，同时填埋场也能腾出空间有效地重复使用，成为一个新的填埋单元，从而满足填埋空间扩展要求。

垃圾的利用途径包括以能量释放的形式进行利用和以生物质本身进行利用。可持续填埋的内涵包括大型集约化填埋、全寿命服役、填埋气高效收集、库容再利用和生态修复等。垃圾填埋场的可持续发展需要多方面的配合，包括填埋场的加速稳定化调控，降解过程中副产品的利用，垃圾的再利用等。

填埋场的加速稳定化调控指通过渗沥液调控和填埋体内氧供应等手段人为加速填埋场中垃圾降解，从而加速填埋场的稳定化。垃圾的利用分为原位利用和异地利用。①原位利用。指直接对封场后的填埋场进行用途改造，一般变更功能为花苗及绿化草坪的种植场地。②异地利用。指通过开采稳定化后的填埋场，将其中矿化

（即无机化）后的垃圾再利用。矿化垃圾开采后，经过滚筒筛筛分，得到粗料、细料和可回收物料。粗料可作为建筑工程中的粗骨料，可回收物料按相应用途回收利用，筛分出的细料垃圾主要是类似腐殖质的颗粒状土壤物质，往往具有良好稳定的多孔结构，具有巨大的表面积及丰富的微生物，可以作为植物营养土、填埋场的中间覆土、污水处理的生物填料。

（柯　瀚）

可靠度设计法 reliability-based design method　考虑设计变量的随机性、采用规定的可靠指标或失效概率对结构进行设计的方法。

沿革　可靠度设计法是20世纪70年代结构可靠度理论研究达到一个相对成熟阶段后发展起来的，是结构极限状态设计法在概率应用方面的进一步发展，欧美等国家的结构设计规范都采用了基于可靠度的设计方法。中国建筑工程领域于20世纪70年代率先开展了结构可靠度设计方法的研究，在大范围内对建筑结构构件的自重、办公楼和住宅的楼面活荷载、部分工业建筑的楼面活荷载、**风荷载**、**雪荷载**、工业建筑积灰荷载、混凝土和钢筋的材料性能、构件尺寸等进行了大量调查研究和统计分析，给出了结构设计表达式、荷载分项系数和结构安全水平，对结构构件中不同的材料采用不同的材料分项系数，并于1984年颁布了《建筑结构设计统一标准》(试行)。之后，港口工程、公路工程、水利水电工程、铁路工程领域也相继开展了结构可靠度设计方法的研究，并颁布了相应的可靠度设计统一标准。结构可靠度设计方法的主要贡献在于以可靠度为理论指导，统一了中国各部门、各行业、各种材料结构的设计原则和设计方法。

内容和分类　可靠度设计方法可表示为：

$$\beta \geqslant \beta_T \text{或} p_f \leqslant p_{fT}$$

式中β_T、p_{fT}为设计规定的结构或结构构件的可靠指标和失效概率；β、p_f为结构或结构构件的可靠指标和失效概率。β、p_f可采用标准规定的可靠度计算方法计算，如一次二阶矩法、蒙特卡洛法等。

可靠度设计方法可分为直接可靠度设计方法和基于可靠度的设计方法。①直接可靠度设计方法。根据结构或结构构件的极限状态方程，使用随机变量的概率分布和统计参数（平均值，标准差，变异系数等），以可靠指标或失效概率为度量指标进行结构或构件设计的方法。直接可靠度设计方法理论上是可行的，但由于尚不能得到或准确得到全部设计变量的概率分布和统计参数，实际设计中应用不多。②基于可靠度的设计方法。即以可靠度理论为基础、以分项系数表达的结构设计方法。在这种方法中，虽然没有直接使用可靠指标或失效概率进行设计，但设计表达式中的结构重要性系数、荷载分项系数、荷载组合值系数、材料性能分项系数等都是经可靠度校准并结合工程经验判断确定的。可靠度设计方法的关键是具有明确的目标可靠指标或失效概率，与传统的容许应力设计法、安全系数设计法等相比，基于可靠度设计方法设计表达式中的各分项系数并不是完全凭经验确定的，其与设计采用的目标可靠指标或失效概率有密切的联系，具有明确的概率含义。

（贡金鑫）

克尔克桥 Krk Bridge　南斯拉夫建造的大跨度钢筋混凝土拱桥。又称铁托桥。位于克罗地亚萨格勒布西南，是连接大陆和亚得里亚海上克尔克岛的公路和管道两用

克尔克桥

桥。建于1976～1980年。全桥由跨度390米（大陆至圣马尔科岛）和244米（圣马尔科岛至克尔克岛）的两孔钢筋混凝土上承式拱桥组成。两孔拱桥相距仅235米，在圣马尔科岛上用一段96米长的公路连接。桥面宽11.4米，设有双车道，桥面下敷设61～91厘米油管、46厘米输水管及工业管道共20条。拱桥的宽度与跨度之比仅及1/30，异常纤细，是该桥的设计特点。拱圈为单箱三室截面，用预制构件从两端悬臂拼装，至跨中合龙。跨度390米的主拱，其拱趾设在有撑杆的水中斜墩上，基础采用半浮运的气压沉箱。拱上结构为空腹梁柱，柱距约33米，较一般为大，故全桥甚为通透。

（唐嘉衣）

空间结构 spatial structure　具有不宜分解为平面结构体系的三维形体和三维受力特性，在荷载作用下呈空间工作的结构。

发展简史　空间结构的发展经历了一个漫长的过程。人类很早以前就认识到穹隆具有用最小的表面封闭最大的空间的优点，建造了许多砖石穹（拱）顶。19世纪转炉炼钢技术的成功为空间结构的发展提供了优异的材料，使得结构的跨度可以越来越大，结构体系也越来越丰富多彩。空间结构的最大跨度已经超过300米，主要应用于体育场馆、会展中心、航站楼、火车站房、工业厂房等建筑领域。

分类　根据所用的材料与受力特点进行分类，空间结构可分为：①**薄壳结构**。一般是混凝土壳体结构，传力路线直接、受力性能良好、节省材料。按照曲面类型主要有圆柱面壳、圆球壳、双曲扁壳、双曲抛物面扭壳。②网格结构。由许多形状和尺寸都标准化的杆件与节点组成，一般采用型钢或钢管构件，按一定规律相连接形成空间网格状结构。网格结构有多种常用类型，**网架结构**和**网壳结构**是两种传统的类型，也包含可开合网格结构、可折叠展开网格结构、自由曲面网格结构等类型。③张力结构。通过对柔性的索或膜施加预张力以后形成的结构体系，具有非线性特征，主要受力构件是单向受拉的索或双向受拉的膜。张力结构主要包含**悬索结构**、**膜结构**、**索穹顶结构**等形式。④混合结构。用刚性构件（**梁**、**拱**、**桁架**、网架、网壳等）与柔性索或膜灵活结合形成的轻型屋盖结构体系。常用类型包括索拱体系（含平面张弦结构）、斜拉体系、弦支网壳等。

连接节点　空间结构常用的连接节点（见图）有焊接或螺栓钢板节点、焊接空

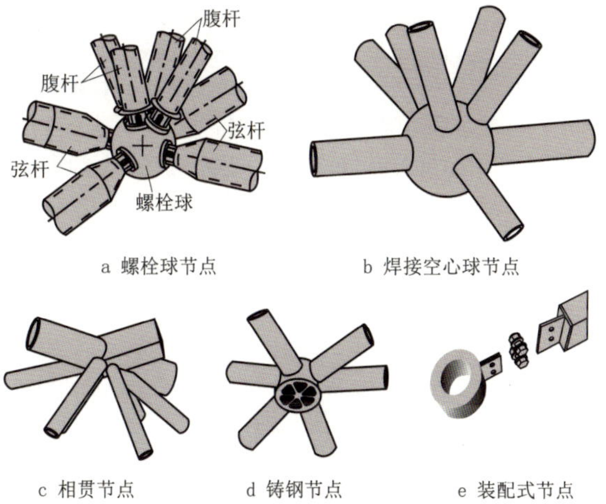

a 螺栓球节点　b 焊接空心球节点　c 相贯节点　d 铸钢节点　e 装配式节点

连接节点示意图

心球节点、螺栓球节点、相贯节点、铸钢节点和嵌入式毂节点等（见**连接节点**）。

空间结构是自20世纪70年代以来发展最快的结构形式之一。除钢材外，现代

胶合木、高强铝合金、不锈钢等高性能材料逐渐被应用在空间结构中。由于新型空间结构体系的不断发展，其设计与建造理论仍然是当前土木工程领域的研究热点。备受关注的主要理论问题包括：网壳结构的稳定性理论，空间结构抗震、抗风、抗爆炸/冲击设计理论，以及空间结构绿色、高效、智能施工技术等。（范 峰）

空气处理过程 air handling process 通过相应的空气处理设备使空气由初始状态变化到要求的终状态参数的过程。经处理的空气多用于供给需要通风及空气调节的房间或区域使用，一般需要调节的参数有温度、湿度等，必要时需进行空气洁净处理。

类型 几种典型湿空气状态变化过程的h-d图见图1。①加热过程。利用热源、

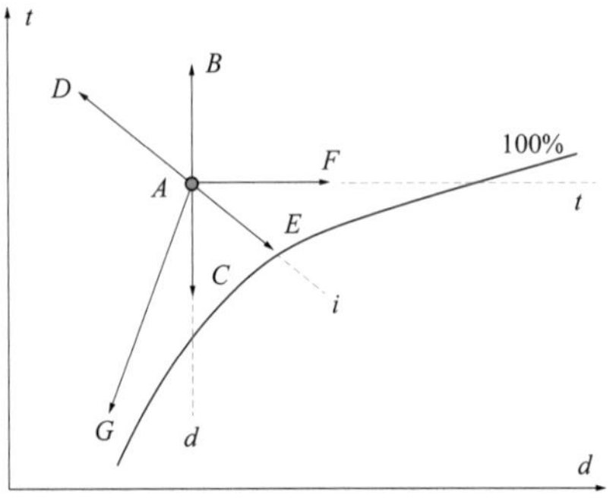

图1 几种典型湿空气状态变化过程的h-d图

热媒加热空气的过程。通过热表面对湿空气加热，其温度会增高而含湿量不变。在h-d图上这一过程可表示为$A \to B$的变化过程。主要的加热设备有表面式空气加热器。②冷却过程。利用冷源、冷媒来冷却空气的过程。在冷表面温度等于或大于湿空气的露点温度时，空气中的水蒸气不会凝结，因此其含湿量也不会变化，只是温度将会降低。在h-d图上这一等湿冷却（或称干冷）过程表示为$A \to C$。③等焓加湿。利用定量的水通过喷洒于一定状态的空气长时间直接接触的加热过程。此时空气状态的变化过程近似于等焓过程，在h-d图上这一等焓加湿过程表示为$A \to E$。④等焓减湿。利用固体吸湿剂等干燥空气使湿空气中的部分水蒸气分离出去的过程。过程中湿空气含湿量降低，温度升高，近似于等焓减湿，在h-d图上这一过程表示为$A \to D$。⑤等温加湿。向空气中喷蒸汽，其热湿比等于水蒸气的焓值，该过程近似于沿等温线变化，故常称喷蒸汽可使湿空气实现等温加湿过程，在h-d图上表示为$A \to F$。⑥冷却减湿。使湿空气与低于其露点温度的表面接触使湿空气降温脱水的过程，在h-d图上标示为$A \to G$。

不同状态空气的混合。在空气调节中常有不同状态的空气互相混合，混合过程遵循质量与能量守恒原理，A、B为混合前两状态点，C点为混合态（图2）。

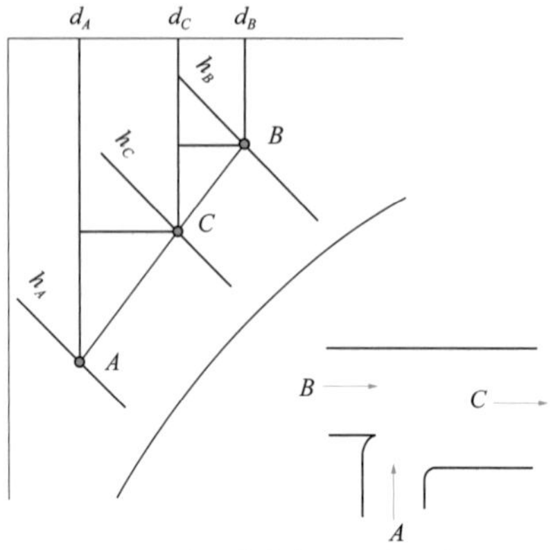

图2 两种状态空气的混合示意图

处理方案 常见夏季空气处理过程（图3）：①$W \to L \to O$喷水室喷冷水（或用表面冷却器）冷却减湿→加热器再热。②$W \to 1 \to O$固体吸湿剂减湿→表面冷却器等湿冷却。③$W \to O$液体吸湿剂减湿冷却。

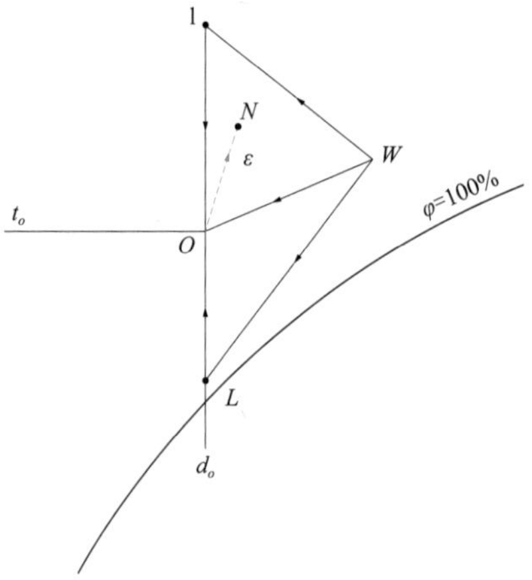

图3 夏季空气处理过程示意图

常见冬季空气处理过程（图4）：①$W' \to 2 \to L \to O$加热器预热→喷蒸汽加湿→加热器再热。②$W' \to 3 \to L \to O$加热器预热→喷水室绝热加湿→加热器再热。③$W' \to 4 \to O$加热器预热→喷蒸汽加湿。④$W' \to L \to O$喷水室喷热水加热加湿→加热器再热。⑤$W' \to 5 \to L' \to O \to 5$加热器预热→一部分喷水室绝热加湿→一部分喷水室绝热加湿→与另一部分未加湿的空气混合。

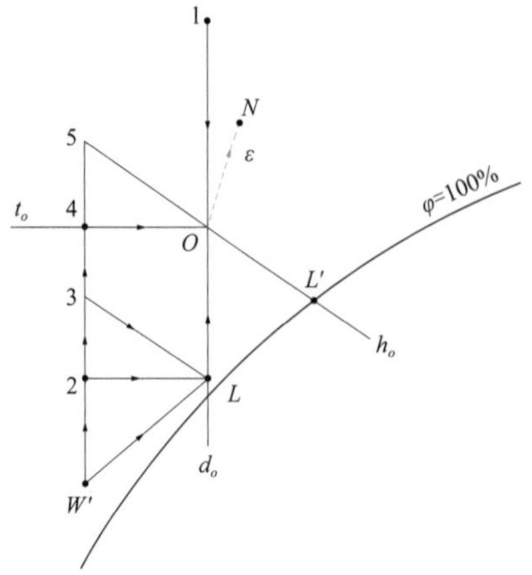

图4 冬季空气处理过程示意图

（胡松涛）

空气处理设备 air handling equipment 为满足建筑使用空间内空气热舒适性和空气品质以及空气净化要求，用于处理和输配空气的各种设备的总称。根据空气处理过程及目的的不同，空气处理设备分为热湿处理设备（如加热器、冷却器、加湿器）、净化处理设备（如空气过滤器）和降噪设备（如消声器）等。

空气加热器是对空气进行加热处理的设备，包括用电阻性元件通电发热直接加热空气的电加热设备和用蒸汽、热水等介质间接加热空气的表面式热交换设备。

空气冷却器是对空气进行冷却处理的设备，通常指用冷水、制冷剂等冷媒间接冷却空气的表面式热交换设备。通过冷媒（冷水或制冷剂）使空气冷却，根据空气与边界层空气之间的状态参数不同，可实现干冷和湿冷两种空气处理过程。干冷即等湿冷却，只降低空气的温度，空气中的含水量不变；湿冷即减湿冷却，降温的同时，空气中的含水量也降低。采用空气冷却器不仅能对空气进行降温处理，还能实现对空气的除湿处理。冷却除湿设备简单、除湿效果好，是应用最为广泛的除湿方式。

空气加湿器是对空气进行加湿处理的设备，加湿方式主要包括等温加湿和等焓加湿两种，具体的应用形式包括超声波加湿器、电加热式加湿器、电极式加湿器、高压喷（微）雾加湿器等。

空气过滤器是对空气进行过滤处理的设备，用于滤去空气中的固体颗粒物。根据过滤器的性能，可分为粗效过滤器、中效过滤器、高中效过滤器和亚高效过滤器。

消声器是一种允许气流通过，又能阻止或减少声音传播的设备，能够消除或减弱空气动力性噪声。根据消声机理，消声器可分为阻性消声器、抗性消声器、阻抗复合式消声器等形式。（曹 阳）

空气洁净技术与工程 air cleaning technology and engineering 通过阻隔式过滤手段，将通过过滤器的空气中绝大部分微粒阻留下来，达到规定干净程度，形成洁净空气的技术与应用。将空气洁净技术应用于各类工程，如工厂、车间、实验室、

饲养室、手术室、病房以及移动的车、船、飞行器等，可形成洁净的微环境。

空气洁净技术 诞生于20世纪50年代。在当时的朝鲜战争中，美国发现其大量电子仪器出现故障，主要原因是灰尘的作用，于是促成了空气洁净技术的起步，特别是高效过滤器的诞生。随着美国与苏联航天事业的发展，以及后来的大规模集成电路的出现，促使空气洁净技术与工程成为生产和科研手段现代化的标志之一。

在中国，空气洁净技术早期被称为超净技术或净化技术，自1979年由国家建委有关主管部门下达任务编制的《空气洁净技术措施》出版后，则统一将该技术称为空气洁净技术。

空气净化技术包括空气洁净技术和泛指一切使空气变得比原来干净一些而并无具体级别标准的净化技术。空气洁净技术包括微粒的发生、分类和性能，也包括去除微粒的各种机理（特别是过滤机理）和技术，以及各种过滤器，还包括探知微粒在室内运动、分布的规律和改变、利用这些规律的技术和设备，采集、检测微粒的技术和仪器，以及各类各级洁净室技术。

高效过滤器是空气洁净技术的核心，在美国于1954年成为商品。中国于1965年已有高效过滤器，与日本同年。1964年，中国研制成第一台洁净工作台。20世纪60年代初，美国研制成光散射式粒子计数器。1973年，首台15档J73型粒子计数器在中国建筑科学研究院空调所研制成功，并立即投入全国洁净工作的普查测定中。美国于1957年建成第一个洁净室。1961年，日本建成用于生产航空计测仪器的洁净室。1966年，中国应用高效过滤器的洁净室；1971年第一个装配式恒温恒湿洁净室建成，并于1976年应用于毛主席纪念堂甲区，达到了0.5微米量级的10级洁净度；1987年和1988年分别建成的0.1微米量级的10级洁净室通过鉴定。

空气洁净工程 国际上洁净室工程及其标准，包括ISO 14644洁净室及其受控环境系列标准，各国药品生产质量管理规范（药品GMP）和医院建设标准，也包括中国的洁净厂房设计规范等，都是以空气洁净技术和阻隔式空气过滤器为保障手段（某些地方还用到气体吸附装置），而不使用其他技术手段，如紫外线、静电吸附等。这是因为阻隔式过滤技术具有效率的广谱性和对颗粒物性质的无选择性，还因为空气洁净技术与工程具有对生产和工作环境可进行过程控制、全面控制和关键点控制的特点。

空气洁净工程广泛应用于航天、军事、电子、精密机械与仪表、精细化学和纺织、高纯材料、食品、制药、养殖、动物实验、医疗卫生、生物安全和文物保护等领域。

（许钟麟）

空气净化系统 air purification system 由空气净化装置、风机和电气控制3个主体组成的用于清除空气中污染物的系统。空气净化装置是空气净化系统中的主要功能装置，能够去除或者减少空气中对人或环境造成有害影响的化学物质、颗粒物或微生物等污染物。含有污染物的空气被风机抽入空气净化装置，实现净化空气，然后洁净的空气进一步被输送到环境中，以满足使用者及生产过程的要求，如建筑室内净化、工业污染排放控制等。按不同污染物，空气净化装置可分为除尘装置、气体污染净化装置和消毒杀菌装置。除尘装置包括机械（纤维）过滤装置和静电除尘装置等，气体污染净化装置包括吸附装置、催化氧化装置等，消毒杀菌装置包括紫外线消毒、臭氧氧化、低温等离子体装置等。建筑中常用的空气净化装置主要包括机械过滤装置、静电除尘装置、吸附/催化氧化装置。

空气净化系统的主要性能指标包括：①一次通过效率。指含有污染物的空气经过净化系统后，被净化系统所去除的比例。净化系统一次通过效率等于净化系统进口浓度和出口浓度之差与进口浓度的比值。②风量。③阻力。指空气净化系统在额定风量下运行时前、后的静压差。④更换周期。当空气净化系统对污染物的一次通过效率降低到初始效率的50%时，或阻力达到初始阻力的两倍时，则需要更换空气净化装置。⑤噪声。

（莫金汉）

空气调节系统 air-conditioning system 对某一房间或空间的温度、湿度、洁净度和气流流动状态进行调节与控制，并提供足够新鲜空气的系统。简称空调系统。空气调节系统由冷热源（供应冷量和热量的设备）、空气处理设备、冷量和热量的输配系统、空气输配系统、控制系统等组成。

空调系统按冷热源的集中程度分为集中式系统和分散式系统。①集中式系统。建筑环境控制所需的冷量和热量由集中设置的冷源和热源制取和供应的空调系统。②分散式系统。把所有设备组装成一个或几个模块的紧凑型空调系统，一般直接置于被服务的房间内或邻近。

空调系统按承担室内冷负荷（房间需要除去的热量）和热负荷（房间需要供应的热量）所用的介质分类，有全空气系统、全水系统、空气-水系统和冷剂系统。①全空气系统。所控制环境的冷、热负荷全部由空气来承担，这种系统是把经过处理的空气送入房间，承担室内全部负荷。②全水系统。所控制环境的冷、热负荷全部由水来承担，这种系统是把冷水或热水送入房间内的空气处理机组，承担室内全部负荷。③空气-水系统。所控制环境的冷、热负荷由空气和水共同承担，这种系统是把经过处理的空气（通常是室外新鲜空气）送入房间，同时把冷水或热水送入房间内的空气处理机组，空气和水共同承担室内负荷。④冷剂系统。所控制环境的冷、热负荷由制冷剂来承担，这种系统是把制冷机（或热泵）与空气处理设备组合成空调机组，直接用冷剂冷却（或加热）空气，这种系统也称机组式系统。

空调系统按用途分，有舒适性空调和工艺性空调。①舒适性空调。为室内人员创造舒适和健康的建筑环境的空调系统。办公楼、商场、旅店、图书馆、餐厅、体育馆、娱乐场所、候机或候车大厅等建筑所设置的空调都属于舒适性空调。②工艺性空调。为满足生产工艺或设备、科学实验等特殊要求的空调系统，工作人员的舒适要求有条件时兼顾。例如，工厂计量室温度要求20±0.2℃的恒温空调系统；实验动物饲养要求无菌的空调系统；棉纺织布车间要求湿度70%～75%的恒湿空调系统。

（陆亚俊）

空调系统能效评价 air-conditioning system performance evaluation 对空调系统能源利用效率的评价。空调系统能效评价过程需要制定一系列评价指标，明确评价指标的适用范围，并规范实施评价的条件或者运行工况。空调系统能效评价的指标体系，是国家节能标准与相关法律的重要组成部分，并随之逐渐完善发展。

主要指标 美国的采暖、制冷与空调工程师学会节能标准（ASHRAE 90.1—2001），适用于公共建筑和四层及四层以上的居住建筑，已成为美国政府“能源政策法令”的指定标准。日本于1993年最新修订的建筑节能标准将住宅、旅馆及商业建筑都包括在内，并对建筑供能系统的各个方面都有具体的指标限制。

中国自1986年实施了第一部推动建筑节能工作的行业标准《民用建筑节能设计标准（采暖居住建筑部分）》（JGJ 26—86）后，又逐渐实施了多部节能标准，初步形成了常见空调系统的完整性能评价体系。

各国常用的空调系统能效评价指标见

各国常用空调系统能效评价指标汇总

指标名称	定义
能效比/性能系数（EER/COP）	名义工况下，空调设备的制冷/热量与净输入能量之比
综合部分负荷性能系数（IPLV）	冷水机组在标准工况（固定）下部分负荷能耗的加权平均值
季节能效比（SEER）	空调（供热）季节总的制冷（热）量与总输入功率之比
全年性能效率（APF）	在制冷季节和制热季节中，空调设备进行制冷（热）运行时，从室内除去的热量及向室内送入的热量总和与同一期间内消耗的电量总和之比
输送能效比（ER）	水泵能效的指标
空调系统能耗系数（CEC）	空调系统全年总耗能量与假想空调负荷全年累计值之比
单位空调面积年耗电量指标（ECA）	空调系统年耗电量与空调面积之比
用能强度指标（EUI）	建筑单位面积的总能耗指标
设计建筑物的年能耗费用（DEC）	能耗模拟计算软件以实际设计的建筑物计算所得的年能耗费用
标准建筑物的年能耗费用（SEC）	能耗模拟计算软件以构造的标准建筑物计算所得的年能耗费用
设计能效比（DEER）	空调设计总负荷与其所消耗的总功率之比

表。在实际工程评价中，EER/COP、ECA与EUI是经常采用的指标，能够反映空调系统运行的普遍特征。

根据《空气调节系统经济运行》（GB/T 17981—2007）中附录A中的规定，常见公共建筑集中空调系统经济运行的评价指标体系结构见图。这一体系从上到下分为4级指标，第一、第二级指标为空调系统整体的性能评价；第三、第四级指标主要包括制冷机组与空调输配系统的性能评价。其中，ECA指空调系统年耗电量与空调面积之比，表征建筑整体的能耗特征；EERs指空调设备的制冷/热量与系统的净输入能量之比，表征空调系统的整体能效；CCA的定义是空调系统制备的总冷量与空调面积之比，表征建筑本身的负荷特征。

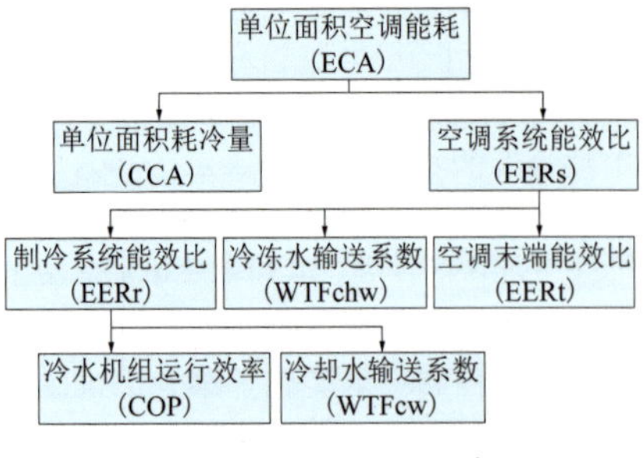

常见公共建筑集中空调系统经济运行的评价指标体系结构示意图

在实际工程中进行空调系统能效评价时，需要注意指标本身的适用范围。如ECA、CCA常用于全年尺度下的性能评价；而EER主要运用于某一典型工况的评价，全年的评价值则应用SEER这一指标。在实际评价时，由于空调系统的运行工况往往与设备名义工况有所差别，对于评价指标与设备额定值的差距也要进行进一步分析，保证空调系统能效评价的合理性与准确性。

意义　实现有效的空调系统能效评价，对于建筑节能与工程管理有着重要意义，主要包括以下几点：①明确空调系统的能耗基线，实现长时间尺度的目标管理。②通过与引导值比较，为建筑空调系统的调试调节提供方向。③测算现有系统的节能潜力，为节能诊断工作提供重要参考。（魏庆芃）

空调系统形式　types of air-conditioning system　空调系统因其集中程度、能量输送介质与空气处理的方式不同而呈现出的不同形式。空调系统形式多样，各有特长与局限性。为了解决不同类型的工程应用问题而研发出多种多样的空调系统。

按照系统的集中程度，空调系统的形式可分为集中式空调系统、半集中式空调系统和分散式空调系统，其中集中式空调系统和半集中式空调系统是人们常说的中央空调系统。集中式空调系统指冷热源是集中的，空气也被集中处理，然后通过风道送到各个房间。半集中式空调系统指冷热源是集中的，但是空气却是分散处理的系统。而分散式空调系统的冷热源和空气的处理设备都是分散的。

如果依照冷热量传输的媒介来考虑空调系统形式，又可分为全空气系统、空气-水系统、全水系统和制冷剂系统。全空气系统就是集中式空调系统，空气-水系统和全水系统属于半集中式空调系统。分散式空调系统基本上都是制冷剂系统。

全空气系统是通过风道把集中处理好的空气传输到房间的集中式空调系统。这是最早发展出来的空调系统形式。1902年，W.开利为纽约布鲁克林的一家印刷厂研制出世界上第一台空调设备就是一台全空气系统的空气处理设备。

空气-水系统是把集中冷热源产生的冷/热水传送到末端用户，用末端用户室内的水-空气热交换设备处理空气，如风机盘管、冷/热辐射板等，而新风是被集中处理好通过风道送到房间内的。这样的系统属于半集中系统。

没有配置集中新风，只是在各末端用户房间内有水-空气热交换器作为空气处理设备，这样的系统属于全水系统，也是半集中系统的一种。

家用空调器（包括分体空调器和“一拖多”的多联机）靠制冷剂直接处理室内的空气，由于它的制冷机和空气处理设备分散在各用户，所以属于分散式系统。

空调系统的集中与分散也是相对的。例如，“一拖二”的家用空调器会被看作是分散式系统，但有的大型多联机可以带数十个室内末端，可以为一个小型办公楼提供服务，符合一个半集中系统的特征。如果另外为它配置集中新风系统，就成为一个空气-制冷剂系统。一套一厅三房的住宅，每个房间使用一个分体空调器肯定属于分散式系统，而采用一拖四的多联机对于这个住宅来说可以算是一个半集中系统，但是对于整栋建筑来说，它依然是分散式系统。

不同形式的室内热环境控制系统传统上还分别被称为空调系统、通风系统和供暖系统。但都属于空气调节系统中的某个形式。散热器或者地板辐射供暖系统相当于全水系统，通风系统相当于全新风的全空气系统。它们与常规的空调系统的区别只是所处理的空气参数的数量比较少而已，所以也会被统称为暖通空调系统。

（朱颖心）

空中交通管制工程　air traffic management facility　提供机场空中交通管制服务所使用的设施的总称。包括塔台、航管楼等管制场所，通信、监视设施和导航，以及机场航空情报系统等。

塔台　实施塔台管制的场所，又称管制塔。塔台的位置应靠近机场的几何中心，管制员视线应能通视机场机动区，与跑道端铺筑面所形成的夹角不小于0.8°，并能满足安全飞行净空的要求（图1）。大型机场可设多座塔台，以满足多跑道塔台管制需求。塔台上部为塔台管制室，四周玻璃向外倾斜15°左右，水平视角应为360°。

对于年旅客吞吐量1000万人次以上、多跑道、多航站楼、多机坪、复杂滑行道系统的机场，以及塔台管制员不能通视停机坪等情况的机场，应设机坪塔台。机坪

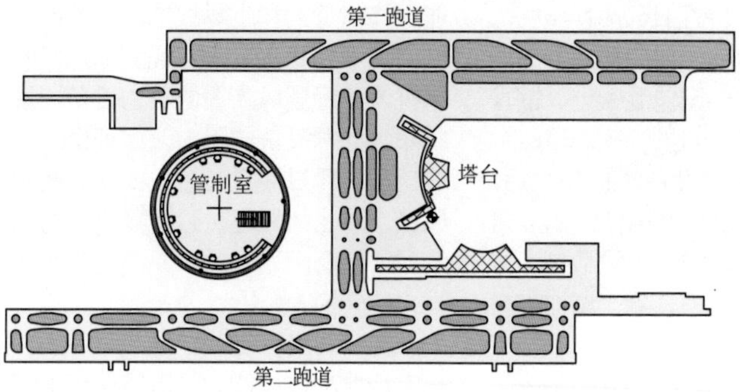

图1 塔台选址示意图

塔台是机场塔台的辅助，提供机坪运行管理。

航管楼 提供机场空中交通管制服务、航行情报服务和航空气象服务的场所，也是通信、导航、监视信息和航行情报信息、航空气象信息的处理和交换中心。全年起降超过3.6万架次或空域环境复杂的机场，还应在航管楼内设进近管制室。

机场通信 由地空（移动）通信和地地（固定）通信两部分组成。地空通信用于管制单位与航空器进行直接、迅速、不间断和清晰的双向通信；地地通信用于管制单位之间交换和传递飞行计划和飞行动态信息，以及移交和协调空中交通管制任务等。

地空（移动）通信 主要包括：①甚高频地空通信。机场塔台一般设塔台管制主频、塔台管制备频、搜救频率和军方频率。设进近管制室的机场，每个进近管制扇区设一个主频、一个备频，也可两个扇区共用一个备频。甚高频辐射信号应能可靠覆盖整个管制范围，否则可在适当位置建立遥控台以完成补盲。②高频地空通信。主要用于地广人稀的地区，同时作为甚高频地空通信的备份。③地空数据链。基于甚高频地空通信、高频地空通信、卫星通信、二次雷达的S模式，实现航空器与地面系统之间的信息交换。

地地（固定）通信 地地（固定）通信主要包括集群通信、直通电话、自动转报系统和语音通信交换系统。①集群通信。在机场的空中交通管制、机场管理、安检、航空公司运营和停机坪管理等工作中使用的地面无线通信。集群通信系统应具备专业集群调度、数据传输等功能。未来还应融合人员车辆定位、移动视频监控等功能。②直通电话。用以交换和传递飞行计划和飞行动态，移交和协调空中交通管制。③自动转报系统。报文通信的载体，基于航空固定电信网和国际航空电信协会通信网的相关标准，采用计算机自动处理并以存储/转发方式交换空中交通管理电报。国际民航组织已制定了航空固定电信网向航空电信网过渡实施计划，自动转报系统将逐渐由航空信息处理系统取代。④语音通信交换系统。俗称内话系统，用于帮助管制员方便快捷地选择地空、地地语音通信链路的系统，以有效地实施地空管制和地地协调。

机场监视 由空管监视和场面监视两部分组成。

空管监视 用于监视和引导航空器在其管制区域内安全正常飞行，主要包括机场（近程）一次雷达、机场（近程）二次雷达、广播式自动相关监视、空管自动化系统。①机场（近程）一次雷达。通过测量发射信号与接收回波的时间差而获得目标到雷达的距离及方位。其选址应能保证对机场区域的各飞行空域或主要空中定位点均能进行有效地探测，应使顶空盲区避开进场着陆航线。一般设在独立的雷达站内，布置雷达塔、雷达楼等建筑。②机场（近程）二次雷达。利用约定的询问/应答模式获得合作目标的识别信息、位置和高度的信标系统。中国常用A/C和S模式。其选址和站内建筑同一次雷达。二次雷达可与一次雷达合装。③广播式自动相关监视。航空器通过机载全球定位系统（GPS）设备获取位置、高度等信息，经机载应答机将信息重组，形成广播式自动相关监视系统（ADS-B）消息后，进行广播。ADS-B系统可作为机场二次雷达的补充。④空管自动化系统。对多雷达信号进行融合处理，并将雷达信号与飞行计划动态相关联（图2）。管制员可通过显示器直观清晰地了解空中交通的实时动态，以及所管制的航空器的具体方位、高度和预计飞行方向等，实现安全、有序地管理空中交通。

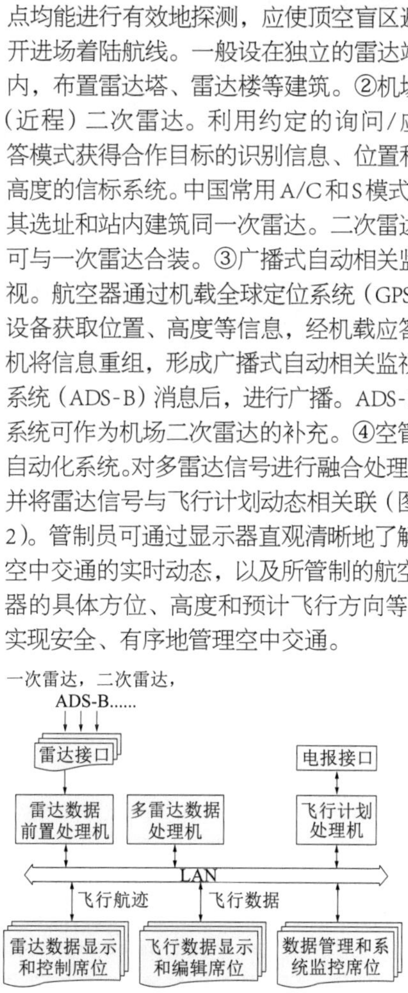

图2 空管自动化系统示意图

场面监视 用于监视和引导航空器在机场地面安全正常滑行，监视系统提供与安全有关的告警与警告显示。场面监视主要包括场面监视雷达、多点定位监视和场监数据融合系统。①场面监视雷达。为一次雷达，主要探测低空近地目标和机场场面的目标，探测波束仰角为负值。工作在Ku波段和X波段。场监雷达选址时应尽量靠近重要区域的中心位置，且靠近跑道中央，以免造成位于跑道两端的目标方位探测误差。②多点定位监视。使用多个接收站接收航空器应答机的应答信号，利用应答信号到达接收机的时间差，即TDOA定位技术来实现精准定位（3个站确定1个地面目标，4个站可确定1个空间目标），并从应答信号中识别航空器身份，实现航空器“挂牌”。多点定位监视可作为场面监视雷达的补充。③场监数据融合系统。用于将场监雷达、多点定位监视、自动相关监视、二次雷达等监视数据，以及飞行计划信息、跑道视程、桥位信息等进行融合处理。塔台管制员通过显示器可直观清晰地了解机场活动区内航空器和车辆等活动物体的实时动态，以及所管制的活动物体的具体位置、预计行驶方向等，实现机场地面交通的安全、有序管理。

机场导航 主要提供无线电信号指示，引导航空器起飞、飞行、着陆及滑行。

全向信标 为航空器提供方位信息。中国民航中多为多普勒全向信标，包括设置在跑道中线延长线上或跑道一侧、满足机场净空要求的机场（终端）全向信标，以及在空域复杂的机场，根据飞行程序的需要，在跑道外侧约10千米位置设置的三边全向信标台。

测距仪 为航空器提供连续的距离信息，一般与全向信标或仪表着陆系统配合使用。当测距仪与全向信标配合使用时，组成距离/方位极坐标定位系统，引导航空器沿预定的航线飞行；当测距仪与仪表着陆系统（通常与下滑信标合装）配合使用时，测距仪可以替代指点信标，引导航空器进近着陆。

仪表着陆系统 由航向信标、下滑信标、指点信标组成，分别为进近着陆的航空器提供航向道信息（水平引导）、下滑道信息（竖直引导）、距离信息（距离引导）。指点信标以进近方向设置外指、中指、内指。

无方向性信标 为航空器提供相对于无方向性信标台的相对方位角信息。中国民航已不再新建此种信标。

地基增强系统 是一种星基导航技术，包括空间系统、地面系统和机载系统三部分。空间系统包括全球定位系统（GPS）、格洛纳斯卫星导航系统（GLONASS）和北斗卫星导航系统。机载系统通常采用多模式接收机，集成地基增强系统（GBAS）和仪表着陆系统接收机功能。地面系统包括位于已知位置的参考接收机和中央处理设备。中央处理设备计算观测到的卫星伪距修正量，同时监控信号的完好性和可用性，用甚高频将信息发送给航空器。GBAS是机场实现GBAS着陆系统的基础导航设施。

机场航空情报 大中型机场应建设航空情报自动化系统，用于航空情报原始资料的收集、整理、审核，以及建设航空情报服务产品的设计、制作与发布的信息系统。小型机场可直接设远程终端。

（杨银凤）

孔口防护技术 protective technology of openings 针对防护工程各类孔口所采取的防护技术措施的总称。

组成 孔口通常包括人员、装备、设备等的出入口、进风口、排风口、工程内部电站的排烟口、给排水孔口、进油管孔口、电气孔口等。对孔口防护的目的是防止武器杀伤破坏效应（如爆炸冲击波、弹体破片、放射性沾染、毒剂、生物战剂、电磁脉冲等）从孔口进入工程内部，或将其减小到允许值。

防护技术 孔口是防护工程的薄弱环节，其防护技术主要有封堵技术、密闭技术、洗消技术、消波技术、屏蔽技术、防护报警和自动控制技术、伪装技术等。

封堵技术 通过设置防护门、防护密闭门、密闭门、防护盾板、封堵板（梁）、防爆波阀门、防爆波地漏、电缆防爆波井等防护设备和设施，将爆炸冲击波或弹体破片等力学破坏效应堵截在工程之外的防护技术。

防护门 通常设于人员、车辆、武器装备、设备出入口的前端和防护单元的连通口，阻挡爆炸冲击波和弹片侵入工程内部，同时具备削弱核辐射、热辐射效应的侵入作用。防护门主要由门扇、门框、铰页装置、闭锁装置和启闭装置等部分组成。门扇是防爆炸冲击波和弹体破片的主要构件；门框主要承受门扇传递来的荷载；铰页装置主要用来连接门扇与门框，并保证门扇开启迅速；闭锁装置主要抵抗冲击波负压等反向压力的作用，并使门扇关闭紧密；启闭装置是控制门扇启闭的装置。防护门按启闭方式，分为立转式、推拉式、翻转式、升降式。按关闭时的状态，可分为垂直式、水平式、倾斜式。按门扇结构形式，可分为平板结构、拱形结构和梁板式结构等。按门扇启闭控制方式，可分为手动、电动、气动、液压传动和自动等。按所用材料，可分为钢、玻璃钢、钢筋混凝土、钢丝网水泥、外钢包混凝土、钢管混凝土、钢纤维混凝土防护门等。

防护密闭门 通常设在防护门之后，密闭门之前，兼有防护门和密闭门的双重功能，能阻止爆炸冲击波、生物战剂、毒剂和放射性物质侵入工程，除了增加密封条外，其余与防护门相同。

密闭门 通常设于防护门或防护密闭门之后，用于阻止外部放射性物质、生物战剂和毒剂向工程内部渗透，不能承受爆炸冲击波荷载作用，但要求门扇和门框具有足够的强度和刚度，保证在密封条受压缩后其变形保持在允许范围内。密闭门组成与防护密闭门基本相同。

密闭技术 通过设置密闭门、密闭通道、防毒通道以及滤毒通风装置、密闭阀门等防护设备和设施，将放射性沾染、毒剂、生物战剂等封堵在工程之外的防护技术。

密闭通道 由防护密闭门与密闭门之间或两道密闭门之间所构成的空间，依靠该空间的密闭隔绝作用阻挡毒剂侵入工程内部。如果仅设置密闭门或密闭通道，在出入口外受核爆炸放射性物质或毒气沾染时，门不便开启，人员也无法正常通行。为保障此时人员能正常进出，需设置防毒通道，即有换气措施的通道。防毒通道由一道防护密闭门和一道密闭门或两道密闭门、门间通道和换气设备等组成。人员带入防毒通道内的沾染空气主要采取换气措施以降低有毒空气的浓度。

滤毒通风装置 将工程外部受沾染的有毒空气净化处理后送入工程内部，是实现防护工程生化防护的关键防护器材，主要用于滤除进风气流中的放射性尘埃、化学毒剂和生物战剂等，保障工程内部人员所需的清洁空气。滤毒通风装置通常由防冲击波的进风设备、粗滤器、预滤器、过滤吸收器、通风机、密闭阀门、通风管道及风量测量装置、阻力测量、放射性及尾气监测取样管等组成。进风防冲击波设备位于工程进风口，当通风口部遭受冲击波作用时，可以将冲击波压力消减至设备的允许值，保护进风系统的后续设备免遭冲击波破坏。粗滤器功能是滤除气流中的大颗粒烟尘和杂物，安装在滤毒通风装置的最前面，保护其后的设备免受大颗粒烟尘或杂物的堵塞和污染，常用的粗滤器为油网粗滤器。预滤器功能是滤除受染空气中较大颗粒的毒烟、毒雾及放射性粉尘，安装在粗滤器和过滤吸收器之间，保护过滤吸收器并延长其使用年限。过滤吸收器功能是滤除毒剂和生物战剂的主要设备，通过滤烟层和滤毒层来实现防毒的目的。通风机为滤毒通风装置的动力设备，用于克服滤尘滤毒设备的阻力，保证密闭区内形成超压。风量测量装置主要是监测滤毒通风量，防止风量超过过滤吸收器的额定风量。密闭阀门用于通风系统的密闭和通风方式的转换。

密闭阀门 安装在通风管道上，具有一定抵抗冲击波能力且能够保证密闭的孔口防护设备，是保证通风系统密闭和通风方式转换不可缺少的控制设备。根据阀门的驱动方式，可分成手动密闭阀门和手（电）动两用密闭阀门；根据阀门的结构，可分为杠杆式密闭阀门和双连杆式密闭阀门。

洗消技术 通过在口部设置洗消设施对进出防护工程的人员、设备进行洗消，清除有毒有害沾染物的防护技术。洗消设施主要包括洗消间和简易洗消设施。洗消间是供受染人员通过和消除全身有害物的房间，通常由脱衣间、淋浴间和检查穿衣间3部分组成。脱衣间的入口设置在第一防毒通道内，穿衣检查间的出口设置在第二防毒通道内。若工程防化等级较低，常设置简易洗消设施。

消波技术 通过设置一定的防护设备和设施，减小作用在孔口防护设备上的冲击波超压或削弱从孔口进入的冲击波超压的防护技术。孔口的消波技术包括出入口的消波技术、工程进风、排风（烟）口消波技术和进水、排水系统消波技术。①出入口的消波技术。指在出入口防护门前面的通道内设置水体防爆墙等减小冲击波压力的防护技术。②工程进风、排风（烟）口消波技术。主要是设置防爆波活门、活门室、扩散室、砾石消波室或由它们两种或两种以上构成的组合消波系统；常用组合消波系统有活门＋扩散室、活门＋扩散室＋活门＋扩散室等。对于抗力要求较低的防护工程，当采用超压排风时，消波可采用防爆波超压排气阀门。③排水系统的消波技术。指在排水管道口设置建筑排水防爆波井、防爆波化粪池。

防爆波活门 作为一种消波用的孔口防护设备，通常设置在工程的通风口和排烟口处，可单独使用或与扩散室结合使用。当冲击波到达时能迅速或提前关闭，将冲击波大部分或全部阻挡于通风、排烟系统之外，避免工程内部设备压力超过允许值时造成损坏。

防爆波活门类型主要有悬摆式活门、胶管式活门、回绕式活门、安装百叶窗式活门及超压排气活门等，常用悬摆式活门和胶管式活门。其中回绕式活门在冲击波到达时提前关闭，悬摆式活门、胶管式活门在冲击波到达时迅速关闭。特殊工程还可以采用自动控制活门，工程通风量特别大可以安装百叶窗式活门。防爆波活门的主要指标是抗力、通风量和消波率，设计时可根据工程所需通风量和抗力标准直接选用定型的标准型号防爆波活门产品。

活门室　在防爆波活门后面设置的一定体量空间的小房间（图1），用以安装防爆波活门，方便通风管道与活门的连接，通过空间的扩散作用，还可以减小防爆波活门的余压，进一步提高活门消波系统的消波率。活门室一般采用钢筋混凝土整体浇筑，断面形式为矩形，在坑道工程中也常采用直墙拱顶结构，内部空间尺寸根据活门型号、数量、布置方式，按照方便施工和便于活门室的清洗及维修等确定。

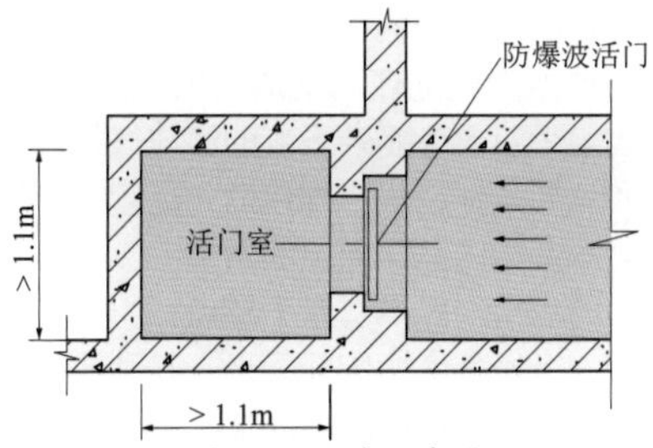

图1　活门室示意图

扩散室　利用内部空间的扩散作用削弱从通风口或排烟口进入的冲击波超压的房间（图2），其特点是结构简单、工作可靠，但是消波率较低且占用一定空间，在工程中很少单独使用，多是与其他消波设施一同构成消波系统，通常配置在防爆波活门后面，也起到活门室的作用（此时不再单独设置活门室）。扩散室的断面形式同活门室，其体积根据入射冲击波超压、活门特性及系统余压等计算确定。

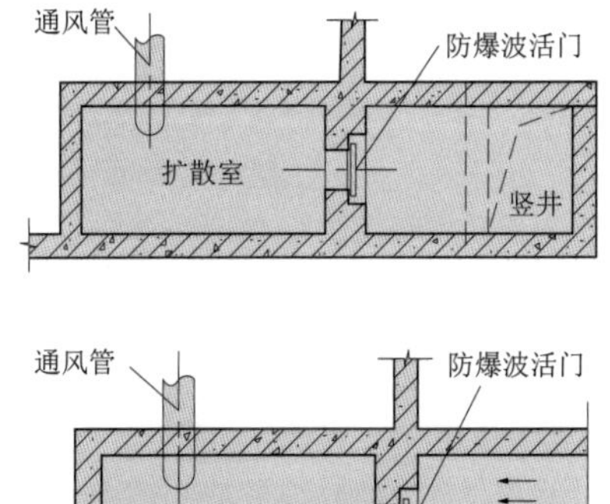

图2　扩散室示意图

屏蔽技术　指通过采取接地、入地、屏蔽等措施减小进入工程内部电磁波的防护技术。出入口和进风、排（烟）风口的防护设备，均需要接地处理，并设置一道有屏蔽功能的通风活门。外部管线进入工程之前要求埋入地下。金属管线进入工程时，要求金属管切断，并用非金属管连接，并将口外段接地（见**防护工程电磁脉冲防护技术**）。

防护报警和自动控制技术　通过在口外设置报警装置，以及对孔口的防护设备如防护门、防护密闭门、密闭门、密闭阀门设置自动控制装置，实现孔口自动开启和关闭的防护技术。

伪装技术　对工程的各类孔口进行变形、遮障等技术措施，实现隐真示假，提高工程防侦查监视能力的手段和方法（见**防护工程伪装技术**）。

防护设备　孔口防护设备大多已按其抗力要求、尺寸规格和功能实现了标准化、系列化。在工程设计时，一般可根据防护要求选用定型产品。对一些有特殊规格和要求的非标准设备则需要专门做非标准防护设备设计和研发。防护设备除了满足与工程抗力相匹配的强度要求外，还需保证结构稳定性，同时需满足操作方便、启闭灵活、便于安装维护。（相恒波）

控制测量　control survey　在一定区域内，为地形测图和工程测量建立控制网所进行的测量。包括平面控制测量和高程控制测量。

控制测量是工程建设中各项测量工作的基础。在工程规划设计阶段，要建立地形测图控制网，用来控制整个测区，保证最大比例尺测图的需要；在施工阶段，要建立施工控制网，以控制工程的总体布置和各建筑物轴线之间的相对位置，满足施工放样的需要；在经营管理阶段，根据需要建立变形观测控制网，用来控制建筑物的变形观测，以鉴定工程质量，保证安全运营，分析变形规律和进行相应的科学研究。在测区内选择一些具有控制意义的点，组成一定的几何图形，形成测区的骨架，用相对精确的测量手段和计算方法，在统一坐标系中，确定这些点的平面坐标和高程，然后以它为基础来测定其他地面点的点位或进行施工放样，或其他测量工作。这些具有控制意义的点称为控制点，由控制点组成的几何图形即为控制网。各阶段所要建立的控制网，共同的特点是精度要求高，点位密度大。为了防止误差的积累，提高测量精度，在实际测量中必须遵循“从整体到局部，先控制后碎部”的测量实施原则，即先在测区内建立控制网，以控制网为基础，分别从各个控制点开始施测控制点附近的碎部点。对控制网进行布设、观测和计算，确定控制点位置是工程控制测量的重点内容。

平面控制测量　测定控制点的平面坐标所进行的测量。在测区内选择一系列控制点，在各控制点上建立地面标志和测量觇标，使各控制点构成三角形、大地四边形、矩形、中点多边形、折线形和多边形等，从而建立平面控制网。平面控制测量是将控制点以一定的图形形式构成网状，通过观测网中的角度、距离，并依据起算数据推算各控制点坐标的过程。常采用全球导航卫星系统（GNSS）控制测量、导线测量、三角形网测量等方法。①GNSS控制测量。以分布在空中的多个GNSS卫星为观测目标来确定地面点三维坐标的定位方法。GNSS控制测量的特点是速度快、精度高、全天候，无须考虑点与点之间的通视情况。②导线测量。由若干条直线连成的折线。布设控制点时，使点与点之间单线相连形成链状折线，测量出边长和角度之后便可逐点传递平面坐标。导线的形式有附和导线、闭合导线、支导线和导线网。③三角形网测量。利用所有控制点构成彼此相连的三角形网状。用经纬仪或全站仪测量出网中所有三角形的内角，即可根据两已知点的坐标求算网中其他控制点的平面坐标。GNSS控制测量和导线测量已成为建立平面控制网的主要方法。

高程控制测量　测定控制点的高程值所进行的测量。根据需要在测区内每隔一定距离设高程控制点（称为水准点），两相邻水准点间组成水准路线，由各水准路线构成的控制全测区的网形称为高程控制网。高程控制网主要通过水准测量方法建立，而在地形起伏大、直接利用水准测量较困难的地区建立低精度的高程控制网，以及图根高程控制网。GNSS高程控制测量也逐步得到应用。（杨铨曾　王　丹）

扣件　fastener　钢轨与轨枕及各种混凝土轨下基础之间的联结部件。通常由预埋锚固件、螺栓、弹条、橡胶垫板、铁垫板、绝缘缓冲垫板及垫圈、螺母等组成扣件系统。

主要功能　扣件的主要功能是：①为轨道提供合理足够的扣压力。②轨道结构中重要的弹性元件。扣件是无砟轨道中唯一的弹性元件，对于缓冲轮轨之间的冲击、振动起着关键的作用。③保持、调整轨距和轨向。具有在适量范围内较为方便地调整钢轨高低和左右位置的能力。④扣件系统应具有良好的绝缘性能以满足轨道电路的要求。⑤扣件系统本身需要有良好的配套设计。例如，扣件弹性设计，扣件纵向阻力设计等。

类型　扣件按不同的分类方式主要分为分开式和不分开式扣件、弹性和刚性扣件、有挡肩和无挡肩扣件。①分开式扣件。指钢轨与铁垫板联结扣压，铁垫板再与轨枕/轨道板联结、扣压的扣件。不分开式扣件指钢轨与轨枕/轨道板直接联结、扣压的扣件。②弹性扣件。指扣压件为弹性元件的扣件，如弹条、拱形弹片。中国采用的扣件均为弹条式弹性扣件。③刚性扣件。指扣压件为刚性元件的扣件，如中国过去采用的扣板式扣件，已经不再使用。④有挡肩扣件。指轨枕或轨道板的承轨台上设有混凝土挡肩，用以承受轮轨横向荷载。⑤无挡肩扣件。指轨枕或轨道板的承轨台上不设混凝土挡肩，轮轨横向力靠扣件的预埋锚固件承受。

扣件型式

扣件型式	扣件特征	适用条件		轨下胶垫静刚度/ $kN \cdot mm^{-1}$	扣件调整量	
					高低/mm	左右/mm
弹条Ⅱ型	有挡肩、不分开	有砟轨道	普速	55～80 90～120（$R \leqslant 600m$）	10	−6～+4
弹条Ⅲ型	无挡肩、不分开	有砟轨道	普速	55～80 90～120（$R \leqslant 600m$）	0	−4～+2
弹条Ⅳ型	无挡肩、不分开	有砟轨道	高速	60±10	0	−4～+2
弹条Ⅴ型	有挡肩、不分开	有砟轨道	高速	60±10	10	−4～+2
弹条Ⅵ型	有挡肩、不分开	有砟轨道	重载30吨轴重	140±20	10	−8～+6
弹条Ⅶ型	无挡肩、不分开	有砟轨道	重载30吨轴重	140±20	20	−6～+4
WJ-7	无挡肩、不分开	无砟轨道	高速	20～30	−4～+26	−6～+6
WJ-8	有挡肩、不分开	无砟轨道	高速	20～26	−4～+26	−5～+5
WJ-12	无挡肩、不分开	无砟轨道	重载30吨轴重	40～60	−4～+16	−6～+4

中国铁路主要采用的扣件型式见表。

（曾树谷）

库仑土压力理论　Coulomb's earth pressure theory　法国科学家C.-A.de库仑于1776年根据挡土墙后滑动楔体处于极限平衡状态时，应用静力平衡条件求解得到的土压力计算方法。又称滑动楔体理论。由于其计算原理简明，可适用于挡土墙墙背倾斜、粗糙、墙后土体表面倾斜等情况。库仑理论基本假定为：①挡土墙为刚性，墙后填土为无黏性土。②形成滑动楔体的墙背面及土中滑动面均为极限平衡面。③滑动楔体为刚体，不考虑楔体内部的应力及变形。

库仑主动土压力　若挡土墙向背离墙后土体的方向移动（图a），墙后土体将沿着墙背AB及滑动面BC向下滑动，当墙后土体处于主动极限平衡状态时，取滑动楔体ABC为隔离体进行静力平衡分析。此时作用在滑动楔体ABC上的作用力包括：滑动楔体ABC的自重G，滑动面BC处的作用反力R，挡土墙墙背对滑动楔体ABC的主动作用力E_a，从而可得库仑主动土压力计算公式：

$$E_a = \frac{1}{2}\gamma H^2 K_a \tag{1}$$

$$K_a = \cos^2(\varphi-\varepsilon)\cdot\left[\cos^2\varepsilon\cos(\varepsilon+\delta)\right]^{-1} \cdot\left[1+\sqrt{\frac{\sin(\varphi-\alpha)\sin(\delta+\varphi)}{\cos(\delta+\varepsilon)\cos(\varepsilon-\alpha)}}\right]^{-2} \tag{2}$$

式（1）（2）中E_a为主动的总土压力；K_a为主动土压力系数；γ为土体容重；H为墙高；φ为土体内摩擦角；ε为墙背AB倾角；δ为墙土摩擦角；α为填土顶面坡角。库仑主动土压力理论假定土压力沿墙高呈三角形分布，合力作用点在墙背三分之一高度处，作用方向与墙背法线成δ角。

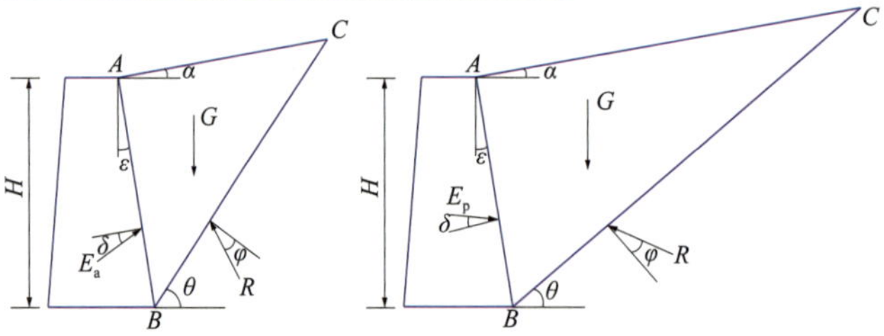

a 主动状态　　b 被动状态

库仑土压力理论示意图

库仑被动土压力　当挡土墙在外力作用下向后移动（图b），墙后土体受到挤压沿着墙背AB及滑动面BC向上滑动，当墙后土体处于被动极限平衡状态时，取滑动楔体ABC为隔离体进行静力平衡分析。与主动土压力类似，可得到库仑被动土压力计算公式：

$$E_p = \frac{1}{2}\gamma H^2 K_p \tag{3}$$

$$K_p = \cos^2(\varphi+\varepsilon)\cdot\left[\cos^2\varepsilon\cos(\varepsilon-\delta)\right]^{-1} \cdot\left[1-\sqrt{\frac{\sin(\varphi+\alpha)\sin(\delta+\varphi)}{\cos(\varepsilon-\delta)\cos(\varepsilon-\alpha)}}\right]^{-2} \tag{4}$$

式（3）（4）中E_p为被动的总土压力；K_p为被动土压力系数。

由于被动状态实际滑动面应为曲面，当土体内摩擦角及墙土摩擦角较大时，采用库仑理论计算被动土压力时常会带来较大误差，实际选用时应特别慎重。

（杨仲轩　胡　正）

跨海桥　sea-crossing bridge　跨越海湾、海峡以及为连接近岸岛屿而在海上建造的桥梁。跨海桥的修建与社会经济活动有密切关系。中国北宋时期修建的洛阳桥跨江接海，可视为跨海桥的先驱。1826年，英国在梅奈海峡建造了跨度176米的链式悬索桥，至今仍存。1937年，美国建成主跨1280米的金门大桥，是第一座现代化的跨海峡桥。建于1952年的美国切萨皮克湾大桥，桥长6.95千米，是早期的跨海湾桥。

跨海桥可用的结构形式、建造材料和施工技术与内陆江河上的桥梁基本相同，但因需面对更为复杂多变的海洋气象、水文和地质条件，其工程建造和运营维护的难度远高于内陆江河上的桥梁。

跨海桥一般具有以下特点：①建设规模大，全桥长度短则几千米，长则数十千米；对跨越海湾的长桥而言，中等跨度的非通航孔桥的长度占比高。②通航孔桥的净空高、跨度大、基础深，深水基础施工的难度大。③结构需安全承受强风、波浪、潮汐、海流等的作用，也需防范风暴潮、台风、地震及海啸等的侵袭。④桥梁处于复杂的海洋腐蚀环境，对材料及结构的耐久性要求高。⑤海上风大雾浓、水深流急、潮涌浪高，恶劣的自然环境条件会给桥梁建造及运营带来安全风险。

在设计方面，对通航频繁的海峡或海上航道处，多采用大跨度悬索桥或斜拉桥作为通航孔桥；对其他水深较浅、水域宽阔的海面，多采用跨度适中的预制或装配式梁式桥作为非通航孔桥。在施工方面，风、浪、潮、雾等不利条件会缩短海上有效作业时间，而深水环境却可发挥大型船舶和大吨位浮吊等设备的能力。因此，跨海桥的建造应推行预制化、大型化和机械化，采用以大吨位预制和浮运架设为主的施工方法，尽量减少海上作业量，以提高工效并保护海洋环境。

世界上重大的跨海长桥有法赫德国王大桥、克里米亚大桥、淡布隆跨海大桥等。

中国的跨海大桥自21世纪初开始起步，已建成的跨海桥有东海大桥、杭州湾跨海大桥、港珠澳大桥、青岛海湾大桥、金塘大桥等。 （李亚东）

跨座式单轨轨道梁 track beam of straddle type monorail 引导跨座式单轨列车运行，并承受单轨列车、梁体自重、随梁敷设的二次活载的带状梁体。轨道梁按材料分为钢轨道梁、混凝土轨道梁和型钢组合轨道梁。轨道梁长度一般采用20～30米，轨道梁各部位尺寸需满足车辆走行轮、导向轮和稳定轮的走行要求，以及通信、信号、供电系统环网电缆、接触轨在梁体上的安装要求。轨道梁结构应具有足够的竖向、横向和抗扭刚度，并应保证结构的整体性和稳定性。轨道梁长度不大于30米跨径时，通常采用预应力混凝土轨道梁，称为PC轨道梁。PC轨道梁具有造价低、可塑性好、制作简便、后期维护成本低等优点，应用最为广泛。轨道梁长度大于30米跨径时，一般采用钢轨道梁、型钢组合轨道梁或组合桥式结构。

为了确保轨道梁安装精度及成桥线形，轨道梁一般采用工厂制作，现场拼装的施工方式。轨道梁通常是按专业工法指导书，通过梁体形态控制参数调节千斤顶体系的进程，将模板体系塑造成尺度精确的模具，再加工制造或浇筑混凝土形成引导单轨列车运行的、并承受上部荷载的带状梁体。

当轨道梁为简支结构时，轨道梁的支承结构应计入轨道梁支座的负反力，并设置相应的抗力装置。简支轨道梁可采用抗拉支座，直线轨道梁两端选用直线形支座，曲线轨道梁两端选用曲线形支座；同一榀轨道梁上应设置一个活动支座和一个固定支座，当轨道梁处于纵坡上时，固定支座通常设置在低高程端。

跨座式单轨轨道梁

轨道梁间的伸缩缝可安装接缝装置，伸缩缝和接缝装置的行程除满足梁体自由伸缩外，还能满足车辆走行轮、导向轮、稳定轮的行走面平顺连接要求，并避免伸缩缝与轨道梁间积水，以及符合整体耐久性要求。在车站、道岔平台、节点桥等下部结构的结构缝处设置了轨道梁缝，并适应结构缝水平和竖向变形。

轨道梁表面及梁间接头的金属配件表面采取防止车轮打滑和空转的措施。 （仲建华）

跨座式单轨换轮库 change-wheel garage of straddle type monorail 更换车辆橡胶轮胎的设施。跨座式单轨车辆采用胶轮走行系统，一个转向架上有若干橡胶走行轮、导向轮和稳定轮。在运营过程中，轮胎会逐渐产生磨损，当橡胶轮胎达到寿命里程时，需要根据轮对情况在换轮库进行更换轮胎的作业。换轮库设在车辆段，内设轨道线和换轮专用设备。需要维修的列车驶进换轮库后进行换轮作业。

换轮线的有效长度能够满足列车所有车辆的轮胎换修作业的要求。换轮库是结合工艺流程和厂房组合情况布置的，可单独设置，也可与检修厂房合并设置。换轮库设有专用起重设备、轮胎拆装设备和充气设备，换轮库的面积能满足设备安装和换轮作业的需要。

通常采用分离转向架方式或车内换轮的方式更换轮胎。①分离转向架方式。将转向架通过换轮沉降梁装置下沉或吊起来，把车轮露出来后进行更换，多台转向架可同时作业。换轮沉降梁配有导向装置、上下运行装置和旋转装置。②车内换轮方式。可将轮胎自由地从轮辋拆卸并移出转向架构架，车内装饰板做成易拆卸结构，可缩短换轮时间。 （仲建华）

块料路面 block pavement 用各种不同形状和尺寸的天然或人工的块状材料铺成的路面。块料路面所用材料有石块、炼砖块、铁块、木块、橡胶块、沥青混凝土块和水泥混凝土预制块等。路面工程中较常用的为块石和水泥混凝土预制块两种，此外，炼砖块也较适用。

块料路面的使用历史悠久。中国很早就用砖块、石块和拳石铺路。俄国用木块铺路，欧洲其他一些国家用石块铺路都有悠久历史。美国在19世纪开始用沥青混凝土块铺路，20世纪80年代以来，水泥混凝土预制块路面迅速发展。由于这种块料路面优点多，推广使用的国家日渐增多，是块料路面中很重要的一种类型。

块石路面 根据所用石料形状、尺寸及修琢程度分为长方石、小方石、粗打（拳石）或粗琢块石等路面。这种路面坚固耐久，清洁少尘，养护修理方便，能适应重型汽车及履带车辆通行。但石料须加工琢制，并须用手工铺砌，较为费工，路面平整度较差，影响车速和行驶舒适性。

块石路面铺砌在垫平层之上。垫平层的作用是垫平基层表面及石块底面，保持石块顶面平整，并缓和车辆行驶时的冲击和振动作用。石块之间须用填缝料嵌紧，使石块不致松动，以加强路面整体性，并保护石块边角，减少渗水。石块多用坚硬玄武岩、辉绿岩及细粒匀质花岗岩加工制成，具有一定的强度和耐磨性。长方石尺寸分矮、中、厚3种，一般厚为10～15厘米，长为15～30厘米，宽为12～15厘米。小方石尺寸分矮、厚两种，一般厚为8～10厘米，长为7～11厘米，宽为7～11厘米。粗琢块石一般厚为10～13厘米，长为8～11厘米，宽为6～11厘米。石块形状近似正方体或长方六面体。顶和底面平行。长方石和小方石路面对基层和垫层的质量要求较高。一般基层用140号水泥混凝土，垫层用100号水泥砂浆。铺砌时在垫层上先沿路边纵向排列两行至三行石块（长边与路中线平行）。长方石路面有横向排列、纵向排列及人字形排列数种（图1）。小方石路面除一般横向排列外，也有作弧形或嵌花式扇形铺砌的（图2）。拳石及粗琢块石路面可直接铺砌在5～20厘米厚的砂或炉渣垫层上，其下也可用碎砖、碎石、级配砾石等材料作基层。排砌时须使石块互相嵌紧，错缝，表面平整，石料长边与行车方向垂直，用砂或石屑嵌缝后压实稳定。在低级道路工程中，也有用锥形块石、片石或圆石做各种路面的基层，石料等级可比面层稍低。锥形块石应具有平整底面，面积不小于100平方厘米，厚度一般为14～20厘米。一般铺在砂、砂土、炉渣等垫平层上或直接铺在良好的土基上。铺砌时石块大面朝下，排砌紧密，长边应与道路中线垂直，纵横缝错开。相邻块石表面高差不宜大于2厘米。然后用片石嵌缝，洒水碾压平整稳定。

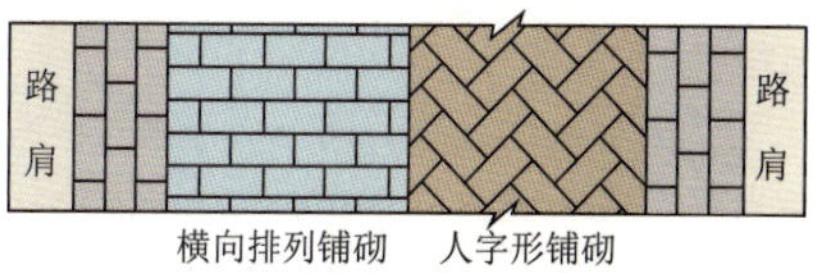

图1 长方石路面示意图

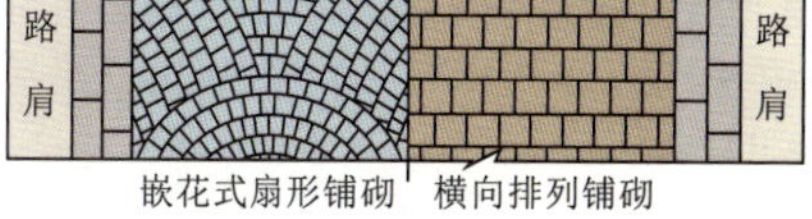

图2 小方石路面示意图

水泥混凝土预制块路面 用水泥混凝土预制块铺砌而成。块体可以预制成各种形状和色彩，并能采用机械化施工，路面平整，强度高，适用于荷载很重的工业区、港区道路及集装箱堆场等处铺面。又因路面色彩图案美观，也适用于公园、广场及街坊、住宅区等处道路。

沥青混凝土块路面　早期多用于城市道路及桥面。沥青混凝土块一般用石屑、石粉和黏稠沥青加热拌和压制而成，尺寸为长30厘米，宽13厘米，厚5～10厘米。多用水泥砂浆或沥青砂浆作垫平层，厚约1.5厘米。这种路面现已少用。

木块路面　早期用于城市道路。木块用硬松木制成，并经防腐处理，尺寸一般为长20～25厘米，宽6.5～10厘米，厚7.5～9厘米。用水泥砂浆或沥青砂浆作垫平层。这种路面造价昂贵，已很少用。

炼砖块路面　以页岩及黏土为原料，经高温烧制陶化制成的砖块称炼砖块。炼砖块组织均匀，经久耐磨，可制成各种形状、色彩和花纹，适用于广场、人行道等处。长方形炼砖块的尺寸为：长22厘米，宽10厘米，厚6～10厘米。炼砖块下应有强度足够的基层或垫平层。

联锁块路面　随着生产的不断工业化，砖块、石块和木块路面的使用越来越少。工业化的生产产生了一个杰出的思想，即采用工厂化的水泥混凝土异形块体代替矩形的石块或砖块，采用机械化方法代替手工方法进行路面的铺筑。这种变革大大改善了传统块料路面的使用性能，使其从原先的低级铺面一跃而为高级铺面。

这一起源于欧洲的变革不仅是路面面层材料的改变。事实上，这一变革至少有两点是非常关键的：一是混凝土块是由工厂批量生产的，效率很高，满足了大面积快速铺筑的需要；二是块体的预制精度很高，保证了铺面中的块体相互具有联锁性。所以，现代联锁块路（铺）面被定义为：面层由高强、高精度的水泥混凝土预制块按照特定方法紧密排列、块体间接缝用砂填灌而成的路面，在外界荷载作用下，块体不是单独地而是相互联锁地扩散荷载。

联锁块块体表面一般不大于300平方厘米，厚度一般为6～12厘米。块体形状有矩形、折线形和曲线形等数种。平均抗压强度为60兆帕。这种块体路面要求具有非常平整和足够强度的基层。基层可用各种稳定土或粒状材料。其上加铺3厘米厚的砂垫层。块体可用人工铺砌，也可用机械铺砌。人工铺砌方法与块石路面铺砌方法相似。机械铺砌是将若干块体排列在一起组成一匝（表面积为0.25～1米^2），然后用人力机械或动力机械夹住两侧，移动至铺设地点，放下就位，再撒铺嵌缝砂，震压密实。机械铺砌的工效可达350～400米^2/台班。

常用于一些货物堆场或广场上的、平面尺寸在0.4米×0.4米左右的块体路面称作非联锁式小单元块体路面，不属于现代联锁块路面的范畴。

（黄学渊　撰　孙立军　修订）

矿井通风降温系统　ventilation and cooling system for mining　同时承担井下通风和井下空气温湿度调节的通风系统。

矿井通风　将地面的新鲜空气输送至矿井下，以增加井下氧气浓度，同时稀释并排除矿井中有毒、有害气体和粉尘，以确保井下生产安全和井下工作人员的身心健康。矿井通风通常采用机械通风的方式，以井筒和巷道作为风流通路，根据进、回风井在井田内的位置不同，矿井通风可分为中央式、对角式、区域式和混合式等几种通风方式。

热源　矿井热害的主要热源包括：①围岩放热。矿井向深部开拓延伸，地温逐渐升高，围岩热量从内部传给巷道壁，不断地对风流加热，围岩散热是造成井下高温的主要热源。②空气自压缩热。空气自压缩并非热源，而是因为风流在重力作用下向深部流动，风流位能转换为风流的焓值，从而导致空气温度升高。自压缩热虽然不是由外部热源输入产生，但随着矿井开采深度的日益增加，已成为影响矿井风流热力状态的一个重要因素，也是引起矿井高温的主要原因之一。③矿井高温涌水与井下风流之间的传热、传湿。④井下机电设备散热。⑤井下工作人员散热、散湿。⑥井下矿物氧化或燃烧产热。以上因素都是矿井通风降温系统的冷负荷、湿负荷来源，决定了矿井通风降温系统的规模和投资。

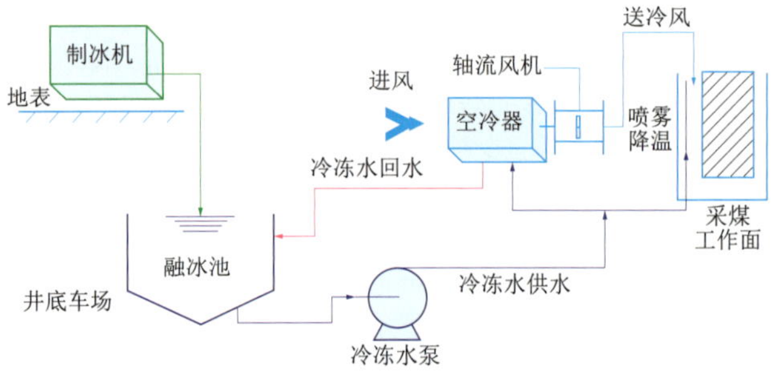

图2　人工制取冰矿井通风降温系统示意图

矿井降温技术　矿井降温技术分为非人工制冷矿井降温技术和人工制冷矿井降温技术。

非人工制冷矿井降温技术　主要是从矿井开拓部署方式、采区巷道布置方式、采矿方法及顶板管理方式、通风量等方面采取措施，达到降低井下工作面温度的目的。其中，增加矿井通风量是一种简单易行的降温方法，但其降温幅度有限，受进风温度和围岩温度等因素的影响。当围岩温度达到一定高度时，增加风量的方法将不能起到太大的作用，需要采用人工制冷矿井降温技术。

人工制冷矿井降温技术　主要包括人工制取冷水矿井降温技术（图1）、人工制取冰矿井降温技术（图2）和空气压缩式制冷矿井降温技术。其中空气压缩制冷循环由于制冷系数和单位制冷工质的制冷能力均较小，因而制冷系统需要较庞大的装置，并且投资和年运行费用均较高，实际使用较少。人工制取冷水矿井降温技术和人工制取冰矿井降温技术主要是所用的载冷介质不同，前者为水，后者为冰。

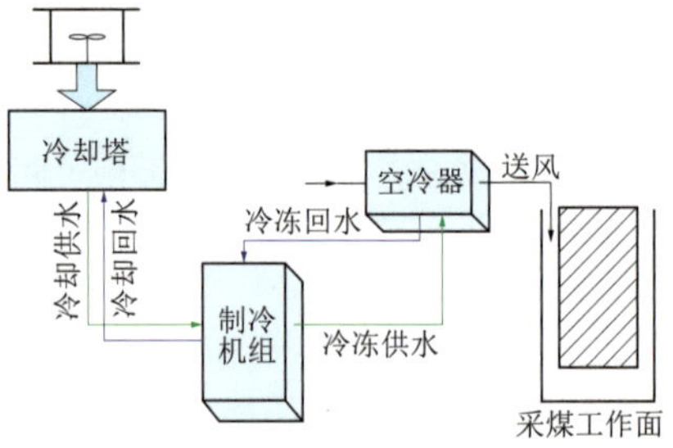

图1　人工制取冷水矿井通风降温系统示意图

人工制取冷水矿井降温技术主要有井下集中式、地面集中式、井下地面联合集中式、分散式等形式。通常，对负荷较小的矿井以采用分散式最优，负荷较大时可采用集中式。

采用人工制冷的矿井通风降温系统通常包括人工制冷装置、冷量输配装置、末端空气处理和输送装置。

矿井余热利用　矿井通风风流在流经井下巷道时，与围岩进行了长时间的热、湿交换，因此矿井排风温度随季节变化较小，常年保持在20℃，是很好的低品位冷、热源。在冬季，利用换热装置将矿井排风中的热量置换到水中，再通过热泵机组提取水中的热量，可提供45～60℃的热水，为矿井建筑、井口保温及防冻、职工洗浴热水制备、工作服烘干提供热源。夏季，利用同样的水源通过热泵机组制冷，为矿区建筑供冷，同时也可用于解决个别矿井高温热害问题。

（郝小礼）

矿棉　mineral wool　由硅酸盐熔融物制得的蓬松状短细纤维。按所用原料可分为岩棉和矿渣棉两大类。前者以火成岩、变质岩与沉积岩等天然岩石为主要原料，常用玄武岩、辉绿岩、角闪岩与泥灰岩等；后者以某些冶金矿渣为主要原料，如铁、磷、镍、铬、铅、铜、锰、钛、锌等矿渣。

制法 矿棉配制原料时，通常控制其酸性系数值MK值（以重量百分数计的SiO_2+Al_2O_3与MgO+CaO的比值）为1.2～1.6。当使用天然岩石为原料时，应添加适量助熔剂；使用冶金矿渣时，则常添加适量酸性物质。一般采用鼓热风的冲天炉作为岩石或矿渣的溶化设备，也可用池窑、电炉等。成棉工艺主要有喷吹法、离心法和离心喷吹法3种。①喷吹法。用一定压力的高速空气或过热蒸汽，将熔融物的流股分裂、吹拉成为纤维。根据流股与气流的相对位置，又可分为立吹法和平吹法，前者所得的纤维质量优于后者。②离心法。借机械离心力，将熔融物流股甩制成纤维，常使用多辊离心机。③离心喷吹法。综合了离心和喷吹两种方法的特点。矿棉与黏结剂按一定比例混合或在成棉时喷入黏结剂，再经成型、干燥、固化等工序可制成各种矿棉制品。其主要品种有板（又分硬质、半硬与刚性3种）、毡、毯、垫、席、条带、绳与管壳等。矿棉制品按其品种和黏结剂的不同，可用干法、湿法或半干法成型。所用黏结剂分为有机质的（如合成树脂、淀粉、沥青等）和无机质的（如水玻璃、膨润土、高岭土等）两种。

性能 矿棉及其制品具有质轻、耐久、不燃、不腐、不霉、不受虫蛀等特点，是优良的保温隔热、吸声材料。矿棉的纤维直径应不大于9微米；渣球含量不超过10%。原棉的容重为50～100千克/米^3，制品的容重则因品种而异，一般毡为40～200千克/米^3；板为70～500千克/米^3。矿棉与制品在常温下的热导率一般为0.041～0.07瓦/（米·开）。

用途 干法矿棉板和毡，可制作建筑物内、外墙的复合板，以及屋顶、楼板、地面结构的保温、隔声材料。湿法、半干法刚性板可作公共与民用建筑物的天花板及墙壁等内装修吸声材料。矿棉毡、管、板可作为工业热工设备和冷藏工厂的保温隔热材料。

（牟敦标 沈荣熹 陈 伟）

框架－核心筒结构 frame-core wall structure 由周边的稀柱框架和中央核心筒组成的结构。核心筒由钢筋混凝土剪力墙或钢－混凝土组合剪力墙围合而成，周边框架可以为钢筋混凝土框架、钢框架或钢－混凝土组合框架，核心筒和框架之间的楼板协同两者共同工作。图为框架－核心筒结构的典型平面布置图，周边框架和核心筒之间一般为10～12米，使用空间灵活；周边框架的柱距一般不小于8米，相较于筒中筒结构，立面和视野更好。框架－核心筒结构广泛应用于写字楼、多功能建筑。

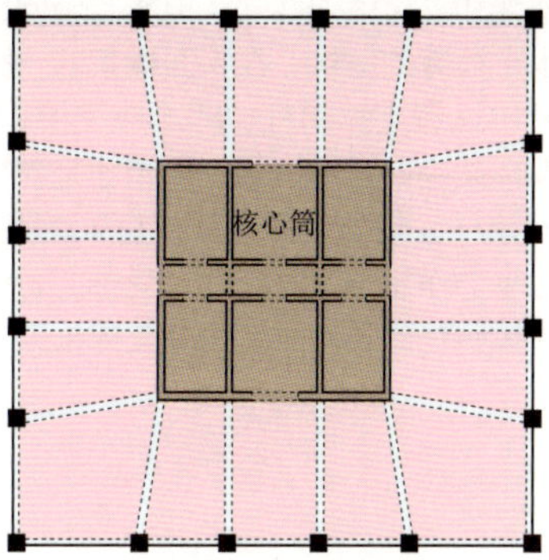

框架－核心筒平面示意图

框架－核心筒结构的周边稀柱框架为平面框架，没有框筒中“密柱深梁”框架的空间作用。框架－核心筒结构是双重抗侧力体系，在水平力作用下，核心筒和框架协同受力，核心筒承担大部分的倾覆力矩和水平剪力。相较于筒中筒结构，框架－核心筒结构抗侧刚度较小，当用于超高层建筑时，可设置一道或多道加强层，增大结构的抗侧刚度。

采用框架－核心筒结构的代表性高层建筑有中国深圳地王大厦（81层，高325米；中国深圳赛格广场大厦，72层，高292米）、中国北京国贸三期（86层，高330米）和马来西亚吉隆坡石油双塔（88层，高452米）等。

（纪晓东）

框架剪力墙结构 frame-shear wall structure 在框架结构中设置适当的剪力墙，由框架和剪力墙共同承受竖向荷载和侧向力的结构。又称框剪结构。常用的组成形式有：框架与一字形剪力墙（也称无边框剪力墙）组合；框架与带翼墙剪力墙或剪力墙围成的井筒的组合；剪力墙嵌入部分框架内（带端柱的剪力墙），形成框架与带端柱剪力墙的组合。框架－剪力墙结构既具有框架结构平面布置灵活、延性好的优点，又具有剪力墙结构侧向刚度较大、承载力高的优点，是一种较好的抗侧力体系，广泛应用于高层建筑。

在结构受力弹性阶段，框架－剪力墙结构中剪力墙的抗侧刚度大，承担大部分水平剪力，框架承担的侧向剪力相对较小。在强烈地震作用下结构进入弹塑性阶段，剪力墙或筒体混凝土发生开裂，墙体的抗侧刚度降低，框架与剪力墙之间的刚度比例发生变化导致两者间发生内力重分布，框架可能要承担更大比例的水平剪力。为了防止在水平地震作用下结构由于框架承载力不足发生破坏，需要适当提高框架的设计承载力，形成一种双重抗侧力体系，即通过适当提高框架的设计承载力，保证在强烈地震作用下，剪力墙连梁往往先屈服导致剪力墙的刚度降低，由剪力墙抵抗的部分层剪力将转移到框架，从而提高结构的抗震能力。

（赵作周）

框架结构 frame structure 由框架承受所有竖向荷载和侧向荷载时的结构体系。由梁、柱杆件在端部刚性连接组成的平面或空间骨架称平面框架或空间框架。框架也可以与**剪力墙**、**支撑**等组成框架－剪力墙结构或框架－支撑结构。框架**梁**、**柱**可以用钢、钢筋混凝土、钢骨（型钢）混凝土（或组合结构）等构件，柱还可以用钢管混凝土等结构形式。梁与楼板组成框架结构的楼盖或屋盖系统。内、外墙体仅起填充和围护作用。

框架结构的建筑平面布置灵活，可以采用内、外墙分隔形成不同的使用空间，以适应不同建筑的使用功能。框架结构适用于办公楼、教室、商场、住宅、车库等房屋建筑。

框架结构按建筑材料分为钢框架、混凝土框架、钢与钢筋混凝土混合框架。其中混凝土框架包括现浇混凝土框架、装配式混凝土框架、装配整体式混凝土框架三种类型。装配式混凝土框架、装配整体式混凝土框架和钢框架适合大规模工业化施工，效率较高。采用现浇混凝土框架时，结构的整体性、刚度较好，能达到较好的抗震效果，可以实现多种梁、柱截面形状。框架结构是在工业与民用建筑中普遍采用

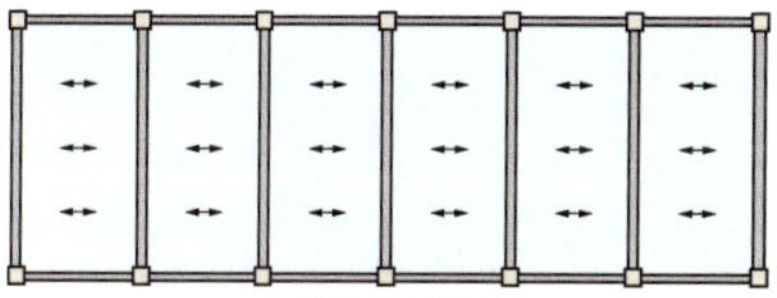
a 横向承重方案

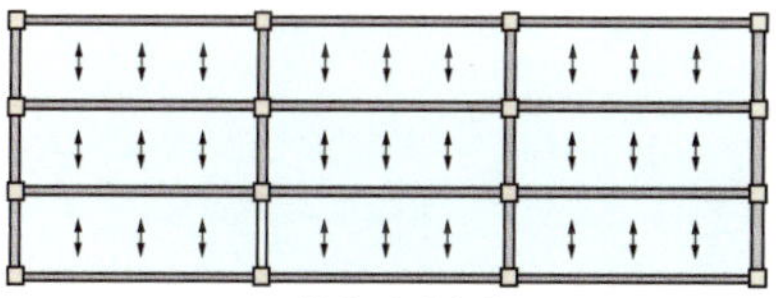
b 纵向承重方案

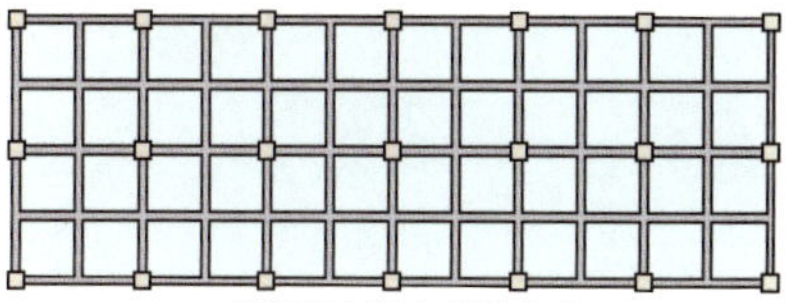
c 纵横双向混合承重方案

框架结构承重方案示意图

的结构形式之一。

框架结构在两个主轴方向均应设置框架,以抵抗各个方向的侧向力。在地震区，多采用不少于两跨的结构形式，限制使用单跨的多层或高层框架结构。框架结构的梁柱端部采用刚接，使梁端能传递弯矩，同时使结构有良好的整体性和比较大的刚度，并通过合理设计成为有利于抗震的延性框架。根据楼板布置尺寸，框架结构承重方式可以采用横向承重方案（图a)，或纵向承重方案（图b)，或纵横双向混合承重方案（图c)。此外，由于框架结构的侧向刚度比较小，在用于比较高的建筑时，需要增大梁柱截面尺寸来满足要求，减小了有效使用空间，造成材料浪费。因此，框架结构不适用于高度很大的房屋建筑。

（赵作周）

框架－支撑结构 braced frame structure 由框架和支撑框架共同承担所有竖向荷载和水平荷载的结构。在平面框架的一跨或几跨中设置支撑斜杆，即形成支撑框架。支撑框架类似竖向桁架，框架柱是支撑框架的弦杆，梁与支撑是支撑框架的腹杆。在水平力作用下所有杆件承受轴力，并利用支撑斜杆的轴向刚度提高支撑框架的侧向刚度。支撑可以是普通支撑，也可以是防屈曲支撑。

在框架－支撑结构中，由框架和支撑框架构成双重抗侧力体系，其中框架抗侧刚度小，承担的水平剪力小，以承受竖向荷载为主，支撑框架抗侧刚度大，承担的水平剪力大，是抗侧力的主要构件。相比框架结构，由于框架－支撑结构的抗侧刚度大，可以建造比框架结构高度更高的高层建筑。

支撑框架分为中心支撑框架和偏心支撑框架（见支撑钢框架结构)。

（赵作周）

L

垃圾处理设施邻避效应 NIMBY of waste treatment facilities 居民或当地单位因担心垃圾处理设施对身体健康、环境质量和资产价值等带来诸多负面影响，从而激发人们的嫌恶情绪，希望垃圾处理设施远离自己的现象。

"邻避"一词源自英文缩写NIMBY（not in my back yard）的谐音，字面意思是"不要在我家后院"。垃圾处理设施邻避效应在世界各国普遍存在。多数发生在垃圾处理设施建设初期，由于设施尚未建成，居民内心质疑较多，且容易受到一些错误信息的影响，居民对垃圾处理设施不信任，造成抵触情绪。居民对垃圾处理设施的担忧主要是针对垃圾处理设施产生的二次污染，如臭气、垃圾渗沥液等能否得到有效的控制。如果污染控制不当，是否会对自己和周边人群造成负面影响，其严重程度如何。邻避效应本质是信任的缺失和对未知事物的恐慌。

对于垃圾焚烧厂和垃圾填埋场，政府和企业均应该经过规范的设计、规范的建设和良好的运行，切实控制污染排放，保障公众利益，才能够消除邻避效应。同时，国家有关政策也提出了通过建设对周边居民生活有利的配套邻利设施，或出台有利周边的邻利区域发展政策，整合各种利益主体共建共享，从而换得支持并协同发展，变"邻避效应"为"邻利效益"。

（刘晶昊）

垃圾焚烧灰渣 incineration residues of municipal solid waste 垃圾焚烧过程产生的固相产物。包括燃烧室底部排出的残渣（又称底灰、底渣）、热回收系统排出的灰渣和烟气净化系统收集的飞灰。其中，燃烧室残渣和热回收系统灰渣又合称为炉渣。

类型　主要分为燃烧室残渣、热回收系统灰渣和烟气净化系统飞灰。①燃烧室残渣。从焚烧炉（或流化床底部）排出和炉排间掉落的固相产物，占垃圾焚烧灰渣质量的80%～90%。主要由熔渣、玻璃/砖石/陶瓷碎片、黑色及有色金属、未燃尽有机物和其他一些不可燃物质组成。当去除其中的大块物质后，其外观与多孔隙的、浅灰色的细砂和砾石相似。燃烧室残渣中的二噁英类物质含量、可浸出重金属和溶解盐的浓度较低，通常被归类为一般固体废物。其物理化学和工程性质与轻质的天然集料相似，具有较好的资源化利用潜力。②热回收系统灰渣。垃圾焚烧产生的细灰进入烟道气后，从锅炉、省煤器和过热器外壁上收集而得的固相产物。中国焚烧厂现有的相关标准将其纳入炉渣，但也有的国家将其纳入烟气净化系统飞灰。③烟气净化系统飞灰。在烟气净化装置捕集、烟道和烟囱底部收集而得的固相产物，源于烟道气中的细灰、烟道中冷凝的颗粒物、注入的过量反应剂及吸附剂和反应产物。飞灰的物理和化学性质随垃圾组成、焚烧条件和焚烧厂烟气净化系统的类型和操作条件不同而变化。干法和半干法烟气净化工艺产生的飞灰通常是含水率较低的细小尘粒。依其组成不同，颜色从白色到灰色或黑色不等，具有很强吸湿性，会逐渐地从大气中吸收水分，其平衡含水率受贮存环境的空气湿度的影响。

飞灰处理与处置方法　飞灰中可浸出的重金属、有害有机物（二噁英类物质等）和水溶性盐分的含量较高，对环境的危害较大，故常被归属为危险废物，在处置前必须对其进行无害化处理。常用的处理技术主要有水泥固化法、热处理法、化学药剂稳定法、水/酸溶液浸取、老化法等，以及这些处理方法的组合工艺。

在中国、欧洲一些国家（如英国、德国、法国、荷兰和丹麦等）和加拿大，以及日本大部分的生活垃圾焚烧厂，炉渣和飞灰采用分别收集、处理和处置的方式；而美国的焚烧厂一般采用的是把飞灰和炉渣混合收集、处理和处置的方式。

（章　骅　何品晶）

垃圾焚烧烟气处理 flue gas cleaning of municipal solid waste incinerator 去除垃圾焚烧烟气中的氮氧化物、酸性气体、颗粒物、重金属和二噁英类物质等污染物，使之达到相关排放标准要求的净化处理过程。

生活垃圾焚烧烟气中主要含有颗粒物、酸性气体（SO_x、HCl、HF等）、氮氧化物（NO_x）、重金属、二噁英类物质（PCDD/Fs）等污染物。

氮氧化物（NO_x）处理方法　常用的NO_x处理方法主要有两种：选择性非催化还原（SNCR）法和选择性催化还原（SCR）法。SNCR法是在没有催化剂存在的情况下，将氨气或含氨基（NH_2）化合物（如尿素）喷入二次燃烧室/区域，在700～1200℃（最佳反应温度为850～1050℃）高温下发生反应将NO_x还原为氮气（N_2），NO_x的去除率为50%～80%。SCR法是向烟气中通入氨气，然后，烟气经过催化反应床（最常用的催化剂是V_2O_5/TiO_2），使NO_x还原为N_2，NO_x去除率可达90%以上。

酸性气体处理方法　烟气中酸性气体的处理方法主要有干法、半干法和湿法3种。①干法烟气处理。用压缩空气将消石灰（CaO）或碳酸氢钠（$NaHCO_3$）固体粉末直接喷入烟气管道或反应塔内，使碱性药剂与酸性气体充分接触并发生中和反应，从而去除酸性气体。②半干法烟气处理。利用高效喷雾器将石灰浆[$Ca(OH)_2$]溶液喷入反应塔中，烟气与喷入的碱性试剂呈同向流或逆向流的方式充分接触，并发生中和反应去除酸性气体。接触反应过程中，石灰浆中的水分会汽化进入烟气，因此，半干法烟气处理工艺会增加烟气量。③湿法烟气处理。通常应用于除尘器（如静电除尘器）之后，利用液体（吸收剂）吸收过程去除酸性气体。酸性气体至液体的传质速率与浓度梯度呈正比，并且受液体和气体表面阻力的限制。通常用填料塔或板式塔增大气液两相接触面积，促进气液传质效率。

颗粒物处理方法　烟气中的颗粒物，通过除尘设备（主要有旋风除尘器、静电除尘器、袋式除尘器和湿式除尘器等）去除。其中，袋式除尘器和静电除尘器的处理效果最好，是生活垃圾焚烧厂应用最广泛的两种除尘设备。袋式除尘器能更为有效地捕集重金属颗粒及亚微米级颗粒物，处理效果最好。随着人们对烟气中二噁英类和重金属污染物的日益重视，以及烟气排放标准中这些污染物排放限值要求的逐渐提高，生活垃圾焚烧发电厂已普遍采用布袋除尘器。

重金属、二噁英类物质处理方法　生活垃圾焚烧发电厂烟气中的重金属和二噁英类物质，一般采用静电除尘器＋湿法烟气净化系统，或干法、半干法反应塔＋活性炭吸附＋袋式除尘器系统，使其去除。现代化生活垃圾焚烧发电厂中采用的活性炭吸附＋新型袋式除尘器组合，能使焚烧烟气中99%的PCDD/Fs得到有效去除，使排放烟气中的PCDD/Fs达到0.1纳克·TEQ/米^{3}以下。

净化工艺　生活垃圾焚烧烟气主流的净化组合处理工艺如下。①焚烧炉内选择性非催化还原＋半干法反应塔＋干法喷消石灰＋活性炭喷射＋袋式除尘器。②焚烧炉内选择性非催化还原＋干法喷消石灰＋活性炭喷射＋袋式除尘器。③焚烧炉内选择性非催化还原＋半干法反应塔＋活性炭喷射＋袋式除尘器。④焚烧炉内选择性非催化还原＋半干法/干法反应塔＋活性炭喷射＋袋式除尘器＋湿式洗涤塔＋烟气再加热。⑤焚烧炉内选择性非催化还原＋半干法/干法反应塔＋活性炭喷射＋袋式除尘器＋选择性催化还原。

（章　骅　何品晶）

垃圾酵解预处理　fermentation pretreatment of municipal solid waste　在焚烧厂垃圾池中，通过混合、堆高并存放一定时间，使垃圾酵解排出水分的过程。针对生活垃圾含水率高、热值低、易降解的有机物含量高等特点，焚烧厂设计时，采用容积较大的垃圾池使垃圾在池内发生酵解，这是中国生活垃圾焚烧厂的普遍实践。垃圾池主要是为了调节焚烧处理能力而设置的，同时，也起到垃圾混合均质、减水、去除大型垃圾、维持稳定燃烧和污染物排放源头控制等作用。

生活垃圾在垃圾池中堆存时，操作人员利用抓斗操作使垃圾混合、局部堆高，在堆放过程中，垃圾受自身重力挤压作用而排出水分，易腐有机垃圾组分在垃圾池内的初步水解和厌氧发酵也会促使水分排出，从而形成组分复杂的渗沥液。中国生活垃圾含水率高，产生的渗沥液量可达进厂垃圾重量的5%～30%。随着中国垃圾分类的推广实施，进入焚烧厂的生活垃圾含水率因之下降，渗沥液产量也有所下降。垃圾池底部设有渗沥液导排收集系统，将渗沥液排出另行处理，从而使池内的垃圾含水率降低、热值升高，有助于垃圾的稳定焚烧。

垃圾池的容积取决于焚烧设施的设计处理能力、垃圾进厂量的日变化范围，以及垃圾的单位容重。为延长垃圾在垃圾池内的停留时间以尽可能除水并提高垃圾热值，中国生活垃圾焚烧厂垃圾池一般按容纳5～7天垃圾进厂量设计。

为控制垃圾池的臭气污染，在卸料平台设置自动门，非卸料期间关闭使垃圾池密闭化，从垃圾池上方抽气作为助燃空气，使池内形成微负压，防止恶臭外溢。

垃圾池渗沥液的性质与生活垃圾填埋场初期渗沥液相似，含有大量的低碳有机酸和醇类等小分子有机物，具有良好的可生化性。一般先采用厌氧和好氧工艺结合的生物处理去除易降解有机物并脱氮，再通过物化处理技术进一步去除其中难降解的有机物、重金属等污染物。主流的物化处理技术是膜技术（超滤、纳滤和反渗透）。

（章　骅　何品晶）

拉伸和压缩　tension and compression　工程结构构件的基本变形形式之一。构件受拉力作用时，沿作用力方向发生伸长变形称为拉伸，构件受压力作用时，沿作用力方向发生缩短变形称为压缩。在建筑、机械等工程问题中，等截面直杆是最基本的受力构件，拉伸和压缩是杆件最简单的受力变形情况。

在杆件两端沿杆轴线方向施加一对大小相等，方向相反的力F，当力F的作用方向由杆端指向杆外时，称力F为拉力；当力F的作用方向由杆端指向杆里时，称力F为压力。杆件在拉力或压力作用下，发生伸长或压缩变形。杆件受拉力作用时发生伸长变形，这种杆件称作拉杆。杆件受压力作用时发生缩短变形，这种杆件称作压杆。

在对杆件拉伸和压缩的研究过程中引入以下假设：①连续性假设，认为物体在整个体积内毫无间隙地充满了固体物质，固体在其占有的几何空间内是密实和连续的。②均匀性假设，认为固体材料内任一部分的力学性能完全相同。③各向同性假设，认为固体材料沿各个方向上的力学性能完全相同。若研究的构件是各向异性材料则不引入此假设。④平面假设，假设等截面直杆在拉伸压缩变形前是平面，在变形后仍然保持平面。

圣维南原理：如果把作用于物体某一局部区域内的外力系用一个与之静力等效的力系来代替，那么近处的应力分布将有显著的改变，但是远处所受的影响可以不计。

对于受拉伸或压缩的等截面直杆（如棱柱形杆），根据杆受力时横截面保持为平面的假设，则横截面上无剪应力τ，而其正应力σ为均匀分布，其值等于轴力N除以横截面面积A，即$\sigma=N/A$；当材料在线弹性范围内工作时，根据胡克定律，杆内一点处的轴向（纵向）线应变为$\varepsilon=\sigma/E$（E为材料的拉、压弹性模量）。

事实上，以上变形假设和结论并不普遍适用于所有棱柱形杆。如薄壁的Z形截面杆在通过横截面形心的拉力作用下，除发生伸长变形外，两个翼缘还在各自的纵向平面内弯曲（图1），即使在离外力作用截面相当远处，横截面也不再保持为平面，其上的正应力并非均匀分布，且有剪应力存在；这一现象已为薄壁杆件的约束扭转理论所论证。显然就静力学的观点来看，此时整个横截面上的正应力却仍然只

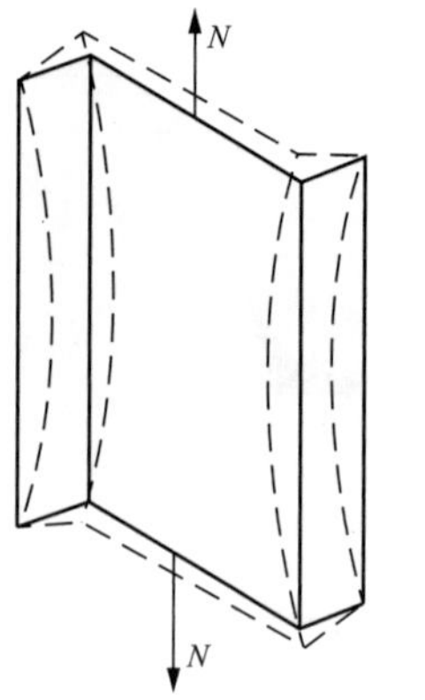

图1　Z形截面杆轴向拉伸翼缘弯曲变形示意图

组成通过横截面形心的合力N，而剪应力不组成合力和合力矩。由此可知，根据杆件横截面一边分离体的平衡条件确定横截面上内力，并据此计算应力，只是一种初等的方法。又如变截面直杆受拉伸（压缩）时，横截面上正应力亦非均匀分布，且有剪应力存在。根据弹性力学的分析结果，矩形截面的等厚度楔形板受拉伸时（图2），如果顶角$\alpha=20°$，则横截面上的最大正应力与按公式$\sigma=N/A$算得的值相比，两者相差2%，而当$\alpha=60°$时，两者相差竟达20%。

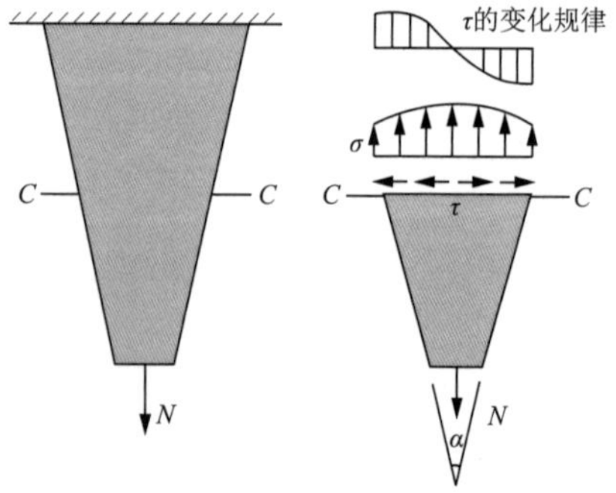

图2　楔形截面轴向拉伸横截面上应力示意图

在工程计算中，对于拉杆通常只要求保证其具有足够的强度，即工作应力不超过容许应力（材料的破坏应力除以安全系数）；必要时也要求控制其变形量。对于压杆，其正常工作的条件往往不是受强度控制，而是受稳定性控制。

（季顺迎）

来宾红水河斜拉桥　Laibin Hongshui River Cable-stabled Bridge　中国第一座铁路斜拉桥。位于广西壮族自治区来宾县（今兴宾区），由中国铁道科学研究院（原铁道部科学研究院）设计，南宁铁路局（原柳州铁路局）施工。1981年建成通车。该桥跨度组合为48米＋96米＋48米，为塔梁固结的单线铁路预应力混凝土斜拉桥。主梁为3跨连续等高度单箱双室箱形梁，梁高3.2米，底宽4.8米、顶宽5.6米。桥塔高29米，由两根竖直塔柱和两片燕尾形横

撑组成门式框架。两个平行索面各由3对竖琴型布置的拉索组成，拉索与主梁的水平夹角为28°49′，每根拉索由6根钢束组成，钢束采用10-7Φ5钢绞线。拉索两端设置特殊设计的槽销式组合锚，利用TD-100型通用多作用千斤顶张拉，锚固于塔及主梁牛腿。拉索容许在运营期间进行更换和索力调整。全桥采用盆式橡胶支座。

红水河斜拉桥边跨采用膺架法（见**混凝土桥架设**），中跨采用悬臂浇筑法施工。在设计和施工过程中曾进行了如下专项试验：缩尺1/30全桥结构模型试验、缩尺1/4节点模型试验、拉缆锚固疲劳试验、防腐和掺用FON复方减水剂制备70兆帕以上高强混凝土试验等。竣工后，曾在通车前的1981年6月利用重型机车（轴重20吨，总重508.8吨）进行静动载检定试验，1994年11月进行第二次静动载检定试验，1997年6月更换了北边跨上游内索的下部两根钢束，2009年12月进行第三次静动载检定试验，后续开展了桥上无缝线路改造。桥梁现处于正常运营状态。

（程国庆　金东灿　吴亮明　撰　牛　斌　修订）

莱昂哈特，F.　Fritz Leonhardt（1909–07–11～1999–12–30）　德国桥梁结构工程和钢筋混凝土专家。生于德国斯图加特，卒于斯图加特。1931年毕业于斯图加特工业大学。

1933年留学美国，在普渡大学攻读研究生。1938年获斯图加特工业大学工学博士学位。1934年后在国家高速公路总局斯图加特桥梁局和国家交通部任工程师，1957年起任斯图加特工业大学教授，1967年任斯图加特大学校长，1974年退休后任名誉教授。

莱昂哈特曾主持设计、建造的著名桥梁有：德国第一座高速公路**悬索桥**、杜塞尔多夫–克尼斜拉桥等10座莱茵河桥，美国的帕斯科–肯纳威克预应力混凝土斜拉桥（1978年建成，主跨299米，采用新颖的悬浮体系）。他创造了悬臂浇筑法、顶推法等先进的桥梁施工技术，多次获得世界桥梁设计竞赛的大奖，对预应力混凝土桥的发展做出贡献。还设计了第一座带有塔顶旋转餐厅的斯图加特预应力混凝土电视塔（高210米）及慕尼黑奥林匹克体育场屋盖等其他创新结构。1974年获得国际预应力协会授予的“弗雷西奈奖章”。

莱昂哈特在钢筋混凝土梁的抗剪理论方面有较深造诣。出版《圬工结构教程》《桥梁–美学和造型》等书。曾任国际桥梁及结构工程协会、国际预应力协会及国际壳体和空间结构协会等学术团体的领导职务。

（项海帆）

廊桥　covered bridge　带顶盖或设有廊屋的桥。现代廊桥或为城市建筑之间架空的人行通道，或为造型多样的跨河或跨线人行桥。传统廊桥均为木石结构，除提供行人通行外，还可供人们社交、休憩甚至交易、祭祀等，成为带有浓郁地域特色的公共建筑。因廊桥多可遮风避雨，在中国一些地区也习称其为风雨桥。

中国廊桥的历史十分悠久。秦朝皇宫里的“复道”或“阁道”建筑，上建楼阁，下跨河水，建筑外形与廊桥无异。在成都金沙遗址的考古中，曾发现两座建于西汉时期的木廊桥遗骸。在宋代的绘画作品中，有对木梁廊桥的描绘。今天浙闽山区的木拱廊桥，与宋代出现的单孔木拱桥技术一脉相承。随着人口的迁徙和技艺的传播，中国的闽浙赣客家地区、武陵山区、黔桂山区、西南山区等各自发展出特色鲜明的廊桥。

广西三江程阳桥

传统廊桥是桥与廊的结合。桥的结构形式主要是木拱、石拱和木梁，廊的建筑形式则式样不一。浙江庆元的如龙桥是一座单孔木拱廊桥，始建于1625年，桥长28.2米，净跨19.5米，桥宽约6米，是中国有确切纪年、寿命最长的木拱廊桥。该桥木拱架是由多根粗大圆木纵横拼接对拱而成的“八”字形构造，不用一钉一铆。桥上楼、亭、廊三位一体，造型讲究，构造合理，极具考古和科研价值。广西三江的程阳桥是中国侗族地区规模最大、造型最美观的一座风雨桥（见图）。该桥始建成于1924年，桥长77.76米，宽3.75米；结构为四跨木梁，净跨约14.8米。该桥吸收了侗家鼓楼建筑的元素，在墩台之上分建5座多角形亭阁，集亭、廊、楼、阁、梁于一体，凿木榫接，浑然天成，宏伟壮观，特色鲜明。

（李亚东）

朗肯土压力理论　Rankine's earth pressure theory　英国科学家W.J.M.朗肯于1857年根据半空间内的应力状态和土的极限平衡理论提出的土压力计算方法。其概念明确，方法简便，适用黏性及无黏性土体。朗肯土压力基本假定为：①墙后土体表面水平并无限延长。②挡土墙为刚体，且墙背竖直、光滑。

朗肯主动土压力　当竖直挡墙由静止状态逐渐远离土体时，作用于单元土体的竖向应力σ_z保持不变，而水平应力σ_x逐渐减小，当墙体位移达到一定数值时，墙后土体达到极限平衡状态，此时竖向应力σ_z为大主应力，水平向应力σ_x为小主应力，土体对挡土墙的压力即为主动土压力（图1）。根据无黏性土极限平衡条件可得，朗肯主动土压力计算公式：

$$E_a=\frac{1}{2}\gamma H^2K_a \qquad (1)$$

$$K_a=\tan^2\left(45°-\frac{\varphi}{2}\right) \qquad (2)$$

式中E_a为朗肯主动土压力合力；γ为土的重度；H为挡土墙高度；K_a为朗肯主动土压力系数；φ为土的内摩擦角。

无黏性土主动土压力合力E_a的作用点在距墙踵$H/3$处，作用方向水平。对于黏性土的主动土压力求解，尚需考虑土的黏聚力，墙背上方区域将出现拉力区，主动土压力合力E_a作用点亦会随之降低。

朗肯被动土压力　竖直挡墙在外力作用下，由静止状态逐渐向墙后土体方向移动。在此过程中，作用在单元土体的竖直应力σ_z保持不变，而水平应力σ_x逐渐增大，当墙体位移达到一定的数值，墙后土体达到极限平衡状态，此时竖直向应力σ_z为小主应力，水平应力σ_x为大主应力，土体对挡墙的压力即为被动土压力（图2）。无黏性土朗肯被动土压力计算公式：

$$E_p=\frac{1}{2}\gamma H^2K_p \qquad (3)$$

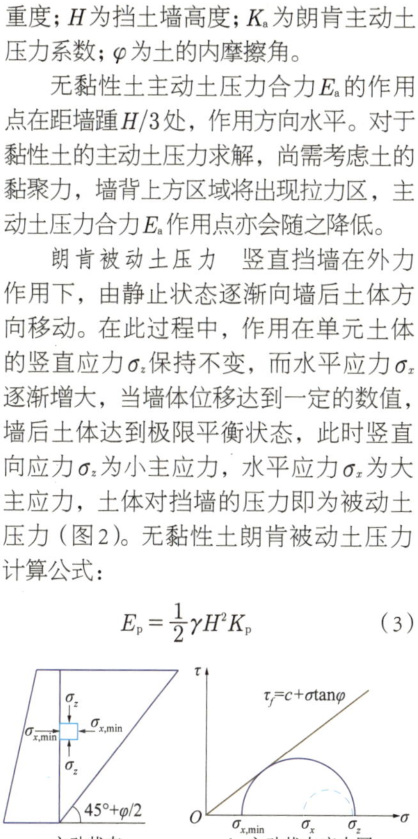

a 主动状态　　b 主动状态应力圆

图1　朗肯主动土压力示意图

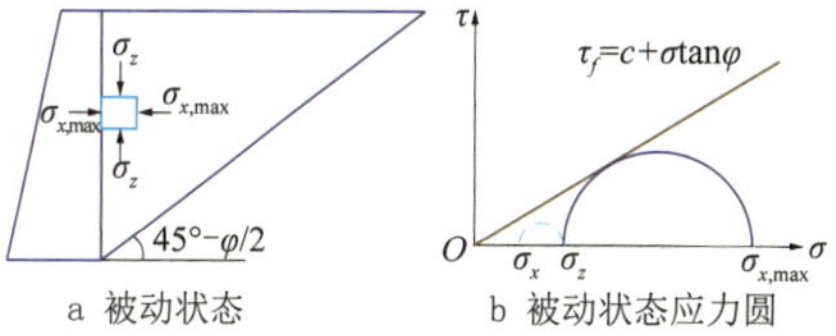

a 被动状态　　b 被动状态应力圆

图2　朗肯被动土压力示意图

$$K_p=\tan^2\left(45°+\frac{\varphi}{2}\right) \qquad (4)$$

式中 E_p 为朗肯被动土压力合力；K_p 为朗肯被动土压力系数。

对于无黏性土，其作用点位置及方向与主动土压力相同。对于黏性土，由于黏聚力的存在，其被动土压力呈梯形分布，合力作用点位于梯形土压力分布图形心处。

（杨仲轩　胡　正）

冷却塔 cooling tower　火力发电站及其他工业中用于循环冷却水的高耸结构和用于建筑物内降温的散热装置。冷却塔通过循环冷却水将余热排放到周围温度较低的空气中，是一个散热装置。常用于炼油厂、石油化工厂、化工厂、热电厂、核电站、装有暖通空调系统的建筑等。冷却塔起源于19世纪蒸汽机的研发，通过循环冷却的方式降低能耗，其冷却能力与环境的空气温度、相对湿度、所要求达到的冷却幅度（进塔水温与冷却后水温之差）有关。冷却能力以每小时的水负荷或热负荷表示。

分类　按照使用类别的不同，冷却塔可分为暖通空调系统和工业冷却两种。①暖通空调系统。一般用于气候较热地区的公共建筑，如学校、体育馆、商场等，作为室内的降温系统使用，多为机力通风的干式冷却塔，体型较小。②工业冷却。由于需求的功率较大，一般由若干个小型的干式冷却塔组成阵列，或者为体型较大湿式冷却塔组成。

根据冷却过程的不同，冷却塔分为湿式和干式两类。①湿式冷却塔。主要以蒸发过程散热，根据塔内空气与水的接触方式可分为横流式冷却塔和逆流式冷却塔。②干式冷却塔。主要以传导、对流散热。热水在散热翅管内流动，靠与管外空气的温差，形成接触传热而冷却。由于没有水的蒸发损失，也无风吹和排污损失，所以干式冷却塔适合于缺水、风资源丰富的地区，如中国的西北地区。但是相比湿式冷却塔，干式冷却塔造价一般为同容量湿式塔的4～6倍。21世纪初期，新发展干湿式混合冷却塔，热水通过干塔部分进行降温，然后流入湿塔部分再蒸发冷却，兼有干式和湿式冷却塔的优点。

按照通风方式，可分为自然通风冷却塔和机械通风冷却塔两种。①自然通风冷却塔。靠塔内、外的空气密度差或自然风力形成的空气对流作用进行通风的冷却塔，一般要很高的通风筒才能产生足够的抽力。②机械通风冷却塔。由风机产生气流，风筒较短小，仅起到排风导流作用。风机直径较小的冷却塔，多建成方格形的塔组；风机直径较大的冷却塔，多组成圆形或多边形的单个塔。也有在一个圆形或多边形的塔上装设几台或十几台直径较小的风机，以便调节负荷。风机可布置成鼓风式或抽风式。

结构形式　为了节约能源，大型冷却塔多用自然通风形式，其组成有通风筒、支柱和基础。通风筒多为钢筋混凝土双曲线旋转壳，壳体下部边缘支承在等距离的V形或X形斜支柱上，基础多做成带斜面的环形基础，也可做成分离的单个基础或桩基础（图1）。

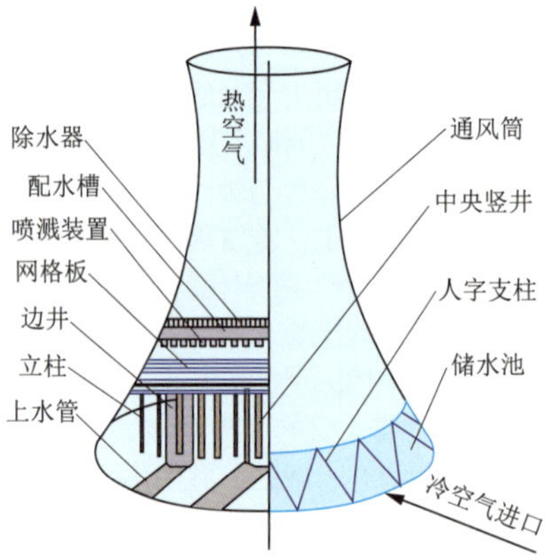

图1　自然通风冷却塔结构形式示意图

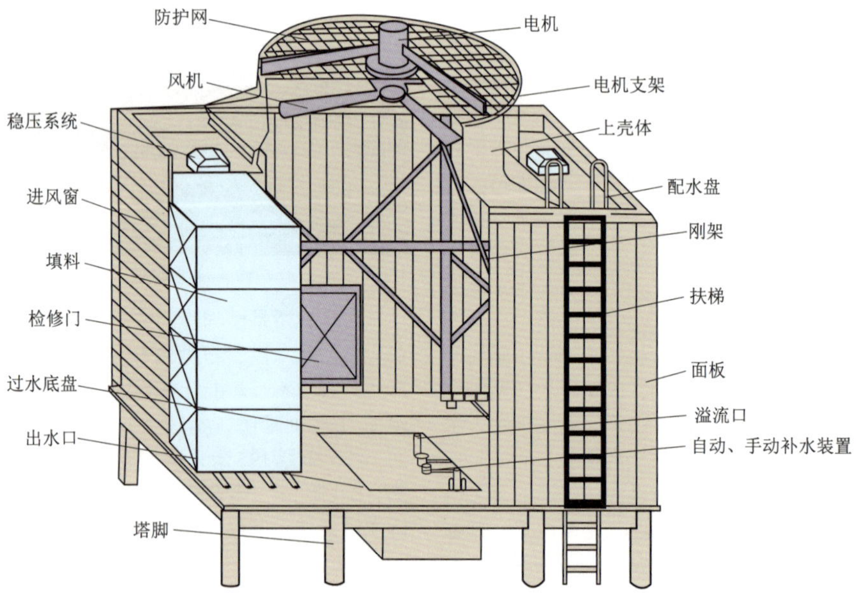

图2　机械通风冷却塔结构形式示意图

机械通风冷却塔的方格形、圆形或多边形的塔体均为框架结构，并有进风口、通风筒和支承风机的结构，一般只设置混凝土基础，其余为动力系统、钢结构刚架和围护板（图2）。

（何蓬江　常好诵）

冷却塔爆破 demolition blasting of cooling tower　采用钻孔爆破方法破坏冷却塔的部分支柱、圈梁等支撑结构，使其整体失稳倾倒或塌落的系列作业和技术。

失稳倾倒机理　冷却塔由通风筒、支柱和基础组成，具有高度大、塔壁薄、高宽比小（1.2～1.4）、重心偏低、底部直径较大等特点，爆破拆除时易发生后坐或炸而不倒现象，其失稳倾倒机理与烟囱定向倾倒爆破拆除机理基本相同（见**烟囱爆破**，见图）。

冷却塔爆破拆除

特点　冷却塔爆破拆除的特点：①冷却塔外形为双曲线圆筒形的构筑物，重心偏低，倒塌难度大。②冷却塔多为薄壁结构。其炮孔深度浅，填塞困难，易产生飞石。爆破过程中，塔体易扭曲。

爆破切口设计　冷却塔爆破切口形状和大小直接影响冷却塔拆除爆破的质量、效果和安全，是爆破设计的核心。切口形状和大小在塔体初始倾倒阶段具有辅助支撑、准确定向、防止后坐等作用。中国已拆除冷却塔采用的爆破切口主要有正梯形、倒梯形和复合型等。

正梯形切口具有便于施工、利于倒塌、缩小倒塌距离（一般 $L\leqslant10$ 米）等优点；倒梯形切口具有利于倒塌，但倒塌距离稍大（$L\approx10$ 米）等特点；复合型切口易产生后坐或炸而不倒现象。

爆破切口位置选择：①爆破切口区域内的立柱数量、塔壁厚度和材料强度等均应沿倒塌中心线左右对称，防止冷却塔倒塌过程中发生偏移。②支撑区应有一定的强度。③保证切口高度的前提下，建议增加塔壁卸荷槽预处理工作量，减少高空钻爆作业工作量。

切口：①切口范围内的混凝土被炸离钢筋骨架后，塔身在自重作用下能可靠失稳。②塔身倾倒至切口边缘闭合时，冷却塔重心偏移距离应大于外半径。③切口闭合时，塔身在自重作用下的倾覆力矩大于支撑区的抵抗力矩。 （孙金山　王　威）

冷热源设备 cooling and heating source equipment 向建筑或用户提供冷量或热量的装备。

介质 通常，将制取低于（高于）需求侧环境温度的介质的设备称为冷（热）源设备。用于建筑的冷热源设备也称建筑冷热源。

低温介质可以从自然界中获得，如天然冰、地下水等，这类低温介质为天然冷源。然而，天然冷源受地理、气候条件限制不可多得且难以持续，故大多依靠人工技术手段制取低温。通过消耗一定量机械能或高温热能将低温介质中的热量转移到高温环境中，从而制取低温介质的装置称为人工冷源。

自然界中的温泉、地热是典型的天然热源。然而天然热源的资源匮乏，往往需要用人工热源制取高温介质（热水、蒸汽）才能持续满足人们的生产、生活需要。1765年，伴随蒸汽机的出现，俄罗斯工程师波尔松诺夫发明了圆球形锅炉（见图）。

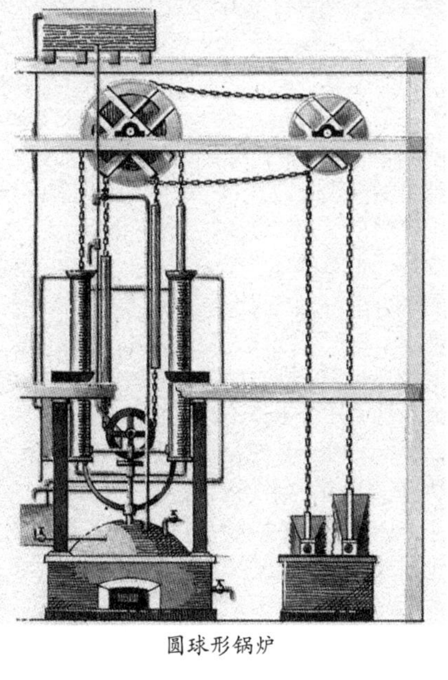

圆球形锅炉

为满足社会不断进步和大工业发展的需要，锅炉出现了由低级到高级，从简单到复杂，由小型到大型，由低参数到高参数，由低效到高效的更新换代。随着现代科技的发展，热源设备的形式不断丰富，已出现了太阳能集热器、各种类型热泵等新型热源设备。

类型 主要冷源设备有：①消耗机械能实现制冷的冷源设备，包括制取冷水的冷水机组和制取冷风的直接膨胀式制冷机组（如空调器、多联式空调机组等）。②消耗高温热能实现制冷的冷源设备，如吸收式与吸附式制冷机。③基于蒸发冷却原理实现制冷的冷源设备，如冷却塔、间接蒸发式冷水机组等。

主要的热源设备有：①锅炉设备。如燃煤、燃气、燃油、生物质锅炉等。②太阳能集热器。③热泵设备。如各种类型的蒸汽压缩式热泵、消耗高温热能制取中温热能的第一类吸收式热泵以及消耗中温热能制取更高温度热能的第二类吸收式热泵等。④电热设备。如电锅炉、电暖气等，但由于电能是高品位能量，不宜直接转换为热能进行应用。

在集中式冷热源系统中，冷热源设备是冷热源系统的冷热量供应设备，它需与冷热量输配系统、末端设备一起构成冷热源系统；而很多小型分散式冷热源设备本身就是冷热源系统，如热泵型空调器、多联式空调机组等。 （石文星）

冷弯薄壁型钢结构 cold-formed thin-walled steel structure 用各种经冷加工成型的薄钢板（带）制成的构件组成的、能够承担重力和外力的构造体或组合体。冷弯薄壁型钢由厚度为1.5～6毫米的钢板或带钢，经冷加工（冷弯、冷压或冷拔）成型，同一截面部分的厚度都相同，截面各角顶处呈圆弧形。在工业、农业和民用建筑中，可用薄壁型钢制作各种屋架（见图）、刚架、网架、檩条、墙梁、墙柱等结构和构件。

冷弯薄壁型钢屋架

构造特点 与热轧型钢相比，在同样截面积下，薄壁型钢截面具有较大的回转半径和惯性矩；冷弯型钢在成型过程中因冷作硬化的影响，钢材屈服点显著提高，即所谓冷弯效应，对构件受力性能有利，从而可节省钢材。冷弯薄壁型钢结构重量轻、功能多、能工业化生产，是一种有发展前景的结构。冷弯薄壁型钢厚度小，如何防止锈蚀以增加耐久性是必须重视的问题。设计时应注意使用环境，在有强烈侵蚀作用的房屋中不宜采用；选用合理的结构形式和构造细节，如尽量选用圆管、方管等表面积小的截面和采用便于检查、清刷和油漆的构造细节。施工时在采用防腐措施前，应彻底清除铁锈和污垢，特别要注意节点和不便清除的部位。防腐可视具体情况选用镀锌或各种底漆和面漆。实践证明，重视防腐问题并在使用中注意维护，冷弯薄壁型钢是具有一定的耐久性的。

计算要点 基本计算方法与其他钢结构相似。所不同的是：在验算轴心受压、偏心受压和受弯构件的受压强度时，按有效净截面计算；验算稳定性时，按有效截面计算。而在其他钢结构中，受压强度则按净截面计算，稳定性按毛截面计算。其中，毛截面指截面的总体面积，忽略孔洞削弱等因素的影响。净截面指截面的实际面积，即毛截面面积减去孔洞等面积。有效截面主要对薄壁构件（截面板件宽厚比或高厚比较大）而言，考虑薄板在受压时会发生局部屈曲而不考虑部分截面的作用，按有效截面进行设计计算。有效截面的大小与组成截面的板件所受的约束条件、板件的宽厚比和构件的长细比等因素有关。有效净截面指有效截面扣除其范围内孔洞等面积所剩余的截面。

冷弯薄壁型钢截面的板件有较大的宽厚比，受压时在构件失去整体稳定之前，个别板件常先局部屈曲。屈曲板件如系有支承和带卷边时，屈曲后板件内随即产生薄膜张力，阻止板件继续屈曲，因此，板件还可继续承受荷载，亦即具有屈曲后强度。但继续加载后，原先均匀受压截面上的应力呈不均匀分布，所增加的荷载使靠近板件支承处的部分截面上的应力加大。

（夏志斌）

冷弯型钢 cold rolled section steel 钢板或钢带经冷加工（冷弯、冷压、冷拔）制成的钢材。

发展情况 20世纪80年代冷弯型钢发展很快，用于建筑业的冷弯型钢约占产量的40%～70%，产品的规格品种已近1万种（包括各种波形板、焊接方管、矩形管、圆管等）。中国已在工业与民用建筑中采用各种类型的冷弯型钢结构（见*冷弯薄壁型钢结构*），取得了较好的经济效益。21

世纪以来，中国冷弯型钢产量的年增长速度接近30%。产品主要应用于公路建设、钢结构、汽车制造、集装箱、铁道车辆、钢模板与脚手架、桥梁、电器柜、悬挂输送机、电缆桥架、电梯导轨、龙骨钢等方面。

类型 冷弯型钢厚度最小为0.4毫米，最大可达25毫米以上。一般选用普通碳素钢（如3号钢）或低合金钢（如16Mn钢）。依断面形状分为冷弯开口型钢和冷弯空心型钢两类。品种有角钢、内卷边角钢、槽钢、内卷边槽钢、Z形钢、卷边Z形钢、帽形钢，以及各种特殊形状的专用型钢和各种组合截面等。中国常用规格有等边角钢（肢长25～75毫米）、内卷边角钢（肢长40～75毫米）、槽钢（高25～250毫米）、内卷边槽钢（高60～250毫米）、卷边Z形钢（高100～180毫米）等400多个规格、品种。

特性 冷弯型钢是制作轻型钢结构的主要材料，具有热轧所不能生产的各种特薄、形状合理而复杂的截面。与热轧型钢相比较，在相同截面面积的情况下，回转半径可增大50%～60%，截面惯性矩可增大0.5～3.0倍，因而能较合理地利用材料强度；与普通钢结构（即由传统的工字钢、槽钢、角钢和钢板制作的钢结构）相比较，可节约钢材30%～50%。在某些情况下，冷弯型钢结构的用钢量与相同条件下的钢筋混凝土结构的用钢量相当，是一种经济断面钢材。（陈禄如）

李春 Li Chun 中国隋代造桥匠师。生卒年不详。今河北邢台临城人士。隋开皇十五年至大业元年（595～605）建造**赵州桥**（又称安济桥）。唐中书令张嘉贞著《石桥铭序》中记有："赵州蛟河石桥，隋匠李春之迹也，制造奇特，人不知其所以为。"赵州桥存世1400多年，堪称中国建筑史上的奇迹之一。（钱冬升 撰 李亚东 修订）

李圭白 Li Guibai（1931-09-25～ ）中国市政工程专家。生于沈阳，河南偃师人。1955年毕业于哈尔滨工业大学。1995年当选中国工程院院士。

担任哈尔滨工业大学教授，博士研究生导师，全国高等学校给水排水工程专业指导委员会顾问，建设部科技委员会顾问，中国水工业学会副理事长等职。

主要研究方向为给排水处理技术，包括地下水除铁除锰技术、高浊度水处理技术、高锰酸盐饮用水除污染技术、流动电流混凝控制技术等。曾获国家级有突出贡献的中青年专家、全国高校先进科技工作者等荣誉称号。长期从事水处理技术的科研和教学工作，开发的接触催化除铁工艺和曝气接触氧化法，在国内大量推广，获全国科学大会奖（1978）和国家科技进步奖二等奖（1985）；在国内最早开展对高浊度水处理技术的系统研究；在水的过滤技术方面也有很多研究成果；研究成功高锰酸钾及其复合剂助凝和除污染、单因子混凝控制等高新技术，不仅获得重大经济效益和社会效益，而且使中国多项水处理技术在国际上处于领先地位。

科研成果获全国科学大会奖1项，国家级发明奖二等两项、三等1项，国家级科技进步奖二等1项、三等1项，以及省、部级奖十余项。在国内外刊物上发表学术论文400余篇，撰写学术专著6部，参编教材3部。多年来培养了博士后、博士、硕士研究生近百名，为中国给水排水科学技术和教育事业做出了突出贡献。（马 军）

李国豪 Li Guohao（1913-04-13～2005-02-23） 中国桥梁学家、力学家、教育家。广东梅县人。卒于上海。1936年毕业于同济大学，1938年留学德国达姆施塔特工业大学。1940年获工学博士学位。1943年获德国教授资格博士学位。回国后，从1946年起历任同济大学教授、土木系主任、工学院院长、教务长、副校长、校长、名誉校长，嘉应大学名誉校长。1955年当选中国科学院学部委员（院士），1994年当选为中国工程院院士。

他因在悬索桥静力和动力分析方法方面的研究，而以"悬索桥李"闻名，其《斜交异性板的弯曲理论及其对于斜桥的应用》，被称为"李氏理论"。从20世纪50年代起，李国豪先后担任**武汉长江大桥**、**南京长江大桥**的技术顾问和技术顾问委员会主任委员，从事武汉长江大桥晃动机理的研究。1975年出版专著《桁架扭转理论－桁梁桥的扭转、稳定和振动》，后发展为系统的桥梁实用空间分析理论。20世纪60年代，主编了《防护工程论文集》；70年代出版了《公路桥梁荷载横向分布计算》专著，以及发表关于拱桥和斜拉桥空间静力与动力分析的多篇论文，80年代先后主编了《工程结构抗震动力学》和《抗爆结构动力学》专著。在担任上海市宝山钢铁总厂工程首席技术顾问期间，为解决工程中桩基水平位移问题发表了《关于桩的水平位移、内力和承载力的分析》的重要论文。还著有《钢结构设计原理》《钢桥设计》《桥梁结构稳定与振动》《桥架与结构理论研究》《箱梁和桁梁桥分析》（英文版）等。

1981年，他被国际桥梁及结构工程协会推荐为10位国际著名桥梁专家之一。为表彰他在促进中德文化交流方面的功绩，1982年联邦德国歌德学院授予他歌德奖章。1985年，他获得联邦德国达姆施塔特工业大学的名誉工学博士学位，还被加拿大土木工程协会选为荣誉会员。1987年联邦德国政府授予他大十字功勋勋章，同年国际桥梁及结构工程协会授予他国际结构工程功绩奖。1995年获何梁何利基金科学与技术进步奖，1996年获陈嘉庚技术科学奖。

李国豪曾被选为第三届和第五届全国人民代表大会代表和常务委员会委员。1979～1983年任上海市科学技术协会主席，1983～1988年任中国人民政治协商会议上海市委员会主席和全国政协常务委员。曾任中国土木工程学会理事长、中国土木工程学会桥梁及结构工程学会理事长、中国力学学会副理事长和中国高等教育研究会副会长、《中国大百科全书》第一版总编辑委员会委员。（项海帆）

李诫 Li Jie（?～1110） 中国古代土木建筑家。字明仲。北宋郑州管城（今河南郑州）人。自元祐七年（1092）起从事宫廷营造工作，历任将作监主簿、丞、少监等。监掌宫室、城郭、桥梁、舟车营缮事宜。在任期间曾先后主持五王邸、辟雍、尚书省、龙德宫、棣华宅、朱雀门、景龙门、九城殿、开封府廨、太庙、钦慈太后佛寺等十余项重大工程。

一生曾有多方面的著作，但大都已散佚失传，只有绍圣四年（1097）奉旨编修的《营造法式》一书得以留存。《营造法式》是中国古代最完善的土木建筑工程著作之一。成书于北宋元符三年（1100），崇宁二年（1103）刊行，南宋绍兴十五年（1145）重刊。全书共三十四卷，分释名、制度、功限、料例和图样五部分。其中第一、二两卷是对土木建筑名词术语的考证及定额的计算方法；第三至第十五卷是壕寨、石作、大木作、小木作、雕作、旋作、锯作、竹作、瓦作、泥作、彩画作、砖作、窑作十三个工种的制度，说明每一工种的选材、加工方法及各构件的相互关系和位置；第十六至第二十五卷规定了各工种的劳动定额；第二十六至第二十八卷规定了各工种的用料定额；第二十九至第三十四卷是图样。纵观全书，纲目清晰，条理井然。

《营造法式》的编修来源于古代匠师的实践，是历代工匠相传、经久通行的做法，该书反映了当时中国土木建筑工程技术所达到的水平。它的编修上承隋唐，下启明清，对研究中国古代土木建筑工程和科学技术的发展，具有重要意义。

（喻维国）

理论力学 theoretical mechanics 以牛顿定律或变分原理为基础，用数学方法研究物体平衡和运动基本规律的学科。其主要研究对象是质点、质点系、刚体、刚体系等抽象力学模型，是力学的基础性分支学科，也是土木、机械、航空、航天、船舶等众多工科专业的基础课程。在中国，“理论力学”一词来自俄文 Теоретическая механика。如果作为理工科专业的力学基础课程，其内容属于 Classical mechanics（经典力学或牛顿力学）范围。在欧美国家，理论力学通常是相对于应用力学而言的，从而具有更加广泛的含义，还可以包括固体力学、流体力学、理性力学等领域的一些理论性问题。

发展简史　牛顿运动定律的建立标志着力学开始成为一门科学。19世纪以前，力学是物理学的主干分支，而理论力学则是力学的主要研究内容。19世纪上半叶，弹性力学的诞生以及流体力学基本方程的建立，极大丰富了力学的内容，使力学成为脱胎于物理学的独立学科。理论力学是力学的基础，它以质点、质点系为模型研究物体运动的一般规律，相继形成了牛顿力学和分析力学的两大理论体系。理论力学运用这些原理和方法，重点研究刚体、刚体系的运动规律，其研究思想和方法也适用于连续介质系统。

理论力学课程体系的形成大约在20世纪30～40年代。此前，1811年，S.-D.泊松的《力学教程》（法文）奠定了理论力学的教学体系。P.阿佩尔的5卷《理性力学》（1896年第一版，1953年第六版）之第一、二卷更接近现今的理论力学。20世纪30年代以来，苏联出版了多种理论力学教材，如L.G.洛强斯基等的（1934）、H.H.蒲赫哥尔茨的（1939，第二版）、M.A.苏斯洛夫的（1946）。在中国较早的有范会国的（1951）和周培源的（1952）。20世纪50年代，一批苏联的理论力学教材相继翻译出版。20世纪60年代，中国自行编写的几种理论力学教材相继出版。20世纪80年代，朱照宣、周起钊、殷金生编写了《理论力学》（1982），其后高等教育出版社组织出版了若干系列规划教材。

基本概念、原理与方法　牛顿运动定律是在观察和实验的基础上发现的，可以作为理论力学中数学演绎的基础，以此构建牛顿力学体系。在牛顿力学体系中，唯有力可以改变运动，约束被归结为力的作用。牛顿运动定律（牛顿第二定律）给出了在惯性参考系中力与加速度之间的关系，即动力学基本方程。牛顿力学就是围绕这个方程展开。应当指出，变分原理也可以作为理论力学中数学演绎的基础，以此构建分析力学体系。

从研究的方法论角度看，理论力学包括牛顿力学和分析力学。牛顿力学以牛顿运动定律为基础，由于很多重要物理量都是矢量，普遍采用几何方法。因此，牛顿力学也称为矢量力学或者几何力学。分析力学以变分原理为基础，更多使用高等分析方法。

从研究的科学规律角度看，理论力学可以分为静力学、运动学与动力学。静力学研究作用于物体上的力系的简化及平衡。运动学从几何角度研究物体的运动描述与特性，不涉及力。动力学研究物体运动与力之间的关系，是理论力学的核心内容。

静力学　在静力学中，研究动力学基本方程中加速度为零的特殊情况，也就是研究速度为常矢量的平衡状态。若选择适当的惯性参考系使速度矢量等于零，平衡状态就是静止状态。

静力学研究物体保持静止状态时作用力应满足的条件，即平衡方程。这些平衡方程是自由刚体保持原有的平衡状态（静止状态）的充分必要条件。对于受约束的刚体，必须假想解除刚体所有外部约束并代之以约束力，将约束力也计入力系，这样即可使用自由刚体的平衡方程。对于变形体或者刚体系，平衡方程仅仅是其保持平衡的必要条件，不再是充分条件。在作为平衡必要条件应用平衡方程时，可以假想变形体或刚体系是刚体，即将其刚化。

为了便于处理很多力（即力系）同时作用的情况，静力学中通常还研究力系等效、力系简化的问题。在理论力学中以刚体模型为主要研究对象，可以得出一系列力系简化的方法和结果。例如，作用在刚体上的一般力系，当主矢量与主矩的数量积（点乘）不等于零时，可以简化为力螺旋。人们拧螺钉子施加在改锥上的力系可等效为一个力螺旋，它使螺钉从静止开始产生螺旋运动。在严格意义上，力系等效、力系简化都属于动力学问题。用刚体动力学方程或者变分原理，可以给出力系等效、力系简化的一般方法和结果。这些结果也可以在动力学中应用。在理论力学中还可以利用静力学公理（类似几何公理）分别演绎出各种特殊力系的等效、简化的特殊方法和结果。

静力学是动力学的基础，也是动力学的特殊情况，但其本身有独立存在的价值。静力学在工程技术中具有广泛应用。例如，设计房梁截面时，一般须先根据平衡条件由梁所受的规定载荷求出未知的约束力，然后再进行梁的强度和刚度分析。

运动学　研究物体运动的描述以及运动学量之间的关系，不考虑运动变化的原因——力，也不考虑物体的质量。运动学的首要任务是描述物体相对所选参考系的运动，重点研究物体的轨迹、位移、速度、加速度等运动特性。描述物体运动的一般方法是首先建立描述运动的运动方程（即位置与时间的函数关系），然后通过对时间求导数获得速度、加速度等，分析运动特征。运动学是动力学的基础，但其本身有独立存在的价值，如在机械设计中广泛使用运动学知识分析或设计各类机构的运动。

在理论力学中，运动学以刚体作为主要研究对象，研究其运动的描述方法，以及如何根据为数不多的刚体一般特性来确定刚体上每个点的运动，研究刚体的角速度、角加速度及刚体上点的速度、加速度之间的关系。

刚体位移　刚体从一个方位变化到另一个不同的方位。若刚体上所有点的位移在几何上都相等，则称该刚体位移为平动位移；而绕某个固定轴旋转得到的刚体位移则称为转动位移。由转动位移和沿着转动轴的平动位移共同组成的刚体位移称为螺旋位移。关于刚体位移有如下3个重要结论。①最一般的刚体位移可以分解为随任选基点的平动位移和绕通过该基点的某个轴的转动位移。选择刚体上不同的点为基点，这种分解不是唯一的。对应不同基点的平动位移将会不同，但转动位移的转轴方向和转角不依赖于基点的选择。这就是夏莱定理。②最一般的刚体位移是螺旋位移，即莫茨定理。③有一个固定点的刚体的任意位移，都可以通过某个转动位移实现，该转动位移的转轴经过刚体的固定点。这是著名的欧拉定理。

刚体角速度、角加速度及刚体上点的速度、加速度　观察刚体上各点的速度，如果某时刻刚体所有点的速度相同，则刚体做瞬时平动；如果某时刻刚体或其延拓部分上某直线上各点速度为零，则刚体做瞬时转动；如果某时刻刚体参与两个运动，即沿着某个轴做瞬时平动的同时又绕该轴做瞬时转动，则刚体做瞬时螺旋运动。自由刚体最一般的运动是螺旋运动。

刚体的角速度和角加速度是刻画刚体整体运动的基本物理量。刚体上任意两点速度可以通过角速度建立关系式，刚体上任意两点加速度可以通过角速度、角加速度建立关系式。刚体的角速度和角加速度本质上是二阶反对称张量，但通常情况下，也可以用矢量表示，既方便计算，也容易与点的圆周运动角速度、刚体定轴转动的角速度等衔接。需要说明的是，对于点的圆周运动和刚体定轴转动，角速度的大小就是某个随时间变化的角度对时间的导数；而对于刚体一般运动和刚体定点运动，不存在一个随时间变化的角度，其对时间的导数恰好就等于角速度的大小。

刚体的特殊运动分类　刚体定点运动、刚体平面运动、刚体定轴转动、刚体平动都是刚体一般运动的特例。其中，刚体定点运动也称刚体定点转动，是三维空间中的刚体运动。由于刚体一般运动可以分解为刚体随基点的平动和绕基点的定点运动，而刚体平动在运动学中可以归结为点的运动，很容易处理，因此刚体运动学的难点归结于定点运动。另外，刚体定点运动在航空、航天等工程技术中有重要的应用价值，如飞机、卫星的姿态运动就是绕质心的定点运动。刚体定点运动的常用描述有欧拉角、四元数、方向余弦矩阵等。著名的欧拉运动学方程给出了用欧拉角及其导数表达的刚体定点运动角速度在刚体固连坐标系中的分量，在航天器姿态控制中有重要应用。

复合运动方法　可将复杂运动分解为多个比较简单的运动来研究。复合运动理论主要有速度合成定理、加速度合成定理、角速度合成定理、角加速度合成定理等。

点的复合运动研究三个运动的关系：动参考系相对定参考系的运动、动点在动参考系中的相对运动、动点在定参考系中的运动。其中第一个运动是整个参考系的运动，属于刚体运动；后两个是点的运动。为了研究动点在两个参考系中的速度、加速度之间的关系，假想在动参考系中有一个牵连点，它的速度、加速度都是由动参考系相对定参考系的运动引起的。速度合成定理给出了动点的两个速度与牵连点速度的关系。加速度合成定理则给出动点的两个加速度与牵连点加速度的关系，其中还涉及科里奥利加速度。它是动点相对运动与动参考系运动耦合产生的附加项，并没有与之相对应的速度和位移。

刚体复合运动研究三个运动的关系：动参考系相对定参考系的运动、刚体在动参考系中的相对运动、刚体在定参考系中的运动。这三个运动都是刚体运动，其核心问题是三个角速度、三个角加速度之间的关系，由角速度合成定理、角加速度合成定理给出。

复合运动方法在研究复杂系统的运动时非常有效。

动力学　以动力学基本方程为基础研究力与运动的关系，基本内容包括质点动力学、质点系动力学、刚体动力学等。以此为基础发展了天体力学、振动理论、运动稳定性、陀螺力学、外弹道学、变质量力学、多刚体系统动力学等。动力学在航空、航天等工程技术中有广泛的应用，例如飞机、火箭、卫星等在设计、制造、测试和飞行中都需要以动力学分析作为支撑。

质点与质点系动力学　研究自由质点与自由质点系的动力学问题，可以直接应用动力学基本方程，也可以运用由此方程导出的动量定理、动量矩定理、动能定理等。二体问题和三体问题是自由质点系动力学的典型例子。二体问题是指两个质点在万有引力作用下的运动问题，可化为一个等价的单个质点动力学问题。天体力学中的双星、行星及其卫星，以及太阳系的每颗行星与太阳等，都可以近似地归结为二体问题，故天体力学中很多研究均以二体问题为基础。三体问题是指以万有引力为相互作用力的三个质点的运动问题。二百多年来，有很多著名学者研究三体问题的一般理论，但未得到解决。对有特殊限定条件下的三体问题（如限制性三体问题），已经有不少研究成果，在人类探测月球以远的深空飞行任务设计与测控中得到了应用。

研究非自由质点与非自由质点系的动力学问题，可以假想解除所有约束并代之以约束力，将约束力也计入力系，再应用动力学基本方程。但这种方法可能会导致动力学方程的数目远大于自由度，加大求解工作量。更有效的方法运用质点系的动力学普遍定理（动量定理、动量矩定理、动能定理）研究质点系的整体运动（类似刚体运动），需要处理的动力学方程的数目与自由度很接近。如果不是必须，方程中可以不出现质点系内部的约束力。对于一个自由度的问题，动能定理通常是非常有效的。

刚体动力学　理论力学的重点内容。刚体一般运动的动力学方程可以利用质点系的动量定理和动量矩定理得到：

$$\dot{\boldsymbol{P}} = \dot{\boldsymbol{R}}^{(e)}$$

$$\dot{\boldsymbol{L}}_C = \dot{\boldsymbol{M}}_C^{(e)}$$

式中$\dot{\boldsymbol{P}}$为刚体的动量；$\dot{\boldsymbol{R}}^{(e)}$为作用在刚体上外力（包括约束力）的主矢量；$\dot{\boldsymbol{L}}_C$为刚体对质心$C$的动量矩；$\dot{\boldsymbol{M}}_C^{(e)}$为作用在刚体上外力（包括约束力）对质心$C$的主矩。显然，如果刚体保持平衡（静止）状态，则这两个矢量方程的左端都为零，反之亦然。在主矢量为零的情况下，力系对任意点的主矩都相等。于是可以得出静力学中的刚体平衡方程，即主矢量为零，且对任意点的主矩为零。类似地，还可以由这两个矢量方程得到力系等效的结论。上述方程左端代表了刚体运动状态的改变，如果两个不同的力系使刚体的运动状态发生同样改变，则这两个力系的主矢量相等，对质心的主矩也相等，反之亦然。在两个力系的主矢量相等的情况下，只要两个力系对某个点的主矩相等，则对任意点的主矩也相等。于是可以得到，作用在刚体上的两个力系等效的充分必要条件为主矢量相等，且对任意点的主矩相等。

根据动量的定义，由动量定理或第一个矢量方程可以得出质心运动定理：质点系的质心运动和一个位于质心的质点的运动相同，该质点的质量等于质点系的总质量，而该质点上的作用力则等于作用于质点系上的所有外力平行地移到这一点上。这样，刚体质心运动完全可以归结于质点动力学。因此，刚体动力学的重点就是定点转动动力学，即研究第二个矢量方程。

刚体在重力作用下的定点转动，即重刚体定点转动，是理论力学的经典问题，其动力学方程很难求解。在历史上，人们经历了100多年的研究之后发现，这组微分方程的可积情形只有三种，它们分别由L.欧拉、J.-L.拉格朗日、S.V.柯娃列夫斯卡娅在1765年、1788年和1888年得到。

在刚体动力学经典问题研究的基础上，发展出多刚体系统动力学，为车辆、机器人、航天器设计和研制提供了动力学建模和计算方法。为了促进这些领域的技术进步，又进一步发展出多柔体系统动力学、刚-柔耦合多体系统动力学、充液体系动力学等。

牛顿力学与分析力学　早期的理论力学主要是牛顿力学；近代的理论力学则有所扩展，还包括分析力学的最基础内容。牛顿力学与分析力学的主要研究对象都是质点系，但在思想、概念、方法、工具等方面有所不同。下面着重介绍分析力学与牛顿力学相比的一些不同之处。

在分析力学体系中，力和约束都可以

改变运动，不必将约束归结为力的作用。分析力学的基本思想是，首先承认约束对运动的限制，不违背约束的可能运动还有很多，甚至无穷多，然后利用一些变分原理在可能运动之中确定唯一的真实运动。在确定真实运动的变分原理中会出现主动力，但不会出现约束力。分析力学对于含约束质点系的研究更为方便，所建立的系统动力学方程组的阶数可以较少。

分析力学可以划分为分析静力学和分析动力学。分析静力学以虚功原理（又称虚位移原理）为基础，采用“以动求静”的思路，假想质点系从可能平衡位置发生约束允许的可能位移或虚位移，而真实平衡位置要求主动力在虚位移上做功为零。分析静力学的研究对象不限于刚体，可以是任意质点系。刚体作为特殊的质点系，其平衡方程很容易由虚功原理经过简单的数学推导得出。分析动力学的基础可以是万有达朗贝尔原理、茹尔丹原理、高斯原理等微分变分原理，也可以是哈密顿原理等积分变分原理。事实上，对于符合这些变分原理共同使用条件的质点系，它们都是等价的，可以相互推导。这些变分原理可以直接用来分析求解质点系的动力学问题，也可以由它们推导出动力学方程，例如第二类拉格拉日方程。

分析力学又可以划分为拉格朗日力学、哈密顿力学、非完整力学、伯克霍夫力学等。拉格朗日力学的奠基性工作是拉格朗日于1788年出版的《分析力学》。他应用数学分析方法解决质点和质点系（包括刚体、流体）的力学问题，提出静力学普遍方程（即虚功原理），以及动力学普遍方程（即达朗贝尔-拉格朗日原理）；引入广义坐标，采用适当的数学变换，得到动力学方程，即拉格朗日方程。因为该书完全采用数学分析形式写成，没有一幅图，故命名为分析力学。哈密顿力学的奠基性工作是W.R.哈密顿1834年和1835年发表的两篇长论文，题名是“论动力学中的一个普遍方法”和“再论动力学中的普遍方法”。他建立了著名的哈密顿原理，使各种动力学定律都可以从一个变分式推出，将广义坐标和广义动量都作为独立变量，得到了哈密顿正则方程。在上述基础上，近代分析力学得到进一步发展，建立了非完整力学和伯克霍夫力学。

（李俊峰）

力法 force method 结构力学中建模与求解的基本方法之一。对于超静定结构，通常将去掉冗余约束之后的静定结构作为基本结构，以冗余约束中的未知内力为基本未知量，根据变形协调条件建立方程求解。静定的基本结构中各构件的内力由平衡方程即可解出。对于n次超静定结构，需解除n个多余约束并代之以相应的未知力，进而通过变形协调条件建立n个方程，从而求出全部的未知力。力法最初由J. C.麦克斯韦于1864年基于能量原理的克拉珀龙定理提出；C.O.莫尔于1874年做了修正，基于余虚功原理导出；H.F.B.缪勒-布雷斯劳最终指出，两者实质上是一致的。求解超静定结构的力法和单位载荷法有着密切的关系，它们是基于同样的原理提出的。

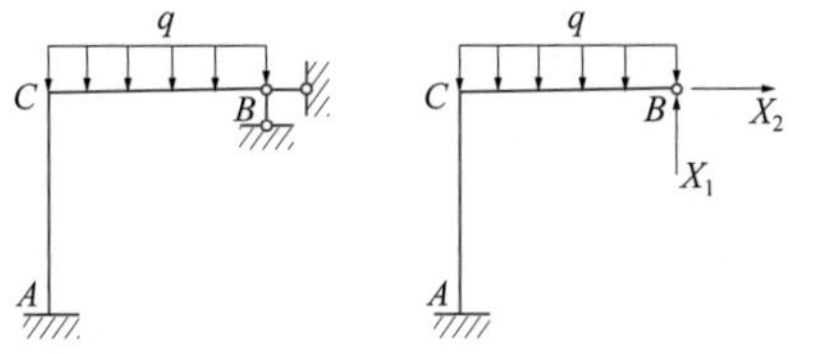

a 原结构　　b 基本体系结构

图1　力法建立的基本体系结构示意图

以图1a所示二次超静定结构为例，若将B支座处的两个约束视为冗余约束，将其移除并代之以未知的冗余约束反力X_1、X_2，就得到如图1b所示的、力法的基本体系结构。其中保留了原结构的冗余约束反力，故基本结构的受力状态与原结构完全相同，即基本体系结构是可以代表原来的超静定结构的静定结构。基本结构沿冗余未知力X_1、X_2方向的位移$\varDelta_1$、$\varDelta_2$应与原结构B支座处的相应位移相同，即：

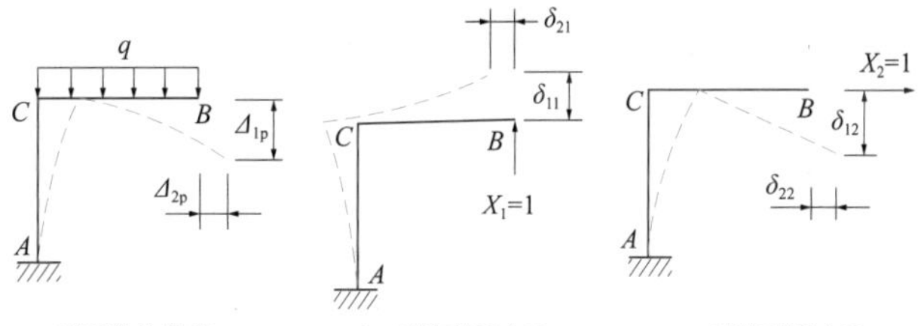

a 对原始外荷载　　b 对约束反力X_1　　c 对约束反力X_2

图2　基本结构的位移响应示意图

$$\varDelta_1=\varDelta_2=0$$

而基本结构的位移响应是对原始外荷载，以及两个冗余约束反力的位移响应的线性叠加（图2），于是可得：

$$\begin{cases}\delta_{11}X_1+\delta_{12}X_2+\varDelta_{1p}=0\\ \delta_{21}X_1+\delta_{22}X_2+\varDelta_{2p}=0\end{cases}$$

此方程即为力法的基本方程。其中δ_{ij}（i，$j=1$，2）称为力法的柔度系数；$\varDelta_{1p}$、$\varDelta_{2p}$为基本结构由原始外荷载引起的冗余约束点的位移。由此方程解出X_1、X_2之后，该超静定结构各杆件的内力就完全确定。

对于图1a所示原结构，可移除不同的冗余约束、从而得到不同的基本结构。但是，采用不同基本结构计算所得原结构的内力完全一致。

用力法计算超静定结构的步骤可归纳如下：①确定基本未知量数目。②选择力法基本结构。③建立力法基本方程。④求柔度系数和自由项。⑤解方程，求冗余未知力。⑥作内力图。⑦采用静力平衡和位移条件进行校核。

（刘　纲）

立交桥 grade separation bridge 线路（道路、铁路等）交叉时，为了保证交通互不干扰而建造的桥梁。跨越既有线路的桥梁又称跨线桥，在既有线路地面下方穿过的则称地道桥。立交桥可消除平面交叉的冲突，提高通行能力，广泛应用于高速公路和城市道路中。

跨线桥分为分离式和互通式。分离式无须上下层线路互通，平面布置较为简单。互通式能使上下层道路互通，这就需要加设迂回匝道（连接上、下层道路的弯坡桥梁和路段）等。互通式占地相对较多，受桥位附近建筑环境的影响较大。在重要的道路交通节点处，常形成复杂多层的枢纽立交。

跨线桥的结构形式与常规桥梁基本相同，视情况会设置一定长度的曲梁结构和异形结构。桥梁的分跨和桥下净空需满足桥梁建筑限界的要求。设计时应尽量减小桥梁上部结构的建筑高度，以控制工程规模；减少桥梁下部结构的墩柱根数，以增加桥下空间的通透性。因跨度有限并为减少噪声，上部结构多采用板式和梁式的混凝土桥；对于跨度较大者，可采用钢-混凝土组合结构桥。依桥面宽窄，桥墩一般为单柱、双柱或多柱。对跨线桥中单柱支撑的曲梁，需特别注意梁体的抗扭稳定性。

地道桥从地下穿越既有线路，可视为一种特殊的立交桥梁。

立交桥是城市道路交通现代化发展的必然产物。1928年，美国新泽西州首次建成一座苜蓿叶形全互通式立交。1963年，广州市建成的大北环形立交成为中国首座现代化立交桥。1974年，中国北京建成第一座互通式苜蓿叶形立交桥。随着立交功能的完善，立交桥的形式和结构越来越复杂，规模也越来越大。有代表性的五层枢纽立交桥有：1993年建成的美国洛杉矶哈利·普雷格森立交桥，1999年建成的中国上海延安路——南北高架路立交桥，2005年建成的美国达拉斯635号州际公路与75号国道交汇处的立交桥，2016年建成的中国重庆黄桷湾立交桥等。

（李亚东）

沥青混合料 asphalt mixture 沥青混合料由一定级配的矿质混合料（简称矿料）与适量的沥青结合料在适当条件下拌和而成的混合料的总称。沥青混合料作为沥青面层材料，除了应具备一定的强度外，还需要具备足够的高温稳定性、低温抗裂性、水稳定性、抗疲劳性等技术性能。

沥青混合料的分类取决于矿料级配组成及其公称最大粒径、沥青品种、沥青混合料的压实空隙率及其制造工艺等。

密实式沥青混凝土（AC）混合料是由按连续密级配原理设计的矿料与沥青结合料拌和而成，设计空隙率为3%～6%。按照矿料在关键性筛孔的通过率，AC混合料分为粗型（C型）及细型（F型）混合料。在道路工程和桥面铺装工程中，AC混合料的应用最为广泛。

沥青玛蹄脂碎石（SMA）混合料是由沥青结合料与少量纤维稳定剂、细集料及较多量的填料（矿粉）组成的玛蹄脂填充于间断级配的粗集料骨架间隙所形成的混合料，设计空隙率一般为3%～4%。SMA混合料属于骨架密实结构，具有耐磨抗滑、密实耐久、抗疲劳、抗高温车辙、减少低温开裂等优点。SMA混合料适用于铺筑任何等级道路的沥青面层，且特别适用于高速公路、重交通道路、交叉口、机场道面、桥面铺装等工程。

开级配沥青磨耗层（OGFC）混合料是一种多孔性沥青混合料，是由高黏度沥青结合料、高含量粗集料、少量细集料和填料（矿粉）组成，设计空隙率一般在18%～25%。用OGFC混合料铺筑的沥青面层具有迅速排除路表水、减少行车水雾、防水漂、抗滑、降噪等特性，有利于行车安全与环境保护。OGFC混合料适用于行驶中轻型车辆的高速公路、城市快速路以及高架桥、隧道铺面等工程。

沥青稳定碎石混合料亦称为沥青马克当，是由矿料和沥青组成的具有一定级配要求的混合料。根据空隙率、集料最大粒径、矿粉数量的多少，沥青稳定碎石可分为密级配沥青稳定碎石基层（ATB）混合料、开级配沥青稳定排水基层（ATPB）混合料。

浇注式沥青混凝土混合料是由高含量高黏度沥青、高剂量填料（矿粉），有时还加入纤维材料，再配以适量的集料，在220℃以上高温条件下，经过长时间的搅拌熬制形成的一种黏稠且有着高流动性的沥青混合料。浇注式沥青混凝土强度主要取决于沥青与填料交互作用而产生的黏聚力。由于浇注式沥青混凝土密实不透水，耐久性好，同时具有极好的黏韧性，适应变形能力强，特别适用于大中型桥梁的桥面铺装，尤其是大跨度的斜拉桥和悬索钢桥。（周凤瑛 李立寒）

沥青混合料拌和基地 mixing plant for bituminous mixture 为铺筑沥青路面提供厂拌沥青混合料而设置的固定性或临时性基地。沥青混合料拌和基地的组成包括：储料仓；沥青混合料拌和机（包括进料、材料加热、搅拌、贮料、集尘系统等）；动力车间（包括供热锅炉房、空气压缩机房）；机修车间；汽车运输队；材料试验室；办公用房、生活及安全设施。

沥青混合料拌和基地通常分为固定式和临时式两类。固定式拌和基地一般设置在城市近郊区交通运输便捷处，水电供应和通信设施条件完备。场地面积要满足基地材料堆放、油罐、各车间和部门建筑物设施、厂内道路、绿地和安全消防用地的需要。由于公路施工时具体施工地点随工程进展而转移，可采用移动式沥青混合料拌和机和配套设备。临时性沥青混合料拌和基地的位置，宜选择在路线的中段，以便向前后两端供应物料，以减少运距和基地转移次数。

按照环境保护要求，在生产过程中的加热方式宜采用燃气或电加热方式，并采取集尘、除尘措施控制烟尘排放。应在有关车间、沥青油罐区、加油站、锅炉房等处设置消防器材，确保生产安全。

（陆筱丹）

沥青混合料搅拌设备 asphalt mixing plant 将砂石料烘干、加热、筛分、计量，并加入适量的填充料（石粉），与热沥青液按一定配合比均匀搅拌成沥青混合料的路面施工与养护机械。简称沥青搅拌设备。是生产沥青混合料的成套设备。沥青混合料搅拌设备分为间歇式沥青混合料搅拌设备和连续式沥青混合料搅拌设备两个基本类型。

间歇式沥青混合料搅拌设备 物料的配给和搅拌按批次进行，搅拌机的进出料流为间歇性的。间歇强制式沥青混合料搅拌设备的工艺流程及工作原理是，初级冷骨料在干燥筒内采用逆流加热方式烘干、加热，经筛分、计量后在搅拌器中与按质量计量的石粉、热态沥青搅拌成沥青混合料。间歇强制式搅拌设备能保证骨料的和骨料与沥青的比例达到相当精确的程度，易于根据需要随时变更骨料级配和油石比（骨料与沥青比例），拌制的沥青混合料质量好，可满足各种工程的施工要求。缺点是工艺流程长、燃料消耗量大、对除尘装置要求高（约占搅拌设备投资的1/3～1/2）、设备庞杂、建设投资大，维护比较困难。

连续式沥青混合料搅拌设备 物料的配给和搅拌由连续设备和操作系统完成，搅拌机的进出料流为连续性的。连续式搅拌工艺流程中，冷骨料输送机转运、沥青的流量可通过控制系统自动调节，以使油石比精确。沥青混合料的制备在干燥搅拌筒内进行，即动态计量级配的冷骨料和石粉连续从干燥搅拌筒的前部进入，采用顺流加热方式烘干加热，然后在干燥搅拌筒的后半段与动态计量连续喷洒的热态沥青、采取跌落搅拌方式连续搅拌出沥青混凝土混合料。与间歇强制式搅拌设备相比，连续滚筒式搅拌设备的优点是工艺比较简单，设备投资省，维修费用低，能耗少，由于湿冷骨料在干燥搅拌筒内烘干，加热后即被沥青裹覆，使粉尘难以逸出，对空气污染少。缺点是骨料的加热采用热气顺着料流的方向进行，热利用率低，拌制好的沥青混合料的含水率较大，温度较低。

（马军星）

沥青混合料摊铺机 asphalt paver 将沥青混合料均匀摊铺在道路基层上，并进行初步振实和整平的路面施工与养护机械。根据行走装置不同，分为轮胎式和履带式。按动力传动系统分为液压式、机械式和液压机械式。按摊铺宽度又分为小型（小于3.6米）、中型（4～5米）、大型（5～10米）和超大型（大于10米）。

沥青混合料摊铺机基本技术参数是料斗容量、摊铺宽度、最大摊铺厚度和工作速度。其主要构成有动力装置、行走装置、传动系统、供料装置、工作装置、操纵机构等。①动力装置，多选用柴油机。②行走装置，有履带式和轮胎式两种。③传动系统，有机械式、液压机械式和全液压式，有向全液压传动发展的趋势。④供料装置，由接料斗、闸门和刮板输送器等组成。

沥青摊铺机

⑤工作装置，由螺旋输料器、振捣器和熨平板等组成。摊铺机一般设有自动找平装置。

沥青混合料摊铺机一般与自卸车、压路机联合作业，进行沥青混合料摊铺机械化施工。自卸车将沥青混合料运至施工现场，将部分沥青混合料卸入摊铺机接料斗内，由刮板输送机、螺旋摊铺器送至摊铺面，摊铺机以适当的稳定速度顶推着自卸车向前行驶，自卸车边前进边卸料，摊铺机连续摊铺。摊铺的沥青混合料层由振捣器初步振实，由熨平板整平。沥青摊铺机能够准确地保证摊铺层的厚度、宽度、路面拱度、平整度、密实度，广泛用于公路、城市道路、大型货场、停车场、码头和机场等工程的沥青混合料摊铺作业，也可用于稳定材料和干硬性水泥混合料的摊铺作业。（马军星）

沥青路面 asphalt pavement 用沥青作结合料与矿质混合料拌和成沥青混合料铺筑的路面。

发展概况 沥青材料用于道路工程，可以追溯到古巴比伦时期。公元前600年，古巴比伦出现了历史上第一条沥青路面，但这种工艺不久就失传了。直到19世纪，人们才重新开始使用沥青来筑路。据记载，1833年，英国开始进行煤沥青碎石路面铺装；法国于1850年前后将岩沥青用于道路路面，并于1854年在巴黎首先使用碾压法进行薄层沥青路面的铺装。到了20世纪，石油沥青开始广泛应用于道路工程，沥青路面成为重要的路面类型。

中国沥青路面发展经历了以下时期：

从中华人民共和国成立初期到20世纪80年代，公路建设主要是低等级的公路，沥青路面形式主要是为解决泥结碎石等传统路面雨天泞泥、晴天扬尘问题而大量使用的渣油表处、沥青表处、贯入式沥青路面。当时中国颁布的路面施工相关规范都是针对这些低等级路面的，如1957年《有机结合料表面处治施工暂行技术规范（草案）、1957年《有机结合料贯入式碎石或砾石铺砌层施工暂行技术规范》（草案）、1964年《沥青表面处治和贯入式路面施工技术规范》（JT 1002—64）等。

1988～1998年，随着中国开始高速公路建设，沥青路面技术进入快速发展轨道：大功率稳定土拌和机研制项目列入“七五”科技发展规划；20世纪80年代引进和研制稳定土厂拌设备，形成以生产率200吨/时为主导的产品系列，为基层施工的厂拌化创造了条件；“七五”“八五”期间引进了沥青混合料搅拌设备制造技术，经消化、吸收、国产化，大大缩小了中国与发达国家的差距；沥青混合料摊铺设备在大量进口高密实度摊铺机产品的同时也展开设备引进和研发；矿粉含量大、沥青用量高的沥青混凝土逐步取代沥青碎石，成为沥青面层的主要材料类型；层铺法施工工艺逐步退居次要地位，拌和法工艺逐步成为沥青面层的主流施工工艺；基层、底基层施工逐步由路拌法施工转向集中厂拌法施工；沥青路面面层和基层的单幅施工宽度、单层施工厚度越来越大，施工效率越来越高，平整度等路面技术指标迅速提升。

1998～2008年，为满足中国高速公路的快速发展和使用品质要求的不断提高，开始大量使用改性沥青，以及沥青玛蹄脂碎石（SMA）、碎石沥青混凝土（SAC）等新型沥青混合料，沥青路面耐久性不断提高；基质沥青标准不断提高，沥青含蜡量指标得到有效控制；为提高基层整体质量，对于底基层也大量采用集中厂拌法和摊铺机摊铺半刚性材料；在“八五”科技攻关基础上继续深入研究，提出了适合中国国情的“重交通道路沥青技术要求”等。

2008年以来，为适应新形势发展需要，沥青路面绿色施工技术受到高度重视，温拌沥青、沥青路面再生等技术得到大量应用；沥青路面长期性能研究有序推进，亚洲首个路面足尺环道建成投入运营，大型足尺环道、宏观、中尺度、细观、微观和纳米级的多尺度路面研究体系逐步成型。

结构、材料及功能 中国沥青路面结构自上而下分为面层、基层两大部分，厚度最大可以达到70厘米以上。其中，面层自上而下又可以分为上面层、中面层、下面层三层或者上面层、下面层两层，总厚度5～30厘米不等；基层自上而下可以分为上基层、下基层，每一层基层厚度一般在20厘米左右，等级低一些的道路只有一层基层，等级高的道路一般是两层基层。此外，还有黏层、透层、封层等，由于它们的厚度很小或者几乎没有厚度，因此一般不作为结构层，而称为功能层。

沥青路面各结构层发挥的作用各不相同。面层设置在路表面，是直接承受车轮荷载反复作用和自然因素影响的结构层，主要发挥功能性作用，为行车提供一个平整、舒适、安全的表面。其中，上面层应平整密实、抗滑耐磨、抗裂耐久，中、下面层应具有高密实、基本不透水的性能，下面层还应具有耐疲劳开裂的性能。基层设置在面层之下，与面层一起将车轮荷载的反复作用传布到路基，起主要承重层的作用。

面层材料类型及适用的交通荷载等级和层位如下：连续级配沥青混合料，适用于各交通荷载等级的表面层、中面层和下面层；沥青玛蹄脂碎石混合料，适用于极重、特重和重交通荷载等级的表面层、对抗滑有特殊要求的表面层；厂拌热再生沥青混合料，适用于各交通荷载等级的表面层、中面层和下面层；上拌下贯沥青碎石，适用于中等、轻交通荷载等级的面层；沥青表面处置，适用于中等、轻交通荷载等级的表面层。对抗滑、排水或者降噪有特殊要求时，表面层可以采用开级配沥青混合料。沥青路面的基层和底基层应具有足够的承载能力、抗疲劳开裂能力、足够的耐久性和水稳定性，使用沥青结合料类和粒料类基层时还需要有足够的抗永久变形能力。

沥青路面根据基层材料和结构组合的不同可分为多种类型，主要分为：①半刚性基层沥青路面。采用半刚性材料作为基层，通过使用水泥、石灰等无机结合料稳定的半刚性材料，实现了以较低造价获得了较高的路面结构强度的目的。②柔性基层沥青路面。采用沥青混合料、级配碎石等柔性材料作为基层。③倒装式沥青路面。将强度较低的级配碎石层放在强度更高的半刚性基层上面，这样做的目的是期望用较低的代价解决半刚性基层开裂带来的负面影响。实际上，由于半刚性材料层之上的柔性材料层厚度足够大，半刚性材料作为承重层的作用已经大大削弱，因此倒装式沥青路面可以认为是柔性基层沥青路面的一种。④刚性基层沥青路面。是用水泥混凝土做基层，上面再加铺沥青面层。（权 磊）

沥青路面冷再生机 asphalt pavement cold recycling machine 在常温下对回收的旧沥青路面材料（RAP）进行破碎、筛分，以一定的比例加入新集料、新沥青及再生剂（必要时）后拌制成沥青混合料，再摊铺、压实成型的路面修复机械。按照废旧料拌和场地不同，沥青路面冷再生分为厂拌冷再生和就地冷再生。前者是旧沥青路面材料经过铣刨，再运送至固定的场地，根据需要添加新料，加入泡沫沥青，在常温下拌和形成新的再生混合料，运送至道路施工现场用于修复路面。后者是就地对沥青路面铣刨，适当加入新料（包括乳化沥青和集料等稳定材料），拌和均匀形成新材料，再进行摊铺、预压，实现路面修复。

厂拌冷再生和就地冷再生工艺用到的

设备不同。①厂拌冷再生设备。与强制间歇式沥青混合料搅拌设备配套使用，主要由回收料供给系统、提升系统、皮带秤称量系统、有害气体吸收管道及控制系统等组成。根据搅拌设备搅拌工艺的要求，当需要添加回收料时，整个再生设备全部运转，用提升装置提升、皮带秤称量，然后将回收料加入搅拌器内。当达到需要的数量时，整个再生设备全部停止运转（提升系统除外），一个搅拌周期完成。气体吸收管道是为了吸收冷再生料在搅拌器内与热沥青混合料接合时产生的有害气体。如果回收料成大块状，还可以配备块状挤压设备，它可以在不破坏骨料外形尺寸的情况下，将大块状的回收料挤压成小块状。②就地冷再生设备。主要由沥青路面铣刨装置、乳化沥青喷洒装置、螺旋分料装置、熨平装置及行走系统和控制系统等组成。其工作过程为：随着设备的行走，铣刨装置将旧路面铣削并破碎，喷洒装置按照配比的要求喷入乳化沥青，同时，铣刨装置将各种材料搅拌均匀，经过分料螺旋在摊铺宽度范围内均匀分料，再经过熨平装置熨平，最后用压路机压实路面成型。

（马军星）

沥青路面热再生机 asphalt pavement hot recycling machine 将回收的旧沥青路面材料（RAP）破碎、筛分，以一定的比例加入新集料、新沥青及再生剂（必要时）拌制成热拌沥青混合料，重新铺筑路面的机械。按照废旧料拌和场地不同，沥青路面热再生有厂拌热再生和就地热再生。前者是将废旧沥青混合料运到拌和厂进行破碎处理，然后添加一定比例的再生剂、新集料或新沥青混合料等进行充分拌和，得到性能优良、满足路用要求的再生沥青混凝土，并用其修复路面。后者是采用就地热再生装置对已损坏的沥青路面进行现场加热，对软化的废旧沥青混凝土进行铣刨，然后掺加一定配比的新沥青混合料和沥青再生剂等，经过现场热再生设备的热拌和、摊铺熨平和碾压等多道施工工序，一次性实现对受损沥青路面进行修复再生。

厂拌热再生和就地热再生对应的设备不同。①厂拌热再生设备。有连续滚筒式和强制间歇式。连续滚筒式再生设备是将集料的烘干搅拌、旧沥青混合料的烘干搅拌以及添加新沥青和再生剂数道工序同时在滚筒内完成，主要由旧料进料机、旧料计量输送机、新骨料进料机、新骨料计量输送机、沥青流量计、沥青喷洒泵、燃烧器、搅拌滚筒、热混合料输送机等组成。②就地热再生设备。又称现场再生列车。主要由红外线加热器或柴油预热器、沥青路面铣刨机、强制双卧轴连续式搅拌器、沥青混合料摊铺机、沥青罐、骨料仓、新沥青混合料接料斗、牵引头及行走系统和控制系统等组成。工作过程为：先用红外线加热器或柴油预热器加热沥青路面使之软化；用沥青路面铣刨机铣刨加热后的沥青路面，并将旧沥青混合料收集到强制双卧轴连续式搅拌器中；添加新骨料和新沥青（用于底面层）或添加新沥青混合料和新沥青（用于面层），经搅拌后输送到沥青混合料摊铺机中进行摊铺、振捣、熨平，最后用压路机压实路面成型。

（马军星）

沥青路面养护车 asphalt road maintainer 对沥青路面早期病害进行功能恢复或预防养护的车辆。依据其基本功能的配置不同，可分成3类：①配备路面加热板型。一般称养路王。可以对旧料进行就地再生利用，节省养护材料，维修速度快，有利于环境保护和节约能源。由于混合料与原有路面是一种自然接缝，新旧路面结合紧密，能延长新路面的使用寿命。加热板的面积一般在4平方米左右。②配备现场搅拌装置型。俗称自拌和养护车。能对现场回收的旧料进行再生拌和，节省养护材料。受汽车外形和载重量的影响，搅拌筒的容量在500千克上下。其缺点是作业粉尘大，环境差，不利于环保。③使用成品沥青砼的养护车，俗称综合养护车。其养护质量有保障，养护作业时对环境无污染，具有高效、高质量作业等优点。成品沥青砼装载量一般在2～8吨。（马军星）

沥青洒布机 bituminous binders sprayer 按预先确定的洒布量将沥青均匀地洒布在路面上的路面施工与养护机械。用于在采用沥青贯入法或沥青表面处置法修筑、养护沥青路面，或在基层表面上喷洒沥青透层、黏层时，进行热态沥青、乳化沥青的运送和喷洒。按运行方式可分为自行式和拖行式两种。①自行式沥青洒布机。将整套沥青洒布设施装在汽车底盘上，沥青箱容量大，适用于大型路面工程和距离沥青供应基地较远的野外筑路工程。②拖行式沥青洒布机。又分手压式和机压式，手压式是手压油泵，机压式是单缸柴油机驱动油泵。拖行式沥青洒布机构造简单，适用于路面维修。

沥青洒布机主要由基础车、保温沥青箱、加热系统、传动系统、循环洒布系统、操纵结构及检查、计量仪表等组成。工作时，沥青泵将熔化池中的热沥青吸入沥青保温箱，运送到施工现场，通过加热系统将沥青加热到工作温度，控制机构将喷洒阀门开启，沥青泵将沥青以一定的压力输送到洒布管、喷嘴，按一定的洒布率喷洒到路面上。（马军星）

沥青性能 bitumen property 沥青作为胶结料用于沥青路面层时的路用性能。根据沥青路面铺筑地区的气候条件、环境因素和承担的交通荷载，要求沥青具有良好的抵抗高温车辙变形、防止或减少低温开裂、足够的抵抗车轮荷载重复作用引起的疲劳破坏以及耐水损坏、耐老化的性能。沥青在拌和、摊铺、碾压等施工流程中还应具有适当温度条件下适度流动的工艺性能。

针入度 针入度测定装置见图1，测定温度为25℃。检测时，将配重至100克的标准针垂直穿入沥青试样，读取5秒内的针入深度作为针入度值，以1/10毫米单位表示。针入度指标适用于黏稠道路石油沥青、改性沥青、乳化沥青残留蒸发物、回收沥青等。并依据针入度大小划分技术等级，标号小的沥青适用于炎热地区，标号大的沥青适用于寒冷地区。

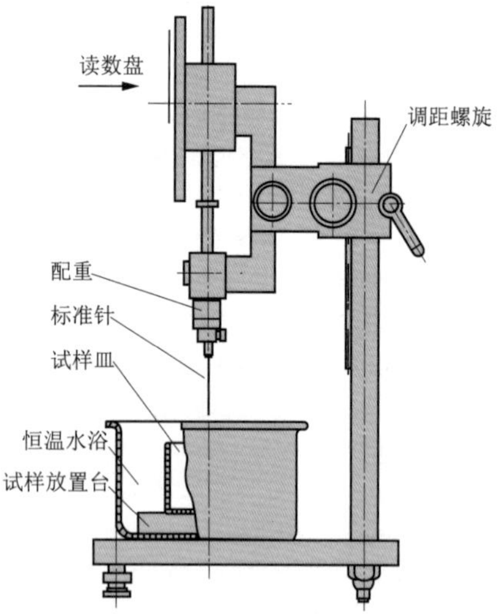

图1 沥青针入度测定装置示意图

软化点 用以表征沥青稠度与温度的依赖关系，主要采用环球法测定沥青软化点。检测时将沥青浇筑在规定尺寸的金属环内，上置规定尺寸和质量的钢球，试样在溶液中以5℃/分钟的速度加热并逐渐软化，测定钢球使软化试样下垂至规定高度（25.4毫米）时的温度（℃），此温度即为软化点。软化点测定方法适用于黏稠道路沥青。

延度 将沥青浇筑在中间断开的8字形模框中制作成标准试件，在25℃恒温液体中以5厘米/分钟的速度拉伸试模至沥青样品断裂时的长度（厘米）即为延度。通常要求黏稠道路石油沥青延度测定值要大于100厘米。针入度、软化点和延度俗称黏稠沥青的三大指标，也是评定沥青路用性能的重要指标。

黏度　评价沥青抵抗力动变形能力的技术指标，常用的黏度测定方法包括布式旋转黏度计、真空减压毛细管黏度计、塞尔布特黏度计、工业黏度计等。

真空减压毛细管黏度计主要测定60℃条件下沥青的黏度，用以评价黏稠道路石油沥青或改性沥青抵抗车辙变形的能力。布式旋转黏度计主要用来测定135℃条件下的沥青黏度，用以保证沥青在施工温度范围内的可流动性。塞尔布特黏度计、工业黏度计等主要用来评价乳化沥青或液体石油沥青的技术性能。

韧性与黏韧性　黏韧性试验将半球形金属测头置于沥青试样中，在25℃条件下以500毫米/分的速度拉伸测头，试样断裂前测得的力与变形曲线见图2。

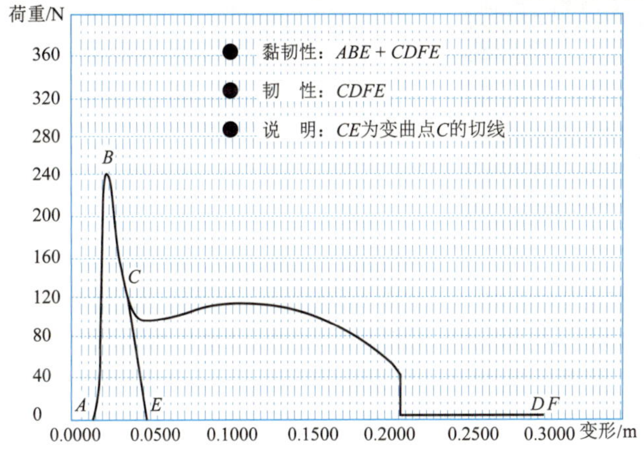

图2　黏韧性测定曲线示意图

将CDFE曲线所围面积定义为韧性，ABE＋CDFE所围面积定义为黏韧性。

黏附性　黏附性指标用以评价沥青抵抗水分浸入导致沥青－集料界面黏结状态破坏的能力。在现行技术标准中，以规定大小和数量的集料颗粒充分烘干后浸入热沥青中使其表面充分裹覆沥青，然后投入沸水中沸煮3分钟，观测集料颗粒表面沥青剥落面积，以其剥落面积多少评价沥青的黏附性。

老化　沥青在空气中逐渐氧化，分子结构变大，高分子胶团增加。老化导致沥青失去柔韧性变脆，路用性能变差。沥青在储运、拌和、摊铺碾压等工艺过程中均处于高温状态，这种加热老化也称短期老化，路面服役过程中由紫外线辐射等环境因素导致的沥青老化称长期老化。

零剪切黏度　沥青特别是苯乙烯－丁二烯－苯乙烯嵌段共聚物（SBS）改性沥青具有非牛顿流动特性，其黏度依赖于剪切速度而变化。沥青的黏度在剪切速度趋近于零和无穷大时会呈现大小不同的牛顿流动特性，分别称之为第一牛顿区和第二牛顿区，在中间剪切速度下黏度随剪切速度增加而减少。通常将剪切速度趋近于零的第一牛顿区黏度称为零剪切黏度（图3）。

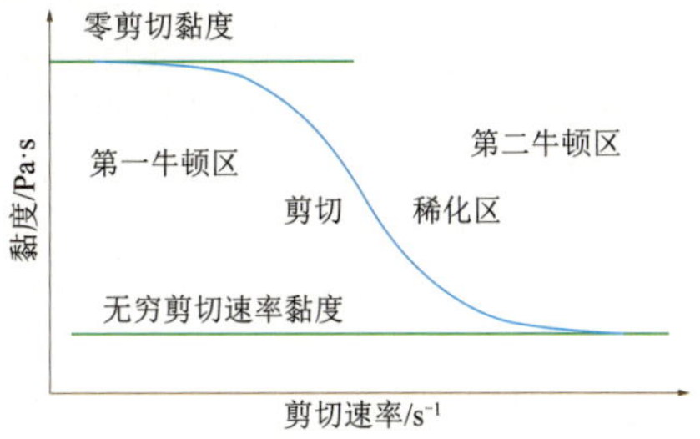

图3　沥青黏度与剪切速率关系曲线示意图

蠕变柔量　在荷载作用下，沥青和沥青混合料变形随时间的增加而增长的过程。将变形与恒定荷载之比称为蠕变柔量。蠕变柔量是时间的函数并随着时间增加而减小。撤去荷载后蠕变变形随时间增加可逐渐回复，具有延迟弹性的特点。

针入度指数　道路石油沥青的性能随温度而变化，路面工程中以针入度指数（PI）评价沥青的温度敏感性。假定软化点温度下沥青的针入度为800，则PI可由下式计算得到：

$$\frac{\log 800-\log(25\text{℃针入度})}{\text{软化点温度}-25\text{℃}}=\frac{20-\mathrm{PI}}{10+\mathrm{PI}}\times\frac{1}{50}$$

兼顾沥青在低温时的脆性、高温时的变形特性和拌和条件下的可流动性，道路石油沥青的PI值应控制在−2.0～2.0。PI值接近于2.0时沥青的感温性较小，接近于−2.0时感温性偏大。有些国家或地区的技术标准建议沥青的感温性宜控制在−1.0～1.0。

弹性恢复　高聚物改性沥青具有显著的延迟弹性，在外力作用下将产生较大变形，撤去外力后变形随时间逐渐恢复，这样的变形恢复能力通常称为弹性恢复。通常以弹性恢复试验评价改性沥青的弹性恢复能力。

离析　SBS改性沥青属于热力学中自由能大于零的不稳定体系，在一定温度条件下，随着时间延长二者具有相互分离的趋势。SBS与沥青分离后容易上浮，使得工程储罐中的改性沥青沿垂直方向发生性能改变，这一现象称为离析。　（张肖宁）

连接节点　connection joint　结构体系中，两个或多个结构构件间传递作用力的功能要素。在结构体系中，连接节点用以连接结构构件，使结构体系以一个整体承受各类荷载作用（见空间结构）。

分类　可从多个角度对连接节点进行分类：①按照组成材料的不同，连接节点可分为钢筋混凝土连接节点、钢连接节点、组合连接节点等。②按照传递弯矩程度的不同，连接节点可分为铰接连接节点、刚性连接节点和半刚性连接节点。铰接连接节点在节点转动（即节点所连接的结构构件间发生相对转动）时不会产生弯矩；刚性连接节点不会发生节点转动；半刚性连接节点介于两者之间，即节点存在一定的转动刚度来限制结构构件间的相对转动。实际结构中，理想的铰接连接节点和刚性连接节点不存在，更严谨的分类准则应该考虑连接节点的转动刚度。图中表示出了几种连接的弯矩－转角关系，其斜率代表节点的转动刚度。在结构的正常使用阶段，铰接连接节点的转动刚度小于图中所示的限值$K_{s,1}$，刚性连接节点的转动刚度大于图中所示的限值$K_{s,2}$，半刚性连接节点的转动刚度在$K_{s,1}$和$K_{s,2}$之间。

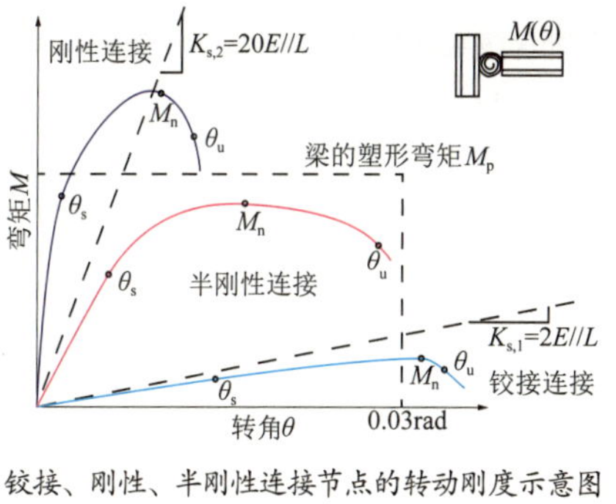

铰接、刚性、半刚性连接节点的转动刚度示意图

应用　构成一个土木工程结构，连接节点必不可少。在建筑结构领域，连接节点可用于连接梁、柱、板、墙等结构构件。其中，最常见的为梁－柱连接节点，包括平面梁柱连接节点和空间梁柱连接节点。平面梁柱连接节点将单根梁和柱连接在一起，空间梁柱连接节点将多根梁同时与柱相连。在建筑结构领域中，连接节点还包括墙－梁连接节点、梁－柱－支撑斜交连接节点、伸臂桁架－核心筒连接节点、伸臂桁架－柱连接节点，以及不同类型梁、柱之间的连接节点等丰富的连接节点构造形式，其受力机理和破坏模

式差异很大，设计方法也各有不同。在桥梁结构领域，连接节点可用于连接桥墩、盖梁、主梁、主缆、锚锭等结构构件。最常见的用于连接桥墩和主梁的墩-梁连接节点，可用于实现刚构桥等桥梁结构体系。此外，大跨斜拉桥和悬索桥中的索-梁锚固连接节点、索-锚锭连接节点、塔-梁连接节点等，均在大跨度桥梁结构中得到广泛应用。（陶慕轩）

连续墙抓斗 diaphragm wall grab 地下连续墙制作过程中开挖槽段的桩工机械。常用的地下连续墙抓斗分为钢丝绳悬吊式、全导杆式和半导杆式。主要由底盘、变幅卷扬、主卷扬、胶管绞盘、天车、抓斗、电缆卷扬等组成。采用液压和电气控制，将动力系统和液压系统进行合理匹配，可充分发挥整机的工作效率。

成槽作业时，首先调整变幅油缸，使抓斗对准成槽位置，然后下放抓斗至槽底，并使钢丝绳处于绷紧状态，通过胶管绞盘马达供油给主推油缸驱动连杆机构，实现抓斗斗瓣的闭合抓土，然后提升卷扬，当抓斗提升至地面后，回转中心将抓斗转至地面的倒土位置，主推油缸缩回，斗瓣张开，实现倒土作业。采用液压油缸控制抓斗体的开闭，能提供较大的闭斗力，有利于进行复杂地层的连续墙施工。施工中液压动力还能进行抓斗位置的调节。

（于景华）

联邦德国高速公路 Freeway in Federal Republic of Germany 世界上历史悠久、设施完善的高速公路网络。是在第二次世界大战前德国高速公路网的基础上，于20世纪60～80年代不断修建完成的，提供了安全、迅速、低耗能、高效率的运输条件。

历史沿革 1932年德国试建从科隆到波恩的双向4车道全部立体交叉的汽车专用公路，是远程公路中技术标准最高的一类公路，取名autobahn，英译为freeway或motorway，是世界上第一条高速公路，最高设计速度为160千米/时。1933年后，德国大规模规划、设计和建设高速公路，截至1939年第二次世界大战在欧洲爆发，6年间共建成3440千米，形成以柏林为中心向四周辐射的高速公路网。在第二次世界大战进行期间，继续抢修具有重要战略位置的高速公路，至大战结束时全德国建成的高速公路达3860千米，尚有2500千米处于施工中断之中。

德国修建高速公路的意义和经验得到世界各国的普遍认同和广泛借鉴。第二次世界大战结束后，联邦德国为振兴经济，以境内存留的2128千米高速公路为基础，进行整修扩建。到1970年，全国高速公路总里程达到4460千米。1970年后在工业现代化进程中，经历了1970～1985年的3个五年计划，使高速公路里程超过8000千米，全国高速公路网基本建成。1990年两德统一后，联邦德国高速公路成为德国高速公路网的骨干。截至2017年，德国高速公路总里程达1.1万千米，居世界第四位。

技术状况 联邦德国制定了完善的国家技术标准，将4车道路面的路基宽度统一标准取为29米，每一车道宽度为3.75米，两边设置宽3.0米的路肩紧急停车道，中间设宽4.0米的分隔带。高速公路路面中，水泥混凝土路面占27%，沥青路面占73%，表面平整，粗糙度好，行车安全、迅速。设计车速为100～120千米/时，但行驶时无高速限制，一般可行驶到120～150千米/时，最大车速有时可达200千米/时；上路最小车速为60～80千米/时。

联邦德国高速公路

安全和服务设施 全部采用统一醒目的路标线和标志牌，中央分隔带上设置连续的安全护栏和防眩目栅，路基两侧在必要处也都设安全护栏。为防止噪声，近城镇处设隔声墙。沿线还设有呼救电话、沿路广播、电视监视、交通量自动记录和调节设施等。高速公路沿线每隔一定距离设置完善的服务设施，如加油站、休息停车场、餐厅、汽车旅馆等（见图）。

（朱照宏）

梁 beam 土木工程结构中主要承受弯矩和剪力的构件。应用非常广泛，是基本结构部件之一。梁通常水平布置，为满足使用要求也可斜向布置，如坡道桥梁、楼梯梁等。梁的截面尺寸远小于跨度，高跨比一般为1/8～1/16，预应力混凝土梁的高跨之比甚至小到1/30。高跨比大于1/5的梁统称为深受弯构件，其中高跨比大于1/2的简支梁和高跨比大于1/2.5的连续梁称为深梁。梁的截面高度通常大于宽度，但因工程需要，也有宽度大于高度的梁，称为扁梁；高度沿轴线变化的梁，称为变截面梁。

分类 按所用材料可分为钢梁、钢筋混凝土梁、预应力混凝土梁、木梁以及钢-混凝土组合梁等。按截面形式可分为矩形梁、T形梁、I形梁，L形梁、槽形梁、箱形梁及空腹梁等。按梁的支撑方式又可分为：①简支梁。梁一端为固定铰支座（图a中的左支座），另一端为可动铰支座（图a中的右支座），防止整根梁发生水平移动，同时又满足温度变化导致的自由伸缩。在竖向荷载作用下，最大弯矩通常出现在跨中，最大剪力通常出现在支座处。②悬臂梁。梁一端为固定端，固定在支座处，既不能移动也不能转动；另一端为自由端，可以自由移动和转动（图b）。在竖向荷载作用下，自由端既无弯矩也无剪力，最大弯矩和剪力都出现在固定端。将简支梁的支座向跨中移动，使梁的一端或两端挑出，形成悬臂，又称伸臂梁（图f）。③一端固定一端简支梁。在悬臂梁的自由端加设铰支座形成（图c）。和同样跨度的悬臂梁相比，由于自由端设置了铰支座，梁上的弯矩和剪力都有所减小。④两端固定梁。梁的两端都固定在支座处（图d），和同样跨度的简支梁、悬臂梁相比，由于两端增加了约束，梁上的弯矩和剪力分布更加均匀，最大弯矩和最大剪力都有所减小。⑤连续梁。具有两个以上支座的梁，由于梁在中间支座处受到一定程度的约束，和同样跨度的简支梁相比，内力分布更加均匀，能承受更大的荷载（图e）。⑥伸臂梁，简支梁的一端或者两端延伸至支座之外，形成伸臂（图f）。作用在伸臂部分的竖向荷载会在支座处引起梁的负弯矩，从而有效减小梁在两个支座间的弯矩。

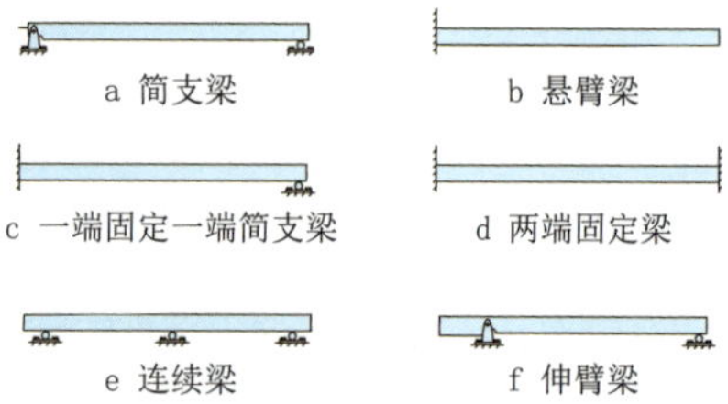

梁按支撑方式的分类示意图

受力特点 梁也称为弯剪构件，主要承受弯矩和剪力。在工程中最常用的梁都是具有纵向对称面的等截面梁，竖向荷载所在平面与梁的纵向对称面相一致，梁内只产生弯矩和剪力，否则还会产生扭矩，如雨篷梁、楼盖边梁等。两个端点不在同一高度的梁称为斜梁，在竖向荷载作用下，斜梁中会产生轴力。若梁同时承受竖向荷载和水平荷载的共同作用，则梁处于双向受弯状态。

计算要点 根据荷载性质和最不利荷载效应组合对梁进行截面内力的计算。对一般吊车荷载和其他震动或冲击作用，可化为乘以动力系数的等效静荷载进行计算，但对于直接承受较大动力作用的梁，则需进行动力计算。

梁的设计应进行抗弯、抗剪、抗扭等承载力计算和挠度验算，对侧向刚度较差且在支座间没有侧向支撑的梁，还必须进行整体稳定性验算。对钢筋混凝土梁和预应力混凝土梁还应进行裂缝控制计算。对承受中、重级吊车荷载的吊车梁以及桥梁，还应进行疲劳强度验算。

（秦文钺　林宗凡　李全旺）

梁式桥　girder bridge　以受弯为主的梁作为主要承重构件的桥梁。简称梁桥。在垂直荷载作用下，支座只产生竖直反力而无水平推力。梁式桥是最古老的桥型之一，因构造简单和施工方便而被广泛采用。

结构体系　梁式桥按结构体系可以分为简支梁桥、悬臂梁桥、连续梁桥、刚架桥、T形刚构桥、连续刚构桥和索辅梁桥等。

简支梁桥　主梁简支于桥梁墩台的梁式桥。是受力最简单的静定结构，跨中弯矩最大。跨径增大时，主梁内力急剧增大，因而仅适用于中小跨径。简支梁特点是主梁内力不受墩台变位影响，故可用于地基不良的场合；各孔单独受力，如一孔破坏不影响邻孔；构造简单、施工方便，可做成标准设计，以使构件制造工业化、标准化，并可保证质量、降低造价、缩短工期。简支梁桥现多采用预制装配方法施工，即先分片（段）预制主梁，再逐孔架设装配成桥。

悬臂梁桥　将简支梁向一端或两端伸出悬臂的桥梁。又称伸臂梁桥。有单悬臂梁桥和双悬臂梁桥两种型式。由于支点负弯矩的卸载，使锚固孔正弯矩显著减小，内力沿跨长的分布较为均匀，这对恒载占主要比例的公路桥和大跨度桥梁是有利的。悬臂梁桥亦为静定结构，也适用于地质不良的地区。结构整体刚度不如连续梁大，悬臂端挠度较大，易形成折角。这些都限制了悬臂梁桥的应用。预应力混凝土悬臂梁桥适合于采用平衡悬臂法（浇筑或拼装）施工，但同连续梁一样，必须在支点处采取临时固结措施。

连续梁桥　主梁在各支点上不间断地连续通过的梁式桥。是超静定结构，跨中正弯矩最大而支点负弯矩（绝对值）最大。由于支点负弯矩的卸载，使跨中正弯矩比同跨简支梁显著减小，且弯矩分布较均匀。当跨度较大，恒载占总荷载的比例较大时，采用连续梁便可节省材料，故适用于大、中跨径。连续梁整体刚度大，利于高速行车；动力性能好；一孔破坏时，邻孔可予支持而不坠落；基础不均匀沉降、温度变化、混凝土收缩徐变及预加应力等均会产生附加内力，多用于基础良好的场合。连续梁桥常采用多孔一联，并在联端设置大变形量伸缩装置。

刚架桥　主要承重结构采用刚架的桥梁。又称刚构桥。刚架的腿形成桥的墩（台）身，刚架的梁形成桥跨结构。梁与腿刚性连接，其间无须设置桥梁支座，可用钢、钢筋混凝土或预应力混凝土建造。

当腿和梁垂直相交呈门架形，简称门架桥。因腿所分担的弯矩随腿和梁的刚度比率的提高而增大，这样可适当降低梁高，适用于在建筑高度受限处建造跨线桥（见**立交桥**）。主要形式有：单跨门架桥、双悬臂单跨门架桥、多跨门架桥和三跨两腿门架桥。

当腿斜置时，两腿和梁中部的轴线大致呈拱形，简称斜腿刚架桥，这样，腿和梁所受的弯矩比同跨度的门式刚架桥显著减小，而轴向压力有所增加。同上承式拱桥相比，斜腿刚架桥不需要拱上建筑，构件数目较少。当桥面较窄（如单线铁路桥）而跨度较大时，可将其斜腿在桥的横向放坡，以保证桥的横向稳定。采用钢建造的斜腿刚架桥，腿脚处常设铰。斜腿刚架桥可用于跨度不大的跨线桥，也可用于大跨度桥，尤其是山区的跨谷桥。

T形刚构桥　悬伸的主梁和桥墩固结，形成T字形刚构，即为T形刚构桥，简称T构。T构间以挂孔相连即成带挂孔T构桥（图1a），为静定结构。两个T构悬臂端以只传递剪力不传递弯矩和轴力的剪力铰连接即成带剪力铰T构桥（图1b），为超静定结构。T构不需在大跨度时设置昂贵的大型支座，经济性较好。但伸缩缝较多，主梁悬臂端易下挠形成折角，对高速行车不利，因此现已很少使用。除采用箱形主梁外，也可用预应力混凝土桁架做成T构桥，以综合发挥桁架和T构的优点。

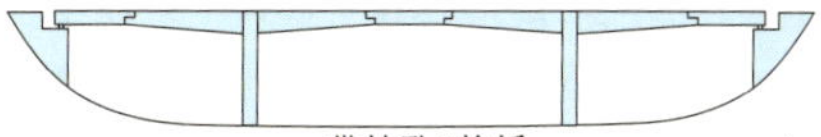

a　带挂孔T构桥

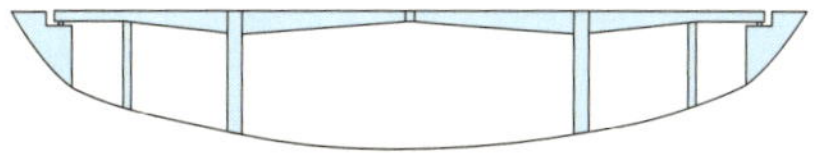

b　带剪力铰T构桥

图1　T构桥示意图

连续刚构桥　将连续的主梁与柔性桥墩固结或将T形刚构桥的挂孔和剪力铰固结即成连续刚构桥（图2）。其上部结构主要具有连续梁的受力特点，并综合了T构

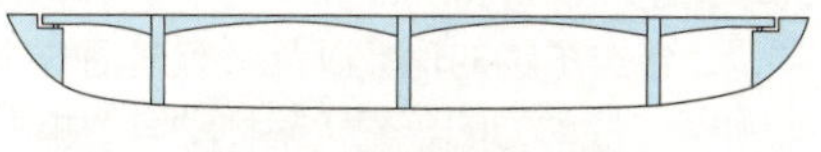

图2　连续刚构桥示意图

和连续梁的优点，如节省支座、方便悬臂施工等。适用于大跨、高墩场合。多跨连续刚构桥多采用抗压刚度较大而沿桥轴线方向水平抗推刚度较小的双薄壁或单薄壁柔性墩，在通航繁忙的河流上，必须采取措施防止（或抵抗）薄壁墩遭受船舶的撞击。连续刚构桥可以采用一联多孔布置。对联长较大的连续刚构桥，可在若干中间孔以剪力铰或简支挂梁相连；或可采用连续刚构－连续梁组合体系。

索辅梁桥　索辅梁桥又称部分斜拉桥或矮塔斜拉桥。其主梁梁高（刚度）较大，塔较矮，斜拉索的贡献相对较小，斜拉索如同主梁的体外预应力索，受力以梁为主、斜拉索为辅，故仍归入梁式桥类型（图3）。其构造、跨径和用材均介于连续梁桥和普通斜拉桥之间，多用于建筑高度受限制地区。

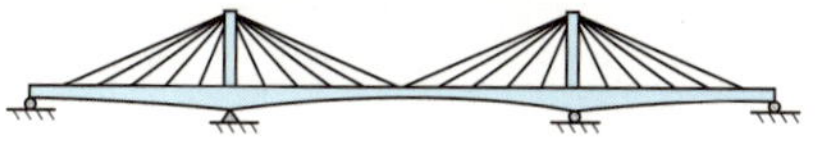

图3　索辅梁桥示意图

主梁构造　梁式桥按主梁构造不同可分为实腹梁桥、空腹梁桥（桁架梁桥）和组合梁桥。

实腹梁桥　腹板为实体的钢腹板或混凝土腹板的梁式桥。其构造简单，施工、维修方便，因此应用广泛。但是，其横截面主要由弯矩决定，而弯矩大小与跨度的平方成正比（均布荷载作用），跨度较大时，主梁截面积和自重较大，而其腹板上的平均法向应力不大，材料利用不充分，因此跨度受到一定限制。实腹梁桥主要采用预应力混凝土梁、钢筋混凝土梁、钢箱梁和钢板梁等。实腹梁桥的横截面形式有板式截面、肋梁式截面和箱形截面3种。

空腹梁桥　腹板为非实体的桁架杆件的梁式桥。其桁架杆件基本只承受轴向力，材料利用充分，自重较轻，跨越能力较强、刚度较大。一般采用钢材建造，也可采用预应力混凝土或钢筋混凝土，但应用较少。钢桁架梁桥中杆件与节点板的连接方式有铆接、栓接和焊接等，以栓接（包括高强螺栓连接）和焊接为主。

组合梁桥　预应力混凝土或钢筋混凝土桥面板与钢板梁、钢箱梁或钢桁梁结合的梁式桥。也可采用上、下缘预应力混凝土板或钢筋混凝土板，中间用波形钢板或钢桁腹杆进行组合。

（袁国干　吴培峰　陈艾荣　葛耀君）

列车编组 train formation 列车中车辆的类型、各类车辆的辆数以及所有车辆的编排顺序。带动力的车辆（简称动车）和不带动力的车辆（简称拖车）是城市轨道交通车辆的两种形式。①动车。分为单司机室动车（MC）、无司机室带受电弓的动车（MP）、无司机室动车（M）。②拖车。分为单司机室拖车（TC）、无司机室带受电弓的拖车（TP）、无司机室拖车（T）。列车编组由不同型式的车辆根据客流预测、设计运输能力、线路条件、环境条件、运营组织和列车故障运行要求等要素确定。

按照列车的动力构成及动车和拖车构成形式，城市轨道交通列车编组可分为全动车编组、动拖混合编组和动拖单元编组。按照车辆的常用标准和输送能力，城市轨道交通列车一般具有大编组、小编组等编组形式。①大编组。一般为8辆车编组形式，首尾为带司机室的车辆，其余为不带司机室的中间车，可以是动车或者拖车。②小编组。一般由4辆动车或拖车构成。

城市轨道交通运营初期和近期通常采用相同的列车编组数，当远期列车编组数大于初、近期时，土建规模按远期列车编组长度实施。（彭其渊）

列车清洗线 train washing siding 用于城市轨道交通列车的外部日常清洗、保洁的设施。可对列车端部和侧面进行洗刷。列车外部清洗需要进行水喷淋预洗、喷洗涤剂、刷洗、水喷淋终洗等多道工序，必要时还可进行清洗后的车体干燥。

列车清洗线分为人工清洗和自动清洗两类。①人工清洗，不设置任何自动设备，只在清洗线两侧设置与车辆地板等高的平台、上水、排水和压缩空气设施，列车外部清洗作业由人工进行。②自动清洗，在清洗线上设有自动清洗机，由自动清洗机按照设定的程序自动完成列车端部和侧面的清洗工作。自动清洗线分为通过式和固定式两类。通过式是在清洗线中部设置固定的自动清洗机，列车以3～5千米/时的速度通过清洗机完成清洗作业。通过式自动清洗线要求线路长度较长，在清洗机前后线路的长度都不能小于一列车的长度，清洗线的总长度不小于两列车加上洗车设备的长度。当受条件限制，清洗线线路长度较短时可采用固定式自动清洗线，此时列车在清洗线上固定不动，清洗机沿列车移动对列车进行清洗，洗车线的长度只要求大于一列车的长度即可。（杨秀仁）

列检库 shed 用于城市轨道交通列车技术检查、一般性故障处理和停放的设施。通常列检库线不单独设置，与停车库线结合设置作为停车线使用。车辆段和停车场均需要设置列检库。

列检库内的线路与线路中间通常设置1.2～1.5米深的检查坑，以便于检查人员进行列车下部设备的检查。为方便检查人员对列车下部各类设备箱进行检查作业，有些列检库线在线路两侧设有宽检修坑，宽检修坑一般低于库内地坪（轨面）0.6～1.0米。列检库的规模一般不小于车辆段或停车场停车库线的50%。列检库可根据用地条件按一股道停放1列车、两列车和3列车方式设置，当采用一股道上设置3列位时，列检库一般采用两端均可以出入列车的贯通式车库。

列检库每个列位两端设有司机上车平台。同时，根据检查修程要求设置固定或移动式车顶检修平台，一般为钢结构平台。列检库库边设有辅助用房，设置电器、车载信号、机械、材料库等检修车间，以及更衣、班组等检修工人用房。

无论是采用接触轨供电还是接触网供电，供电接触轨、接触网均需要进入列检库。列车依靠接触轨或接触网自行进入列检库内，库内要设置牵引电源开关柜，在进行列车检查作业时能够对检查列车的轨道断电，确保检查作业人员安全。（杨秀仁）

林区道路 forest road 为林业服务的各类道路总称。是林业生产建设环节中不可缺少的组成部分，从森林开发利用到抚育更新，都有重要作用。林区道路类型按基本功能可分为：①集材道路。由木材采伐点至装车场间所开辟的简易道路，专供集材使用。一般线路较短，无严格标准，占地较多，毁幼树严重。凡属间伐区或地形条件许可，一些国家已多采用架空索道和直升机集材。②运材道路。为林区道路的主体，直接承担木材由装车场到贮木场的输送任务。根据运材工具和运量大小的不同，道路构筑的形式与标准有很大差别。③营林道路。根据造林、育林、护林等工作的需要，从森林经营局、所，到各营林点所修筑的正规道路。平常交通量甚小，为确保长期使用，都具有一定的技术标准。在贯彻“青山常在，永续利用”的方针，执行采育结合的林区，运材道路与营林道路往往融为一体。

林区道路是林区主要运输途径，根据不同地区的经济、自然情况，还有铁路、水槽、索道等运输方式。在寒冷地区，利用自然条件，对地面加以修整和浇筑，构成临时性的冰雪道路，用牲畜、拖拉机或汽车拉运材木。这种路输送能力低，受季节气候限制大。

林区道路网为实现林业现代化的重要物质基础。道路网由干线、支线和岔线构成。根据路线服务范围和性质，规定各种不同的技术指标。道路网密度指单位林地面积上拥有的道路数量，以米/公顷表示，它是林区完善程度的重要标志。（李金铸）

林同炎 Lin Tongyan（1912-11-14～2003-11-15） 美籍华人结构工程专家。原名同棪。生于中国福建福州，卒于美国圣弗朗西斯科（旧金山）。1931年毕业于交通

大学唐山工程学院。1933年获美国加利福尼亚大学伯克利分校硕士学位。1933～1946年，在中国成渝铁路、滇缅铁路任工程师兼桥梁课、设计课课长，台湾工信工程公司总工程师和台糖铁路处长等职。1946年定居美国，1951年入美国国籍。1946～1976年先后任美国加利福尼亚大学伯克利分校副教授、教授以及结构工程系主任、结构试验室主任及全校改进委员会主席，并享有终身教授荣誉。1954年创建林同炎国际公司。1967年当选为美国国家工程科学院院士。1996年当选为中国科学院外籍院士。

林同炎是美国预应力混凝土学会的创始人之一，在美国有“预应力混凝土先生”之美誉。他首次系统而完整地提出了荷载平衡法，用以求解预应力超静定结构。发表工程论文100多篇，主要著作有《预应力混凝土结构》《钢结构》《房屋与桥梁系统》等，并被译成多种文字出版。在美国出版的《结构工程手册》《抗震工程手册》《混凝土工程手册》中，均有他论述预应力混凝土的专篇。所设计的结构物上千座，如旧金山莫斯科尼地下会议大厅、马来西亚莎阿南体育场、台北关渡大桥、金门大学礼堂、南宁大桥等。曾提出过大胆创新的拉克埃查基曲线斜拉桥设计方案、被称为“世界和平桥”的白令海峡大桥设计方案，以及主跨达5000米的直布罗陀海峡大桥设计方案等。

林同炎以他在结构工程特别是预应力混凝土方面的卓越贡献而获得各种奖励和荣誉称号。美国土木工程师学会1956年授予他“惠灵顿”奖状，1966年授予他“贺

瓦德”金质奖章，该学会1970年将预应力混凝土奖改称为“林同炎奖”。国际预应力协会于1974年授予他“弗雷西奈奖”。美国国家科学院和美国国家工程科学院1977年授予他“1/4世纪贡献奖”。1986年，美国总统里根颁发他“美国国家科学奖”及全美顾问工程师最高奖（该奖每年发给一人）。1999年被世界权威杂志《工程新闻记录》选为“125年来125位最杰出的工程人士”。2000年获美国土木工程师学会首届“杰出工程与领袖奖”。香港中文大学、加州美国金门大学及上海同济大学等授予他名誉博士称号，中国西南交通大学、同济大学和清华大学等聘他为名誉教授。

林同炎于1992年离开国际公司并创办林同炎中国公司，先后在上海、北京、福州和重庆等地建立中美合资公司，从事中国的工程设计咨询。他是率先提出开发浦东的外籍人士，并于1980年和1993年先后提出黄浦江大桥及长江口通道跨越方案。 （沈大元 撰 李亚东 修订）

磷酸盐胶结料 phosphate binder 由磷酸或磷酸盐溶液胶结各种耐火集料而得到的气硬性胶凝材料。磷酸盐胶结料按胶结剂成分不同，可分为磷酸铝、磷酸镁、磷酸锌和聚磷酸钠等胶结料；按集料性质不同，可分为无机磷酸盐和有机磷酸盐胶结料；按集料种类不同可分为高铝质、黏土质、硅质和镁质等磷酸盐胶结料；按胶结料硬化特性不同，可分为冷固性和热固性磷酸盐胶结料。

这类胶结料在凝结硬化前具有可塑性，根据工程需要可做成各种形状的制品。通常用作胶结剂的磷酸盐溶液呈酸性，若集料呈碱性，胶结料在常温下即能硬化；若集料呈中性或酸性，胶结料需经过适当温度的热处理或掺加促凝剂才能硬化。

磷酸盐胶结料可采用浇注、振动、机压、捣打和喷涂等方法，制成各种耐火混凝土、耐火涂料或不烧耐火制品。它既具有一般胶凝材料的特点，如可塑性、低温硬化、可掺性等，又具有耐火材料和高温陶瓷的特性，如耐火度高；冷（热）态机械强度高；热震稳定性好；抗渗性好和抗冲击性强；荷载软化温度和化学稳定性较高；高温黏结力强等。

从19世纪初，牙医用磷酸锌水泥问世以来，磷酸盐胶结料已发展到20多个品种，分别应用于航空工业中作隔热材料、耐火涂料，电子工业中作高温胶结剂和介电涂层，机械切削加工中的黏结剂，测试技术中的高温黏结剂以及工业高温窑炉中作耐热、耐蚀和耐磨衬里等。

（缪纪生 黄文虎）

凌鸿勋 Ling Hongxun（1894-04-15～1981-08-15） 中国铁路工程专家、教育家。字竹铭。原籍江苏常熟。生于广州，卒于台北。1910年考取上海高等实业学堂（后改称南洋大学，上海交通大学前身）土木工程科，1915年毕业被选送到美国桥梁公司实习并在哥伦比亚大学选读。1918～1927年先后在京奉铁路、京汉铁路和交通部考工科工作，在上海高等实业学堂执教并任校长。1929～1950年主要从事铁道工程建设工作，先后任陇海、宝天铁路工程局长，粤汉铁路管理局长，西北公路管理局长，交通部常务次长等。曾主持建成陇海铁路灵宝至西安、粤汉铁路株洲至韶关、湘桂铁路桂林至镇南关和宝鸡至天水铁路等重要干线，将原定4年建成的粤汉铁路株洲至韶关段工程提前1年3个月竣工，因而获得中国工程师学会颁发的第一次创设的金质奖章。晚年任台湾中国石油公司董事长并从事教育工作达20年。主要著作有《八十年来之中国铁路》（1944）、《中国铁路概况》（1950）、《中国铁路志》（1954）、《七十年来东清、中东、中长铁路变迁之经过》（1964）、《詹天佑先生年谱》（1961），以及早年编著的有关市政工程学、铁路工程学、桥梁学及工厂设计学等。 （任 民）

刘恢先 Liu Huixian（1912-10-18～1992-06-24） 中国结构工程和地震工程学家。生于江西莲花，卒于哈尔滨。1933年毕业于交通大学唐山工程学院。1937年获美国康奈尔大学博士学位。归国后历任湘桂铁路、叙昆铁路、黔桂铁路、平汉铁路工程师，浙江大学、西南联合大学教授。1947年再度赴美，在工程设计公司任工程师并在大学任教。1951年归国后任清华大学教授。1952年开始创建中国科学院工程力学研究所，1954年任所长，1984年任名誉所长。1980年当选为中国科学院学部委员（院士）。

长期从事桥梁工程设计和地震工程学研究工作。曾从事连续长方板和吊桥应力分析的研究，担任过武汉长江大桥顾问委员会委员。其主要贡献在地震工程学方面，1959年和1964年，主持编制中国第一个和第二个抗震规范草案，后者包括他所提出的地震系数、动力系数、结构系数等概念，为中国抗震设计规范提供了抗震验算原则。提出了重力坝和拱坝抗震计算的新方法，还提出了**地震烈度**的新定义并研究了地震烈度的物理标准，在此基础上制定了新的中国地震烈度表（1980）。主编了《地震工程与工程振动》学术季刊和《地震工程研究报告集》。

曾当选为第四届至第六届全国人民代表大会代表，中国人民政治协商会议第二届和第三届全国委员会委员。还曾担任中国地震学会副理事长、黑龙江省科学院副院长等职。 （唐寰澄）

刘建航 Liu Jianhang（1929-04-26～2016-07-31） 中国软土隧道与地下工程的开拓者。中国工程院院士。河北深泽人，生于北京。1951年毕业于上海交通大学，曾为同济大学兼职教授、博士研究生导师。1995年当选为中国工程院院士。

研究和设计含水软弱地层中盾构法隧道的单层钢筋混凝土拼装式衬砌，率先攻克衬砌结构防水关键，用以建成第一条黄浦江越江隧道及地铁试验段，获全国科学大会奖。开拓盾构、沉管、连续沉井法，以建成困难地层的20条市政隧道。在江底高压沼气砂层建隧，解决喷发沼气流沙等世界罕见难题。首次在建筑密集区用自制11.3米盾构、地下墙深基坑法和环境保护技术建成第二条浦江隧道，该工程获国家金奖。在地铁工程中采用车站地下墙深基坑明挖法、逆筑法及盾构穿越建筑群等新技术，有效控制了流变性地层移动，保护了市政建筑设施。提倡“理论导向、实测定量、工程判断、检测验证”的理论与实际相结合的思想，重视信息化技术在隧道及地下工程中的支撑作用。被誉为“上海地铁之父”。获得上海市科学技术进步一等奖1项、二等奖3项、三等奖1项。 （朱合华）

琉璃制品 colour glazed earthenware 施釉的陶瓷或玻璃制品。该词起源于汉代，原为“流离”，后演变为“瑠璃”。琉璃制品最早出现于古代西亚的两河流域（幼发拉底河和底格里斯河）。中国琉璃制品的发展始于汉代，盛行于唐代，明清时期达到全盛。汉代创造呈翡翠绿的低温彩釉，以氧化铅为助熔剂，该制品光滑平整，釉层清澈通透。唐三彩的出现，标志着釉料色彩有了突飞猛进的发展，盛行的有赭、黄、绿、蓝、白等色。琉璃制品胎质坚实，经久耐用，色彩亮丽，具有独特的中国风格。按用途可分为建筑琉璃制品（琉璃瓦、琉璃砖等）、建筑装饰雕塑琉璃制品和琉璃工艺美术品（琉璃桌凳、鱼缸、花盆和花瓶等）三大类。其中建筑琉璃制品产量最大。

建筑琉璃制品是以黏土为主要原料，经配料、混料、成型、干燥、施釉、烧成等工序制成。建筑琉璃制品按品种分为瓦类、脊类、饰件。瓦类根据形状可进一步分为板瓦、筒瓦、滴水瓦、沟头瓦、J形瓦、S形瓦和其他异形瓦等。建筑琉璃制品的坯用原料有陶土、泥质页岩、煤矸石等黏土质原料和石英砂（砂岩）、砂质黏土、低温烧结的矿物废渣等瘠性料。釉料种类有生铅釉、铅硼熔块釉、长石釉、钠钙釉、生料釉加少量熔块等。釉的颜色有金黄、翠绿、天蓝、银黑、铝灰、孔雀蓝和玫瑰红等。为适应现代建筑风格，施的釉除了色彩鲜艳、高光泽、半透明的特点外，还有乳浊、无光等效果；西式瓦中还有不施釉的土胎瓦。

由于建筑琉璃制品品种规格繁多，尤其是中式琉璃瓦的配套件非常复杂，因此对造型简单、配套量大的品种使用全自动或半机械化生产方式，对造型复杂或配套量小的品种用手工或半机械化生产。中国南北方生产的琉璃制品各具风格，南方一般采用一次烧成，烧成温度较高，多用生料釉；北方采用二次烧成，以熔块釉为主，烧成温度较低。成型的方法有半干压成型、塑压成型、注浆成型、挤压成型、手工印模成型等。施釉采用浸釉、淋釉、喷釉等。烧成采用辊道窑、隧道窑。

古建筑顶的琉璃瓦

琉璃制品要求有良好的物理性能如抗折强度、吸水率、耐急冷急热性能、耐冻性能，以及化学性能如防腐蚀性和防酸能力（大气中二氧化硫、氮氧化物等酸性气体）。琉璃制品外观要求光滑整洁、釉色鲜亮纯正、造型纹样规整清晰。《建筑琉璃制品》（JC/T 765）规定了建筑琉璃制品的定义、分类、规格及标记、一般要求、技术要求、试验方法、检验规则、标志、包装、运输、贮存和说明。

（冯乃谦　蔡光汀　陈　伟）

硫黄胶结料 sulfur binder 由硫黄、耐酸填料和增韧剂按比例配合，再加热至140～170℃熔融混合后浇注而成的气硬性胶凝材料。通常以石英粉为填料，聚硫橡胶、石蜡或聚氯乙烯树脂等为增韧剂。硫黄胶结料成块状，具有热塑性，使用时只需将块状胶结料破碎、加热塑化、冷却，即能坚硬如石，具有快硬高强、耐稀酸腐蚀、抗水、抗渗及良好的电绝缘性能，但耐热性较差。硫黄胶结料适用于不宜采用水玻璃耐酸胶结料的耐腐蚀工程中，作胶结剂或防酸层，如铁轨道钉、电器绝缘瓷瓶螺栓和抢修工程中机器地脚螺栓等的锚固，以及自来水管的接头等。但不适用于使用温度在90℃以上的工程、耐碱工程，以及温度高于80℃的硫酸和硝酸储罐等。

（缪纪生　黄文虎）

楼房爆破 demolition blasting of buildings 按照爆破设计要求，在楼房承重结构中设置特定爆破切口，通过钻孔爆破作业，使承重结构瞬间破坏而导致楼房整体快速倒塌的系列作业和技术。依据倒塌方式不同，楼房爆破形式有原地坍塌、定向倾倒、折叠倒塌和逐跨倒塌。依据楼房结构不同，楼房爆破可分为砖混结构楼房爆破、框架结构楼房爆破、框－剪结构楼房爆破、框－筒结构楼房爆破和全剪力墙结构楼房爆破等。

砖混结构楼房爆破　砖混结构的楼房指主要由砖和水泥砂浆砌筑而成的建筑物，其承重构件主要为砖墙，在纵横墙体交接等特殊部位设有钢筋混凝土构造柱。

砖混结构楼房的拆除爆破大多采用定向倾倒方式，条件受限时也可采用逐跨坍塌和原地坍塌方案。当采用定向倾倒总体方案时，应注意支撑区（保留部分）承重结构须有足够的支撑强度，避免倒塌时发生严重“后座”。

施工要点：①为使楼房顺利倾倒，影响楼房倒塌的部分承重墙和隔断墙应预先拆除。②楼梯间与现浇楼梯通常会影响楼房的倒塌和解体，爆破前应将楼梯逐段切断或打断，并在与之相连的墙体上钻孔装药，与承重墙体同网爆破。③砖混结构住宅楼房，爆破之前需对卫生间、厨房等特殊部位做弱化处理。

框架结构楼房爆破　框架结构楼房指由梁和柱以刚接或铰接等方式相连接成承重体系的房屋建筑。框架结构楼房一般为钢筋混凝土结构，承重构件为钢筋混凝土立柱，立柱与梁连接形成框架，部分框架结构楼房立柱还与楼板浇筑为一体。

爆破拆除时，须将立柱一定高度的混凝土进行爆破破碎，使其和钢筋骨架脱离，楼房上部结构失去支撑。爆破部位以上的楼房结构物在重力作用下倾倒失稳，并伴随弯剪破坏，向爆破一侧倾斜倒塌。

施工要点：①框架结构楼房爆破须注意后排立柱转动“铰”的处理，设计时应进行受力验算。②注意后排承重立柱的处理，防止后坐和反向倾倒爆破事故发生。

框剪结构楼房爆破　框剪结构楼房中由于剪力墙的存在，增加了结构的整体刚度，也增加了爆破拆除的难度。框剪结构楼房爆破，应注意对剪力墙的预拆除和钻孔爆破作业。大量工程实践表明，定向倾倒切口范围内的剪力墙应在爆前采用人工、机械或爆破方式进行预处理。①对于厚度小于30厘米的剪力墙，若条件允许可以从侧面沿墙体轴向钻水平孔，以减小钻孔工作量，并采用分段装药，提高爆破破碎效果。②对于厚度大于30厘米的剪力墙，可垂直墙面打孔。两种打孔方式与装药结构均应进行试爆。

框筒结构楼房爆破　框筒结构是超高层楼房普遍采用的结构形式，结构由框架和芯筒构成组合体系，结构整体刚度大，筒体具有远大于框架的抗侧移刚度，是主要的抗侧力构件；框架主要承担竖向荷载。框筒结构楼房大部分处于繁华闹市区，周边建筑物分布密集，爆破拆除难度大。

施工要点：①核心筒自成一体，整体性好，必须对其进行预处理。②核心筒的预处理无论是采用人工方式或爆破方式，都要比框架部分的处理高出1～2层，以使其顺利倾倒。③当核心筒体位于建筑物中间时，筒体重量大，若仅以后部框架立柱作为支点容易造成后座事故，应预留部分筒体后方墙体作为支撑，确保支点具有足够支撑强度。④当核心筒位于建筑物外侧，且周边环境对触地振动要求较高时，应高度重视筒体的爆破解体。

全剪力墙结构楼房爆破　全部由钢筋混凝土剪力墙作为承重结构的楼房称为全

剪力墙结构楼房。

施工要点：①钻孔量大，若钻孔不到位将会造成炸而不倒或解体不充分。②爆破面积大，爆破切口位置高，必须采取安全防护措施。③剪力墙结构楼房体量较大，若采用定向倾倒爆破方案，应严格控制触地振动有害效应。（姚颖康　黄小武）

卢纳大桥　Barrios de Luna Bridge　世界大跨度公路预应力混凝土斜拉桥。位于西班牙西北部的莱昂市近郊，跨越卢纳湖，1983年8月建成时为世界上主跨最大（440米）的斜拉桥，最大特点是采用平衡重锚固桥台，并以部分地锚的方式来解决边跨与主跨比值太小的难题。

卢纳大桥

该桥由107.7米+440.0米+106.9米共3跨组成，边跨和桥台固结，中跨无索区设一个剪力铰。为了避开50米的水深和不良地质条件，采用了较大的中跨；又因主梁采用悬臂浇筑法（见**混凝土桥架设**）施工（平均每周可浇筑两个节段合8.16米），采用了长度分别为36.233米和41.400米、混凝土用量达1万米^3、重达2.5万吨的起平衡作用和锚固部分斜拉索的重力式桥台，桥台内部设置了锚固斜拉索的工作通道以便张拉、锚固及更换斜拉索，并配置了预应力钢筋，形成三向预应力混凝土结构。

主梁采用形状扁平、带斜腹板的单箱三室封闭式箱梁，梁高仅2.5米，跨高比为176；宽22.5米，宽高比为9。在中跨的中部因轴向压力较小，为减轻自重，采用了半封闭式的箱形截面，中间箱底板最大开口宽度为4.3米。

塔墩在基础顶面以上高达102.5米，塔顶高出桥面约90米，立面上呈柱型，横桥向采用斜腿门型塔柱，有两道横撑，具有较好的抗风稳定性。80%高度的塔墩采用提升式模板施工。

斜拉索的布置为双索面非对称扇形密索体系，每塔每柱在主跨一侧从上到下共有34根斜拉索，边跨一侧从上到下共有21根斜拉索（大部分锚固于重力式桥台），每根斜拉索由31～80根直径15.2毫米的钢绞线组成，钢绞线则由7根钢丝组成。斜拉索外套壁厚5.5毫米的聚乙烯管，内注水泥砂浆防锈。缆索索距为8.16米，采用BL（barrios de luna）型锚具，具有耐疲劳、可以现场制造的优点。为了加大中跨的刚度，位于边跨桥台平衡重部分的斜拉索，按45°倾斜角布置。（袁国干　杨詠昕）

泸定桥　Luding Chain Bridge　中国古代大跨度悬索桥。又称大渡河铁索桥，是中国古代桥梁建筑的杰作。泸定桥位于中国四川省西部的大渡河上，两岸的桥头古堡为木结构古建筑，为中国独有。泸定桥始建于清康熙四十四年（1705），建成于康熙四十五年，康熙御笔亲题“泸定桥”。桥长103.7米，宽2.8米，13根铁链固定在两岸桥台落井铁桩里，其中9根做底链，4根分两侧做扶手，共有12 164个铁环相扣，全桥铁件重40余吨。此桥曾经创造了古代悬索桥跨度的世界纪录，是人类历史上第一座跨度超过100米的桥梁。

中国工农红军在长征途中“飞夺泸定桥”，使之成为中国共产党重要的历史纪念地。1961年，泸定桥由中华人民共和国国务院公布为第一批全国重点文物保护单位。（葛耀君）

陆侧地面交通系统　landside transportation system　与机场空侧相对的机场与城市相联系的地面交通系统。其服务对象是进出机场的航空客、货流，包括迎送人员、工作人员、机场周边通过机场内地面交通进入城市的乘客和货物，是机场与外部联系的重要通道。陆侧地面交通系统的交通方式一般包括道路交通（私人小汽车、常规公交、机场巴士、出租车、长途客车等）和轨道交通（城市轨道交通、航空轨道线）。一些大型机场还包括城际铁路（高速铁路、磁悬浮等）、直升机以及码头等交通方式。

陆侧地面交通系统可分为机场内道路客运交通系统、客运停车设施、航站楼前的车道边、地面交通中心4个部分。①机场内道路客运交通系统。主要用来满足机场各个功能分区车流量的需要，包括航站区进出道路、重复循环道路、航站楼前正面道路、工作道路等。②客运停车设施。是机场内重要的交通子系统，一般包括公共停车设施、公交车和小汽车停车设施、工作人员停车设施等。③航站楼前的车道边。是机场内人车接驳区，机场交通中私家车、出租车、公交车实现由车流向车客流转变的关键点，一般包括出发层车道边和到达层车道边。④地面交通中心。是机场中各种地面客运交通的换乘中心，一般是独立的交通中心区，可设置在离航站楼适当距离的地面，通过机场内其他交通系统与航站楼联系。随着交通一体化、立体化的发展，许多机场的地面交通中心与航站楼开展一体化规划与设计，如直接将轨道交通与公共交通引入航站楼内，实现无缝零换乘交通系统。大型的机场陆侧客运交通系统除了服务机场母体城市外，周边其他城市也利用地面交通网络与机场相连接，以期充分发挥机场的辐射效应。（涂辉招）

路基　subgrade　在地表按照道路的线形（位置）和横断面（几何尺寸）的要求开挖或填筑而成的带状岩土构造物。是路面结构的支撑。路基承受行车荷载和自然因素的双重作用，应具有足够的强度与整体稳定性、足够的抗变形能力和良好的耐久性。为达到上述目的，须在必要处修筑一些路基附属设施，包括路基排水设施和防护加固设施。

根据横断面形式，路基可分为路堤、路堑和半填半挖路基3种。自然地面起伏不平，为了使路面平顺，在自然地面低于路基设计标高处进行填筑而成的路基称路堤（图1）；在自然地面高于路基设计标高处通过开挖而成路基称为路堑（图2）；当天然地面横坡较大且路基较宽处，需一侧开挖一侧填筑的，即为半填半挖路基（图3）。

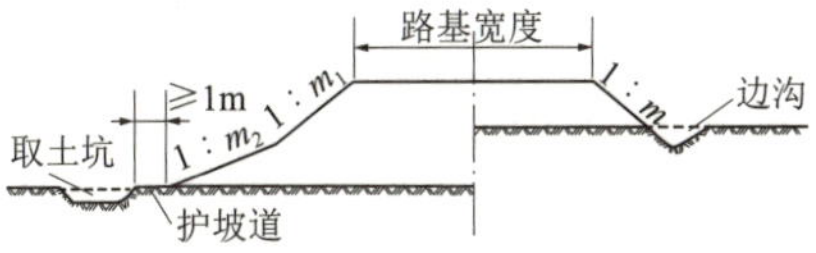

图1　路堤示意图

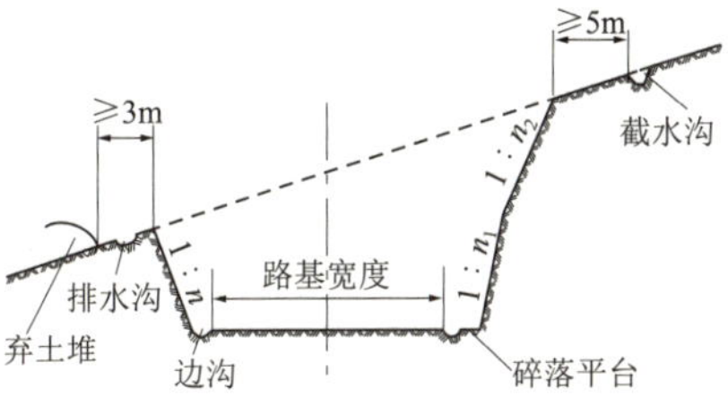

图2　路堑示意图

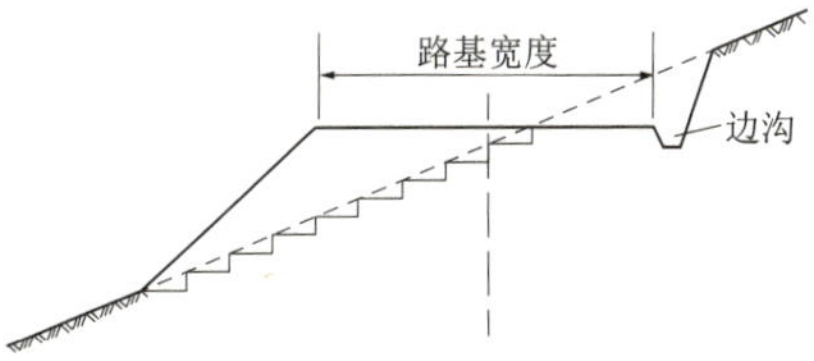

图3　半填半挖路基示意图

根据沿线的工程地质、水文地质条件和路基的填挖高度，路基亦可分为一般路基和特殊路基。一般路基指在工程地质条件和水文地质条件良好的地段，修筑的填挖不大的路基；位于特殊土（岩）地段、不良地质地段，以及受水、气候等自然因素影响强烈，需要进行特殊设计的路基，则称为特殊路基。

车辆荷载通过路面结构在路基中产生的垂直压应力随深度增加而逐渐减小，故路基按深度划分为路床、上路堤和下路堤，高速公路和一级公路的压实标准分别为96%、94%和93%，故上述3个路基层位又常被称为96区、94区和93区。

（卢肇钧　钱劲松）

路基设计　subgrade design　根据规划设定的道路等级和服务水平，综合考虑沿线的地质、地形、气候条件和铺面结构的要求，提出合理可行的路基设计方案，确定技术经济最优的路基设计参数的过程。路基设计内容包括横断面设计、填料选择、边坡设计、排水设计，以及防护与加固设计，特殊路基还应对沉降和稳定性进行单独验算。

横断面设计　考虑道路等级及其纵横坡要求、地质地形条件、路基稳定性和工程经济等因素，确定路基宽度、高度和横断面形式。①路基宽度指路基顶面两侧外缘之间的距离，根据道路等级和设计要求而确定。②路基高度指路基设计标高与原地面标高之差，需要满足线形平顺、路床干湿状态、路基冻深、设计洪水频率及其设计洪水位的要求。填土高度小于路基工作区深度的路堤称为低路堤，填土边坡高度大于20米的路堤称为高路堤。

填料选择　填料强度应满足规定的承载比（CBR）要求。理想材料为水稳定性好、压缩性小、便于施工压实，且料源充足、运距较短的土。泥炭、淤泥、冻土、强膨胀土、有机土及易溶盐含量超过限制、液限大于50%、塑性指数大于26的细粒土，不宜直接用于路基填筑，使用时应进行处置。

边坡设计　边坡设计内容为确定边坡形式和坡度。边坡形式主要有直线形、折线形和台阶形3种。坡度则以斜坡上两点间的竖直距离和水平距离之比表示。边坡设计应根据工程地质条件和填挖高度，结合自然边坡和人工边坡的稳定状况调查综合确定。

路基排水　为防止和控制路基受水侵害而布设的拦截、引排地表水及地下水的设施系统。一般分为地表排水系统和地下排水系统。地表排水系统的任务是有效防止和及时排除地表径流，包括边沟、截水沟、排水沟、跌水和急流槽。地下排水系统的作用为降低地下水位或拦截地下水流，包括明沟、暗沟、渗沟、渗井等。

路基防护　为防止自然营力与其他因素对路基边坡的破坏作用所采用的路基防护设施，包括坡面防护和冲刷防护。①坡面防护包括植草、铺草皮、种树等植物防护措施，以及抹面、砌石、浆砌片石、护墙等工程防护措施。②冲刷防护包括植物防护、干砌或浆砌片石护坡、混凝土板护坡和石笼护坡等直接防护措施，以及利用导治结构物改变水流方向或减小流速的间接防护措施。

路基稳定性　路基在自然因素和人为因素的长期影响下，保持其强度并且不出现各种变形破坏的性质。对于深路堑、高路堤、沿河路堤、软土地基和陡斜坡地基上的路堤等可能存在稳定性问题的特殊路基，应进行稳定性分析验算，当稳定性不足时需要进行加固或设置挡土结构。

路基稳定性分析大致可分为定性法和力学分析法两大类。定性法指通过工程地质勘察，对影响边坡稳定性的主要因素、可能的变形破坏方式及失稳的力学机制等进行分析，从而提出评价边坡的稳定性状况及其发展趋势的定性说明和解释，主要包括自然历史分析法、工程地质类比法及图解法。力学分析法主要包括以极限平衡理论为基础的条分法和以弹（塑）性理论为基础的数值分析法。

路基沉降　在行车荷载及土体自身作用下引起的路基下沉现象。过大路基沉降会导致路基下沉、滑塌、开裂，并引发路面开裂，进而影响路面的平整度。应根据公路等级要求，以及公路与桥涵、通道等构筑物的平顺连接要求，将路基沉降尤其是工后沉降控制在一定标准之内。

路基沉降包括地基沉降、路基自身压缩变形和荷载作用下的累积塑性变形3部分。地基沉降多采用固结理论（如太沙基的一维固结理论）进行分析；路基自身压缩变形主要发生在高填路基，多采用基于工程类比的经验预估法计算；荷载作用下的累积塑性变形主要发生在有下卧软弱地基的低路堤，可根据地基内的应力水平和塑性变形累积规律计算。

（钱劲松）

路基养护　subgrade maintenance　通过日常巡查，以及特殊路段的路基稳定与变形监测，判断路基的使用性能及其适应程度，及时预防和整治路基病害，使路基及其附属结构保持良好稳定的技术状态的经常性维护工作。路基养护工作包括巡查、经常性养护和小型病害整治，养护部位包括路肩、边坡、防护结构和排水系统。路基病害具有较强的隐蔽性，应尽量防患于未然，以“预防为主、治养并重”为出发点，治早治小，多做预防性工程，如确保路基平整、结实和完整，排水设施通畅。对一些较严重的路基病害和特殊路基病害，如崩塌、滑坡、软土路基下沉、冻胀、盐胀等的整治，需要进行细致的勘探试验、单独的特殊设计和工程措施。

随着道路等级的提高和技术的进步，对路基养护的要求也越来越高，对影响重大和存在安全风险的路基边坡进行实时监控，并利用计算机系统对路基的养护进行辅助管理，提高养护的质量水平和时效性。

（钱劲松）

路基支挡结构　subgrade retaining structure　用于支挡路堤填土或路堑边坡坡体，承受侧向土压力的结构物。又称挡土墙。广泛应用于支撑路堤或路堑边坡、隧道洞口、桥梁两端及河流岸壁等。

构成和特点　挡土墙一般由墙身基础、排水设施与沉降收缩缝等构成。挡土墙靠近回填土的一面称为墙背，另一侧称为墙面，顶面称为墙顶，底面称为基底，基底的外侧前缘部分称为墙趾，基底的内侧后缘部分称为墙踵（图1）。为防止地表水下渗造成墙后积水，使土体抗剪强度减小、墙身承受额外静水压力，在墙身纵横方向间距2～3米布置泄水孔，并设置反滤层。为避免因地基不均匀沉降引起的墙身开裂，减少圬工砌体因收缩硬化和温度变化作用产生的裂缝，沿墙长每隔10～15米处设置沉降收缩缝，缝宽2～3厘米，缝内可用胶泥填塞，有防渗要求时应采用沥青麻丝、沥青竹绒等防水材料。

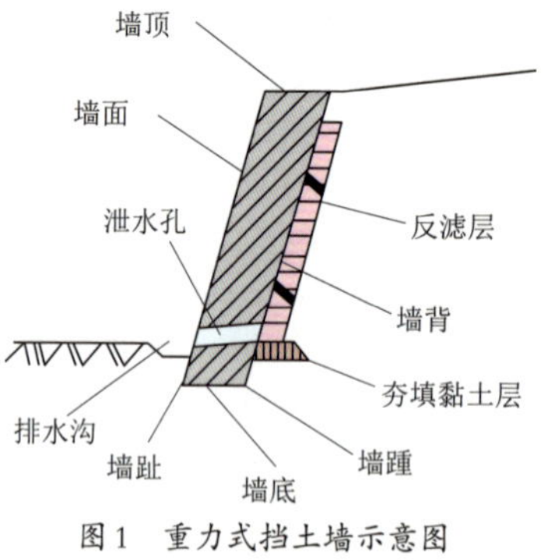

图1　重力式挡土墙示意图

挡土墙应具有足够强度和稳定性，应对其抗倾覆稳定性、抗滑性、地基承载力和偏心距进行检算，必要时还应进行地基浅层破坏稳定性检算。不满足要求时应采取改善措施，如加宽墙趾、改变墙身形式等。

类型　大多数挡土墙是靠自重和部分回填土重量来抵御由于土压力造成的倾覆力矩和滑动力而保持稳定。早期最常见的挡土墙有重力式、薄壁式（悬臂式、扶臂式）等结构形式，后又出现了锚杆挡土墙、锚定板挡墙、桩板式挡土墙、竖向预应力挡土墙、槽型挡土墙、垛式挡土墙和加筋土挡土墙等各种形式的轻型挡土墙。

重力式挡土墙　依靠圬工墙体的自重抵抗墙后土体的侧向土压力，以维持土体的稳定（图1）。墙身一般采用块石、片石浆砌或干砌而成，也可用混凝土浇筑。适用于一般地区、浸水地区和地震地区的支挡工程。由于其体积和重量较大，墙高受地基容许承载力和造价经济性的限制。根据使用情况不同，又有半重力式、衡重式和石笼式挡土墙。①半重力式挡土墙。在混凝土重力式挡土墙的基础上，于墙背设置少量钢筋，并将墙趾展宽以保证基底必要的宽度，从而减薄墙身，节省圬工。适用于不宜采用重力式挡土墙的地下水位较高或地基软弱的路段。②衡重式挡土墙。在重力式挡土墙的墙背设置一衡重台，使墙身重心后移，并利用衡重台上的填土提高墙身的稳定性（图2）。同时，上墙背俯斜而下墙背仰斜，可降低墙身，减小上部断面尺寸和下部基础开挖，适用于陡山坡的路肩墙、路堤墙和路堑墙。③石笼式挡土墙。石笼网内填充符合粒径要求及强度要求的石料，通过墙体自身重量维持挡墙稳定，又称格宾（gabion）挡土墙（图3）。具有整体性好、透水性好、适应变形能力强、抗冲刷能力强、绿化效果好等优点，可用于地下水较多的土质、风化破碎岩石地段。

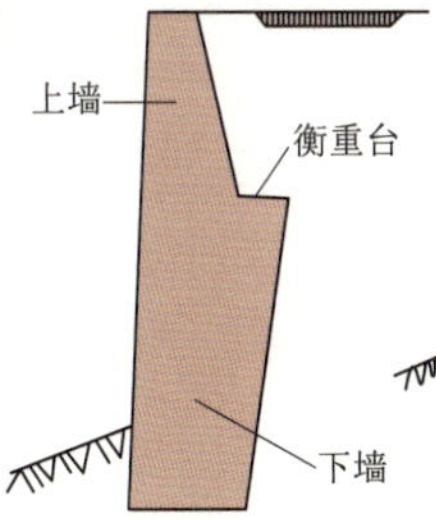

图2　衡重式挡土墙示意图

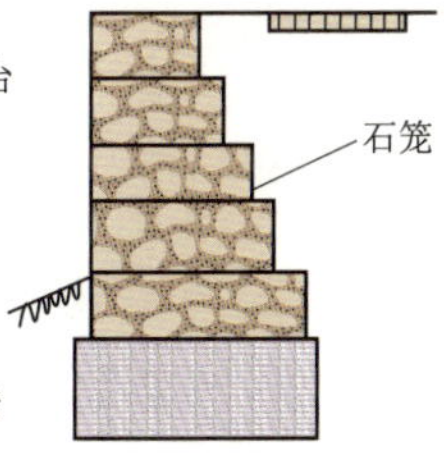

图3　石笼式挡土墙示意图

薄壁式挡土墙　包括悬臂式挡土墙（图4）和扶臂式挡土墙（图5）。悬臂式挡土墙由立壁、墙踵板和墙趾板3个悬臂（板）组成，并依靠压在墙踵板上的填土自重，阻止墙身的倾倒和滑动，从而支挡墙后的土体。3个悬臂配置钢筋承受弯矩。因立壁与墙踵板之间容易拉裂，悬臂式挡土墙墙高一般不超过5米。扶臂式挡土墙在悬臂式挡土墙的背部，每隔一定距离加设一道扶壁，将立壁与墙踵板连接起来，从而避免两者结合处的开裂，墙高可增大至15米。

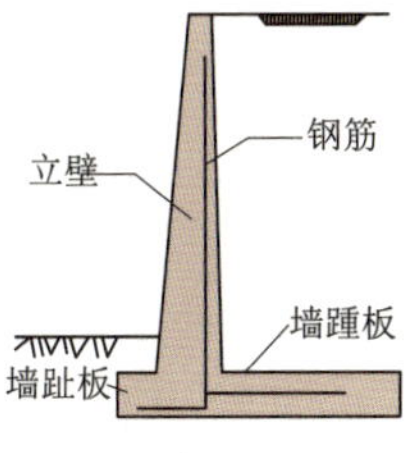

图4　悬臂式挡土墙示意图

图5　扶臂式挡土墙示意图

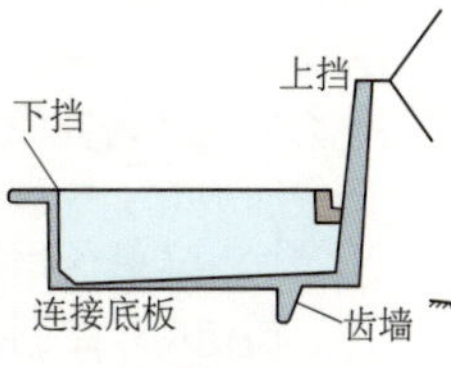

图10　槽形挡土墙示意图

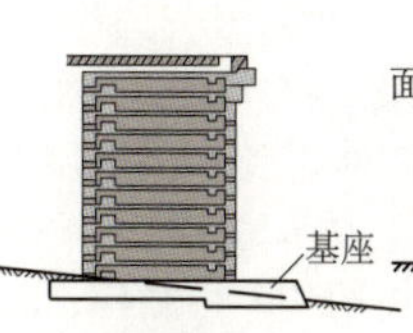

图11　垛式挡土墙示意图

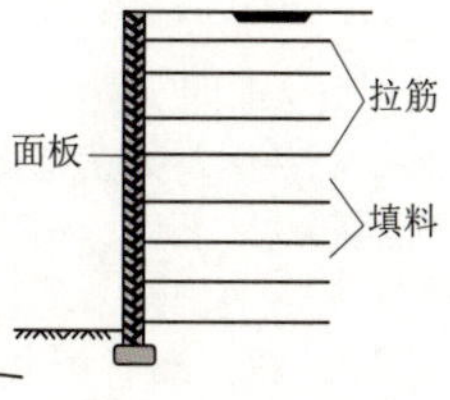

图12　加筋土挡土墙示意图

锚杆挡土墙　由钢筋混凝土面板和锚固构件组成，通过锚固在稳定岩土层内的锚杆的抗拔力或被动土抗力平衡墙面处的土压力（图6）。包括柱板式、板肋式、板壁式和格构式等，一般用于墙身较大的岩质路堑地段。

锚定板挡墙　20世纪70年代在中国首创。锚定板挡墙依靠埋设在填土中的多层锚定板的抗拔力来保持墙身稳定（图7）。有肋柱式和板壁式，肋柱式的变形量较小，可用作路肩式或路堤式挡墙，板壁式挡墙墙面为钢筋混凝土墙面板，通过墙面板几何形式及板厚的搭配获得可观赏性外观。

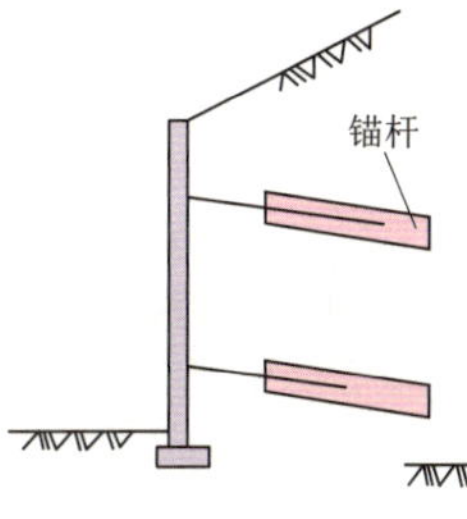

图6　锚杆挡土墙示意图

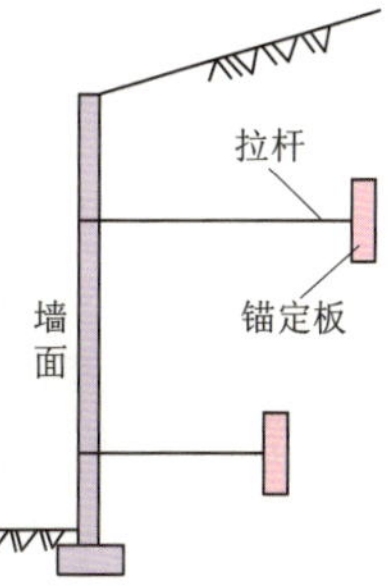

图7　锚定板挡墙示意图

桩板式挡土墙　由抗滑桩和挡土板组成，利用桩深埋部分的锚固段的锚固作用和被动土抗力维护挡土墙的稳定（图8）。适用于表土及强风化层较薄的均质岩石地基路段和地震区的路堑或路堤支挡，以及滑坡路段的防滑与治理等。

竖向预应力挡土墙　由圬工墙身和预应力锚杆组成（图9），借助锚杆的预拉应力对墙身施加竖向力，增加墙身的抗倾覆和抗滑能力，起到代替部分墙身圬工重量的作用，具有节省圬工、造价低廉、施工方便等优点，适用于岩石地基上承受较大侧向推力的挡墙。

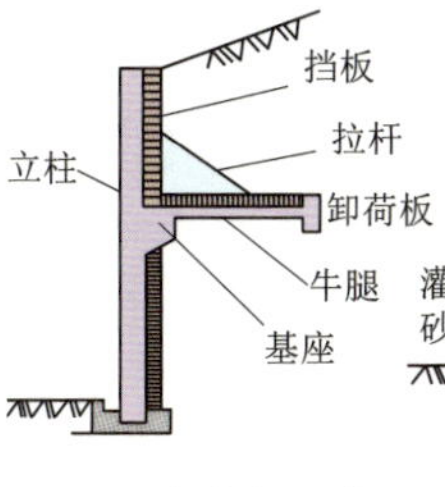

图8　桩板式挡土墙示意图

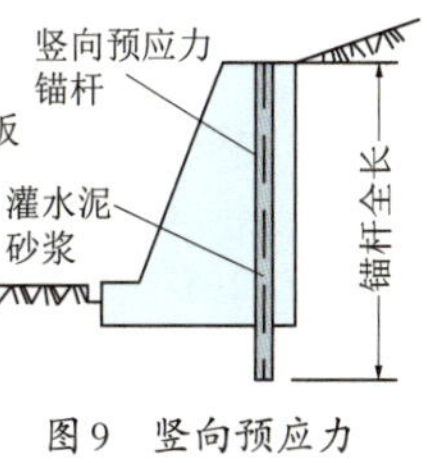

图9　竖向预应力挡土墙示意图

槽型挡土墙　又称U形挡墙。由上挡、下挡、连接底板及齿墙4部分组成，挡板和底板为固定连接，挡板承受填土的侧向土压力，底板连接两挡板限制其滑动，提高挡墙的整体稳定性（图10）。常用于地基软弱、稳定性差的陡峭山坡地段，在地铁地下隧道与地面线过渡地段，当地基软弱时，也采用槽形挡土墙。

垛式挡土墙　由钢筋混凝土预制杆件纵横交错装配成框架，内填土石，以抵抗墙后土体的侧向推力，适用于缺乏石料地区的路肩墙或路堤墙（图11）。属于拼装结构和柔性结构，也是一种透水结构，允许使用过程中适量的变形调整以适应复杂地形、坡体移动和不均匀沉降等，但通常高度并不大。

加筋土挡土墙　依靠拉筋与填土之间的相互摩阻力以保持墙身稳定的轻型挡土墙结构（图12），可分为有面板加筋土挡土墙和无面板加筋土挡土墙。法国工程师H.维达尔于1963年首次提出了土的加筋方法与设计理论，1965年成功地用加筋土修建了第一座挡土墙。加筋挡土墙属于柔性结构，能很好地适应地基变形，具有结构轻、造型美观、施工简便、造价低廉和节约用地等优点，适用于一般地段的路堤式挡土墙、路肩式挡土墙。

（吴肖茗　钱劲松）

路面　pavement　铺筑在路基上的、具有一定厚度的、供行人和车辆通行的单层或多层结构物。具有承受荷载、抵抗磨耗、避免泥泞扬尘和保持路表层平整的作用。可改善路基结构抗力和路表面行驶特性，是一种地基的浅表层加固措施。路面包括道路路面、机场道面、工业区场地铺面以及广场、停车场铺面等，通常也称路面结构或铺面结构，简称路面或铺面。

发展简史　远古时代，在车辆尚未出现以前，人类主要是在一些沼泽地带用木头、树枝铺路，供步行之用，这是一种最简单的路面。在发明车轮和车辆以后，需要有较平整坚实的路面供人力和兽力车辆行驶，人们便开始用天然黏土、砂砾、石料、石灰以及天然沥青等修筑路面。如中国用砖块、石块、石灰等修路，俄国用木材、碎石等修路，英、法等国用碎石、块石等修路，都有很长历史。1777年，法国人特雷萨盖提出改善路基排水、设置路拱、减小石块尺寸修筑块石路面的报告。到了19世纪，开始使用花岗岩、玄武岩或石灰岩石材铺筑路面。从19世纪初叶开始，木材就经常被作为石材的代用物用于路面铺筑，以减少石材路面与车辆、马蹄铁的碰撞所产生的噪声。高质量的石块、砖块和木块路面在城市道路上曾经盛极一时。此后，苏格兰T. 泰尔福和J.L. 马克当分别于1805年和1815年在块石基层上铺筑碎石面层和全部用碎石铺筑路面获得成功，遂有马克当路面之称。1859年，美国E.W. 布莱克试制了碎石机。1860～1867年，法国和英国先后研制成功蒸汽压路机。这些技术的进步，使碎石路面在一些西方国家得到了很大的发展。

1854年，法国在巴黎首次采用瑞士产的天然岩沥青修筑沥青路面。至19世纪70年代，这类路面已被广泛应用于英国、瑞士和美国等国。伦敦甚至使用到20世纪30年代。与此同时，炼制沥青作为天然沥青的替代物开始在北美使用，并于19世纪90年代出现了第一份沥青混合料规范，而此时期欧洲开始使用煤沥青铺筑路面。中国于20世纪20年代首先在上海开始铺设沥青路面。1949年以后，随着中国石化工业的发展，沥青路面已广泛应用于城市道路和干线公路，成为铺筑面积最多的一种高级路面。

水泥混凝土用于铺面建筑也有相当长的历史。最初，由于水泥混凝土的质量不高，仅被用于石块、木块和沥青路面的基层，而不用于表面。1865年，英国首次修筑水泥混凝土路面，但几年后因其严重脆化剥落而被认为不适合做铺面。直至20世纪的前十年，混凝土才在美国路面建设中得到广泛使用，并推广到欧洲。

20世纪初，机械化运输的发展使得传统的水结碎石路面难以提供满意的路面，需要大量的维护和大量的养护资金。所以，在1909～1919年的10年，尽管经历了第一次世界大战，英国仍然修建了15万英里（241 401.6千米）的铺面道路，采用的是焦油沥青贯入式路面。此间美国则出现了压路机、沥青混合料摊铺机等设备和混凝土拌和厂等。

随着路面技术的发展，铺面的研究迅速展开，并出现了专职从事研究的机构。1909年，道路研究协会开始在巴黎定期召开会议，鼓励道路工程师提交论文并交流他们的学术研究成果。1919年，美国沥青研究所成立。1928～1929年，美国加州提出了加州承载比指标和相应的铺面设计方法。奠定现代路面技术基础的研究和实践是第二次世界大战以后。1958年，美国开展了AASHO路面试验。1962年国际沥青路面结构设计会议开始召开，每五年一届（今每四年一届）；1977年，国际水泥路面会议开始召开，每四年一届。路面工程逐渐形成了专门的学科分支。

作用　路面是为车辆和行人交通提供一个全天候的、舒适和安全的行驶表面。为使路面能起到承受车辆载重、抵抗车轮磨耗，保持表面平整的作用，对路面的最基本要求是耐久、平整和抗滑。耐久指路面具有足够长的使用寿命，这要求整个路面结构具有足够的强度、抗变形能力和抗环境作用能力。事实上，迄今为止所有的设计方法都是围绕着耐久性这个核心而建立的。平整性要求是为了保证路面的行驶舒适性，对高等级公路/道路，由于行车速度快，保证平整度尤为必要。保证了平整度，也就减少了因动荷冲击造成路面损坏的可能性，达到延长路面寿命的目的。抗滑是对路面表面特性的要求，避免车辆在路面上行驶、起动和制动时发生滑溜危险，表征了路面的行驶安全性。路面结构及其组成材料还应具有较高的稳定性，使路面强度、刚度在使用期内不致因水文、温度等自然因素的影响而产生幅度过大的变化；行车时不致产生过大的泥泞和扬尘现象，以减少路面和车辆机件的损坏，保证良好视距，减少环境污染。

类型　路面按照其结构的整体刚度可分为柔性路面和刚性路面两类。柔性路面包括沥青路面、碎石路面等，其整体刚度较小，在荷载作用下的变形大，结构主要靠抗弯强度和抗剪强度抵抗行车荷载作用，在重复荷载作用下会产生残余变形。刚性路面主要指水泥混凝土路面，其结构的整体刚度较大，结构层表现了显著的板体作用，具有较高的抗弯强度。有些路面材料在修建早期具有柔性路面特性，后期近乎刚性路面特性，这种路面有时称为半刚性路面，如以水泥稳定碎砾石、石灰粉煤灰稳定碎石、石灰炉渣、水泥稳定土、石灰稳定土等为主要结构层的路面。

按照面层材料的类型，路面可分成沥青（材料类）路面、水泥（混凝土）路面、复合式路面、块料路面和无铺面路面。沥青路面指以沥青混凝土、沥青混合料、沥青贯入碎石和沥青表面处理材料为面层的路面结构；水泥路面指以水泥混凝土材料为面层的路面结构；复合式路面指以混凝土层为基层、以沥青类材料为面层的路面，将两种材料的优点结合起来；块料路面指以各种块体材料，如混凝土块、石块、砖块或木块紧密排列作为面层的路面结构；无铺面路面则指以级配或天然碎砾石、泥结碎砾石、碎石土等为表面的路面结构。

中国《公路工程技术标准》将路面按其材料品质分为高级、次高级、中级和低级4种。①高级路面，包括沥青混凝土路面、水泥混凝土路面、厂拌沥青碎石路面、整齐石块或条石路面。②次高级路面，包括沥青贯入式碎、砾石路面，路拌沥青碎、砾石路面，沥青表面处置路面，半整齐石块路面。③中级路面，包括碎、砾石（泥结或级配）路面，不整齐石块路面，其他粒料路面。④低级路面，包括粒料加固土路面，其他当地材料加固或改善土路面。

结构　路面是一种单层或多层结构（单层指路基），不同结构层可用不同材料铺筑。中低级路面一般结构层次较少，通常包括面层、基层、垫层等层次；高级路面的结构层次较多，一般包括面层、下封层、基层、垫层等层次（见图）。

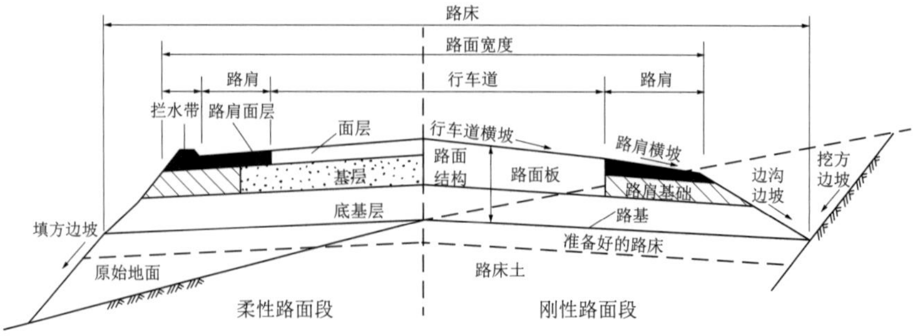

高级路面的结构层次示意图

面层　直接同行驶车辆和大气相接触的结构层，为车辆提供舒适、安全的行驶表面。面层直接承受行车荷载的竖向力、水平力和冲击力的作用，同时又受到降水的作用和温度变化的影响。用以铺筑面层的材料，必须具有足够的强度、抗变形能力、抗水温作用能力以及良好的表面特性。常见的面层材料包括沥青类材料、水泥混凝土和块体材料。面层用水泥混凝土材料时，根据交通量的大小面层可由单层或双层组成，分别称为上面层和下面层。面层为沥青材料时，根据厚度的不同，沥青层可以由单层或双层组成，中国对重要路面常设计成3层。上面层（表面层）起磨耗层的作用，应具有优良的表面特性（平整、抗滑、低噪声）以及抵抗变形和开裂的能力，对集料具有很严格的要求；中面层（也称中间层或黏结层）应具有很好的抗变形能力，一般设计成密实不透水的层次；下面层应具有优良的抗弯拉疲劳开裂的能力，有时也应具有一定的抗变形能力。

下封层　面层基层之间的很薄的结构层，多用于交通繁重的道路。对于沥青路面，其作用是增强面层和基层之间的黏结、阻隔水分的影响，并在施工期间保护基层不受降雨或车辆的破坏。对于水泥混凝土路面，该层的作用是隔断和缓冲，减小路面板内的温度应力。

基层　基层主要承受车辆荷载的竖向力，并把面层传下来的力扩散到垫层或土基，故基层也应具有足够的强度和刚度。基层受自然因素的影响虽不如面层强烈，但也应具有足够的水稳定性，以防基层湿软后产生过大的变形，导致面层损坏。根据厚度的不同，基层可由两层组成，分别称为上基层和底基层。底基层用来加强上基层承受和传递荷载的作用，在重交通道路和高速公路上多用。对底基层材料的强度和刚度的要求可以略低于上基层。组成基层和底基层的材料有：用各种工业废渣组成的混合料，用水泥、石灰或沥青稳定的或碎、砾石混合料，各种轧碎的砾石混合料或天然砂砾石和片石、块石、圆石等。

垫层　介于基层（或底基层）和土基之间的结构层。用于改善土基的湿度和温度状况，以保证面层和基层的强度稳定性与抗冻胀能力，并扩散由基层传来的荷载以减小土基产生的变形。垫层常铺设在土基水温状况不良地段。在冻深较大的地区，能起防冻的作用，故也称防冻层；在地下水位较高的地区，能起隔水或防止地表积水下渗的作用，故也称隔离层。常用的垫层材料有砂、砾石、炉渣、石灰土、炉渣石灰土等透水性或稳定性较好的材料。

路床　路基的顶部部分，如80～120厘米厚度部分，一般也作为路面结构的一部分来考虑，称为路床。顶部30厘米称为上路床，其余称为下路床。路床是垫层及其以上结构的支撑结构物。包括路床在内的整个路基应具有足够的整体稳定性和抗变形能力，不出现过量的沉降。

特点　同其他土木工程结构物相比，铺面工程具有自己鲜明的特点。①承受着荷载的大量反复作用，决定结构承载能力的是疲劳性能。汽车荷载的吨位并不大，但其主要特点是作用次数多。在整个使用寿命期间，荷载的作用次数少则数十万次，多则达数亿次。即便在汽车的一次作用下路面结构不会产生破坏，但这并不能保证路面结构在设计的使用期内不发生破坏。所以，在路面工程中，更多的是关心路面结构和材料在重复性的车辆与环境荷载作用下的性能，即疲劳性能。②设计时采用有损伤设计和使用性能标准。出于节约造价和结构特点的考虑，允许路面在使用过程中具有一定程度的损坏。采用使用性能标准，有助于有损伤设计的实现。③设计的安全度很小。④混合材料、复合结构，变异性大，不确定因素多。

在路面研究和建设领域，荷载和环境的分析已经建立了比较严密的理论体系，建筑材料从过去单纯地使用各种天然材料发展到使用各种改性材料、复合材料和人工粒料，施工工艺从早期的手工操作发展到机械化、自动化和智能化的施工方法，形成了具有完整体系的学科分支。

发展趋势　路面技术的未来发展有以下几方面：①结构–材料设计的一体化和精准化，增强路面的耐久性。传统上路面结构设计和材料设计是彼此独立的双轨过程，设计上脱节，结构设计不能对材料提出有针对性的要求；结构厚度设计主要凭经验，辅之以力学验算，不利于路面耐久性的进一步提高。②采用低成本、高性能的路面材料，考虑材料微观、细观结构的影响，研发新型添加剂和材料设计技术，考虑复合材料的路用性能。③增强和发展路面的多功能性，改善路面的行驶特性和环境友好性。④考虑路面建设和养护过程中的环保、低碳等可持续发展特性。

扩展阅读

姚祖康.铺面工程.上海：同济大学出版社，2001.

（黄学渊　孙立军）

路面管理系统　pavement management system　以有效的实测数据、成熟的理论模型和可靠的经验判断为基础，针对特定的目标，协助管理人员对路面的技术状况和管理需求进行技术–经济分析的现代信息系统。

发展概况　20世纪40～50年代，路面管理主要依靠目测结果和经验决策，制定养护和大修的范围、方案和程序。50年代末60年代初，有了路面平整度仪、弯沉仪和摩阻仪后，便可做到定量收集各项资料，使定量的评价分析有了可能。系统化的路面管理最先出现于60年代中期的加拿大。起初是用于路面设计，系统建立的主要目的是扩展路网，消除公路路面、线形以及道路容量等路网技术缺陷。70年代，公路出行需求激增而公路维护资源投入有限，对道路维护工程项目进行资源优化配置的需求逐渐受到重视，系统也逐渐转入路面维护管理的应用。1971年首次出现了路面管理系统（PMS）的术语。中国从80年代中期才开始接触PMS。1984年，北京市公路处率先与石油部电子技术研究所合作开展了公路路面数据库的研发工作；1985年，交通部公路研究所与英国合作在辽宁省营口地区进行了地区级PMS移植的尝试；1986年，北京市公路处与同济大学道路与交通工程系合作，开始进行PMS的研发与应用工作，同年交通部公路所、同济大学等单位联合承担了国家科技攻关计划“干线公路沥青路面评价养护技术的研究”的课题，标志着PMS的研究和实践在中国的兴起。

基本原理　路面管理系统所依据的基本原理和手段是技术–经济分析，强调全寿命期的技术和费用分析。其设想是在路面使用过程中，预测路面损坏到不使用前，采用费用不高、技术有效的养护措施，延长路面的服务寿命。提倡以预防性养护为主，不鼓励费用高昂的重大改建性措施（图1）。

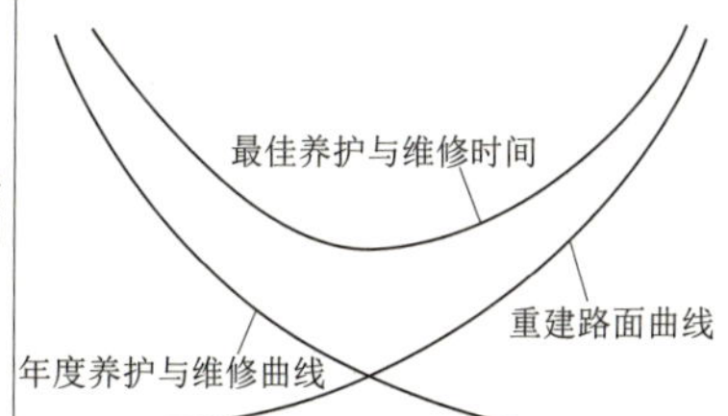

图1　路面养护管理的基本原理示意图

技术内容及管理流程　路面管理的基本技术内容和流程见图2。主要技术内容包括：数据管理，综合评价，技术预测，技术方案确定和资金论证，以及技术政策

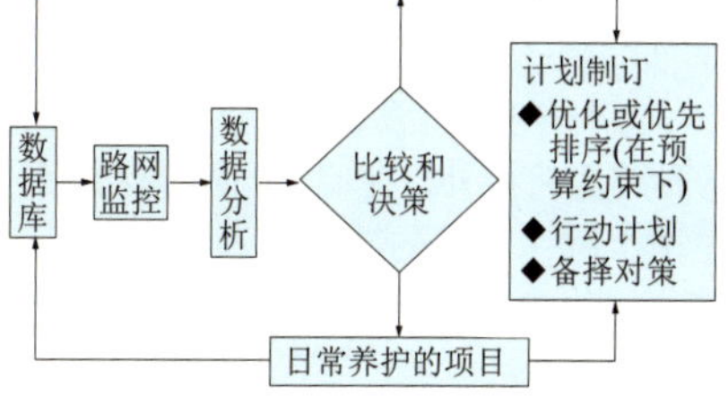

图2　路面管理的技术内容和流程示意图

分析。工作流程包括定期收集路面的资料，定期进行评价、预测和决策分析，定期标定所采用的设备、评价决策标准和模型等，以及定期提交技术报表等。

扩展阅读

姚祖康.路面管理系统.北京：人民交通出版社，1993.

（陈　长）

路面机械化施工　mechanized pavement construction　采用机械设备完成路面分项工程的组织和实施活动。改变了以往采用人工施工劳动强度大、效率低、质量难以保证的施工方式，是现代路面建设必须采用的施工方式。路面施工是道路工程中最重要和最终的工序。在工作量、质量、施工方法、工期已经明确的基础上，根据选用的生产定额，可计算各种机械的需用数量，按照作业流程，组织一个或多个专业施工队伍，在线路上同时进行施工以加快进度。由于技术条件的限制，早期的道路工程施工采用人力施工，现在一些地方，低等级道路路面施工中依然采用人力施工。但在高等级公路路面施工中，为了提高路面质量，加快工程进度，必须采用机械化的施工作业方式。

路面的机械化施工首先应按照路面施工作业程序，合理选择配套的专用筑路机械设备。选用路面机械设备和组织施工，要根据施工所在地区的施工季节、路面种类、工程数量、质量要求、工期进度、配套设备以及经济效益等多种因素综合考虑。大规模的新建、改建路面工程多选用大功率、大生产能力、配套联合作业的各种大中型履带式行走机构的路面机械。市区范围内路面施工作业，由于交通拥挤、人口密集、路面种类多、工程段落分散、施工场地狭小、维修保养工作量大等情况，多选用具有操作简便、机动灵活、低噪声、低振动、多功能、高效率特点的轮胎自行式或中小型的路面施工机械。

在选择每一单机时，要考虑其具体的适用性以及与其他机械流水作业施工时的连续性和配套性。此外，对其外形尺寸、重量、技术性能、发动机型号和功率、机械结构、传动形式、燃油耗量、零配件损耗、修理保养工作和投资收益等也要做出详细的评价。

每个专业施工队伍除配备必要数量的各种路面机械外，在偏僻野外地区的大、中型工程中，要酌情配备通信设备、汽（柴）油发电机、燃油和润滑油容器设备、加油车、紧急修理工程车、机械零配件等必要的辅助设备。

按照路面施工所需提供的砂石材料和黏结材料，在线路上可设立若干个临时材料供应点，或集中到专门设立的沥青拌和厂、水泥混凝土搅拌站、矿料加工场等，将材料进行预制加工，再送工地铺筑。

在市区范围内，各种材料宜尽可能集中到固定地点的厂、站、场等机械加工基地供应，以减少环境污染，便于管理。

（陆筱丹　撰　孙立军　修订）

路面力学计算　pavement mechanical analysis　运用各种力学理论求解路面多层体系内的应力和变形，以判断路面结构的强度是否符合要求的方法。

概述　采用某些假设或忽略某些因素，建立路面体系的数学－力学模式并求解，是用科学原理来解决实际工程问题的一种常见方法。

路面的力学计算是为了判断路面结构的强度是否处于安全范围，因此除了对结构进行应力和位移的计算之外，通常还要根据路面体系发生破坏时的力学特征，确定路面材料的失效指标及其数值。此时需要应用材料力学的某个强度理论。

由于弹性理论的发展最为成熟，因此工程上多采用该理论。路面也不例外。

弹性层状理论　路面结构是从原地面上逐层修筑的，是一个层状的结构。原地面被处理后称之为路基，路基被看作一个半空间体。路基上的各层，从低到高，一般采用的材料越来越好，最终形成一个强度足够高的层状体系，称之为路面。路基和路面构成道路结构整体。计算路面结构的内力时，通常采用弹性理论，即假设路基和路面各层的材料均为弹性的，因而材料的应力－应变特性可用弹性模量和泊松比来表征。用于路面这种层状结构的内力计算的弹性理论，被称为弹性层状理论。

黏弹性层状理论　黏弹性层状理论一般用于沥青路面。沥青路面的表面数层使用沥青混凝土材料，而沥青混凝土材料的力学性质与荷载的作用时间有关（即黏性）。具体表现为荷载恒定不变，但沥青混凝土的变形随着荷载的作用时长的增加而增大。常温时，沥青混凝土受荷载作用所产生的变形中，部分为弹性，部分为黏性，这样的应力－应变特性被称为黏弹性。沥青路面结构的内力计算中，对沥青混凝土类材料采用黏弹性理论，其他路面层次和路基仍然视为弹性的，这样的计算理论被称为黏弹性层状理论。可利用拉普拉斯变换，采用转换变量来消除时间变量，从而将黏弹性问题转换成相关的弹性问题；再将相关的弹性问题做拉普拉斯反演，转换变量又被转换成时间变量，最终得到黏弹性解。

连续体系/滑动体系　路基和路面各层材料组成的道路结构中，层与层之间传递内力的效率将影响结构的内力分布。如果层与层之间保持紧密接触且无滑动，则所有的内力都是完全传递的，这样的层间接触情况被称为连续。连续时，层间相邻两点的竖向位移和水平位移均被完全传递（即数值完全相同）。如果只有竖向的内力是完全传递的，即层与层之间仅保持竖向的接触，水平方向上允许各自移动，这样的层间接触情况被称为滑动。滑动时，层间相邻两点只有竖向位移被完全传递。任一相邻两层之间为连续状态的体系被称为连续体系。任一相邻两层之间为滑动状态的体系被称为滑动体系。（李淑明）

路面模量反演　pavement modulus back-calculation　通过已知路面结构组成（如路面各层厚度和材料类型等）和力学参数（如路面荷载、路面各层泊松比和模量等），准确计算路面弯沉值或弯沉盆的方法。因该弯沉盆与路面结构组成和力学参数之间存在唯一的一一对应关系，故根据路面实测弯沉盆即可反算路面结构组成和力学参数，此为路面结构反演分析。为减少反算参数数量和提高反算精度，一般仅反算路面各结构层模量，即路面模量反演。

常规方法　20世纪70年代以来，已建立多种路面结构反演分析方法，包括传统图表公式法、计算机试算法、脉冲反应分析法和系统识别方法等。①传统图表公式法。利用半经验、半理论公式或事先绘制的图表进行分析，一般只适用于两层体系，简单、直观、方便，但误差较大。②计算机试算法。利用计算机假定并不断调整路面结构模量组合，直到试算结果满足目标函数的约束条件为止，即认定假定模量为实际模量。是最普遍使用的方法。③脉冲反应分析法。对路面施加脉冲荷载，采用传感器记录路面竖向速度随时间的变化。路面各层模量都是荷载频率的函数，表达为复数形式，通过试算去匹配每一种频率的模和相位角，从而确定各层的复数模量。④系统识别方法。使用输入输出信号和假定的滤波模型来确定滤波的特性，通过搜索技术系统地改变模型的特性，直至模型产生的输出可以接受为止。

惰性点法　1994年，中国学者孙立军建立了基于惰性点的模量反演分析方法。该方法表明：对于两层路面结构（路面和路基），当路面厚度和路基模量保持不变时，随着路面模量变化，路面弯沉盆曲线相交于一个非常狭窄的范围内，该区域的弯沉值几乎保持不变，故称为惰性弯沉区域，其中惰性最大的一点定义为惰性弯沉点，简称惰性区域和惰性点。惰性点处的弯沉值不随路面模量变化，只与路基模量相关，据此可建立具有唯一解的路面模量反演分析方法。该方法先确定惰性点处弯沉值，据此反算路基模量，然后根据路基模量和其他点的弯沉确定路面模量。解决了两层路面结构反演分析中解的唯一性问题，且反算速度快、精度高。

（陈 长）

路面耐久性 pavement durability 路面保持其性能的时间或能力。包括结构和材料两个方面。前者主要指结构的耐疲劳性能和抗损坏性能，即结构性能；后者比较复杂，包括材料的耐疲劳、耐老化、耐水损坏等多种特性。如果将结构的耐久性归结为结构性能，那么材料的耐久性则是指其耐候性。除荷载因素外，影响路面耐久性的主要因素包括温度、降雨、辐射、紫外线强度等外界因素，还包括沥青性能、空隙率大小等内部因素。在外界因素中，温度和湿度（降雨）对路面性能的影响最为严重。路面体系的温度和湿度状况随周围温度和湿度的变化而变化，从而使路面材料的力学性质和结构强度发生变化。温度和湿度条件对路基路面材料物理状态的改变，使路面结构即使没有受到行车荷载的作用也会逐渐损坏，在车辆荷载的叠加作用下，路面损坏更为迅速。而周期性的辐射变化会进一步改变路面温度，使路面结构强度发生变化。除此之外，紫外线会加速沥青路面老化，使沥青混合料硬度和脆性增大，在车辆荷载的作用下更易开裂，耐久性变差。

在内部因素中，沥青质量和性能直接决定了沥青路面材料的各个性能，从而影响沥青路面的耐久性。因此，越来越多的改性沥青被投入生产和使用中，以提升路面的使用性能。空隙率的大小会影响路面结构的稳定性，包括低温抗裂性和高温稳定性，以及耐久性，包括沥青老化性能和抗水剥离性能。因此，在进行沥青混合料配合比设计时，通常以空隙率为主要的体积设计指标来确定矿料级配和沥青用量，从而保证路面的耐久性。

此外，路面的耐久性还要通过精心的结构设计和材料设计来保证。较弱的结构和材料设计，使得路面在使用较短时间后就需要维修，这不仅增加了工程费用，而且对正常交通造成严重影响，交通延误导致用户费用增加已经是不可忽视的重要问题；而太强的结构和材料设计，则造成初期工程费用过高。合理确定结构的使用年限和结构、材料设计方案，对平衡性能和费用至关重要。具体分析时，可以采用全寿命费用分析法，进行全面的考虑和科学的论证，在此基础上做出合理的决策。

（刘黎萍）

路面设计 pavement design 进行路面方案的构思并采用力学分析和试验等方法对构思的方案进行技术经济合理性分析的过程。道路设计的重要组成部分。路面设计的任务是选择路面类型，进行结构组合设计，计算各结构层厚度，确定材料配合比，为各种荷载车辆提供足够的结构稳定性和强度，满足不同季节和水文条件下快速行车与安全的需求。

进行路面设计，首先要进行调查和收集资料。为此，应着重了解国家和当地政治、经济、国防等对路面的要求；调查并预估设计年限内所承担的运输任务、交通量与车型的组成情况，查明道路沿线气候条件、路面材料的生产和供应情况，以及工程地质和水文地质条件。在此基础上，进行路面设计：①根据调查资料和使用要求，选定面层类型。②根据刚度协调原理，进行路面结构组合设计。③根据路面力学计算和设计标准进行结构验算。④选配各结构层材料。

随着技术的发展，路面设计不仅限于路面结构组合和厚度计算，还应综合考虑路面长期使用性能和全寿命绩效。

（朱照宏 撰 孙立军 修订）

路面施工 construction of pavement 根据路面设计的要求，对工程进行建设、实现工程设计功能的技术过程。即在预定的成本、计划的工期内，按照特定的质量要求，实现预定的目标。路面施工的主要内容包括：施工组织设计，施工测量，路面材料的生产或采购，垫层材料的拌和、摊铺与压实，基层材料的拌和、摊铺与压实，面层材料的拌和、摊铺与压实，以及附属工程的安装等。

施工组织设计指根据工程概况及特点，结合可投入的各项资源，全面筹划施工任务，对工程进行分项，并确定施工总顺序；选择主要工种工程的施工方法和施工机械，确定各部分项工程的施工方法，并对可供选用的几种施工方案进行定性、定量的分析，选出最佳施工方案。同时，依据分项工程的施工方法，编制具体的施工工艺，确定材料、机具、人员和工艺，保证质量要求和安全文明施工要求。

路面施工首先要根据道路设计图和施工组织方案进行现场测量和放样。根据路面设计，进行各类路面材料的生产或采购，按照相关技术规范对垫层、基层和面层材料进行拌和、摊铺和压实，并确保材料质量、摊铺压实质量达到设计要求。根据施工组织设计的工序，进行附属工程的安装。

路面施工要在严格的管理下进行。路面施工管理包括质量管理、进度管理、成本管理。其中成本管理又包括材料、人工、机械以及工程管理的成本管理。质量、成本、工期是路面施工管理的三大基本要素，这三个要素互相制约。处理好三者的关系，是路面施工的重点。（孙立军）

路面施工与养护机械 road construction and road maintenance machinery and equipment 用于修建和维护道路、高等级公路、跑道、停车场和停机坪等的工程机械。简称筑养路机械。根据用途不同，路面施工与养护机械有多种类型。

稳定土机械设备 用于改善土壤的力学和物理性能的机械设备。包括粉料撒布机、稳定土拌和站、稳定土场拌设备、移动式稳定土拌和机、稳定土搅拌机、稳定土拌和机、洒水车、水泥浆搅拌机等。

沥青结合料用机械设备 用于存储、保温、融化、拌匀、输送和/或撒布沥青结合料的机械设备。包括沥青结合料加热融化装置（沥青加热锅）、沥青储存罐、沥青加热储存设备、液态沥青运输车、沥青泵、沥青乳化设备、沥青洒布车（喷洒车）。

沥青混合料用机械设备 包括沥青混合料搅拌设备、沥青混合料再生搅拌设备、沥青混凝土熔化加热机。

沥青混凝土路面施工机械设备 用于沥青混凝土路面和石油沥青砂胶路面施工的机械设备。包括路面清理用鼓风机、石屑撒布机、沥青混凝土摊铺机、沥青砂胶摊铺机、沥青砂胶输送搅拌机、混合料转运机（移动式传送设备）。

水泥混凝土路面施工机械设备 包括水泥混凝土铺设机（混凝土撒布机）、固模式摊铺机（混凝土修整机）、滑模式摊铺机、切缝机、灌缝机、边缘压实切割机、路石铺设机（路块铺设机）、混凝土整平机、混凝土浇筑机（撒布机）、路基修整机、水泥混凝土运输机。

路面精修作业用机械设备 用于斜面成型、地面钻孔和路面标线施工。包括斜面成型机、地面钻孔机（快速成孔螺旋钻机）和路面标线机。

路面清理机械　用于清理交通区域内的垃圾、废石料和尘土的移动式机械。包括路面清扫车、真空式路面清扫车、机械式路面清扫车、冲洗机（清洗机）、真空式高压洗涤机、刷洗机、可拆移料斗和清洁机。

清除杂草杂树用机械设备　有覆盖机、割草机、绿篱修剪机、沟渠养护机、路边植被切割机和除草机。

道路冬季养护用机械设备　有除雪铲、转子式除雪机（吹雪机）、沙和除冰剂撒布机和装雪机。

道路修复用机械设备　包括路面铣刨机、路面加热机、就地热再生机、物料提取传送装置、路面加宽装置、道路修复装置、沥青骨料同布机（路面重构装置）、稀浆封层机（乳化沥青摊铺机）、接头和裂缝铣刨机、路面拉毛机和标线清除机。

（马军星）

路面水泥混凝土　cement concrete for pavement　用作路面铺筑材料的水泥混凝土。

分类　依据配置钢筋或掺加物、施工方式的不同，分为普通混凝土、钢纤维混凝土以及碾压混凝土等几类。①普通混凝土。不配置钢筋或不掺加任何改善、提高性能的掺加物，直接由水泥、集料、水、外加剂等通过一定的比例混合拌制而成的混合物。又称素混凝土。②钢纤维混凝土。在普通混凝土中掺入乱向分布短钢纤维所形成的一种多相复合材料。通常掺入钢纤维的体积率在1%～2%。相比普通混凝土，其抗拉强度提高40%～80%，抗弯强度提高60%～120%，抗剪强度提高50%～100%，抗压强度提高幅度较小，在0～25%，但抗压韧性却显著提高。纤维增强效果主要取决于基体强度、纤维长径比l/d、纤维体积率、纤维与基体间黏结强度、纤维在基体中的分布和取向等。③碾压混凝土。一种干硬性贫水泥的混凝土，是低水灰比，坍落度为零的水泥混凝土。一般用振动压路机振动、碾压成型。碾压混凝土的干硬性可依据其维勃稠度（单位：秒）大小进行分级。

性能　路面混凝土性能，其工作性能、使用性能的总称，性能指标包括坍落度、弯拉强度、疲劳强度、弹性模量、耐久性等。①坍落度。是混凝土和易性（保水性、流动性和黏聚性）的测定方法（见图）和指标。反映混凝土的塑化性能和可泵性能。影响因素有原材料、搅拌时间、运输机械、浇筑速度、浇筑时间、外加剂用量以及水泥温度等。②弯拉强度。混凝土小梁（150毫米×150毫米×550毫米）

混凝土坍落度四件套

在弯曲压力下，单位截面积上所能承受的最大荷载，也称为抗折强度。反映混凝土材料在外力作用下抵抗弯曲破坏的能力。③疲劳强度。混凝土材料在无限多次交变荷载作用下不产生破坏的最大应力，又称为疲劳极限。反映混凝土材料在交变荷载作用下抵抗疲劳破坏的能力。④弹性模量。混凝土在单向压缩（拉伸）条件下，压缩（拉伸）应力与应变之比。反映混凝土在外力作用下抵抗弹性变形的能力。因应力－应变关系非线性，工程应用上，以某一应变对应的割线模量代替。⑤混凝土的耐久性。混凝土在服役时抵抗各种环境因素的损坏作用，保持强度和外观完整性，能够长期安全、正常使用的能力。通常包括抗渗性、抗冻性、抗侵蚀性、混凝土的碳化（中性化）等。（周玉民）

路面铣刨机　road milling machine　对路面损坏和病害进行铣刨、铣平、拉毛等作业，并回收旧料再生利用的自行式道路养护机械。

分类　按行走方式分为轮胎式和履带式两种。①轮胎式路面铣刨机，采用实心胎，具有机动灵活、转运方便和适宜狭小区域作业等优点。②履带式路面铣刨机，附着力大，自找平性能好，但机动性稍差。

可用来完成以下工作：①对沥青路面进行大面积铣刨破碎，同时将旧料回收再生利用，以便重铺新料，使路面得以翻修。②对局部损坏需修补的路面进行铣刨作业，使其成为规则的方形坑槽，以便修补后接缝整齐、美观。③对路面油包、油浪、车辙等常见病害进行铣平修整作业，以提高路面的平整度和通行能力。④对摩擦系数较低的路面进行拉毛作业，以获得一定的路面粗糙度。

构成　路面铣刨机由发动机、车架、铣削转子、铣削深度调节装置、液压系统、集料输送装置、转向系及制动系等组成。①铣削转子。是铣刨机的主要工作部件，由铣削转子轴、刀座和刀头等组成，直接与路面接触，高速旋转的铣刀进行工作实现铣削作业。铣刨机上设有自动调平装置，以铣削转子侧盖作为铣削基准面，控制两个定位液压缸，使所给定的铣削深度保持恒定。②液压系统。用来驱动铣削转子旋转、整机行走、辅助装置工作等，一般为多泵相互独立的闭式液压系统，工作时互不干扰且可靠性较高。③集料输送装置，一般大型铣刨机都有由传送带和集料器组成的集料输送装置，可将铣削出的散料集中并传送至随机行走的运载汽车上，输送臂的高度可以调节并可左右摆动，以调整卸料位置。有的铣刨机根据需要安装倾斜调整器，用来控制转子的倾斜度。

（马军星）

路面行为　pavement behavior　路面结构（和材料）的物理特征和力学特性在外界因素（荷载、环境）作用下的相互关系。反映了路面在行车荷载、环境因素和时间的综合作用下所特有的使用性能变化规律，是路面设计和管理的最基本、最核心的理论基础。掌握路面的使用性能是一项非常复杂的任务，不仅要知道路面是怎样表现其性能的，而且还应知道路面为什么会表现为这样的性能，即要研究路面使用性能变化的内在机理（结构行为）。路面的结构行为决定了路面的使用性能（宏观表现），路面的使用性能又是研究结构行为的基础。中国的同济大学经过长期的研究积累建立了反映路面使用性能和主要影响因素（如荷载、环境、材料、结构等）之间关系的方程，即路面结构行为方程：

$$PCI = PCI_0\{1-\exp[-(\frac{\alpha}{y})^{\beta}]\} \qquad (1)$$

式（1）中PCI为路面损坏状况指数，pavement condition index的缩写；PCI_0为初始损坏状况指数，一般为常量；y为路龄；α为寿命指数；β为形状指数。α、β是与交通、环境、路面结构组成和材料性能相关的变量。结构行为方程把路面性能与路面结构组成直接关联起来。结构行为方程中的α、β作为路面弯沉和沥青层厚度的函数，和结构疲劳方程中的弯拉应变［式（2）］结合在一起反映了结构的力学性能，而疲劳方程能够更为准确地反映沥青材料在结构中的表现。所以，结构行为方程和结构疲劳方程可以全面描述路面结构的结构性能和演变机理；而沥青路面车辙预估模型［式（3）］则从另一方面反映沥青路面功能的变化。这3个方程构成了沥青路面结构行为方程组。

疲劳方程：$\varepsilon = a \times N^{b}$　（2）

式（2）中ε为弯拉应变值；N为疲劳破坏时的荷载作用次数；a、b为由疲劳试验确定的参数，结构和材料相同时为常量。

车辙预估模型：$D = c(1 + L_p)$

$$D = c(1 + L_p)\sum_{i=1}^{n} T_i^{\varepsilon\left(\frac{N}{v\rho}\right)^{\lambda\left(\frac{\tau_i}{[\tau]_i}\right)^{\eta}}} \tag{3}$$

式（3）中D为沥青层永久变形；L_P为隆起系数，对不同基层类型取不同数值；n为路面结构分层数；T_i为第i亚层路面平均温度；n为累计轴载作用次数；v为行车速度；τ_i为第i亚层平均剪应力；$[\tau]_i$为第i亚层抗剪强度；c、ε、ρ、λ、η为模型参数，常量。（刘黎萍）

路面性能 pavement performance 路面在使用过程中影响其服务能力的各种特性。主要指路面的使用性能，是覆盖面很宽的技术术语。1960年，路面性能首次被定义为“路面服务能力的演变历程”，并提出现时服务能力指数（PSI）这一路面性能指标。1987年，美国将“基于性能”作为公路战略研究计划（SHRP）的主要研究思想后，路面性能概念的外延被不断扩大，包含路面行驶质量、损坏状况、结构的力学响应、行驶安全性以及路面材料的疲劳、变形、开裂和老化等各方面，成为一个泛指路面和材料各种技术行为的术语。1992年，路面性能被定义为“路面为道路使用者提供的服务的变化趋势”，包括了路面为道路使用者提供的不同侧面的服务。随着人们对路面性能的理解和认识的不断变迁，逐渐形成比较一致的看法是：路面性能包括损坏性能、行驶舒适性、结构性能、抗滑安全性和外观5个方面，尤其重点关注前4个方面。在路面性能评价中，分别采用不同的路面性能指标表征其各方面的性能。

损坏性能　路面在荷载和环境等因素的作用下，会产生形式多样的损坏，且损坏的严重程度和数量会随时间变化。通过调查路面的损坏现象、分析路面的损坏原因、总结路面损坏的变化规律，可掌握路面的损坏性能。

沥青路面常见的损坏现象有裂缝类、变形类、表面损坏类和其他一些沥青路面特有的损坏类别等。水泥混凝土路面常见的损坏现象有裂缝类、接缝破坏类、表面损坏类和其他一些水泥混凝土路面特有的损坏类别等。

在损坏性能评价中，既可采用单一评价指标，如裂缝率、车辙深度等，也可采用综合的评价指标，如路面状况指数（PCI）等。PCI是最常用的指标之一，通常以百分制或十分制计量，对不同的损坏类型、严重程度和范围规定不同的扣分值，按路段的损坏状况加权累计得总扣分值，剩余数值即为PCI。

行驶舒适性　驾乘者在行车过程中对车辆振动的舒适性感受，由人、车、路3方面的因素共同决定。其中，路面平整度是影响路面行驶舒适性的主要因素之一。另外，车辆自身的振动特性和人对振动的反应也会影响行驶舒适性。

世界上常用的平整度指标有国际平整度指数IRI、直尺测定最大间隙与标准差σ、功率谱密度PSD、行驶质量数RN、纵断面指数PI、平均评分等级MPR和竖向加速度均方根RMSVA等。其中IRI是应用最广泛的平整度指标。行驶舒适性评价指标通常采用行驶质量指数RQI，通过评分试验建立RQI与路面平整度相关关系对行驶舒适性进行评价。

结构性能　路面结构在荷载作用下保持结构完好的能力，即路面的结构强度。路面弯沉是评价路面结构承载能力的主要指标。路面在荷载作用下所产生的竖向变形量即为路面弯沉，其单位通常为1/100毫米或1/1000毫米。

抗滑安全性　路面的抗滑性能影响车辆行驶的安全性。没有足够的抗滑性能，驾驶员难以保持正确的行驶方向，并造成刹车困难。通过监测路面抗滑性能的衰减，掌握路面的抗滑性能，以保证行车安全。

影响路面抗滑安全性的因素十分复杂，包括交通、气候、行车速度、轮胎压力、轮荷载、轮胎着地面积、路面排水性能等。

抗滑安全性评价因检测方法不同，采用的指标各异。如锁轮拖车法采用滑移指数SN，偏转轮拖车法采用侧向力系数SFC，制动距离法采用制动距离数SDN，摆式仪采用摆值BPN等。也有采用石料磨光值和构造（纹理）深度等指标。其中，SFC和BPN较为常用。（陈　长）

露天爆破 surface blasting 在地表进行的岩土爆破作业。可将露天的矿岩从整体上崩落下来，破碎成一定块度，堆积成一定形状，为随后工作提供适宜的挖掘物或开挖面。

分类　露天爆破可分为露天台阶爆破、沟槽爆破、边坡控制爆破和硐室爆破等几种。①露天台阶爆破。在地面上以台阶形式推进的石方爆破方法。②沟槽爆破。为形成设计尺寸的沟槽而采用的爆破方法。③边坡控制爆破。沿边坡线按照设计的边坡高度、坡度采用控制爆破技术进行边坡开挖的爆破方法。④硐室爆破。将大量炸药集中装填于设计开挖成的硐室或导硐（巷道）中，达到一次起爆完成大量土石方开挖或抛掷要求的爆破方法。

按照应用场所露天爆破也常分为采矿爆破，路堑爆破，保护层开挖爆破，建材、化工矿山露天爆破，城镇石方爆破等几种。

采矿爆破　应用于露天金属矿或煤矿开采，常用深孔台阶爆破，在改善和控制爆破质量、提高设备效率和经济效益方面具有较大的优越性。随着爆破理论的发展和采矿设备的进步，深孔爆破向高台阶、大孔径方向发展；同时，宽孔径小抵抗线毫秒延期爆破技术和高台阶抛掷爆破技术也得到发展。宽孔径小抵抗线毫秒延期爆破技术是在保持单孔装药负担的面积不变或有所增加的前提下，通过加大孔距、减小抵抗线，改善爆破质量的一种深孔控制爆破技术。高台阶抛掷爆破技术是台阶高度一般为40～50米，有时高达60～70米，采用抛掷爆破的技术，将矿岩抛向采空区，以减少机械式装岩工作量的爆破方法。

路堑爆破　应用于公路铁路路堑石方开挖，适用于各种地质地形条件和复杂环境条件。路堑爆破常采用深孔爆破技术，在改善破碎质量、维护路堑边坡稳定、提高装运效率和经济效益等方面有很大的优越性。

保护层开挖爆破　应用于建（构）筑物岩石基础的邻近保护层开挖爆破。爆破时应按要求控制单段爆破药量、一次爆破总装药量和起爆排数，紧邻水平建基面的开挖，应优先采用预留保护层的开挖方法。

建材、化工矿山露天爆破　主要包括石材开采、石灰石矿山爆破、硫化矿和磷矿爆破等。石材开采主要采用浅孔控制爆破。石灰石矿山、化工矿山开采主要采用深孔爆破为主、浅孔爆破为辅的方法。

城镇石方爆破　指在城镇区域内实施的石方爆破，广泛应用于场地平整、管线沟槽、基坑、挖孔桩等，具有区域环境复杂、存在杂散电流干扰、地形不规则、施工要求高等特点。台阶高度、钻孔直径和最小抵抗线不宜过大，严格控制炸药单耗，保证堵塞质量，对爆破有害效应进行安全计算和校核，做好安全防护工作，必要时进行爆破安全监测。

特点　露天爆破具有单位钻孔量小、单位炸药消耗量低、生产效率高、爆破费用低等特点，有利于大型综合机械化施工，配合预裂爆破、光面爆破等技术，能够提高工程质量，提高作业效率。露天爆破缺点是设备购置费用高，初期投资较

大，气候条件对设备效率和劳动生产率有一定影响。（蔡路军）

吕志涛 Lü Zhitao（1937-11-04～2017-01-11） 中国结构工程专家。中国预应力学科的学术带头人。浙江新昌人。1956年考入南京工学院（今东南大学）土木工程系，1965年研究生毕业并留校任教，1986年被国务院学位委员会批准为博士研究生导师，同年晋升为教授，1997年当选为中国工程院院士。

先后获全国先进工作者、全国模范教师、国家有突出贡献的中青年专家、何梁何利基金科学与技术奖、宝钢优秀教师特等奖、全国高校先进科技工作者等荣誉。

在国际上最早提出了钢筋混凝土梁中两类斜裂缝的理论及计算方法，建立了国际领先的钢筋混凝土双向偏拉构件计算方法，在中国首先提出了预应力受弯构件和偏心受压、偏心受拉构件的抗剪计算方法，完善了混凝土结构理论，并列入中国设计规范。

系统研究了现代预应力结构设计和应用中的几大关键难题——抗震设计、裂缝控制、部分预应力、无黏结预应力和超静定预应力结构计算等理论和应用问题，引领了预应力混凝土科学技术跨越式发展，编制了现代预应力结构抗震设计规程，并将预应力混凝土结构发展到预应力空间钢结构、预应力砌体结构以及旧房的加固、改造和加层工程中，取得了显著效益。

吕志涛咨询和设计过上百项预应力工程，多项被树为典型，为预应力技术在工程中的应用起到了重要的引领作用，如北京西站、珠海海关大楼、南京电视塔、南京状元楼、苏州工业园区国际大厦及上海色织四厂等重要工程，并组建了国家预应力工程技术研究中心。

培养博士、硕士130余名。发表学术论文200余篇，出版专著9部，其中《现代预应力结构体系与设计方法》入选国家"三个一百"原创出版工程；获国家和省部级科技奖20余项，其中牵头的"现代预应力混凝土结构关键技术创新与应用"项目获2014年度国家科技进步一等奖。（吴　刚）

履带式起重机 crawler crane 把全套起重装置安装在履带底盘上，靠行走支撑轮在自身封闭的履带上滚动行驶的动臂旋转起重机。

分类　按其传动方式不同，可分为机械式、液压式和电动式3种。机械式履带起重机，由履带挖掘机将挖掘斗更换成起重臂改装而成，与液压式履带起重机的构造基本相同，主要区别在于机械传动和液压传动。由于液压传动结构简单，作业效率高，已逐步代替机械传动起重机。电动式不适用于需要经常转移作业场地的施工。

构成　履带式起重机由动力装置、起升机构以及动臂、转台和底盘等组成。①动臂。为多节组装桁架结构，调整节数后可改变长度，其下端铰装于转台前部，顶端用变幅钢丝绳滑轮组悬挂支承，可改变其倾角。也有在动臂顶端加装副臂的，副臂与动臂成一定夹角。②起升机构。有主、副两卷扬系统，主卷扬系统用于动臂吊重，副卷扬系统用于副臂吊重。③转台。通过回转支承装在底盘上，其上装有动力装置、传动系统、卷扬机、操纵机构、平衡重和机棚等。动力装置通过回转机构可使转台做360°回转。回转支承由上、下滚盘和其间的滚动件（滚球、滚柱）组成，可将转台上的全部重量传递给底盘，并保证转台的自由转动。④底盘。由履带架、驱动轮、导向轮、支重轮、托链轮和履带轮等组成。

动力装置通过垂直轴、水平轴和链条传动使驱动轮旋转，带动导向轮和支重轮，使整机沿履带滚动行走。

参数及特点　履带式起重机主要技术参数有起重量、起重力矩、工作半径和起吊高度。起重量、工作半径和起吊高度称为起重三要素，起重三要素存在着相互制约的关系，是履带式起重机选用时主要因素。其技术性能的表达方式通常采用起重性能曲线图或起重性能对应数字表。

履带式起重机的主要优点：①与汽车式、轮胎式起重机相比，履带对地面的平均压力小，可在松软、泥泞的恶劣地面上作业。②爬坡能力强，牵引性能好，通过性能好。③履带的支承面宽大，稳定性好，不需要设置支腿就可以作业。其主要缺点是自身质量大，行驶速度低（一般在1～5千米/时），而且会破坏道路路面，转移工地需要其他车辆搬运。（李守林）

履带式挖掘机 crawler excavator 用围绕在车轮上的钢制链条作为支撑和行走装置的挖掘机械。履带式挖掘机的优点在于牵引力大、越野性能好、接地比压小、转弯半径小和爬坡能力强。缺点是行走速度低、功率消耗大、易损坏路面、长距离转场时需借助运输车辆。

履带式挖掘机由工作装置、上部转台、履带行走装置3部分组成。①工作装置。通过轴销铰接于上部转台的前端，用以完成挖掘作业。根据用途不同，主要有反铲装置、正铲装置、起重装置和抓斗装置等。中小型挖掘机多采用液压传动反铲装置，动臂、斗杆和铲斗等部件彼此铰接，在液压缸的作用下各部件绕铰接点摆动，完成挖掘、提升和卸土等动作。②上部转台。通过回转支承与下部履带行走机构连接，转台上安装有发动机、驾驶室、液压传动装置、操纵装置、空调系统、电器系统等。③履带行走装置。由车架、驱动轮、支重轮、托链轮、导向轮、履带、张紧装置、行走机构和回转接头等组成。行走装置的各零部件都安装在车架上，液压泵输入的压力油经多路换向阀和中央回转接头进入行走液压马达，液压马达将液压能转变为输出扭矩后，通过齿轮减速器传给驱动轮，并卷绕履带以实现挖掘机的行走。

履带式挖掘机主要的3个参数，即操作重量（质量）、发动机功率和铲斗斗容。（王　进）

绿色建造 green construction 在工程建造过程中体现可持续发展的理念，通过科学管理和技术进步，最大限度地节约资源和保护环境，实现绿色施工要求，生产绿色产品的工程活动。绿色建造包括工程立项绿色策划、绿色设计和绿色施工3个阶段（见图）。其基本任务是在工程立项、设计、施工等建筑产品生成的全过程中，按照绿色概念所涵盖的内容要求精心策划，精心设计，精细施工，最终实现绿色工程产品。绿色建造是应对于实现绿色建筑的动态过程，而绿色建材是实现绿色建造的物质基础。

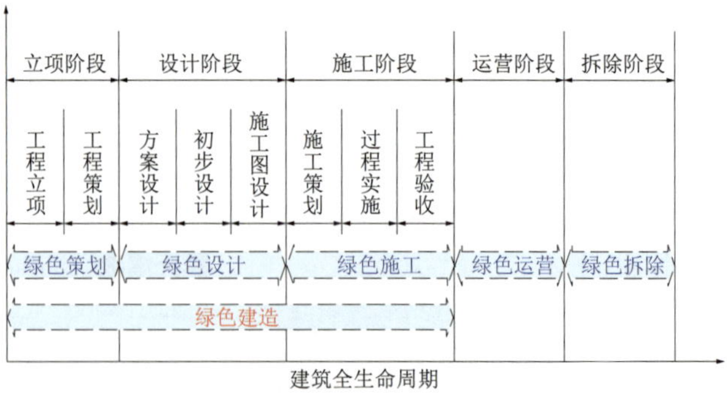

绿色建造与建设程序的关系示意图

绿色建造内涵主要包括6个方面：①旨在推进社会经济可持续发展和生态文明建设。绿色建造是在人类日益重视可持续发展的基础上提出的，绿色建造的根本目的是实现策划、设计、施工过程和工程产品的绿色，从而实现社会经济可持续发展，推进国家生态文明建设。②是以节约资源和保护环境为前提的工程活动。绿色建造中的节约资源是强调在环境保护前提下的资源高效利用，与传统设计和施工所强调的单纯降低成本、追求经济效益有本质区别。③依托系统化科学管理和技术进步。绿色设计和绿色施工是绿色建造的两个主要环节，绿色设计是实现绿色工程产品的关键，绿色施工能够保障建造过程的绿色化，系统化的科学管理和技术进步是实现绿色建造的重要途径。④需要政府、业主、设计、施工等相关方协同推进。政府、业主、设计与施工单位各方应对绿色建造分别发挥引导、主导、实施等作用。⑤前提条件是保证工程质量和安全。绿色建造的实施首先要满足质量合格和安全保证等基本条件，没有质量和安全的保证，绿色建造就无从谈起。⑥实现过程绿色和产品绿色。绿色建造是绿色工程产品的生成过程，绿色建造的最终产品是绿色工程产品。

与绿色施工的关系 绿色施工指工程建设中，在保证质量、安全等基本要求的前提下，通过科学管理和技术进步，最大限度地节约资源与减少对环境负面影响的施工活动，实现“四节一环保”(节能、节地、节水、节材和环境保护)。绿色建造是在绿色施工的基础上，向前延伸至工程立项和设计的一种施工组织模式，包括工程立项绿色策划、绿色设计和绿色施工三个阶段。绿色建造可使承包商基于工程项目的总体角度进行系统策划，实现真正意义上的工程总承包，提升工程项目的绿色实施水平。

与绿色建筑的关系 绿色建筑指在建筑的全寿命周期内，最大限度地节约资源、保护环境和减少污染，为人们提供健康、适用和高效的使用空间，与自然和谐共生的建筑。绿色建造与绿色建筑互有关联又各自独立：①绿色建造是应对于实现绿色建筑的动态过程，而绿色建筑则表现为一种状态，提供人们生产和生活的既定空间。②绿色建造可促使甚至决定绿色建筑的生成；但基于项目前期策划、规划、方案设计及扩初设计绿色化状态的不确定性，故仅绿色建造不一定能形成绿色建筑。③绿色建筑的形成，需要从前期策划、规划、方案设计及扩初设计等阶段着手，确保各阶段成果均实现绿色；绿色建造应在项目实施前期各阶段成果实现绿色的基础上，沿袭既定的绿色设计思想和技术路线，实现施工图设计和施工过程的双重绿色。④绿色建造主要涉及工程项目的生成阶段，特别是施工过程对环境影响相当集中；绿色建筑事关居住者健康、运行成本和使用功能，对整个使用周期均有重大影响。

与绿色建材的关系 绿色建材采用清洁生产技术，少用天然资源和能源，大量使用工业或城市固态废物生产，其产品无毒害、无污染、无放射性，有利于环境保护和人体健康。这与绿色建造的核心理念是一致的。绿色建材是实现绿色建造的物质基础。

绿色建造，是国家生态文明和绿色低碳节能战略给建筑业提出的新要求，是实现“美丽中国”愿景，对建筑业提出的新要求，是绿色建筑的发展对工程立项策划、设计和施工管理体制提出的新要求，是绿色设计和绿色施工发展的必然趋势。绿色建造的提出和实施，有利于建筑业转型升级，有利于提升建筑业国际化水平，有利于强化工程建设相关方的绿色责任，可为实现绿色建筑产品提供方法。绿色建造的推进，需加快推广工程总承包模式，明确工程建设相关方的主体责任；需加快完善政策法规体系，强化绿色建造推进的广度和深度；需建立健全相关规范规程，为实施绿色建造提供依据；需加速技术创新及传统技术改进，构建绿色建造技术体系；需加强职业资格管理，壮大绿色建造人才队伍。

（肖绪文　冯大阔）

绿色建筑 green building 在全寿命周期内，节约资源、保护环境、减少污染，为人们提供健康、适用、高效的使用空间，最大限度地实现人与自然和谐共生的建筑。从使用者角度看，绿色建筑是安全、宜居、高效、健康、舒适的建筑；从环境角度看，绿色建筑是低耗、少废、少污、资源节约、对环境影响小的建筑。

主要原则 尽管对绿色建筑的内涵有各式各样的表达方式，研究范围不尽相同，但其核心关注点主要围绕3个主题：①减少对地球资源与环境的负荷和影响。包括减少二氧化碳排放（从全生命周期的角度，减少化石能源的消耗），减少（或禁止）可能破坏臭氧层的化学物质的使用，减少资源（能源、水资源、土地资源等）的消耗等内容。②提高能源与资源的利用效率。诸如提升建筑热工性能、促进太阳能、风能等清洁能源使用比例及效率，材料回收再利用、垃圾的收集和再生利用，污水的处理和回用等。③创造舒适、健康的生活环境。重点在室内空气质量、自然通风、自然采光以及建筑隔声控制等方面。

评价体系 国际上影响比较大的绿色建筑评价体系主要包括美国、英国、德国、日本等国家的评价体系。

美国能源与环境设计先锋评价体系由美国绿色建筑协会于1998年推出，评估内容共分七大类，包括可持续选址、用水效率、能源和大气、材料和资源、室内环境品质、革新和设计过程、区域优先性，对所评价的每一类单独评分，依据汇总的总分评为铂金、金、银和通过等认证级别。

英国建筑研究院环境评价方法是英国建筑研究院于1990年研发的国际第一个评价体系，评估内容共分为10个方面：管理、健康和舒适、能源、交通、水、材料、废弃物、场地利用与生态、污染、创新。对所评价的每一类单独评分，依据汇总的总分评为1星、2星、3星、4星和5星5个等级。

德国“可持续建筑优秀范例”评价体系（DGNB）由德国交通、建设与城市规划部和德国绿色建筑学会于2008年推出，评估内容分为6个部分：经济质量、环境质量、功能及社会、过程质量、技术质量、基地质量。同样采用得分制，依据分数分为金、银、铜3个级别。

日本建成环境效率综合评估系统是从2001年起在国土交通省住宅局的支持下，由日本可持续建筑协会开发的，对“建成环境品质”和“环境负荷”进行综合评价的工具，并于2004年与日本绿色建筑协会联合推出。这两方面内容分别定义为Q和L，其中Q为建成环境品质、L为环境负荷。

中国于2001年出版了《中国生态住宅技术评估手册》，这是中国大陆第一个绿色建筑评估文本。随后，2003年颁布的《绿色奥运建筑评估体系》提出了全过程管理、分阶段评估的绿色奥运建筑评估指标体系、方法与程序，并在一系列奥运比赛场馆的新建与改扩建项目上得到了应用。2004年中国颁布了《绿色建筑评价标准》，并在2014年修订（GB/T 50378—2014），以“四节一环保”为核心，通过节地与室外环境、节能与能源利用、节水与水资源利用、节材与材料资源利用、室内环境质量、施工管理和运营管理7个方面指标体系的评判，将绿色建筑分为1星级、2星级和3星级3个等级。

发展趋势 绿色建筑发展的趋势，可归纳为4个主要方向：①装配化。随着中国建筑产业的升级与转型，新的装配式建筑体系日趋成熟。由装配化所带来的诸如

提升建筑工艺品质、降低施工过程环境影响等优势将极大地拓展绿色建筑的范围。另外，建筑构件的模块化与可更新化同样是降低建筑全周期环境影响的重要手段与研究方向。②地域化。由于中国是幅员辽阔的国家，各地区的气候、环境以及经济、社会、文化等因素不尽相同，因此针对性地采用适宜地域特点的技术是必要的。一方面在生态技术策略上要考虑“因地制宜”，在传统技术策略、中低技术策略、高新技术策略中采用适宜技术；另一方面在评估时必须因地制宜，实事求是，宜做纵向比较，看发展；横向比较要在相同或相近的条件下进行。③智能化。依托人工智能、大数据、建筑信息化等国际前沿技术手段，探索智能的设计、施工、运营管理平台，可针对性地在建筑全生命周期过程中降低建筑环境影响、优化建筑内部微气候、降低建筑运营能耗，多用信息，少用能源，让建筑真正低碳化。④健康化。室内的微气候环境一定程度上决定了人的心理状态、健康水平和人的幸福获得感。因此促进环境宜人，空气质量和各方面都良好的建筑，尤其是从材料、模式、结构、空间等角度去研究建筑将成为未来绿色建筑发展的重要环节。　（宋晔皓）

伦敦地铁　London Subway　世界第一条用蒸汽机车牵引的地铁线。1863年1月10日，为解决英国伦敦市区拥堵问题，加强市中心可达性，伦敦大都会地铁线开通运营，此线串联帕丁顿、国王十字和法林顿等区域，从此，城市交通进入轨道交通时代。随着客流需求大量增加，伦敦地铁扩张十分迅速，区域地铁支线呈扇形向西部和西南部延伸，都市地铁支线向西部和西北部延伸。到20世纪初，伦敦铁路网环形＋放射式的格局基本形成，随后地铁建设基本上在铁路格局下铺设新的地铁支线或延长既有线到城市更外围地区。

截至2022年初，伦敦地铁已有12条线路，总长度408千米，其中地面线占55%，车站273座，客流量达200万人次/日；轻轨线路总长约38千米，设置车站45座，其中有4个地下车站，年客运量达1.68亿人次；有轨电车线路总长28千米，设置车站38座，年客运量达0.27亿人次。伦敦地铁在6个区里纵横交错，其中11条穿过市中心所在的一区。不少一区的车站像贝克街一样，必须在地下修建成上下若干层，以供几条线路同时使用。随着城市的发展，几乎所有的地铁线路都建设了延长线。除了人口密集的一区，相当一部分地铁轨道就是在地面以上铺设的。如大都会线，全线33站，有24站在地上。

2022年5月24日，横贯铁路（CROSSRAIL）第三阶段正式通车，运营里程达118千米。此线穿越城市核心区，横跨大伦敦东西区域，是欧洲最大的铁路基础设施项目，也是英国最大的单项投资之一，此线分为西段、中段与东段，其中东西段利用东西部铁路干线改造而成，中段为地下线，除此以外，此线按需设置运营交路，采用7/9灵活编组运营。

2014年，伦敦提出2050年城市交通发展计划，其轨道交通基础建设将着力完善基础网络，连接欧洲大陆其他城市轨道交通和周边卫星城，增添重要交通枢纽站点，加大和改造已建重要站点，提高站点周边建设密度，通过大数据等科技进行健康管理，运用城市3D建模与数据库对交通进行调整与优化管理。　（仲莹莹）

轮廓工艺　contour crafting　基于3D打印技术，使用一种快速凝固的、类似于混凝土的材料，逐层打印出房屋的墙壁，随后由起重机将装配好的地板和天花板吊装完成的建筑工艺。在建造过程中要插入结构部件、管道、电线、公用设施，甚至消费设备，如视听系统等。

发展历程　轮廓工艺由美国南加州大学信息科学研究所（维特比工程学院）的B. 霍什内维斯研究创制。最初轮廓工艺被设想为一种建造工业零件模具的方法。霍什内维斯决定将此技术用于快速建造房屋，作为自然灾害后重建的一种方式。轮廓工艺的产生标志着建筑3D打印时代的开始。

2008年，卡特彼勒公司提供资金支持维特比项目研究。2009年，奇点大学的研究生建立了澄清需要项目，以实现轮廓工艺的商业化。2010年，美国国家航空航天局（NASA）评估轮廓工艺在火星和月球基地建设中的应用。2013年，南加州大学进一步开发轮廓工艺的3D打印技术。2019年6月4日，在美国国际委员会－评估服务（ICC-ES）会议上，验收标准AC509（使用施工规模3D打印建造的混凝土墙体的拟议新验收标准）获得了建筑官员委员会的一致批准。AC509的批准是施工规模3D打印历史上的一个重要里程碑。

应用范围　主要应用方面有房屋建筑、基础设施和太空建筑。

房屋建筑　轮廓工艺用于房屋建筑中：①可以降低商业建筑的成本。CC公司的预测表明，轮廓工艺的成本将是传统建筑的1/5左右，减少了建筑材料的浪费。建筑项目建成周期缩短，例如，一个2000平方英尺的房子可以在24小时内建成，这种快速的施工使通常需要6个月或更长时间才能完成的建筑项目的融资成本降到最低。②普通人能够参与到建筑的建造过程中，建筑业成为一个消费市场，其中房屋或某些结构可以由居住的家庭自行设计和建造。③降低成本和自动化建筑将使任何人都能租赁建筑打印的机器。④此技术对低收入地区的住房建造和在被地震、洪水、战争及其他自然灾害破坏的救灾机构的房屋紧急重建最为有用。

基础设施　许多基础设施元件可以通过轮廓工艺技术的变化来自动建造。例如，已经提出了一种自主建造高大混凝土塔的新方法，适用于风电场的风力涡轮机塔、桥梁塔架、水塔、筒仓、烟囱等。此方法采用了一套协调的垂直爬升机器人，它们携带特殊的喷嘴组件和运动控制系统以及特殊的水泥材料输送系统。

通常，塔架的大型钢段必须从工厂运输到风场进行安装，它们通常被归类为宽负荷，需要做特殊运输考虑。塔架建造方法是有限的，建造高于此前高度（85～100米）的起重机是昂贵的。另外，更高的塔架需要大的基座部分，这将很难运输（可用道路的宽度限制，立交桥的高度限制等），而大型起重机将需要在风电场有更宽的道路，道路建设的成本，特别是在丘陵地区的风电场，是非常可观的（一个有100个装置的风电场大约需要3000万美元）。

轮廓工艺基于使用混凝土并通过以下方式自动建造塔楼：①机器人系统，可以在新型建筑模块建造塔楼时爬上塔楼。②基于一种大型3D打印系统的建筑模块。③新型材料输送系统，机器人系统使其携带的建筑模块保持良好的排列，从而使最终的塔楼具有接近完美的几何形状和相对于地平线的方向。此系统的小规模版本已经建成，其概念的可行性已经得到证实。

太空建筑　制造地外栖息地、实验室或制造地外设施的能力是人类在月球或火星上长期生存的关键因素。轮廓工艺技术有可能为人类在月球和火星上建造安全、可靠和负担得起的居住地、实验室和其他设施。正在开发的轮廓工艺建筑系统可以利用原地资源，并可以利用月球岩石作为建筑材料。这些结构可以包括综合辐射屏蔽、管道、电气和传感器网络。

选择性分离烧结（SSS）是一种由南加州大学工程师开发的新的3D打印工艺，能够在太空中建造物理结构。　（徐卫国）

轮胎式起重机　mobile crane　将工作机构安装在加重型充气轮胎和轮轴组成的特

制轮胎底盘上的全回转自行式起重机械。

分类 按其传动装置不同，可分为机械传动、电力传动和液压传动3种。早期的轮胎式起重机是机械传动，后改为电力传动，随着技术进步液压传动逐步取代电力传动。液压传动具有结构紧凑，操作方便，易于调速和实现过载保护等优点。

按其起重量有大、中、小型之分，中国产轮胎式起重机都是中型和小型的。

构成及基本参数 轮胎式起重机由上车和下车两部分组成。上车为起重作业部分，设有动臂、起升机构、变幅机构、平衡重和转台等；下车为支承和行走部分。上、下车之间用回转支承连接。吊重时一般需放下支腿，增大支承面，并将机身调平，以保证起重机的稳定。

动臂的结构形式有桁架臂和箱形伸缩臂两种。桁架臂用钢丝绳滑轮组变幅，臂长可折叠或接长，其长度较大；箱形伸缩臂为多节箱形断面伸缩臂架，用液压缸伸缩和变幅。外形尺寸小，适应快速转移工地的需要。电力传动的起重机用桁架臂，液压传动的起重机采用箱形伸缩臂。

基本技术参数为起重量、起升高度、幅度、载荷力矩和整机自重。轮胎式起重机的额定起重量受动臂强度和整机稳定限制，随幅度而变化，为防止超载装有力矩限制器。

应用 轮胎式起重机通常用于装卸重物和安装作业，起重量较小时，可不打支腿作业，甚至可带载行走。具有机动性好，转移方便的特点，适用于流动性作业，特别适用于狭窄的施工场所。 （李守林）

轮胎式挖掘机 wheeled excavator 轮子外围安装环形橡胶轮胎作为行走装置的挖掘机械。轮胎式挖掘机优点在于可快速远距离自行转场，时速可达到40～50千米/时，不损坏路面，适于硬地施工。缺点是价格较高，效率低，稳定性、安全性差，轮胎耐热性差，不能进入矿山或者泥泞地带，爬坡能力差。

市场主流轮胎式挖掘机是15～17吨的产品，小型的6～8吨产品。主要应用于城市自来水、市政、管线维修工程、工业物料装卸、开挖隧道、水利工程和城市拆迁等。 （王　进）

罗，R.K. Ronald Kerry Rowe（1951-09-13～　）澳大利亚土木工程专家。1973年获悉尼大学计算机科学学士学位，1975年获土木工程理学学士学位（荣誉一级）和大学奖章，1979年获岩土工程博士学位，1993年获工程博士学位。2016年，被加拿大西安大略大学授予荣誉博士，以表彰他在环境保护科学进步和工程实践方面的贡献。在加拿大西安大略大学担任教授22年，其中8年担任土木与环境工程系主任（1979～2000）。2000～2010年，任加拿大女王大学副校长。现任加拿大女王大学的杰出教授和加拿大岩土与环境岩土工程首席研究员。2013年当选英国皇家学会院士，还当选美国国家工程院（2016）、英国皇家工程院（2010），以及加拿大皇家学会（2001）和加拿大工程院（2001）的院士。2020年，被选为美国土木工程师学会杰出会员。

研究和咨询领域包括污染物在土壤和岩石中的迁移、填埋场设计、污染场地围封、土工合成材料、尾矿储存设施、堆浸场、大坝、加筋路堤和墙壁、软土地基隧道、边坡失稳等。是环境岩土工程研究方向的国际先驱，改变了世界范围内对填埋场屏障的认知，研究成果影响显著。曾为全世界60多个垃圾填埋场或场地围封的设计和运营提供咨询，并为从北极到南极的环境治理提供了创新解决方案。

发表期刊论文400余篇、会议论文360余篇，出版专著3部。获IGS金牌（1996、2004、2014）。2015年，赢得了托马斯·特尔福德（Thomas Telford）金牌和加拿大皇家学会米罗斯瓦·罗曼·诺夫斯基奖章。2013年，国际土力学和岩土工程学会创建了罗纳德·克里·罗讲座，以表彰他对环境岩土工程所做出的开创性贡献。

获得教学卓越奖（1996、1997）和女王大学研究生培养卓越奖（2013）。是《土工布和土工膜》主编、皇家科学学会主题编辑、《加拿大岩土工程》副主编。在ASCE杂志《岩土工程和环境工程》编委会任职10年，担任《岩土工程》期刊编委4年。2018年，因为其对环境岩土工程领域的重大贡献，特别是在屏障系统方面的开创性研究，被授予加拿大官佐勋章。

（樊继营　李育超）

螺栓连接 bolting 采用螺栓穿过两个或多个带孔的构件或部件，并在另一侧拧紧螺母，从而使被连接构件或部件之间形成传力机制的、可拆卸的连接方法。连接件包括螺栓杆、螺母和垫圈。螺栓连接可分为普通螺栓连接和高强度螺栓连接两种。

普通螺栓连接 普通螺栓采用普通碳素结构钢或低合金结构钢制成，分A级、B级和C级。C级螺栓属于粗制螺栓，螺栓杆由未加工的圆杆制成，螺栓孔径比螺栓杆直径大1.0～1.5毫米，制作简单，安装方便，但受剪力时性能较差，只用于次要构件的连接或工地临时固定，或用在仅借螺栓传递拉力的连接上。A级、B级普通螺栓属于精制螺栓，由棒钢在车床上切削加工制成，其制作精度和螺栓的偏差、孔壁表面粗糙度等要求都要比C级粗制螺栓严格（螺栓杆直径比孔径小0.3～0.5毫米），受力性能也优于C级粗制螺栓，但由于制作要求高和安装不方便，一般较少应用。

普通螺栓连接按受力情况可分为抗剪连接和抗拉连接，也有同时抗剪和抗拉的。抗剪连接又有单面受剪、双面受剪以及多面受剪等不同情况。在普通螺栓抗剪连接中，当拧紧螺母时，螺栓内产生的预拉力不大；连接受力时，板件之间的摩擦力被克服后会产生滑移，螺栓杆与孔壁接触，此时主要靠螺栓杆剪切以及螺栓杆与孔壁互相挤压传力（图1）。普通螺栓抗剪连接可能有以下5种破坏模式：①当螺栓杆直径较小、板件较厚时，螺栓沿受剪面被剪断破坏（图2a）。②当钢板太厚，螺栓杆细长（直径小、长度大）时，螺栓杆发生弯曲破坏（图2b）。③当板件较薄、螺栓杆直径较大时，板件孔壁被挤压破坏（图2c）。④当板件边缘离螺栓孔太近时，被螺栓剪开（图2d）。⑤当开螺栓孔的板件净截面较小、削弱较大时，板件在有螺栓的截面处被拉断破坏（图2e）。螺栓抗拉连接的受力情况随着被连接构件的刚度不同而有较大的区别。当被连接构件的刚度较大且螺栓对称布置时，每个螺栓将平均承担作用在连接处的拉力（图3a）。当被连接构件的刚度较小时，则连接处翼缘会发生弯曲变形，产生杠杆力（图3b）。杠杆力比较复杂，一般采用适当降低螺栓的抗拉设计强度加以考虑。螺栓的抗拉连接破坏是在螺纹处拉断。考虑施工方便和受力要求，螺栓要按一定规则排列。

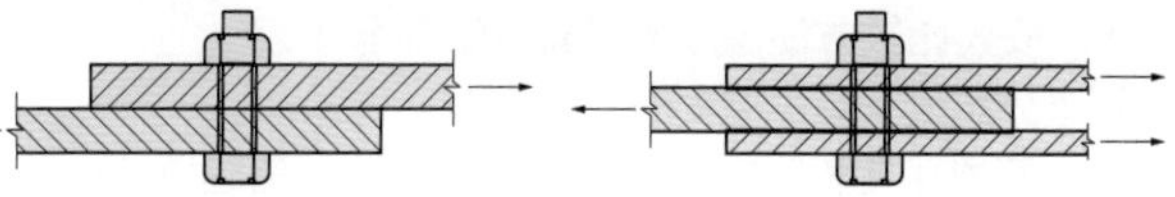

a 单面受剪连接　　b 双面受剪连接

图1 普通螺栓抗剪连接示意图

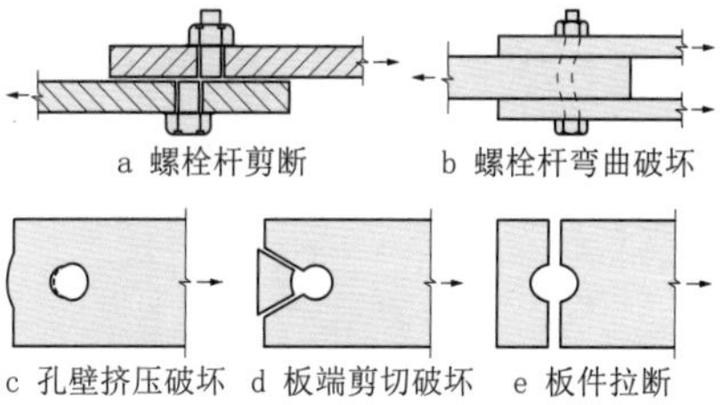

a 螺栓杆剪断　　b 螺栓杆弯曲破坏

c 孔壁挤压破坏　d 板端剪切破坏　e 板件拉断

图2 普通螺栓抗剪连接破坏模式示意图

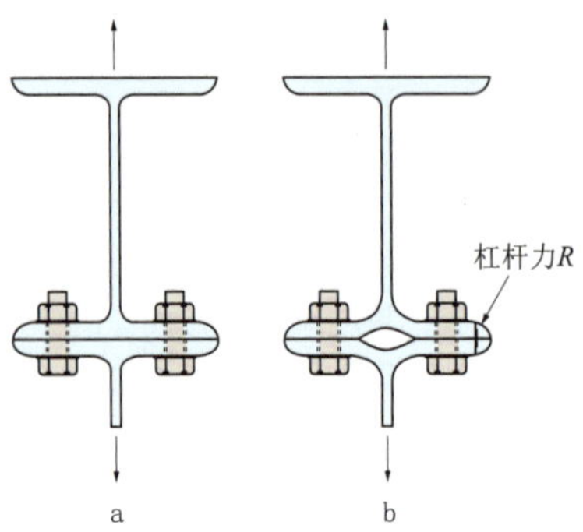

图3 普通螺栓抗拉连接示意图

高强度螺栓连接 高强度螺栓采用抗拉强度很高的钢材（如45号钢、40硼钢、20锰钛硼钢等）经过热处理制成。高强度螺栓安装时用特殊的扳手拧紧螺帽，对其施加规定的预拉力。高强度螺栓抗剪连接按其传力方式分为摩擦型和剪压型（或称承压型）两类。摩擦型高强度螺栓靠摩擦力工作，用于承受动力荷载过程中不易松动。螺栓孔直径比螺栓杆直径大1.5～2.0毫米，安装比较方便。摩擦型高强度螺栓应用十分广泛。

摩擦型高强度螺栓抗剪连接依靠被夹紧板件接触面的摩擦力传力，一旦摩擦力被克服，被连接的构件发生相对滑移，即被认为达到破坏状态。而对于剪压型高强度螺栓抗剪连接，则板件接触面间的摩擦力被克服后继续通过螺栓杆与孔壁接触，借螺栓抗剪和孔壁承压来传力（图4）。

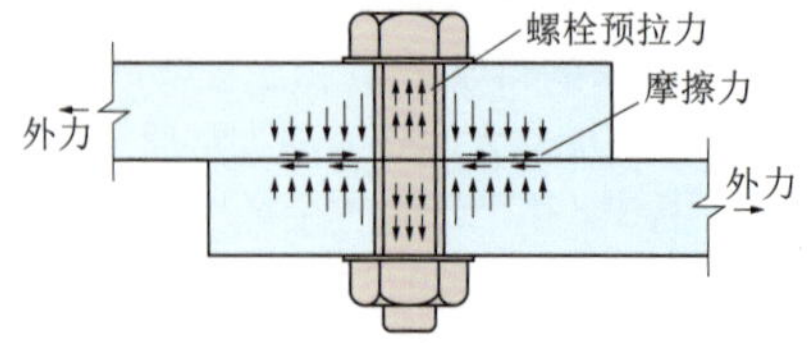

图4 高强度螺栓连接示意图

摩擦型高强度螺栓抗剪连接的承载力取决于高强度螺栓的预拉力和板件接触面间的摩擦系数（又称滑移系数）的大小。因此，除采用强度较高的钢材制造高强度螺栓并经热处理提高预拉力外，常对板件接触面进行处理（如喷砂），以提高摩擦系数。

高强度螺栓的预拉力并不降低其抗拉性能，其抗拉连接与普通螺栓抗拉连接相似，当被连接构件的刚度较小时，应计入杠杆力的影响。每个螺栓杆所受外力不应超过预拉力的80%，以保证板件之间保持一定的压力。高强度螺栓连接的螺栓排列，也应满足一定的构造规定。

（李 云 撰 童乐为 修订）

洛阳桥 Luoyang Bridge 中国现存最早的跨海梁式石桥。又称万安桥。位于福建泉州东北10千米处，跨越洛阳江。北宋皇祐五年（1053）泉州太守蔡襄倡建，嘉祐四年（1059）竣工。历代多次修缮重建。1988年，洛阳桥由中华人民共和国国务院公布为第三批全国重点文物保护单位。

现存的洛阳桥是清乾隆二十六年（1761）重修的。全桥共48孔梁桥，长540米。桥面两旁护以石栏，有石柱500根，石栏长度与桥长同。但栏板、石柱今已不全。桥墩砌体相当庞大，两端砌成尖形，以分水势。此外有石狮28只、石亭7座、石塔9座、桥塊四角有石柱等。洛阳桥北有昭惠庙，桥南有蔡襄祠等文物。1932年在桥墩上添建1座矮墩，其上置钢筋混凝土桥面板以行车。

洛阳桥

宋代建桥师们建造洛阳桥时创造了垒址于渊、种蛎固基的方法。在桥址江中先遍抛石块，横过河道；然后以蛎房散置其上，蛎房是在浅海滩生殖的牡蛎，它长有贝壳，成片成丛，密集繁生，可把散乱的石块胶结成一整体。在这石基上用巨型条石砌成梭子形，即成桥墩，再在桥墩上浮运安置石梁。洛阳桥用这种方法建造了桥梁的筏形基础、加固了桥墩。为了保护桥基和桥墩，在桥位标志范围内禁止采牡蛎。这在当地成为一条法律，并为历代所沿用。

（黎 晓 撰 葛耀君 修订）

M

马尔科夫过程方法 markov processes method 利用马尔科夫过程的性质进行非线性随机振动响应求解的方法。马尔科夫过程是一种具有无后效性或无记忆性的随机过程。在一定的条件下，随机动力系统的响应是马尔科夫过程。对工程非线性系统，主要是通过求解福克-普朗克-柯尔莫哥洛夫（FPK）方程来实现的。

对一般的非线性工程结构，可以证明，在高斯白噪声激励下其响应具有马尔科夫性。由此，可以建立FPK方程，这是一个二阶拟线性偏微分方程。对某些宽带有色噪声系统，通过随机平均等方法，可以将其转化为近似马尔科夫过程。对这一方程的求解占据了20世纪60年代以来非线性随机动力学的核心，并已经提出了多种解析与数值求解方法。FPK方程主要包括一些特殊单自由度体系的专门技巧、广义平稳势法和基于哈密顿理论体系的平稳解等，马尔科夫过程主要包括基于短时近似和基于威纳积分的路径积分法、本征函数展开法、有限差分法、有限单元法、随机步行法等。

马尔科夫过程方法发端于1905年爱因斯坦对布朗运动的研究，荷兰的物理学家A.福克和德国的M.K.E.L.普朗克、俄罗斯的数学家A.柯尔莫哥洛夫建立了FPK方程。20世纪60年代初期，美国的S.H.克兰德尔、Y.K.林幼堃等将其引入随机振动理论之中。90年代，朱位秋等提出了哈密顿体系方法，在多自由度非线性体系响应、稳定性与最优控制方面取得了重要突破。

马尔科夫过程方法理论非常严整，揭示了某些噪声导致的与确定性系统迥然不同的性质，具有重要意义。因此在机械、航空航天、物理学和生命科学等领域之中得到广泛关注。但是，因为白噪声或过滤白噪声假定不符合地震、巨浪等动力激励的实际情况，土木工程结构自由度数很高、非线性很强（强耗散、损伤等），且响应高度非平稳，马尔科夫过程方法依然面临巨大的困难。

（陈建兵）

马克当，J.L. John Loudon McAdam （1756-09-21～1836-11-26） 英国公路工程专家。生于英国卡斯费恩。1783年在苏格兰从事公路建设事业。1816年在布里斯托尔公路管理局任测量设计工程师。晚年以公路建设事业上的成就而闻名于世界。马克当一反以往在土基上先铺砌平底的大石块，然后在其上铺嵌密实碎石的筑路方法，而采用整层的相似尺寸碎石铺路压实，面层碎石颗粒尺寸不超过2.54厘米。他的基本思想是：土基在保持良好排水状态时，具备相当好的承受车载的能力，可废除或减少大石块基层；铺筑有棱角的碎石面层，经过压实和车辆的多次作用，依靠相互锁结作用和碾碎石粉的固结，能形成整体结构。这种思想被各国公路工程界所接受并一直沿用，并称他所设计的路面类型为马克当路面（见*碎石路面*）。

马克当还主张道路建设应适应交通运输发展的需要，而不是去限制交通量以维持落后的道路，必须着力修筑有效的道路并进行良好的养护管理。

马克当的主要著作是《关于公路科学管理与维护的论文》（1819）。

（朱照宏）

脉动风 fluctuating wind 随时间随机变化的瞬时风速减去平均风速后的零均值瞬时风速。其标准单位是米/秒。风速的脉动总是三维的，常用3个相互正交的分量$u(t)$、$v(t)$、$w(t)$来表示，其中，$u(t)$被定义为脉动风速沿*平均风*方向的分量，简称顺风向脉动风速，可与平均风速U进行代数叠加；而$v(t)$和$w(t)$分别被定义为脉动风速沿与平均风方向垂直的水平向和竖向的分量，简称水平横风向脉动风速和竖向脉动风速。紊动的自然风以复杂的和随机的方式随空间和时间变化，因此必须以统计的方法来处理。描述脉动风特性的统计参数有阵风风速、阵风因子、紊流强度、紊流积分尺度、脉动风自谱、脉动风交叉谱、脉动风根方相干函数等。

不同的平均风时距不仅可导致不同的平均风速，也会导致不同的脉动风速。原则上平均时距越短，所得的平均风速就越大。当平均时距小于等于3秒时，对应的平均风速一般均被认为是瞬时风速，也叫阵风风速，常记为U_g。阵风风速和平均风速U之比被称为阵风因子，常记为G_v。

风速脉动强度指标 紊流强度（简称紊流度），是大气紊流的一个最简单的描述符，是风速脉动强度的一个指标。紊流度又分为绝对紊流度和相对紊流度。绝对紊流度实际上就是风速脉动的标准差，对应$u(t)$、$v(t)$、$w(t)$脉动风速分量分别记为σ_u、σ_v、σ_w。而相对紊流度则被定义为脉动风速的标准差与平均风速的比值，对应前述3个脉动风速分量分别记为I_u、I_v、I_w。由于在实践中较为广泛使用的是相对紊流度，因此为了简化，“相对”两字常被省略，简称为紊流度，即所谓紊流度一般均指相对紊流度。实际大气边界层中，上述3个相对紊流度数值之比近似为1∶0.75～0.88∶0.5。

对于平坦均一地貌，脉动风速标准差在地面附近较大，随高度增加而逐渐减小，在梯度风高度处趋近于零。然而许多实测资料显示，在小于200米的一般工程结构高度范围内，脉动风速的标准差随高度下降的速度非常慢，可近似看成是常数。因此，紊流度竖向分布规律近似与平均风速竖向分布规律相反。

在紊流场中存在着由各种原因产生的许许多多大小不一、相互牵连的旋涡，流场中的运动能量通过惯性从“大尺度涡”向“中尺度涡”再向“小尺度涡”和“微尺度涡”传递，最终被空气的黏性所耗散。影响紊流能量耗散的主要是那些频率很高的微尺度旋涡，其剪切变形和黏性应力较大。当没有能量来源时，黏性引起的动能损失将使紊流运动衰减，黏性越大衰减越快，反之亦然。风速的脉动就是由这些包含在气流中数不尽的大大小小的旋涡所产生，这些旋涡以各自的圆频率$\omega=2\pi n$（或波数$K=2\pi/\lambda$，其中n为频率，λ为波长）做周期运动。这样，紊流运动的总动能可以认为是气流中每一旋涡贡献的总和。较小的旋涡引起频率较高的风速脉动，能量相对较小；较大的旋涡引起频率较低的风速脉动，能量相对较高。因此，风速脉动可以看成是由许多频率和幅值不同的速度波组成。类似于光谱，脉动风速自谱（简称风谱）表示以频率为自变量的风速函数在不同频率处的脉动方差或脉动强度。因此，它描述的是紊流运动能量随频率或波长的分布情况，也即反映了每个频率成分的脉动或者说不同尺寸旋涡的运动对风速脉动的贡献程度。显然，自谱在整个频域上的积分等于脉动风速的总方差。自谱是工程结构随机风振响应研究中的一个不可缺少的重要参数，可以通过对脉动风速自相关函数进行傅里叶变换而得到。对应3

个脉动风速分量的自谱一般记为$S_u(n)$、$S_v(n)$、$S_w(n)$。

风速脉动空间相关性指标　通过空间中某一点的气流中的速度脉动可以被认为是由平均风所输运的各种尺度的旋涡在该点所造成的、按各自不同周期脉动的速度分量的叠加。紊流的积分尺度就是度量气流中各种旋涡沿某一指定方向的平均尺寸的指标。由于旋涡的三维特性，因此对应3个脉动风速和3个空间方向，一共有9个紊流尺度，记为L_u^x、L_u^y、L_u^z、L_v^x、L_v^y、L_v^z、L_w^x L_w^y、L_w^z。紊流积分尺度的数学定义为：

$$L_a^r=\int_0^{\infty}\frac{C_{a_1a_2}(r)}{\sigma_a^2}\mathrm{d}r$$

式中$a=u, v, w$；$r=x, y, z$；σ_a^2为脉动分量a的方差；$C_{a_1a_2}(r)$为相距r的两点上的脉动风速之间的交叉协方差函数。

脉动风速交叉谱用来描述两个不同空间点上的同名或者不同名脉动风速分量，或者同一个空间点上的两个不同名脉动风速分量之间的统计相关性，是一个复函数。其实部称为互谱，是关于频率n偶函数。其虚部称为正交谱，是关于频率n奇函数。脉动风速交叉谱可以通过对两个脉动风速的互相关函数进行傅里叶变换而得到。在实际应用中，脉动风速交叉谱常表示为两个脉动风速的自谱乘积的平方根、根方相干函数和相位函数三者的乘积。根方干函数代表了空间两点上风速脉动在不同频率处的相关程度。两点间距越大，风速脉动的相关性就越差，根方干函数的值也就越小。对应频率越高的脉动成分，引起脉动的旋涡尺寸就越小，相关性也就越小，根方干函数的值也越小。相位函数反映了空间两点上风速脉动之间的相位差。

（朱乐东）

慢速过滤　slow filtration　用砾石和砂子铺敷滤床，以每天3～6米以下的速度进行过滤的方式。

原理　慢滤是水以很低的滤速通过含有滤料的滤层，水中杂质被去除。该过程包括筛分作用、沉淀作用、吸附作用和生物作用等。①筛分作用。首先是筛去比过滤砂层间隙大的杂质。当筛眼堵塞时，砂层的间隙变小，可筛去更小的微粒。生物在水和废水带来的积留物中进行繁衍而形成过滤膜，其也起到筛分的作用，这种生物膜是由细菌群和硅藻类物质形成的，这些微生物用分泌的琼脂质形成结实致密的膜，在每平方厘米生物膜中有20万～300万个微生物。②沉淀作用。混浊物在砂粒间产生沉淀而被除去的现象。这种现象发生在从表面到下部20厘米左右的地方。③吸附作用。砂粒一般带负电，但由于其被腐殖质包裹，故被认为带正电。腐殖质是植物被微生物分解而产生的，与铁、铝、硅结合成带正电的络合物。而污水中的悬浮颗粒一般带负电，所以在带正电的砂粒表面上会产生吸附现象。当水中的悬浮微粒的电荷发生变化时，微粒的去除率也发生变化，这就是吸附现象。④生物作用。在砂层表面附近的过滤膜能吸附悬浮物和氧化有机物。在膜中繁殖的硅藻类利用阳光进行光合作用并放出大量的氧，溶解氧浓度高达16毫克/升。水或污水从过滤到排放往往需要6～7小时，由于生物膜上层和下层的微生物种类不同，其所起作用也不同。例如，表层生物大多是把氨氧化成亚硝酸的细菌，而下层多为把亚硝酸氧化成硝酸的细菌，所以当过滤水向下流动时，氨被氧化成亚硝酸和硝酸，从而得到稳定。

在以上几种原理的共同作用下，用慢速过滤往往可以获得较好的过滤效果。但这种方法的缺点是不适合于30℃以上的高混浊度和高色度的水与废水，原因在于混浊物多时发生堵塞使过滤不能顺利进行。

工作过程　慢速过滤过程类似在沉淀池中悬浮物沉淀堆积的情况。在一般的工业设计中，慢速过滤的滤池大小为100～5000米^2，在最下部设集水渠，其上填充400～600毫米厚度的砾石层，以及600～900毫米厚度的砂层。水或污水的水位比砂层表面高0.9～1.2米，并以低于6米/天的速度进行过滤。

长时间进行过滤时，滤池的过滤能力将逐渐下降。水头损失的容积限度为90～100厘米，但为了安全起见，在水头损失为60厘米时就应停止过滤而进行铲砂作业，也就是把水位降到砂表层下30厘米左右，以0～12毫米的铲削量铲除砂的表面层。铲砂作业可使水头损失得到恢复，当砂层由于反复铲削而减少到40厘米左右时需要补砂，使砂层厚度复原。

特点　用于慢速过滤的滤池构造虽简单，但基础施工量大；在整个过滤过程中，没有添加其他任何类似聚丙烯酰胺类高分子有机絮凝剂的化学物质，不需要加速水或污水的沉降速度，因此整个处理工艺绿色环保无污染；设备维护人工成本较高，一般仅限于在生活饮用水的处理当中，来水本身比较洁净。慢速过滤的目的是让水源得到更进一步的净化，然后通过消毒杀菌等后期处理工艺达到生活自来水的标准。

应用　慢速过滤通常用于过滤河水或湖水，可除去悬浮物、细菌、溶解性铁、锰、氨性氮等而获得清水。慢速过滤可去除比砂径更小的悬浮颗粒和溶解性铁、锰等杂质。当用新砂进行过滤时，污水中的浑浊物、细菌、铁和锰等不能被去除，但继续进行过滤，一段时间后这些杂质将几乎完全被去除。过滤时间在冬季是4～6个星期，在夏季是2～3个星期。此时，在砂层表面生成绿褐色到红褐色的黏质包覆膜，即砂粒被黏附性物质包裹起来，从表层到下部若干厘米的砂粒也呈现红褐色。这种包覆膜是生物膜，在过滤中起着重要作用。

（瞿芳术）

茅以升　Mao Yisheng（1896-01-09～1989-11-12）　中国桥梁学家、教育家。原名以昇，字唐臣。江苏镇江人。卒于北京。1916年毕业于唐山工业专门学校。1917年获美国康奈尔大学土木工程硕士学位。1919年获美国卡内基理工学院博士学位。1920年回到中国，历任交通大学唐山学校、东南大学、河海工科大学、北洋大学、北平大学等教授、主任、院长、校长职务。1948年当选中央研究院院士。自1949年起，任中国交通大学唐山工学院校长，铁道部铁道研究所所长、铁道研究院院长。1955年当选中国科学院学部委员（院士）。

1933年起组织筹建浙江杭州钱塘江公铁两用桥，任钱塘江桥工程处长。该桥是中国第一座自己设计监修的大江入海口现代桥梁。桥址的气象、水文、地质条件复杂。桥以射水下沉木桩、沉箱基础、整孔浮运钢梁法施工。仅用两年半时间，以低廉造价完成，并培育出一批桥梁建设技术骨干。1942年创建中国桥梁公司。抗战胜利后，桥梁公司总公司迁到上海，设上海、武汉、重庆三处分公司，谋建黄浦江大桥、**武汉长江大桥**及重庆长江大桥。中华人民共和国成立前，在上海因营救被捕爱国学生及保护工厂不被破坏，在教育界和桥梁界树立起威望，中华人民共和国成立后担任武汉长江大桥技术顾问委员会主任，领导铁路工程研究，指导完成武汉万里长江第一桥建设。

茅以升于1921年因桥梁结构次应力研究获美国康奈尔大学福蒂士研究奖。1979年因在土木工程上的贡献获美国卡内基-梅隆大学“卓越校友”奖章。1982年当选美国国家工程科学院外籍院士。1984年被选为加拿大土木工程协会荣誉会员。

茅以升曾任中国人民政治协商会议第一届至第六届全国委员会委员，第六届副主席。1954年起，连续当选为第一届至第六届全国人民代表大会代表和常务委员会委员。1952年参加九三学社。1958年起任九三学社中央副主席。1987年加入中国共产党。曾任中国工程师学会、中国土木工程师学会理事长、会长，中国科学技术协会副主席、北京市科学技术学会会长。任《中国大百科全书》第一版总编辑委员会副主任。创立中国土力学及基础工程学会，晚年致力于科普工作。著述颇多，重要著作有《茅以升技术论文选》。主编《桥话》《中国古桥技术史》等著作，后者获1987年中国图书荣誉奖。（程庆国　牛　斌）

美国芝加哥奥黑尔国际机场　Chicago O'Hare International Airport　美国第四大国际航空枢纽。世界上唯一的双中枢机场，同时也是世界上最繁忙的机场之一，曾连续多年被评为“北美最佳机场”。位于美国芝加哥市中心西北27千米处，占地面积约31平方千米。机场拥有4个航站楼，其中1～3号航站楼为国内线，5号航站楼为国际线。机场年旅客吞吐量7694万人次，年起降飞机87万架次（2015年），高峰小时起降飞机超过200架次。飞行区建有9条不同长度的跑道，供飞机起降的有8条，其中有6条东西方向的平行跑道和两条侧风跑道，包括两条沥青混凝土道面、3条水泥混凝土道面以及3条沥青加铺复合道面，跑道中最短的为2286米，最长的3962米。

奥黑尔国际机场建于1945年，从一座小机场经过不断扩建、改造而形成如今的规模。1号航站楼为钢框架结构，由混凝土基础和底脚支撑，地面结构为金属板面上铺轻质混凝土，售票区屋顶为折叠桁架结构，整个售票区没有一根柱子。航站楼内每个候机室和售票区均有天窗，既为室内提供照明，又可极大地降低能耗。不透明的金属和透明的玻璃共同使用，达到了控制客运廊内采光的目的。1994年竣工的5号航站楼采用3个楼层的设计，外形包括两个巨大的弧形，薄薄的长弧形立面图像征着飞机的飞翔姿势。250米的拱形钢和玻璃结构的售票大厅是航站楼的突出特征。巨大的屋顶上有连续的条状天窗，使得航站楼内看起来更加宽敞明亮。

奥黑尔国际机场1号航站楼构型为卫星厅式和前列式，2、3号为指廊式，5号为前列式，各航站楼间有捷运系统连接。航站楼前有宽广的停机坪，共设有186个机位。经过改造的简捷行李转换系统，使旅客流程和通过量达到很高的水平。航站楼包围环绕的中央区域是巨大的停车场，可存放9250辆汽车。为保证大量的吞吐客流及各种车辆巨大的进出机场需求，站前和进出场地的道路形成复杂的网络系统，同时配套有蓝线铁路、地铁、巴士、出租车和机场快线供旅客到达市区。

（凌建明）

镁质胶结料　magnesite binder　用氯化镁（或硫酸镁、硫酸亚铁等）溶液调和苛性苦土或苛性白云石而得到的气硬性胶凝材料。又称索勒尔水泥或氧氯化镁水泥。苛性苦土的主要成分为氧化镁，由菱镁矿（主要成分为碳酸镁）经800～850℃煅烧、磨细而成。苛性白云石的主要成分为氧化镁和碳酸钙，由白云石经650～750℃煅烧、磨细而成。白云石是碳酸钙和碳酸镁的复盐矿物。由于苛性白云石中含有的氧化钙对胶结料的性能会产生不良影响。因此，在煅烧时既要求碳酸镁充分分解，又要避免碳酸钙分解，所以必须控制好白云石的煅烧温度。

镁质胶结料具有良好的可塑性，还能较好地胶结某些有机材料，其缺点是抗水性差，但掺加某些外加剂（如磷酸或磷酸盐、水溶性树脂等），可提高其抗水性。用硫酸镁、硫酸亚铁溶液代替氯化镁溶液做调和剂，可以降低胶结料的吸湿性，提高抗水性，但其强度不如用氯化镁溶液的高。镁质胶结料中掺加适量的混合材料（如砖粉、粉煤灰等），再与砂和石子按比例配合，可制成菱苦土混凝土制品，其抗压强度可达30兆帕以上。但这类产品抗水性较差，不宜在潮湿环境中使用。与这类产品接触的铁件易锈蚀，使用前应做防锈处理。用镁质胶结料胶合刨花、亚麻皮等植物纤维，经加压成型可制成刨花板。由胶结料和锯木屑、颜料及某些填充性材料配成的混合物，可压制加工成各种木屑板代替木材使用。也可直接将混合物铺于房间底层，经压实、修饰而成无缝地板。如在胶结料中加入发泡剂，还能制成轻质多孔的隔热、吸声制品。

（缪纪生　黄文虎）

门窗　doors and windows　建筑物的重要组成部分。门是室内与室外通行、通风、采光的主要途径，窗是室内外通风、采光、观景的主要途径。门窗在建筑物的使用中起到重要作用。

沿革　建筑门窗在中国有着悠久的历史，可以追溯到3000多年前的商代、周代。人类自从有了居所，就有了门窗并使之成为生活中的重要组成部分。人们最早居住在洞穴中，洞穴口的草盖便是最早的门。在原始社会，住宅为排除烟气在屋顶开口，就是窗的雏形。

进入奴隶社会后，中国出现了最早的规模较大的木架夯土建筑和庭院，从而出现了具体定义的门窗。春秋战国时期的门已经较为成熟且门类较多。唐代末至五代时期，出现了带有格子形的门窗式样，为后续门窗的形式以及纹样装饰奠定了良好的基础。宋代大量使用格子窗，增加了许多装饰功能，不仅改进了采光条件，也增加了装饰效果，而且出现了可以开启的窗。到了明代、清代，纸被大量应用到窗户上，玻璃也开始被应用到门窗上。中国现代建筑门窗是在20世纪发展起来的，以钢门窗为代表的金属门窗在中国已经有90年的历史。中国当代建筑门窗发展的黄金时代是1981～2001年。门窗从原始的各种实木发展到运用现代科学工艺处理的硬度适中的集成材，钢窗从单一的空腹钢窗向彩板钢窗、节能钢窗、特种钢窗延伸；塑料窗从单一色彩塑料发展，普通铝合金也已迈入断桥节能窗时代。

作用　门的作用主要有建筑空间之间的通行、空间围护和隔断、采光、通风、保温、隔热、隔声、防水、防火、节能、装饰、防盗等。

窗的作用主要有建筑空间之间的联系、空间围护和隔断、采光、通风、保温、隔热、隔声、防水、防火、节能、装饰、防盗等以及特殊情况下的通行和疏散作用。

构造　门的构造组成：门框（樘）、门扇、五金构件。门的构造要求一般有：满足人员通行疏散和家具部品等的搬运要求，满足采光通风的面积要求，满足建筑装饰造型的要求，满足节能、防水、防火、防盗等功能性要求。

窗的构造组成：窗框（樘）、窗扇、五金构件。门的构造要求一般有：满足采光通风的面积要求，满足建筑装饰造型的要求，满足节能、防水、防火、防盗等功能性要求。

此外，还要求门窗坚固耐久，开启方便，关闭紧密，美观大方，便于维修清洁，规格类型应符合建筑工业化的需要。

分类　门窗的分类方式主要有以下5种。①依据门窗材质分木门窗、钢门窗、铝合金门窗、塑料门窗、彩板门窗、特种门窗等。②按门窗功能分旋转门、防盗门窗、自动门。③按开启方式分为固定窗、上悬窗、中悬窗、下悬窗、立转窗、平开门窗、滑轮平开窗、滑轮窗、平开下悬门窗、推拉门窗、推拉平开窗、折叠门、地弹簧门、提升推拉门、推拉折叠门、内倒侧滑门。④按性能分为隔声型门窗、保温型门窗、防火门窗、气密门窗。⑤按应用部位分为内门窗、外门窗。

发展前景 随着社会的进步，人们对生活空间质量日益关注，门窗在不断发展变化，并承担了更重要的作用与功能，由此发展出调光玻璃门窗、LED玻璃门窗等高科技门窗。随着科学技术的发展，门窗也将不断智能化，如呼吸窗（自然通风器）、感应窗（温度感应、光感应、湿度感应、氧气感应、防盗感应等）、遥控窗（距离遥控、时间遥控）、防菌环保窗等。

（席金虎）

门窗用金属 metal for doors and windows 为制作工业与民用建筑门窗而采用轧制、挤压、冲压等方法加工成型的金属材料及零件。门窗用金属材料主要分为钢门窗材料和铝合金门窗材料。中国的钢门窗材料使用历史悠久，而铝合金门窗材料是从其他国家引进并得到快速发展的。

钢门窗材料 分为实腹钢门窗材料和空腹钢门窗材料两类。①实腹钢门窗材料。断面为实心，用普通碳素钢热轧成型，并按其断面形式分为若干规格。与空腹钢门窗材料相比，其耐久性好，但重量较大，用钢量较多。②空腹钢门窗材料。断面为空心，多用厚1.2毫米的钢带，经高频焊接轧制成型，断面形式多样。空腹钢门窗材料重量轻、省钢料，但耐久性低于实腹钢门窗材料。用实腹钢门窗材料与空腹钢门窗材料可制作各种形式的门窗。由于钢材耐蚀性较差，且用钢量较多，已逐渐被铝合金门窗材料及塑钢等新型材料所代替。

铝合金门窗材料 经挤压机挤压成型，其断面形式比钢的复杂，类型较多。由于铝材热导率大，又分绝热型和非绝热型门窗材料。铝型材经阳极氧化处理后可呈银白色、古铜色等。也可经特殊涂漆工艺处理，漆成各种色彩。铝合金窗的突出优点是重量轻、强度高、刚性好，采光面积大，耐大气腐蚀性好，综合性能高，使用寿命长，装饰效果好。其明显的不足是保温隔热性能差，耐化学腐蚀性不如塑料窗好。铝合金窗可用于对抗风压、水密性能和耐候性能有一定要求的夏热冬暖地区的建筑。在这些地区，一般的民用住宅建筑，可采用质量优良的、气密性能达到或接近Ⅰ级、隔声量在30分贝左右的单玻普通铝合金窗；要求较高的一般公共建筑，采用隔声量在35分贝左右、密封性能高的中空玻璃铝合金窗；高档公共建筑和民用住宅建筑，用高档的隔热型铝合金窗。

（管恩锜 薛 锋）

门式钢刚架结构 steel portal frame 上部主结构由刚架斜梁和刚架柱通过刚性连接或半刚性连接构成的呈“门”字形的结构体系。是一种传统的结构体系。经历了近百年的发展，已成为一种设计、制作与施工标准相对完善的结构体系（见图）。门式钢刚架结构的组成：①主结构。由横向门式刚架、桁车梁、托梁和支撑体系等组成，是该体系的主要承重结构。房屋所承受的竖向荷载、水平荷载以及地震作用均是通过门式刚架承受并传至基础的。②次结构。屋面檩条和墙面檩条等。屋面板支承在檩条上，檩条支承在屋面梁上，檩条及墙梁一般为Z型或C型冷弯薄壁型钢。③围护结构。屋面板和墙板。屋面板（墙面板）起围护作用并承担作用在板上的荷载，再将这些荷载传至檩条（墙梁）上。屋面及墙面板一般为压型钢板、彩钢夹芯板（保温芯材一般为聚苯乙烯泡沫塑料、聚氨酯泡沫塑料、岩棉等）。④辅助结构。楼梯、平台和护栏等。⑤基础。主要承受钢柱以及基础梁传来的荷载，并将荷载传至地基上。

门式钢刚架属轻型钢结构的一个分支，主要特点是：①体现轻钢结构轻型、快速、高效的特点，应用节能环保型新型建材，实现工厂化加工制作、现场施工组装，方便快捷，节约建设周期。②受力简单，传力路径明确。③坚固耐用，建筑外形新颖美观，质优价宜，经济效益明显。④柱网尺寸布置自由灵活，能满足不同气候环境条件下的施工和使用要求。

门式钢刚架结构主要用于单层工业厂房、超级市场和展览馆、库房以及各种不同类型仓储式工业及民用建筑等。

（王 伟）

密集建筑群区工程性地面沉降 dense-buildings-induced ground subsidence 在城市建设开发过程中，由密集建筑群的建筑荷载相互叠加作用引起的地表表层土体压缩，从而导致区域性地表高程降低的环境地质现象。这种地面沉降主要出现在具有厚层软土的发达城市区域。密集建筑群区工程性地面沉降属于人为因素诱发的地面沉降，是一种不可补偿的永久性地面标高损失。其发展缓慢，持续时间长，影响范围广，因此防治难度很大，对城市发展和居民生活具有十分不利的影响。

发展现状及其影响 19世纪初，在世界各地普遍出现了地面沉降的问题，尤其以美国、日本、墨西哥和中国最为突出。现有研究表明，沉降问题主要由过度开采地下液体（水、石油、天然气等）诱发。中国早年也将沉降完全归为地下资源过度开采所致，但中国软土地区（如长三角地区、环渤海湾地区、珠三角地区等）地面沉降诱因复杂，其中就包括密集高层建筑群的附加应力对软土体的长期影响。中国上海市自20世纪70年代末以来，中心城区地下水的开采得到严格控制，沉降也趋于平稳。90年代，由于沿海软土地区的又一轮大规模开发，多层、高层和超高层的建筑群不断涌现，由工程环境效应诱发的地面沉降问题也逐渐凸显。上海自90年代以来，地下水动态历年来在基本保持稳定的情况下，地面沉降速率却在增加。其中高层建筑本身及其周边地面的工程效应沉降量尤为明显。在建造上海环球金融

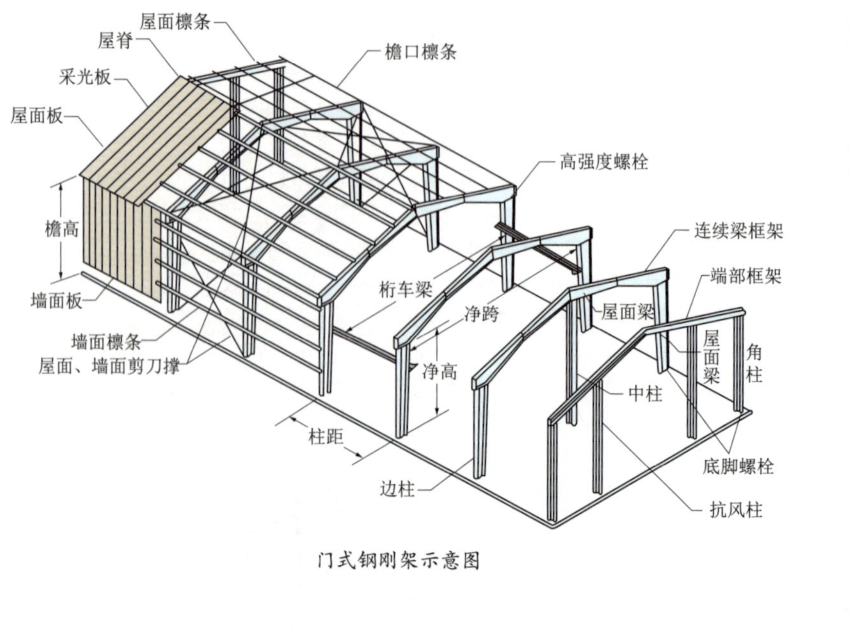

门式钢刚架示意图

中心和上海中心时，工程周边均出现由于沉降引发的地裂缝。上海市陆家嘴、徐家汇、中原和长桥地区70年代的新增建筑十分有限，不超过80万米^2，同期的年地面沉降速率总体上仅1～2毫米，但90年代新增建筑面积在300万米^{2}左右，同期的地面沉降速率显著增长至每年10毫米。

影响　密集建筑群区工程性地面沉降的负面影响主要集中在两个方面：①沉降本身对于市区基础设施的结构安全性和工作性能的影响。密集建筑群区工程性地面沉降如发展在一个相对小的城市环境中更具差异性。较小区域内的差异沉降会严重威胁甚至毁坏影响范围内的建筑物和构筑物，特别是管线、道路交通等线性设施。②沉降导致的城市地面高程损失所带来的水患问题。城市高程降低，在暴雨季节极易引发区域内涝。这不仅在很大程度上阻碍了城市交通和破坏了环境，而且还使得地下室和低层建筑物容易在汛期时被水浸没。内陆的大型城市一般都建立在大的水系流域内，如果城市高程低于洪水水位，会大大削弱拦河堤坝的防洪效果，出现水患。对于沿海城市，也是密集建筑群常常高度发展的区域，沉降可能造成海水倒灌，使土壤和地下水盐碱化而带来生态灾难。

防治措施　增加地层的承载力和变形模量。复合地基和桩基础的使用是防治密集建筑群诱发地面沉降的基本措施。依据不同的建筑群特征和地层条件，选取不同形式的复合地基或者桩基础控制地面沉降。地基不仅需要满足承载力的需要，还要以"减沉"为基本思路进行设计。复合地基或桩基础可以通过增加强度和重新分配地层受力情况而大大提高地基的抗变形能力，最终达到控制密集建筑群周边地面沉降的目的。例如，比较常用的有以长短桩为代表的复合地基控制地面沉降。另外，地表浅层软土经过加固改良也可以显著减少沉降。可以采用排水固结（堆载预压、真空预压、堆载-真空联合预压）、水泥土搅拌、高压旋喷等方法。在长短桩复合地基中，长桩的主要作用是将荷载通过桩身向地基深度传递，减小压缩土层变形，同时对柔性短桩起到护桩的作用，并与长桩一起抑制地基周围土体的变形和隆起。

优化建筑容积率及建筑群荷载平面布置方式。建筑物的密集程度一般由容积率进行评价。容积率又称建筑面积毛密度，指一个小区的地上总建筑面积与用地面积的比率。容积率是衡量建设用地使用强度的一项重要指标。针对软土地区密集建筑群分布区典型地层和建筑群的典型特征，可通过概化出不同的建筑群平面分布形式、建筑容积率、建筑荷重特征以及高层-多层组合形式，分析建筑容积率及建筑群荷载平面布置方式对地面沉降的影响，从而给出对控制地面沉降有利的建筑布置形式、建筑物的间距、轻重组合方式，以及建筑物的容积率。（唐益群）

民用防护工程　civil protective engineering　有抵抗偶然性冲（撞）击灾害事故（如船撞、车撞、落石、飞机撞击等）和爆炸灾害事故（燃油气爆炸、粉尘爆炸、瓦斯爆炸、危化品爆炸、恐怖爆炸袭击等）作用要求的民用建筑（构）物。民用防护工程所抵抗的冲（撞）击或爆炸荷载具有强度高、作用时间短（加载速度快）等特点，与一般民用建筑物所要抵抗的地震作用或风荷载等差别较大。因此，在设计计算时，应考虑冲击爆炸荷载作用下建筑材料的应变率效应、结构构件的局部破坏、结构的连续倒塌以及冲击爆炸荷载的不确定性和偶然性等因素。此外，还应注重整体防护，采用合理的结构型式以及延性较好的工程材料和结构，以吸收冲击爆炸荷载产生的能量。典型的民用防护工程包括核电站安全壳、桥墩防撞装置、落石棚洞、落石防护网、防爆墙、抗爆间室、防爆柱等。

核电站安全壳　为防止核反应堆在运行或发生事故时放射性物质外逸的密闭容器，由基础底板、筒体和穹顶组成，是核反应堆的围护结构，是核燃烧包壳、压力壳之后的第三道安全屏障。安全壳结构设计时，除了要考虑恒载、活载、风雪载外，还应考虑失水、冲击、火灾等内部事故产生的荷载，并对地震、龙卷风、海啸、暴风雪、火山爆发、飞机撞击、爆炸等外部极端荷载作用下的安全性能进行评估。安全壳的设计必须要保证核电站内部设施的正常运转，且在正常运行或发生事故时能满足完整性和密封性的要求，以防止放射性物质泄漏对外部环境的影响。"9·11"事件后，各国更加重视飞机撞击核电设施的安全防护研究，美国出台了多部法规，明确提出了新建核电站必须满足抵御大型商用飞机蓄意撞击的要求。中国国家核安全局2016年颁布了《核动力厂设计安全规定》（HAF 102—2016），明确规定了中国核电站要考虑商用飞机的蓄意撞击。

桥墩防撞装置　为了防止船舶、车辆或其他物体撞击桥墩或者减少桥墩被撞后损害程度的安全设施，按照防撞理念可分为主动防撞装置和被动防撞装置。①主动防撞装置。主要有警示标志、航标灯、雷达、激光测距报警系统和卫星导航系统等。警示标志和航标灯等设施较为简单且经济实用，常见于各类桥梁中；雷达、激光测距报警系统和卫星导航系统等设施是以现代化技术结合航运管理实现防患于未然，能够有效地降低船撞桥事故风险，但造价和对航运管理要求也较高，常用于复杂且繁忙水域中的大型桥梁，如湛江海湾大桥、平潭海峡大桥等。②被动防撞装置。根据设置场所的不同分为直接构造和间接构造两类。直接构造设施主要有护舷、重力摆、橡胶碰垫、黏滞性耗能防撞圈等；间接构造设施主要包括墩外墩、砂石围堰、人工岛、漂浮拦网、防撞柱等。直接构造装置一般与桥墩直接相连，而间接构造装置通常不将撞击力传递至桥墩但需要较大的安装空间。此外，按照碰撞过程中能量吸收方式的不同，防撞装置还分为弹性变形型、压坏变形型和变位型。

桥墩防撞装置的研究主要集中在新型防撞材料和结构的研发与工程应用方面。

落石棚洞　在落石多发（或可能塌方）路段修建的一种防护结构。落石棚洞底部一般是岩石或坚硬的土体，上方常采用钢筋混凝土防护结构，大多以梁-板-柱钢筋混凝土结构型式建造，在钢筋混凝土结构顶部通常覆盖起冲击缓冲作用的砂土垫层。落石棚洞随地形和地质条件的不同有多种类型，但其基本构造有内侧、外侧和顶部支撑结构，内侧支撑结构一般有柱式和直墙式，外侧支撑结构一般有墙式、拱式、柱式及悬臂式，顶部支撑结构有平板式和拱式。常见的落石棚洞结构型式有门式直柱式、门式斜柱式、半拱直柱式、半拱斜柱式、全拱式等。在崩塌或落石冲击作用下，不同结构形式棚洞所受的冲击力、动力响应、缓冲层的材料及其缓冲效果差异较大，应根据不同落石区域、不同防护需求确定相应的结构型式。

落石防护网　采用高强度柔性网作为主要构件的防护系统。根据防护原理的不同，可分为覆盖（主动防护网）和拦截（被动防护网）。①主动防护网。将金属柔性网（钢丝绳、格栅、环形网等）通过钢丝绳锚杆或钢筋锚杆和支撑绳等连接方式覆盖于存在崩塌、落石病害的坡面上，以加固既有边坡或减小局部或少量危石运动的一种边坡防护形式。按照构成材料，主动防护网分为钢丝绳网、钢丝格栅和高强度钢丝格栅。②被动防护网。由钢丝绳网、固定系统（锚杆、拉锚绳、基座和支撑绳等）、减压环和钢柱等构成。系统的柔性主要来源于钢丝绳网和减压环，与传统的落石拦截方式相比，被动防护网利用其显著的变形能力，降低落石冲击力，吸收和分散能量，达到“以柔克刚”的目的。

与挡墙、抗滑桩、喷锚支护等传统的边坡防护手段相比，落石防护网不仅能够达到良好的治理效果，还具有安装方便、快捷、防护效果好、工程成本低、维护简便等优点。对于危岩，常采用预应力锚索加固措施。预应力锚索是一端固定在稳定的地层中（或结构中）另一端与危岩紧密结合而形成的可承受拉力的结构系统，它的核心受拉体是高强预应力筋（如预应力钢丝、钢绞线、玄武岩筋、玻璃纤维筋等）。落石防护通常采取监测预警、锚索加固危岩、棚洞或防护网、挡石墙等综合防护措施。

防爆墙　能够阻挡爆炸波和爆炸破片作用，保护墙后建筑、人员和设备安全的墙体，也称抗爆墙。根据结构特征和防爆作用机理的不同，防爆墙分为刚性防爆墙、柔性防爆墙和惯性防爆墙。①刚性防爆墙。其结构强度和刚度都很大，爆炸波荷载作用时可认为墙体不变形。刚性防爆墙通过阻挡爆炸波传播，迫使其传播过程中发生绕射，达到降低墙后爆炸荷载的目的，且能够抵抗爆炸破片的侵彻作用。刚性防爆墙常采用钢筋混凝土结构。②柔性防爆墙。其结构刚度较刚性防爆墙要小很多，在爆炸荷载作用下允许发生较大变形。一方面通过墙体结构的大变形来吸收部分爆炸能量，另一方面遮挡爆炸波传播，降低墙后的爆炸荷载。柔性防爆墙常采用轻便材料，安装较为方便，但抵抗破片能力相对较弱。典型的柔性防爆墙有夹心钢板防爆墙和柔性织物防爆墙等。③惯性防爆墙。一般在外部围护结构内填充砂子、水等材料，在爆炸荷载作用下通过内部充填物质的飞散来消耗爆炸能量，同时阻挡爆炸波传播，降低墙后的爆炸荷载。但是，惯性防爆墙中高速飞散的内填物质有可能造成二次破坏和杀伤。典型的惯性防爆墙有装填沙土的艾斯科（HESCO）防爆墙和水体防爆墙等。

抗爆间室　室内发生爆炸事故时能够承受一定当量的爆炸荷载和破片作用，而不发生震塌、飞散和穿透的建筑结构。抗爆间室的主要作用是承受爆炸事故产生的爆炸荷载，限制爆炸波传播，保护间室外部的重要设备、人员，避免室外危险品的殉爆发生。抗爆间室宜采用钢筋混凝土结构及现浇钢筋混凝土屋盖，广泛应用于危险品生产企业中可能发生爆炸事故的建筑物。抗爆间室通常用一面或多面墙体（或屋盖）作为易碎性泄爆面，在泄爆面外设置Π形和Γ形的抗爆屏院。

防爆柱　又称防撞柱，一般由钢管混

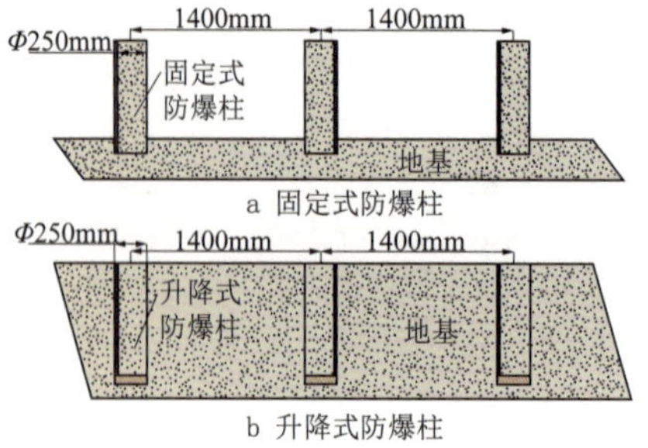

防爆柱类型示意图

凝土柱及其下部基础共同组成，通过限制或阻止装有爆炸危险品的车辆强行通行，达到爆炸点在建筑物安全防护距离之外。防爆柱可分固定式和升降式两类，柱子之间的间隔距离一般为1.4米（见图）。根据防护要求，防爆柱一般可分为K4、K8和K12共3个抗撞等级，能够抵抗中型卡车（6800千克）分别以50千米/时，65千米/时和80千米/时速度的正面撞击。设计建造时，应综合考虑防爆柱的使用场所，可能遇到威胁的对应抗撞等级，选择适用的防爆柱。（师燕超　吴　昊）

民用机场　civil airport　专供民用航空器起飞、降落、滑行、停放以及进行其他活动使用的划定区域。包括附属的建筑物、装置和设施。1922年，第一个供民航使用的永久机场出现在德国柯尼斯堡。早期的民用机场主要供小型活塞式飞机使用，机场规模较小且设施落后，飞行区大多数为圆形或方形的草皮土质场地。第二次世界大战后，民用航空器飞速发展，民用机场规模不断增大，各类设施日益完善，尤其是宽体运输机的出现，使民用机场发生了质的变化。例如，飞行区由圆形或方形改为长条形；道面开始采用水泥混凝土或沥青混凝土材料修筑；助航灯光及无线电导航设施能够保障飞机在夜间及各种气象条件下安全起飞和着陆；航站楼和服务设施日益完善。

民用机场按功能和用途可分为**运输机场**和**通用机场**两大类。①运输机场。供经营性客、货运输活动使用，通常规模较大、功能齐全、使用频繁，主要由飞行区、航站区、货运区、工作区、机务维修区等功能区域组成。具体包括道面、目视助航设施、排水设施、航站楼、空中交通管制设施、机务维修设施、供油设施、消防与救援设施、安全保卫设施、生产辅助和行政后勤设施、地面交通设施、动力办公设施、绿化及环境保护设施等基础设施。②通用机场。供专业飞行使用，一般规模较小、功能单一、对场地要求不高，设施设备也相对简陋，主要由飞行场地、空中交通管制与导航设施、服务及保障设施组成。具体建设规模及设施设备配置本着合理、适用、客观实际的原则，以降低工程造价和运营成本。（刁永海）

明石海峡大桥　Akashi Kaikyo Bridge　连接日本本州与四国岛的悬索桥。位于日本神户市与淡路岛之间的明石海峡上，实现了日本人一直想修建桥梁连接四大岛（本州、九州、北海道和四国）的愿望。为保障宽1500米、高65米的主航道通航要求，该桥设计为主跨1990米，后因神户地震的影响，变为1991米。总投资约40亿美元。桥长3911米，为960米+1991米+960米的3跨双铰加劲钢桁梁悬索桥，按承受里氏8.5级强烈地震和抗80米/秒暴风设计。

明石海峡大桥

桥塔高约为283米，每座桥塔由两根略带倾斜的十字形空心大格室钢柱、5组交差式斜杆以及两道横梁连结后组成。两塔柱的中心距为46.5（底部）～3.55米（顶部）。十字形塔柱截面的轮廓尺寸为横向从底到顶都为6.6米，纵向从底部的14.8米向上逐渐缩减到顶部的10.0米。塔柱的各个空心大格室均布置有竖向加劲肋。桥塔用日本的SM570钢材制造，两塔共耗钢4.62万吨。

全桥有两根主缆，采用PS法施工，矢跨比为1/10，每根主缆由290根索股组成，每根索股由127根直径5.23毫米的钢丝组成，成桥后的主缆直径为1.12米，全桥总共用钢丝5.77万吨。

大桥的长吊索采用平行钢丝制造，短吊索采用碳纤维加劲缆索制造。吊索与加劲梁的连接方式分别为平行钢丝用铰接、碳纤维加劲缆索用锚杯承压。因此在加劲梁架设过程中的引拉方式也不同。长度为10～40米的吊索称为短吊索，10米以下的称为超短吊索。在短吊索区间与超短吊索区间架设加劲桁梁的平面构架单元时，分别采用特殊的扁担梁（人字形平衡扁担梁，上下扁担梁以及C形扁担梁）。

钢桁架上层设6车道，通航净空高为65米，下层架设自来水管路、通信线路和输电线路，神户一侧的桁架内还设置了

观景设施。桁宽35.5米，桁高14.0米，由两片主桁梁及桁架式横梁以及横梁上的桥面系等组成。钢桁梁的小节间长度为14.2米，大节间长度为28.4米。钢桁梁采用低碳钢SS400及高强钢HT780制造，共耗钢达89 300吨。

大桥的北锚碇由于采用地下连续墙防水而修建于神户层（洪积砂砾）。地下连续墙为一圆筒形基础，外周直径85.0米，高75.5米，墙高2.2米，墙底标高约为−73.0米。施工时在地下连续墙完成后的圆筒内以深井降水进行开挖。开挖深度于地下连续墙底约12.0米，即开挖到标高约为−73+12=−61米处，然后用26万米^{3}碾压混凝土进行填充，再在其上面用23万米^{3}高流动性混凝土修建锚碇。大桥的南锚碇直接修建在花岗岩层上，基底作成梯形状，最深的基底标高约为−23.5米。整个南锚碇公用混凝土15万米^3。

于1998年4月建成通车，施工工期10年。截至2021年，该桥是世界上主跨最长的悬索桥。 （沈锐利）

明挖法 open cut and cover method 从地表面向下开挖，在预定位置修筑结构物方法的总称。见**隧道及地下工程施工方法**。

明挖扩大基础 open cut foundation 由块石或混凝土砌筑而成的大块实体基础。又称明挖基础或扩大基础。其埋置深度较其他类型基础浅，故为浅基础。明挖扩大基础构造简单，由于所用材料不宜承受较大的拉应力，所以基础的厚宽比很大，因此形成使用时不产生挠曲变形的刚性基础。为了节省材料，明挖扩大基础的立面往往砌成台阶形，平面将根据墩台截面形状采用矩形、圆形、T形或多边形等。建造这种基础多用明挖基坑的方法施工。在陆地开挖基坑，视基坑深浅、土质好坏和地下水位高低等因素判断是否采用坑壁支护结构——衬板或板桩。在水中开挖则应先筑围堰。

明挖基础适用于浅层土较坚实且水流冲刷不严重的浅水地区。由于它的构造简单、埋深浅、施工容易，加上可以就地取材、造价低廉，因此广泛用于中小桥涵及旱桥。中国**赵州桥**就是在亚黏土地基上采用了这种桥基。 （龚维明）

明挖装配式车站施工工法 construction method of open cut prefabricated station 在明挖形成的基坑内，将工厂预制好的钢筋混凝土构件以搭积木的方式装配在一起，形成车站结构的施工方法。是地铁车站结构施工方法的一种。

简况 苏联的地铁地下车站结构工程曾采用预制装配技术，当时的构件连接基本采用先接续钢筋，再二次现浇混凝土的方法。中国首次在长春地铁工程应用明挖装配式工法，2013年起采用此法建造了长春地铁2号线的袁家店车站（后改名为双丰站）主体结构（见图）。长春的装配式车站在技术上与苏联有所不同，主要区别是中国采用了拼装接头构造，不需要二次现浇混凝土。

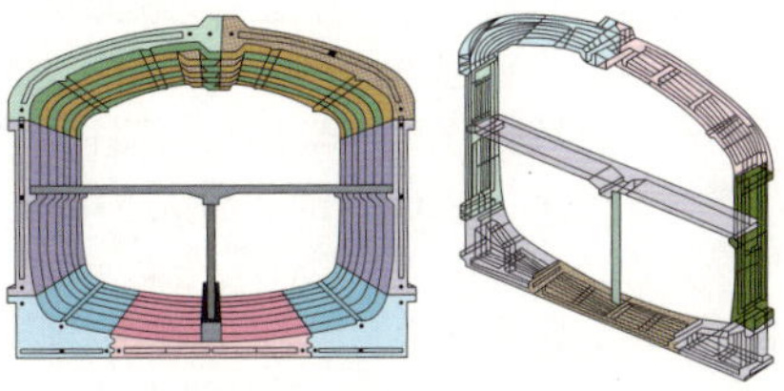

长春地铁装配式车站结构示意图

基本内容 采用明挖装配式工法建造地下结构的主要工序包括构件预制、基坑开挖和支护、基底整平、构件装配、覆土回填等工序。

构件预制 装配式车站所采用的预制钢筋混凝土构件，一般采用高精度模具在工厂预制。具体程序包括钢筋笼绑扎、钢模具组装和钢筋笼就位、浇筑混凝土、养护、拆模和构件吊出等。为提高模具利用率和构件生产效率，通常采用生产线流水作业方式。

基坑开挖和支护 在施工现场应首先开挖基坑，基坑的开挖和支护方法与传统方法基本相同。构件的装配作业是在开挖好的基坑内进行。明挖地下车站装配式工法适用于多种支护型式的基坑，包括桩（墙）-锚体系、桩（墙）-内支撑体系、土钉墙基坑围护体系等。

基底整平 基坑底是装配式结构坐落的基础，为使结构底板构件安放到位，基坑底的混凝土垫层需要整平。通常可以设置若干沿纵向凸起的平整条带（条带直接承托构件和接头），也可以将基坑底面垫层全部整平。

构件装配 是明挖装配式工法最为重要的作业环节之一，基本采用沿纵向逐环拼装的方式，拼装顺序是先底板，再侧墙和立柱，最后顶板。构件连接主要方式可分为干式节点连接和湿式刚性连接两类。接头防水干式节点连接通常采用在节点部位设置压缩型橡胶密封止水带进行接缝防水，湿式刚性连接需要借助混凝土结构自防水或设置结构外包防水层。由于装配式车站结构构件体量大（通常为数十吨）、拼装精度要求高，通常需要通过拼装设备方可完成整体结构的装配作业。底板的拼装一般可直接采用龙门吊就位，侧墙和顶板拼装需要借助专用的装备。

覆土回填 结构装配完成后，需要对肥槽和结构顶部的覆土进行回填。根据结构特性指定回填策略。

特点 地下结构预制装配工法是建筑产业化的重要方向之一，主要工法不仅限于明挖装配式工法，还有暗挖装配式工法等多种工法正进行深入的研究。采用预制装配工法建造地下结构的主要优势包括工程质量高、施工人员少、施工工期短、施工场地少、环境影响小、废弃工程少和施工安全性高等。 （杨秀仁）

膜结构 membrane structure 由张拉膜锚固在刚性边界上或张拉膜与其他轻型空间结构一起组成的空间结构体系。

膜结构有充气膜结构和张拉膜结构两大类。①充气膜结构。通过向膜室内不断充气，使室内外产生一定压力差（一般为10～30毫米水柱），膜布受到一定的向外或向上的压力，从而形成覆盖一定空间的较大跨度的结构。充气膜结构又分为气承式和气肋式两种。气承式膜结构是在膜覆盖的空间内充气，利用内外部气压差承受荷载；气肋式膜结构是先在一定直径的膜管内充气，再将这些充气管连成构架来承受荷载。②张拉膜结构。通过对膜布施加预张力，并将其锚固在刚性结构或张紧的钢索上，形成具有较大跨度的空间结构。张拉膜结构的特点是每块膜单元形状必须为负高斯曲面（反向曲面），才能维持张力平衡的稳定造型，成为结构。

膜结构的发展与应用已有近60年的历史，广泛应用于大型体育场馆、景观建筑以及通道雨棚等建筑中。世界上已有很多著名的膜结构建筑，主要是膜与索穹顶、膜与轻型钢结构的有机结合形成的现代建筑。 （罗永峰）

膜滤 water filtration membrane 利用具有微米、纳米孔隙结构的选择性透过膜为分离介质，在其两侧施加某种推动力（如压力差等），将污染物与水进行分离的水处理方式。其过滤流速与跨膜驱动力相关。水的膜滤是将膜作为一个选择性透过的屏障，通过向原水中施加某种推动力，实现水和水中污染物的分离。水的膜滤技术日趋成熟，因其高效、节能、经济、适应性强、无二次污染等优点，被广泛应用于饮用水净化、污水处理与回用、海水与苦咸水淡化、纯水及超纯水制备等领域。

类型　水的膜滤推动力包括膜两侧的压力差、浓度差、温度差以及电位差等，其中压力差推动是最常见的膜滤过程。根据膜两侧压力差推动的膜过程可分为重力式膜滤与压力式膜滤；按照驱动力从小到大的顺序膜可依次分为微滤膜、超滤膜、纳滤膜、反渗透膜等多种类型。其他方式膜滤还包括电渗析、反向电渗析、膜蒸馏、膜结晶。

电渗析　以电位差为推动力，利用离子交换膜的选择透过性（即阳膜只允许阳离子透过，阴膜只允许阴离子透过），使溶液中的阴、阳离子做定向迁移，从溶液中脱除或富集电解质的膜分离操作。在阴极与阳极之间，放置若干交替排列的阳膜与阴膜，让水通过两膜及两膜与两极之间所形成的隔室。当两端电极接通电源后，水中阴、阳离子分别向阳极、阴极方向迁移，由于阳膜、阴膜的选择透过性，形成交替排列的离子浓度减少的淡室和离子浓度增加的浓室。电渗析技术广泛用于水处理、制药、食品等领域。

反向电渗析　利用浓盐溶液（浓水）与稀盐溶液（淡水）的混合来进行产电的新型膜技术。其主体装置为RED电池，由阳极、阴极以及交替排列的阴、阳离子交换膜堆叠而成。离子交换膜之间为交替排列的浓、淡水室，浓、淡水室由隔板及硅胶垫分隔离子交换膜而形成。当浓、淡水在浓、淡水室中流动之时，由浓度差驱动，浓水中的离子通过离子交换膜迁移至淡水中，由此在RED电池内部形成内电流。内电流通过RED电池电极处的氧化还原反应被转化为外电流，从而实现盐差能到电能的转换。RED可以在河水的入海口处利用海水与河水混合进行产电。

膜蒸馏　是一种新型的非等温水溶液分离技术。膜蒸馏所使用的膜具有微孔结构和疏水性，膜的一侧是温度较高的热料液，另一侧是低温的稀释液或渗透液。在分离过程中，由于膜的疏水性，水不会从微孔中通过，而膜两侧存在的蒸汽压差使得水（或易挥发物质）蒸汽分子从高蒸汽压侧扩散到低蒸汽压侧，实现水的纯化。膜蒸馏主要应用于海水淡化、生物溶液浓缩、废水处理以及放射性废水处理。

膜结晶　是膜蒸馏与结晶过程相结合的一种分离技术。利用膜蒸馏浓缩原料液，并使其达到过饱和状态，在晶核存在或加入沉淀剂的条件下使溶质结晶。该项技术有望应用于无机盐溶液结晶、废水处理回收晶体以及生物高分子（如蛋白质、酶等）结晶领域。

膜滤过程表征　通常采用截留率、渗透通量和通量衰减系数3个性能参数来描述膜滤过程。采用的膜应具有良好的渗透性、选择性、化学稳定性、抗压性和机械强度、耐污染、易加工且使用寿命长的特点，并要尽量减轻使用过程中膜的污染与劣化。（王盼盼）

膜与膜组件　membrane and membrane module　具有选择分离功能的膜应用于规模化分离水与污染物时，需要用一定面积的膜来组装成大型的膜组件。

作用及构成　膜组件是实现膜分离的核心装置，将一定面积的膜片安装集成在膜组件内实现膜分离。膜组件为膜片提供支撑及腔室，实现膜分离、清洗、维护、更换等操作。膜组件的设计需考虑一定的装填密度，以实现膜系统的紧凑性与规模性。同时，需考虑膜组件的构型及流动特征，以保障分离效果。膜组件构型主要有中空纤维式、卷式、板框式和管式等，由于单位时间透过的水量随膜面积的增大而增加，一般在实际应用时将膜制成一定形式的膜组件作为膜滤装置的分离单元使用。

膜组件由膜、固定膜的支撑体、隔膜物，以及容纳这些组件的容器4部分组成。

类型　根据膜构型的不同（平板膜，中空管式膜等），膜组件有很多种设计形式，如管式膜组件、板框式膜组件、卷式膜组件，以及用于反渗透的中空纤维膜组件和用于超滤与透析的毛细管式膜组件。①管式膜组件。具有结构简单、安装方便、耐高压、通量大和易清洗等特点，适合以微滤和超滤的形式处理高黏度及黏稠的液体。②板框式膜组件。其比表面积大，制造组装工艺简单，并且更新、维护和清洗相对容易，适用于微滤和超滤工艺。③卷式膜组件。其膜面积大，运行过程中湍流效果好，但是制造组装要求高，清洗检修不方便，因此不适合过滤悬浮物浓度过高的料液，可用于微滤、超滤及反渗透。④中空纤维膜组件。分为外压式和内压式，组件内膜填装密度高，膜污染情况严重，膜清洗困难，因此对进入膜的料液要求很高。

应用　膜组件已应用于很多行业。在食品加工行业，如果汁和茶加工行业，利用管式膜组件对原液进行澄清、脱色和浓缩。在染料生产工艺中，利用膜组件进行活性染料、酸性染料和增白剂的脱盐处理。在废水处理工艺中，结合膜组件和生化处理技术，形成膜生物反应器，可以提高反应器中污泥浓度，延长泥龄，提高难降解物质的降解效率。（王盼盼）

莫尔–库仑屈服准则　Mohr-Coulomb criterion　土体任何一个受力面上的极限抗剪强度与土体内摩擦角、黏聚力和受力面上正应力的关系。1910年C.O.莫尔提出材料的破坏是剪切破坏，当任一平面上的剪应力等于材料的抗剪强度时便会发生破坏。土体任何一个受力面上的极限抗剪强度可用库仑定律表示：$\tau_n=c+\sigma_n\tan\varphi$（图1）。式中$\varphi$为内摩擦角；$\sigma_n$为受力面上的正应力；$c$为黏聚力，数值上等于破坏线在竖轴上的截距。

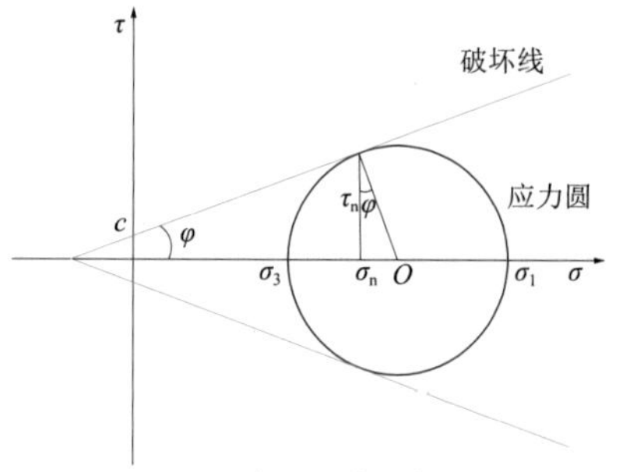

图1　库仑定律示意图

在图1中还可以用一条曲线表示φ值随σ_n的增加而变化，这是更加一般的情况，称为莫尔准则。在静水压力不是很大的情况下，可以用φ为常数的直线代替，因此$\tau_n=c+\sigma_n\tan\varphi$又称为莫尔–库仑屈服准则。

莫尔–库仑屈服准则在三维应力空间的表达式为：

$$\frac{1}{3}I_1\sin\varphi+\sqrt{J_2}\sin\left(\theta+\frac{\pi}{3}\right)+\frac{\sqrt{J_2}}{\sqrt{3}}\cos\left(\theta+\frac{\pi}{3}\right)\sin\varphi-c\cos\varphi=0$$

式中θ由$\cos 3\theta=\sqrt{2}J_3/\tau_8^3$定义，$\tau_8$为八面体剪应力；$I_1$为应力张量第一不变量；$J_2$和$J_3$分别为应力偏张量第二、第三不变量。在$\pi$平面上，莫尔–库仑屈服准则的屈服面是一个不等角的等边六边形（图2）。在主应力空间，莫尔–库仑屈服准则

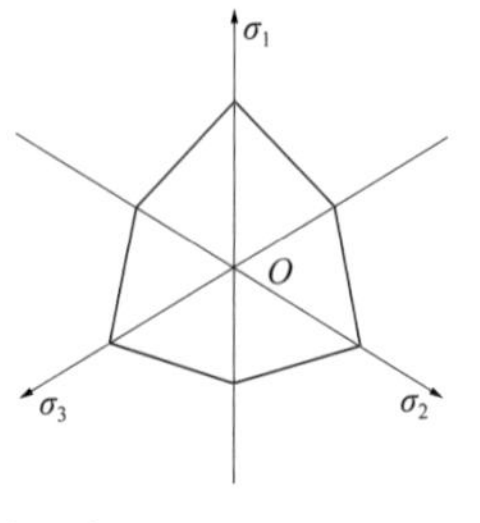

图2　莫尔–库仑屈服准则的屈服面在π平面内的形状示意图

的屈服面是一个棱锥面，中心轴线与等倾线重合（图3）。

莫尔–库仑屈服准则考虑了拉压应力以及静水压力对屈服的影响，因其简单实用且用于数值计算结果偏安全，在岩土工

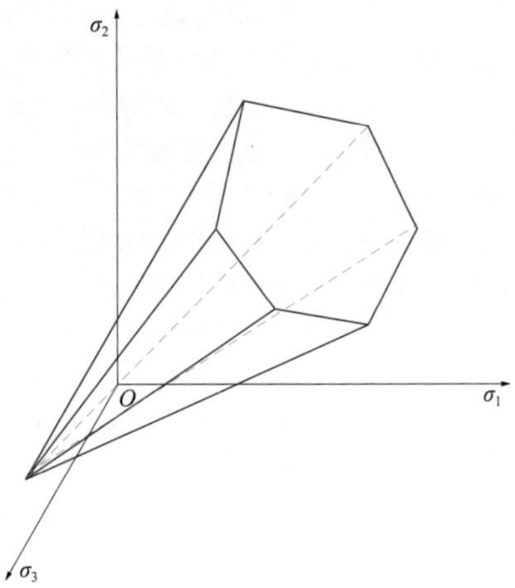

图3 莫尔-库仑屈服准则的屈服面在主应力空间内的形状示意图

程理论和工程界得到广泛应用。但该准则没有考虑主应力对屈服和破坏的影响，且屈服面有棱角，给塑性应变增量的数值计算带来了困难。 （杨仲轩）

莫斯科地铁 Moscow Subway 世界上最早试用列车自动运行系统的地铁。1935年5月15日，苏联政府出于军事方面的考虑正式启动莫斯科地铁的建设。一期工程耗时仅3年，建成两条线。其中一期工程第一条线从索科尔尼基公园到市中心的斯摩棱斯克广场，共13个车站，全长11.6千米。1962年，试用列车自动运行系统。截至2022年，莫斯科地铁有14条线，包括12条辐射线和两条环线，共有250座车站，其中深埋居多，且大多超过30米，线路全长438.6千米，日最高客运量971.5万人次，其布局与地面道路网的布局一致呈辐射及环行线路，2021年莫斯科地铁开始实行刷脸乘车。

莫斯科地铁站深埋居多，其中最深的地铁胜利公园站埋深达90米，深埋车站隧道断面采用单拱、三拱立柱及三拱塔柱等几种形式，并设置岛式站台。每座地铁站都拥有独特的建筑风格，车站大厅采用了来自乌拉尔、阿尔泰、高加索等山脉出产的石料做装饰，大量精美的大理石艺术雕像、浮雕，典雅的吊灯、玻璃拼花和显示精湛技艺的马赛克镶嵌画把车站变成了地下艺术博物馆。地铁站多以民族特色、名人、历史事迹、政治事件为主题而建造，其中最突出的是苏联时期建造的以爱国主义为主题的地铁站。除此以外，不少地铁站也以俄国大文豪命名，如普希金、契诃夫、屠格涅夫等。 （仲莹莹）

模板工程 formwork engineering 将面板用支架固定成型浇筑混凝土的工程。是现浇混凝土结构施工的重要设施。接触混凝土的是模板面板，支承模板面板的是模板支架。混凝土浇筑成型过程产生的荷载首先传递至模板面板，然后由模板面板传递至模板支架。所以模板工程的实质是现浇混凝土成型的模具，也是供完成施工作业人员操作的支架系统。

模板面板主要有钢板面板、胶合板面板、塑料面板、复合材料面板等种类；模板支架主要由钢型材、铝型材加工成。根据模板工程适用的部位，可分为水平结构模板工程和竖向结构模板工程。水平结构适用的模板种类繁多，通常根据施工需要进行配置。竖向结构适用的模板种类标准化程度较高，主要包括组合模板、大模板、滑升模板、爬升模板等。模板工程的具体施工内容主要包括模板设计、模板制作、模板安装、模板拆除、模板维护等。模板工程根据成型结构面层的不同需要，可分为普通混凝土模板、清水混凝土模板、艺术混凝土模板等。

随着现浇混凝土结构多样性的发展，模板工程施工技术不断取得进步，提高混凝土结构的工程质量，保证施工安全，加快施工进度，降低工程成本已成为模板工程发展的方向。即模板工程的专业化、标准化、体系化。 （龚　剑）

木材耐久性 wood durability 木材在使用过程中，长期经受木腐菌、害虫、火灾，以及各种气候变化因子等一般破坏因素的作用而能保持其使用性能的能力。

防腐 木材由于木腐菌的侵入，逐渐改变其颜色和结构，使细胞壁受到破坏，物理性质随之发生变化，力学性质逐渐降低，最后变得松软易碎，直至失去全部承载能力。木材是一种天然生长的生物材料，容易腐朽，这给木材的保管、加工和利用带来不利。随着中国森林资源结构的变化，原有原始森林所提供的优质材逐步转变为由人工林或速生丰产林提供的幼龄材和小径木，木材腐朽成为材料耐久性的重要问题。

木腐菌的寄生必须同时具备4个条件：木材高于25%的含水率、4～38℃的温度范围、可供木腐菌食用的营养成分和氧的供给。去除其中任意一个条件，就能有效防止木材腐朽。用水浸泡木材就是为了隔绝微生物的氧气来源；用干燥方法控制木材含水率，是消除微生物生存必备的水源；化学药剂防腐处理主要是隔绝其营养物质来源。

木材常用于人类的各种生活场景中，使用时的环境条件与人类生活密不可分，温度和氧气无法排除，只能将木材含水率控制在25%以内，使其处于干燥状态，或通过化学药剂防腐处理，将木材中可供微生物食用的营养成分转化为不可食用或有毒的成分，以防止木腐菌的侵害。因此，通过构造方式，使木结构各个部分，特别是支座、节点等关键部位，处于通风良好的条件下，使其不受水和潮湿的作用，是木结构设计时首先要考虑的构造防腐措施。当无法保证木材不受到潮湿的作用时，如木材用于户外木结构中，应考虑采用天然耐腐木材或经防腐处理的木材；对于重要构件以及关键部位，除了考虑采用构造措施、防止木材受潮外，同时还应采用天然耐腐木材或经防腐处理的木材。

不同树种的木材，由于细胞中是否含有足够的毒素成分，以及材质是否致密等不同，其耐腐性也有差别。如马尾松、云杉、杨木等属于耐腐性差的树种，红松、落叶松、杉木、香樟和楸木等属于强耐腐树种。对于同一树种的木材，由于心材中存在各种含毒性的抽提物质而具有较高的耐腐性，因此边材较心材易腐。边材所占比率较大的树种，其耐腐性也较差。当采用这些树种的木材制作木结构时，均需进行防腐剂处理。防腐剂是由具有一定毒性的化学品配制而成，分为油类防腐剂、油载防腐剂和水载防腐剂三类，其中水载防腐剂使用率最高。①油类防腐剂。通常是煤焦油及其分馏物。具有广谱性（对多种腐朽菌的毒杀和预防作用良好）、抗腐效果持久、不腐蚀金属连接件和货源广(炼焦工业副产物)等优点，但也有含持久性有机污染物，气味辛辣，处理材呈黑色，不便油漆和胶合，燃烧时产生大量刺激性浓烟，使用中温度变化会有溢油现象等不足。②油载防腐剂。能溶于有机溶剂中具有防腐作用的化合物。主要有抗腐强、易被木材吸收、持久性好、处理后木材变形小、处理后不影响表面质量（不影响油漆、胶合和强度）、不腐蚀金属连接件等优点，但也存在处理成本高（溶剂不具抗腐力，只起载体作用）、防火要求高（常用有机溶剂为可燃物）、环保性能较差等不足。③水载防腐剂。一般由具有防腐作用的一种或几种互能复配的盐类或氧化物溶解于水组成。其防腐作用主要依靠其活性成分，具有处理成本低（以水作溶剂）、处理后木材表面质量好（不影响油漆、胶合和力学性能）、处理过程中无刺激性气味、不增加木材可燃性等优势，但经该类防腐剂处理，木材会发生膨胀，且经干燥后才能使用，而干燥又会引起木材收缩，所以不宜做成精确尺寸后再进行防腐处理。最常见的水载防腐剂主要有重铬砷酸铜（CCA，在饮用水源处限制使用）、氨溶季胺铜（ACQ）、铜唑（CuAz）等，由于此类防腐剂含有铜离子有效杀菌成分，处理材常呈现出蓝绿色。

防火　木材是天然高分子有机化合物，由90%的纤维素、半纤维素、木素及10%的浸填成分组成，属于固体可燃物。现代木结构的防火机制主要有主动防火和被动防火两种，其中主动防火主要是通过设置自动消防喷淋装置、消防探测警报系统、灭火系统、防火分区、防火间距和逃生通道实现；被动防火主要指基于耐火极限的抗火设计（重型木结构）或采用石膏板等耐火材料进行机械隔离（轻型木结构）。木构件的耐火极限，指对任一建筑构件按时间-温度标准曲线（ASTM E119或ISO 834）进行耐火试验，从受到火的作用时起，到失去支持能力或完整性被破坏或失去隔火作用时的时间，一般以小时计。

木构件具有一定的耐火性能，特别是截面较大的构件。这是因为木材是由中空的细胞组成，热导率较小。并且木材在燃烧过程中，在表面形成一层炭化层，炭化层具有良好的隔热、隔氧作用，减缓内部木材继续受高温的作用，只会因为有效截面的削弱而丧失部分强度，因此在火灾中，木构件的强度保持时间远高于金属构件。木构件在火灾作用下的炭化速率为0.6毫米/分左右，不同树种的炭化速率有一定的差别。木构件的耐火极限除试验测定外，还可以根据已掌握的不同树种的炭化速率进行估算。对于无保护层的木构件来说，应尽量采用截面尺寸较大的整体木构件，以提高耐火极限。试验证明，层板胶合木构件的抗火性能与整体截面的木构件相似。所以采用截面大的层板胶合木，有利于抗火。同时，还可以通过在木构件表面涂刷防火药剂或对木构件进行防火药剂浸注处理，来提高其抗火性能，如丙烯酸乳胶防火漆，在100～200℃的温度下能分解出磷酸使木材脱水炭化，减少可燃气体的形成，在250℃左右能膨胀起泡，形成蜂窝状的防火隔热层，做到小火不燃，以防止初期火灾的扩展，且火焰离开木构件即能自行熄灭。　（刘伟庆）

木桁架　wood truss　由多个木制直杆相互连接组成的平面或空间受力结构（件）。可设想为了达到较好的经济性和安全性而对一个木梁进行优化设计，最终可将木梁无用或利用不大的部分掏空，变成一个多孔梁。在实际应用中完全可采用较小杆件相互连接成优化后木梁的形状，这就形成了木桁架。组成木桁架的杆件受力非常简单，主要分为拉杆和压杆两大类。其特点是自重轻、用料少、杆件受力明确、承载力大、抵抗变形的能力强；其缺点是桁架构件之间的连接节点较多，制作、安装和维护均相对复杂些。

木桁架大量应用于屋盖体系、桥梁和塔架结构中，也有少量应用于楼盖结构中，其跨度从几米到几十米。当木桁架用于楼盖结构时，大多采用平行弦桁架。木桁架本身是一种很“薄”的结构，为了保证其稳定性，必须设置可靠的支撑系统，将各木桁架相互连接起来，从而加强其整体性和稳定性。

体型较小的木桁架，如部分地区的村镇建筑中采用的木屋架，可在现场制作，非常方便；体型较大的或大跨度的木桁架，一般可在工厂内制作，然后将木构件运至现场安装，其连接紧固件一般可采用钢板连接件、螺栓或钉等，现场的装配也比较便捷。

木桁架所有杆件可全部为木质杆件，也可将其下弦改用钢材杆件，后者称为钢木桁架。钢木桁架跨度一般可以做得更大。

（樊承谋　刘伟庆）

木混合结构　timber hybrid structure　采用木材与其他材料如钢材、钢筋混凝土等制作的构件组成的结构。木混合结构主要有上下组合式的木混合结构和同一层楼面上以钢筋混凝土或钢结构与木结构共同组成的木混合结构。

上下组合式的木混合结构，下部一般是钢筋混凝土结构，用作车库、商场等大开间功能；上部可以是轻型木结构，也可以是方木原木结构或胶合木结构，用作住宅、办公等。

上下组合式的木混合结构主要由于下部大开间的需要而发展起来，有时也为与下部钢筋混凝土结构混合以建造更高的木结构。而同层不同材料组合的木混合结构随木结构向多高层方向的发展而发展起来，混凝土核心筒对火灾安全疏散具有更好的保障，同时在抵抗水平荷载方面有更高的效率。随着木结构向规模更大、高度更高的方向发展，更多形式的木混合结构将被研究和建设出来。　（何敏娟）

木结构　timber structure　以木材为主建造而成的结构。通常以方木、原木和胶合材等为原材料，通过加工制成梁、板、柱、桁架、墙体和楼屋盖等构件或部件，采用传统的斗拱、榫卯或现代的钢连接件建成的结构。木材是一种取材容易，加工简便的结构材料；随着木材加工技术的发展，以木材为主要原料可以加工成很多种胶合材，如层板胶合木、正交层板胶合木、定向刨花板等。木结构采用可自然生长的木材为主要材料，是一种可再生的绿色结构；木构件加工方便、可装拆，工厂加工、现场安装，建造速度快、装配化程度高、施工扬尘少，是一种能实现绿色施工的结构；木结构还具有美观、抗震性好等许多优点，故可用于住宅、办公等民用建筑或场馆类公共建筑以及桥梁结构、塔架等公共设施中。

木材受拉和受剪易发生脆性破坏，其强度受木节、斜纹及裂缝等天然缺陷的影响；但在受压和受弯时具有较高的强度和一定的塑性。木材处于潮湿状态时，将受木腐菌侵蚀导致腐朽；在空气温度、湿度较高的地区，白蚁、蛀虫等对木材危害较大。木材着火后会燃烧，但对于大断面木构件，着火后表面会碳化而具有一定的耐火性能。因此木结构应根据结构类型，采取通风、避免与地面直接接触等构造或适当的防腐、防虫、防火措施，以保证结构的耐久性。

随着中国对装配化建筑、绿色建筑发展的推动，木结构的优越性越来越得到行业专家和广大消费者的认可。《木结构设计规范》（GB 50005）在2016年完成修编，《多高层木结构建筑技术标准》（GB/T 51226）《装配式木结构建筑技术规程》（GB/T 51233）都在2016年编制完成并颁布。

（樊承谋　何敏娟）

木结构防护　protection of timber structure　对木结构进行防火与防腐的作业过程和技术。现代木结构中除了木构件外一般还包含金属连接件和紧固件，有时还有金属构件，因此木结构防护包含木材防护与金属防护（见**钢结构防护**）。木材是由天然高分子化合物组成的一种有机生物材料，在外界环境作用下，会发生变质败坏，从而导致性能的下降，这种现象称为木材劣化，这就要求在实际工程中要对木材进行防护。

根据劣化因素的不同，木材劣化可以分为：①燃烧劣化。木结构防火首先是尽可能避免火灾的发生，同时需要在建筑内安装喷淋系统、烟雾探测仪与火灾报警系统等重要的防火设施。实际工程中许多结构外露的木结构构件会采用阻燃剂进行阻燃处理，阻燃剂处理过的木材不易点燃。但根据已有研究结果，不建议设计时考虑采用阻燃剂处理木构件的方法来提高构件的耐火极限。②生物劣化（含微生物劣化、昆虫劣化与海生动物劣化等）。可采用物理或化学的方法进行防护，危害木结构的昆虫主要有白蚁和甲虫，木结构防虫主要是针对这两种昆虫。白蚁的危害远比甲虫广泛和严重。防虫大多采用复方（防腐＋防虫）药剂处理。木材经防腐处理，可提高和改善其使用功能，并延长使用寿命3～6倍，还可以节约大量维修用材和费用。常用的防腐处理方法是防腐剂防腐。现有木材防腐剂大多为复式配方，可抑制、抵抗、毒杀多种有害生物（既能防腐又能防虫），大致可分为油质类（煤杂酚油等）、油溶性类和水溶性类（铬化砷酸铜CCA、氨溶烷基胺铜ACQ、无机硼类防腐剂等）。③吸水、吸湿劣化。木材具有湿胀干缩性能，吸水或吸湿后尺寸会发生变化，另外木材含水率的提高使木材更容易受到腐朽菌、霉菌等的侵袭。其防护方法类似木结构防腐。④干燥劣化。木材在自然干燥或人工干燥时操作不当造成木材表面和内部含水率梯度过大，使得木材中内应力过大导致木材开裂与变形，因此在人工干燥过程中应合理操作，在木结构使用过程中控制湿度不要发生剧变。⑤气候劣化（风化）。指阳光、雨雪、风沙等作用引起的木材劣化。太阳光含有大量的紫外线，木材吸收紫外线的能力很强。木材吸收的紫外线会使木材发生光化学反应，引起光降解，一方面使得木质素等成分随光降解产物流失，木材表面纤维素含量增多，导致木材表面变得粗糙、纹理疏松；另一方面一些决定木材颜色的矿物质也发生光化学反应而变成其他物质，使木材表面失去光泽并褪色；此外，紫外线长期作用木材，其内层结构的分子链也会逐渐受到破坏，从而导致木材强度的降低以及开裂。雨雪对木材的影响主要是水分的变化引起的，与吸水、吸湿劣化以及干燥劣化相同。在较大的风力作用下，尘埃、砂砾、石砾等会磨刷木材表面，从而使木材表面粗糙，甚至出现沟槽、裂纹等，影响使用。木材的抗风化能力可以通过一些途径来增强。对于室内用材，可通过保持木材充分干燥、喷涂饰面漆或涂料，以提高木材表面的耐光性和耐湿性等；对于户外用材，可在按要求进行防腐处理后喷涂耐水、抗紫外线的油漆或涂料，或直接在防腐剂中添加相应添加剂。⑥化学劣化。指木材在化学物质的作用下发生化学降解的现象。木材耐化学腐蚀性要强于铁、铝、铜等金属，木材三大组成成分中，木质素容易被碱水解并容易被氧化剂氧化，半纤维素容易被酸水解，纤维素化学性质比较

传统木结构地仗＋彩绘

稳定，可通过在木材表面涂刷耐化学腐蚀的涂料或用树脂对木材进行浸渍处理来提高木材的耐化学腐蚀性。

中国古代木结构建筑中，常采用干燥的木材制作结构，并使结构的关键部位外露于空气之中，可防潮而免于腐朽；在木柱下面设置础石，既避免木柱与地面接触受潮，又防止白蚁顺木柱上爬危害结构；在木材表面用较厚的油灰打底（地仗，或俗称“一麻五灰”），然后刷油漆（见图），除美化效果外，兼有防腐、防虫和防火的功能；设置防火墙（封火墙），且严格划分防火分区，使火灾不会大面积蔓延。

（张盛东）

木结构构件 timber members　以木材为主要材料制成的建筑结构体系的基本单元。

简　史　在中国浙江省宁波市的河姆渡遗址中，发现了距今7000～5000年的长江中下游文化，遗址清理出来木桩、木板、木柱、木梁、木枋等木结构房屋构件，有些构件上带有榫头和卯口，这是有史料证实的最早的木结构构件。榫头和卯口嵌入连接木结构构件是最具代表性的连接方式。早在公元前200年，木结构构件已发展到标准化加工和建造阶段，中国陕西省历史博物馆中展出的秦代木柱与木梁节点，采用了金属外包套接。记载最早的木结构建造手册是五代末至北宋初年的木匠喻皓所著的《木经》。宋代李诫在《木经》和《元祐法式》(宋元祐六年，1091）的基础上编制成《营造法式》，对木构件的材质、尺寸、连接方式、用途等做了严格的规定和清晰的说明，成为指导中国传统木结构构件和房屋建造的传世之作。中国建筑学家梁思成编著的《营造法式注释》对其加以诠释，使其发扬光大传承至今。

现代木结构中的构件和组件与中国传统木结构有明显不同。19世纪80年代，美国诞生了一批用小截面的针叶材为主要构件的轻型木结构房屋，北美近90%的独立小屋（三层楼以内的私人住宅）采用这种结构形式。其木构件和木组件主要有轻型木结构剪力墙、轻型木结构楼屋盖、齿板木桁架、现场拼接木柱和木梁等。20世纪60年代起，欧美木材加工技术得到快速发展，诞生了一批工程木产品，其成为建造公共建筑、大跨木结构展馆或体育场馆、桥梁或塔架的主要受力构件，并在世界范围得到推广和应用。

类型　木结构构件包括现代木结构中的木梁（木组合梁）、木柱（木组合柱）、木格栅、木质墙体、木檩条、木楼（屋面）板等，以及中国传统木结构中的木柱、额枋、穿枋、椽条、地栿、望板以及**斗拱**等。①木组合梁。由多片规格材采用钢钉现场钉合而成的木制楼面梁，是轻型木结构建筑中楼盖体系的受力构件，主要承受楼面搁栅传递过来的剪力和弯矩。②木组合柱。由多片规格材现场钉合而成的木柱。用于承受竖向压力，常用于轻型木结构房屋门厅等需要有较大开间的区域，常与木组合梁共同使用，形成轻型木结构房屋中的梁柱空间。

木结构组件指两个及以上木结构构件组合而成的单元，与用途紧密相关，如现代木结构中的轻型木结构剪力墙、轻型木结构楼屋盖、齿板木桁架等。①轻型木结构剪力墙。由木骨架和木基结构板材采用钉子连接组成的墙体。简称轻木剪力墙。是轻型木结构体系中的主要构件，与木楼盖和木屋盖组成轻型木结构房屋体系。轻木剪力墙与木楼盖和木屋盖通过钢钉连接形成良好的盒状结构，具有优越的抗震性能。②轻型木结构楼屋盖。包括轻型木结构楼盖和轻型木结构屋盖。木楼盖主要由木搁栅、覆面板、横撑组成。轻型木结构屋盖结构体系由木屋架（或椽条）、屋面系杆（或屋面支撑）以及屋面板钉合后组成。③齿板木桁架。由多个木制直杆相互连接组成的平面或空间受力结构（件）。

结构及特点　木结构构件不同于装饰用的木装饰板材，其特点是承受外部荷载并将荷载有效传递到整个结构体系中。木结构构件可以由天然木材经锯切而成，也可采用层板胶合木、正交胶合木、旋切板胶合木、平行木片胶合木、层叠木片胶合木和定向木片胶合木等现代工程木产品。天然木材是各向异性材料，表现为抗拉强度、抗压强度、剪切强度、弹性模量等力学指标在顺纹方向、横纹方向、横截面径向和切向各不相同。木构件设计时应尽量避免构件出现横纹受拉、顺纹剪切、横纹剪切等不利情况，应充分发挥木构件顺纹抗拉和顺纹抗压能力。采用工程木产品制成的木构件，力学性能稳定可靠，截面和长度可根据工程需要设计和加工制作，有效避免了天然木材缺陷及尺寸受限的特

点，成为现代大跨木结构或高层木结构的主要受力构件。

木结构构件是组成木结构组件和木结构房屋的基本元素，其构件截面尺寸和形式须经工程设计确定，应遵循国家或地方相关建筑法规和设计规范，除满足力学性能外，尚须考虑木结构构件的变形能力、工作环境和耐久性，并须满足抗火性能要求。

传统原木构件常与其他建筑材料构件共同组成混合结构体系。如木－土结构、木－石结构和木－砖结构等。这类混合结构的特点是以土、石或砖作为竖向承重墙体，以木梁、木格栅和木屋架等组成水平承重体系，充分利用木构件抗弯、抗拉性能好、自重轻且安装方便的特点。现代工程木结构常与钢结构、混凝土结构混合形成木－钢混合结构、木－混凝土混合结构、木－钢－混凝土混合结构等，可建造大跨度体育场馆、高层住宅、办公楼等建筑。例如，木质墙体可嵌入钢框架中形成水平抗侧力体系；木格栅－木楼板或钢梁－木楼板形成混合楼盖体系；木构件也可作为竖向承重或自承重构件，与混凝土核心筒或剪力墙共同工作，形成高层木－混凝土核心筒体系等。

展望　随着加工和装配技术的发展，木构件组成的结构受力部件与管线设备、保温墙体等集成，可形成模块化部品部件，成为装配式建筑发展的主要产品之一。凭借其可再生、高回收利用价值和良好的固碳、环保、健康等特点，木结构构件将得到更广泛的应用和发展。

（熊海贝）

木结构金属连接件　steel connections in timber structures　由金属（一般指钢材）制成的、用于拼合或接长木构件的连接件。木结构金属连接件类型很多，用得最多的当属螺栓连接和钉连接，裂环、剪盘、齿板、金属挂钩件、抗拔锚固件等都有应用；随着科研、工程建设的推进，还会有更多的新型金属连接件用于木结构的连接中。

螺栓连接和钉连接　在木结构中，螺栓和钉的工作原理是相同的。螺栓和钉阻止构件的相对移动，使得孔壁承受挤压，螺栓和钉主要承受剪力。当力较大时，如果螺栓和钉材料的塑性较好，则会弯曲。为了充分利用螺栓和钉受弯，与木材相互间挤压的良好韧性，避免因螺栓和钉过粗、排列过密或构件过薄而导致木材剪坏或劈裂，在构造上对木材的最小厚度、螺栓和钉的最小排列间距等需作规定。在螺栓群连接中，即一个节点上有多个螺栓共同工作时，沿受力方向布置的多个螺栓中受力分布是不均匀的，端部螺栓比中间螺栓承受更大的力，共n个螺栓的螺栓群总体承载能力小于单个螺栓承载力的n倍。钉连接在这方面也有与螺栓同样的性质。

裂环　在被连接的两件木构件上采用专用工具开环形槽，将金属环嵌入、通过螺栓连成整体而实现两件木构件连接的形式，在金属环上预留裂口以使环向有一定变形能力。这样的金属环称为裂环，相应的连接形式称为裂环连接（图1）。裂环在每件木构件上嵌入的深度即所刻槽深，为裂环高度的一半。

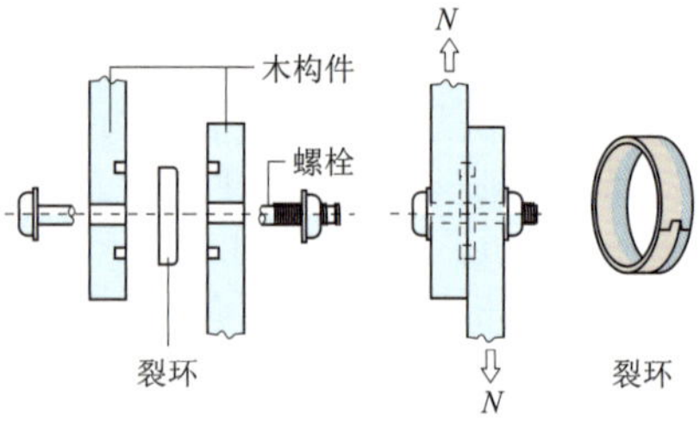

图1　裂环连接示意图

裂环连接主要传递剪力，如图1中N；裂环开槽对木材受力面积削弱较小，且扩大了槽壁承压面，因此具有较高的承载能力。裂环连接的承载能力主要由属脆性破坏的木材抗剪破坏控制，致使裂环连接的韧性相对较差。因此，除在金属环上预留裂口使金属环略能环向伸缩外，还要求被连接木构件的木材须干燥、制作环槽的精度要高，从而保证裂环连接接触紧密。裂环连接一般仅适用于工厂生产的木结构；裂环能传递较大的内力；裂环能标准化生产，环槽可用机具开凿，工业化生产程度较高。裂环安装后处于隐蔽状态，不易检查。

剪盘　与裂环类似，也是用圆形特殊金属连接件实现木构件之间，或木构件与钢板之间的连接，连接中剪盘嵌入被连接木构件上预先开设的圆槽中，并用系紧螺栓紧固（图2）。连接中螺栓承受剪力、剪盘与木构件的接触面上承压、木材抗剪，剪盘连接的承载力也是主要由属脆性破坏的木材抗剪破坏控制，因此剪盘具有与裂环相似的优缺点和使用要求。但剪盘连接可以随意拼拆，更适合于装配式结构。

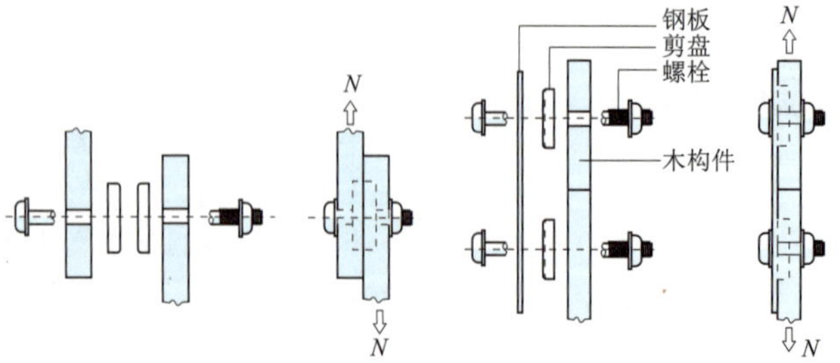

a 木构件与木构件间的连接　　b 木构件与钢板的连接

图2　剪盘连接示意图

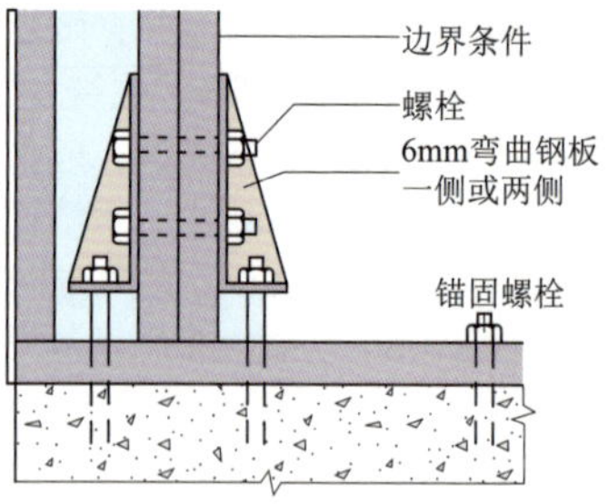

a 剪力墙和基础连接

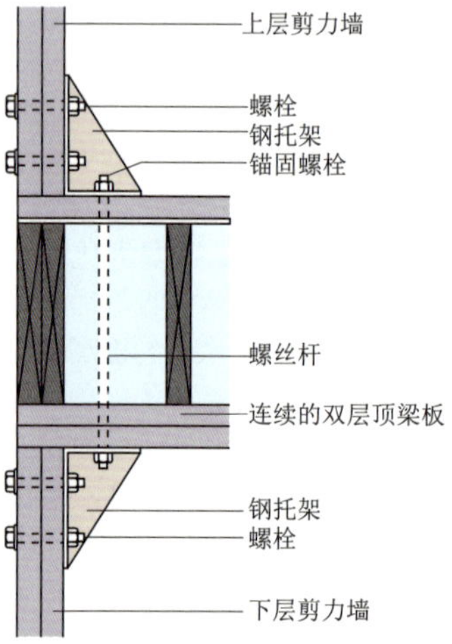

b 上层剪力墙和下层剪力墙连接

图3　上层剪力墙与基础以及上下层剪力墙之间的抗拔锚固件连接示意图

齿板　经表面镀锌处理的钢板冲压成多齿的连接件。齿板连接时直接压入被连接的木材，主要应用于轻型木结构桁架节点的连接或受拉规格材构件的连接。齿板制造简便，连接紧密，节点上变形小，连接质量易于检查。齿板通过众多的齿分散承压传力，有很好的韧性，传力可靠。

金属挂钩件　轻型木结构体系中，楼（屋）面格栅与楼（屋）面梁的一种常用连接方式，由镀锌薄钢板经冲、剪、弯折而成，根据被连接构件之间的相对关系，形式多样。常用的形式是其正面用钉与主梁连接，侧面用钉与格栅连接，格栅直接搁置在挂钩件的水平面板上。连接中，竖向力通过格栅传递到挂钩件上，再通过钩件与主梁的钉连接传递到主梁上，因此格栅与主梁的荷载主要通过主梁侧面的钉子抗剪传递；因为与主梁连接的钉子数量往往较多，钉子变形能力较大，因此这样的连接节点一般延性较好。

抗拔锚固件　轻型木结构中，剪力墙的边界构件与基础或下部结构连接的、由镀锌薄钢板弯折而成的托架及螺栓组成的组件。图中3a为剪力墙的边界构件与基础连接，图中3b为上层剪力墙的边界构件与下层剪力墙的边界构件连接。镀锌薄钢板弯折而成的托架用抗剪螺栓与剪力墙边界构件连接、由锚固螺栓与基础或下层剪力墙连接，上部剪力墙边界构件上的拔力通过抗剪螺栓传递给薄钢板托架，再通过锚固螺栓抗拉传递给基础或下部结构。

（何敏娟）

木结构连接　connection in timber structure　通过榫卯、栓固或齿合等方式将木构件固定在一起使之增加强度，形成稳定整体的技术。连接对于木结构而言举足轻重，木结构构件或部件必须有可靠的连接才能形成整体结构体系；连接也是木结构良好延性与耗能能力的重要基础；经济、可靠且简便的连接是木结构设计、研究和应用过程中的重要课题。

发展简史　中国古代，人们构木为巢，木结构连接一直采用源自公元前5000～前3000年的榫卯连接技术（图1），这种技术成为中国传统建筑的精髓之一。到了明清时期，榫卯连接已日臻完善。近代以后，随着材料科技的发展和建筑技术的提高，逐渐出现销轴类连接（包括钉连接、螺钉连接、螺栓连接），其应用已非常普遍。进入现代，随着木结构研究与应用的发展，还出现了主要用于轻型木结构桁架的齿板连接和主要用于重型木结构的植筋连接，根据结构受力需求和优化设计，还发展出了一些混合型连接，如剪板连接、裂环连接、齿板增强型螺栓连接等。

分类　木结构连接主要分为**榫卯连接**、销轴类连接、裂环与剪板连接、**齿连接**和植筋连接。①榫卯连接。是在两个构件上采用凹凸部位相结合的一种连接方式（图1），其特点是利用木材承压传力，同时利用榫卯嵌合作用，能适应一定的变形能力，其缺点是对木料的受力面积削弱较大，用料不经济。②销轴类连接。主要是采用杆状物做连接紧固件，其材料可为金属或木竹质，常用的有钉、螺栓和螺钉等。其作用是将木构件与木构件、木构件与其他构件相互连接起来，通过上述紧固件的抗弯、抗剪以及被连接木构件的销轴孔壁承压等传递作用力（图2）。此类连接具有

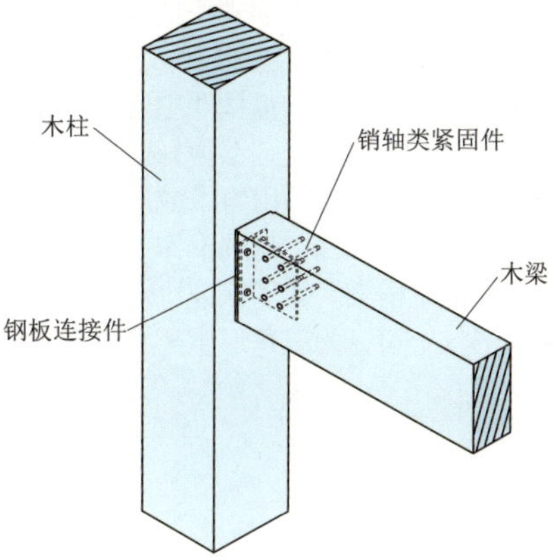

图2　销轴类连接示意图

安装简便、成本较低、节点受力性能良好、延性性能好的特点。③裂环与剪板连接。主要是在销轴类连接基础上，通过引入裂环或剪板来增大被连接木构件承压面，从而有效提高其承载能力和抵抗变形的能力。④齿连接。是采用齿板（经表面镀锌处理的钢板冲压而成的带齿金属板）连接多个规格材构件以传递拉力、剪力等荷载的一种连接方式，主要用于轻型木桁架的节点连接或杆件接长。使用时直接由外力将齿板压入两个或多个被连接构件的表面。这种连接虽然承载力不大，但对于轻型木桁架来说，此类连接具有安装方便、经济性好等优点。⑤植筋连接。是在木构件上钻孔，然后注入高强植筋胶，再插入钢筋或螺杆等杆件，待植筋胶固化后将植筋杆件与基材黏接为一体的一种连接方式。具有承载力高、刚度大、尺寸适应能力强、外观效果好等优点，在木结构建筑及桥梁领域有较多应用。

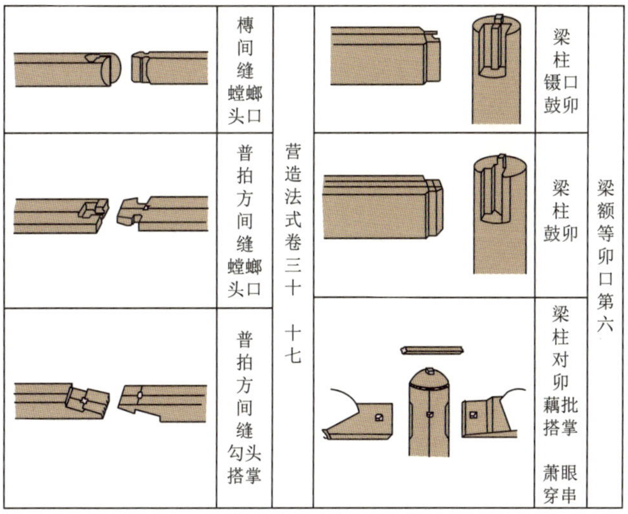

图1　宋式榫卯连接示意图

意义和影响　木结构连接是木结构研究与应用的重要课题，木结构连接技术是木结构推广应用的关键技术问题。木结构连接问题影响到结构构件间的传力、木结构节点的力学特性以及整体结构的结构性能，还直接涉及木结构的抗震能力和耗能能力。木结构受到破坏大部分与连接处有关，因此，深入研究木结构连接性能、揭示受力机理、优化构造措施、创新连接方式，对整个木结构的发展具有重要意义。

（刘伟庆）

木桥　timber bridge　用木材建造的桥梁。木桥的使用很早，历史上除有木梁桥、木桁架桥外，还有木拱桥。木桥构造简单，施工迅速，但木材易腐、易裂（气候干燥地区）、易遭火灾，且强度较差，故现代多用于人行桥、抢修或施工时的临时便桥或半永久性的公路桥。作为半永久性的木桥，须做防腐处理。木桥的构件主要以承压和抗剪传力，其受拉接头，则由螺栓抗剪和栓孔承压传递拉力，并以螺栓、夹板、穿钉、扒钉等铁件固定构件的相互位置（见**木结构连接**）。

类型　常用的有木梁桥、木撑架桥和木桁架桥。①木梁桥。跨度一般为6～8米，木梁可用两面削平的原木或方木组成。可做成单梁、叠置梁或组合梁（以键传递上、下层梁木之间的剪力）。②木撑架桥。由木梁桥演变而来，从墩、台伸出斜撑支承木梁，以增大跨度或载重能力。③木桁架桥。常用交叉腹杆式桁架做主梁，其弦杆和斜杆用木制，竖向腹杆用圆钢。可用于跨度不大于40米的公路桥。

墩台　①单排架墩。排架一般用4～6根原木做立柱，各柱以水平及斜夹木相连，柱顶设帽木以承受梁的反力，柱下设底木和基础相连，其各部相接处以夹板、螺栓、穿钉等固定其相互位置。②构架式排架墩。将两组或多组排架用水平及斜夹木相连而成。顶部设纵横托梁以分布上部结构传下的荷载，下部设纵垫木使桥墩所受的力分布于基础。③桩式排架墩台。当桥不高时，可将基础的木桩上部（或接长部分）用夹木相连，上设帽木，做成桥墩，或设挡土板及翼墙做成桥台。④枕木垛墩台。以枕木纵横叠置，以扒钉相连，就形成临时性墩台，常用于铁路桥梁抢修工程。

当桥墩不高时，可用单排架作墩，但桥墩较多时，应设构架式双排架墩（相距约20米），或将各排架之间设置纵向的水平木和斜夹木，借以抵抗纵向力（如制动

力)。将数组排架埋置于桥头填土的纵坡内，并以水平木及斜夹木相连，可组成埋置式桥台。

基础常用形式　主要有木桩基础、卧木基础、木笼基础及木笼桩基础。①卧木基础。一般用于旱桥。挖基坑后铺碎石垫层，纵向密排垫木而成。在其上立排架墩台，回填碎石。②木笼基础。以原木或方木叠置成无底或有底的木笼。一般在岸边制成浮运就位，再填石压重，使之下沉河床。当片石填出水面后，基础便形成。③木笼桩基础。为增加木笼基础的埋置深度，可先在木笼内打木桩，再以填石围护，将桩挤紧。1949年中国在抢修津浦（天津—浦口）铁路淮河桥时，曾以此基础做构架式排架墩，上架临时性钢梁，成功地解决了铁路运输和渡洪问题。（唐嘉衣）

木屋盖　wood roof　由屋面构件、主承重构件、支撑和吊顶组成的建筑物上部结构。屋面构件主要包括支承和传递屋面荷载的构造构件和承重构件，如挂瓦条、木望板、椽条和檩条等；主承重构件是木屋盖中的重要受力构件，主要承受屋面构件传来的荷载，如木梁、木桁架、钢木桁架、木拱等；支撑是为保证主承重构件的稳定性和木屋盖结构的空间刚度而设置的杆件体系，可提高单个主承重构件之间的协同受力性能以及屋盖系统的整体性；吊顶可根据需要设置，主要用以满足建筑功能需求，如防尘、保温隔热、隔声和美观等。

木屋盖根据结构形式和规模主要分为普通木屋盖、轻型木屋盖和大跨木屋盖。①普通木屋盖。主承重构件主要是由原木或方木以及部分受拉圆钢腹杆连接装配而成的木桁架，或者是由方木或层板胶合木作为上弦和斜腹杆、由圆钢作为下弦和竖腹杆的钢木桁架。为了保证排水坡度，一般在形状上可分为三角形屋架和梯形屋架等。②轻型木屋盖。主承重构件也是木桁架，但组成木桁架的主要是具有一定尺寸模数的规格材，规格材构件之间采用专用齿板进行连接。这种形式的木屋盖主要从北美引进，用于低层木结构住宅，也适用于一些既有建筑的平改坡工程。③大跨木屋盖。主承重构件一般为大跨度的梁、拱、桁架等，现代木结构中的大跨木构件材料一般采用层板胶合木居多，也有部分采用旋切板胶合木、平行木片胶合木等工程木材的。大跨木屋盖的应用领域一般为公共建筑，如体育建筑、宗教建筑、展览馆和图书馆等。

木屋盖是木结构应用的常见形式，其应用类型也丰富多样，随着现代木材深加工技术和大跨木结构的快速发展，大跨木屋盖的研究和推广应用将是大势所趋，相应地关于大跨木屋盖方面的研究，如结构优化、蠕变性能和稳定性等都是未来的热点方向。（樊承谋　刘伟庆）

N

耐蚀钢筋 corrosion resistant reinforcing steel bar 根据钢筋使用环境类别的不同，在钢中加入适量的耐腐蚀合金元素，或在表面涂覆有机或无机涂层，使其具有耐腐蚀性能，按照热轧或控冷控轧状态制得的钢筋。耐蚀钢筋通常用于工业大气腐蚀环境和氯离子腐蚀环境下的混凝土结构。添加合金元素进行耐蚀合金化成分设计和基体组织耐蚀控制是提高钢筋基体耐蚀性最行之有效的方法，但会提高钢筋的生产成本。因此钢筋的耐蚀合金化必须合理解决耐蚀性提升与生产成本增加这一固有矛盾。已开发研制的耐蚀钢筋主要有环氧涂层钢筋、**不锈钢钢筋**、不锈钢包覆钢筋、MMFX钢筋、热浸锌涂层钢筋和复合涂层钢筋。

环氧涂层钢筋　熔融结合环氧涂层的钢筋和成品钢筋（见**环氧树脂涂层钢筋**）。

不锈钢钢筋　按热轧工艺生产，以不锈、耐蚀性强为主要特征的钢筋。

不锈钢包覆钢筋　以碳钢为钢芯外包覆一层不锈钢的钢筋。不锈钢钢筋有两种加工工艺，一种是将不锈钢材焊接成管状，然后再在压力作用下将碳钢颗粒填充在不锈钢管子中形成碳钢芯，形成两端有皱褶的人造棒材，并将其加热轧制成钢筋；另一种是在碳钢铸件上喷一层不锈钢合金包覆层，然后将其加热轧制成钢筋。

MMFX钢筋　由美国MMFX钢铁公司生产，全称为Micro-Composite Multistructural Formable Reinforcing Steel，具有独特的微观结构，是一项专利产品。MMFX碳化物含量低，主要含稳定的奥氏体敷果的马氏体板条，该微观结构可有效避免微原电池的形成。MMFX钢筋具有良好的抗腐蚀性能、较高的屈服强度与抗拉强度。

热浸锌涂层钢筋　将已除锈的碳钢钢筋热浸于盛有熔融锌（约450℃）的槽中，使钢和锌之间发生一个冶金反应，钢筋表面产生一层由锌-铁合金和纯锌构成的多层次的冶金结合的覆盖层，此层粗糙耐磨。

在普通混凝土中，没有涂层的钢筋会发生去钝化；在被氯化物污染的混凝土中，在较高的pH时，也会发生去钝化。相反，有锌涂层的钢筋，pH在9.5时仍可保持钝化，因此对碳化的混凝土可持续提供保护。有锌涂层钢筋的氯化物极限浓度比普通碳钢钢筋要提高几倍。

热浸锌具有将钢筋与腐蚀介质隔离使其免遭腐蚀，以及为碳钢芯提供阴极保护的双重功能。

复合涂层钢筋　在钢筋表面实施多种涂层。镀锌环氧涂层钢筋就是在碳钢钢筋表面电弧喷涂锌后再涂覆环氧涂层的一种复合涂层钢筋。如果环氧涂层在施工过程中遭到破坏，锌涂层则会为钢筋提供阴极保护作用。

（薛　峰）

南京长江大桥 Nanjing Yangtze River Bridge 跨越长江，连接津浦和沪宁铁路、南京和浦口市区交通干道的公铁两用桥。位于中国江苏省南京市，1960年1月开工，1968年12月建成通车，由大桥工程局设计施工，建桥总工程师为梅旸春，是当时中国规模最大的桥梁。

南京长江大桥

该桥的正桥长1576米，共有10孔。自浦口岸桥头算起，第1孔为跨长128米简支钢桁梁，后为3联3孔各长160米、带下加劲弦杆的连续钢桁梁，悬臂拼装法架设。设双层桥面，上层公路桥面宽15米，两侧人行道各宽2.25米，下层为双线铁路桥面。两岸以桥头建筑作为正桥和引桥的分界，正桥桥头之后，铁路、公路引桥分别沿直线和弯道逐渐分岔。沿铁路桥面，桥全长6772米，沿公路桥面，桥全长4588米。正桥的铆接主桁和铁路横梁采用16锰桥低合金钢，公路焊接纵梁采用16桥钢，其他采用3号桥梁钢。铁路引桥共159孔，公路引桥共91孔，大部分采用跨度31.7米预应力混凝土简支梁。公路引桥接近地面部分采用双曲拱桥，南京岸18孔，浦口岸4孔。此外，为了便利地区交通，南京岸另有双曲拱的分岔落地桥11孔。桥墩高约80米，9个桥墩基础分别采用重型混凝土沉井基础、钢沉井加管柱基础、浮式钢筋混凝土沉井基础和钢板桩围堰管柱基础等。

桥主体工程用钢料66 516吨、混凝土384 063米³。桥头建筑采用南京工学院（今东南大学）的综合设计方案。1985年，南京长江大桥获国家科学技术进步奖特等奖。

（王序森　撰　李亚东　修订）

能量理论 energy theory 在复杂应力状态下，材料内一点的形状改变比能达到材料单向拉伸屈服时形状改变比能的极限值而导致材料发生塑性屈服的强度理论。又称第四强度理论、形状改变能密度理论或最大畸变能理论。其屈服判据可以表示为：

$$\upsilon_d=\upsilon_{du} \tag{1}$$

式中υ_d为形状改变能密度；υ_{du}为材料的极限值。

当物体因外力作用而产生弹性变形时，外力在相应的位移上就作了功，同时在物体内部也就积蓄了能量（既包括体积改变也包括形状改变）。对于线弹性、小变形条件下受力的材料，其积蓄的应变能只取决于外力的最终数值。依据胡克定律，用主应力表达的应变能密度为：

$$\upsilon_\varepsilon=\frac{1}{2E}[\sigma_1^2+\sigma_2^2+\sigma_3^2-2\nu(\sigma_1\sigma_2+\sigma_2\sigma_3+\sigma_1\sigma_3)] \tag{2}$$

体积改变能密度为：

$$\upsilon_V=\frac{1-2\nu}{6E}(\sigma_1+\sigma_2+\sigma_3)^2 \tag{3}$$

形状改变能密度为：

$$\upsilon_d=\frac{1+\nu}{6E}[(\sigma_1-\sigma_2)^2+(\sigma_2-\sigma_3)^2+(\sigma_3-\sigma_1)^2] \tag{4}$$

上述公式表明，在复杂应力状态下，物体形状的改变及所积蓄的形状改变能密度和3个主应力的差值有关，而物体体积的改变及所积蓄的体积改变能密度和3个主应力的代数和有关。

对于塑性材料，因为在拉伸试验时当正应力达到最大抗拉强度σ_s时就出现明显的屈服现象，故而可以通过拉伸试验来确定材料的极限值υ_{du}。

将$\sigma_1=\sigma_s$、$\sigma_2=\sigma_3=0$代入屈服条件，可得：

$$\upsilon_{du}=\frac{1+\nu}{3E}\sigma_s^2 \tag{5}$$

代入屈服判据公式$\upsilon_d=\upsilon_{du}$并化简，可得以应力表示的屈服判据：

$$\sqrt{\frac{1}{2}[(\sigma_1-\sigma_2)^2+(\sigma_2-\sigma_3)^2+(\sigma_3-\sigma_1)^2]}=\sigma_s \tag{6}$$

将右式除以安全系数，可得材料的容许强度[σ]，进而建立强度条件：

$$\sqrt{\frac{1}{2}[(\sigma_1-\sigma_2)^2+(\sigma_2-\sigma_3)^2+(\sigma_3-\sigma_1)^2]}=[\sigma] \tag{7}$$

对于塑性材料，能量理论是一种较好的强度理论，但其只适用于拉压性质相同的材料，且认为体积变形能对材料的屈服破坏没有贡献，在应用时应注意其适用条件。

在特殊情况下（中间主应力与最大主应力或最小主应力相等），该理论与最大切应力理论等价。一般情况下，能量理论比最大切应力理论更符合试验结果。但由于最大切应力理论是偏于安全的，且更简洁简便，因而仍被广泛使用。（王明洋）

能量原理 energy principle 分析结构在荷载、温差等外因影响下所产生的应力、应变和位移状态的基本原理之一。能量是指结构做功的能力。弹性结构在加载时产生变形，在卸载后又能恢复原状，说明若不计动能和热能的变化，荷载在结构上所做之功，将全部转化成结构的应变能存储于结构之内，因而在卸载过程中具有恢复原状的能力，这是能量原理的依据。能量原理根据荷载做功过程中应变能的变化规律，建立起一系列极值条件，作为结构分析的综合判据，从而避免直接解算大量偏微分方程，以简化解题过程。工程力学中通常涉及势能和余能的概念。势能指结构由于位置、位形变化或在可能位移状态下具有的能量，包括应变能、荷载势能。余能指结构在可能内力状态下具有的能量，包括应变余能、支座位移余能。

能量原理可从*变形体虚功原理*的两种形式，即虚位移原理、虚力原理两个侧面予以研究，形成虚功法。又根据势能和余能的变化情况，建立相应的能量变分极值条件，以解答结构分析的具体问题，形成最小势能原理和最小余能原理，即能量法。用能量法分析结构，主要是寻求既满足边界条件，又同时满足势能为最小的位移函数或者余能为最小的应力函数。对许多难以求得精确解的工程问题，可用相关的能量原理寻求问题的近似解答。因此，在分析复杂结构的静力和动力问题中，能量原理和能量法得到广泛应用。

在结构力学中有*位移法*和*力法*两种基本解法，在弹性力学中有位移法和应力法两种基本解法。与之对应，能量原理中有两个基本原理，即最小势能原理和最小余能原理。它们是以能量变分形式表述的力学定律。概括地说，在所有满足一定的约束条件的可能位移中，真实状态应使其能量取极值或驻值。基本能量原理提出的最早，起初是从物理概念上自然提出的，其中最小势能原理以位移为基本变量，最小余能原理以应力或多余约束力为基本变量。另外，*结构力学*和*弹性力学*中有时采用混合解法，其基本变量是混合型的，如混合选取位移和应力作为基本变量。能量原理中的广义变分原理就是基于多类变量的变分原理，也称混合变分原理，是由基本能量原理推广而得到的能量原理。广义变分原理中最常用的有两个，即赫林格－赖斯纳变分原理（H-R原理）和胡－鹫津变分原理（H-W原理）。其中H-R原理是以位移和应力作为基本变量，H-W原理以位移、应变和应力作为基本变量。

最小势能原理 基于势能原理的结构力学解法，实质上就是以能量形式表示的位移法。最小势能原理可表述为：在结构分析弹性问题的所有可能位移中，真实位移使势能为极小值；反之，使势能为极小值的可能位移就是真实位移。

最小势能原理的数学表示式为：

$$\Pi_P(\Delta+d\Delta)>\Pi_P(\Delta) \tag{1}$$

式（1）中Π_P结构可能位移状态下的势能，包括应变能和荷载势能；Δ是位移法基本未知量的真实解，$d\Delta$是Δ的任一非零增量。

最小余能原理 基于余能原理的解法实质上就是以能量形式表示的力法。最小余能原理适用于超静定弹性结构小位移的平衡问题，可表述为：在所有可能内力中，真实内力使余能为极小值；反之，使余能为极小值的可能内力就是真实内力。

最小余能原理的数学表示式为：

$$\Pi_C(X+dX)>\Pi_C(X) \tag{2}$$

式（2）中Π_C为结构可能内力状态下的余能，包括应变余能和支座位移余能；X是多余约束力的真实解，dX是X的任一非零增量。（李廉锟 杨迪雄）

泥石流地区道路 road in mudrock avalanche region 在泥石流易发地区修建的道路。泥石流是一种携带有大量泥沙、石块等固体物质的特殊洪流。它的侵蚀、冲刷、搬运和沉积过程均十分迅速，往往在很短时间内流出数十万至数百万立方米的固体物质，能将数十吨、数百吨甚至上千吨的巨石，从山谷中冲到山口外，对桥梁、路基等均有巨大的破坏性和危害性。泥石流的形成与地形、地理、地质条件、气候条件和水文条件等都有密切关系。

泥石流地区的道路建设应考虑泥石流的防治。泥石流的防治方案，根本上是在流域内采取水土保持措施，但影响面广，长时间后才能见效，非交通建设部门所能单独完成。故在泥石流地区筑路时，为了消除隐患，以避开强烈泥石流为宜，或在山口附近用隧道或桥梁通过。对中等泥石流，有条件时也应首先考虑绕避方案；当路线必须跨越泥石流时，宜选在泥石流的流通地段，不宜选在河床坡度由陡变缓地点。对小型泥石流，可修建跨线渡槽。

对发展较缓慢的冲积扇，线路可选在沉积可能发展范围以下适当距离处通过。若为轻微泥石流，线路必须通过沉积区中部冲积扇时，线路中心线宜与冲积扇的辐射线成正交，即以曲线通过。线路高度应满足设桥要求，并考虑泥石流龙头高度和可能的淤积厚度，若以路堑明洞或渡槽通过，路堑应有足够深度，不宜将沟床抬高，导致淤积漫溢危及路堑安全。线路通过山口附近的冲积扇顶部时，一般均有固定的沟槽，可集中设桥；当线路必须通过沉积区中部冲积扇时，桥位应设在与山口顺直的隆起脊梁主流所经之处，并应根据扇顶水流分布情况可能的摆动，在各主要沟槽处分别设桥，避免挖沟筑堤强行合并分散的水流。不宜下挖设桥，更不宜压低线路而强行合并改沟至冲积扇两侧低洼处设桥。两冲积扇间的洼地，即便不受山洪影响，一般也应设桥涵，排除积水。

（齐树椿）

黏性土 cohesive soil; clayey soil 经空气干燥后有相当大强度或浸在水中时有明显黏结力的土。通常透水性较小。按中国《建筑地基基础设计规范》（GB 50007—2011），黏性土指塑性指数I_P大于10的土。

液限ω_L指黏性土处于可塑状态与流动状态之间的界限含水率，也就是可塑状态的上限含水率。塑限ω_P指黏性土处于可塑状态与半固体状态之间的界限含水率，也就是可塑状态的下限含水率。液限与塑限的差值称为塑性指数I_P，$I_P=\omega_L-\omega_P$。I_P是黏性土的最基本、最重要的物理指标之一。根据I_P可将黏性土分为黏土、粉质黏土（表1）。液性指数I_L是判断土的

表1 黏性土的分类

塑性指数I_P	土的名称
$I_P>17$	黏土
$10<I_P\leqslant17$	粉质黏土

注：塑性指数由相应于76克圆锥体沉入土样中深度为10毫米时测定的液限计算而得。

表2 黏性土的状态

液性指数I_L	状态
$I_L\leqslant0$	坚硬
$0<I_L\leqslant0.25$	硬塑
$0.25<I_L\leqslant0.75$	可塑
$0.75<I_L\leqslant1$	软塑
$I_L>1$	流塑

软硬状态的指数，用于确定黏性土的状态和极限承载能力，$I_L=(\omega-\omega_P)/(\omega_L-\omega_P)$，$\omega$为土的实际含水量。黏性土稠度状态根据液性指数可分为坚硬、硬塑、可塑、软塑和流塑（表2）。（胡安峰）

扭转问题 torsion problem 柱形杆（轴）的扭转引起的应力-应变分析。是弹性力学的一类简单问题。以横截面绕轴线做相对旋转为主要特征的变形形式称为扭转，以扭转变形为主的杆件称为轴。工程结构中的部分构件如搅拌机轴、传动轴、钻杆等，其力学模型可以简化为垂直于杆轴线平面内受到一对大小相等、方向相反的力偶作用，在力偶作用下杆件两横截面之间产生绕轴线转动的相对扭转角α。

扭转问题的基本方程 设有一等截面直杆，在两个端面上作用大小相等转向相反的扭矩M_t，不计体积力。取杆的纵轴线为z轴，一端面为oxy面。从应力出发建立扭转方程，最终归结为寻求扭转应力函数ψ，通常称为普朗特应力函数，其满足的方程和边界条件是：

$$\left.\begin{aligned}\nabla^2\varphi = C\text{在}\Omega\text{内}\\ \varphi = 0\text{在}s\text{上}\\ 2\int\int_R \varphi\mathrm{d}x\mathrm{d}y = M_t\text{在端面上}\end{aligned}\right\}\quad(1)$$

一般情况下，选择应力函数ψ使之先满足方程或一部分边界条件，将会给求解带来方便。求出扭转应力函数ψ后，可根据下式求τ_{xz}、τ_{yz}：

$$\tau_{xz}=\frac{\partial\psi}{\partial y}\quad(2)$$

$$\tau_{yz}=\frac{\partial\psi}{\partial x}\quad(3)$$

式（2）（3）中τ_{xz}、τ_{yz}为剪应力。对于椭圆截面等直杆、同心圆管两端承受扭矩的扭转问题，可以采用半逆法求解。对于矩形截面等直杆承受扭矩作用的问题，可以采用分离变量法求解。

薄壁杆件的扭转 工程结构中常见薄壁杆件，其几何特征是某一方向的几何尺寸l远大于垂直该方向横截面上的特征尺寸d，即横截面上的最大尺寸d，如直径、高度、宽度等，同时横截面上的最大厚度$\delta=d$。薄壁杆件通常分为开口和闭口两类，尽管两者在几何特征、问题性质和解法步骤上有类似之处，但应力分布和变形特点是不同的。

用扭转应力函数表示的扭转方程和受均匀压力的薄膜方程具有相同的形式，因此可以建立物理量之间的对应关系，或称为“比拟”，并可以通过求解薄膜方程或测量薄膜问题物理量的方法确定扭转问题中的应力，称为薄膜比拟。

薄壁杆件在材料、截面形状、承受扭矩相同时，闭口薄壁杆件远比开口薄壁杆件抗扭刚度大，而剪应力则小得多。例如，两个正方形薄壁构件，尺寸和材料完全相同，厚度δ，边长l，均承受扭矩M，则开口和闭口薄壁杆件的扭转角分别为$\frac{3M}{4Gl\delta^3}$、$\frac{M}{Gl^3\delta}$（G为剪切模量），最大剪应力分别为$\frac{3M}{4l\delta^2}$、$\frac{M}{2l^2\delta}$。（李 刚）

纽马克，N.M. Nathan Mortimore Newmark（1910-09-22～1981-01-25） 美国力学和结构专家。生于美国新泽西州普兰菲尔德，卒于伊利诺伊州尚佩恩市。1930年毕业于拉特格斯大学。后在伊利诺伊大学任教，1932年、1934年相继获该校工学硕士学位和博士学位。1943年起任该校教授，兼任计算机实验室主任、结构实验室主任，1956～1973年任土木工程系主任，1976年退休后任名誉教授。

纽马克的主要贡献是对于承受地震、风力、海浪、爆炸冲击等的结构，提供了设计方法和标准。他研究并提出了适合于工程设计应力分析的简化方法，对承受特殊荷载的复杂结构，也提出了计算其应力和位移的有效方法。他参加了大量炸弹、核武器爆炸试验，以及风浪对结构作用的试验。对结构的抗地震研究颇有造诣，对地震的反应谱理论的发展做出了贡献。他参与了一些工程的设计工作，如墨西哥城拉蒂诺美洲大厦，出色地经受了地震考验。

纽马克发表了230篇论文和报告，并与他人合著了《多层钢筋混凝土房屋的抗震设计》和《地震工程基础》等书。1968年获美国国家科学勋章，1980年获大不列颠结构工程师协会的金质奖章。纽马克去世后，伊利诺伊大学以纽马克命名其结构试验室。（黎 晓）

农村道路 village road 修筑在野外乡村地区、供当地各种非机动车辆（如人力车、兽力车、自行车）和拖拉机行驶，也可通行汽车的道路。一般是沟通乡（镇）到村、村到村或田间生产基地到乡（镇）、村的道路。有些国家通往盐场、渔场、茶林、果林、营地、矿区等处的道路，虽可通行汽车，但其目的不是供社会上车辆（公共交通车辆、私人车辆）使用，故不称公路，称农村道路。在中国，这些道路属专用道路范畴，不称农村道路。

中国各地情况差异甚大，有的农村道路经常通行汽车，则须按公路标准修建。无论在山区或平原区，农村道路的路宽一般为4.5～6.5米，在平原区车辆较多时一般为7米；如车载农作物很宽，还应增加道路宽度。只通行人、兽力车或拖拉机的道路，可根据当地这些车辆的尺寸减缩路宽，但如允许汽车通行时，路宽应不少于4.5米。

制定农村道路规划时，需要结合当地山、水、田、林、路综合治理的原则，根据地方上的具体情况，因地制宜地进行。例如，要结合考虑农田建设，水利渠系，田间机耕道布置，植树造林，发展山区经济以及交通发展等因素。

在中国，农村道路主要由乡、村投资兴建，省或县给予少量补助。在施工组织上，各地根据工程大小和艰巨情况，采用不同的形式。在技术力量上，多由公路部门派技术人员进行勘测设计并指导施工。在筑路材料方面，强调就地取材，如用砂砾或矿渣等铺筑路面，用石料砌筑桥梁等。农村道路通常由乡、村自行维修管理；经常通行汽车的农村道路，有时国家予以必要的补助。（王唐生）

暖通工程设计参数 HVAC design parameters 对暖通工程进行负荷分析计算、设备选型的重要基础数据。为使建筑物室内热湿环境满足一定功能要求，需要对建筑物设置供暖、空调和通风系统。供暖、空调和通风系统在设计时需综合考虑气候环境、室内扰动等因素的影响。供暖、空调和通风系统的稳态负荷计算以室外气象设计参数和室内空气设计参数为基础，动态负荷计算以室外气象标准年数据和室内空气设计参数为基础。中国各地气候类型丰富，建筑类型多样，针对不同气候区划的建筑，使用合理的设计参数，将有效满足建筑物功能需求，提高系统设计准确性，提升建筑能源系统利用效率，节约建筑用能。（王 敏）

暖通空调领域负荷计算 HVAC load calculator 为了维持室内一定温湿度及污染物浓度条件而需要时刻向室内补充或从室内去除的能量或质量的计算结果的过程。

是基于热力学和传热传质理论中的相关定律。得到负荷计算中的负荷，指当建筑室内外环境参数不同，或室内存在热、湿或污染物发散源时，为维持室内一定温湿度及污染物浓度条件而需要时刻向室内补充或从室内去除的能量或质量。其单位一般为千瓦（能量）或千克/秒（质量）。

暖通空调领域中的负荷计算按照负荷种类，可分为空调负荷计算、采暖负荷计算及室内污染源负荷计算三大类。空调、采暖负荷计算的内容主要包括围护结构负荷、太阳辐射负荷、室内负荷（人员、照明、插座设备）、新风/渗透风负荷等；室内污染源负荷计算的内容则多按污染物种类分门别类地计算每种污染物的发散率。

按照计算精细程度，负荷计算又可分为负荷概算和详细计算。①负荷概算，在工程建设初期许多技术条件还未明确时，根据建筑功能采用单位建筑面积负荷指标乘以建筑面积的方法得到负荷估算值，主要应对项目规划、方案设计、报审及招标之需。②详细计算，根据各类负荷的形成机理，代入各自的负荷计算物理公式。其中大多数的负荷计算采用稳态计算方法，如采暖负荷计算以及空调负荷计算中的室内负荷、太阳辐射负荷等。而围护结构传热的空调负荷计算随着空调负荷计算理论的发展，已逐渐从采用稳态计算法，即围护结构传热负荷等于传热系数、内外温差和传热面积的乘积，转变为采用以谐波反应法、冷负荷系数法等为代表的动态计算方法。

准确的负荷计算结果是建筑设计规划阶段当中，暖通空调系统的设备选型和节能性分析工作的重要数据基础，直接关系到暖通空调设备投入使用之后能否满足所在场所维持设计环境条件的运行要求。

（潘毅群）

暖通空调系统控制调节 HVAC system control and regulation 暖通空调系统通过消耗能源来达到温湿度或卫生舒适性要求的过程。无论是工业用供热空调过程还是舒适性供热空调过程，都要求以最小的能源消耗来实现工艺要求的温湿度控制精度或舒适性指标，这就要求对暖通空调过程进行自动控制和调节。暖通空调系统的控制和调节，就是通过自动控制系统中对暖通空调过程中的被控制变量进行控制和调节，与工业过程的控制没有本质区别，常采用单回路反馈控制系统（图1），其控制

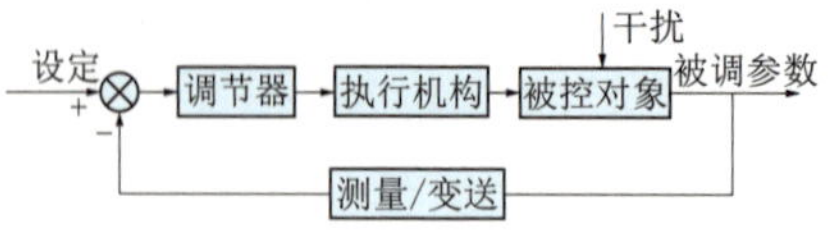

图1 单回路反馈控制系统示意图

变量包括温度控制、湿度控制、压力（差）控制、流量控制、液位控制等。所采用的调节器包括双位控制（又称开关控制）器、比例积分微分调节器（PID）和智能控制器等。当被控对象易于控制而控制要求又不高时，可以采用简单的双位控制（开关控制）方式。当被控对象特别难以控制而控制要求又特别高时，如果PID调节难以达到空调过程的要求，就要考虑采用更先进的智能控制方法，如智能化PID控制器等。

双位控制　在暖通空调制冷中，双位控制器安装在房间空调器、风机盘管、散热器上用于控制房间温度，也用于家用冰箱中冷冻、冷藏室的温度控制等。双位控制可用电子双位控制器（图2）和直接数字控制器（DDC，图3）来实现。

电子式双位控制器由测量、给定电路、电子放大电路和开关电路等部分组成。被控热工参数通过传感器测量，变送转换成电量后，与给定电路输出的给定值电量进行比较，其差值$e(u)$经直流电压放大器放大后，推动开关电路控制继电器IJ闭合或断开，2ε为双位控制器的呆滞区，ε为呆滞区半宽。以风机盘管控制为例，冬季供热工况（图4a），房间温度设定值（如18℃）与房间温度测量值的偏差$e(I) \geqslant +\varepsilon$（如$\varepsilon=1$℃）时，控制器输出$P=1$，继电器IJ触头K闭合，阀门通电全开，热水流过风机盘管；当偏差$e(I) \leqslant -\varepsilon$时，控制器输出$P=0$，继电器IJ触头K断开，阀门关闭，风机盘管中热水停止流动。夏季供冷工况双位控制器的输入输出与冬季供热工况相反（图4b）。

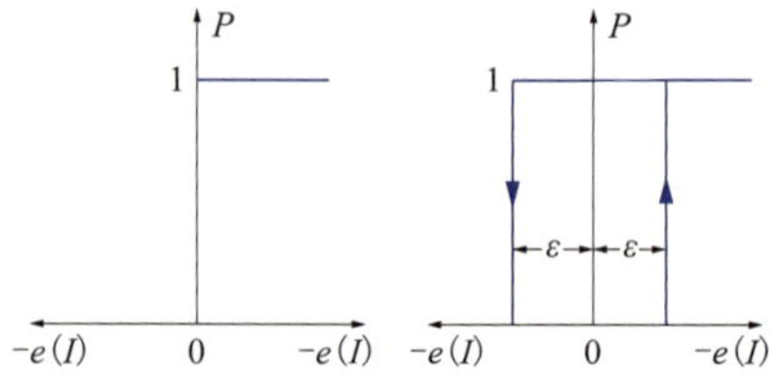

a 冬季供热　　b 夏季空调

图4 双位控制器输入输出特性示意图

PID控制　又称PID调节。其控制器采用比例积分微分控制算法，即其输出的控制信号是偏差信号的比例、积分和微分的计算结果。PID控制原理见图5。PID

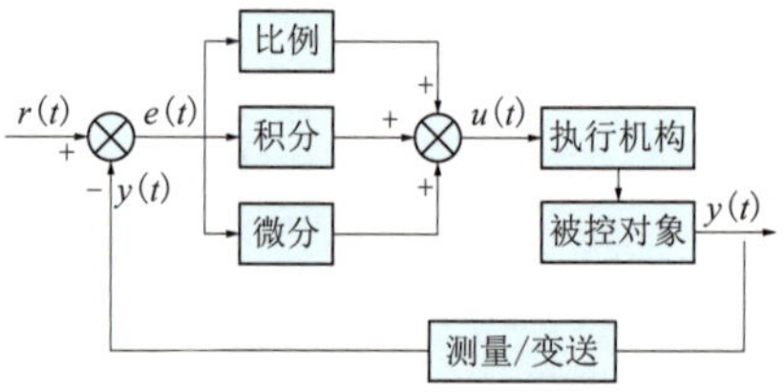

图5 PID控制原理示意图

控制以其形式简单、参数易于整定、便于操作而成为控制工程领域应用最为广泛、技术成熟的基本控制算法。在暖通空调过程控制中，难以建立精确的数学模型，系统参数经常发生变化，往往采用PID调节器，根据经验进行在线整定，以便得到满意的控制效果。随着计算机技术的发展，PID控制算法已用微型计算机实现。由于软件系统的灵活性，PID算法可以得到修正而更加完善。常规PID控制器在控制系统应用中起着十分重要的作用，能满足一般暖通空调过程控制的要求。

（陈友明）

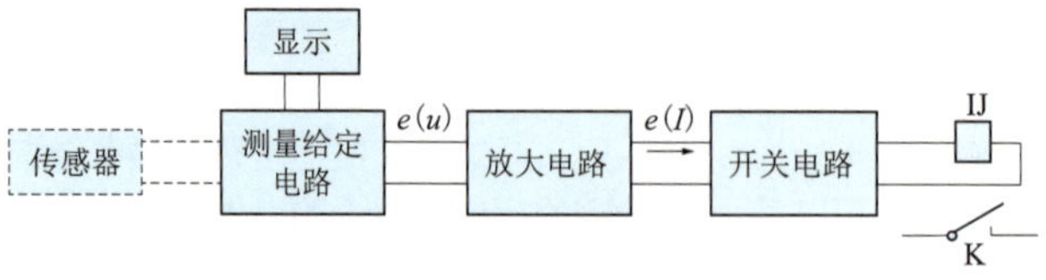

图2 电子双位控制器原理示意图

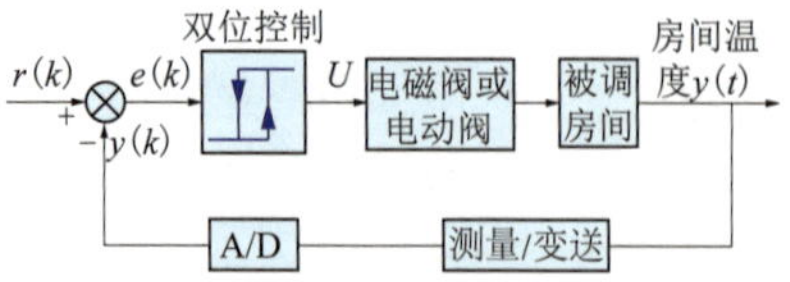

图3 直接数字式双位控制示意图

P

排气塔　purge stack　石油、化工、冶金、轻工等企业用以排放生产尾气的高耸结构。又称排气筒。排气塔的高度主要取决于尾气的性质、排放量及大气的扩散条件，并根据国家大气卫生标准计算确定。适当增加排气塔高度，可以显著降低近地面处污染物的浓度。排气塔排放的多属于温度较低、湿度较大、介质浓度较高的生产尾气，往往具有较强的腐蚀性。因此，应注意排气塔结构的防腐蚀问题。排气塔由排气筒体和支承结构组成。排气筒体根据工艺条件（排气量、浓度、温度、湿度等）进行设计。常用的筒体材料有不锈钢、碳钢（衬铅、衬胶或玻璃钢）、硬聚氯乙烯塑料、耐酸砖、水玻璃混凝土、花岗石、陶土管等。支承结构的形式与所选用的筒体材料有关。

分类　常见的排气塔结构形式有塔架式、套筒式和内衬式（见图）。

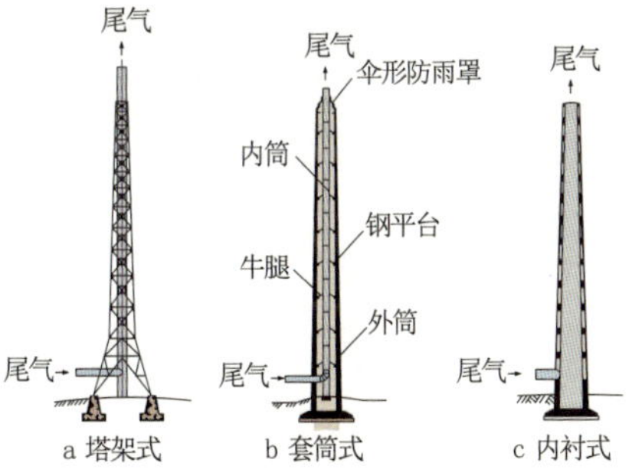

排气塔结构形式示意图

塔架式排气塔　排气筒身主要为钢筒或聚氯乙烯筒，用三边形或四边形钢塔架或钢筋混凝土构架支承。支承形式有悬挂、落地及分段支承。前两种主要用于钢筒身，后一种常用于聚氯乙烯筒身。悬挂排气筒虽然有利于筒身自由伸缩，但排气筒的重量全都集中在塔架的上部，对塔架的受力不利。落地排气筒的筒身坐落在独立基础上，塔架对筒身只起扶持作用。硬聚氯乙烯塑料筒，由于材料强度不高，筒身需分段支承在塔架上，每段用法兰连接或直接焊接，但排气筒要设伸缩节。塔架的计算不考虑排气筒身和塔架的共同作用，计算方法见塔式结构。塔架主体结构安全等级应按1级设计，抗震等级应按乙类采用。塔架高度应根据生产和安全等因素确定，可低于钢制排气筒高度10米左右，不宜小于6米。塔架应根据所排放气体的腐蚀情况和所在场地环境等因素进行防腐蚀处理。

套筒式排气塔　外筒是支承结构，用钢筋混凝土或砖石材料建造。内筒为排气筒身，常用钢筒、聚氯乙烯筒和耐酸砖筒等。内筒分段支承于外筒的各层平台上。外筒壁设采光通风窗，以便于维修，并可排除内筒的漏气。内筒顶应高出外筒3米左右，以减轻出口尾气对外筒的腐蚀。外筒计算方法见烟囱结构。

内衬式排气塔　其结构形式与普通烟囱相似，支承结构和排气筒身连在一起。外筒身为钢筋混凝土结构或砖石结构，内衬多用水玻璃混凝土或耐酸砖等。这种排气塔由于内衬漏气不易发现和维修，结构腐蚀较严重。

基础　塔架式排气塔一般在每只塔脚下设一独立的钢筋混凝土基础，为平衡塔脚水平推力和加强整个基础的刚度及稳定，各独立基础间常用地梁连接。当基础埋得较深时，独立基础间采用构架式结构连接，使基础形成一个整体。套筒式和内衬式排气塔常用圆板式基础。由于来自排气筒的冷凝液（酸性或碱性）会向地下渗透而腐蚀基础，因此，要做好地面防渗、防腐。　（田良诚　撰　郑　云　修订）

跑道　runway　机场中供飞机起飞和着陆的带状地域。是机场的基本构筑物。跑道一般是由水泥混凝土或沥青混合料铺筑的地表结构物，小机场也将草地、泥地、冰等自然表面用作跑道。

号码　跑道号码是对机场中跑道的标识，在跑道入口处均应设置跑道号码标志。跑道号码由两位数字组成，若是平行跑道则再增加一个字母。两位数字是从进近方向看去最接近于跑道磁方位角度数的十分之一的整数。按上述规则得出的是一位数字时，在它的前面加一个数字“0”。例如，从进近方向看去跑道的磁方位角度数为262°，则此方向上跑道号码为“26”，反方向的跑道号码标志为“08”。对于2条平行跑道和3条平行跑道，从进近方向看去，左侧跑道增加字母“L”，右侧跑道增加字母“R”，中间跑道增加字母“C”。在4条或更多的平行跑道上，一组相邻跑道按最接近于磁方位角度数的十分之一的整数编号，而另一组相邻跑道则按次一个最接近的磁方位角度数的十分之一的整数编号。如上海浦东国际机场的4条跑道，从南向北看，从左到右的号码分别为35L、35R、34L、34R。

方位　跑道方位由以下因素决定：①净空条件。是保证飞机安全和跑道正常使用的主要因素。②风力负荷。指在风的影响下，机场能够保证飞机起飞着陆的可能性，以百分比表示。风力负荷与各种机型所容许承受的90°侧风速度有关。按不同基准场地长度，90°侧风的容许速度为19～37千米/时。跑道方位应能满足机场所在地与跑道方向垂直的侧风速度，大于90°侧风容许速度的百分率不超过5%，即风力负荷为95%。当受综合因素限制，风力负荷达不到95%时，如不降低机场的使用率，则应建另一条（或多条）跑道。③工程条件。是跑道建设可能性和经济性的主要因素，应根据地形地貌、工程地质条件和水文地质条件进行全面衡量。④其他。如与城市及相邻机场的关系、噪声影响等。

长度　影响跑道长度的因素包括飞机起降性能、飞机起飞重量、机场海拔、气候条件（温度、湿度、风）以及跑道物理特性（纵坡和表面状况）五大类。在标准条件（最大起飞重量、海拔为零、无风、无纵坡）下，供大型飞机起降的跑道比供中、小型飞机起降的跑道长；相同机型，航程长的飞机需要的跑道也长。跑道的长度一般为600～3600米。

跑道长度的确定方法需根据机场的实际条件和使用的关键机型（需求跑道长度最长的机型）及预计航程，起飞全重计算所需的起飞距离、加速-停止距离和着陆距离，海拔高程、气温、跑道平均坡度等条件确定。图a所示为飞机发动机全部正常工作时的起飞距离，图b所示为飞机加速到v_1时一台发动机失效，仍然继续起飞时所需的起飞距离。加速-停止距离是指

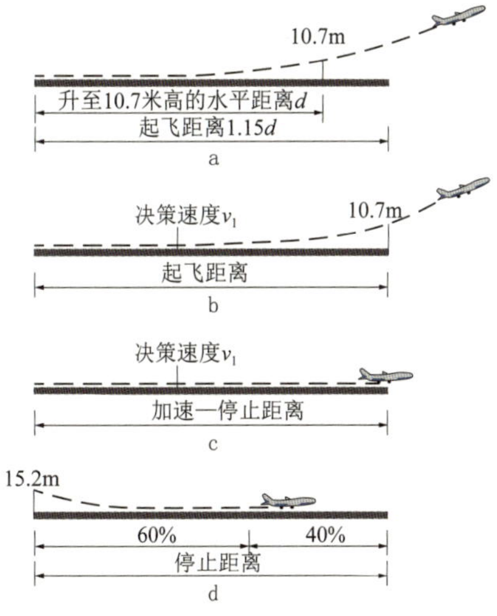

跑道的长度示意图

飞机加速到v_1时，一台发动机失效，减速至停止所需的距离（图c）。飞机在适当的速度和高度（15.2米）通过跑道入口降落时，使飞机完全停住所需的距离为停止距离。为了保证一定的冗余度，着陆距离是停止距离的3/5（图d）。一般可将加速-停止距离超过起飞滑跑距离的这一段长度用较差或较薄的结构建成停止道，以满足飞机在起飞过程中偶尔进行加速-停止之用。起飞距离超过加速-停止距离的这一段长度，可将地面加以平整，建成净空道，供飞机在其上空进行最后一部分起飞爬升至10.7米高度的需要。跑道长度如何选择，应根据全面的需求与经济比较确定。

宽度　跑道宽度应能保证飞机驾驶员在夜间及不良的气象条件下，借助无线电导航和灯光助航设施，在跑道范围内安全起降。跑道宽度由飞机主起落架外轮缘之间的距离、飞机起飞和着陆时对跑道中心线的横向偏离度，以及必要的附加安全宽度三部分组成。国际民用航空组织和中国民用航空局根据不同的飞行区等级指标，规定了跑道的最小宽度（表1）。

表1　跑道的最小宽度要求

飞行区等级指标Ⅰ	飞行区等级指标Ⅱ /m					
	A	B	C	D	E	F
1	18	18	23	/	/	/
2	23	23	30	/	/	/
3	30	30	30	45	/	/
4	/	/	45	45	45	60

坡度　跑道坡度包括纵坡和横坡。横坡应能保证道面排水通畅，不因道面积水使飞机产生飘滑现象，坡度为1%～2%。从飞机运行效率和安全的角度来看，跑道纵向水平最为理想，但如此则填挖方工程过于巨大而不经济可行。跑道对纵坡的限制有两方面：飞行安全需要的限制和运行需要的限制。飞行安全需要的限制要求在高出跑道表面上一定视线高度处任意一点，能通视跑道全长一半以外的另一相对应高度处的其他点。运行需要限制则要求跑道各部分有最大纵坡的限制和当必须变坡时，应按规定的竖曲线半径设置竖曲线。对跑道最大纵坡、坡度变化量以及最小坡长的限制规定见表2。

道面　在道基顶面用多种混合料铺筑而成的层状结构物。供飞机起飞、着陆、滑行和停放使用（见**道面**）。

表2　跑道纵坡要求

飞行区等级指标Ⅰ	1	2	3	4
最大有效坡度	0.02	0.02	0.01	0.01
两端1/4跑道长度的最大坡度	0.02	0.02	0.008	0.008
跑道其他部分的最大坡度	0.02	0.02	0.015	0.0125
两个相邻坡的坡度最大变化量	0.02	0.02	0.015	0.015

其他组成部分　包括**道肩**、防吹坪、地面标志和助航灯光设施。

道肩是当飞机偶然滑出跑道时，提供在滑入土质升降带前的过渡部分。其应能承受必要的飞机和车辆荷载。道肩的宽度随飞行区等级指标不同有不同的规定。

防吹坪设置在跑道末端的延长线上，主要防止飞机起飞时气流对地面的侵蚀，对偶然滑出跑道的飞机也起安全作用。防吹坪和跑道同宽，长度一般大于或等于30米。

跑道地面标志和助航灯光设施，见**机场目视助航设施**。

进近方式　跑道根据进近的方式可以分为目视跑道、非精密仪表跑道和精密仪表跑道。目视跑道仅供使用目视进近程序的飞机运行。非精密仪表跑道和精密仪表跑道均是供飞机采用仪表进近程序飞行的跑道。非精密仪表跑道装备有只能够提供水平方向引导的航空助航设施，供在批准使用直接进近的非精密进近程序情况下使用。精密仪表跑道的飞行程序采用仪表着陆系统（ILS）、微波着陆系统（MLS）和精密进近雷达引导（PAR）。

（冯克鑫　杨尚志　撰　赵鸿铎　修订）

跑道构型　runway configuration　跑道的数量、方位以及各跑道之间的相对位置。机场构型主要取决于跑道构型。跑道的数量取决于航空交通量的大小；跑道的方位取决于风向、场地及周围的环境条件。机场占地面积取决于跑道构型及其他设施（主要为航站区）的规模。在航空交通量小且常年风向相对集中时，只需设置单条跑道。航空交通量大时，则需设置两条或多条跑道。跑道构型的基本类型包括单条跑道、平行跑道、交叉跑道和开口V形跑道等。

单条跑道构型　由一条跑道及相应的滑行道组成，为最简单的跑道构型。航站区尽可能靠近跑道中部，由联络滑行道与跑道连接。根据飞机运行架次的多少，决定是否设置平行滑行道。在目视飞行情况下，单条跑道的容量为每小时45～100架次；在仪表飞行情况下，根据不同的飞机机型组合及助航设备，单条跑道的容量为每小时40～50架次。跑道年容量为8～15万架次。这种构型占地少，适用于中小型飞机场或飞行量不大的干线飞机场，是机场跑道的主要构型。

平行跑道构型　根据平行跑道的数目，有两条、三条、四条、五条乃至多条平行跑道构型。①两条平行跑道构型。根据两条跑道中心线间距不同可分为近距平行跑道、中等间距平行跑道和远距平行跑道。间距为210～760米时称作近距平行跑道，航站区一般布置在两条跑道的一侧。间距为760～1300米时称作中等间距平行跑道，航站区可以布置在两条跑道之间。间距大于1300米时称作远距平行跑道，航站区通常也布置在两条跑道之间。在目视飞行情况下，跑道间距对飞行容量的影响不大，但当飞机机型组合中有大型飞机时，由于大型飞机的尾涡流影响，飞行容量将受到影响。在仪表飞行情况下，根据不同的飞机组合，近距平行跑道的容量为每小时50～60架次；中等间距平行跑道的容量为每小时75～80架次；远距平行跑道的容量为每小时85～105架次。在场地条件允许时，把远距平行跑道的入口错开一段距离，可以减少飞机地面滑行距离，降低油耗，提高机场的运行效能。这种构型虽然占地较多，但跑道容量大，机场布局合理。中国上海虹桥国际机场为两条近距平行跑道构型，深圳宝安机场、杭州萧山机场、南京禄口机场为两条远距平行跑道构型。②三条平行跑道构型。一种为3条远距平行跑道构型，如北京首都国际机场，一般在中央跑道两侧布置两个航站区；另外一种为一组近距跑道加一条远距跑道的构型，如重庆江北机场、长沙黄花机场。③四条平行跑道构型。由两组近距跑道构成，规划中的一些省会机场均采用这类构型。④五条乃至多条平行跑道构型。为满足足够大的航空业务量需要，在四条平行跑道的基础上，增加一条远距跑道，布置两个航站区，如规划中的西安咸阳国际机场，上海浦东国际机场则规划了更多的平行跑道。

交叉跑道构型　当常年风向使飞机场的使用要求必须由两条或两条以上跑道交叉布置时，产生交叉跑道构型，并把航站区布置在交叉点与两条跑道所夹的场地内。两条交叉跑道的容量通常取决于交叉点与跑道端的距离以及跑道的使用方式，交叉点离跑道起飞端和入口越远，容量越低；当交叉点接近起飞端和入口时，容量最大。在目视飞行情况下，交叉跑道的容量为每小时50～175架次；在仪表飞行情况下为每小时40～70架次。

开口V形跑道构型　两条跑道不相交，散开布置。与交叉跑道一样，当一个方向来强风时，只能使用一条跑道；当风小时，两条跑道可以同时使用。航站区通常布置在两条跑道所夹的场地上。机场容量取决于飞机起飞和着陆是否从V形顶端向外运行。当从顶端向外运行时，容量最大。在一般情况下，这种构型的容量在目视飞行时为每小时50～200架次，在仪表飞行时为每小时50～70架次。

侧向跑道构型　为提高飞行区运行效率，在两条或多条平行跑道的一侧布置一条或两条与平行跑道垂直的侧向跑道，可提高跑道小时容量和年容量，还可避免机场在某个方向上的噪声影响。北京大兴国际机场及成都天府国际机场都采用了这种构型。（蒋作舟）

佩列杰里，G.P.　Grigory PetrovichPeredery; Григорий Петрович Передерий（1871-09-29～1953-12-14）苏联桥梁和力学家。生于叶伊斯克，卒于莫斯科。1897年毕业于彼得堡交通工程学院。1902年起先后在莫斯科工程学校、彼得堡交通工程学院等院校任教。佩列杰里在装配式桥梁结构、工业化施工方法和焊接在桥梁建造中的应用等方面，提出了许多有价值的主张。1932～1938年，在他的领导下，在列宁格勒建成了跨度达101米的沃洛达尔斯基钢筋混凝土拱梁组合体系桥，并将另一座桥改建为全焊钢桥。佩列杰里于1901年主持出版《工程杂志》，1906年发表了《关于无斜杆桁架的理论》专著，1944～1951年他所编写的《桥梁教程》总共发行了6版。佩列杰里曾获列宁勋章和5枚其他勋章、奖章等。1943年被选为苏联科学院院士。（李富文）

喷锚支护　shotcrete and rock bolt support　由喷射混凝土、锚杆、钢筋网或钢拱架等材料、构件中的一种或多种联合组成的稳定洞室围岩的支护结构形式。又称锚喷支护、锚喷网支护。喷锚支护是一种能充分利用和发挥围岩自承自稳能力的支护衬砌形式，具有支护及时、柔性、紧贴围岩、与围岩共同变形等特点，能充分体现新奥地利隧道施工方法的支护理念，在发挥支护结构的受力性能方面比整体现浇衬砌优越，更有利于机械化作业，在保证施工安全、加快施工进度、节约劳动力及原材料、降低工程成本等方面效果显著，是中国修建隧道及地下工程普遍采用的一种支护结构。喷锚衬砌可以单独作为永久结构，也可作为复合衬砌及装配式衬砌的初期支护，与其共同作为永久衬砌，或作为整体式衬砌及装配式衬砌的临时支护。

喷锚支护通常由喷射混凝土、锚杆、钢筋网、钢拱架等支护材料中的一种或几种组合而成。喷射混凝土能在爆破开挖后及时施工，可充分保证施工安全；锚杆沿洞周按一定间距布置，深入围岩内部，与围岩共同稳定洞室，能充分发挥围岩的承载能力；沿岩面敷设的喷射混凝土及钢筋网，能够与洞室围岩协调变形，充分提高支护结构的费效比。常用的组合方式有喷射混凝土支护、喷射混凝土＋锚杆支护、喷射混凝土＋锚杆＋钢筋网支护、喷射混凝土＋锚杆＋钢筋网＋钢拱架支护4种支护形式。①喷射混凝土。利用泵或高压空气作动力，把混凝土混合料通过喷射机、输料管及喷头直接喷射到隧道围岩壁上的支护方法。喷射混凝土层在隧道开挖后立即施工，以覆盖围岩壁面，维护隧道围岩稳定的结构物，具有不需模板、施作速度快、早期强度高、密实度好、与围岩紧密粘贴、不留空隙的突出优点。喷射混凝土支护可以起到封闭岩面、防止风化松动、填充坑凹及裂隙、维护和提高围岩的整体性、帮助围岩发挥自身的结构作用、调整围岩应力分布、防止应力集中、控制围岩变形、防止掉块、防止坍塌的作用。②锚杆。利用锚杆的悬吊作用、组合拱作用、减跨作用、挤压加固作用，将围岩中的节理、裂隙串成一体，提高围岩的整体性，改善围岩的力学性能，从而发挥围岩的自承能力。锚杆支护不仅对硬质围岩，而且对软质围岩也能起到良好的支护效果。锚杆的一般形式有：全长黏结型锚杆、端头锚固型锚杆、摩擦型锚杆、预应力锚杆、自钻式锚杆等。③钢筋网。一般与喷射混凝土联合运用，用以提高喷射混凝土的抗剪和抗弯强度，提高喷射混凝土的抗冲切能力、抗弯曲能力，减少喷射混凝土的收缩裂纹，防止局部掉块。④钢拱架。用型钢或者钢筋加工成与隧道断面形状相匹配的拱形构件，具有较高的强度及较大刚度，在喷锚支护中常常作为支护骨架，用于地质条件较差地段。钢拱架的一般形式有钢筋格栅拱架、工字钢拱架、U型钢拱架等。

喷锚支护能够及时施作，而且是一种柔性支护，能够极大地发挥围岩的自承自稳能力，充分体现新奥法的支护理念，是中国所建隧道普遍采用的一种支护结构。它与二次衬砌构成的复合式衬砌结构，构成了中国隧道衬砌结构的普遍形式。（郭小红）

平板夯　plate compactor　利用自身重力和激振器产生的周期性激振力使材料密实的压实机械。又称振动平板夯。用于路面、街道、楼房、水渠、桥梁等工程基础、路缘、沥青路面的夯实，适用于狭小巷道的作业。平板夯按质量可分为轻型（0.1～2吨）、中型（2～4吨）和重型（4～8吨）。按结构原理可分为单质体平板夯和双质体平板夯。单质体振动平板夯的整机质量全部参与振动压实，双质体振动平板夯仅下部质体参与振动压实。一般振动平板夯质量大于100千克时设计成双质体。平板夯按运动方向又可分为单向和双向，按动力装置分为内燃式和电动式。

平板夯主要由动力装置、传动机构、激振器、夯板、支撑台板和弹簧等组成。动力装置通过传动机构驱动激振器的偏心轴旋转产生激振力，激振力分解为运动分力和振实分力，运动分力能使设备水平移动，振实分力则通过夯板传递给压实材料，使压实材料的原始结构遭到破坏，减弱了压实材料颗粒之间的摩擦力，使颗粒互相楔进而达到密实。其主要技术参数有夯板底面尺寸、振动平板夯的质量、振动频率、激振力和移动速度等。（马军星）

平地机　grader　利用刮刀平整地面的土方工程机械。刮刀装在机械前后轮轴之间，能升降、倾斜、回转和外伸，动作灵活准确，操纵方便，平整场地有较高的精度，适用于构筑路基和路面、修筑边坡、开挖边沟，也可搅拌路面混合料、扫除积雪、推送散粒物料以及进行土路和碎石路的养护工作。

有拖式平地机和自行式平地机两种。拖式平地机由牵引车牵引，自行式平地机由发动机驱动行驶和作业。

自行式平地机主要由发动机、机架、动力传动系统、行走装置、工作装置以及操纵控制系统等组成。①发动机。多采用工程机械专用柴油机，多数柴油机还采用了废气涡轮增压技术。②机架。连接前后桥的弓形架，在机架上安装有发动机、传动装置、驾驶室和工作装置等。③动力传动系统。一般由主离合器（或液力变矩器）、变速器、后桥传动、平衡箱串联传动装置等组成。④行走装置。有后轮驱动型和全轮驱动型。全轮驱动时，后轮的动力由变速器输出，由万向节和传动轴或液压传动把动力传递至前桥。⑤工作装置。包括回转刮刀、松土耙、前推土板和重型松土器等，其中，刮刀是主要工作装置。多数平地机将耙土器装在刮刀与前轮之前，用来帮助清除杂物和疏松表层土壤。此外，通常在平地机尾部安装松土器，在平地机前面安装推土板，用来配合刮刀作业。耙土器、松土器和推土板均属平地机的附属工作装置，根据实际需求，可加装其中一种或两种。⑥操纵控制系统。包括作业装置操纵系统和行驶操纵系统。作业时，工作装置可完成的动作有7种，包括刮刀的左右移动、侧倾、水平回转、升降、铲土角调整、随机体前进、随回转圈一起侧移等。

（王　进）

平均风　mean wind　包括平均风速、平均风向和平均风剖面等特性参数。

参数概念　平均风速指随时间随机变化的瞬时风速在一定时距内的平均值，其标准单位是米/秒。平均风向指平均风的方向，一般又用水平风向角和竖向风攻角两个参数表示，单位为度。水平风向角常被简称为风向角，定义为风速矢量的水平分量（即在水平面上投影）的方位角。一般，0°、90°、180°、270°风向角分别对应正北方、正东方、正南方和正西方的来风。竖向风攻角常被简称为风攻角，定义为风速矢量与水平面的夹角。当风速矢量水平时，风攻角为0°；当风速矢量的竖向分量向上时，风攻角为正，反之为负。平均风剖面（又称廓线）指大气边界层中平均风随离地高度的变化曲线或规律。

参数计算方法　在确定平均风速和风向时，首先将瞬时风速分解成参考坐标系中沿相互垂直的3个坐标轴的3个分量，然后计算3个瞬时风速分量的平均值，其矢量和即为平均风矢量。平均风矢量的长度和方向即为平均风速和平均风向。

计算平均风的常用时距有3秒、1分钟、2分钟、5分钟、10分钟和1小时等。不同的平均风时距可导致不同的平均风速，平均的时距越长，所得的最大平均风速一般就越小。由于自然风一般是非平稳的，因此平均风实际上也是会随着时间的变化而变化。根据国际气象观测经验，10分钟观测周期内的风速场可认为是近似平稳的，因此与许多国家一样，中国的相关国家和行业规程都规定平均风的时距为10分钟。而年最大10分钟平均风速实测数据则是采用统计方法确定的，是用于工程结构设计的年重现期基本风速的重要依据。

参数随高度变化规律　如图1所示，受粗糙地面摩擦而产生的阻滞作用的影响，大气边界层中的气流在近地表处的速度明显减慢，并在地表处降为零。而相邻气层之间的湍流掺混会使这种地表摩擦阻滞作用扩展到整个大气边界层，并在沿高度方向各气层之间产生剪切应力。严格地讲，大气边界层的高度可达1～1.5千米，

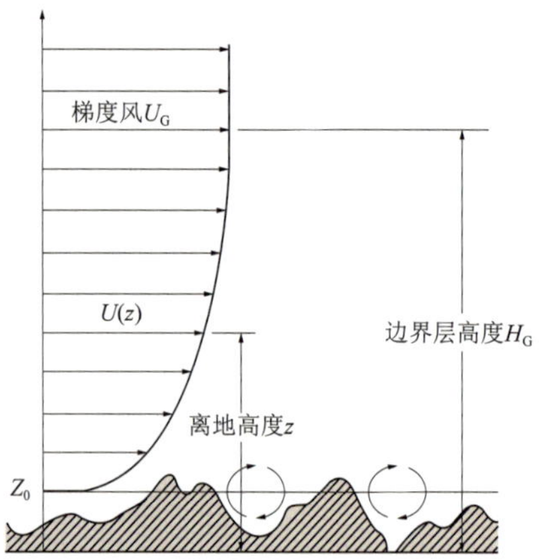

图1　平均风剖面示意图

在此高度范围内，由于地表摩擦阻滞作用随高度的增加而减弱，从而使平均风速随着高度的增加而增加。在边界层高度处，地表摩擦阻滞作用降为零，风速U达到最大值。在大气边界层高度以上的自由大气层中，风速和风向完全受气压梯度力、离心力和地转偏向力的控制，不再随高度变化，对应的风速被称为梯度风速，因此大气边界层高度也被称为梯度风高度。

均一地貌上平均风剖面常用幂函数律（或称幂次律）或对数律来表示，其中幂函数指数和对数律中的地表粗糙长度的取值与地表的粗糙类别有关，地表越粗糙，幂函数指数和粗糙长度的值就越大。对数律是基于空气动力学理论推导的，但是由于只考虑了地表粗糙度影响，而没有考虑大气边界层高度影响，因此对数律一般只适用于100米以下的近地大气边界层，如果用于计算100米以上高度的平均风速，将会得到偏保守的结果。幂函数律虽然是一种经验公式，但由于其形式简单，使用方便，而且在近地大气边界层中与对数律之间的差别也不大，因此被包括中国在内的许多国家的规范采用。

在大气边界层中，地表摩擦阻滞作用随高度的增加而减弱的现象不仅使平均风速随高度增加而增大，而且也会使平均风

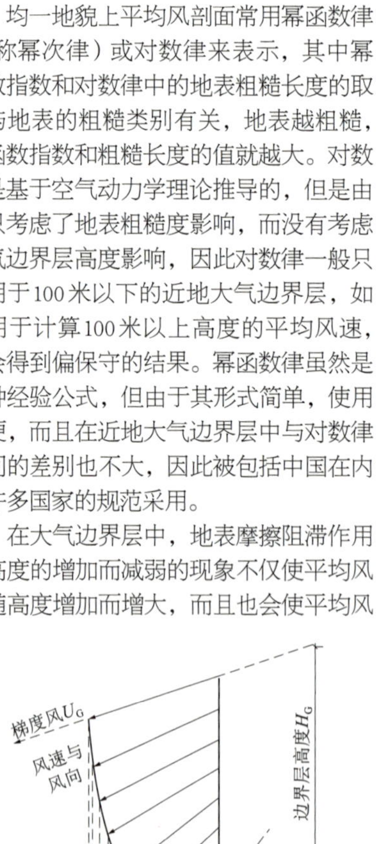

图2　大气边界层中风速螺线示意图

向发生变化（图2）。但实测资料表明直至180米高度，平均风方向的改变仍只有几度量级。因此，除非是特别高的结构或者对风向较敏感的结构，在风工程实践中一般都忽略平均风方向沿高度的变化。

（朱乐东）

平流沉淀池　horizontal flow sedimentation tank　矩形且水在其中是水平流向的水处理设备。是实际中应用较多的池型。平流沉淀池中的水由一端流入，另一端流出。水在池内以很小的流速缓慢流动，水中的颗粒杂质便会在池中沉淀下来，从而达到去除水中颗粒杂质的目的。其特点是构造简单、造价较低、操作方便和净水效果稳定。平流式沉淀池上部为沉淀区，下部为

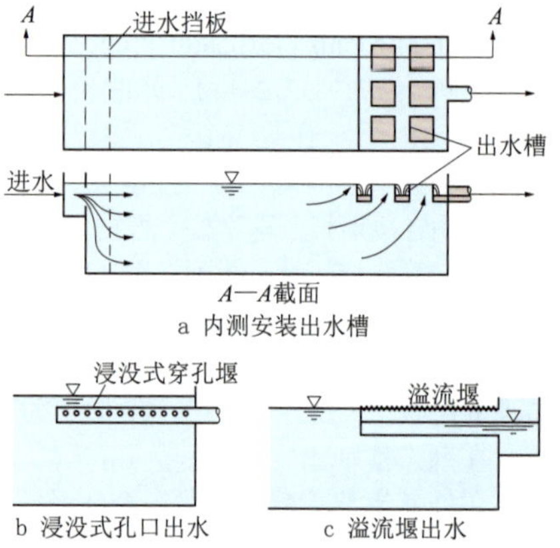

平流沉淀池不同的出水类型示意图

积泥区，池前部有进水口，池后部有出水口，出水口一般有3种类型（见图）。

（刘百仓）

破冰爆破　ice blasting　采用炸药爆炸方法破解冰体，防治凌汛灾害的特殊爆破技术。对于地处高纬度地区经冬季冰封的近海岸与河流，春季随着气温升高，水体中会形成冰体静态破裂、冰块膨胀挤压，以及大块冰凌运动碰撞堆积等效应，此效应共同作用于沿海或沿河的水工建筑，如海洋平台、桥梁墩台和河流堤坝等，将对其产生较大的破坏作用，甚至造成溃堤等重大凌汛灾害。

根据冰体的物理形态采用爆破法破解冰体是一种快速、简便、安全和防治凌汛灾害的有效方法，破冰爆破主要分为以下几种：①冰凌爆破。流动的冰称为冰凌。冰凌在融化时会顺河流向下游运动，极易在河床狭窄或弯道处卡冰结坝，严重时在顺直河段也会发生结坝险情。冰凌在流动过程中有随时破碎和翻转的可能，人工或机械难于冰上作业，因此主要采用气垫船施爆法、火炮轰击、飞机投掷航弹等非冰

上作业方式对冰凌进行解体破碎。②冰盖爆破。冰盖指横跨两岸覆盖水面的固定冰层。冰盖爆破主要采用裸露药包爆破法和水下药包爆破法。③冰坝爆破。冰坝指在河流的浅滩、卡口或弯道等处，横跨断面并明显壅高水位的冰块堆积体。通常情况下，冰坝爆破难于冰盖爆破和冰凌爆破，主要是由于冰坝是多层大块冰凌上压下插侧立堆积的产物，其冰体介质不连续，为冰与水的混合堆积体。此外，冰坝长度一般可达数十米到数千米，因此采用大规模装药爆破方法得到的爆破效果较好。

（贾永胜）

破坏强度设计法 ultimate strength design method 按照结构或结构构件最终破坏状态进行设计的方法。计算表达式为：

$$KS=R$$

式中K为安全系数；S为构件截面上由荷载标准值产生的效应；R为构件截面的承载力。破坏强度设计方法首先在20世纪30年代由苏联学者提出，主要用于钢筋混凝土结构构件的设计。破坏强度设计法考虑了材料的弹塑性性质，合理利用了材料的潜力；对荷载的特性（主要荷载、附加荷载或特殊荷载）在一定程度上通过适当调整安全系数反映。但破坏强度设计法和容许应力设计法一样，取用的单一安全系数是一个笼统的经验系数，把属于材料截面抗力方面的不确定性也都包括在荷载系数中考虑，故不能直接反映材料强度和几何尺寸的变异性以及抗力计算的不确定性；也不能保证各类结构或结构构件具有比较一致的安全水平。（李继华 撰 贡金鑫 修订）

破坏准则 failure criterion 判断土体是否达到破坏的标准。基本破坏准则主要有：①莫尔－库伦准则，认为当剪应力等于土的抗剪强度时发生破坏。②广义的屈雷斯卡准则，认为当最大剪应力达到极限值时发生破坏。③广义的L.H.E.von米赛斯准则，认为当应力强度达到极限值时土体达到破坏。

试验研究结果表明，莫尔－库伦屈服准则比较符合土的强度性状，故在土力学中广泛采用建立在该破坏准则基础上的莫尔－库伦理论。

（胡安峰）

铺换钢轨及轨枕机械 rail/sleeper laying and replacing machinery 在铁路线路上铺设或更换钢轨及轨枕的轨道作业机械。换轨、换枕是线路大修中的一项主要作业，换轨作业采用焊轨厂焊接好的长轨条，由专用长轨运输车组装运至施工现场，预卸在线路两侧砟肩上，经焊接达到设计长度，最后再用换轨车或线路大修列车完成长钢轨铺设作业。而换枕作业则主要由线路大修列车完成。

分类 中国铁路运用的铺换钢轨及轨枕机械有4种类型。①具有换轨、换枕功能的线路大修列车。②具有快速换轨功能的自行式换轨车。③具有换轨功能的非自行式换轨车。④用于整组道岔铺换作业的道岔铺换设备。

按运用地域分为平原型（海拔2000米）和高海拔型换轨车（海拔5100米）。

工作原理 换轨作业的工作原理是，通过安装在换轨车上的新轨夹钳和旧轨夹钳，在换轨车运行过程中完成旧轨和新轨的交叉替换（见图）。

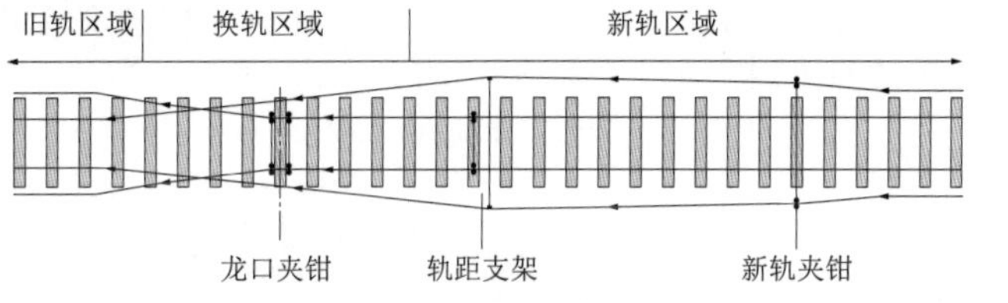

换轨作业原理示意图

构成 线路大修列车主要由轨枕运输车、扣件车、作业车、动力车和材料车组成，整车包括车架、转向架、司机室、动力及传动装置、工作装置及制动装置等。非自行式换轨车主要由平车、底座支架、平移支架、悬臂、钢轨夹钳、提轨钳、轨距保持支架等组成。自行式换轨车主要由车架、转向架、司机室、动力及传动装置、钢轨收放装置、扣件回收装置、护轨起复器、道钉检测系统及制动装置等组成。

线路大修列车 连续式拆除和铺设长钢轨及轨枕的轨道作业列车。

线路大修列车既能单独更换钢轨或轨枕，亦可同时完成更换钢轨和轨枕作业，主要用于线路连续换枕作业。

DXC-500线路大修列车如前所述是由5台车辆组成的一个作业列车，其轨枕运输车用于新、旧轨枕的存放和运输；扣件车用于拆除、收集和存放旧扣件；作业车用于旧枕拾取和新枕铺设；动力车则为整车走行和工作装置提供动力。DXC-500线路大修列车采用基于控制器局域网络（CAN）总线的网络控制系统，同时还设有视频监控系统，用于监控设备的作业过程。

DXC-500线路大修列车主要技术参数：①最高自运行速度5千米/时，最高附挂运行速度100千米/时。②运行通过最小曲线半径180米，作业通过最小曲线半径250米。③作业速度0～1.1千米/时。④轨枕铺设间距精度±10毫米，轨枕铺设间距调整范围500～700毫米。⑤最高作业效率500米/时。

（宋慧京）

普朗特承载力理论 Prandtl bearing capacity theory L.普朗特于1920年根据极限平衡理论推导的地基极限承载力公式。假设基底光滑的条形基础置于地基表面，并且不考虑地基土的自重，当基础在竖向荷载作用下，导致地基形成连续的塑性区而处于极限平衡状态时，普朗特根据塑性理论得到如图所示的地基滑动面。图中的地基极限平衡区可分成3个区，即Ⅰ区、Ⅱ区和Ⅲ区。由于基底光滑，Ⅰ区基底平面是大主应力作用面，滑动面与基底平面夹角为$45°+\varphi/2$，所以Ⅰ区为主动朗肯区。当基础下沉，Ⅰ区土楔向两侧挤压，Ⅲ区土体被挤出，因此Ⅲ区为被动朗肯区，地基表面为小主应力作用面，滑动面与水平面的夹角为$45°-\varphi/2$；Ⅰ区与Ⅲ区之间的Ⅱ区是过渡区，Ⅱ区中连接Ⅰ区和Ⅲ区的滑动面AC'是对数螺线（见图）。

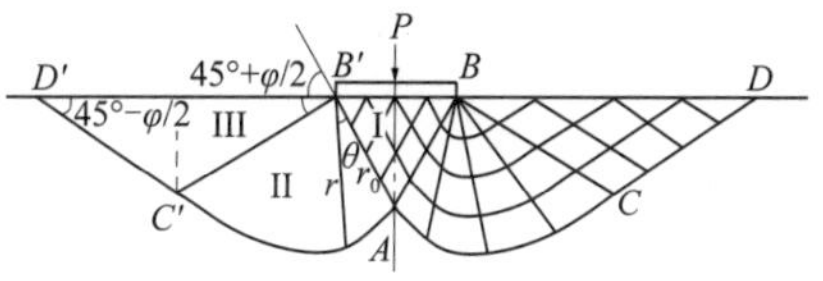

普朗特地基滑动面示意图

根据极限平衡区部分滑动土体的静力平衡条件，普朗特推导出了条形基础的极限承载力理论公式：

$$p_u = c\left[e^{\pi\tan\varphi}\tan^2\left(45°+\frac{\varphi}{2}\right)-1\right]\cot\varphi = cN_c \tag{1}$$

式（1）中c为土的黏聚力；φ为土的内摩擦角；N_c为承载力系数，其表达式为：

$$N_c = \left[e^{\pi\tan\varphi}\tan^2\left(45°+\frac{\varphi}{2}\right)-1\right]\cot\varphi \tag{2}$$

式(2)是在假定基底光滑，基础埋深为零，地基土无重量的情况下导出的极限承载力理论公式，与实际情况有较大的差距。

（杨仲轩）

普通混凝土 ordinary concrete 以水泥、水、砂、石子等为原材料，经过搅拌、成型、养护硬化形成的混凝土结构。简称混凝土。其干表观密度为2000～2800千克/米^{3}人造石材，必要时普通混凝土还掺入化学外加剂和活性矿物掺合料。水泥和活性矿物掺合料一般统称为胶凝材料。水泥可采用硅酸盐水泥、普通硅酸盐水泥、矿渣硅酸盐水泥、火山灰质硅酸盐水泥和粉煤灰硅酸盐水泥，必要时也可采用快硬硅酸盐水泥或其他水泥。砂可采用天然砂、人工砂，以及由天然砂和人工砂按一定比例组合而成的混合砂。石子可采用碎石或卵石。此外，外加剂主要包括减水剂、引气剂、早强剂、膨胀剂、阻锈剂等，而常用的活性矿物掺合料包括粉煤灰、粒化高炉矿渣、硅灰等。

普通混凝土的性能包括拌和物性能、力学性能、长期性能和耐久性能等。按照硬化状态可分为凝结硬化前的塑性状态、硬化之后的坚硬状态（即硬化混凝土）。按照拌和物流动性可分为干硬性混凝土、塑性混凝土、流动性混凝土和大流动性混凝土。根据混凝土立方体抗压强度，中国普通混凝土划分为14个强度等级：C15、C20、C25、C30、C35、C40、C45、C50、C55、C60、C65、C70、C75及C80。此外，还有一些具有特殊要求的普通混凝土，如抗渗混凝土、抗冻混凝土、高强混凝土、泵送混凝土和大体积混凝土等。（田　倩）

普通混凝土结构　ordinary concrete structure　以普通混凝土为主要材料建造的土木工程结构。为改善混凝土拌和物或硬化混凝土的性能，还可在其中加入各种外加剂和掺合料。其干表观密度为2000～2500千克/米^3。**普通混凝土**结构在建筑工程中广泛使用。普通混凝土结构主要包括素混凝土结构和**钢筋混凝土结构**。仅使用普通混凝土材料的结构为素混凝土结构，当在混凝土中配置适量的钢筋，则为钢筋混凝土，使用钢筋混凝土建造的结构即为钢筋混凝土结构。钢筋和混凝土这种物理、力学性能很不相同的材料之所以能有效地结合在一起共同工作，主要靠两者之间存在黏结力，受荷后能够协调变形。此外，这两种材料温度线膨胀系数接近，钢筋至混凝土边缘之间的混凝土，可作为钢筋的保护层，使钢筋不受锈蚀并提高构件的防火性能。由于钢筋混凝土结构合理地利用了钢筋和混凝土两者性能特点，可形成强度较高、刚度较大的结构，其具有良好的耐久性、防火性、可模性、整体性，并适用于抗震结构等特点，因而在建筑结构及其他土木工程中得到广泛应用。当混凝土构件中钢筋的配筋率小于钢筋混凝土中纵向受力钢筋最小配筋百分率时，应视为素混凝土结构。素混凝土结构具有较高的抗压强度，而抗拉强度很低，一般在以受压为主的结构构件中采用，如柱墩、基础墙、拱等。（肖建庄）

曝气　aeration　向水溶液中通入气体的污水处理技术。曝气技术可用于污水的好氧生物处理工艺和地下水除铁、除锰工艺中。在好氧生物处理工艺中，通过向污水输入空气，维持好氧生物反应单位中微生物处于好氧状态，进而保障微生物的氧化分解作用，此外曝气还可起到混合搅拌的作用，加强污水中污染物与微生物的接触。在地下水除铁、除锰工艺中，通过向含铁锰的地下水输入空气，在氧气的氧化作用下，水中的二价铁锰被氧化到高价铁锰，从而使其沉淀而易于去除。（陈志强）

曝气池　aeration basin　利用活性污泥法或生物膜法进行污水好氧生物处理的构筑物。在曝气池内微生物与氧气及污染物充分接触，在提供污水停留时间内完成污染物的分解转化。曝气池主要由池体、曝气系统和进出水口3个部分组成。池体一般用钢筋混凝土或钢板筑成，平面形状有长方形、方形和圆形等。曝气系统主要指曝气管道、阀门及空气扩散用曝气头或曝气管。

曝气池一般和沉淀池组成联合工艺流程。设置在曝气池前面的称为初次沉淀池，设置在曝气池后面的称为二次沉淀池，分别用于废水的预处理和后处理。曝气池也有与二次沉淀池合建的，这种设施由曝气区、导流区、沉淀区、回流区4部分组成。导流区的作用是使污泥凝聚和使气水分离，为沉淀创造条件。在曝气区内废水与回流污泥充分混合，然后经导流区流入沉淀区，澄清后的水经溢流堰排出。沉淀污泥沿曝气区底部回流入曝气池。这种设施结构紧凑，流程短，可以节省污泥回流设备。

随着工艺的发展，催生出一些新型曝气方法，如深井曝气、纯氧或富氧曝气和配合其他生物处理方法的曝气等。深井曝气一般用直径1～6米、深达50～150米的曝气池，利用水压来提高水中氧的移转速率，以高效去除污水中生化需氧量（BOD）。曝气池向着高效率、小体积、节省能源的方向发展。（陈志强）

曝气生物滤池　biological aerated filter; BAF　集生物降解、固液分离于一体的生物膜法污水处理构筑物。曝气生物滤池将生物接触氧化与过滤结合在一起，不设沉淀池，通过反冲洗再生实现系统的周期运行，可以保持接触氧化的高效性，同时又可以获得良好的出水水质。

曝气生物滤池池内底部设承托层，其上部则是作为滤料的填料。在承托层设置曝气用的空气管及空气扩散装置，处理水集水管兼作反冲洗水管也设置在承托层内。曝气池的基本结构由滤料层、工艺用布气布水装置、反冲洗排水装置和出水口等部分组成（见图）。曝气生物滤池需要有初沉池，但不需二沉池。此外，曝气生物滤池需进行反冲洗，自动化程度要求高。曝气生物滤池一般用在生活污水或者工业废水深度处理上，可以将化学需氧量COD降到30～50毫克/升以下。曝气生物滤池主要的优点包括占地面积小，布置紧凑；出水水质较好；氧的传输效率很高，曝气量小，供氧动力消耗低；抗冲击负荷能力强，耐低温。其主要缺点是运行管理复杂，需要定期进行反冲洗以保证正常运行；进水的悬浮物浓度不能过高；水头损失较大，水的总提升高度较大，运行管理不当还会造成滤料随水流失等问题。

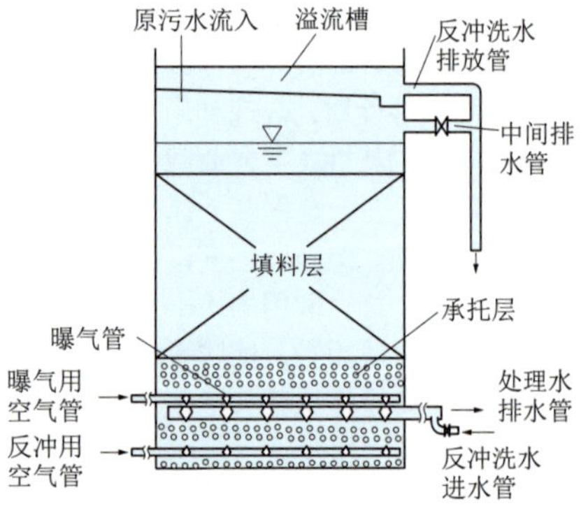

曝气生物滤池构造示意图

（彭永臻）

Q

起爆网路 initiating network 向多个起爆药包传递起爆信息和能量的系统。传递的起爆信息为延期时间信息，使各个药包按设计的时间顺序起爆；传递的能量为起爆能量，以激发炮孔内装填的工业炸药爆炸做功。绝大多数**爆破工程**都是通过群药包的共同作用实现的，起爆网路是爆破工程的生命线。

类型 常用的起爆网路包括电雷管起爆网路、导爆管起爆网路、导爆索起爆网路、混合起爆网路和数码电子雷管起爆网路等。

电雷管起爆网路 采用电雷管向多个药包传递起爆信息和能量的系统。在电雷管发明前只有火雷管起爆方法，只能对单个炮孔点火，即使采用点火筒一次多根点火，由于起爆时间不可控，不能组成可靠的起爆网路。电雷管起爆网路属于最早采用的起爆网路。电雷管是采用电引火元件引爆起爆药，再引爆炸药的装置。电引火元件主要由两根绝缘脚线、塑料或塑胶封口塞、桥丝、引火药或点火药组成。起爆时，对脚线通以恒定直流或交流电能使桥丝灼热，点燃引火药头后引爆起爆药。

导爆管起爆网路 采用导爆管雷管向多个起爆药包传递起爆信息和能量的起爆系统。可分为孔内延时起爆网路和接力式起爆网路。孔内延时起爆网路指网路中各个炮孔内的起爆雷管采用不同段别的延期雷管，按设计顺序起爆的微差爆破系统。接力式起爆网路与孔内延时起爆网路不同，接力式起爆网路中所有传爆雷管均采用毫秒延期雷管进行微差延时，炮孔内采用相同段或不同段延期雷管以及导爆索作为起爆元件。接力式起爆网路中的传爆元件不只是起单一传爆作用，更重要的是进行微差延时积累，以达到微差起爆目的。

导爆索起爆网路 用雷管激发导爆索，通过导爆索的猛炸药芯药传递爆轰波并引爆炸药的起爆方法。导爆索起爆的材料有导爆索、继爆管和雷管。导爆索起爆适用于深孔爆破、预裂爆破、**硐室爆破**、光面爆破及**水下爆破**等。在有瓦斯与矿尘爆炸危险的矿井中，不能用一般的导爆索起爆，必须用安全导爆索。

混合起爆网路 电爆网路和非电起爆网路同时使用的起爆系统。有电雷管－导爆管混合网路，导爆索－导爆管混合网路，电雷管－导爆索混合网路，电雷管－导爆管－导爆索混合网路。

数码电子雷管起爆网路 采用数码电子雷管向多个药包传递起爆信息和能量的系统。数码电子雷管起爆网路装药前，使用专用仪器检测数码电子雷管，并进行雷管注册、编号。起爆网路联结时，先将一定数量（小于子起爆器规定数量）的数码电子雷管连接成子网路，采用专用设备检测无误后，再将全部子网路联结成主网路并检测。起爆时，必须采用专用起爆器起爆，以确保安全可靠。

注意事项 雷击可导致早爆事故发生，直击雷可以意外引爆各种起爆网路，包括非电起爆网路，甚至直接引爆炸药。雷雨天禁止任何露天起爆网路连接作业，正在实施的起爆网路连接作业应立即停止，人员迅速撤离至安全地点。 （吴新霞）

起重机械 hoisting machinery 提起或移动重物用的工程机械。

分类 起重机械以间歇周期的工作方式，通过起升、变幅、回转、行走四大机构完成重物的吊装及运输。分为单动作和多动作两大类。其他分类方式有：①按照使用的动力设备可分为内燃机和电动机两种。②按照起重机载荷率可分为轻型、中型、重型和特重型。③按照起重结构可分为龙门式和臂架式。④按照回转台的角度可分为全回转式和非全回转式。⑤按行走机构的构造可分为固定式和移动式。

建筑施工中常用的是移动式起重机，包括轨道塔式起重机、汽车式起重机、**轮胎式起重机**和**履带式起重机**等。

构成 由金属结构部分、基本机构和安全、控制系统三大部分组成。

金属结构。由金属材料轧制的型材和钢板采用铆接、焊接等方法制成的桥、门、塔、臂架等承载结构。常见的金属结构有主梁、端梁、栏杆、走台、轨道、驾驶室、塔身、臂架、底架、吊臂、平衡臂、顶升套架、行走台车、固定支腿等。

基本机构。有起升机构、运行机构、回转机构和变幅机构。①起升机构。用来实现物料的垂直升降的机构。②运行机构。通过起重机或起重小车运行来实现水平搬运物料的机构，有无轨运行和有轨运行之分，按其驱动方式不同分为自行式和牵引式两种。③回转机构。使臂架绕着起重机的垂直轴线做回转运动，在环形空间运移物料。④变幅机构。是臂架起重机特有的工作机构，通过改变臂架的长度和仰角来改变作业幅度。

每一个机构均由驱动装置、制动装置、传动装置和与机构作用直接相关的专用装置组成。①驱动装置。用来驱动工作机构的动力设备，分为人力、内燃机、电力和液压驱动装置。电力驱动是现代起重机的主要驱动型式。远距离移动的流动式起重机多采用内燃机驱动。人力驱动适用于一些轻小起重设备，也用作某些设备的辅助、备用驱动和意外（或事故状态）的临时动力。②制动装置。又称制动器。有块式、盘式、带式、内张蹄式和锥形等不同形式。③传动装置。又称减速器。有各种不同形式的斜齿轮、涡轮和行星齿轮减速系统。

主要性能参数 主要性能参数有起重量、工作幅度、起重力矩、起升高度和工作速度等。①起重量。指起重机能吊起重物的质量，包括吊索和铁扁担或容器的质量，是衡量起重机工作能力的一个重要参数。通常称为额定起重量。②工作幅度。指额定起重量下，起重机回转中心轴线到吊钩中心线的水平距离，通常称为回转半径或工作半径，表示起重机不移位时的工作范围，包括最大幅度和最小幅度两个参数。③起重力矩。指起重机的起重量与相应幅度的乘积，是起重机的综合起重能力参数，能全面和确切地反映起重机的起重能力。④起升高度。指自地面到吊钩钩口中心的距离，标定值通常以额定起升高度表示。额定起升高度是指满载时吊钩上升到最高极限，自吊钩中心到地面的距离。当吊钩需要放到地面以下吊取重物时，则地面以下深度称为下放深度，总起升高度为起升高度和下放深度的和。⑤工作速度。包括起升、变幅、回转和行走等速度。

适用范围 起重机械是工矿企业、车站码头、各行业实现输机械化、自动化，提高劳动生产率的重要设备。有些起重设备还能在生产过程中进行某些特殊的工艺操作，如担任危险的、对人体有严重危害的特殊作业，使操作程序简化、可靠，操作人员省力、安全。

随着科学技术的发展，先进的电气控制技术和机械技术、5G、人工智能和北斗定位技术将广泛应用起重机械，使起重机械的自动化、智能化程度进一步提高，结构日趋简单、性能更加可靠，品种也不断增加。 （李守林）

气浮 air flotation 通过微气泡与水中杂质在气液界面相互作用实现固－液分离目

的单元过程。常用于对颗粒密度接近或小于水的细小颗粒的分离。采矿行业通常又称浮选。气浮原理是通过某种方式产生大量的微小气泡，使气泡与水中的细小颗粒相互黏附，形成密度小于水的气浮体，在浮力作用下上浮至水面形成浮渣，从而实现固－液分离或液－液分离。气浮法处理工艺必须满足以下3个基本条件：①必须向水中提供足够量的微小气泡。②必须使水中的污染物质能形成悬浮状态。③必须使气泡与悬浮物质产生黏附作用。

在给水处理中，气浮对于高色水、低温水、低浊水、含藻水、含有机物水等具有良好的处理效果，但气浮对于原水水质变化较大的水源处理效果不稳定，特别是高浊度水处理效果不好，因此气浮宜与沉淀联用。气浮与沉淀方法相比主要优点在于，可以在比较短的时间内较完全地去除沉降缓慢或比重很轻的颗粒。

在废水处理中，气浮法主要用于去除悬浮物、油类和脂肪，并可用于污泥浓缩。具体可应用于以下几个方面：①石油、化工及机械制造业中的含油废水的油水分离。②废水中有用物质的回收，如造纸废水中的纸浆纤维及填料的回收。③含悬浮固体相对密度接近1的工业废水的预处理。④取代沉淀池进行泥水分离。⑤剩余污泥的浓缩处理。

按照微小气泡的产生方法，气浮法主要分为溶气气浮法和电解气浮法。

（张立秋）

砌块墙体 block masonry wall 用砌块和砂浆砌筑而成的承重结构件或围护体。

分类 砌块墙体根据不同的分类方法进行分类：①根据墙体是否配筋，分为无筋砌块墙体和配筋砌块墙体。②根据砌块尺寸的大小，分为小型砌块、中型砌块和大型砌块墙体。由于中型砌块和大型砌块施工时需要机械，且型号不多，不如小型砌块灵活，故多见小型砌块墙体。③根据砌块有无孔洞和孔洞率，分为实心砌块墙体（孔洞率不大于25%）和空心砌块墙体（孔洞率大于25%）。④根据砌块生产工艺，分为烧结砌块墙体和非烧结砌块墙体。其中非烧结砌块墙体根据砌块的原材料密度和使用材料不同又分为普通混凝土砌块墙体、轻集料（火山渣、浮石、煤渣、陶粒、膨胀珍珠岩、粉煤灰等）混凝土砌块墙体和加气混凝土砌块墙体。⑤根据墙体受到外部荷载情况，分为承重砌块墙体和自承重砌块墙体。

无筋砌块墙体 砌块砌体强度指标包括抗压强度、抗拉强度、抗弯强度和抗剪

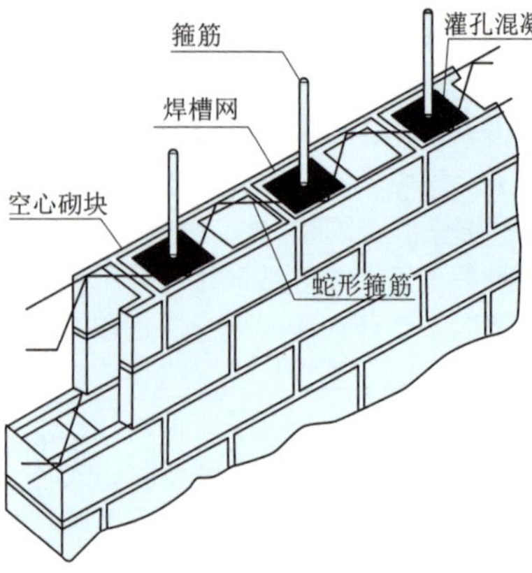

配筋砌块墙体示意图

强度。由于砌块尺寸较大，现场切割不方便，除了主砌块外，尚应有配块，并进行排块设计，满足建筑立面和平面要求。无筋砌块承重墙体除须满足抗压承载力、高厚比要求和抗震设计要求外，还应满足热工及构造要求。无筋砌块墙体房屋须按规定设置构造柱和圈梁，构造柱和圈梁可采用砌块墙预留马牙槎后浇注钢筋混凝土，构造柱也可以在砌块竖向孔洞中插钢筋，然后用灌孔混凝土灌实。

配筋砌块墙体 用砌块和砂浆砌筑时，在墙体贯通的竖孔和水平灰缝或水平槽内分别放置竖向和水平钢筋，并浇注灌孔混凝土形成的墙体，称为配筋砌块墙体（见图），属于一种整体装配式钢筋混凝土剪力墙，可用作高层建筑剪力墙和需要承受较大弯矩和剪力的竖向结构构件。

配筋砌块墙体在水平和竖向荷载作用下的破坏特点和钢筋混凝土剪力墙结构相似，其设计计算方法除了材料强度指标和承载力计算公式外也大致相同。

自承重砌块墙体 只承受墙体自身重量、风、地震、温度、干燥收缩等作用的砌块墙体称为自承重砌块墙体，如框架填充墙。自承重砌块墙通常采用烧结空心砌块墙体、轻骨料混凝土空心砌块墙体、加气混凝土砌块墙体等，墙体体积密度不宜大于1100千克/米^3。自承重墙不需要进行竖向荷载承载力验算，但墙体高厚比应符合要求，必要时须验算风和地震作用下的平面外承载力。

（徐 建 梁建国）

砌体工程 masonry engineering 用黏结材料（砂浆）通过一定的组砌工艺将石块、砖块或砌块等块体材料，砌筑成建筑物或构筑物组成部分的工程。砌体工程中，以墙柱作为主要受力构件形成的结构称为*砌体结构*，以墙体作为分隔或填充构件形成的结构称为围护结构。由于砌体结构以受压为主，砌体工程多用于一般民用建筑、工业建筑的墙柱和基础、水塔、烟囱、拱桥和隧道等。根据砌筑材料的不同，砌体工程分为石砌体工程、砖砌体工程和砌块砌体工程。

发展简史 中国砌体工程历史悠久，最早发现的石材围墙距今已有5000年。万里长城是中国最著名的古代砌体工程（见图），距今已有2000多年；*赵州桥*是中国

八达岭长城

最早的石拱桥，嵩岳寺塔是中国最早的砖塔之一，距今也有1000多年。古代主要是石砌体工程，最早用泥浆砌筑。以后采用的标准砂浆，其主要成分是熟石灰，之后加入糯米汤形成的混合砂浆强度倍增，非常牢固。19世纪中叶出现水泥后，形成的水泥砂浆等，更加提高了砌体结构的强度，使得砌体工程得到快速发展。20世纪中叶，砌筑材料有了很大发展，开始出现烧结黏土砖、烧结空心砖、混凝土空心砌块、蒸压加气混凝土砌块等新型块材，砌筑用砂浆也出现了预拌砂浆和专用砂浆，克服了现场拌制的不稳定性和场地污染等弊病。80年代以后，出现了配筋砌体。在现在广泛使用的剪力墙结构和框架结构中，砌块填充墙成为砌体结构的主要存在形式。

石砌体工程 石砌体所用的石材有两种，一种是开采后未加工过的毛石，另一种是经过加工的料石。毛石根据形状分为不规则的乱毛石和有两个基本平行面的平毛石。料石根据加工后的平整度分为毛料石、粗料石、细料石。石砌体都用砂浆砌筑，日砌筑高度不大于1.2米。基础砌成上小下大的台阶形，俗称“大放脚”。当作为挡土墙时墙上需考虑泄水孔，泄水孔高度方向、水平方向都需设置，间距1～2米。毛石混凝土砌体采用混凝土浇筑一层，毛石铺砌一层，交替完成。

砖砌体工程 砖砌体所用砖有烧结普通砖、烧结空心砖、烧结多孔砖、粉煤灰砖等。为保护耕地，掺黏土的烧结普通砖已被禁用。

砖砌体砌筑前应浸水湿润，混凝土砖除外。选择转角处和交接处设立皮数杆以控制墙体的灰缝厚度及砖皮数，采用砂浆

砌筑，不同品种的砖不可同一楼层混砌，日砌筑高度不大于1.8米。砖砌体基础一般砌成上小下大的台阶形，采用顺砖与丁砖按一定规律相接的组砌方式砌筑。砖砌体墙底部应设防潮层，防潮层位于室内地坪下，不宜采用多孔砖。

砌块砌体工程　随着新材料的发展，产生了用混凝土做的空心砌块、工业废料做的轻骨料混凝土砌块、蒸压粉煤灰砌块等，强度等级略有不同。为确保砂浆质量和减少环境污染，现已有工厂生产的预拌砂浆和专用砂浆。

砌块砌筑前不用浇水，采用砂浆砌筑，每日砌筑高度不得大于1.8米。空心砌块砌筑时应保持孔洞贯通，但块与块应错缝搭砌。在砌块砌体结构中加入钢筋组成承重结构，就形成了配筋砌体结构，其强度较普通砌体结构有很大提高。

砌体工程基本要求及构造措施　为保证砌体工程质量，需满足如下要求：①砌体砌筑前应选择好组砌方式，小型砌块应先画好平面、立面排列图。块材使用时其离出厂日期应大于28天。②块材和块材间应避免上下通缝，要错缝搭砌。有效控制块材的含水率，砌体墙水平灰缝的砂浆饱满度应不低于80%，柱水平灰缝和竖向灰缝的砂浆饱满度应不低于90%。③考虑整体稳定性，墙和柱的高度受高厚比限制，即墙和柱的计算高度与墙厚或柱短边比值应符合规范要求。砌体墙长度超过4米应加设构造柱，高度超过2米应加设构造梁。砌体墙在构造柱处需留马牙槎，先砌墙后浇柱。墙与构造柱之间需间隔布置水平拉结筋，并伸入墙体不少于1000毫米。④砌体墙体转角处和纵横交接处应同时砌筑，不能同时砌筑时应留槎口，槎口有斜槎和直槎，外墙转角处以及抗震设防区域必须留斜槎，其留设长度必须超过其高度的2/3且不超过1.8米。受场地限制只能留直槎时应留凸槎，并加拉结筋。⑤有后续填充墙连接的砌体墙，砌筑时沿高度在水平灰缝中间隔预埋与隔墙方向一致的水平钢筋。⑥5层以上（含）的砌体结构，块材和砂浆均不可使用最低强度。在墙体内开槽需满足规范要求。⑦冬期施工应按规范要求采取措施，避免块材受冻，砂浆强度较常温施工提高一级。雨期施工砂浆稠度应调小，大雨时应停工，砌筑完应及时覆盖。⑧因砌筑高度需要搭设脚手架时，不应紧靠在刚砌好的墙体上。同一位置上下交叉作业时要有隔离措施。　（周　虹）

砌体结构　masonry structure　在建筑物、构筑物和设施中，以砖石为主材、砂浆（或灰泥）等为辅材垒筑而成的，能够承担自身重量、活荷载和外力作用，满足使用和安全要求的一定形式的构造体。在铁路、公路、桥涵等工程中又称为圬工结构。由于砌体的抗压强度较高而抗拉强度很低，因此，砌体结构一般用于民用和工业建筑的墙、柱和基础。在采用钢筋混凝土框架和其他结构的建筑中，常用砖墙做围护结构，如框架结构的填充墙。烟囱、隧道、涵洞、挡土墙、坝、桥和渡槽等，也常采用砖、石或砌块砌体建造。

特点　优点：①分布广，容易就地取材，价格低廉。砌体原材料可采用天然材料（如页岩、黏土、砂、石等）、建筑废弃物和工业废弃物（如粉煤灰、煤矸石、脱硫石膏、尾矿渣、电石渣等）。②砌体具有良好的耐火性和较好的耐久性。③砖或砌块可以制成空心，减轻砌体墙的重量，减少砌体结构房屋的地震作用力，提高砌体墙的隔热和保温性能，满足建筑节能需要。④砌体结构的施工设备和方法简单，能较好地连续施工，节约大量木材、钢材以及水泥，造价低。⑤砌体结构既是较好的承重结构，也是较好的围护结构。

缺点：①与钢和混凝土相比，砌体的强度较低，因而构件的截面尺寸较大，材料用量多，自重大。②砌体的砌筑基本上是手工方式，劳动量大，生产率较低。③砌体的抗拉和抗剪强度都很低，因而抗震性能较差，在使用上受到一定限制。④采用黏土制砖，占用农田，影响农业生产，不符合可持续发展要求，中国现已有法规加以限制。

分类　砌体结构可按不同分类方法进行分类。按照块体材料的不同，砌体结构可分为砖砌体结构、石砌体结构和砌块砌体结构；按照砌体结构的受力性能不同，砌体结构可分为无筋砌体结构、配筋砌体结构和约束砌体结构。①无筋砌体结构。通常为了增加结构的整体性和结构抗震性能，需要在四角等部位设置钢筋混凝土构造柱，在某些楼层的楼盖处设置钢筋混凝土圈梁，还需要在容易开裂的墙体（如顶层墙两端、底层墙窗肚墙等）设置水平灰缝构造钢筋，但是墙体的总配筋率不超过0.07%。②配筋砌体结构。包括水平灰缝配筋砖砌体结构、组合砖砌体结构和配筋混凝土砌块砌体结构，其墙体内水平和竖向配筋率之和不应小于0.2%。③约束砌体结构。所有楼层处设置钢筋混凝土或配筋砌体圈梁，在墙体交叉处以及洞口面积大于1.5平方米的洞口两侧设置钢筋混凝土或配筋砌体构造柱，且水平和竖向钢筋混凝土或配筋砌体构件的间距不大于

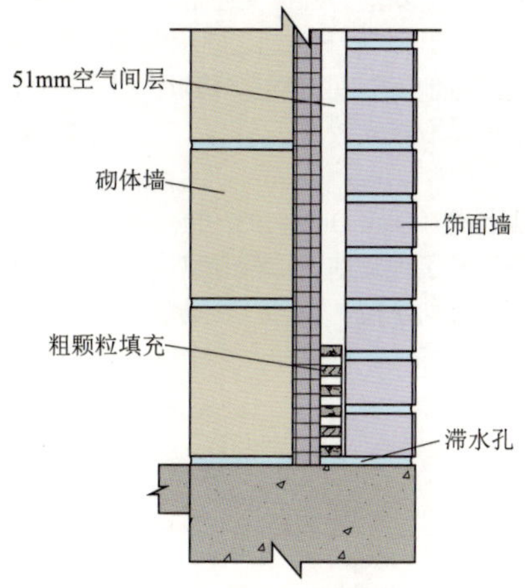

复合砌体墙示意图

4米，其墙体内水平和竖向配筋率之和不小于0.07%，且不大于0.2%。约束砌体和无筋砌体不同的是钢筋混凝土构造柱和圈梁的设置数量不同。约束砌体中砌体墙和钢筋混凝土构造柱及圈梁形成了有效的组合体，其受压承载力按配筋砌体组合墙计算。约束砌体的墙片四周都有混凝土构件约束，其抗震性能比无筋砌体更优越。

根据可持续发展要求，推广复合墙砌体结构（见图）。　（徐　建　梁建国）

钱江新城地下综合体　Qianjiang New Town Underground Complex　以中国杭州钱江新城核心区波浪文化城为中心的地下空间。主要由波浪文化城、市民中心地下停车场、庆春路地下商业街以及多个街区的地下停车系统等组成，地下空间总建筑面积超过230万平方千米，开发深度达地下4层，停车地下化率达70%。从2003年开始进行钱江新城地下空间概念性规划国际招标，随后编制了中国第一部地下空间控制性详细规划，并严格按规划实施钱江新城地下综合体建设，于2010年基本建成。2016年10月，由G20峰会后所带来的客流高达6万人次/日，其中近5万人次前来游览钱江新城的夜景。

钱江新城地下综合体项目的特征：①通过地上地下整体规划，以地下交通、商业、文化、休闲、停车和防灾为主要功能，充分发挥地下空间的优势，有效解决了中央商务区（CBD）区域的交通、环境问题，并提升了该区域的防灾能力。②波浪文化城和城市阳台成为钱江新城核心区亮点。③以街区为单位的地下停车系统有效解决了区域内交通和停车等问题。④以核心区地下空间为主体，在地下负一层通过过街隧道、下沉式广场，结合地下商业街，形成完整、富有活力的地下步行系统，实现核心区主要路口的人车分流，打造了

高效便捷安全的人行交通走廊。⑤遵循地上地下开发统一规划、同步实施的原则，使浅层地下空间得到充分利用，以较少的土地换取较大效益。（陈志龙）

钱七虎 Qian Qihu（1937-10-26～ ）中国防护工程及地下工程专家、教育家，国家最高科学技术奖和八一勋章获得者。生于江苏昆山。1954年入学中国人民解放军军事工程学院，1960年于哈尔滨军事工程学院工程兵工程系毕业后留学苏联，1965年毕业于莫斯科古比雪夫军事工程学院，获副博士学位。回国后，历任工程兵工程学院教员、训练部副部长、院长，1988年被授予少将军衔。1994年当选为中国工程院首届院士，2013年当选为国际岩石力学学会会士，2014年当选为国际城市地下空间联合研究中心会士。曾任中国人民解放军总参谋部科学技术委员会副主任、国务院学位委员会土木工程学科评议组成员和评议组召集人、中国岩石力学与工程学会理事长、国际岩石力学学会副主席、中国土木工程学会常务理事和防护工程分会理事长等职。被选为第八、九、十届全国政协委员。

他长期致力于防护工程和地下工程的教学与科研工作，解决了从空中核爆炸工程防护到触地核爆炸甚至钻地核爆炸工程防护，以及高技术常规武器工程防护的一系列理论与技术难题，是中国现代工程防护理论与防护工程学科的奠基人和开拓者，为中国不同时期防护工程建设和科技进步做出了开创性、历史性贡献。先后获得国家科技进步一等奖、二等奖、三等奖各一项，军队专业技术重大贡献奖、何梁何利科学技术贡献奖、军队爱国奉献优秀干部等荣誉。主要成就与贡献有：①系统建立了空中核爆炸工程防护理论与技术体系，出版了中国首部《武器效应与地下工程防护》专著；开创了中国防护工程结构大规模有限元数值计算的先河，出版了《有限单元法在工程结构计算中的应用》专著，获1978年中国科学大会重大科技成果奖；开辟了工程体系防护研究新领域，将工程防护从单体工程防护拓展到工程体系防护。②率先开展了深部岩石动力学基础科学问题和工程关键技术难题的研究，攻克了触地和钻地核爆炸工程防护的关键理论与技术难题，出版了《岩土中的冲击爆炸效应》《高等防护结构计算理论》和《岩体动力变形与破坏的基本问题》等专著和重要论文，为中国该领域的研究走在世界前列发挥了突出作用。③开展了岩土中强动载爆炸冲击效应理论与关键技术的研究，解决了高技术常规武器工程防护的关键理论与技术难题。④创建了中国防护工程学科体系，建立了中国防护工程学科硕士、博士教育体系，创立了中国防护工程专业学术组织，建成“防灾减灾工程及防护工程”国家重点学科和“爆炸冲击防灾减灾国家重点实验室”。⑤向军委提出的战场建设、综合防护和重要经济目标防护等建议获采纳。⑥率先倡导中国城市地下空间开发利用，提出中国城市地上、地下一体化建设理论，引领中国城市地下空间开发利用的发展。（方 秦）

钱塘江大桥 Qiantang River Bridge 位于中国杭州市，在闸口附近跨越钱塘江的公铁两用桥。钱塘江大桥沟通了沪杭铁路和浙赣铁路，并把华东公路干线连接起来。钱塘江大桥于1935年4月全面开工，1937年9月建成通车。该桥是在茅以升和罗英的主持下，由中国工程师设计监造的第一座大型公铁两用桥。桥全长1453米，正桥长1072米，共16孔，墩距67米，每孔跨度为65.84米。上层桥面为6.1米宽的公路及两侧各宽1.5米的人行道，下层桥面为标准轨距的单线铁路。桥梁上部结构为简支平弦钢桁梁，主要受力构件采用铬铜合金，浮运安装，桥梁下部结构为钢筋混凝土桥墩和沉箱基础。桥墩共15座，其中6座的基础下达岩层，另9座采用长送桩将木桩打至岩面，然后将沉箱沉至桩顶。全桥共用钢材6895吨，水泥9865吨。

钱塘江大桥

钱塘江造桥的主要困难是：①江底全为流沙，深达40米始至岩层，受水冲刷，随时下陷。②有著名的“钱塘潮”，给基础施工增加了很多困难。修桥时采用基础、桥墩和钢梁3种工程同时并进一气呵成的施工方法。

钱塘江大桥通车3个月后，在日军侵入杭州前夕，中国军队于1937年12月23日将桥炸毁。有一座桥墩全毁，5孔钢梁损坏坠落江中。这座桥在抗日战争末期经修理，铁路勉强通车。抗日战争胜利后又经修理，1947年铁路、公路基本恢复通车。中华人民共和国成立后，开始全面修整，至1953年完工。在随后的几十年中，陆续开展了铁路人行步道改造、公路桥面拓宽、第1～8孔钢梁更换、铁路电气化改造、铁路桥面更换等。（王序森）

浅埋暗挖法 mining under shallow cover 在浅埋条件下进行各种类型地下洞室暗挖施工的方法。浅埋暗挖法强调突出时空效应对应防塌的重要作用，提出了“管超前、严注浆、短进尺、强支护、早封闭、勤量测”十八字方针。

浅埋暗挖法沿用了**新奥法**的基本原理，创建了信息化量测反馈设计和施工的新理念；采用先柔后刚复合式衬砌新型支护结构体系，初期支护按承担全部基本荷载设计，二次模筑衬砌作为安全储备；初期支护和二次衬砌共同承担特殊荷载，应用浅埋暗挖法进行设计和施工时，同时采用多种辅助工法，超前支护，改善加固围岩，调动部分围岩的自承能力；采用不同的开挖方法及时支护、封闭成环，使其余围岩共同作用形成联合支护体系；在施工过程中应用监控量测、信息反馈和优化设计，实现不塌方、少沉降、安全生产与施工。

浅埋暗挖法施工步骤是：先将钢管打入地层，然后注入水泥或化学浆液，使地层加固。开挖面土体稳定是采用浅埋暗挖法的基本条件。地层加固后，进行短进尺开挖。一般每循环在0.5～1.0米。随后即做初期支护。之后，施作防水层。开挖面的稳定性时刻受到水的威胁，严重时可导致塌方。处理好地下水是非常关键的环节。最后，完成二次支护。一般情况下，可注入混凝土，特殊情况下要进行钢筋设计。浅埋暗挖法的施工须利用监控测量获得的信息进行指导，这对施工的安全与质量都是重要的。

该方法已在城市地铁、市政地下管网及地下空间的其他浅埋地下结构物的工程设计和施工中广泛应用，多应用于第四纪软弱地层。其灵活多变，对地面建筑、道路和地下管网影响不大，拆迁占地少，不扰民，不污染城市环境，是较先进的施工方法，在铁路、公路及破碎软弱地层中也有应用。（仇文革）

欠固结土 underconsolidated soil 先期固结压力小于现有上覆荷重的土层。虽然这类土的上覆土层与**正常固结土**一样，也是逐渐沉积到地面的，但不同的是还没有达到固结稳定状态。如新近沉积的黏性土，人工填土等，由于沉积时间不长，在自重作用下尚未固结稳定，因此其前期固结压力还小于现有土层自重应力。随着时间的增长，土层会发生较大的竖向变形，且欠固结土地基承载力较低，造成房屋建筑等产生不均匀沉降甚至倒塌。欠固结土必须经过处理后方能作为工程地基使用，可考虑使用换填法、预压法、压实法和强夯法处理欠固结土地基。（胡安峰）

强度理论 strength theory 判断材料在复杂变形状态下是否破坏的理论。材料在外力作用下常有两种不同的破坏形式：一是在不发生显著塑性变形时的突然断裂，称为脆性破坏；二是因发生显著塑性变形而不能继续承载的破坏，称为塑性破坏。破坏的原因十分复杂。对于一些简单变形状态可以直接通过实验得到发生破坏的极限应力，例如，通过单向拉伸或压缩实验得到材料的强度极限或屈服极限，直接将其作为判断材料破坏的标准。但在复杂变形状态，在可能引起破坏的结构的关键点处，三个主应力中至少有两个不等于零，人们不可能对于它们的无穷多个不同组合分别都做实验来确定它们的极限值。针对工程上判断复杂变形状态下材料发生破坏的条件的需求，200多年来提出了一些不同的假说。这些假说都被某些破坏实验所验证，但并不能解释所有材料的破坏现象。这些假说统称为强度理论。

强度理论通常着眼于关键部位的一点应力（或应变）状态，假设该状态达到材料特性的某一极限值时发生破坏（或失效）。一点的应力状态与结构形状尺寸、边界约束条件，以及承受的外载形式、大小有关；而材料特性的极限值则属于材料力学性能，由实验测定，如金属材料的拉伸强度极限，岩石抗拉强度、岩石抗压强度等。由于不同类型的材料其反映破坏特性的极限值有一个或多个，发展的理论也有单参数或多参数强度理论。

强度理论一般应该具有三个特征，一是数学表达式简单，便于应用；二是具有明确的物理意义，可解释材料破坏的现象；三是符合实验结果。

各向同性材料的经典强度理论常见的有四个，分别为最大拉伸应力理论、最大拉伸应变理论、最大剪应力理论、畸变能理论，它们也分别被称为第一强度理论、第二强度理论、第三强度理论、第四强度理论，其各自适用的材料也不尽相同。20世纪以来，该领域的研究仍然十分活跃，先后提出了数以百计的各种形式的强度理论，其中中国西安交通大学俞茂宏提出了适用范围更广的双剪强度理论和统一强度理论。（李跃明）

墙板结构 slab-wall structure 由墙和楼板组成承重体系的房屋结构。墙既作承重构件，又作房间的隔断，是居住建筑中最常用且较经济的结构形式。墙板结构多用于住宅、公寓、也可用于办公楼、学校等公用建筑。其缺点是室内平面布置的灵活性较差。墙板结构的承重墙可用砖、砌块、预制或现浇混凝土做成。楼板用预制钢筋混凝土或预应力混凝土空心板、槽形板、实心板，预制与现浇叠合式楼板，全现浇式楼板。墙板结构按所用材料和建造方法的不同分为3类。

混合结构　用砖或砌块做墙、钢筋混凝土或预应力混凝土做楼板的房屋。因其施工简便、造价低，是应用最广的一种结构形式；但自重较大，墙体的抗地震性能较差，为改善其抗震性能，在内外墙交接处和外墙转角处增设钢筋混凝土构造柱，也称抗震柱。构造柱与楼、屋面的圈梁连接，以提高房屋的整体性、强度与变形能力。墙体如用空心砌块砌筑时，可用钢筋插入上下贯通的砌块孔洞中，在孔洞内灌注混凝土，形成钢筋混凝土柱，增加房屋的抗震能力。

装配式大板结构　用预制混凝土墙板和楼板拼装成的房屋结构，是第二次世界大战后发展起来的一种工业化程度较高的建筑结构体系。主要优点是可以进行商品化生产，现场施工效率高，劳动强度低，自重较轻，结构强度与变形能力均比混合结构好。但造价较高，需用大型的运输吊装机械，平面布置不够灵活。

墙板按建筑功能分为内墙板和外墙板。内墙板主要用作承重构件，用单一材料做成。外墙板一般为非承重墙板，兼有保温、隔热、防水等功能，构造较为复杂，有的用多种材料做成复合墙板。墙板按所用材料不同分为混凝土空心墙板、实心墙板、轻集料混凝土墙板、工业废料混凝土墙板、振动砖墙板等。

装配式大板结构的连接构造是房屋能否充分发挥强度、保证必要的刚度和空间整体性能的关键。

现浇式墙板结构　墙体用混凝土现浇、楼板采用预制或现浇的房屋结构。主要优点是抗震性能好。与混合结构比较，墙面抹灰量大量减少，劳动强度减轻，用工量少；与装配式大板结构比较，施工简便，因此发展迅速，已成为中国地震区多层与高层住宅的主要结构形式之一。

现浇式墙板结构的墙体材料与建造方法可分为内外墙全部现浇混凝土及横墙与内纵墙现浇，外墙采用预制大板（简称内浇外挂）或砖、砌块（简称内浇外砌）两类，现浇墙体可采用定型模板（大模板、组合模板、隧道模模板）施工或采用滑模、提模方法施工。楼板采用现浇混凝土楼板、预制条形板或整块板，楼板宜做成连续板，以提高房屋的整体性。内浇外砌的墙板结构应先砌外墙、后浇筑混凝土内墙，以保证内外墙结合良好。（夏靖华）

桥墩 pier 位于多孔桥梁的中间部位，支承相邻两跨上部结构的构筑物。其功能是将上部结构传来的荷载传给基础，并承受风力、流水压力及可能发生的地震力、冰压力、船只和漂流物的撞击力。

布置　桥墩的位置和桥梁上部结构的分跨布置密切相关，应通过技术经济比较决定（见**桥式方案设计**）。如跨河桥的桥墩应考虑到深水或不良地基对桥墩基础施工带来的各种困难，考虑冰凌、漂浮物或泥石流可能对桥墩施加的额外负荷；对地形陡峻的V形深谷，宜以较大跨度跨越，以避免设置高桥墩。

类型　桥墩按构造可分为实体墩、空心墩、柱式墩和框架式墩等。

实体墩　一般为混凝土或石砌的实体结构。墩身上设墩帽，下接基础。可分为实体重力式桥墩和实体轻型桥墩。①实体重力式桥墩。借自身较大的截面尺寸和重量承受竖直和水平方向的外力，具有坚固耐久、刚度大、防撞能力强等优点，但同时存在圬工量大、阻水面积大、地基负荷大等缺点。②实体轻型桥墩。一般采用强度较高的材料，显著减少了圬工体积，在一定程度上回避了重力式桥墩的缺陷，但抗冲击力较差。

实体桥墩多采用简单的流线型截面形状，如圆端墩、尖端墩、圆角形墩等，以便桥下水流顺畅绕过桥墩，减少阻水及基底冲刷。当水流方向变化不定或与桥梁斜交时，宜采用圆形墩。对受流冰影响的桥墩，应在上游端设破冰棱。非城市的旱桥及不受水流影响的桥墩宜采用便于施工的矩形截面。

空心墩　主要有部分镂空实体桥墩和薄壁空心桥墩。①部分镂空实体桥墩。在截面强度和刚度足以承担和平衡外力的前提条件下减少圬工数量，使结构更经济。②薄壁空心桥墩。一般采用强度高、墩身壁较薄的钢筋混凝土构件，壁厚一般为

30～50厘米。这种结构较大幅度削减了墩身自重，减轻了地基的负荷，使结构在外观上更加轻盈。

柱式墩　柱式墩具有美观、经济和施工方便等特点，特别适用于城市宽桥和立交桥。可分为独柱、双柱和多柱等形式。

柱式墩的一种变化形式是桩柱式墩，由单排或双排的混凝土桩与钢筋混凝土盖梁连接而成，其主要特点是减少单个柔性墩所受到的水平力，从而达到减小桩墩截面的目的。

框架式墩　框架式桥墩采用配筋混凝土构件组成平面框架作为墩身，支承上部结构，必要时可做成双层或多层框架。V形、Y形、X形墩也属于框架式墩，缩短了主梁跨径，降低了梁高，使桥梁的跨越能力有所提高。同时，桥梁整体结构造型更加轻巧美观，但施工较为复杂。

（杨詠昕）

桥涵水文　bridge hydrology　与桥涵工程的规划、设计、施工和运营管理有关的水文问题。桥涵水文的具体研究内容有：①根据河川水流运动的基本规律、河川水文及水文统计知识，从河流稳定程度出发，选择与确定跨河构筑物过河点。②合理确定跨河桥涵的设计流量。满足设计标准的流量称为设计流量，过水面积、达到的洪水位、水面宽度、水流速度及河床遭到的冲刷等与流量相关，设计流量过大会导致工程不经济，设计流量过小则不安全。③合理确定跨河桥涵跨径。跨河桥涵设计必须保证水流、水流所夹带的泥沙及水流表面的漂浮物（流冰、流木、流船）顺利宣泄与通过。因此，需要从安全和经济角度合理确定跨河桥涵跨径。④合理确定跨河桥涵基础埋深。跨河桥涵压缩河道会加剧河道的冲刷，桥梁墩台的局部阻水使桥梁墩台处的水流产生绕流、底流等水流的紊乱现象，造成对桥梁墩台附近的局部冲刷。因此，桥梁墩台基础的埋置深度与工程投资及跨河桥涵的安全息息相关。⑤设计河道中调制构筑物。调制构筑物是桥梁工程的重要组成部分，用以调节水流，使水流均匀、顺畅地通过桥孔，防止桥下断面和上下游附近的河床发生不利变形，确保桥梁工程的安全运行。

（龚维明）

桥梁爆破　demolition blasting of bridge　以爆破方式拆除桥梁上、下部结构，并严格控制有害效应的系列作业和技术。随着城市建设、公路、铁路等基础设施建设的迅速发展，一些老式桥梁跨度小、桥面宽度小、承载能力低，不能满足日益增长的交通需求，需拆除重建（图1）。

图1　江西宜春爆破拆除跨河桥

设计原则　桥梁爆破可分为上部结构拆除和桥墩拆除两类。无论是简支梁桥还是拱桥，桥墩和拱脚被爆破后，上部结构都会因重力作用而失稳塌落至地面，钢筋混凝土梁触地后会发生一定程度的解体破坏，部分刚度较大的梁体需二次破碎。钢筋混凝土结构桥墩和拱脚一般采用钻孔爆破方式实施破碎拆除。对于大型桥梁的桥墩，可从墩台顶采用潜孔钻机钻竖向孔，实施爆破拆除。①为使被拆桥梁不阻塞河道，应爆破桥梁的全部上部结构和桥墩桥台，并根据清运渣块的条件和能力，满足一定的块度要求。②为使新建水库库区桥梁不阻碍库区航道，可在截流蓄水前爆破桥梁的墩柱或上部结构使桥梁倒塌，其堆积高度低于设计允许最大高度时，可不考虑爆破破碎块度。③桥下无水或水深较浅时，可先进行桥梁下部结构爆破作业，使上部结构塌落至地面，然后再进行解体和破碎作业。④对原有桥梁进行改造时，需进行局部精细爆破，防止爆破对保留部分的影响。⑤爆破拆除桥梁应根据桥梁结构特点、拆除要求和周围环境等进行综合技术经济比较，设计拆除爆破方案。

爆破方法　根据受力情况不同，桥梁通常分为梁桥、拱桥、刚架桥、悬索桥和组合体系桥等。桥梁爆破拆除方法有钻孔爆破、水压爆破、聚能切割爆破和静态爆破等。

梁桥爆破拆除　对于简支梁桥和连续梁桥，宜采用“逐跨连续缓冲塌落和上部结构刚度同步削弱”模式进行一次性整体爆破拆除。

简支梁桥爆破拆除　多跨简支梁桥的每跨结构是相对独立的，其连续垮塌过程可视为单跨简支梁塌落过程在空间和时间上的延续，简支梁桥单跨长度通常在20米左右，跨间合理起爆时差为100～300毫秒。简支梁桥连续垮塌过程中，第一排桥墩爆破后，桥梁的上部结构先发生绕支点的转动塌落，第二排桥墩爆破后，上部结构将发生转动和自由落体的复合运动（图2）。

连续梁桥爆破拆除　多跨连续梁桥的每跨结构是相互影响、相互作用的，其连续垮塌过程也是连续的，跨间起爆时差可参照简支梁桥爆破拆除。连续梁桥连续垮塌形态见图3。

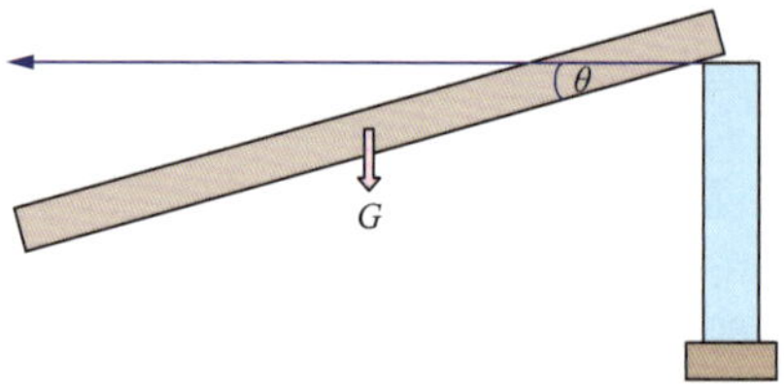

图2　简支梁桥塌落过程动力学模型示意图

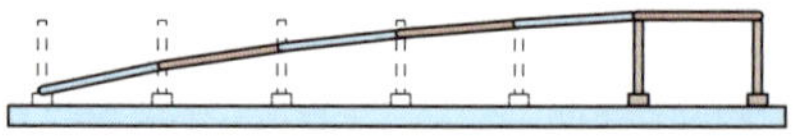

图3　连续梁桥连续垮塌形态示意图

刚构桥爆破拆除　采取数值模拟、模型试验等手段，分析不同跨间起爆时差条件下的梁体、未起爆墩柱的受力特性，确保刚构桥可靠失稳。

拱桥爆破拆除　根据拱桥的结构特点，拱桥爆破拆除核心是破坏拱脚，解除支撑。

圬工拱桥爆破拆除　用砖、石、混凝土建造的桥梁，爆破拆除的关键部位为桥墩、桥墩上部腹拱墩、拱圈结合部。桥墩采取在腹拱墩与拱圈夹角处钻设炮孔，实施爆破破碎，同时在腹拱墩与拱肋、拱脚处，布设炮孔，实现上部结构塌落。

钢筋混凝土拱桥爆破拆除　爆破前，切断桥拱两侧拱肋的底部和两侧的部分钢筋，以及两侧拱波与桥面之间的连接部分。爆破拆除每个桥拱两侧的衬拱、拱柱，待桥拱全部塌落后，再采用机械或爆破方法破碎剩余的桥面和桥梁。

钢管混凝土拱桥爆破拆除　宜采用定向倒塌的方式爆破拆除，爆点位置选在拱肋的4个拱脚位置，拱脚爆破点设在桥面附近的拱肋上，桥面以下的拱肋在爆破后采取机械方式拆除。钢管和腹板采取预切割或聚能爆破切割。

其他桥梁爆破拆除　主要是悬索桥和斜拉桥的爆破拆除，一般以索塔定向爆破为主，兼顾梁体的爆破破碎。悬索桥爆破拆除时，桥塔与主缆索分步拆除，先用钻孔法爆破拆除桥塔，使吊桥上部结构全部倒塌，然后再用机械方式切断主缆索。斜拉桥爆破拆除时，采用钻孔法爆破拆除索塔及相邻两跨上部结构的中肋和边肋，采用水压爆破方法破碎箱梁结构的隔板、顶板和底板，采用钻孔法爆破拆除桥梁的下部结构。

（姚颖康　黄小武）

桥梁颤振 aerodynamic flutter of bridge 桥梁结构在流动空气作用下会产生振动，振动结构受惯性力、弹性力和空气动力的耦合作用而发生大幅振动，并且从流动空气中不断吸收能量，当该能量大于结构阻尼在振动中所耗散的能量时而出现的振动发散现象。桥梁颤振是一种空气动力作用下结构弹性振动失稳现象，表现为气流与结构之间的发散性的自激振动。当桥梁结构具有流线型断面时，气流的流动速度主要影响或改变了流线型断面结构的扭转和弯曲自由度运动之间的振幅和相位，从而引起不同自由度之间的耦合振动和气动负阻尼，导致扭弯耦合颤振。1940年，美国华盛顿州塔科马大桥就是因为发生桥梁颤振而坍塌。

理论分析 桥梁颤振理论分析可以确定颤振临界风速和振动模态，应用最多的分析方法是三维桥梁颤振分析。三维桥梁颤振分析方法是由美国学者R.H.斯坎伦在20世纪60年代提出的，通过引入6～18个用节段模型试验方法识别的颤振导数来描述作用在结构上的气动力，并且将气动力作用在三维桥梁结构上，采用桥梁结构一阶竖向弯曲模态和一阶扭转振动模态耦合，求解颤振特征值，最终确定出颤振临界风速、频率和振型，该分析方法实质上是频域求解的两模态颤振分析方法。

20世纪80年代初，中国学者项海帆和谢霁明发现斜拉桥颤振振型比基于机翼弯扭两模态的悬索桥颤振振型更加复杂、参与颤振的模态更多，率先将频域两模态近似分析方法拓展到了时域多模态颤振分析方法，首次成功应用于中国上海南浦大桥——大跨度斜拉桥多模态颤振分析。80年代末，英国学者T.J.A.阿格在频域内将颤振方程转化为一种不对称实矩阵的特征值求解问题，采用风速和频率两个参数迭代求解方法，建立了频域多模态两参数颤振分析方法。90年代初，中国学者陈政清在阿格方法的基础上，将颤振分析转化为复矩阵的广义特征值问题，并建立了多模态单参数颤振分析方法，简化了参数、提高了计算效率。此外，美国学者A.内密尼和P.阿尔布雷克特等将用于机翼颤振分析的p-k法推广到大跨度斜拉桥颤振分析中，美国学者N.P.琼斯和R.H.斯坎伦等提出了直接利用行列式搜索法求解广义特征值问题，简化了参与模态较少时的多模态颤振分析过程。

由于多模态叠加方法只是基于所选振动模态的一种近似的分析方法，所以一些学者开始探索基于桥梁结构有限元模型的精确分析方法。20世纪90年代，日本学者基于结构阻尼为零的假定，将频域内包含全部桥梁结构模态的颤振方程表示为复特征值方程，采用大容量和高性能计算机可以迭代求取全部复特征值，被称为直接计算法。20世纪末，中国学者葛耀君和加拿大学者田中宏提出了类似于直接计算法的三维桥梁颤振全模态分析方法，该方法可以包含三维桥梁结构有限元模型的全部模态和各模态的结构阻尼，采用了非对称实数矩阵复特征值求解的高效方法——QR相似变换和矢量逆迭代相结合的方法，直接迭代求解部分复特征值，极大地提高了计算效率，可以在普通台式机上实现分析计算，被称为三维桥梁颤振的精确分析方法。

风洞试验 确定颤振临界风速和振动模态最可靠的方法。重大桥梁工程一般都需要通过风洞试验方法确定其抗风性能特别是颤振稳定性能，主要包括节段模型试验和全桥气弹模型试验两种方法。

桥梁颤振的节段模型试验一般是在低速风洞中进行的，主要试验模型是将桥梁主梁标准段的外形按照一定几何缩尺比制作成外形相似的刚性节段模型，并配以满足相似要求的质量和质量惯矩，采用刚度模拟实际结构竖弯振动和扭转振动频率的弹簧，将主梁节段模型弹性悬挂在风洞试验段内进行吹风试验，采用力、位移或加速度传感器测量不同风洞风速下刚性节段模型的振动频率、振幅等参数，当振幅开始发散时，确定出颤振临界风速和频率。桥梁颤振节段模型测振试验装置见图1。

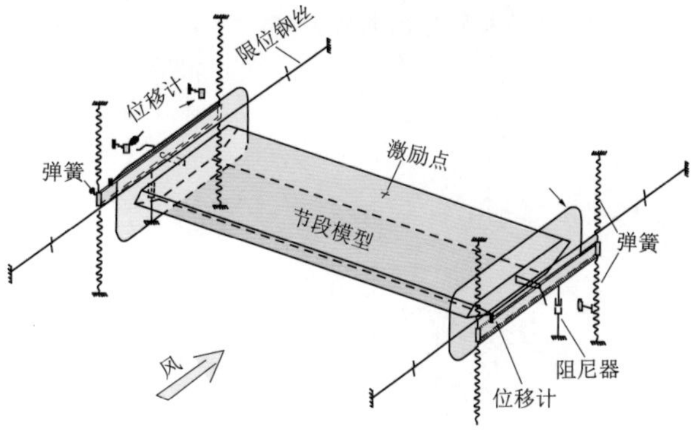

图1 桥梁颤振节段模型测振试验示意图

桥梁颤振的全桥模型测振试验是在边界层风洞中进行的，试验模型是严格按照几何相似、流场相似和动力相似条件设计制作的全桥气弹模型，包含实际桥梁中所有主要构件和附属构件，并确保外形相似、刚度相似和质量及质量惯矩相似的足够精度，并将全桥气弹模型固定在边界层风洞试验段内进行吹风试验，采用力、位移或加速度传感器测量不同风洞风速下全桥气弹模型的振动频率、振幅和振型等参数，当振幅开始发散时，确定出颤振临界风速、频率和振型。桥梁颤振全桥气弹模型测振试验装置见图2。

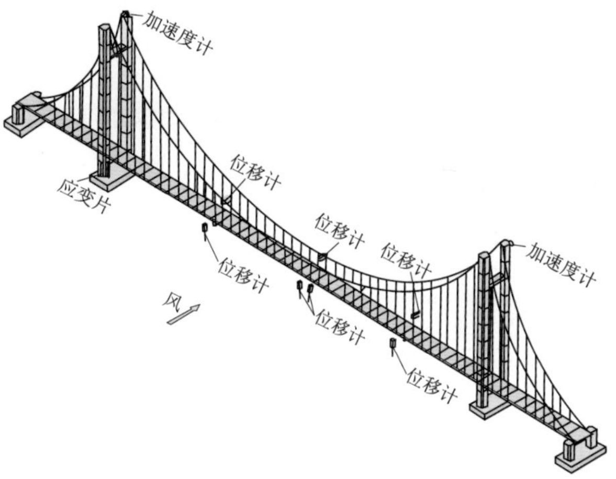

图2 桥梁颤振全桥气弹模型测振试验示意图

控制措施 桥梁颤振可以采用气动措施、结构措施和机械措施等提高颤振临界风速，主要采用的是气动控制措施，也就是对主梁周围气流流态进行动态干扰并达到颤振控制目的的有效措施。

1987年，在中国上海南浦大桥颤振控制中，采用了在结合梁两侧增设裙板的方法提高颤振临界风速（图3），该裙板颤振控制措施还分别应用于2003年建成的中国青州闽江大桥和2005年建成的中国柳州红光大桥。1997年，在中国香港青马大桥颤振控制中，采用了钢桁架梁外包钢箱，并留中央槽的方法提高颤振临界风速（图4）。1999年，在日本明石海峡大桥颤振控制中，采用了钢桁梁桥面中间开槽加竖条的方法

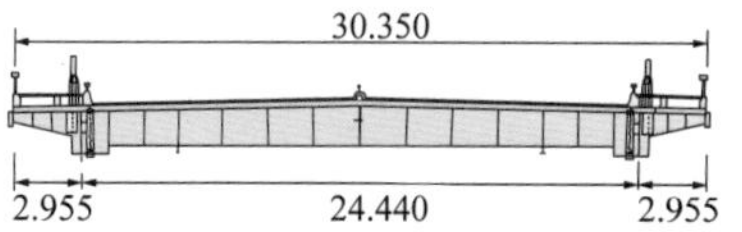

图3 中国上海南浦大桥裙板颤振控制措施示意图（单位：米）

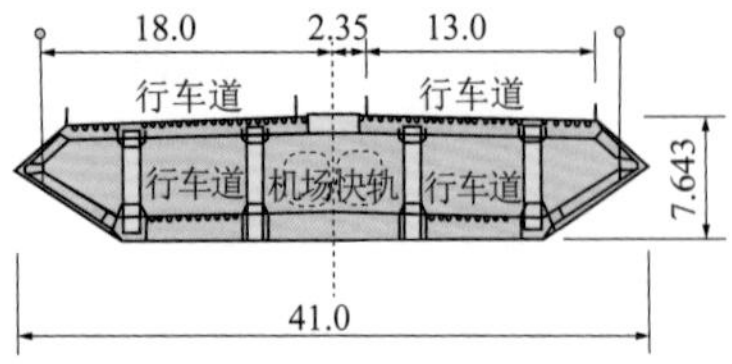

图4　中国香港青马大桥中央开槽颤振控制措施（单位：米）

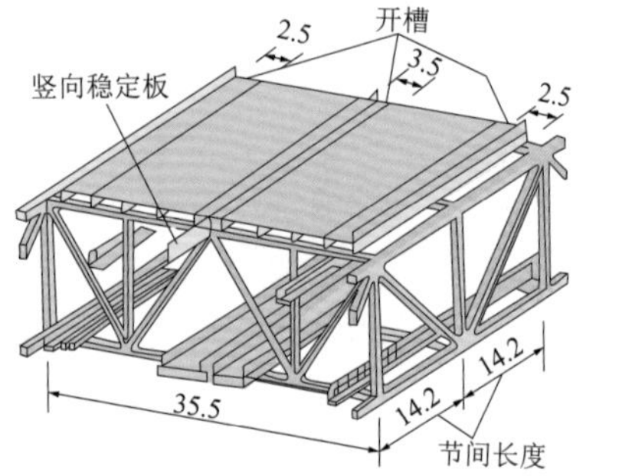

图5　日本明石海峡大桥中央开槽加竖条颤振控制措施（单位：米）

提高颤振临界风速（图5）。

2005年，在中国润扬长江大桥颤振控制中，采用桥面上中央稳定板的方法提

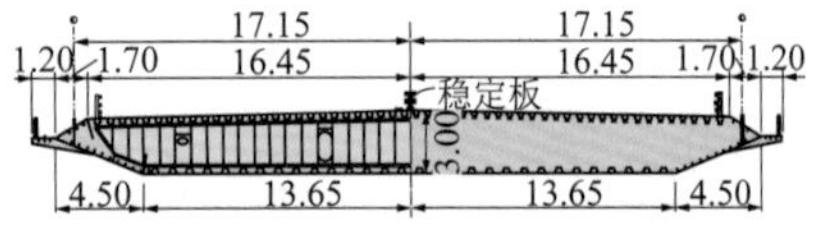

图6　中国润扬长江大桥中央稳定板颤振控制措施（单位：米）

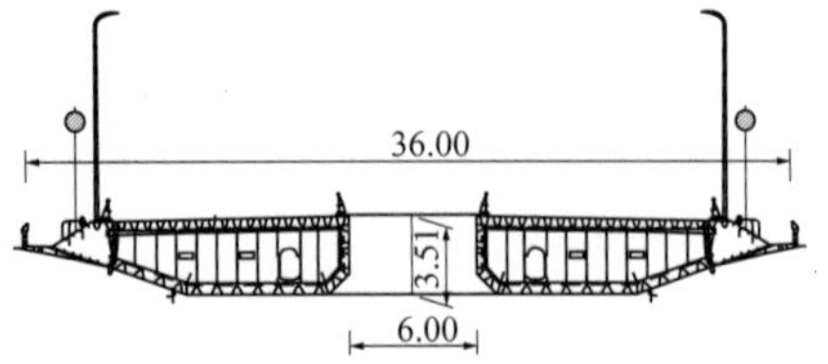

图7　中国舟山西堠门大桥分体式钢箱梁颤振控制措施（单位：米）

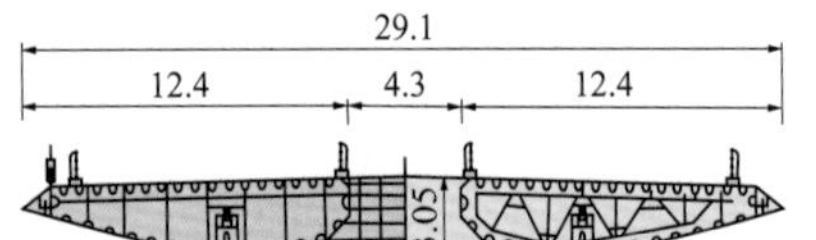

图8　韩国李舜臣大桥分体式钢箱梁颤振控制措施（单位：米）

高颤振临界风速（图6）。2009年，在中国舟山西堠门大桥颤振控制中，率先采用了分体式钢箱梁的方法进行颤振控制（图7），将整体式钢箱梁的颤振临界风速提高30%左右。2012年，韩国李舜臣大桥颤振控制中，再次采用了分体式钢箱梁的方法提高颤振临界风速（图8）。　（葛耀君）

桥梁船撞破坏事故　Bridge ship collision damage accident　桥梁受到船舶撞击后所发生的结构倒塌事故。典型的桥梁船撞破坏事故是广东九江大桥因受船舶撞击桥墩发生倒塌事故。广东九江大桥位于广东省佛山市南海区九江镇与鹤山市杰洲之间，跨越珠江水系西江主干流。其中主桥由两孔160米（跨为2×160米）独塔混凝土斜拉桥与21孔50米连续箱梁组成，全长1370米，引桥由20孔16米先张法预应力混凝土空心板组成，全长320米，塔高80米（自桥面起）。于1985年9月开工，1988年6月正式建成通车。

2007年6月15日4时许，一条长70米左右的运沙船满载2000吨左右河沙行至九江大桥河面，因雾天偏离主航道，试图从九江大桥主航道旁的一个桥孔穿行，导致运沙船撞到桥墩，大桥23号、24号以及25号桥墩倒塌，九江大桥靠鹤山段200多米的桥面坍塌，使得正在桥上行驶的四辆汽车落入江中损毁，车内6人以及两名大桥施工人员落水死亡，造成4500万元的经济损失。　（李建中）

桥梁风毁事故　bridge wind damage accident　桥梁强风作用下结构风毁倒塌事故。重大桥梁风毁事故主要有泰湾大桥通航孔锻铁铆接桁架风毁倒塌事故、塔科马大桥悬索桥风振倒塌事故。

泰湾大桥事故　泰湾大桥位于苏格兰高地的泰湾，是连接苏格兰两个重要城市爱丁堡和邓迪的铁路干线上的重要桥梁。泰湾大桥于1877年9月建成，1878年5月31日正式通车，是当时世界上最长的铁路大桥。这座单线铁路大桥全长约3500米，上部结构全部为锻铁铆接桁架，一共85跨。其中有13跨是下承式桁架，位于通航区域，称为“高桁梁”，由11跨245英尺（约75米）跨度和2跨227英尺（约69米）的格构式桁架构成。

1879年12月28日傍晚，一辆载有75名乘客和车组人员的6节车厢的列车，顶着海湾冬季的阵风过桥，驶至高桁架时，泰湾大桥的中央通航孔桁梁（高桁梁）连带下部支撑塔架全部垮塌，整列火车坠入桥下的冰水中，无人生还。

桥梁业界对泰湾大桥事故最直接的反应是立刻着手检查所有的铸铁桥，将全部的铸铁受拉构件用钢构件取代。与此同时，铁路公司委派大量工程师对泰湾大桥设计师托马斯·鲍奇以往设计的桥梁进行全面检查。这些桥梁大部分都进行重新加固，由原来的单线铁路改为双线铁路，将基础加宽，增加结构的稳定性。

事故调查法庭在1880年夏天签发的两份调查报告中综合了导致泰湾大桥垮塌的原因，共有11条。这些原因涵盖了材料质量，设计对横向风荷载考虑不够，桁架空心墩的横向稳定性不足，桥墩连接细节的不完善和制造缺陷，也涉及了施工过程的监管不力以及使用后的维护不周等。

泰湾大桥事故是“法工程学”中的经典案例，也许是第一个有正式调查报告的桥梁工程事故案例。这个案例的调查过程、毁损的桥梁残片的收集、现场和周围环境的取证拍照、对目击者的询访、对泰湾大桥破坏的残片和留存结构上取样进行的力学试验、法庭上的质询报告，都成为此后工程事故调查和事故重现的样板。不仅如此，泰湾大桥事故调查留存的材料也为后来的结构工程师对这次事故的再分析提供了翔实的第一手资料。

塔科马大桥事故　塔科马大桥位于美国华盛顿州，1940年7月1日建成通车，是一座主跨为853.4米的悬索桥，也是当时世界上第三大跨度的悬索桥。加劲梁采用工字型钢板梁，其宽度为12米、高度为2.4米，加劲梁宽跨比1∶71、高跨比1∶355，这种极端的长细比是设计者L.莫伊塞夫把挠度理论应用到极致的结果。

大桥建成通车后不久，就出现微风吹拂下竖桥向和横桥向振动甚至扭曲振动的情况。司机在桥上驾车，可以见到另一端的汽车随着桥面的振动一会儿消失一会儿出现。因为这种现象的存在，当地人将大桥称为“舞动的格蒂”。然而，当时人们仍然认为桥梁的结构强度和刚度足以支撑大桥。1940年11月7日上午11点左右，大桥在桥位记录风速约19米/秒时，在已经出现竖向振动的情况下突然激发出扭转振动，随着扭转振幅不断增大，吊杆首先出现了断裂，紧接着加劲梁折断、主缆移位滑落，最终导致整座桥梁上部结构风毁。

事故发生后，美国联邦政府组成了事故调查小组对事故原因进行调查。调查发现：大桥建成通车后经常发生竖向弯曲风致振动，在风速3～6米/秒时就出现过第一阶和第二阶对称竖向弯曲振型的风致振动，双峰振幅可达0.6～0.8米；大桥风毁的当天，桥位风速大约在18～22米/秒，曾经出现了数小时的第七阶和第八阶非对称竖向弯曲振型的风致振动；当风速达到19米/秒时，突然出现了扭转振动第一阶非对称振型的风致振动，并伴随着横向弯曲振动，扭转振动的振幅几乎达到了45°左右，最后导致桥梁风毁坍塌。虽然调查小组最终没有给出明确的风毁破坏原因，但是提出三种可能性，即桥梁自激振动导致空气动力失稳、周期性旋涡激发的风致振动、自然风中脉动分量的湍流激励。

1950年10月14日建成通车的新桥（又

称西侧桥）主跨仍然是853米，加劲梁则对钢板梁的气动性能进行了改善，全长比老桥增加了12米，桥下通航净空57米，设计日车流量为6万辆。随着交通量的增长，2007年7月15日又建成了平行于西侧桥的东侧桥，虽然主跨保持不变，但是加劲梁改用了钢桁梁。现在西侧桥和东侧桥都是单行桥梁，各承担一个方向过桥车辆通行。（尹德兰 葛耀君）

桥梁附属设施 bridge ancillary facility 为保证桥梁正常使用和养护维修而配置的设备和构造。桥梁附属设施主要包括：①支座。架设于墩台上、顶面支承桥梁上部结构的装置，将桥跨结构上的各种荷载反力传递到墩台上，同时保证桥跨结构所要求的位移和转动。②伸缩装置。设于桥梁上部结构活动端、桥面断缝处，用以保证上部结构在温度变化、混凝土收缩和徐变以及荷载作用下的变位能够实现，并能保证行车平顺。③桥面铺装。铺设在桥梁行车道板上的保护层，防止车辆轮胎或履带直接磨耗行车道板，保护主梁免受雨水侵蚀，并对车辆轮重的集中荷载起分布作用。④铁路桥面。铁路桥梁供列车和行人走行的部分，由轨道结构和附属设施组成。⑤护栏。设置在行车道或人行道两侧、以保护车辆或行人安全过桥的防护设施。

此外，桥梁附属设施还包括灯柱、安全带、人行道、排水系统、风障、挡墙、护坡、导流堤、检查设备、检修通道、导航装置、除湿系统、防雷系统、防撞构造、隔音屏、标示牌等。（葛耀君）

桥梁工程 bridge engineering 土木工程的一个重要分支，包括桥梁的勘测、设计、施工、监测、养护和检定等工作过程，以及实施这一过程的科学试验。桥梁是一种跨越障碍的交通功能结构物，也是反映时代特征的景观工程，尤其是建在人口密集的城市桥梁，其景观功能和美学价值应当得到足够的重视。桥梁又是各类交通网络中的节点和关键性工程，具有重要的战略地位，对于经济发展、文化交流和国防建设都有十分重要的作用。

不论是铁路桥梁、公路桥梁还是城市桥梁，必须遵守“安全、适用、经济、美观”八字方针。在21世纪可持续发展的新理念指导下，还应增加“耐久”和“环保”两项原则。

发展历史　古代桥梁以木、石、藤等天然材料为主，供人、畜通行，少量采用铸铁拱桥和铁链索桥以跨越较宽的河谷。工业革命以后出现了铁路，发明了钢材。铁路钢桥的需求推动了桥梁技术和设计理论的创新和进步，使桥梁跨度不断被突破，从图中所示的各类桥梁的跨度增长中，可反映出桥梁技术水平的发展进程。现代主要使用的桥式几乎都能在古代找到起源。在最基本的3种桥式中，梁式桥起源于模仿倒伏于溪沟上的树木而建成的独木桥，由此演变为木梁桥和更为耐用的石梁桥，以及19世纪受房屋的木桁架启发演变而来的桁架梁桥；拱桥起源于“天生桥”和叠涩拱而建成的石拱桥，演变为木拱桥和铸铁拱桥；悬索桥起源于模仿天然生长的跨越深沟可资攀缘的藤条而建成的索桥，演变为铁索桥、柔式悬索桥，直至有加劲梁的悬索桥。

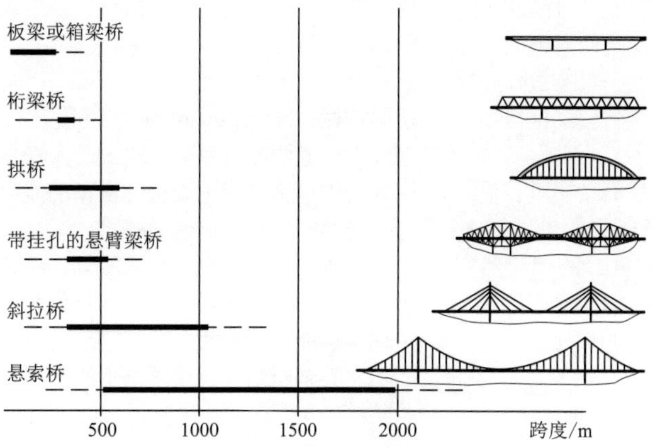

各类桥梁的跨度发展示意图

有了铁路以后，原来的木桥、石桥、铁桥和桥梁基础施工技术难以适应需要，到19世纪末叶，结构力学基础知识的传播、钢材的大量供应、气压沉箱应用技术的成熟，使铁路桥梁工程获得迅速发展。20世纪初，北美洲曾在铁路钢桥跨度方面连创世界纪录。到第二次世界大战前，公路钢桥和钢筋混凝土桥的跨度纪录又都超过了铁路钢桥。

第二次世界大战后，大量被破坏的桥梁亟待修复，新桥急需修建，而造桥钢材短缺，于是，利用30年代以来所积累的关于高强材料和高效工艺（焊接、预应力张拉及锚固、高强度螺栓施工工艺等）的经验，出现了几种新型桥：用正交异性桥面板的钢箱梁桥、预应力混凝土桥和斜拉桥。60年代以来，汽车运输增长，欧美各国进入了城市化和高速公路建设的高峰期，加上计算机和有限元法的问世，科学技术迅猛发展，创造了很多完全不同于第二次世界大战前的新理论、新材料、新桥型、新施工工艺和新监测技术，使现代桥梁工程在提高质量、降低造价、降低桥梁养护费等方面获得了很大进步。

主要内容　桥梁工程的主要内容包括勘测、设计、施工、监测、养护、检定、试验等方面。①桥梁勘测。通过对水文、地质、地形的勘测以及考虑线路的连接，进行桥址选择。决定桥梁孔径，考虑通航和线路要求以确定桥面高程，考虑基底不受冲刷或冻胀以确定基础埋置深度，设计导流建筑物等。②桥式方案设计。根据设计任务书编制各种可能采用的桥式方案，进行技术经济比较，提出推荐方案，提供给建设单位进行决策。③桥梁结构设计。为选定的桥式进行结构分析，决定桥梁上部结构和下部结构的尺寸，绘制设计图。④桥梁施工。按现场和施工单位的具体条件选择施工方法，进行施工组织设计和施工监控，按设计建造桥梁。⑤桥梁监测。在桥梁建成通车后，通过预先布设的传感系统，由桥梁管理单位进行实时的桥梁健康监测。⑥桥梁养护。延长桥梁寿命，保证使用安全。⑦桥梁检定。确定既有桥梁所能安全承受的活荷载和抗洪能力。⑧桥梁试验。测定实桥或模型在荷载下的应变、位移及振动等行为，与计算或预期效果进行对比，为桥梁设计及其科学技术的发展积累资料。

面临任务　21世纪桥梁工程面临的主要任务是：①建造跨越深宽海峡的特大跨度（超千米）桥梁和超深水基础，以期使世界各大洲（除大洋洲外）可以用陆路相连，形成全球交通网。②采用高性能材料建造大、中、小各类跨度的桥梁，特别是发展钢与混凝土组合结构桥梁，并进一步延长其使用寿命。③采用更先进的技术，检测和维护大量运营中的桥梁，保证其在寿命期内的安全，以体现可持续发展的理念。

面对21世纪桥梁工程的主要任务，未来桥梁工程的发展趋势是：①在桥梁规划和设计阶段，高度发展的计算机辅助手段使得有效、快速的优化和仿真分析成为可能，虚拟现实（VR）技术可以十分逼真地再现桥梁建成后的外型、功能及其在地震和台风袭击下的表现。②在桥梁制造和架设阶段，智能化的制造系统能在工厂内完成部件的加工，然后用全球定位系统（GPS）和遥控技术，在远离工地的总部管理和控制桥梁施工。③在桥梁设计、运营和养护阶段，通过建筑信息模型保证桥梁的安全和正常运行，一旦有故障或损伤，健康诊断和专家系统将自动报告损伤部位和维修对策。

长大而又雄伟、轻质而又超重、基深而又墩高的桥梁工程是未来的发展方向；这些工程将挑战宽阔海峡、抵御自然灾害、挑战地球力量，并且担负着连接人与人、国与国、大陆与大陆的重任。

（钱冬生　项海帆）

桥梁工程应急抢修　emergency repair of bridge engineering　在灾害发生后，为保证桥梁工程尽快恢复其全部或部分使用功能，临时利用相关工程技术、装备器材、专业队伍实施的快速修复。桥梁工程在平时可能遭受各种自然灾害（如地震、泥石流、滑坡、洪涝、台风等）、事故灾害（如火灾、冲击、爆炸、施工过程等）和恐怖袭击以及战时武器打击。在各种灾害作用下，桥梁工程常见的破坏形式为上部结构、墩台、基础等部位的毁坏。

桥梁工程应急抢修按照桥型可分为对梁桥、拱桥、斜拉桥和悬索桥的应急抢修；按照抢修部位可分为对桥梁上部结构和下部结构的应急抢修。主要应急抢修方法包括利用装备器材架设临时桥梁跨越已破坏的原有桥梁、架设临时桥墩进行下部支撑、高压喷射注浆加固基础等。①桥上架桥方法。利用装备器材，在原有桥梁桥墩（台）上架设临时桥梁的方法，适用于原桥下部结构完好，或下部桥墩小范围损坏、能搭设临时结构支撑上部梁体，或上部梁体结构发生损坏但还保留了部分功能的情况。新架桥梁一般可以采用公路钢桥，抢修架设时间短，承载能力较强。②架设临时桥墩方法。架设临时桥墩进行下部支撑后，改变结构体系（如使上部结构由单跨简支变为多跨连续），从而达到对受损桥梁加固的目的。此方法施工工艺简单，常用于桥梁工程重大灾害应急抢修。常用的临时支撑形式有临时墩支撑和满堂支架支撑。前者多用于代替受损严重桥墩对桥梁进行支承；对于小跨径桥梁，可直接采用满堂支架形式。③高压喷射注浆加固基础法。利用钻机钻孔，把带有喷嘴的注浆管插至土层的预定位置后，以高压设备使浆液成为20兆帕以上的高压射流喷入地基土层中，浆液凝固后，在土中形成固结体与桩间土一起构成复合地基，从而提高地基承载力，减少地基的变形，达到加固地基的目的。

常用器材装备主要有装配式公路钢桥、施工便梁、渡河桥梁器材、多用途浮箱和舟桥等。

（周建庭　刘思孟）

桥梁护栏　bridge guard rail　设置在行车道或人行道两侧以保护车辆或行人安全过桥的防护设施。根据设置位置和功能可以分为防撞护栏和人行道栏杆。

防撞护栏设置在行车道两侧，功能为封闭沿线两侧、诱导视线，同时具有吸收车辆碰撞能量、迫使失控车辆改变方向从而防止其越出路外、跌落桥下的作用。按照防撞性能可将防撞护栏分为刚性护栏、半刚性护栏和柔性护栏。①刚性护栏。是基本不变形的护栏结构，主要形式为混凝土护栏，是以一定形状的混凝土块相互连接而成的墙式结构，利用失控车辆碰撞后爬高并转向来吸收碰撞能量。②半刚性护栏。是连续的梁柱式护栏结构，具有一定的刚度和柔性，主要形式为波形梁护栏，是以波纹状钢护栏板相互连接、并由立柱支撑而成的连续结构，利用立柱和波形梁的变形来迫使失控车辆改变方向、吸收碰撞能量。③柔性护栏。为具有较大缓冲能力的韧性护栏结构，主要形式为缆索护栏，是以数根施加初张力的缆索固定于立柱上而成的结构，利用缆索的变形和拉应力来抵抗车辆碰撞、吸收碰撞能量。

人行道栏杆设置在人行道外侧，功能为遮拦行人、防止其跌落桥下并提供行人安全感。人行道栏杆既是桥梁的安全设施，又是其表面建筑，因此不仅要求坚固，也要有美观的艺术造型。常用混凝土、钢筋混凝土、钢、铸铁或钢与混凝土混合材料制作，高度一般为0.8～1.2米。

（杨詠昕）

桥梁基础　bridge foundation　桥梁最下部的结构。直接坐落在岩石或土地基上，其顶端连接桥墩或桥台，与桥墩、桥台合称为桥梁下部结构。桥梁基础的作用是承受上部结构传来的全部荷载，并把它们和下部结构荷载传递给地基。因此，为了全桥的安全和正常使用，要求地基和桥梁基础要有足够的强度、刚度和整体稳定性，确保桥梁基础不产生过大的水平变位或不均匀沉降。

与一般建筑物基础相比，桥梁基础埋置较深，其原因是：①作用在基础上的荷载大且集中，浅层土一般比较松软，很难承受住这种荷载，故必须把基础向下延伸，使基础底面（简称基底）置于承载力较高的地基上。②水中墩台基础会受到水流的冲刷，为防止冲刷基底造成桥梁沉陷或倾覆事故，桥梁基础必须有足够的埋深。一般规定桥梁的明挖、沉井、沉箱等基础的基底按其重要性和维修加固难易，应埋置在河床最低冲刷线以下至少2～5米。对于冻胀土地基，应将基底埋入冻结线以下不小于0.25米。对于陆地墩台基础，除考虑地基冻胀要求外，还要考虑生物和人类活动及其他自然因素对表土的破坏，基底应在地面以下不小于1.0米。对于城市桥梁，常把基顶置于最低水位或地面以下，以免影响市容。基顶平面尺寸应较墩台底的截面尺寸大，以利施工。

在水中修建桥梁基础，不仅场地狭窄、施工不便，还经常遇到汛期威胁及漂流物的撞击。在施工过程中如遇到水下障碍还需进行潜水作业。因此，修建水中基础一般工期长、技术复杂、易出事故、工程量大，造价常常占到整个桥梁造价的一半，故桥梁基础的修建在整个桥梁工程中占有很重要的地位。

按构造和施工方法不同，桥梁基础可分为明挖扩大基础、桩基础、沉井基础、沉箱基础、地下连续墙和复合基础等类型。

（刘成宇　撰　龚维明　修订）

桥梁技术经济　techno-economy of bridge　桥梁工程设计、施工和使用全过程技术方案的分析、评价、论证和选优。其目的是为确定桥梁的经济寿命和选择合理的建设方案提供决策依据。桥梁是公路或铁路路网总体的组成部分，应根据线路设计的要求和建桥地点，水文、地质、气象、地形等自然条件，研究桥梁的合理布局，确定其通过能力和载重等级。桥梁工程技术经济的主要内容包括：①通航河道船舶和排筏的调查和预测，桥下通航净空的确定。②桥梁结构和材料的选择。③对一次建成或分期扩展等不同技术方案，根据投资效益大小，提出取舍的依据。④对不利的自然条件，如台风、洪水、地震等，还须根据桥梁的经济寿命，以概率论的方法确定经济合理的设计机遇率和等级。

桥梁工程技术经济指标主要有总建造费用或年投资总额、投资回收期或全寿命净现值、主要材料和人工耗用量以及工期等。此外，还要考虑桥梁的艺术效果，以及采用新技术对桥梁寿命和桥梁建设的长远影响等因素，做出全面的综合评价。

21世纪以来提出了全寿命周期造价分析和结构可持续设计的理念。前者强调技术经济分析中不仅考虑建造期的投资，还应包括结构整个寿命周期中前期规划、建成后服役期的维护管理，以及最终拆除的费用。后者还强调对环境的影响评估。

（唐嘉衣　撰　孙利民　修订）

桥梁检定 bridge rating 为保证桥梁功能正常和结构安全，对其进行调查研究、掌握其使用状态、评定供用条件、并提出养护或加固措施的工作。即桥梁检查与评定。桥梁检定也为积累技术资料，完善桥梁计算理论，提升桥梁管理技术的科学性创造条件。

不同年代修建的桥梁，因采用的设计规范、材料、计算和施工方法的局限，可能不再适应当前的条件，不能满足列车、车辆荷载的增长和车速提高的要求，需要对它们进行检定。在桥梁遭受自然因素侵蚀、自然灾害或战争的破坏而需要进行修复、加固时，也需要进行检定。桥梁检定的主要目的是为了充分利用既有桥梁的潜力，节约投资。

桥梁检定的主要工作内容：①确定桥梁的承载能力，确定其供用条件。②进行桥梁孔径和冲刷检算，判断桥梁的抗洪能力。③分析桥梁的病害，提出养护措施和整治意见。④对交付运营的特大桥、新型桥和加固后的桥，进行竣工检定，以检验设计和施工的质量和效果。

桥梁检定的方法包括检查、检算和试验。①检定检查，是测定桥梁结构各部和杆件截面的既有尺寸，检查各部分的病害及缺陷情况。②检定检算，是根据结构的既有尺寸、实际截面的大小和材料的容许应力，反求结构的承载能力；对于桥梁孔径和冲刷的检算则是根据桥梁的既有标高、孔径大小和基础埋置深度以及水文、河床地质资料，反求桥梁的排洪能力。③检定试验，一般分为静载和动载两部分（见**桥梁试验**），它可用来直接了解桥梁结构在荷载作用下的工作状态，并推算其承载能力。

对旧桥的检定，一般以检查、检算为主，辅之以试验，而对新桥的检定则以试验为主。通过检查、检算和试验所决定的桥梁承载能力称检定承载能力。如果检定承载能力大于国家规定的标准活载，或大于实际运行的活载，则桥梁满足运营的要求，可继续使用；如小于运行活载，则桥梁应进行加固甚至改建，或降级使用。

（刘达文 撰 孙利民 修订）

桥梁检修设备 bridge inspection working platform 用于运送人员、工具和材料到指定位置，装备桥梁检测仪器对桥梁进行流动检测、维修作业的设备。包括带控制器的工作平台、伸展机构等。

分类 桥梁检修设备按移动方式可分为车载式和拖挂式。车载式桥梁检修设备又称桥梁检测车。是专用工作装置安装在

桥检车正在检测桥梁

汽车底盘上，加装控制系统与汽车底盘构成一体。桥梁检测车根据汽车底盘的不同，又分为公路式、轨行式及公铁两用式。拖挂式桥梁检修设备的特征是专用工作装置需要由卡车或其他汽车拖动移位。

根据工作装置的不同，桥梁检修设备又分为臂架式和桁架式。①臂架式桥梁检修设备。其检测和维修人员不能自由地从桥面进入平台或返回桥面，只能在工作平台收回到桥面以上后才能实现往返，检修过程中作业幅度小，受设备结构限制，需要经常移动和旋转工作平台，能够实现在桥下点阵式检修作业，作业效率相比桁架式桥梁检修设备低。②桁架式桥梁检修设备。采用通道式工作平台，稳定性好，承载能力大，配备内置式平台通道安全梯。使用时检修人员能方便地从桥面进入平台或返回桥面，同时提供一个相对较大的作业面，能够实现连续不间断作业。其检修范围广，作业效率较高。

特点 桥梁检修设备一般具有以下特点：①采用机、电、液、讯一体化技术，控制系统采用电液比例及自动伺服调平技术，能精确控制每一个细微动作。②一般采用一级伸缩、二级回转、三级变幅机构形成三维空间，6个自由度的空间运动体系，工作臂可跨越一定宽度和高度的障碍物，将工作平台伸至桥下，将工作人员和设备送到桥下幅度运行的任意作业位置。③工作平台加装过载保护系统，可实时监控作业平台负荷，超过设计负荷要求后报警并自动限制操作，确保检修作业的安全性。④工作平台具有自动液压水平调节功能，确保检修作业过程中工作平台始终与地平面保持水平。⑤一般在底盘上加装支腿稳定器，保证整车在桥下检修工作状态时慢速行驶的稳定性。⑥配有备用动力源，可在主动力源出现故障时为专用装置提供动力。（董 威）

桥梁建筑限界 clearance for bridge 为保证车辆（列车、汽车）安全通行，在线路横断面之上，在桥面（轨面）以上的一定宽度和高度范围内，设定的不允许任何设施及障碍物侵入的一块面积的轮廓线。中国公路部门称为桥涵净空，铁路部门称其为桥梁建筑限界。对位于曲线上的桥梁，建筑限界应根据相关规定予以加宽。对于跨越（或穿越）铁路或公路的**立交桥**（或地道桥），其桥下净空也应满足限界要求。

公路桥梁建筑限界 应符合交通运输部《公路工程技术标准》和《公路桥涵设计通用规范》中有关公路建筑限界和桥涵净空的规定（图1）。对高速公路和一级公路，分为整体式（设中间分隔带）和分离式两种情况。各尺寸的取值主要与公路等级、设计速度、车道数、车道宽度等有关。图1中各符号的含义是：W为行车道宽度，C为与设计速度相关的宽度值，S_1和S_2分别代表行车道左侧和右侧路缘带宽度，M_1和M_2分别为中间带及中央分隔带宽度，E为建筑限界顶角宽度，H为净高，L_1和L_2分别为左侧和右侧路肩宽度，L为侧向宽度。

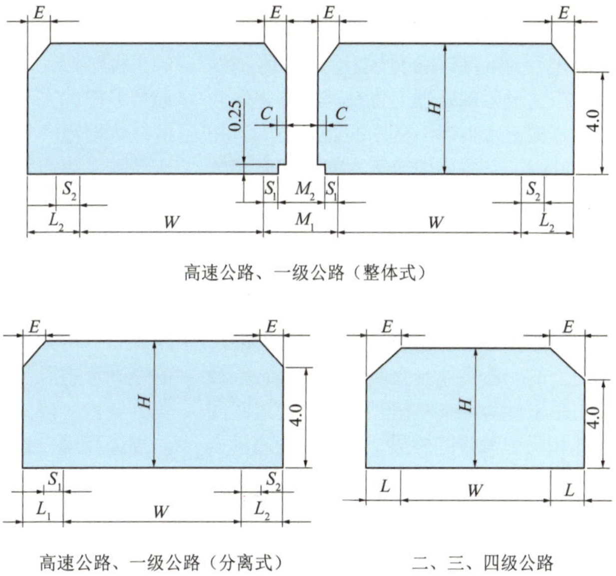

图1 公路桥梁建筑限界示意图（单位：米）

铁路桥梁建筑限界 铁路桥梁建筑限界应符合国标《标准轨距铁路限界》的规定（图2）。其中，桥限1（图2a）适用于新建和改建的蒸汽及内燃机车牵引的单线和双线铁路桥，桥限2（图2b）适用于新建和改建的电力机车牵引的单线和双线铁路桥。在采用上述限界时，货物列车的装

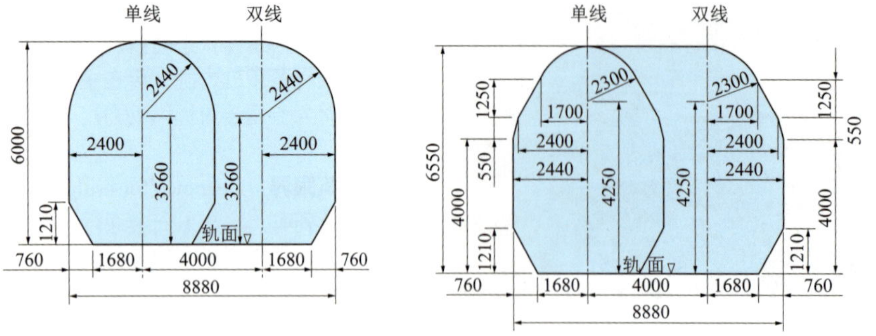

a 桥限1（蒸汽机车及内燃机车牵引区段）　　b 桥限2（电力机车牵引区段）

图2 铁路桥梁建筑限界示意图（单位：毫米）

载高度应不超过5.3米。高速铁路桥梁（行车速度250～350千米/时）和城际铁路桥梁（行车速度200千米/时及以下）的建筑限界（见**铁路建筑限界**）。

（车惠民　李亚东）

桥梁建筑艺术　aesthetics of bridge　运用独特的建筑艺术和技术语言，使桥梁建筑实体形象具有文化内涵和审美价值。建筑艺术是一种实用与审美相结合的空间造型艺术，其遵循美的一般规律。桥梁是为满足陆地交通而修建的开敞延伸的跨越结构，在建筑艺术处理上也有其特殊之处。

桥梁艺术内容　艺术的要点是内容和形式的统一。桥梁建筑艺术的内容主要体现在功能、材料和技术3个方面。

桥梁的主要功能是连接或延续线路，供车辆和人群等跨越障碍。为适应交通发展，以及桥梁承载和通行能力等功能要求，桥梁形式会随之变化。除主要功能外，历史上的一些桥梁也会具有商业性、宗教性、军事性等附加功能。这些经历过时间洗礼和历史考验的桥梁，其美学价值已得到世界的普遍公认。

建桥的主要材料历经天然的木、石到人造的钢材和混凝土。各种材料的物理性能存在差异，适用范围有所不同。随着材料科技的进步，钢材和混凝土可组合构成各种桥梁形式。另外，还可通过材料本身的色泽和质感，或者钢材和混凝土的表面涂装，来表现桥梁的建筑艺术。

桥梁科技是实现桥梁建筑艺术的坚实基础。桥梁科技的进步，促使桥梁形式大为改观，结构造型更为丰富，艺术形象更为多彩。

桥梁艺术形式　美的形式是协调的。协调是指桥梁与桥位处的自然生态环境和社会人文环境的和谐一致，以及桥梁自身各组成部分（上部和下部、正桥和引桥、主体和细节、结构和装饰等）之间的协调统一。

桥梁与周边的环境协调，可以采取对比的方法，也可以采取调和或融合的方法。桥梁自身的形式协调，可借助于比例与对称、统一与变化、主从与均衡、稳定与动势、光影与虚实、节奏与韵律等处理手段，并考虑线条、质感、色彩等的影响。桥梁建筑的美，应首先从桥梁主体的形式协调中获取。

当代桥梁的建筑特点是简洁明快、较少装饰，轻巧流畅、表现跨越，体现科技、协调环境。

桥梁艺术审美　桥梁不仅是跨越承载的工程结构，也是公共开放的大众建筑和造型多样的人工景观。桥梁建筑艺术的目的是体现社会和人文特色，表达时代和民族精神，为审美主体带来美感。

满足安全承载和交通顺畅的功能需求，是桥梁审美的基本前提。桥梁的形态美与和谐美，是桥梁艺术鉴赏的主要内容。桥梁形态美是指在不同角度、从不同距离欣赏桥梁造型时感受到的美感，桥梁的空间形态以及色彩和质感，是构成形态美的要素。桥梁和谐美是指桥梁建筑风格与周边环境一起构成的整体景观效果带来的美感。

（唐寰澄　李亚东）

桥梁健康监测　bridge health monitoring　为及时评估结构的技术状况、发现安全隐患，通过安装各种传感器等装置，而实施的对桥梁环境、荷载、结构响应的实时、连续、自动监测。20世纪80年代中后期，开始了桥梁健康监测系统方面的研究，并建立了各种规模的桥梁健康监测系统。中国自90年代中期开始桥梁健康监测方向的研究，已有1000余座桥梁安装了这类系统，如香港青马大桥、上海东海大桥等。大数据分析的思路和方法也开始在这一领域尝试应用。

设置桥梁健康监测系统的目的除了实时监测桥梁安全外，积累的监测数据还有助于定量分析结构的长期性能变化，为养护管理决策提供技术支撑。此外，监测结果还可用于验证设计理论和方法。

桥梁健康监测系统通常包括：安装于结构的传感器子系统；设置于桥上或桥址附近的数据采集子系统；设置在桥梁管理中心，由各类服务器、储存器、软件、数据库构成的数据分析评估子系统。从现场到服务器的数据传输可以通过专用光缆或采用无线网络。监测物理量通常包括大气温湿度、结构温度、风速风向、地面运动（强震区）、车辆荷载、结构形变、结构应变、结构振动、关键构件内力（如斜拉索索力）等。数据采集的采样频率需根据需求合理设定。评估子系统的软件功能一般要求能自动分析结构的特性指标及安全指标，能自动生成各种报表报告，直观明了地显示监测结果，当桥梁发生损伤或其他结构变化时能自动及时警报，并对存在的损伤做出诊断。

（孙利民）

桥梁结构健康监测系统　structural health monitoring system for bridge　采用先进的传感元件和数据采集设备，对各种类型桥梁所处环境、受到的荷载作用和结构响应等进行实时、在线监测，分析和评估桥梁关键部位服役状态、结构整体安全性能的系统。见**桥梁健康监测**。

桥梁结构抗风　wind resistance of bridge structure　在强风区建造的桥梁，需要有效预防和减轻风致灾害，以保证桥梁结构在施工阶段和成桥状态经受大风时具有足够的安全性。

桥梁抗风设计　当风受到结构物阻碍时，它的部分动能将转化为作用在结构物上的外力，这种外力就是所谓的风荷载。风绕过一般为非流线型（钝体）截面的桥梁结构时，会产生涡旋和流动的分离，形成复杂的空气作用力。当桥梁结构的跨度较小（200米以下）、刚度较大时，结构基本保持静止不动，这种空气力的作用只相当于静力作用，或静风荷载，其中包括平均风荷载和脉动风荷载。当桥梁结构跨度较大时（200米以上），较小的刚度使得结构振动很容易被激发，这时风的作用不仅具有静力特性，而且具有动力特性，或动风荷载。

风的动力作用激发了桥梁风致振动，而振动起来的桥梁又反过来影响空气的流动，改变空气作用力，形成风与结构的相互作用机制。当空气力受结构振动的影响较小时，空气作用力作为一种强迫力，导致桥梁结构的有限振幅强迫振动，主要包括桥梁抖振和**桥梁涡振**；当空气力受结构振动的影响较大时，受振动结构反馈制约的空气作用力，主要表现为一种自激力，导致桥梁结构的发散性自激振动，主要包括桥梁颤振和涡激共振。桥梁结构风荷载及其效应分类见表。

桥梁结构风荷载及其效应分类

<table>
<tr><th>荷载分类</th><th colspan="4">荷载效应</th><th>作用机理</th></tr>
<tr><td rowspan="3">静力作用</td><td colspan="4">平均风荷载引起的内力和变形</td><td>风压作用下的阻力、升力和升力矩</td></tr>
<tr><td colspan="2" rowspan="2">平均风荷载稳定</td><td colspan="2">扭转发散</td><td>平均风荷载引起的升力矩作用</td></tr>
<tr><td colspan="2">侧向屈曲</td><td>平均风荷载引起的阻力作用</td></tr>
<tr><td rowspan="5">动力作用</td><td colspan="2">脉动风荷载响应</td><td colspan="2" rowspan="2">限幅振动</td><td>脉动风荷载的涡流动力作用</td></tr>
<tr><td rowspan="4">自激振动</td><td>涡振</td><td>旋涡脱落产生的涡激力作用</td></tr>
<tr><td>驰振</td><td rowspan="2">单自由度</td><td rowspan="3">发散振动</td><td>自激升力的气动负阻尼效应</td></tr>
<tr><td>扭转颤振</td><td>自激升力矩的气动负阻尼效应</td></tr>
<tr><td>耦合颤振</td><td>多自由度</td><td>自激力耦合效应的气动负阻尼现象</td></tr>
</table>

桥梁抗风设计应遵循如下原则：①在设计使用期限内可能出现的最大风速下，结构不应发生毁坏性的发散性自激振动。②在最不利设计风荷载与其他荷载的共同组合下，结构应具有规定的强度和刚度，并不应发生静力失稳。③结构非破坏性风致振动的振幅应满足行车安全、疲劳强度和行车舒适度的要求。④结构的抗风能力可通过气动措施、结构措施和机械措施予以提高。

桥梁抗风措施　桥梁结构的抗风能力可通过气动措施、结构措施和机械措施予以提高。①气动措施，主要指改变构件的截面外形或附加能够改变气流绕流流态的附属物。②结构措施，主要指提高结构的刚度或质量、增加结构外部或内部约束等方法。③机械措施，主要指外加各种阻尼器，主要包括被动阻尼器、主动阻尼器和半主动阻尼器等。（葛耀君）

桥梁结构抗震　seismic resistance of bridge structure　为保证桥梁对可能发生的地震有足够安全性，或减轻桥梁震害以便于震后修复所采取的一系列措施。

桥梁震害　据统计，全世界每年发生的地震可达数百万次，但其中绝大多数是小地震，不为人们所感觉，只有极少量震级（M）在6级以上的地震会造成灾害。如1976年7月28日发生在中国唐山丰南的强地震（M=7.8），位于震区梁桥的震害主要是摆柱式支座倾倒、墩台倾斜，桩柱式墩的基桩折断，甚至墩倒梁落；2008年5月12日在中国四川汶川发生的强地震（M=8.0）对该地区的桥梁结构造成了严重损伤，震区内桥梁的典型震害特征包括支座移位，挡块、桥台、伸缩缝等破坏，部分桥梁由于梁体位移过大、搭接长度不足而发生了严重的落梁震害。在其他多地震国家如日本，桥梁震害也以中、小跨径的桥梁为多。1995年的日本神户地震（M=7.2）导致市内大量桥梁遭受严重损坏，如桥梁倒塌，钢拱桥风撑屈曲破坏等，致使交通几乎全部中断，经济运转受阻。

桥梁震害的主要起因包括：①在强烈地震时，地形地貌产生剧烈的变化（如地裂、断层等），河流两岸地层向河心滑移导致桥梁结构严重移位而破坏。②地震时砂土液化，地基失效，桥梁墩台基础大量下沉或不均匀下沉引起的桥梁破坏。③在地震惯性力作用下，桥梁结构某些部位产生的内力或变形超过结构构造和材料强度所能承受的限度，从而发生不同程度的破坏。

抗震设计　地震的震级、时间、地点难以准确预测或预报，但人类对地震灾害现象机理的认识在不断提高，同时对结构物抗震设计原则、抗震设计理论和方法进行了长期的研究。桥梁抗震主要是采用“小震不坏，中震可修，大震不倒”的抗震设计思想。世界上的地震多发国家（如日本、美国等）都根据本国的需求制定和颁布了相应的桥梁抗震设计规范。

1976年唐山地震后，中国开始开展桥梁抗震的系统研究工作，《铁路工程抗震设计规范》（GBJ 111—87）和《公路工程抗震设计规范》（JTJ 004—89）就是在以上研究成果的基础上形成的。进入20世纪90年代以来，结合中国大型桥梁抗震设计的需要，系统开展桥梁地震动态时程分析法和大跨度桥梁的抗震理论研究，针对大型桥梁的特点，提出二水准设防、二阶段设计的桥梁抗震准则，成果应用于中国自主建设的大桥的抗震设计。汶川地震后，基于对震害的认识和世界各国对桥梁抗震研究的成果，中国颁布的《公路桥梁抗震设计细则》（JTC/T B02-01—2008）和《城市桥梁抗震设计规范》（CJJ 166—2011）均采用了多级设防、多阶段设计的抗震设计思想，引入了基于性能抗震的设计思想。

桥梁抗震设计主要包含以下几个方面：①地震区桥位和桥型选择。桥位应选择在对抗震有利的地段，尽可能避免选择在软弱黏性土层、可液化土层和地层严重不均匀的地段，特别是发震断层地段。②在桥梁结构的抗震设计时根据桥梁抗震设防类型，选取对应的地震作用进行抗震设计。③设计方法。对一般桥梁工程，按规范所规定的方法进行结构抗震设计。采用动力分析方法，根据地震作用下结构的响应，使其控制在规范容许值的范围内来保证结构的抗震安全。

减隔震技术　桥梁抗震设计主要是考虑如何为结构提供抵抗地震作用的能力。一般来说，通过正确的抗震设计可以防止结构的倒塌，而结构构件的损伤是不可避免的。但在有些情况下，仅靠结构自身抵抗地震作用非常困难，需要付出很大的经济代价，因此须寻求更为有效的减、隔震技术。世界各国主要是利用减、隔震装置来延长结构周期、增加结构阻尼、耗散地震能量来达到减震效果。

自20世纪70年代以来，减、隔震技术在世界范围内引起广泛关注，在理论研究和工程应用中取得了巨大进展。经过近30年的研究，发展了叠层橡胶支座、铅芯橡胶支座、高阻尼橡胶支座、摆式支座等多种减、隔震支座，开发了具有黏滞、金属屈服和摩擦特性的减震、耗能装置。这些减、隔震支座和耗能装置已被广泛应用到建筑和桥梁结构中，取得了较好的效果。

桥梁减隔震技术在中国桥梁工程中已得到广泛的应用，如青岛海湾大桥非通航孔、港珠澳大桥非通航孔等许多重大桥梁工程都采用了桥梁减隔震技术。

抗震措施　为防止或减轻震害，提高结构抗震能力，对结构构造所做的改善和加强处理，通常称为抗震措施。世界各国的工程结构抗震规范对此都有明确的规定。对于桥梁结构，这些措施可归纳为：①对结构抗震的薄弱环节在构造上予以加强。②对结构各部加强整体联结。③对梁式桥，要在墩台上设置防止落梁装置。④加强桥梁支座的锚固。⑤加强墩台及基础结构的整体性，增强配筋，提高结构的延性。⑥对桥位处的不良土质应采取必要的土层加固措施。⑦须特别重视施工质量，如施工接缝处的强度保证等。（范立础）

桥梁结构抗撞　collision resistance of bridge structure　桥梁结构抵御船舶、漂流物、汽车、落石等撞击的能力。

桥梁抗撞设计　跨越江、河、海湾的桥梁，需要考虑船舶或漂流物对桥梁墩台可能产生的撞击作用；城市高架桥、跨越公路的立交桥需要考虑汽车对桥墩的冲击作用。船舶、汽车与桥梁的碰撞问题是一个多学科相互交叉的问题，涉及桥梁工程、交通工程、船舶工程、流体力学和碰撞动力学等。船舶、汽车和漂流物撞击作用的计算方法主要有经验公式法、简化解析法、有限元数值分析法以及试验方法。

桥梁防撞设施　设置桥梁防撞设施是为了避免或减小船舶或汽车撞击桥梁所导致的损伤和破坏。对于汽车撞击桥墩，主要是对易受到汽车撞击的结构构件的相关部位采取相应的构造措施来提高结构构件的抗撞击能力。

桥梁防船撞设施包含主动和被动防撞设施。①主动防撞设施。又称为不接触式设施。指在船有可能撞上桥梁时即发出信号加以引导，以防止船舶撞上桥梁的设施系统。主动防撞设施包含导助航、警示、预警、拦截和应急等方面，中国**港珠澳大桥**主桥、**苏通长江大桥**等桥梁都安装了主动防船撞设施系统。②被动防撞设施。又称接触式设施。分为独立式防撞设施系统、附着式防撞设施系统和人工岛防撞系统三大类。独立式防撞设施系统设置在桥墩的上游和下游位置，主要有墩柱式和沉井式。中国的广州江湾大桥和荆州长江公路大桥采用的就是独立式防撞设施系统。附着式防撞系统主要是在桥墩或承台上附着套箱或附着耗能组件以减小船舶对桥墩或承台的冲击作用，中国马鞍山长江大桥等桥梁均设置了附着式防撞系统。人工岛防撞指在桥墩的周围构筑一个小岛以防止船舶撞到桥墩。通常用沙或石做岛芯，并用厚的块石铺砌外层以防护波浪、水流和冰的作用。中国香港青马大桥就是使用人工岛防撞设施的桥梁。（李建中）

桥梁结构设计　structural design of bridge　根据桥梁设计任务书，按照桥梁总体设计（含桥式方案设计、桥梁建筑艺术、桥梁景观设计等）所选定的桥型而进行的结构设计。

设计内容　构造布置和尺寸拟定。按照已选定的桥式方案，进行构造布置和尺寸拟定，包括构件之间的连接及混凝土结构中的钢筋布置。①结构分析。拟定符合结构实际受力状态的计算图式，对结构开展静动力分析，求出结构内力；根据桥梁所处的环境，进行抗震（见**桥梁结构抗震**）和抗风（见**桥梁结构抗风**）分析等。②结构安全性和使用性能验算。按照设计规范的相关规定，验算结构各部件和连接构造的强度、刚度、稳定性以及耐久性。

设计规范　桥梁结构设计必须遵照有关的技术标准和规范。设计规范一般包括设计总则、荷载的取值及组合、材料的技术条件要求和取值、各类结构的构造要求，验算方法和公式等。中国公路桥梁设计规范包括《公路桥涵设计通用规范》以及与圬工、钢筋混凝土及预应力混凝土、地基与基础、钢结构相关的系列规范。中国铁路桥梁设计规范包括《铁路桥涵设计基本规范》以及与钢结构、钢筋混凝土和预应力混凝土、混凝土和砌体、地基和基础相关的系列规范。对**斜拉桥**、**悬索桥**、钢管混凝土拱桥、钢混组合桥梁、高速铁路桥梁、桥梁抗震和抗风等，也有相应的设计规范。

设计方法　包括**容许应力设计法**、破坏荷载法、**极限状态设计法**以及概率（极限状态）设计法。容许应力设计法以弹性理论为基础、要求结构或构件在荷载作用下的应力必须小于或等于规范规定的容许应力。破坏荷载法也称破坏阶段法，它以弹塑性理论为基础、要求在荷载作用下的构件内力必须小于或等于规范规定的构件抗力。极限状态设计法是以“极限状态”为特征的验算框架，并针对具体的极限状态采用合适的验算公式。概率（极限状态）设计法仍以极限状态作为结构的设计状态，但以失效概率或可靠指标来统一衡量结构的安全性和适用性。

（车惠民　李亚东）

桥梁景观设计　landscape design of bridge　以桥梁和桥位周边环境为景观主体或景观载体而创造的桥位人工风景设计。桥梁景观设计是桥梁景观与大地或城市景观尺度和谐统一的一部分，它包括对当地文化环境的尊重与共生、共融，以及桥梁建设对桥位周围的自然环境的合理保护。

设计内容　内容包括线形、造型、平面布局、色彩、肌理和装饰设计。美国景观设计要达到桥梁功能、美学、文化与技术的统一。桥梁作为公共建筑，是人类根据需要，利用物质和技术手段，在科学规律和美学法则支配下，创造出来的人工构造物，是人文科学、工程技术与艺术三位一体的产物。桥梁建筑以自身的实用性、固定性、永久性及艺术性影响并改变了人类的生活环境。

一般原则　桥梁景观设计应遵循形态美的一般原则，即协调与统一、主从与重点、对称与均衡、比例与尺度、稳定与动态、韵律与节奏。①协调与统一。一方面桥梁结构物与桥位处的自然景观和附近的人工建筑物一起构成人们的生活空间，桥梁建筑造型要达到与周围环境协调统一；另一方面桥梁各组成部分的功能和造型不同，这种差别与变化须在和谐和秩序中得到有机的统一。②主从与重点。在有若干要素组成的整体中，每个要素在整体中都占有一定的比重和地位。在功能特点上，桥梁有主体结构和附属结构之分；在结构受力体系上，有主要受力构件和次要受力构件之分，主桥与引桥、主孔与边孔、主体与附属存在主从差异，正是借着这种差异，才使桥梁形成一个完整协调的有机体。③对称与均衡。是造型美的基本法则之一。对称是同形同量的对称组合，对称的造型使人产生庄严整齐的美感。均衡是在非对称的构图中，以不等的距离形成力量（体量）的平衡感。均衡具有变化美，其结构特点是生动活泼、有动感。④比例与尺度。桥梁的比例与尺度体现在：桥梁结构整体或局部本身的三维尺寸关系、局部与局部之间的三维尺寸关系、桥梁结构实体与空间部分（一般称为虚实）的比例关系，另外还有凸出与凹进、高起与低落部分的比例关系等。⑤稳定与动态。桥梁结构处于平衡状态，各部分在实现功能作用的同时显示出平静、自信、坚固的形象。动态感是人对桥梁形象的感受，按距离不同分为远景、中景、近景和触摸景，人们距离桥梁的远近不同看到的桥梁形象不同。⑥韵律与节奏。韵律是物形的各要素渐变所形成的一种状态。有规律的变化和有秩序的重复所形成的节奏，能产生以条理性、重复性、连续性为特征的韵律感，给人以美的感受。韵律是一种重要的造型手法，桥梁建筑运用韵律非常普遍。

基本原则　桥梁景观设计遵循以下基本原则：①保证桥梁使用功能要求的原则。景观设计不能影响桥梁的交通功能，不能侵入通航净空限界影响通航；夜景灯光照度不能影响行车。②质量、安全为第一原则。以桥梁受力为主体的艺术造型美学设计应不降低结构承载能力、结构刚度、结构稳定和结构使用寿命。③以桥梁结构作为载体的景观建设项目，如夜景灯饰、涂装等不应影响工程质量和结构受力。④桥位周边景观是实施景观建设的重点对象，在城市规划和环境保护规划允许的前提条件下，运用艺术创新思维，全方位多角度展示桥梁景观的美学效应，展现景观资源。⑤环境保护和环境建设原则。桥梁景观建设应维护环境生态平衡，保护珍稀动植物和桥址处特有地质地貌，杜绝声、光、电对环境的污染。⑥尊重民风、民俗原则。在进行桥梁涂装和色彩选择时，不但要考虑与周边环境色调、桥梁造型相协调，还要考虑该地区的民风和民俗。

（肖汝诚）

桥梁类型 bridge type 采用不同方法区分的桥梁种类。桥梁分类方法有多种。可以按其结构体系、结构材料、用途、跨越障碍、平面形状和使用期限等方式进行桥型分类。

按结构体系分类 有**梁式桥**、**拱式桥**、刚架桥、**悬索桥**和**斜拉桥**（有时合称缆索承重桥）等基本体系，此外还有组合体系桥等。①梁式桥。以受弯为主，主梁作为其主要承重构件。②拱桥。主要承重构件是承受轴向压力的主拱圈。③刚架桥。主梁和墩台固结为整体，刚架构件既承受弯矩，也承受轴向力。④悬索桥。又称吊桥。是以受拉为主的缆索（或链索）作为主要承重构件，因材料强度利用充分，是跨越能力最大的桥型。⑤斜拉桥。又称斜张桥。由主梁、斜拉索和索塔等组成，其主梁的受力如同弹性支撑上的连续梁。⑥组合体系桥。由基本体系组合而成的桥梁。常用的有拱梁组合体系桥和索梁组合体系桥，因此斜拉桥和悬索桥亦可归入此类。

按桥梁结构的材料分类 有**木桥**、圬工桥（包括砖、石、素混凝土桥）、**钢筋混凝土桥**、**预应力混凝土桥**、**钢桥**和结合梁桥等，其中以混凝土桥（包括钢筋混凝土桥、预应力混凝土桥和圬工拱桥）的应用最为广泛。①木桥。易腐朽且资源有限，多用于临时性桥梁。②圬工桥。材料抗压强度高而抗拉强度甚低，主要用于中小跨度拱桥。③钢筋混凝土桥。主要用于中小跨度的梁式桥和大、中跨度的拱桥。④预应力混凝土桥。系采用高强度钢筋（丝）和高标号混凝土建成，跨度大大超过钢筋混凝土桥。⑤钢桥。用结构钢建造，常用于大跨度桁架梁桥、拱桥、斜拉桥和悬索桥，其优点是施工速度快、跨越能力大，缺点是用钢量多、养护维修费用高。⑥结合梁桥。又称组合梁桥、叠合梁桥。由两种不同的材料结合而成，通常由钢梁和钢筋混凝土桥面板相结合，可节省钢材。此外，还有用轻质混凝土、铝合金、玻璃钢等材料建造的桥梁。

按用途分类 有**公路桥**、**铁路桥**、**公铁两用桥**、**城市桥梁**、**人行桥**、输水桥（渡槽）及其他专用桥（如管线桥等）。①公路桥。活载一般比铁路桥小，但活载的作用点（车轮）在横桥向是可变化的，故计算内力时需考虑活载的横向分布问题。②铁路桥。活载的横向位置是固定的，但活载较大，容许挠度小。③公铁两用桥。桥面一般分别布置在上下两个平面上，也可布置在同一平面上。④城市桥梁。构造接近于公路桥，但行车道和人行道较宽。设计中常需考虑公用事业管线，如通信、照明、供水、暖气等的过桥设置。

按跨越障碍分类 有跨河桥、跨谷桥、跨线桥和高架桥等。①跨河桥。长度和高度，应满足泄洪和通航的要求。在主河槽部分的桥梁称为正桥，跨度通常较大，其余部分称引桥。②跨谷桥。长度和高度由地形决定。③跨线桥。在交通线路立体交叉时，一条线路跨越另一条线路的桥梁，又称**立交桥**。在地下穿过既有线路的又称地道桥。④高架桥。修建于地面或道路上空的旱桥，也是一种用桥梁代替路堤的高架道路，它可以避免线路平面交叉，提高交通运输效能。

按桥梁平面形状分类 有正交桥、斜桥和弯桥。①正交桥。桥轴线与主河槽的流向(或被跨越线路的中心线)正交。②斜桥。桥轴线与主河槽流向斜交，斜交角度一般用桥轴线与支承边法线的交角表示。斜桥的受力和构造都较复杂，用料也多。③弯桥。桥梁轴线顺线路走向呈曲线布置的桥梁，其受力和构造亦较复杂，桥面应按线路要求设置超高并予以加宽。

按使用期限分类 有永久性桥、临时性桥和半永久性桥。永久性桥为长期使用的桥梁，需按规定设计洪水频率、桥面宽度和检查维修设备。临时性桥采用简易构造，仅在短期内使用或在永久性桥未建成以前供维持交通之用，如浮桥和军用桥。军用桥通常要求材料轻而强度高，构件可以互换，拆装简便，能快速组装成各种跨度和承载力的桥梁。半永久性桥一般是下部结构按永久性桥设计，而上部结构是临时性的。

扩展阅读

万明坤，项海帆，秦顺全，等.桥梁漫笔.北京：中国铁道出版社，2015.

（李建中）

桥梁破坏事故 bridge accident 桥梁因自然灾害或人为灾害所造成的结构损坏、人员伤亡和机具倾覆等破坏事故。桥梁结构在施工阶段和运营状态下所发生的结构损坏、人员伤亡和机具倾覆等事故，主要是由人为灾害或自然灾害所引起的，其中，人为灾害包括设计等技术问题、施工等工艺问题、撞击等操作问题、超载等荷载问题、疲劳等耐久问题等；自然灾害包括地震等地质灾害、风暴等气象灾害和浪流等水文灾害等。

设计技术问题造成的事故。例如，1907年魁北克桥事故和1969～1971年钢箱形梁桥四大事故：奥地利维也纳多瑙河4号桥，其连续箱形梁下翼缘于1969年11月6日因恒载和温差作用所产生的压应力过大而失稳；英国米尔福德港桥的箱形梁支承隔板于1970年6月2日因安装所产生的支承应力过大而压溃；澳大利亚墨尔本西门桥于1970年10月15日为消除其箱形梁上翼板已有的波形屈曲而过多地拆卸其翼板横向拼接的高强度螺栓，使翼板压应力分布严重不匀，以致压溃；联邦德国科布伦茨桥，其箱形梁翼缘板的纵向加劲肋在接头处有空隙，使板在空隙处失去支撑，于1971年11月10日压溃。

施工工艺问题造成的事故。在桥梁建造过程中发生的事故，主要有两类。一类是由于工作中的失误（施工管理混乱、责任不明、责任心不强）所引起的，如2007年中国湖南凤凰大桥拆支架过程中的坍塌事故。另一类事故主要是由于当时工程界还未充分认识某一技术问题所引起的，如1907年加拿大魁北克桥在施工过程中结构失稳所产生的倒塌。

桥梁结构运营中的事故。种类非常多，有由于结构老化承载能力降低引起的事故、超载引起的桥梁破坏、船撞等导致桥梁的破坏等。例如，美国波因特普莱森特悬索桥由于采用调质钢眼杆做悬索，且使悬索中段和加劲梁上弦合成一体，当眼杆在其孔眼处净截面有裂纹且因腐蚀疲劳和应力腐蚀而扩展时，因该处隐蔽养护人员根本无法检查，悬索于1967年12月15日突然断开。中国上海中环线2016年由于超载导致真华路至万荣路匝道破坏。

自然灾害造成的事故。如冰害、风暴、水害、泥石流和地震灾害造成的桥梁事故。1938年，美国尼亚加拉河的冰塞将克利夫顿桥摧毁。1940年美国塔科马海峡大桥发生风毁破坏事故。1963年中国太行山以东暴雨曾将京广（北京—广州）铁路的许多桥梁冲毁。1981年在四川和陕西等处暴雨曾使宝成（宝鸡—成都）、成渝（成都—重庆）、成昆（成都—昆明）、宝天（宝鸡—天水）诸铁路的桥梁受到重大损失；1981年6月成昆铁路利子依达桥因泥石流暴发而墩断梁落。1976年唐山大地震和2008年汶川大地震都造成了大量桥梁破坏。

（李建中）

桥梁上部结构 superstructure of bridge 承担桥梁线路及结构本身的荷载，跨越空间的结构物。又称桥跨结构。主要包括桥面系、承重结构和支座等。与桥梁上部结构相对应的是桥梁下部结构，它是桥台、桥墩及桥梁基础的总称，用以支持桥梁上部结构并将荷载传递至地基（见**桥梁下部结构**）。①桥面系。公路和城市道路桥梁的桥面系包括桥面铺装（又称行车道铺装）、桥面纵横坡、防水排水系统、伸缩装置、人行道（或安全带）、栏杆（或防撞护栏）及灯光照明系统等。铁路桥的桥面系与公路桥差别较大，可进一步区分为有砟桥面和无砟桥面（见**铁路桥面设施**）。②承重结构。其作用是承担上部结构所受的全部荷载并传递给支座，如实腹梁桥中的主梁、桁架梁桥中的主桁、拱桥中的主拱圈、斜拉桥中的拉索和主梁、悬索桥中的主缆和加劲梁等。③支座。通常设于桥台和桥墩的顶部，除固定和支承上部结构并将荷载传递给下部结构外，还能适应上部结构在荷载、温度变化等因素作用下，按其结构图式所产生的转角和位移变形。有固定支座和活动支座两种类型（见**桥梁支座**）。

（袁国干　葛耀君）

桥梁上部结构施工　bridge superstructure construction　桥梁上部结构构件制造、安装架设过程。主要包括支座、承重结构（包括各类型桥梁的梁部以及拱桥中的主拱圈、**斜拉桥**中的拉索、**悬索桥**中的主缆等）和桥面系等的施工。

支座施工　支座由工厂制造，可在梁部施工之前摆放就位，待梁部施工完成后再在其与支承垫石之间灌注砂浆或其他填料；也可在墩顶临时摆放，待梁部施工完成之后滑移就位安装。

承重结构施工　梁部施工最古老、最广泛的方法是支架架设法。在英美等国家缆索架设法也使用较早。到了20世纪50年代，德国人发明了挂篮悬浇技术和顶推施工技术，意大利人发明了竖转法。60年代，法国人和德国人分别创造了混凝土梁悬拼技术和移动模架施工技术。1976年平转法首次在奥地利维也纳的多堪河运河斜拉桥上应用。这些都是桥梁施工中常用的方法。随着运输和起吊设备的发展，整体架设法也越来越多地被运用。钢梁一般在工厂内制作成杆件或梁段，或整孔运至工地拼装架设。混凝土梁可在工厂内预制构件或节段，或整孔运至工地拼装架设，也可在桥位上灌筑。拱桥中的钢主拱圈一般在工厂内制造杆件，然后在工厂或工地组拼成节段，采用斜拉扣挂法、转体法或缆索法架设；混凝土主拱圈可以在工厂预制成节段，然后运至工地采用斜拉扣挂法架设，也可以在桥位采用支架法分次现浇而成。斜拉桥中的拉索在工厂制作成成品索，然后运至工地挂设。悬索桥中的主缆架设一直采用美国1883年发明的空中纺丝法（AS法）。20世纪70年代日本将AS法进行改进，有了预制平行钢丝索股法（PPWS法），现代悬索桥中的主缆架设广泛采用该方法。

桥面系施工　公路和城市道路桥梁的桥面系施工。主要有桥面铺装、伸缩缝安装等，待承重结构施工完成之后进行。铁路桥的桥面系施工一般包括纵梁、横梁架设和桥面防水层施工。纵梁、横梁架设可与梁部施工同时进行，桥面防水层施工须待承重结构完成之后进行。

桥梁上部结构施工过程中一般需要进行监控监测，以确保施工质量和安全。

（周外男）

桥梁设计荷载　load for bridge design　桥梁结构设计所应考虑的各种可能出现的荷载或作用的统称。这些荷载或作用，一类是直接以力的形式施加于结构上，如结构重力、车辆、人群等；另一类不是以力的形式施加于结构，其产生的效果与结构本身的特性及结构所处环境等有关，如地震作用、基础变位、混凝土收缩徐变、温度变化等。不同用途桥梁的设计荷载，应按实际情况和相应的设计规范取用。

永久作用　结构永久承受的荷载，即恒载，其位置、大小和方向一般是固定不变的。包括结构本身重力和附加重力、预加力、土的重力、土侧压力、混凝土收缩徐变、静水压力及水浮力等。

可变作用　随时间发生较明显变化的荷载，即活载，其中最主要的是桥梁承受的列车或汽车荷载。除自身重力外，列车或汽车荷载还会引起冲击力、离心力、制动力、土压力等。对列车，还需要考虑横向摇摆力、牵引力等。

其他的活载包括人群荷载、温度作用，风荷载（见**桥梁结构抗风**），以及流水压力和冰压力；对公路桥，还需考虑疲劳荷载、支座摩阻力和波浪力；对铁路桥梁，还需考虑冻胀力和长钢轨纵向力。

列车活载　由标准活载和特种活载表示。标准活载是对机车和车辆重力的模拟，特种活载代表列车编组中可能出现的较大的集中轴重。

中国的列车活载标准已有百年的发展历程。1975年颁布了中华人民共和国干线铁路的活载标准——“中活载”（图1a）。随着铁路运输的发展，内燃和电力机车得

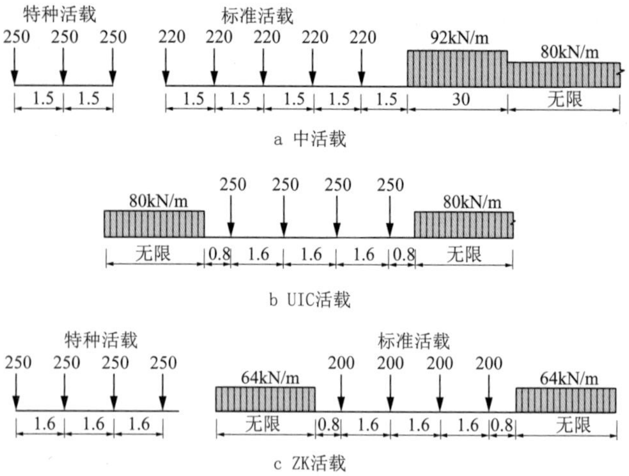

图1　列车活载示意图（长度单位：米；荷载单位：千牛）

到广泛应用，国际铁路联盟（UIC）制定的列车活载标准（图1b）更具适用性。

中国高速铁路桥梁设计采用的ZK活载（图1c），其中标准活载的布置与UIC活载一致，取值为UIC活载的0.8倍；另将UIC活载的集中荷载作为ZK标准荷载中的特种荷载。城际铁路上的桥梁活载，称为ZC活载，其布置形式与ZK活载一样，标准活载按ZK标准活载的0.75倍取值，特种活载按ZK特种活载的0.76倍取值。对城市轨道交通中的桥梁，其列车活载需根据不同车型取值。

汽车荷载　公路桥梁设计所采用的车辆荷载是一种基于实际交通情况（车型、车距、轴数、轴距、轴重、车辆发展趋势等）进行标准化、等级化后的汽车荷载。

从20世纪40年代起，中国开始制定汽车荷载标准。1961年颁布了汽车荷载标准。在2004年颁布的《公路桥涵设计通用规范》中，制定了既符合交通现状，又可简化设计的新的汽车荷载标准，即车道荷载和车辆荷载（图2）。

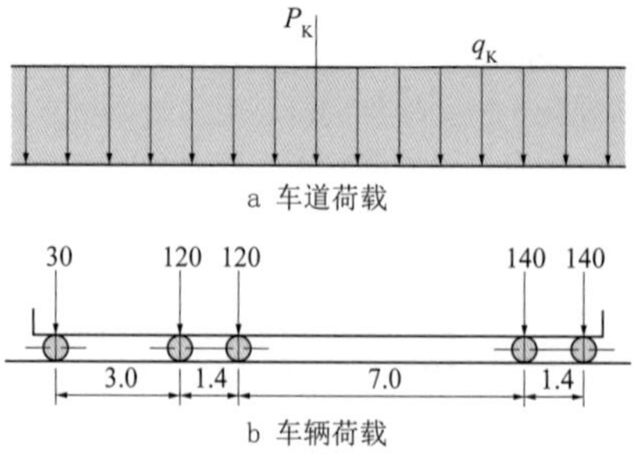

图2　汽车荷载示意图
（长度单位：米；荷载单位：千牛）

按公路等级，汽车荷载分为公路-Ⅰ级和公路-Ⅱ级两个等级。车道荷载由长度不限的均布荷载q_K和一个集中荷载P_K组成（图2a），视其作用在公路桥的一个车道上。对公路-Ⅰ级车道荷载，取q_K=10.5千牛/米，P_K随桥梁计算跨径变

化。对公路-Ⅱ级车道荷载，其均布荷载和集中荷载标准值均按公路-Ⅰ级车道荷载的0.75倍考虑。车辆荷载是一个单车荷载（图2b），其与车道荷载的作用不得叠加，公路-Ⅰ级和公路-Ⅱ级采用相同的车辆荷载。另外，单车道布置的汽车荷载应予以提高，双车道及以上的多车道汽车荷载应予以折减，大跨度桥梁的车道荷载还应考虑纵向折减。

对城市桥梁，其汽车荷载划分为城-A级和城-B级两个等级的车道荷载，取值分别与公路-Ⅰ级和公路-Ⅱ级的车道荷载相同。城-A级的车辆荷载类似于图2b，但轮重、轴重和轴距等有所不同，城-B级的车辆荷载则按图2b取值。

偶然作用　不一定发生，若一旦发生则其量值大、持续时间短的一类特殊荷载。例如，地震力（见**桥梁结构抗震**）、船只撞击力、汽车撞击力、排筏或漂流物的撞击力。对铁路桥梁，需考虑列车脱轨荷载、长钢轨断轨力等。　　（李亚东）

桥梁设计失误事故　bridge design error accident　桥梁设计中人为失误导致的施工阶段或运行状态倒塌事故。魁北克桥施工阶段发生了两次倒塌事故，I-35W密西西比河桥运行状态发生倒塌事故。

魁北克桥事故　位于加拿大魁北克省，跨越圣劳伦斯河，建于1904～1918年。原为铁路桥，现已改为公路、铁路两用桥。桥的全长为853.6米，桥的主跨为548.6米，全桥分跨布置为152.4米+548.6米+152.4米，其中悬挂孔长度为195.1米。桥梁负责人为工程师T.柯伯。原设计主跨为488米，后加大到548.6米，争得当时的世界第一。但公司因经济压力节省钢材，且当时的设计方案有缺陷，导致两起严重事故。第一次是在1907年8月29日，当主跨悬臂已悬拼至接近完成时，南侧一下弦杆由于缀条薄弱等原因突然压溃，悬臂坠入河中，死亡75人。事故后曾进行了一系列钢结构基本构件试验，为重新设计取得必要数据。

第二次是在1916年9月11日，新的锚固孔及悬臂均已建成，当用千斤顶提升重5000吨的悬挂孔时，悬挂孔下面的4个支承吊点中一个吊点的铸件突然破裂，导致悬挂孔倾斜滑落水中，死亡11人。第二次事故后，重新制作悬挂孔，铸件支承改为铅垫板，仍用前法架设，获得成功。

I-35W密西西比河大桥事故　2007年8月1日，美国明尼苏达州当地时间下午6∶05，正值交通高峰时段，大量车辆在拥堵的密西西比河桥上缓慢通行。桥梁的中央一跨突然坠入河中，紧接着相邻的边跨结构和桥面系也相继倒塌。造成13人死亡，145人受伤。

I-35W密西西比河大桥主桥结构采用两片平行的华伦桁架，三跨钢桁梁，主桁上下弦杆均为箱形截面，腹杆则为工形截面，腹杆与弦杆通过节点板用铆钉连成整体。混凝土桥面板位于主桁上弦，构成上承式桁架桥。主跨跨度为147.83米（458英尺），两侧边跨跨度相同，均为80.77米（265英尺），桥面总宽度34.52米。大桥设计于1964年，1967年建成通车。

根据美国国家运输安全委员会的事故调查报告，大桥垮塌的主要原因是原设计节点板承载能力不足，大桥使用期间的维修增加了二期恒载进一步恶化了节点板的工作状况，更由于整体结构承载冗余度不足，节点板的失效便导致整体垮塌。

此后，美国各州在桥梁检测手册中，均增加了对节点板变形状况的检测条款。美国公路和运输管理协会在桥梁设计规范中还定义了一种极限状态——“断裂控制构件”，特指以受拉为主，其断裂将导致桥梁结构整体失效的构件。对于断裂控制构件的设计，规范有严格的韧性指标要求。　　（尹德兰）

桥梁伸缩缝　expansion joint of bridge deck　设于桥梁上部结构断缝处的伸缩装置。用以保证上部结构在温度变化、混凝土收缩和徐变以及荷载作用下，在该处的变位能够实现，而不产生额外的附加内力，并能保证行车平顺。

伸缩缝设置在上部结构的活动端和桥台处，以及各跨（孔）上部结构断缝处。如设计不当，容易导致其过早损坏，增加养护费用。良好的桥面伸缩缝应能适应承重结构的位移和转动，保证路面连续和平整，锚固可靠，防水防尘，在城市桥梁中还应尽可能减少因车辆通过而发生的噪声。

桥面伸缩缝主要有钢伸缩缝、钢-橡胶组合伸缩缝和无缝式伸缩缝。

钢伸缩缝　全部由钢材装配制成，主要有钢梳形板伸缩装置和钢板叠合式伸缩装置等。钢梳形板伸缩装置是面层板成齿形，从左右伸出桥面板间隙处相互啮合的悬臂式构造，或者面层板成悬架的支承式构造。钢板叠合式伸缩装置是面层板成矩形的叠合梁架式构造。

钢-橡胶组合伸缩缝　由钢材和橡胶组合装配而成，常用的有对接式、组合剪切式和模数支承式。①对接式伸缩缝。可分为填塞对接型和嵌固对接型。填塞对接型伸缩缝是用材料填塞缝隙，伸缩体始终处于受压状态，一般用于伸缩量40毫米以下的桥梁中。嵌固对接型伸缩缝利用不同形状的钢构件将不同形状的橡胶条（带）嵌牢固定，并以橡胶条（带）的拉压变形来吸收梁体的变形，其伸缩体可以处于受压或受拉状态。该类伸缩装置被广泛应用于伸缩量在80毫米及以下的桥梁上。②组合剪切式伸缩缝。设有上下凹槽，橡胶体内埋设承重钢板和锚固钢板，并设有预留螺栓孔。通过螺栓与梁端连成整体。依靠橡胶体变形来满足梁体结构的相对位移。橡胶伸缩体内预埋钢板，跨越梁端间隙，承受车辆荷载。另外，在橡胶伸缩体内两侧预埋两块锚固钢板，通过螺栓与梁端连接形成结构构造。最大伸缩量已经达到330毫米以上。③模数支承式伸缩缝。由V形等截面形状的橡胶密封条（带）嵌接于异型边、中钢梁内，组成可伸缩的密封体。异型钢梁直接承受车辆荷载，且可根据要求的伸缩量增加中钢梁和密封橡胶条（带），组装成各种伸缩量的系列产品。吸震缓冲性能好，实现了密封橡胶材料与强度高、刚性好的异型钢材的合理组合，适用于需要更大位移量的情况。

无缝式（暗缝式）伸缩缝　接缝构造不伸出桥面时，在桥梁端部的伸缩间隙中填入弹性材料并铺上防水材料，然后在桥面铺装层铺筑黏弹性复合材料，使伸缩接缝处的桥面铺装与其他铺装部分形成一个连续体，以连接缝的沥青混凝土等材料的变形承受伸缩的一种构造。其主要特点为：①能适应伸缩变形和小量转动变形。②使桥面铺装形成连续体，行车舒适性较好。③形成多重防水构造，防水性较好。④在寒冷地区，易于机械化除雪养护，不致破坏接缝。⑤施工简单，易于维修更换。这种接缝仅适用于较小的接缝部位，适用范围有所限制。　　（袁国干　杨詠昕）

桥梁施工　bridge construction　按照设计内容建造桥梁的过程。包括施工前的准备、施工过程的控制与管理。施工准备主要有施工组织设计、作业指导书等技术文件的编制、三通一平（通电、通水、通路和平整场地）等工作。施工组织设计是施工单位根据施工合同、设计文件、有关法律法规和标准等要求以及现场环境、自身特点等条件选择合适的施工方案和方法，并对施工场地布置、资源投入、计划安排以及相关保证措施等进行全面部署的文件。作业指导书是针对施工工序的施工程序、作业方法以及注意事项而制定的指导性文件。施工过程的控制与管理是指通过技术交底、培训使作业人员掌握作业要点和注意事项，并辅以量测、试验等手段对施工中各个环节和各道工序加以管控，使施工按照施工组织设计和作业指导书的要求进行，以确保质量、安全、工期、效益等目标的实现。（周外男）

桥梁施工机械 bridge construction machinery 桥梁施工所用的工程机械。其中多数属于通用机械，少数已在适应桥梁施工特点中演变为专用机械，另一些则介于以上两者之间。

基础施工机械 主要有：①振动打桩机。有电动与液压两种，主要用于桥梁管柱或管桩基础施工。②冲击式打桩机。用于各类预制桩基础。③灌注桩钻孔机。主要有旋转、冲击和冲抓等型式，用于桥梁钻孔灌注桩基础。④空气吸泥机。适用于清除围堰、沉井或管柱内水底的碎石泥沙。⑤自升式水上施工平台。多为非自航式，主要用于桥梁基础作业（打桩钻孔、水下基床整平等）。⑥各式专用作业船。包括起重船（又称浮吊，用于桥梁施工的浮吊吊重通常在50～4000吨，既可用于桥梁基础施工，也可用于上部结构的大件吊运和架设）、打桩及拔桩船、混凝土工作船、工程铁驳、拖轮等。机器人技术开始应用于桥梁基础施工，如可用于沉井施工的水下绞吸机器人等。

墩、塔施工机械 在高墩和高塔的现浇施工中，模板系统主要采用爬升模板系统，混凝土搅拌可用混凝土工作船或设在岸上的拌和站，提升机械可用塔架、卷扬机、塔式或缆索起重机等。预制拼装式桥墩或桥塔需采用各型起重设备。

钢桥制造和架设机械 钢桥制造已较普遍采用数控设备，如数控的划线机、火焰切割机、钻孔机、组装定位机床、多嘴头自动焊机和机器人焊接系统等，使钢桥制造的自动化程度及质量得到显著提高（见**钢桥制造**）。钢桥架设的常用机械是可沿结构行走的各型吊机（见**钢桥架设**）。

混凝土桥制造和架设机械 混凝土桥制造所用的主要机械，除了混凝土拌和站、搅拌输送车、输送泵、振捣器等外，先张法预应力混凝土梁还需配置专用的张拉台架，后张法者还需配置千斤顶以及穿束机、压浆机等（见**混凝土桥制造**）。混凝土桥架设所用机械随施工方法的不同而有所不同（见**混凝土桥架设**）。

中小跨预制梁架设机械 铁路中小跨预制梁均采用铁路架桥机架设。公路中小跨预制梁的分片架设可用各型公路架桥机，或汽车吊，或龙门起重机。在跨海桥施工中，对于中等跨度的非通航孔长桥多采用浮吊架设。（钱冬生 李亚东）

桥梁施工失误事故 bridge construction error accident 桥梁施工中人为失误导致的倒塌事故。湖南凤凰堤溪沱江大桥施工中发生了倒塌事故。湖南凤凰堤溪沱江大桥是一座4×65米等截面空腹式石拱桥，设计荷载为汽-20、挂-100，桥面宽度13米，全桥设3%的单向纵坡。主拱圈厚1.35米，拱轴系数，采用20号小石子混凝土砌筑60号块石。拱上腹拱为跨度5米、厚40厘米的等截面圆弧拱。桥墩采用15号小石子混凝土砌筑60号片石。全桥未设置单向推力墩。主拱圈采用满堂式钢管支架，四孔拱圈同时砌筑、同时落架。

大桥坍塌事故造成64人死亡，4人重伤，18人轻伤，直接经济损失人民币3974.7万元。

造成大桥垮塌的主要原因是主拱圈砌筑材料未满足规范和设计要求，主拱圈砌筑质量差，擅自变更原主拱圈施工方案，拱桥上部构造施工工序不合理，盲目倒排工期赶进度，在主拱圈未达到设计强度的情况下就开始落架施工作业。

重建后的凤凰堤溪沱江大桥采用47.34米+3×83米+47.34米的五孔预应力混凝土连续刚构-连续梁组合体系结构，于2013年12月20日建成通车。（周水兴）

桥梁试验 bridge testing 应用测试手段，对桥梁结构的整体或主要部件进行检测，了解桥梁结构及其部件的工作状态和承载能力，以验证桥梁结构的设计计算理论和假设条件，检验施工质量和发现供用过程中存在问题的活动。

试验目的 桥梁试验的目的：①对重要桥梁进行竣工验收试验，了解新建桥梁的结构性能及其在荷载作用下的工作状态。②评定桥梁承载能力及使用状态（见桥梁检定）。③对退化或受灾桥梁在大修加固或改建前后进行试验，检验桥梁的加固改建效果。④通过对比试验和理论分析数据，验证桥梁结构设计理论、计算方法、设计假定等。

试验种类 根据加载方法不同可分为静载试验和动载试验。静载试验是将荷载加在桥跨结构的不同位置，在荷载静止状态下测得所需的各种静力响应数据；动载试验则采用重车过桥、跳车，或专门的激振装备激起结构的振动，测量结构的位移、速度或加速度响应，进而分析得到冲击系数、结构固有频率、振型、模态阻尼等特征参数。

根据测试对象的不同，桥梁试验又可分现场桥梁试验和试验室内桥梁模型（或部件）试验，前者多用于既有桥梁检定；后者多用于重要的或新型桥梁的设计阶段，必要时还可做模型或部件的破坏性试验。

试验内容 主要包括：①应变测试。根据应力和应变在一定范围内的线性关系，通过测定应变来计算应力或据以推算其他数值。对钢桥，可借以了解内力、次应力的传递、应力集中状态、桥面应力分布及其与主梁的共同作用情况，以及节点部位的受力状态。对钢筋（或预应力）混凝土桥可借以了解混凝土和钢筋的应力分布，截面的中性轴位置等。对多主梁桥，还可测定其各片梁的荷载分配系数。②位移测试。主要测定桥跨挠度、横向位移、纵向位移、墩顶水平位移以及混凝土裂纹的变化等。③内力测试。对结构的重要传力构件的内力进行测试，如斜拉桥拉索索力、系杆拱桥吊杆内力。④振动测试。主要测定桥梁（桥跨、桥墩）的振动特性（振幅、波型、频率或周期、阻尼等），以及动载情况下的最大振幅及冲击系数等。

试验设备 桥梁试验用的传统设备可分为机械式测试仪器、电测仪器和光测仪器，21世纪以来传感传输技术发展很快，在桥梁试验中也开始普及采用。

机械式测试仪器 习称机测仪器。是最先发展起来的桥梁试验设备，已有百余年的历史。其特点是可靠性高，对环境的适应能力强，整个测试比较简单，易于操作，经济耐用。桥梁常使用的机械式测试仪器主要有应变计、位移计和振动仪三大类。

电测仪器 随着电子技术的发展而出现，发展迅速，已是桥梁的主要测试仪器。其原理是：先把被测的物理量通过传感器转换成电量，然后通过电子仪器把电量进行加工和处理，最后再通过指示记录装置进行判读或记录。大多数电测仪器都可将模拟电量转换为数字信号，便于计算机传输、分析和存储。

电测仪器一般由传感器、电子测量仪器（主机）和指示记录装置组成。①传感器。根据其测试内容的不同，可分为应变传感器、反力传感器、位移传感器、振动传感器等。根据其转换的原理不同，可分为电阻式传感器、电感式传感器、电容式传感器、磁电式传感器、压电式传感器等。其中电阻应变片是在桥梁电测中应用最广泛的一种传感器。电阻应变片不但可以测量应变，而且再加上一些附件之后，可以对位移、倾角和振动等进行测量。②电子调理采集设备。把传感器传来电阻的变化变成电压变化，然后通过放大器把电压放大、并转换为数字信号，由计算机记录。通常，采集仪带有计算机软件程序，可以对采集到的数据进行实时的处理分析和显示。机电一体化（MEMS）技术可将传感和采集合二为一。

光测仪器　传统的光测仪器见**工程结构试验**。全站仪、激光位移计、激光测振仪可以高效、自动或半自动地实现定位测量、测距、远距离非接触式测振等功能。

其他测试手段　基于光纤的传感技术在桥梁中得到应用，如光纤光栅（FBG）应变和温度传感器、布里渊分布式光纤传感器等。其特点是长期性能稳定，抗电磁干扰强，可以复用，因而系统构成简单。全球卫星定位技术在大跨桥梁的位移监测中得到应用。另外，基于超声、声发射、远红外等原理的无损检测技术也用来探测桥梁结构的细观或微观损伤。在信号传输方面，无线传感传输装置开始普及。

试验方法与规程　根据试验目的和试验内容制定试验方法，包括布置测点，现场安装仪器，加载方式和方法，实施试验，提出试验结论并形成试验报告。

桥梁试验应符合相关技术规程的规定，如交通运输部2016年施行的《公路桥梁荷载试验规程》等。

（胡春农　孙利民）

桥梁涡振　vortex-induced vibration of bridge　气流绕过一般为非流线型断面的桥梁结构时，在上下表面发生交替脱落的涡旋或流动分离，激发结构按照固有振动频率和振型产生振动，振动起来的结构反过来又影响旋涡的形成和脱落，并形成等幅振动的现象。桥梁涡振是由于规律性的旋涡脱落而产生的，而振动的结构反过来又影响旋涡的形成和脱落，因此涡振同时具有强迫振动和自激振动的性质，是一种自限幅的风致振动。涡振虽然不像颤振和驰振那样会对结构产生毁灭性破坏，但是，桥梁结构出现涡振的风速一般比较低，出现涡振的概率比颤振或驰振大得多。大振幅的涡振不仅会使人产生不适，也会影响行车安全和结构疲劳性能。因此，研究桥梁涡振性能，采取控制措施可避免大振幅涡振的出现或将涡振的振幅减小到可接受的范围之内。

理论分析　桥梁涡振时的旋涡脱落引起的周期性变化的气动力称为涡激力，涡激力同时具有强迫力和自激力的性质，随风速变化的规律非常复杂，尚没有涡激力模型能够再现涡振过程中的频率锁定现象，只能通过建立经验模型并合理选择参数来近似反映涡振的真实情况。常用的桥梁涡振理论分析的涡激力模型有简谐力模型、升力振子模型、经验线性模型和经验非线性模型等。

各国有学者尝试**风洞试验**直接测量主梁所受涡激力，并基于测量得到的涡激力特性来建立主梁涡激力数学模型。意大利学者利用自由振动和强迫振动方式识别了涡激力传递函数，指出在锁定区内随折算风速和振幅变化的规律，并提出利用与结构有限元模型耦合的等效非线性振子来近似模拟结构涡振特性。中国学者通过改进风洞试验技术大幅度提高了风洞试验过程中涡激力的测量精度，根据实测涡激力时程有针对性地提出了单自由度形式的涡激力非线性表达式，成功再现了涡振过程中的频率锁定现象和振幅。

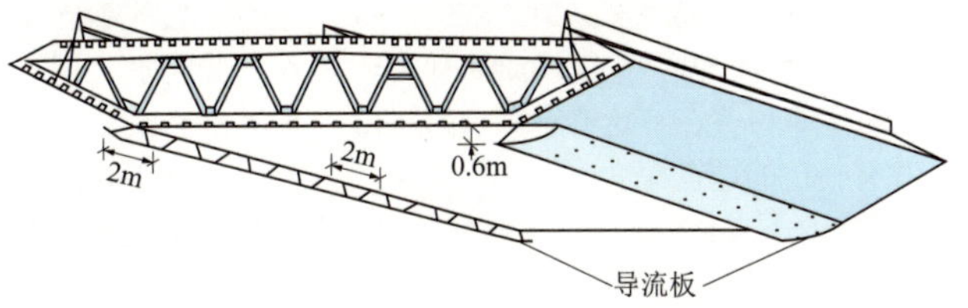

图1　丹麦大带东桥钢箱梁外侧导流板涡振控制措施示意图

风洞试验　确定涡振锁定风速和振动幅值最可靠的方法。重大桥梁工程一般都需要通过风洞试验方法确定其涡振性能。桥梁涡振风洞试验受雷诺数影响很大，不仅全桥气弹模型风洞试验一般无法再现涡振现象（雷诺数比实际桥梁小3～4个数量级），而且1∶50到1∶100小尺度节段模型风洞试验也很难精确测定涡振参数（雷诺数小两个数量级），一般采用1∶20左右的大尺度节段模型进行涡振风洞试验（雷诺数小1个数量级约20倍），确定涡振锁定风速、频率和振幅。桥梁涡振节段模型测振试验装置与桥梁颤振节段模型测振试验装置相似。

控制措施　虽然不像颤振那样在桥梁设计风速范围内绝不允许发生，涡振允许在桥梁设计风速范围内发生，但是，涡振位移或加速度振幅超出相关规范的规定时，必须采用涡振控制措施改善桥梁涡振性能，包括降低涡振振幅或提高涡振风速，这就是桥梁涡振控制。桥梁涡振主要采用气动措施和机械措施改善涡振性能。

桥梁涡振气动控制措施主要用于大跨度悬索桥和斜拉桥的涡振，此类涡振的特点是频率低（0.1～0.3赫兹）、振幅与跨度比小（1/1000以下）、振动能量大，这种涡振的主要危害是行车的舒适性和安全性。1998年，在丹麦大带东桥——1624米跨径悬索桥的涡振控制中，采用了钢箱梁外侧的导流板气动措施，消除了桥面上下部分脱落的涡旋，降低了涡振振幅（图1）。2007年，在中国香港昂船洲大桥——1018米跨径斜拉桥的涡振控制中，采用了钢箱梁内侧的导流板气动措施，消除了开槽内部和箱梁尾流中部分脱落的涡旋，降低了涡振振幅。2009年，在舟山西堠门大桥——1650米跨径悬索桥的涡振控制中，采用了桥面风障气动措施，加快了主梁表面气流流速，吹落了部分脱落的涡旋，降低了涡振振幅。

桥梁涡振机械控制措施主要用于大跨度钢连续梁桥的涡振，此类涡振的特点是频率高（0.3～1.0赫兹）、振幅与跨度比大（可达1/400）、振动能量小，这种涡振的危害除了行车的舒适性和安全性之外，还会对钢结构桥梁产生疲劳影响。1974年，巴西尼特洛伊跨海大桥建成后，两座并列的200米+300米+200米连续钢箱梁主桥，在风速15～17米/秒时，经常发生以一阶竖弯模态为主的涡振现象，采用了机械控制措施调谐质量阻尼器（TMD）。1994年，日本东京湾大桥建成后，最大跨径240米的10跨一联连续钢箱梁，在风速达到16～17米/秒时，桥面发生了明显的一阶竖弯模态为主的涡振现象，采用了TMD。2009年，俄罗斯伏尔加河大桥建成后，主桥154米跨径连续钢箱梁发生了涡振，采用了TMD。2018年建成的**港珠澳大桥**，深水区非通航孔桥由21联110米跨径的连续钢箱梁组成，参照前面3座连续钢箱梁的机械控制方法，每一联采用8个调谐质量阻尼器进行涡振控制（图2），没有发现任何涡振现象。

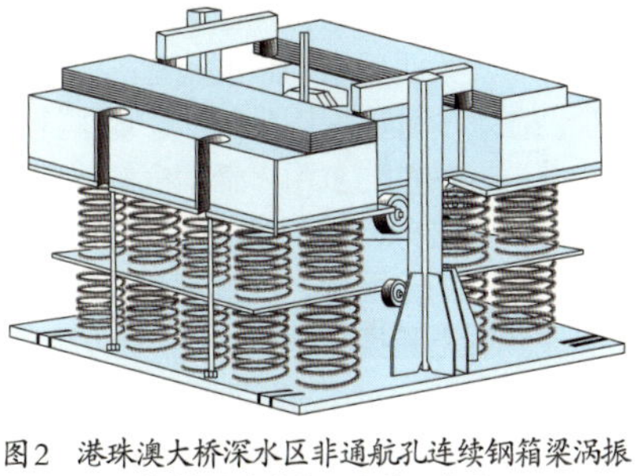
图2　港珠澳大桥深水区非通航孔连续钢箱梁涡振控制调谐质量阻尼器示意图

（葛耀君）

桥梁下部结构　substructure of bridge　用以支持桥梁上部结构并将荷载传给地基的结构。包括桥台、桥墩及桥梁基础，桥台和桥墩一般合称为墩台。①桥台。位于桥梁两端，支承桥梁上部结构并和路堤相衔接的建筑物。其功能除了将桥梁上部结构的荷载传递到桥梁基础外，还有抵挡台后的填土压力、稳定桥头路基，以及使桥头线路和桥上线路可靠而平稳的连接。②桥墩。位于多孔桥梁的中间部位，支承相邻两跨上部结构的建筑物。桥墩除承受上部结构传来的竖向力、水平力和弯矩外，还承受风力、流水压力及可能发生的地震力、冰压力、船只和漂流物的撞击力。③桥梁基础。墩台和桥塔底部以下的结构，其上承墩台或桥塔，并将全部桥梁荷载传至地基。基底应设置在有足够承载力的持力层，并有一定的埋置深度。

（袁国干　撰　杨詠昕　修订）

桥梁下部结构施工　bridge substructure construction　桥梁基础和桥台、桥墩的施工。桥梁基础按其构造和施工方法分为**明挖扩大基础**、桩基础、**沉井基础**、**沉箱基础**、**地下连续墙基础**及**复合基础**。①明挖扩大基础。可敞坡开挖、基坑开挖或用围堰围护开挖。②桩基础。一般用锤击打入，或振动下沉，或钻（挖）孔灌注等方法施工。20世纪60年代以来，随着水上自升平台、高效能钻挖机械以及泥浆护壁、泥浆排土等新工艺的发展，钻孔灌注桩在桥梁基础中的应用日益广泛。管柱施工一般靠振动强迫下沉，并在管内用钻、挖、吸等方法清除土石，以减少下沉摩阻力。沉井和沉箱施工，在岸滩或浅水中多用筑岛施工，深水中可用浮运施工。③沉井基础。使用抓土机或吸泥机等在沉井内除土，同时排水或不排水下沉。④沉箱基础。气压沉箱一般多用人力在高气压下挖土，劳动条件差，已很少使用，现已改为机械化施工。中国桥梁使用的预制沉箱基础，陆上预制，在水中直接设置施工。⑤地下连续墙基础。一般在陆上用作悬索桥的锚碇基础开挖围挡结构，先作保护基槽上口的导墙，用泥浆护壁挖槽，放置钢筋骨架，导管灌注混凝土置换出护壁泥浆，形成一段钢筋混凝土墙，逐段连续施工成为连续墙。⑥复合基础。每一部分施工方式和其基础本身单独施工方法类似，一般先将沉井下沉到设计位置，再进行管桩或钻孔灌注桩施工。圬工桥墩、桥台多采用就地建造，也可预制构件拼装施工，混凝土高桥墩多使用滑升模板就地灌筑。（龚维明）

桥梁锈蚀破坏事故　bridge corrosion damage accident　桥梁主要受力构件锈蚀引发的结构倒塌事故。宜宾小南门大桥因钢绞线吊杆严重锈蚀导致倒塌事故。宜宾小南门大桥为宜宾城区连接两岸跨越金沙江的特大桥。1990年7月建成通车。大桥位于金沙江与岷江汇合处上游约100米处。大桥全长387.4米，桥宽19.5米，按双向两车道设计。主桥为中承式劲性骨架钢筋混凝土肋拱桥，净跨径240米，拱肋净矢高48米，矢跨比为1/5，主拱拱轴系数为1.756。主拱结构为两条分离式平行拱肋无铰拱，两拱肋用K撑和X撑连接。桥面系采用预应力混凝土横梁上纵置预应力混凝土空心板的简支体系构造。吊杆采用钢绞线，其防护采用外套钢管，钢管内压注水泥浆的方式。

2001年11月7日凌晨，宜宾小南门大桥南岸最短的3对吊杆和北岸最短的1对吊杆发生断裂，导致6段桥面板坠江事故。事故主要原因是钢绞线吊杆发生严重锈蚀，又无法检查锈蚀状况，也无法更换；加之该桥车流量大，超载车多，较长时期处于超负荷通行状态。事故发生后，对该桥全部吊杆进行更换，使用可检查、可更换的PE热挤外包成品平行钢丝束，2002年7月完成大桥维修处置后再次开通。

（庄卫林）

桥梁养护　bridge maintenance　为保证桥梁功能始终处于良好工作状态所进行的经常性的检查和维修养护工作。为此需建立有关的规章制度，并收集整理桥梁历史技术资料及历次检查、检定（见*桥梁检定*）、检修记录等，建立档案备查。

桥梁检查　主要包括：①经常检查。检查桥梁结构线形有无变化，基础有无沉降，对容易发生病害和直接影响行车的部位，要经常检查，发现问题及时整治，以保安全。桥梁易生病害部位的检查包括：钢桥杆件应力集中处，纵梁和横梁、横梁与主梁的连接角钢处，栓焊梁受拉力和反复应力杆件上的焊缝及其邻近处的钢材等是否出现裂纹；支座是否清洁、平整密贴，锚栓是否完好；防护漆是否有剥落、生锈；圬工拱、墩台中的裂纹是否贯通，宽大裂纹在活载下是否开合；预应力混凝土梁的下翼缘沿力筋部位是否出现裂纹，既有裂纹是否扩展等；装配式桥梁的绞缝、横向连接板、梁是否损伤；对于混凝土老桥，尚应注意外露面的疏松、孔隙、掉块和钢筋外露等情况。桥面直接承受列车或车辆荷载，对行车安全、平稳及桥梁结构所受的冲击作用有重大影响，因此对铁路桥的钢轨扣件、道钉、轨距、轨道中心位置，以及钢轨伸缩调节器或公路的桥面伸缩缝、排水系统装置等都要经常检查。②汛前和汛后的全面检查。应在汛前和汛后分别进行，并将检查结果登记在病害记录簿内，以供编制整治和加固计划。但遇有重大损坏时，仍应立即处理。

预防性养护　主要包括：①钢梁防锈。常使用油漆，也可用喷锌、喷铝作防护，但喷涂前均须将钢梁表面彻底清扫除锈。②桥梁防水和排水系统的破坏。是造成桥梁病害的重要原因之一。因此，不仅要选好防水所用的不透水膜材料，而且也要对排水系统作妥善布置，使积水能迅速排到结构以外的无害地段。排水系统如有渗流迹象，应及时堵塞漏洞，清除淤泥，使排水系统畅通。③整理圬工勾缝及清除垃圾。圬工常因勾缝损坏渗入雨水使浸水面溶蚀剥落、冻胀、开裂；桥梁支座周围所堆积的灰尘和垃圾若不及时清除则支座将因潮湿而锈蚀，导致受力不均、转动或移动不灵，有可能带来严重后果。

病害的整治　对于严重病害，如墩台基础的冲刷沉陷、倾斜或冲毁，圬工拱桥的拱圈和拱上立柱处的裂纹，钢梁脆性裂纹等，应综合分析，找出其确切原因，并根据该桥所在地区的线路规划，慎重地拟定不影响或少影响行车的修理、加固或改建方案，避免日后返工重建造成资金浪费。即使是为了当时通车的迫切要求，采用临时抢修措施也应慎重考虑，不能给以后正式修复带来困难。（周英三）

桥梁振动控制　bridge vibration control　研究抑制桥梁结构振动的理论方法及开发相应的控制装置的活动。是振动工程领域的一个重要分支。

历史沿革　最初主要针对地震引起的振动，以提升结构的抗震安全性为目标。19世纪60年代，南斯拉夫人提出了隔震的概念，1975年新西兰人W.H.罗宾森发明了铅芯叠层橡胶隔震支座。20世纪70年代后，土木工程领域开始关注采用机械装置对结构进行被动或主动控制的研究与应用。1973年，调谐质量阻尼器（TMD）被首次应用于加拿大多伦多电视塔来减小风致振动。1989年在日本东京京桥成和大厦实现了世界首例主动质量阻尼器（AMD）的应用。20世纪90年代以后半主动控制和被动阻尼耗能装置的研究受到重视。

桥梁结构振动特征　桥梁结构在地震、风、车辆及行人等动荷载作用下会发生振动，带来结构安全性或适用性问题。典型现象及损害包括：地震作用导致墩（塔）强度破坏、支座损坏甚至落梁；风引起大跨度桥梁主梁、主塔、缆索等结构单元强度破坏或失稳；车辆、行人引起的主梁振动或共振现象，影响行车行人安全或舒适性等。

主要方式　桥梁振动控制的目的是减小结构的加速度和位移响应。主要方式包括被动控制、主动控制和半主动控制。

被动控制　通过减小外部动力荷载作用效应、加强结构耗能能力、优化结构动力特性等来实现控制目标，方式简单经济，不需监测结构响应信息和外部能量供给。具体的手段有隔震、气动措施、阻尼耗能构件和装置、调谐质量阻尼器等。

主动控制　基于现代控制理论的一种更为智能化的控制方式，通过给结构施加外部作用力来实现对结构加速度或位移响应的控制。它需要得到结构的实时荷载输入和响应信息，通过计算机（控制器）算出所需控制力，然后向施力装置（作动器）发出指令给结构加力。施力方式主要有两种：在结构内部能产生相对位移的两点间施加内力；或将外力直接作用于结构，典型装置是主动质量阻尼器。代表性的控制理论有最优控制（LQ控制）和鲁棒控制（H_∞控制）等。主动控制方式对复杂结构能实现多模态控制，控制效果好。但其系统复杂，需要很大的能源供给，而且有可能发生控制不稳定的情形。

半主动控制　其特点介于前两者之间，仅需要简单的结构响应信息和很小的外部能量来控制装置性能，系统构成比主动控制更为简单，控制效果一般优于被动控制。典型的半主动控制装置为磁流变阻尼器。（孙利民）

桥梁支座　bridge bearing　架设于墩台上，支承桥梁上部结构并将各种荷载传递到墩台上，同时保证上部结构自由变形所要求的位移和转动，使上、下部结构的实际受力情况与计算的理论模型相符合的装置。桥梁支座可分为固定支座和活动支座。固定支座允许梁截面自由转动而不能水平移动；活动支座允许梁在挠曲和伸缩时转动与移动，可分为单向活动和多向活动支座。在窄桥中，一般只要求支座沿行车方向自由伸缩移动，其布置方式见图a；在宽桥中，因上部结构横向变形较大，要求支座按图b方式布置。

支座是桥梁的重要传力装置，应有足够的强度、刚度和适应变形的性能，还应满足便于维修和更换、适应气温和抗震的需求。

板式橡胶支座　由数层薄橡胶片与薄钢板交替排列并组合而成，利用橡胶的变形适应上部结构的位移，以薄钢板提高抗压强度。优点是可兼作固定和活动支座之

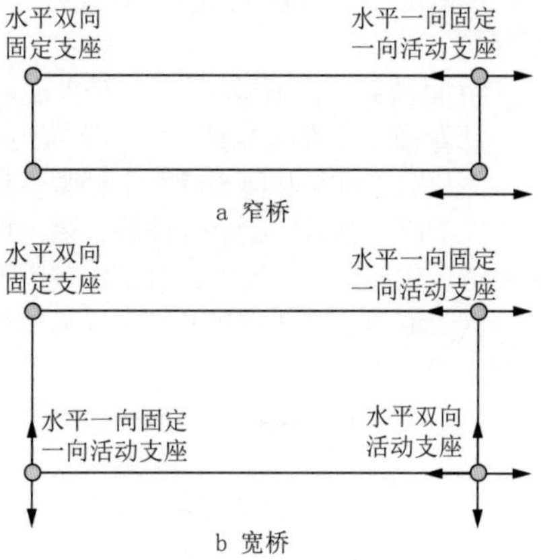

梁式桥支座布置示意图

用，构造简单、结构高度小、安装方便、适用面广、用钢量省、造价低廉、置换方便。缺点为抗臭氧、抗氧化、抗低温（低于−30℃）能力差。

可分为普通型和滑板式。滑板式是在普通板式橡胶支座上安装一层聚四氟乙烯板，以降低与梁底面的摩擦，使桥梁上部结构的水平位移不受支座剪切变形量的限制。

盆式橡胶支座　由钢盆与橡胶组成。橡胶被密封在钢盆内而处于三向受压状态，因而具有很高的承载力，且能灵活转动、水平位移量大，适用于大跨径桥梁。

活动盆式橡胶支座由上支座板、聚四氟乙烯板、承压橡胶块、橡胶密封圈、中间支座板、钢紧箍圈、下支座板（底盆）以及上下支座连接板组成。组合上、中支座板构造或利用上下支座连接板即可形成固定支座。

球形钢支座　由上支座板、钢位移板、聚四氟乙烯滑板、中间球形钢芯板、聚四氟乙烯球形板、橡胶密封圈、下支座板和连接螺栓等组合而成的桥梁支座。

球形钢支座传力可靠，转动灵活，其特点包括：①通过球面传力，反力比较均匀。②通过球面滑动实现支座的转动，转动力矩小，适用于大转角需求。③各向转动性能一致，适用于宽桥、曲线桥。④不存在橡胶老化问题，特别适用于低温地区。

特殊支座　当桥梁支点出现拉力时，必须设置能抗拉的支座。上述3种支座都能变更构造改为固定或活动的拉力支座。板式橡胶支座用于拉力较小的桥梁，对拉力较大的桥梁则用球形抗拉钢支座或盆式拉力支座。

地震地区的桥梁支座还应具有减震、防震等功能。按抗震要求设计的支座必须具有抵抗地震力的能力；而减、隔震支座则应显著减少传递到上部结构的地震能量。

抗震型球形钢支座是通过变更上下支座板的构造形式，以保证满足除常规支座要求外，还能承受地震时的反复荷载及满足防落梁要求。铅芯橡胶支座是在多层橡胶支座中插入铅芯，利用铅芯的塑性变形吸收能量。高阻尼橡胶支座是用特殊配置的具有较高耗能能力的橡胶材料代替普通橡胶支座中的氯丁橡胶、天然橡胶，具有较大的吸收地震能量的能力。（杨詠昕）

桥梁总体设计　overall design of bridge　在充分调查研究桥梁地形、地质、环境、水文、气象、通航、防洪等建设条件的基础上，研究桥梁与建设环境的协调（包括与路网的协调）、跨径布置、桥型方案、桥梁结构形式、与其他相关工程有机协调的总体原则和一般方法，以及桥梁全寿命周期内涉及的安全、耐久、环境协调、景观等问题。

设计原则　桥梁总体设计应遵循“技术先进、安全可靠、耐久适用、经济合理、美观协调、环境保护”的总体原则。①技术先进。要求桥梁设计应结合国家经济和技术条件，积极提高桥梁科技含量，推动桥梁技术发展。②安全可靠。要求桥梁结构在强度、刚度和稳定性方面有足够的安全储备。③耐久适用。要求桥梁结构不出现过大的变形、裂缝、腐蚀等病害。④经济合理。要求桥梁结构设计应当体现全寿命周期经济性理念，不宜盲目追求桥梁规模。⑤美观协调。要求桥梁结构应简洁、美观、协调。⑥环境保护。要求桥梁结构在建设过程中应尽量与环境保持协调，减少对环境的影响，在运营过程中应最大限度发挥功能效益，延长使用寿命。

设计要求　桥梁总体设计的基本要求包括基础资料翔实可靠、桥位符合规划、计算论证科学、方案比较充分、分析评价客观等。详细收集水文、气象、流冰、防洪、通航、港口及规划资料，对可能的桥位方案做同等深度的勘测和调查；桥位方案应符合所在区域的发展规划；进行充分的技术经济比选论证，合理选择桥位；桥跨布置应进行方案比较，满足各项功能要求；桥型方案应进行结构验算，进行技术、经济、环境等综合比较，优选技术先进、安全美观、经济合理的桥型方案。

设计程序　桥梁总体设计程序一般如下：①项目基础资料搜集。②桥位选择。③桥位勘察与调查。④桥梁方案构思。⑤初期桥型方案。⑥初步设计方案比选。⑦确定桥梁建设方案。⑧细化设计和指导性施工组织设计等。

主要内容 桥梁总体设计的主要内容包括桥位总体规划、桥梁方案总体设计、桥梁环境保护设计、桥梁景观设计、桥梁全寿命设计、桥梁工程风险性分析与安全性评价、桥梁监测养护与维修设计等方面。

桥位总体规划。初步拟定桥位布置范围；研究桥梁各影响区的社会经济与交通运输发展需求；广泛征求相关部门对建桥初步方案的意见；交通量的预测；现场踏勘，初步拟定桥位和接线方案；进行地质勘查，进行桥位比较，最终确定桥位方案。

桥梁方案总体设计。包括桥梁技术标准、桥梁净空限界、设计荷载及组合、桥梁平纵横设计、桥跨布置、桥梁建筑材料、桥梁方案及比选等内容。

桥梁环境保护设计。预测和评价桥梁建设期和营运期对周边环境的影响，确定环境保护目标，制定防治对策措施。

桥梁景观设计。桥梁景观设计应考虑实体工程与周围环境的综合景观效果，主要内容包括桥型方案美学优选、桥梁主体结构艺术造型、景观资源开发利用、夜景色彩设计、附属工程协调设计、桥位周边景观设计等。

桥梁全寿命设计。以整个工程寿命周期为时间域，包括规划、设计、施工、运营、养护、维修、加固、报废、拆除全过程，采用合理的理论、方法和措施，使桥梁既满足当前使用要求，又满足未来整个设计寿命期内的使用和管理维护要求，实现安全、适用、耐久、经济的需求。

桥梁工程风险性分析与安全性评价。风险分析是将风险损失的不确定性及其可能造成的各种影响和影响程度进行综合评定的过程，往往采用定性与定量相结合的方法。桥梁安全性评价是在桥梁风险性分析的基础上，对建设期的施工安全和运营期内的结构安全和交通安全等方面进行评价。

桥梁监测养护与维修设计。在桥梁总体设计的前期工作阶段应提出寿命周期监测、养护方案规划，包括分析比较桥梁的监测、养护与维修方法，确定策略，拟定寿命周期监测、养护与维修方案与实施流程。 （邵长宇）

桥面铺装 bridge deck pavement 铺设在公路桥梁行车道板（桥面板）上的保护层。又称行车道铺装或桥面保护层。其功能是防止车辆轮胎或履带直接磨耗行车道板，保护主梁免受雨水侵蚀，并对车辆轮重的集中荷载起分布作用。对桥面铺装的要求有行车舒适、抗车辙、抗滑、不透水和刚度好等。

桥面铺装有水泥混凝土、沥青混凝土、沥青表面处置等类型。应用最广泛的是水泥混凝土铺装和沥青混凝土铺装。其中水泥混凝土铺装的耐磨性能好，适合重载交通，但施工养护期长，且维修较为困难；沥青混凝土铺装重量较小，维修养护方便，但易老化和变形。沥青表面处置铺装的耐久性较差，仅在中、低级公路桥梁上使用。

相比混凝土桥面板，正交异性钢桥面板在重载作用下局部变形大、夏季温度高，因此对铺装提出了更高要求。通过加入高分子聚合物、树脂等添加剂并经特殊工艺处理可以得到性能改善的沥青材料，如钢桥面铺装通常采用的浇注式沥青混凝土、环氧沥青混凝土、沥青玛蹄脂碎石和改性密级配沥青混凝土等。此外，双层铺装体系能够对铺装材料进行分层设计、解决如高温稳定性和低温抗裂性等存在矛盾的性能要求，现在大跨径钢桥面铺装趋向于使用双层铺装体系。

对位于非冰冻地区的桥梁需作适当的防水处理时，可采用防水混凝土铺装。在防水要求高或行车道板位于结构受拉区而可能出现裂缝的桥梁上，往往在桥面铺装中采用柔性贴式防水层或涂料防水层。为使桥面铺装具有足够的刚度和良好的整体性，并提高其抗裂、承压性能，可在铺装混凝土中铺设一层钢筋网。桥面铺装一般不作受力计算，若在施工中能够确保铺装层与行车道板紧密结合成整体，则桥面铺装中的混凝土可以计算在行车道板的厚度内，和行车道板共同受力。 （杨詠昕）

桥式方案设计 project design of bridge 根据建设单位在桥梁设计任务书中所提的要求，如汽车或列车荷载、行车道宽或股道数、桥下通航净空、设计规范等，在桥渡设计的基础上，针对当时当地造桥条件，为指定的桥位提出各种可能采用的桥式方案，包括桥式、主要尺寸、工程量、主要施工方法、造价、工期、优缺点等，择优推荐给建设单位的全部工作。是桥梁结构设计的前奏。

造桥条件 进行桥式方案设计需着重研究的造桥条件是：①地质。它将影响墩台基础的位置、类型、深浅、尺寸、施工难易，推力式桥能否采用，以及砂石料能否就近取给等。②地形。影响到墩台和桥身高度、施工场地布置、施工运输、桥跨长度，以及深谷能否一跨跨越等。③气象及水情。影响到大跨结构的选型，也影响到每年适宜施工时间的长短及施工费用，如冬季是否需防寒设施、雨季是否窝工等。④材料、机具、装备的供应。影响到造桥材料和施工方法。⑤技术力量和熟练工人的配备。决定着所能达到的技术水平。⑥工期。如工期过紧，将被迫放弃某些工期长的方案。⑦在桥梁施工阶段对现有交通的处理。如跨河桥的桥下通航、跨线桥的桥下交通、地道桥的桥上运输等，对桥式和施工方法也会有决定性影响。⑧桥梁建筑艺术要求。对于城市、市郊和风景区的桥，尤其要考虑与周围环境的协调。

方案选择 在桥梁上部结构方案中，对中等跨度桥梁，一般需考虑**预应力混凝土桥**、混凝土拱桥、钢实腹梁桥、钢桁架梁桥等；跨度更大的还需考虑**拱式桥**、**斜拉桥**、**悬索桥**等；特殊条件下，石拱桥也是小跨度桥的方案。在方案设计中应列出桥梁标准设计。推荐采用新材料、新工艺、新技术、新桥式，以推进技术发展和获得长远的经济效益。

桥梁下部结构方案，当依据桥址、地形、水深、覆盖层厚度，持力层的性质和洪水流速、流冰，以及有无漂浮物等情况，来选择基础和墩台的形式和位置。

桥梁上部结构每延米的工程量将随跨度的增大而剧增，但下部结构并不是这样。所以，当下部结构的造价较低时，宜减小跨度，促使总造价降低。在河面不宽处，可用三跨跨越，且将中跨布置得较大，以满足通航要求。若河面较宽需采用更多跨数，而航道或深水河槽并不稳定时，宜在主槽范围内设等跨。河滩设置路堤易受水害，常改用引桥。

对于所提出的每个桥式，可参照已有资料估算工程数量。在资料不足时，要按照所指定的荷载为所提桥式进行粗略的内力分析，定出主要截面，再估算工程数量，然后在考虑施工方法的情况下估算造价及工期。

对明显较差的桥式方案，可随时舍弃。对较好的多个方案，至少应就下列几项进行评比：①材料用量及经济性。②工期。③行车性能。④维护保养性能及预期养护费。⑤美观。⑥环保节能及可持续发展。如果桥梁位于自然条件恶劣的区域，还应对桥梁抵抗强风、强震、腐蚀等能力进行评比；对于客运专线或高铁桥梁，还应对车桥耦合作用下列车运行安全性、旅客乘坐舒适度进行评比。评比指标尽量用数值量化，但这些数值难以精确，当差别不大时，不应只凭数字做决定。方案编制单位应根据所做的评比提出推荐意见，建设单位将以方案编制单位所提供的材料和意见作为决策的一项主要依据。

（钱冬生 高宗余）

桥台 abutment 位于桥梁两端，支撑桥梁上部结构并和路堤相衔接的构筑物。其功能除传递桥梁上部结构的荷载到基础外，还具有抵挡台后填土压力、稳定桥头路基及使线路平稳连接的作用。重力式桥台一般是石砌或素混凝土结构，轻型桥台则采用钢筋混凝土结构。

布置 桥台常用高度不超过10米，少数高达20米左右。一般以桥头路基填土高度确定桥台高度。在满足桥孔排洪或桥下交通要求的前提下，可在桥头修筑高桥台、高路堤，也可用引桥取代高路堤，延长桥梁长度，这取决于桥位附近地形、地质、土石方调配及环境美化等条件。在采用高桥台、高路堤时，应慎重考虑技术的可靠性及土地占用的长期损失，不宜为追求节省投资而压缩桥长。例如，山区跨谷桥不宜在陡坡上修筑高桥台；城市桥梁因取土不易、影响市容，也应采用引桥而避免高路堤；对产生水平推力的拱桥，其桥台需布置在地基条件较好之处。

类型 桥台按其外形分为U形、八字形、一字形、埋置式和T形等。U形桥台由台身（前墙）、台帽、基础与两侧翼墙组成，在平面上呈U字形，翼墙外侧设锥形护坡。八字形、一字形桥台的台身两侧为独立的翼墙，当台身与翼墙斜交时为八字形桥台，二者在同一平面则为一字形桥台。埋置式桥台的台身埋置于台前溜坡内，不需另设翼墙，仅由台帽两端的耳墙与路堤衔接。T形桥台的台身由前墙及与之垂直的后墙组成T形，不设翼墙，通常用于铁路桥梁。

基于结构形式，可将桥台划分为重力式、轻型、框架式和组合式。

重力式桥台 主要靠自重来平衡台后土压力。又称实体式桥台。台身多数由石砌、混凝土等圬工材料建造，并采用就地建造施工方法。可依据跨径、桥台高度及地形条件的不同，采用各种外形的布置形式。

轻型桥台 通常为钢筋混凝土结构，利用其抗弯能力来减少圬工体积而使桥台轻型化，可分为薄壁轻型桥台和支撑梁轻型桥台。①薄壁轻型桥台。常用形式有悬臂式、扶壁式、撑墙式及箱式等，可较大幅度削减自重，减轻地基负荷，结构外观也更加轻巧。②支撑梁轻型桥台。由单跨或少跨的小跨径桥在桥台之间或台、墩间设置3～5根支撑梁而形成。支撑梁设在冲刷线或河床铺砌线以下。梁与桥台设置锚固栓钉，使上部结构与支撑梁共同支撑桥台，承受台后土压力。

轻型桥台可采用八字形和一字形翼墙挡土，亦可不设翼墙而形成埋置式轻型桥台。

框架式桥台 在横桥向呈框架式结构的桩基础轻型桥台。其构造形式有柱式、墙式、双排架式和板凳式等。其中，后两者适用于水平力较大的场合。框架式桥台均采用埋置式，因此所受土压力较小，适用于地基承载力较低、台身较高、跨径较大的梁桥。

组合式桥台 其台身主要承受桥跨结构传来的竖向和水平力，台后土压力由其他结构承受，包括锚拉式、过梁式、框架式和轻型桥台组合式等。①锚拉式组合桥台。依靠锚碇板结构承受土压力，锚碇板结构由锚碇板、立柱、拉杆和挡土板构成。可分为分离式锚拉桥台和结合式锚拉桥台。②过梁式组合桥台。与挡土墙用梁结合在一起的桥台，桥台与桥墩的受力相同。③框架式组合桥台。采用梁与桥台、挡土墙刚结而形成的桥台。④组合式轻型桥台。由轻型桥台支承上部结构，台后设挡土墙承受土压力的组合式桥台，台身与挡土墙分离，上端设伸缩缝，受力明确。当地基较好时，也可将桥台与挡土墙置于一个基础之上。

（杨詠昕）

壳体一般理论 general theory of shell 研究壳体的结构和受力状态的理论。如果限定物体的两个曲面之间的距离较物体的其他尺寸小，就称之为壳体；距两壳面等远的点所形成的曲面称为中曲面，简称中面。中面的法线被两壳面截断的长度，称为壳体的厚度。按壳体厚度δ与中面最小主曲率半径R之比可分为薄膜、薄壳、中厚壳及厚壳。δ/R极小抗弯刚度接近零的为薄膜；$\delta/R\leqslant0.05$为薄壳；$\delta/R>0.05$为中厚壳或厚壳。壳体可能是等厚度的或者是变厚度的。如果壳面是闭合曲面，壳体除了两个壳面以外不再有其他的边界，这个壳体就称为闭合壳体。由闭合壳体用切割面分割出来的一部分，称为开敞壳体。

壳体研究简史及计算假定 1850年，德国的G.R.基尔霍夫给出有关薄板的计算假定。1862年，A.克勒布什加以修正。1874年，德国的H.阿龙将薄板的基尔霍夫假定推广到壳体。1888年，英国的A.E.H.乐甫加以修正。1915年，美籍乌克兰的S.铁摩辛柯用能量法解决加筋板弹性稳定性问题。中国科学家为板壳理论做出了巨大贡献。美籍匈牙利的V.卡门和钱学森创立壳体非线性稳定性理论。爱尔兰的J.L.辛格和钱伟长提出弹性板壳的内禀理论。1960年，钱令希和钟万勰发现了潜艇的耐压锥、柱组合壳的不利失稳形式。进入21世纪，由于工业的飞跃发展，推动了板壳结构分析的发展和应用。

壳体结构设计需计算分析静力荷载、动力荷载作用下，或在温差、基础沉陷等影响下所引起的应力、变形及稳定性。薄壳的计算理论与薄壳的中面形状、构造形式及材料性质有关。薄壳可按中面形状分为柱壳、旋转壳（球壳、圆锥壳）、双曲面壳、抛物面壳、椭球壳、双曲抛物面壳、扁壳及各类组合壳体等。按构造形式分，有光面壳、加肋壳、夹心壳及多层壳等。按材料性质分，有各向同性壳、各向异性壳、线性弹性壳、非线性弹性壳及黏弹性壳等。

工程薄壳结构普遍采用基尔霍夫理论进行计算，提出如下计算假定：①垂直于中面方向的线应变可以不计。②中面的法线保持为直线，而且中面法线及其垂直线段之间的直角保持不变。③与中面平行的截面上的正应力远小于其垂直面上的正应力，因而它对应变的影响可以不计。④体力及面力均可化为作用于中面的荷载。在壳体的基本方程和边界条件中略去某些小量，使得基本方程能在边界条件下求解，从而得到能满足工程需要精度的解答，这就是薄壳理论能够广泛应用的缘由。考虑中厚壳或厚壳横剪切问题采用非基尔霍夫理论，厚壳基本上还只能作为一般空间问题来处理。

薄壳与同跨度、同材料的薄板相比，它能以小得多的厚度承受同样的荷载。薄壳结构广泛应用于工程技术领域，除了各种容器总是采用薄壳外，航空航天结构、船舶结构、水利结构、建筑结构（各种薄壳屋盖及薄壳基础）都常常以薄壳代替薄板。由于薄壳方程十分复杂，求解任意薄壳的一般解答很困难，通常只能求经过简化的某些特殊薄壳的解。

壳体一般方程及定解条件 壳体的一般方程建立在正交曲线坐标中。由于各种薄壳形状各异，故分析薄壳问题时常采用位于薄壳中曲面上的正交曲线坐标系，其方向分别为曲面的最大、最小曲率方向及曲面的法线方向，一般以α、β、γ表示（见图）。

正交曲线坐标中拉梅系数：

$$H_1=\frac{ds_1}{d\alpha},\ H_2=\frac{ds_2}{d\beta},\ H_3=\frac{ds_3}{d\gamma}$$

式中H_1、H_2、H_3分别为当每个曲线坐标α、

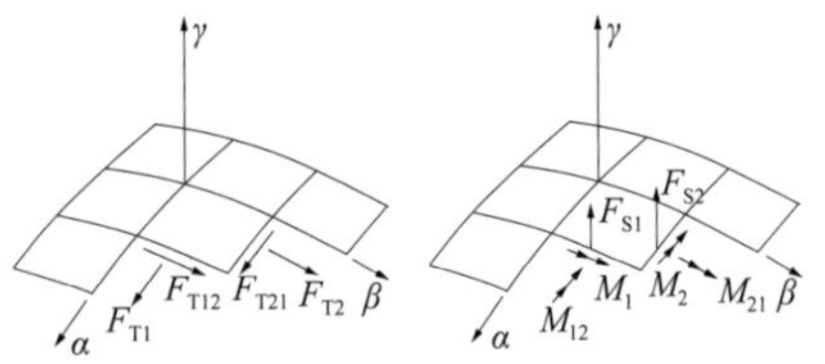

壳体主曲线坐标及内力示意图

β、γ单独改变时，该坐标的弧长增量与该坐标的增量这两者之比值。

正交曲线坐标中壳体中面上的高斯-柯达齐条件：

$$\frac{\partial}{\partial\alpha}\left(\frac{1}{A}\frac{\partial B}{\partial\alpha}\right)+\frac{\partial}{\partial\beta}\left(\frac{1}{B}\frac{\partial A}{\partial\beta}\right)=-k_1k_2AB$$

$$\frac{\partial}{\partial\beta}(k_1A)=k_2\frac{\partial A}{\partial\beta}$$

$$\frac{\partial}{\partial\alpha}(k_2B)=k_1\frac{\partial B}{\partial\alpha}$$

表示中面拉梅系数A、B与中面主曲率k_1、k_2之间的关系，可以用来简化计算。

根据壳体理论计算假定，可建立壳体的三类方程，即几何方程、物理方程、平衡方程。求解方程需依据壳体的边界条件，其个数取决于壳体的位移法方程的阶数，壳体的位移法方程是由几何方程、物理方程、平衡方程综合得到的，是关于中面位移与中面荷载之关系的3个方程构成的8阶偏微分方程组，定解需16个边界条件。壳体的边界条件分为壳面和壳边两种。在壳面上，壳体一般不受任何约束，所以没有位移边界条件。壳面上的面力和体力一般归于荷载，所以没有应力边界条件。上述薄壳理论，通过“无矩假定”加以进一步的简化，就得到所谓的“无矩理论”。

（杨春秋）

秦岭终南山公路隧道 Zhongnanshan Highway Tunnel 秦岭终南山双洞单向特长高速公路隧道。位于陕西境内秦岭铁路Ⅱ线隧道右侧，隧道单洞全长18.02千米，双洞总长36.04千米。2002年3月动工，2007年1月20日建成通车。隧道埋深600～1640米。隧道线形为直线，洞内路面设人字形纵坡，最大坡度1.1%。隧道设计标高高程在1000米雪线（高山常年积雪区的下边界，即年固态降水量与消融量开始达到平衡的地带）以下。横断面采用三心圆曲墙式轮廓，断面积83～122米^2。隧道洞身穿越地层以第三系混合片麻岩和混合花岗岩为主，其间夹有斜长角闪片麻岩及片岩残留体。洞内断裂带40余条。隧道开挖过程中发生不同程度的岩爆、围岩失稳等不良地质现象。

隧道北端口与铁路隧道中线最小间距120米，南端口最小间距30米。隧道正洞施工设8条施工横通道，分4个平行段作业。采用钻爆法施工，除Ⅴ级围岩采用台阶法施工外全部采用全断面开挖，复合式衬砌。隧道正洞平均循环进尺为3.7米，开挖面月平均进尺300米，并创下了月进尺429.5米的全国纪录。贯通精度高程误差仅1毫米，中线里程误差12毫米。采用自主研发的大直径深竖井成套技术和设备，解决了直径12.4米、深度661米竖井施工难题，创造了全断面开挖月进尺80米、衬砌236米的两项世界纪录。在世界上首次实现由2条主隧道、71条横通道、3座送排风竖井构成的4段隧道网络通风系统，竖井通风分区长度由3000米突破至4949米。总造价31.93亿元，平均造价17.72万元/双线米。

围绕工程施工、通风、防灾减灾、监控、运行管理等技术难题，秦岭终南山公路隧道开展了一系列科学研究，创造了当时高速公路隧道建设史上的6项之最：①世界上最长的双洞高速公路隧道。②第一座中国设计、施工、监理、管理等综合技术水平最高的特长高速公路隧道。③世界上最大口径（d=11.5米）、最深深度（h_{max}=661米）的竖井通风工程。④拥有世界上最完备的高速公路深度管理监控技术。⑤拥有世界上最先进的高速公路隧道特殊灯光带。⑥首次创造性提出策略管理理论，并运用首套策略自动生成软件，对火灾、交通事故、养护等事件进行自动监测和管理。

（仇文革）

青函海底隧道 Seikan Tunnel 穿越日本津轻海峡连接本州（青森）与北海道（函馆）的海底铁路隧道。隧道于1964年动工，1988年通车。主隧道全长53.85千米，其中海底部分长23.3千米，陆上部分本州一侧长为13.55千米，北海道一侧长为17千米。主坑道宽11.9米，高9米，断面80米^2，建成时是世界上最长的隧道。

青函隧道使北海道与本州之间的交通不再受恶劣气候的影响，运输能力和效率大大提高，对日本北海道的矿山、钢铁、造船和渔业的发展产生了不可低估的作用。因此，被称为日本列岛的“北方走廊”。

青函隧道最大水深140米，最小覆盖层厚100米，采用超前导坑和平行导坑法施工，以便提前探明地质情况并作通风、排水和出渣之用。平行导坑与正洞的中线间距30米，两者之间每隔600米用横向通道连接。隧道在本州端一般采用上部半断面先掘进的矿山法，在北海道端一般采用上导坑先掘进的矿山法，在地质情况恶劣区段则采用侧壁导坑法或周壁导坑法施工。平行导坑和超前导坑一般采用全断面开挖，视地质情况也采用小断面分部开挖。隧道拱部混凝土衬砌用混凝土泵灌筑，平行导坑和超前导坑一般采用喷射混凝土支护。陆上部分本州端和北海道端各设3座斜井和1座竖井，由斜井底部开挖位于正洞与平行导坑下方居中的超前导坑。海底复杂的地质断层和软岩构造，曾出现多次严重渗水事故，其中一次仅排水一项工程花掉150多天。为此，创造了防止隧道漏水的先进技术。

（仇文革）

青藏铁路新关角隧道 New Guanjiao Tunnel of the Qinghai-Xizang Railway 建成时为世界高海拔地区第一长隧道。青藏铁路新关角隧道位于青海省天峻县和乌兰县境内的关角山，横亘在天峻大草原和柴达木盆地之间，是通过柴达木进入青藏高原的“东大门”，平均海拔3800余米，最高海拔3497.45米，气候寒冷，空气稀薄，四季飘雪，长冬无夏。

新关角隧道是青藏铁路西（宁）格（尔木）二线控制性工程，为双线双洞，全长32.645千米，设计时速160千米。新关角隧道于2007年11月6日全面开工，2014年4月15日全线贯通，2014年12月28日全线通车，青藏铁路列车穿越关角山的时间由两小时缩短至20分钟。

新关角隧道的主要特点：①新关角隧道使中国铁路隧道长度首次突破30千米，开创了高海拔地区修建超长隧道的先例。②创立了中国高海拔特长隧道防灾疏散救援技术体系，新的建设期通风和出渣技术为修建高海拔特长隧道提供了可借鉴的施工模式。③克服了持续高压涌水，形成了高海拔特长隧道岩溶裂隙水综合处理技术。④突破了以往的通风理念，创立了采用自然通风方案的高海拔地区特长隧道运营通风节能减排新技术，实现了运营通风技术的重大突破。

（柴金飞）

轻钢龙骨结构 light-gauge steel structure 由连续热镀锌钢板（带）或以连续热镀锌钢板（带）为基材的彩色涂层钢板（带）作原材料、经冷弯工艺轧制成建筑用金属骨架所组成的结构。第二次世界大战期间，即用石膏板加木龙骨建造房屋作为临时兵营。第二次世界大战结束后，大量军人复员，需要大批房屋，使木龙骨石膏板房屋得到大量发展。20世纪60年代以后，美国、日本逐渐以机械成型方法轧制的冷弯薄壁型钢代替木材骨架，其优点是增加强度、不变形、防火，在建筑业称为轻钢龙骨。轻钢龙骨在中国的发展始于1978年。

首先由北京市建筑设计院与北京灯具厂合作开发了澳美体系轻钢龙骨隔墙与吊顶。80年代中期，中国的轻钢龙骨厂发展起来，并形成约200多个具备一定规模的企业。此外，中国国家标准《建筑用轻钢龙骨》(GB/T 11981）也已实施。

轻钢龙骨按用途分为吊顶龙骨和隔断龙骨；按断面形式分为V形、C形、T形、L形和U形龙骨。轻钢龙骨结构广泛用于宾馆、候机楼、车运站、车站、游乐场、商场、工厂、办公楼、旧建筑改造、室内装修设置和顶棚等场所等。轻钢（烤漆）龙骨吊顶具有重量轻、强度高，适应防水、防震、防尘、隔声、吸声和恒温等功效，同时还具有工期短、施工简便等优点。

（王　伟）

轻轨交通　light railway　大部分采用钢轮钢轨铰接车辆的轨道交通系统。简称轻轨。属中运量系统，具有先进的智能技术、敷设方式灵活、外形美观和造价较低等特点。

概念来源　“轻轨”一词来源于其他国家对传统有轨电车进行升级后的普遍称谓（LRT）。美国公共交通协会（APTA）对轻轨的定义是：一种相对于重轨而言运能较低的电气化轨道交通模式，可以使用独立的路权或与其他交通方式混行路权，是用高站台或低站台上下客，使用多节车辆组成的列车或单个车辆。

欧洲交通运输部长会议（ECMT）在1994年出版的报告《轻轨公共交通系统》中，对“轻轨”的定义：轻轨系统是一种轨道运输方式，其形式从现代有轨电车到运营在专有路权上的快速公共交通系统，可以在地下、地面和高架桥上运行。每个形式都可以是该系统的最终形式，但低级别形式须能够被提升至高一级别的形式。

世界其他国家对于轻轨的认识，其最根本的特征在于该系统允许存在不同的路权形式。这一点对于中国普遍认知的现代有轨电车是类似的。

技术特征　在中国，轻轨有狭义的轻轨概念和广义的轻轨概念之分。狭义的轻轨是城市轨道交通7种制式中的一种。指使用普通钢轮钢轨铰接车辆，线路基本采用地面独立路权或路口平交的半独立路权方式敷设，或采用高架线路，遇繁华街区及困难地段也可采用地下线路的城市轨道交通系统。基于轻轨使用的灵活性，轻轨同时具有城市大容量公共交通和城市轨道交通的双重属性。广义的轻轨是中运量（单向运能为1万～3万人次/时）系统。中运量系统包含轻轨系统、单轨系统、直线电机系统、中低速磁悬浮系统、自动导向系统等多种制式。

轻轨线路的路权管理按照与道路系统的关系，分为独立路权和半独立路权。独立路权线路为全封闭线路，半独立路权线路呈地面专用道形式，线路除平交处采用混行方式外，其他均与道路交通具有物理隔离。

轻轨正线采用右侧行车的双线线路，采用1435毫米的标准轨距。在半独立路权情况下，列车应在司机瞭望可视监控范围内运行；在独立路权情况下，列车宜在自动监控系统的监控下运行。全线列车运行宜采用集中调度。

对于具有独立路权的线路，远期最大设计行车密度不宜低于30对/时。对于允许设置平交路口的半独立路权的线路，其行车密度和运营组织可按城市道路交通具体情况分析确定。

列车配置司机驾驶或自动监控系统，在非全封闭线路或车场出入线上，列车运行由司机人工驾驶。列车通过无人值守的平交路口时，运行速度不超过40千米/时。

由于轻轨主要在地上敷设，因此系统在建设和投入运营前，需根据线路运行环境和运营要求，充分考虑在各种灾害条件下（包括火灾、水淹、风灾、地震、冰雪和雷击等）的运营管理需求，制定相应管理措施，配备相应的必要设备，以此保证乘客和系统的安全。

车辆特征　车辆基本型式为钢轮钢轨、多模块铰接型车辆。按车辆地板高度分为低地板车和高地板车，低地板车距轨道表面的高度约一级阶梯高度，高地板车为三级阶梯高度。通常采用鼠笼异步电机和永磁同步电机。车体材料采用不锈钢或铝合金。车辆最高运行速度分为70千米/时和100千米/时，车辆宽度2.65米，最大长度36米，每辆车载客定员为250人。采用架空接触网供电方式、地面接触轨供电方式或充电桩供电方式。供电电压采用直流DC750伏或1500伏。

车辆由动车模块、拖车模块、中间模块和铰接装置组成。①动车模块。编组由不同型式的模块根据客流预测、设计运输能力、线路条件、环境条件及运营组织等要素确定。②拖车模块。车辆动拖比是根据旅行速度、故障运行能力、耗电量、车辆的购置费及维修费，以及发挥再生制动作用等因素综合分析确定的。③中间模块。车辆模块之间安装铰接装置。④铰接装置。可分为车体铰接和转向架铰接两种模式。

车体采用不锈钢或铝合金材料整体承载结构。采用无摇枕两系悬挂转向架。走行装置机构采用通轴轮对转向架或独立轮转向架。

车辆采用微机控制的制动系统，并具有电制动、空气制动或液压制动、磁轨制动等制动方式。牵引传动系统采用交流传动系统。

（仲建华）

轻混凝土　light weight concrete　由轻的粗骨料、细骨料、水泥和水，必要时加入化学外加剂或矿物掺合料配制而成的，表观密度不大于1950千克/米^{3}的多孔轻质混凝土。以轻骨料代替部分普通粗骨料、细骨料，干表观密度介于1950～2300千克/米^{3}的混凝土，称为次轻混凝土，又称特定密度混凝土。

轻混凝土按其孔隙结构可分为3种：①轻骨料混凝土。即多孔骨料轻混凝土，干表观密度范围为760～1950千克/米^3。②多孔混凝土。主要包括加气混凝土和泡沫混凝土等，干表观密度范围为300～1200千克/米^3。③大孔混凝土。即无砂混凝土或少砂混凝土。按细骨料的种类可分为全轻混凝土（粗、细骨料均采用轻质材料）和砂轻混凝土（部分或全部采用普通砂作细骨料），均属于轻骨料混凝土。

与普通混凝土相比，轻混凝土的最大特点是表观密度小、自重轻、具有良好的保温性能。混凝土的容重越小，热导率越低，保温性能越好。容重为500～1400千克/米^{3}的轻混凝土，其热导率一般为0.116～0.488瓦/（米·开），主要用作有保温要求的墙体、屋面或各种热工构筑物的保温层。容重1400～1900千克/米^3、抗压强度为15～50兆帕的结构轻混凝土，由于自重轻、弹性模量低、抗震性能好、耐火性能也较好等特点，主要用于工业与民用建筑，特别是高层建筑和桥梁工程的承重结构。

（龚洛书　蒋金洋）

穹　dome　一个空心的上半圆球。汉字“穹”的基本意思是隆起，结构工程中的“穹”描述的是向上隆起的半球体形状；汉字“穹”还有另外一个重要的意思是天空，结构工程中的“穹”正是用于实现大跨度的屋顶，从下向上望去，犹如天空一样。穹在世界建筑史上具有十分突出的地位，甚至追溯到史前时期都可见到类似穹的结构。建造穹的材料不断变化，其中包括土、石、木、砖、混凝土、金属、玻璃、塑料等。穹不仅在波斯、希腊、罗马，以及中国的古代建筑中得到青睐，而且在当代各国富含本土传统元素的建筑中得到广泛应用。穹在拜占廷和中世纪伊斯兰建筑中十分流行，同时在中世纪的欧洲也多有应用。

匈牙利艾斯特根（Esztergom）教堂从力学特征看，穹可以被看作平面圆弧拱围绕竖向中轴线旋转一圈后形成的曲面构件，从机理上看，穹和拱类似，都是以承受压力为主的构件。一个典型的半圆球形状的穹，在其自重作用下径向仅受压，且从顶部到底部压力逐渐增大，而其环向在顶部受压，在底部受拉，由压到拉转换的临界位置发生在顶部向底部51.8°圆心角处（见图）。穹会对底部基础结构产生较大的

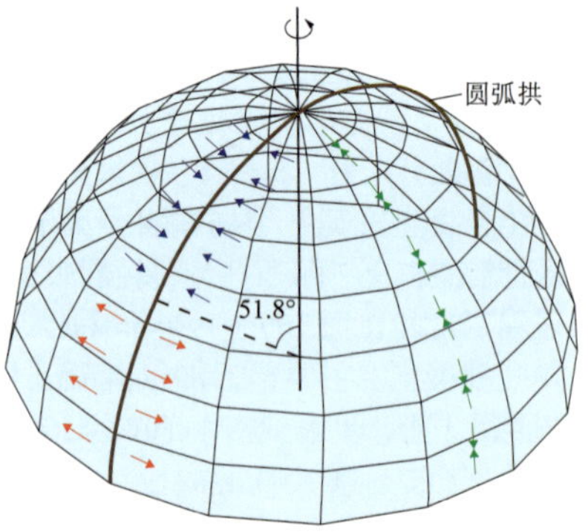

穹的形成及其内力特征示意图

水平推力，且推力大小与穹自重成正比，这一特性和平面拱构件十分类似。

随着结构工程的不断进步，穹的概念不断被拓宽，出现了许多穹的新形式，如洋葱形穹、椭圆形穹、抛物线形穹、帆形穹、伞形穹、杯盖形穹、复合穹等。穹作为实现大跨度屋盖的有效手段在现代宗教建筑、体育场馆、议会议院等大型公共建筑中得到广泛应用。（陶慕轩）

区域供冷冷源 district cooling source 为了满足工业区、高密度商业区、办公区等特定区域内建筑群落的供冷需求，集中提供冷量的专用设备。区域供冷冷源有两大类，天然冷源和人工冷源。人工的冷源形式主要包括：燃气热电冷联供、燃气吸收式制冷、蒸汽吸收式制冷、蒸汽压缩式制冷、电制冷加集中冰蓄冷等。区域供冷冷源可以是多种冷源形式的组合，还有些项目是与热泵供热结合在一起的（如利用江、河、海水等作为低位热源）。区域供冷冷源与分散供冷冷源相比，区别在于冷源集中带来的大型化、规模化，蓄能技术的应用，便于采用智能优化控制技术、集中控制管理，改进负荷特性曲线。利用天然冷源、废热回收以及可再生能源可提高系统能效比。区域供冷冷源一般采用水为冷媒，为了降低冷水的输送能耗和管网投资，可适当增大冷水的供、回水温差，如供水3～6℃，回水13～15℃。大温差的选取须考虑整个冷冻水系统的节能性，只有在冷水机组能耗增加量小于冷冻水泵能耗减少量的情况下才能实现总体节能。（李永红）

区域供冷系统 district cooling system 在楼群密度大，空调冷负荷相对集中的区域设置中央制冷站，集中制备空调冷冻水，再通过管网系统输配到区内的各座建筑，提供空调冷量，以替代各座建筑内常规单独设置的独立空调冷源的系统。应用区域供冷系统时，建筑内二次侧冷冻水泵、风机能耗仍由各建筑承担。主要的冷源形式有燃气热电冷三联供、燃气吸收式制冷、电制冷加集中冰蓄冷、天然冷源等。

简史 区域供冷是在区域供热的基础上发展起来的。美国和日本是区域供冷项目应用较多的两个国家。美国学者在20世纪40年代提出了区域供冷的概念。世界第一个冷热联供系统于60年代初在美国康涅狄格州的首府哈特福德市建成并投入运行。后来，美国纽约蒸汽公司首次使用吸收式制冷机来增加汽轮机的夏季负荷，以求在提供空调冷量的同时多发电。但由于当时只有单效吸收式制冷机，其热力系数很低（0.6～0.7），在经济性方面无法与电压缩式制冷机相比，因此发展受到限制。随着双效吸收式制冷机的研制成功，70年代，纽约世界贸易中心采用双效吸收式制冷机与汽轮机联合系统集中供冷、供热，供冷量达172兆瓦，成为当时世界上规模最大的一项区域供冷、供热工程。90年代后，冷热电联产技术日益成熟，结合冷热电联产的区域供热供冷系统也逐渐成为美国区域供冷的重要技术路线之一。1970年，自日本第一套区域供热供冷系统用来给大阪世界博览会所在的森里新城中心区提供冷热水后，区域供冷发展迅速，80年代以后建成了大量利用地表水、城市生活与工业废水的水源热泵系统。

欧洲气候温和，区域供热发展较为成熟，供冷需求并不多，大型区域供冷系统多是在成熟的区域供热管网基础上增加制冷设备形成的，且只集中于少数大城市。法国和瑞典是区域供冷系统应用的两个主要国家。

世界上最大的湖水源热泵集中供冷系统建于加拿大，此项目中利用安大略湖近百米深处的低温湖水，经净化后输入系统进行热泵机组的冷却。经过换热的湖水并未直接返回湖中，而是用来作为市区居民的生活用水水源。该系统能提供多伦多市区近半的建筑用冷，供冷用能降低了3/4。2010年11月，卡塔尔珍珠岛的综合区域供冷项目建成，建成时为世界上最大的区域供冷系统，其制冷能力为13万冷吨，可同时满足岛上4万多居民、购物中心、酒店及其他设施的供冷需求。

21世纪20年代初，中国已建成的大型区域供冷项目近20个。其中广州大学城、中关村的区域供冷系统（冰蓄冷）是中国较早的、规模较大的区域供冷项目。另外，上海世博园（江水源热泵）、大连小平岛和星海湾（污/海水源热泵）、南京鼓楼软件园（江水源热泵）、亚龙湾冰蓄冷区域供冷项目、重庆江北城中央商务区（江水源热泵）、横琴岛（冰蓄冷）、广州地铁二号线海珠广场（珠江水直流冷却）等区域供冷供热项目均已投入使用。

供冷方式 区域供冷项目具有的优点有：①集中冷源效率比分散冷源（如风冷机、分体机）的效率高，因此可达到减少运行能耗的目的。②集中冷站占地少，可减小设备冗余，从而降低冷源设备的初投资。③冷源易于集中优化控制和维护管理。④便于利用天然冷源或蓄冷技术。⑤易于降低污染排放。但是，相对于常规的分散供冷系统，区域供冷系统增加了二次管网的投资、二次泵的投资和运行费用，并且还多出了冷冻水二次管网温升导致的冷量损失。区域供冷只是一种空调冷源的解决方案，它的成功实施需要更多的特殊适用条件和更多的技术保障，如高密度的冷负荷用户，足够量的廉价天然冷源，尽可能短的管线，尽可能大的供回水温差（如10℃），紧随冷负荷变化的控制策略，以及采用各种能量回收技术措施以提高整体系统能效。如果不满足这些条件，区域供冷同分散供冷方式相比没有节能的优势，集中冷源可带来的冷源能效提升要低于输配系统所带来的循环水泵功耗和冷量损失的增加。中国建设的一些区域供冷系统实际容积率不超过2，系统的能效不如分散供冷系统，导致高昂的运行费以及投资无法收回。

供冷能效 加拿大安大略湖和美国康奈尔大学的区域供冷项目，利用的是70～80米深的深层湖水，温度4℃左右直接供冷，设计供回水温差10℃，供冷能力分别为143兆瓦和75兆瓦，正常情况下仅采用免费制冷就能满足用户冷量要求，系统整体能效比达到10以上（这里的能效比实际上主要是指系统制冷量与水泵功率的比值，因为在免费制冷情况下没有常规制冷机的输入功率）。

日本东京晴海特里顿广场为高密度商用建筑区，总建筑面积60万米^2，容积率高达9.7。冷源采用离心式冷水机组，并有水蓄能槽，系统供回水温差为7.5～9.9℃，整个系统的年均电力能效为3.13。

日本新宿新都心区域供冷系统服务区域建筑面积222.3万米²，容积率超过9.1，建筑类型以写字楼为主。该项目采用燃气热电冷三联供系统，燃气为一次能源，采用蒸汽驱动的离心式冷水机组，三联供机组的发电量只占输配系统耗电量的1/3，还需外购电量补足。该项目冷水管道设计供回水温差8℃，变流量控制，实际运行供回水温差4～8℃，冷水管道温升0.8℃，冷量损失接近售冷量的10%，理论上管道冷损失不超过2%。由于该项目供热采用蒸汽，水泵电耗只用于供冷，经统计是水泵电耗转化的热量占冷量损失的80%。此项目折合制冷的电力能效为2.13。

根据北京市大型公共建筑能耗调查数据，商用写字楼采用分散式供冷系统的冷源侧电力能效在3.15～3.85，能效水平与日本东京晴海特里顿广场区域供冷系统持平，明显高于以燃气为动力的新宿新都心区域供冷系统。

使用条件　区域供冷技术比较适用于以公共建筑为主的具有高建筑容积率、高负荷密度等良好区域负荷特性的区域，而不适用于低建筑容积率、低负荷密度、布置分散的住宅类建筑，这也是其他国家区域供冷系统主要建在中央商务区域或者天然冷源丰富地区的原因。区域供冷经济供冷距离的重要影响因素有冷源形式、冷负荷密度、管网的供回水温差等。供冷距离越大，循环水泵输送和管道冷损失费用越高。对于有关区域供冷系统供冷半径的研究表明，只有在满足一定的冷负荷设计条件下，通过系统优化设计，其全年运行能效比才能达到较高水平，规模效益明显。当区域供冷半径不大于1千米时，区域供冷系统的能效比分体空调方式高。与变制冷剂流量空调系统相比，区域供冷系统较为节能的供冷半径为650米。《民用建筑供暖通风与空气调节设计规范》（GB 50736—2012）中提到公共建筑群同时具备下列条件并经技术经济比较合理时，可采用区域供冷系统：①需要设置集中空调系统的建筑的容积率较高，且整个区域建筑的设计综合冷负荷密度较大（使用区域供冷系统的建筑容积率在2.0以上，建筑设计综合冷负荷密度不低于60瓦/米²）。②用户负荷及其特性明确。③建筑全年供冷时间长，且需求一致。④具备规划建设区域供冷站及管网的条件。　（李永红）

区域供热　district heating　以热水或蒸汽作为热媒，由一个或多个热源，经供热管网向城市、镇或其中某一地区的用户供应生活和生产用热的方式。是城市能源建设的一项基础设施。按热源来区分，集中供热一般可分为区域集中供热系统和热电联产集中供热系统，也可以是由各种热源共同组成的混合系统。区域供热系统的燃料包括天然气、煤、油等化石燃料，也可以是生物质、太阳能、地热、江河湖海水、核能等非化石和可再生能源。

简史　区域供热的国际情况和中国情况有所不同。

国际情况　区域供热的历史可以追溯到古罗马帝国的热水浴和温室。区域供热系统在欧洲中世纪和文艺复兴时期取得较大的进展，法国从14世纪就有了区域供热系统。1853年，美国安纳波利斯的美国海军学院开始蒸汽供热服务。1877年，美国纽约建成了世界上第一个区域锅炉房，向附近的14家用户供热。该项目的设计人美国水利工程师B.霍利被认为是现代区域供热的创始人。

20世纪初，一些工业发达的国家开始利用发电厂汽轮机的排汽，供给工业生产和居民生活用热，其后逐步演化成为现代意义上的热电厂供热——热电联产。第二次世界大战之后，随着全世界经济复苏，城镇集中供热事业得到了前所未有的发展。

苏联和东欧一些国家，长期以来将热电联产作为主要发展方向。苏联集中供热的规模曾居世界首位。

天气寒冷的北欧国家，如瑞典、丹麦、芬兰等，第二次世界大战后，城市区域供热发展迅速，普及率较高。丹麦最早的热电联产电厂是1903年建成的。1920～1930年，基于当地电力生产过程中过剩的热量，丹麦发展起来一个集体的区域供热系统。到20世纪70年代，30%左右的家庭由区域供热系统供热。21世纪20年代初期，63%丹麦住户的供暖与生活用水都来自区域供热。此外，北欧提出了第四代低温区域供热系统技术。其供应温度从90℃降低到55℃。

中国情况　20世纪50年代，中国供热的设计、施工、运行管理主要是学习苏联的供热技术。在1975年建设部颁布的设计规范基础上，于1987年颁布了适合中国国情的《采暖通风与空调设计规范》（GBJ 19—1987），2003年对该规范全面修订，颁布了新规范（GBJ 50019—2003）。该标准已被《工业建筑供暖通风与空气调节设计规范》（GB 50019—2015）和《民用建筑供暖通风与空气调节设计规范》（GB 50736—2012）替代。20世纪80年代是中国供热事业快速发展的时期。1980年，全国单机容量6000千瓦及以上的供热机组容量为443.1万千瓦。

北京集中供热的发展代表了中国集中供热的历程。1957年，北京市第一热电厂作为苏联援建中国的156个重点建设项目之一开始建设。1958年，集中供热的第一条蒸汽管道“光华线”破土动工，开启了用地下管道把热能输送到各个建筑物的历程。1959年，沿长安街新建了“国庆工程”的十大建筑及中南海供热的重点工程——长安线。80年代，北京就实行了多热源联网供热，保证了运行的安全性。20世纪的最后几年，华能北京热电厂和双榆树供热厂相继落成。其供热面积达到了2.75亿米²，热力站3928座，管网1494千米，是全国最大的城市集中供热管网。

热源　区域供热热源分为集中热源和分散热源。

集中热源　区域供热集中热源的优点主要包括：①可提高能源利用率，节约能源。分散的小型燃煤锅炉热效率只有50%～60%，而区域锅炉房的大型供热锅炉热效率可达80%～90%。②集中区域锅炉房供热，就有条件安装高烟囱和高效率的烟气净化装置，从而减轻大气污染，还易于实现当地低质燃料和垃圾的有效利用。③采用集中区域热源供热可以腾出城市中大批分散的小锅炉房的占地，减少司炉人员，免除城市分运燃料和灰渣的运输量，消减运输过程中灰尘颗粒的散落量，改善市容和环境卫生。④提高供热的质量。

区域供热集中热源的缺点主要包括：①总体建设投资过大。即使中小城市建设集中供热设施，动辄也要投资数亿元甚至十几亿元。已建成集中供热设施的城镇，如果要扩大供热面、维修或升级设备，投资更是不菲。②热网管道过长。动辄要铺设几十千米甚至上百千米的热网管道，不仅造价高、维护难，而且远距离送热损耗严重，同时热网的固定成本和变动成本都比较大，末端用热户受严重制约，缺乏灵活性。由此可见，集中供热的发展水平与一定的经济社会发展水平存在密切的相关关系。

分散热源　区域供热分散热源的优点主要包括：①与集中热源相比，建设更为灵活，便于调节和控制。②由于外网规模小，一般无中间换热站，热损失和动力消耗小，易克服水力失调。其缺点主要包括能源利用率较低、污染较严重、供热质量较差。　（张立申）

区域供热管网　district heating network　由城市集中供热热源向热用户输送和分配供热介质的管线网络系统。区域供热管网由输热干线、配热干线、支线等组成。输热干线自热源引出，一般不接支线；配热干线自输热干线或直接从热源接出，通过配热支线向用户供热。热网管径根据水力计算确定。在大型管网中，有时为保证管网压力工况，集中调节和检测供热介质参数，而在输热干线或输热干线与配热干线连接处设置热网站。

根据所输送供热介质的不同，区域供热管网分为热水热网和蒸汽热网；按照线路上平行敷设的管数的不同，分为单管、双管和多管系统；按照热水热网是否直接耗用其中水量，分为开式和闭式系统。如果热水单管系统只有一条供水管，热水送到用户采暖通风系统，通过表面换热，放出其中部分热量后再作为用户的生活热水使用，不再返回热源，则这种系统属于开式，它比较简单，但只适用于生活热水负荷足够大的地区。热水双管系统通常由一条供水管和一条回水管组成，是城市供热设施中应用较普遍的一种系统，它有闭式和开式两种形式：在闭式系统中，热水由热源沿着供水管输送到用户的采暖通风及其他用热系统，通过表面换热降低温度后，沿着回水管返回热源；在开式系统中，供回水管的一部分热水供给用户作为生活热水使用。热水多管系统比较复杂，只在用户有两种或两种以上不同温度要求或不同调节特性时采用。蒸汽热网分为有凝结水管和无凝结水管两种系统。一般常用的有凝结水管系统，蒸汽由热源经供气管输送到用户，在用热装置中放热并形成凝结水后，沿着凝结水管返回热源。无凝结水管系统只有一条供气管，它只适用于直接消耗蒸汽或经过用热设备后凝结水被污染而无回收价值的场合。

城市区域供热管网一般采用地下敷设方式，只有在工业区或城郊等对交通和市容影响不大的地方，才考虑地上敷设方式。 （夏建军）

区域供热热源 regional heating source 独立为某个区域供热提供热量的热源。区域供热热源的介质一般为热水或蒸汽，在没有蒸汽负荷需求的情况下，介质多为热水。该区域可以由数个企业、民用建筑或公共建筑等组成，供热面积由几千平方米至上亿平方米不等。根据使用要求，区域供热热源内装有蒸汽锅炉、热水锅炉，或者同时装有两种锅炉。供热热源形式可以多样化并组合建设，包括热电厂、燃煤热源、燃气热源、燃油热源、生物质热源、垃圾焚烧热源、电热热源、空气源热泵热源、地源或水源热泵热源、工业及其他余热热源以及低温核供热反应堆等，原则是优先选择清洁能源、可再生能源，以及排放污染物少、能耗低的一种或几种能源共同提供热量。

燃煤锅炉房一直作为区域供热热源的主要方式，小型锅炉房（折合10蒸吨以下锅炉）的热效率一般在50%～70%，中大型锅炉房（折合10蒸吨及以上锅炉）的热效率一般在70%～85%。21世纪以来，随着经济发展及技术进步，为解决大气污染物排放过多造成空气质量差的问题，将天然气供热及其他清洁能源供热作为发展重点，热效率也提高到90%以上，如果采用烟气余热回收技术，回收烟气中的汽化潜热，燃气供热实际测试的低位热效率可以达到103%～105%。 （孙 健）

区域锅炉房供热 district heating by regional boiler plant 以区域锅炉房作为热源的城镇集中供热方式。区域锅炉房内一般都装置大容量、高效率的蒸汽锅炉、热水锅炉，或同时装置两种锅炉，燃料可用煤、油、天然气、垃圾废料等，向城镇各类用户供应生产和生活用热。虽然区域锅炉房的热能利用效率通常低于热电厂，但比分散的小型锅炉房的热效率高得多。用区域锅炉房代替分散的小型锅炉房供热，能节约燃料，改善供热质量，减少对大气的污染。与热电厂相比，区域锅炉房投资低，建设周期短，规模和场地的选择比较灵活，因此是城镇集中供热的主要方式之一。

区域锅炉房既可以单独向一些街区供热，形成独立的供热系统；也可以作为热电厂的辅助热源，在高峰负荷时与热电厂联合供热，即热电厂承担基本负荷，区域锅炉房承担尖峰负荷，从而保证整个采暖期热电厂可以在最佳热电效率下长期稳定运行，提高热电厂的设备利用率，最大限度地发挥热电厂的能源综合利用优势，提高整个供热系统的运行经济性。因此，区域锅炉房布局、与热电厂建设配合以及联合供热等问题，应在城市供热整体规划中全面安排。区域锅炉房的规模主要取决于技术水平和技术经济条件（如热水锅炉单台容量、气候条件、热负荷密度、煤价、电价等）及对周围环境的影响程度等因素。 （张世钢）

圈梁 ring beam 在砌体房屋的檐口、窗顶、楼层、吊车梁顶或基础顶面标高处，沿砌体墙水平方向设置封闭状的按构造配筋的混凝土梁式构件。

作用 在无筋砌体墙中设置钢筋混凝土圈梁，其作用有：①增强房屋的整体性，防止由于地基的不均匀沉降、温度作用、干燥收缩、较大振动荷载等对房屋引起的不利影响。②与钢筋混凝土构造柱一起形成空间骨架，有效提高无筋砌体墙的变形性能，改善砌体房屋的抗震性能。③门窗洞口处的圈梁可兼作过梁，以承受其上墙体的重量和楼（屋）盖传来的荷载。④钢筋混凝土梁或墙梁的拖梁下设置圈梁，有利于提高无筋砌体的局部抗压承载力。⑤在较高墙体中部设置圈梁，降低墙体的计算高度，提高墙体的稳定性。

设置部位 在砌体房屋下列部位设置圈梁：①软弱地基或不均匀地基上砌体房屋的基础顶面。②厂房、仓库、食堂等空旷单层房屋：砖砌体房屋的檐口标高为5～8米或砌块砌体房屋的檐口标高为4～5米时，檐口标高处；砖砌体房屋的檐口标高大于8米或砌块砌体房屋的檐口标高大于5米时，除檐口标高处外，应增设；有吊车或有较大振动设备的单层工业房屋，除檐口和窗顶处以外，应增设。③多层砌体房屋外墙以及横墙的楼盖和屋盖处设置圈梁，圈梁在平面方向和立面方向的间距根据抗震设防烈度和房屋层数按国家标准《砌体结构设计规范》(GB 50003）和《建筑抗震设计规范》(GB 50011）确定。④墙梁的拖梁底部和墙梁的顶部。

构造要求 圈梁宜连续地设在同一水平面上，形成封闭状。当圈梁被门窗洞口截断时，应在洞口顶部设置附加圈梁。

圈梁按构造要求进行设计。圈梁高度不宜小于120毫米，宽度宜与墙体同厚，当墙厚大于240毫米时，其宽度不宜小于墙厚的2/3。混凝土强度等级不应小于C20。纵向钢筋不应少于4根，直径不应小于10毫米，箍筋间距不应小于300毫米。圈梁兼过梁时，过梁部分的配筋按计算确定。

纵、横墙交接处的圈梁应可靠连接。圈梁的施工方法与普通钢筋混凝土梁不同，待砌体墙砌筑完成后，直接用砌体墙做底模浇筑混凝土。 （徐 建 梁建国）

全复材结构 all-FRP structure 由纤维增强复合材料（简称复材）制成各种基本受力构件所形成的主要承担各种荷载和外力作用的组合体。复材具有很好的可设计性。通过使用不同的纤维材料、纤维含量和铺设方向，可设计出各种形状、各种强度指标以及满足特殊性能要求的复材制品，且成型方便（见**复材组合结构**）。通过拉挤工艺可以制成工字形、箱形、槽形等拉挤型材。这些型材单向受力性能好，通过螺栓连接、黏接及榫接等可靠的连接方式，可以组成全复材框架结构或桁架结构。复材制成杆件，可以形成复材网架结构，重量仅为钢网架的1/4。也可由复材组成各种形状的拱、壳、折板以及穹顶等空间结构。复材所具有的高比强度及良好耐腐蚀性，使其在大跨空间结构中有广阔的发展空间，也为土木工程结构创新带来很多的机会。（李　荣）

全面质量管理　total quality control; TQC　为保证和提高工程质量，运用一整套质量管理体系、手段和方法，对影响质量的各种因素进行有效的控制，并向用户提供满意的产品和服务的系统管理工作。英文缩写TQC。1956年，担任美国通用电气公司制造和质量经理的A.V.费根鲍姆，在《哈佛商业评论》上发表论文《全面质量管理》，首次提出“全面质量管理”的概念，并于1961年出版同名著作。20世纪70年代末，中国建筑业开始推行全面质量管理。全面质量管理是以质量为中心，以全员参与为基础的一种管理方式。

特点　具有全过程性、全员性和全面性。①具有全面质量概念，即广义质量概念。指考虑除建筑产品本身的质量以外，还应综合考察工程量、工期、成本等四者的结合，构成建筑工程质量的全面概念。②全过程的质量管理，即从研究、设计、试制、鉴定、生产设备、外购材料以至产品销售等环节都进行质量管理。③全员参与的质量管理，即企业全体人员在各自的岗位上参与质量管理，以自己的工作质量保证产品质量。④全面性管理，即包括计划、组织、技术、财务、统计各项管理工作直至使用阶段的维修、保养，形成一个完整有效的质量管理体系。⑤全社会参与的质量管理，即在进行质量管理过程中，全体社会成员对工程进行监督，及时发现问题，采取改进措施。

方法　为保证产品质量而进行全面质量管理时所采用的各种技术和方法。自20世纪60年代以来通过长期的全面质量管理工作，全面质量管理方法不断得到发展与完善，已经形成了一系列功能比较齐全、面向不同层次质量问题的方法体系。其中主要有两种。①数理统计方法。其基本原理是从一批产品中抽取一定数量的样品，经过测试，得到该批产品的质量数据，再运用统计推断方法对总体的质量情况做出预测，揭示其质量变化规律。其中用于寻找主要影响因素的方法有分层法、因果图法、主次排列图法等；用于找出影响因素之间内在联系与特性规律的方法有相关分析法、正交实验法等；用于工艺过程中质量控制与预测的方法有直方图法、控制图法、抽样检验法。②循环图法。由计划、执行、检查和处理4个阶段构成循环质量管理的方法。该法每完成一次循环就解决一批质量问题。将本次循环中遗留的问题再转入下一个循环去解决，使产品质量不断得到提高。

质量保证体系　为保证全面质量管理得以顺利实施，需构建质量保证体系。①建立质量管理的组织保证体系。一般的做法是在企业及各职能部门成立相应的全面质量管理组织。企业要专门设立全面质量管理办公室，负责组织、指导、协调和监督、检查全企业各部门、各环节的质量管理活动；在各部门、各环节相应普遍建立群众性的质量管理小组和质量管理点，开展各种形式的自检和互检活动。这样，便形成了一个质量管理的组织系统，它是企业质量管理的组织保证。②建立质量管理的目标体系。企业全面质量管理办公室应根据企业的整体目标，确定各阶段的质量目标，然后逐级分解落实到各岗位和个人。这样，便可在企业质量总目标的指导下，形成一个从上到下，由大到中、到小的完整的目标体系，确保企业稳定地实现质量总目标。③建立严格的质量管理责任制。根据企业质量总目标对各部门、各层次和各类人员的质量要求，明确规定他们在质量管理方面的职责范围、管理权限、工作任务和工作标准，使他们都能负责地、有标准地做好自己的本职工作，以各自的优质工作来共同创造优质产品。④建立质量信息网络，形成信息反馈机制。即以全面质量管理办公室为中心，建立质量信息反馈系统和制度，保证质量管理活动的正常运行。在质量管理活动中，如果某道工序（或环节）发现质量问题，除了自己及时处置外，还要迅速地向前道工序及有关方面传递信息，以便从根本上加以解决。⑤建立质量管理的思想保证体系。在开展全面质量管理活动过程中，要经常地对全体员工进行政治思想和职业道德教育，使全体员工能自觉地把对用户负责、保证使用户满意的精神贯穿于生产经营活动中的全过程，从而促进质量保证体系的有效运转和产品质量的稳步提高。（蒋凤昌　王怡欣）

全套管钻孔机　full casing drill rig　能抱紧下端装有切削刀齿的套管、边回转边将其压入或拔出地下进行钻孔灌注桩作业的成孔机械。又称贝诺特钻孔机。法国贝诺特公司于20世纪50年代初研制。利用夹持钢套管摇动装置的摇动（或回转装置的回转）使钢套管与土层间的摩阻力大大减少，边摇动（或回转）边将钢套管下压深入地层，同时利用冲抓斗（或钻斗）挖掘取土，直至钢套管下到设计桩端持力层为止。成孔后将钢筋笼放入，灌注混凝土，并通过摇动（或回转）逐次拔出钢套管而成桩。

全套管钻孔机适用于除深厚含水细沙层以外的几乎任何地层，作业效率和成功率具有无可替代的优势。主要用于清障施工和钻孔灌桩施工。采用全套管钻孔机施工噪声低，振动小，无泥浆污染，施工现场整洁，孔壁不会坍落，成孔和成桩质量高，易于控制桩断面尺寸与形状，充盈系数小，节约混凝土。可在各种杂填土中施工，适合于旧城改造的基础工程。由于钢套管护壁的作用，可避免钻冲击成孔灌注桩可能发生的缩颈、断桩及混凝土离析等质量问题。

全套管钻孔机的套管装置分附着式和独立式两种，采用专用桩架时，使用附着式；采用起重机等配合工作时，使用独立式较多。（于景华）

群桩效应　effect of pile group　群桩基础在荷载作用下，由于承台、桩、土的相互作用，使基桩桩侧阻力、桩端阻力、沉降与独立单桩明显不同的一种现象。群桩效应通常用群桩效应系数的大小来反应。群桩效应系数定义为群桩极限承载力与每根单桩极限承载力之和的比值。群桩效应受土性、桩距、桩数、桩的长径比、桩长与承台宽度比、成桩方法等多因素的影响。群桩基础受竖向荷载后，承台、桩群、土形成一个相互作用、共同工作体系，其变形和承载力均受相互作用的影响和制约。由端承桩组成的群桩基础，通过承台分配于各桩桩顶的竖向荷载，其大部分由桩身直接传递到桩端，由于桩侧阻力分担的荷载份额较小，因此桩侧剪应力的相互影响和传递到桩端平面的应力重叠效应较小，群桩相当于单桩的简单集合，群桩承载力可近似取各单桩之和，即群桩效应系数近似等于1。由摩擦桩组成的群桩，在竖向荷载作用下，其桩顶荷载的大部分通过桩侧阻力传布到桩侧和桩端土层中，其余部分由桩端承受。对于低承台群桩，由于桩端的贯入变形和桩身的弹性压缩，使得承台底面土、桩间土、桩端土都参与工作，群桩的工作性状趋于复杂。桩群中任一根基桩的工作性状明显不同于独立单桩，群桩承载力不等于各单桩之和，其群桩效率系数可能小于1，也可能大于1，群桩沉降也明显大于单桩。（高文生）

R

燃气采暖 gas heating 以燃气作为燃料的各种采暖方式的统称。燃气采暖一般有燃气辐射采暖和燃气壁挂炉采暖。

燃气辐射采暖利用天然气、液化石油气或人工煤气等可燃气体，在特殊的燃烧装置——辐射管内燃烧而辐射出各种波长的红外线进行供暖。辐射热不被大气所吸收，而是被建筑物、人体、设备等各种物体所吸收，并转化为热能。吸收了热的物体，本体温度升高，再一次以对流的形式加热周围的其他物体，如大气等。所以，建筑物内的大气温度不会产生严重的垂直失调现象。其热能的利用率很高，并使人体感觉很舒适。燃气辐射式采暖省去了将高温烟气热能转化为低温热媒（热水或蒸汽）热能这样一个能量转换环节，且排烟温度低，具有构造简单轻巧、发热量大、热效率高、安装方便、初投资和运行费用低、操作简单、智能化程度高、无噪声、环保洁净等优点，被广泛地运用在工厂车间、体育场馆、仓库、飞机修理库、温室大棚、养殖场、游泳池、剧院、礼堂、超市等地方。

燃气壁挂炉采暖是以天然气、人工煤气或液化气作为燃料，在燃烧室内燃烧后，由热交换器将热量传递到采暖系统中的循环水，循环水将热量带到需要采暖的地方。常用的壁挂炉分为采暖生活热水两用炉和单采暖炉两种。燃气壁挂炉既可为散热片提供热源，也可为地暖系统提供热源。

（周伟国）

燃气储配站 gas stored and distribution station 城镇燃气输配系统中储存和分配燃气的场所。燃气储配站由具有接收、储存、配气、计量、调压或加压等功能的设施组成。燃气储配站接收气源来气并进行净化，加臭，储存，控制供气压力，气量分配，计量和气质检测。其主要任务是根据燃气调度中心的指令，使燃气输配管网达到所需压力和保持供气与需气之间的平衡；接收、处理气源厂或长输管线输送的燃气并进行储存，以调节生产与使用的不平衡；控制燃气输配系统的供气压力，并进行燃气用量的分配与计量。

燃气储配站一般设置在气源厂附近或长输管线来气进入城镇的门站，当城镇较大时，经过技术经济比较也可设置两个以上的燃气储配站。燃气储配站的组成随气源不同储存工艺及设备的不同而异。燃气储配站的工艺流程按燃气的储存压力分类，基本上分成高压储配站和低压储配站两大类。燃气储配站站址的选择要考虑工艺、动力、给排水、土建安装、防火防爆、环境保护等方面的要求及其对投资和运行费用的影响，并与城市总体规划相协调。燃气储配站的工艺布置应保证工作可靠、安全生产和便于运行管理。各建筑物和构筑物之间应满足安全防火距离的要求，应设环绕全站的消防道路，压送、调压等生产车间的用电设备应考虑防火防爆要求，站内燃气管道宜连成环状并设有检修和事故时使用的越站旁通管道。

高压储配站 高压储配站可根据调压级数分为一级调压与二级调压两种。

天然气高压储配站工艺流程见图1，它比一般的燃气高压储配站多一个接球装置。当供气量处于低谷负荷时，由燃气高压干线来的燃气一部分经过一级调压进入高压球罐，另一部分经过二级调压进入城市；当供气量处于高峰负荷时，高压球罐和经过一级调压后的高压干管来气汇合经过二级调压送入城市。为了提高储罐的利用系数，可在站内安装引射器，当储气罐内的燃气压力接近管网压力时，可以利用高压干管的高压燃气把燃气从压力较低的罐中引射出来，以提高整个罐站的容积利用系数。为了保证引射器的正常工作，电动球阀a、b、c、d须能迅速开启和关闭，因此应设电动阀门。引射器工作时，b、d开启，a、c关闭。引射器除了能提高高压储罐的利用系数之外，当需要开罐检查时，它可以把准备检查的罐内压力降到最低，减少开罐时放散到大气中的燃气量，以提高经济效益，减少大气污染。

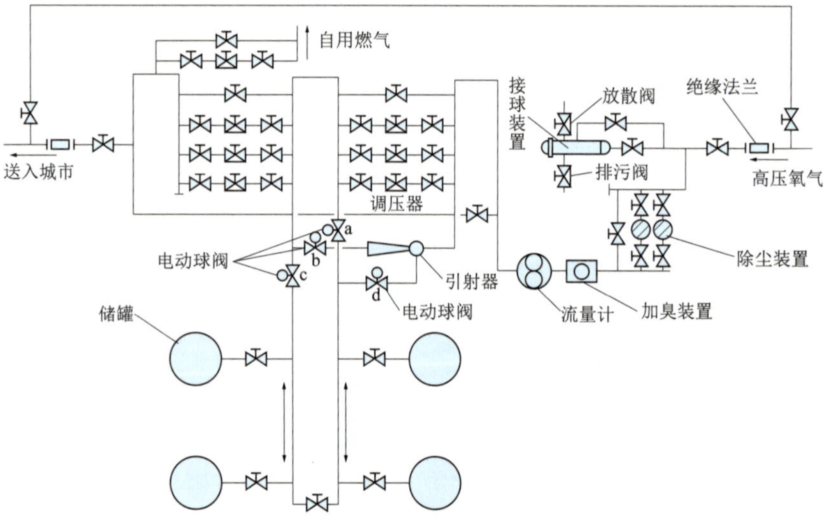

图1 天然气高压储配站工艺流程示意图

在高压储配站中，除了过滤器、调压器、计量装置等主要部件外，为了保证高压储配站的正常、安全、高效工作，还设有一些附属装置。高压储配站入口处设置止回阀，在燃气干管停止供气时，防止燃气从储气罐中倒流回去。高压储配站调压室应设有足够数量的旁通管，以便检修时使用。高压储配站还设有安全自控装置（如超压/低压自动切断装置及安全放散装置，远程遥测、遥控装置）和测量仪表（温度计、压力表）等。

低压储配站 城镇采用低压气源，而且供气规模又不是特别大时，燃气供应系统通常采用低压燃气与其相适应，需建设低压储配站。在用气低谷时将多余的燃气储存起来，高峰时通过低压储配站的压缩机将燃气从低压储罐中抽出压送到中压管网中，保证正常供气。

低压储配站的工艺流程分为中压输送工艺流程，低、中压分路输送工艺流程等。①中压输送工艺流程见图2。用气低谷时，来自气源厂的燃气部分进入低压储气罐储存，其余经压缩机加压至中压并计量后进入城镇中压管网。用气高峰时，来自气源厂的燃气与储罐中的燃气经压缩机加压至中压，经计量进入城镇中压管网。②低压、

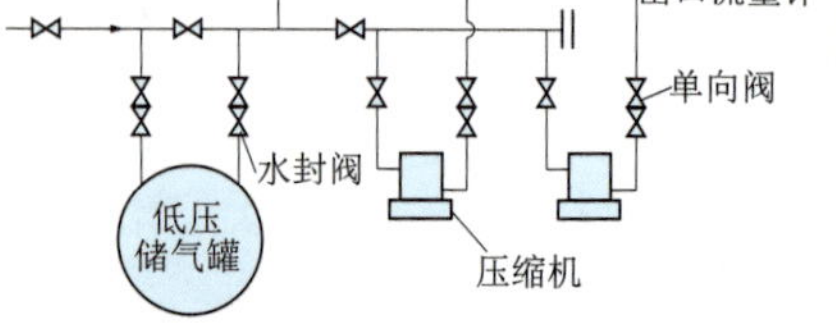

图2 中压输送工艺流程示意图

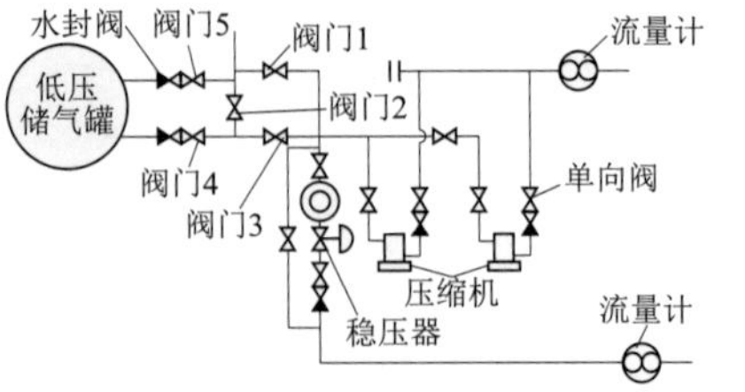

图3　低压、中压分路输送工艺流程示意图

中压分路输送工艺流程见图3。来自气源厂的低压燃气首先进入低压储气罐，然后经压缩机加至中压后进入中压管网。当需要低压供气时，可直接由储气罐引出燃气稳压后送入低压管网。城镇需要中、低压同时供气时，在用气低谷，阀门1、3、4、5开启，2关闭。来气部分存入储气罐，部分低压供应，储气罐中燃气经压缩机加至中压后中压供应。在用气高峰时，阀门1、2、3、4开启，5关闭。来气部分低压供应，其余与储气罐燃气经压缩机加压后中压供应。（田贯三）

燃气管网技术经济计算　technical and economic calculation of gas pipe network　为了使燃气管网具有较好的经济指标，通过对诸多管网设计方案进行经济比较选出最佳方案的过程。燃气管网的设计方案不仅要技术成熟、先进，还要在运行中安全可靠，同时也须经济合理。

燃气管网的设计方案可以分为两类：①结构不同的方案。例如，管道定线不同的方案；网路压力级制不同的方案；具有不同类型调压站及储配站的方案等。此类方案与城市的具体条件、设计的原始资料有很大关系。例如，管网压力级制的确定，管道布线方案，各类站室的选择和布置等均与气源的类型、城市规划、人口密度、街道宽度、地形以及有无天然和人工障碍物等有很大关系。②结构相同，但某些参数不同的方案。例如，直径各不相同的燃气管道方案；调压站作用半径不同的燃气分配管网方案；城市燃气分配站数目不等的城市管网方案等。此类方案相互间有所不同的仅是可变参数值，而这一参数值在一定范围内可能有很多的数据，因此这类方案的数目可能非常多。但这类方案的费用和可变参数间可以建立起一种数学分析关系式，使问题的解决大大简化，特别是当能够求得一个可以决定可变参数最佳值的简单公式时更是如此。燃气管网造价的最大部分是燃气管道的造价，因此燃气管道的技术经济计算是重中之重。（张培新）

燃气计量　gas metering　确定燃气流量值的过程。燃气计量是**燃气储配站**功能的一个重要组成部分。燃气计量的目的主要有两个：一是计量收费，进行成本核算；二是为城市燃气调度与控制提供基础数据。燃气计量装置按计量原理，可分为直接计量和间接计量两种。直接计量式燃气表的内部设有若干个计量室，按计量室的容积直接对通过的燃气量进行计量和累计，也称容积式燃气流量计，该类流量计在中小流量计量中普遍使用。间接计量式燃气表没有计量室，它利用燃气流的某一物理特性转换为流量，再引入时间因素求得累计值。例如，利用气流压差的孔板流量计，利用气流速度的涡轮流量计，利用流体振荡原理的旋进式旋涡流量计、涡街流量计，利用传热原理的热质质量流量计等。由于气体计量易受温度和压力的影响，计量装置上可附设温度和压力补偿（温压补偿）装置。由于价格原因，小规格燃气计量表一般不设温压补偿装置。大多数城市小流量用户采用不带温压补偿的膜式燃气表，较大流量用户采用带有温压补偿的罗茨流量计或涡轮流量计。（张培新）

燃气汽车　gas vehicle　汽车发动机所用燃料为气体燃料的汽车。燃气汽车一般分为天然气（NG）汽车、液化石油气（LPG）汽车和氢气汽车等。天然气汽车又分为压缩天然气（CNG）汽车和液化天然气（LNG）汽车。液化天然气汽车和压缩天然气汽车的主要区别在于加气站、储气罐和蒸发器，当液化天然气蒸发后，液化天然气汽车的其他系统与压缩天然气汽车并无不同。

天然气和液化石油气汽车　天然气和液化石油气作为汽车发动机燃料具有如下特点：①天然气辛烷值高（可达120以上），抗爆性好，可通过提高发动机的压缩比的办法，提高发动机的热效率。液化石油气辛烷值为100～110。②天然气和液化石油气本身是气态，与空气混合均匀，燃烧完全，不结炭，可提高热效率10%以上。

汽车使用天然气和液化石油气与使用汽油相比，其产生的一氧化碳（CO）减少97%、碳氢化物（HC）减少72%、氮氧化物（NO_x）减少39%，二氧化碳（CO_2）减少24%，二氧化硫（SO_2）减少90%，苯、铅等粉尘减少100%，噪声降低40%。

天然气和液化石油气进入发动机气缸内时是气态，对润滑油无冲刷稀释作用，有利于延长机油的使用寿命和减少机油的消耗量，发动机磨损也相应减少。

天然气相对密度较空气小，一旦发生泄漏，会很快在空气中扩散稀释。但液化石油气和汽油不易扩散，一遇火星，易着火爆炸。

天然气的热值较汽油低，使用天然气时，如不改变发动机的结构参数，发动机的功率要下降10%～18%。但天然气的辛烷值高，可通过提高发动机的压缩比的方法来提高发动机的功率，从而弥补由于热值低带来的功率下降，天然气的着火极限较汽油宽，它可在$\alpha=0.58～1.8$的范围内着火燃烧，这样有利于燃烧稀混合气，提高使用天然气汽车的燃料经济性。

氢气汽车　其燃料是唯一不含碳的燃料，废气中的主要成分是氢，燃烧后的生成物包括水（H_2O）、空气中的氮气（N_2）、燃烧后空气中剩余的氧气（O_2）以及在高温下生成的氮氧化物（NO_x），没有汽油车和柴油车所排出的一氧化碳（CO）、碳化氢（HC），以及微粒、铅、硫等有害物质，不会诱发光化学烟雾，也没有导致地球温室效应的二氧化碳（CO_2）。另外，也可以将氢气作为燃料电池的燃料，其原理是把氢输入燃料电池中，氢原子的电子被质子交换膜阻隔，通过外电路从负极传导到正极，成为电能驱动电动机，以燃料电池和电动机会取代发动机，是电动车的主要类型之一。（周伟国）

燃气燃烧　gas burning　燃气中可燃组分（氢气、一氧化碳、碳氢化合物等）在一定条件下与氧发生激烈的氧化作用，并产生大量热和光的物理化学反应过程。燃气燃烧须具备的条件是燃气中可燃成分和（空气中）氧气按一定比例呈分子状态混合；参与反应的分子在碰撞时须具有破坏旧分子和生成新分子的能量；具有完成反应所需的时间。

燃气燃烧需要供给适量的氧气，氧气来源分为空气、富氧空气和纯氧，分别对应空气燃烧、富氧燃烧和纯氧燃烧。通常燃烧氧气来源于空气中的氧气，采用膜法、变压吸附等方法可获得富氧空气，采用冷冻分离法可获得液氧。按照燃烧化学计量比计算的空气需要量是理论空气量。

实际工程中，当以理论空气量与燃气混合燃烧时，在烟气中通常含有0.2%～0.6%的游离氧，说明有一部分燃气没有燃烧而进入烟气中。为保证完全燃烧，在燃烧时要供给一定的过剩空气，过剩空气增加了燃气分子与空气分子碰撞的机会，从而促进燃烧完全。过剩空气量的大小取决于燃烧设备的燃烧方法和运行工况。实际空气需要量与理论空气量之比值，称为过剩空气系数α。对民用燃具来说一般取$\alpha=1.3～1.8$，工业设备中α一般控制在1.05～1.20。

燃气燃烧后的产物就是烟气，又称尾气，主要含有二氧化碳、二氧化硫、氮气和水蒸气。当有过剩氧时，烟气中尚有过剩氧气。如果燃烧不完全，还有一氧化碳、甲烷、氢气等可燃组分。

在可燃混合物中放入点火源点火时，产生局部燃烧反应而形成点火源。由于反应释放的热量和生成的自由基等活化中心向四周扩散传输，使相邻的一层未燃气体着火、燃烧，形成一层新的火焰。反应依次向外扩张，形成瞬时的球形火焰面（图1）。此火焰面的移动速度称为法向火焰传播速度S_n，简称火焰传播速度。

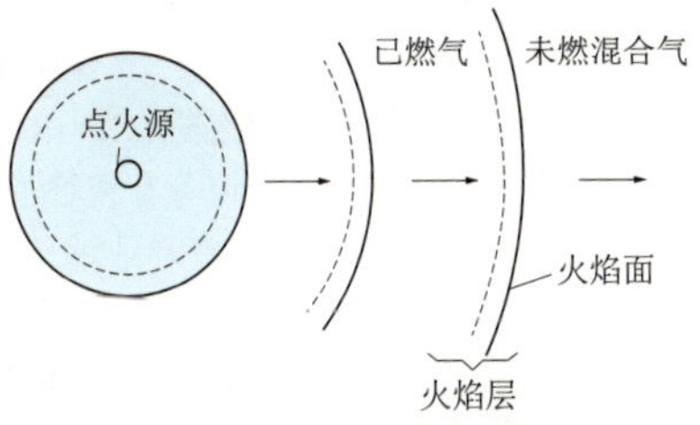

图1 静止均匀混合气体中的传播示意图

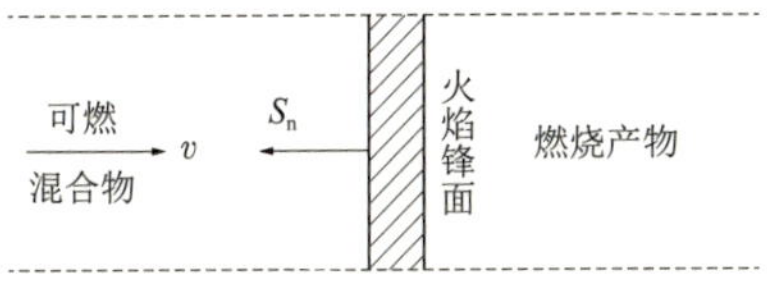

图2 流管中的火焰峰面示意图

在实际燃烧装置中，可燃气体不是静止的，而是连续流动的。如果火焰传播速度大于气流速度v，火焰锋面则向左移动而进入管内，会发生回火（图2）；如果火焰传播速度小于气流速度，火焰锋面向右移动而离开管内，会发生离焰或脱火；如果火焰传播速度等于气流速度，火焰锋面则静止不动。（崔永章）

燃气燃烧器 gas burner 使燃气和空气分开或混合后进入燃烧区而实现稳定燃烧的装置。燃气燃烧器是民用燃气用具和燃气工业窑炉的基本组成装置。燃烧器须满足的条件主要包括：满足加热所需的热量或燃烧温度，具有需要的热负荷；具有一定的火焰特性，如火焰尺寸和形状，以及炉内气氛特性（氧化性、还原性或中性），且符合工艺要求；燃烧过程中，火焰稳定，有一定的抗风能力；燃烧效率高，燃气可以完全燃烧，并使燃气所释放的热量得到充分利用；燃烧器配备必要的自动调节和安全装置；燃烧后烟气中的污染物少；结构紧凑，安全可靠，成本低廉。

按空气供给方法分类 分为引射式、鼓风式、自然引风式燃烧器。引射式燃烧器是燃气引射空气或空气引射燃气，自然引风式燃烧器是靠炉膛负压将空气吸入燃烧系统。

按火焰形状 分为直焰、平焰和可调焰燃烧器。直焰燃烧器是燃气空气混合物喷出火孔或喷头后，形成直射流，火焰呈直射圆锥形。平焰燃烧器是形成平展气流，火焰呈圆盘形。

按火道烟气出口速度 分为低速燃烧器和高速燃烧器，高速燃烧器流速高于50米/秒，一般为200～300米/秒，高速燃烧器工作原理见图1。

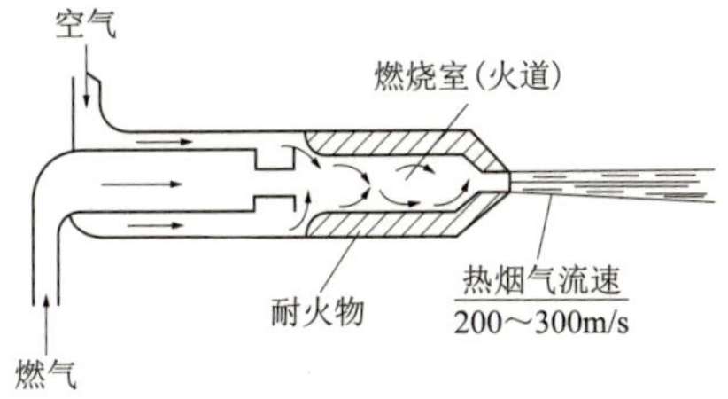

图1 高速燃烧器工作原理示意图

按燃气燃烧方式 分为扩散式燃烧器、部分预混式（大气式）燃烧器和全预混式燃烧器3种。

扩散式燃烧器 依靠燃气从火孔逸出后的扩散作用，实现燃气和空气的混合并稳定燃烧的燃烧器。扩散式燃烧器结构简单、使用方便、火焰稳定，但火焰较长和温度较低，为达到完全燃烧需要较大炉膛和更多空气。扩散式燃烧器比较典型的应用是鼓风式燃烧器和高温空气燃烧器。①鼓风式燃烧器。由鼓风机供给燃烧所需全部空气的燃烧器，主要用于各种工业炉和锅炉，其特点是结构紧凑、热负荷调节范围大、可以预热空气和燃气，但火焰较长，需要较大的燃烧室容积，且自身不具备燃气与空气比例变化的自动调节特性，需要配置自动比例调节装置。为了强化燃烧，多采用旋流和空气切向进入，促进燃气和空气混合均匀。常见鼓风式燃烧器有套管式、旋流式两种，旋流器主要由蜗壳和导流叶片组成。②高温空气燃烧器。又称蓄热式燃烧器，其空气预热温度可仅比炉膛温度低50～150℃，预热空气温度达到800～1200℃，超过天然气的着火温度，其燃烧原理见图2，其中燃气和高温预热空气以高速喷入炉膛内，引起烟气回流，燃烧区氧气浓度降低且炉膛温度均匀，实现低氮燃烧。

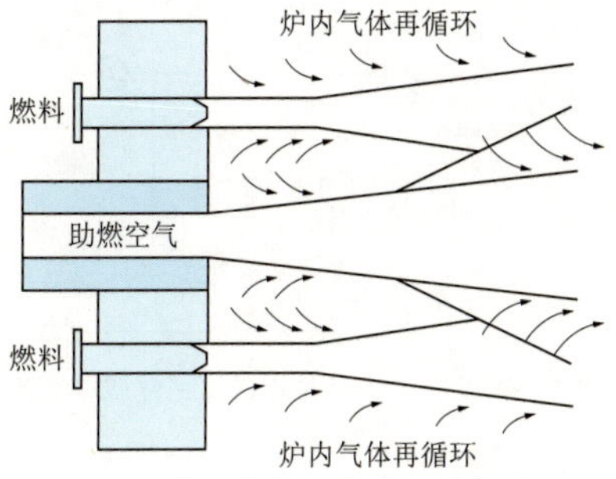

图2 高温空气燃烧原理示意图

部分预混式燃烧器 燃气在燃烧之前预先混合一部分空气，又称大气式燃烧器，多应用于民用燃气具。大气式燃烧器主要由引射器和头部组成。引射器主要由喷嘴、吸气收缩管、混合管和扩压管组成（图3）。喷嘴的作用是输送一定量的燃气，将燃气的势能（压力）转换成动能（速度），并引射一定量的空气。喷嘴的结构形式有固定喷嘴和可调节喷嘴。吸气收缩管作用是减少空气进入时的阻力损失，可以做成流线型或锥型。混合管作用是使燃气与空气充分混合，使混合物在进入渐扩管之前，速度场、温度场及浓度场分布均匀，通常采用圆柱形混合管。扩压管作用是使部分动压转换成静压，以提高气体压力；其次是使燃气与空气进一步混合。

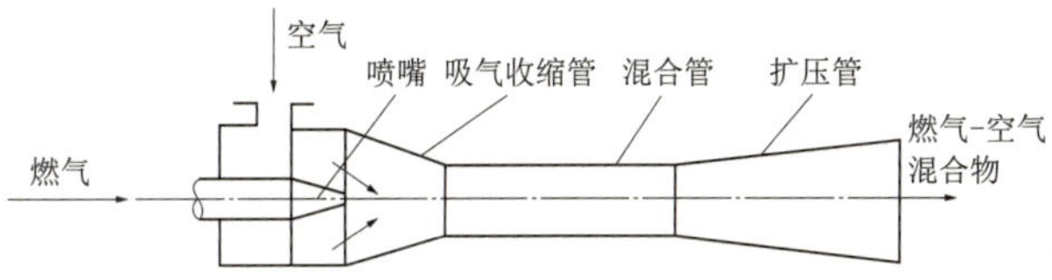

图3 引射器结构示意图

燃燃烧器头部的作用是将燃气与空气混合物均匀地分布到各个火孔上，并稳定运行和完全燃烧。为此要求头部各点混合气体的压力相等，要求二次空气能均匀地畅通到每个火孔上。此外，头部容积不宜过大，否则灭火噪音过大。家用燃气用具的大气式燃烧器头部，大部分使用多火孔头部。多火孔头部上的火孔也叫燃烧孔，其形状主要有圆火孔、方火孔、缝隙式火孔等。

全预混式燃烧器 在燃烧之前燃气与空气实现全部预混，且预混空气量大于理论空气量，其特点是燃烧完全、过剩空气少、燃烧温度高、燃烧强度大，但存在燃气不易稳定的问题、回火可能性大、噪声大，主要应用于工业加热装置。（崔永章）

燃气热电联产 gas heat and power cogeneration 基于燃气轮机的，以天然气为燃料的大型热电联产系统。燃气热电联产包括简单循环和联合循环两种形式。简单循环燃气热电联产指燃气轮机做简单循环运行，并配有热量回收换热器，从燃气轮机的排气中回收热量通过换热器换成蒸汽或者热水。简单循环见图1。

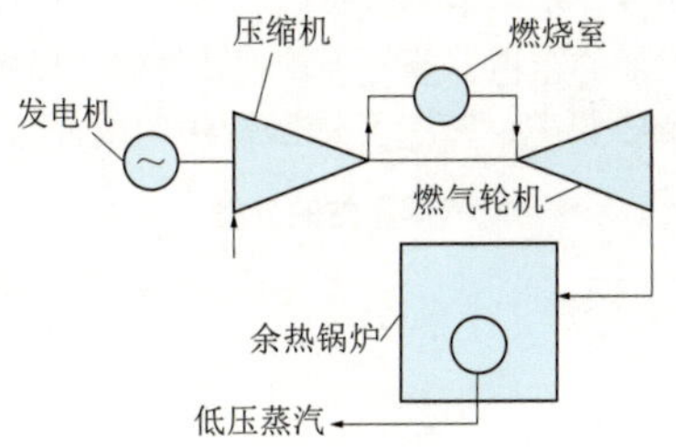

图1 简单循环示意图

联合循环热电联产指将燃气轮机的排气余热通过余热锅炉产生高压蒸汽，并通过一个蒸汽轮机获得电能。中国燃气热电联产多以燃气-蒸汽联合循环热电联产为主。这种系统由燃气轮机、余热锅炉、背压或者抽汽式汽轮机等主要设备构成，其系统的流程也有诸多形式。典型的余热锅炉配套抽凝机组的系统形式见图2。燃气经过压缩后送入燃气轮机燃烧室，燃烧发电后的烟气进入余热锅炉中，余热锅炉产生高温高压蒸汽进入蒸汽轮机发电，在汽轮机上设置抽汽口，不同压力的抽汽可供工业或者采暖使用，发电后的乏蒸汽进入凝汽器中冷却。

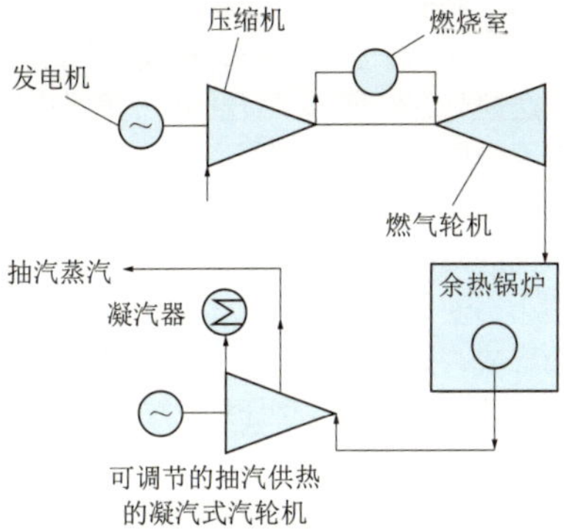

图2 （燃气轮机+余热锅炉+抽凝机组）系统原理示意图

（赵玺灵）

燃气输配调度系统 scheduling system of gas transmission and distribution 实现城镇内燃气的输送、分配与供给，平衡供需矛盾，合理调度资源的系统。燃气输配一般指城镇内燃气的输送与分配。大部分城镇燃气为天然气，且一个城镇可能有多个气源，一般情况下每个气源的小时供应量是不变的。但是，城镇燃气的用户，有的小时需求量不变，有的是变动的。这就导致上游的燃气小时供应量与下游的燃气需求量不同步，即均匀供气与不均匀用气之间的不平衡。除了小时供需不平衡，还有日供需不平衡和月供需不平衡问题。为了解决供需不平衡矛盾，就需要建立燃气调度系统。

如果城镇燃气是人工煤气，则需要设置储气罐，利用缓冲用户、机动气源等方法来平衡供需。但城镇燃气主要是天然气，其输送由高压管网承担。由于天然气具有可压缩性，因此，城镇天然气小时、日供需不平衡可以通过发挥上游或城市周边的高压管网的储存功能解决。但是，月供需不平衡，特别是季节性供需不平衡一般需通过上游供气量的调度来达到平衡，而上游主要通过地下储气库调度。大型城市的燃气输配调度手段趋于多样化，可以通过建立燃气电厂消化富裕天然气，或通过液化天然气接收站的气化量调控，达到供需平衡。

燃气输配调度系统的目的除了解决上述平衡供需矛盾（调峰填谷）外，还具有在城镇输配管网发生故障或在上游天然气供应发生中断事故的情况下，合理调度现有资源，保证天然气安全供应的功能。

燃气输配调度系统主要由数据采集监视控制系统、地理信息系统、全球定位系统、安防系统、辅助决策支持系统（管网仿真系统、负荷预测系统、泄漏检测定位）等子系统组成，各子系统有助于提升燃气企业生产管理、设备管理、安全管理、急抢修管理、辅助支持等管理手段和效率。

（周伟国）

燃气输配管理信息系统 management information system of gas transmission and distribution 借助先进的信息管理技术、计算机技术以及网络通信技术，实现燃气管网安全监控、燃气输配调度管理以及协调各级管理部门间工作的综合管理信息系统。燃气输配管理信息系统的核心部分包括数据采集监视控制系统、地理信息系统、燃气管道完整性管理系统等。

燃气管网数据采集监视控制系统的作用主要包括：①数据采集。采集管网中实时压力、温度、瞬时流量和累计流量等数据，包括阀门状态，并对燃气输配过程进行监控。②报警。当关键参数的实际数值超过阈值时，及时报警，提醒调度人员注意，采取处理措施。系统管理人员可以根据工艺状况及季节、温度等情况修改阈值。③历史数据记录。间隔固定时间，系统自动采集关键参数的实时数据，将其写入数据库中，保留历史数据的同时，自动生成历史数据曲线图，可以对管网系统状况进行了解和预测。④报表的自动生成。每天生成固定格式的报表，将信息提供给相关人员。

燃气管网地理信息系统是以燃气管网数据库为核心，集成调度、热线、客服、巡检等信息，为燃气管网的规划、设计、施工、运营、评估提供可靠的依据和服务，提高燃气管网业务管理水平和流转效率。其目标包括：①实现对燃气管线及相关业务数据的集中管理和统一应用。②建立燃气管网数据更新体制。③实现燃气管线运行维护的信息化管理。④与相关应用系统的关联。

燃气管道完整性管理系统是为保证管道的完整性而进行的一系列管理活动，其实质是评价不断变化的管道系统面临的风险因素，将燃气输配管道的风险水平控制在合理、可接受范围内，是一种以预防为主的管理模式。燃气输配管道的完整性要求主要包括：①管道始终处于安全、可靠的工作状态。②管道在物理上和功能上是完整的，管道处于受控状态。③管道运营商已经采取了措施，并将不断采取行动防止事故的发生。

此外，燃气输配管理信息系统还有工程管理系统、用户管理系统、输配调度辅助决策系统等。

（周伟国）

燃气输配管线 gas transmission and distribution pipeline 向用户输送并分配燃气的管道及其附属构筑物。燃气输配管线的组成主要包括管材、管件、阀门、凝水器、补偿器、放散管。

管材 燃气管道材料一般根据燃气的性质、系统压力、施工要求以及材料供应情况等来选用，并满足机械强度、抗腐蚀、抗震及气密性等各项基本要求。可以输送燃气的管材有钢管、铸铁管和塑料管等。常用的钢管有普通无缝钢管和焊接钢管。钢管强度高，承载应力大、可塑性好、便于焊接，承受冲击和振动荷载的能力较强。与其他管材相比，钢管壁厚较薄、节省金属用量，但耐腐蚀性较差，须采取可靠的防腐措施。

阀门 用于启闭管道通路或调节管道介质流量的设备。因此，要求阀体的机械强度高，转动部件灵活，密封部件严密耐用，对输送介质的抗腐性强，同时零部件的通用性好。

燃气阀门须进行定期检查和维修，以便及时掌握其腐蚀、堵塞、润滑、气密性等情况以及部件的损坏程度，避免不应有的事故发生。然而，阀门的设置达到足以维持系统正常运行即可，尽量减少其设置数，以减少漏气点和额外的投资。阀门的种类很多，燃气管道上常用的有闸阀、旋塞、截止阀、球阀和蝶阀等。

补偿器 作为消除管道因管段胀缩产生的应力的设备，常用于架空管道和需要进行蒸汽吹扫的管道上。此外，补偿器安装在阀门的下侧（按气流方向），利用其

伸缩性能，方便阀门的拆卸和检修。在埋地燃气管道上，多用钢制波形补偿器（图1），其补偿量约为10毫米。为防止其中存

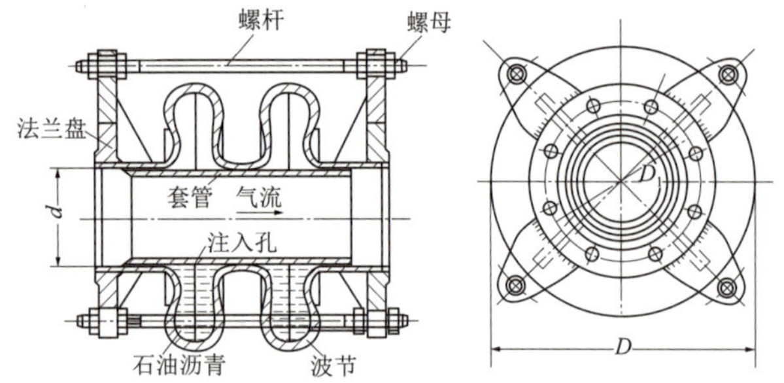

图1 波形补偿器示意图

水锈蚀，由套管的注入孔灌入石油沥青，安装时注入孔应在下方。补偿器的安装长度应是螺杆不受力时的补偿器的实际长度，否则不但不能发挥其补偿作用，反使管道或管件受到不应有的应力。另外，还使用一种橡胶－卡普隆补偿器（图2），它是带法兰的螺旋皱纹软管，软管是用卡普隆布做夹层的胶管，外层则用粗卡普隆绳加强。其补偿能力在拉伸时为150毫米，压缩时为100毫米。这种补偿器的优点是纵横方向均可变形，多用于通过山区、坑道和多地震区的中、低压燃气管道上。

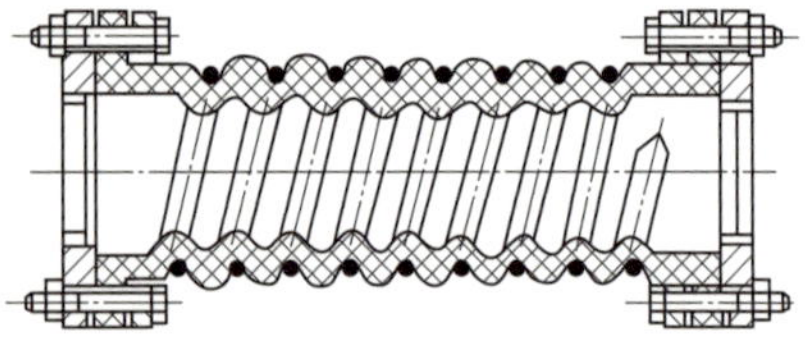

图2 橡胶－卡普隆补偿器示意图

放散管　这是一种专门用来排放管道内部的空气或燃气的装置。在管道投入运行时，或者在管道或设备检修时，利用放散管排放管内的燃气，防止在管道内形成爆炸性的混合气体。放散管设在阀门井中时，在环网中阀门的前后都应安装，而在单向供气的管道上则安装在阀门之前。

（田贯三）

燃气输配系统供需平衡　balance of supply and demand of gas transmission and distribution system　燃气气源供应和使用的平衡。一方面燃气生产部门供气具有相对的均匀性，另一方面燃气用户的用气具有不均匀性。为了解决均匀供气和不均匀用气之间的矛盾，同时使供气设施的利用率达到最高值，以获得最佳的经济效益，必须采取合适的方法满足输配系统的供需平衡。

常用的供需平衡调节方法有3类：①改变气源的生产能力和设置机动气源。应考虑气源运转、停止的难易程度，气源生产负荷变化的可能性和变化幅度。同时，应考虑供气的安全可靠性和技术经济合理性。可以调节季节性或日用气不均匀性，甚至可以平衡小时用气不均匀性。②利用缓冲用户和发挥调度作用。部分大型工业企业、锅炉房等用户在低谷时用气，高峰时不用，在用户具有双燃料系统的前提下，可征求用户同意成为缓冲用户。燃气价格必须低于替代燃料价格。调度作用是指调整大型工业企业用户的休息日和作息时间。随时掌握工业企业、居民生活及商业用户实际用气量和用气工况，并考虑计划用气量，制订调度计划，通过调度计划调配供气量，用来平衡月不平衡性和部分日不平衡性。③利用储气设施。利用储气设施是最可靠的供需平衡调节方法。包括地下储气、液态储存、管道储气、储气罐储气。地下储气储气量大、造价和运行费用低，可平衡季节不均匀供气。但不应该用来平衡日不均匀用气和小时不均匀用气。液态储存负荷调节范围广，可调节各种不均匀用气。管道储气包括高压燃气管束储气及长输干管末端储气，是平衡日及小时不均匀用气的有效方法。储气罐储气可平衡日、小时不均匀用气，是最实用也是最常用的方法。

（谢晓娜）

燃气调压站　regulator station　城市燃气管网系统中用来调节和稳定管网压力的设施。燃气调压站通常由调压器、过滤器、安全装置、旁通管及测量仪表组成。当进入调压站的燃气压力变化，或其出口侧用气量变化时，它能自动控制出口压力，使其符合正常的压力值，并在规定的稳定精度范围内变化。也就是说，当用户用气量增大时，它可以自动开大，使燃气流量增加，出口压力保持不变；当用户用气量减小时，它可以自动关小，使燃气流量减少，稳定压力；当用户完全不用气时，它可以完全关闭，保证安全；若用户重新用气时，它又会自动开启，保证供给。总之，任何情况下，调压站总能保持供气压力稳定。

燃气调压站设于城市配气管网系统中的不同压力级制的管道之间，或设于某些专门的用户之间，有地上式和地下式之分。站内主要设备是调压器，其任务是按照用户的需求，对管网中的天然气进行调压，以满足用户的需求。燃气调压站应力求布置在负荷中心或接近大用户处。调压站内部的布置，要便于管理及维修，设备布置要紧凑，管道及辅助管线力求简短。

燃气调压站的分类

分类方法	类型		
	一	二	三
按使用性质分	区域调压站	箱式调压装置	专用调压站
按调节压力分	高中压调压站	高低压调压站	中低压调压站
按建筑形式分	地上调压站	地下调压站	

调压站的作用半径，应根据经济比较的结果确定。按调压站的使用性质、调压作用和建筑形式，可以分为各种不同的类型（见表）。

（田贯三）

燃气压缩机　gas compressor　在燃气输配系统中，用来压缩燃气，提高燃气压力或输送燃气的装置。燃气压缩机的种类很多，按工作原理可分为容积型压缩机和速度型压缩机两大类。在容积型压缩机中，气体压力的提高是由于压缩机中气体的体积被缩小，使单位体积内气体分子的密度增加而形成，如活塞式、转子式、螺杆式、滑杆式等；而在速度型压缩机中，气压的提高是由于气体分子的运动速度转化的结果，即先使气体的分子获得一个很高的速度，然后又使速度降下来，使动能转化为压力能，如离心式压缩机。

活塞式压缩机　活塞式压缩机的工作原理是气缸、气阀和在气缸中做往复运动的活塞所构成的工作容积的反复、不断变化。如果不考虑活塞式压缩机实际工作中的容积损失和能量损失（理想工作过程），则活塞式压缩机曲轴每旋转一周所完成的工作，可分为吸气、压缩和排气过程。

在活塞式压缩机中，气体依靠在气缸内做往复运动的活塞进行加压。

活塞式压缩机可按排气压力的高低、排气量的大小及消耗功率的多少进行分类，但通常是按照结构形式进行分类。①立式压缩机。其气缸中心线和地面垂直。②卧式压缩机。其气缸中心线和地面平行，分单列卧式和双列卧式。③角度式压缩机。各气缸中心线彼此成一定的角度，结构比较紧凑，动力平衡性较好。④对置型压缩机。是卧式压缩机的发展，其气缸分布在曲轴的两侧。

按压缩机气缸段数（级数）可分为：①单段压缩机（单级）。气体在气缸内进行一次压缩。②双段压缩机（两级）。气

体在气缸内进行两次压缩。③多段压缩机（多级）。气体在气缸内进行多次压缩。

按气缸的排列方法可分为：①串联式压缩机。几个气缸依次排列于同一根轴上的多段压缩机，又称单列压缩机。②并列式压缩机。几个气缸平行排列于数根轴上的多级压缩机，又称双列压缩机或多列压缩机。③复式压缩机。由串联和并联式共同组成多段压缩机。④对称平衡式压缩机。气缸横卧排列在曲轴轴颈互成180°的曲轴两侧，布置成H型，其惯性力基本能平衡（大型压缩机都朝这个方向发展）。

回转式压缩机　工作容积做旋转运动的容积型压缩机。气体压缩和压力变化是依靠容积变化来实现的，而容积的变化又是通过压缩机的一个或几个转子在气缸里做旋转运动来实现的，与往复压缩机不同的是，其容积在周期性地扩大和缩小的同时，空间位置也在不断变化。只要在气缸上合理地配置吸气和排气孔口，就可以实现吸气、压缩和排气等基本工作过程。通过一个或几个部件的旋转运动来完成压缩腔内部容积变化的容积型压缩机，常见的有罗茨式回转压缩机和螺杆式气体压缩机。

离心式压缩机　又称透平式压缩机。离心式压缩机对气压的提高，是靠叶轮旋转、扩压器扩压而实现的。根据排气压力的高低，可分为3类：离心通风机，风压在10～15千帕范围或小于此值；离心鼓风机，风压在15～350千帕范围；离心压缩机，风压在350千帕以上。叶轮对气体做功使气体的压力和速度升高，完成气体的运输，气体沿径向流过叶轮的压缩机。其主要用来压缩气体，由转子和定子两部分组成，转子包括叶轮和轴，叶轮上有叶片、平衡盘和一部分轴封；定子的主体是气缸，还有扩压器、弯道、回流器、进气管、排气管等装置。当叶轮高速旋转时，气体随着旋转，在离心力作用下，气体被甩到后面的扩压器中去，而在叶轮处形成真空地带，这时外界的新鲜气体进入叶轮。叶轮不断旋转，气体不断地吸入并甩出，从而保持气体的连续流动。

离心式压缩机的优点是结构紧凑，尺寸小，重量轻；排气连续、均匀，不需要中间罐等装置；振动小，易损件少，不需要庞大而笨重的基础件；除轴承外，机器内部不需润滑，省油，且不污染被压缩的气体；转速高；维修量小，调节方便。缺点是高速下的气体与叶轮表面有摩擦损失，气体在流经扩压器、弯道和回流器的过程中也有摩擦损失，因此效率比活塞式压缩机低，对压力的适应范围也较窄，有喘振现象。　（张培新）

热电厂烟气冷凝热回收　cogeneration power plant flue gas condensation heat recovery　利用一种或多种余热回收设备，实现热电厂烟气冷凝热的回收利用，提高热源的供热能力和供热效率的技术。

简史　为了更充分地回收利用热电厂的烟气余热，人们往往采用在余热锅炉尾部增大换热面的方法进一步降低烟气的排烟温度，称为省煤器或者扩大省煤器。这是一种以热网回水来回收烟气余热的方式，其效果受到热网回水温度的影响。中国北方地区城市热网的回水温度一般为50～60℃。热电厂烟气的露点温度在45℃左右，排烟温度受冷凝温度限制不能低于热网的回水温度，因此烟气中大量的冷凝热无法回收。2001年，清华大学提出了利用吸收式热泵回收烟气余热工艺路线，该工艺以天然气燃烧产生的高温烟气或者热电厂的抽汽做驱动热源，利用吸收式热泵回收烟气的冷凝热，但当时并没有在电厂中应用。随着技术的发展进步，2011年，清华大学提出了直接接触式换热与吸收式热泵相结合的深度回收烟气余热的新工艺，后续又提出了源网一体化的烟气和乏汽协同回收的流程，并在燃气热电厂中推广应用，可使烟气排烟温度降低至20～30℃，大幅提高了系统的供热能力和供热效率。

典型方式　热电厂烟气冷凝热回收有几种典型方式。

在余热锅炉的尾部，利用热网回水与烟气进行换热　增大尾部的换热面积回收部分烟气余热，包括省煤器、扩大省煤器等。当热网回水温度低于烟气的露点温度时，可以回收部分烟气冷凝热，如果热网回收温度较高，可回收部分烟气的显热，难以回收烟气冷凝热。

在热电厂利用吸收式热泵技术实现部分烟气余热回收　常规的热电联产集中供热系统是在热电厂汽轮机抽汽，通过汽水换热器加热一次网热水，将热量输送到城市各小区热力站；再通过热力站水水换热器加热二次网水，最终将热量输送到各个建筑物。

热电厂内利用吸收式热泵来实现部分烟气余热回收的流程见图。在热电厂内设置吸收式热泵，利用汽轮机抽汽驱动回收余热，可增加供热能力，并在一定程度上降低热电厂汽水换热的不可逆损失，降低供热能耗。但是，热网回水温度较高，热泵制热温度上限有制约，使这种技术增加供热能力受限。同样以9E级燃气蒸汽联合循环机组为例，在热网回水温度60℃的条件下，可用约52兆瓦的蒸汽驱动吸收式热泵回收烟气余热36兆瓦（热泵性能系数*COP*为1.7），热泵供热能力为88兆瓦，尖峰汽水换热器热负荷约为75兆瓦，系统总供热能力为163兆瓦，提高了28%。此时，系统的排烟温度可降低到38℃，回收少部分烟气冷凝热。

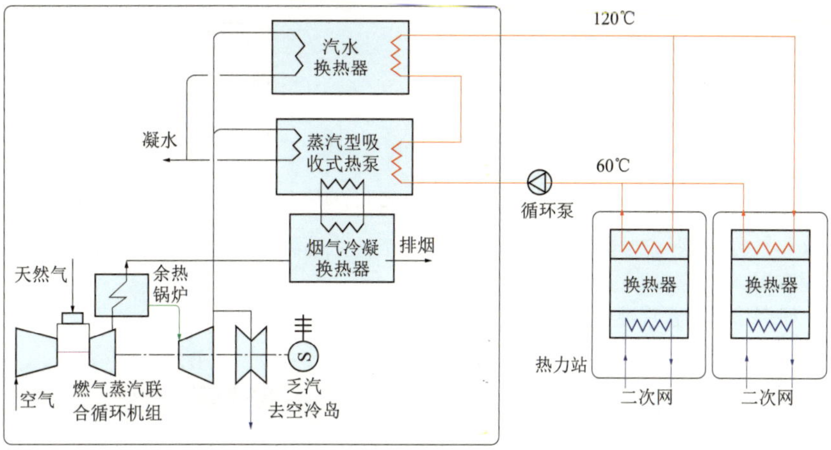

热电厂内利用吸收式热泵回收烟气余热流程示意图

基于降低热网回水温度的余热回收技术　对于热网而言，用户处的散热面积是有限的，二次网的供回水温度不能太低，而一次网的供回水温度又受到二次网供回水温度的限制，因此一次网的回水温度也不能降低。传统的换热思路不能实现回水温度的降低，导致烟气冷凝热不能得到有效利用。基于形成热网的吸收式循环（Co-ah循环）的热电联产集中供热新方法得到了广泛应用，该方法在一次网与二次网换热的热力站处，采用新型吸收式换热机组实现了热网回水温度的降低，可将热网回水温度降低到20℃，使热电厂回收余热成为可能，该项技术已成功应用。在这种技术的基础上，针对燃气热电厂，产生了源网一体化的烟气－乏汽余热协同回收新流程。该技术在热力站设置吸收式换热机组取代常规的水/水换热器，在不改变二次网供回水参数的前提下，使一次网回水温度由常规热网的60℃左右大幅降低至约20℃，20℃的热网回水回到热电厂后可被烟气、乏汽加热，再通过热泵和尖峰汽水换热器加热，最后升至热网供水温度加以利用。针对热电厂机组型号不同，热电厂的抽汽、排烟等参数不同，末端用户供热参数不同时，烟气余热回收系统的流程和形式不是唯一的，系统的流程形式需要根据不同的个案进行优化分析来确定。与传统热电联产（抽凝机组）相比，该技术的供热能力可增大近一倍，热电厂供热节能40%以上，增量投资回收年限一般在4年以内。该技术已经在北京未来科技城等区域热电中心分阶段开展工程应用。

研究情况和客观评价　热电厂烟气冷凝热回收的研究内容包括余热回收主要设备的研发及系统的配置与运行研究。余热回收设备包括专用吸收式热泵及冷凝换热器等。在专用热泵设备方面，包括在低压驱动蒸汽条件下多级热泵新流程、机组控制系统、防腐方法等内容的研究。在冷凝换热器方面，包括提高换热效率、耐腐蚀等内容的研究。在系统的配置及运行方面，难点是在有限的驱动热源条件下最大程度回收烟气余热。

从节能及环保角度来看，热电厂烟气冷凝热回收技术可使供热系统热源效率提高40%，凝结水经过处理后可以再利用，同时降低了污染物的排放，实现了余热回收与减排的一体化。从经济性的角度来看，系统的增量投资（包括吸收式热泵、烟气冷凝换热器及配套辅助水泵阀门等设备的投资）一般在3～4年可以回收。从技术推广应用情况来看，该技术已经在北京未来科技城燃气热电厂中应用，取得了较好的节能效果。（赵玺灵）

热电冷联供　combined cooling, heating and power; CCHP　同时具备发电、供热和供冷（或除湿）功能的能源转换和供应系统。由于供热和供冷受管网输送能力的限制，热电冷联供系统一般尽可能靠近用户侧，且规模较小，是分布式能源系统的一种重要形式。其分为楼宇式燃气热电冷联供系统和区域热电冷联产系统两大类。

楼宇式燃气热电冷联供系统流程见图1。按照系统所采用的原动机装置分为燃气轮机、燃气内燃机、微燃机、斯特林机、燃料电池等类型。在冬季，发电机组产生的余热可以直接通过换热或者驱动吸收式热泵供暖；在夏季，通过驱动吸收式制冷机供冷。此外，燃气热电冷联供系统还可以同时供应生活热水，或者驱动溶液除湿机除湿。这种技术充分利用了发电机组的余热，其综合能源利用率可以达到80%～90%。

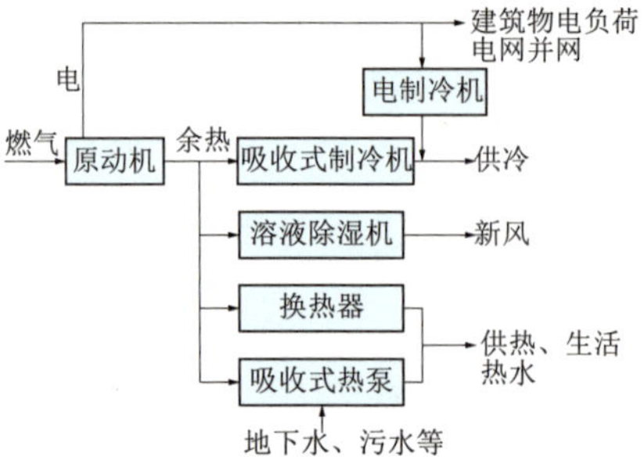

图1　楼宇式燃气热电冷联供系统流程示意图

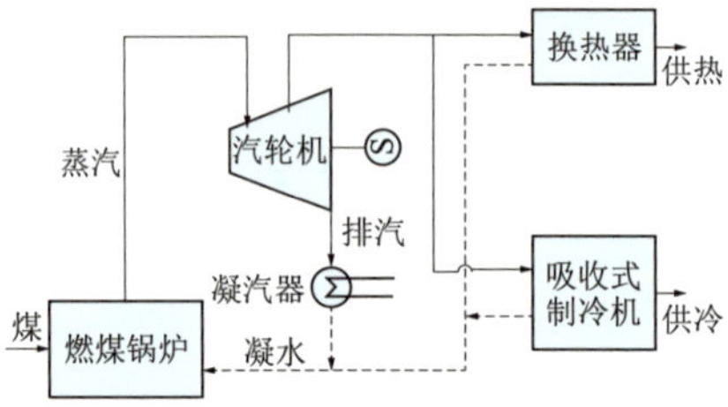

图2　区域热电冷联产系统流程示意图

区域热电冷联产系统流程见图2（燃料以煤为例）。燃料经锅炉产生高压蒸汽后，进入汽轮机中做功发电。在汽轮机上设置抽汽口，冬季抽汽通过换热器产生热水直接用于供热，夏季抽汽可以驱动吸收式制冷机制冷。汽轮机发电后产生的排气在凝汽器中换热进行回收利用，凝结水与抽汽凝水混合进入锅炉再次被加热，以此完成循环。（赵玺灵）

热电联产　heat and power cogeneration　在发电厂锅炉产生的蒸汽驱动汽轮发电机组发电的同时，利用抽汽或排汽中的热量向热力用户供热的生产方式。以热电联产方式运行的电厂称为热电厂，一般分为燃煤热电厂和燃气热电厂。燃煤热电厂分为抽凝式热电联产和背压式热电联产。燃气热电厂主设备一般采用燃气蒸汽联合循环发电机组；燃煤热电厂主设备一般采用锅炉、汽轮发电机组。与热电分产相比，热电联产具有降低能源消耗、减少污染物排放、节约城市用地、提高供热质量等优点。（孙　健）

热电协同供热　thermoelectric collaborative heating　热电厂通过蓄热、余热回收等手段，在满足供热要求的前提下，有效提高热电联产机组自身的调节能力，增强电力系统的灵活性的供热方式。热电联产是高效供热热源，“三北”（中国东北、华北、西北地区）服务于冬季供暖的热电联产机组装机容量占网内火电机组50%以上，占全国热电联产机组的90%以上。同时“三北”风电装机容量最多，占全国的比例高达77.6%。除华北外，东北、西北地区经济相对欠发达，电力负荷基数小，系统负荷峰谷差大，供暖期系统负荷低谷时段，供热机组“以热定电”运行方式限制其发电出力调节能力，导致系统调峰能力进一步降低，无法满足调节风电的需求。例如，吉林地区风电所占比例较高，电网的调峰、调频问题较为突出。吉林省调直调的供热机组占直调容量的90%，风电装机占7.8%，在冬季夜间的低负荷、大风时段，风电出力大，电网调峰困难，被迫限制风电出力。电功率与时间的变化关系见图1。

为了解决风电和供热机组之间的上网矛盾，可从电、热综合的角度解决可再生能源消纳问题。针对中国北方城镇集中供

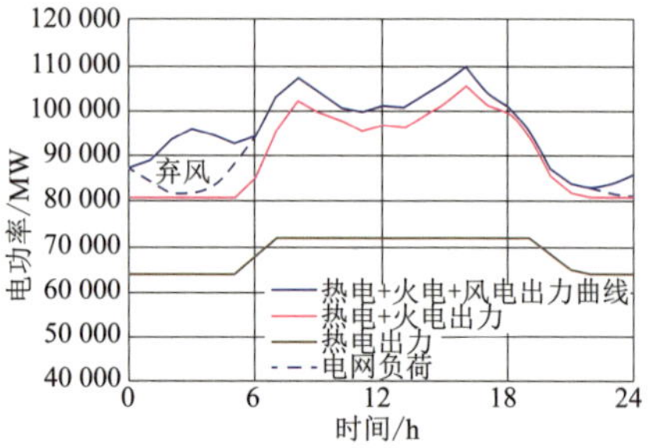

图1　电功率与时间的变化关系示意图

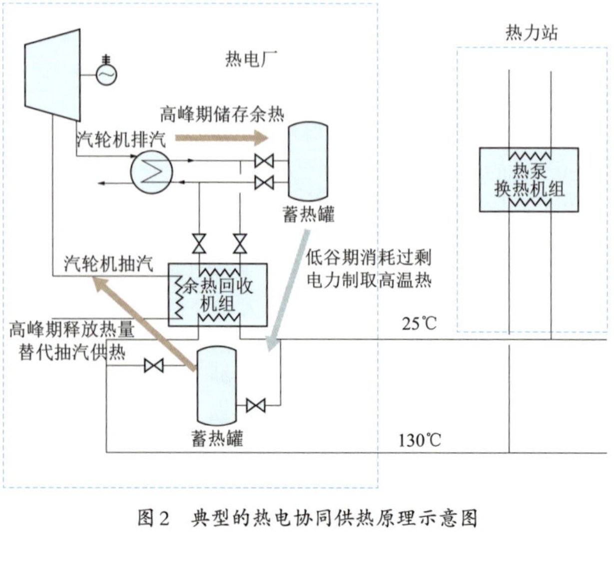

图2　典型的热电协同供热原理示意图

热领域普遍存在的热源不足、管网输送能力不足和采暖季热电厂发电调峰能力下降的问题，结合热电厂内有大量低温余热直接排放的现状，根据“温度对口、梯级利用”的用能原理，结合大型蓄热装置，提出了热电协同的集中供热技术。其技术原理为：在热电联产集中供热系统的热力站采用热泵型换热机组代替常规的水－水换热器，在不改变二次网供回水温度的前提下，大幅降低一次网回水温度（显著低于二次网回水温度），从而增大一次网供回水温差，为回收电厂余热创造条件；在热电厂内设置以热泵技术为核心的电厂余热回收机组，以汽轮机采暖抽汽作为驱动热源，回收汽轮机乏汽冷凝余热，大幅提高供热能力，降低供热能耗；在热电厂内设置蓄热系统，在维持机组供热出力稳定及余热回收量稳定的前提下，扩大机组发电上网功率的调节范围至45%～90%，实现采暖季热电联产机组的深度调峰。典型的热电协同供热原理见图2。（李永红）

热化系数 thermalization coefficient 直接反映供热系统的热源配置状况，确定热电联产供热机组等基本热源与调峰热源各自承担的热负荷比例的一个重要的评价参数。热化系数最早由苏联学者提出。中国的热化系数应用主要依据1998年国家计划委员会、国家经济贸易委员会、电力工业部、建设部制定的《关于发展热电联产的若干规定》，文中第十二条对热化系数定义为：热化系数＝热电联产汽轮机抽汽（排汽）量（扣除自用汽）/热电联产供热范围内的最大热负荷；并对中国的热电联产供热项目提出要求“在热电联产建设中应根据供热范围内的热负荷特性，选择合理的热化系数。以工业热负荷为主的，热化系数宜控制在0.7～0.8；以采暖供热负荷为主的，热化系数宜控制在0.5～0.6”。（方　筝）

热力站 thermal substation 用来转换供热介质种类，改变供热介质参数，分配、控制及计量供给热用户热量的综合体。依据服务对象，可分为民用热力站和工业热力站；依据热网输送的热媒介质，可分为热水热力站和蒸汽热力站；依据二级热网对供热介质参数要求，可分为换热型热力站和分配型热力站；依据所处位置和功能，可分为用户热力站、小区热力站、区域性热力站和供热首站。

民用热力站的采暖设备有直接连接和间接连接两种。①直接连接。热网供热介质直接进入用户系统。当热网计算水温高于用户采暖系统计算水温时，则需设混合装置，将部分采暖回水混入供水中，以降低进入用户的供水温度。混合装置可采用水喷射器或混合水泵。②间接连接。用户系统与热网的压力分隔开，热网供热介质不直接进入用户系统，而通过表面式换热器进行热能的传递。常用的换热器有快速管式和板式换热器。通向用户的水循环由水泵驱动。

民用热水热力站的热水供应系统有闭式和开式两种。①闭式热水供应系统。由热网水通过表面式换热器将上水（自来水）加热，加热后的水一般依靠本身的压力送入用户。常用的换热器有快速管式、板式和容积式。当热水供应输送距离较长时，应安装循环管和循环水泵，使水循环，避免停用水时水温降低。用户的热水供应和采暖系统可采用并联或串联的方式与热网连接。②开式热水供应系统。直接从热网取水，经供、回水混合而调整温度后使用。

工业热力站向工厂供应生产工艺、采暖、空调、制冷和热水供应等用热热量，热媒介质多为蒸汽。热网蒸汽首先进入分汽缸，然后再根据各用汽设备要求的工作压力、温度，经减压阀（或减温器）调节后分别输送出去。对于热水供暖系统，则用汽水换热器将二次水加热，用循环水泵输送；或采用蒸汽喷射器，利用蒸汽压力推动循环，并把水加热。

热力站的规模随连接用户的数量和复杂程度而异，一个热力站可只带一幢建筑（通常也称热力点），也可以带一个建筑群；可以单独建立，也可以设在建筑物内。（夏建军）

热水型地热供热 hot water geothermal heating 利用地热水为主要热源的供热方式。地热水开采系统有不回灌和回灌两种。不回灌系统只设置开采井，抽出的地热水被送往用户，经利用后排放掉。当大量开采地热水时，由于地下水补给不足会使水位逐年下降，并导致地面沉降。如果将开发利用后的地热废水回灌地下，不仅能够处理地热废水、恢复产热能力，而且可以稳定开采条件、预防地面沉降，因此地热回灌是实现热水型地热资源可持续开发利用的有力措施。回灌系统设置开采井和回灌井，开采井抽出的水在用户放出热量后再返回回灌井，井和井之间保持一定距离，以免相互干扰。

热水型地热供热按利用方式分为直接式供热和间接式供热两种。①直接式供热。地热水直接通过热用户，然后回灌或排放掉。这种方式的优点是系统简单、初投资少，温差损失小，供热效率高。但是，由于地热水中多含有硫化氢等腐蚀性成分，系统管道和设备易发生腐蚀和沉积现象。为降低地热水的腐蚀性，通常可以采用脱腐蚀性气体和盐分的措施，或者采用各种缓蚀剂与防垢药品等。另外，直接式供热系统的水力调节性较差，不宜用于高层建筑的供热。②间接式供热。地热水不直接供给热用户，而是通过换热器，将热量传递给供热管网的循环水，完成热量交换后回灌或排放掉。由于地热水不经过供热管网，换热器后用热系统的腐蚀和沉积问题得到解决，从而可延长使用寿命和减少维修费用，但系统复杂，初投资高。

热水型地热供热的经济性主要取决于从地热井提取的热量，即取决于利用温差的大小。为了使地热井发挥最大经济效益，在设计上通常采用如下措施，扩大供热面积和降低供热成本：①在系统中设置高峰加热设备，地热水只承担采暖的基本负荷，高峰负荷由燃用化石燃料的锅炉或电力设备（包括电加热器或热泵）升温补足。②在系统中加蓄热装置，如蓄热水箱（池）等，以调节短时期内的负荷变化。③实现多种用途的综合利用，如把采暖后的低温地热水再用于农业温室的土壤加热或养鱼等，以降低排放或回灌水的温度。（刘　荣）

热源调节 heat source adjust 对为热用户提供热能来源的设施进行调节的过程。冬季供暖既要达到用户的供暖舒适性标准，又要降低运行成本，实现节能。因此，寻求供热系统在运行过程中最优的供热调节方式十分重要。在采暖系统运行过程中，除了应对热源的运行参数、燃烧工况控制之外，还应根据热负荷的变化对热源的供热量进行调节；通常将供暖热负荷随室外温度的变化规律作为热源调节的依据。热源调节的目的主要有两个方面，一方面是使供暖用户的散热量和热负荷的变化规律相适应，保证室内供暖温度；另一方面是实现节能运行，避免能量的浪费。中国的集中供热系统主要在热源处进行调节，有几种方式：①质调节。只改变热源的供水温度，不改变循环水量。②量调节。保持热源的供水温度不变只改变循环水量。③分阶段变流量的质调节。按室外温度高低将供暖期分成几个阶段，在室外温度较高阶段管网保持较小的流量；在室外温度较低阶段管网保持较大的流量。在每一个阶段内，均按质调节进行调节，网路流量保持不变。④质量－流量调节。同时改变供水温度和流量的调节方式。随着室外温度的变化，流量的选取是一个优化调节方法的问题。采用最多的是使热水网路的流量比等于供暖热负荷之比。⑤间歇调节。系统的流量和供回水温度不变，只减少每天的供暖小时数。通常间歇调节只作为一种辅助的调节措施。当采用间歇调节时，在热源减少供热量后，网路循环水泵应继续运转一段时间以保证网路始端和末端的用户通过热介质受热的时间接近。间歇调节的缺点是室温不恒定，反复启停过程中会造成一定的热量损失，因此该调节方法只在一些小型系统中使用。（方　筝）

热轧钢筋 hot rolled steel bar for concrete reinforcement 加热钢坯经轧制成型并自然冷却后得到的成品钢筋。由低碳钢和普通合金钢在高温状态下轧制而成。

分类及特性　热轧钢筋可分为热轧光圆钢筋和热轧带肋钢筋。主要用于钢筋混凝土和预应力混凝土结构的配筋，是土木建筑工程中使用量最大的钢材品种之一。直径6.5～9毫米的钢筋，大多数卷成盘条；直径10～40毫米的一般是6～12米长的直条。热轧钢筋应具备一定的强度，即屈服点和抗拉强度，这些指标是结构设计的主要依据。同时，为了满足结构变形、吸收地震能量以及加工成型等要求，热轧钢筋还应具有良好的塑性、韧性、可焊性和钢筋与混凝土间的黏结性能。

强度等级　中国的热轧钢筋可分为：HPB300级、HRB400级、HRB500级以及HRB600级。

HPB300级钢筋属于热轧光圆钢筋，钢筋的屈服强度特征值为300级。具有塑性好、伸长率高（δ_5在25%以上）、便于弯折成形、容易焊接等特点，可用作中、小型钢筋混凝土结构的主要受力钢筋，构件的箍筋，钢、木结构的拉杆等。盘条钢筋还可作为冷拔低碳钢丝和双钢筋的原料。

HRB400级钢筋用低合金镇静钢或半镇静钢轧制，以硅、锰作为固溶强化元素。其强度较高，塑性较好，焊接性能比较理想。钢筋表面轧有通长的纵筋和均匀分布的横肋，从而可加强钢筋与混凝土间的黏结。HRB400级钢筋经冷拉后，也可用作房屋建筑结构的预应力钢筋。

HRB500级钢筋用中碳低合金镇静钢轧制，其中除以硅、锰为主要合金元素外，还加入钒或钛作为固溶和析出强化元素，使之在提高强度的同时保证其塑性和韧性。HRB500级钢筋表面也轧有纵筋和横肋，它是房屋建筑工程的主要预应力钢筋。HRB500级钢筋在使用前应由施工单位进行冷拉处理，以提高屈服点，发挥钢材的内在潜力，达到节约钢材的目的。经冷拉的钢筋，其屈服点不明显，因此设计时以冷拉应力统计值（冷拉设计强度）为依据。但冷拉过的钢筋经数月自然时效或人工加温时效后，钢筋又会出现短小的屈服台阶，其值略高于冷拉应力，同时钢筋有变硬趋势，此现象称作“时效硬化”。因此，钢筋冷拉时在保证规定冷拉应力的同时，要控制冷拉伸长率不过大，以免钢筋变脆。HRB500级钢筋含碳量较高，对焊时一般采用闪光－预热－闪光焊或对焊后通电热处理的工艺，以保证对焊接头包括热影响区不产生淬硬性组织，防止发生脆性断裂。HRB500级钢筋广泛用于预应力混凝土板类构件，以及成束配置用于大型预应力建筑构件（如屋架、吊车梁等）。热轧HRB500级钢筋作为预应力钢筋使用时，尚需冷拉、焊接，其强度还偏低，需要进一步改进。

HRB600级钢筋通过在钢材生产过程中发挥微合金元素具有的析出强化和细晶强化作用，提高钢材的综合性能。因其强度高、延性好、拥有良好的使用性能，在国外已经得到广泛应用。随着国家大力提倡节能减排、保持环境友好的可持续发展，HRB600型高强钢筋已经成为重要发展方向。（李行宜　薛　锋）

热轧型钢 hot rolled section steel 用加热钢坯轧成的各种几何断面形状的钢材。根据型钢断面形状不同，分为简单断面、复杂断面或异形断面和周期断面型钢。简单断面的特点是过断面周边上任意点作切线一般不交于断面之中，如圆钢、方钢、六角钢、扁钢、三角钢、弓形钢和椭圆钢等；复杂断面包括角钢、工字钢、槽钢、H型钢、T字钢、Z型钢、钢轨、钢板桩、窗框钢及其他杂形断面型钢；周期断面为沿钢材长度方向断面的形状和尺寸发生周期性改变，如螺纹钢筋、车轴和犁铧钢等。按照型钢断面尺寸的大小，分为大型型钢、中型型钢和小型型钢3种（见表）。

热轧型钢特征尺寸

类型	工字钢、槽钢高度/mm	圆钢直径、方钢边宽、六角钢对边距离/mm	扁钢宽度/mm	等边角钢边宽/mm	不等边角钢边宽/mm
大型型钢	≥180	≥85	≥105	≥160	≥160×100
中型型钢	<180	38～80	60～100	50～140	63×40～140×90
小型型钢	—	9～36	≤56	20～45	32×20～56×36

中国的建筑用热轧型钢，主要采用普通碳素钢甲级3号钢（碳含量0.14%～0.22%），其特点是冶炼容易，成本低廉，强度适中，塑性和可焊性较好，适合建筑工程使用。低合金钢热轧型钢多半为热轧螺纹钢筋和以16Mn钢轧成的型钢，异形断面型钢用得较少。与普通工字钢相比，H型钢具有截面模数大、重量轻、钢材省、便于同其他构件组合和连接等优点。在中国，热轧型钢在机械、化工、造船、矿山、石油和铁道等部门都大量使用，已成为建设中使用最为广泛的材料之一。在建筑工程中，热轧型钢主要用于工业和民用房屋、桥梁的承重骨架（梁、柱、桁架等）、塔桅结构、高压输电线支架等。（丁斌彦）

人防工程 civil air-defense engineering 为防范或减轻战争危害，保护国家和人民生命财产安全，按预定防护要求修建的人民防空用途的防护工程。全称人民防空工程，又称人防工事，其他国家称民防工程。人防工程的作用是在敌方空袭时，保障人民防空指挥体系的稳定，保护人民生命财产的安全，保存有生力量，减少国民损失，保存战争潜力，支持持久战争。

发展历程　城市是战时空袭的重点，在战时为保障城镇及其居民的生命财产安全，人防工程随之出现。最早的民防工程诞生于第一次世界大战期间的英国伦敦。第二次世界大战期间，民防工程大量出现并发挥了显著作用。战后，尤其是冷战时期，许多国家都构筑了不同类别、用途和规模的民防工程，如人员掩蔽部、指挥所和通信枢纽、救护站和地下医院、各类物资仓库，以及地下疏散干道和连接通道等。有些国家的城市，还将民防工程与城市地铁、大楼地下室及地下车库等市政工程相结合，组成一个完整的城市防护工程体系。中国民防工程建设始于抗日战争时期的重庆大轰炸。中华人民共和国成立后，中国开始大规模城市人防工程建设，并在20世纪70年代达到了高潮。1978年后，中国人防工程建设更加注重平战结合，除了具有战时预定防护功能外，还具有平时防御自然和人为灾害的功能。1997年颁布的《中华人民共和国人民防空法》提出，人民防空工程建设要贯彻“长期准备、重点建设、平战结合”的方针，坚持与经济建设协调发展，与城市建设相结合的原则。21世纪以来，中国结合大规模城市基础设施建设，在修建城市地铁、大型地下空间时实施平战结合，兼顾人民防空需求。

规划设计　人防工程主要在和平时期修建，通常依据城市总体规划和城市防空袭预案，按照人民防空工程战术技术要求编制城市人民防空工程规划，明确人防工程建设指导思想、原则和目标，确定工程布局、结构、建设时序和实施措施。人防工程建设坚持平战结合的方针，充分发挥人防工程平时为城市服务的功能，如用作交通、停车、商业、贮物等。临战前根据预先设计进行平战功能转换，使工程达到战时防护功能的要求。

人防工程除了防核武器、防化学武器和防生物武器等三防要求外，还要防常规武器打击。为避免打击时伤亡过多，单个人防工程的规模和容量都有一定的限制。对大型人防工程，还要求设置相互独立的几个防护分区。在居民住宅区的楼层下面，常常结合房屋基础的需要修建防空地下室。除土建结构以外，人防工程一般在口部设置相应的各种防护密闭设施和设备，以及内部通风、水源、电源和物资等保障措施。

种类　人防工程按照战时使用功能不同，分为人防指挥通信工程、人员掩蔽工程、人民防空医疗救护工程、防空专业队工程和人民防空配套工程。

人防指挥通信工程　主要保障战时人民防空指挥、通信，通常要求具有较高的抗武器打击和高效的通信协同能力，是人民防空工程的重要组成部分。人防指挥通信工程通常可分为基本指挥所和预备指挥所。随着通信和信息技术的发展，人防指挥通信工程在通信手段运用方面，将广泛采用新的通信技术，提高通信的可行性和稳定性；在通信业务方面，将逐步融合多种业务向综合信息业务方向发展；在防护功能方面，将全面提高以防精确打击、防信息攻击、防侦察监视为核心的生存能力；在建设方面，将由专用工程向与国家、军队指挥工程一体化配置方向发展。

人员掩蔽工程　战时保障人民群众生命安全的重要措施。公用的人员掩蔽工程建设，要符合城市人口分布情况和就地就近掩蔽的要求。通常是划区分片并结合改造、利用城市地下空间（如城市地下交通干线、地下公共设施和地下建筑等）建设。为了保证人员掩蔽工程内人员正常生活，除尽可能利用自然通风外，大型人员掩蔽工程内通常设置专门的机械通风系统，具有隔绝防护能力，具备在大气染毒和受放射性污染情况下通风换气的滤毒、消除放射性沾染的能力。此外，工程内通常配置人员生活所需用水，满足照明、通信等需求。

人民防空医疗救护工程　主要用于战时对伤员独立进行早期救治。在战争中，城市一旦遭到核袭击或大规模常规空袭，会产生大量伤员，造成城市医疗机构瘫痪。此时，只有具备预定防护能力的人民防空医疗救护工程，才能够承担起对伤员的医疗救治任务。人民防空医疗救护工程在医治对象、伤情特点、医疗环境等诸多方面，都与平时医院有所不同。在常规武器空袭中，伤员多为火器伤、烧伤、爆震伤和挤压伤等；在核袭击中，伤员主要是烧伤、冲击伤、放射病的单一伤以及复合伤；在生化武器袭击中，伤类、伤情更加复杂。不同武器袭击产生的伤员伤类、伤情不尽相同，治疗要求各异。按照医疗分级和任务的不同，人民防空医疗救护工程一般分为中心医院、急救医院和救护站等三类。

防空专业队工程　主要用于战时城市防空专业队掩蔽和执行勤务使用，又称防空专业队掩蔽所。人民防空专业队是根据城市防空袭斗争的需要，按专业组成担负人民防空勤务的组织。主要包括抢险抢修、医疗救护、防化、通信、运输、治安等专业队，担负抢建抢修道路、桥梁、水电设施、房屋、人防工程和其他公用设施，抢救人员和物资等任务。医疗专业队伍主要负责在紧急情况下抢救伤员，组织指导群众进行自救互救。消防专业队伍主要协助有关部门执行对重要目标、设施的防火灭火任务，必要时配合防化专业队伍完成洗消任务。防化防疫专业队伍负责对核、化、生武器袭击的观测和侦察，对受染人员、物资、设备和重要目标等进行洗消，消毒和清除沾染，防疫灭菌，对群众进行“三防”知识教育。通信专业队伍主要是抢建抢修通信设施、线路、保障城市防空袭通信联络的顺畅。运输专业队伍主要负责抢运人员、物资。治安专业队伍主要是协助有关部门维护社会治安、交通秩序，监督灯火管制。根据未来反空袭斗争的需要，还可组建伪装示假、空中设障、电子对抗、网络攻防、心理防护等专业队伍。

人民防空配套工程　战时保障性人防工程，主要包括区域电站、区域供水站、人防物资库、人防汽车库、食品站、生产车间、人防交通干（支）道、警报站、核生化监测中心等工程。

人防工程常采用掘开式和暗挖式建造。掘开式人防工程按照上部有无建筑，又可分为单建掘开式（图1）和附建掘开式（图2）。①单建掘开式人防工程。由于埋深浅，出入通道较短，便于平时利用，是平战结合人防工程常用形式之一，多建在火车站、汽车站，以及城市地下中心广场中，平时用于过街或地下商业设施，战时转换为人防工程。②附建掘开式人防工程。结合民用建筑修建的人防工程，其上部有地面建筑物，常称为防空地下室。防空地下室与上部建筑同时构筑，便于实现平战结合和战时人员的快速掩蔽。暗挖式人防工程是在施工时不破坏工程结构上部自然岩层或土层，并使之构成工程的自然防护层的人防工程。按其所处地形特征的不同，又可分为坑道式和地道式。

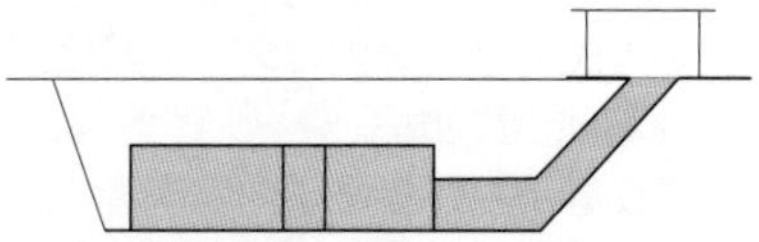

图1　单建掘开式人防工程示意图

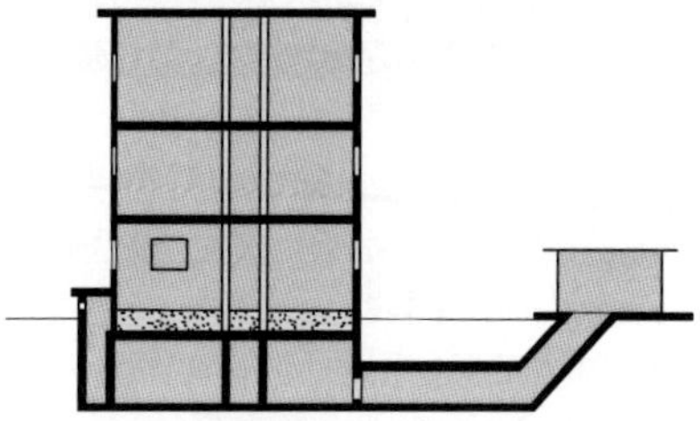

图2　附建掘开式人防工程示意图

建设原则　各国的国情、战略地位、国防建设思想和国力不同，其人防工程的建设规模、抗力等级、防护标准和工程类型等的差别也比较大。有的国家以集中修建规模较大、抗力较高、防护能力较强的大型地下工程为主，有的国家以分散修建单个人防掩蔽工程（包括防核沉降掩蔽部）为主。较大规模的人防工程一般按照防核武器、常规武器、生物武器、化学武器等要求构筑，并安装必要的设备、设施，以保障掩蔽人员工作、生活所需的环境条件。这类工程通常设置两个以上具有不同朝向的出入口（含人员、设备、机械、车辆出入口）。口部设有防护、消波密闭、通风过滤、洗消设备及应急自备发电站等。为了能适时地按照空袭环境的变化进行工程运行状态的转化，重要工程口部还设有侦察报警系统。对面积较大的工程，为了不因工程某一局部遭受破坏，而使整个工程丧失防护能力，一般都按相应设计规范要求将工程划分为若干个防护单元和抗爆单元。

重要经济目标防护　在防空袭斗争中为避免或减轻国家重要经济目标遭袭击、

破坏而采取的一系列防备行动和保护措施。是人民防空重要内容之一，其他国家称关键基础设施防护。

重要经济目标指维系国家或者地区经济命脉、在国民经济、社会发展和国防建设中占有重要地位，对国计民生、战争潜力、维持城市基本运转和战后经济恢复有重大影响的物资资源和设施，包括城市生命线工程（如电力设施及城市供水、供电、供热、供气等公共基础设施）、重要的工矿企业（如直接关系国计民生和战争潜力的石油、化工、钢铁、医药等）、科研基地、能源基地、交通枢纽、通信枢纽、桥梁、水库、仓库、电站等。重要经济目标反映了一个国家和地区的经济实力，同时与人民的生活息息相关，既是城市的生命线又是战争的补给线，是现代战争中交战双方空袭的重点。

重要经济目标防护产生于第一次世界大战"打击经济目标"的作战思想，经历第二次世界大战中的早期发展阶段以及冷战时期的快速发展阶段，以及核威胁条件下高技术战争新的发展阶段。随着战争样式的变化和武器装备的发展，战争双方对重要经济目标的袭击、破坏将更加严重，对重要经济目标的防护提出了严峻挑战。

加强重要经济目标防护是一项长期性的基础工作，必须着眼于战时，行动于平时。世界各国平时加强重要经济目标防护的措施主要有：①把重要经济目标防护纳入国家防御体系，建立自上而下的防护系统；建立健全一体化、高效的防空指挥控制机构；建立大范围、全天候、全方位的侦察预警系统，实施统一的侦察预警保障：统一编组防空力量，构成远中近、高中低以及导弹、飞机、高射炮防御屏障相结合的防空体系。②加强重要经济目标防护工程建设，将其纳入国家安全战略和国防发展战略目标体系，作为国防建设的重要组成部分。③合理布局、疏散隐蔽配置重要的国防工业、能源基地，建立双套生产系统，把工程防护技术与伪装、隐蔽、欺骗、抢修抢建等手段结合起来，提高重要经济目标的抗毁韧性。④加强人民防空专业队伍建设，提高战时指挥能力、预警通信能力、快速反应能力和抢修抢建能力。

（许继恒　郭东军　谢金蓉）

人工冻融软黏土变形沉降　soil deformation during artificial freezing-thawing process　软黏土地区地下工程中采用人工冻结法施工时及施工后，冻融部位的软黏土产生冻胀融沉变形的现象。

人工冻结法　在不稳定含水地层中修建地下工程时，借助人工制冷手段暂时加固地层和隔断地下水的一种特殊施工手段。其具体实现方法是利用机械设备进行制冷，先在需要施工作业的地层中布置冻结管（见图），安装制冷机械提供冷量，

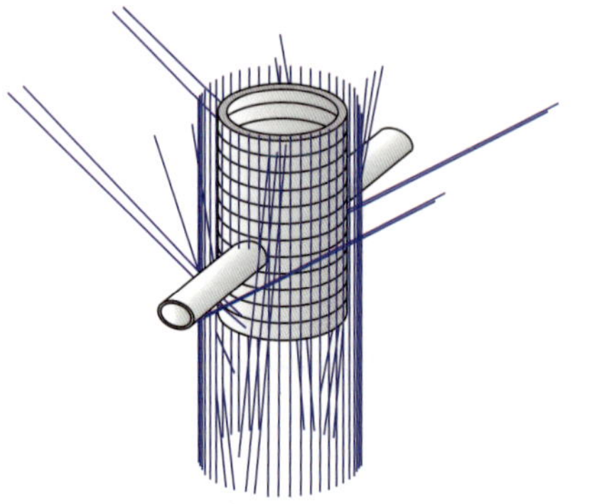

竖井及隧道周围冻结管布置示意图

通过低温盐水在冻结管路中循环流动，带走地层中的热量，将地层中的水凝结成冰，形成由骨架冰和未冻土组成的冻土柱，随着温度的降低，冻土柱逐渐增大，直到相邻的冻结体互相咬合而成为冻结壁，形成强度高、完整性好的加固土体。在冻结体的保护下，再进行竖井、隧道等地下工程的施工作业，至内部衬砌结构完成后，冻结地层逐步解冻，恢复到土体初始状态。冻结法一般采用盐水作为冷媒介，也可采用干冰和液氮。中国东南沿海地区广泛分布有海相沉积淤泥质软黏土，冻结法施工在这一地区广泛应用，如在上海、广州、南京、天津、苏州和杭州等城市地铁隧道建设中广泛采用。

人工冻结法过程中土体的变形　人工冻结法带来的软黏土变形包括冻结过程中的冻胀变形和融化过程及融化后的融沉变形。冻胀变形指冻结过程中由于土体中的水结冰而引起的土体体积增大现象。评价土体冻胀的指标包括：

总冻胀量与土样冻结前高度的比值为冻胀率η，用百分数表示：

$$\eta=\frac{\Delta h}{H}\times 100\% \tag{1}$$

单位时间内冻胀位移变形的增量，称为冻胀速率U_f：

$$U_f=\frac{\mathrm{d}h}{\mathrm{d}T} \tag{2}$$

式（1）（2）中U_f为某土层的冻胀速率毫米/分钟；h为冻胀量毫米；T为时间，单位为分钟。

融沉变形指冻土融化时及融化后产生的沉降变形，包括与外荷载无关的融化沉降和与外荷载直接有关的压密沉降。评价土体融沉的指标包括：

负温升温过程中土体的融化沉降量为融沉系数A_0：

$$A_0=\frac{\Delta h_0}{h_0}\times 100\% \tag{3}$$

式（3）中A_0为融沉系数%；Δh_0为冻土融化下沉量厘米；h_0为冻土试样初始高度，单位为厘米。

排水固结过程中的压密沉降量为融化压缩系数α：

$$\alpha=\frac{e_i-e_{i+1}}{p_{i+1}-p_i} \tag{4}$$

式（4）中α为某一压力范围内的融化压缩系数兆帕$^{-1}$；p_{i+1}、p_i为分级压力值，单位为千帕；e_{i+1}、e_i为与分级压力相应的孔隙比。

地铁运营过程中人工冻融土动力变形　地铁隧道在冻结法施工之后，周围的冻融软黏土在地铁运营过程中承受着地铁长期循环荷载的作用，将产生不可恢复的永久残余变形。尤其是软黏土经冻融作用后土体结构变化较大，物理力学性质都会受到相应的影响，又叠加以地铁运营期间的长期动力荷载的影响，额外变形对地铁的安全运营以及周围建（构）筑物环境的影响不可忽视。如中国上海软黏土具有渗透系数小、含水率高、层厚大等物理特征，使得融化过程要比冻结法施工周期长很多，有的自然解冻时间长达数年之久。这就导致历时相对短暂的冻胀可控性较高，软黏土的长期动力融沉变形可预测和可控性都相对较差。而过大的沉降量不仅会带来地铁隧道轴线的变形，也会给周围建（构）筑物的安全带来隐患，故对地铁隧道周围冻融软黏土动力变形的时效性控制很有必要。

预防措施　主要有：①冻胀防治措施。多从减少冻胀力和改善周围冻土的冻胀性来防止冻胀。围岩冻结圈注浆将衬砌结构与冻结围岩相对分隔两边，以加强围岩抗渗流性，将水与衬砌结构尽可能隔开；提高围岩强度，使其足以抵抗其中微裂隙中的冰镜冻胀力。注浆混凝土材料可采用泡沫混凝土夹层消耗冻胀力。②融沉防治措施。工程实践中多采用在冻土融化时进行跟踪注浆的方法来减少融沉量。注浆分为充填注浆和融沉注浆。充填注浆是停止冻结后3～7天进行衬砌后充填注浆，主要利用预留注浆管对冻结帷幕与永久结构之间空隙填充注浆。融沉注浆采用自然解冻方法。

（唐益群）

人工煤气　artificial coal gas　以产品煤或石油为原料转化制得的可燃气体。人工煤气的主要成分为烷烃、烯烃、芳烃、一氧化碳和氢气等可燃气体，并含有少量的二

氧化碳和氮等不可燃气体，热值为1.6万～2.4万千焦/（牛·米^3）。人工煤气由于制气原料和煤气的生产，回收方式不同，所以各种煤气的组成部分以及所占百分比不同。常见的有焦炉煤气、发生炉煤气、连续式直立炭化炉煤气、高炉煤气和铁合金炉煤气等，煤气成分稍有不同。按照生产方法和工艺的不同，一般可分为干馏煤气、气化煤气和油制气。

干馏煤气　利用焦炉、连续式直立炭化炉（又称伍德炉）和立箱炉等对煤进行干馏所获得的煤气。将煤隔绝空气加热到一定温度时，煤中所含挥发物开始挥发，产生焦油、苯和煤气，剩留物最后变成多孔的焦炭，这种分解过程称为“干馏”。干馏煤气的主要成分为氢、甲烷、一氧化碳等，热值为2.7万千焦/（牛·米^3）左右，产气率为300～500米^3/吨煤，是中国城市燃气主要气源之一。

在干馏过程中，由于最终温度不同，又可分为3种：900～1100℃为高温干馏，即焦化；700～900℃为中温干馏；500～600℃为低温干馏。城市燃气工业一般不采用低温干馏。高、中温干馏产生的干馏煤气，则称为全焦煤气和半焦煤气。利用焦炉生产高温干馏煤气，它的剩留物为焦炭。利用炭化炉、立箱炉生产中温干馏煤气，它的剩留物为半焦，通常称为熟煤。

气化煤气　压力气化煤气、水煤气、发生炉煤气等均属此类。在2.0～3.0兆帕的压力下，以煤作原料采用纯氧和水蒸气为气化剂，可获得高压蒸汽氧鼓风煤气，又称高压气化煤气。其主要组分为氢及含量较高的甲烷，发热值在1.51万千焦/（牛·米^3）左右。若城市附近有褐煤或长焰煤资源，可采用鲁奇炉生产压力气化煤气，这套装置可建立在煤矿附近（一般称为坑口气化），不须另外设置压送设备，用管道可直接将燃气输送至较远城镇。

气化煤气的主要有效成分为氢、一氧化碳和甲烷，如果以空气为气化介质，则生成气中含有大量氮，发热量偏低；如以水蒸气和氧为气化介质，则一氧化碳和氢含量可达80%或更高，发热量为10～11兆焦/（牛·米^3）。在加压和温度较低的条件下，气化所得的煤气，其甲烷含量明显提高，发热量就较高。低发热量气化煤气（如发生炉煤气）不宜向厂外输配，一般就地用作工厂燃料气，或用于焦炉和炭化炉的加热。半水煤气用于氮肥的合成。发生炉煤气、水煤气或增热水煤气又都是调节城市燃气质量的掺混气体。低中发热量气化煤气用于联合循环发电，可提高发电效率并解决直接燃煤发电的污染问题。氢和一氧化碳是许多化学合成的重要原料。中发热量煤气可直接供作城市燃气，或通过变换、脱二氧化碳和甲烷化等一系列工艺，制成发热量为37兆焦/（牛·米^3）的代用天然气。

油制气　又称重油制气，将原料重油放入工业炉内经压力、温度、催化剂的作用，重油即裂解，生成可燃气体，副产品有粗苯和碱渣等，是城市燃气的重要气源之一。按制取方法的不同，可分为重油蓄热热裂解气和重油蓄热催化裂解气两种。重油蓄热热裂解气以甲烷、乙烯和丙烯为主要组分，发热值约为4.19万千焦/（牛·米^3）。每吨重油的产气量为500～550米^3。重油蓄热催化裂解气中氢的含量最多，也含有甲烷和一氧化碳，发热值在1.76万～2.09万千焦/（牛·米^3），利用三筒炉催化裂解装置，每吨重油的产气量约为1200～1300米^3。

生产油制气的装置简单，投资省，占地少，建设速度快，需要的管理人员少，启动及停炉灵活，既可作城市燃气的基本气源，也可作城市燃气的调度气源。油制气的主要工艺方法有蒸汽转化法、部分氧化法和加氢气化法。（崔勇章）

人工湿地法　constructed wetland　用人工筑成水池或沟槽，底面铺设防渗漏隔水层，充填一定深度的基质层，在上面种植水生植物，利用基质、植物、微生物的物理、化学、生物三重协同作用进行污水净化的技术。人工湿地模拟自然湿地的结构和功能，主要利用土壤、人工介质、植物、微生物的物理、化学、生物三重协同作用，对污水、污泥进行处理。按照污水流动方式，分为表面流人工湿地、水平潜流人工湿地和垂直潜流人工湿地。其作用机理包括吸附、滞留、过滤、氧化还原、沉淀、微生物分解、转化、植物遮蔽、残留物积累、蒸腾水分和养分吸收及各类动物的综合作用。

人工湿地处理系统具有如下优点：①建造和运行费用低、工艺简单、非常适合中、小城镇的污水处理。②易于维护，技术含量低。③可进行有效可靠的废水处理。④可缓冲对水力和污染负荷的冲击。⑤兼具其他效益，如水产、畜产、造纸原料、建材、绿化、野生动物栖息、娱乐和教育等。

缺点：①占地面积大。②易受病虫害影响。③生物和水力复杂性加大了对其处理机制、工艺动力学和影响因素的认识理解，设计运行参数不精确，因此常由于设计不当使出水达不到设计要求或不能达标排放，有的人工湿地反而成了污染源。（邱　珊）

人民防空工程规划　planning of civil air defense engineering system　依据城市人民防空需要，结合城市发展和人防工程建设现状，对城市未来一个时期内人民防空工程建设规模、功能、布局、建设时序等做出的综合部署，是城市总体规划配套的专业性规划。简称人防工程规划。人民防空工程规划是实施人防工程建设和管理的依据，可分为总体规划和详细规划。见人防工程。

人体热舒适　human thermal comfort　人体对周围热环境的感受与评价。主要涉及热感觉和热舒适两个方面。热环境使人体产生冷热感并影响舒适水平的主要因素有：①物理环境。热环境参数如温度、湿度、辐射、风速等，以及人体的着装条件。②生理条件。人体的代谢水平、生理热调节能力，以及人体之前的热状况。③心理条件。对热环境的心理预期，以及自己对热环境的掌控、调节能力等。

由于无法用仪器仪表来测量人的感受，因此只能采用问卷的方式来研究人体热舒适，即要求受调查者按某种等级标度来描述其对热环境的感受。这种对感觉和刺激之间关系的研究学科称为心理物理学，是心理学最早的分支之一。

热感觉　人对感受到的外界冷热刺激的客观评价，即是“冷”还是“热”。

热感觉的定量数值也简称为TSV，来自热感觉投票thermal sensation vote的字头缩写。由于心理学研究的结果表明一般人可以不混淆地区分感觉的量级不超过7个，因此对热感觉的评价指标往往采用7个分级。全世界广泛使用的7级热感觉标度是美国采暖制冷空调工程师协会（ASHRAE）于1966年开始使用的，分级范围为−3～+3，其中0代表“热中性（neutral）”，即不冷不热的状态，也经常被简称为“中性”；正值表示偏热，负值表示偏冷（图1）。图中的中文表述并非英文原文的字面直译，因为TSV=2表达的是很不舒适的偏热的感觉，虽然英文表

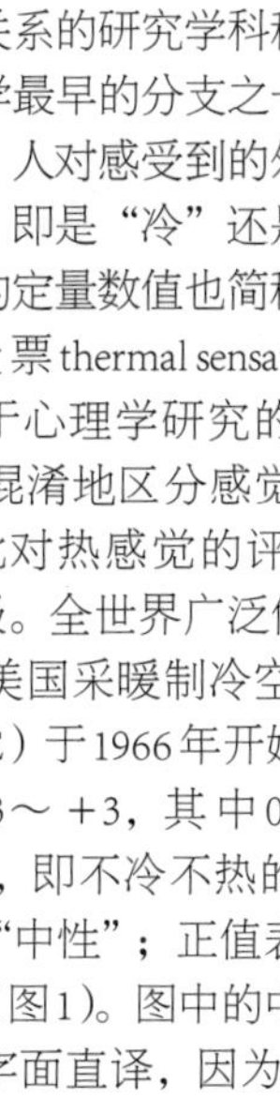

图1　热感觉投票TSV的七点标度示意图

述为warm，但真正的意义并非汉字“暖”所表达的可接受的、比较舒适的意思，而是热得有将近80%的人觉得不能接受的意思。因此有汉字使用背景的中国、日本、韩国的热舒适研究人员都倾向用图1的汉字译文来为TSV的赋值做定义。

热舒适　人体对周围热环境感到舒适与否的主观评价。

人对外界的冷热刺激有“冷”或者“热”的客观评价，但至于这种冷热感觉是否舒适，其机理就相对更为复杂，更多受人的主观影响，与相对客观的热感觉评价是不同的。一般来说，热中性（或简称中性），即不冷不热的时候往往被认为是舒适的，但也经常有在非热中性环境中产生热舒适感的现象出现。例如，在盛夏，人觉得身体很热的时候冲一个凉水澡，其当时的热感觉应该是凉爽，而非不冷不热，但他却会感到很舒适。这时，热中性与舒适就出现了错位。所以，人体会综合自身热平衡状况与对外部热刺激的感受，从而得出自己是否舒适的主观结论。热舒适与热感觉二者之间有关联，也有区别。

人对热舒适感的评价投票称作热舒适投票（TCV）。对TCV进行定量描述的传统方法是采用五点标度，即从0～4分别代表：舒适、稍不舒适、不舒适、很不舒适、不可忍受。这种TCV的五点标度是一种连续标度。

五点连续标度用于分析热舒适时会有一个缺陷，就是受调查者稍不舒适和舒适之间还可能存在这样一个状态，就是既感觉不到不舒适的存在，但又不觉得算是舒适。以下这种断裂标度则能更好地反映人们对热环境的真实感受（图2）。

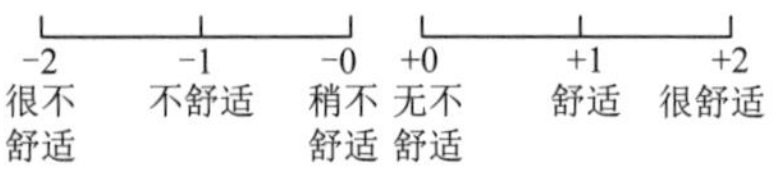

图2　热舒适投票TCV的断裂标度示意图

对热环境与人体热舒适感之间关系的研究从20世纪初开始已经有上百年的历史。尤其是随着供暖空调技术的发展，人们迫切需要了解应该把室内的热环境参数控制在什么水平。人们首先发现温度对人的冷热有影响，又逐渐发现湿度、风速、辐射等也会对人体的热感觉和热舒适产生重要的影响。因此先后提出了有效温度、当量温度、合成温度、标准有效温度SET、预测平均投票PMV等指标，希望把多个热环境参数折合成一个定量指标来描述热环境。其中最成熟、应用最广泛的热环境评价指标是丹麦P.O.范格尔提出的PMV指标。　（朱颖心）

人行桥　pedestrian bridge　供行人步行和自行车行驶的桥梁。建造人行桥的主要目的，是为了避免行人（包括人力或电动自行车）与机动车相互干扰，保证交通安全。在城市繁华街道处或交叉路口设置的人行桥，又称过街天桥。为节省用地，行人上桥的步道设置较陡，自行车则只能推行过桥。连接城市建筑之间的、封闭的或带顶棚的人行桥，称为**廊桥**，通常只作为人行步道。跨越公路或铁路的人行桥，也叫跨线人行桥。为使行人和自行车便捷过桥，可以专设允许自行车骑行上桥的人行桥；条件允许时，宜分别设置人行通道和自行车通道。

人行桥的跨度和宽度有限，桥梁设计荷载相对较轻，可采用各种桥型和各种建筑材料。人行桥的设计、施工和养护维修与常规桥梁类同。条件允许时，宜通过结构造型和适当装饰，协调好人行桥与周边环境的关系，取得良好的桥梁建筑艺术效果。　（李亚东）

容器结构　container structure　储存气体、液体或松散固体的构筑物。常见的容器结构有筒仓、水池、油罐和储气罐等。反应堆压力容器和反应堆安全壳则属于特殊容器结构。容器结构可以建造在地下、半地下或地面上，也可架立空中。

容器结构的荷载除自重外，主要是所储介质的压力，此外还须考虑其他因素的影响。如储存原油和重油的油罐，为了便于输送，一般都将油品加热到一定温度，反应堆压力容器应能承受高温和高压，所以这类容器应考虑温度应力的影响。地下或半地下的容器结构还要考虑土压力和地下水压力的作用。反应堆的安全壳须考虑对射线的屏蔽要求，防止反应堆发生事故时放射性物质对环境的污染，并保护反应堆不受外界不利因素的破坏。

承受压力的容器结构，其横断面形状多呈圆形，高压容器常做成球形，以求受力合理，节省材料。容器结构选材应当考虑材料的力学性能、物理性能、工艺性能和与介质的相容性，可用砖石（或加配筋）、钢和钢筋混凝土等材料建造。储气罐、地上油罐和反应堆压力容器一般都用钢结构；而地下油罐、水池、筒仓和反应堆安全壳则常用钢筋混凝土结构或预应力混凝土结构。

对有密闭或防渗要求的钢筋混凝土结构，其壁板和底板都在现场灌筑，壁板较高时用滑升模板施工。独立的圆形容器，如钢筋混凝土油罐的壁板，也可采用预制的竖向钢筋混凝土板拼成，壁外缠绕预应力钢丝，然后喷涂水泥砂浆保护层。

体积较大的容器结构具有占地广、荷载大而且有时不均匀、加载速率大等特点。因此，对地基有较高的要求，避免产生不均匀沉降，以防容器变形或破裂。在软弱地基上建造大中型容器结构时，必须对地基进行适当处理，并在使用初期，控制加载速率，以免地基发生剪切破坏。

（杨僧来）

容许应力设计法　permissible stress design method　在结构设计中，以构件截面的计算应力σ不大于规范规定的材料容许应力$[\sigma]$的原则进行设计的方法。容许应力法的设计表达式为：

$$\sigma \leqslant [\sigma]$$

在容许应力设计法中，结构构件截面的应力σ按荷载标准值采用线性弹性理论计算；容许应力$[\sigma]$按规定的材料弹性极限强度（或屈服强度、名义屈服强度）除以大于1的单一安全系数得到。

容许应力设计法是19世纪随着材料力学理论的发展而产生的结构设计方法。以线性弹性理论为基础，以结构构件危险截面的某一点或某一局部的计算应力小于或等于材料的容许应力为准则。在应力分布不均匀的情况下，如受弯构件、受扭构件或静不定结构（又称超静定结构），不能考虑结构或结构构件在塑性阶段继续承受荷载的潜力，采用容许应力法进行设计比较保守。容许应力设计法的另一个主要缺点是采用单一的安全系数，该安全系数是一个笼统的经验系数，不能区别对待影响结构安全的各种不确定性，由此得到的容许应力不能保证各类结构或结构构件具有比较一致的安全水平。　（李继华　贡金鑫）

溶气气浮　dissolved air flotation　在一定的压力下让空气溶解在水中，然后在减压条件下析出溶解空气，从而产生微小气泡进行固-液分离的单元过程。溶气气浮根据气泡析出时所处压力的不同可分为真空气浮和加压溶气气浮，此外还有散气气浮。

真空气浮　废水经流量调节器后进入曝气室，经预曝气使废水中的空气溶解量接近于常压下的饱和值，未溶解的空气在脱气井中脱除；然后，废水进入分离区，由于气浮分离区的压力低于常压，因此预先溶解于水中的空气就以非常微小的气泡形式逸出来，废水中的悬浮颗粒与微小气泡相黏附，上浮至浮渣层；旋转的刮渣板将浮渣刮至集渣槽，然后进入出渣室。部分相对密度较大的颗粒沉淀到池底，池底

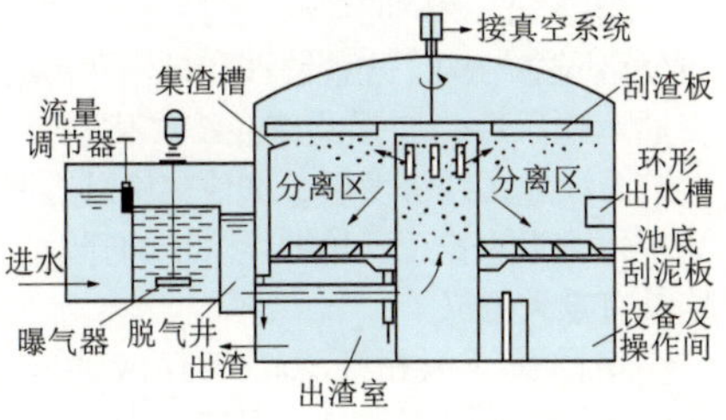

真空气浮法工作原理示意图

刮泥板可将沉淀污泥刮至出渣室；处理后的出水经环形出水槽收集后排出（见图）。

真空气浮的主要优点是空气溶解所需压力较低，动力设备和电能消耗较少。缺点是空气的溶解在常压下进行，溶解度较低，气泡释放量有限，因而处理效果相对不够理想。同时，真空设备需要密闭，运行和维护管理较为困难。此外，真空气浮只适用于处理污染物浓度不高的废水，因此在生产中使用不多。溶气真空气浮池，平面多为圆形，池面压力多取29.9～39.9千帕，废水在池内的停留时间为5～20分钟。

加压溶气气浮　通过加压的方法使空气溶解于水中，再使压力突然降低至常压，溶解的过饱和空气以微小气泡的形式释放出来，是最为常用的气浮方法。加压溶气气浮系统主要由水泵、溶气罐、气浮池、刮渣机等设备组成。

根据加压溶气水的来源不同，可将加压溶气气浮分为全加压溶气流程、部分加压溶气流程和部分回流加压溶气流程3种基本流程。

散气气浮　采用微孔曝气或利用机械剪切力，将混合于水中的空气打碎成微小气泡。散气气浮主要有微孔曝气气浮和叶轮气浮两种形式。散气气浮法常用于矿物浮选，也用于含油脂、羊毛及大量表面活性剂等废水的初级处理。

微孔曝气气浮是将压缩空气通过具有微细孔隙的扩散装置或微孔管，使空气以微小气泡的形式进入水中进行气浮的方法。

叶轮气浮是将空气引至一个高速旋转叶轮机或混合器的附近，通过叶轮机的高速剪切，将引入的空气切割粉碎成微小气泡进行气浮的方法。（张立秋）

融雪剂撒布机　snowmelt agent spreader　冬季强降雪和严寒造成的路面积雪和结冰时，为了保障道路交通顺畅，把除雪剂如沙子、盐等撒布在路面上的机械。适用于高等级公路、公路、城市道路、机场、广场、风景区道路的除雪作业。融雪剂撒布机分为固定式、车载式和拖挂式3种形式，其中车载式融雪剂撒布机具有拆装方便、机动灵活、成本较低等优点，应用比较广泛。车载式融雪剂撒布机主要由料斗、预湿水箱、输料机构、撒布机构等组成，可安装在货车车厢内。输料和撒布机构的动力由撒布机自带，或由货车底盘提供。工作时，融雪剂预湿水后经螺旋输送装置连续不断地输送至撒布机构，撒布机构分配盘高速旋转，借助离心力将融雪剂抛洒至路面。（马军星）

软土地区道路　road on soft clay ground　在软土地区修建的道路。软土指近代水下沉积的饱和黏性土，其天然含水量接近或大于液限、孔隙比接近或大于1、渗透系数接近或小于10^{-8}米/秒。软土地层的压缩性大、抗剪强度低，常常导致路基路面长期缓慢的下沉。在下沉过程中，软土逐渐发生一定程度的固结，强度逐渐提高，但其固结过程相当长，如果在短期内填筑路堤的高度超过软土地基所能承受的极限高度时，路堤将丧失稳定而发生坍滑。

软土地基上的路堤极限高度约为$5.14C/\gamma$，（C为软土的黏聚力，γ为容重）。当需要的路堤高度大于极限高度时，必须采取措施以保证基底稳定。稳定措施的选择，应根据软土成因类型、物理力学性质、层厚及其成层情况、路堤高度、施工期限以及机具材料等具体情况，进行分析比较决定。可供选择的措施有：换土、砂井、砂桩、粉喷桩、塑料排水板法、反压护道等。①砂井。按一定间距作孔、孔内灌砂以形成砂井，配合分阶段加荷预压，以达到缩短渗流途径加速地基固结的有效措施，一般不考虑其自身的承载。在软土深厚，路堤较高而施工期间又较紧迫，采用其他简易加固方法不能满足设计要求时，常采用砂井。②砂桩。用振动或冲击荷载在软弱地基中成孔后将砂再挤入土中，形成大直径的密实砂柱体的加固地基的措施。也称为挤密砂桩或砂桩挤密法。砂桩属于散体桩复合地基，自身可承受荷载，适用于挤密松散砂土、粉土、黏性土、素填土、杂填土等地基。对饱和黏土地基上对变形控制要求不严的工程也可采用砂桩置换处理。③粉喷桩。又称加固土桩。是采用粉体状固化剂来进行软基处理的措施。适合加固各种成因的饱和软黏土（如淤泥、淤泥质土、粉土和含水量较高的黏性土），是深层搅拌法加固地基的一种形式。④塑料排水板法。将塑料排水板用插板机插入软土地基，在上部预压荷载作用下，软土地基中空隙水由塑料排水板排到上部铺垫的砂层或水平塑料排水管中，由其他地方排出，加速软基固结措施。在软土地基处理中，塑料排水板的作用设计，施工设备基本与袋砂井相同。⑤反压护道。在路堤两侧填筑适当厚度与宽度的护道，利用护道的重量以平衡地基受压后向两侧挤出和隆起的趋势。当需要的路堤高度大于极限高度不多时，可以采用此种措施。

（卢肇钧　撰　孙立军　修订）

瑞典耶夫勒堡干式厌氧处理工程　dry anaerobic treatment project in Sweden Yefleborg　由瑞典耶夫勒堡省政府投资建设的市政项目，处理对象为省内产生的厨余垃圾和园林垃圾。目的是更合理地处置生活源有机垃圾，通过利用生物处理技术实现有机垃圾的无害化、减量化和资源化。

位于瑞典中部耶夫勒堡省福什巴卡市，距离瑞典首都斯德哥尔摩约170千米。工程自2017年试运行以来一直保持稳定运行。每年处理约2.5万吨的厨余垃圾及园林垃圾，年产出生物天然气约440万米^3、固体肥料约3500吨、液体肥料约1.35万吨。

根据物料特性，处理技术采用机械预处理+干式厌氧发酵+好氧堆肥+沼气氨洗提纯为主干的工艺。物料送至卸料大厅后进行破碎—筛分（80毫米）和磁选预处理，然后，使用装载机将预处理后的物料输送至厌氧消化罐进行生物降解。厌氧消化采用TTV干式发酵厌氧工艺，卧式罐体中配备水平安置的桨式搅拌器，保证物料的充分搅拌混合均匀。整个发酵过程在55℃高温环境中完成，停留时间20天以上，经过这一过程，原料中含有的有害微生物被灭活，达到无害化。同时95%以上的可降解有机物能消化降解，以沼气的形式产出；沼气通过CApure氨洗工艺脱除二氧化碳，可将沼气提纯为99.9%的生物天然气，并入当地天然气管网，实现绿色能源生产。

厌氧消化罐排出的发酵残余物，通过出料柱塞泵泵入脱水单元，在脱水单元中将残余物分离为沼液和沼渣。部分沼液回流消化罐用于物料接种，其余部分送入储罐储存，用于农田灌溉；沼渣则进行好氧堆肥处理后再筛分，最终产出含水率为45%左右的有机肥，有机肥成品符合欧盟卫生标准。（吕　凡）

润扬长江大桥　Runyang Yangtze River Bridge　位于江苏省镇江市与扬州市之间、跨江连岛的公路桥。是中国跨长江公路交通体系的重要组成部分。主桥长7371米，按双向6车道设计，分为南北两桥。

南汊主桥跨越长江主航道，为主跨1490米的单跨简支双铰钢箱梁悬索桥，跨径在当时已建成的悬索桥中居中国第一、世界第三位。大桥设有两根主缆，中心间距为34.3米，主跨矢跨比1/10。主缆直径为90.6厘米，每缆184束索股，每根索股由127根直径5.3毫米镀锌高强钢丝制作而成。加劲梁采用全焊扁平流线型封闭钢箱梁断面，总宽38.7米。在中国，润扬长江大桥首次采用了缆、梁固结的刚性中央扣代替跨中短吊索，首次采用泵送干空气主缆防护系统。

北汊主桥为主跨406米，双塔三跨连续钢箱梁斜拉桥，斜拉索为空间扇形双索面体系，主塔采用花瓶型混凝土塔柱，总高约145米。引桥和高架桥为预应力混凝土连续箱梁式桥。

润扬长江大桥

润扬长江大桥的建成，对完善国家和省公路网络结构，改善镇江和扬州两市的交通运输条件，加强两市经济文化联系，促进沿江地区经济发展，加快实施以上海浦东为龙头的长江三角洲经济带的开发战略具有重大意义。

润扬长江大桥于2005年建成通车。其设计单位是江苏省交通规划设计院与中交公路规划设计院有限公司联合体，施工单位是中交第二公路工程局有限公司和中交第二航务工程局有限公司。

（吴培峰　沈锐利）

S

三维模型虚拟施工 virtual construction with 3D modeling 在计算机中，利用建筑三维建模、多维信息集成、可视化虚拟仿真及数字协同等技术构建建筑实体的三维模型，实现建筑施工参数化动态模拟的技术。建筑三维建模技术是通过计算机软件构建对应建筑实体的数字化模型。

在建筑设计施工阶段，对应的是建筑设计图纸及相关文本，并应严格保持一致。此建模及其应用的过程主要通过建筑信息模型（BIM）技术来实现（见**建筑信息模型**）。

在建设项目施工阶段，以三维模型为基础可以实施可视化虚拟仿真，即利用模型为载体在计算机虚拟世界里实现基础工程、基础以上工程（主体工程）、装饰工程及设备安装等施工过程。数字协同技术是解决工程施工各专业沟通与协调困难及信息传递不畅问题的技术手段。各专业主体在数字化协同平台上，以模型为基础，高效协同工作，及时协调相关矛盾和冲突，克服信息延时、失真和缺失等弊端。

在项目建设过程中，项目实际推进会受到资金、资源、气候等各种现实条件的影响和制约，因此在普通的三维几何模型的基础上，附加若干非几何信息即成为多维度信息集成。常规的非几何维度包括时间因素信息、经济成本信息、环境信息等项目外部信息，以及质量、安全、合同、人员等管理信息。上述信息集成为模型参数集，由此搭建的项目数据库能更准确地反映项目建设情况，为实施虚拟施工创造基础条件。将设计信息与施工过程信息共同集成到数字模型中，这也是建筑产品数字孪生的过程，同时为建筑产品数字化交付创造了可能。

虚拟施工是美国发明者协会在1996年提出的概念，即将实际施工过程在计算机虚拟世界里进行高仿真再现，以便直观地发现并系统解决“这样组织施工是否合理？”等问题。虚拟施工是数字建造在施工阶段的主要内容之一。总体上，三维模型虚拟施工可以提前分析与模拟各种因素对施工过程的影响，暴露工程施工过程可能出现的各种问题，能更直观地模拟工程建造过程，提前控制预演，及时调整、优化施工方案，提高施工效率、减少安全风险、指导施工工作开展，有利于实现工程建设的综合效益最优化。 （唐森骑）

三峡水利枢纽三期RCC围堰爆破拆除工程 blasting demolition of the third stage RCC cofferdam of Three Gorges Project 三峡水利枢纽工程施工共分三期，在三期工程施工时，其左岸已通航发电，水位蓄至135米高程。为保证三期工程干地施工，在上游设置了碾压混凝土围堰（简称三期RCC围堰）与纵向围堰和左岸大坝一起承担挡水任务。在完成主体工程施工挡水以及二期工程蓄水（135米水位）、通航、发电等历史使命后，为满足右岸电站厂房进水条件和排漂过流条件，需对三期RCC围堰（堰顶高程140米）高程110米以上部位进行爆破拆除。该围堰爆破工程具有一次拆除土方量大、距离需保护物近而复杂、施工工期紧、爆破材料要求高等诸多难点：①RCC围堰拆除段平面长度为480米，拆除高度30米，最大水深为45.3米，拆除爆破的混凝土方量达18.6万米^3。②围堰轴线与三期厂房坝段轴线距离仅114米，爆区边缘距大坝上游面最近处86.5米，距左岸电厂650米，爆破时必须保证三峡大坝与各种建（构）筑物及设施的安全，同时确保三峡大坝左岸电厂正常发电不受影响。③施工准备期仅为3个月，施工工期短、场地小、环节多、干扰大。④爆破时高程139米以下均浸于水下，爆破材料需保证在深水中浸泡7天仍能满足爆破要求，高水压下的防水性能要求极高。

在RCC围堰浇筑前，经多方论证，提出了建拆一体化设计理念，首次采用在围堰中预置集中药室（孔）的方案，即在其浇筑过程中，预置3排共354个集中药室，其中1号药室178个、2号药室78个、3号药室98个；水平断裂孔376个；6～14号堰块每个横缝面布置1列切割孔，每列23个孔，共布置8列184个孔。1号药室、2号药室、3号药室分别装药60千克、690千克、160千克；水平断裂孔装药量为21～33千克/孔；总装药量为191.3吨。

鉴于常规雷管无法满足起爆网路的延时精度及总延期时间的要求，首次引进了数码电子雷管，同排药室间、断裂孔、切割孔的段间时差为68毫秒，整个爆破网路总延时12 888毫秒、总段数959段。通过毫秒延时顺序起爆技术精确控制3排集中药室、一排断裂孔、一列切割孔的起爆次序和时差，实现堰块逐块水下定向倾倒，从而形成了集成创新的围堰爆破拆除方案。基于RCC围堰爆破拆除实践，研究提出了围堰拆除水下爆破新理论。通过对深水条件下固体介质反射破坏理论、介质破碎机理及运动理论的分析，建立深水条件下固体介质爆破装药量的计算方法和公式。在拆除爆破前，采用模型试验和数值仿真技术，预测了爆破堰块倾倒的运动过程及有害效应，提出了合理分段的延时起爆时差、爆破安全允许标准、安全防护措施、爆破安全实时监测体系。

RCC围堰拆除爆破成果及作用：①成功研制了适合于地面制备站与混装车生产工艺的新型混装乳化炸药，具有高爆速、高威力、高抗水等性能。②在中国首次大规模采用了混装乳化炸药长距离管道输送、速凝材料堵塞、数码雷管起爆和深水气泡帷幕防护等先进技术。③成功使用了超声波驱鱼等技术，有效避免了爆破对白鲟、达氏鲟和胭脂鱼等珍贵鱼类及其他水生物的影响，开拓了中国水电工程建设中环境保护的新途径，体现了工程建设与生态保护协调一致，对提高人类的环境保护意识产生了积极而深远的影响。

（赵　根）

三峡水利枢纽永久船闸高边坡 high slopes of Three Gorges Project permanent lock 三峡水利枢纽工程双线连续五级永久船闸两侧人工开挖形成的路堑式岩质高边坡。边坡长约460米，高度一般为70～120米，最高约170米，土石方明挖4196万米^3，洞挖98万米^3，是世界船闸开挖边坡高度之最。

1995年永久船闸开挖，1999年底完成开挖，2002年6月永久船闸完建开始调试，2003年6月投入运行。由于船闸设置于自山顶劈岭下切的岩槽中且上下游水位落差达113米，修建船闸要在花岗岩山体中切出一道最大开挖深度为176米的高边坡。

永久船闸高边坡是永久船闸结构的一部分，具有集高、陡、长于一身，形态复杂，应力释放充分，呈现出明显的卸荷和非均质特征等特点（见图）。边坡岩体主要为裂隙节理较发育的闪云斜长花岗岩。边坡上部为全、强风化岩体，厚10米左右；下部主要为弱风化带和微新岩体。高边坡区域内以断裂构造为主，断层按走向分为四组。

永久船闸高边坡开挖施工难度大、干扰多、工期紧，稳定性和时效变形控制关乎永久船闸工程的成败，也是三峡水利枢纽工程能顺利投产、造福百姓的保障所

永久船闸高边坡

在。针对永久船闸高边坡的特殊性和重要性，运用了多学科先进技术与方法，集地质勘察、岩石力学试验研究、数值分析、工程设计为一体，采取了山体排水，地表水堵、截、排和预应力锚索、高强锚杆、喷混凝土支护，施工中严格控制施工程序和采用整套控制爆破技术，以及加强原型监测和反馈分析，实行动态设计的综合治理措施。建成后的20余年，高边坡各项监测数据均控制在设计预测范围内，变形已趋于稳定，永久船闸建设、运营顺利，充分发挥了船闸的社会、经济效益。永久船闸高边坡的综合治理工程是中国乃至世界较早且极具挑战性的岩质高边坡工程之一。（冯夏庭）

散装水泥运输车 bulk cement truck 用于粉煤灰、水泥、石灰粉、矿石粉和颗粒碱等颗粒直径不大于0.1毫米粉粒干燥物料的散装运输车辆。又称粉粒物料运输车。散装水泥运输车由专用汽车底盘、散装粉类物料罐体、气管路系统和自动卸货装置等部分组成。主要供水泥厂、水泥仓库和大型建筑地使用，可节约大量包装材料和装卸劳动。（刘承桓）

沙漠地区道路 road in desert region 在沙漠地区修建的道路。中国沙漠分布于北纬35°～50°和东经75°～125°之间，绵亘新疆、甘肃、青海、宁夏、陕西、内蒙古等省区，总面积包括戈壁在内有128万平方千米。对于这些地区的开发，修建道路的任务也日趋繁重。沙漠地区气候干燥，雨量稀少，植被稀疏矮小，风大沙多，面积辽阔，地表形态复杂多变，工程材料和水源缺乏。在这些地区修筑道路，要根据地区特点，充分考虑施工、养护、运营中因气候、材料可能造成的困难，及路基建成后因风沙流和沙丘移动所造成的风蚀和沙埋现象，因地制宜地选定路线走向，采取有效措施，避免或最大限度地消除风沙隐患，达到路基稳定，行车安全顺畅的效果。

公路沙害主要由自然条件引起，特别是风信、沙源和地貌彼此相互制约，影响着沙害的发生和发展。沙源是形成风沙危害的物质基础。沙丘移动的方式和方向与风信有密切关系，它移动的总方向和每年的盛行风大体相一致，而移动的速度则与植被、沙丘水分状况等因素有关。改变任何一个因素，沙害的情况就会随之而异。

确定沙漠地区路线的具体位置，需要先摸清当地沙害形成和搬运的规律，合理地绕避严重流沙地段，充分利用有利地形，将路线尽量选择在沙害较轻、水文植被条件较好、沙丘多处于固定或半固定状态的地带。如流沙地带不能绕避，或绕避在经济上不合理时，可力争在流动沙丘有利部位通过，将路线布设在丘间低地靠近前方沙丘的迎风坡脚处，并尽可能充分利用较开阔的丘间地带。为了减少路基的风蚀和沙埋，可使路线和盛行风向平行或锐角相交。根据贴地层气流不分离，不产生旋涡的条件，路基高度宜采用顺应地形的包线设计原则，坚持多设流线型边坡平缓的低填方断面或无填挖断面。不设或少设挖方，更忌浅路堑断面。在路面材料匮乏地区，宜强化土基强度，减薄路面厚度，选择和利用就地筑路材料，设计经济合理的路面结构。

采取上述措施后，不可能清除全部沙害，因此必要的设防仍是不可少的。防治沙害有多种途径，须因地制宜、因害设防，分别采用固沙、阻沙、输导等措施或综合应用，建立一个完整的大面积防护体系，达到控制风蚀过程的发生和改变沙子的搬运及堆积条件。

在砂砾性质的戈壁滩上筑路，其主要特点是行车后路面易产生搓板现象。一般是用平地机随时刮平，而基本的措施是采用黏结材料加以稳定。

中国在道路勘测、设计、修建和养护工作中已经积累了不少与沙害做斗争的实际经验，如在治理新疆乌伊公路、青新公路、小腾格里沙地上的公路（见图）等沙害地段，都取得了较好效果。随着技术的进步，综合运用各种有效手段，必可大大减轻甚至完全避免沙害威胁，满足交通运输的需要。（龙兰绪）

中国甘肃穿越巴丹吉林沙漠的河雅公路

沙庆林 Sha Qinglin（1930-05-07～2020-02-03） 中国公路工程专家。江苏宜兴人。1952年毕业于上海交通大学；1952～1953年在同济大学任教；1957年获得莫斯科公路学院副博士学位；1957～2000年任职于交通部公路科学研究所；1968～1978年先后在亚非六国从事援外公路工程设计施工和科研；1978年担任交通部公路科学研究所研究员；1995年当选为中国工程院院士。

沙庆林于1957年回国后，主持“柔性路面设计理论和方法”的研究。从1968年8月至1979年9月先后在亚非六国从事援外公路工程工作。1980年后主持“六五”“七五”和“八五”国家重点攻关项目，在重型压实标准、路面设计理论、典型结构和可靠度设计以及粗骨料断级配路面材料设计等方面有大量创新和经济效益。主持“高速公路修建技术的研究”“京津塘高速公路路面设计方案研究”“高等级公路半刚性基层沥青路面结构和抗滑表层”“高等级公路半刚性基层沥青路面典型结构的研究”及“沥青路面可靠性研究”等全国性课题。在路面设计理论、重型压实标准、材料技术指标、半刚性材料性能、混合料组成设计、多功能材料测试仪、工程质量管理、高等级公路半刚性路面结构设计及其典型结构、沥青路面结构可靠度设计和多碎石沥青混凝土等方面均取得重要的成果。对半刚性路面裂缝的形成原因和机理提出了新理论和减裂措施。

1984年以来先后参加了近20条总长2000多千米高速公路的路面设计及路面设计和施工技术指导。1996年以来，扶植中国符合重交通道路石油沥青技术要求的优质沥青的诞生、成长和发展。同时研究完成了从细到粗的多碎石沥青混凝土系列和防水层的推广应用。2010年以来，建议并促成了中国第一个大型路面环形试验场的建设。

沙庆林先后出版专著《观测试验资料的数学加工法》《公路压实和压实标准》《高等级公路半刚性基层沥青路面》《高速公路沥青路面早期破坏现象及预防》和《多碎石沥青混凝土SAC系列的设计

与施工》5部，发表论文100多篇。

（孙立军）

砂浆 mortar 由一定比例的胶凝材料、细骨料、外加剂和水拌和而成的土木工程材料。又称灰浆。

分类 按生产方式，可分为现场配制砂浆和预拌砂浆。①现场配制砂浆，将胶凝材料、骨料分别运输到工地，然后按照适当比例混合到一起，加水形成砂浆使用。②预拌砂浆，将各组分在专业化的工厂内混合而成，运输到现场使用，分为预拌湿砂浆和预拌干砂浆。

按用途，可分为普通砂浆和特种砂浆，普通砂浆主要包括砌筑砂浆、抹面砂浆和地面砂浆。①砌筑砂浆。用于砖、石块、砌块砌筑及构件安装，主要起黏结、衬垫和传力作用。②抹面砂浆。用于墙面、屋面抹灰，主要起防护和装饰作用。③地面砂浆。用于地面找平。特种砂浆主要包括保温吸声砂浆、防水砂浆、耐腐蚀砂浆、防辐射砂浆、聚合物砂浆、堵漏砂浆、喷射砂浆、水泥-乳化沥青砂浆（又称CA砂浆）、修补砂浆和彩色砂浆等。

根据胶凝材料种类，可分为石灰砂浆、水泥砂浆、石膏砂浆、聚合物砂浆和混合砂浆。①石灰砂浆。其胶凝材料是石灰膏，一般用于强度要求低的干燥环境抹面及砌筑施工。②水泥砂浆。其胶凝材料是水泥，一般用于有强度或防水要求砌筑、抹面、地面等。③石膏砂浆。其胶凝材料是半水石膏，一般在干燥环境抹面工程中使用。④聚合物砂浆。其胶凝材料是高分子聚合物，一般在堵漏、喷射工程中使用。⑤混合砂浆。有两种或两种以上的胶凝组分，以降低砂浆成本或提高砂浆的施工性能。常用的混合砂浆主要有水泥粉煤灰砂浆、水泥石灰砂浆、水泥石粉砂浆、水泥黏土砂浆、石灰黏土砂浆和水泥聚合物砂浆。

性能 新拌砂浆需具有良好的流动性和保水性，硬化后具有一定的强度和黏结强度。砂浆的抗压强度一般通过强度等级来表示，常用普通砂浆和预拌砂浆的强度等级有M5、M7.5、M10、M15、M20、M25、M30等。砂浆的黏结强度随着强度的提高而增加，同时也与外加剂掺量、墙面的表面状态、养护条件有关。因此，施工前应保持砖面、墙面、地面处于干净且饱和面干状态，以提高砂浆的黏结强度，确保施工质量。水泥-乳化沥青砂浆（又称CA砂浆）由水泥、乳化沥青、细骨料、外加剂和水经特定工艺搅拌制得的砂浆，主要填充于轨道板与混凝土底座之间，起支承轨道板、缓冲高速列车荷载与减振等作用。防辐射砂浆。由水泥添加特种防辐射阻隔保护剂、特殊矿石或重晶粉等材料配制而成，以阻隔X射线、γ射线或抗中子流，主要用作辐射剂量较低设施和防辐射混凝土建筑的抹面、灌浆和地坪材料。

（沙建芳）

砂石材料 sand and stone material 石料和集料（又称骨料）的统称。砂石材料多为天然材料或工业副产品，性能各异且质量波动较大，其性能对土木工程用各类混合料的技术性能、施工和易性的影响不可忽视。

石料与集料 石料是一种坚固耐用的建筑材料，将开采的岩石经加工制成的各类块石、条石等石料制品，曾经是建筑房屋、铺筑道路、修筑桥梁的重要材料。随着沥青混合料、水泥混凝土生产技术的发展，将开采的岩石或天然砾石卵石进行破碎、筛分为不同规格的人工集料或直接采用天然砂等天然集料，已经取代石料制品成为土木工程建筑中的主要材料。

土木工程用集料包括碎石、砾石、卵石、矿渣、天然砂、机制砂等，砾石和碎石颗粒也被称为粒料。①碎石。由天然岩石、卵石或矿山废石经机械破碎、筛分制成的，粒径大于4.75毫米的岩石颗粒。②卵石和砾石。由自然风化崩解、水流搬运和分选、堆积形成的岩石颗粒。砾石（卵石）的粒径在2～60毫米（60～200毫米）。砾石与卵石颗粒通常是光滑而无棱角的，可将其做进一步破碎加工后使用，如破碎砾石或筛分砾石等。③矿渣。一般指炼铁或炼钢过程中得到的高炉矿渣或钢渣。高炉矿渣是冶炼生铁时从高炉中排出的以硅酸盐和铝酸盐为主的熔渣，钢渣是炼钢过程中排出的熔渣。④天然砂。在自然条件下形成的、经人工开采和筛分的粒径小于4.75毫米的岩石颗粒，包括河砂、湖砂、山砂、淡化海砂。⑤机制砂（人工砂）。是经机械破碎、筛分制成的，粒径小于4.75毫米的岩石、矿山尾矿或工业废渣颗粒。

砂石材料性能 表征砂石材料性能的主要技术指标为级配、压碎值、磨光值、吸水率、密度和表面特征等。①级配。指集料中各种粒径颗粒的搭配比例或分布情况，采用筛分试验确定。集料的级配组成对沥青混合料、水泥混凝土的使用性能、施工和易性有着显著的影响，级配设计是沥青混合料、水泥混凝土配合比设计的重要组成部分。②压碎值。用于衡量集料在逐渐增加的荷载下抵抗压碎的能力，是集料强度的相对指标。压碎值是指经历标准逐级加载后，被压碎集料（标准筛孔通过率）质量占原试样质量的百分率。压碎值用于鉴定集料品质、判断其在道路工程中的适用性。③磨光值。反映集料抵抗轮胎磨光作用能力的指标。将集料试样在加速磨光机中进行标准磨蚀后，采用摆式仪测得的摩擦系数计算磨光值。应采用高磨光值集料铺筑道路沥青面层，以提高路表的抗滑能力。④吸水率。与饱和吸水率一样都是反映砂石材料吸水性的指标。吸水率（饱和吸水率）指在常温、常压（真空抽气）条件下试样最大的吸水质量占干燥试样质量的百分率。吸水性可有效地反映岩石裂缝的发育程度，判断岩石的抗冻性和抗风化性能。⑤密度。指在规定条件下，砂石材料矿质实体单位体积的质量，是计算砂石材料孔隙率、进行混合料配合比设计的重要参数。在工程中，常用的密度包括表观密度、表干密度、毛体积密度及堆积密度等。⑥表面特征。指集料颗粒的棱角性、表面粗糙程度及孔隙特征等，与集料的材质、岩石结构、矿物组成及其受损程度有关。表面特征对集料颗粒与胶结料之间的黏结性能、混合料的施工和易性等有着重要的影响。

（李立寒）

山岭隧道 mountain tunnel 为克服高程和平面障碍，缩短距离和避免大坡道而从山岭或丘陵下穿越修建的用于交通、市政等各种功能的工程建筑物。

简史 1888～1890年建成的台湾狮球岭隧道是中国最早建成的山岭隧道，长261米，最大埋深61米，是一条窄轨单线铁路山岭隧道。1903年在滨州线建成兴安岭隧道，按双线隧道断面施工，铺设单线，长3077米，是中国第一座长度超过3000米的铁路山岭隧道。1909年，詹天佑主持修建的京张铁路，是中国自行设计、施工的第一条铁路，在关沟段建成有4段铁路，总延长1645米。其中最长的八达岭隧道（1091米）建成于1908年，是中国自己修建的第一座山岭铁路隧道。

中华民国时期共兴建山岭隧道427条，总长度达113 884米。

20世纪50年代初期，山岭隧道修建依旧以人工开挖为主。60年代建成的一批隧道多为山区铁路隧道，隧道建设在停建、发展、延滞的曲折前进中取得成就。70年代，由于中国铁路网迅速扩散，完成了大规模山岭隧道建设，如焦枝、枝柳、襄渝、京通、阳安、湘黔等线。80年代，为了改变铁路运行的紧张状态，进行了大规模旧线改造和新线建设，重点放在加强晋煤外运和解决既有铁路能力不足的瓶颈上，共建成隧道319条，总延长199千米，尤其是增加了许多双线山岭隧道。其中衡广复线**大瑶山隧道**（14 295米）是当时中国已建成的最长的双线隧道。大秦铁路的军都山（8460米）、白家湾（5060米）等双线隧道也都是在这一时期建成的。1998年，西康线秦岭隧道Ⅰ线隧道、采用技术先进的敞开式全断面硬岩掘进机掘进，标志着中国山岭隧道机械化施工跨入了世界隧道的先进行列。

21世纪以来，中国已是世界上山岭隧道规模最大、数量最多、地质条件和结构形式最复杂、发展速度最快的国家，技术水平与建设成就都走在了世界前列。

设计方法　隧道设计需充分考虑隧道本身工程与水文地质条件，而特长超深埋隧道的勘查资料相当有限，施工过程中一直会动态更新工程师对地质情况的认知，对此宜发展高精度采集与分析方法进行动态设计。

岩体隧道动态设计是一个包括信息获取、数据分析及应用反馈的体系化过程。基础信息随着施工过程不断获取和更新，其速度和准确性是动态设计的必要基础。施工前勘查阶段得到的地应力信息覆盖面难以准确反映其在隧道掘进过程中的不断变化，可以通过施工中在隧道内部进行的小型地应力测试，获取地应力的变化信息。施工过程暴露出的岩体，可以通过双目数字照相和3D激光扫描技术快速获取岩体表面3D点云，再通过空间提取算法得到岩体表面结构面产状、粗糙度等几何信息。采用施密特锤快速冲击测试获取岩体回弹刚度，再换算为岩体强度、泊松比等力学参数。采用远程无线传输系统及时反馈现场超前预报及其他监测信息，在后台服务器进行计算机辅助识别和处理。数据分析需要通过数字化信息平台，连接现场数据与服务器，将基础数据分类存储，自动提取动态设计需要的间接数据。施工管理过程中，对于隧道动态设计宜采用以设计方为主体进行组织，由设计方直接负责信息流的获取、传递、分析、应用和反馈，业主方和监理方以监管为主，施工方以执行设计方案为主，以减少信息传递环节，提高效率和准确度。

工程创新需求　开发掌子面自动扫描系统，实时展现掌子面地质三维模型。工程师通过系统在掌子面采集的围岩强度、地下水等信息确定围岩级别，根据节理情况分析隧道围岩稳定性，指导现场施工。

研究适用于岩爆、大变形灾害问题的能量支护装备。例如，在高地应力硬岩环境中，围岩发生脆性破坏，剩余能量会转化为动能，随着岩爆的发生得到释放，这时需要高吸能水平的支护来吸收围岩释放出的能量。而在高地应力软岩环境中，围岩发生延性破坏，剩余能量大多会随着围岩塑性变形得到耗散，此时则不需要支护具有太高的吸能水平，而是需要其具有较高的耗能水平。

特长隧道出碴应提高机械化水平，实现快速连续出碴。减少弃碴堆放对土地资源的侵占，对有害弃碴进行处理或填埋。

建立基于三维激光扫描技术的隧道施工全过程监测评价系统，可以实现隧道开挖超欠挖分析，炮眼残痕率检测，初支/二衬净空、平整度、厚度分析，二衬钢筋的检测，全息变形监测等项目。

（仇文革）

山区地基处理　ground treatment in mountain area　对山区场地不均匀引起的地基承载力和不均匀沉降，以及稳定等工程问题进行处理。山区地形复杂，地势高低变化大，地质构造相对不稳定，易出现滑坡、软硬不均、溶洞密布等现象。

对不均匀的岩土地基，处理方法有两类：①处理压缩性较高的地基。使之适应压缩性较低的地基，如采用桩基、局部开挖、挖填，或采用梁、板、拱跨越等方法。②处理压缩性较低的地基。使之适应压缩性较高的地基，如采用褥垫法。对山区填土地基可采用机器碾压和重锤夯实法，或者强夯法，也可采用加筋土。

对岩溶和山洞，前者常采用清爆换填，梁、板跨越，洞底支撑、调整柱距等方法；后者除采用挖孔墩或者灌注桩外，还采用挖填夯实，灌填，钢筋混凝土梁板跨越等方法。另外还要做好地表水的截流、防渗和堵漏等工作，杜绝地表水渗入土层。

（周　建）

山西应县木塔　Pagoda of Fogong Temple　中国最高和最古老的木结构塔式建筑。又称佛宫寺释迦塔。位于中国山西省应县佛宫寺，是佛宫寺的主体建筑。建于辽清宁二年（1056），并于金明昌六年（1195）完成增修。设计者无考证。

山西应县木塔（见图）建于4米高的石台上，尖塔高10米，总高为67.31米。底层直径30.27米。建筑材料为红松木料，用量为3000米^3，总重约2600吨。塔身共5层。其中首层设重檐，2～5层设暗层，故实为9层。塔顶为八角攒尖式，层檐下挂设风铃。塔底在南北各设1门，塔内各层均设佛像。

应县木塔

塔身布置了内外两环柱网，内柱以内用于供奉佛像，内柱以外供人活动。整塔采用了54种斗拱结构，是辽代所有结构中种类最为丰富的。柱子采用“叉柱造”的方法。除首层外，上层的柱子不直接连通下层柱子，而是在下层柱顶做一个缺口，上层柱脚插入下层柱顶的槽内。暗层柱比下方明层柱内移半个柱径，各层直径依次缩小。虽然木塔位于大同盆地的地震带，千年间除受到自然侵蚀外，还遭受多次强烈地震和人为破坏，但仍然屹立不倒。木塔结构合理，暗层结构的作用类似圈梁，斗拱的连接形式保证了一定的变形耗能能力。

山西应县木塔1961年成为全国重点文物保护单位，2012年被列入世界文化遗产预备名录，与**埃菲尔铁塔**和**比萨斜塔**并称“世界三大奇塔”。2016年获得最高木塔的吉尼斯世界纪录。是世界木结构塔式建筑的典范。

（陶慕轩）

商场建筑暖通空调系统　HVAC system for market building　为商场建筑室内空气与热湿环境服务的暖通空调系统。商场一般的使用时间比较固定（白天为主），不同区域的室内人员密度和客流量变化较大，内部发热量较大，且购物人员与销售人员对室内参数的需求也略有区别。商场建筑暖通空调系统以人工环境技术为基础，提供舒适、健康所需的销售与购物环境，保证在室内的不同人员所需的空气与热湿环境需求。重点是有效解决内部发热，以及根据不同的在室人员数量所需要的新鲜空气。

大型商场建筑通常采用冷热源集中设置的中央空调系统。建筑中的开敞式大空间，以集中设置空调机组并通过风道和风口送至被空调区域的全空气空调系统为主要形式，以便于集中运行管理；一些精品店等小房间，风机盘管等分散式空调末端设备应用较多。中小型商场建筑多采用分散式冷源的夏季降温空调系统。对于进深较大的商场，也有的采用水环热泵式空调系统，在冬季将内区的大量发热通过系统转移至外区供热，从而在一定程度上实现了冷热量在建筑内部的转移，可减少冬季对建筑外部的供热量需求。

在室外空气温度较为凉爽的季节，通过大量的引入室外较低温的空气，可以改善商场建筑的室内空气环境，而且也能够充分利用室外空气对室内进行供冷，减少对人工制冷冷源供应量的需求，有利于节省运行能耗。空调机组和新风机组运行时，采用风机变频调速方式以适应新风量对人员变化的调整，在保证卫生的基础上实现运行节能。（潘云钢）

上海虹桥站 Shanghai Hongqiao passenger railway station 上海铁路枢纽的主要高速铁路客运站。中国铁路客运特等站。于2008年7月1日奠基开工，2010年7月1日部分开通运营，2011年7月1日全部开通运营，主要承担接发京沪、沪昆、沪宁、沪汉蓉、甬台温等方向的高速铁路列车和动车组列车，是沪昆、京沪、沪宁城际3条高速铁路的始发、终到站之一（见图），是上海虹桥综合交通枢纽的重要组成部分。

上海虹桥站

上海虹桥站东邻虹桥机场2号航站楼，西至申虹路，南抵建虹路，北靠崧泽路，总占地面积44.2万米²，其中站房总建筑面积约24万米²，无站台柱雨棚面积6.9万米²，旅客候车大厅面积（含售票厅、人行通廊）约7万米²。建设中广泛应用太阳能板发电、电能余热利用、空调温度优化控制等多项环保技术，成为上海市低碳经济示范点。

车站布局结构 采用上进下出的客流模式，分为高架层、地面层和地下层。

高架层 为旅客进站层，主体长度约410米，宽度162米，南北站前平台和高架匝道宽度分别为12米和36米。共分成3个部分：中间72米的候车室和南北两条42米的进站大厅、人行通廊。乘公交、长途、社会车辆和出租车在本层进站的旅客可以直接进入车站。在15.95米和21.95米两个标高上还设置了为旅客服务的设施和空间，既充分利用空间也为车站综合经营、丰富车站功能提供了条件。

地面层 共分4部分，分别是东进站厅、西进站厅、西北辅助办公楼和站台。东、西进站厅主要承担旅客在3个层面上的竖向沟通。东、西进站厅均设有VIP候车室。

地下层 地下一层为出站层，也是换乘区，长度约410米，宽度198米。南北两侧为铁路出站厅和两条24米宽的人行通廊。中央区域分为东西两部分，西部为地铁换乘大厅，东部为商业网点，中间为铁路和地铁售票区。外侧设有东西走向的地下出租车上客区，采用南进南出、北进北出的车流组织方式。地下二、三层为地铁车站层，与5条城市轨道交通线相衔接。其中2号线、10号线由东向西在地下二层横穿枢纽核心区，分别在高速铁路站房西侧，磁悬浮、机场间的地下二层设站。17号线自北向南、5号线自南向北引入铁路站房西进站厅地下三层，并与2号线及10号线形成换乘。

客运设施 上海虹桥站大量设置自助售票机、自动检票系统、自助取票机、自动引导系统等自助服务设备，在旅客售票、求助、引导、检票等方面，可采用自助方式实现。全站共设自助售票机80台（1层、2层均有自助售票机和人工服务），人工售票处5个，售票窗口48个，自助售票处8个。设进出站检票闸机216台，其中进站闸机126台，出站闸机90台。全站设进站入口32个，出站口30个。候车大厅是全开放的空间，不设立分隔的候车室，最高可同时容纳1万人候车。车站各层之间均设置了自动扶梯、无障碍电梯和楼梯等设施，共设电梯159部，其中自动扶梯117部，无障碍电梯42部。设列车上水设备257套。

站场布置 上海虹桥站设有高速车场和综合车场两个到发场，全站设有16个站台和30条到发线（含正线），其中高速车场设10个站台和19条到发线（其中1个站台与综合车场共用），综合车场设有6个站台和11条到发线。设计能力日均发送旅客20万人次。（杜旭升）

上海南浦大桥 Nanpu Bridge 中国上海市区第一座跨越黄浦江的斜拉桥。在桥梁专家李国豪、项海帆提议下由中国自行设计、自行建造的。1991年12月1日正式建成通车，总投资8.2亿元。主桥为双塔双索面组合梁结构，连接浦西市区与浦东新区，浦西引桥长3754米，以复曲线呈螺旋形、上下二环分岔衔接中山南路和陆家浜路，浦东引桥长3746米，采用复曲线呈长圆形，与浦东南路相连并直通杨高路，是上海道路内环线的过江枢纽。

上海南浦大桥

大桥全长8346米，通航净高46米。主桥全长846米，为漂浮体系，主孔跨径423米，一跨过江。桥塔为折线H型钢筋混凝土结构，塔高154米。每座桥塔两侧各有22对钢拉索连结主梁，索面成扇形布置，梁上索距9～4.5米，塔上索距2米。每一塔座下设置了98根直径达914毫米的钢管桩，深约51米，上设厚4.5米的承台。主桥设6条机动车道，两侧各有两米宽人行道供观光游览，桥面总宽度为30.35米。南浦大桥采用的钢梁上叠合预制钢筋混凝土板的组合梁结构，这在中国当时还是第一次采用。（肖汝诚）

上海中心大厦 Shanghai Tower 建成时是中国最高、世界第二的超高层建筑。位于中国上海浦东陆家嘴金融中心区Z3地块。主楼建筑总高度632米，结构高度580米，地上127层，可使用楼层121层，地下5层，总建筑面积57.6万米²，地上41万米²，地下16.6万米²。上海中心大厦于2008年11月29日开工建设，2014年12月31日基本完成工程施工。

上海中心大厦建筑设计理念为“一座由多个垂直社区组成的垂直城市”，地下5层包括商业区、停车库和机电设备用房；地上沿高度分为9个区段，其中1区（1～5层）为大堂、商业、会议以及多功能厅，2～6区（8～81层）为办公，7区（84～98层）为酒店，8区（101～115层）为酒店和精品办公，9区（118～121层）为观光层和餐饮。

上海中心大厦结构采用了“巨型框架-核心筒-伸臂桁架”抗侧力结构体系。巨型框架结构由8根巨型柱、4根角柱以及8道位于设备层的箱形空间环带桁架组成，沿结构竖向共布置6道伸臂桁架。

上海中心大厦

上海中心大厦的方案及初步设计由美国根斯勒建筑设计事务所及其设计顾问完成，方案及初步设计咨询、施工图设计和施工配合由同济大学建筑设计研究院（集团）有限公司完成。

上海中心大厦建成后，获得了多个国际重要奖项，包括世界高层建筑与都市人居学会（CTBUH）颁发的“2016年世界最佳高层建筑奖”以及国际桥梁与结构工程协会（IABSE）颁发的“2016年度杰出结构奖”等。

（丁洁民　陈继良　陆新征）

设计地震动参数 design parameters of ground motion　用于工程结构抗震设计的地震动参数。是进行工程结构抗震设计的基本依据，关系到抗震设防的安全与经济。地震动为地震发生时地震波传播所引发的地面振动，一般通过地震仪记录的地面运动加速度来了解地震动的特性。对地震动加速度记录进行积分，可以得到地面运动的速度和位移。体现重要工程特性，与工程结构震害紧密相关的地震动三要素为地震动的峰值（最大振幅）、频谱和持续时间。设计地震动参数反映了地震动三要素，与工程结构所处场地的地震地质环境和场地条件密切相关。

设计地震动参数一般包括地震动加速度（速度、位移）时程曲线、加速度反应谱和峰值加速度。①地震动加速度时程曲线。即地震发生时地震动加速度随时间变化的曲线，又称为地震动加速度波形。图示为2008年汶川地震中某台站记录到的地震动加速度时程曲线。②加速度反应谱。反映了不同自振周期的单自由度体系在某一地震动输入下的最大加速度反应，体现了地震动的频谱特性。③峰值加速度。为某一地震过程中加速度的最大幅值，是反映地震动强烈程度的最直观的参数。表中所示为中国各地区用于工程结构抗震设计的各设防烈度所对应的设计基本地震峰值加速度大小。

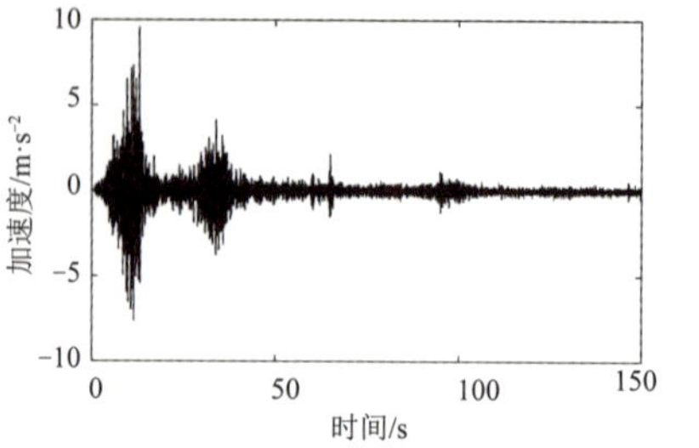

2008年汶川地震中记录到的加速度时程曲线图

抗震设防烈度与设计基本地震峰值加速度的对应关系／cm·s^{-2}

抗震设防烈度	6度	7度	8度	9度
峰值加速度	50	100（150）	200（300）	400

不同类型的工程结构在进行抗震设计时所采用的地震动参数有所不同。在中国，对于一般的建筑，采用由设防烈度对应的地震动峰值加速度和加速度反应谱进行抗震设计，而对于一些重要工程和特殊工程，如超高层建筑、大桥、大坝和核电厂等只提供峰值加速度和加速度反应谱还不能满足抗震设计要求，还必须提供地震动加速度时程曲线，用于结构的地震反应时程分析，此时要选择能满足地震动三要素要求的地震动加速度时程曲线。此外，不同国家抗震设计时采用的地震动参数也有所不同，如日本在进行地震反应时程分析时采用峰值速度来反映地震动的强度。

（蒋欢军）

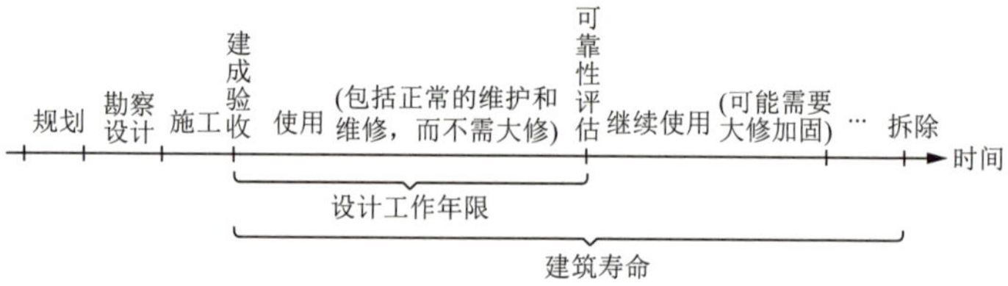

设计工作年限示意图

设计工作年限 design service life　设计规定的结构或结构构件不需进行大修即可按其预定目的使用的年限。是结构设计中的一个专门术语。1998国际标准化组织（ISO）发布的国际标准《结构可靠性总原则》中，首次提出了结构“设计工作年限”的概念。2001年11月，由当时欧洲20个国家标准化组织组成的欧洲标准化委员会（CEN）批准通过了欧洲标准《结构设计基础》，其中规定了结构的设计工作年限。由中华人民共和国建设部和国家质量监督检验检疫总局联合发布、并于2002年3月1日起实施的中国国家标准《建筑结构可靠度设计统一标准》（GB 50068—2001）中，首次对于中国房屋建筑结构规定了设计工作年限；2009年7月1日起实施的中国国家标准《工程结构可靠性设计统一标准》（GB 50153—2008）对于各类工程结构也都规定了设计工作年限。

建筑物一般要历经规划、勘察设计、施工建造、使用（包括正常的维护和维修）直至废弃拆除等若干阶段，设计工作年限通常只是其整个“生命周期”中的一个时段，一般建筑物的“寿命”都长于其规定的设计工作年限（见图）。

设计工作年限既不是结构的实际使用年限，也不等同于结构的寿命，它仅表示对于正常设计、正常施工、正常使用和维护的结构。在设计工作年限内，只要不出现不可抗拒的外力破坏、人为损坏、使用不当或业主提出了更高的使用要求等，结构就不需要进行大修加固便能以规定的可靠度满足其各项功能要求。在达到设计工作年限后，也不意味着结构就立即丧失了继续使用的功能和安全保障，能否继续安全使用，应根据有关标准要求，通过技术鉴定和评估认定。

根据中国有关标准的规定，房屋建筑结构的设计工作年限分为四类：①对临时性结构，设计工作年限规定为5年。②对易于替换的结构构件，设计工作年限规定为25年。③对普通房屋和构筑物，设计工作年限规定为50年。④对标志性建筑和特别重要的建筑结构，设计工作年限规定为100年。当业主提出更高要求时，也可按业主要求规定结构的设计工作年限。中国标准的上述规定，既考虑到世界先进标准的有关规定，也结合了中国长期以来工程实践的经验，符合中国的国情，也体现了中国政府关于建立资源节约和环境友好型社会及可持续发展的战略要求。

要实现对结构设计工作年限的规定，还有赖于包括规划、设计、施工、使用和管理等在内的各个环节相关制度和措施的建立和完善。例如，在结构设计环节上，有关标准规定结构的设计基准期为50年，设计上各种可变荷载取值的大小，原则上是根据50年确定的，对设计工作年限为100年的结构，就要适当提高有关荷载的设计取值，而对设计工作年限为5年的临时性结构，则可适当降低有关荷载的设计取值。在结构施工环节上，要根据不同的设计工作年限、结构所处的环境条件和有关标准的规定，在结构材料、构造要求和施工工艺等方面采取相应的耐久性措施。结构在交付使用后，也要按照预定的设计条件进行使用。此外，还必须建立并实施对结构的经常性维护和维修的管理制度等。（史志华）

社会稳定风险评价 social stability risk assesment 与人民群众利益或社会公共秩序密切相关的重要政策、重大决策、重大工程建设项目、重大活动等，在制定出台、组织实施或审批审核前，对可能影响社会稳定的因素开展系统的调查，科学预测、分析和评估，并制定风险应对策略和预案等的过程。社会稳定风险评价是项目评价中社会影响评价的重要组成部分之一，其目的是及时校正项目的社会后果，强化社会风险管理，做到有效规避、预防、控制重大事项实施过程中可能产生的社会稳定风险，更好地确保重大事项的顺利实施。

在国际范围内，针对项目社会影响的评价发源于20世纪50年代。在中国，关于项目社会影响评价的研究和具体实践始于90年代。21世纪以来，由于重大项目引发的群体性事件产生了较大的社会影响，中央和地方政府从维护社会稳定的角度，开始借鉴和吸收项目社会评价的经验做法，探索重大项目社会稳定风险的评估管理。2005年，中国四川遂宁率先建立了重大工程建设项目稳定风险预测评估制度，此后这一制度在中国范围内得到逐步推广，并被引入政策决策等领域。2013年11月12日中国共产党第十八届三中全会通过的《中共中央关于全面深化改革若干重大问题的决定》，专门强调了健全重大决策社会稳定风险评估机制的要求。

社会稳定风险评价的原则是“以人为本、权责统一”，其主要工作是科学预测相关利益群体对于项目产生的社会影响的容忍程度，以及项目可能产生的社会负面影响，并提前做好风险防范和矛盾化解的措施。评价的内容主要从合法性、合理性、可行性、可控性四个方面着手。凡与人民群众切身利益密切相关、牵涉面广、影响深远，易引发矛盾纠纷或有可能影响社会稳定的重大事项实施前，都应开展社会稳定风险评价。（吴 璟）

涉外建筑工程法律关系 legal relation of foreign construction project 研究含有外国因素的建筑工程法律行为。包括各国法人认许、市场准入制度、各国建筑法律法规、合同签订履行等多个方面的法律关系。属于一种社会关系，具有平等、自愿和公平的基本原则。它是相对于国内法的角度而研究含有外国因素的建筑工程法律行为。凡主体、客体、权利和义务这些因素中，有一个或一个以上的因素涉及外国，便属于涉外建筑工程法律关系。主体为外国因素，指建筑工程法律关系当事人的一方或双方为外国国家的法人或自然人；客体为外国因素，指作为建筑工程法律关系的物位于外国；权利和义务为外国因素，指产生该项权利和义务的法律事实发生于外国。

涉外建筑工程法律关系内容有以下4个方面：①各国法人认许的法律规定。外国的建筑承包企业要取得在工程所在国从事工程承包活动的权利，无论大陆法系国家还是英美法系国家，都必须经过工程所在国法律的认许。对于是否许可其在工程所在国承包工程应从两个方面加以判断：一是该企业是否已依其所属国法成立法人企业；二是工程所在国法律是否也承认它作为法人在本国从事承包活动。只有获得工程所在国认许，才具备工程承包的权利能力和行为能力。②市场准入制度对涉外承包工程的规定。各国法律对工程承包范围、承包企业融资能力、人员执业资格、技术装备、企业同类工程业绩和资信等方面加以限制，即使通过法人认许程序，不满足市场准入的法律规定，还是要被排除在竞标资格之外的。③各国建筑法律法规等实体法规定。国际私法上所讲的涉外民商事法律关系是广义上的民商事法律关系，而在有些国家，如在法国、德国和日本等，则专门制定有商法，用来调整公司法关系、票据法关系、海商法关系、保险法关系和破产法关系及诉讼和仲裁制度等所谓各类商事法律关系。由于国际上没有统一的实体法（如国际条约）加以规范调整，各国建筑法律法规等实体法规定不同，联邦国家不同地区建筑法律法规规定也不完全相同，会涉及国际私法实体法冲突和区域法律冲突理论。④建筑工程承包合同签订、履行中法律适用冲突问题。合同是当事人意思自治的产物，法律应当充分考虑到当事人的意思表示，最大限度地实现合同自由。实践中，在各国签订的建设工程承包合同中都设有专用条款，它是合同双方针对特定工程项目所作特别约定，为当事人意思自治留下必要的空间。但在合同签订、履行中有些专用条款的“意思自治”往往受到工程所在国法律限制，这就存在具体法律适用与法律原则规定之间的冲突。

实践中，对涉外因素的理解不应仅局限于国与国之间，有时还适用于一个国家中的不同法域之间。如在中国的司法实践中，国际私法规范同样也适用于涉及香港、澳门、台湾的建筑工程法律关系。在部分联邦制国家，如英国、美国、加拿大和澳大利亚等国，有时也将一国内部的不同法域（territorial legal units）视为外国。（徐 蓉 徐 伟）

深层地热供热 geothermal heating 利用地面1000米以下的深层地热能作为热源的集中供热方式。地热能为地球本身蕴藏的能量，属于可再生能源。地热供热按照地热流进入供热系统的方式可分为直接供热和间接供热两类。地热能按其在地下的贮存形式，可分为5种类型：蒸汽型、热水型、地压型、干热岩型和熔岩型。21世纪20年代初，实际开发的地热资源主要是蒸汽型和热水型两类，用于集中供热的主要是**热水型地热供热**；干热岩供热也得到了快速发展。**干热岩供热**只提取地下热能，不需要取用地热水，能够保护水资源，在中国西安、兰州等地得到了较多应用。（张立申）

深圳布吉地下污水处理厂 Shenzhen Buji Underground Sewage Treatment Plant 为了改善布吉河、深圳河水环境而兴建的中国第一座大规模、全地下、标志性的污水处理厂。污水处理厂位于深圳市龙岗区布吉街道粤宝路西侧，于2008年4月18日正式开工建设，2011年5月起开始试运行，8月下旬正式投入商业运行。项目占地面积5.95万米^2，总投资约8.84亿元，其中污水处理厂部分投资约6.2亿元，共节约土地资源近4.3万米^2，节约土地成本近3.5亿元。

项目采用地下式污水处理厂方案，日处理规模达到20万吨，地面作为绿地休闲公园。污水处理采用改良A^2/O活性污泥工艺、后接双层沉淀池出水，深度处理工艺采用投加APC兼有辅助化学除磷功能的快速D型滤池，污泥处理采用机械浓缩脱水一体化机械方案，除臭采用生物除臭工艺，出水水质达到一级A类及景观用水标准。项目先后荣获2012～2013年度中国建设工程鲁班奖，2012年度全国市政金杯示范工程。

项目建成运行后，周边环境得到极大提升，有效缓解了布吉片区公共娱乐文化设施匮乏的状况，成为居民休闲的好去处。由于布吉污水处理厂收集了原特区外布吉河及其支流的城镇污水，处理后出水完全满足布吉河水环境质量要求，也为深圳河湾水污染的持续改善做出重要贡献。

（范益群　朱良成）

深圳福田地下火车站 Shenzhen Futian Underground Railway Station　中国第一座位于城市中心区的地下火车站。广深港客运专线在中国内地的最后一站。位于深圳福田区深南大道与益田路交叉口处。其功能定位为中国大型地下铁路车站、珠三角重要的城际交通枢纽、深圳市重要的轨道交通换乘中心。

车站于2008年12月18日动工，2012年2月完成主体结构，2015年12月30日正式通车运营。总长达1023米，最宽处为78.86米，平均深度32.2米，总建筑面积达14.7万米^2，相当于21个足球场（见图）。截至2019年，深圳福田地下火车站是亚洲最大的地下火车站，也是全球第二大地下火车站，仅次于美国纽约中央火车站。

深圳福田地下火车站鸟瞰图

按照功能划分，福田站分为三层。①地下一层为换乘大厅，共设旅客出入口16个，北段西侧可换乘地铁2号线、3号线、11号线，北段东侧可换乘地铁4号线，南端可换乘地铁1号线，东侧可与出租车站、公交车站同层接驳换乘，通过5处扶梯与地下2层联系。②地下二层为站厅层和候车大厅，共设置实名制验证口12个，南北两端各6个，进站检票口共设8个，分布在候车区中部，出站口设置在南北两端，设有候车椅1200多张，可供3000名旅客同时候车。③地下三层为站台层，共设4个站台、8条股道，站台分450米和250米，长站台到香港，短站台来往广州。

（范益群　朱良成）

深圳光明新区渣土场滑坡 12.20 dump landslide in Shenzhen　2015年12月20日11时许，中国广东深圳市光明新区红坳渣土场发生的渣土堆填物滑坡事故。事故渣土场位于深圳市光明新区光明街道红坳村南侧的大眼山北坡，紧邻德吉程和柳溪工业园，所处位置原为废弃的采石场，经多年开采形成深坑，并有积水约9万米^3。2014年2月，该处成为渣土临时堆放场。至2015年12月18日，共堆填工程渣土580多万米^3，形成高约100米的渣土山，渣土场由北至南、由低至高呈台阶状布置，共有10级台阶，其中1～6级台阶已经成型，斜坡已复绿，7～10级台阶正在堆填。

2015年12月20日6时许，渣土场顶部作业平台出现裂缝，宽约40厘米，长几十米，第3级台阶与第4级台阶之间也出现鼓胀开裂变形。2015年12月20日11时28分29秒渣土开始滑动。自第三级台阶和第四级台阶之间滑出后，高速移动的渣土首先冲毁了山脚下埋设的西气东输天然气管道，泄漏的高压气体把堆积渣土冲起10多米高，形成了喷涌的“土柱”。然后渣土继续向前滑动，进入工业园区。滑坡造成73人死亡、4人失踪、17人受伤，33栋建筑物被损毁或掩埋，一条西气东输管道被损坏，90余家企业生产受影响，直接经济损失达8.81亿元。

滑出渣土体积达251万米^3，直接影响范围约38万米^2，南北长约1100米，东西最宽处630米，最窄处也有150米。其中滑源区面积为11.6万米^2，南北长约374米，东西宽约400米；流通区面积1.8万米^2，南北长118米，东西宽150米；堆积区面积24.6万米^2，南北长约608米，东西最宽处630米，堆积物平均厚度约10米。

事故发生后，广东省深圳市迅速展开抢险救援，高峰时期，参加救援的各方力量达10 681人，投入大型机械设备达2628台。事后国务院批准成立了滑坡事故调查组，由安全监管总局牵头，公安部、监察部、国土资源部等部门协同参与。调查排除了人为破坏、突发降雨、地震、天然气管道爆裂、地铁施工及生活垃圾腐化等因素的影响，最终确定事故直接原因是：①渣土场未建设坡顶截洪沟和地表防渗设施，导致地表径流、雨水以及裂隙水持续流入堆体，加之缺乏有效的导排水系统，堆体积水未能导出排泄，致使堆填的渣土含水饱和形成底部软弱滑动带。②渣土场规划库容400万米^3，封场标高定为95米，实际上两年内堆填583万米^3，最大堆高160米，每个月堆高5～7米高，而且堆填过程中缺乏压实。快速堆载形成的超孔压以及填土的低密实度，导致堆体稳定性进一步降低。③事发前两个月开始，就不断有迹象表明渣土场存在安全隐患，但是运营方既没有采取有效的措施，也没有向当地政府和有关部门发出安全警示报告。终于导致大量渣土瞬即滑出，造成了重大的人员伤亡和财产损失。

（詹良通　陈云敏）

沈世钊 Shen Shizhao（1933-12-18～　）中国结构工程专家。生于浙江嘉兴。1953年同济大学结构工程系本科毕业，1956年哈尔滨工业大学研究生班毕业。任哈尔滨工业大学教授、博士研究生导师。1990～1995年担任哈尔滨建筑大学校长。历任中国建筑学会副理事长、国际桥梁与结构工程学会（IABSE）常务委员会委员、国家自然科学基金会监督委员会委员、国务院学位委员会学科评议组成员、全国博士后管理委员会专家组成员、2008奥运会场馆建设高级顾问、国际《空间结构》杂志编委等学术职务。1999年当选中国工程院院士。

20世纪80年代以来，致力于大跨空间结构新兴学科的开拓，为中国大跨空间结构学科的健康发展并进入世界先进行列做出了重要贡献。他带领其团队在“悬索结构体系及其解析理论”“网壳结构非线性稳定”“大跨屋盖风荷载及风效应”“膜结构形态分析及设计理论”“网壳结构动力稳定性及在强震下的失效机理”等前沿领域取得重要成果；这些成果构建了完整系统的空间结构现代理论体系。他结合典型体育场馆、会展中心等大跨度建筑工程，创新性的采用了诸如预应力双层索系、预应力索网、组合网壳、张弦桁架、全张拉式膜结构等新型空间结构体系，并进行研究和设计，对中国空间结构的发展起到引领示范作用。

2003年，承担国家天文台500米口径射电望远镜主动反射面结构的方案设计任务，提出了可变位索网结构方案。国家天文台将一枚小行星命名为“哈工大星”。

获国家科技进步二等奖、建设部科技进步一等奖、黑龙江省科技进步一等奖、土木工程詹天佑大奖、全国建筑结构设计一等奖等20余项奖励。获中国土木工程学会空间结构委员会“杰出贡献奖”、中国钢结构协会“卓越贡献奖”、中国建筑金属结构协会“终身成就奖”。2012年，获国际空间结构协会“荣誉会员（Honorary Membership）”称号。发表论文200余篇，出版《网壳结构稳定性》《悬索结构设计》《网壳结构强震失效机理》《钢结构构件稳定理论》等著作。培养空间结构人才近200人。

（范　峰）

沈珠江　Shen Zhujiang（1933-01-25～2006-10-02）　中国岩土工程专家。生于浙江慈溪。1950年考入上海交通大学水利系，国家高校院系调整后，1953年毕业于华东水利学院（今河海大学），分配到南京水利实验处（今南京水利科学研究院）土工研究室工作，任技术员。1956年公派至苏联莫斯科建筑工程学院留学，师从苏联科学院通信院士崔托维奇。1960年，获副博士学位后回国，在南京水利科学研究院历任工程师、高级工程师、教授级高级工程师、博士生导师。2000年，任清华大学水利水电工程系教授、博士生导师。兼任《岩土工程学报》主编，中国土木工程学会土力学及岩土工程分会副理事长等职。曾任水利部科技委员会委员，第九届全国人民代表大会代表、农业与农村委员会委员等。1995年当选中国科学院院士。

从事土力学理论研究与工程实践。20世纪60年代初至70年代中期，发展了土体极限分析理论，证明了两个极限分析原理；提出的软土地基稳定分析的有效固结应力计算方法，在天津新港、上海港等码头建设中得到广泛的应用。70年代中期在中国最早开发了基于**比奥固结理论**的有限元分析方法和计算程序，并提出了一个适用于软土的非线性模型，用于大量软土工程的计算。70年代后期率先在中国提出了二维有效应力地震反应分析方法，建立了相应的等价黏弹性模型并编制了计算程序，该成果一直广泛应用于土坝、尾矿坝和灰坝的抗震分析。70年代末开始进行土的本构关系模型研究，提出了多重屈服面、等价应力硬化理论和三剪切角破坏准则等新概念，在此基础上建立了新型实用的沈珠江双屈服面模型，即南水模型。80年代以来主持并参与“六五”“七五”和“八五”国家科技攻关项目中高土石坝设计计算方法的研究工作，对土石坝的计算方法进行了一系列改进，开发了系统的有限元分析软件，先后应用于中国长江三峡深水围堰、黄河小浪底土石坝以及20多座重大高土石坝的设计计算。80年代末，他呼吁重视原状土结构性的研究，把损伤理论引入土力学中，提出了代表材料脆性破坏的胶结元件，在此基础上建立了可以描述土体渐进破坏过程的双弹簧模型。90年代，建立了非饱和土的广义固结理论，提出了折减吸力和广义吸力等新概念，并建立了非饱和土统一变形理论；提出了21世纪应建成以结构性模型为核心，以非饱和土固结理论、液化破坏理论和渐进破坏理论为主要内容的现代土力学构想，建立了散粒体、复合体和砌块体3种结构性模型。著有《计算土力学》《理论土力学》等，发表论文百余篇，培养博士和硕士生20余人。获国家和省部级科技进步奖5次，1988年被授予国家有突出贡献的中青年专家，1989年当选为水利部劳动模范，是首位黄文熙讲座撰稿人，2005年获茅以升土力学及岩土工程大奖。

（蒋明镜）

渗沥液收集与处理　leachate collection and treatment　利用位于垃圾填埋堆体底部及堆体内的收集和导排设施收集渗沥液，采用渗沥液处理厂对其进行处理，以降解污染物和消减污染物的总量，提升填埋堆体安全，保障填埋场污染控制效果的过程。

渗沥液收集与导排　由于填埋场渗沥液的壅积会引起防渗层被击穿、堆体失稳、污水横流、导气不畅等问题，因此美国、欧盟和中国的环保法规规定，防渗衬垫上的渗沥液水头不得大于30厘米。

底部渗沥液收集和导排系统由场底排水层与设于排水层内的管道收集系统组成，用以降低导排层水位。场底排水层位于底部防渗层上面，通常由铺设的砂或砾石组成，也可使用人工合成材料的排水网格。排水层则限制位于其下防渗层的水头，同时把渗透到排水层的液体送到由多孔渗沥液收集管组成的管网中。

对于底部导排层被淤堵而失效或无导排层的填埋场，可通过在堆体内钻孔打设竖井及水平井、在作业面铺设水平导排盲沟等方式导排渗沥液并降低水位。竖井抽水时可在井管内施加一定的真空压力，用以增大渗流梯度，提高抽水性能。水平井及水平盲沟在设计施工时应进行井管两端沉降验算，保证井管具有一定的上扬角度以实现自由排水。

渗沥液调蓄　由于渗沥液产生量因垃圾填埋量和降雨量变化等波动，但渗沥液处理规模相对固定，需要建设渗沥液调节池进行调蓄。渗沥液调节池设置于渗沥液处理系统之前，具有匀化、调蓄功能，并兼有一定预处理功能。渗沥液调节池的容积应与渗沥液产生量及配套渗沥液处理的规模相匹配。

渗沥液处理　采用渗沥液处理厂对渗沥液进行处理，渗沥液处理厂包括预处理系统、生物处理系统、深度处理系统、污泥及浓缩液处理系统等。预处理的目的是去除氨氮（NH_3—N）和无机杂质，改善渗沥液可生化性，多采用厌氧、混凝沉淀等方法。生物处理的处理对象主要是可生物降解的有机污染物、氮和磷等，主要用于降低化学需氧量、氨氮等有机指标的浓度，是渗沥液能够得到有效处理的基础，以膜生物反应器（MBR）或多级厌氧-好氧生物处理为主。深度处理的对象主要是难以生物降解的有机物和溶解物等，使各项指标浓度降低至满足国家排放标准，可采用膜法、吸附法、高级氧化和机械蒸发等工艺。渗沥液处理过程产生的剩余污泥，经脱水后宜与城市污水厂污泥或填埋场垃圾一并处置。

中国的渗沥液处理工艺发展经历了3个阶段。第一阶段是在20世纪90年代初期，其处理工艺主要参照城市污水的处理方法，以生物处理为主，经简单预处理之后的渗沥液并入市政污水处理厂；第二阶段是在90年代中后期，根据渗沥液的水质特点，如氨氮浓度高等，采取了脱氮措施，所用的处理工艺包括氨吹脱或生物脱氮等，仍以经预处理之后进入市政污水处理厂协同处理为主；第三阶段是在2008年以后，随着新的生活垃圾污染排放标准的颁布实施，渗沥液必须经处理后达标排放，不再允许排入市政污水处理厂协同处理，这时仅靠生物处理就无法达标，必须在生物处理的基础上增加深度处理工艺。

《生活垃圾填埋场污染控制标准》（GB 16889—2008）颁布实施之后，中国渗沥液排放标准中的大部分污染物排放限值明显严于欧、美、日等发达国家和地区，如化学需氧量（CODcr）排放标准明显严于德国和美国，接近日本水平；总氮、总汞、总镉、总铬和六价铬同样也比其他国家标准要严格很多。从中国各行业比较，垃圾处理行业的渗沥液主要污染物排放指标限值明显严于化工、医药等其他行业的废水处理排放指标限值。严格的排放标准促进了中国填埋场渗沥液处理行业的发展，但也带来了一些问题，如很多地区无法全量处理所产生的渗沥液，膜处理工艺所产生的浓缩液难以得到有效处理等。

（兰吉武　柯　瀚　徐浩青　王升位）

升板工程 lift slab engineering 在现场采用就地预制各层楼板和屋面板，利用施工完毕的钢筋混凝土柱提升逐层安装楼板、屋面板，并加以固定，从而建造多层钢筋混凝土板柱结构的工程活动及其工程技术。升板法工艺起源于20世纪40年代，最早于1947年在法国用升板法建成一幢7层建筑，此后在各国得到快速推广。中国于20世纪60年代开始应用升板工程，广泛应用于仓库、冷库、厂房等建筑，其中有高达40米的9层仓库和近30米高的7层车间。

结构类型及适用范围 升板结构主要由板、柱、节点三大部分组成。升板结构的板根据柱网尺寸、荷载大小、刚度、开洞要求及施工条件，可采用钢筋混凝土和预应力混凝土平板、密肋板、格梁板和井字梁式楼板等型式。①平板。构造简单，施工方便，节约木材，建筑物空间能充分利用，但其抗弯能力较差，跨度受到一定限制，一般只用于荷载较轻、柱网较小（6米左右）工程。②密肋板。结构刚度大，抗弯能力强，柱网尺寸可增至7～9米。③格梁板。适用于柱网尺寸较大、集中荷载较大工程（9～12米），集中荷载较大，或楼板上有开孔的工业厂房。但施工较复杂，要选用起重能力较大的提升装置。④井字梁式楼板。双向梁板结构，结构刚度大，抗弯能力强，结构高度小，适用于8～9米的较大柱网体系。升板结构的柱可根据工程的场地和设备条件选用现浇和预制钢筋混凝土柱。板柱节点的选型应以安全可靠、经济合理、施工方便为原则，一般可采用后浇柱帽节点和无柱帽节点。

提升要求 升板施工关键是提升装置。根据升板时动力的不同，提升装置可分为自升式电动螺旋千斤顶提升装置（简称电动提升机或升板机）和自升式自动液压千斤顶提升装置（简称自动液压升板机）。使用最多的是自升式电动螺旋千斤顶提升装置。①板的提升单元划分应由施工单位和设计单位根据建筑结构平面布置，结合提升设备数量、技术状况、施工工艺以及施工现场条件综合考虑。每个提升单元不宜超过40根柱。②板在提升前必须编制提升程序图，其内容包括：提升方式、步距、吊杆组配、群柱稳定措施及施工进度等。③提升阶段应尽可能缩小各层板的距离，使顶层板在较低标高处，将底层板在设计位置上就位固定，然后再提升上层板。④板在提升过程中应同步控制。板不宜在提升中途悬挂停歇，若遇特殊情况应采取有效的支撑措施。⑤升板提升时群柱稳定是关键，柱安装时边柱的停歇孔与板边垂直，相邻排柱的停歇孔宜互相垂直。当升板建筑设有电梯井、楼梯间等筒体时，其筒体可先行施工。

前景及评价 升板工程特别适用于城市中的狭窄场地和山区施工。升板可节约大量模板，减少高空作业，施工安全，节省施工用地，无须大型起重设备。但柱、板的用钢量较大，如采用双向预应力板或密肋板和采用盆式提升、盆式搁置的工艺后，可达到节约钢材的目的。在工程实践中升板法可与滑模、升模、提模相结合。伴随超高层结构的出现，又创造性地将升板技术引入整体提升钢平台模架体系，并在中国上海东方明珠、上海金茂大厦、上海环球金融中心和广州新电视塔的工程中获得应用。 （孙晓鸣）

生产给水系统 water supply system of production 供给生产过程中原料和工艺用水及冷却水、锅炉设备的锅炉用水以及其他生产用水的给水系统。生产给水一般由城市管网供给。与生活给水系统不同，生产企业门类多、系统庞大，而且对水压、水质和水温有不同要求。有些生产用水，如电子生产、制药生产、锅炉给水等，用水量虽少，但水质要求远高于生活饮用水，还需要自备给水处理系统，将城市给水的水质提高到满足生产给水的要求。

生产给水系统按节约用水需求程度分为直流给水系统、循环给水系统、重复利用给水系统和回用给水系统。①直流供水系统。指水引入供凝汽器等冷却设备吸热使用一次后直接排走的系统，适用于水源流量足够的河流以及海洋附近的工业企业。②循环给水系统。指水在使用过后经过处理重新回用的给水系统，水在循环使用过程中会有损耗，须从水源取水加以补充，常用于冶金、石化、电力、化工等领域。③重复利用给水系统。指各车间、工厂对水质高低不同的要求，将水顺序重复使用。水经过水质要求高的车间、工厂使用后，直接或经过适当的处理，再供给对水质要求低的车间、工厂，这样顺序重复用水。④回用给水系统。指在系统内部将某一生产过程使用过的水经适当处理后，用于同一用水系统内部或外部的其他生产过程。回用水系统经常用于化工行业，除了节约水资源外还优化了系统资源回收率，提高了工业企业生产率。 （张永吉）

生产排水系统 production drainage system 排除工业生产过程中产生的生产污水、废水和冷却废水的系统。为便于污废水的处理和综合利用，常根据工业产品生产设备排出的废水性质、污染物浓度和水量等特点确定。分为生产污水排水系统和生产废水排水系统。①生产污水排水系统。排除工业企业在生产过程中被化学杂质（有机物、重金属离子、酸、碱等）机械杂质（悬浮物及胶体物）污染较重的工业废水，需要经过处理，达到排放标准后排放。②生产废水排水系统。排除污染轻或仅水温升高，经过简单处理后（如降温）可循环或重复使用的较清洁的工业废水。

生产排水系统由生产排水收集与输送、污水泵站及压力管道等组成。收集和输送系统收集各生产设备排出的工业废水，并将其排送至车间外部的厂区管道系统中。厂区管道系统用以收集并输送各车间排出的工业废水。由于工业生产的复杂性，生产流程上产生的各类废水往往需要用泵来提升，因此也设置压力管道和泵站。生产废水排水管道系统需配套隔油池、检查井及水质检测设施等。生产排水系统的有害废水应经废水处理达到国家或地方排放标准后排放。 （张永吉）

生活给水系统 domestic water supply system 供人们饮用、烹饪、盥洗、洗涤、沐浴等日常生活用水的给水系统。生活给水系统的水源一般应以城市自来水为首选。当采用自备水源供水时，生活给水系统的水源须符合《生活饮用水卫生标准》(GB 5749)，并报请当地卫生部门检测、批准。

生活给水系统按供水水质可分为生活饮用水系统和生活直饮水系统。①生活饮用水系统。生活饮用水用于日常饮用、洗涤等生活用水，系统一般接入市政管网使用自来水作为水源，其水质应符合现行国家标准《生活饮用水卫生标准》(GB 5749)的规定。由于建筑物情况不同可采用一种或几种供水方式，如下区直接供水－上区用泵升压供水、局部水泵－水箱供水、局部变频泵－气压水罐供水、局部并联供水、局部串联供水等。管网可以是上行下给式，也可以是下行上给式等。②生活直饮水系统。包括开水供应系统和冷饮水供应系统两类，根据当地的生活习惯和建筑物的使用性质确定采用哪种系统。中国办公楼、旅馆、大学学生宿舍、军营多采用开水供应系统；大型娱乐场所等公共建筑、工矿企业生产热车间多采用冷饮水供应系统。开水供应系统分集中开水供应和管道输送开水两种方式。集中开水供应是在开水间集中制备开水，人们用容器取水饮用，设开水点的开水间宜靠近锅炉房、食堂等有热源的地方。冷饮水可采用自来水烧开后再冷却至饮水温度、自来水经净化处理后再经水加热器加热至饮水温度、自来水经净化处理后直接供给用户或饮水点等方式制备。　（张永吉）

生活垃圾　household waste　日常生活中或者为日常生活提供服务的活动中产生的固体废物以及法律、行政法规规定视为生活垃圾的固体废物。主要包括居民生活垃圾、集市贸易与商业垃圾、公共场所垃圾、街道清扫垃圾及企事业单位垃圾等。

产量　生活垃圾产生量与城市人口和经济发展水平有密切关系。在不同经济发展水平下，人均日产的生活垃圾量大约在0.5～2.0千克。2005～2019年，中国的城市生活垃圾清运量年均增长率为3.06%，2019年全国城市生活垃圾产生量约为24 206万吨。

分类及组成　垃圾分类不是简单的举手之劳，而是一个科学体系，综合体现了国家的文明程度、城市的管理水平、民众的素质高低。生活垃圾分类关系人民群众日常生活，对于推动生态文明建设、提升社会文明程度、创新基层社会治理都有着重要意义。在各个城市生活垃圾分类实践经验的基础上，2019年11月，中华人民共和国住房和城乡建设部颁布了修订的《生活垃圾分类标志》(GB/T 19095)。

中国生活垃圾分为可回收垃圾、餐厨垃圾、有害垃圾和其他垃圾等。①可回收垃圾。包括纸类、织物、塑料、玻璃和金属。②餐厨垃圾。包括食物加工下脚料、剩余饭菜、菜根菜叶和水果皮等。③有害垃圾。包括废电池、废日光灯管、废水银温度计和过期药品等。④其他垃圾。包括砖瓦、陶瓷和渣土等。随着经济水平的发展和生活方式的改变，生活垃圾的组成和含量也在不断发生变化。2008～2018年，中国生活垃圾各组分平均比例分别为：餐厨垃圾占57.7%、纸张占9.7%、织物占3.2%、木材占2.0%、塑料占13.7%、金属占2.1%、其他垃圾占11.6%。这样的组分特点造成中国生活垃圾中的有机质含量和含水率分别高达60%和50%，显著高于欧美发达国家的含量，大大提高了生活垃圾处理和处置得难度。

危害与管理　如果不对生活垃圾进行有效管理，会造成渗滤液中有机物与重金属离子对地表水和地下水的污染。生活垃圾引起的蚊蝇滋生与啮齿类动物的大量繁殖会加剧疾病的传播，焚烧生活垃圾会产生二噁英污染等环境问题，同时也会阻碍城市经济的快速发展。

生活垃圾管理是一项复杂的系统工程，主要包括收集与转运，分类与回收、预处理、处理与处置等环节。

收集与转运是通过固定的或可移动的收集容器系统和运输系统，将分散于各种来源的生活垃圾集中到收集点，然后运送到转运站，最终运往处置场所。生活垃圾分类和有用物资回收可通过不同方式进行。分类的原则是将可燃废物与不可燃废物分开，危险废物与普通垃圾分开，可回用的与不可回用的分开。预处理主要是利用各种物理方法改变垃圾的操作特性，使之更加适应下一步的处理，同时减少需要进行处置的废物数量。

处理与处置主要采用焚烧和生物处理两种处理方法以及进行填埋处置。①垃圾焚烧。利用有机废弃物与空气发生氧化燃烧反应，生活垃圾中有毒和有害物质在高温下氧化、热解而被破坏的高温热处理技术。②生物处理法。在人工控制的条件下，使生活垃圾中的有机固体废物生物稳定的过程，其实质是生化过程。③填埋，是将生活垃圾倒入具有一定地形特征的场地中，通过采取防渗、覆土和气体导排设施消除简易填埋带来的各种安全、卫生和环境污染问题的一种处置技术。

（柯　瀚）

生活垃圾处理原则　principle for municipal solid waste treatment　国际上普遍认可的生活垃圾处理原则是层次管理原则，即生活垃圾应按照先后顺序进行层次管理（一般分为5个层次）。层次管理原则从高到低的层次依次为：①应尽量避免垃圾产生，如减少使用一次性纸杯。②应尽可能循环使用，如酸奶瓶循环使用。③应尽可能回收再生资源，如回收废纸制造再生纸，有机垃圾堆肥。④对于能够回收能源的垃圾进行能源回收，如垃圾焚烧发电。⑤对没有利用价值的残渣进行卫生填埋处置。

中国生活垃圾处理的基本原则是减量化、资源化、无害化，简称三化原则，与国际通行原则基本一致。从管理理念上看，首先要减少垃圾，其次要对物质材料和能源进行资源化利用，最后要保障垃圾无害化处理。

但在实际操作过程中，则要优先考虑无害化，再重点考虑资源化，最后将管理重心放在减量化上。　（刘晶昊）

生活垃圾处置设施规划　planning of treat and disposal facilities for municipal solid waste　依据城市总体规划、本地区国民经济和社会发展计划，结合城市生活垃圾产量与成分的变化趋势，制定城市生活垃圾工程设施建设规划，统筹安排工程设施的布局、用地和规模。生活垃圾处置设施分为处理设施和末端处置设施两大类。①处理设施。通过焚烧、生物处理、填埋等物理和生化手段对生活垃圾进行无害化处理的设施。②末端处置设施。对原生垃圾和处理后垃圾进行卫生填埋的设施。

重要性　无论采用何种处理技术，都需要一定的空间来安置相应的垃圾处置设施，而这些设施的布局、用地和规模等均需根据垃圾产生量等因素提前进行规划。如若生活垃圾工程设施布局相对分散，占用大量土地面积，不利于集约化管理。一旦发生灾害或二次环境污染，容易使民众产生抵触情绪，不仅不能够满足日益增长的垃圾处理需求，更会引起社会矛盾。生活垃圾工程设施的合理规划，一方面可以促进各类基础设施共建共享，实现垃圾分类处理、资源利用、废物处置的高效衔接，提高土地资源节约集约利用水平，缓解生态环境压力，降低“邻避”效应和社会稳定风险；另一方面，城市只有进行了合理的垃圾处理设施规划，才能实现可持续的发展，也是城市管理者具有长远目标和具备现代意识以及环境意识的体现。

规划内容　规划内容主要有几个方面。

城市生活垃圾产量与处置能力　一个城市生活垃圾的产量现状及预测是生活垃圾工程设施规划的基础资料。垃圾的产生量直接关系到垃圾设施的规模，它主要受城市经济发展水平和城市规模影响，其中经济发展水平是最重要的影响因素。垃圾产量会随着国内生产总值（GDP）增加而增加，但是当GDP达到一定数值后，垃圾产量的增长速度开始放缓，并逐渐趋于稳定。一般来说，城市规模越大，聚居人口越多，产生的垃圾量也越多。此外，生活垃圾产量还受到地域、季节等自然因素和社会因素的影响。一般采用多元回归分析和灰色模型对生活垃圾产生量进行预测。

同时，要以国家和当地环境卫生专业规划为基础，综合考虑当地技术水平、场地等多个因素确定城市生活垃圾处置能力。

处置方式　处理、处置方式受到多种因素的影响，因此一般采用层次分析法，主要从技术适用性、环境适用性、经济适用性以及社会限制4个方面综合考虑，根据各个因素的权重选择适宜的生活垃圾处理、处置方式。①技术适用性。城市生活垃圾处理技术的选择，应充分考虑垃圾的组成与性质。对于含水率较低且热值较高

的生活垃圾，选择焚烧法进行垃圾处理最为合理；而卫生填埋处理技术适用范围较广，对垃圾组成要求不严格。另外，处理技术的选择还需考虑地域特点及当地经济发展水平。在中国西部等土地资源丰富的地区可优先采用卫生填埋技术，而土地资源短缺、经济发达的沿海地区可优先采用焚烧处理技术，焚烧处理技术因发展较早故成熟度较高。卫生填埋在各国也有较多建设经验，操作规程和作业方法也很完善。②环境适用性。各种垃圾处理过程中都会产生一定的污染物，垃圾处理方式不同，产生的污染物的种类和数量不同，对周围大气、水体以及土壤的影响也不同。污染物处置方式不同，费用也不同。需要对几种垃圾处理方式的最终处置效果进行综合考量。③经济适用性。经济因素主要分为工程投资、运行成本和运行收益等方面。卫生填埋工程投资最小且运行成本较低，但收益有限，除了部分填埋场实现填埋气体发电有少量收益外，其他基本没有收益。而焚烧方法虽然投资大、成本高，但焚烧发电可以产生较大的收益。④社会限制。社会科技进步、国家政策法规规定以及公众的认可等因素是影响决策者选择何种垃圾处理技术或者选择几种技术进行组合的至关重要的因素。

布局 遵循污染集中控制和工程设施规模效益原则，按照城市已有和在建垃圾工程设施能力和分布情况，结合城市发展趋势和发展需要来确定工程设施的具体布局。

交通相对便利的地区，鼓励采取集中建设处理设施的模式。垃圾的运输距离也是一个重要的考虑因素。对垃圾处理系统而言，通常情况下，运输费用占到整个系统的具体比例与运输距离相关。同时垃圾处理设施要区域化，垃圾产量相对集中地区要打破现行行政区划的界限与制约，从社会环境系统和生态经济角度进行协调管理，优化土地、资金和技术等多项资源的配置。

选址 工程设施的选址与众多因素有关，主要应遵循两条原则：①从防止污染角度考虑的安全原则。②从经济角度考虑的经济合理原则。生活垃圾工程设施的选址应满足工程建设的工程地质条件与水文地质条件，以保证设施的安全运行。为了减少处理过程中产生的废气、废液等有毒有害物质对人类生存带来的不利与危害，这些工程设施宜建设在城市规划建成区夏季最小频率风向的上风侧及城市水系的下游。工程设施宜靠近服务区域，以减少生活垃圾在运输过程中的经济投入并提高处理全过程的效率。在超过经济运距而生活垃圾量又比较大的情况下，为减少运输费用，避免大量中、小吨位环卫车辆远距离运输，可设置生活垃圾二次转运站。

（詹良通 兰吉武）

生活垃圾堆肥处理 composting of municipal solid waste 生活垃圾中的混合有机物在受控的环境下被微生物利用从而被降解，并形成稳定产物的过程。包括好氧堆肥和厌氧堆肥，现代化堆肥处理技术通常是好氧堆肥。好氧堆肥指混合有机物在受控的有氧和固体状态下被好氧微生物利用从而被降解，并形成稳定产物的过程。堆肥指经好氧堆肥过程形成的稳定产物，包含微生物细胞体和易腐垃圾经生物降解后转化形成的类似土壤腐殖质的产物。堆肥可以作为土壤改良剂利用，也可以利用其所含的微生物活细胞体作为生物接种剂、生物滤床、生物覆盖层使用，堆肥还能对土传植物病原菌起到抑制作用。

好氧堆肥的功能是：①无害化。杀灭生活垃圾中的致病生物和杂草种子。②稳定化。降解垃圾中的易降解有机物，避免其在自然状态下产生恶臭和沥滤液等污染物。③减量化。降低垃圾中有机物量和水分含量，使垃圾减量减容。④腐熟化。获得对植物生长无害的腐熟化产物。应用时应根据工程目的和侧重点的不同，设计堆肥工艺并优化控制堆肥过程。

好氧微生物首先利用生活垃圾中的易降解有机组分，然后再利用相对难降解的有机组分。有机物经好氧降解后形成二氧化碳（CO_2）、水（H_2O）、氨气（NH_3）和一些小分子中间代谢物（如挥发性有机化合物），该过程释放出大量的能量，其中部分能量（约50%～60%）被微生物利用合成生物体的三磷酸腺苷，其余则以热能形式散失至环境中。有机物降解产热会导致垃圾堆体温度的上升，而堆体表面的辐射散热、水分蒸发吸收潜热、物料升温吸热等因素，则会导致垃圾堆体温度的下降。因此，随着垃圾中各类有机物降解的时间次序和速率，好氧堆肥系统的产热速率相应变化，使堆体温度随堆制时间，呈现先升高后逐渐降低的变化。堆体温度和残留有机物类型的变化又会导致堆体中的优势微生物类型发生演替。根据堆体温度的变化可以将堆肥过程分为5个阶段，即常温潜伏阶段、升温阶段、高温阶段、降温阶段和常温腐熟阶段。

在工程上，通常将堆肥过程分为两个阶段，即主发酵（或称一次发酵）和次发酵（或称二次发酵）阶段。主发酵对应常温潜伏、升温、高温和降温阶段，一般持续5～20天，主要功能是实现垃圾的无害化、稳定化和减量化；次发酵对应于常温腐熟阶段，持续30～180天或更长时间，主要功能是实现垃圾的腐熟化，获得腐熟的堆肥产品。

生活垃圾堆肥处理应注意气相污染物（恶臭物质、生物气溶胶）的污染控制以及堆肥产物的质量控制。

中国从20世纪80年代开始应用堆肥技术处理生活垃圾，但处理规模不大。中国持续加大城镇和农村生活垃圾的分类收集力度，堆肥成为餐厨垃圾处理的主要方法，堆肥设施数量和处理能力均呈迅速上升态势。

（吕 凡 何品晶）

生活垃圾焚烧厂 municipal solid waste incineration plant 利用高温燃烧处理生活垃圾的设施。生活垃圾焚烧厂以焚烧厂房为中心进行布置，其他各项设施按垃圾处理流程、功能分区合理进行配置。典型的生活垃圾焚烧厂根据焚烧炉不同有机械炉排炉工艺布置和流化床炉工艺布置两种（图1、图2）。进厂垃圾经计量后，通过卸

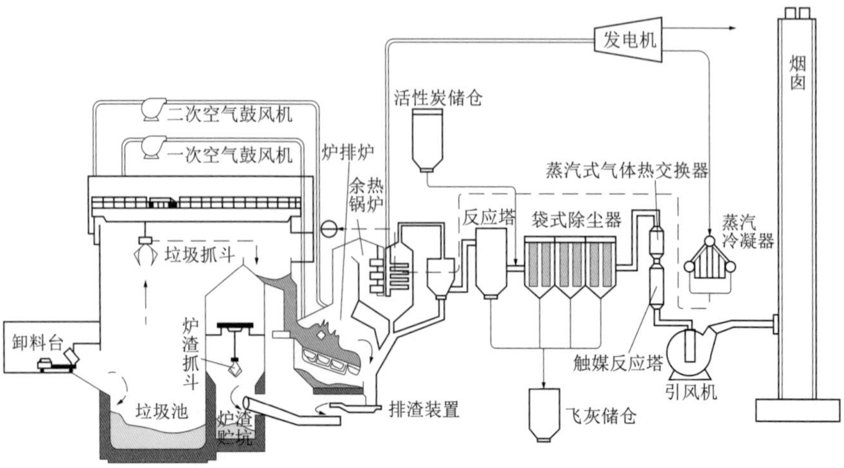

图1 炉排炉型的城市生活垃圾焚烧厂布置示意图

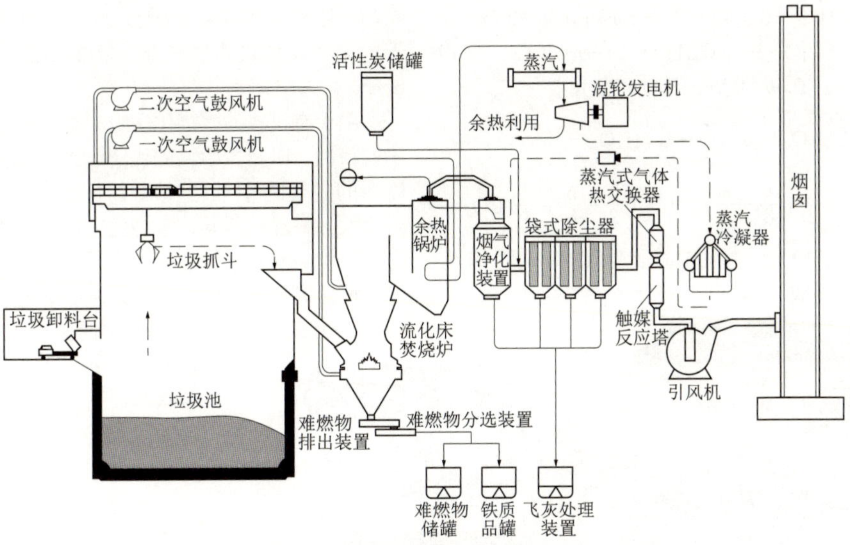

图2　流化床型的城市生活垃圾焚烧厂布置示意图

料平台送至垃圾仓储存，并经酵解去除水分。垃圾仓抓斗再将垃圾送入焚烧炉进料斗，由推料器输送进入焚烧炉燃烧。燃烧空气设施由一次空气系统和二次空气系统组成，分别从炉床底部和上方喷入，促进垃圾混合和充分燃烧，残渣从底部排出。燃烧产生的高温烟气从炉膛出来后，进入烟气通道和对流通道，通过对流管束蒸发器、过热器和省煤器交换热量降温并产生高温高压的过热蒸汽。烟气温度降低至190～220℃后进入烟气净化系统，去除其中所含的酸性气体、颗粒物、重金属、二噁英类物质等污染物，符合排放标准以后，经引风机加压通过烟囱排放至环境。生成的高温高压过热蒸汽，进入发电机组，推动发电机的叶片产生电能，发电后的低压蒸汽经冷凝后再循环至锅炉炉管蒸发，进行下一循环的发电工作。飞灰和炉渣分别收集后，在厂内或运送到有资质的单位进行处置或利用。

中国《生活垃圾焚烧污染控制标准》（GB 18485）规定了生活垃圾焚烧厂的选址要求、技术要求、入炉废物要求、运行要求、排放控制要求、监测要求和实施与监督等。　（章　骅　何品晶）

生活垃圾焚烧处理工程　incineration engineering project for municipal solid waste　利用高温氧化方法处理生活垃圾的工程。生活垃圾焚烧已有上百年的工业化发展历史。垃圾经过燃烧，体积和质量显著降低，各种病原体在高温下被灭活，有机物主要转化为二氧化碳（CO_2）、水（H_2O）等气体，燃烧产生的热能可以回收利用。

发展概述　露天焚烧垃圾是一种古老的垃圾处理方法。1874年，在英国诺丁汉建造了第一座垃圾焚烧炉。最早的焚烧炉是一种长方形的用泥作壳的车，由马拉着沿街收集的居民垃圾在车上焚烧。20世纪初欧美一些国家（美国第一座垃圾焚烧厂建于1885年，丹麦第一座垃圾焚烧厂建于1903年）建造了近代焚烧厂。1931年，中国也曾通过引进技术在上海建成两座生活垃圾焚烧厂（处理能力分别为163吨/天和122吨/天）。现代化焚烧处理工程的技术特征是，在焚烧垃圾的同时利用余热发电和采用严格的烟气污染控制，能同时实现垃圾处理的减量化、无害化和能源回收利用。中国自1987年起引进其他国家技术建成第一座现代化焚烧厂以来，焚烧技术发展迅速，已成为生活垃圾处理的主要方式之一。2019年，垃圾焚烧处理量已占中国城市生活垃圾处理量的50.5%。

工艺原理　垃圾焚烧是一个复杂的过程，通常包括预热、水分蒸发、挥发分析出、燃烧和固定碳燃烧等过程；还包含无机物熔融、挥发分气相转化等化学反应过程。生活垃圾进入焚烧炉后，一般经过干燥、热分解和燃烧3个阶段，最后排放烟气和灰渣。生活垃圾的组成、含水率、热值、粒径等性质，是影响焚烧效果的重要因素。焚烧炉膛内温度（temperature）、湍流（turbulence）和停留时间（time）（通常称为3T要素）和过剩空气系数，是焚烧炉设计和运行的主要工艺参数。

工艺流程　现代化的生活垃圾焚烧处理工程通常包括：垃圾贮存和进料系统、焚烧系统、烟气冷却和余热回收系统、发电系统、烟气净化和排烟系统、燃烧空气系统、灰渣收集及处理系统、给水排水系统，以及电气、仪表与自动化控制、消防、采暖、空调等其他辅助设施。典型的工艺流程见图。

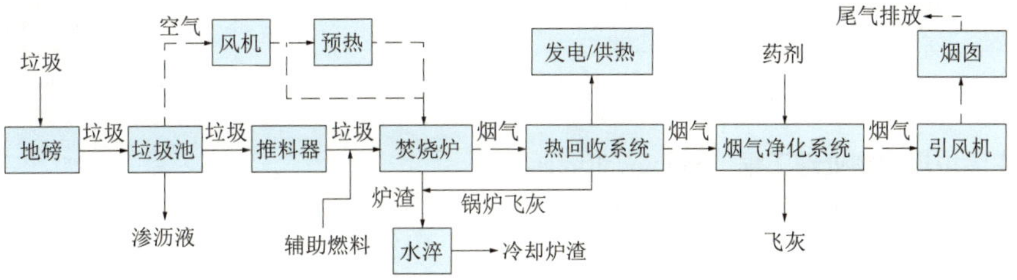

生活垃圾焚烧发电工程典型工艺流程示意图

焚烧炉　是生活垃圾焚烧系统的核心设备，其结构型式与废物的类型、性质和相态等有关。生活垃圾焚烧炉主要有机械炉排炉和流化床两种形式。炉排炉，是将垃圾置于固定或活动的炉排上焚烧的装置，垃圾处理量大，且焚烧前一般不需要对垃圾进行破碎等预处理，因此在各国生活垃圾焚烧处理领域应用最广。流化床焚烧炉的助燃空气从下方通过布风板送入流化层，使预先破碎到一定粒度的垃圾和热载体在炉膛下部一定空间范围内呈现流态化状态，依靠炉膛内高温流化床料的高热容量、强烈掺混和传热的作用，使送入炉膛的垃圾快速升温着火，形成整个床层内的均匀燃烧。流化床的气固混合充分，传热传质效果好，燃烧速度快，炉内燃烧温度分布均匀，物料燃烧完全。缺点是介质的流动对内壁的磨损较大，烟气中的粉尘量高，对进料颗粒粒径和均匀性有较高要求，垃圾焚烧前需进行必要的分选和破碎，以降低垃圾尺寸，改善垃圾均匀性，也常需适当掺煤以提高垃圾热值和改善流态化性能。

垃圾焚烧烟气热能回收利用　利用方式主要有直接热能利用、余热发电和热电联供3种。①直接热能利用。将烟气余热转换为蒸汽、热水和热空气（助燃空气），进行热能利用的方式。这种形式的热利用率高，设备投资小，适合小规模垃圾焚烧设备，且附近有热源需求的场合。②余热发电。将烟气余热转化为电能，能远距离传输，供电量不受用户距离的限制。烟气余热发电得到了广泛的应用。③热电联产。考虑到热能转化为电能的过程中，热能损失较大，如果能将发电、区域性民用供热、工业或农业供热结合起来（即热电联供），则可大大提高热能利用率。余热发电的热能利用率大致在20%左右，而热电联供的热能利用率可高达70%以上。

焚烧污染控制　生活垃圾焚烧处理过程中，会衍生气相（焚烧烟气，主要包括氮氧化物、酸性气体、一氧化碳、悬浮颗粒物、二噁英类物质、重金属及有机污染物等）、固相（焚烧残渣，包括炉渣和飞灰）和液相（渗沥液、锅炉废水）污染物，其污染控制是垃圾焚烧系统重要的组成部分。

中国生活垃圾厨余组分含量较高，使得垃圾含水率高、热值低，影响焚烧厂的稳定运行和二次污染控制。中国生活垃圾焚烧厂普遍采用堆放酵解预处理方法，使垃圾在垃圾池内通过发酵、挤压、沥水等过程，通过排出沥滤液降低进炉垃圾的含水率、提高垃圾热值，确保垃圾维持稳定燃烧。产生的渗沥液则需另行处理。

（章　骅　何品晶）

生活垃圾生物处理工程　biological treatment engineering of domestic waste　以生物代谢为基本转化过程的生活垃圾处理工程。

原理　生活垃圾生物处理技术是利用生物（主要是微生物）代谢降解生活垃圾中的有机物，获得代谢产物和新生物体。

根据目的不同，可以分为营养物基质化利用、产物利用和降解利用。①营养物基质化利用。指生物以垃圾中的有机物作为营养物基质，主要目的是收获新生物体或酶，如培养功能微生物、制取酶制剂、蚯蚓堆肥、生物合成昆虫蛋白等。②产物利用。主要目的是利用生物体好氧或厌氧新陈代谢过程，获得代谢过程中产生的各种最终代谢产物或中间代谢产物以及残余物，如制取生物乙醇、好氧堆肥技术获得富含腐殖质的堆肥、厌氧消化技术获得富含甲烷的沼气。③降解转化。主要目的是使垃圾中的宏量或微量污染物得以降解。但实际上，很多生物处理技术同时涵盖了这些目的。例如，好氧降解与稳定化（包括好氧堆肥、生物干化等），既可以获得腐熟的堆肥产物，同时有机物也被大量降解实现稳定化；厌氧转化与稳定化（厌氧消化、发酵制醇），降解有机物的同时产生了沼气、有机酸、氢气等有价值的产物；蚯蚓堆肥，既可利用蚯蚓降解有机物获得腐熟堆肥，同时收获可作药用、食用和饲料的蚯蚓。生活垃圾生物转化技术的物流见图1。

含碳有机物的好氧转化和厌氧转化可分别用式（1）和（2）表示。

$$\mathrm{C}_a\mathrm{H}_b\mathrm{O}_c+0.5[ny+2(a-nw)+0.5b-0.5nx-c]\mathrm{O}_2\longrightarrow n\mathrm{C}_w\mathrm{H}_x\mathrm{O}_y+(a-nw)\mathrm{CO}_2+(0.5b-0.5nx)\mathrm{H}_2\mathrm{O}+[\text{热量}] \quad (1)$$

$$\mathrm{C}_a\mathrm{H}_b\mathrm{O}_c+\left(a-\frac{b}{4}-\frac{c}{2}\right)\mathrm{H}_2\mathrm{O}\longrightarrow\left(\frac{a}{2}+\frac{b}{8}-\frac{c}{4}\right)\mathrm{CH}_4+\left(\frac{a}{2}-\frac{b}{8}+\frac{c}{4}\right)\mathrm{CO}_2 \quad (2)$$

式（1）（2）中$\mathrm{C}_a\mathrm{H}_b\mathrm{O}_c$为含碳有机物的元素组成；$\mathrm{C}_w\mathrm{H}_x\mathrm{O}_y$为产物的元素组成。

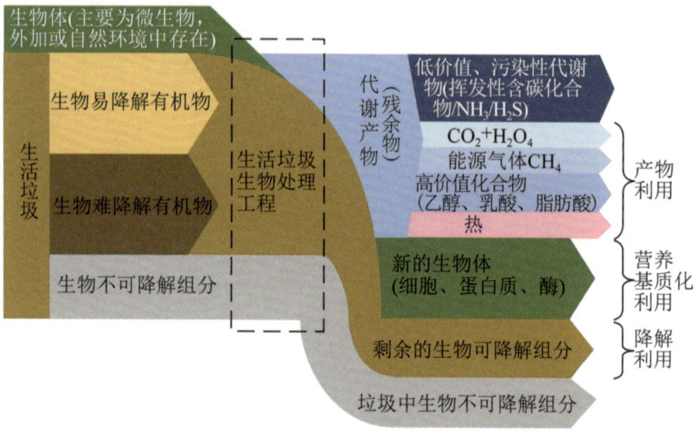

图1　生活垃圾生物转化技术物流示意图

影响生物转化过程的因素包括三方面：①生活垃圾的物料基质特性。包括有机物含量、生物可降解性和C/N质量比等。其中，生活垃圾中有机物的生物可降解性按组分可分为三大类，即易生物降解的有机组分（如淀粉、蛋白质、脂肪等）或称易腐有机物，相对难生物降解的有机组分（如纤维素、半纤维素、木质素、果胶和蜡等），以及不可生物降解的有机组分（如塑料）。因此，生活垃圾若按物理组成分类，则厨余、果皮、餐饮垃圾属易生物降解物料；废纸（包括办公纸、卫生纸、瓦楞纸、报纸和杂志等）、竹木等则属相对难生物降解物料。②影响微生物生长的环境因素。包括温度、pH、氧气（O_2）浓度、含水率抑制物浓度等。这些因素需通过工程操作措施进行控制，如翻堆、通风、搅拌、稀释和加药等。③微生物量和代谢活性。生活垃圾本身就含有很丰富的好氧土著微生物，因此采用好氧生物转化过程一般无须外加菌种，但加入适量的高效菌剂可以缩短生物反应过程的启动时间、提高设备的处理能力，或强化产物的生物稳定性。厌氧生物转化因属多种微生物串联代谢过程，一般需接种微生态平衡的厌氧微生物菌群。

生活垃圾主要的生物处理技术是好氧堆肥和厌氧消化。通过与其他技术的结合，又衍生出机械生物处理技术、生物干化技术和生物稳定化技术。这些是尚处在研发阶段的新兴技术，如制造生物燃料（如生物乙醇、生物柴油、氢）和生物化学品（如乳酸、丁醇、长链醇和酮）的技术有利于提高生活垃圾生物转化产物的资源化价值。

由于有机物的生物化学组成和物理结构的特性，以及微生物的代谢能力（如酶体系的完整性），生活垃圾中不同组分的可生物降解性有差异，各种生物转化过程对有机物的利用水平也不同。因此，应根据工程目的和生活垃圾的物料性质确定适用的生物转化技术。好氧堆肥更适合于低含水率、高结构强度的垃圾组分的处理，如园林废物，竹木类，或者竹木类与厨余果皮的混合物。厌氧消化更适合于高含水率、低结构强度的垃圾组分的处理，如厨余果皮，餐饮垃圾等。

工程技术　现代堆肥处理技术发展于20世纪。随着工业化和城市化进程，欧美国家推动了堆肥技术的机械化和产业化，从农业领域拓展到城市生活垃圾的处理。随着对有机肥、土壤改良剂、土壤修复、腐殖质资源和温室气体减排的重视，生活垃圾的好氧堆肥处理技术在欧洲国家和美国有广泛的应用。产物质量和市场，以及处理过程的臭气污染控制是影响该技术发展的主要因素。

生活垃圾厌氧消化技术的发展则源于沼气的应用。20世纪70年代世界性能源危机和能源价格持续增长出现后，沼气生产引起各方面的重视，并且应用对象从农业废弃物和粪便拓展到了市政污泥，随后是生活垃圾的处理和能源化利用，促进了厌氧消化技术的高速发展，尤其是适合生活垃圾物料特性的干式厌氧消化技术应用日渐普遍。生活垃圾生物处理技术的优势体现在环境资源及经济和社会效益等方面。环境资源效益包括：减少温室效应气体的产生、替代有限的化石燃料、循环营养物质、减少土地和水体的污染、减少对泥炭的需求、支持土壤的改良和肥力维持、减少臭气等。经济和社会效益包括：促进废物管理、减少杂草和疾病的传播、提供营养肥料、刺激商业、产生沼气和能源、促进当地的经济发展、满足新的生态环境管理要求、减少病原体等。

生活垃圾生物处理工程，以生物转化单元为核心，一般还包括进料供料单元、预处理单元、中间处理单元、后处理单元、产品贮存单元、二次污染控制单元和过程控制单元。预处理和中间处理的功能是分选出生活垃圾中不能生物降解的组分、回收废品，为后续生物转化提供有利条件（如接种微生物和调配营养组分）；后处理的功能是进一步分离发酵产物中的杂物，提高堆肥等生物转化产品的品质；预处理、中间处理、后处理单元的方法为手工分选和各种机械分选的组合，如破袋、破碎、筛选、风选、磁力和涡电流分选等。二次污染控制单元是针对如下环境问题的，包括臭气、生物气溶胶、挥发性有机化合物、渗沥液、径流污染、噪声、昆虫、火灾等，其中臭气问题是最受关注的。过程控制单元是对生物转化过程的关键参数，如温度、pH、氧气（O_2）或二氧化碳（CO_2）浓度、甲烷（CH_4）浓度、水分等实施监测，并相应调整通风、翻堆、搅拌、加药等操作手段，为生物转化和其

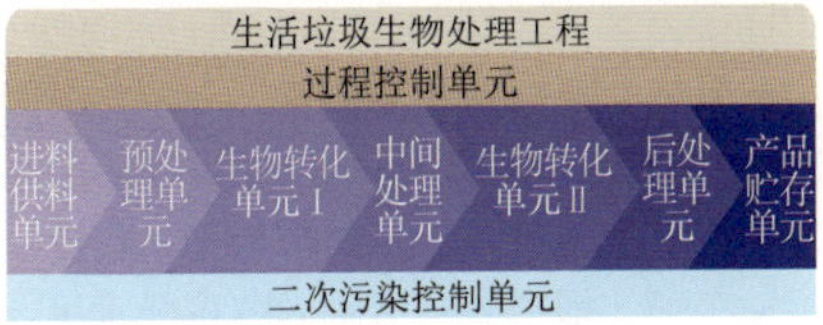

图2 生活垃圾生物处理工程构成示意图

他单元提供适宜条件。生活垃圾生物处理工程的构成见图2。（吕 凡 何品晶）

生活垃圾卫生填埋处置工程 landfilling engineering for municipal solid waste 利用填埋方式实现消纳生活垃圾和保护环境的系统工程。以环境土力学为理论基础，利用垃圾堆体安全稳定控制、渗沥液导排与处理、填埋气收集与利用、渗沥液防渗与污染物控制、稳定化生活垃圾末端处置等相关技术，实现生活垃圾无害化、减量化和资源化。

工艺流程 卫生填埋场实行生活垃圾的分区分单元填埋。按照填埋作业规划，在铺设有良好防渗性能衬垫的场地上，将集中运输的生活垃圾铺成一定厚度的薄层，加以压实，并覆土，形成填埋单元。生活垃圾在微生物的作用下经历有氧和厌氧降解，产生的渗沥液向下或侧向渗流，经由渗沥液收集和导排系统输送至渗沥液调节池调蓄和处理厂处理，产生的填埋气侧向或向上迁移，通过填埋气收集系统收集再输送至填埋气利用和燃烧厂处理。在生活垃圾填埋处理过程中需重点监测垃圾堆体渗沥液水位、垃圾堆体表面和深层的水平位移、垃圾堆体沉降及导排层气压。所有填埋单元填埋完毕后实施填埋场封顶覆盖，待生活垃圾中可生物降解成分基本降解，实施填埋场的场地复垦和再利用。对降解稳定的填埋生活垃圾进行开挖筛分，对其中骨料、可燃组分等可回收利用部分进行资源化利用，对不可回收利用部分采取回填至填埋场的末端处置。

组成及功能 卫生填埋场的主要组成包括垃圾堆体、衬垫系统、渗沥液收集与导排系统、填埋气收集系统、封顶覆盖系统、渗沥液调节池和处理厂，以及填埋气利用和燃烧厂。垃圾堆体作为生化反应器产生填埋气、渗沥液和污染物。衬垫系统防止渗沥液和污染物泄漏污染地下水土，阻止周围地下水流入填埋场内。渗沥液收集与导排系统收集渗沥液以降低垃圾堆体水位，将渗沥液运输至渗沥液调节池和处理厂。填埋气收集系统收集填埋气以降低垃圾堆体气压，将填埋气输送至填埋气利用和燃烧厂。封顶覆盖系统减少填埋气逸散和雨水入渗，提供填埋场地土地利用和恢复的基础。渗沥液调节池和处理厂集中存储渗沥液，并对其进行无害化处理。填埋气利用和燃烧厂对收集的填埋气处理和利用。针对卫生填埋场各组成部分都制定有相应的技术标准。

工程建设 主要内容有填埋场的选址、设计和建设。填埋场的选址首先应初定3个或3个以上候选场址，对候选场址方案进行技术、经济、社会及环境比较，推荐一个拟定场址。并对拟定场址进行地形测量、选址勘察和初步工艺方案设计，完成选址报告或可行性研究报告，通过审查确定场址。填埋场设计分为两个方面：①填埋场主体工程设计。主要包括地基处理、边坡处理与场地平整，应满足承载力、沉降控制、稳定性及衬垫系统铺设等要求；垃圾坝设计，涉及坝基处理、筑坝材料选择和坝体结构设计，以及坝体稳定性分析；防渗处理，涉及衬垫系统结构设计和材料选择，以及地下水导排设计；防洪与雨污分流系统设计，应满足控制垃圾堆体渗沥液水位要求；渗沥液收集设计，涉及渗沥液收集系统、调节池和渗沥液水位监测井的设计，以及渗沥液处理工艺和流程设计；填埋气导排设计，涉及填埋气产量估算、填埋气导排系统和输送系统设计，以及填埋气利用系统设计；填埋场封顶，涉及封顶覆盖系统结构设计和材料选择，以及垃圾堆体稳定性分析。②填埋场辅助工程设计。主要包括进场道路，供配电、给排水设施等设计和规划。填埋场建设包含填埋场主体工程与设备，配套工程和生产管理与生活服务设施等建设。

运行管理 主要内容有运行、监测和无害化评价。填埋场运行主要包括：①填埋场管理人员和作业人员需明晰职责，依规操作，定期维护保养填埋场场区内设施和设备。②进场垃圾应进行计量、登记与检验。③填埋作业应按填埋作业规划执行，作业面按要求及时覆盖。④填埋作业过程中及时建设填埋气体收集系统。⑤确保雨污分流、地下水、渗沥液收集和导排系统功能完好、畅通。⑥对填埋作业机械和车辆应依规使用。填埋场运行中需进行监测，主要包括对垃圾堆体渗沥液水位、垃圾堆体表面和深层水平位移、垃圾堆体沉降及导排层气压等的监测。填埋场无害化评价包括工程建设和运行评价，采用资料评价与现场评价相结合的评价方法，对填埋场进行等级划分。

封场、维护及再利用 填埋场填埋作业至设计终场标高或不再受纳垃圾而停止使用时，必须实施封场。①填埋场封场前需对垃圾堆体整形和压实，消除陡坡、裂隙和沟缝。②填埋场封场应增设填埋气收集系统，定期监测填埋气气压、流量等数据，检查和维护填埋气收集系统。③建立完整的封场覆盖系统，并进行滑动稳定性分析。④定期检查和维护雨污分流、地下水、渗沥液收集和导排系统，并监测渗沥液水质和水量。

填埋场的再利用需通过对封场年限，地表水和地下水水质，大气环境，堆体中有机质含量、污染物浓度、堆体沉降等填埋场稳定性特征进行评价，以判定填埋场场地利用等级。对达到稳定要求的填埋场可实施开挖，对降解稳定化的填埋生活垃圾进行筛分，对可回收利用部分进行资源化利用，对不可回收利用部分采取回填至填埋场的末端处置。

生活垃圾填埋处理工程要充分考虑各地区生活垃圾特性差异，填埋场工程特点，建设及运营管理水平，借鉴相关的工程经验，做到因地制宜、安全可靠、技术先进、经济合理。此外，生活垃圾填埋处理工程要充分发挥卫生填埋场消纳生活垃圾、保护环境的功能，防止和减少环境灾害，降低渗沥液产量，提高填埋气资源化利用水平，节约填埋用地，增大填埋场空间利用率。（詹良通 陈云敏）

生活排水系统 domestic drainage system 接纳并排除居住建筑、公共建筑及工业企业生活间的污水与废水的系统。生活排水系统可分为排除冲洗厕所的生活污水排水系统和排除盥洗、沐浴、洗涤废水的生活废水排水系统。①生活污水排水系统。是排除大便器（槽）、小便器（槽）以及与此相似卫生设备产生的污水。污水需经化粪池或居住小区污水处理设施处理后才能排放。②生活废水排水系统。是排除洗脸、

洗澡、洗衣和厨房产生的废水。生活废水经过处理后，可作为杂用水，用来冲洗厕所、浇洒绿地和道路、冲洗汽车等。

生活排水系统一般由卫生器具、排水横支管、立管、排出管、通气管、清通设备及某些特殊设备等组成。生活排水系统要求系统能迅速畅通地将污废水排到室外，排水管道内的气压稳定，管道内的有害气体不能进入室内，管线布置合理，工程造价低。（张永吉）

生活热水系统　domestic hot water system　保证用户能按时得到符合设计要求的水量、水温、水压和水质的热水系统。生活热水系统按照热水供应范围可分为局部热水供应系统、集中热水供应系统和区域热水供应系统；按照热水管网的循环方式可分为全循环热水供应系统、半循环热水供应系统以及不循环热水供应系统；按照热水管网循环动力可以分为自然循环热水系统和机械循环热水系统。

生活热水系统的组成，根据使用对象、建筑物特点、热水用量、用水规律、用水点分布、热源情况、水加热设备、用水要求、管网布置、循环方式以及运行管理条件等的不同而有所不同。建筑内部生活热水供应系统由热媒系统（第一循环系统）、热水供应系统（第二循环系统）和附件组成。热媒系统由热源、水加热器和热媒管网组成；热水供应系统由热水配水管网和回水管网组成，被加热到设计要求温度的热水，从加热器出口经配水管网送至各个热水配水点，而水加热器所需冷水来源于高位水箱或给水管网。为满足各热水配水点随时都有设计要求温度的热水，在立管和水平干管，甚至配水支管上，设置回水管，以补偿配水管网所散失的热量，避免热水温度的降低。由于热媒系统和热水供应系统中的控制、连接以及由于温度的变化而引起的水的体积膨胀、超压、气体离析、排除等，常使用的附件有温度自动调节器、疏水器、减压阀、安全阀、膨胀罐（箱）、管道自动补偿器、闸阀、水嘴、自动排气器等。（张永吉）

生命线工程应急抢修　emergency repair for lifeline engineering　对于生命线工程因灾害、老化、事故等突然发生的破坏无法正常运作而实施的快速修复。

应急抢修原则　生命线工程包含道路、铁路等交通系统，供水、排水系统，电力、燃气及石油管线等能源供给系统，以及电话、广播、电视、网络等信息通信系统工程。如果这些系统功能停止运行，将对经济、工业生产和社会活动造成严重影响。生命线工程应急抢修的主要原则是：①平时应建立应急处置体制，制定应急处置预案。②灾害发生后，要迅速判明受损情况，组织抢修力量与器材设备，优先保障维持主要系统基本功能运行的硬件设施，其次是恢复对国计民生有重大影响的软件设施。

方法与步骤　生命线工程具有大范围、跨区域的特征，其应急抢修不只是对破坏发生位置展开紧急修复，还需要考虑到相关地区可能遭受的影响。由于生命线工程中涉及桥梁、隧道、建筑物、铁道线路、公路道路和边坡等不同形式的结构，需要参照对应的应急抢修方法。此外，其他关系国计民生的生命线工程还需要遵循以下方法与步骤。

供水、排水系统工程应急抢修　平时应加强水道、管道相关设备的点检及维护；配置以防灾、防老化为目的的防护措施及设备；配置突发状况下备用的紧急水道、设备和应对方案；灾后3日内努力满足饮用、医疗等维持最低生命需求的供水。灾后两小时内应按以下步骤进行处理：①判明破坏位置和受损情况。②设置地方应对工作组。③设置相关灾情公告机构，及时发布灾情。④实施应急措施，如水源、水场、送水管道停运检修，蓄水池及设备损伤检修，有害物质防泄漏处置等。⑤必要时发布求助信息。⑥策划紧急供水方案，包括设定供水点、发布供水信息等。⑦实施应急修复，如制订修复计划、修复主供水管线、优先恢复避难所及医疗设施供水、安置抢修队、确保抢修队物质及食宿供应。为防止次生灾害以及受损扩大的发生，必要时应采取限制或者停止供应的措施。

能源供给系统工程应急抢修　平时应建立应急处置体制，当发生重大灾害时，要实现快速恢复能源供给系统的基本运作能力。灾后处理原则和方法是：①首先应快速掌握受灾情况。②及时发布受灾情况以及相关次生灾害的注意事项。③迅速成立抢修处置队伍，组织抢修物资器材。④在尽量不妨碍后期永久修复的前提下，调用储备物资和设备实施应急修复。⑤必要时应采取次生灾害的预防措施。⑥优先恢复医院、交通、通信、政府等公共机关及避难所的能源供给。⑦灾后能源供给不足时，协调调用周边能源。能源供给系统工程中以地下结构为主的燃气管线等工程的抢修，一般慢于以地上结构为主电力设施的抢修。电力设施如高压电缆、输电塔等发生故障和破断时可直接通过目视判明损坏位置；修复方式主要以熔接或接驳为主；此外，可以迂回故障区域通过近旁的线路送电。燃气设施如管线主要以地下结构为主，燃气管线破裂后容易引发火灾和爆炸等次生灾害，增加了修复工作的难度；大型灾害后如地震、海啸后优先清除倒塌的房屋及碎片，并综合考虑管片周边环境如地下水、泥沙、海水给能源供给系统带来的影响。

信息通信系统应急抢修　平时应建立应急处置体制，当发生特大灾害或破坏时，迅速了解受损全貌的同时，努力恢复主要系统的运行。灾后处理原则和方法是：①确定应急处置对策及优先修复线路，如确保紧急通信线路的畅通、必要时临时限制次要线路，为缓解通信压力可采用录音、留言等通信方式。②保障破坏严重区域的公用电话，尽量在避难所周边设置公用通信设备。③根据后期永久修复的要求、按照紧急等级迅速实施修复，一般是以恢复运行为第一要务实施通信相关设备的修复，优先配置抢修必要的人员、物资及运输车辆，根据紧急等级力图尽早满足行政、生命线工程等重要机构的基本通信要求；此外，优先修复紧急电话或电报线路，之后再修复一般电话或电报线路。④及时发布应急修复相关信息，以缓解公众紧张情绪。（吴智深　黄　璜）

生物接触氧化　biological contact oxidation process　在污水处理构筑物中充填一定密度的填料，从构筑物底部通入空气进行曝气，污水浸没全部填料并与填料上的生物膜广泛接触，在微生物新陈代谢功能的作用下，污水中的有机物得以去除的污水处理技术。又称淹没式生物滤池。由生物滤池和接触曝气氧化池演变而来。填料的选择和安装对生物接触氧化法运行效果有显著影响。早期采用的填料为砂石、竹木制品和金属制品，主要用于处理低浓度的污水。20世纪70年代后，大孔径、高比表面积的蜂窝直管填料和立体波纹塑料填料开始出现并逐渐推广应用，使生物接触氧化工艺的处理效果有显著提升，应用范围也得以拓宽。

生物接触氧化法广泛地用于处理生活污水、城市污水和食品加工等工业废水，而且还用于处理地表水源水中的微污染。生物接触氧化处理技术对冲击负荷有较强的适应能力，在间歇运行条件下，仍能够保持良好的处理效果，对排水不均匀的企业，更具有实际意义；操作简单、运行方便、易于维护管理，无须污泥回流，不产生污泥膨胀现象，也不产生滤池蝇；污泥生成量少，污泥颗粒较大，易于沉淀。但是生物接触氧化处理技术工程造价较高，如设计或运行不当，填料可能堵塞，此外，布水、曝气不易均匀，可能在局部出现死角，同时大量产生的后生动物（如轮虫类）容易造成生物膜瞬时大量脱落，影响出水水质。（张 亮 彭永臻）

生物膜法 biofilm process 使细菌等微生物和原生动物、后生动物等微型动物附着在滤料或某些载体上生长繁育，并在其上形成膜状生物污泥（生物膜），污水与生物膜接触，污水中的有机污染物作为营养物质，为生物膜上的微生物所摄取，微生物自身繁衍增殖的同时污水得到净化的污水处理技术。

发展 生物膜法和**活性污泥法**是平行发展起来的污水处理技术，都是利用微生物来去除废水中有机物的方法。但活性污泥法中的微生物在曝气池内以菌胶团的形式呈悬浮状态，属于悬浮生长系统；而生物膜法中的微生物附着生长在填料或载体上，形成膜状的活性污泥，属于附着生长系统或固定膜工艺。生物膜反应器1893年作为生物膜反应器的生物滤池开始问世，并从此开始用于污水生物处理的实践。到20世纪70年代，除了普通的生物滤池外，生物转盘、曝气生物滤池和生物流化床技术都得到较多的研究与应用。21世纪以来又出现大量新型的单一或复合式生物膜反应器、如移动床生物膜反应器等，进一步拓展了生物膜法在污水处理中的应用范围。

典型流程 图1所示为生物膜法处理系统的基本流程。污水经初沉池后进入生物膜反应器，降解去除污染物后，通过二沉池沉淀后排出。初沉池的作用是去除大部分悬浮固体物质，防止生物膜反应器堵塞，这对孔隙小的填料尤其必要；二沉池的作用是截留脱落的生物膜，提高出水水质，但是二沉池和出水回流并不是必不可少的。

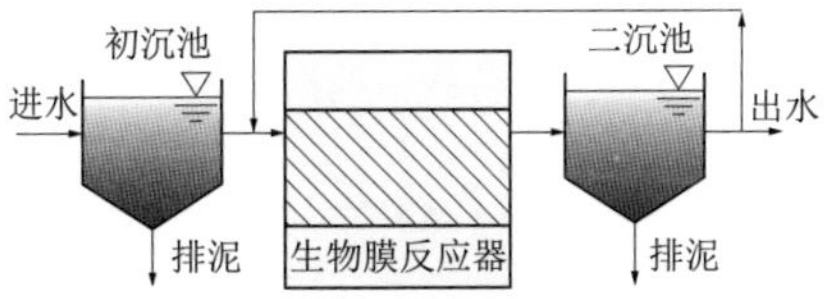

图1 生物膜法的基本流程示意图

构造与特征 图2所示是附着在生物滤池滤料上的生物膜的构造。生物膜生长于载体的表面，是由微生物群体组成的具有高度的亲水性的黏状物。污水不断流经生物膜表面，其外侧始终存在着一层附着水层。在膜的表面和一定深度的内部生长

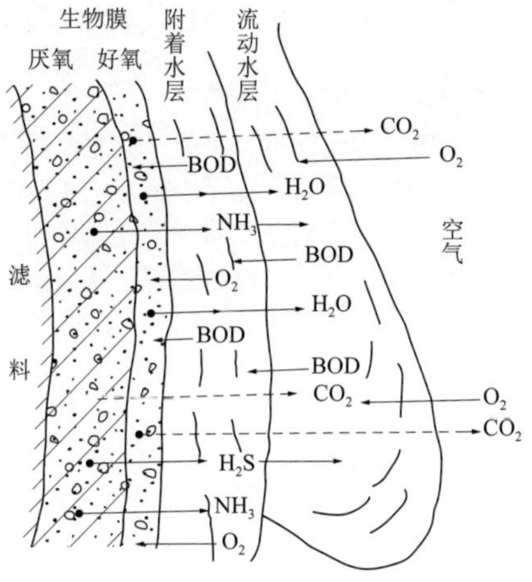

图2 生物膜的构造示意图

着大量的各种类型的微生物和微型动物，形成有机污染物—细菌—原生动物（后生动物）的食物链。其中的丝状菌相互缠绕并延伸到水中，使生物膜呈现出立体结构。生物膜法作为与活性污泥法平行发展起来的生物处理技术，在一些情况下可替代活性污泥法用于城市污水的二级生物处理，而且还具有一些独特的优点，如操作方便、剩余污泥少、抗冲击负荷和适用于小型污水处理厂等。生物膜上的微生物多样化，食物链长，污泥产量低；生物膜法的生物固体停留时间长，有利于生长比增值速率小的微生物，如硝化菌；生物膜法多分段运行，可形成菌属优势。

（张 亮 彭永臻）

生物预氧化 biological preoxidation 在水和废水处理中借助微生物群体的新陈代谢作用对有机污染物、无机污染物进行初步去除的强化氧化方法。目的是改变水源水中污染物可生化性和沉降特性。

常用的生物预氧化方法包括曝气生物滤池、生物接触氧化、生物流化床和生物转盘等。

曝气生物滤池（BAF） 是生物与过滤有机结合的生物膜法水处理技术，结合了活性污泥与生物膜滤技术，实现脱氮除磷、净化水质的过程。相比于传统的活性污泥法，曝气生物滤池集生物降解和固液分离于一体，不设二沉池，且具有浓度含量更高的活性污泥，自动化集成度高、占地面积少。曝气生物滤池主要由粗气泡曝气器、内部配水系统、滤料等组成，并配置相应的自动化检测传感器，具有出水水质高、水力负荷大、抗冲击负荷能力强等特点。

生物接触氧化（BCO） 是介于生物滤池与活性污泥之间的生物膜法水处理技术。其利用附着在滤料上的生物膜，通过微生物代谢作用，达到降解有机物的目的。通过对滤池的充分曝气，池体中的废水处于流动状态，会与长满生物膜的滤料充分接触，而且滤料上较厚的生物层由于含氧量不同，对废水进行了有氧-无氧的深度处理。生物接触氧化具有处理效果好、抗冲击负荷能力强的优点，但存在滤料间生物膜易堵塞滤层等问题。

生物流化床（BFB） 是强化生物处理的一种技术。生物流化床利用含氧浓度高的废水自下而上流经较小的惰性颗粒载体，这些载体表面充分生长了大量的生物膜，通过好氧-厌氧的过程实现水质净化。流化床内载体颗粒不断在床体内运动，颗粒之间相互碰撞、摩擦，使得载体颗粒间的生物膜较薄且均匀，活性较好，水质处理效果显著。

生物转盘（RBC） 是一种生物膜水处理技术，利用转盘上1～4厘米厚的微生物层，待转盘接触到废水时进行厌氧反应或缺氧反应，转盘离开水面时，转盘上形成一层薄的水膜，在空气中进行好氧反应。在转盘运动过程中，产生的剪切力，会使转盘上的微生物不断生长和脱落。该工艺具有操作简便、不需要曝气、能耗低、污泥量少、泥龄长的优点。

（马 军）

圣哥达公路隧道 Sankt-Gotthard Highway Tunnel 建成时为世界上最长与最深的汽车专用隧道。隧道穿越瑞士苏黎世东南阿尔卑斯山脉圣哥达峰，是欧洲南北轴线上穿越阿尔卑斯山最重要的通道之一。

建于1970年5月至1980年9月，全长16.32千米，最大覆盖层高度为1000米。该隧道大部分通过花岗岩、花岗片麻岩和片岩地层，也遇到其他不良岩层，最坏地段为风化的砂砾和滑石。隧道衬砌设计成10米宽的马蹄形断面，在其顶部分隔成进风和排风道，一旦发生火灾，横向通风可以分区段隔断而不影响其他通风区。隧道中每隔800米加宽一段断面，为出故障汽车提供避车道。两个竖井和两个斜井作通风井，最深的通风井有893米。在距隧道一侧30米处，开挖平行导坑，每隔250米设一横向联络通道，以加快正洞施工进度并供施工中遇到特殊困难时使用。完工后为安全通道。

通过隧道的车速限制在80千米/时以内，每小时可通行1800辆汽车。隧道两端设有电子计算机控制站，通过电视录像机和传感器提供数据，以监视和控制流量，并对空气清洁度变化、失火以及照明亮度也能及时察觉、报警。1999年相近的

勃朗峰公路隧道火灾后，车流转移到圣哥达隧道，年流通量120万辆。

该隧道是瑞士国有公路系统中连接南北干线的重要环节，通车后，北面从巴塞尔经联邦德国通往法国；南面从洛迦诺经意大利与南斯拉夫相连，成为欧洲的大动脉之一。 （潘昌乾 撰 冯夏庭 修订）

施工测量 construction survey 为使工程建设按设计要求施工所进行的测量。施工测量的目的是按照设计和施工的要求将设计的建（构）筑物的平面位置、形状、尺寸和高程，按一定的精度要求放样到实地上，作为施工的依据，并在施工过程中进行一系列的测量控制工作，以指导和保证施工按设计要求进行。施工测量贯穿于整个施工过程中，从场地平整、建筑物定位、基础施工，到建筑物构件安装等，都需要进行施工测量，以使建筑物、构筑物各部分的尺寸、位置符合设计要求。其主要内容有施工控制网建立、施工放样、变形观测。①施工控制网的布设应根据施工地区的地形条件来确定，并具有控制范围较小，控制点密度较大，精度要求较高的特点。②施工放样也可以说是将图纸上的建（构）筑物放到地面上的工作过程，现阶段中国的大型工程建设中多采用全站仪或全球导航卫星系统（GNSS）进行高精度定位放样。③随着施工的进展，对基坑、结构本体及周边环境等进行变形监测，为工程质量安全管理提供支持。

施工测量的特点是：①测量精度要求不同，测量的精度要求取决于工程的性质、规模、材料和施工方法等，各工程测量精度要求不同。②施工测量工序与工程施工进度密切相关，施工测量直接为工程的施工服务，某项工序还没有开工，就不能进行该项的施工测量，为了不影响施工的正常进行，应按照施工进度及时完成相应的测量工作。③受施工干扰，各工序经常交叉作业，运输频繁，并有大量土方填挖和材料堆放工作，使测量作业的场地条件受到影响。

为保证施工能满足设计要求，施工测量应遵循“由整体到局部，先控制后细部”的原则，即先在施工现场建立统一的施工控制网，以此为基础，测设各个建（构）筑物的细部位置，这样可以减少误差累计，保证测设精度。 （王 丹）

施工动态反馈分析 dynamic feedback analysis during construction 依据土木施工过程中各种响应信息，通过力学计算以及工程经验方法对施工的安全性、合理性与工程的可靠度做出评价和符合实际的预测，并对施工中的工程设计参数和施工方案进行优化反馈的方法手段。

简史 房屋建筑、桥梁、隧道等不同的土木工程对象，其施工控制方法和技术不同。以隧道工程施工为例，隧道及地下工程施工动态反馈分析可追溯至隧道新奥法施工理念。新奥法（NATM）由奥地利学者L.V.拉布西维茨提出，并于1963年正式命名。该施工理念强调了充分利用隧道围岩的自承载能力，采用锚杆、喷射混凝土等支护手段及时对围岩地层进行加固，并通过对围岩地层和支护结构的监控量测指导工程的设计与施工。

20世纪60年代起，奥地利、瑞典、意大利等一些国家在新奥法基础上，通过对隧道开挖支护过程中的现场量测数据分析，以此评价围岩地层和支护结构的稳定性及安全，并进一步修改和完善设计和施工方案，指导下阶段施工，这是施工动态反馈分析理念的较早体现。70年代起，随着计算机技术的发展，以反演理论为代表的岩土计算理论发展为施工动态反馈分析提出了技术手段。70年代初，人们开始注意通过现场量测信息确定岩土体力学性质参数，而这正是反演理论发展的开端。70～80年代中期为反馈分析理论的建立阶段，而后至90年代初，以正演反分析为代表的反馈分析方法有了发展，不同优化方法开始在反馈分析中得到应用。90年代初以来，反馈分析引入了考虑施工过程的动态施工反馈分析技术，诸如神经网络等优化方法开始应用至反馈分析方法中，此外系统论、信息论以及模型识别技术开始应用于施工反馈分析中，施工动态反馈分析迎来新的发展。与此同时，随着计算机技术、量测技术等新技术的发展与交叉，面向地下工程的信息化施工也取得了较大发展，作为信息化施工的核心方法，施工动态反馈分析被广泛认同。21世纪以来，尽管隧道施工在按照“信息化设计施工”理念开展，但由于信息获取手段发展的迟缓、信息传递的不畅，以及施工环境与管理体制的限制，使人们意识到信息获取的必要性，各种信息通信技术的发展为进一步完善隧道动态反馈分析，为真正实现隧道信息化施工创造了条件和基础。

基本内容 施工动态反馈分析强调在实际施工中进行，分析过程包含地层物理力学参数的识别与修正、设计施工方案的分析与调整，其内涵在于以工程安全性与经济性为目标，利用地下工程现场监控量测、周围地层信息动态获取等最新信息，通过反馈分析方法对地层参数及施工系统进行辨识，进而对土木施工过程进行动态反馈控制，调整干预使其满足预期目标。

施工动态反馈分析的主要流程及内容包括现场监控量测布置与数据获取、隧道围岩地层信息的快速获取与更新、以辨识岩体力学参数为目的反馈分析，及以调整施工参数保证工程安全经济为目的的施工反馈分析等环节。

现场监控量测布置与数据获取 现场监控量测的目的在于实时掌握施工过程中隧道围岩地层的稳定性与支护结构的受力、变形等力学状态，以判断设计和施工的安全性与经济性。通过对围岩地层与支护结构的观察和动态量测，验证支护及衬砌结构设计参数和隧道施工方法的可靠性和准确性，为后续反馈分析、优化设计与施工提供依据和基础。现场监控量测的布置与开展是按照规范及设计要求，结合现场情况布点并进行监测，以公路隧道为例，监控量测的主要对象包括围岩、锚杆、拱架、二次衬砌等支护结构，通过全站仪、收敛计、应力计等仪器设备，定期监测地表下沉、洞内观察、拱顶下沉、周边位移以及围岩内部位移、围岩压力、锚杆轴力等，并归纳整理监测数据。

多源地质数据获取与动态更新 对于隧道工程，考虑技术与经济因素，设计阶段的地质勘察工作难以提供准确的地质资料，在进行施工分析中进一步增加了围岩参数的不确定性，因此有必要对施工过程中所揭露的实际围岩信息快速获取并及时更新。多源地质数据包括工程和水文地质信息，主要有勘察阶段钻孔数据、现场及室内力学试验数据、超前地质预报信息、开挖面地质信息等。在前期设计阶段，根据现有地质信息确定围岩参数并进行支护结构设计；在后续施工阶段，结合现场岩体力学试验、开挖面地质素描、数字照相与激光扫描技术、基于现场监控量测的岩体力学参数反演分析等方法，对现有地质信息进行动态更新，就现有支护结构设计与施工工法进行分析评价，并结合超前地质预报对后续未施工段地质信息进行不确定性估计与施工分析，为后续施工设计方案优化提供基础。

围岩地层力学参数更新及设计施工方案优化 施工动态反馈分析的核心在于围岩地层的岩体力学参数的反馈分析与施工方案优化。岩体力学参数的反馈分析包括以岩体参数为输入、监测信息为输出的正演分析，以及现场监测信息为输入、岩体物理力学参数为输出的反馈分析方法。施工反馈分析是以优化施工参数、控制施工稳定与安全状态为目的，通过输入施工参数，以地层监测信息作为输出的分析过程。施工动态反馈分析的具体方法根据力学模型的确定性程度，可分为工程类比经验法和力学计算法。

工程类比经验法　建立在现场量测的基础上，其核心是根据类似工程经验建立判断标准，采用量测结果或回归分析数据直接判断岩体的稳定性和支护系统的工作状态。工程类比经验法对于先验的参数与模型要求较低，可综合反映工程实际状态，但局限性在于分析结果不够精确，受经验制约性较强。

力学计算法　其技术手段以解析法和数值分析法为代表。其中，解析法多基于简单的岩体本构模型，得到的多为定性认识；数值分析法由于能模拟复杂的力学与结构特性，适用范围更加广泛。数值分析法包括以有限元法、边界元法、有限差分法为代表的连续介质力学方法和以离散元、流形元法等为代表的非连续介质力学方法。已有较多的计算机分析软件用于地下结构的分析计算，如ANSYS、ABAQUS、FLAC、PFC、同济曙光等。

力学计算法的优势在于可以获得定量的分析结果，但局限性在于计算分析模型、参数与实际工程吻合性较差。

意义和影响　施工动态反馈分析为后续施工控制提供了方法指导与技术支撑，更为真正实现隧道及地下工程信息化施工奠定坚实基础。随着信息技术与智能科学等新型科学技术快速发展，越来越多的学者认识到各学科交叉发展对岩土工程发展的必要性，综合利用互联网大数据、数字化与智能系统科学技术对施工动态反馈分析的发展与提高提出了更为广阔的解决思路，施工动态反馈分析技术也向着智能化方向发展，基于现场智能化监测、多源地质数据信息快速精细化采集、数值计算与智能集成的综合分析将是施工动态反馈分析新的发展趋势。（朱合华　郭宇靖）

施工过程虚拟现实　virtual reality of construction process　利用计算机模拟施工过程场景的技术。体验者通过虚拟现实（VR）设备进入虚拟场景，以第一视角在虚拟工地场景中获得沉浸式的施工过程体验，以达到施工策划、施工展示、教学培训等目的。20世纪90年代初，美国、德国、英国、日本等发达国家开始了数字化施工研究，主要以基于信息技术提升工业化施工水平研究为主。2000年后，虚拟现实技术在数字化施工领域得到了进一步发展。

虚拟现实设备分为交互式和非交互式两种类型。①交互式设备。具备互动性强、体验感好、仿真度高等特性，常应用于模拟特定的施工工艺和施工工法。②非交互式设备。具有易用性强，性价比高，部署快捷等优势，常应用于群体性的施工教学培训和观摩。

施工过程虚拟现实技术主要包括三维场景构建以及施工过程模拟。施工过程虚拟现实技术的应用主要有以下几方面：①虚拟建造。基于大规模工程仿真，建立符合真实情景的数字化施工生产流程，成为能够用于指导施工过程的仿真系统，实现施工过程的综合与优化。②虚拟演练。施工行业是劳动密集型行业，存在很高的安全风险，虚拟现实技术能够通过施工场地三维环境建模，结合多发安全事故的计算机仿真，借助虚拟现实技术构建虚拟事故场景，组织人员进行模拟演练，从而保证施工人员面对事故灾难时做出正确应对。③虚拟培训。施工过程虚拟现实技术扩展了传统施工行业的培训形式，可以将复杂的施工场景和施工工艺“搬”到由计算机模拟的虚拟环境中进行。例如，一柱一桩双联式调垂法VR教学，现场工作流程烦琐、耗资大，利用虚拟现实技术，可在虚拟环境中重现一柱一桩双联式调垂法的步骤。（赵英吉）

施工过程增强现实　augmented reality of construction process　将计算机生成的2D图纸信息或建筑信息模型（BIM）等虚拟物体叠加到现实施工场景中的技术。原本在真实场景中一定时间或空间范围内很难体验到的实体信息，通过增强现实技术，可使施工人员在真实的施工现场环境中感受到。

原理及作用　施工人员在施工现场需佩戴增强现实（AR）头戴式设备或者手持终端显示设备，能看到现实世界景象的同时，也会看到由AR设备虚拟出虚拟物体叠加在现实世界景象上，相互补充，无缝合成，使客观世界与虚拟世界结合在一起，达到超越现实的感官体验，从而帮助现场人们更好地了解施工工序，提高施工效率，事先感受到完工后的成果。

增强现实技术开始改变土木行业，这些改变不只存在于设计与建模领域，同样影响着建造，惠及包括工程师、设计师、建筑师、项目经理及供应商的整个施工团队，提升效率与精确度，减少失误，从而节省时间、费用与资源。

关键技术　施工过程的增强现实离不开BIM技术，关键问题是如何解决真实场景和虚拟物体在几何、光照和时间方面的一致性问题，增强现实应用系统开发的关键技术可总结为三维注册技术、虚实融合显示技术以及人机交互技术。

应用场景　在施工过程中常见的应用增强现实技术常见的应用的场合有：①感受结构与机电管线的安装效果。在结构施工完成后，施工人员佩戴AR设备，调出BIM，在现场看到虚拟的将要安装的管线，事先了解管线与结构的碰撞情况，实现现场施工交底，感受管线安装完成后的整体效果。②施工工艺的交底。施工人员佩戴AR设备在操作前将三维模型转化为全尺寸施工指南，这一程序致力于在作业空间里叠加数字化指导，辅助需要一系列测量、验证和针对性管理的复杂项目建造，实现对施工过程中工作的逐步指导。③精装修方案的策划。在空旷的室内，精装修设计人员佩戴AR设备在现场看到虚拟的室内物品摆设效果，并及时做出调整，有利于帮助设计人员更好地做出室内装潢的设计方案。④历史保护建筑加固。施工人员佩戴AR设备，调出BIM，在现场看到隐蔽在混凝土里钢筋的布置，埋设管线的走向，帮助人员制定合理的加固方案。

（薛　蔚）

施工升降机　builder’s hoist　用吊笼载人、载物并沿导轨做上下运动的起重机械。是建筑中经常使用的载人载货设备，主要用于高层建筑的内外装修，以及桥梁、烟囱等建筑的施工，在工地上通常是配合塔吊使用。

分类　按运行方式分为无对重施工升降机和有对重施工升降机。按控制方式分为手动控制式施工升降机和自动控制式施工升降机，根据实际需要还可以添加变频装置、PLC控制模块、楼层呼叫装置和平层装置。按传动型式可分为齿轮齿条式施工升降机，采用齿轮齿条传动；钢丝绳式施工升降机，采用钢丝绳提升；混合式施工升降机，一个吊笼采用齿轮齿条传动，另一个吊笼采用钢丝绳提升。按运载类型可分为货用施工升降机，用于运载货物，禁止运载人员；人货两用施工升降机，用于运载人员及货物。

构成及参数　施工升降机主要由导轨架、吊笼、外笼、附墙架、对重、标准节、底架、天轮、传动系统、电气系统、地面防护围栏、层站、层门、层站栏杆、防坠安全器、瞬时式安全器、渐进式安全器、匀速式安全器、限速器、安全钳、缓冲器、安装吊杆、安全钩、随行电缆、电缆导向架等零部件组成。

主要技术参数有额定载重量、额定安装载重量、额定乘员数、额定提升速度、最大提升速度、最大行程、最大独立高度、工作循环和基本工作循环次数等。

应用 一般的施工升降机载重量在1～10吨，运行速度为1～60米/分钟。能在环境温度为-20～40℃条件下正常工作，超出此范围则应重新设计和校核。正常工作时顶部风速不大于20米/秒。进行架设、加高和拆卸导轨架作业时，风速应不大于13米/秒。人货两用的施工升降机工作级别为A8，货用的施工升降机工作级别为A4～A5。

施工升降机安装完毕后，关闭好外笼门，外笼与外界隔离，对施工区域起保护作用。传动系统由电动机带动减速器上的齿轮与标准节上安装的齿条啮合，实现吊笼的上下垂直运动。高度不超过200米时，可以选配带对重的升降机。对重通过天轮、钢丝绳与吊笼连接，吊笼向上运动时由电动机和对重自重提供向上的拉力，吊笼向下运动时由其自身重力将对重提升上去，在运动的循环过程中利用重力势能做功。对重的使用可以降低电动机功率，节约电能，降低成本。但对重安装和拆卸不方便，可根据情况选用。（李守林）

施工现场管理 construction site management 项目经理部按照城市建设管理和施工现场管理的相关法规，科学合理地利用施工现场，计划、组织和协调各项施工活动有序开展的管理行为。建设工程施工现场，是指经批准占用的施工场地，它既包括红线以内占用的建筑用地和施工用地，又包括红线以外现场附近经批准占用的临时施工用地。施工现场管理要创造文明、安全、环保的施工环境，并确保现场施工整洁有序。一般情况下，在中国的施工现场管理主要指广义上的施工现场管理，即建设工程项目的施工生产管理，大体相当于欧美国家提出的建造管理的第四阶段即施工阶段的施工生产管理。狭义上，施工现场管理是指有关维持施工秩序和保证文明施工的管理，基本相当于欧美国家的施工场地管理，主要管理对象包括对施工现场平面、运输设备、临时设施、水土侵蚀与沉淀的控制等，此外也包括精细施工管理的内容，如工地形象、现场周边影响、环境保护、安全、劳动保护等。

施工现场管理工作内容主要包括：①落实施工任务，签订内部承包合同。②开展施工准备，促成工程开工，并进行施工过程中的经常性准备工作。③按施工组织计划或施工方案组织施工活动，并全面协调质量、成本、安全、技术、物资、机械设备、劳动力等各专项管理。④施工现场的平面管理。⑤依据施工任务书、专业分包和劳务分包合同，进行基层班组的施工管理。⑥组织工程交工验收和清场转移。

传统的施工现场管理围绕工程项目的质量、进度、成本、安全与文明施工四个目标。中国自2010年推广绿色施工示范工程以来，施工现场管理在既有四个目标的基础上增加了绿色施工的目标，促进了施工现场管理水平的提升。绿色施工的实践体现了五个方面的转变。①从粗放管理向精细化管理的转变，全生命周期、循环利用、清洁施工、5S管理、精益施工、量化管理等理念不断转化为多种形式的探索与实践活动，“双优化”（设计优化和施工方案优化）、集中采购、科技创效、施工标准化、过程精品、动态监控、持续改进等精细化管理活动得到广泛推广。②从外延式发展向内涵式发展的转变，技术创新在绿色施工中发挥重要的支撑作用，发展了系列环保技术措施，数字化施工、装配化施工等受到高度重视，获得了较快发展。③施工现场作业条件得到一定程度的改善，施工人员素质不断提高，职业形象得到较大幅度提升。④在绿色施工推进过程中，强调施工质量和安全管理，更加重视节约人力资源和选用绿色高效施工机械设备。⑤促进了建筑工业化的迅速发展，逐步呈现出标准化设计、工厂化生产、装配化施工、可视化安装、信息化管理的一体化发展趋势。（陈兴华）

施工组织设计 planning and programming of construction 以施工项目为对象编制的，用以指导施工的技术、经济和管理的综合性文件。施工组织设计一般在设计文件批准之后，由施工总承包单位负责编制。施工组织设计内容应包括编制依据、工程概况、施工部署、施工进度计划、施工准备与资源配置计划、主要施工方法、施工现场平面布置及主要施工管理计划等基本内容。其中，施工管理计划包括进度管理计划、质量管理计划、安全管理计划、环境管理计划、成本管理计划以及其他管理计划等内容。

发展历程 中国工程项目施工编制施工组织设计，起源于20世纪50年代初，从苏联引进。前期的施工组织设计是以技术为主，经济为辅的技术性文件。自90年代起，随着中国建筑业经济的持续、快速发展，对建筑工程施工的工期、质量要求越来越高，对施工组织的要求也越来越高。同时，欧美等发达国家的项目管理策划开始引入中国房屋建筑施工管理中，影响了传统施工组织设计的编制形式，施工组织设计由原先的技术性文件逐步转变成综合性文件，对工程建设项目整个施工过程进行策划和具体安排。2009年，中国出台了《建筑施工组织设计规范》（GB/T 50502—2009），首次统一明确了施工组织设计编制内容，以及施工组织设计编制、审批等的管理要求，为规范施工组织设计的编制发挥了重要作用。

类别划分 施工组织设计按建设阶段不同，可分为投标施工组织设计和实施施工组织设计。投标施工组织设计是招投标工作中的一项重要内容，使招标方对投标方施工队伍资质状况、机械化程度，以及采取的施工方法等有一个深刻了解，从而达到建筑施工企业中标，取得施工项目的目的；实施施工组织设计是建筑企业施工管理的重要组成部分，使参与施工的各方人员对本项目的施工组织、施工程序、各种资源的供应和使用安排、施工工期安排、平面布置以及施工方法等有一个全面了解，对于保证施工顺利进行、按期按质按量完成施工任务、取得更好的施工经济效益等，都将起到重要的作用。

施工组织设计按编制对象不同，可分为施工组织总设计、单位工程施工组织设计和施工方案。其中，施工组织总设计是以若干单位工程组成的群体工程或特大型项目为主要对象编制的施工组织设计，对整个项目的施工过程起统筹规划、重点控制的作用；单位工程施工组织设计是以单位（子单位）工程为主要对象编制的施工组织设计，对单位（子单位）工程的施工过程起指导和制约作用；施工方案是以分部（分项）工程或专项工程为主要对象编制的施工技术与组织方案，用以具体指导其施工过程。（赵 俭）

施仲衡 Shi Zhongheng（1931-11-05～ ） 中国城市轨道交通专家。生于江苏苏州。1950年毕业于北方交通大学唐山工学院土木系，获工学学士学位，其间参加抗美援朝战争。1955作为国家派往苏联学习地下铁道的第一人赴莫斯科铁道运输工程学院学习地铁专业，1959年毕业并获副博士学位。1959年8月回国后在唐山铁道学院桥隧系任讲师、教研室副主任，后因北京地铁一号线

建设被调往北京投身地铁建设。历任北京地铁工程局设计处工程师，铁道部铁道研究所（今中国铁道科学研究院），基建工程兵科研所所长，北京城建设计研究院总工程师，中国地铁工程咨询有限责任公司总工程师。是中国城市轨道交通协会顾问兼专家委员会主任，住房和城乡建设部质量安全专家委员会主任，中国地铁工程咨询有限责任公司总工程师，北京城建设计发展集团股份有限公司首席顾问，北京、重庆、南京等城市轨道交通专家委员会主任。曾任《都市快轨交通》杂志主编，北京交通大学、西南交通大学教授和博士研究生导师等职务。1999年当选为中国工程院院士。

在中国首条地铁——北京地铁一期工程建设中，提出深埋改浅埋方案，解决了在当时技术条件和经济条件下，地铁建设中无法解决的难题，主持完成北京地铁一号线试验段和浅埋地铁车站关键性技术的试验研究，并首次应用“钢管混凝土柱”的施工技术。研制了中国第一台压缩砼衬砌盾构和局部气压盾构，提出极限平衡原理设计切口环的理论。

在中国城市轨道交通规划、设计、建设中，逐步建立了城市轨道交通建设体系和理论，主编了中国第一部《地下铁道设计规范》、第一部城市轨道交通专业书籍《地下铁道设计与施工》。1995年主持中国工程院“降低地铁工程造价及工程建设管理等若干问题的研究”咨询课题。2003年主持国家中长期科技发展规划课题“大城市综合交通发展战略与关键技术研究”，2006年主持国家科技支撑计划课题“新型城市轨道交通技术”，2007年主持召开城市轨道交通建设与运营的质量和安全国际研讨会。在控制质量安全、优化技术方案、统一建设标准、控制建设规模和投资，以及中国城市轨道交通的发展方向等方面，引导中国城市轨道交通建设体系不断完善和走向成熟。2011年倡导成立**中国城市轨道交通协会**，为中国城市轨道交通的可持续发展做出重大贡献。 （仲建华）

石膏 calcined gypsum 由天然石膏（$CaSO_4 \cdot 2H_2O$）或含硫酸钙的化工副产品经过压蒸或煅烧加热而形成的化学式为$CaSO_4 \cdot 1/2H_2O$的气硬性胶凝材料。

原理 将建筑石膏加水后，它首先溶解于水，然后生成二水石膏析出。随着水化的不断进行，生成的二水石膏胶体微粒不断增多，这些微粒比原先更加细小，比表面积很大，吸附着很多的水分；同时浆体中的自由水分由于水化和蒸发而不断减少，浆体的稠度不断增加，胶体微粒间的黏结逐步增强，使浆体逐渐失去塑性，即浆体逐渐凝结。继续水化，胶体转变成晶体。晶体颗粒逐渐长大，使浆体完全失去塑性，产生强度，即浆体产生了硬化。这一过程不断进行，直至浆体完全干燥，强度不再增加。

性能 主要有：①凝结硬化快。建筑石膏在加水拌和后，浆体在几分钟内便开始失去可塑性，30分钟内完全失去可塑性而产生强度，约一星期完全硬化。为满足施工要求，需要加入缓凝剂，如硼砂、柠檬酸、聚乙烯醇等。②凝结硬化时体积微膨胀。石膏浆体在凝结硬化初期会产生微膨胀。因此，石膏制品的表面光滑、细腻、尺寸精确、形体饱满、装饰性好。③孔隙率大。建筑石膏在拌和时，为使浆体具有施工要求的可塑性，需加入石膏用量60%的用水量，而建筑石膏水化的理论需水量为18.6%，所以大量的自由水在蒸发时，在建筑石膏制品内部形成大量的毛细孔隙。导热系数小，吸声性能较好。④具有一定的调湿性。由于石膏制品内部大量毛细孔隙对空气中的水蒸气具有较强的吸附能力，所以对室内的空气湿度有一定的调节作用。⑤防火性好。石膏制品在遇火灾时，二水石膏将脱出结晶水，吸热蒸发，并在制品表面形成蒸汽幕和脱水物隔热层，可有效减少火焰对内部结构的危害。建筑石膏制品在防火的同时自身也会遭到损坏，石膏制品也不宜长期用于靠近65℃以上高温的部位，以免二水石膏在此温度下失去结晶水，从而失去强度。⑥耐水性、抗冻性差。建筑石膏硬化体的吸湿性强，吸收的水分会减弱石膏晶粒间的结合力，使强度显著降低；若长期浸水，还会因二水石膏晶体逐渐溶解而导致破坏。石膏制品吸水饱和后受冻，会因孔隙中水分结晶膨胀而破坏。所以，石膏制品的耐水性和抗冻性较差，不宜用于潮湿部位。为提高其耐水性，可加入适量的水泥、矿渣等水硬性材料，也可加入有机防水剂等改善石膏制品的孔隙状态或使孔壁具有憎水性。 （张云升）

石灰 lime 以氧化钙为主要成分的气硬性**无机胶凝材料**。

分类 石灰是用石灰石、白云石、白垩、贝壳等碳酸钙含量高的物质，经900～1100℃煅烧而成。石灰是人类最早使用的胶凝材料，公元前8世纪古希腊人已将其应用于建筑，中国也在公元前7世纪开始使用石灰。石灰原材料分布广，生产工艺简单，成本低廉，在土木工程中应用范围很广，仍是用途广泛的建筑材料。

将主要成分为碳酸钙的天然岩石，在适当温度下煅烧，分解出的二氧化碳后，所得的以氧化钙（CaO）为主要成分的产物即为石灰，又称生石灰。在实际生产中，由于石灰石原料的尺寸大或煅烧时窑中温度分布不均匀等原因，石灰中常含有欠火石灰和过火石灰。欠火石灰中的碳酸钙未完全分解，使用时缺乏黏结力。过火石灰结构密实，表面常包覆一层熔融物，熟化很慢。由于生产原料中常含有碳酸镁（$MgCO_3$），因此生石灰中还含有次要成分氧化镁（MgO），根据氧化镁含量的多少，生石灰分为钙质石灰（MgO≤5%）和镁质石灰（MgO>5%）。

性能 生石灰（CaO）与水反应生成氢氧化钙的过程，称为石灰的熟化或消化。反应生成的产物氢氧化钙称为熟石灰或消石灰。石灰熟化时放出大量的热，体积增大1.5～2倍。煅烧良好、氧化钙含量高的石灰熟化较快，放热量和体积增大也较多。工地上熟化石灰常用两种方法：消石灰浆法和消石灰粉法。根据加水量的不同，石灰可熟化成消石灰粉或石灰膏。石灰熟化的理论需水量为石灰重量的32%。在生石灰中，均匀加入60%～80%的水，可得到颗粒细小、分散均匀的消石灰粉。若用过量的水熟化，将得到具有一定稠度的石灰膏。石灰中一般都含有过火石灰，过火石灰熟化慢，若在石灰浆体硬化后再发生熟化，会因熟化产生的膨胀而引起隆起和开裂。为了消除过火石灰的这种危害，石灰在熟化后，还应“陈伏”两周左右。

石灰依靠干燥结晶以及碳化作用而硬化，由于空气中的二氧化碳含量低，且碳化后形成的碳酸钙硬壳阻止二氧化碳向内部渗透，也妨碍水分向外蒸发，因而硬化缓慢，硬化后的强度也不高，1∶3的石灰砂浆28天的抗压强度只有0.2～0.5兆帕。处于潮湿环境时，石灰中的水分不蒸发，二氧化碳也无法渗入，硬化进程将停止；氢氧化钙微溶于水，已硬化的石灰遇水还会溶解溃散。因此，石灰不宜在长期潮湿和受水浸泡的环境中使用。石灰在硬化过程中，要蒸发掉大量的水分，引起体积显著收缩，易出现干缩裂缝。所以，石灰不宜单独使用，一般要掺入砂、纸筋、麻刀等材料，以减少收缩，增加抗拉强度。

（余 伟）

石砌体 stone masonry 用石材和砂浆或用石材和混凝土砌筑成的承担自重和外力的构造体。石材较易就地取材，在产石地区采用石砌体比较经济，应用较为广泛。在建筑工程中石砌体主要用作受压构件，可作为一般民用房屋的承重墙、柱和基础。

石材主要来源于重质岩石和轻质岩石。重质岩石（花岗岩类岩石）抗压强度较高，耐久性好，但热导率大。轻质岩石（石灰岩类岩石）容易加工，热导率小，但抗压强度较低，耐久性较差。承重结构用的石材主要为重质岩石。在中国的设计规范中，对石材按加工后外形的规整程度，分为料石和毛石。料石又分为细料石、粗料石和毛料石（即块石）。

石砌体一般分为料石砌体（图1）、毛石砌体（图2）和毛石混凝土砌体（图3）。料石砌体和毛石砌体一般用砂浆砌筑，也可以干砌后用砂浆勾缝。毛石混凝土砌体是在横板内先浇灌一层混凝土，后铺砌一层毛石，交替浇灌和砌筑而成。料石砌体还可用来建造某些构筑物，如石拱桥、石坝和石涵洞等。精细加工的重质岩石如花岗岩和大理石，其砌体质量好，又美观，常用于建造纪念性建筑物。毛石混凝土砌体的砌筑方法比较简便，在一般房屋和构筑物的基础工程中应用较多，也常用于建造挡土墙等构筑物。

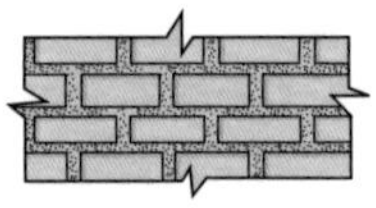

图1　料石砌体示意图

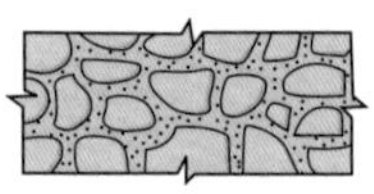

图2　毛石砌体示意图

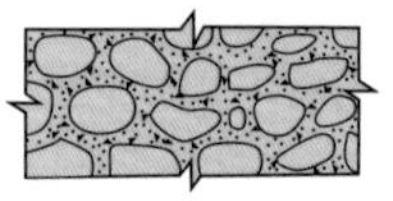

图3　毛石混凝土砌体示意图

石砌体的强度（抗压强度、抗拉强度、抗弯强度和抗剪强度）指标通过试验确定。石砌体的抗压强度随石材强度等级及砂浆或混凝土强度等级的增大而提高，但毛石混凝土砌体的抗压强度主要决定于混凝土强度等级。料石砌体在均匀压力作用下，砌体内的单块石处于复杂的受力状态；石材表面规整，砌体内的应力状态与砖砌体相似。毛石的外形很不规则，砌体内的应力状态较砖砌体更复杂且不利，砌体的抗压强度较石材强度低得多，应用范围受到较大限制。石砌体的抗压强度在设计规范中可直接查到。在设计和应用石砌体时，除所选用的石材、砂浆或混凝土应达到规定的强度等级外，还应有合理的构造措施，并保证砌体的施工质量，使石砌体具有较好的受力性能和整体性。

（施楚贤　撰　徐　建　梁建国　修订）

石桥　stone bridge　用石料建造的桥梁。有石梁桥和石拱桥，历史都很悠久（见**古代桥梁**）。石桥主要包括石梁桥和石拱桥。中国历史上著名的石梁桥有洛阳桥和虎渡桥，石拱桥有**赵州桥**等。由于石梁抗弯能力较差，现只能在人行桥或涵洞中使用。

石拱桥在现代铁路和公路桥上发挥一定作用。中华人民共和国成立后，在50～60年代修建了大量的铁路石拱桥，如成（都）昆（明）线的老昌沟一线天桥，跨度达54米。在中国山区的公路中，石拱桥一直是一种常用的桥型，最大跨度已达146米（丹河大桥）。

石拱桥的主要承重结构为拱圈。拱上结构用石砌侧墙并在墙间填料者称实腹式拱桥，在拱圈上加筑小拱的称空腹式拱桥。拱圈一般用拱石在刚度较大的拱架上砌筑，也有以片石砌块或弧形板石代替拱石的。拱圈内的砌面应垂直于拱圈的内弧，相邻两排拱石须有错缝。跨度大于10米的石拱桥，须采用分段法对称砌筑拱圈，分段的位置和砌筑的顺序，应使拱架受力均衡，变形最小。跨度较大的石拱桥，因拱圈较厚，可采取分层砌筑。先砌底层，待其合龙和拱架共同承重后，再砌上层。每层可用分段和预留空缝相结合的方法施工。

石拱桥的外形美观，养护简便，可以就地取材，特别在石料供应方便、工价低廉的地区，修建跨度不大的石拱桥，是比较经济的。但石拱桥为实体重型结构，跨越能力有限，拱石的开采、加工、砌筑等均不易机械化，需要的劳动力较多，工期较长，使其发展受到一定限制。

（唐嘉衣）

市域快轨系统　urban rapid rail system　服务于市域范围内中长距离客运的城市轨道交通方式。最高运行速度为100～160千米/时。狭义的市域快轨通常是一种特定的钢轮钢轨制式，指连接都市中心区和郊外的轮轨交通列车。

功能定位与作用　市域快轨主要服务于城市与郊区、中心城市与卫星城市、重点城镇之间，服务范围一般在100千米之内。以城市客流为主，满足通勤、通学、通商、旅游休闲等客流需求。在服务时间上，通勤交通出行时间满足城市综合交通规划要求，不大于1小时；沿线重点服务的新城、城镇通勤客流乘坐市域快轨时间控制在30～45分钟，市域快轨主要是满足中心城区以外的市域地区（含近郊、远郊和卫星城）中、长距离出行需求；是介于城市轨道与城际铁路之间的一种交通类型；是实现城乡总体规划、疏散密集的中心城区人口、服务大都市圈建设的轨道骨干线和快线。其功能作用有3个方面：①城乡公共客运交通系统的骨干，依托其车站的站外衔接设施，与各种交通方式实现无缝衔接。②满足中心城区的功能调整和环境优化的发展需求，为中心城区和外围组团及卫星城提供便捷、舒适的通勤服务。③扩大城市对外交通枢纽（机场、高铁站）的服务范围，不仅快速将客流送达中心城区，还要将客流快速送达全市域及其外围地区。

技术特征　市域快轨制式多元化。市域快轨的车辆按走行系统分为钢轮钢轨走行系统（如地铁、直线电机车辆、CRH6、轻轨）、胶轮走行系统（如跨座式单轨、悬挂式单轨、自动导轨系统）和磁悬浮车辆3类。

运输组织多模式。列车实现网络化运行，采用多种运行模式，包括单一交路和多交路混合运行，不同编组列车混合运行，快慢车混合运行，跨线运行和共线运行。

线路特点。市域快轨线路长，大站间距3～5千米或以上；大都为地面和高架线路；旅行速度高，大多在50千米/时以上。

低客流。市域快轨主要客流为通勤/通学客流，也有少部分公务、商务、旅游、休闲客流；客流量低，客运强度一般不超出1万人/（日·千米），高峰小时最大断面客流一般在3万人/时以下；市域快线一般多采用平峰期小编组、短间隔吸引客流、高峰期采用双列重联提高运能的运营模式。

高旅行速度。通过提高列车最大运行速度、增大站间距、采用大站快车运营模式等多种方式综合考虑，实现高旅行速度。

低建设投资及低运营成本。市域快轨线路大多位于中心城区以外市域的规划区，通过互联互通网络化运营，可实现资源共享的最大化，达到降低建设投资、降低运营成本的目的。为降低建设投资及运营成本，牵引供电采用高压交流制，直流或双流制；因行车密度较低，常采用低级别信号系统基本配置。

运行线路　市域快轨可实现三网融合，即市域快轨与左侧行车方式的干线城际铁路互联互通、与城市轨道市区线换乘互通；又与右侧行车方式城市轨道市区线互联互通、与干线城际铁路换乘互通；市域快轨单线独立运营。

在市域快轨的速度区间里，不仅适合采用120～160千米/时的高速轨道列车，也适合采用100～120千米/时、80～100

千米/时的其他中速车型（如单轨、磁悬浮），尤其是中小城市的中心城区规模和市域规模都不太大，轨道交通本身就比地面公交快，还可通过市域线的高标准线路、“大站间距”“大站快车”的运营方式，提高市域快轨线的旅行速度。市域快轨采用牵引动力比城市轨道交通的牵引动力大，最高运行时速可达160千米，极大方便周边卫星城以及城镇和市区的联系。

市域快轨大都采用地面和高架线路。在城市中心区采用地下线，在中心城区以外的地段，采用高架线，有条件地段采用地面线，对于地面线和高架线需要设置安全防护措施。

市域快轨和城轨市区普线共用一个走廊时，快轨与市区普线原则上应独立设置。如快轨、普线的运输能力富裕可共轨时，共轨后各自线路的旅行速度应满足各层次的技术指标要求，各自线路的运能应满足该走廊交通需求的基本要求。

市域快轨和中心城区轨道交通系统内乘客的换乘次数不超过2次。

市域快轨线网与中心城区轨道交通网络可互联互通，快慢车混合运行模式下，快车旅行速度在中心城区不宜低于50千米/时，在中心城区以外地区不宜低于70千米/时。

跨线站采用同站台换乘和站前过轨的型式，并为被跨线路的非跨线区段预留小交路站后折返的条件；两条或两条以上线路共线运行的换乘站，尚应具备独立运行的站后折返条件，同时共线区段宜预留将来分线独立运行的实施条件。

越行站需满足快车不停站越行或后到站、先发车的要求，并兼顾四线故障车待避站和非正常状态下折返站的功能；配线的设置标准，应满足快车按设计车速越站行驶的要求。位于中心城区以外地区的一般车站宜具备拓展成四线站的实施条件。

（仲建华）

市政环卫机械　municipal & environmental sanitation machine　用于城市管道和路面等设施的维护、清扫保洁、生活垃圾收运和城市绿化作业等机械的统称。市政环卫机械包括市政机械和环卫机械两大类。一般由动力系统、作业系统、控制系统和行走系统等部分组成。

随着技术进步，市政环卫机械已由1896年美国制造出的第一个扫路车发展为功能全、门类多的作业机械，改变了人力或简单机械方式，实现了以电机或内燃机为动力的自行高效、快捷作业。

主要用于城市道路、桥梁、涵洞的维修、养护，管道的铺设、疏通、冲洗，污泥的抽吸和运输，城市交通设施安装作业；城市绿化浇灌等作业；路面清扫、保洁、洒水冲洗以及粪便、垃圾收运等环境卫生作业。

市政机械　按用途，可分为城市管线铺设和维护机械，用于道路及其设置的安装、维护机械，城市排淤机械，清除城市道路积雪、结冰等机械，城市绿化设施维护机械。

城市管线铺设和维护机械　包括水平钻地机、铺管机、挖掘机、下水管道检查修补设备等。分为明沟开挖方式和非开挖方式铺设管道两类。①明沟开挖方式铺设管道机械。主要是铺管机，一般具有开沟、铺管及填埋等功能，适于空旷的开挖场地作业。②非开挖方式铺设管道机械。有水平钻地机和掘进机等。水平钻地机适于狭小的场地，或建筑物、居民相对集中的场地作业。水平钻地机通过水平导向钻钻进，其导向钻头发出的信号被地表的接收器接收后，操作者根据钻头钻进方向和深度等控制钻孔的轨迹，使钻孔按设计轨迹钻进并钻出地面（图1）。导向孔完成后，用扩孔器扩大钻孔。扩孔完成后，在出口处将待铺管线通过回拖头和扩孔钻头连接在钻杆上，利用定向钻机一边回转一边回拉，将管线拖入已扩钻孔，完成管线的铺设施工（图2）。

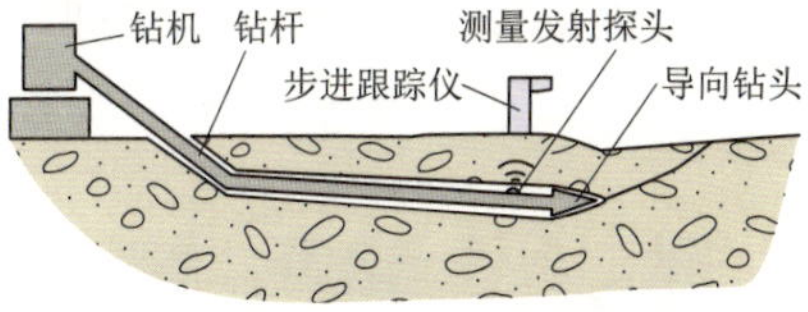

图1　导向钻孔工作原理示意图

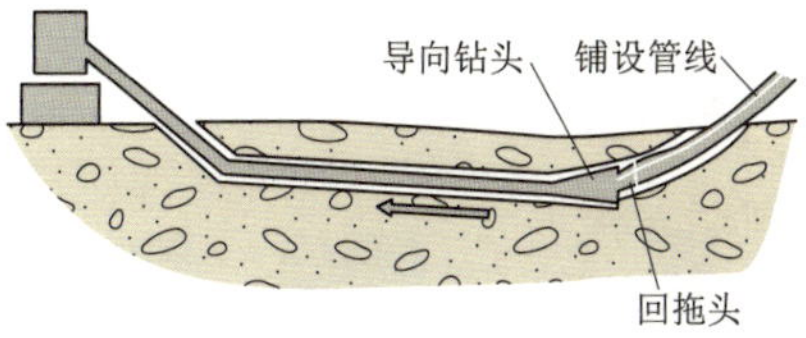

图2　管线铺设施工原理示意图

城市道路及其设施维护机械　有对沥青路面和混凝土路面实施修补的路面养护车，具有切割、破碎、吹扫、沥青喷洒、沥青混合料加热及储存、废料回收和压实等功能，可完成坑槽修补作业；有高空作业车或升降作业平台用于道路交通指示标牌和路灯安装维护等。

城市排淤机械　城市淤泥和下水道清理主要由吸污车、污泥运输车、下水道疏通车以及下水道综合养护车等相关机械完成。吸污车主要是通过车载的吸污系统和污泥罐，执行对沟、渠或水池等城市设施的污水淤泥清除和转运作业。水道疏通车以及下水道综合养护车主要通过机械疏通、水冲洗及真空抽吸等功能，将泥砂抽吸到车辆的污水罐中，疏通淤塞的下水道并实现下水道清理作业。作业方式见图3。

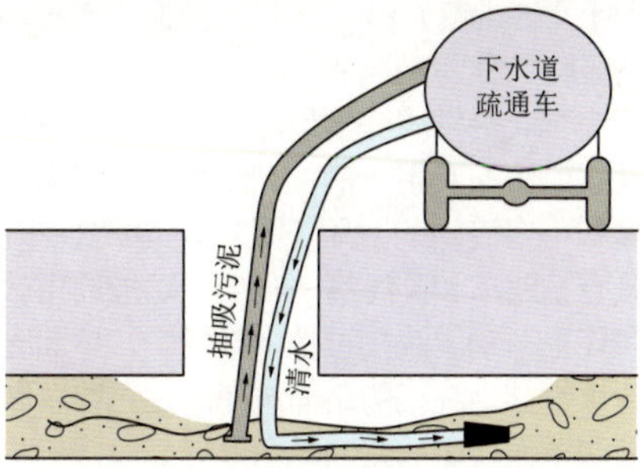

图3　下水道疏通作业方式示意图

清除城市道路积雪、结冰等机械　机械除雪方式很多，常用的按原理大致可分为犁式除雪、扫刷式除雪、抛投式除雪、风力式除雪等。除冰机械大致可分为滚压式、锤击式、铲剁式等。较典型的除雪车见图4。

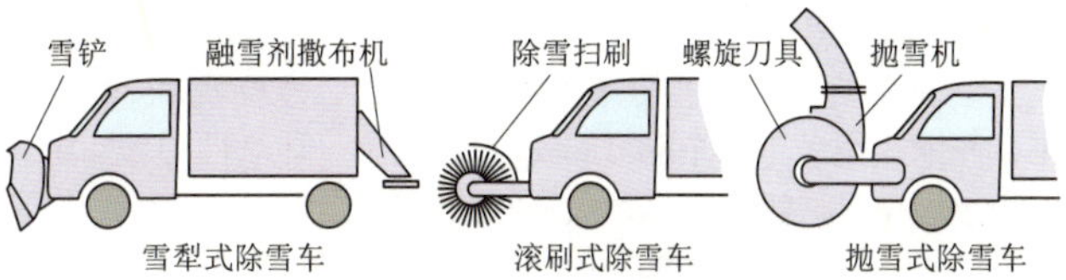

图4　除雪车示意图

城市绿化设施维护机械　主要用于浇灌、喷洒、剪草、树木修剪等。绿化喷洒车主要是通过装载在车辆上的水炮等喷射装置，将水远距离喷射到树木上，实现喷洒均匀，高效率作业。

环卫机械　按用途，可分为路面及其相关设施清扫保洁等作业机械，垃圾收运处理机械，空气降尘、净化的机械和厕所车。

路面及其相关设施清扫保洁等作业机械　扫路车、洒水车、清洗车和洗扫车为道路清扫保洁机械。为适应不同环境，这种机械一般有多种类型。①扫路车。按清扫原理分为纯吸式、纯扫式和吸式3类。仅装有气力抽吸装置或仅装有扫盘类清扫装置的，称为纯吸式扫路车或纯扫式扫路车；装有可协同作业的气力抽吸装置和扫盘类清扫装置的，称为吸扫式扫路车。因为作业效率高，吸扫式扫路车适应性最广。吸扫式扫路车一般作业扬尘大，为克服扬尘会采用喷水降尘或除尘器降尘。喷水降尘的称为湿式扫路车，适用于0℃以上的环境温度作业。除尘器降尘的称为干式扫路车，适用于0℃或0℃以下的环境温度作业。②洒水车、清洗车。通过清洗装置和车辆装载的清水冲洗路面或其他城市设施。洒水车仅有洒水功能，结构简单，类别单一（图5a）。清洗车不仅有洒水功能，一般还装有如水炮、水枪、洗刷以及清洗作业用的升降平台类等其他清洗作业装置，结构较洒水车复杂（图5b）。清洗车按输出水压有高压（高压为其输出水压不小于5兆帕）和低压之分。输出水压为高压时，称为高压清洗车，否则称为低压清洗车。护栏清洗车是城市道路的隔离栏清洁保洁的专用车辆，侧面装有一组喷水嘴和可自旋转的毛刷（图5c）。③洗扫车。具有扫路车和高压清洗车部分功能的市政和环卫车辆。洗扫过程中无扬尘，地面无污水留存，洗扫的路面洁净率比扫路车和清洗车作业后的路面洁净率更高。虽然结构复杂，但随着人们对环境要求越来越高，洗扫车应用也更普遍。

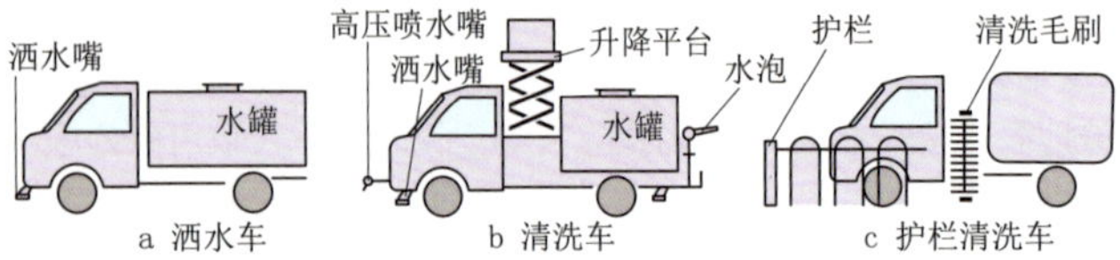

a 洒水车　b 清洗车　c 护栏清洗车

图5　洒水车和清洗车示意图

垃圾收运机械　主要有自卸式垃圾车、压缩式垃圾车、车厢可卸式垃圾车和餐厨垃圾车等。①自卸式垃圾车。收运的垃圾处于松散状态，结构简单，装载率不高（图6a）。②压缩式垃圾车。由于装备了垃圾压缩装置，可将松散状态垃圾连续填装实现垃圾压实，结构复杂，但装载率高（图6b）。③车厢可卸式垃圾车。是一种集装垃圾转运车辆。车辆通过自带的钩臂装置将垃圾集装箱装载到车上后，再转运至垃圾处理地点（图6c）。④餐厨垃圾车。是收运餐厨垃圾的专用车。由于餐厨垃圾具有高油脂、高蛋白、高盐高水分等，因此餐厨垃圾车具有与一般垃圾车辆不同的特点。如为防止油脂凝固一般有垃圾加热装置等；为防止高蛋白等易腐变物质有消毒除臭装置或提高垃圾车密闭性能等；由于餐厨垃圾具有流挂飞溅等特点，餐厨垃车还会有自洁清洗功能（图6d）。⑤医疗垃圾车。是收运医疗垃圾的专用车。医疗垃圾分为无害垃圾与有害垃圾两大类。无害医疗垃圾可采用一般垃圾收运车收运。有害医疗垃圾由于对公众健康存在很大威胁，不能采用生活垃圾转运方式。这类垃圾按特性分为传染性垃圾、病理性垃圾、锐器、一次性用品、放射性垃圾、化学性垃圾、细胞毒性废物、重金属垃圾和废药物垃圾等，被列为国家HW01（Hazardous Waste）号危险废物。其收运及管理应符合国家相关标准或相关国际公约（如控制危险废物转移的《巴塞尔公约》）规定，并根据各自特性选用适宜的收运方式进行收运。

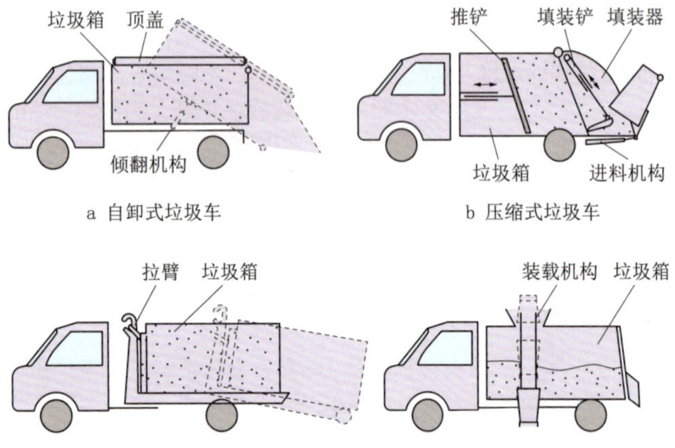

a 自卸式垃圾车　b 压缩式垃圾车

c 车厢可卸式垃圾车　d 餐厨式垃圾车

图6　垃圾收运车示意图

空气降尘、净化机械　抑尘车用于局部空气降尘或净化，主要通过车装轴流气力喷射器（喷射角度可调的轴流气力喷射装置），喷射水化雾实现降尘，一般适用于城市建筑拆除现场等局部扬尘大的场合（图7）。

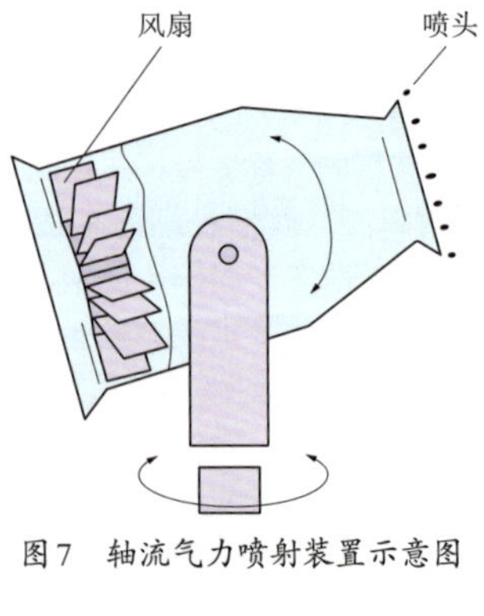

图7　轴流气力喷射装置示意图

厕所车用作活动式公共厕所，是一种安装有便池、抽水、盥洗等设施的专用车辆。主要分为自行式厕所车、拖挂式厕所车和活动式厕所车。　（段建国）

市政隧道　municipal service tunnel　城市中为安置各种不同市政设施而修建的地下孔道。由于城市不断发展，工商业日趋繁荣，人民生活水平逐步提高，对公用事业的要求也越来越高。从城市空间的合理利用和可持续发展的国策来说，把它们安置在地下，既不占用地面面积，又不致扰乱高空位置和损伤市容的整齐性，这是现代化城市的标志之一。市政隧道有给水、污水、管路、线路、人防等隧道。

给水隧道　城市自来水管网遍布市区，必须合理有序地规划和布置地下的孔道来容纳、安置这些管道。给水隧道既不破坏市容景观，不占用地面积，也可避免遭受人为的损坏。

污水隧道　城市污水除一部分可以净化返用外，仍有大部分需要排放到城市以外的河流中。这就需要有地下的排污隧道。这种隧道可能是本身导流排送，此时隧道的形状多采用卵形；也可能是在孔道中安放排污管，由管道排污。排污隧道的进口处，多设有拦渣隔栅，把漂浮的杂物拦在隧道之外，不致涌入造成堵塞。

管路隧道　将管路放置在地下孔道中，经过防漏及保温措施实现目标资源的输送的工程建筑物。城市供给煤气、暖气、热水等的管路都放置在地下的孔道中。

根据管线隧道穿越位置不同，管线隧道包括山岭管线隧道和江（河）底管线隧道，其特点有：①管线隧道洞径小，多采用直墙圆拱形断面形式。②纵向坡度要求低。③隧道支护要求相对较低。④防水要求较低。⑤管线隧道的特殊要求。

管线隧道的标志工程主要包括：①西气东输管道工程。西起新疆轮南，东至上海白鹤镇，管道全长约4000千米，是中国修建的距离最长，输气量最大、施工条件最复杂、投资量最大的天然气输气管道。管线沿线共采用16条山岭隧道，3条江底隧道。②川气东送管道工程。是国家“十一五”重点工程，是中国横贯东西，除西气东输外又一条能源大动脉，起于四川普光，终于上海，全长约2170千米，沿线采用72条山岭隧道，5条江底隧道，隧道累计长度超过92千米，是21世纪20年代中国开挖隧道数量最多，隧道总长度最长的管道工程。

线路隧道　城市中输送电力的电缆以及通信电缆都安置在地下孔道中。这既可以保证电缆不为人们的活动所损伤或破坏，又免得悬挂高空，有碍市容景观。这些地下孔道多半是沿着街道两侧敷设的。在现代化的城市中，将以上4种具有共性的市政隧道，按城市的布局和规划，合建一个大隧道，称为共同管沟。共同管沟是现代城市基础设施科学管理和规划的标志，也是合理利用城市地下空间的科学手段，是城市市政隧道规划与修建的发展方向。

人防隧道　为战时的防空目的而修建的防空避难隧道。城市中建造人防工程，是为了预防战争中空袭的需要。人防工程是在紧急情况下供人们避难用的，因此，在修建时应考虑人生活环境的一般要求，除应设有排水、通风、照明和通信设备以外，还应考虑储备饮水、粮食和必要的救护设备。此外，在洞口处还需设置各种防爆装置，以阻止冲击波的侵入。同时，要做到多口联通、互相贯穿，在紧急时刻可以随时找到出口。（仇文革）

事后性维护管理　breakdown maintenance　土木工程设备或结构物发生故障或损伤、丧失正常工作能力后，将其恢复到规定状态的管理方式。

主要内容　作为一种传统管理方式，事后性维护管理是20世纪50年代以前最主要的维护管理方式，虽然一直使用，但在维护管理体系中不再居于主导地位。

事后性维护管理包括：故障或损伤定位，维护方案制定，人员、材料、机械准备，故障处理，校准和检测等。故障或伤损定位需要借助维护人员的经验，有时还需要对设备或结构部件进行拆解。维护方案需要根据伤损情况制定，同时也将作为维护工作准备和实施的依据。校准和检测在维护工作完成后进行，可以用于维护效果的评估，也是提高维护质量的保障。

特征　事后性维护管理的优点是，可以充分发挥土木工程设备或结构物的正常工作性能，减少维护检测工时和费用，不存在过度维护，同时也可以节省大量备件库存费用。事后性维护管理主要缺点是，被动、无计划，维护作业突然发生，难以高效地配备人员、材料和维修设备，通常维护耗时较长，花费较高，可靠性较差，甚至可能存在缺陷。

作为传统的维护管理方式，事后性维护管理难以满足一些关键部件或复杂系统的维护管理需要。例如，核反应堆的保护壳，一旦出现问题就有可能造成核泄漏等重大安全事故。为了扭转事后性维护管理中的被动局面，出现一系列新的维护管理方式，如定期开展维护工作的周期性维护管理，在故障或伤损发生前开展维护管理工作的预防性维护管理，以设备状态监测、性能预测为基础的预知性维护管理等。已有维护管理方式中，周期性维护由于存在维护不足现象，还不能完全扭转事后性维护管理被动无计划的局面，而预防性维护管理和预知性维护管理效果较好。

应用　事后性维护管理的被动特性限制了它的应用范围，主要适用于一些非关键性设备或结构。通常这些设备或部件故障或损伤发生时间不固定，且发生后对系统正常工作影响较小，易修复。事后性维护管理与其他维护管理方式共同作用可以较好地发挥效果，因此事后性维护管理作为一种辅助维护管理方式将长期存在。

（王　平　陈　嵘）

室内给水系统　indoor water supply system　供应建筑内部和小区范围内的生活用水、生产用水和消防用水的给水系统。室内给水系统按用途可分为生活给水系统、生产给水系统和消防给水系统。①生活给水系统。是为住宅、公共建筑和工业企业内人员提供饮用水和生活用水（盥洗、淋浴、洗涤、冲厕及洗地等用水）的供水系统，满足各用水点对水量、水压和水质要求的冷水供应。②生产给水系统。指工业建筑或公共建筑在生产过程中使用的给水系统，提供给生产设备冷却、原料和产品的洗涤用水，以及各类产品制造过程中所需的生产用水。③消防给水系统。提供以水灭火的各类消防设备用水的供水系统。根据《建筑设计防火规范》（GB 50016—2014）的规定，对某些多层或高层民用建筑、大型公共建筑、某些生产车间和库房等，必须设置消防给水系统。消防用水对水质要求不高，但必须按照《建筑设计防火规范》（GB 50016—2014）保证供给足够的水量和水压。生活用水量根据建筑物的性质、卫生设备完善程度和地区条件按设计规范中有关规定确定，生产用水量按工艺要求确定，消防用水量根据建筑物的用途功能、体积、高度、耐火等级、火灾危险性等因素综合确定。（张永吉）

室内空气环境　indoor air environment　包括室内热湿环境和室内空气质量。室内热环境由室内空气温度、空气湿度、空气流速和热辐射4种参数综合形成，人体通过自身的热平衡和感觉到的环境状况，综合起来获得是否舒适的感觉。人们提出了很多室内热环境评价指标，如有效温度、操作温度、湿黑球温度、PMV-PPD预测平均投票数和预测不满意百分数等。

室内空气质量，美国采暖、制冷与空调工程师学会（ASHRAE）给出的定义为：良好的室内空气品质应该是空气中没有已知的污染物达到公认的权威机构所确定的有害物浓度指标，且处于这种空气中的绝大多数人（≥80%）对此没有表示不满意。

（王昭俊）

室内空气环境调控　indoor air environment control　为了获得人们所需要的室内热湿环境与空气质量环境而采取的基本方法。

室内空气环境调控基本方法主要有自然通风、机械通风、采暖、供暖和空气调节。

自然通风和机械通风　自然通风和机械通风的目的均在于利用室外的新鲜空气移除室内的产热产湿以及污染物，以保证室内的热舒适和有足够的新风。但是通风的效果取决于室外空气参数以及通风量。尽管机械通风能够克服自然通风的通风量不确定性问题，但是却无法把室内温度降到室外温度以下，也无法把室内污染物浓度降到室外空气的污染物浓度以下。自然通风广泛应用于需要保障舒适性的民用建筑，住宅就是普遍利用自然通风的典型建筑。自然通风依然被作为建筑节能和绿色建筑技术手段应用于居住建筑和公共建筑中。机械通风多用于需要通风量稳定，或者不具备自然通风条件的民用和工业建筑，如民用建筑的厨房和卫生间、有大发热量的工业厂房、有污染物散发的实验室等。这些应用场合的特点是室内有较集中的污染物散发，或者有大的内热源，而又没有精确的室内环境参数控制要求。

采暖和供暖　采暖和供暖的目的都是控制室内的空气温度和平均辐射温度，补充房间损失掉的显热。区别在于采暖是室内人员用获得的热量为房间维持温暖，如火炉、火炕和火墙等，而供暖则是通过机械系统为建筑提供热源以保障末端用户的采暖需求，如热水锅炉供暖、热电联产集中供暖等，是工业革命的产物。

无论是通风还是供暖，都只能针对单一室内参数进行调节。供暖只能控制室内温度，通风即便在通风量可控的条件下也只能控制温度、湿度、污染物浓度3个参数之一。而空气调节设备集成了对空气加热、降温、除湿、加湿和过滤等功能，并对风量也有调控功能，是作为全面针对室内温度、湿度、污染物浓度和气流速度进行调节的技术手段应运而生的。针对一些特殊环境，空气调节系统还必须维持室内的大气压力、氧气与二氧化碳含量等参数，为室内人员提供生命保障。

供暖大规模应用于中国的严寒和寒冷气候区的民用和工业建筑，其中有很大一部分是通过集中热网进行集中供暖。集中热网有城市级别的，也有尺度不同的区域级别的。中国夏热冬暖地区的民用建筑过去冬季很少有采暖手段，也有部分民宅使用采暖炉进行采暖，逐渐发展到采用燃气炉独立采暖。现在最普遍的方式是利用空调系统进行冬季供暖。

空气调节 已经广泛应用于中国各类民用建筑和工业建筑。住宅已经广泛使用家用空调器，而大型公共建筑如酒店、商场、影剧院、办公楼、交通建筑、医院、学校、体育场馆等普遍使用中央空调系统（包括集中式空调系统和半集中式空调系统）来保证室内人员的热舒适。而对室内环境参数有特殊要求的一些民用建筑的空间（舞台、赛场、实验室、手术室等），以及有工艺要求的工业建筑（电子产品车间、制药车间、纺织品车间、化工产品车间等）更是必须采用空调系统来维持各自特殊的环境参数要求。

除了建筑物以外，各种交通工具如汽车、地铁、高铁和轮船等必须有空调系统为乘客维持舱室内的健康舒适环境。而飞机、载人航天器、潜艇等更是需要空调系统作为舱室内人员的生命保障系统。

（朱颖心）

室内空气环境营造设计方法 indoor air environment design method 保持室内空气的主要评价指标达到相关要求的设计方法。对于室内空气环境的评价主要有以下指标：温度、湿度、风速及空气洁净度（或污染物浓度）等。

在建筑建造之前，首先应该有设计文件（设计图纸和相关的说明）。在设计过程中，通过加热或冷却、加湿或除湿、合理的空气气流组织、换气和过滤等技术措施的合理应用，使得室内空气环境的上述主要评价指标，在规定条件下，符合规定的空气环境要求，以保证室内人员工作或工艺的正常进行。同时，将这些确定的措施正确有效地标示在设计文件之中。

由于不同指标的实现方式不同，因此具体的设计方法和应用措施是不完全相同的。设计和施工按照设计文件的要求完成后，还要求使用和运行管理按照设定的条件正常合理运行，才能实现最终的室内空气环境营造的目标。 （潘云钢）

室内末端方式 indoor terminal method 将冷热量送入通风空调房间，进而维持房间需求温度的供热空调末端装置。按照传热类型，可将室内末端方式划分为送风末端和对流辐射类末端。①送风末端。将处理后的冷热空气送入室内，进而提供房间需要的冷热量。常用的送风末端包括变风量末端、风机盘管及各类风口，其中变风量末端在美国商用建筑中广泛应用，而风机盘管则在中国广泛应用。②对流辐射类末端。通过对流和热辐射的方式与室内空气进行换热，从而提供房间需要的冷热量，主要包括冷却顶板、辐射地板、冷梁等。该类末端需要的冷热水温度品位较低（夏季为较高温度的冷水，冬季为较低温度的热水），具有较大的节能潜力。此外，与送风类末端相比，对流辐射类末端热舒适性较好。

实际工程中，为保障室内卫生要求同时兼顾节能，空调系统一般采用多种末端组合的室内末端方式。 （李先庭）

室内燃气系统 indoor gas system 室内燃气系统由室内燃气管道、用户调压装置、燃气表与用具等组成。①室内燃气管道。包括引入管、干管、立管、支管、软管、阀门等。室内管不得敷设在卧室、浴室、地下室、易燃或易爆品的仓库等以及有腐蚀性介质的房间、配电间、变电室、烟道、进风道和电梯井等地方，干管与支管不宜穿过起居室（厅），敷设在起居室（厅）、走道内的燃气管道不宜有接头，有接头应敷设在套管内。②用户调压装置。当燃气直接由中压管道供给民用户时，应将燃气压力通过用户调压器降至燃具正常工作时的额定压力。用户调压器属于直接作用式调压器，适用于集体食堂、饮食行业等公共建筑和用量不大的居民点。一般安装在燃气表前。③燃气表。用来测定某段时间内流过燃气总量的仪表，又称煤气表。为方便统计民用户燃气用量以及满足人们的燃气需求，燃气表具有自动累计功能，使得使用天然气或管道煤气的用户可以方便地知道用了多少气，以便能按照每月消耗燃气的立方米数缴费。用户使用燃气表必须经质量技术监督部门进行首次强检合格。④民用燃气用具。指供居民家庭、公共建筑和商业设施等用城市燃气制备食品和热水以及采暖等的燃烧用具，简称民用燃具。民用燃气用具热值高、使用方便，通常由供气管、阀门、燃气燃烧器以及支架或炉膛和换热器等部件组成。有炉膛的燃具应带有自动点火和熄火保护装置，热负荷较大的燃具必须设专门的点火器和排烟装置。

（田贯三）

室内通风 indoor air ventilation 采用自然或机械方法，将室外空气直接或经处理后向某一房间或空间输送新鲜空气（送风），将室内被污染的空气直接或经处理后排到室外（排风），从而维持室内环境符合卫生标准的过程。

影响因素及分类 按照室内气流形式的不同，室内通风有混合通风和置换通风两种方式。室内气流分布对室内空气的温度、湿度、洁净度和气流速度是否处于热舒适范围内起着很大的作用，并且会影响空调系统的初投资与能耗。影响室内气流分布的主要因素有送风口的几何形状和位置、送风风速、送风温差和排风口位置。室内通风不当会引起室内空气品质恶化，产生病态建筑综合征等问题。通风问题一般包括新风量不足和室内空气分布不合理两个方面。改善室内空气品质需要采取良好的室内通风系统。

室内通风不当会引起室内空气品质恶化，产生病态建筑综合征等问题。通风问题一般包括新风量不足和室内空气分布不合理两个方面。改善室内空气品质需要采取良好的室内通风系统。

评价指标 人们对室内通风效果的评价主要是从整体上评价其对房间的热负荷和污染物的去除效果。常用的评价指标有空气龄、换气效率、通风效率、排污效率和温度效率。

空气龄 空气从进风口进入室内到达某点的时间，其实质是旧空气被新空气所代替的速度。一般用示踪气体法进行测量计算。

某一点的空气龄：

$$\tau_i=\frac{\int_0^\infty C(\tau)\,\mathrm{d}\tau}{C(0)} \tag{1}$$

室内空气平均空气龄：

$$\bar{\tau}=\frac{\int_0^\infty \tau C_{\mathrm{P}}(\tau)\,\mathrm{d}\tau}{\int_0^\infty C_{\mathrm{P}}(\tau)\,\mathrm{d}\tau} \tag{2}$$

式（1）（2）中$C(0)$为i点示踪气体初始浓度；$C(\tau)$为i点示踪气体瞬时浓度；$C_{\mathrm{P}}(\tau)$为排风口处示踪气体的瞬时浓度。

换气效率 最短空气龄与平均空气龄之比，是衡量室内换气效果优劣的指标，与气流组织分布有关，与污染物无关。计算式为：

$$\varepsilon_1=\frac{1}{2\tau n}\times 100\% \tag{3}$$

根据通风目的不同，通风效率分为两种情况。

以排除室内污染物为目标时称为排污效率，反映了通风对污染物排除能力。计算式为：

$$\varepsilon_2=\frac{C_{\mathrm{P}}-C_{\mathrm{S}}}{C_0-C_{\mathrm{S}}} \tag{4}$$

式（4）中C_{P}、C_{S}、C_0分别为排风口、送风口和人员活动区污染物浓度。

以排除室内余热为目标时称为排热效

率，反映了通风对余热的排除能力。计算式为：

$$\varepsilon_3=\frac{T_P-T_S}{T_0-T_S} \qquad (5)$$

式（5）中T_P、T_S、T_0分别为排风口温度、送风口温度和人员活动区平均温度。

（李念平）

首都机场T3航站楼　Beijing Capital International Airport Terminal 3　中国北京首都国际机场的三座现役航站楼之一。建成时为世界上一次建成的最大建筑群。建筑南北长2900米，东西宽790米，高45米，总建筑面积98.6万平方米。2004年3月28日开工奠基，2008年2月29日正式投入使用。航站楼在功能流程、旅客体验和人性化、地域特色和绿色节能方面，均取得了大量开拓性设计成果，得到各国同行的广泛好评。

T3航站楼由两座Y形大楼T3C、T3E和一座连接大楼T3D组成，T3C连接陆侧交通和地面交通中心，负责中央值机处理与国内航线；T3E大楼负责国际航线；T3D则是辅助国内楼和专机楼。各航站楼之间设APM捷运系统相连接。整组建筑像一条巨龙由南向北延伸，室内空间开敞完整、气势宏大。屋顶的色彩从红色过渡至金色，是中国传统文化的抽象表达。

首都机场T3航站楼

T3航站楼主体结构为钢筋混凝土框架结构，柱网采用三角形柱网为主，中央大厅中心区域为正交柱网。基础采用了摩擦型钻孔灌注桩以解决地基承载力、不均匀沉降及基础抗浮问题。柱网屋顶为锥形和梭形钢管柱支撑的螺栓球、焊接球混用的网架结构，网架结构为下弦抽空的三角锥网架，局部与幕墙交界处设置边桁架过渡。

（奚　悦　束伟农　陆新征）

受力分析　force analysis　将研究对象看作一个孤立的物体并分析它所受各外力特性的方法。外力包括主动力和约束力（见**约束类型**）。分析力的特性主要是为确定这些外力的作用点、方向等。例如，重力是地球对物体的引力，属于外加的主动力，作用点在物体的重心，方向铅垂向下。约束力的大小一般是未知的（除非用测力器作约束体测定其作用力）。有一部分约束的约束力方向是可以确定的。例如，绳索的约束力总是拉力，拉紧时方向沿绳；光滑面的约束力总是推力，方向沿该面法线。沿粗糙接触面的约束力就是摩擦力。物体将开始运动时，摩擦力达到最大值。如果摩擦系数μ已知，最大静摩擦力$\boldsymbol{F}_m$与法向反力$\boldsymbol{N}$的数值关系为$\boldsymbol{F}_m=\mu N$。在平衡情况下，摩擦力$\boldsymbol{F}$的大小可以是从0到$\boldsymbol{F}_m$之间的任一个值，其大小应根据力的平衡条件来计算。另外，由铰链的构造还可确定约束力的方向。例如，圆柱铰的约束力可用垂直于圆柱轴的平面上的两个力表示；又如活动支座约束力的方向可用垂直于支承面的一个力$\boldsymbol{N}$表示。

由牛顿运动定律可知，物体是否平衡由外力确定，物体不平衡时的加速度也由外力确定，都与物体内部相互作用的内力无关。所以求解力学问题时，常有意识地选取某部分作为研究对象，把它看作一个物体，并把它从周围环境的约束中割开，而加以相应的外力。解除约束后的物体称为隔离体。画出隔离体及其所受全部外力的图称为受力图。例如，重为$\boldsymbol{G}$的梯子AB置于光滑的铅垂墙和粗糙的水平地面之（图1），地面和梯接触的摩擦力为$\boldsymbol{F}$，梯子D点和墙体E点间用水平绳拉紧。若把梯子作为隔离体。其中$\boldsymbol{T}$为绳的张力；$\boldsymbol{G}$为梯的重力；$\boldsymbol{N}_A$为光滑墙的反力；$\boldsymbol{N}_B$为地面反力；$\boldsymbol{F}$为摩擦力。梯子将要滑动时，$\boldsymbol{F}$达到最大摩擦力μN_B，一般情况$\boldsymbol{F}<\mu N_B$。

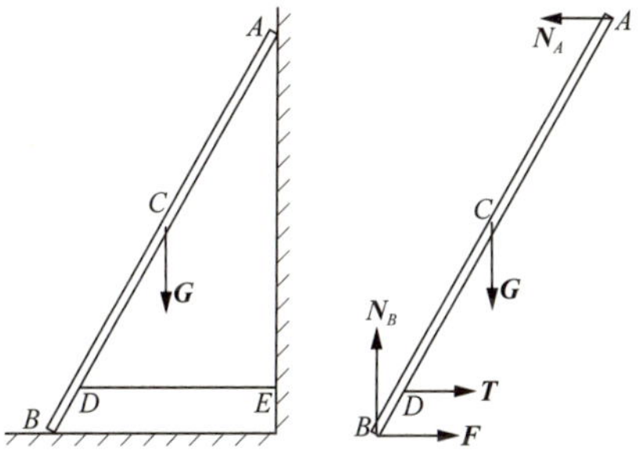

图1　斜靠在光滑墙上的梯子受力示意图

如果整个物体的受力图尚不足以达到解题目的（方程个数少于未知力个数），可依物体内部结构的特点，把它拆为两个隔离体，拆离处的相互作用力满足作用和反作用定律。从这两个隔离体的受力图，可写出增加的方程数目，以达到解题目的。

例如，图2的三铰拱，由于用了两个固定铰链支座，因此有4个支座反力X_A、Y_A、X_B、Y_B（图3a）。由整体列出的3个平衡方程不足以解出这4个未知数。这时可从中间铰C处将它拆成两部分，画出两个受力图（图3b）。在铰C处，两个图上的X_C、Y_C大小相等、方向相反。这样，6个未知量X_A、X_B、X_C、Y_A、Y_B、Y_C就可由两个隔离体的6个平衡方程解出。如拆成两部分还不能求解，可拆成几部分。

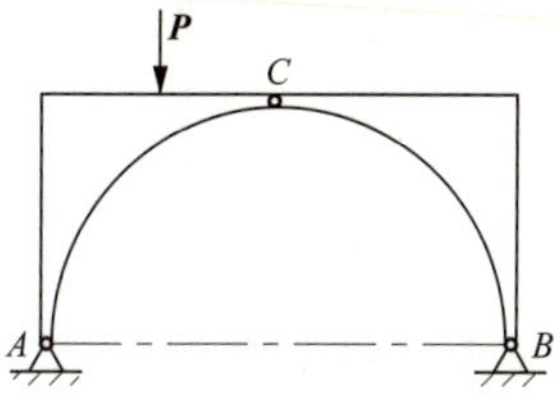

图2　三铰拱示意图

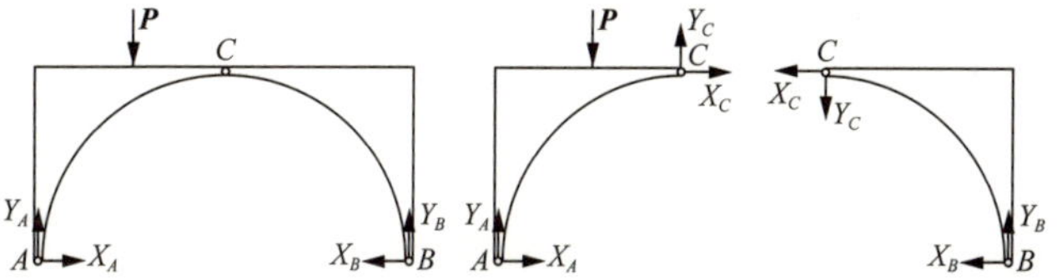

a　整体图　　b　分离体图

图3　三铰拱受力示意图

求物体内部的某个构件的受力大小，更须将构件拆开。例如，求桁架杆件内力时，可将杆件截断，而附以沿杆的力。

（汪家訸）

输电线路塔　transmission tower　支持高压或超高压架空送电线路的导线和避雷线的高耸结构。又称电塔、电桥塔。一般为格构式（网架）高层建筑结构。输电线路塔材质一般为钢材，也有混凝土或木材，建筑高度一般在15～55米，也有少数超高的输电线路塔，如中国舟山群岛的输电线路塔是世界最高的输电线路塔，高370米，跨度为2700米。

类型　按照输送电的特征，可分为高压交流输电线路塔、高压直流输电线路塔和铁路牵引线路塔。高压交流输电线路塔通常装有三相交流电系统，用于大于66千伏电压的电流传输，电塔上配置的导线数目必须是3的倍数；高压直流输电线路塔一般装有单极或双极输电系统；铁路牵引线路塔类似于高压直流输电线路塔，但输送的电流是单相交流电。

按照材料类别，可分为钢管电塔、格构（网架）电塔、木电塔和混凝土电塔。还可根据不同的电压等级、线路网络数、导线及避雷线的布置方式及结构形式来确定塔的名称。常见塔型见图。

基础　输电线路塔基础的种类很多，并随塔的类型、地形、地质、施工及运输

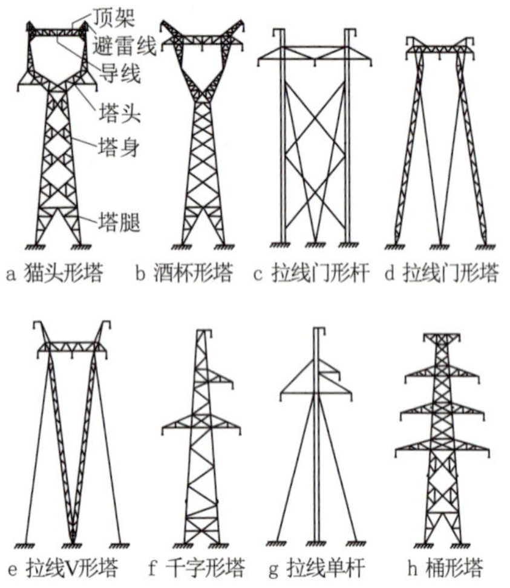

输电线路塔常见塔型示意图

的条件而异，常见的有：整体式刚性基础、整体式柔性基础、独立式刚性基础、独立式柔性基础、独立式金属基础、拉线地锚、卡盘及底盘、桩基础。整体式刚性基础、整体式柔性基础主要用于窄塔身、用地小的情况；独立式刚性基础、独立式柔性基础、桩基础用于软土地基；独立式金属基础则适用于山区或搬运及取水较困难的地区；拉线地锚只用于拉线塔；卡盘及底盘只用于钢筋混凝土塔。除应考虑地基和基础的强度外，尚需核算基础的上拔与倾覆稳定性。根据长期使用经验，对一般塔基础可以不必验算地基的变形。

施工方法　输电线路塔的数量多，分布面广，自然条件及地形条件复杂多变，不利于使用大型机具运输和安装。中国多用把杆吊装方法。20世纪70年代开始，对100米以上的高塔，采用了更为安全的倒装法，利用钢塔的底层作承力架，先上后下，逐段安装就位，整体提升，并用纤绳临时固定。（杨趣贤　常好诵）

束筒结构　bundled tube structure　由若干个框筒排列在一起组成的结构。束筒结构中的每一个框筒，可以是方形、矩形或者三角形等；多个框筒可以组成不同的平面形状。束筒结构由于分成了多个较小的框筒，缓解了剪力滞后效应，翼缘框架柱的轴力分布比较均匀，因而抗侧刚度和抗倾覆能力大，适合于超高层建筑。

著名的束筒结构是由F.R.汗设计的美国芝加哥西尔斯大厦（见图）（110层，高443米），是世界上最高的钢结构建筑。大厦50层以下由9个22.9米见方的框筒组成，51～66层为7个框筒，67～90层为5个框筒，91层以上两个框筒，分别在29～31层、66层和90层外围设置水平环带桁架，把各框筒箍在一起。

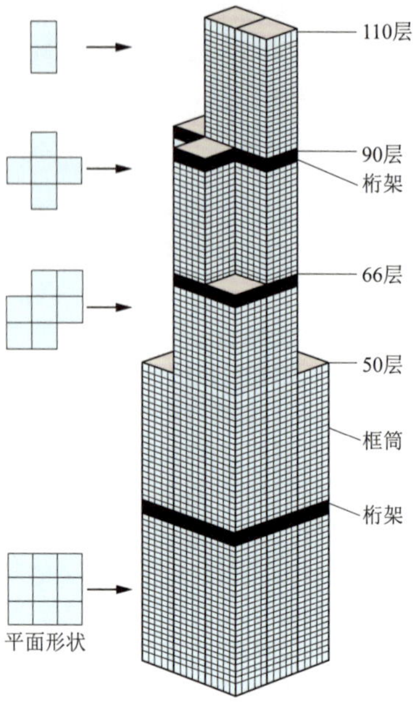

美国芝加哥西尔斯大厦结构示意图

（纪晓东）

数据中心空调系统　air-conditioning system for data center　为数据中心机房提供恒温恒湿的运行环境，以满足服务器等电子设备正常运行的工艺性空调系统。为保证服务器等电子设备的全年正常运行，数据中心空调系统通常全年不间断运行，其能耗量占数据中心总能耗的30%～50%，甚至更高。数据中心空调系统由压缩机、蒸发器、冷凝器、膨胀阀、风机和冷却塔等设备构成，包括室内末端部分、输配部分和室外冷源部分。

室内末端　形式主要有冷冻水型机房空调、列间空调、热管末端和液冷柜门等。其中冷冻水型机房空调属于机房级冷却设备，列间空调和热管末端属于列间级冷却设备，通常会进行冷热通道封闭，系统采用大风量、小焓差、高显热比的运行模式。液冷柜门属于机柜级冷却设备，一般安装于服务器机架的前柜门或前后柜门，由于液冷柜门直接对机柜进行冷却，可针对单机柜的需求调节制冷量，不会出现机柜热岛和某些区域温度过低现象。

输配环节　利用空气、冷水、制冷剂等介质的流动将机房散发的热量从机柜传递到冷源，从而完成热量从机房室内到室外的搬运。一般采用风机和泵提供介质循环动力，少数系统采用重力式热管实现自驱动。其中室内气流组织是输配过程中至关重要的一环，它直接影响数据中心机房的热环境，受机房布局、空调送风参数、机房建筑结构等多种因素影响。良好的气流组织应做到先冷设备，再冷环境，且尽可能减少冷热气流掺混。典型的机房送回风方式有硬地板上送风形式和架空地板下送风形式。其中架空地板下送风形式气流掺混较少，是使用较多的送风形式。机架布局多采用面对面背对背的布局方式，形成冷热通道，可有效降低气流掺混。对于发热密度较高的数据中心，可采取措施改善机房气流组织，如封闭冷热通道或采用精确送风等。

室外冷源　实现将高温载热介质（如空调回风、冷机回水等）冷却到需求的低温（如空调送风、冷机供水等）状态，可使用压缩机做功或利用自然冷源完成这一过程。早期的数据中心全年采用压缩机做功提供冷源，能耗大。随着能源问题的日益突出，采用自然冷源以降低数据中心空调系统能耗逐渐成为发展趋势。

根据自然冷源的利用形式不同，可分为直接自然冷源利用技术和间接自然冷源利用技术。①直接自然冷源利用技术。将室外冷空气直接引入数据机房实现制冷的方法。由于机房对空气洁净度有较高的要求，一般只在空气环境较好的区域采用直接自然冷源利用技术，通常需要安装过滤和湿度处理设施。②间接自然冷源利用技术。将室外冷气流与室内热空气通过热交换设备进行冷量交换实现制冷的方法。可在保证室内气流湿度和洁净度的同时实现热量的排放。以空空换热器、热管换热器和冷却塔为主实现间接自然冷源利用，其中热管换热器以其极强的传热能力和较小的安装体积更具优势。（李　震）

数控工程部件雕塑　digital sculpturing of engineering component　对建筑部件进行三维数字化建模，采用数控机械设备将三维模型数据以实体材料呈现出来的技术。可代替传统手工雕塑作业的部件制作方式。

工艺原理　数字化部件雕塑通常分为两个阶段。①雕塑部件三维数字化造型设计。利用三维数字化技术得到的三维虚拟部件模型方式主要有两种，一种是利用计算机软件进行三维数字化设计；另外一种是用三维扫描技术得到物体的三维模型数据。对所需雕塑部件的三维虚拟模型进行数字化模型创建、修改和完善。通常所用的计算机设计软件包括用于雕塑部件尺寸精度要求较高的Pro-Engineer、UG、Rhinoceros等软件，以及用于雕塑部件尺寸较大的3ds Max、Sketch Up等软件。②雕塑部件的三维数字化成型建造。部件雕塑属于增材成型，通常采用三维立体打印技术得以实现。三维立体打印工艺流程包括将三维数字模型切片处理和实体打印两步骤。通常使用的切片软件包括Cura、slic3r、XBuilder等。常见的三维立体打印工艺包括分层实体成型工艺、立体光固化成型工艺、选择性激光烧结工艺、熔融沉积成型工艺三维印刷工艺、PolyJet聚合物喷射技术等。以激光技术为技术基础的3D打印技术更适合部件雕塑领域。

特点 数字化部件雕塑可提高效率，降低失误，避免了传统手工雕塑中精细的方案设计、骨架搭建、小稿制作、深入造型、翻制内外模和后期处理等烦琐制作过程。数字化部件雕塑翻制模具效果更精美，对于结构复杂、造型独特的雕塑部件，采用三维数字造型使得图案更清晰、文字更生动。数字化部件雕塑避免了传统雕塑工艺采用的石膏、玻璃钢等制作模具所产生的大量的粉尘污染和废料，节约成本，实现绿色环保。（杨佳林）

数控幕墙部件加工 fabrication of CNC curtain wall component 将幕墙部件的加工、组装等信息用数字化的指令进行表达，并送入数控系统，实现连续生产、交替运行的集成化幕墙部件生产系统。

数控幕墙部件生产线实现了对人工密集型、重复性高的生产工序的机械化数控化，通过设计计算机程序运用数控设备来代替人工操作，实现幕墙部件的上料、加工、组装连续生产，缩短生产过程链，简化生产管理，显著提高幕墙部件加工质量和效率。生产模式由常规的一班工作制，通过数控设备的连续工作，可以增加到两班到三班，从长期角度降低幕墙部件的生产成本。适用于幕墙铝合金型材及钢龙骨加工、幕墙门窗组装和单元式幕墙板块加工等。

数控幕墙生产线基本流程包括产前准备→材料领用→机床上料→数控加工→机床下料→部件组件→框架组装→面材安装→幕墙打胶→幕墙清洗→成品效验→成品入库。其基本设施设备包括：①机床上料设备。通过固定程序，固定动作，采用数控实现自动化上料。②五轴计算机控制机床（CNC）加工中心。通过计算机程序输入，自动坐标定位，实现对铝合金型材及钢材的钻、铣、切割、端面切割及攻丝等多方位加工。③机床下料设备。对批量加工完成的幕墙部件实现跟随抓取，实现幕墙部件的分批拣拾。④部件装配设备。实现幕墙框架组装、面材安装等多项幕墙部件的机械化装配。⑤幕墙打胶设备。采用钢结构机架、重型板式滚针轴承输送链，便于幕墙打胶。

（李 芬 周 锋）

数控逆作法钢桩柱调垂 numerical control reverse method for steel pile column vertical alignment 为解决地下预埋钢桩柱垂直度的高精度数字化检测难题而开发的数字化检测技术。地下结构逆作法具有材料节约、环境友好的优点，因此在环境保护要求比较高的深大基坑工程中应用日益广泛。在地下结构逆作法施工中，临时支承立柱与永久结构立柱往往合二为一，即基坑工程施工阶段采用钢管柱或钢格构柱作为临时支承立柱，待基坑工程完成以后再在其外包钢筋混凝土，成为永久结构立柱。这对临时支承立柱的施工质量提出了非常高的要求，规范规定结构立柱轴线偏差应当控制在±5毫米以内，垂直度控制在1/500以内。当临时支承立柱的平面位置和垂直度超过设计要求时，就会给后续施工增加困难，严重时还会给地下工程使用功能带来不利影响。因此，预埋立柱调垂工艺属于地下结构逆作法的关键技术，工程技术人员给予了高度关注，不断探索可靠、高效、经济的新工艺、新技术。

基于激光定位钢桩柱数字化调垂技术集成激光技术、液压技术、传感器技术和计算机自动控制技术于一体，形成钢桩柱垂直度数字化调垂系统，改变了常规测斜管或倾斜仪法存在的测量精度较差、效率低、成本高、劳动强度大，不能适应建筑业施工发展的新要求等问题。

激光定位数字化检测技术 将激光的原理和倾斜仪的原理有机结合起来，制造出内部带有微型激光发射器的高精度倾斜仪，通过激光发射器的光束找出倾斜仪在钢桩柱顶端的安装面，在钢桩柱竖起后即可利用倾斜仪的输出实时检测钢桩柱的垂直度。通过程序设计，倾斜仪可以直接与电脑连接或配套的显示仪表连接，直观地反映出被测钢桩柱的垂直度、倾斜角度和偏移尺寸等。

工作原理：①将微型激光器巧妙地与高精度倾角传感器结合成一个整体，确保能利用激光定位快速安装高精度倾角传感器，并保证足够的定位精度。②安装时调整激光倾斜仪的调整装置，令激光束与钢桩柱柱体母线平行，达到钢桩柱与传感器定位安装面相互垂直的目的。③当钢桩柱下到钻孔中，激光倾斜仪即可实时输出钢桩柱的垂直度变化。

激光定位数字化检测系统主要分定位安装和数据实时输出两个过程，可以方便地实现边读数据边进行钢桩柱垂直度的矫正。激光定位数字化检测系统主要由激光倾斜仪、调整装置、光靶、数据仪表以及程序软件等组成。

智能调垂系统 常规调垂方法主要有孔下气囊调垂法、孔下机构调垂法、地面定位架调垂法、导向套筒调垂法和调垂盘法，这些调垂系统的共同特点是桩柱调垂效率较低、调垂精度相对比较差等。逆作法钢桩柱数字化智能调垂系统是一种集激光技术、液压技术、传感器技术和计算机自动控制技术于一体的钢桩柱垂直度全自动智能调垂系统，其技术原理：通过激光倾斜仪数字化检测系统，检测出钢桩柱X轴和Y轴两个方向的水平位移角度，通过数据传输，发出通信信号给操作控制箱内的可编程逻辑控制器（PLC），位移及角度同时在控制箱触屏上显示，PLC对采集的信号进行比较，输出信号并控制液压泵站及液压油缸的伸缩，用以调整钢桩柱的姿态，即调整钢桩柱的偏斜状态，使钢桩柱满足设计、施工对钢桩柱垂直精度要求。

逆作法钢桩柱数字化智能调垂系统主要由：①高精度数字化检测系统。②液压动力系统。③自动控制系统。④伸缩同步千斤顶。⑤调垂及定位机构。⑥钢桩柱桩中心定位及偏差调整装置等组成。

多维数字化定位调垂系统 针对钢立柱垂直度变化的空间不确定性，在对钢立柱数字化检测的基础上，开发的多维数字化定位与调垂系统，解决了超长钢立柱的数字化高精度定位调垂难题。

工艺原理 针对影响钢立柱垂直度偏差与自由度之间的关系，通过利用相互独立的调整机构控制钢立柱的自由度，从而达到精确控制钢立柱垂直度的目的。首先，利用激光测斜系统测得钢立柱垂直度数据，获得钢立柱的实时状态，然后，进行相应的数模转换，并通过一定的算法求得独立调整机构的控制量，最后，通过中心控制器向独立调整机构发出调整指令，完成对钢立柱垂直度实时调整的目的。

系统组成 针对逆作法超长钢立柱的定位及垂直精度等的数字化控制难题，将激光技术、液压技术、传感器技术和自动控制技术等多项现代技术进行集成，即成为基于激光定位的多维数字化定位调垂系统。其包括多维数字化定位调垂装置、外置式激光测斜仪、液压伺服系统、电气监控系统及程序软件等。

特点 钢桩柱数字化智能调垂技术具有工艺简单、设备简易和操作简便的优点，其主要特点是：①调垂精度高。最高精度可达1/1500，通常能确保1/600的测量精度，较常规工艺的调垂精度1/200～1/300有显著提高。②调垂效率高。实现了钢桩柱垂直度的实时监控，一根钢桩柱垂直度调整时间由传统的3～4小时缩短为15分钟左右，效率提高80%以上。③绿色环保。省去了常规调垂测量用的测斜管，避免了聚氯乙烯（PVC）塑料的测斜管对大地及环境的污染，同时也节省了材料，降低了成本。④经济效益好，设备成本低、使用成本低、效益高。（顾国明）

数学规划法 mathematical programing method　研究优化问题中设计变量在给定的约束条件下，使某一衡量指标（即目标函数）达到最优的数学理论和方法。数学规划法是运筹学的一个分支，其基本思想于20世纪40年代末由美国哈佛大学的R.多夫曼提出。数学规划法早期主要用于研究运输和仓库贮存等相关问题，随着计算机和数值计算技术的发展，被逐渐用于解决工程结构和机械系统及多学科优化设计问题，并发展成为现代数学中一门独立的学科。数学规划法不仅广泛应用在自然科学和工程技术中，其理论和方法还渗透到社会科学领域。

根据约束条件的有无，数学规划问题可分为无约束最优化问题和约束最优化问题。求解无约束最优化问题的数学规划法有不利用梯度信息方法和利用梯度信息的方法。前者有0.618一维搜索算法、单纯形法、鲍威尔方法和随机搜索法等；后者包括弦线法、最速下降法、共轭梯度法和牛顿法等。用于求解约束最优化问题的数学规划方法很多都可以归结为求解一系列无约束最优化问题的方法。

根据问题的性质，数学规划问题又可分为线性规划和非线性规划两大类。由于线性规划算法已经十分成熟，非线性规划算法通常以线性规划问题的算法研究为基础，将优化问题经过适当线性化之后再进行序列求解，例如，序列线性规划法算法和二次规划算法。

数学规划还有很多分支，如多目标规划、动态规划、参数规划、组合优化和整数规划、随机规划、模糊规划、非光滑优化、全局优化等。这些问题的数学规划算法也开展了大量研究工作。数学规划法中的很多算法理论比较严格，往往可以收敛到局部最优解，在工程应用中比较可靠且具有广泛适用性。但是，这些方法的实施一般需要进行反复的迭代分析，在求解大规模优化问题时计算量较大。随着算法的改进和计算机软硬件的发展，数学规划问题的求解规模和求解效率也在不断得到改善。（亢　战）

数字地下空间 digital underground space　在数字地层的基础上，对全寿命期内地下空间的数字对象及数据进行管理、分析与共享，考虑地层（工程与水文地质体）、地下建（构）筑物、地下管线等信息，以数字地层为依托建立的一个集信息存储、三维建模、空间分析、虚拟浏览为一体的综合信息平台。

概念形成过程　1998年，中国同济大学朱合华较早地提出了“数字地层”的概念，指出数字地层即是利用现代计算机技术，将原始地层（地壳运动引起的）和施工扰动地层信息用数字化的方法直观地展现出来。数字地层是现代计算机技术，特别是地质勘探技术、数据压缩技术、地层建模技术、虚拟与增强现实技术、网络技术、人工智能技术发展的直接产物，也是地球物理勘察、岩土工程和结构工程等学科相互渗透、走向综合的必然结果。

建立数字地层信息系统，是实现地层可视化和施工信息化的一个重要手段，其包含3个方面的内容：①地层可视化探查。地层探查是基础，通过地层探查获取第一手资料，为后续的地层数据库建立和扰动地层的仿真模拟提供保障。可采用的手段有数字式全景钻孔电视摄像技术、地质雷达技术、瑞利波法技术、CT层析成像技术（常用的有地震波CT和电磁波CT）、工程地球物理探测技术等。②地层数据库信息系统建立。是地层可视化的桥梁和纽带，广泛采用遥感（RS）、全球定位系统（GPS）、地理信息系统（GIS）技术等。日本大阪历时10年建立了大阪湾地层三维数据处理系统，地质钻孔数达到3万个。2003年，中国地质调查局设立城市地质调查试点项目，北京、上海、天津、南京、杭州和广州6个城市进行三维地质调查工作试点。③建立扰动地层的信息反馈和实时仿真模拟系统。是在地层可视化基础上，实现工程施工的精准控制，已开展了地下工程信息化施工反馈、大坝安全监控和边坡稳定预测预报。

2000年初，朱合华、白世伟等相继提出“三维地层信息系统”的概念，亟待建立城市三维地层信息管理系统。吴立新等提出建立“数字矿山”的构想；2004年，朱合华等针对大规模城市基础设施建设中出现的城市病，提出将地层、地下建（构）筑物、地下管线信息有机集成，构建城市地下空间信息系统。2006年，同济大学李晓军等在总结三维地理信息系统、数字地层、三维地层可视化、地下工程虚拟现实系统等研究的基础上，给出了地下工程数字化的明确定义。

主要内容　数字地下空间即是以数字地层为依托，以信息化手段对地下工程建设过程中的规划、勘察、设计、施工、监测等数据进行集中高效的管理，为地下工程的建设、管理、运维与防灾提供信息共享和分析平台，最终实现一个地下工程全寿命期的数字化博物馆。

数字地下空间系统平台分为数据层、建模层、表现层、分析层与应用层（见图）。

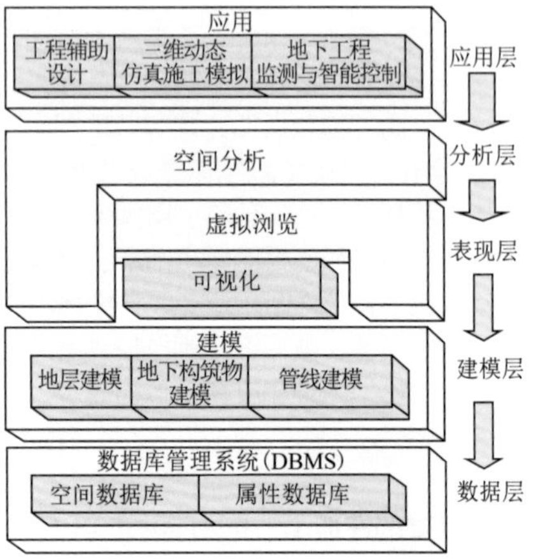

数字地下空间系统示意图

①数据层。主要利用数据库技术来实现地下工程的空间数据与属性数据的无缝整合，其目标是建立一个标准、规范、开放的数据库及数据访问接口。②建模层。包含地层建模、地下建（构）筑物建模和地下管线建模，涉及三维地层模型建立的相关理论基础、构建方法与算法、产生可视化模型图件等几个部分。③表现层。由可视化与虚拟现实两部分组成。可视化提供图形的显示与操作，为三维建模和分析提供视觉表现，可以对重要局部区域进行放缩和旋转，以及纹理、光照、渲染等后期图像处理功能，以生成现实世界中栩栩如生的地下空间；虚拟现实模块提供第一人称式的地下漫游、漫游路线周边地物状态查询等。④分析层。是数字地下空间平台区别于其他系统的一个最主要的功能。利用三维GIS空间分析手段直接在三维空间中进行空间操作与分析，并对空间对象进行三维表达与管理。利用空间分析功能不仅可以查询数据库系统中的各种信息，而且可以通过这些信息来发掘事物之间的内存规律和特征。⑤应用层。是数字地下空间平台的价值和生命力的重要体现，将已有的数据模型、可视化、虚拟浏览及空间分析功能运用到实际的专业领域中，来解决工程实际的问题。例如，可以在数字化平台上开展地下工程辅助设计、三维动态施工仿真模拟、地下工程监测与智能控制、地下空间防灾减灾等问题的研究。

意义及影响　数字地下空间是数字地球发展战略的一部分，也是地下工程建设与管理发展的必然趋势。其紧密结合工程实际，具有实用性、通用性、可扩展性等特点，可运用于地下工程的规划、勘察、设计、施工、运维、防灾减灾等诸多方面，具有广阔的发展和应用前景。

（朱合华　贾金原）

数字工地 digital construction site　将工程现场所涉及的各种对象数字化、可视化，并开展设计和管控的工程现场管理模式。

要素　数字工地包括4个要素：①将工程现场的关键对象转化为可供计算和分析的数字信息。②通过网络信息技术把一系列的硬件系统连接在一起，形成组网。③集成或协同相关各级软件系统进行数据分析。④实现施工场地内数字信息交换和共享。其服务对象包括建设单位、勘察设计单位、施工单位、监理单位、政府相关监管部门等。数字工地建设有助于快速、直观、完整地了解施工现场情况，提高管理水平和施工效率。

主要内容　数字工地是数字化的虚拟工地，由数字地球、数字城市的框架体系引申到工程建设领域。其内容主要通过可视化与数字化两个要素表达。数字工地的可视化通过地理信息系统（GIS）、建筑信息模型（BIM）等技术表达施工现场空间信息和状态信息。数字工地的数字化为工程现场提供了可靠的数据支撑，实现了技术、生产、质量、安全等方面的信息互通共享。

数字工地的信息数据由静态数据和动态数据两个部分组成。①静态数据。主要包括工程基本信息、工程控制指标、工程参数指标和相关规范规程等。②动态数据。包括自动化监测数据和人机协同采集数据。自动化监测数据主要由设备仪器通过物联网技术进行自动采集、传递和共享。人机协同采集数据主要由人操作设备仪器、施工机械等协同工作，同步采集动态数据。

数字工地具有数字资源丰富、多系统集成、展现形式广泛等特征，其建设需要多种新兴技术，如物联网技术、网络通信技术和多媒体技术等。

应用前景　数字工地建设对施工现场的“人、机、料、法、环”等关键管理要素具有较为成熟的解决方案，如劳务实名管理系统、智能监控系统、物料管理系统、设备远程动态监控、BIM/GIS协同管理系统、工地环境监测系统等。在建筑业数字化转型的时代背景下，数字工地将推动工程建设数字化体系的形成，产生良好的社会效益和经济效益。并将逐渐步入智慧工地的更高发展阶段。

扩展阅读

丁烈云.数字建造导论.北京：中国建筑工业出版社，2020.

（龙莉波）

数字工匠 digital crafting　在数字时代具备科技、人文及艺术等综合素质的科技匠人。数字工匠需要具备的基本素质和能力包括：①设计技巧及人文情怀。②掌握数字技术及相关技能，包括三维软件及其脚本编写、算法与编程、参数化设计、数字建构、结构形态系统和材料构造逻辑设计、数控设备的使用，智能机器臂的编程操作，熟悉基于数字技术的新材料新工艺等。

数字工匠与传统设计师的区别：①操控能力。传统设计师通过思考进行创作，其作品具有设计师的独特匠心及情怀。而数字工匠更多的是应用数字技术、人工智能和大数据，熟练地运用成品自动生成工具。数字工匠需要避免直接顺从自动生成软件的逻辑，从而造成设计成果的单调乏味。②作品所有权。在现代工业社会大规模分工合作的生产方式下，设计师依靠个人魅力、通过独特的形式风格可以获得设计作品的著作权；实现设计的下游行业如工艺流程及加工制造，由于由团队公司或工厂机构集体完成加工制造，通常只能处于附属地位，不享有最终作品的著作权。如Z.哈迪德设计的建筑作品，耗费了巨大社会资源进行加工建造，但最终只标榜建筑师个人名誉。而数字工匠时代则与此不同，特别在建筑业，在数字建构的全过程及各专业充分利用数字技术实现建造目标过程中，大量具有著作权的知识及工具将被使用，最终建筑作品的著作权将由参与设计及建造者共享，建筑师一人独占作品所有权的现象将彻底消失。③职业定位。在数字时代“数字制造”及“智能制造”方式下，设计及制造将更多依靠调用信息资源、使用既有参数化模型、通过软件操作及程序编写、利用开源技术进行设计及加工制造。例如，有专门网站提供设计的参数化模型，有出售专门的软件用于机械臂工作路径设计，有各种材料的3D打印机器出售可供加工产品，设计及制造将利用众多已有专有权的知识和工具进行，设计师在最终产品上的个人烙印只占到很小的比例。所以，设计师及建筑师的职业将被重新定义，数字工匠将会是数字制造、智能制造、数字建造等个性化大规模定制生产及建造中的主力。

（徐卫国）

数字化部件雕刻 digital engraving of component　基于CAD/CAM三维数字软件形成的雕刻数字模型，集成数控机床或机器人（机械臂）等智能化设备，并搭载机械高速旋转铣切削或激光雕刻头，实现针对不同材质雕刻对象的自动化减材制造技术。

类型　数字化部件雕刻设备主要包括雕刻建模系统、运动仿真系统、雕刻控制系统及雕头驱动系统。根据雕刻设备整体构造和工作原理的不同，数字化部件雕刻主要分为数控机床雕刻、数字化切削机器人雕刻及数字化激光雕刻等类型。

数控机床雕刻　利用预装程序控制系统的自动化机床进行部件雕刻作业。具有加工控制高速、高精度，应用环境的网络化、集成化，结构体系模块化、开放化，数控标准化等特点。数控雕刻机床通常包括三轴、四轴、五轴设备，通过增加更多的运动或旋转轴，可以改变刀具对材料的定位，允许从侧面切割和斜钻，从而使三维成形更精确、更有效，并提供具有更多轮廓的零件的生产，但其控制难度和造价也相应提升。

典型的三轴数控机床雕刻装备包含雕刻机床、雕刻控制软件、计算机和电气控制柜4个基本部分。①雕刻机床。机械设备部分，通过它完成雕刻机械加工。②雕刻控制软件。处理、解释雕刻CAD/CAM软件生成的NC加工代码，发出加工控制指令，指挥雕刻机进行加工动作，完成产品的雕刻。③计算机。雕刻控制软件的运行载体，对雕刻机各个硬件机构进行协调控制。④电气控制柜。雕刻机驱动的信号检测部分，根据控制计算机发送的控制指令直接驱动雕刻机产生机械运动，并对雕刻机的各种状态进行检测，把检测结果反馈给控制计算机和控制软件进行识别和处理。

数字化切削机器人雕刻　采用能够自动控制、可重复编程、多功能、多自由度的智能化操作设备针对结构部件原料进行雕刻加工，是工业领域常见的柔性加工手段。切削机器人雕刻装备具有加工灵活、作业范围大、加工成本低等的特点，可适应于复杂异形和非标准结构的加工需要，其主要加工对象为木材、塑料、玻璃以及铝材等软性材质，并不适用于硬度较高的材料加工。

切削机器人雕刻装备通常由执行机构、控制系统和驱动系统3部分组成。①执行机构。具有与手臂相似的动作功能，可在空间自由移动，通常包括机座、手臂、手腕和末端执行器等部分。②控制系统。用来控制机器人按照指定要求完成规定动作，通常采用计算机控制，可分为决策级、策略级和执行级。③驱动系统。是基于控制系统指令，驱动执行机构运动的传动装置。

按驱动方式，数字化切削机器人雕刻可分为电力驱动、液压驱动和气动驱动3类。①电力驱动类。采用最多，可以直接驱动机构运动或通过谐波减速器装置减速后驱动，结构简单紧凑。②液压驱动类。具有较大的加载能力，液压传动平稳、动作灵敏，但密封性要求较高，且不宜在高温或低温环境工作。③气压驱动类。动作敏捷、价格低廉，但其工作速度稳定性差，雕刻头作用力度较小。

数字化激光雕刻　基于数控技术并以激光为加工媒介，利用对象材料在激光照射瞬间熔化和气化物理变性达到雕刻加工目。集成了激光、计算机和数控等多领域技术。数字化激光雕刻不接触对象材料表面，几乎不受机械运动影响；加工材料一般无须固定，不受对象材料特性限制，便于软质材料的加工；具有高精度、速度快和应用广泛等特点，可实现亚微米结构的微细雕刻，并可通过更换激光器（不同波长）或改变加工参数，实现不同结构和工艺的加工需求。

数字化激光雕刻技术的常见方式有激光切割、激光雕刻、激光打标和激光内雕4类。①激光切割。利用高功率密度激光束使加工材料加热至汽化温度并蒸发形成孔洞，随着光束移动形成连续狭窄切缝并最终完成对材料的切割。②激光雕刻。使加工材料在激光照射下发生瞬间熔化和气化的物理变性，从而达到加工需求。③激光打标。利用高能量密度激光对材料进行局部照射，使其表层材料汽化或发生颜色变化从而留下永久性标记。④激光内雕。将脉冲强激光在材料内部聚焦产生微米汽化爆裂点，通过控制爆点空间位置形成立体图像。

特征　数字化部件雕刻作为一种用于建筑构件定制化生产的加工工艺，具有智能化程度高、生产速度快、加工精度高、质量稳定等特点，同时也对辅助设计软件性能、雕刻装置控制精度、工人操作水平及雕刻材料性能等方面提出较高要求。随着数字化辅助设计系统的标准化程度及数字化雕刻装备加工稳定性的提升，数字化部件雕刻技术将获得更为广阔的应用空间，对于装配化程度高、部件构造复杂、尺寸精度及质量控制严格的结构构件加工具有得天独厚的优势。（冯　宇）

数字化地下水状态控制　digital control of groundwater state　运用自动化测量装置、无线数据传输、信息化管理平台等综合技术，对工程实施过程中地下水状态进行信息化分析与可视化呈现的作业和技术。目的是满足数字化施工控制要求。

控制内容　数字化地下水状态控制可以从地下水状态获取、数据传输、数据处理与反馈等方面开展。①地下水状态获取。结合工程水文地质特性，根据潜水、承压水层分布情况及工程周边环境，采用合理降水措施，并在适当点位布设地下水位监测装置，准确获得地下水状态变化信息。②数据传输。综合考虑工程场地范围大小以及数据收集频次，合理布设数据收发装置数量与位置，实现地下水状态监测数据的无线传输。③数据处理与反馈。对采集数据进行分类汇总，从空间分布、时程发展等维度，满足地下水各类状态数据的可视化呈现，快速实现地下水状态数据的分析与外部获取。进一步，可以借助计算方法，将地下水状态数据与基坑安全控制参数结合，建立工程施工安全评价与风险预警体系，拓宽数字化地下水状态控制的应用范围。

应用　工程地下水状态控制中，数字化技术手段已应用于许多方面。①工程设计阶段，基于地下水渗流场的计算求解模型，通过设定地下水位初始条件、基坑涌水量以及降水施工工序，确定合适的基坑降水方式，计算满足基坑施工所需的降水井数量及埋深，并进行降水后基坑内外水位等值线及渗流场绘制，形成数字化设计方法。②在工程实施过程中，运用以智能传感器为基础的智能网络传感技术，实现对地下水水位、水温、水质、水量的状态参数自动采集与数据无线传输，减少人力资源投入，实现高精度、可自校准、自诊断的地下水状态动态监测与反馈，对地下水状态变化进行实时监控。针对降水、隔水帷幕、回灌施工中的地下水位、总出水量、含砂量、土层及建筑位移、回灌水量及压力、工程环境等对象，形成工程施工阶段基坑内外的地下水状态控制数字化报表，建立施工风险预警机制，基于地下水状态数据采集进行结果实时分析反馈。进一步，可构建工程周边一定范围内的三维地下水网数值模型场，并将施工过程地下水状态变化参数实时导入，基于数字孪生技术实现工程施工全阶段的环境地下水状态可视化分析与控制，有效提升地下水状态控制的数字化应用水平，取得良好的地下水状态控制效果。

作用　地下水状态作为大型工程项目施工中的重要控制点，其受到工程水文地质特性、土层条件、水力参数、降水深度等多方面因素的影响，控制过程环节多、效率低、直观度低。对地下水状态进行数字化控制，能有效提高地下水控制的时效性、可控性，保障工程施工过程安全，是现代化工程建设的重要辅助手段。

（张忆州）

数字化防灾　digital disaster prevention　综合运用物联网、人工智能、云计算、数字孪生等技术，以灾害信息流为主线，利用知识-数据双驱动模型，开展土木工程系统（包含土木工程结构与设备、周围地层、内外部环境、灾害场、人员等）灾害感知、态势预测、疏散分析、应急调控与灾情推演等的工作。实现灾害风险的实时监测与融合预警、灾害场态势精准感知与智能推演、应急预案自动部署与动态调控。数字化防灾基于对全寿命期灾害数据的采集、传输、处理、表达与分析，采用知识—数据混合驱动模型对土木工程灾害的孕育、发生、演化与救援全过程进行实时分析。主要内容有：①灾害预警与信息获取。在灾害发生前，采用敏感性分析法、概率树法和蒙特卡洛法等进行灾害风险评估，并调整相应防灾措施。当灾害发生时，基于物联网技术对灾害场全域进行准确感知，获取现场实时数据。②灾害信息处理。在灾害发生前，基于物理空间建立相应的数字空间模型，采用数值模拟、模型试验和现场试验等方法构建大规模灾害数据库，并训练相应灾害种类的机器学习模型。③灾害实时反演。当灾害发生后，将灾害现场实时监测数据输入机器学习模型，以实时给出灾害关键指标；同时结合防灾专业知识获取灾害场关键参数及灾害发展态势等信息。④灾害场动态重构与动态决策。基于数字化技术，实现灾害场景数字化及预案决策动态化，提高应急救援科学性与可靠性。

数字化防灾技术为提升土木工程防灾减灾能力提供了新的思路和保障，在长大隧道、复杂地下综合体等典型土木工程中逐步得到应用。（闫治国）

数字化钢构件安装　digital installation of steel component　利用数字化技术手段，实现钢结构的定位、安装、连接节点固定、位形控制、应力控制，达到钢结构高质量安装要求的作业和技术。

数字化异形钢结构安装　在钢结构领

域，异形钢结构为满足建筑特殊的造型，存在结构节点、杆件类型多样、多杆交汇、空间双曲、杆件弯扭、截面多变的多种特征，深化设计、加工制作、安装此类钢结构难度极大。因此，必须采用数字化技术手段，打通钢结构深化设计、加工制作到现场安装的各个环节。①钢结构深化设计。通过建立数字化模型，提供加工厂构件的主要参数数据。②钢结构加工制作。通过转换参数数据，实现机器人自动切割下料、组装、焊接，并采用实体构件与理论模型的虚拟比对，实现构件质量的校验。③钢结构安装。通过构件编码识别，读取构件的基本信息，并通过自动测量技术，即时反馈异形构件安装精度偏差数据，实现异形钢结构的高质量快速安装。

中国上海的世博轴阳光谷工程、世博博物馆云结构工程、自然博物馆工程、上港十四区风塔幕墙钢结构工程中，均采用了数字化异形钢结构安装技术，并获得了成功。

数字化轮辐式钢结构安装　在钢结构领域，轮辐式钢结构由受拉索（环索、径向索）和受压钢构件（压环梁）组成，通过预应力张拉实现结构的最终形态。由于结构体系特殊，整个结构在施工过程中（张拉前、张拉后），结构应力、应变变化极大，必须采用数字化技术手段进行严密分析、精密施工。通过采用数字化计算软件，建立零应力模型（张拉前模型）；深化设计基于零应力模型进行建模出图；加工制作基于深化图，进行构件下料、组装、虚拟预拼装；现场施工，采用计算机控制的伺服系统，实现索系统的整体（或分区）同步张拉，通过可视化工作界面，实时反馈索应力及结构位形，最终达到结构的设计形态。

在上海浦东足球场钢屋盖工程中，采用了数字化轮辐式钢结构安装技术，通过数字化技术手段，严密分析了钢屋盖的整个施工过程，通过计算机控制的伺服系统，实现了径向索分区对称张拉，竖向临时支撑位形控制索联动控制结构位形。

（郁政华）

数字化钢构件制作　digital manufacture of steel component　利用数字化技术和智能制造设备，通过下料、制孔、组装、焊接和涂装等生产工序，在工厂内实现钢构件产品制作的作业和技术。根据钢构件产品的类型、特征和标准化程度，可实现全自动化或部分自动化制作。

钢构件制作数字化技术　数字化技术可分为数字化管理平台和信息化模型数据应用技术。数字化管理平台以钢结构三维模型为基础，加入材料信息、构件制作信息和构件物流信息等，以可视化的方式实现钢构件制作全过程的数字化管理。信息化模型数据应用技术，基于钢结构三维模型中的零部件信息，通过数据转换、数据传递和软件驱动，实现自动排版、数控下料和自动组焊等钢构件制作工艺。

钢构件智能制造　通过模型数据驱动智能制造设备实现钢构件的自动化生产。在钢构件制作工艺流程中，各制作工艺视钢构件产品的类型、特征和标准化程度，均可部分或全部实现智能制作。数控切割机可实现零部件的自动化下料，三维数控钻床可实现自动化钻孔，智能装配机器人可实现板材或型材的自动化组装和点焊固定，智能焊接机器人可实现构件的成型焊接，喷涂机器人可实现钢构件的自动化涂装。在钢构件各工序高效衔接中，智能物料配送技术也至关重要，否则仅能实现各工序生产的自动化，无法实现钢构件工厂制作全过程的自动化。

（贾宝荣）

数字化钢筋加工　digital reinforcement processing　通过建立钢筋建筑信息模型（BIM），生成钢筋加工信息并导入钢筋加工机械数控系统，机械自动对成品钢筋进行调直、切断、弯曲和连接等作业和技术。数字化钢筋加工的主流做法是，首先创建钢筋BIM，并建立BIM与钢筋自动化加工机械之间的数据交互方式，再基于钢筋BIM生成二维码格式钢筋加工单，随后应用钢筋自动化加工机械的二维码扫描枪批量录入钢筋加工信息，钢筋加工机械根据钢筋信息自动选择原材料，完成钢筋调直、切断、弯曲和连接等操作，形成纵筋、箍筋等半成品用于钢筋骨架的绑扎成形，实现数字化钢筋加工。

钢筋BIM的建立是数字化钢筋加工的重要基础和前提，模型的质量和精细度直接影响钢筋的成品精度，需要选用合适的钢筋建模工具，并规定严格的BIM建模深度，以及录入详细的钢筋属性信息要求。

根据设计图纸建立的钢筋BIM内部可能存在诸多碰撞问题，如钢筋与钢筋之间的碰撞、钢筋同预埋件之间的碰撞、钢筋的保护层厚度不符合要求等，因此需要进行钢筋碰撞检查，分析钢筋之间、钢筋与预埋件等之间存在的空间冲突，将检查出的碰撞问题反馈给设计单位进行配筋优化，保证钢筋BIM不存在任何形式的碰撞，提高后续自动化加工生产的质量，有效减少钢筋骨架绑扎过程中的冲突问题。

钢筋BIM建立完善后应生成钢筋加工信息，钢筋加工信息可直接传输至钢筋加工机械进行自动化加工，也可生成纸质版钢筋加工单，钢筋加工机械读取加工单信息后进行自动化加工。较多采用的钢筋自动化加工机械一般以扫描钢筋加工单二维码的方式，录入专用格式的钢筋信息，自动选择钢筋原材料，完成钢筋调直、切断、弯曲、连接等工作。专用格式的钢筋编码包括构件编码、项目编码、直径、等级、几何形状等满足加工所需的所有信息。

（郑晏华）

数字化工程安全管理　digital engineering safety management　利用数字技术，以安全为目标从人、物的组织管理等方面开展的活动。工程施工生产过程中伴随着工作面广，人员流动性大，各类工种交叉作业，工作环境危险源多的特性。建筑施工现场的不安全因素可分为人的不安全因素、物的不安全因素及组织管理上的不安全因素，为将事故发生的概率减小到最低，确保工程安全有序推进，施工企业需要更加高效、精细的安全管理手段。所以利用数字化手段强化工程安全管理，保护生命财产安全，是企业生产活动中的重要环节。

人的管理　施工生产前对工人进行安全教育，主要方式有：①虚拟现实（VR）安全体验。利用VR技术对过往发生的真实安全事故进行仿真模拟，让工人沉浸式体验事故发生的来龙去脉，切实了解事故后果的严重性，加强工人对现场危险的认知度，强化个人安全防护意识。②人员实名制管理。对进入现场的工人进行实名制登记，并记录安全教育情况和对应工种，利用人脸识别技术确保只有符合规定的工人方可进入现场，以免其对自身或他人造成不必要的危险。③个人安全防护。通过智能设备确保作业人员生产行为规范化，避免危险生产造成的事故。例如，通过智能安全帽保证进现场佩戴安全帽，并实时监测个人生命体征和位置；电子化围栏确保人员不随意翻出安全区域；火灾自动报警装置，及时探查现场火情；智能安全带，保证工人高空作业时正确佩戴安全带。

物的管理　通过对大型设备的运行数据采集分析，实时了解其运行及维护情况，在出现异常时及时触发报警机制。在设备使用过程中，实时监控其周边危险区域，如塔吊运行时其下方是否有人员在施工作业，做到及时排除不安全因素。

组织管理　在施工工程中进行实时安全管理，依照项目实际情况落实如下制度：①平台化管理。通过平台管理标准化现场安全问题反馈流程，将整改责任落实到基层个人，强化管理人员责任意识，保证落实整改，及时整改。同时定期对各类安全问题数据进行汇总分析，找到现场管理薄弱环节进行强化管理。②现场实时监控。通过现场进行安全视频监控，动态监控现场状态，及时发现现场危险源及工人危险行为，确保及时制止、杜绝安全隐患。③定期安全巡查。通过大数据对重大危险源进行分析，依照项目进度建立起完善安全巡查计划，在施工过程中按计划进行安全检查，将安全措施落实到位。（王孙骏）

数字化工程成本管理 digital engineering cost management 利用数字化手段帮助企业完成工程中资源耗费的统计与管理。其本质是以信息化模型为基础，依托平台集成施工进度和成本信息，从而实现自动化、智能化的造价过程管理。

工作流程 数字化工程成本管理在项目上的具体实施，包括项目开始需要准备的数据与内容，每条技术线需要进行具体工作，最终得到信息化、结构化和系统化的信息模型。具体工作包括商务线在得到中标预算后，结合商务部门编制施工预算的逻辑规范，在过程中进行预算拆分再提取总包价格；导入模型工程量；签订分包商后提取分包价格等；技术线构建标准模型，将模型与其他部门进行交互，并在项目实施过程中录入实际进度；平台管理需要录入定额数据库，收集本项目的信息（如项目人员名册，项目管理单元编码，模型分区命名规范等），最终得到网页端展示的5D模型。

技术原理及使用方法 数字化工程成本管理的技术原理主要是将工程量、定额、预算和工程进度等各个数据信息录入平台中集成。

利用信息模型挂接工程量及清单编码导入平台，平台会根据模型的清单编码信息、构件类型、构件ID、材质等属性建立模型构件与预算清单的关联关系。再利用清单编码自动匹配平台内置的定额库中每条定额，通过自定义修改定额含量自动计算每个清单的定额人工单价、定额材料单价和定额机械单价。通过录入的施工进度关联之前导入的工程量数据，则建立工程进度所完成的工程量，根据导入平台数据建立的关系，实现了基于信息模型的形象进度、清单工程量、定额工程量、工料机配给量、价格的有机结合，从而快速、智能地生成产值报表。产值计报每月定期自动生成，生成后可根据当月度的价格变化、合同变化等进行调整、修改。

技术评价 数字化工程成本管理技术合理地利用信息化建筑模型，有效解决了工程造价管理分散的问题，实现动态化、精细化、实时性的工程造价管理，有效地解决了传统造价管理中信息很难共享或协同的问题，加强了施工单位对工程项目成本的控制，使项目的透明度提高。

加强工程量计算的准确度及效率。运用信息化三维模型自动算量，其准确度和效率远远高于手工计算。通过软件自动套入清单编码，节省了一大部分的人工成本，并自动生成的电子文档可以供造价人员进行信息的交换、共享、传递及存档。

通过与计划进度、成本进行结合，实时动态监控工程造价有利于优化资金，合理分配人员、材料及机械设备等，有效实现工程造价管理的精细化。（陈 菁）

数字化工程质量管理 digital engineering quality management 依托数字化手段对项目施工全过程进行信息化、动态化、协同化的管理。目的是保证工程质量满足相关规范、标准、法律法规、设计文件和工程合同的要求。

随着数字化施工管理理念以及BIM、物联网等数字化建造技术等在中国工程建造领域的广泛应用和发展，数字化工程质量管理技术也逐步应用到了工程项目的各阶段。为提高传统工程质量管理工作的全面性、准确性和管理效率，智能设备、数字化建造技术、词频分析技术和数据挖掘技术等的数字化工程质量管理技术逐步应用在工程质量全过程管理上，确保了工程施工质量的精细化、信息化、协同化管理。

数字化工程质量管理主要通过智能移动端自动采集工程项目现场质量问题，将质量要求、质量问题上传至质量管理平台，通过可视化二维数据和三维模型进行展示并进行质量验收，将验收过程信息通过模型进行集成，对质量管理过程进行跟踪，找到工程质量管理的薄弱环节，及时解决质量相关问题，提高质量管理水平，为企业工程质量管理制度的制定、质量问题的智能化决策等大数据应用提供可能。

数字化工程质量管理流程包括质量管理模型创建、质量验收计划制订、质量验收、质量问题处理及质量问题分析。①质量管理模型创建。收集质量管理相关资料，如施工所依据的模型，质量验收相关标准、文件并录入模型，形成质量管理模型。②质量验收计划制订。根据项目进度，制订质量验收计划，并将所形成的模型和质量验收计划上传至质量管理平台（云端），进行标准化管理。③质量验收。质量管理人员将巡视过程中发现的质量问题进行上传，记录在相应构件中，并将问题推送给相关人员，督促相关问题形成闭环。④质量问题处理。施工方根据验收资料进行项目整改，并将整改情况相关信息上传至模型，直至项目整体质量验收通过。⑤质量问题分析。针对质量验收过程中存在的质量问题进行分析，形成处理意见，将相关资料录入或关联至云端模型。（龙莉波）

数字化规划 digital planning 在城市规划设计的过程中，借助大数据、人工智能、移动互联网、云计算等数字化技术配合规划师有效地完成规划设计方案的工作。包含在前期分析、制定目标、方案设计、评估优化等环节中提高规划设计效率、品质及科学性的相关理论、技术与方法。

在数字化规划中，需要将大量真实城市信息转变为可度量的数据，通过这些数据刻画研究对象，并在计算机内部统一处理的过程，实现信息的收集、计算、处理、传递等功能。

21世纪以来，随着计算机辅助技术的广泛应用和快速发展，城市规划设计经历了由数字化向智能化演变的过程。数字化技术由被动式、指令式的信息存储、处理功能向高效、互动的智能人机交互功能转变，实现更高级形式的人工智能系统。该系统与人的指令及外部环境处于动态的反应过程中，具有感知、记忆和思维、学习和自适应决策能力，进一步实现了人机协同的规划设计新模式。（王 兰）

数字化混凝土裂缝控制 digital control of concrete crack 利用数值模拟方法对混凝土结构温度分布、温度变化及最大温升情况进行仿真计算，以预判施工和使用过程中混凝土因收缩、徐变和水化热引起的应力状态的发展情况，以此控制混凝土结构裂缝发展的技术。在大体积混凝土施工时，基于物联网的大体积混凝土无线温控平台，将温控理论与计算及实时监测系统结合在一起，对混凝土内部温度与表面温度进行数字化实时监测，以实现数字化混凝土裂缝控制。

混凝土裂缝数字化仿真 主要采用计算力学的方法，考虑混凝土的黏弹性特性（徐变特性）、干缩或湿胀特性、混凝土强度发展过程中的水化热以及从而引发的温度应力，以及混凝土材料的断裂力学本构方程，对混凝土裂缝产生和发展进行预测与控制。混凝土裂缝数字化仿真建模过程可分为3个阶段，分别为模型分析、材料属性设置和确定水化热计算参数及边界条件。在模型分析阶段，仿真人员根据施工实际浇筑情况、要求及初始和边界条件，选用合适的单元，采用适当的网格离散分析区域。在材料属性设置阶段，仿真人员可参阅具体工程参数及有关文献确定材料力学参数与热力学参数。在水化热计算参数确定阶段，混凝土绝热温升和导热系数可根据实验确定。除了与其他分析相同的支承界面外，还需注意单元对流边界。

混凝土数字化温度实时监测　主要基于物联网和无线传输技术架构下的混凝土温度监控技术体系，通过建立基于物联网的大体积混凝土无线温控平台来实施温度控制。此体系主要包括无线温度监测硬件设备、设备控制和数据采集软件。无线温度监测硬件设备由无线传输模块和远程传输模块组成。设备控制和数据采集软件由现场设备控制和数据采集软件、远程设备控制和数据采集软件组成。

混凝土数字化温度实时监测首先根据工程实际情况和混凝土裂缝数字化仿真结果，确定监测方案，然后对传感器进行编号修改以及现场布点。为确保系统的可靠性，在正式监测前需要在现场进行调试，通过给各模块发射不同的命令，根据返回数据判断现场各个模块的工作状态，一旦发现数据异常或者大量数据丢失现象，则需要排查是否是传感器接触不良或者障碍物挡住了信号。如果是传感器接触问题，需将传感器接通重新插入再次测试。如果传输过程中有较大障碍物阻隔，则需要及时调整采集模块的安放位置。在现场调试全部正常后，用户以管理员身份登录系统，在浏览器界面搜索到所有节点，再给相应节点发送采集指令，节点接收到指令后开始进行执行数据采集操作，并将采集到的温度数据传输到协调器，如果距离较远或者之间存在较大建筑结构阻隔则通过Zigbee路由将数据转发给协调器，通过协调器内的GPRS模块将数据传送到GSM网络，通过GSM网络将数据传到云服务器上，在云服务器上进行数据的解析、处理，最后其他用户通过登录系统远程查看分析或者下载数据。

混凝土温度数据可视化控制　混凝土温度数据通过可视化控制平台实时直观展示混凝土内部温度差异以及混凝土内外温差。此平台以实时监测数据为依据，融入数据在线处理技术，对分析结果进行可视化展示，对异常情况进行报警，然后根据展示结果进行相应的温度控制，从而实现了大体积混凝土温度情况可视化展示和针对性控制。大体积混凝土温度可视化控制平台实现功能包括用户管理、工程管理、设备管理、传感器管理，用户权限控制，最新温度数据显示，数据趋势分析，最高温度及最大温差分析，实时预警，自动报表生成等功能。可视化平台根据不同用户需求可进行电脑端展示和移动端展示。考虑到现场监测人员携带PC设备查看实时温度数据状态不方便，通过开发微信平台接口，提供了工程管理、传感器管理、人员管理及后台数据查看等功能，监测人员可通过手机设备的微信监控系统现场实时查看数据情况，及时给出温控措施。

应用前景　数字化混凝土裂缝控制技术相比于玻璃泡温度计结合人工测量法、电子测温仪法、人工组装测温及传统计算机测温系统等方法，具有效率高、劳动强度低，监测实时性高、数据可靠性高、稳定性好等优势，且在较长的监测周期过程中能实时掌握大体积混凝土的温度整体变化趋势，也可以根据监测数据采取有效的降温措施，符合现代化施工技术的要求。数字化混凝土裂缝控制技术广泛应用于建筑工程、水利工程、桥梁工程、公路工程等领域。（左俊卿）

数字化机电安装控制　digital control of mechanical, electrical and plumbing (MEP) installation　基于数字化模型进行机电工程安装过程的仿真、预测、演示和分析，为工程实施提供支撑的技术。数字化机电安装控制主要分为基于BIM技术的机电安装进度和可行性分析、基于三维扫描技术的机电安装精度控制，及基于计算力学仿真技术的机电深化设计研究等。通过三维BIM演示，管理者可以更科学、更合理地制定施工方案，直接体现施工的界面及顺序。借助BIM技术在施工进行前对方案进行模拟，找寻问题并给予优化，同时进一步加强施工管理对项目施工进行动态控制。当现场施工情况与模型有偏差时及时调整并采取相应的措施。通过将施工模型与企业实际施工情况不断地对比，调整、改善企业施工控制能力，提高施工质量，确保施工安全。

在机电管线安装前，为避免结构施工误差对机电安装造成影响，还应采用数字化三维扫描技术对现场结构进行激光扫描测绘，通过三维扫描技术形成三维点云数据，将三维点云数据与原有结构模型进行比对，掌握施工现场与设计图纸间的误差范围，并将误差反馈给土建公司，后者调整结构模型使之与现场实际情况相一致。再根据修正后的结构模型调整机电管线，避免了建筑结构误差对机电管线安装造成的影响。传统BIM软件注重的是整体设计效果，而预制加工设计更关注细节的处理。在数字化三维扫描数据和结果反馈后，可修正模型中的管道连接方式、管配件的尺寸、法兰的规格型号、垫片的尺寸等所有材料信息，以便于精准并顺利提高装配式机电工程的实施。

在机电安装实施过程中，应采用计算仿真的方法对管线安装进行安全性和功能分析，如风管布置和风口方向对室内通风环境（气流速度、温度或湿度）的影响、风管加固方式对系统稳定性的影响、实验或医疗设备安装环境的压力分析等。这些方法都是前期通过在专业软件中建立相应的仿真模型并敷设大量计算网格，通过设定与实际工程相符合的边界条件后进行迭代计算，直至收敛稳定后出图进行预测分析。数值仿真预测的优点是花费最小的成本精准预测系统运行后的各类问题，以便及时进行整改，减少后期的大量返工。

在各种大型施工项目中，BIM的运用已经比较普遍，相关技术也比较成熟。使用BIM技术结合混合现实技术（MR）可将现场施工的实际和可视化的虚拟建造进行对比，为项目的成本、工期和质量控制提供借鉴。此技术主要原理是将BIM投放至智能眼镜上，形成虚拟视角，使看到的建筑三维数字化模型和现实场景进行精准匹配，以便于识别工程中的各类问题和偏差，减少人为对比分析时间和误差。（冯　强）

数字化基坑变形控制　digital control of foundation pit deformation　以数字化管控平台为基础，通过对基坑变形数据的自动化采集、远程传输、智能处理，实时动态监测，并进行反馈分析，以此指导现场基坑施工的活动。以达到基地施工安全的目的。

控制要素　基坑变形控制主要针对围护结构变形、支撑轴力和土体变形等三方面，开发数字化管控平台，将多种现场监测仪器、检测设备、无线传感器通过物联网技术连通起来，采用主动或被动触发的方式，实现变形数据的自动采集和实时传输，保证数据的真实性、完整性和实时性。平台通过对原始监测数据的实时处理，运用数学模型和回归分析、差异分析等数理方法对采集到的各类数据进行数字化建模分析，形成各类变化曲线和图形、图表，具有形式多样的实时报警功能，便于管理人员对基坑危险点进行追踪处理。

控制方式　数字化基坑变形控制包含

主动控制系统。中国常见的主动控制方式为钢支撑轴力伺服系统。此系统是以机械、轴力测试传感器、千斤顶液压传动为基础，融合计算机信息化及自动化监控系统、无线通信传输等技术手段，对支撑轴力不间断测试、调整的综合性系统，能有效控制深基坑施工变形并确保施工钢支撑轴力自适应实时补偿与监控（见图）。

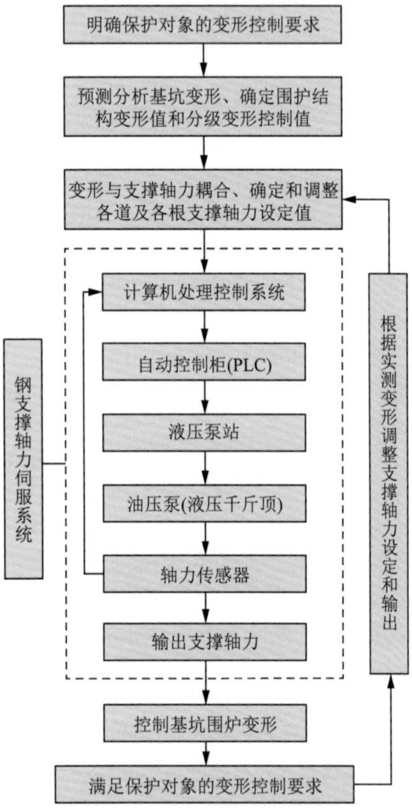

数字化基坑变形控制示意图

通过数字化管控技术对基坑围护结构变形、支撑轴力以及土体变形进行实时控制，实现各类监测数据和信息快速准确的分析与反馈，以及对各类数据和相关信息的综合管理，显著提高了效率，降低了施工过程对周边土体的扰动，从而减少了基坑本体变形的风险，进一步提高了基坑施工的安全性。（钟 铮）

数字化木构件安装 digital installation of timber component 在大木结构立架安装过程中，将木构件的三维模型信息导入自动化安装设备，依靠计算机技术、网络技术，自动化放样设备等进行木构件安装信息识别并完成安装的作业和技术。数字化木构件安装技术是提高构件安装水平，节约操作空间的一种古建筑木结构立架安装的方法，是降低施工成本、节省施工工期的有效途径。同时，数字化木构安装也是施工企业实现数字化转型与生产系统、现场安装系统不断实现数字化的主要内容。

数字化木构安装技术可应用在专用脚手架搭建、木构件放样和构件安装等领域，能大幅提高木构件安装精度和安装效率，降低了工程建造成本。

专用脚手架搭建 应用有限元分析软件建立三维模型结构分析，通过建模分析，采用符合规范要求的钢管扣件操作架体，对脚手架分别进行抗倾覆验算、地基承载力验算、立杆稳定性验算、水平杆件挠度以及立杆强度验算，使脚手架搭设的安全性得到保证，同时也保证施工的安全与质量。

木构件放样 吊装木柱时，通过全站仪进行柱础定位和放样，将吊装绳穿过木柱上部所开榫口，使用合适吨位的汽车吊勾住吊装绳吊装木柱，将木柱吊装至柱础的中心位置。木柱从明间开始吊装，绑临时撑杆，再依次立好次间、稍间柱子。

构件安装 ①安装自制的工字钢梁和钢柱，利用Tekla Structures等建模软件，在三维模型中创建精确的任意尺寸的梁、柱、板、螺栓等构件后，由汽吊采用两点起吊将工字钢梁吊至木柱最下榫口位置；使用汽吊起吊钢柱，将钢柱移至钢梁的下部，钢柱与工字钢直接插销固定，使钢柱悬浮于空中。在钢柱两侧底部放置千斤顶顶住钢柱，两侧同时对千斤顶施压，使木柱缓缓向上提升。②吊装梁枋。采用Tekla Structures等软件建模，可以导入BIM软件，进行柱子及梁的检查，再采用两点汽吊法，从上向下吊装的过程中，一边下放一边拆除该位置处阻挡的横杆或纵杆，梁下放后再复位，再将最底部大梁吊装至对应木柱的榫口位置，使用绳子将梁两端与木柱绑扎。通过数字化数据输入，提高施工效率，实现精准、有效的安装管理模式。（王艳春）

数字化木构件制作 digital manufacture of timber component 在现代木材加工机器上用自定位接口制作复杂形状木构件的作业和技术。

发展情况 在数字化木构件制作的发展中，最初是将人工操作的步骤自动化，实现标准化生产，减少依赖于人所带来的众多不可控因素。例如，使用德国威力集团MBA桥式集成组框加工中心Mobi-One，接收来自木结构设计软件所生产的加工数据，完成模块墙体的组框、覆面板、铣型等加工。

在数字技术的支持下，标准化生产向大规模定制的转变，实现高度离散和差异化的结构。例如，南京园博园2号口异形曲面吊顶，共有木梁430榀，1460组，近7000片木梁，大界公司通过Robim直接将三维设计模型对接生产制造，同时利用数字孪生技术，对生产过程进行测试、验证和优化，通过随机分布的凹凸变化，呈现层次丰富的地质纹理。

现代数字化木构件制作更加关注材料属性和构造关系，使用程序和算法，充分发挥出机器人及材料在数字逻辑下的潜力。

原理及特点 数字化木构件制作的关键是精确控制几何形状。作业时，基于参数化设计，遵循少规格、多组合的原则，对木构件进行智能化拆分，对各构件类型、尺寸进行自动定位和编号，通过Cadwork、Robim等工业软件，联通数控机床和机器人等智能设备，进行构件尺寸加工、切割、铣削、开槽、打孔的生产，实现CAD-CAM的智能化转换，激光标定，无须放样，快速加工各种复杂造型和节点构造的构件。同时，对排料进行优化，提高材料利用率。

数字化木构件制作的优点是：①智能化激光标定，下料定位准确，节省人工放样时间。②加工精度高，适合制作异形、深槽和大角度斜面。③生产效率高，在大尺度构件加工的过程中，节省时间40%，单台机器人的产能可替代4～6个熟练技工。缺点是：①配套工业软件有限，通用性差。②使用条件限制，灵活性差。（韩振华）

数字化幕墙安装控制 digital control of curtain wall installation 采用建筑信息模型（BIM）建模、三维扫描和大数据合模等信息化技术手段，实现幕墙的异形构造设计、非标材料下料、精准定位、安装、连接节点固定、位形控制、应力控制，达到幕墙高质量安装和复杂异形建筑外观要求的作业和技术。在幕墙安装时，通常对一些幕墙与钢结构以及土建连接节点、幕墙面板与龙骨连接节点等，采用数字化手段进行深化设计、定位控制。

幕墙与钢结构一体化技术应用 将幕墙埋件和主龙骨同主体钢结构一起进行深化设计、加工制作以及现场安装，充分发挥钢结构与幕墙一体化施工的优势。在深化设计阶段即充分考虑了幕墙主龙骨与钢结构主体、土建内墙的连接节点、幕墙次龙骨与主龙骨连接节点等部位的安装，大大提高了幕墙的安装精度及施工效率。

数字化材料下单 随着建筑造型趋于多元化，异形建筑已率先运用了数字化、信息化技术，以满足建筑特殊的造型需要。深化设计时，采用数字化技术手段的主要工作流程是：①根据建筑外形成型原则通过参数化驱动的方式创建BIM，并提供给构件加工厂。②通过转换参数数据，实现机器人自动切割下料、组装和焊接，并采用实体与理论模型的虚拟比对，实现构件质量的校验。③通过构件编码识别，读取构件的基本信息，并通过自动测量技术，即时反馈异形板块安装精度偏差数据，实现异形构件的高质量精准安装。

已有大量的建筑采用数字化技术手段辅助设计建造，如中国的上海中心、北外滩世界会客厅项目、世界顶尖科学家论坛永久会址项目，均采用了BIM。

幕墙钢体系精度控制　幕墙钢体系施工不同于钢结构施工，其施工精度要求更高。现场施工完成后，须采用全站仪测量技术和三维扫描技术继续测量和扫描，再将数据反馈到模型中，通过大数据合模数据进行分析，对于偏差较大的进行幕墙面材精准下料，确保最终达到结构的设计形态。（陈佳伟　李　芬　周　锋）

数字化设计　digital design　用计算机、通信、自动控制等信息汇集和处理技术代替传统设计手段进行的各种工程设计。可促进工程设计水平提高，使其更加科学、合理、高效并降低成本。数字化设计最先在制造业中提出，其基本概念是利用产品的建模、仿真、优化、虚拟样机等技术，完成产品的概念设计、工程与结构分析、结构性能优化，以及工艺设计等，旨在加速产品开发过程、缩短产品的研制周期、实现产品的优化设计。在土木工程中，数字化设计目的在于实现工程优化设计，提高设计质量。

数字化设计集成内容主要有以下3方面：①数据模型集成。以建筑工程为例，为了确保各个专业所使用的建筑信息是一致的，需要将建筑设计各专业所用的数据模型集成统一，即建立不同行业通用的标准化共享建筑数据库。例如，在某项土木工程建设中，设计师绘制了建筑专业图纸，将这些图纸作为建筑施工的底图，设备工程师通过这些底图来计算空调的供暖负荷，在底图上布置供暖管道，计算分析水力及热力等，从而实现不同专业数据模型集成化。②模拟软件集成。在建筑设计的不同阶段，需要用到性质与细致程度不一的模拟软件。如在工程项目的勘察设计时，基本工作内容是对建筑功能、档次等做出定位；在绘制详细施工图环节时，需要选择材料、设计构件与结构尺寸等。建筑设计不同阶段采用不同模拟软件，需要对输入数据模型进行处理，使其保持一致性和相关性，让各设计阶段使用的模拟软件集成化。③集成设计资源。将与建筑设计相关的建筑模型、工程图纸、法规、设计手册等资料，用数据的方式集成储存到计算机网络中，让使用者随时查询数据库，并在设计过程中加以分析，以此减少重复而琐碎的工作、提高设计效率，促使集成化设计环境的形成。

数字化设计实施策略主要有：①建立网络协同工作平台。为实现各专业在设计过程中从设计、校对、审核及审定过程的无纸化网上作业，实现模型、图纸、文档版本管理，模型、图纸、文档审批流程管理，模型、图纸、文档权限管理、资料共享，系统提供统一的数据环境，使各专业在同一平台协同工作，信息的传递与存储都在平台上统一进行，提高了信息的准确率和交互效率。②建立动态的工作流管理系统。根据项目的实际流程，定义各专业人员及相应的权限、各流程节点之间规则与关系等。通过对流程的管理，最优地分配资源；有利于及时发现问题并采取措施。③建立简化规范的质量管理子系统。变传统的条文约束为严格的全过程控制。设计人员通过系统中的质量管理文件指导工作，很大程度上减少错误率，变事后管理为事前管理。④建立公平透明的绩效考核子系统。变传统的人事管理为科学的全员评价管理，大大提升了人员绩效考核的准确与公平性，提高了设计人员的工作积极性和工作效率。（马智亮　蒋凤昌）

数字化施工测量　digital construction surveying　采用数字测量技术，将设计的建（构）筑物的平面位置、形状、尺寸和高程，按要求放样到实地上，作为施工的依据，并在施工过程中进行一系列测量的过程。可指导施工实现设计的要求。

含义及优点　数字化条件下的施工测量有两层含义：①在传统测量手段上，包括数据采集、处理、放样和校验过程的智能化和信息化。②测量新技术如卫星定位技术、数字摄影测量和建筑信息模型（BIM）技术等数字技术在施工测量中的结合应用。数字化施工测量正逐渐在工程中得到大量的实践应用，并展示出其高效和精确的综合优势。

数字化施工测量的优点：①智能化程度高。传统施工测量中所有的数据处理均采用手动或程序计算。数字化施工测量采用的光机电一体的测量设备，具备数据自动处理功能，提高施工测量过程计算的效率。②数据传输信息化。施工测量的大量数据采集、汇入、传输通过SD卡等数字媒介或4G、WIFI等无线方式传递，避免了传统电脑录入的低效和错误。③测量方式多样化。创新了测量方式和模式，如通过与卫星定位技术的结合，实现非通视条件下的高效控制网测量；通过BIM放样机器人和3D扫描仪测量，实现BIM结构模型信息实时更新。

相关技术　数字化施工测量的相关技术有BIM放样机器人技术、卫星定位技术和数字摄影测量等。

BIM放样机器人技术　是实现BIM落地施工的一种方式，又称BIM放线技术。BIM放样机器人技术可以直接在BIM软件中设置放样点，再直接将三维模型传输到设备中，即将模型带到现场直接使用三维模型进行放线作业。这种方式的好处是，可以整合从土建到装修到机电等的各个专业的设计于一身，现场的放线工作可以全专业统一进行，同时简化测量操作的过程步骤，相比于传统的人工配合放线作业，这种方式更加精准，也更加快速。

卫星定位技术　一种全数字化的测量方式，又称GNSS定位技术，已经在建筑施工领域得到大量应用。按其运行模式分为静态测量模式和动态测量模式。①静态测量模式。一般用于施工现场的控制测量，优点是精度高、全天候、无须通视、施测方式灵活多样。②动态测量模式。可以实现厘米级精度，又称RTK模式，优点是操作方便迅速，测量效率高，适用于部分精度要求不高的施工测量需要。

数字摄影测量　一般以无人机为摄影载体，在施工测量中常用于大型场地的土方量测量或场地3D模型重建等场景。其原理是由二维的相片点坐标得到对应区域的实际三维坐标，完成测量。相比传统方格网场地测量，可成倍提高效率。

（施志远）

数字化施工管理　digital construction management　利用建筑信息模型（BIM）、物联网、5G网络等数字技术，对施工方案的策划、施工进度和施工成本的控制、施工质量和施工安全的保障及施工档案的存取等进行有序、可追溯的工作过程。后者在管理过程中各项目职能部门（如技术部、安全部、质量部、商务部、工程部、资料部等）的信息不能充分共享，从而导致信息“孤岛”，阻碍项目有序推进。数字化施工管理是以建造阶段项目管理数据为基础，运用数字化概念与相关技术，整合项目信息及生产资料的管理体系。数字化施工管理注重收集、整理、统计、分析建造过程原始资料，并应用虚拟施工、大数据、数字化分析平台等数字化手段实现数据共享与应用，在纵向从集团到项目施工现场实现实时态势感知，横向打通项目各专业数据通道，提高协同联动工作效率、节约工程造价、保证过程安全、提升产品质量。

数字化施工管理需建立数字化管理平台，可实现工程要素（人员、机械、材料等）可视化管理，明确施工过程的关键控制点。平台通常包括进度、造价、安全和质量等模块，实际使用可按需配置，既可以满足跨项目及跨专业协同所需要的、所反映的核心业务与基础信息，又可以通过数字化的互联互通消除信息冗余和孤岛。如质量模块可从监理指出、总承包整改、监理确认进行双向闭环管理，保证建造阶段质量可控，最终验收也可对相关数据进行追溯分析。平台可保证相关信息的完整性、准确性和可追溯性。（陈珂 吕达）

数字化施工进度管理 digital construction process management 利用软件对整个施工工期进度进行模拟，方便现场管理人员及时对部分施工节点有效地进行控制的工作过程。

管理办法 当现场施工情况与进度预测存在偏差时，通过建筑信息模型（BIM）施工进度模拟演示，将进度规划与项目实际施工情况不断对比，调整进度计划，找出施工偏差，分析并及时制定相应改进措施。数字化施工进度管理主要进度计划是指导施工的理论依据，在具体施工实施过程中，除按照进度计划合理部署施工外，更重要的是采用科学合理的进度管理方法，根据项目实际进展调整施工策略，并配套相应的项目资源，使项目进度达到预定要求。

施工进度模拟在项目计划过程中主要用于定义和识别任务、分配资源和可视化沟通。项目实施过程中施工进度管理主要用于验证方案合理性，比对多个分项之间的相互关系，21世纪以后也被用于施工过程中工作空间的碰撞检查、路径分析、施工之间监察和完整的风险识别。

影响和作用 建筑信息模型的应用给工程前期准备工作带来了极大的改变，整个建筑业也因此有了明显的演化。在众多数字化给行业带来的收益中，三维模型结合一个新的时间维度，将一系列的事件加入甘特图和关键路径法以一种可视化的模式在时间轴上向项目人员展示，允许工程师们以一种精准而有效的方式编制整个施工任务，也更容易让对项目图纸不甚了解的人参与讨论。

对于以往的项目，传统进度管理由于缺少进度信息采集手段，进度滞后问题往往在主要项目节点才能发现，无法及时采取纠偏措施。基于BIM技术的数字化施工进度管理，可将实际施工进度与计划进度对应的项目进展通过BIM进行比对，完善项目进度控制能力。（陈凯）

数字化施工控制 digital construction control 采用仿真分析、物联网、互联网、工控系统等信息化技术，对工程实体及各施工要素进行的模拟计算与仿真分析、施工状态监测、环境要素监控、工程数据分析、安全状态预警、施工过程修正调整与控制的作业和技术。数字化施工控制主要包括空间环境要素的数字化控制、施工过程关键要素的数字化控制、工程实体关键施工环节的数字化控制等类型。①空间环境要素的数字化控制。主要对象为施工现场临时设施的数字化施工管控、施工现场材料及设备的数字化物流管控、绿色施工环境因素（声、光、尘）的数字化管控等。②施工过程关键要素的数字化控制。主要对象为施工现场人员安全状态、施工机械及装备安全状态、施工紧邻建（构）筑物环境安全状态等。③工程实体关键施工环节的数字化控制。主要对象为构件加工制作、地下工程、结构工程、机电工程、装饰工程等施工监测与控制。通过采用数字化施工控制技术，对空间环境要素、施工过程关键要素、工程实体关键施工环节等状态的全方位立体化监测、评估和控制，实现工程建造过程的精细化控制。

数字化施工控制的一般流程为：①实施之前。应先收集工程设计文件、施工组织设计及施工方案等相关资料，根据设计、施工相关标准规范以及工程施工要求，制定数字化施工控制方案，控制方案文件通常包括工程概况、控制目标、控制要点、仿真分析方法、施工监测方法、数据分析方法、施工过程控制方案、技术措施等。②实施过程中。应将整个施工过程根据控制方案特点划分若干个施工阶段或施工工况，布置现场监测设施，通过仿真分析模型，进行施工状态监测，并将分析结果与监测结果进行比对，确定调整的控制方案与进一步的技术措施。③实施结束后。将控制过程中相关的模型、数据、结果及其总结报告进行数字化交付。

数字化施工控制是实现数字化建造的关键过程，也是实现智能建造的最基本的技术方法，为土木建筑行业高质量发展起到了举足轻重的作用。（龚剑）

数字化砼构件安装 digital installation of concrete component 应用数字化技术，借助建筑信息模型的可视化、模拟性、参数性的优势，实现直观表达砼构安装过程的技术。通过Autodesk Revit、SketchUp、PKPM等软件工具在数字空间等比例构建砼构（预制混凝土构件）信息模型，定义砼构类型、尺寸、材料、构造、空间坐标、相互关系等建筑信息，并以数字化形式分解技术工作流程，获取砼构安装不同工序状态的可视化模型，包括轴线控制、楼面弹线、水平标高测量、砼构逐块安装、临时固定、现浇部分钢筋绑扎等。根据砼构参数合理配备施工机械与机具，可视化模拟砼构的施工安装工艺、施工流程、施工管理，通过施工顺序预模拟、工序搭接等，以方案、动画、图片等形式指导现场施工，避免施工碰撞，实行精确化安装。随着BIM技术的发展，建筑结构施工可视化管理的方式引入砼构安装。从施工顺序预模拟逐步演变为进度协调、资源配置的一体化数字化管理模式。砼构安装的数字化表达有利于反馈并优化节点设计，逐步形成数字化标准砼构库；合理化配套机械及工器具，达成高经济性的周转使用；安装过程受力状态分析，确保过程安全性；对安装完成后的建筑空间状态是否满足建筑主要功能进行判定。安装模拟精确性受施工图纸和软件工具的影响。

建筑业工业化转型及BIM技术的迭代升级，使数字化建筑信息模型应用逐步深入，并与建筑结构、时间、资源等密切结合，使得建设单位、设计单位、施工单位等参与方可在同一个模型上完成对砼构安装施工的管理。（潘峰）

数字化砼构件制作 digital manufacture of precast concrete component 采用数字化生产装备或技术在工厂或工地预先加工制作建（构）筑物的混凝土部件的作业和技术。如采用砼构件图纸数字化管理、模具数字化设计制作、钢筋数字化加工、模台模具数字化前处理、混凝土自动化运布料、构件智能养护等技术对砼构件各制作工序进行效率提升。

根据砼构件生产工艺各工序情况，可实现大部分工序数字化制作。①砼构件图纸数据读取及虚拟布模。生产线中央控制系统将预制构件的图纸进行导入和识别，系统处理后转化为生产系统和装备可识别数据，进行后续构件生产；生产线中央控制系统读取生产图纸数据后，针对生产厂区实际情况进行模台上预制构件的虚拟布模，优化构件布局，可有效提高模台生产利用率。②模台前处理数字化。清扫划线脱模剂前处理一体化设备接收到系统传输的加工信息后，自行移动至对应待生产模台完成预制构件生产模台清扫、划线、喷涂脱模剂等前处理工序。③数字化模具拼装。采用数字化技术进行预制构件模具的设计制作。④钢筋数字化安装。钢筋绑扎及预埋件安装，将边模及钢筋运输一体化设备运输至待生产模台后，技术工人通过磁吸式固定装置等完成预制构件钢筋绑扎和埋件安装作业。⑤混凝土运输与布料。预制构件隐蔽工程验收完成后，通过自动化混凝土运料和布料系统设备，完成预制构件混凝土高效浇筑工作。⑥混凝土振捣。待混凝土浇筑完成后，采用移动式振动侧翻设备带动模台与模具等进行混凝土整体振捣密实。⑦预制构件数字化存储。应用数字化技术进行预制构件堆场高效智能管理。

数字化砼构件制作可有效提高预制混凝土构件生产效率，降低砼构件制作成本。其技术应用比较成熟，符合环境保护、建筑节能、技术革新等方面的要求，且通过工厂化和数字化技术制作，可达到节约材料和劳动力、提高施工功效、缩短施工现场周期、提高建筑工程质量、减少建筑垃圾排放的效果。（朱敏涛）

数字化虚拟施工 digital virtual construction 运用数字技术，对工程施工过程所涉及的施工工艺流程、部品部件组合拼装、结构及部件物理性能、施工环境效应、施工要素逻辑演化、现场施工管理等进行虚拟仿真分析和评价的技术。

数字化虚拟施工通常是在施工之前或施工过程中，针对关键施工管控对象重点开展空间几何信息、物理性能、要素逻辑演化3个方面的虚拟仿真工作，提前有针对性地优化和解决工程施工过程中可能存在的问题，为施工方案的确定和调整提供依据。①空间几何信息虚拟仿真。主要采用建模软件或图像识别设备建模系统，建立建筑、结构、构配件等的物理模型，模拟工程建造和部件组装过程；根据工程施工的需要，可在空间几何信息模型上附加时间、经济、环境等属性，从不同的维度来分析模拟施工过程。②物理性能分析。主要采用有限元法、离散元法等分析方法，利用数值计算软件，建立工程整体或局部的力学、变形等模型，分析计算工程的应力-应变等方面的问题。③工程施工要素数字逻辑演化分析。主要采用推演软件，构建工程建造过程中技术、管理的数字逻辑关系，进行相关要素的演化路径、结果判断的推演和评估，完成相应推断的分析过程。

随着工程建设行业绿色化、智能化、工业化的发展要求，在工程建设实施之前，将逐步实现在计算机上进行工程施工全过程的数字化虚拟仿真，确保工程施工技术与管理实施的综合最优。（房霆宸）

数字化运维 digital operation and maintenance 利用数字技术开展运营维护和养护的过程。其核心思想是使设施维护过程数字化。借助数字技术传递结构设施、设备的运维信息，分析处理运维状态；从安全性、经济性、风险性角度出发，可建立完善的评价指标体系和管理系统，安排和制订运维计划，跟踪运维处理进度；闭环结构病害，可最大限度地实现运维过程中人、财、物等资源的优化配置，优选维护模式，提高运维管理效率，实现建养一体化管理。

数字化运维的目标：①以工程设施运维数据录入、计算、检索、统计、分析为基础，达到运维业务管理的目的；以数据库、互联网等为技术手段，构建一体化的工程设施运维信息管理系统，为运维部门提供操作平台和决策环境，全面提高业务处理能力。②包括工程设施的基础档案、结构检查、状态评定、预警报警、维修养护、病害信息的统计分析等功能。③结合日常工作流，系统可实现结构病害分析梳理，按渗水面积等标准划分病害等级并排出维修建议顺序，选择维修内容、工艺、方法、材料后生成工单，跟踪维修工单进度并提醒最后复核工单是否维修完成。④实现数据实时同步和数据共享。管理领导层用户可接受、查阅各工程设施有关数据，及时做出管养决策和部署。⑤相关管理职能部门的用户对各项分管信息进行分析、处理、批转、汇总和输出。⑥实施层终端将工程设施、日常检查记录、监测检测数据等信息上传至服务器，由服务器生成相关网页、报表，以实现信息实时刷新。

数字化运维包括：①数字化接受报修，报修信息将进行数字化管理。②生成数字化维护方案。根据设施的情况，划分为正常维护、紧急维护、故障、损坏等不同的任务，通过数字化手段，确定相应的方案。③维护过程的信息化管理。包括工具可用情况、工人派遣、任务进展、维护后的反馈等，均以数字化方式进行管理。④维护满意度数字化监督。维护质量监督及维护满意度调查等也以数字化方式管理。

具体研究方法有：①根据运营管理相关部门的需求，构建工程设施养护维修管理系统框架，为系统开发提供指导和依据。②研究工程设施安全性定量判定标准，利用基于层次分析法的模糊数学原理，对工程设施的健康状况做出评定。③研究光纤传感技术在工程设施检测中的应用，将光纤传感实时监测技术引入工程结构养护管理中。④将工程设施建养一体化系统应用于试点工程，验证系统的使用效果。

工程设施运维管理是运营管理的重要组成部分，是安全运营的重要保障。随着管养对象数量的增加，运维管理工作强度骤然加大，传统的人工报表、人工统计的管理方式已经不能适应现代管理的要求。为进一步提高运维管理数字化的水平和工作效率，以工程设施数据库为基础，采用通信传输、计算机处理、专家分析系统等信息技术，建立一种实时、准确、高效的支持企业高层决策、中层控制、基层运作的集成化信息管理系统。

依托工程设施运维信息系统，以“预防为主”“早期发现”“及时维护”和“对症下药”为基本理念，结合设计、施工、检测与监测等数据，制定合理的养护管理策略，研究出有针对性的养护对策和管理方法，跟踪检查工程设施的损坏状况，科学地评估损伤的规律和程度，及早进行加固维修整治，可在确保工程设施安全有序运营的同时，有效地控制节约运维成本。（马智亮　刘学增）

数字基础设施 digital infrastructure 利用数字技术将基础设施全寿命期信息进行数字化和可视化，将现实空间的基础设施映射到数字空间。据此可对现实世界的基础设施进行管理。数字基础设施的本质是要将数字技术渗透到基础设施全寿命期各个阶段，并将收集到的各类信息整合、处理、分析，再根据这些信息的预测结果对现实空间的基础设施加以管理，以便节约成本、防范风险，提高经济与社会效益。

从城市经济和社会可持续发展的角度，数字基础设施指以数字技术为手段，充分挖掘、采集和整合基础设施全寿命期内的信息资源，构筑面向政府、企业、社区和公众的数字化服务平台，统筹解决基础设施存在的问题，促进社会的可持续发展。

从规划、建设和管理的角度，数字基础设施指在基础设施的规划、建设和管理活动中，利用数字技术构建基础设施信息的自动采集、高效传输、动态监测、辅助决策和科学管理的服务系统。该服务系统可为基础设施的高效监管、预测和调控提供重要的决策依据，提高基础设施规划、建设和管理的效率和水平。

从技术的角度，数字基础设施是要在数字空间创建现实空间基础设施的孪生体。实现该技术需要从数据采集、传输、处理、表达与分析五个维度入手，借助包括3S技术在内的先进数据采集手段，以电缆、光纤、蓝牙、局域网、城域网、5G等为媒介，通过BIM/CIM、VR/AR等数字化、信息化建模工具，构建包括地理空间、工程与水文地质模型、建筑信息模型等的可视化、可交互2D和3D模型，最后经由数字－数值一体化分析实现数字化管控，提供决策服务。

（朱合华　陈　楠　朱梦琦）

数字建构 digital tectonics　使用数字技术在电脑中生成建筑形体，以及借助数控设备进行建筑构件生产及建造。

传统的建构理论　19世纪中叶，德国建筑师G.森佩尔认为编织的“挂毯”是人类最早用于围合空间或分隔空间的物件，这是因为编织及结绳工艺是人类最早掌握的手工技能，而挂毯在之后出现墙体时，仍然“被当成真实的墙体，那些隐藏在毯子后面的坚固墙体并非创造和分隔空间的手段，而是出于维护安全、承受荷载及保持自身持久性等目的而存在的”，可见挂毯作为围合空间的表皮是完全与结构墙体分离的。到了希腊的石砌神庙，石材外表也有一层打底的灰泥涂层，其表面再有色彩饰面，这些色彩饰面隐喻了挂毯的原本意义，它作为表皮仍然区别于承重的石墙。

19世纪与20世纪之交，奥地利建筑师及建筑理论家A.路斯继承了森佩尔的思想，强调饰面的材料应该忠实于自身的特性而得到表现，唯独不能模仿被覆盖在其底下的材料的质感，并呼吁这应成为饰面的原则，可见作为饰面的表皮是有别于其后面的墙体的。20世纪60年代，美国建筑师E.F.赛克勒则把注意力转向形式表象与结构、建造的关系上，他认为结构是建筑建立秩序的最基本原则，建造是对这一基本原则的特定的物质上的显示，而结构及建造的表现性形式可称作“建构”，即建筑的最终形式应该表现其结构逻辑及材料的构造逻辑。当然，在赛克勒的时代，建筑的受力结构已不再是森佩尔时代的墙体，新的钢筋混凝土结构体系及钢结构体系使得结构构件、维护墙体、饰面表皮进一步分离，赛克勒的建构思想正是试图把这种建筑部件的分离统一在具有理性逻辑的设计哲学体系中。然而，事实上，之后的建筑发展在后现代文化及哲学影响下，这种建筑部件之间的分离越发不可收拾，20世纪末的西方建筑界，商业化、形式化设计猖獗，建筑文化走向庸俗的境地。这时，美国建筑理论家K.弗兰普顿继承了赛克勒的建构学说，以建构的视野和历史研究的方式重新审视了“现代建筑演变中建构的观念”，以及“现代形式的发展中结构和建造的作用”，并重提建构文化精神，试图以它作为思想武器，抵抗建筑设计的形式主义倾向。弗兰普顿的学说影响至深乃至影响到中国建筑界，对于建筑设计回归到建筑本身、再现建筑的本质审美价值起到一定作用。世纪之交的那几年，建构理论也曾作为武器帮助中国青年建筑师冲破了西方建筑文化及中国传统建筑文化的双重束缚，使建筑设计从作为意识形态的工具还原到作为解决基本建造问题的过程，建筑设计真正具有了纯粹的职业性特性。但是，按照建构理论，无论西方建筑师还是中国青年建筑师，他们只能在人类已掌握的结构体系以及材料构造技术条件下表现最终形式，他们只能屈从于结构及材料、被动地表现形式。因而，尽管最终形式具有自然美的特征，但是最终形式是有限的、简单的、刻板的。

内涵及特点　传统的建构理论在基本建造层面，提倡和推崇了建筑的形式应该表现结构逻辑及材料的构造关系，但在基本建造层面之上，还存在着建筑学的设计层面，随着人类社会生活的日益多功能及复杂化，没有建筑设计便不可能进行建造。

数字建构把传统的建构思想拓展到建筑学的设计层面，提倡建筑设计的形式应该最高程度地表现人类活动的要求以及环境条件的影响，这两者是设计形式的来源；同时，建筑的建造形式应该最高程度地表现建筑结构逻辑及材料构造关系；再者，数字建构由于在设计文本与建造信息之间使用前后连续的数据流，因而计算生形的基本几何逻辑将会成为建造形式的基本结构系统，这样保证了设计生成与数字建造的统一性。

数字化的建构具有明确的两层含义：使用数字化技术在电脑中生成建筑形体的关键词是建筑设计的“数字生成”，其结果应该最高程度地反映人类生活行为及场所环境；而借助数控设备进行建筑构件的生产及建筑的建造的关键词是建筑物的“数字建造”，最终建造形式应该最高程度地表现建筑的结构逻辑及材料的构造关系。这两层含义也可用“非物质性和物质性”来阐述，在计算机中生成设计属于数字技术的非物质性的使用，而在实际构件的生产及建筑的建造则是数字技术的物质性使用。

数字建构具有如下特点：①建筑设计形体最大限度地反映了使用者生活要求及人类行为特征。②建造形式充分表现自身结构逻辑及材料构造关系。③以计算生成形体的几何逻辑关系作为建筑结构及材料构造的基础。④无论建筑设计还是材料加工以及建筑物建造均依靠软件技术及数控设备。

（徐卫国）

数字建造 digital construction　研究数字技术在土木工程勘察、设计、生产、施工与交付全过程中融合创新的理论、技术和方法。是土木工程学科新的分支，涉及土木工程、信息技术、管理科学、产业经济等多个学科领域。

概念来源　数字建造有狭义和广义之分。狭义的数字建造，聚焦于数字技术在工程施工作业活动中的应用，通过改造工程施工作业工具设备、施工工艺，提升工程施工生产力水平；广义的数字建造，强调在新一轮科技革命背景下，发挥数字技术优势，将包括工程勘察、设计、构件生产、现场施工、运营服务乃至退役拆除在内的工程全生命周期活动视为整体，从生产力和生产关系层面重塑建筑产业。

1975年，美国学者C.伊斯曼提出建筑描述系统（BDS），主张利用计算机来实现建筑设计方案的可视化和定量分析。1977年，W.米切尔提出数字加工概念，主张通过建立生产机器与计算机图形系统之间的接口，实现数字驱动的工程构件加工和现场施工作业，便于高效率建造形态复杂的工程设施。1986年，美国学者R.艾许提出建筑建模（BM）理论2002年，美国Autodesk公司率先推出基于建筑信息模型（BIM）的Revit和Civil 3D软件。匈牙利Graphisoft公司提出虚拟建筑（VB）概念，并以此为指导开发ArchiCAD软件。美国Bentley公司基于全信息建筑模型（SBM）推出MicroStation产品套件。随着虚拟现实技术的发展，美国发明者协会提出虚拟建造概念，斯坦福大学集成设施工程中心（CIFE）提出虚拟设计与施工（VDC）的研究应用体系。

2004年，N.利奇等人提出数字建构概念，倡导建筑师、结构工程师与施工工程师之间的交流与合作，形成既符合设计师构思又适合科学建造的工程设计施工方案。另一个与之类似的概念是数字工匠，主张在工程设计空间和施工空间之间交互构建一种建筑材料新物学。2005年，中国学者丁烈云提出数字轨道交通工程概念，并开发相关软件，实现轨道交通工程建设信息流集成，进而指导其物质流，并成功用于地铁工程建设。2016年，F.米尔斯提出数字建造概念，主张利用数字工具来改善工程产品全过程流程，使工程产品从设计、施工到交付运维全生命周期各阶段都获得更好结果。同年，国际土木工程协会主席T.博纳德提出了数字土木工程概念，倡导将数字建造的研究与应用从建筑领域拓展到更为广阔的土木工程领域。2019年，丁烈云组织中国数字建造领域的学者撰写出版《数字建造》丛书，主张将数字建造定义为：利用先进的数字技术，通过规范化建模、全要素感知、网络化分享、可视化认知和科学化决策，以统一数字流连接、驱动工程勘察、测量、设计、构件生产、物流供应、现场施工以及验收交付的高效集成协同，以物质工程和数字工程两种孪生形态，向用户交付以人为本、绿色可持续的高品质工程产品和服务。

主要内容 数字建造既是工程建造技术的创新发展，也带来工程建造理念转变、建造生产方式变革，以及产业生态重塑。

数字建造关键技术 数字建造领域关键技术主要包括但不限于工程多维数字化建模与仿真、基于工程物联网的数字工地、工程大数据与机器学习，以及自动化、智能化工程机械等。

工程多维数字化建模与仿真　将工程地质与环境勘测信息、设计信息、生产与施工过程信息通过三维数字化建模来表达，改变对二维图样的依赖，高效率地对工程设计与施工方案进行仿真分析和优化，最大限度地发挥设计者的创意，消除或减少设计、建造与使用过程的不确定性和缺陷。此技术为设计、构件加工、现场施工和成果测量检验信息的高度集成提供支撑。

基于工程物联网的数字工地　施工工地是工程建造活动的主要场所，将数字技术与工地的作业活动有机结合，构建基于工程物联网的数字工地，全面、及时和准确地感知工程建造活动的相关要素信息，以数据流驱动物质流和能量流，实现对实体工地的高效组织与管控。包括人机料法环等工程要数的泛在感知、多源异构动态组网互联、云边端数据处理体系架构、IoT与BIM结合的虚实映射数字孪生技术等。

工程大数据与机器学习　工程大数据主要包括工程环境数据、生产要素数据、过程数据和产品数据等。对大数据进行智能分析的核心是机器学习算法，包括有监督学习、无监督学习、深度学习和强化学习。机器学习能够处理海量大数据并充分发挥数据可被挖掘的价值，通过算法模型总结出一般性规律，并能将这些规律应用到新的未知数据上的学习过程，支持工程智能决策，克服传统的经验决策和基于固定模型决策的不足，使工程决策更具洞察力和时效性，不断推动工程建造向智能化方向发展。

自动化、智能化工程机械　数字技术赋能工程机械，将不断提升工程机械的自动化水平和自主作业能力，使其逐渐发展为负载着作业人员智慧、甚至是超越作业人员智慧的智能机器，如智能化的构件生产设备、土方作业设备、路面施工设备、混凝土施工设备、起重设备、高层建筑施工平台、建筑3D打印设备和建筑机器人等。

数字建造业务过程 数字建造业务过程主要包括工程数字化勘察、工程数字化设计、数字化构件生产与加工、数字化施工、工程数字化交付，以及数字建造过程集成与协同等几个方面。

工程数字化勘察　利用先进的工程测绘技术、数据库技术、计算机技术、网络通信技术和多维建模技术，借助相关数字化勘察工具和设备，全面、精确地采集分析工程地质与环境数据，做到数据采集精确化、勘察资料处理数字化、资料传输网络化、成果输出的数字化与可视化。主要有高分辨率卫星数字化勘察、无人机倾斜摄影测量、机载三维激光雷达测绘、高精度地质勘探、高精度超声波钻孔成像、原图数字化测绘，以及数字表面建模技术，辅以工程数字化勘测管理系统。

工程数字化设计　利用工程多维数字化建模与仿真技术，实现虚实对应、虚实融合，人脑与电脑相结合的设计模式。通过数字化建模、交互式设计，探索镶嵌成型、分形结构等多种复杂形态，实现建筑设计形式逻辑与数理逻辑的统一；以图解静力学为理论基础，利用参数化结构设计、模块化结构体系生成等计算找形模式，建立与工程复杂形态相适应的工程结构设计方案；利用BIM三维空间表达优势，通过建筑设备管线的协同设计，避免管线碰撞，优化管线设计。

数字化构件生产与加工　秉承建筑工业化理念，基于设计好的工程构件信息模型，通过将其转换成数字化加工所需的数字模型，进而驱动构件生产工厂的各类构件生产设备，如计算机数字控制机床（CNC）、数控PC构件生产线、数控钢构件生产线、数控管线生产线，以及构件3D打印设备等，精确、高效地完成工程构件的加工生产。

数字化施工　建立与实体工地相对应的数字工地，以此为基础，实现对实体施工过程的组织与管理。施工前，对施工过程进行数字化可视化仿真，优化施工方案；施工中，利用物联网、大数据、云计算、人工智能等技术对工程实体以及现场人员、机械设备、周边环境等要素进行感知、分析和控制，开展施工过程、施工进度、工程成本、质量安全的协同管理；竣工验收时，利用BIM技术，对施工技术资料、质量验收资料、竣工图等多种格式资料进行数字化分类与集成，实现数字化竣工验收。

工程数字化交付　在交付工程实物成果的同时，以数字化模型形式，交付与工程实物成果相对应的数字化工程成果。不仅能反映工程实物成果的状态，同时也能支持回溯查询工程设计、生产和施工过程信息，以数字孪生工程的形式，为工程运营、服务、维护，以及新兴数字经济形态的形成提供数字资产。

数字建造过程集成与协同　建立基于数字主线的工程建造全过程协同平台，统一数据交互标准和规范软件接口，在嵌入式和移动式计算技术的支持下，实现工程参建主体、机器设备、物资材料、工艺方法、环境因素的人与物协同、人与人协同和物与物协同。

数字建造产业重塑 主要包括建造工业化、建造服务化和建造平台化。

建造工业化　借鉴工业化生产理念，采用大规模定制的“制造＋建造”方式，将工程产品分解为部品部件，在工厂批量化生产；采用智能物流优化资源调度将部品部件运至工地；在工地现场装配建造成工程产品。实现工程设计标准化、部品部件工厂生产批量化、工地装配机械化和组织管理科学化。其中，通过批量化生产提高建造效率，多样性的装配方案满足用户的个性化需求。建筑工业化有利于节约资源实现建筑垃圾减量化，并改善施工作业环境。

建造服务化　通过将更多的技术性、知识性服务渗透到工程建造过程中，形成工程建造服务网络。数字建造提供的多种集成机制，不仅使以用户个性化服务需求为驱动的工程建造成为可能，实现工程建造产品的价值增值；同时，有利于提高建造效率，体现技术和知识资源在工程建造活动中的价值增值，进而推动工程建造从产品建造向服务建造的转型升级。

建造平台化　随着数字建造价值链的不断拓展与丰富，越来越多的参与主体通过信息网络建立起连接。在网络效应驱使下，推动整个产业向平台化方向发展，大幅降低市场交易成本。工程建造平台化生态的建立，将不断重构和优化工程建造价值链，各个环节的企业可以借助平台，面向用户提供更好体验的产品和服务来实现各方利益最大化。

发展趋势　工程建造的发展趋势是数字建造向智能建造发展。体现在如下方面：①AI辅助设计，以及自动化和生成式设计，大大减轻设计者的工作压力，激发更多设计灵感。②智能化、可视化的设计审查、仿真优化，显著提升工程设计品质。③AI辅助施工作业场地规划、施工组织规划，以及工程供应链优化，实现资源的优化调配，大幅提升工程施工生产效率，降低工程全生命周期成本。④AI辅助实时监测、评估作业现场及工程结构状态，更好地保证工程质量，实现工程安全风险预警和控制。⑤机器人建造以及人机自适应协同作业有望逐渐普及，将自动化、智能化机器和专业工程师智慧连接在一起，形成人机混合智能体系，创造出更为和谐的工程施（加）工作业系统。⑥基于工程数字化模型产品，辅以点云/照片/视频快速建模技术，高效构建工程数字孪生，真正实现基于数字孪生的工程设施高品质运维与服务，孵化出更多新业态。⑦日益智慧的工程设施空间，将为用户提供更为人性化的服务，同时为产业服务经济、共享经济以及工程建造产业互联网的发展奠定基础。　（丁烈云）

数字模型虚拟拼装　virtual assembly of digital model　采用三维设计软件，将工厂制作构件控制点位的实测三维坐标在计算机中模拟拼装形成构件的轮廓模型，与深化设计的理论模型拟合比对，检查分析加工拼装精度，从而得出所需修改的调整信息，再经过必要的校正、修改与再次虚拟拼装，直至满足拼装精度要求的技术。数字模型虚拟拼装适用于各类工厂预制加工构件，包括钢构件、PC构件、幕墙及装饰部件等。

数字模型虚拟拼装按照操作流程，主要分为三维理论模型创建、获取分段构件控制点位三维坐标、建立构件组的实际三维模型、三维模型拟合比对、构件超差处理等技术要点。①创建三维理论模型。根据设计图纸和加工安装方案等技术资料，建立包含相关产品特征、工艺和工序信息的三维深化模型，并通过模型生成分段构件和制作图纸。②获取分段构件控制点位三维坐标。分段构件制作完成后，利用全站仪对构件外轮廓控制点位进行三维坐标实测，并导出形成构件测控数据电子表单。③建立构件组的实际三维模型。在三维图形软件中导入构件测控数据表单，以整体模型为基准，根据分段构件的特征建立构件局部坐标系，绘出分段构件的实测三维模型。将分段构件局部坐标系转换成整体坐标系，在三维图形软件中进行实测三维模型组合，形成虚拟拼装构件组的实测三维模型。④三维模型拟合比对。按照统一坐标系，将理论模型导入三维图形软件，将构件实测拼装模型与理论模型进行比对，得到分段构件和拼装接口的加工误差以及构件间的连接误差。⑤构件超差分析和处理。统计分析相关数据，对于不符合规范允许公差和安装精度要求的分段构件，进行校正后重新三维测量、虚拟拼装，直至满足精度要求。　（贾宝荣）

水玻璃胶结料　water glass binder　由水玻璃胶结耐火或耐酸集料而得到的耐火或耐酸的气硬性胶凝材料。气硬性胶凝材料只能在空气中硬化，也只能在空气中保持和发展其强度，如*石灰*、*石膏*、菱苦土和水玻璃等。耐火胶结料按集料种类不同，又可分为高铝质、黏土质、硅质、铬质和镁质等胶结料。

水玻璃俗称泡花碱，成分化学式为 $x\mathrm{Na_2O}\cdot y\mathrm{SiO_2}$。一般为青绿色或棕色的固体或黏稠液体，是将硅石、纯碱与煤粉共熔，经冷却、粉碎、水淬、浓缩而成。水玻璃成分中二氧化硅（$\mathrm{SiO_2}$）与氧化钠（$\mathrm{Na_2O}$）的克分子数比值，称为水玻璃模数，它表示水玻璃的碱性大小，也对吸湿性、溶解度、黏度和黏结力等特性有影响。模数值一般为2.4～3.6，其中模数为2.4～3.0的，适合制作胶结料。

水玻璃在常温下，一方面失水，另一方面与空气中的二氧化碳反应，生成硅酸凝胶，将集料胶合在一起而凝结、硬化，产生强度。胶结料在常温硬化时，由于表面形成硅酸钠和碳酸钠的硬壳，妨碍内部水分继续蒸发和二氧化碳的渗入，因而硬化过程进行得很慢，必须采用加入促凝剂或热处理的方法，以加速硬化过程。水玻璃、耐火集料和促凝剂（一般为氟硅酸钠）可配制成各种耐火混凝土或不烧耐火制品，在高温下使用，具有机械强度损失较小，热震稳定性、耐磨性和耐蚀性较好等优点，可用于热工设备，作耐热、耐磨、耐蚀衬里材料，也可用作工业窑炉的保温隔热材料。水玻璃、耐酸集料（如石英石、辉绿石、花岗石、铸石等）和促凝剂（氟硅酸钠）又可配制成各种耐酸混凝土，能抵抗一般无机酸和有机酸的侵蚀，但不耐氢氟酸、300℃以上的热磷酸、脂肪酸及碱的腐蚀，可用作各种耐酸设施，如耐酸地坪、设备基础、烟囱内衬、耐酸池和槽、罐等的外壳和内衬以及配筋的耐酸构件等。若选用耐酸易磨的材料（如安山石、文石等石屑）为集料，可制成耐酸水磨石，用于耐酸楼板、墙裙及踏脚板等。水玻璃耐酸混凝土的施工环境温度应在10℃以上，养护期间不得与水或水蒸气直接接触，并应防止烈日曝晒，也不要直接铺砌在水泥砂浆或普通混凝土的基层上。水玻璃耐酸混凝土，在使用前必须经过养护及酸化处理。　（缪纪生　黄文虎）

水池结构　reservoir structure　供直接使用或供处理用的贮水容器。前者称贮水池，后者称水处理池，如冷却池、沉淀池、澄清池和过滤池等。

分类和组成　水池结构可用土、钢、钢筋混凝土和砖石等材料建造。水池结构的平面形状有圆形、方形、矩形和多边形等；可以是单格的，也可以是多格的。水池结构按位置的高低可分为架空式、地面式、半地下式及地下式4种。水池结构一般由底板和池壁组成，有些水池设有顶板。当平面尺寸较大时，为了减少顶板的跨度，可在水池中设中间支柱。

设计要求　在水压和其他荷载的作用下，池体的各部分应有足够的强度、刚度和耐久性；贮存水的渗透量应在允许的范围内；水池的材料应能防腐和抗冻，对水质无影响。

土水池　用天然或人工填筑的土体作为水池。当土体为密实的黏性土时，由于本身具有较好的抗渗能力，可不设防渗透层。对其他土体，可在表面铺设30～40厘米厚的夯实黏性土。此外，还可以喷涂沥青材料、敷设橡胶或塑料薄膜等以构成防渗透层。有时还用浆砌块石、浆砌混凝土砌块作为保护层。

钢水池　用钢板焊接而成。为了增加钢板的刚度，可在板上设加劲肋。钢水池具有重量轻、密封性好等优点，但容易锈蚀，应采取防锈措施。由于使用年限短而平时维修工作量大，一般只用于小型水池。

钢筋混凝土水池　钢筋混凝土具有水密性好、使用年限长和维修费用低等优点，应用十分广泛。钢筋混凝土圆水池一般由圆板、圆柱壳、圆锥壳和球壳等旋转壳体组成。在壳体相接处常设置环梁，以加强壳体间的连接。钢筋混凝土矩形水池由方形板和矩形板组成。为了减少板的厚度，可在板上加肋。

在水压力和其他荷载作用下，水池的底板、池壁或顶板一般均处于拉弯状态。当应力较大时，混凝土易开裂而引起渗漏。采用预应力混凝土可防止裂缝出现，或使裂缝宽度减小。预加应力的方法有张拉高强度钢筋、钢丝束或缠绕高强度钢丝等，可以提高装配式水池的抗渗能力和水池的装配化程度，节约模板，并加速施工进度。

砖石水池　砖石具有价廉、就地取材和施工方便等优点，广泛应用于建造各种类型的水池。但砖石一般仅用于水池的池壁，而顶板和底板仍多用钢筋混凝土建造。由于砖石抗拉和拉弯强度较低，抗渗性和整体性差，一般只用于非地震区的中小型水池中。为了提高水池的抗渗性，可在砌体表面抹防水水泥砂浆或钢丝网防水水泥砂浆。为了减小砌体的厚度和增强其整体性，可在砌体的水平灰缝中配置直径4～6毫米的钢筋，或在砌体中设置钢筋混凝土梁或柱。

（王大龄　郑　云）

水的软化与除盐　water softening and desalination　通过一定的技术手段去除水的部分硬度或者全部硬度的方法为水的软化。硬度是用来表示水中某些容易结垢物质的总称，对于天然水来说，这些物质主要是钙离子、镁离子，通常把硬度看作是这两种离子的总和。针对水中的各种离子减少水中溶解盐类总量的方法为除盐。常用的软化和除盐方法有药剂软化、离子交换等。

药剂软化　根据溶度积原理，投加一些药剂（如石苏打）于水中，使之和水中的钙镁离子反应，生成难溶于水的化合物，如$CaCO_3$和$Mg(OH)_2$，然后通过沉淀去除这些化合物，即实现水的软化。药剂软化法主要分为石灰软化法和石灰–苏打软化法。

石灰软化　采用石灰作为投加药剂进行水的软化。石灰（CaO）加水反应称为消化反应，反应的生成物称为熟石灰[$Ca(OH)_2$]，未加水的石灰称为生石灰。水的石灰处理就是在水中投加$Ca(OH)_2$，使其OH^-和水中的一部分H^+中和。最易于和$Ca(OH)_2$反应的是水中游离的CO_2，其次是$Ca(HCO_3)_2$，最后是$Mg(HCO_3)_2$。水中非碳酸盐硬度用石灰是不能消除的。镁的非碳酸盐硬度，虽也可与$Ca(OH)_2$作用，生成$Mg(OH)_2$，但与此同时，生成了等物质量钙的非碳酸盐硬度。

石灰–苏打软化　同时采用石灰和苏打(Na_2CO_3)作为投加药剂进行水的软化。此时，石灰用于降低水的碳酸盐硬度，苏打用于降低水的非碳酸盐硬度。软化水的剩余硬度可降低到0.15～0.2毫摩/升。

离子交换软化　利用离子交换剂上的可交换离子与水中可交换离子之间进行等物质量的交换，去除水中一些离子而离子交换剂结构不发生实质性变化。

水处理常用的离子交换剂有离子交换树脂和磺化煤两类。①离子交换树脂。带有活性基团的网状结构高分子化合物。其分子结构由两部分组成，一部分称为离子交换树脂的骨架，另一部分是带有可交换离子的活性基团，后者化合在高分子骨架上，起提供可交换离子的作用。根据离子交换树脂所带活性基团的性质，可分为阳离子交换树脂和阴离子交换树脂。带有酸性基团、能与水中阳离子进行交换的称为阳离子交换树脂。带有碱性活性基团，能与水中阴离子交换的称为阴离子交换树脂。②磺化煤。兼有强酸性和弱酸性的两种活性基团的阳离子交换剂。阳离子交换树脂或磺化煤可用于水的软化，阴、阳离子交换树脂配合用于水的除盐。

阳离子交换软化　阳离子软化装置的核心为阳离子交换树脂，其带有酸性基团、能与水中阳离子进行交换。阳离子交换树脂根据所带酸性基团的酸性强弱，分为强酸性离子交换树脂（带磺酸基团）和弱酸性阳离子交换树脂（带羧酸基团）。强酸性阳离子交换树脂又根据酸性基团上所带的阳离子不同分为氢型阳离子交换树脂和钠型阳离子交换树脂。强酸性阳离子交换树脂可以去除水中所有的钙镁离子；弱酸性阳离子交换树脂去除水中的碳酸盐硬度，不能去除非碳酸盐硬度。

阴离子交换除盐　阴离子除盐装置的核心为阴离子交换树脂，其带有碱性活性基团，能与水中阴离子交换。阴离子交换树脂根据所带碱性基团的强弱分为强碱性阴离子交换树脂和弱碱性阴离子交换树脂。强碱性阴离子交换树脂能够去除水中所有的阴离子，而弱碱性阴离子交换树脂去除水中强酸根阴离子，如硫酸根和氯离子。

（张瑛洁）

水高级氧化　advanced oxidation process; AOP　利用强氧化性组分去除水中的有机或无机污染物质的化学处理过程。广泛应用在给水、工业废水、生活污水等的预处理和深度处理等。传统的高级氧化过程是利用羟基自由基（·OH）使水中污染物降解的氧化过程，引发·OH生成的氧化剂主要为臭氧（O_3）和过氧化氢（H_2O_2），引发方式有能量输入（如紫外线）或催化剂（如Fe^{2+}）投加。·OH的标准电极电势为1.9～2.7伏，被认为是能够应用于水处理过程中的最强氧化剂，几乎可以与水中的任何有机化合物发生反应，因此也被称为非选择性氧化剂。·OH可通过羟基化、脱氢、电子转移等方式与有机物发生反应。当反应暴露量足够大时，有机污染物能够被矿化为二氧化碳和水。

基于O_3/H_2O_2的高级氧化过程：

$$O_3 + HO_2^- \longrightarrow HO_2^{\cdot} + O_3^{\cdot -}$$

$$O_3^{\cdot -} + H^+ \longrightarrow HO_3^{\cdot}$$

$$HO_3^{\cdot} \longrightarrow \cdot OH + O_2$$

基于Fe^{2+}/H_2O_2的高级氧化过程：

$$Fe^{2+} + H_2O_2 \longrightarrow Fe^{3+} + \cdot OH$$

随着化学氧化技术的发展与研究的深入，高级氧化过程已不再局限于·OH，其他能够产生硫酸根自由基（$SO_4^{\cdot -}$）、单线态氧（$^1O_2$）、中间价态金属（四价铁Fe^{4+}、五价锰Mn^{5+}、三价锰Mn^{3+}）等强氧化性组分的化学氧化体系也被纳入高级氧化的氧化过程范畴，所涉及的氧化剂也拓展到过硫酸盐、次氯酸、高铁酸盐、高锰酸盐等。尽管上述氧化活性组分的氧化污染物的能力通常小于·OH，但也因此使其具有抗水质成分干扰能力强的特点，在某些条件下反而能发挥出比·OH更好的处理效果，在水处理过程中具有重要地位。高级氧化过程仍在不断的发展壮大。

高级氧化过程理论仍在不断发展中。

产生$SO_4^{\cdot -}$的高级氧化过程：

$$S_2O_8^{2-} \longrightarrow 2SO_4^{\cdot -}$$

产生Fe^{4+}的高级氧化过程：

$$Fe^{2+} + S_2O_8^{2-}(+H_2O) \longrightarrow Fe^{4+}O^{2+} + 2SO_4^{2-}$$

（江　进）

水工结构健康监测系统　monitoring system for hydraulic structures health　由安装在水工结构上的传感器以及数据采集与处理、数据传输、数据存储与管理、结构健康状况评估等软硬件构成，对结构的荷载与环境作用以及结构性能参数进行实时、动态、准确地监测与分析，并对结构正常使用水平与安全状态进行评估和预警的系统。监测系统包括传感器系统、数据采集与处理系统、数据传输系统、数据存储与管理系统和状态评估系统。监测系统硬件和软件应遵循技术先进、稳定可靠、操作方便、经济适用、便于维护更换和扩展升级的基本原则。系统应具有完整的传感、调理、采集、传输、存储、数据处理和预警与状态评估功能。监测内容、测点选择、设备选型、数据采集与传输、数据处理与管理及软件开发应符合数据分析、安全预警与安全评估的要求。监测内容包括：①工作条件监测。渗压、渗流量、温度、湿度、水位、土压力、水压力、腐蚀性离子等。②结构受力监测。混凝土应力、钢筋应力、锚杆内力、接触面压力等。③结构变形监测。结构位移、沉降变形、变形缝伸缩、断面收敛变形、断面倾斜等。④结构材料监测。混凝土碳化深度、混凝土强度、钢筋腐蚀程度等。

吴中如在《水工建筑物安全监控理论及其应用》书中首先提出"大坝安全监控"这个概念，研制了"一机四库"的大坝安全综合评价专家系统。通过结构的监测量（如位移、渗压、渗流量等）建立结构的监控模型，反演坝体真实参数，反馈不同工况下坝体结构安全状态，综合评价大坝等水工建筑物的安全状况，并提出辅助决策建议的功能。

（伊廷华　张松涵　李宏男）

水工隧道　hydraulic tunnel　水利工程和水力发电枢纽的一个重要组成部分。水工隧道包括以下几种类型：①引水隧道。进行水资源的调动或把水引入水电站的发电机组，产生动力资源。有的引水隧道内部充水，因而内壁承压的称为有压隧道；有的只是部分过水，因而内部只受大气压力而无水压的称为无压隧道。②排水隧道。把发电机组排出的废水输送出去的隧道。③导流隧道或泄洪隧道。是水利工程中的一个重要组成部分，可以疏导水流并补充溢洪道流量超限后的泄洪作用。④排沙隧道。用来冲刷水库中淤积的泥沙，把泥沙裹带运出水库。排沙隧道有时也用来放空水库里的水，以便进行库身检查或修理建筑物。

（仇文革）

水过滤　water filtration　水流在重力或压力的驱动下，通过石英砂、无烟煤、陶粒等粒状滤料组成的滤层或者微孔薄膜等有一定孔隙率的过滤介质，水中的悬浮颗粒被截留分离出来并使水获得澄清的过程。相应的处理构筑物称为滤池。

分类　根据截留悬浮固体分布情况和过滤介质的不同，水的过滤分为表面过滤和深层过滤。

表面过滤　又称浅层过滤，悬浮物截留在过滤介质的表面，主要用网状材料过滤。①格筛过滤。又称粗滤。过滤介质为栅条或滤网，用以去除粗大的悬浮物（约大于100微米的颗粒），如杂草、破布、纤维和纸浆等，其典型设备有格栅、筛网和微滤机。②微孔过滤。简称微滤。采用成型滤材，如滤布、滤片、烧结滤管、蜂房滤芯等，也可在过滤介质上预先涂上一层助滤剂（如硅藻土）形成孔隙细小的滤饼，用以去除粒径细微的颗粒（粒径约为0.1～100微米）。其定型的商品和设备有很多，如微孔筛网或滤膜，厚的多孔材料（如瓷棒），用微粒构成的滤层过滤器（如硅藻土过滤器）。③膜滤。采用特殊的半透膜作为过滤介质并在一定的推动力（如压力、电场力等）下进行过滤，由于滤膜孔隙极小且具选择性，可以去除水中细菌、病毒、有机物和溶解性溶质。其主要设备有反渗透、超滤和电渗析等。

深层过滤　区别于表面或浅层过滤过程。悬浮物分布在过滤介质内部，主要通过粒状介质过滤，一般指快滤池。由于滤料颗粒之间存在孔隙，原水穿过一定深度的滤层，水中的部分胶体和悬浮物即被截留。采用的滤料均为颗粒状，如石英砂、无烟煤等。常用的深层过滤设备是慢滤池和快滤池。

机理　水的过滤包含颗粒迁移、颗粒黏附和颗粒脱落3个部分。这3个部分描述了水中颗粒在过滤时的运动迁移过程。

颗粒迁移　颗粒在孔隙中流动时，脱离水流流线而靠近滤料表面的过程，其主要作用有拦截、沉淀、惯性、扩散、水动力，对于这几种作用力的大小只能定性描述。过滤过程中，悬浮颗粒迁移到滤料表面上，将受上述各种机理的作用，它们的相对重要性取决于水流状况、滤层孔隙形状及颗粒本身的性质（如粒度、形状、密度）等。

颗粒黏附　指颗粒迁移到滤料表面后，被黏附在滤料颗粒表面或黏附在滤料表面原先黏附的颗粒上的过程，其主要作用有物理-化学作用力（范德华引力、静电力和一些特殊化学作用力），但表层滤料的筛分作用也不能排除，特别是在过滤后期，即当滤层中的孔隙尺寸逐渐减少时。黏附机理与接触絮凝类似，接触介质为粒状滤料，排列紧密，絮凝效果更好。因此黏附机理主要取决于水中颗粒的表面特性，脱稳颗粒过滤效果较好，而未经脱稳的悬浮物颗粒的过滤效果较差。

颗粒脱落　指滤料孔隙中水流产生的剥落作用。颗粒脱落涉及两个方面的问题，一是脱落导致悬浮杂质与滤料碰撞无效，二是脱落有利于杂质输送到滤层深处，进行滤层的深层过滤，使整个滤层滤料的截污能力得以发挥（在滤层的深层中，滤层孔隙率非常高；在滤层表层剥落的悬浮杂质被输送到滤层深处，与深层滤料发生接触凝聚，对过滤有着重要的意义，它意味着过滤器的效率得到大大地提高）。

滤池过滤过程　滤池的过滤过程包含过滤和反冲洗两个部分。

过滤　经过混凝沉淀或凝聚处理的浑水由进水管进入池内，顺次通过洗砂排水槽、滤料层、承托层和配水支管、干管后，成为清水流出滤池，可细分为3个时期：①过滤初期。杂质截留在上面一层滤料中，截留带处于最上层，而下层处于等待状态。②过滤中期。上层滤料污泥增多，孔隙减少，水流通道变窄，水流阻力增大，局部水流线速度增加；在水流剪切力的作用下，对已截留污泥的冲刷、剥落作用增强，迫使一部分杂质输送到下一层滤料中被滤除，截留带下移。③过滤末期。截留带进一步向下推进，当截留带前沿接近最底部滤层后，再继续过滤，则出水浊度增加，进入滤池反冲洗阶段。

反冲洗　又称冲洗或反洗，当滤层内截留悬浮物过多，产生过大的水流阻力和水头损失，或滤后水不再合格，不应继续过滤时，要停止进水，冲洗滤层，冲洗的清水从池底进入，顺次通过配水干管、支管、承托层、滤料层（滤料在上升水流中悬浮起来，砂粒上截留的杂质被冲刷下来）和洗砂排水槽等把滤层中截留杂质带出池外。

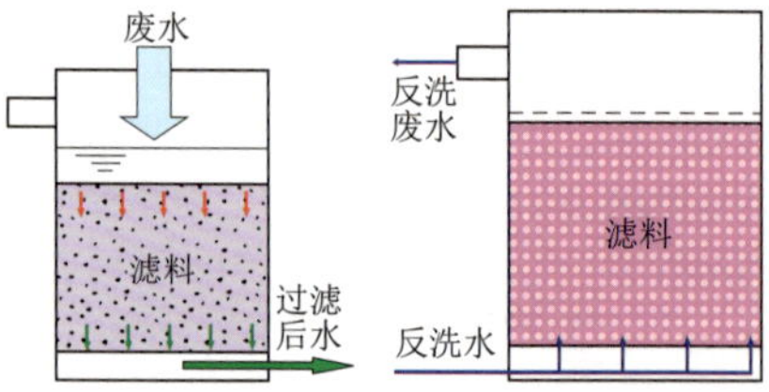

过滤与反冲洗示意图

应用　水的过滤主要用于去除水中悬浮物，过滤不仅能进一步降低水的浊度，而且水中有机物、细菌乃至病毒等会附着在悬浮颗粒表面被一并去除，同时也为滤后消毒创造良好条件，即残留的细菌、病毒等在失去浑浊物保护或依附时，在滤后消毒过程中也将容易被灭活。当原水浊度较低时，沉淀池或澄清池可省略，可直接过滤去除水中的悬浮杂质。

在软化和其他化学沉淀的给水处理过程中，也用快滤池去除水中的絮状颗粒，还利用快滤池作为废水三级处理的一种设备，用以去除经生物处理后的残余悬浮物，常用双层滤料，废水的过滤有不加药剂和加药剂过滤两种类型。

普通污水深度处理中应用到过滤，其

去除对象包括有机、无机胶体及悬浮固体，溶解性有机与无机组分和生物组分。主要类型有：①深层过滤。慢砂滤，多孔滤料过滤，多孔滤料间隙过滤，多孔滤料循环过滤，常见的滤池类型有下向流式深层滤池，上向流式连续反冲洗深层滤池等。②表面过滤。硅藻土过滤，滤布过滤等，常见的滤池类型有盘式滤池和盘式滤布滤池等。③膜滤。微滤，超滤，纳滤，反渗透等。

在废水处理中，过滤常作为吸附、离子交换、膜分离等方法的预处理手段，同时也可作为生化处理后的深度处理，使滤后水达到回用的要求。工业废水的物理处理中也应用到过滤，分为两类，第一类是颗粒材料过滤，常用的滤池类型有上向流滤池、压力滤池、聚结过滤池、活性砂过滤器等；第二类是多孔材料过滤，如筛网（水力回转、固定式倾斜、振动式和电动回转式）、捞毛机（圆筒形和链板框式）、转盘式过滤器（外进水形式与内进水形式）等。

二级处理水过滤的主要去除对象是生物处理工艺残留的生物污泥絮体，其处理特点为：①一般不需投加药剂。滤后水悬浮物浓度（SS值）可达10毫克/升，化学需氧量（COD）去除率可达10%～15%。②反冲洗困难。二级处理水中的悬浮物多是生物絮体，在滤料表面较易形成一层滤膜，致使水头损失迅速上升，过滤周期大为缩短。絮体贴在滤料表面，不易脱离，因此需要辅助冲洗，即表面助冲或用气水共同冲洗。③滤料应适当加大颗粒，以加大单位体积滤料的截泥量。

发展方向　水的过滤技术的发展方向：①非粒状的新型滤料研究活跃（纤维球滤料、纤毛型滤料、纤维束状滤料）。②过滤装置朝自动化、管理容易、智能型方向发展。③固液分离技术新的发展方向是絮凝剂的研究和开发、蒸汽加压过滤技术、陶瓷过滤技术、膜分离技术、超声分离技术和磁滤技术等。　（瞿芳术）

水力坡降　hydraulic gradient　沿渗透途径水头损失与渗透途径长度的比值。又称水力梯度或水力坡度。地下水在运动过程中要克服摩擦阻力，不断消耗机械能，产生水头损失，其中沿流线方向水头损失最大，水头值下降最快，水头线永远是一条下降的曲线。水头线上某点的曲率即为该点的水力梯度。可以从3个角度来理解水力梯度：①单位长度渗透途径上水头损失。②水流通过单位长度渗透途径克服摩擦阻力所损耗的机械能。③水流通过单位长度渗透途径时驱动力做的功。

由水力坡降定义可知，A、B两点的水力坡降可通过两点之间水头差进行计算（见图）：

$$i_{AB}=\frac{\mathrm{d}h}{\mathrm{d}L}=\frac{h_A-h_B}{L_{AB}} \tag{1}$$

式中i_{AB}为A、B两点的水力梯度（无量纲）；h_A为A点的水位值，单位为米；h_B为B点的水位值，单位为米；L_{AB}为A、B两点之间的距离，单位为米。值得注意的是，水头差必须与渗透途径相对应，图中的L_{AB}应为L而非L'。

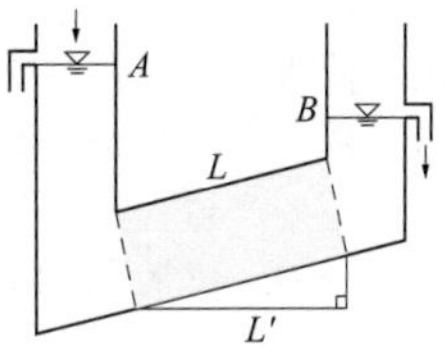

水力坡降计算示意图

当土的渗透性一定时，土中的水力坡降越大，其渗流速度越快，渗流量越大。导致土体内部发生渗透破坏时的水力坡降称临界水力坡降，又称临界水力梯度，是表征土体抵抗渗透破坏能力的重要指标，其值越大，土的抗渗能力越强。土体内部渗透破坏一般包括管涌和流土破坏。其中管涌指渗流作用下，土体细颗粒沿骨架孔隙被冲刷带走的现象；流土指渗流影响下，某一范围内土体表面隆起、浮动或颗粒群集体流失的现象。土的管涌临界水力梯度指土体发生管涌破坏的最小水力梯度，其值与土的不均匀系数、细粒含量、渗透系数等有关，而流土临界水力梯度指土体发生流土破坏时的最小水力梯度，通常取值在0.8～1.2，其计算公式为：

$$i_{cr}=\frac{G-1}{1+e}=\frac{\gamma_{sat}-\gamma_w}{\gamma_w} \tag{2}$$

式中G、e分别为土粒比重及土的孔隙比；γ_{sat}为土的饱和重度，单位为千牛/米^3；γ_w为水的重度，单位为千牛/米^3。

（杨仲轩）

水泥　cement　有水存在时能够单独凝结、硬化，并将其他材料黏接在一起的水硬性无机胶凝材料。“水泥”一词源自罗马语“opus caementicium”。该词原用来表述类似现代混凝土的、由煅烧石灰胶结的碎石材料。水泥是人类使用的最大宗的人造材料，广泛用于交通、水利、电力、能源、工业、民用建筑和国防等工程中。

简史　2000年前古罗马人发现，用石灰和火山灰拌制的混合物可在水中缓慢反应成为坚硬的固体，这就是最早的水泥。19世纪初，英、法等国曾用含有黏土的石灰烧制成水硬性石灰，称为天然水泥。1824年，英国J.阿斯普丁用人工配制的石灰石和黏土烧制成一种水硬性胶凝材料，因它硬化后的颜色和坚固性如同当时英国建筑用的波特兰石，故命名为波特兰水泥。自19世纪初波特兰水泥就在一些国家生产与使用，并发展成为波特兰水泥工业。20世纪以来，国际上不断开发的新品种水泥，已有100多种。以波特兰水泥熟料为主要成分的水泥在全世界水泥总产量中占95%以上。

中国于1889年在唐山建立了第一座水泥厂——启新洋灰公司，1949年全国水泥产量为66万吨，1984年达1.2亿吨。1989年以后中国水泥产量居世界首位，2014年达24.8亿吨，2015年产量有所降低，为23.6亿吨，约占世界水泥总产量的60%。因波特兰水泥熟料中硅酸钙（$3CaO\cdot SiO_2$和$2CaO\cdot SiO_2$）占75%左右，中国将此水泥称为硅酸盐水泥。自20世纪50年代以来，中国开发了许多新的水泥品种，1956年首创用回转窑烧制高铝水泥，80年代初在国际上率先实现硫铝酸盐水泥的工业化生产。

种类　含大量熟料的水泥按熟料矿物组成，分为硅酸盐水泥（波特兰水泥）、铝酸盐水泥（又称高铝水泥、矾土水泥）、硫铝酸盐水泥、铁铝酸盐水泥、氟铝酸盐水泥、含硼水泥和阿利尼特水泥；无熟料水泥或少熟料水泥主要有碱矿渣水泥、碱矿渣粉煤灰水泥、地质聚合物水泥、石灰火山灰质水泥、石膏矿渣水泥、钢渣水泥、氯氧镁水泥和磷酸盐水泥等。调节熟料的矿物组成，限制某些杂质组分含量，或加入少量特种外加剂，可获得不同性能的水泥。硅酸盐水泥原材料易得，烧制工艺成熟，凝结硬化性能宜于施工，一般工程或建筑上应用较多，因此常把硅酸盐水泥及含有适量混合料的水泥称为通用水泥。具有特殊性能或为特殊用途而制备的水泥称特种水泥。如限制硅酸盐水泥熟料中的硅酸三钙（C_3S）和铝酸三钙（C_3A）含量并添加适量的水泥混合材料可以制备抗硫酸盐硅酸盐水泥；限制高水化热矿物C_3S和C_3A含量，可得到中热或低热硅酸盐水泥；限制水泥熟料中C_3S、C_3A、铁铝酸四钙+硅铝三钙（C_4AF+2C_3A）含量和水泥的三氧化硫（SO_3）含量，可以制备G级或H级油井水泥；限制水泥熟料中三氧化二铁（Fe_2O_3）含量为0.25%～0.50%，则制得白色硅酸盐水泥；向水泥熟料中加入少量着色剂，或在白水泥中混入少量着色剂，可得到彩色硅酸盐水泥；在熟料中生成或在水泥中添加无水硫铝酸钙、铝酸钙、煅烧或不煅烧明矾石、氧化钙（CaO）、氧化镁（MgO）或/和石膏等组分，可以制备膨胀水泥。

性能 水泥的性能主要以凝结时间和强度表示，而水泥的细度和安定性往往对其性能具有重要影响。

细度 即为水泥的粗细程度，水泥颗粒大小影响它的胶凝性质。水泥磨得细，早期强度发挥快。细度常以标准筛的筛余百分数或比表面积表示。不同品种的水泥，细度往往也不相同。中国标准规定：硅酸盐水泥的细度为0.080毫米方孔筛筛余不得超过12%；快硬硅酸盐水泥则不得超过10%。

安定性 指水泥浆硬化后，由于水泥中存在过量的CaO、MgO或硫酸盐而产生不均匀的体积变化，以致造成水泥石（水泥硬化体的简称）的开裂甚至崩溃。安定性会严重影响建筑工程质量，因此，对水泥和熟料的上述组分都有限量规定。中国标准规定：硅酸盐水泥中S_2O_3含量不得超过3.5%，熟料中MgO含量不得超过5%（如水泥经压蒸安定性试验合格，含量允许放宽到6%）。安定性可用国家标准规定的沸煮或压蒸方法进行鉴定。

凝结时间 分初凝时间和终凝时间。初凝时间是自水泥加水拌和至失去流动性所经过的时间；终凝时间是自水泥加水拌和至形成能承受一定荷载的硬化体所经历的时间。硅酸盐水泥的初凝时间不小于45分钟，终凝时间不大于390分钟。通用硅酸盐水泥的强度包括3天和28天抗压强度和抗折强度。根据水泥3天和28天的抗压强度将水泥分为32.5、32.5R、42.5、42.5R、52.5、52.5R、62.5和62.5R共8个等级。铝酸盐水泥按其三氧化二铝（Al_2O_3）含量分为CA-50、CA-60、CA-70和CA-80共4个等级。CA-50、CA-70和CA-80的初凝时间不早于30分钟，终凝时间不迟于6小时；CA-60的初凝时间不早于60分钟，终凝时间不迟于18小时。CA-50、CA-60、CA-70和CA-80铝酸盐水泥1天抗压强度分别不低于40、20、30和25兆帕，3天抗压强度分别不低于50、45、40和30兆帕。快硬和低碱度硫铝酸盐水泥的初凝时间不早于25分钟，终凝时间不迟于180分钟；自应力硫铝酸盐水泥的初凝时间不早于40分钟，终凝时间不迟于240分钟。42.5、52.5、62.5和72.5强度等级快硬硫铝酸盐水泥1天的抗压强度分别不低于30.0、40.0、50.0和55.0兆帕；3天的抗压强度分别不低于42.5、52.5、62.5和72.5兆帕。32.5、42.5和52.5强度等级低碱度硫铝酸盐水泥1天的抗压强度分别不低于25.0、30.0和40.0兆帕；7天的抗压强度分别不低于32.5、42.5和52.5兆帕。3.0、3.5、4.0和4.5自应力等级的自应力硫铝酸盐水泥7天的自应力值不小于2.0、2.5、3.0和3.5兆帕，28天的自应力值分别为3.0～4.0兆帕、3.5～4.5兆帕、4.0～5.0兆帕和4.5～5.5兆帕。通用硅酸盐水泥适用于大多数构筑物和建筑物。硫铝酸盐水泥和铝酸盐水泥一般比硅酸盐水泥水化快、早期水化放热量大和早期强度发展快，更适用于抢修抢建工程和低温施工工程。硫铝酸盐水泥和铝酸盐水泥比硅酸盐水泥具有更好的抗介质腐蚀性能，适用于处于腐蚀环境的建筑物或构筑物。铝酸盐水泥具有更好的耐高温性能，适于用作高温胶结材料。

制备 水泥生产过程主要包括原材料开采、破碎、运输、堆放和均化，水泥生料配料、烘干、粉磨、均化、输送与储存，水泥熟料烧成、冷却、运输与储存，水泥配料、粉磨、运输、储存与包装，主要工艺过程可以概括为“两磨一烧”，即生料粉磨、熟料煅烧和水泥粉磨。

硅酸盐水泥生产用原材料主要有钙质原料如石灰石、硅质原料如黏土或砂岩和铁质原料如铁矿石或硫酸渣，部分企业也采用少量粉煤灰、钢渣、电石渣、尾矿等材料。现代水泥生产基本采用带悬浮预热器的干法回转窑生产工艺，通常需要对原材料特别是石灰石进行预均化，配料后进入立磨等设备进行生料干燥和粉磨，通过斗式提升机等将生料输送到生料库并在均化库中进行生料均化。符合要求的生料通过斗式提升机等提升到预热器进行干燥、预热和分解，此段发生的化学反应主要是黏土脱水和石灰石分解，物料温度最高在900℃左右。此后固体物料进入回转窑，发生固相反应和固液相反应，依次形成硅酸二钙（C_2S）、铝酸三钙（C_3A）、铁铝酸四钙（C_4AF）和C_3S等矿物，熟料完成烧成，固体物料最高温度为1400～1450℃。熟料随后进入蓖式等冷却机进行快速冷却，防止1250℃以下C_3S分解和500℃以下β-C_2S转变为γ-C_2S，并回收热量。冷却后的熟料经链板输送机等运输到熟料库，熟料、石膏等材料用斗式提升机等提升至磨头仓，配料后进入球磨机、辊压机-球磨机或立磨系统进行水泥粉磨，成品经选分机分离、收集后经空气输送斜槽、气力泵等输送到水泥库。水泥粉磨时需要通过水冷却等控制水泥的温度不超过110℃，以避免二水石膏脱水形成半水石膏。水泥库中的水泥通过气力输送到罐车出厂或通过包装机包装出厂。中国硅酸盐水泥厂单条生产线的产量多数为4000～5000吨熟料/日，部分为2500～4000吨熟料/日，少量达到10000～12000吨熟料/日。

硫铝酸盐水泥生产采用的原材料为石灰石、铝矾土和石膏。其生产工艺流程与硅酸盐水泥熟料类似，熟料主要矿物无水硫铝酸钙（C_4A_3S）的形成温度为1300～1350℃，温度继续升高，C_4A_3S会发生分解，因此其煅烧温度一般控制在1350℃以下。由于用量有限，硫铝酸盐水泥生产线的生产能力一般要远小于硅酸盐水泥生产线，采用比较多的是1000～2000吨熟料/日的悬浮预热器窑。

铝酸盐水泥生产用原材料主要有石灰石和铝矾土。铝矾土中Fe_2O_3<1.5%、二氧化硅（SiO_2）<10%、二氧化钛（TiO_2）<5%、Al_2O_3>70%和Al_2O_3/SiO_2>7时，可采用回转窑或倒焰窑烧结制备，水泥的烧成温度范围窄，一般为1300～1330℃。铝酸一钙（CA）一般在900℃开始生成，七铝酸十二钙（$C_{12}A_7$）在950～1000℃开始生成，二铝酸一钙（CA_2）在1000～1100℃开始生成。采用回转窑烧结法制备时，需要采用低灰分燃料，仔细控制烧成带火焰温度，避免温度过高形成大块。当铝矾土中Fe_2O_3和SiO_2等杂质较多时，宜采用电炉或高炉熔融制备，水泥的烧成温度一般为1300～1400℃。熔融法制备高铝水泥熟料的热耗高，熟料硬度大，水泥粉磨能耗也较高。

水泥水化 水化反应指硅酸盐水泥与水拌和后，其4种主要熟料矿物会与水发生的反应，水化主要产物为水化硅酸钙（C—S—H）凝胶和氢氧化钙［$Ca(OH)_2$］，另有少量钙矾石和/或单硫型水化硫铝酸钙，水泥中的粒化高炉矿渣、粉煤灰等水泥混合材与水泥熟料水化生成的$Ca(OH)_2$反应生成低钙硅比的C—S—H凝胶。硫铝酸盐水泥的主要水化产物是钙矾石、C—S—H凝胶、$Ca(OH)_2$和氢氧化铝［$Al(OH)_3$］，当石膏掺量不够时会有部分单硫型水化硫铝酸钙生成。较低温度时铝酸盐水泥中铝酸盐矿物水化生成的主要水化产物是CAH_{10}、C_2AH_8等水化铝酸钙和$Al(OH)_3$；当环境温度高于30℃时，主要形成C_3AH_6和$Al(OH)_3$；水泥中β-C_2S水化生成C—S—H凝胶和$Ca(OH)_2$；C_2AS水化极为缓慢，生成水化铝方柱石（C_2ASH_8）。不同组分的反应分述如下：①硅酸三钙水化，硅酸三钙在常温下的水化反应生成水化硅酸钙（C—S—H）和碳化氢（CH）。化学式为：$2C_3S+6H \longrightarrow C_3S_2H_3+3CH$。②硅酸二钙的水化，β-$C_2S$的水化与$C_3S$相似，只不过水化速度变慢。化学式为：$2C_2S+4H \longrightarrow C_3S_2H_3+CH$。③铝酸三钙的水化，铝酸三钙的水化迅速，放热快，其水化产物组成和结构受液相钙离子浓度和温度的影响。在有石膏的情况下，C_3A水化的最终产物与石膏掺入量有关。④铁相固溶体的水化，水泥熟料中铁相固溶体可用C_4AF作为代表。其水化速率比C_3A略慢，水化热较低，即使单独水化也不会引起快凝。

发展趋势 水泥工业是资源消耗型、高能耗和高二氧化碳（CO_2）排放的工业。随着资源的逐渐枯竭、能源的逐渐减少和国际社会对二氧化碳排放的控制，水泥工业发展必须提高熟料的使用效能、进行替代原材料的开发和降低水泥粉磨等过程的能耗。为此，水泥工业主要研究解决如下问题：①节约资源。研究利用尾矿及各种工业废渣，如粉煤灰、钢渣、钛渣、铝渣（赤泥）、电石渣、造纸渣（白泥）、稻壳灰、煤矸石和磷石膏等，它们可代替部分水泥原料，或作为水泥混合材料取代部分水泥。②节约能耗。开发低能耗的水泥粉磨设备以替代高能耗的球磨机系统；改进熟料烧成系统，提高烧成系统的热效率，降低单位产品的热耗。③提高熟料的效能。提高水泥熟料的强度，以降低熟料系数。④提高水泥的效能。提高水泥质量，以提高工程结构质量，延长建筑物和构筑物的服役寿命，进而提高水泥的使用效率。

（缪纪生　黄文虎　邓　敏）

水泥混凝土路面 cement concrete pavement 以水泥混凝土作为铺筑面层主要材料的路面。简称混凝土路面或水泥路面。

简史 1868年，苏格兰首次在因弗内斯通往某堆货场道路上铺筑混凝土路面。19世纪末，混凝土路面引入美国和德国。早年混凝土路面大多用素混凝土按单层就地浇筑而成，少数也有做成双层式或配设钢筋的。20世纪20年代，欧、美各国在公路、城市道路和飞机场跑道上大量发展混凝土路面，美国还开始试铺装配式预制块混凝土路面和连续配筋混凝土路面。美国和法国分别于30年代和40年代中期开始试铺预应力混凝土路面。70年代初，美国和荷兰开始试铺钢纤维混凝土路面。

中国于20世纪20年代末开始在少数大城市的道路和飞机场跑道上铺筑混凝土路面，1932～1933年，在南京—杭州国道上铺筑了长500米、宽5.5米的混凝土路面试验段。1940年，在北京—天津公路上铺筑了长120千米、宽3米的混凝土路面。1948年，在南京飞机场跑道上铺筑长2200米、宽45米、厚30厘米的钢筋混凝土道面。到50年代，随着水泥工业的发展，中国的一些大、中城市的干道以及飞机场跑道上，开始大规模铺筑混凝土路面。70年代初以来，某些省在公路干线上开始铺筑混凝土路面。中国的飞机场跑道，几乎全部采用混凝土道面。中国混凝土路面大多是用素混凝土按单层就地浇筑而成，少数也有采用装配式预制板，或做成双层式，或配有钢筋。70年代以来，水泥混凝土路面建设发展迅速，涵盖高速公路、一级公路、二级公路、三级公路和四级公路，且在二级及二级以下公路建设中水泥混凝土路面取得了较大发展。

分类 按构造形式和施工方式的不同，可分为素混凝土路面、钢筋混凝土路面、连续配筋混凝土路面、钢纤维混凝土路面和预应力混凝土路面。一般依据道路交通荷载等级不同采用相应的混凝土路面形式。

素混凝土路面 只用水泥混凝土或仅在路面板边缘和角隅少量配筋的混凝土、就地灌筑成的路面结构。其特点是施工方便，造价低廉。素混凝土路面通常沿纵向每隔4～6米设一缩缝，以控制施工阶段干缩、温缩引起的不规则开裂；每隔20～40米设一胀缝，以防止夏季热胀，板屈曲压裂或缝边混凝土挤碎；沿横向每隔3～4.5米设一纵缝（图1）。由于横胀缝易引起路面板的破坏，增加施工和养护的麻烦，20世纪60年代中期以来，对夏季施工的混凝土路面，除在桥头、隧道口、道路交叉口小半径曲线或纵坡变换处，必须设置胀缝外，其他路段可少设或不设。纵横缝一般做成垂直相交，但也有把横缝与纵缝做成相交70°～80°斜角，并按4米、4.5米、5米、5.5米和6米的不等间距顺序布置。胀缝间隙宽2.0～2.5厘米，为防止渗水，上部4～7厘米深度内灌以填缝料，下部设置用沥青浸制的软木嵌条。为传递荷载，混凝土板厚中央处设钢传力杆，杆径28～36毫米，长40～50厘米，间距30厘米。杆的半段涂沥青并套以套筒，筒底部填以木屑等材料（图2）。

缩缝一般做成裂口深1/5h～1/4h（h为路面板厚度）（不设传力杆）或1/4h～1/3h（设传力杆）的假缝形式（图3），上部也灌以填缝料。但在路基软弱或交通繁忙路段以及邻近长间距胀缝的两三个缩缝上，也应设置传力杆。纵缝可做成假缝、平头缝形式（图4），上部也灌以填缝料。为防止板块向两侧滑移，板厚中央可设置钢拉杆，杆径14～20毫米，长70～80厘米，间距50～90厘米。

素混凝土路面板大多做成等厚断面，厚18～32厘米。由于板的边缘和角隅最

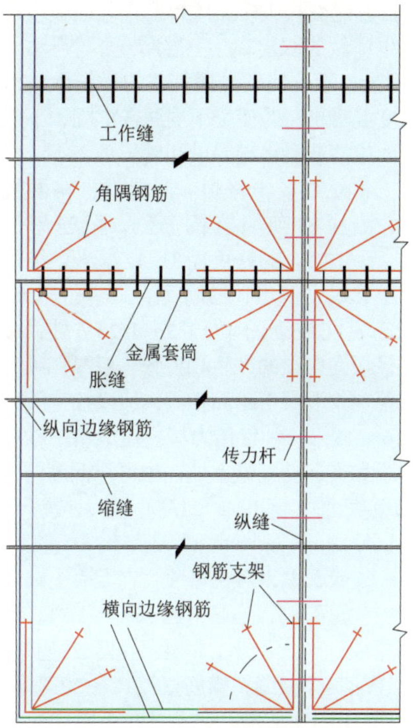

图1　水泥混凝土路面平面布置示意图

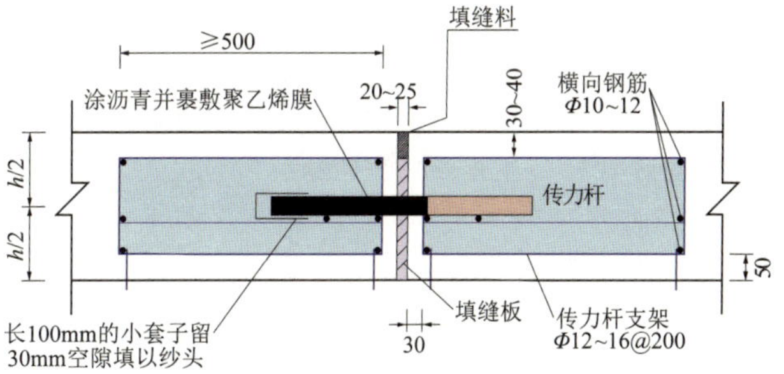

图2　横向胀缝构造示意图

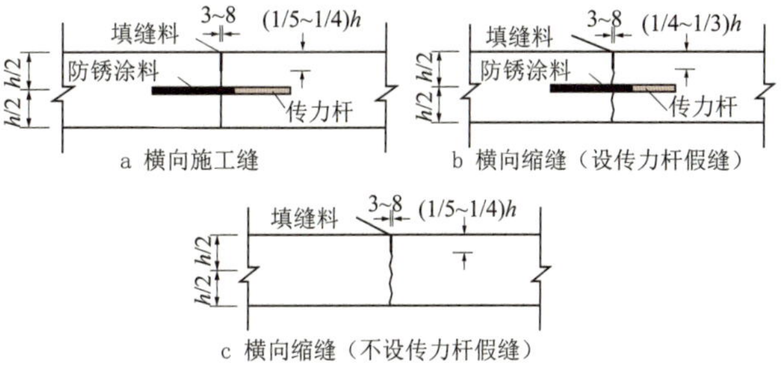

图3　水泥混凝土路面缩缝形式示意图

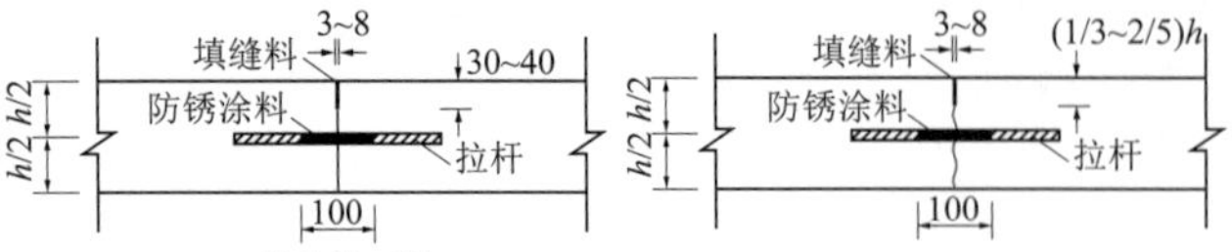

a 纵向施工缝　　b 纵向缩缝

图4 纵缝构造示意图

易遭到破坏，可设置边缘钢筋和角隅钢筋予以加固，或做成厚边式断面，从靠路肩1米处开始厚度逐渐增加，至板边缘厚度较中间大25%。在高速公路和一级公路上，可做成由内侧向外侧边缘逐渐加厚的梯形断面。路面板大多做成单层式。当板较厚时也可做成双层式，上层厚度不小于6～7厘米，下层使用品质稍差的材料做成低强度混凝土。为使上下层结合牢固，下层表面应清洁、粗糙并设凹槽。

钢筋混凝土路面　在混凝土路面板内，沿纵横向配置钢筋网，配筋率为0.1%～0.2%。钢筋直径8～12毫米，纵筋间距15～35厘米，横筋间距30～60厘米。钢筋设在板表面下（1/3～1/2）*h*处，以减轻板面裂纹的产生和扩张。板厚和纵缝间距与素混凝土路面相同，但横缩缝间距为6～15米，并设传力杆。在地路基软弱地段和交通特别繁重处，也可将钢筋网设在板底面之上（1/3～1/2）*h*处，或设双层钢筋网。

连续配筋混凝土路面　在混凝土路面板内大量配筋，配筋率达0.6%～1.0%，纵筋直径12～20毫米，间距不大于25厘米，可连续贯穿横缝；横筋直径12～20毫米，间距30～60厘米。钢筋设在板厚中央略高处，与板表面距离不小于9厘米。在连续配筋混凝土路面板的端部应设置端缝，一般有两种形式：一为自由式，即连续设置3～4条胀缝，以便板端部自由胀缩；二为锚固式，即在板底部设置若干根肋梁或桩埋入地基内，以阻止板的胀缩活动。与素混凝土路面相比，连续配筋混凝土路面板厚可减薄15%～20%；缩缝间距可增至100～300米，但用钢多、造价高、施工较复杂。

钢纤维混凝土路面　在混凝土中掺入1.5%～2.0%（体积比）的长25～60毫米、直径0.25～1毫米的钢纤维，可使其28天极限抗压强度和极限抗弯拉强度较素混凝土提高50%以上，抗疲劳和抗裂缝能力也较素混凝土高。与素混凝土路面相比，钢纤维混凝土路面板厚可减小30%～50%，缩缝间距为6～10米，纵缝间距可增至8米，胀缝可以不设。钢纤维混凝土路面施工工艺尚未定型，仍在试验阶段。

预应力混凝土路面　按路面构造的不同分为3种：①无筋预应力混凝土路面。在混凝土板两端设置墩座埋入地基内，墩座与板之间设置弹力缝，放入钢弹簧。板长中央设置加力缝，缝内设千斤顶，对混凝土板逐渐施加压应力至5兆帕，然后塞入混凝土预制块，取出千斤顶，用混凝土填塞缝隙。②有筋预应力混凝土路面。在混凝土板厚中央预留孔，穿进钢丝束，张拉后将两头锚固，并在孔内注入水泥浆使钢丝束与混凝土黏牢。较窄的板可在板的纵向加力，较宽的板需在纵横向同时加力，或按与路中线成小于45°角的斜向加力。后者可以连续浇筑很长的板，在板的两侧施加应力。所加预应力，在纵向为2～4兆帕，在横向为0.4～1.4兆帕。③自应力混凝土路面。用膨胀水泥制备混凝土铺筑路面，借配筋或在板的两端设置墩座，通过混凝土的膨胀施加预应力。预应力混凝土路面板厚可减至10～15厘米，缩缝间距可增至100～150米。但因其施工工艺复杂，所需机具性能要求较高，除在某些飞机场建设中获得成功经验外，尚未普遍推广。　（方福森　撰　周玉民　修订）

水泥混凝土路面抹光机　concrete pavement polishing machine　利用抹刀旋转对水泥混凝土路面进行抹光作业的设备。又称收光机、抹光机。水泥混凝土路面抹光机由金属结构、工作机构和安全控制装置等组成。抹光机动力分为电动式和内燃式，其中内燃式抹光机较为常见，是一个汽油机驱动的抹刀转子，在转子中部的十字架底面装有抹刀，抹刀倾斜方向与转子旋转方向一致，由汽油机带动三角皮带使抹刀转子旋转，叶片角度调节机构可调节叶片角度，以满足抹平和抹光时不同的施工条件和要求。抹光机施工的混凝土表面较人工施工的表面更光滑、更平整，提高了混凝土表面的密实性及耐磨性，工作效率较人工提高10倍以上。　（李守林）

水泥混凝土路面破碎机　cement concrete pavement crusher　用于损坏或病害的水泥混凝土路面破碎作业的专用机械。水泥混凝土路面破碎机由发动机、底盘、动力系统、传动系统、工作装置等组成。工作装置有机械传动式和液压传动式。机械传动式通过卷扬机、钢丝绳、滑轮组组成的提升系统提起破碎锤，至一定高度后松开电磁离合器，破碎锤在自重作用下自由落下，破碎混凝土路面。液压传动式破碎装置依靠液压缸、卷筒组成破碎锤提升机构，通过高速换向阀控制破碎锤起落，实现对水泥混凝土路面的破碎。　（马军星）

水泥混凝土路面养护车　cement pavement maintaining machinery　对损坏的水泥混凝土路面进行破碎、清理、维修保养的多功能工作车。是公路养护的重要配套养护机械。按其行驶方式，水泥混凝土路面养护车可分为拖式和自行式两种。

拖式水泥混凝土路面养护车　不能自主行走，工作时需要牵引车进行驱动，移动不够灵活，工作效率相比自行式低，结构简单，但成本低，在不使用时，牵引车可以牵拉其他工作装置工作。

自行式水泥混凝土路面养护车　在汽车底盘基础车上配置专用的作业装置而成，主要由底架部分、动力装置、破碎装置、俯仰机构、纵向驱动机构、清理装置、电气控制系统、液压控制系统、支撑装置等几个部件组成。

底架部分　将工作装置与基础车连成一个整体，是主要受力部分，起装配连接作用。

动力装置　由底盘车的发动机带动的发电机组构成，由发电机组产生的动力电源经过电气控制系统将动力输送到各工作装置上。

破碎装置　是水泥混凝土路面养护车最主要的作业装置，作用是对已损坏的水泥混凝土路面进行破碎。破碎装置有机械传动式和液压传动式，前者通过卷扬机、钢丝绳、滑轮组组成的提升系统提起破碎锤，至一定高度后松开电磁离合器，破碎锤在自重作用下自由落下，破碎混凝土路面。液压传动式破碎装置依靠液压缸、卷筒组成破碎锤提升机构，通过高速换向阀控制破碎锤起落，实现对水泥混凝土路面的破碎。

俯仰机构　主要由液压油缸、铰座、铰耳、铰销等零部件组成，油缸体采用中部轴销形式铰接在底架大梁上，活塞杆通过销耳铰接在破碎装置横梁总成的中部钢管上，通过液压系统中的电磁换向阀控制液压油缸活塞杆的伸缩，推动或牵引横梁、门架及锤体总成上扬或下落，以实现破碎装置作业或运输状态的转换。

纵向驱动机构　用以实现整车的自动移位作业。该机构主要由纵移电机、减速器、链轮、链条、中间传动轴、拨叉离合器、拨杆、纵移油缸、滚动轴承等零部件组成。作业时，控制纵移液压油缸伸缩，推动拨杆使拨叉离合器与中间传动轴上的链轮结合，并联成一体，启动纵移电机，动力经减速器通过链传动传递到中间传动轴，再到底盘后桥，驱动整车纵向移动。由于经减速后的中间传动轴转速较少，传递到后桥驱动后轮纵向移动的速度较慢，满足作业工况自动移位的要求。当不需作业时，即或在运输状态时，控制纵移油缸驱动拨杆使拨叉离合器与中间传动轴上的链轮分离，从而中间传动轴与链轮处于相对转动状态，当发动机输出的动力传递到中间传动轴、后桥时，并不改变底盘原有的行驶性能。

清理装置　主要包括电动机、空气压缩机、气管、风镐、风钻等。作业时，启动电动机使空气压缩机工作，接上气管就可进行吹尘、清理作业，接上风镐、风钻就可进行路面开挖作业。

电气控制系统　主要包括电器控制柜和微电脑控制盒及传感器等部件。电器控制柜由各种电气元件、线路及插座组成，电器控制柜的功能是将发电机组产生的动力电源先贮存起来，经分流输送到各工作装置的电动机上，为各工作装置提供动力电源。还可为夜间施工提供照明用电。微电脑控制盒主要由电脑板和操作面板构成，电脑板将各种参数（如提升高度、工位宽度、纵移距离、平移次数等）、数据（如提升速度、横移速度、纵移速度、工步配合时间等）及各种控制信号、传感器信号通过汇编语言编程存入CPU处理器中，再经操作面板控制，实现工作装置的连续（自动控制）或间断（手动控制）作业。

液压控制系统　主要包括电动机、液压油泵、溢流阀、节流阀、电磁换向阀、双向液压锁、分流阀、液压油箱、滤油器、压力表、液压油管等元部件。工作时，启动电机、驱动液压油泵将液压油箱中的液压油变为高压油，通过液压管路经溢流阀、节流阀、电磁换向阀、液压锁、分流阀传送到各工作油缸上，完成正常的作业功能。该液压控制系统中的工作油缸有俯仰油缸、纵移油缸和制动器（视为一个单作用油缸），分别通过三个电磁换向阀控制，完成破碎装置的起落、整车的自动移位、钢丝绳的提升制动等功能。

支撑装置　包括支撑脚架和支撑铰销，支撑脚架由横支梁、铰接盒、蜗杆、蜗轮、梯形螺杆、套管、支承轮等组成，通过蜗轮蜗杆传动调节支撑脚架的高度，使支撑脚承受部分冲击载荷，并减少破碎装置在作业时的左右倾斜。支撑铰销由销杆、铰耳、销子组成，其一端铰接在横梁架上，另一端铰接在底架上，左右对称各一副，该铰销主要是防止破碎装置在作业时的前后倾翻。（马军星）

水泥混凝土摊铺机　concrete pavers　将水泥混凝土均匀地摊铺在已修整好的基层上，经振实、抹平等连续作业程序，铺筑成符合设计要求的水泥混凝土面层的设备。是现代施工中常用的机械设备，使用范围广泛，可用于各种不同的水泥混凝土路面施工，建成的路面也具有良好的稳定性和耐用性。水泥摊铺机分为轨道式（定模式）和滑模式（履带式）。

轨道式摊铺机　沿事先铺设好的轨道行走实施摊铺作业，其铺筑路面的标高、厚度、尺寸、形状和坡度等均由事先铺设作为轨道的钢轨模板来决定。优点是结构简单，造价低；工作可靠，故障少，易维修；操作容易，对铺设的水泥混凝土要求低等。但自动化程度低，钢轨模板需用量大，装卸工作频繁、笨重、要求高，生产效率较低，质量主要取决于模板铺设质量。适于摊铺道路、机场和大坝等大型平面工程。

滑模式摊铺机　将布料、刮平、振实、整平、抹光及滑动侧模板等均集中布置在一台履带行走装置的机架上。特点是：①整机采用全液压驱动，操纵控制采用电-液伺服自动控制，可由1～2人操纵，自动化程度较高。②摊铺路面的拱度、坡度、高度、弯道弧度均可通过调整成型模板等装置进行自动或手动调节，整个路面可全幅一次成型完成，质量易于保证。③摊铺准备工作无须铺设模板和轨道，只需架设找平和导向基准钢丝即可，工艺简单、生产率高。④不足之处是对混凝土的级配和坍落度有较严格要求，一般用于摊铺坍落度较小的混凝土。滑模式摊铺机除可用于摊铺路面面板外，更换不同的模板也可用于边沟、路缘石、中央隔离带、人行横道等多种形状水泥构造物的摊铺作业。（马军星）

水生态系统　water ecological system　水体中生存着的所有生物与其环境之间不断进行物质和能量的交换而形成的一个统一整体。是城市生态系统的基础和重要组成部分。城市水生态系统属于淡水生态系统，主要包括湖泊、水库、河流与湿地等类型，各水体类型具有不同特征。与其他自然生态系统相比，城市水生态系统营养结构相对单一，物质循环与能量流动易受到各种人为因素干扰，造成生产、消费与分解之间的动态平衡遭到破坏，使城市水生态功能受到影响。同时，水生态系统对光能利用效率较低，初级生产者生产力较低，内源性营养较少，需大量外源营养物质输入才能维持系统动态平衡。与自然水生态系统相同，城市水生态系统也具有物质循环、能量流动、信息传递与自我调节等功能，对外部压力具有一定承受能力，但当作用力过大易使系统生态平衡遭到破坏。

随着城市化不断发展，人类活动与城市建设不断扩张、人工构筑物不断增加，使城市内湿地、湖泊与河流等水系不断萎缩，加上大量污染物输入，可能引发一系列水生态恶化、水资源紧缺、水环境污染与水安全缺乏保障等问题，具体表现为以下几方面：①城市水系侵占严重，洪涝灾害频繁发生。在城市建设过程中大量硬质铺装会改变原有水生态排水与水文特征，减少径流下渗，增加地表雨水径流量，可能引发洪涝灾害。同时，城市建设挤占河流、湖泊等水系，会造成水系行洪不畅，给城市排涝造成巨大压力。②水资源管理混乱，城市水系循环受阻。在城市水生态系统中生态用水使用权力不明，涉及水利、环保与住建等多部门，混乱管理可能会造成枯水期河湖水位极低甚至干涸。人为对城市河流截弯取直、河床硬化平整与自然水生动植物铲除，将部分溪流改造成管道，都不同程度使地表与地下水循环受阻。③水生态环境恶化，生态系统功能脆弱。大量生活与工业污水等污染物输入城市水体中，会恶化水质，超过水体自净时会导致生态系统崩溃。在对城市水生态系统规划建设过程中，由于较多考虑其社会经济价值，往往会忽略其生态价值，使气候调节、水源供给与生态景观等水生态功能较为脆弱。④水文化建设缺失，水经济未有效开发。在城市规划建设过程中，未将城市文化（如历史古迹、神话传说）融入城市水生态建设中，以通过水生态景观来传递文化魅力。同时，城市水体的休闲娱乐、旅游观光、水权交易与居住环境等因"水"而生的经济并未得到开发。基于上述存在的问题，在城市水生态规划、建设与修复过程中，应以具体问题为导向，按照生态学基本原理和社会经济可持续发展的要求，以提升城市品位和实现人与自然和谐相处为目标。（田　禹）

水塔爆破　demolition blasting of water tower　用钻孔爆破方式破坏水塔的局部承重结构，使其倾倒或塌落的系列作业和技术。水塔由水柜和支筒（支架）组成、用以储水和配水的高耸构筑物。水柜部分采用钢筋混凝土浇筑成型，一般为圆形结构，也有倒锥形结构。支架部分有两种类型，一种是钢筋混凝土框架或圆形筒体，另一种是砖砌圆筒体。水塔爆破机理及

切口形状选择与烟囱爆破类似(见**烟囱爆破**)。(孙金山)

水塔结构 water tower structure 用来调适和稳定给水管网中的水量和水压，并储水和配水的高耸结构。简称水塔。按建筑材料分为钢筋混凝土水塔、钢水塔、砖石支筒与钢筋混凝土水箱组合的水塔。欧洲曾建造过一些具有城堡式外形的水塔。

结构组成 水塔结构由主体和附属设施组成，其中主体包括水箱、支架(塔身)、基础等，附属设施包括出入水管、爬梯、平台、避雷照明装置、水位控制指示装置等。水箱可用钢筋混凝土建造，也可用钢丝网水泥、玻璃钢和不锈钢等材料建造。多功能的水塔在最高处设置水箱，中部为办公用房，底层是商场。亦有烟囱和水塔合建在一起的双功能构筑物。常见的水箱形式有圆柱壳式和倒锥壳式、球形、方形、碗形和水珠形等。支承形式有支架式、支筒式、钢筋混凝土柱、钢柱等。常用的基础有刚性基础、钢筋混凝土圆板基础、钢筋混凝土圆环基础、薄壳基础、柱下独立基础和桩基础。

水箱结构及计算原则 圆柱壳式水箱由顶盖、箱壁和箱底组成。顶盖采用平板、正圆锥壳或球形壳，周边设置上环梁。箱壁为圆柱形壳。箱底的外伸段是倒锥形壳，中间筒顶段采用球形壳，外伸段尺寸按两种壳的水平分力接近平衡来确定(图1)。

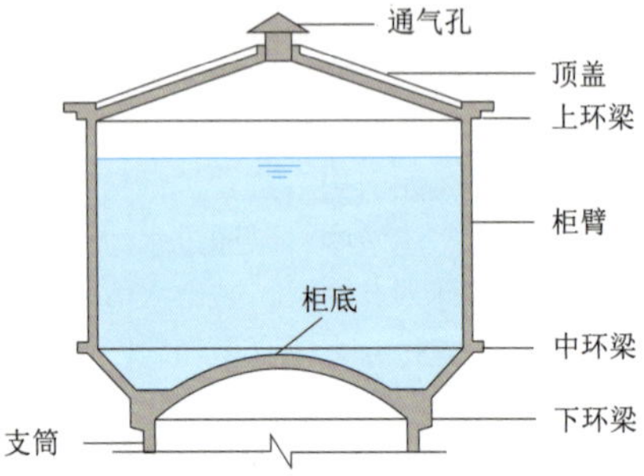

图1 圆柱壳式水箱示意图

倒锥壳式水箱采用倒置的截头圆锥壳箱壁。但不设箱底，由下环梁与支筒壁封住。顶盖做法与圆柱壳式水箱相似。倒锥壳箱壁由于水深近似地与圆周直径成反比。因此，箱壁环向拉力比较均匀，受力状态较好。一般情况下，倒锥壳式水塔支筒直径较小(图2)。

水箱内力一般采用壳体的无弯矩理论或有弯矩理论进行分析。无弯矩理论又称薄膜理论，适用于承受自重、雪载和水压等轴对称或反对称荷载，且厚度和边缘构件尺寸较小的旋转壳。在水塔结构设计中，既要考虑壳体曲面的轴力，还应该计算壳

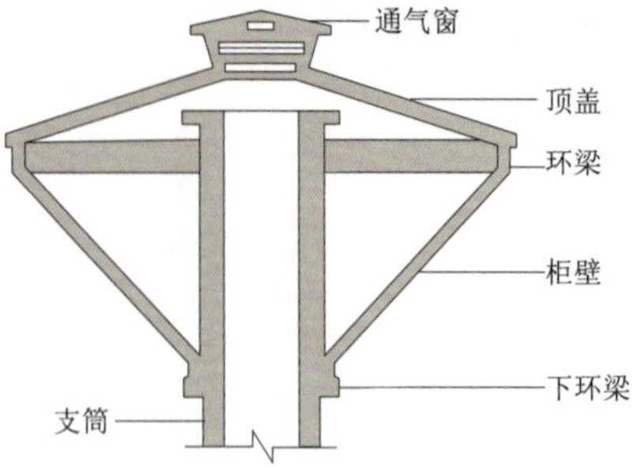

图2 倒锥壳式水箱示意图

体边缘处由于与其他相连壳体或环梁的影响而产生的边缘干扰力。可用有限元法代替解析法进行较精确的三维计算。支筒作为上端自由、下端固定的竖向悬臂环形断面构件计算，在竖向荷载和水平荷载共同作用下，筒壁断面处于偏心受压的应力状态，应考虑由于水平弹性位移、基础倾斜、施工误差和开洞削弱等引起中心偏移而产生的非线性弯矩。当采用支架结构支承水箱时，中小型水塔结构可简化成平面刚架计算。大型水塔结构的支架应按空间刚架计算。

水塔结构抗震 在地震区，水塔结构可按单质点体系计算地震力。根据震害现场观察结果，砖支筒水塔不宜建在8度地震区。水塔结构震害多数发生在支筒断面变更处、门窗孔洞削弱处和支架中梁、柱和水箱的连接处。地基失稳，也能使水塔沉陷和倾斜。

施工和维护 钢筋混凝土支筒一般采用滑升模板或翻模法施工，倒锥壳水箱可先在地面灌筑，再利用千斤顶或卷扬机将支筒提升就位。钢筋混凝土支架可用预制构件吊装就位，然后灌筑结点。也可支模逐层现场灌筑梁、柱的支梁。钢水塔应注意经常维护，防止钢材锈蚀。定期测量避雷针接地电阻。在空旷地区，较高的水塔顶端应安装航空识别的标志。寒冷地区的保温水塔，需特别注意管道的保温，冬季停止送水时，应把管道内积水排出。输、配水管位置应尽量距中心近些，避免水箱出现强迫振动现象。直管上要有伸缩节。

(李佐平 撰 郑 云 修订)

水体复氧 water reaeration 水体通过自然大气、藻类与绿色水生植物光合作用或人工曝气、修建跌水构筑物等方式，使水体溶解氧得到补充的过程。水中溶解氧含量作为水生态系统重要参数，是水生生物正常生长繁殖的必要条件与水体自净能力关键因素。一般来说，水中溶解氧主要有自然复氧与人工复氧两种形式。

自然复氧 主要包括空气中氧气主动扩散至河流水体表面2～10毫米范围内，自然水力跌水复氧，藻类与绿色水生植物等光合作用产生氧气，使得水中溶解氧增加。自然复氧会受到区域气候条件(光照、温度、气压等)，水流特征(透明度、水深、流态等)、藻类与绿色水生植物生长等相互影响。

人工复氧 由于大多数水生生物都需要利用氧气进行呼吸作用，当污水中大量有机物好氧分解，硫化氢还原物质氧化消耗大量溶解氧，会使水中溶解氧含量急剧降低，严重威胁水生生物生命健康。当城市水体输入大量污染物时，仅靠自然复氧并不能满足水体溶解氧的需求，往往需采取人工复氧加速水体复氧。人工复氧方式主要分为人工鼓风曝气、机械曝气、鼓风机械曝气与水力跌水复氧等。人工复氧主要特点是曝气量可人为控制、氧传递效率高，但存在投资运行费用限制。对于受严重污染城市水体，如城市黑臭水体，可采用鼓风、机械曝气设备进行临时曝气，辅以人工跌水构筑物来提高水体溶解氧水平，提高水体自净能力，恢复城市水生态环境健康。(田 禹)

水体自净 river self-purification 受污染河流通过自身水生态系统的物理、化学与生物等综合作用，使河流水质逐渐恢复至洁净状态的现象。河流自净是水生态系统的重要生态功能，其对水体中污染物削减具有重要积极作用。在城市水生态环境中，河流都具有一定程度自净功能，使受污染河流水中污染物浓度或总量降低，水质恢复至洁净状态。然而，当输入河流的各种污染物负荷超过河流自净能力时，会破坏河道水体自我净化功能，导致河流生态系统恶化。

河流自净过程可分为三方面：①物理净化过程。进入水体中污染物可通过稀释、混合扩散、物理沉淀、静电吸附等作用降低浓度，减少对水生态系统毒性效应。②化学净化过程。通过氧化、还原、分解化合反应、化学吸附与胶体凝聚作用，降低水体中的污染物浓度或总量。其中化学沉淀与胶体凝聚更多的是使污染物存在形式发生变化，其组分通常不发生变化。③生物净化过程。河流水系统中存在的藻类与植物可将污水中氮、磷与有机物吸收与转化，微生物通过好氧、厌氧呼吸作用氧化分解有机污染物，促进各物质在水中循环转化，缓解其对城市水生态环境压力。

水体自净是一个系统工程，受到多种因素相互影响与制约。影响河流水体自净能力因素可分为自然条件和人为因素。自

然条件包括气候条件、水文特征、地理特点与生物赋存状态等；人为因素包括污染物组分与浓度、人类干扰、环境保护政策与处理技术升级等。（田　禹）

水土压力　water and earth pressure　在基坑工程中，地下水位以下由水压力和土压力共同作用的土体侧压力。计算时一般有两个原则，即水土分算和水土合算。水土分算原则，即分别计算土压力和水压力，两者之和即总的侧压力。这一原则适用于土孔隙中存在自由的重力水的情况或土的渗透性较好的情况，一般适用于砂土、粉土和粉质黏土。

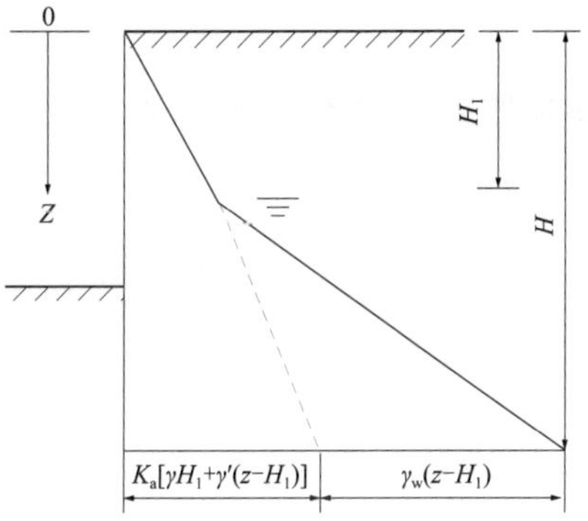

图1　水土分算时水土压力示意图

采用水土分算时（图1），作用在支护结构上侧压力计算可采用公式（1）（2）。

地下水位以上部分：

$$p=\gamma z K_a \qquad (1)$$

地下水位以下部分：

$$P_a=K_a[\gamma H_1+\gamma'(z-H_1)]+\gamma_w(z-H_1) \qquad (2)$$

式（2）中γ、γ'、γ_w为分别土的重度、土的浮重度和水的重度，K_a为主动土压力系数。

水土合算的原则认为土孔隙中不存在自由的重力水，而存在结合水，它不传递静水压力，以土粒与孔隙水共同组成的土体作为对象，直接用土的饱和重度计算侧压力，这一原则适用于不透水的黏土层。

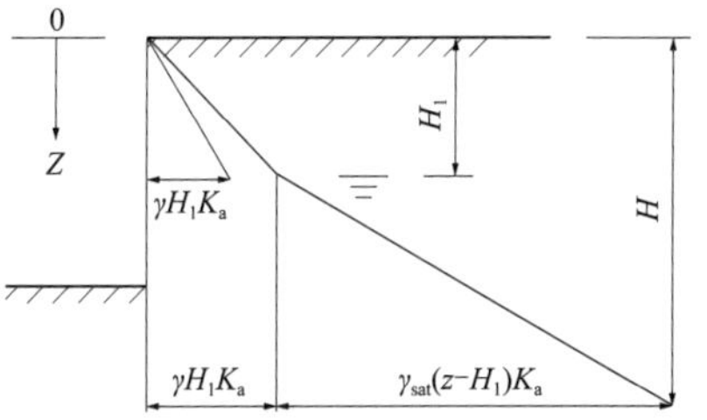

图2　水土合算时水土压力示意图

采用水土合算时（图2），作用在支护结构上侧压力计算可采用公式（3）（4）。

地下水位以上部分：

$$p=\gamma z K_a \qquad (3)$$

地下水位以下部分：

$$P_a=K'_a[\gamma H_1+\gamma_{sat}(z-H_1)] \qquad (4)$$

式（4）中γ_{sat}为水的饱和重度。

按照有效应力原理，土中骨架应力与水压力应分别考虑。水土合算方法在计算中减小了主动状态中的水压力而增大了被动状态中的水压力作用，偏于不安全；水土分算方法概念较清楚，符合有效应力原理，但在实际应用中也存在有效指标确定困难与无法考虑土体在不排水剪切时产生的超静孔压影响等问题。（徐日庆）

水文地质参数　hydrogeological parameter　表征岩土介质中水、溶质或热储存、释放和运输特性的定量指标。是水文地质勘察工作中，开展进行水文地质计算和地下水资源评价的重要依据。

常用水文地质参数　主要包括渗透系数、导水系数、释水系数、压力传导系数、越流系数、降水入渗系数、给水度、影响半径和弥散系数等。①渗透系数。指水力坡度为1时，通过单位面积含水层的渗透水量，常用米/天或厘米/秒表示。②导水系数T。表征含水层导水能力的大小。数值上等于渗透系数K与含水层厚度M的乘积，即$T=K\times M$。③释水系数。又称贮水系数或弹性给水度，指单位面积含水层全部厚度的柱体中，由于水头下降/上升一个单位时，引起水的膨胀/压缩和含水层骨架的压缩/膨胀而释放/存储的水量。④压力传导系数。又称水力扩散系数。为导水系数与释水系数之比，它表征在弹性动态条件下承压含水层中水头传递速度的参数。压力传导系数$a=T/s$（T为导水系数；s为释水系数）。压力传导系数表征弱透水层垂直方向上传导越流水量能力的参数。即当抽水含水层（主含水层）与上部（或下部）补给层之间的水头差为一个单位时，垂直渗透水流通过弱透水层与抽水含水层单位界面的流量。⑤越流系数。为越流系统中弱透水层的垂向渗透系数与其厚度之比。当抽水（或注水）含水层的顶板或（和）底板为弱透水层时，在垂向水头差作用下，相邻含水层中的水就会流入抽水含水层（或者相反，由注水含水层流出），这一现象称为越流。其中，由抽水（或注水）含水层、弱透水层和相邻含水层组成的含水层组合，称为越流系统。在天然条件下，只要越流系统中弱透水层顶底板之间存在垂向水头差，就可以发生越流。当忽略弱透水层自身的释水量时，越流系数数值上等于单位时间通过抽水（或注水）含水层顶面和底面单位面积的水量。⑥降水入渗系数。指一定时期内降水入渗补给地下水的水量与同期内降水量的比值。影响半径指连续抽水时，从井中心至降落漏斗影响边界的距离。⑦给水度。指含水层被疏干时，所释出的水体积与该含水层体积之比。⑧影响半径。表征由单井抽水造成水位下降的范围，理论上是指从抽水井中心到实际观测不出（或可忽略）水位降深处的径向距离。影响半径的大小与含水层性质有关，但受抽水延续时间、水位降深等因素影响。⑨弥散系数。表征流动水体中污染物在沿水流方向（或纵向）弥散的速率系数。单位常用米^2/秒。

确定方法　确定水文地质参数的方法一般包括经验数据法、经验公式法、室内试验法和野外试验法等。①经验数据法。工程实践中，长选用长期积累的经验数据作为水文地质参数。如地下水资源评估时，水文地质参数常采用经验数据。②经验公式法。基于工程实践中获取的水文地质参数数据，利用相应的经验公式，求取对应的水文地质参数数据。一般情况下，经验公式法获取的参数值比选用经验数据的精确度要高。③室内试验法。利用现场采取的试样，借助室内试验手段，试验获取渗透系数、给水度、降水入渗系数等水文地质参数。④野外试验法。借助必要的试验装置，开展野外试验，取得实测数据，并计算获取水文地质参数。渗透系数、导水系数、压力传导系数、释水系数、越流系数、给水度和影响半径等，均可通过野外抽水试验法较精确确定。通过野外试验法确定降水入渗系数时，还可采用地下水均衡试验场的实测数据，且精度一般较高。（叶为民）

水文地质测绘　hydrogeological mapping　在一定比例尺地质或地形底图基础上，通过对调查区地质、地貌、地下水露头和地表水状况的观察分析，基本上查明区内地下水埋藏、分布和形成条件的调查手段。水文地质测绘是整个水文地质调查工作的开始，其成果质量高低是布置各种水文地质勘探、试验、动态监测等工作是否合理、正确的关键，是保证水文地质人员在解决具体水文地质问题时不致因地质、水文地质条件认识不正确而得出错误结论的前提。

水文地质测绘可解决的问题包括：①测区内地下水的基本类型及各类型地下水的分布状态、相互联系情况。②测区内的主要含水层、含水带及其埋藏条件，隔水层的特征与分布。③地下水的补给、径流、排泄条件。④概略评价各含水层的富水性、区域地下水的资源量和水化学特征及其动态变化规律。⑤各种构造的水文地质特征。⑥论证与地下水有关的环境地质问题。

在进行水文地质测绘前，需要准备有相同比例尺的地质图作为底图。如无地质图或已有地质图的精度不合要求时，则应在水文地质测绘中同时填绘出地质图，这种测绘工作被称为综合性地质－水文地质测绘，测绘中所用的地形底图比例尺要求比最终成果图的比例尺大一倍。此外，水文地质人员必须提前了解测区内已有地质、水文地质的研究程度和存在的问题，这样才能更有针对性地进行测绘工作，以保证测绘成果的水平能在前人工作的基础上进一步提高，同时选择有代表性的路线进行预先踏勘。

水文地质测绘通常是按每平方千米布置若干观察点及路线长度来进行的。不同比例尺的测绘有不同的点线密度要求，比例尺越大，要求观察点设置得越密、观察路线也越长。野外工作时，应详细描述沿路线所观察到的所有地貌、地质和水文地质现象，采集土样、岩样和水样进行有关试验分析或做简易抽水试验和试坑注水试验。观察点的布置，既要做到对整个区域或某一图幅的全面控制；又要从实际出发，考虑到地质、地貌和水文地质条件各方面的特殊观测要求。观察路线的布置一般应沿自然条件变化最大的方向，有时也可以局部穿插。除了常规的地面调查工作外，水文地质测绘常要配合进行一定的坑探、槽探和钻探工作，以便查明地下水的埋藏特征，研究其分布与运动规律，并圈定有利用价值的勘探地段。在现代沉积物覆盖地区，为了探索深埋的地质构造、裂隙、岩溶分布以及了解第四纪沉积物及地下水的变化规律，还要进行一定的地球物理勘探工作。在范围较大或不易通行的山区，进行水文地质测绘时，应充分利用已有的航摄像片或卫星照片进行地质判释。如果没有可资利用的航摄像片与卫星照片时，也可以进行航空物探工作。

水文地质测绘的调查内容包括：①基岩地质调查。②地貌及第四纪地质调查。③地下水露头的调查。④地表水体的调查。⑤地植物（即地下水的指示植物）的调查。⑥与地下水有关的环境地质状况的调查。水文地质测绘是综合性的调查研究工作，其内容要比一般地质测量复杂得多。水文地质测绘的主要成果包括**水文地质图**（包括具有代表性的水文地质剖面）、各种地下水点和地表水体的调查资料，以及水文地质测绘工作报告（或图幅说明书）。（苏小四）

水文地质测井 hydrogeological logging 钻孔中研究地下水特征的物探技术。水文地质工作中常常需要通过测井方式解决以下主要问题：①判别岩性，划分地层绘制的钻孔地质剖面。②分析钻孔技术状况，研究和对比区域性地层，识别含水层及含水层性质，判定含水层位置和厚度。③计算获取含水层参数参考值。④估算（单井）涌水量、地下水流速及其流向。⑤获取地层水矿化度等信息等。

常用的水文地质地球物理测井方法及其用途包括：①普通视电阻率测井。可用于划分钻孔地层剖面、确定含水层位置及厚度以及岩石电阻率及岩石孔隙度。②井液电阻率测井。可确定钻孔中含水层（出水段）位置及其厚度，继而求取地下水渗透速度和渗透系数。③自然电位测井。可确定地下水的矿化度和咸淡水界面，估计地层中的含泥量。④伽玛－伽玛测井。可区分岩性并划分剖面，确定钻孔内岩土介质的孔隙度。⑤中子测井。可用于划分岩性，查明含水层位置，确定岩土层孔隙度。⑥放射性同位素测井。同位素示踪法可测定地下水的流向、流速、渗透系数及水动力弥散系数。⑦声波测井。可用于测定岩石孔隙度，划分岩性，划分含水破裂带等。⑧热测井。可用于测定地温梯度及井内进（漏）水处位置。⑨流速（流量）测井。可直接测量钻孔内各含水层（或含水段）厚度、流速及出水量，并计算各含水层（段）对应的渗透系数，确定钻孔中各含水层间的补排关系。

地球物理测井方法常常需要结合钻探取芯和水文地质观测资料，开展钻孔剖面的岩性分层，判断含水层（带）、岩溶发育带和咸淡水分界面位置（深度）及确定水文地质参数等。当采用无芯钻进或钻进取芯不足时，物探测井是不可缺少的探测手段。物探测井的地质－水文地质解释精度方面比地面物探方法要高，尤其是钻孔中的岩层分界面和出水裂隙段位置的确定，其可靠性和精度常常比钻探取芯还高。（张 召 叶为民）

水文地质地面物探 hydrogeological surface geophysical prospecting 根据地下岩土层在物理性质上存在的差异，借助专门的物探测试仪器进行水文地质调查的勘探技术。水文地质地面物探方法的种类很多，在水文地质调查中应用最普遍的是电法，磁法、放射性探测法和声波探测法也经常使用。这些物探方法是探测地层岩性、构造和寻找地下水及判定某些水文地质现象的有效手段，但多数的物探方法都是间接的勘查和找水方法。

常见的地面水文地质物探方法及其适

常见的地面水文地质物探方法及其适用条件

类别		方法	应用范围	适用条件
地震		反射波法	探测采空区范围、地质构造、地层埋深、煤层起伏形态	目标体与围岩有足够的波阻抗差异
		折射波法	探测覆盖层厚度	被测地层波速大于上覆地层波速
		面波法	探测覆盖层厚度、不良地质体	目标体与围岩有足够的波阻抗差异
电法	电磁法	瞬变电磁法	探测岩层水、构造水、采空区积水、评价含水层富水性	目标体与围岩电性差异明显，高压线等电磁干扰较小
		可控源音频大地电磁法	探测较大构造、地热评价，划分大致地层界面，评价中深层地层富水性	目标体电性差异明显，地形开阔保证足够的收发距
	激发极化法		探测含水层富水性	游离电流干扰不大
	直流电法	直流电测深	探测地层界面、富水性	目标地层具有一定厚度，纵向电性差异明显，覆盖层不太厚，接地条件较好，地形平缓
		直流电剖面	探测构造走向、采空区范围	目标具有一定宽度，横向电性差异明显，覆盖层不太厚，接地条件较好，地形平缓
		高密度电阻率法	探测浅层溶洞、砂体、潜水、采空区及积水	埋深不超过150厘米电性差异明显，接地条件较好，地形平缓
其他	重磁勘探	重力测量	探测侵入岩、火烧岩	目标体与围岩磁性、密度差异明显
		高精度磁法测量		
	放射性同位素测量	测氡	探测采空区范围、断裂构造	有土层覆盖

用条件见表。（叶为民　张　召）

水文地质监测 hydrogeology monitoring 在水文勘探过程中，针对含水层、水位、水量等条件，结合卫星遥感、航测等手段，实施水文地质条件参数的监控。是工程勘测的一个重要环节。水文地质监测主要有地面水文地质监测和地下水文地质监测。

水文地质监测内容主要包括：①监测目标含水层的岩性、构造、厚度、产状和裂隙发育与充填情况，以及揭露点的位置及标高、出水形式、涌水量和水温等，并采取水样开展水质分析。②针对裂隙含水层，测定裂隙产状、长度、宽度、数量、形状、尖灭情况、充填程度及充填物等，观察其中地下水活动的痕迹，绘制裂隙玫瑰图，并选择有代表性的地段测定岩石的裂隙率。③遇断裂构造时，需测定其断距、产状、断层带宽度，观测断裂带充填物成分、胶结程度及导水性等。④遇褶曲时，要观测其形态、产状及破碎情况等。⑤遇突水点时，要详细观测记录突水的时间、地点、确切位置，出水层位、岩性、厚度，出水形式，围岩破坏情况等，并测定涌水量、水温、水质和含砂量等。⑥观测监测点附近的出水点和观测孔涌水量和水位的变化等。

工程实践中，针对具体工程对象需要，要建立完善的水文观测系统。在重要水文点处需要建立永久观测站，实现涌水量数据采集自动化，实施24小时监测；对于水质的监测，可根据实际情况，结合地下水动态特点，设定监测频次。

（朱远鸿）

水文地质勘察 hydrogeological investigation 以地下水开发或控制为目的而开展的水文地质测绘、水文地质钻探、工程地球物理勘探、水文地质试验、地下水动态观测、地下水资源评价、地下水合理开采和管理工作的统称。水文地质勘察是研究水文地质条件的重要手段，其目的是要在查明地下水的形成与分布规律的基础上，对地下水资源做出水量与水质评价。

理论基础　涉及普通水文地质学、地下水动力学和水文地球化学等水文地质学理论。①普通水文地质学。主要研究地下水的埋藏、分布，以及补给、径流与排泄等方面的规律。②地下水动力学。主要研究地下水运动规律，探讨地下水的定量评价方法。③水文地球化学。主要研究地下水化学成分及其变化情况，定量研究地下水水质及其演化规律；结合自然地质地理环境的演变，判断地下水的形成过程。同时，水文地质勘察还涉及用以研究地表水和大气水为主要对象的水文学、水力学以及气象学中的许多概念和方法。

内容及任务　水文地质勘察内容主要包括生产、生活用水水源，矿山坑道涌水量，大型建筑施工基坑排水，地下水人工补给，地下热水资源、盐卤水资源以及地下水污染防治的勘察等。

水文地质勘察的任务是运用测绘、勘探、试验和观测等手段，按照一定的程序查明工作区基本的水文地质条件和专门性的水文地质问题。例如，对农田供水水文地质勘察，除了需要查明地下水的形成与分布规律，以及补给、径流、排泄等基本水文地质条件外，还应对地下水资源数量能否满足灌溉要求给出定量评价，论证灌溉水质和开采技术条件，为经济合理地开发利用地下水提供可靠的水文地质资料。

一般而言，水文地质勘察通常分为普查、初勘、详勘和开采勘察4个阶段。①普查阶段（1：20万～1：10万）。主要是要查明区域水文地质条件，如各类含水层的赋存条件与分布规律，地下水的水量与水质，以及含水层的补给、径流与排泄条件等。少量或一般不涉及专门性水文地质问题勘察。②初步勘察阶段（1:10万～1:5万）。一般是在水文地质普查的基础上进行。主要是较确切地查明地质条件和地下水形成条件、赋存特征，初步评价地下水资源，预测水量、水质和水位变化，提出合理开发（或疏干）措施，为供（排）水初步设计或布置详细勘探工作提供依据。③详细勘察阶段（1:2.5万～1:1万或更大）。通常是在初勘选定的地段上进行的进一步勘探，主要工作以勘探、试验为主，并要求有一年以上的长观资料，且需要进行全面的室内实验、分析和研究。④开采阶段勘察。该阶段的任务是精确地查明调查区的水文地质条件，对水质水量做出精确的全面评价，提出合理开采方案，为技术（施工）设计提供依据。

（王启力　叶为民）

水文地质勘察报告 hydrogeological investigation report 在水文地质勘查野外工作的基础上，依据室内外成果所编制的可反映水文地质工作内容（包括附图、附表等）的文字报告。根据勘察任务要求，报告应在详细阐述拟建场地水文地质条件的基础上，开展水量、水质评价，做出科学结论。报告应对水源方案进行经济技术对比，并重点论证水源开采后是否引起环境地质问题等。水文地质（供水）勘查报告内容一般包括序言、自然地理概况、地质概况、水文地质、水量和水质评价、结论及建议，以及附图、附表、附件。

序言（前言）　内容主要包括：①勘察工程的委托单位、工作范围、勘察阶段、需水量和水质要求、技术标准等。②地下水开采现状、污水排放和污染情况及水源开发利用规划。③勘探区水文地质研究程度和已有资料利用情况，本次勘察需要解决的问题。④投入工作量、设备及人员情况，取得的成果，以及其质量评述。

自然地理概况　内容主要包括：①地形、地貌。包括勘探区的地表形态，地貌单元的成因类型、分布范围与特征。②勘察区的水系及主要河流名称、位置、发源地、汇水面积、河流形态及河床渗透和冻结情况，枯水和洪水期的水位、流量变化情况，水断流天数，洪水淹没范围，水的开发利用及水质污染情况等；最近水文站的位置和观测内容。③气象。包括勘察区气候类型、所属气候区、降水量、蒸发量、气温等多年平均值和历年最高、最低值（列表），土壤冻结深度等。

地质概况　内容主要包括：①地层。包括勘探区地层岩性、产状、厚度、成因类型及分布规律，岩层接触关系与出露情况。②地质构造。包括勘探区主要构造类型、特征、分布及其与地下水赋存和运动的关系。

水文地质　内容主要包括：①含水层（带）分布和埋藏特征、岩性、厚度、渗透性和富水性，含水层之间以及地表水体与地下水之间的水力联系等。②地下水类型及补、径、排条件，以及地下水动态变化规律。③地下水化学类型、地下水物理性质、细菌含量、放射性元素及其变化规律。④具有地下水开采历史的地区，应详述地下水开采现状和污染情况；地下水降落漏斗的分布范围，漏斗中心水位下降率和水质变化情况，以及所引起的环境地质问题、产生原因与发展趋势，提出防治措施和建议。

水量和水质评价　内容主要包括：①水量。包括阐明地下水资源评价原则和方法，参数确定依据，计算地下水补给量与储存量，计算允许开采量，论证其保证程度与发展趋势。②水质。根据现行《生活饮用水卫生标准》及其他水质要求，开展勘探区水资源水质评价和预测。

结论及建议　阐述勘察区水文地质条件，提出地下水水量和水质的结论性意见，给出取水构筑物的类型、数量及抽水设备类型、规格的建议，提出地下水资源合理利用和保护的建议，指出本次勘察存在的问题及今后勘察工作建议。

附图、附表与相关附件　主要内容：①平面图。主要包括实际材料图、地质地貌图、综合水文地质图（或供水水文地质图）、地下水水化学图、地下水污染程度图（××离子等值线图）、地下水等水位线图（或等压线图）、含水层等厚度线图（或埋藏深度图）、地下水开采现状图（开采利用规划图）、数值法计算剖分图、地下水资源评价图（地下水资源分布图）、地下水开采强度图。②地下水位预测图。③剖面图及其他图表。一般包括综合地质柱状图、钻孔柱状图、水文地质剖面图、抽水试验综合成果图、长期观测地下水动态曲线图、勘察试验综合成果统计表、井泉调查统计表、地下水开采量统计表、地下水污染调查统计表、水质分析资料汇总表、长期观测地下水动态资料汇总表等。④资料汇总表。一般包括历年河流水文观测资料汇总表、历年气象观测资料汇总表等。⑤附件。主要包括技术委托书、与工程有关的会议纪要和技术联系单等。

（叶为民　朱远鸿）

水文地质试验　hydrogeological test　为测定水文地质参数和了解地下水的运动规律而进行的试验。水文地质试验是对探测目标层位进行直接测试，成果能比较真实地反映工程场地水文地质条件，评价地下水源，并为工程设计提供相关水文地质参数。水文地质试验主要包括抽水试验、注水试验、放水试验、压水试验、地下水均衡场试验、野外渗水试验、野外连通试验、野外弥散试验等。野外试验条件愈接近地下水开采时的实际状况，其成果的可靠程度愈高。①放水试验。利用孔口（涌水点）标高低于地下水水位标高的有利条件，让地下水自由溢出钻孔，同时观测其流量及放水孔与观测孔水位变化情况的水文地质试验方法。放水试验是不用抽水设备降低水头的试验。其目的是测定含水层水文地质参数，评价含水层的富水性，查明矿床水文地质条件，为预计矿井（坑）涌水量，确定地下水防治和利用方法提供依据。②地下水均衡场试验。根据质量守恒定律，研究地下水补给、径流、排泄、贮存之间的数量关系，以及地下水与大气降水、地表水之间联系和转化的野外试验。

（张　召　叶为民）

水文地质图　hydrogeological map　描述某地区地下水与自然地理和地质因素相互关系的地质图件。反映一个地区水文地质调查成果的主要手段，可作为利用、防范或进一步调查地下水的科学依据。常见的水文地质图系包括综合性水文地质图、水化学图、等水位线图、地下水储量图以及地下水动态图等。工程实践中，通常将综合水文地质图作为主图，而将平行的系列图作为辅助图件，配套使用。图面上突出反映的内容可分为：①以突出地质基础为主的图件。图上分别用颜色标识地层和岩石成分，并用采用等值线表征水位面的起伏情况。②表征岩石水理性质的图件。图面上需标明地下水矿化度的相关数据，以及以等值线表示的地下水水位、水压等相关信息。③以突出水质为主的图件。即水化学类型图。采用不同颜色标明地下水的化学成分、并用等值线表明地下水的矿化度和水化成分离子等。④突出地下水开发利用的图件。图上需明确可用水的分布区、或地下水开采层和远景层分布区等。⑤突出含水岩组的图件。基于地质剖面图划分并标明含水层和隔水层情况。⑥突出水文地质分区的图件。在综合考虑地质、地貌条件和岩石含水性等因素的基础上，划分并标明各种分区。

（王启力　叶为民）

水文地质物探　hydrogeological prospecting　针对地下水、含水层及非含水层及其之间存在的物理性质差异，借助专门仪器设备，利用地球物理方法来间接判断水文地质特征的一种勘探手段。简称水文物探。包括**水文地质地面物探**和**水文地质测井**。地球物理勘探（简称物探）是水文地质勘探中的重要手段。物探主要以被探地质体与围岩在物性（电性、放射性、磁性、重力、弹性波、热等）上的差异为基础，探测和识别地质体以达到解决地质问题的目的。

水文地质物探是利用不同类型或不同含水量的岩土介质在其导电性、导热性、热容量、温度、密度、磁性、弹性传播速度及放射性等物理性质方面的差异，借助各种物探测试仪器，测定出岩土介质或其中水体的某些物理特征变化值，从而分析、推断出岩土介质性质、构造和含水性能等水文地质特征。

水文地质工作中，通过物探手段可获得的信息一般包括：①地下含水层厚度、埋深以及孔隙率等。②地质体的地质构造、地层结构以及地层岩性等。③地球物理场的变化特征，包括电场、温度场、电磁场以及弹性波场等。通过地球物理场的变化特征分析，结合地质与水文地质条件，常可判明地下水的补、径、排关系。物探方法具有成本低、速度快、用途广泛等特点，是水文地质调查中不可缺少的勘查手段之一。但考虑到自然环境和人为因素的干扰等原因，常用的方法包括各种电阻率法、磁法、放射性探测法和声波探测法等。

（叶为民）

水文地质信息系统　hydrogeological information system　基于网络环境，借助水文地质调查、地下水动态监测与综合研究等专业手段，以数据库、地理信息系统等为技术支撑，建立的具有统一层次结构的地下水资源数据采集、处理和发布的集成系统。为有效解决水文地质信息系统设计的整体协调性，其总体结构设计要体现信息系统在地下水资源调查评价不同阶段的表现形式，适用于地下水资源野外调查、数据库建设、数据分析应用、数据共享服务等过程。在系统的运行环境方面，包括面向PC单机环境和网络环境的不同用户。PC单机环境主要服务于水文地质调查专业技术人员，完成数据的采集和数据处理过程，网络环境主要是面向社会用户提供数据共享服务。对于面向PC单机环境的信息系统主要由野外数据采集系统、综合成果管理系统、数据管理与综合分析系统以及地下水三维可视化系统组成。其关系见图。

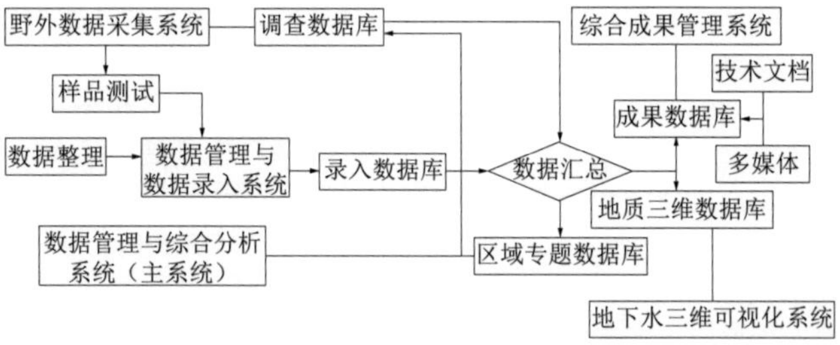

水文地质信息系统关系示意图

水文地质信息系统框架设计的突出特点：信息系统应用软件和数据库的有机结合，数据库之间、应用实现了相互协调，达到了数据库与信息系统可持续发展的综合目标。

水文地质数据库至少应包括水文地质条件（结构）、地下水动态监测、水文地质试验和测试，以及地下水资源量等内容。地下水资源数据分为野外地质调查数据，气象-水文-社会发展数据、综合研究成果数据。

地下水数据信息设计范围广泛，在对这些数据信息分类时，既要考虑到数据信息本身的特征，也要考虑信息化过程中数据库设计的需要。即数据库设计过程中，应考虑数据库内相关数据的关联关系，以确保数据的应用价值和使用效率。

（叶为民）

水文地质遥感　hydrogeology remote sensing　综合应用现代遥感技术手段，获取遥感图像，并经过图像识别、提取及综合分析，获取地貌、地层岩性、地质构造、水文地质要素等信息，用以分析、判断研究区域的水文地质特征。遥感是通过遥感器这类对电磁波敏感的仪器，运用传感器/遥感器对物体的电磁波的辐射、反射特性进行探测，可在远离目标和非接触目标物体条件下探测目标地物。具有较高的精度和抗干扰性，能够对观测对象的特征进行有效的识别。遥感技术几乎不受天气和地形地貌等条件的影响，具备同时在白天和夜间开展勘测的能力。

水文地质遥感是利用卫星或航空遥感数据、影像等进行水文地质解译，以配合水文地质测绘。具体工作程序通常包括信息资料收集和准备、室内解释、野外验证和成果整理4个阶段。

按照不同的分类标准，常用的水文地质遥感可分为以下类别。①按照遥感平台可分为航天遥感、航空与近空间遥感和地面遥感。②按照遥感器工作方式可分为主动遥感和被动遥感。③按照遥感电磁波波段不同可分为可见光－短波红外遥感、热红外遥感和微波遥感等。

在水文地质遥感中，应用较为广泛的遥感技术主要包括：可见光－短波红外遥感、红外线遥感以及微波遥感技术等。①可见光－短波红外遥感数据。包括常见的黑白航空相片、自然彩色相片等，其数据应用广泛。②红外线遥感。又称热红外遥感。干旱、半干旱地区由于地下水毛细管作用和热传导作用，致使地表湿度和温度发生变化，从而利用热红外遥感图像上的温湿度区段异常，可开展基于热红外遥感手段的地下水评价。③微波遥感。是利用微波设备来探测、接收被测物体在微波波段（波长为1毫米至1米）的电磁辐射和散射特性，以识别远距离物体的技术。包括被动和主动微波遥感。被动微波遥感主要应用于观测大气和海洋的环境；主动微波遥感则广泛应用于地形地貌、地表粗糙度、地面微量形变，土壤水分、海冰与陆地冰雪分布、海面形态及城市环境等方面的调查与检测。

在水文地质勘察工作中，遥感技术具有信息获取速度快、可进行地质信息加工处理等特点，因此，该技术具有很高的应用价值，能够有效提高水文地质调查工作的质量和效率，客观而详细地展现了目标区域的水文地质信息，进而帮助研究人员更好地了解研究区域内的水文地质情况，更全面地评估地下水资源状况，并为科学开发利用地下水资源提供了必要的技术支持。

（王启力　叶为民）

水文地质钻探　hydrogeological drilling　通过钻探并采取地层芯样、水样，结合现场观测与室内外试验，用以查明地下水的埋藏条件、运动规律、水质和储量等情况，为合理开发和利用地下水资源提供水文地质资料。

钻探的目的与任务　水文地质钻探是要查明含水层或储水构造的岩性结构和部位、地下水的埋藏条件、水力性质、了解水质和水量，为合理开发利用地下水资源提供基础资料。其主要任务是：①揭露含水层，探明地下含水层岩性、埋深、厚度等特征及其在空间上的分布规律。②查明含水层的层位，确定含水层与水位分布特征及其与相邻含水层之间的水力联系。③采集岩土样和水样，以确定岩土介质的基本物理、力学及水理性质，以及含水层的水温、水质等情况。④利用钻孔开展各种水文地质试验，以确定含水层的渗透性、富水性及有关水文地质参数。⑤利用钻孔开展地下水动态的长期监测等。⑥利用勘探孔作为生产开采井。

钻探方法　常用的水文地质钻探方法有：①回转钻探。选用泥浆正循环取芯钻探，或不取芯钻探、扩孔钻探；反循环连续取芯、取样钻探，空气或空气－泡沫洗井正循环或反循环钻探；基岩地层中也还可采用气动潜孔锤钻探。②冲击钻探或冲击－反循环钻探等主要用于第四纪松散地层。

钻探设备　用于钻探施工的机械装置和设备。主要包括钻机、泥浆泵及泥浆净化设备，泥浆搅拌机，钻塔等。因钻孔直径较大，钻机需具备较大扭矩及负荷能力，钻机结构中须配备大口径、大扭矩转盘并附带卸扣和拧管功能，还需配备双卷扬机来提升和下放钻具和洗井用具。钻塔要求具有较大承载能力，以满足提升或下放大口径井管和滤水管需求，此外，还需配有600～1200升/分排量的泥浆泵。需要时，上述设备可组装在汽车上，以满足水文地质钻探过程中部分钻孔分散、搬迁距离远的工程需求；对于交通不便地区，可采用散装式转盘钻机，而在干旱缺水的地区，则需配备空压机以便进行空气钻探。

（叶为民　张　召）

水下爆破　underwater blasting　在水中、水底或水下固体介质内完成爆破作业的爆破技术。是工程爆破的一个重要组成部分，在中国还将固体介质的侧向临水，并可在陆地操作的爆破作业也列入水下爆破范围。水下爆破广泛应用于港口码头建设、船坞建设、航道疏浚、水利水电工程、道路桥梁工程、水下管道埋设、水下挤淤筑堤、水下爆夯和围堰爆破拆除等工程领域。水下爆破和陆地爆破的基本原理相同。因水的不可压缩性、压力、水深和流速的影响，水下爆破在物理现象、爆炸特性、爆破有害效应，以及爆破施工方法等方面相比陆地爆破具有独特性。

分类　水下爆破根据爆破对象的水深，可分为浅水爆破和深水爆破。通常以$H = 6.0$米作为浅水爆破与深水爆破的界限标准。浅水爆破中易产生水柱、水喷和涌浪现象，引起强烈的爆破地震波；而在深水爆破中主要产生水中冲击波及水泡脉动压力。根据施工方法又分为水下钻孔爆破、水下裸露爆破、水下硐室爆破、水下*岩塞爆破*、水下拆除爆破、水下挤淤以及夯实爆破等。

水下爆破过程　水下爆炸过程可分为炸药爆轰、冲击波的形成和传播、气泡的振荡和上浮等3个阶段。

炸药爆轰　炸药起爆后爆轰并释放大量能量，形成高温高压的爆炸产物，爆炸能量以辐射加热方式使附近的水汽化而形成高温高压的水蒸气泡。

冲击波的形成和传播　当装药在水中爆炸时，由于水的密度大、可压缩性小，炸药内高温高压的爆炸产物在药包和水的界面形成水中冲击波，其压力大、作用时间短，并以压力突跃的形式向外传播。

气泡的振荡和上浮　当高速传递的冲击波通过后，爆炸产物气团的压力、温度仍然大大超过周围平衡流体的静压值，以气泡运动的形式继续膨胀，气泡直径也在膨胀中急骤增加，推动周围水体做径向运动。气泡内的压力随着膨胀而不断下降，当下降到周围介质的静压力时并不停止，且因水流的惯性运动，气泡做过度膨胀，直至最大半径。此时，气泡内的压力低于周围介质的平衡压力，周围的水开始反向运动向中心聚合，压缩气泡使气泡不断收缩，压力逐渐增加。同样，因聚合水流惯性运动，气泡被过度压缩后内部压力又高于周围的平衡压力，直至气体压力能阻止气泡的压缩而达到新的平衡。于是，气泡脉动的第一次循环结束。由于气泡内压力比周围介质静压大，由此产生第二次膨胀和压缩的脉动过程。气泡开始做膨胀与压

缩的循序循环。

气泡的运动以压力波的形式径向传播。一定重量的炸药包爆炸时气泡脉动的形式，取决于水深和距边界面的远近。气泡第一次脉动的最大压力不大于冲击波压力的10%～20%，压力作用持续时间大大超过冲击波压力作用的持续时间。在气泡循环运动时，大部分初始能量消耗在压力脉动的生成和气泡径向、纵向位移而产生的紊流运动上。随后，脉动逐渐减弱，通常仅第一次脉动具有实际工程意义。

水下爆破器材 在选择水下爆破器材时，要考虑其抗水压的能力。①常用炸药，普通或抗压型的乳化炸药或震源药柱。震源药柱的品种有铵梯炸药震源药柱、乳化炸药震源药柱以及其他震源药柱。胶质炸药震源药柱指主装药为胶质炸药的震源药柱。它在10个标准大气压下浸泡72小时仍爆炸安全，特别适用于深水及坚硬岩石的水下爆破作业。②起爆器材，包含电雷管、导爆管雷管和导爆索。对于需精确控制延迟时间的水下拆除爆破，也可选择采用数码电子雷管。所有起爆器材均需有一定抗水压能力。若因条件限制而采用普通产品，应对其进行防水处理方可使用。

特点 水下爆破的特点是：①爆破对象具有不同水深产生的垂直向和侧向水压力的作用。水介质基本不可压缩，水深、水压的增加对被爆介质的爆破效果有明显不利影响。②爆破破碎介质在水中的抛掷运动与空气中的运动规律明显不同。③水下爆破施工难度大，且受水温、水流工况因素的影响明显，能见度差、水流条件复杂，爆破后清渣困难，爆破有害效应影响大、涉及面广。④同一种爆破介质，水下爆破与陆地爆破相比，炸药单耗大，水深、水压对爆破效果影响明显。⑤由于水的强渗溶性，使炸药的感度、爆速和威力产生变化，甚至失效；水中压力的增加，使炸药的爆炸性能产生变化。深水爆破必须采用专门的深水爆破器材，一般水下爆破的非抗水器材必须进行防水处理。

水下爆破安全控制 在组织水下爆破设计和施工过程中，需要控制爆破有害效应，确保爆破安全（见图）。

粤海铁路渡轮码头施工工地进行水下爆破作业

编制水下爆破施工设计。大中型爆破和技术复杂的爆破，施工单位必须事先编制爆破设计；水下爆破施工，要制定对周围环境、水下建筑设施及水产、养殖等对象的安全保护措施。

水下爆破的安全距离。对于爆破飞石，水深小于1.5米时与陆地爆破控制相同为300米，水深大于6米时可不考虑飞石危害。对于爆破振动，振动控制标准可与陆地爆破控制相同。对于水中爆破冲击波，游泳的爆破安全距离为900～2000米，潜水的爆破安全距离为1200～2600米，客船的爆破安全距离为1500米，施工船的爆破安全距离为700米。

水中爆破冲击波防护措施。主要采用气泡帷幕技术。在爆源与被保护物之间的水底设置一套气泡发射装置，自水底发射出的无数细小气泡自下而上运动形成一道帷幕，能有效地耗散穿越它的水中冲击波能量，削减水击波压力峰值。

施工注意事项：①作业人员必须穿救生衣、戴安全帽。②爆破水域的危险边界设立禁航信号、警告标志，并布置警戒船舶及警戒人员。③危险区内被保护对象加强安全防护。④使用电爆器材要防止船舶杂散电流。⑤雷暴、大雾、大风（6级）浪高超过0.8米、水位陡涨陡落时禁止涉水爆破作业。

（赵 根）

水下管道 underwater pipeline 敷设在江、河、湖、海的水下用来输送液体、气（汽）体、细颗粒固体等介质的管道。多为钢筋混凝土管和钢管。水下管道不受水深、地形等条件限制，输送效率高、耗能少。大多数埋于水下土层中，因而检查和维修较困难。登陆部分常处于潮差段或波浪破碎区，易受风浪、潮流、冰凌等影响，在规划和设计时要考虑预防措施。

施工方法 水下管道的铺设方法有围堰法和水下铺管法。根据技术经济比较，在水深较浅，流速较小，航运不频繁，筑堰材料可以就地取材，筑堰对水系污染可控制在允许范围时，一般采用围堰法。否则，常采用的是水下铺管法。

水下铺管法主要有拖管法和铺管法两种。在近海浅水区铺设海底管道时，通常采用拖管法。拖管法中的管道一般在陆地上的组装场地或在浅水避风水域中的铺管船上组装成规定的长度，然后用起吊装置将管道吊到发送轨道上，再绑上浮筒和拖管头，用拖船将管道拖下水，按预定航线将管道就位、下沉，最后将各段管道对接，完成管道铺设全过程。拖管法包括浮拖、水面下拖、离底拖、底拖四种。拖管法只适用于离海岸较近的浅海区域，对于远离海岸的深水海域，通常采用铺管法。铺管法根据形式不同，分为S型铺管法、J型铺管法和卷管式铺管法。S型铺管法一般需要在船尾部增加一个很长的圆弧形托管架，管道在重力和托管架的支撑作用下自然地弯曲成“S”形曲线。J型铺管法是20世纪80年代以来为了适应铺管水深不断增加而发展起来的一种铺管方法。J型铺管法主要有两种：一种是钻井船J型铺管法；另一种是带倾斜滑道的J型铺管法。卷管式铺管法是在陆地预制场地将管道接长，卷在专用滚筒上，然后送到海上进行铺设的方法，其铺设效率高、费用低、可连续铺设、作业风险小。

铺管作业过程中，管道形态在不断发生变化，以管道微段受力平衡为基础，发展了线性梁法、奇异摄动法、刚悬链线法、有限差分法、非线性有限元法等计算方法。

发展趋势 水下管道未来的发展主要将集中在深海海底管道的铺设。在现有计算理论的基础上，需要进一步研究海流、波浪、内波及铺管船运动等环境荷载作用下管道的动力响应，以及管道与铺管船之间的动力耦合问题。尤其随着铺管水深越来越大，管道承受的静水压力迅速增加，有必要研究铺管过程中管道局部屈曲、屈曲传播现象及管道止屈器的优化选型。

（伍朝琛 李晓东）

水下隧道 subaqueous tunnel 修建在江河、湖泊、海港或海峡底下的隧道。水下隧道为铁路、城市道路、公路、地下铁道以及各种市政公用或专用管线提供穿越水域的通道，有的水下道路隧道还设有自行车道和人行通道。

简史 公元前2180～前2160年，巴比伦修建了一条穿越幼发拉底河，从王宫到朱庇特庙的长约900米的人行隧道。近代水下隧道始建于英国。1807年英国在伦敦动工修建连接泰晤士河两岸的人行隧道，开挖时因无法克服泥水涌入隧道而被迫停工。直到1825年在法国工程师M.I.布律内尔的指导下，初次采用盾构法施工，才于1843年建成第一条泰晤士河水下隧道。20世纪80年代初，世界上已有100多条水下隧道，其中道路隧道有60余条，1000米以上的铁路隧道有10余条。日本于70～80年代中修建的青函海底隧道，是世界上最长的海底铁路隧道。上海黄浦江打浦路隧道为中国第一条水下道路隧道。中国台湾高雄的过港隧道于1984年通车。此外，悬浮隧道作为各类水下隧道的一员，代表了一种跨越水域的新概念，还尚未有国家建成。

修建条件 根据水道断面、水流状况、水文地质条件、两岸地形及建筑情况、水陆交通要求、城市总体规划、经济效益及社会效益等诸因素，对桥隧两种方案进行综合比较。通常在下述条件下宜考虑修建水下隧道：①航运繁忙，通过巨型船只较多，而陆上车辆流量大，又不容间断。②水道较宽，两岸地面高出水面不多。③两岸建筑物密集，不宜于建造高桥和长引桥。④城市总体规划上在该处没有修建桥梁的特殊要求（如通过易燃易爆危险品车辆），或要求铁路列车在地下运行以防止噪声。⑤工程费用和运营管理费用较低。⑥对于一些水深较大的风景名胜水域（如高山之间峡谷形成的湖泊），不宜修建桥梁。

施工方法 修建水下隧道所采用的主要施工方法有：围堤**明挖法**、气压沉箱法、盾构法、**沉管法**。围堤明挖法比较经济，有条件时一般应优先考虑采用。气压沉箱法只适用于航运不多的较小河道中。由于需要修建水下隧道处的航运通常比较频繁，采用围堤明挖法及气压沉箱法对水上交通干扰较大，所以在水下隧道建设中大多采用盾构法及沉管法。20世纪50年代后，沉管法的水下接头及基础处理等重大关键技术相继突破，使施工工艺大为简化，并使隧道防水性大为提高，且能采用容纳四车道以上的矩形断面。在一定条件下，沉管法隧道覆土浅，线路短，照明和通风代价较小，工程和运营费用低，使用效果好，故自1965年以来，世界各国建成的20多条水下道路隧道，大多系采用沉管法。

设计 水下隧道一般分水下段和河岸段，后者又有暗埋、敞开及出口段部分。水下隧道的纵向坡度、纵向曲线和平面曲线半径、通道布置、车辆限界以及照明、通风、消防、交通监控等设备，按通过隧道的车辆类型和运量进行设计。用盾构法建造的水下道路隧道，自两端至洞口，一般是槽形敞开式引道段。穿越水下的暗埋段，断面大多为圆形。修建的隧道除个别为单车道外，均为双车道。有些在车道一侧或两侧设高出路面的人行巡逻道。对交通繁忙的水下道路隧道，大多采用两条平行的隧道，每条隧道中有同向行驶的双车道；也有的在初期为一条双向行驶的双车道隧道，后期发展成两条同向行驶的双车道隧道。在圆形隧道中，一般在路面以下是送风道；在吊顶以上是排风道。送排风道与隧道两岸的通风机房连通，多采用横向通风。隧道的照明系统，应有适当亮度和均匀的照明装置，在进出口附近设光过渡设施，以便司机在通过隧道时能较好地适应亮度变化而使行车安全。为取得良好照明及防火效果，要合理选择隧道吊顶、侧墙饰面和道路路面的材料和颜色。在现代化的水下道路隧道中，设置自动或半自动控制的防火、灭火、排水、通风、照明、交通监控等运营设备，由中心控制室集中管理。

用沉管法建造的水下道路隧道，自两端至洞口大多是较长的槽形敞开式引道段。穿越水下的沉管大多是由几个通道组成的矩形管段，包括车行道、自行车道、人行或巡逻通道以及管线通道等，每个行车通道中有两个以上同向行驶的车道。由于沉管隧道的长度较短，且每个行车通道中的车辆为同向行驶，故大多采用纵向通风，无须设专用通风道及通风机房，其他设备和盾构法修建的道路隧道相同。

水下铁路隧道、地铁隧道及公用管线隧道，在构造及设备方面均较水下道路隧道简单。 （仇文革）

水下炸礁爆破 underwater reef blasting 破碎或炸除水下礁石，达到改善水流流态，加深、拓宽航道等目的的爆破技术。常见的水下炸礁爆破方式有水下裸露爆破和水下钻孔爆破。

水下裸露爆破 药包直接放置在水下被爆介质表面进行爆破的方法，施工简单、机动灵活、适应性强。主要适用于：①江河激流、跌水、海洋珊瑚礁等水流和工况条件不宜进行水下钻孔爆破的水下炸礁施工。②孤礁或局部浅点的爆破清除，以及水下大块石的二次破碎。

药包形状设计的理想结构形式为聚能药包。若用普通药包，则最有效的药包形式为扁平药包，既有利于投放又能提高炸药有效破碎能量。水下炸礁爆破聚能药包的布置方式通常为潜水员敷设法，普通药包的布置方式包括岸边直接敷设法、潜水敷设法、沉排法、船投放法和缆递投放法。

随着水下钻孔爆破的发展，水下裸露爆破由于单位炸药消耗量高、施工效率低、对环境影响大等问题，已成为水下炸礁爆破的一种辅助方法。

水下钻孔爆破 利用钻孔爆破船进行水下钻孔爆破。其适用范围广，爆破效果较好，但受水深和流速的限制。钻孔爆破船有普通式和自升式两种。自升式炸礁船的四角有液压支柱，工作时将支柱下至水底后把船顶升出水面一定高度，以避开急流和波浪的影响，保持船舶的稳定。钻孔爆破船上有钻机和轨道，钻机在轨道上移动以对准钻孔位置。钻孔方法视河床底质而定，在有覆盖层或破碎的礁石时采用双套管钻进方法，先下外套管至覆盖层顶以保护钻孔，再把带钻头的内套管钻至覆盖层底，然后用钻具钻孔至要求深度。钻完一孔后立即将炮孔冲洗干净并用堵眼管塞住，防止泥沙进入孔内。全部的孔钻完后，先拔起堵眼管冲洗炮孔，再把在船上预制好的炸药筒逐个送入孔内，炮孔顶部留40～60厘米用沙堵塞，然后拔起内、外套管，从套管底端取出导线，把各孔导线联成爆破网路并与主导线连接，船舶撤离危险区后通电起爆。 （赵 根）

水消毒 disinfection 为了保障用水生物安全，水的生产与供应过程中通过物理或化学方法杀灭水中微生物的过程。

消毒方法 可用于供水消毒的方法包括氯气消毒、二氧化氯消毒、次氯酸钠消毒、氯胺消毒、臭氧消毒和紫外线消毒，其中《生活饮用水卫生标准》(GB 5749）规定的可选择的消毒剂有氯气、二氧化氯、次氯酸钠、氯胺。供水消毒所用消毒剂均是以液体形式通过文丘里原理实现负压投加到清水池中满足一定接触时间后，实现水中微生物的杀灭。

氯气消毒 液氯用于供水消毒已有百年历史，它在解决介水传染病方面为人类带来巨大益处，是最常用供水消毒方法，其特点是成本低、工艺成熟、效果稳定可靠。氯气属于一类危险品，存储氯气的钢瓶是高压容器，使用氯气消毒的水厂受到严格消防监管，需要按安全规定建设氯库和加氯间（配备氯气吸收设备或系统）。

氯气溶于水后起下列反应：

$$Cl_2+H_2O=HCl+HClO^-$$

其中次氯酸可以解离：

$$HClO=H^++OCl^-$$

故氯气水溶液中存在HClO和OCl^-两种型体，统称为游离性余氯：在pH6.5～8.0次氯酸的消毒效果要优于次氯酸根，这与微生物细胞带有负电荷有关。氯又是一种强氧化剂，能损害细胞膜，使核糖核酸（RNA）和脱氧核糖核酸（DNA）等物质释出，并影响多种酶系统（主要是磷酸葡萄糖脱氢酶的巯基被氧化破坏），从而使细菌死亡。同时，氯对病毒的作用，在于对核酸的致死性损害。

当原水受到有机物污染，特别是以腐殖酸和富里酸为代表的天然有机物存在时，用液氯消毒会生成以氯仿为代表有机卤代物（包括卤乙酸、卤乙醛），这些天然有机物作为前驱物质和氯气在水中发生一系列复杂的取代加成氧化反应，最终开环生成卤代消毒副产物。

氯胺消毒　氯胺也是一种可用于供水消毒的消毒剂，通常是用硫酸铵和液氯按照1∶6的比例混合反应制得，主要产物是一氯胺和二氯胺，其杀菌原理仍是次氯酸的作用，只是在次氯酸被消耗后，反应继续；氯胺本身也有杀菌作用，但需较高的浓度和接触时间。氯胺类消毒剂又可称为化合性余氯。余氯指氯气消毒一定时间后水中剩余氯气的有效浓度。总氯指游离氯和化合氯的总和。在实际余氯的测定过程中要根据实际水质状况选择测定项目是余氯（不含氨氮）还是总氯（含有氨氮）。《生活饮用水卫生标准》（GB 5749—2022）中规定出厂水余氯大于0.3毫克/升，管网末梢应至少达到0.015毫克/升。

考虑供水龙头水水质控制要求，氯气消毒以及衍生产品次氯酸钠消毒等仍将是大型饮用水生产企业的主流消毒技术选择，中小型水厂采用二氧化氯消毒居多。

臭氧消毒和紫外消毒　臭氧（使用时需要检测甲醛和溴酸盐）和紫外线消毒多用于管道直饮水和瓶装水消毒。臭氧是一种强氧化剂，溶于水后，直接或利用反应中生成的大量羟基自由基及新生态氧间接氧化水中的无机物、有机物，并进入细菌的细胞内氧化胞内有机物，从而达到杀菌消毒、净化水质的目的，与加氯消毒相比，臭氧消毒剂用量小、作用快、消毒效果更佳，同时可以改善水的口感和观感。

其他消毒方式　其他消毒方式还有如溴消毒、碘树脂消毒、银离子树脂消毒、超声波空化消毒、脉冲等离子体消毒和γ射线消毒等各种化学和物理消毒方式，但都应用范围较小或仍处于研发阶段。

溴消毒　溴比氯更稳定，气味更温和，对pH的变化不如氯那么敏感。由于含溴消毒剂比含氯消毒剂气味小，毒性低，有害残留物少，因而是水体消毒新的发展方向，但是此方法的成本较高。当暴露在紫外线下时，溴不如氯稳定，所以不宜用在室外池。

碘树脂消毒　聚碘树脂是将碘载于强碱性阴离子树脂上形成的一种接触型消毒剂，为黑色圆形固体小颗粒。主要应用于饮用水的消毒，能有效去除水中的细菌、病毒和寄生虫。具有消毒效果好，速度快，能获得良好的水质，同时用于消毒后的树脂可以重复利用等优点。聚碘树脂可用于家庭、医院、野外以及工业制冷水系统等水的净化。

银离子树脂消毒　含有银离子的环氧树脂与细菌蛋白酶中带负电荷的巯基发生反应，蛋白酶因巯基的丧失而迅速失去活性，从而导致细菌无法进行分裂繁殖而被杀灭。同时银离子也可以和病原体细胞的DNA结合，结合后彼此形成交叉链接，导致病原菌的DNA变性，抑制其复制，杀灭病原菌，病毒等。

超声波空化消毒　超声波空化作用对细菌具有杀菌作用。当高强度的超声波在水体中传播时，产生纵波，从而产生交替压缩和膨胀的区域，这些压力改变的区域易引起空穴现象，并在介质中形成微小气泡核。微小气泡核在绝热收缩及崩溃的瞬间，其内部呈现5000℃以上的高温及5万千帕的压力，从而使液体中某些细菌致死，病毒失活，甚至使体积较小的一些微生物的细胞壁破坏，但是作用的范围有限。

研究方向　消毒过程是供水安全保障研究的热点，全球对该领域研究的关注度持续增加，其研究热点主要集中在消毒技术工艺和消毒副产物两方面，其中氯化、臭氧氧化、氯化消毒副产物是21世纪以来的关注焦点。美国和瑞士为本领域研究的领先国家，瑞士的研究偏重于高级氧化技术和新型消毒副产物。中国的研究工作主要集中在氯氧化消毒工艺和常规消毒副产物生成与控制方面。　　（崔崇威　陈忠林）

水压爆破　water pressure blasting　在容器类结构物中注水，将药包悬挂于水中适当位置，利用水的不可压缩特性将炸药爆炸产生的冲击波和爆炸气体产物的综合作用压力传递到构筑物周壁上，使周壁介质均匀受力而破碎的爆破技术。水压爆破是20世纪发展起来的爆破技术，最初用于城市拆除爆破，能有效控制爆破飞石、爆破振动及爆破粉尘的产生。中国应用水压爆破技术始于50年代，大量应用是在70年代末80年代初。中国科学技术大学于1984年采用水压爆破新技术成功拆除一幢3层板楼。1984年铁道部工程指挥部科研所采用水压爆破技术拆除了某军事工事。1995年，西安矿业学院爆破工程部在西安钢厂采用水压爆破技术成功拆除了一座容量为3000吨的水塔。伴随着高威力抗水乳化炸药和水胶炸药的推广使用，水压爆破技术在拆除爆破、立井掘进爆破、隧道光面爆破和露天开采爆破等领域有了一些实践与应用。

分类　根据水压爆破的装药方式和作用条件不同，水压爆破可分为两大类：①炮孔水压爆破。将药包置于有水炮孔中进行爆破。由于介质抵抗线较大，应力波在待破坏介质中时间相对较长，应力波起主要作用。②容器水压爆破。将药包置于储水容器构筑物中进行爆破，因壁体整体性运动而引起介质破坏，如容器状构筑物或建筑物，由于待破坏介质的厚度尺寸较小，荷载作用时间大于应力波通过介质的时间，波在介质中传播导致介质的整体性运动，因此可以不考虑应力波在介质内的传播，而直接考虑介质的整体惯性运动。炮孔水压爆破本质是水介质耦合爆破，容器水压爆破即通常所指的水压爆破。

水的作用　水压爆破中水的作用是：①传能作用。在水压爆破中，水作为炸药与介质的媒介，主要起到传播能量的作用，即炸药爆炸能量通过水均匀地传递给介质。②缓冲作用。炸药在水中爆炸后气体产物的膨胀速度比空气中慢得多，水中爆炸压力能均匀地作用在周围介质上。由于水的渗流速度低，又阻碍了爆轰气体的渗流，不仅提高了能量利用率，而且可以降低噪声，抑制飞石的产生，起到缓冲作用。③水楔作用。炸药在水中爆炸时，水中冲击波在围绕孔壁的介质中形成径向裂隙和环状裂隙，随后水和爆炸气体进入裂隙中，对裂隙起到扩展和延伸的作用。水的密度比空气大，其具有的惯性也大，相对于“气楔”而言，水携带的能量远远大于气体所携带的能量，“水楔”的劈裂作用远大于“气楔”的劈裂作用。

破坏机理　炮孔水压爆破破坏机理：①水介质耦合爆破时，药柱爆轰后产生侧向膨胀，炸药的爆轰波在药卷周围的水中形成冲击波。②由于水的不可压缩性以及密度和流动黏度较大，爆炸冲击波通过水作用于孔壁，冲击波到达孔壁后迅速产生反射。反射波到达分界面后水体便达到准静态压力状态。随后水中的准静态压力与反射波共同作用，使孔壁产生振动、变形直至开裂。③冲击波通过水耦合传递到孔壁产生应力波。应力波在传播过程中压缩介质并产生切向拉伸应力，当其大于岩石的动态抗拉强度时产生径向裂纹。由动压形成的应力波震裂的介质，其裂纹间并未完全贯通和形成破碎体。④爆生气体在介质内形成准静压力场，即气楔，爆炸气体连续不断地楔入各式裂缝中延伸扩张、相互贯通并形成破碎块体，再由多余的压力气体将碎石抛出，完成了水压爆破的全部爆破破碎过程。

容器水压爆破破坏机理：①冲击波的作用。炸药引爆后，构筑物内壁首先受到由水介质传递的几百至几千个大气压的爆炸冲击波作用，并且在外壁面反射成拉伸波。构筑物壁面在冲击波作用下开始变形，当入射波强度大于壁体的抗压极限强度时，周壁将发生破裂；而当外壁面的反射拉伸应力超过其抗拉极限强度时，外层将出现龟裂并脱落破坏。②爆炸气体的膨胀功和高压脉动气泡综合作用。炸药在水中爆炸形成高压脉动气泡，气泡在初始时刻处于高压状态。在爆炸气体作用下气泡迅速向外膨胀。在脉动过程中，由于气体产物受浮力作用，气泡逐渐上升。构筑物的内壁在高压脉动气泡振荡引起的二次应力波作用下进一步被破坏。残压水流从被破坏的构筑物的裂缝中冲出，进一步破坏周壁。

特点　水压爆破的特点：①水压爆破传能作用和水楔作用效果明显，破碎介质能力强。②炸药能量利用率高，炸药消耗量小而且介质破碎均匀。③安全性好，能有效地控制爆破冲击波、爆破噪声和飞石，可显著降低爆破粉尘，对环境污染小。④使用的爆破器材要有较高的抗水性能。

（贾永胜　谢全民）

水压致裂法　hydraulic fracturing method　利用一对可膨胀的橡胶封隔器，在预定的测量深度上下封隔一段钻孔，然后泵入液体对这段钻孔施压，直至压裂，根据压裂参数计算地应力的方法。

原理　水压致裂法地应力测量的测量原理是建立在弹性力学平面问题理论基础上的，它的经典理论以下列3个假设条件为前提：①围岩是线性、均匀、各向同性的弹性体。②围岩为多孔介质时，注入的流体按达西定律在岩石孔隙中流动。③岩体中的地应力的一个主应力为铅直方向，与铅垂向测量钻孔一致。水压致裂法地应力测量是对钻孔横截面上二维地应力状态的测量，对测量钻孔是否铅垂向并无要求，因此经典理论的第三条假设并非完全必要。为与水压致裂法地应力测量的经典理论保持一致，这里的测量钻孔的方向仍假定为铅垂向，而地应力的一个主应力方向也为铅垂向。

主要设备　水压致裂法地应力测量的主要设备由三部分组成：①钻孔承压段的封隔系统，它由串联在一起的两个封隔器跨接起来组成。跨接封隔器座封之后，在两封隔器之间形成一个钻孔承压段的空间，承受逐渐增大的液压作用。②加压系统，包括大流量高压力的液压泵，对封隔器和钻孔承压段分别加压的管路系统，以及在地面可自由控制压力液流向的推拉阀。③测量和记录系统，包括函数记录仪、压力传感器、流量传感器、标准压力表等。

测量步骤　水压致裂法地应力测量的压力管路系统有两种：单管加压和双管加压。单管加压系统的管路是钻杆，依靠安装在钻孔孔口部位的推拉阀控制压力流流向，分别对封隔器和钻孔压裂段施压；双管加压系统的管路是高压软管和钻杆，分别对封隔器和钻孔压力段加压。以单管加压系统为例，来说明水压致裂法地应力测量的测量程序。①座封。将封隔器下放至选定的压裂段，开动液压泵，令高压液由钻杆进入封隔器，使封隔器膨胀座封于钻孔岩壁上，形成压裂段空间。②注液施压。将压力传感器、流量传感器接入函数记录仪。通过钻杆推动推拉阀，开动液压泵，压力液对钻孔承压段注液施压，是钻孔岩壁承受逐渐增强的液压作用。③岩壁破裂。不断提高泵压，当达到围岩的破裂压力时，钻孔压力段岩壁上沿拉应力最大部位的方向破裂，这时压力值急剧下降。④关泵。关闭液压泵，压力迅速下降，然后随着压裂液渗入地层，泵压缓慢下降，这时便获得了裂缝处于临界闭合状态时平衡压力，即瞬时关闭压力。⑤放液卸压。打开泵阀卸压，承压段液压作用被解除后，裂缝完全闭合，泵压记录将至零。按上述步骤连续进行3～5次压裂循环，以便取得合理的压裂参数以及正确地判断岩石破裂和裂缝延伸过程。⑥解封。通过钻杆拉动推拉阀，使封隔器里的压裂液从钻杆排出，封隔器解封。⑦破裂缝记录。通过印模器或钻孔电视记录破裂缝的方向。

优点　水压致裂法地应力测量是非套钻孔应力解除测量法，也是进行深部地应力测量最有效的手段。在地壳深层岩体的地应力场研究中是必不可少的，尤其是研究地震及破坏机理和预测预报的依据。水压致裂的测量深度可达地下数千米，美国已达5105米，中国也达到了2000米（大港油田），而套钻孔应力解除测量法最深的测量深度，瑞典已达510米，中国为307米（广州抽水蓄能电站）。

水压致裂法地应力测量，除测量深度很深之外，还具有其他突出的优点。例如，资料整理不需要岩石弹性常数参与计算，可避免由弹性常数取值不准确而引起的误差；岩壁受力范围较广（钻孔承压段可达1～2米），从而避免"点"应力状态的局限性和地质条件不均匀影响；可以利用现有的地质勘探钻孔进行测量，边施钻边测量；操作简易，不需要精密仪器，测试周期短等。这些优点是套钻孔应力解除测量法无法比拟的。因此，这种地应力测量方法已覆盖水电、矿山、交通、军工等岩石工程和地震机制及地球动力学研究等各个领域。

（李邵军）

斯蒂芬森，G.　George Stephenson（1781-07-09～1848-08-12）　将蒸汽机车用于铁路工程的创始者。生于英国纽卡斯尔，卒于切斯特菲尔德。因预见到蒸汽机车用于铁路的前景而接受了制造机车的任务，他参考了前人创制的机车，于1814年制成第一台蒸汽机车，后他又铺设过不少矿区铁路，并对轨道和机车做了改进。1821年，被任命为斯托克顿—达灵顿铁路的工程师，该线于1823年开始建造，采用1435毫米轨距，后来被全世界规定为标准轨距。在他的指导下，由其子R.斯蒂芬森（1803～1859）测量并协助建造。1825年9月27日建成，成为世界上第一条正式公开运营的铁路。1824年，又担任规划利物浦—曼彻斯特铁路的工程师。该线自1827年起开始建造，仍由R.斯蒂芬森协助，于1830年9月15日通车。两条铁路的建成，开辟了世界铁路的新时代。1829年，斯蒂芬森父子制成的蒸汽机车获得铁路公司的最佳奖。

自1833年起，斯蒂芬森又担任连接利物浦—曼彻斯特—伯明翰的大枢纽铁路工程师。1835～1840年，他负责一些重要线路的选线工作。1843年退休。1847～1848年，任机械工程学会第一任主席。

（王　柢　史尔毅）

斯特雷勒茨基，N.S.　Nikolay Stanislavovich Streletsky; Николай Станиславович Стрелецкий（1885-09-14～1967-02-15）　苏联钢桥、钢结构专家。生于别洛斯托克省奥谢韦茨（今属波兰），卒于莫斯科。1911年毕业于彼得堡交通工程学院，后又在德意志沙洛滕堡高等技术学校学习。他曾先后在莫斯科高等技术学校、莫斯科铁路运输工程学院等多所学校任教。1918年起兼任苏联交通人民委员部科学技术委员会桥梁结构试验研究方面的领导工作。还担任过苏联中央工业建筑科学研究院院长，全苏科学技术协会主席等职务。他是苏联科学院通讯院士、技术科学博士、教授。

斯特雷勒茨基是苏联钢结构学派的创始人，创立了按极限状态计算建筑结构的理论。也是用数理统计分析结构受力的创始人之一。主持或参与设计、建造跨越第聂伯河、奥卡河、伏尔加河以及莫斯科运河等的大型铁路钢桥多座，如欧洲第一大钢桁架拱桥——老第聂伯河公路、铁路两用桥（1930），主跨224米，后毁于第二次世界大战，后重建为主跨228米的钢筋混凝土拱桥。曾负责制定《建筑设计统一标准》（1930），著有《金属结构》等著作。

（袁国干　撰　葛耀君　修订）

斯特林，R.L. Raymond Leslie Sterling（1949-04-19～　）国际地下空间联合研究中心创始主席、国际地下空间著名专家。出生于英国，美国籍。1970年毕业于英国谢菲尔德大学土木与结构工程系，获得学士学位。1975年毕业于美国明尼苏达大学地质工程系，获硕士学位。1977年毕业于明尼苏达大学土木工程系，获博士学位。1977～1995年为明尼苏达大学地下空间中心的创始主任，历任助理教授、副教授和教授。1995～2009年为美国路易斯安那理工大学的非开挖技术中心主任、荣誉教授。2009年退休。2016年为新加坡国际咨询委员会国家发展部地下空间规划方向的技术顾问。曾任国际地下空间联合研究中心（ACUUS）主席、国际非开挖技术协会主席、国际隧道与地下空间协会地下空间委员会副主席、北美非开挖技术协会主席、美国隧道技术国家委员会主席。1991年当选为美国土木工程学会会士，1993年当选为英国土木工程师学会会士，2014年当选为ACUUS名誉会士。

主要研究方向有非开挖技术、地下空间开发利用、岩土力学、建筑科学与能源利用等。独立发表专著11部，与其他学者共同发表专著30余部，在国际知名杂志以及国际会议上发表论文200余篇，1996～2015年为期刊*Tunnelling and Underground Space Technology*的主编。

1999年被《非开挖技术》杂志评为最有价值的科研工作人员，2001年被海湾非开挖协会评为年度风云人物，2003年获得由美国土木工程师学会颁发的斯蒂芬·戴维森·贝克特尔管道工程奖，2009年因对隧道及地下工程领域的杰出贡献获得国际非开挖技术学会金牌。

（彭芳乐）

松动爆破 loosening blasting　装药在固体介质中爆炸后，装药与临空面之间某一范围内的介质被破碎松动，介质表面明显凸起、胀裂，但不造成过多飞散的爆破技术。松动爆破主要用于不能或不需要实施飞散（抛掷）爆破的条件下，在硬土、冻土、岩石等固体介质中实现松动。松动爆破装药量一般为标准抛掷爆破的40%～50%。松动爆破在介质中形成松动爆破漏斗，爆破作用指数$n \leqslant 0.75$。

松动爆破的类型有：①松动爆破，适用于石质较完整的斜坡路、路堑、沟壕开设等工程，要求爆后不能塌散过宽，以利挖装机械作业。②加强松动爆破，适用于平坦、缓坡地面的挖土、平整场地或采石工程，爆后应使岩块适当翻动，甚至可部分抛掷。③减弱松动爆破，适用于需保护边坡或山体稳定的爆破工程。

（钟明寿）

苏通长江大桥 Sutong Yangtze River Highway Bridge　世界上首座跨径突破千米的斜拉桥。位于江苏省东南部长江南通河段，连接南通和苏州两市，全长34.2千米，跨江大桥全长8146米。工程于2003年6月27日开工，于2008年6月30日建成通车。苏通长江公路大桥主桥为主跨1088米的双塔钢箱梁斜拉桥。

大桥行车道为双向6车道，桥梁标准宽度34米，主桥跨径100米＋100米＋300米＋1088米＋300米＋100米＋100米，总计2088米；设计荷载采用汽车－超20级，挂车120级；设计行车速度100米/时；主桥通航净空为高62米、宽891米，满足5万吨级集装箱货轮和4.8万吨级船队通航要求；桥位处10米高度可承受100年一遇10分钟平均年最大风速38.9米/秒；桥位区可承受地震基本烈度Ⅵ度，主桥采用两水准设计：概率水准1（P1）为100年10%，概率水准2（P2）为100年4%。

主桥采用动力阻尼＋静力限位结构体系，主梁采用扁平钢箱梁，梁高4米，梁宽含风嘴41.0米；索塔总高300.4米，为倒“Y”形钢筋混凝土塔；斜拉索采用1770兆帕平行钢丝索，最长索约577米，用钢锚箱结构锚固于桥塔；索塔基础采用131根直径280/250厘米深基础变截面钻孔灌注桩群桩＋大直径承台基础，桩长114～116米。

苏通长江公路大桥取得了多项突破性创新技术：①静力限位与动力阻尼组合的新型桥梁结构体系及关键装置与设计方法。②内置式钢锚箱组合索塔锚固结构和大型群桩基础结构及设计方法。③大型深水群桩基础施工控制技术，斜拉桥多构件三维无应力几何形态和设计制造安装全过程控制方法。

大桥建成时创造了当时斜拉桥最大跨径、最高索塔、最长斜拉索和最大群桩基础等四项世界第一。

苏通长江大桥荣获了中国“国家科技进步奖一等奖”“乔治·理查德森金奖”“ASCE土木工程杰出成就奖”“菲迪克（FIDIC）百年重大土木工程项目杰出奖”、中华人民共和国成立60周年“十佳感动中国工程设计”大奖等一系列重要奖项。

苏通长江公路大桥由中交公路规划设计院有限公司等单位设计，由中交第二航务工程局有限公司、中交第二公路工程局有限公司等单位施工；大桥建成后由江苏苏通大桥有限责任公司负责管养，日通行车量数万辆。

（赵君黎）

塑料异型材 plastic profile　横截面非圆形的挤出塑料制品。如瓦楞、槽、T形截面等。塑料异型材按材料不同，可分为聚氯乙烯（PVC）异型材、丙烯腈－丁二烯－苯乙烯共聚物（ABS）异型材和聚乙烯（PE）异型材，市场上主要塑料异型材为PVC异型材、少量ABS异型材；按结构不同可分为全塑料异型材和以塑料为主的复合异型材；按异型材的截面特征，可分成异型管材、中空异型材、隔塞式异型材、开放式异型材、分节异型材、镶嵌异型材、实心异型材；按异型材的软硬程度可分为软质异型材和硬质异型材。塑料异型材广泛应用于建筑、家具和交通等方面。

PVC异型材　由PVC树脂添加各种功能助剂后，经过高温挤出成型的工业和生活用PVC产品，分为硬质和软质两种。

硬质PVC异型材　多用于建筑方面，如制作PVC门窗、PVC地板、PVC管材等。①PVC门窗用异型材。以PVC树脂为原料，复配一定比例的稳定剂、改性剂、润滑剂、着色剂、加工助剂和填充剂组成的混合物制得。添加了功能助剂的PVC型材具有抗老化、抗紫外线、耐腐蚀、强度高、价格便宜、保温及隔热性能好等特点，可以部分替代铝型材、钢材等。②PVC地板用异型材。采用聚氯乙烯及其共聚树脂为主要原料，加入填料、增塑剂、稳定剂和着色剂等辅料，在片状连续基材上，经涂敷工艺或经压延、挤出或挤压工艺生产而成的地板材料。③PVC管材。是由聚氯乙烯树脂与稳定剂、润滑剂等配合后用热压法挤压成型的塑料管材。其中PVC-U管抗腐蚀能力强、易于黏结、价格低、质地坚硬，但是由于有PVC-U单体和添加剂渗出，只适用于输送温度不超过45℃的给水系统中；PVC-O管（中文名双轴取向聚氯乙烯）是将采用挤出方法生产的PVC-U管材进行轴向拉伸和径向拉伸，使管材中的PVC长链分子在双轴向规整排列，获得高强度、高韧性、高抗冲、抗疲劳的新型PVC管材。

软质PVC型材 又称增塑聚氯乙烯塑料，指添加增塑剂（通常大于25%）的聚氯乙烯塑料。增塑剂提高了PVC的可塑性、流动性、柔软性和伸长率，改善了加工性能，降低了PVC的熔融黏度、玻璃化转变温度和制品的弹性模量。广泛用于包装材料、电线电缆包履材料、人造革、壁纸、农用薄膜，以及各类密封材料和带状制品。

ABS型材 用ABS树脂（丙烯腈－丁二烯－苯乙烯共聚物）为原材料，经挤出成型的形状不规则的热塑性型材。具有强度高、抗冲击性、耐热性、耐低温性、耐化学药品性能优良的特点，还具有易加工、制品尺寸稳定、表面光泽性好、易涂装和着色等特点。

PE型材 以高密度聚乙烯为原料，经挤出成型的形状不规则的异型材。具有良好的耐热性和耐寒性，化学稳定性好，还具有较高的刚性和韧性，机械强度好，介电性能，耐环境应力开裂性亦较好。但是，PE异型材透气差，易变形，易老化，易发脆，已经基本被市场淘汰。

（冉千平）

塑性本构关系 plastic constitutive relation 塑性状态下材料的应力、应变关系。塑性本构关系的特点是：①应力和应变关系的非线性。②加载和卸载时应力与应变关系不同。③应力不仅与对应的应力状态有关，而且与整个加载过程有关。加载过程分为简单加载和复杂加载。

对于塑性阶段的应力和应变关系有各种不同的理论。工程上用得最多的，一种是仅适用于简单加载的形变理论，或称全量理论，以俄罗斯的S.V.伊留辛为代表，认为塑性应变偏量和应力偏量存在着某种非线性关系；另一种是可适用于复杂加载的流动理论，又称增量理论，以A.罗伊斯和L.普朗特为代表，认为塑性应变速度偏量（或塑性应变增量的偏量）与应力偏量存在着非线性关系。此外，还有塑性滑移理论、内时理论以及一些宏观和微观相结合的理论。

为建立塑性本构关系，需要考虑3个因素：①屈服条件，划分出塑性区和弹性区的范围，以便采用不同的本构关系。②应力和应变（或其增量）间的定性关系。③材料硬化特性的硬化条件，即加载函数。

塑性本构关系在工程中具有多方面的应用。除了以塑性力学为依据来解决零件或结构的强度和稳定等问题以外，金属压力加工就是利用金属在外力作用下所产生的塑性变形达到加工的目的。此外，应用塑性本构关系解决土力学、岩石力学及地质力学等问题也取得了不少有意义的成果。

（洪善桃 撰 彭一江 修订）

塑性力学 plasticity 研究在外载荷作用下物体内的应力超过屈服极限后所产生的不随时间改变的永久变形与外载荷之间的关系，以及与此相应的物体内应力和应变的分布规律的学科。是连续介质力学的一个分支。在外载荷作用下，固体内应力超过屈服极限后产生的变形中，有一部分是卸去外载荷后仍然保留的永久变形，称为塑性变形，当外载荷保持不变时，物体的塑性变形和弹性变形一样不随时间而改变。如果某种材料需要经受很大的塑性变形才发生破坏，便称这种材料具有很好的韧性或延性，与变形很小就破坏的脆性材料不同，物体从开始出现塑性变形到最终破坏的阶段仍然具有承受载荷的能力。因此，采用塑性力学的分析方法就可以更好地利用弹塑性材料的这种潜力。当然，塑性和脆性之间并没有严格的界限，它们还与材料所处的环境温度、应力状态等因素有关。

塑性变形的计算必须依据应力与应变关系的本构方程（又称材料模型）。因此，塑性力学的基本任务是建立合理的本构方程，求解初、边值问题，以便在工程实际中应用，充分发挥材料的潜力，根据材料的塑性性质来合理评估结构的变形、承载力与安全系数。

发展简史 关于塑性变形的力学研究是从1773年C.-A.de库仑提出土的屈服条件开始的。H.特雷斯卡于1864年对金属材料提出了最大剪应力屈服条件。随后，A.J.C.B.de圣维南采用最大剪应力屈服条件求解了柱体中发生部分塑性变形的扭转和弯曲问题（1870）以及厚壁筒受内压问题（1872），并且建立了平面问题中理想塑性的**应力－应变关系**，他假设最大剪应力方向和最大剪应变率的方向一致。1871年，M.莱维将圣维南的结果推广到三维情况。1900年，J.J.格斯特进行了薄管的联合拉伸和内压实验，初步证实最大剪应力屈服条件。此后的20年内进行了许多类似实验，提出多种屈服条件，其中最有意义的是R.von米泽斯于1913年提出的屈服条件（后称米泽斯条件）。米泽斯还独立地提出和莱维一致的塑性应力－应变关系（后称为莱维－米泽斯本构关系）。G.I.泰勒于1913年、W.洛德于1926年为探索金属材料应力－应变关系所做的实验都证明，莱维－米泽斯本构关系是真实情况的一级近似。为了更好地拟合实验结果，A.罗伊斯于1930年在L.普朗特的启示下提出包括弹性应变部分的三维弹塑性应力－应变关系。至此，塑性增量理论初步建立。考虑到增量理论在求解具体问题时遇到的困难，H.亨奇，A.纳戴和A.A.伊留申等人又对塑性全量理论进行了讨论。另外，在强化规律的研究方面，除等向强化模型外，W.普拉格又提出随动强化模型。第二次世界大战，关于自紧炮筒的应力计算和防弹钢板穿透阻力问题的研究，促进了英美等国在塑性力学方面的研究。20世纪50年代，普拉格等人率先开展了结构塑性动力响应的研究。60年代以后，随着计算机和有限元法等计算方法的发展，提供恰当的本构关系已成为解决问题的关键，塑性本构关系的研究十分活跃。基于不可逆热力学的讨论和宏观与微观相结合的研究方法受到了更多的关注。有限变形弹塑性本构关系的研究也有了较大进展。Z.姆罗茨、W.D.伊万等人提出多屈服面理论后，循环加载下塑性应力－应变关系研究得到了较快的发展。无限多屈服面、边界面、双界面等理论用来模拟岩土类材料的复杂加载实验结果，包括围压增加强度、剪切引起体积变形、临界状态、各向异性等性质。这些新的本构关系突破了经典塑性力学的三大原则（屈服、强化和正交流动法则），并在工程中得到了广泛应用。90年代以来，应变梯度塑性理论和高阶塑性理论受到了较多的重视。为了描述地质材料的塑性变形，有些学者还提出了基于H.齐格勒的正交性公设的本构关系。高温合金的超塑性、材料的相变，以及塑性变形与热、电、磁等多场耦合等问题取得了较大进展。在实验方面，主要集中在复杂路径下的循环加载和后继屈服面演化规律的研究上。光塑性法、散斑干涉、云纹测量技术、扫描电镜观测等实验分析手段也得到了更多的运用。

基本实验和基本方程 对塑性变形基本规律的认识来自材料实验。塑性力学的本构方程是在模拟实验结果的基础上，结合某些理论假设提出来的。利用塑性力学中包括本构方程在内的基本方程和初始及边界条件，便可求得在弹塑性状态下物体内的应力和应变。

两类基本实验 第一类是简单拉伸（或压缩）实验。实验中材料处于一维应力状态，以低碳钢的简单拉伸实验为例，实验得到的应力－应变曲线见图1。

曲线上的A、B、C各点分别表示比例极限、弹性极限、屈服极限。OA段的

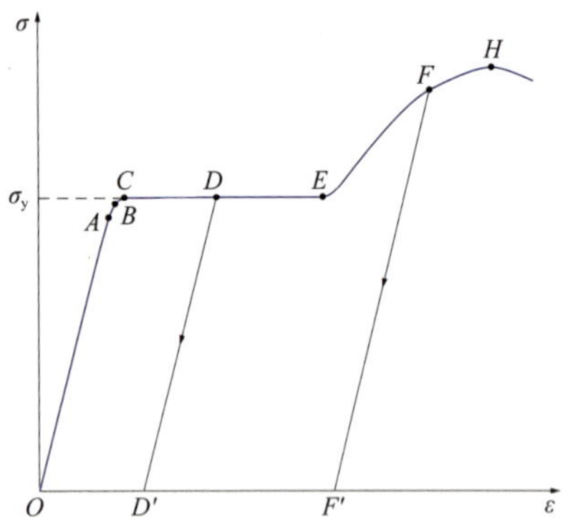

图1　低碳钢简单拉伸实验的应力－应变曲线示意图

应力－应变之间呈线性关系。当应力小于弹性极限，加载和卸载的应力－应变曲线相同。当应力超过弹性极限，应力－应变曲线有明显的转折，达到屈服极限后出现水平线段，其应力值称为屈服应力，记为 σ_y。工程上，材料的变形从弹性阶段到塑性阶段的转变称为屈服。材料进入塑性阶段的最大特点是：加载和卸载的应力－应变曲线不同。例如，由图1中 D 点开始卸载，应力与应变不是沿 $DCBAO$ 线而是沿 DD' 线退回。应力全部卸去后仍保留永久应变 OD'。实验表明，当变形不大时，多数材料应力－应变曲线中 DD' 与 AO 的斜率接近相等。如果从 D' 点重新加载，开始时的应力－应变曲线仍近似地沿 $D'D$ 变化，当达到 D 点后继续加载，则产生新的塑性变形，应力－应变曲线将按 DEF 变化。若加载到 F 点再卸载，则会沿 $F'F$ 退回。而从 F' 点再开始加载的应力－应变曲线又将沿 $F'F$ 变化，对应于 F 点的应力成为新的屈服极限，它高于初始屈服极限 σ_y。这一现象称为应变硬化（强化）或加工硬化（强化）。F 点的应力称为后继屈服应力或加载应力。实际上，对于处于均匀应力状态的试件，虽然卸去了全部外载荷而使宏观应力为零，但物体内部的微观结构却发生了变化，并产生了微观的残余应力。这种物体内部微观结构的变化可以采用塑性内变量来加以描述。应变硬化能在下次加载时扩大物体的弹性范围。如果卸载后施加反方向的载荷，这时反向屈服极限通常会降低。这一现象称为包辛格效应（1886），它可用上述微观残余应力来进行解释。需要说明，对于大多数非铁金属，应力－应变曲线中往往没有明显的由水平线段 CDE 所描述的屈服阶段。有些材料，如岩土，施加很小的应力也会产生塑性变形，纯弹性区几乎不存在。所以，在建立塑性力学基本方程时，应根据不同的材料性质来选取不同的简化模型。

第二类是静水压力实验。实验表明，静水压应力对金属材料的屈服极限影响不大，但对岩土类材料的力学性质有明显影响。岩土材料的强度随静水压应力的增加而增加。因此，需要做真三轴圆柱体，真三轴立方体等三向加载实验。

几种简化模型　主要有：①理想弹塑性模型。对低碳钢和应变硬化（强化）不明显的材料，当应变不太大时，可以忽略应变硬化效应，将实际的应力－应变曲线简化为由弹性阶段的斜线和达到屈服应力 σ_y 屈服后的水平线构成的折线。所谓“理想塑性”，是指在屈服应力没有增加时仍继续产生新的塑性变形的现象。此外，如果弹性变形相对于塑性变形很小，以上模型中的杨氏模量可以近似地取为无穷大。这样的简化模型忽略了弹性变形，称为理想刚塑性模型。②双曲线模型。图2的剪应力－剪应变曲线是理想弹塑性模型的渐近线（具有与理想弹塑性模型相同的弹性模量和屈服应力），可以模拟剪切模量的连续变化，不足之处是曲线形状固定，不一定能很好拟合实验曲线。以上模型的加卸载满足马辛规则：初始加载时的剪应力－剪应变曲线叫骨架曲线。卸载或再加载时的曲线是骨架曲线的两倍（图3）。每次卸载和反向加载都从弹性模量开始，随后模量递减，同时每步都伴随有塑性变形。

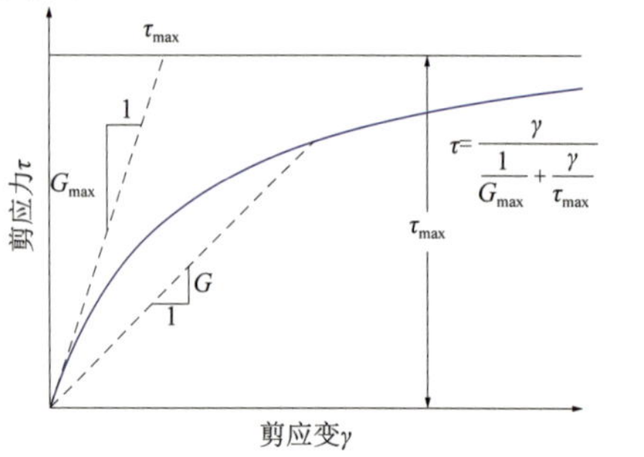

图2　双曲线模型示意图

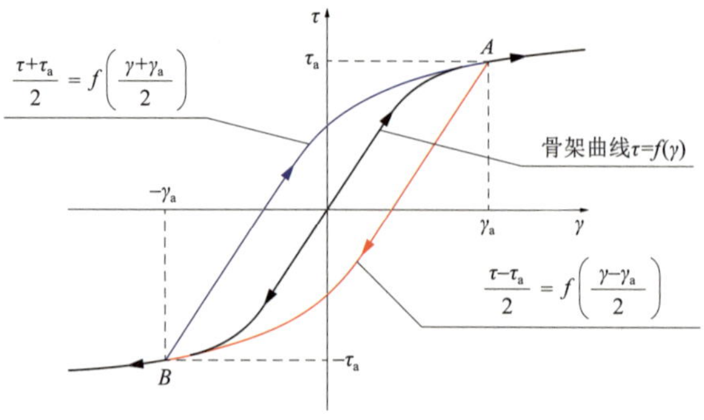

图3　剪应力－剪应变关系的马辛规则示意图

屈服曲面和后继屈服曲面　一维应力状态下应力－应变曲线中的屈服应力和后继屈服应力仅仅涉及应力张量的一个分量。在复杂应力状态下，应力张量中各个分量可以有不同的变化。这时相对应与一维应力状态的屈服应力和后继屈服应力相对应的就是屈服曲面和后继屈服曲面（又称加载曲面）。它是在应力空间中，材料变形处于弹性阶段和产生新的塑性变形阶段的分界面。由此得到的用来区分弹性卸载和弹塑性加载的临界条件也称为屈服条件和加载条件。采用理想弹塑性模型时，塑性变形所对应的屈服条件不变，但对于具有强化（硬化）性质的材料，屈服条件将随塑性变形的发展而改变，改变后的屈服条件就是后继屈服条件或加载条件。对于大多数金属材料，可近似认为静水应力对屈服条件没有影响。最常用的屈服条件有最大剪应力屈服条件（又称特雷斯卡条件）和最大弹性剪切应变比能屈服条件（又称米泽斯条件）。对于岩土材料，需要考虑静水应力对屈服条件的影响，例如莫尔－库仑屈服条件。

本构关系　应建立在实验基础上（见**塑性本构关系**）。

塑性力学边值问题　除了本构关系外，塑性力学的其他基本方程，如几何方程（即应变和位移的关系）、平衡方程（或运动方程）以及力和位移边界条件与弹性力学中的方程是完全相同的。因此，在塑性力学中，需要用塑性本构关系来代替弹性力学中的广义胡克定律。由几何方程、平衡方程、本构关系和相应的边界条件，便可以建立塑性力学边值问题的定解方程组，从而求得在外载荷作用下物体内的应力和应变分布。

边值问题的求解　主要有简单弹塑性问题和塑性力学的平面问题两方面。

简单弹塑性问题　见**弹塑性问题**。

塑性力学的平面问题　塑性平面应变问题金属压力加工中的薄板轧制、拉拔、挤压等问题均可简化为塑性平面应变问题。在土建工程中，边坡稳定问题和长条形地基基础问题等也可作为塑性平面应变问题处理。这类问题的特点是：应变被限制在一个平面内，而且塑性变形通常要比弹性变形大得多，故可采用刚塑性模型。理想刚－塑性平面应变问题有三个方程：两个平衡方程和一个屈服条件。如果边界上给定的是应力条件，则可利用这三个方程求出塑性区的应力分布，而不需要使用塑性本构关系。在得到问题的解后，应校核刚性区内各点的应力是否不违反屈服条件，只有不违反屈服条件的解才算是一个静力允许解；另外，还要校核由此所给出的速度场是否满足速度边界条件以及这个速度场上的塑性耗散功率是否为正的条件。如果这些条件都满足，以上的解才是一个完全解。理想塑性平面应变问题可以用滑移线法求解。对于土力学问题，通常还要考虑体力（重力）和空隙水压的影响。

塑性平面应力问题主要用于薄板的应力分析，如薄板在塑性变形时孔洞附近的应力集中和圆孔的扩张等问题均可简化为塑性平面应力问题。在这类问题中，沿厚度z方向的正应力等于零。设在板平面内的主应力为σ_1、σ_2，则最大剪应力屈服条件为$\max(|\sigma_1-\sigma_2|,|\sigma_1|,|\sigma_2|)=\sigma_y$。当应力满足屈服条件时，可能产生板平面外的剪切滑动，从而造成板平面外沿滑动方向的速度间断。平面应力问题中，还经常需要考虑板的厚度变化，说明它要比平面应变问题复杂得多。

塑性力学中的其他相关问题　主要有塑性极限分析、塑性安定分析、塑性动力学和结构的塑性稳定性问题。

塑性极限分析　对于理想塑性材料，当外载荷达到某个极限值时，塑性区的变形不再受约束，材料处于塑性流动状态，即材料可以无限制地变形，这种状态称为塑性极限状态，与此状态对应的载荷称为塑性极限载荷。对结构在塑性极限状态下特性的研究称为塑性极限分析（见**结构极限分析**），其主要目的是求出塑性极限载荷。

塑性安定分析　在变值载荷作用下，弹塑性结构可能会产生以下两种破坏形式：塑性循环破坏和塑性变形的累积破坏。这时的结构是不安定的。反之，在变值载荷作用下，如果结构经过初始阶段的塑性变形后，能达到一定的残余应力状态，使得在以后的载荷作用下结构不再产生新的塑性变形，这时的结构处于安定状态。见**结构安定分析**。

塑性动力学　研究弹塑性体或结构在冲击载荷或动态循环载荷（如地震）作用下的应力、变形和运动规律。这时需要用运动方程（考虑惯性项）来代替静力学中的平衡方程，本构关系常采用动态本构关系。由于物体在冲击载荷作用下的扰动需要经过一个传播过程才能由扰动区逐步传播到未扰动区，所以物体的动力效应需要通过分析弹塑性波的传播规律来进行研究，这类问题称为弹塑性波的传播问题。另外，对于像梁、板、壳等结构，如果在其最小尺寸面受到突加载荷的作用，这时结构的动力效应主要考虑的是惯性力的影响，表现为结构的塑性变形随时间的变化，这类问题通常称为结构的塑性动力响应问题。

结构的塑性稳定性问题　在外力作用下处于平衡状态的细长杆件或薄壁结构，如果受到外界的微小扰动，杆件或结构就可能出现失稳现象。如果失稳前的结构处于弹性平衡状态，则属于弹性稳定性问题；如果失稳前的结构已部分或全部处于塑性状态，则属于塑性稳定性问题。随着轻质材料的广泛使用，优化设计的需要，塑性稳定性问题的研究显得尤为重要。在这类问题中，平衡的分支点和结构的失稳点往往并不一致。另外，材料受拉伸时的塑性变形也会发生局部的颈缩现象，颈缩处应力将会迅速增长，这种现象称为拉伸失稳，是材料进入塑性阶段后所特有的失稳形式。（黄筑平）

算法生形　algorithmic morphogenesis　在计算机屏幕上通过算法生成的图形。根据计算机图形学知识，对于任何要在计算机屏幕上显示的图形来说，无论其简单还是复杂，生成这些图形都需要计算程序。程序由计算机语言描述算法而编成，算法是程序的核心；算法表达了要显示的目标图形的计算方法及其计算过程，即计算算式的先后顺序；计算算式实际上是几何等式方程或是几何等式方程的变换公式（对于欧几里得几何来说），也可能是表达几何关系的过程描述（对于非欧几里得几何来说），这里几何关系是算法的实质性内容。

算法把设计者对目标形体的要求及期许蕴藏其中，目标形体应该满足特定的使用者在其中的某些行为或活动的要求，或目标形体应与所处环境具有某种联系。在编写程序及形成算法之前，设计者应该把使用要求、环境联系与将要编入算法的几何关系进行匹配，并初步认定两者之间具有较好的适配性。因此，算法生形其实就是通过选择合适的几何关系，并构筑合适的算法，通过程序在计算机上的运算，最终生成形体作为建筑设计的雏形。

（徐卫国）

随机等效线性化法　stochastic linearization method　通过对线性化系统随机振动的求解获取非线性系统响应的近似解的方法。是确定性等效线性化方法的推广。随机等效线性化方法的基本思想是构造一个线性系统，使该线性系统的响应量或其响应量的某个函数（如能量或内力）与原非线性系统的对应量（响应或其函数）的误差在某种意义下最小。通常采用均方误差最小化准则，可给出该等价线性系统的刚度与阻尼参数，它们依赖于系统的响应概率特征（如位移和速度的方差），而为了获得后者又需要已知线性化系统的参数。因此，在一般情况下，随机等价线性化系统的求解需要迭代过程。

最早将等价线性化方法引入随机振动的是R.C.波顿、I.E.卡扎科夫和T.K.考伊等。在等价准则、滞回及多自由度系统分析、非平稳响应、等价参数确定方法等方面做出重要贡献的有S.H.克兰德尔、韦尼、J.B.罗伯茨、伊万、P.D.斯帕诺斯和I.艾利沙克夫等。当响应概率密度函数形式已知时，该方法可以获得精确解。但在一般情况下的误差估计问题依然没有很好地解决，且上述几个方面的研究乃至争论依然在继续。

该方法适用于多自由度非线性系统的平稳或非平稳随机响应分析，是工程实践中应用最广泛的方法之一。特别在方案初步设计阶段，或具有局部阻尼或刚度器（部）件非线性的场合（例如结构被动控制中的黏滞阻尼器、调谐液体阻尼器），对宽带激励问题，采用随机等效线性化将上述器件参数线性化将使得整体结构分析大为简化，且较之确定性能量线性化方法具有更高的精度。但不适用于结构首次超越破坏与疲劳可靠度分析及具有分岔等本质非线性现象的问题。（孔　凡）

随机平均法　stochastic averaging method　确定性平均法在随机动力学系统的直接推广，研究非线性随机动力学系统的关键方法之一。非线性随机系统的响应、稳定性、分岔、可靠性及随机最优控制等许多结果是应用随机平均法得到的。对随机激励的线性或非线性动力学系统，应用随机平均原理可以证明，在一定条件下系统响应可用扩散过程近似，该近似扩散过程的FPK方程的漂移与扩散系数可由原系统的运动方程经适当的随机平均（或随机平均连同对时间的确定性平均）得到，这就是所谓的随机平均法。随机平均法的优点在于：经过随机平均和确定性平均，使原来不是扩散过程的系统近似转化为扩散过程，平均后系统的维数大大降低，且保留原系统的主要特征，大幅降低了问题的分析难度。

标准随机平均法首先由斯塔拉多诺维奇于20世纪60年代提出，从物理概念上将KBM平均原理和随机系统分析相结合，导出了平均FPK方程的漂移与扩散系数的公式，并由R.哈斯米斯基等给出了随机平均原理的严格数学证明。标准随机平均法适用于宽带激励下的多自由度拟线性随机系统。为拓展随机平均法的适用范围，随后又发展了能量包线随机平均法、拟哈密顿系统随机平均法、基于广义谐和函数的随机平均法等。其中，能量包线随机平均法适用于具有强非线性刚度的单自由度随机动力学系统，拟哈密顿系统随机平均法适用于多自由度拟哈密顿系统，基于广义谐和函数的随机平均法可用于研究各种随机激励下具有强非线性刚度的多自由度系统的响应等。（黄志龙）

随机有限元法　stochastic finite element method　在有限元方法基础上发展起来的含随机参数的结构分析数值方法。属于随机结构分析理论与有限元方法相结合的产物。确定性有限元分析方法为很多工程问题的求解提供了令人满意的结果。但是，在各类工程结构中普遍存在着各种随机因素，包括材料性能参数、结构所承受的载荷、结构的制造误差与缺陷等。传统的以确定性假设为基础的计算分析结果不能反映这些随机因素对结构性能的影响。因此，结合随机分析理论和有限元分析方法开展结构的随机性能分析，为工程设计人员进行结构系统可靠度和风险评估提供有效的分析工具，成为随机有限元法发展的目标。

随机有限元法是将结构参数随机特性嵌入有限元法数学模型中，进行结构随机力学响应、可靠度分析、风险评定及可靠度设计。其主要内容包括随机参数和随机场的表征、随机变分原理、随机结构力学建模、随机有限元控制方程与数值求解等。随机有限元方法的研究起始于20世纪70年代初B.康布、美国志之冢、阿斯蒂尔等的工作。此后，美国V.埃里克、F.山崎等发表的论著对随机有限元方法的发展做出了重要贡献。P.斯潘诺斯和R.加尼姆等分别于1989年和1991年采用随机场函数的卡尔胡宁-勒夫展开和迦辽金投影方法建立了一种新的随机有限元列式，并出版了该领域的第一本专著《随机有限元谱方法》。常用的随机有限元法还包括蒙特卡洛随机有限元法、摄动随机有限元法、诺曼级数展开法等。

自20世纪80年代以来，随机有限元法已在工程结构可靠度分析、风险分析、可靠度设计以及随机激励下结构动力响应分析等方面得到了成功的应用。随着随机力学理论研究的深入和计算方法的完善，随机有限元法将有广阔的前景。

（亢　战）

碎石道床　ballast bed　用散粒体碎石道砟构筑的轨下基础。碎石道床的功能主要有：①承受并传递轨枕压力，将压力扩散、分布到线下基础（路基、桥梁、隧道等）的承载表面。②给轨枕提供足够的纵向、横向和竖向阻力，保持轨道稳定及轨道几何形态的正常。③给轨道结构提供合适的弹性，以减缓和吸收轮轨的冲击和振动，降低车内和环境噪声。④通过对道床的起、拨、捣、稳作业，为整治轨道几何变形（轨道不平顺）的提供了较为方便的手段。

在一般线路的土质路基地段，道床通常采用由道砟层和垫砟层组成的双层道床结构（图1）。道砟层采用碎石道砟材料，垫砟层采用级配碎石在高速和重载铁路上，路基通常设有基床结构，基床表层材料就是级配碎石，可不再设垫砟层。在混凝土桥面和带混凝土仰拱或底层的隧道内，由于不存在碎石道砟和土壤之间的相互渗混问题，故都采用单层碎石道床结构（图2）。

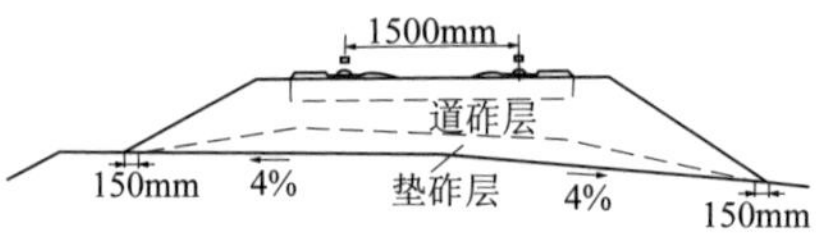

图1　双层道床结构示意图

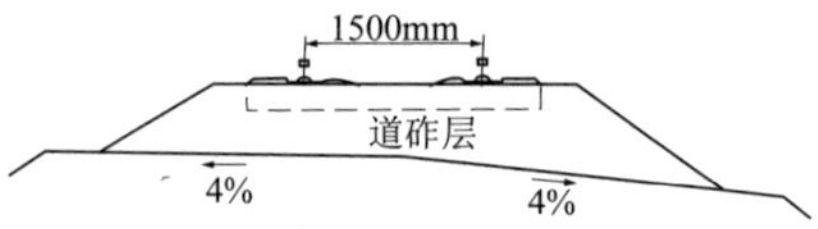

图2　单层道床结构示意图

铁路碎石道砟的材质性能应满足特级、一级标准。对于客货共线铁路可用一级材质道砟，对于高速、重载铁路应采用特级材质道砟。（曾树谷）

碎石路面　macadam pavement　用轧制的碎石按嵌挤原理铺压而成的路面。一般用作低等级路面的的面层或基层。碎石路面的结构强度主要依靠石料颗粒之间的嵌挤作用以及灌浆材料的黏结作用。嵌挤力大小主要取决于石料本身强度、形状、尺寸、表面粗糙程度及碾压质量；黏结力则主要取决于灌缝材料的内聚力及其与石料之间的黏附力的大小。碎石路面用作面层时平整度较差，晴天易扬尘，雨天较泥泞，须经常撒料养护，一般农村道路应用较多。碎石路面按施工方法及黏结材料的不同，又可分水结碎石、水泥结碎石、泥结碎石、泥灰结碎石和干压碎石等路面。①水结碎石路面。依靠对碎石进行洒水碾压时被压碎的石粉浆作为黏结材料，一般为石灰岩或白云岩，石料强度须在3级以上，路面压实厚度一般为8～16厘米。②水泥结碎石路面。用水泥砂浆作为黏结材料，碎石尺寸一般为4～6厘米，水泥砂浆配比为1～1.5∶2。③泥结碎石路面。依靠黏土作为黏结材料，便于就地取材，施工简便。④泥灰结碎石路面。在泥结碎石中掺用少量熟石灰（为土重的8%～12%）来提高泥结碎石路面的水稳定性能，适宜用作潮湿或中湿路段的沥青路面基层。⑤干压碎石路面。一般不使用黏结材料，主要依靠碎石的嵌挤作用达到稳定，多用作路面基层。（黄学渊　撰　刘黎萍　修订）

隧道工程应急抢修　emergency repair of tunnel　在隧道结构受到各种灾害破坏后，为了尽早恢复通行而实施的快速修复。

抢修工作阶段　隧道工程应急抢修通常做法是先降低技术标准，尽量利用残存结构，采用就便器材和材料以及施工机械，力争快速抢通，先保通后改善性能。

隧道工程应急抢修工作通常分为3个阶段：①抢通阶段。主要运用目测、物探等手段快速判断受灾隧道是否适合抢通并拟定合理的抢通方案。一般未出现或者出现少量坍方隧道均可进行抢通。②保通阶段。对隧道灾害进行详细检测，形成合理的修复方案。③恢复重建阶段。在详细检测和全面评估的基础上，开展加固设计与重建。

类型　隧道工程应急抢修通常分为对于隧道洞口段的清方及加固和对于洞身段的加固及防水两大类。

对于隧道洞口段的清方及加固　对于隧道洞口段的清方及加固，根据破坏程度可分为完全破坏和不完全破坏。完全破坏指明洞损毁，洞口边墙、翼墙、端墙及边坡等发生滑塌。不完全破坏指洞口未被塌方土石完全掩埋，洞门衬砌局部破坏或变形。针对上述两种不同程度的破坏，应当采取不同的抢修措施。

完全破坏情况下，应急抢修方法与步骤主要有：①土方清理。首先探明隧道上方山体土方的松动范围及稳定性，并除去危石，对于不稳定的危石先行支护，在支护的保护下清除松动土方。②临时明洞修筑。当上部山体较为陡峭时，根据现场地质条件考虑修筑临时明洞。③洞门临时支护。在边坡和仰坡上放置编织袋堆码，防止其进一步坍塌。当地质条件较好时，可采用挂网喷浆支护方式。

对于洞身段的加固及防水　洞身段应急抢修主要包括：①对隧道内路面进行补修，满足尽早通车需求。②清理隧道内部剥落的混凝土及衬砌掉块，防止衬砌二次崩塌。③对衬砌开裂或者变形严重区域设置临时钢支撑；衬砌混凝土剥落严重的区域挂钢筋网，并喷射混凝土加固。④衬砌错台处采取钢架支撑，必要时辅以锚杆（索）。⑤渗漏水区域，在衬砌表面喷涂防水涂料，提高隧道结构的自防水能力；严重渗漏水区域，采取集中引排措施，配合注浆堵水处理。⑥变形缝损坏处，可在变形缝内填充膨润土，周边止水带封闭。

（何 川 耿 萍）

隧道及地下工程 tunnel and underground engineering 修建在岩体或土层中的工程建筑物，也指从事隧道及地下工程的规划、勘测、设计、施工和养护的一门应用科学和工程技术。是交通、水利水电、市政、资源储存、矿产开发、国防建设等多个领域的重要建筑物，也是土木工程的一个重要分支。广义来讲，隧道及地下工程主要包括铁路隧道、公路隧道、水下隧道、地下铁道、地下房屋、地下构筑物、地下商业街、地下军事工程等。随着建设和技术的发展，其中一些工程逐渐形成独立的学科领域，或归入各自的本门学科领域，如**城市轨道交通工程**、**城市地下空间**、**防灾减灾与防护工程**等。现在隧道及地下工程仅狭义的指各类隧道工程。

发展历程 公元前2180～前2160年，在古巴比伦城幼发拉底河下修筑的长190米的人行隧道，是已知的最早用于交通的隧道，为砖砌构造物。古罗马时代，利用棚架支护和卷扬提升方法，开挖了大量的军用隧道和水工隧道，主要采用火烧开挖面后急速泼冷水使岩石开裂的作业手段。14～16世纪的欧洲文艺复兴，促进了社会生产力的提高，隧道与地下工程的建设也进入了新的发展时期。1613年，英国建成伦敦地下水道；1681年，法国修建了地中海比斯开湾170米的连接隧道。19世纪产业革命后，随着火药等技术的不断发展，现代隧道技术进入萌芽期。1826～1830年，英国修建了第一条蒸汽机车通行的铁路隧道，全长1190米；1843年，英国首次采用盾构技术挖掘了世界第一条水底隧道——泰晤士河隧道；1863年，英国伦敦建成了世界第一条城市地下铁道；1898年，瑞士修建了穿越阿尔卑斯山的辛普朗隧道，此隧道首次应用了TNT炸药和凿岩机。进入20世纪，发达国家对交通运输领域需求日益增多，铁路、公路、水利水电等基础设施建设进入高速发展时期，工程科学、作业工具、施工技术等有了显著的提高，出现了英法海底隧道、日本青函海底隧道、新关门隧道、美国耶巴布纳岛海底隧道等一系列海底隧道，解决了两岸长期的通行难题。20世纪末21世纪初，世界各国铁路、公路网建设达到顶峰，城市地下铁道、地下水电站等工程建设也进入了发展的黄金时期。截至2022年底，全球共有61个国家和地区的189座城市开通地铁，总里程超20 000千米。科学研究和施工技术迅速发展，给现代隧道及地下工程建设提供了新理论、新材料、新工艺，特别是全断面硬岩隧道掘进机（TBM）、盾构机等大型施工机械的出现给穿越高山、大海等“天然屏障”提供了希望。

中国早在春秋战国时代的古籍《左传》中，曾有“隧而相见”的记载，说明当时已经有过通道式隧道。最早用于交通的隧道是东汉时期的石门隧道，位于陕西汉中。19世纪后，西方国家争相在中国修建铁路，于是出现了大量铁路隧道。1891年在台湾建成了全长261.4米的狮球岭隧道；1903年建成了滨洲线兴安岭隧道，是中国第一条长度超过3千米的隧道；1908年，中国工程师詹天佑主持修建了京张铁路八达岭隧道，这是中国自行设计、施工的第一条隧道。中华人民共和国成立后，机械开挖逐渐替代了人工开挖方式，极大提升了工程建设效率。先后修建了宝成、天兰、贵昆、成昆等铁路，修建了数千座铁路隧道。20世纪末，铁路干线、高速公路网快速发展，隧道建设面临长大隧道多、工程地质条件复杂等问题，隧道建设水平迅速提高，创新、引进了许多新技术、新工法，先后修建了多座长大隧道，如秦岭Ⅰ号隧道、长梁山隧道、五指山隧道等。21世纪以来，中国铁路网、公路网进入新一轮发展高峰，许多隧道工程向着过去隧道修建的禁区迈进，修建了乌鞘岭隧道、太行山隧道、狮子洋隧道、秦岭终南山公路隧道、二郎山隧道等一批世界级工程，克服了岩溶高水压、煤层高瓦斯、高地震烈度、高地应力、高海拔等工程建设难题。中国正在由世界隧道大国步入世界隧道建造技术强国的前列。

隧道分类 隧道工程种类繁多，主要分类方法如下：

按隧道所处的地质条件，分为土质隧道和石质隧道。

按隧道埋置深度，分为浅埋隧道和深埋隧道。

按隧道横断面积，分为：①特大断面隧道，断面面积在100米²以上。②大断面隧道，断面面积在50～100米²。③中等断面隧道，断面面积在10～50米²。④小断面隧道，断面面积在3～10米²。⑤极小断面隧道，断面面积在3米²以下。

按隧道长度铁路隧道和公路隧道分类有所不同，但均可分为四类（见表）。

铁路与公路隧道分类

隧道分类	特长隧道	长隧道	中隧道	短隧道
铁路隧道长度/m	$L>10\ 000$	$10\ 000\geqslant L>3000$	$3000\geqslant L>500$	$L\leqslant 500$
公路隧道长度/m	$L>3000$	$3000\geqslant L>1000$	$1000\geqslant L>500$	$L\leqslant 500$

按隧道所在的位置，分为山岭隧道、水底隧道和城市隧道。

按隧道用途，分为：①交通隧道，隧道中数量最多的一种，提供交通运输和人行的通道，以满足交通线路畅通的要求，一般包括铁路隧道、公路隧道、水底隧道、地下铁道、航运隧道、人行地道。②水工隧道（或称水工隧洞）。水利工程和水力发电枢纽的一个重要组成部分，主要包括引水隧道、排水隧道、导流隧道或泄洪隧道、排沙隧道。③市政隧道。城市中为安置各种不同市政设施而修建的地下孔道，主要包括给水隧道、污水隧道、管路隧道、线路隧道、人防隧道。④矿山隧道。矿山开采中常设置一些为采矿服务的隧道（或称巷道），一般包括运输隧道、给水隧道、通风隧道。

施工方法 常见的隧道及地下工程施工方法主要分为如下几类：①矿山法。隧道最常见的施工方法，常用于山岭隧道施工，按施工理念主要分为传统矿山法、**新奥法**、**新意法**等，其中新奥法是应用最广的基本方法。矿山法主要的开挖方式有全断面法、台阶法、分部开挖法等。②明挖法。主要用于浅埋及软土隧道施工，从地表向下开挖，形成露天基坑，然后在基坑中修筑衬砌，最后用土回填。③掘进机法。广泛应用于硬岩山岭隧道的施工，采用全断面硬岩隧道掘进机（TBM）切削破岩、开凿隧道的施工方法，具有施工效率高、质量好、扰动小等优势。④盾构法。主要应用于浅埋、软土隧道以及水下隧道的施工，采用盾构机在地层中推进，通过盾构外壳和管片支承四周围岩，防止发生往隧道内的坍塌，施工效率高、防水性好、对周围环境影响小。⑤沉管法。又称预制管段沉埋法，是用来修筑穿越江河、港湾、海峡的水底隧道。⑥顶进法。主要应用在修建城市人行通道或地下铁道穿越地面铁路（或公路）或地下管道穿越河流的立交工程中，它的特点是在保证地面交通安全运行或不影响地面状态的同时，在地面以下工作坑内将预制好的钢筋混凝土箱形框架（箱涵），用机械力量顶入地层中，成为一个地下结构建筑物。

成就与不足 21世纪以来，中国隧道工程建设取得了巨大成就，尤其在20世纪末和21世纪初，在国家基础设施建设高速发展中创造了许多新工艺与新理论，同时也大胆引入了许多国外的先进工法，建成了一批世界级隧道工程，为工程建设积累了宝贵的经验。然而，越来越多隧道及地下工程建设向着西南山区和东部沿海迈进，使得中国隧道建设和运维面临极大的技术与挑战，主要表现为：

地质勘探技术 各种超前地质预报技术和设备取得了突破进展，实现了对复杂工程地质条件，特别是地下水体的定位定量探测。然而，在高地应力、高海拔、强活动断层、大埋深区域，应用现有的勘探技术获取精确的三维地质信息十分困难，难以满足精细化施工的需求。

施工机械装备 盾构机、TBM等设备已在中国各类隧道与地下工程建设中广泛应用，促进了工程建设机械化进步。但施工机械装备所采集或感知的大量数据缺乏深入的挖掘与分析，尚未实现基于机械实时感知数据提出行之有效的动态调控方法。

防灾减灾技术 经过数十年的研究与发展，中国已初步实现了对突水突泥、围岩垮塌、岩爆等地质灾害的预测预警与防控。然而，隧道建设或运营阶段面临地震等极端灾害时，缺乏长期的安全储备或灾害应急处置方案，灾害预警准确性和时效性难以满足工程需求。

环境保护问题 中国大多数隧道及地下工程建设阶段耗能高、排放高，废渣、粉尘、噪声等都对周边环境造成了一定程度的影响，亟待从隧道结构和施工技术等多方面进行控制。

发展趋势 中国经济进入高质量发展阶段，信息化、数字化、智能化技术的应用，使中国隧道建设迎来了新的机遇与挑战。未来，隧道及地下工程的发展趋势主要有以下几方面：

极端环境隧道建设 随着川藏铁路、滇中引水等国家重大工程的实施，隧道工程建设呈现“两极”趋势，即极端建造环境与极端地质条件；恶劣的自然环境、危险的施工条件、高地应力、构造发育等严苛条件给工程设计、建设、管理等各方面提出了全新的挑战。

超长跨海隧道建设 中国自1981年在上海黄浦江建成第一座水下隧道以来，已建成了百余座水下隧道；先后建成了厦门翔安海底隧道、青岛胶州湾海底隧道、*港珠澳大桥*沉管隧道等海底隧道。随着交通强国、海洋强国战略的不断深入，未来又将兴建一批如渤海湾跨海通道、琼州海峡隧道等超级工程。

隧道定量精细探测技术 面向国家艰险隧道安全建设的迫切需求，针对致灾水体、深大富水断裂、强岩溶、强蚀变带等极复杂灾害源，定量精细超前探测方法是发展的必然趋势，亟待突破致灾水体和致灾构造百米级精准探测方法、孔中/随钻精细定向探测技术、“空-天-地”海量信息联合反演方法，做到不遗漏任何一个重大灾害源，为重大工程建设保驾护航。

隧道智能建造技术 随着三臂凿岩台车、拱架自动拼装机器人、破岩机器人等施工装备的出现，隧道及地下工程建设“以机代人”成为实际需求，少人化甚至无人化是未来隧道及地下工程建设的必然趋势，发展具有自感知、自学习、自决策、自实施功能的高端机器人和工程装备，实现隧道建造主要工序智能化作业，对提高施工效率、保障施工安全、提高施工质量具有重要意义。

隧道智能运维技术 随着中国隧道及地下工程数量的逐年增加，其病害问题也逐渐增多，隧道安全运营风险压力凸显，隧道运营维护需求远超现有维养能力。研发基于物联网技术的隧道状态智能监测、运维和病害整治技术迫在眉睫，包括隧道及地下工程的健康监测系统、状态评估与智能决策系统、高效维护技术与智能化装备等。 （李术才）

隧道及地下工程衬砌 lining of tunnel and underground engineering 沿*隧道及地下工程*周边用钢材、混凝土或钢筋混凝土等材料修建的永久性支护结构。衬砌的主要作用是：①承重。即承受围岩压力、结构自重、地下水压力以及其他荷载的作用；②围护。即用来防止围岩风化和崩塌，以及防水和防潮等。隧道及地下工程类型不同，其使用功能差异较大，对衬砌的要求也不相同。交通隧道工程的衬砌应保证车辆行驶安全，防止围岩坍塌、渗漏水及路面底鼓等，地下商业建筑的衬砌应满足空间分割、通风防灾及防水要求，地下仓库则应满足温度、湿度及防水要求等。隧道及地下工程使用寿命一般要求达到100年，重点工程则要求达到120～150年。

衬砌材料可采用木材、砖、石、混凝土、钢筋混凝土、喷射混凝土（必要时可再用钢筋网加强）以及铸铁、钢材或其他金属等建筑材料构筑。根据净空和外形要求以及水文、地质条件的不同，衬砌可以是圆形、拱顶直墙形、拱顶曲墙形和穹顶圆筒墙形，也可采用椭圆或其他腰圆形和矩形等断面形状及不同的断面尺寸。在软弱地层中，当洞底反力较大时，一般采用带仰拱的封闭式衬砌。衬砌厚度取决于隧道或地下结构的跨度和高度，其所承受的围岩压力和其他荷载的大小，以及围岩的变形特点，也与所选用的设计和施工方法有关。

根据隧道及地下工程衬砌的施工方法的差异，一般可将衬砌分为模筑衬砌、离壁式衬砌、装配式衬砌和喷锚衬砌等多种形式。 （郭小红）

隧道及地下工程地质预报 geological forecast in tunnel and underground engineering 在分析和研究工程地质条件、地质赋存环境及不良地质发育规律的基础上，采用多种地球物理勘探技术（如地震类方法、电磁类方法、电法等），辅以超前地质钻探、掌子面（隧道及地下工程开挖过程中不断向前推进的工作面）地质素描、地质推断分析、地下水化学分析等手段，在隧道及地下工程施工中探明掌子面前方一定范围内的工程地质情况和不良地质的空间位置、赋存形态、规模大小、工程性质等的预报。隧道及地下工程地质预报为工程信息化施工决策提供支持，为制定合理的开挖和支护方案、调整工程进度、采取避灾防灾措施提供指导。

任务 隧道及地下工程地质预报的任务主要包括：①探明断层及其影响带的位置、规模、产状及其性质。②探明岩溶发育位置、规模及类型。③探测不同岩类间接触界面位置及其产状形态。④判断隧道及地下工程围岩级别变化情况。⑤判断是否可能发生地质灾害及其地质灾害的类型、位置和规模。⑥对于特殊地层开展一些针对性探测，如当隧道及地下工程线路穿越煤系地层时须结合其他手段探明采空区、陷落柱以及瓦斯等有害气体；另外，在中国广州、深圳、厦门等城市地铁工程盾构施工中需要提前探明可能存在的孤石群。

分类 关于隧道及地下工程超前地质预报方法的分类标准比较多，常用的分类标准和方法如下：①按照预报工作的实施场所，可分为洞外预报方法和洞内预报方法。②按照探测原理，主要包括地质勘查和分析、超前钻探、超前导洞、地震波超前探测、瞬变电磁超前探测、地质雷达超前探测、激发极化/电阻率超前探测、岩体温度法/红外线法超前探测等多种方法。③按照预报距离和范围大小，主要包括宏观地质预报（以地质调查和分析为主）、长距离超前地质预报（以地震反射类方法为主，探测距离大于100米）、中距离超前地质预报（以瞬变电磁方法为主，探测距离60～80米）、短距离超前地质预报（以地质雷达、激发极化法为主，探测距离约30米）和精细化探测（以钻孔和跨孔探测为主，如跨孔电阻率CT、钻孔地质雷达等）。④鉴于不同超前地质预报方法各自的优缺点，除了采用单一方法进行超前地质预报之外，还经常采用多种方法组合的综合超前地质预报方法，从这个角度讲，隧道及地下工程超前地质预报还可以分为单一方法超前预报和综合超前预报。

方法 隧道及地下工程地质预报的方法主要有以下几种。

地质分析法 主要通过地质资料收集分析、地表详细调查、隧道内地质编录、素描、数码照相、超前钻探、涌水量预测等方法，获取工程所处地段的地质条件，揭示隧道及地下工程周围的主要不良地质类型及其分布情况，综合运用工程地质学理论、水文地质学理论和岩溶地质学理论推断和预报隧道及地下工程施工前方的地质情况。

地震波超前预报方法 利用探测对象与周围介质之间的弹性性质差异，通过观测和研究人工弹性波传播规律，以此推测探测对象地质情况。按照观测方式和测线布置类型来划分，已研发的地震波超前探测技术主要分为直线类超前观测方式（以负视速度法、隧道地震超前预报系统为主）、三维空间类超前观测方式（以真反射层析成像技术、水平声波剖面法、隧道地震层析成像法为主）、极小偏移距超前观测方式和TBM隧道专用的地震超前观测方式（以综合地震成像系统技术和随钻地震超前探测技术为主）。

电法类超前预报方法 以地层中不同介质的导电性、导磁性、介电性等电磁学性质或电化学特性的差异为基础，通过对人工或天然电场、电磁场或电化学场的空间分布规律和时间特性的观测和研究，实现地质勘查的目的。由于电法勘探对含导水地质构造(即低阻体）有较敏感的响应，被较早的应用于超前地质预报领域，主要的方法有地质雷达法、瞬变电磁法和电阻率/激发极化法。

其他超前地质预报方法 除了上述技术，岩体温度法、红外探水也被用于探测掌子面前方的含水体等地质异常。

（刘 斌）

隧道及地下工程防水 waterproof of tunnel and underground engineering 为保证隧道及地下工程正常使用功能与使用寿命，而采取的防止地下水渗漏的工程措施。在隧道及地下工程中，对地下水的处理都会经过堵水、防水、排水3个过程。根据工程环境、结构特点、功能需求，隧道及地下工程防水措施主要包括围岩堵水、防水层防水、接缝防水、衬砌混凝土自防水。

围岩堵水 即注浆堵水，将具有充填作用、胶结性能和较高强度的材料配置成浆液，通过注浆机械压入围岩中的裂隙空洞，封堵地下水流动路径和部分储水腔体的措施。

围岩堵水同时可起到加固地层防止失稳的作用，在高水压、高地温等特殊地质中也起到封堵水源的作用。工程中常用的措施有超前大管棚注浆和超前小导管注浆、水平旋喷注浆、帷幕注浆等。超前大管棚注浆指在隧道开挖前沿轮廓线按一定角度打入长度大于20米的钢管，通过钢管注浆达到堵水和加固目的。超前小导管注浆指在隧道开挖前沿拱部轮廓线按一定角度打入3～5米钢管从而进行注浆。水平旋喷注浆指采用水平定向钻机钻孔，达到目标深度后边拔钻边喷射浆液至土体内。帷幕注浆指用液压或气压将能凝固的浆液按设计的浓度通过特设的注浆钻孔，压送到规定的岩土层中，填补岩土体中的裂缝或孔隙。

防水层防水 防水层是阻止地下水侵入隧道衬砌及其他地下结构净空的一道屏障。工程中常见的防水层由土工布、防水板、防排水板、喷涂防水层等单独或组合构成。

防水板 有普通防水板、自黏式防水板、反黏式防水板等。普通防水板多采用热熔焊接方式与土工布复合到一起，铺挂于初期支护和二次衬砌之间；自黏式防水板由本体、黏接带及自黏布3部分组成，通过黏接带连接防水板和自黏布；反黏式防水板由本体、黏合胶层及防黏涂膜3部分组成，通过混凝土水化热激活黏合胶层，化学作用黏接混凝土和防水板。

防排水板 一种同时起到防水和排水功能的层间结构，按其外形分为凸壳型防排水板和毛细型防排水板，前者卷材表面分布有圆台状、半球状、尖点状凸起，后者分布平行条带槽体。自黏式防排水板由防排水板本体、自黏布和黏接带组成，防排水板本体表面分布单向凸壳，呈梅花形均匀分布；黏接带覆盖范围内凸壳为圆台形，其余凸壳为半球形；防排水板宽度方向两侧边缘各25～30厘米无凸壳，呈平板状，便于搭接；自黏布既具有传统土工布的过滤、缓冲功能，同时具备与黏接带物理黏接的功能。毛细型防排水板利用水的毛细力、虹吸力、表面张力、自重力，通过条带槽体结构达到防排水的目的。

喷涂防水层 将配制好的材料喷射或涂抹到结构防水基层表面，形成具有一定强度和延性的防水薄层。主要工艺材料包括喷涂丙烯酸盐、喷涂橡胶沥青、喷涂聚脲、喷涂聚氨酯等。其主要工艺内容及流程是处理喷涂基面，确保无粉尘浮渣且无明水，通过专用设备喷射或涂装形成具有一定厚度的喷涂防水层。在隧道、地下车站、商场等各种场景中均有采用，能较好应对凹凸不平和变截面处，或者应用于施工缝中。

接缝防水 对隧道及地下工程的各种接缝所做的防水处理。接缝通常指结构的施工缝，在混凝土浇筑过程中因设计要求或施工需要，采用分段或者先后浇筑或拼接时混凝土之间形成的缝隙或接合面。这些缝隙和接合面是渗漏水的高发区，一般会采用橡胶止水带、止水条、喷涂材料、二次注浆封堵的方法进行防水。其中，遇水膨胀止水条可在遇水后产生2～3倍的膨胀变形，继而充满接缝的所有不规则表面空穴及间隙，同时产生巨大的接触压力从而防止渗漏水。即使接缝发生较大位移，膨胀型橡胶材料仍可以通过吸水膨胀来止水，效果更为可靠。

衬砌混凝土自防水 通过防水混凝土材料及其科学的设计施工，使衬砌主体结构自身具有一定防水能力的隧道防水措施。隧道混凝土衬砌应具有相应的防水能力，衬砌结构防水包括主体结构防水和细部结构防水两个方面。

主体结构防水 主体结构指衬砌除去施工缝、变形缝、后浇带、诱导缝等细部结构的其他部分，而实现衬砌主体结构防水较为有效、经济的措施是衬砌混凝土自防水。此外是通过外包防水，主要有防水卷材和喷涂防水层。防水卷材主要用于隧道工程中，如在初期支护和二次衬砌之间铺设的防水板、土工布、防排水板等。喷涂防水层则在地下车站、商场、停车场等场所均有应用，部分喷涂式防水材料还集成了保温功能，可同时防水和保温。

细部结构防水 主要包括施工缝、变形缝和后浇带防水。施工缝指在混凝土浇筑过程中，因设计要求或施工需要分段浇筑，在先后浇筑的混凝土之间所形成的接缝。施工缝防水可以采取的措施主要有布设止水带或喷涂止水材料。变形缝可分为伸缩缝、沉降缝和防震缝3种，防水主要依靠背贴式和中埋式止水带来完成。后浇带通常采用外贴式止水带及遇水膨胀止水条等构件进行防水，部分工程也会采用在止水带上预留注浆孔，待结构稳定后进行二次注浆增强防水性能的措施。

（安哲立　郭小雄）

隧道及地下工程风险管理　risk management for tunnel and underground engineering　界定、辨识、估计、评价和控制隧道及地下工程风险的全过程。由于存在各类不确定性因素而导致隧道及地下工程不利事件或事故发生的概率及其损失组合称为隧道及地下工程风险。通过对该风险的界定、辨识、估计、评价和控制等过程管理，保障工程人员安全，减小周边环境影响，将隧道及地下工程风险造成的各种不利影响、破坏和损失降低到合理、可接受的水平，称为隧道及地下工程风险管理。根据风险损失的属性，将风险分为人员伤亡风险、环境影响风险、经济损失风险、工期延误风险、社会影响风险这五类。针对上述五类风险结合工程实施阶段特征，将风险管理分为规划阶段风险管理、可行性研究风险管理、勘察与设计风险管理、招投标与合同风险管理、施工风险管理这五类。隧道及地下工程风险管理应由建设单位负责组织和实施，并以合同约定工程建设各方的风险管理责任，其管理程序通常按图所示的相应流程具体开展。

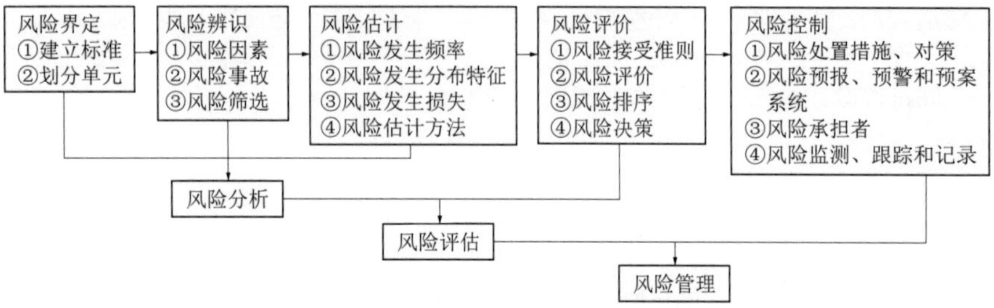

隧道及地下工程风险管理流程示意图

风险内涵　隧道及地下工程在规划、设计、施工、运营、报废等全寿命周期内的不利事件或事故发生的概率（频率）及其损失的组合，如下式表示：

$$R(\mathrm{A})=f(P_{\mathrm{A}},C_{\mathrm{A}}) \qquad (1)$$

式（1）中A为不利事件或事故；$R(\mathrm{A})$为不利事件或事故A的风险；P_{A}为不利事件或事故A的发生概率；C_{A}为不利事件或事故A发生的后果，即损失。

这种风险函数定义默认每一风险因素对应一个发生概率和后果，是一个定性的定义。上述函数关系最简单也是应用最多的是相乘关系，即$R(\mathrm{A})=P_{\mathrm{A}}\times C_{\mathrm{A}}$。进一步根据损失$C$的类别划分，可将上述风险事件A的风险可进一步定义为如下式表示：

$$R(\mathrm{A})=P(\mathrm{A})\times P(T|\mathrm{A})\times\sum[P(S|\mathrm{A})\times V(\mathrm{A}|S)\times E] \qquad (2)$$

式（2）中$P(T|\mathrm{A})$为风险事件A发生某一时间段T的概率；$P(S|\mathrm{A})$为风险事件A发生某一空间域S的概率；$V(\mathrm{A}|S)$为风险事件A发生某一空间域S条件下承险体的平均易损性；E为对应承险体损失的平均市场净值。

下面对风险内涵涉及的相关概念进一步说明。

孕险环境　可能会产生事故的区域和环境。在盾构施工中，存在不良地质状况的土层环境，地下水文情况，施工路段附近的路面、建筑物、管线等均构成了孕险环境。可以想见，如果地下水位足够低，盾构进出洞的事故发生率将下降很多。如果周围没有那么多建筑物，也就不会牵涉到那么多的环境影响问题。因此，可以说，孕险环境是风险的客观基础，是决定风险事故是否发生的根本性因素，也可以称之为风险的内因。如果能在施工前通过规划选线尽量避开孕险环境，那么风险自然可以得到控制。

致险因子　风险事故产生的直接原因，与孕险环境构成了风险事故的两个必备要素。如果说孕险环境是风险的基础，是一个火药桶，那么致险因子就可以说是风险的外因，是导火索。例如盾构推进中遇到障碍物，进出洞加固区加固效果欠佳，旁通道施工采用冻结法而产生的冻融、冻陷，以及机械故障等等都是风险事故的致险因子。

风险事故　在孕险环境和致险因子作用下，发生的偏离目标期望的事件。工程项目中，风险事故往往是指会给项目带来损失的事件。这些事件有时可能比较严重，会被称为工程事故，但更多的情况下，只是一些会造成损失的工程问题。风险一般用风险事故来命名，如盾构进出洞事故风险、工作面失稳风险等。

承险体　承担风险损失的对象，如机械设备、隧道结构、建筑物、路面系统、地下管线，包括社会群体、生态环境等。各类承险体构成了整个项目的承险体系统。

易损性　承载体抵抗损失的能力，换句话说，就是风险一旦来临，可能发生的损坏程度。易损性分析的关键目标是得到承载体的最大损失可能。一般来说，把超越某损失值的概率小于5%的损失作为承载体的最大损失可能。对于承载体的损失分布，即0.95分位数值为最大损失。

风险损失　风险事故发生后所产生的一系列问题，由于风险分析是事前进行，风险损失的分析就带有预测的成分。而且，风险损失也不一定就是一种，可能牵涉到承险体多方面的损失，如工期、耐久性、环境影响。同一类风险事件在不同工程中所发生的风险损失往往带有很大的差异性，因此，风险损失的分析就变得异常复杂，也是影响风险分析的可信度的最重要因素。风险损失可分为直接损失和间接损失。直接损失指对正在进行的工程项目所造成的损失，这种损失并不一定会马上表现出来，比如耐久性的损失可能要过很长一段时间才能发现。而间接损失是指由于工程的建设、运营而造成的其他对象的损失，按照保险学观点，这属于第三者责任问题。另外，在工程项目风险管理中，决策者往往希望分析结果尽量简化，因此可能就需要将直接经济损失、工期损失、耐久性损失、环境影响损失、社会影响损失、生态环境破坏损失以及人员安全损失进行替换，以统一的标尺衡量各种风险损失。在这种情况下，假定项目是纯经济型的，不考虑政治影响等方面的价值。其中常用到的替代是以费用损失形式替代其他各项损失。这种替代可用转换系数或转换矩阵在数量上加以描述。

风险效益　对风险事故采取某项措施而产生的风险改善效果，即风险的减小程度。风险效益的产生来自两方面的原因，一个是风险概率的降低，另一个是风险损失的减少。相对来说，后者比较难以控制，因此，风险效益主要来自对孕险环境和致险因子的控制，从而达到降低风险概率及风险损失的目的。

风险成本　可分为广义风险成本与狭义风险成本。广义的风险成本，既包括风险本身造成的损失费用，也包括对风险的前期预防费用以及后续的风险处置费用。

广义风险成本的特点是立足于考虑从风险产生到风险处理的全过程，分析和计算因风险而发生的全部费用。狭义的风险成本仅仅指风险发生时引发的实际损失。狭义风险成本建立在考察风险实际损失基础之上，只分析风险造成的实际损失，以局部为着眼点，表现出较强的针对性。狭义风险成本的大小只取决于风险本身的影响程度和范围。上述两种不同范围的风险成本有各自的特点和作用。在风险管理中，一般是从广义角度理解风险成本；而针对风险事故进行分析和评价时，主要是从狭义角度理解风险成本。

风险机理 隧道工程的风险事故产生机理可以简单地描述为：由于孕险环境的存在，加上致险因子的诱导，就有可能引发风险事故的发生，进一步对各种承载体造成损失。风险事故的损失分析由于是在事故发生前进行的，对项目决策者来说属于潜在损失。而这种潜在损失是不确定的，同时随着工程项目的不断进展，这种潜在损失的状态也会随着外界情况的变化而产生波动。那么，这种潜在损失的发生、发展、变化过程也就可以认为是工程项目风险发生、发展、变化的过程。换句话说，风险分析就是以潜在损失为主体目标的研究。以软土地区盾构隧道工程施工风险为例，承险体包括盾构隧道、地面建筑物、路面系统、地下管线、已建隧道、社会群体和生态环境，其发生的损失模式也是不同的。其中以盾构隧道和施工人员为承险体的损失为直接损失，即工期损失、直接经济损失、耐久性损失以及人员伤亡损失属于直接损失的范畴，而环境影响损失、社会影响损失和生态环境破坏损失均属于间接损失。

全寿命期风险管理 隧道及地下工程风险在不同阶段的风险管理能力与风险监控能力各有差异，需要分阶段重点管理。其中在规划阶段，主要侧重线路方案、选址、投资与环境影响风险的评估与管理。在工程可行性研究阶段，主要侧重可行性方案拟定于施工方法选择的风险管理。在勘察设计阶段，主要侧重于工程勘察、初步设计与施工图设计的风险管理。在施工阶段，主要针对不同参建单位进行施工风险控制与动态风险管理。在运营阶段，主要侧重运营环境与周围地层环境的相互影响风险管理。

（黄宏伟）

隧道及地下工程监控量测 monitoring and measurement of tunnel and underground engineering 在隧道及地下工程施工中，使用各种仪器设备和量测元件，对围岩、地表、支护结构的变形和稳定状态，以及周边环境动态进行的经常性观测和量测工作。有些工作根据需要还将持续到工程建成后的使用过程中，这些工作统称为监控量测。为了使监控量测能充分发挥技术经济效益，要求隧道设计、施工单位编制切实可行的监控量测计划，并在施工中认真组织实施。

目的 在隧道及地下工程施工中，通过现场量测可以判断围岩稳定性，及早发现异常情况后可以及时采取措施，能保证安全施工；在隧道长期运营过程中，还可以通过经常性的量测来预测和监视隧道的稳定状况。它是设计、施工中必不可缺少的重要环节，对于施工前的预设计及施工过程中的再设计都有着重要的指导意义。

监控量测可以及时提供拱顶下沉、周边收敛、围岩内部位移、钢支撑受力情况等信息，判断施工工艺的可行性、设计参数的合理性，提出更加合理的施工方法和支护措施，实现隧道信息化动态施工控制，达到既能安全快速施工，又能降低工程造价的目的。其与超前地质预报相结合，则能更加充分实施动态施工控制，确保工程的安全质量，提升隧道及地下工程的修建技术水平。

根据现场量测实施信息化施工可以了解围岩的动态过程、稳定情况和支护系统的可靠程度，为支护系统的针对性设计和施工决策服务，从而实现地下工程施工的工程安全性及其经济性。具体地说，监控量测的目的有5个方面：①确保施工安全及结构的长期稳定性。②验证支护结构效果，确认支护参数和施工方法的合理性，为调整支护参数和施工方法提供依据。③确定矿山法隧道二次衬砌施作时间。④监控工程对周围环境影响。⑤积累量测数据，为信息化设计与施工提供依据，为以后同类工程的设计、施工提供借鉴。

要求 有5个方面：①能快速埋设测定，隧道在开挖过程中，开挖作业面四周两倍洞径范围内受开挖影响最大，测点一般是开挖后埋设的，为尽早获得围岩开挖初始阶段的变形动态，测点应紧靠工作面快速埋设，尽早量测。②每一次量测数据所需时间应尽可能短。③测试元件应具有良好的防震、防冲击波能力。④测试数据应准确可靠、直观，不必复杂计算即可直接应用。⑤测试元件在埋设后能长期有效工作，应有足够的精度。

项目 主要有：施工监控量测项目应根据隧道工程地质条件、围岩级别、围岩应力分布情况、隧道跨度、埋深、工程性质、开挖方法、支护类型等综合确定。①**明挖法**施工的地下工程监测项目包括：围护桩（墙）顶水平位移和沉降、围护桩（墙）体挠曲位移（测斜）、围护桩（墙）结构内力、支撑轴力、锚杆（索）内力、水土压力、地下水位变化、地表沉降、邻近的地下管线变形、邻近的建筑物沉降和倾斜、土体分层沉降及水平位移等。②**矿山法**施工的地下工程监测项目包括：洞内外地质和支护状况观察、拱顶下沉、净空变化、地表沉降、围岩压力、钢架内力、喷混凝土内力、二次衬砌内力、初期支护与二次衬砌间接触压力、锚杆轴力、围岩内部位移、隧底隆起、爆破振动、孔隙水压力、温度场、地应力、岩溶水压力等。③**盾构法**施工的地下工程监测项目包括：地下水位变化、地表沉降、邻近的地下管线变形、临近的建筑物沉降和倾斜、土体分层沉降及水平位移、管片上浮、管片结构受力、孔隙水压力、管片净空收敛、管片错台、隧道沉降、管片接缝张开等。④**沉管法**施工的地下工程监测项目包括：基槽坡面形态与回淤、沉管隧道位移、管节接头张开量、河（海）床变化端封墙应力或变形、管节结构应力、管节接头错位量和应力、水位变化、管节结构裂缝宽度、泵房水位、管节结构腐蚀等。

实际工作中量测项目通常可分为必测项目和选测项目两大类。①必测项目。必须进行的日常监控量测项目，选测项目是为了满足隧道设计与施工的特殊要求进行的监控量测项目。不同施工方法的必测项目和选测项目各不相同。以矿山法为例，必测项目包括洞内外观察、初期支护结构拱顶下沉、初期支护结构净空收敛、地表沉降、拱脚下沉、拱脚位移、地下管线沉降、邻近建筑物沉降、倾斜和裂缝等。②选测项目。对一些有特殊意义和具有代表性的区段进行的补充测试，项目包括：初期支护应力、二次衬砌应力、围岩压力及支护间接触应力、结构位移（活动断层）、土体分层沉降及水平位移、地应力、地下水位、承压水（岩溶水）压力、温度场等。

成果处理及反馈 监控量测成果的处理及反馈是隧道及地下工程监控量测重要的一环。现场监控量测所得的原始数据不可避免具有一定的离散性，其中包含测量误差甚至测点错误，首先应对数据进行整理并做数学回归处理。通过数学处理可得到：①监视围岩变形或应力状态随时间的变化情况，对最终位移值及变形速率进行预测预报。②探求围岩变形或应力状态的空间分布规律，了解围岩稳定性的特征，以求合理的设计支护系统。③将同一量测断面的各种量测数据进行分析对比、相互印证，以确认量测结果的可靠性。

通过数据处理可得到位移-时间曲线、应力-时间曲线、变形速率-时间曲线、围岩压力在隧道横断面上的分布图、初期支护或二次衬砌结构内力图等，据此对其安全性进行评价。如符合规范或设计要求，可正常进行施工；如监测结果达到或超过规范要求控制值时，需进一步采取工程对策。需要变更设计时，应根据有关工程变更管理办法及时进行设计变更。

（田四明 蒋 超）

隧道及地下工程结构设计 structural design of tunnel and underground engineering 以工程勘察和调查资料为基础，综合考虑地形、地质、水文、气象、地震及其他地质灾害，以及交通量需求等条件，考虑隧道及地下工程建设与环境及地上结构物的相互作用，通过技术优化，达到设计功能，实现环境、经济和社会效益的协调，制定合适的施工工法和结构形式的过程。地下结构的设计包括：土压力计算、地下水与土的工程性质的影响与防治、大开挖基坑设计、深基坑工程设计、地下连续墙设计、沉井与气压沉箱设计、土钉支护设计、逆作法设计、盾构法隧道设计、冻结法通道设计、顶管法管道设计、沉管法隧道设计、箱涵设计、矿山法隧道设计以及锚杆设计等多项内容。

土压力计算 侧向土压力计算的经典理论包括静止土压力理论、库仑土压力理论和朗肯土压力理论。静止土压力理论一般采用弹性理论，其侧压力系数与土的种类和性质有关，可由其泊松比确定，或由经验公式求得；库仑土压力理论由法国科学家C.-A.de库仑于1773年提出，基于相关假定，根据土体滑动楔体处于极限平衡状态，即滑裂面和墙背面的切向力分别满足极限平衡条件，由楔体静力平衡得出砂性土的主动和被动土压力公式，并通过等效内摩擦角确定了黏性土的主动土压力公式；朗肯土压力理论由英国科学家W.J.M.朗肯于1857年提出，从弹性半空间的应力状态出发，根据土的极限平衡理论和由莫尔应力圆确定的最大、最小主应力公式，分别导出主动和被动土压力公式。

设计中具体计算水土压力时，对于不同类型的地下结构，如基坑支护结构、深浅埋矩形结构、深浅埋圆形隧道、沉井等，通常根据其特点和具体情况进行相应的修正，从而使计算结果更符合实际。

地下水的影响与防治 地下水的不良影响有潜蚀作用、孔隙水压力变化、渗流作用以及浮托作用等，对隧道及地下工程的安全、稳定造成很大的威胁，因此在工程设计时必须充分考虑地下水潜蚀、管涌、流沙和液化的影响，并制定相应的防治措施。有侵蚀性的地下水，还要考虑对混凝土以及钢筋等铁质材料的腐蚀。

大开挖基坑设计 大开挖基坑工程指不采用支撑形式而采用直立或放坡施工方法进行开挖的基坑工程。应根据拟建基坑的开挖深度、基坑周边条件、场地工程地质及水文地质情况、基坑安全等级及其经济指标等因素，合理选择支护方案。常用的支护方案有大放坡、土钉与复合土钉墙、土层锚杆、格栅式搅拌桩重力坝及悬臂结构等形式。设计内容主要包含：①地质勘查和环境调查。②基坑边坡设计及其稳定性分析。③基坑降水和边坡加固。

深基坑工程设计 深基坑工程的围护结构有板桩式墙、钢板桩墙、钢管桩、预制混凝土板桩、钻孔灌注桩、SMW工法、大直径筒桩、咬合桩、PCMW工法、地下连续墙、土钉墙以及水泥墙等。针对不同的围护结构，应制定相应的、具体的设计方案。基坑工程围护设计一般分为三个阶段，即主体结构方案设计阶段（完成基坑工程安全性评估）、初步设计阶段（完成支护技术方案）、施工图设计阶段（完成施工图设计工作）。以安全、经济、施工简便为设计原则。设计内容一般包括：支护结构体系的方案和技术经济比较；基坑支护体系的稳定性验算；基坑结构承载力、稳定和变形计算；地下水控制设计；对周边环境影响的控制设计；基坑土方开挖及支撑方案；基坑工程的监测要求；主体结构施工工序等。这几方面相互关联、相互影响，设计时必须综合考虑。

地下连续墙设计 地下连续墙施工需要专用设备，施工工艺复杂，造价高，对壁板厚度不易调整，通常在埋置较深或有特殊要求的地下工程中采用才能显示其经济性和特有优势。根据地下连续墙在工程中的作用和受力工况，通常对其强度、变形、稳定性、承载力、接头构造、防渗漏等内容进行设计与计算。当兼作临时挡土结构和永久性主体结构时，应按施工阶段和使用阶段两种情况分别进行结构分析。

沉井、沉箱设计 沉井是将位于地下一定深度的建（构）筑物或其基础，先在地面以上制作一个井状结构，然后在井内挖土，借助井体自重逐步下沉到设计深度后，进行封底，并构筑井内构件，最终形成地下建筑。沉箱是将沉井的下部设置顶板形成工作室，并在工作室内加气平衡水土压力进行挖土作业，下沉到地下预定深度的地下结构物。沉井（箱）设计内容包括：槽壁稳定性分析、入土深度确定、结构内力分析与变形验算、配筋设计与截面强度验算、接头连接强度验算、估算沉降值与沉降范围、制定墙内墙外监测方案。

土钉支护设计 在基坑开挖过程中，逐层进行土钉超前支护，土钉植入地层中并通过注浆体与周边土层黏结形成复合受力体，能够保持、显著提高、最大限度地利用基坑边壁土体的固有力学强度，使土体荷载成为支护结构体系的一部分。设计内容包括：①土钉墙的结构尺寸及分段施工长度与高度。②土钉长度、间距及布置、孔径、钢筋直径等。③整体稳定性分析计算。④设计面层和注浆参数，必要时进行变形分析。⑤构造设计及制定质量控制标准。

逆作法设计 地下工程逆作法，即先做围护结构及中间支承柱，边开挖边自上而下浇筑地下室顶板、梁、地下一层板、梁等，最后浇筑底板。根据梁、板、内衬墙的制作方式，可分为三类：全逆作法、半逆作法及部分逆作法。逆作法设计应保证地下结构的侧墙、梁、楼板、底板、柱等所有构件在整个施工过程中达到所有工况的要求，包括强度、稳定、安全等。其内容包括：①地下连续墙的设计与计算。②水平支撑构件的设计与计算。③竖向结构的设计与计算。④立柱脚根部插入桩部分的设计。

盾构法隧道设计 盾构法隧道管片，又称隧道的一次衬砌，常用类型有钢筋混凝土管片、复合管片和球墨铸铁管片。管片设计通常分三个阶段：第一阶段为确定隧道直径、管片的宽度及厚度、圆环的分块和纵向螺栓位置及数量等；第二阶段为管片细部设计，包括管片接头形式、管片的孔洞、螺孔、环向螺栓的数量与截面、防水条槽口、管片各部位的精度以及举重臂吊点（含真空吸盘形式）、拼装形式等；第三阶段为管片的计算及断面设计。

冻结法通道设计 冻结法是利用人工制冷技术，使地层中的水结冰，把天然岩土变成冻土，增加其强度和稳定性，隔绝地下水与地下工程的联系，以便在冻结壁的保护下进行地下工程掘进施工的施工技术。地层冻结法设计的主要内容包括：冻结壁结构方案比选；冻结壁的承载力和变形验算；冻结孔布置设计；冻结壁形成验算；冻结制冷系统设计；对冻结壁的监测与保护要求；可能对周围环境和建筑物的影响分析；对周围环境和建筑物的影响监测和保护要求。

顶管法管道设计 顶管法指先在管道设计路线上施工一定数量的小基坑作为顶管工作井（大多采用沉井），作为一段顶管的起点与终点，通过传力顶铁和导向轨道，用支承于基坑后座上的液压千斤顶将管压入土层中，同时挖除并运走管正面的泥土，当第一节管全部顶入土层后，接着将第二节管接在后面继续顶进，这样将一节节管子依次顶入，做好接口，建成涵管。顶管法设计内容包括：①地质与环境调查。②顶管机选型。③顶管工作井布置。④顶管顶力估算及其承压壁后靠土体稳定验算。

沉管法隧道设计　沉管法指先在船台上或干坞中制作隧道管段（用钢板和混凝土或钢筋混凝土），管段两端用临时封墙密封后滑移下水（或在坞内放水），使其浮在水中，再拖运到隧道设计位置，定位后，向管段内加载，使其下沉至预先挖好的水底沟槽内，管段逐节沉放，并用水力压接法将相邻管段连接，最后拆除封墙，使各节管段连通成为整体的隧道。其管段截面分为圆形钢壳类和矩形混凝土类。沉管法设计内容包括：①水文条件调查。②工程地质、水文地质调查。③气象调查。④管段分节长度。⑤横截面设计。⑥浮力设计。⑦结构荷载分类及组合。⑧结构分析（横向分析、纵向分析）。⑨抗震设计等。

箱涵设计　箱涵指的是洞身以钢筋混凝土箱形管节修建的涵洞，一般采用现浇，在开挖好的沟槽内设置底层，浇筑一层混凝土垫层，再将加工好的钢筋现场绑扎，支内模和外模，待混凝土达到设计要求的强度后拆模，在箱涵两侧同时回填土。箱涵设计内容的主要有：①横断面形式的选择（单孔、多孔）。②荷载及其组合的计算（固定荷载、可变荷载、偶然荷载）。③内力计算及配筋设计。④箱涵顶进计算。

矿山法隧道设计　主要工法有传统矿山法、*新奥法*（NATM）、挪威法和*新意法*。矿山法隧道结构设计需要开展的工作包括：①地质调查与围岩分级，包括地形、地质、气象调查，工程地质环境评价，围岩参数测定等。②隧道围岩压力计算、隧道支护的地层-结构计算、隧道支护的荷载-结构计算。③隧道衬砌设计（喷锚衬砌、整体式衬砌、复合式衬砌、明洞衬砌、小净距隧道衬砌、连拱隧道衬砌）。④隧道辅助措施设计（地层稳定措施、涌水处理措施）。矿山法设计中强调通过现场实测来动态、适时调整设计方案，达到动态反馈设计的目标。

锚杆设计　锚杆技术的应用主要分为两个方面：①利用锚杆的拉力防止结构的倾覆。②用于边坡稳定和整治滑坡工程。锚杆根据其使用地层、所用材料、服务年限等，可被分为多种类型，如土层锚杆和岩石锚杆、金属锚杆和非金属锚杆、临时性锚杆和永久性锚杆等。其设计工作主要包括计算外荷载，决定布置和安设角度，锚杆材料选择，锚杆锚固体尺寸、自由段长度和预应力筋截面的确定，稳定性验算，注浆体强度确定，锚头与传力结构设计，以及防腐设计等主要步骤。

（张冬梅）

隧道及地下工程排水　drainage of tunnel and underground engineering　将隧道及地下工程中多余的水排除到该地区以外的措施。在隧道及地下工程中，对地下水的处理都会经过堵水、防水、排水三个过程。水量较少时通过堵水措施就基本能控制住地下水的渗流，部分防水型地下结构则采用全包全密闭的措施来阻止地下水进入净空，而遇到水量过大且无法完全依靠堵水防水来解决时，则会在结构周围和内部布设排水系统。例如，隧道工程的排水就分为施工期排水和结构排水，施工期排水通常有辅助坑道排水、斜井排水、反坡排水等，结构排水则需要在衬砌背后形成纵向与环向都能快速排水的系统，该排水系统一般由环向盲管、侧沟、中心水沟、横向导水管、纵向盲管等结构组成。

（郭小雄）

隧道及地下工程设计　design of tunnel and underground engineering　根据隧道及地下工程功能需求和国家关于地下空间开发利用的法律法规要求，充分考虑地下空间可持续发展要求，在完整充分的地质勘查和调查的基础上，综合考虑地形、地质、水文、气象、地震及其他地质灾害，以及交通量及未来发展等条件，兼顾施工、运营和维护的需求，分阶段编制有技术依据的设计文件和图纸的整个过程。

设计目标　隧道及地下工程设计的最终目标是满足隧道及地下工程安全性、适用性、耐久性与经济性的要求，达到技术、经济和环境的协调和优化。

设计流程　在规划阶段制定的工程前期初步方案基础上，隧道及地下工程设计流程可分为项目建议书阶段、工程可行性研究阶段、初步设计阶段和施工图设计阶段。项目建议书重点阐明隧道及地下工程的建设规模和建设必要性；在项目建议书基础上，制定工程可行性方案，工程可行性方案将对工程规模、隧道线位和施工工法提出可行性建议；在工程可行性方案基础上，编制设计文件，隧道及地下工程设计一般可以分为初步设计阶段和施工图设计阶段，对于比较复杂的工程，可以分为初步设计、技术设计和施工图设计三个阶段。

工程勘察内容　工程勘察是隧道及地下工程设计的基础，隧道及地下工程场地勘察的主要任务是：①查明地形、地貌特征，研究不良地质现象，从而判断和论证场地的稳定性和适宜性。②查明地层信息及其物理力学指标。③评价地基承载力。④预测可能出现的岩土工程问题，并提出防治措施。⑤指导运营期间的长期观测。场地的分级由工程重要性等级、场地复杂程度和地基复杂程度综合分析确定。按阶段分为可行性研究勘察、初步勘察、详细勘察和施工勘察。此外，如果遇到异常情况或者为解决设计、施工中的特殊工程问题时需要进行施工勘察或专项勘察。

可行性研究勘察　目的是为了取得若干个可选场址方案的勘察资料，主要任务是对拟选场址的场地稳定性和建筑适宜性做出评价，从而选出最佳的地下工程场址和隧道线路方案。通过搜集和分析既有资料、现场踏探以及必要的现场勘测（以工程地质测绘、钻孔为主）等，为工程的选址、线路比选提供地形、水文、区域地质、地震、场区地层分布及地下水、不良地质、地下障碍物及管线、环境等基础资料，进而为项目的必要性、可行性、合理性进行技术论证。

初步勘察　在可行性研究勘察的基础上进行的，通过对已选场址的勘察来满足初步设计的要求。通过搜集、分析既有资料，配合必要的勘探、测绘、钻探及实验室试验，获取线路设计所需的区域水文、地形（包括水下地形）、地震参数，初步提供沿线地层分布特点及性质、不良地质及范围、地震效应分析、地下水类型、分布及腐蚀性，对方案比选的重点单项进行专门论证。

详细勘察　目的是为施工图的设计、施工方法的选择，以及不良地质等问题的解决提供设计依据。在充分利用沿线已有资料的基础上，综合采用钻探、物探、原位测试等手段，按工点要求详细查明沿线工程地质、水文地质、地下水类型及相关参数、不良地质及地下障碍物，提供地层分布特征及其物理力学指标，分析和评价地下水、地震效应、不良地质及地下障碍物对工程的影响，并提出相应建议和对策。

勘察手段　工程勘察所采用的主要手段有井探、槽探、钻探（钻进方式：回转、冲击、振动、冲洗）、触探（动力触探、静力触探）、物探（电磁法、地震法），以及原位测试法等。其中，原位测试法有载荷试验、静力触探试验、圆锥动力触探、标准贯入试验、旁压试验、扁铲侧胀试验、十字板剪切试验和波速测试等。

设计内容　包括总体设计、建筑限界、路线、隧道建筑、工程结构、防水、通风、给水排水、照明、供配电、弱电系统、路面铺装、交通安全和管理设施、防灾、人防、运营管理系统、装修与景观、环保与节能、保护与监测等多个方面的设计。通过制定各项设计文件和图纸对项目施工及后期运维提供依据和指导。

总体设计　指完成隧道及地下工程体系的总体设计方案和总体技术途径的设计过程，又称初步设计，涵盖工程路线、附属建筑、结构形式、使用年限、设计速度、施工工法、隧道等级、工程安全以及运营维护等各个方面，是工程项目开发过程中的一个重要阶段，同时也是实现工程项目安全适用、技术先进、经济合理、质量合格的重要保障。

建筑限界设计　建筑限界指为保证隧道内各种交通的正常运行与安全，而规定在一定宽度和高度范围内不得有任何障碍物的空间限界。工程中具体规定为行车道上净高线和两侧侧向净宽边线组成的空间界线。工程中通常根据道路性质及等级、行车类型及速度，来确定建筑限界的最小净高、行车道宽度，以及两侧带最小宽度。

路线设计　确定路线空间位置及各部分几何尺寸的工作。隧道路线方案应满足工程总体规划要求、可持续发展要求，充分考虑沿线主要控制条件，协调邻近、交叉工程，实现优化设计。隧道路线设计包括平面设计和纵断面设计。平面线形设计综合考虑路线走向、施工工法、道路等级、设计速度、交通需求量、地形和沿线障碍物等因素确定其曲线半径和超高等。纵断面设计根据地形、地貌、施工工法等工程建设条件，确定其纵剖面线形、埋深、双线净距、线路及出入口纵坡等。

隧道建筑设计　针对隧道横断面布置、运营设备纵向综合布置，以及工作井、自然光过渡建筑、附属用房及设施等所进行的设计工作。其中，隧道横断面布置应在满足建筑限界的前提下，充分考虑施工工法、使用功能、空间利用、设备设施布置、排水、结构变形、施工误差、路面调坡等因素，确定其断面形式、尺寸、横坡等，满足工程的安全性、适用性等要求。其余建筑则根据施工和运营需求，依据相关规范合理布置。

结构设计　以工程勘察和调查资料为依据，综合考虑地形、地质、水文、气象、地震及其他地质灾害，以及交通量需求等条件，考虑结构与环境的相互作用，从技术、经济、环境及社会效益的角度出发，通过技术优化，选定适用的施工方法和结构形式，通过荷载确定、材料选择、结构计算及验算，并兼顾结构抗震及耐久性，最终实现隧道及地下工程结构的可靠性、耐久性和经济性设计。

防水设计　根据结构的防水要求，综合考虑环境条件、环境作用等级、设计使用年限、结构特点、施工方法等因素，为满足结构的安全性、耐久性及使用要求，制定相应防水措施及标准。

通风设计　在综合考虑道路等级、工程规模、交通量和交通工况、车辆种类及其有害气体排放量、隧道平面与纵断面线形、环境保护、烟气控制和运营维护等因素的基础上，确定换气量、温度、有害气体浓度等指标标准，制定相应通风措施和方案，从而满足隧道通风要求。

给水排水设计　以综合利用、节约用水为原则，在满足生产、生活、消防等要求的基础上，综合考虑环境保护、资源节约、降雨量、结构耐久等因素，合理布置给水排水系统，从而实现隧道工程给水排水优化设计。

照明设计　综合考虑环境条件、工程设计、交通状况、通风方式、供电条件、运营管理等因素，以使用功能为导向，以亮度、面积、视距等为控制指标并制定标准，通过配置光源、灯具、照明配电及控制系统，满足隧道不同洞段位置的照明要求。

供配电设计　注重安全性和可靠性，符合国家节能和环保要求。根据设备负荷的分级，制定相应控制标准，根据用电容量、供电距离、地区公共电网现状等，合理分配供电电压，并严格制定降压变电所、电线电缆、动力设备、接地和防雷设施等配置要求，实现供配电系统的安全可靠。

弱电系统设计　由综合监控、通信等系统组成，须满足安全性要求。其设计通过制定中央计算机、设备监控、交通监控、电力监控、视频监控、有线广播、通信传输、电话、无线通信、时间同步等系统的相关技术要求，实现弱电系统的安全、可靠的运行。

路面铺装设计　隧道及地下工程路面铺装通常采用复合式路面结构，由沥青混凝土面层、水泥混凝土找坡层等结构层组成，各结构层均需达到相应标准，以满足强度、稳定性、耐久性、抗变形、抗滑、耐磨等性能要求。

交通安全和管理设施设计　通过划定交通安全和管理设施等级，分级设置标志、标线、交通信号、安全等设施的设置要求和适用范围，从而使其与城市规划和交通管理相协调，实现接线道路设施与隧道交通管理相匹配，确保交通有序、安全、畅通。

隧道防灾设计　主要针对火灾、水灾、地震等灾害，尤以防火灾为主。根据隧道分类、交通情况等确定升温曲线以及最大车辆火灾热释放率等控制指标，并配置主动和被动防火、出入口反向排水坡、疏散通道、防烟排烟、自动报警及消防联动、防灾通信等设施和功能，建立全面、有效的防灾体系。

人防设计　隧道及地下工程在平时满足生产生活需求的同时，战时应兼顾人民防空需要。隧道工程兼顾人防设计从构造、结构（战时荷载作用下的强度设计值、承载力验算）、通风、给排水、电气、平战功能转换等角度制定具体措施和要求，促使达到总体的防护标准及技术要求。

运营管理系统　超长隧道、特长隧道、长隧道通常设置运营管理中心，中、短隧道按需设立设备监控、应急事件处理管理所。根据隧道等级确定建设规模，合理配置中央控制室、设备用房、管理用房、维护用房、仓库及停车场等场所，使隧道具备交通管理、电力供给、防灾报警、设备监控、紧急事件应急处理以及全线信息集散与交换等功能。

装修与景观　隧道装修在考虑防火、防潮、耐腐蚀、抗震的基础上，设置侧墙装饰、防火内衬、装修材料、外景观布置等方面的标准和要求，从而体现隧道交通型建筑简洁、明快、流畅的特点。

环保与节能　环境保护遵循预防为主、防治结合、综合治理的原则，内容主要包括大气污染防治、噪声污染防治、水污染防治三个方面，重点在于动力设备的减振降噪、污染气体排放控制，以及污水废水处理等方面。节约能源严格贯彻国家相关节能规范和标准要求，重点针对通风、照明、给排水及附属用房等环节中能耗较大的设备，制定相应的节能措施和要求，此外，供电方案的优化以及供电线路损耗的减少也是节能降耗的重要方面。

保护与监测　结合施工、运维监测需求，合理布置必要的永久性监测点对隧道结构、运营环境等进行长期、连续、有针对性地监测。保护方面包括制定由于附近加载和卸载活动引起的结构变形限值、邻近基坑最小净距等。监测内容则主要针对结构变形、地表地形及环境荷载变化方面等展开。

展望　打破设计与施工、运维之间相对独立的现状，实现隧道及地下工程的全过程设计，将设计与施工、运维相协调，实现全过程动态反馈，不断实现过程优化和标准更新，快速促进新材料、新技术的检验和应用，促进环境保护、资源节约与循环利用，降低生产和运营成本，最终实现绿色、高效、可持续的发展，将是隧道及地下工程设计未来的发展方向。建筑信息模型（BIM）技术是实现隧道及地下工程全过程设计和可持续发展的有利工具。（张冬梅）

隧道及地下工程施工方法 construction method of tunnel and underground engineering 隧道及地下工程项目整个建设周期内采取的技术方案、工艺流程、组织措施、检测手段和施工组织设计等。隧道及地下工程施工时，需要在岩石或土体中开挖出相应的空间，并在其中修筑支护结构。施工方法的选择受地质、地形和环境条件以及埋置深度等因素的影响，主要分为明挖法、暗挖法、沉管法与悬浮隧道工法等。

明挖法 从地表面向下开挖，在预定位置修筑结构物方法的总称。在城市地下工程中，特别是在浅埋的地下铁道工程中，已获得广泛应用。一般来说，明挖法多用在平坦地形，以及埋深小于30米的场合，而且可以适应不同类型的结构形式，结构空间得到充分而有效的利用。随着埋深的增加，明挖法的工费、工期都将增加。此外，明挖法对地面交通和沿线的环境影响比盾构法和浅埋矿山法大，因此，采用明挖法时，应充分考虑各种施工方法的特征，选择最能发挥其特长的施工方法。主要分为基坑开挖法、盖挖法。

基坑开挖法 先从地表向下开挖基坑或堑壕，直至设计标高，再在开挖好的预定位置浇筑地下结构，最后在修建好的地下结构周围及其上部回填，并恢复原来地面的一种地下工程施工方法。当围岩较好时可采用放坡开挖，围岩较差时可采用支挡开挖。

盖挖法 可分为盖挖顺筑法和盖挖逆筑法。①盖挖顺筑法。在现有道路上，按所需宽度，由地表面完成挡土结构后，以定型的预制标准覆盖结构（包括纵、横梁和路面板等）置于挡土结构上维持地面交通，往下反复进行开挖和加设横撑，直至设计高程，依次由下而上建筑主体结构和防水措施，完成主体结构后再回填土并恢复管线路或埋设新的管线路。②盖挖逆筑法。先建造地下车站的柱、梁、顶板，然后以此为支撑结构，在顶板上面恢复地面交通，下部进行土体开挖及地下主体工程施工的一种施工方法。

暗挖法 不挖开地面，采用在地下挖洞的方式施工。它主要分为常规工法和机械法。

常规工法 可分为传统矿山法、浅埋暗挖法以及在传统矿山法的基础上发展起来的当代矿山法。

传统矿山法 可分为全断面开挖法、台阶法、分部开挖法。全断面开挖法即隧道断面一次开挖成形，然后再支护衬砌。台阶法指先开挖隧道上部断面（上台阶），上台阶超前一定距离后开始开挖下部断面（下台阶），上下台阶同时并进的施工方法。根据台阶长度，可分为短台阶、长台阶、超短台阶（微台阶）法等。分部开挖法指把隧道划分成若干部分，分部交替进行开挖，最终形成设计断面的一种施工方法。

浅埋暗挖法 又称浅埋矿山法，是一种在浅埋条件下进行各种类型地下洞室暗挖施工的方法。它强调了新的施工要点，突出时空效应对防塌的重要作用，提出了“管超前、严注浆、短进尺、强支护、早封闭、勤量测”十八字方针。

当代矿山法 可细分为新奥法、新意法、挪威法。挪威法即挪威隧道施工方法，指根据N.巴顿提出的隧道质量指标Q值进行围岩分类并选定支护，主要在硬质而节理发育岩体的地质条件下，支护大多采用锚杆加湿喷钢纤维混凝土，并作为永久性结构，只有在围岩极差的情况（$Q<0.4$）才选择模筑混凝土作为永久衬砌。此法是对新奥法的完善、补充和发展。

机械法 采用掘进机械而非通过钻孔爆破形式开挖岩土体的施工方法。可分为顶管法、盾构法和掘进机法。

顶管法 先在管道一端挖工作坑，在工作坑内，按管道设计位置，根据管子外径尺寸在地层内挖土洞，边挖土、边用千斤顶将管节逐节顶入土洞内，反复操作，直到顶至设计长度为止。顶管法根据稳定掌子面的形式可分为泥水式、泥浆式、土压式和岩石掘进式。

盾构法 使用盾构机（用于隧道暗挖施工，具有金属外壳，壳内装有整机及辅助设备，在盾壳的掩护下进行土体开挖、土渣派运、整机推进和管片安装等作业，从而使隧道一次成形的隧道施工装备）修建隧道的方法，是地下暗挖隧道的施工方法。使用盾构机在地下掘进，可一边防止开挖面坍塌和保持开挖面稳定的同时，一边在机内安全地进行隧道的开挖作业和衬砌作业，从而构筑成隧道。

盾构法分为土压平衡盾构法、泥水平衡盾构法和复合式盾构法。①土压平衡盾构法。采用土压平衡盾构机进行隧道施工，刀盘切削下来的土体进入土舱后通过螺旋输送机输出，并在螺旋输送机内形成压力梯降。盾构机向前推进的同时，螺旋输送机排土，排土量等于开挖量即可使开挖面的地层始终保持稳定。排土量通过调节螺旋输送机的转速和出土前门的开度予以控制。从螺旋输送机出来的渣土通过皮带输送机转运，将渣土卸到皮带机下方的渣土车上。渣土随车通过电瓶车牵引运至盾构隧道的竖井，再通过地面上的门吊将渣土车吊到地面，并卸在渣坑内，使用挖掘机将渣土装至自卸汽车上外运。②泥水平衡盾构法。采用泥水盾构机进行隧道施工的方法，其本质是将泥膜作为媒体，由泥水压力来平衡土体压力。送泥泵从地面上的调浆池抽取泥水（水与膨润土的混合物），经送泥管进入泥水舱。在泥水舱内，充满压力的泥水贯入地层若干厘米深，使膨润土也嵌入若干厘米深，进入土颗粒间的缝隙里，形成一层“蛋糕”，从而使开挖面土层变得较稳定和不透水。通过泥水盾构机的刀盘旋转，将开挖面已形成“蛋糕”状土体切削下来，与泥水舱内的膨润土浆液混合后，经过排泥泵→隧道内的中继泵→排泥管道，最后泵送到地面上的泥水分离站。泥水分离站将开挖的渣土从膨润土浆液中分离出来。分离出来的泥水进行质量调整后可循环使用，再通过送泥泵送入盾构机的泥水舱。泥水盾构机工作时，开挖面完全封闭，具有高安全性和良好的施工环境，既不对围岩产生过大的压力，也不会受到围岩压力的反压，故对周围地基影响较小。一般不需辅助施工（除非为难以维持开挖面稳定的高透水地层、砾石地层）。特别是在开挖断面较大时，控制地表沉降方面优于泥水平衡盾构法。③复合式盾构法。在泥水平衡盾构法的基础上发展起来，适用强度差别较大的土质以及盾构机掘进断面土层不均匀等复杂地质条件中。其施工方法是在刀盘上装有两种或两种以上的刀具，可切削软土、硬土、砂砾和软岩等不均匀地层，为了保持开挖面的稳定，在切削刀盘后的密封舱内充填开挖下来的土体，通过螺旋输送机出土，保持土压平衡。

掘进机法 用隧道掘进机械修筑隧道的方法。隧道掘进机能够直接切割、破碎工作面岩石，同时完成装载、转运岩石，并可同时调动行走和进行喷雾除尘的功能，有的还具有支护功能，以机械方式破落煤、岩等进行隧（巷）道掘进。全断面硬岩隧道掘进机（TBM）一般可分为开敞式TBM和护盾式TBM两大类型。①开

敞式TBM。主要有两种结构形式：一种为前后共有两组“X”形支撑的双支撑（凯氏）TBM（含有内凯机架和外凯机架）；另一种为单支撑主梁开敞式TBM。②护盾式TBM。分为双护盾TBM和单护盾TBM。从工程地质角度来讲，软弱围岩所占比例较大的隧道一般选用护盾式TBM，而岩石稳定性好、软弱围岩较少的隧道一般选用开敞式TBM。此外，单臂掘进机是用于任意形状断面的岩巷掘进设备，该设备具有切割能力强、除尘效果好、高效装运等特点。

沉管法 在水底预先挖好沟槽，把在陆上预制的适当长度的管体，浮运到沉放现场，顺序地沉放沟槽中，并回填覆盖而成的隧道。根据制造节段的条件不同，可分为钢壳式和干船坞式。其中钢壳式不需要修建特殊的船坞，用浮在水上的钢壳箱体作为模板制造节段，而干船坞式是在干船坞内制造箱体，再浮运，沉放。

悬浮隧道工法 悬浮隧道又称阿基米德桥，是一个圆形或椭圆形的管道结构，悬浮于水中，形成可供通行的水下隧道。由管体、水下基础、支撑系统、接头以及驳岸结构组成，通过自身重力、浮力以及锚固力悬浮于水中。根据支撑体系，可分为浮筒式（重力大于浮力）、张力腿式（浮力大于重力）、桥墩式和自由式。①浮筒式。管道结构被悬挂在数个浮体（浮桥船）下，具有支撑体系不受海底地质情况影响和管道结构受洋流荷载作用对节段间防水要求高的特点。②张力腿式。具有结构新颖、受力明确、线路短、跨度大、经济指标高等优点，但是在洋流荷载作用下会发生类似于斜拉桥拉索颤震现象。③桥墩式。最传统的支撑结构，优点是洋流荷载对隧道的影响小，隧道结构最为稳定，但是施工较为复杂、造价高。④自由式。隧道直接与陆地相连，在水中既不需要锚定，也不需要基座，没有任何的水中支撑结构，但难度太大。 （仇文革）

隧道及地下工程通风 ventilation of tunnel and underground engineering 采用通风动力，将新鲜空气送入封闭的地下空间中，以稀释并排出有毒、有害气体和粉尘的措施。通风能够保证隧道及地下工程施工和运营安全，创造良好的工作环境；在火灾时，限制火灾蔓延，排出火灾烟气，为疏散和火灾扑救工作创造条件。隧道及地下工程通风分为施工通风、运营通风和火灾通风。经过良好施工通风和运营通风后，隧道及地下工程空气中有害物质的最高容许浓度、空气的温度、相对湿度和流速都应达到国家卫生标准。施工通风的环境卫生标准为：①空气中氧气含量按体积计不得低于20%。②每立方米空气中含有10%以上游离二氧化硅的粉尘不得大于2毫克。③一氧化碳一般情况不大于30毫克/米^3，当施工人员必须进入工作面时可为100毫克/米^3，但工作时间不得超过30分钟；二氧化碳按体积计不得大于0.5%；氮氧化合物（换算成二氧化氮）在5毫克/米^{3}以下。④隧道内气温不宜大于28℃。⑤对于瓦斯隧道，爆破点20米范围以内，风流中瓦斯浓度必须小于1%，总回风巷风流瓦斯浓度小于0.75%。

隧道及地下工程运营产生的污染物与其使用目的有关，运营通风要满足其安全使用的卫生标准。①铁路隧道运营通风规定在列车通过后的15分钟内，隧道内的空气成分应达到的标准为一氧化碳浓度不得大于30毫克/米^3，氮氧化物（换算成二氧化氮）浓度不得大于5毫克/米^3，含石英粉尘浓度不得超过8毫克/米^3，动植物性粉尘浓度小于3毫克/米^3，温度不得高于28℃，湿度小于80%。②公路及市政道路隧道运营污染物是汽车排放的烟尘、一氧化碳及氮氧化合物。运营通风需根据隧道内照明光源使用情况，稀释烟尘浓度达到安全行车要求，确保司机的安全视距；稀释一氧化碳和氮氧化合物浓度满足司乘人员健康的卫生标准；换气稀释机动车异味，满足行车舒适性标准。③地下铁道的运营通风主要考虑车站和区间要有适宜的气温，并控制好二氧化碳的浓度。④地下建筑工程按其重要性和使用性质对运营通风的要求有所不同，主要影响因素包括空气温度、相对湿度、流速，空气中有害物质的最高容许浓度和新鲜空气量等。

隧道内一旦发生火灾，运营通风应迅速改变为火灾通风，火灾通风应达到的目的是：①必须有利于人员快速疏散，最大限度地给人员避难创造条件。②应避免和尽量减少火场高温气体的扩散，使火场扩大。③通风应有利于消防队员救火，使消防队员能从上风向接近火场，开展灭火工作。 （何　川　曾艳华）

隧道及地下工程照明 lighting of tunnel and underground engineering 通过导入自然光或设置人造照明系统来满足隧道及地下工程相对封闭的低亮度环境使用要求的技术措施。隧道及地下工程为建造于地下的相对封闭构造物，当不设置人工照明系统时内部亮度极低，甚至漆黑一片，此时需采用导入自然光或设置人工照明系统以满足其使用需要。不同的隧道及地下工程对照明要求差异较大，如交通隧道的照明应满足车辆行驶安全、运营维护及灾害状况下人员逃生等方面需要，地下商业街应满足货物辨识、商业沟通、购物导向、室内景观及灾害逃生等需要，而仓库照明主要是运营维护需要。照明要求被照表面有一定的光照度、亮度、显色性及光环境的视觉效果等。

根据使用要求一般可分为正常照明、运营维护照明及应急照明三种工况。正常照明指满足隧道及地下工程正常使用功能的照明。运营维护照明指隧道及地下工程停止或部分停止使用功能情况下，满足检查检修需要的照明。应急照明指隧道及地下工程正常使用期间突遇断电或火灾等情况，满足使用人员安全逃生的照明。

照明系统设计包含照明参数确定、光源选择、灯具配置、供电系统、控制系统等。

照明设计一般是以照明的亮度、均匀度、立体感、眩光、显色性指数和物体的颜色参数等物理量为标准进行设计和照明效果的评价。随着时代的发展和科技的进步，照明设计不仅在数量指标方面应达到标准的要求，更要综合考虑人的视觉特性、舒适感、照明艺术和节能等因素。不同亮度和色彩对人具有不同的视觉感受，不同人、不同时间、不同场所，甚至人的不同情绪都会反映出对亮暗和色的不同感受，照明设计要体现人和环境相互关系，营造一个舒适、明亮并富有艺术魅力的照明环境。 （郭小红）

隧道及地下工程注浆 grouting in tunnel and underground engineering 将注浆应用于隧道及地下工程施工领域，以实现加固或堵水目的的技术。

中国从20世纪80年代开始隧道建设。随着社会经济的发展以及地下空间的进一步开发利用，各种地质灾害也不断出现，注浆技术因为其优越性已成为治理隧道与地下工程地质灾害的主要手段。

隧道与地下工程注浆主要包括注浆材料、注浆方法、注浆机械设备、注浆设计、注浆控制技术以及注浆效果监测方法等方面。

注浆材料 以加固和堵水为目的，在地层中注入的主要物质。根据颗粒形态注浆材料可以分为水泥基注浆材料和化学浆液。

水泥基注浆材料 具有固结体强度高、耐久性好、材料来源丰富、工艺设备简单、成本较低等优点，所以在隧道及地下工程中得以广泛应用。但这种浆液具有容易离析和沉淀、稳定性较差、难以注入土层的细小裂隙或孔隙中的缺点。为改善水泥浆材的性质，以适应各种不同工程的需要，可在浆液中加入各种添加剂。近年来研发的超细水泥可以渗入较细（小于0.6毫米）颗粒土层中，并具有水泥浆材和化学浆材的优点，且对环境无污染。这种新型水泥为注浆界开辟了新的领域，有逐步取代化学浆材的趋势。

化学浆液　可注性好，能注入土层中的细小裂隙或孔隙。其缺点是结石体强度较低、耐久性较差、对周围环境和地下水源有污染、价格较贵。因此，以加固为目的的工程一般较少采用化学浆材。化学浆材主要包括水玻璃类化学溶液、有机高分子化学浆液、有机高分子复合注浆材料。

注浆方法　将注浆材料注入地层中所使用的方法。为改善实际工程的注浆效果，除研制合适的注浆材料以外，注浆方法也逐渐被人们所重视。按注浆工程地质条件可以分为以下六种。

充填注浆　通过注入浆液直接将被灌注介质中含有的大量孔隙、裂隙、空洞、溶洞等结构物充填，依靠浆液自身凝胶和高强特性，提高被充填结构物的整体性，从而提高土层的力学强度或变形模量的方法。

裂隙注浆　通过注浆主动将浆液充填到破碎地层的裂隙内，堵塞地下水的渗流通道，浆液凝固后可以提高地层强度和承载力。

渗透注浆　利用不破坏地层的压力，即在不改变地层结构和颗粒排列方式的情况下，把浆液注入颗粒状地层孔隙中，取代、排出其中的空气和自由水，浆液通过黏接被注介质颗粒提高地层强度和抗渗性。

挤压注浆　主要用于松软表土层的加固，有压密注浆和劈裂注浆两种。压密注浆注入极稠的浆液，使土体产生塑性变形，形成球形或圆柱状的浆液结石体，结石体压密周围土体，增强土体强度，但不使土体产生劈裂破坏。劈裂注浆浆液在注浆压力下压裂地层，形成浆脉或条带状结石体，对地层岩体进行加固和防渗。

置换注浆　将受注地层的土、砂用浆液替换出来的注浆方法。

高压喷射注浆　利用高压喷射流的动能进行注浆。该法主要用于软弱地层的加固或防渗。如地铁隧道淤泥地层的加固、土坝坝体的加固和防渗等。

此外，注浆方法按含水层揭露前后可以分为预注浆和后注浆；按照所用注浆材料可以分为水泥浆液注浆、黏土浆液注浆和化学浆液注浆；按照注浆工艺可以分为单液注浆、双液注浆；按照浆液在地层中产生能量的方式可以分为静压注浆和高压喷射注浆；按注浆目的可以分为堵水注浆和加固注浆。

注浆机械设备　主要包括钻机、钻具、注浆设备、搅拌机、注浆管路总成、止浆塞和混合器等，其中钻机和钻具是成孔设备，其他的设备是制备、输送浆液，并将浆液注入岩土层裂隙或孔隙的设备。每种设备的选用应满足设计资料对机械性能的要求。

注浆设计　应根据地质勘查报告、地下水勘查报告、环境调查报告、地下埋设物和已有建筑物布置图报告书、工程设计图等资料，确定堵水范围、注浆层段、注浆孔布置方式和部位、注浆深度、注浆段划分、注浆方式、注浆材料选择和配方试验要求、注浆参数的确定、检查评价方法等。

注浆控制技术　在对隧道及地下工程进行注浆填充或加固过程中通过控制压力、浆量等因素来控制注浆效果的一门技术。

地下工程注浆的控制技术主要有：控压技术指注浆过程中控制压力的大小来完成注浆加固过程。控浆量技术指注浆过程中控制浆量的大小来完成注浆过程。控压控量技术指在注浆过程中分别控制注浆压力和注浆量来完成注浆过程的一门技术。

注浆效果监测方法　利用注浆技术对隧道及地下工程进行填充或加固后，对注浆效果的一种检验手段。主要分为传统检测方法和无损检测方法两大类。

传统检测方法　主要有分析法、钻孔取芯、压水试验和钻孔电视检查等。

无损检测方法　随着无损检测方法的进步，无损检测方法被越来越多的应用到注浆效果的检测上。无损检测方法主要有：①超声波检测。②冲击弹性波法。③红外成像检测技术。④声发射检测法。⑤传感仪器监测。⑥光纤传感网络监测。⑦数字图像相关方法。⑧探地雷达。

（李术才　张　霄）

隧道结构断面形式　section form for tunnel structure　隧道轮廓线围成的截面的形式。隧道结构断面形式主要有圆形、拱形、矩形等。隧道结构断面形式决定衬砌结构的受力状态和断面面积利用率。圆形断面衬砌适应不同围岩压力分布的能力最强，拱形断面衬砌次之，矩形断面衬砌更次之；矩形断面面积利用率最高，拱形次之，圆形更次之。隧道断面形式也取决于施工方法：圆形断面多用于盾构法，矩形断面主要用于沉埋法、顶进法以及**明挖法**，拱形断面则用于矿山法和**新奥法**。（杨智勇）

隧道平面设计　tunnel plane design　对隧道中心线在水平面的投影进行的设计。隧道平面设计的任务主要是决定隧道的平面位置，选定隧道洞口位置及洞内各种地下管线埋设位置而进行的设计。隧道平面设计要点主要有：①在地形地质条件允许的条件下，应尽可能采用直线或者大半径曲线，避免小半径曲线，同时应考虑行驶安全，隧道全长较短、施工容易等。②在洞口不应使用小半径的引线与隧道衔接。③隧道应避免设置反向曲线或复曲线。④当隧道内必须设置两条曲线时，两曲线之间应有足够长的夹直线。（杨智勇）

隧道一体化智能检测　integrated intelligent inspection of tunnel　在隧道建设、隧道运营阶段对隧道开展表面质量检测、变形监测的技术。

系统构成　隧道一体化智能检测系统一般由移动检测平台、多源信息传感器和三维数据分析－管理平台组成。

移动检测平台　隧道一体化智能检测技术通常用于以下两个场景：高速公路、城市道路等车行隧道，地铁线路、火车线路等轨道隧道。①车行隧道的智能检测。主要由车载式移动监测平台完成，车载式检测平台多以小型汽车为载体，搭载高度集成化的检测设备，采用轻量化设计，提供高效的移动性和便利性，满足高速公路隧道、城市道路隧道等多场景综合检测需求。车载式检测平台分为驾驶区、设备区、操作区三大区间。驾驶员可以在驾驶室内轻松驾驶车辆到指定位置，检测操作员即可进行检测工作。②轨道隧道的智能检测。主要由轨道式检测平台完成，轨道隧道检测平台根据所检测轨道的类型、轨距而定制，搭载集成化的检测设备。现有的轨道隧道检测平台通常不需要工作人员驾驶，可在轨道列车停运间隙自动行驶，完成常态化隧道健康检测任务。

多源信息传感器　隧道一体化智能检测系统的核心是多源信息传感器技术，通常包括三维激光扫描系统、工业相机机器视觉系统、地质雷达检测等。①三维激光扫描系统。由三维激光扫描仪、计算机、电源供应系统等组成。突破了传统的单点测量方法，具有高效率、高精度等优势。运用该技术能够为隧道一体化检测提供扫描物体表面的三维点云数据，可以获得高精度、高分辨率的隧道内表面模型。②电荷耦合器件（CCD）工业相机检测系统。是隧道智能检测中常用的机器视觉系统，可用于隧道表观病害检测。CCD工业相机具有体积小巧、便于安装携带、可宽温工作（工作温度-20～70℃）、接口丰富等优点。此外，该系统响应速度快，装载在移动平台上最高作业速度可达80千米/时，可识别宽度不小于0.2毫米的裂缝。③地质雷达检测。是隧道工程质量检测的重要方法，装配在移动检测平台的雷达装置可以获得隧道雷达（B-scan）图像，从雷达回波中自动解释隧道工程质量要素（空洞、厚度、钢筋数量等）。用于隧道智能检测的雷达设备通常包括智能雷达一体化主机和手持显控终端等设备。

三维数据分析-管理平台 由多源信息传感信息器采集到的三维数据需进行数据分析与深度数据配准，这由三维数据分析-管理平台完成。常用的分析算法有：点云分割算法、点云特征匹配算法、二维仿射变换算法等。数据分析结果由集成管理平台收集并实现与专业人员的图形交互，有利于专业人员监控隧道健康状况。

应用场景 隧道工程一般多见于地铁、山区公路和城市道路等，是运输、客流的主要渠道。隧道工程一体化智能检测可应用于地质观察、地质预报、断面尺寸、支护厚度、地铁隧道管片等，具体检测范围有：①隧道工程环境。包括照度、风速、气体浓度和噪声等。②混凝土表观质量。包括裂缝、渗水、剥落和衬砌变形等。③初支（在挖掘隧道等做的初期的支护）的质量。包括断面尺寸、喷射混凝土早期强度、支护厚度、钢支撑间距和支护后的空洞等。 （袁 烽）

孙钧 Sun Jun（1926-10-03～2024-03-01）中国岩土力学与工程学专家。原籍浙江绍兴，生于江苏苏州。1949年毕业于上海国立交通大学土木工程系，后在该校任教，

1952年调至同济大学。1956年，随苏联基辅工学院钢桥结构工程专家I.D.斯尼特柯攻读副博士学位。1979～1980年，在美国北卡罗来纳州立大学从事博士后研究。历任同济大学讲师、副教授、教授，教研室主任、结构工程系和地下工程系主任、校教务处长、校务委员会委员和校学术委员会副主任委员。曾任国际岩石力学学会副主席暨中国国家小组主席，中国岩石力学与工程学会理事长、土木工程学会副理事长，国务院学位委员会土建水利、测绘学科评议组召集人，国家自然科学基金学科评议组召集人，30余处国家重大建设工程的技术委员会专家组成员等。现任同济大学地下建筑工程系名誉系主任、资深荣誉一级终身教授、科学技术研究院首批重点学术梯队学科负责人。1991年当选中国科学院学部委员（院士）。

1960年起，在同济大学主持兴办了世界上首个隧道与地下建筑工程学专业。是中国首批博士研究生导师（1981）和首批博士后导师（1986）。在隧道与地下结构学科领域，建立并开拓了新的学科分支——地下结构工程力学（1960～1965），是世界上该子学科的主要奠基人和开拓者。在岩土材料工程流变学、地下结构黏弹塑性理论、软岩挤压型大变形及其工程整治、地下防护工程抗震抗爆动力学、城市环境土工学和软科学（侧重人工智能科学）理论与方法，以及近海隧道和城市地下铁道防腐蚀耐久性研究、真空隧道等在岩土力学与工程中的应用等领域有深厚学术造诣，并在理论分析、实验测试和工程应用研究等方面做出贡献。20世纪80年代起，承担并完成国家重大、重点基金工程应用基础性研究课题约70项。在水工、铁道、公路、市政、矿山、煤炭、国防和人民防空等国家重大工程建设中，主持或参与项目40余项。发表学术论文380余篇，出版著作11部、与他人合著3部。获授国家级奖励4项、部委（省、市）级奖励17项，其中一等奖4项。2015年，获授国际岩石力学学会会士荣誉称号。 （朱合华）

榫卯连接 mortise and tenon joint 利用木材之间挤压、嵌合，将相邻构件组合起来的连接方式。见木结构连接。

索膜结构 cable membrane structure 用高强度的柔性薄膜材料（PVC或PTFE）与一定的支撑及张拉系统（钢架、钢柱或钢索等）相结合，通过预张力使膜形成具有一定刚度的空间稳定曲面，从而达到能承受一定外荷载，并满足造型效果和使用功能的空间结构形式。索膜结构集建筑学、结构力学、精细化工与材料科学、计算机技术等为一体，具有很高技术含量。索膜结构是20世纪中叶发展起来的一种新型建筑结构形式，是一种建筑与结构完美结合的结构体系。其曲面可以随着建筑师的设计需要任意变化，结合整体环境，建造出标志性的形象工程。90年代以来，索膜结构在中国也得到了飞速的发展，已经建成了数十个大型膜结构体育建筑、文化娱乐建筑、商业建筑、交通运输建筑和标志性建筑。

特点及类型 索膜结构具有自洁性、透光性、大跨度、轻量结构、防火性和耐久性好、安装复杂等特点。索膜结构可分为充气膜结构和张拉膜结构两大类。张拉式膜结构则通过支承结构或钢索张拉成型，其造型非常优美灵活。

充气膜结构又分为气承式膜结构和气肋式膜结构两种。气承式膜结构依靠室内外压力差形成和维持稳定膜面形态并承受外荷载作用。气肋式膜结构是向特定形状的封闭气囊内充入一定压力的气体以形成具有一定刚度和形状的构件，再由这些构件相互连接形成建筑空间。

21世纪以来，采用近乎全透明无基材膜材ETFE的气肋（枕）式膜结构因其特殊的建筑光学效果得到了相当程度的应用，应用实例之一是为2008年北京夏季奥林匹克运动会建造的中国国家游泳中心（俗称水立方，见图）。

中国国家游泳中心

张拉膜结构的应用远多于充气膜结构。张拉膜结构以钢索、钢结构构件等为边界，通过张拉边界或顶升飞柱等手段给膜面施加张力、维持设计的形状并承受荷载。张拉膜结构的基本外形有马鞍形、圆锥形（伞形）、拱支承形、脊谷式等。应用于实际工程的张拉膜结构常常是这些基本外形的组合。

索膜结构材料 拉索与锚具。膜结构的拉索可采用热挤聚乙烯高强钢丝拉索、钢绞线或钢丝绳，也可根据具体情况采用钢棒等。拉索的锚接可采用浇铸式（冷铸锚、热铸锚）、压接式或机械式锚具。膜结构材料可分为无基材薄膜材料和基材涂层类膜材两大类。膜结构建筑中最常用的膜材料基材主要为PVC膜材料和PTFE膜材料（俗称特富龙）。

索膜结构的深化设计 作为一种柔性结构，索膜材料本身在自然状态下不具有保持固有形状和承载的能力，只有对膜材

和索施加了一定的预应力后结构体系才获得承载所必需的刚度和形状。因此，索膜建筑设计与传统结构的设计过程有很大差别，它需要建筑设计与结构设计紧密结合，寻求满足建筑功能要求的理想几何外形和合理的应力状态。

索膜结构的设计包括初始状态确定（俗称找形）、荷载分析和裁剪分析。对于结构工程师而言，初始形态设计和荷载分析是其关注的焦点。裁剪分析是一项更为专业的工作，不属于传统结构工程师的工作范畴。

初始状态确定　索膜结构初始状态的确定包含几何（形）和合理的应力状态（态）两个方面。随着计算机软硬件技术的快速发展，有限单元法已经成为结构分析包括索膜结构初始状态分析的主流方法。

索膜结构荷载效应分析　索膜结构的初始状态一旦确定之后，需要进一步作荷载效应分析，以得到膜面在外部荷载作用下的应力状态，同时判断膜面是否会出现松弛、褶皱、应力集中等不利情况。膜结构在外荷载作用下，通过膜面曲率的变化和膜面应力重分布，达到新的平衡状态。这一过程具有明显的大位移几何非线性特点，所以对该类柔性结构的有限元计算需要考虑结构的几何非线性，其工作状态的荷载效应分析要采用非线性有限单元法。

索膜结构裁剪分析　索膜结构的膜面是预应力状态下的光滑空间曲面，索膜结构裁剪分析的目的就是将空间曲面展开为无应力、平面且有幅宽限制的下料图，且膜面接缝符合建筑美观要求，膜材用料经济。索膜结构裁剪分析的内容包括：裁剪线布置、空间膜曲面展开成平面膜面、应变补偿，并根据以上结果得到裁剪片施工图纸。

索膜结构的制作　索膜结构制作中，膜面的制作是控制的重点。膜面制作主要分为膜材原匹检查、裁剪、研磨、热合、收边、打孔、成品检查等过程。其中，裁剪、研磨、热合、收边是关键。①裁剪。加工制作场地应平整，加工环境应满足一定的温度和湿度要求。以设计制作的裁剪资料（裁剪图）为基准，标出在膜板加工时必要的记号（折叠宽度、熔接宽度等）。切割膜材应避开膜材原料上的瑕疵点。②研磨。对需要研磨的膜材，在研磨前后使用微分卡控制研磨深度。③热合。当日使用的所有热合机均实行开机试验，根据当日所加工的膜材特性，通过调控机械的温度和操作时间进行取样，实现对膜片的均匀熔接和提高膜片剥离试验的强度，从而控制当日热合的合格程度和工艺稳定性。④收边。是膜体热合的后道工序，收边后的尺寸根据图纸要求进行确认。

索膜结构安装　主要分为安装前的复测、施加预张力、膜面的保管、搁置平台搭设、膜面的检查、绳网拉设、膜面安装、周边固定、提升膜面、调整及张拉膜面等步骤。其中，施加预张力、膜面安装、周边固定、调整及张拉膜面是关键。

施加预张力　对于通过集中施力点施加预张力的膜结构，在施加预张力前应将支座连接板和所有可调部件调节到位。应由设计单位与施工单位共同选定有代表性的施力点，每一施力位置使用的施力机具，其施力标定值不宜小于设计施力值的2倍。施加预张力应分步进行，各步的间隔时间宜大于24小时。

膜面安装　膜面安装前应确保必须施焊完毕、相关区域内构件的涂装工作必须结束，必须在无雨雪或工作风速较小的气候条件下进行膜面的铺展。膜单元展开前，应采取必要的措施防止膜材受到污染或损伤。就位后，先在搁置平台上将膜面横向展开，并将灰色夹具按一定间隔与膜面上的孔位相连接（一般每隔两米安装一个灰色夹具），再用腈纶绳与夹具相连接，最后利用绳索紧绳机向铺展方向牵引膜面。

周边固定　将膜面拉至离安装位置80厘米左右时，用钢丝绳紧绳机替换下绳索紧绳机并安装夹具（夹具数量可根据膜面松紧程度决定），再用钢丝绳紧绳机将膜面向膜结构支架处牵引。膜结构支架上的螺栓间距与膜布上的孔位是相匹配的，当膜布拉到其安装位置后即可用螺栓把膜面固定在膜结构支架上。膜面固定时部分孔位可能与支架上的螺栓位置不一致，须要求现场开孔。开孔时用美工刀或冲头，严禁使用榔头直接敲击膜布进行开孔。当膜面周边固定好后，拆除所有夹具并松开绳网。

调整及张拉膜面　膜面的张拉是通过张拉结构索使膜面达到设计的应力。张拉时，在结构对称点上用千斤顶或捯链对钢索施力。张拉过程中随时用应力测试仪进行膜面应力的测试，并根据现场安装指导人员的指示随时停止膜面张拉工作。

（朱　骏）

索穹顶结构　cable dome structure　由柔性拉索和互不相连的刚性撑杆组成、通过施加预应力成形、整体外形呈穹顶状的大跨度结构。索穹顶结构构件包括脊索、斜索、环索和撑杆。脊索和斜索必须锚固在周边刚性圈梁或基础上，索穹顶才能够通过施加预应力成型。

索穹顶结构源自美国建筑师R.B.富勒于1962年提出的张拉整体体系：使结构尽可能地减少受压而使其处于连续的张力状态，从而实现“压杆的孤岛存在于拉杆的海洋中”的设想。美国工程师D.盖格对富勒的张拉整体思想进行了演进和发展，开创性地提出了索穹顶体系的概念。

索穹顶结构中钢索受拉且长度较长，而撑杆受压且短而少，所以能充分发挥高强度钢材的抗拉强度，结构效率极高，是一种现代大跨度结构体系。索穹顶结构自从20世纪末问世以来，便以其新颖的造型、巧妙的构思、合理的受力、经济的造价、快速的施工，赢得了工程师们的青睐，并被成功地应用于大跨度、超大跨度建筑屋盖，如1988年韩国汉城奥运会的体操馆和击剑馆屋盖、1996年美国亚特兰大奥运会的主体育馆乔治亚穹顶、中国江苏无锡新区科技交流中心索穹顶、中国山西太原煤炭交易中心索穹顶和中国内蒙古伊金霍洛旗体育中心索穹顶。

索穹顶的基本构成见图1。按照其曲面网格，索穹顶结构主要分为盖格索穹顶和富勒索穹顶两类（图2）。

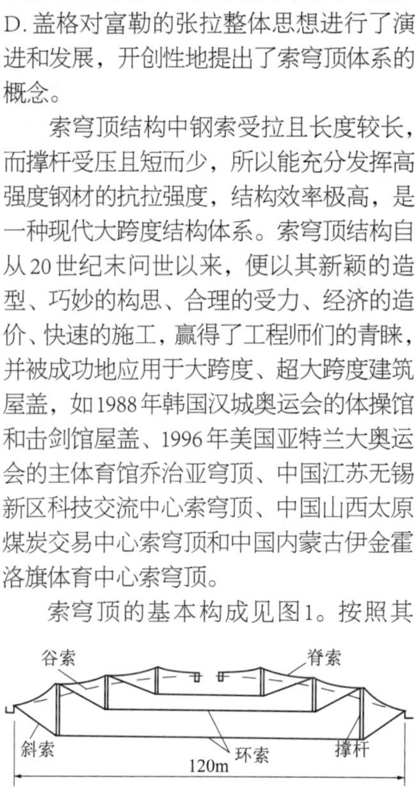

图1　索穹顶结构剖面示意图

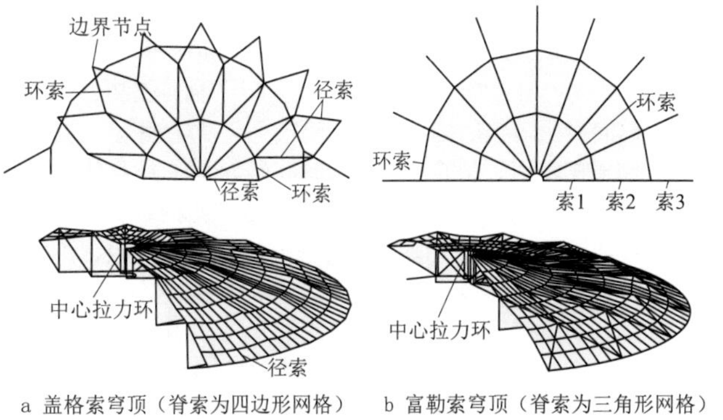

a　盖格索穹顶（脊索为四边形网格）　b　富勒索穹顶（脊索为三角形网格）

图2　典型的索穹顶结构示意图

（罗永峰）

T

塔式结构 tower structure 下端固定、上端自由的高耸构筑物。按材料可分为钢塔、钢筋混凝土塔、预应力混凝土塔、木塔和砖石塔等。钢塔常做成空间桁架或空间刚架，立面为上小下大的斜线形、曲线形或折线形。横断面形状有三角形、正方形、六边形、八边形或其他多边形。塔的底盘宽度直接影响塔的外观造型、结构刚度、自振周期以及基础受力。塔架腹杆形式有单斜杆式、交叉斜杆式、K式和再分式等（见图）。钢塔构件一般采用钢管、角钢、

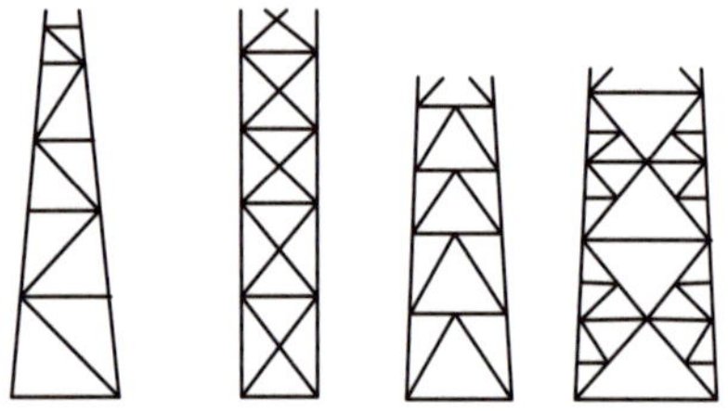

a 单斜杆式　b 交叉斜杆式　c K式　d 再分式

腹杆形式示意图

圆钢及其组合构件。塔架构件之间的连接可用法兰盘连接或直接焊接。除三角形断面的塔架外，其余形状塔架须每隔一定高度（特别是在塔柱变坡处）设置水平横隔，以保证横断面的几何形状不变形。钢塔一般在每个塔脚下设一独立的钢筋混凝土基础，为平衡塔脚水平推力和加强整个基础的刚度及稳定，各独立基础间常用地梁连接。小型塔可做成整体基础。当地基较差时，常用**桩基础**。对于岩石地基，多用岩锚基础。

钢筋混凝土塔包括构架式、圆筒式等形式。构架式多用预制的离心灌筑钢筋混凝土管或预应力混凝土管，用法兰盘、预埋件焊接或钢筋焊接成空间桁架或空间刚架，其外形与钢塔类似。也可在现场浇筑成空间刚架。圆筒形或多边形塔多用滑升模板施工，沿高度采用不同坡度，形成斜线形、曲线形立面。钢筋混凝土塔的钢筋可在竖向和环向预加应力，形成预应力混凝土塔，使结构紧凑、耗钢量小、刚度大并能防止筒壁开裂。圆筒壁厚由计算确定，壁厚一般自上而下逐渐增大，可均匀变化或分段变化。钢筋混凝土塔基础形式有圆板基础、环形基础、锥壳基础、桩基础等。圆板基础适用于小型塔。在地基较差或有地震的地区，最好采用桩基础。

钢塔一般在工厂预制，在工地整体安装或分散安装。钢筋混凝土塔一般在现场浇筑，也可用预制构件现场安装。砖石结构多为现场砌筑。（王肇民　李　荣）

塔式起重机 tower crane 机身很高，有的可以在轨道上移动，工作面较大，主要用于建筑工程的起重机械。

分类　塔式起重机按起重量分为轻型、中型和重型。①轻型塔式起重机起重量在0.5～3吨，一般适用五层以下民用建筑物的施工。②中型塔式起重机起重量在3～15吨，适用40米以下建筑物的施工。③重型塔式起重机起重量在20～40吨，适用构件较重，房屋高度大的建筑物的施工。

塔式起重机又可按构造特点分类：①按行走机构分为固定式和自行式。固定式的塔身固定在混凝土基础上，塔身可以自升接高。自行式有轨道式和机动式。轨道式可负载行驶，同时完成垂直和水平移动，使用安全，应用较为普遍，但需铺设轨道，装拆较为费时。机动式有汽车式、履带式和轮胎式等，对地面要求较高。②按变幅方式分为动臂变幅式和小车运行式。动臂变幅式利用动臂俯仰实现变幅，具有结构轻巧、自重小、用钢省、能增加起重高度、装拆方便等优点，但变幅较小、吊重水平移动时功率消耗大，经济效益差。小车运行式利用运行小车在起重臂下的轨道上运行实现变幅，具有有效幅度大、变幅所需时间少、工效高、操作方便、安全性好等优点。但起重臂架结构较重，用钢量也较大。③按回转部位分为上回转式和下回转式。上回转式是塔尖回转，底部轮廓尺寸较小，可附着在建筑物上，适应面较广。但重心高，对整机稳定性不利，安装、拆卸费工费时。下回转式是塔身在底盘上旋转，受力状态较好，自重较轻，能整体拖运，便于转移，重心低，冲击荷载影响小。但下部占用空间大，影响材料堆放，不能附着在建筑物上，起升高度不大。④按升高（爬升）方式分为内爬式和附着式。内爬式是利用建筑物的骨架作为塔身支承，随建筑物上升而爬升，塔身短且无附着装置，不占建筑场地。但起重负荷全部由建筑物承担，需用套架和爬升设备，增加了施工组织的复杂性，机械本身装拆也较为困难。附着式是塔身靠建筑物支持，稳定性好，能自升接高，起重能力可充分利用，材料堆放方便。但建筑物需设附着装置，并需适当加强。

构成　塔式起重机由金属结构、工作机构和电气系统3部分组成。①金属结构，包括塔身、动臂和底座等。②工作机构，有起升、变幅、回转和行走4部分。③电气系统，包括电动机、控制器、配电柜、连接线路、信号及照明装置等。为了确保安全，塔式起重机具有良好的安全装置，如起重量、幅度、高度和荷载力矩等限制装置，以及行程限位开关、塔顶信号灯、测风仪、防风夹轨器、爬梯护身圈和走道护栏等。司机室舒适、操作方便、视野好和有完善的通信设备。

塔式起重机作业空间大，主要用于房屋建筑施工中物料的垂直和水平输送及建筑构件的安装。工作状态下，其臂架位于保持基本垂直的塔身部分，由动力驱动回转臂架。其构造允许其在非工作状态仍处于安装位置，并可以拆卸或降下以便移至另一工地，可以固定安装，也可以移动和/或爬升，装有荷载起升和下降装置，并通过动臂变幅、水平变幅、回转和整机行走使载荷移动。

基本参数　塔式起重机基本参数有起重力矩、起重量、最大起重量、工作幅度、起升高度和轨距。其起重量随起重臂的幅度而变化。起重量与幅度的乘积称为荷载力矩，是塔式起重机的主要技术参数。塔式起重机的起升高度大，回转和行走的惯性质量大，故需要有良好的调速性能，特别是起升机构要求能轻载快速、重载慢速、安装就位微动。除采用电阻调速外，还常采用涡流制动器、调频、变极、可控硅和机电联合等方式调速。（刘承桓）

台阶爆破 bench blasting **爆破工程**中，在台阶状的开挖面上钻炮孔的爆破技术。其工艺流程为施工准备→钻孔→装药→填塞→起爆网路连接→起爆→爆后检查。

分类　按炮孔直径和炮孔深度不同，分为深孔台阶爆破和浅孔台阶爆破。

深孔台阶爆破　孔径大于50毫米，孔深大于5米的台阶爆破。深孔台阶爆破广泛应用于矿山、铁路、公路和水利水电等工程。中国采用台阶爆破进行露天开采的产量比例逐年增加，其中铁矿石开采占90%，有色金属矿石开采占52%，化工原料开采占70.7%，建筑材料开采近100%。

浅孔台阶爆破　孔径小于50毫米，孔深小于5米的台阶爆破。浅孔台阶爆破设备简单、方便灵活、工艺简单，在露天小台阶爆破采矿、沟槽基础开挖、二次破碎、边坡危岩处理、石材开采等工程中得

到较广泛的应用。浅孔台阶爆破时，在台阶形成之前应加大填塞长度和警戒范围。装填的炮孔数量，应以一次爆破为限。采用浅孔爆破平整场地时，应尽量使爆破方向指向一个临空面，并避免指向重要建（构）筑物。

台阶要素 包括台阶高度H，台阶宽度，台阶坡面角α，坡顶距B。

台阶高度 指台阶坡顶面与坡底面之间的垂直距离，是露天台阶爆破中最重要的参数之一。台阶高度确定应考虑为钻孔、爆破和铲装创造安全和高效的作业条件。台阶高度主要取决于生产规模、采装设备的技术规格以及矿岩开挖技术条件。深孔台阶爆破高度多为12～15米，浅孔台阶爆破高度一般不超过5米。

台阶宽度 本台阶的坡顶线（本台阶外缘）到上一个台阶的坡底线（本台阶内缘）之间的距离。

台阶坡面角 台阶坡面与水平面的夹角。又分工作台阶坡面角和最终台阶坡面角。工作台阶坡面角为最上一台阶坡底线和最下一个台阶坡底线所构成的假想坡面与水平面的夹角。最终台阶坡面角为最上一个台阶的坡顶线到最下一个台阶的坡底线所构成的假想坡面与水平面的夹角。最终台阶坡面角小于工作台阶坡面角。中国金属矿山的台阶坡面角一般为65°～70°。

坡顶距 第一排炮孔中心至坡顶线的距离。

孔网参数 为达到爆破效果，反映炮孔布置和装药等各项指标的参量。包括炮孔形式、炮孔指标和装药量等。

炮孔形式 露天台阶爆破的炮孔一般为垂直孔和倾斜孔，个别情况下采用水平孔。炮孔布置形式主要有单排孔和多排孔，多排孔又分为矩形、正方形和梅花形（三角形），从能量均匀分布的观点看，梅花形布孔较为理想。

炮孔指标 包括孔径D、超深h、孔深L、底盘抵抗线W_1、最小抵抗线W、孔距a、排距b。①孔径。指钻机钻凿出炮孔的直径，主要取决于钻机类型、台阶高度和岩石性质。露天深孔台阶爆破孔径大于50毫米，浅孔台阶爆破孔径不大于50毫米。②超深。指炮孔超过台阶高度的深度，是为降低装药中心的位置，克服底盘抵抗线的阻力，消除根底。过小的超深会在爆破后留有根底；过大的超深将增加钻孔量，浪费炸药和设备，还给下一台阶钻孔造成困难。③孔深。为炮孔的深度，由台阶高度和超深确定。垂直深孔孔深$L=H+h$，倾斜深孔孔深$L=(H+h)/\sin\alpha$。④底盘抵抗线。指炮孔中心至台阶坡底线的最小水平距离。露天台阶爆破，为了计算方便和有利于减少根底，一般不用最小抵抗线而用底盘抵抗线。底盘抵抗线过大，将使残留根底增多，后冲力也增大；底盘抵抗线过小，不仅增大了钻孔工作量，浪费炸药，还会使钻机距台阶坡顶线过近，作业不安全。⑤最小抵抗线。指药包中心到最近自由面的最短距离。⑥孔距。指同一排炮孔中相邻两孔中心线间的垂直距离。孔距按$a=mW_1$计算，m为炮孔密集系数，指孔距与排距之比，一般$m=1.2$～1.5。在宽孔距、小抵抗线爆破中m为3～4或更大，第一排孔往往由于底盘抵抗线过大，应选用较小的密集系数，克服底盘阻力。⑦排距。指多排炮孔爆破时，平行于台阶坡顶线相邻两排炮孔之间的垂直距离，与孔网布置和起爆顺序等有关。在按顺序起爆的情况下，排距就是后排孔的抵抗线。

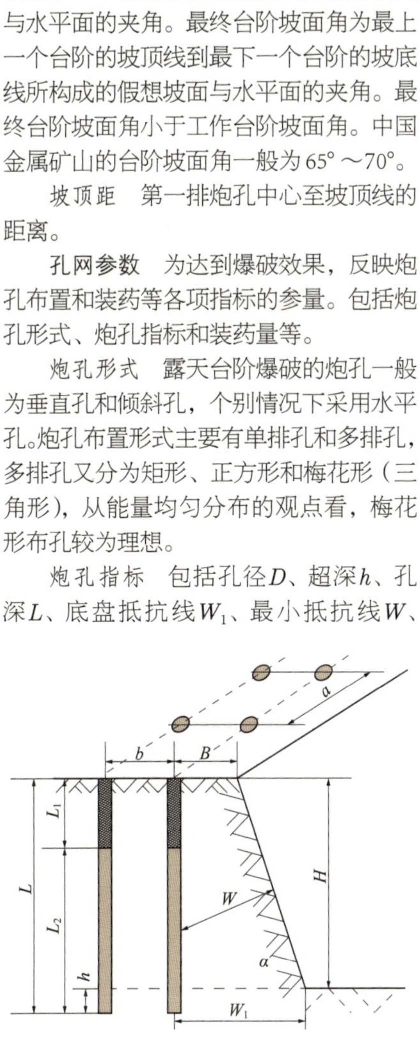

台阶要素和孔网参数示意图

装药量 装药长度L_2指炮孔中装填炸药的总长度。填塞长度L_1指装填在炮孔上部，为防止炸药气化的非炸药类物质的长度。合理的填塞长度、填塞质量对改善爆破效果和提高炸药能量利用率具有重要作用。堵塞长度过长将会降低延米爆破量，增加钻孔费用，并造成台阶上部岩石破碎效果不佳；填塞长度过短，炸药量损失过大，将产生较强的爆破空气冲击波、爆破噪声和增加个别飞石的危害，并影响炮孔下部岩层破碎效果。

起爆网路 露天台阶爆破毫秒延期间隔时间的选择主要与岩石性质、抵抗线、岩体移动速度以及对破碎效果和减振要求等因素有关。通常孔内毫秒延期间隔时间为15～75毫秒（多用25～50毫秒），排间间隔时间取最大值，以保证破碎质量、改善爆堆挖掘条件以及减少飞石和后冲作用，同时随一次起爆排数的增加，排间间隔时间依次增长。

爆破块度 指爆破后岩石碎块几何尺寸的大小，常用岩石碎块两端最大距离表示。块度大小对露天开采成本有较大的影响。块度过细，钻孔爆破费用会增加；块度过大，破碎、装载、运输等费用会增加。露天爆破应确定合理的孔网参数，使爆破块度符合生产要求，取得矿山开采的最佳经济效益。

一般把块度大小符合铲运设备容器或溜井、初碎设备入口尺寸要求的称为合格块度，而超过合格块度要求的矿岩，统称大块。大块产出率又称大块率，指不合格块度占爆破岩石总量的百分比，是生产中重要的爆破质量指标。大块产出的主要原因是最小抵抗线或孔距过大，炸药量不足，炮孔较深，装药密度小，炮孔偏斜，远离设计的爆破参数位置等。降低大块率可采用压渣爆破、孔底起爆和优化爆破参数等多种技术措施。露天爆破一般采用机械作业方式对大块矿石进行二次破碎。

（蔡路军）

太沙基，K. Karl Terzaghi（1883-10-02～1963-10-25） 近代土力学及基础工程学的创始人。又译泰尔扎吉。生于布拉格（当时属奥地利）。1904年毕业于奥地利格拉茨高等工业学院机械工程系，继又选修地质学。早期在欧洲从事钢筋混凝土工作，1912年在母校获得博士学位。他因重视工程中的复杂地质现象而开始对黏土和流沙进行试验研究工作。1921～1923年，太沙基发表了饱和土中的有效应力原理，提出土中孔隙水压力和有效应力的概念。1925年，发表了最早的土力学（德文）专著。1925～1929年，他在美国麻省理工学院任教期间，培养了一批后来知名的学者，并发表了关于土力学原理的系列论述，被公认为近代土力学的创始人。1929～1938年，他重返欧洲，任维也纳技术大学教授，常赴欧洲其他城市讲学或担任工程顾问。1938年后，又赴美国任哈佛大学教授，并长期定居于波士顿附近。其论著有200多部（篇），代表性的著作有《理论土力学》和《土力学的工程实践》。

太沙基是世界闻名的基础工程顾问，参加解决过许多国家重要工程中的地基疑难问题。他十分重视工程地质学和土力学的结合以及经验判断在理论结合实际中的作用。他晚年在哈佛大学讲授工程地质和实用土力学两门课程。1936年，他发起成立国际土力学及基础工程协会，并任主席至1957年，后改任名誉主席。他还是许多国家有关学会的荣誉会员，有6个国家的大学授予他荣誉博士学位。（卢肇钧）

太沙基承载理论 Terzaghi bearing capacity theory 由K.太沙基根据普朗特理论提出的理论。该理论考虑基底以下土体的自重，推导了均质地基上条形基础受中心荷载作用下的极限承载力公式。在推导过程中，太沙基假设：①地基土有重量，即土体重度不为0。②基底粗糙。③不考虑基底以上填土的抗剪强度，把它仅看成作用在基底平面上的超载q。④在极限荷载作用下地基发生整体剪切破坏。⑤破坏区有5个（图1）。由于基底与土之间的摩擦力

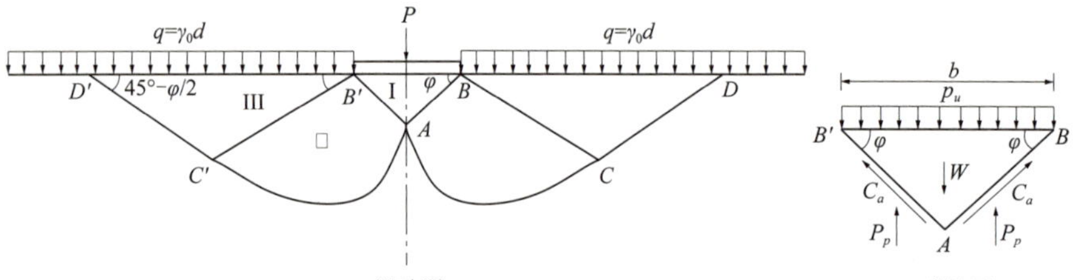

图1 太沙基地基示意图

限制了土发生剪切位移，因此基底以下的Ⅰ区不再进入朗肯主动状态，为弹性区。太沙基假定弹性区中AB和AB'与水平面的夹角等于土的内摩擦角φ。Ⅲ区为被动朗肯区，而Ⅱ区为过渡区，Ⅱ区中连接Ⅰ、Ⅲ区的滑动面为对数螺旋线。取单位长度弹性区为隔离体，考虑竖直方向力的平衡，推导出极限承载力的理论公式：

$$P_p = cN_c + qN_q + \frac{1}{2}\gamma bN_\gamma \qquad (1)$$

式（1）中$N_c=\dfrac{K_{pc}}{\cos^2\varphi}+\tan\varphi$；$N_q=\dfrac{K_{pq}}{\cos^2\varphi}$；$N_\gamma=\dfrac{1}{2}\left(\dfrac{K_{p\gamma}}{\cos^2\varphi}-1\right)\tan\varphi$。$N_c$、$N_q$和$N_\gamma$称为太沙基地基承载力系数；$K_{pc}$、$K_{pq}$和$K_{p\gamma}$分别是与$c$、$q$和$\gamma$相关的被动土压力系数；$c$为土的黏聚力；$\gamma$为土体重度；$\varphi$为土的内摩擦角。对完全粗糙的情况，太沙基直接给出了承载力系数图（图2）。

对地基发生局部剪切破坏的情况，太沙基建议对土的抗剪强度进行折减，通常取原抗剪强度指标的2/3，调整后的c^*、φ^*由图查得N_c、N_q、N_γ按式（1）计算局部剪切破坏极限承载力。或者，根据c、φ查得N_c'、N_q'、N_γ'，再按式（2）计算极限承载力。

$$p_u=\frac{2}{3}cN_c'+qN_q'+\frac{1}{2}\gamma BN_\gamma' \qquad (2)$$

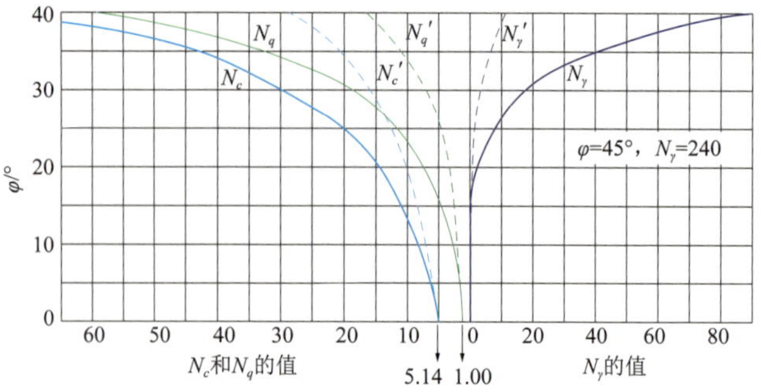

图2 太沙基承载力系数示意图

对于圆形或方形基础，太沙基建议按下列半经验公式计算地基极限承载力。

对方形基础（宽度为B）：

整体剪切破坏

$$p_u=1.2cN_c+qN_q+0.4\gamma BN_\gamma \qquad (3)$$

局部剪切破坏

$$p_u=0.8cN_c'+qN_q'+0.4\gamma BN_\gamma' \qquad (4)$$

对圆形基础（半径为B）：

整体剪切破坏

$$p_u=1.2cN_c+qN_q+0.6\gamma BN_\gamma \qquad (5)$$

局部剪切破坏

$$p_u=0.8cN_c'+qN_q'+0.6\gamma BN_\gamma' \qquad (6)$$

对宽度B、长度L的矩形基础，可按B/L值在条形基础$B/L=0$和方形基础$B/L=1$计算的极限承载力之间用插入法求得。（杨仲轩）

太沙基一维固结理论 Terzaghi one-dimensional consolidation theory 由K.太沙基于1925年在一系列假设的基础上建立的可用于定量分析饱和土的一维（主）固结过程，求解饱和土层在渗流固结过程中任意时刻的孔压和变形的固结理论。土的固结过程相当复杂，一直没有得到普遍问题的解析解。

理论模型 太沙基一维固结模型见图。图中弹簧代表土骨架，弹簧之间的水代表土中的孔隙水，活塞上小孔的多少代表土体渗透性的大小。在外荷载p作用前，土中的孔隙水压力为静水压力，在荷载p施加的瞬间，水还来不及从孔隙中排出，弹簧未压缩，表示土体尚未发生压缩变形，则荷载全部由孔隙水来承担，由此产生的水压力称为超静孔隙水压力，其值$u=\sigma=p/A$（σ为总应力，A为活塞面积）；随着时间的推移，水不断向上从活塞小孔排出，弹簧受到压缩，超静孔隙水压力开始消散，有效应力σ'随之增大，土体压缩变形逐渐发展；最后超静孔隙水压力消散为零，弹簧压缩稳定，荷载全部由弹簧承担，即有效应力$\sigma'=\sigma=p/A$，土体变形稳定，整个固结过程结束。在任一时刻，总应力σ恒等于p/A，而σ'、u和σ三者之间服从有效应力原理，即$\sigma'=\sigma-u$。该模型清晰、定性地说明了饱和土的一维固结就是超孔隙水压力逐渐消散、有效应力不断增加、变形逐步发展的过程。

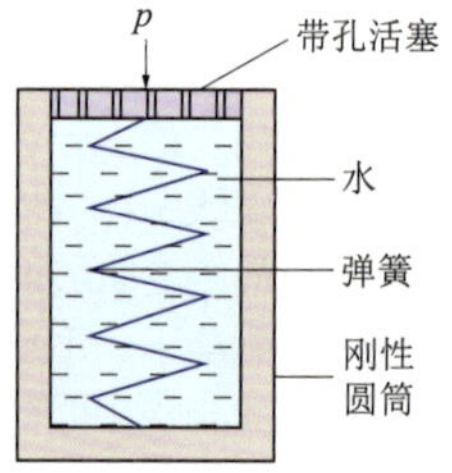

太沙基一维固结模型示意图

基本假设 太沙基一维固结理论的基本假设：①土层是均质的、完全饱和的。②土体的变形是微小的。③土颗粒和孔隙水是不可压缩的。④土中水的渗出和土层的压缩只沿一个方向（竖向）发生，即为一维固结问题。⑤土中渗流服从达西定律。⑥土的压缩系数a保持不变。⑦土的渗透系数k保持不变。⑧外荷载连续均布且一次瞬时施加。

基本方程及解答 太沙基根据土微元体的渗流连续条件建立了饱和土的一维固结方程：

$$c_v\frac{\partial^2 u}{\partial z^2}=\frac{\partial u}{\partial t} \qquad (1)$$

式（1）中c_v为土的竖向固结系数（米²/年或厘米²/年）。

对于单面排水情况，太沙基于1925年给出了该方程的解答，即：

$$u=u_0\sum_{m=1}^{\infty}\frac{2}{M}\sin\left(\frac{Mz}{H}\right)e^{M^2T_v} \qquad (2)$$

式（2）中$M=\dfrac{\pi}{2}(2m-1)$，$m=1, 2, 3, \cdots$；H为固结土层的最大竖向排水距离，对于单面排水情况也即为土层厚度；$T_v=\dfrac{c_vt}{H^2}$，为竖向固结时间因子，无量纲。

对于双面排水情况，即当土层顶面和底面均为透水边界时，只需在上式中将H代以$H/2$。

根据以上解答，可以得到超静孔压分布随时间和空间的分布规律，进而可以获取地基的平均固结度。平均固结度指土层或土样在某一级荷载下的固结过程中某一时刻孔隙水压力平均消散值，或压缩量与初始孔隙水压力增量，或最终压缩量的比值，以百分率表示。

太沙基一维固结理论简明实用，一直在工程实践中被广泛采用。之后奥地利L.伦杜列克于1935年将太沙基一维固结理论推广到二维、三维情况，提出固结太沙基－伦杜列克扩散方程固结理论。比利时M.A.比奥于1940年基于连续力学的基本方程，考虑了土体固结过程中孔隙水压力消散和土骨架变形之间的耦合作用，建立了较为合理完整的三维固结理论。但其直接计算较为困难，只得到个别情况的解析解，多数情况下需要使用数值解法。

（胡安峰）

太阳能热水系统 solar water heating system 利用太阳能集热器，收集太阳辐射能加热水的装置。太阳能热水系统利用太阳能集热器采集太阳热量，在阳光的照射下使太阳的光能充分转化为热能，通过自动控制循环泵或电磁阀等功能部件将系统采集到的热量传输到大型储水保温水箱中，再匹配当量的电力、燃气、燃油等能源把储水保温水箱中的水加热的定量能源供应系统。该系统既可提供生产和生活用热水，又可作为其他太阳能利用形式的冷热源，是太阳热能利用中最具经济价值、最成熟的系统。

太阳能热水系统按热交换方式，可分为直接式系统和间接式系统；按照辅助热源系统的有无，可分为有辅助热源系统和无辅助热源系统；按照辅助热源的控制方式，可分为手动启动系统、定时自动启动系统和全日自动启动系统；按照水箱与集热器的连接位置可分为紧凑式系统、分离式系统和闷晒式系统。按照太阳能热水系统贮热方式可分为集中集热－集中贮热和集中集热－分户贮热系统；按太阳能热水系统的循环方式，可分为自然循环系统、直流式系统和强制循环系统。太阳能热水系统适用于年日照时数大于1400小时、年太阳辐射量较大并且年极端最低气温不低于−45℃的地区。

太阳能热水系统主要由集热器、贮热水箱、辅助能源、控制系统以及连接管路组成。①集热器。是系统中的集热元件，其功能相当于电热水器中的电加热管，有时需要辅助加热，如锅炉、电加热等。②贮热水箱。是储存热水的容器，把集热器在白天产出的热水储存起来。③控制系统。对水温、水位、水压等方面进行控制，并帮助太阳能热水器自动或半自动运行。④连接管路。将热水从集热器输送到保温水箱、将冷水从保温水箱输送到集热器的通道，使整套系统形成一个闭合的环路。

（张永吉）

弹塑性力学 elastoplastic mechanics 研究可变形固体受到外荷载、温度变化及边界约束变动等作用时弹塑性变形和应力状态的学科。弹塑性力学这个名词是根据固体材料在受外部作用时所呈现出来的弹性与塑性性质命名的。外部作用移去后，物体能够完全恢复到原来的形状和大小称为弹性，残留永久变形而不能恢复到原来状态称为塑性。可变形固体的弹性与塑性阶段是整个变形过程中两个不同阶段，弹塑性力学是研究这两个密切相连阶段的力学问题的学科。

弹塑性力学已有百年历史，是人们在长期工业生产与科学实验取得的丰富成果的基础上发展起来的，已经形成了一套较完善的经典理论和方法体系。弹塑性力学的发展与社会生产发展有着密切的关系，它来源于生产实践，又反过来为生产实践服务，在工程技术的许多领域得到了广泛应用。采用弹塑性力学研究分析结构内部的变形和应力分布规律，主要是为结构设计提供理论依据。将结构变形限制在弹性范围的结构设计称为弹性设计。弹性设计是偏于安全保守的，适合某些重要工程。对于大多数结构，为避免浪费，允许结构进入塑性，以更好地发挥材料作用，提高结构承载力。此时，需要采用弹塑性力学理论与方法，解决结构内部的塑性变形程度有多大以及对结构的安全性有何影响等问题。

（王远功　赵　密）

弹塑性问题 elastoplastic problem 研究物体在外力施加时产生变形，而当外力解除后，只有一部分变形消失，其余部分变形却永远不会自行消失的性质。在弹塑性体的变形中，有一部分是弹性变形，其余部分是塑性变形。对大多数工程材料而言，当其应力低于比例极限时，*应力－应变关系*是线性弹性的。当其应力高于弹性极限时，材料进入塑性阶段产生永久变形。

物体受力以后产生变形，随着外力增加到一定程度时，变形由弹性的变成非弹性的，即开始产生永久变形。将物体从自然状态开始加载，应力达到一定程度时开始产生塑性变形，这是初始屈服问题。应力变化使塑性变形继续发展是后继屈服问题。关于初始屈服问题已经提出多种形式的初始屈服准则，应用较多的是在实验基础上建立起来的两种准则，分别是特雷斯卡准则和米塞斯准则。由于后继屈服的问题是一个很复杂的问题，不易用实验的方法来确定后继屈服函数的具体形式。为了便于应用，通常从一些实验资料出发作一些假定来建立一些简化的硬化模型，并由此给出硬化准则，即后继屈服准则。常用的有4种硬化模型，分别是单一曲线假设、等向硬化模型、随动硬化模型和组合硬化模型。

*弹塑性力学*在工程中的作用是确定和充分发挥一般工程结构物的承载能力，提高经济效益，为进一步研究工程结构物的强度、振动、稳定性、断裂等力学问题奠定必要的理论基础。

（彭一江）

弹性空间问题分析 analysis of elastic spatial problem 弹性三维连续体问题的位移、应变和应力的计算分析。

按位移求解　按位移求解弹性力学问题称为位移法，位移法就是把位移作为基本未知函数建立方程（1），求解方程后首先得到位移，然后分别通过几何方程、物理方程求出应变和应力。

$$Gu_{i,jj}+(G+\lambda)u_{j,ji}+F_i=0 \quad (i=1,2,3) \tag{1}$$

式（1）通常称为拉梅－纳维方程，简称拉梅方程，在数学上属于非齐次方程，满足该方程的解称为非齐次解。实际上，拉梅方程就是由位移表示的平衡方程，在推导过程中用到几何方程和物理方程，最后得到由3个方程构成的含有3个未知函数的方程组，方程数与未知函数个数相同。

位移边界条件：

$u_i=\bar{u}_i$ $(u=\bar{u}, v=\bar{v}, w=\bar{w})$ 在Γ_u上

应力边界条件：需要把用应力表示的应力边界条件转换为用位移表示的应力边界条件：

$[G(u_{i,j}+u_{j,i})+\lambda u_{m,m}\delta_{ij}]n_j=\bar{F}_i$在$\Gamma_\sigma$上

按应力求解　按应力求解弹性力学问题称为应力法或力法。它把应力作为基本未知函数建立方程（2），求解方程得到应力后通过物理方程求出应变，再由几何方程积分来求位移。

$$\left.\begin{aligned}&\sigma_{ji,j}+F_i=0\\&\nabla^2\sigma_{ij}+\frac{1}{1+\nu}\Theta_{,ij}=-\frac{\nu}{1-\nu}\delta_{ij}F_{k,k}-(F_{i,j}+F_{j,i})\end{aligned}\right\} \tag{2}$$

式（2）中$\Theta=\sigma_{mm}$，第二式就是用应力表

示的连续方程，通常称为贝尔特拉米-米乞尔方程，简称贝尔特拉米方程。

应力边界条件：

$$\sigma_{ji}n_i=\bar{F}_i \text{在} \Gamma_\sigma \text{上}$$

可以采用应力函数法求解方程（2），其思路是首先引进某些函数表示应力使平衡方程自然满足，然后求解引进函数表示的连续方程并满足边界条件，最后由这些函数求出应力。

弹性空间问题的解答　弹性力学问题最终归结为求解偏微分方程组的边值问题，但是由于基本方程的复杂性，特别是由于物体几何形状和边界荷载的多样性，使边值问题的求解十分困难。通常，弹性力学基本方程在直角坐标系中是常系数非齐次线性偏微分方程组，其通解等于对应的齐次方程的通解加上非齐次方程的任意一个特解。方程的通解有两种形式：①显式，即求得的解是自变量的显函数，如球对称一般解。②由某个或数个有限方程所确定，如轴对称一般解由重调和方程确定。求微分方程的解就是积分微分方程，所以确定微分方程解的有限方程就是微分方程的积分，例如重调和方程就是轴对称问题微分方程的积分。从数学角度上就认为微分方程的解已被求出来了。弹性空间问题一般解都属于后面这种情况，主要有伽辽金一般解、帕普科维奇一般解、胡海昌一般解。

除了直角坐标外，在弹性力学中还会遇到用球坐标和柱坐标求解的问题，如球对称和轴对称问题。另外，一些典型弹性力学空间问题还包括：无限体内受集中力作用问题（凯尔文问题）、半空间体边界平面上受一法向集中力作用问题（波西涅斯克问题）、半空间体边界平面上受一切向集中力作用问题（塞路蒂问题）、半空间体边界面一圆面积上作用均布压力问题等。

弹性力学基本方程的边值问题十分复杂，很难用统一的方法求解种类繁多的各种实际问题。一般来说有下面几种方法：①解析法。直接积分基本方程并使求得的函数满足定解条件，即求出基本方程的通解，弹性力学也称为一般解。寻求一般解也是数学上的复杂问题，特别是在繁杂的边界上满足定解条件，就更困难了。②逆法、半逆法。逆法是根据具体问题的情况和基本方程的特点，猜选出满足基本方程的一些函数（解），然后反演出函数在边界上的性质，由此反过来说满足基本方程和该边界条件的解就是猜选的函数。半逆法是根据基本方程和边界的特点猜选出函数（位移或应力）的形式，但是保留某些未确定部分，由满足全部方程和边界条件来确定。③能量法或变分法。从数学的泛函角度分析，弹性力学问题又可以归结为泛函的极值问题。弹性力学问题变分方法，对应的物理量是能量。可以由能量原理推导出弹性力学的微分方程和边界条件，它也是建立近似分析数值计算的基础。④辛方法。将原变量及其对偶变量组成的辛空间引入弹性力学，形成弹性力学的辛求解体系。改变了半逆法的传统，提出了理性的统一求解方法。

由于弹性力学基本方程的未知量太多，所以在研究求解时，还可以从减少未知量的数目来简化方程，从而出现了位移法、应力法、应力函数法等。这些方法中，还可以根据问题的复杂程度选择上面提到的各种解法。（李　刚）

弹性力学　elasticity　主要研究弹性体在外力或温度变化等外界因素下所产生的应力、应变和位移，从而解决结构或机械设计中所提出的强度和刚度问题。又称弹性理论。在研究对象上，弹性力学与*材料力学*和*结构力学*之间有一定的分工。材料力学基本上只研究杆状构件；结构力学主要是在材料力学的基础上研究杆件所组成的结构，即所谓杆件系统；而弹性力学研究包括杆件在内的各种形状的弹性体。

发展简史　弹性力学的发展大体分为4个时期。①发展初期，其工作是通过实践，探索弹性力学的基本规律。这个时期的主要成就是英国R.胡克于1678年发表的弹性体的变形与外力成正比的定律，后来被称为胡克定律。②第二个时期，是理论基础的建立时期。这个时期的主要成就是，1822～1828年，法国A.-L.柯西在发表的一系列论文中明确地提出了应变、应变分量、应力和应力分量概念，建立了弹性力学的几何方程、平衡（运动）微分方程，提出了各向同性和各向异性材料的广义胡克定律，从而为弹性力学奠定了理论基础。③第三个时期，是线性各向同性弹性力学大发展时期。这个时期的主要特点是弹性力学被广泛应用于工程问题，同时在理论方面建立了许多重要的定理和原理，并提出了许多有效的计算方法。这个时期从法国A.J.C.B.de圣维南于1855～1856年发表关于柱体的扭转和弯曲的论文后开始，开辟了一条用半物理半数学的方法解弹性力学基本方程的途径。接着英国G.B.艾里解决了平面应力问题，德国H.R.赫兹求解了接触问题，德国E.G.基尔施分析了孔边应力集中问题。这些成就的取得，使弹性力学得到工程界的重视。在这个时期，弹性力学的一般理论也有了很大的发展。在弹性力学基本方程建立后不久，提出了弹性力学的虚功原理和最小势能原理。1872年意大利E.贝蒂建立了功的互等定理。1879年意大利C.A.卡斯蒂利亚诺提出了最小势能原理。由于能量原理的建立，相应的近似计算方法（如瑞利一里兹法和伽辽金法）也得到了发展。④从20世纪20年代起，弹性力学进入第4个时期，各向异性和非均匀体的弹性力学、非线性弹性力学、热弹性力学等都有了重大发展。另外，还出现了许多边缘分支，如研究固体与气体（或液体）共同作用的气动弹性力学以及黏弹性力学等。这些分支领域的发展，促进了有关工程技术的进步。

研究方法　在各向同性线性弹性力学中，为了求得应力、应变和位移，先对构成物体的材料以及物体的变形做了5条基本假设，即连续性假设、均匀性假设、各向同性假设、完全弹性假设和小变形假设，然后分别从问题的静力学、几何学和物理学方面出发，导得弹性力学的基本方程（平衡微分方程、几何方程、物理方程）和边界条件的表达式。

对于各类弹性力学中具体问题的求解，从数学角度看，就是求解高阶微分方程的边值问题。根据所保留的未知量，求解方法可分为力法（以应力为未知量）、位移法（以位移为未知量）和混合法（同时以应力和位移为未知量）。由于物体几何形状、结构构造及外部荷载的复杂性，对于许多问题不能用解析法求得闭合形式的解析解。在历史上，对于一些简单问题，例如，平面问题中的梁，曾经采用所谓“逆解法”或“半逆解法”求得闭合形式的解析解。各种能量法的出现，在求解问题时放松了逐点满足的条件，它寻求某些函数满足一部分条件，然后用能量上的极值条件控制未满足的条件，从而获得近似解析解。此外，为了解决复杂的工程问题，人们研究了各种数值解法，最主要的是有限差分法和*有限元法*。

（吴家龙　李　刚）

弹性力学变分原理　variational principles of elasticity　将*弹性力学*基本方程的定解问题转换为求解泛函的极值或者驻值问题。变分原理是弹性力学的重要组成部分，它的主要思想是通过变分学用功和能量的观点表述弹性力学的基本理论。变分原理的早期思想源于瑞士的J.伯努利在1696年提出的最速降线问题，其一般理论由瑞士L.欧拉于1774年和法国J.-L.拉格朗日于1762年共同奠定。此后，意大利E.贝蒂于1872年和英国L.瑞利于1873年分别独立提出了功的互等定理；1876年，意大利C.A.卡斯蒂利亚诺提出了最小功原理；德国F.恩格赛于1884年提出了余能的概念，于1889年提出余能方法。德国E.赫林格于1914年和美国E.赖斯纳于1950年分别独立建立了两变量（应力和位移）的赫林格–赖斯纳原理变分原理；1950年，钱令希建立了余能原理；中国胡海昌和日本鹫津久一郎于1954年和1955年分别建立了三变量（应力、位移和应变）的胡–鹫津变分原理；1964年，钱伟长提出了用拉格朗日乘子构造广义变分原理的方法。

弹性力学的主要变分原理包括最小势能原理、最小余能原理、赫林格–赖斯纳变分原理、胡–鹫津变分原理等。最小势能原理可表述为：在所有几何可能位移中，真实位移使得总势能取最小值。最小势能原理实质上等价于弹性体的平衡方程和应力边界条件。最小余能原理可表述为：在所有满足平衡方程和力的边界条件的可能应力中，真实应力使得整个弹性系统的余能取最小值。最小余能原理实质上等价于弹性体的变形协调条件和位移边界条件。最小势能原理和最小余能原理属于弹性力学的经典变分原理，它们将弹性力学的全部基本方程和边界条件做了区别处理，一部分作为变分约束条件，是变分前泛函变量要预先满足的方程，另一部分作为自然条件，通过泛函变分取极值来满足，其他的则作为非变分约束条件单独应用。赫林格–赖斯纳变分原理和胡–鹫津变分原理属于广义变分原理，它们利用拉格朗日乘子法或其他方法逐步消去经典变分原理的变分约束条件，从而可通过变分原理表述更多的基本方程。

对许多难于求得精确解的弹性力学问题，可采用变分原理求得问题的近似解，主要包括瑞利–里兹法、伽辽金法、康托洛维奇法、屈列弗兹法等。其核心思想是用满足一定条件的函数序列组成的线性空间来近似地替代原泛函的定义域空间，然后在线性空间中找到一个使得泛函取极值或驻值的近似解，这样就将基本方程由偏微分方程的边值问题转换为线性代数方程组的求解。变分原理不仅是弹性力学近似解法的基础，而且也是现代数值计算方法的理论基础，如最小势能原理已成为有限元方法的理论基础，而广义变分原理已成为混合和杂交有限元的理论基础。

（高　强）

弹性力学问题微分提法　differential expression of elasticity problem　从弹性微元体入手，对于理想弹性体通过对静力学、变形几何学和本构关系等方面进行分析，建立描述微元平衡、变形及弹性关系的一组基本方程，包括平衡方程（3个）、几何方程（6个）和等价的连续方程或协调方程（6个）、物理方程（6个），加上相应的边界条件，就把弹性力学问题化为数学上的偏微分方程边值问题。

用应力、应变、位移表示的基本方程（Ⅰ）　第一类是用应力、应变和位移表示的偏微分方程组，含有15个方程和15个未知函数（应力6个，应变6个，位移3个），该方程组的方程数与待求的未知函数相等，数学上已经证明解的存在性和唯一性问题。

①平衡方程（3个）：

$$\sigma_{ji,j}+F_i=0$$

②几何方程（6个）：

$$e_{ij}=\frac{1}{2}\left(\frac{\partial u_i}{\partial x_j}+\frac{\partial u_j}{\partial x_i}\right)=\frac{1}{2}(u_{i,j}+u_{j,i})$$

③物理方程（6个）：

$$\sigma_{ij}=2Ge_{ij}+\lambda e_{mm}\delta_{ij}$$

用应力、应变表示的基本方程（Ⅱ）　第二类是用应力和应变表示的偏微分方程组，可以按给定的定解条件求解得出应力和应变，再由几何方程积分求得位移。

①平衡方程（3个）：

$$\sigma_{ji,j}+F_i=0$$

②连续方程（6个）：

$$e_{ij,kl}+e_{kl,ij}-e_{ik,jl}-e_{jl,ik}=0$$

③物理方程（6个）：

$$Ee_{ij}=(1+v)\sigma_{ij}-v\sigma_{mn}\delta_{ij}$$

连续方程（协调方程）是单连域位移函数单值连续的充分–必要条件，是通过几何方程求导数升阶消去位移而得到的，可代替几何方程。

边界条件　方程组（Ⅰ）是含有应力、应变、位移3类变量的偏微分方程组，方程组（Ⅱ）是含有应力、应变两类变量的偏微分方程组。在求解偏微分方程时，必须建立相应的定解条件，对于弹性静力学问题，一般只需建立边界条件。但是在求位移时对于某些问题还需要给出位移的整体约束条件，在求解多连域问题时还要建立相应的位移单值条件。

应力边界条件　在给定应力部分的边界上，要求域内应力场在这部分边界上必须等于给定的表面应力矢量：

$$\sigma_{ji}n_j=\bar{F}_i \text{在}\Gamma_\sigma\text{上}$$

Γ_σ表示给定应力的边界表面，其方位由式中的方向余弦给出。应力边界条件是内域应力场（未知函数）在给定表面应力的边界上必须满足的平衡条件。一般来说，边界表面上需要给出表面应力。如有集中力，须应用圣维南原理将其化为静力等效的表面应力。

位移边界条件　在给定位移部分的边界上，要求域内位移场在这部分边界上必须等于给定表面上的位移值：

$$u_i=\bar{u}_i \text{在}\Gamma_u\text{上}$$

对于一些特殊问题，也需要对某些点给出位移导数（如转角）的约束条件。

混合边界条件（含Γ_σ和Γ_u边界）　在一部分边界上给定应力，在所余边界上给定位移。必须指出，在给定应力的部分边界上，不能同时给定位移，反之亦然。

方程组（Ⅰ）或（Ⅱ）加上边界条件，就构成了一个完整的偏微分方程组。关于解的存在性问题数学上已经给出严格的证明。从数学的角度来说，问题已经解决。但是，由于基本方程和未知函数的数量太多，要求解15个复杂的偏微分方程是相当困难的，再加上实际问题边界条件的复杂，使得求解难上加难。力学家经过艰辛的努力，已经取得丰硕的成果，能量法、数值法、优化法、辛方法的发展，几乎可以求解任何复杂的弹性力学问题。

（李　刚）

弹性力学问题辛方法　symplectic method for elasticity problem　根据结构力学与控制理论的模拟理论，将由原变量和对偶变量组成的辛空间引入**弹性力学**，从而形成弹性力学问题的辛求解体系。弹性力学的辛方法由中国学者钟万勰于20世纪90年代初建立，早期成果总结于1995年出版的《弹性力学求解新体系》一书中。弹性力学的辛方法与传统求解思路相反，传统的求解思路是努力消元，尽可能减少未知量的数量，而不惜方程的阶次的升高，而在辛体系下，通过勒让德变换引入对偶变量，从而将方程的阶次降低。辛方法从弹性力学的基本方程或经典变分原理出发，引入原变量的对偶变量，从而建立其哈密顿形式的混合能变分原理及哈密顿对偶方程组，形成弹性力学的辛求解体系。

辛方法通过分离变量法导出横方向的本征问题，即辛本征问题，从而形成本征函数展开的求解方法，其中对特殊本征值的本征函数向量及其约当型本征函数向量的分析求解，可以获得许多有特定物理意义的解。而且，辛方法系统地证明了哈密顿算子矩阵的性质，建立了本征函数的共轭辛正交归一关系。基于这些性质，分离变量方法和本征函数展开等数学工具可成功应用于弹性力学问题的求解。辛方法实现了弹性力学从拉格朗日体系向哈密顿体系的过渡，其意义在于从传统的欧几里得几何形态进入辛几何形态之中，从而将对偶的混合变量方法引入力学领域。此外，辛方法通过理性的推导，改变了弹性力学求解中大量运用半逆凑合法的传统，给出了一个富有理性的求解方法，可以求得许多半逆法无法求解或难于求解的问题。

利用辛方法从理论上阐明了经典弹性力学中佯谬问题的出现是由于其对应的是辛体系中特殊的约当型解，同时也很自然地为该类问题提供了一个通用、有效的求解方法。辛方法已成功应用于各向同性和各向异性平面问题、各向同性和各向异性薄板弯曲问题、各向同性和各向异性复合材料层合板、赖斯纳板弯曲问题、平面偶应力问题、弹性地基板等问题。由于辛方法采用对偶变量作为基本变量，从而更易于描述层合结构的界面应力平衡条件与位移连续条件。辛体系方法特别适用于复合材料的自由边界、层间应力及其边缘效应的分析等。

扩展阅读

钟万勰.弹性力学求解新体系.大连：大连理工大学出版社，1995.

（高　强）

弹性力学问题一般原理　general principle of elasticity problem　主要包括叠加原理、唯一性定理、圣维南原理、功的互等定理等。这些原理在简化复杂问题的求解、提出独特的计算方法方面起着重要作用。

叠加原理　对于满足小变形和线弹性体系，两组满足基本方程和边界条件的解，则它们的线性组合也一定是满足该基本方程和边界条件的解。

叠加原理成立的最关键依据是弹性力学是线性系统，基本方程和边界条件都是线性的。凡是物理非线性或能导致几何非线性的情况（包含边界），叠加原理就不能应用。例如，杆的纵横弯曲，大位移、大变形问题，接触问题，具有非线性支撑的问题等。但是，在线性系统内，叠加原理是非常有用的，它可以把一个复杂问题分解为若干个简单问题求解。从本质上来说，在线弹性系统范围，载荷产生的变形和应力与施加载荷的过程无关，一定的载荷对应唯一的能量表达式。

唯一性定理　在给定体力、面力以及边界位移的情形下，弹性体中应力分布规律和应变的分布规律是唯一确定的，在限制整体刚性位移的情况下，位移的分布规律也是唯一的。

唯一性定理指明了求解弹性力学问题的基本原则，不管用什么方法，只要严格满足基本方程和给定的边界条件的解就是唯一的精确解。所以，它是凑合法的理论依据。也是校核各类近似法和数值法的原则。

圣维南原理　如果在物体的某一局部（小部分）区域上作用的力改变其分布方式，但保持静力等效（即主矢量相同，对于同一点的主矩相同），则近处的应力、应变的分布将有显著的改变，而相当远处的应力、应变改变极小，可以忽略不计。

对于局部区域受一平衡力系作用时，圣维南原理还可以表述为：如果在弹性体的任何局部（小部分）区域上作用一平衡力系（即主矢量和主矩均为零），这个平衡力系所产生的扰动只限于局部，即只在受力附近产生显著的应力和应变，一旦远离受力区域，应力和应变迅速减小，甚至消失。

圣维南原理多用于实心弹性体。一般来说，应用圣维南原理影响的区域大致与力的作用区域相当。对于薄壁构件或壳体结构在应用圣维南原理时必须谨慎。应用圣维南原理的一个必要条件，即力的作用区域要比该区域的最小尺寸小得多，并且几何约束能有效地限制局部效应的传播。

圣维南原理的一个重要应用就是简化复杂的边界问题。在边界上用静力等效的力系替代原有力系写成的边界条件，称为静力等效边界条件。它为在边界局部小区域上存在集中力和/或集中力偶的问题提供了一个简单有效的处理方法。

功的互等定理　在任一线弹性变形系统中，第一组外力在由第二组外力引起的位移上所做的功，等于第二组外力在由第一组外力引起的位移上所做的功。

功的互等定理的适用范围是没有能量耗散的线弹性系统。线弹性体在变形过程中没有能量损失，根据能量守恒原理，外力所做的功全部转换为贮存在弹性体内部的应变能，外力功只与当时的变形状态有关，而与变形的历史过程无关。在应用功的互等定理求解具体问题时，往往把第一组载荷作为真实外力，把第二组载荷作为辅助载荷（或虚拟载荷），它是为了求解问题的方便而引入的假想力系。

（李　刚）

陶瓷砖　ceramic tile　以黏土、长石和石英等为主要原料，经混料、成型、烧成等工艺处理，用于装饰、构建与保护建筑物、构筑物的板状或块状陶瓷制品。陶瓷砖的历史起始于公元前4000年，当时埃及人主要是利用烘干的带色黏土砖进行房屋装饰。现代陶瓷砖已成为全球主要建筑装饰材料。中国建筑陶瓷生产技术装备的机械化、自动化、大型化、高效化等水平已走在世界的前列。

类型　陶瓷砖主要用于装饰建筑的内墙、外墙及地面。按用途可分为内墙砖（简称釉面砖）、外墙砖及地砖（室内地砖、室外地砖）；按表面特征可分为有釉砖和无釉砖；按吸水率可分为瓷质砖（吸水率≤0.5%）、炻瓷砖（0.5%<吸水率≤3.0%）、细炻砖（3.0%<吸水率≤6.0%）、炻质砖（6.0%<吸水率≤10.0%）、陶质砖（吸水率>10.0%）。在产品品种方面，中国的陶瓷砖主要包括一次、二次及三次（多次）烧成釉面砖，彩釉地砖（含仿古砖）及釉面外墙砖；采用斑点、渗花、大颗粒、微粉装饰的仿古瓷质砖（未经抛光）；上面釉或不上釉的马赛克砖、瓷质广场砖、劈离砖、路面渗水砖、建筑琉璃制品、彩色釉面瓦（中式、西式、日式）；微晶玻璃复合陶瓷砖、陶瓷干挂板、超薄陶瓷板、轻质陶瓷板等2000余种。

组成　陶瓷砖的化学成分有二氧化硅（SiO_2）、三氧化二铝（Al_2O_3）、三氧化二铁（Fe_2O_3）、氧化钛（TiO_2）、氧化钙（CaO）、氧化镁（MgO）、氧化钾（K_2O）、氧化钠（Na_2O）。在坯体中，SiO_2是主要组分，主要由黏土、石英引入，一般不能高于75%；Al_2O_3主要由黏土引入，一般不能小于16%；Fe_2O_3和TiO_2是杂质，主要由黏土等原料带入；CaO和MgO起助熔作用，由石灰石、白云石、滑石、硅灰石、透辉石等引入；K_2O和Na_2O是坯料中的熔剂，由长石引入。陶瓷砖的生产工艺是：按配方准确配料、球磨混料、成型、干燥、施釉装饰（或不施釉）、干燥、烧成。坯体的成型采用压制成型，施釉方式有喷釉、淋釉，以及贴花、喷涂、丝网印刷、滚筒印花、喷墨打印、干法施釉等各种工艺。烧成采用高性能的辊道窑。陶瓷砖的性能要求根据品种的不同有相应的国家标准或行业标准。陶瓷砖的发展方向是功能化、艺术化、薄型化（中国已研发生产出厚度仅为3毫米，大尺寸为1200毫米×2400毫米的外墙用陶瓷薄板砖），节能减排、清洁生产。

（陈　伟）

特殊爆破　special blasting　在特殊条件、特殊要求和特殊环境下使用的爆破技术。特殊爆破主要类型有：①压缩爆破，如爆破成井、爆破夯实地基。②聚能爆破，如冻土穿孔、油井射孔、切割材料。③农林爆破，如开渠、拔树根、破冰。④金属爆破，如爆断钢管、爆开铸锭和轧锟、冶炼厂的熔渣固结物的爆破。⑤爆炸加工，如对接焊、压焊成型、硬化表面等。

特殊爆破的主要特点是：①爆破对象和介质特殊。②爆破环境复杂。③要求爆破形式特别。④要求产生预期的结果。⑤要求采取特别安全措施。

随着技术进步，特殊爆破已向高精尖方向发展，如对人体内膀胱结石、肾结石及胆结石的爆破等。特殊爆破在急救方面的应用也大为提升，在爆破药量、方向、方式等的不断突破下，急救控制爆破得到很好的应用和发展。另外，特殊爆破在地震后救人、紧急开锁、清除运输道路障碍物等方面也得到广泛应用。 （谢全民）

特殊路基 special subgrade 位于特殊岩土地段、不良地质地段，以及受水、气候等自然因素影响强烈地段，需要进行特殊设计的路基。特殊路基设计应考虑气候环境、水和地质等因素对路基长期性能的影响，对于可能造成的路基病害，应遵循预防为主、防治结合的原则，通过综合技术经济比较，因地制宜采取有效的工程处理措施。

软土地区路基 软土具有天然含水率高、孔隙比大、压缩性高、抗剪强度低、渗透系数小的特点。软土地区的路基易出现稳定性不足、工后沉降和不均匀沉降过大等病害。软土地区路基设计应根据软土地基特点和工程建设条件，以及路基稳定性验算和沉降计算成果，选择合适的软土地基加固处理方案，包括浅层地基处理、排水固结、轻质路堤、强夯（置换）和复合地基等。

黄土地区路基 易发生地基湿陷、基底陷穴、坡面冲蚀、边沟冲刷等病害。挖方路基边坡设计可根据黄土的垂直节理特性，设置为陡坡形式。填方边坡应采用力学经验法进行稳定性验算，并注重高填方的压实与补压。黄土地区路基应特别注意防冲刷、防渗和保持水土，早接远送，并对排水构造物做好必要的防护与加固；必要时应针对湿陷性黄土和黄土陷穴进行地基处理，包括强夯法、灰土挤密桩、化学加固法、振冲法等。

膨胀土地区路基 膨胀土浸水后体积变化较大，使路基土发生土体膨胀疏松、收缩龟裂、路堑滑动、挡墙变形、基础开裂等破坏。路基设计应以防水、控湿、防风化为主，减少湿度变化对路基的影响。膨胀土用于路基填料时应根据胀缩等级采取合理的处置措施。膨胀土路堑应采取“放缓坡率、加宽平台、加固坡脚”的边坡设计原则，并根据地质条件区别对待浅层和深层两类边坡破坏形式。

盐渍土地区路基 盐渍土路基在盐、水、温度及车辆荷载的综合作用下，易产生盐胀、翻浆和溶陷等病害。盐渍土地区路基设计，需要从改善路基和地基中的盐、水、温度等条件着手，限制路基填料的含盐量，确定合理的路基高度，重点做好路基和地基的防盐、隔水和排水工作。在干旱盐湖地段，由于地下水一般都是饱和盐水（又称卤水），对岩盐不再发生溶解作用，加之表面多具有坚硬的盐盖，因此可以在干涸的盐湖表面直接修筑公路，如著名的万丈盐桥（图1）。

图1 中国青海万丈盐桥

红黏土与高液限土地区路基 红黏土与高液限土具有高液塑限、高含水率、高孔隙比、高强度和较低压缩性的特点，其压实困难、干缩开裂和边坡稳定性差是主要的工程问题。红黏土和高液限土不能直接用于路基填筑，而需采取一定的工程措施，如设置排水隔离垫层、包边封闭层，以及外掺砂砾、粉煤灰、无机结合料等。红黏土和高液限土挖方边坡的裂隙较为发育，在雨水进入后形成软弱结构面，即使坡率小于1/2时仍可能出现坍塌、滑动破坏，因此，进行稳定分析时应重点考虑边坡裂隙发展与复浸水对强度的不利影响。

多年冻土地区路基 路基的修筑会改变多年冻土层的水热条件，产生热融滑坍、融冻泥流和热融沉陷等破坏。此外，多年冻土层中存在冰锥、冻胀丘、热融湖和沼泽，都会影响路基的稳定性。多年冻土地区路基的设计，需根据冻土类型及平均年温，对冻土采取保护或破坏的原则。如低温冻土地段需保护冻土，高温冻土地段可控制融化速率，少冰冻土、多冰冻土地段可允许融化。

泥石流地区路基 泥石流具有剧烈的破坏作用，使路基遭受堵塞、淤埋、冲刷和撞击等危害，或压缩堵塞河道后，水位壅升，致使上游沿河路基被淹没。公路选线应绕避大型泥石流；对于中小型泥石流，应在其中游部分，以有足够净空的单孔桥跨过，或以隧道、明洞等形式自泥石流沟底的下面通过。此外，在泥石流地区的路基，还可以采用排导、拦截和水土保持等综合防治措施。排导包括排洪道、急流槽和导流堤等；拦截包括低矮拦挡坝、拦碴坝和停淤场等。

崩坍滑坡地区路基 滑坡是大量土体或岩体在重力作用下，沿一定的滑动面缓慢而长期地下滑，有些则在到达一定程度后出现比较急剧的倾倒崩塌，往往造成重大灾害。公路选线应尽可能地绕避崩坍滑坡地段。无法绕避时，应对可能发生崩坍滑坡的地段进行详细的工程地质调查研究，并采取必要的防治措施，包括排除地表水和地下水、坡顶减重、坡脚修筑抗滑桩等。

岩溶地区路基 溶洞顶板塌陷会引起路基的下沉和破坏；岩溶地面坍塌会破坏路基的整体稳定性；反复泉与间歇泉浸泡会引起路基的沉陷、坍塌和冒浆；突然的地下涌水还会摧毁路基。公路选线应尽量避免大型岩溶洞地段，经过岩溶地区必须查明其分布位置和危害程度，是否还在继续发展，以及岩溶顶板的安全厚度。由于岩溶地区地下水和地表水具有较强的侵蚀性，应采取排水沟、渗水暗沟、涵洞等措施做好排水工作；当面临安全稳定问题时应因地制宜采取回填、加固等措施。

采空区路基 采空区是由人为挖掘或者天然地质运动在地表下面产生空洞的地区。废弃的矿穴坑道上部覆盖常为土层，对地面路基稳定的影响较严重；有些老煤矿上的老路基，由于废弃坑道大量抽水，地下水位下降还会引起路基沉陷。公路选线应尽量避开规模较大的采空区，路基经过采空区时必须查明其分布、规模、变化特点，采取开挖回填、注浆等加固措施。中国太阳高速公路采空区路基的填方区，主要采用续配筋混凝土板等补强处理措施，其挖方区采用注浆、片石回填措施，取得较好的治理效果。

风沙地区路基 风沙对路基的危害主要为沙埋和风蚀。风沙流通过路基时因风速减弱导致沙粒沉落堆积，或者沙丘移动上路，即形成沙埋；风沙冲击下，路基沙粒或土颗粒被风吹走出现路基削低、掏空坍塌等现象，称为风蚀。路基设计应根据风沙地貌特点、风沙运动特征、风向、风力、路线与风向的关系，选择合理的路基断面形式和路侧防沙体系。常用的路侧工程防沙措施包括固、阻、输、导4种类型。贯穿号称“死亡之海”的塔克拉玛干沙漠的塔里木沙漠公路（图2），是世界上在流动沙漠中修建的最长的公路。

雪害地区路基 雪害有积雪和雪崩两种形式。雪害地区路基设计应遵循“防重于治”的原则，尽量绕避雪害严重地段。当路线必须通过积雪路段时宜采用路

图2 中国新疆塔里木沙漠公路

堤形式通过，当必须设置路堑时，应采用敞开式断面的浅路堑或深度大于6米的路堑，以便使路堑内形成较强的旋风以减轻积雪。当路线必须通过雪崩地段时应采取相应的防治措施，如设置水平台、导雪堤（墙）、土丘、防雪林带等设施；在雪崩严重地段，可采用防雪走廊、明洞、隧道等遮挡结构物。

涎流冰地段路基　在山区公路挖方边坡截断地下含水层处，含水层中的水在冬季边渗边冻，可以漫延整个路幅，长可达数十米乃至百米，称为涎流冰。涎流冰覆盖道路将会严重影响行车安全，春季溶解后会产生大量的径流，对路基土产生一定的冲刷和搬运作用，严重路段还伴有泥石流、边坡塌陷、道路沟蚀现象。此外路基土含水量长期处于饱和或过饱和状态，承载力极低，在行车荷载作用下易造成翻浆冒泥等破坏。涎流冰地区路基宜采用路堤或浅路堑方式通过，路堤高度应高于涎流冰最高时的顶面高度0.5米，挖方应尽量不切割含水层。路基填料宜选用水稳性较好的碎砾石土。为减少涎流冰上路，可采取保温措施确保地面排水沟渠畅通，设渗井、渗池、盲沟等地下排水设施，修建聚冰坑、聚冰沟、挡冰墙、冻结沟等构造物，必要时可建桥跨越涎流冰。

河滩及水库地区路堤　在终年浸水及季节性浸水地区修筑的路堤，其高度应按设计洪水位并考虑壅水和浪高等因素，填料最好采用水稳定性好的渗水材料，如中国从集美到厦门的铁路公路两用海堤，是在海中填石筑成。浸水路堤的坡面防护，通常采用干砌片石护坡、挡墙、堆石等措施。河滩路堤的防护也可采用导流措施，以减弱海水对路堤的冲刷。水库路堤还要考虑水库水位涨落所引起的库岸地下水位的变化，以及波浪所引起的坍岸。

（钱劲松）

特殊土　special soil　具有一定分布区域或者工程意义上具有特殊成分、状态和结构特征的土。有些土类，由于地质、地理环境、气候条件、物质成分及次生变化等原因，与一般土类有着显著不同的特殊工程性质，用其作为建筑场地、地基及建筑环境时，如果不注意这些特点，并采取相应的治理措施，就会造成工程事故。这些特殊土都有一定的规律，表现出一定的区域性。一般可分为包括各种静水环境沉积的软黏土（淤泥、淤泥质土、有机质土、泥炭等）、红黏土、膨胀土、黄土、湿陷性黄土、冻土、人工填土等。

淤泥　在静水或缓慢的流水环境中沉积，又经生物化学作用形成的黏性土。是软黏土的一种。淤泥的天然含水量大于液限，天然孔隙比大于或等于1.5，有机质含量一般超过5%，但小于25%。

淤泥的工程性质差，一般不宜用作地基。

淤泥质土　在静水或缓慢的流水环境中沉积，又经生物化学作用形成的黏性土。淤泥质土的天然含水量大于液限，天然孔隙比小于1.5，但大于或等于1.0，有机质含量一般超过5%，但小于25%。淤泥质土的工程性质差，天然情况下一般不宜用作地基。淤泥或淤泥质土的一般物理、力学性质指标参考值见表1。

红黏土　热带、亚热带温湿地区碳酸盐岩系经红土化作用形成的、含有大量氧化铁的棕红、褐黄色的黏土。其塑性较一般黏土更高。残积和坡积的红黏土的液限一般大于50%，上硬下软，具有明显的收缩性，裂隙发育。经再搬运后仍保留其基本特征、液限大于45%的称为次生红黏土。红黏土的矿物骨架活动性差，由铁铝氧化物胶结成团粒，虽密度较小，含水量高，但力学性质仍良好。主要分布在中国长江以南地区。其一般物理、力学性质指标参考值见表2。

膨胀土　具有较大的吸水膨胀和失水收缩变形特征的黏土。其塑性较一般的黏土更高。膨胀土黏粒的主要成分为强亲水性矿物。膨胀土在中国分布范围很广，其黏粒含量很高，液限大于40%，塑性指数大于17，天然含水量接近或略小于塑限，液性指数常小于零。将人工制备的磨细烘干土样经无颈漏斗注入量杯，量其体积，然后倒入盛水的量筒中，经充分吸水膨胀稳定后，再测其体积，增加的体积与原体积的比值称为自由膨胀率。膨胀土的压缩性较小，自由膨胀率一般不超过49%。膨胀土具有很高的膨胀潜势，这与它含水量的大小及变化有关。如果其含水量保持不变，则不会有体积变化。因其膨胀会对建筑物造成危害，所以应引起足够的重视。

表1　淤泥或淤泥质土的物理、力学性质指标参考值

孔隙比e	液性指数I_L	含水量ω/%	液限ω_L/%	塑性指数I_P	承载力基本值/kPa
1.0～2.0	＞1.0	36～75	30～65	10～25	40～100

表2　红黏土的物理、力学性质指标参考值

孔隙比e	液性指数I_L	含水量ω/%	液限ω_L/%	塑性指数I_P	承载力基本值/kPa
1.0～1.9	0～0.4	30～50	50～90	＞17	100～380

有机质土　在多水环境下由不同分解作用的植被植物所组成的土。俗称沼泽土，简称有机土。有机质土是一种水成土。其中混有矿物颗粒（此为与泥炭的区别）。在多水环境下，受植被植物较高分解作用所形成的土称软泥。广义的有机质土包括泥炭、软泥和沼泽土。有机质土中有机质含量超过25%，含水量高，孔隙比大，故强度低，压缩性高，且具腐蚀性，工程性质差，一般不宜用作地基。

泥炭　在潮湿和缺氧环境中由未充分分解植物遗体堆积而形成的黏性土。其有机质含量超过25%。一般以夹层构造存在于黏性土层中，常见埋深一般为1～10米。呈深褐色至黑色，并具有动植物腐败的臭味。泥炭含水量极高（50%～2000%，为矿物质土的10～100倍），孔隙比大（一般为5～15，高者可达25），压缩性很大、承载力低，并具有腐蚀性，故工程性质极差，是典型的软黏土，一般不宜用作地基。

黄土　第四纪时期形成的黄色或褐黄色的土。其组成以粉粒为主，具有肉眼可见的大孔隙，垂直节理发育，能保持很高直立陡壁。由风力搬运形成的黄土称为原生黄土。原生黄土经过流水冲刷、搬运和重新沉积而形成的黄土称为次生黄土或黄土状土。据形成年代可分为老黄土和新黄土。老黄土一般无湿陷性，新黄土有湿陷性。在中国，黄土主要分布在西北和华北地区。

湿陷性黄土在土自重应力或土自重应力和附加应力共同作用下，受水浸湿后结构迅速破坏而发生显著附加下沉的黄土。分自重湿陷性黄土和非自重湿陷性黄土两种。湿陷性黄土受水浸湿后，在其自重压力下发生湿陷的，称为自重湿陷性黄土。而在其自重压力与附加压力共同作用下才发生湿陷的，称为非自重湿陷性黄土。湿陷性黄土的分类对工程建筑的影响具有现实意义。例如，在自重湿陷性黄土地区修筑渠道初次放水时就产生地面下沉，两岸出现与渠道平行的裂缝；管道漏水后由于自重湿陷可导致管道折断；路基受水后由于自重湿陷而发生局部严重坍塌；地基土的自重湿陷往往使建筑物发生很大的裂缝或使砖墙倾斜，甚至使一些很轻的建筑物也受到破坏。而在非自重湿陷性黄土地区这类现象极为少见。所以在这两种不同湿陷性黄土地区建造房屋，采取的地基设计、地基处理、防护措施及施工要求等均应有较大区别。

冻土　零摄氏度以下并含有冰的各种岩石和土壤。又称寒土。冻土孔隙中存有冻结晶，由土固体颗粒、冰包裹体、水和空气四相组成。按照时间可分为短时冻土（数小时/数日以至半月）、季节冻土（半月至数月）和多年冻土（又称永久冻土，指持续两年或两年以上的冻结不融的土层）。地球上多年冻土、季节冻土和短时冻土区的面积约占陆地面积的50%，其中，多年冻土面积占陆地面积的25%。根据含冰量可分为富冰冻土、微含冰冻土和含冰冻土。根据物理状态可分为坚硬冻土和塑性冻土。冻土对温度极为敏感，含有丰富的地下冰。因此，冻土具有流变性，其长期强度远低于瞬时强度。正由于这些特征，在冻土区修筑工程构筑物就面临冻胀和融沉两大危险。冻胀指土体在寒冷的气温下产生的体积膨胀；融陷指解冻时产生的收缩变形。在冻胀性土地区确定基础设置深度时，应考虑地基土冻胀和融陷的影响。

人工填土　由人类活动堆积形成的土。人工填土依据组成成分可细分为：由碎石土、砂土、粉土、**黏性土**等组成的素填土；由建筑垃圾、工业废料、生活垃圾等组成的杂填土；由水力冲刷泥沙形成的冲填土。其中经过压实或夯实后形成的素填土又称压实填土。通常人工填土的工程性质不良，强度低、压缩性大且不均匀。压实填土相对较好，杂填土工程性质最差。（胡安峰）

特种工程结构　special engineering structure　有别于一般工程结构，功能比较特殊的工程结构。包括**高耸结构**、**海洋工程结构**、**管道结构**、**容器结构**和**支架结构**等，形式多种多样，遍布工业与民用建筑、交通工程、冶金工程、矿业工程、水利工程、电力工程等各个领域。与一般土木工程结构相比，特种工程结构的结构形式、荷载作用等往往较为复杂。为满足重要工业领域等特殊功能需求，结构安全性、可靠性和耐久性要求相对较高，设计和施工难度较大。新材料、新工艺、新结构形式更容易在特种工程结构中得以应用，随着科学技术的发展，将会出现越来越多的、具有新用途的特种工程结构。（岳清瑞）

特种混凝土　special concrete　具有特种性能或采用特殊施工方法制得的**混凝土**。特种混凝土主要有防辐射混凝土、喷射混凝土、装饰混凝土、水工混凝土、海工混凝土、耐火混凝土、补偿收缩混凝土、耐热混凝土、清水混凝土、生态混凝土和牺牲混凝土等。

防辐射混凝土　由水泥、水、特选骨料和混凝土外加剂制成，能屏蔽各种放射性射线（如X、γ、中子射线等）的混凝土。又称屏蔽混凝土或防护混凝土。主要用于原子能反应堆、粒子加速器、辐射试验装置、同位素储存室、医疗用放射治疗室的屏蔽射线部位，以阻挡辐射对人体的伤害。防辐射混凝土应同时具备表观密度大和含结合水多两个特征。一般用硅酸盐水泥作胶结材，也可采用密度大的锶水泥或钡水泥。为了增大结合水含量，可采用高铝水泥、石膏矾土水泥、镁质水泥等。常采用密度很大的重晶石、褐铁矿、赤铁矿、磁铁矿、废钢块、铁砂作为骨料。此外，为减少内部应力，混凝土的热导率要大，热膨胀系数和干燥收缩应小，不允许存在空洞和裂缝等缺陷。

喷射混凝土　利用喷射密实成型方法所制成的混凝土。分为干式及湿式两种喷射方法。①干式喷射。混合料水灰比为0.10～0.20，输送至喷嘴处增水加压喷出，施工时灰尘较多，回弹量大。②湿式喷射。混合料水灰比为0.45～0.50，输送至喷嘴处加压直接喷出，但易于堵塞输送管。喷射混凝土水泥用量较多，须掺加速凝剂或采用喷射水泥、超早强水泥以加速凝结。其石子最大粒径应小于管道最小直径的1/3～2/5；砂率较高。特点为硬化快，强度和抗渗性好，与岩石等黏结力强，可不用模板，施工简便，速度快。适用于平巷竖井、隧道、涵洞和各种地下建筑的支护，衬砌、各种结构物的修补增强等。

装饰混凝土　在预制或现浇的同时，完成自身饰面处理的混凝土。多用白水泥或彩色水泥制作，也可在水泥混凝土表面喷涂涂料着色。饰面方法有反打、正打两种。预制平模反打可在钢模底面做出凹槽，或采用各种花纹衬模的工艺；平模正打常用压印与挠刮工艺。立模浇灌与预制反打的工作面，需掺用缓凝剂使其表皮水泥浆延缓硬化，待脱模后进行水洗。保证其质量的关键在于外模尺寸精确、板面平直，隔离剂应与水泥、砂石的色泽一致，上下两层接缝处要防止漏浆挂鳞。可利用升模工艺在外模内侧安置条形衬模，在高层建筑外墙做成直条饰面。

水工混凝土　以水硬性水泥、砂、石骨料和水按适当比例配合，经搅拌浇筑成型后，硬化为能满足水工建筑物结构要求的混凝土。水工混凝土主要用于水利、水电及航道港口等工程，长年暴露于大气或深埋在水中，经受日光、温度、流水及环境水等外界因素的影响和侵蚀。因此，除要求具有普通混凝土的性能外，还要具有水化热低、收缩小、抗冻性强的特点。此外，根据其所处部位的工作条件，按照水工建筑物和水位的关系，受水压、水流冲刷的情况，以及在大体积建筑物中的位置，还要分别满足抗压、抗渗、抗冻、抗裂（抗拉）、抗冲耐磨、抗风化和抗侵蚀等要求。例如，坝体迎水面外部混凝土有抗渗和抗冻的要求；泄水道的混凝土要能抵抗高速水流的冲刷、空蚀和泥沙磨损；大体积混凝土要防止温度裂缝；当水环境中含有的酸、盐等有害物质超过允许值时，要求水工混凝土具有抵抗有害物质侵蚀破坏的能力等。

海工混凝土　又称海洋混凝土。即海洋工程所用的混凝土。包括有海水影响施工的海岸工程、近海工程、海洋平台、海底构筑物，以及经常受到浪花溅击的岸结构用混凝土。所处部位不同，对混凝土的性能要求亦各有差异，除要求抗硫酸盐侵蚀外，对海洋平台等工程结构既要求承受反复的波浪荷载，在浪溅区和潮汐区又要求能承受冻融循环的破坏作用，因而选用抗硫酸盐水泥和低渗透性的硅质骨料，拌制成匀质密实的混合料。为改善工作性和耐久性，应采用小水灰比并掺入适量加气剂，配制成具有较强的抗硫酸盐腐蚀、抗疲劳、抗冲击、抗冲刷性能和较高抗渗性和抗冻性（$D200$～$D350$）的混凝土。

抗渗能力大于0.60兆帕（即在0.60兆帕以上水压下不透水）的防水混凝土又称不透水混凝土或水密性混凝土。一般分为：①以调整配合比为手段配制的普通防水混凝土。所用原材料与普通混凝土基本相同，但两者的配制原则不同。普通防水混凝土主要借助于采用较小的水灰比（不大于0.6），适当提高水泥用量（每立方米不小于320千克）、砂率（35%～40%）及灰砂比（1∶2～1∶2.5），控制石子最大粒径，加强养护等方法，以抑制或减少混凝土孔隙率，改变孔隙特征，提高砂浆及其与粗骨料界面之间的密实性和抗渗性。普通防水混凝土一般抗渗压力可达0.6～2.5兆帕，施工简便，造价低廉，质量可靠，适用于地上和地下防水工程。②外加剂防水混凝土。在混凝土拌和物中加入微量有机物（引气剂、减水剂、三乙醇胺）或无机盐（如氯化铁），以改善其和易性，提高混凝土的密实性和抗渗性。引气剂防水混凝土抗冻性好，能经受150～200次冻融循环，适用于抗水性、耐久性要求较高的防水工程。减水剂防水混凝土具有良好的和易性，可调节凝结时间，适用于泵送混凝土及薄壁防水结构。三乙醇胺防水混凝土早期强度高，抗渗性能好，适用于工期紧迫、要求早期强度高及抗渗压力大于2.5兆帕的防水工程。氯化铁防水混凝土具有较高的密实性和抗渗性，抗渗压力可达2.5～4.0兆帕，适用于水下、深层防水工程或修补堵漏工程。③膨胀水泥防水混凝土。是利用膨胀水泥水化时产生的体积膨胀，使混凝土在约束条件下的抗裂性和抗渗性获得提高，主要用于地下防水工程和后灌缝。

耐火混凝土　由胶结料、耐火粗细骨料、耐火粉料，以及外加剂等按一定比例配制而成，能承受900℃以上高温作用，并在高温下仍能保持所需要的物理、力学性能的混凝土。按所用的胶结料不同可分为硅酸盐水泥耐火混凝土、铝酸盐水泥耐火混凝土、水玻璃耐火混凝土、磷酸盐耐火混凝土、硅质耐火混凝土、镁质耐火混凝土等。根据其容重大小划分为普通耐火混凝土和轻质耐火混凝土（一般容重小于1800千克/米^3）。根据硬化条件不同分为水硬性耐火混凝土、气硬性耐火混凝土、热硬性耐火混凝土。根据使用温度分为高温耐火混凝土、中温耐火混凝土和低温耐火混凝土。根据用途分为耐火隔热混凝土、耐火耐腐蚀混凝土、耐火耐磨混凝土和耐火钢筋混凝土等。常用于锅炉外壁和高温环境下的建筑物或构筑物。

补偿收缩混凝土　在约束条件下利用混凝土的膨胀变形来补偿混凝土的全部或大部分收缩变形，以减少或防止由于收缩产生裂缝的混凝土。又称少裂混凝土。采用膨胀水泥或补偿收缩水泥、明矾石膨胀水泥作胶结材料，水泥用量不应少于280千克/米^3，拌和水量比同坍落度普通混凝土多10%～15%。其坍落度损失较大，应注意早期养护。硬化过程中体积变化较小，能减免混凝土结构物的收缩开裂，具有密实抗渗、早期强度较高等优点。试配时除进行坍落度、强度等检验调整外，应对膨胀率进行测试并调整。适用于防渗建筑、地下建筑、液气贮罐、屋面、楼板、路面等工程，以及接缝、接头等场所。

耐热混凝土　由耐火骨料、粉料和结合剂（有时加入外加剂）加水或其他液体配制而成的，能承受250℃以上、900℃以下温度作用的混凝土。具有热稳定性好，不变形，不软化，不粉化等特点。通常分为致密耐热混凝土和隔热耐火混凝土两类。前者又称为重质耐热混凝土或普通耐热混凝土，常用的品种有硅酸盐水泥耐热混凝土、矿渣硅酸盐水泥耐热混凝土和水玻璃耐热混凝土3种。后者又称为轻质耐热混凝土。耐热混凝土生产工艺简单，不需要烧成，可节省燃料和动力，有利于机械化施工以提高生产效率，尤其在热工构筑物或大型热工基础部位使用效果显著。

清水混凝土　一次成型，并直接利用成型后混凝土本身的自然质感作为饰面效果的混凝土。清水混凝土作为一种新型的建筑表现形式，可以不做任何修饰，颜色均匀、光滑、美观，且取消了抹灰层和面层，降低了工程成本，同时减少了建筑垃圾的产生，提高了现场文明施工程度，被广泛应用于工业建筑、民用工程中高层、公共建筑，以及市政桥梁中。清水混凝土经过原始清水混凝土、清水混凝土、镜面清水混凝土和彩色清水混凝土4个阶段的发展，现主要分为普通清水混凝土、饰面清水混凝土和装饰清水混凝土。普通清水混凝土指表面颜色无明显色差，对饰面效果无特殊要求的清水混凝土。饰面清水混凝土指表面颜色基本一致，由有规律排列的对拉螺栓眼、明缝、禅缝、假眼等组合形成的，以自然质感为饰面效果的清水混凝土。装饰清水混凝土指表面形成装饰图案、镶嵌装饰片或彩色的清水混凝土。

生态混凝土　既能减少给地球环境造成的负荷，又能与自然生态系统协调共生，为人类构造更加舒适环境的混凝土材料。分为环境友好型（减轻环境负荷型）生态混凝土和生物相容型（环境协调型）生态混凝土两大类。生态混凝土具有高透水性、高承载力、良好的装饰效果、易维护性、抗冻融性好、耐用性强等优点。主要用于边坡治理（包括河流、湖泊、水库等的堤坝，以及道路两侧的边坡治理等）。

牺牲混凝土　一种新型的核电防护材料，是应用于欧洲第三代新型核电站核反应基坑外围防护墙及反应堆扩展区底板的防护材料。作为一种特殊的混凝土材料，牺牲混凝土可以在发生严重核电事故时，改善堆芯焰融物的特性和降低其热流密度，加快堆芯熔融物冷却，从而缓解核事故的严重后果。从力学性能上，其抗压强度在65兆帕以上，可以认为是高强混凝土；从施工角度上，牺牲混凝土具有较高流动性，属于自密实混凝土。

（蒋金洋）

体系的几何构造分析　geometric construction analysis of system　若干杆件相互联结可组成杆件体系，其中若不考虑材料应变产生的弹性变形，在任意荷载作用下其几何形状和位置都保持不变的称为几何不变体系或几何稳定体系。若体系的几何形状或位置可变，称为几何可变体系或几何不稳定体系。一般工程结构都必须是几何不变体系（图a），不能采用几何可变体系（图b），否则将不能在承受任意荷载的同时维持平衡。因此，在设计结构和选取其计算简图时，首先必须分析体系是否是几何不变的，这就称为体系的几何构造分析，又称机动分析。几何构造分析对于指导结构的受力分析也是很有必要的。

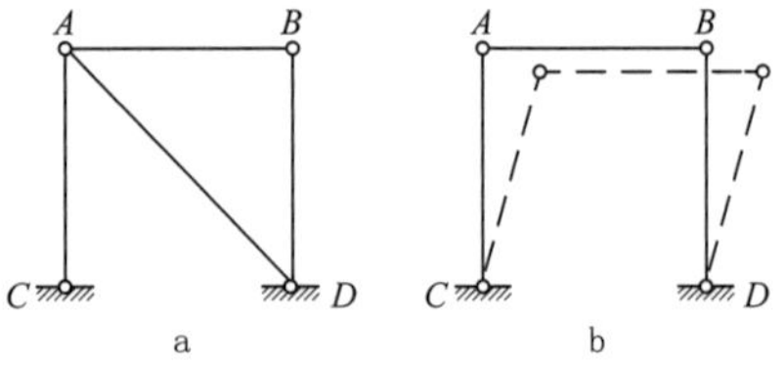

几何不变体系和几何可变体系示意图

平面杆件体系的自由度和约束　平面杆件体系是由点和刚片等部件加上约束组成的。部件可以产生刚体运动，从而具有自由度。自由度指确定体系的位置所需的独立几何参数（即独立的坐标）的数目。平面体系中每个质点的自由度数是2，每个刚片的自由度数是3。减少自由度的装置就称为约束。为了限制部件的运动，必须施加约束，如铰、链杆和刚结。①铰。理想状态的联结构造，被铰所联结的各构件或部分构件可以绕铰的中心点自由转动。1个铰相当于2个约束。②链杆。只有两个铰与其他部分相联结的直杆称为链杆，1个链杆相当于1个约束。③刚结。几何形状保持不变且不产生弹性变形的物体称为刚片。在进行几何构造分析的过程中，任一杆件以及平面体系内的任何已知其几何形状不变的部分，均可作为一个刚片。支承结构的地基也可单独作为一个刚片。将两个杆件或两个刚片连接成一个整体，连接处采用刚性连接，简称刚结，1个刚结相当于3个约束。

平面杆件体系的计算自由度　为了判别一个体系是否几何不变，可首先计算该体系运动的自由度。体系的自由度数等于部件的总自由度数减去必要约束数。自由度数为零时则构成几何不变体系。但许多复杂体系的必要约束并不容易直观判断，因此就需要引入计算自由度W的概念，它定义为：体系各部件的总自由度数减去总约束数。

根据平面杆件体系的计算自由度数可得出如下的定性结论：若$W>0$，此时体系的自由度也大于0，体系是几何可变的；若$W=0$，如无多余约束则为几何不变，如有多余约束则为几何可变；若$W<0$，体系有多余约束，既可以是不变体系，也可以是可变体系。由此可见，体系几何不变的必要条件是：体系的计算自由度$W\leqslant0$。若$W>0$，则体系一定是几何可变的。

几何不变体系的基本组成规则　计算自由度数$W\leqslant0$是几何不变体系的必要条件，但不是充分条件。

还要满足合理的组成规则才能确保体系的几何不变性。几何不变体系的基本组成规则是三刚片规则：三刚片间，两两铰联，3个铰点不共一线，当三刚片中有一个刚片是地基时，组成无多余约束的几何不变体系。应用此规则进行几何构造分析时，常常由局部到整体逐步进行。通常将三刚片规则改换为以下两种规则时，应用较为简捷。二元体规则：将一刚片用铰结点联结二链杆，此二链杆彼此也以铰相联结，且3个铰结点不共一线。两刚片规则：两刚片间，以3根不全平行也不相交于一点的链杆相连，则组成无多余约束的几何不变体系。如果3根链杆平行或交于一点，则组成几何瞬变体系，即本来是几何可变，经微小位移后又成为几何不变的体系。

体系的几何构造与静定性　一个结构是静定结构还是超静定结构与其是否有多余约束有关。无多余约束的几何不变体系是静定结构，有多余约束的几何不变体系是超静定结构。几何瞬变体系或接近几何瞬变的体系，在荷载作用下将产生很大的内力，因此，在结构设计时应避免采用这类体系。

（王朝伟　杨迪雄）

体育场馆暖通空调系统　HVAC system for sports building　为体育馆室内空气与热湿环境服务的暖通空调系统。体育馆建筑的特点是空间大、使用时的人员密度大，但全年的使用频率比其他类型的建筑都要低一些。同时，不同类型的体育馆，其对室内环境的需求也有较大的差别。例如，大球类（篮球、排球等）体育馆，重点保证的是观众区的环境；小球（羽毛球、乒乓球等）则对其比赛场地的风速有一定的限制性要求；游泳馆由于水面散湿量大，需要进行有效的除湿；冰球及滑冰馆则需要对场地的温度进行限制等。体育馆暖通空调系统是在人工环境技术的基础上，通过不同的技术手段，营造有针对性的室内环境。

体育馆暖通空调系统冷源可采用集中制冷的冷源或分散式制冷空调系统，热源可采用区域热网或者自备热源。夏季供冷时，观众席和比赛场地一般采用集中送冷风的全空气空调系统，辅助房间则多采用分散式空调系统；冬季供热时，辅助房间以散热器或分散式热泵机组为主，观众席和比赛场地一般采用集中送热风方式。

在小球比赛时，场地集中送风系统的气流组织应满足赛场区域的风速不大于0.2米/秒的要求，以保证比赛的正常进行。游泳馆多采用除湿热泵装置，在向室内供冷、供热的同时，将空气中的大量水汽通过制冷系统排除；条件合适时，也可通过机械排风的方式排出水汽。冰球及滑冰运动的比赛场地，空调送风时的地面风速和地面一定高度范围内的空气温度，以不影响冰雪表面的参数为准。

（潘云钢）

天然气　natural gas　蕴藏在地层中的可燃气体，组分以甲烷为主，另有少量的乙烷、丙烷和丁烷，还含有少量的二氧化碳、硫化氢、氮和微量的氦、氖、氩等气体。

分类　天然气有多种分类方式，按照勘探、开采技术可分为常规天然气和非常规天然气两大类。①常规天然气。按照矿藏特点可分为气田气、石油伴生气和凝析气田气等。②非常规天然气。指由于技术经济条件的限制尚未投入工业开采的天然气资源，包括天然气水合物、煤层气、页岩气、水溶气、浅层生物气和致密砂岩气等，其中煤层气已经像常规天然气一样得到开采利用。中国非常规天然气资源丰富，在未来将具有巨大的应用前景。

性质　天然气比重约0.65，比空气轻，具有无色、无味、无毒的特性，在空气中含量达到一定程度后会使人窒息。天然气不溶于水，密度为0.7174千克/米^3，相对密度（水）为约0.45，（液化）燃点为650℃，爆炸极限为5%～15%。天然气每立方米燃烧热值为8000～8500大卡。在标准状况下，甲烷至丁烷以气体状态存在，戊烷以上为液体。有机硫化物和硫化氢（H_2S）是常见的杂质，在大多数利用天然气的情况下都必须预先除去。

天然气燃料是各种替代燃料中最早广泛使用的一种，分为压缩天然气（CNG）和液化天然气（LNG）两种。工业用天然气可用外混式烧嘴进行燃烧。天然气在常压下，冷却至约−162℃时，则由气态变成液态，称为液化天然气。LNG的主要成分为甲烷，还有少量的乙烷、丙烷和氮等。天然气在液化过程中进一步得到净化，使甲烷纯度更高，几乎不含二氧化碳和硫化物，且无色、无味、无毒。天然气在送到最终用户之前，有助于泄漏检测，还要用硫醇、四氢噻吩等来给天然气添加气味。

（田贯三）

天然气锅炉烟气冷凝热回收　natural gas boiler flue gas condensation heat recovery　通过在锅炉尾部增加换热设备实现烟气排烟温度低于烟气的露点温度，回收烟气冷凝热用于供热的技术。随着清洁能源天然气的大量应用，天然气锅炉和燃气热电联产供热成为一种重要的热源方式。由于天然气的主要成分为甲烷（CH_4），含氢量很高，燃烧后排出的烟气中含有大量的水蒸气，当烟气中的水蒸气冷凝析出时，可释放出冷凝热，若能将此冷凝热全部回收利用，可使天然气的利用效率在85%～90%的基础上再提高10%～15%。

天然气锅炉烟气冷凝热回收方式包括以下几种技术路线。

第一种技术路线是在燃气锅炉尾部增加一级间壁式换热器，又称烟气冷凝换热器或者经济器，利用热网回水与烟气换热，降低排烟温度（图1）。一般城市热网

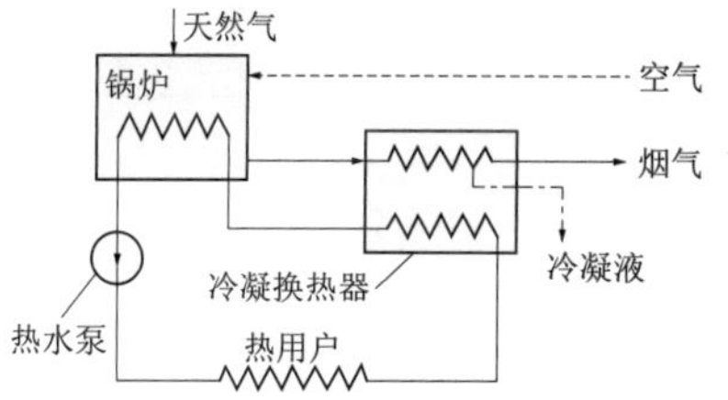

图1　采用冷凝换热器回收烟气余热示意图

严寒期热网回水温度在60℃左右，烟气与热网水换热一般存在15～20℃端差，烟气的排烟温度在75～80℃。受热网回水温度的限制，烟气的排烟温度不可能低于热网的回水温度，在严寒期难以深度回收烟气的冷凝热，因而烟气余热回收量严重受限。同时，这种换热器还存在着传热面积大、换热设备体积大、凝水酸性腐蚀等问题。

第二种技术路线是采用环境中的冷空气与烟气换热，降低排烟温度，空气被预热后送入锅炉中，加装空气预热器（图2）。在显热回收段，烟气与空气的比热相当，空气温升与烟气温降基本相当；而在露点温度以下，进入潜热回收段。此技术路线

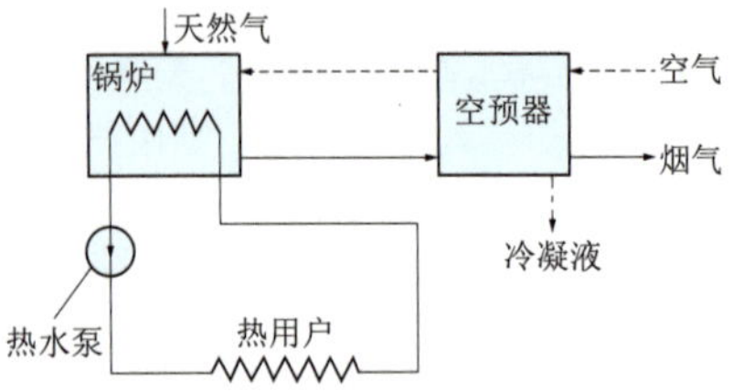

图2 采用空气预热器回收烟气余热示意图

的缺点在于空气侧没有发生相变，比热只有1千焦/（千克·开尔文）左右，烟气进入冷凝段比热在5～6千焦/（千克·开尔文），两侧的热容不匹配，空气温升很大，烟气温度仍难以降低。例如，烟气将空气温度从0℃加热到80℃，而烟气只能从90℃降低至54℃，低位热值效率只增加3.3%，而且这种空气预热器与上述经济器相比，是气体与气体换热，存在的传热面积大、换热器体积大、阻力大、易腐蚀等问题更为严重。为了将排烟温度降得更低，也可采用技术路线一和二相结合的系统，先让烟气与热网回水换热，再与空气换热，这种组合方式会使回收烟气余热效率得到一定程度提高，但提高幅度有限，仍无法从根本上解决上述方法中回收烟气冷凝热的瓶颈。从技术原理上讲，烟气排烟温度难以降低是因缺乏合理的冷媒与烟气换热。

第三种技术路线是利用吸收式热泵回收烟气余热（图3）。在燃气锅炉房增设吸

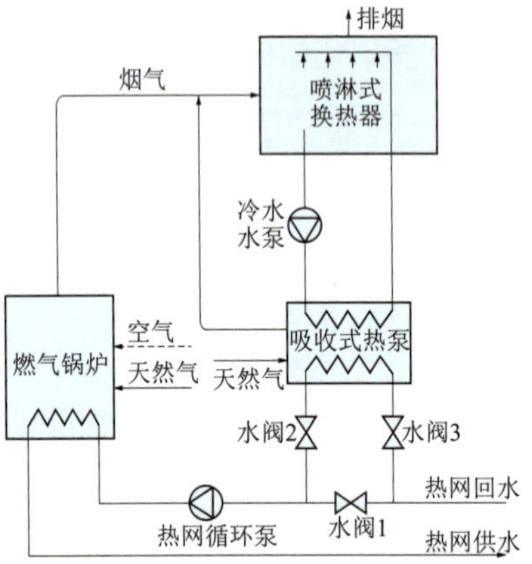

图3 利用吸收式热泵回收烟气余热示意图

收式热泵与烟气冷凝换热器，吸收式热泵以天然气或高温烟气或蒸汽为驱动能源，驱动吸收式热泵产生冷介质，该冷介质与烟气在烟气冷凝换热器中换热，使系统排烟降温至露点温度以下，烟气中的水蒸气凝结放热，达到回收烟气余热及水分的目的。热网回水首先进入吸收式热泵中被加热，然后进入燃气锅炉加热至设计温度后送出，完成热网水的加热过程。燃气锅炉的排烟与吸收式热泵的排烟混合后进入烟气冷凝换热器中，系统排烟温度降低到20℃以下后排放至大气。在烟气冷凝换热环节，又分为两种系统形式，一种是间壁式换热方式，另一种是直接接触式换热方式。采用直接接触式换热克服了间壁式换热所存在的传热温差大、换热面积及换热器体积大、腐蚀等问题。同间壁式换热相比，在相同的换热条件下，直接接触式换热烟气全热回收换热器换热端差减少至2℃以内，主体换热段体积与间壁式换热相比降至1/2以下。

第四种技术路线是采用电动压缩式热泵来回收烟气冷凝热（图4）。该技术没有

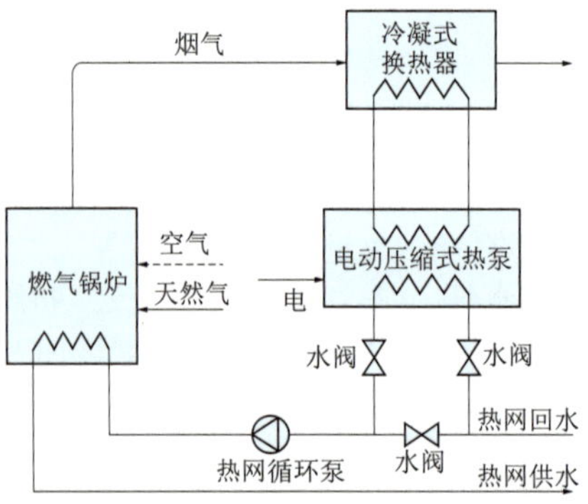

图4 利用电动压缩式热泵回收烟气冷凝热流程示意图

利用原来燃气锅炉供热系统中的换热温差造成的不可逆损失，而是额外消耗一部分高品位的电能来回收烟气余热，燃气锅炉燃烧的不可逆损失并没有减少。从热力学第一定律角度分析，在相同供热量和余热回收量的情况下，利用吸收式热泵回收烟气余热除了热泵本身极少的自耗电外没有增加任何能源消耗，而电动压缩式热泵完全需要靠消耗电能来回收烟气余热。

（赵玺灵）

天然气门站 gas gate station 燃气长输管线和城镇燃气输配系统的交接场所。简称门站。对天然气进行除尘、调压、计量、分配和加臭等处理。天然气门站由过滤、调压、计量、配气、加臭等设施组成。通常设置在天然气长输管线干管及其支管的终端，是城镇、工业区分配管网的气源站。它接收长输管线输送来的燃气，经过除尘，将燃气压力调至城市管网或用户所需的压力，计量和加臭后送入城镇或工业区的管网。天然气门站进行一级调压的流程见图。

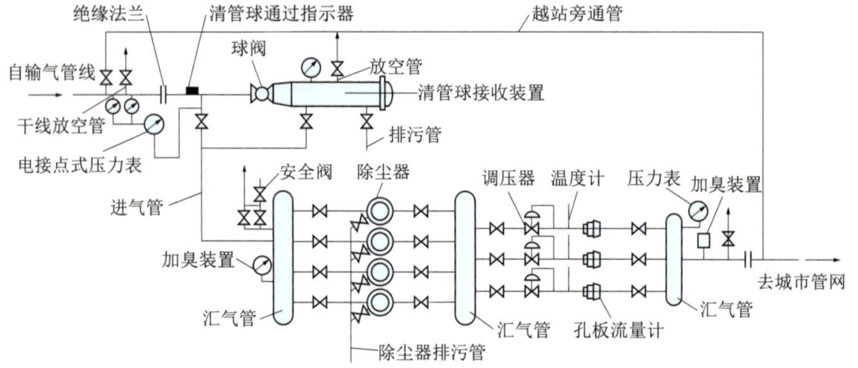

天然气门站进行一级调压的流程示意图

根据进口燃气压力的大小以及城市管网或工业用户所需压力的要求，在门站内进行一级调压或者二级调压，出站燃气管道可分为一种压力级，也可有两种不同的压力级。

（田贯三）

天然气液化 natural gas liquefaction 将天然气从气相变为液相的工艺过程。天然气液化装置有基本负荷型液化装置和调峰型液化装置。基本负荷型液化装置指生产液化天然气供应当地使用或外运的大型液化装置，采用丙烷预制冷混合制冷液化工艺；调峰型液化装置是为燃气调峰而建设的天然气液化装置，通常将低谷负荷时过剩的天然气液化储存，在高峰时或紧急情况下再气化使用，其液化部分常采用膨胀制冷流程和混合制冷流程。天然气液化的生产工艺主要包括天然气预处理和液化。

预处理 对原料气中的硫化氢（H_2S）、二氧化碳（CO_2）、水（H_2O）、汞（Hg）和重烃等杂质进行脱除，以免二氧化碳、水、重烃在低温下冻结而堵塞设备和管道，避免硫化氢、汞等腐蚀设备和管道。

液化 采用外部冷源或膨胀制冷工艺，将天然气加工为−162℃的低温液体。天然气液化是一个深度制冷的过程，只经过一级制冷基本达不到液化要求。天然气制冷液化主要有3种方法：阶式循环制冷、混合制冷和膨胀制冷。

阶式循环制冷 其流程见图1。为使天然气液化并达到−162℃，需经过三段冷却，制冷剂为丙烷（也可用氨）、乙烯（也可用乙烷）和甲烷。在丙烷通过丙烷蒸发器冷却乙烯和甲烷的同时，天然气被冷却到−40℃左右；乙烯通过乙烯蒸发器冷却

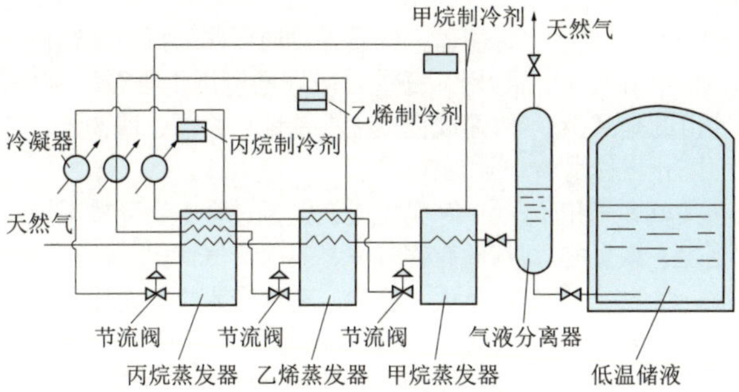

图1　阶式循环制冷流程示意图

甲烷的同时，天然气被冷却到−100℃左右；甲烷通过甲烷蒸发器把天然气冷却到−162℃使之液化，经气液分离器分离后，液态天然气进罐储存。3个被分开的循环过程都包括蒸发、压缩和冷凝3个步骤。此法效率高、设计容易、运行可靠，应用比较普遍。

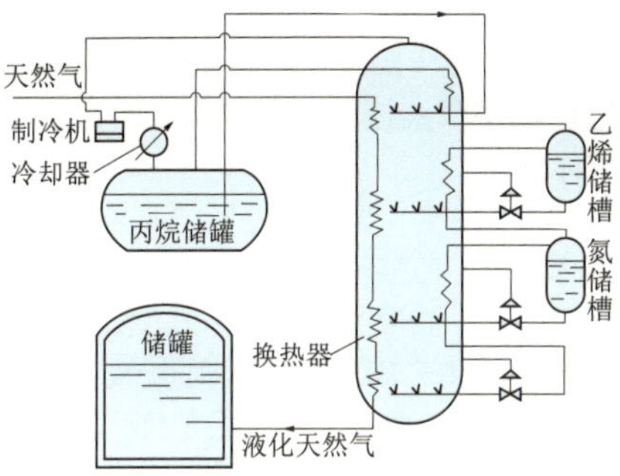

图2　混合式制冷流程示意图

混合制冷　其流程见图2。这种方法的制冷剂是烃的混合物，并有一定数量的氮气。丙烷、乙烯及氮的混合蒸汽经制冷机压缩和冷却器冷却后进入丙烷储罐。丙烷呈液态，压力为3兆帕，乙烯和氮呈气态。丙烷在换热器中蒸发，使天然气冷却到−70℃，同时也冷却了乙烯和氮气，乙烯呈液态进入乙烯储槽，氮气仍呈气态。液态乙烯在换热器中蒸发，冷却了天然气及氮气。氮气进入氮储槽并进行气液分离，液氮在换热器中蒸发，进一步冷却天然气，同时冷却了气态氮气。气态氮气进一步液化并在换热器中蒸发，将天然气冷却到−162℃送入储罐。此法的优点是设备较少，仅需一台制冷机和一台换热器。其缺点是气液平衡与焓的计算烦琐，换热器结构复杂，制造也困难。混合制

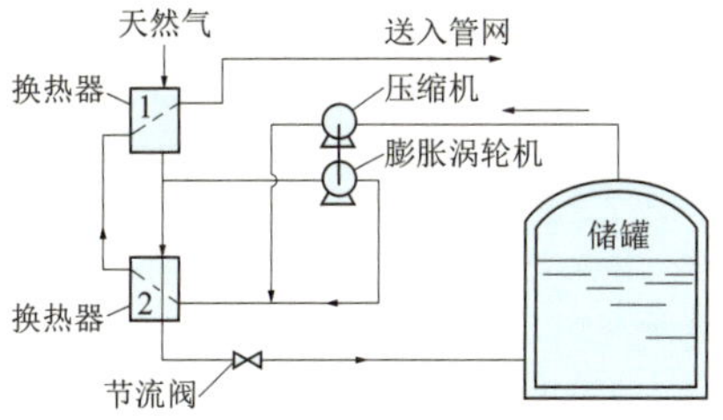

图3　膨胀制冷流程示意图

冷的效率和投资均比阶式循环制冷低。

膨胀制冷　其流程见图3。这种方法充分利用长输干管与用户之间较大的压力梯度作为液化的能源，不需要从外部供给能量，只是利用干管剩余的能量。这种方法适用于远程干管压力较高且液化容量较小的地方。图3中的两台换热器为间接换热器。来自长输管线的高压天然气进入换热器1，经换热降温后，大部分高压天然气进入膨胀涡轮机，驱动压缩机抽取液化天然气储罐内气相空间的气体天然气，并压缩至所需压力。另一部分天然气进入换热器2继续降温，通过节流阀降压液化后进入储罐。未液化的天然气进入储罐上部气相空间与少量气化天然气被压缩机抽出加压，与进入膨胀涡轮机的天然气一起进入换热器2，作为降温介质降低部分液化天然气温度，然后再进入换热器1，降低长输管道的高压天然气的温度，来自膨胀涡轮机和压缩机的天然气降压、降温后进入供气管网。膨胀制冷流程见图3。

（焦文玲）

田中丰　Yutaka Tanaka（1888-01-29～1964-08-27）日本近代桥梁工程学家。生于长野市，卒于东京。1913年毕业于东京帝国大学（今东京大学），从事铁路工程技术工作。

1920～1922年访学英、德、美等国。归国后参加关东大地震（1923）后的重建，在主持设计架设隅田川上多座桥梁的工作中，积极采用新技术，奠定了日本桥梁近代化的基础。其中，永代桥采用系杆拱与悬臂梁的组合体系，清洲桥为自锚定式吊桥，两座铁路桥为刚性梁与柔性拱的组合体系钢桥并首次采用了抗震设计。1925年起，兼任东京大学教授，至1934年前同时兼任帝都复兴院桥梁课长和铁道技术研究所工程师。1929年获博士学位。1948年由东京大学退休。为日本学士院院士、日本学术会议会员，曾任日本土木学会会长、焊接学会会长以及日本本州四国联络桥技术调查委员会委员长。

田中丰的主要学术贡献为关于变截面柱的强度问题以及焊接钢桥的研究实践。著作有《变截面柱的强度理论》《焊接铁路桥的安全度》《拱桥拱轴线的解法》等。日本政府因他在学术上的贡献授予他“紫绶奖章”和“旭日重光勋章”。1966年日本土木学会设立“田中奖”，奖励桥梁及钢结构领域的优秀研究成果、优秀论文以及优秀工程作品。

（陈俊英　撰　孙利民　修订）

填埋场衬垫系统　landfill liner system　设置在填埋场底部，阻隔和延缓渗沥液污染物进入地下水土的土工结构。衬垫系统应实现全寿命服役，全寿命系指渗沥液污染物击穿衬垫所需的时间应大于填埋场运营期与固体废弃物稳定化时间之和。

衬垫材料　包括压实黏土、土工膜、土工织物、土工合成材料膨润土衬垫、土工格栅和土工网等。中国填埋场衬垫系统可采用以下几种形式：①单一黏土衬垫，厚度不小于2米。②土工膜与压实黏土层组成的复合衬垫系统，压实黏土层厚度不小于0.75米。③土工膜与钠基膨润土防水毯（GCL）组成的复合衬垫系统，且其地基应有较厚的天然衰减层。④双层复合衬垫系统，即由两层复合衬垫组成，且在上层复合衬垫上方和两层复合衬垫之间均设置渗沥液导排层的防渗结构。美国在1982年前主要使用单层黏土衬垫，1987年后则广泛使用双层复合衬垫。中国在20世纪80年代末进行卫生填埋场的建设，衬垫系统主要采用单层压实黏土衬垫或土工膜和GCL组成的复合衬垫。21世纪以来，中国填埋场开始采用双层复合衬垫。

影响因素　影响衬垫系统防污性能的主要因素为渗沥液水头，污染物的种类、浓度、温度，衬垫材料等。高水头对衬垫系统的服役寿命具有明显的削弱作用，尤其是当衬垫系统存在土工膜漏洞和褶皱时。污染物会通过分子扩散在衬垫中运移，而温度升高会加快扩散过程。不同的衬垫材料的防污性能具有较大的差别，如土工膜对重金属离子等无机污染物有很好的阻隔作用。有机污染物会通过分子扩散作用以较快的速度穿透土工膜，而压实黏土则对有机污染物具有更好的阻隔效果。

发展趋势　需要针对填埋场渗沥液复合污染的特征，研发长期相容性好的土工膜和GCL等高性能土工合成材料。针对新建填埋场，应结合填埋场实际污染负荷，进行衬垫系统的全寿命服役设计。针对在役填埋场，需要进一步研究高效、经济探测填埋场底部衬垫渗漏的

有效方法。（谢海建 舒 实）

填埋场地下水土污染 groundwater and soil pollution induced by landfill 填埋场衬垫系统失效后，渗沥液及其携带的宏量或痕量污染物向地下环境迁移，造成地下水土中的相关评价指标（如生物需氧量、化学需氧量、氨氮、有机污染物和重金属离子等指示性污染物）的浓度值超出地下水和土壤的质量标准的现象。填埋场地下水土污染的主要原因包括两个方面：①填埋场底部水平衬垫系统在高水头、高压力和高温等作用下失效。②通过衬垫系统进入地下水土的渗沥液污染物浓度超过地下水土的自净能力，这与填埋场底部地基土层的渗透性能和吸附性能等有关。

中国地下水土受到填埋场渗沥液的污染较为严重。渗沥液污染物浓度可达城市污水的100倍，污染持续时间可长达几十年甚至几百年，污染修复难度极大。2002年，中国国家环境保护局监测发现47个重点城市89%的填埋场地下水质超过国家标准。中国北京的北天堂填埋场超过10平方千米范围内地下水已无法饮用，有机物和细菌总数严重超标，且污染程度和范围正逐年增加。其他国家也有较多填埋场渗沥液引起的地下水土污染的报道。如印度新德里垃圾填埋场由于未建造衬垫系统，导致地下水中有机污染物超过当地饮用水标准158倍；意大利马罗佐·卡纳填埋场由于衬垫系统失效导致地下水中的重金属污染物超标。俄罗斯莫斯科多莫德多沃填埋场周围土壤中的重金属锌（Zn）、铅（Pb）、镉（Cd）等严重超标，镉的浓度超过当地背景值的3倍。伊拉克埃尔比勒垃圾填埋场不仅地下水受到污染，土壤的污染也很严重，受污染土盐分含量较未污染土高出26倍。

填埋场地下水土污染一方面要通过控制填埋场渗沥液水头来减少渗沥液及污染物的渗漏；另一方面，当渗沥液污染物击穿衬垫系统后，需要对渗漏的通道和污染物浓度进行现场监测，根据渗漏的严重程度采用原位封堵或竖向防污屏障等技术防止污染物的进一步扩散。如何实现在役填埋场深层漏洞的精准定位，研发高性能封堵注浆材料，提出适合填埋场的竖向防污屏障设计和施工方法等是填埋场防污染技术的发展趋势。（谢海建 詹良通）

填埋场封场 landfill closure 在垃圾填埋场作业至设计终场标高后，对不再进行垃圾填埋的区域实施的封场工程。填埋场封场工程宜在垃圾堆体快速沉降期过后实施。垃圾堆体快速沉降包括主沉降（即压载造成的垃圾压缩沉降，一般为几个月）和易腐有机成分快速降解造成的沉降（一般沉降期为1～2年）。封场的目的是减少雨水渗入、阻止填埋气释放、防止堆体滑坡和美化环境等，进而有效收集填埋气和控制垃圾渗沥液排放，并起到生态恢复的作用。

工作内容　填埋场封场工作主要包括堆体整形与处理、封场覆盖系统、地表水控制系统、填埋气体导排系统和地下水污染控制工程。①堆体整形与处理。由于垃圾堆体表层凹凸不平或坡度过陡，在进行封场覆盖时需对现有的垃圾堆体进行整形，达到为封场覆盖系统提供基础的作用。②封场覆盖系统。起到减少雨水入渗和控制填埋气释放，并进行生态复绿的作用。土工膜和钠基膨润土防水毯等土工合成材料被广泛应用于填埋场封场系统。③地表水控制系统。采取截洪沟、排水沟等措施，将地表水收集并排入场区的雨水系统，使垃圾堆体外的地表水不流入垃圾堆体和垃圾渗沥液处理系统，以防止渗沥液产量的增加。④填埋气体导排系统。设置填埋气体导排系统，防止填埋气体向场外迁移。⑤地下水污染控制工程。当地下水受到填埋场污染时，填埋场封场工程应采取地下水污染控制措施。地下水污染控制措施可根据现状调查的结果，确定地下水污染的原因、程度，有针对性地从以下方案中选择一种或多种控制措施：在垃圾堆体周边设置竖向防污屏障；在垃圾堆填所在区域地下水流向的上游设置竖向防污屏障；在垃圾堆体所在区域地下水流向的下游设置竖向防污屏障，并在垂直防渗内侧（靠近垃圾堆体一侧）实施地下水抽排；场地防渗层修复；堆体内渗沥液抽排；地下水收集与处理。

发展趋势　生活垃圾填埋场封场工程二次污染的防治，填埋场封场后的环境监测和后续管理，以及生态恢复后的土地利用，将越来越受到社会各界的广泛重视。利用大气-植物-土壤相互作用设计的蒸腾蒸发型的封场覆盖系统将是发展的趋势。（柯 瀚 高 武）

填埋场复垦 landfill reclamation 挖出并安全处置填埋场已稳定化的城市固体废弃物，并对原填埋场场地进行再利用。

目的及存在问题　填埋场复垦可实现垃圾减量化，挖掘得到的空间可继续堆填新鲜垃圾实现填埋场增容；降低填埋场对周边地表和地下水土环境的污染；回收金属、塑料、玻璃等物质进行资源化利用，稳定的腐殖土可用于绿化花木培植和填埋场覆盖，砂石等物质可作为再生建筑材料利用。复垦后填埋场可用于再开发利用，改造成自然生态基地、公园、植物园、苗圃和农场等。

陈腐垃圾在挖掘过程中会释放甲烷及其他有害气体，不仅臭气扰民，还存在爆炸及火灾隐患。有害废弃物在挖掘过程中会处于无覆盖裸露状态，易影响周边环境；填埋单元开挖过程中会破坏相邻单元的稳定性和完整性，易导致堆体大幅沉降甚至坍塌。因此，填埋场复垦过程中需注意：堆体挖掘之前应测试堆体中甲烷及其他有害气体的浓度，一旦其超过温室气体排放标准，存在爆炸及火灾隐患或对操作人员身体健康不利时，需采取有效措施抽排甲烷及其他有害气体。填埋单元开挖作业面在暂停施工时，应覆盖黏土或土工膜等临时覆盖材料，避免处于裸露状态；垃圾堆体挖掘应按照设计或计划有序进行，避免超挖或乱挖等无序操作，防止垃圾堆体失稳。

作业内容　填埋场复垦之前需进行评估和规划，通常包括场地特征调查、经济效益评估、监管要求调查、工人安全健康评估和项目成本评估等。填埋场复垦过程主要包括：填埋堆体加速稳定化、稳定化的填埋堆体挖掘与筛分、填埋场土地再利用等。

填埋场复垦一般采用挖掘机将陈腐矿化垃圾从填埋单元中开挖出来，集中到存储筛分设备中，采用滚筒筛或振动筛进行分类。根据回收材料的类型选择合适的筛分设备类型和尺寸。例如，回收复垦土用于填埋场覆盖层时可采用孔径为2.5英寸（约6.3厘米）的筛分设备；回收复垦土用于填充材料可选用孔径更小的筛分设备以去除小片的塑料、玻璃和纸等。填埋场复垦得到的不可回收利用部分，通常进行重新填埋或通过焚烧减量后填埋。

实际案例　位于美国佛罗里达州科利尔县的那不勒斯垃圾填埋场于1986年4月进行了复垦，复垦面积为10英亩（约4.05公顷），减少了运营负债，并获得填埋场覆盖土。位于美国纽约州的爱丁堡填埋场于1990年12月、1991年6月和1992年8月进行了复垦，复垦面积分别为1英亩、1英亩和1.6英亩，延长了填埋场运营寿命和减小了填埋场占地。位于美国宾夕法尼亚州兰开斯特县的弗雷填埋场于1991年1月至1996年6月进行了复垦，挖掘体积为23万～30万米^3，实现了填埋场增容。中国已有填埋场复垦的成功案例，如位于杭州市萧山区的湘湖填埋场于2015年进行

了稳定化城市固体废弃物挖掘与现场筛分处理，原场址已成为湘湖三期工程湖面的一部分。 （李育超）

填埋场滑坡 landfill slide 垃圾填埋场内的堆体，受堆载、降雨、地震、改建扩容等因素影响，在重力作用下沿堆体内部或者衬垫系统的软弱面或软弱带，整体地或者局部地顺坡向下滑动的现象。

类型 填埋场在填埋、开挖以及封场后可能出现各种不同的破坏模式。填埋场几种潜在的破坏模式包括：基底边坡破坏、沿固体填埋体内部破坏、贯穿填埋体内部及地基破坏、沿衬垫系统的滑动破坏，以及封顶和覆盖层的破坏。这些破坏模式的破坏机理也可能不同。

基底边坡破坏 大多发生在开挖或铺设衬垫系统但尚未填埋时，表现形式为地基产生圆弧滑动破坏或由于软弱层及裂缝所导致的楔体或块体破坏（见图中滑面1）。这种破坏模式可用常规的岩土勘探和边坡稳定分析方法来评价。

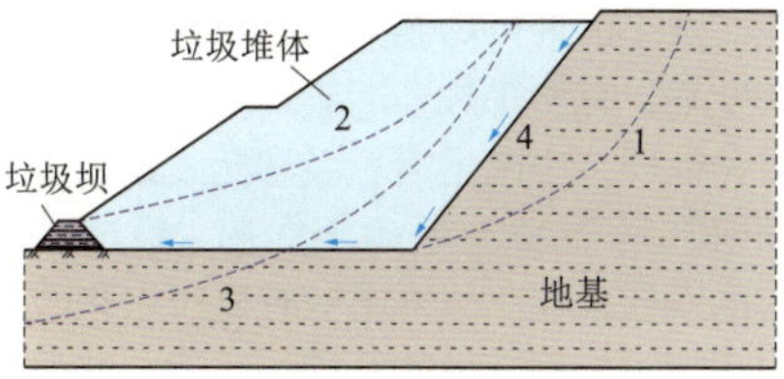

填埋场滑坡模式示意图

沿固体填埋体内部破坏 当填埋体填埋到某一极限高度时，就可能在填埋体内部产生滑动破坏（见图中滑面2），该极限高度与坡角和填埋体材料自身强度有关。填埋场在该破坏类型下的稳定性也受到外界因素的影响，如降雨、地震等引起的填埋体内部的渗沥液水位或孔隙水压力过高等。菲律宾帕亚塔斯填埋场在2000年发生了因填埋体内部破坏导致的滑移。此外，与一般土质边坡不同，垃圾会因生化降解而产生大量填埋气，若未对其进行有效收集，则会积聚在填埋体中形成高气压，降低填埋体的稳定性。

贯穿填埋体内部及地基破坏 破坏面可以穿过填埋体、衬垫和场地地基（见图中滑面3）。当地基土比较软弱，如软黏土地基，容易发生这种形式的破坏。这时堆体的稳定性主要是由固体废弃物或下卧地基的强度来控制的。

沿衬垫系统的滑动破坏 已有的大型垃圾填埋场多为使用多层土工合成材料复合衬垫的现代垃圾填埋场，填埋体可能会沿复合衬垫系统内强度较低的接触面向下滑动（见图中滑面4），美国加州的特尔曼垃圾填埋场就是填埋物沿着复合衬垫系统表面滑动引起稳定破坏，因此以土工合成材料为主组成的复合衬垫界面强度成为控制现代卫生填埋场破坏的一个新的因素。该破坏形式的稳定性受填埋场边坡坡角、复合垫层界面抗剪强度和填埋物容重等因素的影响。

影响因素 填埋场边坡稳定性受多种相互作用因素的影响，其中重要的因素包括：①垃圾的岩土工程特性（包括抗剪强度参数、重度、含水量和渗透系数等）。②垃圾边坡及底部位置的多层衬垫系统的工程特性及中间覆盖土层与最终覆盖土层的岩土工程特性。③填埋体边坡的几何特征（包括坡高、坡角等）。④渗沥液的产生与迁移情况。⑤填埋气体的产生与迁移情况等。

分析和治理 对填埋场边坡进行稳定性分析时，仍多采用传统土力学中的边坡稳定分析方法，主要是数值计算法、极限平衡理论以及两者相结合的方法。分析的准确性关键在于各种破坏模式和滑动界面的选取、强度参数的选择、浸润线位置的确定等。对填埋场滑坡的治理方法包括填埋堆体的压实、雨污分流、渗沥液导排系统和气体导排系统的完善、土工合成材料的合理选择（如选用双糙面高密度聚乙烯膜）、底部和边坡坡面的优化设计等。

（柯 瀚 陈云敏）

填埋场监测 landfill monitoring 包括填埋场环境监测和填埋场安全监测。填埋场环境监测指运用化学、物理、生物等方法对填埋场产生的环境中的污染物性质、浓度、影响范围及其后果进行的调查和测定。填埋场安全监测指采用岩土工程监测技术掌握填埋场安全情况，以对可能发生的灾害实现预警和控制。填埋场监测能为评价填埋场环境和稳定性提供信息，也能为制定填埋场管理措施提供科学依据。

填埋场环境监测的种类包括填埋场环境自检、监督性监测和第三方监测等。填埋场环境监测和安全监测主要包括大气污染监测、填埋气监测、地下水监测、渗沥液污染物和水位监测、堆体变形监测和垃圾成分分析等。

大气污染监测 其监测点分布在填埋场作业区下风向及周边较敏感点，包括生活垃圾填埋场周围可能受影响的住宅、学校、医院、行政办公区、商业区以及公共场所等地点。大气污染监测主要项目为臭气浓度、甲烷、总悬浮颗粒物、硫化氢、氨、甲硫醇和氮氧化物等。

填埋气监测 填埋气体浓度的监测项目主要包括甲烷、二氧化碳、氧气、硫化氢和氨气。监测点布设在气体收集输导系统的排气口和填埋气容易堆积的地点等。甲烷浓度可采用便携式甲烷测试仪测定。恶臭污染物浓度的分析方法参考相关国家标准的规定。在封场后较长时间内应进行填埋气浓度的持续监测，监测频率不少于1次/月。

填埋场内部产生的局部高气压会影响填埋场的稳定安全运行，需要采用气压计等对气压进行实时监测。在封场覆盖系统的导气层进行气压监测，主要用于防止土工膜鼓出或失稳现象。

地下水监测 其监测点布设在本底井、污染扩散井和污染监视井等处。监测内容主要包括：地下水的pH、总硬度、溶解性总固体、高锰酸盐指数、氨氮、硫酸盐、氯化物、六价铬和铅等，且应在封场后进行持续的监测。监测频率按丰、平、枯水期每年不得少于3次。

渗沥液污染物和水位监测 渗沥液污染物监测采样点应设在进入渗沥液处理设施入口和渗沥液处理设施的排放口。填埋场外排水监测采样点应设在垃圾填埋场废水外排口。监测项目包括pH、悬浮物、化学需氧量、五日生化需氧量、氨氮和类大肠菌群等。在封场后应对渗沥液处理后浓度进行持续监测，监测频率至少每月1次。

渗沥液水位监测主要监测渗沥液导排层水头、垃圾堆体主水位以及垃圾堆体滞水位等。渗沥液导排层水头是监控渗沥液污染地下水土环境的重要因素，采用预先埋设孔压计进行监测。垃圾堆体主水位是影响垃圾堆体整体稳定的关键因素，应在填埋的每个阶段设定警戒水位，采用钻孔埋设孔压计方式监测。

堆体变形监测 主要监测表面水平位移和沉降、深层水平位移、软弱地基沉降、中间衬垫系统沉降等。表面水平位移和沉降一般采用水准法测量，监测点宜结合作业分区呈网格状布置。当渗沥液水位超过警戒水位或垃圾堆体出现失稳征兆时，应监测深层水平位移和堆体表面沉降。深层水平位移一般采用活动式测斜仪测量。软弱地基或中间衬垫系统等的沉降根据具体情况进行监测，可采用剖面沉降仪测量。

垃圾成分分析 填埋物监测需要对将要填埋的垃圾采样并进行成分测定分析，便于日后对填埋场进行管理及跟踪分析。采样和分析垃圾组分及含水量等应按照行业标准《生活垃圾采样和物理分析方法》（CJ/T 313—2009）进行。

（谢海建 詹良通）

填埋场扩建 landfill expansion 在原有垃圾场的基础上进行横向扩宽或竖向加高。随着社会经济的发展和城市规模的扩大，城市生活垃圾也大量增加，对填埋场容量进行扩大的需求越来越迫切。就大多数城市而言，重新选择垃圾填埋场址变得十分困难。因此，在原有垃圾场的基础上进行扩建或改建无疑对解决城市垃圾出路、节约土地资源具有重要意义。与新建填埋场相比，扩建填埋场的优势主要体现在以下几个方面：①填埋库区得到优化利用。②单位面积垃圾填埋量较高。③建设费用较低。④公众反对较少。⑤更容易通过相关部门的审批。

扩建模式 根据老填埋场所处的地形地质条件差异，以及扩建工艺要求的特殊性，常见的扩建模式有竖向扩建、横向扩建和复合型扩建。

竖向扩建即只在老填埋场基础上继续向上进行堆高填埋，最终形成“猪背形”填埋场。根据地形条件又可分为平原型和山谷型竖向扩建（图1）。横向扩建即只对老填埋场横向进行拓宽。根据地形条件可分为平原型横向扩建和山谷型横向扩建（图2），其中以山谷型横向扩建填埋场较为常见。复合型扩建即填埋场扩建时既有竖向增高，也有横向拓宽。根据地形条件也可分为平原型和山谷型（图3）。

关键问题 在对填埋场进行扩建时，存在一些关键岩土技术问题，主要包括垃圾堆体稳定、垃圾堆体沉降和渗沥液迁移扩散。①垃圾堆体稳定。主要包括新老垃圾堆体的整体稳定、局部稳定、沿中间衬垫层的稳定及周围山体边坡的稳定等问题。在填埋场扩建过程中提高堆体稳定性的措施包括完善渗沥液和填埋气导排系统、雨污分流等。②垃圾堆体沉降。包括过大沉降和不均匀沉降问题。这些沉降有可能引起中间衬垫层和导排系统的失效，从而造成地下环境污染，对垃圾堆体的稳定也会产生不利的影响。因此要采用合适的方法对垃圾堆体的沉降进行评估，并在设计中间衬垫层时予以考虑。③渗沥液迁移扩散。包括填埋场渗沥液迁移分析和地下水污染防治等问题。由于一些老填埋场建设初期防渗标准不高或防渗措施不完善，渗沥液的迁移扩散是老填埋场普遍存在的问题，它会造成地下水污染和臭气扩散，对环境影响较恶劣。为此，必要时可在填埋场周边构建竖向防污屏障，以防止污染物的进一步扩散。

欧美发达国家在这方面起步较早，中国则始于2004年上海老港填埋场四期工程建设，相继完成了杭州天子岭填埋场、苏州七子山填埋场和成都洛带填埋场等扩建项目，在城市垃圾消纳处置方面起到了重要的作用。（柯瀚 高武）

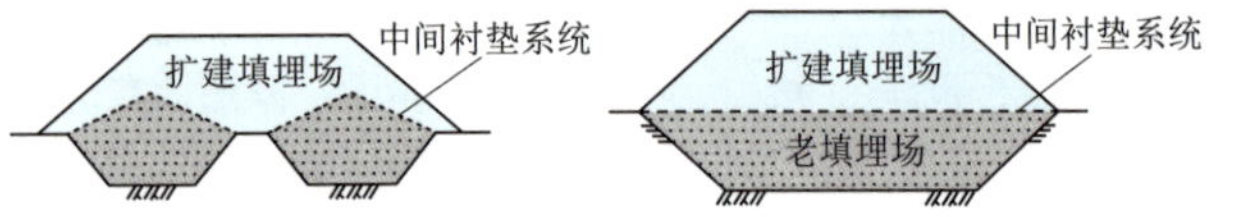

a 平原型 b 山谷型

图1 竖向扩建示意图

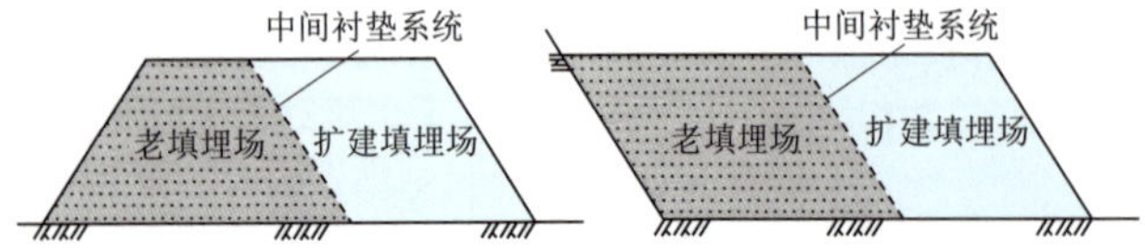

a 平原型 b 山谷型

图2 横向扩建示意图

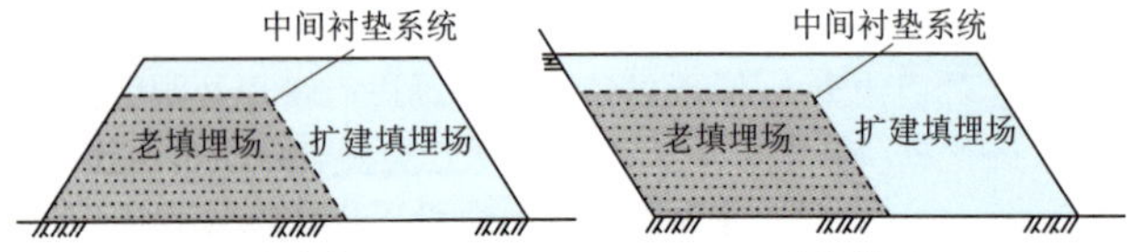

a 平原型 b 山谷型

图3 复合型扩建示意图

填埋场渗沥液 landfill leachate 垃圾在填埋后由于压实、降解作用，受降水入渗淋滤后产生的高浓度的有机和无机成分混合液体。填埋场渗沥液的产量会因气候条件、场址条件和填埋物性质而变化，其影响因素有降雨量、场址地质条件、地下水入渗、地表水入渗、填埋物的组分，以及填埋物的含水量、蒸发、蒸腾和覆盖情况等。填埋场渗沥液水质复杂，污染物成分包括有机物、无机离子和营养物质等。其中主要是氨氮（NH_3—N）和各种溶解态的离子、重金属、酚类、可溶性脂肪酸及其他有机污染物。填埋场渗沥液中有机物浓度一般较高，五日生化需氧量（BOD_5）和化学需氧量（CODcr）浓度最高可达每升几万毫克，并且含有大量的腐殖酸，导致化学需氧量中很大一部分（可以达到500～1000毫克/升）难以用生物处理的方式去除。填埋场渗沥液中BOD_5或CODcr随着垃圾填埋年数的增加而降低，导致可生化性变差。填埋场渗沥液的氨氮浓度高，氨氮和总氮浓度一般都达1000毫克/升以上，且氨氮浓度随着垃圾填埋年数的增加而增加。受中国居民生活习惯影响，垃圾填埋场渗沥液盐分含量较高。在某些特殊情况下填埋场渗沥液的重金属和盐分含量也较高，如原生垃圾中可能混有大量工业垃圾（污泥）。

受到填埋垃圾的降解稳定化、淋滤、填埋堆体中微生物等作用的影响，渗沥液的水质会随着填埋场的运行时间的不同而发生变化，不同龄期填埋场渗沥液水质典型指标见表。

不同龄期填埋场渗沥液水质典型指标

类别项目	填埋初期渗沥液（<5年）	填埋中后期渗沥液（>5年）	封场后渗沥液
COD_{cr}/mg·L^{-1}	6000～50 000	2000～10 000	1000～5000
BOD_5/mg·L^{-1}	2000～40 000	1000～4000	300～2000
NH_3—N/mg·L^{-1}	600～3000	800～4000	1000～4000
pH	5～8	6～8	6～9

由于填埋场渗沥液水质复杂，污染物浓度高，直接排放会污染环境，必须加以妥善处理。中国生活垃圾渗沥液处理技术的研究始于20世纪90年代初。经过近30年的发展，在高浓度工业有机废水和城市生活污水处理技术的基础上，通过借鉴其他国家垃圾渗沥液先进处理技术、新工艺及新材料和设备的装配等，历经“摸索—研究—引进—提标”等阶段，逐步形成了针对中国生活垃圾渗沥液污染物变化特性及污染控制标准的科研、设计、成套设备开发、建设及运营的技术体系。（兰吉武 舒实）

填埋场竖向防污屏障 landfill vertical anti-pollution barrier 在临近填埋场的地基里设置的类似地下连续墙的低渗透性土工结构。

其作用是将填埋场与周边地下环境隔离，避免填埋场水平防污屏障失效后渗沥液及其污染物向周边地下环境快速扩散，保护填埋场周边的地下环境。常见的填埋场竖向防污屏障种类包括土-膨润土竖向防污屏障、水泥-膨润土竖向防污屏障、水-水泥-膨润土竖向防污屏障、塑性混凝土竖向防污屏障、土工膜-膨润土复合竖向防污屏障和注浆帷幕竖向防污屏障等。

填埋场竖向防污屏障的服役寿命，对应于填埋场渗沥液指示性污染物通过竖向防污屏障的出流浓度或通量达到了击穿标准。影响其服役寿命的主要因素包括竖向防污屏障的厚度和屏障材料防渗性、屏障两侧的水位差、填埋场指示性污染物浓度、所设定的击穿标准等。竖向防污屏障在深度上一般嵌入不透水岩土层，但不透水岩土层埋深过大时也可采用悬挂式，即深度未达到不透水岩土层。悬挂式竖向防污屏障应达到一定深度才有效果，应关注填埋场污染物绕过竖向防污屏障底部而污染填埋场外侧地下环境的渗透途径，为此需通过污染控制效果的数值分析进行屏障深度的设计。（李育超　陈云敏）

填埋场雨污分流　landfill shunt of rainwater and sewage　将填埋库区的雨水与渗沥液分别进行有效收集并分流导排。又称清污分流。雨水应导流出填埋库区，而渗沥液经收集并导排进入处理设施，经过处理满足《生活垃圾填埋场污染控制标准》（GB 16889—2008）所规定的排放标准后排放。雨污分流的目的在于减少雨水进入填埋堆体形成渗沥液，以控制和减少填埋场的渗沥液产量。

分区填埋作业是实现良好雨污分流的基础，将填埋库区划分为相对独立的填埋区域，一段时间内填埋作业集中在某一区域，对暂时不开展填埋作业的其他区域应做良好的覆盖。覆盖层可以分为日覆盖层、中间覆盖层和封场覆盖层，对雨污分流效果影响最大的为中间覆盖层。覆盖层材料应具备闭气、防水功能，强度和耐久性的功能，中国填埋场常采用高密度聚乙烯膜（HDPE膜）作为中间覆盖层材料。覆盖层之下为垃圾堆体，在垃圾堆体内，通过建设导排盲沟、导排竖井、导排层等收集和导排渗沥液；覆盖层之上建设雨水导排体系，包括雨水导排支沟、主沟、挡水坝、过路和跌水渠等。这些设施，可以是临时性的，也可以是半永久性或永久性的。

中国填埋场的雨污分流取得了显著的技术进步，主要原因是高密度聚乙烯膜作为中间覆盖材料得到了大规模应用。20世纪末，填埋场常采用20～30厘米土层作为中间覆盖层，由于土层易开裂、透水，且在其上构建雨水导排体系难度较大，填埋场的雨污分流效果往往较差，主要表现为渗沥液产率（日均渗沥液产量与日均填埋规模的比值）较高（南方地区填埋量约1000吨/天的中等规模填埋场，渗沥液产率往往可达到1.0之上）。21世纪以来，填埋场普遍采用高密度聚乙烯膜作为中间覆盖材料，雨污分流效果显著提升，渗沥液产率大大降低。例如，南方地区雨污分流效果较好的中等规模填埋场，渗沥液产率可控制在0.5～0.6。（兰吉武）

填埋垃圾降解稳定化　degradation stabilization of landfilled municipal solid waste　随着填埋场中生活垃圾固相可降解物质的降解，其可降解固相含量、填埋气产量、填埋场表面沉降速率、产污染物速率等逐渐趋于稳定。当可降解组分完全降解，填埋场达到完全稳定时，固相质量不再损失，不再产渗沥液、填埋气和污染物，沉降不再发生变化。通过填埋垃圾降解稳定化分析，可以为填埋场调控及封场时机的选择和封场后的管理提供依据。

指标　填埋垃圾降解稳定化可以从固相组分、渗沥液成分、填埋气成分及填埋场表面沉降进行判定。其中，城市固体废弃物固相指标包括纤维素与木质素比值（C/L）、挥发分（VS）、生化产甲烷潜力（BMP）；渗沥液成分指标主要包括生物需氧量（BOD）、化学需氧量（COD）、氨氮（NH_3—N）含量、pH等；填埋气成分包括氮气（N_2）、氧气（O_2）、甲烷（CH_4）和二氧化碳（CO_2）等；变形指标为表面沉降量。这些指标可通过现场取样，实验室测试或现场测量的方法获得。

规律　利用降解固结理论可对填埋场的降解稳定化过程进行分析。对于高厨余含量的填埋垃圾，其降解稳定化过程有明显的阶段性。降解初期（0～2年）为快速降解阶段，大部分可降解固相被分解、胞内水完全释放、大部分产填埋气和沉降潜力完成；之后为慢速降解阶段（2～15年），固相降解，产填埋气和沉降量发展速度缓慢；最终降解过程基本趋于稳定，为后稳定化阶段，各降解稳定化指标基本不变。对于低厨余含量的填埋垃圾，降解稳定化发展没有明显的阶段性，可降解组分降解缓慢，达到降解稳定需要数十年时间。

应用　利用降解稳定化规律，在填埋场的运行过程中可以采取针对性的措施，以达到加速稳定化的目的。在快速降解阶段可采用回灌渗沥液，解除酸化抑制，使其尽早进入产甲烷阶段。之后的慢速降解阶段可采用间歇性通氧的措施，使填埋场处于兼氧或好氧降解状态，加速降解。对于后稳定化阶段的填埋场可进行封场处置或开挖筛分。开挖筛分后，其中的碎石、砖块等可以作为建筑材料，塑料等高热值组分可以进行焚烧发电，已经矿化的细颗粒垃圾土可作为填埋场封场覆盖层的材料。（徐文杰　陈云敏）

填埋气　landfill gas　生活垃圾经过填埋处理后，在填埋场内被微生物分解产生的以甲烷（CH_4）和二氧化碳（CO_2）为主要成分的混合气体。中国垃圾组分中食品类有机物含量较高，有机物的降解是导致这种混合气体产生的主要原因。一吨垃圾可产气90～160米^3。欧美发达国家填埋气的产生分为5个阶段：第一阶段为初期调整阶段，主要化学反应为有机可降解成分的好氧生物降解，生成小分子中间产物二氧化碳和水分子。好氧阶段通常在较短的时间内就能完成，这时填埋场中氧气几乎被耗尽。第二阶段为过渡阶段，此阶段中氧气已消耗殆尽，降解由好氧降解过渡到兼性厌氧降解，同时垃圾中的硝酸盐和硫酸盐被还原为氮气和硫化氢。第三阶段为酸化阶段，随着填埋场中有机酸的积累，二氧化碳和氢气的浓度升高。第四阶段是甲烷发酵阶段，即产甲烷菌将乙酸分解并使氢气和二氧化碳合成为甲烷。最后阶段为成熟阶段，此阶段中较易降解的有机质都转化为甲烷和二氧化碳，同时也存在少量氮气和氧气。

填埋气的组分主要分为3类：温室气体甲烷和二氧化碳为主要成分，其中甲烷占50%～60%，二氧化碳占40%～50%；硫化氢、氨气和氢气等为常见成分，其体积分数之和小于5%；烷烃、环烷烃、芳烃、卤代化合物等挥发性有机物属于微量成分，其体积分数之和小于1%。

全世界每年甲烷的排放量约为5亿吨，其中有2200万～3600万吨来自垃圾填埋场。填埋气是一种对人类、动植物及大气环境都有危害的气体，若不经妥善处理，将会带来很多危害：①填埋气的肆意排放会污染和破坏大气环境。②填埋场周边居民区易受到填埋臭气如硫化氢和氨气等的影响，即臭气扰民。③存在着燃烧、爆炸等安全隐患。

气体收集系统对填埋气进行收集，可有效减少填埋场碳排放。填埋场收集的填埋气可用于燃烧发电，而对未能用于发电的填埋气应采用火炬燃烧处理。采用生物覆盖层等改性技术提高甲烷氧化能力对于填埋场碳减排亦具有重要意义。（谢海建　詹良通）

填埋气扩散　landfill gas spread　填埋气在气压差和浓度梯度等作用下在填埋场覆盖层孔隙中进行的对流和分子扩散，以及填埋气逸出后在气压差和浓度差的作用下在大气中的扩散。填埋气扩散到大气中会引起温室效应、臭气扰民等问题。

扩散途径　填埋气扩散途径与填埋场的构造和环境地质条件有关，主要有以下几种：①由填埋体向上通过覆盖层扩散。填埋气中的甲烷等气体密度比空气小，填埋气在压力梯度和浓度梯度的作用下会向上通过覆盖层对流和扩散迁移。②向下通过填埋体进行扩散。填埋气中的二氧化碳因密度大于空气则有向填埋场底部运动的趋势，并在填埋场的底部聚集。③进行横向扩散。填埋气可通过填埋场周边可渗透介质横向扩散至相当远的距离，从而对周边环境造成污染并引起温室效应。④在大气中扩散。填埋气在击穿覆盖层后在大气中进一步扩散。

扩散防控现状及措施　国际上关于填埋场臭气扩散的报道屡见不鲜，其中硫化氢、氨气等臭气和苯、甲苯等有毒气体扩散对周边居民的影响是关注的重点。减少填埋气扩散的主要措施包括：①在填埋场中设置气体收集系统，同时提高气体收集率。②提高覆盖层的密闭性，减小填埋气通过覆盖系统中的竖向和横向扩散。提高覆盖层的闭气性不仅可以减少填埋气的释放，同时可提高填埋气的收集率。针对作业面应采取日覆盖，同时可通过减少作业面面积、在空中喷洒除臭剂等措施，并可在除臭剂中添加微生物以去除臭气，从而减少填埋气污染。③通过在填埋场垃圾体内安装大口径抽排竖井和水平导排盲沟等措施来降低垃圾体的渗沥液水位，从而提高填埋气的收集率以减小填埋气释放源强。④采用生物覆盖层，在传统土质覆盖层中添加有机质如高龄期垃圾、生物炭等材料以增加覆盖层对填埋气的降解和吸附能力，从而减少气体逸出。

（谢海建　陈云敏）

铁道线路工程应急抢修　emergency repair of railway line subjected　铁道线路遭到破坏后为尽早恢复通车而实施的快速修复。

原则　铁道线路工程应急抢修通常的做法是先降低技术标准，尽量利用残存结构，采用就便器材和材料以及合适的制式器材，力争快速抢通，先保通后完善。抢修时，遵循先通后善、先易后难、先单线后双线、先干线后支线的原则，因地制宜，充分利用就便器材、残存结构及平时铁路建设贯彻国防要求所建的备战工程设施，积极创造抢修条件，采取就地取材、设备代用等应急措施，快速抢通一线（股），先以不低于5千米/时的行车速度应急通车，然后抢修其他线路（股），并将行车速度提高到30千米/时，再逐渐恢复正常通车。

铁道线路工程应急抢修应依靠科技进步，积极采用新技术、新材料、新工艺、新设备，大力采用机械化作业，提高抢修质量和速度。

铁道线路工程应急抢修可暂时不考虑长远发展的需要，宜采用简易的临时结构。但有条件时应考虑修复工程的要求。铁道线路抢修应与其他相关工程和设施的抢修统筹安排，协调一致，以最快的速度形成运输能力。

主要内容　铁道线路工程灾害应急抢修主要包括路堤抢修、路堑抢修、挡土墙抢修和轨道抢修。具体的抢修方法与技术要求可参照相关的技术标准。常用的器材装备除了就便器材外，对于水害抢修，必要时还可采用六七式铁路舟桥、铁路应急抢修钢梁、铁路应急抢修钢墩等。图中是利用抢修钢梁、钢墩修复被洪水冲毁的铁路线路，称作栈桥跨越法。

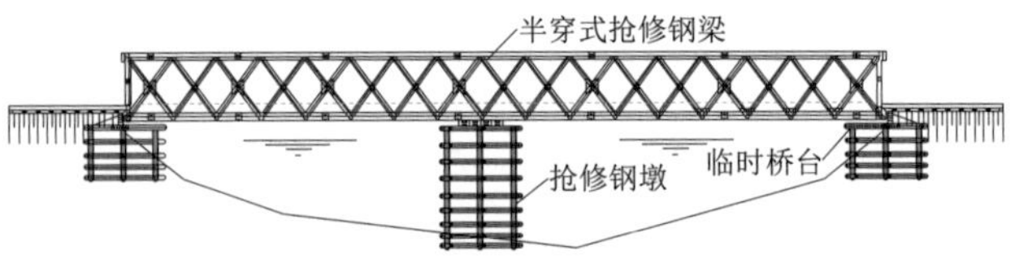

栈桥跨越法修复被洪水冲毁的铁路线路示意图

随着中国在西部地区以及在沿江沿海地区修建高速铁路，重大自然灾害对铁道线路造成的危害也将日益严重。此外，在现代战争中，由于精确制导等高技术武器的大量使用，使铁路基础设施遭受毁坏的概率更高、破坏程度更严重、抢修更困难，这是当前需要认真研究的问题。

（刘嘉武）

铁路车站设计　layout of railway station　以设计年度预期的客、货运量为依据，根据车站作业性质、铁路通过能力和改编能力需求，选择车站图型及确定车站设备类型和数量。车站通常设于铁路沿线与城镇、港口、机场、工矿的联系点或铁路需要办理技术作业的地点，需要设有客、货运以及行车、调车、装卸作业、通信信号及信息处理等设备。车站设备要为保证行车安全、调车安全、人身安全创造条件，应能满足作业效率要求。在完成运输任务的前提下，力求节省工程费用和运营费用，提升科技水平，减少人工成本。在客运站设计时，应贯彻以人为本的原则，综合考虑铁路与其他交通方式之间的紧密衔接，为旅客出行和换乘提供便捷条件。在车站总体规划的指导下，按照不同阶段运量增长的情况分期投资。

车站通过能力　在现有设备条件下，采用合理的技术作业过程，所有线路方向在一天内所能接、发、通过的列车数总和。

车站通过能力的确定　车站通过能力一般采用分析计算法、计算机模拟法或图解法确定。①分析计算法。先取一时间段（一天或一天中最繁忙的一段时间），在该时间段内，以某项设备被占用的总时间除以可供占用的时间，求出车站通过能力利用率，再以此利用率和现有列车数，求出车站通过能力。②计算机模拟法。在计算机中建立对应车站线路结构的图形模型，自动生成作业路径；采用统计方法得到列车到发的时间间隔分布和作业时间分布，通过统计分布和抽样方法得到列车到发时刻表（也可采用实际运营的列车时刻表）；在计算机中根据不同的列车类型生成对应的作业环节和作业过程，选择合理的作业车场、线路股道和作业路径；自动分析和调整作业路径及股道占用的冲突，计算车站咽喉、到发线的运用情况和利用率；统计分析接发列车数量和设备利用的合理性，根据模拟结果判断是否增加或减少到发列车数量。③图解法。车站某项作业的通过能力可用图解法进行验算；图解法是以各项设备为纵轴，时间为横轴构成图表，图表上、下方各绘有相邻区间的列车运行图，每一列车，从进站到出站，占用车站各项设备的时间，按照作业过程记入图表，通过对图表的分析与计算，可以确定车站的通过能力。

车站咽喉设计　车站或车场两端道岔集中的地方称咽喉区。在车站的咽喉区，每一条单线铁路只有一组咽喉道岔称作繁忙道岔组，即进路上最繁忙的那组道岔；对于双线铁路应按上、下行方向分别找出进路上各自的那一组繁忙咽喉道岔。车站通过能力常受限于某一进路的繁忙咽喉道岔，应通过进路设计和合理的运输组织，使车站咽喉进路既能实现通畅的作业组织，又能简化咽喉区道岔布置，节省工程投资。

站场排水、给水和除雪设施　编组站、区段站和大型中间站有以下3点要求：①场面设置横坡，并设纵向、横向排水系统。②在城市附近车站的给排水系统，应与城市给排水系统相连接，在远离城市的站场设独立的小型给排水系统。③在寒冷地区的车站，为了防止积雪，除设排（除）雪机具外，站场布置中还要准备排雪出路。

不同业务性质车站设计的特点和要求　铁路车站主要根据其业务性质、技术性质和运输需求进行设计。车站按业务性质可分为客运站和货运站。

客运站设计的特点和要求　客运站用

于办理售票、行李与包裹托运、候车、乘降车等客运业务，以及办理旅客列车始发、终到、技术检查和客车整备等技术作业。按客运站开行列车的特征分为高铁客运站、普速客运站和综合客运站。按旅客发送量可分为小型客运站、中型客运站、大型客运站和特大型客运站。按列车组织特征可分为始发客运站、中间客运站。客运站由车场、站房、站前广场和各项客运设备（如站台、雨棚、天桥、地道、平过道等）组成。客运站房的平面布置主要根据其在城市范围的位置，旅客流向，长途、短途与市郊旅客人数，旅客和行李通路的便捷等条件进行总体设计，并应根据铁路与城市的发展规划，预留增建的空间。

客运站的形式有通过式、尽头式和混合式3种。只有通过列车没有始发终到列车的车站，一般设通过式车站；位于大城市地区有大量始发终到列车作业的车站，通常采用尽头式车站；既有始发终到列车又有通过列车的车站，也可采用混合式图型的车站。

铁路客运站设计应贯彻以人为本的原则，从站房、站场及设施设备配置方面，综合考虑铁路与其他交通方式之间的紧密衔接，根据车站设计规模和布局特点，建设综合性交通枢纽，尽可能减少换乘距离，为旅客乘降和换乘提供便捷条件。

货运站设计的特点和要求　货运站的各种设施、设备，需要满足车站办理货物的承运、交付、装卸和货物列车到发、车辆取送等铁路技术作业，以及办理货物和集装箱联运、换装、集货、配箱等业务的要求。设计的要点是恰当地处理铁路枢纽内部有关站、线的关系，与城市运输、公路和水运相协调，以及为工农业及社会物流提供优质服务。货运站的设置、规模和细部结构在铁路枢纽工程和城市（地区）规划中是和客运站同等重要的组成部分。货运站按其办理货物的种类及服务对象可分为：主要为城市居民和中、小企业服务的综合性货物站；办理单一品类大宗货物（如煤、木材、矿建材料、集装箱、危险品等）的专业性货运站。

20世纪60年代以来，一些工业发达国家，为适应城市的发展、货运量的增加和充分发挥新型装卸机具的效能，利于集货和车流集结，货运站有集中设置的趋势，即建设货运中心站。同时，结合城市工厂企业的分布，设置综合性或专业性的货场。在货场线路布置和装卸设备方面，应适应集装箱运输及各种新型装卸机具的要求，设有龙门起重机或桥式起重机的集装箱装卸场、双层或多层仓库、跨线库棚等。

另外，在不同轨距铁路衔接地点，专门办理不同轨距铁路车辆间货物换装作业的车站称为换装站。办理铁路和水运换装联运作业的车站称为港湾站；办理铁路和厂、矿内部运输联运交接的车站称为工业站等。这些车站的共同点都是铁路及其他运输的换装（交接）联运，但是其衔接的运输形式不同，所以规划设计中也有各自的特点。

为适应物流业务发展，中国铁路对货运站和大型货场的运输设施、装卸设备、箱场库房和信息管理系统等进行改造，新建了一批专业化物流中心，并广泛开展铁路物流业务。因此，铁路货运站设计需要注重物流设施的配置。

不同技术性质车站设计的特点和要求　铁路车站按技术性质还可分为中间站、区段站和编组站。除满足上述客货运车站设计要求外，不同技术性质的车站还应满足下述要求。

中间站设计的特点和要求　设置中间站主要为了保证行车安全和调整列车运行，并兼办客货运输业务。中间站的主要作业是客货列车的通过、会车和越行。办理客运业务的中间站设有旅客站房、旅客站台和客货列车到发线。办理货运业务的中间站设有货物线、货场（或预留货场位置）和牵出线。根据需要，设置线路维修车辆和救援列车停留线路。

区段站设计的特点和要求　区段站主要是为了办理机车、车辆技术作业，同时办理客货运输业务。区段站的主要车流是通过车流，但一些站也有较大的改编车流。相邻两区段站之间的线路长度称为区段。在此距离两端的车站（即区段站）范围内设置机车维修、整备和必要时折返的设备。区段长度和区段站设置地点是根据下列因素决定的。①区段长度随所采用的牵引种类（如电力、内燃或蒸汽）、列车速度和机车乘务制度的不同而异。电力牵引的区段最长，内燃牵引次之，蒸汽牵引区段最短。货运机车区段，长的数百千米，短的约100千米，客运机车可以跨2～3个货运机车区段。②设置在城镇附近，便于开展客、货运业务，也为了铁路人员的生活方便。③多条铁路干线或支线的汇合处。④沿铁路线路纵断面地形条件改变处的附近。这是因为有时需要在车站两端的两个区段上使用不同功率或不同数目的机车牵引相同的列车，或因两侧的列车重量不同而需要在站上改编。⑤改变牵引种类的车站。

区段站的设备：客、货列车到发和通过的到发线；为改编列车所用的调车场和牵出线；办理客货运业务的旅客站房、站台、道路、货场和停车场；为了机车维修、整备所需的设备。区段站的旅客站房，设在站内正线的一侧，一般设在靠近城镇的一侧，以便利旅客。货场可设在旅客站房异侧，并加修跨线桥以便货物取送。机务段一般设在旅客站房对侧右端或左端（不发展为纵列式布置图式时）。车辆检修设备设在调车场旁。

到发线的数量根据到发列车对数和车站所采用的技术作业过程确定。区段站到发线的有效长度应与相邻牵引区段内各站的到发线有效长度采用统一标准。机车走行线或与到发线合用，或单独设置。区段站调车线数量要按该站衔接方向数、需要办理调车的车数、调车作业方法和列车编组计划确定。

编组站设计的特点和要求　编组站通常设于铁路汇集的枢纽地区，专门担当货物列车解体、编组和办理通过列车技术作业，并设有机务段和车辆段。由于编组站占地面积很大，调车作业繁忙，影响环境的宁静，不适合设于市区，因此一般不和客、货运车站设在一起，但有些城市的原有铁路编组站位于市区附近，它对市区交通和环境有一定影响。

编组站图型有单向、双向、纵列、横列、混合之分。设置一套调车设备的编组站称为单向编组站；设置两套调车设备的编组站称为双向编组站。到达场、调车场、出发场三场顺序排列的图型称为纵列式图型；三场并行排列的图型称为横列式图型；到达场、调车场顺序排列，出发场与编组并行排列的图型称为混合式图型。

编组站图型的选择，以车流量及其性质和当地地形、地质条件为依据。小型编组站一般采用横列式图型。大型编组站可采用单向纵列式图型或双向纵列式图型。

（马秋官　良　田　冯焕严　高世廉）

铁路车站与枢纽　railway station and terminal　铁路车站俗称火车站，包括办理铁路旅客和货物运输业务的客运站、货运站和客货运站，以及专门办理铁路运输各项技术作业的编组站、区段站、中间站、会让站、越行站和工业站、港湾站、换装站等。通常，一个车站专门办理一种业务或一类技术作业，但多数车站都兼办几种业务或几类技术作业。它们既是铁路运输企业对外服务的窗口，又是铁路运输企业内部的基层生产部门。由多个客运站、货运站、联络线，以及提供动车组、机车车辆、固定设施等运用和维修的场站共同组成铁路枢纽。

铁路枢纽位于铁路网中多条铁路干、支线的交汇点或尽头地区，至少设有一个兼办铁路客、货运业务和各项技术作业的综合性车站，包含多个办理铁路客、货运业务和各项技术作业配套的车站，用铁路联络线、迂回线、环线和进出站线路，将它们联结形成的大型铁路客货运输综合体。它既是铁路运输的中枢，又是沟通纵横交错的铁路干、支线使铁路网四通八达的结点。铁路枢纽是所在地区综合交通运输枢纽的重要组成部分，是铁路运输与城市交通运输、公路运输、水（海）路运输、航空运输紧密衔接的结点和纽带。

铁路车站与枢纽同时也是一门学科的专业，主攻的研究对象和主要任务是：①铁路的车站与枢纽在各条铁路干、支线上和铁路网中的合理布局与分工。②铁路的车站与枢纽应采用的先进设备和设施，这些设备和设施在车站与枢纽内的合理配置和优化的总布置图。③铁路车站与枢纽内的各类车场、股道、站台、线路等主要运营设施与设备的设计规范、设计标准、重要参数与设计方法。④铁路车站与枢纽内各项设备与设施的通过能力、作业能力、办理能力的科学计算方法的确定，以及各项设备与设施间的能力协调、加强措施与技术方案。⑤铁路车站与枢纽和所在地区的城市规划、工业布局、其他交通运输方式（包括城市地铁、公交、公路、水运、海运、航空等）的衔接、协调、配合、联运的条件与举措等。（吴家豪）

铁路等级 class of railway 根据铁路在国家铁路网中的作用、性质和远期客、货运量，以及最大轴重和列车速度等条件对铁路划定的级别。铁路等级既是新建或改建铁路的主要技术标准之一，又是确定被设计铁路其他主要技术标准的依据。合理地划分铁路等级是保证铁路设计技术经济合理的前提。

划分依据 世界各国划分铁路等级的依据大体上可分为两大类：一类是以运量（或通过总重）、轴重和列车最高运行速度为依据划分。如法国和欧洲铁路联盟（UIC）按日折算通过总重划分为9级，美国按年货运密度、每昼夜客车对数及年车辆发送量划分为4级，日本则按年运量、行车速度和轴重划分为4级。另一类是以运量、线路意义和客车对数等为依据划分。如俄罗斯按线路的国民经济意义、年运量、每昼夜旅客列车对数和列车最高运行速度划分为5级。年客、货运量是划分铁路等级的最主要依据，因为在保证同样使用寿命的条件下，大运量要求采用高标准的技术装备，相应的铁路等级就应该高。但是，设计线路的调查运量往往偏小，造成修建的铁路等级低，以致过早要求改建或增建二线。因此，根据国家经济发展规划，确定线路在路网中的作用和线路意义，也是划分铁路等级的重要依据。此外，列车最高运行速度也是确定铁路等级的依据之一。

划分方法 1985年以前，中国历次铁路等级的划分界值，多是根据国内当时经济发展形势和新建铁路调查运量的经验，通过讨论研究确定。1982年研究提出了采用“能力储备系数法”划分铁路等级的新概念和数学方法。此后应用此种方法对铁路等级划分进行了数次修改。

能力储备系数法是根据既有铁路线年客、货运量与运营长度累计百分比相关曲线进行经济合理的铁路等级划分方法。其步骤：①绘制年客、货运量与运营长度累计百分比相关曲线，年客、货运量与相应长度的乘积即为铁路周转能力。②计算划分不同铁路等级数的界值及相应的能力储备系数。③选取经济合理的铁路等级数及界值。其基本理论：同一等级的铁路按其最高年客、货运量制定技术标准和选定技术装备。能力储备系数的合理取值是合理划分铁路等级的前提，对于同等级中较低运量的铁路来说，就存在部分能力的储备。划分的等级数目越少，能力储备系数就越大，这会造成能力过剩、投资积压、经济效益差；划分的等级数目越多，能力储备系数就越小，也意味着进行铁路改造的周期会缩短，这同样也将造成投资的浪费。

能力储备是为满足年客、货运量增长而预留的线路技术装备方面的储备。对于一条已建成通车的线路，储备能力还可以保证特殊的运输需求，如军运、专列运输；当列车晚点和车站堵塞时，便于即时调整运行图，恢复正常运行秩序；线路日常维修与大中修可利用储备的运行图空档进行工作等。

中国铁路等级 1950～2003年，中国铁路等级的划分做了多次修改，等级划分的依据基本上为客货运量、路网意义和线路作用、货运强度及其增长量、客车对数、客车最高运行速度等，随当时的政治、经济形势而变化；等级划分界值的提高，反映了中国经济的发展状况和对铁路运输需求的提高。《铁路线路设计规范》（TB 10098—2017）对客货共线铁路规定为4级。

对于客运专线铁路，根据铁路的运输性质和设计速度分为高速铁路、城际铁路和市域铁路。高速铁路设计速度为250千米/时及以上；城际铁路设计速度为200千米/时及以下；市域铁路设计速度为160千米/时及以下。（黄建苒）

铁路地基处理 railway foundation treatment 为提高地基承载力而采取改善地基变形性质或渗透性质的强化处理措施。铁路地基处理与一般的地基处理相同。随着地基处理技术的发展和列车速度的提高，铁路路基工后沉降标准在不断提高。早年铁路使用过的地基处理方法，有换填垫层法、排水固结法、强夯法、砂石桩法、振冲法、水泥土搅拌法、高压喷射注浆法、预压法、夯实水泥土桩法、石灰桩法、灰土挤密桩法和土挤密桩法、单液硅化法和碱液法等。

高速铁路由于采用了无砟轨道结构，速度达到350千米/时及以上，对路基平顺性和工后沉降有较高的要求，所以对通过的软弱土地段采用了大量水泥粉煤灰碎石桩、混凝土打入桩或钻孔桩进行地基处理，并采用桩板、桩筏或桩网的承力结构，以保证高速铁路路基的安全可靠。

桩板结构 桩与板直接连接承受路基填土和轨道荷载或直接承受轨道荷载的结构形式（图1）。

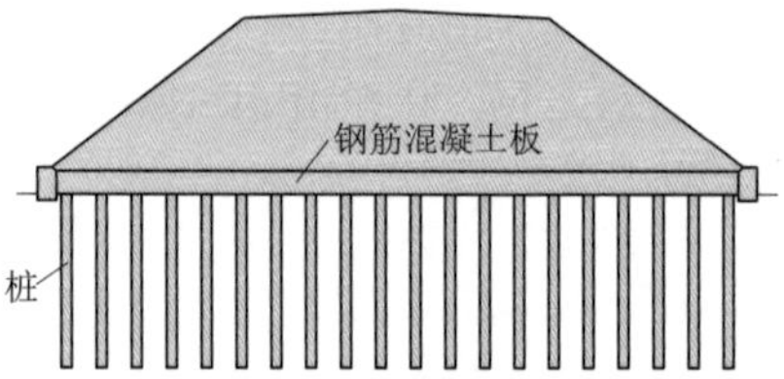

图1 桩板结构示意图

桩筏结构 桩与板通过级配碎石褥垫层连接，承受路基填土和轨道荷载或直接承受轨道荷载的结构形式（图2）。

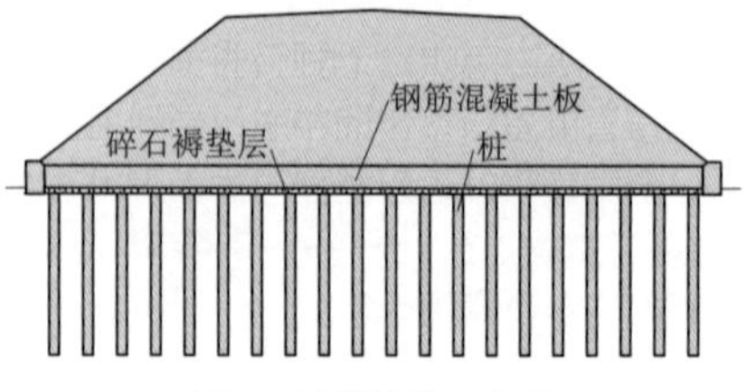

图2 桩筏结构示意图

桩网结构 桩（帽）与土工合成材料加筋的级配碎石垫层网组成承受路基填土和轨道荷载的结构形式（图3）。与传统的软基处理方法相比，桩网结构具有4个优点：①主要通过路堤填土中的土拱效应和水平加筋体的拉膜效应将上覆大部分路堤荷载传递到桩上，再由桩传递至下卧持力层，由于大部分路堤荷载通过桩传递给深

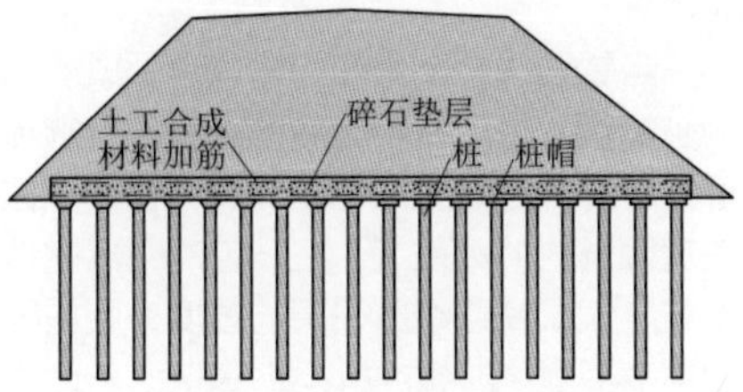

图3 桩网结构示意图

层强度较高的土层，从而减小了路堤的总沉降和差异沉降。②桩和水平加筋体的共同作用使得路堤侧向变形较小、稳定性较高。③与桩筏（板）结构相比，桩网结构取消了桩顶筏板，由于桩帽的设置，可增大桩的布置间距，相比常见的复合地基，提高了桩身强度的利用率，具有良好的经济性。④在桩网结构中还可以通过改变加筋体的强度，来调节桩间土所承担荷载的比例，以控制桩间土的沉降和桩土沉降差。桩网结构在世界各国软基处理工程中，如市政道路、高速公路、高速铁路、机场、码头以及道路扩建改造等大规模土建工程建设中得到了较为广泛的应用。

（蔡德钩）

铁路调车驼峰 railway shunting hump 利用车辆重力进行车辆溜放的调车设备。设在站内调车场的一端或两端，因形似骆驼峰背而得名。驼峰由推送部分、峰顶平台、溜放部分及有关线路组成（图1），驼峰解体系统配套的设备包括调速设备、信号设备、通信设备、控制系统和调车机车等（图2）。

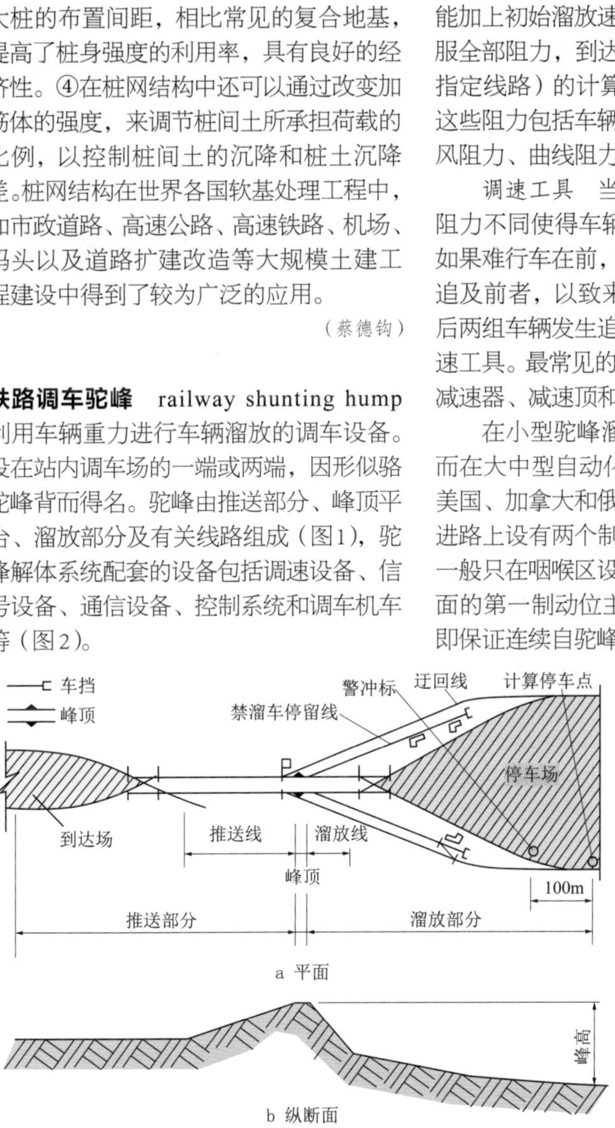

图1 驼峰各组成部分示意图

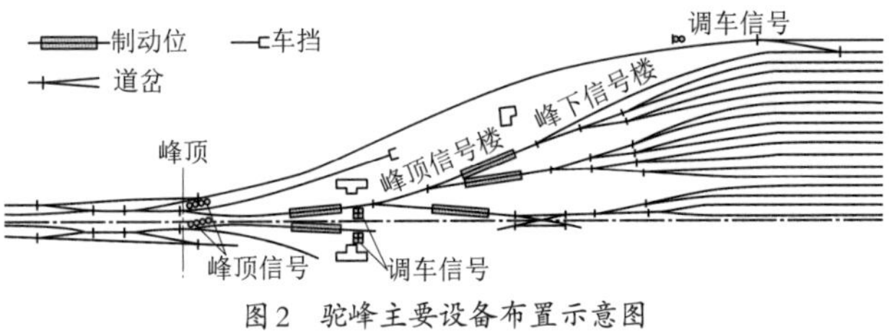

图2 驼峰主要设备布置示意图

驼峰调车是利用调车机车将车列推上峰顶，借助车辆升高所具有的势能和较陡的坡度，将摘钩的车辆依次溜入各股调车线。

驼峰高度 指峰顶轨面标高和调车场溜放条件最困难线路的计算停车点轨面之间的高度差。计算停车点定在调车场头部指定线路警冲标外方的一定距离处。这个距离一般距车场目的制动设备出口100～150米。

峰高是按难行车（阻力较大溜行较困难的车辆）在冬季、逆风条件下，在难行线或次难行线路上进行溜放时，车辆的势能加上初始溜放速度所产生的动能能够克服全部阻力，到达难行线或次难行线（即指定线路）的计算停车点的条件设计的。这些阻力包括车辆溜放的基本阻力、逆风风阻力、曲线阻力和道岔阻力。

调速工具 当车辆自峰顶溜下时，因阻力不同使得车辆的溜行速度出现差别，如果难行车在前，易行车在后，后者可能追及前者，以致来不及转换道岔，使前、后两组车辆发生追钩，因此需要减速的调速工具。最常见的调速工具有手闸、铁鞋、减速器、减速顶和牵引小车等。

在小型驼峰溜放部分不设调速工具，而在大中型自动化驼峰溜放部分，中国、美国、加拿大和俄罗斯等国，一般在每一进路上设有两个制动位，德国和法国等则一般只在咽喉区设有一个制动位。峰顶下面的第一制动位主要起间隔制动的作用，即保证连续自驼峰溜下的前、后两组车能在道岔、减速器等地点保持必要的间隔以便道岔或减速器实现转换。在调车场内一般均采用减速顶调速。减速顶可以安装在钢轨内侧或外侧，分别称作内侧减速顶或外侧减速顶，内侧减速顶作用于车轮轮缘，外侧减速顶作用于车轮踏面，受到车辆冲击时，如果车辆速度高于减速顶的临界速度可以吸收车辆的多余动能，起到调速作用。

驼峰调车场平面设计 驼峰调车场股道较多，中国和俄罗斯一般小能力驼峰调车场为16股及以下，中能力驼峰为17～29股，大能力驼峰为30～48股。美国和加拿大等国在20世纪40年代以后新建的大型编组站的调车场股道较多，一般为40～50股，最多可达60股以上。因为这些国家的列车长度较长，其调车线有效长度只约为到达线或发车线长度的一半，以缩短车站占地长度。而中国、俄罗斯等国则是到达线、调车线和发车线三者长度大致相等，以利于整列列车转场。峰下调车场咽喉平面设计，要设法保证提高解体效率、减少调速设备等的投资。在驼峰调车场的尾部设牵出线或出发场，利用牵出线或出发场股道将调车场中集结的车组编成列车。

驼峰线路纵断面设计 设计要充分考虑调车作业安全和提高解体效率。推送线在靠近峰顶处，设有面向峰顶的10‰～20‰的上坡，称为压钩坡。推上驼峰的车列在此段将车钩压紧，便于提钩。推送部分的其余坡段根据到达场或牵出线的标高而定，但应保证预定的最大牵引重量车列在峰顶前停车后能再行起动。峰顶设有平台（中国净平台长度为5～10米）。驼峰溜放部分的断面一般由坡度值递减的3个平均坡段组成，加速坡、中间坡和道岔区坡（图3）。

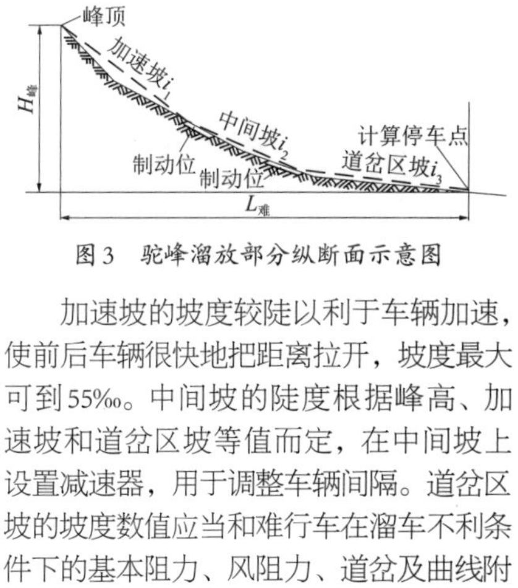

图3 驼峰溜放部分纵断面示意图

加速坡的坡度较陡以利于车辆加速，使前后车辆很快地把距离拉开，坡度最大可到55‰。中间坡的陡度根据峰高、加速坡和道岔区坡等值而定，在中间坡上设置减速器，用于调整车辆间隔。道岔区坡的坡度数值应当和难行车在溜车不利条件下的基本阻力、风阻力、道岔及曲线附加阻力之和的数值相当，其平均值一般可用1.5‰～3.5‰。调车场内线路的纵断面，根据所采用的调速设备类型进行设计。

铁路自动化驼峰 列车解体过程中，利用计算机实现车辆溜放进路、溜放速度、溜放间隔、推峰速度自动化控制的驼峰。自动化驼峰一般具有解体计划自动执行、控制道岔自动转换、车速和间隔自动调节、调机推峰速度自动控制4种功能。其中，控制道岔自动转换以及车速和间隔自动调节是自动化驼峰的主要功能。

车速自动调节可通过下列控制方式予以实现：点控方式、连续控方式或点连合控方式。

采用点控方式时，车辆减速器是调速工具。车辆减速器由计算机自动控制。需要向计算机和车辆减速器提供控制信息。测重设备、测速设备、测阻设备和测长设备是提供控制信息的装置。驼峰溜放部分纵断面的设计，以设法克服难、易行车走行速度差异为目的，并使溜放车辆以高速通过道岔区。

在驼峰溜放部分和车场部分都以减速顶为调速工具的驼峰，称为全减速顶驼峰。全减速顶驼峰是连续控速方式的代表。采用可控减速顶构建调速系统时，在驼峰线路上也设有测重、测速、测阻、测长装置；而采用普通减速顶构建的调速系统不需这些设备。减速顶驼峰的溜放部分纵断面的设计与众不同，以适量的减速顶控制维修维护易行车的速度，使难、易行车等速溜行，在调车场内，可分段设计坡度，为了保证各种车辆的溜行距离，分别设置陡坡、中间坡和缓坡区段，使车辆以容许速度连挂起来。

采用点连合控方式时，驼峰溜放部分的平面、纵断面、调速设备与点控方式相同，而调车场内的纵断面则根据采用的调速工具而异。

车站改编能力　指站内所有驼峰和牵出线在一日内所能解体、编组的车列总数或车辆总数，即改编能力是由解体能力和编组能力所组成。改编能力分计算能力和使用能力。改编能力的计算能力指在充分利用驼峰和牵出线等调车设备连续作业的情况下，编组站于一日内所能解体和编组的列数或辆数；改编能力的使用能力指在现有调车机车配属台数的情况下，因为列车改编过程存在一定间隙时间，因此需要考虑空费系数之后，编组站的驼峰和牵出线于一日内所能解体和编组的列数或辆数。（冯　焕　严良田）

铁路定线技术　technique of railway location　根据铁路选线的技术要求和选线原则，在一定的比例尺地形图上，确定铁路线最佳接轨点、线路方向和空间位置的程序、方法与技术。铁路线上分布着大量的建（构）筑物和设施，如桥涵、隧道、车站、供电设施、通信信号及给排水设施等。铁路线的位置决定了各项建（构）筑物的配置和设备的位置；反之，有一些建（构）筑物的配置也影响铁路线的位置。铁路修建之前必须定好铁路线位置，使之达到最佳的空间形位，才能进行各种建（构）筑物的具体设计。由于影响铁路定线的因素很多，如设计线路在路网中的作用、经行地区的自然与社会环境等，因此铁路定线必须由粗到细，由面到带再到线，由整体到局部分阶段进行，从较多的方案中经过多次勘测设计、技术经济比选，最终达到最佳的空间位置。

勘测设计阶段的划分　根据自然条件与社会环境的复杂程度，以及所收集的各类资料的完备程度和铁路性质而定。中国1998年制定的《铁路基本建设工程设计程序改革实施方案》以及2007年颁布的《铁路建设项目预可行性研究、可行性研究和设计文件编制办法》（TB 10504—2007）中均规定，在铁路前期工作阶段（预可行性研究、可行性研究）结束后，根据批准的铁路可行性研究报告，进行两阶段设计，即初步设计和施工图设计两阶段。对于工程简单、设计原则明确的小型项目，经主管部门同意，可按一阶段设计，即施工图设计。

定线方法　采用纸上定线和现场定线的手段，确定铁路线位置并协调其与各种建（构）筑物的布置。①纸上定线。从预可行性研究到施工图设计阶段都需要进行的工作。例如，在预可行性研究阶段绘出若干有比较价值的线路走向方案；在可行性研究阶段，要规划沿线坡度、曲线和车站分布标准，在图上设计平面、纵断面，调整车站位置。②现场定线。自初测到施工测量各阶段都要进行的工作。在纸上定线的线路位置所反映的地形、地物等与现场不完全一致时，就需要用现场定线修正纸上定线。

平丘地区定线　平丘地区地势较平坦，地质条件较好，但往往城镇相连，河网交错，定线主要受平面障碍控制。定线应尽量使线路顺直；车站位置应配合城镇发展规划分布，尽量避免对城镇的干扰与污染；处理好与已有道路、各类管线等的交叉关系；合理绕避湖泊、水库等以及不良地质地段。

山岳地区定线　山岳地区地形多变，相对高差大，地质条件复杂，定线主要受高程障碍控制。定线应顺应地形。通常是沿较大河流的两岸定线，即所谓河谷线。一般较大河流纵坡平缓，两岸开阔，地质稳定，是山岳地区设置铁路线的最优地带。河流有时弯曲较大，或者地形陡峻、地质不良，应根据情况设桥跨河，或以隧道裁弯取直，或改移河道。当河谷狭窄，纵坡较陡，无明显阶地时，只有选择沿山坡定线，即所谓山坡线。但陡峻的山坡，沟谷纵横，使桥隧工程艰巨。在工程地质不良地段应考虑将铁路线靠山内移以隧道通过，或外移作桥通过，或跨河至对岸山坡。

当铁路线位于山岭的两侧，形成所谓的越岭线。为了减小越岭的高度，可选择低的垭口开挖路堑或开凿隧道。越岭线往往短距离内的高差大，在一定的距离内地面坡度大于铁路线所采用的坡度，则需要用展长铁路线的办法以减缓坡度来达到预定的高度，即所谓展线。在越岭地段也可加大坡度，采用多机牵引。世界各国都有很好的展线实例，如中国的京张铁路（北京—张家口），设计者詹天佑选定在八达岭用之字形展线的方案跨过山脉。

不良工程地质地区的定线　在不良工程地质地区定线，地质条件是决定铁路线位置的主要因素。严重的不良工程地质现象有滑坡、泥石流、岩溶、永冻土、盐渍土、软土、膨胀土（裂土）、水库坍岸等。对严重危及施工与行车安全的不良地质路段，应予以绕避；对易于整治且危害不严重的不良地质路段，宜选择有利位置通过，同时必须采取有效、可行且经济的整治措施，做到彻底整治，不留后患。

定线与桥隧等建（构）筑物的协调　定线时，要与路基、桥梁、隧道、车站等建（构）筑物的优良位置相协调。通常中、小桥的桥位服从铁路线位置，大桥及特大桥，则铁路线应与优良的桥位相协调。隧道进出口处铁路线原则上应与地面等高线正交。越岭隧道进出口宜避开沟心。傍山的隧道外侧洞壁不可过薄，以免造成偏压，影响隧道的稳定。

（王竹亭　苗大为）

铁路工程　railway engineering　铁路上的各种土木工程设施及其相关技术的总称。包括修建铁路阶段的勘测设计、施工，铁路使用阶段的养护维修、改建所运用的技术。铁路工程最初包括与铁路有关的土木（轨道、路基、桥涵、隧道、站场）、机械（机车、车辆）、通信、信号和电气化等工程。随着建设和技术的发展，其中一些工程逐渐形成独立的学科领域或归入本门学科领域。现在铁路工程仅狭义地指：**铁路选线设计**、**铁路轨道**、**铁路路基工程**、**铁路车站与枢纽**。其中车站设计在中国已归入“铁路运输”，但车站工程仍是铁路工程的重要部分。

世界铁路发展简况　19世纪初，铁路首先在英国出现，19世纪中叶在欧美得到迅速发展。20世纪60年代日本建成东海道新干线以来，世界铁路逐渐向客运高速化、货运重载化方向发展。

起源　16世纪中叶，欧洲各国的矿区开始有马牵引的木轮矿车行驶在木轨上。

18世纪各矿区将木轨改为铸铁轨。1804～1813年，英国制造了3台带有齿轮行于齿轨上的蒸汽机车。这些都给铁路的形成准备了条件。1823年，英国G.斯蒂芬森设计并制成了蒸汽机车，由其子协助，于1825年9月27日建成一段长21千米标准轨距的铁路，这是世界公认的第一条机械牵引列车的铁路。但铁路时代的开始，应从1830年9月15日建成的利物浦—曼彻斯特铁路算起，此时铁路快速可靠、低运价、大运量的功能才引起世界的重视。

发展 1830年后，美国、法国、德国、俄国等国相继开始建造铁路，逐渐扩展到世界各地。美国在1881～1890年的10年间，每年平均建成1.1万千米，至1916年美国境内铁路总里程406 802千米。其后不再新建铁路，而是转向对既有线的改造和调整，并拆除部分无经济效益的铁路。至2020年，美国铁路营业总里程约220 480千米，全世界共有铁路约137万千米。20世纪20年代，美国铁路即开行轴重达30吨、总重超过万吨的列车。60年代后，加拿大、巴西、澳大利亚等国陆续修建适于行驶重载列车的重载铁路。到80年代初，世界上最重的列车总重超过2万吨。

20世纪60年代初期，日本建成东京—大阪的东海道新干线，最高行车速度达210千米/时。随后，法、德、意、中等国都开始修建高速铁路。截至2021年年底，运营高速铁路的国家和地区达16个，运营里程约7.06万千米。

世界上大多数国家的铁路仍然是客、货运兼顾的普速铁路。高速铁路、重载铁路和其他铁路虽然基本形式相同，但技术方面却大不相同。

中国铁路发展简况 中国铁路始建于19世纪末期，中华人民共和国成立后铁路发展迅速，进入21世纪，高速铁路快速发展。

清政府时期 1876年，英商在上海修筑淞沪铁路，是中国修建铁路的开端，但后被清政府拆除。1881年自唐山至胥各庄修建长约9千米的铁路，采用轻便轨道，以骡马拖曳，次年6月改为机车牵引。以后该线继续展筑，到1894年修通282千米，奠定了京山（北京—山海关）铁路的基础。截至1911年，清政府共建成铁路9100千米，主要有京奉（北京—奉天，今沈阳）、京汉（北京—汉口）、津浦（天津—南京浦口）、京张（北京—张家口）等铁路。其中大多数为外国人参与修建和管理，仅京张铁路是由中国人主持，利用本国资金和工程技术力量建成（见*詹天佑*）。

中华民国时期 1911～1949年，中国共建成铁路新线约11 200千米。主要有粤汉（广州—汉口）、同蒲（大同—蒲州，今风陵渡）、浙赣（杭州—萍乡—株洲）、陇海（宝鸡—海州，今连云港），以及日本侵占东北后在东北地区修建的铁路。抗日战争期间，修建了湘桂、黔桂及湘黔的部分铁路。截至1945年，中国铁路总里程30 186千米。1946～1949年，基本无铁路建设。中华人民共和国成立前，铁路的通车里程约21 989千米（未包括台湾地区）。

中华人民共和国成立后 主要可以分为3个阶段：

1949～1980年铁路交通蓬勃发展 主要特点：①铁路线向西北、西南延伸，扭转过去铁路建设的不合理布局。②对过去为外国势力和地方势力所分割的各铁路系统改造连成一体，统一管理，至1980年通车总里程51 940千米（未包括台湾地区），初步形成路网骨架。③新线建设大多在地形困难、地质复杂的山区，如1955年建成横穿太行山脉的丰沙铁路，1958年建成翻越秦岭的中国第一条电气化铁路——宝成铁路等；对旧线进行了大量加强与改造，大幅度地增加了铁路输送能力，据1980年统计，中国铁路承担着全国货物周转量的50%左右，旅客周转量的60%左右（未包括台湾地区）。

1981～2007年铁路既有线提速 中国铁路列车运行速度长期在低水平徘徊，20世纪90年代，旅客列车平均速度不足50千米/时，不及60年代初期世界铁路的平均水平。80年代后期，铁道部选择了对广深铁路进行技术改造，1994年12月22日实现了开行160千米/时提速的目标，为既有线大面积提速积累了实践经验。

1997年4月1日，中国开始了既有线的第一次大提速。在京广、京沪、京哈三大干线上开行"夕发朝至"列车，时速达140～160千米/时。旅客列车平均速度由1993年初的48.1千米/时提高到54.9千米/时。1998年10月至2001年10月，又连续进行了3次大提速，提速线路累计达10 883千米。

2004年第五次大提速，提速网络总里程1.65万千米。在几大干线上开行了"一站直达特别快车"，北京至上海、哈尔滨、武昌、西安的旅行时间均较提速前压缩了2小时。

2007年4月第六次大提速，首次在既有线上开行了200千米/时及以上的旅客列车，最高250千米/时。中国铁路旅客列车平均旅行速度70.18千米/时（未包括台湾地区），标志着中国既有线列车提速达到世界先进水平。

既有线提速的铁路工程主要包括：改造线路平纵断面与加宽线路线间距，铺设跨区间无缝线路和更换可动心轨道岔，加强路基及其排水，更新或加固桥梁，对车站技术条件、通信信号以及牵引供电系统进行改造，增加安全防护设施等。

2004～2016年高速铁路大发展 1990年中国开始高速铁路技术的前期研究，针对高速铁路线路（包括线形、路基、轨道、桥梁、隧道、站场等）、高速列车、牵引供电、通信信号、防灾监控、环境保护、运输组织以及系统集成等，开展了数百个研究课题，初步形成中国高速铁路技术体系方案。2004年1月，国务院通过《中长期铁路网规划》。截至2016年底，中国铁路营业里程124 000千米（未包括台湾地区），提前实现规划目标。

京津城际铁路是中国第一条设计速度350千米/时的高速铁路，2008年8月1日正式开通运营。京津城际铁路工程的建设和运营为中国高速铁路大发展提供了技术储备，积累了经验。

截至2022年底，中国铁路基本建成以"八纵八横"为骨干的高速铁路网，累计营业里程4.2万千米，约占世界高速铁路营业总里程的60%（未包括台湾地区）。

铁路种类划分 按不同的技术指标或运输性质划分铁路的种类，以便科学管理和运用。

按轨距划分 可分为标准轨距、宽轨和窄轨铁路。铁路轨道上两条钢轨内边顶部以下14～16毫米处的间隔距离称为轨距（见*轨道几何形位*），是决定铁路格局的基本技术要素之一。1886年国际铁路会议正式通过1435毫米（4英尺$8\frac{1}{2}$英寸）为国际标准轨距（简称标准轨距），宽于1435毫米的称宽轨，窄于1435毫米的称窄轨。世界各国多采用1435毫米的标准轨距。

按牵引动力划分 有蒸汽牵引、内燃牵引和电力牵引。蒸汽机车由于污染空气、热效率很低、噪声过大，已经逐渐被淘汰或仅用于小运量的铁路线上。内燃机车灵活性大，电力机车的动力较强，两者之中视能源分布、运量大小和自然条件选定。

按运输性质划分 有客货共线、客运专线和货运专线铁路。

客货共线铁路 旅客列车与货物列车在同一条线上运营的铁路。在中国定义为：旅客列车与货物列车共线运营、设计速度

200千米/时及以下的铁路。客货共线铁路适宜在预测近期和远期客、货运量都不大的地区建造。

客运专线铁路　专供旅客列车运行的铁路。在预测近期或远期的客运量很大的地区，适宜建造客运专线，以适应旅客出行快捷、便利的需要。中国《中长期铁路网规划》规定，全国省会和人口50万以上的城市都将接入客运专线网。

中国根据运输任务的不同，将客运专线铁路又分为高速铁路、城际铁路和市域铁路。

市域铁路是为解决大都市中心城区与外围城、郊间以及外围城、郊相互间的旅客出行，提供的一种快速、大容量、公交化的中长距离的公共交通服务工具，也称为市域快线。市域铁路设计速度目标值及站间距介于国家路网铁路与城市地铁之间，设计速度目标值最高为160千米/时，平均速度为50～60千米/时，采用路网铁路的供电和运行制式。

货运专线铁路　专供货物列车运行的铁路。在客、货运量都很大或在煤炭、矿石等大宗货物运量占有较大比重的地区，适宜采取客、货分流的运输方式，修建铁路货运专线。货运专线包括重载铁路。

按运量划分　各国铁路一般按年客、货运量分为若干等级，有些国家则分为干线、支线和山区线。中国《铁路线路设计规范》(GB 50090—2006）对客货共线铁路按年客、货运量划分为Ⅰ级、Ⅱ级、Ⅲ级和Ⅳ级。

铁路种类划分还有根据铁路权的归属划分为国有铁路、私营铁路、地方铁路和工矿企业铁路等。

世界著名铁路工程　世界著名铁路工程的特点表现在两个方面：一是在复杂山区或特殊工程地质地区，以先进的技术，顺应或改造环境，建成高质量的线路；二是在一般地区建成的具有划时代或重大经济、政治意义的线路，居某方面世界之最。

瑞士山区铁路　瑞士处于阿尔卑斯山脉中，其铁路线出色地适应地形。19世纪80年代建成连接法、德、奥、意诸邻国的国有哥达国际铁路线，在瑞士境内最大坡度为26‰，有5处螺旋形展线，大部分在隧道中。全线最高点为横贯主山脉的圣哥达隧道，全长14.998千米。此线至20世纪80年代一直是欧洲繁忙铁路之一。

瑞士境内采用了很多齿轨铁路。齿轨铁路是在过陡的自然坡度路段代替展线与长隧道的一种方案。其中最著名的是越过少女峰垭口的少女峰铁路，1.0米轨距，齿轨段落最大坡度250‰。

南美高山铁路　在南美安第斯山脉中有14条铁路线海拔在4000米以上，6条为标准轨距，8条为1.0米轨距。工程上除应付复杂的地形外，还有高寒缺氧的问题。其中，秘鲁中央铁路最大坡度为40‰，在到矿区的支线上最高点达到海拔4831米，至20世纪70年代末，这是世界最高点的铁路。

北美横贯大陆铁路　北美西部有以落基山脉为主的广大山区与高原。美国和加拿大修建了9条通过这些群山、东西横贯大陆的铁路干线，以工程浩大著称于世。其中7条在美国，2条在加拿大。

美国建成的第一条大干线于1869年通车，其中困难的工程主要在圣弗朗西斯科（旧金山）东至奥马哈的3040千米间。有20‰的坡道连续20千米，最小曲线半径175米。在圣菲铁路中，采用了35‰陡坡，以及约200千米的14.3‰长大坡道跨过落基山脉。

加拿大最著名的是加拿大太平洋铁路（图1)。该线东起蒙特利尔，西至温哥华，

图1　加拿大太平洋铁路

全长4600多千米。其关键工程集中在落基山脉的几个垭口处。线路最大坡度为26‰，最小曲线半径175米，于1885年修通。

苏联西伯利亚铁路　自莫斯科至符拉迪沃斯托克（海参崴），长9313千米的横贯西伯利亚的大铁路，于1891年自东西两端同时开工。中间通过贝加尔湖。于1916年全线通车。1974年开始修建西起贝加尔湖乌斯季库特，东至阿穆尔河（黑龙江）下游的共青城，全长3200千米的第二条西伯利亚贝阿干线。该线经过7座山岭，困难地段的双机牵引坡度为18‰，最长越岭隧道长15.3千米。

这两条铁路所经之处属于大陆气候，严寒季节气温最低达−70℃，夏季气温达40℃。全线60%～65%通过永冻地带，还经行几百千米的沼泽地带和地震烈度达7～9级的频发地震区，施工难度很大。

日本高速铁路　第二次世界大战前的日本铁路轨距为1.067米。战后开始研究并修建标准轨距旅客列车的电气化高速铁路。东海道新干线（东京—大阪）全长515千米，于1959年开工，1964年10月通车，最高速度210千米/时，开创了世界高速铁路的纪元（图2)。该线最大坡度20‰，最小曲线半径2500米，所经地形山峦起伏，修建了很多高架线路；隧道长度占铁路线全长的46%。1967～1975年又完成大阪—博多553千米的山阳新干线，最高速度250千米/时，最大坡度15‰，最小曲线半径4000米，隧道和桥梁总长占线路全长的87%。

图2　日本东海道新干线

中国青藏铁路　位于青藏高原，由青海省西宁市至西藏自治区拉萨市，全长1956千米。其中海拔4000米以上的路段960千米，多年冻土路段550千米，翻越唐古拉山的铁路最高点海拔5072米。青藏铁路的建设克服了生态脆弱、高寒缺氧和多年冻土三大世界铁路建设难题。20世纪50年代，中国政府决策，要把铁路修到拉萨。自1956年开始对兰州—拉萨的2000多千米线路进行了全面的勘测设计工作。一期工程为青藏铁路西宁至格尔木段，共814千米，于1958年分段开工建设，几经上下，于1984年建成通车。二期工程为格尔木至拉萨段，共1142千米，于2001年6月在格尔木市和拉萨市同时开工。2006年7月1日全线开通试运营。2007年7月8日，青藏铁路正式通过国家验收。

青藏高原是世界山地生物物种起源地之一。铁路设计时注意尽量减少对生态的影响。为保护野生动物，铁路沿线修建了25处野生动物迁徙通道，其中清水河特大桥就是专门为藏羚羊等野生动物迁徙而建。铁路沿线大部分地区空气含氧量只有内地的50%～60%，为此所有重点施工路段都配有高压氧舱等设备，有效地解决了建设者缺氧难题。对于多年冻土地段，采取了以桥代路、片石通风路基、通风管路基、碎石和片石护坡、热棒、保温板、综合防排水体系等措施，使冻土难关得以克服。

青藏铁路建设创造了高原铁路多项世界纪录，包括：①海拔最高，铁路穿越海拔4000米以上路段960千米，最高点海拔5072米。②里程最长，全线总里程1956

千米。③冻土里程最长，铁路穿越多年连续冻土里程550千米。④海拔最高的铁路车站，唐古拉站海拔5068米。⑤海拔最高的冻土隧道，风火山隧道海拔4905米。⑥最长的高原冻土铁路桥，清水河特大桥全长11.7千米。⑦时速最高的高原冻土铁路，时速达到100千米，非冻土路段时速达到120千米（图3）。

图3 列车行驶在风火山脚下高原冻土路段上

中国京沪高速铁路 是世界上一次建成线路最长、标准最高、设计速度350千米/时的高速铁路，全长1318千米。2008年4月正式开工，2011年6月通车，使北京—上海的直达行程时间由12小时左右缩短至4小时48分。京沪高速铁路横跨海河、黄河、淮河、长江四大水系。工程地质条件主要是软土、松软土，具有分布广泛、埋深变化大、软土层厚、强度低、工程性质差等特点。全线建设优先采用以桥代路方式。桥梁总长度约1140千米，占正线长度的86.5%。京沪高速铁路的重点工程南京大胜关长江大桥，搭载沪汉蓉铁路和双线地铁，为六线铁路桥。该桥解决了高速铁路超长高架线路上桥梁-无砟轨道-无缝线路的变形协调性难题，于2012年获国际桥梁大会颁发的世界桥梁界影响最大的乔治·理查德森大奖。

京沪高速铁路中的北京南站是集高速铁路、城际铁路、普速铁路、市郊铁路、地铁、公交车和社会车辆为一体的大型立体交通枢纽（立体5层），车站总建筑面积约24.5万平方米。南京南站为高架车站，占地面积666.7平方千米，建有15座站台、28条股道。上海虹桥站为高速铁路、城际铁路、普速铁路和城市轨道交通（4条地铁线）、道路交通以及航空港紧密衔接的现代化客运中心（立体5层）。

京沪高速铁路获国际工程咨询工程师联合会（FIDIC）“百年优秀工程奖”，并获2015年度中国“国家科学技术进步奖”特等奖。

中国京广高速铁路 北起北京，南至广州，是世界上最长的设计速度350千米/时的高速铁路，全长2298千米。2012年12月26日，京广高速铁路全线贯通运营，使北京—广州全程运行时间由原来的20多小时缩短至8小时。并可通过广深港高速铁路连接深圳、香港。

京广高速铁路全线跨越黄河、长江等江河湖泊，穿过大别山、南岭等高山丘陵，大量采用“以桥代路”设计，桥隧长度占全线总长的81%。

展望 2016年，国务院审议通过修编的《中长期铁路网规划》，提出了远期到2030年的铁路建设目标，以及构筑“八纵八横”高速铁路主通道的规划方案。铁路工程将向智能、绿色、高速化发展。①智能方面，**建筑信息模型**（BIM）技术，装配式技术，大数据、云计算、物联网、人工智能技术的发展，为铁路工程智能建造技术的发展和实施提供了技术基础，智能京张高速铁路和智能京雄高速铁路的实施为铁路工程智能建造提供了准备条件。铁路工程智能建造技术的发展将主要包括：基于BIM的面向全生命周期的智能化设计、建造、管理与维护；发展工程装配式技术和高附加值构配件3D打印技术，实现设计、制造、装配为一体的工业化生产目标；提高工程建设机械化、自动化和信息化水平。②绿色方面，将向节约资源、与环境友好，以及低排放等方面发展。③高速化方面，将研究满足400千米/时等级且技术经济合理的轮轨高速铁路技术体系，以及研究磁悬浮高速铁路技术体系。

（李秉成　王竹亭　王　柢　黄建苒）

铁路工程测量 railway engineering survey **铁路工程**在勘察设计、施工和运营管理各阶段的测量工作。是专门以铁路行业为服务对象的专业测绘。铁路工程测量涉及大地测量、地形测量、工程摄影测量与遥感、工程勘测、施工测量、地理信息系统、设备安装测量、变形监测等专业内容。

简史 早期铁路工程测量主要是为铁路设计提供地形资料，即铁路勘测，采用的手段落后，操作烦琐，测量精度低。随着科技发展和工程精度要求的提高，铁路工程测量涉及的内容渐渐丰富，测量手段越来越先进。

20世纪50年代初，中国的铁路工程测量主要采用竹尺或钢尺人工拉链测量距离，用游标式KE经纬仪测量角度，用定镜式或活镜式水准仪测量高程。60年代，测量仪器设备开始更新，主要采用2米因瓦横基尺或对数光楔测量距离，采用光学经纬仪测量角度，采用倾斜式水准仪测量高程。内业计算由算盘、计算尺发展到手摇计算机及半电动计算机。70～80年代，自动安平水准仪及短程红外测距仪陆续用于测量作业，袖珍计算器和既可编程序又可打印成果的小型计算机，已成为工程勘测中不可缺少的仪器设备。90年代，光电子、GPS技术的应用开始向小型、综合、全方位发展，全站仪应用于导线测量、地形测量及站场极坐标测量等勘测中，全野外数字化测图得到应用。

20世纪50～60年代航测仪器比较落后，采用模拟测图技术。80年代以后，航测成图采用解析测图技术。90年代航测由解析测图向数字测图过渡，全数字化摄影测量工作站的引进，实现了航测方法成图完全替代外业实测成图，极大地提高了生产效率。进入21世纪，全站仪、电子水准仪、卫星定位等测量仪器设备的升级换代，勘测设计一体化、精密工程测量、全球导航卫星系统实时动态定位测量、数码航测、机载激光扫描技术、地理信息系统、三维信息化模型等技术应用于铁路勘测、施工、运营之中，使铁路工程测量技术发展到一个崭新的阶段。

内容 铁路工程测量的主要内容可归纳为测量（或测定）、测设和监测。测量指使用测量仪器和工具，将地面局部区域上任意一点或地形、地物在某一坐标系中的位置用坐标来描述，或按一定的比例尺和特定的符号绘制成地形图。测设又称放样，是将图纸上设计好的建（构）筑物的位置在实地标定出来，作为设计或施工的依据。监测是对某些有特殊要求的建（构）筑物，在施工过程和运营期间，测定有关部位产生变形的规律，监视其安全性和稳定性。由于铁路工程是典型的线性工程，在狭长的带状区域长达数百甚至上千千米，沿途地形、地貌及地理位置多变；尤其是速度250千米/时及以上的高速铁路，线路曲线半径大，长大直线和长大曲线多，为了使客车在高速行驶条件下具有安全性和舒适性，铁路轨道需要具有非常高的平顺性和精确的几何线形参数等特点。

分类 铁路工程测量服务于铁路建设和运营管理全过程，是保证工程建设质量和运营安全的重要手段，同铁路工程的其他专业技术一样，已经成为铁路工程关键技术体系的重要组成部分。按铁路工程建设和运营阶段的不同，铁路工程测量可分为勘察设计阶段的测量（勘测）、施工建设阶段的测量（施工测量）、运营维护阶段的测量（运营监测和状态测量）。①勘察设计阶段的测量。主要是在地形图上研究和实地勘测的基础上选定最经济合理的线路，然后把线路标定在地面上。主要包括新建铁路勘测和既有铁路勘测，测量内容为平面控制测量、高程控制测量、地形测量（含数字线划图、数字高程模型、数字正射影像图）、中线测量、中平测量、水文勘测、横断面测量、跨线道路和电线等交叉测量、既有铁路里程测量、既有构筑物或设备测量等。②施工建设阶段的测量。包括线路施工、桥梁施工、隧道施工中的测量及轨道安装测量、竣工测量等。③运营维护阶段的测量。主要包括线路及建筑物维修、改扩建工程测量以及桥梁、隧道的变形观测和轨道几何状态测量。按技术和精度要求，可划分为铁路普通工程测量和铁路精密工程测量。铁路精密工程测量为高速铁路的建设和运营维护提供了有力的测绘保障。

主要测量仪器　铁路工程测量常用的测量仪器：①角度测量，包括光学经纬仪、电子经纬仪、陀螺经纬仪、全站仪。②距离测量，包括钢尺、电磁波测距仪、激光测距仪、全站仪。③高程测量，包括光学水准仪、电子水准仪、全站仪（三角高程测量）、静力水准仪。④准直测量，包括激光准直仪。⑤坐标测量，包括卫星定位仪、全站仪、激光扫描仪。⑥其他测量，包括轨道几何状态测量仪、投点仪等。

（周全基　张冠军）

铁路工程结构荷载　load on railway engineering structure　作用于铁路工程结构或结构部件使其产生应力与变形的因素。按照作用的类型，分为永久荷载、可变荷载和偶然荷载。

永久荷载　在整个设计基准期内连续作用、且其量值随时间的变异可以忽略，或其变异只是在相同的方向直到作用达到一定限值的荷载。铁路工程结构永久荷载包括结构自重、土压力、混凝土收缩和徐变的影响、预加力、静水压力、可能有的浮力。此外路基结构尚需考虑结构顶面上的恒载、轨道荷载和滑坡推力。隧道结构还包括结构附加恒载、围岩压力、基础变位影响力和地面永久建筑物影响力。桥梁结构还包括线路设备及人行道、基础不均匀沉降的影响等。

可变荷载　量值随时间的变异不可忽略的荷载或单向变异的荷载。按照其作用的影响程度分为基本可变作用和其他可变作用。①基本可变作用。短期施加随即离去且多次出现的主要荷载。列车荷载是铁路工程结构的基本可变作用。此外轨道、隧道和桥梁对基本可变作用各有所偏重。轨道结构包括长钢轨伸缩力和挠曲力、列车离心力、列车横向摇摆力、混凝土结构整体温度作用与温度梯度作用、梁体挠曲变形、列车制动或牵引力和施工荷载。隧道结构包括通过隧道的列车荷载及制动力、与隧道立交的铁路列车荷载或公路车辆荷载及其产生的冲击力和土压力、温度变化的影响、冻胀力、施工灌浆压力、气动力、与各类结构施工有关的临时荷载、岩土侵蚀作用。桥梁结构包括列车竖向动力作用、离心力、横向摇摆力、列车活载对桥台产生的土压力、人行道人行荷载和气动力等。②其他可变作用。出现次数较多，但不作为结构的主要荷载及影响的作用。在路基结构中，指人行道荷载、除常水位和洪水位之外的设计水位的静水压力和浮力、水位退落时的渗透力、波浪压力和风压力、冻胀力、冰压力和膨胀力。在桥梁结构中，指列车制动力或牵引力、风荷载、支座摩阻力、流水压力、冰压力、温度作用、冻胀力、长钢轨伸缩力、挠曲力和施工荷载等。轨道和隧道不再考虑其他可变作用。

铁路列车活载　包括普通荷载和特种荷载两部分。是铁路工程结构设计与检算其承载能力的依据。普通荷载概括了整列火车对工程结构所施加的外力影响的最大综合，而对轴重较大的机车重量对工程结构所施加的局部影响，则以其特种荷载来考虑。至于临时荷载如施工架桥机及维修、救援等特种车辆的影响并未包括在内，应按具体情况专门检算。随着铁路建设的发展，铁路列车牵引动力逐渐由蒸汽向电力、内燃以及分散式驱动过渡。为适应客运快速、货运重载的特点，2005年铁道部制定了中-活载（2005）图式。2016年12月国家铁路局发布铁道行业标准《铁路列车荷载图式》（TB 3466—2016），新的铁路列车荷载采用4个集中力代表机车轴重、轴距1.6米、前后为均布荷载的图式。轴重和均布荷载按照高速铁路（ZK图式）、城际铁路（ZC图式）、客货共线铁路（ZKH图式）和重载铁路（ZH图式）4种标准分别取值（图1）。对有长大货物列车通行需求的线路，采用长大货物车检算图式（图2）进行检算。

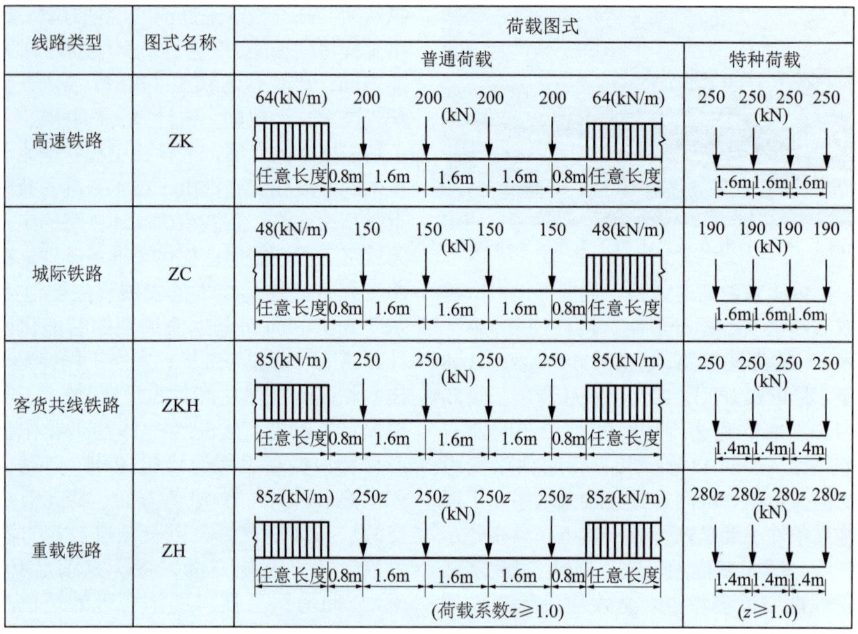

图1　铁路列车荷载图式示意图

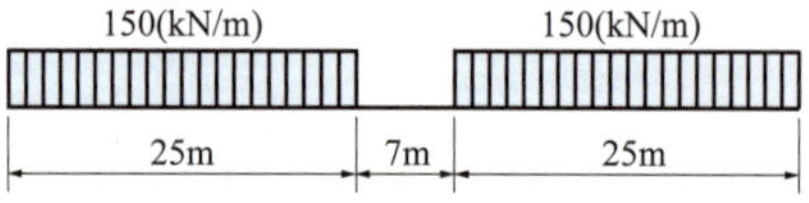

图2　长大货物车检算图式

竖向动力作用　由桥梁振动引起的挠度和应力增大的影响。当列车以一定速度通过桥梁时，桥梁产生振动，使桥梁结构的动挠度、动应力比相同的静荷载作用时的挠度和应力大。竖向动力作用通常以动力系数（$1+\mu$）来衡量，并按竖向静活载乘以动力系数计算。动力系数是结构或构件的最大动力响应与最大静力响应之比，与列车运营条件、桥梁类型及跨度等有关，是列车-轨道-桥梁三者的动力特性和动力相互作用状态的综合反映。

离心力　铁路列车在曲线上运营时，结构设计应考虑列车车辆的离心力作用，离心力大小等于竖向静活载乘以离心率（又称离心系数）C。$C=v^2/127R$，式中v为设计行车速度（千米/时）；R为曲线半径（米）。离心力的着力点定为轨顶以上2米处。

横向摇摆力　铁路列车的横向摇摆力，中国现行规范规定按100千牛，作为一个集中荷载取最不利位置，以水平方向垂直于线路中线作用于钢轨顶面。

人行荷载 设计人行道时，竖向静活载采用4千牛/米^2（普通铁路）或5千牛/米^2（高速铁路）。

气动力 又称列车风压力。指高速列车运行时带动周围空气随之运动形成的“列车风”在邻近列车的声屏障等建筑物上产生的波动压力，与列车形状及运行的速度、声屏障距线路中心的距离及声屏障高度等因素有关。主要用于声屏障的结构设计，其最不利的气动力为吸力。

偶然荷载 在结构所预定的设计工作年限内不一定出现，但量值很大且总是短暂作用的荷载。路基结构中的偶然荷载包括洪水位时静水压力和浮力、泥石流和落石等冲击力。轨道结构中的偶然荷载包括长钢轨断轨力、基础不均匀沉降。隧道中的偶然荷载包括落石冲击力、人防荷载、沉船或抛锚或疏浚撞击力。铁路桥梁中的偶然荷载包括列车脱轨荷载、船舶或排筏撞击力、汽车撞击力和长钢轨断轨力等。

（张玉铃）

铁路构筑物变形测量 railway structural deformation survey 在铁路建设和运营阶段，对路基、桥梁、隧道和轨道等构筑物的水平位移、沉降、倾斜等变形量进行定期或持续的测量工作。变形测量工作主要是对桥梁、路基、隧道等建（构）筑物的垂直位移观测，即沉降变形监测，根据工点具体要求，开展水平位移监测。根据铁路工程建（构）筑物的重要性、施工工艺要求、周边地质环境情况及工程施工的需要，在工程设计时对变形监测的内容和范围做出统筹安排。

变形监测方法 根据监测项目的特点、精度要求、变形速率以及监测体的安全性等指标，可采用几何测量、物理传感器测量、卫星定位测量、近景摄影测量和三维激光扫描等一种或几种不同的监测方法进行。变形监测最大的特点是进行周期观测，也就是周期性多次的重复观测。第一次观测为初始周期或零周期，第二次观测为第一周期，依次类推进行重复周期性观测。每周期的观测按“五固定”原则进行，即固定基准点和工作基点、固定人员、固定仪器设备、固定监测环境条件、固定测量路线和方法。

变形监测网 由基准网和观测网组成。基准网分为水平位移监测基准网和垂直位移监测基准网。变形监测点由基准点、工作基点和监测点组成。基准点建立或选设在变形影响范围以外便于长期保存的稳定位置，宜选用基础平面控制点、线路平面控制点以及线路水准基点。其平面控制点一般应设有强制归心装置，高程基准点宜使用基岩点、深埋水准点。每个独立的变形监测网应设置不少于3个稳固可靠的基准点，且基准点的间距不宜大于1千米。工作基点应选在比较稳定的位置。监测点应设立在变形体上能反映变形特征的位置，并与建筑物稳固地连接在一起。沉降变形点的布设原则为线路上需要监测的构筑物，监测点沿线路方向，按一定的密度在线路纵、横断面上布设，纵断面上的间隔因监测的需要而定。

变形监测内容 建设期间的变形监测主要以沉降变形为主，包括以下两项内容：①为保证施工质量和施工安全，施工期间对构筑物支护结构、构筑物自身以及变形区内的地表、建筑物、管线等周边环境的变形监测。②为满足线下工程构筑物变形评估的需要，在线下工程施工期间和竣工后对桥梁、路基、隧道等建（构）筑物变形评估监测。运营期间的变形监测主要对受运营或周边建设影响的桥梁、路基、隧道等建（构）筑物和受影响的周边地表、建筑物、管线等进行的变形测量。

路基变形监测 建设期间路基变形监测主要包括路基面沉降观测、基底沉降观测、坡脚位移观测和过渡段沉降观测。以路基面沉降观测和基底沉降观测为主，根据不同的结构部位、填方高度、地基条件、堆载预压等具体情况来设置沉降变形观测断面，间距一般不大于50米，对于地势平坦、地基条件均匀良好、高度小于5米的路堤或路堑可放宽到100米；对于地形、地质条件变化较大地段应适当加密。沉降观测可在路肩设置观测桩，在线路中心设置沉降板、剖面沉降管或单点沉降计。路桥过渡段、路隧过渡段、路涵过渡段，于不同结构物起点处、距起点10米处及30米处各设一个观测断面。对于无砟轨道，沉降变形监测用来进行铺设条件的评估。其观测周期按规范要求进行，路基填筑完成或施加预压荷载后应有不少于6个月的观测和调整期，观测数据不足或工后沉降评估不能满足设计要求时，应适当延长观测期。运营期间路基变形监测包括路堤、路堑及滑坡监测，路基每个断面的观测点分布在轨道、路肩、路堤或路堑上。进行高路堤、深路堑及沿线滑坡监测时，监测点布设在滑坡体上，并按滑动方向及特征布设若干断面，在影响路基段要加密布设观测断面。普速铁路采用四等，高速铁路采用三等垂直位移观测精度进行监测。

桥梁变形监测 包括桥梁承台、墩身和梁体徐变变形观测。监测点设置在梁体及每个桥梁承台及墩身上，桥台观测标设置在台顶（台帽及背墙顶），测点数量不少于4处，分别设在台帽两侧及背墙两侧（横桥向）。承台观测标为临时观测标，当墩身观测标正常使用后，承台观测标随基坑回填将不再使用。设置墩身观测标，当墩全高大于14米时，需要埋设两个墩身观测标；当墩全高小于等于14米时，埋设一个墩身观测标。墩身观测标一般设置在墩底部高出地面或常水位0.5米左右的位置；当墩身较矮，梁底距离地面净空较低不便于立尺观测时，墩身观测标可设置在对应墩身埋标位置的顶帽上。梁体徐变观测布点，简支梁的1孔梁设置观测标6个，分别位于两侧支点及跨中；连续梁上的观测标，根据不同跨度，分别在支点、中跨跨中及边跨1/4跨中附近设置；3跨以上连续梁中跨布置点相同。对大跨度桥梁等特殊结构应单独制定变形观测方案。桥梁变形监测的精度应根据桥梁的类型、结构、用途等因素综合确定，一般铁路特大型桥梁的监测精度不宜低于二等，大型桥梁不宜低于三等，中小型桥梁可采用四等；高速铁路桥梁变形监测不宜低于三等。也可布设倾角计、静力水准仪等自动化监测传感器进行监测。对于无砟轨道铺设条件评估，桥涵主体工程完工后，沉降观测期一般不少于6个月（岩石地基的不少于2个月）。

隧道变形监测 在建设期间，隧道变形监测有监控量测和无砟轨道沉降评估两类工作。隧道监控量测是为了确保施工安全及结构的长期稳定性，验证支护结构效果，确认支护参数和施工方法的准确性或为调整支护参数和施工方法提供依据，确定二次衬砌施作时间，监控工程对周围环境影响等目的而进行的。其必测项目有洞内外观察、拱顶下沉、净空变化、地表沉降（浅埋段），选测项目有纵向位移、隧底隆起及各种应力监测。监控量测项目根据围岩条件、支护参数、施工方法、周围环境及监控量测的目的进行具体设计。对于无砟轨道铺设条件评估，主要进行沉降观测，观测断面布设在隧道洞门结构范围内、隧道内围岩变化处、隧道洞口、明暗分界处和变形缝处等，隧道内一般路段观测断面的布设应根据地质围岩级别确定，Ⅱ级围岩路段原则上不设变形观测点，必要时每800米设一处变形观测断面，Ⅲ级围岩路段每400米、Ⅳ级围岩路段每300米、Ⅴ级围岩路段每200米布设一个观测断面，地应力较大、断层破碎带等不良和复杂地质区段应适当加密布设。隧道主体工程完工后，沉降观测期一般不少于3个月。

对于运营铁路隧道，主要对不良地质、断层、衬砌结构裂缝较多等路段进行监测，监测点布设在隧道顶部、底部、两腰，以及相应段落内的轨道。一般采用三等变形测量精度进行水平和沉降监测，有的监测项目采用三维激光扫描、收敛计、裂缝计、应力计等手段进行监测。

轨道几何状态测量　测量轨道几何空间坐标、位置，主要包括轨距、水平、高低、轨向、扭曲、轨距变化率以及轨道中线三维坐标。

轨道几何状态测量系统由轨道几何状态测量仪（也称轨检小车）、测量机器人（伺服全站仪）、计算机及软件系统等组成。测量软件系统由全站仪坐标系统查询和数据传感器模块、棱镜所在位置的准确坐标测量及记录模块、轨道曲线要素理论值与测量值之间的偏差计算模块、计算当前小车的里程数据模块等组成。对需要测量的区段，以轨道控制网为基准进行控制设站，通过全站仪测量轨检小车一侧的棱镜，经过控制中心对倾角传感器、轨距传感器的一系列计算，对轨道的中线坐标和轨面高程、轨距、水平、轨向、高低等静态几何参数进行测量。根据测量的轨道几何状态结果与已有或设计数据进行比较，统计出差值，对线路平面位置与设计位置的一致性、线路相对位置平顺性、线路几何参数做出分析，并计算出轨道扣件的调整量，用以指导现场轨道调整和养护维修。

（周全基　张冠军）

铁路轨道　railway track　由**钢轨**、**扣件**、**轨枕**（或轨道板）、道床（或底座、支承层）、**道岔**及**轨道加强设备**等组成，铺设于路基、桥梁、隧道等线下基础之上，用于传递车轮荷载并提供列车车轮走行和导向的设施。

轨道型式　按轨下基础的不同分为**有砟轨道**和**无砟轨道**。①有砟轨道。采用轨枕及碎石等散粒体为轨下基础的轨道，是铁路上采用最早、应用范围最广的轨道结构型式。②无砟轨道。以混凝土等整体结构为轨下基础的轨道，是针对有砟轨道沉降、变形快，轨道维修工作量大的缺点而研发的一种新型轨道型式。

轨道特征　按厂制钢轨纵向连接的方式分为**有缝线路**和**无缝线路**。①有缝线路。是用夹板（鱼尾板）接头连接两端有螺栓孔的厂制钢轨铺设成的线路。由于夹板接头的两钢轨端面之间留有伸缩轨缝，故称有缝线路。②无缝线路。是两端没有螺栓孔的厂制钢轨用焊接、胶接彼此相连，实现轨道纵向延伸。由于焊接、胶接接头的钢轨端面之间没有轨缝，故称无缝线路。

轨道部件　轨道由钢轨、扣件、轨枕、散粒体**碎石道床**（有砟轨道）、轨道板、底座（无砟轨道）、道岔等部件组成。其中，钢轨按其每米的名义重量，混凝土轨枕按其形式、尺寸和抗裂强度划分成不同的类型，扣件按其结构特征及主要设计参数划分成不同的型式，道砟按其材质性能划分成不同的等级。不同类型、型式和等级的配套轨道部件组成承载能力不同的轨道类型（特重型、重型、次重型、中型、轻型）。

轨道承载能力　轨道在露天使用条件下，承受列车荷载作用的能力。可以通过以下3个方面的标准进行衡量：①根据强度条件，衡量轨道承受车轮最大可能荷载的能力。②根据疲劳损伤条件，衡量轨道受列车荷载重复作用的能力。③根据轨道的累积变形条件，按轨道的维修工作量衡量轨道适应由列车轴重、列车重量、行车速度、行车密度等所确定的综合运输条件的能力。

轨道修理　铁路轨道是在露天条件下承受列车的多次重复作用，可能造成轨道部件的折损、磨耗及疲劳破坏，轨道部件的累积变形将导致轨道几何形位的恶化。这些都可能危及行车安全和影响乘车舒适性，因而需要进行轨道修理以恢复轨道正常工作状态。

根据中国《铁路线路修理规则》的规定，轨道设备修理分为线路设备大修和维修。①线路设备大修。指有计划、按周期地对线路设备进行的更新和修理。②线路设备维修。又分为综合维修、经常保养和临时补修。综合维修是以全面改善轨道弹性，调整轨道几何尺寸和更换、整修失效零部件为重点，按周期有计划地对全线进行维修，以恢复轨道完好技术状态。经常保养是根据轨道变化情况，对全线进行有计划、有重点的经常性养护，以保持轨道质量处于均衡状态。临时补修是及时对轨道几何尺寸超过容许偏差管理值及其他不良处所进行的临时性整修，以保证行车安全和平稳。

（曾树谷）

铁路建筑限界　structure clearance of railway　与线路中心线垂直的极限横断面轮廓。在此轮廓内，除机车车辆和与机车车辆有相互作用的设备（车辆减速器、接触电线、承力索及接触网零部件等）外，其他建（构）筑物或设备均不得侵入。铁路建筑限界的制定是为了保证运行列车和线路上的设备及建筑物的安全，它们之间必须预留一定的安全距离。不同类型、不同牵引种类的铁路建筑限界，其轮廓尺寸有所不同。

中国铁路根据运输性质和速度，将铁路建筑限界分为三大类五种。第一类是高速铁路建筑限界。第二类是城际铁路建筑限界。第三类是客货共线铁路、重载铁路建筑限界。分为：$v\leqslant160$千米/时客货共线铁路、重载铁路建筑限界，$v>160$千米/时客货共线铁路建筑限界，以及双层集装箱运输铁路建筑限界。因城际铁路不考虑货车开行，建筑限界的最大宽度为4400毫米，其余4种铁路建筑限界的最大宽度是4880毫米（即半宽2440毫米），最大高度则根据运输性质、速度及接触网结构的不同而不同。由于铁路建筑限界的尺寸是以平直道线路而定，因此在曲线上还应根据规定进行轮廓尺寸加宽，以保证与直线地段相同的安全距离。

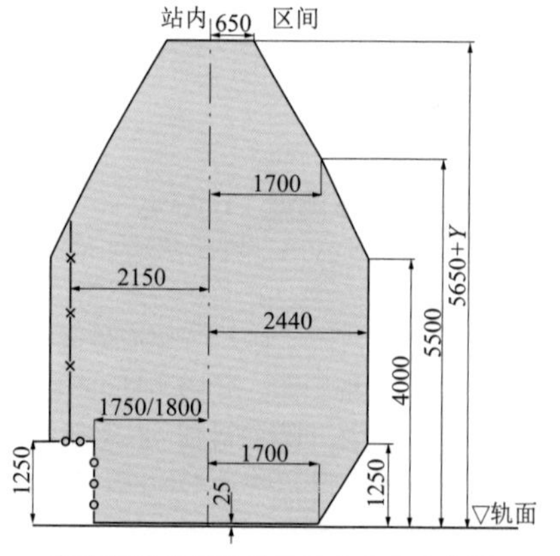

高速铁路建筑限界轮廓及尺寸示意图
（单位：毫米）

高速铁路建筑限界轮廓及尺寸见图。该轮廓的高度根据接触网悬挂方式、导线高度、结构高度、带电体对地绝缘距离以及施工误差等因素确定。其宽度根据机车车辆限界宽度及其运行中横向振动及横风引起的偏移量、轨道状态等因素确定。为旅客上下车方便，站台限界的高度与机车车辆的地板高度相适应。高速铁路不运行货物列车，因此其建筑限界的宽度可以小于4880毫米。但由于采用4880毫米的宽度并不影响隧道、桥梁的工程量，因此高速铁路建筑限界仍规定为4880毫米，与客货共线铁路一致。中国将会大量修建城际铁路，其最高速度为200千米/时，其地下工程的数量大大增加。为减少投资，故将建筑限界的宽度减小，半宽改为2200毫米，即城际铁路建筑限界最大宽度为4400毫米。

图中，—×—×—表示信号机、高架候车室结构柱和接触网、跨线桥、天桥、电力照明、雨棚等杆柱的建筑限界（正线不适用）。

-∘-∘- 表示站台建筑限界（侧线站台为1750毫米；正线站台，当无列车通过或列车通过速度不大于80千米/时时为1750毫米，当列车通过速度大于80千米/时时为1800毫米）。站内反方向运行矮型出站信号机的限界为1800毫米。

—·—·— 表示各种建筑物的基本限界，也适用于桥梁和隧道。

*Y*为接触网结构高度。

（徐鹤寿　黄建苒）

铁路控制测量 railway control survey 为铁路工程的勘察设计、施工和运营管理等各项测量工作提供统一的参考框架、基准，控制测量误差积累，沿铁路线路建立平面、高程控制网的测量工作。铁路控制网不同于国家控制网、城市控制网和其他工程控制网，有其独有的特点，按施测阶段、施测目的及功能可分为勘测控制网、施工控制网、运营维护控制网。对于高速铁路及满足特殊构筑物进行的控制测量，由于其控制精度要求达毫米级，故又称精密工程控制测量网，习惯称为“精测网”。其中对于长大隧道、特大桥梁等特殊构筑物，根据其长度、平面线形、施工特点、控制重点和精度要求等在线路控制网的基础上可建立适合构筑物特点的独立控制网。

铁路控制网设计时按“三网合一”的测量理念，即保证控制网的测量结果满足铁路工程勘测、施工、运营维护阶段的要求，三阶段的控制网采用统一的尺度和起算基准。在实际工作中，初测阶段线路方案和主要技术标准不确定因素多，定测阶段还有局部方案或还可能产生新的比较方案，但在控制测量时过早考虑施工阶段甚至运营阶段的需要会造成浪费。因此，一般由勘察设计单位在勘察设计阶段建立满足设计要求的勘测控制网，在施工建设前完成施工控制网的测量。

铁路平面控制测量　采用导线测量、卫星定位测量方法建立铁路平面控制测量。

铁路平面控制网在框架控制网（CP0）基础上分三级布设（图1）：第一级为基础平面控制网（CPⅠ），主要为勘测、施工、运营维护提供坐标基准；第二级为线路平面控制网（CPⅡ），主要为勘测和施工提供控制基准；第三级为轨道控制网（CPⅢ），主要为轨道铺设和运营维护提供控制基准。根据铁路设计时速、轨道类型等的不同，各级平面控制测量精度等级有所不同，分设计速度250千米/时及以上、200千米/时、160千米/时及以下3个测量精度等级。

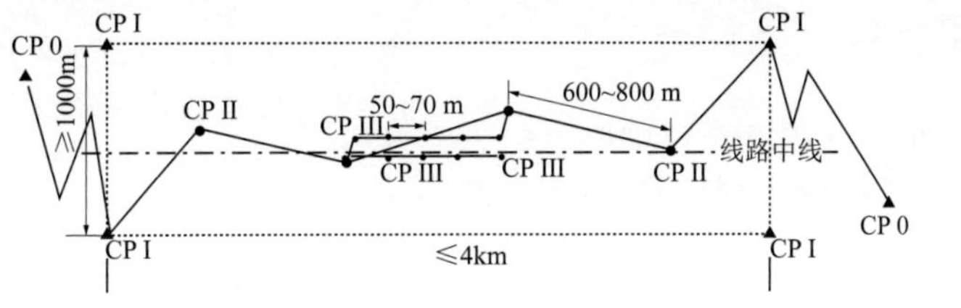

图1　高速铁路精密工程测量平面控制网示意图

铁路平面控制网坐标系统采用工程独立坐标系，坐标系设计为具有抵偿高程面的任意带高斯正形投影平面直角坐标系，设计速度250千米/时及以上高速铁路工程投影所引起的长度变形值不大于10毫米/千米，设计速度200千米/时、160千米/时及以下铁路工程投影所引起的长度变形值不大于25毫米/千米。一般根据线路走向、纵断面变化情况设计独立工程坐标系中央子午线、投影带宽度和投影面高程。

铁路框架控制网　采用卫星定位测量方法建立的三维控制网，作为铁路基础平面控制网的起算基准，一般简称CP0。2003年中国提出铁路框架控制网的概念，并最早在京沪高速铁路中得到应用。铁路框架控制网解决了三角点坐标系统落后、控制点精度偏低、施测年代久远、点位稳定性缺乏验证、测量标志破坏严重等问题。

铁路框架控制网一般沿线路走向每50千米左右布设一个点，在线路起点、终点或与其他线路衔接地段均布设点位，当国家大地控制点的精度和位置满足铁路框架控制网要求时，一般将其纳入铁路控制网内。控制点布设在满足卫星定位测量观测作业条件、基础稳定、不受施工和其他人为活动的干扰，且能够长期保存的地点。要埋设永久标石，在严寒冻土地区标石需埋设至冻土线0.3米以下。铁路控制网中至少联测两个长期连续跟踪接收卫星信号的永久性地面观测站（简称永久性跟踪站）或国家A、B级卫星定位系统控制点，每个点至少与3个相邻控制点连接。全线需一次性布网，统一测量。数据处理使用适合长基线解算的高精度软件，采用精密星历进行解算。以2000国家大地坐标系作为坐标基准，以坐标精度优于0.1米的永久性跟踪站或国家A、B级控制点作为起算点，进行整体三维约束平差计算。铁路框架控制网具有较高的精度，相邻点的相对中误差不大于20毫米。

铁路基础平面控制网　在铁路框架控制网或国家高等级平面控制点的基础上，沿线路走向布设，按卫星静态相对定位原理建立，为线路平面控制网提供起闭的基准，一般简称CPⅠ。

铁路基础平面控制网沿线路布设，一般间隔不超过4千米布设一对相互通视的点，这两点俗称“点对”。点对间距要求大于800米，当确定铁路线路平面控制网（CPⅡ）采用卫星定位测量方法建立时，可单设一个点。点位布设在距线路中心50～1000米不易被施工破坏、稳定可靠、便于测量的地方。点位布设时要兼顾桥梁、隧道及其他大型建（构）筑物布设施工控制网的要求。铁路控制网采用边联式构网，形成由连续三角形或大地四边形组成的带状网。铁路控制网中联测的高等级平面控制点应均匀分布，一般在起点、终点处和间隔不远于50千米处联测。全线（段）应一次完成布网，统一测量，整体平差计算。控制测量成果可提供工程独立坐标系坐标和国家（或城市）平面坐标。

铁路线路平面控制网　在基础平面控制网基础上，沿线路附近布设，采用卫星定位测量或导线测量方法施测，为勘测、施工阶段的线路平面测量和轨道控制网测量提供平面起闭的基准。一般简称CPⅡ。

基础平面控制网宜在定测阶段完成，点位选在距线路中线50～200米、稳定可靠、便于测量的地方，相邻点间距为400～800米，并附合于基础平面控制网上。一般地段采用卫星定位测量方法施测，形成由三角形或大地四边形组成的边联结带状网。不适合卫星定位测量观测地段或隧道内采用导线测量方法施测，导线起闭于基础平面控制网对点形成附合导线（网）。

轨道控制网　沿线路布设的平面、高程控制网，平面起闭于基础平面控制网或线路平面控制网，高程起闭于线路水准基点，为轨道铺设和运营维护的基准。一般简称CPⅢ。控制网一般在线下工程竣工，通过沉降变形评估后施测。

设计速度为200千米/时及以上铁路，轨道控制网采用点对式自由测站边角交会法施测，自由测站边角交会法平面标准构图网网形见图2。在任一点上架设全站仪，对布设在线路两侧的控制点进行距离、水平方向和竖直角的观测，构成边角交会网形的测量方法。控制点沿线路布置，纵向

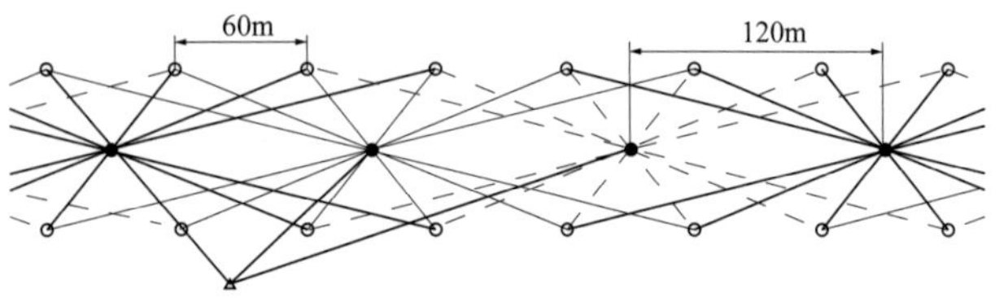

图2　自由测站边角交会法平面标准构图网网形示意图

间距宜为60米左右，横向间距不超过结构宽度，同一对点位纵向里程差不宜大于1米。控制点一般埋设于接触网杆基础、桥梁固定支座端的防撞墙、隧道边墙或排水沟上，相邻控制点大致等高，其位置高于设计轨道面0.3米。同一条铁路应采用统一的棱镜组件，测量标志为强制对中标，标志连接件的加工误差不大于0.05毫米，测量标志由预埋件、棱镜测量杆、水准测量杆三部分组成。测量时采用测角精度不低于1″，测距标称精度不低于±1毫米＋2ppm（ppm为距离误差），并用具有自动目标搜索、自动照准、自动观测、自动记录功能的全站仪进行测量。每次置镜自由测站，以前后各3对共12个点为测量目标，每个自由站与上站重叠观测4对点，递进2对点，以保证每个点被测量3次。一般选择无风的阴天或夜间进行观测，并测定每站测量时的温度和气压。按此方法测量可获得很高的精度，其相邻点的相对点位坐标方向中误差控制在±1毫米。

设计速度200千米/时以下铁路，轨道控制网采用导线法施测。

铁路高程控制测量　为铁路工程勘测设计、线下工程施工和轨道施工、运营维护提供高程控制基准，采用水准测量、三角高程测量方法测定控制点高程的测量工作。

铁路高程控制网一般分两级布设：第一级是线路水准基点控制网，也称“基平”，为铁路工程勘测设计、线下工程施工提供高程基准；第二级是轨道高程控制网，为铁路轨道施工、运营维护提供高程基准。高程系统一般采用1985国家高程基准；有困难时，可采用其他高程或者以独立高程起算，全线高程测量贯通后，消除断高，换算成1985国家高程基准或者全线统一的高程系统。

线路水准基点沿线路布设成附合路线或闭合环，每2千米布设一个普通水准基点，重点工程（大桥、长隧及特殊路基结构）地段根据实际情况增设水准基点。点位距线路中线一般50～300米。普通水准点标石采用预制桩或现浇桩进行埋设，一般可与平面控制点共用。设计速度250千米/时及以上铁路，在地表沉降不均匀及地质不良地区，需设置深埋水准点和基岩水准点。深埋水准点根据地面沉降及地质情况，埋设在相对稳定的持力地层上，间隔10千米左右布设一点；基岩水准点埋设在地壳基岩层上，间隔50千米左右布设一点。铁路高程控制网全线（段）一次布网、测量，整体平差计算。

高程控制测量的等级根据铁路设计等级、时速确定，设计速度250千米/时及以上铁路线路水准基点控制网采用国家二等水准测量精度标准，设计速度200千米/时的铁路线路采用国家三等水准测量精度标准，其他铁路采用国家四等水准测量精度标准。

轨道高程控制网测量可以利用CP Ⅲ平面网测量的边角观测值，采用自由测站三角高程测量方法与平面控制测量合并进行，也可单独进行水准测量，控制网附合于线路水准基点，水准路线附合长度小于3千米。水准测量时可按矩形环单程水准网或往返测水准网构网观测。与线路水准基点联测时，按水准测量要求进行往返观测。当桥面与地面间高差大于3米，线路水准基点高程不能直接传递到桥面控制点或者传递困难时，可采用不量取仪器高和棱镜高的中间设站光电测距三角高程测量法传递。

（周全基　张冠军）

铁路路侧建筑物　roadside structure of railway　铁路路堤边坡坡脚、路堑边坡及其两侧一定范围内，为了抵御风、沙、雪等对列车、轨道、路基以及其他设备产生不利影响所设置的建筑物的总称。一般包括挡风墙、防沙障、声屏障和防雪栅等。铁路路侧建筑物如挡风墙、防沙障、防雪栅等，早已在普速铁路中应用，随着高速铁路的发展和运输安全的要求，遂加大了对声屏障和挡风墙的应用研究。

挡风墙　为防止大风吹翻列车，在路肩附近设置的一种挡风结构，主要包括基础以及具有一定高度和强度能够抵抗一定风压（或风速）的墙体（见图）。由于墙体的阻隔和分离作用，当大风越过墙体后，在墙体背后形成一定的涡流区，使墙后的风速降低，达到保护墙后列车及其他物体的目的。

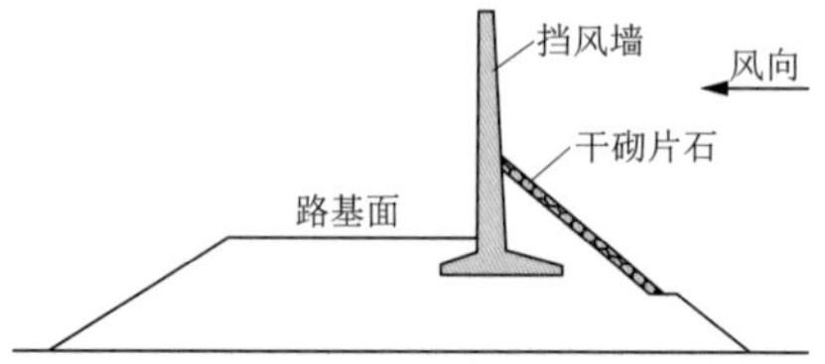

挡风墙示意图

防沙障　在线路两侧，设置一定高度的固定沙表和阻止浮沙移动的结构。防沙障大致可分为平铺式、半隐蔽式和直立式。平铺式防沙障是固沙型的防沙障，利用草、卵石、黏土、沥青、土工织物等物质铺盖或喷洒在沙面上并固定，隔绝风与松散沙层的接触，起到固定流沙的作用。半隐蔽式防沙障是固沙和阻沙型防沙障，利用草、黏土、碎石、尼龙网、土工织物等物质，按照条状或者网格状布设，一般露出地面5～30厘米，埋入地面10厘米左右。直立式防沙障主要是阻沙型防沙障。在风沙流所通过的路线上，设置一定高度的障碍物，降低风速，使风中挟带的沙子沉积在障碍物的周围，减少风沙流的输沙量，从而起到阻沙的作用。防沙障还可分为不透风防沙障和透风防沙障。不透风防沙障主要有截沙沟堤、冲土墙、干砌片石墙等。透风防沙障主要有树枝栅栏、荆条笆栅栏、芦苇栅栏、废枕木栅栏、土工合成材料栅栏、钢筋混凝土栅栏等。

声屏障　在声源和接收者之间插入一个设施，使声波传播有一个显著的附加衰减，从而减弱接收者所在的一定区域内的噪声影响。也称隔声墙。分为纯隔声的反射型声屏障和吸声与隔声相结合的复合型声屏障，后者是更为有效的隔声设施。

高速铁路通过城镇居民区时，设置了大量的声屏障，以隔离高速列车通过时的噪声。

防雪栅　在积雪路基的迎风一侧，与冬季主导风向垂直或接近垂直的方向，设置一定高度并带有一定孔隙度的栅栏。其结构形式分横板条和竖板条，主要为了防止降雪被风吹入线路。

迎风面由于受到防雪栅的阻挡作用，在防雪栅栏前一定距离处风速开始下降，在防雪栅栏附近降到最低，并形成旋涡减速区，造成雪堆积；下风侧，在栅栏附近形成紊流区，随着远离栅栏，风速逐渐升高直到恢复至正常，因此大部分穿过防雪栅栏的雪堆积在减速区域中。

（陈　锋）

铁路路基病害　defect of railway subgrade　由自然或人为因素引起的各种妨碍路基正常使用的状态。铁路路基病害主要包括基床病害和其他病害。

基床病害　主要有冒泥、下沉、挤出、

冻害等，会引发路基沉降变形过大、边坡失稳、翻浆冒泥与道砟囊袋、边坡冲刷与冲蚀等现象，从而引起铁路基床的有害变形。铁路基床病害的发生是基床土质不良、水的浸入和列车动荷载作用的结果。①冒泥。指在列车动压力作用下，道床孔隙内挤压出泥浆的现象。可分为土质基面翻浆冒泥、风化石质基面翻浆冒泥及裂隙泉眼翻浆冒泥。②下沉。由于基床填筑密度不够和强度不足而引起基床下沉。列车振动将道砟压入基床内，形成道砟陷坑，这种现象的继续发展还可能导致路堤坍塌，形成道砟囊（见图）。③挤出。由于基床强

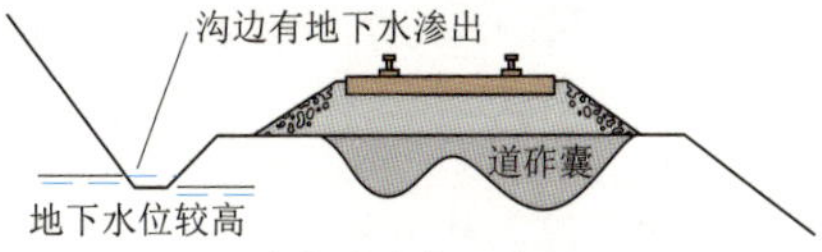

基床道砟囊示意图

度不足而产生剪切破坏或塑性流动，基床发生挤出。常见的现象有路肩隆起、侧沟被挤等。④冻害。主要发生在寒冷地区。如路基土为透水性较差的细粒土，当含水量较高或基面积水，在冻结过程中，土中水分重新分布和聚集形成冰块，引起不均匀的冻胀现象。冰块融化又引起不均匀下沉。在地下水较高路段，地下水通过毛细管作用而不断向上转移补给，使冻胀量增大，冻胀持续发生。⑤沉降变形过大。主要是地基处理不彻底造成的地基沉降以及路堤填筑不密实产生的填土沉落。路基沉降变形过大会影响线路的平顺，经抬道整治后会出现道床厚度过大和路肩宽度不足等问题，造成道床的稳定性差。⑥边坡失稳。容易产生在陡坡路基和特殊土堤段，由存在潜在滑动面或受道砟囊的影响所致。⑦边坡冲刷与冲蚀。指一些粉质和砂质土路基，由于缺乏凝聚力，在水流作用下产生边坡冲刷和本体的冲蚀现象，其严重危害路基的稳定和行车的安全。

其他病害　主要有滑坡、崩塌、错落、坍塌和泥石流等。①滑坡。斜坡岩土体在重力作用下，由于种种原因使坡体内的软弱带强度降低以及应力增加，发生剪切破坏，软弱带以上岩土体失稳，整体或几大块沿着这带向下和向前滑动的现象。②崩塌。陡峻坡体上岩块、土体在重力作用下，突然发生急剧的倾落运动。崩塌多发生在大于60°～70°的斜坡上。崩塌发生的原因：崩塌体相对于硬岩，形成陡坡体，下伏为破碎或软弱岩层，在剥蚀掏空后使上部岩土失去支撑而发生崩塌；或其上大下小的楔体楔尖被压碎，使上部岩土失去支撑。③错落。陡崖、陡坎、陡坡沿一些近似垂直的破裂面发生整体下坐位移。错落发生的原因：错落体相对为高厚硬岩，形成陡坡体，下伏为破碎或软弱岩层，其强度不足而发生的变形，它的特征是垂直位移量大于错落水平位移量。错落体比较完整，大体上保持了原来的结构和产状。其后缘为几乎垂直的（70°左右）错落崖或错落坎。错落坎附近，有大致与它平行的较顺直的裂缝。错落体的基部有挤压、鼓包等现象。④坍塌。物体在外力或重力作用下，超过岩土体自身的强度而形成的变形。⑤泥石流。在山区，因为暴雨、暴雪或其他自然灾害引发的岩土变形体并携带有大量泥沙以及石块的特殊洪流。一般泥石流是暴雨、洪水将含有沙石且松软的岩土体经饱和稀释后形成的洪流，它的面积、体积和流量都较大。典型的泥石流由悬浮着粗大固体碎屑物并富含粉沙及黏土的黏稠泥浆组成。泥石流具有突然性、流速快、流量大、物质容量大和破坏力强等特点。

（王仲锦）

铁路路基病害无损检测　railway subgrade non-destructive detection　对路基不造成破坏和损伤的特殊检测方法。

铁路路基无损检测方法主要有原位检测和工程物探。①原位检测。在地层或土层的原位应力状态和天然含水率保持不变、原生结构不受或少受扰动的条件下，直接或间接测定岩、土体的工程性质和力学参数的试验方法。包括荷载试验、静力触探试验、圆锥动力触探试验、标准贯入试验、核子密度测试、岩土波速测试等。②工程物探。根据不同介质的地球物理性质的差异，通过分析研究观测到的物理场，结合相关资料，探查地质体的结构、性质和规模等。铁路路基病害检测主要采用的工程物探方法有地质雷达法、面波法、电阻率法、断面扫描法（层析成像法）、冲击回波法等，可以检测翻浆冒泥、路基下沉、路基陷穴（洞穴）、填筑不实、排水不良、冻害等病害。

（刘　杰）

铁路路基沉降　settlement of railway subgrade　路基在施工和运营过程中发生的竖直向下变形。路基沉降分为施工沉降和路基工后沉降。施工沉降为路基填筑和预压时期的沉降。路基工后沉降为铺轨工程完成以后，路基产生的沉降。

为了路基运营安全要控制路基工后沉降，并需进行沉降变形监测和评估。沉降评估是通过对沉降观测数据进行综合分析，推算工后沉降量和最终沉降量，并评估其对铁路工程影响的过程，确定工后沉降值是否达到设计要求。高速铁路*无砟轨道*要求路基工后沉降一般不大于15毫米。

路堤施工中必须严格控制填土速率，过快的填土速率会破坏地基土的结构，加大沉降总量。以往铁路路基的施工对填土速率控制主要是从路基的稳定性着眼，中国以减少沉降为目的的控制施工速率的做法是从秦沈客运专线建设开始的。

对于高速铁路路基，无砟轨道要求严格控制沉降量，一般根据施工进展情况和沉降观测数据，分时提出动态设计报告，指导土质地基地段的设计及施工，其过程一般如下：①路基填筑（包括预压土）完成至铺轨为预压期，预压期根据理论计算的沉降量、允许工后沉降量及允许第一年沉降速率确定。②在填筑级配碎石前，可对全线土质地基进行沉降分析，并根据沉降预测结果，调整基床底层顶面抬高值。③基床表层施工完成和验交一般并不同时进行，为保证验交时路肩高程满足要求，需设置路肩抬高值。④在铺轨前可以通过对路基沉降观测资料的综合分析，对基床底层、基床表层、道砟厚度、路肩高程以及工后沉降和沉降速率进行评估，保证路基的各项指标均能满足验交要求。

（王仲锦）

铁路路基工程　railway subgrade engineering　位于铁路道床下面支承轨道和传递列车荷载的基础建筑物。包括铁路路基本体、铁路路基排水、铁路路基防护等设施。

铁路路基本体　包括用天然土、石所填筑的基床表层、基床底层和基床以下路堤，以及在天然地层中挖出的路堑或经换填基床处理的路堑，直接支撑轨道，承受列车荷载。路基本体根据地质条件和填筑材料的不同，分为路堤、路堑、半路堤、半路堑、半堤半堑、不填不挖路基（见图）。

路堤　是路基顶面高于原地面的填方路基。铁路路堤结构分为基床部分和基床

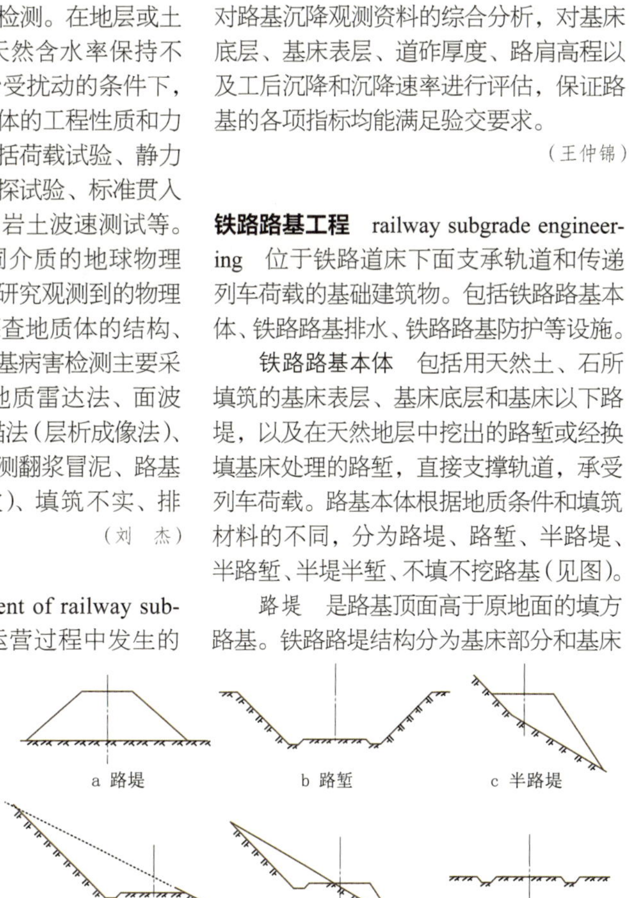

路基本体6种基本形式示意图

以下部分，基床部分又分为基床表层和基床底层。高速铁路基床表层一般采用级配碎石，基床底层采用A、B或C组改良填料，基床以下采用A、B、C组填料。压实质量采用压实密度K和刚度K_{30}双控指标进行控制。高速铁路路堤填筑还应进行沉降观测和评估，以保证路堤工后沉降满足设计要求。

路堤加宽用于有砟轨道铁路线路曲线处设置外轨超高，加高了外轨端下的高程，则路基面需加宽，一般在曲线外侧根据速度和曲线半径计算加宽路堤。

路肩高程保证在洪水和潮水期间路堤不致被水淹没而影响行车，以及在地下水最高水位时，不致因毛细水上升至路堤面，使土的湿度增加而降低路堤面土的强度。

过渡段保证运营列车通过的平顺性和舒适性。路堤与其他结构物（桥梁、涵洞、隧道、路堑）、不同结构路基、不同处理形式地基、不同强度地基的连接处可能导致轨道基础沉降变形及强度差异时，均应进行过渡设计。一般路堤与桥台过渡段宜采用沿线路纵向倒梯形过渡形式，高速铁路路桥过渡段采用加水泥的级配碎石填筑。

路 堑　自然地面高于路基设计标高处，需从自然地面向下开挖从而形成堑。路堑起到缓和线路纵坡或越岭线穿越岭口控制标高的作用。路堑通过的地层一般具有复杂的地质结构。

路堑边坡处于地壳表层，开挖暴露后，受各种条件与自然因素的作用，容易发生变形和破坏，应慎重对待。高速铁路路堑边坡高度不宜超过30米，对严重风化、岩体破碎的石质路堑、特殊岩土和土质路堑的边坡高度更应严格控制，并采取可靠的支挡防护措施。易风化的软质岩层、强风化的硬质岩层及土质路堑应设置侧沟平台，平台宽1.0～2.0米。在土石分界、透水和不透水层交界面处设置边坡平台，平台宽1.5～3.0米。路堑设计应减少对天然植被和山体的破坏，防止诱发地质灾害。

路堑边坡坡率的确定应根据工程地质和水文地质条件。对于土质边坡应考虑土的物理力学性质、边坡高度、防排水措施、施工方法，并结合自然稳定山坡和人工边坡的调查及力学分析而定；对于岩石边坡应考虑岩层产状、节理倾向、风化程度等影响因素。

路堑边坡的弃土堆设置不应影响山体和边坡的稳定性。

对于高速铁路路堑中的软质岩、强风化的硬质岩及土质基床范围内的地基，应无静力触探端阻P_s小于1.5兆帕或承载力σ_0小于0.18兆帕的土层，如不能满足条件时，应进行加固处理。

铁路路基排水　为避免路基受水浸湿而产生病害，在路基两侧平整地面，需修建相应的排水建筑物。路基排水分为地面排水系统和地下排水系统。

地面排水系统　用来将有可能停滞在路基范围以内的地面水迅速排除到路基以外，并防止路基以外的地面水流入路基范围，以免水下渗浸湿路基土体或形成漫流冲刷路基边坡的工程设施系统。如路堑侧沟，设于路堑的路肩外侧，用以排除路堑坡面和路基表面的雨水；天沟，设于路堑边坡坡顶以外的适当距离处，用以截引堑顶上方的地面径流；吊沟，设于路基需要横向排水的陡峻边坡上，分为单级或多级吊沟；路堤两侧地面要修筑排水沟。

地下排水系统　根据水文和地质条件修筑于地面以下一定深度，用来截断、疏干、引出地下水或降低地下水位，使路基及边坡保持干燥状态，提高土的稳固能力的工程设施系统。如排水槽，可兼排地面水及土体中的上层滞水或埋藏很浅的潜水；渗水暗沟，一般分侧沟下和侧沟旁；立式集水型渗井，为集中引排具有多层含水的复杂地层中的地下水、潮湿土体中的自由水，一般成群布置并与平式排水设备配合使用，以降低地下水位和疏干其附近的土体；平式浅层渗水管，主要指软式透水管，其利用“毛细”现象和“虹吸”原理使周围土体内的水在自然压力作用下渗入管内，水流入管后压力随即消失，而后沿纵向排走。

铁路路基防护　为防止土质和风化岩石路基边坡在长期地面径流作用下被破坏所采取的坡面防护措施。主要包括坡面防护，冲刷防护，支挡加固，防风沙、防雪等。①坡面防护。用来防护易受自然作用破坏而出现坡面变形的土质边坡，如铺的草皮、护墙、护坡以及为防护崩塌落石而修建的拦截和遮挡建筑物（如明洞、棚洞）。②冲刷防护。用来防护水流或波浪对路基的冲刷和淘刷，如铺草皮、抛石、石笼、圬工护坡、土工合成材料防护、导流坝等。③支挡加固。用来支挡加固路基本体，以保证其稳固性，如各种挡土墙、抗滑桩、锚杆挡墙等。④防风沙、防雪。用来防止风沙、风雪流掩埋路基，如各种屏障、栅栏、防护林等。　（史存林）

铁路路基填筑　earth and rock filling of railway subgrade　将填料逐层通过铺摊、整平、碾压、检测合格后，再进行下一层施工的铁路路基施工工序。一般一层厚度控制在30厘米，在施工中，为了控制摊铺的均匀性可采用方格布料。压实后用地基系数K_{30}和压实系数K双控指标进行压实检测。

填料种类　在施工预备期，要进行路基压实试验，确定施工参数。铁路路基根据线路等级和路基部位不同对填料的要求也不同。路基填料分为普通填料、级配碎石、级配砂砾石、物理改良土和化学改良土。普通填料为颗粒级配及技术性能满足填料要求可直接填筑的原土料，或经简单筛分、拌和后能满足填筑要求的原土料（在取土场开采的或在路堑、隧道直接挖出的，未经加工的土料，分为A、B、C、D组）。级配碎石是由各种大小不同粒径的碎石组成的混合料；也常将砾石中的超尺寸颗粒破碎后与砂砾一起组成级配砂砾石；当其级配符合设计要求时，称其为级配碎石或级配砂砾石。物理改良土为原土料经过破碎、筛分或掺入砂、砾（碎）石等材料并拌和均匀，以改变填料的颗粒级配、改善工程性能的混合土料。化学改良土是通过在土中掺入石灰、水泥、矿物掺和料等材料改变填料的化学成分，以改善其工程性能的混合料。

填料选用　对于基床表层、基床底层、基床以下填筑，根据铁路级别不同其所选填料也不同：①基床表层。时速200千米/时及以上的采用级配碎石或级配砂砾石；Ⅰ级铁路应选用A组填料（砂类土除外），当缺乏A组填料时，经过经济比选后可采用级配碎石或级配砂砾石；Ⅱ级铁路应优先选用A组填料，其次为B组填料。对不符合要求的填料，应采取土质改良或加固措施。②基床底层。时速200千米/时及以上的和Ⅰ级铁路，应采用A、B组填料或改良土；Ⅱ级铁路可选用A、B、C组填料，当采用C组填料时，在年平均降水量大于500毫米地区，其塑性指数不得大于12、液限不得大于32%，否则应采取土质改良或加固措施。③基床以下。时速200千米/时及以上的和Ⅰ级铁路，应采用A、B组和C组中的块石、碎石、砾石类填料，当选用C组填料中的细粒土、粉砂和软块石土时，应进行改良；Ⅱ级铁路应采用A、B、C组填料，当选用D组填料时，应采取加固或土质改良措施。（王仲锦）

铁路桥　railway bridge　跨越山地峡谷、河流天堑、既有交通线路，或者跨越地质条件不良地带，为铁路轨道的铺设以及铁路列车的开行提供必要条件的桥梁。铁路桥是铁路基础设施的重要组成部分。铁路桥梁为线路封闭和沉降控制，以及列车的安全、平顺运行提供了有利条件。

铁路桥按使用功能可分为普通铁路（客货混跑）桥、客运铁路桥、货运铁路（重载铁路）桥、高速铁路桥等类型。

铁路桥梁由上部结构、支座、桥墩、桥台、基础等部分组成，包括钢筋混凝土梁铁路桥、预应力混凝土梁铁路桥和钢梁铁路桥等，多采用简支梁、连续梁、悬臂梁等**梁式桥**，也采用**斜拉桥**、**拱式桥**、刚构桥等特殊结构型式。

与同等跨度的公路桥梁相比，铁路桥梁的自重、列车活载占设计荷载的比重及列车活载效应都较大。（牛　斌）

铁路桥面设施　railway bridge deck facilities　由轨道结构主体设施和其他附属设施组成，主要有铁路混凝土桥桥面设施和钢桥桥面设施两种。铁路混凝土桥桥面可分为有砟桥面和无砟桥面。有砟桥面分为整体桥面和非整体桥面，桥面设施包括防排水体系、道砟、轨枕、钢轨、护轨、人行道板、栏杆、挡砟墙等。整体桥面还设有遮板、声屏障或风屏障立柱、接触网立柱、电缆槽竖墙与盖板（人行道板）等，非整体桥面的人行道板和栏杆支承于从桥面板悬出的托架上。无砟桥面为整体桥面，常用于高速铁路，桥面设施包括排水体系、底座板、填充层、轨道板、钢轨、遮板、声屏障或风屏障立柱、接触网立柱、电缆槽竖墙与盖板（人行道板）、栏杆、防护墙等。

铁路钢桥桥面也分为有砟桥面和无砟桥面，适用于正交异性板钢桥面、混凝土桥面板、纵横梁桥面系和密横梁桥面系等。有砟桥面设施包括防排水体系、道砟、轨枕、钢轨、护轨、栏杆、人行道板、人行道托架、挡砟墙等，有些还设有混凝土道砟槽板、接触网立柱等，道砟铺设于沥青混凝土铺装层、混凝土桥面板或混凝土道砟槽板之上。无砟桥面的桥面设施包括钢轨、护轨、轨枕或轨道板、护木、栏杆、人行道板、人行道托架等，有些还设有接触网立柱，轨枕或轨道板直接铺设于桥面系之上，重量较轻，但噪声较大。

铁路混凝土桥和钢桥混凝土桥面防排水体系包括防水层、保护层和排水管，桥面设纵、横向排水坡，在横桥向可两列或三列排水，梁端设挡水台，梁端缝处设止水带或有挡水功能的伸缩装置。（牛　斌）

铁路施工测量　railway construction survey　在铁路工程建设施工阶段进行的测量工作。包括线路施工、桥梁施工、隧道施工中的测量工作和竣工测量。其主要任务是把图纸上设计好的铁路工程建（构）筑物平面和高程位置在实地标定出来，即按设计的要求将建（构）筑物各轴线的交点、中线，以及桥墩、隧道等点位标定在地面上。测量的主要内容有控制网复测，施工控制加密，线路、路基、桥梁、隧道等施工放样，变形测量，轨道安装定位测量、精调测量和竣工测量等。

铁路施工放样　为把设计的铁路线位以及建（构）筑物平面位置和高程位置测设到地面上而进行的测量工作。按建（构）筑物不同可分为线路、路基、桥梁、隧道等施工放样。线路施工放样内容有线路中线测设、用地界放样；路基施工放样内容有基础施工放样、边桩放样；桥梁施工放样内容有桩基础施工放样，桥梁墩、台定位，基坑开挖及扩大基础的放样，桥台、墩身施工放样，架梁测量；隧道施工放样内容有洞口、洞内中线、高程、掘进方向和开挖断面放样。

铁路施工放样的内容最终归结到点的平面位置放样和点的高程位置放样。

点的平面位置放样是根据已经布设好的控制点的坐标和待放样点的坐标，反算出放样数据，即控制点和待放样点之间的水平距离和水平角度。根据所用的仪器设备、控制点的分布情况，放样场地条件及放样点精度要求等，可以采用极坐标法、直角坐标法、全站仪坐标法、卫星定位测量法、角度前方交会法、长度前方交会法、角度后方交会法等放样方法。

点的高程位置放样是根据已经布设好的控制点的高程和待放样点的高程，反算出放样数据，即控制点和待放样点之间的高差。根据所用的仪器设备、控制点的分布情况、放样场地条件及放样点精度要求等，可以采用水准测量法、三角高程测量法、卫星定位测量法等放样方法。

轨道安装测量　为铁路轨道工程中的构件或设备的安装所进行的测量工作。对于无砟轨道，主要进行底座的支模放样测量、轨道板或轨排的精调测量及轨道的精调测量。对于有砟轨道，主要是进行轨道捣固时的轨道测量。

轨道安装测量的基准为轨道控制网（CPⅢ）或加密的轨道基准网。底座的支模放样测量使用全站仪进行。轨道板精调使用全站仪及板精调系统进行，精调系统由硬件和软件系统组成，硬件系统由测量机器人、测控终端和测量标架等辅助机构组成。其原理是：根据架设在轨道板承轨台上用于模拟轨道结构的标架棱镜的实测坐标与设计理论位置坐标进行比较，求得对应棱镜位置的调整量，然后精确调整轨道板，以实现轨道板实际位置与设计位置的准确重合。轨排的精调测量及轨道的精调测量使用轨道几何状态测量仪进行，根据测量轨道几何状态，按照设计值对超限区域进行分析和调整，使轨道满足高速行车平顺性的要求。有砟轨道的安装需根据平顺性要求整体移动道床，一般是通过捣固机捣固来实现；而无砟轨道需两股钢轨分别通过扣件调整来实现。

铁路竣工测量　铁路工程竣工验收阶段进行的测量工作，用以检查工程建筑物是否符合设计要求，其结果作为工程验收和运营管理的基本依据。一般分为施工过程中的竣工测量和工程全部完成后的竣工测量。竣工测量的目的：①对铁路的线下工程空间位置、几何形态、轨道平顺性进行客观的评定，为工程验收提供必要的基础资料。②铁路交付运营后，竣工测量的结果将作为运营维护管理的基础资料。

竣工测量包括平面和高程控制网竣工复测、线路轨道竣工测量、线下工程建筑及线路设备竣工测量、竣工地形图及铁路用地界测量。竣工测量采用的坐标系统、高程系统、图式等应与施工测量一致。竣工测量内容及结果资料的编制需满足铁路工程竣工验收的要求。（周全基　张冠军）

铁路枢纽设计　design of railway junction　根据区域规划、城市总体规划及铁路枢纽总体规划，在枢纽地区的自然条件和城市建设的具体情况下，进行铁路车站和铁路线的平面及纵断面综合设计。铁路枢纽是组成铁路网的基本单元，是联系铁路网和城市之间的重要环节。在铁路运输、生产过程中，除办理有关车站的客货业务、列车运转和技术作业外（见**铁路车站设计**），铁路枢纽又是组织车流交换，调整列车运行、供应运输动力和机车车辆运用维修的重要据点。

铁路枢纽是随着铁路网与城市建设发展而逐步形成和发展的。根据运输需求，枢纽内各种专业车站有不同的数量、位置和规模，以及不同的技术设备组合。为了满足铁路的运营和经济发展的基本要求，枢纽规划与设计需要根据合理的路网和车流组织规划，综合分析各枢纽在路网中的性质和作用，客货运输的数量、性质和方向（车流条件），引入线路的技术特征，已有铁路的设备状况，城市建设和综合运输的发展规划，地区的自然条件等因素，编制铁路枢纽总体规划与总图设计。

铁路枢纽设施　为适应客货运输和车流组织工作需要，铁路枢纽具有下列全部或部分设施。①货运设施。包括编组站、货运站、区间引入线路、联络线和专用线等。②客运设施。包括客运站、站房及站前广场，客车技术站，旅客乘降所等。③保证行车安全及通过能力设施。④机车、车辆运用维修设施。⑤调整列车运行的车站和线路所，枢纽线路立体疏解设施，城市铁路道口和立交桥等。

铁路枢纽设计原则　主要有：①保证行车安全和人身安全。②保证区间线路和枢纽内部的客、货列车运行线路短顺、通畅和灵活机动，枢纽线路与车站的能力协调，以及运输装备与运用维修能力的协调。③根据合理的枢纽车流资料布置车站和运用维修设施，要充分利用自然条件和既有设施。④配合城市建设和综合运输的发展规划，尽量减少枢纽内列车运行和车站作业对城市的干扰。⑤枢纽分阶段建设，近、远期结合，适应远期车流条件的发展变化。

铁路枢纽总布置图　在客、货运量较大且具有一定规模的城市，需要分设客运站和编组站时，应配合城市规划和自然条件，组成各种枢纽总图。如沿着干线顺序布置客运站和编组站的称为顺列式枢纽；在客、货运量大而建设范围比较集中的城市，可将各方向干线、分线引入专业车站，使客、货列车在枢纽内分流，构成并列式枢纽；当引入线路方向多而分散，各方向有较多的交换车流时，可修建成环形枢纽。在路网发展、城市改建、车流条件和自然条件的因素影响下逐渐演变而形成混合式枢纽。在路网位于大港湾、大工业区办理大宗货物联运换装的铁路枢纽称为网端枢纽。

铁路枢纽规划和城市总体规划　虽然铁路枢纽和城市在原则上应当有效地协调配合，但是实际上，在各地区尤其是一些大城市中，铁路和城市的协调配合仍存在许多问题。因此，铁路枢纽和城市规划需要协调部署，妥善解决铁路和城市互相依存又互相矛盾的问题。

客运站和货运站与城市关系密切，要布置在城市范围内便于服务的地段。站前广场的规划和设计要和城市道路系统密切配合，尽可能满足城市运输和旅客出入站房的便捷流线要求，以及旅客在广场上活动的需要。

铁路正线和联络线以及枢纽疏解线路和城市生产、生活无直接联系，但与客运站和货运站的配套是不能缺少的，要尽量少占用城市土地并减少和城市高速干道及过境公路相交叉。

铁路枢纽总图设计　应尽量利用有利地形和良好地质条件设置车站和建（构）筑物，以节省车站和线路工程数量。铁路枢纽总图设计要根据总体规划方案在地形图上结合定线选择专业车站站坪，确定站场标高，进行车站与线路的平面和纵断面设计，并妥善解决防洪排涝和取、弃土等重要问题。枢纽线路立体疏解设计是枢纽设计的重要组成部分。在标定站坪及其高程结合定线时，要充分利用地形。

（张会源）

铁路特殊路基　railway special-soil subgrade　铁路通过软土、盐渍土、风沙土、岩溶、采空区等特殊土地区的路基。包括软土地区路基、黄土地区路基、盐渍土地区路基、风沙地区路基、泥石流地区路基、多年冻土地区路基、浸水路堤及水库路基、岩溶地区路基、采空区路基、膨胀土地区路基、崩坍滑坡地区路基等。除上述路基外，路基区段存在坠石、沼泽、盐湖、雪崩、水库坍岸等灾害或风险时，对路基稳定性也有影响，要充分调查研究并加以考虑。

软土地区路基　软土一般具有低渗透、高压缩、低强度和易流变等特性，在软土地区修建的路基，运营期间易产生路基本体沉降、变形、地基外挤，甚至路基失稳等病害。设计、施工阶段需对软土地区路基进行沉降计算和地基处理，对不同标准的铁路还提出了不同的工后沉降控制标准（见表）。

路基工后沉降控制标准

设计速度/km·h^{-1}		一般地段/cm	台尾过渡段/cm	沉降速率/cm·y^{-1}
有砟轨道	160	20	10	—
	200	15	8	5
	250	10	5	3
	300、350	5	3	2
无砟轨道	250～350	1.5	0.5	—

一般软土是不得作为填料填筑的，且软土路基需进行路基处理。普速铁路路基可进行排水固结处理，高速铁路路基一般采用桩承结构以控制沉降。

黄土地区路基　黄土孔隙度很大（一般为44%～53%），并具有竖直节理；孔隙内壁坚硬，有碳酸钙胶结；遇水后易于在自重及外力作用下产生沉陷，称为湿陷性。因而黄土地区多沟谷和陷穴，其边缘多为近于垂直的黄土陡壁。黄土地貌有塬、墚、峁。黄土塬是中国黄土地区的台状地形，宽而平坦，大者达数百平方千米，小者亦有几平方千米，厚约200米。黄土墚成长而狭的条形分布，其间的沟谷切割深度较塬地区为浅，但沟谷的分布密度较大。墚角再被切割，则形成孤立的山头，形态如馒头，称为黄土峁。

当高速铁路通过的黄土地区主要为湿陷性黄土时，铁路浅层采用挖除换填灰土（水泥土或石灰土）或冲击碾压法加固地基；当黄土层厚度大于3米小于等于6米时，采用强夯法加固地基，但在居民区附近或其他条件不利时，改用灰土或水泥土挤密桩加固地基；深层采用灰土（或水泥土）挤密桩、柱锤冲扩桩进行处理。高速铁路一般均将湿陷性黄土层加固处理。

盐渍土地区路基　易溶盐的平均含量为0.3%～20%的土层称为盐渍土。盐渍土具有吸湿、盐胀、溶陷、腐蚀等特性，影响路基稳定。当土中易溶盐含量超过0.3%时，土的物理、力学性质开始受到盐分的影响而发生变化，并随含盐量增高而愈加显著。土中常见的易溶盐有氯盐（$NaCl$、KCl、$CaCl_2$、$MgCl_2$）、硫酸盐（Na_2SO_4、$MgSO_4$）和碳酸盐（Na_2CO_3、$NaHCO_3$、$CaCO_3$）。

铁路路基工程设计中要控制填料土中的含盐量，土中含盐量超过一定数量会使土的密度和强度降低。随着表面蒸发作用，土中盐分将随着地下水的上升向路基顶面聚集而使土松胀，在列车动力作用下形成翻浆冒泥或冻融，影响运输安全。在铁路路基工程设计中还应控制路基的最小填筑高度，控制路堤高度或降低地下水位等措施有困难或不经济时，应设置毛细水隔断层。为保证稳定安全应设置反压护道。施工时要严格按照设计要求施作到位。

风沙地区路基　风沙在运动过程中会对各种铁路设施、设备产生风蚀、埋压、堵塞，影响列车瞭望及对施工作业产生危害。在设计、施工过程中应考虑风沙防护设施。铁路沙害防治的原则是“因地制宜、因害设防、宜林则林、永临结合”，沿着线路主导风向的方向侧，采用“远阻近固”方式形成综合防护体系。其措施大体可分为：工程治沙“固、阻、输、导”、植物防沙及化学固沙。如中国包兰铁路经过中卫市沙漠地区，采取了固沙造林与机械防沙的综合措施，效果良好。

泥石流地区路基　泥石流是由于暴雨、暴雪或其他自然灾害引发的山体滑坡并携带有大量泥沙、石块和巨砾等固体物质的特殊洪流。黏土浆是泥石流的基本组成部分，具有巨大的悬浮力及搬运力，有时能挟带直径1米或更大一些的石块。泥石流的流域可分为上游、中游和下游。上游部分为供给带，由无数的细流和小沟汇合，形似漏斗；中游部分为通过带，经常是窄的峡谷；下游部分是沉积带，在谷口处形成冲积扇，大的可达几十平方千米。

铁路泥石流防治原则是：以硬性防治为主，软性防治为辅；排导在前，拦挡在后；排拦结合，综合治理，因地制宜。铁路泥石流的主要防治措施一般可分为“排导、拦挡、防护、绕避、保持、预警”等。铁路应在其中游部分，以有足够净空的单孔桥跨过，或以隧道、明洞自泥石流沟底的下面通过。

多年冻土地区路基　多年冻土在高纬度或高海拔地层中，其温度等于或低于零度，土中固态水连续3年以上不化，其表面层受季节性融化与冻结作用影响则为季节性融化层。多年冻土层中存在冰锥、冰丘、热融湖和沼泽，都会影响路堤的稳定。多年冻土的上部界限为多年冻土上限，下部界限为多年冻土下限，简称为上限和下限。天然条件下的上限称为天然上限；受人为活动或工程设施影响而形成的上限称为人为上限。青藏铁路路堤的修筑可能改变或破坏土层的上限条件，从而引起冻土冰层的变化和路堤的变形。因此，给予了特殊设计。

浸水路堤及水库路基　浸水路堤指路堤本体一侧或两侧在设计水位以下受水浸泡的河滩、滨河、滨海路基，对穿越积水洼地、池塘、水库的路基按浸水路基考虑。水库路基指铁路沿水库边缘行进或跨越水库支沟、支流修筑的路基，既有铁路附近新建水库后可能影响路基稳定和安全时，应按水库路基考虑。

终年浸水及季节性浸水的路堤，最好用水稳性的渗水材料填筑。中国从集美到厦门的铁路、公路两路堤，是在海中填石筑成。浸水路堤的坡面防护，通常采用干砌片石护坡、挡墙、堆石等措施。海滩路堤的防护也可采用导流措施，以减弱海水对路堤的冲刷。水库路堤还要考虑水库水位涨落所引起的库岸地下水位的变化，以及波浪所引起的坍岸。这些变化和坍岸有时会影响沿岸路堤的稳定。

岩溶地区路基　岩溶指水对可溶性岩石进行以化学溶蚀作用为特征的综合地质作用，以及由此所产生的现象的统称。岩溶危害铁路路基，应进行岩溶洞穴的预测、岩溶水害的预测和岩溶地面塌陷的预测。但限于世界各国的勘探水平，要全部揭露隐伏洞穴和岩溶水尚有一定难度，还应加强地质宏观预测与检查。在覆盖型岩溶的丘陵、平原、溶蚀洼地及谷地等地带，则有可能发生岩溶地面塌陷。一般对岩溶地区路基采取溶洞处理、岩溶水处理和岩溶地面塌陷处理的工程措施。

采空区路基　铁路通过各种洞穴、矿山开采地段时，因矿体采空后，周围岩体因受力变化失去平衡，导致采空区上部和周围的地层向采空区运动，运动过程中会带动地层及地表发生破坏和变形，处在此范围内的路基为采空区路基。采空区一般根据采空规模的大小分为小型采空区和大面积采空区。

为了避免和消除地下采空对路基的影响，对位于矿山采空区的铁路线路及其建（构）筑物应做不同的工程处理。在新建铁路勘测时，特别是铁路干线，以尽量避开采矿区为宜。在已有铁路建（构）筑物的地下开采，或铁路线路要通过正在开采的矿区时，常采取保护措施，防止地表和路基变形。

膨胀土地区路基　膨胀土是由膨胀性黏土矿物组成的、超固结的、多裂隙的高塑性黏性土。膨胀土是在地质年代中曾经在地层深处受过很大压力和挤压剪切作用，后来经过地壳运动出露地面的。这种黏土的特点是孔隙比很小，密度大而坚硬，但其中有大量微小不规则的剪裂面。这种地区的路堑在开挖时可以维持较陡的边坡，但这种边坡往往在经过几个雨季后逐渐丧失其原有的强度而发生坍滑。有些裂隙硬黏土边坡的坍滑可以延续很多年，甚至边坡放缓至1∶2和1∶3仍不能稳定。因此，在裂隙硬黏土地层中，路基设计应尽量避免深挖和高填，并注意坡面防水。

崩坍滑坡地区路基　滑坡是大量土体或岩体在重力作用下，由于种种原因改变坡体内一定部位的软弱带（或面）中应力状态，或因水和其他物理、化学作用降低其强度，以及因震动或其他作用破坏其结构，致岩土沿该软弱面（或带），整体、缓慢、间歇性向下以水平移动为主的地质现象。

山区铁路沿线，滑坡对运输和安全的威胁巨大，铁路选线要尽可能地绕避滑坡地段。无法绕避时，应对滑坡地段进行详细的工程地质调查研究，并采取必要的防治措施，如截排地表水及地下水、坡顶减重、坡脚修建抗滑桩、滑动带注浆等。

（史存林）

铁路线形　railway alignment　铁路中心线的空间形态，包括线路平面和线路纵断面。一条理想的铁路线路，线形在各向的变化应尽可能平缓。随着列车运行速度的提高，或机车车辆轴重以及线路上通过列车总重的增加，对线路变化平缓度的要求越高。在实际线路设计中，要分别对铁路线路在平面和纵断面上投影的形态进行设计，并在设计中相互协调定位。

线路平面　指铁路中线在水平面上的投影。由直线、圆曲线、直线与圆曲线间相互过渡的缓和曲线以及两条相邻曲线间的夹直线连接而成。

铁路圆曲线为在铁路线路平面直线方向发生改变的转角处，为使行驶在线路上的机车车辆转向顺畅而设置的曲线。铁路圆曲线的主要参数包括：①曲线半径。列车通过曲线路段时，半径越小磨损越大，从而增加维修工作量，增大运营支出。在地形困难山区中，选用曲线半径偏大，则会增加工程量，增大工程费用。另外，当曲线半径大到一定程度后，正矢值将很小，测设和检测精度均难于保证。因此，需要针对不同类型的铁路，综合考虑各种影响因素，制定最小和最大曲线半径标准。②曲线超高。指为平衡列车通过曲线路段时产生的离心力，在曲线轨道的外股钢轨上设置高于内股钢轨的加高值。曲线超高的取值，需考虑车辆通过曲线路段产生的离心力、车辆重力的向心分力、车辆运行中的横向振动（摇晃）力和外界的横向风力共同作用的平衡，同时还要考虑车辆停留在曲线路段上时，车辆倾覆的安全性、旅客的舒适性和轨道的稳定性。铁路曲线上实际设置的外轨超高小于列车通过曲线时产生离心力所需超高的差值为欠超高，反之为过超高。欠超高导致外轨承受偏载，增加外轨磨耗；过超高导致内轨承受偏载，加大内轨偏磨。欠、过超高还会使旅客感觉不舒适，甚至影响行车安全，因此需要对欠、过超高的最大值加以限制。

缓和曲线为设置在直线与圆曲线或圆曲线与圆曲线之间的曲率连续变化的曲线。决定缓和曲线长度的主要因素是车辆脱轨安全性和旅客乘坐舒适度所限定的相关参数的取值，这些参数包括超高顺坡率、超高时变率和欠超高时变率等。超高顺坡率指缓和曲线范围内，单位长度超高的变化值，一般以千分率表示。超高时变率指当列车以一定速度通过缓和曲线路段时，单位时间内超高的变化值。欠超高时变率指列车通过缓和曲线路段时，单位时间内欠超高的变化值。

夹直线是铁路两相邻曲线间的直线段，其最小长度通常由“列车在夹直线出入口（即曲线的起、终点）产生的振动不叠加”而决定，它与列车振动周期及其衰减特性、列车运行速度有关。

线路纵断面 指根据铁路线路中线的平面位置所处的地面标高绘制高程图，在此高程图上设计的线路坡度线。线路纵断面上一定水平距离的线段，起点或终点在该距离内上升或下降的高度与该线段水平距离之比称为该段线路的坡度。通常，线路纵断面由各种不同坡度的坡段以及坡段与坡段间过渡的竖曲线组成。设置竖曲线的坡度差起始值以及竖曲线半径的取值，主要根据列车通过变坡点时不脱轨、不脱钩、行车平稳和减小列车通过变坡点的附加纵向力的安全要求确定。纵断面设计应考虑坡度适应地形、移动设备与固定设备协调配套以及机车牵引力与线路标准的综合优化。纵断面设计还必须和平面设计紧密配合，互相协调，逐段地交替进行。

（黄建冉）

铁路选线设计 railway location design 根据自然条件和运输任务，结合铁路动力设备，按照列车运动的规律与经济原理，设计新铁路线和改建既有铁路线工作的总称。铁路选线设计包括：根据预测的设计线路近期、远期的客、货运量，设计铁路的运输能力和行车速度，拟定铁路等级，选定主要技术标准；经勘测设计，选出经济合理、技术可行的最佳线路接轨点、线路走向、越岭位置；确定展线方式、不良地质处理方法；设计线路的平面位置和纵断面位置，并确定各类铁路设施与建（构）筑物，如路基、桥涵、隧道、车站等。

主要技术标准 客货共线铁路和重载铁路主要技术标准包括：正线数目、牵引种类、机车类型、牵引质量、限制坡度、最小曲线半径、机车交路、到发线有效长度和闭塞类型等。高速铁路和城际铁路主要技术标准包括：铁路等级、设计速度、正线数目、正线线间距、最小曲线半径、最大坡度、到发线有效长度、列车运行控制方式、调度指挥方式和最小行车间隔等。

自然条件 包括地形、地质、水文、气象等条件。铁路选线应尽可能“适应自然”，即尽可能趋利避害，选出的线路方案既要满足铁路运输能力的要求，又能减少铁路修建工程量，并便于维修养护。针对不同的自然条件采取不同的选线原则，如尽量绕避严重的地质不良地段和高烈度地震区，越岭地段垭口和引线的地形、地质条件要好，平原地区要尽量避免穿过集中的居民点、经济作物区和洪泛区，重视环境保护、水土保持、防灾减灾、能源和土地节约及文物保护等。

选线步骤 铁路选线一般要经过预可行性研究、可行性研究、初步设计和施工图设计4个设计阶段。各阶段工作的广度和深度不同，所要解决的问题的性质也不一样。

预可行性研究 对线路走向、主要技术标准和经济效益的可行性进行调查和研究。预可行性研究工作的内容：①搜集资料。包括线路起迄点间的地形、地质、河流水系图，航摄、卫星照片，以及有关规划和经济资料等。②研究方案。对线路接轨点、线路走向、车站及大型建筑物的分布、限制坡度/最大坡度、机车类型等，在大面积范围内进行方案研究，提出若干可比方案。③踏勘现场。对可比方案进行踏勘，重点踏勘越岭地段、大河桥渡地段、不良地质现象发育区和大型水库区，以及与其他重要部门有密切关系的地段。④编制预可行性研究报告。提出项目建设规模、投资预估算和项目工期提议及线路站场毗邻土地综合开发机会研究报告。

可行性研究 在预可行性研究的基础上，根据规定的线路走向和主要技术标准进行初测和勘探，以确定线路方案。重点对越岭垭口方案，沿河运行左、右岸方案，跨越大河桥位方案，通过或绕避不良地质地段的方案，以及站址选择方案等，做进一步研究和现场勘察。其工作的内容有：①全线测量。②纸上定线。③提交全线平剖面图、工程地质图及工程数量。④编制可行性研究报告，并同步完成线路站场及毗邻土地综合开发方案研究报告。

初步设计 根据已批准的可行性研究报告，钉立线路中心桩，测量其高程及横断面，进行桥梁、隧道、车站等工点的测量和钻探工作。详细检查线路平面、纵断面，做必要的改善，以确定线路平面位置和纵断面的坡度。然后对其他结构物依次进行设计，提出工程总概算。

施工图设计 根据初步设计批复意见修订、完善设计方案。

发展方向 铁路选线设计工作随着科学技术的发展，在测绘方面，广泛使用航测技术，推广使用影像地图、数控绘图、数字地面模型以及遥感新技术等；在地质勘探方面，广泛采用多种物探法，采用全息地震仪、电子雷达、微重力仪等仪器及探测地质数据的新技术；在设计、计算方面，利用计算机进行选线设计的具体工作。此外，还将开展基于北斗系统、无人机、高精度遥感的现代测绘勘察技术的应用，建立基于风险控制理论的铁路减灾防灾选线与总体设计。

（王键国 吴维顺 吴大复 曾启燕）

铁桥 iron bridge 用铸铁或锻铁建造的桥。铁桥包括铁索桥、铁索悬索桥、铸铁拱桥和锻铁梁式桥等。利用铁链跨越峡谷、河道的铁索桥，在中国西南地区有较多的实例，如四川大渡河上的**泸定桥**等。铁索悬索桥采用铁链杆作为悬索，通过吊杆支撑桥面结构。较著名的有1820～1826年，英国在梅奈海峡建造的跨度达177米的锻铁链杆柔式悬索桥。铸铁拱桥出现于冶炼业能生产大型铸件的时代。1779年，英国在科尔布鲁克代尔的塞文河上首次建成一座主跨约30.5米的铸铁肋拱桥。19世纪初铸铁广泛应用于桥梁、建筑和输水桥。锻铁梁式桥跨径较小，1832年，英国在格拉斯哥开始用I形截面锻铁建造梁式桥，这种桥的跨度后来曾达到9.6米。结构钢材出现后，基本不再用铁造桥。

（邵长宇）

庭院管网 courtyard pipe network 在设置有一级换热站的供热系统中，由换热站至热用户的供热管网。又称二级管网。庭院管网是中国集中供热系统的重要组成部分。无论是以大型热电联产或大型锅炉房为热源的城市集中供热，还是以小区锅炉房为热源的小区集中供热，都需要**热力站**与庭院管网将热量输配到楼栋入口。

由于中国的集中供热在历史上受苏联的影响较大，因此习惯上偏向于建设小区规模的热力站和庭院管网。庭院管网的优点是初投资低，设备集中易于管理维护，对补水进行集中处理以保证水质；缺点是容易造成楼栋之间的不平衡，设备选型容易偏大，难以满足末端不同的供热需求参数。

中国庭院管网存在较大节能潜力，其中空间上的冷热不均和时间上的过量供热是造成耗热量大于需热量的主要因素。空间上的冷热不均指由于管网损失、楼栋失调等原因造成的冷热不均；时间上的过量供热指当室外温度偏高时，没有及时调减降低供热量而造成的过量供热。此外，降低输配电耗也是实现庭院管网节能的主要途径。输配电耗的节能潜力主要在于两方面：一是降低系统阻力；二是优化水泵运行工况，主要是合理选择水泵扬程，并联泵同步变频。

（夏建军）

通风 ventilation 使空气流动，能够到达被控位置或被控空间。

分类 按通风作用的动力分为自然通风、机械通风和复合通风3类。

自然通风 利用自然的作用将室外空气直接引入室内，进行换气的通风方式。自然作用主要指由于风压或（和）温差引起密度差的热压作用，使得空气自发运动。其中热压指温差引起的空气密度差导致建筑开口内外的压差，风压指室外空气绕流引起建筑周围压力分布的不同形成开口处的压差。

只要建筑开口两侧存在压力差，就会有空气流过开口。主要特点有：①不消耗动力或消耗很少的动力。②可以用充足的新鲜空气保证室内的空气品质。③受建筑设计和气候条件限制，难以精确控制。按照驱动力不同，自然通风可分为热压通风、风压通风、风压和热压联合作用下的自然通风。

机械通风　利用机械手段（风机、风扇等）产生压力差，强制实现室内外空气流动换气的通风方式。机械通风系统一般由风机、风道、阀门、送排风口组成。仅有送风机时为机械送风，如建筑的加压送风防烟装置或空调送风装置；仅有排风机时为机械排风，如厨房、卫生间等装有排气扇的房间；既有送风机也有排风机时为机械送排风。

机械通风主要特点有：①可控制性强，可通过调整风口、风量等控制室内气流分布。②需要消耗能源。③初投资和运行费都比较高。

复合通风　在满足热舒适和室内空气质量要求的前提下，自然通风和机械通风交替或联合运行的通风系统。系统的运行模式可随季节或环境进行切换，在不同时间和不同季节充分发挥自然通风和机械通风各自优点进行最合理的通风，在确保室内空气品质和舒适度的前提下降低建筑空调的能耗和运行成本。在设计中，机械通风和自然通风可以自成体系独立运行，也可以结合在一起，一个为主一个为辅（主辅的选择可根据环境或房间舒适度要求确定），根据情况统一调整，使效果达到最佳。

通风问题的研究方法　主要有理论分析模型、区域模型法、模型实验法和计算流体动力学（CFD）模拟法4种。①理论分析模型。当被控制空间形状简单且为机械通风时应用。②区域模型法。属于宏观预测，相当于校核计算。③模型实验法。最为可靠，但成本高，主要用于理论研究和实验验证。④CFD模拟法。具有成本低、速度快、资料完备且可模拟各种复杂形状、复杂边界、不同工况等优点，属于微观预测，是较为热门的研究方法。

（李念平）

通用机场　general airport　使用民用航空器从事公共航空运输以外的民用航空活动的机场。包括可供飞机和直升机起飞、降落、滑行、停放的场地和相关的地面保障设施。

分类　国际上对通用机场的界定有所差异，因此对通用机场分类方法也不同。中国通用机场的分类方法主要有以下几种：①按机场起降架次分类。《通用机场建设规范》（MH/T 5026—2012）中将通用机场分为三类。一类指具有10～29座航空器经营性载人飞行业务，或最高月起降量达到3000架次以上的通用机场；二类指具有5～9座航空器经营性载人飞行业务，或最高月起降量在600～3000架次的通用机场；三类指除一、二类外的通用机场。②按照机场使用频率分类。《通用航空机场设备设施》（GB/T 17836—1999）中将通用机场分为通用航空永久机场和通用航空临时机场。永久机场通常又称基地机场，临时机场既包括建有固定设施的起降点，也包括没有固定设施的野外作业起降点。③按照机场场址所处位置分类。一般分为地面通用机场、表面直升机场、高升机场和直升机甲板。④按照机场建设规模分类。根据机场建设规模，通用机场分为大型通用机场和小型通用机场两类。其中，大型通用机场指飞行区指标为2B（跑道长800～1000米，宽15～24米，主起落架外轮间距4.5～6米）及以上的通用机场；小型通用机场指飞行区指标为2B以下的通用机场。

用途　通用航空活动包罗多项内容，范围十分广泛，通用机场的用途大致可分为以下几类：①工业航空。包括使用航空器进行与工矿业有关的各种活动，具体的应用有航空摄影、航空遥感、航空物探、航空吊装、石油航空、海洋检测、航空环境监测等。②农业航空。包括农、林、牧、渔各行业的航空服务活动。③航空科研和探险活动。包括新技术的验证、新飞机的试飞以及利用航空器进行的气象天文观测和探险活动。④飞行训练。指除培养空军驾驶员外，培养各类飞行人员的飞行活动。⑤航空体育运动。指用各类航空器开展的体育活动，如跳伞、滑翔机、热气球以及航空模型运动。⑥医疗卫生、抢险救灾。在抢险救灾中使用航空器进行人员、物资输送，伤员急救等。⑦公务航空、私人航空及其他用途。

与运输机场的区别　通用机场与运输机场均属于民用机场，由于承担的飞行任务不同，二者存在诸多区别。执行通用航空飞行任务的飞行器包括小型固定翼飞机、直升机、无人机、滑翔机等，所以通用机场的跑道长度、宽度均较小，甚至不需要跑道，只有供直升机停靠的机坪。通用机场道面结构形式多种多样，可以是高等级人工道面，也可以是草地、固化土、雪地等。场址相对灵活，可以是陆地、水面、海上平台、楼顶停机坪等。此外，通用机场净空环境要求相对较低，导航与助航设施比较简陋，服务及保障配套设施等按实际需要进行设置。

通用航空作为民用航空的重要组成部分，在国家经济社会建设过程中发挥着重要的作用。①具有空中快捷运输的优势，可以担负起重要旅客和货物的运输任务。②通用性是公共航空运输和其他运输方式无法替代的，这也是大力发展通用航空的意义所在。

（刁永海）

统一强度理论　unified strength theory　将单剪强度理论和双剪强度理论的线性准则统一起来，并且将八面体剪应力理论的非线性准则统一起来，从而建立起各种强度理论之间的相互联系，并将最常用的各种强度理论统一于一体，形成一个线性和非线性准则统一的普遍形式的理论体系。双剪统一强度理论的公式出现于1991年，它的前期工作是中国俞茂宏等1985年发表的广义双剪强度理论。广义双剪强度理论发现了外凸理论的外边界（上限），并与莫尔-库仑强度理论共同界定了外凸理论的内外边界。

俞茂宏于1991年提出了统一强度理论的理论公式，但当时对它的功能并没有太多的研究，也称为广义双剪强度理论。后来有人提出，这个广义双剪强度理论可以退化为屈雷斯加屈服准则、莫尔-库仑的单剪强度理论以及很多曲线准则的线性逼近式，称为广义双剪强度理论已不太合适，因而称为统一强度理论。

统一强度理论不仅在单元体模型上与以往各种强度理论不同，并且在数学建模方法上也与以往各种强度理论不同。以往的绝大多数强度理论都采用一个方程的数学建模方法和一个表达式的理论公式。统一强度理论采用的两个数学建模方程为：

$$F=\tau_{13}+b\tau_{12}+\beta(\sigma_{13}+b\sigma_{12})=C,$$

当 $\tau_{12}+\beta\sigma_{13}\geqslant\tau_{23}+\beta\sigma_{23}$ 时

$$F=\tau_{13}+b\tau_{23}+\beta(\sigma_{13}+b\sigma_{23})=C,$$

当 $\tau_{12}+\beta\sigma_{13}\leqslant\tau_{23}+\beta\sigma_{23}$ 时

式中 β 和 C 为材料参数。

统一强度理论的双剪单元体和两个数学建模方程，不仅反映了中间主应力 σ_2 对材料屈服的影响，而且它的两个表达式反映了中间主应力从 $\sigma_2=\sigma_3$ 增加到 $\sigma_2=\sigma_1$ 的过程中应力状态特点的转变，即从广义拉伸应力状态向广义压缩应力状态的转变。

经过推导，可得出统一强度理论如下：

$F=\sigma_1-\frac{\alpha}{1+b}(b\sigma_2+\sigma_3)=\sigma_t$，当

$\sigma_2\leqslant\frac{\sigma_1+\alpha\sigma_3}{1+\alpha}$时（广义拉伸应力状态）

$F'=\frac{1}{1+b}(\sigma_1+b\sigma_2)-\alpha\sigma_3=\sigma_t$，当

$\sigma_2\geqslant\frac{\sigma_1+\alpha\sigma_3}{1+\alpha}$时（广义压缩应力状态）

$F''=\sigma_1=\sigma_t$，当$\sigma_1>\sigma_2\geqslant\sigma_3$时

（三向拉伸应力状态）

统一强度理论式中的b为反映材料强度的其他主剪应力影响的参数，既是中间主剪应力τ_{12}（或τ_{23}）的影响系数，也是中间主应力σ_2的影响系数，并且也是双剪统一强度理论的破坏准则参数。

统一强度理论在主应力空间的极限面是一系列以$\sigma_1=\sigma_2=\sigma_3$的等倾线为主轴的多边形曲面。当$b\neq1$或$b\neq0$时，它们为十二边形曲面，当$b=1$或$b=0$时，它们为六边形曲面。

统一强度理论不是单一准则，建立了各种破坏准则之间的关系，形成一个强度理论的体系。它包含以前的屈服准则、破坏模型，其他一些光滑准则或实验准则可作为特例或线性逼近。

统一强度理论也可从线性推广到非线性，从而用一个统一的数学模型和数学表达式包含一系列线性和非线性以及一系列外凸和非凸的破坏准则，以适应更多的情况。

统一强度理论是在中国本土原创和发展起来的关于材料强度和结构强度的系统新理论，具有清晰性、简约性、统一性、可类比、对称性等“科学理论的美”的特点。经过40多年的发展，它不仅自己形成了系统的理论，而且将很多著名的理论包容其中，形成了范围更宽广、功能更强大的理论体系。由于它具有一个统一的力学模型、清晰的物理意义、简单的数学表述式、能反映材料的基本特性，即SD效应（不同的抗拉强度和抗压强度）、静水应力效应、正应力效应、中间主应力效应和中间主剪应力效应，以及结构强度分析的破坏准则效应，并且与现有的实验数据相吻合，能容易地适合许多新情况。此外，统一强度理论既容易用来取得解析解，也容易用于计算机程序取得数值解。

（王明洋）

筒仓结构 silo structure 贮存散料（煤、矿石、水泥、砂、石、谷类等）的构筑物。可作为生产企业调节和贮存用料的附属设施，也可作为独立的仓库。筒仓的结构一般包括仓上建筑物、仓顶、仓壁、仓底、仓下支承结构和基础。筒仓被广泛应用于工农业生产和储运部门。筒仓结构可节约仓储用地，有利于实行装卸机械化和自动化，降低劳动强度，提高劳动生产率，减少物料的损耗和粉尘对环境的污染。

长期储存粮食和饲料的筒仓有熏蒸灭虫要求，应具有气密性。粮食的粉尘和某些化学品有爆炸危险，应采取防爆措施。物料从仓顶的进料口入仓，一般靠物料的自重从仓底漏斗卸出。煤炭、矿石和水泥等由于内摩擦角较大，常会起拱，难以自动卸下，须加装助卸装置。

形状和布置　筒仓结构按照平面形状分为正方形、矩形、多边形和圆形等。应用最多的是圆形和矩形筒仓。按照筒仓高度与平面尺寸的关系，可分为浅仓和深仓。当储存的物料品种单一或储量较小时，用独立仓或单列布置。当储存的物料品种较多或储量大时，则布置成群仓（图1）。筒仓之间的空间称星仓，亦可供利用。

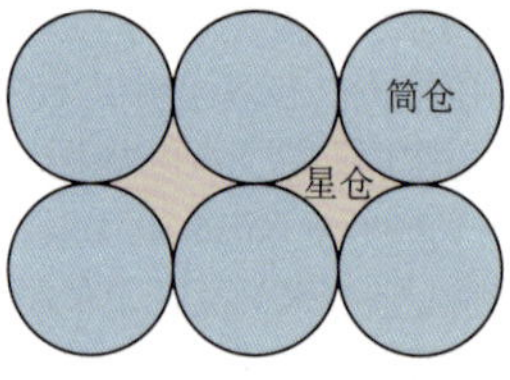

图1　群仓平面布置图

群仓的仓体一般不超过48米，最大不超过60米。群仓长度过大或受力和地基情况较复杂时应采取适当措施：①设伸缩缝以消除混凝土的收缩应力和温度应力所产生的影响。②设沉降缝以避免由于结构本身不同部分间存在较大荷载差或地基土承载能力有明显差别等因素而导致的不均匀沉降的影响。③设地震缝以减轻震害等。

材料　筒仓结构采用砖石材料、木材、钢筋混凝土或钢材建造。小型筒仓也可用塑料制造。砖石材料具有取材方便，造价低廉，施工简便等特点，应用广泛。高度较大的砖石筒仓，配置环向钢筋或每隔一定高度设置钢筋混凝土圈梁，以承受环向拉力。砖石筒仓的直径多在6米以下，高度不超过20米。钢筋混凝土用于容量较大的筒仓，可采用现浇、预制、预应力和非预应力结构。中国以非预应力的普通钢筋混凝土筒仓应用最为广泛，其直径在群仓中可达12米，在独立仓中可达18米以上，其高度根据提升设备的能力和经济效益而定，一般为35米左右，用气流输送入仓的水泥筒仓可达50米（图2）。钢材一般仅用来制造筒仓的漏斗。

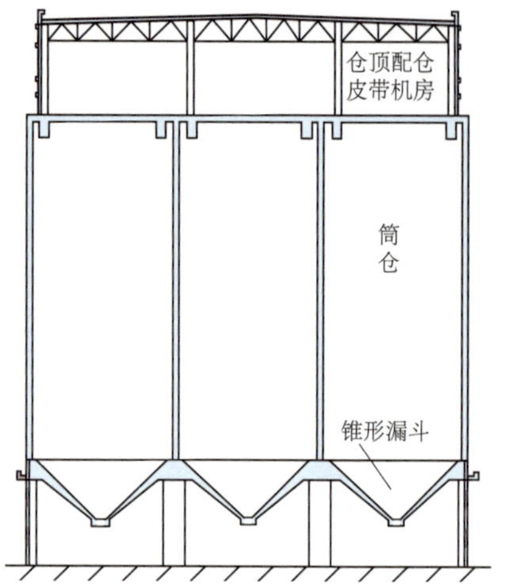

图2　钢筋混凝土群仓剖面图

计算原则　物料与仓壁之间的摩擦作用，会减小物料对仓壁和仓底的压力。当$H/D>1.5$时为深仓（H为仓深，D为圆仓内径或矩形仓短边长或正多边形仓的内接圆直径），当$H/D\leqslant1.5$时为浅仓。深仓应考虑上述摩擦作用，浅仓则可忽略。

仓底结构既承受物料的重量又需具有卸料功能，因此通常采用漏斗形。平板仓底虽构造简单，但需填坡，既耗料又增重，只适用于小型筒仓。仓下支承结构有柱子支承、筒壁支承、筒壁与内柱共同支承几种形式。在地震区，筒仓的支承结构应优先采用筒壁支承形式。

筒仓结构具有加载快、荷载大且不均匀的特点，因而在地基勘察和基础设计时都应特别注意，并在使用初期控制加载速率和加载的均匀性，以免发生事故。筒仓基础应根据地基条件、荷载大小和上部结构型式综合分析确定。圆形筒仓宜采用筏形基础或桩基；当地基比较软弱时，宜采用桩基；地质条件较好时可采用平板、环形或单独基础等形式。在群仓基础设计中，应考虑空仓与满仓的最不利组合。筒仓结构基础的倾斜率不宜超过0.4%，平均沉降量不宜超过400毫米。

（杨僧来　撰　郑　云　修订）

筒体结构 tube structure 由一个或数个筒体作为主要抗侧力构件而形成的结构。筒体是由密柱高梁空间框架或空间剪力墙所组成，在水平荷载作用下起整体空间作用的抗侧力构件。由密柱框架组成的筒体称为框筒，由剪力墙组成的筒体称为薄壁筒。筒体结构适用于平面或竖向布置复杂、水平荷载大的高层建筑。筒体结构分为框架－筒体、筒中筒、束筒3种基本形式。

框架－筒体结构的中心为墙体组成的

薄壁筒体，外围为大尺寸的框架所组成的结构，两者之间可通过刚度较大的伸臂连接。上海中心大厦、上海金茂大厦（图1）等高层建筑采用这种结构。

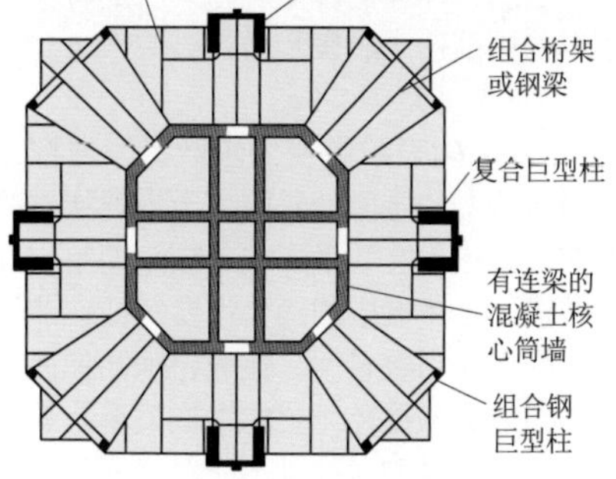

图1　上海金茂大厦结构平面图

筒中筒结构的中央为核心筒，外围为密柱框筒或桁架筒组成的结构。中国上海环球金融中心采用这种结构（图2、图3）。有些工程还采用三重筒、四重筒结构。

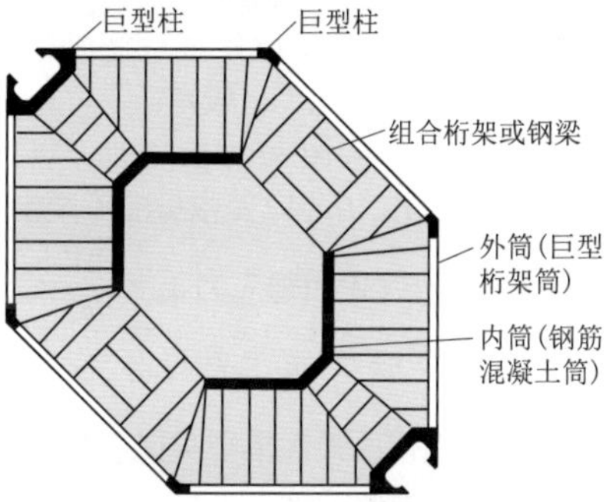

图2　上海环球金融中心结构上部平面图

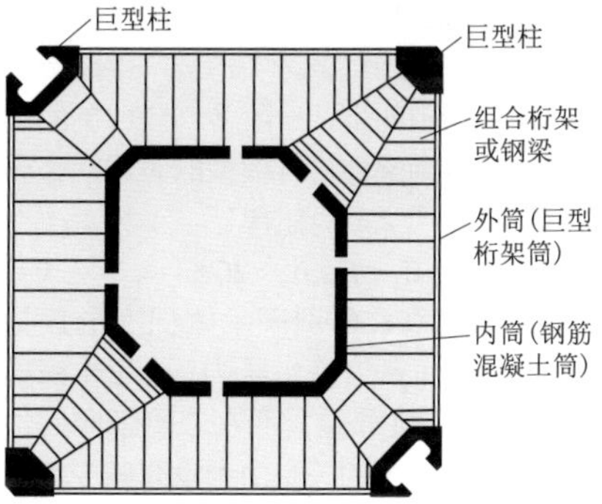

图3　上海环球金融中心结构下部平面图

束筒结构是由若干个筒体并列连接为整体的结构。美国芝加哥西尔斯大厦采用9个30米×30米的框筒集束而成。

在基本的筒体结构形式的基础上，还发展出多样的筒体结构，如世界上最高的阿联酋迪拜的哈利法塔，为带有支翼筒体环绕支撑的核心筒结构。

筒体结构布置复杂，空间作用显著。对称筒体结构可等效为平面框架进行近似分析；有时也可以将框筒或筒中筒结构等效为连续的实体筒而用弹性力学方法、有限条法或有限元法进行分析。

（赵西安　冯　鹏）

筒中筒结构　tube-in-tube structure　由外围框筒和中央内筒组成的结构。内筒集中设置楼梯间、电梯间、管道竖井等服务设施。采用钢筋混凝土结构时，内筒为剪力墙围成的井筒；采用钢结构时，内筒一般为钢支撑框架形成的井筒。筒中筒结构是双重抗侧力体系，在水平力作用下，内外筒协同工作。外框筒主要抵抗水平力产生的倾覆力矩和扭矩，内筒主要抵抗水平剪力。

筒中筒结构的平面形状可以为正方形、矩形、圆形或椭圆形等。内筒居中，内外筒之间的间距一般为10～12米。不设柱，若跨度过大，可以在内外筒之间设柱以减小水平构件的跨度。筒中筒结构适于超高层建筑，其适用高度比框架-核心筒结构更高。

美国休斯敦的一号壳牌广场大楼是最早一批筒中筒结构的代表（50层，高217.6米），采用轻混凝土建造。筒中筒结构的代表性高层建筑还有：中国北京国贸一期（39层，高153米），钢结构，1～3层为钢骨混凝土结构；中国香港中环广场大厦（78层，高309米），钢筋混凝土结构。

（纪晓东）

投融资模式　project financing mode　工程项目上具有一定程度通用性的建设资金筹措的方式。工程建设资金筹措方式主要包括自有资金投资和项目融资两种手段。广义而言，所有为了建设一个新的工程项目、收购一个现有工程项目或者对已有工程项目进行债务重组所进行的融资活动都可以称为工程项目融资。狭义而言，指以工程项目的资产、预期收益或权益作抵押取得的一种无追索权或有限追索权的融资或贷款活动。建设工程项目需要投入大量的资金，成功的项目融资模式是工程项目建设成功的基本保障，且工程投融资模式对工程治理结构具有较大影响，因此工程投融资模式对工程管理工作影响深远。

项目投融资主体　工程投融资的主要参与者包括项目发起人、项目公司、贷款人、项目承建商、项目设备/原材料供应者、项目产品购买者、融资顾问、政府等。①项目发起人。又可称为项目主办方。指直接参与项目投资与管理并直接承担债务责任和项目风险的法律实体，它是提出和发起项目的法律实体，但不一定是项目投资人。②项目公司。指专门为完成工程项目而成立，且具有独立法人资格的组织。项目公司一般由项目发起人出资，直接参与项目投资和项目管理，并直接承担项目的债务责任和风险。指在项目投融资过程中成立单一目的的项目公司作为该项目的直接主办人。③贷款人。主要有商业银行、国际金融组织、保险公司、非金融机构和一些国家政府的出口信贷机构等。④项目承建商。通过与项目公司签订承包合同，负责商业地产项目的设计和建设工作。承建商的资金情况、工程技术能力及经营纪录，会影响贷款银行对项目建设期风险的判断。⑤政府。政府在项目投融资中的角色是间接的，在宏观方面，政府可为项目提供良好的投资环境；在微观方面，可为项目的开发提供土地等基本条件。

常见模式　比较常见的工程融资模式主要有银行贷款、股本融资模式、债券融资模式、BOT模式、ABS模式、PPP模式和PFI模式等。①银行贷款。银行可以借助自身的实力和业务模式，通过直接发放贷款给予融资支持。②股本融资模式。指在证券市场上发放股票直接融资，与其他融资模式相比，具有扩张能力强、成长性能良好等优势。③债券融资模式。指发行债券募集资金的融资模式，与股票融资相比，具有融资成本低、资金使用灵活、操作简单等优势。④BOT模式。BOT是英文build-operate-transfer的缩写，即建设、运营、移交3个过程，由私人资金参与基础设施建设，向社会提供公共服务。⑤ABS模式。ABS是英文asset backed securitization的缩写，指“资产担保证券”，本质为资产证券化，以项目所拥有的资产为融资基础，以项目资产带来的预期收益为保证，通过发行债券来募集资金的一种项目融资方式。⑥PPP模式。PPP是英文public-private-partnership的缩写，即公共部门与私人企业合作模式，是公共基础设施的一种项目融资模式。在该模式下，鼓励私人企业与政府进行合作，参与公共基础设施的建设。⑦PFI模式。PFI是英文private finance initiative的缩写，指政府部门根据社会对基础设施的需求，提出需要建设的项目，通过招投标，由获得特许权的私营部门进行公共基础设施项目的建设与运营，并在特许期（通常为30年左右）结束时将所经营的项目完好地、无债务地归还政府，而私营部门则从政府部门或接受服务方收取费用以回收成本的项目融资方式。

（何清华）

土　soil; earth　岩石风化后的产物。是岩石经历物理、化学、生物风化作用以及剥蚀、搬运、沉积等作用在自然环境中所生成的各类沉积物，主要为第四纪时的产物。土与岩石的根本区别是土不具有刚性的联结，物理状态多变，力学强度低等。土位于地壳的表层，是人类工程经济活动的主要地质环境，同时也是土力学的研究对象，由固体颗粒、液体和气体三相组成。

地基土的合理分类具有重要的工程实际意义，如果能把工程性质接近的一些土归在同一类，那么就可以大致判断这类土的工程特性，评价这类土作为建筑物地基或建筑材料的适用性及结合其他物理性质指标确定该地基的承载力。学界关于土的分类标准很多，有的根据土的结构构造分类，有的依据土的工程性质分类，有的考虑了土的颗粒级配及可塑性。不同国家根据各自地域特点和需要，制定了相应的分类系统和分类方法。

中国作为国家标准和应用较广的土的工程分类主要依据《建筑地基基础设计规范》(GB 50007—2011）和《岩土工程勘察规范》(GB 50021—2001)。该分类体系结合中国土质条件和多年实践经验，经改进补充而成。其主要特点是：在考虑划分标准时，注重土的天然结构联结的性质和强度，始终与土的工程特性、变形和强度特征紧密联系。其中，按堆积年代划分，土可分为老堆积土、一般堆积土、新近堆积土。按地质成因可分为残积土、坡积土、洪积土、冲积土、湖积土、海积土、冰碛土及冰水沉积土和风积土。工程评价中常按颗粒级配和塑性指数分为**无黏性土**（碎石土、砂土、粉土）和**黏性土**。此外具有一定分布区域或者工程意义上具有特殊成分、状态和结构特征的土称为特殊土，包括各种静水环境沉积的软土（淤泥、淤泥质土、有机质土)、湿陷性黄土、红黏土、膨胀土、冻土、人工填土等。

粗粒土的粒径大小对其力学特性起着决定性作用，因此对这类土分类，需要考虑颗粒级配的因素；对于具有黏性和塑形的细颗粒土，主要应考虑塑性指标的影响。土的工程分类的目的在于评价地基土的工程特性，为地基处理、土质改造或基础设计提供依据，所以分类本身是手段而不是目的。（胡安峰）

土的本构模型 constitutive model 将本构关系写成的具体数学表达式。本构关系即反映物质宏观性质的数学模型，研究土的本构关系就是建立能够描述土的基本力学特性的数学表达式。土是一种三相（固、液、气）混合的天然材料，其力学行为极为复杂。土的本构关系指代表体单元（宏观上足够小而微观上足够大的单元的）响应，并假设该代表单元所包含的始终是同样的土颗粒，土骨架的质量不发生变化。在连续介质力学框架中，土的本构关系必须遵守普遍的力学和物理原理，亦即质量守恒定理、动量守恒定理和热力学定理。特别地，从本构模型的客观性出发，土的本构方程是描述材料响应的数学表达，因此必须与参考坐标无关，这就要求所有的本构关系都建立在张量空间内。

从20世纪60年代起，各国众多学者投入土体本构研究，提出众多本构模型，其中应用较为广泛的主要有弹性模型和弹塑性模型。

弹性模型 是土的本构模型中最基础的一类模型。弹性模型中最简单的形式是各向同性的理想弹性模型，其表达形式即为胡克定律。该模型只包含两个独立的弹性参数，因而无法描述土体材料的真实响应。更为一般的形式是各向异性弹性模型，共包含21个独立的弹性常数。天然土体一般呈现横观各向同性，仅需要5个独立的材料常数即可表示其应力-应变关系。土的弹性关系可以是线性，也可以是非线性，但弹性过程必须可逆，即没有能量损耗。大量试验证明岩土材料的响应是不可逆的，因此对于土体本构关系的描述总是和材料的损耗联系在一起。

弹性本构模型有3个基本特征：①应变是弹性或者可逆的。②应力与应变存在唯一对应关系。③应力-应变关系与应力(或应变）路径无关。

弹性模型可以分为线弹性模型和非线弹性模型。

线弹性模型 即材料应力-应变关系为线性关系。线弹性模型是最简单的土力学本构方程，其一般表达式为：$\sigma_{ij}=D_{ijkl}\varepsilon_{kl}$，式中$\sigma_{ij}$和$\varepsilon_{kl}$分别为应力张量和应变张量，刚度矩阵四阶张量$D_{ijkl}$里有81个元素，对于均质连续各向异性弹性体，$D_{ijkl}$有21个参数是独立的；对于三向正交各向异性弹性体，9个参数独立即可确定D_{ijkl}；对于横观各向同性弹性体，D_{ijkl}由5个独立参数即可确定；对于各向同性弹性体，D_{ijkl}只有两个独立参数，是最简单的线弹性模型，又可称为广义胡克定律，其表达式为：

$$\varepsilon_{ij}=\frac{1+\mu}{E}\sigma_{ij}-\frac{\mu}{E}\sigma_{kk}\delta_{ij} \qquad (1)$$

式（1）中δ_{ij}为单位张量；对于张量重复下标采用爱因斯坦求和约定；E和μ分别为杨式模量和泊松比。

非线弹性模型 即材料应力-应变关系呈非线性相关。应力-应变关系的非线性是土的基本变形特征之一，因此用简单的线性弹性关系描述土体的行为是不合理的，基于这种认识，学者们在弹性理论的范畴中建立了两种非线性模型：柯西弹性模型和格林弹性模型。

柯西弹性理论假设应力与应变有一一对应的关系，一般表示为：

$$\sigma_{ij}=F_{ij}(\varepsilon_{kl}) \qquad (2)$$

式（2）中F_{ij}表示应变的函数，该方程表明当前状态的应力，只取决于当前状态的应变。该模型在数学形式上较为简单，并能够描述土体响应的两个主要特征：非线性和静水压力敏感性。然而，柯西弹性模型描述的是与路径无关的本构关系，其应变是可以恢复的，并且不能保证存在唯一的应变能或者余能，因此在特定的加卸载循环中可能会产生能量。也就是说，柯西弹性模型中应力做功是非保守的，很可能会违反基本热力学定律，这使得学者们进一步建立了更为严格的格林弹性模型。

格林弹性模型又称超弹性模型。它是通过材料的应变能函数W或余能函数Ω建立的一类本构方程，一般有：

$$W=\widehat{W}(\varepsilon)=\widehat{W}(I_1,\ I_2,\ I_3) \qquad (3)$$

式（3）中I_1、I_2、I_3为应变张量的不变量。通过应变能函数W可得应力$\sigma_{ij}=\dfrac{\partial W}{\partial \varepsilon_{ij}}$，或者通过应变能余能函数$\Omega$得到应变$\varepsilon_{ij}=\dfrac{\partial \Omega}{\partial \sigma_{ij}}$。与柯西弹性模型类似，格林弹性模型也建立了一类与路径无关的弹性本构关系，但在超弹性理论基础下，热力学定律能够得到严格遵守，应力做功与路径无关，即在加卸载循环中不会产生能量。

需要指出的是，一阶各向同性柯西模型和一阶各向同性格林模型的表达式完全相同，即为广义胡克定律：

$$\sigma_{ij}=p_0\delta_{ij}+K\varepsilon_v\delta_{ij}+2Ge_{ij} \qquad (4)$$

式（4）中K和G分别表示体积变形模量和剪切模量；p_0为静水压力；ε_v为体积应变；e_{ij}为偏应变张量。而在二阶各向同性弹性模型中，柯西关系由于没有应变能函数，弹性参数之间不存在严格的限制条件，因而相较于格林关系多出额外的一个独立参数。

特别地，如果要建立各向异性的弹性关系，可以在式（2）和式（3）中引入组构张量，并根据张量代表定理建立应变张量与组构张量的各向同性函数。

弹塑性模型 通常由两部分组成，即弹性和塑性两部分，塑性需要定义屈服函数和流动法则、硬化法则及一致性条件。而作为一个颗粒集合体，土在剪应力的作用下最终进入理想塑性状态，其中材料体积与应力不变，而仅有剪切应变，该状态称为临界状态，而临界状态理论是土力学中最重要的理论之一，并为构建本构模型提供了内在的参考状态。英国K.H.罗斯科和A.N.斯科菲尔德于1963年根据威尔德重塑黏土的试验数据，将临界状态理论引入弹塑性本构模型中，建立了经典的原始剑桥模型，这是一个具有现代意义完整的土体弹塑性模型。随后，罗斯科和J.布兰德于1968年对原始剑桥模型进行改进，提出了修正剑桥模型，该模型能够较好地模拟正常固结黏土和弱超固结黏土的力学行为，模型参数少且物理意义明确，并可通过常规试验确定，因此得到了广泛的应用。自此以后，在临界状态理论框架下构建土体本构模型理论已逐渐成为主流。

（杨仲轩）

土的渗透性 permeability of soil 指土能够被水等流体通过的性质。土的骨架由土颗粒组成，颗粒之间的孔隙是相互连通的。在饱和土中，水充满整个孔隙，当不同位置的自由水存在能量差时，水将从能量高的位置向能量低的位置流动。渗透性大小和土的粒径、级配、矿物成分等众多因素有关。由渗流作用产生的孔隙水对土骨架的作用力称为渗透力，渗透力会引起土体应力状态的改变，从而导致土的强度和变形特性的变化。

渗透力 单位体积土体中骨架上所受到的渗透水流的拖曳力。

渗透水流在土骨架间流动时会对土颗粒形成骨架拖曳力，其作用方向与水渗流方向一致。渗透力通常被认为是体积力，定义为单位体积上的渗流力（与容重的单位相似）。渗透力的作用过程中土颗粒对水也会产生阻力作用，在这个阻力作用下水头会逐渐损失；渗透力还会导致土体的应力-应变状态发生变化。在许多水工建筑物、土坝及基坑工程中，渗透力的大小是影响工程安全的重要因素之一，有效应力原理、渗流固结理论、渗透变形、土坡稳定与砂土液化等一系列课题，都建立在土骨架及渗透力两个概念的基础之上。

如图1所示，土样顶部和底部分别受到顶面及地面的水压力P_1、P_2；土样本身自重为W；土颗粒所受浮力的反作用力为F；土颗粒对渗流水流的阻力为J，大小与渗透力相同，方向相反。根据竖直方向力的平衡条件，可以得到渗透力的计算公式：

$$j=\gamma_w i \qquad (1)$$

式（1）中j为渗透力，单位是千牛/米³；γ_w为水的重度，单位是千牛/米³；i为水

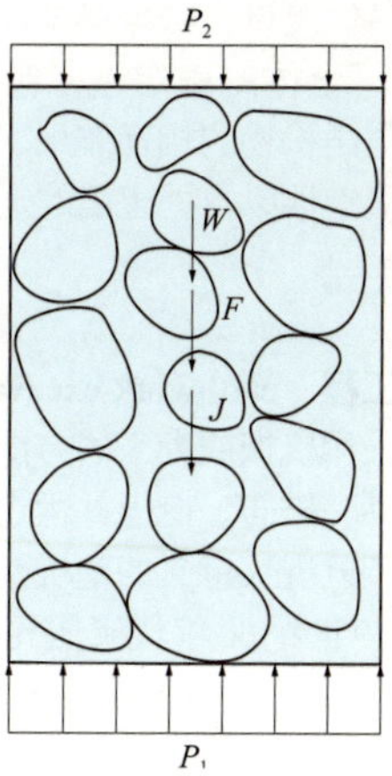

图1 渗透力的分析示意图

力梯度，它表明渗透力的大小与水力梯度成正比。

如果渗流的方向是从上到下，则渗流的方向与重力方向一致，由静力平衡可得竖直向有效应力的合力：

$$\sigma_z'=\gamma' z+jz \qquad (2)$$

式（2）中σ_z'为竖直向有效应力的合力；γ'为水的有效重度；z表示土体深度或土体埋深。

如果渗流的方向是从下到上，则渗流的方向与重力方向相反，由静力平衡可得竖直向有效应力的合力：

$$\sigma_z'=\gamma' z-jz \qquad (3)$$

工程中渗透问题 实际工程中的渗透问题主要可分为两类：

渗流量问题 包括基坑、隧道等工程开挖过程中的降水、排水，土坝由于渗透造成的水量损失等。实际工程中的渗流很多是平面问题，如堤防、大坝、水闸及输水渠系等。由于土中各点的流动特性不同，通常以微分方程的形式表示，然后根据边界条件进行求解。土中渗流场通常可用拉普拉斯方程求解，常用流网进行描述。

①拉普拉斯方程。根据不可压缩流体的假设和水流连续性条件，在体积不变条件下，饱和土体单位时间内流入单元体的水量必等于流出的水量（图2）。根据达西定律可得二维各向异性土体稳定渗流场水

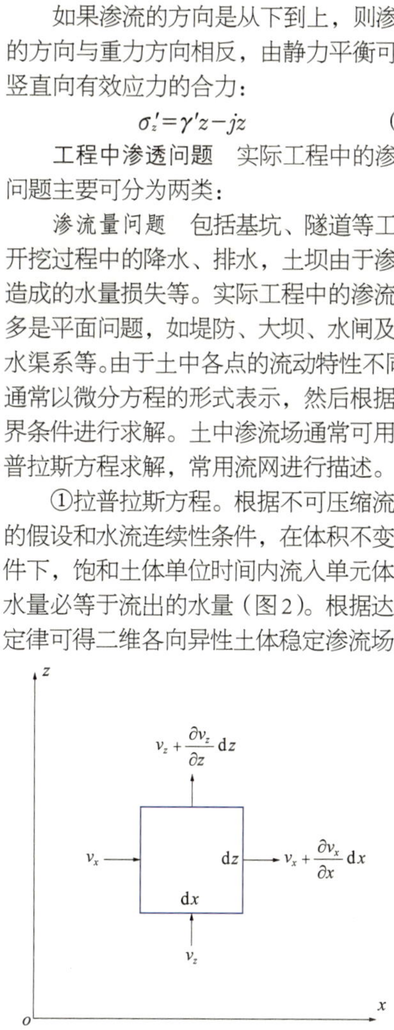

图2 二维渗流单元示意图

头分布的拉普拉斯方程，其计算公式为：

$$k_x\frac{\partial^2 h}{\partial x^2}+k_z\frac{\partial^2 h}{\partial z^2}=0 \qquad (4)$$

式（4）中k_x、k_z分别为水平向及竖直向渗透系数；h为渗流场水头；x表示水平坐标位置；z表示竖直坐标位置。

拉普拉斯方程表明，渗流场内任一点的水头是其坐标的函数，求解出各点的水头即可确定渗流场的渗透速度、渗流量及孔隙水压力等特征。

②流网。渗流问题边界条件往往较为复杂，多为二维或三维渗流，求解较难，通常采用图解法绘制流网求得问题的近似解，简便、快速，在工程中应用较为广泛。流网是由流线和等势线所组成的曲线正交网络。流线表示水质点的运动路线，流线上任一点的切线方向就是流速矢量的方向；等势线是渗流场中势能或水头的等值线，如坝基渗流流网（图3）。

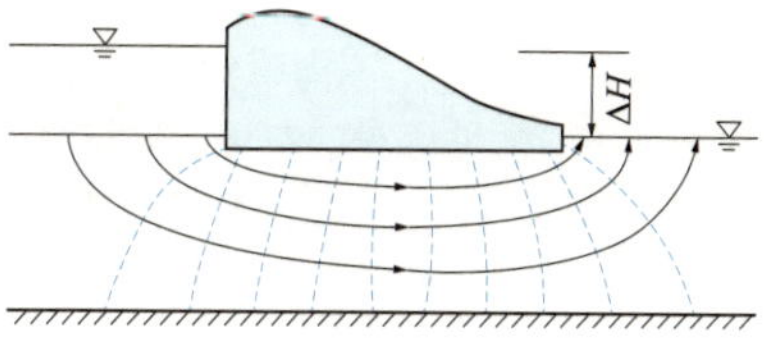

图3 坝基渗流流网示意图

渗透破坏问题 渗透过程中当渗透力过大时，土颗粒间可能发生相对运动甚至土体的整体移动，使土体产生变形甚至破坏，造成边坡、堤坝或基坑的失稳破坏。

单位水力梯度下土中的渗流速度称为渗透系数。其综合反映了土体的透水能力，是土的一个重要性质指标。渗透系数的测定可以分为室内试验和现场试验两大类。①室内试验。根据测试的原理，可分为常水头试验和变水头试验。常水头试验适用于透水性强的无黏性土，变水头试验适用于透水性弱的黏性土。②现场试验。主要包括井孔抽水试验和井孔注水试验。

影响土体渗透系数的因素很多，可以归纳为土的因素和水的因素两大方面。①土的因素。包括土颗粒的粒径、级配、矿物成分、孔隙比、结构和构造等。②水的因素。主要是水的重度和黏滞度。土中孔隙是水流的通道，孔隙通道大小直接影

各类土渗透系数参考值

土的种类	渗透系数/cm·s^{-1}	渗透性
卵石、碎石、砾石	$>1\times10^{-1}$	高渗透性
砂土	1×10^{-3}～1×10^{-1}	中渗透性
粉土	1×10^{-4}～1×10^{-3}	低渗透性
粉质黏土	1×10^{-6}～1×10^{-5}	极低渗透性
黏土	1×10^{-7}～1×10^{-6}	几乎不透水

响土的渗透能力。一般而言，颗粒越粗，孔隙通道就越大，透水能力就越强。表中给出了各类土的渗透系数的大致范围。

（杨仲轩　胡　正）

土钉墙支护　soil nailing wall support　由天然土体通过土钉就地加固并与喷射砼面板相结合，形成一个类似重力挡墙以抵抗墙后土压力、保持开挖面稳定的措施。土钉墙是通过钻孔、插筋、注浆来设置的，一般称砂浆锚杆，也可以直接打入角钢、粗钢筋形成土钉。土钉墙的做法与矿山加固坑道用的喷锚网加固岩体的做法类似，故也称为喷锚网加固边坡或喷锚网挡墙。

墙体特点：①形成土钉复合体，显著提高边坡整体稳定性和承受边坡超载的能力。②施工设备简单，由于钉长一般比锚杆的长度小得多，不加预应力，所以设备简单。③随基坑开挖逐层分段开挖作业，不占或少占单独作业时间，施工效率高，占用周期短。④施工不需单独占用场地，对现场狭小、放坡困难、有相邻建筑物时显示其优越性。⑤土钉墙成本费较其他支护结构显著降低。⑥施工噪音小、振动小，不影响环境。⑦土钉墙本身变形很小，对相邻建筑物影响不大。

具体应用：①托换基础。②基坑支挡或竖井。③斜坡面的挡土墙。④斜坡面的稳定。⑤与锚杆挡墙结合做斜面的防护。

（徐日庆）

土动力学　soil dynamics　研究动荷载在土中引起的振动和波动规律以及土的变形、强度和稳定性的一门学科。传统的土力学以静荷载为主，研究土的基本特性和土体的稳定性。而在工程实践中多为动荷载，如地震、交通、海浪、动力机械等振动荷载或爆炸、打桩等冲击荷载。动荷载作用下土体将表现出与静荷载下不同的特点。

土动力学的研究始于20世纪30年代，随着机器制造业和交通运输业的发展，人们开始对动力机器、运动车辆等振动作用下地基土的动力特性进行研究。第二次世界大战以后，随着原子能工业的发展，冲击荷载作用下土的动力学问题成为土动力学主要课题。20世纪60年代以后，对地震、海洋、交通等振动荷载作用下土动力学展开了深入研究。

土动力学的研究内容主要包括：①工程建设中各种动荷载作用及特点。②动荷载在地基中引起的振动和波动的规律。③土在动荷载下的动变形、强度、液化动力特性。④动荷载作用下的本构关系。⑤土动力特性测试方法与测试技术。⑥动荷载作用下土体的稳定性，包括动荷载作用下土与结构物的相互作用、地基承载力、土坡稳定性以及挡土墙的土压力。

（夏唐代）

土方开挖工程　earthwork excavation engineering　采用机械或人工的方法将土和岩石进行松动、破碎、挖出并运走的工程。

沿革　近现代意义的基坑土方开挖技术起源于19世纪60年代英国伦敦地铁的建设，经历了人工开挖、手动挖掘机开挖、机械开挖的逐步发展历程。在开挖施工控制方面，随着建筑工程周边环境保护要求的不断提高，在1994年建成的中国上海地铁1号线工程建设中，中国学者刘建航首次提出了基坑开挖的时空效应理论，对基坑开挖无支撑暴露空间、时间做了明确规定。由刘建航主编的《基坑工程手册》于1997年出版，首次将时空效应理论写入书中。时空效应理论已广泛应用于软土深基坑工程建设中。

土方开挖方法　土方开挖通常针对基坑工程支护设计、周边环境和场地条件等情况进行组织，在控制基坑变形、保护周边环境的原则下，根据对称、均衡、限时等要求确定开挖方法。随着地下空间开发向深层发展以及环境保护要求的日益提高，基坑土方开挖的机械化、自动化和信息化施工技术将会得到很好的发展，将越来越多地采用互联网、数字化技术来实现基坑施工全过程的数据实时共享、专家系统分析等远程智能建造技术，以及毫米级的微变形控制技术和手段来进一步提升施工技术水平。

放坡开挖　当场地允许并经过验算能保证土坡稳定性时，可采用放坡开挖；开挖较深时应采用多级放坡；多级放坡的平台宽度不宜小于1.5米。

有围护无内支撑的基坑开挖　采用土钉墙、土层锚杆支护的基坑，应根据土钉、锚杆的竖向间距分层分段开挖，分段长度不宜大于30米。每层每段开挖后应及时进行支护施工，尽量缩短无支护暴露时间。采用重力式水泥土墙、板桩悬臂围护的基坑开挖，可采取平面分块、均匀对称的开挖方式，并及时浇筑垫层。采用钢板桩拉锚的基坑开挖前，应确保拉锚体系设置完毕且预应力施加达到设计要求；锚桩与锚筋在土方开挖过程中应采取保护措施。

有内支撑的基坑开挖　开挖方法和顺序应遵循“先撑后挖、限时支撑、分层开挖、严禁超挖”的原则，尽量减少基坑无支撑暴露时间和空间。

盆式土方开挖方式适用于中部设置支撑且面积较大的基坑。开挖方法为：先开挖基坑中部土方，过程中在基坑中部形成类似盆状土体，再开挖基坑周边土方（图1）。采用盆式土方开挖时，盆边土体高度、盆边宽度、土体坡度等应根据土质条件、基坑变形和环境保护等因素确定。盆边土体应按照对称的原则进行开挖，并应结合支撑系统的平面布置，先行开挖与对撑相对应的盆边分块土体，以使支撑系统尽早形成。

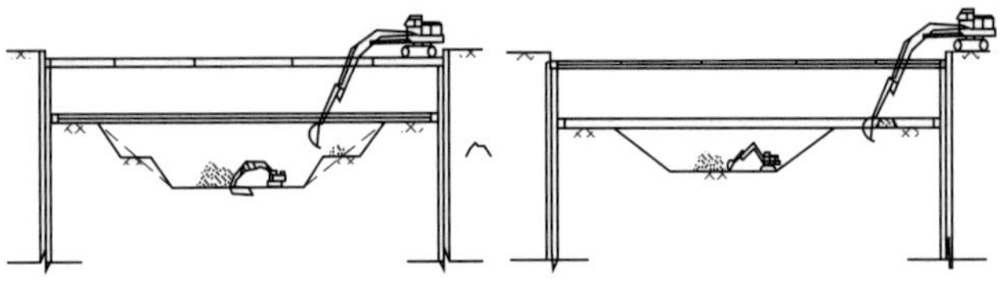

a 盆状土体二级放坡　　b 盆状土体一级放坡

图1　盆式土方开挖典型剖面图

岛式土方开挖方式适用于支撑系统沿基坑周边布置且中部留有较大空间的基坑。开挖方法为：先开挖基坑周边土方，过程中在基坑中部形成类似岛状的土体，再开挖基坑中部的土方（图2）。基坑中部大面积无支撑空间的土方开挖较为方便，可在支撑养护阶段进行开挖。

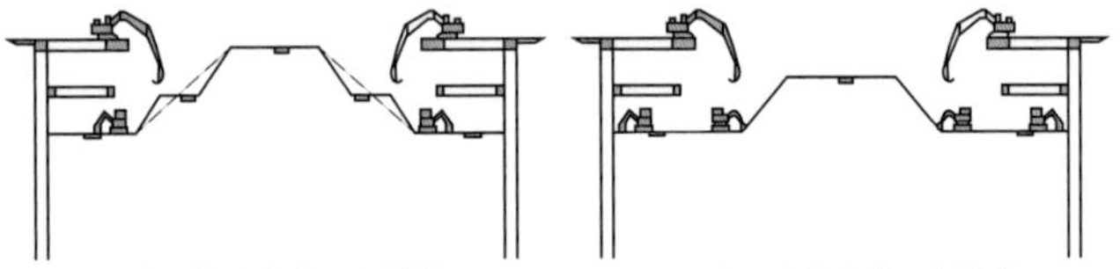

a 中心岛状土体二级放坡　　b 中心岛状土体一级放坡

图2　岛式土方开挖典型剖面图

采用岛式土方开挖时，基坑中部岛状土体大小、岛状土体高度、土体坡度应根据土质条件、支撑位置等因素确定，岛状土体的大小不应影响整个支撑系统的形成。

运输车辆施工道路设置　坑外道路的设置一般沿基坑四周布置，其宽度应满足机械行走和作业要求。对于设置坑内栈桥的基坑，坑外道路的设置还应与栈桥相连接。

坑内土坡道路的宽度和土体强度应能满足机械频繁行走的要求。土坡面层加强可采用浇筑钢筋混凝土和铺设路基箱等方法；土坡两侧坡面加强可采用护坡、降水等方法；土坡土体加固可采用高压旋喷、压密注浆等加固方法。

当无法设置坑内土坡道路时，可利用第一道混凝土支撑设置施工栈桥道路和平台。逆作法施工基坑一般以取土作业层作为施工机械作业和行走道路。坑内栈桥道路也可作为土方装车挖掘机的作业平台。

（朱毅敏）

土工试验 soil testing 将工程场地中采取的岩土体样品，在实验室中做定性、定量分析的测试技术。土工试验的目的是对岩土试样进行测试，获得岩土的物理力学性质、渗透性以及动力特性等指标，从而为场地岩土工程条件的正确评价提供必要的依据。土的性质决定了土不同于其他建筑材料，进行相应的土工试验有相当大的必要性。土工试验技术的发展不仅提高了工程施工的安全性和经济效益，对土力学理论研究和发展也具有一定的推动作用。

土工试验方法标准或规程是从事各项试验工作的重要依据，全世界许多国家都已制定了试验规程。1956年，中国水利部颁发了首部《土工试验规程》，推动了试验方法的标准化。土工试验主要有5个方面：①土的物理性质试验。包括密度试验、含水率试验、颗粒分析试验、界限含水率试验、土粒比重试验、渗透试验等。②土的变形试验。包括固结和压缩试验、静止侧压力系数试验、流变试验等。③土的强度试验。包括直接剪切试验、三轴压缩试验、无侧限抗压强度试验等。④土的动力性质试验。包括振动三轴试验、共振柱试验、动单剪试验等。⑤土的矿化分析试验。包括黏土矿物鉴定试验、土的化学分析试验等。此外对于一些特殊岩土需要开展一些特定试验用来评价土的工程性质，如黄土湿陷性试验、膨胀土膨胀及收缩试验、盐渍土溶陷性试验、冻土力学性质试验等。

（于永堂）

土工塑料制品 plastic products for civil engineering 用于土木工程的塑料制品。土工塑料制品主要包括塑料土工格栅和塑料土工膜。

塑料土工格栅 多以高密度聚乙烯或聚丙烯为主要原料，经塑化挤出、冲孔、拉伸而成平面网状结构。塑料土工格栅主要用于工程建设中的土体加筋或加固材料，一般分为单向拉伸塑料土工格栅和双向拉伸塑料土工格栅。①单向拉伸塑料土工格栅。适用于挡墙、陡坡、路堤、桥台，以及塌方修复等工程的加筋材料。②双向拉伸塑料土工格栅。适用于公路、铁路、机场、码头等的软基处理和边坡、堤坝、护岸、道路拓宽、公路路面、机场道面等工程的加固材料。

塑料土工膜 以塑料薄膜为防渗基材，与无纺布复合而成的土工防渗材料，主要有聚乙烯（PE）和聚氯乙烯（PVC）土工膜等。主要用于水利工程、市政工程、农业和交通工程等防渗工程。

聚乙烯土工膜可分为高密度聚乙烯土工膜（土工膜密度大于0.94克/厘米^3）、低密度聚乙烯土工膜（土工膜密度小于0.94克/厘米^3）和线形低密度聚乙烯土工膜（土工膜密度小于0.94克/厘米^3）。对制备聚乙烯土工膜的聚合物密度有明确要求。按照土工膜密度的不同，技术性能指标要求不同。

聚氯乙烯土工膜可分为单层聚氯乙烯土工膜、双层聚氯乙烯复合土工膜及夹网聚氯乙烯复合土工膜。单层和双层聚氯乙烯土工膜物理力学性能要符合表1要求，耐静水压见表2。

表1 单层和双层聚氯乙烯土工膜物理力学性能

项目		指标
密度/g·cm^{-3}		1.25～1.35
拉伸强度（纵/横）/MPa		≥15～13
断裂伸长率（纵/横）/%		≥220～200
撕裂强度（纵/横）/N·mm^{-1}		≥40
低温弯折性/−20℃		无裂纹
尺寸变化率（纵/横）/%		≤5
耐静水压/MPa		见表2
渗透系数/cm·s^{-1}		≤10^{-11}
透气系数/（cm^3·cm）·（cm^2·s·cmHg）$^{-1}$		按设计或合同规定
热老化处理	外观	无气泡，不黏结，无孔洞
	拉伸强度相对变化率（纵/横）/%	≤25
	断裂伸长率相对变化率（纵/横）/%	≤25
	低温弯折性/−20℃	无裂纹

表2 单层和双层聚氯乙烯土工膜耐静水压

项目		指标				
单层聚氯乙烯土工膜	膜材厚度/mm	0.3	0.5	0.8	1.0	1.5
	耐静水压，≥MPa	0.5	0.5	0.8	1.0	1.5
双层聚氯乙烯土工膜	膜材厚度/mm	0.6	0.8	1.0	1.5	2.0
	耐静水压，≥MPa	0.5	0.8	1.0	1.5	1.5

夹网聚氯乙烯复合土工膜物理力学性能要符合表3要求，耐静水压见表4。

表3 夹网聚氯乙烯复合土工膜物理力学性能

项目		指标
密度/g·cm^{-3}		1.20～1.30
断裂强力（纵/横）/kN·（5cm）$^{-1}$		0.5～2.0
低温弯折性/−20℃		无裂纹
尺寸变化率（纵/横）/%		≤5
撕裂负荷（纵/横）/N		≥80
耐静水压/MPa		见表4
加州承载比*CBR*顶破强力/kN		按设计或合同规定
渗透系数/cm·s^{-1}		≤10^{-11}
透气系数/（cm^3·cm）·（cm^2·s·cmHg）$^{-1}$		按设计或合同规定
热老化处理	外观	无气泡，不黏结，无孔洞
	断裂强力相对变化率（纵/横）/%	≤25
	低温弯折性/−20℃	无裂纹

表4 夹网聚氯乙烯复合土工膜耐静水压

项目	指标				
膜材厚度/cm	0.5	0.8	1.0	1.5	2.0
耐静水压，≥MPa	0.5	0.8	1.0	1.5	2.0

（冉千平）

土拱效应 soil arching effect 由于介质的不均匀位移引起的，土拱的形成改变了介质中的应力状态，引起应力重新分布，把作用于拱后或拱上的压力传递到拱脚及周围稳定介质中的现象。1884年，英国科学家I. 罗伯茨首次发现了“粮仓效应”，粮仓底面所承受的力在粮食堆积高到一定程度后达到最大值并保持不变，这就是土拱效应的一种表现形式。

存在条件 美籍奥地利人K. 太沙基于1936年通过活动门实验证明了土力学领域土拱效应的存在，并得出了其存在的条件：①土体之间产生不均匀位移或相对位移。②作为支撑的拱脚的存在。

其中拱脚的存在尤为重要。拱脚应是一种相对稳定、坚固的承力机构，应足以承受由拱体传递的抑制拱体上方（或后方）土体位移所产生的力。在大量的实际工程中，拱脚大致可以分为以下几种形式：①直接拱脚。支护结构本身发挥其抗弯或抗压性能形成的拱脚，如抗滑桩和护壁桩等（图中土拱左侧拱脚所示）。②摩擦拱脚。土体与外加支护结构之间的摩擦力形成的拱脚，"粮仓效应"正是谷粒与仓壁之间的摩擦力形成的拱脚。③土体拱脚。指土拱拱脚支撑于稳定土体的拱脚形式（图中土拱右侧拱脚所示）。

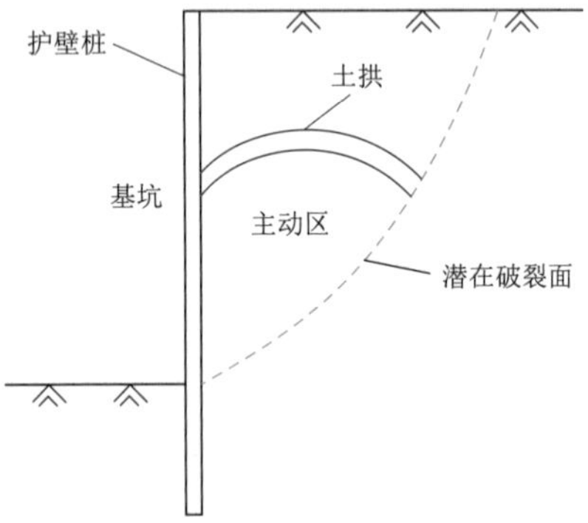

土拱示意图

形成机理　在土力学领域，土拱是用来描述应力转移的一种现象，这种应力转移是通过土体抗剪强度的发挥而实现的。在荷载或自重的作用下，土体发生压缩和变形，当拱脚刚度较大而支撑结构刚度较小时，土体产生不均匀沉降，土压力局部增大，土压力增大的这部分土体产生移动，而其余部分保持原来的位置不动，土中的这种相对运动受到土体抗剪强度的阻抗，使移动部分土体的压力减小，而不动部分上的压力增加，致使土颗粒间产生互相楔紧的作用，于是在一定范围土层中产生土拱效应。正是由于土拱效应的存在，围护结构后的主动土压力产生重分布。

土体中除了竖向存在土拱效应外，水平方向同样存在着土拱效应。合理利用竖向及水平向的土拱效应可使土体的应力重分布向对工程有利的方向发展，充分利用土体自身的抗变形能力。

（杨仲轩）

土力学　soil mechanics　应用理论力学、材料力学、流体力学等基础理论研究土的工程性质、与土有关的工程问题的工程技术学科。是土木工程学科的一个分支。土力学主要研究、分析地基土的工程性质、地基承载能力、土体的变形和稳定、土中渗流，以及土压力问题。土力学也被认为是工程力学的一个分支，但它与其他力学分支不同。土力学研究的对象是土，土是自然、历史的产物。不仅土类不同，土的工程性质不同，而且同一类土在不同区域，其工程性质也可能有较大差别。研究对象的特殊性决定了土力学学科的特殊性。美籍奥地利人K.太沙基认为"土力学是一门应用科学，更是一门艺术"。

在土力学形成独立学科以前，不少学者为土力学学科的形成做了很多研究工作，被称为土力学的奠基性工作。主要有：法国的C.-A.de库仑于1773年提出、后来由德国的C.O.莫尔发展形成的莫尔－库仑抗剪强度理论，为土体稳定分析奠定了基础，库仑还建立了库仑土压力理论；法国的H.P.G.达西通过室内渗透试验研究于1856年提出了达西渗流定律，建立了渗透理论；英国的W.J.M.朗肯于1857年提出了土体极限平衡理论；法国的J.V.布西涅斯克于1885年提出了在均质各向同性半无限空间表面上作用一竖向集中力，如何求解形成的应力场和位移场的计算方法；德国L.普兰特尔于1920年提出了条形基础极限承载力公式；瑞典W.费莱纽斯于1922年在处理铁路滑坡问题时提出了土坡稳定分析方法等。

1923～1923年，太沙基在黏土试样试验发现的饱和土有效应力原理，吸取了莫尔－库仑抗剪强度理论、库仑土压力理论、朗肯的土体极限平衡理论、达西的渗流理论、布西涅斯克的地基中应力计算理论等有关理论，于1925年出版《土力学》（*Erdbaumechanik auf Bodenphysikalischer Grundlage*）。该书出版标志着土力学学科的诞生。1942年，太沙基出版专著《理论土力学》。1948年，太沙基与他的学生R.B.佩克合著了《工程实用土力学》，进一步完善了太沙基土力学理论。

随着三轴试验等土工试验设备和测试技术的进步和理论研究的发展，土的抗剪强度理论、蠕变理论、多维固结理论和应力－应变关系理论等得到不断发展，土力学知识也得到不断普及和提高，土力学得到相应的发展。1936年，国际土力学与基础工程协会（ISSMFE）成立，同年在太沙基主持下于美国哈佛大学召开了第一届国际土力学及基础工程学术讨论会。中国于1962年在天津召开了第一届土力学及基础工程学术讨论会，并于1979年开始出版专业性期刊《岩土工程学报》。

20世纪60年代，土力学与相关学科工程地质学和岩体力学不断融合，为土木工程建设服务，形成岩土工程学科。土力学与岩土工程关系密切。世界各国已将土力学及基础工程系列学术讨论会改名为土力学及岩土工程学术讨论会。

在土力学的一般研究内容中，土的成因和组成分析主要研究土的生成和演化过程、土的三相组成及其相互作用等；土的物理性质和工程分类主要研究土的物理力学性质及其表征指标，以及土的分类标准和应用范围等；土中水和渗流主要研究内容为土中水渗流量的计算、渗透破坏形式及其防治措施等；地基中应力计算主要研究和确定土体及其土工结构物变形、强度及其稳定等问题的基础和依据，是土工设计的一项重要内容；土的**应力－应变关系**和本构模型研究主要涉及土相比与其他材料的特殊变形性质和强度性质；土的压缩固结主要研究内容为最终沉降量的计算，以及沉降随时间的变化关系等；土的抗剪强度研究中除了常规的测试仪器和试验方法外，还涉及不同试验条件和工况下不同强度指标的差异与适用情况；地基承载力方面主要研究内容为地基的极限承载力和容许承载力的分析方法和影响因素；土压力分析主要讨论作用在挡土结构物上的土压力性质及土压力计算，包括土压力的大小、方向、分布和合力作用点等；土坡稳定分析中主要包括土坡稳定性计算中的基本原理和方法。土力学已衍生出许多分支，如软黏土力学、黄土力学、土动力学、海洋土力学、临界状态土力学、计算土力学等。

（龚晓南）

土面区　soil surfaced area　飞行区内位于土基以外，需进行平整和碾压并满足一定压实度要求的土面。土面区主要由黏土或岩体组成，包括跑道端安全区、升降带平整区及其他有平整和碾压要求的区域。跑道端安全区和升降带平整区的土质密实度要求大于87%。土面区的施工具有处理面积大、工期短及雨季施工困难等特点。

土面区内的沟、坑、塘等不要求进行特殊处理，但应排除积水，晾干淤泥。土面区填方地段的植物土可不挖除，但应清除树根、草丛和稻根。除跑道端安全区和升降带平整区表面下20厘米范围，泥炭、淤泥、草皮土、腐殖土、膨胀土、盐渍土等晾干后均可作为土面区填土，但不同类土壤不宜混填。石方或土石混合料填筑接近设计高程时，距设计高程15厘米内应采用不夹有石块的土填至设计标高。

土面区排水设计必须与整个机场地势设计相结合，并综合考虑土方工程、排水设施造价及维护成本。土面区排水设计的基本原则为：①土面区径流不得流入道面区。②土面区径流不影响场外区域的使用。③土面区不冲刷、不积水。

土面区的排水一般采用"横坡＋明沟""横坡＋盖板明沟""横坡＋浅沟＋雨水口＋检查井＋暗沟管""雨水口＋支管＋排水沟管"4种。其中，"横坡＋

明沟”适用于升降带之外的土面区；“横坡＋盖板明沟”和“横坡＋浅沟＋雨水口＋检查井＋暗沟管”用于升降带土面区；“雨水口＋支管＋排水沟管”则用于局部孤立洼地。（凌建明）

土木多源异构数据融合 multi-source heterogeneous data fusion for civil information 通过技术手段对土木多源异构数据进行降噪、分类、关联、降维，从而实现工程多源异构数据融合的过程。多源异构数据指数据来源、格式、时空、尺度、语义性等几个层次的多源性；狭义上指数据格式的多样。1992年，法国D.迪布瓦等提出信息从多种源头获取，这些多源数据可能不完整、有不确定性，甚至会相互冲突。如何融合多源数据获得最可信的信息，并且保持各个单源数据的特性，成为多源异构信息处理的核心。多源异构信息处理在地理信息领域较早开展，如加拿大的T.蒂耶里等在遥感影像融合领域进行了研究，武强等提出了基于多源数据的地质建模方法。

土木多源异构数据融合主要分为3种方式。①数据层融合。直接在各种土木传感器采集到的原始数据基础上进行融合。数据层融合一般采用集中式融合体系进行融合处理，如成像传感器中通过对包含若干像素的模糊图像进行图像处理来确认目标属性。②特征层融合。可分为目标状态融合和目标特性融合，一般是首先对来自土木传感器的原始信息进行特征提取（目标的边缘、方向、速度等），然后对特征信息进行综合分析和处理。特征层融合的优点是实现信息压缩，有利于实时处理，并且由于所提取的特征直接与决策分析有关，因而融合结果能最大限度地给出决策分析所需要的特征信息。特征层融合一般采用分布式或集中式的融合体系。③决策层融合。利用不同类型的土木传感器观测同一个目标，每个传感器在本地完成数据预处理、特征抽取、识别或判决，并建立对所观察目标的初步结论，然后通过关联处理对多个传感器的结论进行决策层融合判决，最终获得联合推断结果。

土木多源异构数据融合技术可应用在多源异构地质数据集成与地质建模、运营维护阶段的结构健康监测与评价等实际问题中，对土木工程数据处理和分析有着重要的作用。（李晓军）

土木工程变形卫星定位技术 deformation satellite positioning technology in civil engineering 采用卫星定位进行土木工程变形监测的技术。变形卫星定位技术是将卫星定位信号接收机安置在工程变形监测对象上，测量出已知位置的卫星到用户接收机之间的距离，然后综合3颗以上的卫星数据解算出接收机随时间变化的空间三维坐标（见图），实现对变形体的持续观测，从而对变形体的形态进行分析并预测其发展态势。定位计算的主要方法有伪距法定位、载波相位测量定位和差分定位。

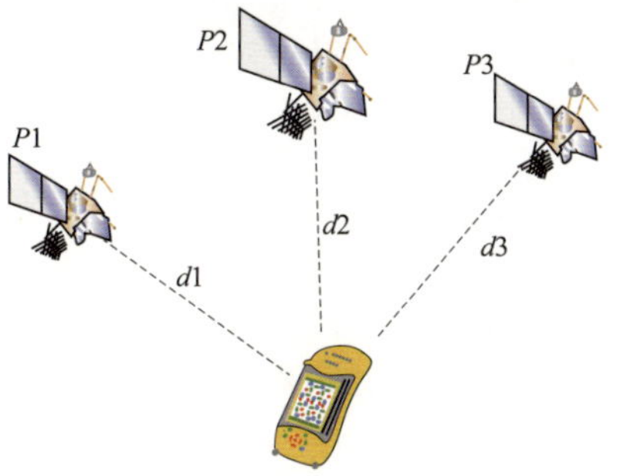

卫星信号接收机空间定位示意图

卫星实时动态定位技术在不断发展，信号接收机采样率已达到10～20赫兹，绝对定位精度达到毫米级；在卫星精确定轨的前提下，相对定位可以达到10～8量级，足以满足工程变形监测的毫米级精度要求。

一个典型的卫星定位工程形变监测系统，其基本组成包括由卫星接收机单元组成的监测终端、监测管理平台软件和通信网络。系统利用多个卫星接收机对全球定位系统的卫星星座进行同步观测，采集原始观测数据并进行算法处理，解算出各观测站间的三维基线向量，之后进行对比分析，得出每个被监测点的三维位移分量。（陈　鹏　童小华）

土木工程病变 disease evolution civil engineering 土木工程设施由于勘察、设计、材料、施工、运营维护中存在的问题或由于受到的荷载、所处环境条件的综合作用，使结构产生缺陷、发生损伤或性能劣化，失去在正常施工和使用时保持良好工作性能与耐久性的能力，或在可预计的偶然事件发生时及发生后，丧失必需的整体稳定性等。

类型　常见的土木工程病害包括：①房屋、桥梁、水利工程结构过大的位移或变形。②混凝土结构出现蜂窝麻面、露筋锈蚀、开裂、疏松、剥蚀、脱落、集料膨胀、破损。③钢结构出现裂纹、锈蚀、断裂等。④水库严重淤积或是渗漏严重。⑤隧道渗漏水、塌方冒顶、围岩开裂变形、衬砌裂损和腐蚀、基床破损等。⑥公路路基沉降变形、边坡滑塌，沥青路面开裂、泛油、剥落、车辙等。

这些土木工程病害，通常都有一个由轻到重逐步发展的过程，有各自的演化规律。从病害发展演化的角度，土木工程病变可分为由于设计施工或自身材料缺陷以及构件连接缺陷所造成的土木工程构件缺陷；由于物理、化学或生物因素的作用而使材料发生组成变化和微结构损伤，从而导致宏观性能退化的土木工程材料劣化；构件缺陷及材料劣化不能及时处理，或由于超过设计考虑的使用荷载、自然及人为灾害作用，逐步发展为土木工程结构损伤，严重时甚至造成土木工程结构失效。

因素　导致土木工程病变的因素较多。①由于结构的设计性能不足造成的，如由于计算分析失误导致设计安全系数过小、对结构耐久性问题认识不足、对后期维护需求考虑不周等。②由于结构材料性能不足导致，如由于混凝土强度不足或是出现早龄期水化热高、收缩大、体积稳定性差而引起混凝土开裂等问题。③由于施工不当造成的，比如预应力张拉不足引起的结构变形过大与开裂现象，混凝土浇筑不佳引起的蜂窝、麻面等。④由于使用荷载的不利变化造成的，比如土木工程承受了超出预期的地震灾害、洪灾、风灾、地质灾害、火灾等，以及车、船撞击和严重的车辆超载等。⑤后期的养护不当及环境恶劣等因素也会造成不同程度的病变，如除冰盐等物质中的氯离子会导致钢筋混凝土中钢筋的钝化膜破坏，加速锈蚀反应。

控制方法　土木工程病变可以通过对与其相关联的结构状态参数的观测来尽可能早的发现，从而及时采取维护措施，避免产生严重的后果。因此，应通过加强检查、检测（目视检测、无损检测、半破损检测）及监测手段及时发现结构出现的问题，分析研究其产生原因，评估其可能产生的影响，预测后期工程结构性能变化，对症采取养护措施防止微小病害进一步扩大，以减缓病变速度，使土木工程始终处于良好的服务状态，达到延长其使用寿命、节约养护费用的目的。（张宇峰　张宸茜　朱晓文）

土木工程材料 civil engineering materials 土木工程所用材料及制品的总称。也是土木工程材料学科的统称。

发展史　土木工程材料的发展与土木工程的发展是互相推动、密切相关的。新的材料常常带来工程的变革，工程变革的需要又促进新材料的诞生。

早在新石器时代以前，人类就利用天然材料，如土、石、草、树干、树皮、树叶等营造住所。随着生产力的发展，各种人造土木工程材料相继出现。西安半坡等遗址的发掘，证明在公元前5000年，中国已开始对天然材料进行简单的加工，如用烧白土、草筋泥等涂抹墙面和地坪，用碎陶、砾石与泥土拌和夯实作为柱的基础，实际上这也是人造土木工程材料煅烧和复合工艺的开端。后又用夯土和土坯筑墙，并发展到制作石灰、砖、瓦、琉璃，以及其他烧土制品。“秦砖汉瓦”早已闻名于世，足见中国使用人造土木工程材料历史之悠久。古埃及的烧石膏，古希腊、古罗马的石灰和掺火山灰的石灰，拉丁美洲印加帝国的石工建筑技术，均在土木工程材料的发展史上占据重要地位。正是基于对土、石、木等天然材料的加工和上述人造材料的创造应用，出现了诸如中国的长城、都江堰水利工程，埃及的**金字塔**，罗马帝国的引水道、万神殿等伟大建筑。工业革命以后，钢材开始被用作土木工程材料，大跨和高耸建筑逐渐发展。19世纪初，波特兰水泥问世，不久即出现了**混凝土**和**钢筋混凝土**。20世纪30年代以来，发明了预应力混凝土；玻璃和陶瓷制品也大量用于土木建筑。桥梁方面，在采用钢材以前，跨度很少达到100米，有了轧制钢材，出现了跨度500米以上的桁架梁桥和拱桥，以至主跨1900米以上的悬索桥。而预应力混凝土的发展更使现代桥梁技术在荷载、跨度、经济性、耐久性，以及适应性等方面，都达到了很高的水平。中国具有代表性的体育建筑——国家游泳中心（俗称水立方）、国家体育场（俗称鸟巢），是具艺术性与实用性的钢结构建筑的典范。现代土木工程材料种类不断增加，性能不断提高，出现了诸多新型复合材料，如**超高性能混凝土**、**聚合物混凝土**、泡沫混凝土、PVC钢板、玻璃钢、沥青混合料等。如果说土木工程的发展标志着人类文明水平的不断提高，那么不断发展的土木工程材料则是人类文明建设的重要物质基础。

分类　土木工程材料种类繁多，可按其性质和用途的不同进行分类。

按性质分类可分为**土木工程用非金属材料**、**土木工程用金属材料**、有机材料，以及由两种及两种以上材料复合而成的复合材料等。①土木工程用非金属材料。主要有天然的黏土、砂砾、石材和人造的砖、瓦、陶瓷、琉璃等烧土制品；水泥、石灰、石膏等胶凝材料，粉煤灰、矿渣微粉、硅灰等辅助胶凝材料；以水泥为基础的各种混凝土及其制品；各种玻璃及其制品；无机涂料、石棉、矿棉、纤维制品和熔岩制品等。②土木工程用金属材料。主要有以钢铁、有色金属及其合金制造的型材、管材、板材和金属制品等。③有机材料。主要有木材、竹材、建筑塑料、有机涂料、防水卷材、胶黏剂和混凝土用化学外加剂等。④复合材料。狭义指纤维增强塑料（玻璃钢）和层压材料；广义则指两种或两种以上材料复合组成的材料，包括很多人造土木工程材料品种。例如，各种含有辅助胶凝材料的水泥砂浆和混凝土也被称作水泥基复合材料，同样还有沥青复合材料、钙塑制品等。

按用途可分为结构材料、绝热材料、吸声材料、防水材料、灌浆材料，以及愈来愈受到重视的、正在迅速发展的各种装饰装修材料等。科学技术的进步将为土木工程提供更多的材料新品种，因此土木工程材料的分类也将更为精细。

重要性　土木工程材料是重要的大宗材料，具有用量大、用途广的特点，在国民经济中占有重要位置。水泥、混凝土、钢材、塑料的大量使用使得土、石、石油等天然原材料的消耗量十分庞大。在土木工程的总造价中，材料费所占比重也很大。此外，生产大量的土木工程材料，也需要消耗大量的能源与资源，土木工程材料工业在中国已成为耗能第四的行业。因此，节约与合理使用材料，降低生产中的能耗与料耗，重视建筑物长期使用中的节能，延长土木工程材料的服役寿命等，将产生巨大的社会效益和经济效益。

随着科学技术的进步和土木工程行业的蓬勃发展，土木工程材料不仅在产量上有着大幅度的增加，还出现了很多高效能的新品种，对世界经济的发展和人民生活的改善起到了显著作用。例如，高强度钢材比普通碳素钢可提高强度达1.5～6倍，冷弯型钢比相同截面的热轧型钢可节约钢料30%～50%；掺加高性能减水剂以及硅灰、矿渣微粉、粉煤灰等辅助胶凝材料，可制备出高性能或超高性能混凝土；新品种建筑玻璃如中空、吸热、热反射、选择吸收玻璃等，以及各种复合墙体材料，能够大幅降低建筑能耗，改善人居环境；用空心混凝土砌块和大空隙率的黏土空心砖代替实心小砖，能够节约大量煤炭和黏土资源，少毁良田。新出现的品种繁多的装修、装饰材料，尤其是各种清水混凝土、建筑塑料和涂料，提高了建筑物的艺术性，改变了城乡建筑的面貌，丰富了广大人民的生活。

开发和技术进步　为了满足未来土木工程发展对材料的需求，满足建筑功能以及坚固、耐久、经济、美观等的要求，除继续发展新的材料品种，并不断开拓新的应用范围以外，还应在改善材料性能，改进制作工艺，因地制宜、就地取材三个方面进行大量的工作，达到某些特殊性能，或满足深海、深地、严寒、干热、高温、高盐等严酷环境的服役要求。

改善材料性能　材料性能包括材料强度、工作性、体积稳定性、防水、隔热、耐久性等重要性能。其中耐久性对于建筑物的安全性和经济性起着关键作用，应给予极大的重视。不少古代建筑物历时千载仍然完好。随着城市化发展和重大土木工程建设的不断推进，水泥混凝土重大结构服役的环境愈加严酷，对其耐久性提出了更高的要求。此外，大跨度桥梁、高负载建筑物的建造不断增加，使得高性能和超高性能混凝土也应运而生。随着复合材料技术的迅速发展，利用和发挥各组分的特长，互相补充，可提高材料某些重要性能或赋予材料多种新的功能，如碳纳米管、石墨烯-水泥复合材料有效提高了水泥基材料的韧性和强度。

改进制作工艺　可在保证或提高性能的前提下，增加产量、降低成本、节约能源和资源。例如，水泥生产采用带窑外分解炉的干法新工艺，与原来的湿法工艺相比，不仅产量大幅度增加，熟料单位热能耗也能降低约三分之一。又如玻璃的浮法工艺、卫生陶瓷的低温快烧工艺，无不具有优质、低能耗和高经济效益。再如自密实混凝土技术，与普通混凝土相比，具有良好的施工性能和填充性能，不仅可提高混凝土密实性，还能节约振捣设备和能源、节省浇筑时间，降低工作噪声、改善施工环境。新出现的数字化成型工艺，如3D打印混凝土技术，打印过程无须模具，实现了复杂建筑构件的精准构造，提高建造效率的同时，节省了材料和人工。

因地制宜、就地取材　开发地方资源和可替代资源是土木工程材料可持续发展的一条重要途径。例如，就近采用火山渣、浮石等天然轻骨料代替陶粒等人造骨料；采用天然火山灰质材料作为水泥混合材料，节约水泥熟料，从而降低材料成本和能耗（包括运输力）。此外，大量利用工矿业的废渣、尾矿作为土木工程材料及其原料，对于保护环境也十分有利。中国的土木工程行业已大量使用了部分工业副产品，如钢渣、矿渣等，用于部分替代碎石和细骨料，或者用于生产水泥及混凝土掺合料。还利用大量电厂粉煤灰制造内燃黏土砖和混凝土掺合料。数量极大的煤矸石，也将逐步作为土木工程材料的原料而加以利用。但是，使用工业废渣必须关注某些工业废渣对混凝土力学性能和体积稳定性的不良影响，通过新的技术和工艺，保证工业废渣的安全使用。

发展前景 21世纪全世界都在呼吁绿色、低碳、环保，这对土木工程材料的发展提出了新的要求和挑战。自20世纪60年代以来，各国已经认识到材料革新对技术进步和产业发展的重要作用。土木工程材料的发展需继续深入研究材料的化学组成以及多尺度微结构特征，建立微结构与宏观行为的内在联系，实现复杂的物理与化学特性可以因不同的应用需要而相应调整，指导材料的生产，最终实现从选择材料到设计材料的跨越。未来，土木工程材料将朝着智能化（自感知、自清洁、自修复等）、高性能化（轻质、环保、高强、抗震、高耐久性等），以及多功能化（结构功能一体化）等方向发展。现代大数据处理和人工智能的革命性发展，有望解决材料设计和服役过程中的共性问题，大幅降低先进土木工程材料的研发周期和成本，并在结构健康监测和寿命预测领域展现出良好的应用前景。

（吴中伟　缪昌文　刘加平）

土木工程材料耐久性 durability of civil engineering materials 土木工程材料在使用过程中，抵抗各种内在或外部破坏因素的作用，保持不变质、不破坏的性能。是衡量**土木工程材料**的一项综合性能。土木工程材料耐久性的具体内容因土木工程材料的种类、组成结构、用途、使用环境和破坏作用的不同而异。

破坏耐久性因素 土木工程材料在使用过程中，除材料内在原因使其组成结构或性能发生变化以外，还受到使用环境中各种因素的破坏作用。这些因素的作用可概括为物理作用、机械作用、化学作用和生物作用。①物理作用。包括光、热、电、温度变化、干湿变化、冻融循环等作用，可使材料的结构发生变化。如内部产生微裂纹或孔隙率增加。②机械作用。包括各种持续荷载的作用，各种交变荷载引起的疲劳、冲击、磨耗和磨损等。③化学作用。包括各种酸、碱、盐及其水溶液、各种腐蚀性气体的作用，对材料具有化学腐蚀或氧化作用。④生物作用。包括菌类、昆虫等的侵害作用，可使材料产生腐朽、虫蛀等而破坏。

从上述导致材料耐久性不良的作用来看，影响材料耐久性的因素主要有外因、内因两个方面。影响材料耐久性的内在因素主要有材料的组成与结构、强度、孔隙率、孔特征、表面状态等。当材料的组成和结构特点不能适应环境要求时便容易过早地产生破坏。

改善措施 实际工程中，材料受到的破坏作用往往是多种因素同时作用。例如，金属材料常因化学和电化学作用引起腐蚀和破坏；无机非金属材料常因溶解、冻融、风蚀、摩擦等因素的作用而引起破坏；有机材料常因生物作用、溶解、化学腐蚀、光、热等作用而引起破坏。对材料耐久性最可靠的判断是在使用条件下，进行长期观测，但长期观测耗时很长，人们通常是根据使用条件与要求，在实验室进行加速试验，快速对材料的耐久性进行判断。

工程中改善材料耐久性的主要措施有：①根据使用环境选择材料的品种。②采取各种方法控制材料的孔隙率与孔特征。③改善材料的表面状态，增强抵抗环境作用的能力。提高材料的耐久性，对保证工程长期处于正常使用的状态，减少维护费用，延长使用年限，节约材料，具有十分重要的意义。

（黄蕴元　刘建忠）

土木工程地质灾害 geological hazards in civil engineering 在土木工程建设过程中所遭遇的由不良地质作用引起人类生命财产损失和生态环境破坏的地质灾害。土木工程地质灾害主要分为：①自然因素诱发的地质灾害，即在土木工程建设中遇到的地质灾害。如2010年中国玉树地震诱发的地裂缝等灾害、2010年8月7日中国甘南藏族自治州舟曲泥石流、2010年10月20日中国福建龙岩地表岩溶塌陷、2013年2月18日中国贵州凯里山体崩塌、2016年9月28日中国浙江遂昌山体滑坡。②人为因素诱发的工程性地质灾害，即土木工程建设本身所诱发的工程性地质灾害。过去几十年，中国的城市基础设施建设取得了飞跃发展，尤其是20世纪80年代以来，各大、中城市工程建设的规模、速度可谓世界之最。社会经济的快速发展带来了城市超强度的工程开发，主要包括密集兴建的高层建筑和超高层建（构）筑群、改善城市环境的地下空间开拓、交通便利的地铁隧道、内畅外联的立体交通网络以及基坑工程降水与开挖施工等基础设施的建设、并伴随着围海造陆工程的扩张等。这些城市超强度开发使得工程性地质灾害出现加速甚至加剧的趋势，其中长江三角洲、珠江三角洲等沿海软土地区的工程性地质灾害问题尤为突出。工程性地面沉降灾害的发展是一个比较缓慢的过程，但长期的沉降累积造成道路开裂、各类管线受损、建（构）筑物倾斜或开裂等灾害现象，给人们的正常生产与生活造成了严重影响。例如，2007年7月24日中国山西煤矿采空塌陷，2012年中国上海陆家嘴地面沉降引发路面开裂。在沿海软土地区城市，某些软土地区地下工程施工事故引起土体变形诱发工程性地面沉降灾害，造成地表建筑物歪斜、道路路面下沉破坏。例如，20世纪60年代之前，上海地区由于长期抽取地下水土层压缩变形引起的地面沉降灾害。高速的城市发展和高强度的工程开发加剧了工程性地质灾害的发生，工程性地质灾害已经成为阻碍大、中城市可持续发展的典型环境地质问题和主要的城

常见土木工程地质灾害

灾害类型	诱发因素		危害
	自然因素	人为因素	
滑坡	地震、降水、融雪、融冰、地下水位上升、河流侵蚀、新构造运动	开挖扰动、爆破、采矿、加载、抽排水	冲毁或掩埋建（构）筑物、线性工程；阻塞河道
崩塌	地震、降水、融雪、融冰、温差变化、河流侵蚀、树木根劈	开挖扰动、爆破、机械振动、抽排水、加载	砸毁建（构）筑物、线性工程；阻塞河道
泥石流	降水、融雪、融冰、堰塞湖溢流、地震	水库溢流或垮坝、弃渣加载、植被破坏	冲毁或掩埋建（构）筑物、线性工程；阻塞河道
岩溶突涌水	岩溶裂隙发育、地表水和地下水交互作用加强、水力坡度增大等	工程设计不合理、开挖方法不当、抽排水强度增大导致构造裂隙发生连通、顶底板被击穿	矿井、巷道、隧道、基坑等地下工程被淹没，冲毁或掩埋工程设施
岩溶塌陷	地下水位变化、地震	抽排水、开挖扰动、采矿、机械振动、加载	损坏建（构）筑物、市政设施及各类生命线工程
采空塌陷	地下水位变化、地震	采矿、抽排水、开挖扰动、震动、加载	损坏建（构）筑物、市政设施及各类生命线工程

续表

灾害类型	诱发因素		危害
	自然因素	人为因素	
地裂缝	地震、新构造运动	抽排水	损坏建（构）筑物、市政设施及各类生命线工程
地面沉降	新构造运动	抽排水、油气开采、高层密集建筑群	损坏建（构）筑物、市政设施及各类生命线工程
工程性土体变形沉降灾害	地下水位变化、土体固结变形沉降、地震活动	上部建筑荷载增加、地下工程施工、施工过程中抽排地下水导致地下水位持续下降、土体不断被压缩	地面标高下沉、建筑物裂缝或歪斜、建筑地基沉降加大、道路或隧道管片开裂、自来水和煤气等各类管线被拉断等
工程性地下渗流灾害	地下水位季节型波动发生潜蚀、机械侵蚀作用	人工抽排地下水使水力坡度加大，破坏土体结构，促进流沙、管涌的形成与发展	基坑工程施工中的流沙、管涌、潜蚀导致地下土层被掏空形成空洞或土洞，引发地面沉降和塌陷灾害的发生

注：线性工程指公路、铁路、隧道、地下管线、桥梁等工程设施。

市灾害。

土木工程主要地质灾害见表。

（唐益群）

土木工程发展史 civil engineering development history 人类出现以来，为了满足住和行以及生产活动的需要，从构木为巢、掘土为穴的原始操作开始，到能建造摩天大厦、万米长桥，以至移山填海的宏伟工程，经历了漫长的发展过程。

引言 土木工程的发展贯通古今，同社会、经济，特别是科学、技术的发展有密切联系。土木工程内涵丰富，而就其本身而言，则主要是围绕着材料、施工、理论3个方面的演变而不断发展。为便于叙述，权且将土木工程发展史划为古代土木工程、近代土木工程和现代土木工程3个时代。以17世纪工程结构开始有定量分析，作为近代土木工程时代的开端；把第二次世界大战后科学技术的突飞猛进，作为现代土木工程时代的起点。

人类最初居无定所，利用天然掩蔽物作为居处，农业出现以后需要定居，出现了原始村落，土木工程进入了萌芽时期。随着古代文明的发展和社会进步，古代土木工程经历了形成时期和发达时期，不过因受到社会经济条件的制约，发展颇不平衡。古代的无数伟大工程建设，是灿烂古代文明的重要组成部分。古代土木工程最初完全采用天然材料，后来出现人工烧制的瓦和砖，这是土木工程发展史上的一件大事。古代的土木工程实践应用简单的工具，依靠手工劳动，并没有系统的理论，但通过经验的积累，逐步形成了指导工程实践的成规。

15世纪以后，近代自然科学的诞生和发展，是近代土木工程出现的先声，是开始在理论上的奠基时期。17世纪中叶，伽利略开始对结构进行定量分析，被认为是土木工程进入近代的标志。从此土木工程成为有理论基础的独立的学科。18世纪下半叶开始的产业革命，使以蒸汽和电力为动力的机械先后进入了土木工程领域，施工工艺和工具都发生了变革。近代工业生产出新的工程材料——钢铁和水泥，使**钢结构**、**钢筋混凝土结构**、**预应力混凝土结构**相继在土木工程中得到广泛应用，土木工程发生了深刻的变化。第一次世界大战后，近代土木工程在理论和实践上开始趋于成熟。近代土木工程几百年的发展，在规模和速度上都大大超过了古代。

第二次世界大战后，现代科学技术飞速发展，土木工程也进入了一个新时代。现代土木工程所经历的时间尽管只有几十年，但以计算机技术、信息技术广泛应用为代表的现代科学技术的发展，使土木工程领域出现了崭新的面貌。

古代土木工程 土木工程的古代时期是从新石器时代开始的。随着人类文明的进步和生产经验的积累，古代土木工程的发展大体上可分为萌芽时期、形成时期和发展时期。

萌芽时期 大致在新石器时代，原始人为避风雨、防兽害，利用天然的掩蔽物，如山洞和森林作为住处。当人们学会播种收获、驯养动物以后，天然的山洞和森林已不能满足需要，于是使用简单的木、石、骨制工具，伐木采石，以黏土、木材和石头等，模仿天然掩蔽物建造居住场所，开始了人类最早的土木工程活动。

初期建造的住所因地理、气候等自然条件的差异，仅有“窟穴”和“橧巢”两种类型。在北方气候寒冷干燥地区多为穴居，在山坡上挖造横穴，在平地则挖造袋穴。后来穴的面积逐渐扩大，深度逐渐减小。在中国黄河流域的仰韶文化遗址（约前5000～前3000）中，遗存有浅穴和地面建筑，建筑平面有圆形、方形和多室联排的矩形。西安半坡遗址（约前4800～前3600）有很多圆形房屋，直径为5～6米，室内竖有木柱，以支顶上部屋顶，四周密排一圈小木柱，小木柱既起承托屋檐的结构作用，又是围护结构的龙骨；还有的是方形房屋，其承重方式完全依靠骨架，柱子纵横排列，这是木骨架的雏形。当时的柱脚均埋在土中，木杆件之间用绑扎结合，墙壁抹草泥，屋顶铺盖茅草或抹泥。在西伯利亚发现用兽骨、鹿角架起的半地穴式住所。

新石器时代已有了基础工程的萌芽，柱洞里填有碎陶片或鹅卵石，即是柱础石的雏形。洛阳王湾的仰韶文化遗址（约前4000～前3000）中，有一座面积约200平方米的房屋，墙下挖有基槽，槽内填卵石，这是墙基的雏形。在尼罗河流域的埃及，新石器时代的住宅是用木材或卵石做成墙基，上面造木构架，以芦苇束编墙或土坯砌墙，用密排圆木或芦苇束做屋顶。

在地势低洼的河流湖泊附近，则从构木为巢发展为用树枝、树干搭成架空窝棚或地窝棚，以后又发展为栽桩架屋的干栏式建筑。中国浙江吴兴钱山漾遗址（约前3000），是在密桩上架木梁，上铺悬空的地板。西欧一些地方也出现过相似的做法，今瑞士境内保存着湖居人在湖中木桩上构筑的房屋。浙江余姚河姆渡新石器时代遗址（约前5000～前3300）中，有跨距达5～6米、联排6～7间的房屋，底层架空（属于干栏式建筑形式），构件之结点主要是绑扎结合，但个别建筑已使用榫卯结合。在没有金属工具的条件下，用石制工具凿出各种榫卯是很困难的，这种榫卯结合的方法代代相传，延续到后世，为以木结构为主流的中国古建筑开创了先例。

随着氏族群体日益繁衍，人们聚居在一起，共同劳动和生活。在中国西安半坡遗址，还可看到有条不紊的聚落布局，在浐河东岸的台地上遗存有密集排列的40～50座住房，在其中心部分有一座规模相当大的（平面约为12.5米×14米）房屋，可能是会堂。各房屋之间筑有夯土道路，居住区周围挖有深、宽各约5米的防范袭击的大壕沟，上面架有独木桥。

这时期的土木工程还只是使用石斧、石刀、石锛、石凿等简单的工具，所用的材料都是取自当地的天然材料，如茅草、竹、芦苇、树枝、树皮和树叶、砾石、泥土等。掌握了伐木技术以后，就使用较大的树干做骨架；有了煅烧加工技术，就使用红烧土、白灰粉、土坯等，并逐渐懂得使用草筋泥、混合土等复合材料。人们开始使用简单的工具和天然材料建房、筑路、挖渠、造桥，土木工程完成了从无到有的萌芽阶段。

形成时期 随着生产力的发展，农业、手工业开始分工。大约自公元前3000年，在材料方面，开始出现经过烧制加工的瓦和砖；在构造方面，形成木构架、石梁柱、券拱等结构体系；在工程内容方面，有宫室、陵墓、庙堂，还有许多较大型的道路、桥梁、水利等工程；在工具方面，美索不达米亚（两河流域）和埃及在公元前3000年，中国在商代（前16～前11世纪），开始使用青铜制的斧、凿、钻、锯、刀、铲等工具。后来铁制工具逐步推广，并有简单的施工机械，也有了经验总结及形象描述的土木工程著作。公元前5世纪成书的《考工记》记述了木工、金工等工艺，以及城市、宫殿、房屋建筑规范，对后世的宫殿、城池及祭祀建筑的布局有很大影响。在一些国家或地区已形成早期的土木工程。

中国在公元前21世纪，传说中的夏代部落领袖禹用疏导方法治理洪水，挖掘沟洫，进行灌溉。公元前5～前4世纪，在今河北临漳县，西门豹主持修筑引漳灌邺工程，是中国最早的多首制灌溉工程。公元前3世纪中叶，在今四川都江堰市，李冰父子主持修建都江堰，解决围堰、防洪、灌溉以及水陆交通问题，是世界上最早的综合性大型水利工程。

在大规模的水利工程、城市防护建设和交通工程中，创造了形式多样的桥梁。公元前12世纪初，中国在渭河上架设浮桥，是中国最早在大河上架设的桥梁。再如在引漳灌邺工程中，在汾河上建成30个墩柱的密柱木梁桥；在都江堰工程中，为了提供行船的通道，架设了索桥。

中国利用黄土高原的黄土为材料创造的夯土技术，在中国土木工程技术发展史上占有很重要的地位（见**中国古代土结构**）。最早在甘肃大地湾新石器时期的大型建筑就用了夯土墙。河南偃师二里头有早商的夯筑筏式浅基础宫殿群遗址，以及郑州发现的商朝中期版筑城墙遗址、安阳殷墟（前14～前11世纪）的夯土台基，都说明当时的夯土技术已成熟。以后相当长的时期里，中国的房屋等建筑都用夯土基础和夯土墙壁。春秋战国时期，战争频繁，广泛用夯土筑城防敌。秦代在魏、燕、赵三国夯土长城基础上筑成万里长城，后经历代多次修筑，留存至今，成为举世闻名的长城。

中国的房屋建筑主要使用木构架结构。在商朝首都宫室遗址中，残存有一定间距和直线行列的石柱础，柱础上有铜锧，柱础旁有木柱的烬余，说明当时已有相当大的木构架建筑。《考工记·匠人》中有“殷人……四阿重屋”的记载，可知当时已有两层楼，四阿顶的建筑了。西周的青铜器上也铸有柱上置栌斗的木构架形象，说明当时在梁柱结合处已使用“斗”，做过渡层，柱间联系构件“额枋”也已形成。这时的木构架已开始有中国传统使用的柱、额、梁、枋、斗拱等。

中国在西周时代已出现陶制房屋版瓦、筒瓦、人字形断面的脊瓦和瓦钉，解决了屋面防水问题。春秋时期出现陶制下水管、陶制井圈和青铜制杆件结合构件。在美索不达米亚（两河流域），制土坯和砌券拱的技术历史悠久。公元前8世纪建成的亚述国王萨尔贡二世宫，是用土坯砌墙，用石板、砖、琉璃贴面。

埃及人在公元前3000年进行的大规模的水利工程以及神庙和金字塔的修建中，积累和运用了几何学、测量学方面的知识，使用了起重运输工具，组织了大规模协作劳动。公元前27～前26世纪，埃及建造了世界最大的帝王陵墓建筑群——吉萨金字塔群。这些金字塔，在建筑上计算准确，施工精细，规模宏大。建造了大量的宫殿和神庙建筑群，如公元前16～前4世纪在底比斯等地建造的凯尔奈克神庙建筑群。

希腊早期的神庙建筑用木屋架和土坯建造，屋顶荷重不用木柱支承，而是用墙壁和石柱承重。约在公元前7世纪，大部分神庙已改用石料建造。公元前5世纪建成的雅典卫城，在建筑、庙宇、柱式等方面都具有极高的水平。其中，如巴台农神庙全用白色大理石砌筑，庙宇宏大，石质梁柱结构精美，是典型的列柱围廊式建筑。

在城市建设方面，早在公元前2000年前后，印度建摩亨朱达罗城，城市布局有条理，方格道路网主次分明，阴沟排水系统完备。中国现存的春秋战国遗址证实了《考工记》中有关周朝都城“方九里，旁三门，国（都城）中九经九纬（纵横干道各九条），经涂九轨（南北方向的干道可九车并行），左祖右社（东设皇家祭祖先的太庙，西设祭国土的坛台），面朝后市（城中前为朝廷，后为市肆）”的记载。这时中国的城市已有相当的规模，如齐国的临淄城，宽3千米，长4千米，城壕上建有8米多跨度的简支木桥，桥两端为石块和夯土制作的桥台。

发展时期 由于铁制工具的普遍使用，提高了工效；工程材料中逐渐增添复合材料；工程内容则根据社会的发展，道路、桥梁、水利、排水等工程日益增加，大规模营建了宫殿、寺庙，因而专业分工日益细致，技术日益精湛，从设计到施工已有一套成熟的经验。①运用标准化的配件方法加速了设计进度，多数构件都可以按“材”或“斗口”“柱径”的模数进行加工。②用预制构件，现场安装，以缩短工期。③统一筹划，提高效益，如中国北宋的汴京宫殿，施工时先挖河引水，为施工运料和供水提供方便，竣工时用渣土填河。④改进当时的吊装方法，用木材制成“戥”和绞磨等起重工具，可以吊起300多吨重的巨材，如北京故宫三台的雕龙御路石以及罗马圣彼得大教堂前的方尖碑等。

建筑工程 中国古代房屋建筑主要是采用木结构体系，欧洲古代房屋建筑则以石拱结构为主。

①木结构。中国古建筑在这一时期又出现了与木结构相适应的建筑风格，形成独特的中国木结构体系。根据气候和木材产地的不同情况，在汉代即分为抬梁、穿斗、井干3种不同的结构方式，其中以抬梁式为最普遍。在平面上形成柱网，柱网之间可按需要砌墙和安门窗。房屋的墙壁不承担屋顶和楼面的荷重，使墙壁有极大的灵活性。在宫殿、庙宇等高级建筑的柱上和檐枋间安装斗拱。佛教建筑是中国东汉以来建筑活动中的一个重要方面，南北朝和唐朝大量兴建佛寺。8世纪建的山西五台山南禅寺正殿和9世纪建的佛光寺大殿，是留存较完整的中国木构架建筑。中国佛教建筑对于日本等国也有很大影响。佛塔的建造促进了高层木结构的发展，2世纪末，徐州浮屠寺塔的“上累金盘，下为重楼”，是在吸收、融合和创造的过程中，把具有宗教意义的印度窣堵波竖在楼阁之上（称为刹），形成楼阁式木塔。11世纪建成山西应县佛宫寺释迦塔（应县木塔），塔高67.3米，八角形，底层直径30.27米，每层用梁柱斗拱组合为自成体系的完整、稳定的构架，9层的结构中有8层是用3米左右的柱子支顶重叠而

成，充分做到了小材大用。塔身采用内外两环柱网，各层柱子都向中心略倾（侧脚），各柱的上端均铺斗拱，用交圈的扶壁拱组成双层套筒式的结构。这座木塔不仅是世界上现存最高的木结构之一，而且在杆件和组合设计上也隐含着对结构力学的巧妙运用。

②砖石结构。约自公元1世纪，中国东汉时，砖石结构有所发展（见*中国古代石结构*、*中国古代砖结构*）。在汉墓中已可见到从梁式空心砖逐渐发展为券拱和穹隆顶。根据荷载的情况，有单拱券、双层拱券和多层券。每层券上卧铺一层条砖，称为“伏”。这种券伏相结合的方法在后来的发券工程中普遍采用。自4世纪北魏中期，砖石结构已用于地面上的砖塔、石塔建筑以及石桥等方面。6世纪建于今河南登封市的嵩岳寺塔是中国现存最早的密檐砖塔。

早在公元前4世纪，罗马采用券拱技术砌筑下水道、隧道、渡槽等土木工程，在建筑工程方面继承和发展了古希腊的传统柱式。公元前2世纪，用石灰和火山灰的混合物作胶凝材料（后称罗马水泥）制成的天然混凝土得到广泛应用，有力地推动了古罗马的券拱结构的大发展。公元前1世纪，在券拱技术基础上又发展了十字拱和穹顶。2世纪，在陵墓、城墙、水道、桥梁等工程上大量使用发券。券拱结构与天然混凝土并用，其跨越距离和覆盖空间比梁柱结构要大得多，如万神庙（120～124）的圆形正殿屋顶，直径为43.43米，是古代最大的圆顶庙。卡拉卡拉浴室（211～217）采用十字拱和拱券平衡体系。古罗马的公共建筑类型多，结构设计、施工水平高，样式手法丰富，并初步建立了土木建筑科学理论，如维特鲁威著《建筑十书》（前1世纪）奠定了欧洲土木建筑科学的体系，系统地总结了古希腊、罗马的建筑实践经验。古罗马的技术成就对欧洲土木建筑的发展有深远影响。

进入中世纪以后，拜占廷建筑继承古希腊、罗马的土木建筑技术并吸收了波斯、小亚细亚一带文化成就，形成了独特的体系，解决了在方形平面上使用穹顶的结构和建筑形式问题，把穹顶支承在独立的柱上，取得开敞的内部空间，如圣索菲亚教堂（532～537）为砖砌穹顶，外面覆盖铅皮，穹顶下的空间深68.6米，宽32.6米，中心高55米。8世纪在比利牛斯半岛上的阿拉伯建筑，运用马蹄形、火焰式、尖拱等拱券结构。科尔多瓦大礼拜寺（785～987）即是用两层叠起的马蹄券。

中世纪西欧各国的建筑，意大利仍继承罗马的风格，以比萨大教堂建筑群（11～13世纪）为代表；其他各国则以法国为中心，发展了哥特式教堂建筑的新结构体系。哥特式建筑采用骨架券为拱顶的承重构件，飞券扶壁抵挡拱脚的侧推力，并使用二圆心尖券和尖拱。巴黎圣母院（1163～1250）的圣母教堂是早期哥特式教堂建筑的代表。

15～16世纪，标志意大利文艺复兴建筑开始的佛罗伦萨教堂穹顶（1420～1470），是世界最大的穹顶，在结构和施工技术上均达到很高的水平。集中了16世纪意大利建筑、结构和施工最高成就的，则是罗马圣彼得大教堂（1506～1626）。

意大利文艺复兴时期的土木建筑工程内容广泛，除教堂建筑外，还有各种公共建筑、广场建筑群，如威尼斯的圣马可广场等；人才辈出，理论活跃，如L.B.阿尔伯蒂著的《论建筑》（1455）是意大利文艺复兴时期最重要的理论著作，体系完备，影响很大；施工技术和工具都有很大进步，工具除已有打桩机外，还有桅式和塔式起重设备以及其他新的工具。

其他土木工程　发展时期的其他土木工程也有很多重大成就。秦朝在统一中国的过程中，运用各地不同的建设经验，开辟了联结咸阳各宫殿和苑囿的大道，以咸阳为中心修筑了通向全国的驰道，主要线路宽50步，统一了车轨，形成了全国规模的交通网。比中国的秦驰道早些，在欧洲，罗马建设了以罗马城为中心，包括有29条辐射主干道和322条联络干道，总长达7.8万千米的罗马大道网。汉代的道路约达30万里（15万千米），为了越过高峻的山峦，修建了褒斜道、子午道，恢复了金牛道等许多著名栈道，所谓“栈道千里，通于蜀汉”。

随着道路的发展，在通过河流时需要架桥渡河，当时桥的构造已有许多种形式。秦始皇为了沟通渭河两岸的宫室，首先营建咸阳渭河桥，为68跨的木构梁式桥，是秦汉史籍记载中最大的一座木桥。还有留存下来的世界著名隋代单孔圆弧弓形敞肩石拱桥——*赵州桥*。

这个时期水利工程也有新的成就。公元前3世纪，中国秦代在今广西兴安开凿灵渠，总长34千米，落差32米，沟通湘江、漓江，联系长江、珠江水系，后建成能使“湘漓分流”的水利工程。公元前4～公元3世纪，古罗马采用拱券技术筑成隧道、石砌渡槽等城市输水道11条，总长530千米。其中尼姆城的加尔河谷输水道桥（1世纪建），有268.8米长的一段是架在3层叠合的连续券上。7世纪初，中国隋代开凿了世界历史上最长的大运河，共长2500千米；13世纪元代兴建大都（今北京），科学家郭守敬进行了元大都水系的规划，由北部山中引水，汇合西山泉水汇成湖泊，流入通惠河。这样可以截留大量水源，既解决了都城的用水，又接通了从都城向南直达杭州的南北大运河。

在城市建设方面，中国隋朝在汉长安城的东南，由宇文恺规划、主持兴建大兴城。唐朝复名为长安城，陆续改建，南北长9.72千米，东西宽8.65千米，按方正对称的原则，将宫城和皇城放在全城的主要位置上，按纵横相交的棋盘形街道布局，将其余部分划为108个里坊，分区明确、街道整齐。对城市的地形、水源、交通、防御、文化、商业和居住条件等，都做了周密的考虑。它的规划、设计为日本建设平安京（今京都）所借鉴。在土木工程工艺技术方面也有进步。分工日益细致，工种已分化出木作（大木作、小木作）、瓦作、泥作、土作、雕作、旋作、彩画作和窑作（烧砖、瓦）等。到15世纪，意大利有些工程设计，已由过去的行会师傅和手工业匠人逐渐转向出身于工匠而知识化的建筑师、工程师来承担。出现了多种仪器，如抄平水准设备、度量外圆和内圆及方角等几何形状的器具“规”和“矩”。计算方法方面，已能绘制平面、立面、剖面和细部大样等详图，并且用模型设计的表现方法。

大量的工程实践促进人们认识深化，编写出许多优秀的土木工程著作，出现了众多的优秀工匠和技术人才，如中国宋喻皓著《木经》、李诫著《营造法式》，意大利文艺复兴时期阿尔伯蒂著《论建筑》等。欧洲于12世纪以后兴起的哥特式建筑结构，到中世纪后期已经有了初步的理论，其计算方法也有专门的记录。

近代土木工程　从17世纪中叶到20世纪中叶的300年间，是土木工程发展史中迅速前进的阶段。这个时期土木工程的主要特征是：①在材料方面，由木材、石料、砖瓦为主，到开始并日益广泛地使用铸铁、钢材、混凝土、钢筋混凝土，直至早期的预应力混凝土。②在理论方面，弹性力学、材料力学、结构力学、土力学、工程结构设计理论等学科逐步形成，设计理论的发展保证了工程结构的安全和人力物力的节约。③在施工方面，由于不断出现新的工艺和新的机械，施工技术进步，建造规模扩大，建造速度加快了。在这种情况下，土木工程逐渐发展到包括房屋、道路、桥梁、铁路、隧道、港口、市政、卫生等工程建筑和工程设施，土木工程不仅能够在地面，而且有些工程还能在地下或水域内修建。

土木工程在这一时期的发展可分为奠基时期、进步时期和发达时期3个阶段。

奠基时期 17世纪到18世纪下半叶是近代科学的奠基时期，也是近代土木工程的奠基时期。伽利略、牛顿等所阐述的力学原理是近代土木工程发展的起点。伽利略在1638年出版的著作《关于两门新科学的对话》中，论述了建筑材料的力学性质和梁的强度，首次用公式表达了梁的设计理论。这本书是材料力学领域中的第一本著作，也是弹性体力学史的开端。1687年，牛顿总结的力学运动三大定律是自然科学发展史的一个里程碑，直到现在还是土木工程设计理论的基础。瑞士数学家L.欧拉在1744年出版的《曲线的变分法》建立了柱的压屈公式，算出了柱的临界压曲荷载，这个公式在分析工程构筑物的弹性稳定方面得到广泛的应用。法国工程师C.-A.de库仑1773年写的论文《建筑静力学各种问题极大极小法则的应用》，说明了材料的强度理论、梁的弯曲理论、挡土墙上的土压力理论及拱的计算理论。这些近代科学奠基人突破了以现象描述、经验总结为主的古代科学的框框，创造出比较严密的逻辑理论体系，加之对工程实践有指导意义的振动理论、弹性稳定理论等在18世纪相继产生，促使土木工程向深度和广度发展。

尽管同土木工程有关的基础理论已经出现，但就建筑物的材料和工艺看，仍属于古代的范畴，如中国的雍和宫、法国的卢浮宫、印度的泰姬陵、俄国的冬宫等。土木工程实践的近代化，还有待于产业革命的推动。

由于理论的发展，土木工程作为一门学科逐步建立起来，法国在这方面是先驱。1716年法国成立道桥部队，1720年法国政府成立交通工程队，1747年创立巴黎桥路学校，培养建造道路、河渠和桥梁的工程师。所有这些，表明土木工程学科已经形成。

进步时期 18世纪下半叶，J.瓦特对蒸汽机作了根本性的改进。蒸汽机的使用推进了产业革命。规模宏大的产业革命，为土木工程提供了多种性能优良的建筑材料及施工机具，也对土木工程提出新的需求，从而促使土木工程以空前的速度向前迈进。土木工程的新材料、新设备接连问世，新型建筑物纷纷出现。1824年，英国J.阿斯普丁取得了一种新型水硬性胶结材料——波特兰水泥的专利权，1850年左右开始生产。1856年大规模炼钢方法——贝塞麦转炉炼钢法发明后，钢材越来越多地应用于土木工程。1851年英国伦敦建成水晶宫，采用铸铁梁柱，玻璃覆盖。1867年，法国J.莫尼埃用铁丝加固混凝土制成了花盆，并把这种方法推广到工程中，建造了一座贮水池，这是钢筋混凝土应用的开端。1875年，莫尼埃主持建造成第一座长16米的钢筋混凝土桥。1886年，美国芝加哥建成家庭保险公司大厦，共9层，初次按独立框架设计，并采用钢梁，被认为是现代高层建筑的开端。1889年，法国巴黎建成高300米的埃菲尔铁塔，使用熟铁近8000吨。

土木工程的施工方法在这个时期开始了机械化和电气化的进程。蒸汽机逐步应用于抽水、打桩、挖土、轧石、压路、起重等作业。19世纪60年代内燃机问世和70年代电机出现后，很快就创制出各种各样的起重运输、材料加工、现场施工用的专用机械和配套机械，使一些难度较大的工程得以加速完工。1825年，英国首次使用盾构开凿泰晤士河河底隧道。1871年，瑞士用风钻修筑8英里（约12.9千米）长的隧道。1906年瑞士建成通往意大利的19.8千米长的辛普朗隧道，使用了大量黄色炸药以及凿岩机等先进设备。产业革命还从交通方面推动了土木工程的发展。在航运方面，有了蒸汽机为动力的轮船，使航运事业面目一新，这就要求修筑港口工程，开凿通航轮船的运河。19世纪上半叶开始，英国、美国大规模开凿运河，1869年苏伊士运河通航和1914年巴拿马运河的凿成，体现了海上交通已完全把世界联成一体。在铁路方面，1825年，G.斯蒂芬森建成斯托克顿—达灵顿、长21千米的第一条铁路，并用他自己设计的蒸汽机车行驶，取得成功。以后，世界上其他国家纷纷建造铁路。1869年美国建成横贯北美大陆的铁路，20世纪初俄国建成西伯利亚大铁路。20世纪铁路已成为不少国家国民经济的大动脉。1863年，英国伦敦建成了世界第一条地下铁道，长7.6千米。以后世界上一些大城市也相继修建了地下铁道。在公路方面，1819年，英国J.L.马克当筑路法明确了碎石路的施工工艺和路面锁结理论，提倡积极发展道路建设，促进了近代公路的发展。19世纪中叶，内燃机制成；1885～1886年德国C.F.本茨和G.W.戴姆勒制成用内燃机驱动的汽车。1908年美国福特汽车公司用传送带大量生产汽车以后，大规模地进行公路建设工程。铁路和公路的空前发展也促进了桥梁工程的进步。早在1779年英国就用铸铁建成跨度30.5米的拱桥。1826年，英国T.特尔福德用锻铁建成跨度177米的麦内悬索桥。1850年，R.斯蒂芬森用锻铁和角钢拼接成不列颠箱管桥。1890年，英国福斯湾建成两孔主跨达521.2米的悬臂式桁架梁桥。现代桥梁的3种基本形式（**梁式桥**、**拱式桥**、**悬索桥**）在这个时期相继出现了。

近代工业的发展，人民生活水平的提高，人类需求的不断增长，还反映在房屋建筑及市政工程方面。电力的应用，电梯等附属设施的出现，使高层建筑实用化成为可能；电气照明、给水排水、供热通风、道路桥梁等市政设施与房屋建筑结合配套，开始了市政建设和居住条件的近代化；在结构上要求安全和经济，在建筑上要求美观和适用。科学技术发展和分工的需要，促使土木和建筑在19世纪中叶，开始分成为各有侧重的两个单独学科分支。

工程实践经验的积累促进了理论的发展。19世纪，土木工程逐渐需要有定量化的设计方法。对房屋和桥梁设计，要求实现规范化。另外由于材料力学、静力学、运动学、动力学逐步形成，各种静定和超静定桁架内力分析方法和图解法得到很快的发展。1825年C.-L.-M.-H.纳维建立了结构设计的容许应力分析法。19世纪末G.D.A.里特尔等人提出钢筋混凝土理论，应用了极限平衡的概念。1900年前后钢筋混凝土弹性方法被普遍采用。各国还制定了各种类型的设计规范。1818年英国不列颠土木工程师会的成立，是工程师结社的创举，其他各国和国际性的学术团体也相继成立。理论上的突破反过来极大地促进了工程实践的发展，使近代土木工程这个工程学科日臻成熟。

发达时期 第一次世界大战以后，近代土木工程发展到趋于成熟的阶段。这个时期的一个标志是道路、桥梁、房屋大规模建设的出现。在交通运输方面，由于汽车在陆路交通中具有快速和机动灵活的特点，道路工程的地位日益重要。沥青和混凝土开始用于铺筑高级路面。1931～1942年德国首先修筑了长达3860千米的高速公路网（见**联邦德国高速公路**），美国和欧洲其他一些国家相继效法。20世纪初出现了飞机，飞机场工程迅速发展起来。钢铁质量的提高和产量的上升，使建造大跨桥梁成为现实。1918年加拿大建成魁北克悬臂桥，跨度548.6米；1937年，美国圣弗朗西斯科（旧金山）建成金门大桥，跨度1280米，全长2825米，是公路桥的代表性工程；1932年，澳大利亚建成悉尼港桥，为双铰钢拱结构，跨度503米。

工业的发达、城市人口的集中，使工

业厂房向大跨度发展，民用建筑向高层发展。日益增多的电影院、摄影场、体育馆、飞机库等都要求采用大跨度结构。1925～1933年在法国、苏联和美国分别建成跨度达60米的圆壳、扁壳和圆形悬索屋盖。中世纪的石砌拱终于被近代的壳体结构和悬索结构所取代。1931年，美国纽约的帝国大厦落成，共102层，高381米，有效面积16万平方米，结构用钢约5万吨，内装电梯67部，还有各种复杂的管网系统，可谓集当时技术成就之大成，它保持世界房屋最高纪录达40年之久。

1906年美国圣弗朗西斯科（旧金山）发生大地震，1923年日本关东发生大地震，生命财产遭受严重损失。1940年美国塔科马悬索桥毁于风振。这些自然灾害推动了结构动力学和工程抗灾技术的发展。另外，超静定结构计算方法不断得到完善，在弹性理论成熟的同时，塑性理论、极限平衡理论也得到发展。

近代土木工程发展的另一个标志是预应力钢筋混凝土的广泛应用。1886年，美国P.H.杰克逊首次应用预应力混凝土制作建筑构件，后又用于制作楼板。1930年法国工程师E.弗雷西奈把高强钢丝用于预应力混凝土，弗雷西奈于1939年、比利时工程师G.马涅尔于1940年改进了张拉和锚固方法，预应力混凝土广泛地进入工程领域。

中国清朝实行闭关锁国政策，近代土木工程进展缓慢，直到清末出现洋务运动，才引进一些西方技术。1909年，中国工程师詹天佑主持的京张铁路建成，全长约200千米，达到当时世界先进水平。全路有4条隧道，其中八达岭隧道长1091米。到1911年辛亥革命时，中国铁路总里程为9100千米。1894年建成用气压沉箱法施工的滦河桥，1901年建成全长1027米的松花江桁架桥，1905年建成全长3015米的郑州黄河桥。中国近代市政工程始于19世纪下半叶，1865年上海开始供应煤气，1879年旅顺建成近代给水工程，相隔不久，上海也开始供应自来水和电力。1889年唐山设立水泥厂，1910年开始生产机制砖。中国近代土木工程教育事业开始于1895年创办的天津北洋西学学堂（后称北洋大学，今天津大学）和1896年创办的北洋铁路官学堂（后称唐山交通大学，今西南交通大学）。

中国近代建筑以1929年建成的中山陵和1931年建成的广州中山纪念堂（跨度30米）为代表。1934年在上海建成了钢结构的24层的国际饭店、21层的百老汇大厦（今上海大厦）和钢筋混凝土结构的12层的大新公司。到1936年，已有近代公路11万千米。中国工程师自己修建了浙赣铁路，粤汉铁路的株洲至韶关段以及陇海铁路西段等。1937年建成了公路铁路两用钢桁架的**钱塘江大桥**，长1453米，采用沉箱基础。1912年成立中华工程师会，詹天佑为首任会长，20世纪30年代成立中国土木工程师学会（见**中国土木工程学会**）。到1949年，土木工程高等教育基本形成了完整的体系，中国已拥有一支庞大的近代土木工程技术力量。

现代土木工程 第二次世界大战结束后，社会生产力出现了新的飞跃。现代科学技术突飞猛进，土木工程进入一个新时代。这一时代的基本特征是从工业化走向信息化与智能化，进入21世纪，可持续发展的理念开始对土木工程的发展产生影响，并逐渐成为现代土木工程发展的重要特征。

特征 在具体方面，则展现出如下特点。

工程材料性能向着轻质化、高强化、高性能的方向快速发展 轻质化和高强化是土木工程材料的基本发展趋势。先进的冶金技术使钢材性能不断改进，优质高强的低合金钢、宽翼缘工字钢和高效冷弯型钢，开创了现代钢结构的新时代。通过掺入各类特定功能的添加剂，高强度和高性能混凝土得到普及。轻集料混凝土和加气混凝土已用于高层建筑。高强钢材与高强混凝土的结合使预应力结构得到普及。纤维混凝土的研发获得广泛关注。各类新型砌体材料，如空心黏土砖、蒸压粉煤灰砖、配筋砌体等在工程中得到大量应用。铝合金、建筑塑料、玻璃钢等工程材料迅速发展。

结构分析与设计理论的进步使结构更加经济安全 电子计算机的诞生，极大地推动了土木工程设计技术的发展。结构动力学、计算力学、断裂力学、损伤力学与工程防灾理论的发展，为工程结构设计提供了更为坚实的基础。基于这些新的理论和方法，传统静态的、线性的、确定性的分析，逐步被动态的、非线性的、基于概率的分析所代替。各类大型实验装置（如地震模拟振动台、边界层风洞、离心机）的建立与应用，则为工程分析与设计理论提供了验证技术。20世纪50年代，美国、苏联建立了考虑多种极限状态、基于近似概率的第二代结构设计理论。到20世纪80年代，包括中国在内的世界主要国家的工程设计规范均采用了这一设计理论。随着科学技术的发展，以现代力学理论、现代计算科学为基础，以工程结构全寿命性能的整体可靠性优化为设计目标的第三代结构设计理论正在形成与发展之中。

现代结构控制技术与结构监测技术从20世纪50年代开始普及，为了减小结构在风和地震作用下的振动，发展了结构振动控制技术。其中被动控制技术已被广泛应用到实际的结构中。1973年建成的纽约世界贸易中心，10～100层均匀布置了共约1万个黏弹性阻尼器，竣工后，此结构在多次强风暴中均表现良好。为了监测结构在服役环境下的受力力学性能，自20世纪60年代中期开始，逐步发展了结构健康监测技术。20世纪80年代，一些发达国家开始在大型桥梁上引入桥梁健康监测系统。此后，结构健康监测技术逐渐被用于高层建筑、大跨度结构、水利大坝、山体滑坡以及古建筑的保护之中。

土木建筑工程的装配化与工业化发展迅速 第二次世界大战以后，欧洲国家及日本等国迫切要求解决住宅问题，促进了装配式建筑的发展。到60年代，英国、法国、苏联等国率先进行了装配式建筑的尝试。由于建造速度快、生产成本较低，迅速在世界各地推广开来。在施工方面，各种机械化施工方法在20世纪70年代以后得到了发展，钢制大型模板、大型吊装设备与混凝土自动化搅拌楼、混凝土搅拌输送车、输送泵等相结合，形成了整套现场机械化施工工艺，建筑工业化水平显著提升。21世纪后，对于复杂工程的施工，实现了施工全过程的自动监测与自动控制。此外，作为实现建筑工业化的新途径，3D打印技术推动着土木工程的发展，如2014年8月，10幢3D打印建筑在上海张江高新青浦园区内交付使用，整个建筑过程仅花费24小时。

土木工程设计信息化与智能化构成现代发展标志 随着机械技术、计算机技术、信息技术的进步，建筑设计和施工更加高效和现代化。计算机辅助设计（CAD）已成为建筑设计的基础工具。21世纪开始兴起的建筑信息模型（BIM）技术，成为土木工程设计、施工的重要发展方向。在美国、欧洲、日本等国家，CAD与BIM已被广泛用于土木工程规划、设计、施工、运维等各个阶段，大大提高了生产效率。随着人工智能与规划、设计、建造、防灾等领域的融合，土木工程的人工智能理论体系在不断发展。未来，随着人工智能与土木工程的深度融合，土木过程将进一步向着安全、绿色、高效、智能的可持续方向发展。

成就 现代土木工程的发展，在一定程度上已经与世界经济的高度发展联系在一起，在不同侧面反映出时代特色。1980年之后中国土木工程的发展，为世界土木工程的发展做出了新的、重要的贡献。

建筑工程　伴随着土木工程材料和技术的发展，建筑结构体系和形式不断丰富，新型结构体系的应用使得建筑结构形式变得更加灵活和多样，也使得建筑的高度和跨度越来越大。①建筑高度不断刷新。1974年，在芝加哥建成的“西尔斯大厦”以443米的高度成为当时世界最高的建筑。20世纪80年代以后，日本、新加坡、中国等亚洲国家，相继出现了高层建筑建设热潮。1989年在中国香港建成的中银大厦，成为亚洲首个超过300米的建筑。1996年马来西亚吉隆坡建成佩重那斯大楼，高度突破450米。2010年迪拜建成哈利法塔，高度达到828米，是至2020年为止的世界最高建筑。②结构跨度越来越大。网架结构、索结构、薄壳结构等大跨结构形式被广泛用于展览馆、体育馆等建设中。2007年竣工的中国国家大剧院，采用椭圆形网壳体系，跨度达212米。2008年，北京奥运会建成了世界上跨度最大的钢结构建筑——鸟巢。同时，采用新型多面体空间刚架结构，建成了世界上第一个肥皂泡结构体系建筑——水立方。2011年，意大利都灵新建的尤文图斯体育场，采用四根拉索悬挂在两侧A字柱上的钢屋盖体系，柱高79米，柱距230米。

公路、铁路、桥梁和隧道工程　①公路系统。1960～1990年，美国平均每年建成高速公路2195千米，每1000平方千米国土面积高速公路密度为0.95千米。20世纪末建成的环欧高速公路，全长达1万千米。在中国，1984年开始修建的上海至嘉定高速公路，是中国第一条按高速公路工程技术标准设计、施工的高等级公路工程，全长20.5千米。②高速铁路。1964年，日本修建了世界第一条高速铁路——日本东海新干线，速度达210千米/时，标志着世界高速铁路由试验阶段跨入了商业运营阶段。此后，欧洲多国都开始修建行驶高速列车的高速铁路。1981年，法国巴黎—里昂高速铁路开通，并于1990年创造515.3千米/时的世界纪录。1994年，英法海峡隧道开通，形成了从英国到法国的高速铁路。在中国，2002年12月建成的秦沈客运专线，是中国自己研究、设计、施工的第一条高速铁路。至2022年底，中国已经建成“八纵八横”铁路网，高速铁路运营里程超过4.2万千米，占世界高铁运营总里程的60%（未包括台湾地区）。③桥梁工程。2006年建成通车的中国石板坡长江大桥复线桥主跨达330米，至2022年是跨度最大的预应力混凝土梁桥。当桥梁跨径大于600米时，悬索桥与斜拉桥成为更合理的选择。悬索桥的代表是日本1998年完工的**明石海峡大桥**，主跨达到1991米。2009年中国建成的西堠门大桥，主跨达到1650米，是世界上第二跨度及中国最大跨度悬索桥。1949年，德国工程师迪辛格尔发表了对斜拉桥结构体系的研究成果，为现代斜拉桥的诞生和发展奠定了理论基础。1956年建造的斯特罗姆海峡桥，是第一座现代意义下的公路斜拉桥。20世纪80年代末，日本在修建横滨海湾斜拉桥时，成功利用计算机网络技术建立了调整索力的自动监控系统。在中国，南浦大桥、杨浦大桥的建设标志着中国大跨桥梁建设高潮的开端。2008年建成通车的中国**苏通长江大桥**，主跨达1088米。2012年建成的海参崴俄罗斯岛大桥是世界上主跨最大的斜拉桥，达到1104米。④隧道工程。1988年通车的日本**青函海底隧道**，全长53.85千米。1994年建成的英吉利海底隧道，连接英伦三岛与欧洲大陆，由三条长51千米的平行隧洞组成，总长度153千米，截至2022年是世界上最长的海底隧道。20世纪80年代以来，中国隧道工程建设得到前所未有的发展，2000年建成的秦岭隧道，全长18.46千米。2014年建成的西秦岭隧道，全长28.1千米，是亚洲最长的陆地铁路隧道。

管线工程　输油、燃气，以及城市给、排水系统，是维系现代城市和区域功能的基础设施系统。

输油管道是石油输送的主要方式。现代输油管道始于1943年开工建设的贝永管线，全长2373千米。1963年建成科洛尼尔成品油管道，主干线长2478千米，是至2022年最大的成品油管线。20世纪60年代，天然气管道建设进入发展期，代表性的工程有横贯地中海的阿—意输气管道、乌连戈伊—中央输气系统等。在中国，1959年建成新疆克拉玛依—独山子原油管道，是中国第一条长输管道。

城市管线系统是生命线工程的重要组成部分。20世纪90年代开始，中国在城市供水、供燃气系统建设中取得显著进步。截至2019年，中国供水管道总长度达92.01万千米，供燃气管道长度达78.3万千米。随着高新技术不断开发和应用，非开挖铺设地下管线的技术与装备得到很大发展，由计算机遥控的自动测量记录、自动导向纠偏、全程可视监控，为城市地下管网建设提供了重要的技术手段。同时，管网抗震设计技术也得到长足发展。

水利工程　水利工程与人类文明和社会发展息息相关，大坝是水利枢纽最重要的组成部分，随着设计理论的完善，施工和管理技术的进步，大坝建设在全世界得到普遍与飞速发展。

大坝主要类型包括重力坝、拱坝和土石坝等。①重力坝。进入20世纪，重力坝以混凝土作为主要筑坝材料。如瑞士高285米的大狄克逊坝和中国21世纪建成的高181米的世界上规模最大的水电站——长江三峡水利枢纽。20世纪80年代碾压混凝土坝概念的提出和发展，使得世界范围内重力坝的建设得到进一步发展。世界第一座碾压混凝土重力坝是日本建造的岛地川坝。至2022年，世界上最高、体积最大的龙滩碾压混凝土重力坝，位于中国广西，最高坝高216米。②拱坝。第二次世界大战后，欧洲人大胆地对拱坝的设计做出了大胆变革，使拱坝向更高、更薄的方向发展。1957年，瑞士建成236米高的莫瓦逊拱坝。1981年，苏联（今格鲁吉亚）建成英古里双曲拱坝，坝高272米。20世纪70年代以来，中国拱坝建设得到了迅速的发展，2013年建成的锦屏一级拱坝，坝高305米，截至2022年是世界上的最高拱坝。③土石坝。随着大型振动碾的出现，土石坝逐渐成为世界大坝工程建设中应用广泛的一种坝型。1989年，苏联建成的罗贡坝达到了335米，一直是世界上最高的大坝。1971年，澳大利亚建成高110米的赛沙那坝，奠定了现代混凝土面板堆石坝的技术基础。21世纪初中国建成的水布垭坝，高233米，是现在世界上最高的混凝土面板堆石坝。

（余安东　张纪衡　李　杰　刘　威）

土木工程法规　civil engineering regulations　由国家制定或认可、调整土木工程建设活动中形成的各种社会关系的法律规范的总称。也指由法律、行政法规、地方性法规、自治条例、单行条例、规章及有关法律解释等各种规范性文件构成的土木工程法规体系。宪法是土木工程法规的渊源。

社会生活中，对“工程”这一概念存在土木工程、建筑工程、建设工程等不同表述。中国立法对该概念的表述也存在很多规定不一致的现象。因此，实践中对该体系有多种称谓，如建筑法、工程法、建筑工程建设法律法规、建设法规、工程建设法等。鉴于“土木工程”这一概念的外延囊括“建筑工程”，此处采用“土木工程法规”作为这一体系的表述。

安全问题是一个十分重要的社会问题，土木工程建设领域的安全尤其重要。

一旦发生安全事故，就会给国家和社会带来损失，给人民群众带来伤害。为了尽量避免和减少发生安全事故，需要结合运用经济、管理、文化、教育等多种手段进行控制，法律的手段也是其中不可或缺的一种。因此，土木工程法规的主要作用体现为预防土木工程建设过程中的风险，保障各项土木工程的质量，保障人民的生命和财产安全。

历史沿革　在中国古代，土木工程法规的历史最早可以追溯到先秦时期，《考工记》记载了先秦时期的营造法则。此后，北宋李诫编纂了《营造法式》，不仅有对当时建设工艺技术的详细描述和总结，更有对工程建设管理的专门规定。因此，有人认为这是中国最早的土木工程法规。清代的《工部工程做法则例》统一了官式建筑构件的模数和工料标准，制定了绘样和估算的准则。近代以来，尤其是19世纪中叶以后，随着土木工程建设的快速发展，有关土木工程的法律制度也在不断发展、完善。

中华人民共和国成立以后，受经济体制的影响，土木工程法规的发展历经了计划经济体制时期和市场经济体制时期的两个发展阶段。在计划经济体制下，从20世纪50年代开始，中国颁布了《基本建设工作条例》以及许多技术规程，但整体仍以技术管理为主，当时尚未形成完善的土木工程法规体系。

80年代以来，中国开始建设社会主义市场经济体制，土木工程领域的建设活动也由计划逐步向市场化推进，出现了大量的立法需求，各种相关规范性文件的立法进程得到了迅速的发展。1986年，为了加强土地管理，保护、开发土地资源，合理利用土地，颁布了《中华人民共和国土地管理法》。1989年，为了确定城市的规模和发展方向，实现城市的经济和社会发展目标，合理地制定城市规划和进行城市建设，颁布了《中华人民共和国城市规划法》，1994年，为了加强对城市房地产的管理，促进房地产业的健康发展，颁布了《中华人民共和国城市房地产管理法》。1997年，为了加强对建筑活动的监督管理，颁布了《中华人民共和国建筑法》，对工程建设活动进行了专门和较为全面的规定。1999年颁布的《中华人民共和国招标投标法》对工程建设的招标投标活动进行了专门规定，同年颁布的《中华人民共和国民法典合同编》也对建设工程合同做了专门规定。2000年，国务院发布了《建设工程质量管理条例》和《建设工程勘察设计管理条例》，分别对建设工程的质量管理和建设工程勘察、设计活动的管理进行了规范。2003年，为了加强建设工程安全生产监督管理，保障人民群众生命和财产安全，在《中华人民共和国建筑法》《中华人民共和国安全生产法》的基础上又制定了《建设工程安全生产管理条例》。2020年5月，全国人民代表大会通过了《中华人民共和国民法典》，设专章对建设工程合同进行了规定。上述法律和行政法规也随着中国建筑工程建设的发展不断修订、完善。国务院各部门及地方人民代表大会、地方各级人民政府在相关法律、行政法规的基础上也根据当地情况制定了一系列规章、地方性法规、自治条例和单行条例，从而形成了基本的土木工程建设法律制度。

渊源　根据《中华人民共和国立法法》关于法的形式和效力层级的规定，除《中华人民共和国宪法》外，土木工程法规的渊源主要有与土木工程建设有关的法律、行政法规、地方性法规、自治条例和单行条例、规章、土木工程领域的技术规范、最高人民法院发布的相关司法解释以及国际条约。

法律　法律有广义和狭义之分，广义上的法律与法同义，指国家按照统治阶级的利益和意志制定或认可，并由国家强制力保证实施的行为规范的总和，包括宪法、法律（狭义）、行政法规、地方性法规、规章、习惯、判例等各种成文法和不成文法。狭义上的法律特指法的渊源之一，是由拥有立法权的国家机关依照一定的立法程序制定和颁布的规范性文件。在中国，指全国人民代表大会及其常务委员会按照法定职权和法定程序制定的法律文件。调整有关建筑土木工程建设活动的法律是中国土木工程法律的主要表现形式，主要包括《中华人民共和国建筑法》《中华人民共和国招标投标法》《中华人民共和国土地管理法》《中华人民共和国城市房地产管理法》《中华人民共和国城乡规划法》《中华人民共和国测绘法》《中华人民共和国安全生产法》《中华人民共和国消防法》《中华人民共和国价格法》《中华人民共和国环境保护法》《中华人民共和国环境噪声污染防治法》《中华人民共和国民法典合同编》《中华人民共和国刑法》等，其法律效力和地位仅次于宪法。

法规　包括行政法规和地方性法规。调整有关土木工程建设活动的行政法规是土木工程法的重要表现形式，主要包括《中华人民共和国土地管理法实施条例》《对外承包工程管理条例》《中华人民共和国招标投标法实施条例》《建设工程勘察设计管理条例》《建设工程质量管理条例》《建设工程安全生产管理条例》《生产安全事故报告和调查处理条例》《中华人民共和国注册建筑师条例》《民用建筑节能条例》《建设项目环境保护管理条例》等。

调整土木工程建设活动的地方性法规数量繁多，具有地方立法权的地方人民代表大会及其常委会均制定有规范当地建设工程活动的地方性法规，如北京市人大常委会制定的《北京市建设工程质量条例》《北京市招标投标条例》《北京市水利工程保护管理条例》；浙江省人大常委会制定的《浙江省建设工程勘察设计管理条例》《浙江省绿色建筑条例》《浙江省水利工程安全管理条例》《浙江省建设工程监理管理条例》；重庆市人大常委会制定的《重庆市建设工程勘察设计管理条例》《重庆市水利工程管理条例》《重庆市高等级公路管线工程建设管理条例》等。

自治条例和单行条例　民族自治地方的人民代表大会有权依照当地民族的政治、经济和文化的特点，制定自治条例和单行条例。自治区的自治条例和单行条例，报全国人民代表大会常务委员会批准后生效。自治州、自治县的自治条例和单行条例，报省、自治区、直辖市的人民代表大会常务委员会批准后生效。自治条例和单行条例可以依照当地民族的特点，对法律和行政法规的规定做出变通规定，但不得违背法律或者行政法规的基本原则，不得对宪法和民族区域自治法的规定以及其他有关法律、行政法规专门就民族自治地方所作的规定做出变通规定。

自治条例和单行条例也是地方国家权力机关依据宪法的授权而制定的规范性文件，同样具有法的效力，如《延边朝鲜族自治州生态环境保护条例》《彭水苗族土家族自治县城乡建设管理条例》《黔东南苗族侗族自治州城乡规划建设管理条例》等。

规章　包括部门规章和地方规章。中国住房和城乡建设部、交通运输部等部委制定了许多调整工程建设活动的部门规章，在规范工程建设活动、维护市场秩序方面发挥了重要作用，如《工程建设项目施工招标投标办法》《建设工程勘察质量管理办法》《建设工程勘察设计资质管理规定》《城市地下空间开发利用管理规定》《电力建设工程施工安全监督管理办法》《公路工程设计施工总承包管理办法》《水运工程施工监理规定（试行）》《铁路建设工程质量监督管理规定》《水利工程建设监理规定》等。各地方政府制定的规章更加繁多，如《北京市建设工程施工现场管理办法》《北京市工程建设监理管理办法》《浙江省建设工程造价管理办法》《杭州市建设工程质量监督管理办法》等。

土木工程领域的技术规范　是一种技术性法规，因为在一定范围内通过法律、行政法规等强制性手段加以实施故而成为一种法律渊源。土木工程领域的技术规范以“GB”作为开头的国家规范，GB是“国家标准”的拼音缩写。根据《中华人民共和国标准化法》及其《实施条例》，涉及工程建设的质量、安全、卫生标准及国家需要控制的其他工程建设标准，都应归入国家技术规范，作为技术法规。

法律解释　由于解释主体和解释效力的不同可以分为正式解释与非正式解释，是否具有法律上的约束力是区别正式解释与非正式解释的关键。

与土木工程建设有关的重要司法解释主要包括《最高人民法院关于审理涉及国有土地使用权合同纠纷案件适用法律问题的解释》《最高人民法院关于审理建设工程施工合同纠纷案件适用法律问题的解释》《最高人民法院关于建设工程价款优先受偿权问题的批复》《最高人民法院、最高人民检察院关于办理危害生产安全刑事案件适用法律若干问题的解释》等。上述司法解释在指导司法机关处理中国工程建设领域法律纠纷方面发挥了非常重要的作用。

国际条约　中华人民共和国成立以来，随着对外交流的不断加强，在政治、经济、文化各个方面签署了大量的国际条约。国际条约能否成为法律渊源，中国法律并没有做出统一规定，而是散见于各种法律规定中。例如《中华人民共和国民事诉讼法》第二百六十条规定：“中华人民共和国缔结或者参加的国际条约同本法有不同规定的，适用该国际条约的规定，但中华人民共和国声明保留的条款除外。”《中华人民共和国固体废物污染环境防治法》第九十条规定：“中华人民共和国缔结或者参与的与固体废物污染环境防治有关的国际条约与本法规定不同的，适用国际条约的规定，但是，中华人民共和国声明保留的条款除外。”与之有类似规定的法律包括且不限于《中华人民共和国商标法》《中华人民共和国著作权法》《中华人民共和国专利法》《中华人民共和国对外贸易法》《中华人民共和国刑事诉讼法》《中华人民共和国票据法》《中华人民共和国缔结条约程序法》《中华人民共和国出境动植物检疫法》等法律规定。由此可见，在有明确规定的情况下，国际条约可以成为该规定领域的法律渊源。

土木工程建设中的法律关系　土木工程建设活动是一种重要的社会经济行为，直接对国家政治、经济、军事等的安全与发展产生重要影响，自古以来就受到各国统治者的高度重视，普遍通过多个法律部门对其进行调整。再加上建设工程项目综合性强，其在建设过程中涉及的主体繁多，社会关系复杂，由此形成了不同种类的法律关系，涉及的相关法律部门也就出现了多样化的特点。具体表现在以下几个方面：

投资决策阶段　主要内容包括编制项目建议书，开展可行性研究和编制设计任务书，论证和评价项目在技术和经济上的可行性，对不同方案进行分析比较并做出决策，同时办理土地使用、规划、环保等方面的审批手续。在该阶段，投资决策行为主要受《中华人民共和国城乡规划法》《中华人民共和国土地管理法》《中华人民共和国环境保护法》《中华人民共和国消防法》《中华人民共和国文物保护法》等行政法的调整。同时，由于可行性研究一般由具备相应资格的规划、设计、工程咨询单位承担，则委托单位与受委托单位之间的法律关系还应受《中华人民共和国民法典合同编》等民事法律的调整。

前期准备阶段　主要包括工程设计阶段和施工准备阶段。在该阶段，建设单位通过直接发包或招标投标的方式选择有相应资质的勘察单位、设计单位、施工单位、监理单位等。同时，建设单位应当办理施工许可证。各方主体与国家有关行政主管部门之间的法律关系主要受《中华人民共和国建筑法》《中华人民共和国城乡规划法》及相关法律、法规的调整，而各民事主体之间则主要受《中华人民共和国招标投标法》《中华人民共和国民法典合同编》等法律、法规的调整。

施工阶段　在该阶段，建设单位和设计、施工、监理单位均应按照合同约定履行自己的义务。该阶段各方主体之间的法律关系主要由《中华人民共和国民法典（合同编）》来调整。同时，各方主体还要遵守《中华人民共和国建筑法》《中华人民共和国安全生产法》《中华人民共和国环境保护法》及相关法律、法规的规定。

竣工验收阶段　在该阶段，建设单位和设计、施工、监理单位均应按照《中华人民共和国建筑法》《建设工程质量管理条例》及相关法律、法规的规定以及合同约定进行工程竣工验收工作。工程竣工验收合格后立即交付使用的，当事人之间的法律关系还要受《中华人民共和国民法典（物权编）》及相关法律、法规的调整。

对于以政府和社会资本合作模式（PPP）进行的基础设施和公用事业特许经营项目，其法律关系更为复杂，除受《基础设施和公用事业特许经营管理办法》及有关特许经营项目的规章、规范性文件调整外，还受《中华人民共和国公司法》《中华人民共和国行政许可法》《中华人民共和国政府采购法》《中华人民共和国企业国有资产法》《中华人民共和国民法典（物权编）》等法律的调整。

在土木工程项目建设过程中，有关当事人之间若产生纠纷还要受《中华人民共和国民事诉讼法》《中华人民共和国仲裁法》《中华人民共和国行政诉讼法》等程序法的调整。对于建筑工程建设过程中出现的犯罪行为，还要受《中华人民共和国刑法》《中华人民共和国刑事诉讼法》的调整。

（高印立　李丽华　宋二祥　徐　伟）

土木工程改造技术　civil engineering retrofit technology　土木工程结构由于设计或施工缺陷、结构材料的性能劣化、突发自然或人为灾害后的结构损伤、建筑物的功能改变、结构使用标准的提高、历史建筑的保护需求等，原有力学性能或使用功能不能满足要求时，为保障土木工程结构的安全，针对其实施的结构外观改造、使用功能提升、局部或整体分离并解体、重新建造、结构废旧物回收加工和再利用的技术。

类型　土木工程改造技术主要目的是提升土木工程结构的使用功能或服务效益。土木工程功能改造技术根据改造对象及技术要求，可分为改扩建技术、功能改造技术、结构拆解技术、结构重建技术和资源再利用技术（图1）。

改扩建技术　针对低标准、低质量结构，或建筑文化遗产等，通过保护为主、修旧如故，合理利用、有机更新，新材新用、补新显新等技术，起到优化城市空间布局和更新使用功能的效果。中国土木工程新结构数量激增，同时既有旧结构也在逐渐灭失。在这些灭失的既有构筑物中，既有土木工程结构的改扩建势在必行，宜基于可持续发展理念，实现构筑物、环境与人之间的协作共赢。扩建过程应保持原有结构的一部分特征并发挥其最大的潜力，通过有效的改造手段为原有旧结构注入新的活力、增加新的功能，使改扩建后的结构能满足现有使用功能的需求。

功能改造技术　针对旧危建筑、基础设施等，围绕性能、功能、环境改善加以

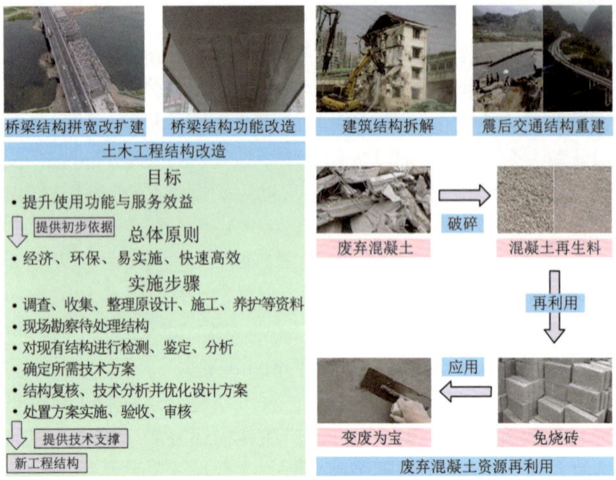

图1 土木工程功能改造技术示意图

	改扩建	功能改造	结构拆解	结构重建	资源再利用
早期	认知、规范、技术不完善	建筑短命、资源高消耗	环境污染，噪声问题严重	就地取材为主	政策激励促使废弃物循环利用
现状	体量增长，技术成熟，经验理论丰富	关注构件安全性不足问题	计算机模拟技术兴起，绿色环保意识增强	新型与功能性材料促使结构重建技术快速发展	标准、法规逐步完善，资源利用产业高速发展
未来	多样化，高标准，精细化	全方面提升使用功能与安全性能	改善拆除环境与拆除手段	轻质高强，多功能耐用	低碳高效、制度完备

图2 土木工程功能改造技术发展示意图

功能改造。安全性能低、能耗高的土建结构无法满足现有承载力或功能使用需求，在全面了解现有结构情况、可靠度水平下，为充分发挥现有结构或构件的功能和潜力，基于绿色环保理念，实现结构物与使用功能、城市美观的整体契合（图2）。

结构拆解技术　针对已经建成或部分建成的各种工程设施进行局部或者整体分离并解体。结构拆解技术在更新土木工程基础设施功能时，从构筑物主体结构出发，主要采用整体拆除、局部拆除、完全保留3种形式。局部拆除可以最大限度地将开发者需求赋予到构筑物本体上，且开发形式更加灵活。但同时，也会带来新旧构筑物施工界面处理困难、作业空间受限等问题。

结构重建技术　针对无法通过改扩建等措施满足的土木工程结构，可在拆除原结构的前提下，进行重新建造，实现结构轻质高强、环保耐久、节能安全、舒适美观以及智能化等需求。随着社会经济水平的发展，人们对土木工程结构的性能需求不断提升，当常规的改扩建措施无法满足功能要求时，既有结构的重建技术应运而生。灾后通过改扩建已经无法满足抗震要求的结构，则利用满足抗震性能要求的材料对结构进行重建。

资源再利用技术　针对土木工程建设、拆除过程中产生的建筑废旧物进行合理再使用、再制造、再生利用，实现生态协调，提高资源利用效率。其中，再使用指将废物的全部或一部分作为产品直接使用；再制造指对再制造毛坯进行专业化修复或升级改造，使其质量特性不低于原型新品水平的过程；再生利用指将废物的全部或一部分作为原材料进行利用。

展望　随着交通基础设施的不断扩建、新建，土木工程改造技术的理论、方法、标准、设备与工程经验也逐步完善与发展，并在长大桥梁、深埋隧道、海洋平台、高层建筑和生命线工程中得到广泛应用，推动着结构功能转换与性能提升，保障着工程安全服役。总体来看，未来土木工程改造技术将秉承绿色、环保、易实施、快速高效的原则，向着设计与施工精细化、绿色化、智能化发展。①在满足景观适应性的前提下，往工业化生产、装配式建筑技术、机械化改造方向发展，保障土木工程结构改造安全快速，减少对周边环境、交通等影响。②向智能化发展，特别是大力推广智能建造、智能机器人。③以结构功能性需求为导向，发展、推广与应用轻质高强、环保耐用的高性能新型材料。④应加速推进资源再利用技术的标准化和规范化进程，相关技术标准、应用要求、工艺指标、法律法规等内容，其完善、实施和更新有待进一步系统化。

（周建庭　杨　俊）

土木工程功能保障（运行）监测系统　functional guarantee (operation) monitoring system for civil engineering　综合采用各种手段和方法，对土木工程结构状态、气候条件、环境条件、交通状态、事故灾害等进行监测的系统。桥梁、隧道、道路和结构工程等土木工程在长期运行中，既面临自身结构的功能退化乃至失效风险，又不可避免地受到气候环境变化、交通事件、事故灾害乃至社会安全等突发事件的影响。土木工程功能保障（运行）监测涉及范围较广，根据对象不同可以分为以下主要类型。

桥梁工程功能保障（运行）监测　桥梁工程功能保障（运行）监测系统通过对桥梁结构状态、气候和环境条件、交通流量、超重车辆等进行综合监测，以保障桥梁工程基本运行。主要包括桥梁结构监测、气象环境监测、交通流量监测、超重车辆监测、地质灾害监测等多个子系统。通过现代传感器、网络通信、大数据分析、智能算法等技术，建立智能管理平台，实时掌握桥梁运行状况及外部情况，使桥梁运行监测系统向更加实用、便捷、智能的方向发展。

隧道工程功能保障（运行）监测　隧道工程功能保障（运行）监测系统是保障隧道建设及运营安全的关键系统之一。该系统主要由隧道结构监测、风量监测及控制、照明、交通流监测及指挥、火灾报警及消防、电力监控、视频监控、广播及信息发布等多个子系统，通过大数据控制各子系统联合运作，达到智能化监测、集中式管理、分布式控制的功能，既保障隧道内舒适、友好的行车环境，又能在火灾等突发事件下保证防灾救援工作快速有效地进行。

道路工程功能保障（运行）监测　道路工程功能保障（运行）监测系统是保障路段或路网正常运行的关键系统，既包括高填、高陡边坡等节点工程的安全监测，也包括道路气象环境和交通状态监测。气象环境监测往往需要沿线建立气象站，实时监测道路在风、雪、冰冻、大雾等气象环境影响下的运行能力，结合沿线或其他路段的交通流量监测数据，采用大数据分析及智能算法给出最优的线路和交通诱导决策，以减少路段交通事故的发生，并保障整个路网的运行能力。

结构工程功能保障（运行）监测　结构在正常运营中，不可避免地受到风、雪、冰冻等环境因素影响，有必要建立结构工程功能保障（运行）监测系统。结构工程功能监测系统往往需要建立通用结构健康监测系统框架，利用现场的、无损的、实时的方式采集结构与环境信息并处理数据，分析结构在风、雪、冰冻等环境影响下的各种反应特征，发现有问题的结构，将信息传递给对应的管理人员，及时对预警进行处理，有效保障结构工程的功能。

（方　勇　李永乐　罗　强　潘　毅）

土木工程功能提升 function upgrading of civil engineering 通过使既有土木工程通行能力、空间应用、用途等使用功能得到改善，性能得到优化，超越当初的设计预期目标，以满足不断提升的生产和生活所需而采取的加固改造等措施。土木工程建造的目的在于形成人类生产或生活所需要的，功能良好且舒适美观的空间和通道。通常要求土木工程在规定的设计使用年限内应满足下列功能要求：①在正常施工和正常使用时，能承受可能出现的各种作用。②在正常使用时具有良好的工作性能。③在正常维护下具有足够的耐久性能。④在设计规定的偶然事件发生时及发生后，仍能保持必须的整体稳定性。在满足这些最基本的功能要求的前提下，其他的功能要求可以根据需要设定，通常设计时就会对土木工程需满足的功能需求做出相应的规定，如对房屋规定功能分区、允许的楼面荷载、抗震设防等级等，对道路规定允许的路幅宽度、通行速度等，对桥梁规定允许的车辆荷载等级、桥下净空要求等，对大坝规定允许的蓄水高度等，对军事防护工程规定允许的抗爆等级等。

为使已建的土木工程超越当初设计所设定的功能目标，就需要用到各种土木工程功能提升技术。如为提升道路的通行能力，对道路进行拓宽，这其中为避免新老结构不均匀沉降带来的开裂等问题，需要用到多种道路和桥梁拼宽技术；为让桥上通过更大吨位的车辆（包括为提升交通通行能力的车辆荷载等级永久性提高，也包括超重型设备的临时性安全通过），需要采取提高桥梁承载能力的加固措施；为改善会议室使用功能，想要将影响视线的室内立柱进行拆除，需要用到扩跨改造和支承转换技术；为提高桥下允许通行的船舶吨位，提升水运通行能力，需应用桥梁结构的同步提升和墩柱接高技术等。

（张宇峰）

土木工程管理与经济 civil engineering management and economics 随着土木工程技术的发展和长期的工程建设实践，由工程技术学科与管理学科、经济学科交叉复合而逐步形成的新兴学科分支，专门研究与揭示土木工程活动的管理规律和经济规律。随着土木工程行业的不断发展，为满足工程建设实践实现更高的质量、安全、投资、进度等目标的需要，土木工程管理与经济学科得以产生、形成和发展，对工程建设行业的绩效提升和生产效率提高发挥了巨大的作用。依托土木工程管理与经济理论与实践的发展，在高校中形成了工程管理和工程经济两门学科专业，培养具备管理学、经济学和土木工程技术的基本知识，掌握现代管理科学的理论、方法和手段，能在世界各国工程建设领域从事项目决策和全过程管理的复合型高级管理人才。

土木工程管理与经济学科主要研究土木工程项目决策和项目实施过程中管理问题和经济问题，学科内容主要包括工程管理和工程经济两方面的理论和实践。

工程管理 研究土木工程建设的管理规律与工程建设活动的管理问题，以提高建设质量、安全、进度和造价控制目标，降低工程风险为导向，是现代项目管理技术在土木工程领域的应用与发展，其核心理论是建设工程项目管理。相对于一般项目管理理论、方法和工具的研究应用，工程管理更重视管理理论与建设工程技术的结合，针对建设工程的行业特点，依托建设工程技术而展开。

发展历程 工程管理专业的核心课程之一是项目管理。现代项目管理概念起源于美国的军事工业计划，如阿波罗登月计划、曼哈顿计划、北极星导弹计划等。到20世纪50年代末期，总结形成了价值工程技术、计划评审技术、关键线路法等项目管理技术。其中，计划评审技术的出现（1957）被视为现代项目管理学科正式的起点。项目管理理论与方法在许多领域都得到了广泛应用，包括土木工程领域。

20世纪50年代，中国学习苏联的工程管理方法，引入了施工组织计划与设计技术。60年代，华罗庚将网络计划方法引入中国，给工程施工组织设计中的工期计划、资源计划和优化增添了新的内涵，提供了现代化的方法和手段。70年代，中国在重大项目工程管理实践中引入了全寿命周期管理概念，实现工程建设增值。80年代以来，中国工程建设管理制度发生了重大转变，推行招标投标制、合同管理制、建设工程监理制和项目法人责任制等一系列建设管理制度。90年代以来，工程管理吸收、融合了系统论、复杂性理论、信息论、控制论、组织论、模糊数学、建模仿真等现代管理理论与方法，使工程管理趋于科学化、现代化、专业化。

研究内容 工程管理主要是研究如何提升工程建设效率，保证工程项目的质量、进度、投资、安全、可持续发展和利益相关者满意等目标得以实现。本学科的主要研究内容包括工程组织管理、工程进度管理、工程质量管理、工程投资管理、工程职业健康与环境管理、**工程合同管理**、工程信息管理、工程协调管理和**工程风险管理**等。①工程组织管理。研究工程建设的组织模式、组织行为和组织效能，通过恰当的组织设计和组织建设，提升项目管理能力。②工程进度管理。运用科学的计划和控制措施，确保项目按期建成交付使用，提升投资效益。③工程质量管理。要求按国家有关标准、规范以及设计文件和合同文件载明的质量标准进行项目建设，对工程实体质量的各种因素进行控制，确保项目质量和功能满足使用要求。④工程投资管理。对工程建设的投资进行有效控制，保证工程建设的成本控制在批准的计划目标范围内，并尽量节约工程投资，最大化发挥工程的投资效益。⑤工程职业健康与环境管理。控制影响或可能影响工程建设场所内的人员健康安全的条件和因素，防止和尽可能减少生产安全事故、保护建设者的健康与安全、保障人民群众的生命和财产免受损失，保护生态环境，使工程建设与人类的生存环境相协调。⑥工程合同管理。通过建设工程合同的策划、招标采购、合同签订和履行规范建设工程参与主体的建设行为，统筹调控整个建筑工程项目的运行状态，实现项目建设目标。⑦工程信息管理。通过对工程各个系统、各项工作和各种数据的组织和管理，使工程的信息能方便和有效地进行创建、获取、传递、使用、存储和存档，通过信息传输的组织和控制，促进工程信息流指导工程建造过程的物质流，提升工程项目管理水平。⑧工程协调管理。采用各种协调工具和协调手段，通过协商、谈判、约定、沟通、交互等协调方式，对项目内外各有关部门和活动进行调节和协商，调动一切相关组织的力量，使之目标协同、紧密配合、步调一致，形成最大的合力，提高项目建设的效率。⑨工程风险管理。对项目风险进行识别、分析和评价并提出应对策略，在项目实施过程中进行有效风险监督和控制，增加项目积极事件的发生概率和影响程度，降低项目消极事件的发生概率和影响程度，使项目风险产生的总体影响达到使项目利益相关者满意的水平。国外已经形成较为发达的工程保险行业、工程担保体系，为应对工程风险起到了巨大的保障作用，值得中国工程建设行业学习和借鉴。

研究方法 在土木工程领域，常用的工程管理研究方法包括：①动态控制原理。工程项目目标控制本质上是一个不断变化的动态控制，是一个计划、比较、纠偏的循环运行过程，在项目实施过程中监测实际绩效与目标计划之间的差异，找出偏差的原因并进行分析，采取相应的措施

来对原来计划进行调整，使两者再得到新的共同点，继续按照原有计划实施。②工程质量控制的数理统计分析方法。通过设立质量管理点，运用数理统计方法开展质量统计分析，通过对质量数据的收集、整理和统计分析，找出质量的变化规律和存在的质量问题，掌握工程质量动态，并提出进一步的改进措施，开展质量控制。包括直方图方法、控制图方法、因果分析图法、排列图法等。③工程进度控制网络技术。将项目分成由若干项作业组成，作业与作业之间存在着相互制约、相互依存的关系，以网络计划图的形式对作业以及作业之间相互关系加以表示，并在此基础上找出项目的关键作业和关键路径，进一步对项目资源进行合理安排，达到以最短的时间和最少的资源消耗来实现整个系统的预期目标。工程进度控制方法还包括流水作业法、横道图方法等。④建筑信息模型技术。是一种基于三维建筑模型，集成建设项目设计、施工和运营过程中各种相关信息，数字化表达建设项目的物理和功能特性技术。利用统一建筑信息模型进行设计和施工，可以实现项目协同管理，减少错误、节约成本、提高质量和效益。⑤结构化分解技术。通过对工程建设对象、工程建设组织和工程建设工作任务的结构化分解，系统梳理项目局部与整体之间、部门与组织之间、工序与资源之间的逻辑关系、工艺关系，可以深化对工程项目的认识，继而强化项目管理水平和控制能力。

工程经济 应用定量分析与评价技术，在工程技术（项目）的各种可行方案中选择经济最优方案（成本最低或利润最高）的科学，其核心任务是辅助工程技术（项目）方案的经济决策。

发展历程 土木工程经济最早起源于美国。1887年，美国土木工程师A.M.惠灵顿在其出版的著作《铁路布局的经济理论》中首次将成本分析方法应用于铁路的最佳长度和路线的曲率选择上，并提出了工程资金利息的概念，开创了工程领域的经济评价。1920年，O.G.戈尔德曼出版了《财务工程学》，提出相对价值的复利模型，并将其理论运用到不同方案的经济价值比较中。1930年，E.L.格兰特出版了《工程经济学原理》，奠定了经典工程经济学的基础。中国工程经济的研究活动始于20世纪50年代初期，当时以培养工程经济人才为主，在一些高校创建建筑经济专业，编译国外工程经济专著。1979年，中国建筑学会成立了建筑经济学术委员会。以此为开端，工程经济学进入了繁荣发展期。不仅继续工程经济学理论研究、工程技术经济研究，同时还进行诸如工程招标承包制、工程产品价格改革、工程产业政策研究、中国住宅建设技术政策等经济体制改革的理论研究，取得了长足的进步。

研究内容 土木工程经济研究的主要内容有4个方面。①土木工程经济的基本理论。即从理论上明确土木工程的性质、特点及其在国民经济中的地位和作用，探索各种经济规律在土木工程生产领域的体现和作用。②土木工程的宏观经济问题。即在确定建设产品的特点、性质、价格、成本、利润的基础上，研究全国或地区工程建设行业本身的各种比例关系，包括行业的资金周转、物资平衡、劳动力资源、经济评价原则与方法、投资效果的鉴定等问题。③土木工程的技术经济问题。即对设计方案，施工工艺措施，机械、材料、设备利用方案的经济分析与评价。④土木工程的经济管理。即研究工程建设行业各方面的经济关系和建筑业的经济管理体制。

常用方法与工具 土木工程领域常用的工程经济分析方法有以下5种。①费用效益分析法。以技术方案的估算利润额、利润率和回收期为效益的经济指标与实施费用相比较，选出最优技术方案的分析方法。费用效益分析法包括投资收益率法、内部收益率法、效益费用比率法、净现值法、投资回收期法等多种方法。②方案比较法。对同一工程项目的几个技术经济方案，通过反映技术经济效果的指标体系，进行计算、比较、分析和论证，选择经济合理的最佳技术方案。这是一种传统的最常用的技术经济分析评价方法。由于此法较为成熟又简单易行，有一套比较完整的程序，因而在实践中被广泛应用。③预测与决策法。科学地预测未来项目的运行情况，在预测的基础上，对方案进行决策。预测与决策是经济分析与评价的重要手段。④价值工程法。通过对产品或服务进行功能分析，使之以最低的寿命周期总成本，可靠地实现产品或服务的必要功能，从而提高产品或服务的价值。⑤系统综合分析法。以系统的整体最优为目标，内部条件与外部条件相结合、当前利益与长远利益相结合、局部效益与整体效益相结合、定量分析与定性分析相结合，对土木工程项目系统的各个方面进行综合评价与分析。

（乐 云 杨艳慧）

土木工程光纤监测技术 optical fiber monitoring technology in civil engineering 光在光纤中传播时，基于外界因素引起光强、相位、偏振态以及波长（或频率）等特征量的变化，实现对外界因素的监测和信号传输的技术。在传统监测方法的基础上，通过引入光纤技术，构成了光纤监测技术，可用来监测土木工程结构的受载情况，并监测其内部的温度、压力等信息，及时发现结构内部损伤，及时检修和维护，提早采取预防措施。光纤监测技术的特点是：①光纤传感器耐腐蚀、抗电磁干扰、防雷击，属本质安全。②光纤本身轻细纤柔，光纤传感器体积小、重量轻，不仅便于布设安装，而且对埋设部位的材料性能和力学参数影响较小，可实现无损埋设。③光纤传感器灵敏度高、可靠性好、使用寿命长。

光纤监测传感系统由光源、接口、光导纤维、光电探测器、光调制机构、信号处理器等组成，以光波为信息载体，以光纤为传输媒质。

用于土木工程中的光纤传感器按其基本原理可分为两类：①非本征型传感器。其光纤仅作为信号传输，测量需依靠其他光学敏感元件来完成。②本征型传感器。其光纤感知与传输合二为一，利用外界因素改变光纤中光的特征参量，实现对外界因素的测量和数据传输。按照测点布置的空间分布，光纤传感器又可分为点式、准分布式和分布式，后两种传感器是光纤传感器所特有的，即能够用1根光纤测量结构上空间多点或无限多自由度的参数分布。

光纤监测技术的应用，在土木工程领域的具体应用包括：大型土木结构的应力-应变和温度监测，大坝、河堤的渗漏监测，大坝、河堤、桥梁的混凝土养护温度监测，震区坝体、道路、桥梁的损坏和险情评估，隧道火灾监测和报警，综合管廊管道泄漏监测，其他电磁场或恶劣腐蚀环境的测量等。

（闫治国）

土木工程航空摄影测量技术 aerial photogrammetry in civil engineering 在各种飞机、飞艇、气球等传感器运载工具上，用航摄仪器对地面连续摄取图像，并结合地面控制点测量、调绘和立体测绘等步骤，获取土木工程对象的专题图数据、属性数据、影像数据和三维模型的技术。航空摄影测量的主要平台是飞机，根据飞机的大小和操作方式可分为大飞机航空平台和无人机航空平台。大飞机航空平台主要完成大面积的航空影像拍摄，稳定性比较高，但是成本较高。随着无人机技术的快速发展，无人机航空平台越来越多的用于土木工程信息采集。无人机低空航摄系统一般由地面系统、飞行平台、影像获取系

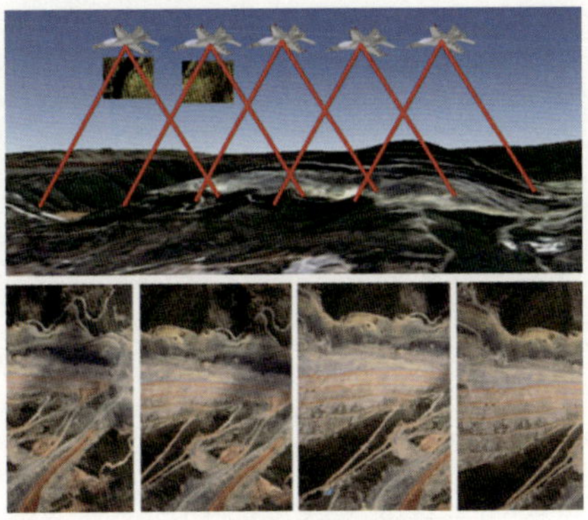

无人机矿山安全监测

统和数据处理等组成(见图)。①地面系统。包括用于作业指挥、后勤保障的车辆等。②飞行平台。包括无人机、维护系统、通信系统等。③影像获取系统。包括电源、GPS程控导航与航摄管理系统、数字航空摄影仪、云台、控制与记录系统等。④数据处理系统。包括空三测量、正射纠正、立体测图等。

无人机航空摄影测量具有如下优势:①飞行速度慢,可低空飞行,适合大比例尺的航测拍摄,分辨率高达10厘米。②无人机结构简单,购买、使用和维护成本低。③更适用于有人驾驶的飞机不宜执行的状况,如危险区域的地质灾害调查、空中救援指挥和环境遥感监测。④能够进行精确导航、定点曝光、定点补拍和重拍。地表变更后,高精度的定点重拍,可以实现土木工程信息的高效快速更新。⑤可实现不需要地面控制点或极少地面控制点的航片定向,大大缩短航测成图生产周期,节省成图费用。

无人机航拍与处理的工作流程包括:①航摄前规划。工作内容包括确认当地气象条件、高程变化、地理环境,设定航高、航向和拍摄间距,根据客户要求拍摄的清晰度对航拍外业周期进行预测,选择无人机的起降场地等。②航空摄影。工作内容主要是飞行作业,降落后对照片数据及飞机整体进行检查评估,结合贴线率和姿态角判断是否复飞。③航测内业处理。④数据成果提交。

(陈　鹏　童小华)

土木工程计算机仿真　computer simulation in civil engineering　利用计算机建立土木工程研究对象的仿真模型,如构件、结构体系、岩土体等,并将仿真模型在计算机上进行模拟试验的技术。土木工程计算机仿真一词最早来源于土木工程仿真。土木工程的各种结构模型试验均可称为仿真,但由于结构试验费用较高,且一般属于破坏性试验,一个试件或结构体系不可多次重复进行试验,且试验结果离散性大,不论是足尺试验还是缩尺试验,其所付出的代价均相当高。随着对研究对象的物理模型和分析方法的深入研究以及计算机技术的发展,通过仿真系统的开发,各种试验均可通过数学物理模型分析、计算机建模、数值计算等在计算机中实现。土木工程计算机仿真已从单个结构构件仿真发展到对结构体系等复杂对象的仿真。

土木工程计算机仿真基本思路包括建模、分析与表达,具体为仿真对象的建模、仿真执行求解及仿真表现三大模块。仿真对象的建模是基础,仿真执行求解是核心。仿真模型的建立必须同时考虑已有的数学模型和仿真试验目标,应设法建立能对特定外界条件激励产生特定行为的仿真模型。通过面向对象的编程方法,用户可以较好地对仿真程序进行设计。为了更有效地进行仿真并得到最优仿真效果,须对数学模型、仿真模型及仿真目标综合加以分析。详细的计算机仿真流程见图。

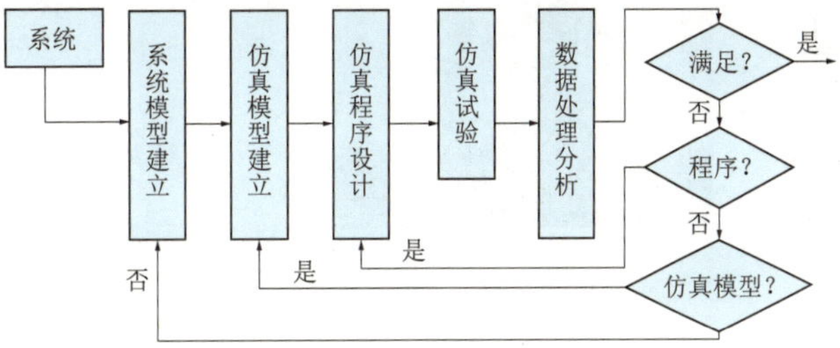

计算机仿真流程示意图

土木工程计算机仿真除了对研究对象的计算外,其计算中的过程变化也是一个重要内容,即通过图形技术把仿真计算过程中相关数字信息转化为以图形或图像表示的静态的或动态的画面显示,如混凝土裂缝发展、打桩过程桩体与土体相互作用、高层建筑爆破发展过程等。

随着建筑科学技术的发展,新材料、新结构不断出现,同时已经成熟的结构体系在应用过程中仍会出现新的问题和矛盾。对于出现的新问题,可用计算机仿真来替代模型试验加以解决。利用计算机仿真进行试验,设备简单、操作方便,且耗资少、较经济;同时,大大提高了研究的效率、精确度和可靠度。计算机仿真几乎覆盖所有土木工程结构试验工作,不仅可用于钢筋混凝土结构,还可用于砌体结构、钢结构、组合结构;不仅适用于小型、轻型结构,还适用于大型、复杂型结构。已成为解决土木工程学科问题的一个有效研究途径。

(贾金原)

土木工程加固改造　civil engineering reinforcement and renovation　当土木工程所要求的承载力、安全性、耐久性或抗震性能等不能满足的情况下,或结构其他性能需要进一步提升时,采取有效的技术措施将结构力学性能恢复甚至超过原有水平的行为。

概述　土木工程由于设计施工缺陷、结构材料的性能劣化、突发灾害(地震、火灾及爆炸等)后的结构损伤、结构物的功能和用途改变、结构设计标准的提高等原因,导致其承载力、安全性、耐久性或抗震性能不足,或结构功能和用途改变时,采取措施将结构性能恢复或超过原先水平,对结构进行性能提升、改扩建、拆除、重建等的行为(图1)。

中国**南京长江大桥**是20世纪60年代中国经济建设的重要成就之一。经过几十年的考验,大桥组件及局部构件存在的结构性安全隐患,已对铁路行车安全构成威胁。2016年,南京长江大桥开始加固改造,涉及桥面板更换、双曲主拱圈加固、引桥T梁加固。经加固改造后大桥的性能和耐久性显著提升,可继续服务当地经济发展(图2)。

加拿大文化地标魁北克大剧院开展的修复改造,包括对剧院破碎的外壳和内部空间进行再设计和深度改造,针对原建筑的劣势,提出了一个创新的可持续修复方案:在原建筑的混凝土结构外添加透明的玻璃幕墙,给原建筑设计了一个全新的外

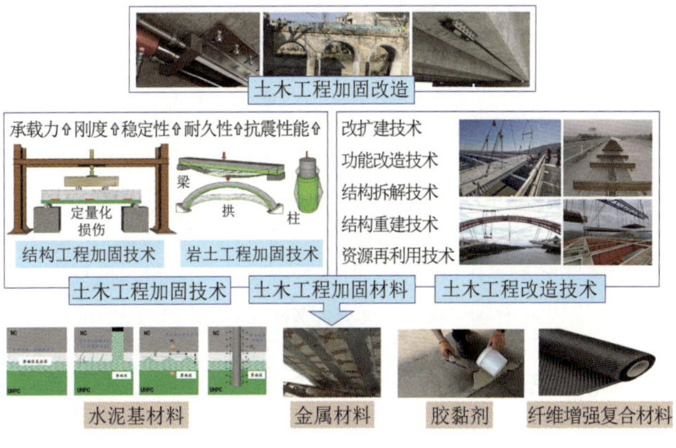

图1　土木工程加固改造分类示意图

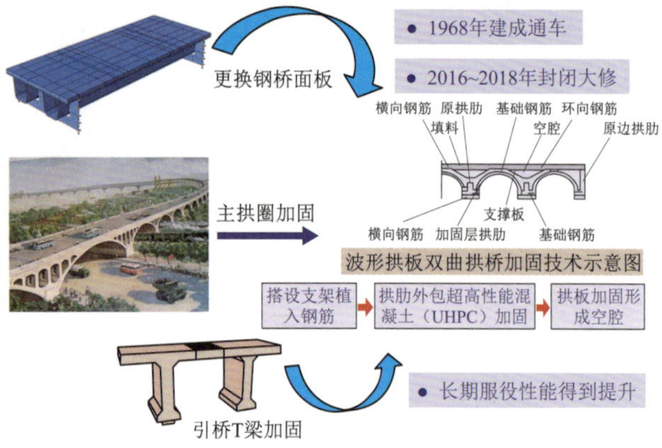

图2　南京长江大桥加固改造示意图

壳，新增的外立面保护着原始的混凝土结构，通过对既有结构物的改造使得大剧院在外观和使用功能上焕发出新的生命力（图3）。

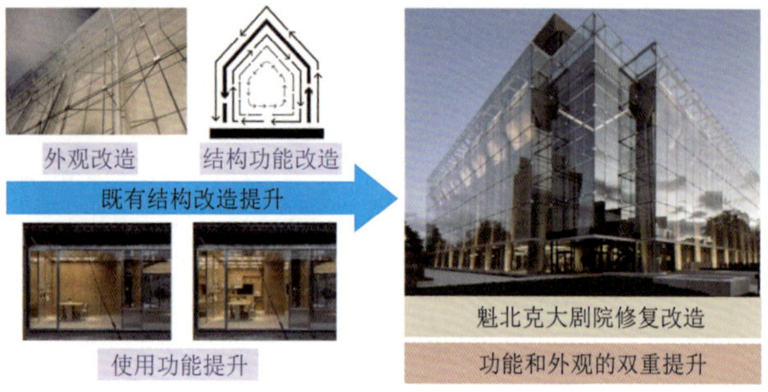

图3　魁北克大剧院修复改造示意图

沿革　据统计，建筑加固改造的费用仅为新建费用的10%～30%。世界各国加固设计规范，如中国的《混凝土结构加固设计规范》(GB 50367—2013）指出，通过加固改造，既有建筑的服役寿命可延长50年以上。因此，在欧美发达国家，每年用于新建建筑的资金已不到建设资金的25%，其余75%的建设资金几乎都用于旧建筑结构的加固改造。2010年，中国城镇中使用15年和25年以上的需中修和大修的住宅总量已分别达到52亿米^{2}和21亿米^2，再加上旧工业建筑物和公共建筑物，需要维修改造的既有建筑物已达到相当规模。到2018年，中国已有400亿米^{2}的建筑空间，需要维修改造的部分已超过100亿米^2。另外，中国的水利工程和交通工程建设规模越来越大，在长期服役过程中，受当时中国的经济发展条件、工艺工法技术、规范标准体系、配套管理设施等制约，主体结构易出现裂缝、坍塌等现象。截至2020年，中国已建成的3.8万余座隧道中已有上万座亟须加固改造，需要加固改造的桥梁数量超过3万座。在抗震加固方面，各国也越来越注重结构的震后可恢复性，常通过加固技术提高结构屈服后刚度或者改变传统混凝土结构耗能机制以提升结构韧性，实现地震作用下结构的损伤可控。

中国土木工程加固改造的发展大致经历了4个阶段：初期阶段、起步阶段、初具规模阶段、较为成熟阶段（图4）。

在土木工程加固改造研究和应用的同时，中国的规范标准也在不断建立完善。除了中国规范，欧美日等发达国家的加固规范，都在维护结构安全方面发挥着重要作用。

目的　土木工程加固改造的主要目的是提升土木工程结构的使用功能或服务效益，在原有结构上进行扩充性建设或规模改造，通过加工处理实现能源再利用。土木工程加固改造融合了技术、材料、工艺、装备，围绕性能、功能、环境改善，通过新型材料、新技术等实现结构轻质高强、环保耐久、长寿命、高韧性、舒适美观以及智能化等需求，达到提高资源利用效率、改善环境质量、低碳环保的效果。

主要内容　土木工程加固改造包括土木工程加固、土木工程改造和土木工程加固改进材料3方面内容。总体而言，加固与改造需求综合性强，包括承载力、刚度、稳定性、耐久性、抗震性能等多方面的提升需求，或结构功能用途的改造需求以及对加固改造材料的特殊需求。

土木工程加固按对象可分为结构工程加固和岩土工程加固。对于结构工程而言，包括建筑、桥梁、特种结构（高耸结构、海洋工程结构、容器结构等具有特种用途的工程结构）、水工结构等各类结构，按照加固改造的目标，大致分为非抗震需求下的结构基本性能加固技术和考虑地震影响的结构抗震加固技术两类。对于岩土工程，面向边坡、地基等，针对不同地质条件，对地基进行加固或改良，以满足提高地基土的承载力，保证地基稳定，减少上部结构的沉降或不均匀沉降。主要包括隧道工程加固、边坡工程加固和地基工程加固。

土木工程改造与土木工程加固相比，要求改变功能或用途，满足更高的使用要求。并且需要从结构层面进行设计和改变，在改造的过程中，需要用到如上所述的具体加固技术外，旧结构拆除以后，材料的资源化利用回收也是改造的重要部

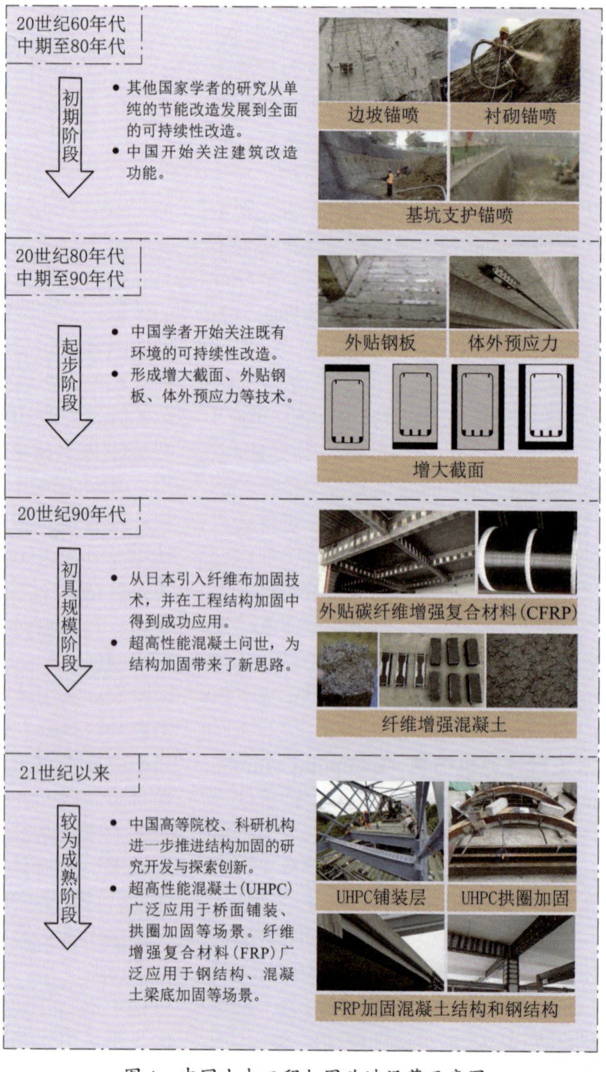

图4　中国土木工程加固改造沿革示意图

分。土木工程改造技术可分为土木工程的改扩建技术、功能改造技术、结构拆解技术、结构重建技术、资源再利用技术。

土木工程加固改造材料包括常用结构材料及新型开发的结构加固补强材料，主要包括结构加固水泥基材料、结构加固金属材料、结构加固胶黏剂、结构加固用纤维增强复合材料。

展望 土木工程加固改造是土木工程发展阶段中不可或缺的一个重要环节。虽然中国加固改造学科发展只有40多年历史，但随着土木工程基础设施的服役体量越来越大，运营时间越来越久，尤其在可持续发展理念日益重要的当前，其在保障土木工程基础设施安全、健康运营中发挥的作用也越来越大。随着信息、材料、机械等学科的发展，土木工程加固改造正向效能最大、绿色耐久、高效利用、智能快速方向发展。①效能最大。从单纯的针对结构某一性能加固或某一功能改造，到采用全寿命周期、可持续发展和抗灾韧性（如损伤可控可恢复技术）相融合的理念、方法实施既有土木工程的加固改造，促进结构体系转换技术和理论提升，使得加固改造能效从局部扩展到整体，从单一功能上升到整体功能；此外，随着结构检测、监测以及AI技术的发展，加固与改造将逐步由“事后型”向“预防型”，再向更合理的“预知型”“主动型”转型，以实现全寿命周期综合效能最大化的加固改造策略。②绿色耐久。随着纤维增强复合材料、纤维混凝土、高分子聚合物材料以及将来绿色、可循环利用的结构材料、智能化材料的高通量研发和应用，并采用科学的设计和实施方法，土木工程加固改造向着绿色耐久发展。③高效利用。在加固改造中，充分利用新型高性能复合材料以及新技术、新工艺，实现既有土木工程结构加固改造的高效利用。④智能快速。随着工业化、装配化、配套装备标准化、施工模块化的革新，土木工程加固改造将向着智能快速方向发展。

（吴智深　周建庭　汪　昕　杨　俊　刘思孟）

土木工程加固改造材料 materials for civil engineering reinforcement and renovation 既有土木工程结构为了满足新的安全性和适用性要求，对原有结构采取增强、局部更换等措施，提高其整体承载力所采用的材料。土木工程由于各种自然灾害，如地震、火灾、台风、水灾、冰雪等造成结构物不同程度的损坏；或者由于建筑物用途和功能改变导致与设计初衷不一致的荷载分布和荷载大小，造成原结构的强度和刚度不足，产生严重安全隐患。对此，必须对结构进行加固和改造，使其重新满足承载力要求，保持其安全性和正常使用功能，延长其服役寿命。

土木工程加固材料应与加固方法匹配。常用的混凝土结构加固补强的方法很多，比如加大截面法、外包钢加固法、预应力加固法、外部粘钢加固法等，岩土工程加固主要包括注浆固化、喷锚、冻结、桩基、土木织物加筋等方法，具体的加固改造材料种类也不同。按照对应的加固方法和适用场景，土木工程加固改造材料可分为结构加固水泥基材料、结构加固金属材料、结构加固胶黏剂和结构加固用纤维增强复合材料（见表）。①结构加固水泥基材料。是结构加固和岩土加固工程应用最广泛的加固改造材料，包括普通混凝土、喷射混凝土、纤维混凝土、水泥基注浆材料和桩基材料，其加固工程使用场景包括增加截面、岩土注浆固化和桩基加固等。②结构加固金属材料。在植筋加固、体外预应力加固、粘钢、绕丝加固、外包钢、边坡锚固等加固工程中广泛使用，包含钢筋、钢板、钢绞线、高强冷拔钢丝、角钢、型钢等。③结构加固胶黏剂。一般由环氧及环氧改性聚合物或其他高分子聚合物制备而成，主要应用在植筋加固、粘贴纤维加固、钢板粘接等加固工程中。④结构加固用纤维增强复合材料。是一种新的加固材料，兴起于20世纪80年代末到90年代初的发达国家，在日本、美国、韩国、欧洲一些国家和地区得到了大量的推广。主要包括玄武岩纤维增强材料、碳纤维增强材料、玻璃纤维增强材料和芳纶纤维增强材料，此类复合材料主要应用于绕丝加固、粘贴纤维加固（布、板、网格）。

结构加固材料的关键性能特点

材料种类	关键性能特点
水泥基材料	工艺简单，适用面广；养护期间需限制荷载
金属材料	施工周期短、力学性能提升效果好；工艺复杂、潮湿环境需要防锈处理
胶黏剂	种类多，黏结力强、效果明显；湿热老化、挥发性溶剂
纤维增强复合材料	自重小、耐腐蚀、施工方便；材料成本高

中国的土木工程加固技术发展迅速，新的加固技术和材料的发展对于提高建设工程的质量起到了积极的作用。其中，3D打印是非常具有发展前景的一项新兴技术，在土木工程领域也逐步成为研究热点，3D打印适合特殊构件、复杂节点、异形模具的个性化定制、无人化和智能化施工，在道路改造、桥梁加固和大坝维修中的应用前景非常广阔。

（刘加平　余　伟）

土木工程加固技术 strengthening techniques for civil engineering 当土木工程结构或构件无法正常使用、不再具有必须的工作性能与耐久性、在可预计的偶然事件发生时或发生后会丧失必需的整体稳定性时，对土木工程结构或构件进行加固时所采用的技术或措施；在不改变结构功能的前提条件下，当结构或构件的工作性能、耐久性与稳定性等需进一步提升时，对结构进行增强时所采用的技术或措施。

加固原因 由于设计和施工缺陷、环境作用、荷载变化、使用不当等原因，土木工程结构或构件可能出现病害或损伤，影响其服役性能与使用安全。拆除、重建既有结构的成本很高，且对正常的生产和生活的干扰也较大，所以通过增强既有结构的方法来提高其使用性能、确保其服役安全是更经济、环保的做法。土木工程加固技术，能够将结构的各项性能恢复甚至超过原有水平，提升其安全性和服务状态。土木工程加固技术以工程结构的评估和鉴定为依据，以提高结构或构件性能、满足安全要求、改善使用功能、降低其全寿命周期运营和维护成本为目的。

结构工程加固与岩土工程加固是土木工程加固的两个重要领域，前者主要针对房建、桥梁、水工结构等，后者主要面向隧道、边坡和岩土结构等。

结构工程加固 结构工程加固技术大致分为非抗震需求下的结构基本性能加固技术和针对地震作用的抗震加固技术两类。

非抗震需求加固技术 为提高结构基本性能，可采用的加固方法包括增大截面法、粘贴钢板、纤维增强复合材料（FRP）加固法、体外预应力加固法等。①增大截面法。通过增大原构件截面面积或增配钢筋，以提高其承载力和刚度，主要用于加固土木工程结构的基础、梁、柱、板等构件。②粘贴钢板。以专用的建筑结构胶将钢板粘贴在结构或构件表面，使其与原构件共同工作、整体受力，以提高加固结构的性能。外包型钢加固是以型钢（一般为角钢）外包于构件表面，以增强其结构性能。③纤维增强复合材料加固法。在构件表面粘贴碳纤维增强材料、玄武岩纤维增强材料和芳纶纤维增强材料等复合材料，在土木工程结构加固中也得到广泛应用，纤维增强复合材料具有良好的机械强度、力学性能、耐腐蚀性能等。④体外预应力加固法。采用在结构体外增设钢拉杆或撑杆、再在杆中施加预应力的方式对结构进行加固。此法改变原结构内力分布，从而降低其拉应力水平并提高承载能力。此外，桥梁工程中的支座更换、斜拉索更换、拱桥或悬索桥的吊杆索更换，也是结构工程加固的重要组成部分。针对以木结构和砖砌体结构为主的古建筑，主要加固技术包括钢筋加固法、水平砌缝插入钢棒填补法等。

抗震加固技术　可分为直接加固法和间接加固法两大类。①直接加固法。主要采用增大截面法、体外预应力加固法、粘贴钢板或纤维增强复合材料加固法等对工程结构进行加固，以提高结构本身抵御地震的能力。早期，对结构抗震加固的研究主要集中在提高结构的弯曲强度和延性、防止剪切破坏等方面。随着“结构保险丝”(依靠预先设定的元件的破坏以消耗地震能量，同时保护结构的其他主要构件的完整性）概念的出现，可牺牲、可更换的保险丝构件（如连梁）开始运用于桥梁墩柱等构件的抗震加固中，对构件起到了能力保护的作用。②间接加固法。通过增设耗能构件或更换支座的方式，减弱基础、墩台传递至上部结构的地震力，从而达到保护主体结构的目的。间接加固方式又可分为减震技术和隔震技术。减震技术是利用特制的减震构件或装置，使之在强震时率先进入塑性，产生较大阻尼，消耗输入结构的能量。隔震技术是通过对结构进行适当的改造，设法阻止地震能量输入主体。在桥梁工程中，还可以采用防落梁的构造或措施进行抗震加固。

岩土工程加固　是运用各种技术和方法，对隧道、边坡、地基与基础、地下工程等岩土工程在穿越各类不良复杂地质区域时，采取的加固稳定处理措施，以保证施工质量、完全发挥建筑物的功能。

按应用领域，岩土工程加固主要包括隧道加固、边坡工程加固、地基与基础工程加固以及地下工程加固。①隧道加固。对于隧道的各组成部分，可采用衬砌加固技术、围岩注浆加固技术、换拱加固技术、洞口加固技术、冻害处置技术、特殊地质地段处置技术等。对于隧道的衬砌，可以采用粘贴纤维复合材料、粘贴钢板（带)、喷射混凝土，以及嵌入钢架、锚杆、套拱等方法进行加固；针对隧道的衬砌拱墙结构，可采用换拱加固技术进行整体或局部衬砌更换；对于隧道的隧底，一般采用清除隧道基底软化围岩、虚渣及不合格的仰拱填料，随后回填混凝土等材料的加固方法；隧道的洞口加固，包括洞门结构加固、洞口边仰坡加固、洞口安全影响区加固。②边坡工程加固。常用方法和技术措施包括边坡锚固、碎石桩加固、预应力锚索抗滑桩、土工织物加筋法、抗滑桩联合土工格室岸坡加固法、植被护坡加固、锚杆土工网垫喷播植草护坡、坍塌体加固、崩塌体加固等。③地基与基础工程加固。常用方法有换土加固技术、振密加固技术、强夯法、排水固结法、高压喷射注浆加固、水泥粉煤灰碎石桩复合地基加固、桩－网复合地基加固、静力压柱加固、地基基础加宽加固、增层改造技术、纠倾改造技术、移位加固技术、托换加固技术等。④地下工程加固。常用方法有注浆岩石锚杆法、置换构件加固法、超前支护与加固、抗浮锚杆加固等。（周建庭　刘思孟）

土木工程检测技术　testing techniques of civil engineering　利用仪器设备对直接或间接反映土木工程性能的物理量实施检验、测定的技术及方法。为了保证各类土木工程及周围环境安全，避免重大安全质量事故带来的巨大经济损失，必须进行土木工程检测。

土木工程检测范围主要涉及地基基础工程检测、主体结构工程检测和钢结构工程检测等。土木工程检测技术主要包括结构无损检测技术、结构半破损检测技术和土木工程移动检测技术。

结构无损检测主要是依据结构或构件性能与测定物理量之间的关联关系，在不损伤土木工程结构或构件性能的前提下，通过测定某些适当的物理量来判断结构或构件性能，常用技术有回弹法、超声波检测法、雷达检测法、振动法、声发射法、红外热成像检测法等。结构半破损检测一般直接从土木工程结构取样进行强度测试，或直接在土木工程结构适当部位进行局部破损性试验，根据试验结果推算材料强度等指标，工程上常用的半破损检测方法主要包括取芯法、拔出法、贯入阻力法（射钉法）等。土木工程移动检测则主要采用移动方式获取土木工程健康相关的数据，常见的土木工程移动检测技术包括车桥耦合动力检测技术、路面多功能移动检测技术以及铁路综合检测技术等。

（李　惠　李顺龙）

土木工程检查　civil engineering inspection　为了评定土木工程的质量或其性能状态等，而对土木工程实施的检视查考及调查分析活动。

沿革　有很多古代建筑虽历经千年但仍屹立不倒，是因为古人很早就认识到对土木工程质量和技术状况进行检查的重要性。从土工工程检查的技术手段来看，早期的土木工程检查方法主要是通过眼睛看、耳朵听并借助简单工具来发现土木工程的质量缺陷或状态变化。如通过对土木工程外观进行目视检查，发现裂缝、麻面等表观缺陷；运用小锤进行敲击检查，发现地面、墙面是否空鼓；用直尺、塞尺等检查墙面、地面、屋面的平整度；用铅锤检查垂直度；用测量工具来检查断面尺寸、轴线、标高、角度等的偏差等。

这些传统方法，往往只能发现土木工程的表观病害，难以发现土木工程结构物内部缺陷并对其进行定量评判，如虽然可以采用敲击检查的方式发现墙地面的空鼓，但也仅限于浅表层的空鼓，难以准确评判空鼓深度。20世纪30年代初，随着无损检测技术的快速发展，其被逐步引入土木工程检查中，并获得了迅速发展，如在桥梁检查中，回弹法、超声回弹法被用于测定混凝土强度，手持式雷达被用于进行钢筋位置的检查，半电池电势法等被用于进行钢筋锈蚀检测，冲击回波法被用于进行内部缺陷的发现，磁粉和超声波被用于钢结构焊缝缺陷探查。20世纪80年代以来，随着测试方法和电子技术的发展，土木工程无损检测技术突破了原有的范畴，出现了许多新的测试方法，如微波吸收、雷达扫描、红外热谱以及脉冲回波等新技术，无损检测仪器也发展到一个新的水平。21世纪以来，高灵敏传感系统（如红外、微波、射线等系统）的不断出现，使无损检测设备向集约化、小型化、数字化、智能化的方向发展，如三维道路综合检测车可同时检测路面破损、平整度、车辙等十余项技术参数；无人机、附着式攀爬机器人等载具平台的技术进步，也带来了基于计算机视觉的桥梁外观病害自动识别技术的快速发展。

作用　土木工程检查贯穿于土木工程的全生命周期，从土木工程的建造、交付、运营使用、维修加固，到最终废弃的整个过程，都需要通过目测观察（或基于其他人体感官的观察）或结合仪器观测对土木工程进行检查，从而对结构的性能和状态做出准确评估。尤其是从土木工程健康管理的角度，土木工程在长期使用过程中不可避免的会产生结构性损伤，从而使其结构承载能力和耐久性逐步降低，直至影响到土木工程的使用安全。造成土木工程结构性损伤的原因可能来源于人为因素，如桥梁受到车船撞击、超载使用等；也可能是受自然因素影响，如材料的自然老化，地震、台风等自然灾害影响等。由结构性损伤而引发的土木工程维修、加固和改造工程，必须要建立在对土木工程检查的基础上。

土木工程检查集试验检测基本理论、测试操作基本技能及土木工程相关学科基础知识于一体，是工程设计参数取值、施工质量控制、施工验收评定、养护管理决策的主要依据。通过土木工程检查能判断材料能否满足设计要求；能检验土木工程的质量，保证工程可靠度；能确定土木工程使用过程中材料性能衰退和各部件损伤的程度，了解土木工程实际受力状态，判断结构的安全承载能力和使用条件；能验证理论的正确性，发现问题、总结经验，以对结构设计理论和结构形式加以改进，使其更趋完善。

土木工程检查、检测、监测、监控的内涵与功能既有区别又有联系。土木工程检查是人们为了土木工程的安全与健康，对可能存在的危险与有害因素进行查证的过程。这种查证既可以是经验性或感官性的，也可以是借助简单的工具或精密复杂的检测仪器，甚至通过试验加载方式来完成的。土木工程检测是利用仪器进行检验、测定、获取被检验对象数据信息的过程。如果只是在某个时间做检验、测定，则通常称为检测；如果是较长时间连续检验、测定，则称为实时检测或监测。检测或监测只是以数据或报警的方式告诉人们系统所处的状态，它并不去影响系统的状态。如果在监测系统的基础上，加上控制系统，就成了监控。监控不仅能显示土木工程所处的状态，而且根据监测的结果可对土木工程进行调节、调整、纠偏、控制，使其回到人们所设定的运行状态。

分类　按检查目的不同，土木工程检查可以分为：①为学术研究进行的检查。②为设计依据参数测定进行的检查。③为工程质量控制或质量保证进行的检查。④为土木工程竣工验收评定进行的检查。⑤为养护管理中了解土木工程技术状况进行的检查。⑥为工程质量事故调查进行的检查。

按检查的时点、内容和实施方式等的不同，土木工程检查种类在划分原则总体一致的同时，随着具体行业、结构类型及功能、地域历史传统和习惯等的不同而各略有差异。如日本将土木工程的检查分为初期检查、日常检查、定期检查、临时检查和紧急检查五大类，欧洲和英国则将其分成粗略检查、一般检查、基本检查和特别检查四大类，中国将公路桥梁领域的检查种类分为初期检查、日常巡查、经常检查、定期检查和特殊检查五大类。

按检查所采用技术手段的不同，土木工程检查又可分为：①以目视为主或借助简单工具，主要凭借经验做出判断的土木工程查看。②通过精密复杂的检测仪器对直接或间接反映土木工程性能的物理量实施检验、测定的土木工程检测技术。③通过室内或现场试验手段对结构或其构件、模型等进行加载测试，从而获得被测对象真实性能状况并据此评定工程结构质量及其性能状态的结构试验。

方式方法　土木工程检查实施过程中，需根据土木工程的材料劣化及性能退化的渐变规律，以及土木工程破坏特征、病害产生及发展趋势规律，针对检查评估的不同层次目的，对土木工程制定相应的检查/调查方案并予以实施。为了使土木工程检查更加完善和切合实际，通常在制定检查/调查方案之前会针对土木工程进行初步调查，包括勘查现场、搜集和分析历史资料，以及向有关人员进行咨询等。在检查/调查的过程中，如对结果存在不确定或者疑问，还需要进行复检和补充检查，以提高检查的准确性。

从检查指标来看，针对不同土木工程类型，通常有不同的检查指标和方法，如在道路工程中，仅针对路面性能就涉及路表状况、路表功能、结构性能、材料性能等多类指标，按评价内容又可以进一步细分为路面损坏、行驶质量、路面车辙、抗滑性能、路面跳车、结构强度、路面厚度、压实度、面层材料和基层材料等（图1）。

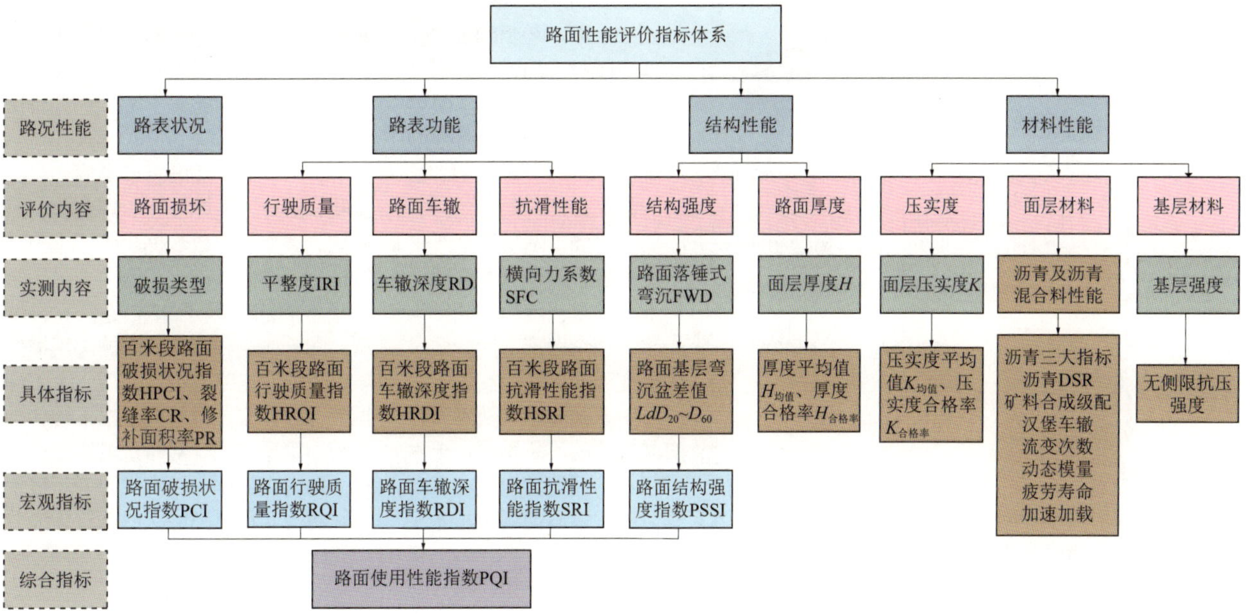

图1　路面性能常见检查指标示意图

对于已投入使用的土木工程，其检查的一般程序见图2。依据土木工程检查进行的时间和实施方式差异，土木工程检查在不同行业中往往采用不同的分类，如在公路桥梁养护中，桥梁检查分为初始检查、日常巡查、经常检查、定期检查和特殊检查。①初始检查。对新建或改建桥梁在交付使用后1年内进行的全面检查，主要为后续检查提供基准数据。②日常巡查。按桥梁养护检查等级不同每日或每周进行的检查，一般以乘车目测为主，主要检查桥梁有无明显缺损和异常情况，并填写巡检记录。③经常检查。按桥梁养护检查等级不同以每1～3个月的频率进行的检查，现场检查宜抵近桥梁结构，以目测结合辅助工具进行，并现场填写桥梁经常检查记录表。④定期检查。为评定桥梁使用功能、制订管理养护计划提供基本数据，对桥梁主体结构及其附属构造物的技术状况进行的全面检查。⑤特殊检查。为查清桥梁的病害原因、破损程度、承载能力、抗灾能力，确定桥梁技术状况而进行的检查。应根据桥梁的破损状况和性质，采用仪器设备进行现场测试、荷载试验及其他辅助试验，针对桥梁现状进行验算分析，形成鉴定结论。在出现下列情况时应做特殊检查：定期检查中难以判明构件损伤原因及程度的桥梁；拟通过加固手段提高荷载等级的桥梁；需要判明水中基础技术状况的桥梁；遭受洪水、流冰、滑坡、地震、风灾、火灾、撞击，因超重车辆通过或其他异常情况影响造成损伤的桥梁。

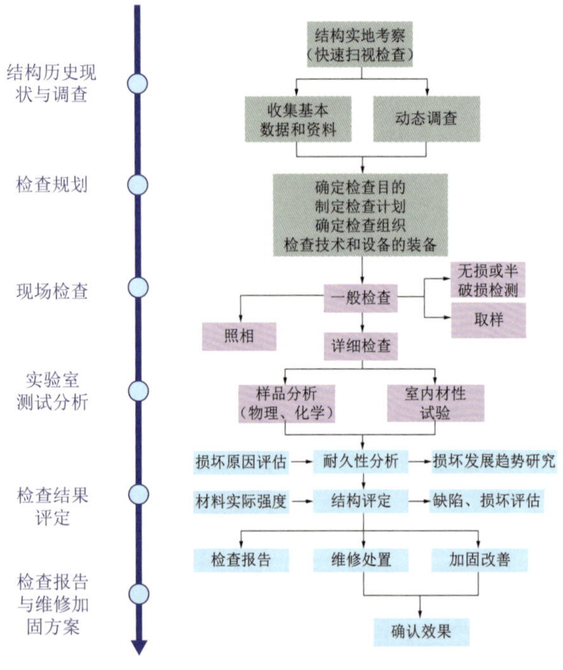

图2　土木工程检查的一般程序示意图

展望　土木工程检查是保障土木工程全生命周期内健康和安全的重要手段，历来备受重视。随着无损检测与人工智能等技术的快速发展，云平台、大数据、物联网、人工智能、移动通信正与传统土木工程检查技术深度融合，呈现出技术装备集成化、检查要求标准化、决策支持智能化的技术发展特征。①技术装备集成化。包括无损检测装备与养护维修装备的小型化、专业化、集成化程度日益提高；依托建筑信息模型（BIM）平台，设计、施工、检测、监测、养护、维修的信息将高度集成融合。②检查要求标准化。不仅是传统意义上的检查动作和质量评定方法的标准化，也包括为实现数据互联互通的信息标准化工作的快速推进。③决策支持智能化。随着机理研究日益深入、数据积累日益增多、信息融合日益加强，以及大数据分析、云计算、机器学习等技术的进步，土木工程管养智能化研究将日益受到关注，数据采集正从人工记录向系统自动采集转变，检查手段正从现场实操向智能感知转变，检查评估正从少量抽样数据研判向大数据分析转变。　（张宇峰）

土木工程健康保障　civil engineering health guarantee　在土木工程运维全过程中，保障满足土木工程正常服役的各项性能及功能要求，具备应对各类自然灾害、地质灾害、突发事故的能力，以及具有较强的灾后可恢复性等各方面的良好状态。土木工程健康保障的内涵包括以下3个方面：①研究土木工程病变及灾变的演化规律，提高认知水平。②明确维护管理中所对应的要求。③针对维护管理中的各项要求，更新发展科学有效的维护管理理念、策略及方法工作。

内涵　随着社会经济的发展，土木工程健康保障的要求也随着其认知水平、理念发展、性能要求的变迁而不同。

认知水平　随着理论和技术的不断发展，土木工程的性能要求也在不断变化。土木工程健康保障不但要求土木工程实现既定的安全性、适用性等基本性能，同时也要达到抗病害、抗灾害所必须具备的各类性能要求所对应的状态。

土木工程健康的认知水平与土木工程病变认知程度密切相关。提高对病变的认知水平，依据土木工程性能要求，可以更科学合理的设计土木工程寿命。早期，研究人员对不同的土木工程病变进行调查，逐渐总结并使用了针对各类病变特征的定性和定量试验方法，从而进一步开展了各类病变识别诊断的研究。此外，在土木工程病变的早、中、晚期具有不同发展速率（见图）。需要针对早期病状不明显、中期晚期发展迅速的疑难病症，制定有针对性的治疗方法，才能科学有效地保障治愈率。

另外，各类自然灾害导致的载荷作用、振动、冲击、结构周围环境的变化以及结构本身的累计损伤，是土木工程设计和运维过程中须考虑的重要因素。需要针对这些因素，通过能够真实反映灾变过程的监测技术，提高土木工程的灾变机理认知，有助于不断完善土木工程健康保障的概念。

土木行业中逐渐将各类病变、灾变的试验和研究方法标准化、规范化，对获取病变、灾变的有效数据起到了规范性的指导作用。在此基础上，研究人员还尝试建立了各类病变因子和灾变因子的模拟模型。随着检测和监测技术的应用推广，桥梁、隧道、道路等不同类型土木工程的数据库逐渐建立，为研究土木工程各类系统的健康管理方法、寿命预测模型提供了依据。随着大数据、深度学习等新技术的出现，将为实现更高层次的病症智能分析诊

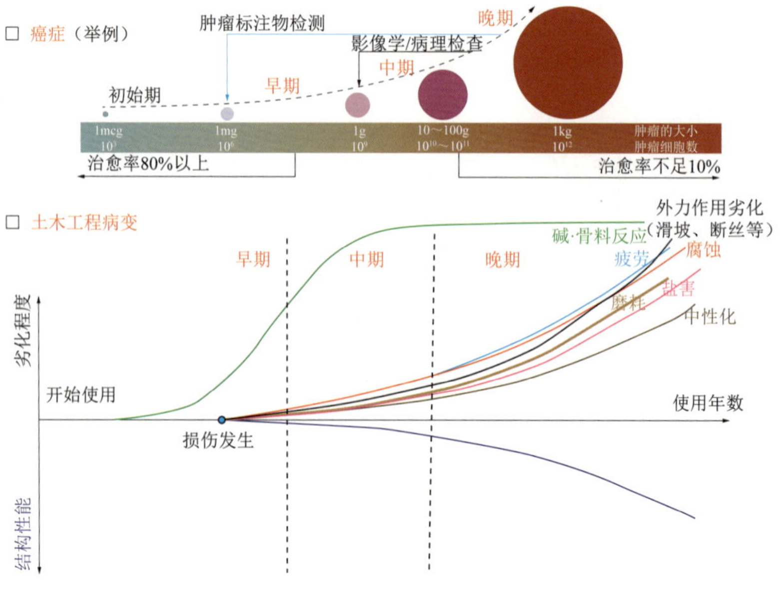

不同阶段病变发生规律及对性能劣化的影响示意图

断、预测未来变化趋势等高层次土木工程健康保障提供解决途径。

理念发展　在充分认知病变演化规律以及灾变机理的条件下，依据合理的管理理念制定适宜的维护管理方法可以维持甚至提升性能状况，达到延长土木工程剩余寿命。2021年，日本最新的道路部门基础设施健康诊断报告显示，桥梁和路面的综合评分分别为C－，而隧道更是D－。其中10%桥梁和42%隧道处于需要尽早实施相关措施的状态。

随着土木工程的健康、病变及灾变演化规律认知水平的发展，土木工程的管理部门不断优化相关的维护管理理念、策略及方法，预防/预知性维护、结构长寿命、信息化管理等一系列新策略逐步完善，可以有效解决在有限的维护预算下保证土木工程安全、耐久的同时，实现土木工程的长寿命、高度的防灾减灾能力等高层次要求。

性能要求　随着土木工程的进步，对其性能水平的要求也越来越高。过去的100多年中，土木工程结构设计主要采用承载能力直接试验和容许应力设计法。随着研究的深入，人们开始关注破坏强度设计法和结构极限状态设计方法的发展和应用。从20世纪30年代开始，破坏强度设计法逐渐受到重视，并得到了发展和应用。从50年代初期起，随着对荷载、材料性能和结构抗力的研究不断深入，结构极限状态设计理论和多系数极限状态设计方法开始发展并应用。从70年代开始，基于概率理论的极限状态设计法逐步发展，并逐渐进入实际应用阶段。

中国的建筑结构设计规范也在不断完善加强。1984年，《建筑结构设计统一标准（试行）》定义了结构可靠度和建筑结构的安全等级，并规定了结构极限状态的设计方法。1988～1990年，中国陆续实施的建筑结构设计规范基本淘汰了安全系数法，采用了较为先进、科学的概率极限状态设计法。

在2020年的国际结构混凝土协会大会上，人们深入交流和讨论了土木工程领域的新概念——“韧性”，涉及混凝土结构的可修复性、可恢复性以及韧性城市建设等问题。这对于明确和建立土木工程防灾减灾、长寿命化和韧性城市等性能要求具有深远的意义。

主要内容　为了满足**土木工程健康服役**要求，需要对土木工程的老化规律、**土木工程病变**，以及**土木工程灾变**进行充分认知，才能制定科学合适的**土木工程维护管理策略**，实现土木工程健康管理。

土木工程健康服役　通过确保土木工程各类建筑物、构筑物及其附属设施在服役过程中以良好的健康状态完成其预期功能的各种科学方法、技术手段及管控措施，实现土木工程安全和高效运行及其长寿命化、韧性化以及低碳化发展等目标。

土木工程病变　因土木工程由于勘察、设计、材料、施工、运行中存在的问题及其受到的荷载、所处的工作条件和环境条件的综合作用所造成的各类不健康因素。

土木工程灾变　由自然灾变和人为因素等导致土木工程结构失稳、失效而引发的灾变总称。主要包括自然灾变、地质灾变、工程事故等。需要考虑各类灾变的形成机理及防御对策；研究灾变发展规律，及风险评估模型，建立有效的灾变预报和预警系统。

土木工程维护管理策略　通过判定土木工程设备或者结构物构件的关键性和失效后果，制定必要性修复、预防性养护和合理的健康检测和监测方案，并结合各种检测、监测、维护与管理方案的质量效果，比较设计寿命内各方案所用的成本，基于全寿命成本最优的原则得到生命周期成本最小、维护时机最佳的监测、维护与管理规划方案。

展望　随着人们对土木工程老化、病变及灾变认知水平的提高，对土木工程健康保障要求的不断增加。未来，随着深度挖掘、大数据分析以及多源数据融合等研究的深入，结合物联网、云计算和人工智能等方法，可以更深层次的理解影响土木工程健康保障各类要素之间的内在关系，为深化土木工程健康保障水平提供支持。

（吴智深　李宏男　王　浩　黄　璜　伊廷华）

土木工程健康服役　civil engineering healthy service　确保土木工程各类建筑物、构筑物及其附属设施在服役过程中以健康可靠状态完成其预期使用功能的各种技术手段及管控措施。土木工程既有使用年限，又有承载限度。土木工程设计使用年限普遍长达50年甚至上百年，在其服役过程中须承受各种各样的荷载作用（如风、震、雨、雪等）和人为因素（如撞击、爆炸、破坏等）的影响，会面临因材料老化、结构劣化或损伤而引起的性能退化甚至功能失效的风险。此外，土木工程在达到设计使用年限后，有时也需要延长服役年限，但此时其功能和性能可能已难以满足当前的需求。根据相关标准规定，土木工程结构在其全生命周期内必须满足安全性、适用性和耐久性的功能要求，因此需要在其设计、施工、运营等各个阶段采取必要的服役保障措施，保持或提升土木工程健康水平。

保障措施　不同类型的土木工程服役保障措施涉及土木工程全寿命周期的不同阶段。具体包括：①设计阶段措施。指在土木工程设计过程中采用特殊的材料、构造等设计手段，对可能发生的结构性能退化进行预防性管控，以达到长期保持土木工程健康水平、提高灾害防御能力、减轻灾后损失等目的。例如，保障钢筋混凝土结构的耐久性能可通过使用耐腐蚀钢筋、提高保护层厚度等耐久性设计措施，提高混凝土构件自身抗腐蚀性，降低侵蚀介质渗透混凝土的速率，从而预防和延缓钢筋的锈蚀。②施工阶段措施。指在土木工程施工过程中采用特殊的施工组织方案、精细化施工工艺等，实现长期保持土木工程健康水平、提高灾害防御能力、减轻灾后损失、延长使用寿命和降低资源及能源消耗的目的。例如，在土木工程施工过程中应避免建造材料的浪费、降低不可再生资源循环使用的比重，达到降低资源及能源消耗的目的。③运营阶段措施。指在土木工程使用一段时间后采取加固或改造的方式，改善、提升和优化其使用功能，或通过检测、监测等方式实现土木工程灾前预警、灾时响应和灾后恢复。例如，采取提高安全设置水准、开展结构检测监测、定期进行保养维护、完善操作管理制度等措施来保障土木工程在正常使用过程中不会发生危及使用者及结构自身安全的危险，并可以高效地实现其功能、有效地应对系统运行中出现的风险。此外，通过对既有土木工程采取加固改造等措施，使其通行能力、空间应用、用途变化等使用功能得到改善，性能得到优化，超越设计之初的预期目标，以满足不断提升的生产和生活所需。④拆除阶段措施。指在土木工程使用寿命完结后的拆除阶段，采用节约能源使用、实现资源回收利用等手段实现土木工程绿色低碳化的目的。例如，通过引入固废物回收再利用等相关技术，将建筑垃圾制备成再生骨料，实现保护环境、节约资源的目的。

主要内容　土木工程健康服役的内容按照目的划分。通常包括**土木工程结构性能保持**、**土木工程灾害防治**、**土木工程系统安全运行**、**土木工程寿命延长**、**土木工程功能提升**、**土木工程抗灾韧性提升**、**土木工程绿色低碳化**和土木工程智慧运维8个方面的内容。

（李宏男　伊廷华　杨东辉）

土木工程健康管理 civil engineering health management 土木工程在经过勘测、设计、建造进入服役期后，针对其运维全过程保障工程健康的应用科学和技术。是土木工程学科的一个新兴分支。主要包括土木工程健康保障、土木工程检查、土木工程健康监测、土木工程健康评估、土木工程养护维修、土木工程加固改造及土木工程应急抢修等专业技术方向。土木工程健康管理主要是在保障土木工程结构及其系统的日常安全及正常运营的前提下，通过各类检测和健康监测技术手段，把握土木工程结构在全寿命服役期内的性能状况，从而评估分析其演化过程、退化规律及破坏机理，进而科学合理地实施保养修复、加固改造及应急抢险等措施。同时，通过科学的管理理念、方法及技术提升土木工程健康性，保障土木工程可持续发展能力，从而构建高度可靠的土木工程长寿命安全保障及智慧运维体系。21世纪以来，随着土木工程设施安全、高效运维工作的深入，土木工程结构全寿命及长寿命设计理念的深化，以及信息通信技术、传感技术、智能化技术、新材料等的迅速发展和相互交叉融合，土木工程健康管理逐渐形成一门综合性分支学科。

发展简史 土木工程健康管理分支学科的发展动因及形成阶段如下。

发展动因 现代土木工程所经历的时间尽管只有几十年，但以计算机技术广泛应用以及新材料的不断创新为代表的现代科学技术的发展，使土木工程在材料轻质高强化、建造过程工业化和设计评估理论精细化3方面也出现了新趋势。第二次世界大战后世界进入了相对和平的建设时期，特别是进入20世纪60年代，出现了土木工程发展的高峰时期。各类房屋建筑及公路、铁路、桥梁、隧道等工程设施建设如火如荼。发达国家大规模工程设施的建设已基本完成，而在役的大部分工程设施存在不同程度劣化的问题日益突出。利用有限的财政预算对土木工程设施进行科学合理的维护与管理，实现工程设施在全寿命周期内维护管理成本最小化已成为美国、欧盟、日本等发达国家和地区土木工程行业所关注的重点。21世纪以来，各国学者和工程技术人员在此方向开展了大量的研究探索、技术开发和工程实践，路面维护管理系统、基础设施资产维护管理计划也应时而生。

中国的土木工程建设在国民经济中的地位与作用日益凸显。截至2021年，全球排名前80的超高层建筑中，中国（含港澳台）占了一半。在其他方面，能源、通信、水利等基础建设蓬勃发展，国家的治山、治水、治海、治砂工程也在大规模兴建。大量数据表明，中国的土木工程建设无论是投资还是规模均已达到世界前列，但同时也应清醒地意识到，中国还面临着巨大的人口、资源和环境压力，整体工程技术水平与国际领先水平相比还存在一定差距，特别是在建设、运营、管理中存在不同程度的工程安全问题及土木工程结构短命问题。同时，地震、强风、洪水、冰雪灾害的频发而造成的恶劣服役环境的影响也使土木工程设施的抗灾韧性、适用性和耐久性面临严峻考验。如何科学、合理地进行土木工程维护管理也成为中国土木工程领域最重要的问题之一。2003年国务院印发《中国21世纪初可持续发展行动纲要》，开始了中国可持续发展的进程，明确了21世纪初中国实施可持续发展战略的目标、基本原则、重点领域及保障措施。

发展阶段 基于应对庞大土木工程运维的长期实践及不断凸显的重大需求，土木工程健康管理大致经历了萌芽时期、形成时期、发展时期、智慧化等阶段（图1）。

一些与土木工程健康管理密切关联的国际学术组织相继成立，多种国际学术期刊相继创办，推动土木工程健康管理的关键技术在工程中的发展和普及。同时，国际土木工程相关组织及各国土木工程相关学会相继在土木工程健康管理学科的新兴、交叉、前沿领域成立了一批专业委员会及分会，并颁布了国家及行业标准，使得这一行业更加规范化和标准化。

学科分支内涵发展 土木工程健康管理学科分支从工程学角度涉及工程结构、工程材料、光电工程及信息通信工程等学科领域，同时又涉及经济学、管理学等软科学。总体而言，土木工程健康管理学科分支内涵发展主要体现在科学理念创新、技术体系创新、理论方法创新3个层面。

科学理念创新 传统土木工程维护管理理念是在出现明显病害后修复加固，往往需要巨资，且难恢复到原有性能水平。为了避免这种情况，工程上提出了更加有

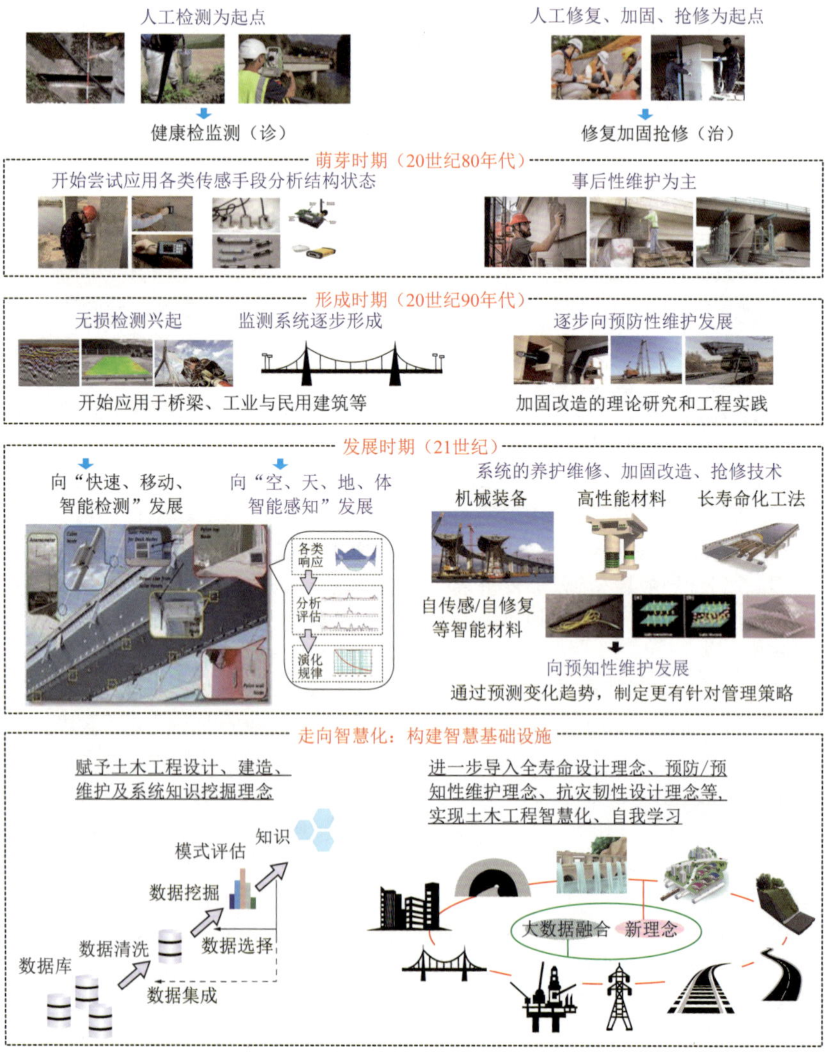

图1 土木工程健康管理学科的变迁示意图

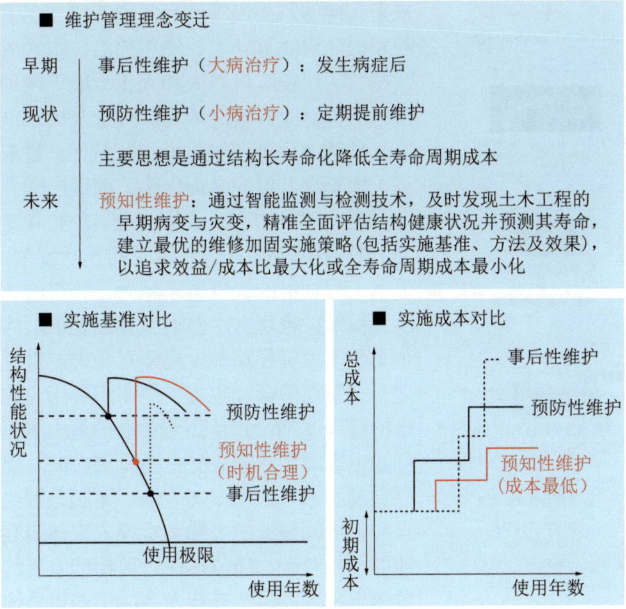

图2　科学理念创新示意图

效的预防性维护管理理念。但由于缺乏对结构病害的分析和预测，很难判断维护的时机，往往会造成一定程度的资源浪费。为了建立更加科学合理的维护管理体系，工程和学术界逐渐形成了预知性维护管理理念。旨在通过土木工程的检测和监测手段，依靠实际数据分析和评估结构状况和性能，制定更有效的维护管理措施。在此理念支撑下，土木工程资产管理理念、全寿命周期成本最小化设计理念、土木工程抗灾韧性提升、绿色低碳化等成为新的科学热点问题（图2）。

技术体系创新　精准掌握土木工程设施健康状况、修复加固及防灾减灾措施的有效性，是制定科学的土木工程设施维护管理策略的前提。需要研发新型检测技术和智能信息管理系统、高性能材料和新技术，以适应不同土木工程结构类型和病害的监测和修复需求。现有检测手段需要专业技术人员和特定设备，引入基于电子、光学、声学等无损检测技术可提高检测精度，但需进一步发展完善。土木工程健康监测技术已被广泛应用于建造、运营及结构服役过程中。材料性能的提升和高效修复加固技术的研发可延长工程设施使用寿命并推动土木工程可持续发展（图3）。

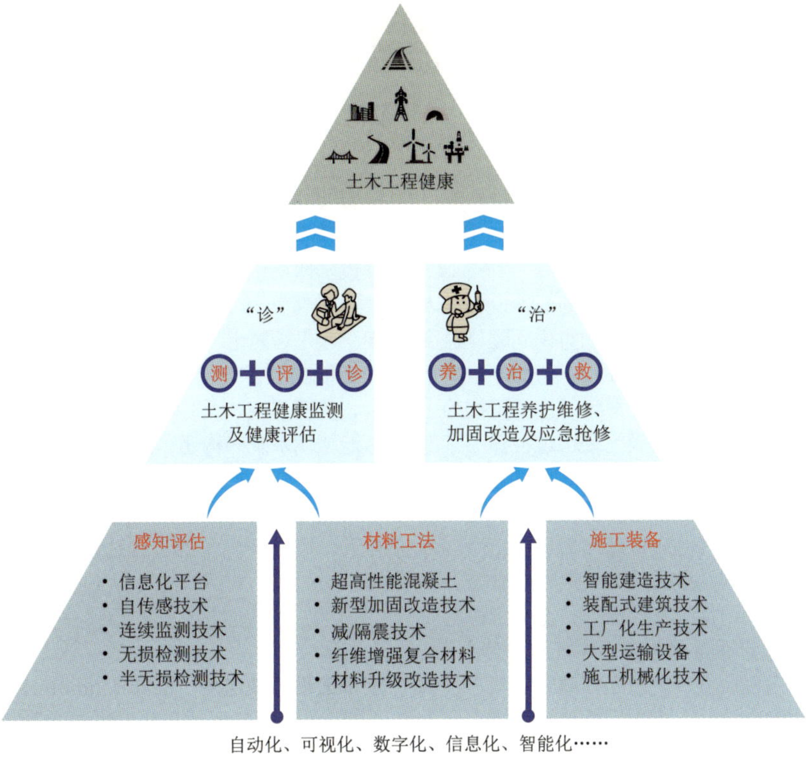

图3　技术体系创新示意图

理论方法创新　土木工程健康管理的理论方法经历了从经验认知、试验分析、数值仿真到大数据深层次探索的过程，在材料老化、病害机理、灾害机理及结构修复理论等方面取得了显著的创新进展（图4）。

在工程材料与结构劣化机理分析方面，基于实验和收集的长期数据研究劣化过程，分析工程材料与结构劣化机理，进而建立了预测理论。在预测理论研究的早期，主要依据不同类型劣化因素的实验数据推导劣化理论公式。如混凝土领域，已经发展了关于中性化、钢筋腐蚀、盐害疲劳、磨耗、外力作用及多参数（温度、湿度等）耦合劣化作用模型，并建立了通过均值回归分析方法及人工智能方法研究各个劣化因素在早、中、晚期不同阶段的劣化速率模型。在此基础上，结合贝叶斯推理并不断收集更多劣化数据对后验概率进行更新，从而建立更高精度的劣化预测理论方法。

在病害机理方面，早期主要通过人工检查记录裂缝、锈蚀等病害，进而分析统计规律。除材料与施工因素外，长期的荷载作用引起的疲劳损伤是结构病害的主要根源。各国采用的疲劳损伤寿命评估方法主要包括基于S-N曲线的疲劳寿命评估、基于线弹性断裂力学的疲劳寿命评估、基于损伤力学的疲劳寿命评估。疲劳累积损伤理论主要包括线性疲劳累积损伤理论、双线性疲劳累积损伤理论、非线性疲劳累积损伤理论等。工程界大多采用基于S-N曲线和Miner线性疲劳累积理论的疲劳寿命评估。英国、美国等一些规范中，将结构抗疲劳能力按各种构造细节进行分类。在确定对应S-N曲线后，通过Miner线性疲劳累积损伤理论对疲劳损伤进行叠加，推算结构危险构件的剩余寿命。各国已基本解决了具有明显损伤或已处于严重损伤状态的工程结构损伤探测、识别、分析与评估问题。然而，对于损伤不明显的早中期阶段，以及处于快速劣化中晚期的安全监测和维护管理仍是当前的公认难题。

在灾害机理方面，灾害现场调查是掌握结构损伤特征的主要方法。桥梁风工程的研究始于1940年的美国塔科马大桥风毁坏事故。2008年汶川地震中大量的震毁建筑为结构抗震研究提供了宝贵的资料。结构灾害试验是验证结构安全性不可或缺的技术手段，针对极端状况开展的研究为探索灾后裂缝、变形、混凝土和钢筋应变以及灾后破坏模式等力学规律提供了支持。数值模拟技术和大数据技术为结构灾害损伤机理的研究提供了更加丰富和可靠的分析依据。

在传统修复加固理论方法的基础上，针对工程结构的修复加固，研究者们逐步完善了纤维增强复合材料结构修复加固体系，并提升了其耐久性和使用安全性能，

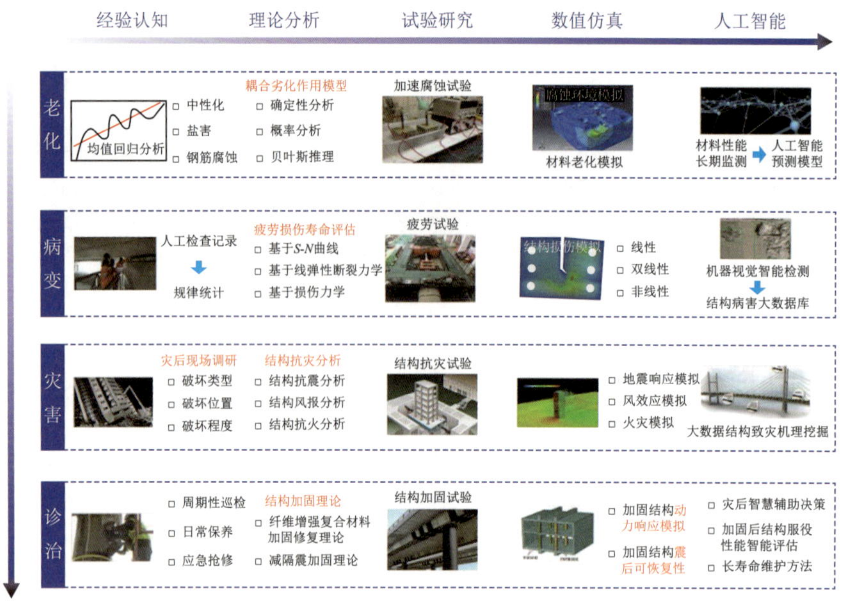

图4 理论方法创新示意图

同时注重结构的震后可恢复性，实现了结构损伤的可控。此外，还建立了加固后结构长期服役性能的综合评估方法，并构建了基于残余位移谱及损伤可控结构的加固设计理论和方法，从而推动了土木工程健康管理的发展。

学科分支内容 根据土木工程健康管理的系统管理科学理念、学科交叉技术体系以及理论设计方法等方面的性质特点，学科内容包括**土木工程健康保障**、**土木工程检查**、**土木工程健康监测**、**土木工程健康评估**、**土木工程养护维修**、**土木工程加固改造**，以及**土木工程应急抢修**七大部分。

土木工程健康保障　贯穿于土木工程的整个服役周期，其目的是依据木工程健康服役保障的需求，通过充分认知土木工程病变、土木工程灾变的演化规律，为制定科学合理的土木工程维护管理策略提供对应的性能要求。

土木工程检查　为了保障土木工程健康而对可能存在的危险与有害因素进行查证的过程。

土木工程健康监测　根据土木工程健康管理的需求，利用各类感知探测技术、检测仪器以及信息通信技术进行土木工程健康监测系统构建，获得土木工程所处的环境、遭受的自然灾害以及土木工程结构的响应、损伤及性能等有效数据，实现土木工程结构及运行系统的状态分析及安全预警。

土木工程健康评估　土木工程健康监测过程中，如果发现土木工程结构有明显损伤、劣化或性能退化的现象，或者发现劣化程度和劣化速度明显高于预测值，则需要进一步评估诊断土木工程结构状态。另外，在一些特殊情况下，如土木工程的使用条件、使用状况、使用目的、周围环境等发生了变化，或是发生一些特殊事件（如地震等极端自然灾害、车撞等事故），也需要及时对土木工程进行评估诊断，以便迅速做出正确的应对措施。

土木工程养护维修　土木工程在建成投入使用后，会产生影响土木工程使用性、耐久性、安全性的不利因素，需要对其进行养护和修复。

土木工程加固改造　与土木工程养护维修相比，土木工程加固改造主要是针对力学性能及功能提升、用途改变而采取的措施。

土木工程应急抢修　土木工程在遭受到各种自然灾害、事故灾难、恐怖袭击等重大灾害情况下，需要通过应急抢修来保证土木工程设施尽快恢复使用功能（或部分使用功能）。

展望 随着发达国家的基础设施进入稳定期，其土木工程结构劣化问题日益突出，维护管理的巨额成本使政府不堪重负。相比之下，中国每年以土木工程为主的基础设施建设规模已经超过世界上其他所有国家的总和，但也将面临更为严峻的大规模老化和巨额维护管理成本风险。因此，土木工程健康管理肩负重要使命。为适应大规模基础设施的长期安全服役、高效运行及可持续发展需求，土木工程健康管理需要不断深化在土木工程健康保障、土木工程检查、土木工程健康监测、土木工程健康评估、土木工程养护维修、土木工程加固改造、土木工程应急抢修方面的要求。随着现代建筑与结构智能化的推进，未来高性能基础设施将具备自传感、自诊断和损伤自修复功能。使用前沿技术如大数据、区块链、机器人和人工智能等推动土木工程健康管理的体制、理念及模式创新，从数字化到智能化再到智慧化，是未来土木工程发展的必由之路，前景广阔。

土木工程预知性维护管理体系建立　随着中国社会经济建设的不断发展，土木工程项目的规模越来越大，传统的土木工程维护管理方法已难以满足要求。为了实现土木工程基础设施全寿命维护管理理念和策略的顺利实施，需要完善相应的维护管理体制，并且预知性维护是土木工程健康管理领域未来的主要发展方向。建立完善的土木工程预知性维护体制是解决当前土木领域维护难题和实现未来建筑高性能、长寿命、绿色环保、可持续发展的重要手段。同时，专业人才的培养也是该体制建立的重要基础，需要建立符合中国新时代要求的复合型和智慧型创新人才培养系统化体系，形成跨学科知识平台。

土木工程健康管理技术智能化高度发展　土木工程健康管理技术的创新是推动基础设施智慧化发展的核心。无损检测技术日趋成熟并逐步实现实时化、精准化、快速化、可视化，人工智能、大数据等新一代信息技术显著提升了监测数据分析的准确性、实时性、主动性，无人机、机器人等先进装备的应用极大提高了土木工程健康管理的自动化水平，修复加固体系与材料也趋于多样化并得到了快速应用。未来，以“空、天、地、体”一体化的全域感知为基础，融合物联网、大数据、云计算、人工智能、智能材料等先进技术，建设具有自感知、自适应和自修复等特性的土木工程结构，服务保障交通、能源、通信、水利等基础设施安全高效运营，驱动土木工程健康管理技术体系创新。

智慧土木工程基础设施构建和完善　未来智慧土木工程基础设施将全面推动智能化技术与土木工程结构的深度融合，加速“空、天、地、体”一体化全域智能感知系统的构建，促使土木工程结构兼具学习和反思能力，并将这种学习与反思转化为基础设施的管理能力提升和系统提升，推进中国基础设施建设向着健康、智慧、绿色、可持续的目标不断完善。

（杜彦良　吴智深）

土木工程健康监测 health monitoring in civil engineering　土木工程进入服役期后，利用局部（点分布）、区域分布和整体（宏观）传感技术，获取反映荷载作用、服役环境和结构响应的参数，通过这些数据对工程的状态进行识别，进而对已发生和将要发生的风险因素进行及时预警，并为后续的健康评估等环节提供基础依据的技术。

沿革 20世纪中叶，随着电子传感和计算机技术的兴起，相继出现了一系列针对不同需求的监测技术，其内容涉及环境、建造以及运营各个过程。极端自然灾害往往会造成巨大的生命财产损失，因此在早期主要是开展土木工程灾变监测的研究，以期达到预测灾害发生和减轻灾害效应的目标。典型的是美国在60年代初建立的世界标准地震台网（WWSSN），其在除东欧以外125个地方设置了标准地震仪，用于监测全球的地震活动情况。2000年，美国国家航空航天局（NASA）又提出了全球地震卫星观测系统（GESS），此项目计划利用20年的时间，通过发射低轨卫星、中轨卫星和定点卫星，构成对地球表面、岩石圈和近地空间的观测系统，可研究地震与地球势场、形变场、热场变化之间的观测关系。中国的数字地震台网（CDSN）建设起步于20世纪80年代。2003年中国地震局又开始了“中国数字地震观测网络”项目建设，到2007年底完成了由国家数字地震台网、区域数字地震台网、火山数字地震台网和流动数字地震台网组成的新一代中国数字地震观测系统。日本从2000年开始部署由约1000个台站组成的高密度地震台网（Hi-net），这是一个覆盖日本全境的高质量和高密度的短周期地震台网。东日本大地震发生后，日本防灾科学技术研究所从2011年开始建立“日本海沟海底地震海啸观测网”，利用5年时间在东日本地区的太平洋海岸和日本海沟之间的海底设置150个地震仪，实现了对地震和海啸的实时监测。

20世纪末期，随着传感技术和互联网技术的进步，土木工程功能保障（运行）监测已逐渐成为不可或缺的组成之一。早期运行状态相关的监测活动，主要是针对单一物理量的监测和规律的统计。随着通信技术的发展，运行监测已经发展为包括输入和输出各种信息的综合性监测。50年代后半叶，日本就已开始发展针对铁路的地震监测与预警系统。日本新干线地震监测与预警系统按照报警方式的不同，可划分为3个发展阶段：①加速度阈值报警和预警。1965年，日本新干线地震监测与预警系统首先布设于东海道新干线，这套系统由简单的机械式报警地震仪组成，主要采用基于地震S波的加速度阈值触发警报方式。②紧急地震探测和警报系统。由于利用加速度阈值进行报警属于S波的报警方式，地震仪监测到地震动并发出警报时地震可能已经到来，此时能够采取的紧急处置时间很短。因此，新干线在1992年引进和配备了基于地震P波的震源参数触发或基于地震P波的地震动参数阈值触发的警报方式。此系统可在监测到P波3秒后，利用单台P波信息估计地震的震级、震中距等震源参数，并以此作为依据判断地震是否会对铁路沿线造成破坏，若存在破坏的可能性，则发出停车警报。③早期地震检知系统。此阶段主要采用基于地震P波的震源参数触发（B-Δ方法）与基于地震S波的地震动参数（加速度值）阈值触发相结合的警报方式。2007年，新干线开始启用日本气象局研发的地震预警系统（JMA），实现了与日本气象局地震预警的联动，当发生强震时会触发自动停车和防脱轨装置等以降低地震造成的危害。

由于土木工程结构规模巨大、构造复杂、影响因素众多，局部单一物理量的监测已难以有效地反映结构整体的劣化进程，更为先进的土木工程结构健康监测得到迅速发展。20世纪80年代中后期，许多国家开始建立各种规模的结构健康监测系统，主要涉及长大桥梁、海洋平台、大型场馆、高层建筑、深埋隧道、坝体结构、输电塔线等。以桥梁工程为例，像英国的福斯桥、希腊的哈尔基斯桥、泰国的拉马克桥、美国的阳光大桥等，均建立了不同规模的结构健康监测系统，为桥梁的服役安全发挥了重要的作用。中国自90年代起，先后在300余座大型桥梁工程建立了健康监测系统，如香港青马大桥、沪苏通长江公铁大桥、**港珠澳大桥**等。其中，香港青马大桥健康监测系统是早期最具代表性的监测系统之一，其包括传感器系统、信息收集系统、信息处理和分析系统、系统运作和控制电脑硬件系统，实现了荷载作用、结构响应和结构耐久性的实时监测，并为桥梁建立了长期的历史数据库，为日后相同形式的新桥设计提供了宝贵的经验参考。沪苏通长江公铁大桥是世界首座跨度超千米的公铁两用斜拉桥。此桥采用5G新型微站覆盖，实现了低时延、大连接等工业物联网应用。沪苏通长江公铁大桥采用集环境、桥梁、轨道、行车四位一体的监测方法，形成了由307个传感器组成的面向桥梁运维的车-线-桥-环境综合监测系统，其能够结合各特征参数设定的安全阈值实现桥梁的综合报警和状态评估。

21世纪以来，以全面感知、可靠传输和智能处理为基本特征的物联网技术迅速兴起。同时，伴随着土木工程行业的发展，城市基础设施结构群、轨道交通结构群体、大规模地下管网系统得以大规模兴建，带动了健康监测系统由单体集中式，到连续分布式和离散分布式，进而向集群监测系统发展。特别是伴随卫星导航定位系统、无人机、机器人等自动化载体技术的进步，以及物联网、大数据、云计算和人工智能等新技术的出现，“空、天、地、体”的一体化信息的监测网络架构得到快

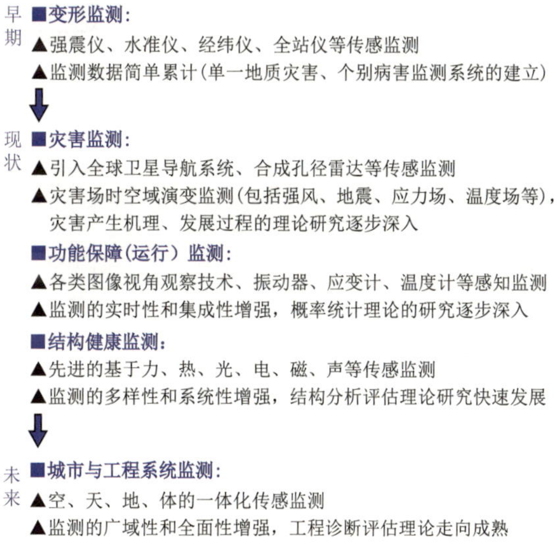

图1 土木工程健康监测的发展沿革示意图

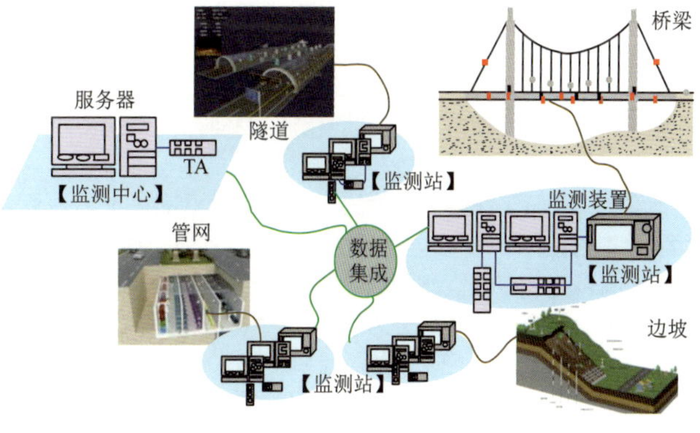

图2 土木工程健康监测示意图

速发展和应用，其关键技术包括低成本网络构建、高容量通信、低延迟和高可靠性动态组网，以及数据高效压缩和融合等。例如，京沪高速铁路线下结构监测系统由前端感知子系统、中端数据采集子系统与后端综合管理控制平台组成。在结构信息感知方面，系统联合星载、机载、陆地部署及结构物上赋传感设备，完成对高速铁路线下结构全天候、全时段立体遥感监测；数据交互方面，系统融合现代信息网络技术，实现空、天、地数据互联互通，无缝化信息传输；后端综合管理控制平台充分利用大数据技术，实现结构监测数据系统化、精细化管理，为线路运维决策分析提供可靠数据来源。基于监测大数据的各种系统识别方法、损伤识别方法、性能评估方法和预测预警方法也日益成熟，这些技术的发展互相促进、相得益彰，整体推动了土木工程健康监测技术的进步（图1）。

工作原理　土木工程健康监测的主要目的是在对预期状态、易发病害和灾害风险初步分析的基础上，构建满足不同功能的监测系统，从而为健康评估、养护维修、加固改造和应急抢修提供有效的数据支撑（图2）。①针对不同的工程需求，构建全方位、高精益和长寿命的感知系统，通过各类温湿度、风速风向、振动、倾角等传感器采集土木工程的输入和输出信息。②构建实时性好、可靠性高、稳定性强的数据采集存储系统和数据传输系统，其主要由模拟或数字采集设备、有线和无线传输装置、硬盘或网络存储介质组成。③构建包含数学、信号分析和力学方法的健康状态识别系统，以分析监测数据的变化规律和发展趋势。④构建包含预警指标、预警阈值和预警方式的安全预警系统，以实现对潜在风险进行预警。土木工程健康监测系统架构如图3所示。为了保障系统能够长期、可靠和有效地运行，必须定期开展监测系统维护工作，并做好保养抢修和升级改造记录。

主要内容　类似于医院对人体的连续性状态观察、周期性健康体检和不同病症的专项筛查，土木工程健康监测系统也可选择不同的监测方式，如按照工作持续时间的不同可分为长期监测和短期监测；按照采集工作周期的不同可分为定期监测和连续监测；按照工作触发条件的不同可分为触发监测和实时监测；按照数据处理时效的不同可分为在线监测和离线监测；按照监测对象规模的不同可分为单体监测和集群监测。通过土木工程的监测系统构建，可有效把握土木工程的服役状态、劣化状况、性能水平以及其综合抗灾能力。

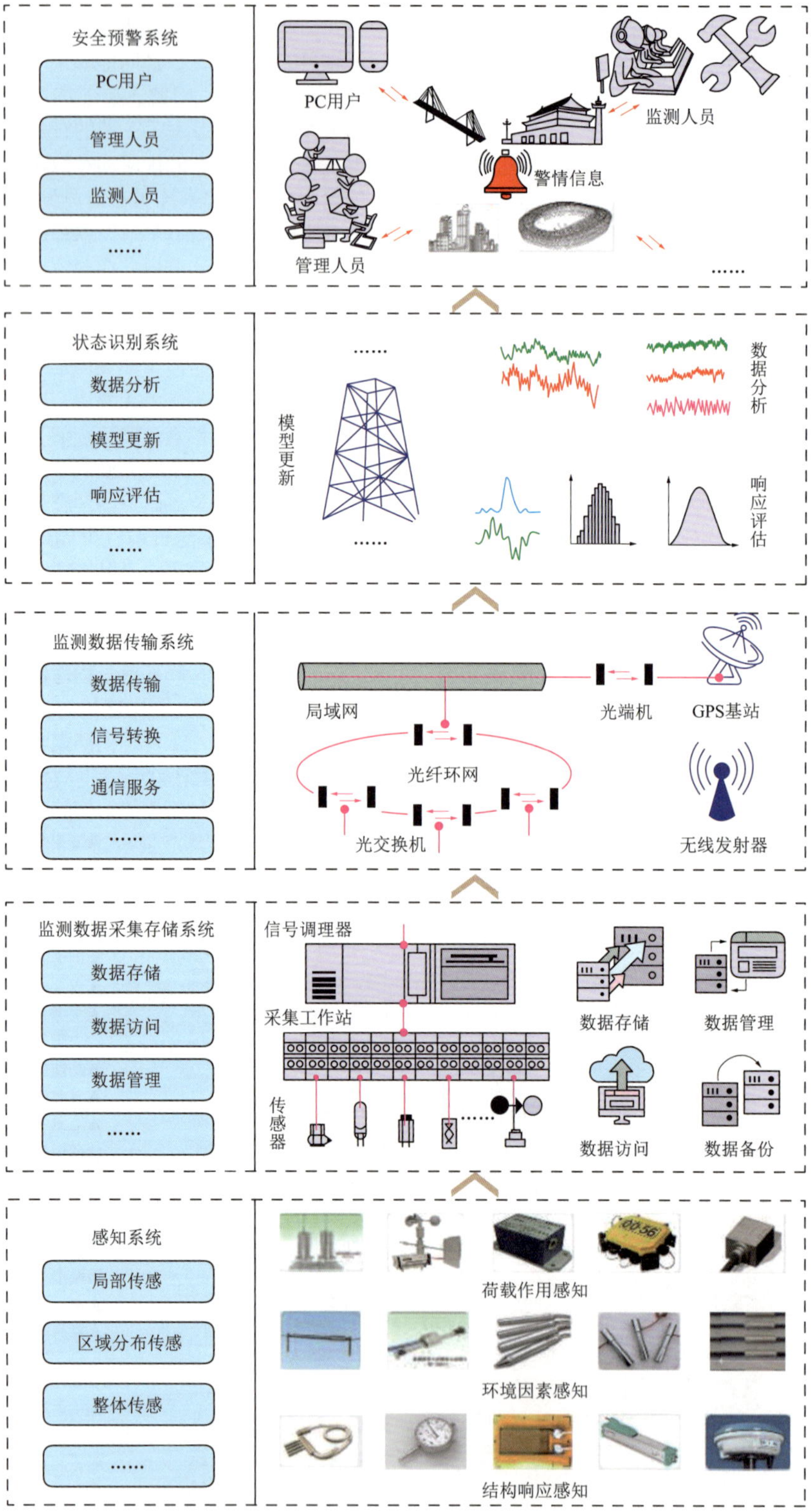

图3　土木工程健康监测系统架构示意图

因此，土木工程健康监测技术在一定程度上可以看作一种仿生技术，其采用埋入式、粘贴式或外置式的传感技术作为“神经系统”来监视土木工程各类“生命体征参数”（应变、振动、形变等），进而判断其“健康状况”（安全性、适用性、耐久性）。

土木工程健康监测的实施对象主要包括复杂重要的工程结构和功能耦合的城市工程系统。由于土木工程的健康涉及因素众多，土木工程健康监测主要包括**土木工程结构健康监测**、土木工程灾变监测和土木工程功能保障（运行）监测。

展望　土木工程健康监测的仪器设备、理论方法和技术标准，已在长大桥梁、深埋隧道、海洋平台、高层建筑和生命线工程等得到广泛应用，为保障工程服役安全发挥着难以替代的作用。可以预计，未来土木工程将逐步发展成为具备自感知、自诊断、自适应和自恢复功能，集主结构、传感器、控制器和驱动器于一体的智能结构。为此，应注重加强以下几个方面的研究：①研发以视觉传感、激光传感、红外传感、超声波传感、射频识别传感、5G通信和云计算等为代表的先进技术装备，实现监测泛在化、综合化、长期化，预测标准化、规范化、智能化，预警自动化、网络化、精准化。②发展以大数据智能、混合增强智能、类脑智能等为代表的信息智能融合分析技术，基于多灾种、多尺度、多物理场过程模拟和情景构建技术，实现“自主学习－推演预测－科学研判”的风险评估和多级预警。③推进健康监测领域的标准化和规范化进程，构建系统全面的技术标准、产品标准和工艺标准，构建监测预测预警、风险评估与预防、应急处置与救援、业务持续性管理一体化的城市与工程系统智能管理平台。

（吴智深　伊廷华　黄　璜　赵维刚）

土木工程健康监测系统构建　system establishment of civil engineering health monitoring　依据土木工程需求和国家现行相关技术标准，进行监测系统方案设计和现场实施的过程。

方案设计　土木工程健康监测系统构建的目的是获取荷载作用、服役环境和结构响应信息，为工程的健康评估、维护、加固改造和应急抢修决策提供技术支持。

土木工程健康监测系统的方案设计包括总体设计和详细设计两个阶段。①总体设计。又称概要设计，主要包括系统的功能需求分析、监测方式对比、整体架构确定和成本效益分析等。②详细设计。主要包括监测参数梳理、测点位置选取、仪器设备选型和软件概要设计等。监测系统的现场实施分为硬件设备安装、软件部署与调试、系统联调和试运行3个阶段，当试运行结束后应及时开展验收和交接工作。其中，设计和现场实施是监测系统实现的基础，而合理有效的维护则是其持续高效工作的保障。

内容及构建过程　一套完整的土木工程健康监测系统通常包括5个部分，即土木工程健康监测感知系统、土木工程健康监测数据采集存储系统、土木工程健康监测数据传输系统、土木工程健康状态识别系统和土木工程健康安全预警系统。土木工程健康监测系统构建也即这5部分内容的搭建。

土木工程健康监测系统的构建，应综合考虑工程特点、功能需求、场地条件和成本预算，做到安全可靠、方案可行、技术先进、经济合理和便于维护。土木工程健康监测系统的构建应遵循功能与成本最优、关键优先与兼顾全面、模块化、可靠性、易维护性和安全性等基本原则。具体构建过程可分为前期准备、中期实施和后期服务3个阶段。①前期准备阶段。主要开展监测系统的方案设计和施工准备工作，具体包括监测系统施工图设计与审查、施工单位现场踏勘与施工组织、施工人员安全和技术培训等。②中期实施阶段。主要开展监测系统硬件和软件的实施工作，其中硬件实施包括仪器设备的采购与运输、设备的安装与调试等，软件实施包括系统软件的开发、安装和调试等，实施完成后需要进行系统的联合调试工作。③后期服务阶段。主要开展监测系统的试运行与缺陷责任期的维护，同时还需开展监测系统的使用培训和验收交接工作。土木工程健康监测系统构建涉及土木工程、力学、信息与通信工程、计算机科学与技术、安全管理工程等多个专业领域，因此在具体操作时需要各专业之间保持良好协调与配合，相关技术标准可参照《结构健康监测系统设计标准》(CECS 333：2012)、《桥梁结构健康监测系统设计规范》(DB32/T 3562—2019)和《结构健康监测系统施工及验收标准》(T/CECS 765—2020)等执行。（吴智深　伊廷华　李宏男）

土木工程健康监测系统维护　maintenance of civil engineering health monitoring system　土木工程健康监测系统在完成系统实施、投入正常运行后，为保证系统正常而可靠地运行、不断得到改善和提高、充分发挥作用而进行的维护工作。

分类　土木工程健康监测系统维护是面向系统中各个构成因素的，按照维护对象不同，系统维护的内容可分为硬件设备维护、应用程序维护、数据维护和系统安全维护。按照系统维护工作性质的不同，系统维护又可分为纠错性维护、适应性维护、完善性维护和预防性维护。

任务及影响因素　土木工程健康系统维护的任务主要包括两方面：①清除系统运行中发生的故障和错误，以维持系统的正常运作。②系统功能的改进，以满足使用过程中用户提出的新的功能及性能要求。

健康监测系统的维护不仅范围广，而且影响因素很多。通常，在进行某项维护修改工作之前，需要考虑下列3方面的因素：①维护的背景。如系统的当前情况、维护对象、维护工作的复杂性与规模等。②维护工作的影响。如对新系统目标的影响、对当前工作进度的影响、对本系统其他部分的影响、对其他系统的影响等。③资源要求。如对维护提出的时间要求、维护所需费用（并与不进行维护所造成的损失相比以判断是否合算）、维护所需的工作人员等。

要求　健康监测系统的维护工作并不仅仅是技术性工作，为了保证系统维护工作的质量，还需要进行大量的管理性工作。①系统维护工作必须建立相应的组织，编制维护计划，确定进行维护工作所应遵守的原则和规范化的过程，此外还应建立一套适用于具体系统维护过程的文档及管理措施，以及进行复审的标准。维护计划的内容应包括维护工作的范围、所需资源、确认的需求、维护费用、维修进度安排以及验收标准等。②健康监测系统维护要按照严格的步骤进行，主要是为了防止未经允许擅自修改系统，以免引起系统混乱，如出现不及时更新文档造成程序与文档不一致，多个人修改的结果不一致，以及缺乏全局考虑的局部修改等。③为了评价维护的有效性，确定系统的质量，记载系统所经历过的维护内容，应将维护工作的全部内容以文档的规范化形式记录下来，主要包括维护对象、规模、语言、运行和错误发生的情况，维护所进行的修改情况，以及维护所付出的代价等，作为系统开发文档的一部分，形成历史资料，以便日后备查。④应注意健康监测系统维护的限度问题。系统维护是在原有系统的基础上进行修改、调整和完善，使系统能够不断适应新环境、新需要。（张宇峰）

土木工程健康评估　health condition assessment of civil engineering　通过挖掘和分析**土木工程检查**和**土木工程健康监测**获取的有效数据，依据土木工程病害成因分析和灾变机理，评价和预测土木工程结构性能，诊断土木工程健康状况，并据此进行维护决策。

发展历程　土木工程健康评估是随着土木工程建成投入运营相伴而生的，土木工程健康数据获取的手段主要是土木工程检查和土木工程健康监测，随着数据获取手段和对土木工程健康认知水平的进步，相关评估决策理论方法和技术体系大致可以分为以下几个阶段。①20世纪40～50年代，土木工程健康评估主要以专家学者个人专业知识和工程实践为判别原则，通过简单的计算分析结合实地考察、实际调查资料，直接评估土木工程健康状态，受限于检测手段、技术、计算工具和专家水平等，评估结论主观性强且往往趋于保守。②20世纪60～70年代，研发出土木工程破损检测、半破损检测、无损检测等几十种现代检测技术，依据土木工程全面检查和关键部位重点检查的数据结合不断进步的计算机技术，提出了以分项评估、层次分析法为代表的综合评估等多种评估方法，较经验评估法的结果更为准确和科学。③20世纪80年代，土木工程健康评估管理体系和规范标准都逐步趋于成熟，土木工程健康评估实践中不断引入其他工程学科知识和专家经验，美国、英国、日本等国家和地区逐渐建立了较为成熟的土木工程运营维护专家系统，比较有代表性的有美国的POINTS系统和欧洲的BriME项目等。此外，土木工程检测手段、技术更新也得到长足发展，采用非定值统计规律定量分析使得土木工程综合评定的准确性和可靠性比以往定性分析有了很大提高。④20世纪90年代，美国提出智能材料与智能结构研究领域，监测作为全新的土木工程健康数据获取手段登上历史舞台并得到越来越多的关注和应用，土木工程监测发展初期人们将损伤识别视为监测的目标与目的，甚至损伤识别就等价于土木工程监测，此阶段土木工程评估以传统数据统计分析以及损伤识别、模型修正等结构状态反演方法为主。⑤自2005年以来，结构健康监测系统的应用产生了愈来愈多的监测数据，研究者将“数据分析、挖掘、建模、安全评定与决策”的方法分为“基于数据驱动的宏观粗尺度”和“基于物理模型的精细尺度”两大类，前者强调数据隐含的变量之间的相关性与规律，揭示数据中隐含的物理意义；后者是基于监测数据建立精确的结构荷载、环境、响应、性能的分析模型及上述变量之间的映射关系，二者结合将从健康诊断理论角度实现土木工程监测的“透彻感知”。

目的　土木工程健康评估主要目的是通过制定科学、合理有效的土木工程维护决策，增强土木工程对日常病害和突发灾害的抵抗力，实现土木工程服役能力的保持与提升，提升土木工程全寿命科学管养水平。同时，土木工程健康评估伴随着土木工程中“数据”核心科学问题应运而生，通过数据挖掘、结构分析等理论方法，揭示数据中隐含的荷载和环境作用、结构响应、行为机制、服役性能与安全水平等信息，丰富和完善病害和灾害情况下土木工程结构安全特征与演变规律的认识水平。

主要内容　土木工程健康评估以**土木工程病变成因和土木工程灾变机理分析为**基础，包括**结构性能评价、土木工程系统运行评估、土木工程诊断和土木工程维护决策**。①土木工程病害成因分析。通过各种检查/调查手段获取结构在服役过程中的病害特征，对病害产生机理及原因进行分析，为土木工程结构的病害预防和治理提供依据和指导的活动。②土木工程灾变机理分析。通过传统理论分析、数值模拟、试验解析等手段，探明土木工程系统中各要素在自然灾害及系统内因影响下相互影响、相互作用的异常运行规律和原理，是土木工程结构可靠性及风险评估和结构抗灾韧性评估的理论基础。③结构性能评价。利用检查/调查所获得的数据和技术资料，采用一定的技术手段对结构的性能状况进行评估诊断的技术活动。④土木工程系统运行评估。主要依据土木工程运行环境检测数据、道路与轨道运营情况监控数据，评估土木工程的功能性指标是否满足规范和标准的要求。⑤土木工程诊断。结构性能是否达到有关标准、法规等规定的级别，并指导和优化维护管理方案的活动，其中的结构性能主要包括结构的安全性能、使用性能和耐久性能等。⑥土木工程维护决策。从人员、资源、时间、费用、结构性能、功能需求、效益等多方面、多角度出发，根据土木工程检测、状态监测、故障诊断、性能评定和状态预测的结果进行维护可行性分析，确定维护时机，给出维护实施方案，明确维护保障资源的多约束条件下、多目标优化的一种行为。

展望　土木工程健康监测包括“传感”和“数据”两大类科学问题，其中“传感”包括监测荷载与环境、结构整体响应和局部响应各类变量的传感器及其感知原理；“数据”包括数据采集与传输、数据管理、数据挖掘与分析、结构损伤识别与安全评定、结构维修决策等理论、方法、硬件和软件，土木工程健康评估主要聚焦健康监测“数据”科学问题，随着数据获取手段、数据分析方法以及计算机硬件的进步，未来土木工程健康评估需要重点关注以下几个方面。①演化规律。多种因素耦合作用下土木工程服役性能演化规律是土木工程健康评估的关键点和难点，针对土木工程长期服役数据仍处于积累和丰富阶段，基于机器学习、深度学习等人工智能算法的土木工程服役性能演化规律挖掘和土木工程健康状态预测，将对土木工程的退化预测、仿真分析和维护决策提供坚实的技术支撑。②评估方法。土木工程检查和土木工程监测的时空域大数据，反映了土木工程不同维度的状况，蕴含着土木工程荷载与环境作用、行为机制和安全性及其演化规律，但其具有强不完备性、强不确定性、复杂异构等特点，深度应用互联网、机器学习、深度学习、人工智能等领域的新理论和新方法，融合专家系统信息与大数据关联挖掘的土木工程评估理论和方法是未来重要的研究方向。③决策模型。土木工程维护决策计算分析的周期从中短期向全寿命周期转变，随着对土木工程抗力退化模型、荷载效应模型的研究越来越成熟，对土木工程单体及网络全寿命周期内的维护决策优化成为可能，未来土木工程维护决策将实现从单体到网络、从时变演化到时空域关联的跨越。④结

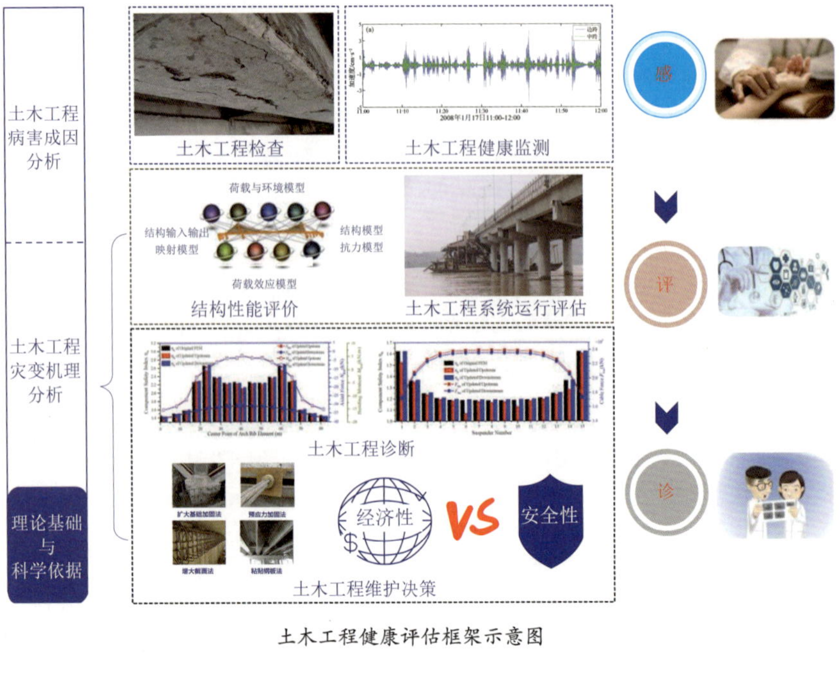

土木工程健康评估框架示意图

构健康监测大模型。构建传感器网络优化、数据智能采集、多源异构数据综合评估诊断、多层级维修维护决策的集成网络大模型，实现无监督的智能体自学习，是实现土木工程高度智能化健康监测的必由之路。 （李　惠　李顺龙）

土木工程教育　civil engineering education　主要培养房屋建筑、隧道与地下建筑、公路与城市道路、铁路工程、桥梁、矿山建筑等领域的设计、施工、管理、咨询、监理、研究、教育、投资和开发的高级专门人才。

发展简史　土木工程自古与人类生存发展息息相关，人的“衣食住行”土木工程占其二。18世纪以来，科技进步促进的工业革命极大提高了人类文明水平，使得工程教育成为世界高等教育的重要组成部分，其中土木工程是工程教育最早的专业之一。

中国土木工程专业教育起源于清朝末年的洋务学堂，那个时期中国在工业技术方面远远落后于西方国家，实业教育被认为是兴国的要务。19世纪60～90年代，清政府在中国先后创办了30多所实业洋务学堂。1895年10月2日，由光绪皇帝御批，成立了由盛宣怀出任学堂首任督办的“天津北洋西学学堂”（天津大学前身），开设了工程科，1896年更名为北洋大学堂。1903年北洋大学堂开设土木工程门（本科专业）。

中华民国时期为发展经济振兴实业，中国出现了第一次“大学热潮”，大学数量和在校大学生都急剧增加，政府鼓励工科等实业教育，使得包括土木工程专业在内的工科高等教育获得了较好的发展机遇。到1949年，全国39所院校开办了土木工程专业，其中包括交通大学、同济大学、中央大学（1950年更名南京大学）、清华大学、浙江大学、哈尔滨工业大学、武汉大学、湖南大学、重庆大学等。

1949年10月至1978年，中国高等教育经历了较大的调整，对包括土木工程专业的高等教育有较大影响。①对学校办学的调整。当时学习苏联高校办学专门化，调整、合并、撤销了一大批高校的办学专业。例如，南京大学工学院划分出来成立独立的南京工学院（今东南大学）；北方交通大学撤销，原下设的唐山工学院和北京铁道管理学院分别改称唐山铁道学院（今西南交通大学）、北京铁道学院（今北京交通大学）；交通大学、复旦大学、圣约翰大学等11所高校的土木系调整到同济大学；重庆大学改为多科性工业大学，新设重庆土木建筑工程学院（后改称重庆建筑大学，今并入重庆大学）；哈尔滨工业大学的土木工程系独立出来成立哈尔滨建筑工程学院（后改称哈尔滨建筑大学，今并入哈尔滨工业大学）；中南区的湖南大学土木系与中山大学、广西大学、武汉大学、南昌大学、四川大学的土木系及云南大学铁路系合并成立中南土木建筑学院（1959年恢复湖南大学校名）；广东的国立中山大学工学院、私立华南联合大学理工学院、私立岭南大学工程方面的系及专业等合并成立华南工学院（今华南理工大学），土木工程系是成立之初的六个学系之一；青岛工学院土木系和江苏省立苏州工业专科学校的土木科、建筑艺术科合并成立西安建筑工程学院（后更名为西安冶金建筑学院，今西安建筑科技大学）。②对专业的调整。也是学习苏联计划经济高校专业的细化模式，将土木工程专业分解成许多较窄的专业，包括工业与民用建筑、建筑结构、公路与城市道路、铁道工程、桥梁工程、矿井建设等专业。

1978年中国恢复高考，结束了“文化大革命”十年对高等教育的影响，又迎来了高等教育发展的时期。为适应改革开放后经济建设高速发展的需求，中国土木建筑工程等工程教育得到快速发展，这期间工科院校增加数量仅次于师范院校，1976年全国工科高校在校生198 079人，到1981年增加了2.33倍，达到461 265人，其中土木建筑工程专业学生占工科学生总数的比例从1976年的9.2%增加至1981年的11.2%。

教育管理　为规范专业教育，教育部从1982年开始修订专业目录，1987年颁布的修订专业目录为651种专业，其中土建类下与“土木工程”相关专业包括工业与民用建筑工程、地下工程与隧道工程、铁道工程、桥梁工程、公路与城市道路工程5个专业，另外还有土建结构工程、岩土工程、城镇建设3个试办专业。1993年颁布的修订专业目录为504种专业，其中土建类下与“土木工程”相关专业缩减为建筑工程、城镇建设和交通土建工程3个专业。1998年颁布的修订专业目录为249种专业，土建类下与“土木工程”相关专业合并为土木工程1个专业。

为对专业教学进行指导和管理，20世纪50年代中国学习引进苏联的经验，教学计划和专业课程教学大纲由行业部委统一制定，教材基本上借用苏联的教材，1954年建筑工程部教育局设有专门的教材编译室，负责教材的翻译和编写工作。1961年建筑工程部成立了建筑类专业教材编审委员会，包括《工程结构》和《建筑施工》专业教材编审委员会，“文化大革命”期间一度中断工作，1983年城乡建设环境保护部恢复建立了“建筑结构类”等5个专业教材编审委员会，委托同济大学主持。80年代末，随着中国经济建设的迅速发展，作为支柱产业的土建行业发展日新月异，对土木工程相关专业人才的需求持续旺盛。为规范专业办学，受教育部委托，1989年建设部组建了全国高等学校建设工程类学科专业指导委员会。其主要职责为：组织开展土建学科专业教育教学改革、发展等重大问题的研究，制定专业规范等重要教学文件并指导实施，指导高等学校开展土建学科专业教学改革。在“建设工程类”委员会下设立了若干专门学科专业指导委员会，其中包括建筑工程学科专业指导委员会。1998年第三届委员会成立时，恰逢教育部专业目录修订调整，建筑工程学科专业指导委员会更名为土木工程学科专业指导委员会。2018年教育部将土建相关专业的教学指导工作也纳入其直接管理，成立了教育部高等学校土木类教学指导委员会，下设土木工程、建筑环境与能源应用工程、给排水科学与工程和建筑电气与智能化4个专业教学指导分委员会。

1998年教育部将原来窄口径的建筑工程、交通土建工程等专业拓宽为土木工程专业时，为改变之前各高校形成的窄口径专业教学模式，土木工程学科专业指导委员会及时开展调查研究，形成了“土木工程专业按宽口径要求培养人才，是社会发展、建设事业发展和科技进步的需要，是使培养对象能够适应社会经济转型和中国加速融入世界市场的需要，也是用人单位长远发展的需要”的共识，提出了“拓宽专业基础、注重专业特色”的培养模式，于2002年制定出版了《高等学校土木工程专业本科教育培养目标和培养方案及课程教学大纲》，2011年制定出版了《土木工程指导性专业规范》，对指导、规范全国高校的土木工程专业人才培养发挥了重要作用。

评估认证　20世纪80年代末，随着中国工程建设由计划经济体制向市场经济体制的转变，以及开拓国际市场的需要，在借鉴发达国家专业人员管理通行做法的基础上，国家建设部、人事部建立了工程建设领域执业资格制度即注册工程师制度，这一制度包括专业教育背景评价、职业实践考核、执业资格考试、注册执业、继续教育等环节，其中专业教育背景评价或专业评估是该制度的一个重要基础。为适应中国注册结构工程师和注册土木工程师制度的需要，1993年建设部成立了全国高等学校建筑工程专业教育评估委员会，1995年首次对清华大学、天津大学、哈尔滨建筑大学、同济大学、东南大学、浙江大学、湖南大学、华南理工大学、重庆建筑大学、西安建筑科技大学10所高校的建筑工程专业进行了专业评估。专业评估是对专业培养目标、教学条件、培养过程和教学结果的全面评估认证，本质是行业（或第三方）对高校专业教育质量的评价。土木工程专业（原建筑工程专业）评估是中国除建筑学专业的评估外最早开展的工程教育评估认证制度，极大地促进了中国土木工程专业的建设与发展，也为中国建立工程教育认证制度和加入“华盛顿协议”（工程教育认证结果互认的国际协议）提供了经验和基础，也因此土木工程专业评估制度取得的成效获得2014年国家级教学成果一等奖。

教育层次 土木工程专业教育包括本科生教育、硕士研究生教育和博士研究生教育，其中本科生的专业名称是土木工程，研究生教育的一级学科是土木工程，二级学科有结构工程、岩土工程、市政工程、通风及空调工程、防灾减灾工程及防护工程、桥梁与隧道工程等。

未来发展 随着人类文明的发展，土木工程完成了以砖瓦的出现、钢材的大量使用、混凝土的兴起为标志的三次重要飞跃。随着信息革命的兴起，土木工程教育向着传统与信息技术高度融合的方向发展，土木信息工程分支学科应运而生，其正引领土木工程行业的第四次飞跃发展。土木信息工程并非土木工程与信息工程的简单叠加，是由传统土木工程理论和信息化方法深度交叉融合所产生，是土木工程学科在当下的一个新兴学科分支，更是土木工程发展的新方向。

土木信息工程分支学科方向旨在培养学生掌握土木信息的采集、传输、处理、表达、分析、服务的基本原理和基本方法，培养为土木基础设施提供全寿命期数字化、智能化乃至智慧化服务的“拔尖创新人才”。

（钱七虎 李国强）

土木工程结构 civil engineering structure 在房屋、桥梁、铁路、公路、隧道、水工、海工、港口、地下等建筑物、构筑物和设施中，以建筑材料制成的各种构件相互连接形成的能够承担自身荷载、活荷载，承受外力作用、满足使用功能和安全要求的一定形式的构造体或组合体。土木工程结构为各类土木工程基础设施提供能够在全生命周期中抵御各类环境与荷载作用的共性解决方案，其包含共性的结构选型以及与之配套的力学分析、设计计算理论、设计方法、建造技术等土木工程建设与运营相关的综合基础知识。

沿革和成就 人类在初期营造活动中，利用土、石、草、竹、木等天然材料的特点，逐步摸索出圆拱、支架等原始的结构形式和扎结、夯筑等原始的构筑方式。通过不断实践，逐步掌握了开山辟路、遇水架桥、拦河筑坝、引水灌田等较为成熟的各种土木工程结构的营造技巧。随着人类历史的发展和社会的变迁，先后出现了以不同的材料来满足当时人们所需要的各种结构形式，通过使用土、木、砖、石等材料，以独特的营造方法和建筑工艺，筑成了雄伟壮丽、精巧美观、风格各异且符合工程结构力学原理的古代建筑，如埃及的**金字塔**，古巴比伦的星象台，希腊的神庙，意大利的罗马竞技场，中国的长城、大运河、佛塔、竹索桥，及各国的民居、桥梁、堤坝、宫殿、陵墓、庙宇、教堂、纪念塔等，充分显示了各国古代能工巧匠的智慧和才华。中国春秋时期的木结构大师鲁班，凭着娴熟的技巧和经验，发展了土木工程结构技术；战国时期李冰父子设计和监造了四川都江堰水利工程（见图）；隋唐**李春**主持修建了世界闻名的**赵州桥**；宋代李诫纂写了《营造法式》等。他们为中国古代土木工程结构的发展做出了巨大贡献。

中国四川都江堰

自18世纪工业革命后，社会生产方式发生了重大变革，土木工程结构也不例外。随着人类社会实践的需要、新型建筑材料的出现、工程力学学科的兴起、计算机的广泛应用和建造技术的革新，土木工程结构出现了新的形式和内容。建筑材料突破了天然材料的局限，先后出现了铁、钢、铝合金、水泥、混凝土、钢筋混凝土、预应力混凝土、纤维混凝土、纤维加筋塑料等新材料。结构分析方面，相应地从经验估算法进入了构件的弹性分析，结构的弹性分析（静定结构分析和超静定结构分析），构件的弹塑性分析和结构的弹塑性分析；结构计算理论也由经验设计法进入容许应力设计法，按破损状态设计法和极限状态设计法。从而奠定了木结构、砌体结构、钢结构、混凝土结构等各种工程结构的专业设计基础，推动了相应的设计规程和规范的形成。随着土木工程结构的不断兴建，既有土木工程结构的性能评估理论和加固维修技术也得到了发展，丰富了工程结构理论，提高了结构工程技术。计算机在工程结构设计、施工管理和性能评估方面的应用，不仅代替了大量的手工劳动，提高了工作效率，还使复杂结构的分析、施工管理、施工技术的控制等成为可能。建造技术也由原始的手工方式转变为半机械化和机械化、预制装配和整体装配及钢材焊接、泵送混凝土等新工艺和新方法。土木工程结构形式从简单的拱、梁、板、柱构件和桁架、框架等组成的一般结构，变化为适应于大跨度的折板、薄壳、网架、悬索、筒体及悬吊等空间结构，结构高（长）度上由单层、多层、高层到超高层，跨度由十几米到上千米，长度由几百米到几千米甚至几万米。此外，土木工程结构还逐渐具有抗热、抗寒、抗风、抗海浪、抗冰、抗地震、防微振、防水抗渗、抗爆、抗腐蚀和抗污染等多种性能。如阿拉伯联合酋长国迪拜市828米高的哈利法塔，沙特阿拉伯王国高601米的麦加皇家钟塔饭店，美国底特律直径达266米的韦恩县体育馆，日本主跨1991米的**明石海峡大桥**，英吉利海峡隧道，以及航天器发射塔架、核电站、多层地下建筑和近海工程结构等，以现代工程的高、大、轻、新、美等特点，以及与自然和谐相处的目标，满足人们日益增长的生活、生产、交通、审美等需要。

中国自20世纪以来，在土木工程结构方面先后引进了西方国家的土木工程结构形式和设计理论，打破中国原有的古典土、石、木、砖结构形式和传统的营造法规。特别是1949年以后，随着经济建设和社会发展的需要，在土木工程结构的科学理论研究、工程设计、建筑材料和设备4个领域里进行了重大的变革。短期内使民用、工业、国防、港口、水利、电力、公路、铁路等土木工程结构进入现代化的领域。改革开放后，中国土木工程建设有了长足发展，超高层建筑（钢结构、钢筋混凝土结构）数量日益增加，如高632米的**上海中心大厦**（结构高度580米）、高597米的天津117大厦（结构高度为596.5米）、高600米的广州塔等。长距离、大跨度设施发展迅速，如横跨长江已建成的百余座结构形式不同的大桥、包括主跨1088米的苏通长江大桥、主跨926米的鄂东长江大桥等。2011年正式开通运营的京沪高速铁路丹阳至昆山段特大铁路桥，全长164.851千米，是世界最长的水陆连通桥梁；2018年通车的**港珠澳大桥**，历时7年建造，全长49.968千米，是集桥、岛、隧于一体的世界最长跨海大桥。秦岭终南山公路隧道、**大瑶山隧道**、厦门翔安海底隧道等标志性隧道与地下工程的建设推动了地下空间开发与利用。2008年贯通的锦屏山隧道长17.5千米，最大埋深2375米，是中国最深的隧道。2016年完工的松山湖隧道，全长38.813千米，是中国最长的交通隧道。此外，还有大规模城市间高速铁路和城市内地下铁路网络，均是其中的代表。

20世纪80年代及以后，中国大规模基础设施和公共设施建设对土木工程结构提出了新的要求。随着一大批结构复杂、规模巨大的重大土木工程在中国建设，中国土木工程结构在材料、结构体系、结构设计与分析，以及施工等各个方面的科技水平得到了快速发展，解决超大型复杂土木工程的能力不断提高。截至2018年，工程结构领域的许多方面走在了世界前列，多项创新甚至挑战了世界结构工程极限，有些工程结构技术标准远远高于同时期世界其他国家。未来新型城镇化建设作为中国发展的重要战略，城镇与基础设施建设将成为中国经济社会发展的重要引擎，这将有力推动中国土木工程结构领域进一步的发展，为中国结构工程学科整体水平的提高提供契机。

基本类型 土木工程结构的类型随着建筑材料与工程力学的进展和人类生产与生活的需要而不断发展，由简单到复杂。其基本元件按受力特点分成**杆**、**梁**、**板**、**柱**、**拱**、**壳**、**索**、**穹**、**膜**、**剪力墙**、**桁架**、**支撑**、**管片**和**管节**等，又称为**结构构件**。这些结构构件可以单独作为结构使用，而在多数情况下常通过连接节点组合成多种多样的结构体系使用。连接节点若能传递弯矩，则称为刚接节点；若能发生自由转动而不传递弯矩，则称为铰接节点。

土木工程结构分为一般土木工程结构和**特种工程结构**。一般土木工程结构按主体结构材料可分为**竹结构**、**木结构**、**砌体结构**、**混凝土结构**、**钢结构**、**组合结构**和**复材结构**等。一般土木工程结构按结构体系可分为**框架结构**、**剪力墙结构**、**墙板结构**、**框架剪力墙结构**、**筒体结构**、**预应力结构**、**悬挑结构**、**转换结构**、**悬吊结构**、**巨型结构**、**浮式结构**、**空间结构**等。特种工程结构包括**高耸结构**、**海洋工程结构**、**管道结构**、**容器结构**、**支架结构**等。

设计内容和方法 土木工程结构的设计内容包括结构方案设计、作用及作用效应分析、结构的极限状态设计、结构及构件的连接和构造措施设计、耐久性及施工要求设计、满足特殊要求的结构专门性能设计等。

土木工程结构设计规范通常采用以概率理论为基础的极限状态设计方法，以可靠度指标衡量结构构件的可靠度，采用分项系数的设计表达式进行设计。其主要考虑的极限状态包括：①承载能力极限状态。即结构或结构构件达到最大承载力，出现疲劳破坏、发生不适于继续承载的变形或因结构局部破坏而引发的连续倒塌。②正常使用极限状态。即结构或结构构件达到正常使用的某项规定限值或耐久性能的某种规定状态。

承载能力极限状态和正常使用极限状态设计，保证了土木工程结构的安全性和正常使用性能，因此是被广泛应用的土木工程结构设计方法。

发展趋势 土木工程结构未来面临的挑战：重大战略领域基础设施对土木工程结构提出了全新的要求；土木工程基础设施建设面临可持续发展问题；未来土木工程结构技术将向高性能、可持续，提高抵御多重灾害能力和多学科多领域协作的方向发展；发展高性能可持续土木工程结构；提升抵御多重灾害的能力；实现多学科交叉与多领域协作，推动工程结构分析、设计、施工的精细化与智能化。

（何广乾　陈定外　顾祥林　聂建国）

土木工程结构健康监测 structural health monitoring for civil engineering 利用现场的、无损的、实时的方式采集土木工程结构的输入与输出信息，分析结构性能的波动、劣化或损伤特征，并为管理和养护提供决策支持的技术。

沿革 土木工程结构健康监测起源于20世纪60年代机械工程领域的故障诊断，主要是通过监测机械系统的转动、振动和变形等，掌握其使用状态，如磨损、疲劳和裂纹等。这一时期土木工程结构健康监测主要是针对单一物理量的监测和规律的统计，如日本研发的地震监测与预警系统，被首次布设于东海道的新干线铁路。到70年代后期，这一技术逐渐推广到海洋工程领域，特别是海洋平台在风、浪、流、冰等耦合作用下的服役状态。例如，英国的克利珀顿海洋平台、俄罗斯的萨哈林岛石油平台均安装了规模较小的结构健康监测系统，此时的系统已发展为由环境荷载监测、腐蚀和裂纹监测、结构振动监测组成的综合性监测系统。到80年代早期，随着计算机和微电子技术的发展，结构健康监测技术在航空航天领域逐步得到重视，特别是针对飞行器机翼、管路、薄壁的实时受力状态监测成为研究热点。与此同时，土木工程结构健康监测也得到快速发展，像英国的福斯桥、希腊的哈尔基斯桥、泰国的拉马克桥等均建立了不同规模的结构健康监测系统。21世纪以来，伴随状态全面感知、数据可靠传输和数据挖掘分析为基本特征的物联网技术迅速兴起，中国在结构健康监测领域走在了世界前列，如香港青马大桥、国家体育场、广州电视塔等均安装了具备领先水平的结构健康监测系统。这一领域已开始走向以大数据、云计算和人工智能等新技术为主的“空、天、地、体”的一体化的智能监测，这一时期具备代表性的监测系统工程包括中国的**港珠澳大桥**、沪苏通公铁大桥等。

主要内容 准确把握土木工程结构的状态变化规律、性能劣化机理和损伤演化进程，是对其进行科学合理的养护维修、加固改造和应急抢修的前提所在。从仿生学角度来看，土木工程结构健康监测系统可看作一种智能系统，将力学意义上传统“死”的结构，赋予其智能功能与生命特征，使其能够以生物界的方式感知外部环境荷载作用（温度、湿度、风荷载等）和结构响应（振动、变形、倾角等），并通过算法自动判断结构的性能演化特征，从而为工程结构的适时养护提供决策支持。结构动力学是土木工程结构健康监测的理论基础，而土木工程结构健康监测则是结构动力学的应用延伸。前者的研究范畴是在已知结构属性的基础上，计算结构在荷载作用下的响应特征；后者则是通过监测得到的结构响应，逆向分析结构的性能特征变化。

土木工程结构健康监测目的就是针对土木工程结构长期服役安全的需求，建立一种最少人工干预的状态监测、参数识别和性能评估的自动化系统，为工程结构的管理和养护提供决策支撑。一套完整的监测系统通常包括传感器子系统、数据采集子系统、数据传输子系统、数据存储与管理子系统、结构评估和预警子系统5个部分（见图）。各子系统的主要组成：①传感器子系统。主要由能够感知环境与荷载作用、结构响应、结构几何变形、结构耐久性这4类物理量的传感元件组成，依据结构力学原理进行优化布设，实现对结构整体和局部性能的全面感知。②数据采集

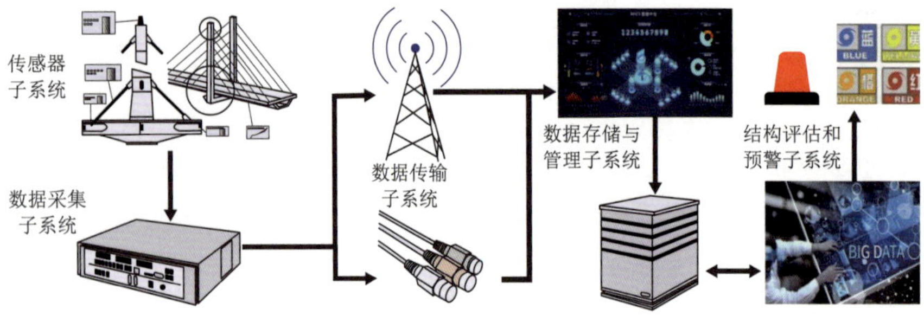

土木工程结构健康监测系统构成示意图

子系统。包括硬件采集设备和软件模块，以实时、定时、触发或混合的模式采集各个待感测物理量，其需要对各种类型传感器信号进行同时控制、同步采集和高速解调，实现监测数据的高质量获取。③数据传输子系统。包括传输线缆、交换机、信号收发器和放大器等，以总线型、环型、星型、树型或混合型结构进行组网，通过有线或无线的方式将采集的数据传输到数据存储与管理子系统。④数据存储与管理子系统。由中心数据库、数据管理软件及硬件等组成，提供监测数据和结构自身信息的存储、查询、调用和简单统计分析功能。⑤结构评估和预警子系统。主要由高性能计算机和专业分析软件组成，其功能是对预处理过的数据进行力学分析，包括模型修正、模态识别、损伤诊断、状态评估、寿命预测和维护决策等。

展望　土木工程结构健康监测技术日益成熟，已发展成为土木工程一门重要的学科分支。未来这一领域的研究热点主要有：①智能传感、高性能传感网络和模块化的系统构建技术。包括热、光、电、纳米、仿生、压电、无线等先进传感元件的研发，高效的结构局部和整体性态监测传感网络的节点配置、拓扑构型和协同工作方法，多源异构数据高速同步采集、多线程运行和模块化架构技术等。②结构损伤识别、状态评估、失效预测和风险预警方法。包括基于监测数据的多目标特征分析、数据挖掘、作用建模与预测方法，结构累积损伤和抗力衰减的数据挖掘方法与概率模型，大数据融合的结构损伤识别和模型修正方法，信息不完备条件下的结构时变可靠度分析、失效模式预测和预警决策方法等。③基于长期监测数据反馈的重大工程结构性能设计理论。包括结构全生命周期尺度的累积和突发损伤的耦合效应及其临界状态、失效特征和灾变前兆判定准则，结构在多次和多种灾害作用下的性态参量、多水平设计准则与分析方法，结构在不同灾变类型下的合理评价函数及其损失费用多因素综合评估模型等。

（李宏男　伊廷华　杨东辉）

土木工程结构性能保持　structural performance retention of civil engineering　为保证土木工程结构在规定的时间和条件下保持必要性能、完成预定功能所采用的各种科学方法、技术手段及管控措施。规定的时间指预计的使用年限；规定的条件指正常设计、正常施工、正常维护；必要的性能包括土木工程结构的安全性、适用性和耐久性等。①结构安全性。指结构在预计的使用期内，应能承受正常施工、正常使用条件下可能出现的使用荷载和作用，在偶然事件（如地震、爆炸等）下能够保持整体稳定性、不发生倒塌和连续破坏，并保持一定可靠度的能力。结构安全性具体包括结构的承载能力、抗疲劳能力、稳定性、结构整体牢固性、冗余度、抗灾韧性。②结构适用性。指结构在正常使用条件下满足使用功能的能力。具体指标包括挠度、变形、位移、裂缝宽度、振动特征、抗渗能力等。③结构耐久性。指结构在环境影响下和使用荷载作用下，在设计使用年限内抵御结构性能劣化以满足结构安全性和适用性要求的能力。具体指标包括碳化深度、截面损失、锈蚀率、腐蚀率等。

土木工程结构性能保持即是保持土木结构的安全性、适用性和耐久性。土木工程结构性能保持是系统性的工程，应从规划、设计、建造、运维等阶段协同发力，在理论研究、材料、结构等方面进行突破，确保土木工程结构性能，使土木工程结构在有限的成本投入前提下，其社会价值、经济价值和环境价值等得到最大限度的发挥，从而实现可持续发展。①在前期研究阶段，采用理论分析、实验验证、数值模拟、大数据价值挖掘、既有工程经验总结等方式，研究土木工程结构全寿命周期性能。②在规划阶段，通过合理选定技术标准、科学选址来减小外部环境对结构的影响。③在设计阶段，采用全寿命周期设计、性能设计方法，优化结构体系和构件连接，可通过冗余度设计、鲁棒性设计来保证提升结构的抗灾能力。④在建造阶段，采用工业化建造确保土木结构的质量。⑤在运维阶段，可通过智能检测、全程监测、动态评估、科学决策、再次设计等，确保结构性能、延长土木结构的使用寿命。

（陈双全　崔玉萍）

土木工程抗灾韧性提升　disaster resilience enhancement of civil engineering　从材料、构件、结构及系统组成等方面采取科学的措施保障和提升土木工程结构及其系统的动态平衡、冗余缓冲和自我修复特性，从而提升其抗灾、抗变及可恢复能力。

概念及作用　韧性是土木工程中重要的特性和能力。在材料层次上，当材料在弹性范围内发生变形后，能够恢复到原始状态，这被认为是一种韧性。在结构层次上，可恢复功能结构是典型的例子，即在灾害发生后，结构可以快速恢复其使用功能，无须大规模修复。在土木工程系统层次上，通过提升网络连通性和关键结构的可靠性，土木工程系统能够保持或快速恢复到受灾前的状态，从而提高系统的韧性和运行模式的稳定性。土木工程抗灾韧性提升就是依据抗灾韧性要求，解决如何进行科学的考虑灾后可恢复性的设计，并从材料、构件及结构系统等方面提高结构以及系统的抗灾韧性。

要求　国际上工程结构及系统的抗灾防灾理念正在由单一的抗灾安全向综合考虑灾后功能损失和恢复的抗灾韧性的思想转变。2012年，美国联邦应急管理署（FEMA）发布了关于建筑抗震性能评估的报告，为建筑韧性评价提供了有效实用的工具。日本和美国一些规范分别建立了考虑屈服后刚度和延性系数的残余位移设计方法。2021年，中国《建筑抗震韧性评价标准》(GB/T 38591—2020)将国际先进的韧性评定方法与中国国情结合，规定了新建和既有建筑抗震韧性评价的要求、建筑损伤状态判定、修复费用和时间计算、人员伤亡计算、抗震韧性等级等。

土木工程抗灾韧性（图1）不仅要求土木工程结构及其系统在灾害发生时具有

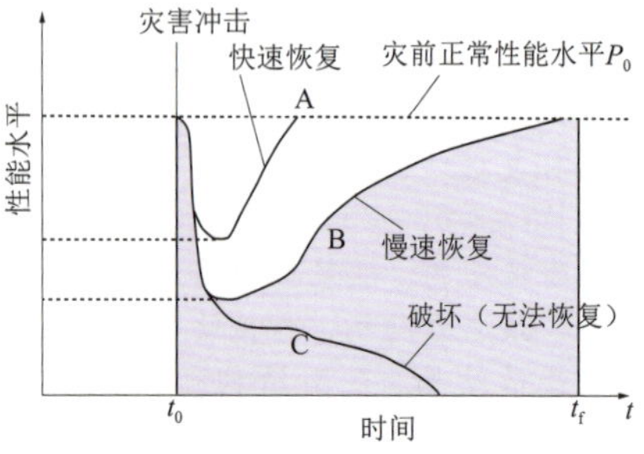

图1　土木工程抗灾韧性要求示意图

抵抗破坏、降低损失的能力，还要求在灾害发生后具有保持基本功能、快速复原的能力。

设计理论　当土木工程灾害作用不满足“可恢复极限状态”时，需要进行抗灾韧性提升，使得结构在遭遇灾害影响时，其控制参数不超过一定的阈值，或者对于工程系统而言依赖其韧性提升后的功能可使系统特性及其运行模式保持或快速恢复到灾害前的状态。中国学者吴智深等人提出可恢复功能结构在灾害过程中应具备的韧性特征（图2）：第一阶段是正常使用

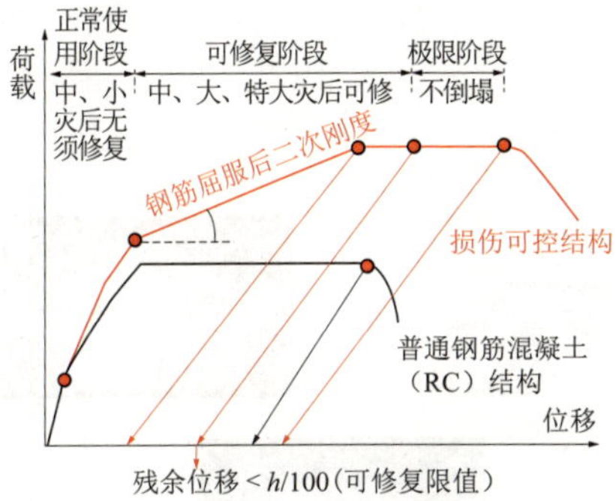

图2　工程结构不同可恢复状态及韧性提升示意图

阶段，结构完好无损且正常发挥功能，无须灾后修复；第二阶段是可修复阶段，结构轻微塑性变形，但仍能正常发挥功能，且可以快速修复；第三阶段是极限阶段，结构受到严重损伤丧失功能，但在屈服后仍保持稳定刚度，并确保整体系统避免倒塌。

技术　土木工程结构抗灾韧性提升技术包括：①材料层次。通过使用具有较高应力-应变硬化特征的材料，如高性能混凝土和高强度钢材等。另外，截面配置不同材性的混合配筋方法也能提高结构的韧性。②构件层次。包括调整纵筋与握裹介质的黏结性能，以主动控制滑移现象的发生。此外，使用可更换机制和耗能机制的构件，如可替换的支撑和耗能装置，能够增加结构的抗震韧性。③结构层次。在结构中合理选择一定比例的结构构件或组件，使其能够在地震作用下发生摇摆，从而耗散地震能量。预应力技术的应用可以实现结构自复位。此外，采用主次结构体系，其中主结构独立可靠地承受主要荷载，而次结构则在地震中先于主结构发生屈服或破坏，以耗散地震能量。④系统层次。对土木工程的各类子系统进行韧性评价，并考虑事前规划、合理的资源调配、高效的修复策略和灾后风险因子耦合作用。在系统层面上，综合考虑不同子系统的韧性能力，以减少人员伤亡、经济损失和灾后恢复时间。

（吴智深　黄　璜　孙泽阳）

土木工程领域法律关系　legal relation in civil engineering　在土木工程建设过程中经由土木工程相关法律法规调整后而形成的权利和义务关系。土木工程领域法律关系具体包括**建设工程项目投资决策法律关系**、建设工程项目招标投标法律关系、建设工程承发包法律关系、**建设工程转包法律关系、建设工程勘察法律关系、建设工程监理法律关系、建设工程建设主体许可法律关系、建设工程质量管理法律关系、建设工程安全生产管理法律关系、建设工程环境保护法律关系、建设工程人防管理法律关系、建设工程消防管理法律关系、建设工程价格管理法律关系、建设工程税收管理法律关系、涉外建筑工程法律关系**等内容。

土木工程领域的法律关系主要体现在以下4个阶段中：①土木工程建设投资决策阶段。该阶段的主要内容包括编制项目建议书，开展可行性研究和编制设计任务书，论证和评价项目在技术和经济上的可行性，对不同方案进行分析比较并做出决策，同时办理土地、规划、环保手续。在该阶段，投资决策行为主要受《中华人民共和国城乡规划法》《中华人民共和国土地管理法》《中华人民共和国环境保护法》《中华人民共和国消防法》《中华人民共和国文物保护法》等法律的调整。同时，由于可行性研究一般由具备相应资格的规划、设计、工程咨询单位承担，则委托单位与受委托单位之间的法律关系还应受《中华人民共和国民法典合同编》等民事法律的调整。②土木工程建设前期准备阶段。该阶段主要包括工程设计阶段和施工准备阶段。在该阶段，建设单位通过直接发包或招标投标的方式选择有相应资质的勘察单位、设计单位、施工单位、监理单位等。同时，建设单位应当办理施工许可证。各方主体与国家有关行政主管部门之间的法律关系主要受《中华人民共和国建筑法》《中华人民共和国城乡规划法》调整，而各民事主体之间则主要受《中华人民共和国招标投标法》《中华人民共和国民法典合同编》等法律、法规的调整。③土木工程建设施工阶段。在该阶段，建设单位和设计、施工、监理单位均应按照合同约定履行自己的义务。该阶段各方主体之间的法律关系主要由《中华人民共和国民法典合同编》来调整。同时，各方主体还要遵守《中华人民共和国建筑法》《中华人民共和国安全生产法》《中华人民共和国环境保护法》及相关法律、法规的规定。④土木工程建设竣工验收阶段。在该阶段，建设单位和设计、施工、监理单位均应按照《中华人民共和国建筑法》《建设工程质量管理条例》及相关法律、法规的规定以及合同约定进行工程竣工验收工作。工程竣工验收合格后立即交付使用的，当事人之间的法律关系还要受《中华人民共和国民法典物权编》及相关法律、法规的调整。

对于以政府和社会资本合作模式进行的基础设施和公用事业特许经营项目，其法律关系更为复杂，除受《基础设施和公用事业特许经营管理办法》及有关特许经营项目的规章、规范性文件调整外，还受《中华人民共和国公司法》《中华人民共和国行政许可法》《中华人民共和国政府采购法》《中华人民共和国企业国有资产法》《中华人民共和国民法典物权编》等法律编法规的调整。

在土木工程项目建设过程中，有关当事人之间若产生纠纷，其还要受《中华人民共和国民事诉讼法》《中华人民共和国仲裁法》《中华人民共和国行政诉讼法》等程序法法律部门的调整。对于建筑工程建设过程中出现的犯罪行为，还要受《中华人民共和国刑法》《中华人民共和国刑事诉讼法》的调整。

在土木工程领域法律关系中，法律关系的主体比较明确，对法律关系客体学术界有一些观点，有种观点认为客体的一切东西都具有3个最低限度的特征。①它必须是对主体的“有用之物”。②它必须是人类能够控制或部分控制的“为我之物”。③它必须是独立于主体（在认识上可以与主体分离）的“自在之物”。归纳起来就是：物、人身、精神产品和行为结果具有上述特征。按此观点，建设工程合同法律关系的客体为行为结果，即形成的建设工程产品，如图纸、已建成的工程等。还有观点认为，法律关系的客体就是“权利客体”，是法律关系内部权利和义务指向的对象。中国法理学界多数学者持此观点，各部门法的表述也都支持这一观点。法律并非直接针对一些所谓的物或者人格等去立法，去调整它们，而是通过规范人的行为来达到对社会物质利益以及非物质利益（如安定的秩序、名誉等）影响（确认、指引、约束、整合）的目的。权利义务所指向的对象应该是行为，所以在条目中，将法律关系的客体描述为相应的行为。

（李丽华　高印立　宋二祥　徐　伟）

土木工程绿色低碳化　green and low-carbonization of civil engineering　在土木工程全生命周期中的设计、施工、运维、拆除环节，采取节约能源使用、改善能源结

构、延长结构寿命等手段，达到节能、降低能源体系中碳的含量及对外排放的碳开发利用的一系列科学方法和技术手段。其主要内容既包括从环境角度考量的节能减排材料，**绿色建筑**，低碳设计等，又包括从结构角度考量的全生命周期设计，资源回收再利用等。

发展情况　土木工程建设对经济社会的快速发展起到了巨大作用，但同时也带来了一些环境与生态方面的问题，给社会的可持续发展带来挑战。20世纪60年代，美国建筑师P.索勒瑞首次将生态与建筑合并，提出了“绿色建筑”理念。之后，国际标准化组织（ISO）于1996年起陆续颁布了ISO 14000环境管理系列标准。在中国，国家发展和改革委员会、住房和城乡建设部也陆续发布了《绿色建筑行动方案》《绿色施工导则》《绿色建筑评价标准》《建筑工程绿色施工评价标准》《预拌混凝土绿色生产及管理技术规程》等指导性文件及标准规范，用于指导土木工程的绿色化建设。

2020年，中国基于推动实现可持续发展的内在要求和构建人类命运共同体的责任担当，宣布了“碳达峰”和“碳中和”的目标愿景。为了“双碳”目标的实现，土木工程领域越来越重视从材料、结构设计、运维等方面来加强碳排放的控制。

从可持续发展的角度出发，减少能源和资源的消耗是土木工程绿色低碳化最有效的手段之一，全寿命周期管理也成为实现可持续发展的关键。现有的结构设计方法虽然能够保证结构的安全性和适用性，但需要进一步发展以满足可持续发展的需求。

主要内容　土木工程绿色低碳化贯穿于设计规划、施工建设、运营维护直至废弃拆除结构的全寿命周期。

设计规划和施工建设阶段　在设计规划阶段，采用节能设计，并尽可能多采用能耗低和环保型材料，同时合理地使用高性能混凝土材料（如高强混凝土、复合材料），以减少混凝土的使用并提升其性能，达到减少原材料用量的目的。此外，建筑工业化技术也是土木工程绿色低碳化的有效手段之一。通过现代化的建筑业集中、高水平、高效率的工业化生产方式，实现建筑设计标准化、构配件生产工厂化、施工机械化和组织管理科学化，不但提高了建筑建造过程中的生产速度、经济效益和生产质量，也为资源的合理使用和配置提供了保障。

运营维护阶段　土木工程结构全寿命维护管理的总目标是实现土木工程结构的可持续发展。延长已有土木工程结构的使用寿命，有助于实现节约能耗的目标。工程结构通过设计并估计其性能的退化，获得设计性能曲线，在到达性能要求下限时到达使用寿命终点，这一时间跨度便是设计使用寿命。但结构随着后期的劣化，其性能退化将出现与设计性能不同的发展状态。不同的管理方法会影响结构剩余使用寿命。在充分认知病害演化规律的条件下，依据合理的管理理念制定适宜的维护管理方法，可以维持甚至提升性能状况，达到延长土木工程剩余寿命的目的。为此，需要在运营阶段通过有效的检测和监测手段，在结构出现明显损伤或性能劣化加速之前，在无须耗费大量资金和资源进行维修的情况下，利用合理的维护手段保持结构及其构件的安全性、适用性及外观要求等性能要求，实现该结构使用寿命的延长。

土木工程需要在各类严酷复杂环境下，实现100年乃至几百年的长寿命健康运维。基于土木工程健康和全生命周期低碳化双导向，运用材料-结构高度交叉融合的新思维，研究高性能长寿命土木工程材料-结构的一体化先进设计理论，以健康和低碳的基因赋能土木工程结构，通过提出面向结构的材料性能需求，并为材料量身定做最契合的结构设计，研究系列新型高性能长寿命土木工程材料和结构的基本理论及其设计方法，提升材料利用效率以降低资源消耗，提高结构的健康服役能力，以实现土木工程结构全生命周期的低碳化。

拆除结构阶段　当结构出现严重破坏进入最终拆除阶段时，需要进行解体和拆除。建材产业面临着高消耗、高排放、产能过剩的问题，合理利用建筑废料实现回收再利用，是推动节能减排走可持续发展之路的有效手段。重要结构特别是大型土木基础设施，其内部劣化程度不一样，可以通过更替部分结构构件或对结构进行合理的加固改造，从而进一步延长结构的使用寿命。在满足恢复结构安全性和使用性的条件下拆除部分构件进行更新，可以大幅缩减拆除重建的费用，同时减少建筑废料对环境的压力。　（吴智深　黄　璜）

土木工程轮廓三维激光扫描技术　3D laser scanning technology in civil engineering　获取土木工程对象轮廓信息的技术。该技术首先利用三维激光扫描仪对工程对象扫描，获取工程对象表面的点云数据；然后通过对点云数据后处理，建立工程对象的三维几何模型。具有高效率、高精度、非接触主动测量等优势，有效避免了传统方式外业劳动强度大、时间长、重复测量、工作效率低等弊端。三维激光扫描仪相当于一个高速旋转的全站仪系统，按照预先设定的步进距（水平方向和竖直方向的步进角度）步进扫描，步进的同时利用脉冲式或相位式测距，并用接收到的回光强度给每一个扫描“点”赋予明暗的灰度属性。如果仪器有内置CCD相机，还可以同时采集扫描对象的颜色信息，获取其真色彩属性。将特征点几何特性、现场对象的细节特征和图中工程对象轮廓三维激光扫描完整的三维空间结构一并保存下来，形成激光点云数据；通过后处理工作（测绘、计量、分析、仿真、模拟、虚拟现实等）加工成土木工程所需的各种制图数据（见图）。

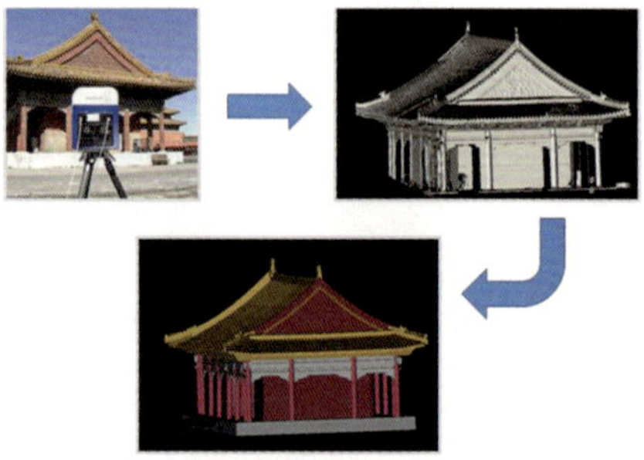

工程对象轮廓三维激光扫描示意图

三维激光扫描测量的基本工作流程：①制订工作计划。包括确定采样密度、设计扫描路线和确定设站数及设站位置。②外业测量。包括数据采集与现场分析实时检验采集到的数据是否满足要求。③点云数据预处理。包括激光点云生成、数据滤波与压缩、数据分类、特征提取、数据拼接和坐标纠正。④空间三维建模。包括表面重建和纹理映射。⑤质量分析和控制。⑥成果提交。　（陈　鹏　童小华）

土木工程全寿命管理　life cycle maintenance of civil engineering　基于全寿命结构性能的设计，考虑结构的规划、设计、服役期管理到拆除、回收的全过程，并考虑安全、维护、经济、社会、环境等诸方面综合要求，以寻求最优方案的管理方式。随着社会与经济的发展和人们生活质量的提高，对土木工程提出了更高的要求，在实现其既定基本功能的基础上，还进一步要求其具有高性能、长寿命等高层次的特性。土木工程全寿命管理应首先确定管理的目标，并依据此目标采取合适的手段进行有针对性的管理，因此针对土木工程的各项要素建立全寿命管理目标体系是进行土木工程全寿命管理的重要一环。土木工程全寿命维护管理的目标从微观上看，是要通过对结构的维护与管理，在较小的成本开支下，达到该结构的设计使用寿命或延长其使用寿命，实现其既定的使用功能。从宏观来讲，土木工程的全寿命维护管理的总目标是要实现土木工程的可持续发展。

土木工程在全寿命管理过程中，需要确定合适的维护管理策略，制订相关的维护管理计划，并根据实际情况确定后期维护管理中进行的修缮和更新的预算。土木工程全寿命管理的预算方法见图1。同时

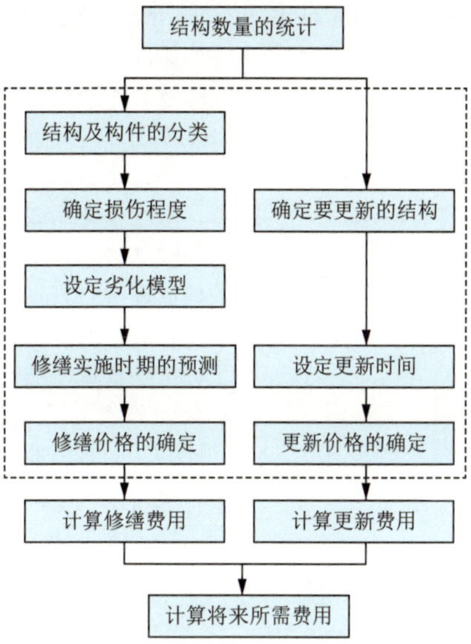

图1 土木工程全寿命管理的预算方法示意图

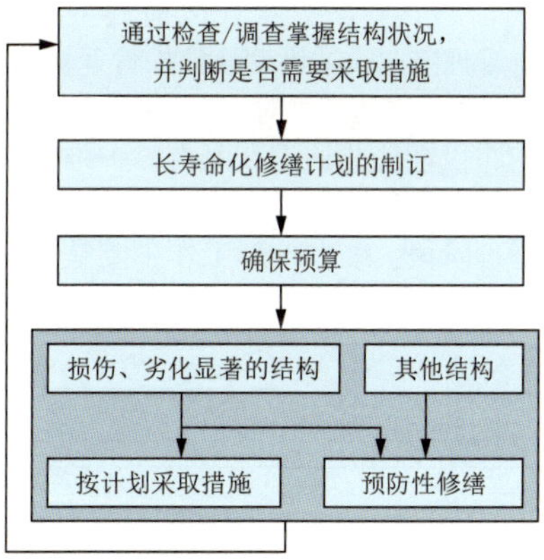

图2 土木工程全寿命管理的长寿命化流程示意图

还需积极地考虑土木工程长寿命化，通过对结构的检查与调查，掌握结构的状态及性能水平，制订全寿命管理长寿命化的修缮计划，对有显著损伤和劣化的结构要及时按计划采取措施，对暂时无显著损伤和劣化的结构则采取预防性修缮，达到结构长寿命化的目的。土木工程全寿命管理的长寿命化流程见图2。

（吴智深 万春风）

土木工程射频识别技术 radio frequency identification in civil engineering 通过无线电信号识别土木工程特定目标并读写相关数据，而无须在识别系统与特定目标间建立机械或光学接触的通信和信息认知技术。射频识别（RFID）技术最早起源于英国，应用于第二次世界大战中辨别敌我飞机身份，20世纪60年代开始商用。

RFID由应答器、阅读器和应用软件系统组成。应答器和阅读器由天线、耦合元件及芯片构成。一般用标签作为应答器，每个标签具有唯一的电子编码，附着在物体上标识目标对象。阅读器为读取（有时还可以写入）标签信息的设备，可设计为手持式RFID读写器或固定式读写器。应用软件系统主要是将收集的数据进一步处理，并为人们所使用。

RFID标签分为被动、半主动和主动式3类：①被动式标签。没有内部供电电源，其内部集成电路通过接收到的电磁波驱动。这些电磁波由RFID读写器发出，当标签接收到足够强度的信号时，可以向读写器发出数据。由于被动式标签具有价格低廉、体积小巧、无须电源的优点，市场上的RFID标签主要是被动式的。②半主动式标签。类似于被动式，只是多了一个小型电池，电力恰好可以驱动标签IC，使得IC处于工作状态。其优点是天线可以不用承担接收电磁波的任务，充分作为回传信号用。比起被动式，半主动式有更快的反应速度和更好的效率。③主动式标签。本身具有内部电源供应器，用以供应内部IC所需电源以产生对外的讯号。一般来说，主动式标签拥有较长的读取距离和较大的记忆体容量，可以用来储存读写器所传送来的一些附加信息。

RFID的工作原理是：标签进入磁场后，如果接收到阅读器发出的特殊射频信号，就能凭借感应电流所获得的能量发送出存储在芯片中的产品信息（即passive tag，无源标签），或者主动发送某一频率的信号（即active tag，有源标签），阅读器读取信息并解码后，送至中央信息系统进行有关数据处理。

RFID的优点是：非接触识别，能穿透雪、雾、冰、涂料、尘垢和条形码无法使用的恶劣环境阅读标签，并且阅读速度极快，大多数情况下不到100毫秒。

RFID以其独特的优势，逐渐广泛应用于智能建筑、工业自动化、商品自动化和交通控制运输管理等领域。RFID技术也在土木工程中快速发展，通过将RFID标签植入构件，可实时追踪和监控构件的加工、制作、运输和安装的实际进程，提高信息传递的速度和精确度，实现施工全过程的信息化管理。

（吴 杰 张其林）

土木工程寿命延长 life extension of civil engineering 针对土木工程的材料性能老化、自然环境影响、养护维修缺位等因素而采取和制定的管理科学方法和技术手段。以实现土木工程达到或超过设计使用寿命，满足有效节约资源、减轻环境负荷和可持续发展要求。

概念 土木工程寿命指从建造完成、性能退化到既定性能要求的临界点时的服役时间，而其剩余寿命则是从当前或某一时间点至结构性能退化到既定性能要求的临界点时的服役时间。土木工程寿命包括结构本身的物理寿命、功能寿命及经济寿命3方面。①物理寿命。从结构建造竣工之日起到结构本身的结构性能不能满足要求之日的时间，主要考察结构的安全性、耐久性以及使用性能。②功能寿命。有时土木工程虽然尚能满足安全性和耐久性，但是外界社会条件的变化等对其功能要求发生了变化，原有的土木工程无法满足新的功能要求或者原来的既定功能已无存在的必要，此时土木工程也将提前结束使用。③经济寿命。由于考虑经济原因而终止使用形成的使用寿命。一般来说，经济因素主要是考虑土木工程运行的财务等情况，以及针对土木工程进行的维护管理的费用等。

影响寿命的因素 灾变、病变、长期蠕变作用等都是影响土木工程寿命的主要因素。①提高对地震、风灾、洪灾、雪灾、地质灾害等灾害的抵抗能力是土木工程设计和维护过程中需考虑的最重要因素。土木工程在满足既定的功能，保证实现功能的安全性、适用性的基础上，同时还需要在遭遇灾害之后拥有可回复的韧性，以保障土木工程能尽快恢复正常性能和功能。②损伤、老化、腐蚀等病害严重影响了土木工程的耐久性能，导致其不能达到既有设计寿命。③土木工程在设计之初一般就会有其合理使用寿命的考虑，通常也被称为设计寿命或耐久年限。然而，在土木工程的生命周期内所用材料、施工质量、所处环境及养护维修水平所存在的差异，不良的使用方式和维修维护对于土木工程的使用寿命都有很大的影响。

寿命延长目标和策略 按照其实施对象既有结构和新建结构来考虑，相关的主要策略包括以下3个层次。

对于出现性能劣化的短命结构，通过修复、加固等手段使其达到原设计寿命的目标（图1），以减缓结构短命而造成的拆

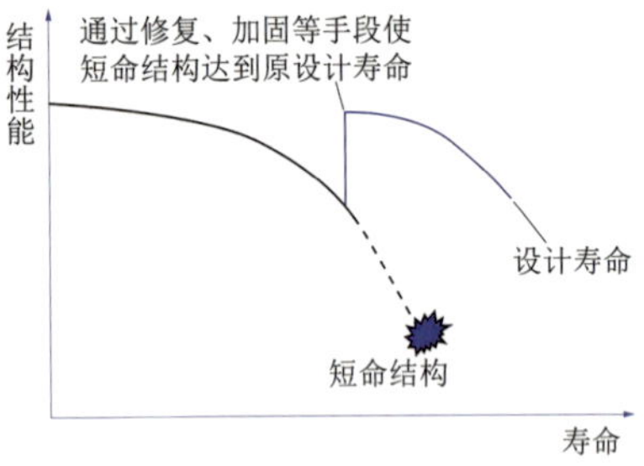

图1 对于短命结构的寿命延长示意图

除重建带来的物质和资金浪费。

对于正常的既有结构，在发生致命性损伤或进入损伤加速阶段之前，及时发现问题并采取适当的维修加固措施，通过科学合理的维护管理、延缓性能劣化，以实现使用寿命的延长，甚至在一定程度上对结构性能进行提升，以达到原使用寿命甚至翻倍的目标（图2）。

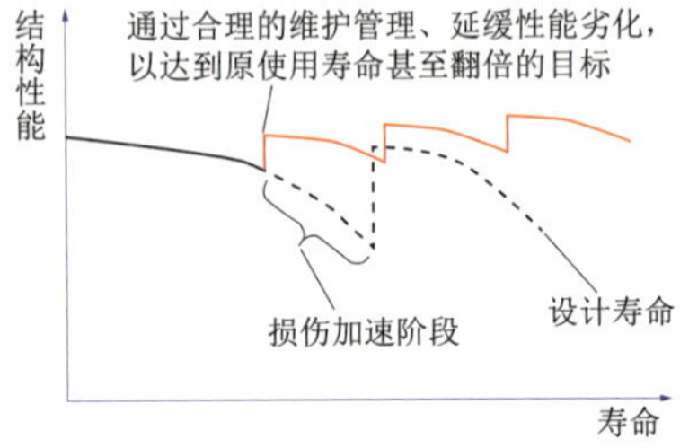

图2 对于正常结构的寿命延长示意图

对于新建结构，需要通过材料、结构优化设计等方法，保证施工质量实现100～200年甚至更长的设计使用寿命的目标（图3）。

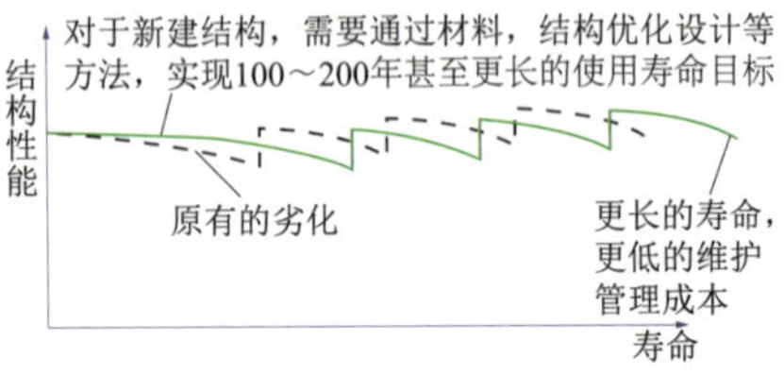

图3 对于新建结构的寿命延长示意图

为了使土木工程的实际使用寿命达到或超过设计使用寿命，需要从设计、施工、运营全过程入手，运用一系列综合性手段。①在设计阶段，在考虑结构物在使用过程中的安全性与使用性的同时，应对其耐久性进行充分设计，可采用对高腐蚀环境下的土木工程增加必要的附加防腐蚀措施设计等方式来延长寿命。②在施工阶段，则应采取必要的施工与控制措施，如中国的港珠澳大桥为实现将使用寿命从100年延长至120年的目标，在施工过程中采取了配制长寿命高性能海工混凝土、控制混凝土构件接触海水时间、提出并实施专用混凝土构件保护层厚度控制标准、大断面沉管混凝土裂缝控制措施等一系列手段。③在运营阶段，应加强对土木工程的检测与监测，基于实测数据，结合全寿命评估，给出维护最佳时机，从而有预见性地采取合理的预防性养护手段，必要时，则应采用合适的加固补强技术来保障甚或延长土木工程的寿命。

（吴智深　张宇峰）

土木工程数字照相技术 digital photogrammetry technology in civil engineering 利用CCD相机、CT扫描、激光照相等图像采集设备获得观测目标的数字图像，通过数字图像处理与分析对观测目标进行二维或三维变形或特征识别分析，从数字影像中提取土木工程所需观测量的技术。数字照相技术具有非接触、自动化、经济性和简便性等优点，在室内试验和各类工程现场中广泛应用。

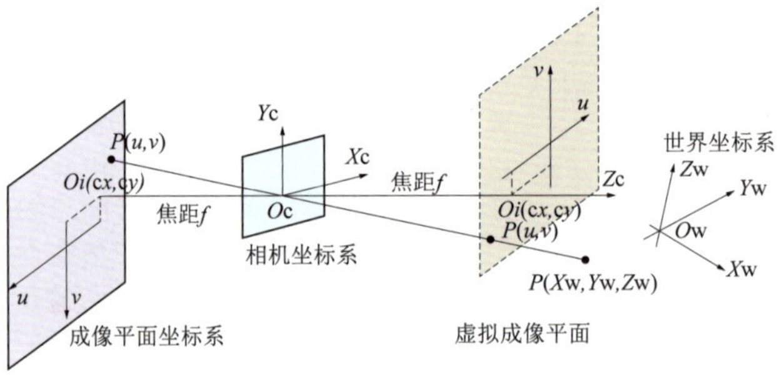

针孔摄像机数字成像模型示意图

数字照相技术的基本原理可以用针孔摄像机模型（见图）描述，获得一幅视图的过程可以看成是通过透视变换将三维空间中的点投影到图像平面。若点在三维空间中的世界坐标是（X_W，Y_W，Z_W），点投影在图像平面的坐标是（u，v）。

确定摄像机的内外参数后，可以实现两个坐标的精确换算，从而可以根据相机记录的一系列坐标值获取三维世界中的运动轨迹、变形特征等观测量。

数字照相量测的基本工作流程包括6个阶段：①准备工作，根据测量需求制定合理的观测方案，对摄影测量系统进行检校，检查是否要布置人工光源等。②获取数字影像数据。③数据处理，利用摄影测量原理从像点坐标解算物方地面点坐标，确定目标点的相对或绝对位置。④提取描述观测对象动态响应过程的重要参数，通过在数字照相获取的影像序列中跟踪点的三维空间坐标，计算观测对象的位移、速度、加速度、变形量等。⑤质量分析。⑥成果提交。

在土木工程的结构健康监测中，基于数字照相技术开发的高速视频摄影测量系统应用广泛。对土木工程结构进行高速连续的数字照相后，可获取具有高时间分辨率的视频序列影像，在进行数字图像处理与分析后，可对被观测对象进行三维重建与变形分析等。

（陈　鹏　童小华）

土木工程维护管理策略 maintenance strategies for civil engineering 通过判定土木工程设备或者结构物构件的关键性和失效后果，制定必要性修复、预防性养护和合理的健康监测方案，并结合各监测、维护与管理方案的质量效果，比较设计寿命内各方案所用的成本，基于全寿命成本最优的原则得到生命周期成本最小、维护时机最佳的监测、维护与管理规划方案。

发展历程 土木工程维护管理发展历程大致分为4个阶段（见图）。①事后性维护管理阶段。维护管理工作主要是在土木工程设备或结构发生故障或损伤，丧失正常工作能力之后开展，这是20世纪50年代以前最主要的维护管理方式。②周期性维护管理阶段。维护管理工作是基于对土木工程设备或结构的服役性能的认识和既有养护维修经验，制订周期性的维护计划。③预防性维护管理阶段。维护管理工作主要是根据土木工程设备或结构的性能变化规律，在故障或损伤发生前制定维护方案并实施维护过程。④预知性维护管理阶段。维护管理工作主要通过状态监测技术、故障（伤损）诊断技术、性能预测、可靠性分析等技术获取土木工程结构状态信息，并以此为基础开展主动维护工作。

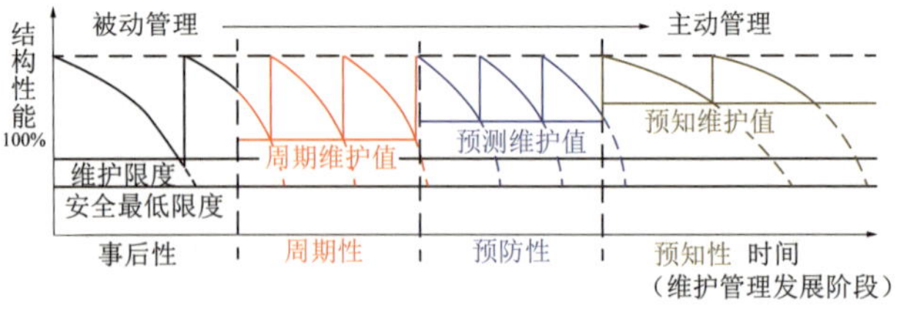

土木工程维护管理发展历程示意图

管理策略限度 对不同的维护管理策略可设定不同的维护管理最低限度。如结构采用事后维护管理策略时，可以用结构是否对第三方造成威胁为限度；对结构进行事后维护管理，可能使工程初期造价相对较低，但维护管理成本可能会很高。预知性维护管理与事后性、周期性维护管理策略相比更具客观性和经济性，但结构性能退化的预测往往比较复杂，对结构维护管理者的专业素养要求会更高。对结构中的重要部位可实行预知性维护管理，使维护管理工作有的放矢，更具有针对性。在结构长寿命化维护管理过程中，需要对结构确定合适的维护管理策略，制订相关的维护管理计划，并根据实际情况确定好在后期维护管理中对结构进行修缮和更新的预算。结构的修缮更新包括结构的维修与加固，结构构件的更换以及结构的拆除重建等，其费用通常包括直接工程费用、结构失效造成的人员伤亡成本、用户损失以及社会环境成本的损失。结构全寿命周期总成本概念的导入，使得人们从资产的角度逐渐把土木工程基础设施作为社会的公共资产来进行最适化管理。

（王　平　陈　嵘）

土木工程维护决策　civil engineering maintenance decision　从人员、资源、时间、费用、结构性能、功能需求和效益等多方面、多角度出发，根据土木工程检测、状态监测、故障诊断、性能评定和状态预测的结果进行维护可行性分析，确定维护时机，给出维护实施方案，明确维护保障资源的多约束条件下、多目标优化。

概述　维护包括预防养护、修复养护、加固改造、应急抢修和拆除重建等内容。土木工程维护决策是养护维修流程中非常关键的一个环节，是实现科学维护的决定性工作，其内容涉及数学、运筹学、系统论、管理学、决策学、经济学、社会学、环境学、工程学和信息学等多个学科和自然语言处理、专家系统、增强学习、大数据分析、虚拟现实和增强现实等技术。

土木工程维护决策主要需要解决以下4个问题：①对于某个土木工程结构，应该何时对其进行维护。②在维护经费有限的条件下，应该优先维护结构的哪部分。③维护的时候采用哪种维护类型或方案。④要想将某特定土木结构的可靠性能维持在一个特定的水平，管理方在维护期内需要投入多少成本。

维护目标　指维护工程实施后所期望达到的土木工程技术状况指标，同时兼顾土木工程运行状况指标、社会效益指标等。最低维护目标应确保土木工程本质安全。针对土木工程维护前的技术状况指标，需要采取不同的维护类型。土木工程维护类型可分为预防性维护决策和修复性维护决策、加固改造、应急抢修、拆除重建等。其中预防性维护决策是为了减缓结构的性能退化速度，防止由于结构的技术状况恶化而导致后续维护成本增加的维护措施；修复性维护决策则是为了瞬时提高结构的性能，保证结构的正常使用所必须采取的维护措施；加固改造是为了提高土木工程的安全性和适用性。

维护需求　维护需求分析应在不考虑资金限制约束下，基于设定的具体维护目标，确定需要维护的土木工程或土木工程构件、维护时机、维护措施和维护费用等。对于土木工程维护来说，维护需求应结合土木工程技术状况、功能需求、改建计划、是否重点整治以及历年维修信息进行综合确定。维护需求多建立在检测和监测数据基础上，而对于一些无法进行量化的信息，如土木工程满足功能需求、改建计划、是否属于重点整治对象等则无法予以考虑。因此，在进行维护需求分析时需要对多方面因素进行综合考虑。

决策原则　土木工程维护决策是在对结构的性能评估与退化分析基础上建立的，受结构退化、荷载环境变化、资金有限等因素的影响，在保证结构一定性能前提下，合理分配有限的维护资金，以达到结构安全服役的目的。

决策程序　具体决策过程如下：①建立维护决策因素集，并确定其对应的权重。维护决策因素集需要结合具体的工程类型，如对高速公路沥青路面维护来说，维护决策因素集可为高速公路路龄、交通流量轴载、沥青路面基础数据及维护历史等；对路网级桥梁维护来说，通常需要综合考虑当前结构的状态等级、结构复杂性、结构的退化率、维护费用、维护生命期内的利用率、桥梁重要性、交通管理以及交通量等。②建立维护决策优化指标集。③决策指标值规范化处理。通常在多属性指标决策中，涉及成本型、效益型、偏离型、固定型、偏离区间型和区间型等类型指标，各个指标的含义及其计量方法各有不同，造成其量纲互不相同，必须通过构造相关的关联函数对其进行标准化处理。④转化生成标准维护决策矩阵。⑤建立维护决策指标权重向量。⑥求解维护决策指标的绝对理想解和绝对负理想解。⑦分别求各维护方案与绝对理想解的距离和绝对负理想解的距离。⑧根据各维护方案与绝对理想解的距离和绝对负理想解的距离，计算综合维护决策指数。

决策方法　土木工程维护决策的方法主要有故障树推理法、数学模型解析法、贝叶斯（Bayes）网络法（适用于表达和分析不确定和概率性事物）和智能维护决策法等。

维护决策周期　对于土木工程维护决策来说，维护决策周期分为长期决策、中期决策、短期决策3种。其中，长期决策周期≥7年，中期决策周期为4～6年，短期决策周期为1～3年。其中，土木工程群维护决策宜进行中期决策和长期决策。单体土木工程维护决策宜进行中期决策和长期决策，当土木工程技术状况急速衰减、结构安全不满足要求和受到其他制约因素时应进行短期决策。

（陈双全　张　楠）

土木工程无线感知技术　wireless sensing technology in civil engineering　通过无线传感器布设形成传感网络，在土木工程建设和运营中对结构进行无线监测的技术。1996年，由美国先进国防研究项目局资助，加州大学实施了智能微尘计划，旨在建立一个无线传感器的软硬件平台，进而研发出一系列低价格、小尺寸、高可靠性的无线传感器及其网络，推动了无线传感器的应用发展及在结构监测领域中的应用。无线传感器的特点是：①采用先进的微机电系统技术封装，传感单元体积小、低功耗、可靠性高，适合于集成。②可以对采集信号预处理，对特征信号初步提取，这样可以分散中央处理器处理数据的压力。③无线传感单元的无线收发模块通常工作在通信频段上，通信上不受电信部门限制。④体积小，可以方便地安放在被测结构上。⑤依据设定的通信协议，可以实现自组织网络，形成一个高效、实时的结构健康监测系统。⑥节点具有节能的特点。

无线传感器网络是由部署在监测区域内的无线传感器节点组成的网络系统，其目的是协作感知和处理网络覆盖区域中被感知对象的信息。相对传统监测方式，无线传感器网络具有以下优势：①无线通信。传感器节点之间采用无线连接，自组通信网络，无须布线，节省了电缆，大大降低了安装成本和安装工作量。②大规模网络。无线传感器体积小、布置灵活，在监测区域可部署大量传感器节点，形成大规模网络。③可扩展性和鲁棒性。在网络中可以任意加入新的扩展节点，当某个节点故障时，其他节点自动寻找新的传输路径，不影响整个网络的正常工作。④本地计算处理能力。传感器节点集成微处理器和存储器可实现自校准、自诊断，对原始数据进行处理，提取有用信息，大大减少无线传输数据量。⑤损伤识别和定位能力。结合传感器测量的结构状态信息，应用损伤识别理论，可自动探测损伤并准确定位损伤位置，极大推动结构监测和维护的智能化。

无线传感技术与传统有线监测技术相比，可以克服传统有线监测方式的诸多弊端，在仪器安装、数据测量、状态评估、成本控制等方面具有明显的优势，为健康监测工作提供了便利，是结构健康监测的发展方向。　（李晓军）

土木工程物联网监测技术　internet of things monitoring technology in civil engineering　利用条码、无线射频识别、传感器、全球定位系统、激光扫描器等信息传感设备，实现人与物（被监测对象）和物与物在任何时间及地点的信息交换与传递、实现对被监测对象的智能识别和管理的技术。

物联网网络架构由感知层、网络层和应用层3部分构成。土木工程结构监测系统由传感器子系统、数据采集与传输子系统、数据处理与控制子系统、安全评估与预警子系统组成。①物联网感知层。对应于结构监测系统中的传感器子系统，通过布设在土木工程结构中的各类传感器，获得环境和结构的实时特征数据，全面感知结构的健康安全状况。在传感器子系统中利用先进的敏感仪器来获取结构的各类特征参数，包括位移监测、应变监测、振动监测和环境监测等参数。②物联网网络层。对应于结构监测系统中的数据传输子系统，通过互联网、移动通信网、广电网及各种接入网和专用网形成的融合网络，实现感知层数据信息的可靠传输，将传感器采集的数据传输到数据处理系统。考虑监测对象所处的环境、位置及监测的难易程度等因素，需根据实际情况选择合理的网络传输方式。③物联网应用层。对应于结构监测系统中的数据处理与控制子系统、安全评估与预警子系统。它们具备的共同特征是：全面感知、可靠传递、智能处理。应用层是物联网的最核心部分，通过网络层将感知层获取的原始信息传递到应用层后，需要进行大量的分析处理，根据用户要求进行相应的应用程序开发，为用户提供最终的应用服务。监测系统中的数据处理与控制子系统直接对测量信息处理和分析，并在此基础上提供基于物联网的结构性态可视化查询和显示功能。安全评估与预警子系统能够进行综合的精细化分析，并提供基于物联网的分析评估结果可视化查询功能，在出现异常时具备预警与报警的功能。

物联网监测技术正在土木工程领域快速发展，通过将不同的感知信息汇集到监测数据中心，利用专业化的团队来运营维护、养护管理物联网监测系统，服务用户通过网络可以直接从物联网监测系统中获取相关信息，而无须管理监测系统，其应用优势正在得到体现。　（吴　杰　张其林）

土木工程系统安全运行　safety operation of civil engineering system　土木工程结构在正常使用过程中不会发生危及使用者及结构自身安全的危险，并可以高效实现其功能，有效应对系统运行中出现风险的一种状态。土木工程系统安全运行涉及范围较广，根据对象不同可以分为以下主要类型。

桥梁工程系统安全运行　是桥梁工程系统一种状态，此状态下的桥梁工程系统能够正常完成预期的功能。桥梁工程结构管养人员通过日常检查、定期检测、特殊检测、荷载试验、健康监测等手段，掌握结构的承载能力、运行状况及安全性能等相关信息。此外，智能传感、物联网、大数据、人工智能、集群化维护系统等现代信息化手段也助力于桥梁工程系统的运行安全。

隧道工程系统安全运行　通过完善隧道安全设施及健全法规和管理手段，以降低在隧道内发生灾害的概率和损害程度，保证一旦发生灾害性事故时能及时报警或自救，将灾害的损失减小到最低程度。隧道安全运行共经历了继电器控制模式、单片机控制模式和微机控制模式3个阶段的发展。维护、监控和消防是保障隧道安全运行的3个重要组成部分。

路基工程系统安全运行　路基是在天然地面上经填筑或开挖形成的直接支承公路路面和铁路轨道的工程结构物，易受地质、水文、降水、气候等环境因素的影响而发生病害。为保证路基具有长期良好的服役性能，应加强路基工程系统中的路基本体、路基防护和加固设备、路基排水设施的管理维护工作。

结构工程系统安全运行　结构工程主要包括工业与民用建筑。保证结构工程系统的安全性需要提高和完善工程结构设计的安全设置水准，提升结构防御常见事故和抵御常见灾害的能力。还要求主管部门能加强工程的安全耐久性要求审查，完善技术标准体系与管理体制，并鼓励编制地方性规范和企业标准。此外，还需要开展安全监测设施的更新和改造，力争全面地评价建筑物的安全状况。

岩土工程系统安全运行　岩土工程系统不仅包括对各类工程建筑物、构筑物和相关配套设施等所进行的勘察、规划、设计、施工、安装和维护等技术工作，还包括一系列配合工程实体运行的辅助系统。岩土工程系统安全运行不仅需要完善的工程安全检测、监控和防控系统，还需要专业的监测人员和技术故障维修人员的配合，更需要成熟完善的规章制度，以确保人民群众生命财产的安全。
（潘　毅　王士民　李永乐　张迎宾　罗　强）

土木工程系统运行评估　operating evaluation of civil engineering system　根据相关技术资料、监测数据和调查报告，评估土木工程系统在日常环境、特定环境和荷载条件下的使用功能和风险水平。

评估内容　土木工程系统运行评估一般包括日常运行条件下的实时或定期评估，以及极端天气、地震、滑坡等自然灾害，船撞、爆炸等突发事故，结构的载荷条件发生改变以及可能存在过载问题等情况下的特殊评估。通过开展日常运行条件下和特定运行条件下的风险评估，为交通控制和安全防护等应对措施的制定提供科学依据，保障土木工程系统安全运行、功能提升和灾害管理等。

土木工程系统运行评估是考虑结构性能和运行环境的综合性评估。

土木工程系统运行评估的主要目标包括两个方面：①日常运行条件下，根据土木工程性能和具体的运行环境，制定针对性的土木工程系统使用方案，合理控制土木工程系统负荷，避免过载等威胁土木工程系统安全性的问题。②极端条件下，对于自然灾害或突发事故，根据灾害或事故类型及其影响程度，及时制定限流、限速、封闭等管制措施，保证土木工程系统和人员安全。

类型　土木工程系统运行评估依据对象不同可以分为以下几类。

桥梁工程系统运行评估　依据桥梁工程系统运行状态的监控数据，判别运行状态的主要功能指标是否超限，为保证桥梁的正常工作和正常运行的管制措施提供科学依据。沿海地区台风环境下的桥梁结构系统运行记录，已经广泛应用于桥梁工程系统运行应急管理中。

隧道工程系统运行评估　依据隧道结构监测、环境监测、电力监控、视频监控的感知数据，实时判别隧道是否处于舒适友好的运行状态，以及是否出现火灾等突发事件，评估信息将反馈给隧道工程系统的通风系统、交通控制、火灾报警及消防、广播及信息发布等，从感－知－控多层级保障隧道工程系统可靠运行。

路基工程系统运行评估　路基工程系统具有点多量大、岩土体性质各异、结构状态多变、病害机制复杂等特点，路基工程系统运行评估主要针对已发生病害征兆及安全风险较大的路段病害状况进行分级，并采取针对性管控策略和安全保障措施。

结构工程系统运行评估　包括评估结构工程力学性能是否满足规范要求，也对结构系统的通风、给排水、供电等维持结构工程使用性能的状况进行实时判别。

影响因素　土木工程系统运行评估需要充分结合自然环境、灾害信息、事故信息、结构状态信息和荷载信息，其中气象和地质等监测预警系统可以及时对自然环境、自然灾害进行预警与分析，为土木工程系统提供正常运营条件下和灾害条件下结构运行环境的相关信息；土木工程功能保障（运行）监测实时记录了土木工程系统运行过程中各类结构响应数据，提供土木工程系统状态变化信息。日常环境的累积效应、灾害与事故均有可能在一定程度上反映在土木工程系统的监测数据变化上，可以判断其对结构运行状态的影响，并采取针对性措施保障土木工程系统安全可靠运行。

（李　惠　李顺龙）

土木工程相关法律　civil engineering related laws　中华人民共和国全国人民代表大会及其常务委员会按照法定职权和法定程序制定的规范性文件，土木工程领域法律渊源。在土木工程领域所有法律渊源中，其法律效力仅次于宪法，而高于土木工程相关行政法规、规章等其他渊源形式。土木工程相关法律具体包括《中华人民共和国建筑法》《中华人民共和国招标投标法》《中华人民共和国城市房地产管理法》《中华人民共和国消防法》《中华人民共和国特种设备安全法》《中华人民共和国防震减灾法》《中华人民共和国航道法》《中华人民共和国石油天然气管道保护法》《中华人民共和国人民防空法》等多部具体的法律规范。

除此之外，还有部分法律规范与土木工程存在一定的相关性，应该属于土木工程相关法规，例如《中华人民共和国民事诉讼法》涉及土木工程领域民事纠纷的诉讼程序，《中华人民共和国刑法》涉及土木工程领域犯罪等。但由于这种相关性只显示在程序或者适用上，从专业性上来看并不是那么密切。

（徐　伟　李丽华）

土木工程相关行政法规　judicial interpretation of civil engineering　中国与土木工程有关的司法解释主要有《最高人民法院关于审理建设工程施工合同纠纷案件适用法律问题的解释》《最高人民法院关于建设工程价款优先受偿权问题的批复》《最高人民法院关于审理涉及国有土地使用权合同纠纷案件适用法律问题的解释》《最高人民法院、最高人民检察院关于办理危害生产安全刑事案件适用法律若干问题的解释》等。上述司法解释在指导司法机关处理中国工程建设领域法律纠纷方面发挥了非常重要的作用。

（高印立）

土木工程信息化管理　information maintenance of civil engineering　以土木工程结构或设备为对象，以基于物联网和数据库等技术的数据采集、管理、共享及预测为基础，运用科学的理念、程序和方法制定与实施土木工程结构或设备的维护计划、决策及方案，并对维护过程进行跟踪控制。

作用及特征　土木工程信息化管理基于结构健康监测系统（图1）实时监测工程结构或设备的运营状态，并结合设计、运营、历史维护数据，高效准确地定位结构损伤或故障，检查并报告工程结构或设备的安全隐患，为日常维修和预防性维护提供支持。通过多过程协调体系和跨平台的信息集成体系，实现对工程结构或设备数据信息的即时高速采集、有效共享，可动态反馈供需情况，协助管理人员及时做出合理的决策。

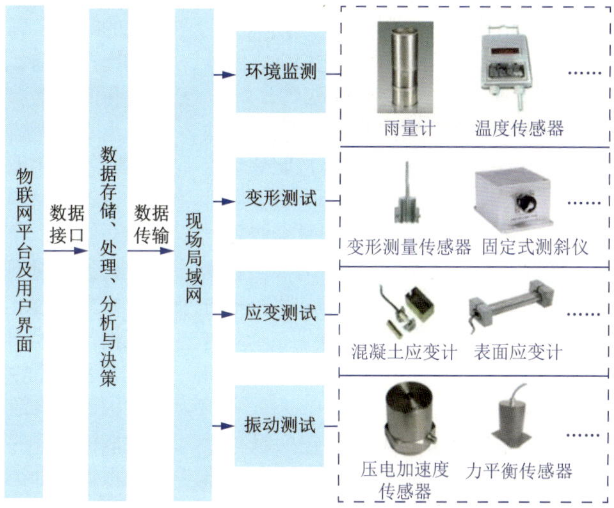

图1　土木工程信息化管理的系统构架示意图

土木工程信息化管理克服了以往维护过程中信息反馈不及时、数据共享性差等不足，具有及时性、共享性及智能化的优点。①可及时获取维护管理工作中状态信息，实现以随时随地互动的方式提供信息支持和问题解决方案，保障了土木工程的高效率和高效益。②方便地实现数据共享，为数据得到更广泛、更深入的开发利用提供基础，有利于实现统一的远程部署和监控管理。③智能化确保了土木工程信息数据的自动化采集、分析，可有效结合专家系统技术，提供预测、决策、方案制定等方面的支持。

应用　土木工程信息化管理可大幅提高工作效率，辅助维护管理决策和维护方案的制定，对工作进度和质量进行跟踪、控制和反馈，并及时根据实际情况调整维

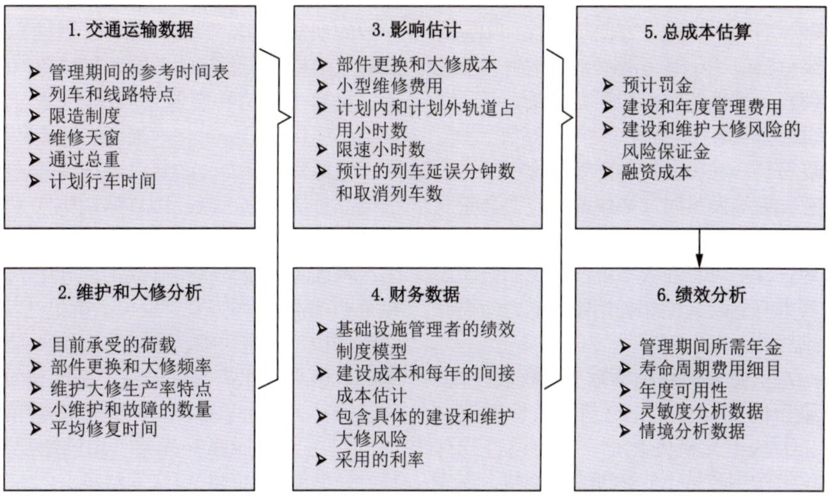

图2　铁路轨道寿命周期成本决策系统示意图

修管理策略，延长工程结构寿命，以达到降低全生命周期成本的目的。随着信息化技术方法的发展及传感器技术的更新换代，土木工程结构全生命周期服役性能的设计及运维信息化水平将显著提高。图2以荷兰代尔夫特理工大学开发的铁路轨道寿命周期成本决策系统为例，建立了轨道状态信息与维护成本之间的映射关系，为最优维护决策提供参考。

（王　平　陈　嵘）

土木工程修复材料　repairing materials for civil engineering　用于土木工程功能性修复，服役性能改善，耐久性提升的材料。

作用　土木工程修复材料通过自身或与修复体的物化反应，在缺陷处发挥胶结和填充作用，达到修复裂缝、密实基体、提高防水抗渗性、延长耐久性的目的，主要应用在结构工程表面修复、防水补强、裂缝修补、岩土工程土壤固化和生态修复等方面。

类型　土木工程修复材料的选择与缺陷形式和修复技术密切相关。按照化学组成，土木工程修复材料可分为有机修复材料、无机修复材料和有机无机复合修复材料。按照实际应用场景，可分为表面修复材料、裂缝修复材料、渗透型防水补强材料、土壤固化稳定材料和土壤生态修复材料等。按使用对象，可分为结构修复材料和岩土修复材料。

常用结构修复材料主要包括修补砂浆、渗透结晶材料、裂缝灌浆材料和自修复材料。①修补砂浆。适用于修复混凝土结构不同部位的蜂窝、麻面、孔洞、边角等缺陷，具有抗压强度高，黏结性能好，较好的保水性能和抗裂性、高耐碱性、耐紫外线等优点，是使用量最大的修复材料。②渗透结晶材料。是一种新兴的表层强化、表层防水修复材料，具有渗透性强、耐碱、自防水、施工方便等特点。③裂缝灌浆材料。用于修复混凝土结构由表及里的裂缝，其性能特点包括黏度低、可灌性好、低温环境下能固化、黏结力高等。④自修复材料。在裂缝发生前处于稳定或休眠状态，裂缝发生时，环境或者应力会激发关键组分实现自我修复。这种材料在实际应用过程中仍存在很多难题，比如自修复材料本身的耐久性和长期修复能力面临许多挑战。

岩土修复材料包括软土无机固化剂、污染土固化及稳定化材料和改性阻隔材料。①软土无机固化剂。主要通过物理和化学作用改善土的物理力学性质，形成长期稳定的固化体，常用于液化土改良、软土路基稳定、边坡稳定等工程。②污染土固化及稳定化材料。通过物理、化学或者生物作用，固化重金属，降解有机质，提高土壤酶活性，常用于污染土壤改良和岩土生态修复。③改性阻隔材料。可提高土壤膨胀性、抗渗性、抗化学侵蚀等性能，广泛用在污染场地工程阻隔。

未来，随着材料科学的进步，土木工程修复材料将向高性能和智能方向发展。环保、高效、耐久的新型土木工程修复材料，将对土木工程修复发展产生深远影响。

（刘加平　余　伟　穆　松　张云升　董必钦　刘松玉）

土木工程修复技术　civil engineering repairing technology　针对土木工程结构及其设施在设计、施工以及服役使用过程中发生的缺陷、病害或破损所实行的性能修复和提升措施。以保障结构的功能性、耐久性和使用性。

土木工程结构及其设施由于自然因素（地震、火灾和环境荷载）和人为因素（勘察、设计、材料、施工、运营维护问题）的综合作用，导致材料和结构性能的不断退化，会出现不同程度的病害。

修复内容　工程修复不同于一般的新建工程，需要不影响或少影响既有土木工程的工作状况并充分利用原工程开展施工。因此，选取可靠的施工方法和技术措施对取得良好的综合经济效益具有重要意义。根据土木工程修复类型，修复内容主要分为结构工程修复和岩土工程修复，修复过程中需要针对不同修复类型和缺陷形式选择不同的修复材料。

结构工程修复　可恢复损伤结构的功能性和耐久性。如修复年久失修的古代建筑（剥落、掉角），修复各类灾害（如地震、洪水、风灾、火灾、自然性能退化等）导致的损伤结构，修复钢结构（锈蚀）和混凝土结构（表面起砂、剥落和掉角，碳化、氯离子渗透和裂缝）。结构修复可修复损伤结构中已经劣化、损坏的结构和材料，包括外观修复（灌浆料填补裂缝、渗透结晶补缝增强）以及恢复结构构件（如钢结构表面防火防腐涂层）和材料的其他内在特性（混凝土材料再碱化、电化学除氯等）。结构工程修复对象包括桥梁结构、道路结构、隧道衬砌、建筑结构和水利结构等。修复技术有表面修复、截面修复、裂缝修补、电化学修补和纠偏等。常用修补材料主要包括修补砂浆、渗透结晶材料、裂缝灌浆材料和自修复材料。

岩土工程修复　包括道路边坡、河道边坡、隧道围岩、桥梁及建筑结构所涉及的岩土体等修复。岩土工程修复类别分为地基处理修复、滑坡修复、岩土生态修复和液化土体修复等。岩土工程修复技术包括化学注浆修复、水泥喷射灌浆技术、防渗墙技术、水泥搅拌桩技术、生物修复、物理修复和化学修复等。修复材料主要包括软土无机固化剂、污染土固化及稳定化材料和改性阻隔材料。

新技术应用　21世纪以来，出现一批新的修复材料和新工艺，并逐步在工程中获得应用。如双向电迁移钢筋混凝土结构修复技术，通过电场向结构体外排除氯离子，同时实现阳离子阻锈分子向内部钢筋表面迁移和富集，实现电化学除氯和阻锈的双重目的。此技术有望成为解决钢筋混凝土耐久性顽疾的重要方法。未来，为了逐步提高修复工程的安全性、可靠性、经济性并延长结构的使用寿命，土木工程修复技术的发展需不断探索新材料、新工艺、新方法、新装备及其应用。

（刘加平　杨永清　余　伟）

土木工程养护技术　civil engineering curing technology　对土木工程结构物及其设施进行合理保养、维修的技术。

养护目的及类型　土木工程结构的安全性能、使用性能在环境、荷载作用下会随着时间增长出现不同程度的退化，需要进行定期或不定期的养护工作，并贯穿结构物从工程竣工验收投入运营开始到结构物结束寿命的全过程。

通过合理养护措施，预防或处置结构物病害，实现保障结构物安全和使用性能、延长结构物使用寿命，使工程的使用质量和服务水平保持良好稳定状态。土木工程养护技术遵循预防为主、防治结合、科学养护、安全运行的基本原则。

根据养护目的，土木工程养护可分为预防养护、修复养护、专项养护和应急养护。①预防养护。结构物有轻微病害但整体性能良好，为延缓其性能衰减、延长使用寿命而采取的防护性工程措施。②修复养护。为恢复结构物技术状况而实施的功能性、结构性修复或更换的工程措施。③专项养护。为恢复、完善或提升结构物使用功能而集中实施的增设、加固、改造或拆除重建等工程措施。④应急养护。针对突发情况造成结构物损毁、产生安全隐患所实施的应急抢修等工程措施。

组成　根据工程类别，土木工程养护技术包括道路养护技术、桥梁养护技术、隧道养护技术、建筑养护技术、水利养护技术和轨道养护技术等。

道路养护技术　针对道路路面裂缝、破损、坑槽、车辙、泛油和排水不畅等常见病害问题，道路路面通常采用的养护技术主要有：①裂缝处置技术。包括聚合物改性沥青填充、环氧树脂胶封闭技术。②车辙处置技术。包括改性沥青同步碎石封层技术、微表面维修覆盖技术。③泛油处置技术。有路面撒石屑或粗砂并碾压覆盖技术。④破损、坑槽处置技术。有矿粉、水性环氧改性乳化沥青、水性环氧树脂冷修补技术。⑤排水不畅处置技术。主要为排水设施疏通技术。⑥其他病害处置技术。包括超薄磨耗层技术、薄层罩面技术、高聚物注浆技术、冷再生技术。

针对道路路基边坡开裂、滑坡、翻浆、不均匀沉降等常见病害问题，道路路基通常采用的养护技术主要有：①边坡开裂处置技术。主要是开裂破损边坡开挖后再回填技术。②滑坡处置技术。主要是设置抗滑桩等止滑构造技术。③翻浆处置技术。包括设置砂垫层、封闭层、更换土质、横向盲沟等路基强化、引导排水技术。④不均匀沉降处置技术。主要是土工栅格加固技术。

桥梁养护技术　针对桥梁混凝土结构裂缝，破损露筋，支座脱空、偏位、老化开裂，伸缩缝堵塞、止水带破损，钢构件锈蚀，排水不畅等常见病害问题，桥梁通常采用的养护技术主要有：①裂缝处治技术。包括环氧树脂胶封闭技术、高聚物注浆技术。②破损露筋处置技术。包括钢筋除锈并涂防锈涂层、环氧砂浆修补技术。③支座病害处置技术。支座脱空可采用钢楔填充，支座老化开裂严重可考虑更换支座，支座偏位可采用顶升复位等技术。④伸缩缝堵塞、止水带破损处置技术。有清理堵塞物、更换止水带等。⑤钢构件锈蚀处置技术。有除锈与防锈涂层修补技术，严重锈蚀构件更换技术。⑥排水不畅处置技术。主要为排水设施疏通技术。

隧道养护技术　针对隧道衬砌裂缝、衬砌侵蚀、渗水、衬砌破损露筋、衬砌防水涂层空鼓剥落等常见病害，隧道通常采用的养护技术有：①衬砌裂缝处置技术。主要采用高聚物注浆封堵技术。②衬砌侵蚀处置技术。有设置衬砌外排水设施与防蚀层、压注防蚀浆液技术。③渗水处治技术。包括设置防水层、排水设施，降水位、排放水和压浆加固防水技术。④衬砌破损露筋处置技术。有钢筋除锈并涂防锈涂层、环氧砂浆修补技术。

建筑养护技术　针对建筑结构物混凝土裂缝、渗水、破损露筋、钢结构锈蚀等常见病害问题，建筑物通常采用的养护技术有：①裂缝处置技术。包括环氧树脂胶封闭技术、高聚物注浆封堵技术。②渗水处置技术。包括封闭裂缝、屋面防水层修补技术。③破损露筋处置技术。包括钢筋除锈并涂防锈涂层、环氧砂浆修补技术。④钢构件锈蚀处置技术。有除锈与防锈涂层修补技术，严重锈蚀构件更换技术。

水利养护技术　针对水工结构物混凝土裂缝、白蚁聚集侵蚀等常见病害问题，水工结构物通常采用的养护技术有：①裂缝处置技术。主要是高聚物注浆技术。②白蚁聚集侵蚀处置技术。主要采用喷施灭蚁剂和灌浆毒土技术。

轨道养护技术　针对轨道钢轨裂纹、混凝土轨枕局部破损、道床污损、轨道几何形位和轨面不平顺等常见病害问题，轨道通常采用的养护技术是：①钢轨裂纹处置技术。主要是砂带打磨技术。②混凝土轨枕局部破损处置技术。主要采用环氧砂浆修补技术。③道床污损处置技术。包括基床土换填、清筛不洁道床、改善道床排水性技术。④轨道几何形位和轨面不平顺处置技术。主要采用酚醛环氧玻璃垫板调高轨面法、3次样条插值调整法等工艺技术。

（杨永清）

土木工程养护维修　curing and repairing for civil engineering　针对土木工程结构及其设施在长期使用过程中发生的缺陷、劣化、损伤所展开的养护、修补或修复工作。

目的　土木工程养护维修工作的目的是保障土木工程在规定的设计使用年限内满足安全性、适用性和耐久性的功能要求，通过养护修复，一方面可以保证结构的正常使用，预防和降低结构灾害性损坏；另一方面可以改善结构构件的适用性和耐久性，延长其使用年限。

沿革　土木工程养护维修管理发展历程大致可分为4个阶段：①事后性养护维修管理阶段。养护维修管理工作主要是在土木工程设备或结构物发生故障或损伤，丧失正常工作能力之后开展，这是20世纪50年代以前最主要的养护维修管理方式。②周期性养护维修管理阶段。养护维修管理工作主要依赖于对土木工程设备或结构物的自身特性的了解以及以往维护经验，制订周期性的养护维修计划，并以此为依据开展养护维修管理工作。③预防性养护维修管理阶段。养护维修管理工作主要是根据工程设备或者结构物的性能变化规律，在故障或损伤发生前制定养护维修方案并实施。④预知性养护维修管理阶段。养护维修管理工作主要通过状态监测技术、故障诊断技术、性能预测等技术获取结构状态信息，并以此为基础提前开展养护维修工作，可以最大限度地发挥结构部件的使用性能，同时也可避免故障（伤损）发生带来的被动局面，是当前阶段主要发展的一种养护维修管理方式。

主要内容　土木工程养护维修包括土木工程养护和土木工程修复，在其实施过程中会具体涉及**土木工程修复材料**的使用。

土木工程养护　是一种预防式的维护行为，如对钢结构构件定期涂刷油漆，对桥梁伸缩缝密封橡胶带中积压泥沙、石屑等杂物进行清理等，其目的通常是降低材料的腐蚀或老化速度，预防损伤发生，延长土木工程使用寿命。根据土木工程的类型不同，要求有所差异，土木工程养护类型主要有路面养护、路基养护、桥梁养护、隧道养护、建筑物养护、坝体养护、轨道养护。

土木工程修复　是一种纠正式的维护行为，通常是在发现损伤后进行，是一项通过养护结构部件、设施及修复损害部分而保持土木工程完好程度的综合技术性活动，它贯穿于建造、使用直至报废的全过程，修复工作是在原有基础上做修补，并不改变原有结构、造型、功能和布局等，如对混凝土裂缝的修补等，其目的是维修出现故障或失去工作能力的结构或构件，恢复土木工程良好的技术状况、保证正常使用。土木工程修复类型主要有结构工程修复和岩土工程修复。

土木工程修复材料　是一种功能性修复材料，通过有机或无机的手段对裂缝进行填补，以达到修复作用。

展望　中国在土木工程养护维修领域已积累了较为丰富的实践经验，在结构物鉴定、评估、检测与试验、养护、维修等领域针对不同类型的结构制定了相应的规范、规定或准则。但是，与世界工业化国家相比，中国的土木工程设施养护维修总体表现出起步晚、速度快、强度大等特点。①因结构的自然劣化、严峻的服役条件以及不足的养护维修等因素影响，一部分结构过早地出现了安全性不足、耐久性降低、适用性不强的状况，这导致结构的实际使用寿命远远短于期望的使用年限。②随着时间的推移，中国大批的工程结构物老化的现象日益突出，部分重大结构也将陆续达到设计使用寿命，如何科学决策它们的归属或合理使用将是中国面临的一个重要问题；同时，以往高速度和高强度建设的弊端今后必然会集中反映到结构的养护维修上，届时将会给养护维修经费、交通运输和社会生活等带来巨大压力。如何有效地维护基础设施的价值、功能以及如何在有限的财政基础上达到最优的使用性能或是在既定的服务水平下达到最少的资本投入，使之处于最佳的运营状态，更好地为经济建设服务，创造出更大的经济效益，已成为亟须解决的问题。

土木工程养护维修应不断探索新材料、新装备、新工艺及其应用，并形成针对性的新规程、新标准，逐步提高养护维修工程的系统性和可持续性，节约造价，并延长结构的使用寿命。①新材料。现阶段针对环保、高效、成本较低的新型土木工程修复材料的开发仍面临诸多挑战，研发智能修复材料、生物修复材料等，在未来拥有相当广阔的工程应用前景，若现存的问题能一一解决，将对土木工程修复材料今后的研究发展产生深远影响。②新装备。随着计算机技术、通信技术以及传感技术的快速发展，信息技术在土木工程领域得到了广泛的应用，利用智能化设备完成对土木工程养护维修信息收集、提取、处理、分析和利用，研发具有快速自动识别病害、诊断、决策及修复功能的新型装备，可以大大提高土木工程养护维修的效率和质量。③新工艺，在现有的基础上，结合对土木工程结构性能退化机理的研究成果，考虑新型修复材料和修复装备的适用性及修复效果保障条件，进一步优化养护维修施工方案，提出创新性施工工艺，提升施工技术和施工经验，在保证土木工程养护维修效果的基础上提高施工效率，通过革新工艺从而解决实际施工中存在的具体问题。④新规程。根据养护维修对象的特点和需求，结合新材料、新装备的研发与新工艺的形成，系统总结凝练，形成一批实用的新规程、新标准，对土木工程养护维修工作形成有效指导和规范，提升土木工程养护维修工作的效率、效能、效果，降低土木工程养护维修的成本，让土木工程养护维修工作朝着精准、高效、智能的方向发展。（何　川　王士民）

土木工程遥感技术　remote sensing technology in civil engineering　应用于土木工程信息采集中各种遥感技术的统称。

在工程建设中，借助于遥感技术，可在不与土木工程对象接触的情况下，获得由载波传递的探测信息，包括目标对象的几何特征及辐射特性。这种技术多用于施工开始之前的地质勘察工作，具有工期短和效率高的优势，可以避免财力、物力和人力的浪费。

系统组成　遥感系统由遥感器、遥感平台、信息传输设备、接收装置以及图像处理设备等组成。①遥感器。装在遥感平台上，是远距离感测地物环境辐射或反射电磁波的仪器，还可以是照相机、多光谱扫描仪、微波辐射计或合成孔径雷达等。②遥感平台。是遥感过程中搭载遥感器的运载工具，可以是高空气球、飞机、火箭、人造卫星、载人宇宙飞船等。③信息传输设备。是飞行器和地面间传递信息的工具。④图像处理设备。对地面接收到的遥感图像信息进行处理（几何校正、滤波等）以获取反映地物性质和状态的信息。

应用流程　工程遥感的数据获取与处理流程如下：①获取数字影像。通常由CCD相机或摄像机直接获得数字影像。②坐标量测。分为单像量测与立体量测。单像量测又分为自动量测与手工量测。对于不同影像条件及量测要求，采用不同的量测方式。③平差计算。与常规摄影测量完全相同，如光束平差法、直接线性变换法等。④建立数字地面模型。根据平差计算出的误差结果及同名点的空间坐标，依据不同的DEM数据点采集方法来建立数字地面模型（或表面模型）。⑤测制等高线及正射影像图。根据建立的数字地面模型自动绘制等高线，利用透视变换原理，根据数字地面模型绘制正射影像图。⑥成果提交。

卫星遥感三维重建技术　又称三维重建卫星摄影测量技术，是遥感技术在土木工程中的一项重要应用。基于多源遥感数据，可将土木工程对象重建为适合计算机表示和处理的数学模型，从而为计算机环境下的后续处理、操作和分析提供基础。

卫星遥感影像三维重建的核心问题是用立体像对中左右影像同名点的像方坐标计算出相应地面点的空间坐标。基于不同的成像模型衍生了多种立体定位方法，主要可归为基于严格物理模型的立体定位和基于通用成像模型的定位两大类。

卫星遥感影像三维重建的工作流程包括：①图像获取。获得用于三维重建的高分辨率卫星遥感立体影像及其相关参数。②特征提取。特征主要包括特征点、特征线和区域。大多数情况下都是以特征点为匹配基元，根据特征点的提取形式选择相应的匹配策略。③立体匹配。根据所提取的特征来建立图像对之间的一种对应关系，也就是将同一物理空间点在两幅不同图像中的成像点一一对应起来。在进行匹配时要注意场景中一些因素的干扰，比如光照条件、噪声干扰、景物几何形状畸变、表面物理特性以及传感器特性等诸多变化因素。④三维重建。有了精确的匹配结果，结合传感器标定的内外参数，可以恢复出三维场景信息。由于三维重建精度受匹配精度、传感器的内外参数误差等因素的影响，因此首先需要做好前面几个步骤的工作，使得各个环节的精度高、误差小。

展望　随着空间技术、数字图像处理技术、传感器技术的发展，遥感技术也不断发展，如研制和发射实用型商业遥感卫星；发展高分辨率遥感传感器，提高遥感影像的分辨率，增加可使用的遥感波谱段；扩大遥感技术的应用领域，诸如全球性的环境监测、大型工程的综合评价等；提高数字图像处理技术及分析解译技术；与地理信息系统和全球定位系统相结合，实现分散或网络数据共享等。

（陈　鹏　童小华）

土木工程移动互联网监测技术　mobile internet monitoring technology in civil engineering　将互联网的技术、平台、商业模式和应用与移动通信技术结合获取土木工程信息的技术。土木工程移动互联网监测技术包含终端、软件和应用3个层面。终端层包括智能手机、平板电脑、电子书、移动互联设备（MID）等；软件包括操作系统、中间件、数据库和安全软件等；应用层包括工程服务类、工具媒体类、商务财经类等不同应用与服务。

土木工程移动互联网监测技术以应用最为广泛的智能手机作为云终端，集中应用手机终端的内置传感器、外置传感器及人员观察信息，将人与手机终端作为一个广义的传感节点，在一定精度的条件下，实现对结构损伤、形态异常的超大规模网络集成，能够在短时间内迅速汇集智能终端信息，形成监测大数据，同时对结构安全信息进行大规模的分析与评定。基于移动互联网的云监测，一方面，可以为个人提供局部的监测需求；另一方面，可以集成区域地理信息相关的数据，为迅速得到全面的灾害信息提高效率，使得地震、台风等自然灾害下的结构大规模损伤评估成为可能。

土木工程移动互联网监测具有如下特点：①以智能手机为代表的智能终端的普及性广、造价低，部分传感器内置于移动终端，投入成本小。②应用简易的人机交互模式，对人的专业知识要求低。③随时开展监测、适合于紧急突发情况的应急安全监测与评估。④实现与地理信息相关的结构安全信息大数据获取。⑤通过巨型集群网络实现信息的快速集成与汇总。⑥在移动终端软件界面上以醒目的图形方式，如数字颜色改变、多级报警线、状态灯等显示预警状态，通过鸣叫、短信、电话等方式通知相关人员，实现安全预警功能。

（吴　杰　张其林）

土木工程应急抢修　emergency repair of civil engineering　为保证土木工程设施尽快恢复其全部或部分使用功能，临时利用相关工程技术、装备器材、专业队伍实施快速修复的行为。

概述　中国是自然灾害多发、频发的国家。此外，随着经济快速发展，由于生产、生活和管理等方面因素，重大人为事故也时常发生。土木工程在平时可能遭到各种重大自然灾害（如地震、泥石流、滑坡、洪涝、台风等）、事故灾害（如火灾、冲击、爆炸、施工过程等）和恐怖爆炸袭击，以及战时武器打击，其对不同类型的土木工程设施造成的灾害效应有所不同，常见的破坏形式见表。土木工程应急抢修主要包括对道路工程、桥梁工程、隧道/地下工程、岩土工程、机场跑道工程、铁道工程和生命线工程应急抢修等。

重大灾害对土木工程设施的主要破坏形式

土木工程设施类型	主要破坏形式
道路工程	路基冲毁、沉降与塌陷、爆炸弹坑
桥梁工程	上部结构、墩台、基础等毁坏与垮塌
隧道/地下工程	衬砌开裂变形、突水、岩爆、塌方冒顶、火灾
岩土工程	滑坡与泥石流、基础沉降与塌陷、液化
机场跑道工程	路面沉降与塌陷、爆炸弹坑
铁道工程	断裂、冲毁、爆炸弹坑
生命线工程	管线破裂、燃油气泄漏与爆炸
建筑物	地基沉陷、脱空和倾斜，火灾，倒塌
堤坝	溃坝

由于灾害和土木工程设施类型的不同，土木工程灾害应急抢修原则与方法也不尽相同，但具有以下3个方面共同特点：①灾害破坏效应的巨大性。与土木工程常见的病害相比，重大自然灾害、事故灾害和恐怖爆炸袭击以及战时武器打击对土木工程往往造成巨大的破坏作用，平时常用的健康检测与修补加固技术措施难以满足应急评估与抢修要求。②抢修行动的突然性。重大灾害对土木工程设施的破坏具有突发性和不确定性，增加了应对和处置的难度。相关抢修力量面临应急行动准备、制定应急抢修方案、快速机动到位、组织实施抢修等多个环节的考验，对抢修装备器材、专业技术和组织指挥都提出了很高的要求。③抢修作业的快速性。应急抢修的目的在于尽快恢复土木工程设施的功能，保证各类抢险救援行动的顺利实施、人民生命财产安全与正常生活。因此抢修作业要利用各类应急技术和应急装备器材实现快速评估与抢修。

沿革　中华人民共和国成立后，面对朝鲜战争和国民经济建设发展的需求，土木工程灾害应急抢修技术与装备取得了长足进步。相对于其他类型土木工程，桥梁工程灾害应急抢修发展较快，在战争和灾害应急抢修中发挥了重要作用。例如，1950～1953年的朝鲜战争中，志愿军铁道兵部队按照固定管区、沿线备料、随炸随修的原则，采取修建迂回线，做好“预设计、预计划、预测量、预施工”的抢修预案，采用了枕木垛、木排架、简易基础、混凝土基础、钢轨梁、工字钢、99式日本军用梁等就便器材及相关工程技术，有效保障了“炸-修-通”。后来，相继研发了六四式军用梁、六五式铁路军用桥墩等抢修器材，应用了拖拉法、浮架法和浮拖法等几种大跨梁架设技术，在1965～1973年抗美援越战争的桥梁抢修中发挥了重要作用。在自然灾害损毁桥梁抢修方面，1958年洪水冲垮了黄河第一座铁路桥——郑州老黄河大桥的11号桥墩，形成了72米长缺口。抢修时采用了钢轨桩临时桥墩，架设钢梁，修复用时14天，同时解放军舟桥部队在下游搭设公路浮桥保障了临时通行。1976年唐山大地震，京山线蓟运河大桥墩台、梁体位移，破坏严重，8月7日济南局抢通上行线，8月10日解放军舟桥部队架起一座铁路舟桥通车，8月14日中铁大桥工程局抢修下行线。2008年汶川地震中，利用321装配式公路桥梁架设多座临时桥梁，抢通了多条生命线和救援通道。由此可见，中国桥梁抢修技术和装备是伴随战争和重大灾害抢险救灾过程中发展起来的。

主要内容　土木工程灾害应急抢修主要包括应急抢修工作程序和各类工程设施应急抢修方法与技术两部分。

应急抢修工作程序　土木工程灾害应急抢修主要工作程序包括应急抢修预案制定、灾害效应快速评估、应急抢修方案制定和应急抢修组织实施4个步骤。①应急抢修预案制定。平时针对各种重大灾害事故等可能对工程设施造成的不同程度的破坏情况预先做出判断，并据此编制相应的抢修预案（见**土木工程灾害应急抢修预案**）。主要内容包括土木工程设施的地理位置与周围环境、水文气象、地质条件、破坏情况预测、抢修方案设计和组织机构等。②灾害效应快速评估。为科学制定抢修方案，快速实施抢修行动，需要对土木工程设施遭受破坏后的情况进行快速评估（见**土木工程灾害快速评估**）。主要内容包括使用功能评估、使用价值评估、工作性能（如承载能力）评估等。③应急抢修方案制定。编制应急抢修方案是为了指导抢修工作顺利进行，是做好各项准备工作的基础，也是能否顺利完成抢修任务的关键。如果事先已有针对该设施的应急抢修预案，则可根据设施破坏程度和抢修条件的现实情况，对既有抢修预案进行修正和补充完善后，形成可实施的应急抢修方案。④应急抢修组织实施。应急抢修工作应以制定的应急抢修预案和应急抢修方案为基本依据，在指挥部领导下具体实施。抢修过程中往往需要指挥部靠前指挥、应急处置情况、果断决策抢修方案与行动。此外，还需重点做好通信、车辆、物资器材、技术、生活和医疗卫生等保障工作。

各类工程设施应急抢修方法与技术　按照工程设施类型，土木工程重大灾害应急抢修主要有**桥梁工程应急抢修**、**隧道工程应急抢修**、**建筑物应急抢修**、**机场跑道工程应急抢修**、**铁道线路工程应急抢修**、**公路工程应急抢修**、**地质工程应急抢修**、**生命线工程应急抢修**、**堤坝应急抢修**。

展望　随着川藏铁路等一大批重大工程建成使用，土木工程重大工程灾害的应急抢修抢建的重要性更加凸显，任务更加艰巨，未来发展趋势主要表现为：①应急抢修组织管理体系向着法治化、规范化、协同化方向发展，各级政府将进一步发挥灾害应急抢修的主导作用，国家公共安全应急管理系统将更加完善、应用更加广泛，重大工程灾害抢修抢建的指挥通信和管理能力将大幅度提高。②多灾害预测预警体系与评估手段将朝着信息化、智能化、空天地一体化方向发展，尤其是5G、大数据、物联网、3S（遥感技术RS、地理信息系统GIS、全球定位系统GPS）、无人机、工业机器人、人工智能、生命探测、数字孪生、虚拟现实等现代信息技术将得到广泛应用，重大灾害的预测预警和评估能力以及城市的承灾韧性与重大灾害应急管理水平将显著提升。③抢修抢建技术、装备与器材朝着体系化、多样化、专业化方向发展，新材料、新结构、新技术、新装备将得到广泛应用。④抢修抢建队伍朝着专业化、军民融合和平战结合方向发展。包括坝道医院等专业化、平台化的重大灾害条件下工程应急抢修技术、能力和水平将进一步提高。技术研发、人才培训、抢修物资器材的平时储备与灾害发生时/战时投送能力也将有较大的发展。

（方　秦　刘嘉武）

土木工程用非金属材料 nonmetallic materials for civil engineering　以无机化合物为主体的一类建筑材料。常指*水泥*、*石灰*、*石膏*、*建筑玻璃*、*建筑陶瓷*、*砖*、*瓦*、*混凝土*及其制品。土木工程中应用的无机非金属材料一般无金属光泽，是热和电的不良导体。构成地壳岩石、土壤主要成分的二氧化硅和金属氧化物形成的硅酸盐，是无机非金属材料的重要组成部分。

土木工程中应用的无机非金属材料分为天然和人造两大类。黏土、砂砾、大理石、花岗岩和石棉等属于前者。水泥、玻璃、陶瓷、砖瓦、铸石、玻璃纤维、石灰、石膏、混凝土及其制品和矿棉等属于后者。其大部分产品，如水泥、玻璃、陶瓷、砖瓦、铸石等，按其化学成分，均属于硅酸盐材料，这些产品通常由天然原料配制，在窑炉中经高温烧结或熔融制成。

无机非金属材料的发展，在很大程度上标志着土木工程技术的进步。其地位之所以如此重要，在于它具有资源丰富、坚固耐久、适用性强的特点，并可以作为基材与金属或高分子材料组成复合材料，这就为不同工程提供了新的建筑材料。

为了适应国民经济发展的需要，土木工程用无机非金属材料向轻质、高强度、多功能、低能耗、耐久、经济、美观等结构-功能一体化发展。　（刘元鹤　黄文虎）

土木工程用金属材料 metallic materials for civil engineering　土木工程设施用的黑色和有色金属材料，以及金属材料所组成的金属复合材料的统称。建筑用金属材料是构成土木工程物质基础的四大类材料（钢材、水泥混凝土、木材、塑料）之一。土木工程中应用的金属材料主要有建筑钢材和铝合金两种。

建筑钢材　强度高、品质均匀，具有一定的弹性和塑性变形能力，能承受冲击振动载荷。钢材还具有很好的加工性能，可以铸造、锻造、焊接、铆接和切割，装配施工方便。建筑钢材广泛用于大跨度结构、多层及高层建筑、受动力载荷结构和重型工业厂房结构，广泛用于钢筋混凝土之中。钢材的缺点是容易生锈，维护费用大，耐火性差。

钢筋　钢筋与混凝土之间有较大的握裹力，能牢固啮合在一起。钢筋抗拉强度高、塑性好，放入混凝土中可很好地改善混凝土脆性，扩展混凝土的应用范围，同时混凝土的碱性环境又很好地保护了钢筋。钢筋混凝土结构用的钢筋主要由碳素结构钢、低合金高强度结构钢和优质碳素钢制成。

热轧光圆钢筋　根据《钢筋混凝土用钢　第1部分：热轧光圆钢筋》（GB/T 1499.1—2017）的规定，热轧光圆钢筋级别为Ⅰ级，强度等级代号为HPB300，硫（S）元素含量上限为0.045%。HPB是hot roll plain bars的首字母缩写，表示热轧光圆钢筋，300表示屈服强度特征值（兆帕），其力学性能和工艺性能应符合热轧光圆钢筋力学性能和工艺性能要求。光圆钢筋的强度低，但塑性和焊接性能好，便于各种冷加工，因此广泛用作小型钢筋混凝土结构中的主要受力钢筋，以及各种钢筋混凝土结构中的构造筋。

热轧带肋钢筋　表面有两条纵肋，并沿长度方向均匀分布有牙型横肋。根据《钢筋混凝土用钢　第2部分：热轧带肋钢筋》（GB/T 1499.2—2018）的规定，热轧带肋钢筋分为HRB400、HRB500、HRB600共3个普通热轧钢筋牌号和HRBF400、HRBF500、HRBF400E、HRBF500E四个细晶粒热轧钢筋牌号。其中H、R、B、E分别为热轧（hot rolled）、带肋（ribbed）、钢筋（bars）和地震（earthquake）4个词的英文首字母，数字表示相应的屈服强度特征值（兆帕）。热轧带肋钢筋的力学性能和工艺性能应符合热轧带肋钢筋的力学性能和工艺性能要求。

低碳钢热轧圆盘条　由屈服强度较低的碳素结构钢热轧制的盘条。根据《低碳钢热轧圆盘条》（GB/T 701—2008）规定，可分为4个牌号，即Q195、Q215、Q235、Q275，其力学性能和工艺性能应符合低碳钢热轧圆盘条的力学性能和工艺性能要求。可用作拉丝、建筑、包装及其他用途，是用量最大、使用最广的线材，也称普通线材，大量用作建筑混凝土的配筋、拉制普通低碳钢丝和镀锌低碳钢丝。

冷轧带肋钢筋　采用普通低碳钢或低合金钢热轧的圆盘条，经冷轧或冷拔减径后在其表面冷轧成二面或三面有肋的钢筋，也可经低温回火处理。根据《冷轧带肋钢筋》（GB/T 13788—2017）规定，冷轧带肋钢筋包括冷轧带肋钢筋和高延性冷轧带肋钢筋两类，牌号由CRB+钢筋的抗拉强度最小值构成，分为CRB550、CRB650、CRB800、CRB600H、CRB680H、CRB800H，且CRB550、CRB600H为普通钢筋混凝土用钢筋，其他牌号为预应力混凝土用钢筋。其中C、R、B、H分别为冷轧（cold rolled）、带肋（ribbed）、钢筋（bars）、高延性（high elongation）4个词的英文首字母。

预应力混凝土用热处理钢筋　用热轧带钢筋经淬火和回火的调质处理制成，按其外形分为有纵肋和无纵肋两类，预应力混凝土用螺纹钢筋（精轧螺纹钢）最为常见。按照《预应力混凝土用螺纹钢筋》（GB/T 20065—2016）的规定，其牌号以PSB加上规定屈服强度最小值表示，包括PSB785、PSB830、PSB930、PSB1080、PSB1200五个等级，P、S、B分别为预应力（prestressing）、螺纹（screw）、钢筋（bars）的首字母。

型钢　所用的母材主要是普通碳素结构钢和低合金高强度结构钢。

热轧型钢　用加热钢坯轧成的各种几何断面形状的钢材。

冷弯薄壁型钢　通常用厚2～6毫米薄钢板冷弯或模压而成，有角钢、槽钢等开口薄壁型钢及方形、矩形等空心薄壁型钢，可用于轻型钢结构。

钢板　有热轧钢板和冷轧钢板之分，按厚度可分为厚板（厚度>4毫米）和薄板（厚度≤4毫米）。厚板用热轧方式生产，材质按使用要求相应选取；薄板用热轧或冷轧方式均可生产，冷轧钢板一般质量较好，性能优良，但成本高，土木工程中使用的薄钢板多为热轧型。钢板的钢种主要是碳素钢，某些重型结构、大跨度桥梁等也采用低合金钢。厚板主要用于结构，薄板主要用于屋面板、楼板和墙板等。在钢结构中，单块钢板不能独立工作，必须用几块板组合成工字形、箱形等结构来承受荷载。

钢管　按照生产工艺，钢结构所用钢管分为热轧无缝钢管和焊接钢管两大类。①热轧无缝钢管。以优质碳素钢和低合金结构钢为原材料，多采用热轧—冷拔联合工艺生产，也可用冷轧方式生产，但后者成本高昂。主要用于压力管道和一些特定的钢结构。②焊接钢管。采用优质或普通碳素钢钢板卷焊而成，表面镀锌或不镀锌（视使用而定）。按其焊缝形式有直缝电焊钢管和螺旋焊钢管，适用于各种结构、输送管道等用途。焊接钢管成本较低，容易加工，但多数情况下抗压性能较差。在土木工程中，钢管多用于制作桁架、塔桅、钢管混凝土等，广泛应用于高层建筑、厂房柱、塔柱、压力管道等工程中。

铝合金　在建筑装修领域，铝合金被广泛用作门窗和室内装修外装饰，有优良的建筑功能及独特的装饰效果。铜、铝及其合金由于具有质量轻、可装配化生产等特点，在现代土木工程中的应用也很广泛。

铝合金门窗 在现代建筑装饰工程中，尽管铝合金门窗比普通门窗的造价高3～4倍，但由于其长期维修费用低、性能好、美观和节约能源等，故在世界范围内仍得到广泛应用。与普通木门窗、钢门窗相比，铝合金门窗具有如下特点：①质量轻。铝合金门窗用材省，质量轻，每平方米耗用铝型材平均为8～12千克，比用钢木门窗的质量减轻50%左右。②性能好。如气密性、水密性、隔声性、隔热性均比普通门窗好，故对安装空调设备的建筑和对防尘、隔声、保温隔热等有特殊要求的建筑，更适宜采用铝合金门窗。③色泽美观。制作铝合金门窗框料的型材，表面可经过氧化着色处理，可着银白色、古铜色、暗红色、黑色等柔和的颜色或带色的花纹，还可以涂装聚丙烯酸树脂膜使表面光亮，增加了建筑物的立面和内部的美观。④使用维修方便。铝合金门窗不需要涂漆，不褪色、不脱落，表面不需要维修。铝合金门窗强度较高，刚性好，坚固耐用，零部件经久不坏，开关灵活轻便，无噪声。⑤便于工业化生产。铝合金门窗的加工、制作、装配、试验都可在工厂进行，可在工厂进行大批量工业化生产。有利于实现产品设计标准化、系列化、零配件通用化，以及产品的商品化。

铝合金装饰板及吊顶 铝合金装饰板是现代较为流行的建筑装饰板材，具有质量轻、不燃烧、耐久性好、施工方便、装饰效果好等特点。在装饰工程中用得较多的铝合金板材有以下几种。

铝合金花纹板及浅纹板 采用防锈铝合金材料，用特殊的花纹机辊轧而成。花纹美观大方、筋高适中、不易磨损、防滑性好、防腐蚀性能强、便于冲洗，通过表面处理可以得到各种不同的颜色。花纹板板材平整，裁剪尺寸精确，便于安装，广泛用于现代建筑墙面装饰及楼梯、踏板等处。

铝合金压型板 其特点是质量轻、外形美观、耐腐蚀、经久耐用、安装容易和施工快速等，经表面处理可得到各种优美的色彩，是现代广泛应用的一种新型建筑材料，主要用作墙面和屋面。

铝合金穿孔平板 用各种铝合金平板经机械穿孔而成。孔型根据需要有圆孔、方孔、长方孔、三角孔和大小组合孔等。是一种吸声并兼有装饰效果的新产品。

铝合金波纹板 有多种颜色，以银白色居多，主要用于墙面装饰，也可用作屋面，有很强的反射阳光能力，且十分经久耐用，在大气中使用20年不需要更换。更换拆卸下来的花纹板仍可使用，所以得到了广泛应用。

铝合金吊顶 具有质量轻、不燃烧、耐腐蚀、施工方便和装饰华丽等特点。

（赵丕华　薛　锋）

土木工程用纤维 fibers for civil engineering 用于强化水泥砂浆与混凝土、硅钙板等水泥制品及沥青混凝土的短切纤维。根据纤维材质不同可分为金属纤维、有机合成纤维、无机纤维及植物纤维。金属纤维主要为钢纤维，有机合成纤维主要有聚丙烯纤维、聚丙烯腈纤维、聚乙烯醇纤维、聚酯纤维、聚甲醛纤维、聚酰胺纤维等，无机纤维主要有耐碱玻璃纤维、玄武岩纤维，植物纤维主要有剑麻、黄麻、西沙尔麻等。

土木工程用纤维具有抗裂防渗、增强增韧、耐火防爆、抗冲耐磨、抗车辙等功能，并具有耐碱性、自分散性优良、与基体界面黏结性能良好及安全无害等特征。

土木工程用纤维在水电大坝、客运专线、核电站、桥梁隧道、轨道交通、机场道面、地下工程、预制管片、市政道路等领域应用广泛。钢纤维的质量掺量通常在20～200千克/米^3，有机合成纤维、无机纤维与植物纤维的质量掺量通常在0.5～30千克/米^3。

（刘建忠　阳知乾）

土木工程用有机材料 organic materials for civil engineering 用于土木工程的有机材料的统称。主要包括天然高分子材料、合成高分子材料和沥青等。天然高分子材料由生物体内生成，用于土木工程的常用天然高分子材料包括天然橡胶、木材、纤维素和淀粉等。常用的合成高分子材料包括塑料、纤维、涂料、胶黏剂和水溶性高分子等。

土木工程用有机材料按使用可分为结构材料和功能材料两大类。①结构材料。具有耐高温、高强度、高模量、高冲击性、耐极端条件等优点。例如，玻璃纤维增强塑料（GRP），俗称玻璃钢，是由合成树脂胶结玻璃纤维或玻璃纤维布（带、束等）而成的，其性能上的主要优点是轻质高强、耐腐蚀，在土木工程中主要用于结构加固、防腐和管道等。碳纤维增强塑料由合成树脂胶结碳纤维而成，具有强度和弹性模量高、耐疲劳性能好、耐腐蚀性好的特点，在土木工程中主要用于结构加固，制作碳纤维筋或索用于有腐蚀的结构。土木工程用有机材料还可以作为胶结材料和无机材料一起成为结构材料。以环氧树脂胶黏剂为例，由于环氧树脂胶黏剂中含有环氧基、羟基、氨基和其他极性基团，对大部分材料有良好的黏接能力，其抗拉强度和抗剪切强度高、固化收缩率小、耐油和多种溶剂、耐潮湿、抗蠕变性好，是较好的结构胶黏剂，因此在土木工程中的应用很多，主要用于裂缝修补、结构加固和表面防护等。②功能材料。能实现对土木工程材料的保护、装饰和功能化。例如，隔热涂料，能在建筑墙体表面形成由封闭微珠连接在一起的三维网络空心结构，涂层导热系数0.04瓦/（米·开），可以有效阻止热量传导，涂层的绝热等级达到R-30.1，热反射率为90%以上，隔热保温抑制效率可达90%左右，可以保持房间内70%以上的热量不流失；将其刷在建筑墙体上，能有效防寒防冷，冷气屏蔽率高，涂刷3毫米厚以上，隔热保温率达到90%，冬天可以提高室内温度5℃以上。

（冉千平）

土木工程灾变 civil engineering disaster evolution 由自然灾害或人为因素等导致的土木工程结构失稳、失效。土木工程灾变具有突发性强、涉及面广和危害性大等特点。

类型 按照诱因，土木工程灾变分为土木工程自然灾变和土木工程人为灾变。

自然灾变 自然灾害引发的土木工程灾变主要包括土木工程地震灾变、土木工程洪灾灾变、土木工程风灾灾变、土木工程雪灾灾变、土木工程地质灾变等。例如，2008年5月12日发生的8.0级汶川地震；2013年7月，中国西南地区特大暴雨引起的洪水，摧毁了大量房屋和桥梁，导致交通、电力、通信多处中断；2016年6月23日江苏省阜宁县、射阳县部分地区发生龙卷风，造成大量民房、厂房、学校教室倒塌及部分道路交通受阻，共78人死亡、约500人受伤。

人为灾变 人为因素引发的土木工程灾变主要包括土木工程事故、土木工程火灾灾变等，主要是由于监控、监管不到位、人为有意破坏等引起。例如，1963年10月9日，意大利瓦伊昂大坝由于忽视勘察人员提出的安全隐患问题发生垮塌，巨大的滑坡体高速冲入水库，造成周围村庄2000余人丧生。2001年9月11日，美国纽约世界贸易中心发生恐怖袭击被撞毁，遇难者总数高达2996人。2015年8月12日，天津港瑞海公司危险品仓库发生重大火灾爆炸事故，造成了798人受伤、8人失踪、

165人遇难，以及304幢建筑物、12428辆商品汽车和7533个集装箱受损。

结构表现特征　灾害发生时，土木工程结构兼具承灾体和致灾体的双重特征。土木工程结构作为承灾体直接承受地震、风灾、火灾、雪灾等灾害的作用；当结构抗力不足以抵抗灾害时，结构可能发生垮塌，引起财产损失及人员伤亡，从而转变为致灾体。土木工程灾变本质上源于工程结构的抗灾能力不足。例如，2010年2月27日，智利中部近海发生的8.8级地震，共造成了4栋建筑倒塌、50余栋建筑损坏、525人死亡、25人失踪。相较于汶川地震，智利地震的震级更大，但其造成的伤亡和损失却远小于汶川地震，根本原因在于结构抗震能力的差异。因此，掌握各类灾害作用下的土木工程灾变机理，提升土木工程结构的抗灾能力，有助于避免其由承灾体演变为致灾体，进而减轻土木工程灾变。

监测管理手段　土木工程结构服役期长达数十年甚至上百年，需承受各类灾害（如风灾、雪灾、地震等）和人为荷载（如疲劳、冲击、振动等）的作用，不当的维护管理手段会大幅降低工程结构的抗灾能力。因此，通过完善设计提升结构的抗灾性能，建立完善的灾害管理体系，对提升结构的灾害防御能力及安全使用寿命至关重要。①**土木工程健康监测**利用各类检测、监测、检查等手段，获取环境作用、结构响应及工程性能等有效数据，用以评估当前的结构健康状态，为结构的看病与治病提供有效参考。②土木工程健康监测通过探测土木工程结构周围环境信息，利用数理统计、灰色系统、神经网络等方法可以建立自然灾害预报模型，可实现灾害的准确预报，从而有效预防各类土木工程灾变，如土木工程地震灾变监测系统、土木工程火灾灾变监测、土木工程风灾灾变监测系统和土木工程地质灾变监测系统等。

土木工程健康监测已被广泛用于各类土木工程结构（桥梁、大坝、建筑等）的运营维护中，为保障工程结构的安全运营、减少土木工程灾变的发生提供了关键技术支撑，并为土木工程灾变快速评估提供了可靠参考。例如，中国的国家体育场（鸟巢）、北京大兴国际机场、**港珠澳大桥**、长江三峡水利枢纽工程、广州塔等，阿联酋的哈利法塔（迪拜塔），美国的金门大桥等。

（王　浩）

土木工程灾变监测系统　disaster monitoring system in civil engineering　通过对土木工程结构可能造成威胁或伤害的致灾因子进行监测，以辨识与分析土木工程结构所受的潜在威胁，并判定灾害风险的性质、范围及对工程结构的危害程度的技术。土木工程灾变监测通过实时采集各类灾害的致灾因子、孕灾环境等信息，进行灾害风险识别，并发布灾害预警信息。其监测架构主要包括感知层、数据传输和存储层、数据分析层、预警层。①感知层。主要通过卫星监测、传感器网络、航空遥感、视频感知等手段，形成空-天-地-体一体化的综合感知网络，对灾害隐患点全方位、全覆盖监测。②数据传输和存储层。通过建立统一的数据库，汇聚实时监测数据、历史灾害数据等，进行统一的存储管理。③数据分析层。利用现代科学手段，对灾害演变态势进行全面、多维度分析，全方位跟踪各种异常现象的发展过程和变化趋势。④预警层。充分利用各级突发事件预警信息发布系统，把灾变预警信息快速及时地发送到户到人。各类土木工程灾变监测系统均取得了广泛应用，如土木工程地震灾变监测系统、土木工程火灾灾变监测系统、土木工程风灾灾变监测系统、土木工程地质灾变监测系统、土木工程洪灾灾变监测系统等。

土木工程灾变监测是实现土木工程防灾减灾的一种重要手段与前提条件。中国的土木工程灾变监测工作正处在发展阶段，其发展方向是：①土木工程结构常遭受多灾种耦合作用，要将现阶段的灾变监测系统局限于单一灾害领域、对多灾种的融合监测及预警研究不足，转向研究多灾种监测的共性技术问题，实现多种灾害作用下土木工程灾变监测预警系统的集约化建设及共用、共享，以有效减少监测设备、管理中心的建设及运维成本。②随着卫星遥感、红外感应、视频监测、智能传感器等各类感知方法的应用，要将现存数据格式、数据接口等的多样性，转向制定行业标准，统一数据格式及数据接口，以便于数据的传输、存储和分析。③基于长期监测数据，分析各类土木工程灾害的产生及作用机理，优化现有土木工程灾变监测的测点布置、数据分析方法，提升数据的采集、传输和存储效率。

（王　浩）

土木工程灾害防治　disaster prevention of civil engineering　对土木工程选址、设计、施工和运行过程中可能发生的灾害进行检测、监测、风险评估和管控等，实现灾前预警、灾时响应和灾后恢复，以改善灾害防御能力、减轻灾害损失的科学方法及技术手段。

发展情况　土木工程灾害防治利用行政、经济、法律、教育和科学技术等各种手段进行规划与管控，调整社会经济可持续发展与防灾减灾的关系，从而达到保障土木工程安全可靠和促进社会、经济和生态环境良性发展的目的。

土木工程灾害防治早期的防治理念主要强调灾后危机管理，因人类社会早期对灾害防治的意识较低、综合管理能力较弱，因此每年土木工程灾害都会给人类生活和生产活动带来严重的影响，引起巨大的人员伤亡和财产损失。随着土木工程建设活动日益增多，土木工程灾害发生的频率和强度不断加剧，人们对土木工程灾害防治的理解也日益深入。土木工程灾害防治的重心逐渐从过去的灾后危机管理转变为灾前风险管理，即采用科学、系统、规范的方法，在险情和灾情发生前就开展风险源防控、预测预警、减灾和备灾工作。一方面，对可能出现的灾害预先处理，将可能发生的灾害消灭在萌芽或成长的状态，尽量降低灾害出现的概率；另一方面，对于未知风险和无法避免的灾害，预先提出控制措施，以便当灾害出现时，有充分的准备来应对灾害，从而尽可能地减少损失、实现以较低的成本来获得最大的人身安全和财产保障。

原则　土木工程灾害防治坚持以人为本，生命至上的原则，把确保人民生命安全放在首位，以防为主，采用防灾、抗灾、救灾和备灾相结合的方式进行自然灾害的管控。同时，为避免土木工程建设和运行过程中引发人为灾害，采用督促施工单位增强安全发展的理念，完善土木工程安全生产责任制度，遏制重特大安全事故发生。

分类　按照实施时间的不同，可以分为灾前风险管理和灾后危机管理两大类。其中，灾后危机管理主要强调灾害发生后的应急救灾管理和灾后恢复与重建工作，而灾前风险管理则侧重灾害发生之前的预测、减轻和早期预警工作。按照技术类型的不同，可分为土木工程灾害检测管理、土木工程灾害监测管理、土木工程灾害风险评估管理和土木工程灾害管控管理4类。

防治技术措施　土木工程灾害防治技术可分为土木工程灾害检测技术、土木工程灾害监测技术、土木工程灾害风险评估技术和土木工程灾害管控技术4个方面。自20世纪90年代以来，中国不仅城镇化建设规模空前，水电、公路、铁路、管线等工程建设也不断向西部强震山区和地质灾害高风险地区深入，工程建设对先进土木工程防灾减灾技术的需求不断增大，且各类技术手段也取得了空前的发展。随着大量新理念、新发明、新技术的出现，中国的土木工程灾害防治技术手段正逐步从信息化走向自动化再向智能化发展。关于检测和监测技术，传统的手段主要依靠定期在关键部位取样或进行原位检测来判断结构体的健康状况。而现在，为确保工程结构的安全建设和健康运营，各类无线传感器、光纤、卫星、雷达等设备在全球定位技术、智能识别技术、大数据技术、三维信息建模技术、人工智能技术等技术的配合下，可以对任何工程结构体实施完备的动态监测。在此基础上，通过对海量数据的识别、分析与评估来实现科学、动态、精准的土木工程灾害风险评估，从而为工程灾害防治的制定和实施提供可靠的依据。

展望　土木工程灾害防治的核心是通过贯穿于灾害全过程的管理，提升政府和社会灾害防治和防灾减灾的能力，以有效地预防、响应和减轻各种土木工程灾害，从而实现风险控制并降低生命和财产损失。中国土木工程灾害防治体系成功的关键在于形成了一个统一领导、分工协作、反应灵敏、上下联动、平战结合的体制与机制。由政府主导，政府、公民、社会、企业、国际社会和国际组织等不同利益主体进行灾害防治的组织整合、信息整合和资源整合，提高对突发性重大灾害的反应能力，确保决策指挥的及时、合理与高效，从而最大化地保障公共利益以及人民的生命、财产安全，实现社会的正常运转和可持续发展。未来，土木工程灾害防治一方面应充分利用已有技术，实现空天地一体化监测；另一方面应从自动化、智能化逐渐向智慧化发展，通过大数据、云计算、人工智能、物联网等手段推进土木工程防灾减灾智慧化进程，从而能在更大程度上降低土木工程灾害风险和人身财产安全的损失、促进社会和谐与稳定。

（殷跃平　王雪冰）

土木工程灾害快速评估　rapid assessment of civil engineering subjected to disasters　土木工程遭受各类灾害后，从安全性、使用性的角度对设施当前状态进行快速评估，以确定灾害对于设施功能和结构未来发展变化的影响。是制定抢修抢建方案的重要依据，包括建筑、桥梁、道路、隧道和边坡等的快速评估。

主要内容　不同类型的工程，其快速评估内容不同。

桥梁快速评估　中国通过探索、实践，初步形成了基于可行性与可靠性的分级评估体系。快速评估的原则、标准与一般的检测评估不同。安全评估以短期内满足结构基本使用为前提，注重“短期安全性”，初步形成了“可行性”与“可靠性”的两级评估体系。①一级评估。即现场“可行性”评估。以宏观控制为主，以土木工程灾害调查结果为基础，依靠目测和简易工具，针对结构表观情况进行评价，根据综合评分后的结果划分等级。一般可分为可以正常使用、限制条件下使用和需要立刻抢修方能使用3个级别。②二级评估。即可靠性评估。在结构现状检查的基础上，依据结构材质状况检测结果、结构固有模态参数测定以及荷载调查分析情况等，引入检算系数、折减系数、恶化系数以及活载影响等修正系数，通过结构检算分析进行安全性的评定。

隧道快速评估　将隧道分为断层穿越段、洞口段和普通段3类。其中断层穿越段为隧道穿过断层的部分，洞口段包括洞外结构（边仰坡、洞门及明洞结构）和洞口段衬砌结构，普通段为隧道内除了断层破碎段和洞口段以外的部分。如震灾下公路隧道损伤类型共计12种：衬砌开裂、混凝土剥落、衬砌错台、混凝土掉块、次衬砌垮塌、隧道垮塌、施工缝开裂、衬砌渗水、路面开裂、仰拱错台、仰拱隆起、路面渗水。根据易损性模型，将隧道按震害程度分为轻微破坏、中度破坏、严重破坏和完全损毁4个等级。轻微破坏状态为地震发生后不需要或仅需要少量修复即可以正常通行，中度破坏为采取一定的安全措施或是稍加修复即可通行，严重破坏为震后采取加固措施才能保证通行，完全损毁是震后需对主要构件进行更换或重建才能通行。

建筑快速评估　可将现场的各种因素转换成分数表，通过专业人员按照分数表进行打分来确定建筑的抗震能力。评分体系包括地震区划、结构功能、房屋体系、使用用途、层数、布置的规则性、场地情况等。

结合区域的经济实力和技术水平，政府可以确定一个最终危险性分值的下限。若结构的最终总分高于下限，表示该建筑具有一定的抗震能力，无须再进行抗震能力的评定和加固补强；若结构的最终总分低于下限，说明该结构的抗震能力不足，需要进一步的评估和加固。

道路快速评估　主要依据航空遥感实时远红外数据和多光谱数据的图像纹理特征，分析路基、路面的破坏程度，选择恰当的阈值，快速确定道路受损的范围。例如，雪灾地区依据冰和雪的远红外特性和光谱特性估算是薄冰还是厚冰，估算积雪的厚度等。同时运用在线采集的远红外图像和多光谱图像，利用图像纹理分析技术和人工神经网络技术，识别出受灾车辆数量、车辆种类，然后将获取的全球定位系统（GPS）信息叠加到地理信息系统（GIS）上，准确定位受灾车辆数量、位置及分布信息。

边坡快速评估　20世纪80年代中后期，地理信息系统技术被全面引入区域滑坡的快速评估。通过以层次分析法为代表的评估方法，建立地震烈度、区域内地质构造、地形地貌、地层组合等地质环境特征与滑坡间的关系，确定滑坡分布规律，同时针对区域内不同位置处可能遭受滑坡危害的程度，划分不同等级危险度，绘制成滑坡风险图供灾后查询。

存在问题　土木工程灾害快速评估存在的主要问题有信息化评估手段缺乏、客观性差、专业性和针对性不强。同时土木工程灾害快速评估要与工程管养、应急处置等部门加强合作，逐步形成陆海空统筹的地面及水下多维度的土木工程灾害快速评估体系。

（李　峰　方　秦　王子健　梁止水）

土木工程灾害应急抢修预案　emergency repair plans of civil engineering subjected to major disasters　为了使土木工程设施在遭受各种灾害破坏后能够快速实施修复，尽早恢复使用功能，平时针对各种灾害可能对工程设施造成的不同程度破坏情况预先做出判断，并据此预先编制所需的工程技术措施、装备器材、专业队伍等。自然灾害、事故灾害、恐怖袭击和战时武器打击等对土木工程设施的破坏形式多样，不同的土木工程设施，如道路、桥梁、隧道、堤坝、铁道线路、建筑物等的应急抢修预案也各有特点，但应急抢修预案中一般应包括以下内容：①设施所处地理位置及周围环境。在编制预案之前，必须调查清楚设施所处地理位置和当地人力、物力、资源等状况。②设施的结构概况。从应急抢修的角度了解设施的结构情况，包括结构的主要技术参数、设计指标、设计标准等，供抢修方案制定时参考。③水文及气象。是应急抢修方案制定的重要依据。④工程地质。土木工程设施一般都建造在岩土介质中，工程地质情况是应急抢修方案制定的重要依据。⑤可能遭受破坏情况预测。参考以往经验或者通过计算分析对工程设施在某种灾害作用下可能遭受的破坏情况进行预测。作用的强弱和作用部位的不同，设施的破坏程度也不同，一般可分为轻度破坏、中度破坏、严重破坏和毁灭性破坏。⑥抢修方案制定。根据设施的破坏部位、破坏程度以及水文气象、地质等工程条件，再考虑技术、施工、材料、器材、机具、设备、抢修队伍等情况制定应急抢修方案。⑦物资设备筹集计划。根据应急抢修方案所需要的材料、器材、机具、设备等的种类、型号、数量编制物资设备筹集计划。⑧抢修进度及工日计划。根据抢修方案所需要的抢修工作量、上级对工期的要求以及物资供应和抢修队伍情况等，编制抢修进度及工日计划。⑨组织指挥机构。为了确保抢修方案的有效实施，完成抢修任务，由该设施管养、运营等相关部门的负责人组成应急抢修指挥部。指挥部一般下设办公室、指挥组、设计保障组、后勤保障组等，具体负责本工程设施抢修任务的方案设计、施工方案的实施、抢修队伍的组织部署等，保证抢修任务的顺利进行。⑩抢修队伍。通常由负责本设施应急保障的工程单位组建，并根据需要从外单位抽调精干力量，组成几个不同的专业分队，在抢修指挥部领导下完成抢修任务。⑪相关保障措施。主要包括通信、运输、电力、物资供应等保障。

以上所列预案内容只是反映了各种土木工程设施抢修预案内容的共性部分，对于具体工程设施还应根据各种灾害作用下的特点进行补充完善。

（刘嘉武　方　秦）

土木工程诊断 civil engineering diagnosis 诊断土木工程结构状况和系统状况是否达到有关标准、法规等规定的级别，并指导和优化维护管理方案的活动。结构性能主要包括结构的安全性能、使用性能和耐久性能等。

土木工程诊断的手段是依据结构性能评估和剩余寿命预测的结果，对照相关规定，划分结构的健康级别。土木工程诊断涉及相应规范、已有方法、实践经验等多方面因素。

土木工程诊断主要包括结构技术状况诊断和系统技术状况诊断两个方面。

结构技术状况诊断　诊断的目的是在结构发生致命性损伤之前发现问题的基础上，用合适的评估方法对结构整体和局部的性能水平准确地进行把握，同时对其劣化机理进行分析并进一步预测今后的劣化趋势，据此对结构维护管理的计划进行合理地调整。通过诊断结果，对结构采取必要的养护维修、加固改造，从而延长结构的服役寿命。桥梁、隧道等结构形式是土木工程中主要的结构形式，其结构技术状况诊断已有系统的方法。

桥梁结构技术状况诊断　是桥梁结构或构件等各方面进行特征评估的总称，诊断过程涉及相关标准、规范、试验结果及专家经验等。桥梁的技术状况诊断应采用5类桥梁单项控制指标和分层综合评定相结合的方法。

分层综合评定方法指先对桥梁结构各构件进行诊断，然后对桥梁结构各部件进行诊断，再对桥面系、上部结构和下部结构分别进行诊断，最后进行桥梁总体技术状况的诊断。具体诊断指标见图。

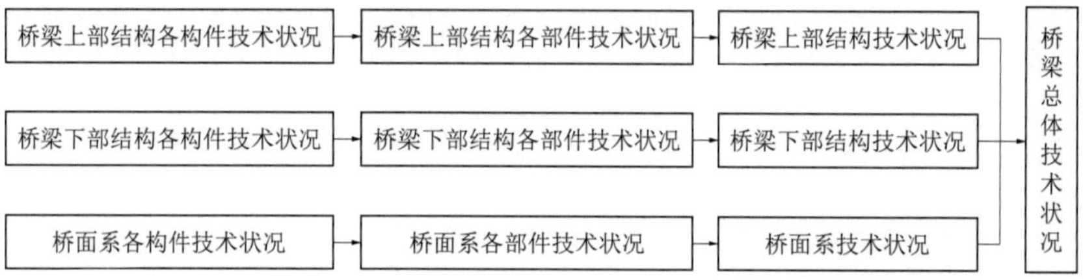

桥梁技术状况诊断指标示意图

在进行桥梁总体技术状况的诊断时，通过桥面系（BDCI）、上部结构（SPCI）、下部结构（SBCI）的技术状况评分，结合各部件在全桥中的权重计算获得。其表达式如下：

$$D_R = BDCI \times W_D + SPCI \times W_{SP} + SBCI \times W_{SB} \quad (1)$$

式（1）中，D_R为桥梁总体技术状况评分，值域为0～100分；W_D、W_{SP}和W_{SB}分别是桥面系、上部结构和下部结构在全桥中的权重。

为了更好地制定有针对性的桥梁养护措施，可以将桥梁总体技术状况评分的区间再次细分。从而可以重点关注不同评分区间之间的过渡阶段，为其制定有针对性的养护措施，为实现桥梁长寿命化提供更有利的决策依据。

隧道土建结构技术状况诊断　21世纪初，中国的隧道土建结构技术状况评定主要以定性评价为主。为了更加准确的定量评价土建结构技术状况，交通运输部发布了《公路隧道养护技术规范》(JTG H12—2015)，并提出了土建结构技术状况评定计算方法。其具体的结构技术状况评分计算公式如下：

$$JGCI = 100 \times \left[1 - \frac{1}{4}\sum_{i=1}^{n}\left(JGCI_i \times \frac{W_i}{\sum_{i=1}^{n} W_i}\right)\right] \quad (2)$$

式（2）中，JGCI是隧道土建结构总体技术状况评分；n是分项数目；$JGCI_i$是分项状况评分；W_i是分项权重。

由于尚未形成可被广泛接受的承载力计算及安全性评估方法，为了充分保障安全性，该规范采用了最差段落评分法，即将各段各分项评分中的最差得分作为该项评分。从而整座隧道只要有某一断面出现病害或失稳情况，就从全隧道角度考虑其风险程度。

系统技术状况诊断　其主要是对日常运行条件下的诊断，以及极端天气等特定运行条件下影响土木工程系统运行性能的风险，需要结合监测数据进行诊断。

总体而言，土木工程系统诊断的主要内容包括两个方面：①日常运行条件下，根据土木工程性能和具体的运行环境，制定针对性的土木工程系统使用方案，合理控制土木工程系统负荷，避免过载等威胁土木工程系统安全性的问题。②极端条件下，对于自然灾害或突发事故，根据灾害或事故类型及其影响程度，及时制定限流、限速、封闭等管制措施，保证土木工程系统和人员安全。

（吴智深　万春风）

土木工程智能决策支持 civil engineering intelligent decision support 土木工程中辅助决策者通过信息、模型和知识，以人机交互方式进行结构化、半结构化或非结构化决策的过程。决策支持是以信息技术为手段，应用管理科学、计算机科学及有关学科的理论和方法，通过提供背景材料、协助明确问题、修改完善模型、列举可能方案、进行分析比较等方式，为管理者做出正确决策提供帮助的智能型人机交互信息系统。决策支持为决策者提供分析问题、建立模型、模拟决策过程和方案的环境，帮助决策者提高决策水平和质量。

决策支持概念于20世纪70年代提出，80年代末，通过与专家系统（ES）结合，形成了智能决策支持（IDSS）。智能决策支持充分发挥了专家系统以知识推理形式解决定性分析问题、以模型计算为核心解决定量分析问题的特点，充分做到了定性和定量分析的有机结合。90年代中期，出现了数据仓库（DW）、联机分析处理（OLAP）和数据挖掘（DM）新技术，DW+OLAP+DM逐渐形成新决策支持的概念。新决策支持的特点是从数据中获取辅助决策信息和知识，完全不同于传统智能决策支持用模型和知识辅助决策。传统决策支持和新决策支持不能相互代替，更应该是互相结合。

智能决策过程主要涉及确定目标、设计方案和评价方案3个基本阶段（见图）。

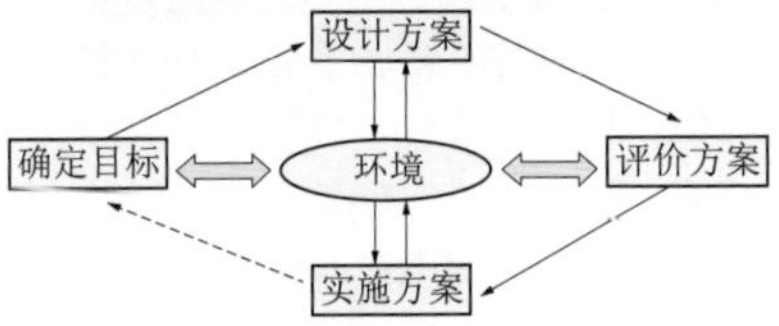

决策过程示意图

土木工程的智能决策支持是将当代信息科技与传统的土木工程有机结合，进而整体推动土木工程的经营管理水准。

土木工程中需要智能决策的问题亦可分为结构化问题、半结构化问题和非结构化问题三类。①结构化问题。能够描述清楚的问题，3个基本阶段都能使用确定的算法或决策规则。②半结构化问题。介于结构化和非结构化两者之间的问题，一个或两个阶段能使用确定的算法或决策规则。③非结构化问题。不能够描述清楚，而只能凭直觉或经验做出判断的问题，3个基本阶段都不能使用确定的算法或决策规则。（何　斌）

土木工程重大灾害应急抢修器材　emergency repair equipment and material for civil engineering subjected to major disasters　土木工程在遭受重大灾害后用于应急抢修的各种器具和材料。抢修器材可分为制式器材和就便器材两类。

制式器材是按统一规格定型成套生产且列入装备体制的抢修器材，就便器材是就地就近筹措、采集、加工的代用器材。当抢修所需的器材数量很大且没有足够的制式器材可用时，可利用就便器材抢修。主要应急抢修器材有如下几种。

六七式铁路舟桥主要用于紧急情况下迅速克服深水江河障碍，沟通两岸铁路运输。铁路应急抢修钢梁是用于抢修遭受破坏的铁路桥梁上部结构的拆装式制式钢梁，主要包括六四式铁路军用梁、加强型六四式铁路军用梁、拆装式桁梁和八七型铁路应急抢修钢梁等。铁路应急抢修钢墩是用于抢修遭受破坏的铁路桥梁下部结构的制式器材，通常可分为两类，一类是利用就便器材组装成的抢修钢墩，另一类是用制式器材组装的抢修钢墩，如六五式铁路军用桥墩、八三式铁路轻型军用桥墩等。装配式公路钢桥是用于抢修公路桥梁上部结构和抢建公路便桥的可装拆制式器材，主要包括321装配式公路钢桥、ZB-200装配式公路钢桥和ZB-450装配式公路钢桥。装配式公路桥墩是用于公路桥抢修和便桥抢建时应急拼组临时性桥墩的制式器材，设计高度范围为5～30米，可满足绝大多数桥梁高度的要求。施工便梁是用于铁路既有线路施工和抢修的临时性桥梁器材。渡河桥梁器材是用于架设应急桥梁或抢修原有桥梁，保障车辆和装备通过江河、沟谷等障碍所使用的工程器材，可分为制式渡河桥梁装备和就便渡河桥梁器材两类。多用途浮箱是侧面有连接装置、具有互换性、可结合成多种浮游结构物的水密箱体，可结合组成浮游码头、浮游栈桥、水上作业平台、驳运门桥，也可用于架设浮桥。路面器材是用于快速构成路面以克服泥泞松软地况的工程器材，分为制式路面器材和就便路面器材两类。机场道面板是用于快速恢复飞机起降能力而采用的机场道面制式器材，通常采用高强复合材料制作，如玻璃钢道面板、轻质铝蜂窝夹芯道面板等。抢修抢建混凝土是当土木工程设施遭到重大灾害损毁时所采用的应急抢修抢建混凝土材料，一般采用快硬早强胶凝材料，通常加入纤维材料，发挥纤维材料的桥接和滑移吸能作用。隧道及地下工程坍塌应急抢修施工台车是用于保障隧道及地下工程坍塌时抢修以及加快抢修速度的自动化机械。（刘嘉武　李　峰）

土木工程资产管理　civil engineering asset management　将土木基础设施作为资产运营，客观精确地把握和评估其健康状况，预测其中长期资产状况，在预算制约的前提下实现优化管理。

主要内容　土木工程资产管理过程以提升土木工程资产的整体性能和实现最大经济、社会效益为目标。美国国家公路运输管理员协会（AASHTO）首先引入公路基础设施资产信息系统管理方法。这一工作开创了交通设施的信息化管理的先河，为基础设施资产管理的发展提供了可靠的手段。随后日本、欧洲各国都逐步重视基础设施资产管理，中国也已经具备了将土木基础设施管理上升到资产管理的基础和条件。在资产管理这一基本概念和框架下，欧、美、日等发达国家和地区为了降低基础设施在维护管理方面的巨大费用，推行了包括工程建设、管养、使用、拆除等经济成本以及环境成本、社会成本等在内的全寿命周期成本（LCC）最小化设计理念。

作用　土木工程资产管理系统致力于及时监控目标实现过程的进展情况，评估与目标相关的工作过程，进而确定管理方案与投资决策在实现目标过程中的作用。具体为：①为解决土木工程资产运营主体缺位问题提供理论支持。②建立土木工程资产清产核资理论和评估理论。③优化资产管理，建立新型的土木工程资产监管和运营体系。④盘活存量土木工程资产，降低土木工程资产负债率，确保其保值增值。⑤建立土木工程资产再投资决策体系，寻求以最少投资来获取最大效益的途径。（陈双全　张　楠）

土木数字化服务　civil digital services　利用射频识别、功能感应器、全球定位系统、激光扫描、数字照相等工程数据智能采集手段，以及人工智能、大数据分析、建筑信息模型/地理信息系统、3D打印等现代信息技术方法，对传统土木工程技术、施工方式、运营维护和养护手段进行改造与提升的过程。可使土木工程建设与管理工作更加安全、经济、高效。土木数字化服务存在于土木工程设计、施工、运维、防灾各阶段，致力于全面应用数字化技术，为工程规划、勘察、设计、施工、运维提供全方位的服务，及时分析发现问题，保证工程安全，提高工程质量和进度，节约工程成本。

对于不同的工程领域，土木数字化服务内容有：①结构工程领域，包括数字化设计、结构健康监测、数字化运维和数字化防灾等。②岩土及地下工程领域，包括数字化勘探、三维地质建模与数字地层，以及数字桩基、数字边坡、数字化地下工程和数字地下空间等。③交通工程领域，包括智能交通系统、道路交通安全管理系统、交通工程基础设施资产管理系统和交通应急管理系统等。④建筑工程领域，包括数字化施工、项目信息管理等。⑤环境工程领域，包括水土保持监测预报、生态环境动态监测和土地信息化管理等。（朱合华　陈　楠　朱梦琦）

土木信息边缘计算技术　civil information edge computing technology　在靠近土木工程实体对象的数据源头网络边缘侧，融合网络、计算、存储、应用核心能力，就近提供边缘智能服务的技术。用于满足行业数字化在敏捷连接、实时业务、数据优化、应用智能、安全与隐私保护等方面的关键需求。土木信息边缘计算技术的应用场景特点是：①异构联接。支持多种不同类型终端与边缘侧设备的实时连接，同时保证连接适配的可靠性和安全性。②智能分析。边缘侧设备具备数据分析能力，能通过多种类型的终端采集数据，并自动执行业务逻辑。③高度自治。利用人工智能、深度学习等技术，基于智能化边缘侧设备形成区域自治节点，可独自完成业务数据的计算和分析。

土木信息边缘计算与云计算相互协调工作以解决“万物互联”的需求，对海量用户数据进行分析处理，提供敏捷实时服务。基于边缘计算的策略，能够实现生产管理终端异构连接和业务的实时管控，发挥边缘计算的临近数据源、实时性强、可靠性强、安全性高、智能化水平高等优势，助力土木工程智能建造与智慧运维。

（李晓军）

土木信息表达 civil information representation 土木工程在规划、勘察、设计、施工、运维过程中产生大量数据，这些数据经处理、分析后可借助计算机进行三维可视化重构和信息关联性分析，其过程包括数据获取、可视化处理与分析、三维重构等，从而实现建设和运维中土木信息数据的可视化表达、储存调用、交互共享。传统土木信息通常以图纸及设计说明等文件形式表达，一般专属于土木工程全寿命期的某个阶段或某类过程，彼此之间联系较松散且表达抽象。随着工程规模和复杂度的快速增长，土木工程建设和运维中数据量暴增，且数据调用和共享需求越来越大，高效、快速的数据可视化表达和共享成为土木工程建设与运维中的一个趋势。国际协作联盟（IAI）负责开发的工业基础分类（IFC）提供了既精简又全面的信息表达方式，为土木信息的三维可视化表达提供了基础。

土木信息表达主要包括可视化三维重构、信息相关性分析。土木信息表达通过可视化提供图形的显示与操作，实现土木工程三维建模和视觉表现，生成现实世界中栩栩如生的建筑工程；利用信息分析手段进行数据查询及相关关系分析，发掘土木工程建设与运维各阶段内和各阶段间的内在规律与特征。结合信息的可视化和相关性表达，建立土木工程数字化平台，并利用动态采集及实时分析技术进行信息重构，以解决工程辅助设计、三维动态施工、工程监测、智能控制和智慧运维等工程问题。

土木信息表达的主要意义和作用是：①为建设项目施工和运维阶段提供全面、准确的数据支持，使项目管理人员方便快捷地随时提取所需信息。②利用合适的土木信息数据库，通过施工和运维模拟，将进度计划静态信息转化为动态模型，实现进度信息化和实时化，确保项目的建设和运维进度。此外，用图像形式清晰地显示进度计划，使其更加直观。③通过信息调用和共享，可优化进度计划、协同各专业工作，效率更高。④提高工程建设和运维过程中的可预见性。通过可视化三维重构和分析，可预见错漏碰缺等问题，提前采取措施，实现事前主动预防。⑤保证关键线路活动有效进行，实现事中控制，从而实现进度的合理安排和有效控制。

（贾金源）

土木信息采集 civil information acquisition 利用各类传感器感知土木工程建设和运营全过程的信息，并按一定规律变换为电信号或其他所需形式的信息输出的过程。土木信息采集在土木工程的施工过程、运营管理、健康检测、安全评估和抗灾减灾中有着重要和广阔的应用前景。例如，在隧道工程的设计与施工阶段，常用的土木信息采集手段有：隧道超前预报中的地球物理勘探技术（包括地质雷达法、地震波反射法）、地质钻孔过程监测技术、岩体表面的数字图像和三维激光扫描技术、岩土体的现场原位测试技术等。采用数字化技术，快速、准确地从现场直接获取岩土体的物理力学参数，为工程建设和运维服务，是土木信息采集的发展方向。

1928年，美国的H.奈奎斯特提出了采样定理，即在模拟/数字（A/D）转换器中，规定采样速率必须至少是模拟信号带宽最大值的两倍，以便完全恢复信号。在数字信号处理领域中，采样定理是连续时间信号（模拟信号）和离散时间信号（数字信号）之间的基本桥梁。该定理说明采样频率与信号频谱之间的关系，是连续信号离散化的基本依据。

土木信息采集按时间可分为周期性采集和触发性采集。周期性采集，指按一定的周期重复采集。触发性采集，指受到某种因素的触发实现非周期性采集。采集的数据大多是瞬时值，也可是某段时间内的一个特征值。准确的数据测量是信息采集的基础。数据测量方法有接触式和非接触式，且检测元件多种多样。不论采用哪种方法和元件，均以不影响被测对象状态和测量环境为前提，以保证数据的正确性。

信息采集是计算机与外部物理世界连接的桥梁。各种类型信号采集的难易程度差别很大。实际采集时，需要妥当地处理噪声。信号采集后都要做适当的信号处理，例如傅里叶变换等。（何斌 王怡舒）

土木信息采集对象 civil information acquisition object 为保证土木工程信息化过程的技术与经济合理性，需要确定每一个工程的信息采集对象，以及拟采集的主要物理量、采集位置、采集周期、精度要求和相应的信息采集技术。土木信息采集对象为土建设施全寿命期中各类建（构）筑物、环境作用及配套设施。其中建（构）筑物包括房屋建筑、桥梁、隧道及地下工程、道路、铁路、港口、市政与防护特种工程等，根据建（构）筑物所处环境差异又可分为地上和地下结构物；环境作用包括建（构）筑物周围赋存环境介质，如地下结构物周围的岩土体、地下水等介质，地上结构物周围的风、雨、雪等介质，同时也涉及由环境介质作用于建（构）筑物的静动力荷载，如水土压力、风雨雪荷载、地震、火灾等；配套设施包括建（构）筑物内的供暖、通风、空调等工业设施系统。

土木信息采集涉及规划、勘察、设计、施工、运维、拆除等全寿命期中的各阶段。土木信息采集变量包含几何尺寸、物理力学等文字、数字、点云及图像格式等多源异构信息。土木信息采集从时间尺度上可分为周期性采集与触发性采集，采集技术的发展趋势是数字化采集技术。

（朱合华 张东明）

土木信息采集技术 civil information acquisition technology 获取土木工程建设与运营中各种土木信息的技术。信息是土木工程各环节方案制定与决策的基础，信息采集工作的好坏直接关系到整个信息管理工作的质量。

原则 为保证信息采集的质量，在信息采集时坚持的原则有：①可靠性。是信息采集工作的最基本要求。要求所采集到的信息必须真实、可靠，能够反映工程实际情况。信息采集者必须对收集到的信息反复核实、不断检验，力求把误差减少到最低限度。②全面性。要求所搜集到的信息要广泛、全面和完整，反映管理活动和决策对象发展的全貌，为决策的科学性提供保障。③时效性。信息的利用价值取决于该信息是否能及时地提供。信息只有及时、迅速地提供给它的使用者才能有效地发挥作用。④准确性。要求收集的信息与应用需求密切相关且表达无误，以保证信息的价值。

构成 土木信息采集技术包括信息测量、存储、传递和感知。信息测量包括对电信号信息与非电信号信息的测量。为了提高信息测量的准确度，广泛使用电子技术，如普遍应用的电子风速表、电子流速表和电子温度表。电信号信息可通过电路直接转换成相对应的信息，非电信号信息则要采用转换器将其变换成电信号形式后才能输给电子电路进行对应的转换。

信息存储指跨越时间保存信息的技术，包括磁存储、缩微存储、光盘存储等技术。①磁存储技术。其存储介质为磁介质，常用的有计算机磁带、计算机磁盘（软盘、硬盘）、录音机磁带、录像机磁带等。硬磁盘存储是各类计算机系统最主要的存储设备，在信息存储技术中占据统治地位。②缩微存储技术。是缩微摄影技术的简称，为现代高技术产业之一。缩微存储技术是采用缩微摄影机的感光摄影原理，将文件资料缩小拍摄在胶片上，经加工处理后作为信息载体保存起来，供以后拷贝、发行、检索和阅读之用。③光盘存储技术。用激光束在光记录介质上写入与读出信息的高密度数据存储载体，它既可以存储音频信息，又可以存储视频（图像、色彩、文字）信息，还可以用计算机存储与检索。

信息传递是通过传输媒介实现信息转移的一种技术，其主要功能是实现信息快速、可靠、安全的转移。在现有的技术条件下，信息传输主要是通过电信网、计算机网、广播电视网等方式来实现。从发展的角度看，电信网、计算机网、广播电视网呈现出逐渐融合的趋势。

信息感知包括文字、图像、声音识别以及自然语言理解等，信息感知的典型实例是遥感技术和智能计算机。

方法　传统信息采集方法有：①调查法。分为普查和抽样调查。普查是调查有限总体中每个个体的有关指标值。抽样调查是按照一定的科学原理和方法，从事物的总体中抽取部分称为样本的个体进行调查，用所得到的调查数据推断总体。抽样调查是较常用的调查方法，也是统计学研究的主要内容。抽样调查的关键是样本抽样方法、样本量大小的确定等。样本抽样方法，又称抽样组织的方式，决定样本集合的选择方式，直接影响信息收集的质量。抽样方法分为非随机抽样、随机抽样和综合抽样。②观察法。通过深入现场、参与建设、实地采样并准确记录（包括测绘、录音、录像、拍照、笔录等）调研的情况。③实验/试验方法。通过实验/试验过程获取其他手段难以获得的信息或结论。实验/试验者通过主动控制试验或实验条件，包括对实验/试验对象和使用条件的恰当限定、对实验/试验过程的合理设计，获得在真实状况下采用调查法或观察法无法获得的某些重要的、客观反映事物运动表征的有效信息，且在一定程度上直接观察研究某些参量之间的相互关系，有利于对事物本质的研究。实验/试验方法也有多种形式，如室内、现场、计算机模拟、网络环境下人机交互等实验/试验。

近现代信息获取技术主要增加了传感技术、遥测技术和遥感技术。传感技术与通信技术、计算机技术和微电子技术一起，构成信息产业的核心支柱。科学家已经研制出许多应用现代传感技术的装置，不仅能替代人的感觉器官捕获各种信息，而且还能捕获人的感觉器官不能感知的信息。同时，通过现代传感技术捕获的信息常常是精确的数字化信息，便于计算机处理。遥测技术是对被测量对象的参数进行远距离测量的一种技术。应用遥测技术，不仅可以获取数据，而且可为遥控目标物体提供实时数据。遥感技术是从远距离感知目标反射或自身辐射的电磁波、可见光、红外线，对目标进行探测和识别的技术。

（蒋凤昌）

土木信息采集装备　civil information acquisition equipment　具有现场数据实时采集、处理功能的固定式（在线）和快速移动式的自动化、数字化设备。土木信息采集装备由用于结构监测的各类传感器组成，主要完成各种监测信号的拾取和转换，为现场数据的真实性、有效性、实时性和可用性提供保证。作为监测系统的基本组成部分，信息采集装备在整个系统中起着举足轻重的作用。土木工程结构与设施往往处于较恶劣的环境中，要求信息采集装备满足耐久性、稳定性以及结构相容性等。信息采集装备分为传感器前端模块、数据中心模块、无线网络通信模块和电源管理模块（图1），分别负责数据采集、数据处理、数据传输和能量供给。

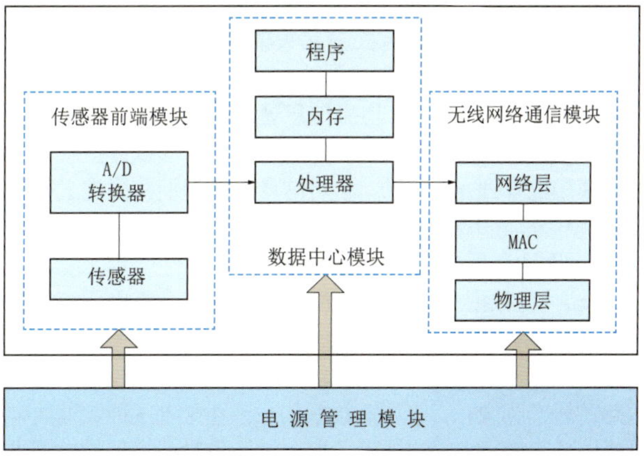

图1　信息采集装备示意图

结构健康信息采集设备　是对土木工程结构实施损伤检测和识别的信息采集仪器的总称。为了实现对结构健康状态的综合评估与安全预警，需要采集其环境、变形、受力与振动相关的信息。

环境监测设备包括：温度传感器、湿度传感器、风速风向仪和腐蚀传感器。腐蚀传感器主要用于监测由腐蚀所造成的物体结构位移、振动、湿度、裂缝、应力、温度和化学态等参量的改变，从而反映和预测物体腐蚀的发生及腐蚀程度。

变形监测设备包括：①倾角传感器。又称倾斜仪、水平仪、倾角计。用于测量被测平面相对于水平位置的倾斜度、两部件相互平行度和垂直度。②裂缝传感器。主要用于采集桥梁、隧道、墙体、混凝土路面、金属表面等裂缝宽度和深度数据。③高速摄像机。用于采集结构位移和变形等数据，其动态图像采集频率可达到每秒1000～10 000帧。④全站仪。又称电子全站仪。可显示斜距、平距、高差和坐标，具有很高的自动化程度。

受力监测设备包括：①压力传感器。能感受压力信号，并能按照一定的规律将压力信号转换成可用的输出的电信号的器件或装置。②应力应变传感器。用于采集结构变形后产生的应变数据，可将其转换为应力数据。

振动监测设备包括：①加速度传感器。用于采集结构的动力特性数据。②强震仪。记录强烈地震近地面运动的自动触发式地震仪，结构健康信息采集中的强震仪主要用于采集地震波数据。

路面信息自动采集车　在机动车辆上装配全球卫星导航系统（GNSS）、摄影测量系统。如电荷耦合元件（CCD）相机等、激光扫描仪、惯性导航系统（INS）、车辆控制编码系统等传感器和设备的移动信息采集系统。

路面信息采集车（图2）在高速行进中，通过激光扫描和数码照相的方式快速采集城市、道路等目标区域或线路的整体空间位置数据、属性数据和影像数据，并同步存储在系统计算机中，然后经专门软件编辑处理，形成土木工程所需的专题图数据、属性数据和影像数据。

桥梁信息自动采集车　根据信息采集方式的不同，桥梁信息自动采集车可分为直接式和间接式两种。①直接式桥梁信息自动采集车。是以机动车为平台，装载多种高精度测量装置的可移动一体化检测系统。可通过旋转编码器进行里程精准测量，

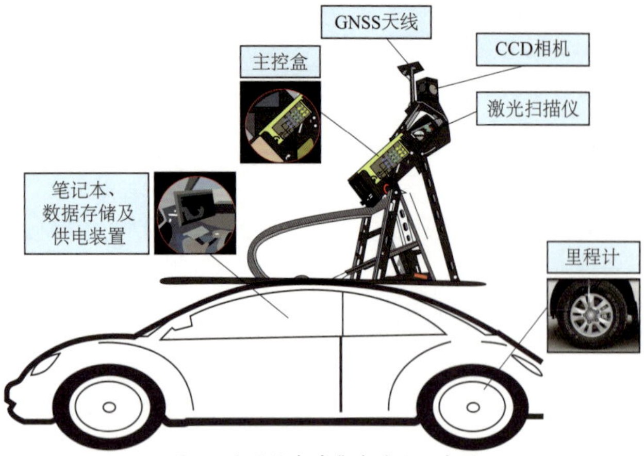

图2 路面信息采集车系统示意图

通过高精度导航系统进行车载系统空间精准定位，通过高速3D相机进行桥面破损、变形检测，通过激光扫描仪对桥梁整体结构进行扫描检测等，可以连续、动态、完备地采集桥梁结构表观信息和几何线形等数据，并通过搭载工控机进行数据处理和检测结果输出。真正实现桥梁结构信息采集检测的全覆盖、高效率、非接触和数字化。②间接式桥梁信息自动采集车。是搭载有线/无线数据采集装置的可移动平台。桥梁结构中预先布置的用于外部环境及荷载监测、桥梁局部性态和整体性态变量监测的传感器测量数据，存储于沿桥长间隔分布的临时数据采集箱中，间接式桥梁信息自动采集车定期行驶至桥上，对临时数据采集箱中的传感器测量数据进行自动收集，并进行桥梁结构服役过程中安全性、耐久性和适用性评估分析。

轨道信息自动采集车　是集高速数字图像采集、大容量图像数据实时处理和存储、定位技术、信息化、自动控制于一体，能对可视性轨道结构状态进行动态检测的智能车辆系统。

检测项目主要为钢轨光带异常和扣件歪斜与缺失的识别。轨道信息自动采集车系统分为实时采集和后期分析处理两部分。系统通过布置于车底的高速相机阵列，拍摄检测车通过的轨道线路的整个车底下道床图像，线阵相机记录的轨道图像经采集软件拼接、压缩、封装后，转化为数据文件存入计算机硬盘。车载系统提供里程定位、车辆速度、列车行进放行、上下行等信息。拍摄检测车经过线路的轨道图像，包含轨道板裂纹、扣件的缺失甚至松动、钢轨表面的光带、钢轨的擦伤、钢轨剥落掉块等所有可视缺陷，经数字化处理后显示于监视器上。

隧道信息自动采集车　是车载自动检测技术在隧道中的应用，比传统的检测方法有很大的优势，能够更全面地获取隧道结构数据和病害的影像，而且检测速度快、精度高、成本低，真正实现隧道衬砌结构病害检测的全覆盖、高效率、非接触及数字化。

通过车载设备上的断面测量仪器、图像采集仪器对隧道断面进行扫描和拍摄，结合检测车的纵向定位系统，可获取隧道不同位置的影像或点云数据，并且在检测时实时显示、对比上一次的检测值和设计值，利用处理与分析软件，从中识别隧道的裂缝、渗漏、缺角破损、接缝张开、轮廓变形等病害和变形，并形成隧道病害展布图。其功能包括隧道洞口、洞门、衬砌、路面、吊顶、内装的检测，以及隧道轮廓扫描、照度、风速、照明通风消防设备状态、电缆配电箱过热等检测。

（何　斌　吴　杰　张其林　陈　鹏　石雪飞　刘学增）

土木信息处理　civil information processing　对所采集的土木信息进行去伪存真、去粗取精、由表及里、由此及彼的加工过程。也是在原始土木信息的基础上，生产出价值含量高、方便用户利用的二次土木信息的活动过程，这一过程将使土木信息增值。土木信息是人与土木工程的一种交互通信的信号量。由于传感器的工作环境和布设位置等原因，采集的大部分信号微弱，或掺杂了与土木工程工作性能及损伤状态无关的噪声，需要对信息进行处理。

土木信息处理的目的是：①提高有效性。②提高抗干扰性。③改善主观感觉的效果。④对信息进行识别和分类。⑤分离和选择信息。总的来说是为了更好地与信宿（信息的接收端）的性质相匹配，舍弃那些对信宿无关的部分，突出信宿需要的有用部分。

通过土木信息处理过程，提取监测对象特征数据的方法主要有5种。①数字滤波技术。指在软件中对采集到的数据进行电磁兼容消除干扰的处理。一般来说，除了在硬件中对信号采取抗干扰措施之外，还要在软件中进行数字滤波的处理，以进一步消除附加在土木施工数据中的各式各样的干扰，使采集到的数据能够真实地反映现场的工艺实际情况。主要方法有死区处理、算术平均值法、中值滤波法、低通滤波法和滑动滤波法。②自适应卡尔曼滤波技术。指在利用测量数据进行滤波的同时，不断地由滤波本身去判断系统的动态是否有变化，对施工模型参数和噪声统计特性进行估计和修正，以改进滤波设计、缩小滤波的实际误差。自适应卡尔曼滤波技术将系统辨识与滤波估计有机地结合为一体。③小波分析技术。是时间（空间）频率的局部化分析，它通过伸缩平移运算对信号（函数）进行逐步多尺度细化，最终达到高频处时间细分，低频处频率细分，能自动适应时频信号分析的要求，从而可聚焦到信号的任意细节。④分形几何技术。分形几何的生成是基于一个不断迭代的方程式，即一种基于递归的反馈系统。分形几何有几种类型，可以分别依据表现出的精确自相似性、半自相似性和统计自相似性来定义。分形在土力学、地震学和技术分析中都有应用。⑤模糊技术。以模糊数学为理论基础的一门新兴技术。一般分两大类，一是用于控制领域，二是用于推理判断领域。在控制领域中，模糊理论主要用于代替人来更准确、熟练地操作各种施工机器。在推理判断领域，模糊理论主要用于模仿专家做出决策。

土木信息处理有助于提高土木工程管理水平、优化管理结构，促进新的管理方法和手段的出现，增强创新力。同时，对传统土木工程技术手段及施工方式进行改造与提升，促进土木工程技术及施工手段不断完善，使其更加科学、合理。

（何　斌）

土木信息传输　civil information transmission　通过互联网、移动互联网、5G、物联网、土木信息网络，进行土木工程泛在感知数据和多源异构数据的网络传输、接收、集成、交换和共享技术。根据土木工程全寿命期信息特点，土木信息传输需具备低时延、高可靠、高安全等特点，同时在现有信息技术通用标准的基础上，针对土木工程的特殊性，制定其传输的实现格式与标准，保障信息传输的标准化和信息的互联互通。

土木信息网络传输和接收过程中，既要保证土木信息在各网络中的互联互通、超低时延、超高可靠性，又要保障土木信息数据的安全性。通过区块链、可信通信链技术，可保障数据安全性，满足国家网络安全等级保护相关法律法规的要求。

伴随建设规模和运营维护复杂度的增加，通过土木信息集成技术，为用户的全局应用提供统一、透明访问自治、分布和异构土木信息数据源的方法；通过土木信息交互技术，解决信息传递上的信息孤岛、重复建设、数据分散、政策统一协调与部署上的缺乏等问题；通过信息资源整合技术，将众多可用土木信息互联、并协同成智能化的信息共享和交互系统，推动土木工程全寿命期数字化和智慧化的管理。（吕明宇　刘学增）

土木信息大数据分析　big data analysis of civil information　将大数据分析技术应用于土木信息工程，依赖监测、检测设备传回的海量结构化、半结构化、非结构化数据，建立一系列专门针对土木工程活动的数据存储、管理和分析方法，发掘有价值的信息，并进行知识推理与应用的技术。土木信息大数据分析是一门综合性学科，涉及土木工程、数据库、数理统计、人工智能、并行计算等领域；针对的客体是各类数据，包括但不仅限于数据表、文本、图像、影音。区别于传统土木工程数据分析依赖有限测点、少量数据、经验驱动的特点，土木信息大数据分析是以数据驱动，适用于大量的、含噪声的多源异构数据处理和分析的方法。

在进行大数据处理时，需要将采集到的数据导入一个分布式数据库或分布式计算集群中，并做一些简单的清洗工作，剔除明显的错误信息；然后对导入的数据进行分析。通常，土木信息大数据分析的任务可以分为两大类：①描述任务。旨在探索性地研究、识别观测变量在时间和空间上的统计特性、趋势、模式和异常，以及不同变量间的相关关系、聚类关系等。②预测任务。旨在根据历史数据构造回归或分类算法，预测目标变量的值，并验证和解释结果。

土木信息大数据分析技术已经得到初步应用。例如，有研究将该技术应用于快速建筑震灾三维监测评估：①用无人机拍摄震后建筑物的情况获得建筑物破坏的大数据。②基于并行处理等大数据分析技术进行分析，生成震后的数字地面模型，在震前模型已知的前提下，计算震前和震后的差异，即可快速进行震灾评估。

土木信息大数据分析技术还被广泛应用于全断面硬岩隧道掘进机（TBM）施工数据的分析，开展包括TBM性能预测、沉降预测、地质预测、刀盘设计优化在内的各项研究。（马智亮）

土木信息大数据技术　civil information big data technology　对土木工程中规模大、结构复杂度高、关联度强的数据集进行处理与应用的技术。大数据具有“4V”特征：①大量（volume），数据量巨大。②多样化（variety），数据类型多且十分复杂。③快速（velocity），处理速度要求快。④价值密度低（value），虽然数据采集量巨大，但有用信息少。

大数据涉及的技术包括数据挖掘与关联分析技术、机器学习、模式识别、预测模型、时序分析以及可视化处理等。数据挖掘是一个知识发现的过程，即从大量的数据中自动搜索隐藏在其中的知识或特殊关系信息的过程。关联分析是从大量数据中分析各数据项之间有价值的相关关系。机器学习主要研究如何使用计算机（电脑）来模拟和实现人类学习时获取知识的过程，重构已有知识，提升自身处理问题能力，其最终目的是从数据中自动分析获取规律性知识，并用于对未知数据进行预测、判断和评估。

土木工程建设与运维中产生大量数据，包括地质数据、掘进施工数据、工程监测数据、结构病害数据等，并逐渐呈现出多源、多维、多态的大数据特征。借助于土木信息大数据技术可以更加全面地认识和监测岩土介质与土木工程结构的施工动态响应、长期服役性能变化，有效利用数据来动态优化设计、控制施工成本和运营成本，并高效管理工作人员、避免事故。（李晓军）

土木信息多维度模拟分析　multidimensional simulation analysis of civil information　对土木工程中材料、构件、结构等对象的数据在不同维度进行交叉展现和多角度结合的模拟分析技术。数据分析的维度弥补了众多分析方法的独立性，让各种方法通过不同属性的比较和细分，使分析结果更有意义。维度指人们观察、思考和表述事物的角度。同样的数据从不同的维度进行观察可能会得到不同的结果，同时也使人们更加全面和清楚地认识事物的本质。

当数据有了维度的概念之后，便可对数据进行多维度分析。常见的多维度模拟分析主要有钻取、切片、切块、旋转。①钻取。指改变维度的层次，变换分析的粒度。钻取包括上钻和下钻。上钻是在某一维上将低层次的细节数据概括到高层次的汇总数据的过程，减少了分析的维数；下钻则相反，是将高层次的汇总数据进行细化，深入低层次细节数据的过程，增加了分析的维数。②切片。多维度分析中如果在某一维度上限定了一个值，则称为对原有分析的一个切片。③切块。如果对多个维度进行限定，每个维度限定为一组取值范围，则称为对原有分析的一个切块。④旋转。多维度分析中的维度都是按某一顺序进行显示，如果变换维度的顺序和方向，或交换两个维度的位置即为旋转。（何　斌）

土木信息分析　civil information analysis　以土木工程中的实际需求为背景，在土木工程规划、勘察、设计、施工、监测与运维数据基础上，结合数学、力学与信息学等理论，通过解析和数值计算等方法，定性或定量地对土木信息进行综合利用和挖掘处理，得到更易于理解或决策的目标信息的技术。信息分析在不同领域有不同的理解，一般指通过对搜集到的零散原始数据进行识别、鉴定、筛选、浓缩等加工整理及系统深入的分析，挖掘隐藏于数据中的规律和知识。信息亦指加工后的数据，来源于实际土木工程活动，对数据采集、处理后，反馈于工程本身、指导工程实践，即形成土木信息分析。主要涉及材料、力学、数学、计算机、电子信息等多学科内容。

传统土木信息分析有建筑造价分析、材料物理性能分析、施工动态反馈、工程风险分析等。随着计算机硬件的飞速发展，计算能力的提升丰富了土木信息分析方式，如建立二维和三维精细数字化工程模型，并与数值分析模型一体化的有限元分析；采用分布式系统对海量土木信息进行实时数据挖掘和预测分析，及时发现工程问题；对复杂工程环境、大范围、大面积项目创建空间索引，实现快速空间冲突分析、追踪工程活动影响范围、制定逃生路径等空间分析；甚至通过机器学习方法，依靠电脑自行判断，完成人工智能分析等。

土木信息分析是未来发展趋势，就行业而言能减少人力、提高效率、保障安全，但在信息技术飞快发展的背景下，将新兴信息技术与土木工程相结合任重道远。（朱合华　林晓东）

土木信息服务　civil information services　在土木工程数据采集、传输、处理、表达、分析的基础上，以“服务用户需求”为目的，利用计算机、通信网络等现代科学技术，以共享的方式为土木工程建设与运营各个阶段提供支持和决策帮助。

20世纪40年代电子计算机出现后，信息技术得以用于提高工程计算效率。80年代随着个人电脑的普及与用户图形界面的完善，大量土木工程专业软件出现，用于对客观世界模拟和辅助设计等。1998年“数字地球”概念的提出，以及计算机软硬件、互联网、物联网、感知和通信、虚拟现实和增强现实、大数据、云计算等技术的飞速发展，使得研究人员、工程师、管理者等开始关注土木活动过程数据的采集、传输、处理、表达和分析，并有意识将各阶段、不同来源、不同组织形式的数据进行有序存储和有效管理，为实现数据共享和土木信息服务提供资源准备。

土木信息服务面向业主、设计者、施工方、监理者、运维方、供应商等工程各参与方，旨在为各方提供包括数据的可视化分析、虚拟体验式工程管理等个性化应用服务，并利用网络方式进行数据开放共享（见图）。

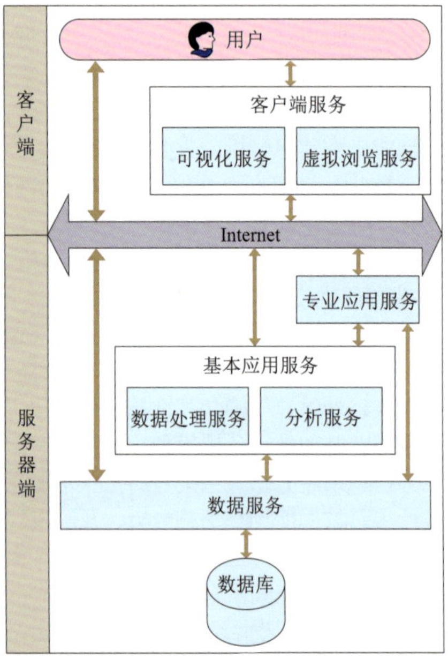

土木信息服务类型及多层式软件架构示意图

土木信息服务应用软件在服务器端应能够支持的模块有：①通用应用服务。包括用户权限管理、文件管理、数据增删改查等。②专业应用服务。包括与土木工程行业属性相关的应力应变建模分析、结构强度分析应用等。③AI大数据处理服务能力。包括基于计算机图像处理技术的音视频数据智能分析，以及通过感知层采集的温度、湿度、振动、噪声、位移、倾斜和烟雾等多源异构的海量大数据的分析处理，从而为土木工程行业提供专业化的决策支撑和预警分析。

扩展阅读

朱合华，李晓军.数字地下空间与工程.岩石力学与工程学报，2007.26（11）：2277–2288.

（贾金原　朱梦琦）

土木信息服务系统　civil information service system　综合利用土木信息技术，在现代信息网络环境下整合集成土木信息资源和服务，为土木工程规划、设计、建造、运维、防灾等全寿命信息化提供整合体功能系统。

土木信息服务系统通常建立在地理信息系统（GIS）或**建筑信息模型**（BIM）系统的基础之上，或者建立在GIS和BIM等多个系统集成的基础之上，为土木工程规划、设计、建造、运维、防灾等全寿命信息化提供整体的解决方案。

地理信息系统　是用于创建、存储、管理、分析、显示与空间数据有关的信息系统，广泛应用于城市规划、土地利用、环境保护、资源管理、道路交通等多个领域。具备通用的空间数据管理、地图服务、图形显示、空间查询与分析等功能，为快速搭建基于空间数据的信息服务系统提供了基础，因此土木信息服务系统通常建立在GIS基础之上，或集成了GIS的主要功能。

城市信息模型（CIM）是以BIM、GIS、物联网（IoT）等技术为基础，整合城市地上地下、室内室外、历史现状未来多维多尺度空间数据和物联感知数据，构建起三维数字空间的城市信息有机综合体。

CIM基础平台是管理和表达城市立体空间、建筑物和基础设施等三维数字模型，支撑城市规划、建设、管理、运行工作的基础性操作平台，是智慧城市的基础性和关键性信息基础设施。城市级CIM基础平台具备基础数据接入与管理、BIM等模型数据汇聚和融合、多场景模型浏览与定位查询、运行维护和网络安全管理、支撑“CIM+”平台应用的开放接口等基础功能。

CIM基础平台是建筑业转型升级的关键核心技术，包括CIM构建理论、方法及标准体系，城市基础设施数据资源体系与要素编码及CIM多源异构数据治理、存储、调用、共享等技术，CIM基础平台图形引擎、城市空间仿真模拟与智能化技术，CIM典型业务场景应用范式与平台建设评估方法，以及CIM平台互联互通方法、技术和保障措施等。

“CIM+”平台应用方面，应大力推进与工程建设项目审批管理系统的交互，支撑工程建设项目BIM报建及审批，将数字化交付成果汇聚至CIM基础平台，在此基础上，开展在城市体检、城市安全、智能建造、智能汽车、智慧市政、智慧园林、智慧水务、智慧社区以及城市综合管理等领域的应用，不断提升城市建设管理的信息化、数字化、智能化水平。进一步地，可将CIM基础平台作为城市基础性、开放性的信息平台，推动城市各行业、各部门的数据共享和业务共享，逐步深化CIM基础平台在人口管理、政务服务、应急管理、环境保护以及智慧交通、智慧文旅、智慧医疗以及智慧商业等领域的应用。

基础设施智慧服务系统（iS3）是基础设施全寿命期的数据采集、传输、处理、表达、分析和服务的一体化智慧决策系统。iS3主要服务于道路、桥梁、隧道、综合管廊、基坑、水坝等基础设施对象，涵盖从规划、勘察、设计、施工到运营维护阶段的不同信息流节点的全寿命期。

iS3主要由基础设施全寿命期过程数据的采集、传输、处理、表达、分析和一体化决策服务6部分组成（图1）。

iS3与GIS和BIM既有区别又有联系。GIS对基础设施信息流管理缺乏有效的手段，BIM难以满足基础设施全寿命期所有的需求。基础设施智慧服务系统概念的核

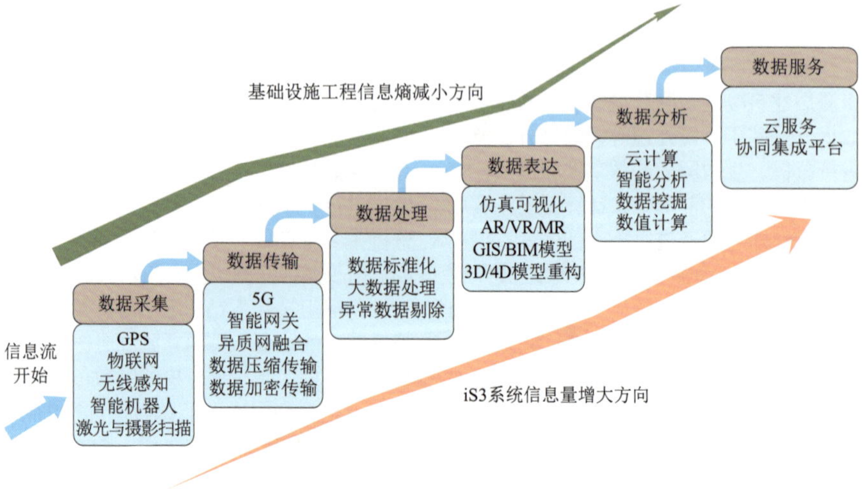

图1　基础设施智慧服务系统概念示意图

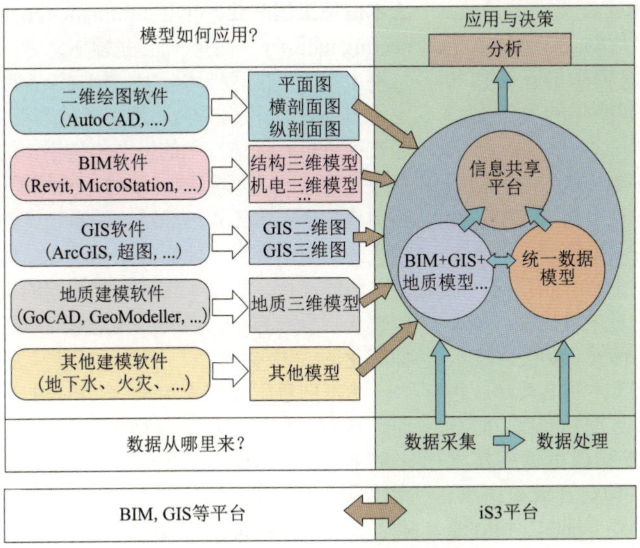

图2　基础设施智慧服务系统示意图

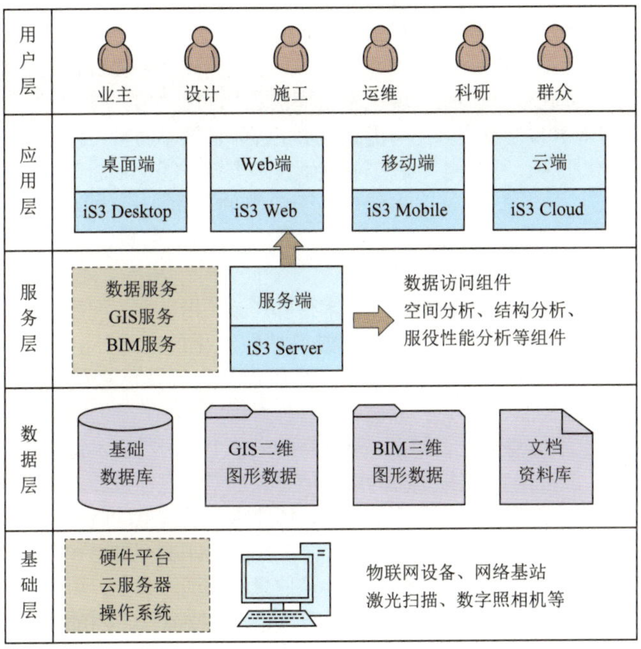

图3　基础设施智慧服务系统组成示意图

心是基于信息流的智慧服务系统（S3），iS3集成了GIS和BIM的数据存储、数据管理、空间分析和模型创建等功能，进一步集成地质建模软件和专业分析软件功能，建立了基于统一数据模型的信息共享平台，实现数据采集、传输、处理、表达、分析和一体化决策服务的功能（图2）。

基础设施智慧服务系统可分为基础层、数据层、服务层、应用层和用户层（图3）5个层次。①基础层。是整个系统的硬件设备集合，包括运行iS3系统的服务器、执行云分析的高性能计算集群、数据采集所用的物联网传感器等设备，和联系这些设备的网络、基站，为其他层提供硬件层次的保障。②数据层。为服务层提供其所需的访问、计算和存储等资源。数据资源是多样化的，最基础的是数据库数据，由工程数据经“数字化”处理后存储在数据库中，工程的图形数据有二维模型和三维模型两种，主要以CAD、GIS和BIM等软件格式存储，除此之外数据层还包含原始文档数据。③服务层。是为应用层提供数据访问接口、分析服务接口的逻辑层，由iS3服务端（iS3 Server）提供。服务层一方面简化、统一了数据访问的方式和底层硬件设备的调用，另一方面保证了数据的安全性，不被随意访问、改动和删除。④应用层。即为面向用户的客户端程序，提供用户与系统的友好访问。iS3系统中包含桌面端（iS3 Desktop）、Web端（iS3 Web）、移动端（iS3 Mobile）和云端（iS3 Cloud）等应用，满足用户使用的不同需求，可为用户提供实时数据查询、可视化浏览、数据分析、结构分析等功能。⑤用户层。使用基础设施智慧服务系统的群体，包括业主、设计、施工、运维、科研人员等。

智慧基础设施服务系统正处于快速发展阶段，其必将推进基础设施的全寿命期智慧化管理。例如，在规划阶段用于优化工程方案，降低工程造价；在施工阶段，用于工程进度与安全管理，提高工程建设的管理水平；在运营维护阶段，用于提高维护效率，快速处理突发情况等。

（朱合华　李晓军　马智亮）

土木信息工程　civil-informatics engineering　研究土木工程对象及其活动过程数据的采集、传输、处理、表达、分析的方法和技术。是将传统土木工程与信息技术（包括计算机科学与技术、软件工程、信息与通信工程等）深度融合，为工程全寿命期提供数字化、智能化乃至智慧化服务的一门交叉学科，也是土木工程学科的一个新兴分支。土木信息工程顺应第四次工业革命的需要，用信息技术的理论和方法改造和提升传统土木工程，实现土木工程数字化赋能和数字化转型，并已快速发展为推动传统土木工程发展的核心驱动力，正在全面重塑土木工程产业链，催生土木工程新业态的形成。

概述　土木信息是“土木和信息”两个名词的复合词。土木信息工程的研究对象是土木工程设施从规划、勘察、设计、施工建造、维护养护到拆除的全寿命期过程中产生的数据，其应用覆盖土木工程全域。土木信息工程的任务包括但不限于数字化勘探、数字地层、数字地下空间、数字建造、智能建造、数智土木工程、智慧基础设施等。

“informatics”通常被翻译为“信息学”，是一个跨学科领域，强调对数据的收集、分类、处理、传输、检索和利用。土木信息工程是研究土木工程对象及其活动过程数据的采集、传输、处理、表达、分析和服务。

一般，土木工程全寿命期中不同阶段所产生的数据分为基本数据、规划数据、勘察数据、设计数据、施工数据和运维数据。进一步地，依据数据来源，可分为设计数据和自然数据（如变形监测数据）；依据数据特性，可分为静态数据和动态数据；依据数据的形式，可分为数字、文档/文本、HTML、图形、图像和音频/视频、模型等；依据数据的格式，可分为结构化数据（由二维表结构来逻辑表达和实现的数据，通过关系型数据库存储和管理）、半结构化数据（不符合关系型数据库关联起来的数据模型，但包含相关结构化解析信息的自描述结构，数据的结构与描述内容混合）和非结构化数据（数据结构不规则或不完整，没有预定义的数据模型，不便于用数据库二维逻辑表表现的数据）。

土木信息工程除涉及土木工程和信息技术外，还与测绘科学与技术、地质资源与地质工程、机械工程、管理科学等密切相关。相关的技术手段有传感、遥感、数字照相、三维激光扫描、物联网、地理信息系统（GIS）、5G、数值分析、数据库、数据挖掘、人工智能、可视化、云计算、建筑信息模型（BIM）、虚拟现实、数字孪生、信息安全等。具体的土木工程对象有房屋建筑、地基与基础、道路（含地下道路）、机场跑道与航站楼、桥梁、隧道、地铁与轻轨、市政地下管线、综合管廊、水电大坝、码头与堤岸、矿井、输油与输气管道、民防设施、军事设施等。

发展情况　土木信息工程起源于计算机在土木工程计算中的应用。20世纪40年代中期，人们开始将计算机技术应用于复杂结构设计分析；60年代开始，发达国家尝试将计算机应用于路面辅助勘察设计等工程中；80～90年代，计算机、通信、互联网、自动控制等技术迅速发展，计算机辅助设计CAD技术逐渐在土木工程设计领域普及应用，各类信息采集技术、可视化技术、信息分析技术，以及基础设施管理系统和资产管理系统相继开发应用；90年代以来，因GIS、BIM、三维可视化建模等数字化技术在土木工程领域广泛应用，加速了土木信息工程的诞生。

21世纪以来，土木工程领域从业人员逐渐意识到，在面对土木工程项目全寿命期内产生的海量数据时，传统的数据采集、传输、处理、表达、分析和服务手段已捉襟见肘。另外，物联网、5G、云计算、大数据、人工智能、数字孪生等新一代信息技术的兴起，土木工程的智能规划和设计、智能建造、智慧工地、智慧运维、智能防灾等新业态的快速发展亟须突破传统处理数据模式，这也推动了土木信息工程学科的最终形成。

特征与内容　土木信息工程同时具有土木工程和信息技术的一般特征：①数据量大。土木工程活动的每个阶段涉及大量的数据和相应所处理的信息。例如，在勘察阶段，会产生大量工程地质、水文地质和环境地质等数据和信息；在设计过程中，会产生大量图纸、文本和模型等数据和信息；在施工过程中，需大量采集、进度、质量、安全等方面的数据和信息，以保证施工的正常进行，其中的监测数据一般使用传感器采集，随时间变化会大量产生。②个性化强。土木信息工程具有显著的土木工程专业的特征，每个工程项目都具有自己特定的地质条件、环境条件和工程条件，相应地导致每个工程项目需要提取和呈现的信息存在显著的不同。③实时性、远程性和互动性显著。土木信息工程数据实时性显著，尤其是监测数据，同时数据和信息的处理、表达、分析和服务不受地域限制，对人员、机械和设备的控制和交互要求高。④知识经济特性鲜明。土木信息工程的核心生产要素是土木工程的各类数据和信息，通过利用信息技术深度挖掘其中蕴含的知识，解决工程中知识密集型任务，提升土木工程项目的价值。⑤呈现出智能化、网络化的工作方式。土木信息工程加快了信息资源的互联和共享，为工程提供更加智能化的决策支持服务。

土木信息工程的基本和核心内容包括工程全寿命期的土木信息采集、传输、处理、表达、分析和服务六个部分。①**土木信息采集**。包括数字照相、激光扫描、卫星定位、工程遥感等信息采集技术。②**土木信息传输**。包括网络传输、接收、集成、交互和共享等技术。③**土木信息处理**。包括多源异构信息融合、数据标准化、时空数据库构建、数据共享和数据索引技术等。④**土木信息表达**。包括计算机仿真、虚拟现实、增强现实、混合现实、BIM建模等。⑤**土木信息分析**。包括数字-数值一体化分析、土木人工智能分析、土木大数据分析、土木空间分析、多维度模拟分析、建筑物理性能分析、施工动态反馈分析、工程风险分析、建养一体化分析、预警分析、决策分析等。⑥**土木信息服务**。包括**土木信息管理**、数字化服务、智能化服务、智慧化服务等。

发展趋势　围绕土木信息工程的基本内容，其发展趋势包括：①自动化与高效的信息采集，如无人机图像采集、人工智能图像识别等技术。②信息快速传递、接收、集成、交互与共享等技术。③土木工程大数据处理，包括数据质量控制、云存储等技术。④精细逼真的土木信息表达，包括虚拟现实、增强现实、混合现实、移动端展示等技术。⑤深度的土木信息分析，包括数据挖掘、分布式计算、人工智能优化分析等技术。⑥智慧的土木信息服务，包括数字规划、数字化设计、智能建造、智慧工地、智慧运维、智能防灾等。

土木信息工程改进、提升和完善了传统土木工程技术手段和施工方法，打破经验性、流动性、地域性等对土木工程发展的限制，科学、合理、有效地提高效率和降低成本，从而形成新学科、新技术和新产业。土木信息工程极大提高土木工程从业人员的工作水平和效率，深刻影响其思维方式和工作形式，使土木工程管理与技术人员与时俱进，在信息时代更好地发挥创造力和聪明才智，为土木工程建设做出贡献。

土木信息工程是传统土木工程数字化赋能和数字化转型的现实需求，是新时期土木工程高质量发展的必然趋势和战略任务，具有深远的科技变革影响、极其重要的地位和不可替代的作用。

（朱合华　李晓军）

土木信息工程产业　civil-informatics engineering industry　在土木工程领域，专门从事土木工程信息技术开发、相关设备产品研制生产，以及提供信息服务的产业。随着计算机和网络技术的发展与应用，信息技术在土木工程领域应用的不断增加，将引起整个土木工程产业结构的重新调整与资源的重新整合，使粗放型的产业结构得以整体优化，改变了传统土木工程的工作模式、思维方式，最终形成土木信息工程产业。

土木信息工程产业作为一个新兴的产业，其内涵和外延在不断地扩大与变动。一般来说，土木信息工程产业包括：①土木信息工程工业。包括土木工程设备制造业、通信与网络设备制造业，及与土木工程领域相应的监测和检测、识别和通信等硬件制造业。土木信息工程工业为土木信息工程产业提供底层支持。②土木信息工程开发业。主要基于硬件配套研制用于实现土木工程信息化的土木工程软件产业，可提高土木工程领域效率质量，为土木工程产业提供技术支持。③土木信息工程服务业。基于完善的土木工程信息硬件和软件，为土木工程提供信息，服务于决策生产。

土木信息产品　指土木工程领域所有数字化或可被数字化的产品。土木信息作为产品是由信息内容及信息载体两部分构成。

从信息的内容上，可将土木信息产品分为规划信息、勘察信息、设计信息、施工信息和运维信息；从信息的载体上，可将土木信息产品分为印刷型信息和声像型信息等；从信息的表现形式上，可将土木信息产品分为语言、数字、文字和图形等。

按对信息加工程度，可将土木信息产品分为零次信息、一次信息、二次信息和三次信息。①零次信息。在土木工程领域，利用信息技术手段获取的原始数据而产生的信息产品。②一次信息。基于原始数据，经过一定数据表达后的信息产品。③二次信息。挖掘分析一次信息，并获取相应结论的信息产品。④三次信息。基于分析挖掘，将信息反馈服务于土木工程领域的信息产品。

土木信息产品的载体也在不断发展之中。传统的土木信息产品通常基于书籍、图纸等媒介传播，传播的效率和质量较为局限；随着物联网、大数据、云计算等技术的发展，土木信息产品的载体逐渐倾向软件、APP等形式，加上虚拟现实（VR）技术、增强现实（AR）技术的发展，信息的表达载体更为多样化、智能化。随着土木信息产品的不断发展，简化、优化了土木工程各阶段的工作方式，并提高了效率、节约了资源。

土木信息硬件 土木工程建设全过程中包括土木信息采集、生产、检测、转换、存储、传递、处理、分配和应用等阶段的信息化硬件。①信息化数据采集硬件。实时采集来自工程现场的监测和检测数据，并传输到数据库系统中；连接检测仪器，实现检测仪器数字化，数据采集仪自动从测量仪器中获取测量数据，进行记录、分析计算，形成相应的各类图形，对测量结果进行自动判断，如应用于工程施工监测的自动无线传输传感器等。②信息化数据处理分析硬件。基于采集数据，编制相应的分析算法，并集成到数据分析模块，作为硬件的一大组成部分，如应用于工程病害检测分析的工程检测车等。③信息化数据展示硬件。传统的展示硬件有电脑、手机等，通过二维、三维等形式将信息化数据可视化展现出来。应用较为广泛的展示硬件，是基于虚拟现实和增强现实等技术，将后台数据库和云端分析数据实时展现，具有实时性和沉浸式体验，更好地提高土木信息化水平。

土木信息软件 土木工程规划、勘察、设计、施工建造和运维阶段的信息采集、传输、处理、表达、分析和服务等各类软件。按项目的不同阶段分类，土木信息软件包括前期策划、设计、施工建造和运维等软件；按适用的专业分类，土木信息软件包括建筑、结构、岩土、设备、桥梁、隧道、道路等专业软件。美国总承包商协会（AGC）将土木信息软件分为概念设计和可行性研究软件、建模软件、分析软件、加工图和预制加工软件、施工管理软件、算量和预算软件、计划软件、文件共享和协同软件8类。

常用的土木信息软件有：①概念模型与造型软件。包括SketchUp、Rhino、3ds Max、Form-Z、Bentley Generative Components等。②绘图软件。包括AutoCAD、Microstation、天正、理正、中望CAD等。③建筑设计软件。包括AutoCAD、Revit Architecture、ArchiCAD、Bentley Architecture等。④结构设计软件。包括Sap2000、Midas、PKPM、3D3S、同济曙光、Tekla Structure、Revit Structure、Design Data: SDS/2、Bentley Structure Modeller等。⑤机电设计软件。包括Revit MEP、MagiCAD、Fabrication CADmep/ESTmep、Bentley Building Electrical、Building Mechanical System等。⑥工程造价软件。包括Innovaya Composer Vico Takeoff Manager、鲁班软件等。⑦建筑性能分析软件。包括Ecotect、IES:VE-Ware、Energy Plus等。⑧施工计划软件。包括P3、Synchro、Vico LBS Manager等。⑨物业管理软件。包括ArchiBus、Bentley FM等。

一个项目从规划、勘察、设计、建造到运维阶段，通常需要使用多个土木信息软件。现阶段尚没有一种软件可以覆盖工程全寿命期的信息，必须根据应用阶段采用不同的软件。

（李晓军　吴　杰　张其林）

土木信息工程技术 civil-informatics engineering technology 土木信息的采集、传输、处理、表达、分析及服务等工程技术的统称。土木信息工程技术的应用体现在土木工程的规划、勘察、设计、施工、运维、防灾、管理等各种活动中使用信息系统，包括相应的硬件、软件及网络环境。硬件和网络环境具有通用性，通常人们关注的是信息系统中的软件系统，即土木工程应用软件。土木工程应用软件包括面向个人的单用户应用软件和面向互联网的多用户应用软件。前者一般由输入、处理和输出组成，输入部分的实现需要应用信息采集和信息传输技术，处理部分的实现需要应用信息处理和信息分析技术，而输出部分的实现需要应用信息表达和信息服务技术。后者一般以互联网为载体，将土木信息的采集、传输、处理、表达、分析及服务等技术融于一体。

土木信息工程技术可以再具体化。就信息采集技术而言，可分为基于标准输入设备、移动终端、无线传感器、有线传感器、物联网、条形码或二维码、图像、视频、遥感的采集技术。

土木信息工程技术随着信息技术及其在土木工程中的应用而不断发展。随着时间的推移，土木信息工程技术将变得更加丰富、成熟和强大，从而更好地服务于土木工程的相关参与方。（马智亮）

土木信息共享技术 civil information sharing technology 将土木工程的规划、设计、建造、运维等全寿命期工程信息进行数据建模，并在项目参与各方、企业间或行业间进行数据交换和共享的技术。土木信息共享技术的核心是标准化的数据模型和数据格式，通过数据文件或数据接口等交换和共享工程数据，减少重复劳动及提高工程项目的管理效率、技术水平和数据透明度。

1994年，加拿大学者T.M.弗洛斯提出建立一个标准化数据模型，让不同的电脑和平台都能识别和操作，进而达到“共享”。2005年，M.哈勒法等提出，土木工程领域中的信息共享关键在于建立工程对象的参数化模型，根据相互关系建立数据结构实现工程对象数据集成，以在不同平台和不同专业间进行交换和共享。2010年，沈维明等指出土木信息共享的关键在于数据的互操作性、系统集成和协同技术。

土木工程数据模型较为成熟且应用较广的有：建筑及结构领域的《IFC标准》（*Industry Foundation Class*; IFC）、地理信息领域的《GML标准》（*Geography Markup Language*; GML），岩土工程领域的《AGS标准》（*Association of Geotechnical & Geoenvironmental Specialists*; AGS）等。

工程数据模型具有以下特征：①完备性。除了有必要的几何数据和拓扑关系描述，还应包括完整的属性数据，也应包括工程信息在时间上的完备，即全寿命期数据。②关联性。模型中的对象是可识别且相互关联的，如果某个对象发生改变，与之关联的所有对象都会随之更新。③一致性。在工程寿命期内，同一信息无须重复输入，且模型能自动演化，模型对象在不同阶段可以简单地修改和扩展而无须重新创建。

土木信息共享技术是促进土木工程向高效率、低浪费方向发展的关键技术，虽然相关研究已有较长时间，但真正的信息共享被行业完全接纳尚待努力。随着工程管理对信息化的需求日益增加，土木信息共享技术会得到广泛的应用。

（李晓军）

土木信息管理 civil information management 通过对工程全寿命期内各个系统、各项工作和各种数据的组织和管理，使工程信息能方便和有效地进行采集、传输、处理、表达、分析和服务的过程。有效的土木信息管理有助于通过信息流指导物质流，为管理人员和工程决策提供信息服务。土木工程信息管理对象包括工程全寿命期过程中产生的各种组织、管理、经济、技术和法规类信息。组织类信息有单位组织、项目组织和管理组织，管理类信息有进度控制、合同、风险和安全管理，经济类信息有投资控制、工程量、结算，技术类信息有设计、施工和材料设备技术，法规类信息有法律法规、工程规范和技术规程。工程信息管理任务包括组织分工、信息分类和编码、工作流程、各种报告和报表设计、工程档案管理、信息保密制度、信息平台建设和使用等。

施工阶段信息管理主要包括：①公共信息。如法律、法规和部门规章等信息。②工程总体信息。如工程概况、项目参建单位、分部分项工程特点、施工环境等。③施工信息。如施工记录和技术资料等。④项目管理信息。如项目管理规划、目标控制、材料管理、人力资源管理、资金管理和竣工验收等。施工文件归档是施工信息管理的重要任务，建设项目参与各方都有工程档案管理的职责，管理内容主要包括工程施工技术管理资料、工程质量控制资料、工程施工质量验收资料、竣工图等。

随着工程信息管理越来越复杂，利用基于互联网和建筑信息模型的平台已经成为信息管理的核心手段。（李永奎）

土木信息集成技术 civil information integration technology 基于时空数据模型，通过时空信息集成方法，将土木信息集合为土木时空数据库的技术。土木信息集成技术包括以下方面：①多专业集成。涉及建筑、结构、给排水、电气、采暖通风等多个专业，通过多专业集成，各专业以建设项目为中心最终实现协同工作。②全寿命期集成。工程建设项目全寿命期一般可分为项目的决策期、实施期（设计前准备阶段、设计阶段、施工阶段、动用前准备阶段和保修期）和运营期。③参与方集成。以信息技术为基础、业主方管理为主导，各方通过工程项目协同管理平台协同合作，实现加快进度、保证质量、降低成本、控制风险的多方共赢协同化管理模式。④管理目标集成。目标是项目管理中的控制要素，即成本、质量、进度、安全、合同、环境、风险等多个相互影响和制约的管理目标。

工程建设项目多专业集成、全寿命期集成、参建方集成和管理目标集成，实现的前提是获取足够的项目信息，项目信息的高效采集、存储、检索、处理和传输是提高建设项目管理效率的保障。（李晓军）

土木信息建模 civil information modeling 采用面向对象的方法，将土木信息抽象组织成为有机整体的数字化模型技术。目的是建立一个包含土木工程对象、对象属性和对象关系三方面的信息模型，并将其转化为计算机可存储、识别和分析的形式。土木信息来源于规划、勘察、设计、施工、运营维护与更新等阶段。土木信息建模之前，一般需对原始信息进行处理，包括原始信息预处理、多源异构信息处理和信息标准化。在信息处理完成基础上，开展建模工作，包括二维/三维/四维建模、虚拟现实/增强现实建模等。具体建模方法是多样的，如建筑信息模型（BIM）建模将土木信息按工程对象、对象属性和对象关系进行组织，地理信息系统（GIS）建模将土木信息按图形（几何）对象和关联属性来组织。BIM建模技术得到越来越多的应用，其目标是建立涵盖勘察、设计、施工和运维全寿命期的信息模型，实现土木信息的一体化、可视化及专业化应用和分析。

地质建模　三维地质建模是以钻探、物探、化探、工程勘察、水文监测等多源数据为基础，建立能够反映地质构造形态和关系、地质体属性变化的数字化模型技术；是运用现代空间信息论，对地质体和地质现象及有关人类工程活动进行真三维数字再现和分析。

以地质统计学为核心、以数学理论和数学模型为基础，通过有效获取地质数据的技术方法，对空间部分点进行控制和观测，根据地质空间特性推断并掌握未知地质空间的变化特性、表达地质数据的几何分布及变化特征。三维地质建模的理论体系主要涉及以下内容。①标准化处理地质源数据，是三维地质建模体系中重要的环节。地质建模数据来源、类型众多，主要有钻孔柱状图、地形图、地质剖面图、物探数据、地震时深数据、遥感影像等。针对源数据的具体问题，通过坐标系转换分析勘探数据以排除误输入或不合理的数据，并采用统一的标准对地质源数据进行处理。②三维空间数据模型，是三维地质建模的核心内容。三维空间数据模型主要有基于面元、体元或两者的混合模型，其中面元与体元的混合模型既能表达地质体边界、又能表达地质体内部属性特征，是该领域的研究热点。③构模造型方法，是建立三维地质体几何模型的核心步骤。几何造型方法通过交互式的编辑点、线、面、体等三维对象的方式实现。由于地质模型的复杂性，通常综合使用多种造型方法进行三维地质建模。④地质图形可视化，直接关系到三维地质建模的过程、效果和效率。图形可视化方法是针对三维地质体进行模型、表达、过程、设计、决策等可视化的技术基础。⑤地质属性数据管理，是三维地质建模不可缺少的部分。通过关系数据库对地质元数据地质体的物性参数、语义、岩性、渗透率等进行管理，甚至对地质体空间关系、拓扑关系、空间索引、地质规则等更深层次的数据，有时也采用属性数据管理方法进行存储、查询、更新等管理。

地下管线建模　建立地下管线的三维空间模型，并附加上材质、时间、状态和内部参数等属性信息的数字化模型技术（见图）。

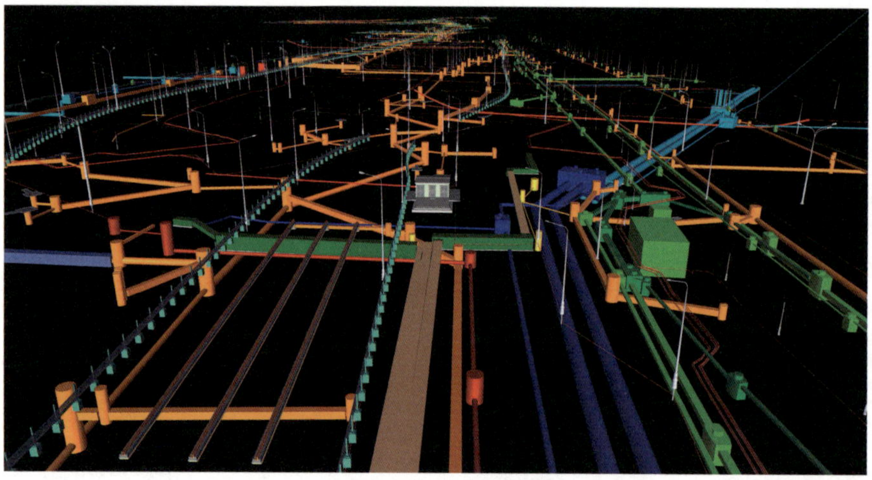

三维地下管线模型示意图

三维地下管线模型按图层可简化为管线段建模和管点建模。①管线段建模。据两点之间的距离和管线尺寸来生成相应的圆柱体或四棱柱，同时根据管线类型给生成的圆柱体或四棱柱赋予相应的颜色。管线段建模的重点在于管线段接边处的平滑处理。②管点建模。需要首先用3D Max等建模工具生成一套标准的管点实体模型库。在管线段实体模型生成时，插入相应的管点实体模型，并进行平移和旋转，实现管线段和管点实体模型的同步生成。对于窨井、雨水箅子等可以自动生成的模型，还需要根据采集的井脖深、井底深、井盖尺寸、井尺寸来进行模型的拉伸和缩放，使生成的模型与实际情况吻合。

地下管线是城市地下空间的重要组成部分。地下管线三维模型的建立，不仅丰富和完善了城市地下三维空间信息，而且可以预防大量管线事故的发生，同时也为其他工程领域的应用（如城市轨道交通）

提供了重要的信息参考依据，使其更加科学可靠。

建筑建模 建立建筑物或构筑物除骨架以外组成部分的数字化模型技术。建筑建模时，不但要解决空间的划分和组合、外观造型等问题，而且还必须考虑建筑构造上的可行性。为此，建模前需要确定建筑物各组成部分的使用功能；在建筑建模中要综合考虑结构选型、材料选用、施工方法、构配件制造工艺，以及技术经济、艺术处理等问题。

不同的建筑类型的建模流程不尽相同，但总体思路基本一致。主要建模步骤如下：①建立轴网和标高。其中，轴网用于确定构件的平面位置信息，标高用于确定构件的高度方向信息。②创建模型构件。包括建筑墙面、屋面、楼地面、门窗、楼梯等主要建筑构件，以及栏杆、坡道、散水、台阶及雨篷等其他构件；在创建构件的同时输入构件属性。③定义房间用途和空间。以墙和楼板等基本构件为边界定义房间区域，输入房间名称、用途等信息。④添加场地信息。创建场地三维地形模型、场地红线、建筑地坪、场地道路等完成建筑场地建模。⑤添加注释信息。通过切换视图位置和方向，在建筑模型中添加尺寸标注、高程点、附加文字和符号等注释信息。⑥生成平面、立面和剖面图。同时，也可以生成构件和节点打样详图。⑦集成全专业信息模型

建筑建模所建立的信息模型可以用于碰撞检测、工程算量、建造模拟及多维可视化等，对于节约成本、缩短工期具有显著作用。

结构建模 建立建筑物或构筑物的主体骨架部分（如基础、梁、板、柱、墙等结构构件）信息的数字化模型技术。同时还应在模型中添加自重、风、地震等荷载与作用信息。结构建模所建立的信息模型主要用于结构的力学分析和结构设计，保障所设计的结构安全可靠。虽然不同类型建筑结构的建模过程存在差异，但总体上遵循以下步骤：①建立轴网和标高（对于空间任意结构，如空间桁架结构、空间网格结构及索膜结构等，通常不需要）。②创建结构构件。按轴网、标高或空间坐标确定构件位置，依次创建结构柱、结构梁、剪力墙、楼板、基础及其他结构构件。③定义和编辑构件属性。包括构件所用材料、截面、混凝土保护层厚度、端部约束等属性信息。其中，结构材料属性包括材料类型、质量密度、弹性模量、泊松比、膨胀系数和设计强度等；截面属性包括截面类型与截面尺寸等信息。④施加荷载和作用。⑤定义边界约束。⑥完成结构建模。后续进行结构力学分析和结构设计。

设备建模 又称机电建模，是建立水、暖、电3个专业的信息数字化模型技术。设备建模所建立的信息模型可以用于碰撞检测与管线综合、工程算量、建造模拟及多维可视化等方面，对于节约成本、缩短工期具有显著作用。

设备建模的主要流程为：①确定模型创建精度。根据项目实施目标，确定模型详细等级来定义模型中构件的精度。②拆分项目。考虑项目规模和模型数据量大小，对整个项目进行拆分，如按区域拆分、按楼层拆分、按构件拆分等。③选定协作方式。根据不同项目规模和复杂难易程度来决定各个机电专业模型之间的协作方式。通常中小型项目可采用一个机电模型，大型项目可采用多个机电模型。④定制机电专业样板。机电3个专业，即水、暖、电的工程师分别统计出各自专业在本项目中的管线系统种类与数量，以及各系统管线分布在哪几种类型的图纸中，按照统计结果的信息创建机电各专业对应的视图种类和架构；创建机电各专业的管线系统；设置机电各专业的视图属性与视图样板；在过滤器中设置机电各专业的管线系统可见性与着色，完成整个机电样板文件的全部相关准备工作。⑤创建机电模型。机电供应商依据企业需求，制定自身的标准，并建立机电构件数据库，供下游承包商使用。建立机电系统信息模型，包括强电系统、弱电系统、给排水系统、空调系统及消防系统等，同时对机电系统信息模型进行冲突检测并修正模型。⑥集成全专业信息模型。

（李晓军　林晓东　刘学增　刘新根　吴　杰　张其林）

土木信息交互技术 civil information interaction technology 在土木工程各系统间采用标准化的消息格式、控制协议和开放接口通信并互操作，从而实现信息共享和协同运作，提高土木工程建造和运营的管理智能化程度的技术。土木信息交互技术通过整合信息资源，将众多的可用信息互联形成智能化的信息交互系统。土木信息交互技术由4个层面构成：①感知层面。采用激光扫描、数字照相和倾斜摄影等精细化采集手段，实现信息的获取与采集。②网络层面。采用无线传感技术和物联网系统，实现信息的传输。③信息层面。通过元数据与数据标准化、数据清洗、数据集成、数据转化和数据规约，实现信息的处理。④交互层面。通过数据可视化与虚拟现实技术，实现信息的交互。

土木信息交互技术能够解决信息传递上的信息孤岛、重复建设、数据分散、政策统一协调与部署上的缺乏等问题。

（李晓军）

土木信息接收技术 civil information reception technology 接收土木工程所需要信息的各种技术手段。1989年，英国的T.伯纳斯-李开发出世界上第一个Web服务器和第一个Web客户机。美国的V.G.瑟夫和美国的R.E.卡恩共同设计了TCP/IP协议和互联网架构。网络技术的发展使得信息以数字化的形式，在全球范围内廉价而快速地传输和共享成为可能。网络技术最终将通过极其发达的信息传输技术，把信息的获取、处理、接收全部转化为以网络为基础的信息处理能力。网络技术促进了土木信息接收技术的发展，使土木信息接收更加快速、稳定。

信息收集是信息得以利用的第一步。信息收集工作的好坏，直接关系到整个信息管理工作的质量。信息可以分为原始信息和加工信息两大类。原始信息指从传感器中直接产生或获取的数据，是未经加工的信息；加工信息是对原始信息经过加工、分析、改编和重组而形成的具有新形式、新内容的信息。

根据信道，土木信息接收方式可以分为有线和无线两种。①有线接收。采用的常见接口包括RJ45、RS232、RS485、USB、CAN等，其优点是传输速率较为稳定、不易丢帧，但需要为每个传感器节点部署线缆，对于具有大规模传感器节点的土木工程而言，这大大增加了系统复杂度。②无线接收。采用的常见方式包括蜂窝网络、Wi-Fi、ZigBee、蓝牙等，传感器节点通过无线网络把土木信息传输至接收节点。

（何　斌）

土木信息可视化 civil information visualization 对土木工程领域技术手段及施工信息资源进行视觉呈现的技术。利用图形图像方面的方法与技术，帮助人们理解和分析抽象数据集。土木信息可视化包括土木数据可视化、土木信息图形化、土木知识可视化、土木科学可视化和土木视觉设计。

主要内容 土木信息可视化的发展集中在结构工程、岩土工程、交通工程、建筑施工管理、环境工程五大领域。

结构工程领域信息可视化 1996年，清华大学江见鲸对混凝土结构构件的破坏过程进行了可视化模拟；1997年，阿杰

伊-库米等提出了允许对结构施工过程模拟结果进行监控和交互的可视化方法；2008年，彭斌等分析了建筑结构仿真分析中所使用的三维可视化技术，对不同的结构数值模型所产生的计算结果进行了可视化表达；2013年，周等提出了大型工程结构施工安全管理的可视化方法。

结构工程领域信息可视化包括结构有限元计算结果的可视化，结构的静力和动力反应规律的可视化，房屋、桥梁及地下等结构建造过程模拟的可视化，结构破坏过程和机理的可视化，结构设计、施工和运维全寿命期信息的可视化等。

岩土工程领域信息可视化 20世纪60年代初，逐渐形成了工程勘探数据初步的可视化；80年代初，形成了基于航空摄影测量数据可视化、数字地形模型3D可视化以及面向全球定位系统-实时动态（GPS-RTK）技术和地理信息系统（GIS）技术的数据可视化，并形成了复杂勘察设计的自动数字化及数字可视化。1989年，美国自然科学基金会与联邦高速公路管理处提出了基于GIS的美国岩土工程试验现场信息可视化方法；1990年，荷兰学者提出了基于空间定位、空间数据库管理、数字高程图模型交互式信息的可视化方法；2007年，何斌提出了桩基施工可视化管理系统概念。

岩土工程领域信息可视化包括岩土工程的勘察、设计、施工和监测的信息可视化。现代岩土工程信息可视化范围主要有基础工程、地基处理、水库桥梁建设、地下空间开发、地铁区间隧道工程、地质灾害防治的信息可视化。

交通工程领域信息可视化 1979年，美国联邦紧急事务管理署（FEMA）开始了交通公路上突发事件信息收集、处理和传送工作；其他发达国家也开始了针对路面管理的信息研究，并形成了路面管理数据信息系统；1984年，中国学者也提出了城市道路桥梁信息化管理和规范化管理，并开始了可视化数据分析；2008年，中国又提出了奥运智能交通，并针对应急领域开展信息数据的共享化和可视化的研究；2009年，日本学者提出了面向紧急救援的交通信息可视化方法。

交通工程领域信息可视化包括智能交通、道路交通安全管理、交通工程基础设施资产管理、交通应急管理的信息可视化。

建筑施工管理领域信息可视化 日本首先提出了建筑工程领域内信息化及可视化；微软发布了Project2000软件，通过可视化的图表追踪项目计划进展情况。

建筑施工管理领域信息可视化包括组织管理、施工监测与控制、施工组织与管理、网络统一管理的信息可视化，涉及整个建设工程项目寿命期内产生的反应和控制工程项目管理活动。

环境工程领域信息可视化 美国最早开始气候、土壤、地形、植被等数据库的完备收集，开发了水蚀预报模型（WEPP）；欧洲国家及日本也形成了各自的土壤侵蚀预测预报模型；20世纪90年代以来，美国提出了全球国土信息化，并制定和实施数字地球战略。

环境工程信息领域可视化包括水土保持监测、生态环境动态监测、土地管理的信息可视化，是研究和从事防治环境污染和提高环境质量的科学可视化技术。

核心技术 土木信息可视化的核心技术主要有虚拟现实技术、增强现实技术和混合现实技术。

虚拟现实技术 采用三维计算机图形、多媒体、网络、仿真及传感等多种技术手段，并融合土木信息图像、声音、动作行为等多源信息的仿真模拟技术。用户可沉浸在三维动态视景中，且能与系统进行感知交互，系统对用户的输入能进行实时响应。

土木信息虚拟现实技术的应用前景广泛，包括土木工程成果展示、方案决策、辅助设计、教学培训、科学研究和可视化计算等方面。例如，在方案阶段，可对设计方案进行直观的可视化展示，使决策者切身体验方案的真实效果，提出优化建议以做出科学决策；在施工阶段，针对复杂结构或者重点难点方案，利用该技术可有效模拟施工过程，从而论证施工方案的科学性和合理性，也能更直观地进行设计或施工交底；在运维阶段，可以虚拟再现工程结构的当前状态，用于结构健康状态的动态可视化展示等。

增强现实技术 通过多种设备，如与计算机相连接的光学透视式头盔显示器或配有各种成像原件的眼镜等，让虚拟物体能够叠加到真实场景上，使它们一起出现在使用者视场中的技术。其目的是将计算机生成的虚拟环境与用户周围的现实环境融为一体，使用户从感官效果上确信虚拟环境是其周围真实环境的组成部分。土木信息增强现实技术可在建筑设计、施工管理、教学培训及设施运营管理等方面发挥极大价值。①在建筑设计方面。增强现实技术可使设计师更为直观地进行设计创作、协同和共享。该技术可以将历史图片、设计方案和现实信息叠加在一起，加深人们对建筑或者规划方案的理解，从而提高方案质量。②在施工管理方面。该技术可在施工现场加载虚拟施工内容，方便施工、管理人员对施工组织和技术方案的理解，并进一步提升安全管理水平。③在教学培训方面。可将虚拟建筑和设备等信息叠加到放大现实标记物上，使学员更容易从多视角了解和学习施工工艺、设备操作和技术原理，也能最大限度地节约培训投入，并提高培训安全性。④在设施运营管理方面。可以将虚拟的设备信息及维护操作方法与现场设备连接，通过手持终端读取及展示，大大降低维护人员的误操作率。此外，通过与虚拟现实技术及建筑信息模型技术的结合，增强现实技术还可以为工程造价管理、物料管理和协同工作等提供技术支撑。

混合现实技术 融合真实世界和虚拟世界以产生一个新的环境和可视化场景，使得物理和数字对象共存并进行实时交互的技术。混合现实技术是一组技术组合，是虚拟现实技术的进一步发展。该技术通过在现实场景呈现虚拟场景信息，利用沉浸设备，在现实世界、虚拟世界和用户之间搭起一个交互反馈的信息回路，用户可以实时、无缝地同时巡览真实和虚拟环境。混合现实与增强现实的区别在于，混合现实是在虚拟世界增加现实世界的信息，而增强现实是在真实世界增加虚拟世界的信息。

土木信息混合现实技术可在土木工程的设计、施工和运维等方面获得应用。①设计阶段。将设计方案和真实场景进行叠加，设计或管理人员可以沉浸体验设计方案的合理性，将真实场景和虚拟建筑模型进行实时互动，通过体验寻找设计问题，优化建筑设计。②施工阶段。施工单位可以构建多种施工方案的虚拟建造过程，与真实场景进行融合，通过施工现场环境和施工方案的实施互动，精细化分析施工方案的合理性和可施工性。③运维阶段。通过混合现实技术，将虚拟模型与设备设施的维护流程、运行管理系统、地理信息系统等进行对接，可以进行应急抢修或设备维修的业务培训、演习或工作辅助，以提高运维效率。

影响 土木信息可视化对土木信息工程总体目标的实现起到重要的支撑作用，不仅对科学数据和工程数据以合适的方式进行呈现，而且提高了研究人员获取有效数据的效率。

（贾金原 吴 杰 李永奎）

土木信息区块链技术 civil-informatics blockchain technology 由多方参与维护，

使用密码学方法相关联，可信任的分布式数据存储技术。狭义而言，区块链技术是基于时间，将写入数据的区块依次链接而成的链式数据结构；广义而言，区块链技术是通过链式区块结构验证和存储数据，通过共识机制生成与更新数据，通过密码学原理保障数据安全，通过智能合约规范数据操作的分布式基础架构和计算范式。与借助第三方中介的中心化集中式传统交易模式不同，区块链技术通过密码学方法建立信任机制，采用直接点对点的方式实现去中心化交易。多方通过统一认同的算法规则，共同参与数据记录、存储及维护，各方均享有同等地位，不须彼此建立信任关系。

土木信息区块链技术具有基于数字技术的信任机制及数据不可篡改等特点，可很好地融入工程招投标活动资格预审环节，实现系统多节点的数据同步共享，为企业资质提供更全面系统的数据，有效节约人力、物力和财力成本，简化流程，提高效率。例如，土木信息区块链技术可应用于工程总承包管理，按一定时间步长更新并链接新区块信息，及时收集并录入土木工程总承包项目各环节数据；各参与者在统一的平台上实现数据共享，去中心化的特性使任意两个参与节点可基于共识机制直接达成一致，完成点对点间的信息互通，有效促进工程管理协调配合与完善信息反馈机制。

区块链因公开透明、不可篡改、可追溯性、数据可靠性高等特点，记录建造过程各环节数据，利用土木信息区块链技术可实现土木工程全寿命期数据可信的积累和传递，结合构件追溯体系助力土木工程信息化管理。 （李晓军）

土木信息人工智能分析 AI analysis for civil information 针对工程目标，基于人工智能通用算法，采用在土木工程活动中获取的数据，建立分析模型，以服务工程规划、设计、施工、运维和防灾的技术。

主要内容 土木信息人工智能分析是土木信息分析的基本手段之一，需要配合信息采集、传输和存储硬件设备的特征，针对最终工程应用的需求，建立符合工程实际的算法模型。土木信息人工智能算法按照其解决任务的不同可以分为聚类算法、分类算法、回归算法和异常检测算法等；按照算法的训练方式不同又可以分为监督学习算法、无监督学习算法、半监督学习算法、迁移学习算法和强化学习算法等。在算法模型选择和建立时，一方面需要考虑工程数据的特点（数据体量、数据粒度、数据质量等），另一方面需要考虑工程服务的特点（时效性要求、精度要求、计算成本限制等）。

土木信息人工智能分析的核心在于：①基于通用算法。发展适宜于土木信息工程要求的混合算法、改进算法和新算法，以产生可靠、可重复的计算结果，并可通过学习历史关系和数据趋势解释隐藏在数据中的知识。②基于历史工程数据。建立包含对象、属性、状态、时间、空间、关系和物理力学解释等内容的知识库。知识库的完善有助于在土木工程初期给出规划、设计建议，以及选取较适合的智能算法模型及其超参数。

应用实例 土木信息人工智能分析主要应用于以下5种场景：①智能规划。基于深度学习算法对工程环境进行识别与分析，结合虚拟现实技术，实现隧道轴线设计、地下空间智能规划等。②智能设计。基于强化学习的结构材料拓扑优化设计；基于遗传算法的抗震结构智能优化设计等。③智能建造。基于隧道掘进机传感器接收的机器运行数据，采用模式识别、机器学习等算法，实现操作参数优化、不良地质预警等。④智能运维。基于装备摄像头的无人机、巡检车等设备在建筑、桥梁、隧道等基础设施运营期间的监测图片，利用图像识别算法分析建（构）筑物健康状况。⑤智能防灾。基于多传感器多源数据融合和深度学习方法，实现实时灾情信息感知、灾害场重构、态势评估、数字化显示与动态应急决策。 （闫治国 朱梦琦）

土木信息时空数据库 spatiotemporal database for civil information 为土木工程全寿命期及各级管理人员及决策者，提供一种有效组织、管理和处理随时间变化数据的空间数据库管理系统，用于存储和管理位置或形状随时间而变化的土木工程各类空间对象，是时态数据库与空间数据库的统一体。土木信息时空数据库来源于时态数据库和空间数据库。它们是现代数据库的两个分支，已经发展得比较成熟。支持时态和空间数据库的商业数据库管理系统（DBMS）有地理信息系统（GIS）等。时空数据库同时兼具时态和空间双重属性，其发展途径有两个方向：在空间数据库中加入时态属性；在时态数据库中加入对空间数据的支持。

土木信息时空数据库是专门针对土木工程的时空数据库。土木工程项目实施过程中会在不同时间节点上产生各种类型的数据，如施工进度、场景模型几何、场景模型语义、用户交互操作等信息，这些数据和实际工程的建设与运营管理等紧密相关。利用土木信息时空数据库能够高效有序地将这些数据存放起来，为项目成员高效地提供项目数据，并且能够作为信息表达的基础，从而达到对工程项目的进度监控、统筹管理，以实现数据信息更好地服务于项目实施过程中。

土木信息时空数据库能够紧密结合到实际工程中，具有实用性、可扩展性和易维护性，应用前景广阔。 （贾金原）

土木信息数据标准化 data standardization for civil information 将获得的土木信息转化为标准格式，以便于处理的过程。一般地，土木工程的各参与方通过使用各种应用软件（包括土木工程应用软件）开展工作，并将从使用应用软件获得的数据作为成果加以保存，然后传递给相关方。例如，设计方将设计结果提交给业主方。在工作过程中，通过上游应用软件产生的数据，往往需要导入下游应用软件中直接利用，但由于各应用软件采用独自的数据格式，这给相关方的数据交换带来了困难。

解决这个问题的有效途径是土木信息数据标准化。即通过确立数据标准规定数据格式，并使各应用软件支持该数据标准。如此，既可以将当前应用软件中获得的数据按该数据标准导出，也可以将符合该数据标准的数据导入当前应用软件中，从而支持该数据标准的应用软件之间方便地进行数据交换。

实现土木信息数据标准化需要两类标准。①数据编码标准。用于对应用过程中非数值型数据的代码化表示进行统一。②数据交换标准。用于规定数据格式。以用数据文件进行数据交换为例，数据交换标准规定用于交换的数据文件的格式。

（马智亮）

土木信息数据共享 data sharing for civil information 在应用软件之间自动进行土木信息数据交换的过程。通过数据共享，可避免数据的重复输入，如由图形处理应用软件所得到的设计图数据文件，可以直接读入另外一个不同品牌的图形处理软件中。数据共享也可以发生在非同类应用软件之间，如将设计数据导入施工管理软件中加以共享。

数据共享主要有两种方法：①利用交换数据文件的方式。即从一个应用软件导出数据文件，然后将其导入另一个应用软件中。为此，需要在应用软件之间形成数据交换接口。考虑到同类应用软件数量多，为了减少所需的数据交换接口的数量，一般规定标准数据交换文件格式，只要不同的应用软件都支持该格式，即可在两者之间进行数据交换。②利用中央数据库。即不同的软件共用一个中央数据库，一个软件将结果数据写入中央数据库，其他软件可以通过访问该数据库获得已写入的数据，实现不同应用软件之间的数据交换。

（马智亮）

土木信息数据索引 data index for civil information 土木信息数据库中数据组件与域模型之间的链接。用于数据库用户快速查询数据。在土木工程中，主要通过将土木信息数据分层、分类，对数据组织和标记，达到利用数据索引进行快速查询的目的。

数据索引与书的目录类似。美国研究者于1983年发明了一种多叉树形式的数据索引方法，而不是几个关键词索引的形式。地理信息系统（GIS）扩展了数据索引的概念，提出了空间索引。空间索引指依据空间实体的位置、形状或空间关系等，按一定顺序排列的数据结构，能提高系统获取空间数据的效率。

从传统上来说，GIS中的数据索引还是二维索引。土木信息数据大多是复杂的三维空间数据，并且具有多源异构、动态与静态交叉、海量、操作多样化、无序等特点。以地下空间数据为例，包括大量的地层、结构、环境、设计、施工、监测、运维等数据，需要研究高效的三维索引来提高数据查询效率，如基于体素的K-维数（Kdtree）和八叉树（Octree）等数据结构。

（李晓军）

土木信息数值技术 civil information numerical technology 利用数值分析手段解决土木信息科学与工程问题的技术。数值分析指利用计算机求解数学计算问题及其理论的学科。“数值”一词意为用数目表示一个量的多少，工程中有些问题无法求得确切的答案，用近似的数目替代则衍生出“数值技术”。

人类开始使用数值分析解决生活中的问题已经有几千年历史，如开根号计算，在计算机出现前通常采用查表方式提高数值分析效率，后来则采用计算机取代人工查表的方法。

数值技术解决问题的过程包括提出问题、建立数学模型、编制数值计算程序、采用计算机算出结果。数值技术一般可分为数值逼近，数值微分和积分，数值代数，最优化方法，常微分方程、积分方程和偏微分方程的数值解法，计算几何，计算概率统计等。解决土木工程问题的代表性数值技术有：有限元法、边界元法、离散元法、无网格法、单位分解法、数值流形元法等。数值分析软件常用于结构体系和承载设计，主流设计建模软件包括AutoCAD、Rhino和Grasshopper等，高层建筑分析软件包括SAP2000、ETABS、ANSYS、ABAQUS和MIDAS GEN等，岩土及隧道分析软件包括FLAC、PLAXIS、GeoSLOPE、GeoXH、同济曙光（GeoFBA）等。

许多工程问题异常复杂，工程师很难得到精确的解答，而数值技术则利用计算资源给出近似解，可以高效解决实际问题，为工程分析提供参考价值。

（李晓军　林晓东）

土木信息数字技术 civil information digital technology 利用计算机存储、传输、接收和产生数据的技术。是土木工程提供开放的信息组织方法和信息发布框架，建立完整的数据标准及数据处理方法，开发可视化手段及相关软件的技术基础。计算机信息技术中“数字”的英文为digital，是用“0”和“1”表示，将客观对象和过程用0和1（二进制代码）表示的过程即数字化。1998年，A.A.戈尔首次提出“数字地球”的构想，并畅想了“数字地球”计划在教育、可持续发展、农业等领域的巨大经济和社会作用。“数字地球”概念的提出，使得信息化社会活动步伐加快。

在信息社会里，信息的产生、处理与发布已经是一种非常重要的经济和社会行为。在此背景下，逐渐形成方便信息传输、处理、加工和显示的数字技术。土木信息数字技术主要包括：①数据分类与标准化。数据的标准化指用统一的数据格式对数据集进行描述，其关键是建立一套被普遍接受和采纳的元数据标准，以确保数据的最大共享，包括规划、勘察、设计、施工、监测、检测、运维等方面。②数据处理与分析。对现有的数据进行深层次的加工与处理，从中提取出新的有用信息，并找出数据之间的内在规律与联系。③数据可视化与虚拟、增强现实。可视化意味着以更易于理解的三维图形方式来展示数据与信息，而虚拟、增强现实技术则意味着进一步通过计算机营造出更加形象、逼真、实时交互的虚拟和真实的环境。

数字技术正在改变人们的生活方式，也将改变土木行业的传统建设方式，借助土木信息数字技术，有利于实时掌握工程现状，缩短工程建设周期，保障工程施工安全。

（李晓军　林晓东）

土木信息数字孪生技术 civil information digital twin technology 以数字化方式创建土木工程物理实体和工程活动过程的虚拟映射孪生体，两者之间保持一定频率和准确性同步的技术。数字孪生技术以空间数据、历史数据与实时感知数据为基础，借助仿真、预测、交互、控制等技术手段，实现物理实体对象，以及关系、活动等在数字空间的多维映射和连接。

以城市基础设施数字孪生为例，土木信息数字孪生技术具备以下重要特征：①全面感知。城市基础设施是一个复杂系统，涉及地上和地下基础设施的全面感知，通过布设多种类型传感器和移动感知，建立全时全域的物联感知体系，对城市基础设施性态进行多维度、多层次精准监测，全面获取城市基础设施数据。②精准映射。映射是构建数字空间并建立数字空间与物理空间紧密关系的过程。通过物联感知、数字化标识、多维建模等技术，实现数字空间全域模型精准建立、全量数据精准标识、全盘孪生精准运行，保障孪生环境下的仿真推演具有可信性和参考性。③智能推演。是实现对基础设施进行科学预测、指导与优化的关键。依据物理城市的真实运行数据，构建不同场景下的推演模型，进而模拟和分析基础设施的运行状态和发展趋势，并提出优化建议，辅助基础设施全寿命期的智慧化管理和科学决策。④动态可视。是多源数据高精度动态可视化，提供全要素、全范围真实的渲染效果，实现全空间信息和性态信息的动态展示。⑤虚实互动。指物理空间与数字空间的互操作和双向互动，借助虚拟现实/增强现实/混合现实（VR/AR/MR）、人机交互等技术，实现城市级基础设施虚实空间融合、控制与反馈等能力。在数字空间中进行计算、预测和演练，实现对物理空间的仿真和模拟，提出城市基础设施全寿命期智慧化管理的科学决策建议，相关决策建议可以指导或直接作用于物理空间，在物理空间执行完成后，相应的执行结果再映射到数字空间，并进行信息及时更新，实现物理空间与数字空间的双向闭环互动。⑥协同演进。是城市基础设施数字孪生具有高阶智慧能力的体现。城市基础设施物理实体与数字孪生体在运行、数据、技术、机制等方面长期协同、相互反馈、相互影响，这种演进关系最终推动物理城市基础设施与数字孪生共同发展进步。

数字虚拟建造可视为数字孪生技术应用的一种特殊情形，在土木工程规划和设计阶段，此时物理实体对象还并不存在，数字虚拟建造可在计算机内模拟建造的过程，有助于相关方了解施工过程，发现协同工作问题，提前做好施工的相关准备。数字虚拟建造按其逼真程度可以分为沉浸式数字虚拟建造和非沉浸式数字虚拟建造。①沉浸式数字虚拟建造。需要在虚拟现实环境下，操作者产生虚拟视觉，进行模拟操作，并对所操作的虚拟对象有触动感。这需要利用虚拟现实影院系统，这种系统尺度小、费用昂贵，仅能用在小尺度的建造过程中。②非沉浸式数字虚拟建造。可采用基于三维模型的应用软件来进行。在应用这种系统时，可以事先设置建筑模型中各构件的组装顺序，然后执行系统的功能，展示整个建造过程。基于建筑信息模型（BIM）的数字虚拟建造是应用热点，可以利用BIM模型作为应用基础，省去建模工作量。在实际过程中，一些施工单位在进行大型复杂工程项目施工时，已经将“先试后建”作为工作模式。即在正式开始施工前，先利用BIM软件将建筑虚拟建造，在此过程中发现问题，并及时优化施工计划，再对实物建筑进行建造。如此，可以预见施工中可能的问题，提前采取措施，从而避免返工和浪费。

（吕明宇　李晓军）

土木信息数字-数值一体化分析　digital-numerical integration analysis of civil information　以数字化平台和数值分析软件为基础，将工程数字建模技术与数值分析技术统一协调，将数字模型与数值模型在统一的三维工程模型上进行无缝集成和一体化力学分析的技术。避免了数字模型向数值模型转换的繁杂过程，以及数值分析结果向数字模型再导入的过程，是提高数字模型解决实际问题的重要技术手段之一。数字模型是把客观世界中实体对象在计算机中用真实的空间位置来表示，并使空间关系及其属性按一定方式结合起来，从而实现空间实体与属性信息的一一对应。数值模型是基于数值模拟方法的需求，集成相应几何信息和力学参数的数值计算虚拟对象。2008年，李新星等提出了基于数字地下工程（DUSE）的数字-数值一体化概念，并给出了一种复合式体系结构（嵌入式+松散式）的集成方式来实现基于DUSE的数字-数值一体化的方法。2009年，董文澎等提出了基于地理信息系统（GIS）和地勘钻孔数据的数字-数值一体化建模及分析系统。2011年，朱合华等提出一种CDIM转化法来实现地质及建（构）筑物数字模型与数值模型的一体化的方法，综合运用了切割、加密、多岛、多连通域三角剖分算法（Delaunay）三角化、网格划分4种关键技术。

土木信息数字-数值一体化分析技术要明确土木工程上数字模型可提供的信息和数值模型所需求的信息。数字模型的信息一般都是多源的，来源于规划、勘察、设计、施工、监测、运维等阶段。而数值模型信息的确定依据主要是拟采用的数值方法的需求，如物理力学参数、网格单元信息及岩层不连续面信息等。数字模型的信息范围应覆盖数值模型所需求的信息，也可以包含数值模型不需要的信息。

土木信息数字-数值一体化分析技术的核心内容，是针对工程对象和拟采用的数值方法，在明确数字模型可提供的信息和数值模型所需求的信息基础上，建立数字模型信息和数值模型信息间的联系规律，给出从数字模型信息到数值模型信息的转化方法和自动转化程序。如在三维有限元数值分析中，建立数字模型中的点云几何信息与数值模型中的三角化网格信息的联系，并将三维点云模型自动转化为三角化网格模型，从数字模型中几何对象间的拓扑关系给出数值模型的边界条件，从数字模型中的勘察设计数据中提取数值模型的力学参数。

数字模型无法直接用于数值分析，以往的数值分析建模都是人工命令流或者界面操作，工作量大、速度慢、易出错。数字-数值一体化分析技术为数值分析提供了一种由数字模型自动化、精确化生成数值模型的方法，大大提高了工程数值分析的效率和精度。

（朱合华　武　威）

土木信息网络传输技术　civil information network transmission technology　数据、图像、语音等土木工程信息的综合传输、交换、处理和利用技术。土木信息网络传输技术是由信息论演变而来，既要保证土木工程信息与电信移动通信网络相互兼容，又要保证土木信息网与各种接收端互换信息。土木工程全寿命期中，会产生海量的、多样化的工程信息，管理者需要利用现代信息技术，有效利用和管理工程全寿命期的土木信息。土木信息网络传输技术在土木工程传统行业中提高了土木工程建设的效率和运营的安全性。

土木信息网络传输技术的实施，包括土木信息网、接收终端、网络传输标准、信息集成与交互系统4个方面。

土木信息网由国家土木工程公众网和各种局域网两部分组成，是整个土木工程信息化建设的核心。①公众网。是在全国范围内实现土木信息的在线与共享。②局域网。针对某个企业、某个具体工程设立的，包括企业管理体系、工程信息采集处理系统等，其目的是实现企业管理、生产的高效运转。

土木信息接收终端包括台式终端和手持式终端两种形式。手持式终端是发展方向，其基本功能是工程人员可通过它随时与土木信息网进行信息交换，获取技术支持。

土木信息的网络传输标准：①根据土木工程信息化建设的要求，在现有信息技术通用标准的基础上，针对土木工程的特殊性，对其所涉及的文字、图形、表格、公式、程序等信息进行分类，并对每类信息制定其传输的实现格式与标准。②在现有电子产品生产通用标准的基础上，根据土木信息的特殊要求，制定土木信息移动接收终端研发生产的硬件、软件标准。

土木信息集成与交互系统是按照土木信息的网络传输标准开发的、可进行土木信息整合和传播的软件平台。不同的土木信息制造商通过该平台可以准确、方便地向工程界提供合乎标准的信息，同时使信息通过该平台进行传输。

常用的传输介质有双绞线、同轴电缆、光纤、无线传输媒介。21世纪以来，通过部署5G超大带宽、超低时延、超高可靠的网络，成功实现了在土木工程施工现场的无人机巡检、机器人巡检、智能安防等应用。实现了数据传输从有线到无线，设备操控从现场到远程。此外，通过全景高清摄像头，实现了施工现场实时监控及综合监控，并且通过智能穿戴设备的音视频和人员定位功能，实现了专家对现场施工人员远程作业指导。

（何　斌）

土木信息云计算技术　civil information cloud computing technology　以“一切皆服务”“按需服务”为理念，面向土木工程应用的计算技术。土木信息云计算技术的计算、存储、交互能力是动态的、可伸缩且可虚拟化的。其继承并发展于分布式处理、并行处理及网格计算，充分利用软件、硬件等资源，具有高性价比、零维护、安全性强、可弹性扩展计算与存储能力好等特点。

云计算架构的核心目标是为用户提供各种云服务，包含3个层次：①软件即服务（SaaS）。以Web的方式，将应用提供给客户。②平台即服务（PaaS）。将开发和应用部署于平台，平台作为服务提供给用户。③基础设施即服务（IaaS）。将各种底层的计算（如虚拟机）和存储等资源作为服务提供给用户。在云计算平台中，用户不用再单独购买服务器和各种软件，而只按需购买服务后，即可在浏览器中如同在本地操作一样，实现对“云端”数据的加工、处理等各种操作。

土木信息云计算技术支持综合性统一管控大规模、大范围、分散性的多个土木工程项目，可提高资源利用率、节省成本，实现分布式管理模式，适用于解决土木工程建造与运维过程中存在的多阶段、多专业、多参与方之间的数据共享问题。

（李晓军）

土木信息智慧技术 civil-informatics smart technology 就土木工程建设与运维的过程而言，土木信息智慧技术涵盖智能材料与结构、智能设计与建造、智慧运营维护与养护等内容。“智慧”一词出现在《墨子·尚贤中》:“若此之使治国家，则此使不智慧者治国家也，国家之乱，既可得而知已。”这里的“智慧”，即聪明才智。

一般认为，在信息技术中，数据-信息-知识-智慧经常被置于一个框架下予以讨论，即所谓的DIKW框架。DIKW框架是一个金字塔形，数据在最底层，智慧在最顶层。对数据经过加工和处理之后，即形成人们便于理解的信息；对信息经过综合和提炼之后，即形成知识；而智慧指在知识的基础上，再综合运用经验和创造力等来解决人们所碰到的问题。

进一步地，关于智能、智慧也可以这样理解：智能为初级阶段，描述简单系统；智慧为高级阶段，描述复杂系统。智慧是在智能的基础上，融入了理性思维、伦理和道德等因素，并且包含人的创造性。智能强调具备自动化、自学习、自组织和自适应的能力，而智慧更多地强调最终的成效，如土木工程应具备韧性、智能、绿色、人文4项智慧品质。

土木信息智慧技术大致经历了3个发展阶段，初期多聚焦于业务部门的信息化建设，提高工程质量和工作效率；随着信息化的推进，通过跨系统的数据共享交换和业务规范化运行，实现资源动态优化配置和业务数字化集成响应；21世纪以来，芯片、模组、终端及应用场景的逐渐成熟，与物联感知和人工智能的融合发展成为土木信息智慧技术发展重点，实现业务少人化直至无人自主运行。

土木信息智慧技术主要内容包括：①智能材料与结构，模仿生物体同时具有感知和响应执行功能的材料或结构。它可以感知环境并分析相关信息，同时做出类似于生物体的反应，如自诊断、自适应与自修复。智能材料应用范围越来越广，是工程学科的发展前沿。智能材料在土木工程中的应用将极大地提高工程建设和服务的质量，改善土木工程建设者和使用者的工作和生活环境。②智能设计与建造、智慧运营维护与养护，其核心技术是土木工程设计、建造与运维过程中信息化技术的高效应用，如采用建筑信息模型（BIM）一系列新技术、新材料、新工艺、新方法的研发、应用与推广，有助于全面提升土木工程的韧性、智能、绿色与人文的智慧品质，提高智慧土木工程的建设质量与服务水平，整合传统建筑设计、建造、运维过程中产生的各类信息，提高土木工程设计、建造、运维中的工作效率和工程质量。

（李晓军　林晓东　闫治国）

土木信息智能技术 civil-informatics intelligent technology 利用软硬件资源模拟人的认知、学习、推理、判断和解决问题的技术总称。涉及机器学习、数据挖掘、机器视觉等方法和技术。1936年，英国数学家A.M.图灵创立了图灵机；1950年，在其著作《计算机器与智能》中首次提及“智能”；1956年，在美国达特茅斯学院的机器模拟人类智能的研讨会议上，图灵首次提出“智能”一词。

智能技术在土木工程中的应用广泛，如土木结构的“在线监测”，赋予传统土木结构以实时监测机制，可以方便地了解结构内部物理和力学场的演化情况；在结构“在线监测”的基础上，增加监测数据的智能处理机制，使得结构具有自感知、自诊断和自推理的能力；进一步在结构中引入自适应、自动控制机制，即根据自诊断、自推理的成果，由在结构中耦合的动作系统做出必要的反应，实现智能控制结构；对结构的开裂、变形行为，结构的锈蚀、老化、损伤行为，以及结构的动力振动行为做出抑制性控制，在更高层次上对结构起到保护和维修作用。

土木信息智能技术可有效降低传统土木工程活动中的人工成本，提高监测、施工等方面的准确度和效率，是土木工程界的知识经济。（李晓军　林晓东）

土石材料 soil and stone material 土木建筑工程中应用的土类和石类材料的统称。土石材料按地质生成都属岩石，其中属岩浆岩（又称火成岩）的有花岗岩、安山岩、玄武岩、浮石和火山灰等；属沉积岩的有石灰石、砂石、页岩和硅藻土等；属变质岩的有大理岩和板岩等。岩石经长期风化和地质作用，形成散粒堆积物，统称为土。

土石材料作为土木建筑材料有着悠久的历史。古代就有夯土墙、土坯墙、砖墙和石块墙，并用黏土浆作砌墙和抹灰的材料。中国的长城和埃及的金字塔是古代土石建筑的典范，一直保存完好。水利工程中的土坝、石坝和堤岸护坡，也是人类较早就开始利用土石材料的例子，如2200多年前修成的都江堰，一直起着灌溉和防洪的巨大作用。道路工程中的路基和路面，铁路工程中支承和固定轨道的道砟，都广泛地采用土石材料。自土力学发展以来，地基土本身亦即被视为土石材料中重要的一种。天然石料，如大理石、花岗石等，常用作装饰材料，铺贴于内外墙面上，或以彩色石子干粘于外墙面上。天然石材还用于制作台阶、栏杆、纪念碑和艺术雕塑品。土石材料也是制造砖瓦、玻璃、陶瓷和水泥混凝土等建筑材料的主要原料。

（祝永年）

土体压缩与变形 compression and deformation of soil 土体在压力作用下其体积缩小或发生变形的特性。试验研究表明，在一般压力（100～600千帕）作用下，土粒和水的压缩与土的总压缩量之比是很微小的，可忽略不计，因此把土的压缩看作只是土中孔隙体积的减小，此时土粒调整排列位置，互相挤紧。

原理 土体的变形是土体在外力作用下或其他因素的影响下（如加载历时、温度变化及地下水位的变化等）所产生的体积变化和形状变化的统称，包括弹性变形和残余变形。残余变形一般由塑性变形和蠕变变形两部分组成。①塑性变形。土体加载后内部颗粒排列和结构被破坏而产生的永久变形，卸载后不可恢复（图1）。②蠕变变形。土体在保持应力不变的条件下，仅随时间增长而产生的变形。典型的蠕变曲线见图2。

土体在外力作用下将产生3个方向的变形，但对于地基而言，通常其垂直方向的变形尤其重要，特别是地基表面的铅直变形，即地基的沉降。研究土体的变形规

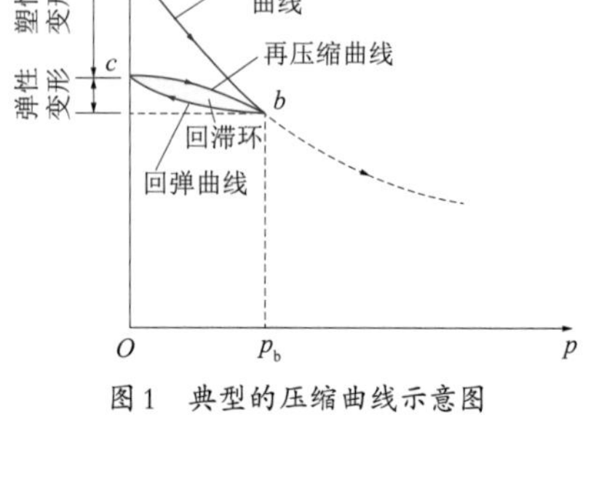

图1　典型的压缩曲线示意图

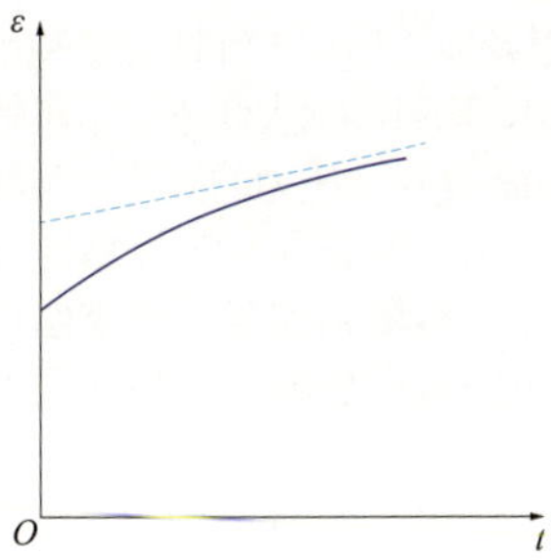

图2 典型的蠕变曲线示意图

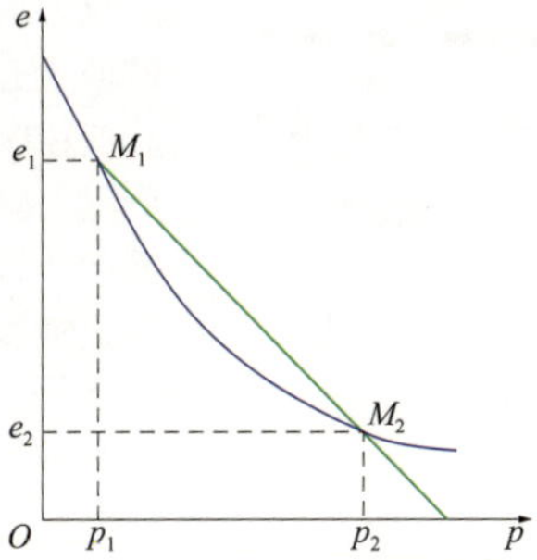

图3 压缩系数示意图

律，确定其变形的大小是土力学中的重要内容之一。

压缩性指标 土的压缩性可用土的压缩系数、压缩指数、压缩模量和变形模量等指标来评价。

压缩系数 在由常规压缩试验得到的孔隙比与压力的关系曲线（e-p曲线）上，当压力的变化范围不大时，可将压缩曲线上相应一小段曲线M_1M_2近似地用直线来代替（图3）。

若M_1点的压力为p_1，相应孔隙比为e_1；M_2点的压力为p_2，相应孔隙比为e_2；则M_1M_2段的斜率可用下式表示：

$$a=\text{tg}\alpha=\frac{\Delta e}{\Delta p}=\frac{e_1-e_2}{p_2-p_1} \qquad (1)$$

式（1）是土的力学性质的基本定律之一，称压缩（或压密）定律。它表明：在压力变化范围不大时，孔隙比的变化值（减小值）与压力的变化值（增加值）成正比，其比例系数称为压缩系数，用符号a表示，单位为兆帕$^{-1}$。

压缩系数是表示土的压缩性大小的主要指标，其值越大，表明在某压力变化范围内孔隙比减少得越多，土的压缩性就越高。但因同一种土的压缩系数并不是常数，而是随所取压力变化范围的不同而改变，故评价不同类型和状态土的压缩性大小时，必须以同一压力变化范围来比较。在《建筑地基基础设计规范》（GB 50007—2011）中规定，以$p_1=0.1$兆帕，$p_2=0.2$兆帕时相应的压缩系数a_{1-2}作为判断土的压缩性的标准。

低压缩性土：$a_{1-2}<0.1\text{M P}_a^{-1}$

中等压缩性土：

$0.1\text{M P}_a^{-1}\leqslant a_{1-2}<0.5\text{M P}_a^{-1}$

高压缩性土：$a_{1-2}\geqslant 0.5\text{M P}_a^{-1}$

压缩指数 常规压缩试验$e-\log p$曲线在较大压力时，曲线接近直线，该直线斜率即为压缩指数。一般按下式计算：

$$C_c=\frac{e_1-e_2}{\log\dfrac{p_2}{p_1}} \qquad (2)$$

式（2）中C_c为土的压缩指数，无量纲；p_1为地基中某计算点的竖向自重应力，单位为千帕；p_2为该计算点的竖向自重应力p_1与附加压力之和，单位为千帕；e_1、e_2分别为$e-\log p$曲线上相应于p_1和p_2的孔隙比。

土的压缩指数C_c与压缩系数a是土压缩性指标的两种不同的表示形式。C_c越大，土的压缩性越高，但压缩系数a随初始压力和压力增量而变，而C_c值则在相当大的压力范围内（有的达1600千帕）可视为一个常数。

压缩模量 土在侧限条件下受压时压应力σ_z与相应的应变ε_z之间的比值。又称侧限变形模量、侧限压缩模量。压缩模量用E_s表示，其公式为：

$$E_s=\frac{\sigma_z}{\varepsilon_z} \qquad (3)$$

压缩模量E_s与压缩系数a的关系为：

$$E_s=\frac{p_2-p_1}{e_1-e_2}\,(1+e_1)=\frac{1+e_1}{a} \qquad (4)$$

式（4）中a为压力从p_1增加至p_2时的压缩系数；e_1为压力p_1时对应的孔隙比。

压缩模量E_s是以另一种方式表示土的压缩指标。E_s越小，土的压缩性越高。但E_s与a一样，对同一种土来说都是变量。为了便于应用，通常采用压力间隔$p_1=100$千帕和$p_2=200$千帕所得的压缩模量，记为：

$$E_{s(1-2)}=\frac{1+e_1}{a_{1-2}} \qquad (5)$$

变形模量 土在无侧限压缩条件下，压应力与相应的压缩应变的比值。用E_0表示，单位为兆帕，是土的压缩性指标之一，可以通过很多方法确定。

一般认为通过现场载荷试验求得的变形模量能较真实地反映天然土层的变形特性。

当采用荷载板试验时，可按照下式计算：

$$E_0=\omega\,(1-\mu^2)\,\frac{P_1 B}{S_1} \qquad (6)$$

式（6）中ω为沉降影响系数，与板的形状、刚度等有关，如方形板$\omega=0.89$，圆形板$\omega=0.79$；B为荷载板的边长或直径，单位为米；P_1为比例界限；S_1为与所取定的P_1相对应的沉降量，单位为米；μ为土的泊松比。

土的变形模量也可根据压缩模量来换算，即：

$$E_0=E_s\left(1-\frac{2\mu^2}{1-\mu}\right)=\beta E_s \qquad (7)$$

式（7）中$\beta=1-\dfrac{2\mu^2}{1-\mu}$。当$\mu$从0变化到0.5时，$\beta$值从1变化到0，即$E_0/E_s$的比值在0～1变化，故一般$E_0<E_s$。有时也可根据统计地区性经验回归方程得到的经验公式进行E_0与E_s的换算。

（胡安峰）

土压力 earth pressure 土因自重或外荷载的作用对挡土结构物产生的侧向压力，是作用于挡土结构物上的主要荷载。根据挡土结构物的偏移方向，土压力可分为静止土压力、主动土压力和被动土压力。当挡土结构物静止不动，土体处于弹性平衡状态时的土压力为静止土压力；当挡土结构物向离开土体方向偏移，至土体达到极限平衡状态时的土压力为主动土压力；挡土结构物向土体方向偏移，至土体达到极限平衡状态时的土压力为被动土压力。这3种土压力中，主动土压力最小，被动土压力最大，而静止土压力介于主动土压力与被动土压力之间。

实际工程中，挡土墙、地下室侧墙以及桥台等挡土结构物都受到土压力的作用，其大小及分布规律与挡土结构物相对于土的移动方向和移动量、填土的性质，以及挡土结构物的型式、刚度、施工顺序等因素有关。工程上常用的土压力计算理论主要有朗肯土压力理论和库伦土压力理论。

土工结构物偏移方向不同时的土压力计算 天然土层中的竖直压应力等于其上覆地层的有效压应力，即$\sigma_v=\gamma z$。式中σ_v为任何一点的竖直压应力；γ为容重；z为该点距地面的深度。土层内部在未受任何干扰时的水平压应力称为静止土压力σ_0。静止土压力与竖直压应力的比值称为静止土压力系数K_0，$K_0=\sigma_0/\sigma_v$。正常固结土层的K_0小于1，在砂土层中$K_0\approx 0.4$，在黏土层中K_0为0.4～0.8，在正常压密土层中可以用$K_0=1-\sin\varphi'$（φ'为土的有效内摩擦角）作为经验估算式。但在超固结土层和用机械压实的填土层中，静止土压力系数可能大于1，甚至达到2以上，须另作具体的试验研究。

如果土层表面为水平的，挡土结构的背面垂直光滑并向离开土体的方向移动，则土与结构之间的侧压力逐渐减小。当侧压力减至极限平衡状态时，土体开始剪裂，此时的侧压力为最小值，称为主动土压力σ_a。与此相反，如果挡土结构向土体推挤，则土与结构之间的侧压力逐渐增大。当侧压力增至极限平衡状态时，土体亦开始剪裂，此时的侧压力为最大值，称为被动土压力σ_p。

对于土中任一点的应力状态，其主动土压力、被动土压力和极限平衡条件的公式如下：

主动土压力：

$$\sigma_a=\gamma z\mathrm{tg}^2\left(45°-\frac{\varphi}{2}\right)-2c\mathrm{tg}\left(45°-\frac{\varphi}{2}\right) \quad (1)$$

被动土压力：

$$\sigma_p=\gamma z\mathrm{tg}^2\left(45°+\frac{\varphi}{2}\right)+2c\mathrm{tg}\left(45°+\frac{\varphi}{2}\right) \quad (2)$$

极限平衡条件：

$$\sigma_1=\sigma_3\mathrm{tg}^2\left(45°+\frac{\varphi}{2}\right)+2c\mathrm{tg}\left(45°+\frac{\varphi}{2}\right) \quad (3)$$

式中σ_1、σ_3分别为最大和最小主应力；c、φ分别为土的黏聚力和内摩擦角。公式(1)和（2）称为朗肯应力状态的土应力。

挡土墙刚度不同时的土压力计算　①刚性挡土墙土压力计算。通常可用库伦土压力理论或朗肯土压力理论。若墙背AB在土压力作用下向左方移动，则墙后产生滑动土楔体ABC，此时墙背受主动土压力E_a的作用（图1a）。

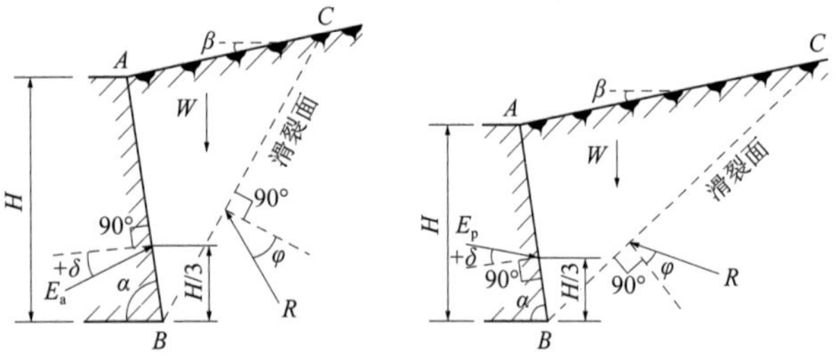

a 主动土压力　　b 被动土压力

图1　刚性挡土墙的土压力示意图

如果墙背向右推动，从而使墙后土体产生被动土压裂面，这个推力称被动土压力E_p（图1b）。实际裂面是曲线形状的，但为了简化计算起见，朗肯和库伦土压力理论假设滑裂面BC为直线，从而推导刚性挡土墙的土压力。

②柔性挡土墙土压力计算。码头板桩墙（图2），其下端插入天然土层，上端用拉杆和锚定板维持平衡，这种挡土结构在土压力作用下的位移量一般相当于其高度

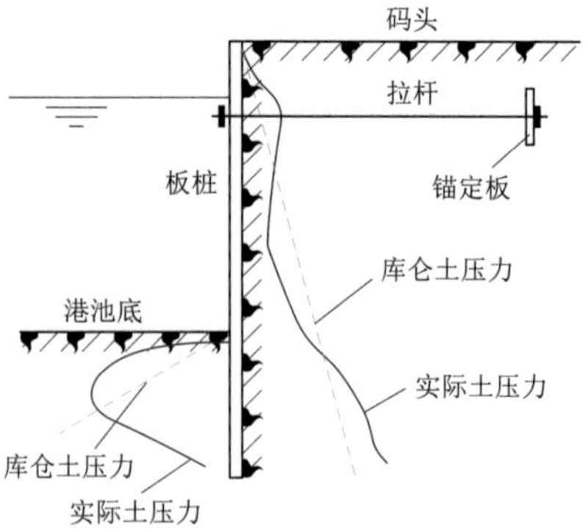

图2　柔性挡土墙的土压力示意图

的百分之一左右，它所受土压力的总值与库伦土压力理论的计算值相近似，但压力的分布图形不是三角形。板桩在侧压力的作用下，本身产生很大的柔性变形。土体中由于相邻部位的不同变形而产生拱作用，因而使锚杆附近和板桩底部的主动土压力增大，板桩中部的主动土压力减小，在板桩前方靠近港池底面处的被动土压力增大。施工中的基坑护壁墙，要求尽量防止坑壁变形和地面沉降。因此，施工时先将板桩打入地下（或灌注地下连续墙），然后从地面逐层开挖基坑，每挖一层便及时设置预应力锚杆。这种结构的土压力受施工方法的影响，一般均大于库伦主动土压力，也不是三角形分布。K.太沙基和R.B.佩克在他们所著的《实用土力学》(1967年再版）中，曾提出计算基坑土压力的经验图式可供参考。这种护壁土压力合力的作用点，一般约在墙背1/2高度处。

影响土压力的各种因素　虽然库伦和朗肯土压力理论已被广泛应用许多年，但实际上，除受土工结构物偏移方向和挡土墙刚度两种最重要的因素影响外，土压力还受许多其他因素的影响。由于挡土墙在设计时均采用较大的安全系数，理想的极限状态实际不会发生。挡土墙施工过程中的填土夯实以及完工后填土继续沉降和水分变化的影响，均可能增大侧压力。车辆震动、温度和湿度对土压力的影响在某些情况下颇为复杂，当墙背填料为黏性土时，强度指标不易精确测定，蠕变作用对土压力也可能有所影响，这些问题都正在进行研究。

（卢肇钧　撰　杨仲轩　修订）

推土机　bulldozer　以拖拉机牵引车为主机，在整机前端配置悬式铲刀，用于铲土、运土、填土、平地、松土、压实，以及清除杂物等作业的铲土运输机械。推土机作业时，将铲刀切入土中，依靠机械的牵引力，完成土壤的切割和推运，还可为铲运机松土和助铲，以及牵引各种拖式工作装置。

按发动机功率，可分为小型（发动机功率小于75千瓦）、中型（发动机功率为75～239千瓦）和大型（发动机功率大于239千瓦）推土机。按行走装置，可分为履带式推土机和轮式推土机。按传动方式，可分为机械传动式推土机、液力机械传动式推土机、全液压传动式推土机和电传动式推土机。

推土机主要由发动机、底盘、液压系统、电气系统、工作装置和辅助设备等组成。液压推土机的发动机与液压泵直接连接，液压泵把发动机的输出动力转变为液压能，一方面可驱动两个行走液压马达转动，经行星减速器后带动驱动轮转动，实现整机行走；另一方面通过液压油缸，操纵推土铲刀和松土器升降。底盘部分由主离合器（或液力变矩器）、变速箱、转向机构、后桥、行走装置和机架等组成。底盘的作用是支承整机，并将发动机的动力传给行走机构及各个操纵机构。工作装置为推土铲刀和松土器，推土铲刀安装在推土机的前端，是推土机的主要工作装置，有固定式和回转式两种型式；松土器通常配备在大中型履带推土机上，悬挂在推土机的尾部。

（王　进）

W

挖掘机械 excavating machinery 用于开挖沟槽、采掘物料、填埋场地、破除旧物的工程机械。是各种挖掘机的统称。1899年，世界上第一台电动挖掘机出现。第一次世界大战后，柴油发动机应用在挖掘机上。随着液压技术的广泛应用，液压传动代替机械传动。1950年，德国第一台液压挖掘机诞生。随着电子技术的广泛应用，挖掘机有了自动化的控制系统。

分类及作用 通常分为单斗挖掘机和多斗挖掘机两类。单斗挖掘机的作业是周期性的，多斗挖掘机的作业是连续性的。按行走方式可分为轮胎式挖掘机和履带式挖掘机；按规格可分为大型挖掘机、中型挖掘机和小型挖掘机；按传动方式可分为液压挖掘机和机械挖掘机；按铲斗类型可分为正铲挖掘机、反铲挖掘机、拉铲挖掘机和抓铲挖掘机。

挖掘机主要用于挖掘各种基坑、排水沟、管沟、电缆沟和拆除旧建筑物等，挖掘的物料主要是土壤、煤、泥沙及经过预松后的岩石和矿石。也可用于完成土方工程的堆放、填埋、采掘和装卸等。

构成 一般由动力装置、传动装置、行走装置、工作装置和操作控制系统组成。此外，单斗挖掘机和斗轮挖掘机还有转台，多斗挖掘机有物料输送装置。①动力装置，有电驱动、内燃机驱动和复合驱动3种形式。中小型机多用柴油机或柴油机-电动机复合驱动，大型机用电动机驱动。②传动机构，有机械传动、液压传动和复合传动3种形式，常见的是液压传动，即通过液压泵将发动机的动力传递给液压马达、液压缸等执行元件，推动工作装置完成各种作业。③行走装置，用来支承机器，使机器变换工作位置和转移作业场地。链斗式挖掘机和环轮式挖掘机的铲斗，随着行走装置的行走而切削物料。行走装置有履带式、轮胎式、步行式、轨行式、浮游式和拖挂式等几种。④工作装置，由动臂、斗杆、铲斗等3部分铰接而成，用于完成挖掘作业。为了适应各种不同施工作业的需要，挖掘机可以配装多种工作装置，如挖掘、起重、装载、平整、夹钳、推土、冲击锤等作业机具。 （王　平）

挖掘装载机 backhoe loader 在基础车前端装有装载斗，后端装有反铲斗，具有挖掘和装载两种功能的施工机械。俗称两头忙。施工时，操作手只需转动一下座椅，就可以转变工作端。

挖掘装载机适用于农场、基建、道路维修等工程的土石方作业和大型施工现场的辅助性作业。与其他施工机械相比，挖掘装载机可以大幅度提高效率。挖掘装载机的体型紧凑，可以方便地在建筑工地上移动，甚至可以在公路上行驶。其结构包括动力总成、装载端和挖掘端。动力总成是基础车辆，是挖掘装载机的核心结构。装载端用于拾取和搬运松散材料，也可以推土或平整地面。挖掘端用于挖掘质密的坚硬土壤或抬起重物，由动臂、斗杆和铲斗3个部分组成。

挖掘装载机多采用轮式行走机构，全轮驱动，利用转向驱动桥或铰接转向，车速可达20千米/时以上。 （王　进）

瓦 clay tile 以黏土（包括页岩、煤矸石等粉料）为主要原料，经泥料处理、成型、干燥和焙烧制成拱形、筒形、板形的片状建筑材料。一般指黏土瓦。

沿革 制作黏土瓦的材料组分主要有石英、长石、莫来石、钙长石、钙黄长石、透辉石、铝酸钙和硅酸钙、尖晶石等。从已发掘的资料及实物来看，瓦在中国西周初期即已产生，并先后制出了筒瓦、板瓦和瓦当（见图），表面多刻有各种精美的图案。之后，形成了制陶业，并在工艺上做了许多改进，如改用瓦榫头使瓦间相接更为吻合，取代瓦钉和瓦鼻。西汉时期，由于工艺上的进步，带有圆形瓦当的筒瓦制作过程由三道工序简化成一道工序，瓦的质量也有较大提高，故有秦砖汉瓦之称。公元588年，瓦的技艺与佛教一同由百济传入日本。在西方，瓦的使用可追溯

龙纹瓦当

到罗马人使用砂岩和石灰岩混合制瓦。公元前640年，在希腊奥林匹亚兴建的赫拉神庙，是最古老的有屋瓦的西方建筑物，此时的瓦多用黏土烧成，直至12世纪西方才普遍使用黏板岩。

中国黏土瓦类型 黏土瓦的生产工艺与黏土砖相似，但对黏土的质量要求较高，如含杂质少，塑性高，泥料均化程度高等。中国生产的黏土瓦有小青瓦、脊瓦和平瓦。

小青瓦 一种弧形瓦，又名蝴蝶瓦、阴阳瓦。用手工成型，在间歇窑中还原性气氛下烧成，呈青灰色。规格一般为长200～250毫米，宽150～200毫米，广泛用于农村房屋建筑

脊瓦 覆盖屋脊的瓦。通常有人字形、马鞍形和圆弧形3种。瓦坯采用压制成型，经干燥烧成，可烧成红、青两色。规格一般为长≥300毫米，宽≥180毫米。

平瓦 长方形平面带沟槽的片状瓦，用于覆盖屋面。平瓦的成型有湿压法、半干压法和挤出法3种，以湿压法为最普遍，可烧成红、青两色。规格一般为400毫米×240毫米至300毫米×200毫米。覆盖一平方米屋面的瓦，其吸水后的重量不得超过55千克；在零下15℃以下经冻融15次循环后，应无分层、开裂、脱边、掉角等现象。成品中不允许混有欠火瓦。黏土瓦只能应用于较大坡度的屋面。由于瓦的材质脆、自重大、片小，施工效率低，且需要大量木材等缺点，在现代建筑屋面材料中的比例已逐渐下降。

性能要求 平瓦、脊瓦、板瓦、筒瓦、滴水瓦、沟头瓦、平板瓦类弯曲破坏荷重不小于1200牛顿。其中青瓦类弯曲破坏荷重不小于850牛顿；J形瓦、S形瓦、波形瓦类弯曲破坏荷重不小于1600牛顿；三曲瓦、双筒瓦、鱼鳞瓦、牛舌瓦类弯曲强度不小于10.0兆帕。瓦质量控制主要执行国家标准《烧结瓦》(GB/T 21149)、《混凝土瓦》(JC/T 746) 等。

（冯乃谦　蔡光汀）

王光远 Wang Guangyuan(1924-03-25～　) 中国工程力学家。河南温县人。1946年毕业于国立西北农学院水利系，赴黄河水利委员会参加花园口堵口工程。半年后到北洋大学（今天津大学）任助教，1950年升为讲师。后到哈尔滨工业大学作为师资研究生跟苏联专家学习，1952年提前两年毕业，被任命为哈尔滨工业大学建筑力学教研室主任。后任哈尔滨工业大学教授、博士研究生导师，哈尔滨工业大学建筑工程学院名誉院长，工程理论与应用研究所名

誉所长，国际刊物工程优化编委，国际结构安全与可靠性协会委员。曾任中国力学学会副理事长，国务院学位委员会和国家自然科学基金会学科组成员。1994年当选为中国工程院院士。

长期从事地震工程的研究。主要成果“建筑层空间整体计算理论”1978年获全国科学大会奖；“结构模糊优化设计理论”1986年获国家教委科技进步奖一等奖，1987年获国家自然科学奖三等奖；“工程软设计理论”为国际首创；“模糊随机振动理论”获1993年国家教委科技进步奖一等奖。专著有《建筑结构的振动》《应用分析动力学》《结构优化设计》《模糊随机规划理论》《结构随机振动》《抗震结构的最优设防烈度与可靠度》《工程结构与系统抗震优化设计的实用方法》《结构智能选型——理论、方法及应用》等。

（黎　晓）

王梦恕　Wang Mengshu（1938-12-24～2018-09-20）　隧道及地下工程专家。中国工程院院士。生于河南温县。北京交通大学教授、博士生导师。1964年毕业于唐山铁道学院（今西南交通大学）。曾任中国岩石力学与工程学会副理事长，土木工程学会隧道与地下工程分会常务理事和中国铁道委员会副主任，国际海底隧道协会主席。1995年当选为中国工程院院士。

从事铁路工程科技工作50余年，对促进中国隧道技术的发展起到了重要作用。①开展了铁路隧道复合衬砌新型结构领域的理论研究，揭示了结构受力特点、机理，确定了施工要点及工艺，提高了地下结构的承载能力和抗裂性能。②主持衡广复线大瑶山隧道深孔光面爆破、喷锚支护、监控量测、**新奥法**施工、周边钻孔预注浆等关键技术的开发研究和应用，实现了大断面、大型机械化快速施工，使长大隧道修建技术有了重大突破。③主持双线铁路隧道不稳定地层信息化施工，创新了超前支护体系和稳定工作面的理论分析和应用，创造了新型网构钢拱架和锁脚锚管支护型式，并广泛应用于软弱地下工程。④主持创造了“**浅埋暗挖法**”修建城市地铁和车站的施工配套技术。⑤主持或参加中国多条海底、江河水下隧道的设计、施工研究。

王梦恕曾获国家科技进步特等奖1项、二等奖2项、三等奖2项，省部级科技进步奖11项，获“第四届詹天佑大奖”，并获国家人事部“杰出专业技术人才”一等功，“全国优秀科技工作者”、国家有突出贡献的专家等多种荣誉称号。

（李术才）

网架结构　space truss structure　由上弦杆、腹杆和下弦杆组成的空间网格状结构（见图）。网架结构的整体形状为平板状，属于刚性空间网格结构。

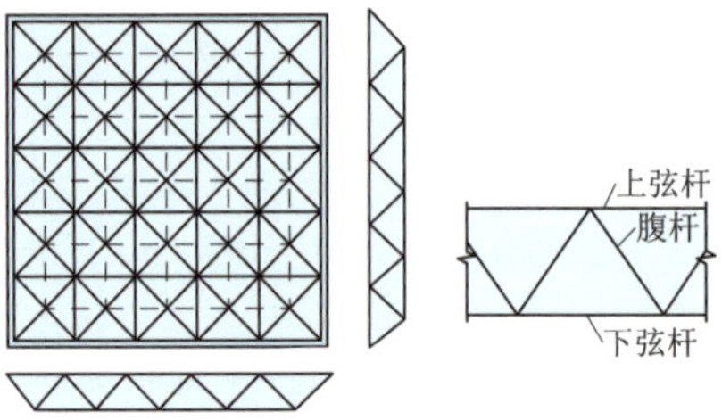

网架结构的组成示意图

网架结构有多种类型。按照弦杆的层数分为双层网架和三层网架；按照杆件的布置形式分为交叉桁架体系网架、四角锥体系网架和三角锥体系网架；按照节点的构造形式分为螺栓球节点网架和焊接空心球节点网架。

已建成的网架结构工程如中国上海体育馆。

（罗永峰）

网壳结构　latticed shell structure　整体形状为空间曲面状的空间网格状结构。与网架结构同属刚性空间网格结构。网壳结构有多种类型。按照弦杆的层数分为单层网壳和双层网壳；按照杆件的布置形式分为交叉桁架体系网壳、四角锥体系网壳、三角锥体系网壳等；按照网壳整体曲面形状分为球面网壳、双曲扁网壳、柱面网壳、锥面网壳、扭面网壳、双曲抛物面网壳、组合曲面网壳等；按照节点的构造形式分为螺栓球节点网壳、焊接空心球节点网壳等。螺栓球节点不能用于单层网壳。

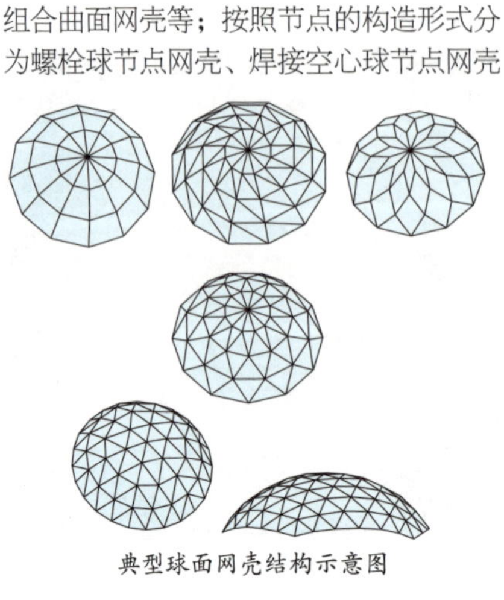

典型球面网壳结构示意图

另外，球面网壳按照其构件布置方式又可分为肋环形、施威德勒形、联方网格形、三向网格形、凯威特型、短程线型等球面网壳。

图中为几种典型的球面网壳网格形式。

（罗永峰）

网络计划技术　network planning technique　用于工程项目的计划与控制的管理技术。网络计划技术将项目分成由若干项作业组成，作业与作业之间存在着相互制约、相互依存的关系，以网络计划图的形式对作业以及作业之间相互关系加以表示，并在此基础上找出项目的关键作业和关键路径，进一步对项目资源进行合理安排，达到以最短的时间和最少的资源消耗来实现整个系统的预期目标，以取得良好的经济效益。

发展历程　网络计划技术起源于1956年美国杜邦化学公司发明的关键路径法（CPM），并于1957年应用于一个化工建设项目且取得良好的效果。1958年美国在军事项目管理的开发过程中提出了计划评审技术（PERT）并将其应用于北极星导弹潜艇计划且取得成功。1962年起，美国政府规定新开发的项目需要应用计划评审技术。同时，CPM等网络计划技术在苏联、英国、日本等国家的工程建设中推广并得到了良好评价。

中国在20世纪60年代，由钱学森倡导，在国防科研项目中应用网络计划技术。华罗庚结合中国的实际情况，以“统筹法”为名在全国范围内进行宣传推广，取得了较大的进展。改革开放之后，网络计划技术得到广泛应用，且取得良好效果。为进一步推进网络计划技术的研究与应用，中国于1991年发布行业标准《工程网络计划技术》（JTJ/T 1001—91），1992年颁布中华人民共和国国家标准《网络计划技术》（GB/T 13400.1，13400.2，13400.3—92），1999年和2015年分别颁布行业标准《工程网络计划技术规程》（JTJ/T 121—99）和《工程网络计划技术规程》（JTJ/T 121—2015）。

分类　根据工作持续时间的特点，分为肯定型问题的网络计划和非肯定型问题的网络计划；根据工作和事件在网络图中的表示方法划分为时间网络（以节点表示时间的网络计划）和工作网络（分为以箭头表示工作的网络计划和以节点表示工作的网络计划）；根据计划平面的个数划分为单平面网络计划和多平面网络计划。中国《工程网络计划技术规程》推荐的工程网络计划为双代号网络计划、单代号网络计划、双代号时标网络计划、单代号搭接网络计划。

双代号网络计划 用箭线及其两端节点的编号表示工作的网络图。中国普遍应用的一种网络计划，其工作表示方法见图1。双代号网络图中有两个或者两个以上箭号交点处的圆圈，表示必须等待前面的工作结束，后面的工作才能开始。如图2所示，工作B和C完成以后，E和F才能开始。任何一个工作都是由前后两个圆圈的编号表示，因此称双代号表示法。把完成一项计划或者一项工程所有的工作，根据先后顺序和它们之间的逻辑关系，并以图1的图例绘制成的图，称为双代号网络图（图2）。

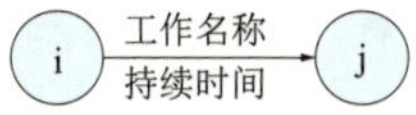

图1 双代号表示法示意图

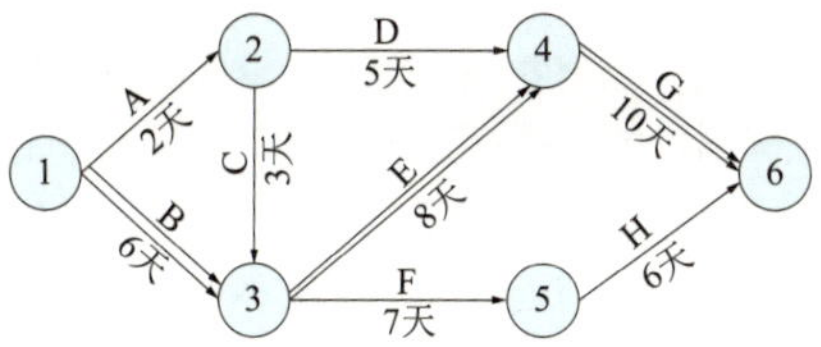

图2 双代号网络示意图

图2中起点事件①沿着箭头指向到结束事件⑥之间，有多条不同线路。通过计算可以找出工期最长的线路，如①—③—④—⑥的线路。这条线路称为关键线路。位于关键线路上的工作称为关键工作。关键工作完成的快慢直接影响到整个工期。在网络图中关键线路通常用粗线或者双线表示。

单代号网络计划 用一个大圆圈或者大方框作为节点表示一项工作，把工作的名称、编号、工作持续时间都写在圆圈或者方框之内（图3），也称工作节点网络计划。箭号仅用来表示工作先后的顺序关系。

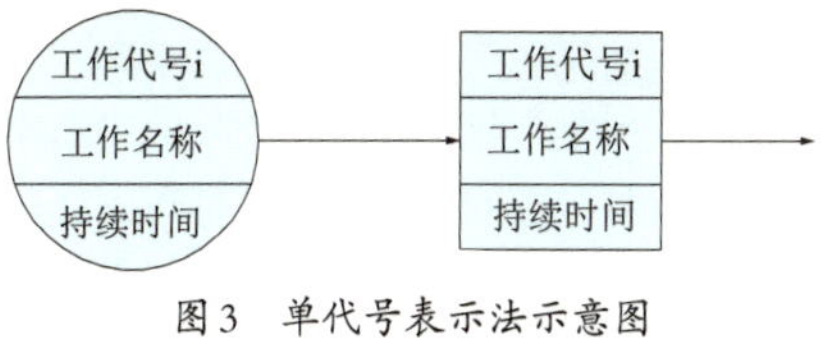

图3 单代号表示法示意图

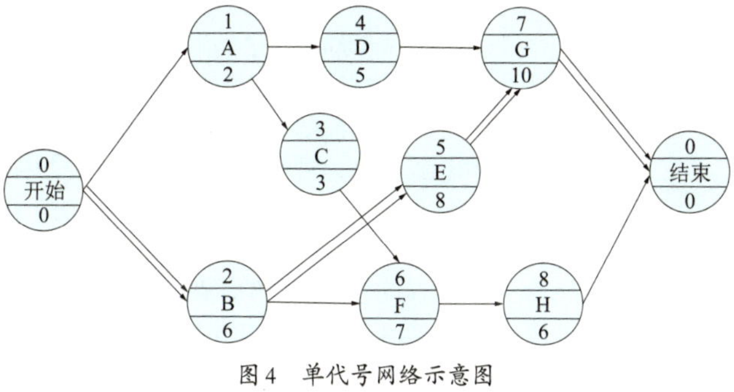

图4 单代号网络示意图

由于一个编号可以代表一项工作，因此称为单代号表示法，用图3的图例绘制成的图称为单代号网络图（图4）。

双代号时标网络计划 以水平时间坐标为尺度编制的双代号网络计划。双代号时标网络计划必须以水平时间坐标为尺度表示工作时间。时标的时间单位应根据需要在编制网络计划之前确定，可为时、天、周、月或季；时标网络计划应以实箭线表示工作，以虚箭线表示虚工作，以波形线表示工作的自由时差。其中所有符号在时间坐标上的水平投影位置，都必须与其时间参数相对应。节点中心必须对准相应的时标位置；时标网络计划中虚工作必须以垂直方向的虚箭线表示，有自由时差时加波形线表示。双代号时标网络计划编制方法包括间接法和直接法。双代号时标网络计划宜按各项工作的最早开始时间编制。在编制双代号时标网络计划前，应先按已确定的时间单位绘制出时标计划表（图5）。

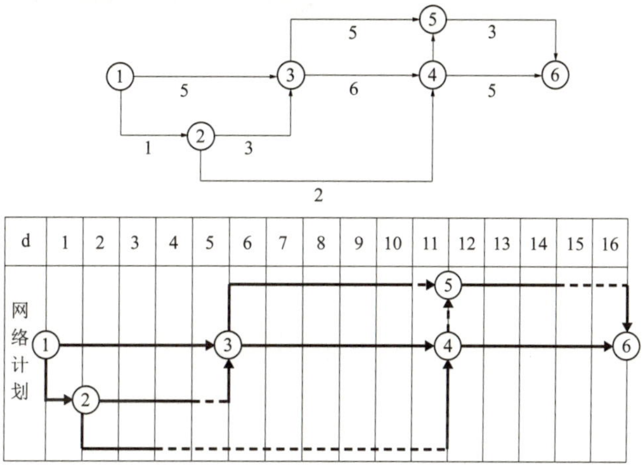

图5 双代号时标网络计划示意图

单代号搭接网络计划 以节点表示工作，箭线及其上面的时距符号表示相邻工作间的逻辑关系的网络图。单代号搭接网络计划中的时间参数基本内容和形式应按图6所示方式标注。工作名称和工作持续时间标注在节点圆圈内，工作的时间参数（ES，EF，LS，LF，TF，FF）标注在圆圈的上下。而工作之间的时间参数（STS，ETF，STF，FTS和时间间隔LAG_{ij}）标注在联系箭线的上下方。

网络图的计算 其参数主要包括总工期、最早开始时间、最早结束时间、最迟开始时间、最迟结束时间、自由时差、总时差等。这些参数的计算可以采用图算法、表算法、点算法等方法。网络图中由前向后推算，可以计算出总工期以及每一事件和工作的最早开始时间和最早结束时间；由后向前推算，可以找出关键线路、关键工作和非关键工作以及每一事件和工作的最迟开始时间、最迟结束时间、总时差、自由时差等参数。

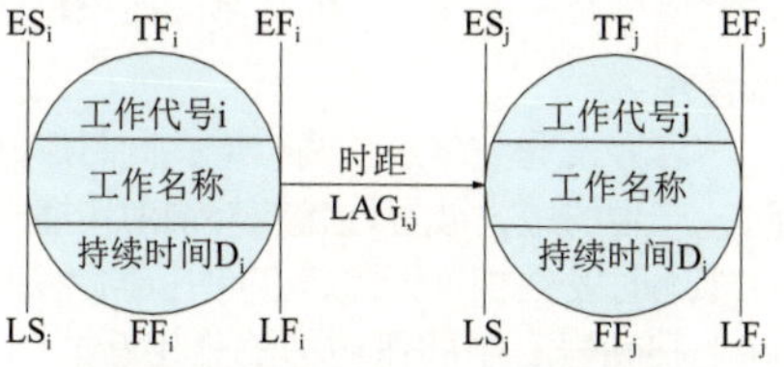

图6 单代号搭接网络计划示意图

网络计划的优化 通过利用非关键性工作上的机动时间，推迟或提前这些工作的开始时间，不断改善网络计划的最初方案，在满足规定的衡量指标条件下，寻求最优方案的课题。如规定工期条件下，寻求资源投入最少的优化方案；规定工期内完成整个计划的条件下，寻求成本最低的优化方案。规定的目标不同，根据优化理论和解决问题的途径也有所不同。优化方案一般需要借助于计算机技术。

应用前景 随着信息技术和互联网络技术的快速发展，边缘学科的相互渗透，网络计划技术同决策论、排队论、控制论、仿真技术相结合，应用领域不断拓宽，产生许多诸如搭接网络技术、决策网络技术、图示评审技术、风险评审技术等一大批现代计划管理方法，广泛应用于工业、农业、建筑业、国防与科学研究领域。

（刘明强）

微差爆破机理 mechanism of millisecond delay blasting 多个炮孔或多排炮孔起爆时，相邻炮孔间或排间通过设定毫秒级的时间间隔，控制炸药起爆顺序和延期时间的控制爆破技术（图1）。微差爆破技术在工程爆破领域已得到普遍应用，能够提高破碎效率，减少大块率，降低爆破振动，缩短岩块飞散距离和节约成本。

微差爆破机理主要包括应力波叠加作

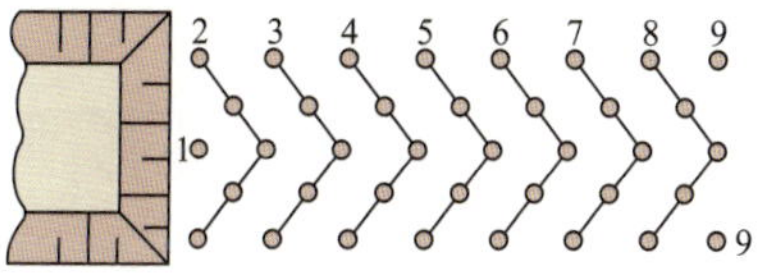

图1 微差爆破V形起爆顺序示意图

用、增加自由面作用、加强破碎作用和减振作用。

应力波叠加作用 两个炮孔同时爆破时，产生的应力波呈柱状向外辐射传播且在相遇时发生相互干涉，在炮孔连心线方向上孔间岩石中的压应力部分相互抵消，拉应力得到加强（图2）。若两炮孔相距较近，叠加后的拉应力超过介质的抗拉强度时可使岩石开裂。随后，爆轰气体泄入炮孔壁上的裂隙使其进一步扩展。两个以上相邻炮孔齐发爆破时，拉伸裂隙将自炮孔壁沿炮孔连心线向外延伸，并可能联通两个炮孔，造成爆生气体快速外泄，缩短作用时间，降低炸药爆炸的能量利用率。成组药包的齐发爆破所产生的应力波相互作用更为复杂。由于爆破自由面少，炮孔受到较大的夹制作用，爆破破碎效果不理想。

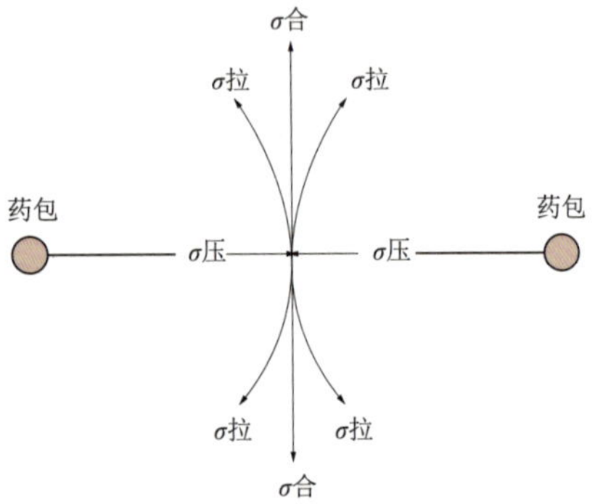

图2 两个炮孔同时爆破时炮孔连线应力波叠加情况示意图

普通台阶爆破试验资料表明，从炮孔起爆到台阶坡面出现裂缝，历时约数毫秒到数十毫秒，台阶岩体鼓包至高压气体逸出历时约100毫秒。采用多个炮孔或多排炮孔对岩石进行爆破，使后起爆的炮孔较先起爆炮孔延迟十至数十毫秒。起爆时，相邻炮孔或排间炮孔的应力波作用存在时间差，避免了孔间裂隙过早产生以及爆生气体过早逸出，先起爆炮孔产生的应力波尚未消失，炮孔间产生的应力波相互叠加，可提高岩石的破碎程度。

增加自由面作用 采用微差爆破时，先起爆炮孔形成的爆破漏斗为后起爆炮孔增加新的自由面（图3）。后起爆炮孔的最小抵抗线和爆破作用方向有所改变，会增强入射压缩波和反射拉伸波在自由面方向的破碎岩石作用，降低前排岩体对后排炮孔的夹制作用。

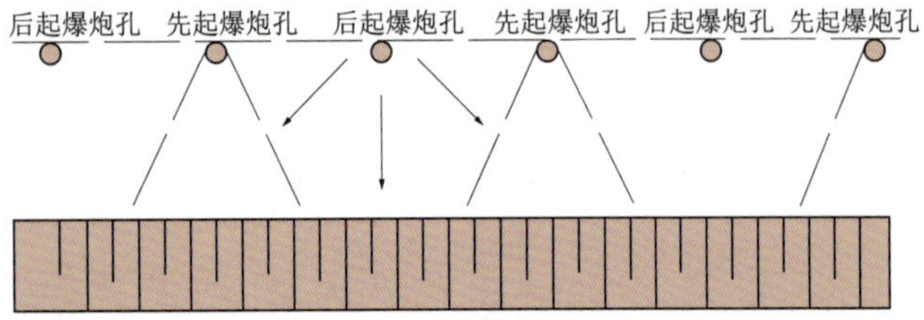

图3 单排孔微差爆破增加自由面示意图

加强破碎作用 采用微差爆破时，先起爆炮孔破碎的岩石被抛掷但尚未落下时相邻的后起爆炮孔起爆，后起爆炮孔破碎的岩石将向先起爆炮孔方向飞散，先后抛掷的岩石在空中发生相互碰撞，使部分岩石得以进一步破碎。碰撞破碎过程会降低岩石的动能，使抛掷距离减小，爆堆更为集中，便于后期清运。

减振作用 微差爆破可显著地减小同时起爆的炸药量，将原来同时起爆的药量、爆破诱发的地震波能量在时间上得以分散，降低爆破振动强度。通过调整微差时间，两组地震波可达到波峰与波谷叠加的效果，进一步降低爆破振动。

微差爆破技术的核心是炮孔间起爆时差的选择，合理的时差能保证良好的爆破效果。常通过毫秒延期的电雷管、导爆管雷管，以及数码雷管实现炮孔间的起爆时间间隔。随着高精度延期雷管和数码电子雷管的研发，可更精细地控制炮孔起爆顺序与微差起爆时间，达到更优的爆破效果。

（孙金山）

围护结构 building envelope 分隔建筑室内与室外，以及建筑内部使用空间的建筑部件。围护结构构成了建筑空间，抵御环境对建筑室内的不利影响。根据在建筑物中的位置，围护结构分为外围护结构和内围护结构。外围护结构包括外墙、屋顶、外窗、外门等，用以抵御风雨、温度变化、太阳辐射等，应具有保温、隔热、隔声、防火、防潮、耐火、耐久等性能。内围护结构如隔墙、楼板和内门窗等，起分隔室内空间作用，应有隔声、隔视线以及某些特殊要求的性能(如防水)。不特殊注明时，围护结构常常指外围护结构，尤其指外围护结构中的墙和屋面部分。

分类 外围护结构的材料有砖、石、土、混凝土、纤维水泥板、钢板、铝合金板、玻璃、玻璃钢和塑料等。外围护结构按构造可分为单层构造和多层复合构造两类。①单层构造。如各种厚度的砖墙、混凝土墙、金属压型板墙、石棉水泥板墙和玻璃板墙等。②多层复合构造。可根据围护结构不同要求和结合材料特性分层设置。通常外层为防护层，中间为保温或隔热层（必要时还可设隔蒸汽层），内层为内表面层。各层或以骨架作为支承结构，或以增强的内防护层作为支承结构。

性能 主要有保温隔热、隔声、防水防潮、耐火、耐久几个方面。

保温隔热 围护结构在冬季应具有抵御室外气温作用和气温波动的能力，以保持室内热量，减少热损失。夏季，在太阳辐射热和室外高温作用下，围护结构内表面应能保持适宜生活所需的温度。提高围护结构保温性能的措施主要是增大热阻、提高热惰性。提高隔热性能的措施主要是设隔热层、采用通风间层构造、外表面采用对太阳辐射热反射率高的材料等。

隔声 围护结构具有对空气声和撞击声的隔绝能力。墙和门窗等构件以隔绝空气声为主；楼板以隔绝撞击声为主。

防水防潮 对于处在不同部位的构件，在防水防潮性能上有不同的要求。屋顶应具有可靠的防水性能，即屋面材料的吸水性要小而抗渗性要高。外墙应具有防潮性能。潮湿的墙体会恶化室内环境，降低保温性能和损坏建筑材料。外墙受潮的原因有：①雨水通过毛细管作用或风压作用向墙内渗透。②地下毛细水或地下潮气上升到墙体内。③墙内水蒸气在冬季形成的凝结水等。为避免墙身受潮，应采用密实的材料作外饰面；设置墙基防潮层，以及在适当部位设隔汽层。

耐火 围护结构要有抵抗火灾的能力，常以构件的燃烧性能和耐火极限来衡量。构件按燃烧性能可分为燃烧体、难燃烧体、非燃烧体。构件材料经过处理可改变燃烧性能，如木构件为燃烧体，如果在外表设保护层可成为难燃烧体。构件的耐火极限，取决于材料种类、截面尺寸和保护层厚度等，以小时计，在建筑防火规范中有详细规定。

耐久 围护结构在长期使用和正常维修条件下，仍能保持所要求的使用性能。影响围护结构耐久性的因素有：冻融作用、盐类结晶作用、雨水冲淋和受潮、老化、大气污染、化学腐蚀、生物侵袭、磨损和撞击等。不同材料的围护结构受这些因素影响的程度是不同的。例如，黏土砖墙耐久性容易受到冻融作用、环境湿度变化、盐类结晶作用、酸碱腐蚀等的影响；混凝土或钢筋混凝土类围护结构则有较强的抵抗不利影响的能力。为了提高耐久性，对于木质围护结构，主要应防止干湿交替和生物侵袭；对于钢板或铝合金板，主要应作表面保护和合理的构造处理，防止化学腐蚀；对于沥青、橡胶、塑料等有机材料制作的外围护结构，在阳光、风雨、冷热、氧气等的长期作用下会老化变质，可设置保护层。

（武克基 董 宏）

围堰爆破 demolition blasting of cofferdam 采用钻孔爆破方式拆除水利水电工程中临时挡水构筑物的系列作业和技术。2006年6月实施的长江三峡水利枢纽三期RCC围堰拆除爆破，其爆破规模、复杂程度在中国围堰拆除史上堪称第一。根据炮孔或药室布置情况，围堰爆破可分为垂直孔爆破、扇形孔爆破、水平孔爆破、垂直孔与水平孔结合爆破、硐室爆破、硐室与钻孔结合爆破等类型。

围堰爆破的方法有：①爆破破碎法。使被爆围堰在炸药爆炸荷载作用下充分破碎。②倾倒塌落法。使被爆围堰定向倾倒或滑移至水中。

围堰爆破的设计原则：①对爆破地震波、爆破水中冲击波、涌浪及动水压力、个别飞石等爆破有害效应作用下邻近主体建筑物、设施设备的动力响应进行安全校核，将爆破有害效应控制在爆破安全控制标准允许范围内。②要因地制宜地设计爆破总体方案。③建议采用高单耗、低单段设计原则。

围堰爆破的特点：①围堰拆除工程量大，钻孔数量多。②通常在水下或临水进行，要求炸药和起爆器材具有抗水，抗压性能。（贾永胜）

桅式结构 guyed mast structure 由一根下端为铰接或刚接的竖立细长杆身和若干层纤绳所构成的**高耸结构**。又称桅杆结构。

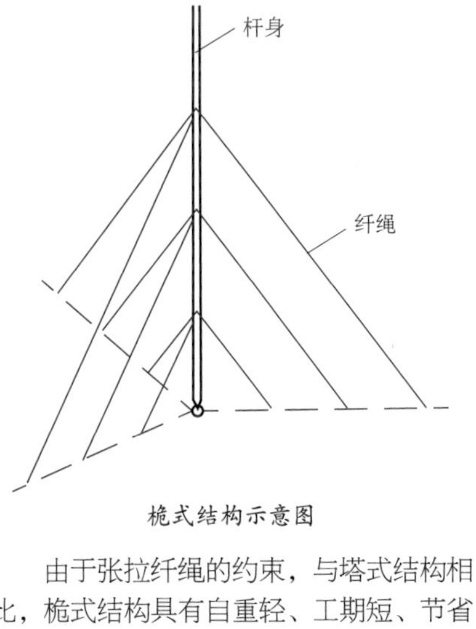

桅式结构示意图

由于张拉纤绳的约束，与塔式结构相比，桅式结构具有自重轻、工期短、节省材料、构件制作及安装规格化等优势，在广播电视、旅游观光、航海通信、能源开发、环境保护等领域得到了广泛的应用。

构造 桅式结构由纤绳、杆身和基础组成。

纤绳 层数一般随桅杆高度增大而增多，纤绳节点间距以使杆身长细比等于80～100为宜，可等距或不等距布置。不等距布置时，宜从下到上逐层加大间距，使杆身各层应力大致相等，结构较为经济。一般每层按等交角布置3根或4根纤绳，其倾角为30°～60°，以45°较好。同一立面内所有纤绳可相互平行，每根纤绳有一地锚基础；或交于一点，共用一地锚基础。纤绳常用高强镀锌钢丝绳，用花篮螺丝预加应力，以增强桅杆的刚度和整体稳定性。

杆身 按材料可分为**钢结构**、**木结构**和**钢筋混凝土结构**。钢结构杆身常采用单根钢管或组合构件。单根钢管可用无缝钢管或卷板焊接钢管。组合构件为三边形或四边形空间桁架结构，其弦杆和腹杆由角钢、圆钢、钢管或薄壁型钢制成，其中圆形截面风阻较小，采用较多。对于四边形截面的桅杆要每隔一定高度布置横隔，以防截面变形。为了便于制造、运输和安装，杆身可划分成若干等长度的标准节段，节段两端用法兰盘或拼接板相互连接。木结构杆身采用单根圆木或组合木构件，用拼接钢板连接。钢筋混凝土结构采用离心式灌筑的预制管柱构件，以法兰盘连接。

基础 分杆身下面的中央基础和固定纤绳的地锚基础。中央基础为圆的或方的阶梯形基础，承受杆身传来的力。地锚基础承受纤绳拉力，有重力式、挡土墙式和板式。

安装 分为整体安装和分散安装。整体安装是将杆身节段在安装点附近地面卧拼，在基础处设一桅杆支座铰，利用卷扬机和把杆，将桅杆绕支座铰整体竖起来。分散安装是利用爬行起重机或把杆将杆身节段和纤绳逐节由下向上安装，起重机或把杆附在杆身上，随着安装而升高。另一种方法为倒装法，在地面设安装架，先装上段再装下段，逐段安装逐段顶升，并用临时纤绳保持稳定。分散安装法设备简单、安全可靠，因此得到广泛采用。

（王肇民 李 荣）

卫星发射塔 satellite launching tower 用于航天发射场实施卫星及运载火箭的组装、检测、维护、加注燃料、填充压缩气体、保障人员器材流动和最后发射卫星（火箭）的塔式结构。当用于导弹（火箭）时，称为导弹（火箭）发射塔。

卫星发射塔通常采用横断面为矩形的铆接或焊接钢架结构，固定在发射台侧面，其截面沿塔架高度不变或由上至下逐渐增大。塔顶常设有旋臂式或其他类型的起重机用以吊装组件。根据发射准备和发射的需要，塔上敷设液、气、水、空调等管路，动力、控制、通信、电视等电缆及高速电梯和电缆摆杆。在塔的若干高度设有工作平台（内平台和旋转外平台）。外平台能环抱卫星和运载火箭以利工作，在完成发射准备后，通过铰接装置旋转到塔的两侧。在设有平台处，塔架腹杆一般采用K形，其他地方可用交叉斜腹杆。

塔架的结构设计与一般塔式结构相同，除考虑自重、风荷载、起重机反力和必要时考虑地震作用外，还需考虑发动机喷出的高温高速燃气流对结构的热烧蚀影响和冲击动力。另外，还要考虑外凭条在转动过程中的各种结构效应。

卫星发射塔的塔基可采用独立式或联合基础固定在地面上；亦可设置在重型平板车上连同卫星一起运送到发射地点；还可采用卧放式（其中两个塔脚与地面铰接），通常采用横断面为矩形的铆接或焊接钢架结构，平时卧放在地面下的隐蔽坑内，发射准备时用液压机把塔竖起到工作位置。（欧阳可庆）

位移法 displacement method 结构力学中建模与求解的基本方法之一，以结点的独立广义位移（角位移或线位移）为基本未知量求解结构的变形、内力和应力。结构力学位移法的基本思想和**弹性力学**的位移解法是一致的。

C.-L.-M.-H.纳维于1828年提出弹性力学位移解法的思想，R.F.A.克莱布什将桁架的结点位移作为基本未知量求解超静定空间桁架结构的内力。H.曼德拉将结点的转角作为未知量求解桁架的弯曲次应力，其中假设弯曲次应力不产生结点的线位移。20世纪初由于钢筋混凝土结构的问世，出现了大量的高次超静定刚架结构，其中的弯曲应力不再是次应力。A.本迪克森将结点线位移和转角同时作为基本未知量求解刚架结构的内力，这种方法称为转角位移法。以上提到的方法都属于位移法的范围。

当设定结点的独立广义位移为基本未知量之后，利用杆件的力学特性，杆件内力可表示为该杆件两端节点独立广义位移分量的线性函数，其中各线性项的系数称为杆件的刚度系数。当杆件上承受外荷载时，内力线性函数中还有与外荷载有关的非齐次项，这些项的物理意义是：由作用于杆件的外荷载、在端部结点广义位移均被约束条件下产生的杆件端部内力。将杆端内力和杆端位移的关系表示成矩阵形式，上述杆件的刚度系数就组成杆件的刚度矩阵。在每个结点处，相关杆件的内力必须与作用在结点处的外荷载满足平衡方程，而独立的平衡方程数恰好和独立的结点广义位移数相等。这些结点平衡方程恰好组成了位移法求解结点位移的适定方程组，即对于结构所有独立结点广义位移的线性代数方程组。方程组中与结点广义位移相乘的系数称为结构的整体刚度系数，简称结构的刚度系数，而整个方程组的系数矩阵就是结构的刚度矩阵。求解位移法的这个基本方程组，就可得到各结点的广义位移，进一步还可得到各杆件的内力和应力。

由于每根杆件都是一维结构元件，其轴线方向具有特殊的意义。尽管对于整体结构需要建立统一的笛卡尔坐标系，为了描述其力学特性的方便，对每根杆件必须建立以轴线方向为主要坐标轴的局部笛卡尔坐标系。以空间桁架结构为例，其中杆件局部坐标以轴线方向为$x_{1'}$坐标，横向为$x_{2'}$坐标。对于等截面杆件可得杆端内力和杆端位移的关系式为：

$$\begin{Bmatrix} F_{1'}^{a} \\ F_{1'}^{b} \end{Bmatrix} = \begin{bmatrix} EA/l & -EA/l \\ -EA/l & EA/l \end{bmatrix} \begin{Bmatrix} u_{1'}^{a} \\ u_{1'}^{b} \end{Bmatrix} \tag{1}$$

式（1）中上标a、b分别为杆的起点、终点；$F_{1'}$为轴向力；$u_{1'}$为轴向位移；l、EA分别为杆件的长度和截面抗拉刚度；式（1）中的矩阵为桁架等截面杆件的刚度矩阵，其中的系数就是杆件的刚度系数。

结构的基本未知量为各结点在整体笛卡尔坐标系下的广义位移，在整体和局部笛卡尔坐标系下的位移和内力分量可按坐标转换关系进行转换。再考虑到上述端点内力是在杆端截面上作用于杆件的力，它和杆件作用于结点的力是作用力、反作用力的关系，于是对于每个结点可以建立平衡方程：

$$\boldsymbol{F}^{i} = \begin{Bmatrix} F_1^i \\ F_2^i \\ F_3^i \end{Bmatrix} = \sum_j \begin{Bmatrix} F_1^j \\ F_2^j \\ F_3^j \end{Bmatrix} = \sum_j \begin{bmatrix} \cos(x_1, x_{1'}^j) \\ \cos(x_2, x_{1'}^j) \\ \cos(x_3, x_{1'}^j) \end{bmatrix} \{F_{1'}^j\} = \begin{Bmatrix} F_1^{p_i} \\ F_2^{p_i} \\ F_3^{p_i} \end{Bmatrix} = \boldsymbol{F}^{p_i} \tag{2}$$

式（2）中$\boldsymbol{F}^i$为i结点处内力之和的列矢量，对j求和指的是对与该结点相连的所有杆件的端点内力求和。这个端点可以是杆件的起点，也可以是终点；F_1^j、F_2^j、F_3^j为该杆件端点内力在整体坐标系的分量；$F_{1'}^j$则为在杆件局部坐标系的分量；$\cos(x_k, x_{l'})$为坐标变换系数；$F_1^{p_i}$、$F_2^{p_i}$、$F_3^{p_i}$为作用于结点的外力分量，组合成结点载荷列阵$\boldsymbol{F}^{p_i}$。

将方程（2）中的结点处杆端内力用式（1）代入，就得到关于结点广义位移的方程。集成对结构所有结点建立的方程，并将各结点广义位移列阵组成结构的结点广义位移列阵，结点外荷载列阵组成结构的结点外荷载列阵，就得到矩阵方程组：

$$K_{ij}u_j = p_i \tag{3}$$

式（3）中的矩阵K_{ij}为结构的刚度矩阵，其元素为结构的刚度系数，具体地说，就是结构总体第i自由度的广义力（即某结点的某个广义力）和第j自由度的广义位移（即某结点的某个广义位移）之间的刚度系数。

结构力学的位移法，最初主要用于高次超静定的杆系结构。对于桁架结构，结点的独立广义位移只有线位移；对于空间刚架结构，结点的独立广义位移增加到6个，包括3个线位移和3个角位移。在计算机发展之前，大规模的线性代数方程组难以求解，因此在位移法基础上提出了迭代、松弛的算法，如变形分配法、力矩分配法等。随着计算机和计算数学的发展，求解大规模矩阵方程已经没有困难，位移法发展到矩阵位移法，某些简化模型或迭代算法已经逐渐不受关注。借助于计算力学的发展，利用有限元法划分单元离散插值的思想，对于其他形式的复杂结构也都可以用位移法求解。位移法对于各种结构的建模都基于同样的框架：将结构离散成包含若干结点的单元（杆单元、板单元、壳单元，或三维实体单元），以结点的广义位移为基本未知量，对每个单元建立单元刚度矩阵，根据各结点处的平衡条件建立求解基本未知量的求解方程组，也就是将单元刚度矩阵和单元荷载列阵集成为结构的刚度矩阵和结构的结点荷载列阵。而力法对不同结构并没有建立如此统一的建模框架，因此在计算结构力学中的应用远远不如位移法广泛。（刘　纲）

位移观测　displacement observation　对被观测物体的平面位置变化所进行的测量。

目的　位移观测的目的是监测建筑等的平面位移量，能有效地监控其安全状况，并可根据实际情况采取适当的加固措施。位移观测按坐标系统可分为横向水平位移、纵向水平位移及特定方向的水平位移。横向水平位移和纵向水平位移可通过监测点的坐标测量获得，特定方向的水平位移可直接测定。

方法　位移观测方法主要有基准线测量法、精密导线测量法、全球导航卫星系统（GNSS）测量法、摄影测量法、传感器测量法等。①基准线测量法。又分为光学法（视准线法）、引张线法和激光准直法等，是变形监测的常用方法，该方法特别适用于直线形建筑物的水平位移监测（如直线形大坝等）。②精密导线测量法。对于非直线型的建筑物，如重力拱坝、曲线型桥梁以及一些高层建筑物，可以布设精密导线进行测量。③GNSS测量法。利用GNSS自动化、全天候观测的特点，在工程外部布设监测点，可实现高精度、全自动的位移观测。④摄影测量法。不需要接触被监测变形体，可获取快速变形过程。⑤传感器测量法。利用激光准直仪、光纤光栅多点位移计等专门的传感器和方法测量两点之间的平面位移。

类型　按业务特点，位移观测主要分为倾斜观测、垂直度观测、挠度观测、裂缝观测、日照变形观测、风振变形观测等类型。

倾斜观测　对建筑中心线或其墙、柱等，在不同高度的点相对于底部基准点的偏离值进行的测量。倾斜观测主要是测定建筑物顶部相对于底部或各层间上层相对于下层的水平位移与高差，分别计算整体或分层的倾斜面度、倾斜方向以及倾斜速度。对具有刚性建筑物的整体倾斜，可通过测量顶面或基础的相对沉降间接测定。

垂直度观测　对建筑物、构筑物中心线或其墙、柱等在不同高度的点相对于底部基准点的偏离值所进行的测量。建筑物主体的垂直度观测，一般采取测定顶部监测点相对其底部监测点的偏移值，然后计算建筑物主体的倾斜值。

挠度观测　对建筑等结构体的扭曲或弯曲所进行的测量。建筑物挠度观测主要测定是建筑基础、主体，以及墙、柱、梁等独立构筑物的挠度值。高耸建筑物在动荷载作用下会产生弹性挠度。为测得构件在弹性阶段的挠度瞬时值，常采用挠度计或位移传感器测定挠度值。直立高大型建筑物挠度的观测通过测定建筑物在铅垂面内各不同高程点相对于底部的水平位移值获得。

裂缝观测　对建筑上裂缝的位置、分布、走向、长度、宽度、深度及其变化情况进行的测量。建筑物发生裂缝时，为了了解其现状和掌握其发展情况，应该进行观测，以便根据这些资料分析其产生裂缝的原因和它对建筑物安全的影响，及时地采取有效措施加以处理。传统的方式是采用钢尺或游标卡尺进行测量，随着高层、超高层建筑的增加，多采用裂缝仪或裂缝计等仪器设备进行观测。

日照变形观测　测定超高层建筑、高耸建筑在日照作用下的摆动量和扭曲程度。日照变形观测常选在高耸建筑物或单柱受强阳光照射或辐射的过程中进行，通过测定其上部由于向阳面与背阳面温差引起的偏移量计算日照变形量，描述其顶部位置变化轨迹。

风振变形观测　观测得到高层建筑、高耸结构受强风作用而产生的动态变形量的测量。风荷载是高层建筑、高耸结构的主要荷载，风振变形观测是验证和优化建筑物结构风荷设计的重要手段。在工程受强风作用的时间段内，通过设置在结构顶层、结构突变（刚度突变和质量突变）处的风振监测点，测定风速和风向，获取工程项目的风压分布、风压系数及风振系数等参数，测得在风振外力作用下的摆动量和扭曲程度。（王　丹　王树东）

温度作用　thermal action　结构或结构构件上由于其温度分布的变化所产生的作用。引起温度变化的因素主要包括气温变化、太阳辐射及使用热源影响。引起温度变化的因素主要包括气温变化、太阳辐射及使用热源。气温变化是引起结构温度变化的主要因素，通常通过基本气温来确定，主要包括有散热设备的厂房、烟囱、储存热物的筒仓、冷库。由功能或工艺热源产生的温度作用，应根据项目的使用条件和设备工艺分别来确定。太阳辐射会引起结构（一般指金属结构）温度升高，结构表面颜色越暗、吸热性能越好的结构表面辐射温度上升越明显。

均匀温度作用　沿构件截面均匀分布的温度作用。均匀温度作用主导结构构件或整体结构因温度作用产生的膨胀或收缩变形，均匀温度作用标准值一般可根据结构的初始温度与结构最高或最低温度的差值来确定。

结构最高和最低平均温度要考虑基本气温、太阳辐射、结构传热特性、室内外温差和地下结构等多种因素，根据不利情况确定。结构初始温度指结构形成整体时的温度。对设有后浇带的混凝土结构，一般可取后浇带封闭时的月平均气温；对钢结构一般可取合拢的日平均气温。通常，要根据具体工程情况考虑可能的工期变化，留有余地。

基本气温　根据当地气象台站在标准百叶箱测量记录所得的历年极值气温资料，经统计得到的规定平均重现期内的最高和最低气温。年极值气温统计样本的取值各国有所不同。中国建筑结构规范取月平均最高和月平均最低气温为样本，采用极值I型分布，平均重现期一般为50年。

中国陆地气温变化非常大，尤其是最低基本气温，变化幅度可以从−40℃到15℃。黑龙江北部是气温最低的地区，达到−40℃；其次是东北其他地区，新疆、内蒙古及青藏高原地区，最低基本气温普遍小于−20℃；华北和西北地区最低气温也较低，约在−10℃；长江以北其他地区约在−5℃，长江以南绝大部分地区的最低基本气温大于0℃，海南岛则在10℃以上。最高基本气温的分布则相对均匀一些，变化范围在20～36℃。（金新阳）

稳定类材料　stabilized materials　在各种粉碎或原来松散的土、碎（砾）石、工业废渣中，掺入一定数量的无机结合料（如水泥、石灰等）及水，或掺入土壤固化剂，经拌和得到的混合料。

类型　稳定混合料经过摊铺、压实及养护后，可形成具有一定强度和稳定性的板体结构，当其抗压强度和使用性能符合设计要求时，可以用作道路路面结构的基层、底基层或垫层。自20世纪80年代起，稳定类材料被广泛用于中国高等级道路路面工程，并由早期的石灰稳定材料发展至水泥稳定碎石、综合稳定类材料等。

水泥稳定碎石　以水泥为结合料稳定碎石集料或砾石集料的混合料，水泥剂量宜为3.0%～6.0%。为了降低水泥稳定碎石的收缩性，应降低碎石或砾石中粒径小于0.075毫米的含量，而为了保证水泥稳定碎石的疲劳性能，0.075毫米以下粒径的碎石含量又不宜为0。水泥稳定碎石的强度主要取决于水泥水化硬化、集料颗粒间的嵌挤锁结作用，水泥水化物填充集料空隙并起到胶凝作用。这个过程与水泥混凝土强度形成机理相同。

综合稳定材料　以两种以上材料为结合料通过加水与被稳定材料共同拌和形成的混合料，主要类型有石灰粉煤灰稳定碎石、水泥粉煤灰稳定碎石、水泥石灰稳定土。

石灰粉煤灰稳定碎石是以石灰粉煤灰为结合料，稳定碎石或砾石集料的混合料。强度主要依靠机械压实、集料的骨架作用以及石灰粉煤灰的水硬性胶结和填充作用。在石灰的碱性激发作用下，粉煤灰中的活性氧化硅和活性氧化铝成分发生火山灰反应，生成具有一定强度和稳定性的水化产物。

水泥粉煤灰稳定碎石是以水泥和粉煤灰为结合料，稳定碎石或砾石集料的混合料。强度主要取决于水泥水化硬化、水泥粉煤灰之间的火山灰反应。水泥水化硬化是该类混合料早期强度的来源，后期强度主要源自水泥粉煤灰之间的火山灰反应。相对于石灰粉煤灰稳定类材料，以一定的水泥替换了全部石灰，有利于提高材料的初期强度。相对水泥稳定碎石，是以粉煤灰替换了部分的水泥，有利于降低材料的初期干缩程度。

水泥石灰稳定土是以水泥和石灰为结合料，稳定各种粉碎或原来松散的土（细粒土）的混合料。当用水泥稳定粉土质黏土和重黏土时，由于黏性土的分散度极高，可与水泥的水化物发生反应，破坏水泥的正常水化硬化条件。为此，对于此类黏性土，在采用水泥稳定之前，先掺入少量石灰，使之与黏性土进行离子交换和化学反应，为水泥在土中的水化和硬化创造条件。

性能　用于道路基层或底基层的稳定类材料的主要性能指标包括强度、弹性模量，并应具有良好的抗疲劳开裂性、较小的收缩性、较高的抗冲刷能力。

强度　主要有无侧限抗压强度、弯拉强度。进行稳定类材料配合比设计时，采用7天龄期无侧限抗压强度代表值。进行稳定类基层结构疲劳开裂验算时，采用规定龄期（水泥稳定类、水泥粉煤灰稳定类型材料为90天、石灰粉煤灰稳定类材料为180天）的弯拉强度。

弹性模量　半刚性基层沥青路面结构设计的主要参数，采用侧面法单轴压缩试验进行测试。当以沥青层底、基层或底基层的层底拉应力为设计或验算指标时，应采用规定龄期（同强度）的弹性模量。

收缩性　主要表现为因含水率变化而造成的干缩、因温度变化而造成的温缩。表征稳定类材料收缩性的主要指标有收缩应变、收缩系数等。在路面基层结构中，当稳定类材料的收缩变形量达到一定程度时，会出现收缩裂缝。当沥青面层厚度较薄时，这类裂缝会扩展至面层，形成反射裂缝。

抗冲刷性　在动水压力的作用下材料抵抗水流冲击所表现的性能，是稳定类材料重要的使用性能之一。将标准试件在冲刷桶中进行标准冲刷后，采用冲刷质量损失表征。基层一旦受到冲刷，将导致面层与基层之间形成脱空状态，将加剧路面结构的损坏进程。（李立寒）

稳定土拌和设备　stabilized soil mixing equipment　将土壤粉碎，与稳定剂（石灰、水泥、沥青、乳化沥青或其他化学剂）均匀拌和，修建稳定土路面或加强路基的设备。根据拌和方式不同，稳定土拌和设备可分为稳定土拌和机和稳定土厂拌设备两种；按工作机构形式可分为铲刀式、铣刀式、滚筒式和叶桨式4种。①稳定土拌和机。由基础车、拌和装置和稳定剂喷洒计量系统组成。拌和装置是一个垂直于基础车辆行驶方向且水平横置的转子搅拌器，在行驶过程中，拌和转子旋转和下降，转子上的切削刀具将地面的物料切削、松碎并在罩壳内抛掷，同时由机械自身的稳定剂喷洒系统加入稳定剂，使稳定剂与基体材料（土壤或砂石）掺拌混合。②稳定土厂拌设备。专门用于拌制各种以水硬性材料为结合剂的稳定混合料的搅拌机组。这种在固定场地集中拌和获得稳定混合料的施工工艺，习惯上称为厂拌法。与路拌机相比，具有材料级配准确、拌和均匀、便于计算机自动控制等优点，能更好地保证稳定土材料的质量。主要由配料机、集料机、搅拌器、供水系统、电气控制柜、混合料存储仓等组成。

在高等级公路施工中，稳定土拌和机用于修筑路面基层；在中、低等级公路施工中，稳定土拌和机用于修筑基层或面层，还可以用于处理软化路基。（马军星）

稳定土摊铺机 stabilized soil pave 路面基层或底层稳定材料摊铺的设备。稳定土摊铺机主要分为3种类型。①平地机的改进型。结构类似于平地机，刮平刀被改进为可垂直升降、瞬时调节并自动找平的智能化悬挂刀，一般为推式，由装载机或推土机提供行走动力。特点是摊铺板高程决定摊铺厚度并可随时调节横坡，调平则依靠悬挂液压缸的升降直接调节摊铺厚度。机铺面平整，极少有缺料离析现象，生产率高，作业质量较好。②沥青混凝土摊铺机的改进型。结构原理类似于沥青混凝土摊铺机。一般为自行式，推铺过程为，受料斗—刮板输送—螺旋分料器—浮动熨平板摊铺整形。既适用于稳定土摊铺，也适用于沥青混凝土的摊铺，经济适用。③滑模式水泥混凝土摊铺机的改进型，结构原理类似于滑模式水泥混凝土摊铺机，一般为自行式，大跨度的两履带的行走间距随摊铺宽度不同而不同，四支柱整机机架垂直升降和自动找平，刮平整面模板与机架刚性连接在一起并悬浮在四支柱上构成悬臂式悬挂刀。自卸车将物料直接倾卸在摊铺机前面的待摊铺路面上，布料犁上下左右移动，配合初级布料模板在两条大跨度履带之间进行虚铺布料，螺旋分料器配合二级刮平模板在铺层的全宽范围内完成整平成型作业。（马军星）

污泥处理 sludge treatment 对污泥进行浓缩、调质、脱水、稳定、干化或焚烧等减量化、稳定化、无害化的加工过程。主要目的是减少污泥量并使其稳定，便于污泥的运输和最终处置，是对水处理中产生的污泥的处理和最终安排。污泥是污水处理过程中产生的沉淀物质。它包括原来存在于污水中的固体杂质、悬浮物质、胶体物质，以及由污水中溶解性物质转化而来的沉降物。常见的有初沉池污泥、二沉池污泥、消化污泥等。污泥处理一方面可以降低含水率，使其变流态为固态，达到减量目的；另一方面可以稳定有机物，使其不易腐化，避免对环境造成二次污染。污泥处理的方法常取决于污泥的含水率和最终的处置方式。污泥经处理后，最终实现减量化、稳定化、无害化和资源化。

污泥含水量常在95%以上。污泥的体积约与其含固（体）率成反比。含固率从5%提高到10%时，体积约减为1/2。为了便于处理和处置，通常分3阶段减少其含水率，即污泥浓缩、污泥脱水和最终处置。①浓缩阶段，主要去除颗粒间的孔隙水，多采用重力浓缩法，此外还可以采用气浮浓缩、离心浓缩、隔膜浓缩等其他浓缩法。浓缩污泥的含水率常在90%以上，仍为液体。②污泥脱水，脱水方法多为机械脱水，使用较多的有带式压滤机和离心脱水机、板框脱水机以及转鼓真空过滤机等，中国污水处理厂多采用聚丙烯酰胺（PAM）高分子絮凝剂作为调理剂。脱水污泥的含水率一般在60%～80%，已呈固态。③最终处置阶段，应视污泥性质而定，如综合利用（作建材填充料、农林作物肥料等）、填埋、投海、焚烧等，生物法（污泥消化、堆肥）污水厂污泥经处理后，犁入土壤（肥田）、投海、填地（掩埋）或弃置。湿泥和脱水污泥都可用于肥田。（邱 珊）

污泥厌氧消化 anaerobic sludge digestion 兼性菌和厌氧细菌在无氧条件下，将污泥中可以被生物降解的有机物分解为甲烷、二氧化碳和水的过程。是污泥减量化、稳定化的常用手段之一。污泥厌氧消化的目的是使污泥得到减量化和稳定化。污泥厌氧消化根据厌氧的微生物（特别是产甲烷细菌）特性及最适温度范围的不同，可分为30～36℃的中温消化和50～55℃的高温消化。根据负荷率的不同可分为低负荷率［0.5～1.6千克VSS/（米^3·天）］和高负荷率［1.6～6.4千克VSS/（米^3·天）］两种。在实际过程中常用的厌氧消化工艺有常规中温厌氧消化、高温厌氧消化、两级厌氧消化和中温/高温两相厌氧消化4种。

中高温厌氧消化 温度维持在35℃±2℃，固体停留时间应大于20天，有机物容积负荷一般为2.0～4.0千克/(米^3·天)，有机物分解率可达到35%～45%。具有产甲烷性能稳定、运行成本低、投资省等优点，但是有机物降解率低，沼气产量低，且病原菌去除率低。

高温厌氧消化 温度控制在55℃±2℃，适合嗜热产甲烷菌生长。一般情况下，有机物分解率可达到35%～45%，停留时间可缩短至10～15天。具有水解速率高、反应速度快、有机物降解彻底、有机负荷高、消化池体积小、病原菌灭活率高等优点，同时也由于其能耗相对更高、投入大、工艺稳定性差、控制困难，使用受到一定限制。

两级厌氧消化 两个消化池串联工作，第一级采用高效消化池，第二级采用不设搅拌和加热的传统消化池，主要起污泥的沉淀浓缩以及贮存熟污泥的作用，并分离和排出消化液，二者水力停留时间比为1∶2。两相厌氧消化是根据消化机理，将厌氧消化的产酸阶段和产甲烷阶段完全分开，分别控制有利于进行产酸和产甲烷的条件，并将这两个反应器串联起来，形成两相厌氧消化系统。两相厌氧消化比较容易控制不同阶段的最佳反应条件，酸化反应器承担着对进水负荷的一定缓冲作用，为产甲烷阶段保持一个相对稳定的环境。

中温/高温两相厌氧消化 污泥高温-中温两相厌氧消化的甲烷产率为460～500毫升/克-VS removed，而中温单相厌氧消化的甲烷产率为430～450毫升/克-VS removed。同时，污泥高温-中温两相厌氧消化相对中温单相厌氧消化有更高的有机酸含量和致病性大肠杆菌去除率。污泥高温-中温两相厌氧消化中高温相的停留时间多小于7天，但延长高温相停留时间对沼气产量及消化污泥脱水性能的影响仍不明确。（邱 珊）

污水生物除磷 biological phosphorus removal from wastewater 利用聚磷菌将污水中的磷转化为聚合物、形成高磷活性污泥后排出的污水处理技术。在厌氧条件下，聚磷菌吸收水中有机物，以聚-β-羟基链烷酸（PHAs）的形式贮存于体内（见图），

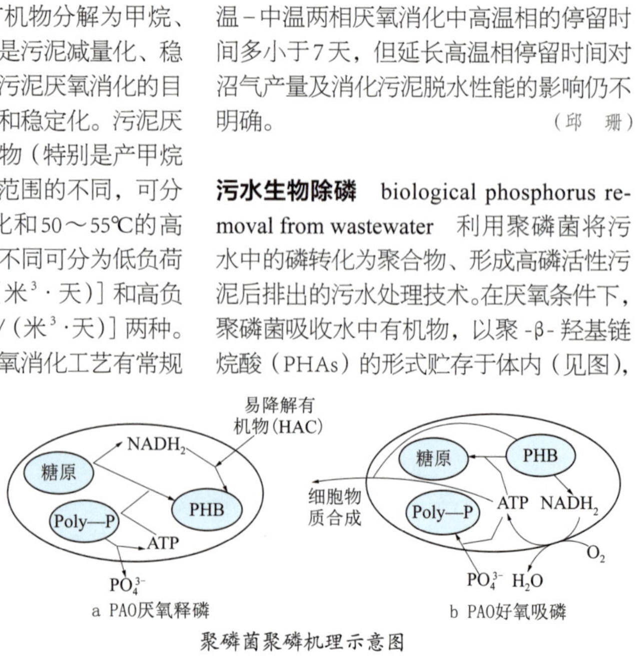

聚磷菌聚磷机理示意图

同时水解体内的聚磷酸盐产生能量，产生正磷酸盐释放到水中；在好氧条件下，聚磷菌利用体内贮存的PHAs为能源和碳源，同时过量吸收水中的磷在体内形成聚磷颗粒，最终将水中的磷转移到污泥体内，通过剩余污泥的排放达到将磷从水中去除的目的。在缺氧条件下，部分聚磷菌可以硝酸盐氮为电子受体氧化体内的PHAs，同时过量吸收水中的磷，这就是反硝化除磷作用。这部分聚磷菌被称为反硝化聚磷菌。（彭永臻）

污水生物脱氮 biological nitrogen removal from wastewater 将污水中部分氮污染物转化为氮气从水中脱除，还将部分氮转化到污泥中微生物的组成部分，并以剩余污泥形式排出的污水处理技术。最终达到将污水中氮脱除的目的。污水生物处理中氮的转化包括同化、氨化、硝化和反硝化作用。

同化作用 污水生物处理过程中，一部分氮（氨氮或有机氮）被同化成微生物细胞的组分。按细胞干重计算，微生物细胞中氮的含量约为12.5%。虽然微生物的内源呼吸和溶菌作用会使一部分细胞中的氮又以有机氮和氨氮的形式回到污水中，但仍存在于微生物细胞及内源呼吸残留物中的氮，可以在二沉池中以剩余污泥的形式得以去除。

氨化作用 氨化菌将有机氮化合物分解、转化为氨氮，这一过程称为氨化反应。氨化菌是异养菌，一般氨化作用与有机物生物氧化同时进行，有机物氧化结束时，氨化过程也已经完成。

硝化作用 氨氮首先由氨氧化菌氧化为亚硝酸氮，再由亚硝酸盐氧化菌将亚硝酸氮氧化为硝酸氮。这两种细菌统称为硝化细菌。硝化细菌多为化能自养型、革兰氏染色阴性、不生芽孢的短杆状细菌和球菌，广泛存在于土壤中。硝化细菌的碳源为二氧化碳（CO_2），能量来自无机物的氧化过程。硝化细菌生长速率低，这是因为氨氮和亚硝酸氮的生物氧化过程产能较少。

反硝化作用 反硝化细菌在缺氧（不存在分子态游离溶解氧）条件下，将亚硝酸氮和硝酸氮还原成气态氮的过程。反硝化细菌属兼性菌，广泛存在于自然界中，污水处理系统中的反硝化细菌有变形杆菌、假单胞杆菌、小球菌等。反硝化细菌既能利用分子氧进行呼吸，氧化分解有机物，也能以硝酸根和亚硝酸根作为电子受体氧化有机物。反硝化细菌通过同化作用（合成代谢）和异化作用（分解代谢）来完成硝态氮的还原。同化作用是将NO_x—N还原成NH_4^+—N，用以新微生物细胞的合成。异化作用是将NO_x—N还原为NO、N_2O和N_2等气体，主要是N_2。反硝化过程中氮去除量的70%～75%是由异化作用去除。（马 斌 彭永臻）

污水水质指标 wastewater quality index 反映生活污水、工业废水状况的重要指标。是对水质进行监测、评价、利用以及污染治理的主要依据。环境保护机构和其他有关部门通常按照水质指标制定满足不同要求的各种水质标准，以及相应的测定方法。不同行业产生的废（污）水需要监测的水质指标或监测项目有些是相同的，有些是不同的。

监测项目 包括矿山开采、有色金属冶炼及加工、焦化、石油化工（包括炼制）、合成洗涤剂、制革、发酵剂酿造、纤维、制药、农药等工业及电影洗片、城镇二级污水处理厂、医院等行业的污水综合排放标准中监测项目。按照污染物性质和控制方式可分为两类：①不分行业和污水排放方式，也不分受纳水体的功能类别，一律在车间或车间处理设施排放口采样测定的污染物，监测项目包括总汞、烷基汞、总镉、总铬、六价铬、总砷、总铅、总镍、苯并[α]芘、总铍、总银、总α放射性、总β放射性。此类污染物能在环境或动物、植物体内积累，对人体健康产生长远的不良影响。②污染物指长远影响小于第一类污染物的污染物质，在排污单位的排放口采样测定，监测项目包括pH、色度、悬浮物、五日生化需氧量、化学需氧量、石油类、动植物油、挥发酚、总氰化物、硫化物、氨氮、氟化物、磷酸盐、甲醛、苯胺类、硝基苯类、阴离子表面活性剂、总铜、总锌、总锰、彩色显影剂、显影剂及氧化物总量、元素磷、有机磷农药、乐果、对硫磷、甲基对硫磷、马拉硫磷、五氯酚及五氯酚钠、可吸附有机卤化物、三氯甲烷、四氯化碳、三氯乙烯、四氯乙烯、苯、甲苯、乙苯、邻二甲苯、对二甲苯、间二甲苯、氯苯、邻二氯苯、对二氯苯、对硝基氯苯、2,4-二硝基氯苯、苯酚、间甲酚、2,4-二氯酚、2,4,6-三氯酚、邻苯二甲酚二丁酯、邻苯二甲酸二辛酯、丙烯腈、总硒、粪大肠菌群、总余氯、总有机碳。

类型 污水水质指标按照指标性质可分为物理指标、金属及其化合物指标、非金属无机化合物指标、有机污染物指标和生物学指标。（曾 薇 彭永臻）

污水厌氧生物处理 anaerobic biological treatment of wastewater 利用厌氧微生物以降解污水中有机污染物的技术。又称厌氧消化技术、厌氧发酵技术、厌氧稳定技术。是污水生物处理技术的一种。19世纪60年代，法国由于各种厌氧生物处理法的设备先后设计出来，此法便越来越多地应用于处理食品、饮料、造纸、石油、化工、制药、有机合成等工业的有机废水和城市污水。

厌氧生物处理指在无分子态氧条件下，厌氧微生物进行厌氧呼吸，将水中复杂有机物转化为甲烷与二氧化碳，并释放出能量的过程。与好氧生物处理过程不同的是，厌氧生物处理法处理生活污水的受氢体不是分子态的氧，而是碳、氢、硫或化合物态的氧。因此厌氧生物反应处理产物中通常有氢气（H_2）、甲烷（CH_4）、硫化氢（H_2S）等产生。污水厌氧生物处理工艺按微生物的凝聚形态可分为厌氧活性污泥法和厌氧生物膜法。

厌氧生物处理的优点是：①负荷高、体积小。②处理过程消耗的能量少。②有机物的去除率高，一般能达到85%以上。③厌氧条件下去除每克化学需氧量（COD）基质消耗量100～300卡，只有需氧条件下的1/10。④由于缺氧、游离氨和温度等因素的作用，厌氧处理过程一般不需投加氮、磷等营养物质。⑤污泥量低。

其缺点是：①经厌氧生物处理后的废水还存在一定的生化需氧量（BOD）及COD，必须再进行需氧生物处理才能达到排放标准。②厌氧降解的最终产物中有少量氨和硫化氢，出水有臭味，因此出水在排放前还要进行需氧生物处理。③厌氧菌繁殖较慢、处理构筑物的投产启动时间长、对环境条件要求严格、对毒物敏感等，因此要求操作严格。（邱 珊）

污水资源化 sewage resource 把工业、农业和生活废水引到预定的净化系统中，采用物理的、化学的或生物的方法进行处理，使其达到可以重新利用标准的过程。又称废水回收。污水资源化是提高水资源利用率的一项重要措施。各种污水（工业废水、农业污水和生活污水等）的性质和物质组成有很大差异，需用不同的方法处理后回收利用。污水经处理后转化为可利用的水资源，对于城市发展而言，具有双重意义：①减少污染、保护环境。②增加水资源、缓解缺水危机。根据各国经验，废水回收主要回用于工业循环水、区域非饮用供水，推广中水技术和中水利用、再生水用于农业、回补地下含水层，作为城市绿化、环境卫生等用水等。

污水资源化包括污水中碳、氮、磷等

物质资源的循环利用和其中蕴含能量的回收利用，但重点还是将污水再生后替代传统水资源，也就是水资源化方向的利用。污水资源化利用是突破水资源瓶颈的根本途径。水资源缺乏及污水再生利用率低的解决措施：①解决水资源缺乏的措施是南水北调、建设海绵城市调控降水资源。②提高污水再生利用率的措施是提高污水处理与资源化程度必须有政策做保障，科学管理与合理的技术装备是提高污水资源化水平的有效措施。（徐熙俊）

污水自然处理 natural treatment of wastewater 利用天然水体或土壤生态系统的净化作用降解污染物的技术。污水自然处理是利用自然界机制，在人为控制下使其发挥最大的能力，来达到处理目标，通常只需简单的管线配置来输送废水。污水自然处理应用较多的是水体净化法与土壤净化法。①水体净化法。主要包括氧化塘和养殖塘，统称为生物稳定塘，主要通过菌藻共生系统或水生生物系统对污水进行自然处理。②土壤净化法。包括土壤渗透和污水灌溉，统称为土地处理，主要利用土壤－微生物－植物系统（陆地生态系统）的自我调控机制和对污染物的综合净化功能，对污水进行自然净化。此外，还有人工湿地处理系统。人工湿地系统是由水体、基质、植被、微生物等4个基本要素组成的一个完整生态系统。而湿地净化污水则是湿地中基质、植被和微生物通过一系列复杂的物理、化学、生物过程共同作用的结果。（邱　珊）

无缝线路 continuously welded rail track 厂制两端无螺栓孔的钢轨连续焊接、胶接，在钢轨端面之间无轨缝，轨条长度超过两个伸缩区长度的铁路轨道。由于在焊接、胶接接头的钢轨端面之间不存在轨缝，故称无缝线路。无缝线路具有明显的技术和经济优势：线路平顺、行车平稳、乘车舒适，降低车内环境噪声，减少机车车辆零部件伤损，降低能耗。对于减少轨道部件的伤损、延长使用寿命、降低轨道日常养护维修工作量和养护维修费用更有明显效果。所有的高速、重载及客、货运输正线都普遍采用无缝线路。

分类　根据长轨条长度的不同，无缝线路分为普通无缝线路、区间无缝线路和跨区间无缝线路。普通无缝线路指长轨条长度不跨越闭塞分区（两站之间的线路分为若干段，每一段称之为闭塞分区）的无缝线路，所有钢轨接头为焊接接头。区间无缝线路指长轨条长度跨越闭塞分区，但不跨越车站正线道岔的线路。在闭塞分区内采用焊接接头，而在闭塞分区之间采用胶接绝缘接头。跨区间无缝线路指长轨条长度跨越两个或多个区间，车站正线采用无缝道岔的线路，无缝道岔的钢轨接头采用焊接或胶接。

跨区间无缝线路的技术优点：①最大限度地减少线路缓冲区，减少夹板（鱼尾板）接头的数量，发挥了无缝线路的优越性，提高了线路的平顺性和整体性，减少了轨道部件的损耗和轨道的日常养护维修工作量。②在轨温度变化时，整个跨区间无缝线路固定区的纵向温度应力平起平落，不会形成应力峰值，可适当提高锁定轨温。③改善列车的行车质量和旅客乘车的舒适性，减少列车走行部分的零部件损耗和日常维修工作。

跨区间无缝线路的发展得益于无缝道岔技术的改进和完善，主要表现：①无缝道岔区钢轨纵向温度力分析、计算理论的开发和应用。②无缝道岔区轨道结构的改进和加强。③无缝道岔区钢轨焊接、胶接和冻结接头技术的发展及无缝道岔成套施工技术的发展。

焊接接头　主要有以下3种类型：①闪光焊（接触焊）接头，指通过电流把钢轨端面加热至塑态，再加压顶锻使两钢轨端面相互接触熔焊在一起，冷却后形成的焊接接头。②气压焊接头，指通过气焰把钢轨端面加热至塑态，再加压使两轨端面相互接触熔焊在一起，冷却后形成的焊接接头。③铝热焊接头，指通过铝热焊剂发生化学反应放出的大量热能，将钢加热成钢水，再浇铸到两钢轨端面处，冷却后形成的焊接接头。

胶接绝缘接头　无缝线路上的胶接绝缘接头用于构成单元轨道电路之间的隔离和闭塞。在不同闭塞分区的分界点上及道岔区内，都用胶接绝缘接头隔离、闭塞分区。

厂制胶接绝缘接头是在工厂内采用加热（或常温）、加压的胶接工艺，用夹板、绝缘槽板（或绝缘布与胶接剂）、绝缘端板、绝缘套管、高强度螺栓将两根轨端钻有鱼尾螺栓孔的短轨黏结，并紧固而成的绝缘接头。现场胶接绝缘接头是在施工现场用胶黏剂将胶接绝缘夹板与短轨黏结，并用高强度螺栓紧固的钢轨接头。（曾树谷）

无机胶凝材料 inorganic cementing material 能单独或与其他材料混合形成塑性浆体，经物理或化学作用转变成坚固的石状体的一类无机非金属材料。又称无机胶结材料。

沿革　在人类早期的建筑活动中，石灰和石膏是最早被使用的胶凝材料。埃及古王国时期（前3000年左右）的大金字塔，是用石膏砂浆胶结石块和石板砌筑的。公元前8世纪，古希腊人就已使用石灰。古罗马人用石灰砂浆作为墙体砌筑材料。古希腊人和古罗马人利用火山灰掺入石灰中制作砂浆，用它砌筑的构筑物坚固耐久。这种胶凝材料曾延续使用了相当长的一段时间，直到罗马水泥和波特兰水泥问世，才逐渐被取代。20世纪初，随着现代土木工程的发展，*石膏*、*石灰*和波特兰水泥等胶凝材料已不能满足某些特种工程的需要，必须开发研究新型胶凝材料。一方面通过调整波特兰水泥的矿物组成，获得了一大类具有特殊性能的特种水泥，如快硬硅酸盐水泥、低热和中热硅酸盐水泥、抗硫酸盐硅酸盐水泥、油井水泥、硅酸盐类膨胀水泥、白色硅酸盐水泥和彩色硅酸盐水泥等。另一方面通过改变原材料种类，研制成功了铝酸盐、硫铝酸盐和氟铝酸盐等特种水泥，如快硬硫铝酸盐水泥、型砂水泥、耐火水泥、防辐射水泥和防藻水泥等。此外，还对磷酸盐、水玻璃、镁质和硫黄等气硬性胶凝材料进行研究，并取得成功。一大批新无机胶凝材料的产生，促进了土木工程的发展。21世纪以来，面对可持续发展的要求，磷酸盐、水玻璃、镁质和硫黄等气硬性胶凝材料的研究取得一定成功，绿色低碳水泥的研究持续深入。一大批新无机胶凝材料的产生，促进了土木工程的发展。

中国在使用无机胶凝材料方面，也有悠久的历史。早在周朝已使用石灰修筑帝王的陵墓。从周朝至南北朝时期，人们以石灰、黄土和细砂的混合物作夯土墙或土坯墙的抹面，或制作居室和墓道的地坪。明清时期，三合土的使用和发展使石灰的用途更为广泛。石灰在中国建筑中还占有一定地位。在中国古建筑中，常用石灰和某些有机物配制成复合胶凝材料使用，取得了良好的效果。据史料记载，南宋乾道六年（1170）在修筑和州城时，采用了糯米汁与石灰的混合物作胶凝材料；建于明代的南京城，其砖石城垣的重要部位，即是以石灰加糯米汁作为灌浆材料。明代宋应星《天工开物》一书中，关于糯米汁－石灰更有详细的记载。此外，在古建筑中血料－石灰和桐油－石灰等常用作腻子。

分类　无机胶凝材料按所需硬化条件不同，可分为水硬性和非水硬性两类。①水硬性胶凝材料。既能在空气中又能在水中硬化，各种水泥属于此类。常见的水泥种类有硅酸盐水泥、高铝水泥、硫铝酸盐水泥、特种水泥、无熟料水泥和水泥混合材料等。水硬性胶凝材料与水混合后，经由物理化学过程从塑性浆体转化为坚硬的石状体，从松散颗粒材料胶结成为整体，并可在空气中、水中持续发展强度，广泛应用于地上、地下、水中的土木工程建设。②非水硬性胶凝材料。只能在空气中或其他条件下（如热处理、掺入外加剂等）硬化，不能在水中硬化，石灰、石膏、水玻璃胶结料和硫黄胶结料等属于此类。石灰以氧化钙（CaO）为主要成分，其硬化包含干燥结晶与碳化过程，凝结硬化体积收缩大。石膏以硫酸钙水合物为主要成分，凝结硬化速度快、体积轻微膨胀。水玻璃胶结料在空气中经过碳化过程生成无定型硅酸凝胶，凝结硬化速度较慢。硫黄胶结料硬化速度快、强度高，且具有良好的耐稀酸腐蚀性能、电绝缘性能。

发展方向　在近代土木工程中，水泥和混凝土的应用范围日益扩大，但是这些材料在性能上存在着抗拉、抗冲击强度低，抗渗性和耐蚀性较差等缺点。为了改善水泥和混凝土的性能，开展了混凝土外加剂、聚合物改性水泥和混凝土等近代复合材料的研究，成效显著。用于土木工程的无机胶凝材料，不但品种多，而且用量大，使用面广，是一类极为重要的土木建筑材料。根据现代土木工程发展的需要，无机胶凝材料的发展趋势，将在改进旧有品种的基础上，不断开发研究多功能、低能耗、经久耐用和物美价廉的新品种。兼备无机胶凝材料和有机胶凝材料优点的复合胶凝材料，也将是一个重要的发展方向。（刘元鹤　黄文虎）

无机涂料　inorganic coating material　以无机硅酸盐或硅溶胶材料为主要成膜物质，再加入颜料、填料，以及各种助剂制得的具有良好的耐水、耐侵蚀与耐候性的涂料。与有机涂料相比，无机涂层材料具有原料来源广泛、成本与能耗低、便于运输储存、耐老化性能好、绿色环保、不燃抗高温性能好、具有自呼吸功能、透气性好等优点。

传统无机涂层材料以水玻璃或硅溶胶等为主要基料，利用硅酸盐成膜固化的原理，在钢筋混凝土表面形成—Si—O—Si—结构的保护性涂层，从而阻止水分和侵蚀性介质与钢筋混凝土表面直接接触并发生传输。新型无机涂层材料主要以钙硅型或硅铝型硅酸盐无机聚合物为主要基料，利用碱激发活性矿物掺合料生成水硬性胶凝材料的原理，在钢筋混凝土表面形成—Si—O—Si—、—Si—O—Al—、—Si—O—Al—O—Si—或—Si—O—Al—O—Si—O—Si—结构的保护性涂层，从而保护钢筋混凝土免受侵蚀性介质的腐蚀作用。（陈嘉桢　沙建芳）

无黏性土　cohesionless soil; frictional soil; non-cohesive soil　无侧限时，经空气干燥或浸入水中后几乎无黏结强度的土。

类型　通常指含黏土粒较少、透水性较大的土，包括碎石土、砂土和粉土。

碎石土　大于38毫米碎石颗粒含量超过30%的土。由颗粒较大的碎石和颗粒较小的土粒组成，分为密实型和空隙型两种。①密实型。大于38毫米颗粒含量为3%～50%。②空隙型。大于38毫米颗粒含量为大于50%。碎石土由于其来源广泛，压实后具有强度高、变形小、渗透性好的优点，因而在修筑水利工程、公路工程、铁路工程、机场建设、地基工程中得到了广泛应用。

砂土　粒径大于2毫米的颗粒含量不超过全部重量50%，且粒径大于0.075毫米的颗粒含量超过全部质量50%的土。砂土根据粒组含量的不同又细分为砾砂、粗砂、中砂、细砂和粉砂（见表）5种。其中，密实与中密状态的砾砂、粗砂、中砂为优良地基；稍密状态的砾砂、粗砂、中砂为良好地基；密实状态的细砂、粉砂为良好地基；饱和疏松状态的细砂、粉砂为不良地基。

砂土类别

土的名称	粒组含量
砾砂	粒径大于2mm的颗粒含量占全重的25%～50%
粗砂	粒径大于0.5mm的颗粒含量超过全重的50%
中砂	粒径大于0.25mm的颗粒含量超过全重的50%
细砂	粒径大于0.075mm的颗粒含量超过全重的85%
粉砂	粒径大于0.075mm的颗粒含量超过全重的50%

粉土　塑性指数小于或等于10，粒径大于0.075毫米的颗粒含量不超过全重50%的土。其性质介于砂土与黏性土之间，既不具有砂土透水性好、容易排水固结、抗剪强度较高的优点，也不具有黏性土防水性能好、不易被水冲蚀流失、黏聚力较大的优点。一般通过粉土的天然孔隙比来衡量其密实度及工程特性，密实度低的粉土在许多工程问题上表现出较差的力学性质，如受振动易液化、湿陷性大、冻胀性大和易被冲蚀等。

工程特性　无黏性土的紧密状态是判定其工程性质的重要指标。它综合反映了无黏性土颗粒的岩石和矿物组成、粒度组成（级配）、颗粒形状和排列等对其工程性质的影响。一般来说，无论在静荷载或动荷载作用下，密实状态的无黏性土与其疏松状态的表现都很不一样。密实者具有较高的强度，结构稳定，压缩性小；而疏松者则强度较低，稳定性差，压缩性较大。（胡安峰）

无线电塔　radio tower　发射或接收无线电波所用的高耸结构。用来做无线电波的辐射器或者接收天线的支撑物，主要用于通信、广播、遥测、遥控、电视、雷达、导航等方面。通信、广播、遥测和遥控主要用长、中、短波（通信业可用微波）传递信号，电视用超短波和微波传递信号，大多数雷达采用超短波及微波信号，导航主要用中波传递信号。用于长、中和短波的无线电塔高度取决于波长（频率）、地导系数、传播距离等因素；用于超短波和微波的无线电塔高度取决于传播距离。超短波和微波的传播距离等于发射天线沿地表面切线直至接受天线之间的距离。对于较平坦和稍有丘陵起伏的地形，传播距离可按下式计算：

$$D_M \approx 4.2\left(\sqrt{H_T}+\sqrt{H_R}\right)$$

式中H_T为发射天线高度；H_R为接收天线高度。当实际距离大于上式所求得的传播距离时，需在中间设置中继塔。

无线电塔的结构布置根据波长确定，长、中、短波所用的天线结构，往往由数座以至几十座无线电塔按定向要求组合成天线阵列，在无线电塔上悬挂水平或竖向的天线和线网。对超短波和微波，只需在单塔上布置天线，但为了满足传播距离的要求，需要较高的塔架。

无线电塔的结构形式主要有钢桅杆、钢塔和钢筋混凝土塔。①钢桅杆。大多用于长、中、短波天线和电视天线。波兰华沙一座644.28米长波桅杆是截至2017年世界上最高的构筑物。美国电视塔用桅杆较多。②钢塔。用于各种波长天线的支持物，较高的钢塔主要用作电视塔和电信塔。21世纪初期，位于日本东京都墨田区的高度为634.0米的东京天空树是世界上最高的钢塔；位于中国广州的广州塔，高600米，为世界第二高电视塔。③钢筋混凝土塔。用作电视塔和电信塔。截至2017年，世界上最高的钢筋混凝土塔为高553米的加拿大多伦多电视塔，其次为建于20世纪60年代的高540米的莫斯科电视塔。中国最高的钢筋混凝土电视塔是建于20世纪90年代的高468米的上海东方明珠电视塔。

为了节约投资和用地，电视塔也可实现综合利用。如大多数电视塔为多家电视公司服务，容纳所需的发射设备和发射天线，还供调频广播电台、电信公司、气象部门、旅游业、消防部门、新闻社等利用，使其充分发挥效益。日本东京天空树，中国的广州塔、上海东方明珠电视塔等还在塔上设置游览观景平台和旋转餐厅等设施。

（王鸿志）

无砟轨道 ballastless track 由钢轨、扣件及混凝土轨下基础构成的铁路轨道。由于轨下基础不再采用传统的碎石砟道床，而是采用混凝土结构，故称无砟轨道。

发展 最早研究无砟轨道的国家是日本，他们从20世纪50年代中期开始针对无砟轨道结构开展了系统的理论研究与试验。经过结构选型，确定了日本新干线预制板式无砟轨道结构的总体方案。日本板式无砟轨道研发过程中，曾提出多种结构型式，建立了20多处近30千米的无砟轨道试验段，最终定型采用圆形凸形挡台限位方式的预制单元板式无砟轨道结构，轨道板下充填层采用低强度、低弹模的水泥乳化沥青砂浆，底座为现浇混凝土结构。20世纪70年代初，德国开始研究无砟轨道，并研发了Rheda型、Zublin型、Berlin型等现浇混凝土无砟轨道结构和Bogl型预制纵连板式无砟轨道。

中国开展无砟轨道结构的研究始于20世纪60年代。在1956～1961年，中国修建无砟轨道试验段约8千米，1965年开始在成昆铁路等长大山岭隧道内大量采用无砟轨道。但由于无砟轨道初期造价较高，且当时制造、施工和管理水平相对较低，在个别地段出现了基础沉降引起轨道结构的损坏问题，这延缓了中国无砟轨道的发展进程。20世纪90年代中期，无砟轨道研究在中国重新得到关注，西康铁路秦岭隧道即采用了无砟轨道结构形式。1999年在设计时速200千米的秦沈客运专线上选取3座特大桥试铺了轨枕埋入式无砟轨道和板式无砟轨道。2004年在设计时速200千米的遂渝线建设了无砟轨道综合试验段。截至2016年底，中国时速300千米及以上的高速铁路均采用了无砟轨道。设计速度200千米/时的城际铁路以及设计速度200千米/时的客货共线铁路、设计速度250千米/时的高速铁路的长大隧道内也多采用无砟轨道。

分类 无砟轨道总体上可分为两类，即预制板式无砟轨道和现浇混凝土式无砟轨道。

中国预制板式无砟轨道有CRTS Ⅰ型板式无砟轨道（图1）、CRTS Ⅱ型板式无砟轨道（图2）和CRTS Ⅲ型板式无砟轨道（图3）。

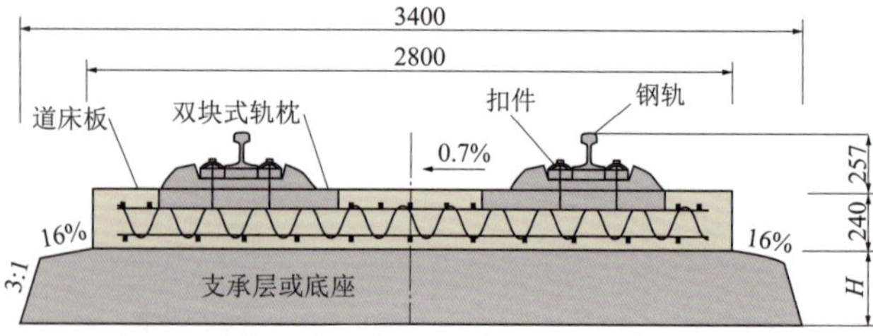

图4 双块式无砟轨道结构组成示意图（单位：毫米）

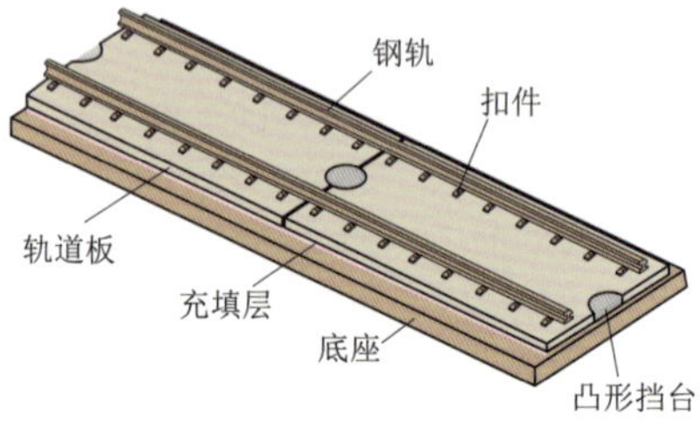

图1 CRTS Ⅰ型板式无砟轨道示意图

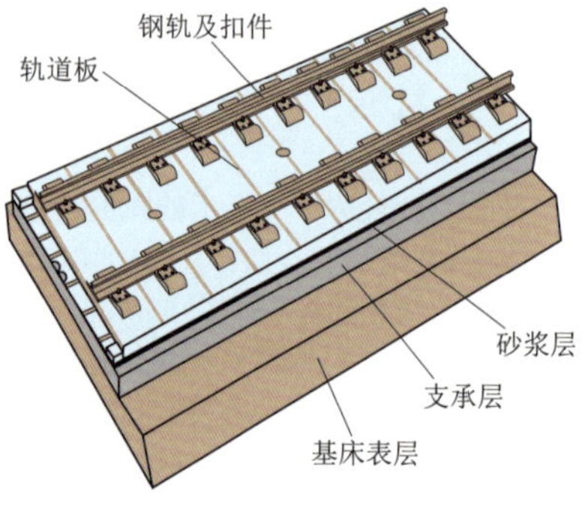

图2 CRTS Ⅱ型板式无砟轨道示意图

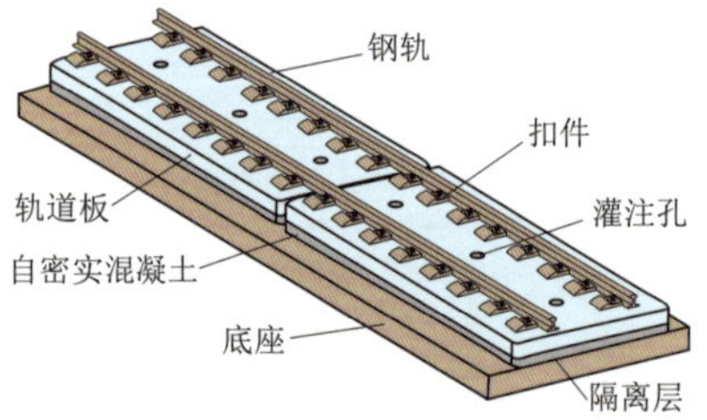

图3 CRTS Ⅲ型板式无砟轨道示意图

CRTS Ⅰ型板式无砟轨道由钢轨、扣件系统、水泥乳化沥青砂浆充填层、钢筋混凝土底座、凸形挡台及其周围填充树脂等组成，CRTS Ⅱ型板式无砟轨道由钢轨、扣件、轨道板、砂浆层、支承层等组成，CRTS Ⅲ型板式无砟轨道由钢轨、扣件、轨道板、自密实混凝土层、隔离层及钢筋混凝土底座组成。

现浇混凝土式无砟轨道由钢轨、扣件系统、道床板（含整体轨枕或双块式轨枕）、支承层（或底座）组成。其中道床板和支承层（或底座）均为现场浇筑的混凝土结构。中国的现浇混凝土式无砟轨道有双块式无砟轨道（图4）和道岔区无砟轨道，后者又分为道岔区轨枕埋入式无砟轨道和道岔区板式无砟轨道。

特点 世界各国的运营实践表明，有砟轨道和无砟轨道两类轨道结构均可保证列车的安全运营，但两类轨道结构在技术经济性方面存在差异。与有砟轨道相比，无砟轨道结构整体性强、形态稳定、弹性均匀，能为列车提供更平顺的行走轨道，能更持久地保持轨道的几何状态，减少日常养护维修工作量。但无砟轨道自身的造价比有砟轨道高，对线下基础沉降要求较严，且无砟轨道弹性较差，不易缓冲列车荷载的冲击且不利于车辆荷载在多根轨枕上的分布。无砟轨道一旦出现破损，修复起来较困难。

（冯仲伟）

吴中伟 Wu Zhongwei（1918-07-20～2000-02-04） 中国混凝土材料奠基人，建筑材料与土木工程专家。江苏江阴（今张家港市金港镇）人，卒于北京。中国首批材料科学博士研究生导师，水泥混凝土学术界有威望的专家。

1940年毕业于中央大学土木工程系。1945年入美国丹佛材料研究所进修，1946年回国。曾任中央大学副教授、研究员。中华人民共和国成立后，历任建筑工程部建筑材料科学研究院总工程师、副院长，武汉建筑材料工业学院副院长兼清华大学教授，中国硅酸盐学会、中国建筑学会第三届常务理事，中国土木工程学会第三、四届常务理事，《硅酸盐学报》主编等。第三届全国人民代表大会代表。1980～1996年被聘为国际期刊《水泥与混凝土研究》的编委，1997年以后，被聘为该刊荣誉编委。1994年当选为中国工程院院士。

长期从事水泥、混凝土的科学和工程研究，创建了中国第一所混凝土研究室，研制成功中国最早的混凝土外加剂即引气剂，在中国最早提出碱-集料反应等问题，研制成功硅酸盐自应力水泥与自应力混凝土，并研究钢丝网水泥，开发水泥船、管、杆等水泥制品代钢代木，研究开发膨胀混凝土并首创膨胀混凝土后浇缝，保证了混凝土建筑的整体性；首次提出混凝土中心质假说，开创了通过亚微观、微观方法研究混凝土组分、结构对性能影响之先河，为混凝土的组成结构和技术发展提供理论基础。

开拓了中国混凝土科研事业，率先提出“混凝土科学”的概念，组织起第一支混凝土科研队伍，开展了中国最早的混凝土科研工作，提出防止引起混凝土结构破坏的碱-集料反应的措施；指导膨胀混凝土机理及应用的研究，为解决中国混凝土工程的抗裂、防渗问题做出重大贡献；开拓了中国水泥深加工全面研究，倡导开发绿色高性能混凝土。通过对混凝土有关名词术语的确定和混凝土技术的介绍推广，开创了中国早期的混凝土科技工作。判明塘沽新港发生30吨大块混凝土崩塌事故系海水作用下冻融循环所致，提出以引气混凝土解决的正确方案，并得以成功实施。

著有《膨胀混凝土》《补偿收缩混凝土》《怎样做好混凝土工程》《高性能混凝土》等，发表论文100余篇。另有诗集《寸阴集》。1999年获何梁何利基金科学与技术进步奖。（刘加平）

武汉长江大桥 Wuhan Yangtze River Bridge 中国第一座跨越长江的固定式永久性公铁两用桥。又称万里长江第一桥。该桥接通原京汉、粤汉两铁路为京广铁路，连通中国中部的公路网。桥位于武汉市汉阳龟山和武昌蛇山之间。1913～1953年前期规划和设计工作共计40年，1955年9月正式开工，1957年10月15日建成通车。

桥全长1670米，其中跨长江正桥为3联3孔各128米连续钢桁梁，8墩9孔，长1156米，悬臂拼装架设。江中1～8号桥墩的基础，除7号墩为钢筋混凝土管桩基础外，其余均为管柱基础。汉阳岸引桥共17孔，长303米；武昌岸引桥共12孔，

武汉长江大桥

长211米，多为跨度17.2米的钢筋混凝土简支梁桥，外观则形如联拱。桥分上下两层，上层公路面宽18.0米，两侧人行道各宽2.25米；下层为双线铁路。

在大桥的正桥与基础方案确定后，铁道部向全国征集桥头堡和引桥的设计方案。1955年2月在周恩来主持的政务院会议上，唐寰澄提交的第25号方案被选用。（唐寰澄）

武器对工程破坏效应 damage effects of weapons on engineering 各类对地攻击武器对防护工程结构、防护设备、内部人员及物资装备等造成的杀伤或损伤破坏。打击防护工程的武器主要有常规武器和核武器。

核武器 利用能自持进行的原子核裂变或核聚变反应瞬时释放巨大能量，产生爆炸作用，并具有大规模毁伤破坏效应的武器。①核武器按核装置原理结构不同，分为原子弹、氢弹和中子弹；原子弹和氢弹杀伤破坏因素相同，但氢弹的破坏威力要大得多。中子弹指以高能中子为主要杀伤因素，同时相对减弱冲击波和光辐射等效应的一种特殊设计的小型氢弹，属于战术核武器。②按作战用途不同，分为战略核武器和战术核武器。③按投射系统不同，分为核导弹、核炸弹、核炮弹、核鱼雷、核地雷等。核武器对工程的破坏效应主要有光辐射（又称热辐射）、空气冲击波、早期核辐射、剩余核辐射、核电磁脉冲、地冲击等。

常规武器 以化学能及其转化的动能毁伤目标，附带损伤面相对较小的武器。常规武器种类很多，但打击防护工程的常规武器主要是炮弹、航弹（炸弹）和导弹。

炮弹 炮弹按对目标破坏方式的不同，可分为榴弹、半穿甲弹和穿甲弹。榴弹弹壳薄，难侵入钢筋混凝土、岩石等坚硬目标，但可侵入土壤等软目标，其对工程的破坏效应主要是装药爆炸产生的冲击波和破片。半穿甲弹和穿甲弹弹壳都较厚，具有较强的侵彻坚硬目标能力，主要用于打击装甲和钢筋混凝土等坚硬目标。典型的炮弹有美军的155毫米M107榴弹、M795榴弹、203毫米M650榴弹，俄罗斯的122毫米OF-462榴弹、152毫米OF-540榴弹等。

航弹（炸弹） 航弹由飞机投放，是防护工程主要防御的常规武器。按有无制导系统，分为普通航弹和制导航弹；按破坏目标方式的不同，可分为爆破弹和侵爆弹。爆破弹的特点是弹壳较薄，装药相对较多，采用瞬发引信，以装药爆炸产生的冲击波和破片破坏工程，主要用于打击抗力较弱的地面和浅埋防护工程。典型的爆破弹有美军MK80系列的250磅MK81、500磅MK82、1000磅MK83、2000磅MK84等。侵爆弹的特点是弹壳采用坚硬材料且较厚，装药相对较少，装设延期引信，主要用于破坏钢筋混凝土等坚固目标，是打击防护工程的主要弹药。典型的侵爆弹有美军250磅小直径炸弹SDB、2000磅BLU-109B及其改进型BLU-137、外号“地堡克星”5000磅BLU-113及其改进型BLU-122B以及重达13.6吨的巨型炸弹MOP等。制导航弹又称制导炸弹，主要由制导装置和战斗部两部分组成。按制导方式的不同，可分为激光制导炸弹、电视/红外制导炸弹等。美军典型的制导炸弹有激光制导、电视/红外制导以及惯性/全球定位系统（GPS）制导等，典型战斗部重量有250、500、1000、2000、5000磅级以及重达13.6吨的巨型炸弹。俄罗斯典型的制导炸弹有激光制导的**КАБ**-500、**КАБ**-1500和电视制导的**КАБ**-500Kr等，典型战斗部重量有500千克、1000千克、1500千克。

导弹 由战斗部、动力装置和制导装置组成的飞行器，按发射平台的不同，可分为空对地导弹、地对地导弹、舰对地导弹；按打击距离的不同，可分为近程导弹（小于1000千米）、中程导弹（1000～3000千米）和远程导弹（大于3000千米）；按飞行方式的不同，分为弹道导弹和巡航导弹。美军典型的常规巡航导弹主要有空对地AGM-158和舰对地BGM-109战斧系列巡航导弹等。AGM-158是联合防区外空地导弹，弹长4.26米，弹宽0.55米，翼展2.7米，弹重1023千克，采用涡轮喷气发动机，亚音速飞行，主要使用1000磅级爆破或侵爆战斗部等，采用惯性制导加GPS中制导与红外成像末制导，并可进行攻击效果评定。该导弹加装了抗干扰模块，能在对GPS干扰的环境下使用，并采用隐身技术，具有全天候作战能力，主要装备B-52、B-1B、B-2、F-16、F-22等作战飞机。BGM-109“战斧”巡航导弹是美军远程打击的重要力量，是通用公司研制的一种全天候、亚音速、多用途巡航导弹，BGM-109的战斗部多样，打击防护工程主要有1000磅级WDU-43B侵爆弹。俄罗斯典型的常规巡航导弹主要有“石榴石”潜射巡航导弹、“口径”系列巡航导弹及Kh-555空射巡航导弹。

打击防护工程的常规武器主要是侵爆弹，它能够钻入坚硬目标中爆炸，常称钻地弹，其对防护工程的破坏作用主要是侵彻和爆炸效应。据报道，美军钻地弹侵彻

普通混凝土的深度大致如下：250磅小直径炸弹SDB约1.8米、2000磅BLU-109B约2米、2000磅BLU-137约4米、5000磅BLU-113约6米、5000磅BLU-122B约8米、13.6吨的巨型炸弹MOP5000磅约10米。各个军事强国都在大力研发飞行速度5马赫以上的高超音速弹药等新型常规武器，未来打击防护工程的常规武器将朝深侵彻、大当量爆炸、强地冲击等高效毁伤方向发展。

与核武器相比，常规武器对防护工程毁伤效应要小很多，还是难以摧毁地下深层目标。为此，美国研发了B61-12低当量钻地核武器，专门用于打击地下深层目标。（方　秦）

武藤清　Muto Kiyoshi（1903-01-29～1989-03-12）日本抗震结构学家。生于

日本茨城县取手市。1925年毕业于东京帝国大学（今东京大学）工学院，历任该校讲师、教授、工学院院长。1931年获工学博士学位。1961年，发起成立强震反应分析委员会，任会长。1963年退休。1969年建立武藤结构力学研究所，任所长。1976年当选为日本学士院院士。曾任日本建筑学会、土质工程学会、混凝土工程学会会长以及国际地震工程学会会长等。

武藤清早年从事抗震结构研究。20世纪40年代从事抗爆研究，曾主持“对新式炸弹（第一颗原子弹）爆炸威力及其对策的调查”。50年代研制出SMAC强震仪并从事高层建筑抗震研究。60年代提出高层建筑强震反应分析及动态设计法，复制出SERAC型非线性模拟计算机，用于建筑结构的地震反应分析，奠定了柔性结构抗震理论基础。1962年，由他主持设计的日本第一座超高层建筑霞关大厦（36层，高147米）建成。武藤清的主要学术成就是以传统方法为基础，发展为较精确合理而简单易行的结构抗震设计法，为各国工程界所广泛采用。

武藤清主编的抗震设计丛书中的《抗震设计法》一书获1964年度日本学士院恩赐奖、第十届科学技术功勋奖、日本建筑学会大奖。1976年获国际构造工程学会功勋奖。（唐震寰）

X

悉尼港桥 Sydney Harbour Bridge 位于澳大利亚悉尼港的大跨度钢拱桥。全长1149.1米，主跨503米，居世界拱桥的第七位，但承载能力大。建于1924～1932年。英国R.弗里曼设计，道门郎公司建造。桥型为双铰钢桁拱桥。拱桁高度：拱顶处为18.29米，拱脚处为57.25米，两拱肋的中距为30米。用钢量3.8万吨，其中硅钢2.6万吨。桥面总宽48.8米，沿桥中线设17.4米宽的公路车行道，每一拱肋的两侧各设有轨电车线一条（全桥共4条），另有各3.05米宽的两条人行道。钢拱上弦为反弯曲线，两端各有一造型简朴的桥头建筑。21世纪以来加建平行的海底沉管隧道，即以一桥头建筑为通风塔。桁桥从两岸各半拱用回拉索伸臂安装，中间合龙。

悉尼港桥

悉尼港桥位置的重要性、造型的完美及其结构能承载的重量，使其仍居于世界钢桁拱桥的前列。特别是与悉尼歌剧院交相辉映，令人称颂。

（钱冬生　撰　李亚东　修订）

悉尼歌剧院 Sydney Opera House 悉尼乃至整个澳大利亚的标志性建筑。是一座综合性的艺术中心。位于澳大利亚悉尼市贝尼朗岬角，被联合国教科文组织列入《世界文化遗产名录》。1956年5月，丹麦设计师J.O.伍重的设计方案在国际竞赛中中标，并由英国的阿勒普结构设计公司配合进行结构设计。工程于1959年3月开始建造，但由于建筑造型奇特等种种原因，设计施工困难，原定4年的工期延长至14年，且最初项目估算费用为350万英镑，最终花费却达到5000万英镑。1973年10月，歌剧院正式落成揭幕。

悉尼歌剧院大量采用预制混凝土构件组成其特有的风帆造型拱形结构，较好地解决了其不规则形状给建造带来的困难。

悉尼歌剧院

（陆新征）

厦门海沧大桥 Xiamen Haicang Bridge 连接厦门岛与海沧的**公路桥**。位于中国福建省厦门市，大桥全长5926.527米，悬索主桥长1108米，主跨648米，桥面宽度36.6米，设计通行能力为5万辆/日，行车限速为80千米/时。总投资28.7亿元。大桥设有两根主缆，中心间距为34米，主跨矢跨比1/10.5，主缆直径57.0厘米，每缆110束索股。每根索股由91根直径5.1毫米镀锌高强钢丝制作而成。大桥为双向6车道加紧急停车带的高等级公路特大桥梁，兼具城市桥梁功能。桥梁的悬索结构在中国首次采用在桥塔处不设竖向支座的全漂浮连续结构；首次采用锚碇基础底面设置倒坡的设计，锚碇首次采用箱形扩大基础结构；首次成功采用了辊轴式散索鞍设计。厦门海沧大桥的建设，使中国在理论和实践上成功解决了三跨连续悬索桥缆索系统总体分析这一技术难题，从设计及工艺上掌握了控制主缆线形的各种关键因素。

厦门海沧大桥

主体建设工程于1997年6月正式开工，1999年12月30日顺利建成通车。大桥的设计单位是中交公路规划设计院有限公司，施工单位是中交第二公路工程局有限公司。

厦门海沧大桥不仅是厦门与外界联系的又一重要通道，更是现代化厦门的重要标志，同时也是厦门新兴的旅游景点，其优美流畅的桥梁造型，轻巧独特的锚、塔结构，与周围环境协调一致的桥梁色彩，轻柔的夜景效果等，都与厦门这座现代化国际性港口风景旅游城市相适应。

（吴培峰　撰　沈锐利　修订）

先期固结压力 preconsolidation pressure 天然土层在地质历史过程中受到过的最大固结压力（包括自重和外荷载）。以p_c表示。又称前期固结压力。确定p_c的主要方法是通过室内常规固结试验做出的$e-\log p$曲线，采用美国学者A.卡萨格兰德的经验图解法，简称C法。其步骤如下：①取原状土做室内高压固结试验，绘出$e-\log p$曲线，见图。②在$e-\log p$曲线的转折点

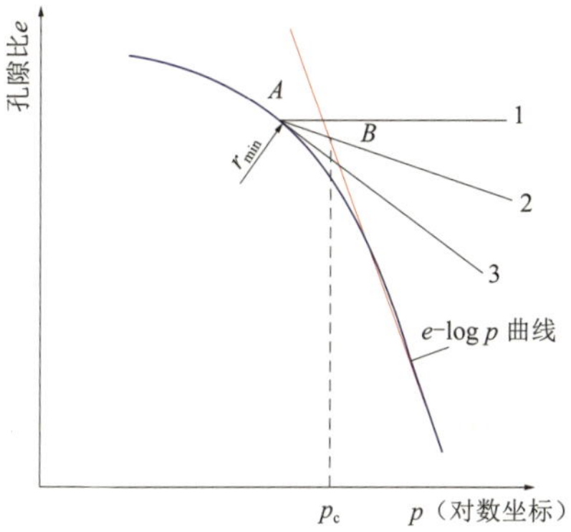

先期固结压力示意图

处，找出相应最小曲率半径的点A，过A点做该曲线的切线$A3$和平行于横坐标的水平线$A1$；与图不同。③做∠$1A3$的角平分线$A2$，延长$e-\log p$曲线后段的直线段与$A2$线相交于B点；则B点所对应的有效固结压力p，即为该原状土的先期固结压力p_c。

（胡安峰）

纤维混凝土 fiber reinforced concrete 以水泥浆、砂浆、混凝土为基体，均匀掺入短而细纤维制成的**混凝土**。纤维具有抗拉强度大、延伸率大、可控制基体裂纹的进一步发展等特点，可改善混凝土的脆性，提高混凝土抗拉强度、抗弯强度、韧性、抗冲击和抗爆性能等。

所用纤维按其材料性质主要分为3种：①金属纤维。如钢纤维、不锈钢纤维等。②无机纤维。主要有天然矿物纤维和人造矿物纤维，如抗碱玻璃纤维及抗碱矿棉等碳纤维。③有机纤维。主要有合成纤维，如聚乙烯、聚丙烯、聚乙烯醇、尼龙、芳族聚酰亚胺等纤维；植物纤维，如西沙尔麻、龙舌兰等。合成纤维混凝土不宜使用于温度高于60℃的热环境中。

按所用纤维的弹性模量可分为两类：①高弹性模量的纤维。包括玻璃纤维、钢纤维和碳纤维等。②低弹性模量的纤维，包括尼龙、聚丙烯、人造丝和植物纤维等。

高弹性模量纤维中钢纤维应用最多，低弹性模量纤维中聚丙烯纤维应用最多。

玻璃纤维混凝土是在混凝土基体中均匀分散一定比例的特定玻璃纤维。具有较高的韧性、不透水性和较好的耐火性，但抗压强度稍有下降，使用温度不宜超过80℃。适用于非承重与次要承重的构件和制品。水利工程中应用的有沉沙池斜板和护岸板等。

钢纤维混凝土是在普通混凝土中掺入乱向分布的短钢纤维所形成的一种新型的多相复合材料。钢纤维的等效直径一般为0.3～0.8毫米，长度为25～70毫米。钢纤维混凝土与其他条件相同的混凝土相比，具有更高的抗拉、抗弯、抗冲切、抗疲劳和耐磨损的能力，同时使混凝土的延性增加，韧性和耗能也得到改善。通常用于有抗震要求的框架节点区，要求控制裂缝及变形的构件，以及用于如轨枕、桥面、路面、工业地面、机场道面、隧洞衬砌、边坡护面、屋面、预制桩等工程建筑物中。

聚丙烯纤维混凝土是在混凝土中掺入由聚丙烯纤维作为微加强筋系统的混凝土。具有良好的抗冲击性、抗裂性及抗疲劳性和分散性，搅拌过程中不结团，与水泥基体具有良好的黏结强度。用于面板堆石坝面板的抗裂、各种输水泄水建筑物过流面的抗磨蚀；路桥工程、工业与民用建筑、高边坡及地下洞室喷射混凝土和预制构件。（姚 琏 沈荣熹 蒋金洋）

弦支穹顶结构 suspen-dome structure 由上层刚性网壳、下层柔性拉索和竖向刚性撑杆构成的刚柔构件组合空间结构体系。其体系和形状类似于索穹顶，是整体外形呈穹顶状的大跨度结构。实际上，将索穹顶的上弦层索用刚性杆件替代，就形成了弦支穹顶结构。弦支穹顶结构构件包括：上层刚性网壳、径向斜拉索、环向拉索和竖向刚性撑杆（见图）。

与索穹顶不同，弦支穹顶结构的上层刚性网壳本身具有刚度，能够直接承受外荷载，但刚度相对较弱。通过对下层柔性拉索施加预应力，使拉索与网壳间的刚性撑杆为上层网壳结构提供弹性支承，从而提高整体结构的刚度和承载能力。弦支穹顶结构充分利用单层网壳和索穹顶结构各自的优点，结构整体性强，刚度大，稳定性高，经济性能好。

弦支穹顶径向斜拉索的一端直接连接在刚性网壳上，拉索张拉的预张力与网壳中产生的压力互相平衡。因此，弦支穹顶结构是一种自平衡预应力结构。弦支穹顶结构于1993年由日本川口卫提出，已广泛应用于世界各地，中国天津保税区商务中心屋盖采用了弦支穹顶结构。

（罗永峰）

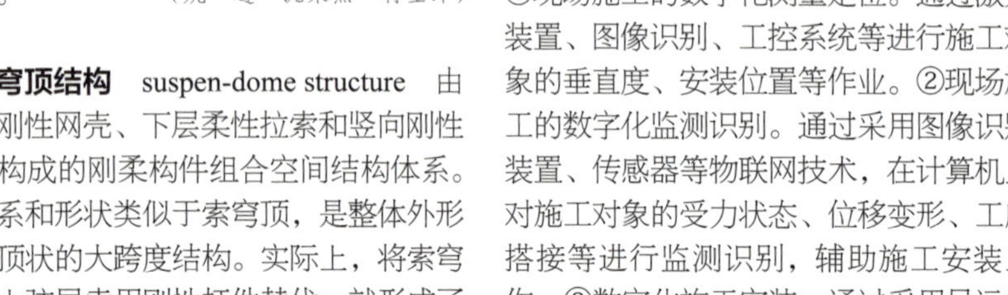

a 完整的弦支穹顶结构　b 上层刚性网壳结构　c 下部拉索与撑杆系统

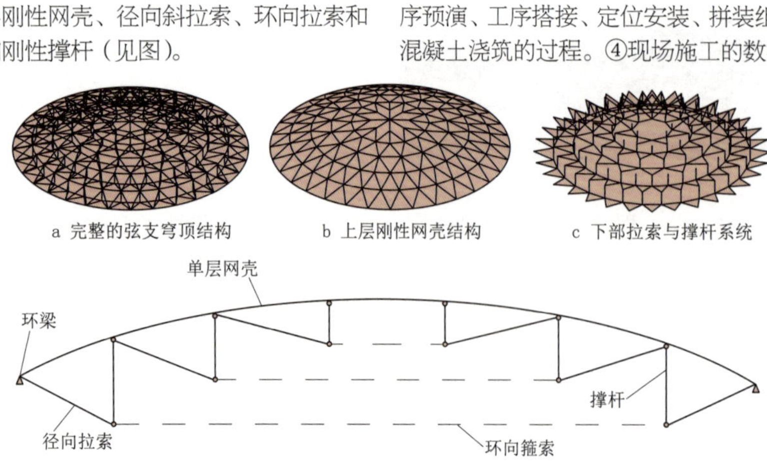

d 弦支穹顶结构剖面

弦支穹顶结构体系与构造示意图

现场数字化施工 digital on-site construction 在工程施工现场采用物联网技术、互联网技术、检测设备、吊运机械、安装设备、工控系统等对桩基、结构、部件、管线、设备进行监测、浇筑、拼接、安装、检验的施工作业。常见的现场数字化施工对象包括桩柱调垂、槽壁成槽检测、钢结构现场安装、预制混凝土构件现场安装、木构件现场安装等。现场数字化施工一般流程包括数字化测量定位、数字化监测识别、数字化施工安装、数字化质量检测等。①现场施工的数字化测量定位。通过激光装置、图像识别、工控系统等进行施工对象的垂直度、安装位置等作业。②现场施工的数字化监测识别。通过采用图像识别装置、传感器等物联网技术，在计算机上对施工对象的受力状态、位移变形、工序搭接等进行监测识别，辅助施工安装工作。③数字化施工安装。通过采用吊运机械、安装设备、工控系统等技术，完成工序预演、工序搭接、定位安装、拼装组合、混凝土浇筑的过程。④现场施工的数字化质量检测。通过采用物联网技术、检测设备等对施工对象的成品质量和工艺效果进行检验，确保满足工程施工预定要求。

现场数字化施工是未来建筑工程施工发展的必然。随着大量数字化机械设备、物联网装置、数控系统的技术进步，数字化技术在现场施工中的应用将逐步实现从点上应用到面上推广再到一体化集成应用，进而实现精益建造，大幅提升工程施工工效和质量水平，改变传统施工模式。

（房霆宸）

现场原型监测 field instrumentation 在工程建设过程中或工程完成后，观测施工期或使用过程中建（构）筑物和岩土体的工作性状，以及地下水动态变化规律，以检验工程设计或施工是否保证安全并满足使用要求的技术措施。按照监测内容，现场原型监测主要包括变形监测、应（压）力监测和地下水监测等。所获得的监测数据，既可用来评估建（构）筑物和岩土体的安全状态，亦可用于验证设计参数，检验施工质量。

变形监测 对建（构）筑物和岩土体进行变形测量，以确定其空间位置及内部形态随时间的变化特征。变形监测分为工业与民用建筑变形监测、水工建筑变形监测（如大坝变形监测）、地下建筑变形监测（如隧道变形监测）、桥梁变形监测、建筑场地变形监测、滑坡（变形）监测等。还可以分为基坑及支护变形监测、地基基础变形监测、上部结构变形监测、相邻建筑及设施变形监测等。变形监测的主要内容包括**沉降观测**、**水平位移观测**、裂缝观测、倾斜观测、挠度观测和振动观测等，其中最基本的是沉降观测和水平位移观测。建（构）筑物或岩土体的观测内容，应根据具体情况和实际要求综合确定监测项目。

应（压）力监测 通过埋设在建（构）筑物或岩土体表面和内部的监测仪器和设备，对其在荷载和其他因素作用下产生的应（压）力大小、分布及其变化情况所进行的量测；以了解建（构）筑物的应（压）力状态，用以分析建（构）筑物或岩土体的状况是否正常；评估建（构）筑物或岩土体的安全程度，为工程的安全运行和维修加固提供科学依据；同时也为评价施工质量、改进设计提供实测资料。工程中常见的应（压）力监测项目主要包括基础工程中混凝土应力监测、钢筋应力监测和岩土体内的土压力监测等。

地下水监测 对工程场地或工程影响区域的地下水位、水量、水质和水温等的物理化学性质定时测量、记录和存储整理，以确定地下水的动态变化情况。一般下列情况需要进行地下水监测：①当地下水位的升降影响岩土的稳定时。②当地下水上升对构筑物产生浮托力或对地下室和地下构筑物的防潮、防水产生较大影响时。③当施工排水对工程有较大影响时。④当施工或环境条件改变造成的孔隙水压力、地下水压的变化对岩土工程有较大影响时。地下水监测内容主要包括：①地下水的升降、变化幅度及其与地表水、大气降水关系的动态监测。②对开挖深基坑，掘进洞室、隧道，评价斜坡、边岸的稳定和加固软土地基等进行的孔隙水压力和地下水压力监测。③工程降水对区域地下水的影响监测。④潜蚀作用、管涌现象和基坑突涌对工程的影响监测。（陈冉升）

现代桥梁 modern bridge 第二次世界大战后，世界进入了相对和平的建设时期，土木工程进入了以计算机为标志的“现代土木工程”时代。

第二次世界大战后世界各国桥梁工程经过一段时间的战后恢复期，欧美各国于20世纪50年代陆续开始实施高速公路的建设计划，出现了许多作为现代桥梁工程标志的新技术。

1950年，德国工程师芬斯特瓦尔德运用法国E.弗雷西奈于1928年发明的预应力混凝土技术首创了无支架悬臂挂篮施工技术，建成了位于巴尔丁斯坦的兰河桥，其跨度为62米。随后，他于1952年又建成了第一次突破100米跨度的沃尔姆斯莱茵河桥，跨度为114.2米。

20世纪50年代初，德国F.莱昂哈特在修复德国莱茵河钢桥的工作中，创造了各向异性钢桥面板，以代替战前钢桥上普遍采用的钢筋混凝土桥面板，减轻了自重，为现代钢桥向大跨度发展创造了条件。

1956年，德国工程师迪辛格在瑞典成功地建造了第一座主跨为182.6米的现代斜拉桥斯特勒姆松德桥，成为以后一系列莱茵河桥采用斜拉桥的先声。

莱昂哈特首创的斜拉桥施工控制“倒退分析法”，在他1958年设计的杜塞尔多夫北桥中得到了成功应用。

1959年，德国首创用下承式移动托架施工方法建造了凯蒂格尔坡桥，以后又从托架上的现场浇筑发展成预制节段拼装的工法。

1959～1962年，莱昂哈特创立的设计公司发明了顶推法施工新技术，并于1964年建成了世界第一座用顶推法施工的总长500米的委内瑞拉卡罗尼河桥。

法国工程师B.马勒于1964年在设计建造全长3千米的奥雷龙岛跨海大桥中首创用上层移动支架（又称造桥机）进行预制节段的悬拼施工法。

1966年，流线型箱梁悬索桥问世，即由英国弗里曼&福克斯公司的总工程师韦克斯所设计的、主跨为988米的塞文桥。

1967年，德国洪贝格在设计德国波恩市北桥时首次采用单索面密索体系斜拉桥，使斜拉桥更为美观。

1971年，法国工程师马勒将德国首创的钢斜拉桥和法国的预应力技术相结合，设计建造了采用预应力混凝土桥塔和桥面的单索面斜拉桥——主跨320米的布鲁顿桥，其中还首创了万吨级的盆式支座和千吨级的成品拉索。

1972年，莱昂哈特建造了第一座混合桥面（中跨钢箱梁，边跨混凝土梁）独塔斜拉桥——库尔特-舒马赫库尔桥，其主跨287.6米。

瑞士梅恩于20世纪70年代创造了一种新桥型——连续刚构桥，并于1979年建成了世界第一座预应力混凝土连续刚构桥——瑞士费嘉桥，其主跨107米。

1980年，梅恩又首创了世界第一座矮塔斜拉桥（板拉桥）——主跨174米的瑞士甘特桥。此后，梁式桥的跨越能力很快超越了200米，又于20世纪90年代突破了300米。

预应力技术及施工工法的成熟、斜拉桥的复兴以及钢箱梁悬索桥的问世，是战后现代桥梁工程的3项标志性的重要发展和成就。它们分别由法国，德国和英国的工程师和学者发明创造，推进了现代桥梁工程的发展。

1978年，莱昂哈特的LAP公司将斜拉桥引入美国，建成了华盛顿州主跨299米的帕斯卡-开讷维克桥。1987年，法国缪勒也在美国佛罗里达设计建成了主跨366米的阳光高架桥。此后，在留学德国的邓文中推动下，斜拉桥在美洲得到了迅速推广。

20世纪70年代起，丹麦和日本两个国家开始实施连岛计划。日本从1975年的关门大桥起步，到1998年建成主跨1991米的明石海峡大桥，1999年建成多多罗大桥（主跨890米的斜拉桥），完成了本州—四国3条联络线的跨海工程。丹麦则从1970年建成的小带桥起步，到1998年建成主跨1624米的大带桥，接着又和瑞典合作，于1999年建成连接两国的公路铁路两用、桥隧结合的厄勒海峡大桥。

在世纪交替之际，欧美各国建造了一些包含原创技术并具有里程碑意义的桥梁。主要有以下几座：①法国诺曼底桥。属于混合梁斜拉桥，采用抗雨振拉索，于1994年建成。②瑞士桑尼伯格桥。是五跨曲线矮塔斜拉桥，于1994年建成。③希腊里约-安蒂里奥桥。采用加筋土隔震深基础，于2004年建成。④法国米约高架桥。是顶推施工的连续斜拉桥，于2004年建成。⑤美国圣弗朗西斯科海湾二桥。主要特点是带剪力键的抗震塔柱，于2012年建成。⑥土耳其博斯普鲁斯海峡三桥。是超千米协作体系，于2016年建成。

中国现代桥梁工程 中华人民共和国成立后的第一个五年计划期间，由苏联专家帮助建造了第一座长江大桥—武汉长江大桥，由留苏学生带回了当时苏联的钢桥焊接技术和预应力技术。1953年，从苏联引进了一批标准图，如T形和Π形预制钢筋混凝土简支梁桥以及带挂孔的钢筋混凝土悬臂梁桥，推进了中国中小跨度钢筋混凝土梁桥的发展。1959年，正在建设中的南京长江大桥在苏联专家撤走后进行自主建设，于1968年建成通车，使京沪铁路直接跨越了长江。

1976年以后，中国桥梁建设开始跨越式发展。

1988年在李国豪的主张下，上海市政府做出了自主建设南浦大桥的决策。南浦大桥的胜利建成促成了90年代在全国范围内自主建设大跨度桥梁的高潮，使中国桥梁走出了一条自主建设的成功之路。其中，具有代表性的有12座桥梁。①杨浦大桥。是跨度为602米的斜拉桥，于1993年建成。②万县（今万州）长江大桥。是世界第一座超过400米的钢筋混凝土拱桥，于1997年建成。③江阴长江大桥。是中国第一座超千米的悬索桥，于1999年建成。④上海卢浦大桥。是世界第一座跨度超过500米的箱形拱桥，于2003年建成。⑤东海大桥。是中国第一座真正意义的跨海大桥，于2005年建成。⑥重庆长江大桥复线桥。是世界第一座超过300米的混合刚构桥，于2006年建成。⑦苏通长江大桥。是世界第一座超千米的斜拉桥，于2008年建成。⑧舟山西堠门大桥。采用分体箱加劲梁，于2009年建成。⑨大胜关京沪高速铁路大桥。是钢桁拱铁路桥，于2009年建成。⑩泰州长江大桥。是世界第一座三塔悬索桥，于2012年建成。⑪合江长江大桥。是跨度超过500米的钢管混凝土拱桥，于2012年建成。⑫港珠澳大桥。是世界最长跨海桥隧工程，于2018年建成。（项海帆）

现浇混凝土结构 cast-in-situ concrete structure 在现场原位支模并整体浇筑而

成的混凝土结构。与之对应的是预制混凝土结构。现浇混凝土结构的施工工序主要包括现场制作构件模板、现场绑扎钢筋笼、现场浇捣混凝土等。

现浇混凝土结构的整体性能与刚度较好，适合于抗震设防及整体性要求较高的结构工程。建造有管道穿过混凝土结构的工程、楼板的房间（如厨房、卫生间等）、形状不规则或房间尺度不符合模数要求的房间，也宜使用现浇混凝土结构。现浇混凝土结构得到了广泛的应用，尤其大体积、整体性要求高的工程，往往采用现浇混凝土结构。

但现浇混凝土结构存在现场施工、工序繁多、需要现场养护、施工工期长、大量使用模板等不足之处。现浇混凝土还有一个显著缺点就是需要大量的人工，并且在混凝土体积大、养护情况不佳的情况下，易导致大面积开裂。（肖建庄）

线路大修列车 permanent way overhaul train 连续式拆除和铺设长钢轨及轨枕的轨道作业列车。世界上已用的线路大修列车主要有奥地利普拉塞·陶依尔公司生产的SMD80型线路大修列车，瑞士马蒂萨公司生产的P95型线路大修列车，美国哈斯科公司生产的TRT909型线路大修列车。中国生产与使用的线路大修列车型号为DXC-500（DXC为大修车缩写，作业效率为500米/时），是中国铁路线路换轨、换枕大修的主型机械。

线路大修列车换轨作业原理是，通过安装在车辆不同部位的钢轨夹钳实现新轨和旧轨交叉替换，换轨作业时由两组夹钳提升旧轨并向线路两侧分离，然后再由后续的5组夹钳将旧轨放置在道心或线路两侧。与此同时，由6组夹钳将安放在砟肩的新轨提升并铺设到轨枕的承轨槽内。换枕作业原理是，通过旧枕拾取装置、动力平砟犁和新枕铺设装置依次完成旧枕回收、道砟平整和新枕铺设。线路大修列车既能单独更换钢轨或轨枕，亦可同时完成更换钢轨和轨枕作业，主要用于线路连续换枕作业。

DXC-500线路大修列车主要由轨枕运输车、扣件车、作业车、动力车和材料车组成。整列车包括车架、转向架、司机室、工作装置、动力及传动装置、制动装置及车钩缓冲装置等。轨枕运输车用于新、旧轨枕的存放和运输，由平车、轨枕支架、龙门吊及走行轨道等组成；扣件车用于拆除、收集和存放旧扣件，由车架、转向架、扣件拆除机构、扣件回收装置、扣件箱输送带、砟肩犁等组成；作业车用于旧枕拾取和新枕铺设，由车架、转向架、履带走行装置、新枕输送带、旧枕输送带、钢轨夹钳、旧枕拾取装置、动力平砟犁、新枕铺设装置等组成；动力车为整车走行和工作装置提供动力，由车架、转向架、司机室、钢轨夹钳、机器间等组成；材料车主要由车架、转向架、车棚和钢轨夹钳等组成。材料车包括机器间、材料室、休息室。

DXC-500线路大修列车采用基于控制器局域网络总线的网络控制系统，主要由主机、控制电路板、数字量输入模块、模拟量输入模块、数字量输出模块、电源模块、网络电缆、检测和执行部件等组成。DXC-500线路大修列车还设有视频监控系统，用于监控设备的作业过程，由主机、显示器、网络电缆、摄像头等组成。

DXC-500线路大修列车主要技术参数有：①最高自运行速度为5千米/时，最高附挂运行速度为100千米/时。②运行通过最小曲线半径为180米，作业通过最小曲线半径为250米。③作业速度为0～1.1千米/时。④轨枕铺设间距精度为±10毫米，轨枕铺设间距调整范围500～700毫米。⑤最高作业效率为500米/时。（宋慧京）

线路捣固机械 permanent way tamping machinery 通过对铁路轨道的拨道、起道抄平，道砟捣固及道床肩部道砟夯实作业，提高轨枕底部和道床肩部道砟的密实度，增加轨道的稳定性，修正轨道方向、横向和纵向水平偏差，使之达到线路设计标准或线路维修要求的大型养路机械。是铁路线路大修和综合维修的主型机械之一。

分类 捣固车有4种分类：①按一次捣固轨枕数量，分为单枕捣固车、双枕捣固车和三枕捣固车。②按作业实施的对象，分为线路捣固车和道岔捣固车。③按作业走行方式，分为步进走行式捣固车和连续走行式捣固车。④按运用地域，分为平原型捣固车（海拔2000米以下）和高海拔型捣固车（海拔2000米及以上）。中国铁路使用的捣固车最高可达5100米。

工作原理 捣固车工作时，先根据线路里程位置信号进行轨道几何参数计算，并输出当前轨道理论几何参数；测量系统检测获得线路实际几何参数；两种几何参数同时输入给起拨道伺服控制系统，经运算得到线路偏差，工作装置依据线路偏差值，完成线路偏差的修正和道床捣固、夯实作业。

构成 捣固车主要由主车架、转向架、司机室、工作装置、测量小车、材料车、柴油发电机组、动力传动系统、液压系统、电气系统、气动系统、制动系统等组成。

整个机械由柴油机提供动力，自运行采用液力机械传动，作业运行采用液压传动，作业动作采用液压驱动，辅助作业动作采用气动驱动。

工作装置主要由捣固装置、起拨道装置、枕端夯实装置组成。

捣固装置是捣固车的主要工作装置，由左、右两侧捣固单元组成，分别位于接近捣固车中部的左右两股钢轨上方，用于捣固钢轨两侧的枕底道砟，提高枕底道砟的密实度。捣固装置采用同步偏心振动、异步稳压夹持工作原理。以双枕捣固装置为例，其工作原理见图。作业时捣镐产生

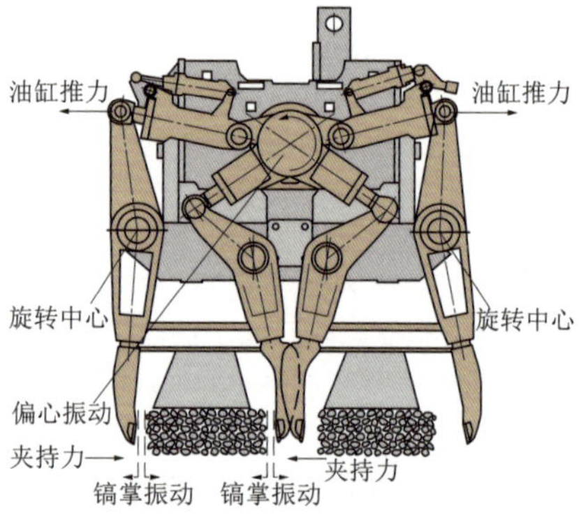

双枕捣固装置工作原理示意图

高频振动，插入道床并达到设定深度，系统控制夹持油缸进行夹持作业，使成对布置的捣镐相向运动，捣镐镐掌推动道砟向轨枕底部方向运动，产生夹持密实作用。起拨道装置由左、右两个起拨道单元组成，分别作用于左、右股钢轨，可以提起轨排并左、右移动，即进行起道、拨道作业。通过伺服控制的起拨道作业来消除轨道方向、横向和纵向水平偏差，使线路曲线圆顺、直线平直。枕端夯实装置在液压马达驱动下，偏心轴高速旋转，产生振动力。在升降油缸的作用下，枕端夯实装置底面对枕端道砟产生下压力。在下压力和振动力的共同作用下，使道床肩部道砟得到密实，从而增大了轨道横向阻力和稳定性。

作业测量系统的功能是获取轨道的实际几何参数，并参与起道、拨道与抄平作业的闭环伺服控制。测量系统包括弦线（或光电）测量子系统、电子摆测量子系统以及激光准直测量系统。其中弦线测量子系统又包括轨道方向偏差（矢距）单弦测量系统、轨道纵向水平偏差（抄平）双弦测量系统；电子摆测量子系统用于轨道横向水平偏差（超高）的测量；激光准直

测量系统用于长大直线线路作业的测量。

双枕捣固车 一次能够同时捣固两根轨枕的线路捣固机械。按作业走行方式，分为步进式捣固车和连续式捣固车。

步进式双枕捣固车 采用步进式作业模式，即作业过程中捣固车停止于捣固镐对准的轨枕间的中间位置，然后下插捣固，同时完成起道、抄平与拨道等作业动作。作业动作完成后，捣固车整车向前运动两根轨枕距离，对准下一组轨枕间的中间位置停车，并完成下一作业动作循环。这种每间隔两根轨枕距离的“起步—停止—作业—再起步”的作业模式称为步进式。

DC-32步进式双枕捣固车主要技术参数：①最高自运行速度为100千米/时，最高附挂运行速度为120千米/时。②运行通过最小曲线半径为100米，作业通过最小曲线半径为120米。③最大起道量为150毫米，最大拨道量为±150毫米。④最高作业效率为1.3千米/时。⑤拨道作业精度为±2毫米，横向水平精度为±2毫米，纵向水平精度为4毫米。

连续式双枕捣固车 采用连续式作业模式，即捣固车主车以匀速连续走行，而中部独立的工作车停顿进行捣固等作业，作业后加速前行至下一作业位置，即工作车相对主车做往复步进运行，从而可提高作业效率，同时提高连续式捣固车作业的平稳性以及操作者的舒适度。

DCL-32连续式双枕捣固车主要技术参数与DC-32步进式双枕捣固车基本相同，不同之处是最高作业效率为1.8千米/时。

三枕捣固稳定车 一次能够同时捣固三根轨枕，并能对线路进行动力稳定作业的线路捣固机械。

DWL-48三枕捣固稳定车采用连续式捣固作业方式，即主车连续匀速向前运行，工作小车相对主车往复步进运动，同步完成起拨道与捣固作业。三枕捣固装置是该机型提高作业效率的核心工作装置。特殊设计的四单元结构的捣固装置，共有48把捣镐，每次下插作业可以同时完成三根轨枕捣固。与双枕捣固装置相比，捣固作业效率得到较大提高。

DWL-48三枕捣固稳定车主要技术参数与DC-32步进式双枕捣固车基本相同，不同之处是最高作业效率提高到2.3千米/时。

DWL-48三枕捣固稳定车最大特点是将三枕连续式捣固车和轨道动力稳定车功能进行了集成。车身前部为捣固主车，后部为动力稳定车。动力稳定装置安装在动力稳定车的下部，利用整车匀速向前运行的条件，对捣固作业后的线路进行轨道动力稳定作业，更有利于提高作业后道砟密实度及线路的稳定性（见**轨道动力稳定车**）。

道岔捣固车 用于道岔区线路捣固作业的轨道作业机械。

CDC-16道岔捣固车工作原理与双枕捣固车相似，捣固装置采用同步偏心振动、异步稳压夹持工作原理。其工作装置具有独有的特点：①道岔捣固车捣固装置由4个捣固单元组成，可以横移到车体之外的第三轨、第四轨上进行捣固作业。②道岔捣固车除有一个组合式起拨道装置（增加了起道钩）以适应在道岔区本线起拨道作业外，还有一个附加的用于完成长轨枕区域起道作业的第三轨辅助起道装置，以适应道岔区特殊作业要求，从而实现了三线起道、四线捣固作业。

CDC-16道岔捣固车在线路作业时，捣固装置左侧和右侧的两个捣固单元可两两合并，作业方式和DC-32步进式双枕捣固车相同，用于完成道岔区前后的线路捣固作业。但由于只装备16把捣固镐，每次作业仅能捣固一根轨枕，效率较低，故不用于正线线路捣固作业。其捣固一组12号单开道岔的作业时间为40分钟，其他技术参数与DC-32步进式双枕捣固车基本相同。（宋慧京）

线路防护 line protection 为保障城市轨道交通行车和设施设备不受外界干扰和破坏，保障行车安全而采取的一系列措施。线路防护一般包括防护设施和法规。①防护设施，一般有隔离设施、监控设备、告警装置等。②防护法规，一般为各地方政府所制定的相关条例、办法等法规性文件中对轨道交通设施的安全防护要求。

线路安全防护设施应安全可靠、使用方便、便于维修，并应满足线路环境条件下的使用要求。线路防护设施设置：①高架线路墩柱有可能受汽车撞击时，应设防撞保护设施。当无法设置防护设施时，应在设计中计入汽车对墩柱的撞击力。撞击力顺行车道方向应采用1000千牛，横行车道方向应采用500千牛，作用在路面以上1.20米高度处。②地面线路应有安全防护设施，线路两侧或线路外侧应设隔离栅栏，轨道与道路的平交道口应设置隔离设施，进段道路入口应设限高架。

（许双牛）

线路检查仪 track dynamic inspecting instrument 通过测量运营车辆运行过程中的车体横向和垂向加速度，用于监测铁路线路轨道平顺性的仪器。分车载式线路检查仪和便携式线路检查仪两种。①车载式线路检查仪。又称晃车仪。固定安装在机车或动车组内，利用嵌入式智能传感器获得机车或动车组运行过程中横向、垂向加速度，与机车安全信息综合检测装置或列控设备动态监测系统中的日期、时间、机车号、车次、里程、速度、线路编号等信息综合生成一个能够反映轨道状态的综合数据信息包，及时发现晃车处所，并无线传输到用户终端。②便携式线路检查仪。又称添乘仪。由工作人员携带上车并临时安放在机车或动车组内，采用嵌入式智能传感器，采集机车或动车组车体横向、垂向加速度，结合全球卫星导航系统的精确定位，实时计算列车运行速度，或通过无线方式获取列车运行数据，根据运行速度动态调整晃车门限，自动分析、记录晃车结果，具备实时打印和报警功能。

线路检查仪的车体加速度计采用带通滤波器滤波，滤波器带通范围0.3～10赫兹。线路检查仪检测结果常受列车速度、车辆状态和环境等影响，可用于线路轨道不平顺突变情况的监测。（尹 峰）

香港地铁 Hong Kong Metro 曾经是香港两大城市轨道交通系统之一。原名地下铁路。

概况 由香港铁路有限公司（原为地铁有限公司，MTR Corporation Limited）营运。地铁有限公司自1979年起为乘客提供市区列车服务。2007年12月2日，与九铁的车务运作正式合并，当天九铁营运告终。与此同时地铁有限公司也易名为香港地铁公司。合并后的综合铁路系统全长168.1千米，由10条市区线共84个车站组成。自1979年开通以来，香港地铁成为既快捷又安全可靠的公共交通运输网络，覆盖香港心脏地带，连接中国大陆。截至2022年，整个综合铁路系统全长245.3千米，由观塘线、荃湾线、港岛线、东涌线、将军澳线、东铁线、西铁线、马鞍山线、迪士尼线、机场快线及轻铁各线共169个车站组成。

运营模式 香港地铁发展的模式主要是“物业＋轨道”，主要经历了3个阶段。

利用所拥有空间发展补贴开支 20世纪80年代是发展的初期。香港地铁于1979年通车，初期主要覆盖市区线路，仍需政府通过贷款注资建设。由于香港土地资源匮乏，香港地铁充分利用轨道建设范围占有的土地，进行车辆段（如九龙湾德福花园、荃湾绿杨新村）和站点上盖的发展

（如湾仔修顿花园、中环环球大厦），其物业销售与租金收益，用于轨道交通建设运营资金补贴的同时，亦进一步通过上盖发展，强化沿线客流量，保障运营收益。

香港地铁直至2001年都是100%由政府拥有的企业，但由于奉行商业原则经营，政府谨慎按照香港地铁的财务状况分析，对初期线网规划修订，落实建设时取消了部分预期效益较低的原有规划路段，强化轨道交通在初期建设的效益。例如，港岛线西段、东九龙线（现时的沙中线），早在1970年已进行规划，纳入初期线网建设，但在对居民构成与这些地区人口老化的现象评估之后，延迟到2010年才陆续通过政府出资展开工程，港岛线西段在2014年12月通车。

利用新线与新发展区的融合创造价值　20世纪90年代是快速发展时期。随着香港机场核心计划带动城市的跨越式扩展，需要大量建设资金，政府将填海土地协议出让于香港地铁，并让香港地铁参与新发展区（如东涌、西九龙填海区）的前期规划研究，积极采取新线站点与土地融合发展模式，包括土地与车站融合发展，以及车站与周边社区的人行无缝连接网络设计，强化地铁人流带动创造的土地价值，再通过土地增值收益，支持香港地铁在机场快线和东涌线的建设。这种模式同样用于将军澳和马鞍山新市镇的沿线轨道发展。

长远持续的分期发展让土地价值最大化　21世纪是发展的成熟期。轨道线网快速发展后，客流量增大，沿线市场发展逐渐成熟，香港地铁逐步对之前轨道线网所预留土地，进行长达10～20年的分期开发。务求通过人流和商机的培育，让土地价值最大化，创造更高盈利目标。例如，1998年通车的机场铁路九龙站上盖综合发展，初期开发了住宅，孵化市场潜力和人气，待发展较为成熟、商业地产需求较高时，于2005年开始建设酒店、购物商场等商业设施，2012年发展楼高110层的环球贸易中心（ICC）——九龙站最后一期发展项目。整个项目包括甲级写字楼、六星级酒店、天际观景台等高端功能，其甲级办公租金单价为九龙之最。

（易　民）

项海帆　Xiang Haifan（1935-12-19～　）中国桥梁学家、风工程学家。祖籍浙江杭州。生于上海。1955年毕业于同济大学桥隧专业本科，1958年研究生毕业留校任教，曾获德国洪堡基金赴波鸿鲁尔大学研修一年半。曾任上海欧美同学会常务理事兼洪堡学者联谊会会长，同济大学桥梁工

程系首任系主任、土木工程学院首任院长、土木工程防灾国家重点实验室主任，中国土木工程学会副理事长和桥梁及结构工程分会理事长，国际桥梁与结构工程协会（IABSE）副主席。1955年当选为中国工程院院士。

20世纪70年代后期率先在中国开展桥梁抗风研究，通过80年代的学习与追赶，为1991年建成的中国第一座跨度超过400米的大桥——上海南浦大桥抗风做出了重大贡献；经过90年代的提高和跟踪，有力支撑了以中国第一座超千米的特大桥——江阴长江大桥为代表的一批大桥建设；21世纪起，以创新和超越为目标的研究成果满足了特大跨径桥梁建设的国家需求。

主编的《现代桥梁抗风理论与实践》和《中国桥梁史纲》，分别获得了首届中华优秀出版物（图书）奖并入选“三个一百”原创科技图书奖和第二届中国大学出版社优秀学术著作奖一等奖及上海图书奖一等奖。在桥梁抗震理论及应用、桥梁结构关键设计理论、大跨度桥梁施工控制方法等方面取得了重要的研究成果。曾获得国家科技进步一等奖、国家自然科学二等奖和国家技术发明奖二等奖，并获国际桥梁与结构工程协会“功绩奖”（IABSE Merits）和“工程及教育奖”（Anton Tedesko Medal）、美国土木工程师学会“风工程与空气动力学奖”（Robert H. Scanlan Medal）以及国际风工程协会“杰出成就奖”（Alan G. Davenport Medal for Senior）。

（葛耀君）

项目可行性研究　feasibility study　在项目投资决策之前，对拟投资项目从技术、资源、市场、经济、社会等方面出发进行深入细致的调查研究，从财务盈利、技术安全、环境影响、社会效益等方面进行全面分析、论证和评价，从而确定项目是否可行并选择最佳实施方案的科学方法。可行性研究不仅广泛应用于建设项目，也可应用于科学技术和工业发展的各个阶段和各个方面，如工业发展规划、新技术开发、产品更新换代、企业技术改造、科研项目等。可行性研究是决策科学化的必要步骤和手段，也是完善市场机制、优化资源配置的重要工具，并在项目审批立项、融资、招商合作等工作和项目后续设计、实施过程中发挥关键性作用。

可行性研究起源于美国。20世纪30年代，美国在开发田纳西河流域的过程中开创了可行性研究的方法。联合国工业发展组织在1978年和1980年先后编制发布了《工业可行性研究编制手册》和《工业项目评价手册》，形成一套较为完整的可行性研究理论和方法。中国在1978年后引入可行性研究方法。国务院于1981年先后发布《技术引进和设备进口工作暂行条例》（国发〔1981〕12号）和《关于加强基本建设计划管理，控制基本建设规模的若干规定》（国发〔1981〕30号），提出“把可行性研究作为建设前期工作中的一个重要技术经济论证阶段，纳入基本建设程序”的要求。国家计委于1983年发布《关于建设项目进行可行性研究的试行管理办法》（计资〔1983〕116号），此后又先后发布《关于建设项目经济评价工作的暂行规定》《建设项目经济评价方法》《建设项目经济评价方法与参数》《中外合资经营项目经济评价方法》等若干文件，系统性规定了可行性研究的内容和方法。2004年，国务院发布《关于投资体制改革的决定》（国发〔2004〕20号），自此多数由企业投资建设的项目不再由政府审批可行性研究报告，可行性研究成为企业自主投资决策的工具；但政府采用直接投资或资本金注入方式投资的项目，仍然需要由相关政府部门审批可行性研究报告。

可行性研究工作是一个由浅到深、由粗到细的过程，一般包括机会研究、初步可行性研究、详细可行性研究、项目评估和决策等四个工作阶段。其中，机会研究阶段主要在特定的地区或行业内分析和选择可能的投资方向，并对项目有关数据进行粗略估计；初步可行性研究阶段在机会研究基础上，对项目在市场、技术、环境、选址、资金等方面的可行性进行初步分析，对项目可行与否做出基本判断；针对初步判断可行的项目，详细可行性研究阶段不仅需要对其可行性进行深入而详尽的进一步研究，还需要权衡比较多种方案以选择最优方案，并形成可行性研究报告；项目评估和决策阶段中，由拟投资企业或政府部门、金融机构等根据可行性研究报告做出最终决策。

不同类型项目可行性研究的内容和方法差异很大，但均需要遵循科学性和公正性原则，一般包括投资必要性、技术可行性、财务可行性、组织可行性、社会可行性、风险因素及对策等主要内容，并需要特别注意论证过程中所用数据的正确性、

合理性和可靠性。可行性研究工作可以由企业自主完成，也可以委托专业咨询公司完成。（吴 璟）

项目融资 project finance 广义上，针对特定项目（尤其是需要大规模资金的大型项目）的建设、收购、债务重组等目的所进行的融资活动。狭义上，专指债务方（项目发起人）仅以融资项目本身的资金及其收益作为还款资金来源，并以项目资产作为融资时的担保物，债权方对债务方的其他资产无追索权或仅具有有限追索权的融资模式。无追索权的项目融资是指借贷资金本金和利息的偿还全部来自项目的收益和资产价值，如果项目的所有相关收益和资产加总仍不足以偿还所借贷款项，则债权方不得再向债务方追索其他款项。有限追索权则是在项目自身收益和资产的基础上引入第三方担保，债权方有权根据第三方担保金额的多少向其发起追索。项目融资一般属于非公司负债型融资（即资产负债表外融资），不出现在项目发起人的资产负债表上。

与传统融资方式相比，项目融资具有若干独特优势。对债务方而言，项目融资的无追索或有限追索特征能够有效地在项目失败时保护债务方的其他财产，分担项目的投资风险；同时，成立项目公司可在部分国家享受税收优惠，从而降低资金成本。尤其是对于政府而言，项目融资可以有效分担政府投资基础设施建设的财政压力，拓宽建设资金来源，同时更有效地利用民间资金。对于债权方而言，由于项目贷款利率相对较高，能获得较高的贷款利息收益。由于这些特点，项目融资尤其适用于资源开发项目（如石油、天然气、金属矿物等）、基础设施建设项目（电力、铁路、隧道等）、公共服务项目（医院、学校、体育场等）等资金需求大、开发周期长、投资风险高、牵涉利益方众多且后期收益较为稳定的项目。

项目融资起源于欧洲、美洲等国家。13世纪的英国银矿开发项目、17世纪的英国私人业主建造灯塔项目等的融资安排，就已经具备项目融资的基本特征。现代意义的项目融资出现于20世纪60年代。英国北海油田的开发项目首次出现有限追索项目融资方式。之后项目融资迎来高速发展，被广泛应用于大型能源开发工程项目。20世纪80年代以后，发展中国家越来越多地应用项目融资方式进行基础设施建设，并逐渐发展出了建设—经营—移交（BOT）、政府与社会资本合作（PPP）、资产证券化（ABS）等多种项目融资模式。其中，20世纪80年代初，中国深圳沙角B电厂采用的建设—经营—移交模式，标志着中国利用项目融资进行建设的开始。此后建设—经营—移交模式在中国范围内若干大型基础设施项目中得到成功应用，典型代表如广西来宾电厂、深圳地铁、杭州湾跨海大桥、青岛胶州湾大桥等。2014年以后，在国家发展和改革委员会、财政部等的推动下，政府与社会资本合作模式也在全国范围内得到快速发展，涉及供水、供暖、污水处理、交通、医疗、体育等多个领域。（吴 璟）

消防救援车 fire fighting rescue engine 装备各种灭火、救援、保障器材和器具，专门用于救火或其他紧急抢救人员生命的车辆。又称消防车、救火车。是应对火灾和部分自然灾害、突发事件的移动式装备。

分类 按照使用功能，分为灭火类消防车、举高类消防车、专勤类消防车和保障类消防车。①灭火类消防车。主要装备灭火装置，用于扑灭各类火灾的消防车。如安装有消防泵、水罐，水炮喷射水进行灭火的水罐消防车。又分为水罐消防车、供水消防车、泡沫消防车、干粉消防车、干粉泡沫联用消防车、干粉水联用消防车、气体消防车、压缩空气泡沫消防车、泵浦消防车、高倍泡沫消防车、水雾消防车、高压射流消防车、机场消防车和涡喷消防车等。②举高类消防车。主要装备举高臂架（梯架）、回转机构等部件，用于高空灭火救援、输送物资及消防员的消防车。如安装有铝合金伸缩梯架的云梯消防车，又分为登高平台消防车、云梯消防车、举高喷射消防车等。③专勤类消防车。主要装备专用消防装置，用于某专项消防技术作业的消防车。如安装有通信及指挥系统的通信指挥消防车。又分为通信指挥消防车、抢险救援消防车、化学救援消防车、输转消防车、照明消防车、排烟消防车、洗消消防车、侦检消防车、隧道消防车、履带消防车、轨道消防车和水陆两用消防车等。④保障类消防车。主要装备各类保障器材设备，为执行任务的消防车辆或消防员提供保障的消防车。如安装有各种模拟灾害现场的装置，用于向公众宣传消防知识的宣传消防车。分为器材消防车、勘察消防车、宣传消防车、水带敷设消防车、供气消防车、供液消防车和自装卸式消防车等。

按照结构，分为罐类消防车、举高类消防车和特种类消防车。罐类消防车有15种，举高类消防车有3种，特种类消防车有18种。

构成 主要由底盘和专用的作业装置和救援装备构成。根据功能的不同，其作业装置可分为灭火类、举高类、专勤类和保障类。消防车种类多样、功能复杂。在扑救火灾中所能发挥的作用，主要依赖于汽车快速反应的机动性、车上装备的消防泵，以及其他各种消防器具的独特功能和工作效率。（海伦哲）

小型养路机械 light-duty maintenance machinery 对铁路线路进行日常养护、临时补修和紧急抢修作业并可依靠人力或者借助于辅助设备随时撤出线路的小型机械设备。

发展情况 中国铁路小型养路机械起步于20世纪50年代。60～70年代，小型养路机械进入发展时期。至80年代末期，小型养路机械产品基本形成配套能力，可满足铁路工务部门日常养护、临时补修和紧急抢修作业的需要。90年代末期，中国铁路小型养路机械总体技术达到了90年代国外同类产品先进水平。

构成与特点 小型养路机械由动力源、机架、传动装置、工作装置、安全装置及走行装置等组成。

中国铁路小型养路机械具有以下特点：①重量轻，便于使用和携带，可随时上下道。②效率高、精度好，满足作业要求。③性能稳定，保证作业的连续性。④采用内燃、电力、液压、手动泵多样化动力源，能满足不同现场作业需求。⑤具有可靠的安全措施，保障操作人员及机具的作业安全。⑥在线路上推行的作业机械，可满足轨道电路绝缘要求；并能快速安全上下道，不侵入邻线建筑限界。

分类 小型养路机械按对铁路线路养护、维修作业功能可分为8类，包括捣固机械、起拨道机械、钢轨打磨机械、钢轨钻孔机械、切轨机械、轨枕作业机械、钢轨拉伸机械和钢轨矫直机械等。

捣固机械 用于线路道床道砟捣固作业的机械。①捣固镐。为手持式机具，一人一机，随机捣固。捣固镐以汽油机或电机为动力，通过冲击振动或偏心振动方式产生激振力，对道砟进行振捣密实作业。②液压捣固机。分为线路捣固机和道岔捣固机，可连续捣固作业。以汽油机或柴油机为动力，驱动偏心块产生振动，在捣镐的振动力和夹持油缸产生的夹实力的共同作用下，使轨枕下道砟密实。

起、拨道机械 用于铁路线路起道、拨道作业的机具。起、拨道机械分为液压起、拨道器和液压起、拨道机。①液压起、拨道器。包括液压起道器、液压拨道器和液压起拨道器。为手持式机具，一人一机。其以手压泵为动力源，驱动液压缸进行起、拨道作业。②液压起、拨道机。包括液压起道机和液压起拨道机，以汽油机或柴油机为动力，驱动液压泵，在液压缸作用下，通过勾轨装置完成起、拨道作业，主要在道岔铺换或线路需大起道量作业时使用。

钢轨打磨机械 用于对钢轨轨头及道岔进行打磨，修复其表面轮廓的机具。分为仿形打磨机。和道岔打磨机。仿形打磨机按其打磨钢轨作业方式又分为直立式和侧翻式。钢轨打磨机械以汽油机为动力，采用机械传动或液压传动驱动砂轮，对钢轨的轨头表面或道岔的尖轨、辙叉、护轨顶面及钢轨侧面进行打磨作业。

钢轨钻孔机械 用于钢轨和道岔接头夹板螺栓孔的钻孔作业的机具。钢轨钻孔机以汽油机或电机为动力，采用机械传动或液压传动驱动套筒式多齿空心钻头，在润滑冷却液辅助作用下，完成钢轨铣削钻孔作业。钢轨钻孔机设有孔位定位装置，可准确实现孔距、孔高作业定位。

切轨机械 用于对各型钢轨的切断作业的机具。切轨机分为便携式切轨机和移动式切轨机。便携式切轨机动力为汽油机，移动式切轨机动力分为汽油机和电机。切轨机采用机械传动或液压传动驱动砂轮片，完成对钢轨的高精度切割作业。切轨机配有方向可调的防护罩和夹轨防脱装置，能有效保障作业安全。

轨枕作业机械 包括扣件螺栓机动扳手和液压方枕器。①扣件螺栓机动扳手。用于轨枕扣件螺母的拧紧或松开机具。按螺母套筒数量分单头螺栓扳手和双头螺栓扳手；扣件螺栓机动扳手通过机械传动或液压传动方式将扭力矩传递给螺母套筒，实现扣件螺母（或螺钉）按要求的扭矩拧紧或松开。②液压方枕器。用于对产生爬行的轨枕角度进行方正的机具，调整线路轨枕的间距，使轨枕处于正确位置。

（宋慧京）

斜管（板）沉淀池 inclined tube or plate settlers 在沉淀池中倾斜放置平行板或管子，使固体颗粒从板或管子上的表面滑落并在污泥区沉积的设备。斜管（板）沉淀池可减少颗粒沉淀的距离。

发展情况 美国的哈真于1904年提出了理想沉淀池理论。按照理想沉淀池原理，在保持截留沉速v_0和水平流速v都不变的条件下，减小沉淀池的深度，就能相应地减少沉淀时间和缩短沉淀池的长度。为了提高沉淀效率，人们发展了多层沉淀池，增加沉淀池的水平投影面积。多层沉淀池与平流沉淀池相比，应该是一种高效能的沉淀构筑物。但是，多层沉淀池在生产中并没有得到推广，这主要是由于多层沉淀池排泥困难。直到20世纪60年代才终于实现了突破。博伊科特用试管进行血液沉降速度测定时，发现将试管倾斜可使沉降加快的现象。此后，在胶体化学领域也进行了对倾斜容器内沉降现象的研究。水处理工作者根据这一发现，开发出了斜板、斜管沉淀设备，既能大大增加沉淀池的层数，减少沉淀深度，又能自动进行排泥。

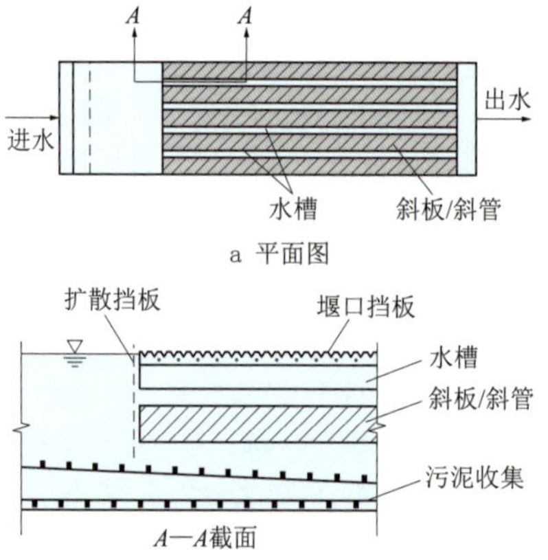

a 平面图
b 截面图
斜板／斜管沉淀池示意图

将这些板（管）倾斜放置到一定程度可以使固体从板或管子上的表面滑落并在污泥区沉积。

构成及原理 斜板沉淀池由一系列倾斜的薄板构成，水在斜板间隙中水平流动，水中的杂质颗粒一面随水流动，一面进行沉降，其运动轨迹为一倾斜的直线，当颗粒沉至下面的斜板表面时便被沉淀下来；澄清的水流出斜板间隙，沉淀下来的泥渣沿斜板表面下滑而自动排除。若斜板的间隙宽为s，斜板倾角为θ，则颗粒在斜板间隙中的沉降距离应为：

$$h=\frac{s}{\cos\theta} \tag{1}$$

水在斜板间隙中的沉淀过程类似于在一个深度为h的平流沉淀池中的沉淀过程。按照理想沉淀池理论，可按下式计算斜板的水平长度（即此平流沉淀池的长度）l'：

$$l'=\frac{v}{v_0}\cdot h \tag{2}$$

水在斜板中的沉淀时间为：

$$t=\frac{h}{v_0}=\frac{l'}{v} \tag{3}$$

一般斜板的间距都很小（常为数十毫米），所以水在斜板中的沉淀时间只有几分钟。斜板间的每一个间隙都是一个单元斜板沉淀池。斜板沉淀是一种高效的沉淀技术。

（刘百仓）

斜交网筒结构 diagrid structure 由斜交成网格状的斜柱组成，同时承受竖向荷载和水平荷载的结构。与常规框架结构相比，具有抗侧刚度大、抗侧性能好的特点。

斜交网格结构可以通过合理设计，竖向荷载或侧向荷载通过斜柱的轴向拉压作用来承担，从而提高材料的利用效率，提升结构体系的抗侧刚度和承载力。此外，斜交网格结构外立面呈平面或空间菱形网格，因此也受到很多建筑师的欢迎。

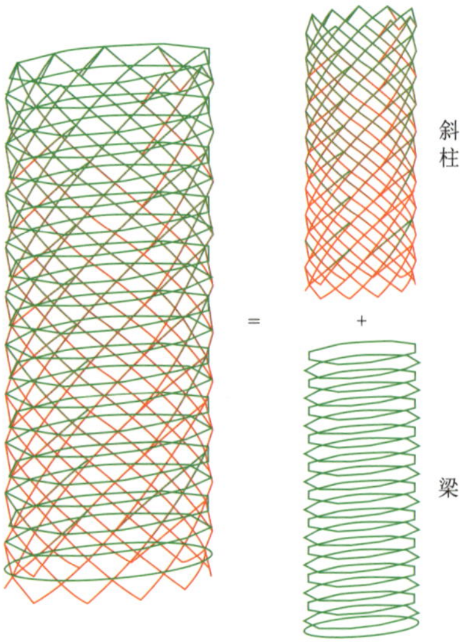

北京保利国际广场斜交网格结构示意图

代表性的斜交网格结构体系高层建筑有中国广州国际金融中心、中国北京保利国际广场（见图）。

（陆新征）

斜拉桥 cable-stayed bridge 将主梁用多根拉索直接拉在桥塔上的桥梁。又称斜张桥。是由承压的塔、受拉的索和承压弯的梁体组合起来的一种结构体系，可看作是由拉索代替支墩的多跨弹性支承连续梁，梁体内弯矩减小，降低建筑高度，减轻了结构重量，节省了材料，跨度可达到千米以上。

主要组成 斜拉桥的主要组成部分有斜拉索、桥塔、主梁和辅助墩等（图1a）。

斜拉索 用于悬吊主梁，将所受荷载传递给塔柱与桥墩（合称桥塔）。索形布置主要有3种：①辐射式（图1a）。斜拉索塔上锚固点集中在塔顶。这种布置最省钢索，更适用于用斜拉索悬吊主梁于桥塔上的漂浮体系。②竖琴式（图1b）。斜拉索皆平行布置宛如竖琴，用钢量最多，但较美观。③扇式（图1c）。系辐射式与竖琴式的折中形式，用钢量居中。

桥塔 支承斜拉索的桥塔结构可用钢

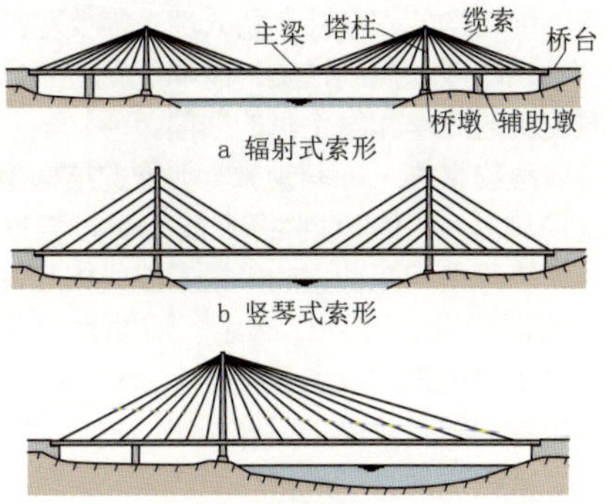

a 辐射式索形
b 竖琴式索形
c 扇式索形

图1　斜拉桥的构造与索形示意图

筋混凝土或钢材建成，包括塔柱和桥墩两个部分。塔柱与桥墩的连接方式有3种：①塔柱与桥墩固结，简称塔墩固结（图2a、图2b、图2c）。这种结构整体稳定性好，主梁支点反力小，施工方便，但墩底承受的弯矩很大。②塔柱与桥墩分开。塔柱与主梁固结，而与桥墩分开，简称塔梁固结（图2e），可克服墩底弯矩过大的缺点，但主梁中间支点反力很大，要求特大吨位的桥梁支座，引起构造上的困难。③塔柱与桥墩铰接，简称塔墩铰接。能减小墩底弯矩，但构造与施工均麻烦，整体稳定性也差，甚少采用。

顺桥轴线方向塔柱的立面形式，常用的为柱形或A字形。而横桥方向的形式很多，有双柱形、门形、倒V形、用于双倾斜索面的菱形（图2d）、用于沿桥中轴线设置的单索面的独柱形。双柱形与门形塔柱施工方便；倒V形施工麻烦，基础面积大，但抗风稳定性好；菱形可减小基础面积；独柱形外形轻巧，但主梁必须选用抗扭刚度大的箱形截面。

a 双柱形　b 门形　c 倒V形　d 菱形　e 独柱形

图2　塔柱示意图

主梁　直接支承桥面并锚固斜拉索。其结构形式主要有：①连续梁（图3a）。整体性好，抗风、抗震能力强，刚度大，行车舒适。②带挂孔的单悬臂梁（图3b）。结构外部是静定的，适用于软土地基，可以消除混凝土的徐变收缩影响，但结构刚度差。缆索受力大于连续梁，挠度大，不利于高速行车。③T形刚构（图3c）。除可利用悬臂拼装（灌注）法施工外，其优点同单悬臂梁，缺点是墩内弯矩大。三种结构形式中，以采用连续梁较多。在双跨独塔式斜拉桥中，均采用连续梁。

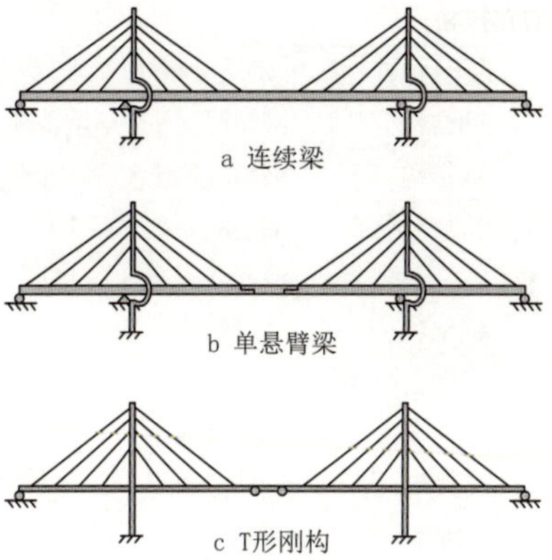
a 连续梁
b 单悬臂梁
c T形刚构

图3　主梁结构示意图

主梁的横截面形式主要有3种：①箱形截面（图4a）。因系闭合式截面，抗扭刚度甚大，尤适用于单索面的独柱式斜拉桥。②半封闭式三角箱形截面（图4b）。两侧具有流线型的三角形箱梁有很好的抗风稳定性。③槽形截面（图4c）。桥梁建筑高度低，有利于争取桥下净空高度，降低引线或引桥标高。

辅助墩　对于斜拉桥的受力性能有着不可忽视的作用。若在边跨适当位置处设置一个或多个辅助墩，可以改善成桥状态下的静、动力性能，同时还可使边跨提前合龙，提高最不利悬臂施工状态的风致稳定性，降低施工风险。

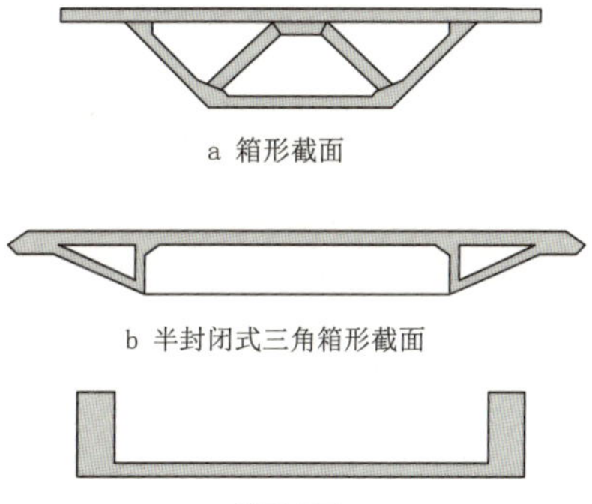
a 箱形截面
b 半封闭式三角箱形截面
c 槽形截面

图4　主梁横截面示意图

分类　斜拉桥可以按照主梁材料、边跨斜拉索锚固形式、桥塔设置、索面形式、主梁支承形式等进行分类。

按主梁材料有钢主梁斜拉桥、混凝土主梁斜拉桥和两者结合的结合梁斜拉桥。

按边跨斜拉索锚固形式有地锚式、自锚式与部分地锚式。

按桥塔设置分为：①根据索塔在纵桥向的数量，可分为独塔斜拉桥、双塔斜拉桥和多塔斜拉桥。②根据索塔在横桥向的数量，可分为独柱斜拉桥、双柱斜拉桥和多柱斜拉桥。

按索面形式有双平行索面斜拉桥（图2a、图2b）、双倾斜索面斜拉桥（图2c、图2d）与单索面斜拉桥（图2e）。

按主梁支承形式有刚性铰式支承斜拉桥与悬浮体系斜拉桥。

重大斜拉桥　1956年在瑞典建成的由德国工程师迪辛格设计的主跨183米的斯特劳姆桑德桥，拉开了现代斜拉桥发展的序幕。1962年在委内瑞拉建成的由意大利结构专家莫兰迪设计的主跨为5×235米的马拉开波桥，开创了公路混凝土斜拉桥的先例。1967年在德国波恩建成了由H.洪贝格设计的希埃伯特桥，首先在工程上采用较小索距的概念，该桥为钢加劲梁结构，主跨280米、桥宽36米、双塔单索面，两侧各设置了20根斜拉索，标准索距2.24米，开创了密索体系的先河。1983年建成的主跨为440米的西班牙卢纳大桥，采用了混凝土加劲梁和部分地锚的形式，刷新了当时的斜拉桥跨径记录。1992年在西班牙建成的由西班牙建筑师S.卡拉特拉瓦设计的阿拉密洛桥，该桥200米的钢梁由竖琴式斜拉索支承，斜拉索单侧锚固在混凝土斜索塔上，形成无背索斜拉桥体系。1995年建成的由M.菲洛歇设计的法国诺曼底斜拉桥，跨度为856米，大幅度推进了斜拉桥的跨径。1999年建成的日本多多罗桥跨度890米，采用倒Y型钢塔，塔高220米，拉索布置为扇形双索面（图1c）。2004年底在法国建成的由N.福斯特设计的米约桥（204米+6×342米+204米，全长2460米），截至2017年是世界上最高和最长的斜拉桥，采用了加劲梁与一跨索塔拼装后一起顶推的施工工艺。2012年在俄罗斯建成的主跨1104米的俄罗斯岛大桥是世界上最大跨径的斜拉桥。

1975年在四川建成主跨75.84米的云阳桥后，斜拉桥的建设在中国得到发展。1988年建成的重庆石门大桥为一座独塔单索面预应力混凝土斜拉桥，主跨300米。1991年建成的上海南浦大桥是中国第一座结合梁斜拉桥，主跨423米，达到当时的世界第三。1993年建成的上海杨浦大桥是中国第一座跨度曾创造世界纪录的斜拉桥，主跨602米。1998年建成的香港汀九桥是当时全世界最大跨度的三塔斜拉桥，主跨布置为448米和475米，利用稳定索提高中间两跨的刚度。1999年建成的台湾高屏溪桥为独塔单索面混合梁斜拉桥，主跨330米。2000年建成的芜湖长江大桥是一座矮塔钢桁梁双层公铁两用桥，主跨312米。2001年建成的南京长江二桥（南汊桥）是一座双塔双索面五孔连续漂浮体系钢箱梁公路斜拉桥，主跨为628米，钢筋混凝土桥塔高195.55米。2002年建成的天津市海河大桥为一座独塔双索面混合梁斜拉桥，主跨310米。2005年建成的南京

全球跨度前10位的斜拉桥

序号	建成年代	桥名	跨径/m	主梁材料	桥塔材料	国家
1	2012	罗斯基岛大桥	1104	钢结构	钢筋混凝土	俄罗斯
2	2008	苏通长江大桥	1088	钢结构	钢筋混凝土	中国
3	2009	香港昂船洲大桥	1018	钢/混凝土混合	钢包混凝土	中国
4	2010	鄂东长江大桥	926	钢/混凝土混合	钢筋混凝土	中国
5	1999	多多罗大桥	890	钢结构	钢结构	日本
6	1995	诺曼底大桥	856	钢/混凝土混合	钢筋混凝土	法国
7	2013	九江长江二桥	818	钢/混凝土混合	钢筋混凝土	中国
8	2010	荆岳长江大桥	816	钢/混凝土混合	钢筋混凝土	中国
9	2009	仁川大桥	800	钢结构	钢筋混凝土	韩国
10	2016	鸭池河大桥	800	钢/混凝土混合	钢筋混凝土	中国

长江三桥是中国第一座索塔斜拉桥，也是世界上第一座弧线形斜拉桥，主桥跨径648米。2008年通车的苏通大桥，主跨1088米，成为中国又一座创造世界纪录跨度的斜拉桥，截至2017年，跨度在世界排名第二，仅次于俄罗斯罗斯基岛大桥。2009年建成的香港昂船洲大桥，主跨长1018米，截至2017年，是跨度在世界排名第三的斜拉桥。截至2019年12月，全球已经建成的跨度前10位的斜拉桥中有6座在中国，其余4座分别在俄罗斯、日本、法国和韩国（见表）。 （周先念 葛耀君）

斜拉桥风振 wind-induced vibration of stay cables 由于斜拉索自身空气动力不稳定而引起的斜拉索振动。

类型 斜拉索特指斜拉桥中连接桥塔并弹性支撑桥面的拉索，一般采用高强度平行钢丝束或钢绞线索股。由于斜拉索长度长、刚度小、阻尼低，很容易发生振动，并主要表现为风荷载引起的风致振动，包括涡振、驰振、抖振和风雨激振。

斜拉索涡振 当斜拉索截面为圆形时，在其尾流中将出现交替脱落的旋涡，即卡门涡街，当涡脱落频率接近斜拉索横风向振动的某阶固有频率时，将激发起斜拉索沿横风向的振动，称之为斜拉索涡振。由于斜拉索低风速对应的低阶振型涡振能量较小，因此斜拉索的涡振一般以高阶振型的形式出现。单根斜拉索涡振一般不足以造成很大振幅，但是当一根斜拉索与其他拉索距离较近时，特别是当它处于其他斜拉索的尾流区时，流场运动将变得更加复杂（如相距2～6倍斜拉索直径），涡脱将会被改变，起振风速也会发生变化，关键是振幅将会数倍于单根斜拉索的涡振。

斜拉索驰振 一种发散性的振动，可以分为尾流驰振、裹冰拉索驰振和干索驰振。①尾流驰振。如果沿来流方向前后排列着两根斜拉索，当来流经过前排斜拉索之后，会在前排斜拉索的尾流区域形成一个不稳定的驰振区；当后排斜拉索刚好位于前排斜拉索的驰振区内时，因为两排拉索的固有频率十分相近，后排斜拉索的振幅就会不断增大，直到斜拉索的振动到达一个稳定的大振幅极限环，这就称之为尾流驰振。②裹冰拉索驰振。是一种发现在低温地区的振动，具有对称圆形截面的结构不会发生横方向的驰振。但是冬季冷暖空气交替作用，附着在斜拉索表面的水汽容易冻结成冰，进而改变斜拉索圆截面外形，使斜拉索圆截面变得不再对称。这种情况下可能形成驰振不稳定的气动外形，平均升力系数出现负斜率，进而引发驰振。③干索驰振。指拉索在有风无雨条件下发生的一种发散性风致振动。拉索表面没有雨水也没有附着冻冰的状态称为干索。

斜拉索抖振 斜拉索在脉动风的随机激励下产生的随机振动。自然风中的脉动风成分会引起斜拉索的顺风向振动响应，且风速越大，振幅越大，抖振响应越明显，但是斜拉索抖振依然是一种有限振幅的强迫振动。此外，邻近的上有物体尾流中的脉动风成分，以及结构本身引起的旋涡脱落所产生的特征紊流都会引起斜拉索抖振，但大气的脉动风成分占主要地位。

斜拉索风雨激振 在风雨共同作用下发生的斜拉索大幅低频振动。是已知斜拉索振动中振幅最大、危害最严重的一种斜拉索风振，是大跨径斜拉桥设计最为关注的抗风难题之一。当斜拉索发生风雨激振时，斜拉索上下表面会有雨水形成的水线，沿倾斜的斜拉索向下流动。水线随着斜拉索振动在斜拉索表面振荡。世界上多座大跨径斜拉桥的斜拉索均发生过风雨激振。

风致振动控制 由于斜拉索柔度大、阻尼低等固有特点，将不可避免地发生各种形式的风致振动。在工程上，为了避免斜拉索风致振动致使斜拉桥造成损伤，保证桥梁结构的安全性和耐久性，需要对斜拉索采取振动控制措施，以降低斜拉索风振发生的概率和发生时的振幅。

结构措施——辅助索 典型的结构控制措施是采用辅助索将不同的斜拉索联结，使原来相互独立的单根索组成相互关联的群索网，又称二次索。辅助索首先可以使单根索的自由长度减小，从而提高斜拉索的固有频率；另外能使斜拉索之间产生耦合作用，形成相互干扰减振；最后可以用高阻尼材料做辅助索以提高系统阻尼，并使能量在不同斜拉索之间传递，从而达到抑制斜拉索风振的目的。

辅助索有刚性和柔性之分，试验研究表明柔性辅助索能有效提高斜拉索的阻尼，并有一定的能量耗散作用，而刚性索几乎没有能量耗散作用。辅助索与斜拉索之间的连接非常重要，连接太紧会损伤斜拉索表面，连接太松会随着风振而脱离。辅助索不能抑制斜拉索的高阶振型振动，对于抑制涡振效果不明显。因此，也有相当多的辅助索发生破坏的事故发生。

机械措施——阻尼器 机械措施主要指通过在斜拉索上附加阻尼器，通过提高阻尼达到减振目的。斜拉索因其阻尼小而容易发生振动，因而增加斜拉索的阻尼被认为是最直接、最有效，并对各种振动都有效的全能型振动控制措施。

斜拉索阻尼器有被动、半主动和主动之分。被动式阻尼器指在斜拉索的适当部位（通常是在拉索锚固端附近）安装固定工作参数的阻尼器，是最常见和传统的形式。主动或半主动指阻尼器的工作参数并不固定，能随振动形式的不同而变化。被动式阻尼器对斜拉索的小幅高频振动控制作用良好，包括斜拉索的涡振和参数振动，但是对于风雨激振和驰振等大幅低频振动作用不大，并且随着斜拉索长度的增加，被动式阻尼器的相对效率也随之下降。

风雨激振控制 斜拉索风雨激振是一种大幅低频振动，除了采用结构措施和机械措施之外，更多地还是采用气动措施进行振动控制。工程应用经验表明，气动措施对风雨激振的抑制效果非常好，且具有费用低、几乎不需维护的优点，是应用较为广泛的斜拉索风雨激振控制方法。斜拉索风雨激振气动控制的原理是破坏原型拉索表面形成的水线，以达到振动控制的目的。破坏斜拉索表面水线的方法包括采用多边形截面拉索，在拉索表面设置纵向肋条（或开凹槽）、压制凹坑、设置椭圆环、安装鳍、缠绕螺旋线或间隔缠绕带状物等，而最常用的方法是在斜拉索表面压制凹坑和缠绕螺旋线。 （葛耀君）

谢礼立 Xie Lili(1939-03-11～) 中国地震与防灾工程专家。上海人。1960年毕业于天津大学土木工程系。毕业后一直在中国地震局工程力学研究所(前身中国科学院土木建筑研究所)工作，1991～1997年任所长，后任名誉所长、研究员。1999年以来任哈尔滨工业大学土木工程学院教授、博士研究生导师。担任中国地震工程联合会主席。曾任中国灾害防御协会秘书长、副会长、会长；中国地震学会理事、副理事长、地震工程专业委员会副主任；国际地震工程协会执行理事、副主席；国际强地震学学会主席、国际地震学与地球内部物理学学会执行主任等职务。1988～1998年，被聘为联合国国际特设专家组专家和联合国“国际减灾十年(IDNDR)”科学技术委员会委员。1981～1982年，在美国从事中美科技合作研究。1994年当选为中国工程院首届院士。

在防灾减灾工程、风险评估与安全工程研究上做出了多项开创性工作，是中国防灾工程和安全工程研究的开拓者之一。他负责建成的中国强震观测台网，设计的唐山三维场地影响台阵被推为国际实验台阵。发展了适合中国仪器特点的观测和分析技术，发展的分析方法和数据处理软件，于1987年和1988年分别在加拿大和日本召开的两次国际盲测会议的考核中，被评为世界上最好的软件之一。最早发现并定量证实“在不大的均匀场地上，地震动仍存在明显差异”和“由于结构物的存在使地震动中包含与结构物自振周期对应的频率得到加强”重要结果的少数学者之一。提出的ABC和4P与4R防灾减灾理论被国际广泛接受。共发表论文400余篇以及著作多部，其主编的《建筑工程抗震性态设计通则(试用)》是中国第一部推荐性的抗震设计标准。曾获国家科技进步一等奖、黑龙江省最高科学技术奖等。2008年，在第14届世界地震工程大会上被选为世界地震工程协会的名誉理事。

(翟长海)

辛普朗隧道 Simplon Tunnel 瑞士布里格和意大利伊塞尔间穿越阿尔卑斯山脉的铁路隧道。是连接北欧和南欧的重要通道。位于瑞士伯尔尼至意大利米兰的铁路线上。辛普朗隧道包括Ⅰ号和Ⅱ号两座平行单线隧道。

Ⅰ号隧道始建于1898年11月22日，全长19.803千米，除两侧洞门处，隧道几乎全部是直线段。隧道内线路坡度自北向南分别为+2.0‰、±0.0‰和-7.0‰，在平坡段设会让站。Ⅰ号隧道采用下导坑法开挖，采用风动机车牵引坑道运输。隧道南北两侧同时施工，1905年2月24日贯通时，其水平方向仅相差202毫米，竖直方向仅相差87毫米。在隧道修建史上首次采用平行导坑，进行出碴、进料、通风、降温、排水和疏干地层，并且预留了后期的Ⅱ号隧道的修建。Ⅰ号隧道海拔705米，最大埋深为2135米，隧道内存在着巨大膨胀性地层压力，施工时曾发生岩爆事故，造成人员伤亡。在北段，当导坑掘进至7500米处时，地下气温已高达53℃，只得喷洒冷水使岩层冷却。在南段岩层松软或破碎的地段，导坑因承受巨大的岩层压力而压毁了最大的木支撑，钢梁也被压弯，同时还有大量冷的或热的地下水涌进洞内，以致多次停工而延长了工期。Ⅰ号隧道于1906年5月19日竣工。1906年，专为庆祝辛普朗隧道的通车而举办了意大利米兰世博会。

Ⅱ号隧道全长19.823千米，修建于1912年，由Ⅰ号隧道施工时的平行导坑扩建而成，于1921年完工。

第二次世界大战中，辛普朗隧道险遭炸毁，直到2001年才将瑞士段的炸药移除。在意大利游击队和奥地利士兵的保护下，意大利段才得以保存。20世纪80年代后期，改进了铁路电气化系统，采用架空电力轨道代替张拉索，试验时速可以达到160千米/时。90年代早期，开始实行背负式运输，为了满足大型货物运输的需要，从1995年开始对隧道进行了修整，降低了道床，修整了拱顶和排水系统，扩大整体净空。2011年6月9日，一辆北行的货车在隧道内着火，辛普朗Ⅱ号隧道内约300米的顶部严重受损，同年11月完成了隧道修复工作。

(仇文革)

新奥法 new Austrian tunneling method 以工程经验和岩石力学理论为基础，以喷锚结构为主要支护手段，充分发挥围岩自身承载能力的隧道工程设计施工方法。新奥法由奥地利工程师L.von拉布西维兹于20世纪50年代提出，经过一些国家的许多工程实践和理论研究，于60年代获得专利并正式命名，之后在世界范围内得到广泛应用和迅速发展。60年代NATM法被介绍到中国，随后逐渐在矿山、交通、水利等行业广泛应用。

其基本原理可以概括为“少扰动、早锚喷、勤量测、紧封闭”12个字。具体体现在如下几个方面：①围岩是隧道结构体系中的主要承载单元。施工中必须充分保护岩体，尽量减少对围岩的扰动损伤，避免过度降低围岩的强度。②充分发挥围岩的自承能力。允许围岩适量变形，以使围岩形成最有效的承载环，即变形过小围岩自承能力发挥不足、变形过大围岩承载能力降低或丧失。施工中应适时支护，避免变形过大。③改善支护结构的受力特性，施工中采用锚喷等柔性支护结构，使围岩与结构尽快闭合。④加强围岩和支护结构的动态观察和量测。据此合理安排施工工序，进行设计变更及日常施工管理。⑤围岩和初次衬砌变形基本稳定后实施二次衬砌。

其施工工序包括开挖、初次支护、防水排水和二次衬砌四个步骤。开挖内容包括钻孔、爆破、通风、出渣等；初次支护包括立架、喷混凝土、打锚杆、复喷混凝土等；防水排水包括布设防水板、集水排水管道等；二次衬砌包括钢衬、预埋件、模筑混凝土等。

(宋胜武)

新建铁路勘测 newly built railway survey 新建铁路工程在设计阶段进行的勘测工作。主要是在地形图上研究和实地勘测的基础上选定最经济合理的线路，然后把线路标定在地面上。新建铁路勘测对应预可行性研究、可行性研究、初步设计、施工图设计4个阶段，分别有踏勘、初测、定测、补充定测4个勘测阶段。

踏勘 对在比例为1:50 000的国家基本地形图上选定的线路比较方案进行实地勘察，提出方案研究意见。测量工作主要以收集或内业制作小比例尺地形图、影像图为主。

初测 为铁路工程可行性研究阶段提供资料而进行的勘测工作，主要任务是提供沿线大比例尺带状地形图以及地质和水文资料。初测在线路勘测工作中占有重要地位，初测资料是可行性研究的依据。初测中的测量工作主要是对踏勘中认为最有价值的比较方案，进行较为详细的测量，测出各方案沿线1:2000及1:10 000比例的带状地形图，桥梁、隧道和其他工程需要的工点地形图等。传统的初测工作包括插大旗、导线测量、高程测量、地形测量。由于测量手段的进步，现插大旗工作一般在室内影像图或地形图上完成，导线测量和高程测量由卫星定位测量取代，地形测量采用航空摄影测量方法进行。

地形测量 按一定的程序和方法，用符号、注记及等高线表示地物、地貌及其他地理要素的平面和高程并记录在载体上的测量工作。铁路工程一般沿线路走向测绘带状地形图，测绘范围根据铁路等级、地形条件及设计需要等合理确定，以满足线路、站场方案比选、优化及构筑物布置需要。比例为1∶2000地形图测绘宽度一般为中线每侧200～300米，比例为1∶10 000地形图测绘宽度为中线每侧不小于2千米。铁路地形测量重视线路附近地形地物测绘，对设计范围50米以内或在拆迁范围以内的建筑物进行详细分栋测量，以外的可只绘出总的外廓，只表示主要街区和通道。

长大铁路干线的地形测量一般采用航空摄影测量成图的方法，对局部摄影范围以外的区域或者航空摄影无法完成的隐蔽悬崖陡峭地区、支线、专用线的地形测量，采用全站仪数字化测图法、卫星定位实时动态测量测图法等野外数字化测图。

水文勘测 为了工程的正确设置而进行的相关水文方面的测量工作。初测阶段主要测量水文平面关系图、水面坡度图、水文断面图、汇水面积测绘、桥位方案平面图、桥址平面图等，为定测提供基础资料，以利于定测核对和补充。必要时定测要进行加宽补测、修测或重测，主要补充勘测桥址纵断面、桥梁、涵洞辅助断面、涵洞轴向断面、改河（沟）、改渠测绘、桥梁墩台横断面及其他桥梁专业设计需要的资料。水文勘测主要采用全站仪、卫星定位仪、水准仪等测量仪器进行各种角度、距离、坐标和高程的测量。

定测 为初步设计阶段提供资料而进行的勘测工作。主要是将已批准的可行性研究设计方案结合现场的地形、水文、地质情况，将线路中心在地面上标定出来。主要测量工作包括满足定测需要的平面和高程控制测量、补充地形测量、中线测量、中桩高程测量、水文勘测、横断面测量、跨线道路和电线交叉测量等。定测阶段地形图原则上利用初测地形图，但应根据设计需要对初测地形图进行核对、修测。控制工点、桥梁、隧道、取土场、弃土（碴）场、大型临时工程等，根据设计需要测绘工点地形图，测绘比例尺一般在1∶500～1∶10 000。

中线测量和中桩高程测量 中线测量指根据设计资料将设计的铁路中心线测设到地面，用一系列桩橛标定出来，也叫放线。在放线同时测量中线桩处地面高程的工作称为中桩高程测量，习惯称为“中平测量”。中线测量和中桩高程测量是新建铁路定测阶段的主要工作。直线上中桩（标定在地面上的中线点）间距一般不宜大于50米，曲线上中桩间距不宜大于20米。在地形变化处或设计需要时，另设加桩。断链宜设在百米标处，困难时可以设在整10米桩上，不宜设在车站、桥梁、隧道和曲线范围内。

中线线形由直线和曲线组成。曲线有圆曲线和缓和曲线两种（见图）。圆曲线是具有一定曲率半径的圆弧；缓和曲线是连接直线（或圆曲线）和圆曲线的过渡曲线，其曲率半径由无穷大（或某一圆半径）逐点变为圆曲线半径。传统的中线测设首先根据交点及转点按曲线要素测设曲线主点，然后采用切线支距法、偏角法等方法测设曲线点。随着全站仪、卫星定位仪等测绘仪器中内置的中线测设软件大量应用，采用全站仪坐标法、卫星定位实时动态测量等方法测设，尤其是曲线的测设更加方便快捷，可同时完成中线和中平测量。

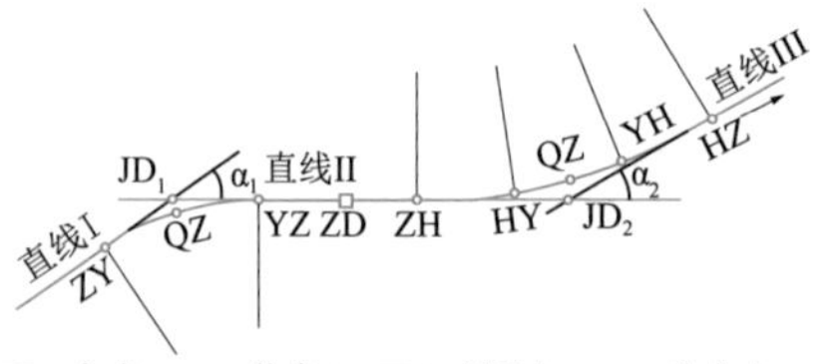

JD$_1$ 交点1 α$_1$ 偏角1 ZY 直圆点 QZ 曲中点
YZ 圆直点 ZD 转点 JD$_2$ 交点2 α$_2$ 偏角2
ZH 直缓点 HY 缓圆点 YH 圆缓点 HZ 缓直点

直线和平面曲线示意图

横断面测量 测量垂直于线路方向的地面轮廓线。目的是要在纸上如实反映线路垂直方向的地形起伏情况，绘制横断面图，以进行路基等工程设计、计算土石方及瓦工数量，在施工时进行边桩放样，变更设计及中期检查。

横断面施测的宽度和密度根据地形、地质情况及设计需要而定。一般在直线转点，曲线控制桩、公里桩和线路纵、横向地形明显变化处测量横断面。大中桥头、隧道洞口、挡土墙等重点工程路段及不良路段，按专业设计要求适当加密测量横断面。

横断面测量比例尺一般为1∶200，测量时应准确反映地物、地貌及地形变化特征。可采用水准仪绳尺法、经纬仪绳尺法、经纬仪视距法、全站仪法或卫星定位实时动态测量法进行测绘，有条件时也可采用航空摄影测量或近景摄影测量、三维激光扫描技术等进行测绘。

交叉测量 与铁路、公（道）路、管线等建筑物有交叉关系（平面、高程）的测量工作。与铁路交叉时，测量交叉位置的里程、交叉角度及交叉点的轨面高程；与公路交叉时，测量交叉位置的里程、交叉角度及交叉点的路面高程，并调查路面材质和宽度；与电力线、通信线交叉时，测量交叉里程和交叉角度，电线的交叉里程以输电线路的几何中心与线路中心交叉点为准，测量跨越线路处最低的电线到地面的垂度，测量垂度时同时记录大气温度。主要采用全站仪、水准仪等测量仪器进行各种角度、距离、高程的测量。

补充定测 在定测的基础上，为编制铁路工程建设施工图设计文件进行的补充勘测工作，其测量内容和方法与定测相同。

（周全基 张冠军）

新意法 New Italian Tunneling Method 确保隧道安全穿越复杂地层和实现全断面开挖的动态设计施工方法。又称岩土控制变形分析法（ADECO-RS法）。

历史沿革 20世纪70年代，意大利学者P. 卢纳尔迪开始对数百座隧道进行理论和现场试验研究，并逐步创立了岩土控制变形分析法，该方法用中文解释为“新意法”。新意法广泛应用于意大利的铁路和公路领域，并已纳入意大利隧道设计和施工规范。新意法还应用于欧洲其他一些国家的隧道项目。

在武广客运专线浏阳河隧道中，相关施工单位对新意法的部分要素进行了尝试性应用。在此之后，新意法开始在中国隧道建设工程中推广应用。

原理 通过对隧道掌子面超前核心岩土介质的勘察，预测其稳定性。将隧道开挖后划分为围岩稳定、暂时稳定、不稳定，即A、B、C三种形态，据以对支护措施进行信息化设计。它强调控制围岩变形、掌子面前方围岩的超前支护和加固，通过监测和控制掌子面前方的围岩，采用配套的机械化作业，实现全断面开挖。

隧道掘进对隧道周边及前方一定范围的围岩产生扰动，改变了围岩原始应力状态。在开挖面周边区域内，围岩由三轴应力逐渐转变为平面应力状态，开挖面及前方一定范围内围岩应力重分布。开挖后围岩变形也在扰动区域内提前发生，变形大小取决于开挖后的应力状态和围岩强度及变形特征。

新意法将隧道的开挖过程分为三种变形类型，即预收敛变形、挤出变形和收敛变形。预收敛变形指掌子面前方未开挖的隧道理论轮廓线发生向隧道内的变形。挤出变形指开挖掌子面受地应力调整的影响向外水平挤出的变形。收敛变形指掌子面后方已经开挖的隧道轮廓向隧道内的变形。如果不及时针对以上几种变形形式采取措施，可能会发生围岩掉块、地层剥落和隧道坍方等不稳定现象，影响隧道施工安全。

主要特点　新意法的重要特点是引进了一种新的看待地下工程的概念框架。它把超前核心土视作一种新的隧道长期和短期稳定工具：超前核心土的强度及对变形的敏感性在隧道施工中起决定性作用，同时也决定了掌子面到达时隧道的变形特性。隧道的稳定不可避免地与掌子面前方超前核心土相关。采取措施作用于超前核心土的刚度就能够调整掌子面（挤出、预收敛）和隧道（收敛）的变形反应，使超前核心土成为保持隧道稳定的工具。其主要特点可归纳如下：①可以估计出工程的工期和造价，从而可以避免业主与承包商之间的各种纠纷，新奥法不能。②可以在隧道施工期间很容易地、客观地量测出掌子面-超前核心土体系的应力-应变特性，并且对于所有类型的地层，均采用这一个参考参数，从而有效克服了以前的围岩分类方法的缺陷（以前的围岩分类方法仅对地质力学类别与地层的变形反应进行比较）。以前的围岩分类方法，会在业主与承包商之间造成许多纠纷。③引进超前约束理念，对众所周知的约束理念进行完善，无须在施工期间再加以加固，而新奥法需要进行施工期间的加固。④采用新型的对于所有隧道均基于一个单一参数（掌子面-超前核心土体系的应力-应变特性）的地下工程基本理念框架，而新奥法是通过对岩体及破裂面地下水等进行围岩分级。（马伟斌）

型钢　section steel; structural steel　具有特殊几何截面形状和规格尺寸的条形钢材。是一种广泛应用于工业建筑的金属结构材料。美国、德国、日本、中国等国家，对型钢的截面几何形状、规格尺寸、成分、力学性能等进行了标准规定。

型钢的品种很多，有不同的分类方法。按尺寸大小，可分为大型型钢、中型型钢和小型型钢。按化学成分，可分为碳素型钢和合金型钢，常见钢种有Q235A、20MnSi、16Mn、15MnV、16MnCu等。按钢质又可分为普通型钢、优质型钢和高级优质型钢。按工艺可分为热轧型钢和冷弯型钢。按截面形状，可分为简单截面型钢和复杂截面型钢。简单截面型钢断面无明显的凹凸分枝部分，包括方钢、圆钢、扁钢、六角钢、角钢等，多用于制造机械零部件；复杂截面型钢的断面有明显的凹凸分枝部分，包括工字钢、T字钢、槽钢、H型钢和其他异型钢，多直接用作轨道、建筑和桥梁构件、窗框等。

型钢作为土木建筑中常用的金属结构材料具有以下优点：①具有优异的抗拉和抗压强度，同时还具有高刚度、高韧性、易延展等特性，广泛应用于商业与工业建筑领域。②在施工过程中可以多种方式连接，包括螺栓连接及焊接等。几乎可以组合成任意形状。（薛　锋）

型钢混凝土梁　steel reinforced concrete composite beam　用混凝土外包型钢并在型钢周围布置钢筋而形成的，以承受弯矩和剪力为主的组合构件。混凝土中配置的型钢形式可分为实腹式和空腹式两大类。作为受弯构件，型钢混凝土梁中的型钢宜采用充满型实腹型钢。充满型实腹型钢的一侧翼缘宜位于受压区，另一侧翼缘位于受拉区（图1）。当梁截面高度较高时，可采用空腹式型钢混凝土梁（图2）。箍筋是保证内部型钢和外包混凝土整体工作的重要因素，因此应对型钢混凝土组合构件合理配置箍筋，箍筋须与纵筋牢固连接。

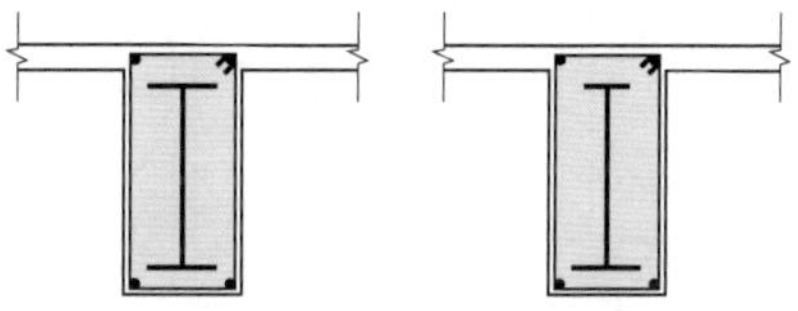

图1　实腹式型钢混凝土梁截面示意图

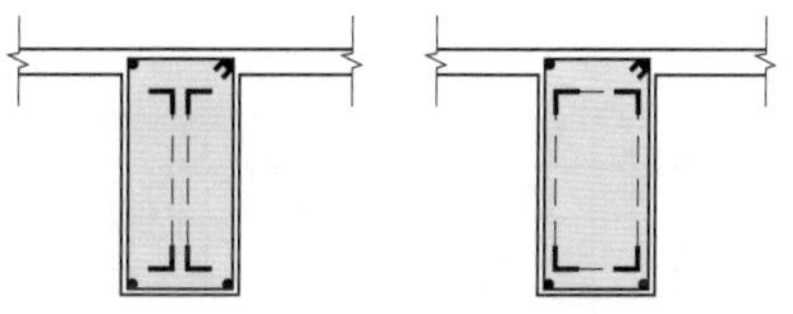

图2　空腹式型钢混凝土梁截面示意图

型钢混凝土梁在验算正截面承载力时通常假定：①截面的混凝土、钢筋、型钢的应变基本保持平面。②不考虑混凝土的抗拉强度。③混凝土受压极限应变取0.003，破坏形态以受压混凝土压碎、型钢翼缘达到屈服为标志，其基本性能与钢筋混凝土梁相似。

型钢混凝土梁斜截面的剪切破坏，随着剪跨比的不同主要有剪压破坏和斜压破坏两种形式。由于型钢的存在，斜裂缝的开展得到有效抑制，型钢混凝土梁在剪力作用下表现出较好的延性，其斜截面受剪承载力也明显高于钢筋混凝土梁。

内部型钢和外包混凝土形成整体，共同受力，具备了比传统的钢筋混凝土结构承载力大、刚度大、抗震性能好的优点。与钢结构相比，具有结构局部和整体稳定性好，防火性能好，节省钢材的优点。型钢混凝土最早在欧美开始使用，中国自20世纪50年代开始研究和应用，最初主要用于工业厂房，此后在高层建筑、大跨度建筑、重工业建筑、桥梁工程、地铁站台等结构中得到迅速的推广。（周　锋）

徐邦裕　Xu Bangyu（1917-03-22～1991）中国暖通空调专家。江西九江人。中共党员，九三学社社员，第五、六、七届全国政协委员。1936年留学德国慕尼黑明兴工业大学，1941年毕业，获得德国慕尼黑明兴工业大学授予的“特许工程师”学位。毕业后曾任热力学家努塞尔特的助教。1942年5月回国工作。

1942年6月，徐邦裕进入当时的重庆中央工业实验所动力试验室，担任工程师兼试验组长。1943年7月，在江西企业公司泰和铁工厂任工程师兼任设计股股长，同时兼任南昌大学内燃机专业副教授。1946年7月，任同济大学教授，主讲热力学、内燃机和汽轮机等课程。1947年5月任东北农林处农耕曳引机管理所主任。1953年任国家第一机械工业部上海第二设计院主任工程师。1957年到哈尔滨工业大学任教授。曾任全国高等学校供热、供煤气与通风专业教材编审委员会（教指委前身）主任，国际制冷学会委员等职务。

长期从事空调、制冷、热泵方面的教育、科学和工程研究工作。编写了中国第一部暖通空调专业用的制冷工程校内教材、第一部热泵教材，创建了中国第一个除尘研究室，主持设计了中国第一个模拟人工冰场，开发了第一台热泵式恒温恒湿空调机组、第一台水平流无菌净化空调机组，研制了第一台房间空调器热卡计实验台等。是中国暖通空调界第一位进入国际制冷学会的专家。

徐邦裕为中国空调事业的发展勤奋工作，部分原始创新成果载入“中国制冷史”中。他是中国热泵事业的开拓者。（倪　龙）

絮凝沉淀　flocculation settling　水中微絮颗粒通过絮凝作用形成较大颗粒而产生的沉淀。又称Ⅱ型沉淀。Ⅱ型沉淀通常发生在混凝过程后的传统沉淀池内。沉淀过程中的絮凝机理主要有两个：①颗粒存在沉淀速度差，沉淀速度快的颗粒可以追赶上沉淀速度慢的颗粒并与其结合。②液体的速度梯度可以导致速度快的颗粒和其周围速度慢的颗粒碰撞结合。

沉淀池内的絮凝过程被认为是有利的因素主要有两方面。①小颗粒结合形成了尺寸较大的颗粒聚集体有利于快速沉淀。②絮凝过程可以产生网捕卷扫作用，沉淀速度快的大颗粒倾向于从悬浮液中网捕卷扫尺寸更小的颗粒。因此，许多小颗粒和沉淀速度慢的颗粒被去除。絮凝产生的综合效果是降低所需的沉淀池尺寸、提高沉淀池的出水水质。（刘百仓）

絮凝与絮凝构筑物 flocculation 投加混凝剂并经充分混合后的原水，在水流作用下使微絮颗粒相互接触碰撞，通过吸附、交联、网捕聚结等作用集聚变大，或形成絮团状集合体的过程称作絮凝。完成絮凝过程的构筑物为絮凝构筑物，习惯上也称作反应池。

絮凝原理 絮凝的效果是由所投加混凝剂的物理化学作用和絮凝构筑物的流体动力学作用两方面来决定的。高效、经济的混凝剂对絮凝过程固然重要，同时也必须在设备上提供良好的水力条件，以最低限度的历时、混凝剂用量以及能量耗散来形成集合度好的絮体颗粒，以利于后续工艺高效运行。

絮凝构筑物通过水流流动的能量消耗使颗粒有充分接触碰撞的概率，要保证絮凝效果就要有足够的絮凝时间T，一般在10～30分钟。而要保证颗粒的碰撞吸附频率，絮凝构筑物内水流紊动的平均速度梯度G一般在30～60秒$^{-1}$，即相当于单位体积水中颗粒碰撞总次数的GT值一般需达到10^4～10^5，以保证絮凝过程的充分与完善。絮凝过程中的絮体成长主要经历3个阶段：①最初以絮体的成长为主，颗粒聚结成絮体，其粒径迅速增大。②絮体形成粒径大而多孔的结构，此时在水流剪切力作用下容易发生破碎。③絮体成长与破碎相互平衡，絮体结构形态分布趋于稳定。絮凝过程为防止已形成的较大絮粒破碎，在絮凝构筑物中水流速度梯度或流速一般逐渐由大到小。

絮凝构筑物 絮凝构筑物可分为水力絮凝和机械絮凝两大类。

水力絮凝构筑物 其维护简单，但不能适应流量的变化。较常用的有隔板絮凝池、折板絮凝池、网格（栅条）絮凝池等。①隔板絮凝池（图1）。是传统的絮凝池布置形式，主要有往复式和回转式两种。其池内流速按变速设计，通常用改变隔板的间距以达到改变流速的要求，构造简单，施工和管理方便，适于水量大于30 000米^3/天的水厂。隔板絮凝池水头损失较大，因水流条件不理想而使能量中的大部分成为无效消耗，从而会延长絮凝时间，一般为20～30分钟。②折板絮凝池（图2）。利用在池中加设一些扰流单元达到絮凝所要求的紊流状态，使能量得到充分利用，絮凝时间较短，一般为6～15分钟，但构造相对较复杂，絮凝池整体布局及其结构形式对絮凝效果有很大的影响。对于低温低浊水处理絮凝时间不适宜降低很多。折板絮凝池常用的有多通道和单通道的平折板、波纹板等，可布置成竖流或平流式。③网格（栅条）絮凝池（图3）。其平面布置由于多格竖井串联而成。絮凝池分成许多面积相等的方格，进水水流顺序从一格流向下一格，上下交错流动，直至出口。在全池2/3的分格内，水平放置网格或栅条。水流通过网格或栅条的孔隙时收缩，过网孔后水流扩大，通过能量消耗形成良好的絮凝条件。其絮凝时间较短，一般为10～15分钟，具有高效率、低能耗、占地少等优点。

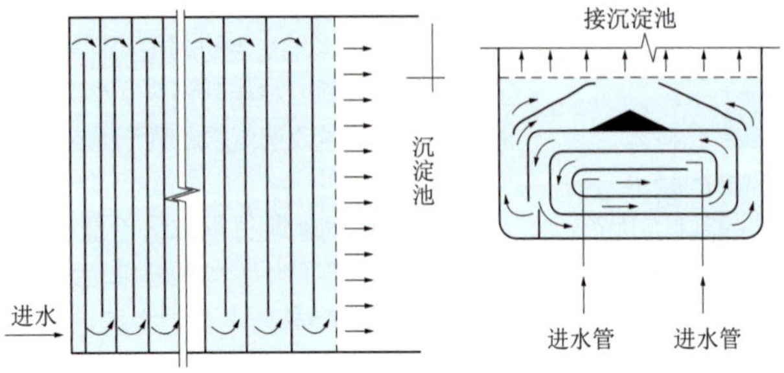

图1 隔板絮凝池示意图

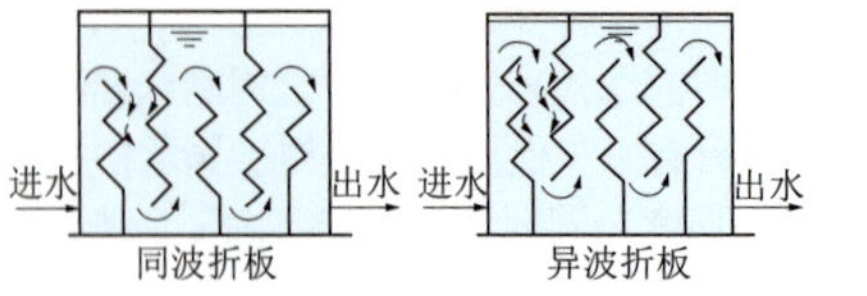

图2 折板絮凝池示意图

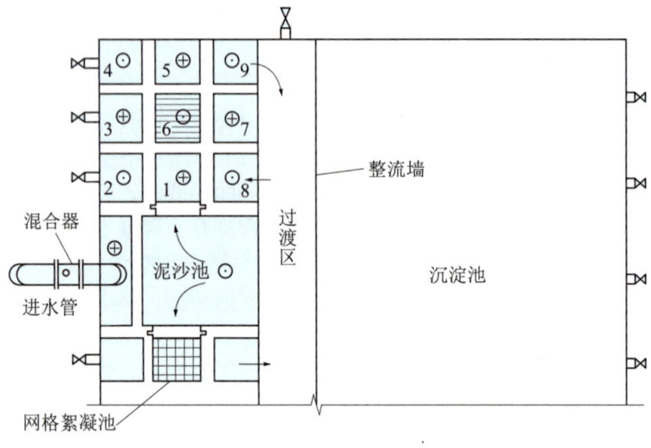

图3 网格（栅条）絮凝池示意图

机械絮凝构筑物 利用电动机经减速装置驱动搅拌器对水进行搅拌，搅拌设备可随水质、水量变化而随时改变转速以保证絮凝效果。机械絮凝构筑物适应水量变动较大的水厂，絮凝时间一般采用15～30分钟，其水头损失小但机械维护工作量较大。根据搅拌轴的安放位置，可分为水平轴式机械絮凝池（图4）和垂直轴式机械絮凝池（图5）。水平轴式机械絮凝池中的一套驱动装置可以串联几组桨板叶轮，与垂直轴式机械絮凝池相比有较大的优点。

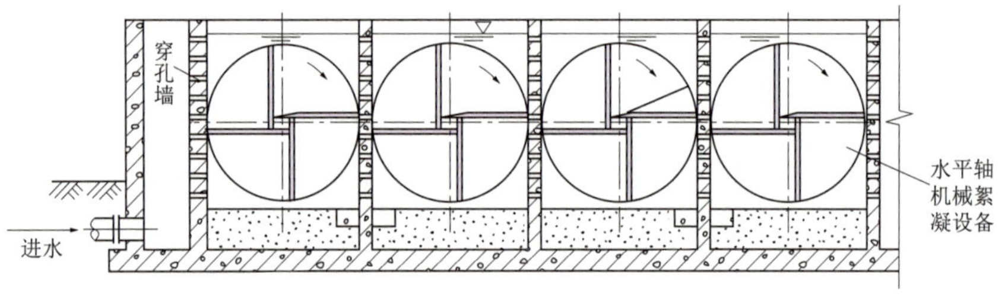

图4 水平轴式机械絮凝池示意图

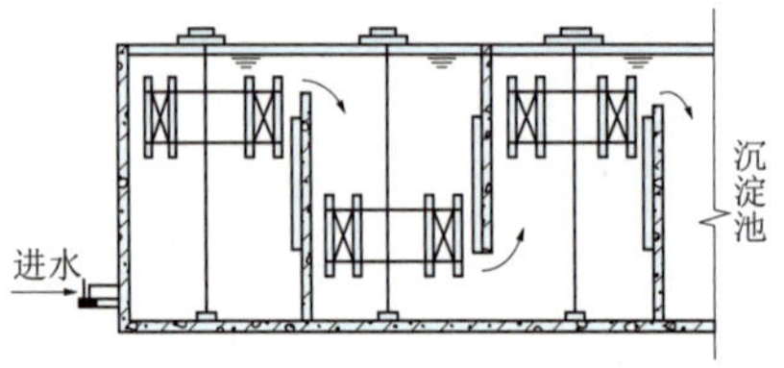

图5 垂直轴式机械絮凝池示意图

（南 军）

悬吊结构 suspended structure 楼面荷载通过吊索或吊杆传递到固定在筒体或柱上的水平悬吊梁或桁架上，并通过筒体或柱传递到基础的结构体系。悬吊结构的水平荷载也由筒体或柱承受。悬吊结构的造型新颖，建筑功能多样，能充分利用钢材和预应力混凝土的受拉工作性能；但井筒受力较大，对地基基础的要求较高。

悬吊结构按支承情况分筒体支承和柱支承。

筒体支承分为中心筒和多筒两种体系。①中心筒体系。由中央抗剪薄壁筒外伸悬臂梁或桁架构成基本结构，再从悬臂结构下垂吊杆或吊索悬挂楼层。也可以将吊索直接绕过筒体顶部两边悬挂楼层而不再设悬臂桁架（图1）。南非约翰内斯堡国家银行采用这种体系做了37个悬挂楼层。②多筒体系（桥式体系）。由多个剪力墙筒体作为主要承重构件，楼面荷载通过悬吊梁或桁架传送到筒体上（图2）。

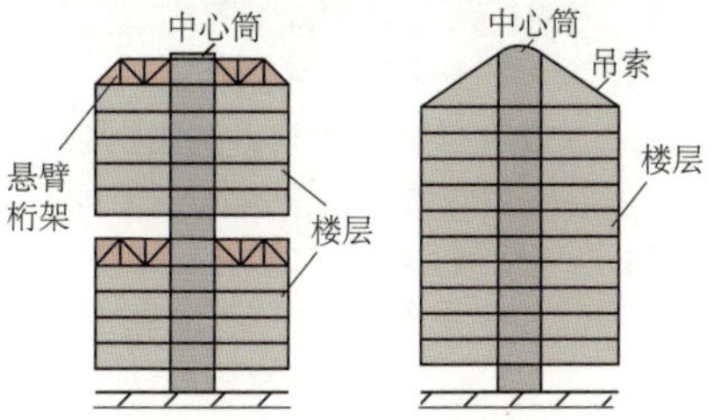

图1　中心筒体系示意图

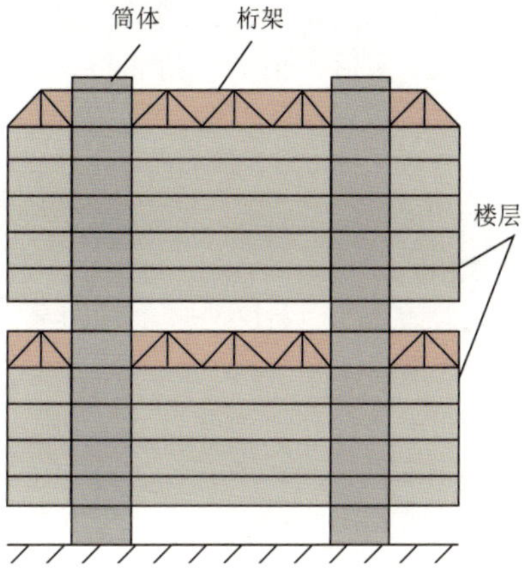

图2　多筒体系示意图

柱支承用框架柱或独立柱为主要承重构件，如香港汇丰银行大厦（47层）以8组钢柱为主要承重构件（每组4根直径1.4米的圆管柱），每5～7层楼面悬挂在一组（8榀）水平悬吊桁架上。

筒体悬吊结构的计算要点：可以按独立悬臂对井筒进行近似计算。通用的较精确的计算方法是杆系-薄杆系空间分析方法。这时桁架、梁、吊杆、柱可作为三维空间杆件计算，井筒作为空间薄壁杆件，用空间结构矩阵位移法由大型电子计算机进行内力、位移计算。

（赵西安）

悬浮隧道　submerged floating tunnel　跨越海峡、海湾、湖泊及其他水道的新型隧道。悬浮隧道使交通工具可以在水中穿行，可通行火车、汽车、小型机动车和行人，还可作为穿行各种管道和电缆的服务隧道。悬浮隧道的稳定原理基于阿基米德原理，因此又称阿基米德桥。从使用观点来看，悬浮隧道具有传统隧道的所有特点，而且是密封的，因此被认为是“隧道”而不是“桥梁”。

悬浮隧道代表了跨越水域的一个新概念：隧道管体不是一个埋入结构，而是悬浮在水下一定深度，由支撑系统锚固，如由水面的浮筒固定或者通过张力腿（锚索）固定到河（海）床上。根据锚固方式的不同，可以把悬浮隧道分为张力腿（锚索）式悬浮式隧道、浮筒式悬浮隧道和固定支撑式悬浮隧道。

与传统海底隧道相比，悬浮隧道具有以下优势：①对周边环境的影响十分有限，不会破坏建造地点的自然景观及产生视觉上的污染。②减小与陆地交通连接的过渡隧道的长度或坡度，改善道路线形，提高交通通行质量，缩短通行时间，节省耗油量。③悬浮隧道悬浮在水中，因此水底和海底的地貌、水文地质条件等对悬浮隧道的修建不构成直接影响。④对于一些水深的风景名胜水域，如高山之间峡谷形成的湖泊，修建桥梁和传统隧道是不允许或不可能的，而悬浮隧道提供了跨越此水域交通方式的一种选择。

悬浮隧道这一概念最早可追溯到19世纪中叶，但截至1923年，此概念只停留在科学幻想阶段，没有引起人们特别是工程界的关注。1923年悬浮隧道概念首次在挪威获得专利，这是世界上第一个关于悬浮隧道的专利。20世纪60年代之前，与桥梁、沉管隧道和水底隧道、海底隧道相比，对悬浮隧道并没有进行任何实质性的研究，悬浮隧道仍是一个概念而已。60年代末，意大利、挪威等国家率先对悬浮隧道开展研究；日本于1990年针对悬浮隧道的规划、设计、施工和其他技术进行研究。80年代末，国际隧道协会开始积极促进世界各国在悬浮隧道技术上的交流与合作。1999年，中国针对舟山大陆连岛曾提出过“悬浮隧道”方案的设想，以连接金塘海峡。悬浮隧道的研究始于欧洲，其研究水平最为成熟，日本和美国对悬浮隧道的研究也相对比较成熟。中国对悬浮隧道的研究起步虽然较晚，但起点较高。　（仇文革）

悬索结构　suspended cable structure　由一系列柔性受拉索为主要承重构件的张力结构。这些索按一定规律组成各种不同形式的体系并悬挂在相应的支承结构上。索的材料可以采用钢丝束、钢丝绳、钢绞线、链条、圆钢、型钢以及其他受拉性能良好的线材。悬索结构可以充分利用高强材料索的轴向抗拉性能抵抗外荷载作用，以实现跨度大和自重轻的特点，使悬索结构的施工具有简单性及经济性，便于实现建筑造型，满足各种建筑功能和表达形式的要求。

中国现代悬索结构的发展始于20世纪50年代后期和60年代，1961年建成的北京工人体育馆属于该时期的代表作。该体育馆的屋盖为圆形平面，直径96米，采用双层悬索体系，由钢筋混凝土圈梁、中央钢环以及辐射布置的72根上索和72根下索组成。

悬索结构可分为单层悬索体系、预应力双层悬索体系、鞍形索网体系、劲性索体系、索穹顶等。

单层悬索体系　由一系列按一定规律布置的单根悬索组成，索两端锚挂在稳固的支撑结构上。在悬索结构中，该体系的构造与计算都比较简单，主要有平行布置、辐射式布置及网状布置3种形式（图1）。

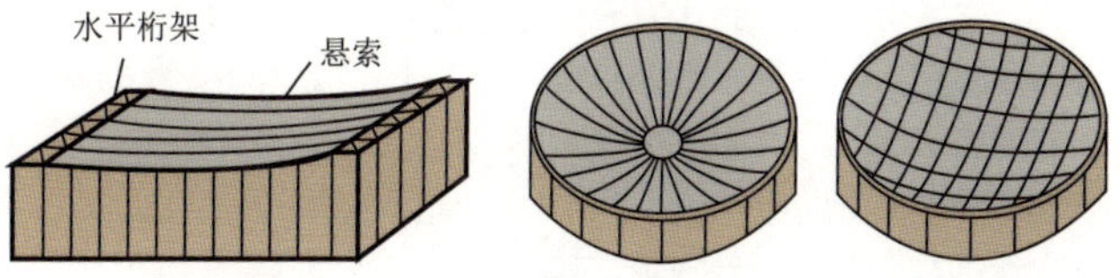

a　平行布置　　b　辐射式布置　　c　网状布置

图1　单层悬索体系示意图

预应力双层悬索体系　由一系列下凹的承重索与上凸的稳定索，以及它们之间的连系杆件（拉杆或压杆）组成（图2）。与单层索系相比，可施加预应力的双层索系具有良好的结构刚度、形状稳定性及抗震性能。

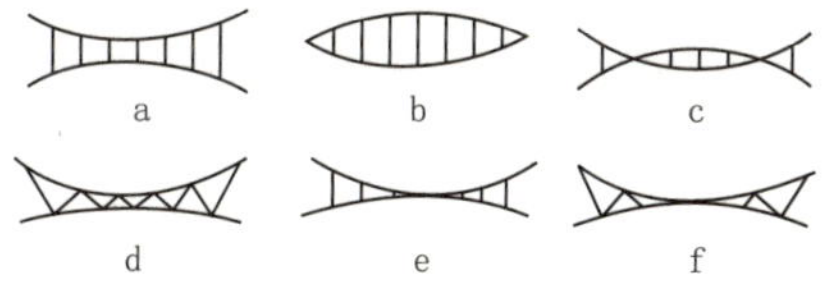

a　b　c　d　e　f

图2　预应力双层悬索体系示意图

鞍形索网体系　由相互正交、曲率相反的两组钢索直接连接形成的一种负高斯曲率的曲面悬索结构。两组索系中，下凹的承重索在下，上凸的稳定索在上，两组索的交点处利用夹具连接。鞍形索网体系形式多样，易于适应各种建筑功能和建筑造型的要求（图3）。

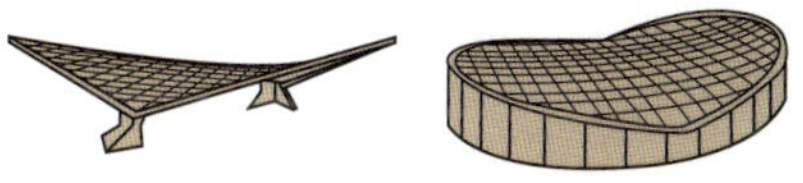

a　b

图3　鞍形索网体系示意图

劲性索体系　以具有一定抗弯和抗压刚度的曲线形实腹或格构式构件来代替柔索的悬挂系统（图4）。同柔索结构相比，劲性索结构具有钢材强度利用率高、刚度大、施工程序简单及取材方便等特点。

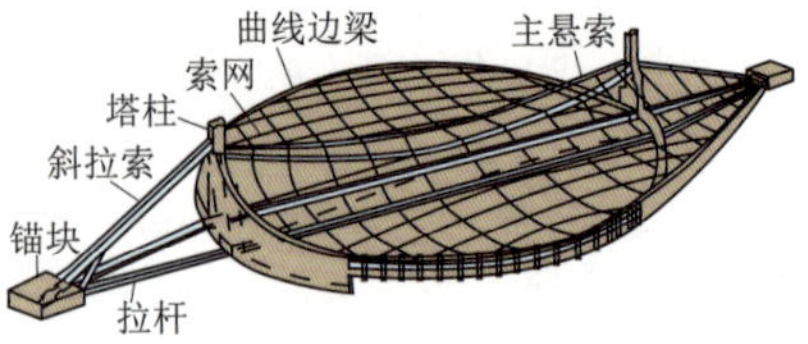

图4 劲性索体系示意图

此外，该结构体系适用于任意平面形状的建筑。

索穹顶 外形类似于穹顶，而主要的构件是钢索，由始终处于张力状态的索段构成穹顶，利用膜材作为屋面。这种结构重量极轻，安装方便，造型新颖，经济合理，被成功地应用于一些大跨度和超大跨度的结构。（范 峰）

悬索桥 suspension bridge 主要承重结构由缆索（包括吊杆）、塔和锚碇组成的桥。又称吊桥。缆索的几何形状由力的平衡条件决定。单独悬索即为悬链线，加上加劲梁后主缆线形介于悬链线和抛物线之间。从缆索垂下的吊杆将桥面吊住，在桥面处常设置加劲梁，与缆索一起形成组合体系以减小活载挠曲变形。现代悬索桥是由发源于中国的古代索桥演变而来，主要适用于大跨度及特大跨度桥梁，是跨越能力最大的桥型。

发展概况 1883年，美国建成主跨为487米的**布鲁克林桥**，由J.A.罗布林设计，是早期的悬索桥，采用从塔顶辐射至加劲梁的许多斜缆以提高抗风稳定性，树立了从结构上抗御风害的榜样。1909年，由L.莫伊赛夫基于弹性理论设计建成的主跨为448米的曼哈顿桥，标志着长跨悬索桥在静力分析上的成熟。1931年，由O.H.安曼设计的跨越哈得孙河的乔治·华盛顿桥，以单层桥面8车道通车，主跨为1067米，按双车道设计。在其以8车道通车的30年内，它的加劲桁架尚未建造，以“柔式”悬索桥的姿态成功地抵抗了风力的袭击。后因交通量增长，在1962年按原计划将加劲梁及下层桥面建成。1937年建成的金门大桥主跨达1280米，该桥在风力作用下的振幅已引起注意。1940年由莫伊赛夫设计建成的塔科马海峡桥，主跨为853.4米，在建成仅4个月后因风致振动，最终倒塌，这就是塔科马大桥风毁事故。该事件使大跨结构的抗风性能受到关注，引发了对桥梁抗风方向的研究（见**桥梁结构抗风**）。

英国塞文河桥于1966年建成，主跨987.55米，首次采用扁平钢箱梁代替桁架梁，具有更好的空气动力稳定性，且梁高低、自重小，成为后期悬索桥的发展主流。1998年建成的日本**明石海峡大桥**主跨为1991米，边主跨比0.51，钢桥塔高297米，采用桁架加劲梁，是当时世界上最大跨度的悬索桥。1998年建成的丹麦大带桥主跨为1624米，边主跨比0.33，混凝土桥塔高254米，采用箱梁加劲梁。

中国是古代悬索桥的发源地，公元前300年就有建造索桥的历史记载，1706年建成的四川大渡河**泸定桥**，是人类历史上第一座突破百米的桥梁。中国现代悬索桥建设起步较晚。20世纪30年代起，中国开始采用钢丝绳缆修建悬索桥，1940年建成的滇缅公路昌淦澜沧江桥的主跨为135米，用轻型钢桁架做加劲梁。1948年在云南建成继成桥，为跨度140米的柔式悬索桥。中华人民共和国成立后，1951年在四川泸定建成大渡河新桥，跨度为130米。其后30多年曾建成一批悬索桥，如在四川渡口市（今攀枝花市）建成跨度为172米和185米的悬索桥各一座，1969年在重庆建成了主跨为186米的朝阳桥。1985年在西藏建成的达孜拉萨河桥跨度达415米，是第一座跨度突破400米的悬索桥。1997年在广东建成了主跨888米的虎门大桥。同样，连接香港市区和新机场之间的青马大桥主跨1377米，建成时是世界上最大的公铁两用悬索桥。1999年建成的江阴长江大桥为1385米的单跨简支钢箱梁悬索桥。2005年建成的润扬长江大桥是中国第一座由悬索桥和斜拉桥构成的组合型特大桥梁，南汊主桥为主跨径长1490米的单孔双铰钢梁悬索桥。西堠门大桥主桥为两跨吊连续钢箱梁悬索桥，主跨1650米，仅次于日本明石海峡大桥，但却是跨度最大的钢箱梁悬索桥，为了解决抗风稳定性，世界上首次采用了分体钢箱加劲梁，该桥于2009年12月25日建成通车。

全球跨度前10位的悬索桥

序号	建成年代	桥名	跨径/m	主梁形式	桥塔材料	国家
1	1998	明石海峡桥	1991	钢桁梁	钢结构	日本
2	2019	杨泗港大桥	1700	钢桁梁	钢筋混凝土	中国
3	2019	南沙大桥	1688	整体钢箱梁	钢筋混凝土	中国
4	2009	西堠门大桥	1650	分体钢箱梁	钢筋混凝土	中国
5	1998	大带桥	1624	整体钢箱梁	钢筋混凝土	丹麦
6	2016	奥斯曼加奇桥	1550	钢箱梁	钢结构	土耳其
7	2012	李舜臣大桥	1545	钢箱梁	钢筋混凝土	韩国
8	2005	润扬长江大桥	1490	钢箱梁	钢筋混凝土	中国
9	2012	南京长江四桥	1418	钢箱梁	钢筋混凝土	中国
10	1981	亨伯大桥	1410	钢箱梁	钢筋混凝土	英国

主要组成 悬索桥的主要组成部分有主缆、桥塔、锚碇和加劲梁等。

主缆 结构体系中的主要承重构件，属几何可变体，承受拉力。主缆在恒载作用下具有很大的初始张拉力，为后续结构提供很大的几何刚度，不仅可以通过自身弹性变形，而且可以通过几何形状的改变影响体系平衡，表现出大位移非线性的力学特性。主缆分担活载的大小与重力刚度有关。悬索桥跨径越大，主缆的重力刚度越明显，分担的活载比例越大。

过去曾用竹索、铁索、调质钢眼杆，现在主要使用冷拔碳素钢丝制成下列3种形式：①平行丝大缆。常用J.A.罗布林所发明的“空中纺丝法”就地制造，现今跨度750米以上的桥都使用此法，如采用该构造的美国布鲁克林桥建于1883年，其缆索至今完好。②由钢丝绳组成的钢丝绳缆。该绳缆的施工速度较快，但其弹性模量较低，只适用于跨径较小的桥。③由平行钢丝绳股组成的大缆。丝股可在工厂预制，保持了平行丝大缆的优点，并在施工上有所改进。

桥塔 桥塔是压弯构件。在竖向，桥塔承担以恒载为主的主缆竖向分力（压力）。在纵桥向，成桥时，恒载引起的主缆水平力在桥塔两侧基本平衡，不对称桥塔产生弯矩；使用阶段，活载使塔两侧产生不平衡拉力，塔顶会发生纵向位移，桥塔两侧主缆水平力达到新的平衡。

以往曾用石塔，今则用钢塔或钢筋混凝土塔。20世纪60年代美国仍采用铆接多室钢箱形截面，英国则开始采用栓焊结构，并将箱形截面从多室改为单室以节约钢材。因缆索在塔顶有一转角，其支承处需设鞍式结构（称为索鞍）。在荷载作用下，索鞍因两侧缆索伸长量不等而发生纵向线变位。由于将底端固定于桥墩的钢塔能在塔顶发生相应的弹性变位，故索鞍可以固结于塔顶；对于不能发生较大弹性变位的刚性塔，其索鞍下需设辊轴，使之像梁式桥活动支座那样活动。

锚碇 缆索的拉力通过灌注在混凝土

中的钢质构件传递给混凝土和地基。当地基为坚实岩层时，只需顺缆索方向凿一隧道（坑洞），将固定缆索的钢质构件置于其中，再用混凝土将隧道填实即成，这种锚碇称为隧道式锚碇。当地基没有岩层可利用时，则需灌筑巨型混凝土块，凭重量及相应的摩阻力来抵抗拉力，这种锚碇称重力式锚碇。

加劲梁　既是提供交通通行的桥面，也是参与受力的主梁，而且由于主缆本身的几何可变性，还必须提供一定的刚度，所以称为加劲梁。加劲梁的主要形式有钢板梁、钢桁梁、钢箱梁、混凝土箱梁等，主要承受弯矩作用，必须提供足够的刚度。

分类　悬索桥主要按主缆约束、加劲梁支承方式、桥塔数量等方式进行划分。①按主缆约束，可划分有地锚式悬索桥和自锚式悬索桥。②按加劲梁支承方式，可划分有单跨简支悬索桥、三跨简支悬索桥和三跨连续悬索桥。除了上述体系外，还有两跨悬索桥，无吊杆支承的边跨约束较强，有吊杆支承的边跨约束较弱，其力学性能介于三跨体系和单跨体系之间。③按桥塔数量，可划分有独塔悬索桥、双塔悬索桥和多塔体悬索桥。截至2019年12月，全球已经建成跨度前10位的悬索桥有5座在中国，其余5座分别在日本、丹麦、土耳其、韩国和英国（见表）。

（史尔毅　葛耀君）

悬挑结构　cantilever structure　上部结构外缘伸悬范围超出其下支撑边缘的结构类型。悬挑结构被广泛用于桥梁、机场、候车厅、展览馆、歌剧院、体育场馆、办公楼、大型商业中心、大跨度厂房、图书馆等公共建筑。“悬挑”一词归属于建筑学专业术语范畴，指通过某种方式使得建筑物部分或整体下部无支撑。

早期的悬挑结构多采用木材或混凝土结构，由于材料自重和离散性等问题，其悬挑跨度常常较小。但随着钢材等轻质高强材料的使用，加之施工技术水平的提高，现可实现较大的跨度。

悬挑结构所采用的基本体系主要有板式体系、框架式体系、刚架式体系、拱式体系、桁架式体系和空间体系等。常见的结构形式有楼梯、外阳台、楼盖、雨蓬、挑廊、挑檐、转角窗、顶棚等。在受力方面，通常主要受竖向荷载作用，在设计过程中除基本的强度和刚度计算外还应进行抗倾覆验算，在抗震设计中通常要考虑结构的竖向地震作用。悬挑结构常采用的平衡措施主要有以下5种：①拉力平衡。②压力平衡。③拉、压联合作用平衡。④左右自平衡。⑤副跨平衡。同时，为减小悬挑结构整体弯矩，常在悬挑部位增设柱、拉索、斜撑等构件。

悬挑结构由于能够丰富建筑的轮廓，所以在获得宽阔、灵活空间布局的同时能赋予结构一种韵律美。随着设计方法的改进和施工技术的进步，悬挑结构将逐渐克服自身不足，成为未来建筑结构中不可或缺的一部分。

（施　刚）

旋挖钻孔机　rotary drilling rig　用于取土钻孔灌注桩施工的成孔机械。旋挖钻孔机主要分为履带式、步履式和车载式等类型，应用广泛的是履带式旋挖钻孔机。主要由底盘（履带式行走机构、车架、回转平台、主卷扬、副卷扬）和工作装置（变幅机构、桅杆、动力头、随动架、回转绳头、钻杆、钻具等）组成。

作业时，分别采用干法和静态泥浆护壁两种工艺钻进，依靠钻杆带动钻具（或回转斗、短螺旋钻头及其他作业装置）旋转切削取土，然后通过主卷扬提升钻杆钻具，回转倒土，再返回进行下一次钻进，如此循环实现成孔。可钻进土层、沙层、卵石层和中风化岩石层，适应大部分地区的土壤地层。主要用于市政建设、公路桥梁、工业和民用建筑、地下连续墙、水利、防渗护坡等基础施工。

与其他成孔钻机相比，旋挖钻孔机的特点是：①机、电、液集成度高，操作便利。②输出扭矩大且轴向加压力大，地层适应范围广。③机动灵活、施工效率高。④成孔质量好。⑤环境保护性能好。是理想的成孔作业施工设备。

（于景华）

雪荷载　snow load　由建筑或构筑物表面上的积雪产生的重力荷载。是轻质屋面结构设计的主要荷载之一。雪荷载的大小主要与当地气象条件、地形地貌、建筑或构筑物外形，以及采暖保温条件等因素有关。垂直作用于屋面或结构水平投影面上的雪荷载标准值一般由基本雪压和积雪分布系数的乘积确定。

基本雪压　以当地空旷平坦场地上气象观测记录得到的单位水平面积上的历年最大雪重为样本，经统计得到的最大雪压。决定基本雪压的因素包括积雪深度和积雪密度，当气象观测记录只有雪深数据时，可采用记录最大雪深与当地区域平均积雪密度的乘积作为最大雪重。

积雪密度存在较大的变异性，随积雪深度、积雪时间长短以及地理气候条件等因素而变。积雪深度越深雪密度越大，积雪时间越长雪密度越大，干燥地区的雪密度较小，潮湿地区的雪密度相对较大。中国的江浙一带及淮河以南地区积雪密度最大，平均约为200千克/米^3；东北和新疆地区平均积雪密度约为150千克/米^3；华北、西北地区的平均积雪密度约为130千克/米^3。

中国规范在统计基本雪压时采用极值Ⅰ分布，普通建筑的平均重现期为50年，雪荷载敏感的屋盖结构以及重要建筑的平均重现期为100年。中国从南至北基本雪压的分布差异很大：①东北和新疆北部是两个高雪压地区，且积雪持续时间长。②长江中下游也是一个高雪压地区，但积雪期很短。③其他地区的基本雪压普遍不大。④岭南、武夷山脉以南的大陆地区以及海南岛和台湾，由于冬季气温高，很少下雪或下雪量很小，基本无积雪。山区的基本雪压与平原有较大差异，应适当放大。

结构正常使用极限状态设计时，应根据结构上积雪的持续时间来考虑雪荷载的准永久值系数。

屋面积雪分布系数　将地面的基本雪压换算到屋面雪荷载的一个综合系数。屋面积雪分布系数主要与屋面的形式及坡度、屋面邻近有无建筑及遮挡物、室内采暖条件及屋面保温效果等因素相关。图1、图2为典型双跨坡屋面和高低屋面的屋面积雪分布系数。图中可以看出，屋面积雪分布系数随屋面坡度的增加而减少，当达到某个坡度后（例如≥60°），积雪就会从屋面滑落，因此积雪系数为0；在两跨之间的凹处或者大跨屋面的中部，由于雪的飘移作用，积雪系数往往大于1.0；在高低屋面处或者有女儿墙等遮挡物的区域，由于高处积雪飘落和障碍物遮挡的双重作

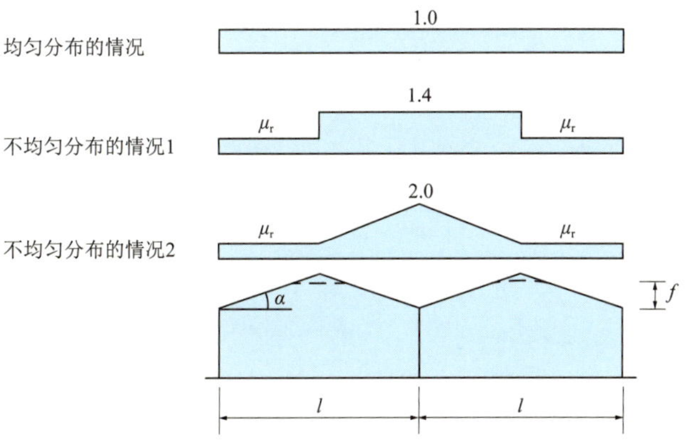

图1　双跨坡屋面积雪分布系数示意图

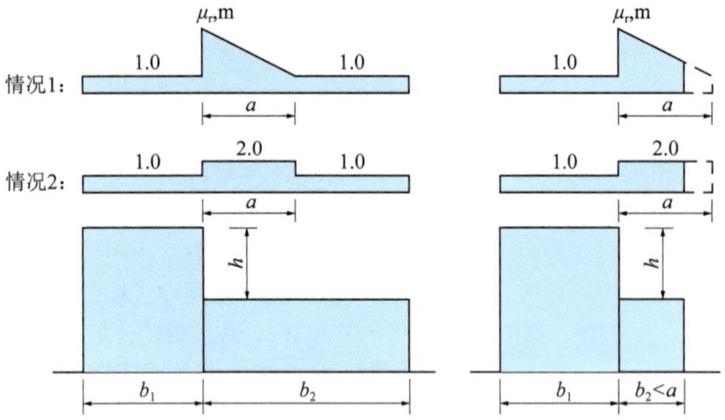

图2 高低屋面积雪分布系数示意图

用，局部积雪很大，积雪系数可以达到2.0以上。场地的地形地貌及周边建筑物的遮挡作用也会对屋面积雪产生影响。周边遮挡效果越小，屋面积雪系数就越大。设计中对不同的结构部位或构件应根据最不利受力的原则取用不同的积雪分布系数，并要考虑全跨积雪、半跨积雪等各种不利的积雪分布工况。

屋面材料的保温效果、室内采暖条件以及阳光辐射等对积雪的融化有较大影响，因而也会影响屋面积雪系数。冬季采暖的建筑以及屋面保温较差的建筑，部分积雪会融化，积雪系数就比较小，但此时应考虑屋面融雪后的排水条件以及可能发生的积水和结冰荷载。阳光辐射还会引起屋面南坡和北坡积雪融化后的状况差异。（金新阳）

循环冷却水系统 recirculating cooling water system 以水作为冷却介质，并循环使用的水系统。循环冷却水系统主要由冷却设备、水泵和管道组成。循环冷却水系统分为敞开式和封闭式两类。①敞开式循环冷却水系统。其设计和运行较为复杂，冷却设备有冷却池和冷却塔两类，都主要依靠水的蒸发降低水温。敞开式循环冷却水系统必须补给新鲜水，循环冷却水常需处理，包括沉积物、腐蚀和微生物控制。②封闭式循环冷却水系统。采用封闭式冷却设备，循环水在管中流动，管外通常用风散热，除换热设备的物料泄漏外，没有其他因素改变循环水的水质。为了防止在换热设备中造成盐垢，有时冷却水需要软化。为了防止换热设备被腐蚀，常加缓蚀剂。（张永吉）

Y

压力容器结构 pressure vessel structure 盛装气体或者液体，承载一定压力的密闭设备。中国《特种设备安全监察条例》将压力容器的范围规定为最高工作压力大于或者等于0.1兆帕（表压），且压力与容积的乘积大于或者等于2.5兆帕升的气体、液化气体和最高工作温度高于或者等于标准沸点的液体的固定式容器和移动式容器；盛装公称工作压力大于或者等于0.2兆帕（表压），且压力与容积的乘积大于或者等于1.0兆帕升的气体、液化气体和标准沸点等于或者低于60℃液体的气瓶；氧舱等。

压力容器广泛用于石油化学工业、能源工业、科研和军工等部门。

分类　压力容器分类方法很多：按结构形式分为球形容器、圆筒形容器、箱形容器和锥形容器；按承受压力等级分为低压容器、中压容器、高压容器和超高压容器；按设计压力、容积、介质危害程度不同分为一类压力容器、二类压力容器、三类压力容器；按工艺过程中的作用不同分为反应容器、换热容器、分离容器、贮运容器。

压力容器结构的附属设备包括直接连接在压力容器上的安全阀、爆破片装置、紧急切断装置、安全连锁装置、压力表、液位计、测温仪表等。

各类压力容器的结构形式和用途如下：

球形结构　球形容器又称球罐，壳体呈球形，中心对称，主要用于贮存和运输各种气体、液体、液化气体。球形结构的优点是在同样壁厚条件下，球罐的承载能力最高。在相同内压条件下，球形容器所需要壁厚仅为同直径、同材料的圆筒形容器壁厚的1/2（不考虑腐蚀裕度）；在相同容积条件下，球形容器的表面积最小。由于壁厚、表面积小等原因，一般要比圆筒形容器节约30%～40%的钢材。其主要缺点是制造施工比较复杂。

圆筒形结构　圆筒形容器由筒体和封头组成，轴对称。筒体是圆筒形壳体，封头则有多种型式，如平板封头、半球形封头、椭圆形封头、蝶形封头、锥形封头等。圆筒形结构简单、易于制造、便于在内部装设附件等优点，被广泛用作反应器、换热器、分离器和中小容积储存器。

箱形结构　为正方形结构或长方形结构。箱形容器壳体的几何形状突变，应力分布不均匀，转角处的局部应力高，所以这类容器结构不合理，实际使用较少，一般仅用压力较低的场合。

锥形结构　锥形容器在连接处的形状突变，会产生较大的附加弯曲应力。单纯锥形结构在工程上使用较少。一般情况下，使用锥形体和圆筒体组合在一起的组合结构。

验收和定期检查　压力容器结构在使用前或者经检修重新投入使用前，应进行压力试验，检查各种验收报告，符合要求后方能验收使用。在使用过程中，应进行定期检查，对发现的安全隐患要及时消除。

（林松涛）

压路机 roller 由一个或多个金属圆柱形滚子（滚筒）或橡胶轮胎组成的压实机械。通过压实装置的滚动和（或）振动压碎岩石，压实土壤、沥青混凝土或砾石。根据压实原理，压路机主要分为静作用压路机和振动压路机两种类型。

静作用压路机　靠碾压轮自重及荷重所产生的静压力直接作用在被压实材料上，使被压实材料固体颗粒相互紧靠而形成具有一定强度和稳定性的整体结构。包括轮胎式压路机和钢轮式压路机两种。

轮胎式压路机　主要特点有：①通过调整胎压和工作质量来满足不同的使用要求。②采用三点支承悬挂系统使轮压均匀，压实质量好。③轮胎弹性产生揉压作用使被压实材料表面结构密实均匀。④宽基轮胎的垂直力大、切向力小，压实表面无裂缝。⑤轮胎与被压实材料的接触面为矩形，压实力作用时间长、影响深度大。

轮胎式压路机的碾压轮为宽基充气轮胎，又可分为拖式、半拖式和自行式。①拖式、半拖式轮胎压路机。主要用于大型水电工程、机场等工程中对土壤、碎石、砾石及稳定料的分层压实作业。拖式轮胎压路机由牵引框架、车厢和装有独立悬架的轮胎组成。②自行式轮胎式压路机。由发动机、机架、传动系统、驱动桥、转向桥、操纵装置、装有独立悬挂的轮胎等组成，一般装前轮3～5个，后轮4～6个。自行式轮胎压路机因机动性好、转移方便而得到了广泛的应用，主要用于压实由土、碎石以及有机和无机黏结料组成的道路和机场路基或路面，尤其是高等级沥青混凝土路面面层压实。

钢轮式压路机　主要用于压实公路路基和路面、铁路路基、建筑物基础、河堤、广场等各类工程的地基。其结构包括动力装置、传动系统、制动系统、碾压轮、转向系统、电器系统和附属装置等。

按照碾压轮的结构特点可分为光轮压路机。凸块式压路碾（羊角碾）。①光轮压路机。压实深度一般不超过20～25厘米，容易产生“虚”压实现象，但其结构简单、使用维护方便，应用广泛。②凸块式压路碾。单位压力大，有捣实作用，压实度大，适用于压实黏性土壤及碎石层。尤其对于硬性黏土，凸块有搅拌、揉搓和捣实作用，使填料均匀，上下铺层黏结好，避免分层。广泛用于路基、垫层和堤坝等工程的压实。

振动压路机　利用自身重力和振动轮产生的周期性激振力使压实材料密实。由发动机、传动系统、工作装置（振动轮）、转向系统、制动系统、机架等组成。振动轮里安装有激振器，激振器由激振轴和安装在激振轴上的偏心块组成。激振器旋转产生激振力驱动振动轮产生一定振幅和频率的振动。适合压实各种非黏性土壤、碎石、碎石混合料以及各种沥青混凝土等。

振动压路机的驱动方式有拖式、自行式和手扶式；传动方式有机械传动、液力机械传动、液压机械传动和全液压传动；振动轮外部结构有光轮、凸轮（羊脚碾）和橡胶滚轮；激励方式有垂直振动激励、水平振动激励和复合激励；振动轮内部结构有振动、振荡和垂直振动，振动可为单频单幅、单频双幅、单频多幅、多频多幅和无级调品调幅；驱动轮有单轮驱动、双轮驱动和全轮驱动；振动轮有单轮振动、双轮振动和多轮振动。

振动压路机具有压实效果好、影响深度大、生产效率高，适用于各种类型的土壤，应用广泛等特点。但由于振动的作用给周围环境及人体带来一定的公害，在人口密集区、装有精密仪器的建筑物、公路桥梁的桥面和路面等不宜使用振动压路机。

（马军星）

压实机械 compact machinery 利用机械力使土壤、碎石等填层密实的土方工程机械。压实原理的应用起源于中国。在隋唐时期就使用了以人力或畜力拖动的石滚。1862年，美国制成了世界上第一台以蒸汽机为动力的自行式三轮压路机。1929年，美国制成了世界上第一台以柴油发动机为动力的自行式光轮压路机。1930年，德国研制了用履带拖拉机牵引的振动平板夯；在此基础上1940年研制了振动压路机。

分类　压实机械分为**压路机**和夯实机两大类。

压路机　按照压实原理分为静作用压路机和振动压路机。静作用压路机又分为轮胎式压路机、光轮压路机和羊脚压路机；振动压路机又分为拖式振动压路机、自行式振动压路机和手扶式振动压路机。拖式振动压路机的工作质量为8～30吨；自行式振动压路机的工作质量为1～5吨（轻型）、6～12吨（中型）、13～18吨（重型）、19～30吨（超重型）；手扶式振动压路机的工作质量为0.4～1.4吨。按照传动形式分为机械传动压路机、液压传动压路机、液力机械传动压路机。按照操作方式分为拖式压路机、自行式压路机和手扶式压路机。按照用途分为基础压实用压路机、沥青路面压实用压路机、沟槽压路机、边坡压实压路机等。

夯实机　按工作原理分为冲击式夯实机和振动式夯实机。按冲击能量可分为轻型、中型和重型。轻型夯实机冲击能量为0.8～1.0千牛·米，如蛙式打夯机、小型振动平板夯和振动冲击夯；中型夯实机冲击能量为1.0～10.0千牛·米，如大型振动平板夯和爆炸夯；重型夯实机冲击能量为10.0～50.0千牛·米，如自由落锤式夯实机。

工作原理　压实机械的工作原理主要有静作用压实、冲击压实和振动压实。①静作用压实。利用设备自身重力使被压实材料密实，形成具有一定强度和稳定性的整体结构。例如，光轮压路机和轮胎压路机等。②冲击压实。利用压实机构从一定高度落下产生的冲击力使被压实材料密实，形成具有一定强度和稳定性的整体结构。例如，振动平板夯和内燃振动冲击夯等。③振动压实。利用压实机构产生的周期性作用力使压实材料密实，形成具有一定强度和稳定性的整体结构。如各种拖式和自行式振动压路机。

选用依据　压实机械主要用于高速公路、道路、城市街道和停车场的施工；工业场地的施工、仓库、操场、运动场的施工；铁路路基、路床的施工；土、石回填的施工；民用、工业建筑基础的施工；港口、码头建设等压实作业。一般根据被压实材料的种类、性质、颗粒的组成、含水量、铺层厚度、压实度，以及压实机械的技术性能等选用。①对黏性土的压实可选羊脚（凸块）、光轮和振动压路机；均匀沙质土选轮胎压路机。②对含有砂石、碎石和砾石的土选振动压路机。③对含水量小且难以加水湿润的填土选重型压实机械。④对含水量较大且干容重较低的填土选轻型压实机械。不同类型、不同规格的压实机械适用于不同的施工条件，如路基垫层和路基选重型光轮压路机，路面则选用中、轻型压路机；路基或基坑回填土的底层补压选羊脚（凸块）压路机，特别是对湿度大、粒度大小不等的黏性土及土块、破碎的岩块的压实效果较好。轮胎压路机和振动压路机能适应各种土质条件的压实工作，但对沥青路面选轮胎压路机，对砂质土壤选振动压路机。小型振动压路机和小型夯实机用于小规模工程和狭窄场合，对回填土的压实效果也较好。在实际施工中，通常需要采用大、中、小型配合或多机种组合。

（马军星）

压缩天然气　compressed natural gas; CNG　被压缩到压力大于或等于10兆帕且不大于25兆帕的气态天然气。压缩天然气是天然气经过净化、压缩、脱水后而形成的。压缩天然气与管道天然气的组分基本相同，主要成分均为甲烷（CH_4）。压缩天然气（25兆帕）约为标准状态下同质量天然气体积的1/300。压缩天然气储能密度比液态燃气（如液化石油气、液化天然气）低。压缩天然气的生产工艺、技术、设备较简单，运输装卸方便，在环境保护方面有明显优势，是值得选择的车用替代燃料和城镇燃气优质气源。

压缩天然气供应系统一般由加气母站、压缩天然气槽车和加气子站或压缩天然气储配站（瓶组供气站）三部分组成。在加气母站对从管线来的天然气过滤、计量，经过天然气压缩机压缩加压后，压力达到20～25兆帕，再经过高压深度脱水（或者增压前脱水），充入高压气瓶组。通过公路运输方式，把压缩天然气运送至城镇的压缩天然气储配站（瓶组供气站），经调压、计量、加臭后再进入城镇燃气管网，向居民用户及商业用户、工业企业用户、采暖通风和空调等用户供应天然气，也可送入汽车加气子站，为压缩天然气汽车加气。

汽车使用的压缩天然气，被压缩到高压，杂质含量控制更严格，与民用和工业用天然气无本质区别，其辛烷值在122～130。出站的压缩天然气应符合国家标准《车用压缩天然气》（GB 18047—2017）的各项规定（见表）。

国家标准《车用压缩天然气》（GB 18047—2017）中还规定：在操作压力和温度下，压缩天然气中不应存在液态烃；压缩天然气中固体颗粒直径应小于5微米；压缩天然气应有可察觉的臭味，无臭味或臭味不足的天然气应加臭。加臭剂的最小量应符合当天然气泄漏到空气中，达到爆炸下限的20%浓度时，应能察觉，加臭剂常用具有明显臭味的硫醇、硫醚或其他含硫有机化合物配制。

压缩天然气的技术指标

项目	技术指标
高位发热量/$MJ\cdot m^{-3}$	>31.4
总硫（以硫计）/$mg\cdot m^{-3}$	≤200
硫化氢/$mg\cdot m^{-3}$	≤15
二氧化碳CO_2/%	≤3.0
氧气O_2/%	≤0.5
水露点/℃	在汽车驾驶的特定地理区域内，在最高操作压力下，水露点不应高于−13℃；当最低气温低于−8℃，水露点应比最低气温低5℃

注：本标准中气体体积的标准参比条件是101.325千帕，20℃。

压缩天然气具有环境污染少、汽车使用寿命长、经济效益好、实用性好、安全性好等特点。压缩天然气技术在环保和经济效益方面表现出来的优势开始逐渐被大家认识，已得到快速发展及推广应用。

（张增刚）

压缩天然气加气站　CNG filling station　一般根据站区现场或附近是否有管线天然气而设置的设施。压缩天然气加气站可分为常规站、母站和子站。①常规站。建在有天然气管线能过的地方，从天然气管线直接取气，进站压力为0.4兆帕。天然气经过脱硫、脱水等工艺，进入压缩机进行压缩，压缩后的压力为25兆帕，最后进入售气机给车辆加气。通常加气量在600～1000牛·米^3/时。②母站。从天然气线管线直接取气，进站压力1～1.5兆帕，经过脱硫、脱水等工艺，进入压缩机压缩，然后经有储气瓶（25兆帕）的槽车运输到子站给汽车加气。母站兼有常规站的功能，多建在城市门站附近。母站的加气量在2500～4000牛·米^3/时。③子站。建在加气站周围没有天然气管线的地方，一般建设在城市内，以方便车辆加气，或者建设在没有燃气管道敷设的乡镇的工业区，供给天然气作为能源。母站利用压缩机将天然气加压储存，再由专用运输车将25兆帕压缩天然气运往子站，子站再给压缩天然气汽车加气。对于工业区的子站，低压或者中压天然气通过压缩机，增压至20～25兆帕，将其压缩到特制的钢瓶或管束，放到带牵引机构的橇车上，运至子站，连接卸气柱经卸气系统进入压缩天然气调压设备，通过减压橇将高压天然气减至用户所需的压力0.2～0.4兆帕后进入输送管网，供给用户使用天然气。

（张增刚）

压渣爆破 tight blasting 在露天台阶，利用前次爆破预留的渣体，控制爆堆体的前冲距离，使被爆体与留渣体产生挤压碰撞，进一步改善爆破块度的爆破技术。又称挤压爆破、留渣挤压爆破。

爆破参数 与一般露天台阶爆破参数基本相同，其特有的参数是渣堆厚度、爆堆推出长度和渣堆密度。渣堆厚度如果过大会导致补偿空间小，爆堆高度增大。爆堆推出长度如果过大，则起不到压渣挤压碰撞的目的。压渣密度则直接影响爆炸反射波能的大小，与爆破块度破碎度有关。

通常认为，压渣会限制爆岩的推移和膨胀。为使岩石达到较好的松散度，压渣爆破需要适当增加炸药单耗，中国的经验是增加10%～20%；瑞典则采用增加单耗的经验公式$\Delta q=(0.04\sim0.08)H$（Δq为增加单耗，单位为千克/米^3），H为台阶高度，即增加药量与台阶高度、炮孔斜率有关。

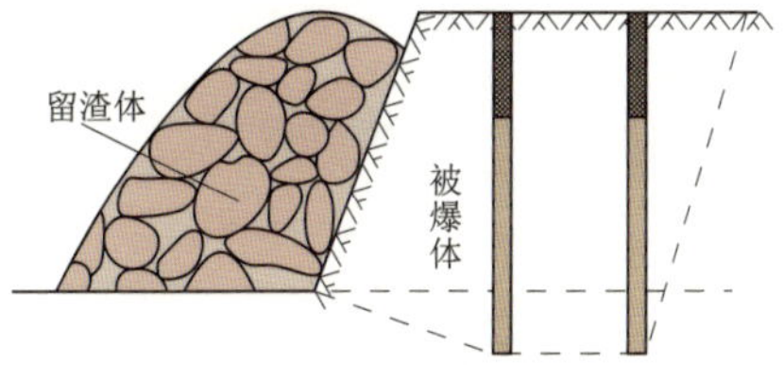

压渣爆破示意图

作用原理及特点 压渣爆破的主要作用原理：①利用渣堆阻力延缓岩体的运动和内部裂缝张开的时间，从而延长爆炸气体的静压作用时间。②利用运动岩块的碰撞作用，使动能转化为破碎功进行辅助破碎。压渣爆破的特点是：①爆堆集中整齐，根底较少。②块度较小，破碎质量好。③个别飞石飞散距离小。④可使钻爆工作与清渣作业同时并行，有利于均衡生产，提高生产效率。压渣爆破在露天和地下开采中逐渐得到推广应用。

（蔡路军）

压桩机 pile pressing-in machine 利用静压力将预制桩压入地层至设计要求标高的桩工机械。适于软土层压桩，多用在工业与民用建筑、桥梁、公路、港口码头等土木水利工程。压桩机分为机械式压桩机和液压式压桩机。①机械式压桩机。主要部件有桩架底盘、压梁、卷扬机、滑轮组、配重和动力设备等。压桩时，先将桩起吊，对准桩位，将桩顶置于梁下，然后开动卷扬机牵引钢丝绳，逐渐将钢丝绳收紧，使活动压梁向下，将整个桩机的自重及配重荷载通过压梁压在桩顶。当静压力大于桩尖阻力和桩身与土层之间的摩擦力时，桩逐渐压入土中。②液压式压桩机。主要部件有边桩机构、升降机构、司机室、压桩台、配重、起重机、横向移动机构、纵向移动机构和液压系统等。根据施压传力方式的不同，又分为抱压式和顶压式。由于顶压式压桩机的工作重心较高、安全性较差，且桩的垂直度难以保证，因此一般应用于压桩力较小的场合。抱压式压桩机为静压桩的主流施工设备。作业时，将桩对准桩位，夹桩箱等作业装置将桩夹住，由压桩液压缸驱动夹桩箱，对桩身施加向下的压力，以整机质量作为压桩反力，以克服桩侧摩阻力和桩端阻力，将桩压入地层。

液压静力压桩机以其技术优势，得到广泛使用。机械式压桩机已基本不使用。

（于景华）

烟囱爆破 demolition blasting of chimney 采用钻孔爆破方式在烟囱特定高度爆炸形成一个或多个切口，以使其失去平衡，上部筒体在重力矩作用下定向倾倒或塌落，进而触地破碎解体的系列作业和技术。

烟囱失稳倾倒机理 在烟囱特定高度通过爆破方法形成一定尺寸大小的切口，使上部筒体在重力与支座反力作用下形成倾覆力矩而失稳，沿设计方向偏转并最终倒塌。

烟囱失稳倾倒条件 主要有：①爆破切口起爆后初期。支撑区要有一定的强度，使其不致立即受压破坏而使筒体严重下坐。②切口形成瞬间。重力引起的倾覆力矩必须大于支撑区的抵抗力矩，使烟囱具备定向倾倒条件。③切口闭合后。重力形成的倾覆力矩大于烟囱残余的抵抗力矩。一般情况下，对于砖结构烟囱，只要其重心偏出新支点就可以顺利倾倒；而对于钢筋混凝土烟囱，重力不但要偏出新支点，且倾倒力矩必须大于支撑区钢筋和混凝土形成的抵抗力矩。

拆除方法 爆破拆除比人工和机械拆除法在拆除安全、拆除速度和经济效益等方面具有优势。烟囱爆破必须保证准确的定向性，一般轴线的偏离不得超过设计方向±5°，同时，要确保烟囱上部的稳定性和解体堆渣范围的准确性。烟囱的爆破拆除可分为定向倾倒、折叠倒塌和原地坍塌3种。

定向倾倒 在烟囱倾倒一侧的底部，采用爆破方法形成一个大于1/2周长的爆破切口，使上部筒体在重力作用下按预定方向倒塌，并塌落在一定范围内。

技术要点：①烟囱定向倾倒方向需要有充足场地供其坍塌。场地的长度一般不小于烟囱高度的1.0～1.2倍，对于钢筋混凝土烟囱或刚度较大的砖砌烟囱，场地长度要求更大。场地的横向宽度不小于烟囱爆破部位直径的3.0～4.0倍。②若倒塌方向场地不足但仍有一定倒塌距离时，可采用提高切口位置的方法来减少倾倒方向的塌落长度，实现定向倒塌。

折叠倒塌 可分为单向折叠倒塌和双向多次折叠倒塌两种。根据倒塌场地条件，除在底部形成一个爆破切口外，还应在烟囱中部的适当部位形成一个或多个切口，使其朝相同或相反方向折叠倒塌。

起爆顺序：一般情况下，切口间起爆顺序为上切口先爆，下切口后爆。当上部倾斜到20°～25°时，再起爆下切口。工程实践中，起爆时差应在理论计算和数值仿真基础上确定。

原地坍塌 在烟囱底部沿筒壁周长形成一个具有一定高度的切口，使烟囱在自身重力作用下塌落冲击解体。一般情况下，原地倒塌仅适用于刚度较差的砖结构烟囱爆破拆除，且四周可供塌落的范围不小于烟囱高度的1/6。

（贾永胜 王 威）

烟囱结构 chimney structure 把烟气排入高空的高耸结构。分为民用和工业用。民用烟囱很简单，主要用于排烟，高度一般较低，几米到几十米不等。工业用的烟囱主要为了排放烟气和废气，要达到一定的拔风力，烟囱高度较高，通常在100米以上，有的甚至超过200米。截至2017年，中国最高的单筒式钢筋混凝土烟囱为270米，最高的多管式钢筋混凝土烟囱为240米。世界上已建成的高度超过300米的烟囱达数十座，如美国西弗吉尼亚州芒兹维尔市的米切尔电站的单筒式钢筋混凝土烟囱高达368米。

可从多个角度对烟囱进行分类：①按材质的不同，可分为砖烟囱、钢烟囱、钢筋混凝土烟囱。②按照传力方式的不同，可分为自立式烟囱、拉索式烟囱、塔架式烟囱。自立式烟囱是筒身在不加任何附加支撑的条件下，自身构成一个稳定结构的烟囱。拉索式烟囱是筒身与拉索共同组成稳定体系的烟囱。塔架式烟囱指排烟筒主要承担自身竖向荷载，水平荷载主要由钢塔架承担的钢烟囱。③按照排烟筒的设置情况，又可分为单筒式烟囱、套筒式烟囱、多管式烟囱。单筒式烟囱是指内衬和隔热层直接分段支承在筒壁牛腿上的普通烟囱。套筒式烟囱是指筒壁内设置一个排烟筒的烟囱。排烟筒根据材质的不同又有砖内筒、钢内筒、玻璃钢内筒。多管式烟囱是指两个或多个排烟囱共用一个筒壁或塔架组成的烟囱。

烟囱结构一般由地基基础、筒壁及支承结构、内衬（筒）与隔热层、附属设施4个系统构成。筒壁及支承结构是烟囱整个筒身的承重部分；内衬是分段支承在筒壁牛腿之上的自承重结构或依靠分布于筒壁上的锚筋直接附着于筒壁上的浇注体，对隔热层或筒壁起到保护作用；隔热层置于筒壁和内衬之间，使筒壁受热温度不超过最高温度；附属设施包括筒首铸铁盖板、伸缩节、爬梯和围（护）栏、信号平台、避雷装置、航空标志、缆风绳及其他预埋件等。

除满足抗风、抗震及抵抗温度效应的强度、稳定、刚度要求外，钢筋混凝土和砖烟囱尚需控制裂缝开展宽度。烟囱结构与相邻建筑物间应留沉降缝，基础的倾斜和沉降量也有限制。圆筒形烟囱在设计中还须进行横风向风振验算。

（陆卯生 李晓东）

岩溶工程地质灾害 karst-related engineering geological hazards 在岩溶地区进行工程建设过程中常遭遇到岩溶引起的地质灾害，其产生原因与特殊的岩溶地貌形态、可溶岩类型密切相关，涉及隧道岩溶突水、工程性岩溶塌陷等，需对溶洞稳定性进行评价。在岩溶地区地层中常发育有大型岩溶洞穴和溶蚀管道，地下空间十分复杂且富含地下水，对工程建设和生产十分不利。岩溶洞穴导致区域地层稳定性降低且难以预测，在施工过程中，容易引发地层失稳，由下而上逐渐扩展，在地面很容易产生岩溶塌陷。地下水活动是工程施工的重要安全隐患，特别是在隧道建设中，一旦揭穿承压含水层，就可能产生隧道突水，严重威胁人身安全，延误工期，甚至带来巨大经济损失。

岩溶地貌是具有溶蚀能力的水对可溶性岩石（大多为石灰岩）进行溶蚀作用所形成的地表和地下岩溶形态的总称，又称喀斯特地貌。除溶蚀作用外，还包括流水冲蚀、潜蚀以及坍陷等机械侵蚀，是化学－物理综合作用的结果。

岩溶隧道突水 在岩溶地区进行隧道开挖时，由于隧道穿越所揭露的水文地质单元多，当遇到断裂构造和地下暗河时，水头压力高、水源补给量充足、涌水量大，容易导致隧道发生突水事故而造成严重后果，还会引发地面塌陷等次生灾害。

致灾因子 岩溶突水致灾因子主要包括：①含水层富水条件。奥陶系石灰岩为含水丰富的承压含水层，其富水性决定底板突水水量大小和突水持续时间。②水头压力。承压含水层水头压力越高，越容易击穿上覆隔水岩层内部结构面（裂隙、断裂等），加速承压水发生渗流，沿薄弱结构面上升，成为底板突水动力。③隔水岩层厚度、岩性及其组合关系。隔水层越厚越安全，如在隔水层厚度相同情况下，不同岩性组合其抵抗水压能力各不相同。硬脆岩层易产生裂隙，但不容易被水冲刷扩大；软岩层受力后易发生塑性变形，虽不易形成裂隙，如一旦形成裂隙，就会被高压水流冲刷扩径；软硬相间隔水层能相互弥补各自的缺陷，提高抗水压能力。④地应力。它是地壳中岩层发生断裂和褶皱作用的主要驱动力，应力集中加剧了隔水岩层变形和破坏，成为突水的附加作用力。⑤工程扰动。隧道开挖不断改变隔水层应力状态，使隔水层中原生裂隙、断裂重新活动，加速岩体破坏，阻水能力降低，承压水很容易进入开采工作面造成突水。

基本类型 岩溶突水按储藏条件可分为：①高压裂隙突水。当岩溶隧道通过向斜或背斜一翼时，层间挤压破碎带发育，裂隙密集，岩体破碎，高压裂隙水涌出，容易发生突水涌砂。②富水溶腔突水。当隧道施工至岩溶富水溶腔周边时，一旦防突厚度无法抵抗岩溶水压力，且受施工扰动影响，就会诱发富水溶腔突水。③地下暗河或岩溶管道突水。当隧道直接穿越或由裂隙导通地下暗河与岩溶管道时，将引发地下暗河型突水。④断层突水。大长岩溶隧道穿越地质构造比较复杂地段，如遇到区域性或地区性大断层，因断层带汇水条件好，岩溶水量丰富且岩石渗透性好，在工程扰动下极易发生突水。

岩溶突水按影响因素可分为：①渗水型突水，主要是揭露溶腔、裂隙、地下暗河等富水岩溶构造所引起，对围岩不产生进一步破坏。②纯劈裂型突水，由于岩溶水在内部高水头压力作用下对围岩产生劈裂导致突涌。③综合破坏型突水，岩溶水压力与围岩压力共同作用致使隧道与隐伏岩溶构造之间防突岩层丧失隔水能力发生突水灾害。

灾害预警 隧道突水实时监测与预警是灾害防治的重要手段。地质超前预测预报方法见图1。常用超前预测方法见表。

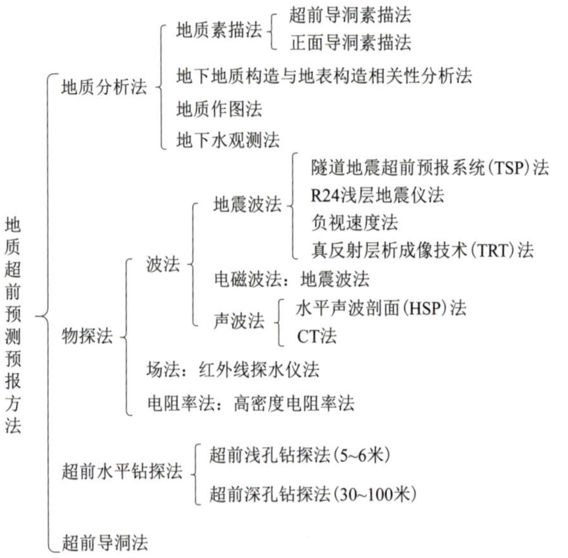

图1 超前预报方法示意图

超前预测方法比较

方法	原理	适用范围	优点	缺点
地面地质调查法	运用地下、地表构造相关性原理，隧道周围不良现象进行宏观和较为粗略的预报	长期超前预测方法，预报距离200米以上	有可靠的理论基础，适用性强，成本低	在地层岩性变化特别复杂（如强烈褶皱地层）的隧道中预报难度很大
地质雷达法	用超高频电磁波探测地下介质分布	短期超前预测方法，预报距离掌子面前方10～30米	分辨率高，无损伤，探测和数据处理快，机动灵活	很难克服施工隧道内干扰因素，影响探测成果准确性，较准确预报距离只有十几米
TSP法	利用地震波在不均匀地质构造中产生的反射波特性来准确预报隧道施工前方地质条件和岩石特性变化	长期超前预测方法，预报距离150米以上	精度高，同时能够提供岩石力学参数，为信息化施工顺利进行奠定基础	探测费用高，对隧道施工有细微干扰。在探测成果图中，断层、节理、软弱带等都以相近形式出现，差别甚小，受人员专业素质影响大

灾害治理 隧道岩溶洞穴处理原则：探明情况、因地制宜、消除水患、综合治理。采用综合物探方法探明突涌水渗流途径，岩溶洞穴规模大小，水文和工程地质

条件以及内部填充物性质，针对不同岩溶洞穴采取不同处理方案和技术措施，达到综合治理灾害的目的。①引排方案。针对规模不大的过水型岩溶，以引排水为主，维持岩溶既有通道，不得随意堵塞岩溶管道，避免造成水害。②注浆堵水方案。当确定隧道前方为富水充填型岩溶时，直接开挖易出现突水突泥地质灾害，难以保证施工安全，可以采取全断面超前预注浆进行堵水，其注浆帷幕厚度可根据超前探孔涌水量及实测水头压力值进行确定。③泄水洞方案。当隧道遭遇暗河时，为确保施工和运营安全，原则上应设置泄水洞对暗河水进行排放，最大排水量按水文地质条件进行估算。④堆积体加固堵水方案。当隧道处于岩溶暗河堆积体中时，可通过控制注浆技术对堆积体进行堵水、加固，维持原暗河排水系统，之后进行隧道施工。⑤绕避方案。当隧道遇到难度极大的复杂地质条件时，在不丧失其功能的条件下，应尽量采取绕避方案。

工程性岩溶塌陷　覆盖在溶蚀洞穴之上的松散土体，在人为因素影响下产生突发性地面变形破坏，其结果多形成圆锥形塌陷坑。岩溶地面塌陷是地面变形破坏的主要类型，多发生在碳酸盐岩、钙质碎屑岩和盐岩等可溶性岩石分布区。工程性岩溶塌陷往往与抽水、排水、蓄水和其他工程活动等密切相关，其规模大、突发性强、危害性极大。

灾害成因及诱发因素　岩溶塌陷产生的原因主要是受岩溶发育程度、覆盖层厚度、气象、水文等自然因素的影响，在人类活动等多种诱发因素作用下导致灾害产生，其中工程性岩溶塌陷诱发因素主要是人为因素。图2展示了岩溶塌陷形成影响因素、灾害产生的基本条件和诱发因素。

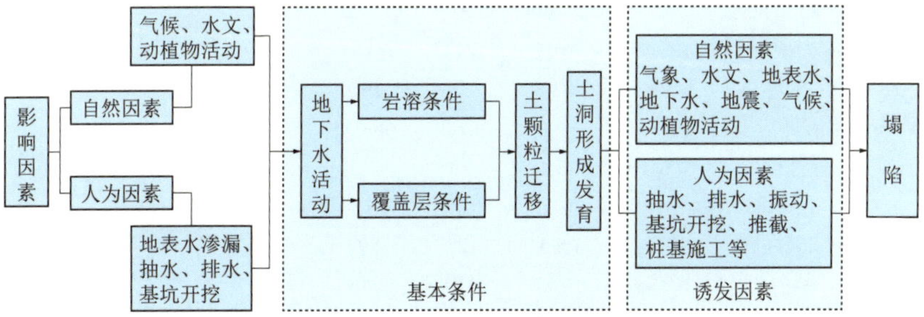

图2　塌陷形成影响因素示意图

工程性岩溶塌陷主要有4个影响因素：①下伏基岩岩溶发育程度。可溶岩是岩溶地面塌陷形成的物质基础，岩溶越发育，溶穴开启性越好，洞穴规模越大，则岩溶地面塌陷也越严重。②上覆土层特征，主要有覆盖层厚度、结构和性质。松散破碎的盖层是塌陷体的主要组成部分，岩溶比较发育、结构比较破碎的基岩容易发生陷落，导致地面不断出现塌陷。③地下水动力条件。地下水运动及动力条件的改变是塌陷产生的主要动力条件，地下水位急剧变化带是塌陷产生的敏感区。水动力条件发生急剧变化的原因主要有降雨、水库蓄水、井下充水、灌溉渗漏、严重干旱、矿井排水、强烈抽水等，这些因素都会引发岩溶塌陷的发生。④人类活动强度。在岩溶地区由于地表工程产生的附加荷载及地下工程对地质体结构产生严重扰动或直接破坏，导致岩溶区域内产生规模大小不一的岩溶塌陷。岩溶塌陷灾害产生见图3。

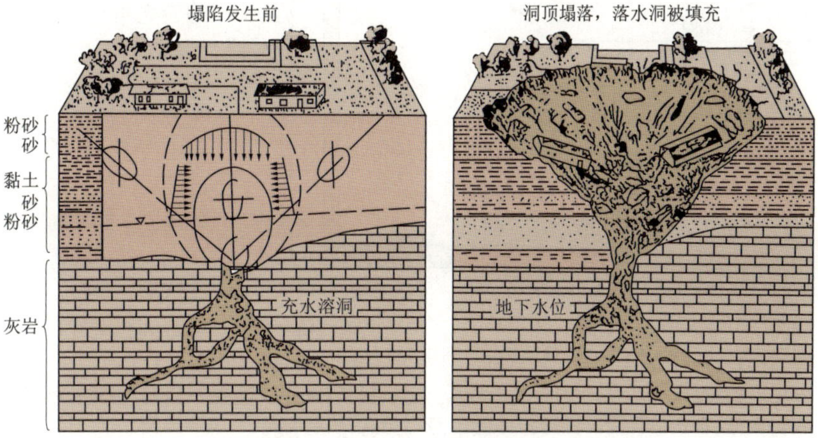

图3　岩溶塌陷灾害产生示意图

防治措施　岩溶塌陷灾害采取综合措施是完全可以防治的，主要采取控水措施、工程加固措施加以解决，也可以采取非工程性防治措施，加强安全防患。具体的控水措施有：清理疏通河道，加速泄流，减少渗漏；对严重漏水的洞穴用黏土、水泥灌注填；合理规划地下水开采层位、开采强度、开采时间，加强动态监测。工程加固措施采用清除填堵法、跨越法、强夯法、钻孔充气法、灌注填充法、深基础法、旋喷加固法等加以解决。非工程性防治措施一般采用岩溶地面塌陷风险评价、开展岩溶地面塌陷试验研究，强化防灾意识，建立防灾体系。

溶洞稳定性评价　对溶洞围岩应力状态与岩体强度关系，以及溶洞变形特征是否超过允许最大变形进行综合评估。溶洞稳定性评价方法包括定性、半定量和定量方法，其中定性分析和半定量分析评价方法应用比较广泛。

定性分析法　适用于一般工程或者工程初勘阶段的溶洞地基稳定性分析评价，包括4个主要方法，即影响因素分析法、经验比拟法、专家分析法和排除法。

影响因素分析法。溶洞稳定性评价影响因素包括岩性及厚度、裂隙发育状况、岩体产状、洞穴形态与埋藏条件、顶板厚度、溶洞充填情况以及是否存在地下水活动等，不同影响因素均存在有利和不利两个方面，需要根据影响因素的特点、具体的工程地质条件和物理力学性质指标做出合理的综合评价。

经验比拟法。由于涉及岩溶问题的公路、铁路、桥梁、隧道与民用建筑以及大型水利水电枢纽坝基等工程实例较多，根据评价对象的工程地质条件，采用经验比拟法对条件相似的已有成功或失败工程实例进行类比评价。

专家分析法。利用已有反映岩溶问题的工程实录，建立集岩溶工程地质评价、物探测试方法、不同岩性物理力学指标、地基稳定性评价和岩溶地基处理方法于一身的智能专家系统，通过初步勘查、简单的测试参数，利用专家分析系统对岩溶工程地质及地基稳定性做出快速定性评价。

排除法。在众多岩溶形态条件及其对工程不同影响群体中，从既定的工程使用要求出发，划出一些经验公认的对工程属安全或不安全的两个极端的若干范围与条件，以作为工程评价依据，而在这两个范围之外的情况，结合工程和洞体的具体条件进行单独研究和评价。

半定量分析法　使用特别简化的模型结合大量工程实践经验进行半定量分析，可以利用较少的数据资料评价导致溶洞失稳影响和抵抗失稳力之间的关系，在选取

一定安全系数后指导设计施工。中国公路路基设计规范所提及的顶板厚跨比法，就是利用溶洞顶部围岩跨度和厚度比值对溶洞稳定性进行基本评价。（周念清）

岩塞爆破　underwater rock plug blasting　将水库或湖泊作为向下游供水和发电的水源，为避免在深水中修筑进水口的施工围堰而从挡水的山体或库岸下游向上游掘进隧道，将隧道进水口处留作挡水之用的一段岩石（称岩塞），按设计爆通成型的爆破技术（见图）。中国岩塞爆破的工程实例逐渐增多。1969年在丰满水电建设工程中采用了岩塞爆破技术。早期对于规模较大的岩塞体通常采用硐室爆破，爆破单段药量大，爆破效果不易控制。之后发展为药室加排孔的岩塞爆破型式，在岩塞体中部用集中药包、周边扩大部分用钻孔爆破，能兼顾成型和贯通，但同样存在单段爆破药量过大的问题。随着钻孔技术和雷管延时精度的发展，岩塞全排孔的钻孔爆破方式得到了成功应用，爆破单段药量小，爆破控制精细程度高，成为更广泛应用的岩塞爆破方式。（赵　根）

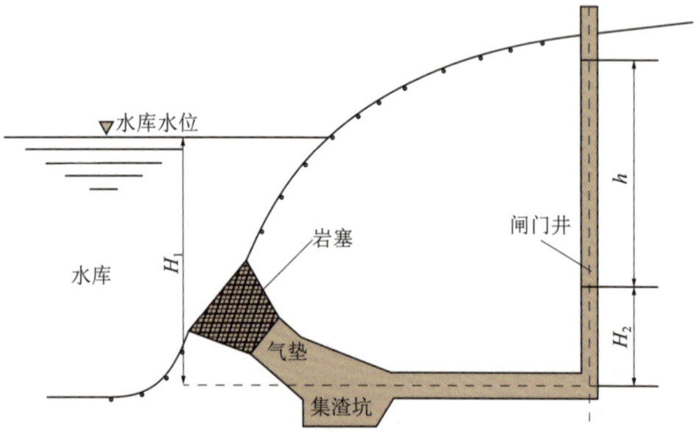

岩塞爆破示意图

岩石爆破动力特性　rock blasting dynamic characteristics　在爆破荷载作用下岩石材料的力学特征。通常情况下，工程应用中的岩石力学参数均通过静荷载作用下的试验确定。动荷载作用下岩石的力学性质将发生显著的变化，岩石的动力学强度明显高于静力学强度，变形模量大幅增大。

爆破荷载作用下岩石动载特性与加载速度密切有关，一般加载速度越高，岩石的动力学强度越大，不同加载速率条件下荷载特性见表1。

表1　不同加载速率条件下的荷载特性

加载速率	稳定载荷	液压机	压气机	冲击杆	爆炸冲击
应变率 ε/s^{-1}	$<10^{-6}$	10^{-6}～10^{-4}	10^{-4}～10	10～10^4	$>10^4$
载荷状态	流变	静态	准静态	准动态	动态

岩石在冲击凿岩或爆破荷载作用下，承受加载速率极高的冲击型动态荷载。炸药爆炸时，爆轰波瞬间作用在孔壁或硐室围堰界面上，使岩石的状态参数产生突跃性升高，并以冲击波的形式向爆源外传播。随着传播距离的增大，冲击波能量迅速衰减为应力波。

与静荷载相比，爆破动荷载特点有：①冲击荷载作用形成的应力场（应力空间分布及大小特征）与岩石性质有关，而静载作用时两者无关。②冲击荷载对岩石加载是瞬间完成的，以应力波形式在岩石中传播，加载时间很短，一般为毫秒级，而静载通常情况下超过10秒。静载在岩石中产生的应力可分布到较深、较大范围，引起的岩石变形和裂纹发展也较为充分。③冲击荷载在岩石中传播过程具有明显的波动特性，其质点除偏离原来的平衡位置产生变形外，还在原点发生振动。岩石的动载变形特征与静载有着本质的区别。④在冲击荷载作用下，岩石破坏需要消耗更多能量，岩石的动载强度总是大于静载强度。同一种岩石的动载强度总是比静载强度高得多（表2）。岩石的动态应力率比静态时大10^6倍，破坏强度大3～4倍（表3）。由于各岩石的成因条件不同、矿物颗粒的多样性及结构的复杂性，尚难以定量给出岩石动态特性的变化规律。⑤岩石在动载荷作用下，其抗压强度与加载速度如下式所示：

表2　岩石动载强度和静载强度试验结果对比

岩石	容重/kg·m^{-3}	应力波平均速度/m·s^{-1}	抗压强度/MPa		抗拉强度/MPa		动载速率/MPa·s^{-1}	荷载持续时间/ms
			静载	动载	静载	动载		
大理岩	2700	4500～6000	90～110	120～200	5～9	20～40	107～108	10～30
砂岩	2600	3700～4300	100～140	120～200	8～9	50～70	107～108	20～30
辉绿岩	2800	5300～6000	320～350	700～800	22～32	50～60	107～108	20～50
石英、闪长岩	2600	3700～5900	240～330	300～400	11～19	20～30	107～108	30～60

表3　岩石的动、静态特性比较

岩石特性		大理岩	砂岩A	砂岩B	花岗岩
动载试验	应力率/$\times10^6$MPa·s^{-1}	0.17	0.14	0.15	0.15
	破坏应力/MPa	21.5	22	19	17
	破坏应变/$\times10^{-6}$ ε	490	610	460	630
	弹性模量/$\times10^4$MPa	5.1	6.4	4.0	3.0
静载试验	应力率/MPa·s^{-1}	0.11	0.18	0.15	0.22
	破坏应力/MPa	5.3	8	2.9	5.3
	破坏应变/$\times10^{-6}$ ε	145	410	370	510
	弹性模量/$\times10^4$MPa	4.7	1.9	1.0	1.2

$$S=K_M\lg V_L+S_0$$

式中S为动载强度，单位为千帕；S_0为静载强度，单位为千帕；K_M为比例系数；V_L为加载速率，单位为千帕/秒。岩石动力抗压强度和加载速度V_L的对数呈线性关系，其比例系数K_M与岩石种类、强度类型等有关。（周传波）

岩石爆破破碎理论　rock blasting damage fragments theory　关于炸药爆炸荷载作用下，岩石介质破碎、移动和抛掷等特征与力学机制的理论。主要有爆生气体膨胀压力破坏理论、爆炸应力波反射拉伸作用理论和爆生气体与应力波共同作用理论。由于爆破过程的复杂性、岩石性质的不确定性，岩石爆破破碎理论发展仍落后于工程实践。

爆生气体膨胀压力破坏理论　岩石的爆破破坏主要是由于高温、高压的爆生气体的膨胀压力作用于岩石造成的。爆生气体膨胀造成岩石质点的径向位移，由于药包距自由面的距离在各个方向上不一样，质点位移所受的阻力不同，在自由面垂线方向阻力最小，岩石质点位移速度最高（图1）。正是由于相邻岩石质点移动速度不同，造成了岩石中的剪切应力，一旦剪切应力大于岩石的抗剪强度，岩石即发生剪切破坏。破碎的岩石又在爆生气体膨胀推动下沿径向抛出，形成一倒锥形的爆破漏斗坑。

早期用黑火药对岩石进行**爆破漏斗试验**中所发现的均匀分布、朝向自由面方向发展的辐射裂隙现象是该理论的试验基

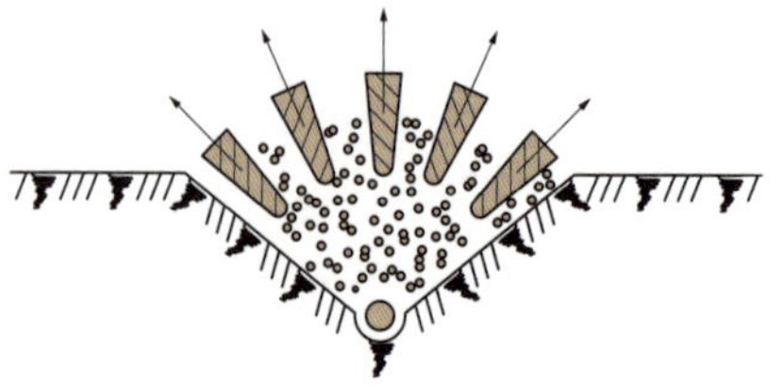
图1　爆炸生成气体产物的膨胀作用示意图

础。这种理论称为静作用理论，忽视了岩体中爆炸冲击波和应力波的破坏作用。

爆炸应力波反射拉伸作用理论　岩石的爆破破坏主要是由于自由面上应力波反射形成反射拉伸波作用，使岩石中的拉应力大于其抗拉强度，岩石被拉断。

当炸药在岩石中爆轰时，生成的高温、高压和高速冲击波猛烈地冲击周围岩石，在岩石中引起强烈的应力波，强度大大超过了岩石的动态抗压强度，引起周围岩石的过度破碎。当压缩应力波通过粉碎圈后继续往外传播，其强度已大大下降到不能直接引起岩石破碎。到达自由面时压缩应力波反射成拉伸应力波，大于岩石抗拉强度时岩石被拉断，又称片落。随着反射波往里传播，片落继续发生，直到将漏斗范围内的岩石完全拉裂。岩石破碎主要是入射波和反射波作用的结果，爆生气体的作用只限于岩石的辅助破碎和破裂岩石的抛掷（图2）。

a 入射压力波波前

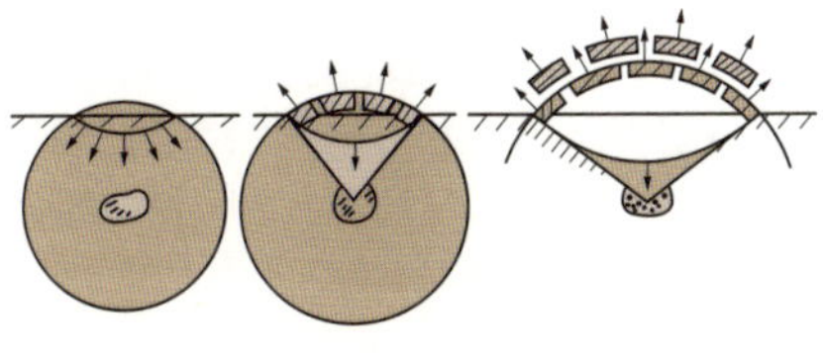

b 反射拉应力波波前

图2　反射拉应力波破坏作用示意图

爆炸应力波反射拉伸作用理论的试验基础是岩石杆件爆破试验（霍普金森杆件试验，图3）和板件爆破试验（图4）。①岩石杆件爆破试验。在长条岩石杆件一端设置炸药后引爆，靠近炸药一端的岩石被炸碎，而另一端岩石被拉断成许多块，岩石杆件中部无明显破坏。②板件爆破试验。在松香平板模型中心钻一小孔，插入雷管引爆后，除平板中心形成和类似同心圆的破碎区外，在平板边缘部分形成了由自由面向中心发展的拉裂区。在具有一定厚度

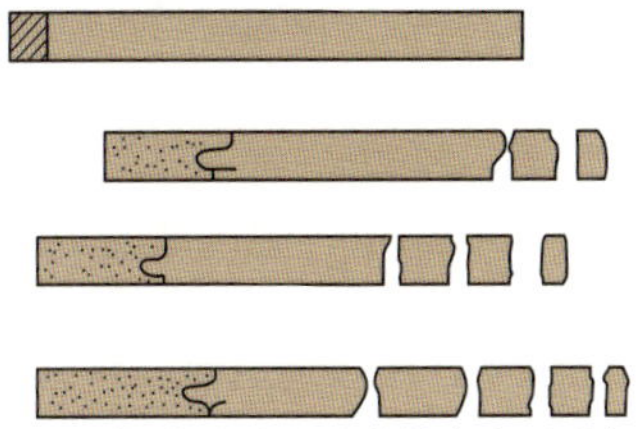

图3　岩石杆件的爆破（霍普金森效应）试验示意图

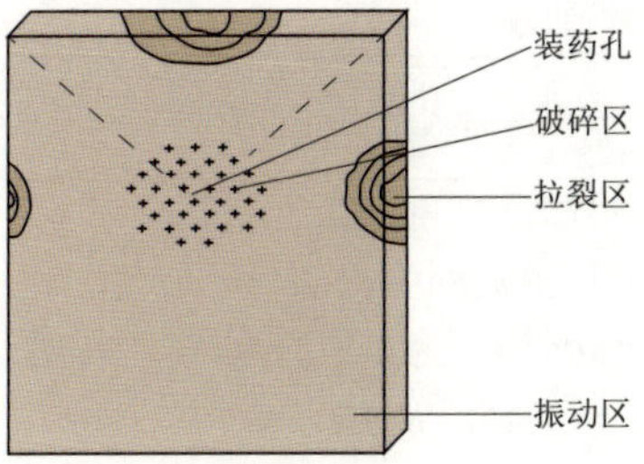

图4　板件爆破试验示意图

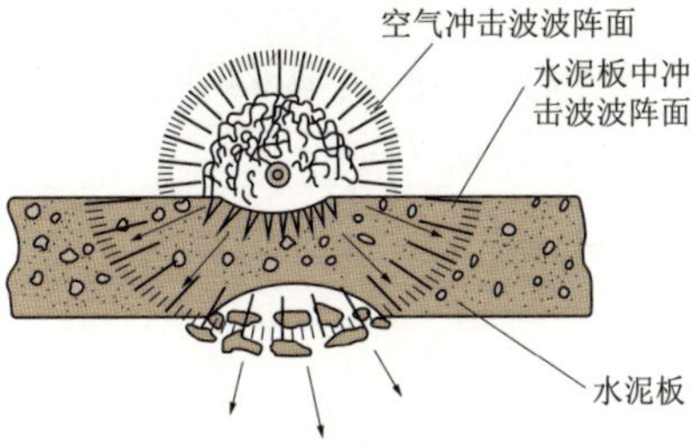

图5　水泥板的爆轰破坏示意图

的水泥板上放置药包进行爆破时，水泥板的另一面（自由面）将被崩坏脱落，而水泥板的中间层未受到破坏。水泥板的破坏过程与岩石杆件相似（图5）。

爆炸应力波反射拉伸作用理论，只考虑了岩石中爆炸应力波在自由面反射后形成反射拉伸波作用，未考虑爆轰气体对介质的作用。

爆生气体和应力波共同作用理论　爆生气体和应力波共同作用理论认为，岩石的爆破破坏是由爆生气体膨胀压力和爆炸应力波共同作用的结果。岩石在冲击波或应力波作用下产生裂隙，然后爆生气体渗入裂隙中，使应力波形成的裂隙进一步扩展。

岩石的波阻抗不同，破坏时所需应力波峰值不同。岩石波阻抗越高时，要求应力波峰值越高，此时冲击波或应力的作用就显得重要。据此，岩石按波阻抗值可分为3类：①高阻抗岩石。波阻抗为15～25兆帕·秒/米，其破坏主要取决于入射波应力波和反射波应力波。②中阻抗岩石。波阻抗为5～15兆帕·秒/米，其破坏主要是由入射应力波和爆生气体综合作用的结果。③低阻抗岩石。波阻抗小于5兆帕·秒/米，其破坏以爆生气体形成的破坏为主。

（蒋　楠）

岩石爆破性分级　classification of rock blastability　专门适用于爆破工程的岩石分级体系下的二次分级。岩石爆破性分级既有岩石分级体系的共性，又兼具爆破工程的特性。由于岩石种类的多样性和形态的繁杂性，岩石分级在岩石力学的发展过程中起着十分重要的作用，常见的分级方法有普氏分级、Q指标、RMR等。岩石分级为描述岩石的离散性引入了定量机制，便于工程应用，使相关工程资料具有可比性。

爆破工程的岩石分级，通常是根据岩石爆破工程的实际需要进行。世界各国的爆破工作者已就岩石的科学分级进行了大量的工作，但尚无一个公认的普遍适用的岩石分级方法。中华人民共和国成立后，引入了苏联的岩石分级方法，各工业部门也曾制定多种岩石分级方法，主要包括岩石可钻性分级和岩石可爆性分级。

岩石可钻性分级　表征钻凿炮孔难易程度的一种指标。其他国家常以岩石抗压强度、普氏坚固性系数、点荷载强度和岩石的侵入硬度等作为评价指标。1980年，中国东北工学院（今东北大学）根据多年研究成果提出了以凿碎比能（即冲击、凿碎单位体积岩石所耗的能量）作为岩石可钻性分级的评价依据。凿碎比能可采用一种便携式的岩石凿测器测定。凿测器由钎头、承击台、落锤、导向杆和转动手柄等组成，落锤高度1米，锤重4千克，可沿导向杆锤击嵌有直径为40毫米的一字形钎头。测定时将岩样先开好孔口，固定在承击台上，冲击480次，每次转动钎头15°，每冲击24次清除一次孔底岩粉，最后量取凿孔的总深度H（毫米），便可得到岩石的凿碎比能$a=14\,249/H$（焦耳/厘米^3）。如无测定条件，也可按$a=40f$（f为普氏岩石坚固性系数）近似估算岩石的凿碎比能。该分级方法简单实用，便于掌握，将岩石可钻性共分为7级（表1）。

岩石可爆性分级　岩石可爆性（或爆破性）用于表征岩石在炸药爆炸作用下发生破碎的难易程度，是动载作用下岩石物理力学性质的综合体现。岩体可爆性分级能够预估炸药消耗量，制定定额，为爆破设计优化提供依据。

早在17世纪，F.霍夫曼根据开挖方法和开挖工具的不同，提出了世界上最早的分级方法，将岩石爆破性分为6大类。1889年，F.齐哈根据开挖工具和开挖消耗的炸药量、人工，将岩石爆破性分为4大类9级。1926年，苏联普氏提出以岩石坚固性系数f为主要判据，即普氏分级法，将岩石爆破性分为10级。自20世纪50年代开始，日本学者提出了以弹性波速、岩体裂隙间距、龟裂系数、抗剪强度为指标对岩石爆破性进行分级。美国学者提出了以破碎功指数、岩石弹性变形能系数为指标的岩石爆破性分级法。苏联学者提出了以炸药单耗、岩石表面能、岩石波阻率等为指标的诸多不同的岩石爆破性分级法。

表1 岩石可钻性分级表

级别	凿碎比能 a/J·cm^{-3}	可钻性	代表性岩石
Ⅰ	≤186	极易	页岩、煤、凝灰岩
Ⅱ	187～284	易	石灰岩、砂页岩、橄榄岩、绿泥角闪岩、云母石英片岩、白云岩
Ⅲ	285～382	中等	花岗岩、石灰岩、橄榄片岩、铝土矿、混合岩、角闪岩
Ⅳ	383～480	中难	花岗岩、硅质灰岩、辉长岩、玢岩、黄铁矿、铝土矿、磁铁石英岩、片麻岩、矽卡岩、大理岩
Ⅴ	481～578	难	假象赤铁矿、磁铁石英岩、苍山片麻岩、矽卡岩、中细粒花岗岩、暗绿角闪岩
Ⅵ	579～676	很难	假象赤铁矿、磁铁石英岩、煌斑岩、致密矽卡岩
Ⅶ	≥677	极难	假象赤铁矿、磁铁石英岩

表2 岩石爆破破碎性分级表

岩石级别			Ⅰ	Ⅱ	Ⅲ	Ⅳ	Ⅴ	Ⅵ
代表性岩石			坚硬岩石：花岗岩、玢岩、闪长岩、玄武岩、片麻岩		中等坚硬岩石：白云岩、石灰岩、大理岩、砂质砾岩、页岩等			松软岩石：泥灰岩、片岩等
破坏性质			脆性破坏		准脆性破坏			塑性破坏
岩石波阻抗/10^6kg·m^{-2}·s^{-1}			16～20	14～16	10～14	8～10	4～8	2～4
岩石坚固系数f			15～20	10～15	5～10	3～5	1～3	0.5～1.0
破坏能量消耗/kJ·m^{-3}			70～80	50～70	40～50	30～40	20～30	13
推荐采用的炸药指标	爆压/10^3MPa		20	16.5	12.5	8.5	4.8	2.0
	爆速/m·s^{-1}		6300	5600	4800	4000	3000	2500
	装药密度/g·cm·s^{-3}		1.2～1.4	1.2～1.4	1.0～1.2	1.0～1.2	1.0～1.2	0.8～1.0
	炸药潜能/kJ·kg^{-1}		5000～5500	4750～5000	4200～4750	3500～4200	3000～3500	2800～3000
块度平均线性尺寸/cm·s^{-1}	5	单位耗药量/kg·m^{-3}	1.65	1.50	1.40	1.20	0.95	0.65
	10		1.30	1.20	1.10	1.00	0.75	0.50
	15		1.10	1.00	0.95	0.85	0.65	0.45
	20		1.00	0.90	0.85	0.75	0.60	0.40
	30		0.85	0.78	0.70	0.64	0.50	0.33
	40		0.70	0.62	0.57	0.50	0.40	0.25

表3 东北工学院岩石爆破性分级表

爆破等级		爆破性指数N	爆破性程度	代表性岩石
Ⅰ	Ⅰ1	<29	极易爆	千枚岩、破碎性砂岩、泥质板岩、破碎性白云岩
	Ⅰ2	29～38		
Ⅱ	Ⅱ1	38～46	易爆	角砾岩、绿泥岩、米黄色白云岩
	Ⅱ2	46～53		
Ⅲ	Ⅲ1	53～60	中等	石英岩、煌斑岩、大王黑岩、灰白色白云岩
	Ⅲ2	60～68		
Ⅳ	Ⅳ1	68～74	难爆	磁铁石英岩、角闪岩、斜长片麻岩
	Ⅳ2	74～81		
Ⅴ	Ⅴ1	81～86	极难爆	矽卡岩、花岗岩、矿体浅色砂岩
	Ⅴ2	>86		

中华人民共和国成立初期，中国各工程单位一般均参照苏联的普氏分级和苏氏分级方法进行岩石爆破性分级。到20世纪80年代后，一些科研院所和高等院校也开始对此进行大量测试和研究。1984年，东北工学院研究人员应用数理统计方法对矿山试验所得的爆破漏斗体积、爆破块度分布和岩体波阻抗与岩石爆破性指数N之间的关系进行了多元回归分析，建立了各指标与N的关系，并按照岩石爆破性指数的大小将岩石爆破性分为5级。1989年，长沙矿山研究院采用岩石强度、岩体纵波速度、岩石纵波速度、岩石横波速度等作为评判指标，用模糊数学方法从整体上将岩体爆破性分为5个等级。一些数学方法，如统计数学、聚类分析、模糊数学等也开始被应用于岩石爆破性分级当中，明显地提高了分级方法的新颖性和科学性。表2所示的岩石爆破性分级法不仅考虑了岩石的基本性质指标，而且为获取最好的爆破破碎效果，对所采用炸药品种和单位炸药消耗量也进行了相应的描述。

表3为1984年东北工学院提出的岩石爆破指数分级法，基于能量守恒原理，以爆破漏斗试验的实测体积和爆破块度分布率为判据，根据大量统计数据分析建立了一个岩石爆破性指数N。

$$N=\ln\left[\frac{e^{67.22}\times K_1^{7.42}(\rho c_p)^{2.03}}{e^{38.44V}K_2^{4.75}K_3^{1.89}}\right]$$

式中V为爆破漏斗体积，单位为米^3；K_1为大块率（大于30厘米），单位为%；K_2为小块率（<5厘米），单位为%；K_3为平均合格率，单位为%；ρ为岩石密度，单位为千克/米^3；e为自然对数的底；c_p为岩石纵波声速，单位为米/秒。

按照N值的级差，该分级法将岩石的可爆性分成5级10等。

当炸药能量及其他条件一定时，爆破漏斗体积的大小和爆破块度的粒度组成，均直接反映能量的消耗状态和爆破效果，可以表征岩石的爆破特性。爆破漏斗试验的体积V及爆破块度的分布率K_1、K_2和K_3影响着岩石吸收爆破能量的程度和形式，以及爆破块度的大小。岩体的弹性波阻率ρc_p能够反映岩体的节理、裂隙情况和岩石的弹性模量、泊松比、密度等物理力学特性，其值可作为岩石可爆性的辅助判据。

（周传波）

岩石边坡工程设计 rock slope engineering design 对岩石边坡工程进行计划、勘测、分析、论证，并编制相关技术文件的过程。岩石边坡指以岩石作为建筑物组成部分或筑物环境的经人工开挖改造的工程边坡。岩石边坡设计的主要步骤和内容有边坡地质条件研究、开挖设计、排水设计、稳定性分析、处理加固设计和监测设计等。

边坡设计的基础资料主要有：①气象水文资料。包括降水、河川径流等。②地形地貌资料。包括海拔高度、坡度、地貌类型、形态、特征等。③工程地质资料。包括岩石类型、地质构造、风化卸荷、物理地质现象、地下水、地应力、地震动参数等。④岩石及结构面物理力学试验资料。⑤边坡工程类型，安全等级。⑥水利水电工程枢纽区边坡遭遇泄洪雾化的雨强和过程资料。

边坡设计的内容主要有：①边坡地质

条件研究。根据边坡勘测获得的地层岩性、构造、地质不连续面、风化卸荷、水文地质等资料，分析建立边坡地质结构模型或坡体结构；在地质结构模型基础上进一步分析结构面与边坡的组合关系，提出可能的变形破坏模式及力学机制；根据岩石室内及现场试验资料，提出各类结构的岩体及结构面特别是可能构成边坡滑动的结构面的物理力学参数。②开挖设计。因建筑物需要而开挖的边坡，按照建筑物要求进行开挖设计。包括开挖轮廓、坡比、坡型和坡高，马道设置，施工方法，临时支护措施等。③排水设计。包括排水范围、排水形式、排水深度等。④边坡稳定性分析。根据边坡变形破坏模式和相关参数，分析边坡在拟定的各种开挖、排水和处理加固方案情况下，各种运行工况时的稳定性，并对其稳定性进行评价，选择合理方案。⑤处理加固措施设计。对稳定性分析确定的及处理加固方案进行具体设计，提出完善的综合治理方案。⑥安全监测设计。包括施工期监测和长期监测。研究确定监测的位置、项目、数量、监测时段等。

（宋胜武）

岩石地基工程设计 rock foundation engineering design 对岩石地基工程进行计划、分析、论证，并编制相关技术文件的过程。岩石地基指以岩石作为建筑物或构筑物基础的地基。岩石地基设计，对一般工业与民用建筑物而言相对比较简单，但对于水坝地基特别是高拱坝，则需进行专门设计。

岩石坝基设计研究内容主要包括：①坝基岩石质量分类。根据现场勘察和岩石实验资料，按照岩石质量分类方法对坝址区岩石质量进行分类分级，或按照风化卸荷划分标准进行分带。在此基础上，确定各类岩体的空间分布，提出各类岩体的物理力学参数建议值，评价各类岩体对大坝工程结构的适宜性。②建基面研究。在坝基岩体质量分类的基础上，研究作为坝基可利用岩体的标准，确定坝基建基面位置、高程。③坝基抗滑稳定研究。研究坝基可能滑动的块体，分析计算抗滑稳定安全系数，评价抗滑稳定性。④坝基变形稳定评价。研究坝基软岩或软弱岩带的分布，评价坝基变形稳定性。⑤坝基渗透稳定评价。研究坝基渗流场和软岩或软弱岩带分布，评价坝基渗透稳定性。⑥防渗帷幕设计。研究坝基岩体的透水性及大坝对防渗要求，确定防渗帷幕的深度和范围。⑦基础处理设计。针对坝基存在的稳定问题，提出处理加固措施。

（宋胜武）

岩石峰后破坏过程 post-peak region of rock 试验机加载至临近峰值强度时，岩石内部微裂纹萌生、扩展和贯通，一旦岩石无法继续承载，随即强度跌落的过程。岩石峰后破坏过程曲线的获取须采用刚性试验机实现。刚性试验机是一种刚度很大，可进行岩石等脆性材料的全应力-应变过程试验的试验机。由于刚性试验机的系统刚度大于岩石的刚度，加压时试验机内积蓄的弹性变形能小于试件进一步压缩时所需的能量。故试件的压缩始终需要机器提供能量。当荷载达到极限强度值时，试件不会突然、猛烈地破坏而完全丧失承载能力，可测得完整的岩石应力-应变曲线，能真实反映岩石力学性态。

1969年后，随着高刚度岩石伺服控制的应用，岩石的峰后曲线可被识别为Ⅰ型和Ⅱ型破坏曲线。Ⅰ型破坏行为具有轻微的延性特征，而Ⅱ型破坏行为具有显著的脆性特征，通常分别对应软岩和硬岩的典型破坏形式。软岩进入峰后仍需试验机做功，致使软岩产生新的压缩变形破坏；硬岩进入峰后出现局部化破坏，自身的弹性可能产生剧烈破坏。为了稳定控制峰后过程，甚至需要试验机有效地提取硬岩内部的弹性能。

Ⅱ型破坏曲线的岩石峰后过程试验机控制目前主要基于闭环伺服反馈控制技术。试验机框架的刚度一般为岩石试样刚度的5～10倍。由于岩石具有剪胀性，小主应变一直处于单调增加，小主应变的测量值与控制目标值作为反馈变量输入的传递函数中，控制系统采用负反馈控制算法，产生一个信号驱动伺服阀达到稳定的伺服控制。

岩石峰后过程主要关注硬岩Ⅱ型破坏曲线机理。在峰后过程，通过“应力-应变”曲线，可以识别脆性跌落特性、多阶段应力降和峰后能量演化特点。基于常规三轴和真三轴条件下岩石峰后过程的认识，对加深深部岩体工程力学的理解意义重大，有助于解释深部岩体工程中峰后损伤岩体动力扰动下失稳、岩爆和大体积塌落机制。

岩石峰后过程广泛使用“力-位移”“荷载-变形”和“应力-应变”表征力学行为。“应力-应变”是标准化数据，便于对比。“力-位移”是实测数据。由于脆性岩石峰后过程出现局部化破坏行为，试样截面积和位移增量不能被正确计算，因此采用“应力-应变”术语描述脆性岩石峰后过程力学行为并不恰当。“力-位移”可能是恰当的，但完全反映局部化破坏后滑动面的相对运动仍然很困难。为了保持峰前和峰后力学行为描述的一致性，“应力-应变”术语仍在广泛使用，但必须注意峰后过程力学行为的真实意义，而不能仅仅是一个计算值。

（冯夏庭）

岩石工程 rock engineering 解决和处理在各项土木工程建设过程中涉及岩体的利用、整治或改造等工程技术问题的一门专业应用型学科。岩石工程研究的对象是岩体，岩体在其形成和存在的整个地质历史过程中，经受了各种复杂的地质作用，因而有着复杂的结构和地应力场环境。而不同地区的不同类型的岩体，由于经历的地质作用过程不同，其工程性质往往具有很大的差别。这些都说明了岩石工程学科研究的特殊性和复杂性。

具体的岩石工程，又称岩体工程，是修建或构筑在岩体内部或岩体表面的任何工程，是一种自然材料和人工材料的结合体。包括岩石基础工程、岩石边坡工程和岩石地下工程等问题。

简史 岩石工程与人类生活息息相关。70万年前，猿人类建造有居住洞穴，可见岩石工程早就存在。作为文明古国，中国在岩石工程史上记载着数千年的辉煌篇章。万里长城、都江堰、铜绿山古矿、云冈石窟、龙门石窟、龙游地下古群洞室等都表明古人已有开挖岩石、稳定岩洞的宝贵知识和技能。现代岩石工程是第二次世界大战后建立并发展起来的，1959年12月法国马尔帕塞坝的破坏和1963年10月意大利瓦依昂坝的溃坝，都使当地人民生命财产遭到巨大损失，让学者有组织地提出了研究岩体工程与工程地质相结合、岩体工程的特性以及工程设计等相关问题。中国由于晚清政府闭关锁国，科技水平较先进国家落后，岩石工程科技更是如此。直到20世纪下半叶，中国大规模的工程建设和矿业开发推动了岩石工程学科的发展。70年代，中国岩石力学与工程学科研究有了长足的进步，成功地解决了长江葛洲坝、金川镍矿、成昆铁路等隧道工程和大型地下洞室的重大工程岩石工程问题，并且更巨大、更复杂的岩石工程日益增加，成为中国重要突破领域之一。改革开放以来，工业建设突飞猛进，一系列工程的规模提升了档次，开始兴建2000兆瓦装机电站，高达250米或以上的大坝，如二滩水电站、小浪底水利枢纽工程；露天采场深达300～400米，地下矿井超过500米深，向1000米深井，矿山向工业化高效开采发展，如金川镍矿和兖州煤矿建设；开始了大型抽水蓄能电站和核电站的建设；交通工程和城乡建设均得到蓬勃发展，如铁路京广复线、南昆线、内昆线的建设。进入21世纪，中国重大基础设施规模宏伟，围绕西部大开发、东部大发展的战略，三峡水利枢纽工程，青藏铁路，金沙江下游4个梯级电站，锦屏一、二级水电站，**大瑶山隧道**等世界级工程的建设，西气东输、西电东送、南水北调、地下能源储存、海底隧道等工程的部署实施，推动着岩石力学与工程学科的大力发展，中国岩石工程取得了举世瞩目的成就，为中国乃至世界的可持续发展提供了借鉴和支撑。

特点　由于受到经济发展、地质条件等因素的制约，中国岩石工程具有以下特点：①工程规模大，建设期长。如三峡工程、南水北调都是当今世界第一的岩土工程，其岩石开挖加固量都非常巨大，从勘测、设计到施工运行差不多半个世纪。②环境恶劣，地质条件复杂。中国很多岩石工程不但具有特殊的构造地质条件（如膨胀岩、地下暗河和岩溶）、松散破碎复杂的岩基，而且往往位于高海拔、高地应力、高地震烈度的西南地区，或者深水海洋，建设环境恶劣，所以对施工人员安全保护至关重要。③边界模糊，且开裂破坏多尺度。中国岩石工程尽管做了很多勘测，但岩土体介质充满着不确定性（含随机性和模糊性）和不确知性，因此岩土工程的应力边界复杂。加之存在从厘米岩石开裂到百米级宏观断层，多尺度特征明显。④加固处理难，特别是破碎岩体地区的加固处理没有好的办法。中国岩体分级标准尚未统一，给加固设计带来新问题。⑤岩体存在长期的流变，且监测难度大，人工建筑与自然岩体相互作用的不协调也给岩体长期变形监测带来许多困难。⑥岩石力学问题突出。除岩体材料非线性外，还含几何非线性的大变形和大应变，对相应的理论分析及其数值模拟提出了更高的要求。⑦岩体工程与多学科都有交叉性，而传统岩土工程主要是以固体力学等基础学科为支撑的。随着岩石力学的发展，其与工程地质学、信息学、人文学、环境学的交叉发展越来越重要。⑧深部岩石力学工程越来越多，相应的设计原理、支护理论以及灾害控制方法的研究亟待深入发展。现有的岩石工程设计原理和支护理论基本满足浅部岩石工程实践需要，但是在深部岩石工程面前，尚存在很大的不适用性。

研究内容与方法　岩石工程学科研究以岩石力学、工程地质学为理论基础，通过各种检测监测技术和数值分析等方法，结合工程设计、施工条件及工程岩体性状，以及施工开挖、支护、降水等特殊工程要求，提出对岩体的评价，并指导工程的设计和施工，确保工程的安全运营。按照工程建设阶段划分，工作内容可以分为岩石工程勘测与设计、岩石工程开挖与加固、岩石工程监测与检测等环节。

岩石工程勘测与设计　岩石工程的地质勘测通过地质测绘、工程地球物理勘探、钻探和坑探等手段对地形地貌、水文地质条件、岩石的物理力学性质开展分析研究，为工程设计提供依据。

现代工程地质勘测主要采用全站仪、全球定位系统（GPS）技术以及三维激光扫描技术等，而基于钻探技术和钻孔原位勘测是一个重要途径。岩石工程的室内测试技术，除了传统的材料试验机，如单轴、三轴以及剪切试验机等，还发展了岩石破裂过程计算机体层摄影（CT）检测、软岩剪切测试与岩石蠕变测试技术、现场变形测试、现场弹性波测试与地应力测试技术等。原位试验包括现场变形测试、弹性波测试、地应力测试以及水压裂法等，可对岩体的弹性模量、应力、变形和抗渗等多种性能做出评价。

在岩石工程勘测与设计中，为了尽可能准确、真实地模拟和分析结构及基础岩体的应力、变形及稳定性，必须得到真实的岩体力学参数。动态设计与反馈分析是根据工程实施过程中现场监测的实际数据，对设计阶段采用的参数进行实时调整，并对工程结构的变形及稳定性重新评价，甚至调整、修改设计方案。反馈分析方法能够预测真实岩体的变形及其他力学特性，指导设计、施工和加固措施，为工程的安全稳定提供保障。

岩石工程开挖与加固　岩石工程开挖通常时间跨度大（从几个月到数十年）。开挖形成新的工作面的空间相互影响显著，易导致岩体发生一系列性质上的变化。采用合理岩石工程开挖方法，可有效控制开挖稳定，消除隐患。

岩土工程中加固技术众多，其中广泛采用锚固技术，锚固作用是充分利用锚固岩体的自身抗剪强度，通过锚固体将拉力传递至结构体，以此保持结构体的自身稳定。

岩石工程监测与检测　岩石工程稳定性的现场监测，已成为中国岩石工程勘测、设计、施工、运行过程中不可缺少的重要手段。岩石工程监测的主要目的，就是利用监测技术获得的信息，来改善设计，指导施工，确保工程安全，并逐渐积累经验，为之后的同类工程设计提供指导。根据工程的进程，可分为三个阶段进行，即前期量测、施工期间监控和工程运转期间的原型观测。岩石工程监测主要包括位移变形监测、应力监测和水压力监测。监测项目一般包括地表变形、沉降、岩体内部变形、地下水、孔隙水压力、地应力。常用的监测方法有坡表测量（经纬仪、水准仪、测距仪、全站仪等）、坡体内部测量（钻孔倾斜仪、锚索测力计和水压监测仪等）、位移计、GPS监测、红外遥感监测（SAR）法、激光微小位移监测、合成孔径雷达干涉测量、光纤位移测量、时间域反射测试（TDR）技术、声发射监测技术、微震监测技术等。

岩石工程检测是为了研究岩石的工程特性及岩体相关工程结构的稳定性和安全性。主要内容包括确定岩体的物理力学性质和结构特征，确定岩体的变形，约定岩体原始应力场及岩体破坏后地应力的变化，研究岩体支护结构的应力状态以及研究岩体的振动参数。常用的方法有机械法、电测法、光测法和声测法。

发展趋势　岩石工程学科是一个发展历史不长的学科。尽管世界科技工作者对岩石工程的研究设计取得了巨大的成就，为岩石工程的实践发展提供了坚实的基础，但基于岩石工程的复杂性、个案性，该学科还存在许多亟须解决的问题：①工程材料、结构、系统相结合。②岩石力学理论与工程实践相促进。③工程勘测、设计、施工、运行相统一。④工程理论、试验、监测、数值分析一体化。⑤工程短期与长期效应（工程时效性）相协调。⑥工程与环境的相互依存。⑦多学科的交叉协作。⑧岩石工程与智能化管理相聚合。只有解决好如上问题才能真正实现“材料-结构-系统研究”“理论-监测-数值分析”“设计-施工-运行分析”三个一体化。

（冯夏庭）

岩石工程安全控制　security controls of rock engineering　对岩石工程岩体和相关结构等方面的安全进行控制的工程措施。岩石工程安全控制关键是在勘察设计阶段，岩石工程设计时，计算岩石抗力的强度参数，并不是像上部结构材料那样，可以从技术上标准中查到；有岩石所构成的荷载，也不可能从荷载规范中得到。这些都需要通过岩石工程勘察，由试验、测定和经验判断取得。因此设计参数的取值是否符合设计的具体工程条件，是否反映了地质条件的特点，都直接影响安全控制。

设计时对工程安全的控制，仅仅是在设计计算的层面进行，设计的结果反映工程师对安全控制的期望和措施，但能否实现，完全取决于施工和运营阶段能否严格按照设计所依据的工况进行施工和运营期间的使用。如果不能按照设计要求施工和运营，那么设计对工程安全的控制就会落空。设计时，设计人员应充分考虑施工条件，根据工艺和施工方法的要求，方案尽可能方便施工，为施工创造条件。

岩石工程施工阶段是对设计安全控制实现阶段。许多工程事故产生的原因，特别是重大事故产生的原因，大多在施工阶段。施工阶段必须按照设计计算的工况施工。因此，设计单位的岩土工程师与施工单位的岩土工程师之间的协调与互动就特别重要，应根据现场的实现情况加以调整。施工单位的岩土工程师需要对施工方案是否影响工程安全，进行必要的计算与分析，这是从技术上防止工程事故的必要措施。在岩石工程运营阶段，定期的监测和控制对安全的保证也是十分重要的措施，尤其是要设计出相应的预案。

（李　宁）

岩石工程设计 rock engineering design 根据工程建设要求，运用工程地质学、岩石力学和各种技术方法及规范，对*岩石工程*进行计划、分析、论证，并编制技术文件的过程。岩石工程既指以岩石为材料的工程对象如岩石地基工程、岩石边坡工程和岩石地下工程，也指按照需要对其进行规划、勘测、设计、建造、运行等环节所运用的科学技术知识体系。

岩石工程设计是土木工程设计的重要组成部分，是岩石工程的重要环节，是工程建设成败的关键因素。实践证明，对岩石条件和基本性质认识清楚，设计考虑周到、针对性强，工程建设就安全和经济，否则可能造成工程建设延期、不经济或工程不能正常使用，甚至可能导致严重的工程安全事故。

按照岩土工程的定义，岩土工程包含岩石工程，即岩石工程属于岩土工程的组成部分；但工程实践上，早期岩土工程是以土体为研究对象，以土力学为理论基础，很少或几乎未涉及岩石材料。第二次世界大战以后，世界各国恢复经济，工程建设规模越来越大，岩石工程增多，岩石力学逐渐发展起来，岩石工程设计主要依靠于工程经验分析。20世纪70～80年代，岩石工程逐渐发展成为一个相对独立的专门领域，形成以地质分析与工程类比法为主的岩石工程设计。80年代以后，中国的土木工程规模空前巨大，对岩石的利用越来越多，促进了工程地质学和岩石力学以及岩石工程技术的发展进步，建成了一大批具有里程碑意义的高坝基础工程、高边坡工程、长隧道工程和大跨度地下洞室工程，基本形成以地质分析－模型试验－理论分析－动态反馈为主线的岩石工程设计理论和方法体系。

但是，由于岩石材料是地质体－地质历史时期形成的自然产物，结构极其复杂，力学性质变异大，地质调查和试验资料难以反映岩石的真实情况，因此岩石工程设计含有相当的经验成分。

一般要求 总的要求是技术可靠、经济合理、环境友好、运行安全，满足设计年限预定功能。①遵循国家法律、法规和相关技术标准。②充分利用与设计阶段相适应的工程勘察资料和岩石物理力学试验资料。③合理选用岩石参数。④采用多种分析方法论证方案合理性，包括定量分析和定性分析方法。

基础资料 主要有：气象水文资料，包括气温、气压、风速、降水、河川径流等。地形地貌资料，包括海拔高度、坡度、地貌类型、形态、特征等。工程地质资料，包括岩石类型、地质构造、风化卸荷、物理地质现象、地下水、地应力、地震等地质要素的分布、成因、规模、性状的资料，对工程影响评价的资料。岩石试验资料，包括物理性质试验指标如重度、相对密度、空隙率、吸水率等；力学试验指标如抗压强度、抗拉强度、抗剪强度、软化系数、变形模量、弹性模量、泊松比等。建筑结构资料，包括工程类型、安全等级、规模；结构类型、刚度、荷载、安全稳定要求等。其他资料，包括施工场地规划，进度安排，环保水保要求等。

特点 主要体现在地质资料、岩石性质、工程经验、测试、试验和观测等方面。

地质资料的不完备性 岩石（体）作为地质体，岩性复杂多样，普遍存在各种成因、不同规模和性状的地质结构面，如成层层面、断层、节理等，是一种典型的结构性材料。岩石是一个开放系统，易于遭受水文气象、地下水、地温、地应力等环境因素的影响。查明工程地质条件不仅工作量大、周期长，而且有时甚至不可能。因此岩石工程设计总是在一定的地质资料、当前的认识水平的前提下进行的。

岩石性质的不确定性 由于岩石材料的结构性特征，反映在力学性质上就是不均一性和各向异性，即力学参数的随机性变异性大。岩石力学试验的样本数量和代表性也不够充分。设计使用的岩石参数带有强烈的经验性质。

注重工程经验 岩石力学的建立和发展，为岩石工程计算分析提供了理论工具。但由于岩石条件复杂多样、性质复杂多变，以及其与结构相互作用的复杂性，进行分析计算时要做不同程度简化，分析结果不能完全反映实际，往往存在差异，有时差异很大。岩石工程设计中比较注重工程经验，多采取理论分析、经验判断、综合决策的策略。

重视原位测试、实体试验、原型观测工作 岩石工程普遍采用原位试验和测试获得岩石的力学参数和环境的物理量。开展必要的生产性试验，如开挖爆破试验、灌浆试验、锚固结构拉拔试验等，以获得相关的设计参数。十分重视原型观测，在施工期和运行期往往布设了大量的监测和检测工作，监测岩石和结构的位移、应力、地下水压力等，检测地质条件变化和各种工程措施的实施效果。监测资料用于对比设计预期，以便修改和完善设计，积累工程经验。

设计阶段 根据设计任务、研究范围、研究深度不同分阶段进行，一般分为规划设计、可行性研究设计、初步设计和技施设计4个阶段。规划设计是在了解区域地质条件基础上，充分利用岩体，为建设工程布局选址提供基础资料。可行性研究设计是在查明工程区地质条件基础上，按照结构工程布置要求，初步确定岩石工程的位置、类型和规模，以及存在的主要问题。初步设计是在可行性研究设计的基础上对设计方案进一步具体化和优化，提供实施方案的具体类型及其相关参数。技施设计是工程建设施工过程中，对施工揭示的地质条件变化进行调整设计。岩石工程设计与工程结构布置设计同步进行，二者相互依赖，岩石工程设计是工程结构设计的前提，工程结构设计是岩石工程设计的目的。

设计方法 主要有理论分析法、地质分析法、工程经验分析法、地质力学模型试验法、动态设计法5种。

理论分析法 建立在岩石力学理论基础上的定量分析方法。①刚体极限平衡分析方法。用于分析岩石块体极限状态的滑动稳定问题，如基础抗滑稳定、边坡滑动稳定、洞室围岩块体滑动稳定等。②各种数值分析方法。如有限元法、离散元法等。用于分析岩石及其相关结构的应力应变关系及变形破坏过程，如基础和洞室围岩变形稳定问题。③反演分析方法。前两种分析方法的逆过程，它以工程原型为基础，依据原型观测的数据，反求岩石参数或环境参数的一种分析方法。根据观测资料的性质分应力反分析和位移反分析。用于检验和修正岩石参数、设计方案及查明

岩石工程事故的技术原因，总结积累工程经验。

地质分析法　以工程地质理论为基础的定性分析方法。①岩体质量分类法。包括地质力学分类（RMR）、巴顿岩体质量分类（Q）、岩体基本质量分类（BQ）、坝基岩体质量分类等。用于评价各类岩体质量对各类建筑物的适宜性及可能存在的问题。②岩体风化卸荷分带法。用于评价岩体风化卸荷程度对建筑物的适宜性及可能存在的问题。③岩体结构分析法。用于评价岩体的完整性和可能的变形破坏的模式。④赤平投影法。用于分析岩体滑动破坏模式和评估稳定程度。

工程经验分析法　以工程经验为基础的定性－半定量分析方法。①工程类比法。用于基础资料缺乏、工程规模较小、类似工程经验较多的工程设计，尤其较多用于岩石参数的类比选择。②经验公式法。用于基础资料不全面或不易获得的情况下的岩石工程设计。

地质力学模型试验法　岩石工程中应用逐渐增多，作为一种重要的辅助设计手段，主要用于工程规模大、等级高、条件复杂的工程，印证数值计算的结果，帮助确定需要加固的薄弱部位、范围及评价加固效果。

动态设计法　基于岩石材料的特殊性和地质勘查资料不完备性而提出的一种设计原则或思想。主要用于工程的施工阶段，随工程建设过程揭示的地质情况和获得的新的观测数据，进行反演分析，不断验证或修正设计参数，从而调整设计方案和施工方案，以保证工程安全和经济。

设计内容　包括工程布置、稳定性、防渗排水、加固、安全监测、施工组织等方面的设计。

布置设计　包括两方面。①详细研究工程区及其外围的工程地质及水文地质条件。包括地层岩性、地质构造，风化卸荷及地质灾害分布，岩石质量及其物理力学性质，岩体地应力及地下水分布等特征。②确定枢纽建筑物和具体建筑物位置，各建筑物相互关系，具体建筑物类型、功能、规模和具体尺寸等。

稳定性分析　包括：①岩体结构及岩体质量分析。②岩体变形破坏模式分析。③岩体荷载及水压力分析。④岩体稳定性计算和安全评价。

开挖设计　确定工程开挖轮廓线和提出开挖要求，包括开挖深度、形态、开挖方法和开挖支护步序。

防渗排水设计　包括防渗设计和排水设计。①根据工程防渗要求和岩体的透水性，确定防渗帷幕的深度、厚度和范围。②排水设计包括地表排水、地下排水。确定排水的深度、范围、采用的排水形式。

加固措施设计　根据岩石工程类型、等级对稳定性的要求和稳定计算结果，研究确定需要处理加固的对象、具体措施和方案。确定具体措施的设计参数。

安全监测设计　包括施工期监测和长期监测。研究确定监测的对象、项目、数量、布置位置、监测时段等。

施工组织设计　包括施工计划和场地布置。施工计划主要研究确定施工作业方法、作业顺序、施工进度和资源配置等内容；场地布置主要研究确定场地利用和材料加工、机修、仓库、房屋、交通等临时设施的布置和供水供电规划。　（宋胜武）

岩石工程施工　rock engineering construction　运用有效的组织方法和技术手段，按照设计文件和有关技术规程的要求建造岩石工程的过程。岩石工程施工分为施工技术和施工组织两部分。

施工技术主要有：与开挖有关的爆破、装运等技术；与材料制作安装有关的砂浆、钢筋、混凝土等技术；与支护加固有关的喷护、衬砌、桩工、灌浆、锚固等技术；与施工条件有关的通风、照明、排水等技术；与施工机械设备有关的各种机械的操作、维修、保养等技术。

施工组织则是运用科学管理方法和手段，对施工项目在技术、质量、进度、财务、劳务和材料等方面统筹安排、协调、调度，控制风险，实现项目管理目标。由于岩石工程施工的对象是岩石地质体，不可预见因素较多，且施工场地受限、易受水文气象因素影响，施工进度、质量、安全等控制难度较大，因此施工组织管理尤其重要。　（宋胜武）

岩石工程灾害　rock engineering disaster　由岩石工程原因导致工程失效、失稳而引发的灾害。岩石工程是由人类设计、建造、使用和维护的。岩石工程灾害与人类关系密切，其主要由于岩石工程自身抗灾能力的不足，人类知识欠缺或行为疏忽的直接后果。研究岩石工程灾害及其防御的目标，一是了解岩石工程在灾害荷载作用下的损伤机理；二是了解灾害演变机理。

根据造成岩石工程失稳和失效的外部原因不同，可将岩石工程灾害划分为与自然环境相关的和与人为因素相关的两大类。而根据工程性质不同，可以分为岩石基础工程灾害、岩石边坡工程灾害和岩石地下工程灾害等。

岩石基础工程灾害　内、外动力作用是下岩石基础处于不稳定状态或失稳而造成的灾害。岩石基础工程灾害的发生，一方面是由于岩石基础工程所处地形、地貌和地质条件复杂，岩体中具有较为发育的节理、裂隙等不良的地质构造；另一方面，是由于工程施工改变了原地形、地貌和地质条件，诱发原地表水系和径流的变化，对基础工程产生了负面影响。

岩石基础工程中主要有塌陷、渗漏和滑动等灾害。

塌陷　岩体受到不良地质构造作用或者工程开挖而引起的地基表面下沉的灾害现象。岩石基础工程塌陷包括岩溶地面塌陷和非岩溶地面塌陷。岩溶地面塌陷成因主要与地质构造、岩溶发育程度、第四系岩性与厚度以及地下水动力条件有关。岩溶越发育，地下水的补给条件越好，有利于地面塌陷的发生。在第四系沉积物含沙量较高或者第四系厚度薄时，进行抽、放、排水时，更加利于地面塌陷的发育。非岩溶地面塌陷主要原因是由于开采而形成地下空洞，基础岩性软硬不一，岩体中有较大的断层破碎带、裂隙密集带、全强风化带以及人防工程质量不过关等造成的。

塌陷防治措施：①减少地表水下渗。②合理开采，预留岩柱。③加强采空区的地质工程勘察工作。④防治结合，加强工程自身防护能力。尽可能避绕最危险的地方，对不能避绕的塌陷区或采空区，采取压力灌浆等工程措施。对已塌陷的地区进行填堵、夯实。

渗漏　由于水头差，使水沿着岩石基础的空隙、裂隙、溶洞、断层等处流动的现象。又称坝下渗漏。

根据岩体透水性质的不同，坝基渗漏可分为3种主要类型。①孔隙性渗漏。通过砂砾石孔隙产生的渗漏，一般呈均匀流，渗漏量的大小主要取决于土的粒度成分及其渗透系数。②裂隙性渗漏。通过岩石中节理裂隙产生的渗漏。当裂隙很多且互相切割时，渗流近似均匀流；当裂隙发育不均一或不规则时，渗流常呈脉状流。③管道式渗漏。通过石灰岩、白云岩等可溶岩中的溶洞产生的渗漏，渗漏量的大小取决于溶洞的大小和多少。这三种类型在坝基中可以在不同部位同时存在，也可以单独出现，主要取决于坝基的岩土分布和地质结构条件。

为减少坝基渗漏量，可以采用上游水平铺盖、垂直混凝土防渗墙、帷幕灌浆及堵塞溶洞等措施；为减小扬压力或渗流梯度，通常采用排水孔、排水廊道、减压井等工程措施。根据坝基地质条件和渗漏量情况选取上述方法中的一种或几种，采用“上堵下排”的方式，就会获得良好的防渗效果。

滑动　在自身不利条件和外界动力作用下，岩石基础失稳而产生滑落的现象。

坝基岩体滑动主要包括浅层滑动（图1a）和深层滑动（图1b）两种。当坝基岩体软弱或者岩体虽坚硬但表部风化破碎层没有挖除干净，以致岩体强度低于坝体混凝土强度时，则剪切破坏可能发生在浅层岩体之内，造成浅层滑动，滑动面往往参差不齐。深层滑动主要发生在坝基岩体较深部位，主要是由于坝基岩体较深部位存在多组软弱结构面，坝基沿软弱结构面发生剪切破坏。

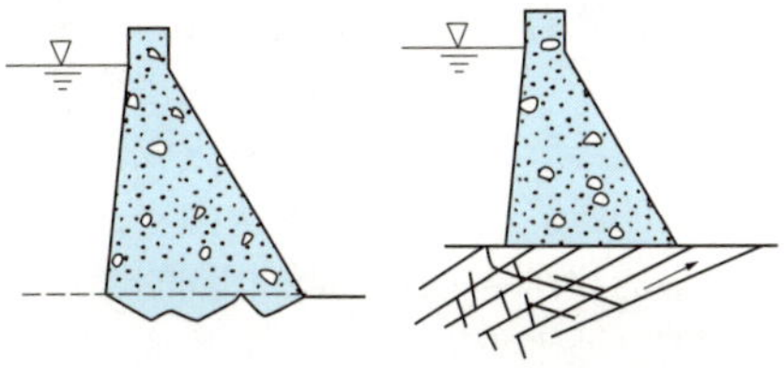

a 浅层滑动　　b 深层滑动

图1　坝基岩体滑动示意图

抗滑工程措施主要有：①增加坝体重量。②利用水重，将上游坝面做成倾向上游的斜面，利用坝面水重来增加坝体抗滑力。③设置阻渗板或阻滑板、齿墙、混凝土塞。④设纵横联通的排水廊道，廊道内钻设排水孔、集水井等构成排水系统，采取抽排水措施，减少扬压力。⑤采用预应力锚杆（钢缆）在软弱面出进行加固处理。⑥帷幕灌浆。

岩石边坡工程灾害　内、外动力作用下边坡岩体处于不稳定状态或失稳而造成的灾害现象。岩石边坡工程灾害孕育过程是一个累进性破坏过程，按变形破坏形式可以分为崩塌、滑落、倾倒破坏、岩块流动、岩层曲折等。

崩塌　较陡斜坡上的岩土体在重力作用下突然脱离母体崩落、滚动，堆积在坡脚（或沟谷）的地质现象。又称崩落、垮塌或塌方。

岩坡的崩塌常发生于既高又陡的边坡前缘地段，如高陡斜坡和陡倾裂隙。由于基座蠕动造成斜坡解体而形成这些裂隙。在表层蠕动作用下，进一步加深、加宽，并促使坡脚主应力增强，坡体蠕动进一步加剧，下部支撑力减弱，从而引起崩塌。崩塌形成的岩堆给其后侧坡脚以侧向压力，再次发生崩塌的突破处将上移。所以，崩塌具有使斜坡逐次后退、规模逐渐减小的趋势。巨型崩塌常发生在巨厚层状和块状岩体中软硬相间层状岩体，多以局部崩塌为主。

滑落　岩体在重力作用下，沿坡内软弱结构面产生滑动的现象。与崩塌相比，滑落通常以深层破坏形式出现，其滑动面往往深入坡体内部，甚至延伸到坡脚以下。其滑动速度虽比崩塌缓慢，但不同的滑坡其滑速可以相差很大，这主要取决于滑动面本身的物理力学性质。当滑动面通过塑性较强的岩土体时，其滑速一般比较缓慢；相反，当滑动面通过脆性岩石，如果滑面本身具有一定的抗剪强度，在构成滑面之前可承受较高的下滑力，那么一旦形成滑面即将下滑时，抗剪强度急剧下降，滑动往往突发而迅速。

倾倒破坏　当岩层走向与坡面走向近平行时，边坡一般为反倾结构边坡，在自重应力的长期作用下，由前缘开始向临空方向弯曲、折裂，并逐渐向坡内发展的灾害现象（图2）。

倾倒破坏分为以下几种类型：①弯曲倾倒。陡倾的板状岩体在边坡顶部开裂，悬臂状的岩板向边坡前方弯曲，与此同时发生层间错动，坡顶可见到由此形成的倒坎；坡体底部因滑动、淘刷或侵蚀而失去支撑，板状岩体底部拉张并折断，形成倾倒破坏。②块状倾倒。陡倾的板状岩体被与其正交的一组缓倾横向节理切割成块状，坡体底部块状岩体被其后方倾倒岩体推动，于是发生向后、向上扩展的倾倒破坏，倾倒岩体的底部沿横向节理形成斜线排列的台阶状。③块状-弯曲倾倒。与板状岩体正交的横向节理不连续发育时，即发生这种混合型倾倒破坏，倾倒岩体底部既有拉张缝也有横向节理。④次生倾倒模式。由于边坡的其他破坏形式引起的局部倾倒破坏，如坡脚推覆倾倒、滑坡底部拖曳倾倒、滑坡后缘牵引倾倒、板状岩体底部风化倾倒以及黏性材料顶部张裂倾倒等几种形式。岩质边坡弯曲倾倒破坏如图所示。

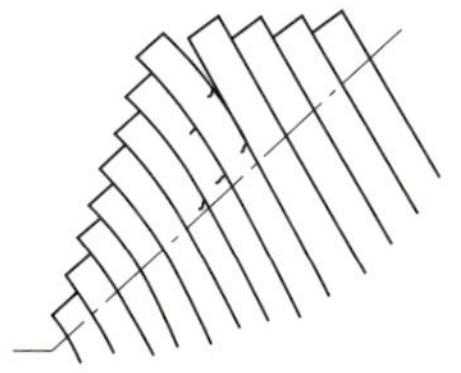

图2　岩质边坡弯曲倾倒破坏示意图

岩块流动　发生在均质硬岩层中，类似于脆性岩石在峰值强度点上破碎而使岩层全面崩塌的灾害现象。其成因首先是在岩层内部某一应力集中点上，岩石因高应力的作用而开始破裂或破碎，于是所增加的荷载传递给邻近的岩石，又使邻近岩石受到超过其强度的荷载作用，导致岩石的进一步破裂这一过程不断进行，直至岩层出现全面破裂而崩塌，岩块像流体一样沿坡面向下流动，形成岩块流动可见。岩块流动的起因是岩石内部的脆性破坏，而不像一般的滑坡那样，沿着软弱面剪切破坏岩块流动时没有明显的滑动扇形体，其破坏面极不规则，没有一定的形状。

岩层曲折　因岩石边坡坡面节理岩层的曲折引起的灾害现象。又称溃屈。

在顺倾向层状岩质边坡溃屈破坏的形成过程中，在重力和其他一些荷载的作用下，边坡岩体各点的应力状态将不断变化（图3），主要有两点：①应力椭圆由垂直过渡到倾斜，最大主应力平行坡面，最大剪应力与层面的夹角愈接近坡面愈小。②在坡脚处形成应力集中。

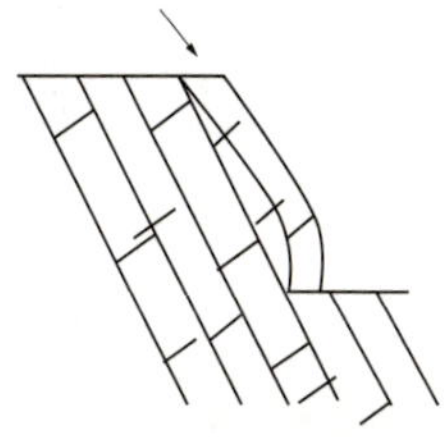

图3　岩层曲折示意图

岩石地下工程灾害　内、外动力作用下地下工程岩体处于不稳定状态或失稳而造成的灾害现象。根据围岩变形及破坏特征和发生位置，主要有剥落、塌方、片帮、底鼓和冒顶等工程灾害。

剥落　硬脆性岩体因开挖卸荷造成局部应力集中而发生薄片状或板状型破坏，并直接从岩壁表面脱落下来的现象。又称片帮剥落。

剥落破坏主要发生在岩体条件较好、地应力较高的隧洞壁面。完整脆性岩体在高应力条件下，因开挖卸荷作用导致局部应力集中从而导致岩体开裂破坏。剥落破坏一般以张拉破坏为主，局部存在剪切破坏。与深埋硬脆性岩体中同样常见的岩爆灾害相比，片帮剥落破坏的烈度相对较弱，一般无岩块弹射现象。

剥落破坏会影响到地下工程施工和运营期的人员与设备的安全性。剥落破坏防治主要从减小开挖损伤、减少围岩应力集中以及适时支护几个方面入手。岩体条件好地应力水平较高容易发生剥落破坏的区域在开挖时应当减少开挖进尺或者进行分部开挖，采用预裂爆破与光面爆破等手段，对围压进行适时进行喷锚等支护，并及时进行二次衬砌。

塌方　由于开挖卸荷或其他外界扰动下，地下工程围岩或掌子面岩体某一部分或全部发生突发性或渐进性的失稳塌落现象。

有效降低塌方灾害的方法是对潜在塌

方区域进行预测，对其等级进行准确的风险评估，然后针对性的采取多种适宜措施进行防控。

通过塌方在发生前的征兆信息对塌方进行预测，有经验法和现场监测法。

经验法概括为：①板石断裂纹扩展，伴有声响赶快闪。②次多间短块增大，裂缝扩展要塌下。③非层岩体掉石粒，可能塌方要注意。④破碎岩体要塌方，灯下可见“石粉”扬。⑤水滴游动位不定，清浊互变有险情。⑥敲击支撑声音脆，及时观测防吃亏。⑦两个九至十一点，容易塌方最危险。⑧头部失稳时间长，遇雨更要防塌方。

现场监测方法有多点位移计、光纤光栅、激光扫描等位移监测手段，针对不同类型围岩，根据实测变形数据曲线提出相应的塌方预警阈值。塌方区域及等级评估方法主要有以变形、位移、应力和强度等理论基础的经验指标法和数值指标法，基于工程地质及开挖和施工条件的类比方法和基于岩体内位移、变形和支护结构受力等现场原位监测方法。

片帮　地下开挖或开采工程中硬脆性岩体呈现的片状破坏现象。

主要从预防片帮的发生和减轻片帮破坏两方面入手。包括：选择合理的开挖（采）方案以减小围岩内部的应力集中程度；开挖后可立即进行围岩喷层支护，及时封闭表层围岩；然后施作锚杆支护，以主动抑制围岩内部的开裂；喷锚支护完成后，可选择性地在片帮高风险区域进行挂网支护，工程实践表明钢筋网对于抑制片帮破坏岩块的掉落具有有效的控制作用。

底鼓　岩体因开挖卸荷导致巷道底板向上隆起变形的现象。

控制底鼓的方法主要分为防与治两类，第一类主要是防止底鼓产生或者采取措施将底鼓量减少到允许的范围内。主要通过合理的巷道布置也就是尽量使巷道与构造应力方向平行，如不能避免，应尽量采用药壶爆破卸压等手段将支承压力转移到围岩深部；尽量避免水与节理裂隙岩体以及松软膨胀岩层直接接触；及时进行底板支护，比如打锚杆、打封混凝土反拱、底板注浆以及封闭式巷道支架等手段。第二类主要是清除底鼓，将巷道已发生底鼓的部分岩石进行及时清除，恢复巷道断面积，保障隧道的使用。

冒顶　矿井、隧道（洞）开挖时，采掘作业面或巷道的顶板在矿山压力作用下变形、破坏而脱落，造成顶部大面积垮塌的现象。

有效降低冒顶灾害的方法是对潜在冒顶区域预测及其等级进行准确的风险评估，然后针对性的采取多种适宜措施进行防控。

通过冒顶在发生前的征兆信息对冒顶进行预测的方法有经验法和现场监测法。经验法有：①声响（岩层下沉断裂，顶板压力急剧加大时，木支架会发出劈裂声，紧接着出现折梁断柱现象；金属支柱的活柱急速下缩，也发出很大声响）。②掉渣（顶板严重破裂时，出现顶板掉渣，掉渣越多，说明顶板压力越大）。③顶板裂缝（顶板有裂缝并张开，裂缝增多）。④顶板出现离层（敲打顶板时，如果声音清脆表明顶板完好；顶板发出“硿硿”的响声，说明上下岩层之间已经脱离。也称敲帮问顶）。⑤漏顶（大冒顶前，破碎的伪顶或直接顶有时会因背顶不严和支架不牢固出现漏顶现象，形成棚顶托空，支架松动而造成冒顶）。⑥淋水（顶板的淋水量有明显增加）。现场监测方法有液压钻孔应力计、声发射、微震监测、电磁辐射法、多点位移计、单点位移计等监测手段，针对不同类型围岩，根据实测数据曲线提出相应的冒顶预警阈值。冒顶区域及等级评估方法主要有以变形、位移、应力和强度等理论基础的经验指标法和数值指标法，基于工程地质及开挖和施工条件的类比方法以及基于岩体内位移、变形和支护结构受力等现场原位监测方法。塌方的防控采用预防为主、防治结合的原则。防控方法主要为进行围岩加固。

遇到冒顶风险高的地质段，预防冒顶措施一般是：①严格执行《煤矿安全规程》中关于预防冒顶的方法和规定。②施工时敲帮问顶，彻底清除顶板浮石和危石，对隐患性危岩采取必要的临时支护措施。③根据实际情况，合理安装支护支架，通过加大支护密度增强工作面的总支撑力，减少顶板下沉量和顶板的台阶下沉。④加强现场监控量测。

（宋胜武　李邵军　冯夏庭）

岩石基本特性　basic properties of rock　岩石的物理特性和力学特性。

类型　主要由其所含的矿物种类和含量、所含固气液三相比例以及微细观结构构造所决定。

物理性质　是其他力学性质的基础，与岩石的形成过程有关。在工程上常用到的物理性指标有容重、比重、孔隙率、吸水率和饱水率、抗冻性、弹性波传播速度、电性、热学性、放射性等。

力学性质　岩石受载时的变形和强度特征。岩石作为自然界的一种天然材料，对其变形和强度特性的研究是沿着材料力学、弹性力学、塑性力学、断裂力学和损伤力学等逐步发展起来的。岩石受载后，应力和应变增加，当应力达到岩石的强度值，岩石发生破坏。在评价采场、井巷围岩稳定性和解决岩石破碎问题时，都需研究反映岩石变形性质和岩石强度特性。

热力学性质　岩石在温度变化的作用下表现出的与温度有关的性质与状态。一般有容热性、导热性和热膨胀性。

水力学性质　岩石与水作用时所表现出的与水有关的性质与状态。岩石水力学性质包括渗透性、膨胀性、崩解性及软化性等。

不同成因岩石的基本特性　岩石按成因分为岩浆岩、沉积岩和变质岩。

岩浆岩　由高温熔融的岩浆在地表或地下冷凝所形成的岩石，也称火成岩；喷出地表的岩浆岩称喷出岩或火山岩；在地下冷凝的则称侵入岩。成分相同的岩浆在不同的物理化学条件下，可以形成结构和构造截然不同的岩浆岩。喷出岩一般矿物比较细，来不及结晶而呈非晶状的玻璃质。通常结晶程度高的岩石抗压强度高，吸水率小，表观密度及导热性大，分子间位能充分释放，破坏它需要提供的能量就越高，脆性破坏特征相对明显。

沉积岩　在地表条件下由风化作用、生物作用和火山作用的产物经水、空气和冰川等外力的搬运、沉积和成岩固结而形成的岩石。沉积岩的结构和构造特征比较丰富，其中细观结构和节理对岩石的力学性能影响较大。节理发育的岩石抗剪强度低，渗透性强，水力学性质相对较差。沉积岩结构包括碎屑结构、泥状结构、晶粒结构、颗粒结构等，不同的结构根据其成分和致密性表现为不同的基本特性。

变质岩　其结构指岩石组分的形状、大小和相互关系，分为变余结构、变晶结构、变形结构、交代结构。变质岩的构造是由岩石组分在空间上的排列和充填所反映的岩石构成方式，具有很强的空间分布特征。最为常见的构造为变余构造和变成构造。对于同一结构的变质岩，通常颗粒细的强度相对较低。构造对岩石的力学性质影响比较复杂。

岩石基本性质的相互关系　岩石的物理性质、力学性质、水力学性质和热力学性质等基本性质具有相关性。一般情况岩石的容重增加，极限抗压强度也增大，渗透性减小，抗冻性能增加。力学性质和水力学性质是工程中主要的两个基本性质。

岩石单轴抗压强度和弹性模量值随含水量的增加而降低，不同岩性岩石单轴抗压强度和弹性模量值受含水量的影响程度不同，降低的速率受岩性所控制。在干燥或较少含水量情况下，应力-应变曲线在峰值强度后岩石表现为脆性和剪切破坏，随着含水量的增加，峰值强度后岩石主要为塑性破坏。随着含水量的增加，弹性变形指数逐渐减小，岩石在受力过程中储存的弹性应变能随含水量的增加而急剧减少，而消耗的塑性永久变形能相对增加。

随着温度升高，岩石热导率呈减小的趋势，热导率随压力增加而加大。岩石弹性模量和强度随温度升高而降低，泊松比随温度升高而增大。温度升高，岩石表现出由脆性向延性转变，岩石达到强度极限前的非弹性变形迅速增加，声发射数量迅速减少。相同温度下，应力水平越高，蠕变速率越快；相同应力下，温度越高，应变速率越大。单轴压缩情况下，花岗岩（火成岩）强度随应变率增大而增大，大理岩（变质岩）和砂岩、页岩（沉积岩）强度随应变率变化有微弱提高。冻融循环试验显示，随着冻融循环次数增大，岩石的强度、弹性模量显著降低。

火成岩、沉积岩和变质岩饱和岩石弹性波波速均明显高于干燥岩石。孔隙度越大，渗透率越高；围压越高，渗透率越低。

典型矿物岩石的物理性质 对于自然界的大部分岩石，矿物成分是决定岩石基本特性的主因，常见的主要造岩矿物及其性质有：①石英结晶的二氧化硅（SiO_2）。坚硬高强，化学稳定性和耐久性好，常呈白色、乳白或浅灰。②长石结晶的铝硅酸盐。坚硬高强，化学稳定性和耐久性不及石英，易风化。③云母片状含水铝硅酸盐晶体。有层理，易裂成薄片，耐久性差，强度较低。④角闪石、辉石、橄榄石。均为结晶的铁、镁、钙硅酸盐，高强，韧性好，耐久，暗色。⑤方解石结晶的碳酸钙。白色，强度中等，易被酸类分解，微溶于水，易溶于碳酸水。⑥白云石结晶的碳酸钙镁复盐（$MgCO_3$、$CaCO_3$）。白色或灰色，强度高于方解石。

某些造岩矿物对岩石的性能不利，如*石膏*、云母、黄铁矿等。石膏易溶于水，云母易解理，黄铁矿遇水及氧化后生成硫酸。分析岩石的基本特性是认识岩石的最基本途径，也是岩石工程发展的基础。

（王 媛）

岩石力学 rock mechanics 将工程力学与工程地质学相互渗透以认识和控制岩体系统的力学行为和工程功能的边缘学科。又称岩体力学。是力学的一个分支，属固体力学范畴。主要研究赋存于一定地质环境中的岩石和岩体的强度、变形、破碎、破坏等规律，合理利用岩体，避免不利因素，并制定岩体改造方案和技术措施。

简史 岩石力学学科的发展是与人类的生产活动紧密联系的。在原始社会，人类就利用岩石制作简陋的工具和武器。人类进化后，逐渐学会挖洞开采矿石，利用岩石作建筑材料，建房屋、大坝、防御工事等。第二次世界大战后，土木工程建设规模不断扩大，高坝、深埋长隧道、大跨度高边墙地下建筑相继出现，对岩体力学理论和技术的需求日益迫切，岩体力学工作逐步发展起来，并使其逐渐发展成一门独立的技术学科。1951年在奥地利萨尔茨堡成立了国际上第一个地区性的岩石力学协会——奥地利地质力学协会。1962年在该协会倡议下成立了国际岩石力学学会，秘书处设于葡萄牙的里斯本，并于1966年在里斯本召开了第一届国际岩石力学大会，对岩石力学发展起了推动作用。

在中国，岩石力学作为一门学科起步较晚，尽管中国曾创建过震动全世界的工程，如都江堰、万里长城等。但由于中国长期的经济和工业的落后，束缚了生产力的发展，也限制了岩石工程的建设发展。随着中华人民共和国成立，大规模的交通、国防、矿山、水利基本建设兴起，对岩石力学的发展起了重大的推动作用。而中国系统、全面地发展，并把岩石力学作为一门学科进行研究是从1958年开始的。中国科学院岩体土力学研究所、长江水利水电科学院岩基研究室等研究机构成立，开始了岩石力学研究的系统规划和实施，开展大规模室内和室外科学实验和理论分析工作，研制出一批仪器设备，培养出一批骨干力量，为中国岩石力学的发展奠定了基础，这一时期中国岩石力学发展处于萌芽阶段。1966年3月在武汉召开了第一届全国岩、土力学测试技术会议。20世纪70年代以后，中国岩石力学理论和实践的研究进入新阶段，一些高等院校相继建立岩体力学教研室，开设了岩体力学课；在一些工程勘察设计院中建立了岩体力学试验研究队伍。解决了长江葛洲坝、大冶露天铁矿、长江三峡大坝、龙滩水电站坝基高边坡、锦屏一级二级水电站地下厂房和引水隧洞等许多巨大工程中的岩石力学问题，建成的大坝高度已超300米，地下工程的开挖深度已超过3000米。在理论方面，用复杂的力学模型来分析岩石力学问题，把力学、物理学、系统工程、现代数理科学、现代信息技术等的最新成果引入了岩石力学。1985年，中国岩石力学与工程学会成立，办起了《岩石力学与岩土工程学报》（英文）、《岩石力学与工程学报》《岩土工程学报》等，对推动中国岩石力学学科发展和学术水平的提高起到了积极的作用。

岩石力学的发展可分为两个阶段：①连续介质力学阶段。把岩体视为一种完整的连续介质材料，将连续介质力学的理论和方法（如*弹性力学*、*塑性力学*等），特别是把土力学理论移植过来，用于解决在工程建设中遇到的岩石力学问题。这是岩体力学发展的早期阶段。②碎裂岩体力学阶段。在20世纪50年代末和60年代初，国际上发生了几次大型水坝工程事故。在对这些重大事故研究过程中，逐渐注意到岩体并不是完整一块，而是由节理、断裂等切割成的碎裂岩体。在岩石力学研究中重视了节理、断裂面等力学作用，提出了不连续性、不均匀性、各向异性是岩体的重要特征，注意到尺寸效应等现象。

特点 岩石力学是应用性很强的学科。岩石力学研究对象是岩石和岩体。岩石通常指完整的岩块，主要用于室内试验研究，已完全脱离了原有的地质环境。岩体是由矿物或岩屑在地质作用下按一定的规律聚集而形成的自然地质体，按成因基本上可分为三大类，即火成岩、沉积岩、变质岩。

在成岩过程中，组成岩石的矿物颗粒在大小、物理力学性质和热导率等方面都各不相同，因此在岩浆冷却时，颗粒内部和边界会产生微裂纹。另一方面，由于岩石晶粒间相互有摩擦阻力，变形受阻，引起应力积累，而形成封闭应力。在此后地质构造的长期作用下，岩体中又形成了各种断裂，如裂隙和断层。裂纹、断裂等在外力作用下都具有随时间而变化的力学性能，即流变性。地壳本身在动力作用下也按一定的速率不断变化。此外，在构造运动，如板块构造、板块碰撞、火山运动、造山运动等的影响下，岩体内部还赋存有地应力，并包含着许多岩石晶粒间的滑动面、裂纹、节理、裂隙、层面、弱面、夹层和断层等。因此，岩体是一种非均质、各向异性、非连续且内部存在应力的复合地质结构。在其结构内部又包括许多力学性质不同的岩石单元，而每个单元本身也往往是非均质、各向异性和非连续的。由此可见，岩体的力学性质远较其他材料复杂，任何岩石力学科学实验、理论分析和计算都必须考虑这些特点。这就是岩石力学学科研究的基本出发点。

研究内容 主要有以下3个方面：①岩石（岩体）的组成和基本特性。包括岩石的物质组成和基本特性，岩体的结构和基本特性以及岩体质量等。②岩石（岩体）力学特性。包括岩石力变形特征，岩体静、动力学特性，岩体多场耦合力学特性以及工程岩体地应力等。③岩石（岩体）力学基本理论。包括岩石在不同条件下的变形、强度、稳定性、动力响应及加固等问题的理论，主要包岩体变形强度理论、多场耦合理论、稳定性理论、岩石动力学理论、反演分析理论、加固理论等。

研究方法 岩石力学的研究方法主要采取科学实验、理论分析与工程紧密结合的方法，包括岩体赋存环境分析、岩石（岩体）力学试验和实验、岩体的力学分析以及岩体改造方案及技术措施研究。

科学实验 岩石力学研究工作的基础，包括室内试验、野外试验和原型监测。室内试验一般分为岩块（又称岩石材料，即不包括明显不连续面的岩石单元）试验和模型试验（主要是地质力学模型试验和大工程模拟试验）。野外试验和原型观测是在天然条件下，研究包括有不连续面的岩体的性状，它是岩石力学研究的重要手段，也是理论研究的主要依据。

理论分析与工程紧密结合的方法 理论分析是建立在科学实验的基础上，是对岩石的变形、强度、破坏准则及其在工程上的应用等课题进行研究。在这方面，长期以来沿用弹塑性理论、流变理论以及断裂、损伤等力学理论进行研究。由于岩石力学性质十分复杂，所以这些理论的适用范围总是有限的。20世纪60年代以来，数值分析方法和大型电子计算机的应用给岩石力学的发展创造了有利条件。用这种方法和计算工具可以考虑岩石的非均质性，各向异性，应力-应变的非线性和流变性，黏弹塑性等。但由于当前岩石力学的试验方法还无法为计算提供准确的参数及合适的边界条件，使计算技术的应用受到影响。

在研究中，一般应注意以下3个基本问题：①岩石是一种复杂的地质介质。研究工作都必须在地质分析，尤其是在岩体结构分析的基础上进行。②研究岩石力学的主要目的是解决工程实际问题。由于在工程实践中岩石力学涉及地球物理学、构造地质学、实验技术、计算技术、施工技术等学科，因此有关学科的研究人员以及工程勘测设计、施工人员的密切合作至关重要。③岩石性质十分复杂，使用的理论和方法还不能完全描述自然条件，因此强调在现场对岩石的性状进行原型观测，并利用获得的资料验证或修改理论分析结果和设计方案。对工程实践而言，岩体中的非连续面和软弱夹层往往是控制岩体稳定的主导因素。它们的力学特性，特别是流变性及其对建筑物的影响，日益受到重视。

发展趋势 岩石力学学科正处在多学科交叉融合快速发展阶段，虽然已经取得了很大成就，但是仍然存在许多问题有待进一步探究，有些理论仍需要进一步丰富。未来，岩石力学研究的动向主要集中表现于两个方面，即基本理论研究和技术开发研究。

基本理论方面：①岩石复杂的本构方程（即应力-应变-时间关系）及相应的高效准确的计算方法。②岩体多场耦合、动力学问题。③岩体与结构之间的相互作用效应。④“三高一扰动”问题对深部岩体工程的影响。⑤岩爆等深部岩体工程灾害演化机制机理研究等。

技术开发方面：①岩体的综合监测技术。②岩体数据精确处理技术。③岩体快速施工技术。④岩体智能加固技术等。

（冯夏庭）

岩石力学基本理论 basic theories of rock mechanics 研究岩石在不同条件下的变形、强度、稳定性、动力响应及加固等问题的理论。

主要内容 岩石力学基本理论主要包括（不限于）岩石强度理论、岩石介质多场耦合理论、岩体稳定性理论、岩石动力学理论、反演分析理论、岩体加固理论等。

岩石强度理论 主要研究岩石在不同应力条件下的变形与破坏规律，是岩石工程设计、岩体结构稳定性分析等的基础。岩石应力包括初始应力（构造应力、自重应力）、二次应力和附加应力等。在不同的应力条件和加卸载应力路径下，岩石表现出复杂的应力应变关系和强度极限，因此发展出了由简单到复杂的强度理论体系。常用的强度理论有莫尔-库伦强度准则、霍克-布朗强度准则、统一强度准则等。但由于岩石本身是一种非均匀有缺陷的结构性材料，其变形破坏规律受应力历史和应力路径等的影响，还没有一种普适的强度理论。

岩石介质多场耦合理论 主要研究岩石在温度场T、渗流场H、应力场M和化学场C的耦合作用下，气体、液体、气液二相流体及化学流体在岩石孔隙中的传输，固体骨架和流体中的温度分布及固体骨架的变形与破坏规律。描述一个场的基本方式是给出由控制方程及其相应的边界条件和初始条件构成的数学模型。岩体多场耦合研究主要包括岩体应力场-渗流场耦合作用特性研究、岩体温度场-渗流场耦合特性研究、岩体温度场-应力场-渗流场耦合作用特性研究、温度场-渗流场-应力场-化学场耦合作用特性研究等。岩体多场耦合机制的研究强调系统的内在关联和各部分之间的相互作用和影响，注重揭示多场耦合的物理机制和耦合效应的分析模拟。

岩体稳定性理论 根据岩体的工程地质特性和各种自然（地震等）或工程扰动（开挖、爆破等）的作用，对工程岩体稳定性的分析评价理论，如边坡岩体稳定性分析理论、岩体基础稳定性分析理论、地下硐室岩体稳定性分析理论等。岩体稳定性理论研究和分析工程岩体发生失稳的条件及变形破坏的规律，为工程设计、支护、构筑物选型和施工方法提供参数和依据。从工程观点来看，影响岩体稳定性的因素主要有岩体本身的变形和强度特性（应力状态、节理发育情况、岩块强度、完整性、风化程度等）、工程荷载（建筑物/构筑物荷载、开挖荷载、爆破扰动等）及地震、降雨等。常见的岩体稳定性分析方法主要有模型试验法、数学力学分析法、工程类比法等。

岩石动力学理论 研究岩石在爆炸、爆破、地震、冲击等动力作用下的力学特性和动力响应（应力、应变、位移、速度、加速度、动力破坏等），应力波在岩石内的传播衰减规律及动力作用导致的地面振动与震害等。岩石动力学的荷载形式和应变率与静力学存在显著差别，只有当加载应变速率在$1\times10^{-1}s^{-1}\sim1\times10^{4}s^{-1}$范围时，才属岩石动力学研究范畴，如低速冲击、霍普金森压杆、爆炸荷载等。岩石承受冲击荷载时，必须考虑惯性效应，即波效应，因此岩石动力学也以应力波为其理论基础。应力波在岩石（体）中的传播与衰减、应力波与节理裂隙的相互作用、应力波通过层状介质结构面折反透射关系及边界效应，均是岩石动力学的研究重点。

反演分析方法 利用现场监控量测数据反求岩体力学参数及岩体初始地应力场的方法，包括应力反分析法、位移反分析法和混合反分析法。由于岩体赋存环境复杂、稳定性影响因素多且准确确定岩体参数难以实现等原因，岩体工程是一个高度复杂的不确定系统。岩体参数无法准确确定为依据参数分析岩体工程的稳定性（正问题）的方法造成了障碍。因此由量测、监测信息来确定各类计算参数和模型的反演分析理论及方法自提出以来得到了迅速的发展，已成为解决复杂岩土力学问题的重要方法。常用的反演分析方法有逆解法、图谱法、直接法等。

岩体加固理论 不等岩体破坏就主动

地对岩体采取措施，进行加固，不让它发生危及工程安全的失稳破坏。岩体工程规模越来越大，围岩本身的承载力和稳定性已经无法满足人们日益提高的要求，岩体支护和加固技术因此得到发展，先后出现了木支撑、砖石衬砌、混凝土衬砌、注浆加固、喷锚支护技术和预应力锚索技术等，并发展了相应的岩体加固理论，对不同加固要求（塑性区控制、变形控制、开裂控制等）条件下加固措施的强度、加固进行的时机等开展了广泛的研究。

中国岩石力学基本理论发展方向　中国岩石工程建设类型众多、规模巨大，为世界所瞩目。随着工程规模和埋深的增大，岩石力学基本理论面临一系列新的难题。岩石力学基本理论的发展更加注重岩石材料非均匀非连续非线性的内在特性、高地应力多场耦合的复杂环境，以及复杂组合受力状态下的宏细观多尺度的研究，在岩石力学非线性动力学方法、岩石力学智能反馈分析方法、非均匀性材料破坏过程数值方法、复杂赋存环境下岩体力学行为的物理模拟技术与装备等方面取得了长足的进步。传统岩石力学基本理论主要是以固体力学等学科基础，但随着岩石工程复杂性的增加，其与地球物理学、工程地质学、计算机科学（软件、人工智能）、仪器科学与技术、环境科学等的交叉越来越重要。　（王明洋）

岩石力学实验　rock mechanics experiment　对岩石基本物理与力学特性的研究性实验。人类对岩石的力学性状的认识是从试验开始的。岩石力学理论的形成、发展与试验方法息息相关。岩石物理与力学性态的研究方法主要是室内和现场试验。20世纪60年代和70年代是岩石力学实验飞速发展的时期。岩石物理性质参数的测定；岩石脆性破坏和延性破坏特征及脆延性转化条件；岩石的体积膨胀及波速变化和声发射等破裂前兆；岩石破坏受温度、水分等环境因素的影响；中等主应力效应和加载途径效应，岩石的摩擦滑动特征及断层泥的影响等室内实验研究在20年间均得到蓬勃的发展。而由于室内的岩样存在体积小、脱离岩体的地质力学性能的全貌等缺点，因而不能充分反映岩体的力学性能。基于此，1977年，美国斯坦福会议上首先提出开展现场大尺度岩石力学实验的必要性，由此开始进行现场原位试验。岩体力学性状原位试验是在现场制备试件模拟工程作用对岩体施加外荷载，进而求取岩体力学参数的试验方法，是岩土工程勘察的重要手段之一。1981年美国伯克利会议交流了美国大尺度岩石力学实验的初步成果，并全面地论证了这一研究课题的必要性和可行性。中国从20世纪80年代中期起开展了一系列现场大尺度岩石力学实验研究。进入21世纪，随着中国进行大规模的工程建设，中国的岩石力学现场原位实验技术已达到世界的最前沿。

岩石力学实验主要包括岩石物理性质试验、*岩石力学性质实验*、*结构面力学性质实验*、*岩体物理模型实验*、*岩体力学性状原位试验*和*岩体地应力测试*。通过多种实验，测出岩体和岩块的弹性常数和各种强度值等，并对实验数据进行处理和分析，可以得到岩石的破坏准则、屈服条件和表示应力、应变、温度、时间等之间关系的本构方程，以此进行较为真实地模拟在不同环境条件下岩体的稳定性状态，为工程设计和施工提供可靠的依据。

（盛　谦）

岩石力学性质实验　rock mechanical properties experiment　用来确定完整岩石的强度和变形特征等力学性质的实验。

岩石的强度实验　岩石的强度是评价岩石在某种荷载作用下能承受的最大应力的指标，具体包括单轴抗压强度、单轴拉强度、点荷载强度、三轴抗压强度和剪切强度等，在数值上等于岩石应力应变曲线或应力位移曲线上应力的峰值。

单轴抗压强度实验　岩石在单轴压缩条件下到达破坏前岩石能承受的最大压应力，在数值上等于达到破坏时最大轴向压应力P除以岩石试件初始截面积A，如下式所示：

$$\sigma_c(\mathrm{UCS})=\frac{P}{A}$$

岩石的单轴抗压强度试验通常可以得到3种典型破坏形式（图1）：①X状共轭剪切破坏。②单斜面压剪破坏。③拉伸劈裂破坏。一般来说，在单轴抗压强度试验中，硬脆岩通常展现出拉伸劈裂破坏形式，而较软的岩石展现出X状共轭剪切破坏或单斜面压剪破坏形式。

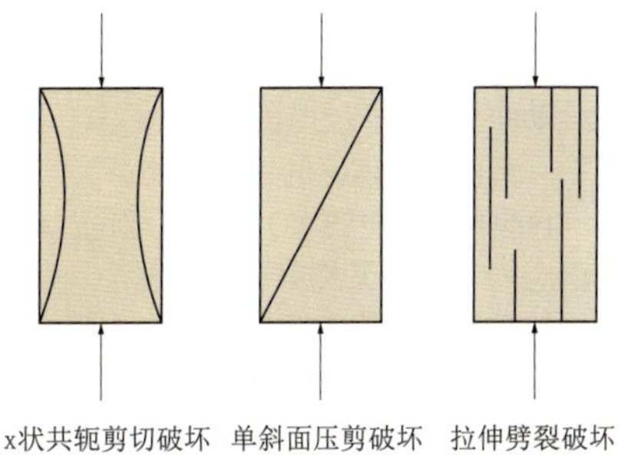

图1　岩石的单轴抗压强度试验典型破坏形式示意图

单轴抗拉强度　评价完整岩石在单轴拉伸荷载作用下达到破坏所能承受的最大拉应力，通常可以通过岩石直接拉伸试验和巴西圆盘压缩劈裂试验来测定（图2）。

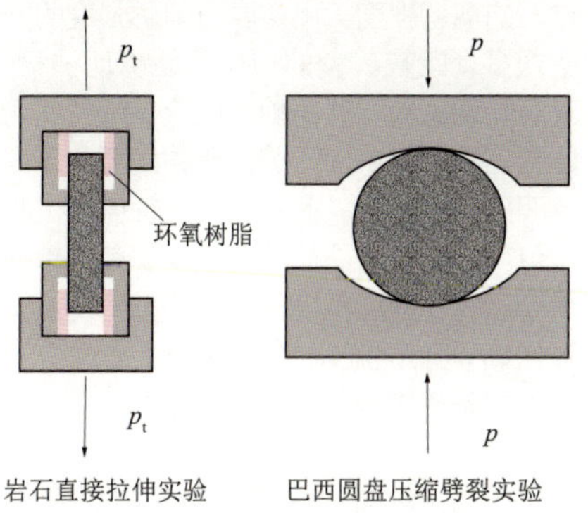

图2　测定岩石单轴抗拉强度的两种典型方法示意图

点荷载强度　将岩石试样置于一对球端团锥形压板间，施加垂直集中荷载直至试件破坏，测定岩石强度的实验方法。岩石点载荷强度实验主要用于岩石强度分类、岩体风化分带及岩石各向异性的测定，并可预估岩石的单轴抗压强度和抗拉强度。可用携带式的仪器或利用实验室的试验机来实现（图3）。试验只需稍加制备或不加工，可采用岩芯样（径向和轴向试验）、规则或不规则的块体试样。

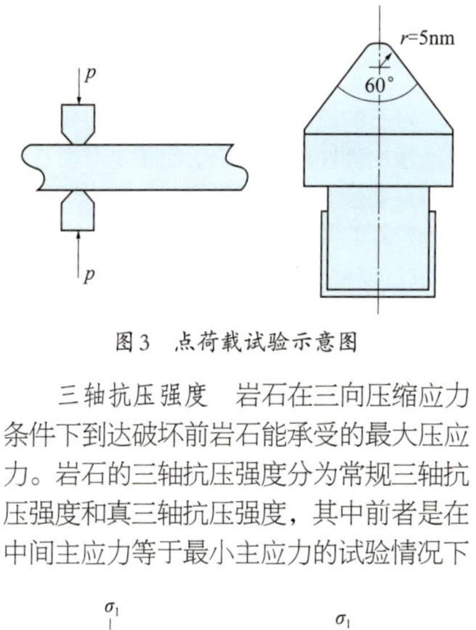

图3　点荷载试验示意图

三轴抗压强度　岩石在三向压缩应力条件下到达破坏前岩石能承受的最大压应力。岩石的三轴抗压强度分为常规三轴抗压强度和真三轴抗压强度，其中前者是在中间主应力等于最小主应力的试验情况下

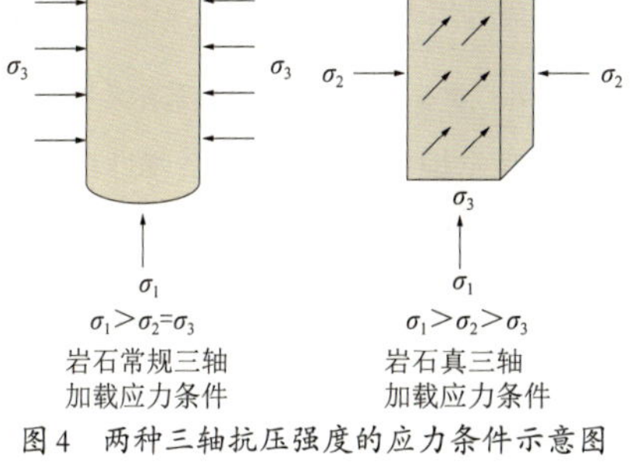

图4　两种三轴抗压强度的应力条件示意图

获得的，而后者是在真实的三轴应力条件下获得的（图4）。

剪切强度 完整岩石在剪切荷载作用下达到破坏前所能承受的最大剪应力称为岩石的剪切强度。测定岩石剪切强度的方法众多，比较典型的包括单面剪切试验、双面剪切试验、冲击剪切试验、扭转剪切试验、直剪仪单面压剪试验和楔形剪切仪单面压剪试验等。此外岩石三轴压缩试验也可用于确定岩石的剪切强度。其中单面剪切试验、双面剪切试验、冲击剪切试验和扭转剪切试验均是在剪切面上没有正应力的条件下进行的试验（图5）。

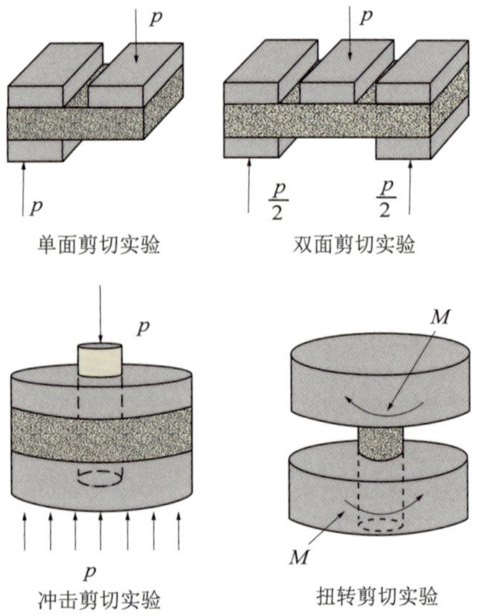

图5 4种典型的剪切试验方法示意图

岩石的变形特征实验 岩石的变形特征通常用弹性模量、泊松比和变形模量等指标来表示。以岩石常规三轴试验结果为例，岩石的常规三轴抗压强度通过应力应变曲线的峰值点计算，弹性模量可以通过应力－应变曲线中弹性段的斜率计算，而泊松比通过弹性段相同应力增量条件下侧向变形与轴向变形的比值的绝对值来计算（图6）。

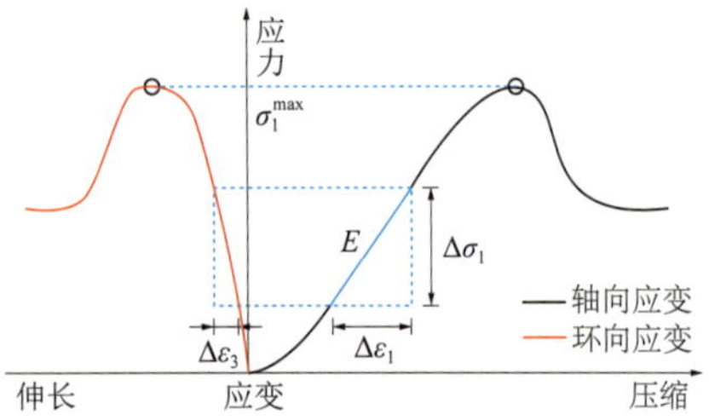

图6 岩石力学性质试验结果示意图

其中常规三轴抗压强度、弹性模量和泊松比的具体计算公式如下：

$$\sigma_{CT}=\sigma_1^{max},\ E=\frac{\Delta\sigma_1}{\Delta\varepsilon_1},\ v=\left|\frac{\Delta\varepsilon_3}{\Delta\varepsilon_1}\right|$$

试验设备 岩石力学性质试验可以在压缩试验机、点荷载试验机、拉伸试验机和剪切试验机等上进行。其中压缩试验机可进行岩石单轴压缩试验、岩石单轴拉伸试验（巴西圆盘劈裂法）、岩石常规三轴试验和岩石真三轴试验等；点荷载试验机、拉伸试验机和剪切试验机构造较为简单，分别用来进行岩石点荷载试验、岩石单轴拉伸试验以及岩石直剪和压剪试验。一般来说，试件尺寸、试件形状、加载速率和试验机刚度对岩石力学性质试验结果有较大的影响，为此，国际岩石力学学会（ISRM）制定了有关岩石力学性质试验的相关标准（建议方法）。随着工业制造水平和计算机技术的发展，刚度更大和伺服控制的岩石力学压缩试验机被研制出来，可用来研究刚度较大的岩石力学性质以及岩石变形破坏的峰后阶段等科学问题。

（盛 谦）

岩石强度理论 strength theory for rock 研究岩石在复杂应力状态下屈服、破坏规律的理论。对岩石发生强度破坏的力学因素做出假说，以便利用岩石在简单应力状态（拉伸、压缩）或少数复杂的应力状态下的强度，推断其在各种复杂的应力状态下屈服或破坏时的应力状态。

强度理论是一个总称，它包括屈服准则、破坏准则、多轴疲劳准则、多轴蠕变条件，以及计算力学和计算程序中的材料模型等。强度理论是材料强度和结构强度研究的重要基础，它在物理、力学、材料科学、地球科学和工程中得到广泛的应用，在研究岩石变形破坏、稳定性和工程灾害防控等方面都具有重要意义。

达·芬奇和伽利略是材料强度理论的最早研究者，对铁丝和石料开展了试验。C-A.de库仑是剪应力强度的第一个研究者，他在1776年发表的一篇论文中讨论了关于砂岩的实验，并提出了库伦公式。库仑认为当作用在破坏面上的力大于该面上的黏聚力时材料发生破坏，同时要考虑该滑动面上由法向力引起的摩擦力。这是莫尔－库仑强度理论的首次阐述。

19世纪时，主要有3个强度理论。①最大正应力理论，又称第一强度理论。是关于材料在复杂应力下强度的第一个强度理论，认为最大拉应力或最大压应力是决定岩石强度的准则，当3个主应力中的最大主应力或最小主应力达到极限条件，岩石发生破坏。这个准则曾被法国G.拉梅和英国W.J.M.朗肯等科学家采用。第一强度理论只考虑了一个主应力，因此适用于简单应力条件下的脆性材料。②最大应变理论。又称第二强度理论。它假定无论材料内一点的应力状态如何，只要材料内该点的最大伸长应变达到了单向拉伸断裂时最大伸长应变的极限值，材料即发生破坏。最大应变理论曾广为流行，但与实验结果不甚符合，已较少使用。③最大剪应力强度理论。又称第三强度理论。1864年首先由H.特雷斯卡提出，因此也称作特雷斯卡准则。该准则与某些韧性材料的试验结果比较吻合，形式简单。

在此之后，人们对强度理论进行了大量的理论研究和实验验证，已提出上百个模型或准则，但没有一个模型或准则能够被所有人接受。

由于岩石材料力学性质的某些相似性和其他历史原因，岩石强度理论的早期研究曾大量引用了土力学的相关成果，并提出了一些适用于岩土介质的强度理论和本构关系。随着岩石力学的发展，人们认识到，岩石和岩体的物理力学性质不仅有别于其他非摩擦工程材料，而且，与土或混凝土等摩擦型材料也存在较明显差异。例如，岩石破坏包括脆性、延性及由脆性向延性转化等复杂类型；岩体的力学特性受控于岩块和不连续面的力学特性；岩石工程的稳定性通常受主要不连续面控制等。21世纪以来，又提出了多种适用于岩石、不连续面和岩体的强度理论或本构方程式。

常用的岩石强度理论有最大剪应力强度理论、莫尔－库伦强度理论、霍克－布朗强度理论、德鲁克－普拉格强度理论、统一强度理论和格里菲斯强度理论等。

（王明洋）

岩石强度应力比 rock strength-stress ratio 岩石饱和单轴抗压强度与岩体初始地应力最大主应力量值的比值。是岩体初始地应力分级依据之一。岩石强度应力比$S=K_V/\sigma_m$，式中K_V为岩石饱和单轴抗压强度，σ_m为岩体初始地应力最大主应力量值。中国《工程岩体分级标准》(GB 50218—94)对地应力状态的划分为：当$S<4$时，初始应力状态为极高应力；当$4<S<7$时，初始应力状态为高应力。

（冯夏庭）

岩石物理性质实验 rock physical properties experiment 研究岩石基本物理特性和参数的实验。岩石物理性质指岩石三相组成部分的相对比例关系不同所表现的物理状态，主要包括岩石的密度、比重、孔隙率、含水率、软化性、渗透性和膨胀性等。

（盛 谦）

岩体 rock mass 天然形成的具有一定的岩石成分、结构特征及赋存于某种地质环境中的地质体。岩体内部通常存在联结力较弱的层理、片理、节理或断层等，具有明显的不连续性。岩石通常指完整的岩块，因此岩体的力学性能指标与岩石有很大区别，如岩体强度低于岩石强度，岩体变形大于岩石本身的变形，岩体的渗透性大于岩石的渗透性。岩体的力学性能指标通常要采用现场试验获得，岩石的力学性能指标可以通过室内试验获得。

天然岩体与实验室内制作的岩石试件（岩石）的显著不同表现为：①岩体赋存于一定地质环境中，地应力、地温、地下水等因素对其物理力学性质有很大影响；而岩石试件只是为实验室实验而加工的岩块，已完全脱离了原有的地质环境。②岩体在自然状态下经历了漫长的地质作用过程，其中存在着各种地质构造和弱面，如褶皱、断层、节理、裂隙等（见图）。③岩体无特定的自然边界，工程岩体一般指工程影响范围内的岩体，是根据实际情况，

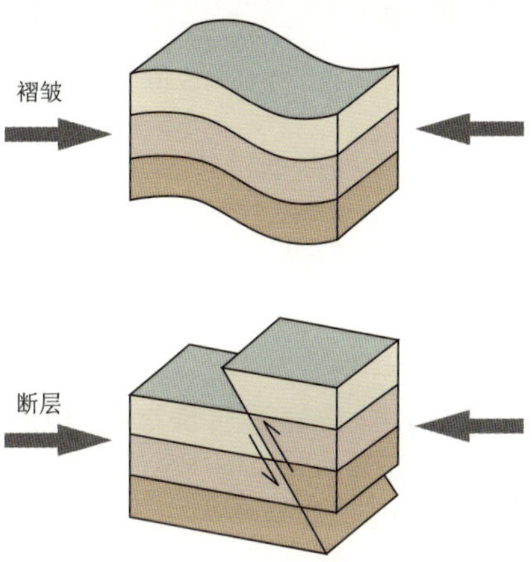

褶皱和断层示意图

为解决特定工程问题而圈定的某一特定区域。工程岩体可以理解为处于一定工程建设活动的地质环境中的各种岩性和结构特征岩石所组成的集合体，也可以抽象为结构体和结构面共同组成的空间结构体。

结构组成 岩体作为地质历史的产物，在长期的成岩及变形过程中形成了特有的结构。岩体结构包括结构面和结构体两个基本要素。①结构面。具有一定方向、延展较大、厚度较小的面状地质界面，包括物质的分界面和不连续面，它是在地质发展历史中，尤其是地质构造变形过程中形成的。②结构体。由不同产状的结构面组合切割而形成的单元体。被结构面分割而形成的岩块，四周均被结构面所包围。

岩体结构是由结构面的发育程度和组合关系，或结构体的规模及排列形式决定的。岩体结构类型的划分反映出岩体的不连续性和非均质性特征。中国科学院地质研究所根据多年的工程实践，从岩体结构的角度提出了岩体结构分类（表1）。中国不少专门为工程目的的岩体分类，如为建造地下隧道和洞室的围岩分类（铁路隧道规范分类、岩石地下建筑技术措施分类等），都是以岩体结构分类为基础的。

分类 工程岩体分类的目的，是从工程的实际需求，对工程建筑物基础或围岩的岩体进行分类，根据其好坏，进行相应的试验，获取其必不可少的物理力学指标，以便于合理地设计和采取相应的工程措施，达到经济、合理、安全的目的。因此，工程岩体分类也是为岩石工程建设的勘察、设计、施工和编制定额提供必要的基本依据。根据用途的不同，工程岩体分类有通用的分类和专门的分类两种。通用的分类是较少针对性、原则性的大致分类，是供各学科领域及国民经济各部门笼统使用的分类。专用的分类是专为某种工程目的服务而专门编制的分类，所涉及的面窄一些，考虑的影响因素少一些，但更深入、细致一些。供各种工程使用的工程岩体分类，从某种意义上讲，都是范围大小不等的专用分类。工程项目的不同，分类的要求也不同，考虑分类的侧重点也不同。例如，水利水电工程须着重考虑水的影响，而对于修建在地下的大型工程来讲，须考虑地应力对岩体稳定性的影响。

按岩石坚硬程度分类 岩体基本质量主要由岩石坚硬程度和岩体完整程度两个因素确定。常采用定性划分和定量指标两种方法确定。具体确定方法可参考中国国家标准《工程岩体分级标准》。岩石坚硬程度的定性划分见表2。

岩石的坚硬程度定量指标常采用实测岩石单轴饱和抗压强度σ_c来衡量（表3）。

当无条件取得的实测值时，σ_c可采用实测岩石的点荷载强度指数$I_{s(50)}$进行换算，$I_{s(50)}$指直径50毫米圆柱试件径向加压时的点荷载强度：

$$\sigma_c=22.82I_{s(50)}^{0.75} \qquad (1)$$

按岩体完整程度分类 岩体的完整性有两层含义：①几何（宏观形态）完整性。即从结构面发育程度出发衡量的，肉眼可见的岩体完整程度，表征的指标有裂隙间距D、岩体体积节理数J_V、岩石质量指标RQD。②力学（工程）完整性（似完整性）。即撇开肉眼的完整性判断，从岩体满足工

表1 岩体结构类型及其特征

岩体结构类型	岩体地质类型	主要结构体形式	结构面发育情况	工程地质评价
块状结构	厚层沉积岩 火成侵入岩 火山岩变质岩	块状 柱状	节理为主	岩体在整体上强度较高，变形特征接近于均质弹性各向同性体，作为坝基及地下工程洞体具有良好的工程地质条件，在坝肩及边坡条件虽也属良好，但要注意不利岩体稳定的平缓节理
镶嵌结构	火成侵入岩 非沉积变质岩	菱形 锥形	节理比较发育，有小断层错动带	岩体在整体上强度仍高，但不连续性较为显著，在坝基经局部处理后仍为良好地基；在边坡过陡时易以崩塌形式出现，不易构成大滑坡体；在地下工程，若跨度不大，塌方事故很少
破碎结构	构造破坏强烈岩体	碎块状	节理、断层及断层破碎带交叉劈理发育	岩体完整性破坏较大，强度受断层及软弱结构面控制。岩体的稳定性较差，作为坝基要对规模较大断层进行处理，一般可灌浆固结；在边坡有时会出现较大的塌方，在地下矿坑开采中易产生塌方、冒顶，要求紧跟支护；对永久性地下工程要求衬砌
层状结构	薄层沉积岩 沉积变质岩	板状 楔形	层理、片理、节理比较发育	岩体呈层状，接近均一的各向异性介质作为坝基、坝肩、边坡及地下洞体的岩体其稳定与岩层产状关系密切，一般陡立较为稳定，而平缓的较差；倾向不同时有很大差异，要结合工程具体考虑。这类岩体在坝肩、坝基及边坡处较易出现破坏事故
层状破碎结构	较强烈褶皱及破碎的层状岩体	碎块状 楔形	层理、片理、节理、断层层间错动面发育	岩体完整性差。整体强度低，软弱结构面发育，易受地下水不良作用影响。稳定性很差，不宜选作高混凝土坝、坝基、坝肩；边坡设计角较低，在地下工程施工中常遇塌方；作为永久性工程要求加厚衬砌
松散结构	断层破碎带 风化破碎带	鳞片状 碎屑状 颗粒状	断层破碎带、风化带及次生结构面	岩体强度遭到极大破坏，接近松散介质，稳定性最差，在坝基及人工边坡上要做清基处理，在地下工程进出口处也应进行预加固处理

表2　岩石坚硬程度等级的定性分类

坚硬等级程度		定性鉴定	代表性岩石
硬质岩	坚硬岩石	锤击声清脆，有回弹，震手，难击碎，基本无吸水反应	未风化—微风化花岗岩、闪长岩、辉绿岩、玄武岩、安山岩、片麻岩、石英岩、石英砂岩、硅质砾岩等
	较坚硬岩石	锤击声较清脆，有轻微回弹，稍震手，较难击碎，有稍微吸水反应	微风化的坚硬岩石；未风化的大理岩、板岩、石灰岩、钙质岩等
软质岩	较软岩石	锤击声不清脆，无回弹，轻易击碎，浸水后指甲可刻出印痕	中风化—强风化的坚硬岩或较坚硬岩；未风化微风化的凝灰岩、千枚岩、泥灰岩、砂质泥岩等
	软岩	锤击声哑，无回弹，有较深凹痕，浸水后手可捏碎，掰开	强风化的坚硬岩或较坚硬岩；中风化—强风化的较软岩；未风化—微风化的页岩、泥岩、泥质砂岩等
极软岩		锤击声哑，无回弹，有较深凹痕，浸水后手可捏成团	全风化的各种岩石；各种半成岩

表3　与定性划分的岩石坚硬程度的对应关系

σ_c/MPa	>60	60～30	30～15	15～5	<5
坚硬程度	坚硬岩	较坚硬岩	较软岩	软岩	极软岩

程荷载的力学需求角度来评价的岩石完整性，表征的指标主要有岩体体积节理数J_V、岩体完整系数K_V等。岩体完整程度采用定性和定量指标两种方法确定。

定性评价　定性评价标准是根据岩体的几何宏观形态，从结构面发育程度出发来衡量岩体的完整性。根据中国国家标准《工程岩体分级标准》按照表4对岩体完整程度进行定性划分。

表4　岩体完整程度的定性分类

完整程度	结构面发育程度		主要结构面的结合程度	主要结构面类型	相应结构类型
	组数	平均间距/m			
完整	1～2	>1.0	结合好或者结合一般	裂隙、节理、层面	整体状或者巨厚层状结构
较完整	1～2	>1.0	结合差	裂隙、节理、层面	块状或厚层状结构
	2～3	1.0～0.4	结合好或者结合一般		块状结构
较破碎	2～3	1.0～0.4	结合差	节理、裂隙、劈理、层面、小断层	裂隙块状或中厚层状结构
	≥3	0.4～0.2	结合好		镶嵌碎裂结构
			结合一般		薄层状结构
破碎	≥3	0.4～0.2	结合差	各种类型构面	裂隙块状结构
		≤0.2	结合一般或者结合差		碎裂状结构
极破碎	无序		结合很差		散状结构

注：平均间距指主要结构面间距的平均值。

定量评价　表征岩体完整性的指标较多，获取这些指标的方法包括弹性波测试法、岩芯钻探法和结构面统计法。中国国家标准《工程岩体分级标准》推荐方法有岩体完整性指数K_V法、岩体体积节理数J_V法和岩体质量指标RQD法。

K_V法。岩体完整性指数的物理含义是岩体相对于岩石的完整程度，是岩体纵波波速与岩石纵波波速比值的平方，通常用其来判断岩体的完整程度：

$$K_V=\left(\frac{V_{p1}}{V_{p2}}\right)^2 \tag{2}$$

式（2）中K_V为岩体完整性指数；V_{p1}为岩体纵波速度；V_{p2}为室内岩石（块）的纵波速度。

此方法适合对地下岩体的风化程度或破碎程度情况进行判定，但在含可溶性矿物较多的岩体内，该方法不适用。可溶性矿物较多的岩体完整性，影响因素较多，波速变化不是唯一主导因素。K_V值大小反映了岩体相对于岩石的破碎程度。因此K_V物理意义就是表征岩体相对于岩石的完整和破碎程度，是一个与岩体质量和强度有关的参数。

J_V法。岩体体积节理数J_V指单位体积岩体中节理的条数，它是衡量岩体完整性的重要指标之一，国际岩石力学委员会推荐用它来定量评价岩体的完整性。J_V法是选择有代表性的露头或开挖面进行节理统计的方法，其表达式为：

$$J_V=S_1+S_1+\cdots+S_n+S_k \tag{3}$$

式（3）中J_V为岩体体积节理数，单位为条/米^3；S_n为第n组节理每米长测线上的条数；S_k为每立方米岩体非成组节理条数。

根据J_V值的大小划分岩体的质量分级，归纳起来，J_V测量方法大体分为两类：一类是现场实测法，主要有直接测量法、间距法、条数法等；第二类是统计模拟分析法，其基本原理是基于现场测量信息，采用统计模拟分析方法再现岩体中的节理分布，并基于该分布统计分析岩体体积节理数等岩体结构信息。

中国国家标准《工程岩体分级标准》及其条文说明按照下表对岩体的完整性指标进行定量划分（表5）。

表5　岩体完整性指标

岩体结构类型及级别	节理间距（岩块块度）/m	J_V/条·m^{-3}	K_V
完整性（大块体）岩体（Ⅰ）	≥1.0	<3	>0.75
较完整（块体）岩体（Ⅱ）	1.0～0.4	3～10	0.75～0.55
较破碎（碎块状）岩体（Ⅲ）	0.4～0.2	10～20	0.55～0.35
破碎性（碎块状）岩体（Ⅳ）	≤0.2	20～35	0.35～0.15
极破碎岩体（Ⅴ）		>35	<0.15

RQD法。按岩石质量指标（RQD）分类，RQD是选用坚固完整的、其长度大于等于10厘米的岩芯总长度与钻孔长度的比，百分数表示为：

$$\mathrm{RQD}=\left[\frac{L_p(>10\mathrm{cm}\text{的岩芯断块累计长度})}{L_t(\text{岩芯进尺总长度})}\right]\times 100 \tag{4}$$

工程实践说明，RQD是一种比岩芯采取率更好的指标。根据岩芯质量指标大小，将岩体分为5类（表6）。

表6　岩石质量指标（RQD）分类等级表

分类	很差	差	一般	好	很好
RQD	<25	25～50	50～75	75～90	>90
等级	Ⅰ	Ⅱ	Ⅲ	Ⅳ	Ⅴ

RQD法的特点是简单易行，经济、快捷评价岩石质量。指标没有反映岩体节理方位、充填物的影响，因此，在更完善的岩体分类中，仅作为一个参数加以利用。

（王　媛）

岩体爆破损伤　blasting damage of rock mass　爆破荷载对开挖轮廓以外的保留岩体和基础岩石造成的不同程度损伤。边坡和建筑物的建基面开挖时，通常对轮廓线上的岩石采用预裂爆破或光面爆破技术，对基础采用预留保护层或特殊爆破的开挖方式，最大限度地避免爆破对岩体的破坏，但开挖轮廓以外的保留岩体及基础岩石仍然存在着不同程度的爆破损伤。

爆心距为120～150倍药包半径的区域为爆炸应力波的传播区域，爆心距大于150倍药包半径后应力波衰减为地震波。岩体介质受波动作用，原有裂隙张开、扩展，导致爆源附近的岩体结构和性能产生劣化。

表示方法　岩体的损伤程度可用岩石的损伤因子D来表示。$D\approx1-(V_{p}/V_{f})^{2}$。$D=0$代表无损伤；$D=1$代表岩体完全破碎，此时岩石传递拉应力为0；$0<D<1$表示岩石处于非完全断裂状态。

测试方法　岩体爆破损伤的常用测试方法有声波测试和钻孔电视测试。

声波测试　通过放置在测井中的发射探头和接收探头来记录声波从发射探头经岩体传播至接收探头的差值。岩体单孔声波测试常采用单发双收的方式。两个固定间距的径向振动检波器的上方是能够产生波动的激振器。波速测试时，位于激振器之下的两个检波器先后拾取到上方传播下来的波动。利用上下两个检波器记录到的波动的时差和两个检波器之间的距离，计算两个检波器之间孔壁岩体的波速。通过检测爆破前后岩体中声波的传播速度或衰减规律，分析岩体内部结构状态、力学参数及破坏程度。

钻孔电视测试　把一自带光源的防水摄像头放入地下钻孔中，摄像头旋转过程中采集环状的孔壁图像，探头在钻孔内连续行进并拍摄一系列的图像环，计算机将图像环按深度顺序拼接后得到钻孔孔壁的连续图像（数字岩芯照片）。将采集到的图像环按北东南西的方向顺序展开，得到具有空间定位的柱状展开图，用此图可分析岩体爆破损伤。

控制措施　对岩体爆破损伤的主要控制措施：①爆破设计前重视对爆区地质条件的调查，避免在不利于爆破的地质环境下采用不恰当的爆破设计与施工方案。②严格按照开挖轮廓范围计算药量，布置药包。③采取毫秒延期爆破，控制单次爆破规模，控制临近开挖轮廓炮孔（药室）的装药量。④沿开挖轮廓采用预裂爆破、光面爆破技术。⑤设计防震孔。⑥周边孔采用低爆速炸药或不耦合装药。⑥爆后及时调查爆破对岩体的破坏情况和可能引起的其他工程地质问题。⑦地下开挖通过不良地层时，应采取控制爆破并加强支护措施。　（孙金山　谢全民）

岩体变形　rock mass deformation　岩体在外力或其他物理因素（如温度、湿度）作用下发生形状或体积的变化。岩体变形受三组基本因素即岩性、岩体结构和环境状况的控制。不仅小的岩块，整个地壳岩体在力的作用下也会不断在变形。地壳蠕变速率一般为10～16/秒。青藏高原的喜马拉雅山脉以平均每年一厘米的速率上升。地壳变形急剧的地方会产生断层、褶皱等。工程岩体往往因为变形过大，导致失稳。因此岩体变形特性是岩体力学研究的重要内容之一。

岩体变形特征常用岩体的应力－应变曲线表征。岩体的应力－应变曲线不是一条简单直线，而是在岩体组成成分、结构及加载控制下表现为具有不同结构特征的曲线族。岩体变形特征不能仅用胡克方程和弹性模量表征，而应该采用包含有控制岩体变形的岩性和结构参数的本构方程表征；岩体变形曲线根据岩性不同、加载控制不同，主要包括岩体压缩变形曲线、岩体剪切变形曲线、岩体各向异性变形曲线以及岩体流变曲线等。　（杨　强）

岩体参数反演分析　rock mass parameters inversion analysis　以现场量测的、反映系统力学行为的某些物理信息（位移、应变、应力或荷载等）为基础，通过反演模型－系统的物理性质模型及其数学描述，推算得到该系统的各项或某些初始参数（初始地应力、本构模型参数等），并以此进行岩体稳定性计算和设计的理论。其目的是接近现场量测结果的理论预测模型，近似模拟或预测岩体结构的某些力学行为，对运行中的岩土结构工程性态进行评价、预测、控制和决策。

岩体力学参数的确定是岩土工程数值计算和设计中的关键问题。由于岩体的参数和计算荷载的确定常带有主观随意性，且室内对岩体参数的测定存在尺度效应问题，所得参数常与工程实际情况不符。同时，考虑到经济成本，现场取样的数量往往不多，因而无法得到整个工程区的岩体真实参数。采用反演分析方法可以综合考虑诸多地质因素的影响，更加经济准确地得到岩体的参数。该方法已成为解决实践问题非常有利的手段和工具。

参数反演分析过程实际上至少由7个环节所组成：关于工程设计目的研究及反分析参数的确定；地质选点；反分析方法的选择和唯一性的论证；岩体施工方式的研究；有效量测系统的建立和实测数据的分析；有实测位移反演目标参数；结果的综合评价等。

岩体参数反演分析方法根据已知的参量不同可分为应力反分析、位移反分析和应力与位移的混合反分析。同时，为了参数识别的优化，引入了多种智能算法，称为智能反分析。　（冯夏庭）

岩体长期强度　long-term strength of rock mass　岩体在长期荷载作用下达到破坏前所能承受的最大应力。由于岩石在长期荷载作用下会产生蠕变效应，故而也把蠕变强度作为岩石的长期强度。岩石的长期强度受其结构构造及其内部缺陷影响较大，也受成因的复杂影响，需区别对待。

岩体长期强度的确定方法主要有过渡蠕变法和等时曲线法两种。①过渡蠕变法。将蠕变速率为0时的最大荷载作为岩体长期强度。该方法是基于岩石内部裂纹扩展存在一个应力阈值的思想。当施加外部荷载低于这个阈值时，岩石不会破坏；而高于该阈值时，岩石内部裂纹开始出现不稳定扩展直至破坏。②等时曲线法。在一组不同应力水平的蠕变曲线中，相等时间所对应的蠕变应变与应力的关系曲线。等时曲线的拐点标志着岩石由黏弹性向黏塑性阶段转化，岩石内部结构开始发生变化，并向破坏发展，取此时的应力值作为长期强度。岩石蠕变曲线和长期强度曲线见图1，应用蠕变试验曲线确定长期强度见图2。　（杨　强）

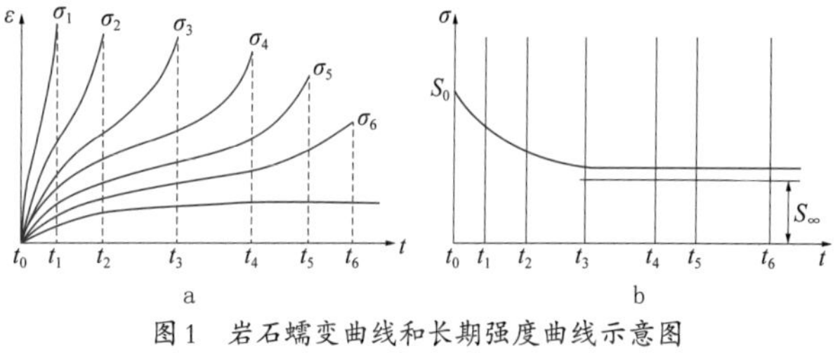

图1　岩石蠕变曲线和长期强度曲线示意图

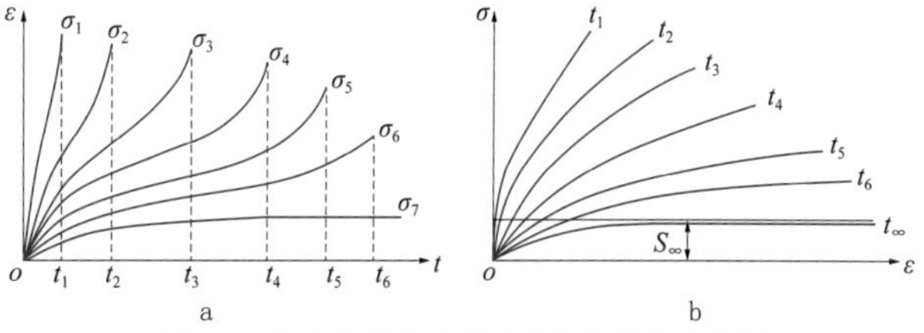

图2　应用蠕变试验曲线确定长期强度示意图

岩体等效渗透张量　equivalent permeability tensor of rock mass　岩体介质表征体元的渗透张量。由于岩体介质具有非均质各向异性，反映岩体各向异性的渗透性能，不能用一个标量来表示，而要用张量来描述岩体介质各个方向上的不同渗透性能，这个张量称为岩体介质的渗透张量。

在研究岩体水力学时，若表征体元（REV）内有充分多的孔隙或裂隙，而这个表征体元相对所研究的工程区域而言又充分小，则可按连续介质力学的方法研究岩体介质的水力学特性。　（杨　强）

岩体地应力测试　in-situ stress measurement of rock　确定拟开挖岩体及其周围区域的未受扰动的三维应力状态的测试。岩体地应力测试通常是通过多个点的量测来完成的。随着地应力测量工作的不断开展，各种测量方法和测量仪器也不断发展起来。就世界范围而言，主要测量方法有数十种之多，而对测量方法的分类并没有统一的标准。各国采用和正在研究的测定地应力的方法主要有应力解除法、水压致裂法、钻孔锯法、非弹性应变恢复法等，利用从钻孔中采取的岩芯实验室测量方法有凯塞尔效应法、变形率分析、微分应变曲线分析等，还有超声波检测原岩应力的方法等。

根据测量手段的不同，将地应力测量方法分为五大类，即构造法、变形法、电磁法、地震法、放射性法；根据测量原理的不同，可分为应力恢复法、应力解除法、应变恢复法、应变解除法、水压致裂法、声发射法、X射线法、重力法共8类；而各国多数依据测量基本原理的不同，可将测量方法分为间接测量法和直接测量法两大类。

间接测量法是借助某些传感元件或某些介质，测量和记录岩体中某些与应力有关的间接物理量的变化，如岩体中的变形或应变，岩体的密度、渗透性、吸水性、电阻、电容的变化，弹性波传播速度的变化等，然后由测得的间接物理量的变化，通过已知的公式，计算岩体中的应力值。因此，在间接测量法中，为了计算应力值，首先必须确定岩体的某些物理力学性质以及所测物理量和应力的相互关系。套孔应力解除法和其他应力或应变解除方法以及地球物理方法等是间接法中较常用的。其中，套孔应力解除法是世界上普遍采用的发展较为成熟的一种地应力测量方法。

直接测量法是由测量仪器直接测量和记录各种应力量，如补偿应力、恢复应力、平衡应力，并由这些应力量和原岩应力的相互关系，通过计算获得原岩应力值。在计算过程中并不涉及不同物理量的换算，不需要知道岩石的物理力学性质和应力应变关系。扁千斤顶法、水压致裂法、刚性包体应力计法和声发射法均属直接测量法。其中，水压致裂法应用最为广泛，声发射法次之。　（李邵军）

岩体地质特征　geological characteristics of rock mass　含结构面的原生岩石体的地质特征。在工程地质研究中，把岩体内开裂的和易开裂的地质界面抽象地称为结构面，被结构面切割的岩块称为结构体。结构面和结构体成为岩体结构要素。在地质实体中，结构面是由一定的物质组成的。例如，节理和裂隙是由两个面及面间充填的水或气的实体组成，断层及层间错动面也是由上下盘两个面及面间填充的断层泥和水等构成的实体组成。褶皱与节理见图1，褶皱与断层见图2。

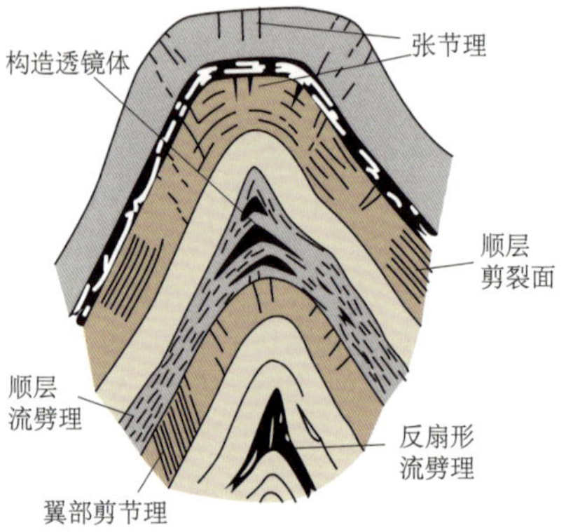

图1　褶皱与节理示意图

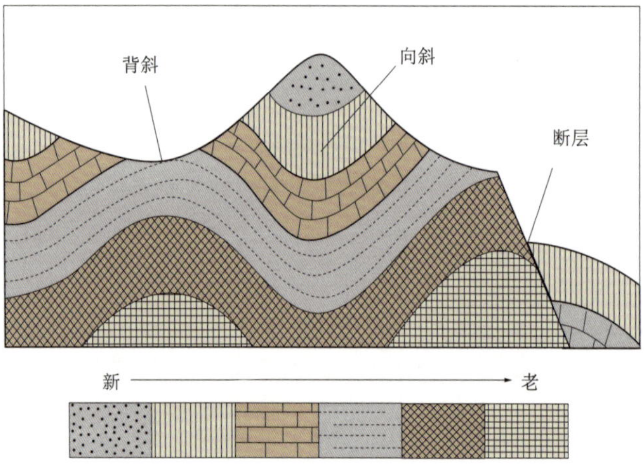

图2　褶皱与断层示意图

结构面的地质特征不是孤立的，而与其成因及其形成过程密切相关。节理、断层、层间错动、劈理等都是结构面的不同表现形式。

另一方面，结构体作为岩体被结构面切割而分离的块体，其特征可以用结构体形状、块度及产状描述。常见的结构体分类包括了块裂结构、板裂结构、完整结构、断续结构、碎裂结构和散体结构。对应的岩体各有特点。

在充分了解岩体结构（结构面和结构体）的基本特征之后，可以建立表征具有一定结构特性的地质模型，这是岩体力学模型的基础，可以充分反映岩体的地质特征。常见的包括水平层状岩体、缓倾层状岩体、陡倾层状岩体、陡立层状岩体、弯曲层状岩体、完整块状岩体、碎裂块状岩体和岩溶化块状岩体。岩溶地貌见图3。

岩体赋存环境也是岩体地质特征的重要部分，主要包括了地应力、地下水以及地热等。以上的岩体赋存环境都对岩体结构的力学效应和岩体力学性能产生重要影响。　（王　媛）

岩体动力学　rock dynamics　研究冲击、爆炸、地震等各种动力荷载作用下，岩石（体）中产生的应力、应变、位移、速度、加速度、裂缝以及破坏等的力学效应。是岩石力学的重要分支。

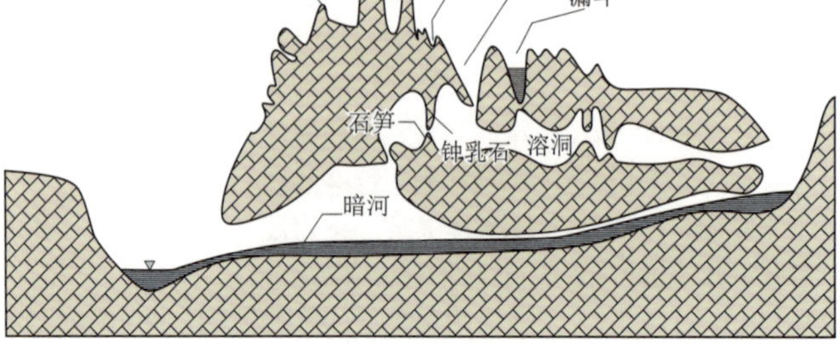

图3　岩溶地貌示意图

岩石（体）动力学区别于岩石（体）静力学是必须考虑荷载作用下岩石（体）质量的惯性效应。此类荷载加载应变速率为1×10^{-1}秒$^{-1}$～

1×10^4秒$^{-1}$，动力荷载作用下伴随岩石（体）的惯性效应产生的同时，还产生岩石（体）中的波动效应，因此岩石动力学也常以应力波在岩石（体）中的传播与衰减、应力波与岩体中的节理裂隙的相互作用、应力波通过层状介质中结构面的反、透射等为其主要研究内容。

岩石（体）动力学的研究内容总体上可分为理论岩石（体）动力学和试验岩石（体）动力学。除了岩石（体）中的应力波理论研究外，理论岩石（体）动力学的研究主要集中于岩石（体）爆炸动力学，体现在岩石（体）中爆炸空腔范围及各类破坏区范围的确定以及在地下爆炸近区的“短波”和“弱波”理论、地下爆炸时破坏区内运动参数的衰减规律、爆炸远区至弹性区的力学和运动规律、破岩机理与爆破效应、岩爆和冲击地压理论、地震波传播理论等方面。在试验岩石（体）动力学方面，主要集中于岩石动力学试验装备与监测量测技术、岩石动力强度的测定及其率效应、岩体中爆炸效应的规律及其相似关系、岩体不均匀、不连续性因素对其动力响应的影响、岩爆与冲击地压监测防控技术、地震监测和地球物理勘探技术装备等。

21世纪以来，岩石（体）动力学在岩石（体）中爆炸波的基本参数及其相似关系、初始地应力对岩体中爆炸破坏的影响、岩体中裂隙对岩石爆炸破坏的影响、爆炸抛掷效应中的相似关系、岩石中地下爆炸时岩石破碎的块度以及强爆炸条件下岩体中诱发地震效应等研究领域取得了进展。

岩石（体）动力学在爆破工程、国防工程、土力学与地基工程、水利水电工程、能源与矿山工程、抗震防灾、地球物理勘探、油气开采和交通工程等领域得到了广泛应用。

（钱七虎　王明洋）

岩体多场耦合分析　multi-field coupling analysis for rock mass　研究岩体内部应力场、渗流场、温度场及化学场等物理场之间相互影响和相互作用的理论。岩体多场耦合存在于岩体形成及整个演化过程，具有复杂的耦合机制，并受岩体地质特征及赋存环境的影响。涉及工程地质、固体力学、流体力学、化学与环境、工程技术等多个学科，明显地具有多学科交叉研究的性质。

在岩石力学的发展过程中，岩土体介质应力（变形）、渗流及温度等多场耦合研究从20世纪70年代开始逐步引起了重视。经过50年的发展，在多场耦合机制、耦合模型与数值模拟等方面已积累了丰硕的研究成果，发展成为具有岩石力学学科特色的研究领域。

岩体多场耦合理论以岩体为研究对象；岩体作为多场耦合分析的研究对象，其地质特征的描述、力学特性的分析以及工程性质的评价是多场耦合理论的基础。岩体的地质特征揭示了岩体的成因、组成、赋存环境和演化历史等；岩体的力学特性介于岩体地质特征和工程性质之间，揭示岩体变形与破坏机制和规律；岩体的工程性质体现了工程的客观要求及岩体对工程的适应能力。

多场是对岩体应力场、渗流场和温度场等的简称。耦合通常指复杂系统中子系统之间的相互作用和相互影响。因此，多场耦合指岩体应力场、渗流场和温度场等之间的相互作用和相互影响。多场耦合首先是两个场之间的耦合，如渗流场和应力场之间的耦合、温度场与渗流场之间的耦合、温度场与应力场之间的耦合。耦合问题又可分为直接耦合和间接耦合两类。以渗流场和应力场之间的耦合为例，直接耦合指力学变形、流体渗透之间的相互作用；间接耦合指由于岩体变形和渗流的影响，岩体水力特性发生变化从而影响岩体的变形和渗流特性。

在多场耦合基础上，考虑岩体的爆破开挖、锚固支护、防渗排水等工程作用对岩体应力、变形、渗（热）流运动特征的影响，将这种工程作用也纳入耦合体系中，称为多场广义耦合（见图）。很显然，多场广义耦合实际上就是一般的多场耦合纳入了工程作用效应。多场耦合研究主要考虑经典物理场（化学场）之间的耦合作用，而多场广义耦合研究纳入了岩体工程作用这类非经典物理场的综合作用效应。采用岩体多场广义耦合理论和方法进行诸如边坡工程、地下工程岩体稳定性研究时，可以更好地将岩体工程动态设计、监测反馈分析、信息化施工结合起来，以达到既安全可靠，又经济合理的目标。

（王明洋）

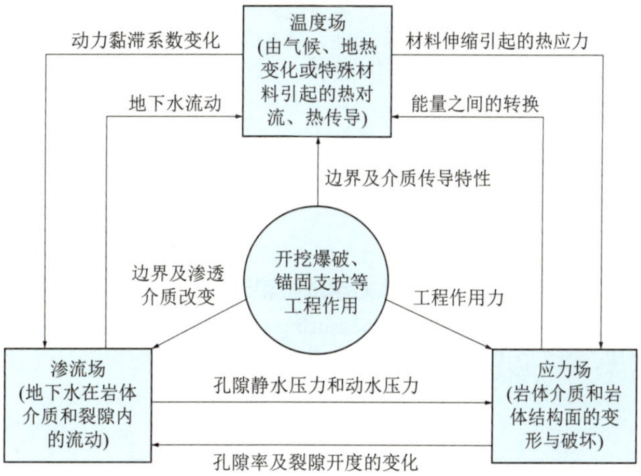

多场广义耦合关系示意图

岩体非稳定非达西渗流　unstable non-darcy seepage of rock mass　牛顿流体在水力梯度较大或者流速较大时将偏离达西定律的现象。牛顿流体在低渗透介质中的渗流遵循非达西渗流规律。对于裂隙网络介质，牛顿流体在单裂隙中的渗流不是层流运动时，也不满足立方定律，也可以认为是非达西渗流。同时，流体的各个水力要素随时间发生变化时，即称为非稳定非达西渗流。

岩体非稳定非达西渗流的成因主要有：①孔隙喉道狭窄，连通性、渗透性、均质性差。②存在各相间的表面性质与作用，包括吸附作用、水化膜作用、盐组分渗吸作用、边界层作用等。③有效压应力的上升迫使岩石骨架变形，在一定条件下变为塑性以致破坏，造成孔隙度、渗透率急剧下降。④储层比表面积作用。例如，黏土矿物具有很大的比表面积和自由能，能优先与侵入地层的外来流体接触产生相互作用。吸水黏土体积急剧增大，导致渗流阻力增大。⑤渗流中的物理过程和化学反应。⑥流体黏性。⑦多种作用的耦合作用。

（杨　强）

岩体分区破裂化　zonal disintegration　在高地应力环境下，因工程开挖扰动作用导致巷道围岩或掌子面前方岩体中产生的破裂区与非破裂区交替出现的非线性破坏现象。“分区破裂化”最早由苏联学者提出。早在1985年苏联学者在塔尔赫斯科十月矿区采用多种观测手段对分区破裂化现象进行过现场观察。分区破裂化现象不仅发生在洞室两侧，也发生在洞室顶板、底板以及工作面前方。中国的金川矿区、淮南矿区等也观测到了围岩的分区破裂化。

岩石的分区破裂化，与传统的基于弹塑性力学对洞室围岩破裂分区的理解大相径庭。自该现象被发现以来，包括中国在内的多国学者对其开展了广泛的现场观测、理论分析、实验室模拟及数值模拟研究，加深了深部岩体力学行为的认识。

俄罗斯E.I.舍米亚金认为深部巷道的分区破裂现象是应力转移造成的劈裂效应所致。深部巷道围岩的应力集中导致在最大支撑压力作用处的围岩达到极限应变，形成第一个破坏区；围岩向着巷道自由面位移的发展导致了“伪掌子面”，围岩再次发生应力重分布，进而导致第二个“伪自由表面”的形成。上述过程不断发展，一直延续到围岩重分布的应力达不到围岩的破坏条件为止。显然，该理论是定性的，定量的理论必须研究主干裂缝形成与展开的时间、“破坏波”从自由表面向围岩深部运动的时间，以及两个时间的相互关系。

中国学者钱七虎认为当初始地应力水平很高时，岩石从高应力处向卸荷区位移速度急剧提高，微裂缝来不及发展就很快地形成宏观裂缝，随之在宏观裂缝邻域，由于其卸荷作用停止了微裂纹的产生。同时，由于应力重分布，应力集中的峰值转移到围岩深处。当初应力水平足够高，上述过程得以继续，一直持续到平衡状态的恢复。深部围岩分区破裂化现象是一个与空间、时间效应密切相关的科学现象。分区破裂化效应的产生，一方面是由于高地应力和开挖卸荷导致围岩的“劈裂”效应，另一方面是由于围岩深部高地应力和开挖面应力释放所形成的应力梯度而产生的能量流。分区破裂化与应变型岩爆是一个问题的两个侧面，都取决于岩体开挖后岩石积聚的变形势能转变为动能和破坏能的分配比例。（冯夏庭）

岩体基本特性　basic properties of rock mass　含结构面的原生岩石体的基本特性。

主要内容　岩体在形成过程中，长期经受着建造和改造两大地质作用，生成了各种不同类型的结构面，受其影响，岩体往往表现出明显的非均质性、各向异性和非连续性。具有一定的结构是岩体的显著特性之一，它决定了岩体的工程特性及其在外力作用下的变形破坏机理。

非均质性　岩体可以由一种或多种岩石组成，而且后者居多。对于由多种岩石组成的岩体，由于在自然条件下组成岩石的物质成分、组织结构及其组合状况经常变化，所以一般认为岩体是非均质的。只有在少数情况下，在某些局部范围内，如果不存在软硬悬殊的夹层，岩石的物理力学性质基本一致，才可近似看作是均质体。

各向异性　指物体的全部或部分物理力学特性随方向不同而表现出一定差异的性质。岩体的许多物理力学性质都随加载或测试方向不同而有显著差别。岩体的各向异性也和非均质性类似，不仅由于物质成分、结构致密程度不同而不同，而且也受各种结构面的影响。因结构面方位不同，数量不等，规模不一，性质各异，结构面会造成岩体具有各向异性。所以，岩体中组成岩石的成层条件及其分布规律，结构面特性及其发育状况等都会导致岩体具有各向异性。

非连续性　由于岩体受各种结构面的切割，岩体通常属于非连续体。随着被切割的岩块大小、形态和性质的不同，以及岩块排列和相互接触状态的差异，其不连续程度都会有所不同。在研究工程问题时，尤其是进行岩体稳定性分析时，往往根据岩体的不同结构类型把岩体分别看作为非连续体、似连续体或连续体。例如，受结构面影响明显的层状、块状结构岩体和碎裂结构岩体可视为非连续体；结构发育密集的碎裂结构及结构面不规则密集分布的散体结构岩体可看成似连续体；而只有那些整体结构岩体和部分块状、中厚层状结构的岩体才可看作连续体。

影响　岩体的基本性质研究对于岩体力学在岩体工程上的应用是非常重要的，在许多重大工程中也有更加凸显的重要性。因为地下洞室围岩、岩基和岩坡等，其稳定性和安全性都与整个工程建设息息相关。过去由于岩体不稳定而失事的例子实属不少，如法国马尔帕塞拱坝于1956年12月2日坝基岩体位移导致整个拱坝倒塌；意大利瓦伊昂水库于1963年10月9日岩坡滑动，在1分钟内约有2.5×10^8米^{3}的岩石崩入水库内，顿时造成高达150～250米的水浪，致使下游城镇遭到毁灭性的破坏。在中国的基础建设历史上也曾发生过许多岩体工程相关事件，包括洞室围岩崩塌、矿山地表沉陷和开裂以及房屋岩基的失稳等。因此，为了选择相对优良的工程场址，防止重大岩体工程事故，保证顺利施工，必须对建筑场地的岩体性质进行系统和全面的试验和理论分析研究，预测岩体的强度、变形和稳定性，从而为工程设计提供可靠的数据，确保工程的顺利进行。（王　媛）

岩体力学试验和测试　mechanical testing and measuring of rock mass　了解岩石和岩体的力学性能、变形、破坏规律，以及各种构筑物对岩体所引起的各种物理、力学效应，为工程设计、施工提供所需要参数的技术方法。

发展情况　早期的岩石试验以完整的岩块室内试验为主，很少考虑岩体的结构特性对岩体的力学性质的影响。20世纪60年代前后，由于岩体结构理论的提出，已经较多注意到岩体的结构特性对岩体物理、力学性质的影响。在此期间，现场的大型岩体试件的力学试验得到较快的发展和普遍重视。70年代初，中国在葛洲坝水利工程进行大型抗力体试验，其尺寸达11.65米×1.70米×2.35米。各种现场岩体力学试验方法与技术得到较快发展。70年代后期，岩体力学试验的特点是以具有代表性的典型地质单元的力学试验与地质研究相结合，室内岩块试验与现场岩体试验相结合，研究符合岩体特性的本构方程，为岩体工程设计给出符合实际情况的力学参数。这使表征岩体性态的观测技术得到进一步发展，成为岩体稳定性评价的主要依据。

遵循原则　岩体力学试验通常遵循以下原则：①岩体力学试验与地质研究相结合。②岩体力学试验原理与模拟实际岩体力学作用相结合。③典型地质单元现场原位大型试验与室内取样试验相结合。④定量的数值量测分析与岩体力学作用机制研究相结合。

内容　岩体力学试验包含室内岩块力学试验、原位岩体力学试验、地应力测量、岩体现场观测、弹性波测试及模型试验。

室内岩块力学试验　主要包括岩块抗拉、抗剪、抗压试验，点荷载强度试验及流变试验。①岩块抗拉试验。包括直接拉伸法和间接拉伸法。直接拉伸法包括劈裂法、弯曲试验法及径向扩张法。广泛采用劈裂法，也称巴西试验法。一般采用直径5厘米，厚3厘米左右的圆盘岩心，用对径压缩荷载确定岩块的拉伸强度。②岩块抗剪试验。包括岩块抗剪断试验和结构面剪切试验。岩块抗剪断试验用于完整岩块，结构面剪切试验则用于岩体中的结构面，且都用摩擦角和内聚力表示其强度参数。③岩块抗压试验。包括单轴压缩变形试验和三轴压缩变形试验，是岩石力学试验最重要的内容，可以测定岩块的抗压强度和弹性模量等各种力学参数。岩石单轴抗压试验是测定试件在单轴压缩条件下的纵向和横向应变值，据此计算岩石弹性模量和泊松比。岩石三轴压缩试验包括多级破坏三轴试验和连续破坏三轴试验。多级破坏三轴试验是用一个试件逐级加载使试件在不同侧压下多次达到接近破坏点，获得岩石抗压参数。连续破坏三轴试验是用一个试件连续增加轴压并不断改变侧压，使试件在加载过程中接近破坏状态，直接获得峰值强度曲线。④岩石点荷载强度试验。

在点荷载下测试岩体抗拉强度的方法。主要用于岩石分类及岩石各向异性的测定，并可计算岩石的单轴抗压强度和抗拉强度。试验时将岩石置于上下一对球端圆锥形加荷器之间，通过加荷器对其施加集中荷载直到破坏，以测得岩石的点荷载强度指数和强度各向异指数。⑤流变试验。用来测定岩体的应力和变形与时间有关的特性的试验。应力松弛是受力岩块在变形恒定的条件下，其中的应力随时间减少的过程；蠕变则是指在应力不变的条件下，变形随时间而发生变化的过程。松弛试验是对岩体施加一个恒定的应变状态，然后保持该应变状态不变，观测应力状态随时间的变化过程。蠕变试验是对岩体施加一个恒定的应力状态，然后保持该应力状态不变，观测应变状态随时间的变化过程。

原位岩体力学试验　进行岩体力学强度试验时，考虑到岩体结构面的影响，直接在现场进行试验可以测得更为真实的岩体力学参数。常见的原位岩体力学试验包括岩体变形试验、岩体现场直剪试验、岩体现场三轴试验和岩体载荷试验等。①岩体变形试验。通过加压设备将荷载施加在选定的岩体面上并测定岩体的变形。岩体变形试验方法有载荷板试验和钻孔径向加压法试验。其中最常用的为载荷板试验，有刚性压板和柔性压板两种。测试方法有静力法和动力法两类。岩体变形特性指标，通常包括变形模量、弹性模量、泊松比和抗力系数等。②岩体现场直剪试验。将预定的剪切面在法向压应力作用下施加剪应力直至试体剪切破坏。现场直剪试验包括结构面直剪试验和岩体直剪试验。岩体结构面直剪试验主要采用直接剪切的方法，即在结构面上施加一组正应力与剪应力来计算结构面的抗剪强度。岩体直剪试验是对5个以上的试件，施加不同的法向荷载，用平推法施加水平剪切力，直至试件被剪坏，计算抗剪强度参数。③岩体现场三轴试验。将试体在三个相互正交的压应力亦即垂直向压应力和两个侧向压应力作用下，测定其强度和变形性质的试验。围压相同的情况下称为常规三轴试验，围压不等的情况称为真三轴试验。④岩体载荷试验。用于测定承压板下应力影响范围内岩体、土体的承载力和变形特征。它是在承压板上施加一定的荷载，并测定其变形，然后绘制应力变形曲线，计算岩土的承载力和变形。

地应力测量　岩体表面应力测量指用仪器在现场测量岩体的应力，以研究岩体应力分布规律，评价围岩及大型边坡等的稳定性。通过确定地壳近期构造应力状态还可以进行地震预报等。进行岩体应力测量的仪器主要有电阻应变仪、电感测压仪和光弹仪。岩体应力测量方法主要有以下几种：①应力恢复法。在岩体表面或地下洞室围岩表面预先布置好测量元件，周围开槽解除岩体应力时，可测得岩体应力值。②应力解除法。在岩体表面和地下洞室壁上预先埋设应变计（或贴电阻片），在其周围掏环形槽，并同时测量岩体应力解除后的应变值。③水压致裂法。在钻孔内用两个可膨胀的橡胶封隔器将钻孔的试验段隔离开来，施加水压，通过测量岩石的裂隙产生、传播、保持和重新开裂所需水压力来确定垂直于钻孔平面的最大、最小主应力。④钻孔孔径变形法。通过套孔钻进测量解除前后孔径变化来确定岩体应力的一种方法。⑤钻孔孔壁应变法。借助钻孔孔壁上的电阻应变片测量套孔应力解除前后孔壁表面应变变化，根据弹性理论计算岩体中一点的三向应力。⑥孔底应变法。借助于粘贴在钻孔底面上的电阻应变片测量套钻解除前后孔底岩体的应变变化，利用弹性理论的经验公式及岩石的弹性模量计算应力。

岩体现场观测　由于岩体结构条件的复杂性，工程状态预报的可靠性较差，因而鉴别岩体性态的现场观测越来越受重视。一般在工程具有典型意义的区段或部位建立观测站，对某些随时间而变化或与工程活动有关的参数进行观测，包括岩体赋存环境和岩体力学作用观测，前者如地下水的水位、流速和流量观测，地热地温观测；后者如地面沉降和边坡位移观测、岩体的变形和应力观测等。岩体现场观测的目的在于监测岩体的稳定性，以及与岩体稳定直接有关的岩体的变形和应力。常用的观测仪器有钻孔多点位移计、挠度计、倾斜计、压力盒、应力砖和钢弦应变计等。对于大面积的岩体变形观测，除精密三角测量和水准测量外，还有激光测距、立体摄影、数学电视观测等新的技术和方法。

弹性波测试　由于声波在岩体中的传播速度与岩体的密度、弹性参数和结构特性有关，工程实践中,利用声波（纵波和横波）的波速和振幅衰减,可以计算确定岩体的动态弹性参数、评价岩体的强度、测定开挖围岩的松动圈，观测岩体灌浆加固的效果以及进行岩体的工程地质分类或地质评价。根据波的工作频率，可分为超声波法、声波法及地震法等。其中超声波法主要用于室内岩石试件测试，声波法用于小范围工程围岩测试，地震法则用于大范围量测。声发射监测是根据岩体声发射现象的各种参数，诸如频度、振幅分布、振动持续时间和能率等,评价岩体的稳定性,监测地下建筑物的安全和预测岩体的急剧破坏。在实验条件下，还可以利用岩体声发射现象的凯泽效应，定量评价岩体中的应力状态。

模型试验　其方法主要是应用一定配比的人工材料，制成一定比例的几何模型，然后对模型施加荷载或进行开挖，观测模型中的应力、变形及破坏现象，推断分析实际岩体中的应力、变形和破坏。模型试验主要有光弹试验和相似材料模拟。①光弹试验。利用光敏材料受力变形时的双折射现象，观测其中存在的等色线和等倾线，确定模型中应力分布状态。在岩体力学研究中可以模拟裂隙或岩体的不连续性对应力分布状态的影响。②相似材料模拟。可分为机制模拟和工程模拟。机制模拟偏重于研究岩体失稳的主要因素，变形、破坏的机制和方式，及其发展过程。工程模拟是定量或准定量的相似模拟方法，可以直接获得按比例的岩体应力和变形，因而要求试验模型严格遵守相似定理。

（姚宝魁　郭　志）

岩体力学特性　mechanical characteristics of rock mass　岩体的变形特性和强度特性。

岩体变形特性　岩体的变形是岩体环境条件改变时，结构体产生体积变化、形状改变和相对移动等的总和。岩体变形主要受岩性、岩体结构和环境状况的影响。20世纪60年代对岩体变形的研究停留在岩石材料的变形上，只注重考虑岩石材料变形所共有的两种机理的变形，即弹性变形和不可恢复变形。实际上，岩体是在地应力作用下，已经经历过多次变形的地质体。岩体力学研究的岩体变形本质是在工程活动下再变形问题。

岩体变形特性常用应力、应变和时间的曲线来描述。具体描述岩体变形特性的方程称为本构关系（或本构方程）。岩体的应力－应变曲线在岩体组成成分、结构及加载控制下表现为具有不同结构特征的曲线族。根据不同的岩性、不同加载控制岩体的变形曲线可抽象为4种基本类型，即线性弹性、完全弹性、加卸荷形成滞回环的弹性和弹塑性（图1）。

岩体变形特征与地应力也密切有关。环境应力愈高，结构面变形成分愈小，岩体变形模量愈高。在这种情况下，岩体变形特征主要取决于岩石特征。

岩体强度特性　岩体抵抗外力破坏过程中表现出的特性。岩体强度有抗压强度、抗拉强度和抗剪强度等。对于裂隙岩体来

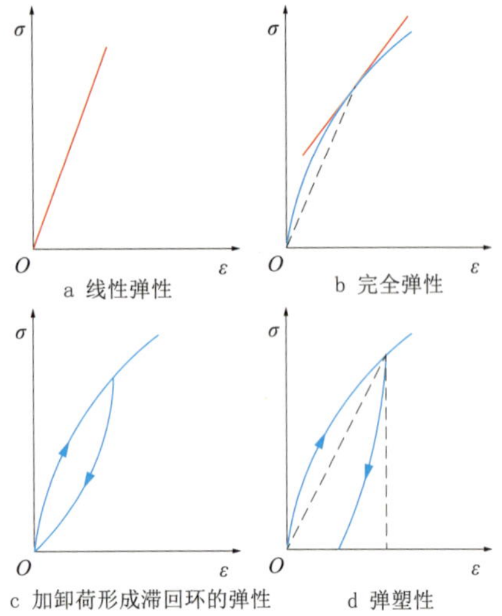

图1 岩体的变形曲线示意图

说，其抗拉强度很小，一般讨论岩体的抗压强度和抗剪强度。岩体由岩块和结构面所组成，故其强度特性必然受到岩块和结构面强度的控制。一般来说，岩体的强度不同于岩块的强度和结构面的强度。如果岩体中结构面很少且不明显，则岩体强度大致等于岩块强度；如果岩体沿某一结构面滑动时，则岩体强度完全受该结构面强度的控制；而对于一般的被各种节理、裂隙切割的岩体，其强度特性介于岩块强度和结构面强度之间，其一方面受岩石材料性质的影响，另一方面受结构面特征和赋存条件（地应力、水、温度等）的控制。

岩体的破坏是岩块压碎、岩体结构改组和结构面丧失联结的一种现象。主要破坏形式有三大类（图2）：①脆性破坏。大多数坚硬岩石在一定的条件下都表现出脆性破坏的性质。这些岩石在荷载作用下没有显著觉察的变形就突然破坏。产生这种破坏的原因可能是岩石裂隙的发生和发展的结果。②延性破坏。岩石的破坏之前的变形很大，且没有明显的破坏荷载，表现出显著的塑性变形、流动或挤出，这种破坏称为延性破坏或韧性破坏。塑性变形是岩石内结晶晶格错位、微裂纹扩展，以及结构面错动等的结果。③弱面剪切破坏。由于岩层中存在节理、裂隙、层理、软弱夹层等软弱结构面，岩层的整体性受到破坏。在荷载作用下，这些软弱结构面上的剪应力大于该面上的强度时，岩体就发生沿着弱面的剪切破坏。（王　媛）

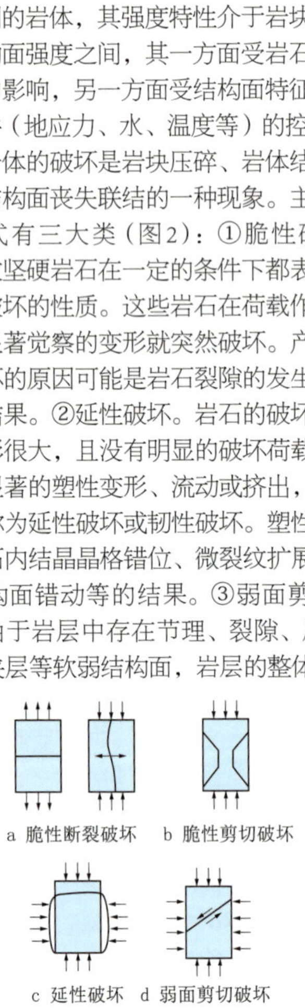

图2 岩体破坏形式示意图

岩体力学性状原位试验 in-situ rock mechanics properties experiment 岩体原位测试时在现场制备试件模拟工程作用对岩体施加外荷载，进而求取岩体力学参数的试验方法。是岩土工程勘察的重要手段之一。岩体原位测试的最大优点是对岩体扰动小，尽可能地保持了岩体的天然结构和环境状态，使测出的岩体力学参数直观、准确；其缺点是试验设备笨重、操作复杂、工期长、费用高。另外，原位测试的试件与工程岩体相比，其尺寸还是小得多，所测参数也只能代表一定范围内的岩体力学性质。因此，要取得整个工程岩体的力学参数，必须有一定数量试件的试验数据用统计方法求得。

岩体变形参数测试方法有静力法和动力法两种：①静力法。在选定的岩体表面、槽壁或钻孔壁面上施加法向荷载，并测定其岩体的变形值，然后绘制出压力—变形关系曲线，计算出岩体的变形参数。据其方法不同，静力法又可分为承压板法、狭缝法、钻孔变形法及水压法等。②动力法。用人工方法对岩体发射（或激发）弹性波（声波或地震波），并测定其在岩体中的传播速度，然后根据波动理论求岩体的变形参数。

岩体的原位岩体强度试验主要有直剪试验、单轴和三轴抗压试验等，由于原位岩体试验考虑了岩体结构及其结构面的影响，因此其试验成果较室内岩块试验更符合实际。

测试程序：①试验方案制定和试验大纲编写。根据国家有关规范、规程和标准要求制定试验方案和编写试验大纲，对岩体力学试验项目、组数、试验点布置、试件数量、尺寸、制备要求及试验内容、要求、步骤和资料整理方法做具体规定，以作为整个试验工作中贯彻执行的技术规程。②试验。包括试验准备、试验及原始资料检查、校核等项工作。③试验资料整理与综合分析。试验所取得的各种原始数据，需经数理统计、回归分析等方法进行处理，并且综合各方面数据（如经验数据、室内试验数据、经验估算数据及反算数据等）提出岩体力学计算参数的建议值，提交试验报告。（李邵军）

岩体破坏 rock mass failure 岩体结构改组和结构丧失联结现象的总称。岩体中的应力超过岩体的最大强度，岩体就会产生破坏，基本的破坏类型共有6种：张破裂、剪破坏、结构体滚动、结构体沿结构面滑动、溃屈和弯折破坏、倾倒失稳。破坏类型不同，破坏判据也不同。

张破裂判据 岩石在压应力作用下，除在最大主应力方向产生纵向压缩变形外，在垂直于最大主应力方向还产生横向扩张变形，即产生张应变。脆性岩石在压应力作用下产生的横向扩张变形达到一定极限时，便在平行于最大主应力方向产生张破裂。以此建立起来的破坏判据称为张破裂判据。它主要用于判断岩石在压应力作用下能否产生张破坏。

剪破坏判据 在不等向应力作用下岩石内部不同方向的切面内可形成不同数值的剪应力，其中某一切面内的剪应力达到岩石剪破坏条件时，岩石便产生剪破坏。以此建立起来的破坏判据称为剪破坏判据，也称为库仑－纳维尔判据。它适用于判断柔性岩石在压应力作用下能否产生剪破坏。

结构体滚动破坏判据 在破裂岩体内部的应力作用下，结构体滚动的力学条件称为结构体滚动破坏判据。它主要用于判断破裂结构岩体受力状况改变时能否产生结构体滚动破坏。

结构体沿结构面滑动破坏判据 以结构面为参照面可将岩体内应力分解为垂直于结构面的法向应力及平行于结构面的剪应力。在一定应力条件下，平行于结构面的剪应力超过结构面的抗剪阻力时，结构体便沿着结构面产生滑动。在作用于结构面上的剪应力与抗剪阻力达到平衡条件下建立起来的力学条件称为结构体沿结构面滑动破坏判据，也称为库仑判据。它适用于块裂结构岩体稳定性分析，也适用于检核碎裂结构岩体及板裂结构岩体能否沿结构面滑动。

溃屈和弯折破坏判据 在轴向力作用下板裂结构体产生弯折破坏的力学条件。这是一种结构失稳判据。这种破坏条件主要控制于板裂体的刚度及几何特征，而与材料强度无直接关系。它不仅适用于板裂结构岩体稳定性分析，也适用于检核碎裂结构岩体产生板裂化后能否产生破坏。

倾倒失稳判据 从形成机理分析，倾倒的形成在于坡体沿陡倾软弱结构面张裂的同时，坡脚岩体发生变形，使上部割裂岩体失去支持而发生翻倒。倾倒主要发生在55°以上陡坡的前缘边坡上。

（杨　强）

岩体强度 rock mass strength 岩体抵抗外力破坏的能力。岩体强度主要有抗压强度、抗拉强度和抗剪强度。岩体强度一般低于完整岩石强度。

岩体强度受岩块和结构面强度及其组合方式（岩体结构）的控制。一般情况下，岩体的强度不同于岩块的强度，也不同于结构面的强度。如果岩体中结构面不发育，呈完整结构，则岩体强度大致等于岩块强度。如果岩体将沿某一结构面滑动时，则岩体强度完全受该结构面的强度控制。如果岩体被各种节理、裂隙切割，则岩体强度介于岩块强度和结构面强度之间，一方面受岩石材料性质的影响，另一方面还受结构面特征（数量、方向、间距、性质等）和赋存条件（地应力、水、温度等）的控制。

（杨 强）

岩体渗流场 seepage field 液体或气体在岩体渗流的空间分布场。研究渗流问题时，将压力相等的点连成线即等压线，与等压线垂直的线为流线，等压线和流线所组成的水动力学场图。流体在岩体中的运动称为渗流。流体包括水、石油、天然气等。岩体的空隙包括孔隙、准孔隙和裂隙，是流体赋存场所和运移通道。孔隙指完整岩石内部未被固体物质充填的空间；准孔隙指由完整岩块构成的空隙结构；裂隙指岩体内的节理、断层等结构面。岩体空隙的分布形状、大小、连通性及空隙的类型，影响着岩体的渗流特性。

渗流的特点主要包括：①多孔介质单位体积孔隙的表面积比较大，表面作用明显。任何时候都必须考虑黏性作用。②地下渗流中往往压力较大，因而通常要考虑流体的压缩性。③孔道形状复杂、阻力大、毛管力作用较普遍，有时还要考虑分子力。④往往伴随有复杂的物理和化学过程。

渗流场内常用基本概念有渗流流线、流管、过水断面、断面平均流速、流量等。

（杨 强）

岩体损伤 rock mass damage 在微观水平上，岩体材料内部固有的大量的微缺陷（如微裂纹和微空洞）。损伤研究有两种方法：①微观或细观的方法。该种方法从材料的微观结构出发，考虑材料的基体、颗粒、空洞的性质与相互作用。②用宏观变量来描述微观变化。是连续损伤力学的方法。

在连续介质力学的框架下，对微缺陷的描述只能用连续的、分布的状态变量来描述，即损伤变量。直接观测研究材料的微观结构有时是困难的。从唯象的角度出发，损伤的效果总能在材料宏观的力学特性上体现出来，故也经常采用相对于无损材料的刚度折减、强度折减等来定义损伤张量。注意材料刚度折减、强度折减等也是大量分布微缺陷的一个综合效果，所以无论采用何种定义，损伤变量本质上都是一个统计量。

（杨 强）

岩体稳定性分析 stability analysis for rock mass 根据岩体的工程地质特性和各种自然（地震等）或工程扰动（开挖、爆破等）的作用，对工程岩体稳定性的分析评价理论。岩体稳定性理论包括边坡岩体稳定性分析理论、岩体基础稳定性分析理论、地下硐室岩体稳定性分析理论等。岩体稳定性理论通过研究和分析工程岩体发生失稳的条件及变形破坏的规律，为岩体的利用和改造提供依据。

为确保建立在岩石工程的安全和正常使用，必须确保工程岩体的稳定性。自然界中岩体原本处于平衡状态，由于人类的工程改造改变了原有的平衡状态，有可能导致岩体结构的变形破坏。因此必须对工程岩体的稳定性做一个完整而准确的评价，为工程设计、支护、构筑物选型和施工方法提供参数和依据。

从工程观点来看，影响岩体稳定性的因素主要包括岩体本身的变形和强度特性及工程荷载两个方面。岩体本身的性质受岩石强度、岩体完整性、风化程度、初始地应力、地质构造、节理发育情况、结构面产状及其组合关系、水文地质条件等因素的影响；工程荷载则包括建（构）筑物荷载、开挖荷载、爆破扰动等。除此之外，工程岩体的稳定性还受到地震、降雨等自然因素的影响。

常见的岩体稳定性分析方法主要有模型试验法、数学力学分析法、工程类比法等。其中数学力学分析法根据所研究岩体本身的结构和力学性质，结合岩体的力学平衡条件，通过合理假设将稳定性问题简化为数学问题，通过一定的力学和数学分析得到岩体的稳定性参数。数学力学分析法常结合数值计算工具，以便利用计算机强大的计算能力对复杂的岩体稳定性问题进行分析。

常用的岩体稳定性分析方法和理论主要有：赤平投影分析法、极限平衡分析法、有限元强度折减法、有限单元法（FEM）、离散元法（DEM）、块体单元法（BEM）、不连续变形分析法（DDA）、数值流形法（NMM）、矢量和法、量纲分析方法、最小能量作用量理论等。

（王明洋）

岩体物理模型实验 rock physical model experiment 根据一定的相似原理对特定工程地质问题进行缩尺研究的物理模拟实验。被模拟的岩体称为原型，用来模拟岩体的实验体系称为模型。在基本满足相似原理的条件下，岩体物理模型实验能够比较真实地反映地质构造和工程结构的空间关系，能够比较准确地模拟岩土施工过程和把握岩土介质的力学变形特性。

作用　主要用来研究各种建筑物及其地基、高边坡、地下洞室等结构在外荷载作用下的变形形态、稳定安全度和破坏机制等。这些模型可定性或定量地反映天然岩体受力特性和与之相联系的建筑物的相互影响，可与数学模型相互验证。尤其重要的是它可以比较全面真实地模拟复杂的地质构造，发现一些新的力学现象和规律，为建立新的理论和数学模型提供依据。

理论基础　要求满足原型与模型的相似规律，即必须满足：模型的几何尺寸、边界条件、荷载及相似材料的容重、强度及变形特性方面的相似。模型和原型在弹性应力状态、弹塑性应力状态、破坏状态均应符合相似条件。

前提　选择一种符合相似条件的相似材料。正确地选择相似材料往往是模型实验成功与否的关键。对模型试验来说，要满足所有的相似条件是不可能的，因此，应尽量满足主要参数的相似要求，次要参数可以尽量接近所需要的要求。单一天然材料作为相似材料的应用面有限，通常用若干天然材料（重晶石粉、石膏粉、石灰粉、石英砂、河砂、黏土、木屑等）和人工材料（水泥、氯化锌、石蜡、松香、酒精、白乳胶、树脂等）按照一定的比例配制而成。因此，相似材料一般是多种材料的混合物，混合物的成分和配比要经过大量的配比试验才能满足。

设备　实验设备种类有很多，一般以反力架结构进行承载。中国相关的实验设备有总参工程兵科研三所研制的YD-A型岩土工程多功能模拟试验装置，长春机械科学研究院有限公司发明的ZYDL-YS120100岩土工程物理模拟试验机等。山东大学发明的三维地质力学模型试验台架装置，采用分体式设计，主要由底盘、箱体和加载系统组成，钢台架体由盒式铸钢构件通过高强度螺栓连接组合而成。三维地质力学模型试验台架装置克服了各国大部分试验装置尺寸固定，不能按照试验范围进行灵活调整的缺陷，典型设备结构见图。对模型实验的位移结果观测，一般是在模型周围安装观测架，用千分表或电测千分表进行，也可用读数显微镜、高精度的水准仪等观测。此外，利用高速摄影能

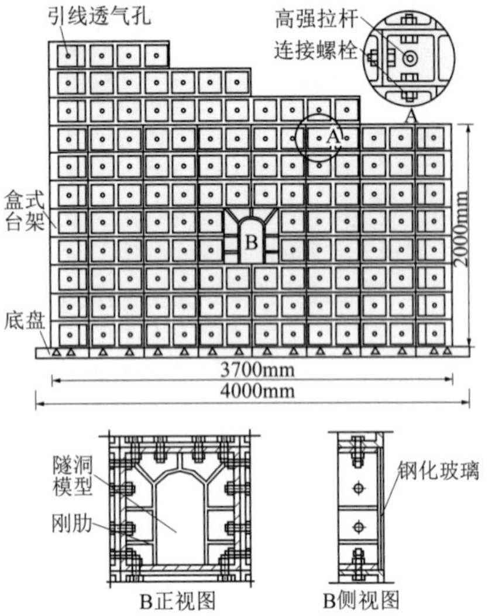

典型设备结构示意图

详细记录岩体的瞬间破坏过程。在量测应力时，在量测部位粘贴应变片，用电阻应变仪量测应变，然后利用应变应力关系将应变值换算为应力值。为了提高精度，对模型试验室的温度、湿度要进行控制。围岩中的应力以及围岩与支护结构的接触应力等，可以用埋设应变片或微型应力盒测定。在主要的软弱结构面两侧，还需装置特殊的应变计，以测定软弱结构面之间的相对滑移量。（李邵军）

岩体应力场 stress field 岩体中各个位置及各个方向所存在的应力的空间分布场。由岩体的自重和地壳构造运动引起并残留的构造应力等因素组合形成，工程中称为原岩应力场（或初始应力场、地应力场）。原岩应力场呈三维状态有规律地分布于岩体中。工程开挖后，应力受到开挖扰动的影响而重新分布，重分布后形成的应力场则称为二次应力场（或诱导应力场）。当采用支护后，围岩内又将产生新的应力场，称为三次应力场。

岩体工程中如不考虑原岩应力场，就难以进行合理的分析和得出符合实际的结论。地下空间的开挖必然使围岩应力场和变形场重新分布并引起围岩损伤，严重时导致失稳、垮塌和破坏。这都是由于在具有原岩应力场的岩体中进行开挖所致，因为这种开挖“荷载”通常是地下工程问题中的重要荷载。因此，如何测定和评估岩体的应力场，是岩石力学与工程中的重要问题。

依据测量基本原理的不同，可将地应力场的测量方法分为直接测量法和间接测量法两大类。

直接测量法是用测量仪器直接测量和记录各种应力量，如补偿应力、恢复应力、平衡应力，并由这些应力量和原岩应力的相互关系，通过计算获得原岩应力值。在计算过程中并不涉及不同物理量的换算，不需要知道岩石的物理力学性质和应力应变关系。扁千斤顶法、水压致裂法和声发射法均属直接测量法。其中，水压致裂法在目前的应用最为广泛，声发射法次之。

在间接测量法中，不是直接测量应力量，而是借助某些传感元件或某些介质，测量和记录岩体中某些与应力相关的间接物理量的变化，如岩体中的变形或应变，岩体的密度、渗透性、吸水性、电阻、电容的变化，弹性波传播速度的变化等，然后由测得的物理量的变化，通过已知的公式计算岩体中的应力值。因此，在间接测量法中，为了计算应力值，首先必须确定岩体的某些物理力学性质以及所测物理量和应力的相互关系。套孔应力解除法和地球物理方法等是间接法中较为常用的，其中套孔应力解除法是国际普遍采用的发展较为成熟的一种地应力测量方法。（王 媛）

岩体支护加固技术 rock mass support and reinforcement technology 利用工程措施进行岩体支护加固，确保岩体稳定性的理论。岩体是一种经受过变形、遭受过破坏的地质体，在其内部存在着大量的节理、层理、裂隙、断层等不连续面，在力学上表现为不均匀、不连续、各向异性。由于经受过复杂的地质构造运动，岩体内普遍存在着未受工程扰动的天然应力场，它是引起采矿、水利水电、铁道、军事和其他各种地下或露天岩土开挖工程变形和破坏的根本作用力。在一般情况下，岩体处于自我平衡状态，当受到工程扰动如开挖、爆破等影响时，岩体的初始应力平衡状态将被破坏，并产生局部应力集中，引起岩体的变形和位移，通常会造成岩体工程如洞室、边坡等的失稳破坏，其后果可能给工程造成巨大的经济损失。因此，开展岩体支护加固理论研究具有十分重要的工程意义。

岩体支护加固理论的发展是同人们对岩体认识一同发展的。大概经历了3个阶段：①建立在结构工程概念。其基本特征是把破坏荷载和其他荷载用支护承担，如单纯的木支撑、砖石衬砌、混凝土衬砌、钢筋混凝土衬砌等。②建立在岩体工程概念之上。强调充分发挥岩体的自身强度及自稳能力，为主动支护，如喷锚支护技术和预应力锚索技术。③建立在工程地质体概念上。不仅考虑岩体的自身强度及自稳能力，还考虑环境因素与工程的相互作用，如**新奥法**、变形加固、恒阻大变形支护理论、裂化抑制法以及动态设计方法等。（冯夏庭）

岩体质量 rock mass quality 岩体所固有的、影响工程岩体稳定性的基本属性。岩体质量通常包括岩石强度和岩体完整程度两方面。组成岩体的岩石矿物成分、组织结构、物理力学性质不同，以及岩体中结构面发育情况差异，导致岩体力学性质相当复杂。为了在工程设计与施工中能区分出岩体质量的好坏和表现在稳定性上的差别，需要对工程建筑物或基础或围岩的岩体进行合理分类，以便合理地设计和采取相应的工程措施，这是岩石力学与工程应用方面的基础性工作。岩体分类因目的不同而有多种方法，如**地质力学分类**、岩体基本质量分类、**巴顿岩体质量分类**等。（杨 强）

岩土工程 geotechnical engineering 应用土力学、岩体力学和工程地质学，研究土木工程中涉及岩体、土体和岩、土中水的认识、利用、整治或改造的工程技术学科。岩土工程主要研究土体、岩体的变形、渗流和稳定问题。是土木工程的一个分支。

岩土工程成为独立的工程技术学科较晚。一般认为以美籍奥地利人K.**太沙基**1925年出版《土力学》一书标志土力学学科的诞生。初期土力学主要以基础工程为主要研究对象。随着土木工程发展的需要，土力学、岩体力学和工程地质学也得到发展。20世纪60年代末至70年代初，人们将土力学、岩体力学和工程地质学理论应用于土木工程，形成岩土工程学科。

岩土工程主要内容包括场地与地基，路基与路堤，岩土质的改良，基础工程，岩土体的开挖、加固及其支护工程，地质灾害及治理等。岩土工程涉及岩石、土、地下水的利用和整治，范围很广，在建筑工程、交通工程、市政工程、水利工程、海洋工程、矿山工程、地下空间开发利用工程及环境工程中得到广泛应用，并成为上述各类工程的重要内容。（龚晓南）

岩土工程勘测数字化建模 digital modeling of geotechnical surveying 将岩土工程勘测得到的多源异构数据，以信息化方法，构建几何与属性对应的数字模型，实现勘测数据的可视化再现、信息化管理和专业化应用的数据表达手段。岩土工程勘测建模技术出现于20世纪80年代初，经历了由相互独立的构造建模与属性建模技术到能够将物理属性、空间实体精确表达的数字化模型的发展历程。数字化建模技术的实现使得抽象与离散的信息得以具体化展现给用户，从而增强数据在岩土工程各阶段的流动与使用。

岩土工程勘测数字化建模是以测绘（雷达干涉测量、遥感测量、大地测量、激光扫描等）及场地试验（土工试验、工程物探等）手段得到的工程勘测数据为驱动，运用离散光滑插值、克里金加权平均、自然零点插值、最近零点插值、样条板插值等方法与技术，融合和反演多源数据，匹配岩土工程物理实体的几何特征形貌与多重物理属性信息，进行数字化重建的过程。输出的数字化模型包括地质体模型、地下管线模型、地下构筑物模型三大类，能够应用于基坑开挖、地下结构施工、地下设施运维等工程阶段，为信息化平台搭建、数值仿真分析及成果共享提供模型基础。

岩土工程勘测数字化建模主要应用于以下4个方面：①构建地下空间数字化平台的模型底座，服务于城市地下空间智慧规划。②二维和三维的空间分析，如查询、测量、三维地层剖切等功能。③数字数值一体化分析，如预测工程开挖导致的地质体变形及对周边建筑物影响。④养护阶段的运维管理，对设施进行状态评估，生成养护方法和监测措施。 （何　磊）

岩土工程勘察 geotechnical investigation 根据建设工程的要求，查明、分析、评价建设场地的地质、环境特征和岩土工程条件，以及编制勘察文件的基础性工作。工程建设前，查明建设场地的工程地质条件，对存在或可能存在的岩土工程问题提出解决方案，对存在的不良地质作用提前采取避让或防治措施，可以有效减小损失、防止地质灾害的发生。岩土工程勘察还可为工程的设计和施工提供依据和指导，以正确处理工程建筑与自然条件之间的关系，充分利用有利条件，避免或改造不利条件，减少工程后期处理费用，满足经济合理要求。

中国岩土工程勘察行业兴起于中华人民共和国成立后。由于国民经济建设的需要，中国按照苏联的模式，相继设立勘察、设计机构，开展了大规模的工程地质勘察研究工作。中国于20世纪80年代初期，引进了岩土工程勘察体制。这一技术体制是为工程建设全过程服务的，之后在各部门相继推广。为了使岩土工程勘察能贯彻执行国家有关的技术经济政策，做到技术先进、经济合理、确保工程质量，由中国建设部（今中华人民共和国住房与城乡建设部）会同有关部门，共同制定了国家标准《岩土工程勘察规范》，并于1995年正式颁布施行。

基本任务　勘察工作应按照工程建设不同勘察阶段的要求，正确反映场地的工程地质条件及岩土体性态的影响，并结合工程设计、施工条件以及地基处理等工程的具体要求，进行技术论证和评价，提出岩土工程问题及解决问题的决策性建议，并提出基础、基坑、边坡等工程的设计准则和岩土工程施工的指导性意见，为设计、施工提供依据，服务于工程建设的全过程。其基本任务具体为：①查明工程地质条件，并指出有利和不利因素。②研究工程地质问题，进行定性和定量评价，得出确切的结论。③选择地质条件优良的建筑场址。④预测工程修建后可能对地质环境造成的影响，避免人为地质灾害。⑤根据建筑场址的具体地质条件和建筑物特征，提出岩土工程设计方案和施工措施等方面的建议。

分级　岩土工程勘察等级划分的主要目的是勘察工作量的布置。工程规模较大或较重要、场地地质条件以及岩土体分布和性状较复杂者，所投入的勘察工作量就较大。中国《岩土工程勘察规范》(GB 50021—2001）规定，岩土工程勘察等级分为甲、乙、丙三级，等级划分由工程重要性等级、场地复杂程度等级、地基复杂程度等级3项因素决定。划分岩土工程勘察等级时，首先对3项因素分别划分为一、二、三级，在此基础上按下列条件划分岩土工程勘察等级：①甲级。在工程重要性、场地复杂程度和地基复杂程度等级中，有一项或多项为一级。②乙级。除勘察等级为甲级和丙级以外的勘察项目。③丙级。工程重要性、场地复杂程度和地基复杂程度等级均为三级。建筑在岩质地基上的一级工程，当场地复杂程度等级和地基复杂程度等级均为三级时，岩土工程勘察等级可定为乙级。

勘察阶段　岩土工程勘察按照与工程设计相对应的阶段，大致可以分为可行性研究勘察、初步勘察、详细勘察和施工勘察。①可行性研究勘察。目的是为可行性研究及场址选择提供依据；主要任务是对一个或若干个拟建场地的稳定性和适宜性做出评价。②初步勘察。目的是为初步设计或扩大初步设计提供依据；对于房屋建筑，主要任务是对场地内建筑地段的稳定性做出评价，为确定建筑总平面布置、主要建筑物地基基础方案及对不良地质作用的防治方案等提供必要的资料。③详细勘察。目的是为施工图设计和施工提供依据；对于房屋建筑，主要任务是对建筑地基做出评价，为地基基础设计、地基处理、不良地质作用的防治、施工方法的选择等提供必要的资料。④施工勘察。目的是为设计和施工补充勘察资料；施工勘察不作为一个固定勘察阶段，它包括施工阶段的勘察和竣工后的一些必要的勘察工作（如检验地基加固效果、当地层现状与勘察报告不符时所做的监测工作或补充勘察等）。对于专门性工程，如水利水电工程、核电站等，按工程要求遵循相应的标准或规范进行专门性研究勘察。工程地质条件复杂或有特殊施工要求的重大工程地基需要进行施工勘察。对于专门性工程，如水利水电工程、核电站等，按工程要求遵循相应的标准或规范进行专门性研究勘察。

勘察方法　包括：①工程地质测绘。主要是采用搜集资料、调查访问、地质测量、遥感解译等方法，查明场地的工程地质要素，并绘制相应的工程地质图件。②工程地质勘探。利用机械工具或开挖作业深入地下了解地质情况。主要方法包括钻探、井探、槽探、坑探、洞探以及物探、触探等。③岩土测试。主要目的是采用原位测试和室内试验方法为岩土工程问题分析评价提供所需技术参数。原位测试主要方法包括载荷试验、静力触探试验、圆锥动力触探试验、标准贯入试验、十字板剪切试验和旁压试验等。室内试验主要包括岩土的基本物理性质试验、岩土的抗剪强度试验和岩土的动力性质试验等。④现场检验和监测。现场检验主要包括施工阶段对先前岩土工程勘察成果的验证核查以及岩土工程施工监理和质量控制。现场监测则主要包含施工作用和各类荷载对岩土反应性状的监测、施工和运营中的结构物监测以及对环境影响的监测等方面。

（张　炜　张继文）

岩土工程勘察报告 geotechnical investigation report　工程勘察专业技术人员在各类原始资料（环境地质调查、岩土工程勘探、原位测试、室内试验）的基础上，结合工程特点、任务要求和勘察阶段，进行整理、统计、归纳、分析、评价，提供设计所需相关岩土参数，提出工程建议，形成系统的为工程建设服务的勘察技术文件。主要由文字说明、试验成果图表（室内试验成果图表、原位测试成果图表）及其他图表（勘察工作量汇总表、平面图、剖面图、柱状图等）组成。其中报告文字说明包含的主要内容有拟建工程概况、勘察目的与任务要求、勘察依据、勘察方法和勘察工作概述、场地环境与工程地质条件、各岩土层物理力学性质指标、地下水埋藏条件及其变化、岩土工程分析与评价、结论与建议等内容。岩土工程分析与评价主要包括场地稳定性、适宜性评价、场地地震效应评价和地基基础评价等。岩土工程勘察报告编制的整体要求为符合逻辑、论述严谨、数据可靠、论证有据、图文并茂、文字与图(表)互为补充、插(附)图清晰美观、表格结构完整、结论正确简练、建议合理。（张继文 蔡怀恩）

岩土工程评价 geotechnical engineering evaluation 在工程地质调查、勘探、测试和搜集已有资料的基础上，结合工程特点和要求而对工程场地条件进行的评价。是勘察成果整理的核心内容。岩土工程评价包括的内容主要有5个方面：①分析评价场地稳定性与适宜性。②为设计提供地层结构、地下水的类型和空间分布情况，以及岩土体工程形状的设计参数。③提出地基与基础方案设计或治理的建议。④预测拟建工程对环境的影响及环境变化对工程的可能影响。⑤预测施工过程中可能出现的岩土工程问题，并提出相应的防治措施和合理的施工方法。

岩土工程评价应满足4个要求：①充分了解工程结构的类型、特点和荷载组合情况，分析强度和变形的风险和安全储备。②掌握场地地质背景，考虑岩土材料的非均质性，各向异性和随时间的可能变化，评价岩土参数的不确定性，确定其最佳估值。③参考类似工程的实践经验。④对理论不足、实践经验不多的岩土工程，可通过现场模型试验或足尺试验的成果进行分析评价。需要时，可根据施工监测资料，建议调整和修改设计、施工方案。

岩土工程分析评价方法有定性分析和定量分析。①定性分析。是岩土工程评价的首要步骤和基础。例如，工程选址及场地对拟建工程的适宜性以及场地地质条件的稳定性问题仅做定性分析。宜做定性分析的问题主要有岩土体的变形性状及其极限值；岩土体的强度、稳定性及其极限值，包括斜坡及地基的稳定性；岩土压力及岩土体中应力的分布与传递；其他各种临界状态的判定问题。②定量分析。应在定性分析的基础上进行，可采用定值法。对特殊工程，需要时可辅助概率法进行综合评价。

按中国《岩土工程勘察规范》的规定，岩土工程计算应按极限状态进行。极限状态指整个工程或工程的一部分，超过某一特定状态就不能满足设计规定的功能。按工程使用功能，可将极限状态分为承载能力和正常使用极限状态。①承载能力极限状态。结构达到最大承载能力或不适于继续承载的变形的极限状态。可用于评价挡土墙土压力、地基或斜坡稳定及滑坡推力问题，包括地基的过度塑性变形或液化。对于甲级岩土工程勘察，可在使用定值法的同时辅以概率法，进行综合评价。②正常使用极限状态。结构达到正常使用或耐久性能的某项规定限值的极限状态。可用于评价岩土体的变形、承载力、动力反应、涌水量等。（张 炜）

岩土工程现场检验与监测 site inspection and monitoring of geotechnical engineering 在工程施工和使用期间对岩土工程进行的一些必要的检验与监测。是岩土工程勘察的一个重要环节，与勘察、设计、施工一起，构成岩土工程的完整体系。现场检验指在施工阶段对勘察成果的验证核查和施工质量的监控。现场监测指在工程勘察、施工和运营期间，对工程有影响的不良地质现场、岩土体性状和地下水等进行监测。通过现场检验与监测所获取的数据，可以预测一些不良地质现象的发展演化趋势及其对工程建筑物的可能危害，以便采取预防对策和措施；也可通过“足尺试验”进行反分析，求取岩土体的某些工程参数，以此为依据及时修正勘察成果，优化工程设计，必要时进行补充勘察；还可通过对岩土工程施工质量进行监控，以保证工程的质量和安全。因此，岩土工程现场检验与监测在保证工程质量和安全，提高工程的经济、社会和环境效益中，起着十分重要的作用。

常见的岩土工程现场检验与监测包括地基与基础的检验与监测、岩土体性状监测、不良地质作用及地质灾害的监测、地下水监测等。对有特殊要求的工程，应根据工程特点，确定必要的项目，在使用时期内继续进行监测。①地基与基础的检验和监测。主要包括天然地基开挖后基槽（坑）的检验与监测、桩基工程的检验、地基改良与加固效果的检验与监测、基坑支护工程检验与监测、地基基础沉降监测等内容。②岩土体性状监测。包括岩土体变形观测和岩土体内部应力观测。如滑坡、崩塌变形监测、洞室围岩变形监测、地面沉降、采空区塌陷监测以及各类建筑工程在施工、运营期间的监测和对环境的监测等。③不良地质作用及地质灾害监测。指对工程建设过程中遇到的滑坡、崩塌、泥石流、岩溶等不良地质作用及其带来的地质灾害进行的相关监测工作。④地下水监测。主要包括对地下水位的升降、变化幅度及其与地表水和大气降水的关系监测；工程降水对地质环境及建筑物的影响监测；深基础、地下洞室、斜坡、岸边工程施工对软土地基孔隙水压力和地下水压力的观测；管涌和流土现象中对动水压力的监测；评价地下水对建筑工程侵蚀性和腐蚀性而对地下水水质的监测等。（张 龙）

岩土工程原位测试 geotechnical engineering in-situ test 保持岩土体天然条件下，测试岩土体在原有位置上工程性质的测试技术。其目的是获得有代表性的能反映土体现场实际条件的土性参数，这些参数主要包括岩土体的空间分布几何参数、岩土体原位初始应力状态和应力历史、岩土体的工程设计参数，如强度参数、变形参数、固结参数和渗透参数等。原位测试不仅是岩土工程勘察的重要组成部分，而且还是岩土工程施工检验的主要手段。早在20世纪30年代，原位测试技术就已经成为评价地基性能的一种手段。原位测试是在岩土原来所处位置进行的，因此它不需要采取试样，被测土体在进行测试前不会受到扰动而基本保持其天然结构、含水量及原有应力状态，因此一般认为所测得的数据比较准确可靠，与室内试验结果相比，更加符合岩土体的实际情况。

岩土工程原位测试的方法通常分为3类。①岩土力学性质测试。测量岩石和土的力学特性及获取相关力学指标的一种手段，主要用于测定土的压缩性、抗剪强度、侧压力系数、岩石的抗压强度、极限抗拉强度和抗剪强度等。常用的方法有平板载荷试验、静力触探试验、圆锥动力触探试验、标准贯入试验、十字板剪切试验、旁压试验、扁铲侧胀试验、现场剪切试验、声波测试等。②水文地质试验。为定量评价水文地质条件和取得水文地质计算参数而进行的各项野外测试。常用的方法有钻孔抽水试验、压水试验、渗水试验等。③改善岩土性能试验。为定量评价用于改善支承建筑物的地基(土或岩石)的承载能力，改善其变形性能或抗渗能力所采取的工程技术措施效果所需参数而进行的测试，包括灌浆试验、桩基承载力试验等。（陈冉升）

盐渍土地区道路 road on saline zone 地表1米深土层内易溶盐含量超过0.5%时，即属盐渍土。在大陆内部的半干旱和干旱地区，含有盐类的地下水沿土中的毛细管上升而被蒸发，所携带的多量的盐分积聚在地表土层中而形成内陆的盐渍土地带。在沿海的某些地区，海水浸入岸上蒸发，使地面呈现变色的盐质痕迹，呈白粉状的盐凝物或者盐质的硬壳，形成沿海的盐渍土。这些盐分是地下水从大陆岩层裂隙中和土层中经过时所溶解携带的。其中溶解度较小的盐类如碳酸钙（$CaCO_3$）或二水合硫酸钙（$CaSO_4 \cdot 2H_2O$）沉淀在地势较高处。最后流入低处并形成盐渍土的易溶盐包括硫酸钠（Na_2SO_2）、硫酸镁（$MgSO_4$）、氯化钠（NaCl）、氯化镁（$MgCl_2$）、氯化钙（$CaCl_2$）、碳酸钠（Na_2CO_3）等。

盐渍土地区的路基可能由于各种因素的影响而不能达到或不能维持筑路时的标准密度，并由此引起松软翻浆阻碍行车。这些因素是：①当含盐量增大时，其最佳密度降低。②当温度变化时某些硫酸盐产生松胀作用。③某些易溶的碳酸盐使黏性土遇水产生膨胀作用。④洗盐碱化作用和冻胀作用等。

盐渍土用作路堤填土时除与所含易溶盐的数量有关外，还与其所处的气候、水文、水文地质等环境条件有关。在潮湿气候或浸水条件下，氯盐含量超过5%时易遭溶蚀而产生松软、湿陷、坍塌等病害。因此，在盐渍土地区筑路必须限制路堤填土中的容许含盐量并防止冻胀以及盐分再向路面集中的可能性。路堤填土中的氯盐含量不应超过5%，硫酸盐含量不应超过2%，碳酸盐含量不应超过0.5%。防止冻胀和盐分再集中的方法有两种：第一种方法是提高路堤以使冬季冻层离开毛细管水的范围；第二种方法是采用粗颗粒层以隔断地下水与路堤上部的联系。

在干旱气候条件下，氯盐可起黏固作用。因此，当水文、水文地质条件良好时，含盐量不须严格控制，而在极端干旱气候条件下还可用岩盐筑路。在中国青海格尔木地区，通往西藏的铁路与公路，跨越宽达30千米的察尔汗盐湖，这个盐湖中充满结晶的盐块和过饱和的盐水，因而湖中的铁路和公路路基全部用岩盐筑成。有人称为万丈盐桥。

当铺筑高级路面时，盐渍土用作路基顶面填料或路面基层材料的容许含盐量，则应考虑盐类对路面材料和路面结构层的有害影响，加以严格限制。

（卢肇钧　李　斌）

厌氧氨氧化工艺　anaerobic ammonia oxidation; ANAMMOX　在厌氧条件下，厌氧氨氧化细菌（AnAOB）以氨为电子供体，以亚硝酸盐为电子受体，将氨氧化成氮气的工艺。厌氧氨氧化工艺于20世纪90年代由荷兰德尔夫特技术大学开发。厌氧氨氧化指在厌氧环境下，厌氧氨氧化菌以硝酸盐氮为电子受体，将氨氮直接氧化为氮气，具体反应公式如下：

$$NH_4^+ + 1.32NO_2^- + 0.066HCO_3^- + 0.13H^+ \longrightarrow 1.02N_2 + 0.26NO_3^- + 2.03H_2O + 0.066CH_2O_{0.5}N_{0.15}$$

已发现的厌氧氨氧化菌均属于浮霉状菌目的厌氧氨氧化菌科，共6个属。厌氧氨氧化工艺与以往的技术相比存在诸多明显的优势，如耗氧较少（比全程硝化节省60%以上的供氧量）、无须外加碳源、污泥产量低（只有传统生物脱氮工艺的15%左右）以及无二次污染等，无论是在经济方面还是在时间效率方面都存在着显著的优势，因此，厌氧氨氧化技术受到技术人员的广泛重视。

厌氧氨氧化工艺因其高效低耗的优势，在废水生物脱氮领域具有广阔的应用前景。在过去的20年中，许多基于ANAMMOX反应的工艺得以不断研究和应用，如两段式的SHARON-ANAMMOX工艺、一体式的亚硝酸盐完全自养脱氮工艺（CANON）、脱氨工艺（DEMON）、限氧自养硝化反硝化工艺（OLAND），以及同步亚硝化、厌氧氨氧化和反硝化工艺（SNAD）。污水处理厌氧氨氧化工艺的使用主要体现在两方面，高氨氮水处理（如污泥消化液、垃圾渗沥液、畜禽养殖废水、食品加工废水、焦化废水、化工废水等）应用和低氨氮水处理（市政污水处理）应用两种，其中在垃圾渗沥液和污泥消化液应用最为成熟。因为厌氧氨氧化过程条件比较苛刻，受底物浓度、pH和温度的影响，在生产实践的过程中存在一定问题与局限性。但其高效、低耗、低运行成本、低劳动力以及持续的优点，使该工艺在污水处理，尤其是在市政污水处理主流工艺中的应用将得到发展。

（邱　珊）

野战机场　field airfield　供航空兵部队战时临时驻用、只有简易飞行场地和保障设施的军用机场。通常铺设有装配式金属板或其他简易道面的跑道，配备有活动式飞行保障设施。

发展简史　第二次世界大战期间，美军利用有孔钢板和方形网格道面板等修建野战机场。20世纪60年代，美海军提出了远征野战机场的概念，这种机场在越南战争、索马里冲突、海湾战争中均得到使用。

抗美援朝期间，中国曾使用穿孔钢板铺筑野战机场跑道道面。70年代，中国试制出铝合金道面板，其性能指标完全能满足各种歼（强）击机、轻型轰炸机和运输机的使用要求。

组成及要求　野战机场通常由飞行场地、飞机疏散区及其他功能小区组成。飞行场地主要由跑道、保险道、停机坪、滑行道、联络道等组成，滑行道、联络道等可根据使用要求和地形条件灵活设置。

野战机场跑道面层多采用铝合金道面板、玻璃钢道面板、沥青混凝土、预制混凝土板等易于抢建的材料，或者直接采用土质加固形式。

为防止敌方袭击，野战机场应特别注意疏散隐蔽。充分利用地貌和地物，将飞机和各种设施分散布置；充分利用野战保障设备机动灵活的特性进行适时移动，使敌方摸不到规律，以达到隐蔽的目的。

特点　相对于永备机场，野战机场是一种临时性的简易机场，使用时间短，一般几周到几个月，最多1～2年。野战机场作为辅助机场，战时主要供歼（强）击机、轰炸机机动作战和备降使用，亦可供运输机使用。野战机场在现代战争中是保证航空兵战斗力的重要基础设施，平时只作规划，在战时根据战争形势和作战部门的意图抢建而成。因此，野战机场建设必须体现现代战争的特点和要求，其规划、设计和施工的原则和方法与永备机场有较大的区别。

（蔡良才）

业主方工程管理模式　management mode of construction project　业主方有多种组织工程管理的模式。基本的管理模式归纳起来有三种形式，即业主方自行管理模式、委托全过程全方位项目管理模式和自行管理加部分委托项目管理模式。不同管理模式的根本区别在于业主方是自己组织力量开展工程管理工作，还是委托其他单位组织力量进行管理。业主方工程管理模式对管理绩效具有重要的影响作用，建设项目的业主方应根据自身组织的特点和工程特点选择工程管理模式。①业主方自行管理模式。指业主方组建完整的工程管理团队，完全依靠自身力量对项目建设进行管理的模式。该模式是中国长期以来实行的管理模式，即业主方把设计、施工、供货等生产性任务委托出去，通过业主自身团队对工程实施管理。常见的业主方自行管理模式的表现形式有基建处模式、指挥部模式以及项目公司模式等。②委托全过程全方位项目管理模式。指业主方除了把设计、施工、供货等生产任务委托出去以外，再将对这些单位管理的任务也委托出去，由社会化、专业化的单位来承担。委托项目管理服务是国际上较为通行的做法，也是中国建设工程项目管理领域学习、借鉴和发展的方向之一。③自行管理加部分委托项目管理模式。指业主方自身成立项目管理班子（如基建处、指挥部等机构），对建设工程项目的生产过程实施管理，但是为了进一步加强业主方的管理能力，在已有的业主方自身管理班子的基础上，委托社会化、专业化单位承担部分业主方项目管理任务。按照中国现行法律，建设工程领域较为普遍采用的工程监理、招标代理、造价咨询等咨询服务，由于其受业主方委托、代表业主方利益的属性，也可以视为部分委托项目管理服务。（何清华）

叶可明 Ye Keming（1937-03-28～ ）中国建筑工程与土木工程施工技术专家。上海市金山县（今金山区）人。1956年毕业于苏州建筑工程学校（今苏州科技大学），之后进入同济大学进修，1962年毕业于同济大学工业与民用建筑专业。1995年当选为中国工程院院士，是中国建筑施工领域的第一位工程院院士。

历任上海市建筑工程局所属公司技术员、工程师、经理，上海建工集团副总裁、总工程师。兼任中国建筑学会施工学术委员会副主任、上海市建委科学技术委员会副主任等职务。

叶可明主持和领导了数以百计的重大工程施工。通过大量施工实践与探索，研发了高层建筑和高耸结构升板机提模提脚手体系及施工技术，软土地基分区、分级支护技术，泵送混凝土双掺与级配优化技术，大构件组合吊装与整体提升技术等多项国际、中国领先的施工技术，形成了多项针对“高、大、难、深、重”工程的施工技术体系，成果应用于上海南浦大桥、东方明珠电视塔、金茂大厦、上海八万人体育场等多个工程，解决了大量施工技术难题，保证了工程安全、高质、顺利完成，对促进中国建筑施工技术的发展做出了重要贡献。

获得国家科技进步奖一等奖1项、二等奖1项，省部级科技奖多项，获得上海市重大工程建设科技明星、上海市科技功臣等荣誉。（关 军）

液化 liquefaction 物质转化为液体或者流动状态的非液相的行为或过程。在物理和化学领域，物质从固体和气体到液体的相变（熔融和凝结）被称为液化。在土木工程领域，液化专指土壤液化，即土体在外界条件改变下失去抗剪强度转变为流动状态的现象。液化可导致建筑物大量沉陷或不均匀沉陷，甚至倾倒，造成极大危害。尤其是地震荷载作用下的液化，危害最大。

工程实践表明，土壤液化最容易发生在饱和砂土中，但是其他一系列土类如饱和黏粒含量较低的轻亚黏土、级配不良的砂砾石土、尾矿料、粉煤灰甚至非饱和土在一定条件下都有可能发生液化。

根据起因和机理的不同，土体液化主要分为渗透液化（砂沸）、剪切液化（流土）、振动液化。①渗透液化。指土体中孔隙水压力在地下水头变化引起的渗透力作用下超过上覆层的有效压力时，土体发生上浮或沸腾并且丧失承载能力的现象。该液化与土体的密实程度和体积应变无关，是由渗透压力引起的。②剪切液化。指土体骨架在迅速剪切破坏的静力作用下出现不可逆的体积压缩，在不排水条件下，引起孔隙水压力增大和有效应力减小，导致无限度流动变形现象。③振动液化。指土体在振动作用下有颗粒移动和变密，应力的承受由砂土骨架转向水，孔隙水压力急剧上升，当达到总应力值时，有效正应力下降到零，颗粒悬浮在水中，土体即发生振动液化，完全丧失强度和承载能力。饱和砂土的振动液化在工程实践中最为常见。（夏唐代）

液化石油气 liquefied petroleum gas 将在常温、常压下呈气体状态的石油系轻烃类，经加压或冷却得到的液化产物。其主要成分为丙烷、丙烯、丁烷、丁烯。液化石油气主要从石油加工或油气开采过程中取得。中国用作城市燃气的液化石油气，主要是从炼油厂催化裂化气体中提取的。油田气中含有一定量的丙烷、丁烷及其他重烃，在冷却或加压过程中，也可分离回收液化石油气。石油气液化后，体积大大缩小，约为气态时的1/250。由于这一特点，液化石油气可用受压钢瓶储存和运输。液化石油气发热量高，含硫及其他杂质很少，不含一氧化碳等有毒成分，燃烧产物较少污染空气，而且供应设备较简单，投资少，管理方便，可迅速取得社会效益和经济效益。对液化石油气的质量要求，各国规定有不同的具体指标，其中主要的有蒸汽压、95%挥发温度、C_5及C_5以上组分和硫分，也有对比重、含水量、沉淀物和加臭等做出规定的。液化石油气的理论燃烧温度可达2000℃左右。燃烧1米^{3}液化石油气需24～31米^{3}空气，因此室内应有良好通风。置于密闭容器内的液化石油气液体随温度升高而体积膨胀，因此灌装时容器内必须留有安全空间。超量灌装、用蒸汽或明火加热气瓶，都是十分危险的。丙烷、丁烷与空气混合的爆炸下限低（体积比1.5%～2.0%），着火温度低（405～466℃），遇火种极易引燃，所以要特别注意防止设备泄漏，警惕着火、爆炸的危险。（李梅琴）

液态沥青运输车 bituminous binders dispenser 用于在生产基地或码头、储存库、搅拌站之间运输液态沥青的车辆。简称沥青车。能确保沥青在低温、长距离运输途中始终呈热态液体，是公路、高等级路面施工必需的设备。常见沥青车由汽车底盘、沥青罐体、沥青泵送及喷洒系统、加热系统、控制系统、操作平台构成。采用载重汽车底盘，通过罐体支座将沥青罐体安装在底盘大梁上。沥青罐体采用铁皮外包，内衬隔温材料，具有保温功能。罐体内安装有加热系统，有蒸汽式、煤炭式、柴油喷灯式3种加热方式，热量通过安装于罐体内部的加热管传递给沥青，从而保证液态沥青在长距离运输或长时间储存时具有较好的流动性。沥青泵送及喷洒系统对液态沥青进行泵进、泵出的装卸作业。控制系统通过对罐体内温度的监测实现对加热系统的控制。（马军星）

液态燃气泵 liquefied natural gas pomp 输送液化天然气的设备。简称LNG泵。液化天然气（LNG）在转移的过程中，存在输送问题。输送的方法通常有两种类型：一种是压力输送，另一种是泵输送。在输送量比较大和管路流动阻力比较大的情况下，不适宜用压力输送的办法，而要采用泵输送。

由于LNG超低温、易燃、易爆的特点，LNG泵的要求主要包括：①具有较低的汽蚀余量，一般LNG泵都带有诱导轮。②低压泵为立式屏蔽结构，泵和电机整体浸没在LNG液体中运行，电机与泵共轴。③无须防爆电机，但需要采用防爆接线盒。④泵密封系统需要绝对安全可靠，防止LNG外泄造成爆炸。⑤备用泵能够保证随时启动。为防止处于气液平衡状态的LNG在泵内汽化，须保持泵内LNG与储罐内LNG具有相同的温度，LNG泵除需要采用浸没式结构外，还需要采取措施保冷。泵停运后如保冷不善，泵内的LNG会不停地蒸发，当达到一定程度时就会“结冰”，堵塞泵的流道使泵不能正常运行。（张培新）

一墙多用 multipurpose wall 地下工程中的围护墙也用作地下主体结构或承重基础结构、地下室外墙和抗浮构件等。图中的围护墙也用作抗浮构件。

地下连续墙法（曾称为槽壁法）是典型的一墙多用，是区别于传统施工方法的

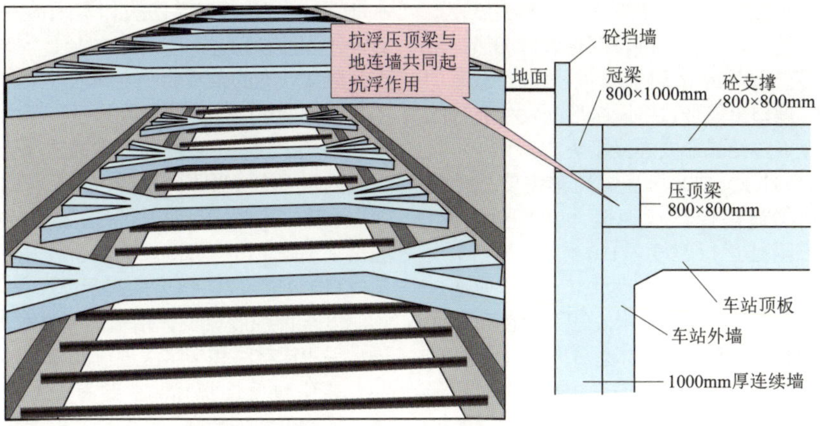

图1 一墙多用示意图

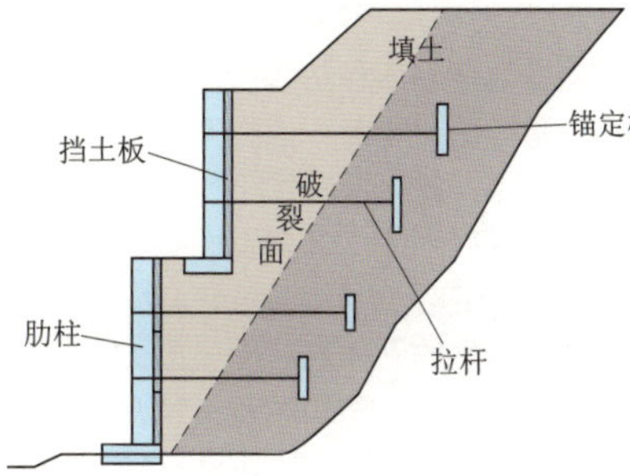

图2 围护墙用作抗浮构件示意图

一种较为先进的地下工程结构形式和施工工艺。它是在地面上用特殊的挖槽设备，沿着深开挖工程的周边（如地下结构物的边墙），在泥浆护壁的情况下，开挖一条狭长的深槽，在槽内放置钢筋笼并浇灌水下混凝土，筑成一段钢筋混凝土墙段，然后将若干墙段连接成整体，形成一条连续的墙体。地下连续墙可供截水防渗或挡土承重之用。由于地下连续墙具有强度高、刚度大的特点，不仅能用于深基础护壁的临时支护结构，而且在采取一定结构构造措施后可用作地面高层建筑基础或地下工程的部分结构，一定条件下可大幅度减少工程总造价，实现一墙多用，提高经济效益。（徐日庆）

伊藤学 Manabu Ito（1930-12～2023-02-12） 日本桥梁工程学家。生于东京都，卒于东京都。1953年毕业于东京大学，1959年获得东京大学工学博士学位，后任教于母校，直至1991年退休。获东京大学荣誉教授称号。

其职业生涯恰逢日本大跨度桥梁建设高峰期，他开拓性地研究了高速列车冲击振动、抗风、景观等大跨度索承重桥梁设计中的重要问题。先后担任了日本横滨湾大桥、多多罗大桥和本州四国联络桥中明石海峡大桥等多座重要大跨度桥梁工程的技术委员会主任或委员，并积极推动日本跨海桥梁工程的规划和技术准备。本州四国联络桥的成功建设大大提升了日本在国际桥梁界的地位。在大学教育方面，1972年升任教授后，对桥梁工程专业教学大纲进行改革，成功培养了桥梁大规模建设期急需的工程技术人才。20世纪80年代开始，与同事共同实施留学生的全英语教育，录用外国教员，推动了日本大学教育和研究的国际化。

自1976年先后40余次访问中国，1985年受聘为北方交通大学（今北京交通大学）顾问教授、中国铁道科学研究院名誉研究员，1993年受聘为同济大学名誉教授。曾担任中国香港昂船洲大桥设计方案评审委员会委员、苏通大桥建设工程技术顾问委员会委员等，为中国大跨度桥梁的设计建造提供了宝贵的技术指导。

主要学术贡献为大跨索承重钢桥设计理论及抗风性能研究、结构设计分离安全系数评价理论、考虑美学的桥梁设计理论。著作有《结构力学》《结构抗风》（共著）、《设计论——土木工程系列》（共著）、《钢结构学》等。曾任三届日本学术会议议员（1988～1996年）、国际桥梁与结构工程协会（IABSE）主席（2001～2004年）。2001年获得美国土木工程协会荣誉会员称号，2007年获得国际桥梁与结构工程协会“功绩奖”（IABSE Merits）。2007年日本桥梁建设协会设立“伊藤学奖”。2014年日本政府因其学术贡献授予他“瑞宝中绶賞”勋章。（孙利民）

医院暖通空调系统 HVAC system for hospital 为医院建筑室内空气与热湿环境服务的暖通空调系统。医院建筑从功能上大致分为门诊、办公、住院和医技楼4部分，其各部分的使用特点不同，其中办公楼与办公建筑相似。门诊楼的特点是人员多、使用时间长，且不同患者的情况和不同科室的要求有所不同。防止交叉污染以及医疗处理过程中出现的污染是需要解决的难题之一。住院楼中，重点应对呼吸道传染病房，须采取相应的技术措施。医技楼中，既包括为满足重要医疗设备（如CT、核磁共振等）必需的工艺环境要求，也包括手术室空气洁净的要求。因此，医院建筑暖通空调系统以人工环境技术为基础，为人员就医和医院工作人员提供舒适、健康所需的空气与热湿环境。

门诊科室、病房等房间的空调设备，按照房间独立设置，不采用全空气集中送风的空调系统形式，以满足不同科室和患者的个性化需求，并防止不同房间的交叉污染。呼吸道传染病房一般为负压病房，病房内气流组织以防止患者呼出的有害气体扩散并尽快排出为原则，且排风应经过相应过滤、消杀等处理措施后才能排至室外。根据手术内容的要求，划分为不同洁净度的手术室，其送风采取与手术室级别相适应的过滤措施，设置不同等级的空气过滤装置，并做好手术室的空调气流组织，确保手术要求。

有防水要求的贵重医疗设备房间，水管道不进入房间内，房间供暖空调通过冷热风来解决。需要防止电磁干扰的医疗设备房间，其空调系统一般不采用变频器。（潘云钢）

移动式焊轨机械 mobile welding machinery 一次完成钢轨焊接和推凸作业的自运行焊轨专用作业机械。

工作原理 中国铁路无缝线路钢轨的铺设，通常是将焊轨厂焊好的长轨条预卸在线路的两侧，利用车载焊轨设备，对长钢轨按照接轨定位要求完成线上、线下焊接作业。移动式焊轨机械不仅以稳定的焊接质量满足高速、重载线路在线钢轨焊接的较高要求，同时提高铺设无缝线路的施工效率，是无缝线路钢轨铺设及断轨紧急抢修的主型作业机械。

移动式焊轨机械采用闪光焊或气压焊完成在线钢轨焊接。焊接时，双臂起重机将焊机机头放置在待焊钢轨上，并夹持待焊钢轨；焊接控制系统自动控制焊接、焊接顶锻、保压推凸、焊后保压冷却等过程，并对焊接工艺参数进行实时监控，评估焊接过程质量。焊机所需电源由车载柴油发电机组提供。焊接接头亦可通过配套的热处理作业车和外形精整作业车进行正火处理及外形矫直、精整处理。

构成 自行式焊轨车有闪光焊轨车和气压焊轨车，主要由车架、转向架、焊机、双臂起重机、拉轨对正装置（气压焊轨车除外）、液压支腿、推凸装置及动力传动系统、电气控制系统、液压系统、制动系统等组成。

非自行式焊轨车与自行式焊轨车的构成基本相同，但由于动力、工作装置及各系统均安装在平车上，因此不具备自运行功能，其移动由轨道车或其他作业车提供牵引动力。

焊机是移动式焊轨机械的核心工作装置，分为闪光焊机和气压焊机。双臂起重机用于焊接作业时收、放焊机；拉轨对正装置用于线下焊轨作业时对两待焊钢轨进行上下、左右方向的对正，并能纵向移动钢轨；车架两端设有液压支腿，在进行线上焊轨时通过液压支腿将整车支在轨枕上，使车轮脱离轨道，以释放钢轨上的负荷。推凸装置用于清除焊接接头上的焊瘤。

分类 移动式焊轨机械有3种分类：①按走行方式，分为自行式焊轨车和非自行式焊轨车。②按焊接模式，分为闪光焊轨车和气压焊轨车。③按运用地域，分为平原型焊轨车（海拔2000米以下）和高海拔型焊轨车（海拔2000米及以上）。中国铁路使用的焊轨车最高海拔可达5100米。

闪光焊轨车 采用闪光接触焊一次完成钢轨焊接的轨道作业车。

YHG-1200闪光焊轨车具有线上、线下钢轨焊接、拉伸和保压推凸等功能。采用悬挂式闪光焊机，具有连续闪光焊和脉动闪光焊两种焊接模式。通过电阻加热方式对钢轨端面进行加热，钢轨通电后端面逐渐移近达到局部接触，利用电流通过的接触面形成过梁爆破，激发闪光产生热量使钢轨端面熔化，在达到预定温度后快速顶锻完成焊接。

其主要技术参数：①最高自运行速度为100千米/时，最高附挂运行速度为120千米/时。②运行通过最小曲线半径为175米，作业通过最小曲线半径为250米。③可焊钢轨最大截面积为1万平方毫米。④作业效率（60千克/米钢轨，线下焊），180分钟封锁天窗时间内不低于4对。

气压焊轨车 采用气压焊一次完成钢轨焊接的轨道作业机械。

YHGQ-1200气压焊轨车具有线上、线下钢轨焊接、拉伸和保压推凸等功能，但未设拉轨对正系统。主要由焊机机头、电气控制系统、数据采集与管理系统、液压系统、冷却系统等组成。气压焊机采用氧气–乙炔火焰为加热源，点燃加热装置喷出的混合气体对待焊钢轨进行加热，待温度达到设定值时通过液压油缸迅速顶锻，焊口金属通过挤压变形而发生充分的交互、再结晶形成焊接接头。

YHGQ-1200气压焊轨车主要技术参数：①最高自运行速度为100千米/时，最高附挂运行速度为120千米/时。②运行通过最小曲线半径为180米，作业通过最小曲线半径为250米。③可焊钢轨最大截面积为1万平方毫米。④作业效率（60千克/米钢轨，线下焊），180分钟封锁天窗时间内不低于3个接头。 （宋慧京）

饮用水水质指标 water quality index 衡量和反映水中成分的各种具体参数。通过水质指标可制定生活饮用水、工农业用水，以及各种受污染水中污染物质的最高容许浓度或限量阈值具体限制要求，是判断和综合评价水体质量并对水质进行界定分类的重要参数。在各类水质指标中，有些指标用某一物理参数或某一物质的浓度来表示，是单项指标，如温度、pH、溶解氧等；而有些指标则是根据某一类物质的共同特性，来表明在多种因素作用下所形成的水质状况，称为综合指标，比如生化耗氧量表示水中能被生物降解的有机污染状况，总硬度表示水中含钙、镁等无机盐类的多少。

物理指标 主要包括感官物理性指标和其他物理性指标。

感官物理性指标 主要有：①温度。水温是衡量水的能量水平的一个重要指标。水的很多物理特性，如物质在水中的溶解度，以及水中进行的许多物理化学过程都与温度有关。地表水的温度随季节、气候条件而有不同程度的变化（0.1～30℃）。地下水的温度比较稳定，一般为8～12℃；工业废水的温度与生产过程有关；饮用水的温度在10℃比较适宜。一般用水银温度计进行测定。②颜色和色度。颜色分为真色和表色。真色是由水中所含溶解物质或胶体物质所致，即除去水中悬浮物质后所呈现的颜色；表色是由溶解物质、胶体物质和悬浮物质共同引起的颜色。这些颜色的定量程度就是色度。通常天然水和饮用水采用铬钴/铂钴比色法做真色的测定；废水和污水的颜色常用文字描述，如定性的或深浅程度的一般性描述。③臭味。给人以感官及嗅觉的不悦，甚至危及人体健康，可引起呼吸困难，倒胃胸闷，呕吐等症状。臭味是检验原水和处理水质必测项目之一。其中生活饮用水及其水源水可用嗅气法和尝味法测定。废水和污水可用文字描述法和臭阈值法检验。④浑浊度和透明度。水中由于含有悬浮及胶体状态的杂质而产生浑浊现象。水的浑浊程度可以用浑浊度来表示。浑浊度是一种光学效应，表现出光线透过水层时受到的阻碍或被吸收的程度，与颗粒的数量、浓度、尺寸、形状和折射指数等有关。通常采用硅单位、标准烛单位、散射浊度单位（FTU或NTU）等方法表示浑浊程度。透明度与浑浊度相反，指水的清澈程度。通常采用铅字法和十字法进行测定。

其他物理性指标 主要有：①总固体。又称蒸发残余物。水中含有的无机和有机成分总量，测定方法为水样在103～105℃时蒸发干燥后所残余的固体物质总量。②悬浮性固体和溶解性固体。水样过滤后，滤样截留物蒸干后的残余固体量称悬浮性固体，滤过液蒸发干燥后所残余固体量称溶解性固体。③挥发性固体和固定性固体。一定温度下（600℃）将水样中经蒸发干燥后的固体灼烧而失去的重量称挥发性固体，可粗略表示有机物含量。灼烧后残余物质的重量称固定性固体。④电导率。表示物质传输电流能力强弱的一种测量值。水中溶解的盐类均以离子状态存在，具有一定的导电能力，因此电导率可间接地表示出溶解盐类的含量。电导率的大小受溶液浓度、离子种类及价态和测量方法的影响。最常用的仪器有常数调节器、温度系数调节器和自动温度补偿器等。

化学指标 主要包括基本化学指标、无机物指标和有机物指标。

基本化学指标 主要有：①pH。水的pH是溶液中氢离子浓度的负对数。表示水中酸、碱的强度。在标准温度（25℃）和压力下，pH=7时，水呈中性；pH<7时，数值越小，酸性越强；pH>7时，数值越大，碱性越强。pH影响着水体的众多性质。一般天然水pH在6～9。pH用pH计、pH试纸等确定。②酸度、碱度。水的酸度是水中给出质子物质的总量，包括无机酸、弱酸和水解盐。酸度的测定可反映水源水质的变化情况。水的碱度是水中接受质子物质的总量，包括重碳酸盐碱度、碳酸盐碱度和氢氧化物碱度。组成碱度的离子一般不会造成危害，但与水中许多化学反应过程有密切关系。酸碱度可采用酸碱指示剂滴定法或电位滴定法测定。③硬度。水的硬度指水中离子沉淀肥皂的能力，一般定义为钙离子（Ca^{2+}）、镁离子（Mg^{2+}）的总量。包括总硬度，碳酸盐硬度（暂时硬度）和非碳酸盐硬度（永久硬度）。通常采用乙二胺四乙酸二钠盐（EDTA）滴定法、分光光度法和离子色谱法测定。④总含盐量。又称全盐量、矿化度，表示水中各种盐类的总和，是水中全部阳离子和阴离子的总量。总含盐量对农业用水尤其灌溉用水影响较大，含量过高会导致土壤盐碱化。通常采用计算法和离子容量交换法测定。

无机物指标　主要有：①重金属离子。重金属指原子序数在21～83的金属或相对密度大于4的金属。水体中重金属主要有汞、镉、铅、铬、锌、铜、镍、铁、锡、锰等。重金属离子在微量浓度时有益于微生物、动植物及人类，但当浓度超过一定值后，会产生毒害作用。重金属离子可通过紫外分光光度法、原子吸收法、等离子发射光谱（如ICP-MS）等方法测定。②非重金属无机有毒物质。主要是氰化物与砷。氰化物和砷在水体中含有较大的毒性，在微量情况下便可引起人体中毒。氰化物通常采用容量法和分光光度法进行测定，砷可通过银量法、原子吸收光谱法和等离子发射光谱（如ICP-MS）等方法测定。③磷及其化合物。水中含磷化合物可分为有机磷和无机磷两类。磷是植物生长的营养元素，也是生命必不可少的元素。如果水中的磷超过临界浓度，会刺激水生植物的生长，以至发生“藻花”，造成水体的富营养化。因此磷是控制水体富营养化的主要指标。常用磷钼蓝分光光度法和离子色谱测定磷的浓度。④氮及其化合物。水中含氮化合物主要为有机氮、氨氮、亚硝酸盐与硝酸盐氮，其总量称为总氮。氮是植物的必需元素，又是动物蛋白质的组成元素，但是水中氮元素含量过多会使藻类大量繁殖，造成水体富营养化。总氮可采用离子选择电极法、紫外法和离子色谱法测定；氨氮可采用纳氏试剂分光光度法和离子色谱法测定；硝酸盐可采用紫外分光光度法和离子色谱法测定；亚硝酸盐可采用重氮偶合分光光度法和离子色谱法测定。⑤硫化物。无机化学中，硫化物指电正性较强的金属或非金属与硫形成的一类化合物，大多数硫化物可以看作氢硫酸盐。有机化学中，硫化物指含有二价硫的有机化合物。水体中的硫化物会造成铁管锈蚀，同时由于硫化物具有毒性，会危害到动、植物和人体健康。硫化物可采用亚甲基蓝分光光度法、碘量法和离子色谱法测定。⑥氯化物。在无机化学领域里指带负电的氯离子和其他带正电元素的阳离子结合而形成的盐类化合物。水中氯化物含量高时，对管道及设备有腐蚀作用，灌溉农田会引起土壤板结等危害。氯化物可采用硝酸银量法和离子色谱法测定。

有机物指标　主要有：①溶解氧（DO）。空气中的分子态氧溶解在水中，水中的溶解氧含量与空气中氧的分压、水的温度都有密切关系。在自然情况下，空气中的含氧量变动不大，故水温是主要的因素。水温愈低，水中溶解氧的含量愈高。溶解氧是研究水自净能力的一种重要指标。水里的溶解氧被消耗，要恢复到初始状态，所需时间短，说明该水体的自净能力强，或者说水体污染不严重。否则说明水体污染严重，自净能力弱，甚至失去自净能力。溶解氧主要通过碘量法进行测定。②总需氧量（TOD）。指水中能被氧化的物质，主要是水中有机物质燃烧变成稳定氧化物时所需要的氧量。常用检测仪器为TOD测定仪。③化学需氧量（COD）。指在一定条件下，用强氧化剂氧化有机物所消耗的氧量。化学需氧量往往作为衡量水中有机物质含量多少的指标。化学需氧量越大，说明水体受有机物的污染越严重。采用高锰酸钾作为氧化剂处理水样所消耗的氧化剂的量，也称高锰酸盐指数或COD_{Mn}，常用于衡量给水中低浓度有机物的浓度；采用重铬酸盐作为氧化剂处理水样所消耗的氧化剂的量被称为重铬酸钾化学需氧量COD_{cr}，常用于衡量污水中有机物浓度。④生化需氧量（BOD）。在水温为20℃的条件下，由微生物的生化作用将有机物氧化成无机物所消耗的溶解氧量，称生物化学需氧量或生化需氧量。生化需氧量代表了可生物降解有机物的量。一般采用五天时间，称五日生化需氧量，记做BOD5。常用五日生化需氧量测定法和微生物电极法测定。⑤总有机碳（TOC）。指水体中溶解性和悬浮性有机物含碳的总量。但由于它不能反映水中有机物的种类和组成，因而不能反映总量相同的总有机碳所造成的不同污染。通常作为评价水体有机污染程度的重要依据。常用的测定方法为催化氧化分解并用非色散红外吸收法定量。⑥酚类化合物。指芳香烃中苯环上的氢原子被羟基取代所生成的化合物，是芳香烃的衍生物。酚的水溶液与酚蒸气易被皮肤或呼吸道吸入引起中毒。可采用氨基安替比林分光光度法和液相色谱等测定酚类化合物。⑦苯及苯系物。常温下为无色浅黄色透明油状液体，具有强烈芳香的气体，易挥发为蒸汽，易燃有毒。这类物质对人体可造成急性或慢性的毒性作用，甚至有三致（致癌、致畸、致突变）作用。苯及苯系物可采用气相色谱法进行测定。

生物指标　主要有：①细菌总数。指大肠菌群数、病原菌、病毒及其他细菌数的总和。也指1毫升水样在营养琼脂培养基中，于37℃培养24小时后所生长细菌菌落的总数。可用于判断饮用水、水源水、地面水等污染程度。通常用平板计数法测定。②大肠菌群数。一般指一升水样中能检出的大肠菌群数目。大肠菌群数反映水样是否被粪便污染，具有广泛的卫生学意义。常用多管发酵法、滤膜法和延迟培养法测定。③藻类。是水环境中的初级生产者，对维持水环境的生态平衡起着举足轻重的作用。但水中营养过剩会导致水体富营养化，产生过量的藻类，甚至引起水华与赤潮等危害。主要通过藻类计数或测定叶绿素a来测定藻类，常见的测定方法有分光光度法、流式细胞仪法、荧光法和高效液相色谱法等。

放射性指标　水中放射性物质主要来源于天然和人工核素两方面。这些物质不时产生α、β及γ放射性。放射性物质除引起外照射外，还会通过饮水、呼吸和皮肤接触等进入体内，引起内照射，导致放射性损伤、病变甚至死亡。测定水中α和β放射性强度用低本底α、β测量仪测定。

（马　军）

应变理论　strain theory　弹性力学的应变理论从几何学的角度研究物体的变形。首先给出物体在三维空间的位移和应变的描述，并推导两者的关系，建立几何方程和连续方程。进而在坐标变换的基础上深入地研究一点应变张量的性质和一点应变状态的理论。由于应变理论不涉及材料的物理性质以及外力作用和平衡等因素，属于独立的几何学研究，所以其结果也适用于其他连续介质。

变形描述　在外力作用下，物体的大小和形状将发生变化，称为物体的变形。与变形前比较，变形后物体上对应点的空间位置发生了改变，变形前、后对应点的矢量称为位移。在弹性力学中，把引起变形的位移称为弹性位移，把不引起变形的位移称为刚性位移。首先研究弹性位移与变形的关系。根据连续性假设，在变形过程中弹性体内任何部分都不能发生开裂、重叠、弯折、错位和相互嵌入等，这就要求位移是坐标的连续函数，变形前与变形后的点是一一对应的关系。一般情形下各点的位移是不相同的，从而引起线段的伸缩和两线段之间夹角的改变，线元单位长度的改变称为正应变，伸长为正缩短为负，两正交线元夹角的改变称为剪应变，直角减小为正增加为负。应该指出，岩体结构通常具有大量节理裂隙，其不满足变形连续性条件，需发展非连续变形分析方法进行力学数值计算。

几何方程　将原空间线元的变形分解

为在各投影面上进行分析并推导有关公式。在投影面上分析，就是忽略平面外变形的影响。无论是线元伸缩还是夹角改变，平面外引起的变形与平面内产生的变形相比较都是高阶小量，故可以忽略，这在小变形范围内分析是容许的。利用几何关系推导得到3个正应变、3个剪应变方程，称为几何方程，又称柯西方程。

$$\varepsilon_x=\frac{\partial u}{\partial x},\ \gamma_{xy}=\gamma_{yx}=\frac{\partial v}{\partial x}+\frac{\partial u}{\partial y}$$

$$\varepsilon_y=\frac{\partial v}{\partial y},\ \gamma_{yz}=\gamma_{zy}=\frac{\partial w}{\partial y}+\frac{\partial v}{\partial z} \qquad (1)$$

$$\varepsilon_z=\frac{\partial w}{\partial z},\ \gamma_{zx}=\gamma_{xz}=\frac{\partial u}{\partial z}+\frac{\partial w}{\partial x}$$

几何方程给出了6个独立应变分量和3个位移分量之间必须满足的关系。这样定义的应变通常称为工程应变分量。由上式可见，如果已知3个单值连续并可微的位移分量，就可以通过式（1）直接求导数得到6个应变分量。但是，如果给定6个应变分量，由式（1）的6个偏微分方程求解3个未知函数的问题，要保证它们之间彼此相容，需满足应变协调方程，又称相容方程，也称为圣维南方程。

在组合基本方程时，几何方程和协调方程，只需用其中的一个，不需同时使用。当选用位移作基本未知函数时，只能应用几何方程，而协调方程会自然满足。当选用应变作基本未知函数时，直接应用协调方程比较方便，它是满足变形连续的充分–必要条件（单连域）。

几何方程的张量式（应变张量）为：

$$e_{ij}=\frac{1}{2}\left(\frac{\partial u_i}{\partial x_j}+\frac{\partial u_j}{\partial x_i}\right)=\frac{1}{2}(u_{i,j}+u_{j,i}) \qquad (2)$$

一点应变状态　只要知道了一点的应变张量就可以求出该点任何方向的应变分量，一点的应变状态完全取决于该点的应变张量。应变张量与应力张量一样，都是二阶对称张量，所以二者具有完全类同的性质。例如，在坐标旋转变换时，应变张量也存在三个相互垂直的平面，在这些平面上剪应变等于零，称为应变主平面。主平面法线方向的正应变称为主应变，主应变方向称为应变主方向。由应变主轴构成的坐标系称为应变主轴坐标系。由以下特征方程求出：

$$\varepsilon^3-J_1\varepsilon^2+J_2\varepsilon-J_3=0 \qquad (3)$$

式（3）中J_1、J_2、J_3分别称为应变张量的第一、第二、第三不变量。

求解代数方程（3），由于对称性，一般情形下可以得到三个不等的实根，即主应变。其中最大的称为第一主应变，依次称为第二、第三主应变，分别用ε_1、ε_2、ε_3表示且$\varepsilon_1>\varepsilon_2>\varepsilon_3$表示，最大的主应变$\varepsilon_1$就是该点的最大正应变，最大的剪应变为$\gamma_{max}=\varepsilon_1-\varepsilon_3$。与应力主方向一样，当三个主应变不相等时，它们是相互正交的；如果两个主应变相等，则在平行该两个主方向组成的平面内任一方向都是主方向；如果三个主应变相等，则任何方向都是应变主方向。可以证明，对于各向同性弹性体，应变主方向与应力主方向重合。

物体发生变形后单位体积的变化称为体积应变：

$$\theta=e_{mm}=\varepsilon_x+\varepsilon_y+\varepsilon_z=\frac{\partial u}{\partial x}+\frac{\partial v}{\partial y}+\frac{\partial w}{\partial z} \qquad (4)$$

（李　刚）

应变状态　strain state　研究物体指定点处不同方向的应变之间的关系。应变状态理论是实验分析的基础。在点应变状态中，存在3个相互垂直的主方向，该方向上的线元没有切应变，只有线应变，称为主应变，分别用ε_1、ε_2、ε_3表示，线应变的主方向与应力的主方向重合。构件在受力时同时产生应力与应变。构件内的应力不仅与点的位置有关，而且与截面的方位有关。

在研究强度问题时需要考虑危险点的应力和应变，一点处的所有各个不同微截面上应变的集合，即应变状态。研究一点处应变与微截面方位之间关系的规律，称为对该点的应变状态分析。

为了分析物体在某一点的应变状态，在这一点沿着坐标轴x、y、z的正方向取3个微小的线段，物体变形以后，这3个线段的长度以及它们之间的夹角一般都会有所改变。各线段的单位长度的伸缩，即单位伸缩或相对伸缩称为线应变；各线段之间的夹角的改变，用弧度表示，称为切应变。线应变以伸长为正，缩短为负，与正应力的符号规定相对应。切应变以夹角变小时为正，变大时为负，与切应力的符号规定相对应。线应变和切应变均无量纲。

为了分析一点的应变状态，采用图解法–应变圆，也称应变莫尔圆，其原理与应力圆类似，但应变圆的纵坐标为负剪应变的一半，横坐标为线应变ε。在已知一点处的线应变ε_x、ε_y与剪应变ε_{xy}时，即可绘制应变圆，从而求得该点处主应变ε_1与ε_2的大小及其方向。在实验分析的测试中常用各种形状的应变花测量（见**材料力学实验**）一点处3个方向的应变，例如，用“直角”应变花可测得一点处的线应变ε_0、ε_{45}、ε_{90}。根据一点处3个方向的线应变也可利用应变圆求得该点处的主应变ε_1与ε_2。

研究一点的应变状态有重要的意义。首先，研究一点的应变状态，可以得到一点处的应变随界面方位的变化规律，掌握正应变和切应变的极值及其所在的界面方位；其次，将破坏面的方位与相应的应变分布相联系，有助于深刻认识构件破坏规律。通过应变状态的分析可以揭示更复杂情况下材料破坏的一般规律，从而建立复杂受力状态下构件的应变强度条件。

（季顺迎）

应急电源　emergency supply　当正常供电电源断电时，用来维持电气设备和电气装置运行所需的电源。

设置条件　以下情况需要设置应急电源：①一级负荷中含有特级负荷时。②设置应急（自备）电源比从电力系统取得第二电源更加经济合理，或第二电源不能满足一级负荷要求时。③两路电源的切换时间不能满足用电设备允许中断供电时间的要求。④建筑高度超过50米的公共建筑的外部只有一回电源，不能满足用电要求。⑤建筑高度150米及以上的建筑。

组成　应急电源主要组成：①独立于正常工作电源，由专用馈电线路输送的城市电网电源。②独立于正常工作电源的柴油发电机组。③蓄电池组。

选择　允许中断供电时间为30秒（60秒）的供电，可选用快速自动启动的应急柴油发电机组。自动投入装置的动作时间能满足允许中断供电时间时，可选用独立于正常电源之外的专用馈电线路。连续供电或允许中断供电时间为毫秒级装置的供电，可选用蓄电池静止型不间断电源装置（UPS）。允许中断供电时间为毫秒级装置的应急照明供电，可采用逆变应急电源装置（EPS）。

系统要求　土木工程设计中，对于水暖专业提出的重要/应急负荷，应仔细研究，尽可能减少其负荷量。

为确保对特级负荷或一级负荷的供电，严禁将其他负荷接入应急供电系统。设有应急供电系统时，消防负荷应接入应急供电系统。

应急电源与正常电源之间，应采取防止并列运行的措施（机械连锁、电气连锁），目的在于保证应急电源的专用性，防止正常电源系统故障时应急电源向正常电源系统负荷送电而失去作用。同时为防止继电器误动作而造成应急电源与正常电源误并网，应急电源中发电机组的启动信号应由正常电源主开关的辅助触点给出。个别用户在应急电源向正常电源转换时，为了减少电源转换对应急设备的影响，将应急电源与正常电源短暂并列运行，并列完成后立即将应急电源断开。当需要并列操作时，应符合下列条件：①应取得供电部门的同意。②应急电源需设置频率、相位和电压的自动同步系统。③正常电源应设置逆功率保护。④并列及不并列运行时故障情况的短路保护、电击保护都应得到保证。

防灾或类似的重要用电设备的两回电源线路应在最末一级配电箱处自动切换。

（廖述龙）

应力恢复法 stress restoration method　测量岩石绝对地应力的一种方法。先在岩块表面沿不同方向安装三个应变计，记录它们的初读数。接着在岩块上掏槽，使槽长远大于槽宽，并使槽壁与岩块表面直交，再记录应变计的读数。最后，把扁千斤顶固装在槽内，并逐渐增加千斤顶内的油压，使之逐渐施压于槽壁，直至三个应变计恢复到未掏槽时的初读数为止。此时千斤顶施加于槽壁的压强即等于槽壁平面原有的法向应力。因扁千斤顶不能对槽壁施加张力和剪力，故此法只适用于测量主平面上的主应力。

测量步骤　①在准备测量应力的岩石表面，如底下巷道、峒室的表面，安装两个测量柱，并用微米表测量二柱之间的距离。②在与二测柱对称的中间位置向岩体内开挖一个垂直于测量柱连线的扁槽，槽的大小、形状和厚度需要和扁平千斤顶一致。一般槽的厚度为5～10毫米，由盘踞切割而成。由于扁槽的开挖，局部应力释放并引起测量柱之间距离的变化，测量并记录这一变化。③将扁千斤顶完全塞入槽内，必要时需注浆将扁千斤顶和岩石胶结在一起，然后用电动或手动液压泵向其加压，随着压力的增加，二测量柱之间的距离亦增加，当二测量柱之间的距离恢复到扁开挖槽的大小时，停止加压，记录下此时扁千斤顶中压力。该压力称为“平衡压力”或“补偿压力”，等于扁槽开挖前表面岩体中垂直于扁千斤顶，也即平行于二测量柱连线方向的应力。

评价　优点是可以不考虑岩体的应力应变关系而直接得出岩体的应力。其局限性在于：①扁千斤顶法只是一种一维应力测量方法，1个扁槽的测量只能确定测点处垂直于扁千斤顶方向的应力分量，为了确定该测点的6个应力分量，就必须在该点沿不同方向切割6个扁槽，这是不可能实现的。因为扁槽的相互重叠造成不同方向测量结果的相互干扰，使之变得毫无意义。②由于扁千斤顶测量只能在巷道、峒室或其他开挖体表面附近的岩体中进行，因而其测量的是一种受开挖扰动的次生应力场，而非原岩应力场。③扁千斤顶的测量原理是基于岩石为完全线弹性的假设，对于非线性岩体，其加载和卸载路径的应力应变关系是不同的，由扁千斤顶测得的平衡应力并不等于扁槽开挖前岩体中的应力。为了使用扁千斤顶测量地应力，通常在底下巷道或峒室表面不同部位沿不同方向开挖至少6个扁槽，一般为8～9个扁槽，根据表面岩体应力测量结果，使用数学计算或数值分析方法，推算出岩体深部的原始应力状态。由于这种推算需要许多假设，特别是岩体必须是非常完整和完全线弹性的，这与实际岩石条件往往相差甚远，因而这种推算的结果一般来说是不准确的。

（李邵军）

应力解除法 stress relief method　采用套钻孔或切割槽等方法把岩样全部或部分从孔壁周围岩体中分离开来，同时监测被解除部位的应变或位移的响应，然后再根据岩石的本构关系（被解除的应变或位移与围岩远场应力之间的关系）来确定原位地应力的测试方法。在采用应力解除法测定原位地应力时，应尽量遵循以下原则：建立尽可能合理的岩石本构关系，即应力与应变或位移的关系；能够较准确地确定岩样的力学性质；要有足够灵敏的测试仪器以精确测定岩样因局部扰动引起的微小应变值或位移值。

沿革　自从N.哈斯特20世纪50年代后期公布了亚磁式应力计在斯堪的纳维亚半岛实地测量的成果后，世界各国都开始研制和发展钻孔应力测量技术。中国自70年代开始，钻孔应力测量研究在水利、地质、地震、矿山和科学院系统大量开展。尤其在水利系统，几乎所有地区性勘察设计院科研所都开展了钻孔地应力测量设备的研制工作，并且自成系统、各有特色。中国已具有其他国家各种类型的所有钻孔地应力测量设备，在测量技术和实测资料分析上都具有一定的实力，有的还处于国际先进行列。

分类　钻孔应力测量，除水压致裂测量法，都属套心应力解除测量法。钻孔套心应力解除法，根据测量原理和被测量的物理量及其部位不同，可分为：①钻孔孔壁应变测量法。②钻孔孔径变形测量法。③钻孔孔底应变测量法。钻孔孔壁应变测量法之所以优于其他两种测量法，是因为它在一个钻孔的一次测量就可确定岩体的三维地应力状态，而其他两种测量法则需要3个（或3个以上）不同方向的交汇钻孔分别测量，才能测定岩体三维地应力状态。

原理　套钻孔应力解除法地应力测量是建立在弹性理论基础上，岩体介质作线弹性体假设，测量时根据被钻进切割的岩心的弹性恢复（应变或变形）来计算地应力。钻孔孔壁应变测量法常用的应变计有两种形式：一种是一般的钻孔三向应变计，它是把测量元件电阻丝应变片直接粘贴在钻孔的岩壁上。这种形式的应变计包括适合在地下洞室测量的浅钻孔三向应变计和适合在地面测量的深钻孔水下三向应变计。这两种应变计测量精度高，但操作复杂，对被测岩体完整性要求高，测量成功率较低。另一种是空心包体式钻孔三向应变计，它是把测量元件电阻丝应变片粘贴在预制的环氧树脂薄筒上后，再浇筑一层薄的环氧树脂层制成应变计，地应力测量时，再用环氧树脂黏结剂充填应变计与钻孔岩壁之间的空隙，实际上是把应变片嵌固在环氧树脂层中。这种应变计操作方便，能适应完整性较差的岩体，测量成功率较高。

测量步骤　①打大孔至测点，磨平孔底。②在孔底粘贴电阻应变花探头。③解除应力，测量其应变。④取出岩心，测其弹性参数。⑤计算岩体应力。　（李邵军）

应力理论 stress theory　以力学观点研究在外力作用下处于平衡状态的物体，导出其平衡微分方程和斜面应力公式，进而建立一点应力状态的理论。

平衡微分方程　弹性体属于连续变形体。设三维空间的弹性体在外力（边界力、体力等）作用下处于平衡状态。对于弹性静力学问题，则要求该物体的任何一部分都满足平衡条件。将其剖分为无穷多个无限小的微元体，如果每一个体元都处于平衡状态，则物体的任何部分，包括整个物体都保持平衡状态。研究微元体的平衡关系，即可得到平衡微分方程（1），又称为纳维尔方程：

$$\begin{aligned}&\frac{\partial\sigma_x}{\partial x}+\frac{\partial\tau_{yx}}{\partial y}+\frac{\partial\tau_{zx}}{\partial z}+F_x=0\\&\frac{\partial\tau_{xy}}{\partial x}+\frac{\partial\sigma_y}{\partial y}+\frac{\partial\tau_{zy}}{\partial z}+F_y=0\qquad(1)\\&\frac{\partial\tau_{xz}}{\partial x}+\frac{\partial\tau_{yz}}{\partial y}+\frac{\partial\sigma_z}{\partial z}+F_z=0\end{aligned}$$

采用张量记法，平衡方程的张量形式为：

$$\sigma_{ji,j}+F_i=0\qquad(2)$$

平衡方程中含有9个应力分量，由于剪应力互等，有6个独立的未知函数，所以一般情形下，不能直接由平衡方程求出应力。另外，在切取微元体时，忽略了体元变形对应力矢量方向变化的影响，这是因为应用了小变形假设。因此，式（1）表示的平衡微分方程只适合于小变形情形。但是，由于没有涉及材料物理性质，所以也适用于其他连续介质。

斜面应力公式　弹性体内任何一点应力可以通过该点平行六面体上的9个应力分量表示，过该体元任何一个斜面上的应力也都能由这9个应力分量表示。通过将四面体体元作为隔离体建立平衡方程，可以得到如下斜面应力公式，又称柯西公式：

$$
\begin{aligned}
F_{nx}&=\sigma_x l+\tau_{yx}m+\tau_{zx}n\\
F_{ny}&=\tau_{xy}l+\sigma_y m+\tau_{zy}n\\
F_{nz}&=\tau_{xz}l+\tau_{yz}m+\sigma_z n
\end{aligned}
\quad (3)
$$

采用张量记法，则斜面公式（3）可以写为：

$$F_{nj}=\sigma_{ij}n_i \quad (4)$$

柯西公式指出，法线为n的斜面上沿坐标轴方向的应力分量，等于四面体体元的应力张量与斜面法向矢量之点积，即如果已知一点邻域的9个应力分量，就可以求出过该点任意斜面上的应力分量。如果将该公式应用在边界表面，就化为边界条件。

一点应力状态　在一点的邻域内，通过该点各微元面上的应力是不同的。只要确定了一点应力张量的九个分量，则过该点任何斜面上的应力分量也就确定了。应力张量提供了一点应力状态的全部信息，物体中每一点的应力状态都对应一个应力张量，故整个物体所在空间就构成一个应力张量场。

一点应力状态是二阶对称张量。当坐标进行旋转变换时，应力分量也在变化，而且与新、旧坐标轴之间的夹角方向余弦有关，是方向余弦的二次式。根据线性代数理论，必然存在唯一一个平方和的坐标系，在这个坐标系中剪应力为零，使方向余弦的交叉项消失。定义剪应力为零的平面为主平面，主平面上的正应力为主应力，主应力的方向为应力主方向，3个主方向构成的坐标系称为一点应力状态的主坐标系或主轴坐标系。可以根据定义来构建确定主应力和应力主方向的方程，得到如下关于特征值的三次代数方程（特征方程）：

$$\sigma^3-I_1\sigma^2+I_2\sigma-I_3=0 \quad (5)$$

式（5）中特征方程的系数I_1、I_2、I_3相对于坐标系旋转变换来说是个不变的量。

求主应力的方法就是解三次代数方程（5），求出3个实根。3个实根通常以其代数值大小排列，依次称为第一主应力、第二主应力、第三主应力，分别用σ_1、σ_2、σ_3表示。3个主应力中的最大者就是该点的最大正应力，最小者就是该点的最小正应力。当3个主应力不相等时，它们是相互正交的；如果两个主应力相等，则在平行该两个主方向组成的平面内任一方向都是主方向；如果3个主应力相等，则任何方向都是应变主方向。实际上，一点应力状态相对于坐标旋转变换来说，其固有属性是不变的。应力张量的对称性是不变的，主应力、主方向、最大剪应力也是不变的。

（李　刚）

应力-应变关系　stress-strain relationship　在外力作用下，物体内部的应力和变形规律必然与物质本身结构构造有关联。描述物性关系的数学表达式通常称为本构关系。广义地说本构关系可以包括许多物理性质的内容，如材料的热力学性质、电磁场效应等。只考虑力学性质的本构方程，在弹性力学中亦称为弹性方程或物理方程，即应力-应变关系。应力-应变关系包括各向同性弹性体广义胡克定律。各向异性弹性体本构方程及其各种特殊情形仅限于小变形下均匀、连续的弹性体范围。经典弹性力学是在材料宏观实验的基础上，应用唯象学观点把固体抽象化为理想弹性体模型建立这种关系，并不涉及材料的微观结构。

各向同性弹性体广义胡克定律　根据理想弹性体模型假设，卸载后材料能够完全恢复其初始形状。因此，在一定温度下，不考虑力学性质的时间效应时，应力与应变之间有一一对应关系。实验是建立这一关系的基础，依据材料的单向拉伸（压缩）实验和纯剪切实验，然后推广到三维空间的一般形式，称为广义胡克定律，有6个应力-应变关系式：

$$
\begin{aligned}
\varepsilon_x&=\frac{1}{E}[\sigma_x-v(\sigma_y+\sigma_z)],\ \gamma_{xy}=\frac{1}{G}\tau_{xy}\\
\varepsilon_y&=\frac{1}{E}[\sigma_y-v(\sigma_x+\sigma_z)],\ \gamma_{yz}=\frac{1}{G}\tau_{yz}\\
\varepsilon_z&=\frac{1}{E}[\sigma_z-v(\sigma_x+\sigma_y)],\ \gamma_{zx}=\frac{1}{G}\tau_{zx}
\end{aligned}
\quad (1)
$$

式（1）中σ_x、σ_y、σ_z为物体某点x、y、z方向的正应力；τ_{xy}、τ_{yz}、τ_{zx}为剪应力；ε_x、ε_y、ε_z为x、y、z方向的正应变；γ_{xy}、γ_{yz}、γ_{zx}为剪应变。式（1）用应力表示应变的各向同性弹性体的广义胡克定律，包含3个弹性常数：杨氏弹性模量E、泊松比v和剪切弹性模量G，它们之间满足以下关系$G=\frac{E}{2(1+v)}$。为了方便，也可以用应变来表示应力，从而得到各向同性弹性体广义胡克定律。

引入两个弹性常数G和λ，称为拉梅常数，其中$\lambda=\frac{Ev}{(1+v)(1-2v)}$，可以得到用拉梅常数表示的胡克定律。张量形式的胡克定律可表示为：

$$\sigma_{ij}=2Ge_{ij}+\lambda e_{mm}\delta_{ij} \quad (2)$$

另外，体积弹性定律可表示为：

$$\sigma_0=K\theta \quad (3)$$

式（2）（3）中$\sigma_{mm}=\sigma_x+\sigma_y+\sigma_z=3\sigma_0$，体积应变$\theta=e_{mm}=\varepsilon_x+\varepsilon_y+\varepsilon_z=3e_0$，比例系数$K$称为体积弹性模量$K=\frac{E}{3(1-2v)}$。体积弹性定律指出：弹性体的体积改变是由平均正应力引起的，并且与体积应变成正比。

在物理方程中共出现了5个弹性常数：杨氏模量E，泊松比v，拉梅常数G和λ，体积弹性模量K，其中只有两个是独立的，5个常数中的任意3个都可以用另外两个表示。线弹性常数数值范围为，$E>0$，$K>0$，$G>0$，$-1<v<1/2$。而常数λ从理论分析来看是允许出现负值的，但是对于大多数广泛应用的工程材料来说，都没有发现$v<0$和$\lambda<0$的情况。对于$E>0$、$G>0$、$K>0$的情形，已分别被单向拉伸实验、薄壁圆管扭转实验、静水压力实验所证实。

对于考虑温度效应的热弹性本构方程，假设物体是连续、均匀的各向同性弹性体，满足小变形假设条件，在温度变化范围内弹性常数不随温度变化。此时，可以把应变张量分为两部分：一部分是应力场引起的，另一部分是温度场引起的，相加后并整理即可得到。

广义胡克定律的一般形式　经典弹性力学主要研究均匀、连续、具有线弹性关系的各向同性弹性体在小变形范围内的应力和变形规律。许多常用的工程材料都可以简化为各向同性弹性体，在物体中每一点的任何方向上都有相同的弹性性质。但是，无论是自然界的材料还是人工材料，如木材、晶体、一些复合材料等，在某个方向或某些方向有着明显的各向异性特征。在一个方向或多个方向具有不同弹性性质的材料，均称为各向异性材料。所有方向弹性性质都不相同的材料称为极端各向异性材料。

广义胡克定律的一般形式可以用张量方程表示为：

$$\sigma_{ij}=E_{ijmn}e_{mm} \quad (4)$$

式（4）中的应力张量σ_{ij}和应变张量e_{mm}都为二阶对称张量；E_{ijmn}为四阶张量，称为弹性常数张量，简称弹性张量，弹性张量的弹性常数有81个。由于应力张量和应变张量的对称性以及弹性张量本身的对称性，对任何各向异性弹性体，弹性常数的个数最多是21个。

各向异性特征决定弹性常数的个数。假如在物体内的每一个点都存在这样一个平面，在以它为对称面的两个方向上具有完全相同的弹性性质，则该平面称为弹性对称面，垂直弹性对称面的方向称为弹性主方向。具有一个弹性对称面的各向异性弹性体，独立弹性常数的个数为13；具有两个弹性对称面的各向异性弹性体，独立弹性常数的个数为9；具有3个弹性对称面的各向异性弹性体又称为正交各向异性弹性体，独立弹性常数仍然是9个。也就是说，一个各向异性弹性体，如果有两个相互正交的弹性对称面，那么第三个正交平面也必然是弹性对称面。对于横观各向同性弹性体（具有一个弹性对称面，在对称面内是各向同性，而垂直弹性对称面方向的弹性性质与弹性对称面内的弹性性质不同），只有5个独立的弹性常数。

（李　刚）

应力状态　stress state　物体一点处所有各个不同截面上应力值的集合，称为该点的应力状态。应力状态理论是结构强度计算的基础。应力状态理论是研究指定点处不同截面上的应力之间的关系。

研究强度问题时通常需要研究每一点的应力，包括正应力σ和切应力τ。对于一个点来讲，如果选取不同的截面方位，该点的应力值是不同的。如轴向拉伸杆（图1）。

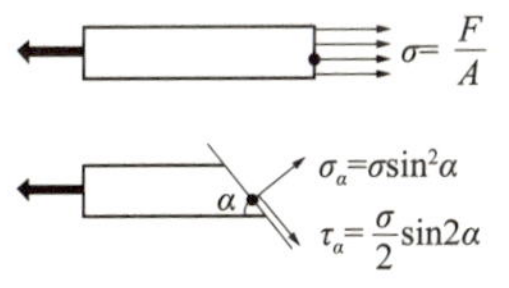

图1　轴向拉伸杆不同方位截面上的应力示意图

由图1可以看出，如果一点处横截面上的正应力为σ、切应力为0，则在与横截面夹角为α的斜截面上的正应力和切应力就变为关于α的函数，正应力和切应力随着α角的变化可能有无数个数值，由此可以得到应力状态的概念。以此类推，可以将研究的问题从单向应力状态扩展到双向和三向应力状态。

在表达一点处的应力状态时，应力单元体是最基本的方法（图2）。为方便起见，常将"点"视为边长为无穷小的正六面体，即所谓应力单元体，认为其各面上的应力均匀分布，并且平行两面上对应的应力数值相等。

为了叙述方便，将法线与x、y、z轴平行的平面分别称为x、y、z面，σ_x、σ_y、σ_z分别是x、y、z面上的正应力。切应力

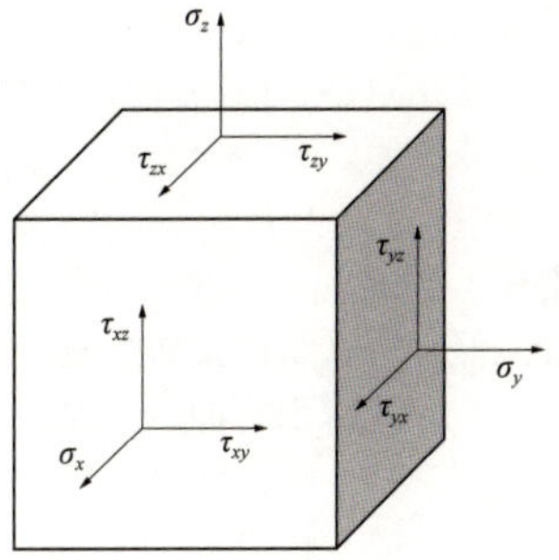

图2　一点应力单元体示意图

的第一个下标表示的是该切应力所在的平面，第二个下标表示的是它的指向，如τ_{xy}表示x面上平行于y轴的切应力。根据切应力互等定理，$\tau_{xy}=\tau_{yx}$，$\tau_{yz}=\tau_{zy}$，$\tau_{zx}=\tau_{xz}$，从而用应力单元体表示一点的应力状态只需要6个量。

一点处切应力等于0的截面称为主平面，主平面上的正应力称为主应力。构件中一般存在3个相互垂直的主平面（该点可以由切应力互等定理推导出来），相应地存在3个主应力。这3个主应力从大到小依次称为第一主应力、第二主应力和第三主应力，分别记为σ_1、σ_2、σ_3（$\sigma_1\geqslant\sigma_2\geqslant\sigma_3$）。计算一点的主应力是分析一点应力状态的重要内容之一。

一点的应力状态根据主应力情况可以分为3类：只有一个主应力不为零的称为单向（单轴）应力状态，两个主应力不为零的称为二向（平面）应力状态，3个主应力都不为零的称为三向（空间）应力状态。通常将单轴应力状态称为简单应力状态，二向和三向应力状态统称为复杂应力状态。只要应力单元体上相互垂直的3个面上的应力已知，过该单元体的任意面上的应力都可以根据平衡条件计算出来。

研究一点的应力状态，首先可以了解一点的应力值随截面方位的变化规律，掌握正应力、切应力的最大、最小值及其所在截面的方位；其次可以加深对构件破坏规律的认识，如铸铁圆轴扭转断裂，断口总是与轴线成45°角（图3），断口位于最

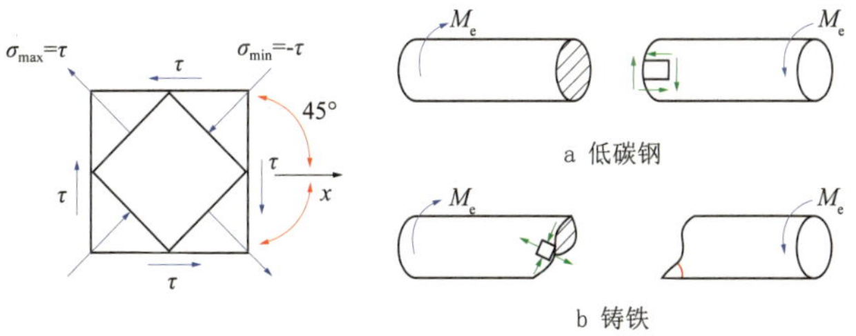

图3　铸铁扭转断口示意图

大拉应力所在的截面；再次，有助于揭示更复杂情况下构件破坏的一般规律，从而建立复杂受力状态下的强度条件。

（胡雨人　撰　季顺迎　修订）

永备机场　permanent military airfield　具有较完备的飞行场地和保障设施，供航空兵部队长期驻用的**军用机场**。通常修建有人工道面和配套的飞行保障设施及设备。

发展简史　军用机场兴建于20世纪初，随着飞机用于战争而产生。早期的飞机重量轻、速度小、滑跑距离短，飞行场地多采用平整的草地。随着飞机的发展，飞行场地的形状由类圆形变成长条形，并逐步增设相应的作战勤务保障设施。喷气式飞机的出现对跑道道面性能的要求提高，于是开始铺筑人工道面，保障设施日趋完善，机场规模也逐步扩大。

中国是世界上航空业发展较早的国家。1910年，清朝政府在北京南苑创建飞机小试验场并设立航空传习所，南苑机场成为中国首个军用机场。

中华人民共和国成立初期，人民空军接收的遗留机场质量较差，为了适应人民空军建设发展的需要，修复并逐步扩建和新建了一大批军用机场，形成了布局合理、设施齐全、配套完善的永备机场体系。20世纪80年代以后，中国军用机场建设探索出一条具有中国特色、适合中国国情的发展之路。进入21世纪，为应对复杂的国际形势和周边环境，军用机场建设进入了一个新的发展阶段。

组成及功能　永备机场设有较长的水泥混凝土或沥青混凝土跑道，以及永久性的建筑物和较完善的配套设施设备。按照其组成部分的用途不同，一般可分为飞机活动区、营房区和服务保障设施三部分。①飞机活动区。供飞机起飞、着陆、滑行、停放和飞行训练用，主要由飞行场地、飞机防护区和机场空域组成。其中，飞行场地是机场的主体；飞机防护区包括个体停机坪、单机掩蔽库和飞机洞库；机场空域由起飞降落空域和训练飞行空域两部分组成。②营房区。主要供人员办公和居住用，分为内场营区、外场营区和零散营区。内场营区包括师（旅）部、飞行团（大队）、场站和家属区等；外场营区包括外场值班室、场务连、警卫连以及机场服务保障设施附近的工作人员营区；零散营区为距离内场营区和外场营区较远的分散小区，如导航台站、飞机洞库营区等。③服务保障设施。除了生活供应设施以外，主要指供战勤保障用的建筑物。包括库房设施、指挥通信设施、导航助航设施、飞机维护设施、供发电设施及

交通线路等。

等级划分　按飞行场地适用机型，可将永备机场分为4个等级（见表）。

发展趋势　从1903年起，军用航空业已有110多年的历史，永备机场经过不同阶段的发展，已具有高强耐用的人工道面、先进的通信导航设备、完善的安全服务及防护设施、成熟的机场规划设计理论方法和先进的勘测施工技术手段等。随着高新技术在军事领域的广泛应用，现代战争必将是全天候、信息化、空天一体的立体化战争，多兵种、多机种空中联合作战样式适应了军事理论发展和现代高技术战争的要求，多机种综合保障基地建设已成为永备机场的发展方向。　（蔡良才）

永备机场等级划分

机场等级	一级	二级	三级	四级
飞行场地适用机型	初级教练机 小型运输机	歼（强）击机 轻型轰炸机 歼击轰炸机 中型运输机	中型轰炸机 大型运输机	重型轰炸机 特大型运输机

永久荷载　dead load　施加在工程结构上不变的（或其变化与平均值相比可以忽略不计的）荷载。又称恒载。见荷载。

有缝线路　jointed rail track　用夹板（鱼尾板）接头连接两端有螺栓孔的厂制钢轨，使两钢轨端面之间留有伸缩缝隙的铁路轨道。有缝线路优点是造价低、铺设方便、施工简单、运输容易，适合于站线、专用线、森林线等次要线路。缺点是有缝线路的夹板接头是轨道的薄弱环节，其危害主要表现在3个方面：①当车轮压在接头的送轮端时，接头的迎轮端将产生垂向错牙，会导致车轮对迎轮端轨头的冲击。②两钢轨端头之间的轨缝，使轮轨之间的滚动接触带出现间断，是导致轮轨冲击的另一原因。③一对夹板的垂向抗弯刚度仅为钢轨本体垂向抗弯刚度的30%左右（如50千克/米钢轨时为27.6%，60千克/米钢轨时为32.6%）。当车轮行经接头时，其轨面会产生动力附加不平顺，增大轮轨的动力附加荷载。

发生在接头区的上述轮轨冲击和动力附加效应，不单会引起轮轨噪声，降低乘车的舒适性，加大机车车辆走行部分的荷载和振动，还会给轨道造成一系列病害，如轨端表面金属碎裂、剥离、掉块，接头区轨面波磨（钢轨沿纵向表面出现的周期性的类似波浪形状的不平顺现象），钢轨螺栓孔裂纹，接头区扣件磨损、松弛和弹性件折损，轨枕承轨台破损，道床砟肩坍塌、道砟粉化、道床板结等，会缩短轨道各部件的使用寿命，增加轨道日常维修工作量和维修费用。　（曾树谷）

有轨电车　trams　一种靠电力牵引、沿轨道行驶的低地板式城市公共交通车辆。分为两种。一种是采用钢轮钢轨导向的、在专用轨道上行驶、具有多路权方式、以地面线路为主的低运量城市轨道交通系统。另一种是依靠司机瞭望驾驶，采用沿轨道行驶、按地面公交模式组织运营的公共交通系统。有轨电车具有城市大容量公共交通和城市轨道交通的双重属性。

简史　有轨电车起源于城市公共马车。为了多载客，人们把马车放在铁轨上，因此最早的有轨电车确切地说应该叫“有轨马车”。1807年，英国威尔士出现了世界上第一条客运轨道公交车，是用马牵引的，这可以说是有轨电车的雏形。直到电力牵引方式的出现，世界上才出现了有轨电车。

1879年，德国工程师E.W.von西门子在柏林的博览会上首先尝试使用电力带动轨道车辆。西门子制定了有轨电车标准，自此真正的有轨电车发展起来。1881年，在柏林近郊铺设了第一条电车轨道，全长400米，车辆为3节编组，可乘坐6人。一条铁轨作为供电轨，另一条作为回流轨。1888年，世界上第一条作为客运交通的有轨电车，在美国弗吉尼亚州里士满市投入使用。

20世纪初，有轨电车作为现代化的交通方式得以迅速发展。从人口10万左右的小城市到人口100万以上的大城市都在发展有轨电车。包括欧洲、北美、亚洲等国家在内，几乎世界上每一个大城市里都拥有有轨电车。中国的北京、天津、上海、大连、香港等诸多城市也相继引入有轨电车。

20世纪90年代后期，法国率先对有轨电车进行全面升级改造，有轨电车升级成为一种先进的交通方式。

适用范围　有轨电车属低运量的城市轨道交通制式，最大运输能力为1.2万人/时，适合作为特大城市/大城市规划新区补充线、中小城市骨干线、旅游地区或大型园区特色旅游线。

运行线路　线路以地面敷设为主，穿越快速路主路、城市繁华区域时采用立交方式；穿越城市主、次干路和支路、快速路辅路路口时采用平交方式。根据道路等级和允许敷设的条件，线路敷设在平行快速路一侧；与城市主、次干路和支路并行的路段，可视道路条件敷设于路中或路侧。

线路敷设于机动车最高允许速度≥60千米/时的路段时，与机动车道之间采用硬隔离方式；线路敷设于机动车允许最高速度在40～60千米/时的路段时，与机动车道之间采用硬隔离或柔性分隔方式；线路敷设于机动车最高允许速度<40千米/时的路段时，与机动车道之间采用柔性分隔方式。

正线数目应为双线，靠右行驶，轨距采用1435毫米。平面最小曲线半径为50米。不与道路混行的专用路权曲线地段设置超高及缓和曲线，地面线平交道口或混行地段可不设超高。站间距通常在300～800米，车站大多为地面站，站台长度40～70米。

行车组织　有轨电车的行车组织既要遵循自身行车调度指挥，也要遵循道路交通信号管理规定。

车辆特征　有轨电车大致分为浮车型、单车型和铰接型三大类。浮车型与单车型是有轨电车所独有的城市轨道交通车型。浮车型为两节单车车体之间夹一无转向架的悬浮车体，列车自重小但轴重大；单车型为单节车体搭配单台转向架，列车自重大但轴重小；铰接型为两节车体共用单台转向架，侧面可用空间最多，适合于客流快速乘降的线路。

中国主流有轨电车的车辆宽度为2.65米，长度为28～44米，对应五模块的浮车型，四模块的单车型和三模块的铰接型。通常有4种有轨电车车型，即三模块70%低地板有轨电车，四、五、七模块100%低地板有轨电车。两列七模块100%低地板车可重联运行，七模块有轨电车定员约400人/列。

车辆最高运行速度70千米/时，平均旅行速度约23千米/时。

微机控制的制动系统，有电制动、空气制动（或液压制动）、停车制动、磁轨制动等制动方式。

有轨电车车辆的4项专有技术：①低地板转向架。车上乘客站立区域距轨道表面高度约一级阶梯（38厘米），低地板转向架首先通过缩小车轮轮径降低高度，其次以断开传统轮对中间段进一步降低通过转向架区域的客室地板高度。②磁轨制动。因有轨电车轮径缩小，轮轨黏着条件变得不利，为保持有轨电车与共享路权的汽车制动能力接近，采用不依赖黏着的磁轨制动以提高制动能力。③车载储能。配置动力蓄电池、超级电容，通过在车站快速充电，取消影响景观的架空接触网。④耐碰撞车体。车体与时速25千米/时以下的小汽车发生侧面碰撞时，确保车辆客室不变形。

供电系统　有轨电车供电系统主要由供配电和车辆牵引供电构成，通常采用中压10千伏单环网供电。牵引供电方式主要分为传统直流750伏架空接触网、架空接触网＋局部储能供电、全线储能供电、地面供电4类。在各种供电方式中，架空接触网应用最为广泛、成熟，建设投资和运营成本最低，且不受雨雪等极端天气影响，可有效保证列车连续、正常运营。车载储能供电方式逐渐发展成为一种重要的供电方式。

信号系统　行车信号控制和综合运营调度及维护管理系统的统称。一般由运营调度管理系统、车载系统、正线道岔控制系统、平交路口信号优先控制系统和车辆段联锁系统等子系统组成，是提高运行效率、保障安全的重要设施。

信号系统技术包括正线信号控制系统的安全要求、平交路口信号优先控制的模式、以运营调度管理系统为基础向综合运营调度管理系统发展。（仲建华）

有机胶结材料　organic binder　能胶结骨料或纤维，组成颗粒型、纤维型复合材料的有机聚合物。有机胶结材料与无机胶凝材料相对应，以天然或人工合成高分子为基本成分，主要包括合成聚合物和沥青两大类。

合成聚合物　通过人工合成的非天然高分子，包括各种合成树脂、合成乳液等。其中合成树脂主要包括环氧树脂、聚氨酯和聚丙烯酸酯等；合成乳液包括聚丙烯酸酯乳液、聚丁苯乳液、聚醋酸乙烯酯乳液、水性环氧树脂乳液、水性聚氨酯乳液等。合成聚合物用于胶结材料具有力学性能高、施工简便等优点。例如，聚合物砂浆是由无机胶凝材料和可以分散在水中的有机聚合物胶结材料搅拌而成的，合成聚合物胶结材料可有效提升砂浆的抗折性能、界面黏结性能和抗渗性能。

沥青　由不同分子量的碳氢化合物及其非金属衍生物组成的黑褐色复杂混合物，是一种高黏度的有机液体，呈液态，表面黑色，可溶于二硫化碳，其作为胶结材料的用途大致与合成聚合物类似。包括天然沥青、煤沥青、石油沥青等。①天然沥青。储藏在地下，有的形成矿层或在地壳表面堆积，这种沥青大都经过天然蒸发、氧化，一般已不含有任何毒素。②煤沥青。是炼焦的副产品，即焦油蒸馏后残留在蒸馏釜内的黑色物质。③石油沥青。是原油蒸馏后的残渣。根据提炼程度的不同，在常温下成液体、半固体或固体。石油沥青色黑而有光泽，具有较高的感温性。由于它在生产过程中曾经蒸馏至400℃以上，因而所含挥发成分甚少，但仍可能有高分子的碳氢化合物未挥发出来，这些物质或多或少对人体健康是有害的。

在土木工程中，沥青是应用广泛的防水材料和防腐材料，主要应用于屋面、地面、地下结构的防水，木材、钢材的防腐。沥青还是道路工程中应用广泛的路面结构胶结材料。它与不同组成的矿质材料按比例配合后可以建成不同结构的沥青路面，在高速公路中应用较为广泛。

（黄蕴元　冉千平）

有机涂料　organic coating　以高分子化合物为主要成膜物质所组成的涂料。有机涂料主要由成膜物质、颜料、成膜助剂与溶剂组成。①成膜物质。指所用各种树脂或油料，可以单独成膜，也可以黏结颜料等物质共同成膜，也称黏结剂，是涂料的基础部分。②颜料。分为着色颜料和体质颜料。着色颜料起着色的作用，体质颜料为白色粉末，起填充和增强作用。有机涂料组成中没有颜料的透明体称清漆，加有颜料的称色漆；以有机溶剂做稀释剂的称溶剂型漆，以水做稀释剂的称水性漆。涂料的配置一般需要经过拌和、研磨、调和、配色和过滤过程。③成膜助剂。能促进高分子化合物塑性流动和弹性变形，改善聚结性能，能在较广泛施工温度范围内成膜的物质。主要包括丙二醇丁醚、丙二醇甲醚醋酸酯等醚醇类高聚物的强溶剂。④溶剂。涂料中成膜物质的分散介质，主要包括水、烃类溶剂（包括脂肪族烃、芳香烃、氯化烃和萜烃等）和含氧溶剂（包括醇、酮、酯和醇醚等）。（陈嘉桢　冉千平）

有限元法　finite element method　通过把原先用偏微分方程描述的问题，将求解域划分为由单元组成的网格，把连续体离散化为有限自由度问题求解的一种数值方法。通常应用于处理经典解析方法不能求解且过于复杂的工程和科学问题。这些问题可能涉及应力分析、热传导、流体流动、润滑、电磁场等领域。有限元法求解过程同时生成大量的适用于计算机求解的代数方程。原始的偏微分方程只在一些规则的定义域上求得解析解，即精确解，但对绝大部分的定义域，特别是实际工程问题，一般得不到解析解。然而，电子计算机可以求解代数方程组。有限元则把原先用偏微分方程描述的问题，通过将求解域划分为单元网格，在每个单元上建立单元内部变量与节点变量的插值函数，最终成功地通过计算机求解线性代数方程组得到原问题的数值解，这样就为求解复杂的工程和科学问题提供了有效计算途径。

将原始的无限自由度问题转化为代数方程组求解的数值方法除有限元法之外，还有有限差分法、边界元法、无网格法等，但是在计算固体力学、计算结构力学及相关的工程分析领域，有限元法一直占有主导地位，并已发展成为工程设计分析中不可或缺的方法。

发展简史　有限元的创立与科学的发展和工业界需求相关。有限元法的基本思想最早可追溯到1943年R.柯朗关于求解平衡和振动问题的变分法的工作，他首次将分片插值函数与弹性力学最小势能原理相结合，求解了弹性柱体扭转问题。1952年，R.W.克拉夫研究三角形机翼振动问题，应用传统梁理论和数学计算，基于一维梁模型的机翼结构挠度计算结果与小比例机翼模型试验数据相差甚远，导致工作失败。1953年，克拉夫计算了小三角形板单元的刚度性能，将一片片小三角形板汇合成机翼，每个单元的特性用单元刚度矩阵来近似表示，然后用结构矩阵分析方法求得近似解。机翼结构挠度计算结果与小比例模型试验数据吻合。这就是直接刚度法，也是有限元法的雏形。1956年，通过波音研究组的工作，线性有限元分析得以闻名。几乎同时，J.H.阿吉里奇（1955）从另一角度将结构矩阵分析的概念用于航空结构，提出了类似的方法。1960年，克拉夫首先采用“有限元法”命名他们提出的方法。E.L.威尔逊在他的指导下编制了世界上第一个求解弹性力学平面问题的有限元程序，并在重力坝的应力计算中得到了成功的应用。克拉夫、阿吉里奇和O.G.辛克维奇三人被国际公认为有限元法的创始人。1968年辛克维奇出版的《连续体和结构的有限元法》一书是国际上第一本全面介绍这种方法的专著。

对有限元理论做出杰出贡献的中国科学家有两位，一位是胡海昌，他独立建立了固体力学中三类变量（位移、应变和应力，或变形率、速度和应力）的广义变分原理（1954），解决了两场原理（位移和应力）在非线性分析中与应变控制的本构方程不相容问题。胡－鹫津变分原理因此得名。有限元法的多场弱形式就是应用了该变分原理。另一位是应用数学和力学家冯康，他提出了基于变分原理的有限元方法（1965），被国际学术界视为中国独立发展有限元法的重要里程碑。1965年，冯康也在研究坝体结构的力学分析问题时，独立发展了基于变分原理的有限差分法。

20世纪60～70年代，世界上有三个研究与发展有限元法的中心：克拉夫所在的美国加州大学伯克利分校、阿吉里奇所在的德国斯图加特大学和辛克维奇所在的英国斯旺西大学。在他们的带领下，伴随着计算机技术的飞速发展，越来越多的学者投入有限元法的研究，在许多大学和研究所里，工程师们将有限元扩展至非线性、小位移的静态问题，提供了处理复杂形状真实问题的可能性，使得有限元法在深度与广度上都取得飞速发展。与此同时，研究者研制了一批商用的有限元分析软件，促使有限元法在工程设计分析中发挥越来越大的作用。有限元法被誉为20世纪最重要的数值方法进步之一，也是力学家对人类的最重要贡献之一。

有限元软件的发展适逢有限元数值计算的蓬勃兴起和基于仿真的工程与科学的大量需求，由此形成了许多国际化的软件公司和软件产业。有限元程序可划分两条分支，即隐式和显式求解程序。隐式求解程序有SAP、MARC、ANSYS、ABAQUS、ADINA、NASTRAN等。显式求解程序有hydro-codes、SAMSON、WRECKER、DYNA等，之后发展了DYNA-2D和DYNA-3D程序。

自20世纪80年代，北京大学袁明武在“SAP”程序基础上开发“SAP84”，开创了中国有限元软件市场化的先河。中国建筑研究院开发的“PKPM”软件结合中国建筑结构设计规范，成为中国建筑结构分析和设计的专用程序。中国航空工业部门组织研发的“HAJIF”软件填补了中国飞机结构强度分析有限元程序的空白。大连理工大学钟万勰领导开发了“SIPESC”工程与科学计算集成软件平台。中科院计算所梁国平开发的“飞箭”软件和郑州机械所开发的“紫瑞”软件都曾经进入了有限元商用软件市场。大连理工大学胡平领导的课题组开发的“KMAX”软件和湖南大学钟志华开发的有限元程序成为汽车覆盖件冲压模具的主要研制工具。清华大学庄茁课题组分别自主开发了动态断裂力学有限元程序“东方（DYFRAC）”和基于断裂力学的扩展有限元程序“西方（SAFRAC）”。

基本思想　有限元法的主要思想是把一个连续结构描述成一些离散的结构单元。例如，对结构中的一维单元，如梁、柱、桁架等，其刚度用矩阵来表示，所承受的载荷集聚到单元的节点用矢量来表示。也就是把一个连续单元的性质用单元和节点的离散性质来描述。于是一根连续梁就被简化成若干个梁段的刚度矩阵和一些集中到离散结点上的载荷。再加上边界条件，就把连续结构求解微分方程的问题转化成求解离散结点的矩阵代数方程问题。这是一个离散化的思想，虽然是一种近似，但能把求解微分方程的问题转化成求解矩阵代数方程，从而很容易采用电子计算机来计算。

把这一思想推广到二维和三维问题，并应用于弹性结构，即弹性力学平面问题和空间问题。主要计算过程是把一个平面或立体的弹性体离散成许多平面三角形或空间四面体的单元组成的网格（图1），并

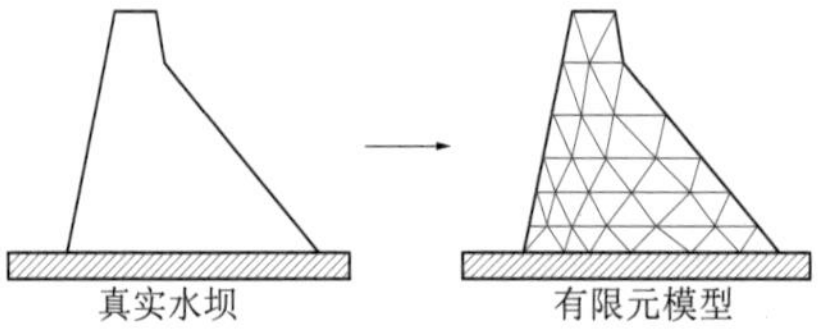

图1　真实水坝及其有限元模型示意图

在每个单元上设定位移对于节点位移的插值关系。对于节点位移的插值函数称为形函数。每个单元上弹性体的力学特性通过矩阵来描述，称为单元刚度矩阵。同时把载荷集聚到节点处，称为节点载荷。此时独立的未知量就是各单元节点的节点位移，未知的应力可以在求得位移解之后进一步得到。根据有限元网格中各单元的连接关系，可以由单元刚度矩阵集成总体刚度矩阵。而由总体刚度矩阵，计及给定的边界条件，就可以得到用于求解未知节点位移的线性代数方程组，称为有限元方程。在网格生成，并设定单元位移模式之后，单元刚度矩阵、整体刚度矩阵的生成和有限元方程的建立均可基于弹性力学的最小势能原理进行。

在有限元法的初期，首先研究了弹性力学平面问题中假设平面位移均为线性分布的3节点平面三角形单元（图2）。这种单元虽然还存在一些缺点，但它体现了有限元法的全部基本思想和列式的基本架构。后来的许多性能更为优秀的单元都是以此为基础改进、发展起来的。下面就以这种平面三角形单元为例来说明有限元法的经典格式和基本步骤。

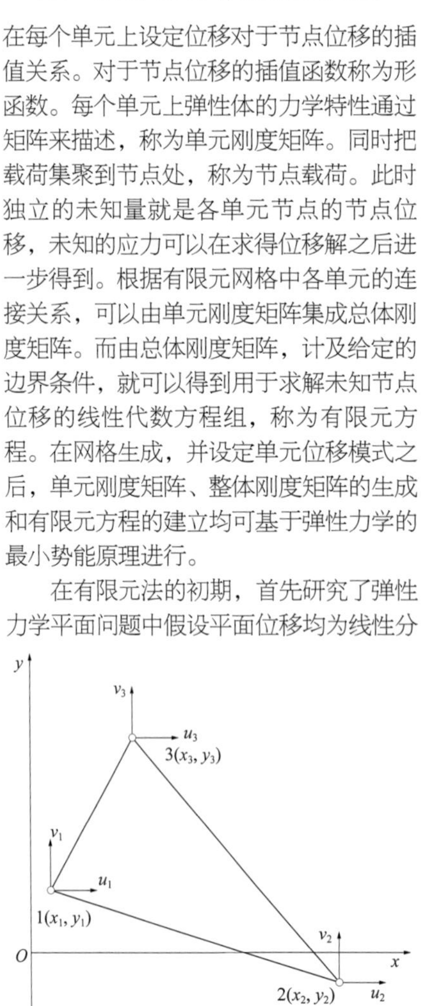

图2　3节点三角形单元示意图

单元位移模式及插值函数的构造　典型的3节点三角形单元的节点编号为以逆时针方向为编号正向。每个节点有两个位移分量（图2），节点位移列阵为：

$$\boldsymbol{a}_i=\begin{pmatrix}u_i\\ \nu_i\end{pmatrix}\qquad i=1,2,3$$

单元节点位移列阵则为：

$$\boldsymbol{a}^{\mathrm{e}}=\begin{pmatrix}\boldsymbol{a}_1\\ \boldsymbol{a}_2\\ \boldsymbol{a}_3\end{pmatrix}=[u_1\ \ \nu_1\ \ u_2\ \ \nu_2\ \ u_3\ \ \nu_3]^{\mathrm{T}}$$

在有限元法中，单元的位移模式（或称位移函数）一般采用多项式作为近似函数。多项式的选取应由低次到高次。研究表明，多项式是一组完备和协调的函数系，它的优越性是随着网格的加密，保证了解的收敛。

3节点三角形单元的位移模式选取一次多项式：

$$u=\beta_1+\beta_2x+\beta_3y,\ \nu=\beta_4+\beta_5x+\beta_5y \tag{1}$$

它的矩阵表示是：

$$\boldsymbol{u}=\boldsymbol{\phi}\boldsymbol{\beta} \tag{2}$$

其中：

$$\boldsymbol{u}=\begin{pmatrix}u\\ \nu\end{pmatrix}\qquad \boldsymbol{\phi}=\begin{bmatrix}\boldsymbol{\varphi} & 0\\ 0 & \boldsymbol{\varphi}\end{bmatrix}$$

$$\boldsymbol{\varphi}=[1\ \ \boldsymbol{x}\ \ \boldsymbol{y}]\qquad \boldsymbol{\beta}=[\beta_1\ \ \beta_2\ \ \cdots\ \ \beta_6]^{\mathrm{T}}$$

式中$\boldsymbol{\phi}$为位移模式，它表示位移作为坐标x、y的函数中所包含的项次。对于现在的情况，单元内的位移是坐标x、y的线性函数；$\beta_1\cdots\beta_6$是待定系数，称为广义坐标。6个广义坐标可由单元的6个节点位移来表示。

将求得的广义坐标$\beta_1\cdots\beta_6$代入（2）式，可将位移函数表示成节点位移的函数，即：

$$\begin{aligned}u&=N_1u_1+N_2u_2+N_3u_3\\ \nu&=N_1\nu_1+N_2\nu_2+N_3\nu_3\end{aligned} \tag{3}$$

其中：

$$N_i=\frac{1}{2A}(a_i+b_ix+c_iy)\quad i=1,2,3$$

式中A为三角形单元的面积；N_i为单元的插值函数或形函数，其中的a_i、b_i、c_i、…是常数，取决于单元3个节点的坐标。（3）式的矩阵形式是：

$$\boldsymbol{u}=\boldsymbol{N}\boldsymbol{a}^{\mathrm{e}}$$

式中$\boldsymbol{N}$为插值函数矩阵或形函数矩阵；$\boldsymbol{a}^{\mathrm{e}}$为前述单元节点位移列阵。

应变矩阵和应力矩阵确定了单元位移

后，利用几何方程和物理方程可以求得单元的应变和应力。单元应变为：

$$\boldsymbol{\varepsilon}=\begin{pmatrix}\varepsilon_x\\ \varepsilon_y\\ \gamma_{xy}\end{pmatrix}=\boldsymbol{L}\boldsymbol{u}=\boldsymbol{L}\boldsymbol{N}\boldsymbol{a}^{\mathrm{e}}=\boldsymbol{B}\boldsymbol{a}^{\mathrm{e}}$$

式中$\boldsymbol{B}$为单元应变矩阵；$\boldsymbol{L}$为平面问题的微分算子。

$$\boldsymbol{L}=\begin{bmatrix}\dfrac{\partial}{\partial x} & 0\\ 0 & \dfrac{\partial}{\partial y}\\ \dfrac{\partial}{\partial y} & \dfrac{\partial}{\partial x}\end{bmatrix}$$

3节点三角形单元的单元应变矩阵是：

$$\boldsymbol{B}=\frac{1}{2A}\begin{bmatrix}b_1 & 0 & b_2 & 0 & b_3 & 0\\ 0 & c_1 & 0 & c_2 & 0 & c_3\\ c_1 & b_1 & c_2 & b_2 & c_3 & b_3\end{bmatrix}$$

此时应变矩阵$\boldsymbol{B}$是常量阵。因此3节点三角形单元为常应变单元。在应变梯度较大（也即应力梯度较大）的部位，单元划分应适当细分，否则将不能反映应变的真实变化而导致较大的误差。

单元应力可以根据物理方程求得，得到：

$$\boldsymbol{\sigma}=\begin{pmatrix}\sigma_x\\ \sigma_y\\ \tau_{xy}\end{pmatrix}=\boldsymbol{D}\boldsymbol{\varepsilon}=\boldsymbol{D}\boldsymbol{B}\boldsymbol{a}^{\mathrm{e}}=\boldsymbol{S}\boldsymbol{a}^{\mathrm{e}}$$

式中$\boldsymbol{S}=\boldsymbol{D}\boldsymbol{B}$为单元应力矩阵；$\boldsymbol{D}$为平面问题的弹性矩阵。

$$\boldsymbol{D}=\begin{bmatrix}\dfrac{E_0}{1-\nu_0^2} & \dfrac{E_0\nu_0}{1-\nu_0^2} & 0\\ \dfrac{E_0\nu_0}{1-\nu_0^2} & \dfrac{E_0}{1-\nu_0^2} & 0\\ 0 & 0 & \dfrac{E_0}{1+\nu_0}\end{bmatrix}$$

对于平面应力问题，式中的弹性常数E_0、ν_0即材料的弹性常数E、ν。

$$E_0=E\qquad \nu_0=\nu$$

对于平面应变问题，需根据下式代入材料的弹性常数：

$$E_0=\frac{E}{1-\nu^2}\qquad \nu_0=\frac{\nu}{1-\nu}$$

3节点三角形单元的应力矩阵$\boldsymbol{S}$也是常量阵。

对于不同的弹性力学问题，单元应变矩阵$\boldsymbol{B}$和单元应力矩阵$\boldsymbol{S}$是不同的。

利用最小势能原理建立有限元方程弹性力学问题的变分提法是和描述为偏微分方程边值问题的微分提法完全等价的。在上述假设位移模式的基础上，可以利用弹性力学最小势能原理来建立有限元方程。根据最小势能原理，在所有几何允许的位移场中，弹性力学问题的真实位移解使总势能泛函$\varPi_{\mathrm{P}}$取最小值。在几何允许的假设位移模式下，弹性力学平面问题的总势能泛函可表示为：

$$\begin{aligned}\varPi_{\mathrm{p}}&=\sum_{\mathrm{e}}\varPi_{\mathrm{p}}^{\mathrm{e}}\\ &=\sum_{\mathrm{e}}\left(\boldsymbol{a}^{\mathrm{eT}}\int_{\Omega_{\mathrm{e}}}\frac{1}{2}\boldsymbol{B}^{\mathrm{T}}\boldsymbol{D}\boldsymbol{B}t\mathrm{d}x\mathrm{d}y\,\boldsymbol{a}^{\mathrm{e}}\right)\\ &\quad-\sum_{\mathrm{e}}\left(\boldsymbol{a}^{\mathrm{eT}}\int_{\Omega_{\mathrm{e}}}\boldsymbol{N}^{\mathrm{T}}\boldsymbol{f}t\mathrm{d}x\mathrm{d}y\right)\\ &\quad-\sum_{\mathrm{e}}\left(\boldsymbol{a}^{\mathrm{eT}}\int_{S_\sigma^{\mathrm{e}}}\boldsymbol{N}^{\mathrm{T}}\boldsymbol{T}t\mathrm{d}S\right)\end{aligned}$$

式中总势能为各单元势能$\varPi_{\mathrm{p}}^{\mathrm{e}}$的和；$t$为弹性体的厚度；$\boldsymbol{f}$为作用在弹性体内的体积力；$\boldsymbol{T}$为作用在二维体边界上的面力。

离散形式的总势能可表示为：

$$\varPi_{\mathrm{p}}=\boldsymbol{a}^{\mathrm{T}}\frac{1}{2}\sum_{\mathrm{e}}(\boldsymbol{G}^{\mathrm{T}}\boldsymbol{K}^{\mathrm{e}}\boldsymbol{G})\boldsymbol{a}-\boldsymbol{a}^{\mathrm{T}}\sum_{\mathrm{e}}(\boldsymbol{G}^{\mathrm{T}}\boldsymbol{P}^{\mathrm{e}})$$

式中$\boldsymbol{a}$为整体节点位移列阵，单元节点位移列阵$\boldsymbol{a}^{\mathrm{e}}=\boldsymbol{G}\boldsymbol{a}$；$\boldsymbol{G}$为单元节点自由度和整体节点自由度的转换矩阵；$\boldsymbol{K}^{\mathrm{e}}$为单元刚度矩阵；$\boldsymbol{P}^{\mathrm{e}}$为单元等效节点载荷列阵，它包括由体积力和面力产生的两部分，分别记为$\boldsymbol{P}_{\mathrm{p}}^{\mathrm{e}}$和$\boldsymbol{P}_{\mathrm{s}}^{\mathrm{e}}$，即：

$$\boldsymbol{K}^{\mathrm{e}}=\int_{\Omega^{\mathrm{e}}}\boldsymbol{B}^{\mathrm{T}}\boldsymbol{D}\boldsymbol{B}t\mathrm{d}x\mathrm{d}y\qquad \boldsymbol{P}^{\mathrm{e}}=\boldsymbol{P}_{\mathrm{f}}^{\mathrm{e}}+\boldsymbol{P}_{\mathrm{s}}^{\mathrm{e}}$$

$$\boldsymbol{P}_{\mathrm{f}}^{\mathrm{e}}=\int_{\Omega^{\mathrm{e}}}\boldsymbol{N}^{\mathrm{T}}\boldsymbol{f}t\mathrm{d}x\mathrm{d}y\qquad \boldsymbol{P}_{\mathrm{s}}^{\mathrm{e}}=\int_{S_\sigma^{\mathrm{e}}}\boldsymbol{N}^{\mathrm{T}}\boldsymbol{T}t\mathrm{d}S$$

离散形式的总势能还可表示为：

$$\varPi_{\mathrm{p}}=\frac{1}{2}\boldsymbol{a}^{\mathrm{T}}\boldsymbol{K}\boldsymbol{a}-\boldsymbol{a}^{\mathrm{T}}\boldsymbol{P}$$

式中$\boldsymbol{K}$和$\boldsymbol{P}$分别为整体刚度矩阵和整体节点载荷列阵。

$$\boldsymbol{K}=\sum_{\mathrm{e}}\boldsymbol{G}^{\mathrm{T}}\boldsymbol{K}^{\mathrm{e}}\boldsymbol{G}\qquad \boldsymbol{P}=\sum_{\mathrm{e}}\boldsymbol{G}^{\mathrm{T}}\boldsymbol{P}^{\mathrm{e}}$$

此式所表示的是一个组装过程，这个组装过程与直接刚度法是一致的。

根据最小势能原理，使泛函$\varPi_{\mathrm{p}}$取最小值的必要条件是它的一次变分为零，$\delta\varPi_{\mathrm{p}}=0$，即$\partial\varPi_{\mathrm{p}}/\partial\boldsymbol{a}=0$，由此最终可得有限元方程：

$$\boldsymbol{K}\boldsymbol{a}=\boldsymbol{P}$$

由此线性代数方程组可以解得节点位移列阵，即各单元节点的位移。由于利用假设的位移模式将无限自由度问题离散化为有限自由度问题，人为地对连续体的位移施加了限制，因此得到的是近似解。如果在计算过程中没有产生计算误差，那么得到的数值解和真实解的差别就是离散误差。如果形函数是完备、协调的话，它随着单元的不断细分，或提高位移模式中多项式的阶数，离散误差可以逐步减小，收敛于精确解。如果形函数不是完备、协调的，则收敛性不能保证。在得到节点位移值后，可以通过插值得到所需要位置上的位移值。由位移还可进一步计算应变和应力，但其中经过求导，会使精度进一步降低。

展望　几十年来，在经典有限元法的基础上，开辟了许多新的研究方向和领域，其中包括：等参元，又称为母单元，即单元形函数插值与单元形状的插值采用相同函数的单元；各种完备、协调的高性能协调元；非协调元、杂交元和分片试验；三维实体元；板、壳单元；动力学有限元方程广义特征值算法和动力响应求解算法；线性代数方程组的多种解法、稀疏矩阵解法；非线性问题的有限元法：几何非线性、材料非线性和接触非线性；非线性问题求解；大变形发生后的网格畸变、自适应技术等。（袁明武）

有效应力原理　principle of effective stress　美籍奥地利人K.太沙基于1923年提出的描述饱和土体中总应力、有效应力及孔隙水压力三者之间关系的方程式。该原理认为：饱和土体中总应力σ为有效应力σ'与孔隙水压力u之和，即：

$$\sigma=\sigma'+u\tag{1}$$

或

$$\sigma'=\sigma-u\tag{2}$$

英国的A.W.毕肖普进一步将太沙基有效应力原理推广用于非饱和土，提出了更一般的表达式：

$$\sigma=\sigma'+u_{\mathrm{a}}-\chi(u_{\mathrm{a}}-u_{\mathrm{w}})\tag{3}$$

式（3）中u_{a}为孔隙气压力；u_{w}为孔隙水压力；χ为一个与饱和度有关的参数，对于饱和土，$\chi=1$；对于干土，$\chi=0$。

有效应力原理阐明了碎散颗粒材料与连续固体材料在应力－应变关系上的重大区别，有效应力原理表示研究平面上的总应力、有效应力与孔隙水压力（土体中由土骨架中孔隙内的水所承担或传递的压力。又称孔隙压力，其均匀地施向各个方向。一般认为孔隙水压力的变化不直接影响土的力学性质）三者之间的关系：当总应力保持不变时，孔隙水压力与有效应力可以相互转化，即有效孔隙水压力减小等于有效应力的等量增加。

有效应力原理是土力学区别于一般固体力学的一个最重要的原理，贯穿于土力学的整个学科，是使土力学成为一门独立学科的重要标志。（胡安峰）

有砟轨道　ballast track　由钢轨、扣件、轨枕和散粒体碎石（或卵石、砂）道床、道岔及轨道加强设备组成的铁路轨道。是铁路上应用最早、使用范围最广的轨道结构形式，有较丰富的使用经验，成套的线路大修、维修机械和施工工艺。

结构特点及作用　有砟轨道的散粒体碎石道床随线下基础顶面材料和状态的不

同，可以是由面层碎石道砟和底层级配碎石所组成的双层道床，也可以是面层碎石道砟形成的单层道床。

散粒体碎石道床有良好的弹性，能较好地吸收轮轨冲击、轨道振动等动力作用，又能将车轮荷载沿轨道纵向分配到更多根轨枕上。

类型　有砟轨道的轨道类型通常用构成轨道的钢轨类型、轨枕类型及每千米铺设根数、道床结构、道砟材料及道床厚度来表示。客货共线铁路正线有砟轨道类型分为特重型、重型、次重型、中型和轻型；高速铁路有砟轨道只有一种结构，不分轨道类型，不分等级。

轨道类型的选择根据不同的运输需求而定。对于年通过总重大，行车速度高，设计轴重大的线路应采用类型重、等级高的轨道类型，反之应采用类型轻、等级低的轨道类型。轨道类型选择主要依据以下条件：①足够的轨道承载能力，确保在列车荷载作用下轨道各部件的强度、轨道结构的稳定、由轨道部件累积损伤所决定的使用寿命和由轨道累计变形速率所决定的轨道维修工作量满足设计要求。②列车在轨道上运行的安全性、舒适性指标优良。③由轨道设备的一次投资费用、轨道设备的使用寿命及在整个使用限期内的维修费用所决定的生命周期成本最低。

（曾树谷）

雨污分流制　separate system　分别用雨水管渠和污水管道收集、输送雨水和污水的排水方式。雨污分流制是污水由污水管道收集并输送到污水厂处理，雨水由雨水管渠收集，就近排入水体，具有较高的环境效益。因此，除降雨量少的干旱地区外，其他地区应采用分流制。降雨量少的干旱地区指年均降雨量200毫米以下的地区，中国200毫米以下年等降水量线位于内蒙古自治区西部经河西走廊西部以及藏北高原一线，此线是干旱和半干旱地区分界线。

污水管道内的淤积会影响管道输送能力。污水管道应保证最小流速避免淤积。起点污水管段流速不能满足要求时，应通过最小坡度避免淤积。重力流污水管道旱天应按非满管流运行，避免管道高水位运行，使流速降低，增加淤积的风险。此外，污水管道应防止外来水进入污水系统，包括从管渠或检查井缝隙渗漏进管道的地下水、从排口倒灌到污水系统的河水、从雨污混接点进入污水管渠的雨水等。

雨水管渠是雨水系统的一部分，雨水系统包括源头减排、雨水管渠、排涝除险等工程性措施和应急管理的非工程性措施，主要实现雨水的收集、输送、径流的下渗、滞留、调蓄、净化、利用和排放，解决排水内涝防治和径流污染控制的问题。

根据中国城市分流制排水系统实际摸排情况，分流制雨水管渠因建设、管理等原因，存在污水管道混接、错接现象，主要包括居民住宅阳台污水混接入雨水立管、住宅小区内部雨污管道混接、沿街商户和企事业单位雨污混接、城市新建道路及地块开发等工程施工时雨污管道错接、分流制雨水管渠和合流制排水系统的合流污水管道错误连通等。雨污管道混接、错接现象一方面会导致分流制排水系统旱天污水通过雨水管渠直排受纳水体，严重影响受纳水体水质；另一方面污水系统在雨天混入大量雨水造成水质偏淡，不仅带来水环境污染，也直接影响污水收集和处理设施的效能发挥。因此，分流制排水系统在建设和管理中应当从源头建筑物内部开始直到管网末梢全过程避免雨污混接、错接。

当降雨经过屋顶和地面时，会吸附各种污染物，包括土壤颗粒、沉积物、重金属、有机污染物、动物粪便、油和油脂等。污染物被带入雨水系统，造成径流污染。径流污染控制是海绵城市建设的重要内容之一，与水环境保护息息相关。分流制系统首先应根据海绵城市建设理念，加强源头减排，降低雨水径流总量和峰值流量，控制径流污染。同时，应禁止雨污混接、错接，并根据受纳水体水环境容量合理设置截流调蓄设施，且规模应与下游污水系统的输送和处理能力相匹配。（张　辰）

雨污合流制　combined system　用同一管渠系统收集、输送雨水和污水的排水方式。

发展状况　在经济欠发达且对水环境保护不重视的阶段，投资较低的合流制是很多城市首选的排水体制，因此中国很多大城市的老城区和美国、德国、日本等国家的大城市老城区一样，都采用了合流制系统。

最早出现的合流制排水系统，将混合污水不经处理直接就近排入水体，使受纳水体遭受严重污染。随着各国对传统的合流制排水体制弊端的认识以及对城市降雨径流污染研究的深入，在改造老城市原始的合流制排水系统时，常采用截流式合流制系统，即设置截流干管，将一定流量的混合污水排放至下游的污水处理厂进行处理。合流污水的截流量一般采用截流倍数（截流的雨水量与平均旱流污水量的比值）进行计算，应根据旱流污水的水质、水量、受纳水体的环境容量和排水区域大小等因素经计算确定，中国标准建议采用2～5。但截流式合流制系统仍会有部分混合污水未经处理直接排放，对城市水体水质产生较大的影响。

设计要点　合流制排水系统一般建成时间较早，管网维护缺失，管道存在腐蚀、破裂、变形等缺陷，导致管道漏损，地下水位较高地区，还会加剧地下水入渗问题，降低管道输送能力，同时会导致水质偏淡，从而影响收集和处理设施的效能。因此，应对合流污水管道进行全面的检测、评估、修复和定期的维护保养。

合流制排水系统还要考虑截流井的防倒灌措施，避免河湖水倒灌入合流污水管道。截流井的溢流水位，应在受纳水体洪水位或受纳管道设计水位以上，以防止下游水倒灌；当不能满足时，溢流管道上应设置闸门等防倒灌设施。

由于合流污水管道旱天时流量较低，污水中的悬浮物易发生沉降，形成管道沉积物，雨天时管道中的淤积会直接导致溢流污染。管道设计要保证，最小流速避免淤积，起点管段流速不能满足要求时，通过最小坡度避免淤积。同时，合流污水管道旱天应按非满管流运行。合流污水管道采用高水位运行时，当管道充满度超过设计充满度时，在设计流量下的流速会明显降低，增加淤积的风险，还会降低雨天污水系统的截流能力。（张　辰）

预防性维护管理　preventive maintenance　根据土木工程设备或者结构物的服役性能变化规律，在故障或损伤发生前制定维护方案，及时对有失效迹象或有较大损伤累积的构件开展修补、更换等维护工作，最终提高土木工程设备或结构在服役期内可靠性水平的维护管理方式。

发展阶段　20世纪40年代末至50年代初，预防性维护管理从美国兴起并传入其他国家，其发展大致经历了3个阶段：①对土木工程设备或者结构物实行以预防维修为中心的维护管理，通过开展预防维修和改善维修，保证设备或者工程结构处于正常服役状态。②在土木工程设备或者结构物的设计、施工阶段采取措施，从工作机理上减少或避免设备或结构缺陷的发生，提升其经济性。③把土木工程设备或者结构故障预防维修的概念进一步延伸到整体经济效益，即对土木工程设备或者结构物进行全过程管理，将全生命周期内费用控制在一个较低的水准。

主要内容　针对设备或结构的预防性维护管理包括3个方面：①日常养护管理，如钢桥的定期除锈与涂装。②周期性检查，通过及时掌握结构构件的劣化状况，合理预测设备或结构可能出现的问题。③在设备或结构出现影响正常运行的问题之前，制定并实施结构维护计划，对结构采取及时的复原措施或避免劣化的预防措施。如新线钢轨的预防性打磨，能够延长钢轨使用寿命，提高旅客列车舒适度水平。

作用　土木工程设备或者结构物的性能变化规律需要结合设备或构件的工作机理、运营条件、状态检测结果和大量数据统计结果来加以总结。制定的维护方案应当简便易行，尽量减小维护活动对土木工程设备或结构物的正常运营的干扰。

预防性维护管理有助于土木工程设备或者结构物在服役过程中保持良好的服役状态，提升其服役期内的运营安全性，保证其以优良状态达到设计的服役年限，甚至在一定程度上延长结构的服役寿命。

预防性维护管理有时会造成维护过度，因此经济性较低。可通过对土木工程设备或者结构物的维修策略与全生命周期成本组成要素开展相关性分析，建立结构风险和可用度的预防维修周期优化模型。探索在满足可用度的约束条件下，结构风险及维修费用最低的预防性维护周期，满足多指标需求。（王　平　陈　嵘）

预应力混凝土结构　prestressed concrete structure　在结构承受外荷载作用前，预先对其在外荷载作用下的受拉区施加压应力，以改善结构使用性能的混凝土结构。根据预应力施加工艺的不同，预应力混凝土可分为先张法预应力混凝土和后张法预应力混凝土两种。①先张法预应力混凝土。在构件混凝土浇筑之前张拉预应力筋，待混凝土达到设计强度后，将施加在预应力筋上的拉力逐渐释放，利用预应力筋与混凝土之间的黏结力对混凝土施加预压应力（图1）。②后张法预应力混凝土。在构件混凝土强度达到设计值后，利用预设在混凝土构件内的孔道穿入预应力筋，以混凝土构件本身为支撑张拉预应力筋，然后用特质锚具将预应力筋锚固形成永久预应力，最后在预应力筋孔道内压注水泥砂浆使预应力筋和混凝土黏结形成整体（图2）。

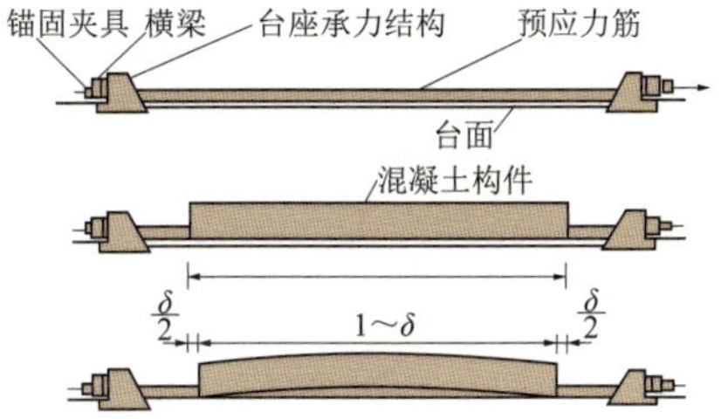

图1　先张法生产示意图

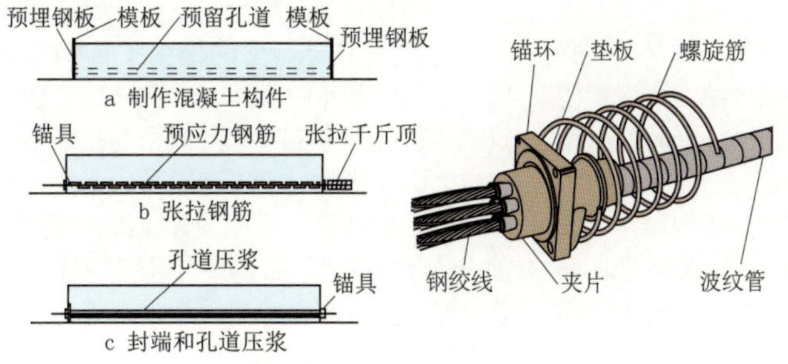

图2　后张法的施工程序示意图

与非预应力混凝土结构相比，预应力混凝土结构可以限制截面裂缝宽度、减小构件挠度、减轻结构自重，大大改善结构的受力性能和使用性能。（肖建庄）

预应力混凝土桥　prestressed concrete bridge　主要承重结构采用预应力混凝土结构的桥梁。预应力混凝土桥梁利用预应力钢筋或钢束的预张力，使混凝土受拉区在受载前预先受压，在运营阶段不出现拉应力（称全预应力混凝土），或有拉应力而未出现裂缝或控制裂缝在容许宽度内（称部分预应力混凝土）。

特点　预应力混凝土桥出现在20世纪30年代，其主要优点是：①节省钢材，降低桥梁的材料费用。②由于采用预应力工艺，混凝土梁段接头安全可靠、工程造价显著降低。③采用平衡悬臂法施工，避免了在水中和深谷中搭设支架，跨越能力大、安全性高。④同钢筋混凝土桥相比，自重和建筑高度较小。⑤因消除了活载所致裂纹，结构耐久性好。

横截面形式　中、小跨径预应力混凝土桥梁横截面有板状、T形、箱形（图1）。板状构造简单，建筑高度小，为减轻自重，常将横截面挖成空心截面（图1a），用于跨度在25米以内的桥梁。T形梁是由梁肋和钢筋混凝土桥面板结合在一起的承受结构（图1b）。T形梁截面挖空率高，具有更大抵抗荷载弯矩的能力，用于跨度在50米内的桥梁中。但需要在梁肋间设置若干道横隔板，以增强T形梁的整体性。箱形截面提供较大的抗弯惯性矩和抗扭刚度，在偏心活载作用下箱梁受力较为均匀。图1c为小箱梁断面，多用于跨度在40米内的中、小跨径桥梁中，图1d为箱梁断面，适用于跨径较大的桥梁中。

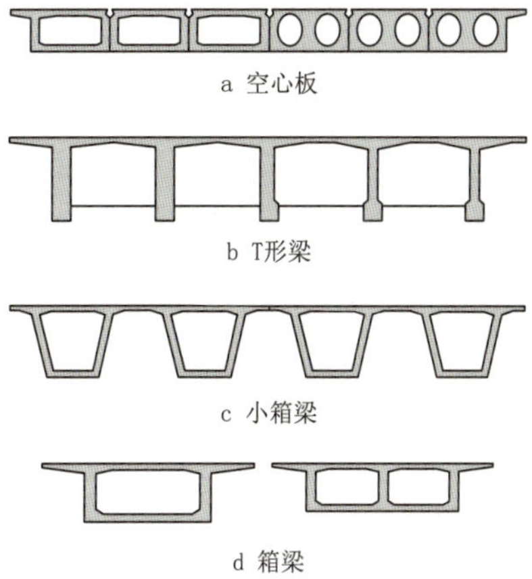

图1　预应力混凝土桥梁横截面形式示意图

类型　主要有：

T形刚构桥　主梁从墩顶两侧悬臂伸出，形同“T”字而得名。按其发展过程可分为铰接T构桥、挂孔T构桥和单T构桥。①铰接T构桥。相邻两悬臂端通过剪力铰连接，是早期T构桥的主要形式。其优点是主梁弯矩值不变号，便于配筋；缺点是成桥后因混凝土收缩、徐变及温度变化，会在剪力铰处产生附加剪力、主梁中产生附加内力，活载作用下铰接处会产生较大的转折角，对高速行车不利。如荷兰东斯海尔德公路桥（1965年，55孔91.4米）每跨跨中都设有铰。②挂孔T构桥。在两个T构之间设一挂孔。如澳大利亚布里斯班河公路桥（1972年，分跨为73.2米+109.2米+146.3米+182.9米+42.7米），在第2、第4孔内各设25米挂孔；中国重庆石板坡长江大桥（1980年，分跨为86.5米+4×138米+156.0米+174.0米+104.5米）挂孔均为35米。挂孔T构桥虽然克服了铰接T构桥剪力铰的复杂受力和构造问题，但依然存在收缩、徐变作用下的主梁悬臂端下挠和行车不平顺的问题。③单T构桥。仅有一个T构的两跨桥梁。多用于坡度大、谷宽小、无水或少水的峡谷桥梁上，避免了在陡坡上设置桥墩的困难，并可减小边坡防护、降低诱发地质灾害的概率。

桁架梁桥　以预应力混凝土作为受拉（或拉压）杆件，非预应力的钢筋混凝土作为受压杆件组成。1960年德国最早建成芒法尔预应力混凝土连续桁架梁公路桥（分跨为90米+108米+90米）。1979年中国湖北建成的黄陵矶桥（分跨为53米+90米+53米，挂孔16米）均为预应力混凝土悬臂桁架梁公路桥。

桁式组合拱桥　由上弦杆、下弦杆和斜腹杆、竖腹杆构成的梁拱组合体系。除斜腹杆为预应力混凝土杆件外，其余均为钢筋混凝土杆件。例如，1995年建成的中国贵州江界河大桥，跨度330米。

连续梁桥　梁以数跨为一联，仅在联与联之间及桥台和梁的活动端之间设置桥面伸缩装置。当跨度小于100米时，可用顶推法架梁、逐孔架梁、先简支后结构连续。例如，1963年建成的委内瑞拉卡罗尼河公路桥（分跨为48米+4×96米+48米），1983年建成的中国内蒙古包头黄河公路桥（分跨为12×65米，4孔一联）。当跨度较大或墩台较高时，可采用平衡悬臂法现浇或拼装。例如，1976年建成的法国热讷维耶公路桥（分跨为105米+172米+74米+172米+113米）和1991年建成的中国云南六库怒江公路桥（分跨为85米+154米+85米）。连续梁桥的优点是结构刚度大、变形小、动力性能好，主梁变形挠曲线平缓，有利于高速行车。

连续刚构桥　综合了连续梁桥和T形刚构桥的受力特点，将主梁做成连续体并与薄壁桥墩固结而成。梁体连续使跨中产生正弯矩，削弱悬臂根部的负弯矩，梁中内力分布更趋合理，车辆作用下主梁变形连续，平顺度好。由于省去了连续梁桥中费用昂贵的支座，跨度较连续梁桥更大。如2013年建成的贵州水盘高速北盘江大桥（分跨为82.5米+220米+290米+220米+82.5米），墩顶附近的梁体部分挖空，是一座空腹式预应力混凝土斜腿连续刚构桥（图2）。

图2　贵州水盘高速北盘江大桥

刚构-连续梁桥是部分桥跨采用刚构、部分桥跨为连续梁的组合体系桥。重庆石板坡长江大桥复线桥、山东东营黄河大桥、晋蒙黄河公路大桥等采用了这种体系。　（劳远昌　撰　周水兴　修订）

预应力混凝土施工　prestressed concrete　在承受外荷载之前，对预期受拉的混凝土结构区域施加预压应力的作业过程。

发展历程　1886年，美国工程师P.H.杰克逊最早提出对混凝土施加预压应力的设想，以后又有包括德国的C.E.W.道克林在内的不少人进行过研究。1928年法国工程师E.弗莱西奈特研究指出，预应力混凝土必须采用高强度钢材和高强度混凝土。这一关键理论的突破使人们对预应力混凝土的认识开始逐步深入，但预应力混凝土的施工工艺仍未解决。之后十多年时间里，欧洲一些工程师研究了靠高强度钢丝和混凝土的黏结力传递应力的先张法生产工艺以及后张法工艺使用的张拉锚具、千斤顶等设备，为推广预应力混凝土提供了切实可行的施工工艺。预应力混凝土大量采用是在第二次世界大战之后。当时由于钢材紧缺，采用预应力混凝土结构可以更高效、经济地修复和重建被战争破坏的结构。

中国的预应力混凝土发展始于20世纪50年代。当时主要采用冷拉钢筋作预应力筋，制作生产预制预应力屋面大梁、屋架、吊车梁等构件以及铁路桥梁，之后逐步扩展到民用建筑、工业建筑和其他几乎所有的土木工程领域。80年代后，预应力结构已由简单（往往是简支）受力构件发展到复杂（往往是超静定且时空效应显著）受力结构。90年代，从国外引进高强度钢丝和钢绞线生产线后，高强度钢丝和钢绞线也被大量应用到预应力混凝土结构中。复杂受力的现代预应力混凝土结构在交通枢纽、体育场馆、会展建筑、工业设施等一批大型公共建筑和工业建筑建设中得到广泛应用。2004年，上海铁路南站主站房外径270米的圆环形框架平台，采用交错布筋、分段张拉施工路径，成功实现了848米超长圆环形双向预应力平台的无缝化施工。2010年，上海东方体育中心训练馆41米跨度预应力型钢混凝土框架，考虑施工路径和空间效应影响，采用设置后浇带施工工艺，解决了水平和竖向约束大、有效预应力建立难度大的难题。2013年，单体面积147万米^{2}的上海国家会展中心探索应用了基于物联网测控一体的预应力张拉工艺，提高了预应力施工的工效和张拉精度。

施工工艺　预应力混凝土结构的制作方法主要有先张法和后张法。①先张法。在台座上张拉预应力筋后浇筑混凝土，通过放张预应力筋由黏结传递而建立预应力。②后张法。在混凝土达到规定强度后，通过张拉预应力筋并在结构上锚固而建立预应力。后张法预应力筋，又可分为有黏结预应力筋、无黏结预应力筋、缓黏结预应力筋和体外预应力筋。预应力筋按材料分，主要有金属预应力筋和纤维增强预应力筋（FRP）。预应力筋的张拉分为液压张拉、机械张拉、电热张拉、自应力张拉。预应力筋的锚具按锚固原理可分为机械锚固和摩阻锚固两大类。按锚固预应力筋的不同，分为粗钢筋的螺丝端杆锚具、钢丝束锚具以及钢绞线束锚具3类。按锚具使用位置不同，分为张拉端锚具和固定端锚具两类。

预应力混凝土结构有效预应力的建立随施工路径的不同而不同。平面预应力结构分为中心岛法、递推法、跳仓法等施工路径，并有分段浇筑、分段张拉；多高层结构竖向施工路径分为逐层浇筑、逐层张拉和多层浇筑、顺向或逆向张拉。结合实际施工路径还可以平面和竖向组合应用。

后张预应力筋锚固后应立即进行孔道灌浆，灌浆分自然加压、真空加压灌浆和循环灌浆，真空加压和循环灌浆可提高灌浆的密实度。

技术展望　预应力混凝土可充分利用钢材的抗拉强度，提高混凝土的抗裂能力，节约材料，提高结构的耐久性和防灾性能，是一项具有广阔推广前景的绿色施工技术。随着国家产业政策的发展，高性能混凝土、高性能预应力筋、预灌浆、数控张拉等预应力材料和施工技术必将会得到快速发展和广泛应用。　（王美华）

预应力结构　prestressed structure　通过施加预应力改善受力性能的结构体系。狭义的预应力结构通常指预应力混凝土结构，它通过张拉预应力筋的方法实现混凝土中的预压应力（图1）。而广义的预应力

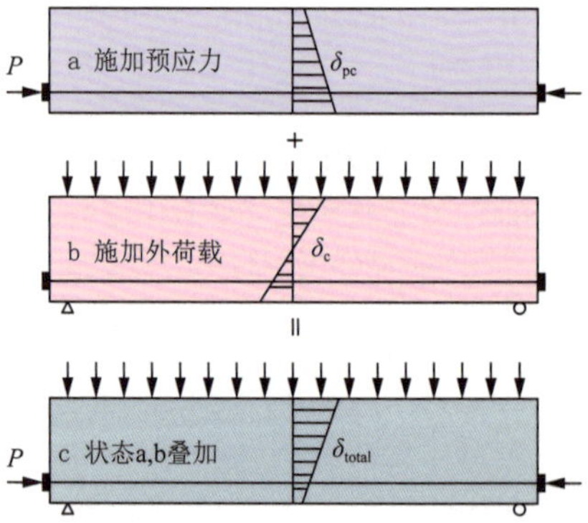

图1　预应力混凝土结构基本原理示意图

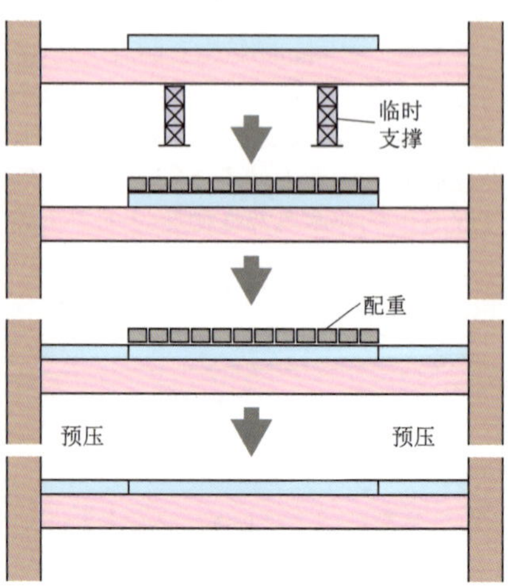

图2　非张拉预应力技术示意图

结构不局限于预应力混凝土结构，例如，对其他材料组成的结构施加预应力形成的预应力钢结构、预应力组合结构等，通过改变施工工艺来施加预应力的非张拉预应力结构。如图2采用设置临时支撑、跨中配重、优化施工工序的方法为组合梁负弯矩区混凝土施加预压应力。

发展简史　预应力结构只有几十年的历史，人们对预应力原理的应用却由来已久。如中国古代的工匠早就运用预应力的原理来制作木桶。木桶的环向预压应力通过套紧竹箍的方法产生。只要水对桶壁产生的环向拉应力不超过环向预压应力，则桶壁木板之间将始终保持受压的紧密状态，木桶就不会开裂和漏水。

美国工程师P.H.杰克逊于1886年提出将预应力的概念用于混凝土结构。1970年，在第六届国际预应力混凝土会议上肯定了部分预应力混凝土的合理性和经济意义。设计人员根据结构功能的要求和所处的环境条件，合理选用预应力的大小，以寻求使用性能好、造价低的最优结构设计方案。这是预应力混凝土结构设计思想上的重大发展。

从1949年开始，美国采用环向预加应力于储罐和水池，后推行直线预应力到混凝土梁和板中。美籍华人**林同炎**提出荷载平衡法设计原理，设计建造了大量的预应力混凝土桥梁和房屋建筑工程，被誉为“预应力先生”。

预应力混凝土结构　混凝土的抗压强度高，但抗拉强度很低，传统的钢筋混凝土结构易出现受拉开裂的问题。因此，可以采用预应力的手段提高普通混凝土结构的抗裂性能。如图1所示，通过对钢筋混凝土梁预期受拉的部位张拉预应力筋，就可以为混凝土梁施加预压应力。在外荷载作用下，预压应力与外荷载产生的底部混凝土拉应力相抵消，显著减小梁截面混凝土所受的拉应力。

预应力混凝土构件的制作方法有先张法和后张法，见**预应力混凝土施工**。

预应力混凝土结构具有很多优点：由于采用了高强度钢材和高强度混凝土，预应力混凝土构件具有抗裂能力强、抗渗性能好、刚度大、强度高、抗剪能力和抗疲劳性能好的特点，对节约钢材、减小结构截面尺寸、降低结构自重、防止开裂和减少挠度都十分有效，可以使结构设计得更为经济、轻巧与美观。预应力混凝土结构也存在一些不足之处：预应力混凝土构件的生产工艺比钢筋混凝土构件复杂，技术要求高，需要有专门的张拉设备、灌浆机械和生产台座等，以及专业的技术操作人员。此外，预应力混凝土的延性也相对较差。

预应力钢结构和组合结构　通过施加预应力改善受力性能的**钢结构**或**组合结构**为预应力钢结构或组合结构。

预应力钢结构主要应用在传统预应力钢结构、大跨钢结构和特种工程结构等领域。传统的预应力钢结构包括预应力钢梁和预应力钢桁架等。大跨度房屋建筑结构、吊车梁、桥跨结构等都可采用传统的预应力钢结构，其建立预应力的方法主要有3种：①张拉设在钢结构里或外的柔性杆，对结构或构件的整体或一部分建立初应力，柔性杆通常采用高强度钢丝束（绳）或圆钢。②在超静定结构安装时，升高或降低某些支座以建立预应力。③强制结构部件在有弹性变形状态下进行组装，利用恢复变形的能力以建立预应力。

在大跨钢结构领域，现代预应力技术应用到网架和网壳等网格结构、索和杆组成的张力结构、立体桁架结构等一类大跨度结构，从而形成新型的预应力大跨钢结构体系。这类结构体系包括预应力网格结构、斜拉网格结构、索穹顶结构、张弦梁结构、弓式预应力钢结构等。预应力大跨钢结构体系受力合理、刚度大、重量轻，制作安装也比较方便，并在大跨度、大柱网的公共与工业建筑中得到更多的应用。

预应力组合结构包括预应力组合梁和预应力波形钢腹板组合结构等。①预应力组合梁，包括预应力简支组合梁和预应力连续组合梁。它们通过在组合梁体外张拉预应力或在混凝土翼板内张拉预应力的方法，克服组合梁负弯矩区易开裂的问题，或可以提高梁的承载能力。②预应力波形钢腹板组合结构。充分利用波形钢腹板较高的抗剪强度和极低的轴向刚度，避免钢腹板的约束作用造成的箱梁截面预应力损失，从而提高预应力的导入程度。这类结构可以显著提高材料的利用效率，具有良好的工程应用前景。　（聂建国）

预应力锚夹具用钢　steel for prestressed anchorage　制作预应力构件用锚具及夹具，用于锚固或夹持预应力筋，可承受较大工作应力的钢材。每一种锚具或夹具都是由几个零件所组成的。各零件由于功能要求、冷热加工方法和生产工艺不同，所用钢材也各不相同，以中碳钢和中碳低合金钢消耗量最大、用途最广，其中以优质碳素钢45为主。工作应力较低的零件，用热轧圆钢直接制成；工作应力较高的零件，常在冷加工后进行调质处理。夹持式的锚具和夹具中，与预应力筋接触的带齿零件，需要具有更高的表面硬度来提高锚具、夹具的锚固性能。所以，采用优质碳素钢45和弹簧钢（如65锰、50铬钒等）时，要求用盐液淬火后经低温回火处理；采用低碳或低碳低合金钢（如优质碳素钢15、20或20铬等）、低碳易切削钢（如Y20等）时，要求表面渗碳或碳氮共渗。预应力钢筋强度不高、锚具效率要求不高时，也曾大量使用过铸钢（相当于中国的ZG45，ZG是轴钢首字母）。　（陈　中）

预知性维护管理　predictive maintenance　通过土木工程的检测和监测等手段，获取设备或结构健康状态信息，依靠实际数据和物理模型推演和预测结构性能变化趋势，以成本最小化为目的确定最佳维护时机并制定更有针对性维护方案的维护管理方式。是土木工程维护管理的主要发展方向。

主要内容　预知性维护管理强调设备或结构服役时，对其所需部位进行定期或连续的状态监测，结合部件损伤和故障的历史及现状，应用系统工程的方法开展综合判断分析，进行故障诊断和状态评价，预测性能的发展趋势和可能的故障模式；根据相应预案，确定设备或者结构部件维护的时间、内容、方式和必需的技术、物资支持，在故障或损伤发生前开展维护管理活动。

预知性维护管理的技术体系如下：①土木工程各领域常用的状态监测技术，包括压力监测、变形监测、振动监测等。②故障或伤损诊断的一般方法，包括时频诊断法、统计诊断法、人工智能法等。③性能预测的方法，包括时序模型预测法、灰色模型预测法和神经网络预测法等。④维护决策支持系统，是基于系统工程的观点，根据状态监测、故障诊断和性能预测的结果进行维护可行性分析，并结合专家系统、人工智能等技术，提出维护方案供决策者参考。

典型的预知性维护管理理念包括状态修和可靠修。①状态修，基于状态感知、状态辨识，评估结构的性能状态和安全状态，实现健康状态的管理和保持。相比于固定模式下的周期性维护管理，状态修是在获取状态性能的基础上，通过预测构件或结构的剩余寿命，不断优化与调整维修间隔、内容及工艺的动态维修模式。②可靠修，基于故障树、故障模式及影响分析演绎法、产品试验及运用数据归纳分析法、寿命评估分析法等可靠性分析方法，评估构件的可靠性；结合概率模拟方法，揭示复杂结构或系统的可靠性规律；通过

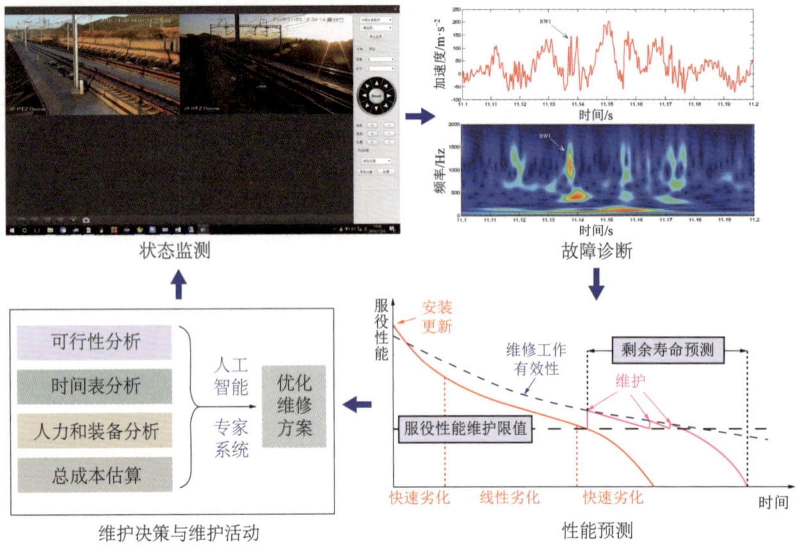

广义的预知维护管理示意图

生命周期成本及安全性分析，合理制定各构件的维修方式和周期，从而在保证结构基本可靠度的同时，达到最优的经济效益。

特征　预知性维护管理的特点是有效保持土木工程设备或结构物的工作状态，避免事后性维护的被动性和周期性维护的盲目性，最大限度地提高维护工作的技术经济效益，充分发挥土木工程设备或结构物的使用价值。

预知性维护管理的发展面临以下挑战：由于服役荷载、构件性能和失效形式的随机性，预测剩余寿命还比较困难，尚无法全面把握结构在全生命周期的伤损或故障规律；为开展结构服役状态精细化评价，还需进一步开发检测数据的关联与应用、状态延伸评估和新型检测技术。

（王　平　陈　嵘）

预制混凝土剪力墙结构　precast concrete shear wall structure　全部或部分剪力墙采用预制混凝土墙板构建成的**剪力墙结构**。主要包括装配整体式混凝土剪力墙和全装配式混凝土剪力墙两类。预制墙板在构造上又包括预制混凝土实心墙板、预制混凝土夹心保温墙板、双面叠合墙板、双面叠合夹心保温墙板、预制混凝土圆孔墙板等。

预制混凝土墙板之间的竖向连接构造种类较多。从工程中普遍采用的连接构造来看，预制混凝土实心墙板和预制混凝土夹心保温墙板根据竖向钢筋连接构造的不同，一般采用套筒灌浆连接、机械套筒连接、浆锚搭接连接、螺栓连接等连接构造；双面叠合墙板、双面叠合夹心保温墙板和预制混凝土圆孔墙板，一般采用后浇混凝土钢筋搭接连接构造。预制混凝土墙板之间的水平连接一般采用后浇混凝土钢筋搭接连接构造。

预制混凝土剪力墙结构主要应用在多、高层居住建筑中。（薛伟辰）

预制混凝土结构　precast concrete structure　由预制混凝土构件通过可靠的连接方式装配而成的**混凝土结构**。包括装配整体式混凝土结构、全装配混凝土结构等。在建筑工程中，简称装配式建筑；在结构工程中，简称装配式结构。预制混凝土结构中构件连接的可靠性是保证其良好受力性能的关键，常用的连接方式主要分为湿式连接和干式连接两类。①湿式连接。采用后浇混凝土的方式连接预制混凝土构件。②干式连接。采用螺栓、施加预应力等方式连接预制混凝土构件，不需要后浇混凝土。

根据结构形式的不同，预制混凝土结构体系主要包括预制混凝土框架结构体系、预制混凝土异形柱框架结构体系、预制混凝土剪力墙结构体系、预制混凝土框架–剪力墙（核心筒）结构体系等。

预制混凝土结构是中国建筑结构发展的重要方向之一。与现浇施工方法相比，预制混凝土结构有利于实现绿色施工，降低对环境的负面影响，包括降低施工现场噪声、防止扬尘、减少环境污染、清洁运输、节约水、电、材料等资源和能源等。

（肖建庄）

预制混凝土框架结构　precast concrete frame structure　全部或部分框架梁和框架柱由预制混凝土梁和预制混凝土柱组成的**框架结构**。主要包括装配整体式混凝土框架结构和全装配式混凝土框架结构两类。从工程中普遍采用的构造方案来看，预制混凝土梁–柱节点主要包括现浇混凝土节点核心区和预制混凝土节点核心区两种；预制混凝土构件纵向钢筋的连接主要包括后浇混凝土搭接连接、套筒灌浆连接、机械套筒连接、浆锚搭接连接、螺栓连接等。

预制混凝土框架结构施工

预制混凝土框架结构主要应用在公共建筑、工业建筑和居住建筑中（见图）。

（薛伟辰）

预制混凝土异形柱结构　precast concrete frame structure with specially shaped columns　将预制混凝土技术与异形柱框架结构相结合的结构形式。与普通混凝土框架结构相比，混凝土异形柱框架结构最大的特点是以T形、十字形、L形、Z形等异形截面框架柱代替矩形截面框架柱，且框架柱的肢厚、框架梁的宽度均与墙体厚度相同。上述构造有效地避免框架梁、柱在室内的凸出，增加使用面积，提高建筑空间的利用效率和美观程度，为室内装修和空间分隔提供了极大的便利。

预制混凝土异形柱结构

预制混凝土异形柱框架结构中，预制混凝土梁和预制混凝土异形柱的连接构造与预制混凝土框架结构相似。预制混凝土异形柱框架结构主要用于多层或小高层住宅和宾馆建筑中。（薛伟辰）

预制装配式混凝土结构　prefabricated concrete structure　用水泥、砂、石等建筑材料，配以线形钢材在车间中制作构件再运输到现场进行拼装和连接，组成一定形式的能够承担荷载、活荷载和外力作用的组合体。预制装配式混凝土结构依据装配化程度高低可分为全装配和部分装配两大类。全装配结构一般应用到低层或抗震要求较低的多层建筑；部分装配混凝土结构的主要构件一般采用预制构件，在现场通过现浇混凝土连接，形成装配整体式结构的建筑。依据预制构件承载特点，又可分为以承重的结构构件为主的装配式混凝土剪力墙结构，以自承重预制外墙构件为主的内浇外挂式混凝土建筑。

沿革　预制装配式混凝土结构是建筑工业化的一种结构形式。19世纪后期，西方工业革命大潮席卷整个社会，产生了最早的住宅工业化萌芽。德国W.格罗皮乌斯提出了工业化住宅的概念，并拓展出外延的标准化及多样化的论点。第二次世界大战后，欧洲大量推行预制装配式混凝土建筑，而后逐步推广到美国、加拿大等国。日本由于战后大量房屋建设需要，进行住宅工业化研究，提出“住宅产业化”概念。在20世纪末，预制装配式混凝土结构被广泛应用于工业建筑、桥梁、水工建筑等不同领域。

中国对预制混凝土结构的研究和应用始于20世纪50年代。到80年代，装配式混凝土建筑的应用非常广泛，装配式混凝土建筑和采用预制空心楼板的砌体建筑成为两种主要的住宅建筑体系。90年代以后，由于装配式建筑功能、物理性能和抗震性能存在局限和不足，装配式混凝土建筑设计和施工技术水平不能适应社会需求及建筑技术发展，预制混凝土结构的应用尤其是在民用建筑中的应用逐渐减少，进入了一个相对低潮的阶段。到90年代中期，装配式混凝土建筑已逐渐被全现浇混凝土建筑体系取代。进入21世纪后，随着国民经济的持续快速发展、节能环保要求的提高、劳动力成本的不断增长，中国在装配式混凝土建筑方面的研究和应用逐渐增多。

优缺点　预制装配式混凝土结构的主要优点是：与传统的混凝土结构相比，预制装配式混凝土结构减少了现浇结构的支模、拆模和混凝土养护的工序，减少施工现场的劳动力，节约成本，加之预制装配式结构的工厂化生产，现场进行拼接的施工模式，加快了施工速度。预制装配式混凝土结构的施工能够大幅度减少建筑垃圾、降低噪声污染、节约用水、降低劳动强度、改善作业环境，在批量大、构件重复性强的结构中具有显著优势。主要缺点是：与现浇混凝土结构相比，连接构造较复杂，整体性较差。

连接　是装配式混凝土结构的关键技术，中国建筑中常用的连接包括预留钢筋进行后浇灌缝或叠合、预留套筒或孔道灌水泥浆连接、预埋钢连接件连接等。

（冯　鹏）

原图数字化测绘　original image digital surveying　将原有的用传统测量方法绘制的工程图纸转化成对应的数字化数据储存在计算机中的技术。主要目的是对原有的测绘数据进行二次应用，也便于存储和携带，避免原始数据的丢失。借助现代数字测绘技术，对老旧图纸进行补测和修复，可确保整个工程的经济效益。原图数字化技术与时代进步和科学技术的发展有直接的关系。在传统的工程项目建设中，工程测量的工作一般是通过人工借助各种仪器和测量工具来完成，测量结束后，绘制相关的图纸。随着时代的发展，越来越多的建筑工程项目引入了数字化测绘技术，但在新老交替的特殊时期，不可能为了应用数字测绘技术就将传统的所有数据推翻重新测量。为了实现效率和成本的最大化，工程项目一般会对传统的工程绘图和数据进行充分利用。但是，在利用过程中，传统的测量成果存在一定的不足，如数据的处理和模拟难度大，保存携带不易等，因此有必要将这些原始资料转换到计算机上，方便工程技术人员调取应用，并借助相关软件进行模拟、分析和处理，这就需要用到原图数字化技术。

原图数字化测图的方法有手扶跟踪数字化和扫描矢量化两种。扫描矢量化的精度和效率较高，但应用扫描矢量化法获取的数字地图精度会受原地形图精度的影响，加之数字化测量时产生的误差，致使扫描矢量化法获取数字地形图精度与原地形图精度相比有一定的损失，且扫描矢量化法仅是将成图时地表上的各种地物地貌反映在白纸上，所以缺乏时效性和现势性。

（王　庆）

约束类型　constraint type　对非自由物体的某些位移起限制作用的周围物体称为约束，从不同的角度可以把约束分为不同的类型。约束对物体的作用实际上就是力，这种力称为约束力。一般来说，物体的平动位移被约束将产生反力，而转动位移被约束时则产生反力矩。在工程实际中，物体受到的约束及由此产生的约束力通常是非常复杂的，在求解力学问题时通常需要对约束进行合理的简化，并将约束代之以约束力，从而建立相对简单的物理力学模型。虽然这种简化与实际情况有一定的偏差，但是许多情况下足以满足工程上的计算精度要求，可提高求解效率。

在工程力学，特别是理论力学中的常见简化约束主要有几种类型：①光滑接触面。只阻碍物体沿接触面法线进入约束内部，故约束力是作用在接触点处沿接触面法线方向的压力；工程中支持物体的固定面、机床中的导轨等，忽略摩擦时都属于这类约束。②柔索类。柔索本身只能承受拉力，约束力也只能是拉力。工程上的钢丝绳、链条等都可简化为柔索约束。③滚动支座。与光滑接触面约束类似，其约束力必垂直于支撑面，且通过铰链中心。④光滑铰链。移动铰链约束由两个带圆孔的构件和圆柱形销子构成，构件间可相对转动，但不能相对移动；通常将销子与任一构件看成一体，这样两构件间互为约束；当外力位于垂直销子轴线的平面内时，约束力过销子的中心，指向不定，常用两个正交分力来表示；当其中一个构件固定在地面或机架上作为支座时，约束类型为固定铰支座约束。⑤光滑球铰链。圆球和球壳连接构成球铰链约束，仅限制物体沿球心任何方向的位移，而不限制物体绕球心的转动；约束力通过球心，但方向不能确定，通常用3个正交分力表示。⑥固定端。物体受固定端约束时，既不能转动也不能平动，如房屋的阳台、车床刀具的夹持端等；在空间力系中，约束力包含3个方向的约束分力及3个方向的约束力矩；而在平面问题中则可表示为两个正交分力和1个约束力矩。

以上只介绍了基于物理模型的几种简单约束，在实际工程中，约束的类型不止这些，有的约束比较复杂，分析时也需要简化或抽象化为其他的物理模型。此外，在分析力学中，还有基于数学模型的约束类型。这些约束被定义为限制质点或质点系运动的条件，表示这些限制条件的数学方程称为约束方程。根据约束方程的不同形式，从不同角度通常可将约束分为如下几类：①几何约束与运动约束。②单面约束与双面约束。③完整约束与非完整约束。④稳定约束与非稳定约束。⑤理想约束也称不作功约束，简化约束类型在不考虑摩擦的情况下都属于理想约束。

（阮诗伦）

运输机场　transport airport　供民用运输机进行经营性客、货运输活动的**机场**。

发展简史　民用运输机场的发展大致经历了3个阶段。1920年之前，飞机还只是用于航空爱好者的试验飞行或军事目的飞行，所以机场也只是为飞机和飞行人员服务，基本上不为社会服务。这一阶段是机场发展的萌芽期，建立的机场一般没有人工的道面，只是把地面进行整平、压实。当时的飞机在侧风下起降能力低，机场多建成方形或圆形，以保证飞机在任何风向时都能起飞。1920年之后，欧洲开始建立最初的民用航线，随着航空运输的发展，机场开始大量兴建。这一阶段机场建设中出现了各种新的需求，如航空管制和通信的要求、跑道强度的要求、一定数量乘客进出机场的要求。为满足这些要求出现了塔台、有铺面的跑道和候机楼，现代机场的雏形已经基本形成。20世纪50年代末，大型喷气运输飞机投入使用，使机场发生质的变化。飞机变成了真正的大众交通运输工具，航空运输成为地方经济的一个重要的、不可缺少的组成部分。此时为了满足航空运输和安全的需求，机场开始设立了比较完善的基础设施，如**跑道**、**滑行道**、**机坪**、塔台、**航站楼**、停车场、交通枢纽等，运输机场开始向大型化、现代化迈进。

组成及功能　民用运输机场根据总体规划要求可分为**飞行区**、**航站区**、货运区、工作区、**机务维修区**等功能区域。

飞行区。供民用运输机起飞、着陆、滑行和停放的区域和场地，主要包括跑道、升降带、跑道端安全区、滑行道和停机坪、目视助航设施、排水系统、空中交通管制设施以及机场空域等。

航站区。飞行区与出入机场的地面交通的交接部，是供旅客完成从地面到空中或从空中到地面转换交通程序的场所，主要包括站坪、旅客航站楼和车道边、停车设施及地面交通组织所涉及的区域。

货运区。航空货运处理及运营办公业务的区域，用于与货主进行收发货交接，整装货或散装货的拆箱、分拣或组装处理，存放、配货与分货处理，货物地面装卸载及运输等。主要包括货运站、货机坪、货物停放坪、停车场、道路交通系统等设施。

工作区。为机场飞行区、航站区和货运区等的核心设施正常运行提供地面服务的区域。设有机场管理机构，航空公司，民航行业管理部门，各联检单位，公安、武警、安检等单位的办公及业务设施，地面专用设备及特种车辆保障设施，机上供应及配餐设施，消防及安全保卫设施，应急救援及医疗中心，旅客住宿、餐饮和休闲娱乐商业服务设施，道路交通设施及能源供应设施等。

机务维修区。进行飞机维护修理的特定区域。按机务维修性质和维修深度分为航线维护级、定检维修级和基地维修级3种等级。主要包括机库、维修机坪、动力厂房、车间、各类库房等建筑设施和场地。

等级划分　国际上主要采用飞行区技术等级来描述运输机场对航空器的适应性，并用于指代机场等级。飞行区按指标Ⅰ和指标Ⅱ进行分级。飞行区指标Ⅰ按拟使用该飞行区跑道的各类飞机中最长的基准飞行场地长度，分为1、2、3、4共4个等级。飞行区指标Ⅱ按拟使用该飞行区跑道的各类飞机中的最大翼展或最大主起落架外轮外侧边的间距，分为A、B、C、D、E、F共6个等级。两者中取其较高要求的等级。分级标准见飞行区等级。

此外，运输机场等级也可按功能和生产规模进行划分。例如，美国将主要运输机场划分为枢纽机场和非枢纽机场两类，中国将运输机场划分为枢纽机场、大型机场、中型机场和小型机场四类。

发展趋势　随着世界航空运输业的快速发展，空运生产规模不断增大，现代民用运输机场规划建设技术不断发展，形成了较完善的基础设施和服务体系，如各种复杂条件下的高性能长寿命人工道面、大跨度空间结构航站楼、先进齐全的通信导航设备及安防设施、自动化中转及行李运输设备等。随着全球经济的发展，运输机场的经济地位和交通枢纽作用更加突出，超大型机场应运而生，其特点体现在交通规划一体化、建造理念绿色化、运营管理信息化、公共服务智慧化等方面。建设环保型、科技型和人性化机场已成为发展趋势。

（刁永海）

Z

再生混凝土 recycled concrete 以废弃混凝土破碎、筛分后制成的再生粗骨料、细骨料全部或部分取代天然骨料配制的**混凝土**。第二次世界大战以后，日本、苏联、美国、德国、英国、丹麦、瑞典等国家开始对战后产生的废弃混凝土进行回收处理及资源化利用的研究。20世纪80年代，荷兰、日本和美国就制定了有关再生混凝土应用的规范，并开始应用于实际工程中。自20世纪90年代以来，中国城市建设快速发展，每年产生几十亿吨的废弃混凝土，由此再生混凝土的研究及应用也开始受到关注。

根据粗、细骨料被再生骨料取代的情况不同分为再生粗骨料混凝土，再生细骨料混凝土，再生粗、细骨料混凝土。

再生混凝土中再生骨料由废弃混凝土破碎而来，表面附着30%左右的硬化砂浆，表观密度为天然骨料的85%以上。此外，由于在破碎过程中引入大量微细裂缝，其吸水率高于天然骨料，再生粗骨料的吸水率在2%～8%，再生细骨料的吸水率则高达6%～12%。为了改善再生骨料的性能，可以采用物理强化和化学强化的方法。物理强化主要通过物理作用降低附着砂浆含量，包括机械研磨、加热研磨、颗粒整形等方式；化学强化通过在再生骨料表面包裹防水层，降低其吸水率，包括聚合物浸渍、有机硅防水剂浸渍、水泥浆液包裹。

由于再生骨料具有吸水率高、孔隙率高、强度低、弹性模量低等特征，因此再生混凝土的性能普遍低于普通混凝土，如抗压强度低、干燥收缩大、耐久性低。配制过程中，在满足强度等级要求的水灰比基础上，需根据再生骨料的吸水率值添加附加水，以保证其工作性能。通过合理的配合比设计，掺入矿物掺合料可以提高再生骨料与浆体的界面强度，从而提高再生混凝土的各项基本性能。

中国已经出台《混凝土用再生粗骨料》(GB/T 25177）和《混凝土和砂浆用再生细骨料》(GB/T 25176）标准。为保证结构安全，只有达到国家标准高品质要求的再生骨料才可以用于配制结构混凝土或强度等级大于C30的再生混凝土。品质较低的再生骨料可用于配制非结构使用的一般混凝土，以及强度等级小于C30的再生混凝土。 （田 倩）

再生混凝土结构 recycled concrete structure 以再生混凝土为主要材料建造的土木工程结构。再生混凝土指将废弃的混凝土块（或构件）经过破碎、清洗、分级后，按一定比例与级配混合，部分或全部代替砂石等天然骨料（包括粗骨料、再生细骨料），再加入水泥、水等配成的新混凝土。再生混凝土按骨料的组合形式可以有以下几种情况：骨料全部为再生骨料（再生粗骨料和再生细骨料）；粗骨料为再生粗骨料、细骨料为天然砂；粗骨料为天然碎石或卵石、细骨料为再生细骨料；再生粗骨料和再生细骨料分别替代部分天然粗骨料或天然细骨料。

合理配合比和施工工艺制备的再生混凝土，当强度和耐久性满足结构使用要求时，可以作为结构混凝土，此时的结构称为再生混凝土结构。它与普通混凝土结构的主要区别是，混凝土的材料发生了一定的变化。再生混凝土结构适用于一般工业与民用建筑，但不适用于严酷环境下的混凝土（如氯盐、硫酸盐侵蚀环境等）结构，预应力混凝土结构需要谨慎使用。

普通混凝土结构的新建和拆除带来的一系列资源和环境问题，主要表现在：①混凝土结构的新建对骨料的需求量越来越大，消耗了大量的天然砂石资源，对这些天然骨料的运输也耗费了大量人力、物力。②混凝土结构的拆除产生大量的废混凝土，对环境造成严重污染并且占用大量的填埋垃圾用地。使用再生混凝土建造的再生混凝土结构，可有效对建筑垃圾中的废混凝土进行再利用以及再生循环，减少对自然资源的开采，同时可做到就地取材，减少运输带来的经济上消耗和生态上的影响。因此，再生混凝土结构的运用具有巨大的环境与经济效益，符合可持续发展的思想。 （肖建庄）

再生类材料 recycled materials 通过某种加工过程可以再次使用的材料。人类在生产、消费、生活和其他活动中产生大量的固体废弃物质，如土建工程中的建筑废弃物、道路养护工程中所产生的废旧路面材料、冶炼行业的各类炉渣、生活垃圾焚烧炉渣等。中国道路建设和养护需要大量的建筑材料，如将这些固体废弃物再生后应用于道路工程建设，既可解决大量废弃物的处理问题，又可满足道路工程建设不断增长的需求，形成一个符合循环经济模式的产业链，将取得巨大的社会、环境和经济效益，是实现道路交通可持续发展的重要举措。

与传统道路建筑材料相比，固体废弃物组成复杂且变异性大，再生材料的强度降低、性能衰减，必须合理确定各类废弃物适宜的道路层位、科学地设计废弃物混合料组成、形成完善的废弃物在道路工程中的应用技术，才能有效地实现废弃物在道路工程中的资源化利用。

沥青路面回收料 采用铣刨、开挖等方式从沥青路面上获得的旧路面材料。包括沥青混合料回收料和基层回收料。

采用专用机械设备对沥青混合料回收料进行处理，并掺加一定比例的新集料、新沥青、再生剂（必要时）等形成新路面结构的技术称为沥青路面再生。按照再生混合料拌制和施工温度的不同，沥青路面再生可分为热再生和冷再生；按照施工工艺的不同，沥青路面再生可分为厂拌再生和就地再生。伴随着大量道路沥青路面的翻修、重建和改扩建，沥青路面再生技术已经在道路建设和养护工程中广泛使用。

基层回收料可以直接用于道路路基填筑，或对回收料进行破碎、筛分得到再生集料和粉料。再生集料或粉料可部分取代天然集料，再加入结合料和水，配制得到再生水泥稳定类材料或再生综合稳定类材料。当再生稳定类材料的强度和性能满足技术要求时，可用于铺筑道路的基层或底基层结构。

混凝土路面回收料 在水泥混凝土路面维修工程中得到的水泥混凝土废旧板块。

废旧的混凝土板块经过破碎、清洗、分级等工序加工，可得到再生集料，能部分或者全部代替砂石等天然集料（主要是粗集料），用其与水泥、水等配制而成的新混凝土，简称再生混凝土。用再生集料替代天然砂石材料可有几种形式：①再生集料全部替代天然砂石材料。②粗集料为再生集料、细集料为天然砂。③粗集料为天然碎石或卵石、细集料为再生集料。④再生集料部分替代天然砂石材料。再生混凝土广泛应用于道路建设中的路基、路面、路面砖和路缘石等工程。由旧建筑物或结构物解体得到的废旧混凝土，也可以采用上述方法进行再生和利用。

其他固体废弃料 主要有建筑废弃物、生活垃圾焚烧炉渣、废旧橡胶等。

建筑废弃物 工程建设以及拆除房建设施等产生的废弃混凝土、碎石、砖块等

建筑垃圾。俗称渣土。将建筑废弃物进行初步清理，把砖石、水泥混凝土块破碎成骨料，经过筛分除去杂质，即可形成一定粒径要求的建材原料。然后按级配设计要求在原料里添加一定量固结剂等辅料，进行搅拌，形成不同的建筑产品和道路建设产品，这些产品可以替代普通砂石材料用于道路基层、垫层与路基。

生活垃圾焚烧炉渣　在生活垃圾焚烧炉炉排上残留的焚烧残渣、从炉排间掉落的细灰，以及余热锅炉灰所构成的混合物的统称。简称炉渣。炉渣为一般固体废弃物，除填埋外可进行回收利用，既可以节约资源，又可以减少填埋带来的环境问题与用地紧张问题。在德国、法国炉渣利用率超过60%，丹麦利用率达90%，荷兰利用率达100%。根据世界其他国家的研究成果和工程实践，生活垃圾焚烧炉渣的资源再利用途径包括：沥青路面的替代集料，水泥混凝土的替代集料，填埋场覆盖材料，路堤、路基等的填充材料，人工暗礁、护岸等海洋建筑工程用材料。

废旧橡胶　由废旧轮胎加工成的橡胶粉。其主要成分为天然橡胶、合成橡胶，另外还含有炭黑、氧化硅、氧化铁、氧化钙、硫黄等添加剂，这些成分均可作为沥青性能的改性剂。将磨细的废旧橡胶粉掺入沥青中，配制橡胶改性沥青，可明显提高沥青的高温性能、抗老化和耐疲劳性能。也可将较粗的废旧橡胶颗粒直接加入集料中，配制成沥青混合料。橡胶改性沥青可用于水泥路面的填缝料、碎石封层、应力吸收层和沥青混凝土混合料。橡胶沥青混凝土路面不仅路用性能得到改善，还可以降低轮胎与路面的接触噪声。

（李立寒）

凿岩机　drilling machine　通过钻杆和钻头的冲击或回转作用进行岩体钻孔以开采石料的机械。

类型　凿岩机分为风动式凿岩机、电动式凿岩机、液压式凿岩机和内燃式凿岩机。①风动式凿岩机。又分为手持式、气腿式和重型导轨式。风动式凿岩机以压缩空气驱使活塞在气缸中向前冲击，使钢钎凿击岩石，应用最广。②电动式凿岩机。由电动机通过曲柄连杆机构带动锤头冲击钢钎，凿击岩石。③液压式凿岩机。依靠液压通过惰性气体和冲击体冲击钢钎，凿击岩石。④内燃式凿岩机。利用内燃机原理，通过柴油的燃爆力驱使活塞冲击钢钎，凿击岩石。适用于无电源、无气源的施工场地。

构成　不同类型的凿岩机结构不同，以风动式凿岩机为例，一般由冲击配气机构、转钎机构、推进机构、排粉系统、润滑系统和操纵机构等组成。①冲击配气机构。由配气机构、气缸和活塞及气路组成。配气机构制造质量和结构性能的优劣，直接影响活塞的冲击功、冲击频率、转矩和气耗量等，分为活塞配气机构、控制阀配气机构、无阀配气机构3种形式。②转钎机构。有内回转和外回转两大类，内回转钎机构用于7655、YT-25、YT-24、YT-28、YT-27、YG-40、YSP-45等型凿岩机。外回转钎机构用于YG-80、YG-65和BBC-120F等型凿岩机。③推进机构。由缸盖、气缸和机头组成，操作方便，重量较轻，扭矩大，结构简单，凿岩效率高。操作手柄装在缸盖后部，内侧安装有操纵气腿快速缩回的扳机，缸盖、气缸、机头与手柄用两根长螺栓装成一个整体，钎子插到机头的钎层套中，并借助卡钎器支持。④排粉系统。在凿岩的过程中，产生大量的岩粉，必须及时排出孔外。在7655型凿岩机中，采用了注水冲洗加吹风和停止冲击强力吹扫两种方式排出岩粉。当钻孔较深或向下钻孔时，聚集在孔底的岩粉较多，需要及时排除，否则影响钻机的正常工作，此时可采用强力吹扫装置。把操纵阀手柄推到强力吹扫位专用管道，压气进入孔底，可实现强力吹扫工作。⑤操纵机构。有3个操纵手柄，分别控制凿岩机的操纵阀、气腿的调压阀和换向阀。

特点　风动式凿岩机比较突出的优点是成本低、结构简单、坚固耐用。缺点是噪声太大。电动式凿岩机的特点是配置简单、节省动力、噪声低、振动小、劳动条件好。液压式凿岩机钻速快、冲击功高、扭矩大、频率高，同时具有可调性，能耗低、效率高、便于自动化和电脑控制的特点，使工作环境大为改善。内燃凿岩机适用于无电源、无气源的施工场地。

（刘承桓）

凿岩钻机　rock drill　安装有回转钻进机构或凿岩机，在岩石或混凝土等脆性材质上凿孔的机械。凿岩钻机分为回转式凿岩钻机、气动冲击式凿岩钻机和潜孔式凿岩钻机。①回转式凿岩钻机。将回转动力输出至钻具实现钻孔作业的机械。②气动冲击式凿岩钻机。以压缩气体为动力，能同时产生回转和冲击动力输出至钻具实现钻孔作业的机械。③潜孔式凿岩钻机。又分为履带/轮胎式和柱架式凿岩钻机。履带/轮胎式潜孔凿岩钻机主要由行走机构-底盘总成、操纵控制台总成、钻臂总成、推进器、回转器、潜孔冲击器、钻具等组成。钻臂总成安装在底盘上，位于钻臂上的推进器驱动潜孔冲击器或其他类型的钻具实现钻孔作业。行走机构可以自行或外动力牵引，实现钻机的行走和移动。钻孔作业的操纵控制由操纵控制台完成。柱架式潜孔凿岩钻机由操纵控制台、支架、推进器、回转器、潜孔冲击器、钻具等组成。回转推进机构位于支架上，驱动潜孔冲击器或其他类型的钻具实现钻孔作业。钻孔作业的操纵控制由操纵控制台完成。

（王建祖）

增材建造机器人　additive construction robotics　利用数字化技术，通过逐层堆积固化特制材料（如塑料、陶土等），建造实体建筑或建筑构件的机器人。增材建筑机器人包括塑料打印机器人、陶土打印机器人、金属打印机器人和混凝土建造机器人等。

塑料打印机器人　使用熔融挤出热塑性塑料的方式进行大尺度构件3D打印成型的机器人。

塑料打印机器人的加工原理是将三维数字模型进行轮廓切片后生产打印路径，机器人读取打印路径后将热塑性塑料融化，通过打印喷头挤出后迅速与周围材料黏结固化，同时机器人按打印路径进行运动，热塑性塑料经过层积生成最终形态。在众多打印工艺中，最合适塑料打印的加工方式是熔融沉积成型技术。一方面，热塑性塑料是一种成本相对低廉且可塑性强的原材料，另一方面，成型原理简单、易实现。21世纪以来，工业机器人系统开始与熔融沉积成型技术相配合，通过在机器臂的端部安装一套塑料熔融挤出设备，通过精准的空间坐标定位及不间断挤出熔融材料以实现大尺度构件加工。

在建筑领域中，塑料打印机器人使用的两种主流打印工艺分别是机器人层积打印工艺和机器人空间打印工艺。①机器人层积打印工艺。其成型原理与FDM3D打印相近。机器人工具头按照单元层打印构件的外轮廓路径逐层移动，同时挤出熔融态的材料，材料凝固后生成预设形态。此技术常用于打印大尺度复杂构件，因此对预设模型要求极高，设计时应综合考虑几何形态、结构逻辑、建造合理性等多方面因素。②机器人空间打印工艺。其在打印路径设计上拥有更强的灵活性及创新性。主要特点是打印过程不再像层积打印那样层积成型，而是依据机器人的空间定位技术依次连接三维空间的若干预设姿态点生成复杂的空间造型。空间打印的路径规划算法是基于三维空间的网格化算法生成空间晶格式的工作路径，以减轻自重、优化自身结构性能。

陶土打印机器人　利用数字设计手段与机器人控制技术来生产高精度陶土构件的机器人。由于陶土可塑性较强，可重复利用等优良特性，机器人陶土打印工艺也发展为一种成熟的数字建造工艺，在建筑精细构件制造领域具有较为广阔的开发前景。根据成型形式的不同，机器人陶土工艺主要包括机器人陶土层叠轮廓制造工艺、机器人陶土雕刻工艺、机器人陶土模具打印工艺、机器人陶土编织工艺等。

机器人陶土层叠轮廓制造工艺继承自中国传统陶土手工艺盘绕技法，通过自动化算法将泥条盘筑的过程转译为机器人动作指令，通过机械臂控制伺服电机带动挤出装置按照打印路径运动，同时挤出陶泥完成特定形态的打印。其制造工具端主要包括储料装置、送料装置和挤出装置，是应用最广泛的机器人陶土制造工艺。

机器人陶土雕刻工艺起源于传统的陶土雕刻技法，通过在机器人末端安装类似传统陶土雕刻刀的工具端对陶泥体块进行减材雕刻，制成表面平整光洁的建筑构件。陶土雕刻工艺通常分为3步：①对陶泥进行配比。②对需要切割的陶泥进行压平压实。③根据需要雕刻的图案选择相应的工具端对陶泥进行精细的表面处理。在加工过程中，需要综合考虑陶泥的配比特性、刀具的切屑方向、回转方向、倾斜角度和刀具与工件稳定性等因素。

机器人陶土模具打印工艺是基于机器人陶土层叠制造工艺的延伸工艺，其工具端以及工艺流程与陶土轮廓制造工艺基本相同。通过使用六轴工业机械手臂，结合现有铸造技术与层积制造技术，提出一种新的数字化建造系统。该技术结合了流体挤压技术和机器人加工技术的高精度和自动化特点，可以加工复杂的几何形体，具有较广泛的应用前景。

机器人陶土编织工艺起源于传统的建筑装饰面板编织工艺，利用机器人工具头可均匀挤出陶土的优势，使用条状陶土进行编织。此工艺主要特点是将平面打印基础转换为立体，因此可实现空间上的编织，常用于建筑陶土装饰面板的加工制造。

金属打印机器人　利用金属3D打印工艺生产定制化金属构件的机器人。金属3D打印工艺是根据计算机数字模型层积金属材料生产3D模型的一类技术的总称，涵盖了激光烧结、熔融金属沉积、电弧增材制造等工艺。

金属3D打印按送料方式可分为粉末床工艺、激光近净成型工艺、电弧熔丝工艺三大类。①粉末床工艺。选择性激光烧结（SLS）和选择性激光融化（SLM）技术，使散布在加工台上的金属粉末薄层（厚度通常为20～100微米）通过激光烧结熔融在一起，成为打印构件的一部分，逐层重复该过程即可完成构件的打印。②激光近净成型工艺（LENS）。使用与上述粉末床工艺相同的原料，但其金属粉末原料由保护气体携带并通过同心环吹向激光辐射在基材上形成的移动熔池中。当喷嘴安装在多轴机器人上时，喷嘴会随着工件成型而自动移动，从而完成成型。③电弧熔丝工艺。使用焊丝作为原料，热源在打印区域熔化焊丝。热源可以是激光、电子束或电弧。以电弧作为热源的工艺即是丝材电弧焊（WAAM）。丝材电弧焊工艺又可以细分为钨极电弧焊（GTAW）、等离子电弧焊（PAW）或熔化极气体保护焊（GMAW）。其中，GMAW是金属打印最常用的工艺，使用直流电源产生电弧，继而融化焊丝沉积金属，同时使用惰性气体（通常是氩气和二氧化碳）来隔绝焊接池中的氧气和其他污染物。因其高沉积速率和相对便宜的原料，焊丝进料工艺特别适合于中大型零件的生产。

混凝土建造机器人　利用数字设计手段与机器人建造技术生产定制化混凝土构件的机器人。建筑机器人混凝土建造工艺可实现混凝土自动化成型及异形混凝土构件批量定制化生产。主要分为建筑机器人数字模板、建筑机器人混凝土3D打印两大类工艺。与传统建造模式相比，这两类建造方式具有更高的造型自由度和自动化程度，在非标准建筑构件批量定制化生产方面有巨大的应用前景。

建筑机器人数字模板工艺利用建筑机器人建造混凝土柔性模板（模具）的工艺。传统的混凝土模板一般为刚性模板，对于造型复杂的构件模板，一般需要使用数控铣削进行加工，此方法耗时量大，材料浪费，成本高昂。建筑机器人数字模板工艺利用机器人协助，采用织物，泡沫塑料等轻型材料，或数控滑动模板的方式，进行混凝土柔性模板的制作。例如，2018年，苏黎世联邦理工学院研发了一种机器人动态滑模浇筑工艺。此工艺在混凝土浇筑过程中使用滑动模板机构，在浇筑过程中缓慢移动并改变模板的造型，实现异形构件的动态浇筑，可生产各种非标准几何形态的柱状或板状构件，大大提高了混凝土构件加工的自由度。

建筑机器人混凝土3D打印工艺是将3D打印技术与混凝土成型原理相结合的新型的混凝土无模成型技术。其利用计算机进行3D建模，然后按照层积式切片程序，将混凝土拌和物通过机器人挤出装置打印得到混凝土构件。在实际施工打印过程中，既有自密实混凝土的无须振捣的优点，也有喷射混凝土便于制造复杂构件的优点。

混凝土打印机器人的建造技术与传统模具建造的方式相比，具有形式自由、环保节能等优势，但同时也存在着较多待解决的问题。例如，材料方面，数字模板技术以及混凝土3D打印技术对原材料的流变性和可塑性提出了较高的要求，材料中如何植入钢筋，如何提高打印的层间强度也尚待解决。在速度和精度方面，层积式工艺的接入决定了在实际工程中，这是一对较难平衡的矛盾体。建筑机器人混凝土建造技术在未来将如何改变混凝土建造方法，还需要更多的研究和实践。

（袁　烽）

詹天佑　Zhan Tianyou（1861-04-26～1919-04-24）　中国近代科学技术先驱，铁路工程师。号眷诚，字达朝。原籍安徽婺源（今属江西）。生于广东南海（今广州市），卒于湖北汉口。

1872年作为第一批幼童出洋赴美国留学；1881年毕业于耶鲁大学土木工程系；1885年任广东省博学馆教习，测绘了中国第一幅海图“广东沿海图”。1888年从事铁路工作，先后参加修建或主持修建京奉、京张、张绥、津浦、川汉、粤汉和汉粤川等铁路，历任工程师、总工程师、督办和交通部技监。对中国铁路网的规划，干线的勘探设计，线路、桥梁、隧道的设计和施工，都有开创性的贡献。尤其是1904年主持自行勘测设计和施工的北京至张家口铁路，从南口经居庸关、八达岭至岔道城的22千米区段内，工程艰巨，他决定采用33‰坡道和“之”字线的方案，并决定开凿隧道数千米，在当时施工条件下实现颇为不易，因而被视为自力更生、艰苦奋斗的典范。他研究并发明了自动车钩，解决了铁路技术上一个难题。为表彰其技术上的突出贡献，该钩被命名为“詹天佑”钩。他建议采用标准轨距，主持制定铁路建设技术标准和规范，为中国铁路的统一和通畅创造了条

件。他致力于科技同人的团结，为中华工程师会主要创办人之一，并任第一任会长（1912）。（任　民）

栈桥　trestle bridge　架在水上或陡峭山腰间便于通行的桥梁。中国古代建造了大量的栈桥，作为交通干道或用于军事目的。古代栈桥主要有3种形式：①典型的梁柱式。②单臂木梁式。以横梁一头插入壁孔内，一头由一根立柱支撑，横梁上面铺设木板。《水经注》所载的“其阁一头入山腹，其一头立柱于水中”即是这种栈桥结构。③排架式。没有壁孔，只有底孔，由若干个底孔构成一排组成排架，立柱置于底孔内，横梁完全由立柱承托，上铺木板，成为多跨木梁桥。栈桥还有一种形式是偏桥，连接古代山区道路中断之处，因偏于河谷一侧而得名。秦汉时期在秦岭和西南夷栈道中修建了不少偏桥。今贵州施秉县西北因架有偏桥，其地名也称偏桥。《水经注》漳水条中有“崿路中断四五丈，中以木为偏桥，劣得通行”的记载。

现代土木工程中的栈桥多为临时性桥梁，用于跨江跨海大桥施工，下部结构为钢筋混凝土桩或钢管桩，上部结构为抗压和抗拉性能均好的钢材预制件（贝雷梁、万能杆件等）组拼成承重梁，上铺花纹钢板作为桥面系，便于拆卸和重复使用。按桥孔跨数分为单跨栈桥和多跨连续栈桥。

铁路轮渡中的栈桥由桥墩、桥台、钢梁、跳板梁和升降机械设备等组成，供机车车辆驶上和驶下渡船。桥梁的梁部结构和轨面固定不动，全部跨越河道，栈桥的梁部结构和轨面可随水位的涨落而升降，轨面坡度可随之调节。跳板梁是连接栈桥和渡船的设备，位于栈桥入水的一端。

在轮船码头中建造的栈桥主要有螺杆式栈桥或吊板式栈桥，配用大、中型渡船，能渡运货车和客车。

中国比较著名的栈桥是青岛栈桥（见图），始建于清光绪十八年（1892），是为

青岛栈桥

部队运输军需物资的专用人工码头建筑，全长440米，宽8米，钢筋混凝土结构。曾先后被德国、日本多次侵占。2013年5月27日清晨，暴雨造成青岛栈桥中段东侧出现了一处30多米长的坍塌，经过数次重修和改建，现栈桥全长401.45米。（周水兴）

张维　Zhang Wei（1913-05-22～2001-10-04）　中国工程力学、结构工程专家。生于北京，卒于北京。1933年毕业于交通大学唐山工程学院土木系，曾先后在英国伦敦帝国理工学院、德国柏林高等工业学校土木工程系学习、任教，并先后获得英国伦敦帝国理工学院工学硕士学位、德国柏林高等工业学校工学博士学位。1949年后，历任清华大学教授、土木系和工程力学系主任、工程力学研究所所长、副校长、

钱学森（左）和张维（右）

校务委员会副主任，深圳大学校长，国务院学位委员会委员及力学评议组组长，中国科协书记处书记、副主席，中国力学学会、中国土木工程学会副理事长，中国教育国际交流协会副会长，中国发明协会副会长，联合国教科文组织执行局委员，世界工程师组织联合会副主席。当选第三届全国人民代表大会代表，中国人民政治协商会议第六、七届全国委员会委员。1955年当选为中国科学院学部委员（院士），1994年当选为中国工程院院士、1980年当选为瑞典皇家工程科学院外籍院士。

长期从事固体力学、壳体理论及其应用的研究，以首创圆壳渐近解的成果享誉国际学术界。发表论文数十篇，是推广轻型薄壳结构和普及壳体理论的倡导者之一。致力于工程教育事业，筹建和发展中国工程力学专业和深圳大学。在教育思想方面，强调力学来自工程，为工程服务，提倡发挥学生的主动性。培育了几代力学与工程技术人才。在力学与工程师教育、组织制定力学发展规划、推动国际科技文化交流方面做出贡献。1996年获首届中国工程科技奖。（黎　晓）

张弦梁结构　beam string structure　由刚性上弦、刚性撑杆和柔性下弦拉索组成的平

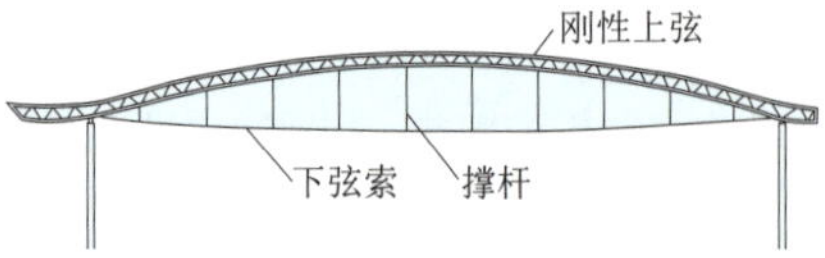

图1　典型的张弦梁结构示意图

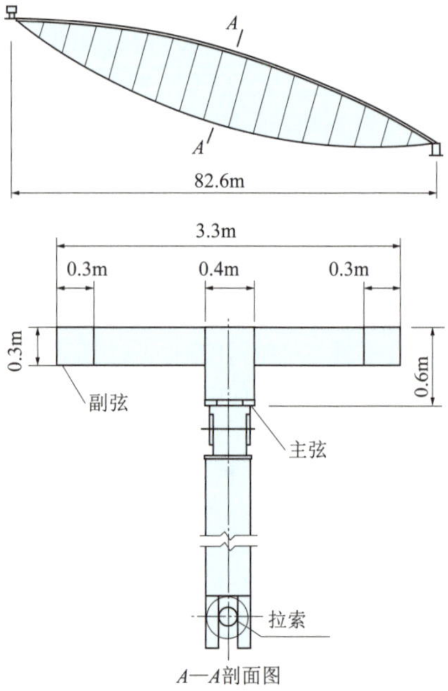

图2　中国上海浦东机场一期航站楼及其张弦梁结构示意图

面桁架式结构体系（图1）。其中刚性上弦可采用钢梁、钢桁架或钢拱，撑杆可采用钢管等普通刚性钢构件，下弦索可采用高强度钢索或钢拉杆。20世纪80年代，日本的M.塞顿提出了该结构体系，现已广泛应用于大跨度建筑结构中。中国上海浦东机场一期航站楼屋盖结构，是中国大跨度建筑中首次应用的张弦梁结构（图2）。（罗永峰）

张自杰　Zhang Zijie（1926-11-15～2019-04-12）　中国环境工程专家。1952年本科毕业于哈尔滨工业大学，并留校任教。1955年进入苏联列宁格勒建筑工程学院研究生院学习，师从C.M.师弗教授，专攻污水处理技术，1959年毕业获技术科学副博士学位。从20世纪60年代起至90年代，长期从事废水处理技术的教学与科研工作，学术界公认他为中国废水生物处理科学研究的前辈之一。其学生多为环境工程与科学界学术带头人。

多次承担国家及省部级科研项目，曾主编部、省级全国统编教材《排水工程》（下册），其第4版于2000年6月发行，获中国建设部优秀教材一等奖；编著《活性污泥生物学与反应动力学》，1986年出版；主编290万字《环境工程手册》，1996

年出版；《废水处理理论与设计》(*Theories and Designs of Wastewater Treatment*)，2003年出版。出版日文译著4部、俄文译著1部。在学术刊物上发表论文50多篇。

（彭永臻）

赵国藩 Zhao Guofan（1924-12-29～2017-02-01） 中国土木工程专家。山西汾阳人。1949年毕业于上海交通大学土木系结构工程专业。1950年起先后任大连工学院（今大连理工大学）助教、讲师、教授（越级晋升）、结构工程博士生导师。1981年在美国北卡罗来纳州大学做访问教授。陆续兼任上海交通大学、浙江大学、武汉大学等30所高校的兼职教授/顾问教授/名誉教授。先后20余次应邀担任国际学术会议的主席/主席团成员/分组会主席/委员等职务，担任《亚洲混凝土模式规范》委员会第1～10届国际会议的国际委员。1997年当选为中国工程院院士。

专长于土木工程结构领域的研究。20世纪50年代，在中国系统介绍了极限状态设计理论；60年代在中国首次提出用一次二阶矩法计算安全系数。出版了中国第一部结构可靠度专著《工程结构可靠度》，是中国工程结构可靠度理论与应用研究的奠基人，先后提出可靠度实用计算法及荷载、抗力统计模式、考虑变量相关性的广义随机空间内的可靠度分析法、精度较高的二次二阶矩法、四阶矩法、体系可靠度分析法、正常使用极限状态可靠度的模糊数学分析方法等。在钢筋混凝土方面，系统研究了**钢筋混凝土**、预应力混凝土、无黏结部分预应力混凝土结构的裂缝机理，为港口和公路桥梁规范采用。在混凝土断裂力学方面，用激光散斑法测定混凝土的裂缝特征，提出了混凝土断裂韧度的概率分布模型和混凝土构件裂缝失稳扩展计算方法。在混凝土强度理论方面，较早开展了钢筋混凝土有限元、混凝土多轴强度理论和平面应变状态下混凝土本构模型、动荷载下混凝土强度变形特性的研究。在钢纤维增强混凝土、高强混凝土抗震设计等方面也有学术建树。参与制定中国水利、水电、港口、建筑、桥梁等多本专业设计规范，解决了国家“七五”“八五”“九五”重大工程项目中的关键技术问题。

培养硕士研究生80余名、博士研究生70余名及9名博士后。发表论文400余篇，出版著作19部。1999年获第八届陈嘉庚技术科学奖和辽宁省功勋教师称号。获国家科技进步奖8项，省部级科技一、二等奖23项。

（赵基达）

赵州桥 Zhaozhou Bridge 中国古石桥。位于中国河北赵县，跨越洨水。建于隋开皇十五年至大业元年（595～605），初称赵州石桥，后称安济桥，俗称大石桥。为隋代匠人**李春**（生卒年不详）所建。赵州桥是世界现存最早、跨度最大的空腹式单孔圆弧石拱桥（见图），全部用石灰石建成，全长50.83米，净跨37.02米，矢高7.23米，桥面宽9米。拱由28券（窄拱）并列组成。券的每块拱石厚度约为1.03米，长约1米；宽度在拱顶为0.25米，部分拱石在趋近拱趾处逐渐放宽。在拱券之上，压有一层厚度为0.16～0.30米的护拱石（又称眉石或伏券）。在并列的券面上每隔一段距离设有铁拉条和钩石。采取这些措施都有利于并列各券受载时不致解体。在大拱圈之上，每侧设两小拱，以减轻桥的自重并增加泄洪面积。桥台采用明挖扩大基础，建在亚黏土层上。由于桥位良好，基底应力合适，虽在1400余年中经受多次洪水及地震，至今桥无大变动。明代以来先后有8券外侧拱圈坍落河中，1954～1956年修整如新。其余20券则仍是隋代原物。赵州桥在结构上开创了世界敞肩圆弧拱的先例，建筑造型和装饰技术亦为上乘精品。原桥石工制作精良，拱券龙门石上刻有吸水兽，栏板望柱上刻有龙形浮雕，若飞若动。1961年，赵州桥由中华人民共和国国务院公布为第一批全国重点文物保

赵州桥

护单位，1991年被选为“国际土木工程历史古迹”。

（钱冬生 撰 李亚东 修订）

赵祖康 Zhao Zukang（1900-09-01～1998-01-19） 中国市政和道路工程专家。字静侯。江苏松江（今属上海）人。卒于上海。1922年毕业于交通大学唐山学校。毕业后在武汉国民政府交通部和梧州、蚌埠等市任技佐、技正、工务局长、顾问工程师等职。1930年在美国康奈尔大学研究院进修道路与给排水工程，回国后从1932年起在全国经济委员会、公路交通委员会、交通部等部门任专员、处长、局长、顾问及上海市工务局长等职。

1949年5月上海解放前夕，曾担任7

天代理市长，对维持社会治安，保护人民财产做出贡献，被陈毅市长委派担任上海市人民政府工务局局长。以后历任上海市建设委员会副主任、规划建筑管理局局长、副市长、上海市人民代表大会常务委员会副主任等职，当选第一届至第六届全国人民代表大会代表。担任中国土木工程学会名誉理事、中国城市科学研究会顾问，上海市土木工程学会和上海市交通工程学会名誉理事长、上海市科学技术协会荣誉委员以及上海交通大学土木建筑系顾问教授。

对中国的公路建设以及上海市的市政工程和城市规划多有建树。早年曾主持、督造江苏、浙江、安徽三省和南京、上海两市联络公路；规划全国联络公路网，并协助各省进行建设；制定全国公路技术和概算统一标准，创立省市间互通汽车制度；逐步建立全国公路监理体制；组织修建西北主干公路并踏勘甘青（兰州—西宁）公路路线。抗日战争初期曾组织抢修前线军用公路和桥梁；筹建滇缅、甘新、中越等国际道路，对抗日战争期间的公路建设、抢修以及保证公路交通做出贡献。主编的《英汉道路工程词汇》，被联合国教科文组织列为主要参考文献之一；主持编辑了《道路与交通工程词典》。

（黎 晓）

折板结构 folded-platestructure 由多块条形平板组合而成的空间结构。是一种既能承重又可围护、用料较省、刚度较大的薄壁结构。折板结构既能作受弯梁，又能作拱受压，且便于预制，可用作车间、仓库、车站、商店、学校、住宅、亭廊、体育场看台等工业与民用建筑的屋盖。此外，折板还可用作外墙、基础及挡土墙。

20世纪20年代，欧洲已有折板屋盖。美国于1962年建成的伊利诺伊大学会堂，其屋顶为折板壳结构，直径132米、矢高18.8米，由24个预应力混凝土折板壳组成。中国在20世纪50年代开始应用折板结构，60年代后期起发展较快，从起初的折板梁体系，发展到折板壳，如中国武钢外国专家招待所文娱室。

建筑中采用的折板结构绝大部分是采用折叠式V形折板屋盖，跨度一般为9～18米，预应力混凝土V形折板的跨度可达

27米；折板的倾角α大于或等于25°，板厚35～60毫米。条形平板的板宽一般小于跨度的1/5，板厚大于板宽的1/40，板与板的夹角为60°～160°。两端一般设有横隔，横隔的长度称为波宽，板面连接处称为折缝。

折板按截面形式分，有折线多边形折板、槽形折板、Λ形折板、Z形折板及V形折板等。折线形横截面，大大增加了空间刚度。按跨数分，有单跨折板、多跨折板及悬臂折板。按覆盖平面分，有矩形折板、扇形折板、环形折板及圆形的平面折板。按所用材料分，有钢筋混凝土折板、预应力混凝土折板及钢纤维混凝土折板。如果折板沿跨度方向也是折线形或弧线形，则形成折板拱，是大跨度屋盖结构的形式之一。

（董石麟　李镇强　徐志浩　范　峰）

真空管道垃圾收集系统　pneumatic pipe collection system　通过预先铺设好的管道，利用负压技术将生活垃圾、医疗污物等物品抽送至中央收集站的系统。真空管道收集系统的组成包括阀门系统、管道系统、分离系统、真空动力系统、压缩系统。真空管道垃圾收集系统是一种高效、卫生的垃圾收集方法，应用广泛且技术已经相对成熟。它主要适用于高层公寓楼房、现代化住宅密集区、商业密集区及一些对环境要求较高地区。该系统在欧洲城市新建区及卫星城、会展区、体育运动村等大型城市发展区使用较为普遍。

真空管道垃圾收集系统是瑞典于1961年发明的，最早用于医院垃圾收集，从1967年开始在住宅区装配使用。美国、日本、德国、丹麦、新加坡、中国香港等30多个国家和地区均在使用，安装运行达数百套。西班牙、葡萄牙两国使用真空管道输送生活垃圾的普及率已达到10%～20%。该系统在亚洲的应用主要集中在日本、新加坡和中国香港。日本主要将焚烧厂周边地区的垃圾直接输送到焚烧厂。

真空管道垃圾收集系统在中国的发展起步较晚，代表性的项目为广州亚运城、上海浦东国际机场和广州市白云新国际机场。

真空管道垃圾收集系统的工作原理是：在收集系统末端装有引风机械，当风机运转时，整个系统内部形成负压，使管道内外形成压差，空气被吸入管道；同时，垃圾也被空气带入管道，被输送至分离器，在此垃圾与空气分离；分离出的垃圾由卸料器卸出，空气则被送到除尘器净化，然后排放。相比传统的垃圾回收方式，真空收集系统无须设置垃圾箱，垃圾从各自楼层房间投掷口被放入，通过一根管道在下落的过程中进行自动分类，然后通过真空抽气的方式，定时将管道里的垃圾抽出来，压缩封闭后运出。整个垃圾收集全过程处于密闭系统内，可有效防止垃圾回收过程中产生的二次污染。

真空管道垃圾收集系统的优点是：①垃圾流密封、隐蔽，与人流完全隔离，可有效地杜绝收集过程中的二次污染，包括臭味、蚊蝇、噪声和视觉污染。②显著降低垃圾收集劳动强度，提高收集效率，优化环卫工人劳动环境。③代替传统垃圾收集工具，基本避免垃圾运输车辆穿行于居住区，减轻交通压力和环境污染。④垃圾收集、压缩可以全天候自动运行，垃圾成分不受雨季影响，有利于填埋场、焚烧厂的稳定运行。⑤可利用一套公共管道收集系统自动分别收集可回收和不可回收垃圾。其缺点主要是一次性投资大、对系统的维护和管理要求较高，同时建设期间对环境影响大。

（范益群　黄瑞达）

振动桩锤　vibratory pile hammer　利用周期性激振力将预制桩打入地层至设计要求标高的桩工机械。由原动机（电动机、液压马达）、激振器、夹桩器、减振器组成。激振器的激振频率、振幅可以调节，以适应各种不同规格的桩和不同性质的地层。激振器变频有机械、气动、液压和电磁等多种方式。按照振动频率可分成低频、中频和高频。一般情况下，低频大振幅适用于直径大的钢管桩和重量大的预制桩，且适宜砂石类地层施工，中高频、中振福适用于钢板桩。

振动桩锤装有若干对偏心轮，每对偏心轮都按照相反方向高速同步转动，所产生的离心力在水平方向相互抵消，而垂直方向相互叠加，形成垂直方向周期性激振力，使桩周边的土壤液化，减小土壤对桩的摩阻力，实现桩下沉。同样原理，振动桩锤也用于拔桩。

（于景华）

震陷　earthquake subsidence; seismic subsidence　在地震作用下由于土层加密、塑性区扩大或强度降低而导致工程结构或地面产生的下沉。震陷会造成建（构）筑物失稳，地下管线破坏等，是造成震害的重要原因之一。震害资料表明只有软弱土（如淤泥质土、黄土）和饱和砂土等在地震荷载下才会出现明显的震陷。影响震陷大小的主要因素有动应力幅值、振动次数、固结压力和土的类型。

工程设计中是否考虑震陷影响与当地抗震设防烈度、地基承载力特征值f_{ak}或平均剪切波速v_{sm}有关。对需要考虑震陷影响的建筑物，应结合工程性质和地基条件，采用下列抗震措施：①全部消除震陷的措施，包括桩基、深基础和全部挖除软弱土层。②部分消除震陷的措施，以满足建筑物不产生不均匀沉陷，包括加固地基和部分挖除软弱土层，当不具备加固条件时，可降低地基承载力进行地基设计。③与软土地基一样，对基础和结构采取构造措施，减小或使建筑物适应不均匀沉陷。

（夏唐代）

整体数字化安装　digital integral installation　在结构施工过程中，利用数字化技术手段，实现结构整体（或分块）位移。如钢结构连廊的整体提升、钢箱梁的整体滑移落架、大跨度桥梁的旋转合拢等。在钢结构领域，大跨度桥梁、天桥等因跨越繁忙交通干道，在不影响正常交通通行的前提下，施工难度大；高层建筑间的空中连廊，因高度高，施工安装风险大；超重巨型构件，因起重设备能力限制，无法采用传统安装手段施工。因此，必须采用数字化技术手段，解决以上不同场景的安装难题。通过计算机控制的伺服系统，能够实现结构整体（或分块）沿着既定轨道（直线或曲线）位移，能够实现结构整体（或分块）竖向位移（提升、下降），也能够实现结构整体（或分块）绕固定轴旋转位移。此施工技术通过运用油压泵压力系统和计算机同步控制系统交互作用，实现结构施工的参数化、自动化，可视化工作界面能实时反馈结构整体（或分块）的位移数据、应力应变、千斤顶反力等数值。

中国南京金鹰天地广场项目三塔间空中连廊施工、昆山中环跨线桥施工、上海中心摆式电涡流调谐质量阻尼器安装，都采用数字化整体安装技术，实现了超高空、大跨度、超重结构的整体安装。昆山中环、上海中心还应用了焊接机器人技术进行复杂节点的现场焊接。

（郁政华）

正常固结土　normally consolidated soil　先期固结压力等于现有上覆荷重的土层。这类土前期固结压力p_c与现有自重应力p_1相等，$p_1=\gamma h$（γ为均质土的天然重度，h为现在地面下的计算深度）相等，其上覆土层是逐渐沉积到现在地面的，沉积时间较长，在土的自重作用下已经达到了固结稳定状态。沉积后土层厚度没有什么变化，也没有受到过侵蚀或其他卸荷作用。

该类土层受压缩表现为应变硬化，在该土层上进行工程建设时应充分考虑土层的压缩变形量，当其他条件相同时，正常固结土的压缩量大于超固结土而小于欠固结土。 （胡安峰）

支撑 brace 结构中为了保证整体稳定、限制位移、提高刚度而设置的连接构件。如柱间支撑（图a）和桁架中的斜撑（图b）。柱间支撑能够在两柱间传递水平力，把水平作用转换为支撑的轴力，传递到基础，从而提高体系的水平承载力和侧向刚度；桁架斜撑能够在上下弦间传递竖向力，提高桁架的整体性和竖向刚度。

常见的支撑形式除了单杆外，还有剪刀形（又称交叉形）和人字形等。

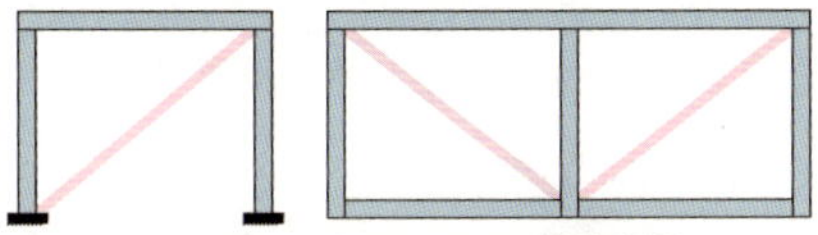

a 柱间支撑　　b 桁架斜撑

常见的支撑示意图

钢筋混凝土支撑的截面通常为矩形。钢支撑的截面形式则多样化，包括钢管、H型钢、角钢等。钢支撑也广泛应用在地铁、基坑围护等方面，因为钢支撑可回收再利用，具有经济性、环保性等优点。 （李全旺）

支撑钢框架结构 steel braced frame 在框架体系中的某一跨或某几跨间，沿框架竖向设置由框架梁、柱和支撑斜杆共同构成的支撑框架，与钢框架一起共同承担侧向荷载的结构。是在钢框架体系的基础上演变而来，为一种较好的抗侧力结构体系。在水平力的作用下，支撑杆件只承受拉压轴向力，并通过楼板的变形协调与刚性连接框架共同工作，形成具备双重抗侧力的结构体系。钢框架支撑体系有多种不同的类型，根据类型的不同，分别适用于不同高度的建筑。

体系分类　根据支撑杆件的设置方式不同，支撑框架可分为中心支撑框架（CBFs）、偏心支撑框架（EBFs）和偏离中心支撑框架（OBFs），以中心支撑框架和偏心支撑框架较为常见。

中心支撑框架，斜杆与横梁及柱汇交于一点或两根斜杆与横梁汇交于一点，或与柱汇交于一点构成中心支撑，汇交时均无偏心距。根据斜杆的不同布置，可分为十字交叉支撑、单斜杆支撑、人字形（又称K形）支撑和V形支撑等（图1）。

偏心支撑框架，主要特点是每一根支撑斜杆的两端，至少有一端与梁不在柱节

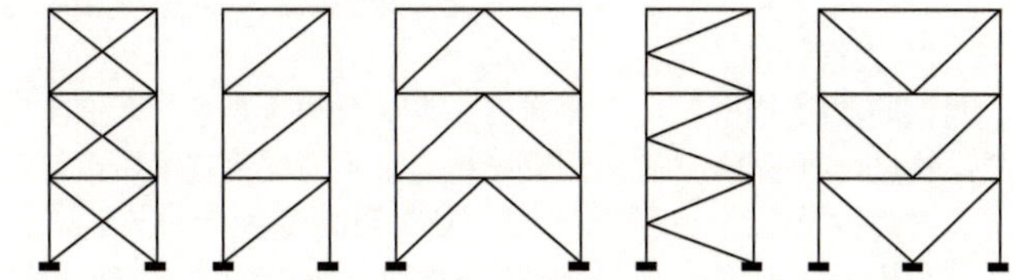

a 交叉支撑　b 单斜杆支撑　c 人字形支撑　d K形支撑　e V形支撑

图1　中心支撑框架的类型示意图

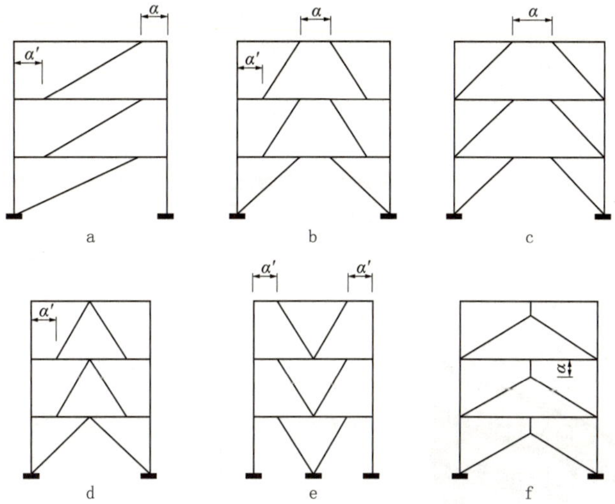

注：α、α′为耗能梁段的长度

图2　偏心支撑框架的类型示意图

点处相连（图2）。这种支撑斜杆和柱之间，或斜杆和斜杆之间就构成了一个耗能梁段。偏心支撑框架根据支撑斜杆形式的不同，主要有D形、K形、V形和Y形几种常用的形式，以及它们的一些改形，如具有支撑与柱之间耗能梁段的K形支撑（图2b）和倒V形支撑（图2d）等。偏心支撑形式的选用既要考虑结构受力的特点也要考虑到建筑平面功能的需要，在初步设计阶段，应当在进行多方案优化的基础上做出初步选择，供施工图阶段采用。

偏离中心支撑框架，一种新型的抗侧力支撑体系，是人为地将两根交叉支撑斜杆的交点偏离对角线，产生一个预先设定的偏心率。其支撑斜杆由不在同一条直线上的两根斜杆支撑和拉杆组成（图3）。该结构体系一旦承受水平荷载，其3根支撑杆均同时受力；随着荷载的增加，初始的几何尺寸被改变，从而形成一种新的平衡。因此，这种支撑体系从受力一开始就是几何非线性的，而其几何非线性程度主要取

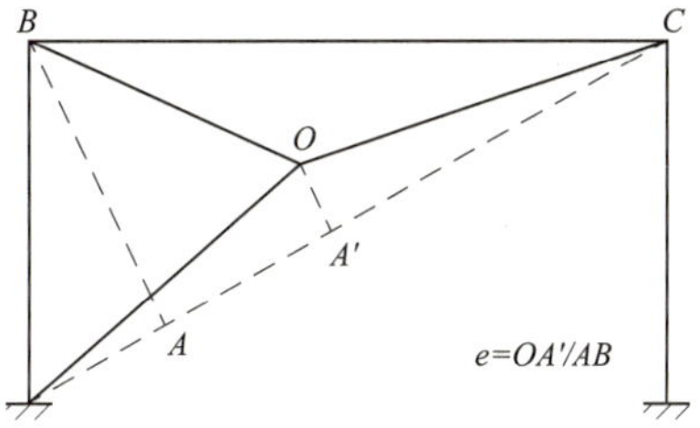

图3　偏离中心支撑框架示意图

决于偏心率e的大小和拉杆的相对刚度。

设计要点　支撑钢框架结构的设计是在钢框架设计的基础之上增加支撑构件的设计，并考虑两者的相互作用。支撑框架的设计必须满足以下原则：支撑杆件的选择必须避免在发生反复的受压和受拉时产生过早的失稳；支撑的连接必须确保支撑承受预期的最大荷载，在水平荷载作用下，确保支撑的正常工作；在地震荷载作用下，柱必须在弹性范围内工作，以承受地震荷载作用下产生的最大轴向力；梁必须能够承受支撑杆传来的轴力和弯矩，同时在支撑杆屈曲后还能够承担梁上部的竖向荷载。 （王　伟）

支护结构设计 supporting structural design 针对**隧道及地下工程**中起到承重和围护作用的永久性支护结构，考虑其使用年限、安全等级与极限状态要求，开展荷载估计、内力计算、配筋及构造计算的过程。支护结构根据材料可分为木材、**砖**、石、**混凝土**、**钢筋混凝土**、喷射混凝土、钢材、铸铁等结构，根据净空外形可分为圆形、直墙拱形、曲墙拱形、矩形、连拱与双圆形等结构，根据施工方法可分为模筑式、离壁式、装配式和喷锚式等结构。

荷载估计。考虑隧道支护结构使用年限（通常隧道年限100年），合理估计在隧道支护结构上可能出现的各种作用和环境影响，按时间变化可分为永久荷载、可变荷载以及偶然荷载；按荷载类型可分为土压力荷载、水压力荷载、结构自重、地面超载、地层抗力、施工荷载以及地震荷载。

内力计算。将上述各类作用进行荷载组合，按承载能力极限状态设计分为基本组合、偶然组合与地震组合；按正常使用极限状态设计分为标准组合、频遇组合、准永久组合。针对每一种荷载组合采用隧道结构设计计算模型进行弯矩、轴力、剪力的内力计算，选取最不利内力计算值作

为设计值。

配筋及构造验算。根据内力设计值，按照支护结构材料类型，对钢筋混凝土材料、喷射混凝土材料支护结构进行钢筋配筋计算与混凝土构造计算，对铸铁及钢结构材料支护结构进行钢结构与构造计算。

（张东明）

支架结构 supporting structure 支撑管道、索道、电缆等设施，用以承受荷载、限制位移、控制振动的构架。如用于地上架空敷设管道的管道支架。可从多个角度对支架结构进行分类：①按照用途的不同，可分为管道支架（见图）、索道支架、变电支架等。②按照组成材料的不同，可分为钢结构、钢筋混凝土结构、钢-混凝土组合结构、砖木结构等。③按照功能的不同，可分为活动支架和固定支架。

管道支架

管道支架设计及构造要求 管道支架通常采用钢筋混凝土结构或钢结构。钢筋混凝土固定支架宜采用现浇结构；活动支架可采用装配式结构，梁和柱宜整体预制。直径较大的管道或输送易燃、易爆、剧毒、高温、高压介质的管道，其固定支架宜采用四柱式钢筋混凝土结构或钢结构。抗震设防烈度为8度和9度时，活动支架宜采用刚性支架，不宜采用半铰接支架；输送易燃、易爆、剧毒、高温、高压介质的管道，不应将管道作为支架跨越结构的受力构件。敷设于支架顶层横梁上的外侧管道应采取防止管道滑落的措施，采用下滑式或滚动式管托的支架应采取防止管托滑落于梁侧的措施。

变电支架设计及构造要求 变电支架的抗震设计，应按现行国家标准《电力设施抗震设计规范》的抗震分析方法进行。

变电支架的结构形式，应符合下列规定：①预制钢筋混凝土人字形构架，其弦杆和腹杆的尺寸均不应大于100毫米。②抗震设防烈度为8度Ⅲ、Ⅳ类场地和9度时，同一组设备的3根独立柱宜用型钢杆件连成整体。③抗震设防烈度为7～9度液化土地基上的变电构架或支架，宜设置拉索，其拉索下固定端宜设在非液化土中。④架空式电气设备的下部应通过螺栓连接固定在支架的横梁上。⑤钢支架应为框架式结构。

索道支架设计及构造要求 索道支架宜采用钢结构，下列情况不宜采用钢筋混凝土结构：①支架高度大于15米。②抗震设防烈度8度Ⅲ、Ⅳ类场地或抗震设防烈度9度。

索道支架的设计应符合《构筑物抗震设计规范》的有关规定。钢筋混凝土支架的混凝土强度等级不应低于C30。钢支架应符合《构筑物抗震设计规范》有关框架抗震构造措施的规定。

（郑 云）

直接概率积分法 direct probability integral method 从随机积分的视角出发，将概率密度积分方程和结构系统的控制方程（如平衡方程）解耦计算，统一、高效地求解随机系统的静动力响应概率密度函数和可靠度的方法。

建筑和桥梁等工程结构不可避免地受到地震、风载等随机激励作用，而且结构本身也有参数随机性。计算随机力学旨在解决考虑随机因素下工程结构与工业装备的力学分析计算和设计问题，包括结构材料或介质随机场或环境激励随机过程表征模拟、随机结构分析、随机振动、可靠度分析、基于可靠度的优化设计等内容。然而，已有的方法通常都是将随机结构分析、随机振动、可靠度评估问题分别研究求解、“各自为政”，或将线性问题和非线性问题单独处理、“各搞一套”，导致计算烦琐低效，不便于工程应用。而普适性好的随机抽样法的计算量大且有随机收敛性。

针对这些问题，中国学者陈国海和杨迪雄基于概率守恒原理，另辟蹊径建立并命名了随机系统时间-空间域的概率密度积分方程，提出了计算随机力学的统一框架——直接概率积分法。直接概率积分法是通用、高效、简便、优美的方法体系，取得了该领域计算方法上的突破。此方法直接通过功能函数的概率密度函数积分可求解静力可靠度，而通过建立等价极值映射并对其概率密度函数积分可获得动力可靠度。直接概率积分法克服了可靠度分析中确定失效域的困难，且容易嵌入主流商业CAE仿真软件。其既能进行随机动力学分析，也能进行随机结构分析，还能方便地评估静/动力可靠度和进行可靠度优化设计；既能求解线性问题，也能处理非线性问题，为高层建筑、大跨桥梁、空天飞行器等大型结构的可靠度设计、安全评价和风险管理提供了统一、高效的计算工具。

（杨迪雄）

智能公路 smart highway 由先进的结构材料、传感网络、数据中心、通信网络和能源系统组成，具有主动感知、自动处理、自主适应、动态交互、持续供能等能力的公路。包括智能的路基、智能的路面和智能的路侧设施等。

压电路面 在路面中混合压电材料或埋入压电器件，形成具有能量收集、行车荷载感知和内部损伤诊断等能力的路面。已有的压电路面主要集中在路面的能量收集，分为压电沥青路面、压电水泥路面和压电复合路面。在压电复合路面中（图1），

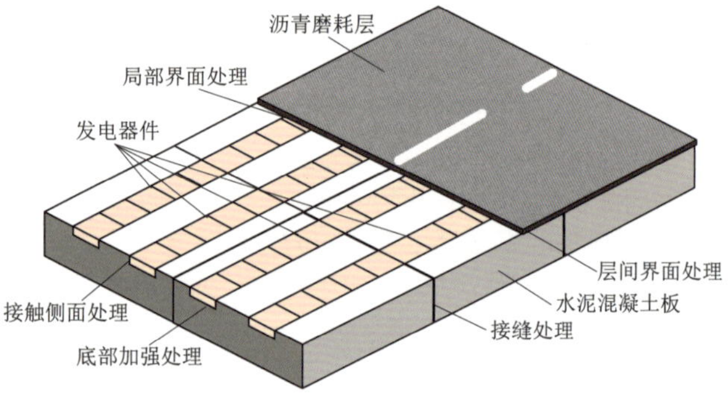

图1 压电复合路面结构示意图

由于水泥混凝土板可为压电器件提供稳定的支撑，并且两者的刚度差异相对较小，容易实现协同工作；沥青层既可保护压电器件免受车轮碾压磨耗，又可将行车荷载有效传递到器件结构上，确保能量驱动来源，具有较好的发展前景。

压电材料 某些电介质晶体在外力作用下发生形变，会引起其内部正负电荷中心发生相对位移，从而导致它的表面出现异号极化电荷。这种没有电场作用，只是由于应变或应力，在晶体内产生电极化的现象称为压电效应或正压电效应。

压电材料主要包括压电单晶体、压电陶瓷及压电聚合物。压电单晶体主要包括石英晶体（SiO_2）、铌酸锂（$LiNbO_2$）、硫酸锂（$LiSO_4—H_2O$）等。压电陶瓷主要包括钛酸钡（$BaTiO_3$）压电陶瓷以及锆钛酸铅压电陶瓷（PZT）。钛酸钡压电陶瓷晶体属于钙钛矿型结构，氧原子构成氧八面体，钛原子位于氧八面体的中心，钡原子则位于氧八面体的间隙。压电聚合物包括聚偏氟乙烯压电薄膜、奇数尼龙、长纤维聚合物等。为了提高压电效应，一般对压电材料先进行一定的极化处理。

路面压电器 为了满足不同的功能要求，常采用金属、聚合物等材料对压电材料进行封装，设计、加工成具有不同结构的压电器件。常见的压电器包括叠层式压电器件、钹式压电器件、桥式压电器件、Moonie、THUNDER等。在路面中，由于行车荷载较大，因此压电器件应具有足够的刚度和承载能力，并能与路面协同工作。叠层式压电器件、钹式和桥式压电器件（图2）都可以埋入路面内部用于能量收集和行车荷载的感知，但必须经过合理的设计与测试，以保证与路面的协同工作。

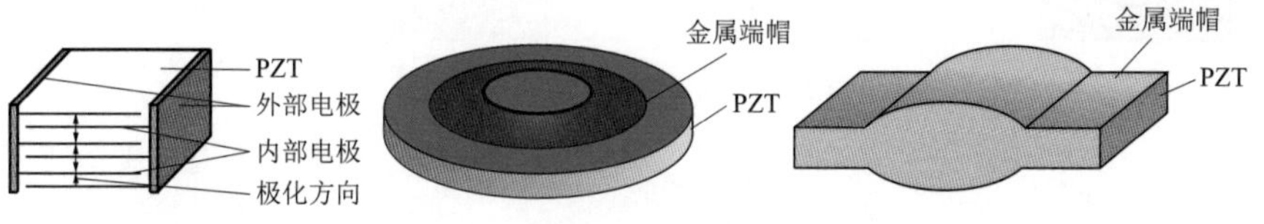

a 叠层式压电器件　　b 钹式压电器件　　c 桥式压电器件

图2 常用路面压电器件示意图

太阳能路面 在路面表面铺设太阳能电池板或涂层，以实现太阳能的收集，并集成动态电子标线、信息提示等功能。美国E.D.博茨等提出太阳能路面包括3层：路表层用于行车和透光，中间一层用于光电转换，底部一层用于支撑和防水。来自美国S.布鲁索和J.布鲁索发明了包括玻璃、光伏层和底层的太阳能路面系统，并将其设计成六边形蜂窝状，以便于施工安装和均匀受力。在该系统中集成了LED灯，可以用来作为车道的标示和信息的提示。荷兰应用科学研究组织（TNO）在一条自行车道上铺设了由太阳能板和水泥混凝土路面复合而成的太阳能路面。法国的科拉斯公司将一层发电层铺筑在已有的路面上，形成太阳能路面，称为Wattway。

自愈合路面 在路面内部添加微胶囊、外加剂、纤维、微生物等，使路面在开裂初期具有自由自我愈合的能力，从而延缓路面裂缝的出现。水泥混凝土路面的自愈合与普通的水泥混凝土结构物类似。但是由于车辆的快速重复作用，实现水泥混凝土路面的自愈合较困难。自1967年P.巴津等率先报道了沥青混凝土具有疲劳损伤自愈合特性以来，形成了以能量供给、物质补充为原理的两大类强化自愈合能力的自愈合技术。①能量供给技术。主要通过加热路面促进裂缝愈合。为使这种方法具有可行性，可以采用掺加导电纤维、石墨等填料使沥青混凝土具有导电能力，通过电加热方式实现能量供给，或掺加铁氧体等微波敏感材料，采用微波加热方式提高温度。②物质补充技术。在路面材料中掺加含有黏合剂的中空纤维或胶囊，其原理是裂缝引发中空纤维断裂或胶囊壁开裂，黏合剂流出后封闭裂缝。裂缝自愈合沥青混凝土研究主要借鉴自愈合聚合物研究成果，并主要采用胶囊技术。

（赵鸿铎）

智能建造 intelligent construction 现代信息技术、自动化装备与以工业化为主导的先进技术的高度融合，在建造过程中实现与人类相似的自感知、自学习、自决策和自控制，并以人机共融协作完成复杂建造任务的新型建造模式。

概念的形成 “智能”一词自古就有，主要是针对人而言。《荀子·正名篇》中有“所以知之在人者谓之知，知有所合谓之智。所以能之在人者谓之能，能有所合谓之能”。2001年，中国学者陈斌在《大跨径桥梁智能化施工控制系统构想》中提出智能化施工。2012年，L.J.王等在*The Application of BIM in Intelligent Construction*一文中使用了“智能建造”一词。2015年，日本小松公司提出智慧施工，即自动感知采集施工现场信息、实时传送给后台系统分析处理，再快速反馈施工现场、指导工程机械施工作业。达索公司的J.斯托科于2016年提出智能建造概念，强调从工程设计、开发、建设和使用过程产生的大量数据中挖掘数据价值。2020年7月，中华人民共和国住房和城乡建设部等13部委联合印发《关于推动智能建造与建筑工业化协同发展的指导意见》，明确智能建造是建筑业转型升级的重要路径。

基本内容 利用信息技术，特别是人工智能技术实现工程建造环境、实体、工艺、工法等工程全要素数字化；并以工程数据采集、传输、处理、表达、分析、服务的信息流畅通为纽带，建立工程建造全过程数字孪生模型；采用虚拟现实、建模与仿真等技术和人工智能算法对工程建造全过程进行分析、推演和决策；利用先进建造工业化技术、通过机器人在内的自动控制装备对建造做出精准执行。

特征与影响 智能建造区别于传统建造和工业化建造的基本特征在于：构建了与人类相似的感知与神经系统（数据采集与传输）、大脑处理系统（数据处理与分析）、反馈系统（数据表达与服务）。智能建造的优势在于增强复杂环境下的适应能力和个性化服务能力，提升生产安全水平，提高产品质量和建造效率，最终达到降低生产成本的目的。

智能建造带来的影响主要包括产品形态数字化、经营理念服务化、建造方式工业化和行业治理现代化。智能建造将从根本上重塑传统工程建造行业，促进生产力和生产关系的变革，形成安全、高质和高效的生产方式。

（钱七虎 丁烈云 朱合华 李晓军 刘学增 钟波涛）

智能建筑 intelligent building 以建筑物为平台，基于对各类智能化信息的综合应用，集架构、系统、应用、管理及优化组合为一体，具有感知、传输、记忆、推理、判断和决策的综合智慧能力，形成以人、建筑、环境互为协调的整合体，为人们提供安全、高效、便利及可持续发展功能环境的建筑。

发展过程 进入20世纪，人类将自动控制技术和系统工程技术成功引入楼宇、大厦中应用，使这些建筑具有不同程度的智能化。1984年，美国康涅狄格州哈特福特市一幢旧金融大厦改建时，其住户联合技术建筑系统公司承包了空调、电梯及防灾设备等工程，在楼内铺设大量的通信电缆，将计算机与通信设施连接，用计算机控制机电设备，实现了办公自动化、设备自动化和通信自动化，被公认为世界上第一幢“智能大厦”。1985年，日本在东京建了第一座智能建筑——本田青山大楼。同年，中国香港建成第一座智能建筑——汇丰银行总部大楼。1989年，中国北京第一座智能大楼——北京发展大厦完成。1992年继北京之后，深圳、上海开始建智能化办公楼。此后，智能建筑成为社会普遍认可的新概念，从传统建筑中分离出来，成为新的研究和产业热点。由此可见，智能建筑是随着人类对建筑内外信息交换、安全性、舒适性、节能性、便利性的要求产生、发展的，它以信息技术为基础，综合建筑和控制学科领域的先进技术，构建一个具有自学习能力的智能平台，为使用者提供具有可持续完善功能的舒适、便利、高效、节能、环保、安全的环境，实现了建筑价值的最大化。21世纪以来，智能建筑的概念不仅包括上述意义，还包括建筑环境，并涉及“绿色建筑”“生态建筑”和“可持续建筑”的含义，随着大数据、人工智能等新技术的应用，如在建筑上利用脑电信号调节灯光强弱等，在智能建筑的基础上增加类人思考，出现了智慧建筑的雏形。

设计标准　智能建筑是一个集建筑、结构、采暖通风、照明、给排水、电气、通信等技术为一体的系统化工程，其建设过程涉及多个专业领域，是综合的系统工程。在智能建筑工程建设中，智能化系统作为建筑物的“大脑”，前期的设计过程尤为重要。现行的国家标准是《智能建筑设计标准》（GB 50314—2015），自2015年11月1日起实施，原《智能建筑设计标准》（GB/T 50314—2006）同时废止。

21世纪以来，由于建筑结构多样，运维管理、绿色节能等要求比较高，智能建筑变得越来越复杂，而局限于二维的传统图纸设计，无法将建筑全生命周期中各个阶段联系起来综合考虑。因此，利用建筑信息模型（BIM）技术实现智能建筑全生命周期的设计、施工和运维可视化、数字化和智能化，即基于BIM技术的建筑智能化设计已成为业内人士的共识，并不断发展成熟。　（肖　辉　方　景）

智能交通基础设施　smart transportation infrastructure　依据大量传感、检测、众筹的数据，实时地对交通环境进行监控、检测、分析，实现对基础设施自身健康状态和交通环境的感知，为决策者决策提供信息支持，并在无人为干涉的条件下自主行动，从而实现道路交通安全、高效和环保的设施系统。智能交通基础设施是结合了智能交通系统的优势和基础设施的性质而产生的，提高了交通基础设施的使用寿命与智能化水平，也是智能交通系统发展的重要前提与基础。

分类　按服务对象，智能交通基础设施可分为面向政府和面向民众两类。面向政府的智能交通基础设施主要为提供更好的数据反馈与信息服务，便于相关部门进行交通管理和政策制定，如视频监测系统、自动测速系统、线圈数据采集等。面向民众的智能交通基础设施主要为方便出行，为用户提供更全面的出行信息服务和优化推荐，如地铁报时、停车场车位查询系统等。

按设施属性，智能交通基础设施主要分为物理基础设施、电子基础设施和载运工具信息化（图1）。物理基础设施主要提供基本的硬件传感平台和设备搭接场景。电子基础设施提供可靠数据的分析、压缩、发送、共享等功能。载运工具信息化则是通过车辆上的传感设备及车联网技术实现数据的自动采集和分析。

构成　智能交通基础设施系统一般由4部分构成（图2）：①数据采集。由传统的公路应急电话数据、线圈数据、视频雷达等到不停车收费系统、手机GPS数据以及新型的社会媒体、激光、传感器等数据共同组成了多源的交通大数据。②数据管理。通过数据存储、清理以及构架实现数据可视化构建服务平台与信息中心。③决策模式。通过对数据的建模、大数据分析与数据挖掘等手段挖掘数据所蕴藏的信息从而提高决策的智能化。④决策制定。通过决策支持、机械学习、最优设计等手段最终实现基础设施的自主化决策。

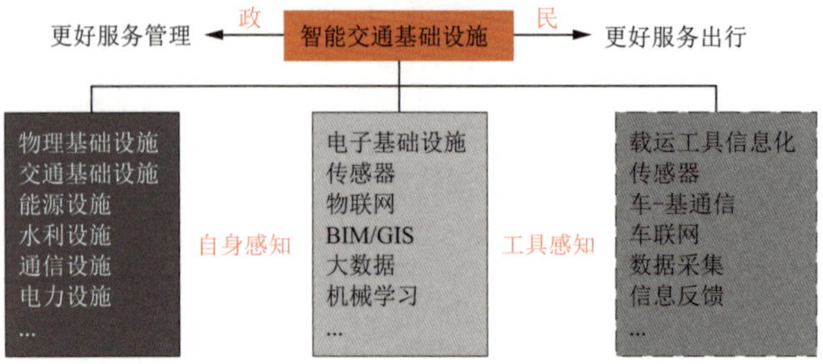

图1　智能交通基础设施内涵示意图

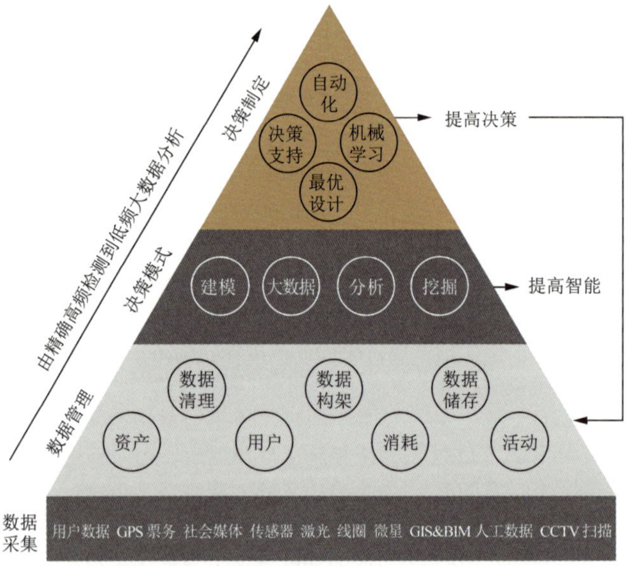

图2　智能交通基础设施构架示意图

应用　随着智能交通基础设施的不断发展，已出现多种实际应用，如智能防撞护栏（通过在护栏上布置分布式的传感器系统，实时感知护栏状态，判断事故发生位置和撞击严重程度，实现远程的护栏安全监控）；交通环境自动识别（双目摄像头、温湿度传感器、无线传输模块等设备采集信息，利用图像识别、小波分析、多致因分析等技术，实现了可视度实时监控、温度场预估、薄冰预警系统）；智能桥梁安全系统等。

智能交通基础设施将从精确的检测分析向泛在化感知的大数据分析发展。泛在化感知能够使设施实现更全面的信息采集，这也是解决设施低功耗、小型化与低成本的关键。　（杜豫川）

中国爆破行业协会　China Society of Engineering Blasting　由中国23个部门系统从事工程爆破的企事业单位组成的行业性社会团体。成立于1994年10月13日，时名为中国工程爆破协会。后经国务院国有资产监督管理委员会审核，中华人民共和国民政部民函〔2015〕322号文批准，自2015年12月1日起，中国工程爆破协会正式更名为中国爆破行业协会。协会在中华人民共和国民政部登记注册，由国务院国有资产监督管理委员会主管，同时接受民政部、公安部、国家安全生产监督管理总局、中国有色金属工业协会等部门指导。协会下设秘书处、学术交流与人员培训部、国际部、技术咨询与安全评估部、行业管理部、《工程爆破》编辑部和财务部等部门。已有会员单位642个，基本涵盖了全国从事爆破教学、科研、生产、设计、施工及管理等企事业单位、省（自治区）市工程爆破协（学）会及专业性社会团体。第一任理事长为费子文、秘书长为汪旭光。

中国爆破行业协会坚持为政府、企业、行业和社会服务，加强自身能力建设；团结全国广大爆破工作者，发扬“奉献、创新、求实、协作”精神，促进中国爆破事业科技进步与科学发展，为中国经济建设不断做出新贡献。

自成立以来，中国爆破行业协会组织修订了国家标准《爆破安全规程》《爆破工程工程量计算规范》和行业标准《爆破工程消耗量定额》《工程爆破振动测试技术规范》（征求意见稿），编制出版了《爆破安全规程实施手册》，主持编写了《全国工程爆破作业人员统一培训教材》《爆破手册》《中国爆破新技术》《工程爆破名词术语》《城镇石方爆破》《建设工程台阶爆破》《条形药包硐室爆破》《拆除爆破理论与工程实践》等几十部著作。

2002年，经中华人民共和国科学技术部批准，中国爆破行业协会每两年组织一届“中国工程爆破协会科学技术奖”的评选和颁奖工作。2011年12月，国家科学技术奖励办公室批准了中国爆破行业协会关于推荐申报国家科学技术奖的申请，进一步促进了中国爆破行业的科技创新和科学发展。此外，协会创办了世界各国公开发行的爆破领域科技类双月刊《工程爆破》(国际标准连续出版物号：ISSN 1006-7051；国内统一连续出版物号：CN11-3675/TD；CODEN GBOAA9)，并建立健全中国爆破网，搭建信息交流与服务平台和网络集群。（凉开水）

中国北京首都国际机场 Beijing Capital International Airport 中国最大的综合枢纽机场。同时也是中国的空中门户和对外交流的重要窗口。位于中国北京市东北郊，距北京市中心约25千米，占地面积约14.8平方千米，是中国最繁忙的国际航空港。第一期工程于1958年投入使用，1965年开始又先后进行了3期共8次大规模的改扩建。

飞行区现有3条平行跑道：东跑道长3800米，宽60米，为水泥混凝土旧道面上加铺沥青混凝土道面；西跑道长3200米，宽50米，为水泥混凝土旧道面上加铺沥青混凝土道面；3号航站楼东侧的跑道长3800米，宽60米，为水泥混凝土道面。东跑道沥青加铺层的下、中两层采用改性沥青混合料，上层采用沥青玛𤧛脂碎石混合料，其施工技术和工艺在国际上为首例，并被列入设计规范。西跑道在施工过程中引用了道面刻槽技术，用以改善道面粗糙度，避免雨天飞机起降时产生“飘滑”现象。3号航站楼东侧的跑道可满足F类飞机的使用要求，配备了世界上最先进的Ⅲ类精密自动引导系统，是中国最先进的起降导航系统，在很低的能见度下仍可实现飞机的起降。

2000年建成的2号航站楼，在功能和标准上均与国际接轨，其设计理念体现了以人文本，最大限度地为旅客提供方便的思想。在建筑方案与建筑材料上选用新工艺、新技术和新材料，如应用C60高强混凝土材料，采用预应力大跨度钢屋架、大基坑降水等工程技术。

2008年建成的3号航站楼是至2019年世界上最大的单体航站楼，由主楼和候机廊组成，配备了自动处理和高速传输的行李系统、快捷的旅客捷运系统以及信息系统。3号航站楼屋顶由155个“龙鳞”样式的天窗构成，是中国机场首次运用大规模自然采光的设计思想，可以有效地节约能源。同时，航站楼屋顶密布的条纹由红色向橘黄色渐变，始终指向南北。3号航站楼的规划设计充分体现了绿色机场的理念：①航站楼内设有环保型吸烟室。②在平面设计中尽量减小建筑进深，保持建筑外表面开敞透明，充分利用自然采光。③设计中取消到顶的隔墙和机电设备，尽量保持室内空间的通透。④将列车轨道设计在开放的沟壑中，采用开放的旅客捷运隧道空间，弃用封闭的地下空间。⑤充分利用外幕墙和屋盖的遮阳处理，减少阳光辐射对室内耗能的影响。

北京首都国际机场

飞行区塔台的技术设备保障能力可满足高峰小时起降架次的需要，可实现同时对30处分散的导航和灯光设备进行自动控制和监视。机务维修区有供各类机种附件修理及定期校检的车间。有跨度72米、进深96.6米的大型飞机库，可供一架翼展60米或两架较小类型飞机同时更换发动机和更换尾翼等维修工作的需要。机场内的供电、供水、供热、供冷以及液化石油气、污水处理等均有完整系统。站坪采用地下加油点的加油方式。有可供60架大型飞机加油的业务油库，并由机场外储油库及时向场内输油。（凌建明）

中国城市轨道交通协会 China Association of Metros 2011年10月由中国国家发展和改革委员会批准成立，同时接受中华人民共和国住房和城乡建设部、交通运输部的行业指导，具有独立法人资格的全国性、行业性、非营利性社会组织。作为中国城轨行业枢纽型龙头企业，秉承遵守法规加强自律，发挥桥梁纽带作用，诚为政府企业服务，推动行业科学发展的宗旨。主要为政府与行业间的沟通联系发挥桥梁纽带作用。共有会员单位1000多家，涵盖城轨行业运营、建设施工、装备制造、咨询研究、院校媒体等各种类型的企业及事业单位，是中国城市轨道交通领域拥有较大影响力的社会团体。

主要工作为政府部门决策和政策制定提供专业建议，受政府委托开展轨道交通资格认证和安全评估，参与制定城市轨道交通相关政策、法规和标准。协调城市轨道交通行业组织之间的合作，促进行业国际交流与合作。组织城市轨道交通科学技术知识的普及，举办全国性和地方性的专业人才培训，开展行业专业职称评定工作。中国城市轨道交通协会设立专家和学术委员会，按专业分支设工程咨询、工程建设、运营管理、技术装备、安全管理、资源经营专业委员会和现代有轨电车分会。（陈舸）

中国工程师学会 Chinese Institute of Engineers 中国土木工程学会的前身。见中国土木工程学会。

中国公路学会 China Highway and Transportation Society 中国公路交通行业科学技术工作者的群众性学术团体。成立于1978年8月。学会的宗旨：团结广大公路交通科技工作者，坚持“科学技术是第一生产力”的思想，贯彻实施“科教兴国”和可持续发展战略，努力促进公路交通科学技术的繁荣和发展，促进公路交通科学技术的普及和推广，促进公路交通科技人才的成长和提高，为加速实现公路交通现代化做贡献。学会的主要任务是开展学术活动，加强与国外学术团体和科技工作者的友好联系，普及公路交通科技知识，组织技术培训，培养和举荐科技人才。学会设有道路工程、桥梁和结构工程、汽车运输、筑路机械、交通工程、客车、公路工程地质、计算机应用、隧道工程、公路规划、公路环境和可持续发展、高速公路运营、养护与管理13个分会。编辑出版《中国公路学报》《中国公路》等刊物。学会成立以来，积极开展学术交流、技术咨询、期刊出版、国际交流与合作等活动，故成为公路交通行业最有影响的学术团体。（程英华）

中国古代工程结构 Chinese ancient engineering structure 新石器时代至19世纪中叶，以较为古老和传统的建筑材料（如土、石、木、砖）建造的能够承担自身重量和其他外力作用，满足居住、使用和安全需要而形成的构造体或组合体。中国的土木工程结构多采用土、石、木、砖等材料建造，包括洞穴、房屋、塔、桥、陵墓等各种类型，建造技术和艺术造型达到当时极高的水平，北京故宫（见图）、赵州桥、万里长城、应县木塔等都是具有代表性的中国古代土木工程杰作。

北京故宫

分类 中国古代土木工程结构按建造材料主要分为土结构、石结构、木结构和砖结构。有时一种结构同时包含两种或多种材料，如下部用石结构，上部用土结构或砖结构。按结构形式可分为板式结构、梁柱式结构、拱券式结构、筒体式结构、隧洞式结构等。

结构特色 随着建造材料强度的提高和建造工艺的进步，中国古代土木工程结构形式经历了从简单到复杂的发展过程，并形成了多种艺术风格。早期的建造工艺仅为简单的改造原始材料，如将原始土体掏挖而成土结构，或用树枝和藤条绑扎木材而成的木结构。后随着工具的发展，原材料得以加工提升强度，建造工艺也日趋复杂，如使用模板夯筑土体，称为版筑，采用土砌块砌筑造型更加灵活易控。榫卯结合的方式使得木结构连接强度得到了保证，梁柱式结构成为木结构最主要的结构形式，梁柱交会处采用斗拱结构扩大构件接触面并实现建筑的深远出檐。战国时期开始，将泥土经高温烧制而成的建造材料——砖得到应用（历史上著名的秦朝都城阿房宫中就是使用青砖铺地，青砖上还有各种装饰性纹理图案，至今仍有珍贵的艺术和历史价值）。砖石结构早期的形式主要为板式结构，拱券式结构初期多用于地下墓室，南北朝以后砖塔、石殿等有很大发展。唐代建筑艺术的杰作之一大雁塔是楼阁式砖塔，采用磨砖对缝，砖墙上显示出棱柱，可以明显分出墙壁开间，是中国特有的传统建筑艺术风格。宋辽金时期是砖石塔发展的高峰，出现多种结构形式，如带中心柱墩筒体结构、双套筒结构、厚壁筒体结构、实心砖塔等。明代则以砖石房屋为代表，如典型的拱券式建筑“无梁殿”。

意义和影响 中国古代土木工程结构对现代土木工程结构有很重要的影响。许多结构形式沿用至今，仅是混凝土、钢材等代替了强度较低、性能较差的土、石、木等材料，如梁柱式结构体系。现代结构体系中也可以看到传统结构形式的影子，如现代高层结构常用的框架核心筒体系与石塔带中心柱墩筒体结构、现代筒中筒结构与砖塔的双套筒结构等。现代土木工程结构会将古代土木工程结构的受力机理进行研究整理，形成较为系统的设计理论并将其发展，做到了“古为今用”。

古代土木工程结构的设计和施工主要依靠经验，仅有宋代《营造法式》、明代《鲁班营造正式》和清代工部《工程作法》记录一些通用建造方法。采用现代土木工程结构理论对古代土木工程结构进行系统分析和整理，对古建筑的维修保护及新结构的开发均有重要意义。（陶慕轩）

中国古代木结构 Chinese ancient timber structure 主要由原木、方木或锯材通过榫卯等连接而成的，能够承担自身荷载、活荷载和外加力作用，并满足居住、使用和安全要求的一定形式的组合体。是中国传统建筑文化的典型代表，古代建筑的主要结构类型。

发展简史 在中国古代文献中，记述有上古时期“构木为巢”之事实，这反映了中国古代木结构的开端。根据对中国半坡遗址与河姆渡遗址的考古发掘，早在公元前5000～前3000年，中国木结构建筑就已初具规模，同时出现了榫卯连接技术，而榫卯连接是中国传统木结构建筑文化的精髓，并经长期演进一直沿用至今。至战国时期，木结构中出现斗拱，至唐宋时期斗拱技术趋于成熟，因此，唐、宋也是中国古代木结构建筑文化及技术发展的鼎盛时期，相应的技术还广泛传播到东北亚及一些西方国家。明清时期，中国古代木结构建筑经历了快速发展并取得辉煌的成就，建筑技术更趋成熟。

关于中国古代木结构建筑文化，最初只是以工匠师徒间口传心授的方式传承，建造技术在唐宋时期形成了标准化，出现了《唐六典》和《营造法式》，同时还广泛传播到日本、韩国等国家。到了近现代，有很多研究人员针对中国古代木结构建筑文化的传承和保护以及结构技术的创新做了大量辛苦工作，并取得了卓越成效。

分类 从结构形式上主要分为以下三大类：①抬梁式。沿房屋进深方向的石础上立柱，柱上架梁，在梁上重叠数层瓜柱和梁，最上层梁上立脊瓜柱，构成一组木构架，在两组木构架之间采用枋和檩等构件相连，从而构成间。②穿斗式。沿房屋进深方向立密柱，柱直接承受檩的重量，不用架空的抬梁，而以数层“穿”贯通各柱，组成一组构架，两组构架采用檩相连而构成间。③井干式。采用原木、方木等实体木料，逐层累叠、纵横叠垛而构成间。这类房屋在世界各国均有应用，一般在森林资源比较丰富的国家或地区比较常见。

典型元素 中国古代木结构的典型元素主要为斗拱和榫卯。

榫卯是在两个构件上采用凹凸部位相结合的一种连接方式。其功能是使松散独立的构件紧密结合成为整体，同时承受各种荷载作用。其特点是利用木材承压传力，同时利用榫卯嵌合作用，能适应一定的变形能力。其缺点是对木料的受力面积削弱较大，用料上不经济。榫卯种类很多、形态各异，主要是由其功能、位置、结合方式和安装工艺等决定的。榫卯主要有管脚榫、馒头榫、燕尾榫、箍头榫、透榫、半榫等。榫卯连接对中国古代木结构的抗震防灾起到了一定作用，所以能够沿用至今。（陶逸钟 傅连兴 刘伟庆）

中国古代石结构 Chinese ancient stone masonry structure 19世纪中叶以前，人类利用天然石材开凿或加工成的梁、板、柱、块料而筑成的能够承受自身和外加荷载，满足使用功能和安全要求的构造体或组合体。人类自巢居、穴居进化到室居的过程中，最早利用的建筑材料之一就是石头。人类先是利用天然石头洞穴居住，然后又开始人工开凿石头洞穴。中国早在原始社会就已开始在建筑中使用石材，春秋战国时期因为工具的发展而促进了石材的开采与使用。秦汉以后石材料开始普遍用于石墓室、石祠、石阙、石窟寺、石塔、石祭坛、石桥以及石经幢、石墓表、石牌坊、石围墙等，但房屋建筑中，石材主要作为木构建筑及砖砌建筑的补充、衬托或加固，纯石材的房屋并不多见，规模也不大。中国古代采用石结构，自秦汉以后结构类型有所发展，除纯石结构外，也常有砖、石混合结构。至于建筑中石阶、石础等石构件的使用，更是到处可见。

石结构大体上可分为板式、梁柱式、隧洞式、拱券式、筒体式等。

板式石结构 又称巨石建筑，分布在

今辽东半岛和山东半岛一带。这种建筑全部由巨大的石板块组成。据考证，这种结构可能是坟墓的一种，外形很像一个巨大的石桌，所以也称石桌坟。石桌平面呈矩形，下部由3块竖放的石板支承，四周外伸作屋檐状悬挑。

梁柱式石结构 这种结构主要见于汉朝晚期的一些石墓和宋朝初期的石桥、石祠及石牌坊中。梁柱式石墓多出现在山东、江苏、辽宁等地，其中山东沂南画像石墓可作为代表。这座墓约建于东汉末期，全部用加工规整的石材砌成。总面积50余平方米，分前、后、中室及左、右侧室。内外墙体均用竖放的石板构成，墓正中立石柱一排，柱顶上置石斗拱，上部架设石梁，梁上再覆以石板。墙面、藻井及入口处都有十分精细的雕饰。

隧洞式石结构 中国古代开凿的石隧洞主要用作崖墓和石窟寺。自东汉至南北朝时期，四川一带盛行崖墓葬。乐山地区的白崖汉墓，在长约1千米的山崖上，开凿有大小不等的56座墓窟。其中较大者深达数十米，由亭堂，壁龛，前室、后室以及棺室、灶室等组成，凿有柱、阙、藻井等，并雕刻有精细的花纹。

拱券式石结构 最常见的是石拱桥，其次是陵墓。例如，河北赵县**赵州桥**，又称安济桥，隋大业（605～616）年间由**李春**主持建造。该桥以长37.37米，高7.23米的大弧形石拱券横跨洨河上，两肩又各有两个小石拱券，可以减少汛期水流的阻力，也可减轻结构自重，是世界上现存的最古老的敞肩桥。为了加强桥的整体性，除在并列的28条纵拱肋间嵌装银锭形铁榫外，并于拱券上加伏一层石板，横向埋入五根铸铁拉条，拱顶处桥宽略窄于拱脚，使并列的纵拱肋均向内稍倾，以防止外闪。这些构造措施都证明远在1300多年前，中国的造桥技术在结构方面和艺术方面，都已取得了巨大成就。石拱桥由于比较理想地发挥了石材的性能，在相同跨度的结构中较梁柱式石结构能承受更大的荷载，用料也较小较少。除单孔桥外，也常有多孔石拱桥，如北京的卢沟桥、江苏的宝带桥。宝带桥始建于唐元和（806～820）年间，全长317米，由53个连续石拱券组成。陵墓中采用拱券式石结构，已发现较早的实物是前蜀（今四川成都）建造的永陵，总长23.50米，分前、中、后三个墓室，墓室结构由两侧壁柱间建起的石拱券构成，中室石拱券净跨近6米，室中设棺床，并饰以精美生动的雕刻。明清两代帝王陵寝中的地下墓室，也采用拱券式石结构建筑，如有地下宫殿之称的北京明神宗（万历）墓——定陵，整座石墓规模宏伟，构建精良，在已发掘的拱券式石墓中具有一定的代表性。

筒体式石结构 中国现存较早的大型石塔——山东历城柳埠镇神通寺四门塔，为筒体石结构。该塔建于隋大业七年（611），高约15米，平面呈正方形，每边长约7.4米；由大块青石砌筑的筒壁构成一个正方形筒体，壁厚约0.7米；每面正中开一个小型拱门（称为壶门）。塔内正中有方形石塔心柱，顶部用石板搭叠覆盖，逐层收进，构成四角攒尖式顶，檐口用五层迭涩出檐，除塔刹外，通身不加雕饰，十分朴素明快。唐代以后，石塔渐渐增多，塔的式样也随时代、地区不同而不断变化。多层筒体式石塔以福建泉州开元寺双塔为代表。现存双塔分别建于南宋嘉熙（1237～1240）年间。塔身五层，平面为八角形，高40米余；外圈用大石块砌筑成筒体，中间为石块砌筑的塔心柱；塔身外壁每层设置四个壶门，上下层错开布置，以更好地保证塔身的整体性；塔心柱与外筒壁逐层以条石拉结，以保证塔体的稳定性。

（陶逸钟 傅连兴 徐 建 梁建国）

中国古代土结构 Chinese ancient earth structure 利用天然土通过挖掏、夯筑，或加工后进行砌筑所形成的，能够承担自身重量和一定外加力作用，满足当时人类居住、使用和安全需求的构造体或组合体。土结构是人类最早应用的居住结构类型之一。在中国历史发展过程中，原始人类以石器、棍棒等简单工具，模拟天然岩洞，掏挖洞穴作为栖身之所。随着工具与技术的改进，继掏挖方式之后，又出现了夯筑、制墼等技术，推动了中国古代以土结构为主的城市、水利、房屋建筑的发展。生土结构可以就地取材，易于施工，造价低廉，冬暖夏凉，节省能源，有利于人与自然的和谐共生、环境保护和生态平衡，是一种可持续发展的建筑结构形式，到现代仍然具有强大的生命力。中国多个研究机构从材料的改性到建造技术的革新对生土建筑进行了大量研究，日本、法国、澳大利亚等国家的学者也多次来到中国考察研究土结构，为新型土结构的发展奠定了良好的基础。土结构大体上可分为掏挖式、夯筑式与砌筑式。

掏挖式土结构 主要是由掏挖而成的各种洞穴。这种类型的结构并不是选择添加建筑材料以形成空间，而是采用挖去天然材料以获得空间。这种施工技术主要是利用土体直立的性质，在不改变原状土的结构和物理性质的前提下，对土体的应力空间做了调整，在一定程度上改变了土体的抗压及抗剪等工程特性。掏挖式土结构形式主要有横穴与竖穴两种。横穴（后来发展为窑洞）一般就土崖开挖，洞穴的上部挖成半圆拱形，拱上土重和其他荷载沿拱趾传递于基土。这种土窑洞适用于中国西北地区的黄土地带。在河南、山西、陕西、甘肃等省，土窑洞仍然是民居形式之一。竖穴是由地面向下开挖而成，口小下大，截面呈“墥”状，也称袋状穴，穴边土的侧压力沿环状穴壁分布于周围土层，在使用中穴口覆以遮盖物，以防雨雪侵入。掏挖式土结构简便易行，经济实用，并具有保温、节能、隔声等优点，具有很好的使用价值。

夯筑式土结构 其建造过程中需要使用夯杵，将土捣筑坚固，从而加大土的密实度，改善土的结构，以提高其承载能力。夯筑式土结构可作为房屋的承重结构，也可作为围护结构。夯土技术在最初的原始阶段使用并不常见，只是对地面进行简单的夯打，如仰韶文化时期淮安青莲岗遗址中发现有人工夯实的地面。原始夯土都是无模夯筑，工具也无定型，从山东龙山文化遗址中所发现的夯土遗迹来看，可能是用石块、棍棒等夯筑的。氏族社会晚期至奴隶社会早期的夯土城垣，出现了采用先将土分层夯筑后再将两侧面加以整削成型的夯筑方法。甘肃敦煌石窟区仍保存有夯筑土塔。自氏族社会出现夯筑式结构以来，随着技术的发展和工具的改进，其应用范围也不断扩大，直至明代以前的数千年中，除历代城市的城墙外，秦、汉朝的长城大都用夯土筑成。宫室或民居的墙体、高大而坚实的台基和古代水利工程中的堤坝等，也是用夯土结构建筑。明、清两代，在福建、广东、广西部分地区的住宅，也有用夯土作为承重结构的三层土筑楼房，夯土承重外墙厚约1米，福建永安住宅即是一例（见图）。直至近代，某些地区也仍然有用夯土建造的房屋和墙垣。

砌筑式土结构 其土砌体所用的砌块

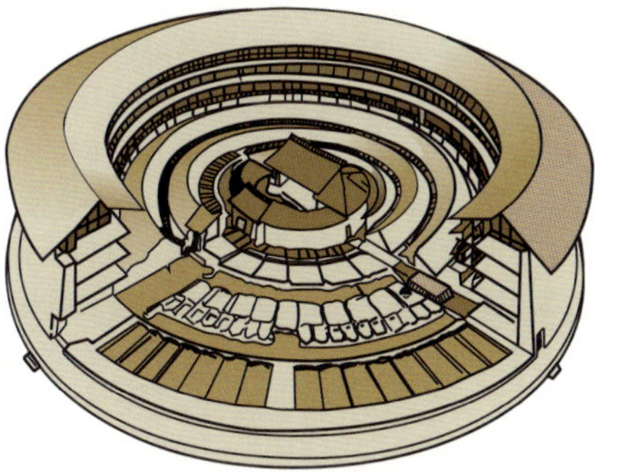

福建永安住宅剖视图

分为“土墼”和“土坯”两种。土墼是用最佳含水量的潮湿土，放入木模中经夯筑形成。土坯则是用水和好的湿泥，放入木模中经抹平形成。土墼和土坯在制作中也往往加入草筋，经自然干燥后即可用来砌筑。墼或坯大约产生在龙山文化晚期，在商、周时期的建筑遗址中，都曾发现有墼或坯的砌体，在敦煌、西安等地汉朝的土坯墙也多有发现。新疆发现有唐、五代时期用土坯砌筑的圆形穹隆结构，直径达10米以上。这些土墼和土坯结构不仅说明中国古代砌筑式土结构的广泛使用，更可看出当时土结构砌筑技术已达到一定水平。根据使用土坯的多少，砌筑式土结构墙体主要分为5种：①全部使用土坯的全土坯墙。②四面用砖，内填土坯的填心墙。③上半截用土坯，下半截用夯土的版土坯墙。④用土坯全部空心横砌的空心墙。⑤土坯墙部分用砖包边的混合墙。墼或坯的规格虽然因时代、地区不同而有所不同，但一般都是以便于制作、搬运和砌筑等要求决定其尺度。

（陶逸钟　傅连兴　徐　建　梁建国）

中国古代砖结构　Chinese ancient brick masonry structure　19世纪中叶以前，用以黏土为原料烧结而成的砖块，通过不同砌筑方式而形成的能够承担自身荷载、活荷载和外力作用的，满足使用和安全要求的一定形式的构造体。原始社会的史前先民在地面上使用火烧烤食物，黏土地面经过高温烘烤变硬，可防潮防水，通过简单的叠砌方式用作建筑围护结构，是最原始的砖建造术。公元前5000年左右，中国出现烧结正方形、长方形砖，但真正意义上的砖出现于战国时期的建筑遗址中，已经发现品种繁多的条砖、方砖和栏杆砖，主要用于铺地和砌壁面。到秦汉时期，兴都城、建宫殿、修驰道、筑陵墓，烧制和应用了大量的砖，当时砖建造术有了初步发展，已开始采用错缝砌法。到汉代时，砖石建筑和拱券结构更加完善，制砖工艺有了一次飞跃，所用条砖规格趋向统一，也具备了模数性质。隋唐时期是砖建造术成形及进一步发展时期，建筑多采用木、砖、石为主要建筑材料，砖墓和仿木砖塔数量增加。南宋时期则出现了全部用砖砌的建筑。明清时期，砖建造术得到广泛普及，砖成为民用建筑广泛使用的建筑材料，青砖大量应用在民居建筑中。明、清以来，常用的砖可分为城砖、方砖、开条砖等几种，每一种又各有若干规格。砖的砌筑方法，最初采用与土坯相类似的陡砌，后来采用平卧砌筑。明代比较常用一顺一丁的砌法；清代多用三顺一丁或五顺一丁的砌法。砌筑用的胶结材料，早期使用黄土泥浆，宋代以后渐渐使用石灰浆。

中国古代砖结构建筑有砖墓室、砖塔、砖城、砖拱桥、砖窑洞、砖砌无梁殿等，按结构形式分主要有板梁式、拱券式、穹隆式、筒体式及砖墙体等。

板梁式砖结构　战国末期，在墓葬中开始出现砖结构的墓室，全部用大块空心砖块建造，顶部平置的空心砖板块支承于两侧竖置的空心砖板块上，构成单跨简支式板块砖结构（图1a）。河南汉墓中出土的空心砖板块实物，长约1米、宽约0.4米、厚约0.1米，足见当时空心砖板块的制作已达到很高的工艺水平。板块式空心砖墓室进一步发展，将顶部改为用三块空心砖板块组成，边上两块砖板块斜放，正中一

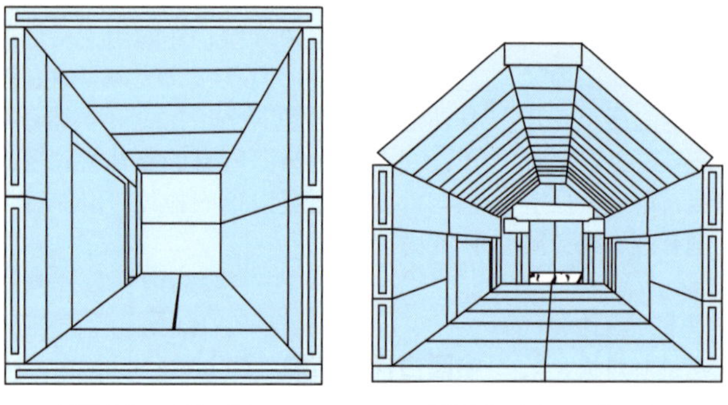

a 板梁式空心砖墓（洛阳）　b 斜撑板梁式空心砖墓（洛阳）

图1　板梁式空心砖结构墓示意图

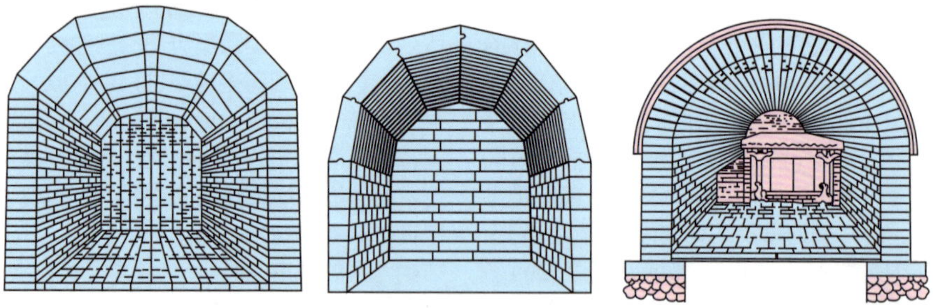

a 折线嵌楔空心砖墓（洛阳）　b 折线楔形企口空心砖墓（成都）　c 半圆形小砖券墓（四川德阳）

图2　拱券式砖结构示意图

块平放，使墓顶中部拱起（图1b）。

拱券式砖结构　从战国末期到西汉末年，砖结构墓室由板梁式逐步过渡到拱券式。两侧墓壁用小砖砌筑，墓顶由楔形砖砌筑成折线形（图2a、图2b）过渡到小砖砌筑的半圆形（图2c）。砖拱券用泥浆作为胶结材料，砌筑方式有用立砖砌筑的单层拱券、双层拱券和多层拱券；又常常在每层拱券上加砌卧砖，称为伏。此后，这种券和伏交替的砌筑方法成了砖、石拱券结构普遍采用的砌筑方式。根据砖拱券跨度与荷载的大小，决定砌筑券和伏的层数，多者达五券五伏，个别工程中，也有用七券七伏的。砖拱券自地下转用到地上，经历了一个漫长的过程。最初只用在砖塔及某些建筑的门、窗、壁龛上，或作为塔层间的楼面承托结构，一般规模、跨度都不大。大跨度的砖拱券，用在城门洞、桥涵以及建筑下部的承重结构，多出现在明代以后。无梁殿便是明代首创的砖砌拱券建筑。其主体结构由砖拱券构成，室内空间为一大型砖拱，前后在垂直方向再砌出若干小砖拱券作为门或窗用，外部出檐、斗拱、檩枋等均以砖石仿照木构件式样制作，上面覆以瓦屋面。较早实物以明代初期建造的江苏南京灵谷寺无梁殿为代表；北京的皇史宬也是典型的无梁殿实例。

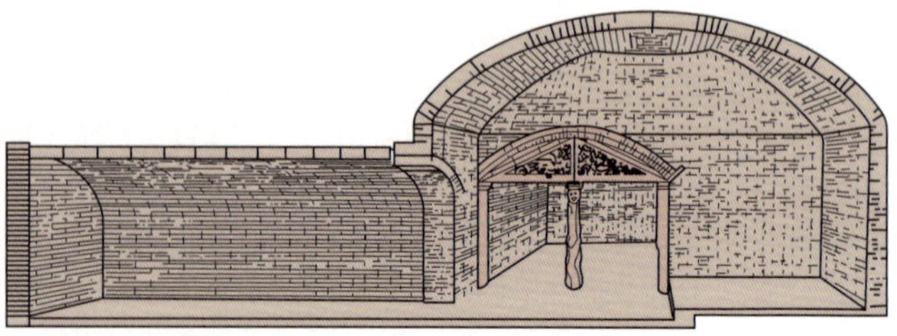

图3　穹隆式砖结构墓（洛阳）示意图

穹隆式砖结构　在拱券式砖结构形成以后，又出现了穹隆式砖砌结构。这种结构最初用在墓室，最早的遗物见于河南洛阳（图3）及甘肃武威的汉墓之中。以后地上的砖砌穹隆式结构也相继出现，多见于伊斯兰教建筑。其中新疆喀什阿巴和卓麻扎主墓的砖砌穹隆顶，跨度在15米以上，穹隆壁厚50余厘米，轻巧简洁，是这一种结构形

式的代表。

筒体式砖结构　常用于历代砖塔建筑中，分为单层筒体和双层筒体（即筒中筒）两种类型。中国现存最早的筒体砖塔是单层筒体砖结构，如河南登封嵩岳寺塔。该塔建成于北魏正光四年（523），全高约40米，密檐式，平面呈十二边形（图4），中空，下部壁厚约2.5米，塔身自下而上作抛物线形的曲线，筒壁逐渐减薄以降低塔

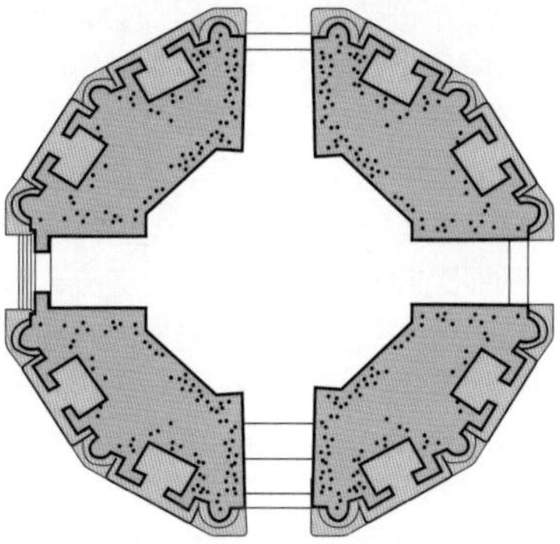

图4　嵩岳寺塔平面图

身的重心高度，提高抵抗风压及地震荷载的能力。构造坚固，结构合理。自建成至今，经历了1400多年和多次地震，仍巍然耸立。

砖墙结构　砖出现以来，砖结构主要在城墙、佛塔和少数砖砌重型弯拱佛殿、民居等建筑中使用。只起着建筑构件的表面保护作用，或者用作木结构房屋的围护墙，发挥其耐磨、耐蚀等表面耐久特性，一直没有发挥其承重作用。直到明代（14世纪），砖墙才开始逐渐替代土墙作为地面木结构的围护墙。用砖砌筑的城墙，中国的代表性杰作当推明长城。明朝以前的砖城墙实物留存的极少。砖城墙由于墙体较厚，往往多采用包砌的办法，即墙体两侧用砖砌筑，中间部分为夯筑的土墙，仅在高大城楼的下面，才砌筑实体的砖台。

从清代中叶（19世纪初）起，特别是鸦片战争后，中国建筑受到欧洲建筑的影响，砖结构逐渐代替木构架，成为建筑物的承重兼围护墙体，砖从此成为中国房屋建筑中耗用量最大的主要建材。

（陶逸钟　傅连兴　喻维国）

中国硅酸盐学会　Chinese Ceramic Society　由中国硅酸盐（无机非金属材料）科学技术工作者、单位和团体自愿组成、依法登记的全国性、学术性、公益性和非营利性社会组织。具有社会团体法人资格，是中国科学技术协会的组成部分。简称CCS。其宗旨是团结广大硅酸盐科技工作者，促进科学技术的繁荣和发展，促进科学技术的普及和推广，促进科技人才的成长和提高，促进科学技术与经济的结合。

中国硅酸盐学会的前身是中国陶学学会，创建于1945年，1959年11月更名为中国硅酸盐学会。学会有水泥、房屋建筑材料、混凝土与水泥制品、陶瓷、特种陶瓷、搪瓷、玻璃、玻璃纤维、玻璃钢/复合材料、特种玻璃、电子玻璃、非金属矿、耐火材料、晶体生长与材料、工艺岩石学、硅酸盐工业环保、智能化与装备技术、固态离子学、溶胶凝胶、薄膜与涂层、测试技术、工程技术、矿物材料、固废与生态材料和绝热材料25个专业分会以及科学普及、学术交流和科技咨询3个工作委员会。主办《硅酸盐学报》《硅酸盐通报》和《材料学报》(*Journal of Materiomics*) 3种学术期刊。学会办事机构设国内学术交流及科学普及部、国际学术交流工作部、《硅酸盐学报》编辑室、科技咨询部和办公室5个部（室）。

中国硅酸盐学会加入了国际玻璃协会、国际陶瓷联合会、联合国际耐火材料学术会议组织、国际晶体生长组织以及亚洲-大洋洲陶瓷联合会5个国际组织。并与美国、日本、澳大利亚、韩国和欧洲等相关学术组织建立了良好合作关系。

中国硅酸盐学会的业务范围包括学术交流与技术展览、民间国际科技交流与合作、科技书刊编辑出版、科普与继续教育、技术咨询与服务、科技奖励、会员服务、人才推荐、市场调研、承接社会职能等。

（晋占平）

中国建筑材料联合会　China Building Material Federation　由中国建筑材料行业的企事业单位、社团组织自愿组成的，跨地区、跨部门，经民政部批准设立，接受国务院国有资产监督管理委员会管理的全国性社会团体。原名中国建筑材料工业协会，成立于1985年。其会员来自建材行业制造、研发、流通、教育、规划、标准、认证、展贸、传媒和建筑、房地产等各个领域，同时还包括全国性建材各专业协会、各省市建材行业协会。2020年，中国建筑材料联合会下辖9个直属单位，16个分支机构，管理23个全国性建材专业协会。中国建筑材料联合会本部办事机构有8个：秘书处（会员部）、产业发展部（产业政策研究室）、科技工作部（科教委）、标准质量部、信息和经济运行部、国际合作部（外事办、市场展贸部）、财务资产部、综合管理部（办公室、党办、人事部、培训部）。中国建筑材料联合会按照引领、协调、服务的职能定位，行使服务国家经济社会发展大局，引领行业科学发展的职责，围绕建材行业与企业在改革发展中的重大问题调查研究，向政府部门提出有关经济政策和立法方面的意见和建议；反映会员和企业诉求，组织制定行规行约，制止低价倾销与无序竞争，规范企业行为，建立行业自律机制，维护行业和企业合法权益；为行业和企业提供及时准确的产业政策、标准、技术、投资、会展、培训等多方面、多层次信息服务；制定行业规划、发展战略，制定修订国家标准和行业标准等；创新和运用新的产业政策、标准、技术，引领行业科学发展；加强与国外同业间的联系，开展对外经济技术交流与合作，协调解决贸易摩擦和经济纠纷；组织国内外展销会、展览会，帮助企业开拓市场，推动企业走出去；促进建材联合会系统的联手合作，使整个行业协会系统成为引领行业、协调行业、服务行业的生力军。

（刘加平）

中国建筑学会　Thew Architectural Society of China　中国建筑科学技术工作者的学术性群众团体。成立于1953年10月，原名中国建筑工程学会。中国建筑学会在1955年以国家会员身份加入国际建筑师协会（UIA），1989年以国家会员身份加入了亚洲建筑师协会（ARCASIA）。与数十个国家相关组织建立学术交流和友好合作关系。

学会的主要任务是：开展学术交流和科学考察，编辑出版学术书刊和科普书刊，对国家城乡建设的科学技术问题发挥咨询作用，发动会员提出合理化建议，维护会员权益和反映会员意见、呼声，开展国际学术交流、组织同国外的科学技术团体和科学技术工作者的友好往来，举办或协助举办各种培训班、进修班以提高会员学术水平，普及建筑科学技术知识，传播先进经验，以及开展其他各种活动。

学会是中国建筑学界对外进行学术交流的主要窗口，设有22个直属分会，会员10万余人。学会主办3种期刊：《建筑学报》《建筑结构学报》《建筑知识》。并设有梁思成建筑奖、中国建筑设计奖等十余奖项，以支持和鼓励中国建筑界工程技术人员的工作和贡献。（陆新征）

中国民用机场协会　China Civil Airports Association　由中国民用机场、相关企事业法人和社团法人自愿结成的全国性、行业性、非营利性的社团组织。简称中国机场协会。成立于2006年8月25日，总部设在北京。中国机场协会的宗旨是为会员提供交流合作平台，提出发展中国机场

的行业政策建议，提高机场的管理和建设水平。中国机场协会的最高权力机构是会员代表大会，至少每年举行一次，应理事长或1/3以上会员的要求可以召开特别会议。会员代表是指由会员管理机构指定的代表会员权益的个人。理事会是会员代表大会的执行机构，在大会闭会期间行使会员代表大会赋予的议事和决策权力，领导本协会开展日常工作。中国机场协会的主要工作有：①举办多种形式的与机场业务相关的交流活动。②开展与机场业务相关的信息收集、分析咨询和评比服务。③受政府委托，起草机场行业标准，推动新技术运用。④根据机场行业发展实际和趋势，进行相关课题的调查研究，向政府有关部门提出政策或立法建议。⑤组织开展与机场业务相关的国际交流与合作。⑥编辑出版协会刊物，建设协会网站。

（凌建明）

中国上海浦东国际机场 Shanghai Pudong International Airport 中国首座拥有5条跑道的4F级民用机场，是中国三大门户复合枢纽之一。位于上海市浦东新区的滨海地带，距上海市中心距离约32千米；场区南北长约8千米，东西平均宽约4千米，规划占地面积32平方千米。一期工程于1999年9月建成通航；2005年3月第二跑道正式启用；2008年3月T2航站楼和第三跑道建成投运，2015年3月第四跑道正式启用；2019年9月三期扩建主体工程及卫星厅建成投运；第五跑道已竣工，四期扩建工程正式启动。机场规划充分利用滩涂促淤造地，节省大量耕地，减少飞机噪声对周边地区的影响和净空限制。机场从规划设计到工程实施，始终贯彻可持续发展的原则，特别是在机场选址对鸟类生存环境影响方面，实施了“驱引结合”的生态工程。

上海浦东国际机场航站楼

飞行区现有5条平行跑道，均为水泥混凝土道面。第一跑道为4E级跑道，位于T1航站楼西侧，长4000米，宽60米，设有6条快速脱离道，跑道两端助航灯光系统按Ⅲ类精密仪表进近技术设置；第二跑道为4F级跑道，位于T2航站楼东侧，长3800米，宽60米，满足F类机型运行标准，设有4条快速脱离道，跑道南端设置Ⅲ类精密仪表进近和助航灯光系统，跑道北段设置Ⅱ类精密仪表进近和助航灯光系统；第三跑道为4F级跑道，位于第一跑道西侧，与第一跑道平行，中心线相距460米，南端与第一跑道齐平，北端错开600米，跑道全长3400米，宽60米，满足F类机型运行标准，跑道两端各设6条快速脱离道和Ⅰ类精密仪表进近和助航灯光系统；第四跑道为4F级跑道，按2020年机场运输航班飞行起降65万架次需求设计，可起降包括全球最大的空客A380在内的各类大型民用客机，位于第二跑道东侧，长为3800米，跑道双向均设Ⅰ类精密进近灯光系统和仪表着陆系统；第五跑道位于第四跑道东侧，是机场东部最靠海的跑道，与现有各跑道平行，通过填海、促淤、吹砂、造地而成，专用于国产大飞机的起降。飞行区建设在各类沟塘、暗浜纵横交错的滩涂淤泥质不均匀软弱地基上，为此，主要采用山皮石＋冲击碾压（人造硬壳层）、真压预压，低能量强夯等技术进行地基处理。

上海浦东国际机场现有T1、T2两座航站楼，1座卫星厅，T1航站楼由主楼、候机长廊、连接主楼与候机长廊的连接廊3部分组成，建筑面积27.8万米^2。从剖面上看，由4个弧形屋架和2个连接廊组成，空侧候机长廊采用与跑道平行的一字型布局，面向跑道的一侧布置大型飞机机位，背面布置中型机位，同时还有远机位。这种布置方式十分有利于飞机的运行。航站楼采用大跨度钢结构屋架，室内为一个开敞明亮的大空间。航站楼内有近6万平方米的商饮设施和其他出租服务设施。航站楼的建筑外形是一组跨度不等的弧形钢结构，坐落在钢筋混凝土基座上，倾斜的玻璃幕墙赋予建筑动感。内部空间中，深蓝色的金属吊顶仅遮住弧形屋架的上弦，穹顶上悬垂着一根根白色的腹杆，其间以黑色的预应力钢索相连接，展现了结构的力度。航站楼立面玻璃采用高透射、低反射的玻璃幕墙，使得室内外空间相互交融，创造了优美的候机环境。T2航站楼位于T1航站楼东侧，建筑面积48万米^2，体现了以人为本，最大限度方便旅客的设计理念，并呈现以下特点：①节能环保，与未做优化的原始设计比较，全年可节电54.9%，节能50.8%。②科技含量高，工程共开展23个科研课题，其中多项成果达到国际先进水平。③运营管理优，机场采用“统一指挥、分区管理”的方式，大大提高了机场的运行管理效率。④货运能力强，其货运区设计年处理能力120万吨。卫星厅位于T1、T2航站楼南侧，由两座相连的S1和S2组成，呈工字形，总建筑面积62.2万米^2，为全球最大的单体远距离卫星厅；S1与T1、S2与T2分别由机场空侧捷运系统相连。

（凌建明）

中国土木工程学会 China Civil Engineering Society 全国土木工程科学技术工作者的学术性群众团体。其前身是由詹天佑于1912年创建的中华工程师会，1915年更名为中华工程师学会，1931年与中国工程学会合并改称中国工程师学会，1953年正式改名为中国土木工程学会。学会主要开展国内外学术交流，编辑出版科技书刊，开展民间国际科技合作与交流，对国家科技政策和经济建设中的重大问题提供咨询、接受委托、开展技术服务，开展继续教育和技术培训工作，普及科学知识，推广先进技术，举荐与表彰奖励优秀科技成果与人才，反映会员的意见和要求，举办为会员服务的事业和活动。

学会下属25个分支机构：桥梁及结构工程、隧道及地下工程、土力学及岩土工程、混凝土及预应力混凝土、港口工程、防护工程、市政工程、计算机应用、水工业、燃气、城市公共交通、建筑市场与招标投标研究、工程质量、防震减灾、城市轨道交通、工程风险与保险研究、工程防火技术等。学会加入了7个国际学术组织：国际桥梁与结构工程协会（IABSE）、国际土力学及岩土工程学会（ISSMGE）、国际隧道与地下空间协会（ITA）、国际结构混凝土协会（FIB）、国际煤气联盟（IGU）、国际公共交通联合会（UITP）、国际水环境联合会（IWA）；还与十多个国家和地区的学术团体签订双边合作协议；与世界上20多个学术机构和单位友好往来。学会刊物为《土木工程学报》。

（陆新征）

中国岩石力学与工程学会 Chinese Society for Rock Mechanics and Engineering 中国岩石力学与岩土工程科技工作者的学术性群众团体，中国科协的组成部分，对外为国际岩石力学学会中国国家小组。学会前身是国际岩石力学学会中国小组，1978年由中国科学院、外交部联合报请国务院批准成立。1981年成立了学会筹备组，1985年6月依法经民政部注册登记，正式成立为中国岩石力学与工程学会。2012年起实行双理事长制。涉及的专业领域包括水利水电、煤炭石油、地质矿山、交通运输、市政建设、地灾防控、环境保护、国防工程等。第一届（1985～1989）理事长兼国家小组组长陈宗基；第二届（1989～1994）理事长陈宗基（1989～1991）、潘家铮（1991～1994）；第三届（1994～1998）理事长兼国家小组组长孙钧；第四届（1998～2003）理事长兼国家小组组长王思敬；第五届（2003～2008）理事长钱七虎，国家小组组长冯夏庭；第六届（2008～2012）理事长钱七虎，国家小组组长唐春安；第七届（2012～2016）理事长钱七虎、冯夏庭。第八届（2016～2020）理事长冯夏庭、何满潮。第九届（2020～　）理事长何满潮、冯夏庭。

截至2021年6月，学会下设6个工作委员会、15个专业委员会和15个分会，以及19个地方学会，拥有个人会员24 156人、团体会员40余家。学会主办《岩石力学与工程学报》《地下空间与工程学报》《岩土力学与岩土工程学报》(英文版，*Journal of Rock Mechanics and Geotechnical Engineering*）和《地下空间》(英文版，*Underground Space*）4种期刊，通过集群化建设取得显著成绩。

中国岩石力学与工程学会对于提高中国科技水平，加强中国科学家在国际活动中的地位及其学术影响力，树立中国作为岩石力学学术研究和岩石工程大国的形象，起到了重要的作用。　（冯夏庭）

中继泵站　booster pump station　在供热管网管道上设置的中间增压泵的综合体。在大型热水集中供热系统中，由于供热用户多、供热区域广，供热系统输送管线长或地形变化大，受管网设备的承压能力限制，仅靠设在热源处的热网循环泵难以满足热网水力循环的要求，需要在热网管道上设置中间增压泵以增加供热距离或克服地形变化，不用加大管径，使泵站后供回水管的压差满足热网水力循环和用户的使用要求，从而节省管网建设投资。

中继泵站主要由水泵和电机、连接管道和阀门、自控仪表和变配电设施等组成。中继泵站一般设置在管网的干线或支干线上，不适宜设置在环状管网的环线上。中继泵站的设置场址需要通过管网水压图的绘制分析，并结合管网沿线的土地使用情况选定。

中级泵站根据增压水泵设置在管网的供水管或回水管的不同分为回水中继泵站、供水中继泵站、供回水中继泵站。①回水中继泵站。只在供热管网干线的回水管道上设置增压泵站，其作用是将管网回水管道的压力提高，满足热源处的回水压力；由于供热管网回水温度较低（一般不超过80℃），增压泵可不选用耐高温的水泵，以降低中继泵站建设投资。②供水中继泵站。只在供热管网干线的供水管道上设置增压泵站，其作用是将管网供水管道的压力提高，满足用户使用压差的要求；由于供热管网供水温度较高（一般超过100℃），增压泵需要选用耐高温的水泵。③在热管网干线的供、回水管道上同时分别设置增压水泵为供回水的中继泵站，其作用是将管网供、回水管道的压力分别提高，满足用户处压差和热源处的回水压力的要求。　（贾　震）

重载路面　heavy load pavement　在设计年限内设计车道标准轴载累计当量轴次或累计大型货车和客车交通量较多，或者其轴载谱中重轴载比例较高，或者实际路面轮胎接地压强较大的路面。3种重载路面的内涵是：①在设计年限内设计车道标准轴载累计当量轴次或累计大型货车和客车交通量较多。中国路面设计规范中采用的标准轴载为单轴双轮荷载100千牛，其他各种车型的不同轴载应按照一定规则换算成标准轴载的当量轴次，设计时根据设计年限内累计当量轴次把路面划分成轻、中、重、特重、极重5个交通等级，等级为“重交通”及以上的即为重载路面。②轴载谱中重轴载比例较高。轴载谱指不同大小的轴载（包括前、后轴）在整个车辆轴载组成中所占的比例，有些路面虽然交通量不大，但其轴载谱中重轴载比例较高，这意味着路面上重型货车较多，这种情况也是重载路面。也有学者建议直接用重载货车在路面交通中的比重来界定重载路面。③实际路面轮胎接地压强较大。有些路面虽然累计大型货车和客车交通量不大或轴载谱中重轴载比例均不大，但由于中型以上各种货车超载超限严重或者胎压较高，造成实际路面轮胎接地压强较大，这种现象会造成路面在数次轮载作用下迅速损坏，因此也属于重载路面的范畴。　（刘黎萍）

重载铁路　heavy haul railway　满足列车牵引质量8000吨及以上，轴重为27吨及以上，在至少150千米线路区段上年运量大于4000万吨3项条件中两项的铁路。货运重载化、快速化是世界铁路货物运输发展的两个重要趋势。

起源与发展　重载货物运输始于20世纪60年代。美国、加拿大等国相继在铁路运输大宗散装货物的主要线路上开创了固定车底单元列车循环运输方式。60年代末，苏联在通过能力紧张的限制区段组织开行两列普通货车连挂合并的组合列车。南非开始引进北美重载单元列车技术，在窄轨运煤和矿石的线路上，列车牵引质量提高到7400吨，并不定期开行总质量1.1万吨的重载列车。70年代中期，巴西开始开行重载单元列车。80年代以后，由于现代高新技术的广泛应用，促进了重载运输的发展。

80年代起，中国铁路开始发展重载运输。大致经历了5个阶段。①改造既有线，开行重载组合列车，列车总质量达7000吨以上。②自行设计建造了第一条双线电气化重载铁路——大秦铁路，开行6000～1万吨重载单元式列车。③改造繁忙干线，开行5000吨级重载混编列车。④大秦铁路开行2万吨，提速繁忙干线，开行5500～5800吨重载列车。2014年在大秦铁路线上，成功地进行了牵引3万吨的重载列车运行试验（见图）。同年，大

中国大秦铁路3万吨重载列车运行试验

秦铁路年运量达到4.5亿吨。⑤系统开展了新建30吨轴重重载铁路技术研究，在山西瓦日铁路进行了30吨轴重列车综合试验，为建设30吨轴重重载铁路积累了大量数据与经验。

特点与关键技术　重载列车的特点是列车的牵引质量大、列车长度长、编组车辆多、车辆轴重大、多节机车牵引，以及与之相适应的线路轨道重型化。世界各国重载列车试验牵引质量、列车长度、牵引机车节数等的纪录不断被刷新：如1967年10月，美国诺福克西方铁路公司开行了500辆煤车编组的重载列车，由分布在列车头部和中部的6台内燃机车进行牵引，列车全长6500米，总质量达44 066吨；2001年6月，澳大利亚铁路开行了682辆货车编组的重载列车，由8台机车牵引，列车总长7353米，总质量99 734吨，净载重8.2万吨，创造了最长、最重列车的世界纪录。实现重载运输的关键技术：①大功率机车以及实现多台机车同步操纵

的无线遥控系统，以保证长、大、重载列车安全运行。②制动性能优良的大轴重、轻自重、高强度的车辆。③由能够适应重载列车运行的高强度、长寿命的全长淬火钢轨组成的重型轨道结构、无缝线路，以及强化的线路路基和道床结构，以保证重载列车平稳运行。（黄建苒）

舟山西堠门大桥 Xihoumen Bridge 宁波至舟山的甬舟高速（G9211）的第二座跨海大桥。连接舟山金塘岛和册子岛。西堠门大桥于2005年5月20日正式开工建设，2009年12月25日建成通车。由中交公路规划设计院有限公司主持设计，四川公路桥梁建设集团有限公司、中交第二公路工程局有限公司、中铁宝桥集团有限公司负责施工，武汉桥梁建筑工程监理有限公司负责监理。

舟山西堠门大桥

西堠门大桥为4车道高速公路，设计速度为80千米/时，桥面净宽24.5米，设计通航等级3万吨，通航净高49.5米。大桥桥型方案为主跨1650米的两跨连续钢箱梁悬索桥，主缆分跨为578米+1650米+485米，主缆矢跨比为1/10。

西堠门大桥的特点：①甬舟高速公路建设中技术难度最大的特大跨海桥。建成时，其跨径居世界悬索桥第二、中国第一，是世界上跨径最大钢箱梁悬索桥，也是世界上第一座分体式钢箱梁悬索桥。②成桥颤振检验风速达78.74米/秒，是世界上抗风稳定性要求最高的桥梁之一。③在中国首次实现直升机牵引主缆先导索过海。首次采用的分体式钢箱梁抗风技术显著提高了大桥的颤振临界风速，首次研发的垂直和水平姿态可变换的活动风障保证了正常使用条件下的行车安全和极端气候条件下的结构安全。

西堠门大桥获得了中国建设工程鲁班奖（国家优质工程）、中国土木工程詹天佑奖、中国公路学会科学技术一等奖、浙江省科学技术一等奖、上海市科技进步一等奖和国家技术发明二等奖、2012年国际桥协（IABSE）杰出结构奖（提名奖）、2015年菲迪克国际咨询工程师联合会（FIDIC）工程项目奖等。（葛耀君）

周期性维护管理 periodic maintenance 以土木工程设备或结构物的自身特性及养护维修经验为依据，制订周期性的维护计划，实施维护作业的管理方式。其简单方便，可操作性强，可以降低事故率，减少事故发生次数。周期性维护管理是20世纪50年代由其他国家引入，并在此基础上结合中国国情发展起来的。

类型 周期性维护管理的时间周期和维护程度根据结构规模和运营状况而定，适用于已知寿命分布规律并且有明显损耗期的设备或者结构。通常按时间周期可分为年检修、半年检修、月检修、周检修及保养；按维护程度可分为大修、中修、小修。

特征 周期性维护管理主要优点是：①防止和减少结构构件突发故障。②通过周期性的检查维护可以及时发现故障。③生产和维护均能有计划地进行，便于预计所需的备件和材料，安排维修人员、制订构件使用和维护计划，其计划性和可操作性强。

周期性维护管理的不足随土木工程结构规模和复杂程度的增加而日益凸显，主要体现在两方面：①维护周期与设备或结构物的劣化状况不匹配，不同的设备或结构由于所处位置和使用条件的不同，对应的劣化速度也不同，因此当按照固定周期进行维护时就会出现维护冗余或维护不足的现象。②由于对设备或结构物的劣化规律的认识还不够深入，在确定维护周期时通常凭经验和统计结果，缺乏科学的理论分析，需投入大量的人力资源。

（王 平 陈 嵘）

竹材耐久性 bamboo durability 竹材在使用过程中经受环境的作用，能够保持使用性能的能力。竹是自然界中最常见的一种植物。中国竹林面积约500万公顷，约占全国森林总面积的4%，占全球竹林面积的25%。竹材与木材相比，具有强度高、弹性和柔韧性好、硬度大等优点，是一种天然建筑材料且是可再生的、环境友好的绿色建筑材料。

影响因素 发展竹建筑，必须首先解决竹材霉、腐、蛀等问题，即防霉、防腐、防蛀的三防处理。竹材的组成和木材相似，组成竹材的主要成分有纤维素、半纤维素和木质素，含有蛋白质类、脂肪类和各种糖类以及少量灰分元素。竹材一般比木材含有较多的营养物质，其中蛋白质为1.5%～5.0%、糖类为2%左右、淀粉为2%～6.0%、脂肪和蜡质为2%～4.0%。这些有机物质是一些昆虫和微生物（真菌）的营养物质，如木腐菌的生长需要纤维素、半纤维素和木质素，淀粉、蛋白质和糖都是霉菌和竹器囊虫赖以生长繁殖的营养成分。因而竹材在适当的温度、湿度条件下使用和保存，容易引起虫蛀和病腐。竹材的腐烂和霉变主要由腐朽寄生所引起，在通气不良的湿热条件下，极易发生霉腐、虫蛀等现象，导致竹材劣化亏损。大量试验表明，未经处理的竹材耐老化性能（耐久性）也较差。

由于竹材中含有大量的酸性糖类、蛋白质、脂肪类物质，即使使用防霉效果比较好的酚类化合物（如五氯酚），其杀虫防霉能力也大为降低，而且容易导致竹材的发黑和变质。因此，在进行竹材防霉处理时适当地使用一些药物，对竹材内表面容易长霉的物质进行化学处理，阻止这些成分水解，使霉菌不易生长。同时，为了增强防霉作用，可添加一些杀真菌剂，杀菌与阻菌双管齐下，达到理想效果。

竹材霉腐类型 竹材霉、腐类型分为零星分布类、均匀分布类、菌丝覆盖类和生长子实体类四大类。在上述分类的基础上，又可细分为分泌色素型与不分泌色素型、分泌浅色型和色深型等。导致竹材霉腐的菌类主要有曲霉属、腐霉属、木霉属和绿木霉属等菌类。当环境温度为20～30℃时，霉菌非常活跃，繁殖能力极强，极易发生竹材霉变，腐蚀迅速发展。特别是在仓库中，通风条件差时，由于水汽不断从竹材中扩散与挥发，竹材表面相对温度会很高，尤其在紧密堆放的半加工竹材中，相对湿度接近饱和，这就为孢子萌发菌丝生长提供了有利条件。这种情况下极易产生均匀分布类霉变和菌丝覆盖类霉变。（刘伟庆）

竹结构 bamboo structure 利用天然竹材加工连接而成的能够承担一定压（拉）力，满足一定使用功能和安全要求的组合体。在中国南方盛产竹材的地方，用竹材建造房屋和桥梁等由来已久。利用竹篾编成的竹索做成能跨越100米左右的悬索桥，称为竹索桥。竹桥在中国的应用有悠久的历史。20世纪80年代后期，采用胶合压制技术制成的胶合竹开始出现，最初主要用于地板、汽车底板、包装箱等，后来由于中国木材缺乏，胶合竹板被广泛用于混凝土结构的模板。21世纪初，世界上一些学者和工程师开始试图将胶合竹用于结构的用途。参照工程木的称谓，这些用于结构的胶合竹材也统称为工程竹。

材料 作结构材料用的竹材，其原料毛竹在中国南方各地均能种植，一般4～6年即可成材。毛竹的直径为15厘米或更粗，中空呈管状，内有横隔，壁厚约为直径的1/10。竹干有节，节距从根到梢随直径的减小而增大。竹材的强度主要由管状纤维支持。毛竹在生长过程中，可认为是一根受风力作用的悬臂梁。与树干相似，为了适应任意方向的风力，竹干呈圆形，但管状截面则胜于树干，将材料集中于应力大的外部，并以竹节的横隔作加劲肋保证局部稳定。维管束随管壁应力由内到外逐渐增大而加密。

与伊春海林的鱼鳞云杉比较，采用无节的竹壁小试件，按木材清材小试件类似的试验方法，测定毛竹的各项力学性能。毛竹除受压强度仅为鱼鳞云杉的1.5倍外，拉、弯、剪强度均为鱼鳞云杉的2倍，但各项弹性模量却均稍低。木节、斜纹等天然缺陷对木材强度的影响很大，可是竹节反而使受压和受剪的强度提高，仅顺纹受拉强度在竹节处比竹节外降低约30%。由此可见，竹壁可利用的强度远高于木材。但竹材不如木材便于加工，通常用整竹制作结构，但整竹的截面有限，其承载能力受到限制。

分类和技术特征 竹结构按制作构件的材料大致可以分为圆竹结构及胶合竹（又称工程竹）结构。中国对圆竹在建筑中的应用做了大量的研究。除测定竹材的物理力学性能外，还进行了整竹杆件承载能力，**螺栓连接**及竹屋架的试验。竹材自重轻，便于架设多层建筑在建造和维修时的脚手架，所以竹脚手架在中国曾一度得到大量应用。在南美等竹材产区，采用瓜竹制作的圆竹结构比较广泛地用于建造桥梁等建筑。国际标准化组织（ISO）于2004年公布了针对圆竹结构的ISO22 156标准。

胶合竹结构的构造形式可以基本参照现代木结构，采用钢螺栓加节点板进行构件之间的连接。因为胶合竹结构采用竹材这一绿色环保材料，同时更适合现代工业化加工和施工建造，所以越来越受到关注。 （樊承谋 肖 岩）

竹结构连接 connection in bamboo structure 以绑扎或栓铆等方法将竹构件固定在一起，使之增加强度、形成稳定整体的技术。由于圆竹竿具有的特殊外形和结构，钉连接不适合用于圆竹连接。因此，连接问题一直是圆竹直接用于结构件的主要困难。竹材产区农民自建的竹材房屋，皆用竹篾绑扎连接。这种连接当竹材风干收缩后，在连接处容易发生松弛，使整个结构产生变形，且未经处理、干湿交替的竹材还易于枯朽，所以不宜原样用于永久性建筑。而经过工程设计的圆竹结构，均采用特制的钢连接件通过螺栓等连接。此外，单根圆竹不满足设计要求时，可以将两个以上的圆竹用特制的紧固件或铁丝进行绑扎，以增强其抗压（拉）能力。

现代圆竹结构的绑扎及交叉连接可以采用如下方式：①圆竹的绑扎。将不锈钢带焊接成封闭的圆环，在中部开孔用于穿螺栓，再通过螺栓施加紧固力，可以非常方便地将两根圆竹绑扎起来，形成双竹杆件（图a）。因其像“8”字，称为8字箍。这种连接方式简单有效，在示范房建设中得到大量应用。根据需要，也可以用四竹柱的绑扎连接。②圆竹交叉连接。将两个带开口的不锈钢圆环通过螺

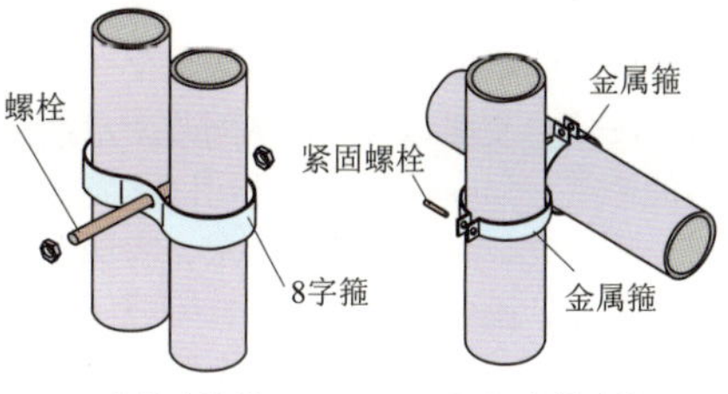

a 8字箍连接件 b 异型8字箍连接

8字箍连接示意图

栓或铆钉连接起来，钢环开口处安装紧固螺栓，可以方便地将两个圆竹以任意角度连接起来（图b），称为异型8字箍。这种连接件在圆竹屋架与圆竹檩条的固定上大量应用。

胶合竹结构的连接一般参照现代木结构，采用钢连接板和螺栓连接件进行连接。用于木结构的齿板连接也被用于胶合竹结构桁架的节点连接。 （肖 岩）

竹木材 bamboo and wood based materials 用于土木工程的竹制或者木制材料。包括以竹木材纤维为主要原料，加工成规格材、单板、刨花、纤维等各种形状单元，再施加（或不施加）胶黏剂和其他添加剂，组坯胶合而成的板材或成型制品。竹子、树木砍伐后，经初步加工，可供建筑及制造器物用的材料。工程中所用的木材主要取自树木的树干部分。竹木材因获取和加工容易，自古以来就是一种主要的建筑材料。

竹木质人造板既保留了原组成材料的主要特色，又能通过复合效应获得原组分所不具备的性能；还可以通过材料设计使各组分的性能互相补充并彼此关联，获得新的性能，广泛用于建筑、车船、家具、包装等方面。人造板生产是高效利用和节约利用木材资源的有效途径。与其他国家木质人造板主要应用于建筑业不同，中国木质人造板的应用主要集中在家具业。木质人造板主要品种有胶合板、纤维板、刨花板、细木工板和木塑复合材料等。

胶合板 由单板构成的多层材料，通常按相邻层单板的纹理方向大致垂直组坯胶合而成（图1）。其特点是材质均匀，具有良好的稳定性和力学性能，幅面宽大。随着中国天然林大径树木资源的减少，胶合板在木质人造板中所占比重逐年下降。

图1 胶合板材料

纤维板 将竹木材或其他植物纤维原料分离成纤维，利用纤维之间的交织及其自身固有的黏结物质，或者施加胶黏剂，在加热和（或）加压条件下制成的厚度1.5毫米或以上的板材。根据生产工艺的不同，分为湿法纤维板和干法纤维板两大类。中国在1958年开始生产湿法硬质纤维板。因生产过程中产生的废水处理技术和成本问题，从20世纪80年代开始，生产干法纤维板成为纤维板发展的趋势和主流。干法纤维板根据密度可分为高密度、中密度、低密度和超低密度纤维板4种，其中以密度在0.65～0.85克/厘米^{3}范围内的中密度纤维板所占比重最大。

纤维板的特点及应用：①具有材质均匀、纵横强度差小、不易开裂等优点。②质轻、空隙率大、有良好的隔热性和吸声性的软质纤维板，多用作公共建筑物内部的覆盖材料，经特殊处理可得到孔隙更多的轻质纤维板，具有吸附性能，可用于净化空气。③结构均匀，密度和强度适中的中密度纤维板，有较好的再加工性，产品厚度范围较宽，具有多种用途，如家具用材、电视机的壳体材料等。④产品厚度通常在3～8毫米的硬质纤维板，强度较高，3～4毫米厚度的硬质纤维板可代替9～12毫米锯材薄板材使用，多用于建筑、船舶、车辆等方面。

刨花板 将竹木材或非竹木材植物纤维原料加工成刨花（或碎料），施加胶黏剂（和其他添加剂），组坯成型并经热压而成的人造板材（图2）。刨花板可分为4类：①不在承重场合使用，以及非家具用

的普通型刨花板，如展会用临时展板、隔墙板等。②作为家具或装饰装修用，通常需要进行表面二次加工处理的家具型刨花板，如装饰装修件、饰面基材、厨柜、浴室柜、模压桌子和椅子等。③通常用于小型结构构件，或普通承载状态下使用的承

图2　刨花板

载型刨花板，如室内地板材料、搁板、屋顶板、墙面板、普通结构用板凳等。④较大负荷承载状态下使用的重载型刨花板，如工业用地板材料、搁板、梁等。这4类刨花板的使用环境可分为在干燥状态下、潮湿状态和高湿状态下使用3种情况。

刨花板最早由德国于1941年开始建厂生产，中国刨花板的生产始于中华人民共和国成立初期。刨花板是木质人造板中年产量最大的一个板种。刨花板的生产方法按其板坯成型及热压工艺设备不同，分为间歇性生产的平压法和连续性生产的挤压法、辊压法。实际生产中以用平压法为主。根据刨花板结构分为单层结构刨花板、三层结构刨花板、渐变结构刨花板、定向刨花板、华夫刨花板和模压刨花板等。低密度刨花板主要用作绝热和吸声材料，中密度刨花板广泛用于建筑和家具，定向刨花板可用作墙体覆面板、木质工字梁的腹板或胶合板的芯板。此外，还有用木质刨花和水泥为主要材料制成的水泥刨花板，以及木质刨花板和石膏为原材料制备的石膏刨花板。水泥刨花板有较好的保温、抗潮性，用于预制装配房屋或建筑物的外墙、隔断墙等；石膏刨花板具有较好的防火、防水、隔热、隔声性能，以及较高的尺寸稳定性，无游离甲醛等有害气体的释放，适用于作公用建筑与住宅建筑的隔墙、吊顶、复合墙体基材等。

细木工板　具有实木板芯的胶合板，由两片单板中间胶压拼接木板而成的人造板，又称大芯板、木芯板或木工板。细木工板最外层的单板称表板，内层单板称中板，板芯层称拼接木芯板。组成木芯板的小木条称为芯条，规定芯条的木纹方向为板材的纵向。

细木工板包括实心细木工板和空心细木工板。①实心细木工板。其芯板是由并列的、彼此胶黏或不胶黏的窄板、短木块和木条组成，两面各粘贴一层或两层单板，经热压或冷压而制成，适用于家具、车厢、船舶和建筑物内装修等。②空心细木工板。用较厚的轻质材料，如轻木、蜂窝纸等做芯板，两面各贴一张胶合板制成。它具有质坚、体轻、吸声、绝热等特性，适用于预制装配式房屋。

木塑复合材料　利用聚乙烯（PE）、聚丙烯（PP）和聚氯乙烯（PVC）等热塑性塑料，代替通常的高分子胶黏剂，与超过50%的竹木粉、稻壳、秸秆等植物纤维混合后，再经挤压、模压、平压或注射成型等加工工艺制备的板材或型材。木塑复合材料内含塑料和纤维，因此，具有同木材相类似的加工性能，可锯、钉、刨等机械加工，并具有与硬木相当的物理力学性能；塑料组分的复合，使木塑复合材料与木材相比，可抗强酸碱、耐水、耐腐蚀。通过助剂的添加，塑料可以发生聚合、发泡、固化、改性等改变，从而改变木塑材料的密度、强度等特性，还可以达到抗老化、防静电、阻燃等特殊要求，实现性能的可调整；还可以根据需要，制成任意形状和规格。从20世纪90年代起，木塑复合材料在北美开始产业化。21世纪初中国开始零星出现木塑复合材料生产商，随后快速发展木塑复合材料产品已经广泛应用于建材、家具、物流包装等行业。

（李永庆　冉千平）

竹屋架　bamboo roof construction　以竹材制成的能够承担上部覆盖的重量和一定活荷载、满足一定使用功能和安全要求的工程结构。是整体竹结构的重要组成部分。中国在20世纪50年代提出了多种形式的竹结构屋架（见图）。如填块抵承连接的

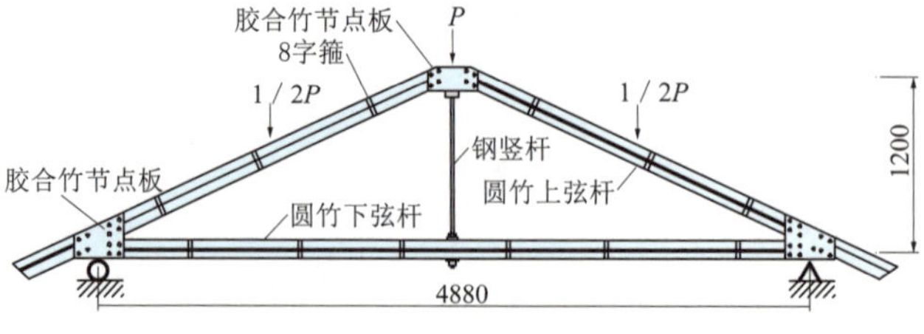

典型圆竹结构屋架形式示意图（单位：毫米）

豪式竹屋架，可用于一般跨度的房屋；下弦可用钢拉杆的钢竹屋架，可用于跨度较大的房屋。竹材干燥时易开裂，当裂缝与螺栓连接的受剪面贴近或重合，会降低结构的安全度。竹屋架在节点处皆通过螺栓传力。所以都在螺栓的一侧加薄钢板作成钢箍，以保证螺栓连接的正常工作。

胶合竹屋架一般采用与木结构屋架类似的形式，成各种桁架结构形式，也可以制成空间网架。

（肖　岩）

主动防护技术　technology of active protection　采用信息化等手段在来袭弹药弹道末端尚未接触防护结构之前，使其偏离目标或进行拦截，或刚接触到防护结构时主动引爆来袭弹药，阻止其侵入的技术。主动防护技术主要有干扰引偏技术、反应式遮弹技术和超近程拦截技术。

干扰引偏技术　根据精确制导武器的制导原理，采用有源、无源干扰材料或器材改变目标的电磁波反射特性，降低目标和背景的电磁波反射或辐射差异来实施对精确制导武器系统的干扰或引偏。

具体是干扰引偏系统接受控制指令，自动实施干扰。能够截获敌对国家星载成像雷达辐射信号，进行分析识别，并实施干扰，达到遮盖目标图像特征的效果，使其无法侦查到地面的真实情况；能够发射干扰激光对电视、激光、中红外光电制导的精确制导武器实施阻塞和压制干扰，使其无法锁定攻击目标；能够通过发射有源干扰信号压制干扰GPS导航无人机或GPS制导武器，使无人机和制导武器失去自主定位和自主飞行的能力；能够自动搜索敌方毫米波雷达信号，并主动向其发出强反射信号，形成假目标，将其诱偏到假目标，从而保护真目标；能够通过发射有源干扰信号，以压制干扰方式阻断无人机与遥感器之间的通信，使无人机失去人为控制的能力，实现对无人机的驱赶或迫降。

反应式遮弹技术　在防护工程出入口等结构上方设置反应式遮弹装置，迫使来袭弹药被引爆或被破坏的技术。反应式遮弹装置通常由传感系统（包括感应单元和传输系统）、自动控制系统和爆炸装置（包括起爆、传爆、保险装置和聚能装药）等组成。当来袭弹药触及传感系统的感应单元时，感应单元产生信号并经传输系统将信号传至自动控制系统，经自动控制系统对信号的处理，确定来袭弹药的飞行方向和位置等信息，并把引爆信号传输到相应的爆炸装置上，适时起爆聚能装药，产生聚能射流火力网，将来袭弹药引爆或击毁。

超近程拦截技术　在距离防护目标较近范围（一般500米以内），通过金属射流等弹药进行拦截防御的技术。超近程拦截可分为点型和点阵型。①点式拦截。指当进攻导弹来袭时，通过发射单一拦截弹

对其进行拦截。此拦截方式的拦截时空窗口小，拦截成功率相对较低，同时对探测系统的探测精度和火控系统的解算精度要求较高。②点阵式拦截。指当目标来袭时，通过发射多枚拦截弹形成拦截弹幕进行拦截，包括金属射流网等。此拦截方式的时空窗口大，拦截成功率较高。

（宋春明　熊自明）

住宅暖通空调系统　HVAC system for residential building　为住宅建筑室内空气与热湿环境服务的暖通空调系统。住宅是人每天停留时间较长的场所。住宅建筑对热湿环境的需求因人而异，如老人、小孩和健康的中青年人员的需求存在较大的差异性。冬季室外温度较低时，需要人工手段向室内供暖。夏季室外温度较高时，则需要通过机械制冷方式排出室内余热和余湿。同时采取一定的通风换气措施，保证必要的室内空气品质。

住宅建筑供暖系统分为集中热水供暖与分散式多种热源供暖两种主要方式。在中国冬季时间比较长的严寒和寒冷地区，城镇的住宅建筑多采用城市（或区域）集中热水供暖系统，其热源来自区域锅炉房、热电厂等。当需要进行供暖计量时，在每个住宅建筑甚至每户的供暖环路中，均可设置热计量装置。对于冬季相对较短的南方地区，以及集中供暖系统建设较困难的一些北方住宅建筑，则采用分户式的供暖热源，如燃气壁挂炉、热泵、电能发热元器件等。

在夏季，住宅建筑绝大部分采用的是分体式空调机组或多联分体式空调系统，既可适合于个性化使用，也有利于鼓励使用者的行为节能。

住宅建筑一般可通过开窗方式，为使用者提供所需要的新鲜空气。

（潘云钢）

柱　column　工程结构中主要承受轴向压力的竖向构件。很多情况下柱也同时承受弯矩作用。柱是结构中极为重要的组成部分，一旦被破坏将导致整个结构的严重损坏，甚至倒塌。柱被广泛用于框架、排架、塔架、管道支架、设备构架、露天栈桥、操作平台、海洋平台、地下建筑等结构中，以及作为桥梁、贮仓、楼盖和顶盖等的支柱。

分类　按所用材料可分为**钢柱**、钢筋混凝土柱、型钢混凝土柱、钢管混凝土柱、砌体柱（石柱、砖柱、砌块柱）、木柱等。按截面形式可分为方柱、矩形柱、圆形柱、I形柱、H形柱、异型柱（T形柱、L形柱、

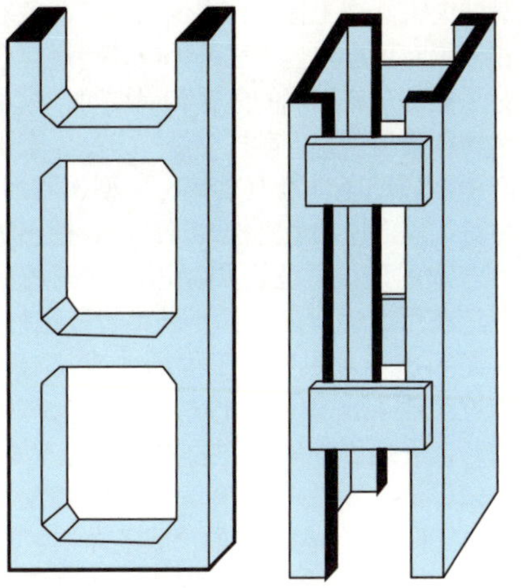

a 双肢柱　　b 格构柱

柱的截面示意图

Z形柱和十字形柱）、管柱、双肢柱（图a）、格构柱（图b）等。按柱的破坏特征或长细比分可为短柱、长柱和中长柱。

受力特点　柱是结构中主要承受竖向荷载的构件。荷载作用分为两种情况：一种是柱截面上只受轴向压力作用且合力作用线通过截面形心，称为轴心荷载；另一种是轴向压力的合力作用线偏离柱截面形心，或虽然通过截面形心但同时伴有弯矩作用，称为偏心荷载。偏心荷载又有单向偏心和双向偏心之分。短柱在竖向荷载作用下的破坏特征体现为材料的强度破坏，破坏时材料应力达到屈服强度或极限强度。长柱在竖向荷载作用下的破坏特征是屈曲（失稳）破坏。破坏是由于侧向弯曲变形过大引起的，破坏时材料应力并未达到屈服强度或极限强度，与同样截面的短柱相比，承载力低，破坏具有突发性及明显的脆性特征。中长柱的破坏特征介于上述两者之间，在弯曲变形较大的情况下材料仍能达到其极限强度或屈服强度。针对细长柱失稳破坏的情况，瑞士学者L.欧拉在1744年提出了欧拉公式，用以确定一根理想的细长柱（轴线为直线、材质均匀、无初始应力）在不同约束情况下，能够承受的最大轴心荷载，称为临界荷载。在实际工程中应通过长细比的限值对细长柱的使用加以控制。

计算要点　工程结构中的柱一般都属于中长柱的范畴，而且不能假设为理想柱，因此不能直接应用欧拉公式对柱的极限荷载进行计算。实际工程中柱的承载力计算，通常以大量试验研究数据为基础，考虑材料弹塑性性能并结合理论分析的方法进行。计算时应注意以下几点：①按最不利荷载效应组合值进行截面计算。②对承受间接动力荷载的柱，可将荷载值乘以动力系数，化为等效静荷载进行计算；对承受直接动力荷载的柱则需进行动力计算；对于结构高度大于30米的高层建筑以及塔架、桅杆等高耸构筑物的柱，还应考虑风振的影响。③各种材料的柱均应按轴心或偏心受压的情况进行承载力及稳定性计算，对偏心受压柱还应考虑由于侧向弯曲引起的二阶矩的影响。④对钢桩、木柱等还要进行刚度控制验算，必要时对钢筋混凝土柱进行裂缝宽度验算。⑤结构中采用很短的短柱时（如高层建筑中长细比不大于4的钢筋混凝土柱），要采取措施保证其变形能力。

（秦文钺　林宗凡　撰　李全旺　修订）

铸铁管　cast iron pipe　以铸铁为原料，用铸造工艺成型的管子。铸铁管用于给水、排水和煤气输送管线，包括铸铁直管和管件（专门用来连接铸铁直管和实现各种形状管线接头用的配件，见图）。按铸造方

铸铁管件

法不同，分为连续铸造铸铁管和离心铸造铸铁管，其中离心铸造铸铁管又分为砂型和金属型两种。按材质不同分为灰口铸铁管和球墨铸铁管。连续铸造灰口铸铁管的公称口径为75～1200毫米，直管长度有4米、5米及6米；按壁厚不同分LA、A和B三级。离心铸造灰口铸铁管的公称口径为200～1000毫米，有效长度有5米、6米；按壁厚不同分P、G两级。与灰口铸铁管相比，球墨铸铁管强度大、韧性好、管壁薄、金属用量少、能承受较高的压力，是铸铁管材的发展方向。

管与管之间的连接，采用承插式或法兰盘式接口形式。按功能又可分为柔性接口和刚性接口两种。柔性接口用橡胶圈密封，允许有一定限度的转角和位移，因而具有良好的抗震性和密封性，比刚性接口安装简便快速，劳动强度小。　（丁斌彦）

专项安全施工方案　special scheme of construction safety　施工单位针对施工过程中存在的、可能导致作业人员群死群伤或造成重大不良社会影响的危险性较大的分部分项工程，在编制施工组织（总）设计的基础上，单独编制的安全技术措施文

件。需要编制专项安全施工方案的分部分项工程主要包括基坑支护与降水工程、土方开挖工程、模板工程、起重吊装工程、脚手架工程、拆除爆破工程以及国务院建设行政主管部门或者其他有关部门规定的其他危险性较大的工程。

依据住房和城乡建设部《危险性较大的分部分项工程安全管理办法》，专项安全施工方案一般应包括以下内容：①工程概况。危险性较大的分部分项工程概况、施工平面布置、施工要求和技术保证条件。②编制依据。相关法律、法规、规范性文件、标准、规范及图纸（国标图集）、施工组织设计等。③施工计划。包括施工进度计划、材料与设备计划。④施工工艺技术。技术参数、工艺流程、施工方法、检查验收等。⑤施工安全保证措施。组织保障、技术措施、应急预案、监测监控等。⑥劳动力计划。专职安全生产管理人员、特种作业人员等。⑦计算书及相关图纸。

专项安全施工方案编制完成后，需要附具安全验算结果，经施工单位技术负责人、总监理工程师签字后实施，由专职安全生产管理人员进行现场监督。涉及深基坑、地下暗挖工程、高大模板工程的专项施工方案，施工单位还应当组织召开专家论证会进行论证、审查。（李永奎）

专项工程勘察 special engineering geotechnical investigation 为满足工程建设要求，采用工程地质测绘和调查、勘探与取样、原位测试、室内试验、现场检验和监测等勘测手段和方法，对工程建设场地或场地附近存在的对工程设计方案和施工有重大影响的岩土与工程地质问题进行的专门调查。简称专项勘察。常见的专项勘察有：①岩溶专项勘察。工程场地或其附近存在对工程安全有影响的岩溶时，采用工程地质测绘与调查、物探、钻探等多种手段相结合的方法，查明工程场地及有影响地段的各种岩溶洞隙和土洞的形态、位置、规模、埋深，洞穴顶板岩体厚度及完整性，洞穴堆填物性状及充填程度，岩溶水的埋藏特点、水动力特征、水位标高及其变化幅度，以及水的补给、径流和排泄条件等，对地基基础的设计和岩溶治理提出建议。②滑坡专项勘察。工程场地或其附近存在对工程安全有影响的滑坡或有滑坡可能时，采用工程地质测绘与调查、钻探、触探、探井、探槽等方法，查明滑坡灾害的地质环境条件、滑坡体结构、滑坡的规模范围和厚度、滑带土的工程特性，分析滑坡的成因及演化过程，对滑坡稳定性、危害性和发展趋势做出评价，为滑坡灾害治理工程设计提供依据。③危岩和崩塌专项勘察。工程场地或其附近存在对工程安全有影响的危岩和崩塌时，采用地质测绘与调查、勘探与试验方法，查明产生崩塌的条件及其规模、类型、范围，并对工程建设的适宜性进行评价，提出防治方案的建议。危岩和崩塌专项工程勘察宜在可行性研究或初步勘察阶段进行。④泥石流专项勘察。工程场地或其附近有发生泥石流的条件并对工程安全有影响时，采用工程地质测绘和调查的方法，并辅以必要的勘探及有关指标的测定与计算工作，查明泥石流的形成条件、类型、规模、发育阶段、活动规律，并对工程场地做出适宜性评价，提出防治方案的建议。泥石流专项工程勘察应在可行性研究或初步勘察阶段进行。此外，在基坑工程中，当场地水文地质条件复杂，在基坑开挖过程中需要对地下水进行控制（降水或隔渗），且已有资料不能满足要求时，还会进行水文地质专项工程勘察。

（于永堂）

专业人士职业保险 professional insurance 以职业责任风险为标的，承保各种专业技术人员因工作上的疏忽或过失造成合同一方或他人的人身伤害或财产损失的经济赔偿责任保险。又称职业赔偿保险或过失责任保险、专业责任保险。其实质是把专业人士需要承担的全部或部分风险转移给保险公司的一种机制。实践中，专业人士对自身所需承担的职业责任进行投保，一旦由于职业责任导致了他们的当事人或其他人的损失，其赔偿将由保险公司来承担，赔偿的处理过程也由保险公司来负责。专业人士职业保险始于1890～1900年欧美保险市场上的医生职业责任保险。20世纪70年代，职业责任保险开始在西方国家风行并走向成熟。承保的险种由医疗责任保险等少数几个险种扩展到了针对设计师、工程师、医生、律师、会计师等职业人员及其他服务项目提供者的不同类型的职业责任保险业务。中国建设行业的专业人士职业保险主要有：工程设计责任保险、工程监理职业责任保险等，它们都是以单位作为投保对象的险种，鲜见以执业人士个人作为投保对象的险种。

国际建筑业专业人士职业保险 在职业保险发达国家，建筑师、工程师等专业人士一般均要购买职业责任险。如美国，凡需要承担职业责任的有关人员，如不参加保险，就不允许开业。职业责任保险可分普通职业责任保险和个人职业责任保险。前者由单位投保，以在投保单位工作的个人为保障对象；后者由个人投保，以保障投保人自己的职业责任风险。

国际建筑业专业人士职业保险主要有三种形式：①政府授权给相应的行业协会承办保险业务，由协会设立保险委员会，负责设计师、工程师职业保险业务，如加拿大安大略省皇家建筑师协会保险委员会。②在行业协会下建立专门的保险经纪公司，中介于保险公司和工程单位之间，为双方服务，如澳大利亚皇家建筑师协会主办的皇家保险经纪人有限公司。③工程单位直接向有关的保险公司投保，如美国。

国际建筑业专业人士职业保险具有如下特点：①政府主要通过立法来指导和调控职业保险制度的发展。②行业协会在促进职业责任保险的发展上发挥巨大作用。③发达国家职业责任保险市场普遍出现过保险危机，解决方法是以法律的形式界定清楚专业人士职业责任的具体范围。

工程设计责任保险 工程设计单位根据保险合同的约定，向保险公司支付保险费，保险公司对于工程设计人员因工作上的疏忽或过失造成其当事人或其他人的人身伤害或财产损失承担赔偿责任的商业保险行为。1999年，建设部颁布《关于同意北京市、上海市、深圳市开展工程设计责任保险试点工作的通知》，拉开中国开展设计责任保险的序幕。在2000年开始试点的基础上，住房和城乡建设部于2003年颁布《关于积极推进工程设计责任保险工作的指导意见》，进一步促进了在中国范围内建立完善的工程设计责任保险制度。中国开展的工程设计责任保险主要有“建设工程设计责任保险”和“单项建设工程设计责任保险”两个险种。建设工程设计责任保险指工程设计单位以全年设计项目为投保标的，根据其年承担的设计项目所遇风险和出险概率选择年累计赔偿限额，保险期限为一年；单项建设工程设计责任保险则是以工程设计的单个项目为投保标的，并以预算为赔偿限额的依据。

工程监理职业责任保险 指监理单位对自身所需承担的监理职业责任进行投保，在约定的追溯期或保险期限内执行工程监理职务活动过程中，由于职业疏忽或过失导致了业主或其他第三者的损失，依法应由被保险人承担经济赔偿责任的险种。中国于2002年开始在上海、深圳、广州等地推广工程监理职业责任保险。工程监理职业责任保险属于职业责任保险的一种，其保险对象是工程监理企业。中国监理条款规定为：凡经建设行政主管部门批准，取得相应资质证书并经工商行政管理部门登记注册，依法设立的工程建设监理企业，均可作为本保险的被保险人。

（马 亮）

砖 brick 以黏土（包括页岩、煤矸石等粉料）为主要原料，经泥料处理、成型、干燥和焙烧而制成的土木工程材料。全称烧结黏土砖。包括烧结砖和非烧结砖。黏土砖按生产工艺不同，分为机制砖和手工砖；按构造不同分为实心砖和空心砖，空心砖又可分为承重和非承重两种；按颜色不同分为红砖、青砖和其他颜色砖；按用途不同分为砌墙砖、地砖、望砖和吸声砖等。外形除矩形、六面体外，根据要求可生产成各种异形体，以适应不同工程的需要。

沿革 黏土砖在中国历史悠久，早在春秋战国时期（前475～前221）就陆续创制了长方形或方形黏土薄砖、大型空心砖、断面成几字形的花砖、长方形凹槽砖和栏板砖等，并在砖的表面模印各种花纹和几何图案。秦汉时期（公元前3～公元3世纪）制砖的技术和生产规模，以及砖的质量和花式品种都有显著的发展，世称“秦砖汉瓦”。黏土砖的使用范围也从砌筑墓穴发展到建筑寺塔、城墙、街道、宫殿乃至民间建筑物。明代宋应星编著《天工开物》(1637）所载的烧砖工艺，包括有使用木柴或煤炭烧砖的窑型结构、砖坯堆叠法、火候控制、砖质鉴别，以及采用水饮窑烧制青砖，已形成较为完整的生产流程（图1)。

图1 《天工开物》中的烧砖场景

生产工艺 包括泥料处理、坯体成型、砖坯干燥和焙烧等过程。

泥料处理 根据黏土的性质和生产的产品确定，一般是自然风化、困泥或使用齿槽辊破碎机、对辊破碎机、双轴搅拌机加工处理。生产高质量空心砖要采用湿法轮碾机、高速细碎对辊机，使泥料均化，改善成型性能，必要时须经除石机、净化器、过滤对辊机等除去泥料中的杂质。

坯体成型 除人工模成型外，机械成型一般有塑性挤出成型、半硬塑挤出成型和半干压成型3种。中国普遍采用塑性挤出成型法，空心砖采用真空挤出成型。

砖坯干燥 有自然干燥和利用砖窑余热干燥等。普遍采用的是小断面隧道式干燥室。

焙烧 砖坯在焙烧过程中，从低温到高温经过一系列的物理化学变化，黏土矿物经过脱水、分解和烧结阶段，在950～1050℃烧成。焙烧窑有间歇式、半连续式和连续式3类。间歇式窑，即老式倒焰窑通称土窑，有方窑、罐窑、围窑和马蹄窑等；半连续式窑有串窑；连续式窑有轮窑和隧道窑，个别地方还有曲线窑。在隧道窑中，按工艺不同又有一次码烧（码坯、焙烧）和二次码烧。连续式窑一般只烧制红砖，间歇式窑可兼烧红砖或青砖。烧砖燃料主要为煤，也有的用柴草、天然气或其他燃料。除用燃料焙烧砖坯外，还有一种内燃烧砖工艺，即将劣质煤或含一定发热值的工业废渣粉末，与黏土掺和搅拌、成型，焙烧时主要依靠坯体内的可燃物质发热烧结砖块。内燃砖是中国20世纪50年代烧砖技术的一项重大革新，对节能有重要意义，已为各大、中型制砖厂普遍采用。

技术要求 中国标准从尺寸、外观、强度等方面对砖进行了相应规定。①尺寸。普通砖为直角六面体，一般尺寸为长240毫米、宽115毫米、高53毫米。②外观。根据尺寸偏差、弯曲、缺棱、掉角、裂纹分为一等和二等两个等级。③强度。砖在砌体中主要是承受压力，要求具有一定强度，根据其抗压强度大小分为MU30、MU25、MU20、MU15、MU10共5个强度等级，砖的抗折强度和抗压强度之比为1:（3～5)。

此外，抗冻性(吸水饱和的砖，在−15℃下经15次冻融循环，其重量损失不超过2%，冻后裂纹长度不超过规定值)，吸水率（一般为15%～27%)，以及石灰爆裂和泛霜等，对砖的使用也有重要影响。

用途 黏土砖的最大特点是可以就地取材，价格便宜，经久耐用，还有防火、隔热、隔声、吸潮等优点。因此，在建筑工程中广泛用于砌筑承重和非承重墙体、楼板、屋面、外墙饰面及柱、墩、拱、炉灶、窑体、烟囱、沟道及基础等。废碎砖块还可以再次利用作混凝土的骨料等。

为了改进普通黏土砖块小、自重大、耗土多等缺点，砖的制造正向轻质、高强度、空心、大块的方向发展。有些国家的空心黏土砖产量已占砖总产量的50%～90%，空心砖尺寸达490毫米×300毫米×200毫米，大型楼板空心砖可达700毫米×250毫米×200毫米，壁厚仅6～7毫米。竖孔承重空心砖孔洞率一般为25%～30%，水平非承重空心砖孔洞率一般为40%～60%。

中国生产的空心砖，孔洞排列一般为有序或交错排列，孔洞率大于40%，孔型一般为矩形孔。空心砖的长度、宽度和高度的尺寸应符合如下的要求：①长度规格尺寸有390毫米、290毫米、240毫米、190毫米、180（175）毫米和140毫米。②宽度规格尺寸有190毫米、180（175）毫米、140毫米、115毫米。③高度规格尺寸有180（175）毫米、140毫米、115毫米、90毫米。按照承载方式的不同可以将空心砖分为水平孔空心砖和竖直孔空心砖。前者主要用于砌筑6层以下建筑物的承重墙；

图2 花格空心砖

后者多用于非承重墙或作为钢筋混凝土预制空心砖墙板，空心砖楼板和空心砖檩条的填充体。此外还有拱壳空心砖和花格空心砖（图2）等。

（冯乃谦 蔡光汀）

砖砌体 brick masonry 用砖和砂浆砌筑成的承担自重和外力的构造体。常用于房屋建筑的墙体、柱和基础等部位。根据砌体中是否配置钢筋，分为无筋砖砌体和配筋砖砌体；根据砌体中砖的生产工艺不同，分为烧结砖砌体和非烧结砖砌体；根据砌体中砖型不同，分为普通砖砌体、多孔砖砌体和空心砖砌体。普通砖砌体和多孔砖砌体常用于承重墙，空心砖砌体仅用于非承重墙或填充墙。

无筋砖砌体 简称砖砌体。强度指标包括抗压强度、抗拉强度、抗弯强度和抗剪强度。砖砌体轴心受压标准试件承受轴心压力的强度称为抗压强度。影响砖砌体抗压强度的主要因素有砖和砂浆的强度等级、砌筑质量和砌筑方法。

砖砌体标准试件承受轴心拉力、弯矩和剪力时的强度分别称为抗拉强度、抗弯强度和抗剪强度。砖砌体受拉、受弯或受剪时，破坏常常发生在砂浆与砖的连接面上，这时砖砌体的抗拉、抗弯和抗剪强度主要依赖于灰缝中砂浆与砖的黏结强度，其大小随砂浆的强度等级提高而增加。砖砌体受弯时，根据力的作用方式不同，将发生沿齿缝破坏（破坏面呈齿状，图1a）和沿通缝破坏（图1b）。相同砂浆砌筑砌体的沿齿缝破坏抗弯强度大于沿通缝破坏抗弯强度。由于灰缝中砂浆与砖的法向黏结强度不易保证，因此工程中不允许采用沿通缝截面轴心受拉的构件。当有压力作用时，抗剪强度还决定于压应力的大小。

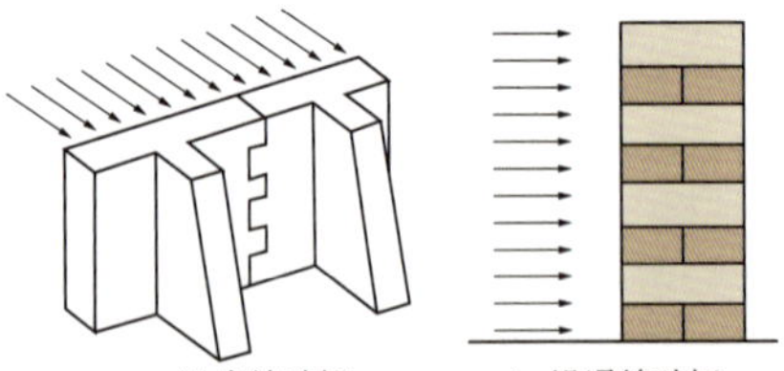

a 沿齿缝破坏　　b 沿通缝破坏

图1　砌体弯曲破坏形式示意图

非烧结砖砌体和烧结砖砌体的性能差异主要由砖的特性决定设计时，非烧结砖砌体和烧结砖砌体的抗压强度计算公式相同，偏于安全。对于蒸压灰砂砖和粉煤灰砖，由于其表面光滑，砖与砂浆的黏结强度降低，其砌体受拉、受弯或受剪强度为相同强度等级砂浆砌筑的烧结砖砌体的70%。

非烧结砖砌体微孔结构内含有水分，当水分挥发时，容易产生较大的干燥收缩，导致墙体开裂，设计和施工时，应采取合理的控制裂缝措施。

配筋砖砌体　在砖砌体中配置钢筋或钢筋混凝土，可提高砌体的承载能力和变形性能。根据钢筋配置的方式，配筋砖砌体的主要形式有网状配筋砖砌体、组合砖砌体和砖砌体与钢筋混凝土构造柱组合墙。

网状配筋砖砌体　在砖砌体的水平灰缝内配置钢筋网的称为网状配筋砖砌体或水平灰缝配筋砖砌体（图2）。网状配筋砖砌体承受纵向压力作用时，砌体的横向变形受到钢筋的约束，从而间接地提高了砌体的抗压强度。另外，砖砌体墙中的水平灰缝网状配筋可以提高墙体的抗剪承载力和变形性能，改善房屋的抗震性能。

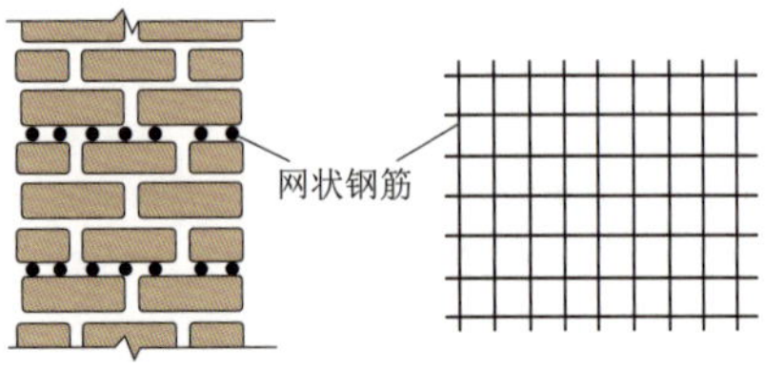

图2　网状配筋砖砌体示意图

组合砖砌体　由砖砌体和钢筋混凝土或砂浆材料共同构成的砖砌体称为组合砖砌体（图3）。组合砖砌体能提高砌体构件的承载能力，抵抗较大弯矩作用。当无筋砌体构件截面尺寸受到限制，或者设计不经济，以及轴向力偏心距超过限值时，可采用组合砖砌体。在抗震设防地区采用配筋砖砌体对抗震也较为有效。

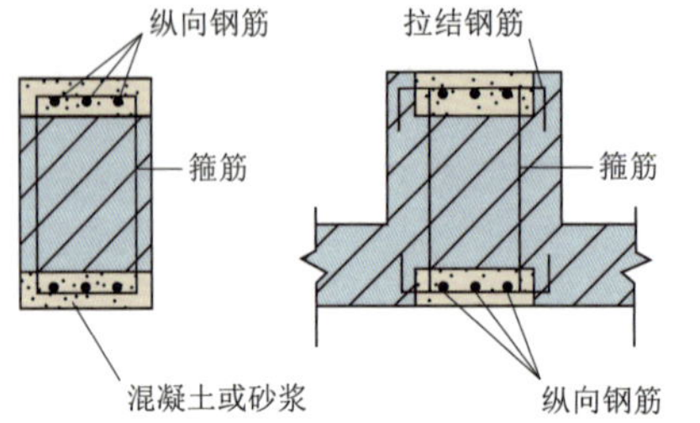

图3　组合砖砌体示意图

组合墙　由砖砌体、钢筋混凝土构造柱和圈梁构成的墙体称为砖砌体与钢筋混凝土构造柱组合墙，简称组合墙（图4）。当组合墙中钢筋混凝土构造柱间距较小时，构造柱与砖砌体能保持良好共同工作，一起承担竖向荷载作用。钢筋混凝土构造柱和圈梁形成的“弱框架”会约束砖砌体的横向变形，间接提高砌体的受压承载力。

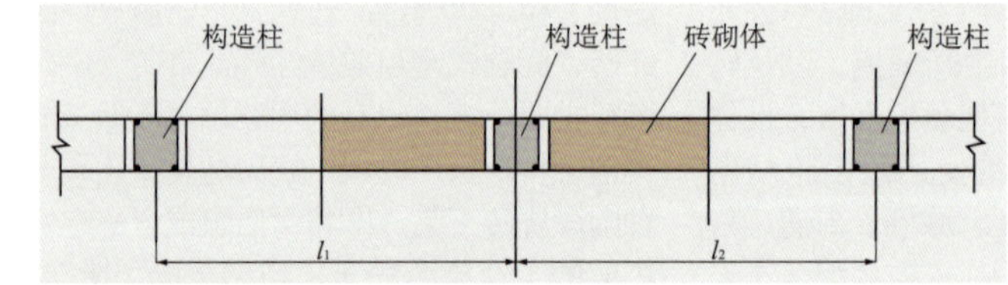

图4　砖砌体与钢筋混凝土构造柱组合墙示意图

（徐　建　梁建国）

砖墙　brick masonry wall　用砖和砂浆砌筑成的承重结构件或非承重围护体。砖砌体墙的简称。在工业与民用建筑中，砖墙主要用作受压构件和围护结构。常见的砖墙的截面形状有矩形和T形。T形截面墙又称带壁柱墙，壁柱也称砖墩、砖垛，它的抗弯刚度大，承载能力高，稳定性好。砖墙的截面尺寸应以砖的尺寸为模数，符合建筑使用的需求，满足结构承载力、高厚比、构造要求和保温、隔热、隔声的要求。

砖墙有不同的分类：①根据墙体配筋多少分为无筋砖砌体墙、约束砖砌体墙和配筋砖砌体墙。②根据砖的尺寸、孔洞率和孔型特征分为普通砖墙、多孔砖墙和空心砖墙。其中空心砖墙用于非承重墙。③根据砖的生产工艺分为烧结砖墙和非烧结砖墙。④根据砖的原材料分为黏土砖墙、页岩砖墙、粉煤灰砖墙、灰砂砖墙、混凝土砖墙等。⑤根据墙体是否承重分为承重砖墙和自承重砖墙。

砖墙的设计，除应符合使用和建筑上的需求，满足热工和构造要求外，承重砖墙还应进行受压承载力、局部受压承载力、高厚比计算。自承重砖墙的承载力验算、构造要求见**砌块墙体**。

受压承载力　影响砖墙受压承载力的因素主要有：①墙体的截面尺寸和材料强度等级。②砖墙的支承条件。③纵向荷载偏心距。④高厚比，砖墙计算高度与墙厚或折算厚度的比值。⑤块体原材料特性。⑥配筋率。

计算砖墙的抗压承载力时，先选定砖和砂浆的强度等级及截面尺寸，后计算截面能抵抗的最大纵向压力，并使它不超过砖墙的允许承载力。如不能满足设计要求时，可适当增大砖墙截面尺寸，提高砖、砂浆的强度等级，或采取措施减小纵向压力的偏心距，或采用配筋砖砌体。

局部受压承载力　纵向压力作用于砖墙的局部截面上时，砌体处于局部受压，这是砖墙中常见的一种受力状态。如基础顶面的墙、柱支承处，梁或屋架的端部支承处，均产生局部受压。由于直接受压的面积往往很小，砖墙可能因砌体局部抗压强度不足而遭到破坏。砌体局部受压时，由于周围未直接受压的砌体对直接受压砌体的横向变形起侧向约束作用，因而按局部受压面积计算的砌体抗压强度可以提高，根据这一概念建立了砌体局部受压强度计算公式。

允许高厚比　砖墙的高厚比过大，墙体刚度就会不足，将导致墙体稳定性不足。根据长期的实践经验，要求砖墙的高厚比不超过规范允许高厚比，以保证砖墙在施工和使用阶段的稳定性和刚度。

（徐　建　梁建国）

砖柱　brick masonry column　用砖和砂浆砌筑成的柱。在砌体结构房屋中，砖柱、砖墙主要用作受压构件。见**砖墙**。

转换结构　transfer structure　由于平面使用功能不同等原因使得上部结构到下部结构之间结构形式或结构布置等发生改变而设置的用于完成结构转换的结构体系。通常当上部结构竖向构件（剪力墙、框架柱）不能直接连续落地，或上、下结构形式差异较大，或上、下结构轴线以及柱网出现错位等情况时应该采用转换结构。转换结构可采用的结构形式主要包括梁式、桁架式（或空腹桁架）、箱式、墙式、板式、合柱式和拱式等。在结构受力和变形上，转换结构竖向传力不连续，在转换部位附近常常存在由于刚度突变等原因导致的弯矩和剪力突变；大型复杂转换结构受力不明确，变形复杂，转换区域的构件易出现剪力集中现象；结构转换处常由于质量相对集中、刚度突然增大等原因导致地震作用突增。在设计计算方面，转换结构应遵循建筑物实际、合理安排转换层位置、保证强度、提高与结构的整体性，受力复杂部位应进行应力分析。

随着建筑业的发展，建筑结构呈现出体型复杂、平面和外形多样化、多功能综合等特点。转换结构以其能够实现不同结构形式之间的相互组合而被广泛应用。常见建筑底部布置车库、机房、餐厅、商场、文娱休闲场所等，中部作为科研办公用房，上部为住宅、旅馆、公寓、餐厅、酒店等场所的高层建筑。（施　刚）

桩工机械　pile-driving machinery　将桩贯入地层以加强地基承载能力的施工机械。按其工作原理分打桩机、压桩机、振动沉桩机、灌注桩钻孔机等。见**工程机械**。

桩基础　pile foundation　桩与连接桩顶的承台组成的传递上部荷载的基础。简称桩基。桩是沉入、打入或浇注于地基中的柱状承载构件。桩的上端，即与上部结构相连的部分，称为桩头或桩顶；下端称为桩尖、桩端或桩脚；中部称为桩身或桩杆。

分类　桩基础是一种可将上部结构承受的荷载传递到深部较坚硬的、压缩性小的土层或岩层的基础型式，是深基础的主要类型。桩的分类有多种。按成桩方法对土层的影响可分为挤土桩、部分挤土桩和非挤土桩；按桩的材料可分为木桩、混凝土桩（包括钢筋混凝土桩和预应力混凝土桩、混凝土管桩、现浇大直径混凝土薄壁筒桩）、钢桩和组合桩；按桩的功能可分为抗压桩、抗拔桩、抗侧压桩、摩擦桩、端承桩；按成桩方法可分为预制桩、夯扩桩和灌注桩（包括人工挖孔灌注桩）。桩的效用是通过桩侧土的抗力和桩端土的抗力，将荷载传递给地基土层。

摩擦桩　在承载能力极限状态下，桩顶竖向荷载主要由桩侧阻力承受的桩基。外部荷载主要通过桩身侧表面与土层的摩阻力传递给周围的土层，在极限承载力状态下，桩端部分承受的荷载很小，一般不超过10%。摩擦桩主要用于岩层埋置很深的地基。如打在饱和软黏土地基，在数米深度内均无坚硬的桩尖持力层。一般情况下，纯摩擦桩较少，当桩端阻力不宜忽略时，则称为端承摩擦桩。与端承桩相比，摩擦桩基的沉降一般较大。

端承桩　在承载能力极限状态下，桩顶竖向荷载主要由桩端阻力承受的桩基。对于穿过均匀软土层嵌入硬质基岩中的桩，外部荷载通过桩身直接传给基岩，桩的承载力主要由桩的端部提供，一般不考虑桩侧摩阻力的作用。由于桩底基岩强度高，桩底位移很小，当桩的长径比较小时，桩身位移也较小，桩周土体发挥极限侧阻所需相对位移尚未达到，桩侧阻力无法充分发挥。当桩端为硬质基岩时，在桩端位移较小时，桩端阻力即可得到充分发挥。如中国武汉长江大桥的管柱基础。如果桩的长径比很大，由于桩身的压缩很小，桩侧摩阻力不宜忽略，则称为摩擦端承桩。

抗拔桩　以抵抗上拔力为主的桩。当上拔力为浮力时，又称抗浮桩。抗拔桩的应用范围很广。输电塔、海上石油钻井平台、高耸构筑物（如塔桅结构、烟囱）等的桩基础，索道桥、悬索桥和斜拉桥中的锚桩基础，或锚定块底下的桩，以及承受浮托力为主的地下结构、膨胀土地基上的建筑物等，都有可能承受上拔力。通常情况下，抗拔桩在承受竖向拉拔荷载的同时，还承受一定比例的水平荷载，如输电线路杆塔基础等。此外，原来为承受压力的桩在环境和条件发生变化时，也可能承受原设计中未考虑的拉拔荷载，如深埋水泵房、港工中船坞等，会因地下水位的升高，建（构）筑物承受巨大的浮托力而使桩身产生拉应力

预制桩　在工厂或施工现场制成的各种材料、各种形式的桩（如木桩、混凝土方桩、预应力混凝土管桩、钢桩等）。用沉桩设备将预制桩打入、压入或振入土中。

灌注桩　通过机械钻孔、人力挖掘或钢管挤土等方法成孔，然后在孔内放置钢筋笼、灌注混凝土形成的桩。由于灌注桩施工噪声、振动等对环境影响小，直径、桩长及承载力大小可调整适应范围大，使其成为应用比较广泛的一种桩型。根据施工工艺的不同，灌注桩可细分为钻孔灌注桩、沉管灌注桩、人工挖孔桩、大直径扩底灌注桩、沉管夯扩灌注桩、三岔双向挤扩灌注桩、支盘桩、载体桩、螺旋桩、钻孔压浆桩、大直径现浇混凝土薄壁筒（管）桩等。

混凝土管桩　桩身混凝土强度等级为C60的预应力管桩。简称PC管桩。20世纪30年代出现的混凝土管桩是非预应力的普通混凝土管桩（即RC桩），60年代出现了采用离心工艺和预应力工艺成型的预应力混凝土管桩（即PC桩）。预应力混凝土管桩可分为先张法预应力管桩和后张法预应力管桩。主筋配筋形式为预应力钢棒和普通钢筋组合布置的高强混凝土管桩为混合配筋管桩（简称PRC管桩）。桩身强度等级为C80及以上的预应力混凝土管桩，简称PHC桩。预应力混凝土管桩具有单位承载力造价低、施工速度快、桩身质量可靠等特点。一般情况下适用于软土、黏性土、粉土、砂土及全风化岩体等地层条件。在建筑、铁路、公路、桥梁、港口、码头等工程中得到了广泛的应用。

现浇大直径混凝土薄壁筒桩　采用专用施工机械在地基中形成大直径圆形孔，然后配置钢筋并就地灌注混凝土而成型的筒形桩。简称圆桩。不配置钢筋笼的称为大直径现浇素混凝土薄壁圆桩，也简称素混凝土圆桩。大直径薄壁圆桩桩周表面积大，可提供较大侧阻力，抗弯性能好，常用作桩基础、挡土结构、防波堤，以及形成复合地基中的竖向增强体。圆桩已在交通工程、建筑工程和海港工程等水利土木工程中得到应用。

夯扩桩　沉管灌注桩与扩底桩结合的灌注桩。夯扩桩的成桩工艺是，在锤击沉管灌注桩的机械设备与施工方法的基础上，通过内夯管（锤）等，进行带桩尖（钢筋混凝土预制桩桩尖）和无桩尖沉管，桩（套）管沉入设计标高后，利用桩（套）管作为成孔护壁及浇筑桩体混凝土的模壳，在桩（套）管内通过内夯管、柱锤或锤击芯轴将孔底现浇混凝土夯击形成扩大头（外径大于套管），桩身混凝土在内夯管或柱锤的自重作用下压密浇筑成桩。夯扩桩的桩端持力层宜选择稍密至密实的砂土与粉土，砂土、粉土与黏性土交互层及硬塑黏性土。对高承载力的夯扩桩宜选择较密实的砂土或粉土作为持力层。

人工挖孔灌注桩　采用人工挖掘方法进行成孔，然后安放钢筋笼并浇注混凝土而制成的桩。人工挖孔灌注桩历史悠久。古代人们由地面开挖饮用水井时，边挖边用砖砌护圈以抵挡侧向土压，直至井底。从工艺顺序及受力机理而言，这与当今的人工挖孔灌注桩基本相同。据考证，人工挖孔桩在世界上至少已有120余年历史。1893年在美国芝加哥首先问世。中国铁路部门最早约在20世纪50年代开始用人工挖孔桩作为治理滑坡的抗滑桩。人工

挖孔桩用于高层建筑基础则始于60年代的中国香港。中国香港及澳门称人工挖孔桩为手掘沉箱。由于地质条件适宜，60～90年代手掘沉箱在港澳工程中多有应用。人工挖孔灌注桩主要优点有：施工设备简单，对环境污染小，应用范围广。但人工挖孔灌注桩的工人劳动强度大，作业环境差，安全事故多，挖孔抽水易引起附近地面沉降等。

应用　桩的工程应用主要有3类：①桩与地基及连接桩顶的承台组成桩基础，用于承担上部结构传来的竖向和水平荷载。②主要用于支挡土压力，如基坑围护结构中的支护桩，边坡加固中的抗滑桩等。③用于形成复合地基。（高文生）

桩基础工程施工　pile foundation construction　采用机械或人工的方法，将桩与连接桩顶的承台组成的传递上部荷载的基础植入地基的作业过程。

沿革　桩的应用历史可以追溯到远古时代，用木桩加固地基、搭台作为水上住所等。随着钢铁冶炼业的发展，19世纪20年代，开始使用铸铁板桩修筑围堰和码头。到20世纪初，美国出现了各种形式的型钢。到30年代在欧洲建造钢桥大量采用钢桩基础。第二次世界大战后，随着冶炼技术的进一步发展，各种直径的无缝钢管被作为桩材用于基础工程。上海宝钢工程中，曾使用直径为900毫米，长约60米的钢管桩基础。1998年建成的上海金茂大厦，桩的最大深度达83米。随着钢筋混凝土的发展，20世纪初预制和现浇钢筋混凝土桩得到了应用。20～30年代开始应用沉管灌注混凝土桩。到50年代，随着大型钻孔机械的发展，出现了钻孔灌注混凝土或钢筋混凝土桩。2014年中国苏州中南中心桩基深度达到110米。

分类　根据桩基础工程施工的特点，桩可以有不同的分类。按桩身材料可分木桩、钢桩、混凝土桩和钢筋混凝土桩，以及组合桩。钢桩又可分钢管桩、型钢桩和钢板桩等；混凝土桩和钢筋混凝土桩又可分为预制钢筋混凝土桩、就地灌注混凝土桩和钢筋混凝土桩；组合桩指一根桩用两种材料组成。按成桩的方法和工艺可分打入桩、压入桩、植入桩和就地灌注桩。就地灌注桩又可分为沉管灌注桩、钻孔灌注桩和人工挖孔灌注桩等。随科学技术和施工机械的发展，不断出现一些新的成桩方法和工艺。

下面介绍钻孔灌注桩、混凝土预制桩和钢管桩的施工。

钻孔灌注桩施工　在工程现场就地通过各种机械或人工方式挖掘、切削成孔，并在其内放置钢筋笼灌注混凝土而做成的桩。分为非挤土灌注桩和部分挤土灌注桩。

螺旋钻孔灌注桩按成孔方法可分为长螺旋钻孔灌注桩和短螺旋钻孔灌注桩。采用不同的螺旋钻孔机，在桩位处就地切削土层，被切土块沿钻杆上升排出孔外，完成成孔施工。在桩孔中放置钢筋笼或插筋，然后灌注混凝土，成桩。

反循环钻成孔灌注桩常见的施工有泵吸反循环施工法和气举反循环施工法。成孔施工时，在桩顶处设置护筒，采用钻机挖孔内土，同时将泥浆从钻杆与孔壁间的环状间隙中流入孔底，由钻杆内腔返回泥浆池，经净化后再使用，泥浆在钻孔、钻杆和泥浆池之间循环运行，起到护壁、排渣作用，完成成孔施工。在桩孔中放置钢筋笼或插筋，然后灌注混凝土，成桩。

正循环钻成孔灌注桩成孔施工时，在桩顶处设置护筒，采用钻机挖孔内土，同时将泥浆从钻杆内腔输入孔底，由钻杆与孔壁间的环状间隙中溢出到泥浆池，经净化后再使用。泥浆在钻杆、钻孔和泥浆池之间循环运行，起到护壁、排渣作用，完成成孔施工。在桩孔中放置钢筋笼或插筋，然后灌注混凝土，成桩。

混凝土预制桩施工　采用钢筋混凝土（包括普通钢筋混凝土和预应力混凝土）制成的桩。可用沉桩设备将桩打入、压入或振入土中。混凝土预制桩主要包括钢筋混凝土方桩、钢筋混凝土板桩、预应力空心管桩（简称PC桩）和超高强度预应力钢筋混凝土管桩（简称PHC桩）。方形桩边长一般为15～50厘米，管桩直径一般为30～60厘米。预制桩可以在工厂或者在现场预制，为便于运输和施工，桩分为数节，单节长度一般为6～12米。

较短的方桩一般在预制厂制作，较长的方桩一般在施工现场附近露天预制。为节省场地，现场预制方桩多用叠浇法，重叠层数取决于地面允许荷载和施工条件，一般不宜超过4层。制桩场地应平整、坚实，不得产生不均匀沉降。桩与桩间应做好隔离层，桩与邻桩、底模间的接触面不得发生黏结。上层桩或邻桩的浇筑，必须在下层桩或邻桩的混凝土达到设计强度的30%以后方可进行。预制桩的混凝土浇筑，应由桩顶向桩尖连续进行，严禁中断，并应防止另一端的砂浆积聚过多。

钢管桩施工　用空心钢管制成的基桩。一般采用螺旋缝钢管或直缝钢管，按设计要求的规格经工厂预制而成。可用沉桩设备将桩打入、压入或振入土中。工程中的桩基，其桩顶一般均在地表以下。选择采用挖土后再打桩、还是送桩，涉及质量、安全、进度及经济效益等，往往需要综合比较后再行定夺。挖土打桩，可避免送桩。当桩顶标高较高、地下水位较低、地表下浅层硬土层较厚、桩的打入精度要求较高、桩密集且桩数较多、工期较紧、场地工作面较大时，可采用挖土打桩。如果挖土形成的基坑，其围护结构费用很高，排水费用亦庞大，则应考虑挖土打桩是否值得。反之，就可考虑送桩方案，但必须顾及所选用的设备是否能将桩送至需要的标高，需要使用送桩器。对钢管桩还可考虑不送桩，直接将桩打至地面，以后用内切割法将桩割除至设计标高，割下部分可收回再利用。除了上述两种方法外，有时也可将两者结合，即开挖一部分土，送一部分桩，具体均要按照现场的实际条件而定。桥梁工程的桩基，承台面积一般不大，桩机入坑有困难，大部分采用送桩方案。（周蓉峰　严　浩　吴洁妹）

桩基础极限承载力　vertical ultimate carrying capacity of single pile　桩基础极限承载力包括桩基础的竖向抗压极限承载力、竖向抗拔极限承载力、横向极限承载力。

竖向抗压极限承载力　单桩在竖向荷载作用下，达到破坏状态前所能稳定承受的或出现不适于继续承载的变形时所对应的最大荷载。

桩基础的抗压极限承载力包括两层含义，一是桩基结构自身的极限承载力，二是支撑桩基结构的地基土极限承载力。通常情况下，桩基的极限承载力是由地基土承载力所制约。影响桩基承载力的主要因素有桩侧土的性质和土层分布、桩端土层的性质、桩的几何特征和成桩效应。桩侧土的强度与变形影响桩侧阻力的发挥性状与大小，从而影响单桩承载力的大小。桩端持力层的类别与性质直接影响桩端阻力的大小和沉降量。桩的总侧阻力与其表面积成正比，因此通过增大表面积提高桩的承载力。成桩效应影响桩的承载力及其随时间的变化，各类成桩工艺的质量稳定性不同，成桩质量对承载力的影响不容忽视。确定极限承载力方法有原型试验法、原位测试法、理论计算法及经验法。

竖向抗拔极限承载力　单桩在竖向上拔荷载作用下，达到破坏状态前所能稳定承受的或出现不适于继续承载的变形时所对应的最大荷载。

影响抗拔桩承载力的因素主要有两个方面：一是桩身截面和材料的抗拉强度；二是桩周表面，即桩－土侧壁界面的几何特征以及桩周土的物理力学特性。相较于抗压桩，抗拔桩侧阻力会随着上拔量的增加，致使土层松动及侧面积减少，从而低于抗压侧阻力，故在利用一般工程地质勘查报告所提供的抗压侧阻力来确定抗拔侧阻力时，需引入拔压的侧阻力比例系数，即抗拔系数，也称拔压比。

抗拔桩的承载力也会受到桩身材料泊松效应影响，桩受压或受拉时所产生的泊松膨胀或泊松收缩（侧向膨胀或侧向收缩）将使土的水平应力增加或减少，从而使土的抗剪强度和侧面摩阻力增加或减少。对硬黏土和岩石基础来说，由于土的变形模量很大，这种影响不容忽视，尤其是基岩内的锚桩，应考虑泊松收缩引起桩-岩石之间的脱开可能性。

横向极限承载力　单桩在水平向荷载作用下，达到破坏状态前所能稳定承受的，或出现不适于继续承载的变形时所对应的最大荷载。又称水平极限承载力。影响单桩水平承载力和位移的因素包括桩身截面抗弯刚度、材料强度、桩侧土质条件、桩的入土深度、桩顶约束条件。如对于低配筋率的灌注桩，通常是桩身先出现裂缝，随后断裂破坏。此时，单桩水平承载力由桩身强度控制。对于高配筋率的混凝土预制桩和钢桩，桩身虽未断裂，但由于桩侧土体塑性隆起，或桩顶水平位移超过使用允许值，也认为桩的水平承载力达到极限状态。此时，单桩水平承载力由位移控制。桩的横向承载力与其水平变形密切相关。提高桩的横向承载力的措施主要有提高桩身的刚度和强度，以及提高桩周土抗力。横向极限承载力的分析计算方法有：地基反力系数法、弹性理论法、有限元法和极限平衡法。对于受水平荷载较大的建筑桩基，应通过现场单桩水平承载力试验确定单桩水平承载力特征值。

（高文生）

桩架　pile frame　桩基础施工中专用的起重与导向设备。按底盘不同，分为履带式桩架、步履式桩架和滚管式桩架等。履带式桩架是下部为履带底盘的桩架。通常用履带式起重机或三支点式专用履带式底盘。步履式桩架在履靴上行走，履靴相当于轨道，但长度有限。桩架在履靴上行走到头后，要继续行走则需要用四个液压支腿将桩架顶离地面，然后将履靴向前移动一个行程，再收起液压支腿使桩架重新支承在履靴上，开始第二步行程，故称步履式桩架。

按立柱支点形式，分为悬挂式桩架和三支点固定式桩架。悬挂式立柱桩架大都与蒸汽锤配套使用。三支点固定式立柱桩架最常用。

桩架由主机底盘、立柱、牛头架、顶部滑轮组、人字架、斜撑以及前后支腿等组成。主要用于桩锤或其他工作部件的悬挂、升降、移位、吊桩就位、沉桩导向、变幅（打斜桩）等。通过挂装不同的工作装置来实现不同桩基础工法施工，广泛应用于地铁、隧道、城市建筑、地下停车场等各类桩基础工程和深基坑支护工程、河流防洪工程的防渗坝工程等各类工业与民用建筑施工中，是桩基础施工的常用设备。

（刘承桓）

装饰陶瓷　decorative ceramics　以黏土、长石、石英等为主要原料，经混料、成型、烧成等工艺处理制得的陶瓷制品。用于装饰、构建与保护建筑物和构筑物。装饰陶瓷主要化学成分有二氧化硅（SiO_2）、三氧化二铝（Al_2O_3）、三氧化二铁（Fe_2O_3）、二氧化钛（TiO_2）、氧化镁（MgO）、氧化钙（CaO）、氧化钾（K_2O）、氧化钠（Na_2O）。装饰陶瓷包括瓷粒、陶瓷浮雕、陶瓷壁画等。

瓷粒　一种外形不规则的粒状新型路面材料。为散粒状彩色瓷质颗粒，用合成树脂乳液作黏合剂，形成彩砂涂料涂敷于外墙面上，施工方便，不易褪色。采用高岭土、长石、石英和黏土为主要原料，外加无机高温色剂，经高温烧制而成。颜色有红、橙、黄、绿、青、蓝、紫、棕、白等多种颜色，具有防滑耐磨、环保耐腐、吸水率低、色泽鲜艳、高档美观、永不褪色、坚硬牢固、使用寿命长等特点，广泛应用于高速公路、飞机场、飞机场跑道、火车站、地铁、公交车站台、停车场、公园、广场、学校、宾馆饭店、办公楼、写字楼等的路面铺设及标识。产品性能指标：粒径分为大（5～8毫米）、中（3～5毫米）、小（1～3毫米）；比重2.25～2.45克/厘米^3；堆积密度1200～1450千克/米^3；吸水率＜3.0%；莫氏硬度＞6。

陶瓷浮雕　又称堆雕、凸雕、凸花，是经过各种方法如堆、贴、刻等，使陶瓷表面产生凸起的纹样。其制备工艺是，在陶瓷平面坯体上应用陶瓷工艺工具，蘸取与坯体同性质的泥浆或用高白泥填堆出各种纹样，经高温烧成后，表面形成凹凸起伏的纹样画面，具有雕塑效果。一般凹凸在圆雕二分之一以上的称为高浮雕，不到二分之一的称为低浮雕，是一种介于圆雕和绘画之间的艺术表现形式。

陶瓷壁画　以陶瓷面砖、陶瓷板为基础制作的具有较高艺术价值的现代建筑装饰制品。其通过对绘画原稿进行艺术再创造，经过放大、制版、刻画、配釉、施釉、焙烧等一系列工序，采用浸、点、涂、喷、填等多种施釉技法，以及丰富多彩的窑变技术产生出神形兼具的艺术效果。陶瓷壁画具有单块砖面积大、厚度薄、强度高、平整度好、吸水率小、抗冻、耐酸蚀、耐急冷急热、施工方便等优点，既可装饰在高层建筑的外墙面上，也可粘贴在候车室、宾馆、影剧院等内墙面上作装饰用。

（陈　伟）

装饰装修工程施工　building decoration　为保护建筑主体结构、完善室内外使用功能和建筑物的物理性能、满足人们的审美要求，对建筑物内外表面及建筑空间实施艺术设计、修饰加工的过程。是建筑工程不可分割的组成部分。

类型　建筑装饰通常在建筑本身或结构表面进行装修加工，在建筑主体结构完成后对建筑进行美化及完善，主要包含楼地面工程、抹灰工程、门窗工程、吊顶工程、轻质隔墙工程、饰面板工程、饰面砖工程、幕墙工程、涂饰工程、裱糊与软包工程、细部工程等分项内容。

抹灰工程　将水泥砂浆、混合砂浆、保温砂浆等灰浆材料涂抹在建筑物墙面、地面、顶棚基底等基层上的装饰工程。起到美化和保护建筑物、防水、隔热、隔声等作用。抹灰工程包含一般抹灰和装饰抹灰。①一般抹灰。包含水泥砂浆、石灰砂浆、混合砂浆、聚合物水泥砂浆以及麻刀石灰、纸筋石灰、石膏灰等抹灰，分为普通抹灰和高级抹灰两个等级。②装饰抹灰。包含水刷石、斩假石、干黏石、假面砖等。

抹灰工程常用的手工工具有铁抹子、木抹子、阳角抹子、阴角抹子、托灰板、靠尺、刮杆、托线板和线坠、水平尺、刷子、喷壶等。抹灰工程专用的工具有拉条抹灰模具、灰线抹灰机具、聚合物水泥砂浆滚涂和弹涂工具、斩假石专用工具、干黏石施工工具、假面砖施工工具等。

抹灰工程的主要操作流程为基层处理、浇水湿润、抹灰饼、墙面充筋、分层抹灰、罩面养护、成品保护。

吊顶工程　建筑室内顶部的装修工程。对建筑室内的顶面作适当的装饰，具有保温、隔热、隔声、吸声的作用，也具有隐蔽电气、通风空调、通信和防火、报警管线设备等工程的功能。吊顶俗称天花板、天棚、顶棚。吊顶材料有成品的纸面石膏板、矿棉板、聚氯乙烯（PVC）、铝扣板、金属格栅、发光膜、集成吊顶，以

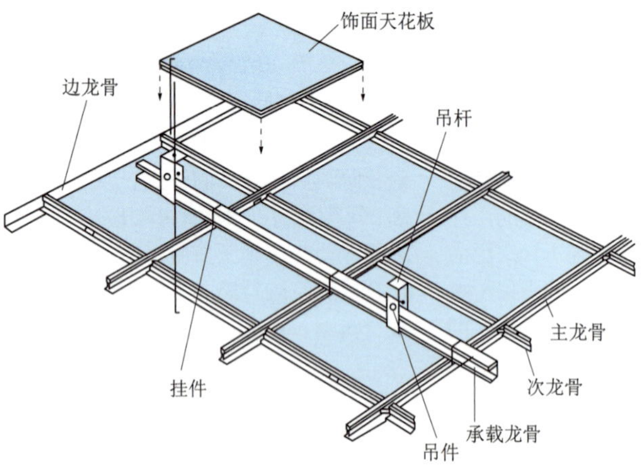

吊顶构造示意图

及个性化的玻璃、石材、木材、特殊金属等。

吊顶安装主要分为弹线、吊挂杆件、安装龙骨、安装面板等工序。常用吊顶的构造见图。

隔断工程　隔断指分隔建筑物内部空间不承重的墙。隔断一般要求自重轻、厚度薄、强度高、刚度好、易安装，有良好的隔声、防潮、防火、环保等性能。又称隔断安装工程。通过隔断材料工厂化生产，现场快速安装以提高生产效率，降低成本，提高产品竞争力的工程。

按构造方式不同可分为板材式隔断（砌块式隔断）、骨架式隔断、活动式隔断和玻璃隔断4类。隔断材料主要有如下几种水泥、混凝土、玻璃、轻型钢材、木材、石膏板等，隔断材料须考虑防火、防潮、强度高等诸多因素。①板材式隔断。采用大块的条板拼装而成的隔断。这种高隔间隔断一般不用骨架，有时为了提高其稳定性也可设置竖向龙骨。隔断所用板材一般为等于房间净高的条形板材，通常分为复合板材、单一材料板材、空心板材等类型。砌块式隔断是用普通黏土砖、空心砖、加气混凝土砌块、玻璃砖等块材砌筑而成的非承重墙，由于构造做法类似板材式隔断，所以也归类于板材式隔断。②骨架式隔断。通常有板条抹灰隔断、钢板网抹灰隔断、轻钢龙骨石膏板隔断和各种板材隔断等，可达到隔声、隔热、阻燃、防潮等要求。骨架式隔断也称龙骨隔断，主要用木料或钢材构成骨架，再在两侧做面层。骨架分别由上槛、下槛、竖筋、横筋（又称横档）、斜撑等组成。③活动式隔断。一种根据需要随时把大空间分割成小空间或把小空间连成大空间、具有一般墙体功能的活动墙。主要构成有吊轮、轨道、水平轮、龙骨和框料、五金配件、墙面板、填充隔声材料及密封材料等，可达到隔声、隔热、阻燃、防潮等要求。④玻璃隔断。玻璃和木框相结合、玻璃和铝合金边框相结合或全部由各种玻璃组合构成的隔断，在21世纪比较流行，主要用于商场内店铺隔断、客厅与餐厅之间或餐厅与厨房之间隔断、办公室隔断或会议室隔断等。

饰面工程　建筑室内外表面的装饰工程。附着在建筑上的装饰与各基层刚性地连结成一体，构成建筑的整体。饰面材料要抵御外界不利的影响，适应外部环境的变化，对建筑内部空间进行保护和调节，以满足房屋的使用功能和美观功能为要求，起到保护和装饰性目的。

建筑饰面包含石材饰面、陶瓷饰面、金属饰面、木质饰面、玻璃饰面、塑料饰面等。

饰面工程针对不同的饰面材料，具有不同的施工工艺。常用的有石材饰面、陶瓷饰面、金属饰面、木质饰面、玻璃饰面、塑料饰面施工工艺。①石材饰面。主要施工工具包括切割机、手电钻、冲击钻、角磨机、水平尺等。石材饰面施工方法分为挂贴法和黏结法两种。②陶瓷饰面。陶瓷饰面施工工具包括切割机、手枪钻、冲击钻、抹子、橡皮锤、水平尺、勾缝溜子、钢丝刷等。陶瓷饰面分为地砖、墙砖以及陶瓷马赛克，其工艺各有不同。③金属饰面。施工工具包括金属材料切割机、台钻、角磨机、手枪钻、抛光机、拉铆枪、电动修边机、电焊机等。金属饰面施工工艺：放线→固定骨架连接件→固定骨架→金属饰面板安装。④木质饰面。施工工具包括冲击钻、电圆锯、打钉机、锤子、手枪钻、锯台、锯和刨子等。木质饰面板的安装方法主要有干挂法和胶粘法。⑤玻璃饰面。施工工具包括玻璃吸盘器、手提砂轮机、细砂轮、玻璃割刀等。玻璃饰面的安装方法通常有黏结固定、托压固定、黏结支托固定、装饰钉固定。装饰玻璃墙工艺流程：基层处理→立筋→铺钉衬板→玻璃安装。⑥塑料饰面。施工工具包括无齿锯片切割机、手电钻、冲击钻、射钉枪等。塑料饰面分为铝塑复合板、塑料地板、软膜天花等。

裱糊工程　采用墙纸、墙布等软质卷材裱贴于室内墙、柱、顶棚及各种装饰造型构件表面的装饰工程。

裱糊工程的施工工艺包括基层处理、满刮腻子找平、吊垂直、套方、找规矩、弹线、计算用料、裁纸、粘贴壁纸，以及墙纸修正、清理等十多道工序。其中，基层表面平整度、立面垂直度及阴阳角方正应达到高级抹灰标准要求。裱糊后各幅墙纸拼接应横平竖直，拼接花纹、图案应吻合，不离缝，不搭接，不显拼缝。墙纸、墙布应粘贴牢固，不得有漏贴、补贴、脱层、空鼓、翘边等缺陷。

软包工程　利用软质面料（布料或皮革）和填充物在硬质面上制作装饰墙壁和家具的工程。软包在现代装饰中运用广泛，其造型可以千变万化，立体感及装饰性强。

软包面料基本是布料和皮革两种。软包填充物的使用最广泛的是海绵，其他填充物有玻璃棉、竹炭等。

软包的做法有两种：①传统木板软包。直接用木板、海绵加工成的软包。由施工人员用电锯把木板锯成相应的形状大小，再填充海绵，用软包布料或者皮革直接包起来，最后再拿到施工现场一块块安装上去。②新型型材软包（PVC夹条软包）。施工的时候用骑马钉固定型材，再填充海绵，最后用软包工具大塞刀直接将软包面料塞到型材里即可，方便制作，容易施工。

涂饰工程　采用专用涂料涂敷建筑物表面，形成涂膜与基层材料充分黏结，以保护并装饰建筑物，满足实用功能要求、改善建筑物品质的工程。

根据使用环境可以分为室外涂饰工程和室内涂饰工程。①室外涂饰工程。应用于露天或室外环境的建、构筑物涂装饰面，通常具有防水、抗老化、抗腐蚀兼具装饰效果。②室内涂饰工程。应用于封闭室内空间环境的涂料饰面工程，其更注重装饰效果表现。

根据使用需求分为功能性涂饰工程和艺术装饰性涂饰工程。①功能性涂饰工程。为满足某一特定功能涂装饰面工程，例如，具有防火功能特殊功能的涂装工程。②艺术性涂装工程。为满足特殊装饰艺术效果的涂装饰面工程，常见的有艺术彩绘涂饰、仿石材纹路肌理的涂饰面层等。

涂饰工程通常的工艺流程是基层检查清理→基层找平→涂料调制→表面涂饰。

发展趋势　伴随着建筑业的发展转型，装饰装修工程不断往智能、高效、绿色、低碳方向发展体现在：①在承包模式上。推进设计、施工一体化建设模式，促使设计向部品部件生产、施工安装延伸和施工向部品部件生产、设计延伸的产业发展模式。②在施工方式上。采用集成化部品部件进行现场组装的方式替代传统施工方式的现场制作、散件组装，实现干法施工，减少现场湿作业。③在绿色材料应用上。推广绿色多功能复合材料，发展环保型木质复合、金属复合、优质化学建材及新型建筑陶瓷等绿色建材。④在管理方法上。充分采用信息化技术，实现项目设计、生产、施工、运维全生命周期的数字化管控。

（连　珍　王辉平　陆冬鸣　吴璇璇　刘　淳　尤雪春　张　祝）

装载机　loader　在底盘的前方铰接以动臂、连杆机构和装载斗组成工作装置，行进中铲装、运输和卸载的自行式铲土运输机械。

分类　按行走装置的不同，分为轮胎式装载机和履带式装载机两种。①轮胎式装载机。由动力装置、车架、行走装置、传动系统、转向系统、制动系统、液压系统和工作装置等组成。采用柴油机为动力装置，液力变矩、动力换挡变速箱、双桥驱动等组成液力机械式传动系统（小型轮胎式装载机有的采用机械传动），以液压操纵，铰接式车架转向，反转杆机构构成工作装置。轮胎式装载机具有质量轻、速度快、机动灵活、效率高、不易损坏路面，但接地比压大、通过性差等特点。②履带式装载机。以专用底盘或工业拖拉机为基础车，装上工作装置并配装相应操纵系统构成。履带式装载机的动力装置是柴油机，机械式传动系统采用液压助力湿式离合器或湿式双向液压操纵转向离合器和正转连杆机构的工作装置。其具有接地比压小，通过性好、重心低、稳定性好、附着力强、牵引力大、比切入力大，但速度低，灵活性差、成本高、行走时易损坏路面等特点。

应用　装载机广泛用于公路、铁路、建筑、水电、港口、矿山等建设工程的土石方施工中，主要用于铲装土壤、砂石、石灰、煤炭等散状物料，也可对矿石、硬土等做轻度铲挖作业。换装不同的辅助工作装置还可进行推土、起重和其他物料，如木材的装卸作业。在道路，特别是在高等级公路施工中，装载机用于路基工程的填挖、沥青混合料和水泥混凝土料场的集料与装料等作业。还可进行推运土壤、刮平地面和牵引其他机械等作业。装载机是工程建设中土石方施工的主要机种之一。

（王　进）

资源再利用技术　resource reuse technology　将土木工程建设、拆除系列过程中产生的建筑废旧物进行回收，通过加工处理之后形成新的资源或能源进行再利用的技术。加强建筑垃圾的回收和再利用，是实现土木工程行业循环经济的重要内容。

再利用技术　建筑垃圾中的废弃物经分拣、剔除或粉碎后，大多可以作为再生资源重新利用。如建筑垃圾再生骨料可以代砂，用于砌筑砂浆、抹灰砂浆、打混凝土垫层等，还可以用于制作砌块、铺道砖、花格砖等建材制品，这也是建筑垃圾资源化利用的主要途径。而且，各省市也相继出台推广建筑垃圾再生砖、建筑垃圾资源化处置补贴等相关政策，助推建筑垃圾资源化利用。

沥青再利用　在特定设备容器内，通过向高温沥青中喷入水（室温）和压缩空气，水在高压气流的强烈冲击下被分散成许多微小的水雾状颗粒，热沥青遇到水后，迅速发生能量交换，使水发生汽化，从而在沥青中产生微细泡沫。在一定压力下喷出的大量沥青泡沫并不足够稳定，只能维持数秒时间，但其物理性能已发生了巨大改变，黏度急剧下降，和细集料结合后形成沥青胶浆，再通过强制搅拌与常温集料发生裹覆，经压实后形成高强度和粘聚性强的混合料。

再生骨料　将回收的混凝土材料视为一种骨料，通过筛分试验和再生后的混合料矿料级配要求，确定需要添加新材料规格与数量，使之成为符合规定级配范围的混合料后，再通过添加水泥稳定剂，经加水拌和、摊铺碾压后成为混凝土。再生骨料是解决天然骨料短缺和废弃混凝土堆存问题，环境压力，降低建筑成本的最佳方法。

再生集料　从工程废弃物中分类出来的废弃混凝土块、废物砖石、砂浆、渣土等经机械破碎，采用标准筛分技术获取满足技术要求的粗细集料，将这些粗细集料用于地基加固、道路的路基垫层、填筑海岸、土地平整等（见图）。也可将获取的粗细集料按一定的技术标准制作成各种建筑砌块和各种类型的砖石（广场砖、空心砖等）。

沥青再生技术　包括热再生技术和冷再生技术：①热再生技术。将回收的再生集料（RAP）加热之后，通过修正级配、添加再生剂以及补充新沥青，使回收料成为优良的再生沥青混合料的工艺，根据工艺不同分为厂拌热再生和就地热再生。②冷再生技术。对旧沥青路面铣刨、破碎、筛分，使其成为再生集料（RAP），并按

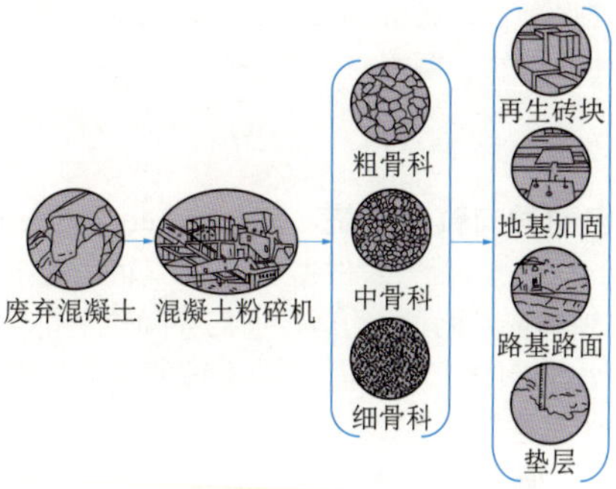

废弃混凝土再生工艺示意图

一定比例添加新集料，以乳化沥青或泡沫沥青、水泥等为胶结料进行常温拌和，进而铺筑路面结构层的再生技术形式。根据再生工艺的不同可以分为厂拌冷再生和就地冷再生。根据《公路沥青路面再生技术规范》，就地热再生技术由复拌再生和加铺再生组成；就地冷再生技术由沥青层再生和全深式再生组成。

再生胶凝材料　废弃混凝土将骨料分类，生产出再生骨料，剩下的硬化水泥浆可用作地基改性材料，从而实现100%利用。胡曙光等通过实验发现，利用低温煅烧处理，可以由废弃混凝土中分离出来的水泥石粉末制备得到具有水化活性的再生胶凝材料。其水化活性与煅烧温度有关，650℃煅烧制备得到的再生胶凝材料水化活性最高。

热功转换技术　利用余热发电，获得比余热品位更高的能量。主要的工业应用以水为工质，以余热锅炉＋蒸汽透平或者膨胀机所组成的低温汽轮机发申系统。

存在问题　资源再利用技术现存问题包括：①没有统一的分类制度。②利用率低。③破碎、分筛等机械设备科技含量低，维护和操作不够智能，故障率高。④生产能力不足，生产的再生骨料的外观、质量也没有保证。⑤产品种类较少，产品质量不稳定。⑥产业化程度低。

建议从以下方面解决资源再利用技术现存问题：①加快建筑垃圾资源化立法，落实各方主体责任和监督管理机制。②制定政策鼓励建筑垃圾分类，推动政府项目使用建筑垃圾资源化产品，减免产品增值税，提升再生产品竞争力。③建立建筑垃圾处置利用全过程标准体系，打破建筑垃圾资源化利用的技术瓶颈，通过以上措施真正实现建筑垃圾的“减量化、资源化、无害化”。④促进产业融合，在设计、施工方面考虑将来材料的拆除和资源再利用，不仅要考虑装配式建筑如何方便安装，也要考虑将来如何拆除，如何尽可能利于资源回收利用。⑤拓宽建筑垃圾再生建筑材料的应用范围。例如，与海绵城市

建设结合，进行相关研究，将建筑垃圾应用于透水、蓄水材料的生产。

（周建庭　杨　俊）

自动导向轨道系统　automated guided transit　以无人驾驶胶轮小型车辆为主导的，在专用线路的运行道与导向轨上全自动运行的城市轨道交通系统制式。简称AGT系统或APM系统。

概况　自动导向轨道系统属于中运量交通系统，最高运行速度不超过80千米/时。线路采用全封闭，以高架线、地面线敷设方式为主，车站间距约500米，最小平曲线半径60米，最大爬坡为60‰。列车采用无人值守全自动运行模式。中国的上海、广州和北京首都国际机场各有一条自动导向轨道线路投运。

结构　主要包括运行道、道岔、车辆、转向架、供电系统、编组方式、制动方式、控制系统等。

运行道　承载列车荷载并将其传递到下部结构的轨道结构，包括导向轨和轨道支承结构。导向轨起着列车导向作用，提供列车导向力，确保在任何状况下符合限界要求，保持车辆的横向位置，分为中间导向轨和两侧导向轨。轨道支承结构作为行车导向轨和运行道结构的基础，直接承受列车荷载的结构。

道岔　自动导向轨道系统通常采用枢轴式和转盘式特殊道岔，与钢轮钢轨有较大区别。①枢轴式道岔，通过旋转活动端使道岔导向轨与道岔前线路衔接，实现两个方向转换的道岔型式，车辆侧向通过速度不低于15千米/时。②转盘式道岔，以转盘中心为支点，通过一定角度的旋转，使道岔导向轨与相邻线路衔接，一般用于两股道交叉或交叉渡线，车辆通过速度不限制。

车辆　分为中央导向和两侧导向两种类型。车辆基本长度为12～13.5米，基本宽度2～3.2米，两个车门，轴重14吨，采用铝合金或不锈钢材料制造。

转向架　自动导向轨道系统采用单轴转向架，全钢焊接或铸钢件构架，每台转向架安装一台牵引电动机。采用橡胶走行

全自动胶轮轨道无人驾驶列车

轮和橡胶或聚酯胺导向轮，空气弹簧悬挂，设有载荷平衡装置来平衡垂向载荷和主动的机械式导向装置，在车辆上配置轮胎亏气报警装置或轮胎气压缺损检测装置。

供电系统　车辆由导轨的电力轨供电。每个悬挂及导向子系统设有两侧或中央受电装置。每个受电装置能持续向车辆提供全部用电负荷。

编组方式　车辆可多节灵活编组，列车最大编组为6辆，实现双向运行。

制动方式　优先采用电制动。正常情况下，电制动与摩擦制动结合。摩擦制动介入时的列车速度不大于8千米/时。

控制系统　列车在全自动无人驾驶时，开门和关门由车载列车自动运行系统（ATO）自动控制，车载列车自动保护系统（ATP）进行监视；人工驾驶时手动控制开门和关门。

（仲建华）

自动公路　automated highway system　集合智能车辆控制系统、智能道路系统及智能管理系统于一体的公路发展模式。通过在公路环境中与自动驾驶的车辆上配置分布式的传感器，终端计算机和通信设备等，实现车路协同，与车车交互，为运行在自动公路上的车辆提供可靠的环境信息，便于车辆进行驾驶行为决策，便于公路管理。自动公路系统是智能交通系统的重要组成部分之一，同时也是交通智能化和机械自动化的发展方向。自动公路一词最早见于20世纪90年代初美国《陆地多式联运运输效率法案》(ISTEA）中审定的长期研究项目。研究自动公路旨在利用车辆控制技术、计算机技术和信息技术将道路和车辆结合起来，为解决日益严重的交通拥堵、交通事故寻求新的解决方案。主要通过在公路中铺设特制磁铁块，沿线布置感应器，通过通信设备实现与自动公路系统（AHS）自动车辆的导航系统和信息系统的信息交互，由车载计算机和通信系统实现车辆的自动行驶。自动公路最大的优点是统筹性地对车辆进行自动化控制，可降低驾驶员在行驶过程中所产生的随机因素。同时，由于计算机控制的优势，高速行驶下的车间距可小至3米左右，能够实现真正意义的车队行驶，提高道路基建的利用率，有效提高通行效率。此外，自动公路系统能减少90%的由于驾驶员失误造成的碰撞，每千米高速公路里程车辆碰撞次数减少50%～80%，并且可以明显降低碰撞的严重程度。

自动公路系统的本质就是使公路系统具有一定的智能，并依靠车辆的控制系统实现自动驾驶，将交通流调整至最佳状态。从技术角度出发，自动公路系统是智能交通系统（ITS）的最终形式和方向。其主要涉及车辆工程、交通工程、自动化等领域，主要包括先进的交通管理系统（ATMS)、先进的车辆控制系统（AVCS）以及先进的交通信息系统（ATIS）等。美国国家自动公路系统共同体（NAHSC）提出了自动运输系统方案的五大类构想，即自动驾驶、合作协调、基础设施支持、基础设施管理和基础设施控制。这五类构想代表了由智能在车辆和基础设施之间不同分配形式而形成的不同方案。自动驾驶的智能控制主要集中在车辆的自动化上，与现有的无人车驾驶技术区别在于：AHS车辆主要依靠车路通信数据交换获取数据进行实时控制，当AHS车辆离开自动公路的时候，车辆并不具有自动驾驶的功能，需要转换驾驶员驾驶。而谷歌等公司开发的无人驾驶车辆则是通过在车辆上预装多种传感器及其他感知设备，实现车辆在大多数交通环境下的行驶，且其行驶不受到道路的统一控制及影响。自动公路系统中，车辆间的合作协调是区别其与无人驾驶车辆的重要特征之一。在自动公路系统中，车辆不仅受到国家智能交通系统中心的统一部署，同时也可以与前后车辆进行车－车通信，协调车道变更，速度控制，车队行驶等功能，可以最大限度地挖掘道路基础设施的效能，提高同行能力。

在自动公路系统中，基础设施的控制方案也是至关重要的环节，车辆完全由基础设施控制。基础设施连续追踪每一辆车，并向每一辆车发出指令。这些指令可以控制驾驶、减速、刹车、转弯等行为。车辆仅需将指令转化为发动机控制程序和检测调节发动机响应的能力即可。

美国、日本等国家更是将自动公路作为智慧交通发展规划的重要部分。依托于不同类型的通信设备与信息互通平台建设，实现了车－路－环境的良好结合。雷达、红外、视频等多种传感器用于自动公路的避撞、速度控制及车队驾驶等方面。另外，无人驾驶技术的不断发展必然会促成自动公路的进一步改良和应用，结合车联网、大数据、流媒体等新兴产业技术，实现自动智能的交通环境。

（杜豫川）

自密实混凝土　self-compacting concrete　仅依靠自身重力作用而无须额外的机械振捣作用即可密实均匀成型的高性能混凝土。又称自流平混凝土或免振捣混凝土。自密实混凝土的“自密实性”包含填充性

（或流动性）、间隙通过性，以及抗离析性（或稳定性）。

特点及评价　与普通振捣混凝土相比，组成自密实混凝土的原材料参数具有以下特点：粗骨料体积含量明显减少，浆体体积和粉体含量增加，水粉比较低，以及所使用的外加剂种类和掺量明显增加等。

自密实混凝土拌和物的工作性能评价主要分为以下几个方面：①填充性（流动性）测试。主要采用坍落扩展度进行评判。②流动速率测试。评判方法包括坍落扩展时间（t_{500}或t_{50}）、V漏斗流出时间等。③间隙通过性测试。常用的评判方法有J环、L形槽、U形槽等试验方法。④抗离析性（稳定性）测试。主要包括视觉稳定性指数法、筛析试验和静态离析柱等评判方法。

应用　自密实混凝土的概念最早是在20世纪80年代末由日本东京大学学者冈村甫提出，用以解决混凝土技术熟练工人减少、施工噪声干扰居民日常生活，以及复杂结构的钢筋密集区难以密实填充等问题。经过多年发展，自密实混凝土在商品混凝土中的比重逐年上升，应用领域也从房屋建筑扩大到水利、桥梁、隧道等大型工程。例如，配筋密集的核电站工程、高铁轨道板的特殊灌注空间，以及超高层建筑对混凝土可泵性的要求，都有自密实混凝土的应用。

自密实混凝土的直接成本偏高是阻碍其大规模工程应用的主要原因之一。各国相关研究人员逐渐将研究重点投向了环境友好型自密实混凝土的开发上，如降低胶料含量的绿色自密实混凝土，以及采用再生骨料替代普通骨料的生态型自密实混凝土等。（田　倩）

自卸车　self-dumping truck　通过液压或机械举升而自行卸载的车辆。按其用途可分为两大类：①属于非公路运输用的重型和超重型（定载质量20吨以上）自卸车。主要承担大型矿山、工程等运输任务，通常与挖掘机配套使用。②属于公路运输用的轻、中、重型（额定载质量2～20吨）普通自卸车。主要承担砂石、泥土、煤炭等松散货物运输，通常与装载机配套使用。针对专门用途设计的又称为专用自卸车，如摆臂式自装卸汽车和自装卸垃圾车等。按运载货物倾斜方向分为后倾式自卸车、侧倾式自卸车、三面倾式自卸车和底卸式自卸车。按车厢栏板结构分为栏板一面开启式自卸车、栏板三面开启式自卸车和簸箕式（又称船式）自卸车。按举升机构型式分为油缸直推式自卸车和连杆组合式自卸车。

自卸车一般由自卸车底盘、车厢、液压举升机构、副车架、后栏板锁紧机构及挡泥板组成。①底盘。是车辆类别代码为“3”的汽车。②车厢。是自卸车装载货物的装置，按结构形式分为单开门、三开门、五开门和簸箕式。③液压举升机构。包括液压油箱、齿轮泵、液压阀、液压油缸、取力器以及液压阀和取力器的控制装置。④副车架。主要功能是作为自卸车车厢举升的支撑机构，与自卸车底盘的纵向大梁全部贴合在一起，起到保护自卸车底盘的作用。后栏板锁紧机构可使自卸车后栏板自动打开、锁紧，实现自动卸货。（王　进）

自行车专用路　exclusive bikeway　在城市和郊区道路系统中以及通往休闲区、旅游区的道路中，专门供自行车行驶的道路。在自行车专用路上，禁止机动车通行，以保障自行车交通的安全。

自行车专用路的形式包括：①通过工程措施或管理手段禁止机动车通行的专用路。②不具备机动车通行条件，但自行车可以通行的各类通道（如较窄的胡同、街坊路、小区路等）。③设置于道路两侧但通过物理隔离（如绿化隔离、高差隔离等）或管理手段禁止机动车驶入的自行车专用道。④公园、广场、景区内以及滨海、滨水、环山的自行车专用通道和自行车绿道等。

自行车专用路保证了自行车与机动车在空间上的分离，既可提高车速和通行能力，又可增加安全。21世纪以来，荷兰、丹麦、英国、德国以及中国厦门等地提出并建设自行车高速公路。这种高标准的自行车专用路大多无交叉路口和红绿灯，或使用特殊交通信号系统，最大限度减少路口处通行延误，使自行车行驶更快、更安全。

自行车设计速度为18千米/时，以此确定最小宽度和转弯半径，净高度为2.5米，纵坡坡度宜小于2.5%。当纵坡坡度大于或等于2.5%时，应限制其最大坡长。一条自行车道宽度为1米。自行车专用道路面宽度应包括车道宽度及两侧路缘带宽度，单向不宜小于3.5米，双向不宜小于4.5米。当自行车专用路中混有较多电动自行车、人力三轮车和物流配送自行车时，应适当增加路面宽度。（叶建红）

自重应力　self-weight stress　土的自身有效重力在土体中引起的应力。地面以下某深度处的土体因自身重量产生的应力可取该水平截面上单位面积的土柱体的重力。对于均匀土自重应力与深度成正比，对于成层土可通过各层土的自重应力求和得到。若土层位于地下水位以下，则应以地下水位面作为分层界面，计算土的自重应力时，界面以下土层应扣除浮力影响。

由于计算时一般假定地基为均质的半无限空间弹性变形体，因而在土体自重作用下，地基中任一竖直平面均为对称面，不会产生剪应力。根据剪应力互等定理，在任意水平面上的剪应力也应为零。因此竖直和水平面均为主平面，只存在主应力，也即土体自重应力计算问题属于一维问题。地基中任一点的土自重应力只需用竖向应力σ_v和水平向应力σ_h表示，成层地基第n层土底面的自重应力计算式为：

$$\sigma_v = \sum_{i=1}^{n} \gamma_i h_i$$

$$\sigma_h = K_0 \sigma_v$$

式中γ_i、h_i分别为第i层土的厚度和天然重度（地下水位以下的取浮重度）；K_0为第n层土的静止土压力系数。（胡安峰）

综合超前地质预报　comprehensive advanced geological forecasting　以多种隧道超前预报方法为基础，进行隧道施工不良地质综合预报的技术体系。综合超前地质预报是为了实现对掌子面前方不良地质构造“由未知到已知、由粗略到精细、由定性到定量”的渐进式预报和推断解释，逐步定量化精细化的全方位刻画和了解不良地质的特征。综合超前地质预报主要有：①隧道不良地质综合超前地质预报方案与流程。②“四阶段全过程”的突水突泥灾害源综合超前预报方法与体系。综合超前地质预报查明隧道施工地质条件，可为灾害规避和处置提供技术支撑。

隧道不良地质综合超前地质预报方案与流程　隧道综合超前地质预报的实施应遵循“地质先行、预案决策、依次进行、动态调整、揭露验证”的流程（见表）。

“四阶段全过程”的突水突泥灾害源综合超前预报方法与体系　“四阶段全过程”的综合超前地质预报技术以“四结合原则”为前提，主要包括宏观地质预报、长距离超前探测、中距离超前探测、短距离超前探测四个阶段，必要时辅以超前地质钻探和钻孔精细探测技术。为了确保不遗漏任何一个重大突水突泥灾害源，在综合超前地质预报实施中，四个阶段彼此衔接、顺序进行、相互验证。必须说明的是，上述体系只有在高风险突水突泥段落才实施四阶段的综合探测，并非对所有地质情况都全部采用。具体来讲，若宏观地质分

典型不良地质体的综合超前地质预报方案

不良地质体	预报内容	综合超前预报方案
断层及破碎带	预报断层的位置、宽度、产状、性质、充填物的状态，是否为充水断层	采用宏观预报法预测全洞段的断层及破碎带可能出露的位置及规模，在洞内主要采用地震波类方法进行远距离识别和定位，辅助采用瞬变电磁或地质雷达法进行中短距离预报。若发现可能充水，则进一步实施激发极化法探测并进行水量估算，必要时采用超前钻探及地质素描、经验分析等方法较准确预测断层及破碎带的位置和规模
岩溶不良地质体	预报掌子面前方一定范围内有无岩溶不良地质体，查明其赋存范围、规模、性状，并判断是否充泥或含水	采用宏观预报法并结合岩溶地质调查分析，预测全洞段的岩溶发育位置、规模及特点，采用地震波类方法进行长距离识别和预报；利用瞬变电磁或地质雷达法进行中短距离探测。若存在含水的可能性，则采用激发极化法探测并进行水量估算，必要时采用超前钻探准确预测岩溶位置及规模
突水突泥灾害源	预报掌子面前方一定范围内有无突（涌）水突泥灾害源，查明其范围、规模、性质，预测突（涌）水量的大小	采用宏观地质分析法推断全洞段的突水突泥灾害源（如岩溶含水体、富水破碎岩体、充水含泥断层等）的发育位置和规模，采用地震波类方法对可能含水的地质构造进行远距离识别和定位，采用瞬变电磁法在中距离范围内判断其是否含水充泥并进一步定位。若确定为低阻体，则采用激发极化法在30米近距离范围内进行成像和水量估算，必要时超前钻探、钻孔电阻率CT对突水突泥灾害源的位置、规模和形态进行精细探测
围岩类别及其稳定性	判断掌子面前方的围岩类别，判断其稳定性，提供修改设计、调整支护类型、确定二次衬砌时间的建议等	采用宏观预报法预测全洞段的围岩的类别及桩号，采用地震波类方法进行长距离预报，获取地震波速分布和岩石力学参数，必要时综合采用超前钻探、洞内地质素描、岩石力学测试等方法准确判断围岩类别及范围；并结合监控量测和力学计算分析来判断围岩的稳定性

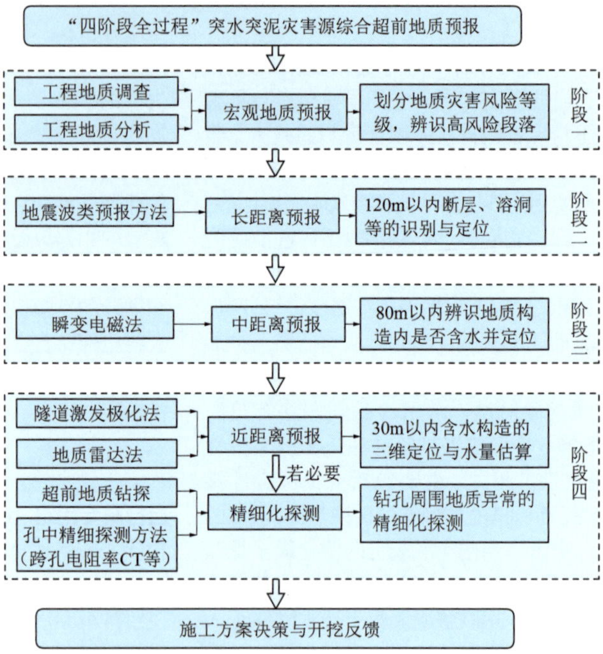

“四阶段全过程”的隧道突水突泥灾害源综合超前地质预报体系示意图

析发现预报段落地质条件较好，则预报的主要任务是进行岩性判别，采用地震波长距离探测技术即可；若反射地震方法探测到断层、溶洞等较大构造，则采用地质雷达进行较精细探测；若宏观地质分析发现预报段落具有较高突水等地质灾害风险，则首先由反射地震类方法远距离（120米）识别和定位断层、溶洞等地质构造，再由瞬变电磁法中距离（80米）辨识构造内是否含水并定位；若是含导水地质构造，则由激发极化法实现近距离（30米）定位含水体并估算水量，必要时利用超前钻探进行验证或进行精细化钻孔探测。“四阶段全过程”综合超前地质预报技术的具体内涵和过程如图所示。

“四阶段全过程”的综合超前地质预报技术的具体内涵和过程如下。

第一阶段：宏观超前地质预报。隧道宏观超前地质预报，是以区域地质资料和地质调查取得的第一手资料为基础，通过补充野外地质勘查、物探和综合地质分析，基于宏观地质分析（如工程地质分析、水文地质分析、岩溶地质分析等）预报施工可能遇到的不良地质类型、规模、大约位置，宏观预报地质灾害的类型和发生的可能性，尽可能详尽的绘制隧道洞身沿线的主要不良地质分布图，为后续的地球物理超前探测奠定基础。实践证明：隧址区地质分析和不良地质宏观预报是超前地质预报的基础和前提，是隧道施工中超前地质预报不可或缺的第一道工序。

第二阶段：长距离超前地质预报。长距离超前地质预报是建立在宏观地质分析的基础上的，其探测距离为100米以上，以地震方法为主。长距离超前地质预报的主要任务是在较远距离范围内定性判断是否存在断层、溶洞等可能充填或导通地下水的不良地质构造，预报不良地质体的类型、规模和位置。利用地震波场特征来识别工程尺度的含水体尚存在很大困难，因此利用地震波类方法无法判断异常体内是否充泥或含水，且其定位准确性稍差、预报内容较粗略。若宏观地质预报结果认为探测段落处于含导水地质构造较发育的区段，且长距离预报发现存在较大规模的地质构造，则须进行后续的中距离和短距离超前地质预报工作；若宏观地质预报结果显示探测段落含导水地质构造不发育，则长距离超前地质预报实施之后，建议采用地质雷达进一步探测，必要时实施超前地质钻探工作。

第三阶段：中距离超前地质预报。中距离超前地质预报的探距在70～80米，主要以洞内瞬变电磁探测为主。中距离超前地质预报的主要任务是判别业已发现的不良地质体内是否含水充泥，并对其空间位置进行进一步的修正。若瞬变电磁探测发现该地质异常体内确未充泥或含水，则可结束综合超前地质预报工作；若瞬变电磁探测发现该地质体是含导水地质构造，则须进行后续短距离超前地质预报，以期实现含水体的三维成像和水量估算。

第四阶段：短距离超前地质预报。短距离超前地质预报是建立在中距离超前探测的基础上，探距约20～30米，以地质雷达、激发极化方法为代表，可对含导水构造的形态和位置进行精细化探测，并估算其充填水量。由于探测掌子面与目标体的距离较近，其地球物理响应较为明显，探测精度要优于前述的宏观地质预报、长距离超前预报和中距离超前地质预报方法，可更准确地获取含水体的三维位置和赋存形态，并可对其充填水量进行估算，这对于隧道施工方案决策有重要指导作用。激发极化的主要优势在于含水体的三维成像和水量估算，而地质雷达探测操作简单，耗时较少，且对含水体响应敏感，因此在实际探测工作中可将二者相结合，

同时实施。（刘　斌）

综合管廊 utility tunnel 在地表下用于敷设两类及两类以上市政公用管线的构筑物及附属设施。其内部空间较大、维修人员可在里面通行的称为管廊，封闭、人员不通行的称为管沟（或缆沟）。它们均实施统一规划、设计、施工和维护管理。综合管廊在日本称为共同沟，在中国台湾地区称为共同管道，英文为pipe gallery、utility tunnel、services tunnel或cable vault。法国巴黎于1833年在地下大型排水管道中布置了给水、电力、通信、压缩空气管道等管线，形成了早期的综合管廊，迄今在市区及郊区建成的综合管廊长度已达2100千米。英国伦敦（1861）、德国汉堡（1890）、苏联莫斯科（1933）、西班牙马德里（1953）等一些国家和地区也相继建设综合管廊。日本从1926年开始建设地下综合管廊，1963年制定《共同沟法》,以后开始大量建造。

综合管廊在中国的发展起步较晚。1958年在北京天安门广场下建设了第一条综合管廊，长1076米；1991年台湾省台北市的中华路配合铁路地下化建成第一条综合管廊；1994年上海浦东新区建成了中国第一条现代化综合管廊——张杨路综合管廊，全长11.125千米。2013年以来，中国政府开始全面推动大中城市综合管廊试点工作。2015年已有69个城市启动综合管廊建设项目约1000千米。

综合管廊根据所收容的管线不同，性质及结构亦有所不同，一般分为干线综合管廊、支线综合管廊和缆线管廊（见图）。

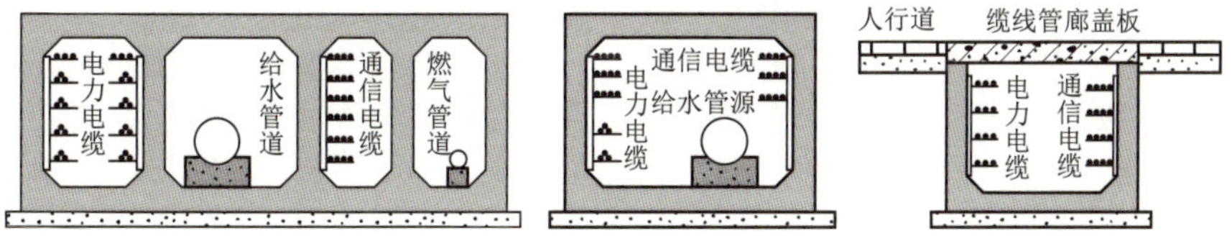

a 干线综合管廊　　b 支线综合管廊　　c 缆线管廊

综合管廊的类型示意图

干线综合管廊是用于容纳城市主干工程管线，采用独立分舱方式建设的综合管廊；支线综合管廊是用于容纳城市配给工程管线，采用单舱或双舱方式建设的综合管廊；缆线管廊是采用浅埋沟道方式建设，地面设有可开启盖板，其内部空间不能满足人员正常通行要求，只用于容纳电力电缆和通信线缆的管廊。综合管廊可纳入的城市工程管线包括给水、排水（雨水、污水）、再生水、天然气、热力、电力、通信等。

与传统的地下直埋管线相比，综合管廊具有良好的社会、经济、环境综合效益。①集约利用城市地上、地下空间，节约城市建设用地。②避免道路反复开挖，减轻对城市交通的影响。③减少土壤对管线的腐蚀，延长管线使用寿命。④可抵御多种自然灾害及次生灾害，增强城市防灾减灾能力。⑤利用现代化监控管理系统，提高市政管线安全性、可靠性。⑥管理形式由条块分割转化为统一管理，市政管线的运行维护管理更便捷。⑦管线可根据需求分阶段敷设，满足城市发展和管线扩容的需求。但具有不便于分期修建，一次性投资较大，统一协调管理难度较大，预留空间不易确定的缺点。

综合管廊的建设应结合新区建设、旧城改造、道路新（扩、改）建，在城市重要地段和管线密集区同步进行规划建设。

扩展阅读

钱七虎，陈志龙，王玉北，等.地下空间科学开发与利用.南京：江苏科学技术出版社，2007.

（范益群　朱良成）

综合巡检车 comprehensive patrol car 主要用于铁路基础设施的快速巡检，可实现对工务、电务、供电主要设备外观状态检查及部分几何参数的检测，同时可为线路安全巡视、应急救援指挥、现场办公等运用工况提供移动化、便捷化工作平台。综合巡检车主要包括轨道状态巡检、轨旁信号设备巡检、隧道通信漏缆巡检、接触网悬挂状态高清成像、轨道几何参数及钢轨廓形检测、接触网几何参数检测、地磁磁通量检测、限界检测、定位同步以及检测数据管理等系统。①轨道状态巡检系统。通过线阵相机连续拍摄轨道表面和钢轨扣件的图像，提供智能分析功能，可对钢轨表面擦伤、扣件异常进行自动识别。②轨旁信号设备外观巡检系统。通过成像技术拍摄应答器、轨腰外侧塞钉、电务轨旁箱盒等设备的外观状态，自动识别应答器表面破损、轨腰外侧塞钉脱落等异常。③隧道通信漏缆外观巡检系统。通过成像技术拍摄隧道内铁路专网通信漏缆外观状态，自动识别隧道内铁路专网通信漏缆卡具脱落。④接触网悬挂状态高清成像系统。对接触网检测区域进行图像采集，成像范围覆盖支持装置、接触悬挂（吊弦、线夹等）、附加悬挂、吊柱座区域，图像的清晰度足够分辨支持装置及接触悬挂零部件的异常状态。⑤轨道几何参数及钢轨廓形检测系统。采用惯性和激光摄像等测量等技术，对轨距、轨向、高低、水平、三角坑，钢轨廓形等参数进行测量。⑥接触网几何参数检测系统。采用非接触式测量方式，测量接触线高度、拉出值、定位器坡度等几何参数。⑦地磁磁通量检测系统。对自动过分相装置的地面磁感应器的磁通量进行测量。⑧限界检测系统。采用激光扫描技术获取线路周边建筑物、设备断面轮廓，检测桥隧、线路设备、轨旁设备等的限界状态。⑨定位同步系统。主要用来给各种检测系统提供精确的里程信息、时间信息和统一的数据采样脉冲。⑩检测数据管理系统。实现全车检测数据的存储与管理，具备数据汇集、数据导出、数据存储等功能。（苟云涛）

组合构件 composite component 不同材料组合成整体共同工作的一种结构构件。最常见的组合构件包括组合梁、组合柱、组合板和组合墙等。

组合梁　钢－混凝土组合梁是被广泛应用的一类横向承重组合构件，通过抗剪连接件将钢梁与混凝土翼板组合在一起，充分发挥混凝土抗压强度高和钢材抗拉性能好的优势（图1）。钢－混凝土组合梁中，钢梁的形式可为工字形、箱形、蜂窝形、钢桁架等，混凝土板的形式可为预制板、叠合板、现浇板、钢－混凝土组合板等。将预应力技术与组合梁相结合形成预应力组合梁，可进一步提升组合梁性能。将木材或FRP等材料与混凝土组合形成组合梁，在耐久性、经济性等方面具有独特的优势。组合梁具有截面高度小、自重轻、延性好、施工快速方便等优点，已被广泛应用于多、高层建筑和多层工业厂房的楼

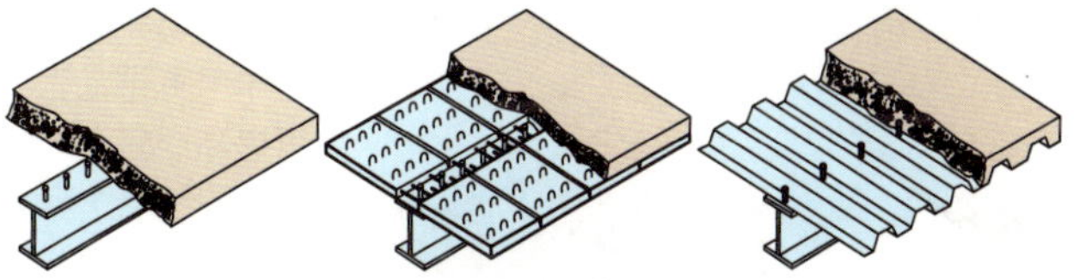

图1　组合梁示意图

盖结构、工业厂房的吊车梁、工作平台、栈桥等方面。在跨度比较大、荷载比较重及对结构高度要求较高等情况下，采用组合梁作为横向承重构件均能产生显著的技术经济效益和社会效益。

组合柱　组合柱主要包括型钢混凝土柱和钢管混凝土柱两类（图2）。型钢混凝

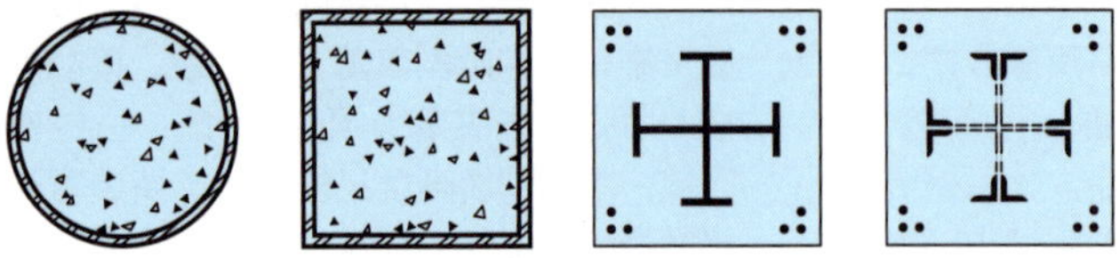

图2 组合柱截面示意图

土柱主要利用混凝土对钢柱的约束，改善钢柱的稳定性，其内部型钢分为实腹式和空腹式两种。钢管混凝土柱由圆形或矩形截面钢管及内填混凝土所构成，钢管与混凝土相互约束、共同工作，提高了构件的整体性能，具有承载力高、延性及抗震性能好等优点，在中国超高层建筑以及大跨拱桥中被广泛应用。

其他组合构件　压型钢板-混凝土组合楼板、钢板-混凝土组合剪力墙、钢-混凝土组合桁架等组合构件采用不同的优化组合方式，在刚度、强度、延性和稳定性等方面充分发挥各种材料的优势，得到了迅速发展。

展望　组合梁和钢管混凝土柱的研究和应用已日趋成熟，将为组合结构体系的发展奠定坚实的基础。组合构件的未来研发趋势为：①对传统材料进行更多方式的优化组合，开发出更高效能的新型组合构件，解决传统结构形式难以解决的工程难题。②将新型高性能材料或生态材料进行有机组合，研发综合性能更优的组合构件新形式，促进结构工程的可持续发展。③研究组合构件在复杂受力状态、极端灾害作用、恶劣服役环境下的力学行为和设计方法，提升组合结构的抗灾能力，促进组合结构的长寿命。　（樊健生）

组合结构　composite structure　不同建筑材料、构件或体系相结合形成的共同承担荷载及其他作用，满足使用功能和安全要求的一定形式的组合体。狭义上的组合结构通常指钢材与混凝土组合，称为钢-混凝土组合结构（见图）。而广义上的组合结构不局限于钢材与混凝土组合，各类不同材料、结构构件、结构体系之间的组合都可以称为组合结构。例如，不同材料之间组合可形成“木-混凝土组合梁”“复材-混凝土组合柱”“钢-超高性能混凝土组合梁”等；不同结构构件之间组合可形成“钢柱-组合梁组合节点”“组合梁-混凝土梁纵向混合梁”等；不同结构体系之间组合可形成“组合框架-混凝土核心筒组合结构体系”等。

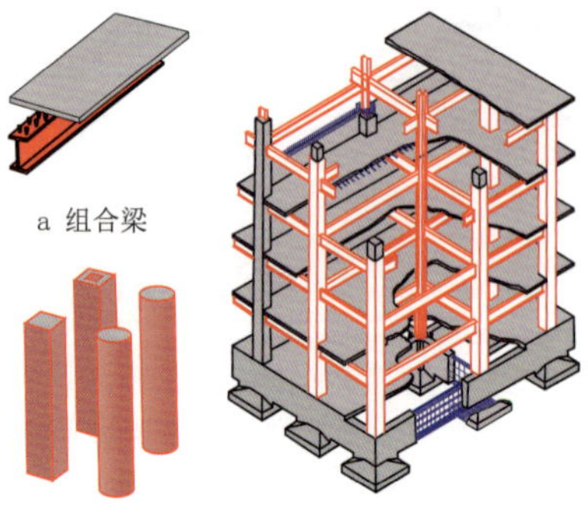

a 组合梁　b 组合柱　c 组合结构体系

钢-混凝土组合结构示意图

发展简史　钢-混凝土组合梁和钢管混凝土柱是组合结构发展初期最典型的代表。组合梁的起源可追溯至20世纪20年代。出于防火目的，加拿大工程师首先在钢梁外包裹混凝土，形成了组合梁的雏形。采用抗剪连接件的组合梁（图a）出现于20世纪30年代，随后组合梁进入全面研究和应用阶段。组合梁发展的同时，美国于20世纪初首先在单层及多层房屋结构中采用了圆形钢管混凝土柱，随后钢管混凝土结构在苏联、西欧、北美和日本等工业发达国家逐渐得到推广应用，收到良好效果。

相比欧、美、日等发达国家，中国组合结构的研究和实践起步较晚，较为系统的研究始于20世纪80年代。中国工程建设的快速发展对组合结构产生了巨大需求，因此组合结构已成为混凝土结构和钢结构之外又一个重要的研发热点方向。

基本原理　组合结构的核心是“材尽其能、扬长避短”，通过充分发挥不同材料、结构构件或结构体系的各自优势，实现“1+1>2”的效果，从而取得节省材料、减轻自重、增大使用空间、缩短施工工期、降低全寿命费用、提升人居品质等一系列综合优势。例如，典型的钢-混凝土组合梁（图a）将受压易失稳的钢梁置于梁的受拉一侧，将受拉易开裂的混凝土置于梁的受压一侧，可充分发挥钢材抗拉和混凝土抗压的综合优势；钢管混凝土柱（图b）将混凝土填充于钢管内，钢管对混凝土的约束作用使混凝土处于三向受压的受力状态，可提高混凝土的强度和延性，而混凝土对钢管的约束作用则可防止钢管的失稳。

主要类型　组合结构已经成为继钢结构和混凝土结构之后的又一类重要结构，可为结构工程的创新和解决超高、大跨、重载、复杂结构的设计施工难题提供新的选择。21世纪以来，组合结构无论在关键技术研发还是在工程推广应用方面均取得了突出的成就。

组合构件　包括组合梁、组合柱和组合墙，见组合构件。

组合结构体系　“连接”和“抗裂”是制约组合结构体系发展的两个关键难题。针对“连接”难题，研发了一系列高性能组合及混合节点构造形式，直接推动了首座组合结构航天发射塔的建成。针对组合梁负弯矩区混凝土板的“抗裂”难题，发展了抗拔不抗剪连接、优化施工工序等综合抗裂新技术，有力推动了连续组合梁桥、刚构组合桥、大跨组合桥面系的发展。

组合结构体系兼有钢结构施工速度快和混凝土结构刚度大、造价低的优点，被认为是一种符合中国国情的超高层建筑结构形式。

现代桥梁建设呈现出跨径不断增大、桥型不断丰富、结构不断轻型化的发展趋势，同时对桥梁建设的经济性和综合效益也越来越重视。传统的桥梁结构形式在许多情况下已不能满足设计、建造和使用要求，而组合结构桥梁由于兼有钢桥和混凝土桥的优点，近20年来得到了迅速发展。在组合梁桥方面，除了传统的组合板梁桥和组合箱梁桥外，波形钢腹板组合梁桥、槽型组合梁桥、组合刚构桥等一系列新型桥梁结构形式得到了长足的发展，在城市桥梁建设中占有一席之地。组合梁桥还由于其工厂化程度高等优势，推广应用于跨海桥梁港珠澳大桥。而在大跨桥梁组合桥面系方面的一系列重要研究进展（例如，超高韧性混凝土组合桥面等），为克服预应力混凝土桥面系、正交异性钢桥面系等传统桥面系的不足提供了新的思路，直接推动了包括首座全组合结构拱桥深圳北站大桥、首座组合桥面系悬索桥中国武汉鹦鹉洲长江大桥在内的一系列大跨组合结构桥梁的建成。

发展趋势　21世纪初期的几十年，组合结构在大跨桥梁和高层建筑领域有望发展成为与混凝土结构和钢结构并驾齐驱的主要结构形式。此外，随着中国基础建设规模的不断扩大，海洋工程（如海洋石油平台、人工岛屿）、地下空间开发与利用（如隧道、地铁车站、超深井）、防护工程（如地下洞库、核电厂安全壳）、战略物资储备（如储煤、储粮筒仓结构）等诸多领域都将对结构的综合性能提出越来越高的要求，组合结构由于其综合优势显著，必将在这些更宽广的领域里发挥重要作用。未来，组合结构有待进一步研究和发展的方向包括：新型组合结构体系、新材料在组合结构中的应用、极端荷载条件及全寿命周期设计方法。　（聂建国）

组合结构桥　composite structure bridge　使用组合构件或组合结构的桥梁。组合结构一般指将钢材和混凝土这两种材料通过黏结、机械咬合或者连接件相互结合，形成的能共同承担作用力的构件或结构。组合结构桥包括加劲梁、桥墩、桥塔、拱肋等桥梁承重结构使用组合结构的桥梁。梁式桥以及**斜拉桥**、**悬索桥**、**拱式桥**等大跨度桥型都有使用组合结构的实例。

梁式桥中的组合结构桥，可分为组合钢板梁桥（钢板梁＋混凝土板）、组合钢箱梁桥（槽型或闭口钢梁＋混凝土板）、组合钢桁梁桥（钢桁架＋混凝土板）、波折腹板组合梁桥（波折钢腹板＋上下层混凝土板）、桁式腹杆组合梁桥（桁式钢杆件＋上下层混凝土板）等多种形式。比较著名的有法国圣皮埃尔桥（组合钢板梁）、委内瑞拉圭亚那的卡罗尼河公铁两用桥（组合钢箱梁）、德国南滕巴赫铁路桥（组合钢桁梁）、法国莫布勒河谷桥（波折腹板组合梁）、法国平原之臂桥（桁式腹杆组合梁）。

斜拉桥和悬索桥中的组合结构桥，通常指主梁采用组合结构的桥梁，称为组合梁斜拉桥和组合梁悬索桥，也有少数采用组合桥塔的实例。斜拉桥上应用的组合梁有组合钢板梁、组合钢箱梁、组合钢桁梁桥、波折腹板组合梁、桁式腹杆组合梁等多种形式，比较著名的有中国杨浦大桥、东海大桥、丹麦厄勒海峡大桥、希腊里约－安蒂里奥桥等。悬索桥上应用的组合梁有组合钢板梁、组合钢箱梁等形式，比较著名的有法国的沙瓦农桥、中国武汉鹦鹉洲长江大桥等。

拱桥的结构体系复杂、结构形式多样。拱肋作为主要承重构件，常用的钢管混凝土（钢管混凝土桁架）即为组合结构，但一般以专用名称"钢管混凝土拱桥"称之。拱桥中的系梁或主梁采用组合结构时，称为组合梁（或组合桥面）拱桥。比较著名的有中国四川合江长江大桥（钢管混凝土拱）、德国德米茨易北河桥（组合系梁）等。（邵长宇）

组合结构体系 composite structure system 由组合构件、不同类型结构构件、不同类型结构体系组合成整体共同工作的结构体系。在建筑结构中，由不同类型结构体系组合而成的组合结构体系又常被称作混合结构。例如，组合框架结构体系与混凝土筒体体系组合形成的框架－核心筒混合结构体系，是中国超高层建筑中最常用的一种结构形式。组合结构体系常用在建筑和桥梁中。

建筑组合结构体系　在建筑结构领域，代表性的组合结构体系包括：①组合

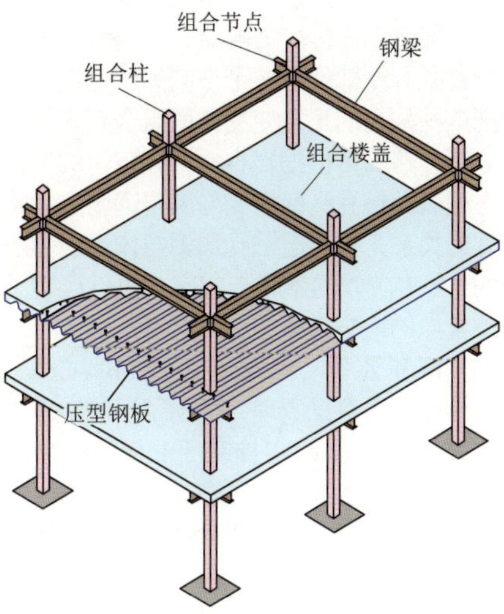

图1　钢－混凝土组合框架体系示意图

框架结构体系（图1）。主要由钢管或型钢混凝土柱、钢－混凝土组合梁、钢－混凝土组合板三部分组成。结构中的竖向荷载和侧向荷载均由组合框架承受。组合楼盖除了作为水平承重构件承担竖向荷载之外，还具有很大的水平刚度以保证各框架间的协同工作，提高结构抗侧力性能。②横向组合结构体系。这种体系的一种典型形式为组合筒体－组合框架结构体系。如采用高性能钢管混凝土或钢板组合剪力墙形成框筒或实腹筒，主要承受侧向荷载；由钢－混凝土组合梁与组合柱形成外框架，主要承担竖向荷载。二者之间通过组合楼盖或伸臂桁架的作用保持协同工作。③竖向混合结构体系。高层建筑各楼层的使用功能往往不同，对结构形式提出了不同的要求。一种合理的做法是沿竖向分别使用不同的结构形式，从而形成竖向混合的结构体系。④巨型组合结构体系。由巨型组合构件组成的简单而巨型的桁架或框架等作为主体结构，与其他结构构件组成的次结构共同工作的一种超高层建筑结构体系。

桥梁组合结构体系　在桥梁结构领域，代表性的组合结构体系包括：①刚构组合桥梁体系。将组合梁与混凝土桥墩或组合结构桥墩相固结形成刚构组合桥梁体系，具有自重轻、减少支座使用、抗震性能好、行车平顺、造型美观等优点，可作为跨线桥使用，也适用于跨越深阔河谷等情况。②组合拱桥体系。采用钢管混凝土作为柔性系杆拱、预应力钢－混凝土叠合板组合梁作为桥面系，形成大跨全组合结构拱桥体系，首次应用于深圳北站大桥，具有无模板施工、结构自重轻和截面高度小等特点。③大跨组合斜拉桥与悬索桥体系。在钢斜拉桥或悬索桥的基础上采用廉

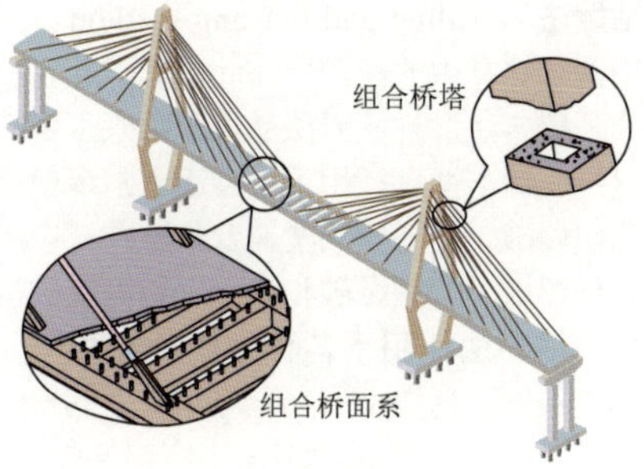

图2　大跨组合斜拉桥体系示意图

价的混凝土桥面板代替昂贵的正交异性钢桥面板（图2），利用混凝土桥面板抵抗轴力，能够有效节省用钢量，其刚度及抗风稳定性优于钢斜拉桥，且可有效避免正交异性钢桥面板疲劳裂纹和沥青铺装劣化问题。

应用组合结构体系可以充分发挥不同材料、构件或体系的各自优势，克服传统结构体系的固有缺点。组合结构体系开始大量用于中国高层建筑结构及中大跨径桥梁结构，为结构工程的创新和解决超高、大跨、重载、复杂结构的设计施工难题提供了新的选择，并将产生显著的综合效益。（樊健生）

组合连接 composite connection 组合构件或不同类型结构构件之间的连接方式。组合结构体系中构件类型多样，不同构件间的连接问题比传统结构复杂多变，不仅涉及组合构件本身的连接问题，还涉及组合构件和其他类型构件的连接问题，因此组合连接具有类型繁多、受力复杂的特点，对整个组合结构体系的力学性能具有重要影响。

组合连接总体上包括两个大类。第一个大类是不同组合构件之间的连接，例如，钢管混凝土柱和组合梁连接、型钢混凝土柱与组合梁连接等；第二个大类是不同类型结构构件之间的连接，又常称作混合连接，如钢构件和混凝土构件连接、钢构件和组合构件连接、混凝土构件和组合构件连接等。

同一种组合连接可采用不同的构造形式，从而表现出不同的力学和施工特性。钢管混凝土柱与钢梁或钢筋混凝土梁的组合连接常见构造形式有加强环式、钢筋环绕式、劲性环梁式、抗剪环环梁式、锚定板式、钢筋贯通式和内隔板贯穿式等。内置型钢式组合连接是钢筋混凝土柱与组合梁（钢梁）连接的传统构造形式，这种形式具有构造复杂、施工难度大、易于开裂等不足。而钢套筒式组合连接具有构造简单、施工方便、避免裂缝外露等优点，逐渐得到推广应用。（樊健生）

钻爆法 drilling and blasting method 利用置于钻孔中的炸药爆炸而松动破碎岩石的开挖方法。这一方法从早期由人工手持钢钎、锤击凿孔，用火雷管逐个引爆单个药包爆破，发展到用凿岩台车钻孔，应用毫秒爆破、预裂爆破和光面爆破等爆破技术。钻爆法适用于各种地质条件和作业环境条件，是技术成熟且应用广泛的岩石开挖方法。钻爆法的施工工序包括钻孔、装药、堵塞、起爆、通风和安全检查等。为了获得良好开挖效果和减小岩石损伤，岩石工程中多采用预裂爆破和光面爆破技术。

预裂爆破指预裂孔先于主爆孔起爆的爆破技术。沿设计开挖轮廓面布置一排间距较小、装药较少的预爆孔，爆破形成一道贯穿开挖边界的裂隙面，起到阻隔后起爆的主炮孔的爆破裂隙穿越开挖界面和减弱爆破震动损伤岩体的作用。光面爆破指轮廓面周边孔晚于主爆孔起爆的爆破技术。沿爆区开挖轮廓面布置间距较小的周边炮孔，采用毫秒起爆技术延迟起爆时间，待前排主爆孔爆破形成自由面后再同时起爆周边孔。爆后岩体轮廓平整不受损伤。预裂爆破和光面爆破的设计参数，主要通过现场爆破试验确定。 （宋胜武）

钻孔壁面局部应力解除法 local borehole-wall complete stress relief method 利用侧壁取芯技术，在测点附近几个局部壁面上直接钻取圆柱状岩芯，使其与周围岩体完全分离的方法。又称测井机器人测试法。钻孔壁面局部应力解除法（LBWCSRM）取代了沿钻孔轴向套取岩芯的传统方法，其在应力解除过程中要求钻取的完整岩芯较短（3～4厘米），有可能大大降低测量过程中断芯等现象的发生。

原理 地壳不同部位的岩体都含有相关区域的地应力场信息，岩体任何部位的应力和应变在一定程度上都受总体地应力场的制约。只要正确把握测量点应力状态与全局地应力场的关系，那么从一定数量测量点的地应力状态信息来推导出这些点所在区域地应力场的3个主应力量级和方向是完全可能的。在钻孔孔壁的任何局部壁面上同样也隐含着区域地应力场的信息。实际上，钻孔应力解除法就是基于这一事实，由多个局部测点的地应力状态信息进一步推断区域地应力场的分布特征。

该方法是利用侧壁取芯技术，在测点附近几个局部壁面上钻取岩芯，使其与周围岩体完全分离取代了沿钻孔轴向套取岩芯的传统方法。这种方法只需在同一钻孔中的一个很小区段内，对孔壁上邻近的几个局部壁面进行应力解除，并测量所解除的钻孔孔壁部位上各个方向的正应变，并把这些独立的正应变测量值组合起来加以分析，然后再根据岩石材料卸载时的本构方程以及钻孔孔壁应变与围岩远场应力之间的关系，推导出钻孔周围岩体地应力场的3个主应力的量级与方向，也就确定了测量点的地应力状态。

测量步骤 依据前述的LBWCSRM三维地应力测量原理，提出了研制地应力测井机器人作为实施基于LBWCSRM三维地应力测量的技术思想。测井机器人的功能主要包括：①对测量钻孔的孔壁质量进行观测，选择测量孔段。②对所选择的测量孔段的局部壁面（工作面）进行打磨、干燥处理。③对工作面进行喷胶、自动粘贴应变片，对工作面进行环形切割钻进实施应力全解除作业。④实时采集应变测量数据。

工作方法 主要是选择应力解除点位和实施应力解除作业。

选择应力解除点位 ①推送设备至洞口，使设备轴线大致与试验孔轴线平行，探测部处于推送方向的前端。②安装推送支架，连接钻杆与设备主体。③解除测点位置筛选。通过摄像系统在计算机屏幕上实时观察孔壁质量状况。当连续观察到局部孔段无明显的裂隙或小溶洞等地质结构缺陷时，再对该孔段做重点观测。确认该局部孔段的孔壁光滑完整后，可在该孔段选取约1米长的局部孔段作为测量孔段，并将该孔段上的3个局部壁面作为应力解除点位。必要时继续向孔底方向推送设备，以便选择其他适宜进行应力解除的局部孔段。

实施应力解除作业 选好应力解除点位后，从孔底方向往孔口方向依次对选好的壁面实施应力解除作业。首先使设备的应力解除主工作部位于工作面位置时，设备锚固定位。启动打磨程序，由打磨机构在工作面上进行局部打磨处理；启动喷胶和贴片程序，粘贴应变化至工作面，等待10～15分钟使应变片（花）充分固化；启动冷却水循环系统、应力解除钻进作业和数据采集程序，应力解除作业开始，同时由计算机控制程序实时监测应变花上3个应变片所记录的被解除壁面上的应变变化情况。待钻进和环形解除槽切割正常作业结束后，启动喷涂胶剥离程序，铲刀开始工作直至使应变片（花）与岩芯面剥离或剪断应变片（花）连接线；然后使钻具复位，应力解除作业结束。

应力解除作业结束后，将设备从钻孔中取出，一次应力解除任务完成。

在同一局部孔段内，重复上述步骤，完成对至少3个壁面的应力解除作业。

应用情况 经过地应力测井机器人在中国锦屏Ⅱ级水电站科研试验洞和白鹤滩水电站的几次现场测试，以及对所获得的地应力实测数据的分析结果分析来看，LBWCSRM的地应力测量原理是正确的，实施LBWCSRM的技术途径也是切实可行和可靠的。而LBWCSRM与测井机器人在地应力测井工作中的推广和应用也将会具有较为广阔的前景。 （李邵军）

最大剪应力强度理论 maximum principal shear stress theory 岩石在复杂应力状态下的最大剪应力达到在简单拉伸或压缩屈服的最大剪应力时，就会发生破坏。又称第三强度理论或特雷斯卡屈服准则。该理论假定材料是否屈服破坏取决于最大剪应力，只要材料内某处的最大剪应力τ_{max}达到了该材料在简单拉伸或压缩屈服的最大剪应力时，材料就在该处出现显著塑性变形、屈服或破坏，相应的强度条件为$\tau_{max} \leqslant \tau_c$。

最大剪应力强度理论是传统塑性理论中应用最早的屈服条件之一，1864年由H.特雷斯卡首先提出。他假设当最大剪应力达到某一极限值k时，材料发生屈服。若规定$\sigma_1 \geqslant \sigma_2 \geqslant \sigma_3$，则最大剪应力为$\tau_{max} = \dfrac{\sigma_1 - \sigma_3}{2}$，破坏准则可写成：

$$\tau_{max} = \frac{\sigma_1 - \sigma_3}{2} = k \tag{1}$$

一般情况下，即σ_1、σ_2、σ_3不按大小排列，则下列表示最大剪应力的6个条件中任意一个成立，材料即开始屈服：

$$\left.\begin{aligned} \sigma_1 - \sigma_2 = \pm 2k \\ \sigma_2 - \sigma_3 = \pm 2k \\ \sigma_3 - \sigma_1 = \pm 2k \end{aligned}\right\} \tag{2}$$

或写成：

$$[(\sigma_1-\sigma_2)^2 - 4k^2][(\sigma_2-\sigma_3)^2 - 4k^2][(\sigma_3-\sigma_1)^2 - 4k^2] = 0 \tag{3}$$

如果用不变量表示，则屈服条件可写成：

$$4J_2^3 - 27J_3^2 - 36k^2J_2^2 + 96k^4J_2 - 64k^6 = 0 \tag{4}$$

在应力空间中$\sigma_1 - \sigma_3 = \pm 2k$表示一对平行于$\sigma_2$及π面法线的平面。因此最大剪应力强度理论的屈服面由三对相互平行的平面组成，为垂直于π面法的正六柱体。

最大剪应力强度比较简单，参数k可以用简单拉压试验测定，但没有考虑中间主应力的影响，不适用于脆性岩石，在岩石材料中应用较少。 （王明洋）

数字

3D打印建筑　3D printed architecture　基于增材制造技术建造的新型建筑。与传统建造工艺中常用到的减材制造和等材制造不同，3D打印建筑是采取逐层打印的方式，将黏合性材料累积起来，进而实现将计算机中的虚拟模型逐层打印成实体。3D打印建筑是多学科交叉技术，涉及土木工程、材料科学、信息技术、管理科学、产业经济等多个学科领域。3D混凝土打印建筑是最主流的一种3D打印建筑。此技术的混凝土是一种广义称呼，实际上是凝胶材料和集料的混合物，打印成型后形成的是混凝土结构。

发展历程　3D打印建筑的起源可以追溯到20世纪90年代末，美国科学家J.佩研发出一种可以将材料选择性凝固的技术。这种技术可以使水泥材料层层叠加，既可以相互黏结，又不会坍塌，并且凝固的速度可控。2001年，南加州大学的B.霍什内维斯研发出利用大型三维挤出装置进行的平面式堆积打印。打印头上安装刮刀以保证打印墙体的平整，这就是轮廓工艺技术，可以支持大型建筑物或构件的打印。随后，英国拉夫堡大学的S.利姆等学者提出混凝土打印技术，区别于轮廓工艺只打印建筑构件（以墙体为主），其目标是整体打印，利用大型框架式三维机床，采用口径更小的喷嘴（最小直径8毫米）以实现更高分辨率；同时，每层打印后人工置入横向的钢筋网，并预留竖向钢筋孔，打印实体后完成竖向配筋。

3D打印建筑不仅是工程建造技术的创新发展成果，也标志着工程建造理念的转变、建造生产方式的变革以及产业生态的重塑。在建筑领域有望使传统重工业逐步向更智能化、轻量化和定制化的工业类型转型。

主要优势　与传统施工相比，3D打印建造技术优势明显。

生产速度快　设计师进行方案设计后，可以直接将模型转化为打印文件，随后进行实际打印、交付。简化的工作流程缩短建设周期，可以减少50%～90%的施工成本。

材料环保　3D打印建造房屋的主要打印油墨可为各种固废制成的混凝土材料。打印制作过程简洁，只需要搅拌混凝土，不会产生有毒污染物质，且对操作空间的面积要求不大。

建设成本低　3D打印建造是直接将材料逐层挤出，堆积形成造型，挤出的油墨全部用于形体建造，这样不仅不需要花费额外的成本制作模板，可大大降低建造成本。且很好地解决了材料浪费的问题。对于3D混凝土打印建造，由于材料利用率接近100%且混凝土价格低廉，建设成本可以控制在很低的范围。

节省劳动力　3D打印建造主要是由建筑设计师在计算机中设计形体，之后传输给机器人施工，人力虽然没有完全被替代，但现场工人的需求量已大量减少，且都是较为简单轻松的工作，没有重体力工作，在建造活动中节省劳动力从而也降低了建设成本。

造型个性化　3D打印建造是程序控制下的机器人操作，具有精确度高的特点，可以直接实现大量人工无法完成的造型，创造变化多样的有机形态。由于设计—打印流程的便捷，支持基于客户需求的个性化定制方案。

相关案例　2012年，T.T.勒等人研发出加入了纤维成分的混凝土打印材料（GRC），为3D混凝土打印提供了材料学意义上的技术支撑。2014年，拉夫堡大学研究人员成功打印出四块双曲面的混凝土面板。

2013年起，华中科技大学丁烈云及其团队对3D水泥砂浆打印技术展开研究，他们主要从工程学的角度，如建筑信息模型（BIM）建模、数控程序设计、打印装置设计、打印实验等方面，研发出支持小尺寸水泥、石膏打印的装置，并申请了相关专利。

2015年，中国盈创科技建成了世界最高的3D混凝土打印建筑。此建筑中加入了钢筋以保证安全性，并通过工厂预制和现场装配的方式在两周内完工。同年，荷兰埃因霍温理工大学开发了最大打印空间至11米×5米×4米的3D混凝土打印机，并于2017年打印出一座预应力混凝土桥梁。

2016年，阿皮斯科尔（Apis Cor）公司在俄罗斯的一个小镇，历时仅24小时现场打印了一个38米^{2}的可居住房屋。此建筑外墙中填充了聚氨酯填料和绝缘材料用以保温，同时放置了增强玻璃纤维以保证房屋的坚固。

2019年，清华大学徐卫国团队在上海宝山智慧湾科技园打印出当时规模最大的3D打印混凝土景观步行桥（图1、图2）。2020年，徐卫国团队研发出基于混凝土打印的房屋体系，以及适用于建筑打印的机械臂移动平台，在无锡实验基地打印了一座40米^{2}的样板房，适用于非洲热带地区低收入住房的打印建造，实证了3D打印技术可用于解决世界住房问题。同年，徐卫国团队在河北张家口下花园武家庄实地打印了一座农宅，房屋面积约106米^2，包括起居室、卧室、厨房及厕所，连屋顶也是打印建造（分为筒拱屋顶和平屋顶两种），解决了屋顶打印的问题，打印过程采用了3套移动机械臂平台，有效缩短了打印时长。

图1　上海3D打印混凝土桥

图2　打印过程

2021年，荷兰爱因霍芬理工大学打印了一座单层94米^{2}住宅，一个客厅和两个卧室，住宅的形状像一个大圆石，很好地展示了3D混凝土打印提供的形式自由。同年，德国门泽-科尔特工程师+建筑师（Mense-Korte ingenieure+architekten）事务所打印了一座160米^{2}的两层居住建筑，可以容纳5人居住，结构采用多层墙体，包括绝缘材料和预搅拌混凝土，利用由科沃德（COBOD）公司制造的BOD2打印机，打印速度达到1米/秒。在2021年的威尼斯建筑双年展上，英国扎哈·哈迪德事务所联合苏黎士联邦理工学院的街区研究小组（BRG）设计了一座16米×12米的人行天桥，由3D打印的预制混凝土板组装而成，流畅的外形依靠其自身张力即可站立。

（赵夏瑀　徐卫国）

大 事 年 表

约公元前 6000 年	·中国内蒙古自治区赤峰市敖汉旗兴隆洼村遗址外围环绕一道椭圆形围墩，墩上有桥
约公元前 5000 年	·中国浙江余姚河姆渡留存的木构建筑中，有采用榫卯结合的桩、柱、梁、板等木构件
约公元前 5000～前 3000 年	·中国甘肃秦安大地湾留存中国已知最早近似殿堂式的建筑，采用人造轻骨料作集料制成类似混凝土的地坪
公元前 4800～前 3600 年	·中国陕西西安半坡村氏族社会聚居遗址，留存有房屋、制陶窑场、公共仓库、窖穴、圈栏、墓葬多处
公元前 3075 年	·中国河南郑州大河村留存的建筑残址，有用煅烧僵石粉和粗砂及黏土配制的白灰三合土作建筑材料
公元前 27 世纪	·埃及建成左塞（一译昭赛尔）金字塔，用石砌成基底，是世界最早的金字塔
公元前 2500～前 2300 年	·中国河南淮阳贮粮台遗址南门土路下有 3 根陶排水管，是中国最早的排水设施
公元前 2350 年	·古巴比伦出现地沟式排水设施
公元前 2180 年	·伊拉克留存有老巴比伦城幼发拉底河下砖衬砌人行隧道，是世界最早的交通隧道
公元前 1600～前 1046 年	·中国河南偃师商城遗址中发掘出大型石木结构排水暗沟及大型都城的排水系统
公元前 1590～前 1300 年	·中国河南偃师二里头遗址留存用夯筑筏式浅基建成的宫殿群，为中国最早的宫殿建筑和封闭庭院
约公元前 16～前4 世纪	·埃及底比斯凯尔奈克（一译卡纳克）地区，建神庙建筑群，其中阿蒙神（太阳神）庙大殿是世界最大的太阳神庙
公元前 1300～前 1190 年	·希腊迈锡尼建成阿瑞斯比克桥，是现存最古老的人工石拱桥，同期修建的类似石拱桥还有 3 座
公元前 1184 年	·中国周文王时期，在渭河上架设浮桥，据《诗经·大雅·大明》记载，是中国最早的大河桥梁
约公元前 1115 年	·中国河南安阳小屯村留存有木构夯土房基——殷墟宫殿遗址，用碎陶片和砾石铺路
公元前 1100～前 800 年	·中国陕西周原早周遗址出现完整的排水、排污系统和最早的初级水处理装置
公元前 11 世纪上叶	·中国西周初期用黏土焙烧成筒瓦、板瓦、瓦当
	·中国陕西岐山凤雏村留存有用瓦盖顶、三合土（白灰、砂、黄泥）抹面的四合院式建筑群
公元前 1036 年	·中国西周时期建“王城”“成周”二城，并绘制局部地形图

公元前 722～前 705 年	· 亚述帝国萨尔贡二世王宫建成，占地 17 公顷
公元前 700 年	· 中国东周阳城遗址发现陶管直通、三通和四通以及取水构筑物，如澄清池和阀门坑，为中国最早的取水设施
	· 伊拉克埃尔比勒建成长约 20 千米的暗渠
公元前 7～前 6 世纪	· 新巴比伦城建成，城门西侧有空中花园
公元前 600 年	· 达拉里亚人使用岩石所砌的渠道系统，能将暴雨造成的洪流从罗马城排出
公元前 600～前 500 年	· 罗马出现半圆形拱，后成为罗马拱桥的标准形式
公元前 5 世纪	· 中国春秋末期《考工记》成书，记有木工、金工等工艺，并有城市、宫殿、房屋建筑规范，是研究中国古代科学技术的重要文献
	· 中国春秋末期出现夯土高台（台榭）建筑，使用平砖铺地和非承重空心砖做砌体
	· 希腊建成雅典卫城，城中的巴台农神庙为典型的列柱围廊式神庙，用白色云石砌筑
公元前 421～前 386 年	· 中国战国西门豹主持修筑引漳灌邺工程，为中国最早的多首制灌溉工程
公元前 400 年	· 罗马以首都罗马城为中心修筑大道网，共 29 条辐射主干道和 322 条联络干道，总长达 7.8 万千米。其中的阿庇乌大道（一译亚平大道），长 660 千米
公元前 359 年	· 中国战国时期魏国用夯土始筑长城，后经秦国连接魏、燕、赵长城并加扩建，直至明代，形成东起鸭绿江畔，西迄祁连山，全长 6350 千米的万里长城
公元前 350 年	· 希腊建成埃皮达鲁斯露天剧场，直径 118 米，座位 34 排
公元前 316 年	· 中国战国时期秦国修筑金牛道（今陕西勉县—四川广元市），为中国古代著名栈道
公元前 312～公元 226 年	· 罗马采用拱券技术筑成隧道、渡槽等城市输水道 11 条，总长约 530 千米
公元前 256 年左右	· 中国战国时期秦国李冰父子主持兴建湔堋（今都江堰），为中国最早综合性大型水利工程
公元前 246～前 208 年	· 中国秦代建成秦始皇陵，为中国历史上最大的陵墓
公元前 220 年	· 中国秦代修筑从咸阳通向全国的驰道，主要道路宽达 50 步，形成全国规模的交通网
	· 中国秦代修筑咸阳宫始用砖承重，遗址中留有排水管道、陶水管道、排水池、散水等
公元前 219 年	· 中国秦代史禄主持开凿灵渠，总长 34 千米，落差 32 米，沟通长江、珠江水系
公元前 212 年	· 中国秦代秦始皇兴建阿房宫，留存渠道和园林遗址
公元前 206 年	· 中国西汉樊哙于闻名河褒斜道上建樊河桥，为中国有记载的最早铁索桥
公元前 200 年左右	· 中国西汉建成汉长安故城，内有长乐宫等宫殿
	· 罗马人用石灰和火山灰的混合物作胶结材料，制成天然混凝土，后称罗马水泥
公元前 120 年	· 中国西汉修筑龙首渠，首次采用井渠法，穿商颜山，开凿长 5 千米的隧洞
公元前 1 世纪	· 罗马维特鲁威著《建筑十书》，是欧洲现存最早的建筑理论著作

公元 25 年	·中国东汉始筑钱塘江海塘，原用土堆，后改为石砌，长 200 余千米
公元 62 年	·古罗马 L. 法布里修斯兴建波恩多大桥，是世界上留存最古老的桥梁之一
公元 69 年	·中国东汉明帝时修建兰津桥，原为珠藤索桥，后改为铁索桥，是世界留存最早的铁索桥
120～124 年	·罗马建成万神庙，圆形正殿穹顶直径和顶端高度皆 43.43 米，为古代最大的圆顶庙
250 年	·墨西哥建成特奥蒂瓦坎宗教中心，其中太阳金字塔高 66 米，是美洲最高金字塔
274 年	·中国西晋时期建富平津桥和七里涧石桥，富平津桥是黄河上唯一一座浮桥，七里涧石桥是中国已知最早石拱桥
311 年	·中国西晋时期建河厉桥，采用木制伸臂梁，其跨度是简支梁桥的 4 倍多，为木桥发展史上的飞跃
366 年	·中国东晋时期开凿敦煌莫高窟，为中国最大的石窟工程
460～524 年	·中国北魏时期凿成云冈石窟
494 年	·中国南北朝至唐代在洛阳开凿龙门石窟
6～10 世纪	·缅甸仰光建瑞光大金塔，耸立在凸角形基座上，砖砌实心，外贴金箔
6～12 世纪	·墨西哥建成羽蛇神庙，为美洲体积最大古建筑物
516 年	·中国北魏康绚主持修筑淮堰，为世界上第一座拦河大坝
518 年	·中国北魏郦道元著《水经注》，共 40 卷，为 6 世纪前中国最全面系统的综合性水利著作
520～523 年	·中国北魏时期建嵩岳寺塔，为中国现存最古老的密檐式砖塔
532～537 年	·东罗马帝国在君士坦丁堡（今伊斯坦布尔）建成圣索菲亚教堂，为拜占廷建筑的代表
582～583 年	·中国隋代宇文恺主持规划兴建大兴城（唐长安城前身），是古代杰出的规划城市之一
595～605 年	·中国隋代工匠李春建造安济桥（又称赵州桥），是世界最早的敞肩石拱桥
605 年	·中国隋代建洛阳天津桥，开创了“铁锁维舟”的铁链浮桥，使浮桥由简单的并舟为梁到用绳、竹缆、互板的简易连接，发展到固定连接的阶段
605～610 年	·中国隋代建成以豫州（今洛阳）为中心、北至涿郡（今北京）、南至杭州的大运河，为世界最长运河
605～618 年	·中国隋代修建二十四桥，又称廿四桥，是古代桥梁建筑的杰作
634～664 年	·中国唐长安建大明宫，为中国古代最大的单栋建筑
7 世纪上半叶	·中国唐初始建布达拉宫，为一座规模宏大的藏式喇嘛教寺院建筑
652 年	·中国唐代玄奘主持兴建大雁塔，为中国楼阁式砖塔代表
686 年	·中国唐代在泉州建开元寺，现存东西双塔，其中东塔为中国现存最高石塔

8～9 世纪	·印度尼西亚日惹建成巨大石塔——婆罗浮屠，用 30 万块大长石砌成
8～10 世纪	·西班牙科尔多瓦建成大礼拜寺，为世界最大礼拜寺之一
762 年	·中国唐代李泌主持开凿六井，用竹管导水入城，为中国最早给水管道
782 年	·中国唐代重修五台山南禅寺大殿，为中国现存最早的木构建筑
808 年	·中国唐代赵耐庵编纂的《铅汞甲庚至宝集成》，记录了“伏火矾法”，为世界上最早记载的比较完备的黑火药配方
857 年	·中国唐代重建五台山佛光寺大殿，为现存唐代最大木构建筑
959～960 年	·中国五代时期在苏州建成云岩寺塔（虎丘塔），为中国著名斜塔
984 年	·中国辽代在蓟州（今天津蓟县）重建独乐寺，为中国现存最古老的木构楼阁
1020 年	·中国北宋在弘政县（今辽宁义县）兴建奉国寺大殿，为中国最早采用减柱法建造的殿宇
1031 年	·中国北宋在并州（今太原）晋祠内建圣母殿，为中国古建筑中采用围廊较早的实例。晋祠内后建“鱼沼飞梁”，成十字形桥面，为中国现存孤例
1052 年	·中国北宋在真定府（今河北正定县）建成隆兴寺轮藏殿，为中国最早采用移柱法建造的殿宇
1055 年	·中国北宋在真定府（今河北正定县）建成开元寺塔，又称料敌塔，高 84.2 米，为中国现存最高古塔
1056 年	·中国辽代在应州（今山西应县）建佛宫寺释伽塔（应县木塔），为中国仅存古代木塔
1059 年	·中国北宋在泉州建成洛阳桥（万安桥），首创筏形桥基，为中国著名多孔石梁长桥
1061 年	·中国北宋在当阳县（今湖北当阳市）建玉泉铁塔，为中国现存最高铸铁塔
1063～1085 年	·意大利威尼斯建成圣马科广场，为拜占廷式建筑
1096 年	·中国辽代在燕京（今北京）始建妙应寺喇嘛塔，外涂白垩，故称白塔
1100 年	·中国北宋李诫著成《营造法式》，为中国古代最完整的建筑技术书籍
1113 年	·柬埔寨建成吴哥寺，石砌
1151 年	·中国南宋在泉州建成安平桥，为中国现存最长石桥
1163～1250 年	·法国建巴黎圣母院（圣母教堂），为早期哥特式建筑代表
1171 年	·中国南宋在海阳县（今广东潮安）始建广济桥，由浮桥和梁桥连成，为世界第一座梁舟结合可开合的活动桥
1174～1271 年	·意大利建比萨斜塔，用大理石贴面。因地基下沉成为斜塔，塔顶中心悬线偏离底面中心已达 5.2 米
1192 年	·中国金代在大兴县（今北京）建成卢沟桥
1258 年	·伊拉克巴格达建巴格达大桥，为伊拉克文化和历史的象征

1366～1377 年	·中国明代在南京扩建原建康城南门（今中华门），为中国现存最大古城堡
1370 年	·中国明代在西安始筑城墙，1570 年在版筑城墙外加青砖包砌，为中国保存较完整的古代城垣
	·法国巴黎建成第一条弧形封闭下水道
1377 年	·意大利建成维斯康蒂石拱桥，为文艺复兴时期欧洲工程技术的代表之一
15 世纪初～17 世纪	·中国明代在北京建十三陵
1417 年	·中国明代在北京始建承天门（后称天安门）
1420 年	·中国明代在北京建成世界上最大的宫殿建筑群，后经扩建成北京故宫
	·中国明代在北京建成天坛，为中国现存最大坛庙建筑群
1501 年	·中国明代在永平县（今云南永平）建霁虹铁链桥，为中国最早铁索桥之一，对英国近代悬索桥建设有着重要的影响
15 世纪末	·苏联建成克里姆林宫，由宫殿、教堂、钟塔组成
1506～1626 年	·罗马建成圣彼得大教堂，为世界最大天主教堂
1546～1878 年	·法国巴黎建成罗浮宫
1561～1566 年	·中国明代在宁波府（今浙江宁波）建成天一阁，具备通风、防蠹、防潮、防火等功能，是中国现存最早藏书楼
1570 年	·意大利 A. 帕拉第奥出版《建筑四书》，书中介绍了 4 种不同的桁架建桥模式
1573 年	·中国明代在容县（今属广西壮族自治区）建经略台真武阁，为吊柱建筑
1596 年	·英国 J. 哈林顿发明了抽水马桶
1627 年	·匈牙利人将黑火药用于开采矿石，视为工业革命开始的标志
1632～1654 年	·印度建成泰吉·玛哈尔陵（泰姬墓），用白色大理石砌筑
1637 年	·中国明代宋应星著《天工开物》刊行，记载有砖瓦、陶瓦等的生产技术，为中国古代较完整的生产技术百科全书
1661～1756 年	·法国巴黎建凡尔赛宫，为欧洲最大王宫
1679～1681 年	·法国普罗旺斯运河下凿成马尔帕斯大隧道，为世界上第一条运河大隧道
1703～1713 年	·中国清代建避暑山庄，又称承德离宫，并开始建设承德外八庙
1706 年	·中国清代建成大渡河铁索桥，主跨 103.7 米，为世界上第一座跨度超过百米的桥梁
1755～1762 年	·俄国圣彼得堡建成冬宫
1755～1763 年	·法国巴黎建成协和广场，即路易十五广场
1775～1779 年	·英国建成艾恩桥，为世界上第一座铸铁拱桥

1796年	·英国J. 帕克用泥灰岩烧制成棕色水泥，命名为罗马水泥
1799年	·英国A.J. 福塞斯发明雷汞，标志着黑火药时代的结束
1805年	·爱尔兰F. 兰博福特提出了蒲福风力等级（按风力大小分为0～12级）
1816年	·美国斯库尔基尔瀑布人行桥建成，主跨为124米，是近代大跨径悬索桥建设的开端
1819年	·英国J.L. 马克当首创碎石路面修筑工艺，后被称为“马克当筑路法”
1824年	·英国J. 阿斯普丁获得制造波特兰水泥的专利
	·沥青块首先在法国巴黎的香榭丽舍大街上使用
1825年	·英国G. 斯蒂芬森主持建成世界上第一条铁路（斯托克顿—达灵顿）
1826～1830年	·英国在利物浦至曼彻斯特的铁路上修筑双线隧道，是世界上第一条铁路隧道
1833年	·法国建成巴黎植物园温室，为世界上第一个完全以铁架和玻璃构成的大型建筑物
1834年	·瑞士建成当时最大跨度的悬索桥——大庞顿桥，跨度237米，保持世界最大跨度15年
1843年	·法国M.I. 布律内尔用盾构法在英国伦敦泰晤士河下凿成世界第一条现代水底隧道
1848年	·英国诺丁汉建成世界上第一条柏油碎石路面
1850年	·英国R. 斯蒂芬森设计了第一座跨度140米的简支钢箱梁桥——英国不列颠桥
1851年	·英国伦敦建成水晶宫，铸铁梁柱结构，玻璃覆面，为现代建筑先驱工程之一
1857年	·英国R. 马略特提出震中、震源、等震线、极震区等术语，发明了烈度计，绘制了世界地震图，编制了地震目录
1863年	·英国伦敦建成世界上第一条用蒸汽机车牵引的地下铁道线路
1864年	·中国清代在上海县（今上海）建成中国第一座煤气厂
1865年	·瑞典A.B. 诺贝尔发明了以硝化甘油为主要组分的达纳迈特炸药
1867年	·德国建成第一座简支钢桁架桥——格伯桥，跨度150米
1869年	·美国纽约至圣弗朗西斯科（旧金山）的横贯大陆铁路建成通车，全长4850千米
	·埃及苏伊士运河竣工通航，全长172.5千米
1874年	·美国修建圣路易斯桥，首次将钢材用于拱式桥建设
	·意大利M.S.de 罗西编制了最早的有实用价值的地震烈度表
1875～1877年	·法国修建第一座供人行走的钢筋混凝土拱桥，跨径16米，宽4米
1876年	·中国第一条铁路——吴淞铁路（吴淞—上海）建成
1879年	·法国F. 埃纳比克发表钢筋混凝土理论，促进钢筋混凝土的广泛应用
	·德国柏林建成第一条行驶电力机车的铁路线，长274米

	·中国清代在旅顺口（今大连市）辖区建成龙引泉引水工程，开始用铸铁管引水供水
1880 年	·日本地震学会组建，为世界上最早研究地震和地震工程的全国性组织
1881 年	·法国发明第一座生物反应器，也是第一座厌氧生物处理池——莫里斯（moris）池
1883 年	·美国建成布鲁克林大桥，为第一座现代悬索桥
	·中国清代在上海县（今上海）建成第一座正规自来水厂——杨树浦水厂，日供水量2270 吨
	·意大利 M.S.de 罗西与瑞士 F.A. 弗瑞尔联名发表了《罗西－弗瑞尔烈度表》
1885 年	·日本关谷清景制定地震烈度表，后经大森房吉和河角广等人改进，将地震烈度划分为 8 个等级
	·美国新泽西州萨默维尔城开始用快滤池处理城市给水
1886 年	·美国 P.H. 杰克逊首次应用预应力混凝土作建筑构件
1887～1891 年	·中国清代在台北至基隆铁路线上修建中国第一条铁路隧道，长 261 米
1889 年	·法国巴黎建成埃菲尔铁塔，高 320 米（包括天线高度），为当时世界上最高建筑物
	·法国巴黎建成机械馆，首次应用三铰拱原理设计，为世界跨度最大的建筑物，1910 年拆除
	·中国唐山创建唐山细绵土厂，为中国第一家水泥厂
1890 年	·英国伦敦建成世界上第一条电气化地铁
1891～1902 年	·俄国建成第一条西伯利亚铁路，为世界最长铁路线
1893 年	·美国劳伦斯建设第一个慢砂滤给水过滤厂
	·英国威尔士建成世界上第一座生物滤池
1900 年	·日本大森房吉建立了计算结构地震作用的震度法
1901 年	·美国在道路工程中首先运用柔性材料进行路面设计（半经验法）
1902 年	·比利时米德尔凯尔克城建成世界上第一个用氯化法连续消毒的水厂
	·美国 W.H. 开利发明世界上首台“科学设计的空调系统”
1904 年	·意大利 A. 坎卡尼将麦卡利烈度表的 10 度细分为 12 度，并将烈度与加速度对应，编制了麦卡利－坎卡尼烈度表。
1905 年	·中国在京汉铁路上建成郑州黄河铁桥，长 3000 多米，为当时中国最长的钢桁架桥
1906 年	·中国京汉铁路（北京—汉口）建成通车，全长 1214.5 千米
	·瑞士凿成两条单线铁路隧道——辛普朗隧道，其中 I 号隧道长 19 803 米，为世界上最长的铁路隧道，II 号隧道于 1921 年建成，长 19 323 米
	·美国圣弗朗西斯科（旧金山）发生地震，震后，科学家开始关注圣安德烈斯断层

1907 年 · 中国开辟北京—库伦（今蒙古乌兰巴托）的官马大道，1918 年改建成公路，为中国最早的公路工程

1908 年 · 俄国 M.M. 普罗托季亚科诺夫提出求地层压力计算坍落拱高度公式，称普氏理论

· 中国上海建成电话公司大楼，为中国第一座钢筋混凝土框架结构建筑

· 首届国际制冷大会（ICR）在法国巴黎举办

· 意大利墨西拿发生地震，震后首次提出结构抗震的工程指南，M. 帕奈廷提出房屋地震作用计算的等效静力方法

1909 年 · 美国 L.S. 莫伊塞夫首次将挠度理论应用于曼哈顿大桥的设计中

· 中国詹天佑主持建成京张铁路（今京包铁路京张段），是中国自行勘测设计、修建的第一条铁路

· 美国密歇根州首先用水泥混凝土铺设路面

1911 年 · 意大利建成里森伊米亚桥，标志着现代混凝土拱桥的诞生

1912 年 · 中国成立中华工程师会，首任会长詹天佑

1914 年 · 巴拿马运河竣工，长 81.3 千米，是世界上最长的水闸式运河

· 活性污泥工艺诞生于英国

1915 年 · 欧洲有轨电车轨道上出现世界上最早的无缝线路

1916 年 · 美国建成地狱门大桥，跨度 298 米，是当时最大跨度桥梁，为现代钢拱桥发展奠定技术基础

1918 年 · 加拿大圣劳伦斯河上建成魁北克桥，跨度 548.6 米，为世界上跨度最大的钢悬臂桁架梁桥

1920 年 · 法国建成罗沃隧道，长 7118 米，为世界最长的运河隧道

1921 年 · 中国建成上海北区污水厂，是中国最早采用活性污泥法处理污水的工厂

1928 年 · 法国 E. 弗雷西奈发明了预应力混凝土技术

· 美国开发了世界上第一列钢轨探伤车 SRS102，采用磁感应漏磁技术实现了钢轨横向裂纹的检测

1931 年 · 美国纽约建成帝国大厦，高 381 米，钢结构，标志着世界建筑科学技术的新发展

· 美国建成乔治·华盛顿桥，主跨 1066.8 米，标志着悬索桥的跨度超过了 1000 米

· 美国建成贝永桥，跨度为 504 米，将钢拱桥的跨度纪录刷新到 500 米以上

1931～1942 年 · 德国建成全部立体交叉的四车道公路（科隆—波恩），为世界第一条高速公路

1932 年 · 澳大利亚建成悉尼港桥，主跨 503 米，是世界上跨度和承载力最大的城市拱桥

· 美国 J.R. 弗里曼主持研制了世界上第一台模拟式强震加速度仪（USCGS 型）并投入使用

1933 年 · 美国长滩发生 6.3 级地震，首次由强震动仪记录了地震过程中地震动加速度时程

1934 年	· 中国上海建成国际饭店，高 83.8 米，钢架结构，为中国近代最高的高层建筑
1935 年	· 日本妹泽克惟和金井清提出结构耗能抗震学说
	· 苏联莫斯科第一条地铁通车运营，全长约 11.6 千米，设车站 13 座
	· 英国 D. 布伦特进行了第一次大气边界层（ABL）测量
1936 年	· 美国奥克莱海湾大桥建成，为世界上第一个海峡工程
	· 瑞士苏黎世设计了首个辐射供冷系统，发现通过控制室内空气处于较低的露点温度可以避免结露
1937 年	· 美国金门大桥建成，主跨 1280 米，曾保持世界最大桥跨记录 27 年
	· 苏联建造了中承式钢管混凝土拱桥，标志着现代钢管混凝土拱桥的诞生
	· 中国杭州建成钱塘江桥，为中国自行建造的第一座公路铁路两用（双层）钢桁架梁桥
1938 年	· 滇缅公路（中国昆明—缅甸腊戍）全线通车，全长 1153 千米
1939 年	· 美国纽约开始使用阶段曝气法
1940 年	· 美国加州帝国谷发生 7.1 级地震，在距离震中 22 千米处获取最大峰值 0.33g 的加速度记录，此记录在抗震分析中被广泛使用
	· 美国塔科马海峡桥遭遇风毁，引起学者对悬索桥空气动力稳定问题的研究
1942 年	· 美国芝加哥建成世界上最大的净水过滤厂
	· 英国研发制造了 DOW MAC 型预应力混凝土轨枕，是世界上第一根预应力钢筋混凝土轨枕
1950 年	· 丹麦 M. 詹森首次提出边界层风洞设想
	· 美国纽约建成联合国大厦，主体建筑 39 层，为早期板式高层建筑范例
	· 美国 D.B. 斯坦曼设计了麦金纳克桥，是进行动力风载计算的首座悬索桥
1951 年	· 德国舒尔茨研发出塔式生物滤池
1952 年	· 中国成渝铁路（成都—重庆）竣工，是中华人民共和国成立后建设的第一条单线铁路
	· 美国加州建筑设计规范中规定采用反应谱理论计算地震作用，抗震设计计算开始由静力理论向动力理论发展
1953 年	· 德国在沃尔姆斯桥中首创挂篮悬浇节段施工技术
	· 奥地利生产出第一台 HGL 型捣固机，用于铁路有砟轨道捣固
	· 中国铁路成功研制出预应力钢筋混凝土轨枕及其配套扣件系统
	· 中国第一代机械式轨道检查车研制成功，实现了车载轨道几何动态检测
	· 43 千克 / 米钢轨首次上道铺设，成为 20 世纪 50 年代中国铁路用钢轨的主要型号
	· 中国上海建成彭浦污水厂，是中国第一座用生物滤池处理污水的工厂

	· 中国土木工程学会成立，第一任理事长茅以升
1954 年	· 中国建成川藏公路（成都—拉萨），是世界公路建设史中最艰巨的工程之一
	· 中国科学院土木建筑研究所（今中国地震局工程力学研究所）成立，是中国最早开展地震工程研究的机构
1955～1956 年	· 瑞典建斯特罗姆海峡桥，为世界第一座现代化斜拉桥
1956 年	· 中国铁路制定了盐渍土路基判别试验标准和设计原则，解决了在盐渍土地区修建路基的技术难题
	· 中国铁路首次在沈吉线水帘洞隧道铺设无砟轨道
1957 年	· 中国建成第一座跨越长江的公路铁路两用（双层）钢桁架连续梁桥——武汉长江大桥，首次采用管柱基础
	· 中国铁路第一段无缝线路于北京铁路局京门支线铺设，钢轨焊接长度 1000 米
	· 中国谢毓寿主持编制了《新的中国地震烈度表》
1958 年	· 中国铁路提出了按黄土结构力学性质确定黄土路堑边坡坡度的设计原则与技术，解决了在黄土地区修建路基的技术难题
	· 美国纽约建成西格拉姆大厦，玻璃幕墙结构
	· 中国宝成铁路（宝鸡—成都）正式运营
	· 中国建成北京首都国际航空港
	· 中国香港始建启德国际航空港，为世界最大空运站之一
1958～1959 年	· 中国北京改建天安门广场，占地 52 公顷，铺装地面达 30 多万米 ^{2}，是世界最大广场
1958～1962 年	· 美国进行了 AASHO 路面试验，是道路工程领域第一个现代意义上的科学试验
1959 年	· 美国开发了第一辆基于超声波技术的钢轨探伤车
	· 法国巴黎建成国家工业和技术中心陈列大厅，双曲双层薄壳，跨度 218 米，为世界上跨度和空间最大的薄壳结构
	· 中国北京建成工人体育场，屋顶采用悬索结构，为中国最大体育场
	· 中国北京建成北京站，中央大厅采用 35 米 ×35 米预应力混凝土双曲扁壳，为中国首次制成的大面积薄壳结构建筑
	· 中国北京建成人民大会堂，钢筋混凝土结构
	· 中国北京建成民族文化宫，在中国首次采用预制装配钢筋混凝土框架剪力墙结构
	· 中国建成首条集中供热管网，全长 10 多千米
	· 中国上海制造出 R11 单机容量 100 万千卡 / 时（1163 千瓦）的离心式制冷压缩机
1959～1960 年	· 德国建成第一座独塔斜拉桥——瑟维芮大桥，也是首座主梁采用漂浮体系的斜拉桥

20 世纪 50 年代末	· 世界卫生组织颁布了《饮用水国际标准》
1960 年	· 美国 J.E. 瑟马克建成了流体动力学和扩散实验室边界层风洞，开展了高层建筑和结构风效应研究
1961 年	· 加拿大 A.G. 达文波特提出了用随机振动理论中的统计方法来预测结构的风效应，成为现代风荷载计算的基础。并在西安大略大学建立了边界层风洞实验室，在现代风工程的发展中发挥了重要作用
	· 中国宝成铁路宝鸡—凤州段电气化改造工程竣工交付运营，是中国铁路第一条电力牵引区段
1962 年	· 中国铁路提出了衡重式挡墙第二破裂面的产生条件和有关的土压力计算法，解决了在山区修建路基的技术难题
	· 委内瑞拉建成马拉开波桥，首次把混凝土梁应用到大跨径斜拉桥行列
	· 第一届国际沥青路面结构设计会议在美国召开
1963 年	· 国际地震工程协会（IAEE）在日本东京成立
	· 第一届国际风工程大会在英国泰丁顿召开，此后每四年举办一次
1964 年	· 法国勒图尔诺建成半球形铝薄壳大厅，铝板厚 3.2 毫米，是世界上最薄的薄壳建筑
	· 德国修建莱茵河桥，主跨 208 米，为第一座突破 200 米的预应力混凝土 T 形刚构桥
	· 中国无锡建成双曲拱桥，开启了双曲拱桥建设
	· 日本建成东海道新干线（东京—大阪），为世界上第一条高速铁路
	· 苏联 S.V. 麦德维杰夫、德国 W. 斯彭怀尔和捷克 V. 卡尼克共同编制了 MSK 烈度表
1965 年	· 美国休斯敦建成星际圆顶体育馆，钢管结构，为世界最大体育馆
	· 中国徐邦裕提出利用部分冷凝器为冷却空气再热的恒温恒湿空调机组流程
1966 年	· 英国建成塞文桥，首次采用扁平流线型钢箱梁代替桁架梁
1968 年	· 中国建成广州宾馆，剪力墙结构，高 88 米，为 20 世纪 60 年代中国最高的高层建筑
	· 中国建成南京长江大桥，为中国最长的公路、铁路两用桥
1969 年	· 中国京原铁路（北京—山西原平）线上的驿马岭隧道竣工，全长 7032 米，为中国最长隧道
	· 中国北京开通运营地下铁道一期工程，为中国第一个开通地铁的城市
1970 年	· 美国生产了奥贝尔（Orbal）氧化沟
	· 中国成昆铁路（成都—昆明）建成，为复杂艰险山区建设高标准铁路的成功范例
	· 中国黄浦江打浦路隧道建成通车，采用盾构法，为中国第一条水底隧道
1971 年	· 美国 C.L. 莫尼史密斯建立了沥青混合料疲劳方程的基本形式，奠定了沥青路面设计的理论框架

	·中国建成首个装配式恒温恒湿洁净室
1972年	·德国慕尼黑建成奥林匹克运动场屋顶，由钢索和玻璃组成，是世界最大屋顶
	·美国洛杉矶建成世界最大停车库，面积4.85公顷，地下6层，深30.4米
	·中国上海建成上海电视塔，钢结构，高210.55米，采用整体起扳吊装
	·中国北京建成20±0.01℃高精度恒温室，用于高精度激光刻线加工环境
1973年	·澳大利亚建成悉尼歌剧院，钢筋混凝土结构，屋顶采用蚌形薄壳
	·美国纽约建成世界贸易中心，双筒体结构，110层，为世界层数最多的高层建筑
1974年	·美国芝加哥建成西尔斯大厦，钢结构，高443米，为世界最高的高层建筑
	·巴西建成瓜纳巴拉湾桥，主跨300米，为世界最大跨度的钢实腹梁桥
	·中国铁路首创的锚定板挡土结构应用于太焦线，为中国第一座锚定结构挡墙
1975年	·加拿大建成多伦多电视塔，钢筋混凝土结构，高553米，中间为六边形筒体，滑升模板施工，为世界最高自立式构筑物
	·美国密歇根州建成庞蒂亚克体育馆，跨度168米，薄膜充气，是世界最大充气塑料建筑
	·中国上海体育馆建成圆形比赛馆，直径110米，为中国跨度最大的平板型网架结构建筑
	·中国建成第一座斜拉桥试验桥——四川云阳桥
	·法国建成圣纳泽尔桥，跨径404米，为第一座突破400米的斜拉桥，也是世界上跨径最大的钢斜张桥
	·国际风工程协会（IAWE）在英国成立
1976年	·南非伯纳德提出真正意义上的生物脱氮除磷工艺
	·美国新奥尔良建成世界最大的钢网架结构体育馆
	·美国西雅图建成金郡体育馆，采用双向弯曲混凝土薄壳，覆盖面4万米^2，为世界上覆盖面最大的混凝土穹顶建筑
	·美国芝加哥建成水塔广场大厦，高260米，为世界上最高的钢筋混凝土建筑
	·中国广州建成白云宾馆，剪力墙结构，高112米，为当时中国最高的高层建筑
	·中国建成洛阳黄河公路桥，跨径50米，为中国最长、跨径最大的预应力混凝土简支梁桥
	·中国勘测设计施工的坦赞铁路（坦桑尼亚达累斯萨拉姆—赞比亚新卡比里姆博希）建成通车，是中国在海外建设的首条铁路
	·中国河北唐山发生7.8级地震，大量工程结构毁坏，震后推动了中国地震工程和防震减灾工作事业的发展
1977年	·法国巴黎建成蓬皮杜国家艺术与文化中心，楼板可自由升降
	·中国建成北京环境气象塔，高325米，是中国最高的构筑物

	·美国建成新河峡谷桥，拱跨度 518.2 米，为世界跨度最大的上承式双铰钢桁拱桥
	·法国建成布罗顿桥，为第一座预应力混凝土单索面箱型斜拉桥，并首创千吨级拉索和万吨级盆式支座
	·中国《工业与民用建筑抗震鉴定标准》（TJ 23—77）颁布试行，继而开展了大规模抗震鉴定加固工作
	·中国制冷学会在北京成立
1979 年	·中国陕西临潼建成秦俑博物馆展览大厅，屋顶采用格构式箱形组合三铰钢拱，跨度 72 米，为中国跨度最大的钢桁架建筑
	·中国国家干线公路网划定工作启动
	·日本大清水双线铁路隧道贯通，全长约 22 千米，为世界最长铁路隧道
1980 年	·沙特阿拉伯建成吉达综合体育馆，为世界最大的封闭钢索网状结构
	·中国建成重庆长江桥，预应力混凝土结构，T 形刚构，为中国第一座大型城市公路桥
	·南斯拉夫萨格勒布建成克尔克 1 号桥，为上承式无铰拱公路管道两用桥，主跨 390 米，是世界上跨度最大的钢筋混凝土拱桥
	·英国建成亨伯桥，主跨 2220 米，为世界上跨度最大的悬索桥
	·瑞士建成圣哥达公路隧道，全长 16.32 千米，为世界最长的公路隧道
1981 年	·法国巴黎东南线（巴黎—里昂）高速铁路南段（圣弗洛朗坦—萨托内营）投入运营，为欧洲第一条高速铁路
	·日本《新耐震设计法》（1980）颁布实施，此规范采用对应大震和小震的两阶段设计方法，体现了强度与变形并重的概念
1983 年	·中国北京建成长城饭店，现浇钢筋混凝土框架结构，为中国第一座真空反射玻璃幕墙建筑
	·西班牙建成卢纳大桥，主跨 440 米，是世界上跨度最大的预应力混凝土斜张桥，也是第一座地锚式斜拉桥
	·法国建成巴黎至里昂的高速铁路，试验时最高速度 380 千米 / 时，运行速度 260 千米 / 时，为世界上速度最高的铁路线
	·中国完成引滦入津工程，为中国最大的城市输水工程
1984 年	·中国深圳建成国际贸易中心，筒中筒结构，采用内外筒整体滑模施工，高 160 米，为中国最高的高层建筑
	·苏联建成第二条西伯利亚铁路——贝阿干线
	·中国青藏铁路西宁—格尔木段正式运营，线路海拔最高点 3690 米，为当时中国海拔最高的高原铁路
	·中国湖北宜昌建成长江葛洲坝第一期闸坝工程，最大坝高 52.5 米，长 2595 米，装机容量 271.5 万千瓦

	·中国地震学会地震工程专业委员会和中国建筑学会抗震防灾分会共同组建中国地震工程联合会
1985 年	·日本青函海底隧道贯通，1988 年通车，全长 53.85 千米，为世界最长隧道
	·墨西哥米却肯州发生 8.1 级地震，距震中 400 千米的墨西哥城高层建筑破坏严重，震后地震工程界开始关注远震和软弱地基造成的震害
	·第一届国际火灾安全科学大会在美国盖瑟斯堡举办，此后每三年举行一次
1986 年	·中国第一个国家级数字地震台网建成
1987 年	·美国开始执行为期 5 年的战略性公路研究计划（SHRP），倡导基于性能的路面研究和分析的思想
	·中国**大瑶山隧道**贯通，首次采用新奥法，全长 14 295 米，为第一条超长双线电气化铁路隧道
	·国际沥青路面协会（ISAP）在密歇根大学安娜堡分校举行的第六届国际沥青路面结构设计会议后成立
1988 年	·日本冈村甫研制出满足施工和耐久性要求的自密实混凝土
	·中国包兰铁路建成了“五带一体”的治沙防护体系，取得了铁路治沙的标志性成果
	·中国铁路首个大型养路机械自主化产品 SPZ-160 型配砟整形车研制成功，首次采用全液压传动系统和人字形金属橡胶减震器
	·中国**沪嘉高速公路**建成通车，为中国大陆第一条高速公路
	·中国“三主（公路主骨架、水运主通道、港站主枢纽）”规划诞生
1989 年	·中国香港建成中银大厦，高 367.4 米，为亚洲最高建筑物
	·《中华人民共和国城市规划法》经第七届全国人民代表大会常务委员会第十一次会议通过，为中国城市规划领域的基本法
	·中国国家标准《建筑抗震设计规范》（GBJ 11—89）颁布实施，对中国地震区城市建筑全面实施抗震设计
1990 年	·美国国家标准与技术研究院及美国混凝土协会联合提出“高性能混凝土”的概念
	·中国连云港—荷兰鹿特丹的第二亚欧大陆桥铁路全线贯通
	·中国开发出建筑环境模拟软件 DeST（Designer's Simulation Toolkits）
	·《中国地震烈度区划图》颁布
	·中国浙江大学主办的《地基处理》杂志创刊，是国际上最早的地基处理期刊
1991 年	·中国秦山核电站建成运营，为中国自行设计、建造的第一座核电站
	·中国制定了《建设工程施工合同示范文本》（GF—91—0201）
1992 年	·西班牙建成阿拉米罗桥，为第一座半索面（无背索）斜拉桥

· 中国大秦铁路（大同—秦皇岛）全线开通，为中国第一条重载复线电气化铁路运煤专线

· 中国铁路研发了“92 型”道岔，轨型主要为 50 千克 / 米和 60 千克 / 米钢轨，并采用矮型特种断面钢轨，弹性可弯结构、半切线型等新技术

· 中国钱七虎、林学圣等人主持设计并实施了总装药量为 1.2 万吨的珠海炮台山硐室大爆破，是中国改革开放以来最大量级的万吨级大爆破工程

· 中国修建大瑶山隧道新技术获得国家科学技术进步特等奖

1993 年 · 中国上海建成杨浦大桥，主跨 602 米，为中国自主设计、施工建成的世界最大跨度斜拉桥

1993～2009 年 · 中国上海城市高架快速路系统建成，是国际上规模最大的城市立交系统及智能交通管理系统之一，也是中国最早实行智能交通管理的系统

1994 年 · 中国上海东方明珠电视塔竣工，多筒结构，为中国标志性建筑之一

· 中国建成沈阳热网的实时监测、在线分析和自动调控的计算机分布式控制管理系统

·《中华人民共和国城市房地产管理法》经第八届全国人民代表大会常务委员会第八次会议通过，为中国房地产领域的基本法

· 中国《构筑物抗震设计规范》（GB 50191—93）颁布实施

· 国际结构控制学会在美国洛杉矶成立，在美国洛杉矶召开了第一届世界结构控制会议

· 中国爆破行业协会在北京成立

1995 年 · 法国建成诺曼底大桥，由于与当地景观完美协调，被授予“20 世纪世界最美的桥梁”

· 中国建成汕头海湾大桥，为中国第一座现代悬索桥

· 中国研发出高性能Ⅲ型轨枕，在普速及高速铁路有砟轨道结构中大量铺设应用

· 美国加州结构工程师协会（SEAOC）发布《基于性能的抗震设计标准》（*A Framework for Performance-Based Engineering*，*Vision 2000*）

1996 年 · 中国京九铁路（北京—香港九龙）建成通车，促进了中部地区与环渤海、珠三角经济区的社会和经济交流

· 中国颁布第一部《人民防空法》

1997 年 · 中国建成重庆万县长江大桥，主跨 420 米，为世界最大跨度混凝土拱桥

· 加拿大魁北克省舍布鲁克市建成世界第一座超高性能混凝土（UHPC）人行桥

· 丹麦大贝尔特桥建成，主跨 1624 米，为世界最大跨度钢箱梁悬索桥

· 中国建成虎门大桥，主跨 888 米，为中国第一座建造在强台风地区的钢箱梁悬索桥

· 中国建成虎门大桥辅航道桥，主跨 270 米，为世界最大跨度预应力混凝土连续梁桥

· 中国铁路系统首次在西康线秦岭 I 线隧道使用隧道全断面掘进机

· 中国南昆铁路（南宁—昆明）开通运营，创造了复杂地质艰险山区修建铁路的成套技术

	·《中华人民共和国建筑法》经第八届全国人民代表大会常务委员会第二十八次会议通过，为中国建筑业领域的基本法
1998年	·马来西亚建成吉隆坡石油双塔，高452米，为世界最高建筑物
	·日本明石海峡大桥建成，主跨1991米，为世界最大跨度悬索桥
	·挪威建成斯托尔马桥，主跨302米，为世界最大跨度预应力混凝土连续刚架桥
	·《中华人民共和国防震减灾法》正式实施
1999年	·日本建成多多罗桥，主跨890米，为世界最大跨度斜拉桥
	·中国建成江阴长江大桥，为中国第一座超千米悬索桥
	·中国GJ-4型轨道检查车研制成功，采用捷联惯性基准和非接触测量技术，检测原理、测量精度、数据处理方法等方面均达当时国际先进水平
2000年	·中国秦沈客运专线首次采用一次铺设跨区间无缝线路
	·第一届国际结构抗火学术会议在丹麦哥本哈根召开，此后每两年举行一次会议
2001年	·法国建成世界最早的超高性能混凝土公路桥
	·中国首次在高速铁路（秦沈客运专线）桥上铺设无砟轨道结构，并于2002年实现了321.5千米/时的最高试验速度
	·中国秦沈客运专线跨兴闫公路大桥首次铺设高速铁路钢轨伸缩调节器
2003年	·中国建成台北101大楼，高508米，建成时为世界最高建筑物
	·中国建成上海卢浦大桥，主跨跨度550米，将保持了26年的518米拱桥跨度纪录提升至550米
	·中国秦沈客运专线（秦皇岛—沈阳）建成通车，为中国第一条高速铁路
2004年	·中国第一条跨座式单轨线路——重庆轨道交通2号线一期工程开通试运营
	·中国缪昌文及其团队研发出高性能外加剂，相关成果被运用到三峡大坝三期工程建设中
	·中国首部基于性态的抗震设计标准《建筑结构基于性态的抗震设计通则》（CECS 160：2004）发布实施
2004～2005年	·中国首次在广东云浮高速公路、江苏沿江高速公路和河南尉许高速公路修建长寿命路面试验工程
2005年	·中国建成东海大桥，长32.5千米，为中国真正意义上的第一座跨海长桥，也是世界最长跨海桥梁
	·百米定尺60千克/米U71MnG和U75VG高速钢轨研制成功并上道铺设，成为中国高速铁路主型钢轨
2005～2007年	·中国江西昌九高速建成第一条重载交通规模化厂拌乳化沥青冷再生路面工程，实现了沥青回收料在结构层中100%再生利用

2006 年

·中国铁路在遂渝线铺设板式、双块式、轨枕埋入式等无砟轨道，首次实现了无砟轨道在路、桥、隧区段及道岔区的成区段铺设，并研发了配套扣件与道岔，形成了无砟轨道设计、制造、施工成套技术

·中国铁路完成了时速 250 千米 60 千克 / 米钢轨 18 号高速道岔研究设计、试制试铺，高速有砟道岔在沪宁线、郑武线的提速线路上推广应用

·中国青藏铁路（西宁—拉萨）全线通车运营，为世界海拔最高、多冻土区最长、线路最长的高原铁路，其中唐古拉车站是世界海拔最高的车站

2007 年

·中国铁路研发出时速 350 千米 60 千克 / 米钢轨 18 号、42 号、62 号道岔

·中国台湾高速铁路（台北—高雄）通车运营，全长 345 千米

2008 年

·中国谢先启提出精细爆破，并构建了精细爆破技术体系，为爆破工程发展新阶段的标志

·中国建成 2008 年北京奥运会主体育馆——国家体育场（鸟巢）

·中国**杭州湾跨海大桥**通车运营，全长 36 千米

·中国**苏通长江大桥**建成通车，主跨 1088 米，在大跨度斜拉桥设计与建造方面取得新的突破

·中国“0”号高速综合检测列车研制成功并投入运用，实现了轨道、弓网、通信信号等专业综合检测，最高检测速度达 250 千米 / 时

·中国京津城际铁路（北京—天津）建成通车，是中国首条设计时速 350 千米的高速铁路

·中国武汉长江隧道通车试运行，为中国最早开建、最先竣工的长江公路隧道，被誉为万里长江第一隧

·中国京广高铁浏阳河隧道河底段贯通，为中国首座高速铁路水底长大隧道，也是中国首次采用铣挖法开挖的铁路隧道

·中国四川汶川发生 8.0 级地震，震后立即进行大规模震害考察，修订了国家标准《建筑抗震设计规范》（GB 50011）

·第十四届世界地震工程大会在北京召开，为中国举办世界地震工程大会之始

2009 年

·中国建成广州塔，高 600 米，为中国最高、世界第二高的塔桅建筑

·中国建成**重庆朝天门大桥**，主跨 552 米，为世界最大跨度拱桥

·中国**舟山西堠门大桥**正式通车，主跨 1650 米，为世界最大跨度的钢箱梁悬索桥，也是世界上第一座采用中央开槽方式提高颤振临界风速的分体钢箱梁悬索桥

·中国铁路研制出 CRTS Ⅲ型板式无砟轨道，逐步成为中国高速铁路主型无砟轨道结构

·中国上海崇明越江通道贯通，为当时断面最大公路隧道

·中国建成三峡水利枢纽工程，为世界规模最大的水电站

·中国国务院批准将每年 5 月 12 日设立为全国防灾减灾日

2010 年

·阿联酋建成哈利法塔，高 828 米，为世界最高的高层建筑

	·奥地利建成维尔德桥，为世界第一座超高性能混凝土公路拱桥
	·中国郑西高速铁路（郑州—西安）建成通车，为世界首条修建在大面积湿陷性黄土地区的高速铁路
	·国际防护结构学会（IAPS）成立，由德国、英国、美国、中国、澳大利亚等国家 11 位学者组成执委会，李忠献和方秦当选首届执委
2011 年	·中国建成湘西矮寨大桥，为世界最长跨峡谷悬索桥
	·中国研制出最高试验速度 400 千米 / 时高速综合检测列车，在检测速度、功能、技术指标等方面达到世界领先水平
	·中国京沪高速铁路（北京—上海）通车运营，为世界上一次建成里程最长、技术标准等级最高的高速铁路
	·中国狮子洋隧道贯通，为世界首条高速铁路水下盾构隧道，采用 4 台盾构、两两地中对接技术建设
2012 年	·荷兰 H. 琼克和 E. 施兰根首创可自行修补裂缝的自愈混凝土
	·中国建成新世纪环球中心，为亚洲第一大单体建筑
	·俄罗斯建成俄罗斯岛大桥，跨度 1104 米，为世界上最大跨度的斜拉桥
	·中国哈大高速铁路（哈尔滨—大连）开通运营，为世界第一条在严寒地区修建的高速铁路
	·中国京广高速铁路（北京—广州）全线开通运营，全长 2298 千米，为世界运营里程最长的高速铁路
2013 年	·中国爆破拆除 3.5 千米的武汉沌阳高架桥，为世界一次性整体爆破拆除最长城市高架桥之始
	·中国西藏墨脱公路建成通车，自此中国实现了县县通公路
	·中国《国家公路网规划（2013—2030 年）》获国务院批准
2014 年	·中国将空中造楼机应用于中国尊的建设
	·中国建成上海中心大厦，高 632 米，为中国第一高楼
	·中国瓦日铁路（瓦塘—日照）建成运营，为中国第一条按照 30 吨轴重标准建设的重载铁路
	·中国兰新高速铁路（兰州—乌鲁木齐）全线贯通，为世界首条穿越沙漠大风区的高速铁路
	·中国青藏铁路新关角隧道贯通，全长 32 645 千米，为中国最长隧道
2016 年	·美国建成 SR-520 公路大桥，长 2350 米，为世界最长浮桥
	·中国建成沪昆高铁北盘江特大桥，主跨 445 米，为世界最大跨度混凝土拱桥
	·瑞士建成圣哥达基线铁路隧道，长约 57 千米，为世界最长与最深的隧道
	·中国铁路研制出 HGCZ-2000 型换轨车

	· 中国交通运输部公路科学研究院建成中国首条具备实车加速加载的足尺路面加速加载试验环道（RIOHTRACK），全长 2039 米
	· 中国与乌兹别克斯坦合建的安格连—帕普铁路卡姆奇克隧道通车，为中亚地区最长隧道
	· 中国建成太古大温差长输集中供热工程，供热半径超过 70 千米，实现了大规模电厂余热利用和远距离输热
2017 年	· 中国天府农博园建成，为中国规模最大的现代木结构建筑，也是世界最大跨度的钢木组合结构建筑
	· 世界首例原位 3D 打印双层示范建筑在中国广东成功打印建设
	· 中国高速铁路综合巡检车研制成功，实现了工务、供电、电务等专业的主要设备外观状态及几何形位综合检测
	· 中国长株潭城际湘江隧道贯通，全长 12.5 千米，为中国最长、设地下车站最多的城际铁路隧道
	· 中国北京地铁燕房线正式投入载客运营，为中国首条全自主无人驾驶地铁，也是中国第一条完全具有自主知识产权的轨道交通全自动运行系统线路
	· 中国创办的世界交通运输大会（WTC）在北京召开
2018 年	· 中国港珠澳大桥正式开通，为世界最长的跨海大桥
	· 中国武汉三阳路公铁合建长江隧道建成通车，为世界首座城市道路隧道和轨道交通区间隧道同管合建的超大直径盾构隧道
	· 中国建成苏通 GIL 综合管廊工程，为世界电压等级最高、输送容量最大的超长距离 GIL 越江盾构隧道，被誉为“万里长江第一廊”
	· 中国重庆地铁实现三线跨线互联互通网络化运行，为中国城市轨道交通互联互通网络化运营之始
	· 中国钱七虎获国家最高科技奖，以表彰他在现代防护工程方面的贡献
2019 年	· 中国建成鹅公岩轨道专用桥，采用“先斜拉、后悬索”的施工方法，主跨 600 米，为世界上主跨跨度最大的自锚式悬索桥
	· 中国建成大瑞铁路怒江大桥，主跨 490 米，为世界最大跨铁路拱桥
	· 中国建成汉十高铁崔家营汉江大桥，主跨 300 米，为世界上最大跨度梁拱组合桥
	· 中国铁路在济青（济南—青岛）高速铁路穿越活动断裂带区段应用聚氨酯固化道床技术，创造了中国铁路非无砟轨道区段最高试验速度 385 千米 / 时
	· 中国京张高速铁路（北京—张家口）建成通车，为中国第一条智能高速铁路，中国研制的“复兴号”智能动车组投入运营并实现自动驾驶
	· 中国北京大兴国际机场通航，其单体航站楼为世界规模最大
	· 第十五届国际风工程大会在北京举行，为中国举办国际风工程大会之始
2020 年	· 中国沪苏通大桥通车，主跨 1092 米，为世界首座跨度超千米的公铁两用斜拉桥

· 中国南京长江五桥（江心洲长江大桥）通车运营，采用钢－超高性能混凝土组合加劲梁体系为世界首创

· 中国广西荔浦—玉林高速公路平南三桥建成通车，主跨 575 米，为世界跨径最大的拱桥

· 中国建成五峰山长江大桥，为世界设计运营速度最高、荷载最大的悬索桥

· 中国首座公路、铁路两用跨海大桥——平潭海峡公铁大桥通车运营

2021 年

· 中国铁路研发的大位移钢轨伸缩调节器及梁端伸缩装置一体化装备（伸缩量 ±800 毫米）于安九（安庆—九江）高速铁路鳊鱼洲长江大桥首次应用

· 中老铁路（中国昆明—老挝万象）全线通车运营，结束了普洱至西双版纳不通火车的历史

· 中国济南济泺路穿黄隧道通车运营，为世界第二座超大直径盾构公轨合建隧道，也是超大直径盾构隧道首次穿越地上悬河，被誉为“万里黄河第一隧”

· 全球第一台“华龙一号”核电机组——中核集团福建福清核电 5 号机组投入商业运行

2022 年

· 中国北京建成国家速滑馆（冰丝带），采用超大冰面的亚临界、跨临界多工况并行、二氧化碳直接蒸发制冰集中式制冷系统，冰面面积超过 1.2 万米^2

· 中国首次建设、世界陆上最大的液化天然气（LNG）薄膜罐——北京燃气天津南港 LNG 应急储备项目一期两座薄膜罐主体完工

· 土耳其 1915 恰纳卡莱大桥正式建成通车，为世界跨径最大的桥梁

· 中国建成和若铁路，为世界首个沙漠铁路环线

· 中国胶州湾第二隧道主线工程全面开工建设，采用明挖、盾构和钻爆法组合施工，为世界上规模最大的海底公路隧道

· 中国首部城市基础设施韧性标准《城市工程系统抗震韧性评价导则》（RISN-TG041—2022）正式颁布实施

· 中国工程院院士、国家最高科学技术奖获得者钱七虎获颁“八一勋章”

条目标题汉字笔画索引

说　明

1. 本索引供读者按条目标题的汉字笔画查检条目。

2. 条目标题按第一字的笔画由少到多的顺序排列。笔画数相同的，按起笔笔形横（一）、竖（丨）、撇（丿）、点（丶）、折（㇕，包括亅、乚、く等）的顺序排列。第一字相同的，依次按后面各字的笔画数和起笔笔形顺序排列。

3. 以外文字母、罗马数字和阿拉伯数字开头的条目标题，依次排在汉字条目标题的后面。

一画

二画

三画

四画

五画

六画

七画

八画

九画

十画

十一画

十二画

十三画

十四画

十五画

十六画

十七画

十八画

十九画

二十画

二十一画

数字

条目标题外文索引

(Index of Articles)

说　明

1.本索引按照条目标题外文的逐词排列法顺序排列。无论是单词条目，还是多词条目，均以单词为单位，按字母顺序、单词在条目标题外文中所处的先后位置，顺序排列。如果第一个单词相同，再依次按第二个、第三个排列，余类推。

2.条目标题外文中英文以外的字母，按与其对应形式的英文字母顺序排列。

3.为便于检索，部分条目标题外文将人名中的姓放在最前面，用逗号与其他词分开。

4.条目标题外文中有罗马数字和阿拉伯数字的，排列时分为两种情况：

①数字前有拉丁字母，先按字母顺序再按数字顺序排列；英文字母相同时，含有罗马数字的排在阿拉伯数字前。

②以数字开头的条目标题外文，排在条目标题外文索引的最后。

A

B

C

D

E

F

G

H

I

J

K

L

Q

R

S

T

U

V

W

X

Y

Z

Others

内容索引

说 明

1. 本索引是全书条目和条目内容的主题分析索引。索引主题按汉语拼音字母的顺序并辅以汉字笔画、起笔笔形顺序排列。同音时，按汉字笔画由少到多的顺序排列，笔画数相同的按起笔笔形横（一）、竖（丨）、撇（丿）、点（丶）、折（㇕，包括亅、乚、く等）的顺序排列。第一字相同时按第二字排列，余类推。索引主题中夹有外文字母、罗马数字和阿拉伯数字的，依次排在相应的汉字索引主题之后。索引主题以外文字母、罗马数字和阿拉伯数字开头的，依次排在全部汉字索引主题之后。

2. 设有条目的主题用黑体字，未设条目的主题用宋体字。

3. 不同概念（含人物）具有同一主题名称时，分别设置索引主题；未设条目的同名索引主题后括注简单说明或所属类别，以利检索。

4. 索引主题之后的阿拉伯数字是主题内容所在的页码，数字之后的小写拉丁字母表示索引内容所在的版面区域。本书正文的版面区域划分如右图。

a	c	e
b	d	f

A

B

D

E

F

J

K

L

M

N

O

P

Q

R

Q

R

M

N

O

P

S

X

Z

字母 数字

外国人名译名对照表

说　明

1. 本表收录的人名包括外国人物条目的条目标题和在释文中涉及的部分外国人名（包括本名、简称、习称和笔名等）。按照外国人名的逐段（即人名中的姓、教名、名、父名、夫名、母家姓以及其他各种独立成分）排列法顺序排列，以段为单位，按字母顺序排列。如果第一段相同，则按第二段字母顺序排列，余类推。

2. 人名中英文以外的字母，按与其对应形式的英文字母顺序排列。

例如：ë ě é——e　　　　ö ø ō ó——o

3. 为便于检索，本表按习惯将某些人名中的姓放在最前面，用逗号与其他部分分开。

例如：Stephenson，G.　　　　斯蒂芬森，G.

A

Adjei-Kumi, T.	阿杰伊－库米，T.
Agar, T.J.A.	阿加，T.J.A.
Airy, G.B.	艾里，G.B.
Aish, R.	艾许，R.
Albrecht, P.	阿尔布雷克特，P.
Aloysisus, J.R.	阿洛伊修斯，J.R.
Ammannati, B.	阿玛纳提，B.
Argyris, J.H.	阿吉里斯，J.H.
Aron, H.	阿龙，H.
Aspdin, J.	阿斯普丁，J.
Astill, K.N.	阿斯蒂尔，K.N.

B

Balmond, C.	巴尔姆德，C.
Barnard, C.I.	巴纳德，C.I.
Bazin, P.	巴津，P.
Bechtel, S.D.	贝克特尔，S.D.
Been, K.	贝恩，K.
Belytschko, T.	彼莱奇科，T.
Benz, C.F.	本茨，C.F.
Berners-Lee, T.	伯纳斯－李，T.
Bernoulli, J.	伯努利，J.
Betti, E.	贝蒂，E.
B-Haim, Y.	本－哈伊姆，Y.
Bieniawski, Z.T.	宾尼亚夫斯基，Z.T.
Bingham, E.C.	宾厄姆，E.C.
Biot, M.A.	比奥，M.A.
Bishop, A.W.	毕肖普，A.W.
Block, E.W.	布莱克，E.W.
Bolotin, V.V.	博洛京，V.V.

Booton, R.C.	波顿，R.C.
Botts, E.D.	博茨，E.D.
Boussinesq, J.V.	布西涅斯克，J.V.
Bovill, C.	博维尔，C.
Brown, E.T.	布朗，E.T.
Broyd, T.	博纳德，T.
Brunel, M.I.	布律内尔，M.I.
Brusaw, J.	布鲁索，J.
Brusaw, S.	布鲁索，S.
Bryan, G.H.	布莱恩，G.H.
Burland, J.	布兰德，J.
Burry, M.	贝瑞，M.

C

Calantarients, J.A.	卡兰塔里恩斯，J.A.
Calatrava, S.	卡拉特拉瓦，S.
Cambou, B.	康布，B.
Canal, M.	卡纳，M.
Carlo, M.	卡罗，M.
Carrier, W.H.	开利，W.H.
Casagrande, A.	卡萨格兰德，A.
Castigliano, C.A.	卡斯蒂利亚诺，C.A.
Cauchy, A.-L.	柯西，A.-L.
Caughey, T.K.	考伊，T.K.
Cerf, V.G.	瑟夫，V.G.
Cermak, J.	瑟马克，J.
Clough, R.W.	克拉夫，R.W.
Coignet, J.F.	克瓦涅，J.F.
Cook, M.A.	库克，M.A.
Cornell, C.A.	康奈尔，C.A.
Coulomb, C.-A.de	库仑，C.-A.de
Courant, R.	柯朗，R.
Crandall, S.H.	克兰德尔，S.H.
Crawford, R.E.	克劳福德，R.E.
Crisfield, M.A.	克里斯菲尔德，M.A.
Cundall, P.A.	坎德尔，P.A.

D

d' Alembert, J.le R.	达朗贝尔，J.le R.
Dafalias, Y.F.	达法利亚，Y.F.
Daimler, G.W.	戴姆勒，G.W.
Darcy, H.P.G.	达西，H.P.G.
Davenport, A.G.	达文波特，A.G.
Davydov, C.C.	达维多夫，C.C.
Diaper, E.W.	迪亚珀，E.W.
Dochring, C.E.W.	道克林，C.E.W.
Dorfman, R.	多夫曼，R.
Dostupov, B.G.	多斯图泊夫，B.G.
Drucker, D.C.	德鲁克，D.C.
Dubois, D.	迪布瓦，D.
Dunlop, J.B.	邓洛普，J.B.

E

Earnshaw, S.	厄恩肖，S.
Eastman, C.M.	伊斯曼，C.M.
Eglash, R.	格拉西，R.
Eiffel, A.G.	埃菲尔，A.G.
Einstein, A.	爱因斯坦，A.

N

O

P

R

S

Schofield, A.N.	斯科菲尔德，A.N.
Schuёller, G.I.	许勒尔，G.I.
Semper, G.	森佩尔，G.
Shery, I.	谢里尔，I.
Shigeo Matsubara	松原茂夫
Siemens, E.W.von	西门子，E.W.von
Simo, J.C.	西莫，J.C.
Smeaton, J.	施密顿，J.
Soize, C.	索伊萨，C.
Soleri, P.	索勒瑞，P.
Spanos, P.D.	斯帕诺斯，P.D.
Steinman, D.B.	斯坦曼，D.B.
Stephenson, G.	斯蒂芬森，G.
Sterling，R.L.	斯特林，R.L.
Stokes, G.G.	斯托克斯，G.G.
Stokoe, J.	斯托克，J.
Streletsky, N.S.	斯特雷勒茨基，N.S.
Strutt, J.W.	斯特拉特，J.W.
Synge, J.L.	辛格，J.L.

T

Talobre, J.	塔洛布，J.
Telford, T.	特尔福德，T.
Terzaghi, K.	太沙基，K.
Thomas, T.C.	托马斯，T.C.
Timoshenko, S.	铁摩辛柯，S.
Toutin, T.	蒂耶里，T.
Turing, A.M.	图灵，A.M.

U

Umanskij, A.A.	乌曼斯基，A.A.
Utzon, J.O.	伍重，J.O.

V

Vidal, H.	维达尔，H.
Vinci, L.da	达·芬奇
Virlogeux, M.	菲洛歇，M.
Vlasov, V.Z.	符拉索夫，V.Z.

W

Wayss, G.A.	韦斯，G.A.
Wellington, A.M.	惠灵顿，A.M.
Whipple, S.	惠普尔，S.
Wilkinson, W.B.	威尔金森，W.B.
Wilson，E.L.	威尔逊，E.L.

Z

Zienkiewicz, O.C.	辛克维奇，O.C.

本卷主要编辑、出版人员

总　主　编　杨牧之

副总主编
社　　长　刘祚臣

副总编辑　刘　杭

主任编辑　郭继艳　马　蕴

责任编辑　张志芳

特约编审（按姓氏笔画顺序）

朱杰军　李晓红　张春乐　林建敏
高宝新　黄维真　程力华　傅祚华

编　　辑　王　荣

索引编辑（按姓氏笔画顺序）

马　蕴　王　烽　林建敏　梁嫣曦

美术编辑　张　珊　李　雯

责任校对　王　丽　梁嫣曦

校　　对（按姓氏笔画顺序）

谷玥昕　狄　爽　闵　娇　邵桄炜
徐怀谦

责任印制　魏　婷　邹景峰

中国大百科全书

第三版·网络版

网址

www.zgbk.com

国家社会科学基金

特别委托项目